NOUVELLE COLLECTION

DES

MÉMOIRES

POUR SERVIR

A L'HISTOIRE DE FRANCE.

—

TROISIÈME SÉRIE.

I

NOUVELLE COLLECTION

DES

MÉMOIRES

POUR SERVIR

A L'HISTOIRE DE FRANCE,

DEPUIS LE XIIIe SIÈCLE JUSQU'A LA FIN DU XVIIIe;

Précédés

DE NOTICES POUR CARACTÉRISER CHAQUE AUTEUR DES MÉMOIRES ET SON ÉPOQUE;

Suivis de l'analyse des documents historiques qui s'y rapportent;

PAR MM. **MICHAUD** DE L'ACADÉMIE FRANÇAISE ET **POUJOULAT**.

TOME PREMIER.

MÉMOIRES DU CARDINAL DE RETZ,

Publiés pour la première fois sur le manuscrit autographe,

AVEC LEUR COMPLÉMENT JUSQU'EN 1679 D'APRÈS LES DOCUMENTS ORIGINAUX,

PAR MM. CHAMPOLLION-FIGEAC ET AIMÉ CHAMPOLLION FILS.

A PARIS,

CHEZ L'ÉDITEUR DU COMMENTAIRE ANALYTIQUE DU CODE CIVIL,

RUE DES PETITS-AUGUSTINS, N° 24;

IMPRIMERIE D'ÉDOUARD PROUX, RUE NEUVE-DES-BONS-ENFANTS, N° 3.

1837

8.5+to3(r)

MÉMOIRES

DU CARDINAL DE RETZ.

NOTICE

SUR LE CARDINAL DE RETZ.

On ne s'attend point à trouver ici une Notice détaillée, un article biographique sur Jean-François-Paul de Gondy, cardinal de Retz; le cardinal s'est chargé lui-même de sa biographie, et personne ne voudrait la refaire après lui. Pour donner quelque intérêt à cette notice, nous avons songé à laisser parler, autant que nous le pourrions, les contemporains. Voici d'abord Tallemant des Réaux qui va nous donner des détails tout neufs sur le cardinal; nous choisissons de préférence ce qui a quelque rapport à la jeunesse de Jean-François-Paul de Gondy, pour réparer ainsi jusqu'à un certain point les lacunes des Mémoires :

« Jean-François de Gondy, aujourd'hui cardinal » de Retz, est un petit homme noir qui ne voit » que de fort près, mal fait, laid et maladroit de » ses mains à toute chose. Quand il écrit, il fait » toujours des arcades; il n'y a pas une ligne » droite, et ce n'est que du *griffonis*. J'ai vu qu'il » ne savoit pas se boutonner. Une fois à la chasse, » il fallut que M. de Mercœur lui remît son épe- » ron; il n'en put jamais venir à bout. Il ne con- » noissoit autrefois de toutes les monnoies qu'une » pistole et un quart d'écu. Il fut destiné à être » chevalier de Malte, et étant né durant un cha- » pitre, il fut chevalier dès ce jour-là; de sorte » qu'il auroit été grand'croix de bonne heure. Il » avoit deux frères, tous deux ses aînés, le duc » d'aujourd'hui, et un qu'on appeloit le marquis » des Isles-d'Hières : celui-là étoit blond. M. de » Bassompierre disoit : « Pour celui-là, on ne peut » pas dire qu'il soit de ma façon. » J'ai dit ailleurs » que la mère étoit une grande prude. Ce garçon » disoit qu'il vouloit être cardinal, afin de passer » devant son frère; il avoit de l'ambition; mais il » mourut misérablement à la chasse; étant tombé » de cheval, la jambe engagée dans l'étrier, il fut » tué d'un coup de pied que le cheval lui donna » par la tête. Ce garçon mort, on changea de pen- » sée, et on destina le chevalier à l'Eglise. Le » voilà donc abbé de Buzai; c'étoit une abbaye » en Bretagne. La soutane lui venoit mieux que » l'épée, sinon pour son honneur, au moins pour » son corps. Tel que je l'ai représenté, il n'avoit » pas pourtant la mine d'un niais; il y avoit quel- » que chose de fer (1) dans son visage.

» Dès le collége, l'abbé fit voir son humeur al- » tière : il ne pouvoit guère souffrir d'égaux, et » avoit souvent querelle; il montra aussi dès ce » temps son humeur libérale; car ayant appris » qu'un gentilhomme qu'il ne connoissoit point » étoit arrêté au Châtelet pour cinquante pistoles, » il trouva moyen de les avoir et les lui envoya. » Au sortir de là, ce nom de Buzai approchant un » peu trop de *buse*, il se fit appeler l'abbé de » Retz. Ce n'étoit pas encore trop la mode en ce » temps-là de ne porter pas le nom de son béné- » fice; à cette heure il n'y a si petit ecclésiastique » qui ne s'appelle l'abbé, et ceux qui le sont ef- » fectivement, prennent le nom de leur famille » aussi bien qu'eux. Il m'a dit que le gros comte » de la Rocheguyon lui vouloit donner tout son » bien, à condition qu'il prendroit le nom et les » armes de Silly; mais qu'à sa mort les parents » empêchèrent qu'on ne lui fît venir un notaire. » En me contant cela, il me disoit que, s'il eût » été d'épée, il eût fort aimé à être brave, et » qu'il auroit fait grande dépense en habits; je » souriois; car, fait comme il est, il n'en eût été » que plus mal; et je pense que c'auroit été un » terrible danseur et un terrible homme de che- » val : d'ailleurs, il est mal propre naturellement, » et surtout à manger : il est aussi rêveur; de » sorte qu'à table, par malice, on lui mettoit une » tête de perdrix dans son assiette, il la portoit à » sa bouche sans y regarder, et mettoit les dents » dedans. La plume lui sortoit de tous les côtés. » Il ne mange jamais que du plat qui est devant » lui; il n'y a guère d'homme plus sobre.

» Il est enclin à l'amour, à la galanterie en » tête, et veut faire du bruit; mais sa passion » dominante, c'est l'ambition; son humeur est » étrangement inquiète, et la bile le tourmente » presque toujours. Dans sa petite jeunesse, il » voyoit fort sa parenté, et principalement ma- » dame de Lesdiguières. Je crois qu'il en a été » amoureux, aussi bien que de madame de Gué- » ménée. Il voyoit fort aussi M. d'Ecqueville, son » parent, dont nous avons parlé ailleurs. Ce » M. d'Ecqueville n'avoit guère de meilleurs » yeux que lui, et on dit qu'un jour ils se cher- » chèrent un gros quart d'heure dans une grande » cour, sans se pouvoir retrouver, et qu'il fallut » à la fin que deux gentilshommes les prissent » chacun par la main pour les faire joindre. Dans

(1) Ou de *fier*; le mot est douteux dans le manuscrit.

» la société de la famille (madame de Guéménée » en étoit), on se divertissoit, entr'autres choses, » à s'écrire des questions sur l'*Astrée*, et qui ne » répondoit pas bien, payoit pour chaque faute » une paire de gants de frangipane. On envoyoit » sur un papier deux ou trois questions à une per- » sonne, comme, par exemple, à quelle main » étoit Boulieu, au sortir du parc de la Boute- » rosse, et autres choses semblables, soit pour » l'histoire, soit pour la géographie : c'étoit le » moyen de savoir bien son *Astrée*. Il y eut tant » de paires de gants perdus de part et d'autre que, » quand on vint à compter, car on marquoit soi- » gneusement, il se trouva qu'on ne se devoit » quasi rien. D'Ecqueville prit un autre parti. Il » alla lire l'*Astrée* chez M. d'Urfé même, et à » mesure qu'il avoit lu, il se faisoit mener dans » les lieux où chaque aventure étoit arrivée.

» Notre abbé fut mal avec sa cousine de Schom- » berg, car il y avoit deux partis, celui de la ma- » réchale et celui de madame de Lesdiguières; le » dernier étoit le plus fort. Dans une assemblée de » la parenté, madame de Lesdiguières obligea » l'abbé à aller prendre à danser madame de » Schomberg, qui étoit toute contrefaite, et qui » avoit les pieds tout tortus, et ne pouvoit quasi » marcher; cela la pensa faire enrager; on la » haïssoit; elle étoit laide et méchante.

» En ce temps-là, un homme proposa à l'abbé » d'épouser je ne sais quelle grande héritière » d'Allemagne, catholique, dont je n'ai pu savoir » le nom; que ses parents luthériens la violen- » toient, et qu'on la vouloit donner à un Wei- » mar, qui étoit à l'académie à Paris. Il y entend, » et promet à cet homme une de ses deux abbayes : » il en avoit deux; l'autre se nommoit Quimper- » lay; elles valent dix-huit mille livres de rente, » ou environ. Je n'ai pu savoir tout ceci qu'im- » parfaitement. Il fit un voyage où il parla à cette » fille; même il se battit contre ce Weimar, et » eut l'avantage, non par adresse, mais par bra- » voure, car il n'est pas moins vaillant que M. le » Prince. »

Tous ces détails sont fort curieux, et Talle- mant des Réaux les rend plus piquants encore par sa façon de raconter, spirituelle, vive et maligne.

Passons sur l'époque de la vie du célèbre pré- lat compris dans les époques que renferment ses Mémoires; il a épargné à la postérité le pénible soin de recueillir et d'expliquer les faits de sa carrière politique, et ajoutons qu'il ne s'est pas flatté. Quant à la vie du cardinal de Retz depuis l'époque où finissent ses Mémoires jusqu'à sa mort, nous n'avons pas à nous y arrêter beaucoup; tout le monde sait que dans les derniers temps de sa carrière, il fut errant en Angleterre, en Hollande, dans les Pays-Bas, cherchant un abri contre la haine de Mazarin; on sait comment après la mort du redoutable ministre, le cardinal de Retz né- gocia avec le jeune Louis XIV qui venait de pren- dre en main le pouvoir; on peut voir dans beau- coup de livres que le cardinal se démit de l'ar- chevêché de Paris en 1662, au prix de l'abbaye de Saint-Denis et de la restitution de ses revenus ecclésiastiques versés à l'épargne depuis son ab- sence, au prix de la réintégration de ses amis dans leurs bénéfices. Dans l'histoire des dernières années du cardinal de Retz, nous ne nous arrête- rons qu'aux différentes époques où nous rencon- trerons madame de Sévigné; ce souvenir littéraire pourra relever, aux yeux du lecteur, l'intérêt de ces événements connus de tous. Madame de Sévi- gné, parente du cardinal de Retz, séduite par son prodigieux esprit, n'avait rien vu ou rien voulu voir des désordres de sa vie politique et privée, et s'é- tait liée d'amitié avec lui comme avec l'homme le plus aimable, le plus intéressant, le plus supérieur de son temps; d'ailleurs, lorsque cette liaison de- vint étroite, le cardinal de Retz avait de beaucoup passé l'âge des folies, et sa conduite ne blessait plus aussi ouvertement la morale et les convenances; madame de Sévigné pouvait alors conserver moins difficilement ses innocentes illusions sur le car- dinal; de plus, celui-ci professait l'admira- tion la plus vive pour madame de Grignan, et c'était là un lien nouveau, un moyen naturel de rapprochement.

En 1668, revenu dans sa terre de Commercy après un voyage à Rome pour l'élection de Clé- ment IX, le cardinal de Retz saisit une occasion de témoigner son attachement à madame de Sévi- gné; il s'agissait d'un procès entre la duchesse de Meckelbourg, auparavant duchesse de Châtillon, et le maréchal d'Albret; le cardinal était à même de servir les intérêts de l'une des parties, et mit son crédit aux ordres de madame de Sévigné dans les termes suivants : « Si les intérêts de madame de » Meckelbourg et de M. le maréchal d'Albret » vous sont indifférents, je solliciterai pour le ca- » valier, parce que je l'aime quatre fois plus que » la dame. Si vous voulez que je sollicite pour la » dame, je le ferai de très-bon cœur, parce que » je vous aime quatre millions de fois mieux que » le cavalier; si vous m'ordonnez la neutralité, je » la garderai. Enfin, parlez : vous serez ponctuel- » lement obéie. » En 1672, le cardinal de Retz re- çut les soins de madame de Sévigné dans une ma- ladie qu'il eut à subir à Paris; sous la date du 9 mars de cette année, elle écrivait à madame de Grignan : « Nous tâchons d'amuser notre bon car- » dinal. Corneille lui a lu une pièce qui sera jouée » dans quelque temps, et qui fait souvenir des » anciennes; Molière lui lira samedi Trissotin » (les Femmes savantes), qui est une fort plai- » sante chose; Despréaux lui donnera son Lutrin et » sa Poétique : voilà tout ce qu'on peut faire pour son » service. Il vous aime de tout son cœur, mon pau- » vre cardinal : il parle souvent de vous, et ses » louanges ne finissent pas si aisément qu'elles » commencent. » On se rappelle que le cardinal de Retz, voulant acquitter ses dettes (il en paya pour plus de quatre millions de notre monnaie), prit le sage mais étonnant parti de la retraite, ne garda pour lui que vingt mille livres de rente, et alla s'établir à Saint-Mihiel en Lorraine ; madame de Sévigné fut triste de cette résolution, et, plusieurs fois elle en exprima sa peine à madame de Grignan ; le 12 juin 1675, elle écrivait : « Je fus » hier assez heureuse pour aller me promener » avec son éminence tête à tête au bois de Vin» cennes : il trouva que l'air me seroit bon. Il » n'étoit pas trop accablé d'affaires ; nous fûmes » quatre heures ensemble : je crois en avoir bien » bien profité ; du moins les chapitres que nous » traitions n'étoient pas indignes de lui. C'est une » véritable consolation que je perds en le per» dant : et c'est moi que je pleure et vous aussi, » quand je considère toute la tendresse qu'il a » pour vous. Son départ achève de m'accabler. » Les lignes suivantes écrites le 19 juin sont une tendre et touchante expression du profond chagrin de madame de Sévigné en racontant son adieu au cardinal de Retz : « Je vous assure, ma très» chère, qu'après l'adieu que je vous dis à Fon» tainebleau, et qui ne peut être comparé à nul » autre, je n'en pourrois faire un plus douloureux » que celui que je fis hier au cardinal de Retz, » chez M. de Caumartin, à quatre lieues d'ici. J'y » fus lundi dernier, je le trouvai au milieu de ses » très-fidèles amis (1) : leur contenance triste me fit » venir les larmes aux yeux ; et quand je vis son » éminence avec sa fermeté, mais avec sa bonté » et sa tendresse pour moi, j'eus peine à soutenir » cette vue. Après le dîner nous allâmes causer » dans le plus joli bois du monde ; nous y fûmes » jusqu'à six heures dans plusieurs sortes de con» versations si bonnes, si tendres, si aimables, si » obligeantes et pour vous et pour moi, que j'en fus » pénétrée. Madame de Caumartin arriva de Paris » avec tous les hommes qui étoient restés au logis ; » elle vint nous trouver dans ce bois. Je voulus » m'en retourner à Paris ; ils m'arrêtèrent à cou» cher sans beaucoup de peine. J'ai mal dormi le » matin ; j'ai embrassé notre cher cardinal avec » beaucoup de larmes, et sans pouvoir dire un » mot aux autres ; je suis revenue tristement ici, » où je ne puis me remettre de cette séparation ; » elle a trouvé la fontaine assez en train ; mais, » en vérité, elle l'auroit ouverte, quand elle au» roit été fermée. »

Ces divers extraits, qui sont à la fois de l'histoire et des causeries d'intimité, nous paraissent pleins d'intérêt, et le lecteur aimera sans doute à poursuivre avec nous ces charmantes citations. Le cardinal de Retz, en prenant le chemin de la retraite, avait songé à laisser pour madame de Grignan un souvenir d'amitié ; ce souvenir était une cassolette. Madame de Grignan ayant refusé de l'accepter, sa mère lui écrivit sous la date du 26 juin : « Il n'y a rien de noble à cette vision de » générosité ; je crois n'avoir pas l'âme trop inté» ressée, et j'en ai fait des preuves : mais je pense » qu'il y a des occasions où c'est une rudesse et

(1) Probablement ces trois fidèles amis étaient M. de Caumartin, M. d'Hacqueville et M. de La Garde.

» une ingratitude de refuser : que manque-t-il à » M. le cardinal pour être en droit de nous faire » un tel présent ? A qui voulez-vous qu'il envoie » cette bagatelle ? Il a donné sa vaisselle à ses » créanciers ; s'il y ajoute ce bijou, il en aura » bien cent écus ; c'est une curiosité, c'est un » souvenir, c'est de quoi parer un cabinet : on re» çoit tout simplement avec tendresse et respect » ces sortes de présents ; et comme il disoit cet » hiver, il est au-dessous du *magnanime* de les » refuser ; c'est les estimer trop que d'y faire tant » d'attention. En un mot, ma bonne, je ne lui » donnerai point de chagrin : pouvez-vous com» prendre le plaisir qu'il a à vous donner cette » légère marque de son amitié, sans être hon» teuse de vouloir grossièrement l'en empêcher ? » Savez-vous bien que l'excès de cette sorte de » gloire est un défaut qui n'est pas estimable ?.... » En tout cas, c'est à M. de Grignan que M. le » cardinal la donne. » Le nom du cardinal de Retz revient encore sous la plume de madame de Sévigné dans la même lettre : « Le cuisinier de » M. le cardinal de Retz ne le quitte point, ni » son officier : c'est une chose héroïque que les » sentiments de ces gens-là ; ils préfèrent l'hon» neur de ne le point quitter aux meilleures con» ditions de la cour ; on ne peut les entendre » sans admirer leur affection. Le pauvre *Peau* a » mieux fait encore, il est mort ; il tomba ma» lade la veille du départ de son éminence, et » beaucoup de saisissement avec une grosse fiè» vre l'a emporté en neuf jours. je l'ai vu, et » quoique je ne puisse entrer dans cette maison » sans douleur, les domestiques qui y étoient » encore m'y faisoient passer pour les admirer.... » Son éminence m'a écrit pour me dire encore un » adieu ; je le prie de ne me point ôter l'espérance » de le revoir ; je suis extrêmement touchée de » sa retraite : je vous manderai comme il s'y trou» vera ; il nous paroît que son courage est infini ; » nous voudrions bien qu'il fût soutenu d'une » grâce victorieuse. »

L'envie de faire un peu plus de bruit avec sa retraite et peut-être aussi la nécessité où il était de réduire ses dépenses, avaient porté l'illustre Frondeur à offrir au souverain pontife sa démission du cardinalat, et la démission n'avait pas été acceptée ; madame de Sévigné parle de cela en amie dévouée et mêle à son récit des traits charmants ; elle donne sur l'arrivée et la réception du cardinal à Saint-Mihiel quelques précieux détails. Pour cette époque de la vie du cardinal de Retz, les lettres de madame de Sévigné sont de véritables mémoires où les piquantes révélations abondent ; c'est donc toujours elle que nous laisserons parler : « Je veux vous entretenir un mo» ment, ma chère fille, de notre bon cardinal, » écrivait-elle le 5 juillet ; voilà une lettre qu'il » vous écrit ; conseillez-lui fort de s'occuper et » s'amuser à faire écrire son histoire ; tous ses » amis l'en pressent beaucoup : il me mande qu'il » se trouve très-bien dans son désert, qu'il le re-

» garde sans effroi, qu'il espère que la grâce de
» Dieu y soutiendra sa foiblesse. Il me témoigne
« une extrême tendresse pour nous, et me prie
» de ne point partir sans achever vos affaires. Il
» se souvient du temps que vous aviez la fièvre
» tierce, et qu'il me prioit, pour l'amour de lui,
» d'avoir soin de votre santé; je lui réponds sur
» le même ton. Il m'assure que les plus affreuses
» solitudes ne seroient pas capables en mille ans
» de lui faire oublier l'amitié qu'il nous a pro-
» mise. Il a été reçu à Saint-Mihiel avec des
» transports de joie; tout le peuple étoit à ge-
» noux, et le recevoit comme une sauve-garde
» que Dieu leur envoie; les troupes qui y étoient
» sont délogées; les officiers sont venus prendre
» ses ordres pour s'éloigner et pour épargner qui
» il voudra. M. le cardinal de Bonzi m'a assuré
» que le pape, sans avoir encore reçu la lettre
» du cardinal de Retz, lui avoit envoyé un bref,
» pour lui dire qu'il veut et entend qu'il garde
» son chapeau; que cette dignité ne l'empêchera
» pas de faire son salut. Le public ajoute que sa
» Sainteté lui ordonne de ne faire sa retraite qu'à
» Saint-Denis; mais je doute de ce dernier, et je
» vous nomme mon auteur pour l'autre. — Par-
» lons de notre bon cardinal, écrivait encore ma-
» dame de Sévigné sous la date du 5 juillet. Il
» n'étoit pas encore vrai que le pape lui eût en-
» voyé un bref, quand madame de Vins nous
» l'a mandé; mais il est vrai présentement, c'é-
» toit le cardinal Spada qui en avoit répondu. Le
» bon pape a fait, ma très-chère, sans comparai-
» son, comme Trivelin (1) : il a fait et donné la
» réponse avant que d'avoir reçu la lettre. Nous
» sommes tous ravis, et d'Hacqueville croit que
» notre cardinal ne fera point d'instance extra-
» ordinaire : il répondra seulement que ce n'est
» point pour avoir cru impossible son salut avec
» la pourpre, et qu'on verra dans sa lettre les
» véritables raisons qui l'avoient obligé à vouloir
» rendre son chapeau; mais que si sa Sainteté
» persiste à lui commander de le garder, il est tout
» disposé à lui obéir; ainsi toutes les apparences
» sont qu'il sera toujours notre très-bon cardinal.
» Il se porte bien dans sa solitude; il faut le
» croire quand il le dit; il n'a point dit adieu
» pour jamais; au contraire, il m'a donné toute
» l'espérance du monde de le revoir, et m'a paru
» même avoir quelque joie non-seulement de
» m'en donner, mais de conserver pour lui cette
» petite espérance. Il gardera son équipage de
» chevaux et de carrosses, car il ne peut plus
» avoir la modestie d'un pénitent, à cet égard-
» là, comme dit la princesse d'Harcourt. Il m'é-
» crit souvent de petits billets qui me sont bien
» chers, et me parle toujours de vous : écrivez-
» lui sur ce chapeau, et conseillez-lui de s'occu-
» per. »

Ailleurs et en différentes lettres, madame de
Sévigné écrit que les amis du cardinal de Retz

(1) Personnage de la comédie italienne.

veulent qu'il ne se cloue point à Saint-Mihiel,
et lui conseillent d'aller à Commercy, et quelquefois à Saint-Denis. « Il gardera, dit-elle, son équi-
» page en faveur de sa pourpre; je suis persuadée
» avec joie que sa vie n'est point finie. » Elle
presse sa fille d'écrire au cardinal de Retz, et
raconte qu'il mène à Saint-Mihiel une vie très-
religieuse, qu'il va à tous les offices, qu'il mange
au réfectoire les jours maigres. La haute idée, la
grande admiration de madame de Sévigné pour le
cardinal de Retz portaient le caractère d'une sorte
d'aveuglement; après avoir déploré la mort de Turenne tué le 27 juillet de la même année (1675)
par *un malheureux coup de canon tiré de loin à
l'aventure*, pendant que des grands hommes en
tout genre vivent encore autour d'elle, à qui
songe-t-elle pour se consoler du héros que le roi
et la France viennent de perdre? au cardinal de
Retz. « Je vous conseille d'écrire à notre bon car-
» dinal sur cette grande mort, dit-elle à sa fille
» (7 août); il en sera touché. On disoit l'autre
» jour, en bon lieu, que l'on ne connoissoit que
» deux hommes au-dessus des autres hommes,
» lui et M. de Turenne : le voilà donc seul dans
» ce point d'élévation. » Puis reprenant son allure
accoutumée, elle ajoute : « Quand vous aurez
» écrit cette première lettre, croyez-moi, ne
» vous contraignez point; s'il vous vient quelque
» folie au bout de votre plume, il en sera charmé
» aussi bien que du sérieux : le fonds de religion
» n'empêche point encore ces petites *chamarrures*.
» Il laisse toujours aller les épigrammes à notre
» gros abbé. (*De Pont-Carré.*) »

D'après ce qu'on vient de voir, on imagine facilement le chagrin que dut ressentir madame de
Sévigné à la mort du cardinal de Retz, arrivée à
Paris le 24 août 1679; elle et sa fille assistèrent
à sa dernière heure à l'hôtel de Lesdiguière. L'intention du cardinal de Retz était de faire son testament en faveur du jeune marquis de Grignan;
une mort trop prompte l'empêcha d'accomplir ce
dessein, et c'est dans ce sens qu'il faut interpréter la phrase de madame de Sévigné à sa fille,
où elle lui rappelle la funeste mort du cardinal,
encore plus funeste qu'elle ne le sauroit penser;
madame de Grignan avait ignoré cette intention.
Le cardinal mourut dans sa soixante-cinquième
année, et fut enseveli à l'abbaye de Saint-Denis.
Dans l'histoire de cette célèbre abbaye où ont
passé tant de pieuses générations de cénobites,
c'est une assez curieuse chose que de voir le nom
du cardinal de Retz clore la longue liste des abbés
du monastère; les annales du cloître royal, toutes
composées de chroniques austères, trouvent leur
dernière page dans des mémoires où la morale et
le droit monarchique reçoivent de rudes et de fréquentes atteintes. On connaît l'origine de la noble
institution de Saint-Cyr; on sait qu'après la mort
du cardinal de Retz, les revenus des anciens religieux de Saint-Denis, devinrent, par l'ordre de
Louis XIV, le patrimoine des jeunes élèves de
Saint-Cyr.

Ce que nous venons de faire pour les dernières années du cardinal de Retz en parcourant les lettres de madame de Sévigné, nous le ferons encore pour caractériser l'ensemble de la physionomie du personnage et les Mémoires qu'il a laissés à la postérité. Larochefoucauld, Bossuet, le président Hénault et Jean-Baptiste Rousseau continueront cette notice que Tallemant des Réaux et madame de Sévigné ont commencée. Voici le portrait du cardinal de Retz, tracé par l'auteur des *Maximes*, en 1675, dans l'année où le cardinal fit sa retraite à Saint-Mihiel :

« Paul de Gondy, cardinal de Retz, a beaucoup » d'élévation, d'étendue d'esprit ; et plus d'osten» tation que de vraie grandeur de courage. Il a » une mémoire extraordinaire ; plus de force que » de politesse dans ses paroles ; l'humeur facile ; » de la docilité et de la foiblesse à soutenir les » plaintes et les reproches de ses amis ; peu de » pitié, quelque apparence de religion. Il paroît » ambitieux sans l'être : la vanité et ceux qui » l'ont conduit lui ont fait entreprendre de grandes » choses, toutes opposées à sa profession ; il a » suscité les plus grands désordres dans l'Etat, sans » avoir un dessein formé de s'en prévaloir ; et » bien loin de se déclarer ennemi du cardinal Ma» zarin pour occuper sa place, il n'a pensé qu'à » lui paroître redoutable, et à se flatter de la » fausse vanité de lui être opposé.

» Il a su néanmoins profiter avec habileté des » malheurs publics pour se faire cardinal : il a » souffert sa prison avec fermeté, et n'a dû sa » liberté qu'à sa hardiesse. La paresse l'a soutenu » avec gloire pendant plusieurs années dans » l'obscurité d'une vie errante et cachée : il a » conservé l'archevêché de Paris contre la puis» sance du cardinal Mazarin, mais après la mort » de ce ministre il s'en est démis sans connoître » ce qu'il faisoit,¹ et sans prendre cette conjonc» ture pour ménager les intérêts de ses amis et » les siens propres. Il est entré dans divers con» claves, et sa conduite a toujours augmenté sa » réputation. Sa pente naturelle est l'oisiveté : il » travaille néanmoins avec activité dans les af» faires qui le pressent, et il se repose avec non» chalance quand elles sont finies. Il a une grande » présence d'esprit ; et il sait tellement tourner à » son avantage les occasions que la fortune lui » offre, qu'il semble qu'il les ait prévues et » desirées. Il aime à raconter : il veut éblouir » indifféremment tous ceux qui l'écoutent par » des aventures extraordinaires ; et souvent » son imagination lui fournit plus que sa mémoire. » Il est faux dans la plupart de ses qualités, et » ce qui a le plus contribué à sa réputation est de » faire donner un jour à ses défauts. Il est insen» sible à la haine et à l'amitié, quelque soin qu'il » ait pris de paroître occupé de l'une ou de l'au» tre. Il est incapable d'envie et d'avarice, soit » par vertu soit par inapplication. Il a plus em» prunté de ses amis qu'un particulier ne pourroit » espérer de leur pouvoir vendre ; il a senti de la » vanité à trouver tant de crédit, et à entreprendre » de s'acquiter. Il n'a point de goût ni de délica» tesse ; il s'amuse à tout, et ne se plaît à rien ; » il évite avec adresse de laisser pénétrer qu'il » n'a qu'une légère connoissance de toutes choses. » La retraite qu'il vient de faire est la plus écla» tante et la plus fausse action de sa vie ; c'est un » sacrifice qu'il fait à son orgueil sous prétexte de » dévotion. Il quitte la cour, où il ne peut s'at» tacher ; et il s'éloigne du monde, qui s'éloigne » de lui. »

Après avoir lu ce portrait qui ne ressemble guères à un panégyrique, on comprend difficilement les lettres de madame de Sévigné, du 19 juin et du 3 juillet 1675, où elle parle du plaisir et de l'orgueil qu'on doit éprouver à se voir ainsi loué par un homme qui n'est ni ami ni flatteur ; madame de Sévigné avait montré ce portrait au cardinal qui en fut fort content ; il trouva beaucoup de plaisir à voir que *c'étoit ainsi que la vérité forçoit à parler de lui*. La copie du portrait que madame de Sévigné avait eu entre les mains et qu'elle avoit communiquée au cardinal, n'était probablement pas tel que l'imprimé parvenu jusqu'à nous ; il faut croire que cette copie avait été adoucie par de nombreuses modifications.

Bossuet, dans son oraison funèbre de Le Tellier, mort en 1685, eut à parler du cardinal de Retz ; c'est le ministre Le Tellier qui était parvenu à obtenir du cardinal sa démission de l'archevêché de Paris, événement qui rendit la paix à l'église de France trop long-temps troublée. Bossuet parle à ce sujet de ce ministre qui souvent gagnait l'affection de ceux qu'il était obligé de combattre :

« L'histoire en racontera de fameux exemples, » poursuit le grand orateur, je n'ai pas besoin de » les rapporter ; et content de remarquer des ac» tions de vertu dont les sages auditeurs puissent » profiter, ma voix n'est pas destinée à satisfaire » les politiques et les curieux ; mais puis-je ou» blier celui que je vois partout dans le récit de » nos malheurs ? Cet homme si fidèle aux parti» culiers, si redoutable à l'Etat, d'un caractère » si haut qu'on ne pouvoit ni l'estimer, ni le » craindre, ni l'aimer, ni le haïr ; ferme génie » que nous avons vu, en ébranlant l'univers, s'at» tirer une dignité qu'à la fin il voulut quitter » comme trop chèrement achetée, ainsi qu'il eut » le courage de le reconnoître dans le lieu le plus » éminent de la chrétienté, et enfin comme peu » capable de contenter ses desseins, tant il connut » son erreur et le vide des grandeurs humaines ? » Mais pendant qu'il vouloit acquérir ce qu'il de» voit un jour mépriser, il remua tout par de » secrets et puissants ressorts, et après que tous » les partis furent abattus, il sembla encore se » soutenir seul, et seul encore menaçant le favori » victorieux de ses tristes et intrépides regards. »

On reconnaît là Bossuet ; on reconnaît aussi, dans ces indulgentes paroles, le prêtre chrétien qui prend ses inspirations dans la charité et qui croit sans peine au repentir.

Lorsque, aux premières années du xviii° siècle, les Mémoires composés dans la retraite de Saint-Mihiel ou à Commercy, parurent au grand jour, le cardinal de Retz, qui n'avait point déguisé ses vices, fut autrement jugé que dans le siècle précédent; cette hardie confession d'une vie de désordres, écrite d'un style tout nouveau, fit une impression profonde sur les contemporains. « Ce livre, disoit Brossette, me rend ligueur, frondeur, et presque séditieux par contagion. » L'auteur de l'Abrégé chronologique de l'Histoire de France traça le caractère du cardinal de Retz dans les termes suivants :

« On a de la peine à comprendre comment un » homme qui passa sa vie à cabaler, n'eut jamais » de véritable objet. Il aimoit l'intrigue pour in- » triguer: esprit hardi, délié, vaste, et un peu ro- » manesque: sachant tirer parti de l'autorité que » son état lui donnoit sur le peuple, et faisant » servir la religion à sa politique; cherchant quel- » quefois à se faire un mérite de ce qu'il ne de- » voit qu'au hasard, et ajustant souvent après » coup les moyens aux événements. Il fit la guerre » au roi, mais le personnage de rebelle étoit ce » qui le flattoit le plus dans la rébellion. Magni- » fique, bel esprit, turbulent, ayant plus de sail- » lies que de suite, plus de chimères que de vues; » déplacé dans une monarchie, et n'ayant pas ce » qu'il falloit pour être républicain, parce qu'il » n'étoit ni sujet fidèle ni bon citoyen; aussi vain, » plus hardi et moins honnête homme que Cicé- » ron ; enfin plus d'esprit, moins grand et moins » méchant que Catilina. Ses Mémoires sont très- » agréables à lire : mais conçoit-on qu'un homme » ait le courage ou plutôt la folie de dire de lui- » même plus de mal que n'en eût pu dire son plus » grand ennemi? »

Jean-Baptiste Rousseau lut à Vienne les Mémoires du cardinal de Retz : Brossette lui en avait fait parvenir un exemplaire. Le poète lyrique écrivit sur ces Mémoires une lettre d'homme d'esprit qui est fort bonne à recueillir :

« J'ai lu, dit-il, sous la date de Vienne, 26 mars » 1718, j'ai lu les Mémoires d'un bout à l'autre » avec plus de curiosité, je vous l'avoue, que de » satisfaction. C'est un salmigondis de bonnes et » de mauvaises choses, écrites tantôt bien, tantôt » mal, entremêlées de beaucoup de particularités » curieuses, mais d'un bien plus grand nombre de » détails peu intéressants et fort ennuyeux. Le » premier tome est semé de quantité de traits fort » jolis, et de pensées très-solides à propos de ba- » gatelles; et les autres ne sont presque rien que » du verbiage à propos de choses sérieuses. Ce » qui m'étonne le plus, c'est de voir qu'un cardi- » nal, prêtre, archevêque, homme de qualité, et » assez âgé, puisse se représenter lui-même, » comme il le fait dans le premier volume, duel- » liste, concubinaire, et qui pis est, hypocrite de » dessein formé : ayant pris la résolution, dans » une retraite faite au séminaire, d'être méchant » devant Dieu, et honnête homme devant le » monde. C'est ce qu'il semble avoir oublié dans » le reste du livre, où je lui vois des scrupules » d'honneur qui gâtent souvent ses affaires. En » un mot, il me paraît que cet homme n'étoit ni » assez bon pour un citoyen, ni assez méchant » pour un factieux; on diroit que les derniers vo- » lumes ne sont pas de la même main que le pre- » mier. Avec tout cela, je suis persuadé qu'ils » sont effectivement du cardinal de Retz. M. le » prince Eugène en a depuis long-temps un exem- » plaire manuscrit. Tels qu'ils sont, c'est un livre » à avoir. »

Cette appréciation est juste sous le rapport moral et politique; elle nous semble beaucoup trop sévère sous le rapport littéraire. Il y avait de meilleures choses à dire de ce style original, vif, serré ; la part littéraire était plus belle à faire aux Mémoires du cardinal de Retz, écrits, selon les expressions de Voltaire, avec un air de grandeur, une impétuosité de génie et une inégalité qui sont l'image de sa conduite. On peut dire de lui ce qu'on a dit de César : *Eodem animo scripsit quo bellavit*; il a écrit comme il a combattu. Madame de Sévigné, conversant avec sa fille, ne songeait point au public, et de là, ce charmant et inimitable abandon qui fait le mérite supérieur de sa correspondance; le secret du mérite littéraire des Mémoires du cardinal de Retz est peut-être aussi dans ce complet oubli du public. Le cardinal écrivit à une amie le récit de sa vie, comme madame de Sévigné écrivit à sa fille ses pensées, ses sentiments, ses occupations de tous les instants; la narration du cardinal était comme une suite de confidences adressées à l'amitié ; et, dans ces intimes causeries, il s'est abandonné à tout son naturel, à tous les caprices de son esprit, à tous les mouvements de son âme; la plupart de ces images, de ces tournures, de ces traits que nous admirons dans les Mémoires, ne s'y trouveraient point si le cardinal avait songé à faire un livre. Cette observation peut servir à expliquer aussi les négligences, les irrégularités du récit du cardinal. On a comparé la manière du cardinal de Retz à la manière de Salluste; il serait facile de saisir entre le style de ces deux auteurs quelques points de ressemblance, mais il n'en serait pas moins vrai que le cardinal de Retz a sa physionomie tout à fait distincte, et qu'on ne peut le comparer à qui que ce soit. Il y a de ces naturels qui n'ont pu imiter personne et qu'il serait fort maladroit aussi de vouloir imiter. Tel est l'auteur des Mémoires dont nous nous occupons.

L'antiquité républicaine de Sparte et de Rome avait tourné la tête au cardinal de Retz ; ce n'est pas qu'il eût des doctrines démocratiques bien arrêtées; mais il ne connaissait rien de plus beau que d'être chef de parti; là-dessus, son évangile était les vies de Plutarque. On a une preuve de l'inconséquence de ses doctrines dans sa conduite respectueuse et empressée envers la malheureuse famille des Stuarts. Cromwel disait : *Il n'y a qu'un homme en Europe qui me méprise, c'est le cardi-*

nal de Retz. Quel beau témoignage que celui-là! Quoi qu'il en soit, les Mémoires du cardinal de Retz renferment toutes les théories possibles du désordre, et ils ont mérité qu'on les appelât le *Bréviaire des révolutionnaires.*

L'édition que nous publions est faite sur le manuscrit autographe du cardinal de Retz. MM. Champollion-Figeac, qui ont bien voulu s'associer à nous pour livrer ce manuscrit au public, vont nous dire en détail tout ce qu'il y aura de neuf dans cette édition.

NOTICE CRITIQUE
SUR LE MANUSCRIT AUTOGRAPHE DE CES MÉMOIRES, ET SUR CETTE NOUVELLE ÉDITION.

Les nombreuses réimpressions des *Mémoires du cardinal de Retz,* données depuis 1717, prouvent assez combien cette composition, à la fois littéraire et historique, a été goûtée par le public. Un grand nombre de lacunes, des phrases évidemment achevées par des mains étrangères, des idées quelquefois développées à moitié, des erreurs évidentes sur des faits, sur des dates, et un style rajeuni, telles étaient pourtant les imperfections que les anciens éditeurs n'avaient pu éviter, puisque pas un d'eux n'avait connu le travail primitif de l'auteur. Plus heureux que nos prédécesseurs, nous offrons aujourd'hui au public une *reproduction* fidèle, et entière, de la *Vie du cardinal de Rais,* telle qu'il nous l'a transmise lui-même, et entièrement écrite de sa main, avec toutes ses incorrections il est vrai, mais aussi avec son véritable style, incisif, pittoresque, inégal, mais plein de force et d'originalité.

L'histoire de ce manuscrit autographe, demeuré jusqu'ici inconnu, intéressera le lecteur à plusieurs égards; l'examen attentif du texte même des *Mémoires,* peut nous conduire à fixer les époques auxquelles ils furent composés, comme aussi à découvrir le nom de la personne à laquelle ils furent adressés.

Ces manuscrits autographes consistent en trois volumes, de format in-4°, écrits sur papier uniforme, doré sur tranche, et formant une seule série de pages, dont la dernière est numérotée 2818. Quelques lacunes existent dans cette série. Les 258 premières pages du premier volume ont été arrachées et détruites; il en est de même des pages 327 à 330; ce volume est relié en parchemin: de nombreux passages y ont été effacés. Au tome II, les pages sont numérotées de 756 à 1664. Il ne renferme qu'un petit nombre de lignes effacées, et il fournit de nombreuses additions au texte déjà publié. Ce volume est cartonné et recouvert de satin blanc (1). Le tome III, qui est l'ouvrage des dernières années de la vie du cardinal, est moins bien écrit que les deux précédents, plus chargé de ratures de sa main; et tout annonce que ce fut la première rédaction de cette troisième partie. Il renferme aussi plusieurs passages effacés; d'autres, qui ne le sont pas, et qui, cependant, n'ont jamais été publiés, sont fort intéressants et jettent un nouveau jour sur les événements de la Fronde, et la haute influence qui présida souvent à leur direction. Quelques lacunes existent vers la fin de ce volume, dont la reliure est semblable à celle du premier.

Un autre volume manuscrit, était avec les trois qui viennent d'être décrits; c'est une copie du tome II autographe, et qui paraît avoir été faite par le bénédictin D. J. Picart; elle est, du reste, écrite sur un papier semblable à celui des Mémoires originaux. Sur cette copie, de nouvelles ratures furent pratiquées, et les suppressions y sont bien plus nombreuses que dans la rédaction même du cardinal. La cotte X, 2, n° 28, 29 et 30 que portent les volumes, indique probablement le numéro sous lequel ils étaient inscrits à la bibliothèque de Moyen-Moutier, où ils furent transitoirement déposés.

On peut présumer avec quelque certitude que le cardinal travailla à ses Mémoires à des époques différentes, et qu'il y eut quelque intervalle entre la rédaction des deux premiers volumes et celle du troisième. L'écriture des deux premiers annonce encore de la force et de la vigueur; dans le dernier, au contraire, l'écriture est moins lisible, les lettres en sont moins bien formées, et la main qui les traça, s'affaiblissait alors. « Ce n'est » plus une vie, dit madame de Sévigné, en par» lant du cardinal, c'est une langueur; » et à cette même époque, il se « cassoit la tête d'occu» pations. »

Gondy ne commença pas ses Mémoires avant l'année 1670, puisque, dès les premiers feuillets de son manuscrit, il parle de *feu madame de Choisy* (2), morte en 1670; et comme il nomme l'*abbé présentement cardinal d'Estrées* (3), qui ne fut cardinal qu'en 1671, on voit que ce n'est qu'après cette époque qu'il les entreprit. Les deux premiers volumes furent rédigés avant la fin de l'année 1673, puisqu'il parle dans le second du *jeune d'Avaux*, présentement le président de *Mesme* (4), et que d'Avaux, qui fut président à mortier, après son frère mort en 1650, mourut lui-même en 1673, à l'âge de soixante-et-quinze ans. Le cardinal dut s'occuper ensuite à mettre au net les deux premiers volumes de ses Mémoires pendant l'année 1675 et le commencement de l'année 1676; du moins c'est ce que paraissent indiquer les passages suivants de son manuscrit. Il parle de *Bouteville, présentement maréchal de Luxembourg* (5), qui ne reçut cette di-

---

(1) Le petit nombre des corrections autographes introduites dans ces deux volumes, prouvent assez qu'ils sont une mise au net de la main de l'auteur.
(2) Tome I", page 330 du manuscrit.

(3) Tome II, page 1273 du manuscrit.
(4) — page 1888 *Id.*
(5) — page 1182 *Id.*

guité qu'en 1675, le 30 juillet ; et quelques pages plus loin, il cite *Miossans, présentement maréchal d'Albret* (1), qui le fut en 1673 ; et comme Miossans mourut en 1676, il est évident que Retz ne pouvait parler de lui comme vivant, qu'avant sa mort, survenue en cette année 1676.

Ce fut aussi à cette même époque que le cardinal se rendit à Rome (2) pour assister à un conclave, et suivre auprès du pape plusieurs négociations commencées par l'ordre de Louis XIV. « Ce voyage » ruina sa santé affaiblie par un grand nombre » d'infirmités (3). » Retz ne dut travailler à son troisième volume qu'après son retour de Rome (4), et le caractère de l'écriture annonce visiblement que les forces de l'auteur avaient diminué. C'est donc à cette époque de la vie du cardinal, que doivent se rapporter les deux citations que nous venons d'emprunter à madame de Sévigné. La rédaction de ce dernier volume l'occupa le reste de ses jours, et il devait très-vraisemblablement en continuer la relation au-delà de l'époque à laquelle il s'est arrêté, et retracer lui-même les événements de la vie errante qu'il mena pendant son séjour en Hollande, en Angleterre et en Allemagne ; mais « un procès du gain duquel dépen- » dait un arrangement définitif avec ses créan- » ciers (5) » le rappela dans la capitale en 1678, et il y mourut au mois d'août de l'année suivante.

Ses Mémoires ne furent donc pas achevés, et on doit d'autant plus regretter de manquer de renseignements sur les dernières années de son exil, que le peu de notions que l'on possède sur cette époque de la vie du cardinal, sont l'œuvre d'un domestique infidèle, qui déversa sur son maître la calomnie, afin de se justifier de sa propre ingratitude et se concilier les faveurs de la cour, en diffamant son bienfaiteur. Il l'y accuse en effet sans cesse et ne trouve que des éloges à donner à la conduite du duc de Lyonne, ambassadeur extraordinaire du roi à Rome, lorsque le cardinal s'y rendit après s'être échapé de sa prison de Nantes.

Cet ambassadeur pourtant, dont Joly trouve la conduite si pleine de modération et de bienveillance à l'égard du cardinal de Retz, s'empressa de représenter au pape que S. S. donnait asile et protection à un prélat convaincu d'avoir voulu assassiner son ami Joly, ainsi que le prince de Condé, et d'être l'agent de l'Espagne. Il faut donc regarder comme l'effet d'une passion misérable les accusations de Joly contre Retz, durant les dernières années du séjour du cardinal à l'étranger.

Nous sommes redevables à M. Denis, maire de la ville de Commercy, et membre de plusieurs sociétés savantes, de recherches intéressantes sur la vie intime du cardinal lorsqu'il se retira dans sa principauté. Il a bien voulu nous communiquer les renseignements qu'il avait à sa disposition, et nous nous en servirons pour établir plus positivement encore l'époque à laquelle le cardinal travailla à ses Mémoires. Il résulte de ces recherches que D. Calmet était bien informé lorsqu'il annonçait que Gondy écrivit ses mémoires à Commercy, et que ce fut dans le château de Ville-Issey, village voisin de cette ville. On désigne encore à Commercy la maison particulière où le cardinal alla loger avant d'habiter son château (6), et cette maison est aujourd'hui la propriété de M. Denis. Elle était habitée, à l'époque de l'arrivée de Retz à Commercy, par le lieutenant de la prevôté, et en 1789, on y voyait encore les armoiries du cardinal. D. Calmet assure que D. Jean Picart, bénédictin de Brueil (faubourg de Commercy) écrivait sous la dictée du cardinal ; mais que c'était Humbert Belhomme, qui remplissait cet office quand son éminence était à Saint-Mihiel. Lorsque le bon religieux D. Jean arrivait à la relation de quelque aventure un peu graveleuse, il posait la plume en disant : « Monseigneur, vous n'y pensez » pas ? Que va-t-on dire de vous ? Il faut passer » cela !... — Non, mon père, répondait le cardinal ; » je l'ai fait ; ainsi, point de honte de le dire. » Et ces deux assertions de D. Calmet, vérifiées par M. Denis, sont pleinement justifiées par l'état du manuscrit autographe du cardinal.

On y trouve, en effet, des pages qui ne sont pas de la main de Gondy ; on y remarque même trois écritures différentes dont on trouve des exemples aux pages 1178 (7), 1312 et 1797 (8) du manuscrit ; mais tous ces passages non écrits de la main du cardinal, sont authentiqués par lui, puisqu'il y a fait de nombreuses corrections de sa main et qu'il les a paginés. Les scrupules du bénédictin y sont aussi clairement indiqués aux pages 1195, 1211, 1241, où il existe des passages relatifs aux intrigues de Retz avec mademoiselle de Chevreuse, etc. Ils sont tous écrits de la main du cardinal, et l'écriture du religieux secrétaire recommence lorsque l'auteur reprend la narration des faits politiques.

On remarque aussi dans le manuscrit original un plus grand nombre de pages de l'écriture de D. J. Picart, que de celle de Humbert Belhomme, ce qui porterait à croire que la plus grande partie des Mémoires fut composée à Commercy ; et comme l'écriture de D. J. Picart cesse entièrement avec le tome II, il en résulterait

---

(1) Petitot, Notice sur Retz, page 75.
(2) *Ibid.*, page 76.
(3) Petitot, Notice sur Retz, page 76.
(4) Avant de commencer la rédaction de ses mémoires, il s'occupait à dresser sa généalogie. Il existe dans le carton de sa famille, des notes de sa main sur ses ancêtres ; et des lettres qu'il écrivit à ce sujet à François Duchesne sont aussi conservées à la bibliothèque du roi.

(5) Petitot, Notice sur Retz, page 76.
(6) Guy-Joly dit dans ses Mémoires : « D'abord le cardinal se logea à Commercy dans une maison particulière : il se retira souvent dans le château, etc. »
(7) Cette page et les suivantes sont de l'écriture du bénédictin de Brueil, D. J. Picart.
(8) M. Denis a reconnu cette écriture pour celle de Humbert Belhomme, religieux de Saint-Mihiel.

que le tome III, où commence seulement celle de Humbert Belhomme, fut composé à Saint-Mihiel; que le cardinal y travaillait encore dans cette abbaye lorsque son procès l'appela à Paris, et que n'étant plus revenu chez ces religieux, le manuscrit y resta inachevé, mais sans avoir encore subi les suppressions du bénédictin. Hennezou, abbé de Saint-Mihiel, ami et confident du cardinal de Retz, reçut ordre de les envoyer à madame de Caumartin; et c'est à cette époque, selon nous, c'est-à-dire après la mort de Gondy, lorsque Hennezou fut obligé de les remettre entre les mains de madame de Caumartin, que ses scrupules l'engagèrent à supprimer du manuscrit les passages suspects de trop de liberté, ceux surtout qui ont rapport aux premières années de la jeunesse du cardinal (1).

Mais avant de lacérer un ouvrage qui dut si fortement piquer sa curiosité, Hennezou en fit faire une copie qu'il déposa dans la bibliothèque du monastère. Ce fut donc une copie et non pas l'original qui resta à Saint-Mihiel, quoiqu'en disent D. Calmet et plusieurs autres critiques, comme nous l'établirons plus tard. Mais cette copie, faite sur l'original avant qu'il subit un grand nombre de suppressions, ne parut bientôt plus assez épurée à ce moine mélancolique. Il se mit de nouveau à l'ouvrage, et il supprima encore plusieurs passages relatifs à de hauts personnages. Il ne restait donc que cette copie à Saint-Mihiel; et ce fut elle qui servit à ces religieux pour imprimer la première édition des Mémoires, à Nancy, en 1717 : le manuscrit autographe était déjà dans les mains de madame de Caumartin.

A qui les Mémoires de Retz sont-ils adressés? c'est ce que n'a dit aucun des éditeurs précédents. Le nom de la personne ayant disparu avec les premiers feuillets de l'ouvrage, qui sont entièrement détruits, le manuscrit autographe ne nous donne pas de nouveaux renseignements, et le nom de cette personne ne se retrouve nulle part ailleurs dans le reste des Mémoires. Nous allons tâcher cependant de répondre à cette question en réunissant quelques renseignements fournis par cinq passages reproduits dans toutes les éditions.

1er. « Il n'est pas possible qu'après avoir vu
» le consentement uniforme de tous les corps con-
» jurés à la ruine de M. le cardinal Mazarin,
» vous ne soyez très-*persuadée* qu'il est sur le
» bord du précipice (2). »

2e. « *J'escris l'histoire de ma vie par vos ordres,*
» et vous avez pu vous appercevoir que je ne me
» suis pas appliqué à faire mon apologie (3). »

3e. « Brion, que vous pouves avoir veu *dans*
» *vostre enfance*, soubs le nom duc de Dam-
» ville (4). »

4e. « ... Si l'ordre que vous m'avez donné de
» laisser des Mémoires qui pussent être de quel-
» que instruction *à messieurs vos enfans*, etc. (5) »

5e. « *Ils sont* (ces enfants) *d'une naissance qui*
» *peut les élever assez naturellement aux plus*
» *grandes places* (6). »

Ces passages prouvent : 1° que les Mémoires furent dédiés à une femme, par l'ordre de laquelle Gondy les entreprit; 2° que cette femme était dans son enfance lorsque Brion fut fait duc de Damville; 3° qu'elle eut des enfants pour *l'instruction* desquels il écrit, et dont la naissance pouvait les élever aux plus grandes places.

Ces renseignements, quoique peu concluants, mais réunis à d'autres faits bien établis, peuvent nous conduire, avec quelque certitude, vers le nom de la personne qu'on doit naturellement desirer de connaître.

Cette personne nous paraît être Catherine-Madeleine de Verthamon, femme de Louis-François Le Fevre de Caumartin. En effet, Caumartin était l'ami intime et proche parent du cardinal. Il eut de sa femme neuf enfants, dont cinq garçons; le second, destiné à l'état ecclésiastique, porta les prénoms du coadjuteur (Jean-François-Paul); il fut élevé sur les genoux du cardinal de Retz, qui lui donna son abbaye de Buzay (7).

Mademoiselle de Verthamon avait très-bien pu voir, *dans son enfance*, Brion sous le nom de duc de Damville, puisque le duc reçut ce titre en 1648, et mademoiselle de Verthamon était agée alors d'environ dix ans (8). Les enfants de Caumartin, pour l'instruction desquels Gondy écrivait, pouvaient très-bien, *par leur naissance, être élevés aux plus grandes charges*, puisque l'on comptait des personnages illustres dans les ancêtres de Caumartin, que lui-même obtint plusieurs charges de distinction, et était très-réputé à cette époque. Enfin, la prédiction du cardinal de Retz s'accomplit dans la personne du fils et du petit-fils de Caumartin : le premier fut marquis de Saint-Ange, comte de Moret, commissaire pour les grands jours en Poitou, intendant des finances, et mourut doyen du conseil d'état. Le second fut encore plus célèbre : c'est Réné-Louis de Voyer, marquis d'Argenson, ministre des affaires étrangères, mort en 1756. Caumartin n'épousa mademoiselle

---

(1) L'éditeur de 1820 dit que l'abbé de Saint-Mihiel employa l'encre de la Chine pour effacer les passages qu'il crut devoir retrancher (*Notice*, page 17); nous pouvons assurer le contraire, les procédés chimiques qui ont été essayés sur l'écriture, nous en ont convaincu.
(2) Manuscrit autographe, tome III, page, 2198.
(3) Manuscrit autographe, tome III, page 2235.
(4) Tome Ier, page 324 du manuscrit.
(5) Edition de 1717, page 364, tome III.
(6) *Idem*.

(7) Ce Caumartin fut évêque de Vannes, membre de l'Académie Française et de celle des Inscriptions.
(8) Nous n'avons pas pu trouver dans les papiers généalogiques la date de la naissance de mademoiselle de Verthamon ; on peut pourtant conclure qu'elle avait à peu près cet âge, de ce que le troisième enfant de madame de Verthamon est né en 1635, et que mademoiselle de Verthamon, dont il est ici question, est le cinquième enfant du même lit.

de Verthamon, sa deuxième femme, qu'en 1664. Elle dut donc souvent entendre parler chez elle des affaires de la Fronde, car c'était alors l'époque du retour du cardinal de Retz en France. Le charme de sa conversation et le récit de ses aventures, dont il dut entretenir madame de Caumartin, dans l'intimité de laquelle il vivait, purent faire désirer à cette dame de connaître tout le détail d'une vie si aventureuse, si pleine de triomphes et d'amertumes; ainsi ce fut à sa prière qu'il entreprit *d'écrire sa vie*. Et si le cardinal de Retz n'avait pas dédié ses Mémoires à madame de Caumartin, pourquoi l'abbé de Saint-Mihiel aurait-il envoyé les originaux, de la bibliothèque de ce monastère à Paris? Enfin, madame de Caumartin les possédait encore en 1717, cinq ans avant sa mort qui arriva en 1722 : c'est ce que prouve la lettre suivante de madame Charlotte de Bavière, veuve du frère unique de Louis XIV (1).

« Les moines de Saint-Mihiel ont les Mémoires
» du cardinal de Retz en original (c'était la co-
» pie); ils les ont fait imprimer, et on les vend à
» Nancy; mais il manque beaucoup de choses
» dans cet exemplaire. Une dame, à Paris, nom-
» mée madame de Caumartin, a ces mémoires en
» manuscrits, où il ne manque pas un mot : quoi-
» qu'on puisse faire, elle ne veut pas les donner
» pour compléter ceux qui sont imprimés. »

Il est vraisemblable qu'après la mort de madame de Caumartin, les religieux de Saint-Mihiel obtinrent que ces Mémoires (les originaux) fussent déposés dans l'abbaye où Gondy les avait composés en grande partie. Ce fut là du moins qu'on les découvrit lors de la suppression des monastères, à l'époque de la première révolution.

Il existe aux archives royales une note ainsi conçue, au *carton d'Épinal* : (Administrateurs du département des Vosges) : « Envoyent les Mé-
» moires du cardinal de Retz, en quatre volumes,
» tels que le commissaire du directoire exécutif
» du canton de Sénones les a trouvés dans la
» bibliothèque de l'abbaye de Moyen-Moutier. »

Le 3 pluviose an V de la république française, le ministre de l'intérieur écrivait au Conservatoire de la bibliothèque nationale, ce qui suit :

« Je vous préviens, citoyens, que j'ai remis au
» citoyen Barras, président du directoire exécu-
» tif, le 21 du mois nivose dernier, quatre vo-
» lumes manuscrits des Mémoires du cardinal de
» Retz, qui avaient été demandés par les citoyens
» Réal et Botot, pour une nouvelle édition de ces
» Mémoires.

» L'administration centrale du département des
» Vosges, qui m'a adressé ces manuscrits, m'a
» observé que le troisième volume n'est qu'une
» copie du deuxième, faite par une main étran-
» gère; ainsi le deuxième volume original manque.
» (C'est une erreur.)

» Comme la Bibliothèque Nationale est le dépôt
» des manuscrits les plus précieux, j'ai demandé
» que ces quatre volumes des manuscrits du car-
» dinal de Retz, y fussent remis par les éditeurs,
» aussitôt leur travail fini. — Salut et fraternité.
» *Signé* BENEZECH. »

Le citoyen, plus tard comte Réal, donna un chargé des quatre volumes avant de les avoir préalablement déposés et fait estampiller à la Bibliothèque Nationale, et il les garda jusqu'à sa mort malgré les instantes réclamations des administrateurs de la bibliothèque. A la restauration, le comte Réal, obligé de sortir de France, emporta avec lui ces manuscrits en Amérique, comme il l'a avoué lui-même. De retour en France le comte Réal ajourna toujours le dépôt des quatre volumes, et ce ne fut qu'après sa mort que la bibliothèque du roi en prit possession. Ils y sont aujourd'hui déposés et inscrits sous le numéro 2371 du supplément français.

Nous avons dit plus haut que D. Calmet, madame de Bavière et plusieurs autres personnes avaient été mal renseignées en disant que l'abbé de Saint-Mihiel garda les originaux, et n'envoya qu'une copie à madame de Caumartin; le contraire est en effet démontré; car la première édition des Mémoires (Nancy 1717, 3 vol. in-12) donnée par ces religieux, l'a été sur le manuscrit qu'ils avaient retenu ; et cette première édition est exactement conforme à la copie ancienne des Mémoires dont un volume a été déposé à la bibliothèque avec les originaux; tout ce qu'il y a dans ce volume de *copie*, se retrouve dans l'imprimé ; et on n'y voit pas ce qu'il y a de plus dans le manuscrit *autographe*. Quand l'imprimé dit : il y a ici cinq lignes d'effacées, ce nombre de lignes est exact à l'égard de la *copie*; mais à l'égard de l'original, ou bien le passage n'est pas effacé, ou bien les cinq lignes serrées de l'écriture de la copie, en représentent huit ou dix de l'original. Ce fut donc sur cette copie que fut faite la première édition; l'original a donc été jusqu'ici inconnu à tous les éditeurs.

L'édition que nous donnons aujourd'hui est la reproduction mot pour mot de ce manuscrit autographe ; tous les passages effacés à force d'encre ont été lus au moyen de procédés qui garantissaient suffisamment la conservation d'un monument aussi intéressant pour notre histoire ; les autres passages supprimés dans la copie dont les premiers et les derniers éditeurs se sont servis, ont également été compris dans notre édition. Des mots assez vifs avaient été omis ou changés par les anciens éditeurs; ils ont été fidèlement rétablis. Enfin, on s'était permis de corriger le style singulier et quelquefois vieilli du texte autographe ; ce style a été rétabli dans sa contexture primitive, et il en est résulté plus d'une fois l'expression du véri-

---

(1) Cette lettre porte la date de 1717, 14 octobre, et elle est imprimée dans un recueil de fragments de lettres de cette princesse, publié à Hambourg en 1788, in-8°, page 25.

table sentiment du cardinal, à qui, par des corrections plus ou moins sensées, on faisait quelquefois dire le contraire de ce qu'il avait dit réellement; nous avons placé entre deux crochets [ ] tous les passages nouveaux dans notre édition, ainsi que les phrases dont on avait changé le sens véritable, et des dates ajoutées dans l'intérêt de la narration.

Toutes les notes des anciens éditeurs ont été vérifiées, abrégées ou supprimées, notamment celles qui faisaient double ou triple emploi par des confusions de noms (1). De nouvelles notes ont été ajoutées et elles ont été puisées aux sources les plus pures et les plus authentiques. Pour les notes historiques, toutes les fois qu'il nous a été possible d'éclaircir un fait ou de fixer d'une manière positive la date d'un événement par des pièces du temps, nous avons toujours eu soin de les insérer au bas des pages, en totalité ou par extraits. On trouvera donc souvent des fragments de lettres de personnages marquants de l'époque de la Fronde. Un ancien recueil de notes sur le caractère, les opinions, les habitudes, les mœurs, l'influence, et souvent la vie intérieure des membres du parlement de Paris, nous a fourni des renseignements qui nous ont paru utiles pour expliquer quelquefois la conduite de ces magistrats dans différentes circonstances. Comme apendice aux Mémoires du cardinal, nous donnons quelques pièces autographes inédites, qui sont un discours sur la religion et plusieurs lettres originales relatives aux négociations dont Louis XIV le chargea auprès du pape, vers l'année 1665.

Cette nouvelle édition, aussi complète que le manuscrit, permettra enfin de juger en pleine connaissance de cause l'un des hommes les plus marquants du XVIIe siècle, et l'historien le plus fidèle et le plus exact des troubles de la Fronde. Et comment ne pas croire à cette exactitude dans un homme d'un si grand génie, qui estime « qu'il » est d'un plus grand homme de sçavoir advouer » ses faultes que de sçavoir ne les pas faire ; qui » ne fait estat que de ce qu'il a vu par lui-mesme, » parce qu'il a tousjours esté persuadé que tout ce » qui s'escrit sur la foi d'autrui est incertain (2), » et dont la mémoire ne l'aide pas seule à composer son travail, puisqu'il déclare qu'il n'a rapporté « *aucuns* faits qu'il n'ait vérifié lui-mesme sur » les registres du parlement ou sur ceux de » l'Hostel-de-Ville (3). » Il ajoute enfin sans hésiter : « Sur le tout je vous doibs la *vérité*, qui » ne me servira pas beaucoup dans la postérité » pour ma descharge (4). »

Si notre faible témoignage pouvait en rien corroborer l'exactitude historique de ces mémoires, nous pourrions déclarer que, après avoir parcouru plus de deux mille pièces historiques originales contenant la correspondance des ministres entre eux et avec les gouverneurs des provinces, les ambassadeurs et les agents des affaires de France à l'étranger ; les lettres des principaux chefs du parti des princes, et des ministres d'Espagne, ainsi que d'autres documents, tous relatifs aux troubles de la Fronde, nous pourrions, disons-nous, déclarer que dans toutes ces pièces, il ne s'en trouve pas une seule qui contredise ou démente un fait important rapporté dans les Mémoires de Retz. Cette histoire de la Fronde est donc l'un des ouvrages les plus complets et les plus importants, relatifs à cette période célèbre de l'histoire nationale.

Cet examen et l'existence de nos manuscrits autographes nous apprennent aussi ce que méritent de créance les opinions du président Hénault, de Mailly, d'Anquetil, de Sénecé, de madame de Genlis, qui voulaient, les uns que les Mémoires du cardinal ne fussent dignes d'aucune confiance, et les autres que ces Mémoires n'avaient jamais existé. De telles assertions sont suffisamment détruites par le résultat de nos propres recherches. A ce sujet je ne dois pas omettre de dire avec quelle obligeance j'ai été secondé par M. Lacabane, mon collègue à la Bibliothèque Royale ; et d'exprimer le regret de n'avoir pas obtenu de lui une plus directe collaboration, que, toutefois, je n'ai pu exiger, occupé comme il l'est d'une édition critique de la Chronique de Froissart.

A. C.

Paris, le 10 juin 1836.

---

(1) Nous pouvons, sans entrer ici dans aucun détail, affirmer que, sous ce rapport, notre édition aura quelques avantages sur les précédentes; nous nous en rapportons à ce sujet au jugement de ceux qui prendront la peine de faire quelques comparaisons. Du reste, nous avons indiqué par ces lettres : A. E., les notes conservées des éditions précédentes.
(2) Manuscrit, tome II, p. 992 et 1096.
(3) *Idem*, tome III, page 2196.
(4) *Idem, idem*, page 2237.

LA VIE
DU CARDINAL DE RAIS.(1)

PREMIÈRE PARTIE.

Madame, quelque répugnance que je puisse avoir à vous donner l'histoire de ma vie, qui a été agitée de tant d'aventures différentes ; néanmoins, comme vous me l'avez commandé, je vous obéis mesme aux dépens de ma réputation. Le caprice de la fortune m'a fait honneur de beaucoup de fautes ; et je doute qu'il soit judicieux de lever le voile qui en cache une partie. [Je vais cependant vous instruire nuement et sans détour des plus petites particularités, depuis le moment que j'ai commencé à connoître mon estat ; et je ne vous célerai aucune des démarches que j'ai faites en tous les temps de ma vie. Je vous supplie très-humblement de ne pas être surprise de trouver si peu d'art, et au contraire tant de désordre dans ma narration, et de considérer que si, en récitant les diverses parties qui la composent, j'interromps quelquefois le fil de l'histoire, néanmoins je ne vous dirai rien qu'avec toute la sincérité que demande l'estime que je sens pour vous] (2). Je mets mon nom à la teste de cest ouvrage, pour m'obliger davantage moi-mesme à ne diminuer et à ne grossir en rien la vérité. La fausse gloire et la fausse modestie sont les deux écueils que la plupart de ceux qui ont écrit leur propre vie n'ont pu éviter. Le président de Thou l'a fait avec succès dans le dernier siècle ; et, dans l'antiquité, César n'a pas échoué. Vous me faites, sans doute, la justice d'être persuadée que je n'allèguerois pas ces grands noms sur un sujet qui me regarde, si la sincérité n'étoit l'unique vertu dans laquelle il est permis et même commandé de s'égaler aux héros.

Je sors d'une maison illustre en France, et ancienne en Italie. Le jour de ma naissance, on prit un esturgeon monstrueux, dans une petite rivière qui passe sur la terre de Montmirail en Brie, où ma mère accoucha de moi. Comme je ne m'estime pas assez pour me croire un homme à augure, je ne vous rapporterois pas cette circonstance si les libelles qui ont depuis été faits contre moi, et qui en ont parlé comme d'un présage de l'agitation dont ils ont voulu me faire l'auteur, ne me donnoient lieu de craindre qu'il n'y eût de l'affectation à l'obmettre.

. . . .

Je communiquai à Attichi, frère de la comtesse de Maure, et je le priai de se servir de moi la première fois qu'il tireroit l'épée. Il la tiroit souvent, et je n'attendis pas long-temps. Il me pria d'appeler pour lui Melbeville, enseigne-colonel des gardes, qui se servit de Bassompierre, celui qui est depuis mort avec beaucoup de réputation, major-général de bataille dans l'armée de l'Empire. Nous nous battîmes à l'épée et au pistolet, derrière les Minimes du bois de Vincennes. Je blessai Bassompierre d'un coup d'épée dans la cuisse, et d'un coup de pistolet dans le bras. Il ne laissa pas de me désarmer, parce qu'il passa sur moi, et qu'il étoit plus âgé et plus fort. Nous allâmes séparer nos amis, qui étoient tous deux fort blessez. Ce combat fit assez de bruit, mais il ne produisit pas l'effet que j'attendois. Le procureur général commença des poursuites, mais il les discontinua, à la prière de mes proches ; et ainsi je demeurai avec ma soutane et un duel (3). . . .

La mère s'en aperçut ; elle avertit mon père, et l'on me ramena à Paris assez brusquement. Il ne tint pas à moi de me consoler de son absence avec madame du Chastelet ; mais comme elle étoit engagée avec le comte d'Harcourt, elle me traita d'écolier, et elle me joua même assez publiquement sous ce titre, en présence

---

(1) Ce titre est celui du manuscrit autographe. Les premiers feuillets du manuscrit ont été arrachés ; on a remplacé le texte qu'ils contenaient par celui que donnent toutes les éditions, et on a préféré la première (Nancy, 1717) comme étant, au moins par son ortographe, la plus près de l'original.

N. B. Les notes et éclaircissements qui ne sont pas suivis des lettres A. E. (anciens éditeurs), sont nouveaux dans cette édition.

(2) Ce passage entre crochets est tiré de l'édition de Genève, 1777 ; il n'existe pas dans celle de 1717, qui est la première.

(3) Jean-François-Paul de Gondy avait été reçu chanoine de Notre-Dame de Paris, le 31 décembre 1627, à l'âge de 13 ans.

de M. le comte d'Harcourt. Je m'en pris à lui ; je lui fis un appel à la comédie. Nous nous battîmes le lendemain au matin, au-delà du fauxbourg Saint-Marcel. Il passa sur moi, après m'avoir donné un coup d'épée qui ne faisoit qu'effleurer l'estomac ; il me porta par terre, et il eut eu infailliblement tout l'avantage, si son épée ne lui fût tombée de la main en nous colletant. Je voulus raccourcir la mienne, pour lui en donner dans les reins ; mais comme il étoit beaucoup plus fort et plus âgé que moi, il me tenoit le bras si serré sous lui que je ne pus exécuter mon dessein. Nous demeurions ainsi sans nous pouvoir faire du mal, quand il me dit : « Levons-nous, il n'est pas honnête de se gourmer. Vous êtes un joli garçon, je vous estime, et je ne fais aucune difficulté, dans l'état où nous sommes, de dire que je ne vous ai donné aucun sujet de me quereller. » Nous convinmes de dire au marquis de Poissy, qui étoit son neveu et mon ami, comme le combat s'étoit passé ; mais de le tenir secret à l'égard du monde, à la considération de madame du Chastelet. Ce n'étoit pas mon compte : mais quel moyen honnête de le refuser ? On ne parla que peu de cette affaire, et encore fut-ce par l'indiscrétion de Noirmoutier, qui, l'ayant apprise du marquis de Poissy, la mit un peu dans le monde ; mais enfin il n'y eut point de procédures, et je demeurai encore avec ma soutane et deux duels.

Permettez-moi, je vous supplie, de faire un peu de réflexion sur la nature de l'esprit de l'homme. Je ne crois pas qu'il y eût au monde un meilleur cœur que celui de mon père (1), et je puis dire que sa trempe étoit celle de la vertu. Cependant et ces duels et ces galanteries ne l'empêchèrent pas de faire tous ses efforts pour attacher à l'église l'ame peut-être la moins ecclésiastique qui fût dans l'univers : la prédilection pour son aîné, et la vûe de l'archevêché de Paris, qui étoit dans sa maison, produisirent cet effet. Il ne le crut pas, et ne le sentit pas lui-même ; je jurerois qu'il eût lui-même juré dans le plus intérieur de son cœur, qu'il n'avoit en cela d'autre mouvement que celui qui lui étoit inspiré par l'appréhension des périls ausquels la profession contraire exposeroit mon ame : tant il est vrai qu'il n'y a rien qui soit si sujet à l'illusion que la piété. Toutes sortes d'erreurs se glissent et se cachent sous son voile. Elle consacre toutes sortes d'imaginations ; et la meilleure intention ne suffit pas pour en faire éviter le travers. Enfin, après tout ce que viens de vous raconter, je demeurai d'église : mais ce n'eût pas été assurément pour long-temps, sans un incident dont je vais vous rendre compte.

M. le duc de Retz, aîné de notre maison, rompit dans ce temps-là, par le commendement du roi, le traité de mariage qui avoit été accordé quelques années auparavant entre M. le duc de Mercœur (2) et sa fille. Il vint trouver mon père dès le lendemain, et le surprit très agréablement en lui disant qu'il étoit résolu de la donner à son cousin, pour réunir la maison. Comme je sçavois qu'elle avoit une sœur qui auroit plus de quatre-vingt mille livres de rente, je songeai au même moment à la double alliance. Je n'espérois pas que l'on y pensât pour moi, connoissant le terrain comme je le connoissois, et je pris le parti de me pourvoir de moi-même. Comme j'eus quelque lumière que mon père n'estoit pas dans le dessein de me mener aux nôces, peut-être en vûe de ce qui en arriva, je fis semblant de me radoucir à l'égard de ma profession. Je feignis d'être touché de ce que l'on m'avoit représenté tant de fois sur ce sujet, et je jouai si bien mon personnage que l'on crut que j'étois absolument changé. Mon père se résolut de me mener en Bretagne [1633], d'autant plus facilement que je n'en avois témoigné aucun désir. Nous trouvâmes mademoiselle de Retz à Beaupreau en Anjou. Je ne regardai l'aînée que comme ma sœur ; je considérai d'abord mademoiselle de Scepeaux (3) (c'est ainsi que l'on appeloit la cadette), comme ma maîtresse. Je la trouvai très belle, le teint du plus grand éclat du monde, des lys et des roses en abondance, les yeux admirables, la bouche belle, du défaut à la taille, mais peu remarquable, et qui étoit beaucoup couvert par la vûe de quatre-vingt mille livres de rente, par l'espérance du duché de Beaupreau, et par mille chimères que je formois sur ces fondemens, qui étoient réels.

---

(1) Philippe Emman. de Gondy, deuxième fils d'Albert de Gondy, maréchal de Retz, né à Limoges, en 1581. Il se distingua, comme général de galères, en 1619, dans l'expédition contre les corsaires barbaresques, qui infestaient les côtes de Provence et de Bretagne ; et en 1632 au siége de La Rochelle. Après la mort de sa femme il se retira dans la congrégation de l'Oratoire et y prit les ordres. Il mourut le 29 juin 1662.

(2) Louis, duc de Mercœur, depuis cardinal de Vendôme, père de M. le duc de Vendôme et de M. le grand prieur ; mort en 1669. (A. E.)

(3) Mademoiselle de Scepeaux, était Marguerite de Gondy, deuxième fille de Henry de Gondy, duc de Retz, et de Jeanne de Scepeaux, née en 1615. Elle épousa plus tard Louis de Cossé, duc de Brissac.

Je couvris bien mon jeu dans les commencemens ; j'avois fait l'ecclésiastique et le dévot dans tout le voyage, je continuai dans le séjour. Je soupirois toute fois devant la belle, elle s'en apperçut : je parlai ensuite, elle m'écouta, mais d'un air un peu sévère. Comme j'avois observé qu'elle aimoit extrêmement une vieille fille de chambre, qui étoit sœur d'un de mes moines de Busay, je n'oubliai rien pour la gagner, et j'y réussis par le moyen de cent pistoles, et des promesses immenses que je lui fis. Elle mit dans l'esprit de sa maîtresse que l'on ne songeoit qu'à la faire religieuse, et je lui disois de mon côté que l'on ne pensoit qu'à me faire moine. Elle haïssoit cruellement sa sœur parce qu'elle étoit beaucoup plus aimée de son père ; je n'aimois pas trop mon frère pour la même raison. Cette conformité dans nos fortunes, contribua beaucoup à notre liaison. Je me persuadai qu'elle étoit réciproque, et je me résolus de la mener en Hollande ; et dans la vérité il n'y avoit rien de si facile, Machecoux, où nous étions venus de Beaupreau, n'étant qu'à une demi lieuë de la mer. Il falloit de l'argent pour cette expédition ; mon trésor étoit épuisé par le don des cent pistoles, et je n'avois pas un sol. J'en trouvai suffisamment en témoignant à mon père que l'œconomat de mes abbayes étant censé tenu de la plus grande rigueur des loix, je croyois être obligé en conscience, d'en prendre l'administration. La proposition ne plut pas ; mais on ne put la refuser, et parce qu'elle étoit dans l'ordre et parce qu'elle faisoit en quelque façon juger que je voulois au moins retenir mes bénéfices, puisque j'en voulois prendre le soin.

Je partis dès le lendemain pour aller affermer Busay, qui n'est qu'à cinq lieuës de Machecoux. Je traitai avec un marchand de Nantes, appelé Jucatières, qui prit avantage de ma précipitation, et qui, moyennant quatre mille écus comptant qu'il me donna, conclut un marché qui a fait sa fortune. Je crus avoir quatre millions. J'étois sur le point de m'assurer d'une de ces flutes hollandoises, qui sont toujours à la rade de Retz, lorsqu'il arriva un accident qui rompit encore toutes mes mesures.

Mademoiselle de Retz (car elle avoit pris ce nom depuis le mariage de sa sœur) avoit les plus beaux yeux du monde, mais ils n'étoient jamais si beaux que quand ils mouroient, et je n'en ai jamais vû à qui la langueur donnât tant de grâces. Un jour que nous dînions chez une dame du pays, à une lieuë de Machecoux, en se regardant dans un miroir qui étoit dans la ruelle, elle montra tout ce que la morbidezza des Italiennes a de plus tendre, de plus animé et de plus touchant. Mais par malheur elle ne prit pas garde que Palluau (1), qui a depuis été le maréchal de Clérembaut, étoit au point de vuë du miroir. Il le remarqua, et comme il étoit fort attaché à madame de Retz, avec laquelle, étant fille, il avoit eu beaucoup de commerce, il ne manqua pas de lui en rendre un compte fidèle, et il m'assura même, à ce qu'il m'a dit depuis, que ce qu'il avoit vû ne pouvoit pas être un original.

Madame de Retz, qui haïssoit mortellement sa sœur, en avertit dès le soir même monsieur son père, qui ne manqua pas d'en donner part au mien. Le lendemain l'ordinaire de Paris arriva, l'on feignit d'avoir reçu des lettres bien pressantes ; l'on dit un adieu aux dames fort léger et fort public. Mon père me mena coucher à Nantes. Je fus, comme vous le pouvez juger, et fort surpris et fort touché. Je ne sçavois pas à quoi attribuer la promptitude de ce départ ; je ne pouvois me reprocher aucune imprudence ; je n'avois pas le moindre doute que Palluau eût pû avoir rien vû. Je fus un peu éclairci à Orléans où mon frère, apprehendant que je ne m'échapasse, ce que j'avois vainement tenté dès Tours, se saisit de ma cassette où étoit mon argent. Je connus par ce procédé que j'avois été pénétré, et j'arrivai à Paris avec la douleur que vous pouvez vous imaginer.

Je trouvai Eqvilly, oncle de Vassé et mon cousin germain, que j'ose assurer avoir été le plus honnête homme de son siècle. Il avoit vingt ans plus que moi, mais il ne laissoit pas de m'aimer chèrement. Je lui avois communiqué, avant mon départ, la pensée que j'avois d'enlever mademoiselle de Retz, et il l'avoit fort approuvée, non seulement parce qu'il la trouvoit fort avantageuse pour moi, mais encore parce qu'il étoit persuadé que la double alliance étoit nécessaire pour assurer l'établissement de la maison ; et l'événement qui porte aujourd'hui notre nom dans une famille étrangère, marque qu'il étoit assez bien fondé. Il me promit de nouveau de me servir de toute chose en cette occasion. Il me prêta douze cens écus, qui étoit tout ce qu'il avoit d'argent comptant. J'en pris trois mille du président Barillon. Eqvilly manda de Provence le pilote de sa galère, qui étoit homme de main et de sens. Je m'ouvris de mon dessein à madame la comtesse de Saux, qui a été depuis madame de Lesdiguières.

. . . .

(1) Philippe de Clérambault, comte de Palluau, mort le 24 juillet 1665, âgé de cinquante-neuf ans. (A. E.)

Ce nom m'oblige à interrompre le fil de mon discours ; vous en verrez les raisons dans la suite.

Je querellois à propos de rien Praslin : nous nous battimes dans le bois de Boulogne, après avoir eu des peines incroyables à nous échapper de ceux qui nous vouloient arrêter. Il me donna un grand coup d'épée dans la gorge : je lui en donnai un qui n'étoit pas moindre dans le bras. Meillaincour, écuyer de mon frère, qui me servoit, et qui avoit été blessé dans le petit ventre et désarmé, et le chevalier du Plessis, second de Praslin, nous vinrent séparer. Je n'oubliai rien pour faire éclater ce combat, jusqu'au point d'avoir aposté des témoins : mais l'on ne peut forcer le destin, et l'on ne songea pas seulement à en informer.

. . . .

En ce cas, croyez-vous, me dit-il, qu'un attachement à une fille de cette sorte puisse vous empêcher de tomber dans des inconvéniens où monsieur de Paris, votre oncle, est tombé, beaucoup plus par la bassesse de ses inclinations que par le dérèglement de ses mœurs ? Il en est des ecclésiastiques comme des femmes ; elles ne peuvent conserver de dignité dans la galanterie que par le mérite de leurs amans. Où est celui de mademoiselle de Roche, hors sa beauté ? Est-ce une excuse suffisante pour un abbé, dont la première prétention est l'archevêché de Paris ? Si vous prenez l'épée, comme je le crois, à quoi vous exposez-vous ? Pouvez-vous répondre de vous-même à l'égard d'une fille aussi brillante et aussi belle qu'elle est ? Dans six semaines elle ne sera plus enfant; elle sera sifflée par Epineville, qui est un vieux renard, et par sa mère, qui paroit avoir de l'entendement. Que sçavez-vous ce qu'une beauté comme celle-là, qui sera bientôt instruite, vous pourra mettre dans l'esprit?

. . . .

M. le cardinal de Richelieu (1) haïssoit au dernier point madame la princesse de Guémené, parce qu'il étoit persuadé qu'elle avoit traversé l'inclination qu'il avoit pour la reine (2), et qu'elle avoit même été de part à la pièce que madame du Fargis (3), dame d'atour, lui fit quand elle porta à la reine mère, Marie de Médicis, une lettre d'amour qu'il avoit écrite à la reine sa belle-fille. Cette haine de M. le cardinal de Richelieu avoit passé jusqu'au point d'avoir voulu obliger M. le maréchal de Brezé, son beau-frère et capitaine des gardes du corps, à rendre publiques les lettres de madame de Guémené, qui avoient été trouvées dans la cassette de monsieur de Montmorency (4) lorsqu'il fut pris à Castelnaudari. Le maréchal de Brezé eut ou l'honnêteté ou la franchise de les rendre à madame de Guémené. Il étoit fort extravagant : mais comme M. le cardinal de Richelieu s'étoit trouvé autrefois honoré en quelque façon de son alliance, et qu'il craignoit même ses emportemens et ses prôneries auprès du roi qui avoit quelque sorte d'inclination pour lui, il agissoit dans la vûe de se donner à lui-même quelque repos dans sa famille, qu'il souhaitoit avec passion d'établir et d'unir ; il pouvoit tout en France à la réserve de ce dernier point. Car M. le maréchal de Brezé avoit pris une si forte aversion pour M. de la Meilleraye [1634] (5), qui étoit grand-maître de l'artillerie en ce temps-là, et qui a été depuis le maréchal de la Meilleraye, qu'il ne le pouvoit souffrir. Il ne pouvoit se mettre dans l'esprit que M. le cardinal de Richelieu dût seulement songer à un homme qui étoit vraiment son cousin germain ; mais qui n'avoit apporté dans son alliance qu'une roture fort connuë, la plus petite mine du monde, et un mérite, à ce qu'il publioit, fort commun.

M. le cardinal de Richelieu n'étoit pas de ce sentiment ; il croyoit, et avec raison, beaucoup de cœur à M. de la Meilleraye. Il estimoit même sa capacité dans la guerre infiniment au-dessus de ce qu'elle méritoit, quoiqu'en effet elle ne fût pas méprisable. Enfin il le destinoit à la place que nous avons vû avoir été tenuë depuis si glorieusement par monsieur de Turenne.

Vous jugez assez, parce que je viens de vous dire, de la brouillerie du dedans de la maison de M. le cardinal de Richelieu, et de l'intérêt qu'il avoit à la démêler. Il y travailla avec application, et il ne crut pas y pouvoir mieux réussir, qu'en réünissant ces deux chefs de caballe dans une confiance qu'il n'eut pour personne, et qu'il eut uniquement pour eux deux. Il les mit pour cet effet en commun, et par indivis, dans la confidence de ses galanteries, qui en vérité ne ré-

---

(1) Armand-Jean Duplessis, cardinal de Richelieu, naquit en 1585, et mourut en décembre 1642.

(2) Anne d'Autriche, fille aînée de Philippe III, roi d'Espagne, et femme de Louis XIII, morte en 1666.

(3) Madame du Fargis était Madeleine de Silly, comtesse de La Rochepot, dame d'atour de la reine Anne, et fille d'Antoine de Silly.

(4) Henri, duc de Montmorency, fut pris le premier septembre 1632, et décapité à Toulouse au mois de novembre de la même année. (A. E.) Son mausolée se voit dans l'église du collége royal de Moulins, département de l'Allier.

(5) Charles de La Porte, maréchal de la Meilleraye, mourut en 1664. (A. E.)

pondoient en rien à la grandeur de ses actions ni à l'éclat de sa vie.

Marion de Lorme (1), qui étoit un peu moins qu'une prostituée, fut un des objets de son amour, et elle le sacrifia à des Barreaux. Madame de Fruges, que vous voyez traînante dans les cabinets, sous le nom de vieille femme, en fut une autre. La première venoit chez lui la nuit; il alloit aussi la nuit chez la seconde, qui étoit déjà un reste de Buckingham et de l'Epienne. Ces deux confidens, qui avoient fait une paix fourrée l'y menoient en habit de couleur; et madame de Guémené faillit être la victime de cette paix fourrée.

M. de la Meilleraye, que l'on appelloit le grand-maître, étoit devenu amoureux d'elle, mais elle ne l'étoit nullement de lui. Comme il étoit, et par son naturel et par sa faveur, l'homme du monde le plus impérieux, il trouva fort mauvais que l'on ne l'aimât pas. Il s'en plaignit, l'on n'en fut point touché : il menaça, l'on s'en moqua. Il crut le pouvoir parce que M. le cardinal auquel il avoit dit rage contre madame de Guémené, avoit enfin obligé M. de Brezé à lui mettre entre les mains les lettres écrites à M. de Montmorency, desquelles je vous ai tantôt parlé et les avoit données au grand-maître, qui, dans les secondes menaces, en laissa échapper quelque chose à madame de Guémené. Elle ne s'en moqua plus, mais elle faillit à enrager. Elle tomba dans une mélancolie qui n'est pas imaginable; elle changea tellement que l'on ne la reconnoissoit point. Elle s'en alla à Couperay, où elle ne voulut voir personne.

. . . .

Dès que j'eus pris la résolution de me mettre à l'étude, j'y pris aussi celle de reprendre les erremens de M. le cardinal de Richelieu; et quoique mes proches même s'y opposassent, dans l'opinion que cette matière n'étoit bonne que pour des pédans, je suivis mon dessein, j'entrepris la carrière, et je l'ouvris avec succès. Elle a été remplie depuis par toutes les personnes de qualité de la profession. Mais comme je fus le premier depuis M. le cardinal de Richelieu, ma pensée lui plut; et cela joint aux bons offices que M. le grand-maître me rendoit tous les jours auprès de lui, fit qu'il parla avantageusement de moi en deux ou trois occasions; qu'il témoigna un étonnement obligeant de ce que je ne lui avois jamais fait la cour; et qu'il ordonna même à M. de Lingendes (2), qui a été depuis évêque de Mâcon, de me mener chez lui.

Voilà la source de ma première disgrace : car au lieu de répondre à ses avances et aux instances que M. le grand-maître me fit pour m'y obliger, je ne les payai toutes que de très méchantes excuses. Je fis le malade, j'allois à la campagne; enfin j'en fis assez pour laisser voir que je ne voulois pas m'attacher à M. le cardinal de Richelieu, qui étoit un très grand homme; mais qui avoit au souverain degré le foible de ne point mépriser les petites choses. Il le témoigna en ma personne : car l'histoire de la Conjuration de Jean-Louis de Fiesque (3), que j'avois fait à dix-huit ans (4), ayant échappé en ce temps-là des mains de Lauzières, à qui je l'avois confiée seulement pour la lire, et ayant été portée à M. le cardinal de Richelieu par Boisrobert (5), il dit tout haut, en présence du maréchal d'Estrées, et de Senneterre : « Voilà un » dangereux esprit. » Le second le dit dès le soir même à mon père, et je me le tins comme dit à moi-même.

Je continuai, par ma propre considération, la conduite que je n'avois prise jusques-là que par celle de la haine personnelle que madame de Guémené avoit contre M. le cardinal.

[1636.] Le succès que j'eus dans les Actes de Sorbonne, me donna du goût pour ce genre de réputation. Je la voulus pousser plus loin, et je m'imaginai que je pourrois réussir dans les sermons. On me conseilloit de commencer par de petits couvens, où je m'accoutumerois peu à peu. Je fis tout le contraire. Je prêchai l'Ascension, la Pentecôte, la Fête-Dieu dans les petites Carmélites, en présence de la reine et de toute la cour, et cette audace m'attira un second éloge de M. le cardinal de Richelieu. Car comme on lui eut dit que j'avois bien fait, il répondit : « Il

---

(1) Marion de Lorme, par sa grâce et sa beauté, Ninon, par son esprit, attirèrent dans leurs salons les personnages les plus distingués de la société de Paris. Marion de Lorme fut d'abord la maîtresse de Cinq-Mars, puis celle du cardinal de Richelieu. La maison de Marion devint plus tard la réunion des partisans des princes de Condé et de Conti; ce qui lui fit craindre le ressentiment du cardinal Mazarin. Sa vie, dont quelques biographes se plaisent à raconter les événements parfois peu vraisemblables, paraît ne s'être pas prolongée au-delà de l'année 1650.

(2) Jean de Lingendes, précepteur du comte de Moret (fils naturel de Henri IV), puis évêque de Sarlat et de Mâcon. Il mourut dans cette dernière ville, en 1665.

(3) Jean-Louis de Fiesque, instigateur de la conjuration de Gênes. Il se noya le 1er janvier 1557.

(4) Vers 1632 : le cardinal de Retz étant né au mois d'octobre 1614.

(5) François Métel de Boisrobert, de l'Académie française, mort en 1662. Ce fut lui qui donna au cardinal ministre la première idée de la formation de l'Académie. Boisrobert eut le talent de se rendre nécessaire à Richelieu par l'agrément de sa conversation; ses bons mots l'ont rendu célèbre.

» ne faut pas juger des choses par l'événement, » c'est un téméraire. » J'étois, comme vous voyez, assez occupé, pour un homme de vingt-deux ans.

. . . .

M. le comte (1) qui avoit pris une très grande amitié pour moi, et pour le service et la personne duquel j'avois pris un très grand attachement, partit de Paris la nuit pour s'aller jetter dans Sedan [1637], dans la crainte qu'il eut d'être arrêté. Il m'envoya quérir sur les dix heures du soir. Il me dit son dessein. Je le suppliai avec instance, qu'il me permit que j'eusse l'honneur de l'accompagner. Il me le défendit expressement; mais il me confia Vambroc, un joueur de luth flamand, et qui étoit l'homme du monde à qui il se confioit le plus. Il me dit qu'il me le donnoit en garde, que je le cachasse chez moi, et que je ne le laissasse sortir que la nuit. J'exécutai fort bien de ma part tout ce qui m'avoit été ordonné, car je mis Vambroc dans une sous-pente, où il eut fallu être chat pour le trouver. Il ne fit pas si bien de son côté ; car il fut découvert par le concierge de l'hôtel de Soissons, au moins à ce que j'ai toujours soupçonné; et je fus bien étonné qu'un matin à six heures, je vis ma chambre pleine de gens armez qui m'éveillèrent en jetant la porte dedans. Le prevôt de l'Isle s'avança, et il me dit en jurant : « Où est Vambroc? — A Sedan, je » crois, lui répondis-je. » Il redoubla ses juremens et il chercha dans la paillasse de tous les lits. Il menaça tous mes gens de la question. Aucun d'eux, à la réserve d'un seul, ne lui en put dire des nouvelles : ils ne s'avisèrent pas de la sous-pente, qui dans la vérité n'étoit pas reconnoissable, et il sortirent très peu satisfaits. Vous pouvez croire qu'une note de cette nature se pouvoit appeler pour moi, à l'égard de la cour, une nouvelle confusion. En voici une autre.

La licence de Sorbonne expira ; il fut question de donner les lieux, c'est-à-dire de déclarer publiquement au nom de tout le corps, lesquels ont le mieux fait dans leurs Actes; et cette déclaration se fait avec de grandes cérémonies. J'eus la vanité de prétendre le premier lieu, et je ne crus pas le devoir céder à l'abbé de la Mothe-Houdancourt, qui est présentement l'archevêque d'Auch, et sur lequel il est vrai que j'a-vois eû quelques avantages dans les disputes.

M. le cardinal de Richelieu, qui faisait l'honneur à cet abbé de le reconnoître pour son parent, envoya en Sorbonne le grand prieur de la Porte, son oncle, pour le recommander. Je me conduisis dans cette occasion mieux qu'il n'appartenoit à mon âge : car aussitôt que je le sçus, j'allai trouver M. de Raconis (2), évêque de Lavaur, pour le prier de dire à M. le cardinal, que comme je sçavois le respect que je lui devois, je m'étois désisté de ma prétention aussitôt que j'avois appris qu'il y prenoit part. M. de Lavaur me vint trouver dès le lendemain matin, pour me dire que M. le cardinal ne prétendoit point que M. l'abbé de la Mothe eût l'obligation du lieu à ma cession, mais à son mérite auquel on ne pouvoit le refuser. La réponse m'outra ; je ne répondis que par un soûris et une profonde révérence. Je suivis ma pointe, et j'emportai le premier lieu de quatre-vingt-quatre voix. M. le cardinal s'emporta jusqu'à la puérilité ; il menaça les députez de la Sorbonne de raser ce qu'il avoit commencé d'y bâtir, et il fit mon éloge tout de nouveau avec une aigreur incroyable.

Toute ma famille s'épouvanta. Mon père et ma tante de Maignelais (3), qui se joignoient ensemble, la Sorbonne, Remebroc, M. le comte, mon frère, qui étoit parti la même nuit, madame de Guéméné, à laquelle ils voyoient bien que j'étois fort attaché, souhaitoient avec passion de m'éloigner et de m'envoyer en Italie. [1638] Je demeurai donc à Venise jusqu'à la mi-aout, et il ne tint pas à moi de m'y faire assassiner. Je m'amusois à vouloir faire galanterie à la signora Vendrameina, noble Vénitienne, et qui étoit une des personnes du monde des plus jolies. Le résident Maillé, ambassadeur pour le roi, qui sçavoit le péril qu'il y a en ce pays-là pour ces sortes d'aventures, me commanda d'en sortir. Je fis le tour de la Lombardie, et je me rendis à Rome sur la fin de septembre. M. le maréchal d'Estrées y étoit ambassadeur. Il me fit des leçons sur la manière dont je devois vivre, qui me persuadèrent, et quoique je n'eusse aucun dessein d'être d'église, je me résolus d'acquérir à tout hasard de la réputation dans une cour ecclésiastique où l'on me verroit avec la soutane. J'exécutai fort bien ma résolution ; je ne laissai

---

(1) Louis de Bourbon, comte de Soissons, tué à la bataille de la Marfée, près Sedan, en 1641. (A. E.)

(2) Charles-François d'Abra, prédicateur et aumônier de Louis XIII, mort en 1646. Il était, avec Boisrobert, l'homme de confiance du cardinal de Richelieu.

(3) Marguerite-Claude de Gondy, femme de Florimond d'Hallwin, marquise de Maignelais, morte en 1650.

Elle était d'une grande piété et faisait beaucoup d'aumônes. Elle servit plus tard, et sans s'en douter, les projets de Gondy, en répandant les sommes énormes que le coadjuteur employait à se faire un parti dans le peuple. Son oraison funèbre fut prononcée par le père Sénault.

pas la moindre ombre de débauche ou de galanterie : je fus modeste au dernier point dans mes habits ; et cette modestie qui paroissoit dans ma personne étoit relevée par une très grande dépense, par de belles livrées, par un équipage fort leste, et par une suite de sept ou huit gentilshommes, dont il y en avoit quatre chevaliers de Malthe. Je disputai dans les écoles de sapience, qui ne sont pas à beaucoup près si sçavantes que celles de Sorbonne ; et la fortune contribua encore à me relever. Le prince de Schemberg, ambassadeur d'obédience de l'Empire, m'envoya dire un jour que je jouois au balon dans les Thermes de l'empereur Antonin, de lui quitter la place, et je lui fis répondre qu'il n'y avoit rien que je n'eusse rendu à son excellence, si elle me l'eût demandé par civilité : mais puisque c'étoit un ordre, j'étois obligé de lui dire que je n'en pouvois recevoir d'aucun ambassadeur que de celui du roi mon maître. Comme il insista, et qu'il m'eût fait dire pour la seconde fois par le doyen de ses estafiers de sortir du jeu, je me mis sur la défensive ; et les Allemands, plus par mépris, à mon sens, du peu de gens que j'avois avec moi, que par autre considération, ne poussèrent pas l'affaire. Ce coup porté par un abbé tout modeste, à un ambassadeur qui marchoit toujours avec cent mousquetaires à cheval, fit un grand éclat à Rome ; et si grand que Roze (1), que vous voyez secrétaire du cabinet et qui etoit ce jour-là dans le jeu du balon, dit que feu M. le cardinal Mazarin en eut dès ce jour-là l'imagination saisie, et qu'il lui en a parlé depuis plusieurs fois.

La santé de M. le cardinal de Richelieu commençoit à s'affoiblir, et à laisser par conséquent quelques vûes de la possibilité de l'archevêché de Paris. M. le comte, qui avoit pris quelque teinture de dévotion dans la retraite de Sedan, et qui sentoit du scrupule de posseder, sous le nom de Custodinos, plus de cent mille livres de rente en bénéfices, avoit écrit à mon père qu'aussitôt qu'il seroit en état d'en faire agréer à la cour sa démission en ma faveur, il me les remettroit entre les mains. Toutes ces considérations jointes ensemble, ne me firent pas tout à fait perdre la résolution de quitter la soutane, mais elles la suspendirent. Elles firent plus : elles me firent prendre celle de ne la quitter qu'à bonnes-enseignes et par quelques grandes actions ; et comme je ne les voyois pas proches ni certaines, je me résolus de me signaler dans ma profession de toutes les manières. Je commençai par une très grande retraite, j'etudiois presque tout le jour, je ne voyois que fort peu de monde, je n'avois presque plus d'habitudes avec toutes les femmes, hors madame de Guémené.

ICI COMMENCE LE MANUSCRIT AUTOGRAPHE.

. . . .

[Estoit (2) à la ruelle du lit ; mais ce qui fut le plus merveilleux est que l'on le pleignit dans le plus tendre des raccommodement. Il fauldroit un volume pour déduire toutes les façons dont ceste histoire fut ornée. Une des plus simples, fut qu'il fallut s'obliger, par serment, de laisser à la belle un mouchoir sur les yeux quand la chambre seroit trop éclairée. Comme il ne pouvoit couvrir que le visage, il n'empêcha pas de juger des autres beautés, qui sans aucune exagération passoient celles de la Vénus de Médicis, que je venois de voir tout fraischement à Rome. J'en avois apporté la stampe et ceste merveille du siècle d'Alexandre cédoit à la vivante.]

Le diable avoit apparu justement quinse jours devant ceste advanture, à madame la princesse de Guémené (3), et il lui apparoissoit souvent, évoqué par les conjurations de M. d'Andilly (4), qui le forçoit, je crois, de faire peur à sa dévote, de laquelle il estoit encore plus amoureux que moi, mais en Dieu et purement spirituellement. J'évoquai, de mon costé, un démon qui lui parut sous une forme plus bénigne et plus agréable ; [il la retira] (5) au bout de six sepmaines, du Port-Royal, où elle faisoit

---

(1) Toussaint Roze, marquis de Caye, fut d'abord secrétaire de Mazarin en 1646, et devint secrétaire du cabinet du roi en 1664. Il fut reçu à l'Académie Française en 1675, et président de la chambre des comptes de Paris en 1681. Roze mourut le 7 janvier 1701, âgé de quatre-vingt-sept ans : le refus qu'il fit de recevoir dans ses derniers moments les médecins et les confesseurs, lui valut l'épitaphe suivante :

 Ci gît le vieux président Roze,
 Secrétaire du cabinet,
 Qui fut en mourant si secret,
 Que sur ses péchés même il eut la bouche close.

L'éditeur des Mémoires de Retz (Paris, 1825), fait, par erreur, mourir Toussaint Roze à l'âge de soixante et onze ans.

(2) Ce passage entre deux crochets est le premier des morceaux inédits que fournit le manuscrit autographe. Il était soigneusement effacé dans le manuscrit original. Nous continuerons d'imprimer entre deux crochets les fragments inédits et les textes rétablis qui auront été trop défigurés dans les précédentes éditions.

(3) La princesse de Guémené était Anne de Rohan, fille de Pierre de Rohan, prince de Guémené, et de Madeleine de Rieux de Châteauneuf. (A. E.)

(4) Robert Arnauld, sieur d'Andilly, né en 1589 et mort en 1674. Il fut célèbre par ses écrits et par sa retraite à l'abbaye de Port-Royal-des-Champs.

(5) Madame de Guémené rentra dans le monde en 1646 ; sa première retraite à Port-Royal avait eu lieu en 1639, par l'influence d'Arnauld d'Andilly.

de temps en temps des escapades plus tost que des retraites. [Je conduisis (1) ainsi l'Arsenal et la place Royale (2), et je charmois, par ce doux accord], le chagrin que ma profession ne laissoit pas de nourrir tousjours dans le fonds de mon ame. Il s'en fallut bien peu qu'il ne sortist de cest enchantement une tempeste qui eust fait changer de face à l'Europe, pour peu qu'il eust plu à la destinée d'estre de mon advis. M. le cardinal de Richelieu aimoit la raillerie, mais il ne la pouvoit souffrir; et toutes les personnes de ceste humeur ne sont jamais que fort aigres. Il en fit une de ceste nature en plein cercle à madame de Guémené; et tout le monde remarqua qu'il vouloit me désigner. Elle en fut outrée et moi plus qu'elle; car enfin il s'estoit contracté une certaine espèce [de manége] entre elle et moi qui avoit souvent du mauvais mesnage, mais dont toutefois les intérêt n'estoient pas séparés.

Au mesme temps, madame de la Meilleraye (3), de qui toute sotte qu'elle estoit, j'estois devenu amoureux, pleut à M. le cardinal; et au point que le mareschal s'en estoit apperçu, devant mesme qu'il partit pour l'armée. Il en avoit fait la guerre à sa femme, et d'un air qui lui fit croire d'abord qu'il estoit encore plus jaloux qu'ambitieux. Elle le craignoit terriblement; elle n'aimoit point M. le cardinal, qui, en la mariant avec son cousin, avoit, à la vérité, despouillé sa maison de laquelle elle estoit idolatrée. Il estoit, d'ailleurs, encore plus vieux par ses incommodités que par son âge; et il est vrai de plus que, n'estant pédant en rien, il l'estoit tout à fait en galanterie. Elle m'avoit dit le détail des advances qu'il lui avoit faites, qui estoient effectivement ridicules; mais comme il les continua jusques au point de lui faire faire des séjours de temps mesme considérable à Ruel (4), où il faisoit le sien ordinaire,

je m'apperceus que la petite cervelle de la demoiselle ne resisteroit pas long-temps au brillant de la faveur, et que la jalousie du mareschal céderoit bien tost un peu à son intérêt, qui ne lui estoit pas indifférent, et pleinement à sa foiblesse pour la cour, qui n'a jamais eu d'esgalle.

J'estois dans les premiers feux (5) du [plaisir, qui, dans la jeunesse, se prennent aisément pour les premiers feux de l'amour, et j'avois trouvé tant de satisfaction à triompher du cardinal de Richelieu, dans un champ de bataille aussi beau que celui de l'arcenal, que je me sentis] de la rage dans le plus intérieur de mon ame, aussi-tost que je recogneus qu'il y avoit du changement dans toute la famille. Le mari consentoit [et désiroit] que l'on allast très souvent à Ruel; la femme ne me faisoit plus que des confidences qui me paroissoient asses souvent fausses; enfin, la cholère de madame de Guémené, dont je vous ai dit le subjet ci-dessus, la jalousie que j'eus pour madame de la Meilleraye, mon aversion pour ma profession, s'unirent ensemble dans un moment fatal, et faillirent à produire un des plus grands et des plus fameux événements de nostre siècle.

La Rochepot (6), mon cousin germain et mon ami intime, estoit domestique de feu M. le duc d'Orléans (7), et extrêmement dans sa confidence; il haïssoit cordialement M. le cardinal de Richelieu, et parce qu'il estoit fils de madame du Fargis, persécutée et mise en effigie par ce ministre, et parce que tout de nouveau, M. le cardinal, qui tenoit son père encore prisonnier à la Bastille, avoit refusé l'agréement du régiment de Champagne pour lui à M. le mareschal de la Meilleraye, qui avoit une estime particulière pour sa valeur. Vous pouves croire que nous faisions souvent ensemble le panégi-

---

(1) Les deux lignes effacées dans l'original avaient été remplacées par une phrase de la composition des anciens éditeurs : nous avons rétabli la rédaction du cardinal de Retz.

(2) Le quartier de la place Royale et celui de l'Arsenal étaient, à cette époque, les plus brillants de Paris, le foyer de toutes les intrigues galantes et le séjour des femmes dont les aventures fournissaient de si nombreux sujets de satire à la malignité des faiseurs de couplets.

L'intrigue que le cardinal conduisait à la place Royale était avec madame de Guémené, et celle de l'Arsenal avec madame de La Meilleraye. Ce fut au sujet de la dernière que ce couplet fut composé :

A quoi bon ces austéritez
Que vous affectez, maréchalle ;
Malgré les soins que vous prenez
De passer pour une vestale,
On dit que Monsieur de Paris

Est du nombre de vos amis.
(Recueil de chansons du temps. Manuscrit de la bibliothèque du roi.)

(3) Madame de La Meilleraye était Marie de Cossé, fille de François de Cossé, duc de Brissac. (A. E.)

La ligne qui suit n'est pas écrite de la main du cardinal; elle se trouve à la marge du manuscrit.

(4) Maison du cardinal de Richelieu, à trois lieues de Paris. (A. E.)

(5) Les anciens éditeurs avaient également substitué aux sept lignes effacées dans l'original, une phrase de leur composition. Nous rétablissons celle que nous sommes parvenus à lire malgré les ratures.

(6) Charles d'Angennes, fils d'Antoine de Silly, comte de La Rochepot, qui fut tué à l'attaque des lignes d'Arras, le 2 août 1640.

(7) Gaston, Jean-Baptiste de France, duc d'Orléans, frère de Louis XIII, troisième fils de Henri IV et de Marie de Médicis, né à Fontainebleau le 25 avril 1608, mort à Blois le 2 février 1660, âgé de cinquante-deux ans.

rique du cardinal et des invectives contre la foiblesse de Monsieur, qui, après avoir engagé M. le comte à sortir du royaume et à se retirer à Sédan, soubs la parole qu'il lui donna de l'y venir joindre, estoit revenu de Blois honteusement à la cour.

Comme j'estois aussi plein des sentiments que je vous viens de marquer, que la Rochepot l'estoit de ceux que l'estat de sa maison et de sa personne lui debvoit donner, nous entrasmes aisément dans les mesmes pensées, qui furent de nous servir de la foiblesse de Monsieur pour exéquter ce que la hardiesse de ses domestiques fut sur le point de lui faire faire à Corbie, dont il fault, pour plus d'éclaircissement, vous entretenir un moment.

Les ennemis estant entrés en Picardie (1), soubs le commandement de M. le prince Thomas de Savoie (2) et de Piccolomini (3), le roi y alla en personne, et il y mena Monsieur, son frère, pour général de son armée, et M. le comte pour lieutenant général. Ils estoient l'un et l'autre très mal avec M. le cardinal de Richelieu, qui ne leur donna cest emploi que par la pure nécessité des affaires, et parce que les Espagnols, qui menaçoient le cœur du royaume, avoient déjà pris Corbie, la Capelle et le Catelet. Aussitost qu'ils furent retirés dans les Pays-Bas, et que le roi eust repris Corbie, on ne doubta point que l'on ne cherchast les moyens de perdre M. le comte, qui avoit donné beaucoup de jalousie au ministre par son courage, par sa civilité, par sa dépense; qui estoit intimément bien avec Monsieur, et qui avoit surtout commis le crime capital de refuser le mariage de [M. Désguillon]. L'Espinai, Montresor, la Rochepot n'oublièrent rien pour donner à Monsieur, par l'apréhension, le courage de se défaire du cardinal; Saint-Ibal, Varicarville, Bardouville, et Beauregard, père de celui qui est à moi, le persuadèrent à M. le comte. La chose fut résolue, mais elle ne fut pas exécutée. Ils eurent le cardinal dans leurs mains à Amiens (4), et ils ne lui firent rien. Je n'ai jamais peu savoir pourquoi: je leur en ai ouï parler à touts, et chacun rejetoit la faute sur son compagnon. Je ne sçai dans la vérite ce qui en est. Ce qui est vrai, est qu'aussitost qu'ils furent à Paris, la frayeur les saisit. M. le comte, [que tout le monde convint avoir esté le plus ferme de touts les conjurés d'Amiens], se retira à Sedan, qui estoit en ce temps-là en souveraineté à M. de Bouillon (5). Monsieur alla à Blois; et M. de Rais (6), qui n'estoit pas de l'entreprise d'Amiens, mais qui estoit fort attaché à M. le comte, partit la nuit en poste de Paris, et il se jeta dans Belle-Isle. Le roi envoya à Blois M. le comte de Guiche (7), qui est présentement M. le mareschal de Grammont, et M. de Chavigny (8), secrétaire d'Estat et confidentissime du cardinal. Ils firent peur à Monsieur, et ils le ramenèrent à Paris, où il avoit encore plus de peur: car ceux qui estoient à lui dans sa maison, c'est-à-dire ceux de ses domestiques qui n'estoient pas gagnés par la cour, ne manquoient pas de le prendre par cet endroit, qui estoit son foible, pour l'obliger de penser à sa seureté, ou plustost à la leur. Ce fut de ce penchant où nous crumes, La Rochepot et moi, que nous le pourrions précipiter dans nos pensées. L'expression est bien irrégulière, mais je n'en trouve point qui marque plus naturellement le caractère d'un esprit comme le sien. Il pensoit tout, et il ne vouloit rien; et quand par hasart il vouloit quelque chose, il falloit le pousser en mesme-temps, ou plus tost le jeter, pour le lui faire exéquter.

La Rochepot fit touts les efforts possibles; et comme il vit que l'on ne répondoit que par des remises et par des impossibilités, que l'on trouvoit à touts les expédiants qu'il proposoit, il

---

(1) Ce fut en l'année 1636.
(2) Thomas-François de Savoie, prince de Carignan, fils de Charles-Emmanuel, duc de Savoie, mort en 1656. (A. E.)
(3) Piccolomini, un des généraux autrichiens les plus distingués, naquit en 1599, d'une famille siennoise. Ses talents militaires et sa réputation, inspirèrent au roi d'Espagne le désir de l'attacher à son service; ce qu'il obtint de l'empereur. Piccolomini reçut, en 1643, la décoration de la Toison-d'Or, le titre de grand d'Espagne, et fut nommé général en chef des forces espagnoles dans les Pays-Bas. Rappelé par l'empereur, dont les états étaient de nouveau menacés par les Suédois en 1648, il reçut le grade de feld-maréchal; et parvint à ralentir la marche des ennemis. Après le traité de Westphalie, l'empereur l'éleva au rang de prince de l'Empire. Piccolomini mourut à Vienne, le 10 août 1656.
(4) Le comte de Soissons, mécontent de ce que le cardinal de Richelieu le desservait auprès du roi, en lui imputant les désastres qui accablaient le nord de la France, tandis que ce prince avait fait tous ses efforts pour résister, avec un très-petit corps d'armée, aux forces bien supérieures des Espagnols, conjura avec Gaston, pour faire assassiner le cardinal. Mais la faiblesse de caractère de ce dernier sauva Richelieu. Cette entreprise eut lieu vers la fin de l'année 1646.
(5) Frédéric-Maurice de la Tour, prince de Sedan, duc de Bouillon, né en 1605, mourut en 1652. (A. E.)
(6) Pierre de Gondy, comte de Joigny, pair de France, frère aîné du cardinal de Retz, mort en 1676. (A. E.) Dans son manuscrit autographe le cardinal écrit toujours son nom ainsi: *Rais*.
(7) Antoine de Gramont, troisième du nom, né en 1604, mort en 1678. (A. E.)
(8) Léon Bouthilier, fils de Claude Bouthillier et de Marie de Bragelonne, mort en 1652. (A. E.)

s'advisa d'un moyen qui estoit asseurément hasardeux, mais qui, par un sort asses commun aux actions extraordinaires, l'estoit beaucoup moins qu'il ne le paroissoit.

M. le cardinal de Richelieu devoit tenir sur les fonts Mademoiselle (1), qui comme vous pouves juger, estoit baptisée il y avoit longtemps; mais les cérémonies du baptesme n'avoient pas esté faites. Il debvoit venir pour cest effet au Dôme (2), où Mademoiselle logeoit; et le baptesme se devoit faire dans sa chapelle. La proposition de La Rochepot fut de continuer de faire veoir à Monsieur, à touts les moments du jour, la nécessité de se défaire du cardinal; de lui parler moins qu'à l'ordinaire du détail de l'action, afin d'en moins hasarder le secret; de se contenter de l'en entretenir en général, et pour l'y accoutumer et pour lui pouvoir dire en temps et lieu qu'on ne l'a lui avoit pas célée; que l'on avoit plusieurs expériences qu'il ne pouvoit luimesme estre servi qu'en ceste manière; qu'il l'avoit lui-mesme advoué mainte fois à lui La Rochepot; qu'il n'y avoit donc qu'à s'associer de braves gents, qui fussent capables d'une action déterminée; qu'à poster des relais soubs le prétexte d'un enlèvement sur le chemin de Sedan; qu'à exécuter la chose au nom de Monsieur, et en sa présence dans la chapelle, le jour de la cérémonie, que Monsieur l'advouïroit de tout son cœur dès qu'elle seroit exécutée; et que nous le ménerions de ce pas sur nos relais à Sedan, dans un intervalle où l'abbatement des soubs-ministres, joint à la joie que le roi auroit d'estre délivré de son tyran, auroit laissé la cour en estat de songer plustost à le rechercher qu'à le poursuivre. Voila la veue de La Rochepot, qui n'estoit nullement impraticable; et je le sentis par l'effet que la possibilité prochaine fit dans mon esprit, tout différent de celui que la simple spéculation y avoit produit.

J'avois blamé peut-estre cent fois avec La Rochepot l'inaction de Monsieur et celle de M. le comte à Amiens. Aussitost que je me vis sur le point de la pratique, c'est-à-dire sur le point de l'exécution de la mesme action, dont j'avois réveillé moi-mesme l'idée dans l'esprit de La Rochepot, je sentis je ne sçai quoi qui pouvoit estre une peur. Je le pris pour un scrupule. Je ne sçai si je me trompai; mais enfin l'imagination d'un assassinat d'un prestre, d'un cardinal, me vint à l'esprit. La Rochepot se moqua de moi, et il me dit ces propres paroles: « Quand vous estes à la guer-
» re, vous n'enleveres point de quartier, de peur
» d'assassiner des gents endormis. » J'eus honte de ma réflexion; j'embrassai le crime, qui me parut consacré par de grands exemples, justifié et honnoré par le grand péril. Nous prismes et nous concertasmes nostre résolution. J'engageai dès le soir Launoy, que vous voyes à la cour soubs le nom de marquis de Pienne. La Rochepot s'asseura de Lafrète, du [marquis de Boisy] (3), de l'Estourville, qu'il sçavoit estre attachés à Monsieur et enragés contre le cardinal. Nous fîmes nos préparatifs. L'exécution estoit seure; le péril estoit grand pour nous, mais nous pouvions raisonnablement espérer d'en sortir, parce que la garde de Monsieur, qui estoit dans le logis, nous eust infailliblement soubstenus contre celle du cardinal, qui ne pouvoit estre qu'à la porte. La fortune, plus forte que sa garde, le tira de ce pas. Il tomba malade, ou lui, ou Mademoiselle, je ne m'en ressouviens pas précisément. La cérémonie fut différée: il n'y eut point d'occasion. Monsieur s'en retourna à Blois, et le marquis de Boisy nous déclara qu'il ne nous descouvriroit jamais; mais qu'il ne pouvoit plus estre de ceste partie, parce qu'il venoit de recevoir je ne sçai quelle grace de M. le cardinal.

Je vous confesse que ceste entreprise, qui nous eust comblé de gloire si elle nous eust réussi, ne m'a jamais plue. Je n'en ai pas le mesme scrupule que des deux faultes que je vous ai marquées ci-dessus avoir commis contre la morale, mais je voudrois toutefois, de tout mon cœur, n'en avoir jamais esté. L'ancienne Rome l'auroit estimée: mais ce n'est pas par cet endroit que j'estime l'ancienne Rome.

Je ressens avec tant de recognoissance et avec tant de tendresse, la bonté que vous aves de vouloir bien estre informée de mes actions, que je ne me puis empêcher de vous rendre compte de toutes mes pensées; et je trouve un plaisir incroyable à les aller chercher dans le fonds de

---

(1) Anne-Marie-Louise d'Orléans, fille de Gaston et de Marie de Bourbon, duchesse de Montpensier. Elle était née en 1627, et fut tenue sur les fonts par la reine Anne d'Autriche et par le cardinal de Richelieu. Elle est morte le 5 mars 1693. On conserve à la Bibliothèque du roi ses mémoires autographes.

(2) On appelait ainsi le château des Tuileries, parce que le pavillon du milieu était surmonté d'un dôme. Ce château ne consistait, dans le principe, qu'en un seul pavillon qui est celui du milieu; les autres, ainsi que les bâtiments qui les réunissent entre eux, ont été construits long-temps après.

(3) Un des précédents éditeurs a changé le nom du marquis de *Boisy*, en celui de *Boissy*; c'est une erreur. Le manuscrit et la première édition portent Boisy. L'on sait que le marquisat de Boisy a toujours fait partie du duché de Rouannois, dont le titulaire était, à cette époque, gouverneur du Poitou. Il est parlé un peu plus bas du duc de Rouannois, père du marquis de Boisy.

mon ame, à vous les apporter et à vous les soubmettre.

Il y a asses souvent de la folie à conjurer; mais il n'y a rien de pareil pour faire les gents sages dans la suite, au moins pour quelque temps; comme le péril, en ces sortes d'affaire; dure mesme après l'occasion, l'on est prudent et circonspect dans les moments qui la suivent.

Le comte de La Rochepot, voyant que notre coup estoit manqué, se retira à Commercy, qui estoit à lui pour sept ou huit mois. Le marquis de Boisy alla trouver le duc de Rouannois, son père, en Poitou; Pienne, Lafrète et L'Estourville prirent le chemin de leurs maisons. Mes attachements me retinrent à Paris, mais si serré et si modéré, que j'estudiois tout le jour, et que le peu que je paroissois laissoit toutes les apparences d'un bon ecclésiastique. Nous les gardasmes si bien les uns et les autres, que l'on n'eust jamais le moindre vent de ceste entreprise dans le temps de M. le cardinal de Richelieu, qui a esté le ministre du monde le mieux adverti. L'imprudence de Lafrète et de L'Estourville fit qu'elle ne fust pas secrète après sa mort. Je dis leur imprudence : car il n'y a rien de si mal habile que de se faire croire capable des choses dont les exemples sont à craindre.

La déclaration de M. le comte nous tira quelque temps après de nos tanières, et nous nous réveillasmes au bruit de ses trompettes. Il fault reprendre son histoire d'un peu plus loing.

Je vous ai marqué ci-dessus qu'il s'estoit retiré à Sedan, par la seule raison de sa seureté, qu'il ne pouvoit trouver à la cour. Il escrivit au roi en y arrivant : il l'asseura de sa fidélité, et lui promit de ne rien entreprendre, dans le temps de son séjour en ce lieu, contre son service. Il est certain qu'il lui tint très-fidèlement sa parole (1); que toutes les offres pe l'Espagne

(1) On peut même conclure de plusieurs lettres du comte de Soissons et de Sainttibal, adressées à de Thou, que ce dernier personnage fut l'intermédiaire d'une réconciliation du prince avec Richelieu. On y voit, en effet que, pendant le séjour du comte de Soissons à Sedan, de Thou eut plusieurs conférences avec le comte lui-même, et surtout avec Sainttibal, qui fut plus tard le principal agent de la conjuration. Voici quelques-unes de ces lettres :

A M. DE THOU.

De Cedan, ce 26 mars.

Monsieur, la vostre, du vint deux de ce mois m'a appris les obligations que je vous ay, une reconfirmation de la part que j'ay en vostre amitié. Le plus grand desplaisir en l'estat où je suis que j'aye, est de voir mes ressentimens et ma passion entière pour vous, aussi inutile comme elle est grande et vraye; je vous souhaiterois présentement l'entier effet de vos espérances et de plus tout ce que vous mérités.

Ce seroit faire tort à ce gentilhomme, que de vous entretenir des nouvelles qu'il porte. Conserves-moi tousjours vostre amitié, et croyes, etc.

LOUIS DE BOURBON.

Au même.

Cedan, ce premier de may.

Monsieur, vous m'aves tant obligé que je ne puis jamais en estre sens extrême ressentiment; que sy j'ay jamais bonne fortune, j'esseray de vous faire paraestre par quelque service. J'ai chargé Campion de vous demander l'explication de quelque chose que vous m'escrivites il y a quelque temps : vous aures, s'il vous plaist, agréable de luy donner, et de me croire comme je suis, etc.

LOUIS DE BOURBON.

Au même.

De Cedan, ce 14 juillet.

Monsieur, ayent appris de monsieur de Bouillon que vous aves icy un laquais, et que vous esties en dessein de vous approcher d'icy, pour y voir M. de Sainttibar, j'ai esté bien aise d'avoir ceste occasion pour vous tesmoigner tousjours mon entière affection et pour vous conjurer, sy cela ne vous nuit point, de vouloir venir icy proche, affin que je puisse vous y parler; le peu de temps que j'ay m'empesche de vous en dire davantage, si ce n'est pour vous assurer que je suis, etc.

LOUIS DE BOURBON.

Au même.

De Cedan, 20 septembre.

Monsieur, j'ay ressu la vostre du quinze de ce mois, et ay entendu la peinne ou vous aves esté; je vous en ay plaint, et suis bien aise qu'elle soit passée, ayant tousjours vostre amitié. J'aurois esté bien mary que pour me venir voir, vous vous fussies encore brouillé davantage, estant asses malheureux pour nuire en l'estat ou je suis, à ceux quy me tesmoignent bonne volonté, dans la hainne qu'on me porte. Je me souhaiterois un jour une meilleure fortune pour vous pouvoir mieux tesmoigner que par ces lignes, mes ressentimens des obligations que je vous ay et avec combien d'affection je suis, etc.

LOUIS DE BOURBON.

Au même.

De La Haye, ce 28 décembre.

J'ai reçu la vostre du 18 novembre, escrite de Turin, par laquelle vous me mandes avoir su ce que j'avois prié monsieur de Nau vous dire, ne pouvant avoir l'onneur de vous voir avant que partir de Sedan, qui fut la cause que je le chargé de vous entretenir de mes intérés, qui consistoit en trois points, les quels j'ay peur, il aura mal espliqués ou cousus. Le premier estoit qu'après que monsieur de Bouillon m'ut dit que monseigneur le comte (de Soissons) estoit résolu de s'acoumoder antièrement avecque monsieur le cardinal, je le suplié très umblement de se ressouvenir de mes amis, qui avoient dessein de le servir. A quoy il répondit qu'il en auret le soint qu'il devet. Le second est de savoir des nouvelles de monsieur de Montresor, et que venant en ce pays icy, que j'en aprandres de cele de monsieur de Varicarvile, et voulant tout diférer à leurs sentimens, je ne pouves prendre de résolution qu'après avoir su les leurs. (Le troisieme point de cette lettre a rapport à des affaires de famille.) Je seré de toute manière plus que je ne peut estre, vostre, etc.

SAINTTIBAL.

Ces lettres dont nous n'avons changé l'orthographe

et de l'Empire ne le touchèrent point, et qu'il rebuta mesme avec cholère les conseils de Saint-Ibal et de Bardouville, qui le vouloient porter au mouvement. Campion (1), qui estoit son domestique, et qu'il avoit laissé à Paris pour y faire les affaires qu'il pouvoit avoir à la cour, me disoit tout ce détail par son ordre; et je me souviens, entre autres, d'une lettre qu'il lui escrivoit un jour, dans laquelle je leus ces propres paroles : « Les gents que vous cognoisses » n'oublient rien pour m'obliger à traiter avec les » ennemis; et ils m'accusent de foiblesse parce » que je redoubte les exemples de Charles de » Bourbon et de Robert d'Artois. » Campion avoit ordre de me faire veoir ceste lettre, et de m'en demander mon sentiment. Je pris la plume au mesme instant, et j'escrivis, en un petit endroit de la response qu'il avoit commencée : « Et moi je les accuse de folie. » Ce fut le propre jour que je partis pour aller en Italie. Voici la raison de mon sentiment.

M. le comte avoit toute la hardiesse du cœur, que l'on appelle communément vaillance, au plus hault point qu'un homme la puisse avoir; et il n'avoit pas mesme dans le degré le plus commun, la hardiesse de l'esprit, qui est ce que l'on nomme résolution. La première est ordinaire et mesme vulgaire; la seconde est mesme plus rare que l'on ne se le peut imaginer : elle est toutefois encore plus nécessaire que l'autre pour les grandes actions; *et y a-t-il une action plus grande au monde que la conduite d'un parti?* Celle d'une armée a, sans comparaison, moins de ressorts, celle d'un estat en a davantage; mais les ressorts n'en sont, à beaucoup près, ni si fragiles ni si délicats. Enfin je suis persuadé qu'il fault plus de grandes qualités pour former un bon chef de parti que pour faire un bon empereur de l'univers; et que, dans le rang des qualités qui le composent, la résolution marche de pair avec le jugement. Je dis avec le jugement héroïque, dont le principal usage est de distinguer l'extraordinaire de l'impossible. M. le comte n'avoit pas un grain de ceste sorte de jugement, qui ne se rencontre mesme que très rarement dans un grand esprit, mais qui ne se trouve jamais que dans un grand esprit. Le sien estoit médiocre, et susceptible par conséquent des injustes défiances, qui est de tous les caractères celui qui est le plus opposé à un bon chef de parti, dont la qualité, la plus souvent et la plus indispensablement praticable, est de supprimer en beaucoup d'occasions et de cacher en toutes, les soupçons mesme les plus légitimes.

Voilà ce qui m'obligea à n'estre pas de l'advis de ceux qui vouloient que M. le comte fit la guerre civile. Varicarville, qui estoit le plus sensé et le moins emporté de toutes les personnes de qualité qui estoient auprès de M. le comte, m'a dit depuis, que quand il vit ce que j'avois escrit dans la lettre de Campion, le jour que je partis pour aller en Italie, ne doubta pas des motifs qui m'avoient porté, contre mon inclination, à ce sentiment.

M. le comte se défendit toute ceste année et toute la suivante [1639-1640] des instances des Espagnols et des importunités des siens, beaucoup plus par les sages conseils de Varicarville que par sa propre force. Mais rien ne le peut défendre des inquiétudes de M. le cardinal de Richelieu, qui lui faisoit touts les jours faire, soubs le nom du roi, des éclaircissements fascheux. Ce détail serait trop long à vous déduire, et je me contenterai de vous marquer que le ministre, contre ses propres intérêts, précipita M. le comte dans la guerre civile, par des chicaneries que ceux qui sont favorisés à un certain point par la fortune, ne manquent jamais de faire aux malheureux.

Comme les esprits commencèrent à s'aigrir plus qu'à l'ordinaire, M. le comte me commanda de faire un voyage secret à Sedan. Je le vis la nuit dans le chasteau où il logeoit; je lui parlai en présence de M. de Bouillon, de Saint-Ibal (1), de Bardouville et de Varicarville; et je trouvai que la véritable raison pour laquelle il m'avoit mandé, estoit le desir qu'il avoit d'estre éclairé de bouche, et plus en détail que l'on ne le peut estre par une lettre, de l'estat de Paris. Le compte que je lui en rendis ne peut que lui estre très-agréable. Je lui dis, et il estoit vrai, qu'il y estoit aimé, honoré, adoré, et que son ennemi y estoit redoubté et abhorré. M. de Bouillon, qui vouloit en toutes façons la rupture, prit ceste occasion pour en exagérer les advantages; Saint-Ibal l'appuya avec force, Varicarville les combatit avec vigueur.

Je me sentois trop jeune pour dire mon advis. M. le comte m'y força, et je pris la liberté de lui représenter qu'un prince du sang doibt plus-

---

que dans les mots qui auroient été inintelligibles sans cela, existent aux manuscrits de la bibliothèque du roi, fonds de Harlay-Saint-Germain, n° 366.

(1) Alexandre Campion, frère de celui qui a laissé des mémoires publiés en 1807.

(2) Le nom de Sainttibal est écrit de différentes manières dans plusieurs mémoires de cette époque, quelques-uns même le nomment Saint-Ibar. Nous devons faire observer que plusieurs lettres autographes de ce personnage, qui se trouvent à la Bibliothèque du roi, sont toujours signées ainsi : *Sainttibal*.

tost faire la guerre civile, que de remettre rien ou de sa réputation ou de sa dignité; mais qu'aussi il n'y avoit que ces deux considérations qui l'y puissent judicieusement obliger, parce qu'il hasarde l'une et l'autre par le mouvement, toutes les fois que l'une ou l'autre ne le rend pas nécessaire; qu'il me paroissoit bien esloigné de ceste nécessité; que sa retraite à Sedan le défendoit des bassesses auxquelles la cour avoit prétendu l'obliger : par exemple, à celle de recevoir la main gauche dans la maison mesme du cardinal, que la haine que l'on avoit pour le ministre attachoit mesme à ceste retraite la faveur publique, qui est tousjours beaucoup plus asseurée par l'inaction que par l'action, parce que la gloire de l'action dépend du succès, dont personne ne peust respondre; et que celle que l'on rencontre en ces matières dans l'inaction est tousjours seure, estant fondée sur la haine dont le public ne se dément jamais à l'esgard du ministère; qu'il seroit, à mon opinion, plus glorieux à M. le comte de se soubstenir par son propre poids, c'est-à-dire par celui de sa vertu, à la veue de toute l'Europe, contre les artifices d'un ministre aussi puissant que le cardinal de Richelieu; qu'il lui seroit, dis-je, plus glorieux de se soubstenir par une conduite sage et réglée, que d'allumer un feu dont les suites estoient fort incertaines; qu'il estoit vrai que le ministre estoit en exécration, mais que je ne voyois pourtant pas encore que l'exécration fust au période qu'il est nécessaire de prendre bien justement pour les grandes résolutions; que la santé de M. le cardinal commençoit à recevoir beaucoup d'atteintes; que si il périssoit par une maladie, M. le comte auroit l'advantage d'avoir fait veoir au roi et au public, qu'estant aussi considérable qu'il estoit, et par sa personne et par l'important poste de Sedan, il n'auroit sacrifié qu'au bien et au repos de l'estat ses propres ressentiments; et que si la santé de M. le cardinal se restablissoit, sa puissance deviendroit aussi odieuse de plus en plus, et fourniroit infailliblement, par l'abus qu'il ne manqueroit pas d'en faire, des occasions plus favorables au mouvement que celles qui se voyoient présentement.

Voilà à peu près ce que je dis à M. le comte. Il en parut touché. M. de Bouillon s'en mit en cholère, et il me dit mesme d'un ton de raillerie: « Vous avez le sang bien froid pour un homme » de vostre age! » A quoi je lui respondi ces propres mots : « Touts les serviteurs de M. le » comte vous sont si obligés, monsieur, qu'ils » doibvent tout souffrir de vous; mais il n'y a » que ceste considération qui m'empesche de pen- » ser, à l'heure qu'il est, que vous pouves n'estre » pas tousjours entre vos bastions. » M. de Bouillon revint à lui, il me fit toutes les honnestetés imaginables et telles qu'elles furent le commencement de nostre amitié. Je demeurai encore deux jours à Sedan, dans lesquels M. le comte changea cinq fois de résolution; et Saint-Ibal me confessa, à deux reprises différentes, qu'il estoit difficile de rien espérer d'un homme de cest humeur. A la fin, on manda dom Miguel de Salamanque, ministre d'Espagne; l'on me chargea de travailler à gagner des gents de Paris; l'on me donna un ordre pour toucher de l'argent et pour l'employer à cest effet, et je revins de Sedan, chargé de plus de lettres qu'il n'en falloit pour faire le procès à deux cents hommes.

Comme je ne me pouvois pas reprocher de n'avoir pas parlé à M. le comte dans ses véritables intérest, qui n'estoient pas asseurément d'entreprendre une affaire dont il n'estoit pas capable; je creus que j'avois toute la liberté de songer à ce qui estoit des miens, que je trouvois mesme sensiblement dans ceste guerre. Je haïssois ma profession et plus que jamais : j'y avois esté jeté d'abord par l'entestement de mes proches; le destin m'y avoit retenu par toutes les chaînes et du plaisir et du debvoir : je m'y trouvois et je m'y sentois lié d'une manière à laquelle je ne voyois presque plus d'issue. J'avois 25 ans passés [1640], et je concevois aisément que cest age estoit bien advancé pour commencer à porter le mousquet : et ce qui me faisoit le plus de peine estoit la réflexion que je faisois, qu'il y avoit eu des moments dans lesquels j'avois, par un trop grand attachement à mes plaisirs, serré moi-mesme les chaînes par lesquelles il sembloit que la fortune eust pris plaisir de mattacher malgré moi à l'église. Jugés par l'estat où ces pensées me debvoient mettre, de la satisfaction que je trouvois dans une occasion qui me donnoit lieu d'espérer que je pourois trouver à cest embarras une issue, non pas seulement honneste mais illustre! Je pensai aux moyens de me distinguer : je les imaginai, je les suivis. Vous conviendres qu'il n'y eut que la destinée qui rompit mes mesures.

Messieurs les mareschaux de Vitry (1) et de Bassompierre (2), M. le comte de Cramail et

---

(1) Nicolas de l'Hôpital, duc de Vitry, mort en 1644, e 28 septembre. (A. E.) Il était à la Bastille depuis 1637.
(2) François de Bassompierre, né en 1579, maréchal de France en 1622, plusieurs fois ambassadeur, mourut le 12 octobre 1646. Il avait été mis à la Bastille en 1631.

M. du Fargis (1) et du Coudray-Montpensier estoient en ce temps-là prisonniers à la Bastille pour différents subjets. Mais comme la longueur adoucit toujours les prisons, ils y estoient traités avec beaucoup d'honnesteté, et mesme avec beaucoup de liberté. Leurs amis les alloient veoir; l'on disnoit mesme quelque foi avec eux. L'occasion de M. du Fargis, qui avoit espousé une sœur de ma mère, m'avoit donné habitude avec les autres; et j'avois recogneu, dans la conversation de quelques uns d'entre eux, des mouvements qui m'obligèrent à y faire réflexion. M. le mareschal de Vitry avoit peu de sens, mais il estoit hardi jusques à la témérité; et l'employ qu'il avoit eu de tuer le mareschal d'Ancre lui avoit donné dans le monde, quoique fort injustement à mon advis, un certain air d'affaire et d'exécution. Il m'avoit paru fort animé contre le cardinal; et je creus qu'il pourroit n'estre pas inutile dans la conjoncture présente. Je ne m'adressai pas toutefois directement à lui; et je creus qu'il seroit plus à propos de sonder M. le comte de Cramail, qui avoit de l'entendement et qui avoit tout pouvoir sur son esprit. Il m'entendit à demi mot, et il me demanda d'abord si je m'estois ouvert dans la Bastille à quelqu'un. Je lui respondis sans balancer : « Non monsieur, et je vous en dirai la » raison en peu de mots. M. le mareschal de Bas- « sompierre est trop causeur; je ne compte rien « sur M. le mareschal de Vitry que par vous; « la fidélité de du Coudray m'est un peu sus- » pecte; et mon bon oncle du Fargis est un bon » et brave homme, mais il a le crane estroit.— » A qui vous fles-vous dans Paris? me dit d'un » mesme fil M. le comte de Cramail. — A per- » sonne, monsieur, lui repartis-je, qu'à vous » seul. — Bon, reprit-il brusquement, vous estes » mon homme. J'ai quatre-vingts ans, vous » n'en aves que vingt-cinq : je vous tempérerai » et vous m'eschauferes. » Nous entrasmes en matière, nous fismes notre plan; et lorsque je le quitai il me dit ces propres paroles : « Laisses- » moi huit jours, je vous parlerai après plus déci- » sivement; et j'espère que je ferai veoir au car- » dinal que je suis bon à autre chose qu'à faire les » Jeux de l'inconnu. » Vous remarqueres, s'il vous plaist, que ces Jeux de l'inconnu estoit un livre à la vérité très mal fait, que le comte de Cramail avoit mis au jour, et duquel M. le cardinal de Richelieu s'estoit fort moqué. Vous vous estonnes sans doubte de ce que, pour une affaire de ceste nature, je jetai les yeux sur des prisonniers; mais je me justifierai par la nature mesme de l'affaire, qui ne pouvoit estre en de meilleures mains, comme vous alles veoir.

J'allai disner justement le huitième jour avec M. le mareschal de Bassompierre, qui, s'estant mis au jeu sur les trois heures avec madame de Gravelle, aussi prisonnière, et avec le bon homme du Tremblai, gouverneur de la Bastille, nous laissa très naturellement M. le comte de Cramail et moi ensemble.

Nous allasmes sur la terrasse; et là M. le comte de Cramail, après m'avoir fait mille remerciments de la confiance que j'avois prise en lui, et mille protestations de service pour M. le comte, me tint ce propre discours : « Il n'y a » qu'un coup d'espée ou Paris qui puisse nous » défaire du cardinal. Si j'avois esté de l'entre- » prise d'Amiens, je n'aurois pas fait, au moins » à ce que je crois, comme ceux qui ont man- » qué leur coup. Je suis de celle de Paris, elle » est immencable; si j'ai bien pensé, voilà ce » que j'ai adjouté à nostre plan. »

En finissant ce mot, il me coula dans la main un papier escrit des deux costés, dont voici la substance : qu'il avoit parlé à M. le mareschal de Vitry, qui estoit dans toutes les dispositions du monde de servir M. le comte; qu'ils respondoient l'un et l'autre de se rendre maistre de la Bastille où toute la garnison estoit à eux; qu'ils respondoient aussi de l'arsenal; qu'ils se déclareroient aussitost que M. le comte auroit gagné une bataille, et à condition que je leur fisse veoir au préalable, comme je l'avois advancé à lui comte de Cramail, qu'ils seroient soubstenus par un nombre considérable d'officiers des colonelles de Paris. Cest escrit contenoit ensuite beaucoup d'observations sur le détail de la conduite de l'entreprise, et mesme beaucoup de conseils qui regardoient celle de M. le comte. Ce que j'y admirai le plus, fust la facilité que ces Messieurs eurent trouvé à l'execution.

Il falloit bien que la cognoissance que j'avois du dedans de la Bastille, par l'habitude que j'avois avec eux, me l'eust fait croire possible, puisqu'il m'estoit venu dans l'esprit de la leur proposer. Mais je vous confesse que quand j'eus examiné le plan de M. le comte de Cramail, qui estoit un homme de très grande expérience et de très bon sens, je faillis à tomber de mon hault, en voyant que des prisonniers disposoient de la Bastille avec la mesme liberté qu'eust peu prendre le gouverneur le plus autorisé dans sa place.

Comme toutes les circonstances extraordinaires sont d'un merveilleux poids dans les révolutions populaires, je fis réflexion que celle-ci, qui l'estoit au dernier point, feroit un

(1) Charles d'Angennes, seigneur du Fargis, comte de La Rochepot par sa femme, avait été ambassadeur en Espagne.

effet admirable dans la ville aussitost qu'elle y esclateroit. Et comme rien n'anime et n'appuie plus un mouvement que le ridicule de ceux contre lesquels on le fait, je conceus qu'il nous seroit aisé d'y tourner de tout point la conduite d'un ministre capable de souffrir que des prisonniers fussent en estat de l'accabler, pour ainsi dire, soubs leurs propres chaînes. Je ne perdis pas de temps dans les suites : je m'ouvris à feu M. d'Estampes, président du grand conseil, et à M. l'Escuyer, présentement doyen de la chambre des comptes, touts deux colonels et fort autorisés parmi le bourgeois ; et je les trouvai tels que M. le comte me l'avait dit : c'est-à-dire passionés pour ses intérest, et persuadés que le mouvement n'estoit pas seulement possible, mais qu'il estoit mesme facile.

Vous remarqueres, s'il vous plaist, que ces deux génies, très médiocres mesme dans leur profession, estoient d'ailleurs peut estre les plus pacifiques qui fussent dans le royaume. Mais il y a des feux qui embrasent tout : l'importence est d'en cognoistre et d'en prendre le moment.

M. le comte m'avoit ordonné de ne me descouvrir qu'à ces deux hommes dans Paris : j'y en adjoustai de moi mesme deux autres, dont l'un fut Parmentier, substitut du procureur général ; et l'autre L'Espinai, auditeur de la chambre des comptes. Parmentier estoit capitaine du quartier de Saint-Eustache, qui regarde la rue des Prouvelles, considérable par le voisinage des Halles. L'Espinai commandoit, comme lieutenant, la compagnie qui les joignoit du costé de Montmartre, et y avoit beaucoup plus de crédit que le capitaine, qui d'ailleurs estoit son beau-frère. Parmentier, qui par l'esprit et par le cœur, estoit aussi capable d'une grande action qu'homme que j'aie jamais conneu, m'asseuroit qu'il disposoit, à coup près, de Brigalier, conseiller de la cour des aides, capitaine de son quartier et très-puissant dans le peuple. Mais il m'adjousta en mesme temps qu'il ne lui falloit parler de rien, parce qu'il estoit léger et sans secret.

M. le comte m'avoit fait toucher douze mille escus par les mains de Duneau, l'un de ses serviteurs, soubs je ne sçai quel prétexte. Je les portai à ma tante de Maignelais, en lui disant que c'estoit une restitution qui m'avoit esté confiée par un de mes amis, à sa mort, avec ordre de l'employer moi-mesme au soulagement des pauvres qui ne mandioient pas ; que comme j'avois fait serment sur l'évangile de distribuer moi-mesme ceste somme, je m'en trouvoit extrèmement embarassé, parce que je ne cognoissoit pas les gents ; et que je la suppliois d'en vouloir bien prendre le soing. Elle fut ravie : elle me dit qu'elle le feroit volontiers ; mais que comme j'avois promis de faire moi mesme ceste distribution, elle vouloit absolument que j'y fusse présent ; et pour demeurer fidèlement dans ma parole, et pour m'accoustumer moi mesme aux œuvres de charité. C'estoit justement ce que je demandois pour avoir lieu de me faire cognoistre à tous les nécessiteux de Paris ; je me laissois touts les jours, comme trainer, par ma tante dans des fauxbourgs et dans des greniers. Je voyois très souvent cheux elle des gents bien vestus, et conneus mesme quelque fois, qui venoient à l'aumosne secrète. La bonne femme ne manquoit presque jamais de leur dire : « Pries bien Dieu » pour mon nepveu ; c'est lui de qui il lui a pleu » de se servir pour ceste bonne œuvre. » Juges de l'estat où cela me mettoit parmi les gents qui sont sans comparaison plus considérables que tous les autres dans les esmotions populaires ! Les riches ne viennent que par force ; les mendiants y nuisent plus qu'ils ne servent, parce que la crainte du pillage les fait apréhender. Ceux qui y peuvent le plus sont les gents qui sont asses pressés dans leurs affaires pour désirer du changement dans [les publiques], et dont la pauvreté ne passe pas jusques à la mendicité publique. Je me fis donc cognoistre à ceste sorte de gents trois ou quatre mois durant, avec une application toute particulière, et il n'y avoit point d'enfant au coing de leur feu à qui je ne donnasse toujours, en mon particulier, quelque bagatelle. Je cognoissois Nanon et Babet. Le voile de madame de Maignelais, qui n'avoit jamais fait d'autre vie, couvroit toute chose. Je faisois mesme un peu le dévot, et j'allois aux conférences de Saint-Lazare (1).

Mes deux correspondans de Sedan, qui estoient Varicarville et Beauregard, me mandoient de temps en temps que M. le comte estoit le mieux intentionné du monde ; qu'il n'avoit plus balancé depuis qu'il avoit pris son parti. Et je me souviens entre autre qu'un jour Varicarville m'escrivoit que lui et moi lui avions fait autrefois une horible injustice ; et que cela estoit si vrai qu'il faloit présentement le retenir, et qu'il faisoit mesme paroistre trop de presse au conseil de l'Empire et d'Espagne. Vous observeres, s'il vous plaist, que ces deux cours, qui lui avoient fait des instances incroyables quand il balançoit, commencèrent à tenir bride en main dès qu'il fut résolu, par une fatalité que le flegme naturel au climat d'Espagne attache soubs le titre de prudence à la politique de la maison d'Autriche. Et vous pouves remarquer en mesme

(1) Celles de Vincent de Paul.

temps que M. le comte, qui avoit tesmoigné une fermeté inesbranlable trois mois durant, changea tout d'un coup de sentiment, dès que les ennemis lui eurent accordé ce qu'il leur avoit demandé. Tel est le sort de l'irrésolution : elle n'a jamais plus d'incertitude que dans la conclusion.

Je fus advertis de ceste conclusion par un courrier que Varicarville me despescha exprès. Je partis la nuit mesme, et j'arrivai à Sedan une heure après Anctoville, négotiateur en titre d'office, que M. de Longueville (1), beau-frère de M. le comte, y avoit envoyé. Il portoit des ouvertures d'accomodement plausibles, mais captieuses. Nous nous joignismes touts pour les combattre. Ceux qui avoient tousjours esté avec M. le comte lui représentèrent avec force tout ce qu'il avoit creu et dit depuis qu'il s'estoit résolu à la guerre. Saint-Ibal, qui avoit négotié pour lui à Bruxelles, le pressoit sur ses engagements, sur ses advances, sur ses instances, j'insistois sur les pas que j'avois faits par son ordre dans Paris; sur les paroles données à messieurs de Vitry et de Cramail ; sur le secret confié à deux personnes par son commandement, et à quatre autres pour son service et par son adveu. La matière estoit belle, et de plus les engagements n'estoient plus problématiques. Nous persuadasmes à la fin ou plustost nous emportasmes après quatre jours de conflit. Anctoville fut renvoyé avec une response très fière ; M. de Guise, qui s'estoit joint avec M. le comte, et qui avoit fort souhaité la rupture, alla à Liége donner ordre à des levées ; Saint-Ibal retourna à Bruxelles pour conclure le traité ; Varicarville prit la poste pour Vienne ; et je revins à Paris [ou j'oubliois] de dire à nos conjurés les irrésolutions de nostre chef. Il y en eust encore depuis quelques nuages, mais légers ; et comme je sçeus que du costé des Espagnols tout estoit en estat, je fis à Sedan mon dernier voyage, pour y prendre mes dernières mesures.

J'y trouvai Metternich, colonel de l'un des plus vieux régiments de l'Empire, envoyé par le général Lamboy, qui s'advançoit avec une armée fort leste, et presque toute composée de vieilles troupes. Le colonel asseura M. le comte, que Lamboy avoit ordre de faire absolument tout ce que M. le comte lui commanderoit, et mesme de donner bataille à M. le mareschal de Chastillon (2), qui commandoit les armées de France, qui estoient sur la Meuse. Comme toute l'entreprise de Paris dépendoit de ce succès, je fus bien aise de m'esclaircir de ce détail le plus que je pourrois par moi-mesme.

M. le comte trouva bon que j'allasse à Gives avec Méternich. J'y trouvai l'armée belle et en bon estat ; je vis dom Miguel de Salamanque, qui me confirma ce que Metternich avoit dit, et je revins à Paris avec trente deux blancs signés de M. le comte. Je rendis compte de tout à M. le mareschal de Vitry, qui fit l'ordre de l'entreprise, qui l'escrivit de sa main et qui le porta cinq ou six jours dans sa poche, ce qui est asses rare dans les prisons. Voici la substance de cest ordre.

Aussitost que nous aurions receu la nouvelle du gain de la bataille, nous le debvions publier dans Paris avec toutes les figures. Messieurs de Vitry et de Cramail debvoient s'ouvrir en mesme temps aux autres prisonniers, se rendre maistres de la Bastille, arrester le gouverneur, sortir dans la rue Saint-Anthoine avec une troupe de noblesse, dont M. le mareschal de Vitry estoit asseuré ; crier vive le roi et M. le comte! M. d'Estampes debvoit à l'heure donnée faire battre le tambour pour toute sa colonelle, joindre le mareschal de Vitry au cimetière Saint-Jean, et marcher au Palais, pour rendre des lettres de M. le comte au parlement, et l'obliger à donner arrest en sa faveur. Je debvois de mon costé me mettre à la teste des compagnies de Parmentier et de Guérin, de la quelle l'Espinai me respondoit, avec vingt-cinq gentis-hommes que j'avois engagés par différents prétextes, sans qu'ils sceussent eux mesmes précisément ce que c'estoit. Mon bon homme de gouverneur, qui croyoit lui-mesme que je vouloir enlever mademoiselle de Rohan, m'en avoit amené douze de son pays. Je faisois estat de me saisir du Pont-Neuf, de donner la main par les quais à ceux qui marchoient au Palais ; et de pousser ensuite les barricades dans les lieux qui nous paroissoient les plus soulevés. La disposition de Paris nous faisoit croire le succès infaillible ; le secret y fut gardé jusques au prodige. M. le comte donna la bataille et il la gagna [1641, 6 juillet]. Vous croyes sans doute l'affaire bien advancée ; rien moins. M. le comte est tué dans le moment de sa victoire, et il est tué au milieu des siens, sans qu'il y en ait jamais eu un seul qui aie peu dire comme sa mort est arrivée. Cela est incroyable, et cela est pourtant vrai (3).

---

(1) Henri d'Orléans, second du nom, né le 17 avril 1595, mort en 1663. Il avait épousé Anne de Bourbon, sœur du prince de Condé.

(2) Gaspard de Coligny, troisième du nom, né en 1584, mort en 1646 (A. E.) Il était petit-fils de l'amiral de Coligny, et avait épousé Anne de Polignac.

(3) Le comte de Soissons gagna la bataille, mais il fut tué sans qu'on ait jamais bien su par qui, ni comment. (Le président Hénault.)

Jugés de l'estat où je fus, quand j'appris ceste nouvelle. M. le comte de Cramail, le plus sage assurément de toute nostre troupe, ne songea plus qu'à couvrir le passé, qui, du costé de Paris, n'estoit qu'entre six personnes. C'estoit tousjours beaucoup : mais le manquement de secret estoit encore plus à craindre de celui de Sedan, ou il y avoit des gents beaucoup moins intéressés à le garder; parce que, ne revenant pas en France, ils avoient moins de lieu d'en appréhender le chastiment. Tout le monde fut esgalement religieux. MM. de Vitry et de Cramail, qui avoient au commencement balancé à se sauver, se rasseurèrent. Personne du monde ne parla, et ceste occasion jointe à une autre, dont je vous parlerai dans la seconde partie de ce discours, m'a obligé de penser et de dire souvent, que le secret n'est pas si rare qu'on le croit, entre les gents qui ont accoutumé de se mesler de grandes affaires.

La mort de M. le comte me fixa dans ma profession; parce que je creus qu'il n'y avoit plus rien de considérable à faire, et que je me trouvois trop âgé pour en sortir par quelque chose qui ne fust pas considérable. De plus, la santé de M. le cardinal s'affoiblissoit, et l'archevesché de Paris commenceoit à flater mon ambition. Je me résolus donc, non pas seulement à suivre, mais encore à faire ma profession. [Tout m'y portoit.] Madame de Guémené s'estoit retirée depuis six sepmaines dans sa maison du Port-Royal. M. d'Andilly me l'avoit enlevée; elle ne mettoit plus de poudre, elle ne se frisoit plus, et elle m'avoit donné mon congé dans toute la forme la plus authentique que l'ordre de la pénitence pouvoit demander. Si Dieu m'avoit osté la place royale, le diable ne m'avoit pas laissé l'Arsenal, où j'avois descouvert, par le moyen du valet de chambre, mon confident, que j'avois absolument gagné, que [Pialière], capitaine des gardes du mareschal, estoit pour le moins aussi bien que moi avec la mareschale. Voila de quoi devenir un saint. La vérité est que j'en devins beaucoup plus réglé, au moins pour l'apparence. Je vescus fort retiré. Je ne laissai plus rien de problématique pour le choix de ma profession ; j'estudiai beaucoup ; je pris avec soing habitude avec tout ce qu'il y avoit de gents de science et de piété; je fis presque de mon logis une académie ; j'observai avec application, de ne pas ériger l'académie en tribunal; je commençai à ménager sans affectation les chanoines et les curés, que je trouvois très naturellement cheux mon oncle. Je ne faisois pas le dévot, parce que je ne me pouvois asseurer que je pusse durer à le contrefaire : mais j'estimois beaucoup les dévots ; et à leur esgard, c'est un des plus grands points de la piété. J'accomodois mesme mes plaisirs au reste de ma pratique. Je ne me pouvois passer de galanterie, mais je la fis avec madame de Pommercux, jeune et [coquette,] mais de la manière qui me convenoit ; parce qu'ayant toute la jeunesse, non pas seulement cheux elle, mais à ses aureilles, les apparantes affaires des autres couvroient la mienne, qui estoit ou du moins qui fut quelque temps après, plus effective. Enfin, ma conduite me réussit, et au point qu'en vérité je fus fort à la mode parmi les gents de ma profession, et que les dévots mesme disoient, après M. Vincent, qui m'avoit appliqué ce mot de l'Evangile, que je n'avois pas asses de piété, mais que je n'estois pas trop esloigné du royaume de Dieu.

La fortune me favorisa en ceste occasion plus qu'elle n'avoit accoustumé. Je trouvai par hasart Mestrezat, fameux ministre de Charanton, cheux madame d'Harambure, huguenotte précieuse et sçavante. Elle me mit aux mains avec lui par curiosité. La dispute s'engagea, et au point qu'elle eut neuf conférences de suite en neuf jours différents. M. le mareschal de La Force et M. de Turenne (1) se trouvèrent à trois ou quatre. Un gentilhomme de Poitou, qui fut présent à toutes, se convertit. Comme je n'avois pas encore vingt six ans [1641], cest évènement fit grand bruit; et entre autres effets, il en produisit un qui n'avoit guère de rapport à sa cause. Je vous le raconterai, après que j'aurai rendu la justice que je doibs, à une honnesteté que je receus de Mestrezat, dans une de ses conférences.

J'avois eu quelque advantage sur lui dans la cinquième, où la question de la vocation fut traitée. Il m'embarassa dans la sixième, où l'on parloit de l'autorité du pape ; parce que, ne voulant pas me brouiller avec Rome, je lui respondois sur des principes qui ne sont pas si

---

L'on accusa le cardinal de Richelieu d'avoir aposté un assassin, qui, passant à cheval devant le comte de Soisson, lui tira un coup de pistolet droit au visage et disparut ; d'autres prétendent, au contraire, qu'il se tua lui-même, par mégarde, en relevant, avec son pistolet, la visière de son casque.
.... Poursuivant trop chaudement sa victoire, le comte de Soisson fut tué par un gendarme de Monsieur, qui lui appuya le pistolet sur la visière, vers les onze heures du matin. (Le P. Anselme, hist. généalog. de la maison royale de France.)

(1) Henri de La Tour d'Auvergne, maréchal de France, né en 1611, tué en 1675. (A. E.)

aisés à défendre que ceux de Sorbonne. Le ministre s'apperceut de ma peine, il m'espargna les endroits qui eussent peu m'obliger à m'expliquer d'une manière qui eust choqué le nonce. Je remarquai son procédé; je l'en remerciai, au sortir de la conférence, en présence de M. de Turenne; et il me respondit ces propres mots : « Il n'est pas juste d'empêcher M. l'abbé de » Rais d'estre cardinal. » Ceste délicatesse n'est pas, comme vous voyes, d'un pédant de Genève.

Je vous ai dit ci-dessus que ceste conférence produisit un effet bien différent de sa cause. Le voici :

Madame de Vendosme (1), dont vous avés ouï parler, prit une affection pour moi depuis ceste conférence, qui alloit jusques à la tendresse d'une mère. Elle y avoit assisté, quoi qu'assurément elle n'y entendist rien: mais, ce qui la confirma encore dans son sentiment, fut celui de M. de Lisieux (2), qui estoit son directeur, et qui logeoit toujours cheux elle, quand il estoit à Paris. Il revint en ce temps-là de son diocèse, et comme il avoit beaucoup d'amitié pour moi et qu'il me trouva dans les dispositions de m'attacher à ma profession, ce qu'il avoit souhaité passionnément, il prist touts les soings imaginables de faire valoir dans le monde le peu de qualités qu'il pouvoit excuser en moi. Il est constant que ce fut à lui à qui je deust le peu d'esclat que j'eus en ce temps-là; et il n'y avoit personne en France dont l'approbation en peust tant donner. Ses sermons l'avoient eslevé, d'une naissance fort basse et estrangère (il estoit flamand) à l'épiscopat; il l'avoit soubstenu avec une piété sans faste et sans fard. Son désintéressement estoit au delà de celui des anachorètes; il avoit la vigueur de saint Ambroise, et il conservoit dans la cour et auprès du roi, une liberté que M. le cardinal de Richelieu, qui avoit esté son escolier en théologie, craignoit et révéroit. Ce bon homme, qui avoit tant d'amitié pour moi, qu'il me faisoit trois fois la sepmaine des leçons sur les espitres de saint Paul, se mit en teste de convertir M. de Turenne, et de m'en donner l'honneur.

M. de Turenne avoit beaucoup de respect pour lui; mais il lui en donna encore plus de marques, par une raison qu'il m'a dit lui mesme, mais qu'il ne m'a dist que plus de dix ans après. M. le comte de Brion (3), que vous pouves, je crois, avoir veu dans vostre enfance, soubs le nom de duc Damville, estoit fort amoureux de mademoiselle de Vendosme, qui a esté depuis madame de Nemours; et il estoit aussi fort ami de M. de Turenne, qui, pour lui faire plaisir et lui donner lieu de veoir plus souvent mademoiselle de Vendosme, affectoit d'escouter les exhortations de M. de Lisieux, et de lui rendre mesme beaucoup de debvoirs. Le comte de Brion, qui avoit esté deux fois capucin et qui faisoit un salmigondis perpétuel de dévotion et de péchés, prenoit une sensible part à sa prétendue conversion; et il ne bougeoit des conférences qui se faisoient très-souvent, et qui se faisoient toujours dans la chambre de madame de Vendosme. Brion avoit fort peu d'esprit, mais il avoit beaucoup de routine, qui en beaucoup de chose suppléa à l'esprit; et ceste routine, jointe à la manière que vous cognoisses de M. de Turenne, et à la mine indolente de mademoiselle de Vendosme, fit que je pris le tout pour bon, et que je ne m'apperceu jamais de quoi que ce soit. Vous me permetres, s'il vous plaist, de faire ici une petite disgression, devant que j'entre plus avant dans la suite de ceste histoire (4).

[Les confiances que je vous ai faites jusques à ce jour, de toutes les dames que je vous ai nommées, ne me donnent aucun scrupule, parce que il n'y en a pas une que je crois ne vous avoir peu faire avec honneur; la discretion a ses bornes, et je ne les crois pas. . . . .
. . . .
. . . que j'en avois mesme davantage de me pleindre du peu de lieu que j'ai trouvé à vous faire des confidences qui vous peussent estre de tout point particulières. En voici une qui l'est certainement, qui n'a jamais esté pénétrée, que je n'ai jamais faite à personne, que je n'ai jamais laissée soupçonner; je ne l'ai pas deu, parce que je suis persuadé que la personne qu'elle regarde ne m'a jamais trompé.]. . . . .

Les conférences dont je vous ai parlé ci-dessus, se terminoient asses souvent par des promenades dans le jardin. Feu madame de Choisy (6) en proposa une à Saint-Cloud; et elle dit, en

---

(1) Françoise de Lorraine, fille de Philippe-Emmanuel de Lorraine, duc de Mercœur, et de Marie de Luxembourg, morte en 1669. (A. E.)

(2) Philippe Cospeau, nommé évêque de Lisieux, en 1635, mourut le 8 mai 1646. Il eut toute la confiance d'Anne d'Autriche, au commencement de la régence.

(3) Brion, François-Christophe de Lévis de Ventadour qui fut plus tard duc de Damville. Il mourut en 1661. (A. E.)

(5) Voici le commencement de cette digression. Le feuillet qui en contenait la suite, et la moitié de l'autre, sur lequel se trouvait la fin de la digression, ont été arrachés et détruits.

(6) Jeanne-Olympe Hurault de l'Hospital, née en 1601, amie de la princesse Marie, depuis reine de Pologne, morurut en 1670; elle avait épousé Jean de Choisy, deuxième du nom, sieur de Belleroy, conseiller d'état, etc.

badinant, à madame de Vendosme, qu'il y falloit donner la comédie à M. de Lisieux. Le bon homme, qui admiroit les pièces de Corneille, respondit qu'il n'en feroit aucune difficulté pourveu que ce fust à la campagne, et qu'il y eust peu de monde. La partie se fit; l'on convint qu'il n'y auroit que madame et mademoiselle de Vendosme, madame de Choisy, M. de Turenne, M. de Brion, Voiture et moi. Brion se chargea de la comédie et des violons; je me chargeai de la collation. Nous allâmes à Saint-Cloud cheux M. l'archevêque. Les comédiens, qui jouoient ce soir là à Ruel cheux M. le cardinal, n'arrivèrent qu'à l'extrémement tard. M. de Lisieux prit plaisir aux violons; madame de Vendosme ne se lassoit point de voir danser mademoiselle sa fille, qui dansoit pourtant toute seule. Enfin l'on s'amusa tant que la petite pointe du jour (c'estoit dans les plus grands jours de l'esté) commenceoit à paroistre, quand l'on fust au bas de la descente des Bons-Hommes.

Justement au pied, le carosse arresta tout court. Comme j'estois à l'une des portières avec mademoiselle de Vendosme, je demandai au cocher pourquoi il arrestoit? et il me respondit avec une voie fort estonnée : « Voules-vous » que je passe par dessus touts les diables, qui » sont là devant moi ? » Je mis la teste hors de la portière; et comme j'ai tousjours eu la veue fort basse, je ne vis rien. Madame de Choisy, qui estoit à l'autre portière avec M. de Turenne, fut la première qui apperceut du carosse la cause de la frayeur du cocher; je dis du carosse, car cinq ou six laquais qui estoient derrière, crioient: Jésus Maria! et trembloient déjà de peur. M. de Turenne se jeta hors du carosse, aux cris de madame de Choisy. Je creus que c'estoit des voleurs; je sautai aussi hors du carosse; je pris l'espée d'un laquais, je la tirai, et j'allai joindre de l'autre costé M. de Turenne, que je trouvai regardant fixément quelque chose que je ne voiois point.

Je lui demandai ce qu'il regardoit, et il me respondit en me poussant du bras, et assés bas : « Je vous le dirai, mais il ne fault pas espou- » vanter ces femmes, » qui dans la vérité hurloient plustost qu'elles ne crioient. Voiture commencea un oremus : vous cognoissez peut-estre les cris aigus de madame de Choisy; mademoiselle de Vendosme disoit son chapelet. Madame de Vendosme se vouloit confesser à M. de Lisieux, qui lui disoit : « Ma fille, n'ayes point de peur, vous êtes en la main de Dieu; » et le comte de Brion avoit entonné bien dévotement à genoux, avec touts nos laquais, les litanies de la Vierge. Tout cela se passa, comme vous vous pouves imaginer, en mesme temps, et en moins de rien. M. de Turenne, qui avoit une petite espée à son costé, l'avoit aussi tirée, et après avoir un peu regardé, comme je vous l'ai déjà dit, il se tourna vers moi de l'air dont il eust demandé son disné, et de l'air dont il eust donné une bataille, me dit ces paroles : « Allons voir » ces gents-là. — Quelles gents, lui répartis-je; » dans le vrai je croyois que tout le monde eust perdu le sens. Il me respondit : « Effectivement, » je crois que ce pourroit bien estre des diables. » Comme nous avions déjà fait cinq ou six pas du costé de la Savonnerie, et que nous estions par conséquent plus proches du spectacle, je commençai à entrevoir quelque chose; et ce qui m'en parut, fut une longue procession de fantosmes noirs, qui me donna d'abord plus d'émotion, qu'elle n'en avoit donné à M. de Turenne; mais qui, par la réflexion que je fis, que j'avois longtemps cherché des esprits, et qu'apparemment j'en trouvois en ce lieu, me fit faire un mouvement plus vif que ses manières ne lui permettoient de faire. Je fis deux ou trois saults vers la procession. Les gents du carosse, qui croyoient que nous estions aux mains avec touts les diables, firent un grand cri, et ce ne furent pourtant pas eux qui eurent le plus de frayeur. Les pauvres Augustins réformés et deschaussés, que l'on appelle les capucins noirs, qui estoient nos diables d'imagination, voyant venir à eux deux hommes qui avoient l'espée à la main, l'eurent très grande; et l'un d'eux se destachant de la trouppe, nous cria : « Messieurs, nous » sommes de pauvres religieux, qui ne faisons » mal à personne, et qui venons de nous rafraî- » chir un peu dans la rivière pour notre santé. » Nous retournasmes au carosse, M. de Turenne et moi, avec les éclats de rire que vous vous pouves imaginer; et nous fismes lui et moi dès le moment mesme deux observations que nous nous communiquasmes dès le lendemain matin. Il me jura que la première apparition de ces fantosmes imaginaires lui avoit donné de la joie, quoiqu'il eust tousjours creu auparavant, qu'il auroit peur s'il voioit jamais quelque chose d'extraordinaire : et je lui advouai que la première veue m'avoit esmeu, quoique j'eusse souhaité toute ma vie de veoir des esprits. La seconde observation que nous fismes, fust que tout ce que nous lisons dans la vie de la pluspart des hommes, est faux. M. de Turenne me jura qu'il n'avoit pas senti la moindre esmotion, et il convint que j'avois eu subjet de croire par son regard si fixe, et par son mouvement si lent, qu'il en avoit eu beaucoup. Je lui confessai que j'en avois eu d'abord, et il me protesta qu'il auroit juré sur son salut, que je n'avois eu que du courage et de la gaieté. Qui peut donc escrire la vérité, que ceux qui l'ont sentie? Et le président de Thou a eu raison de dire qu'il n'y a de véritable histoire que celles qui ont esté escrites par les hommes qui ont esté asses sincères pour parler véritablement d'eux-mesmes. Ma morale ne tire aucun mérite de ceste sincérité : car je trouve une satisfaction si sensible à vous rendre compte de touts les replis de mon ame et de ceux de mon cœur, que la raison à mon esgard a beaucoup moins de part que le plaisir, dans la religion et l'exactitude que j'ai pour la vérité.

Mademoiselle de Vendosme conceut un mespris inconcevable pour le pauvre Brion, qui en effet avoit fait veoir aussi de son costé, dans ceste ridicule advanture, une foiblesse inimaginable. Elle s'en moqua avec moi dès que l'on fut rentré en carosse, et elle me dit : « Je sens à » l'estime que je fais de la valeur que je suis » petite fille de Henri-le-Grand. Il fault que » vous ne craigniés rien, puisque vous n'aves pas » eu peur en ceste occasion. — J'ai eu peur, lui » respondis-je, mademoiselle : mais comme je » ne suis pas si dévot que Brion, ma peur n'a pas » tourné du costé des litanies. — Vous n'en aves » point eu, me dit-elle ; et je crois que vous ne » croies pas au diable : car M. de Turenne, qui » est bien brave, a esté bien esmeu lui-mesme, » et il n'alloit pas si vite que vous. » Je vous confesse que ceste distinction qu'elle mit, entre M. de Turenne et moi, me plust et me fit naistre la pensée d'hasarder quelque douceur. Je lui dis donc : « L'on peut croire au diable et ne le » craindre pas ; il y a des choses au monde plus » terribles. — Et quoi, reprit-elle ? — Elles le » sont si fort que l'on n'oseroit mesme les nommer, » lui respondis-je. » Elle m'entendit bien, à ce qu'elle m'a confessé depuis, mais elle n'en fit pas semblant ; elle se remit dans la conversation publique : l'on descendit à l'hostel de Vendosme, et chacun s'en alla cheux soi.

Mademoiselle de Vendosme n'estoit pas ce que l'on appelle une grande beauté, mais elle en avoit pourtant beaucoup ; et l'on avoit approuvé ce que j'avois dit d'elle, et de mademoiselle de Guise : qu'elles estoient des beautés de qualité ; on n'estoit point estonné en les voyant, de les trouver princesses. Mademoiselle de Vendosme avoit très peu d'esprit : mais il est certain, qu'au temps dont je vous parle, sa sottise n'estoit pas encore bien développée. Elle avoit un sérieux, qui n'estoit pas de sens mais de langueur ; un petit grain de hauteur ; et ceste sorte de sérieux cache bien des défauts. Enfin elle estoit aimable à tout prendre et en touts sens. Je suivis ma pointe et je trouvois des commodités merveilleuses ; je m'attirois des éloges de tout le monde, en ne bougeant de cheux M. de Lisieux, qui logeoit à l'hostel de Vendosme ; les conférences pour M. de Turenne furent suivies de l'explication des épistres de Saint-Paul, que le bon homme estoit ravi de me faire répéter en françois, soubs le prétexte de les faire entendre à madame de Vendosme, et à ma tante de Maignelais qui s'y trouvoit presque toujours. L'on fit deux voyages à Anet ; l'un fut de quinze jours, et l'autre de six sepmaines ; et dans le dernier voyage j'allai plus loing que à Anet. Je n'allai pourtant pas à tout, et je n'ai jamais esté (1) : l'on s'estoit fait des bornes desquelles l'on ne vouloit jamais sortir. J'allai toutefois très loing et longtemps, car je ne fus arresté dans ma course que par son mariage, qui ne se fit qu'un peu après la mort du feu roi. Elle se mit dans la dévotion, elle me prescha [je lui rendis des portraits, des lettres et des cheveux] ; je demeurai son serviteur, et je fus asses heureux pour lui en donner de bonnes marques dans les suites de la guerre civile.

Permettes, je vous supplie, à mon scrupule, de vous supplier encore très humblement de vous ressouvenir en ce lieu, du commandement que vous me fites l'avant-veille de vostre départ de Paris, cheux un de vos amis, de ne vous céler dans ce récit quoique ce soit de ce qui m'est jamais arrivé.

Vous voyés, parce que je viens de vous dire, que mes occupations ecclésiastiques estoient diversifiées, et esgalées par d'autres qui estoient un peu plus agréables ; mais elles n'en estoient pas asseurément déparées. La bienséance estoit observée en tout, et le peu qui y manquoit, estoit suppléé par mon bonheur, qui fut tel, que touts les ecclésiastiques du diocèse me souhaitoient pour successeur de mon oncle, avec une passion qu'ils ne pouvoient cacher. M. le cardinal de Richelieu estoit bien esloigné de ceste pensée : ma maison lui estoit fort odieuse et ma personne ne lui plaisoit pas, pour les raisons que je vous ai touchées ci-dessus. Voici deux occasions qui l'aigrirent encore davantage.

---

(1) La rédaction de ce passage est assez embrouillée ; nous la rapportons telle qu'elle est dans le manuscrit. Une main étrangère (la même que nous avons signalée, p. 22), a effacé plusieurs mots et en a substitué d'autres. Voici la phrase telle qu'on l'a corrigée : *L'on fit deux voyages a Anet, l'un de 15 jours et l'autre de six sepmaines ; je n'allai pourtant pas plus loing et je n'y ai jamais esté. Le manuscrit en dit davantage.*

Je dis à feu M. le président de Mesme, dans la conversation, une chose asses semblable, quoique contraire à ce que je vous ai dit quelque fois, qui est : que je cognois une personne qui n'a que de petits défaults; mais qu'il n'y a aucun de ces défault qui ne soit la cause ou l'effet de quelque bonne qualité. Je disois à M. le président de Mesme que M. le cardinal de Richelieu n'avoit aucune grande qualité, qui ne fust la cause ou l'effet de quelque grand défaut. Ce mot qui avoit esté dit teste-à-teste dans un cabinet fut redit, je ne sçai par qui, à M. le cardinal, et il fut redit soubs mon nom; juges de l'effet. L'autre chose qui le fascha, fut que j'allai veoir feu M. le président Barillon (1), qui estoit prisonnier à Amboise, pour des remonstrances qui s'estoient faites au parlement; et que je l'allai veoir dans une circonstance qui fit remarquer mon voyage. Deux misérables hermites et faux monnoyeurs, qui avoient eu quelque communication secrète avec M. de Vendosme (2), peut estre touchant leur second mestier, et qui n'estoient pas satisfaits de lui, l'accusèrent très faussement de leur avoir proposé de tuer M. le cardinal; et pour donner plus de créance à leur déposition, ils nommèrent touts ceux qu'ils croioient estre notés en ce pays-là. Montresor et M. Barillon furent du nombre; je le sceus des premiers par Bergeron, commis de M. des Noyers (3); et comme j'aimois extrèmement le président Barillon, je pris la poste le soir mesme pour l'aller advertir et le tirer d'Amboise; ce qui estoit très faisable. Comme il estoit tout à fait innocent, il ne voulut pas seulement escouter la proposition que je lui en fis et il demeura dans Amboise, mesprisant et les accusateurs et l'accusation. M. le cardinal dit à M. de Lisieux, à propos de ce voyage, que j'estois ami de tous ses ennemis; et M. de Lisieux lui respondit : « Il est vrai; et » vous l'en debves estimer, vous n'aves nul sub- » jet de vous en plaindre. J'ai observé que ceux » dont vous entendes parler, estoient touts ses » amis devant que d'estre vos ennemis. — Si » cela est vrai, lui dit M. le cardinal, l'on a tort » de me faire les contes que l'on m'en fait. » M. de Lisieux me rendit sur cela touts les bons offices imaginables; et tels qu'il me dit le lendemain, et qu'il me l'a dit encore plusieurs fois depuis, que si M. le cardinal de Richelieu eust vescu, il m'eust infailliblement rétabli dans son esprit. Ce qui y mettoit le plus de disposition, estoit que M. de Lisieux l'avoit asseuré que quoique j'eusse lieu de me croire perdu à la cour, je n'avois jamais voulu estre des amis de M. Legrand (4) [1642]; et il est vrai, que M. de Thou, avec lequel j'avois habité et amitié particulière, m'en avoit pressé et que je n'y donnai point, parce que je ne creus d'abord rien de solide, et l'évènement a fait veoir que je ne m'y estois pas trompé.

M. le cardinal de Richelieu mourut (5) devant que M. de Lisieux eust pu achever ce qu'il avoit commencé pour mon raccommodement, et je demeurai ainsi dans la foule de ceux qui avoient esté notés par le ministère. Ce caractère ne fut pas favorable les premières sepmaines qui suivirent la mort de M. le cardinal. Quoique le roi en eust une joie incroyable, il voulut conserver toutes les apparences; il ratifia les legs que ce ministre avoit fait des charges et des gouvernements; il caressa touts ses proches, il maintint dans le ministère toutes ses créatures, et il affecta de recevoir asses mal touts ceux qui avoient esté mal avec lui. Je fus le seul privilégié. Lorsque M. l'archevesque de Paris (6) me présenta au roi, il me traita, je ne dis pas seulement honnestement, mais avec une distinction qui surprit et qui estonna tout le monde; il me parla de mes estudes, de mes sermons; il me fit mesme des railleries douces et obligeantes. Il me commanda de lui faire ma cour toutes les sepmaines.

Voici les raisons de ce bon traitement, que nous ne sceusmes nous mesme que la veille de sa mort. Il les dit à la reine.

Ces deux raisons sont deux advantures qui m'arrivèrent au sortir du collége, et desquelles je ne vous ai pas parlé, parce que je n'ai pas

---

(1) Jean-Jacques Barillon, président aux enquêtes, mort prisonnier au château de Pignerol, en 1645. (A. E.)

(2) César, duc de Vendôme, de Beaufort, etc., fils de Henry IV et de Gabrielle d'Estrées, grand-maître de la surintendance de la navigation, en 1650; mourut à Paris le 22 octobre 1665. Nous avons dû corriger l'erreur des anciens éditeurs, qui font mourir César de Vendôme en 1667.

(3) Ce des Noyers était François Sublet, surintendant des finances, qui mourut en 1645. (A. E.)

(4) En parlant, dans la *Notice sur le cardinal de Retz*, de la conjuration de Cinq-Mars et de Thou, un des précédents éditeurs la désigne ainsi : Gondy ne prit aucune part à la conjuration du 5 mars, qui fut découverte l'année suivante (1642).

M. Legrand était Henri-Coëffier d'Effiat, marquis de Cinq-Mars, grand écuyer de France. Il eut la tête tranchée le 12 septembre 1642. (A. E.)

(5) Le 4 décembre 1642. (A. E.)

(6) Jean-François de Gondy, premier archevêque de Paris, mort le 21 mars 1654. Ce fut pour lui que l'on érigea le diocèse de Paris en archevêché. Il avait été sacré au mois de février 1623. Petitot, dans son *Introduction aux Mémoires relatifs à la Fronde*, s'est mépris en parlant de *Pierre de Gondy, mort en 1616, comme titulaire de l'archevêché de Paris en 1643*. Il a évidemment confondu les prénoms.

3.

cru, que n'ayant rapport à rien par elles-mesmes, elles méritassent seulement vostre réflexion. Je suis obligé de les exposer en ce lieu, parce que je trouve que la fortune leur a donné plus de suite sans comparaison, qu'elles n'en debvoient avoir naturellement. Je vous doibs dire de plus, pour la vérité, que je ne m'en suis pas souvenu dans le commencement de ce discours, et qu'il n'y a que leur suite qui les ait remises dans ma mémoire.

Un peu après que je fus sorti du collége, le valet de chambre de mon gouverneur, qui estoit mon Tercero (1), trouva cheux une misérable espinglière, une niepce de quatorse ans, qui estoit d'une beauté surprenante. Il l'achepta pour moi cent cinquante pistoles, après me l'avoir fait veoir; il lui loua une petite maison à Icy, il mit sa sœur auprès d'elle, et j'y allai le lendemain qu'elle y fut logée. Je la trouvai dans un abattement extrême et je n'en fus point surpris, parce que je l'attribuai à la pudeur. J'y trouvai quelque chose de plus le lendemain, qui fut une raison encore plus surprenante et plus extraordinaire que sa beauté, et c'estoit beaucoup dire. Elle me parla sagement, saintement, et sans emportement toutefois : elle ne pleura qu'autant qu'elle ne peut pas s'en empêcher; elle craignoit sa tante à un point qui me fit pitié. J'admirai son esprit, et après j'admirai sa vertu. Je la pressai autant qu'il le faloit pour l'esprouver. J'eus honte pour moi-mesme. J'attendis la nuit pour la mettre dans mon carosse, je la menai à ma tante de Maignelais, qui la mit dans une religion, où elle mourut huit ou dix ans après, en réputation de sainteté. Ma tante à qui ceste fille advoua que les menasses de l'espinglière l'avoient si fort intimidée, qu'elle auroit fait tout ce que j'aurois voulu, fut si touchée de mon procédé qu'elle alla dès le lendemain le conter à M. de Lisieux, qui le dit le jour mesme au roi à son disner. Voilà la première de ces deux advantures. La seconde ne fut pas de mesme nature, mais elle ne fit pas un moindre effet dans l'esprit du roi.

Un an à peu près devant ceste mesme advanture, j'estois allé courre le cerf à Fontainebleau, avec la meute de M. de Souvré (2), et comme mes chevaux estoient fort las, je pris la poste pour revenir à Paris. Comme j'estois mieux monté que mon gouverneur et qu'un valet de chambre qui couroient avec moi, j'arrivai le premier à Juvisy, et je fis mettre ma selle sur le meilleur cheval que je trouvai. Contenau, capitaine de la petite compagnie de chevaux legers du roi, brave, mais extravagant et scélérat, qui venoit de Paris aussi en poste, commanda à un palfrénier d'oster ma selle et d'y mettre la sienne. Je m'avancai en lui disant que j'avois retenu le cheval; et comme il me voyoit avec un petit colet uni et un habit noir tout simple, il me prit pour ce que j'estois en effet, c'est-à-dire, pour un escolier, et il ne me respondit que par un souflet qu'il me donna à tour de bras, et qui me mit tout en sang. Je mis l'espée à la main et lui aussi ; et dès le premier coup que nous nous portames, il tomba, le pied lui avoit glisse ; et comme il donna de la main en se voulant soubstenir, contre un morceau de bois un peu pointu, son espée s'en alla aussi de l'autre costé. Je me reculai deux pas, et je lui dis de reprendre son espée ; il le fit, mais ce fut par la pointe, car il m'en présenta la garde, en me demandant un million de pardons. Il les redoubla bien, quand mon gouverneur fut arrivé, qui lui dit qui j'estois. Il retourna sur ses pas ; il alla conter au roi, avec lequel il avoit une très grande liberté, toute ceste petite histoire. Elle lui pleut, et il s'en souvint en temps et lieu, comme vous le verres encore plus particulièrement à sa mort. Je reprends le fil de mon discours.

Le bon traitement que je recevois du roi, fit croire à mes proches que l'on pourroit peut estre trouver quelque ouverture pour moi à la coadjutorerie de Paris. Ils y trouvèrent d'abord beaucoup de difficulté dans l'esprit de mon oncle, très petit et par conséquent jaloux et difficile. Ils le gagnèrent par le moyen de Défita, son advocat, et de Couret son aumosnier : mais ils firent en mesme temps une faulte, qui rompit au moins pour ce coup leurs mesures. Ils firent éclater, contre mon sentiment, le consentement de M. de Paris, et ils souffrirent mesme que la Sorbonne, les curés, le chapitre, lui en fissent des remerciments. Ceste conduite eut beaucoup d'éclat ; mais elle en eut trop ; et messieurs le cardinal Mazarin, des Noyers et de Chavigny en prirent subjet de me traverser, en disant au roi qu'il ne falloit pas accoustumer les corps à se désigner eux mesmes des archevesques : de sorte que M. le mareschal de Schomberg (3), qui avoit espousé en première nopces ma cousine germaine, ayant voulu sonder le gué, n'y trouva aucun jour. Le roi lui respondit avec beaucoup de bonté pour moi ; mais j'estois encore trop jeune [l'affaire avoit fait trop de bruit

---

(1) Tercero, mot espagnol qui signifie vil complaisant d'un grand seigneur. (A. E.)

(2) Jean de Souvré, marquis de Courtenvaux, premier gentilhomme de la chambre, mort en 1656. (A. E.)
(3) Charles de Schomberg, mort en 1656. (A. E.)

devant que d'aller au roi, et autres telles choses].

Nous decouvrismes quelque temps après un obstacle plus sourd, mais aussi plus dangereux. M. des Noyers, secrétaire d'estat, et celui des trois ministres qui paroissoit le mieux à la cour, estoit dévot de profession, et mesme jésuite secret, à ce que l'on a creu. Il se mit en teste d'estre archevesque de Paris; et comme l'on croyoit compter seurement tous les mois sur la mort de mon oncle, qui estoit dans la vérité fort infirme, il crut qu'il falloit à tout hasart m'esloigner de Paris, où il voyoit que j'estois extrèmement aimé, et me donner une place qui parut belle et raisonnable pour un homme de mon age. Il me fit proposer au roi, par le père Sirmon, jésuite et son confesseur, pour l'evesché d'Agde, qui n'a que vingt-deux paroisses, et qui vault plus de trente mille livres de rente. Le roi agréa la proposition avec joie et il m'en envoya le brevet le jour mesme. Je vous confesse que je fus embarrassé au delà de tout ce que je vous puis exprimer. Ma dévotion ne me portoit nullement en Languedoc. Vous voyes les inconvénients du refus, si grands que je n'eusse pas trouvé un homme qui me l'eust osé conseiller. Je pris mon parti de moi-mesme. J'allai trouver le roi. Je lui dis, après l'avoir remercié, que j'apréhendois extrèmement le pois d'un evesché esloigné; que mon age avoit besoing d'advis et de conseils, qui ne se rencontrent amais que fort imparfaitement dans les provinces. J'adjoustai à cela tout ce que vous vous ouves imaginer. Je fus plus heureux que sage. e roi ne se fascha point de mon refus, et il ontinua à me très bien traiter. Ceste circonance, jointe à la retraite de M. des Noyers, ui donna dans le panneau que M. de Chavihy lui avoit tendu, resveilla mes espérances la coadjutorerie de Paris. Comme le roi oit pris des engagements asses publics de n'en int admettre, depuis celle qu'il avoit accore à M. d'Arles, l'on balançoit et l'on se donit du temps, avec d'autant moins de peine, e sa santé s'affoiblissoit touts les jours, et que vois lieu de tout espérer de la régence.

Le roi mourut [1643]; M. de Beaufort (1), qui oit de tout temps à la reine et qui en faisoit sme le galant, se mit en teste de gouverner, t il estoit moins capable que son valet de mbre. M. l'évesque de Beauvais (2), plus idiot que tous les idiots de vostre cognoissance, prit la figure de premier ministre; et il demanda dès le premier jour aux Hollandois, qu'ils se convertissent à la religion catholique, s'ils vouloient demeurer dans l'alliance de France. La reine eut honte de ceste momerie de ministre. Elle me commanda d'aller offrir de sa part la première place à mon père (3); et voyant qu'il refusoit obstinément de sortir de sa cellule des pères de l'Oratoire, elle se mit entre les mains de M. le cardinal Mazarin.

Vous pouves juger qu'il ne me fut pas difficile de trouver ma place dans ces moments, dans lesquels d'ailleurs l'on ne refusoit rien; et La Feuillade, [frère] de celui que vous voyes à la cour, disoit qu'il n'y avoit plus que quatre petits mots dans la langue françoise : « La reine » est si bonne! »

Madame de Maignelais et M. de Lisieux demandèrent la coadjutorerie pour moi. Et la reine la leur refusa, en disant qu'elle ne l'accorderoit qu'à mon père, qui ne vouloit point du tout paroistre au Louvre. Il y vint enfin une unique fois. La reine lui dit publiquement, qu'elle avoit receu ordre du feu roi, la veille de sa mort, de me la faire expédier, et qu'il lui avoit dit, en présence de M. de Lisieux, qu'il m'avoit toujours eu dans l'esprit, depuis les deux advantures de l'espinglière et de Contenau. Quel rapport de ces deux bagatelles à l'archevesché de Paris! et voila toutefois comme la plus part des choses se font.

Touts les corps vindrent remercier la reine. Losière, maistre des requestes et mon ami particulier, m'apporta seise mille escus pour mes bulles. Je les envoyai à Rome par un courrier, avec ordre de ne point demander de graces, pour ne point différer l'expédition, et pour ne laisser aucun temps au ministre de la traverser. Je la receus la veille de la Toussaint [1643]. Je montai le lendemain en chaire dans SaintJean, pour y commencer l'Advent, que je preschai.

Mais il est temps de prendre un peu d'haleine. Il me semble que je n'ai esté jusques ici que dans le parterre, ou tout au plus dans l'orchestre, à jouer et à badiner avec les violons; je vai monter sur le théâtre, où vous verres des scènes, non pas dignes de vous, mais un peu moins indignes de vostre attention.

---

(1) François de Beaufort, pair de France, fils de César de Vendôme; il fut tué à Candie, en 1669.
(2) Augustin Potier, évêque et comte de Beauvais, d aumônier de la reine Anne d'Autriche, et ministre d'état. Il fut exilé par la reine, dans son diocèse, en septembre 1643, et mourut en 1650.
(3) Philippe-Emmanuel de Gondy, comte de Joigny, qui se retira chez les pères de l'Oratoire.

LA VIE
DU CARDINAL DE RAIS.

DEUXIÈME PARTIE (1).

Je commencai mes sermons de l'Advant, dans Saint-Jean en Grève, le jour de la Toussaint, avec le concours naturel à une ville aussi peu accoustumée que l'estoit Paris, à veoir ses archevesques en chaire.

Le grant secret de ceux qui entrent dans les emplois, est de saisir d'abord l'imagination des hommes par une action que quelques circonstances leur rendent particulière.

Comme j'estois obligé de prendre les ordres, je fis une retraite dans Saint-Lasare, où je donnai à l'extérieur toutes les apparences ordinaires. L'occupation de mon intérieur fut une grande et profonde réflexion sur la manière que je debvois prendre pour ma conduite. Elle estoit très difficile. Je trouvois l'archevesché de Paris dégradé à l'esgard du monde, par les bassesses de mon oncle, et désolé à l'esgard de Dieu, par sa négligence et par son incapacité. Je prévoyois des oppositions infinies à son restablissement; et je n'estois pas si aveuglé, que je ne cogneusse que la plus grande et la plus insurmontable estoit dans moi-mesme. Je n'ignorois pas de quelle nécessité est la règle des mœurs à un évesque. Je sentois que le désordre scandaleux de ceux de mon ordre, me l'imposoit encore plus estroite et plus indispensable qu'aux autres; et je sentois en mesme temps que je n'en estois pas capable, et que touts les obstacles et de conscience et de gloire, que j'opposois au déréglement, ne seroient que des digues fort mal asseurées. Je pris, après six jours de réflexion, le parti de faire le mal par dessein, ce qui est sans comparaison le plus criminel devant Dieu, mais ce qui est sans doute le plus sage devant le monde; et parce qu'en le faisant ainsi, l'on y met tousjours des préalables qui en couvrent une partie; et parce que l'on évite par ce moyen le plus dangereux ridicule qui se puisse rencontrer dans nostre profession, qui est celui de mesler à contre-temps le péché et la dévotion.

Voila la sainte disposition avec laquelle je sortis de Saint-Lasare. |Elle ne fut pas pourtant de tout point mauvaise; car je pris une ferme résolution de remplir exactement tous les debvoirs de ma profession, et d'estre aussi homme de bien pour le salut des autres, que je pouvois estre meschant pour moi-mesme.

M. l'archevesque de Paris, qui estoit le plus foible de touts les hommes, estoit, par une suite asses commune, le plus glorieux. Il s'estoit laissé précéder par tout par les moindres officiers de la couronne, et il ne donnoit pas la main dans sa propre maison, aux gens de maison, aux gents de qualité qui avoient affaire à lui. Je pris le chemin tout contraire. Je donnai la main cheux moi à tout le monde; j'accompagnai tout le monde jusqu'au carosse, et j'acquis par ce moyen la réputation de civilité à l'esgard de beaucoup, et mesme d'humilité à l'esgard des autres. J'évitai sans affectation de me trouver en lieu de cérémonie avec les personnes d'une condition fort relevée, jusques à ce que je me fusse tout à fait confirmé dans ceste réputation; et quand je creus l'avoir establie, je pris l'occasion d'un contrat de mariage pour disputer le rang de la signature à M. de Guise. J'avois bien estudié et fait estudier mon droit, qui estoit incontestable dans les limites du diocèse. La préséance me fut adjugée par arrest du conseil, et j'esprouvai en ce rencontre, par le grand nombre de gents qui se déclarèrent pour moi, que descendre jusques aux petits, est le plus sur moyen pour s'esgaler aux grands. Je faisois ma cour une fois la sepmaine, à la messe de la reine, après laquelle j'allois presque tousjours diner cheux M. le cardinal Mazarin, qui me traitoit fort bien; et qui estoit dans la vérité très content de moi, parce que je n'avois voulu

---

(1) Le cardinal de Retz a divisé ses Mémoires en trois parties. La première comprend l'histoire de sa jeunesse jusqu'à l'époque de sa nomination à la coadjutorerie; la seconde, depuis sa nomination à cette dignité, jusqu'à son arrivée en Italie, après sa sortie de prison; la troisième est consacrée à son séjour dans les pays étrangers. Ainsi, la division de cet ouvrage en cinq livres a été imaginée par les éditeurs; nous conserverons celle que l'auteur des Mémoires a establie lui-même.

prendre aucune part dans la cabale que l'on appeloit des importants, quoiqu'il y en eust d'entre eux qui fussent extrémement de mes amis. Peut estre ne seres vous pas faschée que je vous explique ce que c'estoit que ceste cabale.

M. de Beaufort, qui avoit le sens beaucoup au dessoubs du médiocre, voyant que la reine avoit donné sa confiance à M. le cardinal Mazarin, s'emporta de la manière du monde la plus imprudente. Il refusa touts les advantages qu'elle lui offroit avec profusion ; il fit vanité de donner au monde toutes les démonstrations d'un amant irrité ; il ne ménagea en rien Monsieur ; il brava dans les premiers jours de la régence feu M. le prince (1) ; il l'outra ensuite par la déclaration publique qu'il fit contre madame de Longueville (2) en faveur de madame de Montbason (3), qui véritablement n'avoit offensé la première qu'en contrefaisant ou montrant cinq des lettres que l'on prétendoit qu'elle avoit escrites à Coligny. M. de Beaufort, pour soubstenir ce qu'il faisoit contre la régente, contre le ministre et contre les princes du sang, forma une cabale de gents qui dès ce temps-là ne me paroissoient guères sages. [Beaupuy], Fontrailles, Fiesque (4), Montresor, qui avoit la mine de Caton, mais qui n'en avoit pas le jeu, s'y joignit aux Bethune. Le premier estoit mon parent proche, et le second estoit aussi de mes amis. Ils obligèrent M. de Beaufort à me faire beaucoup d'advances. Je les receus avec respect, mais je n'entrai en rien ; je m'expliquai mesme à Montresor, en lui disant que je debvois la coadjutorerie de Paris à la reine, et que la grace estoit asses considérable pour m'empescher de prendre aucune liaison qui peut ne lui estre pas agréable. Montresor m'ayant respondu que je n'en n'avois nulle obligation à la reine puisqu'elle n'avoit rien fait en cela que ce qui lui avoit esté ordonné publiquement par le feu roy, et que d'ailleurs la grace m'avoit esté faite dans un temps où la reine ne donnoit rien à force de ne rien refuser, je lui dis ces propres mots : « Vous me permetres d'oublier tout ce » qui pourroit diminuer ma recognoissance, et » me ressouvenir que de ce qui la doibt » augmenter. » Ces paroles qui furent rapportées à M. le cardinal Mazarin par Goulas, à ce que lui-mesme m'a dit depuis, lui plurent. Il le dit à la reine le jour que M. de Beaufort fut arresté. Ceste prison (5) fist beaucoup d'esclat, mais elle n'eut pas celui qu'elle debvoit produire ; et comme elle fut le commencement de l'establissement du ministre que vous verres dans toute la suite de ceste histoire jouer le plus considérable role de la comédie, il est nécessaire, à mon opinion, de vous en parler un peu plus en détail.

Vous aves veu ci-dessus, que ce parti formé dans la cour par M. de Beaufort, n'estoit composé que de quatre ou cinq mélancoliques, qui avoient la mine de penser creux : et ceste mine, ou fit peur à M. le cardinal Mazarin, ou lui donna lieu de feindre qu'il avoit peur. Il y a eu des raisons de doubter de part et d'autre ; ce qui est certain est que La Rivière (6), qui avoit déjà beaucoup de part dans l'esprit de Monsieur, essaya de la donner au ministre par toute sorte d'advis, pour l'obliger de se défaire de Montresor (7), qui estoit sa beste ; et que M. le prince n'oublia rien aussi pour la lui faire prendre,

(1) Henri de Bourbon, second du nom, mort en 1646. (A. E.) L'éditeur des Mémoires de Retz, Paris, 1820, indique, par erreur, la mort de ce prince en 1615. De même, des deux seules notes généalogiques, insérées par Petitot et M. Montmerqué, dans les mémoires de Lenet, l'une est relative au père de ce prince de Condé, et on l'y fait mourir, aussi par erreur, en 1688, au lieu de 1588.

(2) Anne-Geneviève de Bourbon, fille de Henri de Bourbon, prince de Condé, morte en 1679. (A. E.)

(3) Marie de Bretagne, fille de Claude de Bretagne, comte de Vertus, et de Catherine Fouquet de la Varenne ; elle est morte en 1657. Le comte de Soisson, le duc de Beaufort et le duc de Chevreuses avaient acheté ses bonnes grâces cent mille livres. (Journal historique du temps. Manuscrit de la Biblioth. du roi.)

(4) Charles-Léon, comte de Fiesque. (A. E.)

(5) « Les nouvelles de deçà consistent en quelques brouilleries de cour, qui a obligé la Royne, pour des considérations très-importantes, *à faire arrester monsieur le duc de Beaufort, et le faire conduire au château de Vincennes* (le 2 septembre 1643), et ensuitte donner ordre à monsieur le duc de Vendosme, à madame sa femme et à monsieur le duc de Mercœur, leur fils, de se retirer en leur maison ; et semblablement à monsieur de Chasteauneuf, pour se retirer en Berry. Sa majesté n'ayant rien voulu souffrir qui peut blesser l'autorité du roy, ny la sienne, ny violer les respect qui leur est deubt. » (Extrait d'une dépêche du comte de Brienne, secrétaire d'état, datée de Paris, 4 septembre 1643.)

(6) Louis Barbier, abbé de La Rivière, mort évêque et duc de Langres, en 1670. C'était le favori du duc d'Orléans ; il n'était pas moins détesté que le cardinal Mazarin. On en trouve le portrait suivant dans une chanson du temps, intitulée : *les Honny soit-il*. Elle fait partie du recueil dit de *Maurepas*, que l'on conserve aux manuscrits de la Bibliothèque du roi :

S'advancer et se mesconnoître,
Vendre deux ou trois fois son maistre,
Trahir son païs par argent,
Mépriser avec insolence
Ceux qui l'on veu estre indigent :
Honny soit-il qui mal y pense.

(7) Montresor fut arrêté avec plusieurs autres de la *cabale des importants* ; et il ne dut sa liberté qu'à la protection de Béthune, comme on le voit par une lettre de Mazarin, datée d'Amiens, 24 juillet 1647. (Coll. *Dupuy*, vol. 646.) « J'ay une double satisfaction du service

par l'apréhension qu'il avoit que M. le duc, qui est M. le prince d'aujourd'hui, ne se commist par quelque combat avec M. de Beaufort, comme il avoit esté sur le point de faire dans le desmêlé de mesdames de Longueville et de Montbason. Le palais d'Orléans et l'hostel de Condé estant unis ensemble par ces intérets, tournèrent, en moins de rien, en ridicule la morgue qui avoit donné aux amis de M. de Beaufort le nom d'important; et ils se servirent en mesme temps, trèshabilement, des grandes apparences que M. de Beaufort, selon le style de touts ceux qui ont plus de vanité que de sens, ne manqua pas de donner en toute sorte d'occasions aux moindres bagatelles. L'on tenoit cabinet mal à propos, l'on donnoit des rendes-vous sans subjet; les chasses mesme paroissoient mystérieuses. Enfin l'on fit si bien, que l'on se fit arrester au Louvre par Guitaut, capitaine des gardes de la reine. Les importants furent chassés et dispersés, et l'on publia par tout le royaume qu'ils avoyent fait une entreprise sur la vie de M. le cardinal. Ce qui a fait que je ne l'ai jamais creu, est que l'on n'en a jamais veu ni déposition ni indice, quoique la pluspart des domestiques de la maison de Vendosme ayent esté très long-temps en prison. Vaumorin et Ganseville, ausquels j'en ai parlé cent fois dans la Fronde, m'ont juré qu'il n'y avoit rien au monde de plus faux. L'un estoit capitaine des gardes, et l'autre escuyer de M. de Beaufort. Le marquis de Nangis, maistre de camp du régiment de Navarre ou de Picardie, je ne m'en ressouviens pas précisément, et enragé contre la reine et contre le cardinal, pour un subjet que je vous dirai incontinent, fut fort tenté d'entrer dans la cabale des importants, cinq ou six jours devant que M. de Beaufort fust arresté; et je le détournai de ceste pensée, en lui disant que la mode, qui a du pouvoir en toutes choses, ne l'a si sensible en aucune, qu'à estre ou bien ou mal à la cour. Il y a des temps où la disgrace est une manière de feu, qui purifie toutes les mauvaises qualitez, et qui illumine toutes les bonnes; il y a des temps où il ne sied pas bien à un honneste homme d'estre disgracié. Je soustins à Nangis que celui des importants estoit de ceste nature; et je vous

marque ceste circonstance pour avoir lieu de vous faire le plan de l'estat où les choses se trouvèrent à la mort du feu roy. C'est par où je debvois commencer, mais le fil du discours m'a emporté.

Il faut confesser, à la louange de M. le cardinal de Richelieu, qu'il avoit conceu deux desseins, que je trouve presque aussi vastes que ceux des César et des Alexandre. Celui d'abattre le parti de la religion avoit esté projeté par M. le cardinal de Rais (1), mon oncle; celui d'attaquer la formidable maison d'Autriche, n'avoit esté imaginé de personne. Il a consommé le premier; à sa mort, il avoit bien advancé le second. La valeur de M. le prince, qui estoit M. le duc en ce temps-là, fit que celle du roi n'altéra point l'estat des choses. La fameuse victoire de Rocroy (2) donna autant de seureté au royaume qu'elle lui apporta de gloire; et les lauriers couvrirent le roi, qui règne aujourd'hui, dans son berceau. Le roi, son père, qui n'aimoit ni n'estimoit la reine sa femme, lui donna, en mourant, un conseil nécessaire pour limiter l'autorité de sa régence; et il y nomma M. le cardinal Mazarin, M. le chancelier (3), M. Bouteiller et M. de Chavigny. Comme touts ces subjets estoient extrémement odieux au public, parce qu'ils estoient touts créatures de M. le cardinal de Richelieu, ils furent sifflés par touts les laquais dans la cour de Saint Germain, aussitost que le roi eust expiré; et si M. de Beaufort eust eu le sens commun, ou si M. de Beauvais n'eut pas été une beste mitrée, ou si il eust pleu à mon père d'entrer dans les affaires, ces collateraux de la régence auroient esté infailliblement chassés avec honte, et la mémoire du cardinal de Richelieu auroit esté seurement condamnée par le parlement avec une joie publique.

La reine estoit adorée beaucoup plus par ses disgraces que par son mérite. L'on ne l'avoit veue que persécutée, et la souffrance, aux personnes de ce rang, tient lieu d'une grande vertu. L'on se vouloit imaginer qu'elle avoit eu de la patience, qui est très-souvent figurée par l'indolence. Enfin il est constant que l'on en espéroit des merveilles; et Bautru (4) disoit qu'elle faisoit deux miracles, parce que les plus dévots avoient mesme oublié ses coquetteries.

que j'ay rendu à monsieur de Montresor, par ce que j'ay contribué à sa liberté, puisque cela vous a donné de la joye. J'ai remarqué en ce gentilhomme toutes les bonnes qualitez que vous luy attribués, qui m'ont fait concevoir autant d'estime que d'affection pour luy; et je m'assure que la façon dont je l'ay traité l'aura rendu persuadé de cette vérité, etc. »
(1) Henri de Gondy, mort en 1622. (A. E.)
(2) Elle fut livrée le 19 mai 1643.

(3) Pierre Séguier, né à Paris le 28 mai 1588, mort le 28 janvier 1672.
(4) Guillaume de Bautru, comte de Serrant, membre de l'Académie française et ambassadeur en Espagne, mort en 1665. Ses bons mots l'ont rendu célèbre. On trouve dans la collection de Maurepas une chanson satirique faite par Louis XIV, contre René Bautru, fils de Guillaume.

M. le duc d'Orléans fit quelque mine de disputer la régence, et Lafrette, qui estoit à lui, donna de l'ombrage parce qu'il arriva une heure après la mort du roi, à Saint-Germain, avec deux cents gentilshommes qu'il avoit amené de son pays. J'obligeai Nangis, dans ce moment, à offrir à la reine le régiment qu'il commandoit, qui estoit en garnison à Mante. Il le fit marcher à Saint-Germain, tout le régiment des gardes s'y rendit; l'on amena le roi à Paris. Monsieur se contenta d'estre lieutenant-général de l'Estat; M. le prince fut déclaré chef du conseil. Le parlement confirma la régence de la reine, mais sans limitation; touts les exilés furent rappelés, touts les prisonniers furent mis en liberté, touts les criminels furent justifiés, touts ceux qui avoient perdu des charges rentrèrent : on donnait tout, on ne refusoit rien, et madame de Beauvais, entre autres, eut permission de bastir dans la place Royale. Je ne me ressouviens plus du nom de celui à qui l'on expédia un brevet pour un impost sur les messes. La [félicité] des particuliers paroissoit pleinement asseurée par le bonheur public. L'union très-parfaite de la maison royale fixoit le repos du dedans. La bataille de Rocroy avoit anéanti pour des siècles la vigueur de l'infanterie d'Espagne. La cavalerie de l'Empire ne tenoit pas devant les Weymariens; l'on voyoit sur les degrés du trosne, d'où l'apre et redoutable Richelieu avoit foudroyé plutost que gouverné les humains, un successeur (1) doux, bening, qui ne vouloit rien, qui estoit au desespoir que sa dignité de cardinal ne lui permettoit pas de s'humilier autant qu'il l'eust souhaité devant tout le monde, qui marchoit dans les rues avec deux petits laquais derrière son carosse; n'ai-je pas eu raison de vous dire qu'il ne sied pas bien à un honneste homme d'estre mal à la cour en ce temps-là? Et n'ai-je pas encore raison de conseiller à Nangis de ne se pas brouiller, quoique nonobstant le service qu'il avoit rendu à Saint-Germain, il fut le premier homme à qui l'on eust refusé une gratification de rien qu'il demanda. Je la lui fis obtenir.

Vous ne seres pas surprise de ce qu'on le fut de la prison de M. de Beaufort, dans une cour où l'on venoit de les ouvrir à tout le monde sans exception; mais vous le seres sans doute de ce que personne ne s'apperceut des suites. Ce coup de rigueur, fait dans un temps où l'autorité estoit si douce, qu'elle estoit comme imperceptible, fit un grand effet. [Quoique cest effet fust aussi presque incroyable]. Il n'y avoit rien de si facile que ce coup par toutes les circonstances que vous aves veues, mais il paroissoit grand; et tout ce qui est de ceste nature est heureux, parce qu'il a de la dignité et n'a rien d'odieux. Ce qui attire asses souvent je ne sçais quoi d'odieux sur les actions des ministres, mesme les plus nécessaires, c'est que pour les faire, ils sont presque tousjours obligés de surmonter des obstacles dont la victoire ne manque jamais de porter avec elle de l'envie et de la haine. Quand il se présente une occasion considérable dans laquelle il n'y a rien à vaincre, parce qu'il n'y a rien à combattre, ce qui est très rare, elle donne à leur autorité un éclat pur, innocent, non meslangé, qui ne s'establit pas seulement, mais qui leur fait mesme tirer dans les suites du mérite de tout ce qu'ils ne font pas, presque également que de tout ce qu'ils font.

Quand l'on vit que le cardinal avoit arresté celui qui cinq ou six sepmaines devant avoit ramené le roi à Paris avec un faste inconcevable, l'imagination de touts les hommes fut saisie d'un estonnement respectueux; et je me souviens que Chapelain, qui enfin avoit de l'esprit, ne pouvoit se lasser d'admirer ce grand événement. L'on se croyoit bien obligé au ministre de ce que toutes les sepmaines il ne faisoit pas mettre quelqu'un en prison, et l'on attribuoit à la douceur de son naturel les occasions qu'il n'avoit pas de mal faire. Il faut advouer qu'il seconda fort habilement son bonheur. Il donna toutes les apparences nécessaires pour faire croire qu'on l'avoit forcé à ceste résolution; que les conseils de Monsieur et de M. le prince l'avoient emporté dans l'esprit de la reine sur son advis. Il parut encore plus modéré, plus civil et plus ouvert le lendemain de l'action. L'accès estoit tout à fait libre, les audiences estoient aisées, l'on dînoit avec lui comme avec un particulier; il relacha mesme beaucoup de la morgue des cardinaux les plus ordinaires. Enfin il fit si bien, qu'il se trouva sur la teste de tout le monde, dans le temps que tout le monde croyoit l'avoir encore à ses costés. Ce qui me surprend est que les princes et les grands du royaume, qui pour leurs propres intérêts, debvoient estre plus clairvoyants que le vulgaire, furent les plus aveugles. Monsieur se creut au dessus de l'exemple; M. le prince, attaché à la cour par son avarice, voulut s'y croire; M. le duc (2) estoit d'un age à

---

(1) Jules Mazarin, cardinal, ministre d'état, mort à Vincennes en 1661. (A. E.) Il était né dans l'Abruzze, en 1602.

(2) Louis de Bourbon, duc d'Enghien, prince de Condé, en 1646, qui avait alors vingt-deux ans; il est mort en 1686. C'est lui que le cardinal de Retz désigne ordinairement sous le titre de M. le Prince.

s'endormir aisément à l'ombre des lauriers; M. de Longueville ouvrit les yeux, mais ce ne fut que pour les refermer; M. de Vendosme estoit trop heureux de n'avoir esté que chassé; M. de Nemours (1) n'estoit qu'un enfant; M. de Guise (2), revenu tout nouvellement de Bruxelles, estoit gouverné par [mademoiselle de Pons] (3), et croyoit gouverner la cour. M. de Bouillon croyoit de jour en jour que l'on lui rendrait Sedan; M. de Turenne estoit plus que satisfait de commander les armées d'Allemagne; M. d'Espernon (4) estoit ravi d'estre rentré dans son gouvernement et dans sa charge; M. de Schomberg avoit toute sa vie esté inséparable de tout ce qui estoit bien à la cour; M. de Grammont (5) en estoit esclave; et MM. de Rais, de Vitry, et de Bassompierre se croyoient, au pied de la lettre, en faveur, parce qu'ils n'estoient plus ni prisonniers ni exilés. Le parlement, délivré du cardinal de Richelieu, qui l'avoit tenu fort bas, s'imaginoit que le siècle d'or seroit celui d'un ministre qui leur disoit touts les jours, que la reine ne se vouloit conduire que par leurs conseils. Le clergé, qui donne tousjours l'exemple de la servitude, la preschoit aux autres soubs le titre d'obéissance. Voilà comme tout le monde se trouva en un instant Mazarin.

Ce plan vous parroit peut-estre avoir esté bien long: mais je vous supplie de considérer qu'il contient les quatre premières années de la régence, dans lesquels la rapidité du mouvement donné à l'autorité royale par M. le cardinal de Richelieu, soubstenue par les circonstances que je vous viens de marquer, et par les advantages continuels remportés par (6) les ennemis maintint toutes les choses en l'estat ou vous les voyes. Il y eut, la troisième et la quatrième année, quelque petit nuage entre Monsieur et M. le duc, pour des bagatelles; il y en eut entre M. le duc et M. le cardinal Mazarin, pour la charge d'ad-miral, que le premier prétendoit par la mort de M. le duc de Brézé, son beau-frère. Je ne parle point ici de ce détail, et parce qu'il en altéra en rien la face des affaires, et parce qu'il n'y a point de Mémoires de ce temps-là, où vous ne le trouvies imprimé [J'ai honte de revenir à ce qui me touche.]

M. de Paris partit de Paris deux mois après mon sacre (7), pour aller passer l'esté à Angers, dans une abbaye qu'il avoit, appelée Saint-Aubin; et il m'ordonna, quoiqu'avec beaucoup de peine, de prendre soing de son diocèse. Ma première fonction fut la visite des religieuses de la Conception, que la reine me força de faire, parce que n'ignorant pas qu'il y avoit dans ce monastère plus de quatre-vingts filles, dont il y en avoit plusieurs de belles et quelques unes de coquettes, j'avois peine à me résoudre à y exposer ma vertu. Il le falut toutefois, et je la conservai avec l'édification du prochain, parce que je n'en vis jamais une seule au visage, et je ne leur parlai jamais qu'elle n'eussent le voile baissé; et c'este conduite qui dura six sepmaines donna un merveilleux lustre à ma chasteté. [Je crois que les leçons que je recevois touts les soirs cheux madame de Pommereux, la fortifioit beaucoup pour le lendemain. Ce qui est d'admirable, est que ces leçons, qui n'estoient plus secrètes, ne me nuisirent point dans le monde.] La dame eust esté bien faschée que l'on ne les eust pas sceues: mais elle les mesloit et à ma prière et parce qu'elle mesme y estoit asses portée, de tant de diverses apparences, où il n'y avoit pourtant rien de réel, que nostre affaire en beaucoup de choses avoit l'air de n'estre pas publique; quoiqu'elle ne fut pas cachée. Cela paroit galimathias; mais il est de ceux que la pratique fait cognoistre quelquefois, et que la spéculation ne fait jamais entendre. J'en ai remarqué de ceste sorte en touts genres d'affaires.

---

(1) Charles-Amédée de Savoie. (A. E.)
(2) Henri de Lorraine, duc de Guise, petit-fils du duc de Guise, tué aux états de Blois. Il fut marié à Anne de Gonzague, et s'en sépara pour épouser la comtesse de Bossu; les Espagnols le firent prisonnier en avril 1648. Le duc mourut en 1664.
Les mémoires du temps attribuent à l'esprit romanesque de ce prince, et à son desir de conquérir un royaume pour l'offrir à sa maistresse, la résolution extraordinaire qu'il prit, sans s'être concerté avec personne, et de son propre mouvement, de se jeter dans Naples, pour aider le peuple à secouer le joug espagnol. Les pièces historiques, au contraire, nous prouvent que ce fut par les ordres réitérés du roi de France, que le duc de Guise se détermina enfin à secourir les Napolitains; mais la trahison neutralisa les bons effets de sa bravoure.
(3) Judith de Pons, fille d'honneur de la reine Anne d'Autriche, et maistresse du duc de Guise; elle était fille de Jean-Jacques de Pons, marquis de La Caze, et de Charlotte de Parthenay, dame de Genouillé. Mademoiselle de Pons mourut au mois de mai 1688, fort âgée, et sans avoir été mariée.
Les éditeurs modernes l'ont confondue avec madame de Pons, qui épousa, en 1649, le duc de Richelieu.
(4) Bernard de Nogaret, de La Valette et de Foix, duc d'Epernon, fils de Jean-Louis de Nogaret, duc d'Epernon, était né à Angoulême en 1592; il mourut le 25 juillet 1661, ayant épousé, en premières nocces, Gabrielle Angélique, légitimée de France, fille de Henri IV et de la marquise de Verneuil.
(5) Antoine de Grammont, troisième du nom, maréchal de France, le 22 septembre 1641, mort en 1678. (A. E.)
(6) Lisez *sur*.
(7) Le coadjuteur de Paris fut fait archevêque de Corinthe, le 22 janvier 1644, et sacré le 31 du même mois.

Je continuai à faire dans le diocèse tout ce que la jalousie de mon oncle me permit d'y entreprendre sans le fascher. Mais comme de l'humeur dont il estoit, il y avoit peu de choses qui ne le peussent fascher, je m'appliquai bien davantage à tirer du mérite de ce que je ne faisois pas, que de ce que je faisois; et ainsi je trouvai le moyen de prendre mesme des advantages de la jalousie de M. de Paris, en ce que je pouvois à jeu seur faire paroistre ma bonne intention en tout : au lieu que si j'eusse esté le maistre, la bonne conduite m'eust obligé à me réduire purement à ce qui eust esté praticable.

M. le cardinal Mazarin m'advoua longtemps après, dans l'intervale de l'une de ces paix fourées que nous faisions quelquefois ensemble, que la première cause de l'ombrage qu'il prit de mon pouvoir à Paris, fut l'observation qu'il fit de ces manœuvres, qui estoient pourtant à son esgard très innocentes. Un autre rencontre lui en donna aussi peu de subjet. J'entrepris d'examiner la capacité de touts les prestres du diocèse, ce qui estoit dans la vérité d'une utilité inconcevable. Je fis pour cest effet trois tribunaux composés de chanoines, de curés et de religieux qui debvoient reduire touts les prestres en trois classes, dont la première estoit des capables, que l'on laissoit dans l'exercice de leurs fonctions; la seconde de ceux qui ne l'estoient pas, mais qui le pouvoient devenir; la troisiesme de ceux qui ne l'estoient pas et qui ne le pouvoient jamais estre. On séparoit ceux de ces deux dernières classes : on les interdisoit de leurs fonctions; on les mettoit dans des maisons distinctes et l'on instruisoit les uns, et l'on se contentoit d'apprendre purement aux autres les règles de la piété. Vous jugés bien que ces establissements debvoient estre d'une dépense immence : mais l'on apportoit des sommes considérables de tout costé. Toutes les bourses des gents de bien s'ouvrirent avec profusion. C'est esclat fascha le ministre, et il fit que la reine manda, soubs un prétexte frivole, M. de Paris, qui deux jours après qu'il fut arrivé, me commanda soubs un autre encore plus frivole, de ne pas continuer l'exécution de mon dessein. Quoique je fusse très bien adverti par mon ami l'aumosnier, que le coup me venoit de la cour, je le souffris avec bien plus de flegme qu'il n'appartenoit à ma vivacité. Je n'en tesmoignai quoi que ce soit, et je demeurai dans ma conduite ordinaire à l'esgard de M. le cardinal; je ne parlai pas si judicieusement sur un autre subjet, quelques jours après, que j'avois agi sur celui-là. Le bon homme M. de Morangis me disant dans la cellule du prieur des Chartreux, que je faisois trop de depenses, comme il n'estoit que trop vrai que je la faisois excessive, je lui respondis fort estourdiment : « J'ai bien supputé; » César à mon age debvoit six fois plus que » moi. » C'este parole très imprudente en tout sens, fut rapportée par un malheureux docteur qui se trouva là, à M. Servien (1), qui la dit malicieusement à M. le cardinal. Il s'en moqua, et il avoit raison; mais il la remarqua et il n'avoit pas tort.

L'assemblée du clergé se tint en 1645. Je fus invité comme diocésain, et elle se peut dire le véritable escueil de ma médiocre faveur.

M. le cardinal de Richelieu avoit donné une atteinte cruelle à la dignité et à la liberté du clergé, dans l'assemblée de Mante, et il avoit exilé avec des circonstances atroces, six de ses prélats les plus considérables. On résolut en celle de 1645, de leur faire quelque sorte de réparation, ou plustost de donner quelque recompense d'honneur à leur fermeté, en les priant de venir prendre place dans la compagnie, quoi qu'ils n'y fussent pas députés (2). Ceste résolution, qui fut prise d'un consentement général dans les con-

---

(1) Abel Servien, marquis de Sablé, comte de La Roche-des-Aubiers, garde des sceaux, surintendant des finances, chancelier le 3 mai 1650, mort le 19 février 1659, âgé de 65 ans.

(2) L'assemblée de 1645 travailla encore pour le rétablissement de l'évêque de Léon, de la maison de Rieux, qui avait été privé de son évêché en 1635, pour avoir suivi la reine-mère en Flandre. L'affaire était difficile, parce que M. Cupif, qui avait été mis en sa place, était sacré il y avait long-temps, et en était en possession. Mais M. de Léon fut rétabli en 1648, au moyen de l'évêché de Dol, qui fut donné à M. Cupif; et ainsi l'histoire fut finie. Le jugement donné contre l'évêque de Léon tenait tant au cœur de messieurs du clergé, qu'ils en parlèrent encore dans l'assemblée de 1650, où l'on résolut un acte de protestation contre cette procédure, qui fut signifié à M. le nonce, le 25 novembre dudit an. Ils prétendaient, dans cet acte, que le jugement des évêques appartient au concile provincial, sauf à appeler les évêques des provinces voisines, si les évêques de la province n'étaient pas en assez grand nombre, sauf l'appel au pape. Il y a un petit mot, dans l'acte de signification, qu'on pourrait s'être abstenu d'y mettre; car, parmi les qualités de M. le nonce, on le qualifie nonce de sa sainteté, vers le roi et le royaume de France, comme si le royaume de France était quelque chose qui fit un corps à part séparé du roi; au lieu que le roi et le royaume ne sont point distingués, toute l'autorité résidant dans la personne du roi. Je sais bien que dans son pouvoir, il est ainsi qualifié par le pape, mais nous ne sommes obligés de reconnaître le nonce que comme ambassadeur du pape, en qualité de prince temporel, pour résider à la suite de la cour comme les autres ambassadeurs des princes souverains. Cela est d'autant plus à reprendre, en ces messieurs, qu'ils ne pouvaient pas ignorer l'arrêt qui avait été donné à ce sujet

versations particulières, fut portée innocemment et sans aucun mystère dans l'assemblée, où l'on ne songea pas seulement que la cour y peust faire réflexion; et il arriva par hasart, que lorsque l'on y délibéra le tour qui tomba ce jour là sur la province de Paris, m'obligea à parler le premier. J'ouvris donc l'advis, selon que nous l'avions touts concerté, et il fut suivi de toutes les voix. A mon retour cheux moi, je trouvai l'argentier de la reine, qui me portoit ordre de l'aller trouver à l'heure mesme. Elle estoit sur son lit dans sa petite chambre grise, et elle me dit avec un ton de voix fort aigre, qui lui estoit asses naturel, qu'elle n'eust jamais creu que j'eusse esté capable de lui manquer au point que je venois de le faire, dans une occasion qui blessoit la mémoire du feu roi son seigneur. Il ne me fut pas difficile de la mettre en estat de ne pouvoir que me dire sur mes raisons; et elle en sortit, par le commandement qu'elle me fit de les aller faire cognoistre à M. le cardinal. Je trouvai qu'il les entendoit aussi peu qu'elle. Il me parla de l'air du monde le plus hault; il ne voulut point escouter mes justifications, et il me déclara qu'il me commandoit de la part du roi, que je me rétractasse le lendemain en pleine assemblée. Vous croyes bien qu'il eust esté difficile de m'y résoudre. Je ne m'emportai toutefois nullement; je ne sortis point du respect; et comme je vis que ma soubmission ne gagnoit rien sur son esprit, je pris le parti d'aller trouver M. d'Arles, sage et modéré, et de le prier de vouloir bien se joindre à moi, pour faire entendre ensemble nos raisons à M. le cardinal. Nous y allasmes, nous lui parlasmes, et nous conclusmes en revenant de cheux lui, qu'il estoit l'homme du monde le moins entendu dans les affaires du clergé. Je ne me souviens pas précisément de la manière dont ceste affaire s'accommoda; je crois de plus que vous n'en aves pas grande curiosité; et je ne vous en ai parlé un peu au long, que pour vous faire cognoistre et que je n'ai eu aucun tort dans le premier démeslé que j'ai eu avec la cour; et que le respect que j'eus pour M. le cardinal Mazarin, à la considération de la reine, alla jusqu'à la patience.

J'en eus encore plus de besoing trois ou quatre mois après, dans une occasion que son ignorance lui fournit d'abord, mais que sa malice envenima. L'évesque de Warmie, l'un des ambassadeurs qui venoient quérir la reine de Pologne (1), prit en grè de vouloir faire la cérémonie du mariage dans Nostre-Dame. Vous remarqueres, s'il vous plaist, que les évesques et archevesques de Paris n'ont jamais cédé ces sortes de fonctions dans leur église qu'aux cardinaux de la maison royale; et que m'on oncle avoit esté blamé au dernier point par tout son clergé, parce qu'il avoit souffert que M. le cardinal de La Rochefoucault mariast la reine d'Angleterre (2). Il estoit parti justement pour son second voyage d'Anjou, la veille de la Saint-Denis; et le jour de la feste, Saintot, lieutenant des cérémonies, m'apporta dans Nostre-Dame mesme une lettre de cachet, qui m'ordonnoit de faire préparer l'église pour monsieur l'évesque de Warmie, et qu'il me l'ordonnoit dans les mesmes termes dans lesquels on commande au prévost des marchands de préparer l'hostel-de-ville pour un balet. Je fis veoir la lettre de cachet au doyen et aux chanoines qui estoient avec moi; et je leur dis en mesme temps que je ne doubtois point que ce ne fust une mesprise de quelque commis de secrétaire d'estat; que je partirois dès le lendemain pour Fontainebleau, où estoit la cour, et pour esclaircir moi-mesme ce mal entendu. Ils estoient fort esmeus, et ils vouloient venir avec moi à Fontainebleau. Je les en empeschai en leur promettant de les mander s'il en estoit besoing. J'allai descendre cheux M. le cardinal. Je lui représentai les raisons et les exemples. Je lui dis qu'estant son serviteur aussi particulier que je l'estois, j'espérois qu'il me feroit la grace de les faire entendre à la reine; et j'adjoustai asseurément tout ce qui l'y pouvoit obliger. C'est en ceste occasion que je cogneu qu'il affectoit de me brouiller avec elle. Car quoique je visse clairement que les raisons que je lui alléguois le touchoient au point d'estre certainement fasché d'avoir donné cest ordre devant que d'en sçavoir la conséquence, il se remist après un peu de réflexion, et il s'opiniastra de la manière du monde [la plus engageante et la plus désobligeante]. Comme je parlois au nom et de M. l'archevesque et de toute l'église de Paris, il éclata comme il eust peu faire si un particulier, de son autorité privée,

---

contre M. le nonce, en 1617, le 15 mai. M. Talon s'en souvint bien mieux en une rencontre semblable, le 6 mai 1665, qui est le jour d'un arrêt qu'il fit donner sur sur la même chose. Le nonce, l'ayant encore entrepris six semaines après, nouvel arrêt du 23 juin. (Cette note est tirée des mémoires manuscrits de Colbert.) (A. E.)

(1) Marie-Louise de Gonzague-Clèves, fille de Charles, duc de Mantoue, et de Catherine de Lorraine-Mayenne, née vers 1612; mariée par procuration à Uladislas-Sigismond IV (et Uladislas VII, selon l'art de vérifier les dates), roi de Pologne, le dimanche 5 novembre 1645. Elle épousa, en secondes noces, le 4 mars 1649, Jean-Casimir, roi de Pologne, son beau-frère. Sa mort arriva le 10 mai 1667, après vingt ans de règne.

(2) Henriette-Marie de France, fille de Henri IV, mariée à Charles Ier, morte en 1669. (A. E.)

l'eust voulu haranguer à la teste de cinquante séditieux. Je lui en voulus faire veoir avec respect la différence : mais il estoit si ignorant de nos mœurs et de nos manières, qu'il prenoit tout de travers le peu qu'on lui en vouloit faire entendre. Il finit brusquement et incivilement la conversation, et il me renvoya à la reine. Je la trouvai [siflée et aigrie] ; et tout ce que j'en peus tirer, fut qu'elle donneroit audiance au chapitre, sans lequel je lui déclarai que je ne pouvois ni ne debvois rien conclure.

Je le mandai à l'heure mesme. Le doyen arriva le lendemain avec seise députés. Je les présentai : ils parlèrent et ils parlèrent très sagement et très fortement. La reine nous renvoya à M. le cardinal, qui pour vous dire le vrai, ne nous dit que des impertinences. Et comme il ne sçavoit encore que très médiocrement la force des mots françois, il finit sa response en me disant que je lui avois parlé la veille fort insolemment. Vous pouves juger que ceste parole me choqua. Comme toutefois j'avois pris une résolution ferme de faire paroistre de la modération, je ne lui respondis qu'en souriant et je me tournai aux députés, en leur disant : « Messieurs » le mot est gai. » Il se fascha de mon souris, et il me dit d'un ton très hault : « A qui croyes- » vous parler ? Je vous apprandrai à vivre. » Je vous confesse que ma bile s'eschauffa. Je lui respondis que je sçavois fort bien que c'estoit le coadjuteur de Paris qui parloit à M. le cardinal Mazarin ; mais que je croyois que lui pensoit estre le cardinal de Lorraine (1), qui parloit au suffragant de Mets. Ceste expression, que la chaleur me mist à la bouche, resjouit les assistants, qui estoient en grand nombre. Je ramenai les députés du chapitre disner cheux moi ; et nous nous préparasmes pour retourner aussitost après à Paris, quand nous vismes entrer M. le mareschal d'Estrées (2), qui venoit pour m'exhorter de ne point rompre, et pour me dire que les choses se pouvoient accommoder. Comme il vit que je ne me rendois pas à son conseil, il s'expliqua nettement, et il m'advoua qu'il avoit ordre de la reine de m'obliger à aller cheux elle. Je ne balançai point ; j'y menai les députés. Nous la trouvasmes radoucie, bonne, changée à un point que je ne vous puis exprimer. Elle me dit en présence des députés, qu'elle avoit voulu me veoir, non pas pour la substance de l'affaire pour laquelle il seroit aisé de trouver des expédients, mais pour me faire une réprimande de la manière dont j'avois parlé à ce pauvre M. le cardinal, qui estoit doux comme un agneau, et qui m'aimoit comme son fils. Elle adjousta à cela toutes les bontés possibles, et elle finit par un commandement qu'elle fît au doyen et aux députés de me mener cheux M. le cardinal, et d'adviser ensemble à ce qu'il y avoit à faire. J'eus un peu de peine à faire ce pas, et je marquai à la reine qu'il n'y avoit eu qu'elle au monde qui m'y avoit peu obliger.

Nous trouvasmes le ministre encore plus doux que la maistresse. Il me fit un million d'excuses du terme insolemment. Il me dit, et il pouvoit estre vrai, qu'il avoit creu qu'il signifiait *insolito*. Il me fit toutes les honnestetés imaginables, mais il ne conclut rien et il nous remit à un petit voyage qu'il croyoit faire au premier jour à Paris. Nous y revinsmes pour attendre ses ordres : et quatre ou cinq jours après, Saintot, lieutenant des cérémonies, entra cheux moi à minuit, et il me présenta une lettre de M. l'archevesque, qui m'ordonnoit de ne m'opposer en rien aux préventions de M. l'évesque de Warmie, et de lui laisser faire la cérémonie du mariage. Si j'eusse esté bien sage, je me serois contenté de ce que j'avois fait jusques là, parce qu'il est tousjours judicieux de prendre toutes les issues que l'honneur permet pour sortir des affaires que l'on a avec la cour : mais j'estois jeune et j'estois de plus en cholère, parce que je voyois que l'on m'avoit joué à Fontainebleau, comme il estoit vrai ; et que l'on ne m'avoit bien traité en apparence, que pour se donner le temps de dépescher à Angers un courrier à mon oncle. Je ne fis toutefois rien cognoistre de ma disposition à Saintot ; au contraire, je lui tesmoignai joie de ce que M. de Paris m'avoit tiré d'embarras. J'envoyois quérir un quart d'heure après les principaux du chapitre, qui estoient touts dans ma disposition. Je leur expliquai mes sentiments, et Saintot qui le lendemain au matin les fit assembler, pour leur donner aussi selon la coustume, leur lettre de cachet, s'en retourna à la cour avec ceste response : que M. l'archevesque pouvoit disposer comme il lui plaisoit de la nef; mais que comme le chœur estoit au chapitre il ne le céderoit jamais qu'à son archevesque ou à son coadjuteur. Le cardinal entendit bien ce jargon et il prit le parti de faire faire la cérémonie dans la chapelle du Palais-Royal, dont il disoit que le grand aumosnier estoit évesque. Comme ceste question estoit encore plus importante que l'autre, je lui escrivis pour lui en représenter les inconvenients. Il estoit piqué et il tourna ma lettre en raillerie. Je fis veoir à la reine de Pologne que si elle se marioit ainsi, je serois forcé malgré moi de déclarer son ma-

---

(1) Charles de Lorraine, évêque de Metz. (A. E.)
(2) François-Annibal d'Estrées, mort en 1670, âgé de quatre-vingt-dix-huit ans. (A. E.)

riage nul : mais qu'il y avoit un expédient, qui estoit qu'elle se mariast véritablement dans le Palais-Royal, mais que l'évesque de Warmie vint cheux moi en recevoir la permission par escrit. La chose pressoit ; et il n'y avoit pas de temps pour attendre une nouvelle permission d'Angers. La reine de Pologne ne vouloit rien laisser de problématique dans son mariage, et la cour fut obligée de plier et de consentir à ma proposition, qui fut exécutée.

Voilà un récit bien long, bien sec, et bien ennuyeux : mais comme les trois ou quatre petites brouilleries que j'eus en ce temps-là, ont eu beaucoup de rapport aux plus grandes qui sont arrivées dans les suites, je crois qu'il est comme nécessaire de vous en parler, et je vous supplie par ceste raison d'avoir la bonté d'essuyer encore deux ou trois historiettes de mesme nature ; après lesquelles je fais estat d'entrer dans des matières et plus importantes et plus agréables.

Quelque temps après le mariage de la reine de Pologne, M. le duc d'Orléans vint, le jour de Pasque [1er avril 1646] à Nostre-Dame à vespres ; et un officier de ses gardes ayant trouvé, devant qu'il y fut arrivé, mon drap de pied à ma place ordinaire, qui estoit immédiatement au dessoubs de la chaire de M. l'archevesque, l'osta et y mit celui de Monsieur. L'on m'en advertit aussitost, et comme la moindre ombre de compétance avec un fils de France a un grand air de ridicule, je respondis mesme asses aigrement à ceux du chapitre qui me voulurent faire faire réflexion. Le théologal, qui estoit homme de doctrine et de sens, me tira à part ; il m'apprit la dessus un détail que je ne sçavois pas. Il me fit veoir la conséquence qu'il y avoit à séparer, pour quelque cause que ce peust estre, le coadjuteur de l'archevesque. Il me fit honte et j'attendis Monsieur à la porte de l'église, où je lui représentai ce que, pour vous dire le vrai, je ne venois que d'apprandre. Il le receut fort bien, il commanda que l'on osta son drap de pied et fit remettre le mien ; on me donna l'encens devant lui, et comme vespre furent finies, je me moquai de moi-mesme avec lui, et je lui dis ces propres paroles : « Je serois bien honteux, Monsieur, » de ce qui se vient de faire si l'on ne m'avoit » assuré que le dernier frère des Carmes, qui » adora avant hier la croix devant Vostre Altesse » Royale, le fit sans aucune peine. » Je sçavois que Monsieur avoit esté aux carmes à l'office du vendredi saint, et je n'ignorois pas que touts ceux du clergé vont à l'adoration tout les premiers. Le mot pleut à Monsieur et il le redit le soir au cercle comme une politesse.

Il alla le lendemain à Petit-Bourg [cheux] La Rivière, qui lui tourna la teste et qui lui fit croire que je lui avois fait un outrage public ; de sorte que le jour mesme qu'il en revint, il demanda tout haut à monsieur le mareschal d'Estrées qui avoit passé les festes à Cœuvres, si son curé lui avoit disputé la préséance ? Vous voyez l'air qui fut donné à la conversation. Les courtisans commencèrent par le ridicule ; et Monsieur finit par un serment, qu'il m'obligeroit d'aller à Nostre-Dame, prendre ma place et recevoir l'encens après lui. M. de Rohan-Chabot (1), à ce discours, vint me le raconter tout effaré, et une demi-heure après un aumosnier de la reine vint me commander de sa part de l'aller trouver. Elle me dit d'abord, que Monsieur estoit dans une cholère terrible, qu'elle en estoit très faschée, mais qu'enfin c'estoit Monsieur et qu'elle ne pouvoit n'estre pas dans ses sentiments ; qu'elle vouloit absolument que je le satisfisse et que j'aillasse le dimanche suivant faire dans Nostre-Dame la réparation dont je vous viens de parler. Je lui respondis ce que vous pouvés vous figurer, et elle me renvoya à son ordinaire à monsieur le cardinal, qui me tesmoigna d'abord qu'il prenoit une part très sensible à la peine dans laquelle il me voyoit, qui blasma l'abbé de La Rivière d'avoir engagé Monsieur, et qui par ceste voie douce et obligeante en apparance, n'oublia rien pour me conduire à la dégradation que l'on prétendoit. Comme il vit que je ne me donnois pas dans le panneau, il voulut m'y pousser ; il prit un ton haut et d'autorité ; il me dit qu'il m'avoit parlé comme mon ami, mais que je le forçois de parler en ministre. Il mesla dans ses réflexions des menasses indirectes : et la conversation s'eschauffant il passa jusqu'à la picoterie toute ouverte, en me disant que quand l'on affectoit de faire des actions de saint Ambroise, il en falloit faire la vie. Comme il affecta d'eslever sa voix en ceste endroit pour se faire entendre de deux ou trois prélats, qui estoient au bout de la chambre, j'affectai aussi de ne pas baisser la mienne pour lui repartir. « J'essairai, mon- » sieur, de profiter de l'advis que Vostre Emi- » nence me donne ; mais je vous dirai, qu'en » attendant je fais estat d'imiter saint Am-

(1) Henri Chabot, qui épousa en 1645 Marguerite, duchesse de Rohan, fille et unique héritière du grand duc de Rohan ; elle porta le duché de Rohan, etc., à Henri Chabot, à condition que les enfants nés de ce mariage porteraient le nom et les armes de la maison de Rohan. Henri Chabot mourut en 1655. (A. E.)

» broise dans l'occasion dont il s'agit, affin qu'il » obtienne pour moi la grace de le pouvoir imiter » en toutes les autres. » Le discours finit asses aigrement et je sortis ainsi du Palais-Royal.

M. le mareschal d'Estrées et M. de Séneterre (1) vinrent cheux moi au sortir de table, munis de toutes les figures de rhétorique pour me persuader que la dégradation estoit honnorable. Comme ils ne réussirent pas, ils m'insinuèrent que Monsieur pouvoit bien venir aux voies de fait, et me faire enlever par ses gardes, pour me faire mettre à Nostre-Dame au dessoubs de lui. La pensée m'en parut si ridicule que je n'y fis pas d'abord beaucoup de réflexion. L'advis m'en estant donné le soir par M. de Choisy, chancelier de Monsieur, je me mis de mon costé très ridiculement sur la défensive; car vous pouves juger qu'elle ne pouvoit estre en aucun sens judicieuse contre un fils de France, dans un temps calme et où il n'y avoit pas seulement apparence de mouvement. Ceste sotise est, à mon opinion, la plus grande de toutes celles que j'ai faites en ma vie. Elle me réussit toutefois; mon audace plut à M. le duc, de qui j'avois l'honneur d'estre parent, et qui haïssoit l'abbé de La Rivière, parce qu'il avoit eu l'insolence de trouver mauvais, quelques jours auparavant, qu'on lui eust préféré M. le prince de Conti (2) pour la nomination au cardinalat (3). De plus M. le duc estoit très persuadé de mon bon droit, qui estoit dans la vérité fort clair et justifié pleinement par un petit escrist que j'avois jeté dans le monde. Il le dit à M. le cardinal, et il adjousta qu'il ne souffriroit en façon quelquonque, que l'on usast d'aucune violence; que j'estois son parent et son serviteur, et qu'il ne partiroit point pour l'armée qu'il ne vist ceste affaire finie.

La cour ne craignoit rien tant au monde que la rupture entre Monsieur et M. le duc; M. le prince l'apréhendoit encore davantage. Il faillit à transir de frayeur quand la reine lui dit le discours de monsieur son fils. Il vint tout courant cheux moi, et y trouva soixante ou quatre-vingt gentishommes; il creut qu'il y avoit quelque partie liée avec M. le duc, ce qui n'estoit nullement vrai. Il jura, il menassa, il pria, il conjura; et dans ses emportemens, il lascha des mots qui me firent cognoistre que M. le duc prenoit plus de part à mes intérests qu'il ne me l'avoit témoigné à moi-mesme. Je ne balançai pas à me rendre à cest instant, et je dis à M. le prince que je ferois toutes choses sans exceptions, plustost que de souffrir que la maison royale se brouillast à ma considération. M. le prince, qui m'avoit trouvé jusque-là inesbranlable, fut si touché de veoir que je me radoucissois à celle de monsieur son fils, précisément dans l'instant qu'il me venoit d'apprendre lui-mesme que j'en pouvois espérer une puissante protection, qu'il changea aussi de son costé; et qu'au lieu qu'à l'abord il ne trouvoit point de satisfaction asses grande pour Monsieur, il décida nettement en faveur de celle que j'avois toujours offerte, qui estoit d'aller lui dire, en présence de toute la cour, que je n'avois jamais prétendu manquer au respect que je lui debvois, et ce qui m'avoit obligé de faire ce que j'avois fait à Nostre-Dame, estoit l'ordre de l'église duquel je lui venois rendre compte. La chose fut ainsi exéqutée quoique M. le cardinal et M. de La Rivière en enrageassent du meilleur de leur cœur. Mais M. le prince leur fit une telle frayeur de M. le duc, qu'il fallut plier. Il me mena cheux Monsieur, ou toute la cour se trouva par curiosité. Je ne lui dis précisément que ce que je vous viens de marquer. Il trouva mes raisons admirables; il me mena voir ses médailles et ainsi finit l'histoire, dont le fonds estoit très bon; mais qu'il ne tint pas à moi de gaster par mes manières.

Comme ceste affaire et le mariage de la reine de Pologne m'avoient fort brouillé à la cour, vous pouves bien vous imaginer le tour que les courtisans y voulurent donner : mais j'esprouvai en ceste occasion, que toutes les puissances ne peuvent rien contre la réputation d'un homme qui la conserve dans son corps. Tout ce qu'il y eut

---

(1) **Henri de Saint-Nectaire**, second du nom, dit Senneterre, duc de La Ferté-Nabert, maréchal de France, en 1651, mort en 1681. (A. E.)

(2) Armand de Bourbon, abbé et général de Cluny, de Saint-Denis, etc, deuxième fils de Henri de Bourbon, deuxième du nom, prince de Condé, et de Charlotte-Marguerite de Montmorency, né à Paris, le 11 octobre 1629. Après avoir quitté la robe, il épousa la nièce du cardinal Mazarin, en 1654, et mourut en 1666.

(3) Le roi écrivit au pape pour demander une promotion extraordinaire en faveur du prince de Conti, tout en retirant la demande qu'il avait faite en faveur de l'abbé de la Rivière. Louis XIV renouvela souvent ses instances pendant l'année 1648; mais en 1649, le prince de Conti ayant pris parti pour la Fronde, par l'instigation de la duchesse de Longueville, une lettre du roi, en date du 29 janvier 1649, fut immédiatement envoyée au pape pour faire révoquer la nomination de ce prince, à cause de « sa mauvaise conduite et de ses déportemens, en adhérant à un party qui a pris les armes contre nous. » L'abbé de la Rivière, « ayant pris soin de nous complaire en toute chose, nous escrivons cette lettre pour déclarer nettement que nous n'avons plus d'autre intention que celle de faire remplir nostre nomination ordinaire pour ledit sieur abbé de la Rivière, l'assurant que nous n'avons rien à désirer présentement de V. S. qui nous soit plus à cœur, » etc.

de savant dans le clergé, se déclara pour moi ; et au bout de six sepmaines, je m'apperceus que la pluspart, mesme de ceux qui m'avoient blasmé, croyoient ne m'avoir que plaint. J'ai fait ceste observation en mille autres rencontres.

Je forçai mesme la cour, quelque temps après, à se louer de moi. Comme la fin de l'assemblée du clergé approchoit, et que l'on estoit sur le point de délibérer sur le don que l'on a accoustumé de faire au roi, je fus bien aise de tesmoigner à la reine, par la complaisance que je me résolu d'avoir pour elle en ce rencontre, que la résistance à laquelle ma dignité m'avoit obligé dans les deux précédents, ne venoit d'aucun principe de méccognoissance. Je me séparai de la bande des zélés, à la teste desquels estoit M. de Sens ; je me joignis à M. d'Arles et de Chaalon, qui ne l'estoient pas moins en effet, mais qui estoient aussi plus sages. Je vis mesme le premier M. le cardinal, qui demeura très satisfait de moi, et qui dit publiquement, le lendemain, qu'il ne me trouvoit pas moins ferme pour le service du roi que pour l'honneur de mon caractère. L'on me chargea de la harangue qui se fait tousjours à la fin de l'assemblée, et de laquelle je ne vous dis point le détail (1), parce qu'elle est imprimée. Le clergé en fut content, la cour s'en loua et M. le cardinal Mazarin me mena au sortir souper en teste à teste avec lui. Il me parut pleinement desabusé des impressions qu'on lui avoit voulu donner contre moi, et je crois dans la vérité qu'il croyoit l'estre. Mais j'estois trop bien à Paris, pour estre longtemps bien à la cour. C'estoit là mon crime dans l'esprit d'un Italien politique par livre, et ce crime estoit d'autant plus dangereux, que je n'ouvrois rien pour l'aggraver par une despense naturelle, non affectée et à laquelle la négligence mesme donnoit du lustre ; par de grandes aumosnes, par des libéralités très-souvent sourdes, dont l'escho n'en estoit quelque fois que plus resonnant. Ce qui est de vrai, est que je ne pris d'abord ceste conduite que par la pente de mon inclination, et par la pure veue de mon debvoir. La nécessité de me soubtenir contre la cour m'obligea de la suivre, et mesme de la renforser : mais nous n'en sommes pas encore à ce détail ; et ce que j'en marque en ce lieu, n'est que pour vous faire veoir que la cour prit de l'ombrage de moi, dans le temps mesme où je n'avois pas fait seulement réflexion que je lui en peusse donner. Ceste considération est une de celles qui m'ont obligé de vous dire quelque fois, que l'on est plus souvent duppe par la défiance que par la confiance. Enfin celle que le ministre prit de l'estat où il me voyoit à Paris, et qui l'avoit déjà porté à me faire les pièces que vous aves veues ci-dessus, l'obligea encore, malgré les radoucissements de Fontainebleau, à m'en faire une nouvelle trois mois après.

M. le le cardinal de Richelieu avoit dépossédé M. l'evesque de Léon (2), de la maison de Rieux, avec des formes tout à fait injurieuses à la dignité et à la liberté de l'église de France. L'assemblée de 1645 entreprit de le rétablir. La contestation fut grande : M. le cardinal Mazarin, selon sa coustume, céda après avoir beaucoup disputé. Il vint lui mesme dans l'assemblée porter parole de la restitution, et l'on se sépara sur celle qu'il donna publiquement de l'exéquter dans trois mois. Je fus nommé en sa présence pour solliciteur de l'expédition comme celui de qui le séjour estoit le plus asseuré à Paris. Il donna dans la suite toute sorte de démonstrations qu'il tiendroit fidèlement sa parole ; il me fit dire deux ou trois fois aux provinces qu'il n'y avoit rien de plus asseuré. Sur le point de la décision, il changea tout à coup et il me fit presser par la reine de tourner l'affaire d'un biais qui m'auroit infailliblement déshonnoré. Je n'oubliai rien pour le faire rentrer dans lui mesme. Je me conduisis avec une patience qui n'estoit pas de mon age ; je la perdis au bout du mois et je me résolu de rendre compte aux provinces de tout le procédé, avec toute la vérité que je debvois à ma conscience et à mon honneur. Comme j'estois sur le point de fermer la lettre circulaire que j'escrivois pour cest effet, M. le duc entra cheux moi. Il la lut, il me l'arracha, et il me dit qu'il vouloit finir ceste affaire. Il alla trouver à l'heure mesme M. le cardinal, il lui en fit veoir les conséquences, jeus mon expédition (3)........

---

(1) Petitot, en parlant dans sa *Notice sur le cardinal de Retz*, de cette harangue, considère l'extrait qu'il en donne, comme le résultat d'une *découverte faite dans un recueil presque inconnu*, qui a pour titre : *Théâtre de l'Eloquence, ou Recueil des Harangues, Remontrances, etc. ; second Recueil*, page 60. Il aurait été bien plus simple de prendre une collection très-connue et souvent consultée, qui a pour titre : *Recueil des Actes, Titres et Mémoires concernant les affaires du clergé ; contenant les Remontrances et Harangues faites aux rois et aux reines par le clergé de France* ; volume grand in-fol., imprimé à Paris, en 1740, où cette harangue du coadjuteur se trouve à la page 559.

(2) René de Rieux, rétabli dans sa dignité, et mort peu de temps après, le 8 mars 1651. (A. E.)

(3) Les anciens éditeurs disent qu'en cet endroit, il y a cinq pages d'arrachées ; c'est une nouvelle preuve que les Mémoires du cardinal de Retz n'ont jamais été publiés sur le manuscrit autographe. Dans celui-ci, en effet, il en manque huit et non pas cinq, de la page 436 à 443, et cette différence de nombre s'explique facilement, la copie qui a servi aux anciens éditeurs étant d'une écriture plus serrée que l'original.

.....Il me semble que je vous ai déjà dit en quelque endroit de ce discours, que les quatre premières années de la régence furent comme emportées par ce mouvement de rapidité que M. le cardinal de Richelieu avoit donné à l'autorité royale. M. le cardinal Mazarin, son disciple et de plus né et nourri dans un pays où celle du pape n'a point de bornes, creut que ce mouvement de rapidité estoit le naturel, et ceste méprise fut l'occasion de la guerre civile. Je dis fut l'occasion : car il en fault, à mon advis, rechercher et reprendre la cause de bien plus loing.

Il y a plus de douse cens ans que la France a des rois : mais ces rois n'ont pas tousjours esté absolus au point qu'ils le sont. Leur autorité n'a jamais esté réglée, comme celle des rois d'Angleterre et d'Arragon, par des loix escrites. Elle a esté seulement tempérée par des coustumes receues et comme prises en dépot au commencement dans les estats généraux, et depuis dans celles des parlements. Les enregistrements des traités faits entre les couronnes, et les vérifications des édits pour les levées d'argent, sont des images presque effacées de ce sage milieu que nos pères avoient trouvé entre la liscence des rois et le libertinage des peuples. Ce milieu a esté considéré par les bons et sages princes, comme un assaisonnement de leur pouvoir, très utile mesme pour le faire gouster aux subjets; il a esté regardé par les mal habiles, comme par les mal intentionnés, comme un obstacle à leur desréglement et à leur caprice. L'histoire du sire de Joinville nous fait veoir clairement que Saint-Louis l'a cogneu et estimé; et les ouvrages d'Oresmieux (1), évesque de Lisieux, et du fameux Jean-Juvenal des Ursins nous convainquent que Charles V, qui a mérité le titre de Sage, n'a jamais creu que sa puissance fust au dessus des loix et de son debvoir. Louis onsiesme, plus artificieux que prudent, donna sur ce chef, aussi bien que sur touts les autres, atteinte à la bonne foi.

Louis douze l'eust rétablie si l'ambition du cardinal d'Amboise (2), maistre absolu de son esprit, ne s'y fust opposée. L'avarice insatiable du connestable de Montmorancy (3) lui donna bien plus de mouvement à étandre l'autorité de François premier qu'à la régler. Les vastes et loingtains desseins de messieurs de Guise ne leur permirent pas soubs François second de penser à y donner des bornes.

Soubs Charles IX et Henri III, l'on fut si fatigué des troubles, que l'on y prit pour révolte tout ce qui n'estoit pas submission. Henri IV, qui ne se défioit pas des loix parce qu'il se fioit en lui mesmes, marqua combien il les estimoit par la considération qu'il eut pour les remonstrances très hardies de Miron, prévost des marchands, touchant les rentes de l'hostel-de-ville. M. de Rohan disoit que Louis treisiesme n'estoit jaloux de son autorité qu'à force de ne la pas cognoistre. Le mareschal d'Ancre (4) et M. de Luynes (5) n'estoient que des ignorants qui n'estoient pas capables de l'en informer. Le cardinal de Richelieu leur succeda, qui fit, pour ainsi parler, un fonds de toutes ces mauvaises intentions et de toutes ces ignorances des deux derniers siècles, pour s'en servir selon son intérêt. Il les déguisa en maximes utiles et nécessaires pour establir l'autorité royale; et la fortune secondant ses desseins par le desarmement du parti protestant en France, par les victoires des Suédois, par la foiblesse de l'Empire, par l'incapacité de l'Espagne, il forma dans la plus légitime des monarchies, la plus scandaleuse et la plus dangereuse tirannie qui ait peut estre jamais asservi un estat. L'habitude, qui a eu la force en quelques pays d'accoustumer les hommes au feu, nous a endurcis à des choses que nos pères ont appréhendées plus que le feu mesme. Nous ne sentons plus la servitude qu'ils ont détestée, moins pour leur propre intérêt que pour celui de leur maistre; et le cardinal de Richelieu a fait des crimes de ce qui faisoit dans le sciècle passé les vertus des Miron, des Harlay, des Marillac, des Pibrac et des Faye. Ces martirs de l'estat, qui ont dissipé plus de factions par leurs bonnes et saintes maximes, que l'or d'Espagne et d'Angleterre n'en a fait naistre, ont esté les défenseurs de la doctrine, pour la conservation de la quelle le cardinal de Richelieu confina M. le président Barillon à Amboise; et c'est lui qui a commancé à punir les magistrats, pour avoir advancé des vérités pour lesquelles leur serment les oblige d'exposer leur propre vie.

Les rois qui ont esté sages, et qui ont cogneu leurs véritables intérêts, ont rendu les parlements dépositaires de leurs ordonnances, particulièrement pour se décharger d'une partie de l'envie et de la haine, que l'exécution des plus saintes et mesme des plus nécessaires produit quelque fois. Ils n'ont pas creu s'abaisser en s'y

(1) Le cardinal a défiguré ce nom; c'est du célèbre Nicolas Oresme dont il veut parler.
(2) Georges d'Amboise, premier du nom, cardinal en 1498, premier ministre d'état de Louis XII, mort en 1510. (A. E.)
(3) Anne de Montmorency, connétable en 1538, mort en 1567. (A. E.)
(4) Concino Concini, tué au Louvre en 1617. (A. E.)
(5) Charles d'Albert, duc de Luynes, connétable en 1621, mort la même année. (A. E.)

liant eux mesmes : semblables à Dieu qui obeit tousjours à ce qu'il commande une fois. Les ministres qui sont presque tousjours assés aveuglés par leur fortune, pour ne se pas contenter de ce que ces ordonnances permettent, ne s'appliquent qu'à les renverser; et le cardinal de Richelieu plus qu'aucun autre y a travaillé avec autant d'imprudence que d'application. Il n'y a que Dieu qui puisse subsister par lui seul. Les monarchies les plus establies et les monarques les plus autorisés, ne se soutiennent que par l'assemblage des armes et des loix ; et cest assemblage est si nécessaire, que les unes ne se peuvent maintenir sans les autres. Les loix desarmées tombent dans le mespris; les armes qui ne sont pas modérées par les loix tombent bien tost dans l'anarchie. La république romaine avoit esté anéantie par Jules-César; la puissance dévolue par la force de ses armes à ses successeurs, subsista autant de temps qu'ils peurent eux nesme conserver l'autorité des loix. Aussitost qu'elles perdirent leurs forces, celle des empereurs s'esvanouit; et elle s'esvanouit par le moyen de eux mesme qui, s'estant rendus maistres et de ur sceau et de leurs armes, par la faveur qu'ils oient auprés d'eux, convertirent en leur pro-e substance celles de leurs maistres, qu'ils succèrent, pour ainsi parler, (à l'abri) de ces loix éanties. L'Empire romain mis à l'encan, et ui des Ottomans exposé touts les jours au deau, nous marquent par des caractères bien glants, l'aveuglement de ceux qui ne font sister l'autorité que dans la force.

Iais pourquoi chercher des exemples estran-où nous en avons tant de domestiques ? Pé-n'employa pour destrosner les Mérovin-s, et Capet ne se servit pour déposséder les ovingiens, que de la mesme puissance que rédécesseurs de l'un et de l'autre s'estoient ise soubs le nom de leur maistre. Et il est à ver et que les maires du palais et que les s de Paris se placèrent dans le trosne des ustement et esgalement par la mesme voie, aquelle ils s'estoient insinués dans leur ; c'est-à-dire par l'affoiblissement et par ngement des loix de l'état, qui plaist rs d'abord aux princes peu éclairés parce imaginent l'agrandissement de leur autorité, et qui, dans les suites, servent de prétexte aux grands et de motifs au peuple pour se soulever (1).

Le cardinal de Richelieu estoit trop habile pour ne pas avoir toutes ces veues : mais il les sacrifia à son intérest. Il voulut régner selon son inclination, qui ne se donnoit point de règles, mesme dans les choses où il ne lui eust rien cousté de s'en donner; et il fit si bien que si le destin lui eust donné un successeur de son mérite, je ne sçai si la qualité de premier ministre qu'il a prise le premier, n'auroit pas peu estre, avec un peu de temps, aussi odieuse en France, que l'ont esté par l'évènement celle de Maire du palais et de Comte de Paris. La providence de Dieu y pourveut au moins d'un sens, le cardinal Mazarin, qui prit sa place, n'ayant donné ni peu donner aucun ombrage à l'estat du costé de l'usurpation. Comme ces deux ministres ont beaucoup contribué, quoique fort différemment, à la guerre civile [de laquelle je vai vous rendre compte,] je crois qu'il est nécessaire que je vous en fasse le portrait et le parallèle.

Le cardinal de Richelieu avoit de la naissance : sa jeunesse jeta des estincelles de son mérite. Il se distingua en Sorbonne ; on remarqua de fort bonne heure qu'il avoit de la force et de la vivacité dans l'esprit. Il prenoit d'ordinaire très-bien son parti. Il estoit homme de parole où un grand intérêt ne l'obligeoit pas au contraire ; et en ce cas, il n'oublioit rien pour sauver les apparences de la bonne foi. Il n'estoit pas libéral, mais il donnoit plus qu'il ne promettoit, et il assaisonnoit admirablement les bienfaits. Il aimoit la gloire beaucoup plus que la morale ne le permet : mais il fault advouer qu'il n'abusoit qu'à proportion de son mérite, de la dispense qu'il avoit prise sur ce point de l'excès de son ambition. Il n'avoit ni l'esprit ni le cœur au dessus des périls, il n'avoit ni l'un ni l'autre au dessoubs : et l'on peut dire qu'il en prévint davantage par sa sagacité, qu'il n'en surmonta par sa fermeté. Il estoit bon ami ; il eut mesme souhaité d'estre aimé du peuple : mais quoiqu'il eut la civilité, l'extérieur et beaucoup d'autres parties propres à cest effet, il n'en eut jamais le je ne sçai quoi, qui est encore en ceste matière plus requis qu'en toute autre. Il anéantissoit, par

---

lisant avec attention les alinéa précédents, on de voir le cardinal de Retz être si souvent qua-brouillon, qui ne savait ce qu'il vouloit, qui pour le plaisir d'intriguer, sans autre but que e satisfaire sa turbulence, etc. Après l'exposé ncipes politiques, que le cardinal de Retz vient principes qu'il s'efforça de faire adopter pen-roubles de la Fronde, on ne comprend pas les écrivains du XVIIᵉ siècle, qui traitent si mal un homme qui pensait que « Richelieu forma, dans la plus » légitime des monarchies, la plus scandaleuse et la » plus dangereuse tyrannie qui ait peut-être jamais as-» servi un état. » On a, depuis, répété souvent ces mêmes accusations ; c'est peut-être un tort que se sont donné des personnes qui jugent le cardinal sans avoir pris la peine de l'étudier.

son pouvoir et par son faste royal, la majesté personnelle du roi : mais il remplissoit avec tant de dignité les fonctions de la royauté, qu'il falloit n'estre pas du vulgaire, pour ne pas confondre le bien et le mal en ce fait. Il distinguoit plus judicieusement qu'homme du monde entre le mal et le pis, entre le bien et le mieux ; ce qui est une grande qualité pour un ministre. Il s'impatientoit trop facilement dans les petites choses qui estoient préalables des grandes ; mais ce défaut qui vient de la sublimité de l'esprit, est tousjours jointe à des lumières qui le suppléent. Il avoit asses de religion pour ce monde. Il alloit au bien, ou par inclination ou par bon sens, toutefois que son intérest ne le portoit point au mal, qu'il cognoissoit parfaitement quand il le faisoit. Il ne considéroit l'estat que pour sa vie : mais jamais ministre n'a eu plus d'application à faire croire qu'il en mesnageoit l'advenir. Enfin il fault confesser que touts ces vices ont esté de ceux que la grande fortune rend aisément illustres, parce qu'ils ont esté de ceux qui ne peuvent avoir pour instruments que de grandes vertus.

Vous juges facilement qu'un homme qui a autant de grandes qualités et autant d'apparences de celles mesme qu'il n'avoit pas, se conserve asses aisément dans le monde, ceste sorte de respect qui démesle le mespris d'avec la haine, et qui dans un estat où il n'y a plus de loix, suppléa, au moins pour quelque temps, à leur défaut.

Le cardinal Mazarin estoit d'un caractère tout contraire. Sa naissance estoit basse et son enfance estoit honteuse. Au sortir du colisée, il apprit à piper ; ce qui lui attira des coups de baston d'un orfèvre de Rome, appelé Moreto. Il fut capitaine d'infanterie en Valteline ; et Bagni, qui estoit son général, m'a dit qu'il ne passa dans sa guerre, qui ne fut que de trois mois, que pour un escroc. Il eut la nontiature extraordinaire en France, par la faveur du cardinal Anthoine (1), qui ne s'acquéroit pas en ce temps-là par de bons moyens. Il pleut à Chavigny, par ses vieux contes libertins d'Italie, et par Chavigny à Richelieu, qui le fit cardinal, par le mesme esprit, à ce que l'on a creu, qui obligea Auguste à laisser à Tibère la succession de l'Empire. La pourpre ne l'empêcha pas de demeurer valet soubs Richelieu. La reine l'ayant choisi faulte d'autre, ce qui est vrai quoiqu'on en dise, il parut d'abord l'original de Trivelino Principe. La fortune l'ayant esbloui et touts les autres, il s'érigea et on l'érigea en Richelieu :

(1) Antonio Barberini. (A. E.)

mais il n'en eut que l'impudence de l'imitation. Il se fit de la honte de tout ce que l'autre s'estoit fait de l'honneur. Il se moqua de la religion. Il promist tout parce qu'il ne vouloit rien tenir. Il ne fut ni doux ni cruel, parce qu'il ne se ressouvenoit ni des bienfaits ni des injures. Il s'aimoit trop, ce qui est le naturel des ames lâches ; il se craignoit trop peu, ce qui est le caractère de ceux qui n'ont pas de soing de leur réputation. Il prévoioit asses bien le mal, parce qu'il avoit souvent peur : mais il n'y remédioit pas à proportion, parce qu'il n'avoit pas tant de prudence que de peur. Il avoit de l'esprit, de l'insinuation, de l'enjouement, des manières ; mais le vilain cœur paroissoit tousjours au travers, et au point que ces qualités eurent dans l'adversité tout l'air du ridicule, et ne perdirent pas, dans l'air de la plus grande prospérité, celui de fourberie. Il porta le filoutage dans le ministère, ce qui n'est jamais arrivé qu'à lui ; et ce filoutage faisoit que le ministère, mesme heureux et absolu, ne lui seyoit pas bien, e que le mespris s'y glissa, qui est le mal le plu dangereux d'un estat, et dont la contagion se res pand le plus aisément et le plus promptement d chef dans les membres.

Il n'est pas malaisé de concevoir, par ce qu je viens de vous dire, qu'il peut et qu'il doibt avoir eu beaucoup de contre-temps fascheu dans une administration qui suivoit d'aussi pr celle du cardinal de Richelieu, et qui en est aussi différente.

Vous aves veu ci-devant tout l'extérieur quatre années de la régence, et je vous ai d mesme expliqué l'effet que la prison de M. Beaufort fit d'abord dans les esprits. Il est tain qu'elle y imprima du respect pour un hom pour qui l'esclat et la pourpre n'en avoit donner aux particuliers. Ondédeï (2) m'a dit le cardinal s'estoit moqué avec lui, à ce pro de la légèreté des François : mais il m'ad en mesme temps qu'au bout de quatre m s'admira lui-mesme ; qu'il s'érigea dans son nion en Richelieu, et qu'il se creut mesm habile que lui. Il faudroit des volumes vous raconter toutes ses faultes, dont les dres estoient d'une importance extrême une considération qui mérite une obser particulière.

Comme il marchoit sur les pas du card Richelieu, qui avoit achevé de destruire les anciennes maximes de l'estat, il sui chemin qui estoit de touts costés bordé cipices ; et comme il ne voyoit pas ces pr

(2) Depuis évêque de Fréjus. (A. E.)

que le cardinal de Richelieu n'avoit pas ignorés, il ne se servoit pas des appuis par lesquels le cardinal de Richelieu avoit asseuré sa marche. J'explique ce peu de paroles, qui comprend beaucoup de choses, par un exemple. Le cardinal de Richelieu avoit affecté d'abaisser les corps, mais il n'avoit pas oublié de mesnager les particuliers. Ceste idée suffit pour vous faire concevoir le reste. Ce qu'il eut de merveilleux fut que tout contribua à le tromper et à se tromper soi-mesme. Il y eut toutefois des raisons naturelles de ceste illusion; et vous en aves veu quelques unes dans la disposition où je vous ai marqué, ci-devant, qu'il avoit trouvé les affaires, les corps et les particuliers du royaume : mais il fault advouer que ceste illusion fut très-extraordinaire, et qu'elle passa jusqu'à un grand excès.

Le dernier point de l'illusion en matière d'estat est une espèce de léthargie qui n'arrive jamais qu'après de grands symptômes. Le renversement des anciennes loix, l'anéantissement de ce milieu qu'elles ont posé entre les peuples et les rois, l'establissement de l'autorité purement et absolument despotique, sont ceux qui ont jeté originairement la France dans les convulsions dans lesquelles nos pères l'ont veue. Le cardinal de Richelieu la vint traiter comme un empirique, avec des remèdes violents qui lui firent paroistre de la force, mais une force d'agitation qui en espuisa le corps et les parties. Le cardinal Mazarin, comme un médecin très-inexpérimenté, ne conneut point son abattement. Il ne le soubstint point par les secrets chimiques de son prédécesseur ; il continua de l'affoiblir par des seignées ; elle tomba en léthargie, et il fut asses mal habile pour prendre ce faux repos pour une véritable santé. Les provinces abandonnées à la rapine des surintendans demeuroient abattues et assoupies soubs la pesanteur de leurs maux, que les secousses qu'elles s'estoient données de temps en temps, soubs le cardinal de Richelieu, n'avaient fait qu'augmenter et qu'aigrir. Les parlements qui avoient tout fraischement gémi soubs sa tyrannie estoient comme insensibles aux mesures présentes, par la mémoire encore trop vive et trop récente des passées. Les grands, qui pour la pluspart avoient esté chassés du royaume, s'endormoient paresseusement dans leurs lits, qu'ils avoient esté ravi de retrouver. Si ceste indolence générale eust esté mesnagée, l'assoupissement eust peut-estre duré plus long-temps. Mais comme le médecin ne le prenoit que pour un doux someil, il n'y fit aucun remède. Le mal s'aigrit ; la teste s'esveilla ; Paris se sentit, il poussa des soupirs ; l'on n'en fit point de cas : il tomba en frénésie. Venons au détail.

Emery, surintendant des finances, et à mon sens l'esprit le plus corrompu de son siècle, ne cherchoit que des noms pour trouver des édits. Je ne vous puis mieux exprimer le fonds de l'ame du personnage qui disoit en plein conseil (je l'ai ouï), que la foi n'estoit que pour les marchands, et que les maistres des requestes qui l'alléguoient pour raison dans les affaires qui regardoient le roi, méritoient d'estre punis ; je ne vous puis mieux expliquer le défaut de son jugement. C'est homme qui avoit esté condamné à Lyon à estre pendu dans sa jeunesse, gouvernoit mesme avec empire le cardinal Mazarin en tout ce qui regardoit le dedans du royaume. Je choisis ceste remarque entre douse ou quinse que je pourrois faire de mesme nature, pour vous donner à entendre l'extrémité du mal qui n'est jamais à son période, que quand ceux qui commandent ont perdu la honte ; parce que c'est justement le moment dans lequel ceux qui obéissent perdent le respect ; et c'est dans ce mesme moment où l'on revient de la léthargie, mais par des convulsions.

Les Suisses paroissoient, pour ainsi parler, si estouffés soubs la pesanteur de leurs chaînes, qu'ils ne respiroient plus, quand la révolte de trois de leur paysans (1) forma les ligues. Les Hollandois se croyoient subjugués par le duc d'Albe quand le prince d'Orange, par le sort réservé aux grands guerriers qui voyent devant tous les autres le point de la possibilité, conceut et enfanta leur liberté. Voilà des exemples ; la raison y est. Ce qui cause l'assoupissement dans les estats qui souffrent est la durée du mal, qui saisit l'imagination des hommes et qui leur fait croire qu'il ne finira jamais. Aussitost qu'ils trouvent jour à en sortir, ce qui ne manque jamais lorsqu'il est venu jusqu'à un certain point, ils sont si surpris, si aises et si emportés, qu'ils passent tout d'un coup à l'autre extrémité, et que bien loing de considérer les révolutions comme impossibles ils les croyent faciles : et ceste disposition toute seule est quelquefois capable de les faire. Nous avons esprouvé et senti toutes ces vérités dans nostre dernière révolution. Qui eust dit trois mois devant la petite pointe des troubles, qu'il en eust peu naistre dans un estat où la maison royale estoit parfaitement unie, où la cour estoit esclave du ministre, où les provinces et la capitale lui estoient soubmises, où les armées estoient victorieuses,

(1) On ne sait pourquoi l'on a mis dans l'édition de Petitot : *trois de leurs puissans cantons*.

où les compagnies paroissoient de tout point impuissantes : qui l'eust dit eust passé pour insensé, je ne dis pas dans l'esprit du vulgaire, mais je dis entre les d'Estrées et les Séneterre. Il paroist un peu de sentiment, une lueur, ou plustost une étincelle de vie ; et ce signe de vie dans les commencements presque imperceptibles, ne se donne point par Monsieur, il ne se donne point par M. le prince, il ne se donne point par les grands du royaume, il ne se donne point par les provinces ; il se donne par le parlement qui, jusqu'à nostre siècle n'avoit jamais commencé de révolution, et qui certainement auroit condamné par des arrrests sanglants celle qu'il faisoit lui-mesme, si tout autre que lui l'eust commencée. Il gronda sur l'édit du tariffe [1647] ; et aussitost qu'il eut seulement murmuré, tout le monde s'esveilla. L'on chercha en s'esveillant, comme à tastons, les loix : on ne les trouva plus, l'on s'effara, l'on cria, on se les demanda ; et dans ceste agitation les questions que leurs explications firent naistre, d'obscures qu'elles estoient et vénérables par leur obscurité, devinrent problématiques ; et de là, à l'esgard de la moitié du monde, odieuses. Le peuple entra dans le sanctuaire : il leva le voile qui doibt tousjours couvrir tout ce que l'on peut dire, tout ce que l'on peut croire du droit des peuples et de celui des rois, qui ne s'accordent jamais si bien ensemble que dans le silence. La salle du Palais profana ces mistères. Venons aux faits particuliers qui vous feront voir à l'œil ce détail.

Je n'en choisirai d'une infinité que deux, et pour ne vous pas ennuier, et par ce que l'un est le premier qui a ouvert la plaie, et que l'autre l'a beaucoup envenimée. Je ne toucherai les autres qu'en courant.

Le parlement qui avoit souffert quantité d'édits ruineux et pour les particuliers et pour le public, éclata enfin au mois d'aoust de l'année 1647, contre celui du tarif, qui portoit une imposition générale sur toutes les denrées qui entroient dans la ville de Paris. Comme il avoit esté vérifié en la cour des aides, il y avoit plus d'un an, et exéquté en vertu de ceste vérification, messieurs du conseil s'opiniastrèrent beaucoup à le soubstenir. Cognoissant que le parlement estoit sur le point de faire défense de l'exécuter, ou plus tost d'en continuer l'exécution, ils souffrirent qu'il fust porté au parlement pour l'examiner, dans l'espérance d'éluder comme ils avoient fait en d'autres rencontres, les résolutions de la compagnie. Ils se trompèrent : la mesure estoit comble, les esprits estoient échauffés, et tout alloit à rejeter l'édit. La reine manda le parlement ; il fut par députés au Palais-Royal. Le chancelier prétendit que la vérification appartenoit à la cour des aides ; le premier président (1) la contesta pour le parlement. Le cardinal Mazarin ignorantissime en toutes ces matières, dit qu'il s'estonnoit qu'un corps aussi considérable s'amusast à des bagatelles ; et vous pouves juger si ceste parole fut relevée.

Emery ayant proposé une conférence particulière [31 aout] pour adviser aux expédiants d'accommoder l'affaire, elle fut proposée le lendemain dans les chambres assemblées. Après une grande diversité d'advis, dont plusieurs alloient à la refuser comme inutile et mesme comme captieuse, elle fut accordée ; mais vainement : l'on ne peut convenir. Ce que voyant le conseil et craignant que le parlement ne donnast arrest de défence, qui auroist esté infailliblement exécuté par le peuple, il envoya une déclaration pour supprimer le tarif [2 septembre] affin de sauver au moins l'apparence à l'autorité du roi. L'on envoya quelques jours après cinq édits encore plus onéreux que celui du tarif, non pas en espérance de les faire recevoir, mais en veue d'obliger le parlement à revenir à celui du tarif. Il y revint effectivement en refusant les autres ; mais avec tant de modifications que la cour ne creut pas s'en pouvoir accommoder, et qu'elle donna, estant à Fontainebleau au mois de septembre [le 25], un arrest du conseil d'en hault, qui cassa l'arrest du parlement, et qui leva toutes ces modifications. La chambre des vacations y respondit par un autre, qui ordonna que celui du parlement seroit exéqué.

Le conseil voyant qu'il ne pouvoit tirer aucun argent de ce costé, tesmoigna au parlement que puisqu'il ne vouloit point de nouveaux édits, il ne debvoit pas au moins s'opposer à l'exécution de ceux qui avoient esté vérifiés autrefois dans la compagnie ; et sur ce fondement il remit une déclaration qui avoit esté enregistrée il y avoit deux ans, pour l'establissement de la chambre du domaine, qui estoit d'une charge terrible pour le peuple et d'une conséquence encore plus grande. Le parlement l'avoit accordée ou par surprise ou par foiblesse. Le peuple se mutina, alla en troupe au Palais, maltraita de paroles le président de Thoré fils d'Emery [8 janvier 1648 (2)] ; le parlement fut obligé de décréter contre les séditieux. La cour ravie de

(1) Mathieu Molé, seigneur de Lassy et de Champlâtreux, né en 1584, et mort en 1656. (A. E.)
(2) Nous devons prévenir le lecteur d'une méprise qui se trouve dans les Mémoires de Motteville, t. II, p. 335. L'éditeur y indique le jour de Pâques de l'année 1648, au 22 avril, au lieu du 12 de ce même mois, qui

le commettre avec le peuple, appuya le décret par des régiments des gardes françoises et suisses. Le bourgeois s'allarma, monta dans les clochers des trois églises de la rue Saint-Denis, où les gardes avoient paru. Le prévost des marchands advertit le Palais-Royal que tout est sur le point de prendre les armes. L'on fait retirer les gardes en disant qu'on ne les avoit posées que pour accompagner le roi, qui debvoit aller en cérémonie à Nostre-Dame. Il y alla effectivement le lendemain pour couvrir le jeu; et le jour suivant [15 janvier], il monta au parlement, sans l'avoir adverti que la veille extrêmement tart. Il y porta cinq ou six édits touts plus ruineux les uns que les autres, qui ne furent communiqués aux gens du roi que dans l'audience. Le premier président parla fort hardiment contre ceste manière de mener le roi au Palais, pour surprendre et pour forcer la liberté des suffrages.

Dès le lendemain [16 janvier] les maistres des requestes ausquels un de ces édits vérifiés par la présence du roi, avoit donné douse collègues, s'assemblent dans le lieu où ils tiennent la justice, que l'on appelle des requestes du Palais, et prennent une résolution très-ferme de ne point souffrir ceste nouvelle création. La reine les mande, les appelle de belles gents pour s'opposer aux volontés du roi. Elle les interdit des conseils. Ils s'irritent au lieu de s'estonner; ils entrent dans la grande chambre, et ils demandent qu'ils soient reçeus opposants à l'édit de création de leurs confrères, et on leur donna acte de leur opposition.

Les chambres s'assemblent le mesme jour pour examiner les édits que le roi avoit fait vérifier en sa présence. La reine commanda à la compagnie de l'aller trouver par députés au Palais-Royal, et elle leur tesmoigna estre surprise de ce qu'ils prétendoient toucher à ce que la présence du roi avoit consacré : ce furent les propres paroles du chancelier. Le premier président répartit que telle estoit la pratique du parlement, et il en allégua les raisons tirées de la nécessité de la liberté des suffrages. La reine tesmoigna estre satisfaite des exemples qu'on lui apporta : mais comme elle vit quelques jours après que les délibérations alloient à mettre des modifications aux édits, qui les rendoient presque infructueux, elle défendit [17 février], par la bouche des gents du roi, au parlement, de continuer à prendre cognoissance des édits jusques à ce qu'il lui eust déclaré en forme s'ils prétendoit donner des bornes à l'autorité du roi. Ceux qui estoient à la cour dans la compagnie, se servirent adroitement de l'embarras où elle se trousva pour respondre à ceste question ; ils s'en servirent dis-je adroitement pour porter les choses à la douceur, et pour adjouster aux arrests qui portoient les modifications, que le tout seroit exéquté soubs le bon plaisir du roi [3 mars]. La clause pleut pour un moment à la reine ; mais quand elle conneut qu'elle n'empêchoit pas que presque touts les édits ne fussent rejetés par le commun suffrage du parlement, elle s'emporta et elle leur déclara qu'elle vouloit que touts les édits, sans exception, fussent exéqutés pleinement et sans modification aucune.

Dès le lendemain, M. le duc d'Orléans alla à la chambre des comptes, où il porta ceux qui la regardoient ; et M. le prince de Conti, en l'absence de M. le prince, qui estoit déjà parti pour l'armée, alla à la cour des aides pour y porter ceux qui la concernoient.

J'ai couru jusqu'ici à perte d'haleine sur ces matières, quoique nécessaires à ce récit, pour me trouver plustost sur une autre sans comparaison plus importante, et qui comme je vous ai déjà dit ci-dessus, envenima toutes les autres. Ces deux compagnies que je vous viens de nommer, ne se contentèrent pas seulement de respondre à Monsieur et à M. le prince de Conti avec beaucoup de vigueur, par la bouche de leurs premiers présidents, mais aussitost après la cour des aides députa vers la chambre des comptes, pour lui demander union (1) avec elle, pour la réformation de l'estat. La chambre des comptes l'accepta. L'une et l'autre s'asseurèrent du grand conseil, et les trois ensemble demandèrent la jonction au parlement, qui lui fut accordée avec joie, et exécutée à l'heure mesme au Palais dans la salle que l'on appelle de Saint-Louis.

La vérité est que ceste union, qui prenoit pour son motif la réformaion de l'estat, pouvoit avoir fort naturellement celui de l'intérest particulier des officiers ; parce que l'un des édits

---

est le quantième assigné par le calendrier des bénédictins. Comme madame de Motteville et le cardinal de Retz, dans leurs mémoires, datent quelques-uns des événements qu'ils rapportent, d'après des fêtes mobiles dont le point de départ est le jour de Pâques, il résulterait de cette erreur une suite d'inexactitudes dans la chronologie des faits relatifs à la Fronde, qui, pour cette raison, ne doivent être imputés qu'à une erreur.

(1) L'arrêt d'union du 13 mai 1648 portait : « Qu'à ceste fin, deux conseillers de chacune chambre de la cour de Parlement seroient députés, pour conférer avec ceux des trois autres compagnies ».

Cet arrêt d'union et la cassation du dit arrêt ont été imprimés dans les recueils du parlement.

dont il s'agissoit portoit un retranchement considérable de leurs gages (1) ; et la cour, qui se trouva estonnée et embarassée au dernier point de l'arrest d'union, affecta de lui donner autant qu'elle peut ceste couleur, pour le décréditer dans l'esprit des peuples.

La reine ayant fait dire par les gents du roi au parlement, que comme ceste union n'estoit faite que pour l'intérest particuliers des compagnies, et non pas pour la réformation de l'estat, comme on le lui avoit voulu faire croire d'abord, qu'elle n'y trouvoit rien à redire, parce qu'il est toujours permis à tout le monde de représenter au roi ses intérest, et qu'ils n'est jamais permis à personne de s'ingérer du gouvernement de l'estat. Le parlement ne donna point dans ce panneau ; et comme il estoit aigri par l'enlèvement de Turcan et d'Argouges, conseillers au grand conseil, que la cour fit prendre la nuit de l'avant-veille de la Pentecoste, et par celui de Lotin, Dreux et Guérin que l'on arresta aussi incontinent après ; il ne songea qu'à justifier et soubstenir son arrest d'union par des exemples. Le président de Novion (2) en trouva dans les registres ; et l'on estoit sur le point de délibérer sur l'exécution, quand le Plessis Guénégaud (3) secrétaire d'estat, entra dans le parquet et mit entre les mains des gents du roi un arrest du conseil d'en hault qui portoit en termes mesme injurieux, cassation (4) de celui d'union des quatre compagnies. Le parlement ayant déclaré ne respondre à cest arrest du conseil, que par un advis donné solemnellement aux députés des trois autres compagnies, de se trouver le lendemain à deux heures de relevée dans la salle de Saint-Louis ; la cour, outrée de ce procédé, s'advisa de l'expédient du monde le plus bas et le plus ridicule, qui fut d'avoir la feuille de l'arrest. Du Tillet, greffier en chef, auquel elle l'avoit demandée, ayant respondu qu'elle estoit entre les mains du greffier commis, le Plessis Guénégaud, et Carnavalet lieutenant des gardes du corps, le mirent dans un carosse et l'amenèrent au greffe pour la chercher. Les marchands s'en apperceurent ; le peuple se souleva, et le secrétaire et le lieutenant furent très heureux de se sauver.

Le lendemain à sept heures du matin, le parlement eut ordre d'aller au Palais-Royal, et d'y porter l'arresté du jour précédent, qui estoit celui par lequel le parlement avoit ordonné que les autres compagnies seroient priées de se trouver à deux heures, dans la chambre de Saint-Louis. Comme ils furent arrivés au Palais-Royal, M. Le Tellier (5) demanda à M. le premier président s'il avoit apporté la feuille ? Et le premier président lui ayant respondu que non, et qu'il en diroit les raisons à la reine, il y eut dans le conseil des advis différents. L'on prétend que la reine estoit asses portée à arrester le parlement ; personne ne fut de son advis, qui à la vérité n'estoit pas soubstenable, veu la disposition des peuples. L'on prit un parti plus modéré. Le chancelier fit à la compagnie une forte réprimande en présance du roi et de toute la cour, et il fit lire en mesme temps un second arrest du conseil portant cassation du dernier arrest, défense de s'assembler sur peine de rébellion ; et ordre d'insérer dans les registres cest arrest, en la place de celui de l'union.

Cela se passa le matin. Dès l'après-dînée, les députés des quatre compagnies se trouvèrent dans la salle Saint-Louis, au très-grand mespris de l'arrest du conseil d'en hault. Le parlement s'assembla de son costé, à l'heure ordinaire, pour délibérer de ce qui estoit à faire à l'esgard de l'arrest du conseil d'en hault, qui avoit cassé celui de l'union, et qui avoit défendu la continuation des assemblées. Et vous remarqueres, s'il vous plaist, qu'ils y désobéissoient mesme en y délibérant, parce qu'il leur avoit esté expressément enjoint de ne pas délibérer. Comme tout le monde vouloit opiner avec pompe et avec esclat sur une matière de ceste importance, quelques jours se passèrent devant que la délibération peust estre achevée ; ce qui donna lieu à Monsieur, qui cogneut que le parlement infailliblement n'obéiroit pas, de proposer un accommodement. Les présidents au mortier, et le doyen de la grande chambre se trouvèrent au palais d'Orléans [21 juin] avec le cardinal Ma-

---

(1) Le 5 mai 1648, les députés de la chambre des comptes avaient présenté requête pour demander : « Qu'aucuns conseillers de la cour fussent députés pour conférer et adviser ce qui estoit à faire sur un retranchement de quatre années de gages, des officiers de leurs compagnies et autres : et les gens des aides, pour l'assemblée de toutes les chambres sur ce sujet. Il a esté arresté que trois chambres seroient assemblées pour en adviser, ce qu'on feroit sçavoir auxdits députés. (Registres du parlement.)

(2) Nicolas Pothier, seigneur de Novion, reçu conseiller du roi en 1637 et président à mortier en l'année 1645 ; enfin premier président en 1678. Il mourut le 1er septembre 1693, à l'âge de 73 ans. Il avait été nommé membre de l'Académie française en 1681.

(3) Henri de Guénégaud, secrétaire d'état, garde des sceaux et surintendant des deniers des ordres du roi en 1656, mort le 16 mars 1676. Il était fils de Gabriel de Guénégaud, trésorier de l'épargne.

(4) L'arrêt de cassation est du 10 juin 1648.

(5) Michel Le Tellier, mort chancelier de France en 1685. (A. E.)

zarin et le chancelier. L'on y fit quelques propositions qui furent rapportées au parlement, et rejetées avec d'autant plus d'emportement, que la première qui concernoit le droit annuel, accordoit aux compagnies tout ce qu'elles pouvoient souhaiter, pour leur interest particulier. Le parlement affecta de marquer qu'il ne songeoit qu'au public, et il donna enfin arrest par lequel il fut dit que la compagnie demeureroit assemblée, et que très humbles remonstrances seroient faites au roi, pour lui demander la cassation des arrest du conseil. Les gents du roi demandèrent audiance à la reine pour le parlement le soir mesme. Elle les manda dès le lendemain par une lettre de cachet. Le premier président parla avec une grande force ; il exagéra la nécessité de ne point esbranler ce milieu qui est entre les peuples et les rois. Il justifia par des exemples illustres et fameux la possession où les compagnies avoient esté depuis si longtemps, et de s'unir et de s'assembler. Il se plegnit haultement de la cassation ; et il conclut par une instance très-ferme et très-vigoureuse à ce que les contraires donnés par le conseil d'en hault fussent supprimées. La cour beaucoup plus esmue par la disposition des peuples, que par les remonstrances du parlement, plia tout d'un coup, et fit dire par les gents du roi à la compagnie, que le roi lui permettoit d'exécuter l'arrest d'union, de s'assembler et de travailler avec les autres compagnies à ce qu'elle jugeroit à propos pour le bien de l'estat.

Jugez de l'abbattement du cabinet ; mais vous n'en jugerez pas assurément comme le vulgaire, qui creut que la foiblesse du cardinal Mazarin, en ceste occasion, donna le dernier coup à l'affoiblissement de l'autorité royale. Il ne pouvoit faire en ce rencontre que ce qu'il fit : mais il est juste de rejeter sur son imprudence ce que nous n'atribuons pas à sa foiblesse ; et il est inexcusable de n'avoir pas préveu les conjonctures dans lesquelles l'on ne peut plus faire que des faultes. J'ai observé que la fortune ne mit jamais les hommes en cest estat, qui est de touts le plus malheureux, et que personne n'y tombe que ceux qui se précipitent par leurs faultes. J'en ai recherché la raison et ne l'ai point trouvée ; mais j'en suis convaincu par les exemples. Si le cardinal Mazarin eust tenu ferme dans l'occasion dont je vous viens de parler, il se seroit très seurement attiré des barricades, et la réputation d'un téméraire et d'un forcené. Il a cédé au torrent : j'ai veu peu de gents qui ne l'aient accusé de foiblesse. Ce qui est constant est que l'on en conceut beaucoup de mespris pour le ministre, et que bien qu'il eut essayé d'adoucir les esprits par l'exil d'Emery (1), à qui il osta la surintendance, le parlement aussi persuadé de sa propre force que de l'impuissance de la cour, le poussa par toutes les voies qui peuvent anéantir le gouvernement d'un favori.

La chambre de Saint-Louis fit sept propositions, dont la moins forte estoit de ceste nature. La première sur laquelle le parlement délibéra fut la révocation des intendans. La cour qui se sentoit touchée à la prunelle de l'œil, obligea M. le duc d'Orléans d'aller au Palais [6 juillet], pour en représenter à la compagnie les conséquences et la prier de surseoir seulement pour trois mois l'exécution de son arrest, pendant lesquels il avoit des propositions à faire, qui seroient certainement très advantageuses au public. On lui accorda trois jours de délai, à condition qu'il n'en fust rien escrit dans le registre, et que la conférence se fist incessamment. Les députés des quatre compagnies se trouvèrent au palais d'Orléans [8 et 10 juillet]. Le chancelier insista fort sur la nécessité de conserver les intendans dans les provinces, et sur l'inconvénient qu'il y auroit à faire le procès, comme l'arrest du parlement le portoit, à ceux d'entre eux qui auroient malversé, parce qu'il seroit impossible que les partisans ne se trouvassent engagés dans ces procédures, ce qui seroit ruiner les affaires du roi, en obligeant à des banqueroutes ceux qui les soubstenoient par leurs avances et par leur crédit. Le parlement ne se rendant point à ceste raison, le chancelier se réduisit à demander que les intendans ne fussent point révoqués par arrest du parlement, mais par une déclaration du roi, afin que les peuples eussent au moins l'obligation de leur soulagement à Sa Majesté. L'on consentit avec peine à ceste proposition ; elle passa toutefois au plus de voix. Mais lorsque la déclaration fut portée au parlement, elle fut trouvée défectueuse, en ce que révoquant les intendans elle n'adjoustoit pas que l'on recherchast leur gestion.

M. le duc d'Orléans, qui l'estoit venu porter au parlement, n'ayant peu la faire passer [11 et 13 juillet] la cour s'advisa d'un expé-

(1) Le 10 juillet, sur les midi, M. d'Emery, surintendant des finances, reçut ordre de se retirer dans la plus éloignée de ses maisons. M. Le Tellier, secrétaire d'état, lui porta l'ordre du roi, et lui fit entendre qu'il devait mener son fils, président des enquêtes, avec lui ; et fut fait surintendant en sa place. M. de La Meilleraye, grand-maître de l'artillerie, avec lui deux directeurs, MM. d'Aligre et Barillon-Morangis, conseillers d'état. (Omer Talon.)

dient, qui fut d'en envoyer une autre, qui portoit l'establissement d'une chambre de justice, pour faire le procès aux délinquants. La compagnie s'apperceut bien facilement que la proposition de ceste chambre de justice, dont les officiers et l'exécution seroit tousjours à la disposition des ministres, ne tendoit qu'à tirer les voleurs de la main du parlement : elle passa toutefois encore au plus de voix [18 juillet], en présence de M. d'Orléans, qui en fit vérifier une autre le mesme jour, par laquelle le peuple estoit deschargé du huitième des tailles, quoi que l'on eust promis au parlement de le descharger du quart.

M. d'Orléans y vint encore quelques jours apres [20 juillet] porter une troisiesme déclaration, par laquelle le roi vouloit qu'il ne se fit plus aucune levée d'argent qu'en vertu de déclarations vérifiées en parlement. Rien ne paroissoit plus spécieux : mais comme la compagnie sçavoit que l'on ne pensoit qu'à l'amuser et qu'à autoriser pour le passé toutes celles qui n'avoient pas esté vérifiées, elle adjouta la clause de défense que l'on ne léveroit rien en vertu de celles qui se trouveroient de ceste nature. Le ministre désespéré du peu de succès de cest artifice, de l'inutilité des efforts qu'il avoit fait pour semer de la jalousie entre les quatre compagnies, et d'une proposition sur laquelle on estoit prest de délibérer, qui alloit à la radiation de touts les prêts faits au roi soubs des usures immenses ; le ministre, dis-je, outré de rage et de douleur, et poussé par touts les courtisans, qui avoient mis presque touts leurs biens dans ces prêts, se résolut à un expédient qu'il creut décisif, et qui lui reussit aussi peu que les autres. Il fit monter le roi à cheval pour aller au parlement [31 juillet], et en grande pompe; et il y porta une déclaration remplie des plus belles paroles du monde, de quelques articles utiles au public, et de beaucoup d'autres très-obscurs et très-ambigus. La défiance que le peuple avoit de toutes les démarches de la cour, fit que ceste entrée ne fut pas accompagnée de l'applaudissement, ni mesme des cris accoustumés ; les suites n'en furent pas plus heureuses. La compagnie commença dès le lendemain à examiner la déclaration, et à la controler presque en touts ses points, mais particulièrement en celui qui défendoit aux compagnies de continuer les assemblées de la chambre de Saint-Louis. Elle n'eut pas plus de succès dans la chambre des comptes et dans la cour des aides, dont les premiers présidents firent des harangues très fortes à Monsieur et à M. le prince de Conti. Ce premier vint quelques jours de suite au parlement, pour l'exhorter à ne point toucher à la déclaration. Il menaça, il pria, enfin après des efforts incroyables, il obtint que l'on surseoiroit à délibérer, jusqu'au 17 du mois : après quoi l'on continueroit incessamment à le faire, tant sur la déclaration que sur les propositions de la chambre de Saint-Louis.

L'on n'y manqua pas. L'on examina [17 aout] article par article ; et l'arrest donné par le parlement sur le troisiesme, désespéra la cour. Il portoit, en modifiant la déclaration, que toutes les levées d'argent ordonnées par déclarations non vérifiées, n'auroient point de lieu. M. le duc d'Orléans ayant encore esté au parlement pour l'obliger à adoucir ceste clause, et n'y ayant rien gagné, la cour se résolut à en venir aux extrémités, et à se servir de l'esclat que la bataille de Lens [20 aout] fit justement dans ce temps-là, pour esblouir les peuples et pour les obliger de consentir à l'oppression du parlement.

Voila un crayon très-léger d'un portrait bien sombre et bien désagréable, qui vous a représenté comme dans un nuage, et comme en raccourci, les figures si différentes et les postures si bisarres des principaux corps de l'estat. Ce que vous alles voir est d'une peinture plus esgayée, et les factions et les intrigues y donneront du coloris.

La nouvelle de la victoire de M. le prince à Lens (1) arriva à la cour le 24 d'aoust, en l'année 1648. Chastillon l'apporta : et il me dit un quart d'heure après qu'il fust sorti du Palais Royal, que M. le cardinal lui avoit tesmoigné beaucoup moins de joie de la victoire, qu'il ne lui avoit fait paroistre de chagrin de ce qu'une partie de la cavalerie espagnole s'estoit sauvée.

---

(1) Cette journée, qui fut aussi glorieuse au prince de Condé que celle de Rocroy et de Nordlingue, coûta neuf mille hommes à l'archiduc.

Le roi remerciait en ces termes le cardinal des Ursins de la joie qu'il en fit paraitre, dans une lettre de félicitation :

« Mon Cousin, c'est une preuve asseurée de vostre inclination à mes intérêts d'avoir ressenti comme vous avez faist *le gain de la bataille de Lens,* où mon cousin le prince de Condé a remporté la victoire sur mes ennemis (20 août 1648).

» Sur quoy je vous escris celle-cy par l'advis de la reyne régente nostre très honorée dame et mère, pour vous remercier du témoignage que vous m'avez rendu de vostre joye particulière, et pour vous prier de croire que la part que vous prenez en mes prospéritez m'oblige à souhaitter qu'il vous arrive quelques avantages, duquel j'aye la gloire et la satisfaction de vous l'avoir procurez. C'est mon plus grand désir, et de prier Dieu qu'il vous ait, mon cousin, en sa sainte garde.

» Escript à Saint-Germain-en-Laye, le ix d'octobre 1648.

» LOUIS.

» Et plus bas : DE LOMÉNIE. »

Vous remarqueres, s'il vous plaist, qu'il parloit à un homme qui estoit entièrement à M. le prince, et qu'il lui parloit de l'une des plus belles actions qui se soient jamais faites dans la guerre. Elle est imprimée en tant de lieux qu'il seroit fort inutile de vous en rapporter ici le détail. Je ne me puis empêcher de vous dire que le combat estant presque perdu, M. le prince le restablit et le gagna par un seul coup de cest œuil d'aigle que vous lui cognoissez, qui voeit tout dans la guerre et qui ne s'esblouist jamais.

Le jour que la nouvelle en arriva à Paris, je trouvai M. de Chavigny à l'hostel de Lesdiguières, qui me l'apprit, et qui me demanda si je ne gagerois pas que le cardinal seroit assez innocent pour ne se pas servir de ceste occasion pour remonter sur sa beste? Ce furent ses propres paroles. Elles me touchèrent, parce que cognoissant comme je cognoissois, et l'humeur et les maximes violentes de Chavigny, et sachant d'ailleurs qu'il estoit très mal satisfait du cardinal, ingrat au dernier point envers son bienfaiteur ; je ne doubtai pas qu'il ne fut très-capable d'aigrir les choses par de mauvais conseils. Je le dis à madame de Lesdiguières (1), et je lui adjoustai que je m'en allois de ce pas au Palais Royal, dans la résolution de continuer ce que j'avois commancé.

Il est nécessaire pour l'intelligence de ces deux dernières paroles que je vous rende compte d'un petit détail qui me regarde en mon particulier.

Dans le cours de ceste année d'agitation que je viens de toucher, je me trouvai moi-mesme dans un mouvement intérieur, qui n'estoit cogneu que de fort peu de personnes. Toutes les humeurs de l'estat estoient si esmeues par la chaleur de Paris, qui en est le chef, que je jugeois bien que l'ignorance du médecin ne préviendroit pas la fièbvre, qui en estoit comme la suite nécessaire. Je ne pouvois ignorer que je ne fusse très mal dans l'esprit du cardinal. Je voyois la carrière ouverte, mesme pour la pratique, aux grandes choses dont la spéculation m'avoit beaucoup touché dès mon enfance ; mon imagination me fournissoit toutes les idées du possible ; mon esprit ne les désadvouoit pas ; et je me reprochois à moi-mesme la contrainte que je trouvois dans mon cœur à les entreprendre. Je m'en remerciai, après en avoir examiné à fonds l'intérieur, et je cogneus que ceste opposition ne venoit que d'un bon principe.

Je tenois la coadjutorerie de la reine ; je ne sçavois point diminuer mes obligations par les circonstances ; je creus que je debvois sacrifier à la recognoissance et mes ressentiments et mesme les apparences de ma gloire ; et quelques instances que me firent Montresor et Laigues, je me résolus de m'attacher purement à mon debvoir, et de n'entrer en rien de tout ce qui se disoit et de tout ce qui se faisoit en ce temps-là contre la cour. Le premier de ces deux hommes que je vous viens de nommer, avoit esté toute sa vie nourri dans les factions de Monsieur, et il estoit d'autant plus dangereux pour conseiller les grandes choses, qu'il les avoit beaucoup plus dans l'esprit que dans le cœur. Les gents de ce caractère n'executent rien et par ceste raison ils conseillent tout. Laigues n'avoit qu'un fort petit sens, mais il estoit très brave et très présomptueux : les esprits de ceste nature osent tout ce que ceux à qui ils ont confiance leur persuadent. Ce dernier, qui estoit absolument entre les mains de Montresor, l'eschaufoit (comme il arrive tousjours) après en avoir esté persuadé ; et ces deux hommes joints ensamble ne me laissoient par un jour de repos, pour me faire voir, s'imaginoient-ils, ce que sans vanité j'avois veu plus de six mois devant eux.

Je demeurai ferme dans ma résolution : mais comme je n'ignorois pas que son innocence et sa droiture me brouilleroient dans les suites presque autant avec la cour qu'auroit peu faire la contraire, je pris en mesme temps celle de me précautionner contre les mauvaises intentions du ministre ; et du costé de la cour mesme, en y agissant avec autant de sincérité et de zèle que de liberté ; et du costé de la ville en y ménageant avec soing touts mes amis, et en n'oubliant rien de tout ce qui y pouvoit estre nécessaire pour m'attirer ou plustost pour me conserver l'amitié des peuples. Je ne vous puis mieux exprimer le second, qu'en vous disant que depuis le 28 de mars jusqu'au 25 d'aoust, je despensai trente-six mille escus en aumosnes et en libéralités.

Je ne crus pas pouvoir mieux exéquter le premier, qu'en disant à la reine et au cardinal la vérité des dispositions que je voyois dans Paris, dans lesquelles la flatterie et la préocupation ne leur permirent jamais de pénétrer. Comme un troisiesme voyage de M. l'archevesque m'avoit

---

(1) Anne de la Magdeleine, marquise de Ragny, fille unique de Léonor de la Magdeleine marquis de Ragny, et d'Hypolite de Gondy, mourut à Paris le 2 juillet 1656. Elle avait été la deuxième femme de François de Bonne et de Crequy, etc., duc de Lesdiguières, gouverneur du Dauphiné, mort en 1677, âgé de soixante-dix-sept ans.

L'éditeur de 1820 fait passer cette conversation entre le coadjuteur et le duc de Lesdiguière, ayant imprimé mal à propos *monsir de Lesdiguières*.

remis en fonctions, je pris ceste occasion pour leur tesmoigner que je me croyois obligé à leur en rendre compte, ce qu'ils receurent l'un et l'autre avec asses de mespris; et je leur en rendis compte effectivement, ce qu'ils receurent l'un et l'autre avec beaucoup de cholère. Celle du cardinal s'adoucit au bout de quelques jours, mais ce ne fut qu'en apparence; elle ne fit que se déguiser. J'en cogneus l'art, et j'y remédiai : car comme je vis qu'il ne se servoit des advis que je lui donnois, que pour faire croire dans le monde que j'estois asses intimement avec lui pour lui rapporter ce que je descouvrois, mesme au préjudice des particuliers; je ne lui parlai plus de rien que je ne disse publiquement à table, en dinant cheux moi. Je me plégnis mesme à la reine de l'artifice du cardinal, que je lui démonstrai par deux circonstances particulières; et ainsi sans discontinuer ce que le poste où j'estois m'obligeoit de faire pour le service du roi, je me servis des mesmes advis que je donnois à la cour, pour faire veoir au parlement que je n'oubliois rien pour éclairer le ministère, et pour dissiper les nuages dont les intérests des subalternes et la flatterie des courtisans ne manquent jamais de l'offusquer.

Comme le cardinal eut apperceu que j'avois tourné son art contre lui mesme, il ne garda presque plus de mesures avec moi; et un jour entre autres que je disois à la reine devant lui, que la chaleur des esprits estoit telle qu'il n'y avoit plus que la douceur qui les peust ramener, il ne me respondit que par un apologue italien, qui porte qu'au temps que les bestes parloient, le loup asseura avec serment un troupeau de brebis qu'il le protégeroit contre touts ses camarades, pourveu que l'une d'entre elles allast touts les matins lécher une blessure qu'il avoit receu d'un chien. Voila le moins désobligeant des apophthegmes dont il m'honnora trois ou quatre mois durant; ce qui m'obligea de dire, un jour en sortant du Palais-Royal, à M. le mareschal de Villeroy (1), que j'y avois fait deux réflexions : l'une, qu'il siet encore plus mal à un ministre de dire des sotises que d'en faire; et l'autre, que les advis qu'on leur donne passent pour des crimes toutes les fois que l'on ne leur est pas agréable.

Voila l'estat ou j'estois à la cour quand je sortis de l'hostel de Lesdiguières, pour remédier autant que je pourrois au mauvais effet que la nouvelle de la victoire de Lens, et la réflexion de M. de Chavigny m'avoit fait apréhender. Je trouvai la reine dans un emportement de joie inconcevable. Le cardinal me parut plus modéré. L'un et l'autre affectèrent une douceur extraordinaire; et le cardinal particulièrement me dit qu'il se vouloit servir de l'occasion présente, pour faire cognoistre aux compagnies qu'il estoit bien esloigné des sentiments de vengeance qu'on lui attribuoit, et qu'il prétendoit que tout le monde confesseroit, dans peu de jours, que les advantages remportés par les armes du roi auroient bien plus adoucis qu'eslevé l'esprit de la cour. J'advoue que je fus dupe. Je le creus : j'en eus de la joie. Je preschal le lendemain [25 aout] à Saint-Louis des jésuites (2), devant le roi et devant la reine. Le cardinal qui y estoit aussi, me remercia au sortir du sermon de ce qu'en expliquant au roi le testament de Saint-Louis (c'estoit le jour de sa feste), je lui avois recommandé, comme il est porté par le mesme testament, le soing de ses grandes villes. Vous alles veoir la sincérité de toutes ces confidences.

Le lendemain de la feste, c'est-à-dire le 26 d'aoust de 1648, le roi alla au *Te Deum*. L'on borda selon la coustume, depuis le Palais-Royal jusque à Nostre-Dame, toutes les rues de soldats du régiment des gardes. Aussitost que le roi fust revenu au Palais-Royal, l'on forma de touts ces soldats trois bataillons, qui demeurèrent sur le Pont-Neuf et dans la place Dauphine. Comminges, lieutenant des gardes de la reine, enleva dans un carosse fermé le bon homme Broussel (3), conseiller de la grande chambre, et il le mena à Saint-Germain. Blancménil (4), président aux enquêtes, fut pris en mesme temps aussi cheux lui, et il fut conduit au bois de Vincennes. Vous vous estonnerez du choix de ce dernier; et si vous avies conneu le bon homme Broussel, vous ne seriez pas moins surprise du sien. Je vous expliquerai ce détail en temps et lieu : mais je ne vous puis exprimer la consternation qui parut dans Paris le premier quart d'heure de l'enlèvement de Broussel, et le mouvement qui se fit dès le second. La tristesse ou plustost l'abattement saisit jusques aux enfants; l'on se regardoit et l'on ne se disoit rien. L'on éclata tout d'un coup : l'on s'esmeut, l'on courut, l'on cria,

---

(1) Nicolas de Neufville, cinquième du nom, premier duc de Villeroy, gouverneur de Louis XIV, né le 14 octobre 1598, mort le 28 novembre 1685.

(2) Il existe des copies manuscrites des sermons du cardinal de Retz à la Bibliothèque du roi.

(3) Pierre Broussel. (A. E.)

(4) René Potier, sieur de Blancménil. Homme mélancolique, extravagant, bizarre et de très-mauvaise humeur; faible et de difficile accès; ne manque pas de sens, mais prend toujours les affaires à contre-pied : peu seur et de qui on ne se peut rien promettre; s'obstine quelquefois par boutade à un parti qu'il prend; n'a point de crédit dans la chambre. Le président de Novion a assez de pouvoir sur luy. (Portraits du parlement de Paris. Manuscrit de la Bibliothèque du roi.)

l'on ferma les boutiques. J'en fus advertis; et quoique je ne fusse pas insensible à la manière dont j'avois esté joué la veille au Palais-Royal, où l'on m'avoit mesme prié de faire sçavoir à ceux qui estoient de mes amis dans le parlement, que la bataille de Lens n'y avoit causé que des mouvements de modération et de douceur; quoique, dis-je, je fusse très-piqué, je ne laissai pas de prendre le parti, sans balancer, d'aller trouver la reine, et de m'attacher à mon debvoir préférablement à toutes choses. Je le dis en ces propres termes à Chapelain, à Gomberville et à Plot, chanoine de Nostre-Dame, et présentement chartreux, qui avoient disné cheux moi. Je sortis en rochet et camail, et je ne fus pas au Marché-Neuf, que je fus accablé d'une foule de peuple, qui hurloit plustost qu'il ne crioit. Je m'en demeslai en leur disant que la reine leur feroit justice. Je trouvai sur le Pont-Neuf le mareschal de la Meilleraye à la teste des gardes, qui bien qu'il n'eust encore en teste que quelques enfants qui disoient des injures, et qui jetoient des pierres aux soldats, ne laissoit pas d'estre fort embarrassé, parce qu'il voyoit que le nuage commançoit à se grossir de touts costés. Il fut très aise de me veoir, et m'exhorta à dire à la reine la vérité. Il s'offrit d'en venir lui mesme rendre tesmoignage. J'en fus très-aise à mon tour, et nous allasmes ensemble au Palais-Royal, suivis d'un nombre infini de peuple, qui crioit: Broussel! Broussel! Nous trouvasmes la reine dans le grand cabinet, accompagnée de M. le duc d'Orléans, du cardinal Mazarin, de M. de Longueville, du mareschal de Villeroy, de l'abbé de La Rivière, de Bautru, de Guitaut, capitaine de ses gardes, et de Nogent (1). Elle me receut ni bien ni mal. Elle estoit trop fière et trop aigre pour avoir de la honte de ce qu'elle m'avoit dit la veille; et le cardinal n'estoit pas asses honneste homme pour en avoir [de la bonne.] Il me parut toutefois un peu embarassé, et il me fit une espèce de galimathias, par lequel, sans me l'oser toutefois dire, il eust esté bien aise que j'eusse conceu qu'il y avoit eu des raisons toutes nouvelles, qui avoient obligé la reine à se porter à la résolution que l'on avoit prise. Je feignis que je prenois pour bon tout ce qu'il lui pleust de me dire, et je lui respondis simplement que j'estois venu là pour me rendre à mon debvoir, pour recevoir les commandements de la reine et pour contribuer de tout ce qui seroit en mon pouvoir, au repos et à la tranquillité. La reine me fit un petit signe de la teste, comme pour me remercier: mais je sceus depuis qu'elle avoit remarqué et remarqué en mal, ceste dernière parole, qui estoit pourtant très-innocente et mesme fort dans l'ordre en la bouche d'un coadjuteur de Paris. Mais il est vrai de dire qu'auprès des princes, il est aussi dangereux et presque aussi criminel de pouvoir le bien que de vouloir le mal. Le mareschal de la Meilleraye, qui vit que La Rivière, Bautru et Nogent traitoient l'esmotion de bagatelle, et qu'ils la tournoient mesme en ridicule, s'emporta; il parla avec force, et s'en rapporta à mon témoignage. Je le rendis avec liberté et je confirmai ce qu'il avoit dit et prédit du mouvement. Le cardinal soubrit malignement et la reine se prit en cholère, en proférant de son fausset aigre et eslevé, ces propres mots: « Il y a » de la révolte à s'imaginer que l'on se puisse » révolter; voila les contes ridicules de ceux qui » la veulent. L'autorité du roi y donnera bon » ordre. » Le cardinal qui s'apperceut à mon visage que j'estois un peu esmu de ce discours, prit la parole, et avec un ton doux il respondit à la reine: « Pleust à Dieu, madame, que » tout le monde parlast avec la mesme sincé- » rité que parle M. le coadjuteur! Il craint » pour son troupeau, il craint pour la ville, » il craint pour l'autorité de Vostre Majesté; je » suis persuadé que le péril n'est pas au point » qu'il se l'imagine, mais le scrupule sur ceste » matière est en lui une religion louable. » La reine qui entendoit le jargon du cardinal, se remit tout d'un coup: elle me fit des honnestetés et je respondis par un profond respect et par une mine si niaise, que La Rivière dit à l'oreille de Bautru, de qui je le sceus quatre jours après: « Voyes ce que c'est que de n'estre pas jour et » nuit en ce pays-ci! Le coadjuteur est homme » du monde, il a de l'esprit; il prend pour bon » ce que la reine vient de lui dire. » La vérité est que tout ce qui estoit dans ce cabinet jouoit la comédie. Je faisois l'innocent et je ne l'estois pas, au moins en ce fait. Le cardinal faisoit l'asseuré, et il ne l'estoit pas si fort qu'il le paroissoit. Il y eut quelques moments où la reine contrefit la douce, et elle ne fut jamais plus aigre. M. de Longueville tesmoignoit de la tristesse et il estoit dans une joie sensible, parce que c'estoit l'homme du monde qui aimoit le mieux les commencements de toutes affaires. M. le duc d'Orléans faisoit l'empressé et le passionné en parlant à la reine, et je ne l'ai jamais veu chiffler avec plus d'indolence qu'il chiffla une demi-heure, en entretenant Guerchi dans la petite chambre grise. Le mareschal de Villeroy faisoit le gai, pour faire sa cour au ministre, et il m'advouoit en particulier, les larmes aux yeux, que

(1) Nicolas, comte de Bautru-Nogent. (A. E.)

l'estat estoit sur le bord du précipice. Bautru et Nogent bouffonnoient et représentoient pour plaire à la reine, la nourrice du vieux Broussel (remarques, je vous supplie, qu'il avoit quatre-vingts ans), qui animoit le peuple à la sédition : quoi qu'ils cogneussent très bien l'un et l'autre que la tragédie ne seroit peut estre pas fort esloignée de la farce. Le seul et unique abbé de La Rivière estoit convaincu que l'esmotion du peuple n'estoit qu'une fumée. Il le soubtenoit à la reine, qui l'eust voulu croire, quand mesme elle eust esté persuadée du contraire; et je remarquai dans un mesme instant et par la disposition de la reine, qui estoit la personne du monde la plus hardie, et par celle de La Rivière, qui estoit le poltron le plus signalé de son siècle, que l'aveugle témérité ou la peur outrée produisent les mesmes effets, losque le péril n'est pas cogneu. Affin qu'il ne manque aucun personnage au théâtre, le mareschal de la Meilleraye, qui jusques-là estoit demeuré très ferme avec moi à représenter la conséquence du tumulte, prit celui du capitan. Il changea tout d'un coup de ton et de sentiment, sur ce que le bon homme Vannes, lieutenant colonel des gardes, vint dire à la reine que les bourgeois menassoient de forcer les gardes. Comme il estoit tout pestri de bile et de contre-temps, il se mit en cholère jusqu'à l'emportement, et mesme jusqu'à la fureur. Il s'escria qu'il falloit périr plustost que de souffrir ceste insolence; et il pressa que l'on lui permist de prendre les gardes, les officiers de la maison et touts les courtisans, qui estoient dans les antichambres, en asseurant qu'il terrasseroit toute la canaille. La reine donna mesme avec ardeur dans son sens : mais ce sens ne fut appuyé de personne; et vous verres par l'événement qu'il n'y en a jamais eu de plus réprouvé. Le chancelier entra dans le cabinet à ce moment. Il estoit si foible de son naturel qu'il n'avoit jamais dit, jusqu'à ceste occasion, aucune parole de vérité; mais en celle-ci, la complaisance céda à la peur. Il parla, et il parla selon ce que lui dictoit ce qu'il avoit veu dans les rues. J'observai que le cardinal parut fort touché de la liberté d'un homme en qui il n'en avoit jamais veu. Mais Senneterre, qui entra presque en mesme temps, effaça en moins d'un rien, ces premières idées, en assurant que la chaleur du peuple commençoit à se rallentir; que l'on ne prenoit point les armes, et qu'avec un peu de patience tout iroit bien.

Il n'y a rien de si dangereux que la flatterie, dans les conjonctures où celui que l'on flatte peut avoir peur. L'envie qu'il a de ne la pas prendre, fait qu'il croit à tout ce qui l'empêche d'y rémédier. Ces advis qui arrivoient de moment à autre faisoient perdre inutilement ceux dans lesquels on peut dire que le salut de l'estat estoit enfermé. Le vieux Guitaut (1), homme de peu de sens, mais très affectionné s'en impatienta plus que les autres, et il dit d'un ton de voix encore plus rauque qu'à son ordinaire, qu'il ne comprenoit pas comme il estoit possible de s'endormir en l'estat où estoient les choses. Il adjousta je ne sçai quoi entre ses dents que je n'entendis pas, mais qui apparemment piqua le cardinal, qui d'ailleurs ne l'aimoit pas et qui lui respondit : « Quel est vostre advis ? — Mon ad-
» vis est, Monsieur, lui repondit brusquement
» Guitaut, de rendre ce vieu coquin de Broussel
» mort ou vif. » Je pris la parole et je lui dis :
« Le premier ne seroit pas de la piété ni de la
» prudence de la reine ; le second pourroit faire
» cesser le tumulte. » La reine rougit à ce mot, et elle s'escria : « Je vous entends, M. le coad-
» juteur. Vous voudries que je donnasse la li-
» berté à Broussel : je l'estranglerai plustost
» avec ces deux mains. » Et en achevant ceste dernière syllabe, elle me les porta presque au visage, en adjoustant : « Et ceux qui . . . . . »
Le cardinal qui ne doubta point qu'elle ne m'alloit dire tout ce que la rage peut inspirer, s'advancea et lui parla à l'aureille. Elle se composa à un point que si je ne l'eusse bien cogneu, elle m'eust paru bien radoucie.

Le lieutenant civil (2) entra à ce moment dans le cabinet, avec une pasleur mortelle sur le visage ; et je n'ai jamais veu à la comédie italienne de peur si naifvement et si ridiculement représentée, que celle qu'il fit voir à la reine en lui racontant des advantures de rien, qui lui estoient arrivées depuis son logis jusqu'au Palais-Royal. Admires, je vous supplie, la sympathie des ames timides. Le cardinal Mazarin n'avoit esté jusques-là que médiocrement touché de ce que M. de la Meilleraye et moi lui avions dit avec asses de vigueur, et [La Rivière] n'en avoit pas esté seulement esmeu. La frayeur du lieutenant civil se glissa, je crois par contagion, dans leur imagination, dans leur esprit, dans leur cœur. Ils nous parurent tout à coup métamorphosés ; ils ne me traittèrent plus de ridicule, ils advouèrent que l'affaire méritoit de la ré-

---

(1) François de Comminges, conseiller du roi, capitaine des gardes de la reine Anne d'Autriche ; fait gouverneur et lieutenant-général pour le roi en la ville, château et pays de Saumur, le 3 mars 1650 ; chevalier des ordres le 31 décembre 1661 ; mourut d'apoplexie. Il était âgé de 67 ans, en 1648.

(2) Dreux d'Aubrai, comte d'Offremont, lieutenant civil en la prévôté et vicomté de Paris.

flexion, ils consultèrent et ils souffrirent que messieurs de Longueville, le chancelier, le mareschal de Villeroy, et celui de la Meilleraye, et le coadjuteur prouvassent par bonnes raisons qu'il falloit rendre Broussel, devant que les peuples, qui menassoient de prendre les armes, les eussent prises effectivement. Nous éprouvasmes en ce rencontre qu'il est bien plus naturel à la peur de consulter que de décider. Le cardinal, après une dousaine de galimathias, qui se contredisoient les uns les autres, conclut à se donner encore du temps jusques au lendemain, et de faire cognoistre en attendant au peuple, que la reine lui accordoit la liberté de Broussel, pourveu qu'il se separast et qu'il ne continuast pas à la demander en foule. Le cardinal adjousta que personne ne pouvoit plus agréablement, ni plus efficacement que moi porter la parole. Je vis le piége, mais je ne m'en peus deffendre; et dautant moins que le mareschal de la Meilleraye, qui n'avoit point de veu, y donna mesme avec impétuosité et m'y entresna pour ainsi parler avec lui. Il dit à la reine qu'il sortiroit avec moi dans les rues, et que nous y ferions des merveilles. « Je n'en doute point, lui respondis-je, » pourveu qu'il plaise à la reine de nous faire » expédier en bonne forme la promesse de la li-» berté des prisonniers : car je n'ai pas asses de » crédit parmi le peuple pour m'en faire croire » sans cela. » L'on me loua de ma modération. Le mareschal ne doubta de rien; la parole de la reine valoit mieux que touts les escrits! En un mot l'on se moqua de moi (1), et je me trouvai tout d'un coup dans la cruelle nécessité de jouer le plus meschant personnage où peut estre jamais particulier se soit rencontré. Je voulus répliquer : mais la reine entra brusquement dans sa chambre grise. Monsieur me poussa mais tendrement, avec ses deux mains, en me disant : « Rendes le repos à l'estat. » Le mareschal m'entraisna ; et touts les gardes du corps me portoient amoureusement sur leurs bras, en me criant : « Il n'y a que vous qui puissies remédier au mal. » Je sortis ainsi avec mon rochet et mon camail, en donnant des bénédictions à droite et à gauche ; et vous croyes bien que ceste occupation ne m'empéchoit pas de faire toutes les réflexions convenables à l'embarras dans lequel je me trouvois. Je pris toutefois sans balancer le parti d'aller purement à mon debvoir, de prescher l'obéissance, et de faire mes efforts pour appaiser le tumulte. La seule mesure que je me résolus de garder, fut celle de ne rien promettre en mon nom au peuple, et de lui dire simplement que la reine m'avoit assuré qu'elle rendroit Broussel pourvu que l'on fît cesser l'esmotion.

L'impétuosité du mareschal de la Meilleraye ne me laissa pas lieu de mesurer mes expressions : car au lieu de venir avec moi comme il m'avoit dit, il se mit à la teste des chevaux-légers de la garde, et il s'advancea l'espée à la main en criant de toute sa force : « Vive le roi, » liberté à Broussel. » Comme il estoit veu de beaucoup plus de gents qu'il n'y en avoit qui l'entendissent, il eschauffa beaucoup plus de monde par son espée, qu'il n'en apaisa par sa voix. L'on cria aux armes. Un crocheteur mit un sabre à la main vis-à-vis des Quinse-Vingts : le mareschal le tua d'un coup de pistolet. Les cris redoublèrent ; l'on courut de touts costés aux armes; une foule de peuple qui m'avoit suivi dans le Palais-Royal, me porta plustost qu'elle ne me poussa jusques à la Croix-du-Tiroir, et j'y trouvai le mareschal de la Meilleraye aux mains avec une grosse troupe de bourgeois, qui avoient pris les armes dans la rue de l'Arbre-Sec. Je me jetai dans la foule pour essayer de les séparer, et je creus que les uns et les autres porteroient au moins quelque respect à mon habit et à ma dignité. Je ne me trompai pas absolument, car le mareschal, qui estoit fort embarassé, prit avec joie ce prétexte pour commander aux chevaux-légers de ne plus tirer ; et les bourgeois s'arrestèrent et se contentèrent de faire ferme dans le carrefour : mais il y en eut vingt ou trente qui sortirent avec des hallebardes et des mousquetons, de la rue des Prouvelles, qui ne furent pas si modérés, et qui ne me voyant pas ou ne me voulant pas veoir, firent une charge fort brusque aux chevaux-légers, cassèrent d'un coup de pistolet le bras à Fontrailles, qui estoit auprès du mareschal, l'espée à la main, blessèrent un de mes pages, qui portoit le derrière de ma soutane, et me donnè-

---

(1) Tous les historiens reconnaissent que la reine et le cardinal Mazarin se jouèrent dans cette occasion du coadjuteur, et firent leurs efforts pour le compromettre et le discréditer dans le peuple. Et ces mêmes historiens cependant accusent Gondy d'ingratitude et de manque de délicatesse, pour avoir abandonné le parti de la reine lorsqu'elle se retira à Ruel. La façon d'agir de ces deux personnages à l'égard de Retz, même avant les troubles, ne dut-elle pas affaiblir la reconnaissance que ce prélat leur devait pour la dignité qu'il avait reçue? D'après le portrait que Saint-Evremont nous a laissé du caractère de Gondy, il est facile de reconnaître combien la manière dont Mazarin se joua de lui dans cette occasion, dut le déterminer à se jeter dans le parti de la Fronde. « Personne, dit cet écrivain, n'était plus honnête avec ses égaux et ses inférieurs ; mais quand il se croyait blessé par les procédés des gens plus élevés que lui, aucune considération ne pouvait arrêter ni modérer ses hauteurs et ses ressentimens. »

rent à moi mesme un coup de pierre au dessoubs de l'oreille, qui me porta par terre. Je ne fus pas plustost relevé, qu'un garçon d'apothicaire m'appuia le mousqueton sur la teste; quoique je ne le cogneusse point du tout, je creu qu'il estoit bon de ne le lui pas tesmoigner dans ce moment, et je lui dis au contraire : « Ha malheureux ! si ton père te voyoit..... » Il s'imagina que j'estois le meilleur ami de son père, que je n'avois pourtant jamais veu. Je crois que ceste pensée lui donna celle de me regarder plus attentivement. Mon habit lui frappa les yeux : il me demanda si j'estois M. le coadjuteur. [Et aussitost que je le lui eus dis, il cria : Vive le coadjuteur !] Tout le monde fit le mesme cri ; l'on courut à moi ; et le mareschal de la Meilleraye se retira avec plus de liberté au Palais-Royal ; parce que j'affectai pour lui en donner le temps, de marcher du costé des Halles. Tout le monde me suivit et j'en eus besoing : car je trouvai ceste fourmilière de fripiers toute en armes. Je les flattai, je les caressai, enfin je les persuadai. Ils quitèrent les armes, ce qui fut le salut de Paris ; parce que s'ils les eussent eu encore à la main à l'entrée de la nuit, qui s'approchoit, la ville eust esté infailliblement pillée. Je n'ai guère eu en ma vie de satisfaction plus sensible que celle-là ; et elle fut si grande, que je ne fis pas seulement de réflexion sur l'effet que le service que je venois de rendre debvoit produire au Palais-Royal. Je dis, debvoit : car vous alles veoir qu'il y en produisoit un tout contraire. J'y allai avec trente ou quarante mille hommes qui me suivoient, mais sans armes, et je trouvai à la barrière le mareschal de la Meilleraye, qui, transporté de la manière dont j'en avois usé à son esgard, m'embrassa presque jusques à mestouffer ; et il me dit ces propres paroles : « Je suis un fou, je suis un brutal, j'ai » failli à perdre l'estat, et vous l'aves sauvé. » Venes, parlons à la reine en François véritables, et en gents de bien ; et prenons des dates pour faire pendre à nostre tesmoignage, à » la majorité du roi, ces pestes de l'estat, ces » flateurs infames, qui font croire à la reine que » cest affaire n'est rien. » Il fit une apostrophe aux officiers des gardes, en achevant ceste dernière parole, la plus touchante, la plus patétique et la plus éloquente qui soit peut estre jamais sortie de la bouche d'un homme de guerre, et il me porta plustost qu'il ne mena cheux la reine. Il lui dit en entrant et en me monstrant de la main : « Voilà celui, Madame, à qui je » doibs la vie, mais à qui Vostre Majesté doibt » le salut de sa garde, et peut estre celui du » Palais-Royal. » La reine se mit à soubrire mais d'une sorte de soubrire ambigu. J'y pris garde, mais je n'en fis pas semblant ; et pour empécher M. le mareschal de la Meilleraye de continuer mon éloge, je pris la parole : « Non, » Madame, il ne s'agit pas de moi, mais de Paris soubmis et desarmé qui se vient jeter aux » pieds de Votre Majesté. — Il est bien coupable » et peu soubsmis, repartit la reine, avec un » visage plein de feu. Si il a esté aussi furieux » qu'on me l'a voulu faire croire, comment » se seroit-il peu adoucir en si peu de temps ? » Le mareschal qui remarqua aussi bien que moi, le ton de la reine, se mit en cholère, et il lui dit en jurant : « Madame, un homme de bien ne » vous peut flater en l'extrémité où sont les choses. Si vous ne mettes aujourd'hui Broussel en » liberté, il n'y aura pas demain pierre sur » pierre à Paris. » Je voulus ouvrir la bouche, pour appuier ce que disoit le mareschal, la reine me la ferma en me disant d'un air de moquerie : « Alles vous reposer, monsieur, vous » aves bien travaillé. »

Je sortis ainsi du Palais-Royal ; et quoique je fusse ce que l'on appelle enragé, je ne dis pas un mot de là jusques à mon logis, qui peut aigrir le peuple. J'en trouvai une foule innombrable qui m'attendoit et qui me forcea de monter sur l'impériale de mon carosse, pour lui rendre compte de ce que j'avois fait au Palais-Royal. Je lui dis que j'avois tesmoigné à la reine l'obéissance que l'on avoit rendu à sa volonté, en posant les armes, dans les lieux où on les avoit prises, et en ne les prenant pas, dans ceux où l'on estoit sur le point de les prendre ; que la reine m'avoit fait paroistre de la satisfaction de ceste soubmission, et qu'elle m'avoit dit que cestoit l'unique voie par laquelle l'on pouvoit obtenir d'elle la liberté des prisonniers. J'adjoustai tout ce que je creus pouvoir adoucir ceste commune, et je n'y eus pas beaucoup de peine parce que l'heure du souper approchoit. Ceste circonstance vous paroistra ridicule : mais elle est fondée ; et j'ai observé qu'à Paris, dans les esmotions populaires, les plus eschauffés ne veulent pas ce qu'ils appellent se desheurer.

Je me fis seigner en arrivant cheux moi ; car la contusion que j'avois au dessoubs de l'oreille estoit fort augmentée : mais vous croyes bien que ce n'estoit pas là mon plus grand mal. J'avois fort hasardé mon crédit dans le peuple en lui donnant des espérances de la liberté de Broussel, quoique j'eusse observé fort soigneusement de ne lui en pas donner ma parole. Mais avois-je lieu d'espérer moi-mesme qu'un peuple peust distinguer entre les paroles et les espérances ? Dailleur avois-je lieu de croire, après ce que j'avois cogneu du passé, après ce que je venois de veoir du présent, que la cour fist seulement réflexion à ce qu'elle nous avoit fait dire à M. de la Meilleraye et à moi? Ou plutost n'avois-je pas tout subjet d'estre persuadé qu'elle ne manqueroit pas ceste occasion de me perdre absolument dans le public, en lui laissant croire que je m'estois entendu avec elle pour l'amuser et pour le jouer? Ces veues que j'eus dans toute leur estendue m'affligèrent, mais elles ne me tentèrent point. Je ne me repentis pas un moment de ce que j'avois fait, parce que je fus persuadé et que le debvoir et la bonne conduite m'y avoient obligé. Je m'envelopai pour ainsi dire dans mon debvoir; j'eus honte d'avoir fait réflexion sur l'événement, et Montresor estant entré la dessus, et m'ayant dit que je me trompois si je croyois avoir beaucoup gagné à mon expédition, je lui respondis ces propres paroles: « J'y ai beaucoup gagné en ce qu'au moins je » me suis espargné une apologie en explication » de bienfaits, qui est tousjours insuportable à » un homme de bien. Si je fusse demeuré cheux » moi dans une conjoncture comme celle-ci, la » reine, dont enfin je tiens ma dignité, auroit- » elle subjet d'estre contente de moi? — Elle ne » l'est nullement, reprit Montresor; et madame » de Navailles et madame de Motteville viennent » de dire au prince de Guémené que l'on estoit » persuadé au Palais-Royal qu'il n'avoit pas » tenu à vous d'esmouvoir le peuple. »

J'advoue que je n'adjoutai aucune foi à ce discours de Montresor: car quoique j'eusse veu dans le cabinet de la reine que l'on se moquoit de moi, je m'estois imaginé que ceste malignité n'alloit qu'à diminuer le mérite du service que j'avois rendu, et je ne me pouvois figurer que l'on fust capable de me le tourner à crime. Montresor persistant à me tourmenter et me disant que mon ami Jean-Louis de Fiesque n'auroit pas esté de mon sentiment; je lui respondis, que j'avois toute ma vie estimé les hommes, plus parce qu'ils ne faisoient pas en de certaines occasions, que par tout ce qu'ils y eussent peu faire. J'estois sur le point de m'endormir tranquillement dans mes pensées, lorsque Laigues arriva, qui venoit du souper de la reine, et qui me dit que l'on m'avoit tourné publiquement en ridicule; que l'on m'y avoit traité d'homme qui n'avoit rien oublié pour soulever le peuple soubs prétexte de l'apaiser; que l'on avoit chiffié dans les rues; qui avoit fait semblant d'estre blessé, quoiqu'il ne le fust point, enfin qui avoit esté exposé deux heures entières à la raillerie fine de Bautru, à la bouffonnerie de Nogent, à l'enjouement de La Rivière, à la fausse compassion du cardinal et aux esclats de rire de la reine. Vous ne doubtes pas que je ne fusse un peu esmeu; mais dans la vérité je ne le fus pas au point que vous le debvriez croire. Je me sentis plustost de la tentation légère que de l'emportement: tout me vint dans l'esprit, mais rien n'y demeura, et je sacrifiai presque sans balancer à mon debvoir, les idées les plus douces et les plus brillantes que les conjurations passées présentèrent à mon esprit en foule, aussitost que le mauvais traitement que je voyois cogneu et public me donna lieu de croire que je pouvois entrer avec honneur dans les nouvelles. Je rejetai, par le principe de l'obligation que j'avois à la reine, toutes ces pensées, quoi qu'à vous dire le vrai, je m'y fusse nourri dès mon enfance; et Laigues et Montresor n'eussent certainement rien gagné sur mon esprit, ni par leurs exhortations, ni par leurs reproches, si Argenteuil qui, depuis la mort de M. le comte, dont il avoit esté premier gentilhomme de la chambre, s'estoit fort attaché à moi, ne fust arrivé. Il entra dans ma chambre avec un visage fort effaré, et il me dit: « Vous estes perdu; le mareschal de » la Meilleraye m'a chargé de vous dire que le » diable possède le Palais-Royal; qu'il leur a » mis dans l'esprit que vous avez fait tout ce que » vous avez peu pour exciter la sédition, que » lui mareschal de la Meilleraye n'a rien oublié » pour tesmoigner à la reine et au cardinal la vé- » rité; mais que l'un et l'autre se sont moqués de » lui; qu'il ne les peut excuser dans ceste injus- » tice; mais qu'aussi il ne les peut asses admirer » du mépris qu'ils ont tousjours eu pour le tu- » mu'te; qu'ils en ont veu la suite comme des » prophètes; qu'ils ont tousjours dit que la nuit » feroit esvanouir ceste fumée, que lui mares- » chal ne l'avoit pas creu, mais qu'il estoit pour » le présent très convaincu, parce qu'il s'estoit » promené dans les rues, où il n'avoit pas seule- » ment trouvé cent hommes; que les feux ne se » ralumoient plus quand ils s'estoient esteints » aussi subitement que celui-là; qu'il me con- » juroit de penser à ma seureté; que l'autorité » du roi paroitroit dès le lendemain avec tout » l'esclat imaginable; qu'il voyoit la cour très- » disposée à ne pas perdre le moment fatal; que » je serois le premier sur qui l'on voudroit faire » un grand exemple; que l'on avoit mesme parlé » de m'envoyer à Quinsper-Corentin; que Brous- » sel seroit mené au Havre-de-Grace, et que » l'on avoit résolu d'envoyer à la pointe du jour » le chancelier au Palais, pour interdire le par- » lement et pour lui commander de se retirer à » Montargis. » Argenteuil finit son discours par ces paroles: « Voilà ce que le mareschal de la

» Meilleraye vous mande. Celui de Villeroy n'en » dit pas tant, car il n'ose ; mais il m'a serré la » main en passant d'une manière qui me fait ju- » ger qu'il en sait encore peut-estre davantage ; » et moi je vous dis, ajouta Argenteuil, qu'ils » ont touts deux raison, car il n'y a pas une ame » dans les rues ; tout est calme, et l'on pendra » demain qui l'on voudra. » Montresor, qui estoit de ces gents qui veulent tousjours avoir tout deviné, s'escria qu'il n'en doubtoit point et qu'il l'avoit bien prédit. Laigues se mit sur les lamentations de ma conduite, qui faisoit pitié à mes amis, quoiqu'elle les perdist. Je leur respondis que s'il leur plaisoit de me laisser en repos un petit quart-d'heure, je leur ferois voir que nous n'en estions pas réduits à la pitié, et il estoit vrai. Comme ils m'eurent laissé tout seul pour le quart-d'heure que je leur avois demandé, je ne fis pas seulement réflexion sur ce que je pouvois, parce que j'en estois très-asseuré ; je pensai seulement à ce que je debvois et je fus embarrassé. Comme la manière dont j'estois poussé et celle dont le public estoit mesnagé, eurent dissipé mon scrupule, et que je creus pouvoir entreprendre avec honneur et sans crainte d'estre blasmé, je m'abandonnai à toutes mes pensées ; je rappelai tout ce que mon imagination m'avoit jamais fourni de plus éclatant et de plus proportionné aux vastes desseins ; je permis à mes sens de se laisser chatouiller par le titre de chef de parti, que j'avois tousjours honoré dans les vies de Plutarque : mais ce qui acheva d'étouffer touts mes scrupules, fut l'advantage que je m'imaginai à me distinguer de ceux de ma profession, par un estat de vie qui les confond toutes. Le desréglement de mœurs très-peu convenable à la mienne me faisoit peur ; j'apréhendois le ridicule de M. de Sens. Je me soubstenois par la Sorbonne, par des sermons, par la faveur des peuples : mais enfin cest appui n'a qu'un temps, et ce temps mesme n'est pas fort long, par mille accidents qui peuvent arriver dans le désordre. Les affaires brouillent les espèces, elles honnorent mesme ce qu'elles ne justifient pas ; et les vices des archevesques peuvent estre, dans une infinité de cas, les vertus d'un chef de parti. J'avois eu mille fois ceste veue ; mais elle avoit tousjours cédé à ce que je croyois debvoir à la reine. Le souper du Palais-Royal et la résolution de me perdre avec le public, l'ayant purifiée, je la pris avec joie et j'abandonnai mon destin à touts les mouvements de la gloire.

Minuit sonnant, je fis rentrer dans ma chambre Laigues et Montresor, et je leur dis : « Vous » sçaves que je crains les apologies ; mais vous » alles voir que je ne crains pas les manifestes. » Toute la cour me sera tesmoing de la manière » dont on m'a traité depuis plus d'un an au Pa» lais-Royal ; c'est au public à défendre mon » honneur : mais l'on veult perdre le public et » c'est à moi de le défendre de l'oppression. Nous » ne sommes pas si mal que vous vous le persua» des, messieurs, et je serai demain, devant » midi, maistre de Paris. » Mes deux amis creurent que j'avois perdu l'esprit, et ceux qui m'avoient, je crois, cinquante fois en leur vie persécuté pour entreprendre, me firent à cest instant des leçons de modération. Je ne les escoutai pas et j'envoyai quérir à l'heure mesme Miron, maistre des comptes, colonel du quartier de Saint-Germain de l'Auxerrois, homme de bien et de cœur, et qui avoit beaucoup de crédit parmi le peuple. Je lui exposai l'estat des choses ; il entra dans mes sentiments, il me promit d'exéquter tout ce que je desirois. Nous convinsmes de ce qu'il y avoit à faire, et il sortit de cheux moi en résolution de faire battre le tambour et de faire prendre les armes au premier ordre qu'il recevroit de moi.

Il trouva en descendant mon degré, un frère de son cuisinier, qui, ayant esté condamné à estre pendu et n'osant marcher le jour par la ville, y rodoit asses souvent la nuit. Cest homme venoit de rencontrer par hasard, auprès du logis de Miron, deux espèces d'officiers, qui parloient ensemble, et qui nommoient souvent le maistre de son frère. Il les escouta, s'estant caché derrière une porte, et il ouït que ces gents là (nous sceusmes depuis que c'estoit Vennes, lieutenant colonel des gardes, et Rubentel, lieutenant au mesme régiment) discouroient de la manière dont il faudroit entrer cheux Miron, pour le surprendre, et des postes où il seroit bon de mettre les gardes, les Suisses, les Gensd'armes, les Chevaux-Légers, pour s'asseurer de tout ce qui estoit depuis le Pont-Peuf jusqu'au Palais-Royal. Cest advis joint à celui que nous avions par le mareschal de La Meilleraye, nous obligea à prévenir le mal ; mais d'une façon toutefois qui ne parust pas offensive, n'ayant rien de si grande conséquence dans les peuples que de leur faire paroistre, mesme quand l'on attaque, que l'on ne songe qu'à se défendre. Nous exécutasmes nostre projet en ne postant que des manteaux noirs (1) sans armes, c'est-à-dire des bourgeois considérables, dans les lieux où nous avions appris que l'on se disposoit de mettre des gens de guerre ; par ce que ainsi l'on se pouvoit asseurer que l'on ne prendroit les armes que

(1) Ce costume distinguait les riches bourgeois ; les gens du peuple et la petite bourgeoisie portaient alors des manteaux gris.

quand on l'ordonneroit. Miron s'acquitta si sagement et si heureusement de ceste commission, qu'il y eut plus de 400 gros bourgeois assemblés par pelotons, avec aussi peu de bruit et aussi peu d'esmotion, qu'il y en eust peu avoir si les novices des Chartreux y fussent venus pour y faire leurs méditations.

Je donnai ordre à l'Espinai, dont je vous ai déjà parlé à propos des affaires de feu M. le comte, de se tenir prest pour se saisir au premier ordre de la barrière des Sergents, qui est vis-à-vis de Saint-Honoré, et pour y faire une barricade contre les gardes qui estoient au Palais-Royal. Et comme Miron nous dit que le frère de son cuisinier avoit ouï nommer plusieurs fois la porte de Nesle à ces deux officiers dont je vous ai déjà parlé, nous creusmes qu'il ne seroit pas mal à propos d'y prendre garde, dans la pensée que nous eusmes que l'on pensoit peut-estre à enlever quelqu'un par cette porte. Argenteuil, brave et déterminé autant qu'homme qui fut au monde, en prist le soing, et il se mit cheux un sculpteur, qui logeoit tout proche, avec vingt bons soldats que le chevalier d'Humières (1), qui faisoit une recrue à Paris, lui presta. Je m'endormis après avoir donné ces ordres, et je ne fus resveillé qu'à six heures par le secrétaire de Miron, qui me vint dire que les gents de guerre n'avoient point paru la nuit, que l'on avoit veu seulement quelques cavaliers qui sembloient estre venus pour recognoistre les pelotons de bourgeois, et qu'ils s'en estoient retourné au galop après les avoir [veu peu considérables]; que ce mouvement lui faisoit juger que la précaution que nous avions prise avoit esté utile pour prévenir l'insulte que l'on pouvoit avoir projetée contre les particuliers : mais que celui qui commençoit à paroistre cheux M. le chancelier, marquoit que l'on méditoit quelque chose contre le public; que l'on voyoit aller et venir des hoquetons et que Ondedeï y estoit allé quatre fois en deux heures.

Quelque temps après, l'enseigne de la colonelle de Miron me vint advertir que le chancelier marchoit avec toute la pompe de la magistrature droit au Palais; et Argenteuil m'envoya dire que deux compagnies des gardes suisses s'advançoyent du costé du faubourg, vers la porte de Nesle. Voila le moment fatal. Je donnai mes ordres en deux paroles, et ils furent exécutés en deux moments. Miron fit prendre les armes. Argenteuil, habillé en maçon et une règle à la main, chargea les Suisses en flanc,

en tua vingt ou trente, prit un des drapeaux, dissipa le reste : le chancelier, poussé de touts costés, se sauva à toute peine dans l'hôtel d'O, qui estoit au bout du quai des Augustins, du costé du pont Saint-Michel. Le peuple rompit les portes, y entra avec fureur; et il n'y eut que Dieu qui sauva le chancelier et l'évesque de Meaux, son frère, à qui il se confessa, en empeschant que ceste canaille qui s'amusa, de bonne fortune pour lui, à piller, ne s'advisast pas de forcer une petite chambre dans laquelle il s'estoit caché.

Le mouvement fut comme un incendie subit et violent qui se prit du Pont-Neuf à toute la ville. Tout le monde, sans exception, prit les armes. L'on voyoit les enfans de cinq et de six ans, avec les poignards à la main; on voyoit les mères qui les leur apportoient elles-mesmes. Il y eut dans Paris plus de [douse cents] barricades en moins de deux heures, bordées de drapeaux et de toutes les armes que la ligue avoit laissées entières. Comme je fus obligé de sortir un moment pour apaiser un tumulte, qui estoit arrivé par le mal entendu de deux officiers du quartier, dans la rue Neuve-Nostre-Dame, je vis entre autre une lance traisnée plustost que portée par un petit garçon de huit ou dix ans, qui estoit asseurément de l'ancienne guerre des Anglois. Mais j'y vis encore quelque chose de plus curieux. M. de Brissac (2) me fit remarquer un hausse-cou de Vermeil doré, sur lequel la figure du Jacobin qui tua Henri III estoit gravée, avec ceste inscription : Saint Jacques-Clément. Je fis une réprimande à l'officier qui le portoit, et je fis rompre le hausse-cou à coup de marteau publiquement sur l'enclume d'un mareschal. Tout le monde cria : vive le roi! mais l'écho respondit : point de Mazarin!

Un moment après que je fus entré cheux moi, l'argentier de la reine y arriva, qui me commanda et me conjura de sa part d'employer mon crédit pour apaiser la sédition, que la cour, comme vous voyes, ne traitoit plus de bagatelle. Je respondis froidement et modestement que les efforts que j'avois faits la veille pour cest effet, m'avoient rendu si odieux parmi le peuple que j'avois mesme couru fortune, pour avoir voulu seulement me montrer un moment; que j'avois esté obligé de me retirer cheux moi, mesme fort brusquement; à quoi j'adjoutai ce que vous pouves imaginer de respect, de douleur, de regret, de soubmission. L'argentier, qui estoit au bout de la rue quand l'on crioit

(1) Louis de Crévant, qui fut depuis maréchal de France, mourut en 1694. (A. E.)

(2) Louis de Cossé, mort en 1661. (A. E.) Il avait épousé Marguerite de Gondy, sœur de la duchesse de Retz.

vive le roi! et qui avoit ouï que l'on y adjoustoit presque à toutes les reprises, vive le coadjuteur! fit ce qu'il peut pour me persuader de mon pouvoir; et quoique j'eusse esté très fasché qu'il l'eust esté de mon impuissance, je ne laissai pas de feindre que je la lui voulois tousjours persuader. Les favoris des deux derniers siècles n'ont sceu ce qu'ils ont fait, quand ils ont réduit en style l'égard effectif que les rois doibvent avoir pour leurs subjets; il y a, comme vous voyes, des conjonctures dans lesquelles, par une conséquence nécessaire, l'on réduit en style l'obeissance réelle que l'on doibt aux rois.

Le parlement s'estant assemblé ce jour-là de très-bon matin, et devant mesme que l'on eust pris les armes, apprit le mouvement par les cris d'une multitude immense qui hurloit dans la salle du Palais, Broussel! Broussel! et il donna arrest par lequel il fut ordonné que l'on iroit en corps et en habit au Palais-Royal redemander les prisonniers; qu'il seroit décresté contre Comminges, lieutenant des gardes de la reine; qu'il seroit défendu à touts gents de guerre, soubs peine de la vie, de prendre des commissions pareilles; et qu'il seroit informé contre ceux qui avoient donné ce conseil comme contre des perturbateurs du repos public. L'arrest fut exécuté à l'heure mesme: le parlement sortit au nombre de cent soixante officiers. Il fut receu et accompagné dans toutes les rues avec des acclamations et des applaudissements incroyables, toutes les baricades tomboient devant lui.

Le premier président parla à la reine avec toute la liberté que l'estat des choses lui donnoit. Il lui représenta au naturel le jeu que l'on avoit fait en toutes occasions de la parole royale; les illusions honteuses et mesme puériles par lesquelles on avoit éludé mille et mille fois les résolutions les plus utiles, et mesme les plus nécessaires à l'estat; il exagéra avec force le péril où le public se trouvoit par la prise tumultuaire et générale des armes. La reine, qui ne craignoit rien parce qu'elle cognoissoit peu, s'emporta et elle lui respondit avec un ton de fureur, plustost que de cholère: « Je sçai bien » qu'il y a du bruit dans la ville; mais vous » m'en répondres, messieurs du parlement, » vous, vos femmes et vos enfants. » En prononçant ceste dernière syllabe, elle rentra dans sa petite chambre grise, et elle en ferma la porte avec force.

Le parlement s'en retournoit et il estoit déjà sur les degrés, quand le président de Mesme, qui estoit extrêmement timide, fesant réflexion sur le péril auquel la compagnie s'alloit exposer parmi le peuple, l'exhorta à remonter et à faire encore un effort sur l'esprit de la reine. M. le duc d'Orléans, qu'ils trouvèrent dans le grand cabinet et qu'ils exhortèrent pathétiquement, les fît entrer au nombre de vingt dans la chambre grise. Le premier président fit veoir à la reine tout l'horreur de Paris armé et enragé; c'est-à-dire il essaya de lui faire veoir, car elle ne voulut rien escouter, elle se jeta de cholère dans la petite galerie.

Le cardinal s'advança et proposa de rendre les prisonniers, pourveu que le parlement promist de ne pas continuer ses assemblées. Le premier président respondit, qu'il falloit délibérer sur la proposition. On fut sur le point de le faire sur le champ: mais beaucoup de ceux de la compagnie ayant représenté que les peuples croiroient qu'elle auroit esté violentée si elle opinoit au Palais-Royal, l'on résolut de s'assembler l'après-disnée au Palais et l'on pria M. le duc d'Orleans de s'y trouver.

Le parlement estant sorti du Palais-Royal, et ne disant rien au peuple de la liberté de Broussel, ne trouva d'abord qu'un morne silence au lieu des acclamations passées. Comme il fut à la barrière des Sergens, où estoit la première barricade, il y rencontra du murmure qu'il apaisa en asseurant que la reine lui avoit promis satisfaction. Les menaces de la seconde furent éludées par le mesme moyen. La troisiesme, qui estoit à la Croix-du-Tirouer, ne se voulut pas payer de ceste monnoie; et un garçon rotisseur s'advançant avec deux cents hommes, et mettant la hallebarde dans le ventre du premier président, lui dit: « Tourne, traistre; et si tu ne veus es- » tre massacré toi-mesme, ramène nous Brous- » sel, ou le Mazarin et le chancelier en ostage. » Vous ne doubtes pas, à mon opinion, ni de la confusion ni de la terreur qui saisit presque touts les assistants; cinq présidents au mortier et plus de vingt conseillers, se jetèrent dans la foule pour s'échapper. L'unique premier président, le plus intrépide homme à mon sens, qui ait paru dans son siècle, demeura ferme et inesbranlable. Il se donna le temps de rallier ce qu'il peut de la compagnie; il conserva toujours la dignité de la magistrature et dans ses paroles et dans ses demandes; et il revint au Palais-Royal au petit pas, dans le feu des injures, des menasses, des exécrations et des blasphèmes.

Cest homme avoit une sorte d'éloquence qui lui estoit particulière. Il ne cognoissoit point d'interjection. Il n'estoit pas congru dans sa langue, mais il parloit avec une force qui suppléoit à tout cela; et il estoit naturellement s hardi, qu'il ne parloit jamais si bien que dans le péril. Il se passa lui mesme, lorsqu'il revint au Palais-Royal, et il est constant qu'il toucha tout le monde à la réserve de la reine, qui demeura inflexible.

Monsieur fit misne de se jeter à genoux devant elle; quatre ou cinq princesses, qui trembloient de peur, s'y jetèrent effectivement. Le cardinal, à qui un jeune conseiller des enquestes avoit dit en raillant, qu'il seroit asses à propos qu'il allast lui-mesme dans les rues voir l'estat des choses; le cardinal, dis-je, se joignit au gros de la cour et l'on tira enfin à toute peine ceste parole de la bouche de la reine : « Hé bien ! » Messieurs du parlement, voyes donc ce qu'il est » à propos de faire. » L'on s'assembla en mesme temps dans la grande galerie; l'on délibéra, et l'on donna arrest par lequel la reine seroit remerciée de la liberté accordée aux prisonniers.

Aussitost que l'arrest fu rendu l'on expédia es lettres de cachet [l'on transmit les paroles], t le premier président monstra au peuple les copies qu'il avoit mises en forme, de l'un et de autre : mais l'on ne voulut pas quitter les ar[m]es que l'effet ne s'en fust ensuivi. Le parle[m]ent mesme ne donna point d'arrest pour les [fai]re poser, qu'il n'eust veu Broussel dans sa [pla]ce. Il y revint le lendemain, ou plustost il y [fut] porté sur la teste des peuples, avec des ac[cla]mations incroyables. L'on rompit les barri[ca]des, l'on ouvrit les boutiques et en moins de [si]x heures Paris parut plus tranquille que je [ne] l'ai jamais veu le vendredi-saint.

[C]omme je n'ai pas creu debvoir interrompre [le f]il d'une narration qui contient le préalable [le p]lus important de la guerre civile, j'ai remis [à v]ous rendre compte en ce lieu d'un certain [déta]il, sur lequel vous vous estes certainement [fait] des questions à vous-mesme, parce qu'il y [a de]s circonstances qui ne se peuvent presque [conc]evoir devant que d'estre particulièrement [expl]iquées. Je suis asseuré par exemple, que [vous] aves de la curiosité de sçavoir quels ont esté [les r]essorts qui ont donné le mouvement à touts [les] corps, qui se sont presque esbranlés touts [ense]mble; quelle a esté la machine qui, malgré [tout]es les tentatives de la cour, touts les arti[fices] des ministres, toute la foiblesse du public,

toute la corruption des particuliers, a entretenu et maintenu ce mouvement dans une espèce d'équilibre. Vous soupçonnes apparemment bien du mistère, bien de la caballe et bien de l'intrigue. Je conviens que l'apparence y est, et à un point, que je crois que l'on doibt excuser les historiens qui ont pris le vraisemblable pour le vrai en ce fait. Je puis toutefois, et je doibs mesme vous asseurer que jusques à la nuit qui a précédé les baricades, il n'y a pas eu un grain de ce qui s'appelle manège d'estat dans les affaires publiques; et que celui mesme qui y a peu estre de l'intrigue du cabinet, y a esté si léger qu'il ne mériteroit presque pas d'estre pesé. Je m'explique. Longueuil (1), conseiller de la grande chambre, homme d'un esprit noir, décisif et dangereux, et qui entendoit mieux le détail des manœuvres du parlement, que tout le reste du corps ensemble, pensoit dès ce temps-là à establir le président de Maison, son frère, dans la surintendance des finances; et comme il s'estoit donné une grande [créance] dans l'esprit de Broussel, simple et facile comme un enfant, l'on a creu et je le crois aussi, qu'il avoit pensé dès le premier mouvement du parlement à pousser et à animer son ami, pour se rendre considérable par cest endroit auprès des ministres.

Le président Viole (2) estoit aussi ami intimissime de Chavigny, qui estoit enragé contre le cardinal, parce qu'ayant esté la principale cause de sa fortune auprès du cardinal de Richelieu, il en avoit esté cruellement joué dans les premiers jours de la régence, et comme ce président fut un des premiers qui tesmoigna de la chaleur dans son corps, l'on soupçonna qu'elle lui fust inspirée par Chavigny. N'ai-je pas eu raison de vous dire que ce grain estoit bien léger? Car supposé mesme qu'il fut aussi bien préparé que toute la défiance se le peut figurer, dont je doubte fort, quest-ce que pouvoient faire dans une compagnie composée de plus de deux cents officiers, et agissante avec trois autres compagnies, où il y en avoit encore pour le moins une fois autant; quest-ce que pouvoient faire, dis-je, deux des plus simples et des plus communes testes de tout le corps? Le président Viole avoit toute sa vie esté un

[R]ené Longueil, marquis de Maison-sur-Seine, né [juil]let 1597, fut d'abord l'un des chefs de la Fronde [ ]. On le nomma successivement premier président [de la c]our des aides; deuxième président du parlement [de Par]is; surintendant des finances; ministre d'état et [ ]hambellan de la reine Anne d'Autriche. Il mou[rut] 1667.

[V]iole, président de la quatrième chambre des en-

quêtes, esprit actif, inquiet, entreprenant, fougueux, vindicatif; dévoué aux intérêts de M. le prince; un des chefs de la Fronde et a beaucoup de crédit dans le parlement. Il était très-emporté dans l'espérance qu'il avait d'arriver aux premières charges de l'état; il s'exprime bien et a de la fermeté dans ses résolutions. (Portrait du parlement; Manuscrit de la Biblioth. du roi.)

homme de plaisir et de nulle application à son mestier; le bon homme Broussel estoit vieilli entre les sacs, dans la poudre de la grande chambre, avec plus de réputation d'intégrité que de capacité. Les premiers qui se joignirent le plus ouvertement à ces deux, furent Charton (1), président aux requestes, peu moins que fou, et Blancmenil, président aux enquestes. Vous le cognoisses : il estoit au parlement comme nous l'avons veu cheux vous. Vous juges bien que si il y eust eu de la cabale dans la compagnie, l'on n'eust pas esté choisir des cervelles de ce [carrat], au travers de tant d'autres qui avoient sans comparaison plus de poids ; et que ce n'est pas sans subjet que je vous ai dit en plus d'un endroit de ce récit, que l'on ne doibt rechercher la cause de la révolution que je decris, que dans le desrangement des loix, qui a causé insensiblement celui des esprits ; et qui fit que devant que l'on se fust presque apperceu du changement, il y avoit déjà un parti. Il est constant qu'il n'y en avoit pas un de touts ceux qui opinèrent dans le cours de ceste année, au parlement, et dans les autres compagnies souveraines, qui eust la moindre veue, je ne dis pas seulement de ce qui s'en ensuivit, mais de ce qui en pouvoit suivre. Tout se disoit et tout se faisoit dans l'esprit des procès ; et comme il avoit l'air de la chicane, il en avoit la pédanterie, dont le propre essentiel est l'opiniastreté, directement opposée à la flexibilité, qui de toutes les qualités est la plus nécessaire pour le maniement des grandes affaires. Et ce qui estoit d'admirable estoit que le concert, qui seul peut remédier aux inconvéniens qu'une cohue de ceste nature peut produire, eust passé dans ces sortes d'esprits pour une cabale. Ils la faisoient eux mesmes, mais ils ne la cognoissoient pas ; et l'aveuglement, en ces matières, des biens intentionés, est suivi pour l'ordinaire bien tost après de la pénétration de ceux qui meslent la passion et la faction dans les interets publics, et qui jouent le futur et le possible dans le temps que ces compagnies réglées ne songent qu'au présent et qu'à l'apparent.

Ceste petite réflexion, jointe à ce que vous aves veu ci-devant des délibérations du parlement, vous marque suffisamment la confusion où estoient les choses quand les barricades se firent, et l'erreur de ceux qui prétendent qu'il ne fault point craindre de parti quand il n'y a point de chef. Ils naissent quelque fois dans une nuit. L'agitation que je viens de vous représenter, si violente et de longue durée, n'en produisit point dans le cours d'une année entière ; un moment en fit esclore et mesme beaucoup damantage qu'il n'eust esté à souhaiter pour le parti.

Comme les barricades furent levées, j'allai cheux madame de Guémené, qui me dit qu'elle sçavoit de science certaine, que le cardinal croyoit que j'en avois esté auteur. La reine m'envoya quérir le lendemain au matin. Elle me traita avec toutes les marques possibles de bonté et mesme de confiance. Elle me dist que si elle m'avoit creu, elle ne seroit pas tombée dans l'inconvénient où elle estoit ; qu'il n'avoit pas tenu au pauvre M. le cardinal de l'éviter ; qu'il sen falloit rapporter à mon jugement ; que Chavigny estoit l'unique cause de ce malheur par ses pernicieux conseils, ausquels elle avoit plus déféré qu'à ceux de M. le cardinal : « Mais » mon Dieu, adjouta-t-elle tout d'un coup, » ne feres-vous point donner des coups de bas- » ton à ce coquin de Bautru qui vous a tant » manqué au respect ? Je vis l'heure, avant » hier au soir, que le pauvre M. le cardinal lui » en faisoit donner. » Je receus tout cela avec un peu moins de sincérité que de respect. Elle me commanda ensuite d'aller voir le pauvre M. le cardinal, et pour le consoler et pour adviser avec lui de ce qu'il y avoit à faire pour ramener les esprits.

Je n'en fis comme vous deves croire, aucune difficulté. Il m'embrassa avec des tendresses que je ne puis exprimer. Il n'y avoit que moi en France qui fut homme de bien ; tous les autres n'estoient que des flateurs infames, et qui avoient emporté la reine, malgré ses conseils et les miens. Il me déclara qu'il ne vouloit plus rien faire que par mes advis. Il me communiqua les dépesches étrangères. Enfin il me contant de fadaise, que le bon homme Broussel, qu'il avoit aussi mandé et qui estoit entré dans sa chambre un peu après moi, s'éclata de rire en sortant, tout simple qu'il estoit, et en véritéjusqu'à l'innocence, et qu'il me coula ces paroles dans l'aureille : « Ce n'est là qu'un pantalon. »

Je revins cheux moi très-résolu, comme vous pouves croire, de penser à la seureté du public et à la mienne particulière. J'en examinai les moyens et je n'en imaginai aucun qui ne me

(1) Charton, président de la première chambre des requestes, esprit brusque, turbulent, qui se pique d'intelligence, de capacité, de justice ; veut de grandes déférences et de grands honneurs ; il se rend facilement ; est grand frondeur, a sa brigue dans sa chambre, en laquelle il trouve de l'estime. (Portrait du parlement, Manuscrit de la Biblioth. du roi.)

rust d'une exécution très-difficile. Je cognoissois le parlement pour un corps qui pousseroit trop sans mesure. Je voyois qu'au moment que je pensois, il délibéroit touchant les rentes de l'hostel-de-ville, dont la cour avoit fait un commerce honteux, ou plustost un brigandage public. Je considérois que l'armée victorieuse à Lens, réviendroit infailliblement prendre ses quartiers d'hiver aux environs de Paris, et que l'on pouvoit très-aisément investir et couper les vivres à la ville en un matin. Je ne pouvois pas ignorer que ce mesme parlement, qui poussoit la cour, ne fust très-capable de faire le procès à ceux qui le feroient eux-mesmes, et de prendre des précautions pour l'empescher d'estre opprimé. Je sçavois qu'il y avoit très-peu de gents dans ceste compagnie, qui ne s'effarassent seulement de la proposition, et peut estre aussi ceux à qui il y eust seureté de la confier. J'avois de grands exemples de l'instabilité des peuples, et beaucoup d'aversion naturelle aux moyens violents, qui sont souvent nécessaires pour le fixer.

Saint-Ibal, mon parent, homme d'esprit et de cœur, mais d'un grand travers et qui n'estimoit les hommes que selon qu'ils estoient mal à la cour, me pressa de prendre des mesures avec Espagne, avec laquelle il avoit de grandes habitudes, par le canal du comte de Fuensaldagne, capitaine général aux Pays-Bas soubs l'archiduc (1). Il m'en donna mesme une lettre pleines d'offres, que je ne receus pas. J'y respondis par de simples honnestetés, et après de grandes et de profondes reflexions, je pris le parti de faire veoir par Saint-Ibal aux Espagnols, sans m'engager pourtant avec eux, que j'estois fort résolu à ne pas souffrir l'oppression de Paris; de travailler par mes amis, à faire que le parlement mesurast un peu plus ses desmarches, et d'attendre le retour de M. le prince, avec qui j'estois très-bien; et auquel j'espérois faire cognoistre, et la grandeur du mal et la nécessité du remède. Ce qui me donnoit le plus de lieux de croire que j'en pouvois avoir le temps, estoit que les vacations du parlement estoient fort proches; et je me persuadois par ceste raison, que la compagnie ne s'assemblant plus, et la cour par conséquent ne se trouvant plus pressée par les délibérations, l'on demeureroit de part et d'autre dans une espèce de repos, qui bien mesnagé par M. le Prince, que l'on attendoit de sepmaine en sepmaine, pourroit fixer celui du public et la seureté des particuliers.

L'impétuosité du parlement rompit mes mesures : car aussitost qu'il eut achevé de faire le règlement pour le paiement des rentes de l'Hostel-de-Ville, et des remontrances pour les descharges du quart entier des tailles, et du prest à touts les officiers subalternes, il demanda soubs prétexte de la nécessité qu'il y avoit de travailler au tarif, la continuation de ses assemblées, mesme dans le temps des vacations; et la reine le lui accorda pour quinze jours, parce qu'elle fut très bien advertie qu'il l'ordonneroit de lui-mesme si l'on la lui refusoit. Je fis touts mes efforts pour empescher ce coup, et j'avois persuadé Longueil et Broussel : mais Novion (2), Blancmesnil et Viole, cheux qui nous nous estions trouvés à onse heures du soir, dirent que la compagnie tiendroit pour des traistres ceux qui lui feroient ceste proposition; et comme j'insistois, Novion entra en soupçon que je n'eusse moi-mesme du concert avec la cour. Je ne fis aucun semblant de l'avoir remarqué, mais je me ressouvins du prédicant de Genèves, qui soupçonna l'admiral de Coligny (3), chef du parti huguenot, de s'estre confessé à un cordelier de Niort. Je le dis en riant au sortir de la conférence, au président Le Coigneux (4), père de celui que vous voyes aujourd'hui. Cest homme qui estoit fou, mais qui avoit beaucoup d'esprit et qui avoit esté en Flandres ministre de Monsieur, avoit plus de cognoissance du monde que les autres, me respondit : « Vous ne cognoisses pas nos gents, » vous en verres bien d'autres! Gages que cest » innocent (en me montrant Blancmenil) » croit avoir esté au sabbat, parce qu'il s'est » trouvé ici à onse heures du soir. » Il eust gagné si j'eusse gagé contre lui, car Blancmenil devant que de sortir nous déclara qu'il ne vouloit plus de conférences particulières, qu'elles sentoient la faction et le complot, et qu'il falloit qu'un magistrat dit son advis sur les fleurs de lis, sans en avoir communiqué avec personne; que les ordonnances l'y obligeoient. Voilà le canevas

---

(1) Léopold-Guillaume d'Autriche, fils de l'empereur Ferdinand II.

(2) Potlier de Novion est homme de grande présomption et de peu de seureté, intéressé, timide; lorsqu'il est poussé, assez habile dans le palais : y ayant sa cabale composée de ses parents et amis, et s'appliquant tous les jours à y faire de nouvelles habitudes; son principal crédit est dans la deuxième chambre. (Portrait du parlement; Manuscrit de la Biblioth. du roi.)

(3) Gaspard de Coligny, deuxième du nom, massacré le jour de la Saint-Barthélemy, l'an 1572, dans sa maison. (A. E.)

(4) Le Coigneux, homme violent, fier et affectant la justice pour s'acquérir du crédit; néantmoins il est peu aimé du barreau : il est léger; aime ses intérests et ses divertissements; est ami de M. de Turenne, etc. (Portrait du parlement de Paris.)

sur lequel il broda maintes et maintes impertinences de ceste nature, que j'ai deu toucher en passant pour vous faire cognoistre que l'on a plus de peine dans les partis à vivre avec ceux qui en sont, qu'à agir contre ceux qui y sont opposés. C'est tout vous dire, qu'ils firent si bien par leur journées que la reine, qui avoit creu que les vacations pourroient diminuer quelque degré de la chaleur des esprits, et qui par ceste considération venoit d'asseurer le prévost des marchands que les bruits que l'on avoit fait courrir qu'elle vouloit faire sortir le roi de Paris estoient faux; que la reine, dis-je, s'impatienta et emmena le roi à Ruel. Je ne doubtai point qu'elle n'eust prit le dessein de surprendre Paris, qui parut effectivement estonné de la sortie du roi (1); et je trouvai mesme le lendemain au matin de la consternation dans les esprits les plus échauffés du parlement. Ce qui l'augmenta fut que l'on eut advis, en mesme temps, que d'Erlac (2) avoit passé la Somme avec quatre mille Allemands; et comme dans les esmotions populaires une mauvaise nouvelle n'est jamais seule, l'on en publia cinq ou six de mesme nature, qui me firent cognoistre que j'aurois encore plus de peine à soubstenir les esprits que j'en avois eu à les retenir.

Je ne me suis guère trouvé, dans tout le cours de ma vie, plus embarassé que dans ceste occasion. Je voyois le péril dans toute son estendue, et je n'y voyois rien qui ne me parust affreux. Les plus grands dangers ont leurs charmes, pour peu que l'on apperçoive de gloire dans la perspective des mauvais succès; les médiocres n'ont que des horreurs, quand la perte de la réputation est attachée à la mauvaise fortune. Je n'avois rien oublié pour faire que le parlement ne désespérast pas la cour, au moins jusques à ce que l'on eust pensé aux expédients de se défendre de ses insultes. Qui l'eust creu, si elle eust bien sceu prendre son temps, ou plustost si le retour de M. le prince ne l'eust empêché de le prendre? Comme on le croyoit retardé pour quelque temps, justement en celui où le roi sortit de Paris, je ne creus pas avoir celui de l'attendre, comme je me l'estois proposé; et ainsi je me résolus à un parti qui me fît beaucoup de peine, mais qui estoit bon parce qu'il estoit l'unique.

Les extrêmes sont tousjours fascheux; mais ils sont sages quand ils sont nécessaires. Ce qu'ils ont de consolatif est qu'il ne sont jamais médiocres, et qu'ils sont décisifs quand ils sont bons. La fortune favorisa mon projet. La reine fit arrester Chavigny, et elle l'envoya au Havre-de-Grace. Je me servis de cest instant pour animer Viole, son ami intime, par sa propre timidité, qui estoit grande. Je lui fis veoir qu'il estoit perdu lui-mesme, que Chavigny ne l'estoit que parce que l'on s'estoit imaginé qu'il avoit poussé lui Viole à ce qu'il avoit fait; qu'il estoit visible que le roi n'estoit sorti de Paris que pour l'attaquer; qu'il voyoit comme moi l'abbattement des esprits; que si on les laissoit tout à fait tomber, ils ne se relèveroient plus, qu'il les falloit soubstenir; que j'agissois avec succès dans le peuple; que je m'adressois à lui, comme à celui en qui j'avois le plus de confiance et que j'estimois le plus, afin qu'il agist de concert dans le parlement; que mon sentiment estoit que la compagnie ne debvoit point mollir dans ce moment, mais que comme il la cognoissoit, il sçavoit qu'elle avoit besoing d'estre esveillée dans une conjoncture, où il sembloit que la sortie du roi eust un peu trop frappé et endormi ses sens; qu'une parole portée à propos, feroit infailliblement ce bon effet.

Ces raisons jointes aux instances de Longueuil, qui s'estoit joint à moi, emportèrent après de grandes contestations le président Viole, et l'obligèrent à faire, par le seul principe de la peur qui lui estoit très naturelle, une des plus hardies actions dont l'on ait peut estre jamais ouï parler. Il prit le temps où le président de Mesme présenta au parlement sa commission pour la chambre de justice, pour dire ce dou nous estions convenus, qui estoit qu'il y avoit des affaires sans comparaisons plus pressantes que celle de la chambre de justice; que le bruit couroit que l'on vouloit assiéger Paris; que l'on faisoit marcher des troupes; que l'on mettoit en prison les meilleurs serviteurs du feu roi, que l'on jugeoit debvoir estre contraire à ce pernicieux dessein; qu'il ne pouvoit s'empescher de représenter à la compagnie la nécessité qu'il croyoit qu'il y avoit à supplier très-humblement la reine de ramener le roi à Paris, et d'autant que l'on ne pouvoit ignorer qui estoit l'auteur de tous ces maux; de prier M. le duc d'Orléans et les officiers de la couronne de se trouver au

---

(1) Pour expliquer la sortie du roi, qui fut conduit de Paris à Ruel, le 14 septembre 1648, le comte de Brienne écrivait dans ses dépêches aux ambassadeurs : « *Le séjour de Ruel plaist tellement à leurs majestez, qu'on fait estat d'y passer un mois de temps. Monseigneur le Prince y est attendu et vient recueillir les agréments de sa valeur pour une si grande victoire, suivie de la reprise de Furne, où il a fait quatorze cens hommes prisonniers.* »

(2) Il était gouverneur de Brisach, et commanda les troupes du duc de Weymard, après la mort de ce duc. (A. E.)

parlement pour y délibérer sur l'arrest donné en 1617, à l'occasion du mareschal d'Ancre, par lequel il estoit défendu aux estrangers de s'immiscer dans le gouvernement du royaume. Ceste chorde nous avoit paru à nous-mesme bien grosse à toucher ; mais il ne la falloit pas moindre pour esveiller, ou plustost pour tenir esveillé, des gents que la peur eut très facilement jeté dans l'assoupissement. Ceste passion ne fait pas pour l'ordinaire cest effet sur les particuliers ; j'ai observé qu'elle le fait sur les compagnies très-souvent. Il y a mesme raison pour cela : mais il ne seroit pas juste d'interrompre, pour le déduire, le fil de l'histoire.

Le mouvement que la proposition de Viole fit dans les esprits est inconcevable. Elle fit peur d'abord, elle resjouit ensuite, elle anima après. L'on n'envisagea plus le roi hors de Paris que pour l'y ramener ; l'on ne regarda plus les troupes que pour les prévenir. Blancménil, qui m'avoit paru le matin comme un homme mort, nomma en propres termes le cardinal, qui n'avoit esté jusque là désigné que soubs le titre de ministre. Le président de Novion éclata contre lui avec des injures atroces ; et le parlement donna mesme avec gaîté arrest par lequel il estoit ordonné que très-humbles remonstrances seroient faites à la reine, pour la supplier de ramener le roi à Paris et de faire retirer les gents de guerre du voisinage ; que l'on prieroit les princes et ducs et pairs d'entrer au parlement, pour y délibérer sur les affaires nécessaires au bien de l'estat ; et que le prévost des marchands et échevins seroient mandés pour recevoir les ordres touchant la seureté de la ville.

Le premier président, qui parloit presque tousjours avec vigueur pour les intérests de sa compagnie, mais qui estoit dans le fonds dans ceux de la cour, me dit un moment après qu'il fust sorti du palais : « N'admires-vous pas ces gents-» ci ? Ils vienent de donner un arresté qui peut » très bien produire la guerre civile ; et parce » qu'ils n'y ont pas nommé le cardinal, comme » Novion, Viole et Blancmenil le vouloient, ils » croient que la reine leur en doibt de reste. » Je vous rends compte de ces minuties, parce qu'elles vous font mieux cognoistre l'estat et le génie de ceste compagnie, que des circonstances plus importantes.

Le président Le Coigneux, que je trouvai cheux le premier président, me dit tout bas : « Je n'ai espérance qu'en vous ; nous serons » tous pendus si vous n'agissies soubs terre. » J'agissois effectivement, car j'avois travaillé toute la nuit avec Saint-Ibal à une instruction avec laquelle je faisois estat de l'envoyer à Bruxelles, pour traiter avec le comte de Fuensaldagne, et pour l'obliger à marcher à nostre secours en cas de besoing, avec l'armée d'Espagne. Je ne le pouvois pas assurer du parlement : mais je m'engageois, en cas que Paris fut attaqué et que le parlement pliat, de me déclarer et de faire déclarer le peuple. Le premier coup estoit seur, mais il eust esté très difficile à soubstenir sans le parlement. Je le voyois bien ; mais je voyois encore mieux qu'il y a des conjonctures où la prudence mesme ordonne de ne consulter que le chapitre des accidens.

Saint-Ibal (1) estoit botté pour partir, quand M. de Chastillon (2) arriva cheux moi, qui me dit en entrant que M. le Prince, qu'il venoit de quitter, debvoit estre à Ruel le lendemain. Il ne me fut pas difficile de le faire parler, parce qu'il estoit mon parent et mon ami ; il haïssoit de plus extrêmement le cardinal. Il me dit que M. le Prince estoit enragé contre lui ; qu'il estoit persuadé qu'il perdroit l'estat si on le laissoit faire ; qu'il avoit en son particulier de très-grands subjets de se plaindre de lui ; qu'il avoit descouvert à l'armée que le cardinal lui avoit débauché le marquis de Noirmoustier (3), avec lequel il avoit un commerce de chiffres pour

---

(1) Petitot, dans son *Introduction aux Mémoires relatifs à la Fronde*, se trompe évidemment en attribuant à Luynes et à la duchesse de Chevreuse les premiers pourparlers des frondeurs avec l'Espagne. Les Mémoires de Retz indiquent assez que Sainttibal, parent du coadjuteur, lié depuis long-temps avec Fuensaldagne, correspondait directement avec ce ministre de l'archiduc, et tourmentait depuis long-temps le coadjuteur pour être envoyé à Bruxelles. Lorsqu'il sut que Mazarin négociait avec Fuensaldagne, Retz céda enfin aux instances de Sainttibal, *qui était botté pour partir, lorsque M. de Chatillon* annonça l'arrivée du prince de Condé : dès lors Sainttibal reçut contre-ordre. On voit également par les mêmes Mémoires que le duc de Luynes n'entra dans le parti de la Fronde que dans le courant de l'année 1649 ; et Petitot en convient lui-même, par une note insérée dans les Mémoires de Motteville, tout en contredisant, sans y prendre garde, le fait avancé dans son *Introduction*.

Une préoccupation de ce même éditeur lui a fait commettre une autre erreur. Il veut trop expliquer les événements de la Fronde par les aventures galantes des principaux personnages de ce temps. C'est ainsi qu'il fait du duc de Luynes (*Introduction*, page 66, tome XXXV, IIe série), l'amant de madame de Chevreuse retirée à Bruxelles ; sans prendre garde que le duc de Luynes n'est autre que le fils du premier mariage de madame de Chevreuse avec Charles d'Albert, duc de Luynes.

(2) Gaspard IV, comte de Coligny, duc de Chastillon, né le 9 mai 1620, mort au château de Vincennes, d'une mousquetade qu'il reçut à l'attaque de Charenton, le 9 février 1649.

(3) Louis de La Trémouille, depuis duc de Noirmoutier ; mort en 1666. (A. F.)

estre adverti de tout, à son préjudice. Enfin je cogneus par tout ce que me dit Chastillon, que M. le Prince n'avoit nulles mesures particulières avec la cour. Je ne balançai pas, comme vous vous pouves imaginer; je fis débotter Saint-Ibal, qui faillit à enrager et quoique j'eusse résolu de contrefaire le malade pour n'estre point obligé d'aller à Ruel, où je ne croyois pas de seureté pour moi, je pris le parti de m'y rendre un moment après que M. le Prince y seroit arrivé. Je n'apréhendois plus d'y estre arresté, et parce que Chastillon m'avoit assuré qu'il estoit fort esloigné de toutes les pensées d'extrémité, et parce que j'avois tout subjet de prendre confiance en l'honneur de son amitié. Il m'avoit sensiblement obligé, comme vous aves veu, à propos du drap de pied de Nostre-Dame, et je l'avois servi auparavant avec chaleur dans le démeslé qu'il eut avec Monsieur, touchant le chapeau de cardinal prétendu par monsieur son frère. La Rivière eut l'insolence de s'en plaindre, et le cardinal eut la foiblesse d'y balancer. J'offris à M. le Prince l'intervention en corps de l'église de Paris. Je vous marque ceste circonstance que j'avois oubliée dans ce récit, [et qui me donne la satisfaction à moi-mesme de penser qu'il n'y aura pas eu un point dans ma vie, dont je n'ai eu celle de vous rendre compte; c'est] pour vous faire veoir que je pouvois judicieusement aller à la cour.

La reine m'y traita admirablement bien; elle faisoit collation auprès de la grotte. Elle affecta de ne donner qu'à madame la princesse la mère (1), à M. le Prince et à moi des poncires (2) d'Espagne, qu'on lui avoit apportés. Le cardinal me fist des honnestetés extraordinaires: mais je remarquai qu'il observoit avec application la manière dont M. le Prince me traiteroit. Il ne fit que m'embrasser en passant dans le jardin, et à un autre tour d'allée il me dit fort bas: « Je serai demain à sept heures cheux vous; » il y aura trop de monde à l'hostel de Condé. »

Il n'y manqua pas; et aussitost qu'il fust dans le jardin de l'archevéché, il m'ordonna de lui exposer au vrai l'estat des choses et toutes mes pensées. Je vous puis et doibs dire pour la vérité, que j'avois lieu de souhaiter que le discours que je lui fis, et que je lui fis beaucoup plus du cœur que de la bouche, fust imprimé et soubmis au jugement des trois estats assemblés; l'on trouveroit beaucoup de défauts dans mes expressions: mais j'ose vous assurer que l'on n'en condamneroit pas les sentiments. Nous convinsmes que je continuerois à faire pousser le cardinal par le parlement; que je méneroit la nuit, dans un carosse inconnu, M. le Prince cheux Longueville et cheux Broussel, pour les assurer qu'ils ne seroient pas abandonnés au besoing: que M. le prince donneroit à la reine toutes les marques de complaisance et d'attachement, et qu'il répareroit mesme avec soing celles qu'il avoit laissé paroistre de son mescontentement du cardinal, afin de s'insinuer dans l'esprit de la reine, et de la disposer insensiblement à recevoir et à suivre ses conseils: qu'il feindroit au commencement de donner en tout dans son sens, et que peu à peu il essaieroit de l'accoutumer à escouter les vérités ausquelles elle avoit tousjours fermé l'oreille: que l'animosité des peuples augmentant et les délibérations du parlement continuant, il feroit semblant de s'affoiblir contre sa propre inclination et par la pure nécessité; et qu'en laissant ainsi couler le cardinal plustost que tomber, il se trouveroit maistre du cabinet par l'esprit de la reine, et arbitre du public et par l'estat des choses et par le canal des serviteurs qu'il y avoit.

Il est constant que dans l'agitation où l'on estoit, il n'y avoit que ce remède pour restablir les affaires; et il ne l'est pas moins, qu'il n'estoit pas moins facile que nécessaire. Il ne plust pas à la providence de Dieu de le bénir, quoiqu'elle lui eust donné la plus belle ouverture qu'ai jamais peu avoir aucun projet. Vous en verres la suite, après que je vous aurai dit un mot de ce qui se passa immédiatement auparavant [dans l'ame de M. le Prince].

Comme la reine n'estoit sortie de Paris que pour se donner lieu d'attendre avec plus de liberté le retour des troupes, avec lesquelles elle avoit dessein d'insulter ou d'affamer la ville (il est certain qu'elle pensa à l'un et à l'autre); comme, dis-je, la reine n'estoit sortie qu'avec ceste pensée, elle ne ménaga pas beaucoup le parlement à l'esgard du dernier arrest dont je vous ai parlé ci-dessus, et par lequel elle estoit suppliée de ramener le roi à Paris. Elle respondit aux députés qui estoient allés faire les remonstrances, qu'elle en estoit fort surprise et fort estonnée; que le roi avoit accoustumé touts les ans de prendre l'air en ceste saison, et que sa santé lui estoit plus chère qu'une vaine frayeur du peuple. M. le Prince qui arriva justement dans ce moment, et qui ne donna pas dans la pensée que l'on avoit à la cour d'attaquer Paris, creut

---

(1) Charlotte-Marguerite de Montmorency, princesse de Condé, première princesse du sang royal, fille de Henri Ier du nom, duc de Montmorency, et de Louise de Budos sa deuxième femme, avait épousé en 1609, Henri de Bourbon, deuxième du nom, duc d'Enguien. Elle mourut à Châtillon, le 2 décembre 1650.

(2) Gros citron. (A. E.)

qu'il la falloit au moins satisfaire par les autres marques qu'il pouvoit donner à la reine de son attachement à ses volontés. Il dit au président et aux conseillers, qui l'invitoient à venir prendre sa place selon la téneur de l'arrest, qu'ils ne l'y trouveroient pas et qu'il obéiroit à la reine, en deust-il périr. L'impétuosité de son humeur l'emporta dans la chaleur du discours, plus loing qu'il n'eust esté par réflexion, comme vous le juges aisément par ce que je vous viens de dire de la disposition où il estoit, mesme devant que je lui eusse parlé. M. le duc d'Orléans respondit qu'il n'iroit point, et que l'on avoit fait dans la compagnie des propositions trop hardies et insoubstenables. M. le prince de Conti parla au mesme sens.

Le lendemain les gents du roi apportèrent au parlement un arrest du conseil, qui portoit cassation de celui du parlement, et défence de délibérer sur la proposition de 1617, contre le ministère des estrangers. La compagnie opina avec une chaleur inconcevable; ordonna des remonstrance par escrit; manda le prévost des marchands pour pourvoir à la seureté de la ville, commanda à touts les gouverneurs de laisser les passages libres; et que dès le lendemain, toutes affaires cessantes, l'on délibereroit sur la proposition de 1617. Je fis l'impossible toute la nuit pour rompre ce coup, parce que j'avois lieu de craindre qu'il ne précipitast les choses au point d'engager M. le Prince malgré lui mesme, dans les intérest de la cour. Longueuil court de son costé pour le mesme effet. Broussel lui promit d'ouvrir l'advis modéré; les autres ou m'en asseurèrent ou me firent espérer. Ce ne fut pas cela le lendemain au matin. Ils s'eschauffèrent les uns les autres devant que de s'asseoir. Ce maudit esprit de classe, dont je vous ai déjà parlé, les saisit; et ces mesmes gents qui deux jours devant trembloient de frayeur, et que j'avois eu tant de peine à rassurer, passèrent tout d'un coup, et sans sçavoir pourquoi, de la peur mesme bien fondée à l'aveugle fureur; et telle qu'ils ne firent pas seulement réflexion que le général de ceste même armée, dont le nom seul leur avoit fait peur, et qu'ils debvoient plus apréhender que son armée, parce qu'ils avoient subjet de le croire très-mal intentionné pour eux, comme ayant tousjours esté très-attaché à la cour; ils ne firent pas, dis-je, seulement réflexion que ce général venoit d'y arriver; et ils donnèrent cest arrest que je vous ai marqué ci-dessus, qui obligea la reine de faire sortir de Paris M. d'Anjou (1), tout rouge encore de sa petite vérole, et madame la duchesse d'Orléans mesme malade; et qui eust commencé la guerre civile dès le lendemain, si M. le Prince, avec lequel j'eus sur ce subjet une seconde conférence de trois heures, n'eust pris le parti du monde le plus saint et le plus sage, quoiqu'il fust très-mal persuadé du cardinal, et à l'esgard du public et au sien particulier, et quoiqu'il ne fust guère plus satisfait de la conduite du parlement, avec lequel l'on ne pouvoit prendre aucune mesures en corps, ni de bien seures avec les particuliers. Il ne balança pas un moment à prendre la résolution qu'il creut la plus utile au bien de l'estat. Il marcha sans hésiter, d'un pas égal entre le cabinet et le public, entre la faction et la cour, et il me dit ces propres paroles, qui me sont tousjours demeurées dans l'esprit, mesme dans la plus grande chaleur de nos démeslés : « Le Mazarin ne sçait ce qu'il fait, il perdroit l'estat si l'on n'y prenoit garde. Le parlement va trop viste, vous me l'avies bien dit et je le vois. S'il se ménageoit comme nous l'avions concerté, nous ferions nos affaires ensemble, et celles du public. Il se précipite; et si je me précipitois avec lui, je ferois peut estre mes affaires mieux que lui : mais je m'appelle Louis de Bourbon, et je ne veux pas esbranler la couronne. Ces diables de bonnets carrés sont ils enragés, de m'engager ou à faire demain la guerre civile ou à les estrangler eux-mesmes, et à mettre sur leur teste et sur la mienne un gredin de Sicile qui nous perdra touts à la fois. »

M. le Prince (2) avoit raison dans la vérité d'estre embarassé et fasché; car vous remarqueres que ce mesme Broussel, avec lequel il avoit pris lui-mesme des mesures, et qui m'avoit particulièrement promis d'estre modéré dans ceste délibération, fut celui qui ouvrit l'advis de l'arrest, et qui m'en donna d'autre cause que l'emportement général qu'il avoit veu

---

(1) Philippe de France, frère unique du roi Louis XIV, depuis duc d'Orléans; mort subitement à Saint-Cloud en 1701. (A. E.)

(2) La reine et son ministre comprenaient bien toute l'importance qu'il y avait pour eux, de s'assurer du concours et de la faveur du prince de Condé. Cette nécessité si vivement sentie par ces deux personnages, se montre surtout dans le préambule des lettres-patentes du roi, par lesquelles il donne à ce prince certaines terres, pour le récompenser des signalés services qu'il a rendus à l'état. On prodigue dans ces lettres les éloges les plus emphatiques, et les flatteries les plus capables d'exalter l'habileté du chef du cabinet et l'amour-propre du vainqueur de Rocroy et de Lens. Une copie de cette pièce existe à la Bibliothèque du roi dans les manuscrits de Dupuy, volume 689; elle est datée de Paris, décembre 1648.

dans touts les esprits. Enfin la conclusion de nostre conférence fut qu'il partiroit au mesme moment pour Ruel; qu'il s'opposeroit, comme il avoit déjà commencé, aux projets déjà concertés et résolus d'attaquer Paris, et qu'il proposeroit à la reine que M. le duc d'Orléans et lui escrivissent au parlement, et le priassent d'envoyer des députés pour conférer et pour essayer de remédier aux nécessités de l'estat.

Je suis obligé de dire pour la vérité que ce fut lui qui me proposa cest expédient, qui ne m'estoit point venu dans l'esprit. Il est vrai qu'il me charma et qu'il me toucha au point que M. le Prince s'apperceut de mon transport, et qu'il me dit avec tendresse : « Que vous estes esloi-» gné des pensées que l'on vous croit à la » cour! Pleust à Dieu que touts ces coquins de » ministres eussent d'aussi bonnes intentions » que vous ! » J'avois fort asseuré M. le Prince que le parlement ne pouvoit qu'agréer extrêmement l'honneur que M. d'Orléans et lui lui feroient de lui escrire : mais j'advois adjousté que je doubtois que veu l'aigreur des esprits, il voulust conférer avec le cardinal; que j'estois persuadé que si lui M. le Prince pouvoit faire en sorte d'obliger la cour à ne point se faire une affaire ni une condition de la présence de ce ministre, il se donneroit à lui mesme un advantage très considérable, et en ce que tout l'honneur de l'accommodement, où Monsieur à son ordinaire ne serviroit que de figure, lui reviendroit; et en ce que l'exclusion du cardinal décréditeroit au dernier point son ministère, et seroit un préalable utile aux coups que M. le Prince faisoit estat de lui donner dans le cabinet. Il comprist très-bien son intérêt; et le parlement ayant respondu à Choisy, chancelier de Monsieur, et au chevalier de Rivière, gentilhomme de la chambre de M. le Prince, qui y avoient porté les lettres de leurs maistres, que le lendemain les députés iroient à Saint-Germain, pour conférer avec messieurs les princes seulement, M. le Prince se servit très habilement de ceste parole pour faire croire au cardinal qu'il ne se debvoit pas commestre, et qu'il estoit de sa prudence de se faire honneur de la nécessité. Ceste atteinte fut cruelle à la personne d'un cardinal, recogneu depuis la mort du feu roi pour premier ministre; et la suite ne lui en fut pas moins honteuse. Le président Viole, qui avoit ouvert l'advis au parlement de renouveler l'arrest de 1617, contre les estrangers, vint à Saint-Germain où le roi estoit allé de Ruel, sous la parole de M. le Prince [et il fut admis sans contestation à la conférence, qui fut tenue cheux M. le duc d'Orleans, accompagné de M. le Prince, de M. le prince (1)] de Conti, et de M. de Longueville [à l'exclusion de touts les ministres].

L'on y traita presque touts les articles qui avoient esté proposés à la chambre de Saint-Louis, et messieurs les princes en avoient accordé beaucoup avec facilité. Le premier président s'estant plaint de l'emprisonnement de M. de Chavigny, donna lieu à une contestation considérable ; parce que la response qu'on lui fist que Chavigny n'estant pas du corps du parlement, ceste action ne regardoit en rien la compagnie, il respondit que les ordonnances obligeoient à ne laisser personne plus de vingt-quatre heures sans l'interroger. Monsieur [s'esleva] avec chaleur à ce mot, qu'il prétendit donner des bornes trop estroites à l'autorité royale. Viole le soubstint avec vigueur; les députés touts d'une voix y demeurèrent fermes, et en ayant fait le lendemain leur rapport au parlement, ils en furent loués; et la chose fut poussée avec tant de force et soubstenue avec tant de fermeté, que la reine fut obligée de consentir que la déclaration portast que l'on ne pourroit plus tenir aucun, mesme particulier du royaume, en prison plus de trois jours sans l'interroger. Ceste close obligea la cour de donner aussitost après la liberté à Chavigny, qu'il n'y avoit pas lieu d'interroger en forme. Ceste question que l'on appelloit celle de la seureté publique, fut presque la seule qui receut beaucoup de contradiction, le ministère ne se pouvant résoudre à s'adstreindre à une condition aussi contraire à la pratique, et le parlement n'ayant pas moins de peine à se relascher d'une ancienne ordonnance accordée par nos rois, à la requisition des estats. Les vingt-trois autres propositions de la chambre de Saint-Louis passèrent avec plus de chaleur entre les particuliers, que de contestations pour leurs subtance. Il y eut cinq conférences à Saint-Germain. Il n'entra dans la première que messieurs les princes. Le chancelier et le mareschal de La Meilleraye, qui avoit esté fait surintendant en la place d'Emery, furent admis dans les quatre autres. Ce premier y eut de grandes prises avec le premier président, qui avoit un mespris pour lui, qui alloit jusqu'à la brutalité. Le lendemain de chaque

---

(1) Le dernier éditeur de ces Mémoires donne comme inédit ce passage entre crochets, qu'il a tiré d'un manuscrit appartenant à M. Demay, vice-président du tribunal de Melun. Il aurait été bien plus simple pour cet éditeur de le prendre dans la première édition des Mémoires (p. 149, lig. 18), où il existe entièrement.

conférence, l'on opinoit sur le rapport des députés au parlement. Il seroit infini et ennuyeux de vous rendre compte de toutes les scènes qui y furent données au public, et je me contenterai de vous dire en général que le parlement, ayant obtenu ou plustost emporté sans exception, tout ce qu'il demandoit, c'est-à-dire le restablissement des anciennes ordonnances, par une déclaration conceue soubs le nom du roi, mais dressée et dictée par la compagnie, creut encore qu'il se relascheroit en promettant qu'il ne continueroit pas ses assemblées. Vous verres ceste déclaration toute d'une veue, s'il vous plaist de vous ressouvenir des propositions que je vous ai marquées de temps en temps dans la suite de ceste histoire, avoir esté faites dans le parlement et dans la chambre de Saint-Louis.

Le lendemain qu'elle fut publiée et enregistrée, qui fut le 24 octobre 1648, le parlement prit les vacations, et la reine revint avec le roi à Paris bientost après. J'en rapporterai les suites, après que je vous aurai rendu compte de deux ou trois incidents qui survindrent dans le temps de ces conférences.

Madame de Vendosme présenta requeste au parlement, pour lui demander la justification de monsieur son fils, qui s'estoit sauvé le jour de la Pentecoste précédente, de la prison du bois de Vincennes avec résolution et bonheur. Je n'oubliai rien pour la servir en ceste occasion ; et madame de Nemours (1), sa fille, advoua que je n'estois pas mescognoissant.

Je ne me conduisis pas si raisonnablement dans une autre rencontre qui m'arriva. Le cardinal, qui eust souhaité avec passion de me perdre dans le public, avoit engagé le mareschal de La Meilleraye, surintendant des finances et mon ami, à m'apporter cheux moi quarante mille escus, que la reine m'envoyoit pour le payement de mes debtes, en reconnoissance, disoit-il, des services que j'avois essayé de lui rendre le jour des baricades. Observés, je vous supplie, que lui qui m'avoit donné les advis les plus particuliers des sentiments de la cour sur ce subjet, les croyoit de la meilleure foi du monde changés pour moi, parce que le cardinal lui avoit tesmoigné une douleur sensible de l'injustice qu'il m'avoit faite, et qu'il avoit recogneu clairement du depuis. Je ne vous marque ceste circonstance, que parce qu'elle sert à faire cognois-

tre que les gents qui sont naturellement foibles à la cour, ne peuvent jamais s'empêcher de croire tout ce qu'elle prend la peine de leur vouloir faire croire. Je l'ai observé mille et mille fois ; et que quand ils ne sont pas dupes, ce n'est que la faulte du ministre. Comme la foiblesse à la cour n'estoit pas moins défaut, je ne me laissai pas persuader par le mareschal de La Meilleraye, comme le mareschal de La Meilleraye s'estoit laissé persuader par le Mazarin, et je refusai les offres de la reine avec toutes les paroles requises en ceste occasion, moins sincéres à proportion de la sincérité avec laquelle elles m'estoient faites.

Mais voici le point ou je donnai dans le panneau. Le mareschal d'Estrées traitoit du gouvernement de Paris avec M. de Montbazon (2). Le cardinal l'obligea à faire senblant d'en avoir perdu la pensée, et à essayer de me l'inspirer comme une chose qui me convenoit fort, et dans laquelle je donnerois d'autant plus facilement, que le prince de Guémené à qui cest emploi n'estoit pas propre, en ayant la survivance et debvant par conséquent toucher une partie du prix, les intérest de la princesse que l'on sçavoit ne mestre pas indifférents, s'y trouveroient. Si j'eusse eu bien du bon sens, je n'aurois pas seulement escouté une proposition de ceste nature, laquelle m'eust jeté, si elle eust réussi, dans la nécessité ou de me servir de la qualité de gouverneur de Paris contre les intérest de la cour, ce qui n'eust pas esté asseurément de la bienséance ; ou de préférer les debvoirs d'un gouverneur à ceux d'un archevesque, ce qui estoit réellement et contre mon intérêt et contre ma réputation. Voila ce que j'eusse preveu si j'eusse eu bien du bon sens : mais si je n'eusse eu un grain en ceste occasion, je n'eusse pas au moins fait voir que j'eusse pensé à en recevoir l'ouverture, que je n'y eusse veu moi-mesme plus de jour. Je m'esblouis dabord à la veu du baston, qui me parut debvoir estre d'une figure plus agréable, quand il seroit croisé avec la crosse ; et le cardinal ayant fait son effet, qui estoit de m'entamer dans le public sur l'intérêt particulier, sur lequel il n'avoit peu jusques là prendre sur moi le moindre advantage, rompit l'affaire par le moyen des difficultés que le mareschal d'Estrées, de concert avec lui, y fist naistre. Je fis à ce moment une seconde faulte presque aussi grande que la première : car au lieu d'en profi-

---

(1) Elisabeth de Vendôme, mariée le 11 juillet 1643, à Charles Amédée de Savoie, duc de Nemours, tué en duel en 1652. Madame de Nemours mourut en 1664 à l'âge de cinquante ans.

(2) Hercule de Rohan, duc de Montbazon, pair et grand veneur de France, gouverneur et lieutenant-gé-

néral de la ville de Paris et de l'Isle de France ; mort en Touraine, le 16 octobre 1654, à l'âge de quatre-vingt-six ans. Il était père de la duchesse de Chevreuse.

Les anciens éditeurs le font mourir, par erreur, dix ans plus tard, en 1664.

ter, comme je le pouvois, en deux ou trois manières, je m'emportai, et je dis tout ce que la rage fait dire à l'honneur du ministre, à Brancas (1), nepveu du mareschal, et dont le défaut n'estoit pas dès ce temps-là de ne pas redire aux plus forts ce que les plus foibles disoient d'eux. Je ne pourrois pas vous dire encore à l'heure qu'il est les raisons, ou plustost les déraisons, qui me peurent obliger à une aussi méchante conduite. Je cherche dans les replis de mon cœur le principe qui fait que je trouve une satisfaction plus sensible à vous faire une confession de mes faultes, que je n'en trouverois asseurément dans le plus juste panégirique. Je reviens aux affaires publiques.

La déclaration, à la publication de laquelle j'estois demeuré (étranger), et le retour du roi à Paris, joint à l'inaction du parlement qui estoit en vacation, appaisèrent pour un moment le peuple, qui estoit si eschauffé, que deux ou trois jours devant que l'on eust enregistré la déclaration, il avoit esté sur le point de massacrer le premier président et le président de Nesmond, parce que la compagnie ne délibéroit pas aussi viste que les marchands le prétendoient, sur un impost establi à l'entrée du vin. Ceste chaleur revint avec la Saint-Martin. Il semble que touts les esprits estoient surpris et enivrés de la fumée des vendanges; et vous alles veoir des scènes, au prix desquelles les passées n'ont esté que des verdures et des pastourelles.

Il n'y a rien dans le monde qui n'ait son moment décisif, et le chef-d'œuvre de la bonne conduite est de cognoistre et de prendre ce moment. Si on le manque dans la révolution des estats, l'on court fortune ou de ne le pas retrouver, ou de ne le pas appercevoir. Il y en a mille et mille exemples. Les six ou sept sepmaines qui coulèrent depuis la publication de la déclaration, jusques à la Saint-Martin de l'année 1648, nous en présentent un qui ne nous a esté que trop sensible. Chacun trouvoit son compte dans la déclaration, c'est-à-dire chacun l'y eust trouvé si chacun l'eust bien entendu. Le parlement avoit l'honneur du rétablissement de l'ordre. Les princes le partageoient et en avoient le principal fruit, qui estoit la considération et la seureté. Le peuple deschargé de plus de soixante millions, y trouvoit un soulagement considérable; et si le cardinal Mazarin eust esté de génie propre à se faire honneur de la nécessité, qui est une des qualités des plus nécessaire à un ministre, il se fust par un advantage qui est tousjours inséparable de la faveur, il se fust, dis-je, approprié dans la suite la plus grande partie du mérite des choses mesmes aux quelles il s'estoit le plus opposé.

Voila des advantages signalés pour tout le monde; et tout le monde manqua ces advantages signalés, par des considérations si légères, qu'elle n'eussent pas deu, dans les véritables règles du bon sens, en faire mesme perdre de médiocres. Le peuple, qui s'estoit animé par les assemblées du parlement, s'effaroucha dès qu'il les vit cesser sur l'approche de quelques troupes, desquels dans la vérité il estoit ridicule de prendre ombrage, et par la considération de leur petit nombre et par beaucoup d'autres circonstances. Le parlement prit à son retour toutes les bagatelles qui sentoient le moins du monde l'inexécution de la déclaration, avec la mesme rigueur et avec les mesmes formalités qu'il auroit traité ou un défault ou une forclusion. M. le duc d'Orléans vit tout le bien qu'il pouvoit faire, et une partie du mal qu'il pouvoit empescher; mais comme l'endroit par lequel il fut touché de l'un et de l'autre, ne fut pas celui de la peur, qui est sa passion dominante, il ne sentit pas asses le coup pour en estre esmeu. M. le prince conneut le mal dans toute son estendue : mais comme son courage estoit sa vertu la plus naturelle, il ne le craignit pas asses ; il voulut le bien, mais il ne le voulut qu'à sa mode : son age, son humeur et ses victoires ne lui permirent pas de joindre la patience à l'activité; et il ne conçeut pas d'asses bonne heure ceste maxime si nécessaire aux princes, de ne considérer les petits incidents que comme des victimes que l'on doibt tousjours sacrifier aux grandes affaires. Le cardinal, qui ne cognoissoit, en façon du monde nos manières, confondoit journellement les plus importantes avec les plus légères; et dès le lendemain que la déclaration fut publiée, ceste déclaration qui passoit dans ceste chaleur des esprit pour une loi fondamentale de l'estat, dès le lendemain, dis-je, qu'elle fut publiée, elle fut entamée et altérée sur des articles de rien, que le cardinal debvoit mesme observer avec ostentation, pour colorer les contraventions qu'il pouvoit estre obligé de faire aux plus considérables : et ce qui lui arriva de ceste conduite fut que le parlement, aussitost après son ouverture, recommença à s'assembler, et que la chambre des comptes et la cour des aides mesmes, ausquelles on porta dans ce mesme mois de novembre la déclaration à vérifier, prirent la liberté d'y adjouster encore plus de modifications et de clauses que le parlement.

---

(1) Charles, comte de Brancas, chevalier d'honneur de la reine; mort à Paris en 1681. (A. E.)

La cour des aides entre autres fit défense, sur peine de la vie, de mettre les tailles en parti (1). Comme elle eust esté mandée pour ce subjet au Palais-Royal, et qu'elle se fust relaschée en quelque façon de ce premier arrest, en permettant de faire des prest sur les tailles pour six mois, le parlement le trouva très mauvais, et s'assembla le 30 de décembre, tant sur ce fait que sur ce que l'on sçavoit qu'il y avoit une autre déclaration à la chambre des comptes, qui autorisoit pour tousjours les mesmes prest. Vous remarqueres, s'il vous plaist, que dès le 16 du mesme mois de décembre, M. le duc d'Orléans et M. le prince avoient esté au parlement pour empêcher les assemblées, et pour obliger la compagnie à travailler seulement par députés, à la recherche des articles de la déclaration, auxquels on prétendoit que le ministère avoit contrevenu : ce qui lui fut accordé, mais après une contestation fort aigre. M. le prince parla avec beaucoup de chaleur, et l'on prétendit mesme qu'il avoit fait un signe du petit doit, par lequel il parut menacer (2). Il m'a dit souvent depuis qu'il n'en avoit pas eu la pensée. Ce qui est constant, est que la plupart des conseillers le creurent ; que le murmure s'esleva, et que si l'heure n'eust sonné, les choses se feussent encore plus aigries.

Elles parurent le lendemain [31 décembre] plus douces, parce que la compagnie se relascha, comme je vous ait dit ci-dessus, à examiner les contraventions faites à la déclaration, par députés seulement, et cheux M. le premier président : mais ceste apparence de calme ne dura pas longtemps.

[1649.] Le parlement résolut le 2 de janvier de s'assembler pour pourveoir à l'exécution de la déclaration, que l'on prétendoit avoir esté blessée particulièrement dans les huit ou dix derniers jours, en touts ses articles ; et la reine prit le parti de faire sortir le roi de Paris, à quatre heures du matin, le jour des Rois, avec toute la cour. Les ressorts particuliers de ce grand mouvement sont asses curieux, quoiqu'ils soient fort simples.

Vous juges suffisamment par ce que je vous ai déjà dit, de ceux qui faisoient agir la reine, conduite par le cardinal, et M. d'Orléans gouverné par La Rivière, qui estoit l'esprit le plus bas et le plus intéressé de son siècle. Voici ce qui m'a paru des motifs de M. le prince. Les contre-temps du parlement desquels je vous ai déjà parlé, commencèrent à le desgouter presque aussitost après qu'il eust pris des mesures avec Broussel et avec Longueil ; et ce dégoust joint aux caresses que la reine lui fit à son retour, aux soubmissions apparentes du cardinal, à la pente naturelle qu'il tenoit de père et de mère, de n'aimer pas à se brouiller avec la cour, affoiblirent, avec asses de facilités dans son esprit, les raisons que son grand cœur y avoit fait naistre. Je m'apperceus d'abord du changement ; je m'en affligeai pour moi, je m'en affligeai pour le public ; mais je m'en affligeai en vérité beaucoup plus pour lui-mesme. Je l'aimois autant que je l'honnorois ; et je vis d'un coup d'œil le précipice. Je vous ennuierois si je vous rendois compte de toutes les conversations que j'eus avec lui sur ceste matière. Vous jugeres, s'il vous plaist, des autres par celle dont je vous vais rapporter le détail. Elle se passa justement l'après-disnée du jour ou l'on prétendit qu'il avoit menacé le parlement.

Je trouvai dans ce moment que le degoust que j'avois remarqué déjà dans son esprit estoit changé en cholère, et mesme en indignation. Il me dit en jurant, qu'il n'y avoit plus de moyen de souffrir l'insolence et l'impertinence de ces bourgeois, qui en vouloient à l'autorité royale ; que tant qu'il avoit creu qu'ils n'eussent en bute que le Mazarin, il avoit esté pour eux ; que je lui avois moi-mesme confessé plus de trente fois qu'il n'y avoit aucunes mesures bien seures à prendre avec des gents qui ne peuvent jamais se respondre d'eux mesmes d'un quart d'heure à l'autre ; parce qu'ils ne peuvent jamais se respondre un instant de leur compagnie : qu'il ne se pouvoit résoudre à devenir le général d'une armée de fous, n'y ayant pas un homme sage qui peust s'engager dans une cohue de ceste nature : qu'il estoit prince du sang, qu'il ne vouloit pas esbranler l'estat : que si le parlement eust pris la conduite dont on estoit demeuré d'accord, on l'eust redressé : mais qu'agissant comme il faisoit, il prenoit le chemin de le renverser. M. le Prince adjousta à cela tout ce que vous vous pouves figurer de réflexions publiques et particulières. Voici en propres paroles ce que je lui respondis.

« Je conviens, Monsieur, de toutes les maximes générales ; permettes-moi, s'il vous plaist, de les appliquer au fait particulier. Si le parlement travaille à la ruine de l'estat, ce n'est pas qu'il ait intention de le ruiner ; nul n'a plus d'inté-

---

(1) C'est-à-dire affermer cet impôt à des partisans qui faisaient des avances au roi, et fouloient ensuite le peuple, en exerçant les droits du prince avec la dernière rigueur. (A. E.)

(2) M. de Sainte-Aulaire, dans son *Histoire de la Fronde*, change la date de cet incident, et le nom du personnage qui en fut la cause. Il attribue le *geste menaçant* au prince de Conti, et rapporte le fait sous la date de 1651.

rest au maintien de l'autorité royale que les officiers; et tout le monde en convient. Il fault donc recognoistre de bonne foi, que lorsque les compagnies souveraines font du mal, c'est parce qu'elles ne sçavent pas bien faire le bien mesme quelles veulent. La capacité d'un ministre qui sçait mesnager les particuliers et les corps, les tient dans l'équilibre où elles doibvent estre naturellement, et dans lequel elles réussissent, par un mouvement qui balance ce qui est de l'autorité des princes et de l'obéissance des peuples. L'ignorance de celui qui gouverne aujourd'hui ne lui laisse ni asses de veue, ni asses de force pour régler les poids de ceste horloge. Les ressorts s'en sont meslés. Ce qui n'estoit que pour modérer le mouvement veult le faire; et je conviens qu'il le fait mal parce qu'il n'est pas lui-mesme fait pour cela : voila ou gist le défaut de nostre machine. Vostre Altesse la veut redresser, et avec d'autant plus de raison, qu'il n'y a qu'elle qui en soit capable : mais pour la redresser faut-il se joindre à ceux qui la veulent rompre? Vous convenes des disparates du cardinal; vous convenes qu'il ne pense qu'à establir en France l'autorité qu'il n'a jamais cogneu qu'en Italie. S'il y pouvoit réussir, seroit-ce le compte de l'estat, selon ses bonnes et véritables maximes? Seroit-ce celui des princes du sang en tout sens? Mais de plus est-il en estat d'y réussir? N'est-il pas accablé de la haine publique, du mespris public? Le parlement n'est-il pas l'idole des peuples? Je sçais que vous les comptes pour rien parce que la cour est armée : mais je vous supplie de me permettre de vous dire qu'on les doibt compter pour beaucoup, toutes les fois qu'ils se comptent eux-mesmes pour tout. Ils en sont là. Ils commencent eux-mesmes à compter vos armées pour rien; et le malheur est que leurs forces consistent dans leur imagination : et l'on peut dire avec vérité qu'à la différence de toutes les autres sortes de puissance, ils peuvent, quand ils sont arrivés à un certain point, tout ce qu'ils croient pouvoir. Vostre Altesse me disoit dernièrement, monsieur, que ceste disposition du peuple n'estoit qu'une fumée : mais ceste fumée si noire et si espaisse, est entretenue par un feu qui est bien vif et bien allumé. Le parlement le souffle; et ce parlement, avec les meilleures et mesme les plus simples intentions du monde, est très-capable de l'enflammer à un point qui l'embrasera et qui le consumera lui mesme, mais qui hasardera dans les intervalles plus d'une fois l'estat. Les corps poussent toujours avec trop de vigueur les faultes des ministres, quand ils ont tant fait que de s'y acharner, et ils ne mesnagent presque jamais leurs imprudences, ce qui est en de certaines occasions capable de perdre un royaume. Si le parlement eust respondu, quelque temps devant que vous revinssies de l'armée, à la ridicule et pernicieuse proposition que le cardinal lui fit, de déclarer s'il prétendoit mettre des bornes à l'autorité royale; si, dis-je, les plus sages du corps n'eussent éludé la responce, la France, à mon opinion, couroit fortune; parce que la compagnie se déclarant pour l'affirmative, comme elle en fut sur le point, elle déchiroit le voile qui couvre le mistère de l'estat. Chaque monarchie a le sien. Celui de la France consiste dans ceste espèce de silence religieux et sacré, dans lequel on ensevelit en obéissant presque tousjours aveuglément aux rois, le droit que l'on ne veult croire avoir de s'en dispenser, que dans les occasions où il ne seroit pas mesme de leur service de leur plaire. Ce fut un miracle que le parlement ne levast pas dernièrement ce voile, et ne le levast pas en forme et par arrest; ce qui seroit bien d'une conséquence plus dangereuse et plus funeste que la liberté que les peuples ont prise depuis quelque temps, de veoir à travers. Si ceste liberté, qui est déjà dans la salle du Palais, estoit passée jusques dans la grande chambre, elle feroit des loix révérées de ce qui n'est encore que question problématique, et de ce qui n'estoit naguères qu'un secret, ou inconnu, ou au moins respecté. Vostre Altesse n'empechera pas par la force des armes, les suites du malheureux estat que je vous marque, et dont nous ne sommes peut-estre que trop proches. Elle veoit que le parlement mesme, a peine à retenir les peuples qu'il a esveillés; elle voit que la contagion se glisse dans les provinces; et la Guienne et la Provence donnent déjà très-dangereusement l'exemple qu'elles ont receu de Paris. Tout branle, et Vostre Altesse seule est capable de fixer ce mouvement par l'esclat de sa naissance, par celui de sa réputation, et par la persuasion générale où l'on est qu'il n'y a qu'elle qui y puisse remédier. L'on peut dire que la reine partage la haine que l'on a pour le cardinal; et que Monsieur partage le mespris qu'on a pour La Rivière. Si vous entrez par complaisance dans leurs pensées, vous entrez en part de la haine publique. Vous estes audessus du mespris : mais la crainte que l'on aura de vous, prendra sa place; et ceste crainte empoisonnera si cruellement et la haine que l'on aura pour vous, et le mespris que l'on a déjà pour les autres, que ce qui n'est présentement qu'une plaie dangereuse à l'estat lui deviendra peut-estre mortelle, et pourra mesler dans la suite de la révolution le desespoir du retour, qui est tousjours en ces matières le dernier et le plus dangereux simptôme de la maladie. Je n'ignore pas les justes raisons qu'a Vostre Altesse d'apréhender les manières d'un corps composé de plus de deux cents testes, et qui n'est capable ni de gouverner ni d'estre gouverné. C'est embarras est grand : mais j'ose soubstenir qu'il n'est pas insurmontable, et qu'il n'est pas mesme difficile à desmêler dans la conjoncture présente, par des circonstances particulières. Quand le parti sera formé, quand vous seres à la teste de l'armée, quand les manifestes auroient esté publiés, quand enfin vous seres général déclaré d'un parti dans lequel le parlement seroit entré, aures-vous, monsieur, plus de peine à soubstenir ce poids, que messieurs vostre ayeul et bisayeul n'en ont eu à s'accommoder aux caprices des ministres de La Rochelle, et des maires de Nismes et de Montauban? Et Vostre Altesse trouveroit-elle plus de difficulté à mesnager le parlement de Paris que M. du Maine (1) n'en a trouvé dans le temps de la Ligue, c'est-à-dire dans le temps de la faction du monde la plus opposée à toutes les maximes du parlement? Vostre naissance et vostre mérite vous eslèvent autant au dessus de ce dernier exemple, que la cause d'ont il s'agist est au dessus de celle de la Ligue; et les manières n'en sont pas moins différentes. La Ligue fit une guerre où le chef du parti commencea sa déclaration par une jonction ouverte et publique avec Espagne contre la couronne et la personne d'un des plus braves et des meilleurs rois que la France ait jamais eu; et ce chef de parti sorti d'une maison estrangère et suspecte, ne laissa pas de maintenir très-longtemps dans ses intérêts ce mesme parlement, dont la seule idée vous fait peine dans une occasion où vous estes si esloigné de le vouloir porter à la guerre, que vous n'y entres que pour lui procurer la seureté et la paix. Vous ne vous estes ouvert qu'à deux hommes de tout le parlement, et encore vous ne vous y estes ouvert que soubs la parole qu'ils vous ont donnée l'un et l'autre de ne laisser pénétrer à personne du monde, sans exception, vos intentions. Comme est-il possible que Vostre Altesse puisse prétendre que ces deux hommes puissent, par le moyen de ceste cognoissance intérieure et cachée, régler les mouvements de leur corps? J'ose, monsieur, vous respondre que si vous voulés vous déclarer publiquement, comme protecteur du public et des compagnies souveraines, vous en disposeres au moins pour très-longtemps, absolument et presque souverainement. Ce n'est pas vostre veue, vous ne vous voules pas brouiller à la cour; vous aimes mieux le cabinet que la faction : ne trouves pas mauvais que des gents qui ne vous voyent que dans ce jour, ne mesurent pas toutes leurs démarches selon ce qu'il vous conviendroit. C'est à vous à mesurer les vostres avec les leurs, parce qu'elles sont publiques; et vous le pouves, parce que le cardinal accablé par la haine publique est trop foible pour vous obliger, malgré vous, aux éclats et ruptures prématurées. La Rivière, qui gouverne Monsieur, est l'homme du monde le plus timide; continues à tesmoigner que vous cherches à adoucir les choses et laisses les aigrir selon votre premier plan : un peu plus un peu moins de chaleur dans le parlement doibt-il estre capable de vous le faire changer? De quoi y va-t-il enfin, en ce plus et en ce moins? Le pis du pis est que la reine croie que vous n'embrasses pas avec asses d'ardeur ses intérests; n'y a-t-il pas des moyens pour suppléer à cest inconvénient? N'y a-t-il pas des apparences à donner? N'y a-t-il pas mesme de l'effectif? Enfin, monsieur, je supplie très-humblement Vostre Altesse de me permettre de lui dire que jamais projet n'a esté si beau, si innocent, si saint, ni si nécessaire que celui qu'elle a fait; et que jamais raisons n'ont esté, au moins à mon opinion, si foibles que celles qui l'empêchent de l'exéquter. La moins forte de celles qui vous y portent, ou plus tost qui vous y debvroient porter, est que si le cardinal Mazarin ne réussit pas dans les siens, il vous peut entraisner dans sa ruine; et que s'il y réussit, il se servira pour vous perdre de tout ce que vous aures fait pour l'eslever. »

Vous voyes par le peu d'arrangement de ce discours, qu'il fut fait sans méditation et sur le champ. Je le dictai à Laigues en revenant cheux moi de cheux M. le Prince; et Laigues me le fit veoir à mon dernier voyage de Paris. Il ne persuada point M. le Prince, qui estoit déjà préoccupé; il ne respondit à mes raisons particulières que par les générales, ce qui est asses de son caractère. Les héros ont leurs défauts : celui de M. le Prince est de n'avoir pas asses de suite dans un des plus beaux esprits du monde. Ceux qui ont voulu croire qu'il avoit voulu dans les commencements aigrir les affaires par Longueil, par Broussel et par moi, pour se rendre plus nécessaire à la cour et dans la veue de faire pour le cardinal ce qu'il y fit depuis, font autant d'injustice et à sa vertu et à la vérité, qu'ils prétendent faire d'honneur à son habileté,

(1) Lisez : de Mayenne.

Ceux qui croient que les petits intérest, cest-à-dire les intérest de pension, de gouvernement, d'establissement, furent l'unique cause de son changement, ne se trompent guère moins. La veue d'estre l'arbitre du cabinet y entra asseurément, mais elle ne l'eust pas emporté sur les autres considérations; et le véritable principe fut qu'ayant tout veu d'abord esgalement, il ne sentit pas tout esgalement. La gloire de restaurateur du public fut sa première idée, celle de conservateur de l'autorité royale fut la seconde. Voila le caractère de touts ceux qui ont dans l'esprit le défault que je vous ai marqué ci-dessus. Quoi qu'ils voient très-bien les inconvéniens et les advantages des deux partis sur lesquels ils balancent à prendre leurs résolutions, et quoiqu'ils les voient mesme ensemble, ils ne les pèsent pas ensemble. Ainsi ce qui leur paroist aujourd'hui plus léger, leur paroist demain plus pesant. Voila justement ce qui fit le changement de M. le Prince, sur lequel il faut confesser que ce qui n'a pas honnoré sa veue, ou plustost sa résolution, a bien justifié son intention. L'on ne peut nier que s'il eust conduit, aussi prudemment qu'il leust peu, la bonne intention qu'il avoit, certainement il eust redressé l'estat peut-estre pour des siècles : mais l'on doibt convenir que s'il l'eust eu mauvaise, il eust peu aller à tout dans un temps où l'enfance du roi, l'opiniastreté de la reine, la foiblesse de Monsieur, l'incapacité du ministre, la licence du peuple, la chaleur des parlemens, ouvroient à un jeune prince plein de mérite et couvert de lauriers, une carrière plus belle et plus vaste que celle que messieurs de Guise avoient courue.

Dans la conversation que j'eus avec M. le prince, il me dit deux ou trois fois avec cholère, qu'il feroit bien veoir au parlement, s'il continuoit à agir comme il avoit accoustumé, qu'il n'en estoit pas où il pensoit, et que ce ne seroit pas une affaire que de le mettre à la raison. Pour vous dire le vrai, je ne fus pas fasché de trouver ceste ouverture à en tirer ce que je pourrois des pensées de la cour; il ne s'en expliqua pas toutefois ouvertement : mais j'en compris asses pour me confirmer dans celle que j'avois, qu'elle commenceoit à reprendre ses premiers projets d'attaquer Paris. Pour m'en éclaircir encore davantage, je dis à M. le prince que le cardinal se pouvoit fort facilement tromper dans ses mesures, et que Paris seroit un morceau de dure digestion : à quoi il me respondit de cholère : « On ne le prendra pas comme Donkerque, par » des mines et par des attaques : mais si le pain » de Gonesse leur manquait huit jours..... » Je me le tins pour dit, et je lui repartis beaucoup moins pour en sçavoir davantage, que pour avoir lieu de me desgager d'avec lui, que l'entreprise de fermer les passages du pain de Gonesse pourroit recevoir des difficultés. « Quelles? reprit-» il brusquement; les bourgeois sortiront-ils » pour donner bataille? — Elle ne seroit pas » rude, monsieur, s'il n'y avoit qu'eux, lui respondis-je. — Qui sera avec eux? reprit-il ; » y serés-vous, vous qui parles? —Ce seroit » mauvais signe, lui dis-je; cela sentiroit fort » la procession de la ligue. » Il pensa un peu, et puis il me dit : « Ne raillons point; series-vous » asses fou pour vous embarquer avec ces gents? » —Je ne le suis que trop, lui respondis-je; vous » le saves, monsieur, et que je suis de plus coadjuteur de Paris, et par conséquent engagé » et par honneur et par intérest à sa conservation. Je servirai toute ma vie Vostre Altesse en » tout ce qui ne regardera pas ce point. » Je vis bien que M. le prince s'esmeut à ceste déclaration : mais il se contint et il me dit ces propres mots : « Quand vous vous engageres dans une » mauvaise affaire, je vous pleindrai, mais je » n'aurai pas subjet de me pleindre de vous. Ne » vous pleignes pas aussi de moi, et rendes-moi » le tesmoignage que vous me debves, qui est » que je n'ai rien promis à Longueil et à Brous-» sel, dont le parlement ne m'ait dispensé par » sa conduite. » Il me fit ensuite beaucoup d'honnestetés personnelles; il m'offrit de me raccommoder avec la cour. Je l'asseurai de mes obéissances et de mon zèle en tout ce qui ne seroit pas contraire aux engagements qu'il sçavoit que j'avois pris. Je le fis souvenir de l'impossibilité d'en sortir et je sortis moi-mesme de l'hostel de Condé, avec toute l'agitation d'esprit que vous pouves imaginer.

Montresor et Saint-Ibal arrivèrent cheux moi justement dans le temps que j'achevois de dicter à Laigues (1) la conversation que j'avois eue avec M. le prince, et ils n'oublièrent rien pour m'obliger à envoyer dès ce moment à Bruxelles. Quoique je sentisse dans moi-mesme beaucoup de peine à estre le premier qui eust mis dans nos affaires le grain de catholicon d'Espagne, je m'y résolus par la nécessité, et je commençai à en dresser l'instruction, qui debvoit contenir plusieurs chefs, et dont la conclusion fut remise par ceste raison au lendemain matin.

La fortune me présenta l'après-disnée, un moyen plus agréable et plus innocent. J'allai par

(1) C'est celui que Petitot désigne toujours dans son *Introduction aux Mémoires relatifs à la Fronde*, sous le nom de *de Laignes*, qui est un tout autre personnage.

un pur hazard cheux madame de Longueville (1), que je voyois fort peu parce que j'estois extrêmement ami de monsieur son mari, qui n'estoit pas l'homme de la cour le mieux avec elle. Je la trouvai seule; elle tomba dans la conversation sur les affaires publiques, qui estoient à la mode. Elle me parut enragée contre la cour. Je sçavois par le bruit public qu'elle l'estoit au dernier point contre M. le prince. Je joignis ce que l'on en disoit dans le monde, à ce que j'en tirois de certains mots qu'elle laissoit eschapper. Je n'ignorois pas que M. le Prince de Conti estoit absolument en ses mains. Toutes ces idées me frappèrent tout d'un coup l'imagination, et y firent naistre celle dont je vous rendrai compte, après que je vous aurai un peu éclairci le détail que je vous viens de toucher.

Mademoiselle de Bourbon avait eu l'amitié du monde la plus tendre pour monsieur son frère aisné; et madame de Longueville, quelque temps après son mariage, prit une rage et une fureur contre lui, qui passa jusques à un excès incroyable. Vous croyés aisément qu'il n'en falloit pas davantage dans le monde pour faire faire des commentaires fascheux sur une histoire de laquelle l'on ne voyoit pas les motifs. Je ne les ai jamais peu pénétrer: mais j'ai esté persuadé que ce qui s'en disoit dans la cour n'estoit pas véritable; parce que s'il eust esté vrai qu'il y eust eu de la passion dans leur amitié, M. le prince n'auroit pas conservé pour elle la tendresse qu'il y conserva tousjours dans la chaleur mesme de l'affaire de Coligny. J'ai observé qu'ils ne se brouillèrent qu'après sa mort. Et je sçai de science certaine que M. le prince sçavoit que madame sa sœur aimoit véritablement Coligny. L'amour passionné du prince de Conti pour elle donna à ceste maison un certain air d'inceste, quoique très-injustement pour l'effet, que la raison au contraire que je viens de vous alleguer, quoiqu'à mon sens décisive, ne peust dissiper. Je vous ai marqué ci-dessus que la disposition où je trouvai madame de Longueville me donna lieu de penser à préparer une défense pour Paris, plus proche, plus naturelle et moins odieuse que celle d'Espagne. Je cognoissois bien la foiblesse de M. le prince de Conti, presque encore enfant; mais je sçavois en mesme temps que cest enfant estoit prince du sang. Je ne voulois qu'un nom pour animer ce qui sans un nom ne seroit que fantosme. Je me respondois de M. de Longueville, qui estoit l'homme du monde qui aimoit le mieux le commencement de toutes affaires. J'estois fort asseuré que le mareschal de La Mothe (2), enragé contre la cour, ne se détacheroit point de M. de Longueville, à qui il avoit esté attaché vingt ans durant, par une pension qu'il avoit voulu mesme retenir par recognoissance, encore après qu'il eust été fait mareschal de France. Je voyois M. de Bouillon très-mescontent et presque réduit à la nécessité par le mauvais estat de ses affaires domestiques et par les injustices que la cour lui faisoit. J'avois considéré tous ces gents là, mais je ne les avois considérés que dans une perspective esloignée; parce qu'il n'y en avoit aucun de touts ceux-là qui fust capable d'ouvrir la scène. M. de Longueville n'estoit bon que pour le second acte. Le mareschal de La Mothe, bon soldat, mais de très-petit sens, ne pouvoit jamais jouer le premier personnage. M. de Bouillon l'eust peu soubstenir: mais sa probité estoit plus problématique que son talent; et j'estois bien adverti de plus, que madame sa femme (3), qui avoit un pouvoir absolu sur son esprit, n'agissoit en quoique ce soit que par les mouvements d'Espagne. Vous ne vous estonnes pas sans doute de ce que je n'avois pas fixé des veues aussi vagues et aussi embrouillées que celles-là, et de ce que je les réunis pour ainsi dire en la personne de M. le prince de Conti, prince du sang, et qui par sa qualité concilioit et approchoit, pour ainsi parler, tout ce qui paroissoit le plus esloigné à l'esgard des uns et des autres.

Dès que j'eus ouvert à madame de Longueville le moindre jour du poste qu'elle pouvoit tenir en l'estat où les affaires alloient tomber, elle y entra avec des emportements de joie que je ne vous puis exprimer. Je mesnageois avec soing ces dispositions; j'eschauffai M. de Longueville, et par moi-mesme et par Varicarville, qui estoit son pensionnaire et auquel il avoit avec raison une parfaite confiance. Je me résolus de ne lier aucun commerce avec l'Espagne, et d'attendre que les occasions, que je jugeois bien n'estre que trop proches, donnassent lieu à une conjoncture où celui que nous y prendrions infailliblement parust plustost venir des autres que de moi. Ce parti quoique très-fortement contredit par Saint-Ibal et par Montresor, fut le plus judicieux; et vous verres par les suites que je jugeai sainement, en jugeant qu'il n'y avoit

---

(1) Le coadjuteur voyoit dans ce temps-là madame de Longueville à Noisy, dans une maison de son oncle, l'archevêque de Paris, où elle s'était retirée pendant sa grossesse.

(2) Philippe de La Mothe–Houdancourt, maréchal de France, né en 1605, mort en 1657.

(3) Léonore-Catherine-Féronie de Berg, fille de Frédéric, comte de Berg, gouverneur de Frise. Elle mourut à Paris en 1657. (A. E.)

6.

plus lieu de précipiter ce remède, qui est doublement dangereux quand il est le premier appliqué. Il a tousjours besoing de lénitifs qui y préparent.

[La sincérité qui m'a obligé à vous faire une confession de ma faulte en ce qui a touché madame de La Meilleraye, me force à vous faire en ce lieu mon éloge sur] ce qui regarde madame de Longueville. La petite vérole lui avoit osté la première fleur de sa beauté; mais elle lui en avoit laissé presque tout l'éclat; et cest éclat joint à sa qualité, à son esprit et à sa langueur, qui avoit en elle un charme particulier, la rendoit une des plus aimables personnes de France. J'avois le cœur du monde le plus propre pour l'y placer entre madame de Guémené et madame de Pommereux. Je ne vous dirai pas qu'elle l'eust agréé; mais je vous dirai bien que ce ne fut pas la veue de l'impossible qui m'en fit rejeter la pensée, qui fut mesme asses vive dans les commencements. Le bénéfice n'estoit pas vacant; mais il n'estoit pas desservi. M. de Larochefoucault (1) estoit en possession, mais il estoit en Poitou. J'escrivois touts les jours trois ou quatre billets, et j'en recevois bien autant. Je me trouvois très-souvent à l'heure du réveil pour parler plus librement d'affaires. Je concevois beaucoup d'avantages, parce que je n'ignorois pas que ce pourroit estre l'unique moyen de m'asseurer de M. le prince de Conti pour les suites. Je creus, pour ne vous rien céler, j'entrevoir de la possibilité. La seule verité de l'amitié estroite que je professois avec le mari, l'emporta sur le plaisir et sur la politique : [et j'ai conçu, à l'heure qu'il est, autant de considérations de le croire, que j'en ai eu toute ma vie de doubter du contraire.]

Je ne laissai pas de prendre une grande liaison d'affaires avec madame de Longueville (2), et par elle un commerce avec M. de Larochefoucault, qui revint trois sepmaines ou un mois après ce premier engagement. Il faisoit croire à M. le prince de Conti qu'il le servoit dans la passion qu'il avoit pour madame sa sœur; et lui et elle de concert l'avoient tellement aveuglé, que plus de quatre ans après il ne se doubtoit encore de quoi que ce soit.

Comme M. de Larochefoucault n'avoit pas eu trop bon bruit dans l'affaire des importants, dans laquelle on l'avoit accusé de s'estre raccommodé avec la cour à leurs dépens (ce que j'ai sceu toutefois depuis de science certaine n'estre pas vrai), je n'estois pas trop content de le trouver en ceste société. Il falut pourtant s'en accommoder. Nous prismes toutes nos mesures. M. le prince de Conti, madame de Longueville, monsieur son mari et le mareschal de La Mothe s'engagèrent de demeurer à Paris, et de se déclarer si l'on l'attaquoit. Broussel, Longueil et Viole promirent au nom du parlement, qui n'en sçavoit rien. M. de Rais fit les allées et venues entre eux et madame de Longueville, qui prenoit les eaux à Noisy avec M. le prince de Conti. Il n'y eust que M. de Bouillon qui ne voulut estre nommé à personne sans exception; il s'engagea avec moi uniquement. Je le voyois asses souvent la nuit, et madame de Bouillon y estois tousjours présente; si ceste femme eust eu autant de sincérité que d'esprit, de beauté, de douceur et de vertu, elle eust esté une merveille accomplie. J'en fus très-piqué : mais je n'y trouvai pas la moindre ouverture; et comme la piqueure ne me fit pas mal fort longtemps, je crois que j'eusse parlé plus proprement si j'eusse dit que je creus en estre très-piqué.

Après que j'eus préparé asses à mon gré la défensive, je pris la pensée de faire, s'il estoit possible, en sorte que la cour ne portast pas les affaires à l'extrémité (3). Vous concevez facilement l'utilité de ce dessein, et vous en advouerez la possibilité, quand je vous dirai que l'exécution n'en tint qu'à l'opiniastreté qu'eut le ministre de ne pas agréer une proposition, qui m'avoit esté suggérée par Launai-Gravai, et qui de l'agrément mesme du parlement eust suppléé, au moins pour beaucoup, aux retranchements faits par ceste compagnie. Ceste proposition, dont le détail seroit trop long et trop ennuieux, fut agitée cheux Viole où Le Coigneux, et beaucoup d'autres gents du parlement s'y trouvèrent. Elle fut approuvée; et si le ministre eust esté asses sage pour la recevoir de bonne foi, je suis persuadé et que l'estat eust soubtenu la despense nécessaire et qu'il n'y auroit point eu de guerre civile.

Quand je vis que la cour ne vouloit mesme

---

(1) François de La Rochefoucauld, sixième du nom, mort en 1680. C'est l'auteur des *Maximes*.

L'éditeur de 1820 et celui de 1825 en font mal-à-propos l'un le *seizième*, et l'autre le *quatrième du nom*.

(2) Madame de Longueville se déclara pour Paris, par vengeance contre son frère le prince de Condé, qui l'avait quittée pour madame de Vigean, et par les conseils de son amant, homme qui aimait l'intrigue. Elle entra dans le parti de M. de Longueville, son époux, et du prince de Conti son frère, tous deux gens foibles. (Journal histor.; Manuscrits de la Bibliothèque du roi.)

(3) Les anciens éditeurs ont annoncé ici une lacune qui n'existe pas. Les lignes effacées dans le manuscrit, proviennent d'une correction de l'auteur; et cette correction est la suite de celle qu'il avait faite sur le premier membre de cette phrase.

son bien qu'à sa mode, qui n'estoit jamais bonne, je ne songeai plus qu'à lui faire du mal, et ce ne fut que dans ce moment où je pris l'entière et pleine résolution d'attaquer personnellement le Mazarin; parce que je creus que ne pouvant l'empescher de nous attaquer, nous ferions sagement de l'attaquer nous mesme, par des préalables qui donneroient dans le public un mauvais air à son attaque.

L'on peut dire avec fondement que les ennemis de ce ministre avoient un advantage contre lui très-rare, et que l'on n'a presque jamais contre les gents qui sont dans sa place. Leur pouvoir fait pour l'ordinaire qu'ils ne sont pas susceptibles de la teinture du ridicule; elle prenoit sur le cardinal parce qu'il disoit des sotises, ce qui n'est pas ordinaire à ceux mesme qui en font dans ces sortes de postes. Je lui attachai Marigny (1), qui revenoit tout à propos de Suède, et qui s'estoit comme donné à moi. Le cardinal avoit demandé à Bouqueval, député du grand conseil, s'il ne croiroit pas estre obligé d'obéir au roi, en cas que le roi lui commandast de ne point porter de glands à son collet: et il s'estoit servi de ceste comparaison asses sottement, comme vous voyes, pour prouver l'obeissance aux députés d'une compagnie souveraine. Marigny paraphrasa ce mot en prose et en vers, un mois ou cinq sepmaines devant que le roi sortit de Paris; et l'effet que fit ceste paraphrase est inconcevable. Je pris cest instant pour mettre l'abomination dans le ridicule; ce qui fait le plus dangereux et le plus irrémédiable de touts les composés.

Vous aves veu, ci-dessus, que la cour avoit entrepris d'autoriser les prests par des déclarations, c'est-à-dire, à proprement parler, qu'elle avoit entrepris d'autoriser les usures par une loi vérifiée en parlement; parce que ces prests qui se faisoient au roi, par exemple sur les tailles, n'estoient jamais qu'avec des usures immenses. Ma dignité m'obligeoit à ne pas souffrir un mal et un scandale aussi général et aussi public. Je remplis très-exactement et très-pleinement mon debvoir. Je fis une assemblée fameuse de curés, de chanoines, de docteurs, de religieux; et sans avoir seulement prononcé le nom du cardinal dans toutes ces conférences, où je faisois au contraire tousjours semblant de l'espargner, je le fis passer en huit jours pour le juif le plus convaincu qu'il fust en Europe. Le roi sortit de Paris justement à ce moment (2), et je l'appris à cinq heures du matin par l'argentier de la reine, qui me fit esveiller et qui me donna une lettre escrite de sa main, par laquelle elle me commandoit, en des termes fort honnestes, de me rendre dans le jour à Saint-Germain. L'argentier adjousta de bouche que le roi venoit de monter en carosse pour y aller, et que toute l'armée estoit commandée pour s'advancer. Je lui respondis simplement que je ne manquerois pas d'obéir. Vous me fêtes bien la justice d'estre persuadée que je n'en eus pas la pensée.

Blancmesnil entra dans ma chambre pasle comme un mort. Il me dit que le roi marchoit au Palais avec huit mille chevaux. Je l'asseurai qu'il estoit sorti de la ville avec deux cents. Voila la moindre des impertinences qui me furent dites depuis les cinq heures du matin jusques à dix. J'eus tousjours une procession de gents effarés, qui se croyoient perdus. Mais j'en prenois bien plus de divertissement que d'inquiétude, parce que j'estois adverti de moment à autre, par les officiers des colonelles qui estoient à moi, que le premier mouvement du peuple à la première nouvelle, n'avoit esté que de fureur, à laquelle la peur ne succede jamais que par degrés; et je croyes avoir de quoi couper, devant qu'il ne fut nuit, ces degrés; car quoique M. le prince, qui se défioit de monsieur son frère, l'eust esté prendre dans son lit et l'eust emmené avec lui à Saint-Germain, je ne doubtois point, madame de Longueville estant demeurée à Paris, que nous le revissions bientost; et d'autant plus que je sçavois que M. le prince, qui ne le craignoit ni ne l'estimoit, ne pousseroit pas la défiance jusques à l'arrester. J'avois de plus receu la veille une lettre de M. de Longueville, datée

---

(1) J. Carpentier-Marigny s'attacha au cardinal de Retz, prit part à la Fronde et fut l'un des principaux auteurs des libelles publiés contre Mazarin. Il mourut en 1670.

(2) « Je vous envoye les imprimez qui vous apprendront *le subjet du départ du roy de sa ville de Paris*; et qu'il a fallu se servir de ses forces pour réprimer l'audace de ceux du parlement, qui ont entrepris sur son autorité, et la rébellion du peuple, qui adhère à leurs mauvaises intentions. Ce qui nous a surpris, est que monseigneur le prince de Conti et messieurs les ducz de Longueville et d'Elbeuf se soient rendus les chefs d'un si mauvais parti; et qu'à leur exemple monsieur de Beaufort, de Bouillon et le mareschal de La Mothe, ayent pris emploi contre le service du roy: tout cela n'empêchera pas que dans peu de jours on ne réduise ceux de Paris à la discrétion de leurs majestez, qui tiennent déjà la ville bloquée et font marcher des troupes de toutes parts pour fortifier les quartiers. » (Dépêche du comte de Brienne, datée de Saint-Germain-en-Laye, 14 janvier 1649.)

Cette sortie du roi, qui eut lieu le 6 janvier, fut l'une des résolutions les plus calamiteuses au service de l'état, adoptée par Mazarin, pendant l'année 1649. Le premier président Molé la blâma fortement, et exprima hautement son opinion sur ce *dessein fatal à la France*.

de Rouen, par laquelle il m'asseuroit qu'il arriveroit le soir de ce jour-là à Paris.

Aussitost que le roi fust sorti [6 janvier] les bourgeois d'eux-mesmes et sans ordre, se saisirent de la porte Saint-Honnoré; et dès que l'argentier de la reine fust sorti de cheux moi, je mandai à Brigalier d'occuper avec sa compagnie celle de la conférence. Le parlement s'assembla au mesme temps avec un tumulte de consternation ; et je ne sçai ce qu'ils eussent fait, tant ils estoient effarés, si l'on n'eust trouvé le moyen de les animer par leur propre peur. Je l'ai observé mille fois. Il y a des espèces de frayeurs qui ne se dissipent que par des frayeurs d'un plus hault degré. Je priai Vedeau, conseiller, que je fis appeler dans le parquet des huissiers, d'advertir la compagnie qu'il y avoit à l'Hostel-de-Ville une lettre du roi (1), par laquelle il donnoit part au prévost des marchands et aux échevins, des raisons qui l'avoient obligé à sortir de sa bonne ville de Paris, qui estoient en substance : que quelques officiers de son parlement avoient intelligence avec les ennemis de l'estat, et qu'ils avoient mesme conspiré de se saisir de sa personne. Ceste lettre jointe à la cognoissance que l'on avoit que le président Le Féron (2), prévost des marchands, estoit tout à fait dépendant de la cour, esmeut toute la compagnie au point qu'elle se la fit apporter sur l'heure mesme, et qu'elle donna arrest par lequel il fut ordonné que les bourgeois prendroient les armes; que l'on garderoit les portes de la ville; que le prévost des marchands et le lieutenant civil pourvoieront au passage des vivres, et que l'on délibéreroit le lendemain au matin sur la lettre du roi. Vous juges par la teneur de cest arrest bien interlocutoire, que la terreur du parlement n'estoit pas encore bien dissipée. Je ne fus pas touché de son irrésolution, parce que j'estois persuadé que j'aurois dans peu de quoi le fortifier.

Comme je croyois que la bonne conduite vouloit que le premier pas, au moins public, de désobéissance vint de ce corps, qui justifieroit celle des particuliers, je jugeai à propos de chercher une couleur au peu de soubmission que je tesmoignois à la reine en n'allant pas à Saint-Germain. Je fis mettre mes chevaux au carosse, je receus les adieux de tout le monde; je rejetai avec une fermeté admirable toutes les instances que l'on me fit pour m'obliger à demeurer, et par un malheur signalé je trouvai au bout de la rue Neufve-Nostre-Dame, du Buisson, marchand de bois, et qui avoit beaucoup de crédit sur les ports. Il estoit absolument à moi; mais il se mit ce jour-là en mauvaise humeur. Il battit mon postillon et me rossa mon cocher. Le peuple accourant en foule renversa mon carosse; et les femmes du Marché-Neuf firent d'un estau une machine sur laquelle elles me rapportèrent pleurantes et hurlantes à mon logis. Vous ne doubtes pas de la manière dont cest effort de mon obéissance fut receu à Saint-Germain. J'escrivis à la reine et à M. le prince, en leur tesmoignant la douleur que j'avois d'avoir si mal réussi dans ma tentative. La première respondit au chevalier de Sévigné, qui lui porta ma lettre, avec un hauteur de mépris. Le second ne peut s'empêcher en me plaignant, de tesmoigner de la cholère. La Rivière éclata contre moi par des railleries, et le chevalier de Sévigné vit clairement que les uns et les autres estoient persuadés qu'ils nous auroient dès le lendemain la chorde au cou. Je ne fus pas beaucoup esmeu de leurs menasses; mais je fus très-touché d'une nouvelle que j'appris le mesme jour, qui estoit que M. de Longueville, qui, comme je vous ai dit revenoit de Rouen, où il avoit fait un voyage de dix ou douze jours, ayant appris la sortie du roi à six lieues de Paris, avoit tourné tout court à Saint-Germain. Madame de Longueville ne doubta point que M. le prince ne l'eust gagné et qu'ainsi M. le prince de Conti ne fust infailliblement arrêté. Le mareschal de La Mothe lui déclara, en ma présence, qu'il feroit sans exception tout ce que M. de Longueville voudroit, et contre et pour la cour. M. de Bouillon se prenoit à moi, de ce que des gents dont je l'avois tousjours asseuré prenoient une conduite aussi contraire à ce que je lui en avois dit mille fois. Juges, je vous supplie, de mon embarras, qui estoit dautant plus grand que madame de Longueville me protestoit qu'elle n'avoit eu de tout le jour aucune

---

(1) Madame de Motteville donne dans ses Mémoires le texte de la lettre du roi au prévôt des marchands et aux échevins de la ville de Paris. La collection Dupuy, de la Bibliothèque du roi (volume 775), contient celle que Mazarin écrivit à M. de Fontenay, ambassadeur à Rome ; ainsi que la lettre du roi, celles du duc d'Orléans, et du prince de Condé au parlement (volume 754) sur le même sujet. Une rédaction uniforme fut adoptée par les deux princes: toutes ces lettres ont été publiées.

(2) Le Féron, président de la deuxième chambre des enquêtes, bon juge, de jugement solide, décisif, résolu dans ses opinions; ne change point sans de grandes raisons; ayme la règle, bon homme et sans intérest; a des adérantz et des amis particuliers en sa chambre. M. le mareschal de Villeroy est son amy et luy a procuré la prévosté des marchands. (Portrait du parlement; Manuscrits de la Biblioth. du roi.)

nouvelle de M. de La Rochefoucault, qui estoit toutefois parti deux heures après le roi pour fortifier et pour ramener M. le prince de Conti.

Saint-Ibal revint encore à la charge pour m'obliger à l'envoyer sans différer au comte de Fuensaldagne. Je ne fus pas de son opinion, et je pris le parti de faire partir pour Saint-Germain le marquis de Noirmoustier, qui s'estoit lié avec moi depuis quelque temps, pour sçavoir par son moyen ce que l'on pouvoit attendre de M. le prince de Conti, et de M. de Longueville. Madame de Longueville fut de ce sentiment, et Noirmoustier partit sur les six heures du soir.

Le lendemain au matin, qui fut le lendemain de la feste des Rois, c'est-à-dire le sept de janvier, La Sourdière, lieutenant des gardes du corps, entra dans le parquet des gents du roi et leur donna une lettre de cachet (1) adressée à eux, par laquelle le roi leur ordonnoit de se transporter à Montargis, et d'y attendre ses ordres. Il y avoit aussi entre les mains de La Sourdière un paquet fermé pour le parlement, et une lettre pour le premier président. Comme l'on n'avoit pas lieu de doubter du contenu, que l'on devinoit asses par celui de la lettre escrite aux gents du roi, on creut qu'il seroit plus respectueux de ne point ouvrir un paquet auquel l'on estoit déterminé, par advance, de ne pas obéir. L'on le rendit tout fermé à La Sourdière, et l'on arresta d'envoyer les gents du roi à Saint-Germain, pour asseurer la reine de l'obéissance du parlement, et pour la supplier de lui permettre de se justifier de la calomnie qui lui avoit attiré la lettre escrite la veille au prévost des marchands. Pour soubstenir un peu la dignité, l'on adjousta dans l'arrest que la reine seroit très-humblement suppliée de vouloir nommer les calomniateurs pour estre procédé contre eux selon la rigueur des ordonnances. La vérité est que l'on eust bien de la peine à y faire insérer ceste clause; que toute la compagnie estoit fort consternée, et au point que Broussel, Charton, Viole, Loisel, Amelot (2) et cinq autres, des noms desquels je ne me souviens pas,

qui ouvrirent l'advis de demander en forme l'esloignement du cardinal Mazarin, ne furent suivis de personne, et furent mesme traités d'emportés. Vous observeres, s'il vous plaist, qu'il n'y avoit que la vigueur dans ceste conjoncture, où l'on peust trouver mesme apparence de seureté. Je n'en ai jamais veu où j'aie trouvé tant de foiblesse. Je courus toute la nuit et je ne gagnai que ce que je vous viens de dire.

La chambre des comptes eut le mesme jour une lettre de cachet par laquelle il lui estoit ordonné d'aller à Orléans; et le grand conseil receut commandement d'aller à Mantes. La première députa pour faire des remontrances; le second offrit d'obéir, mais la ville lui refusa des passeports. Il est aisé de concevoir l'estat où je fus tout ce jour-là, qui effectivement me parut le plus affreux de touts ceux que j'eusse passé jusque là dans ma vie. Je dis jusque là, car j'en ai eu depuis de plus fascheux. Je voyois le parlement sur le point de mollir, et je me voyois par conséquent dans la nécessité, ou de subir avec lui le joug du monde le plus honteux et mesme le plus dangereux pour mon particulier, ou de m'ériger purement et simplement en tribun du peuple, qui est le parti de touts le moins seur et mesme le plus bas, toutes les fois qu'il n'est pas revestu.

La foiblesse de M. le prince de Conti, qui s'estoit laissé emmener comme un enfant par monsieur son frère; celle de M. de Longueville, qui, au lieu de venir rasseurer ceux avec lesquels il estoit engagé, avoit esté offrir à la reine ses services; la déclaration de M. de Bouillon et de la Mothe, avoient fort dégarni ce tribunat. L'imprudence du Mazarin le releva. Il fit refuser par la reine audience aux gents du roi : ils revindrent dès le soir à Paris, convaincus que la cour vouloit pousser toutes choses à l'extrémité.

Je vis mes amis toute la nuit; je leur monstrai les advis que j'avois receus de Saint-Germain, qui estoient que M. le prince avoit asseuré la reine qu'il prendroit Paris en quinse jours (3), et que M. Le Tellier, qui avoit esté procureur du roi au chastelet, et qui par ceste raison debvoit

---

(1) Une copie de cette lettre se trouve à la Bibliothèque du roi, collection Dupuy, volume 754. Elle est contresignée Guénégaud et porte la date du 6 janvier.

(2) Amelot, conseiller de la cinquième chambre des enquêtes, homme d'esprit du monde plustôt que du palais, où il ne s'aplique presque point; est dans les intrigues et voit beaucoup de gens de la cour : est fort amy de M. de Montresor; a tousjours été dans les intéretz de M. de Retz; il est capable de servir, sans néantmoins qu'on en attende de luy de l'injustice; est considéré dans le monde comme un homme seur. (Portrait du parlement; Manuscrits de la Bibliothèque du roi.)

(3) Nous avons extrait le couplet suivant d'une chanson du temps, faite au sujet de ce propos :

> Condé, quelle sera ta gloire
> Quand tu gagneras la victoire
> Sur l'officier et le marchand,
> Tu vas faire dire à ta mère,
> Ah! que mon grand fils est méchant,
> Il a battu son petit frère.
>
> (Recueil manuscrit de la Biblioth. du roi.)

avoir cognoissance de la police, respondoit que la cessation de deux marchés affameroit la ville. Je jetai par là dans les esprits l'opinion de l'impossibilité de l'accomodement, qui n'estoit dans la verité que trop effective.

Les gents du roi firent le lendemain au matin [8 janvier] leur rapport du refus de l'audience; le désespoir s'empara de touts les esprits; et l'on donna tout d'une voix, à la réserve de celle de Bernai, plus cuisinier que conseiller, ce fameux arrest du 8 de janvier 1649, par lequel le cardinal Mazarin fut déclaré ennemi du roi et de l'estat, perturbateur du repos public et enjoint à touts les subjets du roi de lui courir sus.

L'après-disnée, l'on tint la police générale par les députés du parlement, de la chambre des comptes, de la cour des aides, M. de Montbazon, gouverneur de Paris, le prévost des marchands et eschevins, et les communautés des six corps des marchands. Il fut arresté que le prévost des marchands et l'eschevin donneroient des commissions pour lever quatre mille chevaux, et dix mille hommes de pied. Le mesme jour la chambre des comptes et la cour des aides députèrent vers la reine, pour la supplier de ramener le roi à Paris. La ville députa aussi au mesme effet. Comme la cour estoit encore persuadée que le parlement foibliroit, parce qu'elle n'avoit pas encore receu la nouvelle de l'arrest, elle respondit très-fièrement à ces députations. M. le prince s'emporta mesme beaucoup contre le parlement devant la reine, en parlant à Amelot, premier président de la cour des aides; et la reine respondit à touts ces corps qu'elle ne rentreroit jamais à Paris, ni le roi ni elle, que le parlement n'en fust dehors.

Le lendemain au matin, qui fut le 9 de janvier, la ville receut une lettre du roi (1), par laquelle il lui estoit commandé de faire obéir le parlement, et de l'obliger à se rendre à Montargis. M. de Montbazon, assisté de Fournier, premier eschevin, d'un autre eschevin et de quatre conseillers de ville, apportèrent la lettre au parlement, et ils lui protestèrent en mesme temps de ne recevoir d'autres ordres que ceux de la compagnie, qui fit ce mesme matin-là le fond nécessaire pour la levée des troupes. L'après-disnée l'on tint la police générale, dans laquelle touts les corps de la ville et tous les colonels et capitaines des quartiers jurèrent une union pour la défense commune. Vous aves subjet de croire que j'en avois moi-mesme d'estre satisfait de l'estat des choses, qui ne me permettoit plus de craindre d'estre abandonné; et vous en seres encore bien plus persuadée quand je vous aurai dit que le marquis de Noirmoustier m'asseura, dès le lendemain qu'il fust arrivé à Saint-Germain, que M. le prince de Conti et M. de Longueville estoient très-bien disposés, et qu'ils eussent déjà esté à Paris, s'ils n'eussent creu asseurer mieux leur sortie de la cour, en se monstrant quelques jours durant. M. de Larochefoucault escrivoit au mesme sens à madame de Longueville.

Vous croyes sans doubte toute ceste affaire en bon estat: vous alles toutefois advouer que ceste mesme estoile, qui a semé de pierres touts les chemins par où j'ai passé, me fit trouver dans celui qui paroissoit si glissant et si applani, un des plus grands obstacles et un des plus grands embarras que j'aie rencontrés dans tout le cours de ma vie.

L'après-disnée du jour que je vous viens de marquer, qui fut le 9 de janvier, M. de Brissac, qui avoit espousé ma cousine, mais avec qui j'avois fort peu d'habitude, entra cheux moi, et il me dit en riant: « Nous sommes de mesme » parti, je viens servir le parlement. » Je creus que M. de Longueville, de qui il estoit parent proche à cause de sa femme, pouvoit l'avoir engagé; et pour m'en éclaircir j'essayai de le faire parler, sans m'ouvrir toutefois à lui à tout hasart. Je trouvai qu'il ne sçavoit quoique ce soit ni de M. de Longueville ni de M. le prince de Conti: qu'estant peu satisfait du cardinal et moins encore du mareschal de la Meilleraye, son beau-frère, il venoit chercher son advanture dans un parti où il creut que nostre alliance pourroit ne lui estre pas inutile. Après une conversation d'un demi-quart d'heure, il vit par la fenestre que l'on mettoit mes chevaux à mon carosse. « Ah mon Dieu, dit-il, ne sortes » pas; voilà M. d'Elbeuf (2) qui sera ici dans » un moment. — Et que faire? lui respon- » dis-je; n'est-il pas à Saint-Germain? — » Il y estoit, reprit froidement M. de Bris- » sac, mais comme il n'y a pas trouvé à dis- » ner, il vient voir s'il se trouvera à souper à

---

(1) Cette lettre portait en substance: « Que S. M. commandoit aux eschevins et à tous les habitants de sa dite ville, d'en chasser et mettre hors, le plus promptement qu'ilz pourroyent, tout le corps du parlement; leur promettant, en ce cas, la continuation de ses bonnes grâces; et qu'en mesme-temps que ledit parlement sortiroit par une porte, sa dite majesté y rentreroit par une aultre pour leur en témoigner ses effetz. » (Journ. hist. du temps; Manuscrit de la Biblioth. du roi.)

(2) Charles de Lorraine, second du nom, mort en 1657. (A. E.) M. de Sainte-Aulaire a, par erreur, indiqué, dans son *Histoire de la Fronde*, la mort du duc d'Elbeuf à l'année 1651. Charles de Lorraine était âgé de soixante-et-un ans lorsqu'il mourut.

» Paris. Il m'a juré plus de dix fois depuis le
» pont de Neuilli, où je l'ai rencontré, jusqu'à
» la Croix-du-Tiroir, où je l'ai laissé, qu'il fe-
» roit mieux que son cousin, M. du Maine, ne
» fît à la Ligue. » Juges, s'il vous plaist, de ma
peine! Je n'osois m'ouvrir à qui que ce soit
que j'attendois M. le prince de Conti et M. de
Longueville, de peur de les faire arrester à Saint-
Germain. Je voyois un prince de la maison de
Lorraine, dont le nom est tousjours agréable à
Paris, prest à se déclarer et à estre déclaré certainement général des troupes, qui n'en avoient
point et qui en avoient un besoing pressant par
les minutes. Je sçavois que le mareschal de la
Mothe, qui se défioit tousjours de l'irrésolution
naturelle à M. de Longueville, ne feroit pas un
pas qu'il ne le vist; et je ne pouvois doubter que
M. de Bouillon n'adjoustast encore la présence
de M. d'Elbeuf, très-suspect à touts ceux qui
le cognoissoient sur le chapitre de la probité,
aux motifs qu'il trouvoit pour ne point agir dans
l'absence de M. le prince de Conti. De remède,
je n'en voyois point. Le prévost des marchands
estoit, dans le fond du cœur, passionné pour
la cour, et je ne le pouvois ignorer. Le premier
président n'en estoit pas esclave comme l'autre,
mais l'intention certainement y estoit; et de
plus, quand j'eusse esté aussi asseuré d'eux que
de moi-mesme, que leur eussés-je peu proposer
dans une conjoncture où les peuples enragés ne
pouvoient pas ne pas s'attacher au premier objet, et où ils eussent pris pour mensonge et pour
trahison tout ce que l'on leur eust dit, au moins
publiquement, contre un prince qui n'avoit rien
du grand de ses prédécesseurs que les manières
de l'affabilité, ce qui estoit justement ce que
j'avois à craindre en ce moment. Sur le tout,
je n'osois me promettre tout-à-fait que M. le
prince de Conti et M. de Longueville vinsent
si tost qu'ils me l'assuroient. J'avois escrit la
veille au second, comme par un pressentiment,
que je le suppliois de considérer que les moindres
instants estoient précieux, et que le délai mesme
fondé, dans le commancement des grandes affaires, est tousjours dangereux. Mais je cognoissois son irrésolution. Supposé mesme qu'ils
arrivassent dans un demi-quart d'heure, ils
arrivoient tousjours après un homme qui avoit
l'esprit du monde le plus artificieux, et qui ne
manqueroit pas de donner toutes les couleurs qui
pourroient jetter dans l'esprit des peuples la défiance, asses aisée à prendre dans les circonstances d'un frère et d'un beau-frère de M. le
prince. Véritablement, pour me consoler, j'a-
vois pour prendre mon parti sur ces réflexions
peut-estre deux moments, peut-estre un quart

d'heure pour le plus. Il n'estoit pas encore passé
quand M. d'Elbeuf entra cheux moi, qui me
dit tout ce que la cajolerie de la maison de
Guise lui pust suggérer. Je vis ses trois enfants
derrière lui, qui ne furent pas tout-à-fait si
éloquents, mais qui me parurent avoir esté bien
chiflés. Je respondis à leurs honnestetés avec
beaucoup de respect, et avec toutes les manières qui pouvoient couvrir mon jeu. M. d'Elbeuf me dit qu'il alloit de ce pas à l'Hostel-de-
Ville lui offrir son service; à quoi lui ayant
respondu que je croyois qu'il seroit plus obligeant pour le parlement, qu'il s'adressast le lendemain directement aux chambres assemblées,
il demeura fixé dans sa première résolution,
quoiqu'il me vint d'asseurer qu'il vouloit en tout
suivre mes conseils.

Aussitost qu'il fut monté en carosse, j'escrivis un mot à Fournier, premier eschevin, qui
estoit de mes amis, qu'il prist garde que l'Hostel-
de-Ville renvoyast M. d'Elbeuf au parlement.
Je mandai à ceux des curés, qui estoient le
plus intimément à moi, de jeter la défiance par
leurs ecclésiastiques, dans l'esprit des peuples,
de l'union qui avoit paru entre M. d'Elbeuf et
l'abbé de la Rivière. Je courus toute la nuit à
pied et déguisé, pour faire cognoistre à ceux du
parlement, ausquels je n'osois m'ouvrir touchant
M. le prince de Conti et M de Longueville, qu'ils
ne se debvoient pas abandonner à la conduite
d'un homme aussi décrié sur le chapitre de la
bonne foi, et qui leur faisoit bien cognoistre les
intentions qu'il avoit pour leur compagnie, puisqu'il s'estoit adressé à l'Hostel-de-Ville d'abord,
sans doubte en veue de le diviser du parlement.
Comme j'avois eu celle de gagner du temps, en
lui conseillant d'attendre jusqu'au lendemain,
pour lui offrir son service devant que de se
présenter à la ville, je me résolus, dès que je
vis qu'il ne prenoit pas mon conseil, de me servir contre lui-mesme de celui qu'il suivoit; et je
trouvai effectivement que je faisois effet dans
beaucoup d'esprit. Mais comme je ne pouvois
veoir que peu de gents dans le peu de temps que
j'avois, et que de plus, la nécessité d'un chef
qui commandast les troupes ne souffroit presque
point de délai, je m'appercevois que mes raisons
touchoient beaucoup plus les esprits que les
cœurs, et pour vous dire le vrai, j'estois fort
embarrassé, et d'autant plus que j'estois bien
adverti que M. d'Elbeuf ne s'oublioit pas. Le
président Le Coigneux, avec qui il avoit esté fort
brouillé lorsqu'ils estoient touts deux avec Monsieur à Bruxelles, et avec qui il se croyoit ra-
comodé, me fit veoir un billet qu'il lui avoit escrit de la porte Saint-Honnoré, en entrant dans la

ville, où estoient ces propres mots : « Il faut aller faire hommage au coadjuteur, dans trois jours il me rendra ses debvoirs. » Le billet estoit signé, « L'ami du cœur. » Je n'avois pas besoing de ceste preuve pour sçavoir qu'il ne m'aimoit pas. J'avois esté autrefois brouillé avec lui, et je l'avois prié un peu brusquement de se taire dans un bal cheux madame Perroche, dans lequel il me sembloit qu'il vouloit faire une raillerie de M. le comte, qu'il haïssoit fort parce qu'ils estoient touts deux en ce temps-là amoureux de madame de Montbazon.

Après avoir couru la ville jusques à deux heures, je revins cheux moi presque résolu de me déclarer publiquement contre M. d'Elbeuf, de l'accuser d'intelligence avec la cour, de faire prendre les armes et de le prendre lui-mesme, ou au moins de l'obliger à sortir de Paris. Je me sentois asses de crédit dans le peuple pour le pouvoir entreprendre judicieusement : mais il fault advouer que l'extrémité estoit grande, par une infinité de circonstances, et particulièrement par celle d'un mouvement qui ne pouvoit estre médiocre dans une ville investie, et investie par son roi.

[10 janvier.] Comme je roulois toutes ces différentes pensées dans ma teste, qui n'estoit pas, comme vous vous pouves imaginer, peu agitée, l'on me vint dire que le chevalier de La Chaise, qui estoit à M. de Longueville, estoit à la porte de ma chambre. Il me cria en entrant : « Leves-» vous, monsieur, M. le prince de Conti (1) et » M. de Longueville sont à la porte Saint-Hon-» noré, et le peuple qui crie et qui dit qu'ils » viennent trahir la ville ne les veut pas laisser » entrer. » Je m'habillai en diligence, j'allai prendre le bon homme Broussel, je fis allumer huit ou dix flambeaux, et nous allasmes en cest équipage à la porte Saint-Honnoré. Nous trouvasmes déjà tant de monde dans la rue, que nous eusmes peine à percer la foule, et il estoit grand jour quand nous fismes ouvrir la porte, parce que nous employasmes beaucoup de temps à rasseurer les esprits, qui estoient dans une défiance inimaginable. Nous harangasmes le peuple, et nous amenasmes à l'hostel de Longueville M. le prince de Conti et monsieur son beau-frère.

J'allai en mesme temps cheux M. d'Elbeuf lui faire une manière de compliment, qui ne lui eust pas pleu : car ce fut pour lui proposer de ne pas aller au Palais, ou au moins de n'y aller qu'avec les autres, et après avoir conféré en-

semble de ce qu'il y avoit à faire pour le bien du parti. La défiance générale que l'on avoit de tout ce qui avoit le moins du monde de rapport avec M. le prince, nous obligeoit à mesnager avec bien de la douceur ces premiers moments. Ce qui eust peut-estre esté facile la veille eust esté impossible et mesme ruineux le matin du jour suivant; et ce M. d'Elbeuf, que je croyois pouvoir chasser de Paris le 9, m'en eust chassé apparemment le 10, s'il eust sceu prendre son parti, tant le nom de Condé estoit suspect au peuple. Dès que je vis qu'il avoit manqué le moment dans lequel nous fismes entrer M. le prince de Conti, je ne doubtai point que comme le fond des cœurs estoit pour moi, je ne les ramenasse, avec un peu de temps, où il me plairoit : mais il falloit ce peu de temps; et c'est pourquoi mon advis fut, et il n'y en avoit point d'autres, de mesnager M. d'Elbeuf, et de lui faire veoir qu'il pouvoit trouver sa place et son compte, en s'unissant avec M. le prince de Conti et avec M. de Longueville. Ce qui me fait croire que ceste proposition ne lui auroit pas pleu, comme je vous le disois à ceste heure, est qu'au lieu de m'attendre cheux lui comme je l'en avois envoyé prier, il alla au Palais. Le premier président, qui ne vouloit pas que le parlement allast à Montargis, mais qui ne vouloit point non plus de guerre civile, receut M. d'Elbeuf à bras ouverts, précipita l'assemblée des chambres; et quoi que peussent dire Broussel, Longueil, Viole, Blancmenil, Novion, Le Coigneux, fît déclarer général M. d'Elbeuf, dans la veue, à ce que m'a depuis advoué le président de Mesme, qui se faisoit l'auteur de ce conseil, de faire une division dans le parti, qui n'eust esté, à son compte, capable d'empescher la cour de s'adoucir, et qui l'eust esté toutefois d'affoiblir asses la faction pour la rendre moins dangereuse et moins durable. Ceste pensée m'a toujours paru une de ces divisions dont la spéculation est belle, et la pratique impossible : la mesprise en ces matières est tousjours très-périlleuse.

Comme je ne trouvai point M. d'Elbeuf, que ceux à qui j'avois donné l'ordre de l'observer me rapportèrent qu'il avoit pris le chemin du Palais, et que j'eus appris que l'assemblée des chambres avoit esté advancée, je me tins pour dit; je ne doubtai point de la vérité, et je revins en diligeance à l'hostel de Longueville, pour obliger M. le prince de Conti et M. de

---

(1) Le prince de Condé, outré de colère de ce que M. le prince de Conti son frère, avait pris un parti contraire au sien, prit un bossu par la main, qu'il mena à la reine en lui disant : « Madame, voilà le général des Pa-

risiens. » (Journal historique du temps.) — La difformité de taille du prince de Conti se trouve assez souvent chansonnée dans des pamphlets de la Fronde.

Longueville d'aller sur l'heure mesme au parlement. Le second n'avoit jamais haste, et le dernier, fatigué de sa mauvaise nuit, s'estoit mis au lit. J'eus toutes les peines du monde à le persuader de se relever. Il se trouvoit mal, et il tarda tant, que l'on nous vint dire que le parlement estoit levé et que M. d'Elbeuf marchoit à l'Hostel-de-Ville pour y prester le serment et prendre le soing de toutes les commissions qui se délivroient. Vous concevés aisément l'amertume de ceste nouvelle. Elle eust esté plus grande si la première occasion que M. d'Elbeuf avoit manquée, ne m'eust donné lieu d'espérer qu'il ne se serviroit pas mieux de la seconde. Comme j'apréhendois toutefois que le bon succès de ceste matinée ne lui eslevat le cœur, je creus qu'il ne lui falloit pas laisser trop le temps de se recognoistre, et je proposai à M. le prince de Conti de venir au parlement l'après-disnée, de s'offrir à la compagnie et d'en demeurer simplement et précisément dans ces termes, qui se pourroient expliquer plus et moins fortement, selon qu'il trouveroit l'air du bureau dans la grande chambre ; mais encore plus, selon que je le trouverois moi-mesme dans la salle, où soubs le prétexte que je n'avois pas encore de place au parlement, je faisois estat de demeurer pour avoir l'œil sur le peuple.

M. le prince de Conti se mit dans mon carosse, sans aucune suite que la mienne de livrée, qui estoit fort grande, et qui me faisoit par conséquent recognoistre de fort loing ; ce qui estoit asses à propos en ceste occasion, et qui n'empéchoit pourtant pas que M. le prince de Conti ne fist veoir aux bourgeois qu'il prenoit confiance en eux, ce qui n'y estoit pas moins nécessaire. Il n'y a rien où il faille plus de précautions qu'en tout ce qui regarde les peuples, parce qu'il n'y a rien de plus desréglé ; il n'y a rien où il les faille plus cacher, parce qu'il n'y a rien de plus défiant. Nous arrivasmes au Palais devant M. d'Elbeuf ; l'on cria sur les degrés et dans la salle : vive le coadjuteur ! mais à la réserve des gents que j'y avois fait trouver, personne ne cria vive Conti ! Et comme Paris fournit un monde plustost qu'un nombre dans les esmotions, quoique j'y eusse beaucoup de gents apostés, il me fut aisé de juger du gros du peuple n'estoit pas guéri de la défiance ; et je vous confesse que je fus bien aise quand j'eus tiré ce prince de la salle, et que je l'eusse mis dans la grande chambre. M. d'Elbeuf arriva un moment après, suivi de touts les gardes de la ville, qui l'accompagnoient depuis le matin comme général. Le peuple esclatoit de toutes parts, criant : vive son altesse ! vive Elbeuf ! Et comme on crioit en mesme temps vive le coadjuteur! je l'abordai avec un visage riant, et je lui dis : « Voici un écho, monsieur, qui m'est » bien glorieux.—Vous estes trop honneste, me » respondit-il, » et en se tournant aux gardes il » leur dit : « Demeures à la porte de la grande » chambre. » Je pris cest ordre pour moi, et j'y demeurai pareillement avec ce que j'avois de gents le plus à moi, qui estoient en bon nombre. Comme le parlement fut assis, M. le prince de Conti prit la parole et dit : « Qu'ayant cogneu à » Saint-Germain les pernicieux conseils que l'on » donnoit à la reine, il avoit creu qu'il estoit » obligé, par sa qualité de prince du sang, de » s'y opposer. » Vous voyes asses la suite de ce discours. M. d'Elbeuf, qui, selon le caractère de touts les foibles, estoit roque et fier, parce qu'il se croyoit le plus fort, dit qu'il sçavoit le respect qu'il debvoit à M. le prince de Conti, mais qu'il ne pouvoit s'empescher de dire que cestoit lui qui avoit rompu la glace ; qui s'estoit offert le premier à la compagnie, et qu'elle lui ayant fait l'honneur de lui confier le baston de général, il ne le quiteroit jamais qu'avec la vie. La cohue du parlement, qui estoit comme le peuple, en défiance de M. le prince de Conti, applaudit à ceste déclaration, qui fut ornée de mille périphrases très-naturelles au style de M. d'Elbeuf. Touchepiés, capitaine de ses gardes, homme d'esprit et de cœur, les commenta dans la salle. Le parlement se leva après avoir donné arrest par lequel il enjoignoit, soubs peine de crime de lèse-majesté, aux troupes, de n'approcher Paris de vingt lieux, et je vis bien que je debvois me contenter, pour ce jour-là, de ramener M. le prince de Conti sain et sauf à l'hostel de Longueville. Comme la foule estoit grande, il falut que je le prisse presque entre mes bras, au sortir de la grande chambre. M. d'Elbeuf, qui croyoit estre maistre de tout, me dit d'un ton de raillerie, en entendant les cris du peuple, qui par reprise nommoient son nom et le mien ensemble : « Voilà, monsieur, un écho qui m'est » bien glorieux. » A quoi je lui respondis : « Vous » estes trop honneste ; » mais d'un ton un peu plus gai qu'il ne me l'avoit dit : car quoi qu'il creust ses affaires en fort bon estat, je jugeai, sans balancer, que les miennes seroient bientost dans une meilleure condition que les siennes, dès que je vis qu'il avoit encore manqué ceste seconde occasion. Le crédit, parmi les peuples, cultivé et nourri de longue main, ne manque jamais à estouffer, pour peu qu'il ait de temps pour germer, ces fleurs minces et naissantes de la bienveillance publique, que le pur hazart fait quelquefois pousser. Je ne me trompai pas dans ma pensée, comme vous allez voeir.

Je trouvai en arrivant à l'hostel de Longueville, Quincerot, capitaine de Navarre et qui avoit esté nourri page du marquis de Ragni (1), père de madame de Lesdiguière. Elle me l'envoyoit de Saint-Germain où elle estoit, soubs prétexte de répéter quelques prisonniers; mais dans le vrai pour m'advertir que M. d'Elbeuf, une heure après avoir appris l'arrivée de M. le prince de Conti et de M. de Longueville à Paris, avoit escrit à La Rivière ces propres mots: « Dites à la reine » et à Monsieur, que ce diable de coadjuteur » pert tout ici; que dans deux jours je n'y aurai » aucun pouvoir: mais que s'ils veulent me » faire un bon parti, je leur tesmoignerai que » je ne suis pas venu à Paris avec une aussi » mauvaise intention qu'ils se le persuadent. » La Rivière montra ce billet au cardinal, qui s'en moqua et qui le fit voir au mareschal de Villeroy. Je me servis très-utilement de cest advis, sachant que tout ce qui a façon de mystère est bien mieux receu dans les peuples, j'en fis un secret à quatre ou à cinq cents personnes. Les curés de Saint-Eustache, de Saint-Roch, de Saint-Merry et de Saint-Jean me mandèrent, sur les neuf heures du soir, que la confiance que M. le prince de Conti avoit tesmoigné au peuple, d'aller tout seul et sans suite dans mon carosse se mettre entre les mains de ceux mesmes qui crioient contre lui, avoit fait un effet merveilleux.

Les officiers des quartiers, sur les dix heures, me firent tenir cinquante et plus de billets pour m'advertir que leur travail avoit reussi, et que les dispositions estoient sensiblement et visiblement changées. Je mis Marigny en œuvre, entre dix et onze, et il fit ce fameux couplet, l'original de tous les triolets: *M. d'Elbeuf et ses enfants* (2), que vous avez tant ouï chanter à Caumartin. Nous allasmes entre minuit et une heure, M. de Longueville, le mareschal de La Mothe et moi, cheux M. de Bouillon, qui estoit au lit avec la goute, et qui, dans l'incertitude des choses, faisoit grande difficulté de se déclarer. Nous lui fismes veoir nostre plan et la facilité de l'exéqution. Il la comprit et y entra. Nous prismes toutes nos mesures; je donnai moi-mesme les ordres aux colonels et aux capitaines qui estoient de mes amis. Vous concevres mieux nostre projet par le recit de son exécution, sur laquelle je m'estendrai après que j'aurai encore fait ceste remarque, que le coup le plus dangereux que je portai à M. d'Elbeuf, dans tout ce mouvement, fut l'impression que je donnai par les habitués des paroisses, qui croioient eux-mesmes, que je donnai, dis-je, au peuple, qu'il avoit intelligeance avec les troupes du roi, qui, le soir du 9, s'estoient saisies du poste de Charenton. Je le trouvai au moment que ce bruit se respandoit sur les dégrés de l'hostel-de-ville, et il me dit: « Que diries-vous, » qu'il y ait des gents asses méchants pour dire » que j'ai fait prendre Charenton? » Et je lui respondis: « Que diries-vous qu'il y ait des gents » asses scélérats pour dire que M. le prince de » Conti est venu ici de concert avec M. le » prince? » Je reviens à l'exécution du projet que je vous ai deja touché ci-dessus.

Comme je vis l'esprit des peuples asses disposé et asses revenu de sa défiance, pour ne pas s'intéresser pour M. d'Elbeuf, je creus qu'il n'y avoit plus de mesures à garder, et que l'ostentation seroit aussi à propos ce jour-là, que la modestie avoit esté de saison la veuille.

---

(1) Léonor de la Madelaine. (A. E.)
(2) Le triolet dont parle le coadjuteur et dont il fait tant d'éloges, serait difficile à reconnaître au milieu d'une foule d'autres compositions du même genre et sur le même personnage. Selon Petitot, ce serait le second des couplets que nous citons qui donna naissance à tous les autres. L'auteur de l'*Esprit de la Fronde*, croit au contraire que ce fut le premier. Les différents textes qui suivent sont extraits des recueils manuscrits de la Bibliothèque du roi.

Monsieur d'Elbœuf et ses enfans
Ont fait tous quatre des merveilles;
Ils sont pompeux et triomphans.
Monsieur d'Elbœuf et ses enfans.
On dira jusqu'à deux mille ans,
Comme une chose sans pareilles,
Monsieur d'Elbœuf et ses enfans
Ont fait tous quatre des merveilles.

Monsieur d'Elbœuf et ses enfans
Font rage à la place Royale.
Ils vont tous quatre piaffans,
Monsieur d'Elbœuf et ses enf..ns.
Mais sitôt qu'il faut battre aux champs,
Adieu leur humeur martiale,
Monsieur d'Elbœuf et ses enfans
Font rage à la place Royale.

Vous et vos enfans, duc d'Elbœuf,
Qui logez près de la Bastille,
Vaillez tous quatre autant que neuf,
Vous et vos enfans, duc d'Elbœuf;
Le rimeur qui vous mit au bœuf,
Mérite quelque coup d'étrille,
Vous et vos enfans, duc d'Elbœuf,
Qui logez près de la Bastille.

Il faut bien qu'il soit contenté,
Monsieur d'Elbœuf et sa famille,
Vraiment il l'a bien mérité,
Il faut bien qu'il soit contenté.
Il nous a si bien assisté,
Qu'il n'est pas sorti de la ville,
Il faut bien qu'il soit contenté
Monsieur d'Elbœuf et sa famille.

[11 janvier.] M. le prince de Conti et M. de Longueville prirent un grand et magnifique carosse de madame de Longueville, suivi d'une très grande quantité de livrées. Je me mis auprès du premier à la portière, et l'on marcha ainsi au Palais, en pompe et au petit pas. M. de Longueville n'y estoit pas venu la veille, et parce que je croyois qu'en cas d'esmotion, l'on auroit plus de respect et pour la tendre jeunesse et pour la qualité de prince du sang de M. le prince de Conti, que pour la personne de M. de Longueville, qui estoit proprement la beste de M. d'Elbeuf; et parce que M. de Longueville n'estant point pair, n'avoit point de séance au parlement, et qu'ainsi il avoit esté de nécessité de convenir au préalable de sa place, que l'on lui donna au dessus du doyen, de l'autre costé des ducs et pairs. Il offrit d'abord à la compagnie ses services, Rouen, Caen, Dieppe et toute la Normandie, et il la supplia de trouver bon que pour seureté de son engagement, il fist loger à l'hostel-de-ville madame sa femme, monsieur son fils et mademoiselle sa fille. Juges, s'il vous plaist, de l'effet que fit ceste proposition. Elle fut soubstenu et fortement et agréablement par M. de Bouillon (1), qui entra appuyé, à cause de ses goutes, sur deux gentilshommes. Il prit place au dessoubs de M. de Longueville, et il coula, selon que nous l'avions concerté la nuit, dans son discours (2), qu'il serviroit le parlement avec beaucoup de joie soubs les ordres d'un aussi grand prince que M. le prince de Conti. M. d'Elbeuf s'eschauffa à ce mot, et il répéta ce qu'il avoit dit la veille, qu'il ne quitteroit qu'avec la vie le baston de général. Le murmure s'esleva sur ce commencement de contestation, dans lequel M. d'Elbeuf fit voir qu'il avoit plus d'esprit que de jugement. Il parla fort bien, mais il ne parla pas à propos; il n'estoit plus temps de contester, il falloit plier. Mais j'ai observé que les gents foibles ne plient jamais quand ils le doibvent. Nous lui donnasmes à cest instant le troisiesme relai qui fut l'apparition du mareschal de La Mothe, qui se mit au dessoubs de M. de Bouillon, et qui fit à la compagnie le mesme compliment que lui. Nous avions conservé de ne faire paroistre sur le théâtre ces personages que l'un après l'autre, parce que nous avions considéré que rien ne touche et n'esmeut tant les peuples, et mesme les compagnies, qui tiennent toujours beaucoup du peuple, que la variété des spectacles. Nous ne nous y trompasmes pas, et ces trois apparitions qui suivirent firent un effet sans comparaison plus prompt et plus grand qu'elles ne l'eussent fait si elles se fussent unies. M. de Bouillon, qui n'avoit pas esté de ce sentiment, me l'advoua le lendemain, devant mesme que de sortir du Palais.

M. le premier président, qui estoit tout d'une pièce, demeura dans la pensée de se servir de ceste brouillerie, pour affoiblir la faction, et proposa de laisser la chose indécise jusques à l'après disnée, pour donner temps à ces messieurs de s'accommoder. Le président de Mesme, qui estoit pour le moins aussi bien intentionné pour la cour que lui, mais qui avoit plus de veue et plus de jointure, lui respondit à l'oreille, et je l'entendis : « Vous vous moqués, monsieur ; » ils s'accommoderoient peut-estre aux dépents de » nostre autorité, mais nous en sommes plus » loing : ne voyes-vous pas que M. d'Elbeuf est » pris pour dupe, et que ces gents ici sont les » maistres. » Le président Le Coigneux, à qui je m'estois ouvert la nuit, esleva sa voix et dit : « Il faut finir devant que de disner, deussions- » nous disner à minuit. Parlons en particulier à » ces messieurs » Il pria en mesme temps M. le prince de Conti et M. de Longueville d'entrer dans la quatriesme des enquestes, dans laquelle l'on entre de la grande chambre ; et M. de Novion et de Bellièvre (3), qui estoient de nostre correspondance, menèrent M. d'Elbeuf, qui se faisoit encore tenir à quatre dans la seconde. Comme je vis les affaires en pourparler, et la salle du Palais en estat de n'en rien appréhender, j'allai en diligence prendre madame de Longueville, mademoiselle sa belle-fille et madame de Bouillon, avec leurs enfants, et je les menai avec un espèce de triomphe à l'Hostel-de-Ville. La petite vérole avoit laissé à madame de Longueville, comme je vous l'ai déjà dit en un autre lieu, tout l'esclat de la beauté, quoiqu'elle lui eust diminué la beauté ; et celle de madame de Bouillon, bien qu'un peu effacée, estoit toujours très-brillante. Imagines-vous, je vous supplie, ces deux personnes sur le perron de l'Hostel-de-Ville, plus belles, en ce qu'elles parois-

---

(1) Dès que la cour vit le duc de Bouillon déclaré pour la Fronde, elle se défia du maréchal de Turenne. Des ordres furent immédiatement adressés au comte d'Erlac, pour le surveiller et même pour le faire arrêter, s'il le jugeait nécessaire.
(2) L'extrait du discours du duc de Bouillon se trouve dans le *Journal historique du temps*. Ce manuscrit, en 5 vol. in-folio, est conservé à la Bibliothèque du roi, n° 1238 bis du supplément français.
(3) Pomponne de Bellièvre, second du nom, mort premier président du parlement de Paris, en 1657. (A. E.) C'est lui qui fonda, à Paris, l'hôpital général pour les pauvres. Il succéda à Mathieu Molé dans la charge de premier président.

soient négligées, quoiqu'elles ne le fussent pas. Elles tenoient chacune un de leurs enfants entre leurs bras, qui estoient beau comme mères. La Grève estoit pleine de peuple jusques au-dessus des toits; touts les hommes jetoient des cris de joie, toutes les femmes pleuroient de tendresse. Je jétai cinq cent pistoles par les fenestres de l'Hostel-de-Ville; et après avoir laissé Noirmoustier et Miron auprès des dames, je retournai au Palais, et j'arrivai avec une foule innombrable de gents armés et non armés.

Toucheprés, capitaine des gardes de M. d'Elbeuf, dont il me semble vous avoir déjà parlé et qui m'avoit fait suivre, estoit entré un peu devant que je fusse dans la cour du Palais; estoit entré, dis-je, dans la seconde pour advertir son maistre qui y estoit toujours demeuré, qu'il estoit perdu s'il ne s'accommodoit; ce qui fut cause que je le trouvai fort embarassé et mesme fort abattu. Il le fut bien davantage quand M. de Bellièvre, qui l'avoit amusé à dessein, me demandant qu'est-ce que c'estoit que des tambours qui battoient? Je lui respondis qu'il en alloit bien entendre d'autres, et que les gents de bien estoient las de la division que l'on essayoit de faire dans la ville. Je cogneus à cet instant que l'esprit dans les grandes affaires n'est rien sans le cœur. M. d'Elbeuf ne garda plus mesme les apparences. Il expliqua ridiculement tout ce qu'il avoit dit, se rendit à plus que l'on ne voulut; et il n'y eust que l'honnesteté et le bon sens de M. de Bouillon, qui lui conservast la qualité de général [et le premier jour] avec messieurs de Bouillon et de La Mothe, esgallement généraux avec lui, soubs l'autorité de M. le prince de Conti, déclaré dès le mème instant généralissime des armées du roi, soubs les ordres du parlement.

Voila ce qui se passa le matin du 11 de janvier. L'après disnée M. d'Elbeuf, à qui l'on avoit donné ceste commission pour le consoler, somma la Bastille (1), et le soir il y eut une scène à l'Hostel-de-Ville, de laquelle il est à propos de vous rendre compte, parce qu'elle eut beaucoup plus de suite qu'elle ne méritoit. Noirmoustier, qui avoit esté fait la veille lieutenant général, sortit avec cinq cents chevaux de Paris pour pousser des escarmoucheurs des troupes que nous appelions du Mazarin, qui venoient faire le coup de pistolet dans les faubourgs. Comme il revint descendre à l'Hostel-de-Ville, il entra avec Matha, Laigues et Laboulaye (2), encore tout cuirassé dans la chambre de madame de Longueville, qui estoit toute pleine de dames. Ce meslange d'escharpes bleues, de dames, de cuirasse, de violons, qui estoient dans la salle, de trompettes qui estoient dans la place, donnoit un spectacle qui se voyoit plus souvent dans les romans qu'ailleurs. Noirmoustier, qui estoit grand amateur de l'Astrée, me dit : « Je mi-» magine que nous sommes assiégés dans Mar-» cilly. — Vous avez raison, lui respondis-je, ma-» dame de Longueville est aussi belle que Gala-» tée : mais Marsillac (M. de La Rochefoucault » le père n'estoit pas encore mort) n'est pas si » honneste homme que Lindamor. » Je m'apperceus en me retournant, que le petit courtin, qui estoit dans une croisée, pouvoit m'avoir entendu : c'est ce que je n'ai jamais sceu au vrai, mais je n'ai peu aussi jamais deviner d'autres causes de la première haine que M. de La Rochefoucault a eu pour moi.

Je sçai que vous aimes les portraits, et j'ai esté fasché par ceste raison de n'avoir peu vous en faire veoir jusques ici presque aucun qui n'ait esté de profil, et qui n'ait esté par conséquent fort imparfait. Il me semble que je n'avois pas asses de grand jour dans ce vestibule dont vous venes de sortir, et où vous n'aves veu que les peintures légères des préalables de la guerre civile. Voici la galerie où les figures vous paroistront dans leur estendue, et où je vous présenterai les tableaux des personnages que vous verres plus avant dans l'action. Vous jugeres par les traits particuliers que vous pourres remarquer dans la suite, si j'en ai bien pris l'idée. Voici le portrait de la reine, par lequel il est juste de commencer.

La reine avoit plus que personne que j'aie jamais veue, de ceste sorte d'esprit qui lui estoit nécessaire, pour ne pas paroistre sotte à ceux qui ne la cognoissoient pas. Elle avoit plus d'aigreur que de hauteur, plus de hauteur que de grandeur, plus de manière que de fond, plus

---

(1) Du Tremblay, qui commandait la Bastille, eut la vie sauve et la permission d'emporter tous ses meubles dans trois jours. Cette comédie se termina sans qu'il y eut une seule goutte de sang respendue de part ny d'autre.

M. de Broussel, conseiller en la grande chambre, en fut nommé gouverneur. Le duc de Longueville fit cette plaisanterie à ce sujet : Vous faites, disait-il aux présidents, tout le contraire de ce que vous fîtes il n'y a que six mois; puisque les barricades de Paris ne furent faittes qu'afin que M. de Broussel ne fut point retenu prisonnier; et c'est vous-mesmes aujourd'hui qui le mettez dans la Bastille. (Journal historique du temps. Manuscrits de la bibliothèque du roi).

(2) Maximilien Eschalart, marquis de la Boulaye, né le 2 avril 1610; il fut gouverneur de Fontenay, et mourut en 1668.

d'inapplication à l'argent que de libéralité, plus de libéralité que d'intérest, plus d'intérest que de désintéressement, plus d'attachement que de passion, plus de dureté que de fierté, plus de mémoire des injures que des bienfaits, plus d'intention de piété que de piété, plus d'opiniastreté que de fermeté, et plus d'incapacité que de tout ce que dessus.

M. le duc d'Orléans avoit à l'exception du courage, tout ce qui estoit nécessaire à un honneste homme : mais comme il n'avoit rien, sans exception, de tout ce qui peut distinguer un grand homme, il ne trouvoit rien dans lui-mesme qui peust ni suppléer ni mesme soubstenir sa foiblesse. Comme elle regnoit dans son cœur par la frayeur et dans son esprit par l'irrésolution, elle salit tout le cours de sa vie. Il entra dans toutes les affaires, parce qu'il n'avoit pas la force de résister à ceux qui l'y entraisnoient avec leur intérest ; il n'en sortit jamais qu'avec honte, parce qu'il n'avoit pas le courage de les soubstenir. C'est ombrage amortit dès sa jeunesse en lui les couleurs mesme les plus vives et les plus gaies, qui debvoient briller naturellement dans un esprit beau et éclairé, dans un enjouement aimable, dans une intention très bonne, dans un désintéressement complet, et dans une facilité de mœurs incroyable.

M. le prince est né capitaine, ce qui n'est jamais arrivé qu'à lui, à César et à Spinola. Il a esgalé le premier ; il a passé le second. L'intrépidité est l'un des moindres traits de son caractère. La nature lui avoit fait l'esprit aussi grand que le cœur. La fortune en le donnant à un siècle de guerre a laissé au second toute son estendue. La naissance ou plustost l'éducation, dans une maison attachée et soubmise au cabinet, a donné des bornes trop estroites au premier. L'on ne lui a pas inspiré d'asses bonne heure les grandes et générales maximes, qui sont celles qui font et qui forment ce que l'on appelle l'esprit de suite. Il n'a pas eu le temps de les prendre par lui-mesme, parce qu'il a esté prévenu dès sa jeunesse par la cheute imprévue des grandes affaires, et par l'habitude au bonheur. Ce défault a fait qu'avec l'ame du monde la moins meschante, il a fait des injustices ; qu'avec le cœur d'Alexandre il n'a pas esté exempt, non plus que lui, de foiblesse ; qu'avec un esprit merveilleux il est tombé dans des imprudences ; qu'ayant toutes les qualités de François de Guise, il n'a pas servi l'estat, en de certaines occasions, aussi bien qu'il le debvoit ; et qu'ayant toutes celles de Henri du mesme nom, il n'a pas poussé la faction où il le pouvoit. Il n'a peu remplir son mérite, c'est un défault : mais il est rare, mais il est beau.

M. de Longueville avoit, avec le beau nom d'Orléans, de la vivacité, de l'agréement, de la despense, de la libéralité, de la valeur, de la grandeur, et il ne fut jamais qu'un homme médiocre, parce qu'il eut toujours des idées qui furent infiniment au dessus de sa capacité. Avec la grande qualité et les grands desseins, l'on n'est jamais compté pour rien ; quand on ne les soubstient pas, l'on n'est pas compté pour beaucoup : et c'est ce qui fait le médiocre.

M. de Beaufort n'en estoit pas jusques à l'idée des grandes affaires, il n'en n'avoit que l'intention. Il en avoit ouï parler aux importants ; il en avoit un peu retenu du jargon. Celui-là meslé avec les expressions qu'il avoit tirées très fidèlement de madame de Vendosme, formoient une langue qui eust déparé le bon sens de Caton. Le sien estoit court et lourd (1) ; et d'autant plus qu'il estoit obscurci par la présomption. Il se croyoit habile, et c'est ce qui le faisoit paroistre artificieux ; parce que l'on cognoissoit d'abord qu'il n'avoit pas asses d'esprit [pour estre fin]. Il estoit brave de sa personne, et plus qu'il n'appartenoit à un fanfaron. Il l'estoit en tout sans exception ; en rien plus faussement qu'en galanterie ; il parloit et il pensoit comme le peuple, dont il fut l'idole quelque temps. Vous en verres les raisons.

M. d'Elbeuf n'avoit du cœur, que par ce qu'il est impossible qu'un prince de la maison de Lorraine n'en ait point. Il avoit tout l'esprit qu'un homme, qui a beaucoup plus d'art que de bons sens, peut avoir. C'estoit le galimathias du monde le plus fleuri. Il a esté le premier prince que la pauvreté ait avili ; et peut-estre jamais homme n'a eu moins que lui l'art de se faire pleindre dans sa misère. La commodité ne le re-

---

(1) La chanson suivante de Blot confirme le jugement du cardinal de Retz sur l'*éloquence* du duc de Beaufort.

> Beaufort de grande renommée,
> Qui sut ravitailler Paris,
> Doit toujours tirer son épée
> Sans jamais dire son avis.
>
> S'il veut servir toute la France,
> Qu'il n'approche pas du barreau,
> Qu'il rengaine son éloquence
> Et tire le fer du fourreau.
>
> Dans un combat, il brille, il tonne,
> On le redoute avec raison ;
> Mais de la sorte qu'il raisonne,
> On le prendroit pour un oison.

(*Recueil de chansons*; Manuscrits de la Bibliothèque du roi.)

leva pas; et si il fust parvenu jusques à la richesse, l'on l'eust envié comme un partisan, tant la geuserie lui paroissoit propre et faite pour lui.

M. de Bouillon estoit d'une valeur esprouvée, et d'un sens profond. Je suis persuadé, par ce que j'ai veu de sa conduite, que l'on a fait tort à sa probité quand on l'a descriée. Je ne sçai si l'on n'a point fait quelque faveur à son mérite, en le croyant capable de toutes les grandes choses qu'il n'a point faites.

M. de Turenne a eu dès sa jeunesse toutes les bonnes qualités, et il a acquis les grandes d'asses bonne heure. Il ne lui en a manqué aucune que celles dont il ne s'est pas advisé. Il avoit presque toutes les vertus comme naturelles; il n'a jamais eu le brillant d'aucune. On l'a creu plus capable d'estre à la teste d'une armée que d'un parti, et je le crois aussi, parce qu'il n'estoit pas naturellement entreprenant. Mais toutefois qui le sçait? Il a tousjours eu en tout, comme en son parler, de certaines obscurités qui ne se sont développées que dans les occasions; mais qui ne se sont jamais développées qu'à sa gloire.

Le mareschal de La Mothe avoit beaucoup de cœur. Il estoit capitaine de la seconde classe; il n'estoit pas homme de beaucoup de sens. Il avoit asses de douceur et de facilité dans la vie civile. Il estoit très-utile dans un parti, parce qu'il estoit très-commode.

J'oubliois presque M. le prince de Conti, ce qui est un bon signe pour un chef de parti. Je ne crois pas vous le pouvoir mieux dépeindre qu'en vous disant que (1) ce chef de parti estoit un zéro, qui ne multiplioit que parce qu'il estoit prince du sang. Voila pour le public. Pour ce qui estoit du particulier, la méchanseté faisoit en lui ce que la foiblesse faisoit en M. le duc d'Orléans. Elle inondoit toutes les autres qualités, qui n'estoient d'ailleurs que médiocres et toutes semées de foiblesse.

Il y a tousjours eu du je ne sçai quoi en tout M. de La Rochefoucault. Il a voulu se mesler d'intrigues dès son enfance, et dans un temps où il ne sentoit pas les petits intérêts, qui n'ont jamais esté son foible; et où il ne cognoissoit pas les grands, qui d'un autre sens n'ont pas esté son fort. Il n'a jamais esté capable d'aucune affaire, et je ne sçai pourquoi; car il avoit des qualités qui eussent suppléé en tout autre celles qu'il n'avoit pas (2). Sa vue n'estoit pas estendue et il ne voyoit pas mesme tout ensemble ce qui estoit à sa portée; mais son bon sens, et très-bon dans la spéculation, joint à sa douceur, à son insinuation et à sa facilité de mœurs, qui est admirable, devoit [compenser] plus qu'il n'a fait le défaut de sa pénétration. Il a tousjours eu une irrésolution habituelle, mais je ne sçai mesme à quoi attribuer ceste irrésolution. Elle n'a peu venir en lui de la fécondité de son imagination, qui n'est rien moins que visfve. Je ne la puis donner à la stérilité de son jugement : car quoiqu'il ne l'ait pas exquis dans l'action, il a un bon fonds de raison. Nous voyons les effets de ceste irrésolution quoique nous n'en cognoissions pas la cause. Il n'a jamais esté guerrier, quoiqu'il fust très-soldat. Il n'a jamais esté par lui-mesme bon courtisan, quoiqu'il ait eu tousjours bonne intention de l'estre. Il n'a jamais esté bon homme de parti, quoique toute sa vie il y ait esté engagé. Cest air de honte et de timidité que vous lui voyes dans la vie civile, s'estoit tourné dans les affaires en air d'apologie. Il croyoit tousjours en avoir besoing; ce qui joint à ses maximes, qui ne marquent pas asses de foi en la vertu, et à sa pratique, qui a tousjours esté de chercher à sortir des affaires avec autant d'impatience qu'il y estoit entré, me fait conclure qu'il eust beaucoup mieux fait de se cognoistre et de se réduire à passer, comme il l'eust peu, pour le courtisan le plus poli et pour le plus honneste homme, à l'esgard de la vie commune, qui eust paru dans son siècle.

Madame de Longueville a naturellement bien du fonds d'esprit, mais elle en a encore plus le fin et le tour. Sa capacité, qui n'a pas esté aidée par sa paresse (3), n'est pas allée jusques aux affaires dans lesquelles la haine contre M. le Prince l'a portée, et dans lesquelles la galanterie l'a maintenue. Elle avoit une langueur dans les manières, qui touchoit plus que le brillant de celles mesmes qui estoient plus belles. Elle en avoit une mesme dans l'esprit, qui avoit ses charmes, parce qu'elle avoit des reveils lumineux et surprenants. Elle eust eu peu de défauts, si la galanterie ne lui en eust donné beaucoup. Comme sa passion l'obligea à ne mettre la politique qu'en second dans sa conduite, d'héroïsne d'un grand parti, elle en devint l'advanturière. La grâce a rétabli ce que le monde ne lui pouvoit rendre.

Madame de Chevreuse (4) n'avoit plus mesme

---

(1) Les lignes effacées, dont parlent les précédents éditeurs, sont des corrections de l'auteur, et non des suppressions faites après coup.

(2) La lacune annoncée ici par les anciens éditeurs n'est qu'une correction de l'auteur; et les deux lignes effacées se retrouvent un peu plus bas.

(3) C'est-à-dire à cause de sa paresse. (A. E.).

(4) Marie de Rohan, fille d'Hercule de Rohan, duc

de reste de beauté quand je l'ai cogneue. Je n'ai jamais veu qu'elle en qui la vivacité suppléast au jugement. Elle lui donnoit mesme asses souvent des ouvertures si brillantes, qu'elles paroissoient comme des éclairs; et si sages qu'elles n'eussent pas esté désadvouées par les plus grands hommes de touts les siècles. Ce mérite toutefois ne fut que d'occasion. Si elle fust venue dans un siècle où il n'y eust point eu d'affaires, elle n'eust pas seulement imaginé qu'il y en peust avoir. Si le prieur des chartreux lui eust pleu, elle eust esté solitaire de bonne foi. M. de Lorraine (1), qui s'y attacha, la jeta dans les affaires. Le duc de Buchincham (2) et le comte de Holland (3) l'y entretindrent; M. de Chasteauneuf l'y amusa. Elle s'y abandonna, parce qu'elle s'abandonnoit à tout ce qui plaisoit à celui qu'elle aimoit. Elle aimoit sans choix, et purement parce qu'il falloit qu'elle aimast quelqu'un. Il n'estoit pas mesme difficile de lui donner de partie faite un amant; mais dès qu'elle l'avoit pris, elle l'aimoit uniquement et fidèlement. Elle nous a advoué à madame de Rhodes et à moi, que par un caprice, ce disoit-elle, de la fortune, elle n'avoit jamais aimé le mieux ce quelle avoit estimé le plus, à la reserve toutefois, adjoutoit-elle, du pauvre Buchincham. Son dévouement à sa passion, que l'on pouvoit dire éternelle, quoiqu'elle changeast d'objet, n'empeschoit pas qu'une mouche lui donnoit quelques fois des distractions; mais elle en revenoit tousjours avec des emportements qui les faisoient trouver agréables. Jamais personne n'a fait moins d'attention sur les périls, et jamais femme n'a eu plus de mespris pour les scrupules et pour les debvoirs : elle ne recognoissoit que celui de plaire à son amant.

Mademoiselle de Chevreuse (4), qui avoit plus de beauté que d'agrément, estoit sotte jusques au ridicule par son naturel. La passion lui donnoit de l'esprit, et mesme du sérieux et de l'agréable, uniquement pour celui qu'elle aimoit; mais elle le traistoit bientost comme ses jupes; elle les mettoit dans son lit quand elles lui plaisoient; elle les brusloit, par une pure aversion, deux jours après.

Madame la Palatine (5) estimoit autant la galanterie qu'elle en aimoit le solide. Je ne crois pas que la reine Elisabeth d'Angleterre ait eu plus de capacité pour conduire un estat. Je l'ai veue dans la faction, je l'ai veue dans le cabinet, et je lui ai trouvé partout esgalement de la sincérité.

Madame de Montbason (6) estoit d'une très-grande beauté. La modestie manquoit à son air. Sa morgue et son jargon eussent suppléé dans un temps calme, à son peu d'esprit. Elle eut peu de foi dans la galanterie, nulle dans les affaires. Elle n'aimoit rien que son plaisir, et audessus de son plaisir, son intérest. Je n'ai jamais veu personne qui eust conservé dans le vice si peu de respect pour la vertu.

Si ce n'estoit pas une espèce de blasphème de dire qu'il y a quelqu'un dans nostre siècle plus intrépide que le grand Gustave et M. le Prince, je dirois que ça esté Molé, premier président. Il s'en est fallu de beaucoup que son esprit n'ait esté si grand que son cœur. Il ne laissoit pas d'y avoir quelque rapport, par une ressemblance qui n'y estoit toutefois qu'en laid. Je vous ai déja dit

---

de Montbazon, et de Madelaine de Lénoncourt, née en décembre 1600. Elle épousa, en 1617, Charles d'Albert, duc de Luynes, pair et connétable de France, mort en 1621; et prit, en 1622, une seconde alliance avec Claude de Lorraine, duc de Chevreuse. Madame de Chevreuse est morte le 12 d'août 1679.

Les anciens éditeurs ont confondu l'année de la mort du connétable de Luynes, avec celle du second mariage de Marie de Rohan, qui eut lieu un an après.

(1) Charles IV, duc de Lorraine, mort en 1675. (A. E.)
(2) George Villiers, duc de Buckingham, né en 1592, favori et ministre de Charles Ier, qui le maintint au pouvoir malgré le parlement. Il fut assassiné comme il alloit au secours de La Rochelle, le 23 août 1628.
(3) Lord anglais, de la maison de Rich, cadet d'un comte de Warwick, et ambassadeur en France. (A. E.)
(4) Le portrait de mademoiselle de Chevreuse, au bas duquel on lit : *La beauté et la vertu de cette jeune princesse l'ont fait également admirer le reste de sa vie et regretter après sa mort*, se trouve dans une ancienne édition des Mémoires de Retz, placé, par un hasard bien malheureux, en face du passage suivant des Mémoires, où il est question d'elle en ces termes : *La passion lui donnoit de l'esprit uniquement pour celui qu'elle aimoit; mais elle le traitoit bientost comme ses jupes, elle les mettoit dans son lit quand elles lui plaisoient; elle les brusloit par une pure aversion deux jours après.*

Charlotte-Marie de Lorraine, dite mademoiselle de Chevreuse, était fille de Claude de Lorraine, duc de Chevreuse, et de Marie de Rohan, sa femme. Elle naquit à Richemont, en Angleterre, en 1625. Mademoiselle de Chevreuse suivit sa mère pendant ses exils d'Angleterre, de Flandre et d'Allemagne, jusqu'en 1649, et mourut le 7 novembre 1652.

(5) Anne de Gonzague-Clèves, mariée, en 1645, avec Edouard de Bavière, prince palatin du Rhin. Elle était fille de Charles, duc de Mantoue-Nevers. (A. E.) Son oraison funèbre fut prononcée par Bossuet, le 9 août 1685.

(6) Les recueils de chansons faites sur l'époque que le cardinal de Retz nous retrace dans ses Mémoires, fourmillent de couplets scandaleux contre les femmes dont il vient de parler; et on y trouve relatées leurs aventures galantes. La Bibliothèque du roi possède deux collections manuscrites de chansons, extrêmement curieuses à consulter pour l'histoire de ce temps, entre autres le recueil qui fut fait pour le comte de *Maurepas*, et qui consiste en 44 vol. in-4°.

qu'il n'estoit pas congru dans sa langue, et il est vrai : mais il avoit une sorte d'éloquence qui, en charmant l'aureille, saisissoit l'imagination. Il vouloit le bien de l'estat préférablement à toutes choses, mesme à celui de sa famille, quoiqu'il parust l'aimer trop pour un magistrat : mais il n'eust pas le génie asses eslevé pour cognoistre d'asses bonne heure celui qu'il eust peu faire. Il présuma trop de son pouvoir, et s'imagina qu'il modéreroit la cour et sa compagnie ; il ne réussit ni à l'un ni à l'autre. Il se rendit suspect à touts les deux, et ainsi il fit du mal avec de bonnes intentions. La préocupation y contribua beaucoup. Elle estoit extrème en tout, et j'ai mesme observé qu'il jugeoit tousjours des actions par les hommes et presque jamais des hommes par les actions. Comme il avoit esté nourri dans les formes du Palais, tout ce qui estoit extraordinaire lui estoit suspect. Il n'y a guère de dispositions plus dangereuses en ceux qui se rencontrent dans les affaires où les règles ordinaires n'ont plus de lieu.

Le peu de part que j'ai eu dans celles dont il s'agit en ce lieu, me pourroit peut estre donner la liberté d'adjouter ici mon portrait ; mais outre que l'on ne se cognoit jamais asses bien, pour se peindre raisonnablement soi-mesme, je vous confesse que je trouve une satisfaction si sensible à vous soubmettre uniquement et absolument le jugement de tout ce qui me regarde, que je ne puis seulement me résoudre à m'en former, dans le plus intérieur de mon esprit, la moindre idée. Je reprends le fil de l'histoire.

Le commandement des armées ayant esté réglé comme je vous l'ai dit ci-dessus, l'on continua à travailler aux fonds nécessaires [16 janvier] pour la levée et pour la subsistance des troupes. Toutes les compagnies et touts les corps se constituèrent ; et Paris enfanta sans douleur une armée complète en huit jours. La Bastille se rendit, après avoir enduré pour la forme cinq ou six coups de canon. Ce fut un asses plaisant spectacle de voir les femmes à ce fameux siége, porter leurs chaises dans le jardin de l'Arsenal où estoit la batterie, comme au sermon.

M. de Beaufort, qui depuis qu'il s'estoit sauvé du bois de Vincennes (1), s'estoit caché dans le Vendosmois, de maison en maison, arriva ce jour-là à Paris et il vint descendre cheux Prudhomme. Montresor, qu'il avoit envoyé quérir dès la porte de la ville, vint me trouver en mesme temps, pour me faire compliment de sa part, et pour me dire qu'il seroit dans un quart d'heure à mon logis. Je le prévins, j'allai cheux Prudhomme : et je ne trouvai pas que la prison lui eust donné plus de sens. Il est toutefois vrai qu'elle lui avoit donné plus de réputation. Il l'avoit soubstenue avec fermeté, et en estoit sorti avec courage ; ce lui estoit mesme un mérite que de n'avoir pas quité les bords de Loire, dans un temps où il est vrai qu'il falloit et de l'adresse et de la fermeté pour les tenir. Il n'est pas difficile de faire valoir dans le commencement d'une guerre civile, celui de touts ceux qui sont mal à la cour. C'en est un grand que de n'y estre pas bien. Comme il y avoit déjà quelque temps qu'il m'avoit fait asseurer par Montresor, qu'il seroit très-aise de prendre liaison avec moi, et que je prevoyois bien l'usage auquel je le pour-

---

(1) Le 31 mai 1648. Voici la relation de son évasion tirée du Journal historique du temps. (Manuscrits de la Bibliothèque du roi.) — Le jour de la Pentecoste, dernier dudit mois de may, M. le duc de Beaufort, filz puiné de M. de Vendosme, se sauva bien adroitement du chasteau du bois de Vincennes, où il avoit esté resserré dès le commencement de la régence, par le conseil de M. le cardinal Mazarin, qui en prit ombrage. La Ramée, exempt des gardes du corps du Roy, qui estoit chargé de ceste fascheuse et difficile commission, fut extrêmement surpris, lorsqu'il se vit luy-mesme enfermé dans le château, où il estoit demeuré seul avec le prisonnier et ung de ses compagnons ; tandis que les autres archers estoient allez disner dans une autre chambre ; laquelle fut aussy fermée, par dehors, avec ung tirefondz, sans qu'ilz s'en apperceussent. Son estonnement fut redoublé, quand celuy mesme en qui sa confiance estoit toute entière, et qu'il avoit retenu auprez de sa personne, luy porta le poignard à la gorge pour le tuer, en cas qu'il apportât la moindre résistance à son desseing ; s'il ne souffroit vollontairement et sans bruit, d'estre embaillonné, lié et garotté par les bras et par les jambes et couché par terre, afin que ne pouvant se relever ny appeler du secours, lorsque le prince et luy seroient sortis de la chambre, ilz eussent assez de temps pour se mettre en liberté ; ainsi qu'ils firent tout promptement, en se laissant couler l'ung aprez l'autre le long d'une corde préparée à cest effet de longue main, de l'une des fenestres de la gallerye, dans le fossé du donjon. La plus grande difficulté fut à remonter sur la contrescarpe : mais l'on y avoit pourveu, par le moyen de cinq ou six hommes préposez pour cela, qui tirèrent à force de bras, avec une autre corde, le prisonnier et son libérateur, qui voullut avoir l'honneur et l'advantage de descendre et d'estre remonté le premier de crainte que demeurant derrière, il n'eust esté pendu, comme il eust esté sans doubte, et à bon tiltre, s'il eust manqué le coup. Dont l'évènement fut d'aultant plus heureux et admirable, qu'il fust exécuté en plain mydi et sans effusion d'une seule goutte de sang. Ils rencontrèrent dans l'épaisseur du boys deux bons chevaux, sellez et bridez, avec sept ou huit cavalliers, pour favoriser leur évasion et les escorter en lieu de seureté, et qui passant dans Charenton avec beaucoup de bruit et d'effroy, donnèrent une espèce de petite alarme à ceux qui estoient au presche ; tant estoit grand leur estonnement, et l'incertitude du chemin qu'ilz vouloient tenir.

rois mettre, j'avois jeté par intervalle et sans affectation dans le peuple des bruits advantageux pour lui. J'avois orné de mille belles couleurs une entreprise que le cardinal avoit fait faire sur lui par Du Hamel (1). Montresor, qui l'informoit avec exactitude des obligations qu'il m'avoit, avoit mis toutes les dispositions nécessaires pour une grande union entre nous. Vous croyes aisément qu'elle ne lui estoit pas désadvantageuse en l'estat où j'estois dans le parti ; et elle m'estoit comme nécessaire, parce que ma profession pouvant m'embarasser en mille rencontres, j'avois besoing d'un homme que je peusse dans les conjonctures mettre devant moi. Le mareschal de La Mothe estoit si dépendant de M. de Longueville, que je ne m'en pouvois pas respondre. M. de Bouillon n'estoit pas un subjet à estre gouverné. Il me falloit un fantosme, mais il ne me falloit qu'un fantosme ; et par bonheur pour moi, il se trouva que ce fantosme fut petit fils d'Henri-le-Grand ; qu'il parla comme on parle aux halles, ce qui n'est pas ordinaire aux enfants d'Henri-le-Grand, et qu'il eut de grands cheveux bien longs et bien blonds. Vous ne pouves vous imaginer le poids de ceste circonstance ; vous ne pouves concevoir l'effet qu'ils firent dans le peuple.

Nous sortismes ensemble de cheux Prudhomme, pour aller voir M. le prince de Conti. Nous nous mismes en mesme portière. Nous nous arrestasmes dans la rue Saint-Denis et dans la rue Saint-Martin. Je nommai, je montrai et je louai M. de Beaufort. Le feu se prit en moins d'un instant. [Tous les hommes crièrent : vive Beaufort!] toutes les femmes le baisèrent ; et nous eusmes sans exagération, à cause de la foule, peine de passer jusques à l'Hostel-de-Ville. Il présenta le lendemain requeste au parlement, par laquelle il demandoit à estre receu à se justifier de l'accusation intentée contre lui, d'avoir entrepris contre la personne du cardinal ; ce qui fut accordé et exécuté le jour d'après.

Messieurs de Luynes (2) et de Vitry arrivèrent dans le mesme temps à Paris, pour entrer dans le parti ; et le parlement donna ce fameux arrest, par lequel il ordonna que touts les deniers royaux, estant dans toutes les réceptes générales et particulières du royaume, seroient saisis et employés à la défense commune.

M. le Prince establit de sa part ses quartiers. Il porta le mareschal du Plessis à Saint-Denis ; le mareschal de Grammont à Saint-Cloud ; et Palluau, qui a esté depuis le mareschal de Clairenbault, à Sèvres. L'activité naturelle à M. le prince fut encore merveilleusement allumée par la cholère qu'il eut de la déclaration de M. le prince de Conti et de M. de Longueville, qui avoit jeté la cour dans une défiance si grande de ses intentions, que le cardinal ne doubtant point d'abord qu'il ne fust de concert avec eux, fut sur le point de quitter la cour et ne se rasseura point qu'il ne l'eust veu de retour à Saint-Germain, du quartier où il estoit allé donner les ordres. Il éclata, en y arrivant, avec fureur contre madame de Longueville particulièrement, à qui madame la princesse la mère, qui estoit aussi à Saint-Germain, en escrivit le lendemain tout le détail. Je leus ces mots qui estoient dans la mesme lettre : « L'on est ici si deschaisné con- » tre le coadjuteur, qu'il fault que j'en parle » comme les autres. Je ne puis toutefois m'em- » pécher de le remercier de ce qu'il a fait pour » la pauvre reine d'Angleterre. » Ceste circonstance est curieuse par la rareté du fait. Cinq ou six jours devant que le roi sortist de Paris, j'allai cheux la reine d'Angleterre, que je trouvai dans la chambre de madame sa fille, qui a esté depuis madame d'Orléans. Elle me dit d'abord : « Vous voyes, je viens tenir compagnie à » Henriette. La pauvre enfant n'a peu se lever » aujourd'hui faulte de feu. » Le vrai estoit qu'il y avoit six mois que le cardinal n'avait fait payer la reine de sa pension ; que les marchands ne vouloient plus fournir, et qu'il n'y avoit pas un morceau de bois dans la maison. Vous me faites bien la justice d'estre persuadée que madame d'Angleterre ne demeura pas le lendemain au lit, faulte d'un fagot : mais vous croyes bien aussi que ce n'estoit pas ce que madame la princesse vouloit dire dans son billet. Je m'en ressouvins au bout de quelques jours. J'exagérai la honte de cest abandonnement ; et le parlement envoya quarante mille livres à la reine d'Angleterre. La postérité aura peine à croire

---

(1) Jacques du Hamel, chevalier seigneur de Saint-Remi, etc., gentilhomme de monsieur le Dauphin, capitaine de chevau-légers, gouverneur des ville et château de Saint-Dizier, ambassadeur en Suède et en Allemagne, en 1632, était fils de Jean du Hamel, chevalier seigneur du Hamel de Bourseville, etc., écuyer d'écurie de Louis, cardinal de Guise, et neveu de Nicolas du Hamel, premier écuyer de Henri le balafré, duc de Guise, tué ainsi que son frère le cardinal, à Blois, en 1588. Jean et Nicolas du Hamel furent les auteurs des deux branches de la maison du Hamel, existantes aujourd'hui en Champagne et Guyenne.
(Note de MM. M. et P.)
(2) Louis-Charles d'Albert, duc de Luynes, fils unique de Charles d'Albert, duc de Luynes, et de Marie de Rohan, sa femme, qui fut plus tard madame de Chevreuse, naquit à Paris, en décembre 1620. Il se distingua dans la carrière des armes, et se démit, en 1688, de son duché de Luynes, en faveur de Charles-Honoré, son fils aîné. M. de Luynes mourut le 20 octobre 1690.

qu'une fille d'Angleterre, et petite fille de Henri-le-Grand, ait manqué d'un fagot pour se lever au mois de janvier, dans le Louvre. Nous avons horreur, en lisant les histoires, de lâchetés moins monstrueuses que celle-là; et le peu de sentiment que je trouvai, dans la plus part des esprits, sur ce fait, m'a obligé de faire, je crois, plus de mille fois ceste réflexion, que les exemples du passé touchent sans comparaison plus les hommes que ceux de leur siècle. Nous nous accoustumons à tout ce que nous voyons; et je vous ai dit quelquefois que je ne sçai si le consulat du cheval de Caligula nous auroit autant surpris que nous nous l'imaginons.

Le parti ayant pris sa forme, il n'y manquoit plus que l'establissement du cartel, qui se fit sans négociation. Un cornette de mon régiment (1) ayant esté pris par un parti du régiment de la Villette, fut mené à Saint-Germain, et la reine commanda sur l'heure que l'on lui tranchast la teste. Le grand prévost, qui ne doubtoit point de la conséquence et qui estoit asses de mes amis, m'en advertit, et j'envoyai en mesme temps un trompette à Palluau, qui commandoit dans le quartier de Sèvres, avec une lettre très ecclésiastique, mais qui faisoit entendre les inconvenients de la suite, d'autant plus proches que nous avions aussi des prisonniers, et entre autres M. d'Olonne (2), qui avoit esté arresté comme il se vouloit sauver habillé en laquais.

Palluau alla sur l'heure à Saint-Germain, où il représenta les conséquences de ceste exécution. L'on obtint de la reine, à toute peine, qu'elle fut différée jusques au lendemain; l'on lui fit comprendre après l'importance de la chose; l'on eschangea mon cornette et ainsi le quartier s'establit insensiblement.

Je ne m'arresterai pas à vous rendre compte du détail de ce qui se passa dans le siège de Paris, qui commencea le 9 de janvier 1649, et qui fut levé le 1er d'avril de la mesme année, et je me contenterai de vous en dater seulement les journées les plus considérables. Mais devant que de descendre à ce particulier, je crois qu'il est à propos de faire deux ou trois remarques, qui méritent de la réflexion.

La première est qu'il n'y eut jamais ombre de mouvement dans la ville, quoique touts les passages des rivières fussent occupés par les ennemis, et que leurs partis courussent continuellement du costé de la terre. L'on peut dire mesme que l'on ne receut presque aucune incommodité; et l'on doibt adjouster qu'il ne parut pas que l'on en eust seulement peur, que le 23 de janvier, et le 9 et 10 de mars, où l'on vit dans les marchés une petite estincelle d'esmotion, plustot causée par la malice et par l'intérest des boulangers que par le manquement de pain.

La seconde est qu'aussi tost que Paris se fust déclaré, tout le royaume branla; le parlement d'Aix, qui arresta le comte d'Alais (3), gouverneur de Provence, s'unit à celui de Paris. Celui de Rouen, où M. de Longueville estoit allé dès le 20 de janvier, fit la mesme chose. Celui de Toulouse fut sur le penchant et ne fut retenu que par la nouvelle de la conférence de Ruel, dont je vous parlerai dans la suite. Le prince d'Harcourt (4), qui est M. le duc d'Elbeuf d'aujourd'hui, se jeta dans Montreuil dont il estoit gouverneur, et prit le parti du parlement. Rheims, Tours et Poitiers prirent les armes en sa faveur. Le duc de la Trémouille (5) fit publiquement des levées pour lui; le duc de Rais lui offrit son service et Belle-Isle. Le Mans chassa son évesque (6) et toute la maison de Lavardin, qui estoit attachée à la cour; et Bordeaux n'attendoit pour se déclarer, que les lettres que le parlement de Paris avoit escrites à toutes les compagnies souveraines et à toutes les villes du royaume, pour les exhorter à s'unir avec lui contre l'ennemi commun. Ces lettres furent interceptées du costé [de Bordeaux].

La troisième est que dans le cours de ces trois mois de blocus, pendant lesquels le parlement s'assembla réglément touts les matins, et quelque fois mesme les après-disnées, l'on n'y traita, au moins pour l'ordinaire, que de matières si légères et si frivoles, qu'elles eussent peu estre terminées par deux commissaires en un quart d'heure, à chaque matin. Les plus ordinaires estoient les advis que l'on recevoit à touts les ins-

---

(1) C'était le régiment de Corinthe, du nom de l'évêché *in partibus* dont le coadjuteur était titulaire; ce régiment était commandé par le chevalier de Sévigné, parent de ce prélat.
(2) Louis de la Trémoille, marquis de Royan, comte d'Olonne, mort en 1686. (A. E.)
(3) Louis de Valois, comte d'Alais, puis duc d'Angoulême, gouverneur de Provence, mort en 1653.
Il existe parmi les manuscrits de la Bibliothèque du roi un assez grand nombre de pièces curieuses à consulter sur les troubles de la Provence à cette époque, et pendant les années suivantes jusqu'à la révocation du comte d'Alais: l'on trouve la copie de quelques-unes d'entre elles dans le volume 754 de la collection Dupuy.
(4) Charles de Lorraine, troisième du nom, mort en 1692. (A. E.)
(5) Henri de la Trémoille, duc de Thouars, mort en 1674. (A. E.)
(6) Philibert-Emmanuel de Beaumanoir-de-Lavardin, mort le 27 juillet 1671, âgé de 54 ans. (A. E.)

tants, des meubles ou de l'argent que l'on prétendoit estre cachés cheux les partisans, et cheux les gents de la cour. De mille il ne s'en trouva pas dix de fondés ; et c'est entestement pour des bagatelles, joint à l'acharnement que l'on avoit à ne se point départir des formes en des affaires qui y estoient directement opposées, me fit cognoistre de très bonne heure, que les compagnies qui sont establies pour le repos, ne peuvent jamais estre propres au mouvement. Je reviens au détail.

Le 18 de janvier, je fus receu conseiller au parlement, pour y avoir place et voix délibérative en l'absence de mon oncle ; et l'après-disnée nous signasmes cheux M. de Bouillon un engagement, que les principales personnes du parti prirent ensemble. En voici les noms. Messieurs de Beaufort, [d'Elbeuf (1)], de Bouillon, de La Mothe, de Noirmoustiers, de Vitry, de Brissac, [de Soubbise, de Rieux], de Maure, de Matha, de Cugnac (2), de Barierre, de Sillery, de La Rochefoucault, de Laigues, de Béthune, de Luynes, [d'Estissac], de Chaumont, de Saint-Germain-d'Achon (3) et de Fiesque.

Le 21 du mesme mois [janvier] on leut, l'on examina et l'on publia ensuite les remonstrances par escrit, que le parlement avoit ordonné, en donnant l'arrest contre le cardinal Mazarin, debvoir estre faites au roi. Elles estoient sanglantes (4) contre le ministre et elles ne serviront proprement que de manifeste, parce que l'on ne les voulut pas recevoir à la cour, où l'on prétendoit que le parlement, que l'on y avoit supprimé par une déclaration comme rebelle, ne pouvoit plus parler en corps.

Le 24 (5), MM. de Beaufort et de La Mothe sortirent pour une entreprise qu'ils avoyent formée sur Corbeil. Elle fut prévenue par M. le prince qui y jeta des troupes (6).

[Le 25, l'on saisit tout ce qui se trouva dans la maison du cardinal].

Le 29, M. de Vitry estant sorti avec un parti de cavalerie, pour amener madame sa femme, qui venoit de Coubert à Paris, trouva dans la valée de Fescan, des Allemands du bois de Vincennes, qu'il poussa jusque dans les barrières du chateau. Tancrède, le prétendu fils de M. de Rohan, qui s'estoit déclaré pour nous la veille, fut tué malheureusement en ceste petite occasion.

Le 1er de febvrier, M. d'Elbeuf mit garnison dans Brie-Comte-Robert, pour favoriser le passage des vivres qui venoient de la Brie.

Le 8 du mesme mois, Talon (7), l'un des advocats généraux, proposa au parlement de faire quelques pas de respect et de soubmission vers la reine, et sa proposition fut appuyée par M. le premier président et par M. le président de Mesme. Elle fut rejetée de toute la compagnie mesme avec un fort grand bruit, parce qu'on la creut avoir esté faite de concert avec la cour. Je ne le crois pas ; mais j'advoue que le temps de la faire n'estoit pas pris dans les règles de la bienséance. Aucun des généraux n'y estoit présent, et je m'y opposai fortement par ceste raison.

Le soir du mesme jour, Clanleu, que nous avions mis dans Charenton avec trois mille hommes, eut advis que M. d'Orléans et M. le prince marchoient à lui avec sept mille hommes de pied, et quatre mille chevaux et du canon. Je receus en mesme temps un billet de Saint-Germain qui portoit la mesme nouvelle.

M. de Bouillon, qui estoit au lit de la goutte (8), ne croyant pas la place tenable, fut d'advis d'en retirer les troupes, et de garder seulement le milieu du pont. M. d'Elbeuf, qui aimoit Clanleu et qui croioit qu'il lui feroit acquérir de l'hon-

---

(1) Les noms propres, entre crochets, sont effacés dans le manuscrit original.
(2) Antoine de Cugnac, marquis de Dampierre. (A. E.)
(3) Ce nom est défiguré dans l'édition de Petitot (tome I, page 324). Il en a fait mal à propos deux mots, en imprimant *Saint-Germain, d'Achon*.
(4) Les *lettres (imprimées) de la cour de parlement de Paris, envoyées aux Parlemens du royaume et aux baillifs, sénéschaux, maires, et échevins et autres officiers de ce royaume, le 18 janvier 1649*, ne sont pas moins violentes.
(5) Le 23 janvier, avait été rendue une *déclaration du roy, portant suppression de toutes les charges et offices dont sont pourveus les gens cy-devant tenant la cour de parlement de Paris, pour les causes y contenues*. (Manuscrits de la Bibliothèque du roi ; collection Dupuy, volume 754.)
(6) La reine voulant forcer la ville de Paris à capituler, réunit le plus de troupes qu'elle peut autour de Paris.

Elle demanda même des secours étrangers et fit prier le prince palatin de faire passer des soldats à son service.
(7) Omer Talon, né en 1595, mort le 24 décembre 1652. Son fils, Denis Talon, lui succéda dans sa charge d'avocat général du Parlement de Paris, et a continué les Mémoires laissés par son père, jusqu'à la fin du mois d'avril de l'année 1653.
(8) Les fréquentes attaques de goutte que le duc de Bouillon eut à supporter pendant la Fronde, lui valurent de nombreux couplets satiriques. Nous ne citerons que le suivant :
Le brave monsieur de Bouillon
Est incommodé de la goutte,
Il est hardi comme un lion,
Le brave monsieur de Bouillon ;
Mais s'il faut rompre un bataillon,
Ou mettre le prince en déroute,
Le brave monsieur de Bouillon
Est incommodé de la goutte.
(Recueil de chansons ; Manuscrits de la Bib. du roi.)

neur à bon marché, parce qu'il ne se persuadoit pas que l'advis fust véritable, ne fut pas du mesme sentiment: M. de Beaufort se piqua de brave. Le mareschal de La Mothe creut, à ce qu'il m'a advoué depuis, que M. le prince ne hazarderoit pas ceste attaque à la veue de nos troupes, qui se pouvoient poster trop advantageusement. M. le prince de Conti se laissa aller au plus grand bruit, comme touts les hommes foibles ont accoustumé de faire. L'on manda à Clanleu de tenir, et l'on lui promit d'estre à lui à la pointe du jour; mais l'on ne lui tint pas parole. Il fallut un temps infini pour faire sortir des troupes par les portes de Paris. L'on ne fut en bataille sur la hauteur de Fescan qu'à sept heures du matin, quoique l'on eust commencé à défiler dès les onse heures du soir. M. le prince attaqua Charenton à la pointe du jour; il l'emporta après avoir perdu M. de Chastillon, qui estoit lieutenant général dans son armée. Clanleu se fit tuer ayant refusé quartier. Nous y perdismes quatre-vingts officiers; il n'y en eut que douse ou quinse de tués de l'armée de M. le prince. Comme nostre armée commençoit à marcher, elle vit la sienne, sur deux lignes, sur l'autre costé de la hauteur. Aucun des partis ne se pouvoit attaquer, parce qu'aucun ne se vouloit exposer à l'autre à la descente du valon. L'on se regarda et l'on s'escarmoucha tout le jour; et Noirmoustier à la faveur de ses escarmouches fit un détachement de mille chevaux sans que M. le prince s'en apperceut, et alla du costé d'Estampes pour quérir et escorter un fort grand convoi de toute sorte de bestial, qui s'y estoit assemblé. Il est à remarquer que toutes les provinces accouroient à Paris, et parce que l'argent y estoit en abondance et parce que touts les peuples estoient presque esgalement passionnés pour sa défense.

Le 10, M. de Beaufort et M. de La Mothe sortirent pour favoriser le retour de Noirmoustier, et ils trouvèrent le mareschal de Gramont dans la plaine de Ville-Juif, qui avoit deux mille hommes de pied des gardes suisses et françoises, et deux mille chevaux. Nerlieu (1), cadet de Beauveau, bon officier, qui commandoit la cavalerie des Mazarins, estant venu avec beaucoup de vigueur à la charge, fut tué par les gardes de M. de Beaufort dans la porte de Vitry. [Briolle], père de celui que vous cognoisses, arracha l'espée à M. de Beaufort. Les ennemis plièrent, leur infanterie mesme s'estonna;

(1) Charles de Beauvau, seigneur de Nerlieu, troisième fils de Jean de Beauvau, seigneur d'Espense et de Anne d'Angennes, sa deuxième femme.

et il est constant que les piques des bataillons des gardes commençoient à se toucher et à faire un cliquetis, qui est tousjours marqué de confusion, quand le mareschal de La Mothe fit faire halte et ne voulut pas exposer le convoi, et il commançoit à paroistre, à l'incertitude d'un combat. Le mareschal de Gramont fut trop heureux de se retirer, et le convoi rentra dans Paris, accompagné, je crois, de plus de cent mille hommes, qui estoient sortis en armes au premier bruit qui avoit couru que M. de Beaufort estoit engagé.

L'unsiesme [février], Brillac, conseiller des enquestes, et homme de réputation dans le parlement, dit en pleine assemblée des chambres, qu'il falloit penser à la paix; que le bourgeois se lassoit de fournir à la subsistance des troupes; et que tout retomberoit à la fin sur la compagnie; qu'il sçavoit de science certaine que la proposition seroit très agréée par la cour. Le président Aubry, de la chambre des comptes, avoit parlé la veille au mesme sens dans le conseil de l'Hostel-de-Ville; et vous alles veoir que l'on se servoit à Saint-Germain de la crédulité de ces deux hommes, dont le premier n'avoit de capacité que pour le Palais, et le second n'en avoit pour rien; vous alles veoir, dis-je, que l'on s'en servoit à Saint-Germain pour couvrir une entreprise que l'on y avoit formée sur Paris. Le parlement s'eschauffa beaucoup touchant la proposition. L'on contesta de part et d'autre asses longtemps; et il fut enfin résolu que l'on en déliberéroit le lendemain au matin.

Le lendemain, qui fut le 12 de febvrier, Michel, qui commandoit la garde de la porte Saint-Honoré, vint avertir le parlement qu'il s'y estoit présenté un herault revestu de sa cotte d'armes, et accompagné de deux trompettes, qui demandoit de parler à la compagnie et qui avoit trois paquets: l'un pour elle, l'autre pour M. le prince de Conti, et l'autre pour l'Hostel-de-Ville. [Ceste nouvelle arriva justement dans le moment que l'on estoit encore dans le feu de la grande chambre et que] l'on estoit sur le point de s'asseoir; tout le monde s'y entretenoit de ce qui estoit arrivé la veille à onse heures du soir, dans les halles, où le chevalier de La Valette avoit esté pris semant des billets très-injurieux pour le parlement et encore plus pour moi. Il fut amené à l'Hostel-de-Ville, et je le trouvai sur les degrés, comme je descendois de la chambre de madame de Longueville. Comme je le cognoissois extrêmement, je lui fis civilité et je fis mesme retirer une foule de peuple qui le maltraitoit. Mais je fus bien surpris quand je vis, qu'au lieu de respondre à mes honnestetés, il me dit d'un ton fier : « Je ne crains rien ; je sers » mon roi. » Je fus moins estonné de sa manière d'agir quand l'on me fit veoir ses placards, qui ne se feussent pas en effet accordés avec des compliments. Les bourgeois m'en mirent entre les mains cinq ou six cents copies, qui avoient esté trouvés dans son carosse. [Il ne les désavoua point]. Il continua à me parler haultement. Je ne changeai pas pour cela de ton avec lui. Je lui tesmoignai la douleur que j'avois de le veoir dans ce malheur, et le prévost des marchands l'envoya prisonnier à la Conciergerie. Ceste adventure, qui n'avoit pas déjà beaucoup de rapport avec ces bonnes dispositions de la cour à la paix, dont Brillac et le président Aubry s'estoient vantés d'estre si bien et si particulièrement informés ; ceste adventure, dis-je, jointe à l'apparition d'un hérault, qui paroissoit comme sorti d'une machine à point nommé, ne marquoit que trop visiblement un dessein formé. Tout le parlement le voyoit comme tout le reste du monde : mais tout le parlement estoit tout propre à s'aveugler dans la pratique, parce qu'il est si accoustumé par les règles de la justice ordinaire, à s'attacher aux formalités, que dans les extraordinaires il ne les peut jamais démesler de la substance. Il fault prendre garde à ce hérault ; il ne vient pas pour rien ; voilà trop de circonstances ensemble ; l'on amuse par des propositions; l'on envoie des semeurs de billets pour soulever le peuple : un hérault paroit le lendemain ; il y a du mystère. Voilà ce que toute la compagnie disoit, et toute ceste mesme compagnie adjoustoit : mais que faire? Un parlement refuser d'entendre un hérault de son roi ! un hérault que l'on ne refuse mesme jamais de la part d'un ennemi. Touts parloient sur ce ton, et il n'y avoit de différence que le plus haut et le plus bas. Ceux qui estoient dévoués à la cour éclatoient, ceux qui estoient bien intentionnés pour le parti ne prononçoient pas si fermement les dernières syllabes. L'on envoya prier M. le prince de Conti et messieurs les généraux de venir prendre leurs places ; et cependant que l'on attendoit les uns dans la grande chambre, les autres dans la seconde, les autres dans la quatriesme, je pris le bon homme Broussel à part, et je lui ouvris un expedient qui ne me vint dans l'esprit qu'un quart d'heure devant que l'on eust pris séance.

Ma première veue quand je cogneus que le parlement se disposoit à donner entrée au hérault, fut de faire prendre les armes [au peuple] et à toutes les troupes, de le faire passer dans les files en grande cérémonie ; et de l'environner tellement, soubs prétexte d'honneur, qu'il ne fust presque point veu et nullement entendu du peuple. La seconde fut meilleure, [et remédia beaucoup mieux à tout.] Je proposai à Broussel, qui comme des plus anciens de la grande chambre, opinoit des premiers, de dire qu'il ne concevoit pas l'embarras où l'on tesmoignoit estre dans ce rencontre ; qu'il n'y avoit qu'un parti, qui estoit de refuser toute audience et mesme toute entrée au hérault, sur ce que ces sortes de gents n'estoient jamais envoyés qu'à des ennemis ou à des esgaux ; que cest envoi n'estoit qu'un artifice très-grossier du cardinal Mazarin, qui s'imaginoit qu'il aveugleroit asses et le parlement et la ville, pour les obliger à faire le pas du monde le plus irrespectueux et le plus criminel, soubs prétexte d'obeissance. Le bonhomme Broussel, qui demeura persuadé de la force de ce raisonnement, quoi qu'il n'eust asseurément qu'une apparence très-légère, le poussa jusqu'aux larmes. Toute la compagnie s'esmeut. L'on comprit tout d'un coup que ceste response estoit la naturelle. Le président de Mesme, qui voulut alléguer des exemples de vingt-cinq ou trente hérault envoyés par des rois à leurs subjets, fut repoussé et chifflé, comme s'il eust dit la chose du monde la plus extravagante ; l'on ne voulut presque pas escouter ceux qui opinèrent au contraire, et il passa à refuser l'entrée de la ville aux hérault, et de charger messieurs les gents du roi d'aller à Saint-Germain rendre raisons à la reine de ce refus. M. le prince de Conti et l'Hostel-de-Ville se servirent du mesme prétexte pour ne pas entendre le hérault, ou ne pas recevoir les paquets qu'il laissa le lendemain sur la barrière de la porte Saint-Honoré. Cest incident, joint à la prise du chevalier de La Valette, fit que l'on ne se ressouvint pas seulement de la résolution que l'on avoit fait la veille de délibérer sur la proposition de Brillac. L'on n'eut que de l'horreur et de la défiance pour ces fausses lueurs d'accomodement, et l'on s'aigrit bien davantage quelques jours après, dans lesquels on apprit le détail de l'entreprise. Le chevalier de La Valette (1),

---

(1) Par divers arrêts du parlement rendus pendant le mois de janvier 1649, ce chevalier de la Valette fut incarcéré à la Bastille, pour avoir *exposé des libelles diffamatoires, tendant à sédition*. Ses meubles et sa vaisselle fut saisis pour être convertis en espèce d'argent, et les deniers qui en provinrent furent employés aux frais de la guerre et à payer ses dettes. Mais la cour s'intéressait à lui et il obtint bientôt sa liberté. Saintot, agent secret de Le Tellier, lui écrivait :

« Le chevalier de la Valette et la Raillière sortirent » hier au soir ainsi que j'ay eu l'honneur de vous le » mander. Paris, ce 5 avril 1649. »

esprit noir mais déterminé et d'une valeur propre et portée à entreprendre [ce qui n'a pas esté ordinaire à celle de nostre siècle], avoit formé le dessein de nous tuer M. de Beaufort et moi, sur les degrés du Palais, et de se servir pour cest effet, du trouble et de la confusion qu'il espéroit qu'un spectacle aussi extraordinaire que celui de ce hérault jetteroit dans la ville. La cour a tousjours nié ce complot à l'esgard de [nostre assassinat]; car elle advoua et respecta mesme le chevalier de La Valette à l'esgard des placards. Ce que je sçai de science certaine, est que Cohon, évesque de Dol, dit l'avant-veille à l'évesque d'Aire, que M. de Beaufort et moi ne serions pas en vie dans trois jours (1).

Le 19 (2), M. le prince de Conti dit au parlement qu'il y avoit au parquet des huissiers, un gentil-homme envoyé de M. l'archiduc Léopold, qui estoit gouverneur des Pays-Bas pour le roi d'Espagne, et que ce gentilhomme demandoit audience à la compagnie. Les gents du roi entrèrent au dernier mot du discours de M. le prince de Conti, pour rendre compte de ce qu'ils avoient fait à Saint-Germain, où ils avoient esté receus admirablement. La reine avoit extrêmement agréé les raisons pour lesquelles la compagnie avoit refusé l'entrée au hérault; elle avoit assuré les gents du roi, que bien qu'en l'estat où estoient les choses, elle ne peut pas recognoistre les délibérations du parlement pour les arrest d'une compagnie souveraine, elle ne laissoit pas de recevoir avec joie les assurances qu'elle lui donnoit de son respect et de sa soubmission, et que pour peu que le parlement donnast d'effet à ses asseurances, elle lui donneroit toutes les marques de sa bonté et mesme de sa bienveillance, et en général et en particulier. Talon, advocat général et qui parloit tousjours avec dignité et avec force, fit ce rapport avec touts les ornements qu'il lui peut donner, et il conclut par une asseurance qu'il donna lui mesme en termes fort pathétiques à la compagnie, que si elle vouloit faire une députation à Saint-Germain, elle y seroit très-bien receu, et pourroit estre d'un grand acheminement à la paix. Le premier président lui ayant dit ensuite qu'il y avoit à la porte de la grande chambre un envoyé de l'archiduc, Talon, qui estoit habile, en prit encore plus de subjet de fortifier son opinion. Il marqua que la providence de Dieu faisoit naistre, ce lui sembloit, ceste occasion pour avoir plus de lieu de tesmoigner encore davantage au roi la fidélité du parlement, en ne donnant point d'audience à l'envoyé, et en rendant simplement compte à la reine du respect que l'on conservoit pour elle en la refusant. Comme ceste apparition d'un député d'Espagne dans le parlement de Paris fait une scène qui n'est pas fort ordinaire dans nostre histoire, je crois qu'il est à propos de la reprendre un peu de plus loing.

Vous aves déjà veu que Saint-Ibal, qui entretenoit tousjours beaucoup de correspondance avec le comte de Fuensaldagne (2), m'avoit pressé de temps en temps de lier un commerce avec lui, et je vous ai aussi rendu compte des raisons qui m'en avoient empêché. Comme je vis que nous estions assiégés, que le cardinal envoyoit Vautorte en Flandre, pour commencer quelques négociations avec les Espagnols, et que je cognois que nostre parti estoit asses formé pour n'estre pas chargé en mon particulier de l'union avec les ennemis de l'estat, je ne fus plus si scrupuleux [ni si délicat], et je fis escrire par Montresor à Saint-Ibal, qui n'estoit plus en France et qui estoit tantost à La Haye et tantost à Bruxelles, qu'en l'estat où estoient les affaires, je croyois pouvoir escouter avec honneur les propositions que l'on me pourroit faire pour le secours de Paris; que je le priois toutefois de faire en sorte que l'on ne s'adressast pas à moi directement, et que je ne parusse en rien de ce qui seroit public. Ce qui m'obligea d'escrire en ce sens à Saint-Ibal, ou plustost de lui faire escrire, fut qu'il m'avoit fait dire lui-mesme par Montresor que les Espagnols, qui sçavoient qu'il n'y avoit que moi à Paris qui fust proprement maistre du peuple, et qui voyoient que je ne leur faisois point parler, commençoient à s'imaginer que je pouvois avoir quelques mesures à la cour qui m'en empêchoient, et qu'ainsi ne comptant rien à l'esgard de Paris sur les autres géné-

(1) L'on trouve dans plusieurs éditions et dans une copie ancienne des Mémoires, le fragment suivant, qui n'est pas dans le manuscrit original : « et ce qui est à remarquer est qu'il lui parla dans la même conversation de M. le prince, comme d'un homme qui n'était pas assez décisif, et auquel on ne pouvoit pas dire toutes choses. Cela m'a fait juger que M. le prince ne sçavoit pas le fond du dessein du chevallier de la Vallette. J'ai tousjours oublié de lui en parler. »
(2) Le 16 de février, avait eu lieu la vente de tous les meubles du cardinal Mazarin, excepté sa bibliothèque,
réservée pour une autre fois; et avec une si grande affluence de toutes sortes de personnes et de toutes conditions, qu'il semblait qu'elles allassent à quelque réjouissance publique; tant estoit grande et universelle la haine que l'on avoit conçue contre ceste éminence, et la joie extrême de la voir ainsy maltraitée. (Journal historique déjà cité; Manuscrits de la Bibliothèque du roi.)
(2) Alfonses-Peres de Vivero, comte de Fuensaldana, capitaine-général des Pays-Bas, sous l'archiduc Léopold-Guillaume d'Autriche.

raux, ils pourroient bien donner dans les offres immenses que le cardinal leur faisoit faire touts les jours. Je cogneus par un mot que madame de Bouillon laissa échapper, qu'elle en sçavoit autant que Saint-Ibal, et de concert avec monsieur son mari et avec elle, je fis le pas dont je viens de vous rendre compte. J'insinuai, de mesme concert, que l'on nous feroit plaisir de faire ouvrir la scène par M. d'Elbeuf. Comme il avoit esté dans le temps du cardinal de Richelieu douse à quinse ans en Flandre, à la pension d'Espagne, la voie paroissoit toute naturelle. Elle fut prise aussitost qu'elle fut proposée. Le comte de Fuensaldagne fit partir dès le lendemain Arnolfini, moine bernardin, qu'il fit habiller en cavalier, soubs le nom de dom Joseph de Illescas. Il arriva cheux M. d'Elbeuf à deux heures après minuit, et il lui donna un petit billet de créance; il la lui expliqua telle que vous vous le pouves imaginer.

M. d'Elbeuf se creut le plus considérable homme du parti; et le lendemain au sortir du Palais, il nous mena touts disner cheux lui, c'est-à-dire touts ceux qui estoient les plus considérables du parti, en nous disant qu'il avoit une affaire importante à nous communiquer. M. le prince de Conti, MM. de Beaufort et de La Mothe, et les présidents le Coigueux, de Bellièvre, de Nesmond, de Novion et Viole s'y trouvèrent. M. d'Elbeuf, qui estoit grand saltinbanque de son naturel, commença la comédie par la tendresse qu'il avoit pour le nom françois, qui ne lui avoit pas permis d'ouvrir seulement un petit billet, qu'il avoit receu d'un lieu suspect. Ce lieu ne fut nommé qu'après deux ou trois circonlocutions toutes pleines de scrupules et de mystères; et le président de Nesmond (1), qui, avec tout le feu d'un esprit gascon, estoit l'homme du monde le plus simple, remplit la seconde scène d'aussi bonne foi, qu'il y avoit eu d'art à la première. Il regarda ce billet que M. d'Elbeuf avoit jeté sur la table, très-proprement recacheté, comme l'holocauste du sabbat. Il dit que M. d'Elbeuf avoit un grand tort d'appeler des membres du parlement à une action de ceste nature. Enfin le président le Coigneux, qui s'impatienta de toutes ces niaiseries, prit le billet qui avoit effectivement bien plus d'air d'un poulet que d'une lettre de négociation; il l'ouvrit: et après avoir leu ce qu'il contenoit, qui n'estoit qu'une simple créance, et avoir entendu de la bouche de M. d'Elbeuf ce que le porteur de la créance

lui avoit dit, nous fit une pantalonnade digne des premières scènes de la pièce. Il tourna en ridicule toutes les façons qui venoient d'estre faites, il alla audevant de celles qui s'alloient faire, et l'on conclut d'une commune voix à ne pas rejeter le secours d'Espagne. La difficulté fut en la manière de le recevoir. Elle n'estoit pas dans la vérité médiocre, par beaucoup de circonstances particulières. Madame de Bouillon, qui s'estoit ouverte avec moi la veille, du commerce qu'elle avoit avec Espagne, m'avoit expliqué les intentions de Fuensaldagne, qui estoient de s'engager avec nous, pourveu qu'il fut asseuré de son costé que nous nous engageassions avec lui. Cest engagement ne se pouvoit prendre de nostre part, que par le parlement ou par moi. Il doubtoit fort du parlement, dont il voyoit les deux principaux chefs, le premier président et le président de Mesme, incapables d'aucune proposition. Le peu d'ouverture que je lui avois donnée jusque là à négotier avec moi estoit qu'il ne fondoit guère davantage sur ma conduite que sur celle du parlement. Il n'ignoroit pas ni le peu de pouvoir ni le peu de seureté de M. d'Elbeuf; il sçavoit que M. de Beaufort estoit dans mes mains, et de plus que son crédit, à cause de son incapacité, n'estoit qu'une fumée. Les incertitudes perpétuelles de M. de Longueville, et le peu de sens du mareschal de La Mothe ne l'accommodoient pas. Il se fut flé en M de Bouillon; mais M. de Bouillon ne lui pouvoit pas respondre de Paris, il n'y avoit aucun pouvoir; et mesme les gouttes, qui le tenoient dans le lit et qui l'empeschoient d'agir, avoient donné lieu aux gents de la cour à jeter des soupçons contre lui dans les esprits des peuples. Toutes ces considérations, qui embarassoient Fuensaldagne, et qui le pouvoient fort naturellement obliger à chercher ses avantages du costé de Saint-Germain, où l'on apréhendoit avec raison sa jonction avec nous; toutes ces considérations, dis-je, ne se pouvoient rectifier pour le bien du parti, que par un traité du parlement avec Espagne, qui estoit de toutes les choses du monde la plus impossible; ou par un engagement que je prisse moi-mesme tout à fait positif. Saint-Ibal, qui se ressouvenoit qu'il avoit autrefois escrit soubs moi une instruction par laquelle je proposois cest engagement positif, ne doubtoit pas que je ne fusse encore dans la mesme disposition, puisque je m'estois résolu à escouter; et quoique Fuensaldagne ne fut pas

---

(1) François Théodore de Nesmond, sieur de Couberon, deuxième président à mortier du parlement de Paris, en 1636; mourut le 29 novembre 1664, à l'âge de soixante-six ans. *C'était un personnage fort ennuyeux*, a eu soin d'ajouter en marge de la généalogie de cette famille, la personne chargée de la dresser.

de son advis, par la raison que je vous ai tantost marquée, il ne laissa pas de charger l'envoyé de le tenter et de me tesmoigner mesme qu'il ne feroit aucun pas pour nous sans ce préalable. Cest envoyé, qui devant que de veoir M. d'Elbeuf, avoit eu de jour des conférences avec M. et madame de Bouillon, s'en estoit clairement expliqué avec eux; et c'est ce qui avoit obligé la dernière à s'ouvrir encore davantage avec moi sur ce détail, qu'elle n'avoit fait jusque là. Ce que la nécessité d'un secours prompt et pressant m'avoit fait résoudre autrefois de proposer, par l'instruction dont je viens de vous parler, n'estoit plus mon compte. Il ne pouvoit plus y avoir de secret dans le traité qui, de nécessité, debvoit estre en commun avec des généraux, dont les uns m'estoient suspects et les autres m'estoient redoutables. J'avois commancé à m'appercevoir que M. de La Rochefoucault avoit fort altéré les bons sentiments de madame de Longueville [pour moi, et que par conséquent je ne pouvois pas compter sur le prince de Conti. Je vous ai déjà expliqué le naturel de M. de Longueville] et la force du mareschal de La Mothe. Je n'ai rien à vous dire de M. d'Elbeuf. Je considérois M. de Bouillon soubstenu par l'Espagne, avec laquelle il avoit, par la considération de Sedan, les intérest du monde les plus naturels, comme un nouveau duc du Maine (1), qui en auroit mille autres au premier jour, tout-à-fait séparés de ceux de Paris, et qui pouvoit bien avec le temps, assisté de l'intrigue et de l'argent de Castille, chasser le coadjuteur de Paris, comme le vieux M. du Maine en avoit chassé à la Ligue le cardinal de Gondy (2), son grand oncle. Dans la conférence que j'eus avec monsieur et madame de Bouillon touchant l'envoyé, je ne leur cachai rien de mes raisons, sans en excepter mesme la dernière, que j'assaisonnai comme vous pouves juger de toute la raillerie la plus douce et la plus honneste qui me fut possible. Madame de Bouillon, qui ne faisoit ou plustost qui ne disoit jamais de galenterie que de concert avec son mari, n'oublia rien de toutes celles qui l'eust rendu l'une des plus aimables personnes du monde, quand mesme elle eust esté (3) laide, pour me persuader que je ne debvois point balancer à traiter; et que M. son mari et moi, joints ensemble par une liaison particulière, emporterions tousjours si fort la balance, que les autres ne nous pourroient faire aucune peine.

M. de Bouillon, [qui estoit fort habile] et qui cognoissoit très-bien que je pensois et que je parlois selon mes véritables intérest, revint tout d'un coup à mon advis, par une maxime qui debvroit estre très-commune, et qui est pourtant très-rare. Je n'ai jamais veu que lui qui ne contestast jamais ce qu'il ne croyoit pas pouvoir obtenir. Il entra mesme obligeamment dans mes sentiments. Il dit à madame de Bouillon, que je jouois le droit du jeu au poste où j'estois; que la guerre civile pourroit s'esteindre le lendemain; que j'estois archevesque de Paris pour toute ma vie; que j'avois plus d'intérest que personne à sauver la ville; mais que je n'en avois pas un moindre [à ne me point laisser de taches pour les suites]; et qu'il convenoit, après ce que je venois de lui dire, que tout se pouvoit concilier. Il me fit pour cela une ouverture qui ne m'estoit point venue dans l'esprit, que je n'approuvai pas d'abord, parce qu'elle me parut impraticable, et à laquelle je me rendis à mon tour, après l'avoir examinée. Ce fut d'obliger le parlement à entendre l'envoyé, ce qui feroit presque touts les effets que nous pouvions souhaiter. Les Espagnols, qui ne s'y attendoient point, seroient surpris fort agréablement; le parlement s'engageroit sans le croire; mesme les généraux auroient lieu de traiter après ce pas, qui pourroit estre interprété dans les suite pour une approbation tacite que le corps auroit donnée aux démarches des particuliers. M. de Bouillon n'auroit pas de peine à faire concevoir à l'envoyé, l'advantage que ce lui seroit en son particulier, de pouvoir mander par son premier courrier à M. l'archiduc, que le parlement des pairs de France auroit receu une lettre et un député d'un général du roi d'Espagne dans les Pays-Bas. [Il espéroit que par une fort ample dépesche en chiffres] il feroit comprendre au comte de Fuensaldagne, qu'il estoit de la bonne conduite de laisser quelqu'un dans le parti, qui de concert mesme avec lui, parust n'entrer en rien avec l'Espagne, et qui par ceste conduite, peust parer à tout événement aux inconvénients qu'une liaison avec les ennemis de l'estat emportoit nécessairement avec soi, dans un parti où la considération du parlement faisoit qu'il falloit garder des mesures sans comparaison plus justes sur ce point que sur tout autre : que ce personnage me convenoit préférablement, et par ma dignité et par ma profession, et qu'il se trouvoit par bonheur autant de l'intérest com-

---

(1) *Du Maine :* lisez de Mayenne. Le cardinal de Retz a confondu les noms ; il est évident qu'il a entendu parler de Charles de Lorraine, duc de Mayenne, chef de la ligue, qui mourut à Soissons en 1611.

(2) Pierre de Gondy, cardinal évêque de Paris. Il était frère d'Albert de Gondy, père de Philippe Emmanuel de Gondy, qui l'était de Jean-François-Paul, auteur de ces Mémoires. (A. E.)

(3) La copie ancienne du manuscrit autographe et les éditions portent : *Aussi laide qu'elle estoit belle.*

mun que du mien propre. La difficulté estoit de persuader au parlement de donner audience au député de l'archiduc ; et ceste audience estoit toutefois la seule circonstance qui pouvoit suppléer dans l'esprit de ce député, le défaut de ma signature, sans laquelle il protestoit qu'il avoit ordre de ne rien faire : nous nous abandonnasmes en ceste occasion, M. de Bouillon et moi, à la fortune; et l'exemple que nous avions tout récent du herault exclus, soubs le prétexte du monde le plus frivole, nous fit espérer que l'on ne refuseroit pas à l'envoyé l'entrée pour laquelle l'on ne manqueroit pas de raisons très-solides.

Nostre Bernardin, qui trouvoit beaucoup son compte à ceste entrée, que l'on avoit pas seulement imaginée à Bruxelles, fut plus que satisfait de nostre proposition. Il fit sa dépesche à l'archiduc telle que nous la pouvions souhaiter; et il nous promit de faire par advance et sans en attendre la responce, tout ce que nous lui ordonnerions. Il usa de ces termes, et il avoit raison : car j'ai sceu depuis que son ordre portoit de suivre en tout et pour tout, sans exception, les sentiments de M. et de madame de Bouillon.

Voilà où nous en estions quand M. d'Elbeuf nous monstra comme une grande nouveauté le billet que le comte de Fuensaldagne lui avait escrit; et vous juges facilement que je ne balançai pas à opiner qu'il falloit que l'envoyé présentast la lettre de M. l'archiduc au parlement. La proposition en fut receu d'abord comme une hérésie; et sans exagération, elle fut peu moins que chifflée par toute la compagnie. Je persistai dans mon advis, j'en alléguai les raisons, qui ne persuadèrent personne. Le vieux président Le Coigneux, qui avoit l'esprit plus vif et qui prit garde que je parlois de temps en temps d'une lettre de l'archiduc, de laquelle il ne s'estoit rien dit, revint tout d'un coup à mon advis, sans m'en dire toutefois la véritable raison, qui estoit qu'il ne doubta point que je n'eusse veu le dessoubs de quelque carte, qui m'eut obligé à le prendre. Et comme la conversation se passoit avec asses de confusion et que l'on alloit en disputant tout debout des uns aux autres, il me dit : « Que ne parles-vous à vos amis en particulier, » l'on feroit ce que vous voudries, je veois bien » que vous sçaves plus de nouvelles que celui » qui croit nous les avoir apprises. » Je fus, pour vous dire le vrai, terriblement honteux de ma bêtise : car je vis bien qu'il ne me pouvoit parler ainsi que sur ce que j'avois dit de la lettre de l'archiduc au parlement, qui dans le vrai n'estoit qu'un blanc signé, que nous avions rem-pli cheux M. de Bouillon. Je serrai la main au président Le Coigneux ; je fis signe à M. de Beaufort et de la Mothe : les présidents de Novion et de Bellièvre se rendirent à mon sentiment, qui estoit fondé uniquement sur ce que le secours d'Espagne, que nous estions obligé de recevoir comme un remède à nos maux, mais comme un remède que nous convenions estre dangereux et empirique, seroit infailliblement mortel à touts les particuliers, s'il n'estoit au moins un peu passé par l'alambic du parlement. Nous priasmes touts M. d'Elbeuf de faire trouver bon au Bernardin de conférer avec nous, sur la forme seulement dont il auroit à se conduire. Nous le vismes la mesme nuit cheux lui, Le Coigneux et moi. Nous lui dismes en présence de M. d'Elbeuf, en grand secret, tout ce que nous voulions bien qui fut sceu; et nous avions concerté dès la veille, cheux M. de Bouillon, tout ce qu'il debvoit dire au parlement. Il s'en acquitta très-bien et en homme d'entendement. Je vous ferai un précis du discours qu'il y fit, après que je vous aurai rendu compte de ce qui se passa lorsqu'il demanda audience, ou plustost lorsque M. le prince de Conti la demanda pour lui.

Le président de Mesme, homme de très-grande capacité dans sa profession, et oncle de celui que vous voyés aujourd'hui, mais attaché jusqu'à la servitude à la cour, et par l'ambition qui le dévoroit, et par sa timidité qui estoit excessive; le président de Mesme, dis-je, fit une exclamation au seul nom de l'envoyé de l'archiduc, éloquente et pathétique au-dessus de tout ce que j'ai leu en ce genre dans l'antiquité ; et en se tournant [avec les yeux noyés dans les larmes] vers M. le prince de Conti : « Est-il possible, monsieur, s'escria-t-il, qu'un » prince du sang de France propose de donner » séance sur les fleurs de lis à un député du » plus cruel ennemi des fleurs de lis. »

Comme nous avions bien prévu ceste tempeste, il n'avoit pas tenu à nous d'exposer M. d'Elbeuf à ces premiers coups : mais il s'en estoit tiré asses adroitement, en disant que la mesme raison qui l'avoit obligé à rendre compte à son général, de la lettre qu'il avoit receue, ne lui permettoit pas d'en porter la parole en sa présence. Il falloit pourtant, de nécessité, quelqu'un qui préparast les voies et qui jetast dans une compagnie, où les premières impressions ont un merveilleux pouvoir, les premières idées de la paix particulière et générale que cest envoyé venoit annoncer. La manière dont son nom frapperoit d'abord l'imagination des enquestes, décidoit du refus ou de l'acceptation de son audience; et tout bien pesé et considéré de part et d'autre, l'on jugea qu'il y avoit moins d'inconvénient, sans comparaison, à laisser croire un peu de concert, qu'à ne pas préparer par un canal ordinaire, non odieux et favorable, les drogues que l'envoyé d'Espagne nous alloit débiter. Ce n'est pas que la moindre ombre de concert dans ces compagnies que l'on appelle réglées, ne soit très-capable d'y empoisonner les choses mesme et les plus justes et les plus nécessaires [je vous l'ai déjà dit quelquefois]; et cest inconvénient estoit plus à craindre en ceste occasion qu'en toute autre. J'y admirai M. de Bouillon, cheux qui la résolution se prit de faire faire l'ouverture par M. le prince de Conti. Il ne balença pas un moment; et rien ne marque tant de jugement solide d'un homme que de sçavoir choisir entre les grands inconvéniens. Je reviens au président de Mesme, qui s'attacha à M. le prince de Conti et qui se tourna ensuite vers moi, en me disant ces propres paroles : « Quoi, monsieur, vous refusez l'entrée au hérault de vostre roi, soubs le prétexte du monde le plus frivole..... » Comme je ne doubtois point de la seconde partie de l'apostrophe, je la voulu prévenir, et je lui respondis : « Vous me permettrez, monsieur, de ne pas traiter de frivoles » des motifs qui ont esté consacrés par un arrest. »

La cohue du parlement s'esleva à ce mot qui releva celui du président de Mesme, qui estoit effectivement très-imprudent, et il est constant qu'il servit fort contre son intention, comme vous pouvez croire, à faciliter l'audience à l'envoyé. Comme je vis que la compagnie s'eschauffoit et s'ameustoit contre le président de Mesme, je sortis soubs je ne sçai quel prétexte, et je dis à Quatresous, conseiller des enquestes et le plus impétueux esprit qui fut dans le corps, d'entretenir l'escarmouche [et mesme de l'eschauffer], parce que j'avois esprouvé plusieurs fois que le moyen le plus propre, pour faire passer une affaire extraordinaire dans les compagnies, est d'eschauffer la jeunesse contre les vieux. Quatresous s'acquitta dignement de ceste commission; il [s'atesta] au président de Mesme et au premier président, sur le subjet d'un certain La Raillière, partisan fameux, qu'il faisoit entrer dans touts ses advis, sur quelque matière où il peust opiner. Les enquestes s'eschauffèrent pour la défence de Quatresous, que les présidents, qui à la fin s'impatientèrent de ces impertinences [voulurent piller]. Il fallut délibérer sur le subjet de l'envoyé; et malgré les conclusions des gents du roi, et les exclamations des deux présidents et de beaucoup d'autres, il passa à l'entendre.

L'on le fit entrer sur l'heure mesme; on lui donna place au bout du bureau; on le fit asseoir et couvrir. Il présenta la lettre de l'archiduc au parlement, qui n'estoit que de créance, et il l'expliqua en disant « que Son Altesse Impériale, » son maistre, lui avoit donné charge de faire » part à la compagnie d'une négociation que le » cardinal Mazarin avoit essayé de lier avec lui, » depuis le blocus de Paris; que le roi Catho- » lique n'avoit pas estimé qu'il fut seur ni hon- » neste d'accepter ses offres dans une saison où, » d'un costé l'on voyoit bien qu'il ne les faisoit » que pour pouvoir plus aisément opprimer le » parlement, qui estoit en vénération à toutes » les nations du monde; et où de l'autre, touts » les traités que l'on pouvoit faire avec un mi- » nistre condamné, seroient nuls de droit, d'au- » tant plus qu'ils seroient faits sans le concours » du parlement, à qui seul il appartient de re- » gistrer et de vérifier les traités de paix, pour » les rendre seurs et authentiques : que le roi » Catholique, qui ne vouloit tirer aucun advan- » tage des occasions présentes, avoit commandé » à M. l'archiduc d'asseurer messieurs du par- » lement, qu'il sçavoit estre attachés aux vérita- » bles intérêts de sa majesté Très-Chrestienne, » qu'il les recognoissoit de très-bon cœur et avec » joie, pour arbitre de la paix; qu'il se soub- » mettroit à leur jugement, et que s'ils accep- » toient d'en estre les juges, il laissoit à leur » choix de députer de leur corps en tel lieu » qu'ils voudroient, sans en excepter mesme » Paris; et que le roi Catholique y enverroit in- » cessamment ses députés seulement pour y re- » présenter ses raisons : qu'il avoit fait advan- » cer, en attendant leur responce, dix-huit mille » hommes sur la frontière, pour les secourir en » cas qu'ils en eussent besoing, avec ordre toute- » fois de ne rien entreprendre sur les places du » roi Très-Chrestien, quoi qu'elles fussent la » plus part comme abandonnées : qu'il n'y avoit » pas six cents hommes dans Péronne, dans » Saint-Quentin et dans le Catelet; mais qu'il » vouloit tesmoigner en ce rencontre la sincé- » rité de ses intentions pour le bien de la paix, » et qu'il donnoit sa parole que dans le temps » qu'elle se traiteroit, il ne donneroit aucun » mouvement à ses armées : que si elles pou- » voient estre en attendant de quelque utilité au » parlement, il n'avoit qu'à en disposer [qu'à les » faire mesme commander par des officiers fran- » çais] s'il le jugeoit à propos, et qu'à prendre » toutes les précautions qu'il croiroit nécessaire » pour lever les ombrages que l'on peut tousjours » prendre, avec raison, de la conduite des es- » trangers. »

Devant que l'envoyé fust entré, [ou plustost devant que l'on eust délibéré sur son entrée,] il y avoit eu beaucoup de contestations tumultuaires dans la compagnie ; et le président de Mesme n'avoit rien oublié pour jeter sur moi toute l'envie de la collusion avec les ennemis de l'estat, qu'il relevoit de toutes les couleurs qu'il trouvoit asses vives et asses apparentes, dans l'opposition du hérault et du député. Il est vrai que la conjoncture estoit très-fascheuse ; et quand il en arrive quelqu'une de ceste nature, il n'y a de remède [qu'à planer] dans les momens où ce que l'on vous objecte peut faire plus d'impression que ce que vous pouves respondre, et à se relever dans ceux où ce que vous pouves respondre peut faire plus d'impression que ce que l'on vous objecte. Je suivis fort justement ceste règle en ce rencontre, qui estoit délicat pour moi : car quoique le président de Mesme me designast avec application et avec adresse, je ne pris rien pour moi, tant que je n'eus pour lui faire teste que ce que M. le prince de Conti avoit dit en général de la paix générale, dont il avoit esté résolu qu'il parleroit en demandant audience pour le député, comme vous aves veu ci-dessus ; mais qu'il parleroit peu pour ne pas trop marquer de concert avec Espagne. Quand l'envoyé s'en fut expliqué lui-mesme aussi amplement et aussi obligeament pour le parlement qu'il le fit, et quand je vis que la compagnie estoit chatouillée du discours qu'il venoit de lui tenir, je pris mon temps pour rembarrer le président de Mesme et je lui dis : « Que le respect que j'avois pour la compagnie » m'avoit obligé à dissimuler et à souffrir toutes » ses picoteries : que je les avois fort bien entendu, mais que je ne les avois pas voulu entendre ; et que je demeurerois encore dans la » mesme disposition, si l'arrest qu'il n'est jamais permis de prévenir, mais qu'il est toujours ordonné de suivre, ne m'ouvroit la bouche : que cest arrest avoit réglé contre son » sentiment, l'entrée de l'envoyé d'Espagne ; » aussi bien que le précédent, qui n'avoit pas » esté non plus selon son advis, avoit porté l'exclusion du hérault : que je ne me pouvois » imaginer qu'il voulust assujétir la compagnie à ne suivre jamais que ses sentimens : » que nul ne les honnoroit et ne les estimoit » plus que moi ; mais que la liberté ne laissoit » pas de se conserver dans l'estime mesme et » dans le respect : que je supplois messieurs » de me permettre de lui donner une marque » de celui que j'avois pour lui, en lui rendant » un compte, qui peut estre le surprendroit, de » mes pensées sur les deux arrest du hérault et » de l'envoyé, sur lesquels il m'avoit donné tant » d'attaques : que pour le premier, je confessois que j'avois esté asses innocent pour avoir » failli à donner dans le panneau ; et que si » M. de Broussel n'eust ouvert l'advis auquel il » avoit passé, je tombois, par un excès de bonne » intention, dans une imprudence qui eust peut-estre causé la perte de la ville, et dans un » crime, asses convaincu par l'approbation si » solennelle que la reine venoit de donner à la » conduite contraire : que pour ce qui estoit de » l'envoyé, j'advouai que je n'avois esté d'advis » de lui donner audience que parce que j'avois » bien cogneu, à l'air du bureau, que le plus de » voix de la compagnie alloit à lui donner ; et » que quoique ce ne fust pas mon sentiment particulier, j'avois creu que je ferois mieux de » me conformer par advance à celui des autres, » et de faire paroistre, au moins dans les choses » où l'on voyoit bien que la contestation seroit » inutile, de l'union et de l'uniformité dans le » corps. » Ceste manière humble et modeste de respondre à cent mots aigres et piquants que j'avois essuyes depuis douse ou quinse jours, et ce matin-là encore, et du premier président et du président de Mesme, fit un effet que je ne vous puis exprimer, et elle effaça pour asses long-temps l'impression que l'un et l'autre avoient commencé de jeter dans la compagnie, que je prétendois de la gouverner par mes cabales. Rien n'est si dangereux en toutes sortes de communautés ; et, si la passion du président de Mesme ne m'eust donné lieu de déguiser un peu le manège qui s'estoit fait dans ces deux scènes asses extraordinaires du hérault et de l'envoyé, je ne sçai si la plus part de ceux qui avoient donné à la réception de l'un et à l'exclusion de l'autre, ne se feussent pas repentis d'avoir esté d'un sentiment qu'ils eussent creu leur avoir esté inspiré par un autre. Le président de Mesme voulut repartir à ce que j'avois dit, mais il fut presque estouffé par la clameur qui s'esleva dans les enquestes. Cinq heures sonnèrent ; personne n'avoit disné, beaucoup n'avoient pas desjeuné, et messieurs les présidents eurent le dernier ; ce qui n'est pas advantageux en ceste matière.

[19 février.] L'arrest qui avoit donné l'entrée au député de l'Espagne, portoit que l'on lui demanderoit copie signée de lui (1) de ce qu'il

---

(1) Nous avons eu sous les yeux la copie du discours de l'envoyé de l'archiduc, qui fut adressée au secrétaire d'état Le Tellier, par les gens du roi. Le texte que le cardinal de Retz rapporte dans ses Mémoires est con-

auroit dit au parlement, qui la mettroit dans le registre et que l'on enverroit par une députation solennelle à la reine, en l'asseurant de la fidélité du parlement, et en la suppliant de donner la paix à ses peuples et de retirer les troupes du roi des environs de Paris. [Le premier président fit touts les efforts imaginables pour faire insérer dans l'arrest, que la feuille mesme, c'est-à-dire l'original du registre du parlement, seroit envoyé à la reine.] Comme il estoit fort tard et que l'on avoit bon appétit, ce qui influe plus que l'on ne se peut imaginer dans les délibérations, l'on fut sur le point de laisser mettre ceste close sans y prendre garde. Le président Le Coigneux, [qui estoit naturellement vif et pénétrant], s'apperceut le premier de la conséquence, et il dit en se tournant vers un asses grand nombre de conseillers, qui commençoient à se lever : « J'ai, messieurs, à par- » ler à la compagnie ; je vous supplie de re- » prendre vos places ; il y va du tout pour toute » l'Europe. » Tout le monde s'estant remis, il prononça d'un air froid et majestueux, qui n'estoit pas ordinaire à maistre Gonin (l'on lui avoit donné ce sobriquet), ces paroles pleines de bon sens : « Le roi d'Espagne nous prend pour » arbitres de la paix générale : peut estre qu'il » se moque de nous ; mais il nous fait tousjours » honneur de le dire. Il nous offre ses » troupes pour les faire marcher à nostre se- » cours, et il est seur que sur cest article il ne » se moque pas de nous, et qu'il nous fait beau- » coup de plaisir. Nous avons entendu son en- » voyé ; et veu la nécessité où nous sommes nous » n'avons pas eu tort. Nous avons résolu d'en » rendre compte au roi et nous avons eu raison. » L'on se veut imaginer que pour rendre ce « compte, il fault que nous envoyions la feuille de » l'arrest. Voilà le piège. Je vous déclare, mon- » sieur, dit-il en se tournant vers le premier » président, que la compagnie ne l'a pas enten- » du ainsi, et que ce qu'elle a arresté est pure- » ment que l'on porte la copie et que l'original » demeure au greffe. J'aurois souhaité que l'on » n'eust pas obligé les gents à s'expliquer, parce » qu'il y a des matières sur lesquels il est sage » de ne parler qu'à demi : mais puisque l'on y » force, je dirai sans balancer que si nous » portons la feuille, les Espagnols croiront que » nous soubmettons au caprice du Mazarin les » propositions qu'ils nous font pour la paix gé-

» nérale, et mesme pour ce qui regarde nostre » secours : au lieu qu'en ne portant que la copie » et en adjoustant en mesme temps, comme la » compagnie l'a très-sagement ordonné, de très- » humbles remonstrances pour faire lever le » siège, toute l'Europe cognoistra que nous nous » tenons en estat de faire ce que le véritable » service du roi et le bien solide de l'estat de- » mandera de nostre ministère, si le cardinal est » asses aveugle pour ne se pas servir de ceste » conjoncture, comme il le doibt. »
Ce discours fut receu avec une approbation générale ; l'on cria de toutes parts que c'estoit ainsi que la compagnie l'entendoit. Messieurs des enquestes donnèrent à leur ordinaire maintes bourades à messieurs les présidents. Martineaux (1), conseiller des requestes, dit publiquement que le *retentum* de l'arrest estoit que l'on feroit fort bonne chère à l'envoyé d'Espagne, en attendant la responce de Saint-Germain, qui ne pouvoit estre que quelque méchante ruse du Mazarin. Charton pria tout haut M. le prince de Conti de suppléer à ce que les formalités du parlement ne permettoient pas à la compagnie de faire. Pontcarré dit qu'un Espagnol ne lui faisoit pas tant de peur qu'un Mazarin. Enfin il est certain que les généraux en virent [et en eurent] asses pour ne pas apréhender que le parlement se fachast des desmarches qu'ils pourroient faire vers l'Espagne ; et que M. de Bouillon et moi n'en eusme que trop pour satisfaire pleinement l'envoyé de l'archiduc, à qui nous fismes valoir jusqu'aux moindres circonstances. Il en fut content au dela de ses espérances et il dépescha dès la nuit un second courrier à Bruxelles, que nous fismes escorter jusqu'à dix lieux de Paris, par cinq cents chevaux. Ce courrier portoit la relation de tout ce qui s'estoit passé au parlement ; les conditions que M. le prince de Conti et les autres généraux demandoient pour faire un traité avec le roi d'Espagne, et ce que je pouvois donner en mon particulier d'engagement. Je vous rendrai compte de ce détail et de sa suite, après que je vous aurai raconté ce qui se passa le mesme jour, qui fut le 19 de février.

Cependant que toute ceste pièce de l'envoyé d'Espagne se jouoit au Palais, Noirmoustier sortit, avec deux mille chevaux, pour amener à Paris un convois de cinq cents charettes de farines, qui estoit à Brie-Comte-Robert où

---

forme à la copie authentique envoyée au ministre : on trouve aussi, après ce discours, la protestation de fidélité adressée à ce sujet par le parlement à la reine, et telle qu'on l'inscrivit dans les registres du parlement.

(1) Martineau, conseiller de la première chambre des requestes, a de l'esprit ; mais prompt, opiniastre, se laisse aisément préoccuper, facile néantmoins à gouverner ; seur quand il a promis ; est bon amy. (Portrait du parlement ; Manuscrits de la Bibliothèque du roi.)

nous avions garnison. Comme il eut advis que le comte, depuis mareschal de Grancey (1), venoit du costé de Lagny pour s'y opposer, il destacha M. de Larochefoucault avec [sept escadrons] pour occuper un défilé par où les ennemis estoient obligés de passer. M. de Larochefoucault, qui avoit plus de cœur que d'expérience, s'emporta de chaleur; il n'en demeura pas à son ordre, il sortit de son poste qui lui estoit très-advantageux, et il chargea les ennemis avec beaucoup de vigueur. Comme il avoit affaire à de vieilles troupes et qu'il n'en avoit que de nouvelles, il fut bientost renversé; il y fut blessé d'un fort grand coup de pistolet dans la gorge. Il y perdit Rosan (2), frère de Duras (3); le marquis de Sullery, son beau-frère, y fut pris prisonnier; Rachecourt, premier capitaine de mon régiment (4) de cavalerie, y fut fort blessé, et le convoi estoit infailliblement perdu si Noirmoustier ne fust arrivé avec le reste des troupes. Il fit filer les charettes du costé de Ville-Neufve-Saint-George, il marcha, avec ses troupes en bon ordre, par le grand chemin du costé de Gros-Bois, à la veue de Grancey, qui ne creut pas debvoir hasarder de passer [le pont Iblon devant lui]. Il rejoignit son convoi dans la pleine de Créteil, et il l'amena sans avoir perdu une charette à Paris, où il ne rentra qu'à onze heures du soir. [Vous aves déjà veu deux actes de ce mesme 19 de febvrier; en voici un troisiesme de la nuit qui le suivit, qui ne fut pas si public, mais duquel il est nécessaire que vous soyes informée en ce lieu, parce qu'il a trait à beaucoup de faits particuliers, que vous estes sur le point de veoir.]

Je vous ai dit, ci-dessus, que M. de Bouillon et moi, de concert avec les autres généraux, fismes dépescher, par l'envoyé de l'archiduc, un courrier à Bruxelles, qui partit sur le minuit. Nous nous mismes à table pour souper cheux M. de Bouillon, un moment après, lui, madame sa femme et moi. Comme elle estoit fort gaie dans le particulier, et que de plus le succès de ceste journée lui avoit encore donné de la joie, elle nous dit qu'elle vouloit faire desbauche. Elle fit retirer touts ceux qui servoient et elle ne retint que Riquemont, capitaine des gardes de monsieur son mari, à qui l'un et l'autre avoit confiance. La vérité est qu'elle vouloit parler en liberté de l'estat des choses, qu'elle croyoit admirablement bon. Je ne la destrompai pas tant que l'on fust à table, pour ne point interrompre son souper ni celui de M. de Bouillon, qui estoit asses mal de la goutte. Comme l'on fut sorti de table, [je changeai de ton], je leur représentai qu'il n'y avoit rien de plus délicat que le poste où nous nous trouvions; que si nous estions dans un parti ordinaire, qui eust la disposition de touts les peuples du royaume aussi favorable que nous l'avions, nous serions incontestablement maistres des affaires; mais que le parlement, qui faisoit d'un sens nostre principale force, faisoit, en deux ou trois manières, nostre principale foiblesse; que bien qu'il parust de la chaleur [et mesme qu'il y eust de l'emportement très-souvent] dans ceste compagnie, il y avoit tousjours un fonds d'esprit de retour, qui revenoit à toute occasion; que, dans la délibération mesme du jour où nous parlions, nous avions eu besoing de tout nostre sçavoir faire, pour faire que le parlement ne se mist pas à lui mesme la corde au col; que je convenois que ce que nous en avions tiré, estoit utile pour faire croire aux Espagnols qu'il n'estoit pas si inabordable pour eux qu'ils se l'estoient figuré; mais qu'il falloit convenir en mesme temps, que si la cour se conduisoit bien, elle en tireroit elle-mesme un fort grand advantage parce qu'elle se serviroit de la différence, au moins apparente de la compagnie, qui lui rendoit compte de l'envoi du député, comme d'un motif capable de la porter à revenir avec bienséance de sa première hauteur; et de la députation solemnelle que le parlement avoit résolu de lui faire, comme d'un moyen très-naturel pour entrer en quelque négociation; que je ne doubtois point que le mauvais effet que le refus d'audience aux gents du roi envoyés à Saint-Germain, le lendemain de la sortie du roi, avoit produit contre les intérest de la cour, ne fust un exemple asses instructif pour elle, pour l'obliger à ne pas manquer l'occasion qui se présentoit; quand je n'en serois pas persuadé par celui que nous avions de la manière si bonne et si douce dont elle avoit receu les excuses que nous lui avions faites de l'exclusion du hérault, qu'elle ne pouvoit pas ignorer toutefois n'avoir pour fondement que le prétexte du monde le plus minime [et le plus convaincu de frivole par touts les usages]; que le premier président et le président de Mesme, qui seroient assurément chefs de la députation, n'oubli-

---

(1) Jacques Rouxel, comte de Grancey, devenu maréchal de France en 1651, mort à Paris en 1680. (A. E.)

(2) Frédéric-Maurice de Durfort, comte de Rauzan, tué près de Brie-Comte-Robert, en 1649. (A. E.)

(3) Jacques-Henri, duc de Duras, frère aîné de Rauzan, maréchal de France. (A. E.)

(4) C'était le régiment de Corinthe. Il portoit pour devise sur ses drapeaux ainsi que le reste de l'armée des frondeurs : *Regem nostrum quærimus.*

roient rien pour faire coguoistre au Mazarin ses intérêt véritables dans ceste conjoncture; que ces deux hommes n'avoient dans la teste que ceux du parlement; que, pourveu qu'ils se tirassent d'affaire, ils auroient mesme de la joie à nous y laisser, en faisant un accommodement qui stipuleroit nostre seureté sans nous la donder, et qui, en terminant la guerre civile, rétabliroit la servitude.

Madame de Bouillon [qui joignoit à une douceur admirable une vivacité perçante] m'interrompit à ce mot, et elle me dit : « Voila des » inconvenients qu'il falloit prévoir, ce me sem- » ble, devant l'audience de l'envoyé d'Espagne, » puisque c'est elle qui les fait naistre. » Monsieur son mari lui respondit brusquement : « Aves-vous perdu la mémoire de ce que nous » dismes dernièrement sur cela en ceste mesme » place; et ne prevismes-nous pas en général » ces inconvenients? Mais après les avoir balancés avec la nécessité que nous trouvasmes » à mesler de quelque façon que ce peust estre, » l'envoyé et le parlement, nous prismes celui » qui nous parut le moindre, et je vois bien que » M. le coadjuteur pense à l'heure qu'il est à remédier mesme à ce moindre. — Il est vrai, » monsieur, lui respondis-je, et je vous proposerai le remède que je m'imagine quand j'aurai achevé de vous expliquer touts les inconvenients que je vois. Vous aves remarqué ces » jours passés que Brillac (1), dans le parlement, et le président Aubry dans le conseil » de l'hostel-de-ville, firent des propositions de » paix ausquelles le parlement faillit à donner » presque à l'aveugle; et il creut beaucoup faire » que de se résoudre à ne point délibérer sans » les généraux. Vous voyes qu'il y a beaucoup » de gents dans les compagnies qui commencent à ne plus payer leurs taxes, et beaucoup » d'autres qui affectent de laisser couler du désordre dans la police. Le gros du peuple, qui » est ferme, fait que l'on ne s'apperçoit pas encore de ce desmanchement des parties, qui » s'affoibliroient et se désuniroient en fort peu » de temps, si l'on ne travailloit avec application à les lier et à les consolider ensemble. » La chaleur des esprits suffit pour faire cet effet au commencement. Quand elle s'allentit, » il fault que la force y supplée; quand je parle » de la force, [je n'entends pas la violence qui » n'est presque jamais qu'un remède empirique], » j'entends celle que l'on tire de la considération où l'on demeure auprès de ceux de la part » desquels vous peut venir le mal auquel vous » cherches le remède. Ce que vous faites présentement avec Espagne, commence à faire » entrevoir au parlement qu'il ne se doibt pas » compter pour tout; ce que nous pouvons » M. de Beaufort et moi dans le peuple, lui » doibt faire cognoistre qu'il nous peut compter » pour quelque chose. Mais ces deux veues ont » leurs inconvenients comme leur utilité. L'union » des généraux avec Espagne n'est pas asses publique pour jeter dans les esprits toute l'impression qui y seroit d'un sens nécessaire, et » qui de l'autre, si elle estoit plus déclarée, seroit pernicieuse. Ceste mesme union n'est pas » asses secrète pour ne pas donner lieu à ceste » mesme compagnie d'en prendre advantage » contre vous dans les occasions, qu'elle prendroit toutefois encore plus fort, si elle vous » croyoit sans protection. Pour ce qui est du » crédit que M. de Beaufort et moi avons dans » le peuple, il est plus propre à faire du mal » au parlement, qu'à l'empescher de nous en » faire. Si nous estions de la lie du peuple, nous » pourrions peut-estre avoir la pensée de faire » ce que Bussy Le Clerc (2) fit au temps de la » Ligue, c'est-à-dire d'emprisonner, de saccager le parlement. Nous pourrions avoir en » veue de faire ce que firent les Seize, quand » ils pendirent le président Brisson (3), si nous » voulions estre aussi dépendants d'Espagne » que les Seize l'estoient. M. de Beaufort est » petit-fils d'Henri-le-Grand et je suis coadjuteur de Paris. Ce n'est ni nostre honneur ni » nostre compte; et cependant il nous seroit » plus aisé d'exéquter et ce que fit Bussy Le » Clerc et ce que firent les Seize, que de faire « que le parlement cognoisse ce que nous pourrions faire contre lui asses distinctement pour » l'empescher de faire contre nous ce qu'il croit » tousjours facile jusqu'à ce que nous l'en » ayons empesché; et voilà le destin [et le malheur] des pouvoirs populaires. Ils ne se font » croire que quand ils se font sentir, et il est » très-souvent de l'intérêt et mesme de l'honneur de ceux entre les mains de qui ils sont,

---

(1) De Brillac, conseiller de la grande chambre, très-homme d'honneur, très-particulier confident de M. le premier président, et familier de M. le chancelier, a du crédit dans sa compagnie. L'on peut seurement se confier à lui. (Portrait du parlement ; Manuscrits de la Bibliothèque du roi.)

(2) Bussy Le Clerc, tireur d'armes, et ensuite procureur au parlement. Il étoit un de ces seize zélés ligueurs, dont on voit les noms dans les notes sur la satire Ménippée. Ils furent nommés les Seize, parce qu'ils se distribuèrent dans les seize quartiers de Paris. Dans la suite, Bussy Le Clerc se sauva à Bruxelles, et y reprit son métier de tireur d'armes. (A. E.)

(3) Les Seize le pendirent le 15 novembre 1591. (A. E.)

» de les faire moins sentir que croire. Nous som-
» mes en cest estat. Le parlement panche [où
» plustost tombe] ver une paix et très-peu seure
» et très-honteuse. Nous soulèverions demain le
» peuple si nous voulions : le debvons-nous vou-
» loir? Et si nous le soulevons, et si nous ostons
» l'autorité au parlement, en quel abîme jetons-
» nous Paris dans les suites ? Tournons le feuil-
» let. Si nous ne le soulevons pas, le parle-
» ment croira-t-il que nous le puissions soule-
» ver, et ce mesme parlement s'empêchera-t-il
» de faire des pas vers la cour qui le perdront
» peut-estre, mais qui nous perdront infailli-
» blement devant lui. Vous dires bien, ma-
» dame, [encore avec plus de fondement à
» ceste heure que tantost], que je marque beau-
» coup d'inconvénients, mais que je marque peu
» de remèdes ; à quoi je vous supplie de me per-
» mettre de vous responder que je n'ai pas laissé
» de vous parler de ceux qui se trouvent déjà
» naturellement dans le traité que vous projetes
» avec Espagne, et dans l'application que nous
» avons M. de Beaufort et moi à nous mainte-
» nir dans l'esprit des peuples ; mais que comme
» je recognois dans touts les deux de certaines
» qualités qui en affoiblissent la force et la vertu,
» j'ai creu estre obligé, monsieur, de rechercher
» dans vostre capacité et dans vostre expérience
» ce qui y pourroit suppléer : et c'est ce qui m'a
» fait prendre la liberté de vous rendre compte,
» monsieur, d'un détail que vous auriez veu d'un
» coup d'œil bien plus clairement et plus dis-
» tinctement que moi, si vostre mal vous avoit
» permis d'assister seulement une fois ou à une
» assemblée du parlement ou à un conseil de
» l'Hostel-de-Ville.

M. de Bouillon, qui ne croyoit nullement les affaires en cest estat, me pria [un peu après l'interruption que je vous ai marquée que me fit madame de Bouillon], de lui mettre par escrit tout ce que j'avois commencé et tout ce que j'avois encore à lui dire. Je le fis sur l'heure mesme, et il m'en rendit le lendemain une copie, que j'ai encore escrite de la main de son secrétaire [et sur laquelle je viens de copier ce que vous en voyes ici]. L'on ne peut estre plus estonné ni plus affligé que le furent M. et madame de Bouillon, de ce que je venois de leur marquer de la disposition où estoient les affaires, et je n'en avois pas esté moins surpris qu'eux. Il ne s'est jamais rien veu de si subit. La responce douce et honnête que la reine fist aux gents du roi touchant le hérault ; la protestation de pardonner sincèrement à tout le monde ; les couleurs dont Talon, advocat général, embellit ceste responce, tournèrent en un instant presque touts les esprits. Il y eut des moments, comme je vous l'ai déjà dit, où ils revindrent à leurs emportements ou par les accidents qui survindrent, ou par l'art de ceux qui les y ramenèrent : mais le fond pour le retour y demeura tousjours. Je le remarquai en tout et je fus bien aise de m'en ouvrir avec M. de Bouillon, qui estoit le seul homme de teste de sa profession qui fut dans ce parti, pour veoir avec lui la conduite que nous aurions à y prendre. Je fis bonne mine avec touts les autres. Je leur fis valoir les moindres circonstances presque avec autant de soing qu'à l'envoyé de l'archiduc. Le président de Mesme, qui, à travers toutes les bourrades qu'il venoit de recevoir dans les deux dernières délibérations, avoit cogneu que le feu qui s'y estoit allumé n'estoit que de paille, dit au président de Bellièvre, que pour ce coup j'estois la dupe et que j'avois pris le frivole pour la substance. Le président de Bellièvre, à qui je m'estois ouvert, m'eust peu justifier s'il l'eust jugé à propos ; mais il fut lui-mesme la dupe, et il railla le président de Mesme comme un homme qui prenoit plaisir à se flatter soi-mesme.

M. de Bouillon, ayant examiné tout le reste de la nuit jusqu'à cinq heures du matin, le papier que je lui avois laissé à deux, [et dont vous venes de voir la copie] m'escrivit le lendemain un billet, par lequel il me prioit de me trouver cheux lui à trois heures après midi. Je ne manquai pas de m'y rendre, et j'y trouvai madame de Bouillon pénétrée de douleur, parce que monsieur son mari l'avoit asseurée et ce que je marquois dans mon escrit n'estoit que trop bien fondé, supposé les faits dont il ne pouvoit pas croire que je ne fusse très-bien informé ; et qu'il n'y avoit à tout cela qu'un remède ; que non pas seulement je ne prendrois pas, mais auquel mesme je m'opposerois. Ce remède estoit de laisser agir le parlement pleinement à sa mode, de contribuer mesme soubs main [et sans que l'on s'en peust douter], à lui faire faire des pas odieux au peuple, de commencer dès cest instant à le discréditer [dans l'esprit du peuple] ; de jouer le mesme personnage à l'esgard de l'Hostel-de-Ville, dont le chef qui estoit le président le Féron, prévost des marchands, estoit déjà très-suspect, et de se servir ensuite de la première occasion que l'on jugeroit la plus spécieuse et la plus favorable, pour s'asseurer, ou par l'exil ou par la prison, des personnes de ceux dont nous ne nous pourrions pas respondre à nous-mesme. Voilà ce que M. de Bouillon me proposa sans balancer, en adjoustant que Longueil, qui cognoissoit mieux le parlement qu'homme du royaume, et qu'il avoit esté veoir sur le midi, lui avoit confirmé tout ce que je lui avois dit la veille, de la pente que ce corps prenoit sans s'en apercevoir soi-mesme; et que le mesme Longueil estoit convenu avec lui que l'unique remède efficace [et non palliatif], estoit de penser de bonne heure à le purger. Ce fut son mot et je l'eusse recogneu à ce mot. Il n'y a jamais eu d'esprit si décisif ni si violent; mais il n'y en a jamais eu un qui ait pallié ses décisions et ses violences par des termes plus doux. Quoique le mesme expédient que M. de Bouillon me proposoit me fust déjà venu dans l'esprit, et peut-estre avec plus de raison qu'à lui, parce que j'en cognoissois la possibilité plus que lui, je ne lui laissai aucun lieu de croire que j'y eusse seulement fait la moindre réflexion, parce que je sçavois qu'il avoit le foible d'aimer à avoir imaginé le premier; et c'est l'unique défault que je lui aie cogneu dans la négotiation. Après qu'il m'eut bien expliqué sa pensée, je le suppliai d'agréer que je lui misse la mienne par escrit, ce que je fis sur le champ en ces termes :

« Je conviens de la possibilité de l'exécution; » mais je la tiens pernicieuse dans les suites, et » pour le public et pour les particuliers; [elle » l'est, au moins à mon advis, pour le public], » parce que ce mesme peuple dont vous vous se- » res servi pour abattre l'autorité des magis- » trats, ne recognoistroit plus la vostre dès que » vous seres obligé de leur demander ce que » les magistrats en exigent. Ce peuple a adoré le » parlement jusqu'à la guerre; il veut encore la » guerre et il commence à n'avoir plus tant d'a- » mitié pour le parlement. Il s'imagine lui-mesme » que ceste diminution ne regarde que quelques » membres de ce corps qui sont Mazarin : il se » trompe, elle va à toute la compagnie; mais elle » y va comme insensiblement et par degrés. Les » peuples sont las, quelque temps devant que de » s'apercevoir qu'ils le sont. La haine contre le » Mazarin soubstient et couvre ceste lassitude. » Nous esgayons les esprits par nos satires, par » nos vers, par nos chansons; le bruit des trom- » pettes, des tambours et des timbales; la veue » des estendars et des drappeaux, resjouit les » boutiques, mais au fond paie-t-on les taxes » avec la ponctualité avec laquelle on les a paiées » les premières sepmaines ? Y a-t-il beaucoup » de gents qui nous ont imité, vous, M. de » Beaufort, et moi, quand nous avons envoyé » nostre vaisselle à la monnoie? N'observes-vous » pas que quelques-uns de ceux qui se croyent » encores très-bien intentionnés pour la cause » commune, commencent à excuser dans les faits » particuliers ceux qui le sont le moins? Voilà » les marques infaillibles d'une lassitude, qui » est d'autant plus considérable, qu'il n'y a pas » encore six sepmaines que l'on a commencé à » courir. Juges de celle qui sera causée par de » plus longs voyages! Le peuple ne sent presque » pas encore la sienne : il est au moins très-cer- » tain qu'il ne la cognoit pas. Ceux qui sont fa- » tigués s'imaginent qu'ils ne sont qu'en cholère, » et ceste cholère est contre le parlement; c'est- » à-dire contre un corps qui estoit, il n'y a » qu'un mois, l'idole du public, et pour la dé- » fense duquel il a pris les armes. Quand nous » nous serons mis en la place de ce parlement, » quand nous aurons ruiné son autorité dans les » esprits de la populace, quand nous aurons es- » tabli la nostre, nous tomberons infailliblement » dans les mesmes inconvéniens, parce que » nous serons obligés de faire les mesmes choses » que fait aujourd'hui le parlement. Nous or- » donnerons des taxes, nous léverons de l'ar- » gent, et il n'y aura qu'une différence qui sera » que la haine et l'envie que nous contracterons » dans le tiers de Paris, c'est-à-dire dans le plus » gros bourgeois, attaché en je ne sçai combien de « manières différentes à ceste compagnie, dès que » nous l'aurons attaquée, diminuée ou abattue; » que ceste haine, dis-je, et ceste envie produi- » ront et achèveront contre nous dans les deux » autres tiers, en huit jours, ce que six sep- » maines n'ont encore que commencé contre le » parlement. Nous avons dans la Ligue un exem- » ple fameux de ce que je vous viens de dire. » M. du Maine (1) trouvant dans le parlement » cest esprit que vous lui voyes, qui va tousjours » à unir les contradictoires et à faire la guerre » civile selon les conclusions des gents du roi, » se lassa bientost de ce pédantisme. Il se servit » [quoique couvertement], des Seize, qui es- » toient les quarteniers de la ville, pour abattre » ceste compagnie. Il fut obligé dans la suite de » faire pendre quatre de ces Seize, qui estoient » trop attachés à l'Espagne. Ce qu'il fist en ceste » occasion pour se rendre moins dépendant de » ceste couronne, fit qu'il en eut plus de be- » soing pour se soubstenir contre le parlement, » dont les restes commençoient à se relever. » Qu'arriva-t-il de touts ces mouvemants? M. du » Maine (1), [l'un des plus grands hommes de » son siècle], fut obligé de faire un traité qui a » fait dire à toute la postérité qu'il n'avoit sceu » faire ni la paix ni la guerre : Voilà le sort de » M. du Maine (1) chef d'un parti formé pour la » défence de la religion, cimenté par le sang de » MM. de Guise, tenus universellement pour » les Machabées de leur temps; d'un parti qui

(1) Lisez de Mayenne.

» s'estoit déjà respandu dans toutes les provinces,
» [et qui avoit déjà embrasé tout le royaume].
» En sommes-nous là? La cour ne nous peut-
» elle pas oster demain le prétexte de la guerre
» civile, et par la levée du siège de Paris et
» par l'expulsion, si vous voules, du Mazarin.
» Les provinces commencent à branler, mais
» enfin le feu n'y est pas encore asses allumé,
» pour ne pas continuer avec plus d'application
» que jamais à faire de Paris nostre capitale. Et
» ces fondements supposés, est-il sage de songer
» à faire dans nostre parti une division qui a
» miné celui de la ligue, sans comparaison plus
» formé, plus establi et plus considérable que le
» nostre. Madame de Bouillon dira encore que
» je prosne toujours les inconvénients sans en
» marquer les remèdes; les voici :

« Je ne parlerai point du traité que vous pro-
» jetes avec Espagne, ni du mesnagement du
» peuple ; j'en suppose la nécessité. Il y en a un
» qui m'est venu dans l'esprit, qui est très-ca-
» pable, à mon opinion, de nous donner dans le
» parlement toute la considération qui nous y
» est nécessaire. Nous avons une armée dans
» Paris, qui tant qu'elle sera dans l'enclos des
» murailles, ne sera considérée que comme peu-
» ple.[Je me suis apperceu de ce que je vous ai
» dit peut-estre plus de vingt fois depuis huit
» jours.] Il n'y a pas un conseiller dans les en-
» questes, qui ne s'en croie le maistre pour le
» moins autant que les généraux. Je vous disois,
» ce me semble hier au soir, que le pouvoir que
» les particuliers prennent quelquefois dans les
» peuples, n'y est jamais creu que par les effets ;
» parce que ceux qui le doibvent avoir naturel-
» lement par leur caractère en conservent tous-
» jours le plus longtemps qu'ils peuvent l'ima-
» gination, après qu'ils en ont perdu l'effectif.
» Faites réflexion, je vous supplie, sur ce que
» vous aves veu dans la cour sur ce sujet. Y
» a-t-il un ministre ni un courtisan, qui jus-
» qu'au jour des barricades n'aie tourné en ri-
» dicule tout ce qu'on lui disoit de la disposition
» des peuples pour le parlement? Et il est pour-
» tant vrai qu'il n'y avoit pas un seul courtisan
» ni un seul ministre qui n'eust déjà veu des
» signes infaillibles de la révolution. Il fault ad-
» vouer que les barricades les debvoient con-
» vaincre : l'ont-elles fait? Les ont-elles em-
» pesché d'assiéger Paris sur le fondement que
» le caprice du peuple, qui l'avoit porté à l'es-
» motion, ne le pourroit pas pousser jusques à la
» guerre. Ce que nous faisons aujourd'hui, ce que
» nous faisons tous les jours, les pourroit, ce
» me semble, destromper de ceste illusion : en
» sont-ils guéris? Ne dit-on pas touts les jours
» à la reine que le gros bourgeois est à elle, et
» qu'il n'y a dans Paris que la canaille achep-
» tée à prix d'argent qui soit au parlement? Je
» vous viens de marquer la raison pour laquelle
» les hommes ne manquent jamais de se flatter
» et de se tromper eux-mesme en ces matières.
» Ce qui est arrivé à la cour arrive présente-
» ment au parlement. Il a dans ce mouvement
» tout le caractère de l'autorité ; il en perdra
» bientost la substance. Il le debvroit prévoir et
» par les murmures qui commencent à s'esle-
» ver contre lui, et par le redoublement de la
» manie du peuple pour M. de Beaufort et pour
» moi. Nullement ; il ne le cognoistra jamais
» que par une violence actuelle et positive que
» l'on lui fera, que par un coup qui l'abattra
» [ou qui l'abaissera]. Tout ce qu'il verra de
» moins lui paroistra une tentative que nous au-
» rons faite contre lui, et dans laquelle nous
» n'aurons peu réussir. Il en prendra du courage,
» il nous poussera effectivement si nous plions,
» et il nous obligera par là à le perdre. Ce n'est
» pas nostre compte, [pour les raisons que je
» vous ai déduites ci-dessus] ; et au contraire
» notre intérêt est de ne lui point faire de mal,
» pour ne point mettre de division dans nostre
» parti, et d'agir toutefois d'une manière qui lui
» fasse veoir qu'il ne peut faire son bien qu'a-
» vec nous. Il n'y a point de moyen plus efficace
» à mon advis pour cela, que de tirer nostre ar-
» mée de Paris, de la porter en quelque lieu ou
» elle puisse estre hors de l'insulte des ennemis,
» et d'où elle puisse toutefois favoriser nos con-
» vois ; et de se faire demander ceste sortie par
» le parlement mesme, afin qu'il n'en prenne
» point d'ombrage, ou au moins afin qu'il n'en
» prenne que quand il sera bon pour nous qu'il
» en aie, [pour l'obliger à y garder plus d'es-
» gards]. Ceste précaution jointe aux autres que
» vous aves déjà résolues, fera que ceste com-
» pagnie se trouvera, presque sans s'en estre
» apperceu, dans la nécessité d'agir de concert
» avec nous ; et la faveur des peuples, par la-
» quelle seule nous la pouvons véritablement
» retenir, ne lui paroistra plus une fumée, dès
» qu'elle la verra [arrivée] et comme espaissie
» par une armée qu'elle ne croira plus entre ses
» mains. »

Voila ce que j'escrivis [avec précipitation] sur la table du cabinet de madame de Bouillon. Je leur leus aussitost après, et je remarquai qu'à l'endroit ou je proposois de faire sortir l'armée de Paris, elle fit un signe à M. son mari, qui à l'instant que j'eus achevé ma lecture, la tira a part. Il lui parla près d'un demi quart d'heure, après quoi il me dit : « Vous aves une si grande

» cognoissance de l'estat de Paris et j'en ai si
» peu que vous me debves excuser si je ne parle
» pas juste [sur ceste matière. L'on ne peut res-
» pondre à vos raisons, mais je les vai fortifier]
» par un secret que nous vous allons dire, pour-
» veu que vous nous prometties sur vostre salut
» de nous le garder pour tout le monde sans
» exception, mais particulièrement à l'esgard de
» mademoiselle de Bouillon (1). » Il continua en
ces termes : « M. de Turenne nous escrit qu'il
» est sur le point de se déclarer pour le parti ;
» qu'il n'y a plus que deux colonels dans son
» armée qui lui fassent peine ; qu'il s'en asseu-
» rera d'une façon ou d'autre, devant qu'il soit
» huit jours, et qu'à l'instant il marchera à nous.
» Il nous a demandé le secret pour tout le monde
» [sans exception], hors pour vous. — Mais sa
» gouvernante, (adjousta avec cholère madame
» de Bouillon), nous l'a commandé pour vous
» comme pour les autres. » La gouvernante dont
elle vouloit parler estoit la vieille mademoiselle de Bouillon, sa sœur, en qui il avoit une
confiance abandonnée, et que madame de Bouillon haïssoit de tout son cœur. M. de Bouillon
reprit la parole et il me dit : « Qu'en dites-vous,
» ne sommes nous pas les maistres et de la cour et
» du parlement ? — Je ne serai pas ingrat, respon-
» dis-je à M. de Bouillon, je payerai vostre secret
« d'un autre qui n'est pas si important, mais qui
« n'est pas peu considérable. Je viens de voir
« un billet d'Hocquincourt (2) à madame de Mon-
« bazon, où il n'y a que ces mots : Peronne est à la
« belle des belles ; et j'en ai reçeu un ce matin
» de Bussi-Lamet qui m'asseure de Mézières. »
Madame de Bouillon, [qui estoit fort gaie dans
le particulier], se jeta à mon cou, [elle m'embrassa bien tendrement]. Nous ne doubtasmes
plus de rien et nous conclusmes en un quart
d'heure le détail de toutes ces précautions dont
vous avez veu les propositions ci-dessus. Je ne
puis obmettre à ce propos une parole de M. de
Bouillon. Comme nous examinions les moyens
de tirer l'armée hors des murailles, sans donner
de la défiance au parlement, madame de Bouillon, qui estoit transportée de joie de tant de
bonnes nouvelles, ne faisoit plus aucune réflexion sur ce que nous disions. M. son mari se
tourna vers moi et il me dit presqu'en cholère,
parce qu'il prit garde que ce qu'il me venoit
d'apprandre de M. de Turenne m'avoit touché
et distrait : « Je le pardonne à ma femme, mais
» je ne vous le pardonne pas. Le vieux prince
» d'Orange disoit que le moment où l'on rece-
» voit les plus grandes et les plus heureuses
» nouvelles estoit celui où il falloit redoubler son
» attention pour les petites. »

Le 24 de ce mois, qui estoit celui de febvrier, les députés du parlement, qui avoient reçeu leurs passeports la veille, partirent [pour aller à Saint-Germain], rendre compte à la reine de l'audience accordée à l'envoyé de l'archiduc. La cour ne manqua pas de se servir, comme nous l'avions jugé, de ceste occasion pour entrer en traité. Quoiqu'elle ne traitast pas dans ses passeports les députés de présidents et de conseillers, elle ne les traita pas aussi de gents qui l'eussent esté et qui en fussent décheus, elle se contenta de les nommer simplement par leurs noms ordinaires. La reine dit aux députés [qu'il eust esté plus advantageux pour l'estat et plus honnorable pour leur compagnie, de ne point entendre l'envoyé] ; mais que c'estoit une chose faite ; qu'il falloit songer à une bonne paix ; qu'elle y estoit très disposée ; et que M. le chancelier estant malade depuis quelques jours, elle donneroit dès le lendemain une response plus ample par escrit. M. d'Orléans et M. le prince s'expliquèrent encore plus positivement, et promirent au premier président et au président de Mesme, qui eurent avec eux des conférences très-particulières et très-longues, de déboucher touts les passages aussitost que le parlement auroit nommé des députés pour traiter.

Le mesme jour, 24 de febvrier, nous eusmes advis que M. le prince avoit fait dessein de jeter dans la rivière toutes les farines de Gonesse et des environs, parce que les paysans en apportoient une fort grande quantité, à dos, dans la ville. Nous le prévinsmes. L'on sortit avec toutes les troupes, entre neuf et dix heures du soir. L'on passa toute la nuit en bataille devant Saint-Denis, pour empêcher le maréschal Du Plessis (3), qui y estoit avec huit cents chevaux, composés de la gendarmerie, d'incommoder nostre convoi. L'on prit tout ce qu'il y avoit de chariots, de charettes et de chevaux dans Paris. Le mareschal de La Mothe se destacha avec mille chevaux ; il enleva tout ce qu'il trouva dans Gonesse et dans le pays, et il rentra dans la ville sans avoir perdu un seul homme ni un seul cheval. Les gendarmes de la reine donnèrent sur la queue du convoi ; mais ils furent re-

---

(1) Charlotte de La Tour, morte sans alliance, en 1662. (A. E.)

(2) Charles de Monchy, marquis d'Hocquincourt, gouverneur de Péronne, etc., maréchal de France en 1651, tué devant Dunkerque, en 1658. (A. E.)

(3) César, duc de Choiseul, comte du Plessis-Praslin, maréchal de France en 1645, mort à l'âge de soixante-dix-huit ans, le 23 décembre 1637.

L'éditeur de 1820, dont nous avons déjà signalé plusieurs fois les inadvertances, fait mourir le duc de Choiseul, en 1645.

poussés par Saint-Germain d'Achon (1) jusques dans la barrière de Saint-Denis.

Le mesme jour Flamarin (2) arriva à Paris pour faire un compliment de la part de M. le duc d'Orleans à la reine d'Angleterre, sur la mort du roi (3) son mari, que l'on n'avoit aprise que trois ou quatre jours auparavant. Ce fut là le prétexte du voyage de Flamarin; en voici la cause. La Rivière, de qui il estoit intime et dépendant, se mit dans l'esprit de lier un commerce par son moyen avec M. de La Rochefoucault, avec lequel Flamarin avoit aussi beaucoup d'habitude. Je sçavois de moment à autre tout ce qui se passoit entre eux, parce que Flamarin qui estoit passionnement amoureux de madame de Pommereux, lui en rendoit un compte très-fidèle. Comme M. le cardinal Mazarin faisoit croire à La Rivière que le seul obstacle qu'il trouvoit au cardinalat estoit M. le prince de Conti, Flamarin creut ne pouvoir rendre un service plus considérable à son ami, que de faire une négociation qui peust les disposer à quelque union. Il vit pour cest effet M. de La Rochefoucault, aussitost qu'il fut arrivé à Paris, et il n'eut pas beaucoup de peine à le persuader. Il le trouva au lit très-incommodé de sa blessure, et très-fatigué de la guerre civile. Il dit à Flamarin qu'il n'y estoit entré que malgré lui, et que s'il fust revenu de Poitou deux mois devant le siége de Paris, il eust asseurément empêché madame de Longueville d'entrer dans ceste misérable affaire; mais que je m'estois servi de son absence pour l'y embarquer et elle et M. le prince de Conti; qu'il avoit trouvé les engagements trop avancés pour les pouvoir rompre; que sa blessure estoit encore un nouvel obstacle à ses desseins, [qui estoient et qui seroient tousjours] de réunir la maison royale : que ce diable de coadjuteur ne vouloit point de paix, qu'il estoit tousjours pendu aux aureilles de M. le prince de Conti et de madame de Longueville pour en fermer toutes les voies : que son mal l'empeschoit d'agir auprès d'eux comme il eust fait, [et que sans ceste blessure il feroit tout ce que l'on pourroit désirer de lui]. Il prit ensuite avec Flamarin toutes les mesures qui obligèrent depuis, au moins à ce que je creu, M. le prince de Conti à céder sa nomination au cardinalat à La Rivière. Je fus informé de touts ces pas par madame de Pommereux, [aussitost qu'ils furent faits]. J'en tirai toutes les lumières qui me furent nécessaires, et je fis dire après par le prévost des marchands, à Flamarin, de sortir de Paris, parce qu'il y avoit déjà quelques jours que le temps de son passeport estoit expiré.

Le 26, il y eut de la chaleur dans le parlement, sur ce qu'il y avoit eu nouvelle que Grancey avoit assiégé Brie-Comte-Robert avec cinq mille hommes de pied et trois mille chevaux; la pluspart des conseillers vouloient ridiculement que l'on s'exposast à une bataille pour la secourir. Messieurs les généraux eurent toutes les peines imaginables à leur faire entendre raison. La place ne valoit rien, elle estoit inutile par deux ou trois considérations. Et M. de Bouillon, qui à cause de sa goutte ne pouvoit venir au Palais, les envoya par escrit à la compagnie, qui se montra plus peuple en ceste occasion, [que ceux qui ne l'ont pas veu] ne le peuvent croire. Bourgogne, qui estoit dans la place, se rendit ce jour-là mesme; et je ne sçai s'il eut tenu plus longtemps, si l'on se feust pou empêcher de faire, contre toutes les règles de la guerre, quelque tentative bizare pour estouffer les criailleries impertinentes de ces [ignorants]. Je m'en servis, fort heureusement, pour leur faire désirer à eux mesme que nostre armée sortist de Paris. J'apostais le comte de [Maure (4)], [qui estoit proprement le replastreux du parti] pour dire au président Charton, qu'il sçavoit de science certaine [que la véritable raison pour laquelle] l'on n'avoit pas secouru Bric-Comte-Robert, estoit l'impossibilité que l'on avoit trouvé à faire sortir asses à temps les troupes de la ville, et que ça avoit déjà esté l'unique cause de la perte de Charenton. Je fis dire [en mesme temps par Grecy], au président de Mesme qu'il avoit

---

(1) Jacques de Saint-Germain, comte d'Apchon, premier baron d'Auvergne; marié le 4 avril 1644, avec Philiberte de Saint-Germain de Saint-André d'Apchon, sa cousine. Il vivait encore en novembre 1672.

(2) Antoine-Agésilan de Grossolles, marquis de Flamaren, tué au combat du faubourg Saint-Antoine, dans le parti de M. le prince, au mois de juillet 1652. M. de La Rochefoucauld et M. de Motteville en parlent dans leurs mémoires.

(3) Charles Stuart, premier nom, roi d'Angleterre, décapité le 9 février 1649. (A. E.)

(4) Les éditeurs modernes ont changé le nom du comte de Maure en celui de Malauze, et en font Louis de Bourbon-Malauze, mort en 1667; il est à remarquer que la première édition, dont ces éditeurs ne se servent jamais, ne contient ni cette faute ni un grand nombre d'autres bien plus importantes. Le comte de Maure dont parle le cardinal, était *Louis de Rochechouart, comte de Maure,* frère du comte de Mortemart, grand sénéchal de Guienne. fils de Gaspard de Rochechouart, marquis de Mortemart, qui servit sous Henri III et Henri IV; et de Louise, comtesse de Maure, fille de Charles, comte de Maure et de Diane d'Escarts, princesse de Carency. Louis de Rochechouart, comte de Maure, mourut à Essay, près d'Alençon, le 9 novembre 1669, âgé de soixante-sept ans.

appris de bon lieu que j'estois extrèmement embarassé, parce que d'un costé je voyois que la perte de ces deux places estoit imputée, par le public, à l'opiniastreté que nous avions de tenir nos troupes resserrées dans l'enclos de nos murailles, et que de l'autre je ne me pouvois résoudre à esloigner seulement de deux pas de ma personne, touts ces gents de guerre, qui estoient autant de criailleurs à gages pour moi, dans les rues et dans la salle du Palais. [Je ne vous puis exprimer à quel point] toute ceste poudre prit feu. Le président Charton ne parla plus que de campements; le président de Mesme finissoit touts ses avis par la nécessité de ne pas laisser les troupes inutiles. Les généraux tesmoignèrent estre embarassés de ceste proposition. Je fis semblant de la contrarier. Nous nous fismes prier huit ou dix jours, après lesquels nous fismes, comme vous verres, ce que nous souhaitions bien plus fortement encore que ceux qui nous en pressoient.

Noirmoustier sortit de Paris avec quinze cents chevaux, y amena ce jour-là de Dammartin et des environs une quantité immense de grains et de farines. M. le prince ne pouvoit estre partout; il n'avoit pas asses de cavalerie pour occuper toute la campagne, et toute la campagne favorisoit Paris. L'on y apporta, [dans ces deux derniers jours], plus de blé qu'il n'en eust fallu pour le maintenir six sepmaines. La police y manquoit par la friponnerie des boulangers et par le peu de soing des officiers.

Le 27, le premier président fit la relation au parlement de ce qui s'estoit passé à Saint-Germain [dont je vous ai déjà rendu compte], et l'on y résolut de prier messieurs les généraux de se trouver au Palais dès l'après-disnée, pour délibérer sur les offres de la cour. Nous eusmes grande peine, M. de Beaufort et moi, à retenir le peuple, qui vouloit entrer dans la grande chambre et qui menaçoit les députés de les jeter dans la rivière, en criant qu'ils les trahissoient et qu'ils avoient eu des conférences avec le Mazarin. Nous eusmes besoing de tout nostre crédit pour l'apaiser; et le bon est que le parlement croyoit que nous le souleviions. Le pouvoir dans les peuples est fascheux en ce point, qu'il vous rend responsable mesme de ce qu'ils font malgré vous. L'expérience que nous en fismes ce matin-là, nous obligea de prier M. le prince de Conti de mander au parlement qu'il n'y pourroit pas aller l'après-disnée, et qu'il le prioit de différer sa délibération jusques au lendemain matin; et nous creusmes qu'il seroit à propos que nous nous trouvassions [le soir] cheux M. de Bouillon, pour adviser plus particulièrement à ce que nous avions à dire et à faire, dans une conjoncture ou nous nous trouvions entre un peuple qui crioit [la guerre], un parlement qui vouloit la paix, et les Espagnols qui pouvoient vouloir l'une et l'autre à nos despens, selon leur intérest. Nous ne fusmes guère moins embarrassés dans nostre assemblée cheux M. de Bouillon, que nous avions apréhendé de l'estre dans celle du parlement. M. le prince de Conti instruit par M. de Larochefoucault, y parla comme un homme qui vouloit la guerre, et y agit comme un homme qui vouloit la paix. Ce personnage qu'il joua [pitoyablement] joint à ce que je sçavois de Flamarin, ne me laissa aucun lieu de douter qu'il n'attendist quelque response de Saint-Germain. La moins forte proposition de M. d'Elbeuf fut de mettre tout le parlement en corps à la Bastille. M. de Bouillon n'osoit encore rien dire de M. de Turenne, parce qu'il ne s'estoit pas encore déclaré publiquement. Je n'osois m'expliquer des raisons qui me faisoient juger qu'il estoit nécessaire de couler sur tout généralement, jusques à ce que nostre camp formé hors des murailles, l'armée d'Allemagne en marche, celle d'Espagne sur la frontière, nous missent en estat de faire agir à nostre gré le parlement. M. de Beaufort, à qui l'on ne se pouvoit ouvrir d'aucun secret important, à cause de madame de Montbazon qui n'avoit point de fidélité, ne comprenoit pas pourquoi nous ne nous servions pas de tout le crédit que lui et moi avions parmi le peuple. M. de Bouillon [estoit si persuadé que j'avois raison, qu'il ne m'avoit rien contesté dans le particulier, comme vous aves veu ci-dessus, de tout ce que j'avois inséré sur ceste matière, dans l'escrit dont je vous ai parlé; mais comme il n'eust pas esté fasché que l'on eust passé pardessus ceste raison], parce qu'en son particulier il eust peu trouver mieux que personne ses intérest dans le bouleversement, il ne m'aidoit qu'autant que la bienséance l'y forçoit, à faire prendre le parti de la modération, c'est-à-dire à faire résoudre que nous ne troublassion la délibération que l'on debvoit faire le lendemain au parlement, par aucune esmotion populaire. Comme l'on ne doubtoit point que la compagnie n'embrassast mesme avec précipitation l'offre que la cour lui faisoit de traiter, l'on n'avoit presque rien à respondre à ceux qui disoient que l'unique moyen de l'en empêcher estoit d'aller au-devant de la délibération par une sédition. M. de Beaufort, [qui alloit tousjours à ce qui paroissoit le plus haut], y donnoit à pleines voiles. M. d'Elbeuf, qui venoit de recevoir une lettre de La Rivière, pleine de mespris, faisoit le capitan. [Vous aves veu ci-dessus les raisons pour lesquelles ceste voie, qui ne convient jamais guère à un homme de qualité, ne me convenoit pas, pour plus de dix circonstances particulières, à moi moins qu'à tout autre.] Je me trouvai dans l'embarras dont vous pouves juger, en faisant réflexion sur les inconvénients qu'il y avoit pour moi, ou à ne pas prévenir une esmotion qui me seroit infailliblement imputée, [et qui seroit toutefois ma ruine dans les suites], ou à la combattre dans l'esprit de gents à qui je ne pouvois dire les raisons les plus solides que j'avois pour ne la pas approuver. Le premier parti que je pris fut d'appuyer [imperceptiblement] les incertitudes et les ambiguités de M. le prince de Conti. Mais comme je vis que ceste manière de galimathias pourroit bien empêcher que l'on ne prist la résolution [fixe] de faire l'esmotion, mais qu'elle ne seroit pas capable de faire que l'on prist celle de s'y opposer, ce qui estoit pourtant absolument nécessaire, veu la disposition où estoit le peuple, qu'un mot du moins accrédité de touts ceux que nous estions, pouvoit enflammer, je creus qu'il n'y avoit point à balancer. Je me déclarai publiquement et clairement. J'exposai à toute la compagnie ce que vous aves veu ci-dessus que j'avois dit à M. de Bouillon. J'insistai pour que l'on n'innovast rien jusques à ce que nous sceussion positivement par la response de Fuensaldagne, ce que nous pouvions attendre des Espagnols. Je suppléai [autant qu'il me fut possible] par ceste raison et par d'autres que je n'osois dire, et que j'eusse tirées encore plus naturellement et plus aisément et du secours de M. de Turenne, et du camp que nous avions projeté auprès de Paris.

J'esprouvai en ceste occasion, que l'une des plus grandes incommodités des guerres civiles est qu'il fault encore plus d'application à ce que l'on ne debvoit pas dire à ses amis, qu'à ce que l'on doibt faire contre ses ennemis. Je fus asses heureux pour les persuader parce que M. de Bouillon, [qui dans le commencement avoit balancé], revint à mon advis, convaincu, [à ce qu'il m'advoua le soir mesme], qu'une conclusion telle qu'elle eust esté dans la conjoncture, fust retombée [avec un peu de temps] sur ses auteurs. Mais ce qu'il me dit sur ce subjet, après que tout le monde s'en fust allé, me convainquit à mon tour qu'aussitost que nos troupes seroient hors de Paris, que nostre traité avec Espagne seroit conclu, et que M. de Turenne seroit déclaré, il estoit très-résolu à s'affranchir de la tyrannie ou plustost du pédantisme du parlement. Je lui respondis qu'avec la déclaration de M. de Turenne, je lui promettois de me joindre à lui pour ce mesme effet; mais qu'il jugeoit bien que jusques-là je ne me pouvois séparer du parlement, quand j'y verrois clairement et distinctement ma perte, parce que j'estois au moins asseuré de conserver mon honneur en demeurant uni à ce corps, avec lequel il semble que les particuliers ne peuvent faillir : au lieu que si je contribuois à le perdre sans avoir de quoi le suppléer par un parti dont le fonds fust François et non odieux, je pourrois estre réduit fort aisément à devenir dans Bruxelles une copie des exilés de la Ligue: que pour lui, M. de Bouillon, il y trouveroit mieux son compte que moi par sa capacité dans la guerre, et par les establissements que l'Espagne lui pourroit donner; mais qu'il debvoit toutefois se ressouvenir de M. d'Aumale, qui estoit tombé à rien dès qu'il n'avoit eu que la protection d'Espagne : qu'il estoit nécessaire à mon opinion et pour lui et pour moi, de faire un fonds certain, au dedans du royaume, devant que de songer à se destacher du parlement; et se résoudre mesme a en souffrir jusque à ce que nous eussions veu tout à fait clair à la marche de l'armée d'Espagne, au campement de nos troupes [que nous avions projété], et à la déclaration de M. de Turenne, qui estoit la pièce importante et décisive, en ce qu'elle donnoit au parti un corps indépendant des estrangers, ou plustost parce qu'elle formoit elle-mesme un parti purement François, et capable de soubstenir les affaires par son propre poids. Ce fut à mon advis ceste dernière considération qui emporta madame de Bouillon, qui estoit rantrée dans la chambre de monsieur son mari, aussitost que les généraux en furent sortis, [et qui ne s'estoit jamais rendue à l'advis de laisser agir le parlement]. Elle s'emporta [mesme avec beaucoup de cholère], quand elle sceut que la compagnie s'estoit séparée sans résoudre de s'en rendre maistre; et elle dit à M. de Bouillon : « Je vous l'avois bien dit, que » vous laisseries aller à M. le coadjuteur. » Il respondit ces propres mots : « Voules-vous, » madame, que M. le coadjuteur hasarde pour » nos intérêts, de devenir l'aumosnier de Fuen- » saldagne? Et est-il possible que vous n'ayes » pas compris ce qu'il vous presche depuis trois » jours? » Je pris la parole sans esmotion, en disant à madame de Bouillon : « Ne convenes » vous pas, madame, que nous prendrons des » mesures plus certaines quand nos troupes seront hors de Paris, quand nous aurons la res- » ponse de l'archiduc, et quand la déclaration » de M. de Turenne sera publique? — Oui, me » respartit-elle : mais le parlement fera demain

» des pas qui rendront toutes ces préalables que » vous attendes, fort inutiles. — Non madame, » lui respondis-je, [je conviens que le parlement » fera demain des pas mesme très-imprudents » pour son propre compte vers la cour], mais » je soubstiens que quelques pas qu'il fasse, » nous demeurerons en estat, pourveu que ces » préalables réussissent, de nous moquer du » parlement. — Me le promettes-vous, reprit- » elle? — Je m'y engage de plus, lui dis-je, et je » vous le veus signer de mon sang. — Vous l'en » signeres tout-à-l'heure, s'escria-t-elle. » — Elle me lia le pouce avec de la soie, quoique son mari lui peust dire, elle m'en tira du sang avec le bout d'une esguille, et elle m'en fit signer un billet de ceste teneur : « Je promets à madame » la duchesse de Bouillon de demeurer uni avec » monsieur son mari contre le parlement, en cas » que M. de Turenne s'approche avec l'armée qu'il » commande à vingt lieues de Paris, et qu'il se » déclare pour la ville. » M. de Bouillon jeta ceste belle promesse dans le feu; mais il se joignit avec moi pour faire cognoistre à sa femme, [à qui dans le fond il ne se pouvoit résoudre de déplaire], que si nos préalables réussissoient, nous demeurerions sur nos pieds, quoique peust faire le parlement; et que s'ils ne réussissoient pas nous aurions joie par l'événement de n'avoir pas causé une confusion où la honte et la ruine, [en mon particulier], m'estoient infaillibles, et où mesme l'advantage de la maison de Bouillon estoit fort problématique.

Comme la conversation finissoit, je receus un billet du vicaire de Saint-Paul, qui me donnoit advis que Touchéprés, capitaine des gardes de M. d'Elbeuf, avoit jeté quelque argent parmi les garçons de boutique de la rue Saint-Antoine, pour aller crier le lendemain contre la paix dans la salle du Palais. Et M. de Bouillon, de concert avec moi, escrivit sur l'heure à M. d'Elbeuf, [avec lequel il avoit toujours vescu honnestement], ces quatre ou cinq mots sur le dos d'une carte, pour lui faire voir qu'il avoit esté lui-mesme bien pressé : « Il n'y a point de seu- » reté pour vous demain au Palais. »

M. d'Elbeuf vint en mesme temps à l'hostel de Bouillon pour apprendre ce que ce billet vouloit dire; et M. de Bouillon lui dit qu'il venoit d'avoir advis que le peuple s'estoit mis dans l'esprit que M. d'Elbeuf et lui avoient intelligence avec le Mazarin, et qu'il ne croyoit pas qu'il fust judicieux de se trouver dans la foule que l'attente de la délibération attireroit infailliblement le lendemain dans la salle du Palais.

M. d'Elbeuf, qui sçavoit bien qu'il n'avoit pas la voix publique et qui ne se tenoit pas plus en seureté cheux lui qu'ailleurs, tesmoigna qu'il apréhendoit que son absence dans une journée de ceste nature ne peust estre mal interprétée. Et M. de Bouillon, qui ne la lui avoit proposée que pour lui faire craindre l'esmotion, prit l'ouverture de la difficulté qu'il lui en fit, pour s'asseurer encore plus de lui par une autre voie, en lui disant qu'il estoit persuadé effectivement [par la raison qu'il lui venoit d'alléguer] qu'il feroit mieux d'aller au Palais, mais qu'il ne debvoit pourtant pas aller comme une dupe; qu'il falloit qu'il y vint avec moi; qu'il le laissast faire, et qu'il en trouveroit un expédient qui seroit naturel et comme imperceptible à moi-mesme. [Vous croyes aisément que M. d'Elbeuf, qui me vint prendre à mon logis le lendemain au matin, ne s'apperceust pas que je fusse en concert de sa visite avec M. de Bouillon.]

Le 28 febvrier, qui fut le lendemain [de tout ce manège], j'allai au Palais avec M. d'Elbeuf, et je trouvai dans la salle une foule innombrable de peuple qui crioit : Vive le coadjuteur! Point de paix, et point de Mazarin! Comme M. de Beaufort entra en mesme temps, par le grand degré, les échos de nos noms qui se respondoient faisoient croire au gents, que ce qui ne se renconstroit que par un pur hazart, avoit esté concerté pour troubler la délibération du parlement. Et comme en matière de sédition tout ce qui la fait croire l'augmente, nous faillismes à faire en un moment ce que nous travaillions depuis huit jours [avec une application incroyable] à empêcher. [Je vous ai déjà dit que le plus grand malheur des guerres civiles est que l'on y est responsable mesme du mal que l'on n'y fait pas]. Le premier président et le président de Mesme (1), qui avoient supprimé, de concert avec les autres députés, la responce par escrit que la reine leur avoit faite, pour ne point aigrir les esprits par des expressions, un peu trop fortes à leur gré, qui y estoient contenues, ornèrent de toutes les couleurs qu'ils leur peurent donner, les termes obligeants avec lesquels elle leur avoit parlé. L'on opina ensuite; et après quelques contestations sur le plus et le moins de pouvoir que l'on donneroit aux dépu-

---

(1) Henri de Mesme, seigneur de Roissy, mort en 1650. Il avait été successivement lieutenant-civil en 1613; prévôts des marchands en 1618 et président à Mortier en 1627. L'Estoile dit qu'étant jeune (1606), c'estoit *un petit friponneau, excroc, banqueroutier, débauché.*

tés, l'on résolut de le leur donner plein et entier; de prendre pour la conférence tel lieu qu'il plairoit à la reine de choisir ; de nommer pour députés quatre présidents, deux conseillers de la grande chambre, un de chaque chambre des enquestes, un des requestes et un maistre des requestes; un ou deux de messieurs les généraux, deux de chacune des compagnies souveraines, et le prévost des marchands ; d'en donner advis à M. de Longueville et aux députés des parlements de Rouen et d'Aix, d'envoyer dès le lendemain les gents du roi demander l'ouverture des passages, conformément à ce qui avoit esté promis par la reine. Le président de Mesme, surpris de ne trouver aucune opposition, ni de la part des généraux, ni de la mienne [à tout ce qui avoit esté arresté], dit au premier président [à ce que le président de Bellièvre, qui asseuroit l'avoir ouï, me dit après] : « Voilà un grand concert, et j'apréhende les » suites de ceste fausse modération. » Je crois qu'il fut encore plus estonné, quand les huissiers estant venus, dirent que le peuple menaceoit de tuer touts ceux qui seroient d'abvis d'une conférence, devant que le Mazarin fut hors du royaume. Nous sortismes, M. de Beaufort et moi ; nous fismes retirer les séditieux, et la compagnie sortit sans aucun péril [et mesme sans aucun bruit]. Je fus surpris moi-mesme au dernier point de la facilité que nous y trouvasmes. Elle donna une audace au Parlement qui faillit à le perdre. [Vous le verrez dans la suite.]

Le 2 de mars, Champlatreux, fils du premier président, apporta au parlement, de la part de son père [qui s'estoit trouvé un peu mal], une lettre de M. le duc d'Orléans et une autre de M. le prince, par lesquels ils tesmoignoient touts deux la joie qu'ils avoient du pas que le parlement avoit fait; mais par lesquelles en mesme temps ils nioient positivement que la reine eust promis l'ouverture des passages. Je ne puis vous exprimer la chaleur et la fureur qui parut dans le corps et dans les particuliers à ceste nouvelle. Le premier président Mesme, [qui en avoit porté parole à la compagnie], fut piqué au dernier point de ce procédé. Il s'en expliqua avec beaucoup d'aigreur au président de Nesmond, que le parlement lui avoit envoyé pour le prier d'en escrire encore à messieurs les princes. L'on manda aux gents du roi, qui estoient partis le matin pour aller demander à Saint-Germain les passeports nécessaires aux députés, de déclarer que l'on ne vouloit entrer en aucune conférence, que la parole donnée au premier président ne fust exéqutée. [Je confesse que, quoique je cogneusse asses parfaitement la pente que le parlement avoit à la paix, je fus asses dupe pour croire qu'une contravention de ceste nature, dès le premier pas, pourroit au moins en assurer un peu la précipitation]. Je creus qu'il seroit à propos de prendre ce moment pour faire faire à la compagnie quelque pas qui marquast, au moins à la cour, que toute sa vigueur n'estoit pas esteinte. Je sortis de ma place, soubs prétexte d'aller à la cheminée. Je priai Pelletier, frère de La Houssaye, que vous avés cogneu, de dire au bon homme Broussel de ma part, de proposer, veu le peu de bonne foi que l'on voyoit dans la conduite de la cour, de continuer les levées et de donner de nouvelles commissions. La proposition fut receu avec applaudissements. M. le prince de Conti fut prié de les délivrer, et l'on nomma mesme dix conseillers pour y travailler soubs lui.

Le lendemain, qui fut le 3 de mars, [le feu continua]. L'on s'appliqua avec ardeur pour faire payer les taxes, auxquelles personne ne vouloit plus satisfaire, dans l'espérance que la conférence donneroit la paix, [qui les acquitteroit toutes à la fois]. M. de Beaufort ayant pris ce temps, de concert avec M. de Bouillon, avec le maréchal de la Mothe et avec moi, pour essayer d'animer le parlement, parla à sa mode contre la contravention, et il adjousta qu'il respondoit au nom de ses collègues et au sien, de déboucher dans quinse jours les passages, s'il plaisoit à la compagnie de prendre une ferme résolution de ne plus se laisser amuser par des propositions trompeuses, qui ne tenoient qu'à suspendre le mouvement de tout le royaume, qui sans ces bruits de négotiations et de conférences se seroit déjà entièrement déclaré pour la capitale. Il est incroyable ce que ces vingt ou trente paroles, [où il n'y eut pas ombre de construction] produisirent dans les esprits. Il n'y eust eu personne qui n'eust jugé que le traité alloit estre rompu. Ce ne fut plus cela un moment après. Les gents du roi revindrent de Saint-Germain ; ils rapportèrent des passeports pour les députés, et un galimathias, à propremant parler, pour la subsistance de Paris; car au lieu de l'ouverture des passages, on accorda de laisser passer cent muids de bled par jour pour la ville : encore affecta-t-on d'obmettre dans le premier passeport qui en fut expédié, le mot de par jour, pour s'en pouvoir expliquer selon les occurences. Ce galimathias ne laissa pas de passer pour bon dans le parlement, l'on ne s'y ressouvint plus de ce qui s'y estoit dit et fait un instant auparavant, et l'on se prépara pour aller dès le lendemain à la conférence que la reine avoit assignée à Ruel.

Nous nous assemblasmes dès le soir mesme cheux M. de Bouillon, M. le prince de Conti, M. de Beaufort, M. d'Elbeuf, M. le mareschal de la Mothe, M. de Brissac, le président de Bellièvre et moi, pour résoudre s'il estoit à propos que les généraux députassent. M. d'Elbeuf, qui avoit une très-grande envie d'en avoir la commission, insista beaucoup pour l'affirmative. Il fut tout seul de son sentiment, parce que nous jugions qu'il seroit sans comparaison plus sage de demeurer pleinement dans la liberté de le faire ou de ne le pas faire, selon les diverses occasions que nous en aurions; et de plus, y eust-il rien eu [de plus mal honneste et mesme] de moins judicieux que d'envoyer à la conférence de Ruel, dans le temps que nous estions sur le point de conclure un traité avec Espagne, et que nous disions à toutes les heures du jour à l'envoyé de l'archiduc, que nous ne souffrions ceste conférence que parce que nous estions très-asseurés que nous la romprions par le moyen du peuple, quand il nous plairoit. M. de Bouillon, qui commençoit depuis un jour ou deux à sortir, et qui estoit allé ce jour-là mesme recognoistre le poste où il avoit pris le dessein de former un camp, nous en fît ensuite la proposition comme d'une chose qui ne lui estoit venue dans l'esprit que du matin. M. le prince de Conti n'eut pas la force d'y consentir, parce qu'il n'avoit pas consulté son oracle; il n'eut pas la force d'y résister, parce qu'il n'osoit pas contester à M. de Bouillon une proposition de guerre. M. de Beaufort, de la Mothe, de Brissac et de Bellièvre, que nous avions advertis, et qui savoient le dessoubs des chartes, y donnèrent avec approbation. M. d'Elbeuf s'y opposa par les plus méchantes raisons du monde. Je me joignis à lui pour mieux couvrir nostre jeu, en représentant à la compagnie que le parlement se pouvoit plaindre de ce que l'on feroit un mouvement de ceste sorte sans sa participation. M. de Bouillon me respondit d'un ton de cholère qu'il y avoit plus de trois sepmaines que le parlement se plaignoit au contraire de ce que les généraux ni les troupes n'osoient montrer le nes hors des portes; qu'il ne s'estoit pas esmeu de leur crieries, tant qu'il avoit creu qu'il y avoit du péril à les exposer à la campagne; mais qu'ayant recogneu [par hasart plustost que par réflexion] un poste où elles seroient autant en seureté qu'à Paris, d'où elles pourroient agir encore plus utilement, il estoit raisonnable de satisfaire le public. [Je me rendis, comme vous le pouves juger, asses facilement à ces raisons, et M. d'Elbeuf sortit de l'assemblée très-persuadé qu'il n'y avoit point de mistère dans la proposition de M. de Bouil-

lon. Ce fut beaucoup, car les gents qui en font à tout en croient à tout.]

Le lendemain, qui fut le 4 de mars, les députés sortirent pour Ruel, et nostre armée sortist pour le camp formé entre Marne et Seine. L'infanterie fut postée à Villejuif et à Bicêtre; la cavalerie à Vitry et à Ivry. L'on fît un pont de bateau sur la rivière au Port-à-l'Anglois, défendu par des redoubtes où il y avoit du canon. [L'on ne se peut imaginer la joie qui parut dans le parlement, de la sortie de l'armée]; ceux qui estoient bien intentionnés pour le parti, se persuadant qu'elle alloit agir avec plus de vigueur, et ceux qui estoient à la cour se figurant que le peuple qui ne seroit plus eschauffé par les gents de guerre, en seroit bien plus souple et plus adouci. Saint-Germain mesme donna dans ce panneau; et le président de Mesme y fit extrêmement valoir tout ce qu'il avoit dit en sa place à MM. les généraux pour les obliger à prendre la campagne avec leurs troupes. Senneterre, qui estoit sans contredit le plus habile homme de la cour, ne les laissa pas long-temps dans ceste erreur. Il pénétra par son bon sens nostre dessein. Il dit au premier président et au président de Mesme qu'ils avoient esté pris pour dupes et qu'ils s'en apperçevroient au premier jour. Je crois que je doibs à la vérité le tesmoignage d'une parole qui marque la capacité de cest homme. Le premier président, qui estoit tout d'une pièce et qui ne voyoit jamais deux choses à la fois, s'estant escrié sur le camp de Villejuif, avec un transport de joie, que le coadjuteur n'auroit plus tant de crieurs à gages dans la salle du Palais, et le président de Mesme ayant ajousté, ni tant de coupe-jarets, Senneterre repartit à l'un et à l'autre: « L'intérest du
» coadjuteur n'est pas de vous tuer, messieurs,
» mais de vous assujettir. Le peuple lui suffiroit
» pour le premier; le camp lui est admirable
» pour le second. S'il n'est pas plus homme de
» bien que l'on ne le croit ici, nous avons pour
» long-temps la guerre civile. »

Le cardinal advoua, dès le lendemain, que Senneterre avoit veu clair; car M. le prince convint d'une part que nos troupes, qui ne pouvoient attaquer au poste qu'elles avoient pris, lui fesoient plus de peine que si elles estoient demeurées dans la ville, et nous commençasmes de l'autre à parler plus haut dans le parlement, que nous ne l'avions accoustumé.

L'après-dinée du 4, nous en fournit une occasion asses importante. Les députés estant arrivés sur les quatre heures du soir à Ruel, apprirent que M. le cardinal Mazarin estoit un des nommés par la reine pour assister à la conférence. Ceux du parlement prétendirent qu'ayant esté condamné par la compagnie, ils ne pouvoient conférer avec lui. M. Le Tellier leur dit de la part de M. le duc d'Orléans, que la reine trouvoit fort estrange que le parlement ne se contentast pas de traiter comme d'esgal avec son roi ; mais qu'il voulut encore borner son autorité jusqu'à se donner la licence d'exclure mesme les députés. Le premier président demeurant ferme, et la cour persistant de son costé, l'on fut sur le point de rompre ; et le président Le Coigneux et Longueil, avec lesquels nous avions un commerce secret, nous ayans donné advis de ce qui se passoit, nous leur mandasmes de ne se point rendre et de faire voir, mesme comme en confidence, au premier président, au président de Mesme et à Mesnardeau (1), qui estoient touts deux très dépendants de la cour, un bout de lettre de moi à Longueil, dans lequel j'avois mis comme apostille ces paroles : « Nous avons pris nos mesures, » nous sommes en estat de parler plus décisive- » ment que nous avons creu le debvoir jusqu'ici, » et je viens encore, depuis ma lettre escrite, » d'apprendre une nouvelle qui m'oblige à vous » advertir que le parlement se perdra s'il ne s'y » conduit très-sagement. » Cela joint au discours que nous fismes le 5 au matin (2), devant le feu de la grande chambre, obligea les députés à ne se point relascher sur la présence du cardinal à la conférence, qui estoit un chapitre si odieux au peuple, que nous eussions perdu tout crédit auprès de lui, si nous l'eussion souffert ; [et il est constant que si les députés eussent suivi sur cela leur inclination], nous eussions esté forcés par ceste considération de leur fermer les portes à leur retour. [Vous aves veu ci-dessus les raisons pour lesquelles nous évitions, par toutes les voies possibles, d'estre obligés à ces extrémités]. Comme la cour vit que le premier président et ses collègues avoient demandé escorte pour revenir à Paris, elle se radoucit. M. le duc d'Orléans envoya quérir M. le premier président et le président de Mesme. L'on chercha des expédients, et l'on trouva celui de donner deux députés de la part du roi et deux de la part de l'assemblée, qui confèreroient dans une des chambres de M. le duc d'Orléans, sur les propositions qui seroient faites de part et d'autre, et qui en feroient ensuite le rapport aux autres députés et du roi et des compagnies. Ce tempérament [qui comme vous voyes] ne sauvoit pas au cardinal le chagrin de n'avoir peu conférer avec le parlement, et qui l'obligea [effectivement] de quitter Ruel et de s'en retourner à Saint-Germain, fut accepté avec joie [et ouvrit la scène de la conférence très-désagréablement pour le ministre. Je craindrois de vous ennuier si je vous rendois un compte exact de ce qui se passa dans le cours de ceste conférence, qui fut pleine de contestations et de difficultés. Je me contenterai de vous en marquer] les principales délibérations, que je meslerai par l'ordre des jours dans la suite de celles du parlement, et des autres incidents qui se trouveront avoir du rapport aux unes et aux autres.

Ce mesme jour 5 de mars, dom Francisco Pizarro, second envoyé de l'archiduc, arriva à Paris avec les responses que lui et le comte de Fuensaldagne faisoient aux premières dépesches de dom Joseph de Illescas ; avec un plein pouvoir de traiter avec tout le monde ; avec une instruction de quatorze pages de petites lettres pour M. de Bouillon ; avec une lettre de l'archiduc fort obligeante pour M. le prince de Conti, et avec un billet pour moi très-galant, mais très-substantiel, du comte de Fuensaldagne. Il portoit que le roi son maistre me déclaroit qu'il ne se vouloit point fier à ma parole, mais qu'il prendroit toute confiance en celle que je donnerois à madame de Bouillon. L'instruction me la tesmoignoit tout entière, et je cognus la main de M. et de madame de Bouillon dans le caractère de Fuensaldagne.

Nous nous assemblasmes, deux heures après l'arrivée de cest envoyé, dans la chambre de M. le prince de Conti, à l'Hostel-de-Ville, pour y prendre nostre résolution, et la scène y fut asses curieuse. M. le prince de Conti et madame de Longueville, inspirés par M. de La Rochefoucault, vouloient se lier presque sans restriction avec Espagne, parce que les mesures qu'ils avoient creu prendre avec la cour, par le canal de Flamarin, ayant manqué, ils se jetoient à corps perdu à l'autre extrémité, [ce qui est le caractère de touts les hommes qui sont foibles]. M. d'Elbeuf qui ne cherchoit que de l'argent comptant, taupoit à tout ce qui lui en montroit. M. de Beaufort persuadé par madame de Montbazon qui le vouloit vendre cher aux Espagnols, faisoit du scrupule de s'engager par un traité signé avec les ennemis de l'estat. Le mareschal de La Mothe déclara, [en ceste occasion comme en toute autre] qu'il ne pouvoit rien résoudre

---

(1) Mesnardeau, conseiller de la grande chambre, très-capable, foible et opiniastre, seur, intéressé et dévoué à la cour. (Portrait du parlement.)
(2) L'édition de Petitot donne : *le 1ᵉʳ mars au matin*, et quelques lignes plus bas, en parlant des faits arrivés dans la même journée : *ce mesme jours 5 de mars*. Il auroit été facile à l'éditeur de prévenir cette contradiction, en conservant le 5 de mars aux deux endroits.

sans M. de Longueville, et madame de Longueville doubtoit beaucoup que monsieur son mari y voulust entrer. [Vous remarqueres s'il vous plaist que toutes ces difficultés se faisoient par] les mesmes personnes qui avoient conclu, comme vous aves veu, tout d'une voix quinse jours devant, de demander à l'archiduc un plein pouvoir pour traiter avec lui, [et qui en avoient sans comparaison plus de besoing que jamais, parce qu'ils estoient beaucoup moins asseuré du parlement]. M. de Bouillon, [qui estoit dans un estonnement qui me parust, presque un demi quart d'heure durant, aller jusques à l'extase], leur dit qu'il ne pouvoit conceveoir que l'on peust seulement balancer à traiter avec Espagne, après les pas que l'on avoit faits ver l'archiduc; qu'il les prioit de se ressouvenir qu'ils avoient touts dit à son envoyé, qu'ils n'attendoient que ses pouvoirs et ses propositions pour conclure avec lui; qu'il les envoyoit en la forme du monde la plus honneste et la plus obligeante; qu'il faisoit plus, qu'il faisoit marcher ses troupes sans attendre leur engagement; qu'il marchoit lui mesme et qu'il estoit déjà sorti de Bruxelles; qu'il les supplioit de considérer que le moindre pas en arrière, après des advances de ceste nature, pourroit faire prendre aux Espagnols des mesures aussi contraires à nostre seureté qu'elles le seroient à nostre honneur; que les desmarches si peu concertées du parlement nous donnoient touts les jours de justes apréhensions d'en estre abandonnés; que j'avois ces jours passés advancé et justifié que le crédit que M. de Beaufort et moi avions dans le peuple, estoit bien plus propre à faire du mal qu'il n'estoit pas de nostre intérêt de faire, qu'à nous donner la considération dont nous avions [présentement et uniquement] besoing; qu'il confessoit que nous en tirerions doresnavant de nos troupes, davantage que nous n'en avions tirés jusques ici; mais que ces troupes n'estoient pas encore asses fortes pour nous en donner à proportion de ce que nous en avions besoing, si elles n'estoient elles-mesmes soubstenues par une protection puissante, particulierement dans les commencements; [que toutes ces considérations lui faisoient croire qu'il ne falloit pas perdre un moment] à traiter ni mesme à conclure avec l'archiduc, [mais qu'elles ne le persuadoient toutefois pas qu'il y falleust conclure] à toutes conditions; que ces envoyes nous apportoient la carte blanche, mais que nous debvions adviser, [avec bien de la circonspection] à ce dont nous la debvions [et nous la pouvions] remplir; qu'ils nous promettoient tout, parce que dans les traités le plus fort peut tout promettre; mais que le plus foible s'y doibt conduire avec beaucoup plus de réserve qu'il ne peut jamais tout tenir; qu'il cognoissoit les Espagnoles; qu'il avoit déjà eu des affaires avec eux; que cestoit les gents du monde avec lesquels il estoit le plus nécessaire de conserver, particulièrement à l'abord de la réputation; qu'il seroit au désespoir que leurs envoyés eussent seulement la moindre lueur du balancement de M. de Beaufort et de la Mothe, et de la facilité de messieurs de Conti et d'Elbeuf; qu'il les conjuroit les uns et les autres de lui permettre de mesnager pour les premiers jours les esprits de dom Joseph de Illescas et de dom Francisco Pizarro; et que comme il n'estoit pas juste que M. le prince de Conti et les autres s'en rapportassent à lui seul, [qui pouvoit avoir en tout cela des intérêt particuliers, et pour sa personne et pour sa maison]; il les prioit de trouver bon qu'il ne fît pas un pas que de concert avec le coadjuteur, qui avoit déclaré publiquement, dès le premier jour de la guerre civile, qu'il n'en tireroit jamais quoi que ce soit pour lui ni dans le mouvement, ni dans l'accommodement, et que par ceste raison ne pouvoit estre suspect à personne.

Ce discours de M. de Bouillon, [qui estoit dans la vérité très-sage et très-judicieux], emporta tout le monde. L'on nous chargea lui et moi d'agiter la matière avec les envoyés d'Espagne, pour en rendre compte le lendemain à M. le prince de Conti, et aux autres généraux.

J'allai au sortir de cheux M. le prince de Conti cheux M. de Bouillon, avec lui et avec madame sa femme, que nous ramenasmes aussi de l'Hostel-de-Ville. [Nous nous enfermasmes dans un cabinet et] nous consultasmes la manière dont nous debvions agir avec les envoyés. Elle n'estoit pas sans embarras dans un parti dont le parlement faisoit le corps et dont la constitution présente estoit une conférence ouverte avec la cour. M. de Bouillon m'asseuroit que les Espagnols n'entreroient dans le royaume que nous ne nous fussions engagés à ne poser les armes qu'avec eux; c'est-à-dire qu'en traitant la paix générale. Et quelle apparence de prendre cest engagement dans une conjoncture où nous ne nous pouvions pas asseurer que le parlement ne fît la particulière d'un moment à l'autre? Nous avions de quoi chicaner et retarder ces demarches : mais comme nous n'avions point encore de second courrier de M. de Turenne, dont le dessein nous estoit bien plus cogneu que le succès qu'il pouvoit avoir eu, et comme d'ailleur nous estions bien advertis que Anctauville, qui commandoit la compagnie de gendarmes de M. de

Longueville, et qui estoit son négociateur en titre d'office, avoit déjà fait un voyage secret à Saint-Germain, nous ne voyions pas de fondement asses bon et asses solide pour y appuyer du costé de France le projet que nous avions peu faire de nous soubstenir sans le parlement, ou plustost contre le parlement. M. de Bouillon y eut peu trouver son compte, [comme je vous l'ai déjà marqué en quelque autre lieu], mais j'observerai, [encore en ceste occasion], qu'il se faisoit justice dans son intérêt, ce qui est une des qualités du monde des plus rares ; et il respondit à madame de Bouillon, qui n'estoit pas sur cela si juste que lui : « Si je disposois, madame, du
» peuple de Paris et que je trouvasse mes inté-
» rest dans une conduite qui perdist M. le coad-
» juteur et M. de Beaufort, ce que je pourrois
» faire pour leur service et ce que je devrois faire
» pour mon honneur , seroit d'accorder, [autant
» qu'il me seroit possible] ce qui seroit de mon
» advantage avec ce qui pourroit empêcher
» leur ruine. Nous ne sommes pas en cest estat
» là. Je ne puis rien dans le peuple, ils y peu-
» vent tout. Il y a quatre jours que l'on ne vous
» dit autre chose, si ce n'est que leur intérêt
» n'est pas de l'employer pour assubjétir le par-
» lement; et l'on vous le prouve en vous disant,
» que l'un ne veut pas se charger [dans la pos-
» térité] de la honte d'avoir mis Paris entre les
» mains du roi d'Espagne, pour devenir lui-
» mesme l'ausmonier du comte de Fuensaldag-
» gne ; et que l'autre seroit encore beaucoup
» plus idiot qu'il n'est, ce qui est beaucoup dire,
» s'il se pouvoit résoudre à se naturaliser Espa-
» gnol, portant comme il le porte le nom de
» Bourbon. Voila ce que M. le coadjuteur vous a
» répété dix fois depuis quatre jours, pour vous
» faire entendre que ni lui, ni M. de Beaufort,
» ne veulent point opprimer le parlement par le
» peuple, parce qu'ils sont persuadés qu'ils ne
» le pourroient maintenir que par la protection
» d'Espagne, dont le premier soing, dans la
» suite, seroit de les décréditer eux-mesme dans
» le public. —Ai-je bien compris vostre senti-
» ment, (me dit M. de Bouillon) en se tournant
» vers moi ? » Et puis il me dit en continuant :
« Ce qui nous convient, posé ce fondement, est
» d'empêcher que le parlement ne nous mette
» dans la nécessité, [par ses contretemps], de
» faire ce qui n'est pas, par ces raisons, de vos-
» tre intérêt. Nous avons prist pour cest effet
» des mesures, et nous avons lieu de penser
» qu'elles réussiront. Mais si nous nous trouvons
» trompés par l'événement, si le parlement [n'est
» pas asses sage pour craindre ce qui ne lui peut
» faire du mal, et pour ne pas apréhender ce qui

» lui en peut faire effectivement, en un mot],
» s'il se porte malgré nous à une paix honteuse
» et dans la quelle nous ne rencontrions pas
» mesme nostre sécurité, que ferons-nous ? je
» vous le demande, et je vous le demande d'au-
» tant plus instamment, que ceste résolution est
» le préalable de celle qu'il faut prendre dans
» ce moment sur la manière dont il est à pro-
» pos de conclure avec les envoyés de l'archi-
» duc. » Je respondis à M. de Bouillon ces propres paroles, que je transcris en ce lieu sur ce que j'en escrivis un quart d'heure après les avoir dites, sur la table mesme du cabinet de madame de Bouillon :

« Si nous ne pouvons retenir le parlement par
» la considération et par les mesures que nous
» avons déjà tant rebatues depuis quelque temps,
» mon advis estoit que plustost que de nous
» servir du peuple pour l'abattre, nous le deb-
» vrions laisser agir, suivre sa pente et nous
» abandonner à la sincérité de nos intentions. Je
» sçai que le monde, qui ne juge que par les
» événements, ne leur fera pas justice : mais je
» sçai aussi qu'il y a beaucoup de rencontres où
» il faut espérer uniquement de son debvoir les
» bons événements. Je ne répéterai point ici les
» raisons qui marquent, ce me semble, si claire-
» ment, les règles de nostre debvoir en ceste
» conjoncture, La lettre y est grosse pour M. de
» Beaufort et pour moi ; il ne m'appartient pas
» d'y vouloir lire ce qui vous touche : mais je ne
» laisserai pas de prendre la liberté de vous dire
» que j'ai observé qu'il y a des heures dans
» chaque jour, où vous aves aussi peu de dispo-
» sition que moi à vous faire Espagnol. Il fault
» d'autre part se défendre, s'il se peut , de la
» tyrannie et de la tyrannie que nous avons
» cruellement irritée. Voici mon advis, [pour les
» motifs du quel j'employe uniquement tout ce
» que j'ai eu l'honneur de vous dire à baston
» rompus et en diverses fois depuis quinze jours].
» Il fault à mon sens que messieurs les géné-
» raux signent un traité dès demain avec Es-
» pagne, par le quel elle s'engage de faire en-
» trer incessamment son armée en France jus-
» ques à Pont-à-Ver, et de ne lui donner de
» mouvement , aumoins en deçà de ce poste,
» que celui qui sera concerté avec nous. »

Comme j'achevois de prononcer ceste période, Riquemont entra, qui nous dit qu'il y avoit dans la chambre un courrier de M. de Turenne, qui avoit crié très-hault en entrant dans la cour: bonnes nouvelles ! et qui ne s'estoit point voulu toutefois expliquer avec lui, en montant les degrés. Le courrier, qui estoit un lieutenant du régiment de Turenne, voulut nous le dire avec apparat, et il s'en acquitta asses mal. La lettre de M. de Turenne à M. de Bouillon estoit très-succincte ; un billet qu'il m'escrivoit, n'estoit pas plus ample, et un papier plié en mémoire pour mademoiselle de Bouillon, sa sœur, estoit en chiffres. [Nous ne laissasmes pas d'estre très-satisfaits], car nous en apprismes asses pour ne pas doubter qu'il ne fust déclaré que son armée, qui estoit [la Weimarienne] et sans contredit la meilleure qui fust en Europe, ne se feut engagée avec lui ; et que d'Erlac, gouverneur de Brisach, qui avoit fait tous ses efforts au contraire, n'eust esté obligé de se retirer dans sa place avec mille ou douse cents hommes, qui estoit tout ce qu'il avoit peu desbaucher. Un quart d'heure après que le courrier fust entré, il se ressouvint qu'il avoit dans sa poche une lettre du vicomte de Lamet, qui servoit dans la mesme armée, mon parent proche et mon ami intime, qui me donnoit en son particulier toutes les asseurances imaginables, et qui adjoustoit qu'il marchoit avec deux mille chevaux droit à nous, et que M. de Turenne le debvoit joindre un tel jour et en tel lieu avec le gros. C'est ce que M. de Turenne mandoit en chiffres à mademoiselle de Bouillon.

[Permettes-moi, je vous supplie, une petite disgression en ce lieu, qui n'est pas indigne de vostre curiosité]. Vous estes surprise sans doubte de ce que M. de Turenne, qui en toute sa vie n'avoit, je ne dis pas esté de parti, mais qui n'avoit jamais voulu ouï parler d'intrigues, s'advise de se déclarer contre la cour, estant général de l'armée du roi, et de faire une action sur la quelle je suis persuadé que le Balafré (1) et l'admiral de Coligny auroient balancé. Vous seres bien plus estonnée quand je vous aurai dit que je suis encore à deviner son motif ; que monsieur son frère et madame sa belle-sœur m'ont juré cent fois en leur vie que tout ce qu'ils en sçavoient estoit ce n'estoit point à leur considération ; [que je n'ai peu entendre quoi que ce soit à ce qu'il m'en a dit lui mesme, quoi qu'il m'en ait parlé plus de trente fois] ; et que mademoiselle de Bouillon, qui estoit son unique confidente, ou n'en a rien sceu ou en a tousjours fait un mystère. La manière dont il se conduisist dans ceste déclaration, qu'il ne soubstint que quatre ou cinq jours, est aussi surprenante. Je n'en ai jamais peu rien tirer de clair ni de lui, ni de ceux qui le servirent, ni de ceux qui lui manquèrent. Il a fallu un mérite aussi éminent que le sien pour n'estre pas obscurci par un événement de ceste nature ; et c'est exemple nous apprend que la malignité des ames vulgaires n'est pas tousjours asses forte pour empêcher le crédit que l'on doibt faire en beaucoup de rencontres aux extraordinaires.

Je reprends le fil de mon discours, c'est-à-dire de celui que je faisois à monsieur et à madame de Bouillon quand le courrier de M. de Turenne nous interrompit, [avec la joie pour nous, que vous vous pouves imaginer].

« Mon advis est que les Espagnols s'engageant
» à s'advancer jusques à Pont-à-Ver et à n'a-
» gir, au moins en deca de ce point, que de
» concert avec nous, nous ne fassions aucune
» difficulté de nous engager à ne poser les ar-
» mes que lorsque la paix générale sera conclue,
» pourveu qu'ils demeurent aussi dans la parole
» qu'ils ont fait porter au parlement, qu'ils s'en
» rapporteront à son arbitrage. Ceste parole
» n'est qu'une chanson ; mais ceste chanson nous
» est bonne, parce qu'il ne sera pas difficile d'en
» faire quelque chose qui sera très-solide et
» très-bonne. Il n'y a qu'un quart d'heure que
» mon sentiment n'estoit pas que nous allassions
» si loing avec les Espagnols ; et quand le cour-
» rier de M. de Turenne est entré, j'estois sur
» le point de vous proposer un expédient qui les
» eust, à mon advis, satisfaits à beaucoup moins.
» Mais comme la nouvelle que nous venons de
» recevoir nous fait veoir que M. de Turenne
» est asseuré de ses troupes, et que la cour n'en
» a point qu'elle lui puisse opposer, que celles
» qui nous assiègent, je suis persuadé que non
» seulement nous leur pouvons accorder ce point,
» [que vous dites qu'ils souhaitent], mais que nous
» debvrions nous le faire demander, s'ils ne s'en
» estoient pas advisés. Nous avons deux advan-
» tages [et très-grands et très-rares dans nostre
» parti]. Le premier est que les deux intérest
» que nous y avons, qui sont le public et le par-
» ticulier, s'y accordent fort bien ensemble : ce
» qui n'est pas commun. Le second est que les
» chemins pour arriver aux uns et aux autres
» s'unissent et se retrouvent mesme d'asses bonne
» heure estre les mesme, ce qui est encore plus
» rare. L'intérest véritable et solide du public
» est la paix générale ; [l'intérest des peuples
» est le soulagement ; l'intérest] des compa-
» gnies est le restablissement de l'ordre ; [l'inté-
» rest] de vous, Monsieur, des autres et de moi
» est de contribuer à touts ceux que je vous

---

(1) Henri de Lorraine, premier du nom, duc de Guise, etc. ; surnommé le Balafré à cause d'une blessure qu'il reçut à la joue gauche au combat de Dormans, et dont la cicatrice lui demeura toute sa vie. Il forma la Ligue, et fut poignardé aux états de Blois, en 1588. (A. E.)

» viens de marquer, et d'y contribuer d'une telle
» sorte, que nous en soyons et que nous en pa-
» roissions les auteurs. Touts les autres advan-
» tages sont attachés à celui-là ; et pour les
» avoir il fault à mon opinion faire veoir que
» l'on les mesprise. [Je n'aurai pas la peine de
» tromper personne sur ce subjet]. Vous sçaves
» la profession publique que j'ai faite de ne vou-
» loir jamais rien tirer de ceste affaire en mon
» particulier ; je la tiendrai jusqu'au bout. Vous
» n'estes pas en mesme condition. Vous voules
» Sedan et vous aves raison. M. de Beaufort
» veut l'admirauté, et il n'a pas tort. M. de Lon-
» gueville a d'autres prétentions, à la bonne
» heure. M. le prince de Conti et madame de
» Longueville ne veulent plus dépendre de M. le
» prince, ils n'en dépendront plus. Pour venir à
» toutes ces fins le premier préalable, [à mon
» opinion], est de n'en avoir aucun ; de songer
» uniquement à faire la paix générale ; [d'avoir
» effectivement dans l'intention de sacrifier tout
» à ce bien, qui est si grand que l'on ne peut
» jamais manquer d'y retrouver sans comparai-
» sons davantage que ce que l'on lui immole] ;
» de signer dès demain, avec les [envoyés], touts
» les engagements les plus positifs et les plus
» sacrés [dont nous nous pourrons adviser] ; de
» joindre, pour plaire encore plus au peuple, à
» l'article de paix, celui de l'exclusion du cardinal
» Mazarin comme de son ennemi mortel ; faire ad-
» vancer en diligence l'archiduc à Pont-à-Ver,
» et M. de Turenne en Champagne ; d'aller, sans
» perdre un moment, proposer au parlement ce
» que don Joseph de Illescas lui a deja proposé
» touchant la paix générale ; le faire opiner à
» nostre mode, à quoi il ne manquera pas, en
» l'estat dans le quel il nous verra ; et d'en-
» voyer ordre aux députés de Ruel, ou d'obtenir
» de la reine un lieu pour la tenue de la confé-
» rence pour la paix générale, ou de revenir dès
» le lendemain reprendre leurs places au parle-
» ment. Je ne désespère pas que la cour, qui se
» verra à la dernière extrémité, n'en prenne le
» parti ; au quel cas n'est-il pas vrai qu'il ne peut
» rien y avoir au monde de si glorieux pour
» nous ? Et si elle s'y pouvoit résoudre, je sçai
» bien que le roi d'Espagne ne nous en fera pas
» les arbitres, comme il nous le fait dire : mais
» je sçai bien aussi que ce que je vous disois tan-
» tost n'estre qu'une chanson, ne laissera pas
» d'obliger ses ministres à garder des esgards
» qui ne peuvent estre que très advantageux à
» la France : que si la cour est asses aveugle
» pour refuser ceste proposition, pourra-t-elle
» soubstenir ce refus deux mois durant ? Toutes
» les provinces qui branlent déjà ne se déclare-
» ront-elle pas ? Et l'armée de M. le prince est-
» elle en estat de tenir contre celle d'Espagne,
» contre celle de M. de Turenne et contre la
» nostre ? Ces deux dernières jointes ensemble,
» nous mettent au dessus des appréhensions que
» nous avons eu [et que nous avons deu avoir],
» jusques ici, des forces estrangères ; elles dé-
» pendront beaucoup plus de nous que nous ne
» dépendrons d'elles : nous serons maistres de
» Paris par nous mesmes ; et d'autant plus seu-
» rement que nous le serons par le parlement,
» qui sera tousjours le milieu par lequel nous
» tiendrons le peuple, dont l'on n'est jamais
» plus asseuré que quand l'on ne le tient pas im-
» médiatement, [pour les raisons que je vous ai
» deja dites deux ou trois fois]. La déclaration
» de M. de Turenne est l'unique voie qui nous
» peut conduire à ce que nous n'eussions pas
» seulement ausé imaginer, qui est l'union de
» l'Espagne et du parlement pour nostre dé-
» fence ; en ce que la première proposition pour la
» paix générale devient solide et réelle par la dé-
» claration de M. de Turenne. Elle met la pos-
» sibilité à l'exécution, elle nous donne lieu
» d'engager le parlement, [sans le quel nous ne
» pouvons rien faire qui soit solide], et avec le
» quel nous ne pouvons rien faire qui, au moins
» en un sens, ne soit bon : mais il n'y a que ce
» moment où cest engagement soit et possible et
» utile. Le premier président et le président de
» Mesme sont absents, et nous ferons passer ce
» qu'il nous plaira dans la compagnie, sans
» comparaison plus aisément que s'ils y estoient
» présents. S'ils exéquent fidèlement ce que le
» parlement leur aura commandé par l'arrest
» que nous lui aurons fait donner, duquel je
» vous ai parlé ci-devant, nous aurons nostre
» compte et nous réunirons le corps par ce grand
» œuvre de la paix générale. Si la cour s'opi-
» niastre à rebuter nostre proposition, et que
» ceux des députés qui sont attachés à elle ne
» veulent pas suivre nostre mouvement, et re-
» fusent de courre nostre fortune, [comme il y
» en a qui s'en sont déjà expliquées], nous n'y
» trouverons pas moins nostre advantage d'un
» autre sens ; nous demeurerons avec le corps
» du parlement dont les autres seront les déser-
» teurs ; nous en serons encore plus les maistres.
» Voilà mon advis que je m'offre de signer et
» de proposer au parlement, pourveu que vous
» ne laissies pas eschapper la conjoncture dans
» laquelle seule il est bon ; car s'il arrivoit
» quelque changement du costé de M. de Tu-
» renne devant que je l'y eusse porté, je com-
» battrois ce sentiment avec autant d'ardeur que
» je le propose. »

Madame de Bouillon, qui m'avoit trouvé jusque là trop modéré à son gré, fut surprise au dernier point de ceste proposition; et elle lui parut bonne parce qu'elle lui parut grande. Monsieur son mari [que j'avois loué très-souvent devant lui-mesme, pour estre très-juste dans ses intérests me dit : « Vous ne me louerés plus » tant que vous avés accoustumé, après ce que je » vous vai dire]. Il n'y a rien de plus beau que » ce que vous proposes; je conviens mesme qu'il » est possible, mais je soubstiens qu'il est per- » nicieux pour touts les particuliers [et je vous » le prouve en peu de paroles]. L'Espagne nous » promettra tout, elle ne nous tiendra rien, dès » que nous lui aurons promis de ne traiter avec » la cour qu'à la paix générale. Ceste paix est » son unique veue et elle nous abandonnera toutes » les fois qu'elle la pourra avoir; et si nous fai- » sons tout d'un coup ce grand effet que vous » proposes, elle la pourra avoir infailliblement » dans quinse jours, parce qu'il sera impossible » à la France de ne la pas faire mesme avec pré- » cipitation; ce qui sera d'autant plus facile, que » je sçai de science certaine, que les Espagnols » la veulent en toute manière, et mesme avec des » conditions si peu advantageuses pour eux, » que vous en series estonnés. Cela supposé, en » quel estat nous trouverons-nous le lendemain » que nous aurons fait, ou plustost procuré la » paix générale? Nous aurons de l'honneur, je » l'advoue; mais cest honneur nous empeschera- » t-il d'estre les objets de la haine et de l'exé- « cration de nostre cour? La maison d'Autriche » reprendra-t-elle les armes quand l'on nous ar- » restera, vous et moi, quatre mois après? Vous » me respondrés que nous pouvons stipuler des » conditions avec l'Espagne, qui nous mettront » à couvert de ses insultes : mais je crois avoir » préveu ceste objection en vous asseurant » par advance, qu'elle est si pressée dans le de- » dans par ses nécessités domestiques, qu'elle » ne balancera pas un moment à sacrifier à la » paix toutes les promesses les plus solemnelles » qu'elle nous auroit faites; et à cest inconvé- » nient je ne trouve aucun remède; [d'autant » moins que je ne vois pas mesme la perte de » Mazarin asseurée, ou que j'y vois d'une » manière qui ne nous donne aucune seureté]. » Si l'Espagne nous manque dans la parole qu'elle » nous aura donnée de son exclusion, où en » sommes-nous? Et la gloire de la paix générale » récompensera-t-elle dans le peuple, dont vous » savés qu'il est l'horreur, la conservation d'un » ministre pour la perte du quel nous avons pris » les armes? Je veux que l'on nous tienne pa- » role, et que l'on exclue du ministère le cardi- » nal; n'est-il pas vrai que nous demeurons tous- » jours exposés à la vengeance de la reine, au » ressentiment de M. le prince, et à toutes les » suites qu'une cour outragée peut donner à une » action de ceste nature? Il n'y a de véritable » gloire que celle qui peut durer, la passagère » n'est qu'une fumée : celle que nous tirerons » de la paix est des plus légères, si nous ne la » soubstenons par des establissements, qui joi- » gnent à la réputation de la bonne intention » celle de la sagesse. Sur le tout, j'admire vostre » désintéressement, et vous sçavés que je l'es- » time comme je doibs : mais je suis asseuré » que vous n'approuveriés pas le mien, s'il alloit » aussi loing que le vostre. Vostre maison est » establie; considérés la mienne, et jetés les » yeux sur l'estat où est ceste dame et sur celui » où sont le père et les enfants. »

Je respondis à ces raisons par toutes celles que je creus trouver en abondance, dans la considération que les Espagnols ne pourroient s'empescher d'avoir pour nous, en nous voyant maistres absolus de Paris, de huit mille hommes de pied, et de trois mille chevaux à sa porte, et de l'armée de l'europe la plus aguerrie, qui marchoit à nous. Je n'oubliai rien pour le persuader de mes sentiments [dans lesquels je le suis encore moi-mesme que j'estois bien fondé]. Il fit tout ce qu'il peut pour me persuader des siens, qui estoient de faire tousjours croire aux envoyés de l'archiduc que nous estions tout à fait résolus de nous engager avec eux pour la paix générale; mais de leur dire en mesme temps que nous croyons qu'il seroit beaucoup mieux d'y engager aussi le parlement; ce qui ne se pouvoit faire que peu à peu et comme insensiblement; d'amuser par ce moyen les envoyés en signant avec eux un traité, qui ne seroit que comme un préalable de celui que l'on projetoit avec le parlement, lequel par conséquent ne nous obligeroit encore à rien de proche ni de tout à fait positif à l'esgard de la paix générale, et lequel toutefois ne laisseroit pas de les contenter suffisamment pour faire advancer leurs troupes. « Celles de mon frère (adjousta M. de Bouillon) » s'advanceront en mesme temps, la cour es- » tonnée [et abattue sera forcée] de venir à un » accommodement. Comme dans nostre traité » avec Espagne, nous nous laisserons tousjours » une porte de derrière ouverte, par la clause qui » regardera le parlement, nous nous en servi- » rons, et pour l'advantage du public et pour » le nostre particulier, si la cour ne se met à « la raison. [Nous éviterons aussi les inconvé- » nients que je vous ai marqués ci-dessus, ou » du moins nous demeurerons plus long-temps

» en estat et en liberté de les pouvoir éviter].»

Ces considérations, quoique sages et mesme profondes, ne me convainquirent point, parce que la conduite que M. de Bouillon en enféroit, me paroissoit impraticable; je concevois bien qu'il amuseroit les envoyés [de l'archiduc, qui avoient plus de confiance en lui qu'en touts ce que nous estions]; mais je ne me figurois pas comme il amuseroit le parlement, qui traitoit actuellement avec la cour, qui avoit déjà ses députés à Ruel, et qui de toutes ses saillies rétomboit tousjours, mesme avec précipitation, à la paix. Je considérois qu'il n'y avoit qu'une déclaration publique qui le peust retenir en la pente où il estoit; que selon les principes de M. de Bouillon, ceste déclaration ne se pouvoit point faire, et que ne se faisant point et le parlement par conséquent allant son chemin, nous tomberions, si quelqu'une de nos chordes manquoit, dans la nécessité de recourir au peuple; ce que je tenois le plus mortel de touts les inconvénients.

M. de Bouillon m'interrompit à ce mot, si quelqu'une de nos chordes manquoit, pour me demander ce que j'entendois par ceste parole. Et je lui respondis : « Par exemple, monsieur, si M. de Turenne mouroit à l'heure qu'il est; si son armée se révoltoit, comme il n'a pas tenu à d'Erlac que cela fust, que deviendrions-nous si nous n'avions engagé le parlement? Des tribuns du peuple le premier jour; et le second, les valets du comte de Fuensaldagne. C'est ma vieille chanson : tout avec le parlement [ou du moins avec la représentation du parlement; rien sans l'un ou sans l'autre]. » Nous disputasmes sur ce ton trois ou quatre heures pour le moins; nous ne nous persuadasmes point, et nous convinsmes d'agiter le lendemain la question cheux M. le prince de Conti, en présence de MM. de Beaufort, d'Elbeuf, de La Mothe, de Brissac, de Noirmoustier et de Bellièvre. Je sortis de cheux lui fort embarrassé : j'estois persuadé que son raisonnement dans le fond n'estoit pas solide, et je le suis encore. Je voyois que la conduite que ce raisonnement inspiroit, donnoit ouverture à toute sorte de traités particuliers; et sachant [comme je le sçavois] que les Espagnols avoient une très-grande confiance en lui, je ne doubtois point qu'il ne donnast à leurs envoyés toutes les lueurs et les jours qu'il lui plairoit. J'eus encore bien plus d'apréhension en rentrant cheux moi : j'y trouvai une lettre en chiffres de madame de Lesiguières, qui me faisoit des offres immenses de la part de la reine; le payement de mes debtes, des abbayes, la nomination au cardinalat. Un petit billet à part portoit ces paroles : « La dé-
» claration de l'armée d'Allemagne met tout le
» monde ici dans la consternation. » Je jugeai que l'on ne manqueroit pas de faire des tentatives auprès des autres, comme l'on en faisoit auprès de moi, et je creus que puisque M. de Bouillon, [qui estoit sans contestation la meilleure teste du parti], commençoit à songer aux petites portes, dans un temps où tout nous rioit, les autres auroient peine à ne pas prendre les grandes, que je ne doubtois plus, depuis la déclaration de M. de Turenne, que l'on ne leur ouvrist avec soing. Ce qui m'affligeoit sans comparaison plus que tout le reste, estoit que je voyois le fonds de l'esprit et du dessein de M. de Bouillon. J'avois creu jusques-là l'un plus vaste et l'autre plus eslevé qu'ils ne me paroissoient en ceste occasion, qui estoit pourtant la décisive, puisqu'il y alloit d'engager ou de ne pas engager le parlement. Il m'avoit pressé plus de vingt fois de faire ce que je lui offrois présentement. La raison qui me donnoit lieu de lui offrir ce que j'avois tousjours rejeté, estoit la déclaration de monsieur son frère, qui comme vous pouves juger lui donnoit encore plus de force qu'à moi. Au lieu de la prendre il s'affoiblit, parce qu'il croit que le Mazarin lui lachera Sedan; il s'attache dans ceste veue à ce qui le lui peut donner purement; il préfère ce petit intérest à celui qu'il pouvoit trouver à donner la paix à l'Europe. Ce pas, [auquel je suis persuadé que madame de Bouillon, qui avoit un fort grand pouvoir sur lui, eut beaucoup de part], m'a obligé de vous dire que quoi qu'il eust de très-grandes parties, je doubte qu'il ait esté aussi capable que l'on l'a creu des grandes choses qu'il n'a jamais faites. Il n'y a point de qualité qui dépare tant celles d'un grand homme, que de n'estre pas juste à prendre le moment décisif de sa réputation. L'on ne le manque presque jamais que pour mieux prendre celui de sa fortune; et c'est en quoi l'on se trompe pour l'ordinaire soi-mesme doublement. Il ne fut pas à mon advis habile en ceste occasion, parce qu'il y voulut estre fin. Cela arrive asses souvent.

Nous nous trouvasmes le lendemain cheux M. le prince de Conti, [ainsi que nous l'avions résolu la veille.] Madame de Longueville, qui estoit accouchée de monsieur son fils plus de six sepmaines auparavant, et dans la chambre de laquelle l'on avoit parlé plus de vingt fois d'affaires, ne se trouva point à ce conseil et je creus du mystère à son absence. La matière y ayant esté débatue par M. de Bouillon et par moi, sur les mesmes principes qui avoient esté agités cheux lui, M. le prince de Conti fut du sentiment de M. de Bouillon et avec des circonstances qui me firent juger qu'il y avoit de la négotiation. M. d'Elbeuf fut doux comme un agneau, et il me parut qu'il eust enchéri, s'il eust ausé, sur l'advis de M. de Bouillon.

Le chevalier de Fruges, frère de la vieille Fienne, [scélérat], et qui ne servoit dans nostre parti que de double espion, soubs le titre toutefois de commendant du régiment d'Elbeuf, m'avoit adverti, comme j'entrois dans l'Hostel-de-Ville, qu'il croyoit son maistre accommodé. M. de Beaufort fit asses cognoistre, par ses manières, que madame de Montbazon avoit essayé de modérer ses emportements. Mais comme j'estois asseuré que je l'emporterois tousjours sur elle dans le fond du cœur, l'irrésolution qu'il tesmoigna d'abord ne m'eust pas embarrassé; et en joignant sa voix à celle de MM. de Brissac, de La Mothe, de Noirmoustier et de Bellièvre, qui entrèrent tout à fait dans mon sentiment, j'eusse emporté de beaucoup la balance, si la considération de M. de Turenne, qui estoit dans ce moment la grosse chorde du parti, et celle que M. de Bouillon avoit avec les Espagnols par les anciennes mesures qu'il avoit tousjours conservées avec Fuensaldagne, ne m'eussent obligé de me faire honneur de ce qui n'estoit qu'un parti de nécessité. J'avois esté la veille, au sortir de cheux M. de Bouillon, cheux les envoyés de l'archiduc, pour essayer de pénétrer s'ils estoient tousjours aussi attachés à l'article de la paix générale, qu'ils me l'avoient tousjours dit, et que M. et madame de Bouillon me l'avoient presché. Je les trouvai l'un et l'autre absolumant changés, [quoiqu'ils ne creussent pas l'estre]. Ils vouloient tousjours un engagement pour la paix générale; mais ils le vouloient à la mode de M. de Bouillon, c'est-à-dire à deux fois. Il leur avoit mis dans l'esprit qu'il seroit bien plus advantageux pour eux en ceste manière, parce que nous y engagerions le parlement. Enfin je recogneu la main de l'ouvrier, et je vis bien que ses raisons, jointes à l'ordre qu'ils avoient de se rapporter à lui de toutes choses, l'emporteroient de bien loing sur tout ce que je leur pourrois dire au contraire. Je ne m'ouvris point à eux par ceste considération. J'allai entre minuit et une heure cheux le président de Bellièvre, pour le prendre et pour le mener cheux Croissy pour estre moins interrompus. Je leur exposai l'estat des choses. Ils furent touts deux sans hésiter de mon sentiment; ils creurent que le contraire nous perdroit infailliblement. Ils convindrent qu'il falloit toutefois s'y accommoder pour le présent, parce que nous dépendions absolumant dans cest instant et des Espagnols et de M. de Turenne, qui n'avoient encore de mouvements que ceux qui leur estoient inspirés par M. de Bouillon, et ils voulurent espérer ou que nous obligerions M. de Bouillon, dans le conseil qui se debvoit le lendemain tenir cheux M. le prince de Conti, de revenir à nostre sentiment, ou que nous le persuaderions nous-mesme à M. de Turenne, quand il nous auroit joint. Je ne me flattai, en façon du monde, dans ceste espérance, et d'autant moins, que ce que je craignois le plus vivement de ceste conduite pouvoit très-naturellement arriver devant que M. de Turenne peust estre à nous. Croissy, qui avoit un esprit d'expédients, me dit : « Vous aves raison; mais
» voici une pensée qui me vient. Dans ce traité
» préliminaire que M. de Bouillon veut que l'on
» signe avec les envoyés, signeres-vous ? —
» Non, lui respondis-je. — Eh bien, reprit-il,
» prenes ceste occasion pour faire entendre à
» ces envoyés les raisons que vous aves de ne
» pas signer. Ces raisons sont celles-là mesme
» qui feroient voir à Fuensaldaigne, qui estoit
» ici, que l'intérêt véritable d'Espagne est la
» conduite que vous vous proposes. [Peut-estre
» que les envoyés y feront réflexion], peut-estre
» qu'ils demanderont du temps pour en rendre
» compte à l'archiduc; et en ce cas j'ose respon-
» dre que Fuensaldagne approuvera vostre sen-
» timent, auquel il faudra par conséquent que
» M. de Bouillon se soubmette. Il n'y a rien de
» plus naturel que ce que je vous propose; et
» les envoyés mesme ne s'appercevront d'au-
» cune division dans le parti, parce que vous ne
» paroistres alléguer vos raisons que pour vous
» empescher de signer, et non pas pour com-
» battre l'advis de M. le prince de Conti et de
» M. de Bouillon. » Comme cest expédient avoit peu ou point d'inconvéniens, je me résolu à tout hazart de le prendre, et je priai M. de Brissac, dès le lendemain au matin, d'aller disner cheux madame de Bouillon, et de lui dire sans affectation, qu'il me voyoit un peu esbranlé sur le subjet de la signature avec Espagne. Je ne doubtai point que M. de Bouillon, [qui m'avoit tousjours veu très-esloigné de signer en mon particulier, jusques au jour que je lui proposai de le faire faire de gré ou de force au parlement], ne fut ravi de me voir balancer à l'esgard du traité particulier des généraux; qu'il ne m'en pressast et qu'il ne me donnast lieu de m'en expliquer en présence des envoyés.

Voilà la disposition où j'estois, quand nous entrasmes en conférence cheux M. le prince de Conti. Quand je cogneus que tout ce que nous disions, M. de Bellièvre et moi, ne persuadoit point M. de Bouillon, je fis semblant de me rendre à ses raisons et à l'autorité de M. le prince de Conti, nostre généralissime : et nous convnsmes de traiter avec l'archiduc aux termes proposés par M. de Bouillon, qui estoient qu'il s'advanceroit jusques à Pont-à-Verre, et plus loing mesme, losque les généraux le souhaiteroient ; et qu'eux n'oublieroient rien de leur part, pour obliger le parlement à entrer dans le traité, ou plustost à en faire un nouveau pour la paix générale ; c'est-à-dire pour obliger le roi à en traiter soubs des conditions raisonnables, du détail desquels le roi Catholique se remettroit, mesme à l'arbitrage du parlement. M. de Bouillon se chargea de faire signer ce traité, aussi simple que vous le voyes, aux envoyés. Il ne me demanda pas seulement si je le signerai ou si je ne le signerai pas. Toute la compagnie fut très-satisfaite d'avoir le secours d'Espagne à si bon marché, et de demeurer dans la liberté de recevoir les propositions que la déclaration de M. de Turenne obligeoit la cour de faire à tout le monde avec profusion ; l'on prit heure à minuit pour signer le traité dans la chambre de M. le prince de Conti, à l'Hostel-de-Ville. Les envoyés s'y trouvèrent à point nommé, et je pris garde qu'ils m'observèrent extraordinairement. Croissy, qui tenoit la plume pour dresser le traité, ayant commencé à l'escrire, le Bernardin, se retournant vers moi, me demanda si je le signerois pas ; à quoi lui ayant respondu que M. de Fuensaldagne me l'avoit défendu de la part de madame de Bouillon, il me dit d'un ton sérieux que c'estoit toutefois un préalable absolument nécessaire, et qu'il avoit encore receu depuis deux jours des ordres très-exprès sur cela de M. l'archiduc. Je recogneus en cest endroit l'effet de ce que j'avois fait dire à madame de Bouillon par M. de Brissac. Monsieur son mari me pressa au dernier point. Je ne manquai pas ceste occasion de faire cognoistre aux envoyés de l'Espagne leur intérest solides, en leur prouvant que je trouvais si peu de seureté pour moi-mesme aussi bien que pour tout le reste du parti, en la conduite que l'on prenoit, que je ne me pouvois résoudre à y entrer au moins par une signature en mon particulier. Je leur répétai l'offre que j'avois faite la veille de m'engager à tout sans exception, si l'on vouloit prendre une résolution finale et décisive. Je n'oubliai rien pour leur donner ombrage, sans paroistre toutefois le marquer, des ouvertures que le chemin que l'on prenoit donnoit aux accommodements particuliers.

Quoi que je ne disse toutes ces choses que par forme de récit, et sans tesmoigner avoir aucun dessein de combattre ce qui avoit esté résolu, elles ne laissèrent pas de faire une forte impression dans l'esprit du Bernardin ; et au point que M. de Bouillon m'en parut asses embarrassé, [et qu'il eust bien voulu, à ce qu'il m'a confessé depuis, n'avoir point attaché ceste escarmouche]. Dom Francisco Pizarro (1), [qui estoit un bon Castillan, asses fraischement sorti de son pays], et qui avoit encore apporté de nouveaux ordres de Bruxelles, de se conformer entièrement aux sentiments de M. de Bouillon, pressa son collègue de s'y rendre. Il y consentit sans beaucoup de résistance ; je l'y exortai moi-mesme quand je vis qu'il estoit résolu ; et j'adjoustai, que pour lui lever tout le scrupule de la difficulté que je faisois de signer, je leur donnois ma parole, [en présence de M. le prince de Conti et de messieurs les généraux], que si le parlement s'accommodoit, je leur donnerois, par des expédients que j'avois en mains, tout le temps et tout le loisir nécessaire pour retirer leurs troupes. Je leur fis ceste offre pour deux raisons : l'une parce que j'estois très-persuadé que Fuensaldagne, qui estoit très-habile homme, ne seroit nullement de l'advis de ses envoyés, et n'engageroit pas son armée dans le royaume, ayant aussi peu de généraux et rien de moi. L'autre considération [qui m'obligea à faire ces pas], fut que j'estois bien aise de faire mesme veoir à nos généraux, que j'estois si résolu à ne point souffrir, au moins en ce qui seroit en moi, de perfidie, que je m'engageois publiquement à ne pas laisser accabler ni surprendre les Espagnols, en cas mesme d'accommodement du parlement, quoique dans la mesme conférence j'eusse protesté plus de vingt fois que je ne me séparerois point de lui ; et que ceste résolution estoit l'unique cause pour laquelle je ne voulois pas signer un traité dont il n'estoit point.

M. d'Elbeuf, [qui estoit maling et qui estoit en cholère de ce que j'avois parlé des traités particuliers, me dit tout haut, en présence mesme des envoyés] : « Vous ne pouves trouver que » dans le peuple les expédients dont vous venes » de parler à ces messieurs. — C'est où je ne les » chercherai jamais (lui respondis-je) ; M. de » Bouillon en respondra pour moi. » M. de Bouillon qui eust souhaité dans la vérité que

---

(1) Petitot, dans son *Introduction aux Mémoires relatifs à la Fronde*, l'appelle *Pilastro*. Plusieurs noms de personnages ont été modifiés par lui ; nous ne saurions adopter ces changements, qui nous ont paru, pour la plupart, mal fondés.

j'eusse voulu signer avec eux, prit la parole : « Je sçais, ce dit-il, que ce n'est pas vostre in-» tention, mais je suis persuadé que vous faites » contre vostre intention sans le croire, et que » nous gardons, en signant, plus d'esgard avec » le parlement que vous n'en gardes vous-» mesme en ne signant pas : car... » Il abaissa la voix à ceste dernière parole afin que les envoyés n'en entendissent pas la suite ; [il nous mena M. d'Elbeuf et moi à un coin de la chambre et il continua en ces termes] : « Nous nous » réservons une porte pour sortir d'affaire avec » le parlement. — Il ouvrira ceste porte (lui ré-» pondis-je), quand vous ne le voudrez pas ; » comme il y paroit déjà ; et vous la voudres » fermer quand vous ne le pourres pas : l'on » ne se joue pas avec ceste compagnie, [vous le » verres, monsieur, par l'événement]. » M. le prince de Conti nous appella à cest instant. On lut le traité et on le signa. Voila ce qui nous en parut. Dom Gabriel de Tolède, [dont je vous parlerai incontinent] m'a dit depuis que les envoyés avoient donné deux mille pistoles à madame de Montbason et autant à M. d'Elbeuf.

Je revins cheux moi fort touché de ce qui se venoit de passer ; et le président de Bellièvre et Montresor (1), qui m'y attendoient, ne le furent pas moins que moi. Le premier, [qui estoit homme de bon sens] me dit une parole que l'événement, qui la justifia, rend très-digne de réflexion. « Nous avons manqué aujourd'hui d'en-» gager le parlement, moyennant quoi tout estoit » sur, tout estoit bon. Prions Dieu que tout aille » bien : car si une seule de nos chordes nous » manque, nous sommes perdus. » Comme M. de Bellièvre achevoit de parler, Noirmoustier entra dans ma chambre, qui nous dit que depuis que j'estois sorti de l'Hostel-de-Ville, un valet de chambre de Laigues y estoit arrivé, qui me cherchoit et qui ne m'y ayant pas trouvé, estoit remonté à cheval sans avoir voulu parler à personne. Vous remarqueres, s'il vous plaist, que Laigues, qui avoit une grande valeur, mais peu de sens [et beaucoup de présomption] et qui s'estoit fort lié avec moi depuis qu'il avoit vendu sa compagnie aux gardes, se mist en teste [de rentrer] en Flandre, aussitost que le Bernardin nous fust venu trouver. Il creut que cest emploi le rendroit considérable dans le parti. Il me le demanda ; il m'en fit presser par Montresor, qui le destina, dès cest instant, à la charge d'amant de madame de Chevreuse, qui estoit à Bruxelles. Il me représenta qu'elle pourroit ne m'estre pas inutile dans les suites, que la place estoit vide, qu'elle se pouvoit remplir par un autre qui ne dépendroit pas de moi. Enfin, quoi que j'eusse asses de répugnance à laisser aller à Bruxelles un homme qui avoit mon caractère, je me laissai aller à ses prières et à celles de Montresor, et nous lui donnasmes la commission de résider auprès de l'archiduc. Ce valet de chambre qu'il m'envoyoit, [et qui entra dans ma chambre un demi-quart d'heure après Noirmoustier] m'apportoit une dépesche de lui qui me fit [trembler]. Elle ne parloit que des bonnes intentions de l'archiduc, de la sincérité de Fuensaldagne, de la confiance que nous debvions prendre en eux, enfin [pour vous abréger] je n'ai jamais rien veu de si sot ; [et ce qui nous fit le plus de peine, fut que nous cogneusmes visiblement], qu'il croyoit déjà gouverner Fuensaldagne. Juges, je vous supplie, quel plaisir il y a d'avoir un négociateur de ceste espèce, dans une cour où nous debvions avoir plus d'une affaire ! Noirmoustier, qui estoit son ami intime, advoua que sa lettre estoit fort impertinente ; mais il ne s'advisa pas qu'elle rendoit lui-mesme fort impertinent ; car il se mit dans la fantaisie d'aller aussi à Bruxelles, en disant qu'il confessoit qu'il y avoit de l'inconvénient à laisser Laigues ; mais qu'il y auroit de la malhonnesteté à le révoquer, et mesme à lui envoyer un collègue qui ne fust pas et son ami particulier et d'un grade tout à fait supérieur au sien. Voilà ce qu'il disoit : voici ce qu'il pensoit. Il espéroit qu'il se distingueroit beaucoup par cest emploi, qui le mettroit dans la négociation sans le tirer de la guerre, qui lui donneroit toute la confiance du parti à l'esgard de l'Espagne, et qui lui donneroit en mesme temps toute la considération de l'Espagne à l'esgard du parti. Nous fismes touts nos efforts pour lui oster ceste pensée, [et nous lui dismes mille bonnes raisons pour l'en destourner, nous ne nous expliquasmes pas des plus fortes, qui estoient son peu de secret et son peu de jugement ; belles qualités comme vous voyes pour suppléer aux défauts de Laigues]. Il le voulut absolument et il le fallut. Il portoit le nom de La Trémouille, il estoit lieutenant général, il brilloit dans le parti ; il y estoit entré avec moi et par moi. Voila le malheur des guerres civiles. L'on y fait souvent des faultes par bonne conduite.

[Ce que je vous viens de raconter de nos conférences cheux M. de Bouillon et à l'Hostel-de-

---

(1) Claude de Bourdeille, comte de Montresor, fils de Henri de Bourdeille et de Madeleine de La Châtre. Montresor était petit-fils de Brantôme, et c'est lui qui a écrit des Mémoires sur la Fronde.

Ville, se passa le 5, le 6, le 7 de mars ; il est nécessaire que je vous rende compte de ce qui se passa ces jours-là au parlement et à la conférence de Ruel.]

Celle-ci commençoit aussi mal qu'il se pouvoit. Les députés prétendirent [et avec raison] que l'on ne tenoit point la parole qu'on leur avoit donnée de desboucher les passages, et qu'on ne laissoit pas mesme passer librement les cent muids de blé. La cour soubstint qu'elle n'avoit point promis l'ouverture des passages, et qu'il ne tenoit pas à elle que les cent muids ne passassent. La reine demanda pour conditions préalables à la levée du siége, que le parlement s'engageast à aller tenir sa séance à Saint-Germain, tant qu'il plairoit au roi, et qu'il promist de ne s'assembler de trois ans. Les députés refusèrent tout d'une voix ces deux propositions, sur lesquels la cour se modéra dès l'après-disnée mesme. M. le duc d'Orléans ayant dit aux députés que la reine se relaschoit de la translation du parlement ; qu'elle se contenteroit que lorsqu'on seroit d'accord de touts les articles, il allast tenir un lit de justice à Saint-Germain, pour y vérifier la déclaration qui contiendroit ces articles, et qu'elle modéroit aussi les trois années de défenses de s'assembler, à deux. Les députés n'opiniastrèrent pas le premier, ils ne se rendirent pas sur le second ; en soubstenant que le privilège de s'assembler estoit essentiel au parlement. Ces contestations, joinstes à plusieurs autres, [qui vous ennuiroient, et aux chicanes qui recommençoient de moment à autre touchant le passage des blés], irritèrent si fort les esprits, lorsqu'on les sceut à Paris, que l'on ne parloit de rien moins, au feu de la grande chambre, que de révoquer le pouvoir des députés ; et messieurs les généraux, qui se voyant recherchés par la cour, qui n'en avoit pas fait beaucoup de cas jusqu'à la déclaration de M. de Turenne, ne doubtoient point qu'ils ne fissent encore leurs conditions beaucoup meilleures lorsqu'elle seroit plus embarassée, n'oublièrent rien pour faire crier le parlement et le peuple, et pour faire cognoistre au cardinal que tout ne dépendoit pas de la conférence de Ruel. Je contribual de mon costé, dans la veue de régler ou plustost de modérer un peu la précipitation avec laquelle le premier président et le président de Mesme courroient à tout ce qui paroissoit accommodement ; [et ainsi comme nous conspirions touts sur ce point à une mesme fin, quoique par différents principes, nous faisions, de concert, les mesmes démarches].

Celle du 8 de mars fut très-considérable. M. le prince de Conti dit au parlement, que M. de Bouillon, que la goutte avoit repris avec violence, l'avoit prié de dire à la compagnie que M. de Turenne lui offroit sa personne et ses troupes contre le cardinal Mazarin, l'ennemi de l'estat. J'adjoustai que comme je venois d'estre adverti que l'on avoit dressé la veille une déclaration à Saint-Germain, par laquelle M. de Turenne estoit déclaré criminel de lèse-majesté, je croyois qu'il estoit nécessaire de casser ceste déclaration, d'autoriser ses armes par un arrest solemnel ; d'enjoindre à touts les subjets du roi de lui donner passage et subsistance, et de travailler en diligeance à lui faire un fonds pour le paiement de ses troupes et pour prévenir le mauvais effet que huit cent mille livres, que la cour venoit d'envoyer à d'Erlac pour les desbaucher, y pourroit produire. Ceste proposition passa toute d'une voix. La joie qui parut dans les yeux et dans les advis de tout le monde ne se peut exprimer. L'on donnast ensuite un arrest sanglant contre Courcelles, Lavardin et Amilly, qui faisoient des troupes pour le roi dans le pays du Maine. L'on permit aux communes de s'assembler au son du tocsin, et de courir sus à touts ceux qui en feroient sans ordre du parlement.

Ce ne fut pas tout. Le président de Bellièvre ayant dit à la compagnie qu'il avoit receu une lettre du premier président, par laquelle il l'asseuroit que ni lui ni les autres députés ne feroient rien qui fut indigne de la confiance qu'elle leur avoit tesmoignée ; il s'esleva un cri ou plustost qu'une voix publique, qui ordonna au président de Bellièvre d'escrire expressément au premier président de n'entendre à aucune proposition nouvelle, ni mesme de ne résoudre quoi que ce soit sur les anciennes, jusqu'à ce que touts les arrérages du blé promis eussent esté entièrement fournis et délivrés ; que touts les passages eussent estés débouchés et que touts les chemins eussent esté ouverts, aussi bien pour les courriers que pour les vivres.

Le 9, [l'on passa plus outre], l'on donna arrest de faire sursçoir à la conférence jusqu'à l'entière exécution des promesses, et jusqu'à l'ouverture toute libre d'un passage, non pas seulement pour le blé, mais mesme pour toutes sortes de vituailles ; et les plus modérés eurent grande peine à obtenir que l'on adjoustast ceste clause à l'arresté, que l'on attendroit pour le publier l'on eust sceu de M. le premier président, si les passeports pour les blés n'avoient point esté expédiés depuis la dernière nouvelle que l'on avoit eu de lui.

M. le prince de Conti ayant dit le mesme jour au parlement, que M. de Longueville l'avoit prié de l'asseurer qu'il partiroit de Rouen sans remise, le 15 du mois, avec sept mille hommes de pied et trois mille chevaux ; et qu'il marcheroit droit à Saint-Germain; la compagnie en tesmoigna une joie incroyable, et pria M. le prince de Conti d'en presser encore M. de Longueville.

Le 10, Miron, député du parlement de Normandie, estant entré au parlement et ayant dit que M. de Longueville lui avoit donné charge de dire à la compagnie, que le parlement de Rennes avoit receu avec une extrême joie la lettre et l'arrest de celui de Paris, et qu'il n'attendoit que M. de la Trémouille pour donner celui de junction contre l'ennemi commun ; Miron, dis-je, après avoir fait ce discours et adjousté que le Mans, qui s'estoit aussi déclaré pour le parti, avoit des envoyés auprès de M. de Longueville, fut remercié de toute la compagnie, comme lui ayant apporté des nouvelles extrêmement agréables.

Le 11, un envoyé de M. de la Trémouille demanda audience au parlement, à qui il offrit de la part de son maistre, huit mille hommes de pied et dix mille chevaux, qu'il prétendoit estre en estat de marcher en deux jours, pourveu qu'il pleust à la compagnie permettre à M. de la Trémouille de se saisir des deniers royaux, dans les receptes générales de Poitiers, de Niort, et d'autres lieux dont il estoit déjà asseuré. Le parlement lui fit de grands remerciments, lui donna arrest d'union, lui donna plein pouvoir sur les receptes générales, et le pria d'avancer ses levées avec diligence.

L'envoyé n'estoit pas sorti du Palais, que le président de Bellièvre ayant dit à la compagnie que le premier président la supplioit de lui envoyer un nouveau pouvoir d'agir à la conférence, parce que l'arrest du jour précédent lui avoit ordonné et à lui et aux autres députés de surseoir ; le président de Bellièvre, dis-je, n'eut autre responsé si ce n'est que l'on leur donneroit ce pouvoir quand la quantité du blé qui avoit esté promise auroit été receu.

Un instant après Roland, bourgeois de Rheims, qui avoit maltraité personnellement et chassé de la ville M. de La Vieuville (1), lieutenant du roi dans la province, parce qu'il s'estoit déclaré pour Saint-Germain, présenta requeste au parlement contre les officiers qui l'avoient déféré à la cour pour ceste action. Il en fut loué de toute la compagnie, et l'on l'asseura de toute sorte de protection.

Voila bien de la chaleur dans le parti. Et vous croyes apparemment qu'il faudra au moins un peu de temps pour l'évaporer devant que la paix se puisse faire. Nullement ; elle est faite et signée le mesme jour à Ruel, et elle est faite et signée le 11 de mars, par les députés qui avoient demandé le 10 de nouveaux pouvoir, parce que l'ancien estoit révoqué ; et par ces mesmes députés auxquels l'on avoit refusé ce nouveau pouvoir. Voici le desnouement de ce contre-temps que la postérité aura peine à croire, et auquel l'on s'accoustuma en quatre jours.

Aussitost que M. de Turenne fut déclaré, la cour travailla à gagner les généraux, avec beaucoup plus d'application qu'elle n'avoit fait jusque là : mais elle n'y réussit pas, au moins à son gré. Madame de Montbazon pressée par Vineuil en plus d'un sens, promettoit M. de Beaufort à la reine ; mais la reine voyoit bien qu'elle auroit beaucoup de peine à le livrer tant que je ne serois pas du marché. La Rivière ne tesmoignoit plus tant de mespris pour M. d'Elbeuf. Le mareschal de La Mothe n'estoit accessible que par M. de Longueville, duquel la cour ne s'asseuroit pas beaucoup davantage par la négotiation d'Anctauville, que nous nous en asseurions par la correspondance de Varicarville. M. de Bouillon faisoit paroistre depuis l'esclat de M. son frère, plus de pente à s'accommoder avec la cour, et Vassé, qui commandoit, ce me semble, un régiment de cavalerie, l'avoit insinué par des canaux différents à Saint-Germain : mais les conditions paroissoient bien hautes. Il en falloit de grandes pour les deux frères, qui au poste où ils se trouvoient n'estoient pas d'humeur à se contenter de peu de chose. Les incertitudes de M. de Larochefoucault ne plaisoient pas à La Rivière, qui d'ailleurs consideroit, [à ce que Flamarin disoit à madame de Pommereux], que le compte que l'on faisoit avec M. le prince de Conti ne seroit jamais bien seur pour les suites, s'il n'estoit aussi arresté par M. le prince, qui, sur l'article du cardinalat de monsieur son frère, n'estoit pas de trop facile composition. Ce que j'avois respondu aux offres que j'avois receus par le canal de madame de Lesdiguières, ne donnoit pas de lieu à la cour de croire que je feusse aisé à esbranler.

Enfin M. le cardinal Mazarin trouvoit toutes

---

(1) Charles, second du nom, duc de La Vieuville, pair de France, lieutenant-général au gouvernement de Champagne; mort le 2 février 1689, âgé de soixante-treize ans.

La date de 1698 est indiquée mal-à-propos par les anciens éditeurs, comme étant celle de la mort de Charles de La Vieuville.

les portes de la négociation, [qu'il aimoit passionnement, ou fermées ou embarassées, dans une conjoncture où ceux mesmes qui n'y eussent pas eu d'inclination, eussent esté obligés de les chercher avec empressement ; parce que dans la vérité il n'y avoit plus d'autres issues dans la disposition où estoit tout le royaume]. Ce désespoir, pour ainsi parler, de négociation, fut par l'événement plus utile à la cour que la négociation la plus fine ne la lui eust peu estre ; car il ne l'empécha pas de négotier, le cardinal ne s'en pouvant jamais empécher par son naturel ; et il fit toutefois que, contre son ordinaire, il ne se fia pas à sa négotiation. Et ainsi il amusa nos généraux, cependant qu'il envoyoit huit cent mille livres, qui enlevèrent à M. de Turenne son armée, et qu'il obligeoit les députés de Ruel à signer une paix contre les ordres de leur corps. [M. le prince m'a dit que ce fut lui qui fit envoyer les huit cent mille livres, et je ne sçai mesme s'il n'adjousta pas qu'il les avoit avancées ; je ne m'en ressouviens pas précisément. Pour ce qui est de la conclusion de la paix de Ruel], le président de Mesmes m'a asseuré plusieurs fois depuis, qu'elle fut purement l'effet d'un concert qui fut pris la nuit d'entre le 8 et le 9 de mars, entre le cardinal et lui ; et le cardinal lui ayant dit qu'il cognoissoit clairement que M. de Bouillon ne vouloit négotier que quand M. de Turenne seroit à la portée de Paris et des Espagnols, c'est-à-dire en estat de se faire donner la moitié du royaume, lui président de Mesme lui avoit respondu : « Il n'y a de salut que de faire » le coadjuteur cardinal ; » que le cardinal lui ayant reparti : « Il est pis que l'autre, car l'on » voit au moins un temps [où l'autre négotiera] ; » mais celui-là ne traitera jamais que pour le » général. » Lui, président de Mesme, lui avoit dit : « Puisque les choses sont en cest estat, il » faut que nous payons de nos personnes pour » sauver l'estat ; il fault que nous signions la paix ; » car après ce que le parlement a fait aujourd'hui, il n'y a plus de mesures et peut-estre » qu'il nous révoquera demain. Nous hazardons » tout si nous sommes désadvoués ; l'on nous fermera les portes de Paris ; l'on nous fera nostre » procès ; l'on nous traitera de prévaricateurs et » de traitres ; c'est à vous de nous faire des conditions qui nous donnent lieu de justifier nostre » procédé. Il y va de vostre intérest, parce que » si elles sont raisonnables nous les sçaurons » bien faire valoir contre les factieux ; mais fai-» tes les telles qu'il vous plaira, je les signerais » toutes ; et je vai de ce pas dire au premier président que c'est mon sentiment, et que c'est » l'unique expédient pour sauver le royaume. » S'il réussit nous avons la paix ; si nous sommes désadvoués nous affoiblirons tousjours la » faction, et le mal n'en tombera que sur nous. »

Le président de Mesme en me comptant ce que je viens de vous dire, adjoustoit : « Que la commotion où le parlement avoit esté le 8, jointe » à la déclaration de M. de Turenne, et à ce » que le cardinal lui avoit dit de la disposition » de M. de Bouillon et de la mienne, lui avoit inspiré ceste pensée ; que l'arrest donné le 9, qui » ordonnoit aux députés de surseoir à la conférence jusques à ce que les blés promis eussent » esté fournis, l'y avoient confirmé ; que la chaleur qui avoit paru dans le peuple le 10, l'y » avoit fortifié, qu'il lui avoit persuadé, quoiqu'avec » peine, le premier président [de faire ceste démarche]. » Il accompagnoit ce récit de tant de circonstances, que je crois qu'il disoit vrai. Que M. le le duc d'Orléans et M. le prince, [aux quels je l'ai demandé], m'ont dit que l'opiniastreté avec la quelle, et le 8, et le 9, et le 10, le premier président et le président de Mesme, deffendirent quelques articles, n'avoit guères de rapport à ceste résolution que le président de Mesme disoit avoir prise dès le 8. Longueil, qui estoit un des députés, estoit persuadé de la vérité de ce que disoit le président de Mesme, [et tiroit mesme vanité de ce qu'il s'en estoit apperceu des premiers]. Et M. le cardinal Mazarin, à qui j'en parlai depuis la guerre, me le confirma en se donnant pourtant la gloire d'avoir rectifié cest advis, « qui estoit, adjousta-t-il, » de soi-mesme trop dangereux, si je n'eusse » pénétré les intentions de M. de Bouillon et les » vostres. Je sçavois que vous ne voulies pas » perdre le parlement par le peuple, et que » M. de Bouillon vouloit préférablement à tou-» tes choses attendre son frère. » [Voilà ce que me dit M. le cardinal Mazarin dans l'intervalle de l'un de ces raccommodement fourré que nous faisions quelquefois ensemble. Je ne sçai s'il ne parloit point après coup, mais je sçai bien que s'il eust pleu à M. de Bouillon de me croire, nous n'eussions pas donné lieu, ni lui ni moi, à ceste pénétration].

La paix fut donc signée, après beaucoup de contestations, [trop longues et trop ennuieuses à rapporter]), (1 le 11 de mars, et les députés

(1) Il existe à la Bibliothèque du roi, la minute originale du traité de Ruel, sur laquelle on peut étudier les différentes modifications que ce traité subit, en lisant les corrections, suppressions et additions qui se trouvent à la marge de cette copie. Elles sont toutes écrites de la main du secrétaire d'état Le Tellier.

consentirent avec beaucoup de difficultés que M. le cardinal Mazarin y signast avec M. le duc d'Orleans, M. le prince, [M. le chancelier, M. de La Meilleraye et M. de Brissac], qui estoient les députés nommés par le roi. Les articles furent :

Que le parlement se rendra à Saint-Germain, où sera tenu un lit de justice, où la déclaration contenant les articles de la paix sera publiée ; après quoi il retournera faire ses fonctions ordinaires à Paris.

Ne sera faite aucune assemblée de chambres pour toute l'année 1649, excepté pour la réception des officiers et pour les mercuriales.

Que touts les arrest rendus par le parlement, depuis le 6 de janvier, seront nuls à la réserve de ceux qui auront esté rendus entre particuliers, sur faits concernant la justice ordinaire.

Que toutes les lettres de cachet, déclarations et arrests du conseil, rendus au subjet des mouvements présents, seront nuls et comme non advenus.

Que les gents de guerre levés pour la défense de Paris, seront licenciés aussitost après l'accommodement signé, et sa majesté fera aussi en mesme temps retirer ses troupes des environs de ladite ville.

Que les habitants poseront les armes, et ne les pourront reprendre que par ordre du roi.

Que le député de l'archiduc sera renvoyé incessamment sans response.

Que touts les papiers et meubles qui ont esté pris aux particuliers et qui se trouveront en nature, seront rendus.

Que M. le prince de Conti, princes, ducs et touts ceux sans exception qui ont pris les armes, n'en pourront estre recherchés soubs quelque prétexte que ce puisse estre, en déclarant par les dessus dits, dans quatre jours, à compter de celui auquel les passages seront ouverts, et par M. de Longueville, en dix, qu'ils veulent bien estre compris dans le present traité.

Que le roi donnera une décharge générale pour touts les deniers royaux qui ont esté pris, pour touts les meubles qui ont esté vendus, pour toutes les armes et munitions qui ont esté enlevées tant à l'Arsenal qu'ailleurs.

Que le roi fera expédier des lettres pour la révocation du semestre du parlement d'Aix, conformément aux articles accordés entre les députés de sa majesté et ceux du parlement et pays de Provence, du 21 febvrier.

Que la Bastille sera remise entre les mains du roi.

[Il y eut encore quelques autres articles qui ne meritent pas d'estre rapportés.]

Je crois que vous ne doubtés pas de la surprise de M. de Bouillon, lorsqu'il apprit que la paix estoit signée. [Je le lui appris en lui faisant lire un billet que j'avois receu de Longueil : au cinq ou sixième mot du quel madame de Bouillon, qui fit réflexion à ce que je lui avois dit cinquante fois, des inconvénients qu'il y avoit à ne pas engager pleinement et entièrement le parlement], s'escria en se jetant sur le lit de monsieur son mari : « Ha! qui l'eust dit! Y aves-vous » seulement jamais pensé? — Non, madame, » lui respondis-je, je n'ai pas creu que le parle- » ment peut faire la paix aujourd'hui ; mais j'ai » creu comme bien sçaves, qu'il la feroit très- » mal si nous le laissions faire ; il ne m'a trompé » qu'au temps. » M. de Bouillon prit la parole : « Il ne l'a que trop dit, il ne nous l'a que trop » prédit, nous avons fait la faulte toute entière. » Je vous confesse que ce mot de M. de Bouillon m'inspira une nouvelle espèce de respect pour lui : car il est à mon sens d'un plus grand homme, de sçavoir advouer sa faulte, que de sçavoir ne la pas faire. Comme nous consultions ce qu'il y avoit à faire, M. le prince, M. d'Elbeuf, M. de Beaufort et M. le mareschal de La Mothe entrèrent dans la chambre, qui ne sçavoient rien de la nouvelle, et qui ne venoient cheux M. de Bouillon que pour lui communiquer une entreprise que Saint-Germain-d'Achon avoit formée sur Lagny, où il avoit quelque intelligence. Ils furent surpris, [au delà de ce que vous vous pouves imaginer], de la signature de la paix ; et d'autant plus que touts leurs négociateurs, selon le style ordinaire de ces sortes de gents, leur avoient fait voir depuis deux ou trois jours que la cour estoit persuadée que le parlement n'estoit qu'une représentation, et qu'au fond il falloit compter avec les généraux. [M. de Bouillon ma advoué plusieurs fois depuis que] Vassé l'en avoit fort asseuré, madame de Montbazon avoit receu cinq ou six billets de la cour qui portoient la mesme chose ; [et le mareschal de Villeroy, qui asseurément ne trompoit pas madame de Lesdiguières, mais qui estoit trompé lui-mesme, lui disoit la mesme chose touts les jours]. Il fault advouer que M. le cardinal Mazarin joua et couvrit très-bien son jeu en ceste occasion ; et qu'il en est d'autant plus à estimer qu'il avoit à se défendre de l'imprudence de La Rivière, qui estoit grande, et de l'impétuosité de M. le prince, qui en ce temps-là n'estoit pas médiocre. Le propre jour que la paix fut signée, il s'emporta contre les députés d'une manière qui estoit très capable de rompre l'accommodement. Je reviens au conseil que nous tinsmes cheux M. de Bouillon.

[L'un des plus grands défauts des hommes est

qu'ils cherchent presque tousjours dans les malheurs qui leur arrivent par leur faulte, des excuses devant que de chercher des remèdes ; ce qui fait qu'ils y trouvent très-souvent trop tart les remèdes qu'ils ne cherchent pas d'asses bonne heure. Voilà ce qui arriva cheux M. de Bouillon.] Je vous ai déjà dit qu'il ne balancea pas un moment à recognoistre qu'il n'avoit pas jugé sainement de l'estat des choses. Il le dit publiquement, comme il me l'avoit dit à moi seul. Il n'en fut pas ainsi des autres. Nous eusmes, lui et moi, le plaisir de remarquer qu'ils respondoient à leur pensées plustost qu'à ce qu'on leur disoit ; ce qui ne manque presque jamais en ceux qui sçavent que l'on leur peut reprocher quelque chose avec justice. Il ne tint pas à moi de les obliger à dire leur advis les premiers. Je suppliai M. le prince de Conti de considérer qu'il lui appartenoit par toutes sortes de raisons d'ouvrir et de fermer la scène. Il parla et si obscurément que personne n'y entendit rien. M. d'Elbeuf s'estendit beaucoup, et il ne conclut à rien. M. de Beaufort employa son lieu commun, qui estoit d'asseurer qu'il iroit tousjours son grand chemin. Les oraisons du mareschal de La Mothe n'estoient jamais que d'une demie période ; et M. de Bouillon dit que n'y ayant que moi dans la compagnie qui cogneust bien le fond et de la ville et du parlement, Il croyoit qu'il estoit nécessaire que j'agitasse la matière sur la quelle il seroit après plus facile de prendre une bonne résolution. Voici la substance de ce que je dis. [Je n'en puis rapporter les propres paroles, parce que je n'eus pas le soing de les escrire après, comme j'avois fait en quelque autre occasion.]

« Nous avons touts fait ce que nous avons
» creu debvoir faire ; il n'en faut point juger
» par les événements. La paix est signée par
» des députés qui n'ont plus de pouvoirs, elle
» est nulle. Nous n'en sçavons point encore les
» articles, au moins parfaitement ; mais il n'est
» pas difficile de juger, par ceux qui ont esté
» proposés ces jours passés, que ceux qui auront
» esté arrestés ne seront ni honnestes ni
» seurs. C'est, à mon advis, sur ce fondement
» qu'il faut opiner, lequel supposé, je ne balance
» point à croire que nous ne sommes pas
» obligés à tenir l'accommodement, et que nous
» sommes mesme obligés à ne le pas tenir par
» toutes les raisons et de l'honneur et du bon
» sens. Le président Viole me mande qu'il n'y
» est pas seulement fait mention de M. de Turenne,
» avec lequel il n'y a que trois jours que
» le parlement a donné un arrest d'union. Il
» adjouste que messieurs les généraux n'ont que

» quatre jours pour déclarer s'ils veulent estre
» compris dans la paix, et que M. de Longueville
» et le parlement de Rouen n'en ont que
» dix. Juges, je vous supplie, si ceste condition,
» qui ne donne le temps ni aux uns ni autres
» de songer seulement à leurs intérest,
» n'est pas un pur abandonnement. L'on peut
» inférer de ces deux articles quels seront les
» autres, et quelle infamie ce seroit que de les
» recevoir. Venons aux moyens de les refuser, et
» de les refuser solidement et advantageusement
» pour le public et pour le particulier. Ils
» seront rejetés dès qu'ils paroistront dans le
» public, universellement de tout le monde, et
» ils le seront mesme avec fureur. Mais ceste
» fureur est ce qui nous perdra, si nous n'y
» prenons garde, parce qu'elle nous amusera.
» Le fond de l'esprit du parlement est la paix,
» et vous pouves avoir observé qu'il ne s'en
» esloigne jamais que par saillies. Celle que
» nous y verrons demain ou après demain sera
» terrible ; si nous manquons de la prendre
» comme au bon, elle tombera comme les autres,
» et d'autant plus dangereusement, que
» la chute en sera décisive. Juges, s'il vous
» plaist, de l'avenir par le passé, et voyes à
» quoi se sont terminées toutes les commotions
» que vous aves veues jusques ici dans ceste
» compagnie. Je reviens à mon ancien advis,
» qui est de songer uniquement à la paix générale,
» de signer, dès ceste nuit, un traité sur
» ce chef avec les envoyés de l'archiduc, de se
» porter demain au parlement, d'y ignorer tout
» ce qui s'est passé aujourd'hui à la conférence,
» que nous pouvons très-bien ne pas sçavoir,
» puisque le premier président n'en a point fait
» encore de part a personne, et d'y faire donner
» arrest par lequel il soit ordonné aux députés
» de la compagnie d'insister uniquement sur ce
» point, et sur celui de l'exclusion du cardinal
» Mazarin ; et, en cas de refus, de revenir à
» Paris prendre leurs places. Le peu de satisfaction
» que l'on y a et du procédé de la cour,
» et de la conduite mesme des députés, fait que
» ce que la déclaration de M. de Turenne toute
» seule rendoit, à mon opinion, très-possible,
» sera très-facile présentement, et si facile,
« que nous n'avons pas besoin d'attendre, pour
» animer davantage la compagnie, que l'on nous
» ait fait le rapport des articles qui l'aigriroient
» asseurement. Cela avoit esté ma première pensée ;
» et quand j'ai commencé à parler, j'avois
» fait dessein de vous proposer, monsieur (dis-
» je à M. le prince de Conti), de vous servir du
» prétexte de ces articles pour eschauffer le parlement.
» [Mais je viens de faire une réflexion

» qui me fait croire] qu'il est plus à propos d'en
» prévenir le rapport [pour deux raisons dont
» la première est que] le bruit que nous pou-
» vons respandre ceste nuit de l'abandonnement
» des généraux [fera encore plus d'effet] et jet-
» tera plus d'indignation dans les esprits que le
» rapport mesme que les députés desguiseront
» au moins de quelques meschantes couleurs.
» [La seconde est que nous ne pouvons avoir ce
» rapport en forme, que par le retour des dé-
» putés, que je suis persuadé que nous ne deb-
» vons point souffrir.] »

Comme j'en estois là, je receu un paquet de Ruel, dans lequel je trouvai une seconde lettre de Viole, avec un brouillon du traité contenant les articles que je vous ai cotés ci-dessus ; ils estoient si mal escrits, que je ne les peus presque lire ; mais ils me furent expliqués par une autre lettre qui estoit dans le paquet de Lescuyer, maistre des comptes, et qui estoit un des députés. Il adjoustoit, par un billet séparé, que le cardinal Mazarin y avoit signé. Toute la compagnie doubta encore moins, depuis la lecture de ces lettres et de ces articles, de la facilité qu'il y auroit à arriver et à enflammer le parlement. « J'en conviens, leur dis-je, mais je ne
» change pas pour cela de sentiment, et au con-
» traire, j'en suis encore plus persuadé qu'il ne
» fault, en façon du monde, souffrir le retour
» des députés, si l'on se résout à prendre le
» parti que je propose, en voici la raison. Si
» vous leur donnes le temps de revenir à Paris
» devant que de vous déclarer pour la paix gé-
» nérale, il faut nécessairement que vous leur
» donnies aussi le temps de faire leur rapport,
» contre lequel vous ne vous pouves pas empê-
» cher de déclamer ; et j'ose vous asseurer que
» si vous joignes la déclamation contre eux,
» à ce grand esclat de la proposition de la paix
» générale dont vous alles esblouir toutes les
» imaginations, il ne sera pas en vostre pou-
» voir d'empêcher que le peuple ne déchire à
» vos yeux, et le premier président et le prési-
» dent de Mesme. Vous passeres pour les au-
» teurs de ceste tragédie, [quelques efforts que
« vous ayes peu faire pour l'empêcher] ; vous
» seres formidables le premier jour, vous seres
» odieux le second. »

[M. de Beaufort, à qui Brillet qui estoit tout-à-fait dépendant de madame de Montbazon], venoit de parler à l'oreille, m'interrompit à ce mot, et il me dit : « Il y a un bon remède ; il leur fault
» fermer les portes de la ville ; il y a plus de
» quatre jours que tout le peuple ne crie autre
» chose.—Ce n'est pas mon sentiment (lui res-
» pondis-je) ; vous ne leur pouves fermer les por-
» tes sans vous faire passer, dès demain, pour
» les tyrans du parlement, dans les esprits de
» ceux mesmes de ce corps, qui auront esté d'ad-
» vis aujourd'hui que vous les leur fermies.
» — Il est vrai, reprit M. de Bouillon ; le
» président de Bellièvre me le disoit encore
» ceste après-disnée, et qu'il est nécessaire,
» pour les suites, [de faire en sorte que] le pre-
» mier président et le président de Mesme soient
» les déserteurs et non pas les exilés du parle-
» ment.—Il a raison (adjoustai-je), car, en la
» première qualité, ils y seront aborrés toute
» leur vie, et en la seconde, ils y seroient plaints
» dans deux jours, et ils y seroient regretés dans
» quatre. — Mais l'on peut tout concilier (dit
» M. de Bouillon) [qui fut bien aise de brouiller
» les espèces et de prévenir la conclusion de ce
» que j'avois commancé] ; laissons entrer les dé-
» putés, laissons les faire leur rapport sans nous
» emporter ; ainsi, nous n'eschaufferons pas le
» peuple, [qui, par conséquent, n'ensanglentera
» pas la scène]. Vous convenes que le parlement
» ne recevra pas les conditions qu'ils apporte-
» ront ; et il n'y aura rien de si aisé que de les
» renvoyer pour essayer d'en obtenir de meil-
» leures. En ceste manière, nous ne précipite-
» rons rien, nous nous donnerons du temps pour
» prendre nos mesures, nous demeurerons sur
» nos pieds et en estat de réunir ce que vous
» proposés, avec d'autant plus d'avantage, que
» les trois armées de M. l'archiduc, de M. de
» Longueville et de M. de Turenne seront plus
» advancées. »

Dès que M. de Bouillon commencea à parler sur ce ton, [je me le tins pour dit] ; je ne doubtai point qu'il ne fust retombé dans l'apréhension de veoir touts les intérest particuliers confondus et anéantis dans celui de la paix générale, et je me ressouvins d'une réflexion que j'avois déjà faite, [il y avoit quelque temps, sur une autre affaire], qu'il est bien plus ordinaire aux hommes de se repentir en spéculation d'une faulte qui n'a pas eu un bon événement, que de revenir dans la pratique de l'impression qu'ils ne manquent jamais de recevoir du motif qui les a portés à la commettre. [M. de Bouillon, qui s'aperceut bien que j'observois la différence de ce qu'il venoit de proposer et de ce qu'il avoit dit une heure devant, n'oublia rien pour insinuer sans affectation qu'il n'y avoit rien de contraire, quoique la diversité des circonstances y fît paroistre quelque apparence de changement.] Je fis semblant de prendre pour bon tout ce qu'il lui plust de dire [sur ce détail, quoy qu'à dire le vrai, je n'y entendisse rien], et je me contentai d'insister sur le fond en faisant veoir

les inconvénients qui estoient inséparables du délai ; l'agitation du peuple, qui pouvoit à touts les quarts d'heure nous précipiter à ce qui nous deshonnoreroit et nous perdroit ; l'instabilité du parlement, qui recevroit peut-estre dans quatre jour les articles qu'il deschireroit demain si nous le voulions ; la facilité que nous aurions de procurer à toute la chrestienté la paix générale, ayant quatre armées en campagne, dont les trois estoient à nous et indépendantes de l'Espagne ; à quoi j'adjoustai que ceste dernière qualité destruisoit, à mon opinion, ce que M. de Bouillon avoit dit ces jours passés de la crainte qu'il avoit qu'elle ne nous abandonnast, aussitost qu'elle auroit lieu de croire que nous aurions forcé le cardinal Mazarin à desirer sincèrement la paix avec elle. [Je m'estendis beaucoup sur ce point, parce que j'estois asseuré que c'estoit celui là seul et unique qui retiendroit M. de Bouillon], et je conclus mon discours par l'offre que je fis de sacrifier de très-bon cœur la coadjutorerie de Paris au resentiment de la reine et à la passion du cardinal, si l'on vouloit prendre le parti que je proposois. Je l'eusse fait dans la vérité avec beaucoup de joie, pour un aussi grand honneur qu'eust esté celui de pouvoir contribuer en quelque chose à la paix générale. Je ne fus pas fasché, de plus, de faire un peu de honte aux gents touchant les intérêts particuliers, dans une conjoncture où il est vrai qu'ils arrestoient la plus glorieuse, la plus utile et la plus éclatante action du monde. M. de Bouillon combattit mes raisons par toutes celles par lesquelles il les avoit déjà combattues la première fois, et il finit [par ceste protestation qu'il fit à mon opinion, de très-bonne foi] : « Je sçai que
» la déclaration de mon frère peut faire croire
» que j'ai de grandes veues et pour lui, et pour
» pour moi et pour toute ma maison, et je n'i-
» gnore pas que ce que je viens de dire présen-
» tement de la nécessité que je crois qu'il y a
» de laisser advancer devant que nous pre-
» nions un parti définitif, doibt confirmer tout
» le monde dans ceste pensée. Je ne desadvoue
» pas mesme que je ne l'aie, et que je ne sois
» persuadé qu'il m'est permis de l'avoir ; mais
» je consens que vous me publies touts pour le
» plus lache [et le plus scélérat] de toutes les
» hommes, si je m'accommode jamais avec la
» cour, [en quelque considération que nous nous
» puissions trouver, mon frère et moi], que vous
» ne m'ayes tout dit que vous estes satisfaits ;
» et je prie M. le coadjuteur, [qui ayant tous-
» jours protesté qu'il ne veut rien en son
» particulier, sera tousjours un tesmoing fort
» irréprochable], de me deshonnorer si je
» ne demeure fidèlement dans ceste parole. »

Ceste déclaration ne nuisit pas à faire recevoir de toute la compagnie l'advis de M. de Bouillon, que vous aves veu ci-dessus dans la response qu'il fit au mien, et il agréa à tout le monde avec d'autant plus de facilité, qu'en laissant le mien pour la ressource, il laissoit la porte ouverte aux négotiations que chacun avoit ou espéroit en sa manière.) La source (la plus commune des imprudences est la veue que l'on a de la possibilité des ressources. J'eusse bien emporté, si j'eusse voulu, M. de Beaufort et M. le mareschal de La Mothe : mais comme la considération de l'armée de M. de Turenne et celle de la confiance)absolue(que les Espagnols avoient en M. de Bouillon, faisoient qu'il y eust eu de la folie à se figurer seulement que l'on peust faire quelque chose de considérable)malgré lui (, je pris le parti de me rendre avec respect et à l'autorité de M. prince de Conti, et à la pluralité des voix; et l'on résolut très-prudemment, à mon advis au moins sur ce dernier point, que l'on ne s'expliqueroit point du détail le lendemain au matin au parlement, et que M. le prince de Conti y diroit seulement en général, que le bruit commun portant que la paix avoit esté signée à Ruel, il avoit résolu de députer, pour ses intérest et pour ceux de messieurs les généraux. M. de Bouillon jugea qu'il seroit à propos de parler ainsi, pour ne pas tesmoigner au parlement que l'on feust contraire à la paix en général, et pour se donner à soi-mesme plus de lieu de trouver à redire aux articles en détail; que l'on satisferoit le peuple par le dernier, que l'on contenteroit par le premier le parlement, dont la pente estoit à l'accommodement, mesme dans les temps où il n'en aprouvoit pas les conditions ; et qu'ainsi nous mitonnerions les choses (ce fut son mot), jusques à ce que nous vissions le moment propre à les décider. Il se tourna vers moi en finissant, pour me demander si je n'estois pas de ce sentiment. « Il ne se
» peut rien de mieux (lui respondis-je), sup-
» posé ce que vous faites ; mais je crois tous-
» jours qu'il se pourroit quelque chose de mieux
» que ce que vous faites. — Non (reprist M. de
» Bouillon), vous ne pouves estre de cest advis,
» supposé que mon frère puisse estre dans trois
» sepmaines à nous. — Il ne sert de rien de dis-
» puter (lui repliquai-je), il y a arrest ; mais il
» n'y a que Dieu qui nous puisse asseurer qu'il y
» soit de sa vie. » Je dis ce mot si à l'adventure, que je fis mesme réflexion un moment après sur quoi je l'avois dit, parce qu'il est vrai qu'il n'y avoit rien qui parut plus certain que la marche de M. de Turenne. Je ne laissais pas d'en avoir

tousjours quelque sorte de doubte dans l'esprit, [ou par un préssentiment que je n'ai toutefois jamais cogneu qu'en ceste occasion, ou par l'apréhension vive et continuelle que j'avois, de nous veoir manquer la seule chose par laquelle nous pouvions engager et fixer le parlement]. Nous sortismes à trois heures après minuit de cheux M. de Bouillon où nous estions entrés à onse, un moment après que j'eus receu la première nouvelle de la paix, qui ne fut signée qu'à 9 heures à Ruel.

Le lendemain qui fut le 12, M. le prince de Conti dit au parlement, en douze ou quinse paroles, ce qui avoit esté résolu cheux M. de Bouillon. M. d'Elbeuf le paraphrasa, et M. de Beaufort et moi, qui affectasmes de ne nous expliquer de rien, trouvasmes, [à ce que les femmes nous crièrent des boutiques et dans les rues], que ce que j'avois prédit du mouvement du peuple n'estoit que trop bien fondé. Miron, que j'avois prié d'estre alerte eut peine à le contenir dans la rue Saint-Honnoré, à l'entrée des députés, et me repentis plus d'une fois, d'avoir jeté dans le monde, comme j'avois fait dès le matin, et les plus odieux des articles et la circonstance de la signature du cardinal Mazarin. Vous aves veu ci-dessus la raison pour laquelle nous avions jugé à propos de les faire sçavoir, mais il fault advouer que la guerre civile est une de ces maladies compliquées, dans lesquelles le remède que vous destines pour la guérison d'un simptosme en aigrit quelquefois trois et quatre autres.

Le 13, les députés de Ruel estant entrés au parlement, qui estoit extrêmement esmeu, M. d'Elbeuf desesperé d'un paquet qu'il avoit receu à onse heures du soir de Saint-Germain la veille, [à ce que le chevalier de Fruges me dit depuis], leur demanda fort brusquement, contre ce qui avoit esté arresté cheux M. de Bouillon, s'ils avoient traité de quelques intérest des généraux? Et le premier président ayant voulu respondre par la lecture du procès-verbal de ce qui s'estoit passé à Ruel, il fut presque accablé par un bruit confus, mais uniforme de toute la compagnie, qui s'escrioit qu'il n'y avoit point de paix ; que le pouvoir des députés avoit esté révoqué ; qu'ils avoient abandonné lachement et les généraux et touts ceux auxquels la compagnie avoit accordé arrest d'union. M. le prince de Conti dit asses doucement qu'il avoit beaucoup de lieu de s'estonner que l'on eust conclu sans lui, sans messieurs les généraux : à quoi M. le premier président ayant reparti qu'ils avoient tousjours protesté qu'ils n'avoient jamais d'autres intérest que ceux de sa compagnie, et que de plus il n'avoit tenu qu'à eux d'y députer, M. de Bouillon, qui recommencea de ce jour-là à sortir de son logis, [parce que sa goutte l'avoit quitté], dit que le cardinal Mazarin demeurant premier ministre, il demandoit pour toute grace au parlement de lui obtenir un passeport pour pouvoir sortir en seureté du royaume. Le premier président lui respondit que l'on avoit eu soing de ses intérest ; qu'il avoit insisté de lui-mesme sur la récompense de Sedan, et qu'il en auroit satisfaction : et M. de Bouillon lui ayant tesmoigné et que ces discours n'estoient qu'en l'air, et de plus qu'il ne se separeroit jamais des autres généraux, le bruit recommancea avec une telle fureur que M. le président de Mesme, que l'on chargeoit d'opprobres, particulièrement sur la signature du Mazarin, en fust espouvanté, et au point qu'il trembloit comme la feuille. MM. de Beaufort et de La Mothe s'eschauffèrent par le grand bruit [nonobstant toutes nos premières résolutions], et le premier dit en mettant la main sur la garde de son espée : « Vous aves beau » faire, messieurs les députés, celle-ci ne tran- » chera jamais pour le Mazarin. » Vous voyes si j'avois raison quand je disois cheux M. de Bouillon, que dans le mouvement où seroient les esprits au retour des députés, nous ne pourrions pas respondre d'un quart d'heure à l'autre. Je debvois adjouster que nous ne pourrions pas respondre de nous-mesme.

Comme le président Le Coigneux commenceoit à proposer que le parlement renvoyast les députés pour traiter des intérest de messieurs les généraux, et pour faire réformer les articles qui ne plaisoient pas à la compagnie, [ce que M. de Bouillon lui avoit inspiré, la veille à onse heures du soir], l'on entendit un fort grand bruit dans la salle du Palais qui fit peur à *maistre Gonin* (1); et qui l'obligea de se taire ; le président de Bellièvre [qui estoit ce qui avoit esté résolu cheux M. de Bouillon], ayant voulu appuyer la proposition du Coigneux, fut interrompu par un second bruit encore plus grand que le premier. L'huissier qui estoit à la porte de la grande chambre, entra et dit avec une voix tremblante, que le peuple demandoit M. de Beaufort. Il sortit ; il harangua de sa manière la populace, et il l'apaisa pour un moment. Le fracas recommencea aussitost qu'il fut rentré ; et le président de Novion [qui estoit bienvoulu pour s'estre signalé dans les premières assemblées des chambres, contre la personne du Mazarin], estant sorti hors du

---

(1) Le président Le Coigneux, connu alors par ce sobriquet. (Voyez ci-dessus, page 110.) (A. E.)

parquet des huissiers pour veoir ce que c'estoit, y trouva un certain du Boisle, méchant advocat, et si peu cogneu que je ne l'avois ouï nommer, qui, à la teste d'un nombre infini de peuple, dont la plus grande partie avoit le poignart à la main, lui dit qu'il vouloit que l'on lui donnast les articles de la paix pour faire brusler par la main d'un bourreau, dans la Grève, la signature du Mazarin; que si les députés avoient signé ceste paix de leur bon gré, il les falloit pendre; que si l'on les y avoit forcés à Ruel, il la falloit désabvouer. Le président de Novion, fort embarassé, comme vous pouves juger, représenta à du Boisle que l'on ne pouvoit brusler la signature du cardinal sans brusler celle de M. le duc d'Orléans; mais que l'on estoit sur le point de renvoyer les députés, pour faire réformer les articles [à la satisfaction du public]. L'on n'entendoit cependant dans la salle, dans les galeries et dans la cour du Palais, que des voix confuses et effroyables : Point de paix! et point de Mazarin! Il fault aller à Saint-Germain querir nostre bon roi; il fault jeter dans la rivière touts les Mazarins. [Vous m'aves quelquefois ouï parler de l'intrépidité du premier président; elle ne parut jamais plus complette ni plus achevée qu'en ce rencontre.] Il se voioit l'objet de la fureur [et de l'exécration du peuple, il le voyoit armé ou plustot hérisse de toutes sortes d'armes, en résolution de l'assassiner ; il estoit persuadé que M. de Beaufort et moi, avions esmeu la sédition avec la mesme intention. Je l'observai et je l'admirai]. Je ne lui vis jamais un mouvement dans le visage, je ne dis pas qui marquat de la frayeur, mais je dis qu'il ne marquast une fermeté inesbranlable, et une présence d'esprit presque surnaturelle, qui est encore quelque chose de plus grand que la fermeté, [quoiqu'elle en soit au moins en partie l'effet. Elle fut au point] qu'il prit les voix, avec la mesme liberté d'esprit qu'il avoit dans les audiences ordinaires, et qu'il prononcea du mesme ton et du mesme air l'arrest formé sur la proposition de M. Le Coigneux et de Bellièvre, qui portoit que les députés retourneroient à Ruel, pour y traiter des prétentions et des intérest de messieurs les généraux, et de touts les autres qui estoient joints au parti, et pour obtenir que M. le cardinal Mazarin ne signast point dans le traité qui se feroit tant sur ce chef que sur les autres qui se pourroient remettre en négotiation.

Ceste délibération asses informe, ne s'expliqua pas pour ce jour-là plus distinctement, et parce qu'il estoit plus de cinq heures du soir quand elle fut achevée, quoique l'on fust au Palais dès les sept heures du matin, et parce que le peuple estoit si animé, que l'on apréhenda, et avec fondement, qu'il ne forceast les portes de la grande chambre : l'on proposait mesme à M. le premier président de sortir par les greffes, par lesquels il se pourroit retirer en son logis sans estre veu ; à quoi il respondit ces propres mots : « La » cour ne se cache jamais. Si j'estois asseuré de » périr, je ne commettrois pas ceste lâcheté, » qui de plus ne serviroit qu'à donner de la » hardiesse aux séditieux. Ils me trouveroient ». bien dans ma maison , s'ils croyoient que je » les eusse apréhendé ici. » Comme je le priois de ne se point exposer au moins que je n'eusse fait mes efforts pour adoucir le peuple, il se tourna vers moi d'un air moqueur, et il me dit ceste mémorable parole que je vous ai racontée plus d'une fois : « Ha! mon bon seigneur, dites » le bon mot. » Je vous confesse que, quoiqu'il me tesmoignast asses par là qu'il me croyoit l'auteur de la sédition, en quoi il me faisoit une horrible injustice, je ne me sentis touché d'aucun mouvement que de celui qui me fit admirer l'intrépidité de cest homme, que je laissai entre les mains de Caumartin, afin qu'il le retînt jusques à ce que je revinsse à lui. Je priai M. de Beaufort de demeurer à la porte du parquet des huissiers, pour empêcher le peuple d'entrer et le parlement de sortir. Je fis le tour par la buvette, et quand je fus dans la grande salle, je montai sur un banc de procureur; et ayant fait un signe de la main, tout le monde cria silence pour m'escouter. Je dis tout ce que je m'imaginai estre le plus propre à calmer la sédition ; et du Boisle s'advanceant, et me demandant avec audace si je respondois que l'on ne tiendroit pas la paix qui avoit esté signée à Ruel, je lui respondis que j'en estois très-asseuré, pourveu que l'on ne fist point d'émotion, laquelle continuant [seroit capable] d'obliger les gents les mieux intentionnés pour le parti à chercher toutes les voies d'éviter de pareils inconvéniens. Il me falut jouer en un quart d'heure trente personnages touts différens. Je menassai, je caressai, je commandai, je suppliai ; enfin comme je creus me pouvoir au moins asseurer de quelques instants, je revins dans la grande chambre, où je pris M. le premier président que je le mis devant moi en l'embrassant; M. de Beaufort en usa de la mesme manière avec M. le président de Mesme, et nous sortismes ainsi avec le parlement en corps, les huissiers à la teste. Le peuple fit de grandes clameurs ; nous entendismes mesme quelques voix qui crioient : république! mais l'on n'attenta rien [et ainsi finit l'histoire]. M. de Bouillon, qui courut en ceste journée plus de périls que personne, ayant esté couché en joue par un misérable de la lie du peuple qui s'estoit imaginé qu'il estoit Mazarin, (me dit l'après-disnée que je ne pouvois pas dire doresnavant qu'il n'eust au moins bien jugé pour ceste fois du parlement, et que je voyois bien que nous aurions tout le temps d'attendre M. de Turenne. Et je lui respondis : qu'il attendist lui-mesme à juger du parlement, parce que je ne doubtois point que le péril où il s'estoit veu le matin n'aidast encore beaucoup à la pente qu'il avoit déjà très-naturelle à l'accommodement.

[Il y parut dès le lendemain qui fut] le 14, car l'on arresta, après de grandes contestations, (à la vérité, qui durèrent jusques à trois heures après midi), l'on arresta, dis-je, que l'on feroit le lendemain au matin lecture de ce mesme procès-verbal de la conférence de Ruel, et de ces mesmes articles dont l'on n'avoit pas seulement voulu entendre parler la veille.

Le 15, ce procès-verbal et ces articles furent leus, ce qui ne se passa pas sans beaucoup de chaleur, (mais beaucoup moindre toutefois que celle des deux premiers jours). L'on arresta enfin, après une infinité de paroles, de picoteries qui furent dites de part et d'autre, de concevoir l'arrest en ces termes :

« La cour a accepté l'accommodement et le
» traité, et a ordonné que les députés du parle-
» ment retourneront à Saint-Germain, pour
» faire instance et obtenir la réformation de
» quelques articles; savoir, de celui d'aller tenir
» un lit de justice à Saint-Germain : de celui
» qui défend l'assemblée des chambres, que sa
» majesté sera très-humblement suppliée de per-
» mettre en certain cas; de celui qui permet les
» prests, qui est le plus dangereux pour le public,
» à cause des conséquences; et les députés y
» traiteront aussi des intérests de messieurs les
» généraux et de touts ceux qui se sont déclarés
» pour le parti, conjointement avec ceux qu'il
» leur plaira de nommer pour aller traiter par-
» ticulièrement en leur nom (1). »

Le 16, comme on lisait cest arrest, Machaut (2), conseiller, remarqua qu'au lieu de mettre *faire instance et obtenir*, l'on y avoit escrit *faire instance d'obtenir*, et il soubstint que le sentiment de la compagnie avoit esté que les députés fissent *instance et obstinent*, et non pas (seulement) qu'ils fissent instance d'obtenir. Le premier président et le président de Mesme opiniastrèrent le contraire; la chaleur fut grande dans les esprits, et comme l'on estoit sur le point de délibérer, Saintot (3), lieutenant des cérémonies, (demanda à parler au premier président en particulier), et lui rendit une lettre de M. Le Tellier, qui lui tesmoignoit la satisfaction que le roi avoit de l'arresté du jour précédent; et qui lui envoyoit des passeports pour les députés des généraux. Ceste petite pluie, qui parut douce, abattit le grant vent qui s'estoit élevé dans le commencement de l'assemblée. L'on ne parla plus de la question. (L'on ne se ressouvint plus seulement qu'il y eut différence entre faire instance et obtenir et faire instance d'obtenir). Miron, conseiller et député du parlement de Rouen, qui, dès le 13, s'estoit plaint en forme au parlement de ce que l'on avoit fait la paix sans appeler sa compagnie, et qui y revint encore le 16, fut à peine escouté; et le premier président lui dit simplement, que s'il avoit les mémoires concernant les intérest de son corps, il pouvoit aller à la conférence. On se loua ensuite, et les députés partirent dès l'après-disnée pour se rendre à Ruel.

Vous les y retrouveres après que je vous aurai rendu compte de ce qui se passa à l'Hostel-de-Ville le soir de ce mesme 16. (Je crois mesme que pour vous faire bien entendre le motif de ce qui y fut résolu, il est nécessaire de vous expliquer, comme par préalable, un détail qui est curieux par sa bizarrerie, et qui est de la nature de ces sortes de choses, qui ne tombent dans l'imagination que par la pratique). Le bruit qu'il y eut dans le palais le 13, obligea le parlement à faire garder les portes du Palais par les compagnies des colonelles de la ville, qui estoient encore plus animés contre la paix Mazarine (c'est ainsi qu'ils l'appeloient) que la canaille, mais que l'on ne redoubtoit pourtant pas si fort, parce que l'on sçavoit qu'au moins les bourgeois, dont elles estoient composées, ne vouloient pas le pillage. Celles que l'on establit ces trois jours-là à la garde du Palais, furent choisies du voisinage, comme les plus intéressées à l'empescher, et il se trouva qu'elles estoient en effet très-dépendantes de moi,

---

(1) Une trève fut accordée aussitôt que les articles du traité eurent été signés à Ruel. Cette trève, mal observée de part et d'autre, fut le sujet des récriminations continuelles de la cour et du parlement, toutes les fois qu'il fallut la prolonger.

(2) De Machaut, conseiller de la première chambre des enquêtes, a grand sens, s'appliquant tout-à-fait au mestier, fort ferme, a de la réputation et du crédit dans sa chambre, et ses opinions y sont très-considérables; est quelquefois emporté, quelques-uns le croyent intéressé. (Portrait du parlement; Manuscrits de la Bibliothèque du roi.)

(3) Nicolas de Saintot, conseiller du roi en ses conseils, premier maréchal-des-logis de Monsieur duc d'Orléans, et maître des cérémonies de France; mort en janvier 1655.

parce que je les avois tousjours mesnagées avec un soing très-particulier, comme estant fort proches de l'archevesché, et qu'elles estoient en apparence attachées à M. de Champlastreux, fils de M. le premier président, parce qu'il estoit leur colonel. Ce rencontre m'estoit très-fascheux, (parce que le pouvoir que l'on sçavoit que j'y avois) faisoit que l'on avoit lieu de m'attribuer le désordre dont elles menaçoient quelquefois, et que l'autorité que M. de Champlastreux y eust due avoir par sa charge, lui pouvoit donner par l'événement, l'honneur du mal qu'elles empéchoient tousjours. Cest embarras est rare et cruel, et c'est peut-estre un des plus grands où je me sois trouvé de ma vie. Ces gardes si bien choisies furent dix fois sur le point de faire des insultes au parlement, et ils en firent d'asses fascheuses à des conseillers et à des présidents en particulier : jusqu'au point d'avoir mené le président de Thoré sur le quai, proche de l'horloge, pour le jeter dans la rivière. Je ne dormis ni nuit ni jour tout ce temps-là, pour empécher le désordre. Le premier président et ses adhérents, prirent une telle audace de ce qu'il n'en arrivoit point, qu'ils en prirent mesme advantage contre nous-mesme et qu'ils pilèrent, pour ainsi parler, les généraux et par des pleintes et par des reproches, dans des moments où, si les généraux eussent reparti asses hault pour se faire entendre du peuple, le peuple eust infailliblement deschiré malgré eux le parlement. Le président de Mesme les picota sur ce que les troupes n'avoient pas agi avec asses de vigueur : et Payen, conseiller de la grande chambre, dit sur le mesme subjet des impertinences ridicules à M. de Bouillon, qui (par la crainte de jeter les choses dans la confusion), les souffrit avec une modération merveilleuse : mais elle ne l'empescha pas d'y faire une sérieuse et profonde réflexion, et de me dire, au sorti du Palais, que j'en connoissois mieux le terrain que lui; de venir le soir à l'Hostel-de-Ville, et de faire à M. le prince de Conti et aux autres généraux, le discours dont voici la substance.

« J'advoue que je n'eusse jamais creu ce que
» je vois du parlement. Il ne veult point, le 13,
» ouïr seulement nommer la paix de Ruel, et il
» la reçoit le 15, à quelques articles près. Ce
» n'est pas tout ; il fait partir le 16, sans limiter
» ni régler leur pouvoir, ces mesmes députés
» qui ont signé la paix (non pas seulement sans
» pouvoir), mais contre ses ordres. Ce n'est pas
» asses, il nous charge de reproches et d'oppro-
» bres, parce que nous prenons la liberté de nous
» pleindre de ce qu'il traite sans nous, et de ce
» qu'il abandonne M. de Longueville et M. de
» Turenne. C'est peu : il ne tient qu'à nous de
» les laisser estrangler ; il fault qu'au hasart de
» de nos vies, nous sauvions la leur, et je con-
» viens que la bonne conduite le veult. Ce n'est
» pas, monsieur, (dit-il en se tournant vers
» moi) pour blasmer ce que vous aves tousjours
» dit sur ce subjet, au contraire, c'est pour con-
» damner ce que je vous y ai tousjours respondu.
» Je conviens, monsieur, (en s'adressant à M. le
» prince de Conti) qu'il n'y a qu'à périr avec
» ceste compagnie, si on la laisse en l'estat où
» elle est. Je me rends, (en tout et pour tout)
» à l'advis que M. le coadjuteur ouvrit derniè-
» rement cheux moi, et je suis persuadé que si
» Vostre Altesse diffère à le prendre et à l'exé-
» cuter, nous aurons dans deux jours une paix
» plus honteuse et moins seure que la pre-
» mière. »

Comme la cour, qui avoit de moment à autre des nouvelles de toutes les desmarches du parlement, ne doubtoit presque plus qu'il ne se rendist bientost, et que par ceste raison elle se réfroidissoit beaucoup à l'esgard des négotiations particulières, le discours de M. de Bouillon les trouva dans une disposition asses propre à prendre feu. Ils entrèrent sans peine dans son sentiment, et l'on n'agita plus que la manière. (Je ne la répéterai point ici, parce que je l'ai déjà expliquée très-amplement dans la proposition que j'en fis cheux M. de Bouillon). L'on convint de tout ; et il fut résolu que dès le lendemain à trois heures, l'on se trouveroit cheux M. de Bouillon, où l'on seroit plus en repos qu'à l'Hostel-de-Ville, pour y concerter la forme dont nous porterions la chose au parlement. Je me chargai d'en conférer dès le soir avec le président de Bellièvre, qui avoit tousjours esté, sur cest article, de mon sentiment. Comme nous estions sur le point de nous séparer, M. d'Elbeuf receut un billet de cheux lui, qui portoit que dom Gabriel de Tolède y estoit arrivé. Nous ne doubtasmes pas qu'il n'apportast la vérification du traité que messieurs les généraux avoient signé ; et nous l'allasmes veoir dans le carosse de M. d'Elbeuf, M. de Bouillon et moi. Il apportoit effectivement la ratification de M. l'archiduc, mais il venoit particulièrement pour essayer de renouer le traité pour la paix générale que j'avois proposé. Et comme il estoit de son naturel asses impétueux, il ne se peut empécher de tesmoigner, mesme un peu aigrement, (à M. d'Elbeuf, que j'ai sceu depuis avoir touché de l'argent des envoyés, et asses séchement à M. de Bouillon], que l'on n'estoit pas fort satisfait d'eux à Bruxelles. Il leur fut aisé de le contenter en lui disant que l'on venoit de prendre la résolution de revenir à ce traité, qu'il estoit venu tout à propos pour cela, et que dès le lendemain il en verroit des effets. Il vint souper avec madame de Bouillon, qu'il avoit fort cogneue autrefois lorsqu'elle estoit dame du palais de l'Infante, et il lui dit en confidence, que l'archiduc lui seroit fort obligé, si elle pouvoit faire en sorte que je receusse dix mille pistoles, que le roi d'Espagne l'avoit chargé de me donner de sa part. Madame de Bouillon n'oublia rien pour me le persuader, mais elle n'y réussit pas; et je m'en démeslai avec beaucoup de respect, mais d'une manière qui fit cognoistre aux Espagnols que je ne prendrois pas aisément de leur argent. Ce refus m'a cousté cher depuis, non pas par lui-mesme en ceste occasion, mais par l'habitude qu'il me donna à prendre la mesme condition, dans des conjonctures où il eust esté de bon sens de recevoir ce que l'on m'offroit, quand mesme je l'eusse deu jeter dans la rivière. Ce n'est pas tousjours jeu seur de refuser de plus grands que soi. Comme nous estions en conversation après souper dans le cabinet de madame de Bouillon, Riquemont, dont je vous ai déjà parlé, y entra avec son visage consterné. Il la tira à part, et il ne lui dit qu'un mot à l'aureille. Elle fondit d'abord en pleurs, et en se tournant vers don Gabriel de Tolède et vers moi. « Hélas! » (s'écria-t-elle) nous sommes perdus, [l'armée] » a abandonné M. de Turenne. « Le courrier entra au mesme instant qui nous conta succinctement l'histoire, qui estoit que touts les corps avoient esté gagnés par l'argent de la cour, et que toutes les troupes lui avoient manqué à la réserve de deux ou trois régiments; que M. de Turenne avoit fait beaucoup que de n'estre pas arresté; et qu'il s'estoit retiré, lui cinq ou sixiesme, cheux madame la Landgrave de Hesse (1), sa parente et son amie.

M. de Bouillon fut atterré de ceste nouvelle comme d'un coup de foudre, et j'en fus presque aussi touché que lui. Je ne sçai si je me trompai, mais il me parut que dom Gabriel de Tolède n'en fut pas trop affligé, soit qu'il creust que nous n'en serions que plus dépendants d'Espagne, soit que son humeur, qui estoit fort gaie et enjouée, l'emportast sur l'intérêt du parti. M. de Bouillon, [ne fut pas si fort abattu de ceste nouvelle] qu'il ne pansast, un demi-quart d'heure après l'avoir receue, aux expédients de la réparer; nous envoyasmes chercher le président de Bellièvre, qui venoit de recevoir un billet de M. le mareschal de Villeroy, qui la lui mandoit de Saint-Germain; et ce billet portoit que le premier président et le président de Mesme avoient dit [à un homme de la cour, du nom duquel je ne me ressouviens pas, et qu'ils avoient trouvé sur le chemin de Ruel], que si les affaires ne s'accommodoient, ils ne retourneroient plus à Paris. M. de Bouillon, qui ayant perdu sa principale considération dans la perte de l'armée de M. de Turenne, jugeoit bien que les [vastes] espérances qu'il avoit conceues d'estre l'arbitre du parti n'estoient plus fondées, revint tout d'un coup à sa première disposition de porter les choses à l'extrémité, et il prit subjet de ce billet du mareschal de Villeroy pour nous dire comme naturellement et sans affectation, que nous pouvions juger par ce que le premier président et le président de Mesme avoient dit, que ce que nous avions projeté la veille ne recevroit pas grande difficulté dans son exécution.

Je recognois de bonne foi que je manquai beaucoup, en cest endroit, de la présence d'esprit qui y estoit nécessaire : car au lieu de me tenir couvert devant dom Gabriel de Tolède et de me réserver à m'ouvrir à M. de Bouillon, quand nous serions demeurés le président de Bellièvre et moi seuls avec lui, je lui respondis que les choses estoient bien changées, et que la désertion de l'armée de M. de Turenne, faisoit que ce qui la veille estoit facile dans le parlement, y seroit le lendemain impossible, et mesme ruineux. Je m'estendis sur ceste matière; et ceste imprudence, [de laquelle je ne m'apperceus que quand il ne fut plus temps d'y remédier] me jeta dans des embarras que j'eus bien de la peine à desmesler. Dom Gabriel de Tolède, qui avoit ordre, [à ce que madame de Bouillon m'a dit depuis], de s'ouvrir avec moi, s'en cacha au contraire avec soing, dès qu'il me vit changer sur la nouvelle de M. de Turenne, et il fit parmi les généraux des cabales qui me donnèrent beaucoup de peine. [Je vous expliquerai ce détail, après que je vous aurai rendu compte de la suite de la conversation que nous eusmes ce soir-là cheux M. de Bouillon.]

Comme il se sentoit et qu'il ne se pouvoit pas nier à lui-mesme, que ses délais n'eussent mis les affaires où elles estoient tombées, il coula, dans le commencement d'un discours qu'il adressoit à dom Gabriel, comme pour lui expliquer le passé, il coula, dis-je, que c'estoit au

---

(1) Amélie-Elisabeth, femme de Guillaume, landgrave de Hesse. Elle était cousine-germaine de M. de Turenne, étant petite-fille de Charlotte de Bourbon, femme de Guillaume Ier, prince d'Orange, grand-mère de M. de Turenne. (A. E.)

moins une espèce de bonheur que la nouvelle de la désertion des troupes de M. de Turenne fut arrivée devant que l'on eust exécuté ce que l'on avoit résolu de proposer au parlement; parce que, adjousta-t-il, le parlement, voyant que le fondement sur lequel on l'eust engagé lui eust manqué, auroit tourné tout à coup contre nous : au lieu que nous sommes présentement en estat de fonder de nouveau la proposition; et c'est sur quoi nous avons, ce me semble, à délibérer. Ce raisonnement, [qui estoit très-subtil et très-spécieux], me parut dès l'abord très-faux; parce qu'il supposoit pour certain, qu'il y eust une nouvelle proposition à faire, ce qui estoit toutefois le fond de la question. Je n'ai jamais veu homme qui entendist cette figure, approchant de M. de Bouillon. Il m'avoit souvent dit, que le comte Maurice (1) avoit accoustumé de respondre à Barnevelt (2), à qui il fit depuis trancher la teste, qu'il lui renverseroit la Hollande, en donnant tousjours le change aux estats par la supposition certaine de ce qui faisoit la question. J'en fis ressouvenir, en riant, M. de Bouillon, au moment dont il s'agit, et je lui soubstins qu'il n'y avoit plus rien qui peust empêcher le parlement de faire la paix ; que touts les efforts par lesquels l'on prétendroit l'arrester, l'y précipiteroient, et que j'estois persuadé qu'il falloit délibérer sur ce principe. La contestation s'eschauffant, M. de Bellièvre proposa d'escrire ce qui se diroit de part et d'autres. Voici ce que je lui dictai et que j'avois encore de sa main, cinq ou six jours devant que je feusse arresté. Il en eut quelque scrupule, il me le demanda, je le lui rendis et ce fut un grand bonheur pour lui, car je ne sçai si ceste paperasse, qui eust peu estre prise, ne lui eust point nui, quand l'on le fit premier président. [En voici le contenu.]

« Je vous ai dit plusieurs fois que toute com-
» pagnie est peuple, et que tout par conséquent
» dépend des instants; vous l'avès esprouvé
» peut-estre plus de cent fois depuis deux mois;
» et si vous aviès assisté aux assemblées du par-
» lement, vous l'auriés observé plus de mille.
» Ce que j'y ai remarqué de plus, est que les
» propositions n'y ont qu'une fleur, et que telle
» qui y plaist merveilleusement aujourd'hui, y
» déplaist demain à proportion. Ces raisons
» m'ont obligé jusqu'ici de vous presser de ne
» pas manquer l'occasion de la déclaration de

» M. de Turenne, pour engager le parlement et
» pour l'engager d'une manière qui le peust
» fixer. Rien ne pouvoit produire cest effet, que
» la proposition de la paix générale, [qui est de
» soi-mesme le plus grand et le plus plausible
» de touts les biens], et qui nous donnoit lieu de
» demeurer armés dans le temps de la négotia-
» tion.

» Quoique dom Gabriel ne soit pas françois,
» il sçait asses nos manières, pour ne pas igno-
» rer qu'une proposition de ceste nature, qui va
» à faire faire la paix à son roi malgré tout son
» conseil, demande de grands préalables dans
» un parlement, au moins quand on la veut
» porter jusques à l'effet. Lorsqu'on ne l'avance
» que pour amuser les auditeurs, ou pour don-
» ner un prétexte aux particuliers d'agir avec
» plus de liberté, comme nous le fismes derniè-
» rement, quand dom Joseph de Illescas eut son
» audience du parlement, on la peut hasarder
» plus légèrement, parce que le pis du pis est
» qu'elle ne fasse point son effet : mais quand on
» pense à la faire effectivement réussir, et quand
» mesme l'on s'en veult servir, en attendant
» qu'elle réussisse à fixer une compagnie [que
» rien autre chose ne peut fixer], je mets en fait
» qu'il y a encore plus de perte à la manquer en
» la proposant légèrement, qu'il n'y a d'avantage
» à l'emporter en la proposant à propos. Le seul
» nom et l'armée de Weymar estoit capable
» d'esblouir le premier jour le parlement. Je vous
» le dis; vous eustes vos raisons pour différer
» je les crus bonnes et je m'y suis soubmis. Le
» nom et l'armée de M. de Turenne l'eust en-
» core apparemment emporté il n'y a que trois
» ou quatre jours. Je vous le représentois; vous
» euste vos considérations pour attendre ; je les
» crois justes et je m'y suis rendu. Vous revintes
» hier à mon sentiment et je ne m'en départis
» pas, quoique j'y cogneusse très-bien que la
» proposition dont il s'agissoit, avoit déjà beau-
» coup perdu de sa fleur : mais je creus, comme
» je le crois encore, que nous l'eussion fait
» réussir si l'armée de M. de Turenne ne lui
» eust pas manqué, non pas peut-estre avec au-
» tant de facilité que les premiers jours, mais
» au moins avec la meilleure partie de l'effet qui
» nous estoit nécessaire. Ce n'est plus cela.
» Qu'est-ce que nous avons pour appuyer, dans
» le parlement, la proposition de la paix géné-
» rale? Nos troupes? Vous voyes ce qu'ils vous

(1) Le prince d'Orange, Maurice de Nasseau, capitaine-général et stathouder des sept Provinces-Unies, mort en 1625. C'est lui qui prit pour sa devise : *Tandem fit surculus arbor* : pour dire que la Hollande s'é-

leveroit à l'état de souveraineté, malgré l'Espagne. (A.E.)
(2) Barneveldt, pensionnaire de Hollande, condamné et exécuté en 1619, à l'âge de soixante-seize ans. (A. E.)

» en ont dit eux-mesmes aujourd'hui dans la
» grande chambre. L'armée de M. de Longue-
» ville? Vous sçaves ce que c'est; nous la disons
» de sept mille hommes de pied et de trois mille
» chevaux, et nous ne disons pas vrai de plus
» de moitié; et vous n'ignores pas que nous l'a-
» vons tant promise et que nous l'avons si peu
» tenue, que nous n'en oserions presque plus
» parler. A quoi nous servira donc de faire au
» parlement la proposition de la paix générale,
» qu'à lui faire croire et dire que nous n'en
» parlons que pour rompre la particulière, ce
» qui sera le vrai moyen de la faire désirer à
» ceux qui ne la veulent point. Voilà l'esprit des
» compagnies, et plus de celle-là, au moins à ce
» qui m'en a paru, que toute autre [sans excepter
» celle de l'université. Je tiens pour constant]
» que si nous exécutons ce que nous avions ré-
» solus, nous n'aurons pas quarante voix qui
» aillent à ordonner aux députés de revenir à
» Paris, en cas que la cour refuse ce que nous
» lui proposons; tout le reste n'est que parole
» qui n'engageront à rien le parlement, dont la
» cour sortira aussi par des paroles qui ne lui
» cousteront rien; et tout ce que nous ferons
» sera de faire croire à tout Paris et à tout Saint-
» Germain que nous avons un très-grand et très-
» particulier concert avec Espagne.

[M. de Bouillon, qui sortit du cabinet de madame sa femme, avec elle et avec dom Gabriel, soubs prétexte d'aller escrire ces pensées dans le sien, nous dit, au président de Bellièvre et à moi, lorsque nous eusmes fini nostre escrit, dans lequel le président de Bellièvre avoit mis beucoup du sien: qu'il avoit si grand mal de teste, qu'il avoit esté obligé de quiter la plume à la seconde ligne. La vérité estoit qu'il avoit demeuré en conférence avec dom Gabriel, dont les ordres portoient de se conformer entièrement à ses sentiments. Je le sceus en retournant cheux moi, où je trouvai un valet de chambre de Laigues, qu'il m'envoioit de l'armée d'Espagne qui s'estoit advancée, avec une dépesche de dix-sept pages de chiffres. Il n'y avoit que deux ou trois lignes en lettres ordinaires, qui me marquoient que quoique Fuensaldagne fust bien plus satisfait de l'advis dont j'avois esté, à propos du traité des généraux, que de celui de M. de Bouillon, néanmoins la confiance que l'on avoit à Bruxelles en madame sa femme, faisoit que l'on le croyoit plus que moi. Je vous rendrai compte de la grande dépesche en chiffre, après que j'aurai achevé ce qui se passa cheux M. de Bouillon.]

M. le président de Bellièvre ayant lu nostre escrit en présence de M. et de madame de Bouillon, et de M. de Brissac, qui revenoit du camp, nous nous apperceusmes en moins de rien que dom Gabriel de Tolède, qui y estoit aussi présent, n'avoit pas plus de cognoissance de nos affaires, que nous en pouvions avoir de celles de Tartarie. De l'esprit, de l'agrément, de l'enjouement, peut-estre mesme de la capacité, [qui avoit au moins paru en quelque chose dont il se mesla, à l'esgard de feu M. le comte], mais je n'ai guère veu d'ignorance plus crasse au moins par rapport aux matières dont il s'agissoit. C'est une grande faulte que d'envoyer de tels négotiateurs. [J'ai observé qu'elle est commune.] Il nous parut que M. de Bouillon ne contesta nostre escrit qu'autant qu'il fut nécessaire pour faire veoir à dom Gabriel qu'il n'estoit pas de nostre advis, « dont je ne suis pas en effet,
» (me dit-il à l'aureille), [mais dont il m'est
» important que cest homme ici me croye pas] et
» (adjousta-t-il un moment après) je vous en di-
» rai demain la raison. »

Il estoit deux heures après minuit sonnées, quand je retournai cheux moi, et je trouvai, pour rafraichissement, la lettre de Laigues dont je vous ai parlé; je passai le reste de la nuit à la déchiffrer, et je n'y rencontrai pas une syllabe qui ne me donnast une mortelle douleur. La lettre estoit escrite de la main de Laigues, mais elle estoit en commun de Noirmoustier et de lui, et la subtance de ces dix-sept pages estoit que nous avions eu touts les torts du monde de souhaiter que les Espagnols ne s'advançassent pas dans le royaume: que touts les peuples estoient si animés contre le Mazarin, et si bien intentionnés pour la défense de Paris, qu'ils venoient de toutes parts au devant d'eux; que nous ne debvions point apréhender que leur marche nous fissent tort dans le public; que M. l'archiduc estoit un saint, qui mourroit plustost de mille morts, que de prendre des advantages desquels l'on ne seroit point convenu; que M. de Fuensaldagne estoit un homme net, de qui, dans le fond, il n'y avoit rien à craindre. La conclusion estoit que le gros de l'armée d'Espagne seroit tel jour à Vadencourt, l'avant-garde tel jour à Pont-à-Ver; qu'elle y séjourneroit quelques autres jours, [car je ne me ressouviens pas précisément du nombre], après quoi l'archiduc faisoit estat de se venir poster à Dammartin; que le comte de Fuensaldagne leur avoit donné des raisons [si pressantes] et si solides de ceste marche, qu'ils ne s'estoient pas peu défendre d'y donner les mains et mesme de l'approuver; qu'il les avoit priés de m'en donner part en mon particulier, et de m'asseurer qu'il ne feroit jamais rien que de concert avec moi. Il n'estoit plus heure de se coucher quand j'eus deschiffré ceste lettre; mais quand mesme j'eusse esté dans le lit, je n'y eusse pas asseurément reposé, dans la cruelle agitation qu'elle me donna, et ceste agitation aigrie par toutes les circonstances qui la pouvoient envenimer. Je voyois le parlement plus esloigné que jamais de s'engager dans la guerre, à cause de la désertion de l'armée de M. de Turenne; je voyois les députés à Ruel beaucoup plus hardis que la première fois, par le succès de leur prévarication. Je voyois le peuple de Paris aussi disposé à faire entrée à l'archiduc, qu'il l'eust peu estre à recevoir M. le duc d'Orléans. Je voyois que ce prince, avec son chapelet qu'il avoit tousjours à la main, et que Fuensaldagne, avec son argent, y auroient en huit jours plus de pouvoirs que nous touts que nous estions. Je voyois que le dernier, qui estoit un des plus habiles hommes du monde, avoit tellement mis la main sur Noirmoustier et sur Laigues, qu'il les avoit comme enchantés. Je voyois que M. de Bouillon, [qui venoit de perdre la considération de l'armée d'Allemagne], retomboit dans ses premières propositions de porter toutes les choses à l'extrémité. Je voyois que la cour, qui se croyoit asseurée du parlement, y précipitoit nos généraux, par le mespris qu'elle recommençoit d'en faire, [depuis les deux dernières délibérations du Palais]. Je voyois que toutes ces dispositions nous conduisoient [naturellement et infailliblement] à une sédition populaire qui estrangleroit le parlement, qui mettroit les Espagnols dans le Louvre, qui renverseroit peut-estre [et mesme apparemment], l'estat, et je voyois sur le tout, que le crédit que j'avois dans le peuple, et par moi et par M. de Beaufort, et les noms de Noirmoustier et de Laigues, qui avoient mon caractère, me donneroient, [sans que je n'en peusse défendre], le triste et funeste honneur de ces fameux exploits, dans lesquels le premier soin du comte de Fuensaldagne seroit de m'anéantir moi-mesme.

[Vous voyes asses, par toutes ces circonstances, l'ambaras où je me trouvois, et ce qui en stoit encore de plus fascheux, est que je n'avois resque personne à qui je m'en peusse ouvrir, ue le président de Bellièvre, homme de bon ens, mais qui n'estoit ferme que jusques à un ertain point; et il n'y a que l'expérience qui uisse faire concevoir les esgards qu'il fault observer avec les gents de ce caractère. Il n'y a ut estre rien de plus embarrassant, et je ne geai pas qu'il fust à propos par ceste raison, e je me descouvrisse tout à fait à lui de ma ine, qu'il ne voyoit pas par lui-mesme dans toute son estendue.] Je fus tout le matin dans ces pensées, et je me résolus de les aller communiquer à mon père, qui estoit retiré depuis plus de vingt ans dans l'Oratoire, et qui n'avoit jamais voulu entendre parler de toutes mes intrigues. Il me vint une pensée entre la porte Saint-Jacques et Saint-Magloire, qui fut de contribuer soubs main de tout ce qui seroit en moi à la paix pour [sauver] l'estat, qui me paroissoit sur le penchant de sa ruine, et de m'y opposer en apparence pour me maintenir avec le peuple, et pour demeurer tousjours à la teste d'un parti non armé, que je pourrois armer ou ne pas armer dans les suites, selon les occasions. Ceste imagination, quoique non digérée, tomba d'abord dans l'esprit de mon père, qui estoit naturellement fort modéré, ce qui commencea à me faire croire qu'elle n'estoit pas si extrême qu'elle me l'avoit paru d'abord. Après l'avoir discutée, elle ne nous parut pas mesme si hazardeuse à beaucoup près, et je me ressouvins de ce que j'avois observé quelque fois, que tout ce qui paroit hazardeux et ne l'est pas, est presque tousjours sage. Ce qui me confirma encore dans mon opinion, fut que mon père, qui avoit receu deux jours auparavant beaucoup d'offres advantageuses pour moi du costé de la cour, par la voix de M. de Liancour qui estoit à Saint-Germain, convenoit que je n'y pouvois trouver aucune seureté. Nous dégrossasmes nostre proposition, nous la revêtismes de ce qui lui pouvoit donner et de la couleur et de la force, et je me résolus de prendre ce parti, et de l'inspirer, s'il m'estoit possible, dès l'après-dinée, à MM. de Bouillon, de Beaufort et de La Mothe Houdancourt, [avec lesquels nous faisions estat de nous assembler.

M. de Bouillon, qui vouloit laisser le temps aux envoyés d'Espagne de gagner messieurs les généraux, s'en excusa sur je ne sçai quel prétexte], et remit l'assemblée au lendemain. Je confesse que je ne me doubtai point de son dessein et que je ne m'en apperçeus que le soir, où je trouvai M. de Beaufort très-persuadé que nous n'avions plus rien à faire qu'à fermer les portes de Paris aux députés de Ruel, qu'à chasle parlement, qu'à se rendre maistre de l'Hostel-de-ville, et qu'à faire advancer l'armée d'Espagne dans nos fauxbourgs.

Comme le président de Bellièvre me venoit d'avertir que madame de Montbazon lui avoit parlé dans les mesmes termes, je me le tins pour dit, et je commençai là à recognoistre la sotise que j'avois faite, de m'ouvrir au point que je m'estois ouvert en présence de don Gabriel de Tolède, cheux M. de Bouillon. J'ai sceu

10.

depuis, par lui-mesme, qu'il avoit esté quatre ou cinq heures la nuit suivante cheux madame de Montbazon, à qui il avoit promis vingt mille escus comptant et une pension de six mille, en cas qu'elle portast M. de Beaufort à ce que M. l'archiduc désiroit de lui. Il n'oublia pas les autres. Il eut à bon marché M. d'Elbeuf; il donna des lueurs au mareschal de La Mothe, de lui faire trouver des accommodements touchant le duché de Cardonne. Enfin, je cogneus le jour que nous nous assemblasmes, M. de Beaufort, M. de Bouillon, le mareschal de la Mothe et moi, que le catholicon (1) d'Espagne n'avoit pas esté espargné dans les drogues qui se débitèrent dans ceste conversation. Tout le monde m'y parut persuadé que la désertion des troupes de M. de Turenne ne nous laissoit plus de choix pour les partis qu'il y avoit à prendre, et que l'unique estoit de se rendre, par le moyen du peuple, maistre du parlement et de l'Hostel-de-Ville. Je suis très-persuadé que je vous ennuierois, si je rebatois ici les raisons que j'alléguai contre ce sentiment, [parce que ce furent les mesmes que je vous ai déjà, ce me semble, exposées plus d'une fois]. M. de Bouillon qui, ayant perdu l'armée d'Allemagne, et ne se voyant plus par conséquent asses de considération pour tirer de grands avantages du costé de la cour, ne craignoit plus de s'engager pleinement avec Espagne, ne voulut point concevoir ce que je disois. Mais j'emportai MM. de Beaufort et de La Mothe, auxquels je fis comprendre [asses aisément] qu'ils ne trouveroient pas une bonne place dans un parti qui seroit réduit dans quinze jours à dépendre en tout et pour tout du conseil d'Espagne. Le mareschal de La Mothe n'eut aucune peine à se rendre à mon sentiment; mais comme il sçavoit que dom Francisco Pizarro estoit parti la veille pour aller trouver M. de Longueville, avec lequel il estoit intimement lié, il ne s'expliquoit pas tout à fait décisivement. M. de Beaufort ne balança point, quoique je recogneusse à mille choses qu'il avoit esté bien catéchisé par madame de Montbazon, dont je remarquai de certaines expressions toutes copiées. M. de Bouillon [très-embarassé], me dit avec émotion : « Mais si nous » eussions engagé le parlement comme vous le » voulies dernièrement et que l'armée d'Alle- » magne nous eust manqué comme elle a fait, » [et comme cest engagement du parlement ne » l'en eust pas empesché], n'aurions-nous pas » esté dans le mesme estat où nous sommes ? » Et vous faisies pourtant vostre compte en ce » cas, de soubstenir la guerre avec nos troupes, » avec celles de M. de Longueville, avec celles » qui se font présentement pour nous dans tou- » tes les provinces du royaume.—Adjoustes, s'il » vous plaist, monsieur, (lui respondis-je), » avec le parlement de Paris déclaré et engagé » pour la paix générale, car ce mesme parle- » ment qui ne s'engagera pas sans M. de Turenne » [tiendroit fort bien sans M. de Turenne], s'il » avoit une fois esté engagé, et il eust esté aussi » judicieux [en ce temps-là], de fonder sur lui, » qu'il l'est à mon advis à ceste heure de n'y » rien compter. Les compagnies vont tousjours » devant elles, quand elles ont esté jusqu'à un » certain point; et leur retour n'est point à » craindre quand elles sont fixées. La proposi- » tion de la paix générale, l'eust fait à mon » opinion, dans le moment de la déclaration » de M. de Turenne; nous avons manqué ce » moment, je suis convaincu qu'il n'y a plus » rien à faire de ce costé-là, et je crois mesme, » monsieur, [dis-je en m'adressant à M. de » Bouillon], que vous en estes persuadé comme » moi. La seule différence est [au moins à mon » sens], que vous croyes que nous pouvons soubs- » tenir l'affaire par le peuple, et que je crois » que nous le devons pas; c'est la vieille ques- » tion qui a esté déjà agitée plusieurs fois. »

M. de Bouillon, qui ne voulut point la remettre sur le tapis parce qu'il avoit recogneu de bonne foi [avec moi], en deux ou trois occasions, que mes sentiments estoient raisonnables sur ce chef, tourna tout court, et il me dit : « Ne con- » testons point. Supposé qu'il ne se faille point » servir du peuple dans ceste conjoncture, » que faut-il faire? quel est vostre advis? — Il est » bizare et extraordinaire, lui repliquai-je ; le » voici : [je vous le vais expliquer en peu de » paroles, et je commencerai par ses fonde- » ments.] Nous ne pouvons empescher la paix » sans ruiner le parlement par le peuple; nous ne » sçaurions soubstenir la guerre par le peuple » sans nous mettre dans la dépendance de l'Espa- » gne; nous ne sçaurions avoir la paix avec Saint- » Germain, que nous ne consentions à voir le car- » dinal Mazarin dans le ministère ; [nous ne » pouvons trouver aucune seureté dans ce mi- » nistère.] » M. de Bouillon qui avec la physionomie d'un bœuf, avoit la perspicacité d'un aigle, ne me laissa pas aschever. « Je vous en-

(1) On a appelé catholicon d'Espagne, du temps de la Ligue, les intrigues de la cour d'Espagne, qui, sous un prétexte de religion et de bien public, entretenait en France l'animosité des Ligueurs. Catholicon d'Espagne ici signifie particulièrement l'argent d'Espagne. (A. E.)

» tends (me dit-il), vous voules laisser faire la
» paix et vous voules en mesme temps n'en point
» estre. — Je veux faire plus (lui respondis-je);
» car je veux m'y opposer, mais de ma voix
» simplement et de celle des gents qui voudront
» bien hazarder la mesme chose. — Je vous
» entends encore (reprit M. de Bouillon); voilà
» une grande et belle pensée; elle vous convient;
» elle peut mesme convenir à M. de Beaufort ;
» mais elle ne convient qu'à vous deux. — Si
» elle ne convenoit qu'à nous deux (lui répar-
» tis-je), je me couperois plustost la langue que
» de la proposer. [Elle vous convient plus qu'à
» personne], si vous voules jouer le mesme per-
» sonnage que nous, et si vous ne croyes pas le
» debvoir, celui que nous jouerons ne vous con-
» viendra pas moins, parce que vous vous en pou-
» ves très-bien accommoder. [Je m'explique.]
» Je suis persuadé que ceux qui persisteront à de-
» mander pour condition de l'accommodement,
» l'exclusion du Mazarin, demeureront les maîs-
» tres des peuples encore asses long-temps, pour
» profiter des occasions que la fortune fait tous-
» jours naistre dans des temps qui ne sont pas en-
» core remis et rasseurés. Qui peut jouer ce role
» avec plus de dignité [et avec plus de force]
» que vous, monsieur, et par vostre réputation
» et par vostre capacité? Nous avons déjà la
» faveur des peuples, M. de Beaufort et moi ;
» vous l'aures demain comme nous, par une dé-
» claration de ceste nature; [nous rendrons réelle
» par nostre union ceste chimère du public (1)].
» Nous serons regardés [de toutes les provinces]
» comme les seuls sur qui l'espérance publique
» se pourra fonder. Toutes les faultes du minis-
» tère nous tourneront à compte : nostre consi-
» dération en sauvera quelques unes au public ;
» les Espagnols en auront une très-grande pour
» nous; le cardinal ne pourra s'empêcher de
» nous en donner lui-mesme ; parce que la
» pente qu'il a à tousjours négocier, fera qu'il
» ne pourra s'empêcher de nous rechercher.
» Touts ces advantages ne me persuadent pas
» que ce parti que je vous propose soit fort bon;
» j'en veois touts les inconvéniens, et je n'i-
» gnore pas que dans le chapitre des accidens,
» auxquels je conviens qu'il fault s'abandonner
» en suivant ce chemin, nous pouvons trouver
» des abismes : mais il est, à mon opinion, né-
» cessaire de les hazarder quand l'on est asseuré
» de rencontrer encore plus de précipices dans
» les voies ordinaires. Nous n'avons déjà que
» trop rebattu ceux qui sont inévitables dans la

(1) Les mots entre crochets sont effacés dans le manuscrit original.

» guerre, et ne voyons-nous pas d'un clein d'œil
» ceux de la paix soubs un ministère outragé,
» et dont le restablissement parfait ne dépendra
» que de nostre ruine? Ces considérations me
» font croire que ce parti nous convient à touts
» pour le moins aussi justement qu'à moi; mais
» je maintiens que quand il ne vous convien-
» droit pas de le prendre, il vous convient tous-
» jours que je le prenne, parce qu'il facilitera
» beaucoup vostre accommodement; [et qu'il le
» facilitera en deux manières], et en vous don-
» nant plus de temps pour le traiter devant que
» la paix se conclue, et en tenant après qu'elle
» le sera, le Mazarin en estat d'avoir plus d'es-
» gards pour ceux dont il pourra apréhender la
» réunion avec moi. »

M. de Bouillon, qui avoit tousjours dans la
teste qu'il pourroit trouver sa place dans l'extrémité, soubrit à ces dernieres paroles, et il
me dit : « Vous m'aves tantost fait la guerre de
» la figure de rhétorique de Barnevelt, et je
» vous le rends : car vous supposes, par vostre
» raisonnement, qu'il fault laisser faire la paix,
» et c'est ce qui est en question, car [je main-
» tiens] que nous pouvons soubstenir la guerre,
» en nous rendant, par le moyen du peuple,
» maistre du parlement.—Je ne vous ai parlé,
» monsieur, lui respondis-je, que sur ce que
» vous m'aves dit qu'il ne falloit plus contester
» sur ce point, et que vous désiries simplement
» d'estre éclairci du détail de mes veues, sur la
» proposition que je vous faisois. Vous revenes
» présentement au gros de la question, [sur la-
» quelle je n'ai rien à vous respondre que ce
» que je vous ai déjà dit vingt ou trente fois. —
» Nous ne nous sommes pas persuadés], (reprit-
» il) ; et ne voules-vous pas bien vous en rap-
» porter au plus de voix ?—De tout mon cœur,
» (lui respondis-je), et il n'y a rien de plus juste.
» Nous sommes dans le mesme vaisseau, il faut
» périr ou se sauver ensemble. Voila M. de
» Beaufort qui est [asseurément] dans le mesme
» sentiment; et quand lui et moi serions encore
» plus maistres du peuple que nous ne le som-
» mes, je crois que lui et moi mériterions d'estre
» deshonnorés, si nous nous servions de nostre
» crédit, je ne dis pas pour abandonner, mais
» je dis pour forcer le moindre homme du parti
» à ce qui ne seroit pas de son advantage. Je
» me conformerai à l'advis commun, je le si-
» gnerai de mon sang, à condition toutefois que
» vous ne seres pas dans la liste de ceux à qui
» je m'engagerai, car je le suis asses, comme
» vous sçaves, par le respect et par l'amitié que
» j'ai pour vous. » M. de Beaufort nous resjouit
sur cela de quelques apophtegmes, qui ne man-

quoient jamais dans les occasions où ils estoient les moins requis.

M. de Bouillon, qui sçavoit bien que son advis ne passeroit pas à la pluralité, et qui ne m'avoit proposé de l'y mettre que parce qu'il croyoit que j'en apréhenderois la commise, [qui descouvriroit à trop de gents le jeu dont la plus grande finesse estoit de le bien cacher], me dit et sagement et honnestement : « Vous sçaves » bien que ce ne seroit ni vostre compte ni le » mien de discuter ce détail dans le moment où nous sommes, en présence de gents » qui [seroient capables] d'en abuser. Vous estes » trop sage, et je ne suis pas asses fou, pour » leur porter ceste matière aussi creue et aussi » peu digérée qu'elle l'est encore. Approfondissons-la, je vous supplie, devant qu'ils peussent seulement s'imaginer que nous la traitions. Vostre intérest n'est pas, [à ce que vous » prétendes], de vous rendre maistre de Paris » par le peuple; le mien, [au moins, comme je » le conçois], n'est pas de laisser faire la paix » sans m'accommoder. Demandes, adjousta-il, à » M. le mareschal de La Mothe, si mademoiselle » de Toucy (1) y consentiroit pour lui? » [J'entendis ce que M. de Bouillon vouloit dire.] M. de La Mothe estoit fort amoureux de mademoiselle de Toucy, et l'on croyoit mesme en ce temps-là qu'il l'espouseroit encore plus tost qu'il ne fit. Et M. de Bouillon, qui me vouloit marquer que la considération de madame sa femme ne lui permettoit pas de prendre pour lui le parti que je lui avois proposé, et qui ne vouloit pas le marquer aux autres, se servit de ceste manière pour me l'insinuer, [et pour m'empescher de l'en presser davantage devant ceux auxquels il n'avoit pas la mesme confiance qu'il avoit en moi]. Il me l'expliqua aussi un moment après, auquel il eut le moyen de me parler seul, [parce que mademoiselle de Longueville, dans la chambre de qui ceste conversation se passa, à l'Hostel-de-Ville, revint de ses visites et nous obligea d'aller chercher un autre lieu pour continuer nostre discours. Comme M. de Beaufort et M. de La Mothe estoient après pour faire ouvrir une espèce de bureau, qui respond sur la salle, M. de Bouillon eut le temps de me dire] que je ne debvois pas avoir tout seul les gants de ma proposition ; qu'elle lui estoit venue dans l'esprit dès qu'il avoit appris la désertion de l'armée de M. son frère; [que ce parti estoit l'unique bon], qu'il avoit mesme le moyen de l'améliorer encore beaucoup davantage, en le faisant gouter aux Espagnols ; qu'il avoit esté sur le point, cinq ou six fois dans un jour, de me le communiquer, mais que madame sa femme s'y estoit tousjours opposée, avec une telle fermeté, avec tant de larmes, avec une si vive douleur, qu'elle lui avoit enfin fait donner parole de n'y plus penser, et de s'accommoder à la cour ou de prendre parti avec Espagne. « Je » vois bien, adjousta-t-il, que vous ne voules pas » du second ; aides-moi au premier, je vous en » conjure; vous voyes la confiance [parfaite] que » j'ai en vous. »

[M. de Bouillon me dit tout cela en confusion et en moins de paroles que je ne vous le viens d'exprimer], et comme MM. de Beaufort et de La Mothe nous rejoignirent avec le président de Bellièvre [qu'ils avoient trouvé sur le degré], je n'eus le temps que de serrer la main à M. de Bouillon, [et nous entrasmes touts ensemble dans le bureau]. Il y expliqua en peu de mots à M. de Bellièvre, le commencement de nostre conversation ; il tesmoigna ensuite qu'il ne pouvoit, en son particulier, prendre le parti que je lui avois proposé, parce qu'il risquoit pour jamais toute sa maison à laquelle il seroit responsable de sa ruine; [qu'il debvoit tout en ceste conjoncture à M. son frère, dont les intérests ne comportoient pas apparemment une conduite de ceste nature; qu'il nous pouvoit au moins asseurer par advance qu'elle estoit bien esloignée de son honneur et de ses maximes]; enfin il n'oublia rien pour persuader [particulièrement au président de Bellièvre], qu'il y avoit le droit du jeu de ne pas entrer dans ma proposition. Je le remarquai et je vous en dirai tantost la raison. [Il revint tout d'un coup après s'estre beaucoup estendu mesme jusques à la disgression, et il dit] en se tournant vers M. de Beaufort et vers moi : « Mais entendons-nous, comme vous l'aves tantost proposé. Ne consentes à la paix, au moins » par vostre voix dans le parlement, que soubs » la condition de l'exclusion du Mazarin. Je me » joindrai à vous, je tiendrai le mesme langage. » Peut-estre que nostre fermeté donnera plus » de force que nous ne croyons nous-mesmes au » parlement. Si cela n'arrive pas, [et mesme » dans le doubte que cela n'arrive pas, qui » n'est que trop violent], agrées que je cherche » à sauver ma maison, [et que j'essaie d'en trouver les voies] par les accommodements qui ne » peuvent pas estre fort bons en l'estat où sont » les choses, mais qui pourront peut estre le devenir avec le temps. »

---

(1) Louise de Prie, seconde fille de Louis de Prie, marquis de Toucy ; mariée à Philippe de La Mothe Houdancourt le 22 novembre 1650. Elle fut gouvernante des enfants de France, et mourut en 1709.

Je n'ai guère eu en ma vie de plus sensible joie que celle que je receus à cest instant. [Je pris la parole avec précipitation], et je respondis à M. de Bouillon : que j'avois tant d'impatience de lui faire cognoistre à quel point j'estois son serviteur, que je ne me pouvois empécher de manquer mesme au respect que je debvois à M. de Beaufort, et de prendre mesme la parole devant lui, pour lui dire que non seulement je lui rendrois en mon particulier toutes les paroles d'engagements qu'il avoit pris avec moi, mais que je lui donnois de plus la mienne, que je ferois pour faciliter son accommodement tout ce qu'il lui plairoit [sans exception]; qu'il se pouvoit servir et de moi et de mon nom pour donner à la cour toutes les offres qui lui pourroient estre bonnes, et que comme dans le fond je ne voulois pas m'accommoder avec le Mazarin, je le rendois maistre, avec une sensible joie, de toutes les apparences de ma conduite, desquelles il se pourroit servir pour ses advantages.

M. de Beaufort, dont le naturel estoit de rencherir tousjours sur celui qui avoit parlé le dernier, lui sacrifia avec emphase touts les intérest passés, présents et à venir de la maison de Vendosme. Le mareschal de La Mothe lui fit son compliment, et le président de Bellièvre lui fit son éloge. Nous convinsmes en un quart d'heure de touts nos faits. M. de Bouillon se chargea de faire agréer aux Espagnols ceste conduite, pourveu que nous lui donnassions parole de ne leur point tesmoigner qu'elle eust esté concertée auparavant avec nous. Nous prismes le soing, le mareschal de La Mothe et moi, de proposer à M. de Longueville, en son nom, en celui de M. de Beaufort et au mien, le parti que M. de Bouillon prenoit pour lui; et nous ne doubtasmes point qu'il ne l'acceptast, parce que touts les gents irrésolus prennent tousjours avec facilité [et mesme avec joie], toutes les ouvertures qui les mènent à deux chemins, et qui par conséquent ne les pressent pas d'opter. Nous creusmes que par ceste raison M. de Larochefoucault ne nous feroit point d'obstacle, ni auprès de M. le prince de Conti, ni auprès de madame de Longueville; et ainsi nous résolusmes que M. de Bouillon en feroit dès le soir mesme la proposition à M. le prince de Conti, en présence de touts les généraux, [à l'exception de M. d'Elbeuf qui estoit au camp, et auquel M. de Bellièvre se chargea de faire agréer ce que nous ferions, au moins en ceste matière, qui estoit tout à fait de son genre. Il fut toutefois de la conférence parce qu'il revint plustost qu'il ne le croyoit]. Ceste conférence fut [curieuse] en ce que M. de Bouillon ne proféra pas un mot, par lequel l'on se peust pleindre qu'il eust seulement songé à tromper personne, et qu'il n'en obmit pas un seul qui peust couvrir son véritable dessein. Je vous rapporterai son discours syllabe à syllabe, et tel que je l'escrivis une heure après qu'il l'eust fait, après que je vous aurai rendu compte de ce qu'il me dit en sortant du bureau, [où nous avions eu une partie de nostre conversation de l'après-disnée]. « Ne me plaignes-vous pas (me
» dit-il), de me voir dans la nécessité où vous
» me voyes, de ne pouvoir prendre l'unique parti
» où il y ait de la réputation pour l'advenir et
» de la sécurité pour le présent? Je conviens
» que c'est celui que vous aves choisis; et s'il
» estoit en mon pouvoir de le suivre, je crois
» sans vanité que je mettrois un grain qui adjousteroit un peu au poids. Vous aves tantost
» remarqué que j'avois peine à m'ouvrir tout à
» fait des raisons que j'ai d'agir comme je fais,
» devant le président de Bellièvre, et il est vrai;
» et vous advouerai que je n'ai pas tort, quand
» je vous aurai dit que ce bourgeois me deschira
» avant hier, une heure devant, sur la déférence que j'ai pour les sentiments de ma
» femme. Je veux bien vous l'advouer à vous,
» [qui estes une ame vulgaire, qui compatires à
» ma foiblesse, et je suis mesme asseuré que
» vous me pleindres], mais que vous ne me blasmeres pas de ne pas exposer une femme que
» j'aime autant, et huit enfants qu'elle aime plus
» que soi-mesme, à un parti aussi hazardeux que
» celui que vous prenes, et que je prendrois de
» très-bon cœur avec vous si j'estois seul. »

Je fus touché et du sentiment de M. de Bouillon et de sa confiance au point que je le debvois; et je lui respondis que j'estois bien esloigné de le blasmer, que je l'en honnorerois toute ma vie davantage, et que sa tendresse pour madame sa femme qu'il venoit d'appeler une foiblesse, estoit une de ces sortes de choses que la politique condamne et que la morale justifie, parce qu'elles sont une marque infaillible de la bonté d'un cœur, qui ne peut estre supérieur à la politique qu'il ne le soit en mesme temps à l'intérest. [Je ne trompois pas asseurément M. de Bouillon en lui parlant ainsi, et vous saves que je vous ai dit plus d'une fois qu'il y a de certains défauts qui marquent plus une bonne ame que de certaines vertus.]

Nous entrasmes un moment après cheux M. le prince de Conti, qui soupoit, et M. de Bouillon le pria qu'il lui peust parler en présence de madame de Longueville, de messieurs les généraux et des principales personnes du parti. Comme il falloit pour rassembler touts ces gents là, l'on remit la conversation à onze heures du soir, et M. de Bouillon alla en attendant cheux les envoyés d'Espagne, ausquels il persuada que la conduite que nous venions de résoudre ensemble, et qu'il ne leur disoit pas pourtant avoir concerté avec nous, leur pouvoit estre très utile, et parce que la fermeté que nous conservions contre le Mazarin pourroit peut-estre rompre la paix, et parce que supposé mesme qu'elle se fist, ils pourroient tousjours tirer un fort grand avantage dans les suites du personnage que j'avois pris la résolution de jouer. Il assaisonna ce tour, [que je ne fais que toucher], de tout ce qui les pouvoit persuader que l'accommodement de M. d'Elbeuf avec Saint-Germain leur estoit fort bon, parce qu'il les deschargeroit d'un homme qui leur cousteroit de l'argent et qui leur seroit fort inutile; que le sien particulier, supposé mesme qu'il se fist, dont il doubtoit fort, leur pouvoit estre utile, parce que le peu de foi du Mazarin lui donnoit lieu par advance de garder avec eux ces anciennes mesures; qu'il n'y avoit aucune seureté en tout ce qu'ils négotieroient avec M. le prince de Conti, qui n'estoit qu'une girouette; qu'il n'y en avoit qu'une très-médiocre avec M. de Longueville, qui traitoit tousjours avec les deux partis; que messieurs de Beaufort, de Brissac, de Vitry et autres ne se separeroient pas de moi, et qu'ainsi la pensée de se rendre maistres du parlement estoit devenu impraticable, par l'opposition que j'y avois. Ces considérations jointes à l'ordre que les envoyés avoient de se rapporter en tout aux sentiments de M. de Bouillon, les obligèrent de donner les mains à tout ce qu'il lui pleust. Il n'eut pas plus de peine à persuader à son retour à l'Hostel-de-Ville, messieurs les généraux, qui furent charmés d'un parti qui leur feroit faire touts les matins les braves au parlement, et qui leur laisseroit la liberté de traiter touts les soirs avec la cour. Ce que je trouvai de plus fin et de plus habile dans son discours, fut qu'il y mesla des circonstances, [comme imperceptibles], dont le tour différent qu'on leur pourroit donner en cas de besoing, osteroit, quand il seroit nécessaire, toute créance au mauvais usage que l'on pourroit faire, du costé des Espagnols et du costé de la cour, [de ce qu'il nous disoit]. Tout le monde sortit content de la conférence qui ne dura pas plus d'une heure et demie. M. le prince de Conti nous asseura mesme que M. de Longueville, [à qui l'on dépescha à l'instant], l'agréeroit au dernier point, [et il ne se trompoit pas comme vous le verres dans la suite]. Je retournai avec M. de Bouillon cheux lui, et je trouvai les envoyés d'Espagne qui l'y attendoient, comme il me l'avoit dit. Je m'aperceus aisément et à leurs manières et à leurs paroles, que M. de Bouillon leur avoit fait valoir et pour lui et pour moi, la résolution que j'avois prise de ne me pas accommoder. Ils me firent toutes les honnestetés et toutes les offres imaginables. Nous convinsmes de touts nos faits, ce qui fut bien aisé parce qu'ils approuvoient tout ce que M. de Bouillon proposoit. Il leur fit un pont d'or pour retirer leur troupes avec bienséance, et sans qu'il parut qu'ils le fissent par nécessité. Il leur fit trouver bon par advance tout ce que les occasions lui pouvoient inspirer de leur proposer; il prit vingt dates différentes et mesmes quelquefois contraires, pour les pouvoir appliquer dans les suites, selon qu'il le jugeroit à propos. Je lui dis aussitost qu'ils furent sortis, que je n'avois jamais veu personne qui fut si éloquent que lui, pour persuader aux gents que fièbvres quartaines leur estoient bonnes. « Le » malheur est (me respondit-il), qu'il fault pour » ceste fois que je me le persuade aussi à moi-» mesme. » [Je ne puis encore m'empêcher de vous répéter ici, que dans les scènes de ce jour aussi difficiles qu'elles estoient importantes, il ne dit pas un mot que l'on lui peust reprocher avec justice quoiqu'il arrivast, et qu'il n'en omit pourtant pas un qui peust estre utile à son dessein. M. de Bellièvre qui l'avoit remarqué comme moi dans la conversation que nous eusmes l'après-disnée cheux M. le prince de Conti, me louoit sur cela son esprit, et je lui respondis : « Il fault que le cœur y ait » beaucoup de part. Les fripons ne gardent ja-» mais que la moitié des brèves et des longues. » Je l'ai observé en plus d'une occasion et à l'es-» gard de la pluspart de ceux qui ont passé pour » estre les plus fins dans la cour. » J'en suis persuadé, et que M. de Bouillon n'eust pas esté capable d'une perfidie.]

Comme je fus retourné cheux moi, je trouvai Varicarville, qui venoit de Rouen de la part de M. de Longueville; et je crois estre obligé de vous faire excuse en ce lieu, de ce que vous rendant compte de la guerre civile, je n'ai touché jusques ici que très legèrement un de ses principaux actes qui se joua, ou plustost qui se deut jouer en Normandie. [Comme j'ai tousjours esté persuadé que tout ce qui s'escrit sur la foi d'autrui est incertain, je n'ai fait estat] dès le commencement de cest ouvrage que de ce que j'ai veu par moi-mesme, [et si je me croyois encore, j'en demeurerois précisément en ces termes]. Puisque toutefois je trouve en cest endroit Varicarville, qui a esté à mon sens le gentilhomme de son siècle le plus véritable, je ne me doibs pas, ce me semble, empêcher de vous faire un recit succinct (1) de ce qui se passa de ce costé-là depuis le 20 de janvier, que M. de Longueville partit de Paris pour y aller.

Vous avés veu ci-dessus que le parlement et la ville de Rouen se déclarerent pour lui; messieurs de Matignon (2) et de Beuvron (3) firent la mesme chose avec tout le corps de la noblesse. Les chasteaux et les villes de Dieppe et de Caen estoient en sa disposition. Lisieux le suivit avec son évesque (4); et touts les peuples passionés pour lui contribuèrent avec joie à la cause commune. Touts les deniers du roi furent saisis dans toutes les receptes : l'on fit des levées jusques au nombre, à ce que l'on publioit, de sept mille hommes de pieds et de trois mille chevaux; et jusques au nombre dans la verité de quatre mille hommes de pied et de quinze cents chevaux. M. le comte d'Harcourt, que le roi y envoya avec un petit camp volant, tint toutes ces villes, toutes ces troupes et touts ces peuples en haleine, au point qu'il les resserra presque tousjours dans les murailles de Rouen, et que l'unique exploit qu'ils firent à la campagne, fut la prise de Harfleur, place non tenable, et de deux ou trois petits chasteaux qui ne furent point défendus. Varicarville, qui estoit mon ami très-particulier, et qui me parloit très confidemment, n'attribuoit ceste pauvre et miserable conduite ni au défault de cœur de M. de Longueville, qui estoit très-soldat, ni mesme au défault d'expérience, quoiqu'il ne fust pas grand capitaine; il en accusoit uniquement son incertitude naturelle, qui lui faisoit continuellement chercher des mesnagements. Il me semble que je vous ai déjà dit qu'Anctauville, qui commandoit sa compagnie de gendarmes, estoit son négotiateur en titre d'office, et j'avois esté adverti de Saint-Germain, par madame de Lesdiguières, que dès le deuxième mois de la guerre il avoit fait un voyage secret à Saint-Germain : mais comme je cognoissois M. de Longueville pour un esprit qui ne se pouvoit empêcher de traitailler dans les temps mesme où il avoit le moins d'intention de s'accommoder, je ne fus pas esmeu de cest advis; et d'autant moins que Varicarville, à qui j'en escrivis, me manda que je debvois cognoistre le terrein qui n'estoit jamais ferme, mais que je serois informé à point nommé lorsqu'il s'amolliroit davantage.

Dès que je cogneus que Paris penchoit à la paix au point de nous y emporter nous mesmes, je creus estre obligé de le faire sçavoir à M. de Longueville; en quoi Varicarville soubstenoit que j'avois fait une faulte, parce qu'il disoit à M. de Longueville mesme, qu'il falloit que ses amis le traitassent comme un malade et le servoyent en beaucoup de choses sans lui. Je ne creus pas debvoir user de ceste liberté dans une conjoncture où les contretemps du parlement pouvoient faire une paix fourrée à touts les quart-d'heures : et je m'imaginai que je remédierois à l'inconvenient que je voyois bien qu'un advis de ceste nature pourroit produire dans un esprit aussi vacillant que celui de M. de Longueville; [je m'imaginai, dis-je, que je remédierois à cest inconvenient] en advertissant en mesme temps Varicarville [d'estre sur ses gardes] et de tenir de près M. de Longueville, afin de l'empêcher de faire au moins de meschants traités particuliers, [auxquels il avoit tousjours beaucoup de pente]. Je me trompai en ce point, parce que M. de Longueville avoit autant de facilité à croire Anctauville dans la fin des affaires, qu'il en avoit à croire Varicarville dans les commencements. Le premier le portoit continuellement dans les sentiments de la cour, [à laquelle M. de Longueville retournoit tousjours de son naturel, aussitost après qu'il en estoit sorti], et le second qui aimoit sa personne tendrement, et qui le vouloit faire vivre à l'esgard des ministres avec dignité, l'engageoit, [le plus facilement du monde], dans les occasions qui pouvoient flatter un cœur où tout estoit bon, et un esprit où rien n'estoit mauvais que le défault de fermeté.

Il y avoit six sepmaines qu'il estoit dans la guerre civile, quand je lui donnai l'advis dont je vous ai parlé : et je vis bien par la response de Varicarville qu'Anctauville estoit sur le point de servir son quartier. Il fit effectivement, quelque temps après, un voyage secret à Saint-Germain, que je vous ai marqué ci-dessus, auquel Varicarville me dit depuis qu'il ne trouva ni son compte ni celui de son maistre; ce qui obligea M. de Longueville de reprendre la grande voie, et de se servir de l'occasion publique de la conférence de Ruel pour entrer dans un trai-

---

(1) Un écrit intitulé : *Retraite de M. de Longueville en son gouvernement*, composé par Saint-Evremond, nous retrace d'une manière fort gaie, les troubles qui eurent lieu en Normandie pendant l'année 1649.
(2) François de Matignon, comte de Torigny, né le 17 mars 1607; conseiller d'état et capitaine de cent hommes d'armes, mourut à Torigny le 19 janvier 1675.

(3) François d'Harcourt, deuxième du nom, marquis de Beuvron, né le 15 octobre 1598, fut élevé enfant-d'honneur de Louis XIII, et mourut à Paris le 30 janvier 1658.
(4) Leonor de Matignon. Il fut d'abord évêque de Coutance en 1632, puis évêque de Lizieux en 1646; il mourut à Paris le 14 février 1680.

té. Et comme il n'approuvoit pas mes pensées sur tout ce détail dont je lui avois tousjours fait part [très-soigneusement, par le canal de Varicarville], il me l'envoya pour me faire agréer les siennes, soubs prétexte de me faire sçavoir les tentatives que dom Francisco Pizarro lui estoit allé faire de la part de l'archiduc. Nous cogneusmes, M. de Bouillon et moi [par ce que Varicarville m'expliqua fort amplement ce soir là], que le gentilhomme que nous venions de dépescher à Rouen, y donneroit la plus agréable nouvelle du monde à M. de Longueville, en lui apprenant que l'on ne prétendoit plus le contraindre sur la matière des traités ; et Varicarville, qui estoit un des hommes de France des plus fermes, me tesmoigna mesme de l'impatience que l'on obtint des passeports pour Anctauville, qui estoit celui que M. de Longueville destinoit pour la conférence, tant il estoit persuadé (me dit-il en particulier), que son maistre feroit autant de foiblesses, qu'il demeureroit de moment dans un parti qu'il n'avoit pas la force de soubstenir. « [Je n'y serai jamais pris (ad- » jousta-t-il) ; Anctauville a raison et je serai » toute ma vie de son advis. » Ce qui est admirable est que ce M. de Longueville de qui Varicarville disoit cela et avec beaucoup de justice, avoit déjà esté de quatre ou cinq guerres civiles.] Je reviens à ce qui se passa et au parlement et à la conférence.

Je vous ai dit ci-dessus que les députés retournèrent à Ruel le 16 de mars : ils allèrent dès le lendemain à Saint-Germain, où la seconde conférence se debvoit tenir à la chancellerie ; et ils ne manquèrent pas de lire d'abord les propositions que touts ceux du parti avoient faites avec un empressement merveilleux pour leurs interests particuliers ; et que messieurs les généraux (1), qui ne s'y estoient pas oubliés, avoient toutefois stipulés ne debvoir estre faites qu'après que les intérest du parlement seroient adjustés. Le premier président fit tout le contraire, soubs prétexte de leur tesmoigner que leur intérest estoit plus cher à la compagnie que les siens propres ; mais dans la vérité pour les descrier dans le public. Je l'avois préveu et j'avois insisté, par ceste considération, qu'ils ne donnassent leurs mémoires qu'après que l'on seroit demeuré d'accord des articles dont le parlement demandoit la réformation. Mais le premier président les enchanta, et au point que du moment que l'on sceut que les généraux avoient pris la résolution de se laisser entendre sur leurs intérest, il n'y eust pas un officier dans l'armée qui ne creust estre en droit de s'adresser au premier président pour ses prétentions. [Celles qui parurent en ce temps-là furent d'un ridicule que l'on auroit peine à s'imaginer (2). C'est tout vous dire que le chevalier de Fruges en eut de grandes, que La Boulaye en eust de considérables, et que le marquis d'Alluie en eust d'immenses.]

M. de Bouillon m'advoua qu'il n'avoit pas asses pesé cest inconvénient, qui jeta un grand air de ridicule sur tout le parti ; [et si grand que M. de Bouillon qui sçavoit qu'il en estoit la véritable cause, en eust une véritable honte]. Je fis des efforts inconcevables pour obliger M. de Beaufort et M. le mareschal de La Mothe à ne pas donner dans ce panneau, et l'un et l'autre me l'avoient promis. Le premier président et Viole enjolèrent le second par des espérances frivoles. M. de Vendosme envoya en forme sa malédiction à son fils, s'il n'obtenoit au moins la surintendance des mers (3), qui lui avoit esté promise à la régence, pour récompense du gouvernement de Bretagne. Les plus désintéressés s'imaginèrent qu'ils seroient les dupes des autres s'ils ne se mettoient aussi sur les rangs. M. de Rais, qui sceut que M. de La Tremouille son voisin y estoit pour le comté de Roussillon, et qu'il avoit mesme envie d'y estre pour le royaume de Naples (4), ne m'a pas encore pardonné de ce que je n'entrepris pas de lui faire rendre la généralité des galères. Enfin je ne trouvai que M. de Brissac, qui voulut bien n'entrer point en prétention ; et encore Matha, qui n'avoit guère de cervelle, lui ayant dit qu'il se faisoit tort, il se mit dans l'esprit qu'il le falloit réparer par un emploi que vous verres dans la suite. Toutes ces démarches, [qui n'estoient nullement bonnes], me firent prendre la réso-

---

(1) Les Mémoires de madame de Motteville rapportent sommairement *les demandes particulières des généraux et autres intéressés* du parti de la Fronde ; quelques-unes même sont tronquées ou inexactement rendues. On les trouve toutes imprimées avec plus d'exactitude dans *le procès-verbal de la seconde conférence tenue à Saint-Germain, entre les députés du roy et ceux du parlement*, etc. Paris, imprimerie du roy, 1649, in-8°. Toutes ces pièces existent à la Bibliothèque du roi en originaux.

(2) Les termes du cardinal ne sont point exagérés ; on peut facilement s'en convaincre en parcourant ces nombreuses pièces manuscrites.

(3) Cette charge avoit été créée en 1627 en faveur du cardinal de Richelieu ; mais plus tard la reine se la réserva.

(4) Les seigneurs de La Tremouille, ducs de Thouars, ont fondé leurs prétentions au royaume de Naples, sur l'alliance d'Anne de Laval, fille de Guy XV, comte de Laval et de Charlotte d'Arragon, princesse de Tarente, avec François de La Trémouille, vicomte de Thouars, mort le 7 janvier 1541. Le mariage avait été célébré en 1521 : Anne de Laval mourut vers 1554.

lution de me tirer du pair et [m'obligèrent] de me servir de l'occasion de la déclaration que M. le prince de Conti fit faire au parlement, qu'il avoit nommé pour son député à la conférence le comte de Maure, pour y en faire une autre à mon nom, le mesme jour qui fut le 19 de mars, par laquelle je suppliai la compagnie, [d'ordonner à ses députés], de ne me comprendre en rien de tout ce qui pourroit regarder ou directement ou indirectement aucun intérest (1). Ce pas, auquel je fus forcé pour n'estre pas chargé dans le public de la glissade de M. de Beaufort, joint au mauvais effet que ceste nuée de prétentions ridicules y avoit produit, advancea de quelques jours la proposition que messieurs les généraux n'avoient résolu de faire, contre la personne de Mazarin, que dans les moments où ils jugeroient qu'elle leur pourroit servir pour donner chaleur, par la crainte qui lui estoit fort naturelle, aux négotiations qu'il avoit par différents canaux avec chacun d'eux.

M. de Bouillon nous assembla dès le soir de ce mesme 19, cheux M. le prince de Conti, et il y fit résoudre que M. le prince de Conti diroit dès le lendemain au parlement qu'il n'avoit donné ni lui ni les autres généraux, les mémoires de leurs prétentions, que par la nécessité où ils s'estoient trouvés de chercher leurs seuretés, en cas que le cardinal Mazarin demeurast dans le ministère; mais qu'il protestoit et en son nom et en celui de toutes les personnes de qualité qui estoient entrées dans le parti, qu'aussitost qu'il en seroit esclus, ils renonceroient à toutes sortes d'intérests sans exception.

Le 20, ceste déclaration se fit en beaux termes; [et M. le prince de Conti s'expliqua mesme et plus amplement et plus fermement qu'il n'avoit accoustumé]. Je suis mesme persuadé que si elle eust été faite devant que les généraux et les subalternes eussent fait esclore ceste fourmillière de prétentions, comme il avoit esté concerté entre M. de Bouillon et moi, elle eust sauvé plus de réputation au parti et donné plus d'apréhension à la cour, que je ne me l'estois imaginé; parce que Paris et Saint-Germain eussent eu lieu de croire que la résolution que les généraux avoient prise de parler de leurs intérests, et d'envoyer des députés pour en traiter, n'estoit que la suite du dessein qu'ils avoient formé de sacrifier ces mesmes intérests à l'exclu-

sion du Mazarin. [Mais comme ceste pièce ne se joua qu'après que l'on eust estallé un détail de prétentions trop chimériques d'une part et trop solides de l'autre pour n'estre que des prétextes, Saint-Germain ne les apréhenda point, voyant bien par où il en sortiroit; et Paris, à la réserve du plus menu peuple, n'en perdit pas la mauvaise impression que ceste desmarche lui avoit donnée.] Ceste faulte est la plus grande à mon sens, que M. de Bouillon ait jamais commise; [et elle est si grande qu'il ne l'a jamais advoué à moi-mesme, qui sçavois très-bien qu'il l'avoit faite]. Il la rejetoit sur la précipitation que M. d'Elbeuf avoit eu de mettre ses mémoires entre les mains du premier président. Mais M. de Bouillon estoit toujours la première cause de ceste faulte, parce qu'il avoit le premier lâché la main à ceste conduite; et qui dans les grandes affaires donne lieu au manquements des autres, est très-souvent plus coupable qu'eux. Voilà donc une grande faulte de M. de Bouillon.

Voici une des plus signalées sotises que j'ai faites [dans tout le cours de ma vie]. Je vous ai dit ci-dessus que M. de Bouillon avoit promis aux envoyés de M. l'archiduc de leur faire un pont d'or pour se retirer dans leur pays, en cas que nous fissions la paix. Et ces envoyés, qui n'entendoient touts les jours parler que de députations et de conférences, ne laissoient pas, au travers de toute la confiance qu'ils avoient en M. de Bouillon, de me sommer de temps en temps de la parole que je leur avois donnée de ne les pas laisser surprendre; comme j'avois de ma part raison particulière pour cela outre mon engagement, à cause de l'amitié que j'avois pour Noirmoustier et pour Laigues, qui trouvoient très-mauvais que je n'eusse pas approuvé les raisons qu'ils m'avoient alléguées, pour me faire consentir à l'approche des Espagnols; comme, dis-je, [j'estois doublement pressé par ces considérations de sortir nettement de cest engagement], qui ne me paroissoit plus mesme honneste, en l'estat où estoient les affaires, je n'oublios rien pour faire que M. de Bouillon, [pour qui j'avois respect et amitié], trouvast bon que nous ne différassions pas davantage à leur faire ce pont d'or duquel il s'estoit ouvert à moi. Je voyois bien qu'il remettoit de jour à autre, [et il ne m'en cachoit pas la raison, qui estoit] que négotiant comme il faisoit avec la cour, par l'entremise de M. le prince, pour la récom-

---

(1) Le président Hénault paraît avoir été mal informé en rapportant dans son abrégé de l'Histoire de France (in-12, Rouen 1789, tome III°, page 737), que le cardinal Mazarin *affecta, pour mortifier le coadjuteur, de ne le pas comprendre dans l'amnistie générale dans la-* *quelle furent nommés tous les hommes considérables du parti rebelle.* — La lettre que le coadjuteur écrivit à M. de Brissac, député du parlement à la conférence de Ruel, démontre l'erreur du président Hénault. Cette lettre est rapportée ci-après, page 158 de ces Mémoires.

pense de Sedan, il lui estoit très-bon que l'armée d'Espagne ne se retirast pas encore. Sa probité et mes raisons l'emportèrent, après quelques jours de délais, sur son intérest. Je dépeschai un courrier à Noirmoustier. Nous parlasmes clairement et décisivement aux envoyés de l'archiduc. Nous leur fismes veoir que la paix se pouvoit faire en un quart d'heure, et que monsieur le prince pourroit estre à portée de leur armée en quatre jours ; que celle de M. de Turenne advançoit soubs le commandement d'Erlac, dépendant en tout et par tout du cardinal ; et M. de Bouillon acheva de construire dans ceste conversation le pont d'or qu'il leur avoit promis. Il leur dit que son sentiment estoit qu'ils remplissent un blanc de monsieur l'archiduc ; qu'ils en fissent une lettre de lui à monsieur le prince de Conti, par laquelle il lui mandast que pour faire veoir qu'il n'estoit entré en France que pour procurer à la chrestienté la paix générale, et non pas pour profiter de la division qui estoit dans le royaume, il offroit d'en retirer ses troupes dès le moment qu'il auroit pleu au roi de nommer un lieu d'assamblée, et les députés pour la traiter. Il est constant que ceste proposition, qui ne pouvoit plus avoir d'effet solide dans la conjoncture, estoit asses d'usage pour ce que M. de Bouillon s'y proposoit ; parce qu'il n'y avoit pas lieu de doubter que la cour, qui verroit aisément que ceste offre ne pouvoit plus aller à rien pour le fond de la chose qu'autant qu'il lui plairoit, n'y donnast les mains, au moins en apparence, et ne donnast par conséquent aux Espagnols un prétexte honneste pour se retirer sans déchet de leur réputation. Le Bernardin ne fut pas si satisfait de ce pont d'or, qu'il ne me dit après en particulier, qu'il en eust aimé beaucoup mieux un de bois sur la Marne ou sur la Seine. Ils donnèrent toutefois les uns et les autres à tout ce que M. de Bouillon désira d'eux, parce que leur ordre le portoit ; et ils escrivirent sans contester la lettre qu'il leur dicta.

M. le prince de Conti, [qui estoit malade ou qui le faisoit, ce qui lui arrivoit asses souvent parce qu'il craignoit fort les séditions de palais], me chargea d'aller faire de sa part au parlement le rapport de ceste prétendue lettre, que les envoyés de l'archiduc lui apportèrent en grande cérémonie ; et je fus asses innocent pour recevoir ceste commission, qui donnoit lieu à mes ennemis de me faire passer pour un homme tout à fait concerté avec Espagne, dans le mesme moment que j'en refusois toutes les offres pour mes advantages particuliers et que je lui rompois toutes ses mesures pour ne point blesser le véritable intérest de l'estat. Il n'y a peut-estre jamais eu de bestise plus complète ; [et ce qui est de merveilleux est que je la fis sans réflexion]. M. de Bouillon en fust fasché pour l'amour de moi, quoiqu'il y trouvast asses son compte ; et je la réparai en quelque manière de concert avec lui, en adjoustant au rapport que je fis dans le parlement le 22, qu'en cas que l'archiduc ne tint pas exactement ce qu'il promettoit, et M. le prince de Conti et messieurs les généraux m'avoient chargé d'asseurer la compagnie qu'ils joindroient sans délai et sans condition toutes leurs troupes à celles du roi.

Je vous viens de dire que M. de Bouillon trouvoit asses son compte à ce que ceste proposition eust esté faite par moi ; parce que le cardinal, qui me croyoit tout à fait contraire à la paix, voyant que j'en avois pris la commission presque en mesme temps que le comte de Maure avoit porté à la conférence celle de son exclusion, ne doubta point que ce ne fust une partie que j'eusse liée. Il l'appréhenda plus qu'il ne debvoit. Il fit respondre aux députés du parlement qui la firent à la conférence, [par ordre de la compagnie], d'une manière [que vous verres dans la suite], et qui marqua qu'il en avoit pris l'alarme bien chaude ; et comme ses frayeurs ne se guérissoient pour l'ordinaire que par la négotiation qu'il aimoit fort, il donna plus de jour à celle que M. le prince avoit entamée pour M. de Bouillon, parce qu'il le creut de concert avec moi dans la desmarche que je venois de faire au parlement. Quand il vit qu'elle n'avait point de suite, il s'imagina que nous avions manqué nostre coup, et que la compagnie n'ayant pas pris le feu que nous lui avions voulu donner, il n'avoit qu'à nous pousser.

M. le prince, qui dans la vérité estoit très-bien intentionné pour l'accommodement de M. de Bouillon et de M. de Turenne, [dans la veue de s'attirer des gents d'un aussi grand mérite], manda au premier par un billet, qu'il me fit veoir, qu'il avoit trouvé le cardinal changé absolument sur son subjet du soir au matin [et qu'il ne s'en pouvoit imaginer la raison]. Nous la connusmes fort aisément, M. de Bouillon et moi, et nous résolusmes de donner au Mazarin ce que M. de Bouillon appeloit un haussepied, c'est-à-dire de l'attaquer encore personnellement, ce qui le mettoit au désespoir, dans un temps où le bon sens lui eust deu donner asses d'insensibilité pour ces tentatives, qui au fond ne lui faisoient pas grand mal ; mais elles nous estoient bonnes à M. de Bouillon et à moi, quoi qu'en différentes manières. M. de Bouillon croyoit qu'il en advanceroit toutes les négotiations ; et il estoit tout à fait de mon intérest de me signaler contre la personne du Mazarin à la veille de la conclusion d'un traité, qui donneroit peut-estre la paix à tout le monde, hors à moi. Nous travaillasmes donc sur ce fondement, M. de Bouillon et moi, et avec tant de succès que nous obligeasmes M. le prince de Conti, qui n'en avoit aucune envie, de proposer au parlement d'ordonner à ses députés de se joindre au comte de Maure touchant l'expulsion du Mazarin. M. le prince de Conti fit ceste proposition le 27 ; et comme nous avions eu deux ou trois jours pour tourner les esprits, il passa de quatre-vingt deux voix contre quarante, que l'on manderoit dès le jour mesme aux députés d'insister. J'adjoustai en opinant : *et persister*, en quoi je ne fus suivis que de vingt-cinq voix, et je n'en fus pas surpris. Vous aves veu ci-dessus les raisons pour lesquelles il me convenoit de me distinguer sur ceste matière.

[Il faudroit bien des volumes pour vous raconter touts les embarras que nous eusmes dans les temps dont je viens de vous parler ; je me contenterai de vous dire que dans les momens où j'estois le seul fixément résolu à ne me point accommoder avec la cour], je faillis à me décréditer dans le public et passer pour Mazarin dans le peuple, parce que le 13 de mars, j'avois empêché que l'on ne massacrast le premier président ; parce que le 23 et le 24 je m'estois opposé à la vente de la bibliothèque du cardinal, [ce qui eust esté à mon sens une barbarie sans exemple ; et parce que le 25 je ne me peu empêcher de sousrire sur ce que les conseillers s'advisèrent de dire en pleine assemblée de chambres, qu'il falloit raser la Bastille]. Je me remis en honneur dans la salle du Palais et parmi les emportés du parlement, en prosnant fortement contre le comte de Grancey, qui avoit esté asses insolent pour piller une maison de M. Coulon ; en insistant le 24 que l'on donnast permission au prince d'Harcourt de prendre les deniers royaux dans les receptes de Picardie ; en pestant le 25 contre une trêfve qu'il estoit ridicule de refuser dans le temps d'une conférence ; et en m'opposant à celle que l'on fit le 30, quoique je sceusse que la paix estoit faite. [Ces remarques, trop légères par elles-mesmes, ne sont dignes de l'histoire, que parce qu'elles marquent très-naturellement l'extravagance de ces sortes de temps, où touts les sots deviennent fous, et où il n'est pas permis aux plus sensés de parler et d'agir tousjours en sages.] Je reviens à la conférence de Saint-Germain.

Vous aves veu ci-dessus que les députés la commencèrent malignement par les prétentions particulières. La cour les entretint adroitement par des négotiations secrètes avec les plus considérables, jusques à ce que se voyant asseurée de la paix, elle en éluda au moins la meilleure partie par une response qui fut certainement fort habile. Elle distingua ces prétentions soubs le titre de celles de justice et de celles de grâce. Elle expliqua ceste distinction à sa mode ; et comme le premier président et le président de Mesme s'entendirent avec elle contre les députés des généraux, quoiqu'ils fissent mine de les apprécier, elle en fut quitte à très-bon marché, et il ne lui en cousta, à proprement parler, presque rien de comptant ; il n'y eut presque que des paroles que M. le cardinal Mazarin comptoit pour rien. Il se faisoit un grand mérite de ce qu'il avoit fait esvanouir (c'estoient ses termes) avec un peu de poudre d'alchimie, ceste nuée de prétentions. Vous verres par la suite qu'il eust fait sagement d'y mesler un peu d'or.

La cour sortit encore plus aisément de la proposition faite par l'archiduc sur le subjet de la paix générale. Elle respondit qu'elle l'acceptoit avec joie, et elle envoya dès le jour mesme M. de Brienne (1) au nonce et à l'ambassadeur de Venise, pour conférer avec eux comme médiateurs de la manière de la traiter. [Nous n'en avions attendu ni plus ni moins, et nous ne fusmes pas trompés.]

Pour ce qui regardoit l'exclusion du Mazarin, que le comte de Maure demanda d'abord [au nom de M. le prince de Conti, comme vous aves veu ci-devant], que M. de Brissac, [à qui Matha persuada de se mettre à la teste de ceste députation], pressa conjointement avec M. de Barrière et de Grecy, députés des généraux, et sur laquelle les députés du parlement insistèrent de nouveau au moins en apparence, comme il leur avoit esté ordonné par leur compagnie ; pour ce qui regardoit, dis-je, ceste exclusion, la reine, M. le duc d'Orléans et M. le prince [demeurèrent esgalement fermes], et ils déclarèrent [esgalement, uniformément et constamment], qu'ils ne consentiroient jamais.

L'on contesta quelque temps avec beaucoup de chaleur, touchant les intérest du parlement de Normandie, qui avoit envoyé ses députés à la conférence, avec Anctauville, député de M. de Longueville, mais enfin l'on convint.

L'on n'eust presque point de difficulté sur les articles dont le parlement de Paris avoit de-

(1) Henri-Auguste de Loménie de la Ville-aux-Clercs, comte de Brienne, mort le 5 novembre 1666, âgé de soixante-et-onze ans. Il était secrétaire d'état. (A. E.)

mandé la réformation. La reine se relascha de faire tenir un lit de justice à Saint-Germain ; elle consentit que la défense au parlement de s'assembler le reste de l'année 1649, ne fut pas insérée dans la déclaration, à condition que les députés en donnassent leur parole, sur celle que la reine leur donneroit aussi que telles et telles déclarations accordées ci-devant seroient invariablement observées. La cour promit de ne point presser la restitution de la Bastille, et elle s'engagea mesme de parole à la laisser entre les mains de Louvière, fils de M. de Broussel, qui y fust establi gouverneur par le parlement, lorsqu'elle fut prise par M. d'Elbeuf.

L'amnistie fut accordée dans touts les termes que l'on demanda; [et pour plus grande seureté], l'on y comprit nommément messieurs le prince de Conti, de Longueville, de Beaufort, d'Elbeuf, d'Harcourt, de Rieux, de Lislebonne, de Bouillon, de Turenne, de Brissac [de Vitry], de Duras, de Matignon, de Beuvron, de Noirmoustier, de Sévigné, de la Tremouille, de la Rochefoucault, de Rais, d'Estissac, de Montresor, de Matha, de Saint-Germain d'Apchon, de Sauvebœuf, de Saint-Ibal, [de La Sauvetat], de Laigues, de Chavagnac, de Chaumont, de Caumesni, de [Moreuil, de Fiesque, de La Feillée, de Montaison], de Cugnac, de Grécy [d'Alliou] et de Barrière.

Il y eut quelque difficulté touchant Noirmoustier et Laigues, la cour ayant affecté de leur vouloir donner une abolition, comme estant plus criminels que les autres, parce qu'ils estoient publiquement encore dans l'armée d'Espagne; et M. le chancelier mesme fit veoir aux députés du parlement un ordre par lequel le premier ordonnoit, comme lieutenant général de l'armée du roi commandée par M. le prince de Conti, aux communautés de Picardie d'apporter des vivres au camp de l'archiduc ; et une lettre du second, par laquelle il sollicitoit Bridieu, gouverneur de Guise, de remettre sa place aux Espagnols, soubs promesse de la liberté de monsieur de Guise, qui avoit esté pris à Naples. M. de Brissac soubstint que toutes ces paperasses estoient supposées, et le premier président se joignant à lui [parce qu'il ne doubta point que nous ne nous rendrions jamais sur cest article], il fut dit que l'un et l'autre seroient compris dans l'amnistie sans distinction.

Le président de Mesme, qui eust esté ravi de me pouvoir noter, affecta de dire, à l'instant que l'on parloit de Noirmoustier et de Laigues, qu'il ne concevoit pas pourquoi l'on ne me nommoit pas expressément dans ceste amnistie, et qu'un homme de ma dignité et de ma considération ne debvoit pas estre compris avec le commun. M. de Brissac, qui estoit bien plus homme du monde que de négociation, n'eut pas l'esprit assez présent; et il respondit qu'il falloit sçavoir sur cela mes intentions. Il m'envoya un gentilhomme, à qui je donnai un billet dont voici le contenu : « Comme je n'ai rien » fait dans le mouvement présent, que ce que » j'ai cru estre du service du roi et du véritable » intérest de l'estat ; j'ai trop de raison de sou- » haiter que sa majesté en soit bien informée à » sa majorité, pour ne pas supplier messieurs » les députés de ne pas souffrir que l'on me » comprenne dans l'amnistie. » Je signai ce billet et je priai M. de Brissac de le donner à messieurs les députés du parlement et des généraux, en présence de M. le duc d'Orléans et de M. le prince. Il ne le fit pas à la prière de M. de Liancourt, qui creut que cet esclat aigriroit encore plus la reine contre moi ; mais il en dit la substance et l'on ne me nomma point dans la déclaration. Vous ne pouves croire à quel point ceste bagatelle aida à me soubstenir dans le public.

Le 30, les députés du parlement retournèrent à Paris.

Le 31, ils firent leur relation au parlement, sur laquelle M. de Bouillon eut des paroles assez fascheuses avec messieurs les présidents. Les négociations particulières lui avoient manqué; celles que le parlement avoit faites pour lui ne le satisfaisoient pas, parce que ce n'estoit que la confirmation du traité que l'on avoit fait autrefois avec lui pour la récompense de Sedan, dont il ne voyoit pas de garanties bien certaines. Il lui revint le soir quelque pensée de troubler la feste par une sédition, qu'il croyoit aisée à esmouvoir dans la disposition où il voyoit le peuple : mais il la perdit aussitost qu'il eust fait réflexion sur mille et mille circonstances, qui faisoient, que mesme selon ses principes, elle ne pouvoit plus estre de saison. Une des moindres estoit que l'armée d'Espagne estoit déjà retirée.

Madame de Bouillon me fit une pitié incroyable ce soir-là. [Comme elle estoit persuadée que c'estoit elle qui avoit empêché M. son mari de prendre le bon parti], elle versa des torrents de larmes. [Elle en eust respandu encore davantage, si elle eust connu aussi bien que moi que toute la faulte ne venoit pas d'elle.] Il y a eu des moments où M. de Bouillon a manqué des coups décisifs par lui mesme et par le pur esprit de négociation. Ce défault qui m'a paru en lui un peu trop naturel, m'a fait quelquefois doubter, comme je vous l'ai déjà dit, qu'il eust été capable de tout ce que ses grandes qualités ont fait croire de lui.

Le 1er d'avril, qui fut le jeudi saint de l'année 1649, la déclaration de la paix fut vérifiée en parlement. Comme je fus adverti la nuit qui précéda ceste vérification, que le peuple s'estoit attroupé en quelques endroits pour s'y opposer, et qu'il menaçoit mesme de forcer les gardes qui servoient au Palais, [et comme il n'y avoit rien que j'apréhendasse davantage pour toutes les raisons que vous aves remarqués cidessus], j'affectai de finir un peu tard la cérémonie des saintes huiles, que je faisois à Nostre-Dame, pour me tenir en estat de marcher au secours du parlement; s'il estoit attaqué. L'on me vint dire comme je sortois de l'esglise, que l'esmotion commenceoit sur le quai des Orfèvres : et comme j'estois en chemin pour y aller, je trouvai un page de M. de Bouillon, qui me donna un billet de lui, par lequel il me conjuroit d'aller prendre ma place au parlement, parce qu'il craignoit que le peuple ne m'y voyant pas n'en prit subjet de se soulever, en disant que c'estoit marque que je n'approuvois pas le parti. Je ne trouvai effectivement dans les rues que des gents qui crioient : point de Mazarin ! point de paix ! Je dissipai ce que je trouvai d'assemblé au Marché-Neuf et sur le quai des Orfèvres, en leur disant que les Mazarins vouloient diviser le peuple du parlement, qu'il falloit bien se garder de donner dans le panneau ; que le parlement avoit ses raisons pour agir comme il faisoit, mais qu'il n'en falloit rien craindre à l'esgard du Mazarin ; et qu'ils m'en pouvoient bien croire parce que je leur donnois ma foi et ma parole que je ne m'accommoderois jamais avec lui. Ceste protestation rasseura tout le monde. J'entrai dans le Palais où je trouvai les gardes aussi eschauffés que le reste du peuple. M. de Vitry, [que je rencontrai dans la grande salle où il n'y avoit presque personne], me dit qu'ils lui avoient offert de massacrer ceux qu'il leur nommeroit comme Mazarins. Je leur parlai comme j'avois fait aux autres ; et la délibération n'estoit pas encore achevée lorsque je pris ma place dans la grande chambre. Le premier président en me voyant entrer dit : « Il vient de faire des huiles » qui ne sont pas sans salpêtre. » Je l'entendis et je ne fis pas semblant, dans un instant où si j'eusse relevé ceste parole et qu'elle eust esté portée dans la grande salle, il n'eust pas esté en mon pouvoir de sauver peut-estre un seul homme du parlement. M. de Bouillon, à qui je la dis [au lever de l'assemblée], en fit honte dès l'après-disnée, à ce qu'il m'a dit depuis, au premier président.

Ceste paix, que le cardinal se vantoit d'avoir acheptée à fort bon marché, ne lui valut pas aussi tout ce qu'il en espéroit. Il me laissa un levain de mescontens qu'il m'eust peu oster avec asses de facilité, et je me trouvai très-bien de son reste. M. le prince de Conti et madame de Longueville allèrent faire leur cour à Saint-Germain, après avoir veu M. le prince à Chaillot pour la première fois, de la manière du monde la plus froide de part et d'autre. M. de Bouillon, à qui le jour de l'enregistrement de la déclaration, le premier président avoit donné des assurances nouvelles de sa récompense pour Sedan, fut présenté au roi par M. le prince, qui affecta de le protéger dans ses prétentions : et le cardinal n'oublia rien de toutes les honnestetés possibles à son esgard. Comme je m'apperceus que l'exemple commençoit à opérer, je m'expliquai plustost que je n'avois résolu de le faire, sur le peu de sureté que je trouvois à aller à la cour, où mon ennemi capital estoit encore le maistre. Je m'en déclarai ainsi à M. le prince, qui fit un petit tour à Paris huit ou dix jours après la paix, et que je vis cheux madame de Longueville. M. de Beaufort et M. le mareschal de La Mothe parlèrent de mesme ; M. d'Elbeuf en eut envie, mais la cour le gagna par je ne sçai quelle mesure, je ne m'en ressouviens pas précisément. Messieurs de Brissac, de Rais, de Vitry, de Fiesque, de Fontrailles, de Montresor, de Noirmoustier, de Matha, de La Boulaye, de Caumesnil, de Moreuil, de Laigues, d'Annery (1) demeurèrent unis avec nous ; et nous fismes un espèce de corps, qui, avec la faveur du peuple, n'estoit pas un fantosme. Le cardinal l'en traita toutefois d'abord et avec tant de hauteur, que M. de Beaufort, M. de Brissac, M. le mareschal de La Mothe et moi, ayant prié chacun un de nos amis d'asseurer la reine de nos très humbles obeissances, elle nous respondit qu'elle en recevroit les assurances après que nous aurions rendu nos debvoirs à M. le cardinal.

Madame de Chevreuse [qui estoit à Bruxelles], revint dans ce temps-là à Paris (2). Laigues, qui l'avoit précédée de huit ou dix jours,

---

(1) Charles d'Ailly, sieur d'Annery, né en 1603. Il fut conseiller d'état en 1648 et maréchal-de-camp des armées du roi en 1649.

(2) Madame de Chevreuse arriva à Paris le 12 avril 1649, comme le prouvent des lettres du premier président Molé, qui existent dans diverses collections de la

nous avoit préparé à son retour. Il avoit fort bien suivi son instruction; il s'estoit attaché à elle, quoiqu'elle n'eust pas d'abord d'inclination pour lui. Mademoiselle de Chevreuse m'a dit depuis, qu'elle disoit qu'il ressembloit à Bellerose, qui estoit un comédien qui avoit la mine du monde la plus fade; qu'elle changea de sentiment devant que de partir de Bruxelles, et qu'elle en fut contente en toutes manières à Cambray. [Ce qui me parut de tout cela au retour de Laigues à Paris fut] qu'il l'estoit pleinement d'elle; il nous la prosna comme une heroïne à qui nous eussions eu l'obligation de la déclaration de M. de Lorraine en nostre faveur, si la guerre eust continué, et à qui nous avions celle de la marche de l'armée d'Espagne. Montresor, qui avoit esté pour ses intérest quinze mois à la Bastille, faisoit ses éloges, et j'y donnois avec joie dans la vue et d'enlever à madame de Montbazon M. de Beaufort, par le moyen de mademoiselle de Chevreuse, du mariage de laquelle avec lui l'on avoit parlé autrefois, et de m'ouvrir un nouveau chemin pour aller aux Espagnols en cas de besoing. Madame de Chevreuse en fît plus de la moitié pour venir à moi. Noirmoustier et Laigues, qui ne doubtoient pas que je ne lui fusse très-nécessaire, et qui craignirent que madame de Guémené, qui la haïssoit mortellement quoique sa belle-sœur, ne m'empechast d'estre autant de ses amis qu'ils le souhaitoient, me tendirent un panneau, pour m'y engager, dans lequel je donnai. [Dès l'après-disnée du jour dont elle arriva le matin], ils me firent tenir avec mademoiselle sa fille un enfant, qui vint au monde tout à propos (1). Mademoiselle de Chevreuse se para [comme l'on fait à Bruxelles en ces sortes de cérémonies], de tout ce qu'elle avoit de pierreries [qui estoient fort riches et en quantité]. Elle estoit belle; j'estois très en cholère contre madame la princesse de Guémené, qui dès le deuxième jour du siège de Paris s'en étoit allée d'effroi en Anjou. Il arriva dès le lendemain du baptesme une occasion qui lui donna de la recognoissance pour moi, et qui commencea à m'en faire espérer de l'amitié. Madame de Chevreuse venoit de Bruxelles, et elle en venoit sans permission. La reine se fascha et elle lui envoya un ordre de sortir de Paris dans vingt-quatre heures. Laigues me le vint dire aussitost. J'allai avec lui à l'hostel de Chevreuse, et je trouvai la belle à sa toilette, dans les pleurs. J'eus le cœur tendre et je priai madame de Chevreuse de ne point obéir, que je n'eusse eu l'honneur de la revoir. Je sortis en mesme temps pour chercher M. de Beaufort, à qui je pris la résolution de persuader qu'il n'estoit ni de nostre honneur ni de nostre intérêt de souffrir le restablissement des lettres de cachet, qui n'estoient pas le moins odieux des moyens desquels on s'estoit servi pour opprimer la liberté publique. Je jugeois bien que nous n'estions pas trop bon et lui et moi pour relever une affaire de ceste nature, qui quoique dans les lois et dans le vrai importante à la seureté publique, ne laissoit pas d'estre délicate le lendemain d'une paix, et particulièrement en la personne de la dame du royaume la plus convaincue de faction et d'intrigue. Je croyois que par ceste raison il estoit de la bonne conduite que ceste escarmouche, que nous ne pouvions ni ne devions effectivement éviter, quoiqu'elle eust ses inconvénients, s'attachat plustost par M. de Beaufort que par moi. Il s'en défendit avec opiniastreté [par une infinité de méchantes raisons. Il n'oublia que la véritable, qui estoit que madame de Montbazon l'eust dévoré]. Ce fut donc à moi de me charger de ceste commission, parce qu'il falloit asseurément qu'elle fut au moins exéquutée par l'un de nous deux, pour faire quelque effet dans l'esprit du premier président. J'y allai en sortant de cheux M. de Beaufort; et comme je commençois à lui représenter la nécessité qu'il y avoit pour le service du roi et pour le repos de l'estat, à ne pas aigrir les esprits par l'infraction des déclarations si solemnelles, il m'arresta tout court en me disant : » C'est asses, mon bon seigneur, vous ne voulez pas qu'elle sorte, elle ne sortira pas. (A » quoi il ajouta en s'approchant de mon aureille): » elle a les yeux trop beaux. » La vérité est que quoiqu'il eust exécuté son ordre, il avoit escrit dès la veille à Saint-Germain que la tentative en seroit inutile, et que l'on commettoit trop légèrement l'autorité du roi.

Bibliothèque du roi. Petitot, dans son *Introduction aux Mémoires relatifs à la Fronde*, fait trop tôt venir madame de Chevreuse à Paris. Il est évident que Retz donne la véritable date de l'arrivée de la duchesse. Petitot nous paraît aussi avoir fait une autre erreur en attribuant l'ordre que reçut madame de Chevreuse de quitter Paris, à l'intrigue que le coadjuteur avait avec sa fille. Les lettres de Molé démontrent que cet ordre de la reine fut donné aussitôt qu'on apprit à Saint-Germain l'arrivée de madame de Chevreuse à Paris.

(1) La duchesse de Luynes estant accouchée, ils ont fait tenir l'enfant par mademoiselle de Chevreuse et le coadjuteur. (Extrait d'une lettre de Saintot, du 14 avril 1649, adressée au ministre Le Tellier, et dans laquelle il rend compte des inquiétudes du premier président au sujet de l'arrivée de **madame de Chevreuse**; Manuscrits de la Bibliothèque du roi.)

Je retournai triomphant à l'hostel-de-Chevreuse; je n'y fus pas mal receu. Je trouvai mademoiselle de Chevreuse aimable; je me liai intimément avec madame de Rhodes (1), bastarde du feu cardinal de Guise, qui estoit bien avec elle; [je fis chemin]; je ruinai dans son esprit le duc de Brunswick de Zell, avec qui elle estoit comme accordée. Laigues, [qui estoit une manière de pédant], me fit quelque obstacle au commencement; la résolution de la fille et la facilité de la mère le levèrent bientost. Je la voyois touts les jours cheux elle, et très-souvent cheux madame de Rhodes, qui nous laissoit en toute liberté. Nous nous en servismes : je l'aimai, ou plus fort je la creus aimer; car je ne laissai pas de continuer mon commerce avec madame de Pommereux.

La société de messieurs de Brissac, de Vitry, du Matha, de Fontrailles, qui estoient demeurés en union avec nous, n'estoit pas dans ces temps-là un bénéfice sans charge. Ils estoient cruellement desbauchés, et la licence publique leur donnoit encore plus de liberté; ils s'emportoient touts les jours dans des excès qui alloient jusqu'au scandale. Ils revenoient un jour d'un disné qu'ils avoient fait cheux Coulon : ils virent venir un convoi, et ils le chargèrent l'espée à la main en criant au crucifix : « Voilà l'ennemi ! » Une autre fois ils maltraitèrent en pleine rue un valet de pied du roi [en marquant mesme fort peu de respect pour les livrées]. Les chansons de table n'espargnoient pas toujours le bon Dieu : je ne vous puis exprimer la peine que toutes ces folies me donnèrent. Le premier président les sçavoit très-bien relever, le peuple ne les trouvoit nullement bonnes, les ecclésiastiques s'en scandalisoient au dernier point. Je ne les pouvois couvrir, je ne les osois excuser, et elles retomboient nécessairement sur la Fronde. [Ce mot me remet dans la mémoire ce que je crois avoir oublié de vous expliquer dans le premier volume de cest ouvrage. C'est son étimologie, qui n'est pas de grande importance, mais qui ne se doibt pas toutefois ommettre dans un récit où il n'est pas possible qu'elle ne soit nommée plusieurs fois.]

Quand le parlement commença à s'assembler pour les affaires publiques, M. le duc d'Orléans et M. le prince y vindrent assez souvent, comme vous avez vu, et y adoucirent quelquefois les esprits. Ce calme n'y estoit que par intervalle. La chaleur y revenoit au bout de deux jours, [et l'on s'assembloit avec la mesme ardeur que le premier moment]. Bachaumont s'advisa de dire un jour en badinant, que le parlement faisoit comme les escoliers qui frondent dans les fossés de Paris, qui se séparent dès qu'ils voient le lieutenant civil et qui se rassemblent dès qu'il ne paroist plus. Ceste comparaison, qui fut trouvée asses plaisante, fut célébrée par les chansons, et elle refleurit particulièrement, lorsque la paix estant faite entre le roi et le parlement, l'on trouva lieu de l'appliquer à la faction particulière de ceux qui ne s'estoient pas accommodés avec la cour. Nous y donnasmes nous-mesme asses de cours, parce que nous remarquasmes que ceste distinction de nom eschauffe les esprits. [Le président de Bellièvre m'ayant dit que le premier président prenoit advantage contre nous de ce quolibet, je lui fis voir un manuscrit de Saint-Aldégonde, un des premiers fondateurs de la république de Hollande, où il estoit remarqué que Briderode se faschant de ce que, dans les premiers commencemens de la révolte des Pays-Bas, l'on les appelloit les gueux, le prince d'Orange, qui estoit l'ame de la faction, lui escrivit qu'il n'entendoit pas son véritable intérêt; qu'il en debvoit estre très-aise; et qu'il ne manquast pas mesme de faire mettre sur leur manteaux de petits bissacs en broderie, en forme d'ordre.] Nous résolusmes dès ce soir-là de prendre des cordons de chapeaux qui eussent quelque forme de fronde. Un marchand affidé nous en fit une quantité, qu'il débita à une infinité de gents qui n'y entendoient aucune finesse. Nous n'en portasmes que les derniers pour ne point faire paroistre d'affectation, qui en eut gasté tout le mistère. L'effet que ceste bagatelle fit est incroyable. Tout fut à la mode (de la Fronde?), le pain, les chapeaux, les canons, les gants, les manchons, les esvantails, les garnitures; et nous fusmes nous-mesme à la mode encore plus par ceste sotise que par l'essentiel. Nous avions certainement besoing de tout pour nous soubstenir, ayant toute la maison royale sur les bras : car quoique j'eusse veu M. le prince cheux madame de Longueville, je ne me croyois que fort médiocrement raccommodé. Il m'avoit traité civilement mais froidement; et je sçavois mesme qu'il estoit persuadé que je m'estois plaint de lui, comme ayant manqué aux paroles qu'il m'avoit fait porter à des particuliers du parlement. Comme je ne l'avois pas fait, j'avais subjet de croire que l'on eust affecté de me brouiller personnellement avec lui. [Je joignois cela à quelques circonstances particulières], et je trouvois que la chose venoit apparemment de M. le prince de Conti, qui

---

(1) Louise de Lorraine, fille naturelle de Louis, cardinal de Guise. Elle fut la deuxième femme de Claude Pot, seigneur de Rhodes, grand-maître des cérémonies, mort en 1642.

estoit naturellement très-malin, et qui d'ailleurs me haïssoit sans sçavoir pourquoi et sans que je le pusse deviner moi-mesme. Madame de Longueville ne m'aimoit guère davantage, et j'en descouvris un peu après la raison [que je vous dirai dans la suite]. Je me défiois avec beaucoup de fondement de madame de Montbazon, qui n'avoit pas à beaucoup près tant de pouvoir que moi sur l'esprit de M. de Beaufort, mais qui en avoit plus qu'il n'en falloit pour lui tirer touts ses secrets. Elle ne me pouvoit pas aimer, parce qu'elle sçavoit que je lui ostois la meilleure partie de la considération qu'elle en eust peu tirer à la cour. J'eusse peu aisément m'accommoder avec elle, car jamais femme n'a esté de si facile composition : mais comme accommoder cest accommodement avec mes autres engagements qui me plaisoient davantage, et avec lesquels il y avoit en effet sans comparaison plus de sûreté? Vous en voyes asses pour cognoistre que je n'estois pas sans embarras. Il ne tint pas au comte de Fuensaldagne de me soulager : il n'estoit pas content de M. de Bouillon, qui, à la vérité, avoit manqué le moment décisif de la paix générale. Il l'estoit beaucoup moins de ses envoyés, qu'il appelloit des taupes; et il estoit fort satisfait de moi, et parce que j'avois tousjours insisté pour la paix des couronnes, et parce que je n'avois eu aucun intérest dans la particulière [et que je n'estois pas mesme accommodé avec la cour]. Il m'envoya dom Antonio Pimentel pour m'offrir tout ce qui estoit au pouvoir du roi son maistre, et pour me dire que sachant l'estat où j'estois avec le ministre, il ne pouvoit pas doubter que je n'eusse besoing d'assistance; qu'il me prioit de recevoir cent mille escus que dom Antonio Pimentel m'apportoit en trois lettres de change, dont l'une estoit pour Basle, l'autre pour Strasbourg, l'autre pour Francfort : qu'il me demandoit pour cela aucun engagement, et que le roi Catholique seroit très-satisfait de n'en tirer d'autre advantage que celui de me protéger. Vous ne doubtes pas que je ne receusse avec un profond respect ceste honnesteté, j'en tesmoignai toute la recognoissance imaginable; je n'esloignai point du tout les vues de l'advenir, mais je refusai pour le présent, en disant à dom Antonio que je me croirois absolument indigne de la protection du roi Catholique, si je recevois des gratifications de lui n'estant pas en estat de le servir ; que j'estois né François et attaché encore plus particulièrement qu'un autre par ma dignité à la capitale du royaume; que mon malheur m'avoit porté à me brouiller avec le premier ministre de mon roi, mais que mon ressentiment ne me porteroit jamais à chercher de l'appui parmi ses ennemis, que lorsque la nécessité de la défense naturelle m'y obligeroit : que la providence de Dieu, qui cognoissoit la pureté de mes intentions, m'avoit mis dans Paris en un estat où je me soubstiendrois apparemment par moi-mesme; que si j'avois besoing d'une protection je sçavois que je n'en pouvois jamais trouver ni de si puissante ni de si glorieuse que celle de sa majesté Catholique, à laquelle je tiendrois tousjours à gloire de recourir. Fuensaldagne fut très-content de ma responce, qui lui parut, à ce qu'il dit depuis à Saint-Ibal, d'un homme qui se croyoit de la force, qui n'estoit pas aspre à l'argent, et qui avec le temps en pourroit recevoir. Il me renvoya dom Antonio Pimentel sur-le-champ mesme, avec une grande lettre pleine d'honnestetés, et un petit billet de M. l'archiduc, qui me mandoit qu'il marcheroit sur un mot de ma main. « Con todas las fuerças del rei so sennor. »

Il m'arriva justement le lendemain du départ de dom Antonio Pimentel, une petite intrigue qui me fascha plus qu'une plus grande. Laigues me vint dire que M. le prince de Conti estoit dans une cholère terrible contre moi; qu'il disoit que je lui avois manqué au respect; qu'il périroit lui et toute sa maison, ou qu'il s'en ressentiroit; et Sarasin (1), que je lui avois donné pour secrétaire, [et qui n'en avoit pas beaucoup de recognoissance], entra un moment après, qui me confirma la mesme chose, [en adjoustant qu'il falloit que l'offense fust terrible, parce que ni M. le prince de Conti ni madame de Longueville ne s'expliquoient point du détail, quoiqu'ils parussent outrés en général]. Juges, je vous supplie, à quel point un homme qui ne se sent rien sur le cœur, est surpris d'un esclat de ceste espèce. Je n'en fus en récompense que très-peu touché, parce qu'il s'en falloit beaucoup que j'eusse autant de respect pour la personne de M. le prince de Conti, que j'en avois pour sa qualité. Je priai Laigues de lui aller rendre de ma part ce que je lui debvois ; lui demander avec respect le subjet de sa cholère, l'asseurer qu'il n'en pouvoit avoir aucun qui peust estre fondé à mon esgard. Laigues revint très-persuadé qu'il n'y avoit point eu de cholère affective; qu'elle estoit toute affectée et toute contrefaite à dessein d'avoir une manière d'éclaircissement, qui fist ou au moins qui fist paroistre un raccom-

---

(1) Jean-François Sarrazin, poète et littérateur, bel esprit de ce temps-là, né vers 1603, secrétaire des commandements du prince de Conti, mourut à Pezenas, en décembre 1654.

modement; et ce qui lui donna ceste pensée fut qu'aussitost qu'il eust fait mon compliment à M. le prince de Conti, il fut receu avec joie, et remis pourtant pour la response, à madame de Longueville, comme à la principale intéressée. Elle fit beaucoup d'honnestetés à Laigues pour moi, et elle le pria de me mener le soir cheux elle. Elle me receut admirablement, en disant toutefois qu'elle avoit de grands subjets de se pleindre de moi ; que c'estoient de ces choses qui ne se disoient point, mais que je les sçavois bien. Voilà tout ce que j'en peus tirer pour le fond, car j'en eus toutes les honnestetés possibles et toutes les advances mesme pour rentrer en union avec moi (disoit-elle), et avec mes amis. En disant ceste dernière parole, [qu'elle prononcea un peu bas], elle me donna sur le visage de l'un de ses gants qu'elle tenoit à la main et elle me dit [en souriant] : « Vous m'entendes » bien. » Elle avoit raison ; et voici ce que j'entendis. M. de Larochefoucault avait, à ce que l'on prétendoit, beaucoup négotié avec la cour, [et ce qui me le fait croire est que long-temps devant que Damvilliers, bonne place sur la frontière de Champagne, fut donnée à M. le prince de Conti, qui la lui confia, le bruit en fut grand, qui n'estoit pas vraisemblablement une prophétie]. Comme il n'y avoit aucune assurance aux paroles du cardinal, M. de Larochefoucault creust qu'il ne seroit pas mal à propos, ou de les solliciter, ou de les fixer par un renouvellement de considération à M. le prince de Conti, à qui M. le Prince en donnoit peu. Et parce que l'on sçavoit qu'il le méprisoit parfaitement, et parce qu'il paroissoit en toutes choses que leur réconciliation n'estoit pas fort sincère, il eust souhaité, par ceste raison, de se remettre, au moins en apparence, à la teste de la Fronde, de laquelle il s'estoit asses séparé les premiers jours de la paix [et mesme dès les derniers de la guerre], et par des railleries dont il n'estoit pas maistre, et par un rapprochement à la cour qui, contre toute sorte de bon sens, avoit esté encore plus apparant qu'effectif. M. de Larochefoucault s'imagina, à mon opinion, que l'on ne pouvoit revenir plus naturellement du refroidissement qui avoit paru, que par un raccommodement, qui d'ailleurs feroit esclat et donneroit par conséquent ombrage à la cour ; ce qui alloit à ses fins. Je lui ai demandé depuis, une fois ou deux, la vérité de ceste intrigue ; [dont il ne me parut pas qu'il se ressouvint en particulier]. Il me dit seulement en général qu'ils estoient en ce temps-là persuadés, dans leur cabale, que je rendois de mauvais offices sur son subjet à madame de Longueville, auprès de monsieur son mari. C'est de toutes les choses du monde celle dont j'ai esté toute ma vie le moins capable, et je ne crois pas que ce soupçon fut la cause de l'esclat que M. le prince de Conti fit contre moi ; parce qu'aussitost que j'eus fait faire, par Laigues, mon premier compliment, je fus receu à bras ouvert, et qu'aussitost que madame de Longueville s'apperceut que je ne respondis, à ce qu'elle me dit de ses amis, qu'en termes généraux, elle retomba dans une froideur qui passa en fort peu de temps jusqu'à la haine. Il est vrai que comme je sçavois que je n'avois rien fait qui me peust attirer, avec justice, l'esclat que M. le prince de Conti avoit fait contre moi, et que je m'imaginai estre affecté, pour en faire servir l'accommodement à des intérests particuliers ; je demeurai fort froid à ce mot de mes amis, et plus que je ne le debvois. Elle se le tint pour dit ; et cela joint au passé, dont je vous ai déjà parlé, et dont je ne sçais pas encore le subjet, eut des suites qui nous ont deu apprendre, aux uns et aux autres, qu'il n'y a point de petits pas dans les grandes affaires.

M. le cardinal Mazarin, [qui avait beaucoup d'esprit, mais qui n'avoit point d'ame], ne songea, dès que la paix fut faite, qu'à se défendre pour ainsi parler, des obligations qu'il avait à M. le prince qui, à la lettre, l'avoit tiré de la potence ; et l'une de ses premières veues fut de s'allier avec la maison de Vendosme, qui, [dès le commencement de la régence], s'estoit trouvée en deux ou trois rencontres tout-à-fait opposées aux intérest de l'hostel de Condé. Il s'appliqua, par le mesme motif, avec soing, à gagner l'abbé de La Rivière, et il eust mesme l'imprudence de laisser veoir à M. le prince, qu'il lui faisoit espérer la charge destinée à M. le prince de Conti.

Quelques chanoines de Liége ayant jeté les yeux sur le mesme prince de Conti, pour cest évêché, le cardinal, qui affectoit de tesmoigner à La Rivière qu'il eust souhaité de le dégouter de sa profession, y trouva des obstacles, soubs le prétexte qu'il n'estoit pas de l'intérest de la France de se brouiller avec la maison de Bavière, qui y avoit des prétentions naturelles et déclarées.

J'obmets une infinité de circonstances qui marquèrent à M. le prince et la méconnoissance et la méfiance du cardinal. Il estoit trop vif et encore trop jeune pour songer à diminuer la dernière ; il l'augmenta par la prétention qu'il donna à Chavigny, qui estoit la beste du Mazarin, et pour qui il demanda et obtint la liberté de revenir à Paris ; par le soing qu'il prist des intérests de M. de Bouillon, qui s'estoit fort at-

11.

taché à lui depuis la paix ; et par les mesnagements qu'il avoit de son costé pour La Rivière, qui n'estoient pas secrets. Il ne fault point jouer avec ceux qui ont en main l'autorité royale ; quelques défauts qu'ils aient, ils ne sont jamais asses foibles pour ne pas mériter ou que l'on les mesnage, ou que l'on les perde. Leurs ennemis ne les doivent jamais mespriser, parce qu'il n'y a au monde que ces sortes de gents à qui il convienne quelquefois d'estre mesprisé.

Ces indispositions, [qui croissent tousjours dès qu'elles ont commencé], firent que M. le prince ne se pressa pas, comme il avoit accoustumé, de prendre, ceste campagne, le commandèment des armées. Les Espagnols avoient pris Saint-Venant et Ypre; et le cardinal se mit dans l'esprit de prendre Cambray. M. le prince, qui ne jugea pas l'entreprise praticable, ne s'en voulut pas charger. Il laissa cest emploi à M. le comte d'Harcourt (1), qui y eschoua; et il partit pour aller en Bourgogne, au mesme temps que le roi s'advancea à Compiègne, pour donner chaleur au siége de Cambray.

Ce voyage, quoique fait avec la permission du roi, fit peine au cardinal, et l'obligea à faire couler à M. le prince des propositions indirectes de rapprochement. M. de Bouillon me dit en ce temps-là, qu'il sçavoit de science certaine, qu'Arnauld (2), qui avoit esté maistre de camp des carabins et qui estoit fort attaché à M. le prince, s'en estoit chargé. Je ne sçai pas si M. de Bouillon en estoit bien informé ; et aussi peu, quelle suite ces propositions peurent avoir. Ce qui me parut fut que Mazerolles [qui estoit une manière de] négociateur de M. le prince, vint à Compiègne en ce temps-là, et qu'il y eut des conférences particulières avec M. le cardinal (3); qu'il luy déclara au nom de son maistre, que si la reine se défaisoit de la surintendance des mers, qu'elle avoit prise pour elle à la mort de M. de Brézé, son beau-frère, il prétendoit que ce fut en sa faveur et non pas en celle de M. de Vendosme, comme le bruit en couroit. Madame de Bouillon, qui croyoit estre bien advertie, me dit que le cardinal avoit esté fort estonné de ce discours, auquel il n'avoit respondu que par un galimatias, « que l'on lui fera bien expliquer, » adjousta-t-elle, quand on le tiendra à Paris. » Je remarquai ce mot que je lui fis moi-mesme expliquer, [sans faire semblant toutefois d'en avoir curiosité]; et j'appris que M. le prince faisoit estat de ne pas demeurer long-temps en Bourgogne, et d'obliger, à son retour, la cour de revenir à Paris, où [il ne doubtoit pas qu'il ne deut trouver] le cardinal bien plus souple qu'ailleurs. Ceste parole faillit me couter la vie comme vous le verrez par la suite. Il est nécessaire de parler auparavant de ce qui se passa à Paris [ce pendant que M. le prince fut en Bourgogne].

La licence y estoit d'autant plus grande que nous ne pouvions donner ordre à celle mesme qui ne nous convenoit pas. C'est le plus irrémédiable de touts les inconvéniens qui sont attachés à la faction ; et il est très grand en ce que la licence qui ne lui convient pas, lui est presque tousjours funeste, en ce qu'elle la descrie. Nous avions intérêt de ne pas estouffer les libelles (4) ni les vaudevilles, qui se faisoient contre le cardinal, mais nous n'en avions pas un moindre à supprimer ceux qui se faisoient contre la reine, [et quelquefois mesme contre la religion] et contre l'estat. L'on ne peut imaginer la peine que la chaleur des esprits nous donna sur

---

(1) Henri de Lorraine, comte d'Harcourt, frère cadet du duc d'Elbœuf. Il fut grand écuyer, gouverneur d'Alsace, puis d'Anjou, etc., et mourut en 1666.

(2) Isaac Arnauld, sieur de Corbeville, bel esprit célébré par Voiture. Il débuta dans le barreau, où il eut de grands succès; mais le roi ayant voulu taxer les honoraires des avocats, il *coupa* sa robe en 1602, et prit l'épée. Arnauld devint maître des carabiniers et gouverneur de Philisbourg, en 1634.

(3) A partir de ce mot jusques à ceux-ci : *ce qui en parut*, page 170, ligne 24, cette partie des Mémoires de Retz est écrite de la main de Dom Jean Picart : mais comme nous l'avons dit, le cardinal l'a pour ainsi dire authentiquée en paginant les feuillets de sa main; et surtout en y faisant de nombreuses corrections à la marge. On remarquera aussi une légère différence dans l'ortographe du texte, toutes les fois qu'il n'est pas de l'écriture du cardinal.

(4) « Il y a icy deux imprimés qui courrent secrètement; l'un a pour titre : *Response aux soupirs françois*; l'autre, *La Confession de pasque de M. le chancelier*.

Le lieutenant civil assembla, hier, chez luy, où j'estois, les principaux libraires pour une seconde chasse à ces échoppes de libraires et colporteurs, lesquels ne vendent plus rien que bien secrètement. L'on continue aussi le procès de Colinet, qui sera effigié à mort dans cette sepmaine : aujourd'hui le lieutenant civil va envoyer faire le deub de sa charge en cela.

» DE SAINTOT.
» A Paris, ce 24 avril 1649. »

« Je vous envoye ce que vous m'avez commandez; celui qui l'a imprimé est un nommé Genry Sara, imprimeur, logé près le Puy-Certain, que j'aprends avoir quelques habitudes chez Le Roy, ayant déjà imprimé un livre de La Chapelle; j'ai mis gens en queste pour en descouvrir l'auteur. Mais ce seroit un exemple que de faire pendre de ces canailles-là : le procureur du roy au Châtelet serait homme à n'y pas hésiter ; faut en attendre vos résolutions.

» DE SAINTOT.
» A Paris, ce 22 avril 1649. »

ce subjet. La Tournelle condamna à la mort deux [imprimeurs] (1) convaincus d'avoir mis au jour deux ouvrages très-dignes du feu. Ils s'advisèrent de crier, comme ils estoient sur l'eschelle, qu'on les faisoit mourir parce qu'ils avoient débités des vers contre le Mazarin ; le peuple les enleva à la justice [avec une fureur inconcevable]. Je ne touche ceste petite circonstance que comme un eschantillon, qui vous peut faire cognoistre l'embaras où sont les gents sur le compte desquels l'on ne manque jamais de mettre tout ce qui se fait contre les loix : et ce qui est encore de plus fascheux, est qu'il ne teint cinq ou six fois le jour qu'à la fortune, de corrompre par des contretemps plus naturels à ces sortes d'affaires qu'à aucune autre, les meilleures et les plus sages productions du bon sens. En voici un exemple.

Jerzai (2) qui estoit en ce temps-là fort attaché au cardinal Mazarin, se mit en teste d'accoustumer, se disoit-il, les Parisiens à son nom ; et il s'imagina qu'il y réussiroit admirablement, en brillant avec tous les autres jeunes gens de la cour qui avoient ce caractère, dans les Tuilleries, où tout le monde avoit pris fantaisie de se promener tous les soirs. Messieurs de Candale (3), de Bouteville (4), de Souvré, de Saint-Mesgrain (5) et je ne sçais combien d'autres, se laissèrent persuader à cette folie, qui ne laissa pas de leur réussir au commencement. Nous n'y fismes point de réflection : et comme nous nous sentions les maistres du pavé, nous crusmes mesme qu'il estoit de l'honesteté de vivre civilement avec des gents de qualité à qui l'on debvoit de la considération, quoiqu'ils fussent de parti contraire. Ils en prirent advantage. Ils se vantèrent à Saint-Germain que les frondeurs ne leur faisoient pas quitter le haut des allées dans les Tuilleries. Ils affectèrent de faire de grands soupers sur la terasse du jardin de Renard, d'y mener les violons et d'y boire publiquement à la santé de son Eminence [à la veue de tout le peuple, qui s'y assembloit pour y entendre la musique. Je ne vous puis exprimer à quel point] cette extravagance m'embarrassa. Je sçavois d'un costé qu'il n'y a rien de si dangereux que de souffrir que nos ennemis fassent devant les peuples ce qui nous doibt déplaire, parce que les peuples ne manquent jamais de s'imaginer qu'ils le peuvent puisque l'on le souffre. Je ne voyois autre part de moyens pour l'empescher que la violence, qui n'estoit pas honneste contre des particuliers, parce que nous estions trop forts ; et qui n'estoit pas sage, parce qu'elle commestoit à des querelles particulières, [qui n'estoient pas de nostre compte et] par lesquelles le Mazarin eust esté ravy de nous donner le change. Voici l'expédient qui me vint en l'esprit. J'assemblay chez moy messieurs de Beaufort, le mareschal de La Mothe, de Brissac, de Rais, de Vitry et de Fontraille : devant que de m'ouvrir, je les fis jurer de se conduire à ma mode dans une affaire que j'avois à leur proposer. Je leur fis voir les inconvéniens de l'inaction sur ce qui se passoit dans les Tuilleries ; je leur exagérai les inconvénients, [qui iroient mesme jusqu'au ridicule], des procédés particuliers ; et nous convinsmes que dès le soir M. de Beaufort, accompagné de ceux que je viens de vous nommer, et de cent ou six vingts gentilshommes se trouveroient chez Renard, comme il sçauroit que ces messieurs seroient à table ; et après avoir fait compliment à M. de Candale et aux autres, il dist à Jerzai que sans leur considération il l'aurait jetté du haut du rampart pour lui apprendre à se vanter, etc. A quoy j'adjoustai qu'il seroit bien aussi de faire casser quelques violons lorsque la bande s'en retourneroit, et qu'elle ne seroit plus en lieu où les personnes qu'on ne vouloit point offenser y puissent prendre part. Le pis du pis de ceste affaire, c'estoit un procédé de Jerzay, qui ne pouvoit point avoir de mauvaises suittes, parce que sa naissance n'estoit pas fort bonne ; ils me promirent tous de ne recevoir aucune parole de luy, et de se servir de ce prétexte pour en faire purement une affaire de parti. Ceste résolution fut très-mal exécutée. M. de Beaufort, au lieu de faire ce qui avoit esté résolu, s'emporta de chaleur. Il tira d'abord la nape ; il renversa la table ; l'on coiffa d'un potage le pauvre Vineville, qui n'en pouvois mais, et qui se trouva de

---

(1) Un de ces criminels était Marlot, imprimeur. Il avoit été condamné au gibet pour avoir imprimé un libelle très-offensant contre la reine. (A. E.) C'était une pièce en vers intitulée : *La Custode du lit de la reine*.

(2) Réné du Plessy, chevalier, marquis de Jarzé, seigneur Duplessis Bourré, capitaine des gardes-du-corps du roi, en 1648 ; puis lieutenant-général de ses armées. C'étoit un des plus renommés diseurs de bons mots : il rivalisait avec Angévins, le prince de Guémené et Bautru.

(3) Louis-Charles Gaston de Nogaret, de La Valette et de Froix, duc de Candale, etc. ; mort sans alliance en 1658, âgé d'un peu plus de trente ans. (A. E.)

(4) François-Henri de Montmorency, duc de Pisney-Luxembourg, maréchal de France en 1675, mort le 4 janvier 1695. (A. E.) — Il étoit fils de François de Montmorency, décapité pour s'être battu en duel contre le marquis Bussy d'Amboise.

(5) Jacques de Stuer, marquis de Saint-Mesgrin. Il fut tué au combat du faubourg Saint-Antoine le 2 juillet 1652, à l'âge de trente-six ans.

hazard astablé avec eux. Le pauvre commandeur de Jars (1) eust la mesme adventure. L'on cassa les instrumens sur la teste des violons. [Moreuil], qui estoit avec M. de Beaufort, donna trois ou quatre coup [de plat d'espée] à Jerzai. M. de Candale, et M. de Bouteville qui est aujourd'hui M. de Luxembourg, mirent l'espée à la main, et sans Comesnil, qui se mist au devant d'eux, ils eussent couru fortune dans la foule des gens qui l'avoient tous hors du fourreau.

Ceste adventure, [qui ne fut pourtant pas sanglante], ne laissa pas de me donner une cruelle douleur, et aux partisans de la cour la satisfaction d'en jetter sur moi le blasme dans le monde. Il ne fut pas de longue durée, et parce que l'application que j'eus à en empescher les suites, [à quoi je réussis], fît asses cognoistre mon intention, et parce qu'il y a de certains temps ou de certaines gens ont tousjours raison. Par celle des contraires, Mazarin avoit tousjours tort. Nous ne manquasmes pas de célébrer, comme nous le debvions, la levée du siège de Cambray; le bon acueil fait à Servien pour le fruit de la rupture de la paix de Munster; le bruit du restablissement d'Eméry (2), qui courut aussitost après que M. de La Millaraye se fut desfait de la surintendance des finances, et qui se trouva véritable peu de jours après. Enfin nous nous trouvions en estat d'attendre avec sécurité et mesme avec dignité, ce que pourroit produire le chapitre des accidents, dans lequel nous commencions à entrevoir de grandes indispositions de M. le prince pour le cardinal, et du cardinal pour M. le prince.

Ce fut dans ce moment où madame de Bouillon me descouvrit que M. le prince avoit pris la résolution d'obliger le roy de revenir à Paris; et M. de Bouillon me l'ayant confirmé, je pris celle de me donner l'honneur de ce retour, qui estoit dans la vérité très souhaité du peuple, [et qui d'ailleurs nous donneroit dans la suitte beaucoup plus de considération quoi qu'il parut d'abord nous en oster. Je me servis pour c'est effet de deux moyens], l'un fut de faire insinuer à la cour que les frondeurs apréhendoient ce retour [au dernier point; l'autre, qui servoit aussi à donner ceste opinion au cardinal], fut d'escou-

(1) François de Rochechouart, chevalier de Malte, connu sous le nom de *commandeur de Jars*. Son attachement à la reine lui valut de longues et nombreuses persécutions de la part du cardinal de Richelieu. Enfermé à la Bastille, puis transféré à Troyes pour y être jugé, il fut condamné à mort; mais il reçut sa grâce au pied de l'échafaud.

(2) « Je ne puis m'empescher de vous dire que depuis cinq sepmaines que nous sommes en charge, il n'y a pas moien de faire plus. Cependant on n'est point con-

ter les négotiations qu'il ne manquoit jamais de hazarder de huit jours en huit jours par différents canaux, pour luy lever tous soubçons : il y eut de l'art de nostre costé. Je fis ce que je peus pour faire agir en cela M. de Beaufort soubs son nom, parce que, [sans vanité], je croyois que le Mazarin s'imagineroit qu'il trouveroit plus de facilité à le tromper que moy. Mais comme M. de Beaufort, ou plustost comme La Boulaye à qui M. de Beaufort s'en ouvrit, vit que la suitte de la négotiation alloit à faire le voyage de Compiègne, il ne voulut point que M. de Beaufort y entra, soit qu'en effet il crut, comme il le disoit, qu'il y eust trop de péril pour luy, soit [que sachant que je ne faisois pas estat que celui qui iroit de nous deux y vist le cardinal Mazarin], il ne peut se résoudre à laisser faire un pas à M. de Beaufort aussi contraire aux espérances que madame de Monbazon, à qui La Boulaye estoit dévoué, donnoit continuellement à la cour de son accommodement. Ceste ouverture de M. de Beaufort à La Boulaye, me donna une inquiétude esfroyable, parce qu'estant très-persuadé de son infidélité et de celle de son amie, je ne voyois pas seulement la fausse négociation que je projettois avec la cour inutile, mais en ce que je la considérois mesme comme très-dangereuse. Elle estoit pourtant nécessaire ; car vous jugez bien de quel inconvénient il nous estoit, de laisser l'honneur du retour du roy ou au cardinal ou à M. le prince, [qui n'eussent pas manqué, selon touttes les règles], de s'en faire une preuve de ce qu'il avoit tousjours dit que nous nous y opposions. Le président de Bellièvre, [à qui j'avois communiqué mon embarras], me dit que puisque M. de Beaufort m'avoit manqué au secret sur un point qui me pouvoit perdre, je pouvois bien luy en faire un de mon costé sur un point qui le pouvoit sauver luy-mesme ; qu'il y alloit de tout pour le party ; qu'il falloit tromper M. de Beaufort pour son salut ; que je le laissasse faire et qu'il me donnoit sa parole que devant qu'il fut nuit il raccommoderoit tout le mal que le manquement de secret de M. de Beaufort avoit causé. Il me prit dans son carosse ; il m'emmena chez madame de Montbazon, où M. de Beaufort passoit

tent de nous, *on négotie le restablissement de M. d'Hemery*. Je n'y aurais rien trouvé à redire du commencement, et savez que je vous en ay dit ; mais à present cela ne se peut sans blesser ce que nous avons de plus cher, qui est nostre honneur et notre réputation. Je remets tout cela soubs la confiance de l'amitié que vous avez promis à vostre, etc.

» DALIGRE.

» A Paris, ce 10 juin 1649. »

toutes les soirées. Il y arriva un moment après nous; et M. de Bellièvre fit sy bien qu'il répara effectivement ce qui estoit gasté. Il leur fît croire qu'il m'avoit persuadé qu'il falloit songer tout de bon à s'accommoder; que la bonne conduite ne vouloit pas que nous laissassions venir le roy à Paris, sans avoir au moins commencé à négocier, [qu'il estoit nécessaire par la circonstance du retour du roy], que la négociation se fît par nous-mesme en personne, c'est-à-dire par M. de Beaufort ou par moy. Madame de Montbazon, qui prit feu à ceste première ouverture et qui creut qu'il n'y auroit plus de péril en ce voyage, puisqu'on vouloit bien y négocier effectivement, avancea, mesme avec précipitation, qu'il seroit mieux que M. de Beaufort y allast. Le président de Bellièvre allégua douze ou quinze raisons, dont il n'y en avoit pas une qu'il entendit luy-mesme, pour luy prouver que cela ne seroit pas à propos; et je remarquai en ceste occasion que rien ne persuade tant les gens qui ont peu de sens, que ce qu'ils n'entendent pas. Le président de Bellièvre leur laissa mesme entrevoir qu'il seroit peut-estre à propos que je me laissasse persuader, quand je serois là, de voir le cardinal. Madame de Montbazon qui entretenoit des correspondances, ou plustost qui croyoit en entretenir avec tout le monde, par les différents cannaux qu'elle avoit avec chascun, se fit honneur par celuy du mareschal d'Albret (1), à ce qu'on ma dit depuis, de ce projet à la cour; et ce qui me le faict asses croire est que Servien recommença [fort justement, et comme à point nommé] ses négotiations avec moy. J'y respondis à tous hazard, comme sy j'estois asseuré que la cour en eust esté adverti par madame de Montbazon. Je ne m'engageay pas de voir à Compiègne le cardinal Mazarin, parce que j'estois très-résolu de ne l'y point voir: mais je luy fis entendre [plustost qu'autrement] que je l'y pourrois voir, parce que je recognus clairement que si le cardinal n'eust eu l'espérance que ceste visite me discrediteroit dans le peuple, il n'eust point consenti au voyage qui pouvoit faire croire au peuple que j'eusse part au retour du roy; que je jugeay plustost à la mine qu'aux paroles de Servien, n'estre pas esloigné de l'inclination du cardinal, que l'on le croyoit à Paris et mesme à la cour. Vous croyez facilement que j'oubliois de dire à Servien que je fisse estat de parler à la reyne sur ce retour. Il alla annoncer le mien à Compiègne avec une joie merveilleuse: [mais elle ne fut pas si grande parmy mes amis, quand je leur eus communiqué ma pensée]: j'y trouvai une opposition merveilleuse, parce qu'ils creurent que j'y courreois un grand péril. Je leur fermay la bouche en leur disant que tout ce qui est nécessaire n'est jamais hazardeux. J'allay coucher à Liancourt, où le maistre et la maistresse de la maison (2) firent de grands efforts pour m'obliger de retourner à Paris; et j'arrivay le lendemain à Compiègne au levé de la reyne.

Comme je montois l'escalier, un petit homme habillé de noir, que je n'avois jamais veu et que je n'ai jamais veu depuis, me coula un billet en la main où ces mots estoient escript en lettres majuscules: SI VOUS ENTREZ CHEZ LE ROY VOUS ESTES MORT. J'y estois; il n'estoit plus temps de reculer. Comme je veis que j'avois passé la salle des gardes sans estre tué, je me creus sauvé. Je tesmoignay à la reyne, [qui me reçut très-bien], que je venois l'asseurer de mes obéissances très-humbles, et de la disposition où estoit l'esglise de Paris de rendre à Leurs Majestés touts les services auxquelles elle estoit obligée. J'insinuai dans la suite de mon discours tout ce qui estoit nécessaire pour pouvoir dire que j'avois beaucoup insisté pour le retour du roy. La reyne me tesmoigna beaucoup de bonté et mesme beaucoup d'agréement sur tout ce que je luy disois: mais quand elle fut tombée sur ce qui regardoit le cardinal, et qu'elle eust veu que, quoy qu'elle fît beaucoup d'instances de le voir, je persistois à luy respondre que ceste visite me rendroit inutile à son service, elle ne se peut plus contenir, elle rougit beaucoup; et tout le pouvoir qu'elle eust sur elle fut, à ce qu'elle a dit depuis, de ne me rien dire de fascheux.

Servien racontoit un jour au mareschal de Clairambault, que l'abbé Fouquet (3) proposa à la reine de me faire assassiner chez Servien où je disnois; et il adjousta qu'il estoit arrivé à temps pour empescher ce malheur. M. de Vendosme, qui vint au sortir de table chez Servien, me pressa de sortir, en me disant qu'on tenoit des fascheux conseils contre moy: mais quand cela n'aurois pas esté, M. de Vendosme l'auroit

---

(1) César-Phébus d'Albret, comte de Moissans, maréchal de France en 1653, mort en 1676. La branche de ce maréchal est bâtarde de la maison d'Albret. (A. E.)

(2) Roger du Plessis, duc de La Rocheguyon, mort à l'âge de soixante-quinze ans, en 1674; Jeanne de Schomberg sa femme, est morte la même année, deux mois avant son mari.

(3) Basile Fouquet, abbé de Barbeaux et de Rigny, né en 1622, était frère du surintendant des finances; il mourut en 1683.

L'éditeur de 1820, fixe par erreur la mort de Basile Fouquet à l'année 1680; mais les anciennes éditions d'où la note de 1820 est inexactement tirée, indiquent la véritable date, qui est l'année 1683.

dit; il n'y a jamais eu un imposteur pareil à celui-là.

Je revins à Paris, ayant fait tous [les effets] que je souhaitois. J'avois effacé le soubçon que les frondeurs feussent contraires au retour du roy; j'avois jeté sur le cardinal toutte la haine du délay; je m'estois asseuré l'honneur principal du retour; j'avois bravé le Mazarin dans son trosne; il y eust dès le lendemain un libelle qui mit tous ces advantages dans leur jour. Le président de Bellièvre fit voir à madame de Montbazon que les circonstances particulières, [que j'avois trouvées à Compiègne], m'avoient forcé de changer de résolution touchant la visite du cardinal. J'en persuaday asses aisément M. de Beaufort, qui fut d'ailleurs chatouillé du succès que ceste démarche eust dans le peuple. Hoquincourt, qui estoit de nos amis, fit le mesme jour je ne sçai quelle bravade au cardinal, du destail de laquelle je ne me ressouviens point, que nous relevasmes de mille couleurs. Enfin nous cognusmes visiblement que nous avions de la provision encore pour longtemps dans l'imagination du public; ce qui faict le tout en ces sortes d'affaires.

M. le prince estant revenu à Compiègne, la cour prit ou déclara la résolution de revenir à Paris. Elle y fut receue comme les roys l'ont tousjours esté et le seront tousjours, c'est-à-dire avec acclamations qui ne signifient rien que pour ceux qui prennent plaisir à se flatter. Un petit procureur du roy du Chastelet, [qui estoit une manière de fou], aposta pour de l'argent douze ou quinze femmes, qui, à l'entrée du fauxbourg, crièrent : Vive son Eminence! qui estoit dans le carosse du roy : et son Eminence creut qu'il estoit maistre de Paris. Il s'apperceut au bout de quatre jours qu'il s'estoit trompé lourdement. Les libelles continuèrent. Marigny redoubla de force pour les chansons; les frondeurs parurent plus fiers que jamais. Nous marchions quelquefois seuls, M. de Beaufort et moy, avec un page derriere nostre carosse; nous marchions quelque fois avec cinquante livrées et cent gentilshommes. Nous diversifions la scène selon que nous jugions debvoir estre du goust des spectateurs. Les gens de la cour, qui nous blasmoient depuis le matin jusqu'au soir, ne laissoient pas de nous imiter à leur mode. Il n'y en avoit pas un qui ne prit avantage sur le ministre, des *frotades* que nous lui donnions, c'estoit le mot du président de Bellièvre; et M. le prince, qui en faisoit trop ou trop peu à son esgard, continua à le traicter de hault en bas, [et plus à mon opinion qu'il ne convient de traitter un homme qu'on veut laisser dans le ministère]. Comme M. le prince n'estoit pas content du refus que l'on luy avoit fait de la surintendance des mers, qui avoit esté à son beau-frère (1), le cardinal pensoit tousjours à le radoucir par des propositions de quelques autres accommodements, qu'il eust esté bien aise toutefois de ne luy donner qu'en apparence. Il luy proposa que le roy luy achepteroit le comté de Monbéliar, souveraineté asses considérable, [qui est frontière entre l'Alsace et la Franche-Comté], et il donna charge à Herballe de ménager ceste affaire avec le propriétaire, qui est un des cadets de la maison de Wirtemberg. On prétendit en ce temps-là, que Herballe mesme avoit adverti M. le prince que sa commission secrète estoit de ne pas réussir dans sa négotiation. [Je ne sçais si ce bruit estoit bien fondé et j'ay tousjours oublié de le demander à M. le prince, quoy que je l'aye eu vingt fois à la pensée] : ce qui est constant, est que M. le prince n'estoit pas content du cardinal, et qu'il ne continua pas seulement depuis son retour à traiter fort bien M. de Chavigny, qui estoit son ennemi capital, mais qu'il affecta mesme de se radoucir beaucoup à l'esgard des frondeurs. Il me tesmoigna en mon particulier bien plus d'amitié et plus d'ouverture qu'il n'avoit faict dans les premiers jours de la paix; il ménagea beaucoup davantage que par le passé monsieur son frère et madame sa sœur. Il me semble mesme que ce fut en ce temps-là, [quoy qu'il ne m'en souvienne pas asses pour l'asseurer], qu'il remit M. le prince de Conty dans la fonction du gouvernement de Champagne, dont jusques-là il n'en avoit eu que le titre. Il s'attacha l'abbé de La Rivière, en souffrant que M. son frère, qu'il prétendoit pouvoir faire cardinal par pure recommandation, lui laissat la nomination pour laquelle le chevallier [d'Elbelle] fut dépesché à Rome. Tous ces pas ne diminuoient pas les défiances du cardinal, qui estoient fort augmentées par l'attachement que M. Bouillon, [mescontant et d'un esprit profond], avoit pour M. le prince; mais elles estoient encor particulièrement aigries, par l'imagination qu'il avoit prise que M. le prince favorisa le mouvement de Bordeaux, qui, tyrannisé par M. d'Espernon, esprit violent [et incapable] avoit pris les armes par l'autorité du parlement, soubs le commandement de [Chambret] et depuis soubs celui de Sauvebeuf (2). Ce parlement avoit

---

(1) Armand de Maillé, duc de Fronsac, marquis de Brézé, neveu du cardinal de Richelieu. Il fut tué sur mer, d'un coup de canon, le 14 juin 1646, à l'âge de 27 ans.

(2) Charles-Antoine de Ferrière, marquis de Sauvebœuf, lieutenant-général des armées du roi, chevalier du Saint-Esprit en 1651.

dépeché à celuy de Paris un de ses conseillers appellé Guyonnet, qui ne bougeoit de chez M. de Beaufort, à qui tout ce qui paroissoit grand paroissoit bon, [et tout ce qui paroissoit mistérieux paroissoit sage]. Il ne tient plus à moy d'empescher ces apparences, qui ne servoient à rien, et qui pouvoient nuire par [mille raisons; ce que je marque sur un subjet, dans lequel il s'agit de M. le prince], parce qu'il me parla mesme avec aigreur de ces conférances de Guyonnet avec M. de Beaufort; ce qui fait veoir qu'il estoit bien esloigné de fomenter les désordres de la Guienne. Mais le cardinal le croyoit parce que M. le prince, [qui avoit tousjours de très-bonnes et de très-sincères intentions pour l'estat], penchoit à l'accommodement, et n'estoit pas d'advis que l'on hazardast une province aussi importante [et aussi remuante] que la Guienne, pour le caprice de M. d'Espernon. L'un des plus grands défauts du cardinal Mazarin est qu'il n'a jamais peu croire que personne luy parloit avec bonne intention.

Comme M. le prince avoit voulu se réunir toute sa maison, il creut qu'il ne pourroit satisfaire pleinement M. de Longueville, qu'il n'eust obligé le cardinal à luy tenir la parole qu'on luy avoit donnée à la paix de Ruel, de luy mettre entre les mains le Pont-de-l'Arche, qui, joint au viel Palais de Rouen, à Caen et à Dieppe, ne convenoit pas mal à un gouverneur de Normandie. Le cardinal s'opiniastra à ne le pas faire, [et jusqu'au point qu'il s'en expliqua à qui le voulut entendre]. M. le prince, se trouvant un jour au cercle, et voyant qu'il faisoit le fier plus qu'à l'ordinaire, luy dist en sortant du cabinet de la reyne, [d'un ton assez haut] : A DIEU MARS. Cela se passa à honze heures du soir [et un peu devant le souper de la reyne], je le sceu un demy quart d'heure après, comme tout le reste de la ville. Et comme j'allois le lendemain sur les sept heures du matin à l'hostel de Vendosme pour y chercher M. de Beaufort, je le trouvay sur le Pont-Neuf, dans le carrosse de M. de Nemours, qui le menoit chez madame sa femme, pour qui M. de Beaufort avoit une grande tendresse. M. de Nemours estoit encore en ce temps-là dans les intérest de la reyne; et comme il sçavoit l'esclat du soir précédent, il s'estoit mis en l'esprit de persuader à M. de Beaufort de se déclarer pour elle en ceste occasion. M. de Beaufort s'y trouvoit tout à fait

disposé, et d'autant plus que madame de Montbazon l'avoit presché jusqu'à deux heures après minuit sur le mesme ton. Le cognoissant comme je faisois, je ne devois pas estre surpris de son peu de veue; j'advoue, toutefois, que je le fus au dernier point. Je lui représentai, avec toute la force qu'il me fut possible, qu'il n'y avoit rien au monde qui fût plus opposé au bon sens; qu'en nous offrant à M. le prince, nous ne hazardions rien; qu'en nous offrant à la reyne, nous hazardions tout : que dès que nous aurions fait ce pas, M. le prince s'accommoderoit avec le Mazarin, qui le recevroit à bras ouverts, et par sa propre considération et par l'avantage qu'il trouveroit à faire cognoistre au peuple qu'il debvoit sa conservation aux Frondeurs, ce qui nous discréditeroit absolument dans le publique; que le pis du pis, en nous offrant à M. le prince, seroit de demeurer comme nous estions, avec la différence que nous aurions acquis un nouveau mérite à l'esgard du publique, par le nouvel effort que nous aurions faict pour ruiner son ennemi. Ces raisons, [ausquelles il n'y avoit à la vérité rien à respondre], emportèrent M. de Beaufort. Nous allasmes dès l'après-disnée à l'hostel de Longueville, où nous trouvasmes M. le prince dans la chambre de madame sa sœur. Nous luy offrismes nos services. Nous feusmes receu comme vous le pouvez imaginer, et nous soupasmes avec luy chez Prudhomme, où le panégirique du Mazarin ne manqua d'aucune de ses figures (1).

Le lendemain au matin, M. le prince me fit l'honneur de me venir veoir, et il continua à me parler du mesme air dont il m'avoit parlé la veille. Il receut mesme avec plaisir la balade en *na, ne ni, no, nu*, que Marion lui présenta comme il descendoit les degrez. Il m'escrivit le soir, sur les onze heures, un petit billet, par lequel il m'ordonnoit de me trouver le lendemain matin à quatre heures cheux luy avec Noirmoustier. Nous l'esveillasmes comme il nous l'avoit mandé. [Il nous parut d'abord assez embarassé]; il nous dit qu'il ne pouvoit se résoudre à faire la guerre civile : que la reine estoit si attachée au cardinal, qu'il n'y avoit que ce moyen de l'en séparer; qu'il ne croyoit pas qu'il fût de sa conscience et de son honneur de le prendre, et qu'il estoit d'une naissance à laquelle la conduite des Balafré ne convenoit pas. [Ce furent ses propres paroles, et je les remarquai]; il adjousta qu'il n'oublieroit jamais l'obligation qu'il nous avoit; qu'en s'accommo-

(1) La prétendue formation d'un nouveau ministère, arrétée à cette époque par le prince de Condé et les Frondeurs, et dont parle Petitot dans son *Introduction aux Mémoires sur la Fronde*, est un fait qui ne nous paraît pas suffisamment établi par les Mémoires du temps. Retz n'en parle pas dans les siens. Selon Petitot, Châteauneuf devait être placé à la tête de ce ministère : Chavigny et le coadjuteur en devaient également faire partie.

dant, il nous accommoderoit aussy avec la cour, si nous le voulions; [que sy nous ne croyons pas qu'il fût de nos intérêts], il ne laisseroit pas, si la cour nous vouloit attaquer, de prendre hautement nostre protection. Nous luy respondismes que nous n'avions prétendu, en luy offrant nos services, que l'honneur et la satisfaction de le servir; que nous serions au désespoir que nostre considération eust arresté un moment son accommodement avec la reine; que nous le supplions de nous permettre de demeurer comme nous estions avec le cardinal Mazarin, et que cela n'empescheroit pas que nous ne demeurassions tousjours dans les termes et du respect et du service que nous avions voué à Son Altesse.

Les conditions de cet accommodement de M. le prince avec le cardinal n'ont jamais esté publiques, parce qu'il ne s'en est sçeu que ce qu'il pleut au cardinal, en ce temps-là, de jeter dans le monde. [Je me ressouviens en général qu'il l'affecta, j'en ay oublié le detail et je ne l'ay pas trouvé, quoique j'aie cherché pour vous en rendre compte.] Ce qui en parut, fut la remise du Pont-de-l'Arche, entre les mains de M. de Longueville.

Les affaires publiques ne m'occupoient pas si fort, que je ne fusse obligé de vaquer à des particulières, qui me donnèrent bien de la peine. Madame de Guéméné, qui s'en estoit allée d'effroi, comme je crois vous avoir déjà dit, dès les premiers jours du siége de Paris, revint de cholère, à la première nouvelle qu'elle eut de mes visites à l'hostel de Chevreuse. Je fus asses fou pour la prendre à la gorge sur ce qu'elle m'avoit lachement abandonné; elle fut asses folle pour me jeter un chandelier à la teste, sur ce que je ne lui avois pas gardé fidélité à l'esgard de mademoiselle de Chevreuse. Nous nous accordasmes un quart-d'heure après ce fracas, et dès le lendemain, je fis pour son service ce que vous alles voir.

Cinq (1) ou six jours après que M. le prince fut accommodé, il m'envoya le président Viole pour me dire qu'on le déchiroit dans Paris, comme un homme qui avoit manqué de parole aux Frondeurs; qu'il ne pouvoit pas croire que ces bruits là vinssent de moy; qu'il avoit des lumières que M. de Beaufort et madame de Montbazon y contribuoient beaucoup, et qu'il me prioit d'y donner ordre. Je montay aussitost en carrosse avec le président Viole; j'allay avec luy chez M. le prince, et je luy tesmoignay, [ce qui estoit de la vérité, qui estoit en effet], que j'avois tousjours parlé comme j'avois deu sur son subjet. J'excusay autant que je peu M. de Beaufort et madame de Montbazon, quoy que je n'ignorasse pas que la dernière [particulièrement] n'eut dist que trop de sottises. Je luy insinuay dans le discours, qu'il ne debvoit pas trouver estrange que dans une ville aussy ennemye et aussi enragée contre le Mazarin, l'on se fût fort plaint de son accommodement, qui le remettoit pour la seconde fois sur le trosne. Il se fit justice; il comprit que le peuple n'avoit pas besoing d'instigateurs pour estre eschauffé sur ceste matière. Il entra bonnement avec moy sur les raisons qu'il avoit eu de ne pas pousser les affaires; il fut satisfait de celle que je pris la liberté de luy dire pour justifier ma conduite; il m'asseura de son amitié très obligemment; je l'asseuray très sincèrement de mes services, et la conversation finit d'une manière assez ouverte et mesme assez tendre, pour me donner lieu de croire qu'il me tenoit pour son serviteur, et qu'il ne trouveroit pas mauvais que je me meslasse d'une affaire qui estoit arrivée justement la veille de ce que je vous viens de raconter.

M. le prince s'estoit engagé, à la prière de Meille (2), cadet de Foix, qui estoit fort attaché à luy, de faire donner le tabouret à la comtesse de Fleix (3); et le cardinal, qui y avoit grande aversion, suscita toute la jeunesse de la cour pour s'opposer à tous les tabourets qui n'estoient pas fondés sur des brevets. M. le prince, qui vit tout d'un coup une manière d'assemblée de noblesse, à la teste de laquelle mesme le mareschal de l'Hospital s'estoit mis, ne voulut pas s'atirer la clameur publique pour des intérest qui lui estoient, dans le fond, assez indifférents; et il creut qu'il feroit assez pour la maison de Foix, s'il renversoit les tabourets des autres maisons privilégiées. Celle de Rohan es-

---

(1) A partir de cet alinéa jusqu'à ces mots : *Vous ne sauriez*, page 175, ligne 28, cette partie des Mémoires est écrite de la main du bénédictin D. J. Picart.

(2) Henri de Foix, vicomte de Maille, frère puîné de J.-B. Gaston de Foix, comte de Fleix. Il fut maréchal de camp des armées du roi, et mourut, en 1658, des blessures reçues à la bataille des Dunes, près Dunkerque.

(3) Le dernier éditeur des Mémoires de Retz (Paris, 1825) a fait une méprise en confondant la comtesse de Fleix, de 1649, avec *Madeleine-Charlotte d'Ailly*, qui ne porta ce titre qu'en 1664, par son mariage avec le fils aîné de J.-B. Gaston de Foix, comte de Fleix. La comtesse de Fleix, dont il est ici question, était Marie-Claire de Beaufremont, marquise de Sennecey, femme de Jean-Baptiste Gaston de Foix, gouverneur de Mâcon, mort en 1646. Marie-Claire de Beaufremont, comtesse de Fleix, fut première dame d'honneur d'Anne d'Autriche; elle avait épousé le comte de Fleix, en 1637, et elle mourut en 1680.

toit la première de ce nombre ; et jugez, s'il vous plaist, de quel dégout estoit un déchec de cette nature aux dames de ce nom. La nouvelle leur en fut apportée le soir mesme que madame la princesse de Guémené revint d'Anjou. Mesdames de Chevreuse, de Rohan et de Montbazon se trouvèrent le lendemain chez elle. Elles prétendirent que l'affront qu'on leur vouloit faire n'estoit qu'une vengeance qu'on vouloit prendre de la Fronde. Nous résolusmes une contre assemblée de noblesse, pour soustenir le tabouret de la maison de Rohan. Mademoiselle de Chevreuse eust eu assez de plaisir qu'on l'eust distinguée par là de celle de Lorraine ; mais la considération de madame sa mère fist qu'elle n'osa contredire le sentiment commun. Il fut d'essayer d'esbranler M. le prince devant que de venir à l'esclat. Je me chargeay de la commission, [que la conversation que j'avois eu avec luy, aida à me faire croire pouvoir estre d'un succès plus possible]. J'allay chez luy dès le soir mesme ; je pris mon prétexte sur la parenté que j'avois avec la maison de Guémené. M. le prince, qui m'entendit à demi-mot, me respondit ces propres paroles « Vous estes bon parent, » il est juste de vous satisfaire. Je vous promets » que je ne choqueray point le tabouret de la » maison de Rohan ; [mais je vous demande une » condition sans laquelle il n'y a rien de fait, » c'est que vous disiez dès aujourd'huy à ma- » dame de Montbazon, que le seul article que » je desire pour nostre accommodement, est que, » lorsqu'elle coupera je ne sçay quoy à M. de » La Rochefoucault, elle ne l'envoie pas dans » un bassin d'argent à ma sœur, comme elle l'a » dict à vingt personnes depuis dix jours] (1). »

J'exécutay fidèlement et exactement l'ordre de M. le prince ; j'allay de chez luy droict à l'hostel de Guémené, où je trouvay toute la compagnie assemblée ; je suppliay mademoiselle de Chevreuse de sortir du cabinet, et je fis rapport en propres termes de mon ambassade aux dames, qui en furent beaucoup édifiées. Il est si rare qu'une négociation finisse en cette manière, que celle-là m'apparut n'estre pas indigne de l'histoire.

Cette complaisance, que M. le prince eust pour moy [et qu'il n'eust asseurement que pour moy], despleut fort au cardinal, qui avoit encore tous les jours de nouveaux sujets de chagrins. Le vieil duc de Chaulnes (2), gouverneur d'Auvergne, lieutenant du roy en Picardie, et gouverneur d'Amiens, mourut en ce temps-là. Le cardinal, à qui la citadelle d'Amiens eust assez pleu pour luy-mesme, eust bien voulu que le Vidasme luy en eust cédé le gouvernement dont il avoit la survivance, pour avoir celuy d'Auvergne. Ce Vidasme, qui estoit frère aisné de M. de Chaulnes que vous voyez aujourd'huy, se fascha, escrivit une lettre très-haulte au cardinal, et il s'attacha à M. le prince. M. de Nemours fist la mesme chose, parce que l'on balança à luy accorder le gouvernement d'Auvergne. Miossans, qui est présentement le mareschal d'Albret, et qui estoit à la teste des gendarmes du roy, s'accoustuma et accoustuma les austres à menacer le ministre. Il augmenta la haine publique qu'on avoit contre luy, par le restablissement d'Emery, extrêmement odieux à tout le royaume ; mais ce restablissement, [duquel nous ne manquasmes pas de nous servir], nous fit d'autre part un peu de peine, parce que cest homme, [qui ne manquoit pas d'esprit], et qui cognoissoit mieux Paris que le cardinal, y jeta de l'argent, et qu'il l'y jeta mesme assez à propos. C'est une science particulière, et laquelle bien ménagée, faict autant de bons effets dans un peuple, qu'elle en produist de mauvais quand elle n'est pas bien entendue ; elle est de la nature de ces choses qui sont nécessairement ou toutes bonnes ou toutes mauvaises.

Cette distribution qu'il fit sagement et sans esclat [dans les commencements de son restablissement], nous obligea à songer encore avec plus d'application, à nous incorporer, pour ainsy dire, avec le publique ; et comme nous en trouvasmes une occasion qui estoit saincte en elle mesme, [ce qui est tousjours un avantage signalé], nous ne la manquasmes pas ; si on m'eust creu, toutefois, nous ne l'eussions pas prise sitost ; nous n'estions pas encore pressés, et il n'est jamais sage de faire dans les factions où l'on n'est que sur la défensive, ce qui n'est pas pressé ; mais l'inquiétude des subalternes est la chose du monde la plus incommode en ce rencontre. Ils croient que l'on est perdu, dès que l'on n'agist pas. Je les preschois tous les jours qu'il falloit planer ; que les pointes estoient dangereuses ; que j'avois remarqué en plusieurs occasions que la patience avoit de plus grands effets que l'activité. Personne ne comprenoit cette vérité, [qui est pourtant incontestable], et l'impression que fist à ce propos dans les esprits un meschant mot de la princesse de Guémené, est in-

---

(1) Ces lignes entre crochets, indiquées dans les anciens éditeurs comme effacées, ne le sont pas dans le manuscrit original.

(2) Honoré d'Albert, duc de Chaulnes, Vidame d'Amiens, frère du connétable de Luynes, mort en 1649, le 30 octobre, en sa soixante-neuvième année. (A. E.)

croyable. Elle se ressouvint d'un vaudeville que l'on avoit faict autrefois sur un certain régiment de Bruslon, ou l'on disoit qu'il n'y avoit que deux dragons et quatre tambours. Comme elle haissoit la Fronde pour plus d'une raison, elle me dict un jour chez elle en me raillant, que nous n'estion plus que quatorze de nostre party, qu'elle compara ensuitte au régiment de Bruslon. Noirmoustier, qui estoit esveillé mais estourdy, et Laigues, qui estoit lourd mais présumptueux, furent touchéz de cette raillerie, [qui leur parut bien fondée], et au point qu'ils murmuroient depuis le matin jusqu'au soir, de ce que je ne m'accommodois pas, ou de ce que je ne poussois pas les affaires jusqu'à l'extrémité. Comme les chefs dans les factions n'en sont maistres qu'autant qu'ils sçavent prévenir ou appaiser les murmures, il fallut en venir malgré moy à agir, quoy qu'il n'en fût pas encore temps; et je trouvay, par bonne fortune, une manière qui eust rectifié et mesme consacré l'imprudence, pour peu qu'il eust pleu à ceux qui l'avoient causée de ne la pas outrer.

L'on peut dire avec vérité que les rentes de l'Hostel-de-Ville de Paris sont particulièrement le patrimoine de tous ceux qui n'ont que médiocrement du bien. Il est vray qu'il y a des maisons riches qui y ont part; mais il est encore plus vrai qu'il semble que la providence de Dieu les ait encore plus destinées pour les pauvres; ce qui bien entendu et bien ménagé, pourroit estre très-avantageux au service du roy, parce que ce seroit un moyen seur et d'autant plus efficace qu'il seroit imperceptible, d'attacher à sa personne un nombre infiny de familles médiocres, qui sont tousjours les plus redoutables dans les révolutions. La licence [du dernier siècle] a donné quelquefois des atteintes à ce fond sacré.

L'ignorance du Mazarin ne garda point de mesure dans sa puissance. Il recommença aussitost après la paix, à rompre celles par lesquelles et les arrests du parlement et les déclarations du roy avoient pourveu aux désordres. Les officiers de l'Hostel-de-Ville dépendants du ministère y contribuèrent par leurs prévarications. Les rentiers s'esmeurent [par eux mesmes, et sans aucunes sucitations]; ils s'assemblèrent en grand nombre en l'Hostel-de-Ville. La chambre des vacations donna arrest par lequel elle deffendit ces assemblées. Quand le parlement fut rentré, à la Saint-Martin de l'année 1649, la grande chambre confirma cest arrest, qui estoit juridique en soy, parce que les assemblées sans l'autorité du prince ne sont jamais légitimes; mais qui authorisoient toutefois le mal en ce qu'il en empeschoit le remède.

Ce qui obligea la grande chambre à donner un second arrest, fust que, nonobstant celuy qui avoit esté rendu par la chambre des vacations, les rentiers assemblés au nombre de plus de trois mille hommes, tous bons bourgeois et vestus de noir, avoyent créez douze sindics (1) pour veiller, ce disoient-ils, sur les prévarications du prévost des marchands. Cette nomination des sindics fut inspirée à ces bourgeois par cinq ou six personnes, qui avoyent en effet quelque intérest dans les rentes, mais que j'avois jetées dans l'assemblée pour la diriger, aussitost que je la vis formée. Je suis encore très-persuadé que je rendis en cette occasion un très-grand service à l'estat, parce que sy je n'eusse réglé, comme je fis, ceste assemblée [qui entrainoit après elle presque tout Paris], il y eust eu asseurément une fort grande sédition. Tout s'y passa au contraire avec un très grand ordre. Les rentiers demeurèrent dans le respect pour quatre ou cinq conseillers du parlement, qui parurent à leur teste et voulurent bien accepter le syndicat. Ils y persistèrent avec force, quand ils sceurent par les mesme conseillers, que nous leur donnions M. de Beaufort et moy nostre protection. Ils nous firent une députation solemnele [que nous receusmes comme vous pouves l'imaginer]. Le premier président, qui se le devoit tenir pour dict, voyant cette démarche, s'emporta et donna ce second arrest dont je vous viens de parler. Les sindics prétendirent que leur sindicat ne pouvoit estre cassé que par le parlement en corps et non pas par la grande chambre. Ils se pleignirent aux enquestes, qui furent du mesme advis, après en avoir oppiné dans leurs chambres, et qui allèrent ensuite chez M. le premier président, accompagnés d'un très-grand nombre de rentiers.

La cour, qui creut debvoir faire un coup d'autorité, envoya des archers chez Parain-des-Coutures, capitaine des quartiers, et qui estoit un des douze sindics. Ils furent assez heureux pour ne le pas trouver chez luy. Le lendemain les rentiers s'assemblèrent en très-grand nombre en l'Hostel-de-Ville, et y résolurent de présenter requeste au parlement, et d'y demander justice de la violence que l'on avoit voulu faire à l'un de leurs sindics.

Jusque là nos affaires alloient à souhait. Nous nous estions enveloppés dans la meilleur et la plus juste affaire du monde, et nous estions sur

---

(1) Du Portail, Maréchal, Bélot, Parain-des-Coutures, Joly, le président Charton, Labory, Matarel, étaient au nombre des syndics des rentiers.

le point de nous reprendre et de nous recoudre, pour ainsy dire, avec le parlement, qui estoit sur le point de demander l'assemblée des chambres, et de sanctifier par conséquent tout ce que nous avions faict. Le diable monta à la teste de nos subalternes : ils crurent que ceste occasion tomberoit sy nous ne la relevions par un grain qui fut de plus hault goust que les formes du Palais. Ce furent les propres mots de Montresor, qui, dans un conseil de fronde, qui fut tenu chez le président de Bellièvre, proposa qu'il falloit faire tirer un coup de pistolet à l'un des syndics, pour obliger le parlement à s'assembler ; parce qu'autrement, dit-il, le premier président n'accordera jamais l'assemblée des chambres [qu'il a prétexte de refuser, puisqu'il l'a promis à la paix, au lieu que sy nous faisions une esmotion, les enquestes prendroient leurs places tumultuairement et feroient ainsy l'assemblée des chambres], qui nous est absolument nécessaire, parce qu'elle nous rejoint naturellement au parlement, dans une conjoncture où nous serons avec le parlement les défenseurs de la veufve et de l'orphelin ; et où nous ne sommes sans le parlement que des séditieux et des tribuns du peuple. Il n'y a, adjousta-t-il, qu'à faire tirer un coup de pistolet dans la rue à l'un des sindics, qui ne sera pas assez cogneu du peuple pour faire une trop grande esmotion, et qui la fera toutefois suffisante pour produire l'assemblée des chambres, qui nous est sy nécessaire.

Je m'opposay à ce dessein (1) avec toute la force qui fut en mon pouvoir. Je représentay que nous aurions infailliblement l'assemblée des chambres sans cet expédient, qui avoit mille et mille inconvéniens. [J'adjoustay qu'une supposition estoit toujours odieuse.] Le président de Bellièvre traicta mon scrupule de pauvreté ; il me pria de me ressouvenir de ce que j'avois mis autrefois dans la vie de César, que dans les affaires publics la morale a plus d'estendue que dans les particulières. Je le priay à mon tour de se ressouvenir de ce que j'avois mis à la fin de la mesme vie ; qu'il est toujours judicieux de ne se servir qu'avec d'extrêmes précautions de cette licence, parce qu'il n'y a que le succès qui la justifie. « Et qui peut répondre » du succès, [adjoustois-je], puisque la fortune » peut jeter cent et cent incidents dans une af- » faire de cette nature, qui couronnent l'abo- » minable par le ridicule quand elle ne réussit » pas. »] Je ne fus pas escouté quoyqu'il semblât que Dieu m'avoit inspiré ces paroles, comme vous le verrez par l'événement : [messieurs de Beaufort, de Brissac, de Noirmoustier, de Laigues, de Bellièvre, de Montresor, se mirent tous contre moi] ; et il fut résolu qu'un gentilhomme qui estoit à Noirmoustier, tireroit un coup de pistolet dans le carrosse de Joly, que vous avez veu depuis à moy (2), et qui estoit un des sindics des rentiers ; que Joly se feroit une égratignure pour faire croire qu'il auroit esté blessé ; qu'il se mettroit au lit, et qu'il donneroit sa requeste au parlement. Je vous confesse que cette résolution me donna une telle inquiétude toute la nuit, que je n'en fermay pas l'œil ; et que je dis le lendemain au matin au président de Bellièvre ces deux vers d'Horace (3) :

Je rends grâces aux Dieux de n'estre pas Romain,
Pour conserver encor quelque chose d humain.

Le mareschal de La Mothe, [à qui nous communiquasmes ce bel exploit], y eut presque autant d'aversion que moy. Enfin il s'executa l'onziesme décembre (4) et la fortune ne manqua pas d'y jeter le plus cruel de tous les incidents que l'on se fut peu imaginer. Le marquis de La Boulaye, soit de sa propre folie, soit de concert avec le cardinal (5), [dont je suis persuadé par une preuve qui est convaincante], voyant que sur l'esmotion causée dans la place Maubert par ce coup de pistolet, et sur la pleinte du président Charton, l'un des sindics, qui se voulut imaginer qu'on avoit pris Joly pour luy, le parlement s'estoit assemblé, se jeta comme

---

(1) Le volume 733 de la collection Dupuy (Manuscrits de la Bibliothèque du roi) renferme les pièces qui ont rapport à cette affaire ; telles que : *Relation de ce qui s'est passé dans Paris et dans le parlement, depuis le 11 décembre 1649 jusqu'au 22 février 1651, touchant l'assassinat de Joly. La sédition de Laboulaye*, etc. *Déposition de Pichon, Sasiendo*, etc. Différents interrogatoires, et autres pièces relatives aux affaires des rentiers.

(2) Lorsque Retz écrivait cette partie de ses Mémoires, Joly avait déjà abandonné depuis long-temps le service du cardinal, puisque ce domestique infidèle s'était retiré depuis 1665.

(3) Tragédie de Corneille, acte III, scène 3.

(4) Ce même jour, le roi accordait des lettres d'abolition à ceux des habitants de Paris qui s'étaient rendus coupables de rébellion. (Collection Dupuy, tome 754.)

(5) Cette présomption du cardinal de Retz est entièrement confirmée par plusieurs lettres du cardinal Mazarin à Le Tellier, dans lesquelles il recommande surtout à ce dernier, d'accorder à Laboulaye plusieurs grâces qu'il avait demandées; et par d'autres lettres ayant pour objet de lui recommander les intérêts de ce même personnage, à cause de madame de Montbazon. Mazarin en parle comme d'un homme *décidé à bien servir*. Du reste, les historiens ont adopté la version de Retz, et regardent Laboulaye comme un homme acheté.

un insensé et comme un démoniaque au milieu de la salle du Palais, suyvi de quinze ou vingt coquins, dont le plus honneste homme estoit un misérable savetier. Il cria aux armes; il n'oublia rien pour en faire prendre dans les rues voisines; il alla chez le bon homme Broussel, il luy fist une reprimande à sa mode; il vient chez moy où je le menassay de le faire jeter par la fenestre, [et où le gros Comény, qui s'y trouva, le traicta comme un valet. Je vous rendrai compte de la suite de cette adventure, quand je vous aurai expliqué la raison que j'ay de croire que ce marquis de La Boulay, père de La Mark, que vous avez veu], agissoit de concert avec le cardinal.

Il estoit attaché à M. de Beaufort, qui le traictoit de parent, mais il tenoit encore davantage auprès de luy par madame de Monbazon, de qui il estoit tout-à-fait dépendant. J'avois descouvert que ce misérable avoit des conférences secrètes avec madame d'Empuce, concubine, en titre d'office de Ondédéï, et espionne avérée du Mazarin. [Il n'avoit pas tenu à moy d'en détromper M. de Beaufort], à qui j'avois mesme fait jurer, sur les évangiles, qu'il ne luy diroit jamais rien de tout ce qui me regardoit. Laigues [qui n'estoit pas un imposteur, m'a dict, encore un peu de temps avant sa mort], que le cardinal, en mourant, le recommanda au roi comme un homme qui l'avoit tousjours très-fidèlement servi. Vous remarqueres, s'il vous plaist, que ce mesme homme avoit tousjours esté frondeur de profession.

Je reviens à Joly. Le parlement estant assemblé, l'on ordonna qu'il seroit informé de cest assassinat. La reyne, qui vit que La Boulaye n'avoit pas réussy dans sa tentative de la sédition, alla à son ordinaire, car c'estoit un sabmedi, à la messe de Nostre-Dame. Le prévost des marchands l'alla asseurer, à son retour, de la fidélité de la ville. L'on affecta de publier au Palais-Royal que les frondeurs avoient voulu soulever le peuple, et qu'ils avoient manqué leur coup. Tout cela ne fut que douceur au prix de ce qui arriva le soir. La Boulaye [qui estoit en défiance, s'il n'estoit pas d'intelligence avec la cour, ou qui voulut achever la pièce qu'il avoit commencée, s'il estoit de concert avec le Mazarin], posa une espèce de corps de garde de sept à huit cavaliers devant la place Dauphine, cependant que luy, à ce qu'on m'a asseuré depuis, estoit chez une fille de joie du voisinage. Il y eust je ne sais quelle rumeur entre ces cavaliers et les bourgeois du guet; et l'on vint dire au Palais-Royal qu'il y avoit de l'émotion en ce quartier. Servien, qui s'y trouva, eust ordre d'envoyer sçavoir ce que c'estoit, et l'on prétend qu'il grossit beaucoup, par son rapport, le nombre des gens qui y estoient. L'on observa mesme qu'il eust une asses longue conférence avec le cardinal, dans la petite chambre grise de la reyne; et que ce ne fut qu'après cette conférence qu'il veint dire, tout échauffé, à M. le prince, qu'il y avoit asseurément quelqu'entreprise contre sa personne. Le premier mouvement de M. le prince fut de s'en aller esclaircir luy-mesme, la reine l'en empeschea; et ils conveindrent d'envoyer seulement le carosse de M. le prince, avec quelques carosses de suite, comme ils avoient accoustumé, pour veoir si on l'attaqueroit. Comme ils arrivèrent sur le Pont-Neuf, ils trouvèrent force gens en armes, parce que les bourgeois les avoient prises à la première rumeur, et il n'arriva rien [au carosse de M. le prince]. Il y eut un valet blessé d'un coup de pistolet dans celuy de Duras, qui le suivoit, dit-t-on. On ne sçait point trop comme cela arriva: s'il est vray, comme on disoit en ce temps-là, que deux cavaliers eussent tiré ce coup de pistolet, après avoir regardé dans le carosse de M. le prince, où ils ne trouvèrent personne. Il y a apparence que ce jeux fut la continuation de celuy du matin. Un boucher, très-homme de bien, me dit huit jours après, et il me l'a redit vingt fois depuis, qu'il y avoit pas un mot de vray de ce qui s'estoit dict de ces deux cavaliers; que ceux de La Boulaye n'y estoient plus quand les carosses passèrent; et que les coups de pistoletz [qui se tirèrent, en ce temps-là], ne furent qu'entre des bourgeois yvres et ses camarades bouchers, qui revenoient de Poissy, et qui n'estoient pas à jeun. Ce boucher, appelé Le Houte, père du chartreux dont vous avez ouï parler, disoit qu'il estoit dans la compagnie.

[Quoi qu'il en soit, il faut adjouer que l'artifice de Servin rendit un grand service au cardinal en ce rencontre, parce qu'il luy] réunit M. le prince par la nécessité où il se trouva de pousser les frondeurs, qu'il creust l'avoir voulu assassiner. [L'on a blasmé M. le prince d'avoir donné dans ce panneau, et en mon opinion on l'en a du pleindre; il estoit difficile de s'en défendre, dans un moment où] tout ce qu'il y a de gens, qui sont le plus à un prince, croyent qu'ils ne luy tesmoigneroient pas leur zèle s'ils ne luy exagéroient son péril. Les flatteurs du Palais-Royal confondirent avec empressement et avec joie l'entreprise du matin avec l'adventure du soir; l'on broda sur ce canevas tout ce que la plus lâche complaisance, tout ce que la plus noire imposture, tout ce que la crédulité la plus sotte purent figurer ; et nous nous trouvasmes le lendemain matin resveillés par le bruit respandus par toute la ville, que nous avions voulu enlever la personne du roy, et la mener en l'Hostel-de-Ville ; que nous avions résolu de massacrer M. le prince, et que les troupes d'Espagne s'advançoient vers la frontière, de concert avec nous. La cour fist le soir mesme une peur effroyable à madame de Montbazon, que l'on sçavoit estre la patrone de La Boulaye. Le maréchal d'Albret, qui se vantoit d'en estre aimé, luy portoit tout ce qu'il plaisoit au cardinal d'aller jusqu'à elle. Vigneuil, qui en estoit effectivement aimé, à ce qu'on disoit, luy inspiroit tout ce que M. le prince luy vouloit faire croire. Elle fit veoir les enfers ouverts à M. de Beaufort, qui me vint esveiller à cinq heures du matin, pour me dire que nous estions perdus, et que nous n'avions qu'un party à prendre : qui estoit à luy de se jeter dans Péronne, où Hoquincourt le recevroit ; et à moi, de me retirer à Maizières, où je pouvois disposer de Bussuy La Met. Je creus, aux premiers mots de ceste proposition, que M. de Beaufort avoit faict avec La Boulaye quelque sottise avec luy. Comme il m'eust fait mille et mille sermens qu'il en estoit aussy innocent que moy, je luy dis que les partis qu'il proposoit estoient pernicieux ; qu'ils nous feroient paroistre coupables aux yeux de tout l'univers ; il n'y en avoit point d'autre que de nous envelopper dans nostre innocence, que de faire bonne mine, [ne rien prendre pour nous] de tout ce qui ne nous attaqueroit pas directement, et de nous resoudre, de ce que nous aurions à faire [selon les occasions. Comme il se piquoit aisément de tout ce qui lui paroissoit audacieux], il entra sans peine dans mes raisons. Nous sortismes ensemble sur les huit heures pour nous faire veoir au peuple, et pour veoir moi-mesme la contenance du peuple que l'on m'avait mandé de différents quartiers estre beaucoup consterné. Cela nous parut effectivement ; et si la cour nous eust attaqué dans ce moment, je ne sçais si elle n'aurait point réussy. J'eus trente billets sur le midy, qui me firent croire qu'elle en avoit le dessein, et trente autres qui me firent appréhender qu'elle ne peut avoir avec succès.

Messieurs de Beaufort, de La Mothe, de Brissac, de Noirmoutiers, de Laigues, de Fiesque, de Fontrailles et de Matha vindrent disner chez moy. Il y eust, après disné, une grande contestation ; la pluspart vouloient que nous nous missions sur la défensive [ce qui eust esté très-ridicule, parce qu'ainsy] nous nous fussions recogneus coupables avant que d'estre accusés.

Mon advis l'emporta, qui fut que M. de Beaufort marchast seul dans les rues avec un page derrière son carrosse, et que j'y marchasse de mesme manière de mon costé [avec un aumosnier] ; que nous allassions séparément chez M. prince luy dire que nous estions très-persuadés qu'il ne nous faisoit pas l'injustice de nous confondre dans les bruits qui couroient.

Je ne peus trouver, après-disner, M. le prince chez luy ; et M. de Beaufort ne l'y ayant pas rencontré non plus, nous nous trouvasmes sur les six heures chez madame de Monbazon, qui vouloit à toute force que nous prissions des chevaux de poste pour nous enfuir. Nous eusmes sur cela une contestation qui ouvrit une scène, où il y eut bien du ridicule, quoy qu'il ne s'y agit que du tragique. Madame de Montbazon soubstenant qu'au personnage que nous jouerions, M. de Beaufort et moy, il n'y avoit rien de plus aisé que de se défaire de nous, puisque nous nous mettions entre les mains de nos ennemis : je lui respondis qu'il estoit vray que nous hasardions notre vie ; mais que sy nous agissions autrement, nous perdrions certainement nostre honneur. Elle se leva à ce mot de dessus son lict où elle estoit, et elle me dict, après m'avoir mené vers la cheminée : « Avouez le vray, ce » n'est pas ce qui vous tient, vous ne sçau- » ries quitter vos nymphes. Emmenons l'in- » nocente avec nous : je crois que vous ne » vous souciez plus guère de l'autre. » Comme j'estois accoustumé à ces manières, je ne fus pas surpris de ce discours. Je le fus davantage quand je la vis effectivement dans la pensée de s'en aller à Péronne, et si effrayée, qu'elle ne sçavoit ce qu'elle disoit. Je trouvais que ses deux amants lui avoient donné plus de frayeur qu'apparemment ils n'eussent voulu. J'essayai de la rassurer ; et sur ce qu'elle me tesmoigna quelques défiances que je ne fusse pas de ses amis, à cause de la liaison que j'avois avec mesdames de Chevreuse et de Guéméné, je lui dis tout ce que celle que j'avois avec M. de Beaufort pouvoit demander de moi dans ceste conjoncture. A quoi elle me respondit brusquement : « Je veux que l'on soit de mes amis pour » l'amour de moi-mesme : ne le mérité-je pas » bien ? » Je lui fis là-dessus son panégyrique ; et de propos en propos, qui continuèrent asses long-temps, elle tomba sur les beaux exploits que nous aurions fait si nous nous estions trouvés unis ensemble, à quoi elle adjousta qu'elle ne concevoit pas comme je m'amusois à une vieille qui estoit plus méchante que le diable, et à une jeune qui estoit encore plus sotte à proportion. « Nous nous disputons tout le jour cest innocent,

» (reprit-elle en montrant M. de Beaufort qui » jouoit aux échets); nous nous donnnons bien » de la peine, nous gastons toutes nos affaires; » accordons-nous ensemble, allons-nous en à Pe-» ronne. Vous estes maistre de Mézières, le » cardinal nous enverra demain des négotia-» teurs. »

Ne soyes pas surprise, s'il vous plaist, de ce qu'elle parlait ainsi de M. de Beaufort; c'estoient ses termes ordinaires, et elle disoit à qui la vouloit entendre, qu'il estoit impuissant, ce qui estoit vrai ou presque vrai; qu'il ne lui avoit jamais demandé le bout du doigt; qu'il n'estoit amoureux que de son ame; et en effet, il me paroissoit au désespoir quand elle mangeoit les vendredis de la viande, ce qui lui arrivoit très-souvent. J'estois accoustumé à ces dits, mais comme je ne l'estois pas à ces douceurs, j'en fus touché, quoiqu'elles me fussent suspectes, veu la conjoncture. Elle estoit fort belle; je n'avois pas de dispositions naturelles à perdre de telles occasions; je radoucis beaucoup; l'on ne m'arracha pas les yeux; je proposai d'entrer dans le cabinet, mais l'on me proposa pour préalable de toutes choses d'aller à Peronne : ainsi finirent nos amours. Nous rentrasmes dans la conversation; l'on se remit à contester sur la conduite. Le président de Bellièvre, que madame de Montbazon envoya consulter, respondit qu'il n'y avoit pas deux partis; que l'unique estoit de faire toutes les desmarches de respect vers M. le prince; et si elles n'estoient receues, de se soubstenir par son innocence et par sa fermeté.

M. de Beaufort sortit (1) de l'hostel de Montbazon pour aller chercher M. le Prince qu'il trouva à table, [ou chez Prudhomme, ou chez le mareschal de Gramont, je ne m'en ressouviens pas précisément]. Il luy fit son compliment avec respect. M. le prince, qui se trouva surpris, luy demanda s'il se vouloit mettre à table. Il s'y mist; il soustint la conversation s'en s'embarasser et il sortit d'affaire avec une audace qui ne déborda pas. [J'ai ouis dire à beaucoup de gens que cette démarche de M. de Beaufort avoit touché l'esprit du Mazarin à un tel point, qu'il fut quatre ou cinq jours à ne parler d'autre chose avec ses confidents.] Je ne sçais ce qui se passa depuis ce souper jusques au lendemain matin, mais je sçais bien que M. le prince, qui n'avait pas paru aigri, comme vous voyes, ce soir-là, parut fort envenimé contre nous le lendemain.

J'allay chez luy avec Noirmoutier; et quoy que toute la cour y fut pour luy faire compliment sur son prétendu assassinat, et qu'il les fist tous entrer les uns après les autres dans son cabinet, le chevalier de Rivière, qui estoit gentilhomme de la chambre, m'y laissa tousjours, en me disant qu'il n'avoit pas ordre de me faire entrer. Noirmoutier, qui estoit fort vif, s'impatientoit; j'affectois la patience publique; je demeuray dans la chambre trois heures entières et je n'en sortis qu'avec les derniers. Je ne me contentay pas de cette avance; j'allay chez madame de Longueville, qui me reçeut asses froidement; après quoy je descendis chez M. son mari, qui estoit arrivé à Paris depuis peu, et le priaye de tesmoigner à M. le prince, etc. Comme il estoit fort persuadé que tout ce qui se passoit n'estoit qu'un piège que la cour tendoit à M. le prince, il me fit cognoistre qu'il avoit un mortel déplaisir de ce qu'il voyoit : mais comme il estoit naturellement foible, qu'il estoit fraischement raccommodé avec luy [et qu'il avoit faict tout de nouveau une je ne sçais quelle liaison avec La Rivière], il demeura dans les termes généraux, et je m'apperceus mesme que contre son ordinaire il évitoit le destail.

Tout ce que je viens de vous dire se passa le onziesme et le douziesme de décembre 1649. Le treiziesme, M. le duc d'Orléans, accompagné de M. le prince et de messieurs de Bouillon, de Vendosme, de Saint-Simon, d'Elbeuf et de Mercœur, vint au parlement, où sur une lettre de cachet envoyée par le roy, par laquelle il informa des auteurs de la sédition, il fut arresté que l'on travailleroit à cette affaire avec toute l'application que méritoit une conjuration contre l'estat.

Le quatorziesme, M. le prince [en la mesme compagnie], fit plainte et demanda qu'il fut informé de l'attentat qu'on avoit voulu commettre contre sa personne.

Le quinziesme, l'on ne s'assembla pas, parce que l'on voulut donner du temps à messieurs Charton et Doujat, pour achever les informations pour lesquelles ils avoient esté commis.

Le dix-huitiesme, le parlement ne s'estant pas assemblé pour la mesme raison, Joly présenta requeste à la grande chambre pour estre renvoyé à la Tournelle, prétendant que son affaire n'estoit que particulière et ne devoit pas estre traitée dans l'assemblée des chambres, puis-

---

(1) L'écriture de D.-J. Picart, dont il a été déjà parlé deux fois, recommence ici et se continue jusqu'à la fin du deuxième alinéa de la page 180, deuxième colonne.

L'alinéa qui suit est écrit de la main du cardinal de Retz ; puis l'écriture du même copiste recommence et continue jusqu'à la deuxième colonne de la page 181.

qu'elle n'avoit aucun rapport à la sédition. Le premier président, qui ne vouloit faire qu'un procès de tout ce qui s'estoit passé l'onziesme, renvoya la requeste à l'assemblée des chambres.

Le dix-neuviesme, il n'y eut point d'assemblées.

Le vingtiesme, Monsieur et M. le prince veindrent au Palais, et toute la séance se passa en contestations, sy le président Charton, qui avoit faict sa plainte le jour du prétendu assassinat de Joly, opineroit ou n'opineroit pas. Il fut exclus et avec justice.

Le vingt-uniesme, le parlement ne s'assembla pas.

Vous pouvez croire que la Fronde ne s'endormait pas en l'estat où estoient les choses. Je n'oubliai rien de tout ce qui pouvoit servir au restablissement de nos affaires, [qui estoient dans un prodigieux décréditement]. Presque tous nos amis estoient désesperez, tous estoient affoiblis. Le mareschal de La Mothe mesme se laissa toucher à l'honesteté que M. le prince luy fict de le tirer du pair, et s'il ne nous abandonna pas, il mollit beaucoup. Je suis obligé de faire en cest endroit l'éloge de M. Caumartin. Il estoit mon allié, Escry, qui estoit mon cousin-germain, ayant épousé une de ses tantes. Il avoit déjà quelque amitié pour moy, mais nous n'estions en nulle confidence. [Et quand il ne se fut pas signalé en ceste occasion, je n'eusse pas seulement songé à me plaindre de luy]. Il s'unit entièrement avec moy le lendemain de l'esclat de La Boulaye. Il entra dans mes intérests lorsque l'on me croyoit abysmé à touts les quarts d'heure. Je luy donnay ma confiance par recognoissance, je la luy continuay, au bout de huit jours, par l'estime que j'eus pour sa capacité, qui passoit son age. [Il fut, après trois mois d'intrigues, plus habile, sans comparaison, que tout ce que vous voyéz. Je suis asseuré que vous me pardonnerez bien cette petite disgression.] Ce que je trouvay de plus ferme à Paris, dans la consternation, furent les curez (1). Ils travaillèrent ces sept ou huit jours-là parmy leur peuple avec un zèle incroyable pour moy; et celuy de Saint-Gervais, qui estoit frère de l'advocat général Talon, m'escrivit dès le cinquiesme. « Vous remontés : sauvez-vous de l'assassinat ; devant qu'il soit huit jours vous serez plus fort que vos ennemis. »

Le 21 à midy, un officier de chancellerie me t advertir que M. Meillan, procureur-général, avoit esté enfermé deux heures le matin avec M. le chancelier et avec M. de Chavigny, et qu'il avoit esté résolu, par l'advis du premier président, que le vingt-deuxiesme il prendroit ses conclusions contre M. de Beaufort, contre M. de Broussel et contre moy, [qu'on avoit longtemps contesté sur la forme, que l'on estoit convenu à la fin], qu'il concluroit à ce que nous serions assigné pour estre ouys : ce qui est une manière d'adjournement personnel un peu mitigé.

Nous tinsmes après disnée un grand conseil de Fronde chez Longueil, dans le quel il y eut de grandes contestations. L'abattement qui paroissoit encore dans le peuple faisoit craindre que la cour ne se servit de cest instant pour nous faire arrester, soubs quelque formalité de justice que Longueil prétendoit estre coulée dans la procédure, par l'adresse du président de Mesme, et soustenue par la hardiesse du premier président. Ce sentiment de Longueil, [qui estoit l'homme du monde qui entendoit le mieux le parlement], me faisoit peine comme aux autres ; mais je ne pouvois pourtant me rendre à l'advis des autres, qui estoit de hazarder un soulèvement. Je sçavois [comme eux et mieux qu'eux] que le peuple revenoit à nous, mais je n'ignorois pas non plus qu'il n'y estoit pas encore revenu ; je ne doubtois pas que nous ne manquassion nostre coups [sy nous l'entreprenions]; mais je doutois encore moins que quand mesme nous y réussirions nous serions perdus, et parce que nous n'en pourions pas soustenir les suites, et parce que nous nous ferions convaincre nous-mesme de trois crimes capitaux et très-odieux. Ces raisons sont comme vous voyez assez bonnes pour toucher des esprits qui n'ont pas peur. Mais ceux qui sont prévenus de ceste passion, ne sont susceptibles que du sentiment qu'elle leur inspire; [et je me suis ressouveni mille fois peut-estre en ma vie, de ce que j'observay dans ceste conversation, qui fut] que lorsque la frayeur est jusqu'à un certain point, elle produit les mesmes effects que la témérité. Longueil, [qui estoit un fort grand poltron], opinast en ceste occasion à investir le Palais-Royal. Après que je les eust laissé longtemps battre l'eau, pour leur donner lieu de refroidir leur imagination, qui ne se rend jamais quand elle est eschauffée, je leur proposay ce que j'avois résolu de leur dire devant que d'entrer chez Longueil : qui estoit, que mon advis estoit, que comme nous aurions le lendemain

(1) On conçoit facilement l'influence du coadjuteur sur les curés de Paris. Ces derniers favorisaient la Fronde par tous les moyens qui étaient en leur pouvoir, et la plupart étaient jansénistes. Lorsque le coadjuteur voulut obtenir le bonnet de cardinal, l'on ne manqua pas de rappeler au pape les opinions de Gondy.

III. C. D. M., T. I.

12

Monsieur et messieurs les princes au Palais, M. de Beaufort y allast suivy de son escuyer ; que j'y entrasse en mesme temps par l'autre degré avec un simple ausmonier ; que nous allassions prendre nos places et que je dise en son nom et au mien, qu'ayant appris, par le bruit commun, qu'on nous impliquoit dans la sédition, nous venions porter nos testes au parlement pour y estre punis sy nous estions coupables, et pour demander justice contre les calomniateurs sy nous nous trouvions innocents ; et que bien qu'en mon particulier je ne me tinsse pas justiciable de la compagnie, je renonçois à tous les priviléges, pour avoir la satisfaction de faire paroistre mon innocence à un corps pour lequel j'avois eu toute ma vie autant d'attachement et autant de vénération. « Je sais bien, messieurs, » (adjoustay-je), que le party que je vous pro-
» pose est un peu délicat, parce qu'on nous
» peut tuer au Palais : mais si on manque de
» nous tuer, demain nous sommes les maistre du
» pavé. Et il est sy beau à des particuliers de
» l'estre dès le lendemain d'une accusation sy
» atroce, qu'il n'y a rien qu'il ne faille hazarder
» pour cela. Nous sommes innocens, la vérité
» est forte ; le peuple et nos amis ne sont abatus
» que parce que les circonstances malheu-
» reuses que le caprice de la fortune a assemblé
» dans un certain point, les font douter de nos-
» tre innocence ; nostre sécurité ramènera le
» parlement, ramènera le peuple. Je maintiens
» que nous sortirons du Palais, si nous n'y de-
» meurons pas, plus accompagnés que nos en-
» nemis. Voicy les festes de Noël, il n'y a plus
» d'assemblées que demain et après demain ; sy
» les choses se passent comme je vous le mar-
» que et comme je l'espère, je les soustiendray
» dans le peuple par un sermon que je projette
» de prescher le jour de Noël dans Saint-Ger-
» main de Lauxérois, qui est la paroisse du
» Louvre. Nous les soustiendrons après les festes
» par nos amis, que nous aurons le temps de
» faire venir des provinces. »

Tout le monde se rendit à cet advis, l'on nous recommanda à Dieu, [parce qu'on ne doubtoit point que nous ne deussions courir grande fortune, lorsqu'on nous verroit prendre une partie de cette nature], et chascun retourna chez soy avec fort peu d'espérance [de nous revoir].

Je trouvay, en arrivant chez moy, un billet de madame de Lesdiguières, qui me donnoit advis que la reine, qui avoit prévu que nous pourrions prendre résolution d'aller au Palais, parce que les conclusions que le procureur général y debvoit prendre s'estoient assez respandues dans le monde, avoit escript à M. de Paris qu'elle le conjuroit d'aller prendre sa place dans le parlement, dans la veue de m'empescher d'y aller ; parce que M. de Paris y estant je n'y avois plus de séance, [et la cour eust esté bien aise de n'avoir pour défenseur de nostre cause que M. de Beaufort, qui estoit encor un plus meschant orateur que moy].

J'allay dès les trois heures du matin chercher messieurs de Brissac et de Retz, et je les menai aux capucins du faugbourg Saint-Jacques, où M. de Paris avoit couché, pour le prier en corps de famille de ne point aller au Palais. Mon oncle avoit peu de sens ; et le peu qu'il en avoit n'estoit point droict ; il estoit foible et timide jusques à la dernière extrémité ; il estoit jaloux de moy jusques au ridicule. Il avoit promis à la reine qu'il iroit prendre sa place, il ne fut pas en nostre pouvoir d'en tirer que des impertinences et des vanteries : qu'il me défendroit bien mieux que je ne me défendrois moy-mesme. Et vous remarquerez, s'il vous plaist, que quoy qu'il causa comme une linotte en particulier, il estoit tousjours muet comme un poisson en public. [Je sortys de sa chambre désespéré] ; un chirurgien qu'il avoit, me pria d'aller attendre de ses nouvelles aux Carmélites qui estoient tout proche, et il me revint trouver un quart d'heure après [avec ces bonnes nouvelles]. Il me dict qu'aussitost que nous estions sortys de la chambre de M. de Paris, il y estoit entré ; qu'il l'avoit beaucoup loué de la fermeté avec la quelle il avoit résisté à ses nepveux, qui le vouloient enterrer tout vif ; qu'il l'avoit exhorté ensuite de se lever en diligence pour aller au Palais ; qu'aussitost qu'il fut hors du lict, il luy avoit demandé d'un ton effaré comme il se portoit ? Que M. de Paris lui avoit respondu : « Qu'il se » portoit fort bien. » Qu'il luy avoit dict : « Cela » ne se peut, vous avez trop mauvais visage. » Qu'il luy avoit tasté le poulx ; qu'il l'avoit asseuré qu'il avoit la fiebvre [et d'autant plus à craindre qu'elle paroissoit moins ; que M. de Paris l'avoit creu] ; qu'il s'estoit remis au lict et que tous les roys et touttes les reines ne l'en feroient sortir de quinze jours. [Cette bagatelle est assez plaisante pour n'estre pas obmise.]

Nous allasmes au Palais, messieurs de Beaufort, de Brissac, de Retz et moy seuls et séparement. Messieurs les princes avoient asseurément plus de mille gentilshommes avec eux, et on peut dire que toute la cour généralement y estoit. Comme j'estois en rochet et camail, je passay la grande salle le bonnet à la main, et je trouva peu de gents assez honnestes pour me rendre le salut, tant l'on estoit persuadé que j'estois perdu [La fermeté n'est pas commune en France, mai une lascheté de cette espèce y est encore plus rare. Je veois encore tout d'une veue plus de trente hommes de qualité, qui se disoient et qui se disent de mes amis, qui m'en donnèrent cette marque.] Comme j'entray dans la grande chambre devant que M. de Beaufort y fut arrivé, et que je surpris par conséquent la compagnie, j'entendis un petit bruit sourd pareil à ceux que vous avez entendus quelquefois à des sermons à la fin d'une période qui a plu, et j'en augurai bien. Je dis, après avoir pris ma place, ce que j'avois projeté la veille chez Longueil, que vous avez veu cy-dessus. Ce petit bruit recommença après mon discours, qui fut fort court et fort modeste. Un conseiller ayant voulu à ce moment rapporter une requeste pour Joly, le président de Mesme prit la parole et dit : Qu'il falloit préalablement à toutes choses lire les informations qui avoient esté faictes contre la conjuration publique, dont il avoit plu à Dieu de préserver l'estat et la maison royale. Il dict en finissant ces paroles, quelque chose de celle d'Amboise, qui me donna, comme vous verrez, un terrible avantage sur luy. J'ai observé mille fois qu'il est aussy nécessaire de choisir les mots dans les grandes affaires, qu'il est superflux de les [affecter] dans les petites.

On leust les informations dans lesquelles l'on ne trouva pour tesmoins qu'un appelé Canto, qui avoit esté condamné d'estre pendu à Pau ; Pichon, qui avoit esté mis sur la roue en effigie au Mans ; Sociando, contre lequel il y avoit preuve de fausseté à la Tournelle ; Lacomette, Marcassez, Gorgibus, filoux fiéfés. Je ne crois pas que vous ayes veu dans les petites lettres (1) de Port-Royal, de noms plus sogrenus que ceux-là ; et Gorgibus vault bien un Tambouren. La seule déposition de Canto dura quatre heures à lire. En voici la substance : Qu'il s'estoit trouvé en plusieurs assemblées des rentiers à l'Hostel-de-Ville, où il avoit ouï dire que M. de Beaufort et M. le coadjuteur vouloient tuer M. le prince, qu'il avoit veu La Boulaye chez M. de Broussel le jour de la sédition ; qu'il l'avoit veu aussy chez M. le coadjuteur ; que le mesme jour le président Charton avoit crié aux armes ; que Joly avoit dict à l'oreille à luy Canto, quoy qu'il ne l'eust jamais ny veu ny connu que cette fois là, qu'il falloit tuer le prince et la grande barbe (2). Les autres tesmoins confirmèrent cette déposition. Comme le procureur général, que l'on fict entrer après la lecture des informations, eut pris ses conclusions, qui furent de nous assigner pour estre ouïs, M. de Beaufort, M. de Broussel et moy, j'ostay mon bonnet pour parler ; et le premier président m'en ayant voulu empescher, en disant que ce n'estoit pas l'ordre et que je parlerois à mon tour, la saincte cohue des enquestes s'esleva, et faillit estouffer le président. Voici précisément ce que je dis :

« Je ne crois pas, messieurs, que les siècles
» passés aient veu des adjournements personnels
» donnés à des gens de nostre qualité sur des
» ouïs dire ; mais je crois aussy peu que la pos-
» térité puisse souffrir, ny mesme adjouster foy
» à ce que l'on soit seulement à escouter des ouïs
» dire de la bouche des plus infames scélerats
» qui soient jamais sortis des cachots. Canto,
» messieurs, a esté condamné à la corde à Pau,
» Pichon a été condamné à la roue au Mans,
» Sociendo est encore sur vos registres crimi-
» nels. » (Vous remarquerez, s'il vous plaist, que M. l'advocat général Bignon m'avoit envoyé à deux heures après minuit ces mémoires, [et parce qu'il estoit mon ami particulier et parce qu'il croyoit le pouvoir faire en confiance, n'ayant point esté appelé aux conclusions]).
« Jugez, s'il vous plaist, de leur tesmoignage
» par leurs étiquettes et par leur profession, qui
» est de filoux avérés. Ce n'est pas tout, mes-
» sieurs, ils ont une autre qualité qui est bien
» plus relevée et bien plus rare ; ils sont témoins
» à brevet. Je suis au désespoir que la défense
» de nostre honneur, qui nous est commandée
» par toutes les loix divines et humaines, m'o-
» blige de mettre au jour, soubs le plus innocent
» des rois, ce que les siècles les plus corrompus
» ont détesté dans les plus grands égaremens
» des anciens empereurs. Ouy, messieurs, Can-
» to, Sociando, Gorgibus ont des brevets pour
» nous accuser. Ces brevets sont signés de l'au-
» guste nom qui ne debvroit estre employé que
» pour consacrer encor davantage les loix les
» plus sainctes. M. le cardinal Mazarin, qui ne
» recognoit que celle de la vengeance qu'il mé-
» dite contre les défenseurs de la liberté publi-
» que, a forcé M. Le Tellier, secrétaire d'estat,
» de contresigner les infames brevets, desquels
» nous vous demandons justice ; mais nous ne
» vous la demandons toutefois qu'après vous
» avoir très-humblement supplié de la faire à
» nous-mesme la plus rigoureuse que les ordon-
» nances les plus sévères prescrivent contre les
» revoltez, s'il se trouve que nous ayons ny
» directement ny indirectement contribué à ce
» qui a esté du dernier mouvement. Est-il pos-
» sible, messieurs, qu'un petit fils d'Henry-le-
» grand, qu'un sénateur de l'age et de la probité

(1) Les Provinciales, publiées en 1656, par Pascal.

(2) On désignait ainsi le premier président Molé (A. E.)

» de M. de Broussel, qu'un coadjuteur de Paris,
» soient seulement soupçonnez d'une sédition,
» où on n'a veu qu'un écervelé à la teste de
» quinze misérables de la lie du peuple? Je suis
» persuadé qu'il me seroit honteux de vous es-
» tendre sur ce sujet. Voila, messieurs, ce que
» je sçais de la moderne conjuration d'Am-
» boise. »

Je ne vous puis exprimer l'exultation des enquestes. Il y eut beaucoup de voix qui s'eslevèrent sur ce que j'avois dict des tesmoins à brevet. Le bon homme Doujat, qui estoit un des rapporteurs, et qui m'en avoit faict advertir par l'advocat général Talon, de qui il estoit et parent et ami, l'advoua en faisant semblant de l'adoucir. Il se leva comme en cholère et il dict très finement : « Ces brevets, monsieur, ne sont
» pas pour vous accuser comme vous le dictes.
» Il est vray qu'il y en a, mais ils ne sont que
» pour descouvrir ce qui se passe dans les assemblées des rentiers. Comment le roy seroit-
» il informé, s'il ne promettoit l'impunité à
» ceux qui luy donnent des advis pour son ser-
» vice, et qui sont quelquefois obligés, pour les
» avoir, de dire des paroles qu'on leur pourroit
» tourner en crime? Il y a bien de la différence
» entre des brevets de cette façon et des brevets qu'on auroit donné pour vous accuser. »

Vous pouvez croire comme la compagnie fut radoucie par ce discours; le feu monta au visage de tout le monde; [il parut encor plus dans les exclamations que dans les yeux]. Le premier président, qui ne s'estonnoit pas du bruit, prit sa longue barbe avec la main, qui estoit son geste ordinaire quand il se mettoit en cholère :
« Patience, Messieurs, dit-il, allons d'ordre.
» Messieurs de Beaufort, Coadjuteur, et de Brous-
» sel, vous estez acusez ; il y a des conclusions
» contre vous, sortez de vos places. » Comme M. de Beaufort et moi voulusmes en sortir, M. de Broussel nous retint en disant : « Nous
» ne debvons, messieurs, ny vous ny moy, sor-
» tir, jusques à ce que la compagnie nous l'or-
» donne; et d'autant moins que M. le premier
» président, que tout le monde sçait estre nostre
» partie, doibt sortir sy nous sortons. » Et j'adjouttay : « Et M. le prince ; » qui entendant que je le nommois, dict avec la fierté que vous lui cognoisses, et pourtant avec un ton mocqueur :
« Moy, moy! » A quoy je luy respondis : « Oui,
» monsieur, la justice égale tout le monde. » Le président de Mesme prit la parole, et luy dict :
« Non, monsieur, vous ne debvez point sortir, à
» moins que la compagnie ne l'ordonne. Si M. le
» coadjuteur le souhaite, il faut qu'il le demande
» par une requeste. Pour luy il est accusé, il

» est de l'ordre qu'il sorte ; mais puisqu'il en
» faict difficulté, il en fault opiner. » L'on estoit si eschauffé contre cette accusation et contre ces tesmoins à brevet, qu'il y eust plus de quatrevingts voix à nous faire demeurer dans nos places, quoy qu'il n'y eust rien au monde de plus contraire aux formes. Il passa enfin à ce que nous nous retirassions : mais la pluspart des advis furent des panégyriques pour nous, des satires contre le ministère, des anathesmes contre les brevets.

Nous avions des gens dans les lenternes, qui ne manquoient pas de jeter des bruits de ce qui se passoit dans la salle : [nous en avions dans la salle qui les respandoient dans les rues]. Les curez et les habitués des paroisses ne s'oublioient pas. Le peuple accourut en foule de tous les quartiers de la ville au Palais. Nous y estions entrés à sept heures du matin, nous n'en sortismes qu'à cinq heures du soir. Dix heures donnent un grand temps de s'assembler. L'on se portoit dans la grande salle, l'on se portoit dans la galerie, l'on se portoit sur le degré, l'on se portoit dans la cour; il n'y avoit que M. de Beaufort et moy qui ne portassions personne, et qui fussions portés. L'on ne manqua point de respect ny à Monsieur ny à M. le prince; mais on n'observa pas toutesfois tout celuy qu'on leur debvoit, parce que en leur présence une infinité de voix s'eslevoient qui crioient : Vive Beaufort! vive le coadjuteur!

Nous sortismes ainsi du Palais et nous allasmes disner à six heures du soir chez moi, où nous eusmes peine à aborder à cause de la foule du peuple. Nous fusmes advertis sur les onze heures du soir, que l'on avoit pris résolution au Palais-Royal de ne pas assembler les chambres le lendemain; et le président de Bellièvre, à qui nous le fismes sçavoir, nous conseilla de nous trouver des sept heures au Palais pour en demander l'assemblée. Nous n'y manquasmes pas.

M. de Beaufort dict au premier président que l'estat et la maison royale estoient en péril; que les moments estoient précieux ; qu'il falloit faire un exemple des coupables. [Enfin, il luy répéta les mesmes choses que le premier president avoit dict la veille avec exagération et enphase.] Il conclut par la nécessité d'assembler à l'instant la compagnie. Le bonhomme Broussel attaqua personnellement le premier président, et mesme avec emportement. Huict ou dix conseillers des enquestes entrèrent incontinent dans la grande chambre pour tesmoigner l'estonnement où ils estoient, qu'après une conjuration aussy furieuse, on demeuroit les bras croisez sans en poursuivre la punition. Messieurs Bignon et Talon, advocats généraux, avoient merveilleusement eschauffé les esprits, parce qu'ils avoient dict au parquet des gens du roy, qu'ils n'avoient eu aucune part aux conclusions et qu'elles estoient ridicules. Le premier président respondit très-sagement à toutes les paroles les plus piquantes qui luy furent dictes, et il les souffrit toutes avec une patience incroyable, dans la veue qu'il eust, [et qui estoit bien fondée], que nous eussions esté bien aise de l'obliger à quelque repartie qui eust pu fonder ou apuyer une récusation.

Nous travaillasmes dès l'après-disnée à envoyer chercher nos amis dans les provinces, ce qui ne se faisoit pas sans despense, et M. de Beaufort n'avoit pas un sol. Lozier, duquel je vous ai deja parlé à propos des bulles de la coadjutorerie de Paris, m'apporta trois mille pistoles, qui suppléèrent à tout. M. de Beaufort espéroit de tirer du Vendosmois et du Blaizois soixante gentilshommes et quarante des environs d'Anet; il n'en eust en tout que cinquante quatre. J'en tiray de Brye quatorze, et Annery m'en emmena quatre-vingts du Véxin, qui ne voulurent jamais prendre un double de moy, qui ne souffrirent pas que je payasse dans les hostelleries, et qui demeurèrent dans tout le cours de ce procès attachés et assidus auprès de ma personne, comme s'ils deussent estre mes gardes. [Ce destail n'est pas de grande considération, mais il est remarquable, parce qu'il est très-extraordinaire que des gens qui ont leurs maisons à dix ou quinze et à vingt lieues de Paris, ayent faict une action aussy hardie et aussy constante contre les intérets de toute la cour et de toute la maison royale unie.] Annery pouvoit tout sur eux, et je pouvois tout sur Annery, qui estoit un des hommes du monde des plus fermes et des plus fidèles. Vous verrez à la suite à quel usage nous destinions ceste noblesse.

Je preschay le jour de Noël dans Saint-Germain de Lauxérois. J'y traitay particulièrement ce qui regarde la charité chrestienne, et je ne touchay quoy que ce soit de ce qui pouvoit avoir le moindre rapport aux affaires présentes. Toutes les bonnes femmes pleurèrent, en faisant réflexion sur l'injustice de la persécution que l'on faisoit à un archevesque, qui n'avoit que de la tendresse pour ses propres ennemis. Je cognus au sortir de la chaire, par les bénédictions qui me furent données, que je ne m'estois pas trompé dans la pensée que j'avois eu que ce sermon feroit un bon effet. Il fut incroyable, et il passa de bien loing mon imagination.

Il arriva à propos de ce sermon un incident (1) [très-ridicule pour moi, mais dont je ne me puis empêcher de vous rendre compte, pour avoir la satisfaction de n'avoir rien obmis. Madame de Brissac, qui estoit revenue depuis trois ou quatre mois à Paris, avoit une petite incommodité que M. son mari lui avoit communiquée à dessein, à ce qu'elle ma dit depuis], et par la haine qu'il avoit pour elle. Je crois sans raillerie, que par le mesme principe, elle se résolut à m'en faire part. [Je ne la cherchois nullement : elle me rechercha. Je ne fus pas cruel.] Je m'apperceus que j'eusse mieux fait de l'estre, justement quatre ou cinq jours devant que le procès criminel commençast. Mon médecin ordinaire se trouvant par malheur à l'extrémité, et un chirurgien domestique que j'avois venant de sortir de cheux moi, parce qu'il avoit tué un homme, je creus que je ne me pouvois mieux adresser qu'au marquis de Noirmoustier, qui estoit mon ami intime, et qui en avoit un très bon et très affidé; et quoique je le cogneusse asses pour n'estre pas secret, je ne peus pas m'imaginer qu'il peust estre capable de ne l'estre pas en ceste occasion. [Comme je sortis de chaire, mademoiselle de Chevreuse dit : « Voila » un bon sermon. »] Noirmoustier qui estoit auprès d'elle lui respondit : « Vous le trouve- » ries bien plus beau, si vous sçaviés qu'il est » si malade à l'heure qu'il est, qu'un autre que » lui ne pourroit pas seulement ouvrir la bou- » che. » [Il lui fit entendre la maladie] à laquelle j'avois esté obligé l'avant-veille, en parlant à elle-mesme, de donner un autre tour. Vous pouves juger du bel effet que ceste indiscretion ou plustost que ceste trahison produisit. [Je me raccommodai bien tost avec la demoiselle]; mais je fus asses idiot pour me raccommoder avec le cavalier, qui me demanda tant de pardons et qui me fit tant de protestations, que j'excusai ou sa passion ou sa légèreté. [Mademoiselle de Chevreuse croyoit la première, dont elle fut très-peu recognoissante], je crois plustost la seconde. La mienne ne fut pas moindre de lui confier, [apres un tour pareil à celui-là], une place aussi considérable que le Mont-Olympe. Vous verres ce détail dans la suite, et comme il fit justice à mon impertinence; car il m'abandonna et me trompa pour la seconde fois. [L'inclination naturelle que nous avons pour quelqu'un se glisse imperceptiblement dans le pardon des offenses sous le titre de générosité;

(1) Les cinq lignes indiquées ici par les anciens éditeurs comme effacées, ne le sont pas dans le manuscrit original.

Noirmoustier estoit fort aimable pour la vie commune, commode et enjoué......

(1) Je ne continueray pas par la date des journées, la suite de la procédure qui fut faite au parlement contre nous, parce que je vous ennuierois par des répétitions fort inutiles, n'y ayant eu, depuis le 29 de décembre 1649 qu'elle recommença, jusqu'au 18 de janvier 1650 qu'elle finit, rien de considérable que quelques circonstances que je vous remarqueray succintement, pour pouvoir venir plustost à ce qui se passa dans le cabinet, où vous trouverez plus de divertissement que dans les formalitez de la grande chambre.]

Ce 29, que je vous viens de marquer, nous entrasmes au Palais avant que messieurs les princes y fussent arrivés, et nous y vinsmes ensemble M. de Beaufort et moy, avec un corps de noblesse qui pouvoit faire trois cents gentilshommes. Le peuple, qui estoit revenu jusqu'à la fureur dans sa chaleur pour nous, nous donnoit assez de seureté; mais la noblesse nous estoit bonne, tant pour faire paroistre que nous ne nous traictions pas simplement des tribuns du peuple, que parce que, faisant estat de nous trouver tous les jours au Palais, dans la quatriesme chambre des enquestes, qui respondoit à la grande, nous estions bien aise de n'estre exposé, dans un lieu où le peuple ne pouvoit pas entrer, à l'insulte des gens de la cour qui y estoient pêle-mesle avec nous. Nous estions en conversation les uns avec les autres, nous nous faisions civilités, et nous estions huit ou dix fois tous les matins sur le point de nous estrangler, pour peu que les voix s'eslevassent dans la grande chambre; ce qui arrivoit assez souvent par la contestation, dans la chaleur où estoient les esprits. [Chascun regardoit le mouvement de chascun], parce que tout le monde estoit dans la desfiance. [Il n'y avoit personne qui n'eust un poignard dans sa poche.] Et je crois pouvoir dire sans exagération, que sans excepter les conseillers, il n'y avoit pas vingt hommes dans le Palais qui n'en fussent garnis. Je n'en avois point voulu porter : et M. de Brissac m'en fit prendre un presque par force, un jour où il paroissoit qu'on pourroit s'eschauffer plus qu'à l'ordinaire. Ceste arme qui à la vérité estoit peu convenable [à ma profession], me causa un chagrin qui me fut plus sensible qu'un plus grand. Monsieur de Beaufort, qui estoit fort lourd, voyant la garde du stilet dont le bout paroissoit un peu hors de ma poche, le montra à Arnault, à La Moussaye, à de Roche, capitaine des gardes de M. le prince, en leur disant : « Voila le bréviaire de monsieur le coad-» juteur. » J'entendis la raillerie, mais je ne la soutins jamais de bon cœur.

Nous présentasmes requeste au parlement pour récuser le premier président comme nostre ennemi ; ce qu'il ne soubstint pas avec toute la fermeté d'ame qui lui estoit naturelle. Il en parut touché et même abattu.

[En voici les propres termes :

La récusation est une défense du droit naturel. C'est pour conserver les biens, l'honneur ou la vie, qui sont les trois choses qui composent l'homme, son estat et sa condition.

C'est pour cela que les Romains ne forçoient jamais les parties de prendre des juges suspects.

Nostre jurisprudence n'a pas esté moins sage que celle des Romains. Il n'y a pas une de nos ordonnances qui parlent des recusations, qui ne comprenne tous les juges. Les présidens y sont desnommés et tous les chefs de la justice de quelque qualité qu'ils soient.

Les parlemens tous entiers par les mesmes ordonnances peuvent estre recusez. Il n'y a point de compagnies souveraines, il n'y a personne qui se puisse dispenser de l'ordre des jugemens.

Cela présupose que toutes sortes de personnes peuvent estre recusées, qui est une proposition dont monsieur le premier président ne doubte pas luy-mesme, puisque dans cette occasion il a déjà passé par trois fois le barreau ; il n'y a qu'à examiner si les causes de récusation sont recevables.

Dans l'accusation, il est question entre autres choses de sçavoir si l'on a dit ce que les témoins déposent, qu'il falloit tuer monsieur le premier président.

Peut-il y avoir un moyen de récusation plus pertinent et plus admissible ? Il est question de sçavoir si l'on a eu dessein sur la personne de monsieur le premier président. Il n'y a rien qui soit plus précieux que la vie, et qui nous soit plus sensible.

A la vérité l'on permet bien à un homme de repousser la force par la force, de prendre les armes pour sa deffense. Quelques ressentimens que nous ayons pour lors, nous pouvons bien nous faire justice, parce que la première loy est nostre conservation.

---

(1) Depuis ces mots : *Je ne continueray pas*, jusqu'à ceux-ci : *Je vous entends*, page 188, lig. 42, c'est encore par le même copiste que ces pages ont été écrites. Les Mémoires sont aussi transcrits par le même personnage à partir de cette même page 188 et de ces mots : *Elle en eut une asses longue*, lig. 47 ; et son écriture continue jusqu'à la page 188, deuxième colonne, ligne 43, et à ces mots : *Il ne tint pas à mademoiselle de Chevreuse.*

Mais dès le moment que la justice publique, qu'un autre tribunal que le nostre se trouve saisi de nos intérests, nous ne sommes plus les maistres de la vindicte, nous n'y pouvons avoir aucune part.

Et de fait, si monsieur le premier président demeuroit juge, de quel front et avec quel visage pourroit-il interroger les accusez? Ne seroit-ce pas une chose que les siècles passéz n'ont jamais veu, et que la postérité ne verra jamais? Ne seroit-ce pas un monstre dans la justice, de voir monsieur le premier président en sa place demander à monsieur le duc de Beaufort, à monsieur le coadjuteur, à monsieur de Broussel, à monsieur le président Charton, et à tous ceux que l'on a malicieusement engagéz dans l'accusation : N'avés vous pas eu dessein sur ma vie, n'avés vous pas comploté contre moy?

Un homme qui profère ces paroles, qui se figure ces meurtriers, qui les voit en sa présence, qui se les représente le poignard à la main prests à l'égorger et à respandre son sang, qui croit à son imagination plustost qu'à la vérité, demeurera pour lors sans émotion? Il conservera la liberté entière de son esprit, l'amour de luy-mesme ne prévaudra point sur la justice. Certes il faudroit que monsieur le premier président fust d'une autre nature que tous les autres hommes, pour n'estre point touché d'aucun ressentiment, et pour considérer avec indifférence les personnes, le crime, et l'accusation.

Les accusez peuvent dire dès à présent que monsieur le premier président est bien esloigné de cette égalité et de cette indifférence de jugement, que toutes les loix desirent dans la personne des juges.

Il a toujours fait sa cause propre de l'accusation dont il s'agit. Tout Paris sçait qu'il y a eu de ses domestiques, et d'autres personnes qui sont d'un rang plus eslevé, qui ont esté en plusieurs maisons pour demander si l'on ne sçavoit pas que monsieur le marquis de La Boulaye estoit allé au logis de monsieur de Broussel le jour qu'il se fît quelques bruits et quelques murmures, et s'ils n'en vouloient pas déposer.

Il a aussi tesmoigné, publiquement parlant, de l'instruction du procèz, que messieurs les commissaires de la cour ne sçavent pas faire des informations, et que le lieutenant criminel entendoit bien mieux cela qu'eux.

Tout Paris sçait encore la familiarité et la communication qu'a eu le nommé La Rallière avec monsieur le premier président, et comme durant le cours de cette affaire il est allé dans sa maison à toutes heures, et mesme de nuit. Cependant c'est La Rallière qui s'est meslé de cette haute calomnie, et qui a fourny les tesmoins qui sont la pluspart ses commis et ses domestiques. De sorte que toute cette conduite fait voir comme monsieur le premier président a tousjours considéré son intérest dans la présente accusation.

Mais cette haine mortelle n'a pas commencé d'aujourd'huy contre les accusez. Après le retour de Ruel, monsieur le premier président publia partout qu'ils avoient voulu esmouvoir une sédition pour entreprendre sur sa personne, quoy que tout le monde sçache les soings qu'ils ont apportez en ce temps-là pour sa conservation, et comme ils l'ont souvent préférée à leurs propres vies.

Monsieur le duc de Beaufort ayant présenté plusieurs requestes pour sa justification, il les a tousjours éludées par ses artifices, et il l'auroit tousjours laissé en proye à la calomnie et à la supposition, sans qu'il s'est trouvé des conjonctures dans lesquelles on n'a peu continuer l'oppression contre luy.

Monsieur de Broussel n'a pas aussi esté exempt de sa haine, il a parlé en toutes rencontres très-désadvantageusement de luy.

Il a pareillement fait plusieurs fois des discours contre l'honneur et la conduite de monsieur le coadjuteur. Il l'a voulu faire passer pour un esprit entreprenant, et dit en beaucoup d'endroits qu'il falloit arrester le cours de ses pratiques et de ses mauvais desseins.

Il l'a traité de mespris lorsqu'on en parloit avec respect, ayant esté proposé dans une conférence de renvoyer pardevant luy un différent ecclésiastique, où madame l'abbesse de Chelles avoit interest. Il dit : « que c'estoit un beau » renvoy que de les renvoyer à la Fronde, que la » Fronde ne pouvoit pas porter jusques à Chelles. »

Monsieur le coadjuteur estant allé chez monsieur le premier président pour se plaindre de l'entreprise que monsieur l'évesque de Bayeux, son fils, avoit faite en qualité de trésorier de la Saincte Chapelle, sur la jurisdiction de monsieur l'archevesque de Paris ; il le traita avec des paroles indécentes et de mespris, comme s'il eust ignoré sa naissance et sa dignité.

A l'esgard de maistre Guy Joly, conseiller au Chastelet, il y a eu aussi des inimitiéz précédentes qui pourroient exciter ses ressentimens.

Il présenta une requeste quinze jours auparavant l'accusation dont il s'agit, par laquelle il demanda qu'il fust permis d'informer de la violence que plusieurs gens armez voulurent faire en la maison de monsieur le premier president, lorsque les rentiers y furent pour demander justice et instruire messieurs les députéz de la cour de l'inéxécution des arrests et de la déclaration.

Cette requeste luy fut dès lors si sensible qu'il la prit pour une injure. Il dit hautement à monsieur Laisné, qui en estoit rapporteur : c'est contre moy que cette requeste est presentée, et qu'on a dessein d'informer.

Et de fait il en fit paroistre son ressentiment. Il fit plainte de ce qu'on auroit assemblé les rentiers en sa maison par des billets affichez, que c'estoit un dessein d'entreprendre sur sa personne. Et il porta si loing cette plainte, qu'il mit mesme entre les mains de monsieur le proreur général pour en informer.

Cette journée a encore produit une autre cause de récusation à l'esgard dudit Joly, car s'estant plaint de la part de tous les rentiers, des hommes armez qui avoient paru dans la maison de monsieur le premier président; monsieur de Champlatreux, son fils, accompagné de cinq ou six hommes d'espée, le prit par le bras, le maltraita de paroles, le menaça d'estre son juge. Et l'affaire eust bien passé plus avant, si un de messieurs les conseillers ne les eust séparéz.

Comme maistre Guy Joly, l'un des syndics des rentiers, il a encore raison de craindre que monsieur le premier président ne soit son juge. Il a tesmoigné une haine mortelle contre tous ceux qui ont été nommez syndics ; il les a traités de séditieux, et sa passion a paru si grande, qu'en plein bureau de l'Hostel-Dieu, il a dit en présence de plusieurs : « Que les syndics vou» loient faire une chambre des Communes. »

Monsieur le president Charton, qui est l'un des syndics, a aussi présenté une requeste de récusation de sa part ; mais comme tous les moyens sont communs avec tous les autres, il s'est contenté de les employer, et d'en demander acte.

Cependant, l'on pretend renverser tous ces moyens de récusation, dont un seul seroit suffisant dans les affaires moins importantes, sous prétexte que monsieur le premier president n'est point partie, et la poursuitte ne se fait seulement que sous le nom de monsieur le procureur général. Mais les accusez peuvent dire que c'est une illusion à l'ordonnance et à la justice.

Il est donc étrange de voir que monsieur le premier président prétende se mettre au dessus des loix, et qu'il veuille faire exception de sa personne.

Il sçait bien que ces jours passez, il jugea luy mesme que monsieur le president Charton devoit s'abstenir de l'affaire de maistre Guy Joly, bien qu'il n'y soit intéressé en façon quelconque, qu'il ne soit point partie, qu'il ne soit point compris ny desnommé dans les informations, et que ce qu'il avoit dit dans la grand chambre de cet assassinat qualifié, estoit plustost pour la seureté publique que pour la sienne.

Monsieur le premier président n'est-il pas plus intéressé dans ce rencontre, que n'estoit monsieur le president Charton dans l'affaire du dit Joly ? Toutes les informations ne sont remplies que de prétendus desseins sur sa personne, d'injures contre sa conduite et ses actions. Ses serviteurs et ses domestiques ont esté, comme dit est, rechercher des tesmoins contre les accusés. Il a pris part, dès le commencement, à l'accusation ; il a parlé des dépositions par advance, car les premières informations ayant esté lues, et monsieur le coadjuteur ayant voulu dire quelque chose du tesmoin qui parloit de luy, il luy dit publiquement : « Que ce n'estoit pas dans » sa place qu'il se devoit justifier, et qu'on en » verroit bien d'autres. » Tellement qu'il paroist par là que c'est luy qui a conduit tout l'ouvrage, puisqu'il estoit si bien informé de ce qui se devoit passer dans la suite et par l'événement. Enfin, la cour se peut ressouvenir que quand il parla de ces pretendues conjurations, qui devoient envelopper toute la maison royale, lorsqu'il parla du bouleversement de la monarchie, des secrettes intelligences avec les ennemis, il dit aussi qu'entre tous ces grands desseins, il estoit question de sçavoir s'il tiendroit désormais la vie par precaire.

N'est-ce pas proprement une plainte publique qu'il a faicte dès ce temps-là ; y avoit-il rien de semblable dans la plainte de monsieur le president Charton ? A-t-on instruit le procès dudit Joly, sur ce que ledit sieur président Charton avoit dit, comme l'on instruit celuy d'aujourd'huy dans la personne de monsieur le premier président, et pour venger les injures et la violence qu'il prétend qu'on luy a voulu faire ?

C'est donc son intérest que l'on traicte. Il ne faut pas considérer s'il n'est pas partie formelle, c'est tout de mesme que s'il l'estoit.

Mais qui sont ceux qui demandent qu'on ne leur donne point de juges suspects ?

C'est monsieur le duc de Beaufort, illustre par sa naissance, par la grandeur de son courage et de ses actions; c'est monsieur de Broussel, qui a tant d'amour et de zèle pour le public.

C'est enfin monsieur le président Charton, qui a toujours remply dignement sa place, que l'on veut faire juger par leurs propres ennemis, par ceux-là mesme qui se trouvent interessez dans l'affaire.

Il y a d'autres personnes qui ne sont pas si illustres, que l'on a aussi enveloppé dans la mesme accusation.

Les accusés ne craignent pas icy de rompre la modestie, et de publier la générosité de leurs desseins. Il n'y a jamais eu d'accusés qui ne l'ayent fait en pareil rencontre.

Les accusés ne demandent pas qu'on les traicte avec les mesmes advantages; ils sont prests de rendre compte de toute leur vie à la cour et au public; mais que ce soit au moins devant des juges désintéressés, et qui puissent estre despouillés de toutes sortes de ressentiment.

Mais ce qui les oblige encore à insister plus fortement à la récusation des juges suspects, est la qualité des tesmoins qu'on leur représente, qui sont tous des gens de sac et de corde, des Sociando, des Cantos, des sieurs de la Comette, des Pichons, des Marcassins, des Gorgibus, qui ont tous esté repris de justice.

Les uns bannis de leur pays, les autres condamnés à mort pour des rapts qualifiéz, d'autres pour des vols et des brigandages.

Mais sy l'on considère aussi la façon avec laquelle on a préparé cette accusation, l'on ne peut pas trouver estranges les soupçons et les deffiances des accusés.

Ces tesmoins sont gens à qui l'on a donné des lettres de cachet, signées d'un secrétaire d'estat, pour aller en toutes sortes de lieux parler les premiers des personnes sacrées et des affaires publiques, eschauffer les esprits sans pouvoir estre recherchés, ny estre réputés complices; et pour rapporter toutes les paroles qui se disoient dans Paris, et les noms de ceux qu'ils auroient entendus parler.

Si cela avoit lieu, il n'y auroit point d'innocence à l'espreuve de la calomnie; ce seroit une inquisition insupportable; l'on tiendroit mesme registre de nos larmes et de nos soupirs.

Au reste, que deposent ces tesmoins qui ont esté si curieusement recherchés? Il ne se trouve aucune charge dans les informations. Ces conjurations contre l'estat, qu'on avoit si hautement publiées, se trouvent toutes reduittes aujourd'huy à des affaires particulières.

Les bruits et les murmures du samedy matin, onziesme du mois de décembre dernier, que l'on veut faire passer pour l'exécution de ces grands desseins, ont-ils les couleurs qu'on leur a voulu malicieusement donner? Quelle connexité avec l'accusation présente? Qui a paru dans cette occasion? Y a-t-on veu monsieur le duc de Beaufort, et ceux que l'on prétend avoir concerté toutes ces hautes entreprises? Quelle conduite a-t-on remarquée dans ce bel ouvrage, où en estoient les dispositions?

Mais si les bruits et les murmures du samedy matin estoient l'effet de cette pretendue conjuration, il se trouveroit que les accusateurs ne seroient pas les moins coupables.

Quoy! un homme de la qualité de monsieur le marquis de La Boulaye a tout le secret du dessein! On pretend qu'on luy en avoit confié l'exécution. L'on dit qu'il s'est mis en estat de la faire réussir; et cependant on ne l'arreste point pour en descouvrir tout le mistère. Il paroist encore deux jours publiquement dans la ville de Paris, à la face du roy et de toute la cour; on le voit par les rues, sans suitte. Il y avoit trois mois, se dit-on, que l'on sçavoit que cette conspiration se tramoit; on laisse pourtant toute la maison royale en proye à de si pernicieux desseins; on ne songe point à la seureté du prince, on l'abandonne au carnage espouvantable que l'on avoit préparé.

Quels sont les criminels dans ce rencontre? Si cette conspiration estoit véritable, monsieur le premier president qui la sçavoit, pourroit-il se garantir de reproches? Ne seroit-il pas mesme le plus coupable d'avoir ainsi laissé l'estat en peril et les personnes les plus sacrées?

Cette conjuration, concertée de longue main, que l'on fonde sur l'action du samedy, est donc imaginaire; les accusés ne veulent pas faire ce tort à monsieur le premier président, de croire qu'il eût voulu laisser au hazard de si funestes événemens, toute la fortune de l'estat. Et ce qui l'auroit rendu d'autant plus coupable dans cette occasion, c'est qu'à l'ouverture du parlement, lorsqu'il fit cette magnifique harangue, il ne parla que des desseins forméz contre la seureté publique, des secrettes intelligences avec les ennemis, des conspirations espouvantables. « Les ennemis, dit-il, sont parmy nous, ils sont » au milieu de la compagnie. »

Il sembloit dès lors estre instruit de tout, car la déposition des tesmoins et sa harangue se trouvent aujourd'huy n'estre qu'une seule et mesme chose. Ainsi, quelle apparence de demeurer plus long-temps sans ruiner ces entreprises. Dans les crimes d'estat, les simples soupçons obligent à une exacte recherche; l'on ne sçauroit trop tost prévenir le danger. Il faut donc conclure que ces grands desseins, ces grandes conspirations, dont on a parlé si publiquement, n'estoient pas des conspirations contre l'estat, mais plustost celle que nous voyons à present, laquelle on preparoit dès lors par des discours publics et affectéz, affin de gagner les esprits contre les accuséz, contre des gens d'honneur, et qui ont tousjours resisté à la corruption du siècle.

Après cela, monsieur le premier president peut-il demeurer juge?

L'ordonnance est contre ceux qui se trouvent mesmes intéressez indirectement.

Pour avoir seulement déclaré son sentiment auparavant qu'on ayt opiné sur l'affaire que l'on traitte, l'on peut estre récusé. Et monsieur le premier president, qui a fait des disgressions, qui a traitté d'autres matières que celles qui se traittent ordinairement dans les ouvertures du parlement, affin de parler des conjurations pretendues qui se formoient contre sa personne, résistera à toutes les loix et à toutes les maximes, pour estre juge de ceux qu'il a mis au nombre de ses ennemis il y a long-temps, parce qu'ils ne sont pas de mesme sentiment que luy? Certes, cette prétention est bien estrange, elle scandalise la justice, la pudeur et l'honnesteté publique.

Les accusez ne sçauroient non plus dissimuler ce qui a esté dit par un des proches parens de monsieur Broussel; il le chargea de l'asseurer de sa part que monsieur son frère ny luy n'avoient point sceu qu'on eust engagé monsieur de Broussel dans l'accusation, et que c'estoit monsieur le premier président qui l'avoit conduite luy seul.

Aussi, depuis l'accusation, quelle affectation n'a point fait paroistre monsieur le premier président pour demeurer juge.

Monsieur le prince s'estant voulu retirer, il l'obligea de demeurer en sa place, de peur que ce ne fust un préjugé contre luy, et affin qu'il peust opiner luy-mesme en sa propre cause.

Et pour effacer la pudeur qui paroissoit desja sur le visage de monsieur le prince, il luy dit que c'estoit une affaire publique, que toutes les régles devoient cesser, qu'il y alloit de la manutention de l'estat.

Les accusez reconnoissent à la vérité, que la place que tient monsieur le premier président, le rend très considérable : toutesfois il leur permettra bien de croire que toute la fortune de l'estat n'est pas renfermée en sa personne.

Mais où va toute l'accusation, quand les tesmoins ne porteroient point leurs reproches. Ils déposent seulement qu'il falloit se deffaire de sa personne. Il n'est point parlé qu'on se soit mis en aucun devoir pour cela; l'on n'a point veu des hommes armez qui ayent assiégé sa maison, qui l'ayent suivi, qui l'ayent attendu sur le passage. Ce sont donc de simples discours dont déposent les témoins. Et c'est ce que monsieur le premier président appelle la manutention de l'estat?

Des porteurs de lettres d'espionage dans un royaume libre, des tesmoins érigéz en tître d'office, des gens bannis de leur pays, condamnéz à mort, un Turc, un Béarnois, un Manceau, déposent que monsieur le premier président est mal dans l'esprit du peuple, que tels et tels ont dit qu'il s'en falloit deffaire. Et c'est un crime d'estat au premier chef, dont il doit connoistre et demeurer juge?

Au reste, quand l'accusation dont il s'agit auroit quelque chose de public, monsieur le premier président pourroit-il en demeurer juge?

Mais tous les docteurs conviennent en ce poinct, que lors que l'intérest particulier se trouve joint à l'interest public, on n'a plus de part à la délibération, parce que l'esprit des juges doit tousjours estre dans l'indifférence, que nous ne conservons jamais quand nous sommes intéressez.

Nous avons un exemple illustre de cette vérité qu'un de messieurs a rapporté très-judicieusement au dernier jour, en opinant sur la récusation dont il s'agit. Le duc de Biron ayant esté accusé de plusieurs crimes d'estat, quelquesuns proposèrent au roy Henry IV de se trouver au jugement du procès. Néanmoins parce qu'un des chefs de l'accusation estoit que le duc de Biron avoit conspiré contre sa personne, ce grand prince fist response qu'il craignoit n'estre pas bon juge de ses propres intérest, qu'il luy seroit comme impossible de se deffendre des mouvements de la nature : et de fait, il n'y assista point du tout.

Enfin, monsieur le premier président n'a pas raison de prétendre qu'il doit demeurer juge, parce que c'est à sa dignité que l'on en vouloit et non pas à sa personne.

Au contraire, c'est plutost la considération de son authorité, de son rang et de sa place, qui le doit faire exclure du jugement des accusez.

Il y a eu autrefois des personnes que l'on a renvoyées absous sans approfondir mesme l'accusation, parce que ceux qui s'y trouvoient intéressés estoient eslevés aux premiers honneurs.

Les accusez espérent donc que la cour rendra les premiers tesmoignages de leur innocence, en faisant abstenir monsieur le premier président, ses parens et ses alliés de leur jugement. Il a luy-mesme intérest de ne point demeurer juge, afin que l'arrest qui interviendra contre les accusez ne soit point suspect s'ils sont coupables, ou que l'on ne l'accuse point d'aucune violence dans la poursuite, s'ils se trouvent innocens.]

Le premier président parut touché et mesme abattu de nostre requeste. La délibération pour admettre ou ne pas admettre la recusation dura plusieurs jours. L'on opina d'apparat, et il est constant que ceste matière fut épuisée. Il passa enfin de quatre-vingt-dix-huit voix à soixante et deux, qu'il demeureroit juge; et je suis persuadé que l'arrest estoit juste, au moins dans les formes du Palais. Mais je suis persuadé en mesme temps que ceux qui n'estoient point de ceste opinion avoient raison dans le fond, ce magistrat témoignant autant de passion qu'il en faisait veoir dans ceste affaire; mais il ne la connoissoit pas par lui-mesme. Il estoit préocupé, mais son intention estoit bonne (1).

[1650.] Le temps qui se passa depuis le jugement de ceste récusation, qui fut le quatriesme de janvier, ne fut employé qu'à des chicanes, que Charton, qui estoit l'un des rapporteurs et qui estoit tout-à-fait dépendant du premier président, faisoit autant qu'il pouvoit pour différer et pour veoir si l'on ne tireroit point quelques lumières de la prétendue conjuration, par un certain Roquemont, qui avoit esté lieutenant de La Boulaye en la guerre civile, et par un nommé Belot, sindic des rentes, qui estoit prisonnier en la Consiergerie.

Ce Belot, qui avoit esté arresté sans décret, faillit à estre la cause du bouleversement de Paris. Le président de La Grange (2) remonstra qu'il n'y avoit rien de plus opposé à la déclaration pour laquelle on avoit faict de sy grands efforts autrefois. M. le premier président soutenant l'emprisonnement de Belot, Daurat (3), conseiller de la troiziesme, luy dict qu'il s'estonnoit qu'un homme pour l'exclusion duquel il y avoit eu soixante-deux voix, se peust résoudre à violer les formes de la justice à la veue du soleil. Le premier président se leva de cholère en disant qu'il n'y avoit plus de discipline, et qu'il quittoit sa place à quelqu'un pour qui l'on auroit plus de considération que pour luy. Ce mouvement fut une commotion et un trépignement dans la grande chambre, qui fut entendus dans la quatriesme, et qui fit que ceux des deux parties qui y estoient, se demeslèrent avec précipitation les uns d'avec les autres pour se remettre ensemble; sy le moindre laquays eust tiré l'espée en ce moment dans le Palais, Paris estoit confondu.

Nous pressions tousjours nostre jugement et on le différoit tousjours tant qu'on pouvoit, parce que l'on ne se pouvoit empescher de nous absoudre et de condamner les tesmoins à brevet. Tantost l'on prétendoit que l'on estoit obligé d'attendre un certain Desmartineau que l'on avoit arresté en Normandie, pour avoir crié contre le ministère dans les assemblées des rentiers, et que je ne cognoissois pas seulement ny de visage ny de nom en ce temps-là; tantost l'on incidentoit sur la manière de nous juger, les uns prétendant que l'on debvoit juger ensemble tous ceux qui estoient nommez dans les informations, les autres ne pouvant souffrir que l'on confondit nos noms avec ceux de ces sortes de gens que l'on avoit impliquez en cette affaire. Il n'y a rien de sy aisé qu'à couler des matinées sur des procédures où il ne faut qu'un mot pour faire parler cinquante hommes. Il falloit à tout moment relire ces misérables informations, où il n'y avoit pas asses d'indices, je ne dis pas de preuve, pour faire donner le fouet à un crocheteur. Voilà l'estat du parlement jusqu'au 18 de janvier 1650; voilà ce que tout le monde voyoit; voicy ce que personne ne sçavoit, que ceux qui estoient dans la machine.

Nostre première apparition au parlement, joincte au ridicule des informations qui avoient esté faictes contre nous, changea sy fort tous les esprits, que tout le public fut persuadé de nostre innocence; [et que je crois mesme que ceux qui ne la vouloient pas croire, ne pouvoient pas s'empescher de trouver bien de la difficulté à nous faire du mal. Je ne sçais laquelle des deux raisons obligea] M. le prince à s'adoucir cinq ou six jours après la lecture des informations. M. de Bouillon m'a dict depuis plus d'une fois, que le peu de preuve qu'il avoit trouvé à ce que la cour luy avoit fait veoir d'abord comme clair et comme certain, luy avoit donné de bonne heure de violents soupçons de la tromperie de Servien et de l'artifice du cardinal; et que luy M. de Bouillon, n'avoit rien oublié pour le confirmer dans cette pensée. Il adjoustoit que Chavigny, quoyque ennemi du Mazarin, ne l'aidoit pas en cette occasion, parce qu'il ne vouloit pas que M. le prince se raprocha des frondeurs. Je ne puis accorder cela avec l'avance que Chavigny me fist faire en ce temps-là par Dugué-Bagnols, père de celuy que vous cognoissez, son ami et le mien. Il nous fit veoir la nuict chez luy, où M. de Chavigny me tesmoigna qu'il se seroit creu le plus heureux homme du monde s'il eust peu contribuer à l'accommodement. Il me tesmoigna que M. le

---

(1) La modération de ce jugement du cardinal au sujet du premier président, est assez remarquable, comparée avec certaines phrases de la requête en récusation qu'on vient de lire. Il paraît que le cardinal ne redoutait pas de fournir lui-même les pièces de ce piquant rapprochement.

(2) De La Grange, président de la deuxième chambre des requestes, a de l'esprit; est emporté, ardent, opiniastre et intéressé; est homme seur à ceux qui se fient en lui. (Portrait du parlement.)

(3) Daurat se pique d'éloquence; harangueur, peu judicieux, emporté, incapable de raison dans ses passions; peu seur, grand frondeur, a esté dans les affaires; est ferme dans ses opinions et attaché à ses intérests. (Portrait du parlement.)

prince estoit fort persuadé que nous n'avions point eu de desseins contre luy; mais qu'il estoit engagé et à l'esgard du monde et à l'esgard de la cour : que pour ce qui estoit de la cour, l'on eust peu trouver des tempéraments; mais qu'à l'esgard du monde, il estoit difficile d'en trouver qui peussent satisfaire un premier prince du sang, auquel on disputoit le pavé publiquement et les armes à la main, à moins que je me résolusse de le luy quitter au moins pour quelque temps. Il me proposa en conséquence l'embassade ordinaire de Rome, l'extraordinaire à l'Empire, dont on parloit à propos de je ne sçais quoy. Vous jugez bien qu'elle peut estre ma responce. Nous ne convinsmes de rien, quoy que je n'oubliasse rien pour faire cognoistre à M. de Chavigny la passion extrême que j'avois de rentrer dans les bonnes graces de M. le prince. Je demanday un jour à M. le prince à Bruxelles le desnouement de ce que M. de Bouillon m'avoit dict et de cette négotiation de Chavigny, et je ne me puis remettre ce qu'il me respondit.

Ma conférence avec M. de Chavigny fut le 30 de décembre. Le premier janvier, madame de Chevreuse, qui revoyoit la reine depuis le retour du roy à Paris, et qui avoit conservé mesme dans ses disgraces une espèce d'habitude incompréhensible avec elle, alla au Palais-Royal; et le cardinal, la tirant dans une croisée du petit cabinet de la reine, luy dict : « Vous aimez la reine? est-il possible que vous » ne puissiez lui donner vos amis? — Le moyen, » luy respondit-elle? La reine n'est plus reine, » elle est très-humble servante de M. le prince. » — Mon Dieu! reprit le cardinal en se frottant » le front, sy l'on se pouvoit asseurer des gens, « l'on feroit bien des choses ; mais M. de Beau- » fort est à madame de Montbazon; et madame « de Montbazon est à Vigneul; et le coadju- « teur..... » En me nommant, il se prit à rire : « — Je vous entends (dit madame de Chevreuse); » je vous respons de lui et d'elle. » Voilà comme ceste conversation s'entama. Le cardinal fit un signe de teste à la reine, qui fit voir à madame de Chevreuse que la proposition avoit esté concertée. Elle en eut une asses longue dès le soir mesme avec la reine, qui luy donna un billet escrit et signé de sa propre main.

« Je ne puis croire, nonobstant le passé et » présent, que monsieur le coadjuteur ne soit à » moy. Je le prie que je le puisse voir sans » que personne le sache, que madame et ma- » demoiselle de Chevreuse. Ce nom sera sa » seureté.

» ANNE. »

Madame de Chevreuse me trouva chez elle au retour du Palais-Royal; et je m'apperceus d'abord qu'elle avoit quelque chose à me dire, parce que mademoiselle de Chevreuse, à qui elle avoit donné le mot en carrosse en revenant, m'atesta beaucoup dans les dispositions où je serois en cas que le Mazarin voulut un accommodement avec moy. Je ne fus pas longtemps dans le doubte de la tentative, parce que mademoiselle de Chevreuse, qui n'osoit me parler ouvertement devant sa mère, me serra la main en faisant semblant de ramasser son mouchoir, pour me faire cognoistre qu'elle ne me parloit pas d'elle-mesme. Ce qui faisoit craindre à madame de Chevreuse que je n'y voulusse pas donner, estoit que quelque temps auparavant j'avois rompu malgré elle une négotiation qu'Ondédéï avoit fait proposer à Noirmoustier par madame d'Empusse : et Laigues, qui en avoit esté en colère contre moy, me dict six jours après, que j'avois admirablement bien faict, et qu'il sçavoit de science certaine que sy Noirmoustier eust été la nuict chez la reine, comme Ondédéï luy proposoit, la partie estoit faicte pour faire mettre derrière une tapisserie le mareschal de Gramont, affin qu'il peust faire veoir à M. le prince que les frondeurs, qui luy rendoient leurs debvoirs et qui l'asseuroient tous les jours en leurs services, estoient des trompeurs. [Il n'y avoit que cinq ou six sepmaines que cette comédie avoit esté préparée; et vous jugez aisément que par la mesme considération par laquelle madame de Chevreuse apréhendoit que j'en craigniisse le second acte, que je pouvois avoir peine à le jouer.] Je n'y balancay toutefois pas, après en avoir pesé toutes les circonstances, entre lesquelles celle qui me persuada le plus qu'il y avoit de la [sincérité en la colère de la reine contre M. le prince fut que je sçavois de science certaine qu'elle se prenoit à M. le prince, et à mon opinion avec fondement], d'une galanterie que Jarzay avoit voulu faire croire à tout le monde avoir avec elle. Il ne tint pas à mademoiselle de Chevreuse de m'empescher de tenter l'adventure dans laquelle elle croyoit que l'on me feroit périr; et quoiqu'elle n'eust pas voulu d'abord tesmoigner son sentiment devant madame sa mère, elle ne se peut contenir après. Je l'obligeai enfin à y consentir, et je fis ceste response à la reine.

« Il n'y a jamais eu de moment dans ma vie, » dans lequel je n'aie esté esgalement à Vostre » Majesté. Je serois trop heureux de mourir pour » son service, pour songer à ma seureté. Je » me rendrai où elle me commandera. »

J'enveloppay son billet dans le mien. Madame de Chevreuse luy porta ma responsse le lendemain, qui fut receu admirablement. L'on prit heure, et je me trouvai à minuit au cloistre de Saint-Honoré, où Gabouri, porte-manteau de la reine, me vint prendre, et me mena par un escalier desrobé au petit oratoire où elle estoit seule enfermée. Elle me tesmoigna toutes les bontés que la haine qu'elle avoit contre M. le prince lui pouvoit inspirer, et que l'attachement qu'elle avoit pour M. le cardinal Mazarin lui pouvoit permettre. Le dernier me parut encore au-dessus de l'autre. Je crois qu'elle me répéta vingt fois ces paroles : « Le pauvre M. le cardinal ! » en me parlant de la guerre civile et de l'amitié qu'il avoit pour moi. Il entra une demie heure après. Il supplia la reine de lui permettre qu'il manquast au respect qu'il luy debvoit, pour m'embrasser devant elle. Il fut au désespoir de ce qu'il ne pouvoit pas me donner sur l'heure mesme son bonnet et me parla tant de grace, de récompenses et de bienfaits, que je fus obligé de m'expliquer, [quoy que j'eusse résolu de ne le pas faire pour la première fois], n'ignorant pas que rien ne jette plus de défiance dans les réconciliations nouvelles, que l'adversion que l'on tesmoigne à estre obligé à ceux avec lesquels on se reconcilie. Je respondis à M. le cardinal que l'honneur de servir la reine faisoit la recompense la plus signalée que je deusse jamais espérer, quand mesme j'aurois sauvé la couronne; que je la suppliois très-humblement de ne me donner jamais que celle-là, afin que j'eusse au moins la satisfaction de luy faire cognoistre qu'elle estoit la seule que j'estimois et qui me peut estre sensible.

M. le cardinal prit la parole, et supplia la reine de me commander de recevoir ma nomination au cardinalat, « Que La Rivière (adjoustat-il) a arrachée avec insolence, et qu'il a reconnue par une perfidie. » Je m'en excusay, en disant que je m'estois promis à moy-mesme, par une espèce de vertu, de n'estre jamais cardinal par aucun moyen qui peut avoir le moindre rapport à la guerre civile, [dans laquelle la seule nécessité m'avait jeté; que j'avois trop d'intérests de faire cognoistre à la reine mesme qu'il n'y avoit point d'autre motif qui m'eut séparé de son service]. Je me défis sur ce mesme fondement de toutes les autres propositions qu'il me fit pour le payement de mes debtes, pour la charge de grand aumosnier, pour l'abbaye d'Orkan. Et comme il insista, soustenant tousjours que la reine ne pouvoit pas s'empescher de faire quelque chose pour moy qui fut d'éclat, dans le service considérable que j'estois sur le poinct de luy rendre, je luy dis : « Il y a un poinct,

» monsieur, sur lequel la reine me peut faire
» plus de bien que sy elle me donnoit la tiare.
» Elle me vient de dire qu'elle veut faire arrester M. le prince : la prison ne peut ny ne doibt
» estre éternelle à un homme de son rang et de
» son mérite. Quand il en sortira, envenimé
» contre moy, ce me sera un malheur : mais
» j'ay quelque lieu d'espérer que je le pouray
» soustenir par ma dignité. Il y a beaucoup de
» gens de qualité qui sont engagés avec moy et
» qui serviront la reine en cette occasion. S'il
» plaisait, madame, à Vostre Majesté de confier
» à l'un d'eux quelque place de considération, je
» luy serois sans comparaison plus obligé que de
» dix chapeaux de cardinal. » Le cardinal ne balancea pas, il dit à la reine qu'il n'y avoit rien de plus juste, et que le destail en estoit à concerter entre luy et moi. La reine me demanda ensuite ma parole de ne me point ouvrir avec M. de Beaufort du dessein d'arrester M. le prince, jusqu'au jour de l'exécution, parce que madame de Montbazon, à qui il le découvriroit asseurément, ne manqueroit jamais de le dire à Vigneul, qui estoit de l'hostel de Condé. [Comme madame de Chevreuse m'avoit déjà fait le mesme discours par l'ordre de la reine, je m'y estois préparé]. Je luy respondis qu'un secret de cette nature, fait à M. de Beaufort, dans une occasion où nos intérêt estoient sy unis, me deshonoreroit dans ce monde sy je n'en récompensois le manquement par quelque service signalé ; que je suppliois Sa Majesté de me permettre de luy dire que la surintendance des mers, qui avoit esté promise à ceste maison dès les premiers jours de la régence, feroit un merveilleux effet dans le monde. M. le cardinal reprit le mot brusquement, en me disant : « Elle
» a esté promise au père et au fils aisné. » A quoi je luy repartis « que le cœur me disoit que
» le fils aisné feroit une alliance qui le mettroit
» beaucoup au dessus de la surintendance des
» mers. » Il sourit et dict à la reine qu'il accommoderoit encore cette affaire avec moy. J'eus une seconde conférence avec la reine et avec luy au mesme lieu, et à la mesme heure [à laquelle je fus introduis par M. de Lionne]. J'en eus trois avec luy seul dans son cabinet, au Palais-Royal, dans lesquelles Noirmoustier et Laigues se trouvèrent, [parce que madame de Chevreuse affecta d'y faire entrer le second et qu'il eust esté ridicule pour toute raison de l'y mettre sans le premier]. L'on convient, dans ces conversations, que M. de Vendosme auroit la surintendance des mers (1) ; M. de Beaufort en

(1) Le duc de Vendôme en obtint l'expédition le 12

auroit la survivance ; que M. de Noirmoustier auroit le gouvernement de Charleville et de Mont-Olympe, dont vous cognoistrez l'importance dans la suite; qu'il auroit aussi des lettres de duc; que M. de Laigues seroit capitaine des gardes de Monsieur; que M. le chevalier de Sévigné auroit vingt-deux mille livres ; que M. de Brissac auroit pour récompense le gouvernement d'Anjou, à tel prix et avec un brevet de retenue pour toute la somme. Il fut résolu que l'on arresteroit M. le prince, M. le prince de Conty et M. de Longueville. [Quoy que ce dernier ne m'eut pas rendu dans la dernière occasion de ce procès criminel, tous les bons offices auxquels je croyois qu'il estoit obligé], je n'oubliay rien pour le tirer du pair ; je m'offris d'estre sa caution , je contestay jusqu'à l'opiniastreté , et je ne me rendis qu'après que le cardinal m'eust montré un billet escrit de la main de La Rivière à Flamarin, où je leus ces mots :

« Je vous remercie de vostre advis , mais je
» suis aussy asseuré de M. de Longueville que
» vous l'estes de M. de Larochefoucault ; les pa-
» roles sacramentales sont dictes. »

Le cardinal s'estendit à ce propos sur l'infidélité de La Rivière, dont il nous dict un destail qui, en vérité, faisoit horreur. « Cet homme » croit (adjousta-t-il) que je suis la plus grosse » beste du monde, et qu'il sera demain cardinal. » J'ay eu le plaisir de luy faire aujourd'huy es- » sayer des estoffes rouges qu'on m'a apporté » d'Italie, et de les approcher de son visage, » pour veoir ce qui y revenoit le mieux, ou de « la couleur de feu, ou de nacarat. » J'ay sceu depuis, à Rome, que quelque perfidie que La Rivière eust faict au cardinal, celuy-cy n'estoit pas en reste. Le propre jour qu'il l'eust faict nommer par le roy, il escrivit au cardinal Sachestti une lettre que j'ay veue, bien plus capable de jaunir son chapeau que de le rougir. Cette lettre estoit toutefois toute pleine de tendresse pour luy , ce qui estoit le vray moyen de le perdre auprès d'Innocent X, qui haïssoit si mortellement le cardinal, qu'il avoit mesme de l'horreur pour tous ses amis.

Dans la seconde conférence que nous eusmes en présence de la reine, l'on agita fort les moyens de faire consentir Monsieur à la prison de messieurs les princes. La reine disoit qu'il n'y auroit nul peine : [qu'il en estoit terriblement fatigué, qu'il estoit de plus très-las de La Rivière, parce

mars 1650. On en trouve une copie dans le volume 775 de la collection Dupuy. (Manuscrits de la Bibliothèque du roi.)

qu'il estoit fort bien informé qu'il s'estoit donné corps et ame à M. le prince]. Le cardinal n'estoit pas tout-à-fait si persuadé que la reine des dispositions de Monsieur. Madame de Chevreuse se chargea de le sonder. Il avoit naturellement inclination pour elle. Elle trouva jour , elle s'en servit fort habilement ; elle luy fit croire que la reine ne pouvoit estre emportée que par luy à une résolution de cette nature, quoy que dans le fond elle fut très-mal satisfaite de M. le prince. Elle luy exagéra le grand avantage que ce luy seroit de ramener au service du roy une faction aussi puissante que celle de la Fronde ; elle luy marqua comme insensiblement et sans affectation l'esfroyable péril où l'on estoit tous les jours de veoir Paris à feu et à sang. Je suis persuadé, et elle le fut aussi bien que moy , que cette dernière raison le toucha pour le moins autant que les autres, car il trembloit de peur toutes les fois qu'il venoit au Palais ; et il y eust des journées où il feut impossible à M. le prince de l'y mener. L'on appeloit cela *les accès de la colique de Son Altesse Royale*. Sa frayeur n'estoit pas toutefois sans subjet. Sy un laquais se fut advisé de tirer l'espée , nous eussions tous esté tués en moins d'un quart d'heure ; et ce qui est rare, est que si cette occasion fut arrivée entre le premier jour de janvier et le 18, ceux qui nous eussent égorgés, eussent esté ceux-là mesmes avec lesquels nous estions d'accord ; parce que tous les officiers de la maison du roi, de celle de la reine, de celle de Monsieur estoient persuadés qu'ils faisoient très-bien leur cour , d'accompagner réglément tous les jours messieurs les princes au Palais.

Je n'ai jamais peu m'imaginer la raison pour laquelle le cardinal lanterna proprement les cinq ou six derniers jours qui précédèrent cette exécution. Laigues et Noirmoustier se mirent dans la teste qu'il le faisoit à dessein, dans l'espérance que nous nous massacrerions, monsieur le prince et nous, dans le Palais : mais outre que si il eut eu cette pensée, il luy eust esté très-facile de la faire réussir, en apostant deux hommes qui eussent commencé la noise, je crois qu'il l'apréhendois pour le moins autant que nous ; parce qu'il ne pouvoit pas douter qu'il n'y avoit point d'asile assez sacré pour le sauver luy-mesme d'une pareille catastrophe. J'ai toujours attribué , en mon particulier , à son irrésolution naturelle ce délay, que je confesse avoir pu et deu mesme produire de grands inconvénients. Ce secret qui fut gardé entre dix-sept personnes , est un de ceux qui me persuade de ce que je vous ai dict quelque fois et de ce que j'ay déjà marqué en cest ouvrage, que parler trop n'est pas le défaut le plus commun des gens qui sont accoustumés aux grandes affaires. Ce qui me donna une grande inquiétude en ce temps-là, fut que je cognoissois Noirmoustier pour l'homme du monde le moins secret.

Le 18 de janvier, Laigues ayant pressé au dernier point Lyonne pour l'exécution, dans une conférance qu'il eust la nuict avec luy, le cardinal la résolut à midy (1). Il avoit faict croire dès la veille à M. le prince qu'il avoit un advis certain que Parain-des-Coutures, qui avoit esté un des syndic des rentiers, estoit caché dans une maison; et il fist en sorte que luy-mesme donna aux gendarmes et aux chevaux-légers du roy les ordres qui estoient nécessaire pour le mener au bois de Vincennes, soubs le prétexte de regler ce qu'il falloit pour la prison de ce misérable. Messieurs les princes veindrent au conseil : Guittaut, capitaine des gardes de la reine, arresta M. le prince ; Comminges, lieutenant, arresta M. le prince de Conty ; et Cressy, enseigne, arresta M. de Longueville. J'avois oublié de vous dire qu'après que madame de Chevreuse eust faict agréer à Monsieur, qu'elle fit ses efforts auprès de la reine pour l'obliger à prendre quelque résolution contre M. le prince, il luy demanda pour condition préalable que je m'engagasse par escript à le servir ; et qu'aussitost qu'il eust mon billet, il le porta à la reine en croyant luy avoir rendu un très-grand service.

Aussitost que M. le prince fut arresté, monsieur de Bouteville, qui est à présent M. de Luxembourg, passa sur le pont Nostre-Dame à toute bride, en criant au peuple que l'on venoit d'enlever M. de Beaufort. L'on prit les armes, que je fis poser en un moment, en marchant avec cinq ou six flambeaux devant moy par les rues. M. de Beaufort sy promena pareillement et l'on fist partout des feux de joie.

Nous allasmes ensemble chez Monsieur, où nous trouvasmes La Rivière en la grande salle, qui faisoit bonne mine, et qui racontoit aux assistants le destail de ce qui s'estoit passé au Palais-Royal. Il ne pouvoit pourtant pas douter qu'il ne fut perdu, [Monsieur ne luy ayant rien dit de ceste affaire]. Il demanda son congé et il l'eust ; mais il ne tient pas à M. le cardinal qu'il ne demeurast. Il m'envoya Lyonne sur le minuict, pour me le proposer et pour me le persuader par les plus méchantes raisons du monde. J'en avois de bonnes pour m'en défendre. Lyonne me dict, il y a cinq ou six ans, que ce mouvement de conserver La Rivière fut inspiré au cardinal par M. Le Tellier, qui apréhenda que les frondeurs ne s'insinuassent dans l'esprit de Monsieur.

La reine envoya incontinent après une lettre du roy au parlement, par laquelle il expliquoit les raisons de la détention de M. le prince, qui ne furent ny fortes ny bien colorées. Nous eusmes notre arrest d'absolution ; nous allasmes au Palais-Royal, où la badauderie des courtisans m'estonna beaucoup plus que n'avoit faict celle des bourgeois. Ils estoient montés sur tous les bancs des chambres, qu'on avoit apporté comme au sermon. [L'on publia quelque jours après une amnistie de tout ce qui s'estoit faict et dict dans Paris pendant les assemblées des rentiers.]

Mesdames les princesses eurent ordre de se retirer à Chantilly. Madame de Longueville sortit de Paris, [aussitost qu'elle eust la nouvelle], pour tirer du costé de la Normandie, où elle ne trouva pas d'azile. Le parlement de Rouen l'envoya prier de sortir de la ville (2) ; monsieur le duc de Richelieu, [qui par les advis de M. le prince avoit espousé, peu de jours auparavant, madame de Pons (3)], ne la voulut pas recevoir dans le Havre ; elle se retira à Dieppe, où vous verrez par la suite qu'elle ne put pas demeurer long-temps.

Monsieur de Bouillon, qui s'estoit fort attaché à M. le prince depuis la paix, alla en diligence à Turenne. M. de Turenne, qui avoit pris la mesme conduite depuis son retour en France, se jeta dans Stenay, bonne place que M. le prince avoit confiée à La Moussaye (4). M. de Laro-

---

(1) Deux jours avant l'arrestation des princes, le cardinal Mazarin donnait au prince de Condé l'écrit suivant : « *Je promets à monsieur le prince, soubs le bon plaisir du roy, par le commandement de la reine régente, sa mère, que je ne me départiray jamais de ses intérests, et y serai attaché envers tous et contre tous ; et prie Son Altesse de me tenir pour son très-humble serviteur et me favoriser de sa protection que je mériteray avec toute l'obéissance qu'il peut désirer de moy. Ce que j'ay signé en présence et par le commandement de la reine.*
16 janvier 1650.   Le cardinal MAZARINI. »
(Manuscrits de la Bibliothèque royale, collection Dupuy, tome 775.)

(2) Madame de Longueville adressa une lettre, en date du 23 février 1650, pour se justifier de sa sortie du royaume. Il en existe une copie dans la collection Dupuy, tome 754. (Manuscrits de la Bibliothèque du roi.)
(3) Anne Poussart, veuve de François-Alexandre d'Albret, sire de Pons, mariée, le 26 décembre 1649, à Armand-Jean de Vignerot-du-Plessis, duc de Richelieu. C'était la fille de François Poussart, marquis de Fors, baron de Vigan. Elle avait été dame d'honneur de la reine, puis de la dauphine. Madame de Pons mourut, sans enfants, le 28 mai 1684.
(4) La Moussaye était François de Goyon, baron de Nogent, lieutenant-général des armées, fils d'Amaury de Goyon et de Catherine de Champagne.

chefoucault, qui estoit encore en ce temps-là le prince de Marsillac, s'en alla chez luy en Poictou ; et le mareschal de Brezé, beau-père de M. le prince (1), gagna Saumur [dont il estoit gouverneur].

L'on publia et l'on enregistra au parlement une déclaration contre eux, par laquelle il leur fut ordonné de se rendre dans quinze jours auprès de la personne du roi, à faulte de quoi ils estoient dès à présent déclarés perturbateurs du repos public et criminels de lèze-majesté. Le roi partit en mesme temps pour faire un tour en Normandie, où l'on craignoit que madame de Longueville, qui avoit esté receue dans le chasteau de Dieppe par Montigni, domestique de monsieur son mari, et Chamboy, qui commandoit pour lui dans le Pont-de-l'Arche, ne fissent quelque mouvement ; [car Beuvron, qui avoit le vieux palais de Rouen, et la Croisette, qui commandoit dans celui de Caen, avoient déjà asseuré le roi de leur fidélité]. Tout plia devant la cour. Madame de Longueville se sauva par mer en Hollande, d'où elle alla à Arras pour sonder le bonhomme La Tour, pensionnaire de monsieur son mari, qui lui offrit sa personne, mais qui lui refusa sa place. Elle se rendit à Stenay, où M. de Turenne la vint joindre avec ce qu'il avoit peu ramasser depuis son départ de Paris, des amis et des serviteurs de messieurs les princes. La Bacherelle se rendit maistre de Damvilliers, ayant révolté la garnison dont il avoit esté autrefois lieutenant de roi, contre le chevalier de Larochefoucault (2), qui y commandoit pour son frère. Le mareschal de la Ferté se saisit de Clermont sans coup férir. Les habitans de Mouzon chassèrent le comte de Grampré, leur gouverneur, parce qu'il leur proposa de se déclarer pour les princes. Le roi qui, après son retour de Normandie, alla en Bourgogne, y establit en la place de M. le prince, M. de Vendosmes, pour gouverneur, comme il avoit establi en Normandie M. le comte d'Harcourt en la place de M. de Longueville. Le chasteau de Dijon se rendit à M. de Vendosmes. Bellegarde, deffendue par M. de Tavannes (3), de Bouteville et de Saint-Micaut, fit peu de résistance au roi, qui revint à Paris de ces deux voyages de Normandie et de Bourgogne, tout couvert de lauriers. La senteur en entesta un peu trop le cardinal, et il parut à tout le monde, à son retour, beaucoup plus fier qu'il n'avoit paru devant son départ. Voici la première marque qu'il en donna.

Dans le temps de l'absence du roi, madame la princesse douairière vint à Paris, et elle présenta requeste (4) au parlement par laquelle elle demandoit d'estre mise en la sauvegarde de la compagnie, pour pouvoir demeurer à Paris, et demander justice de la détention injuste de messieurs ses enfants (5). Le parlement ordonna que madame la princesse se mist cheux M. de La Grange, maistre des comptes, dans la cour du palais, cependant que l'on iroit prier M. le duc d'Orléans de venir prendre sa place.

M. le duc d'Orléans respondist aux députés de la compagnie, que madame la princesse ayant ordre du roi d'aller à Bourges, [comme il estoit vrai qu'elle l'avoit receu depuis quelques jours], il ne croyoit pas debvoir aller au Palais pour opiner sur une affaire sur laquelle il n'y avoit qu'à obéir aux ordres supérieurs. Il adjousta qu'il seroit bien aise que M. le premier président l'allast trouver sur les cinq heures. Il y alla, et fit cognoistre à Monsieur qu'il estoit nécessaire qu'il allast le lendemain au Palais pour assoupir par sa présence un commencement d'affaire, qui pouvoit grossir par la commisération très naturelle vers une grande princesse affligée et par la haine contre le cardinal, qui n'estoit pas esteinte. Monsieur le creut. Il trouva à l'entrée de la grande chambre madame la princesse, qui se jeta à ses pieds. Elle demanda à M. de Beaufort sa protection, elle me dist qu'elle avoit l'honneur d'estre ma parente. M. de Beaufort fut fort embarrassé ; je faillis à mourir de honte ; Monsieur dit à la compagnie que le roi avoit commandé à madame la princesse de sortir de Chan-

(1) Le prince de Condé avait épousé, en 1641, Claire-Clémence de Maillé, duchesse de Fronssac, fille du marquis de Brézé. Elle mourut le 18 avril 1694.

(2) Hilaire-Charles de Larochefoucauld, chevalier de Malte ; né le 14 juin 1628, mort en 1651, à Saint-Amand, en Bourbonnais.

(3) Jacques de Saulx, dit le comte de Tavannes, premier gentilhomme du prince de Condé. Il mourut en 1683, agé de 63 ans. On a de lui des Mémoires sur les guerres civiles de la régence.

(4) La princesse douairière présenta sa requête au parlement le mercredi d'après la Quasimodo (Mémoires d'Omer Talon), c'est-à-dire le 27 avril 1650. Petitot rapporte inexactement les circonstances de cette présentation. On lit dans son *Introduction aux Mémoires relatifs à la Fronde*, que la duchesse arriva *à Paris le lendemain du jour où la cour revenant de Bourgogne, y avait fait son entrée*. Il est évident que si la cour avait été à Paris, le premier président n'eût pas consulté le duc d'Orléans. Le roi ne revint en effet dans la capitale que le 2 de mai, et la princesse de Condé en était déjà repartie, par ordre du duc d'Orléans.

(5) Une copie de la requête que Charlotte-Marguerite de Montmorency, princesse douairière de Condé, présenta au parlement, pour obtenir la liberté des princes ses fils, se trouve aux Manuscrits de la Bibliothèque royale dans le volume numéroté 9354 du fond du roi.

tilly, parce que l'on avoit trouvé un de ses valets de pied chargé de lettres pour celui qui commandoit dans Saumur; qu'il ne la pouvoit souffrir à Paris, puisqu'elle y estoit venue contre les ordres du roi; qu'elle en sortist pour tesmoigner son obéissance, et pour mériter que le roi, qui seroit de retour dans deux ou trois jours, peust avoir esgard à ce qu'elle alléguoit de sa mauvaise santé. Elle partit dès le soir mesme et elle alla coucher à Berni, d'où le roi, qui arriva un jour ou deux après, lui donna ordre d'aller à Valeri. Elle demeura malade à Angerville.

Je ne vois pas que Monsieur se peut conduire plus justement pour le service du roi. Le cardinal prétendit qu'il avoit trop ménagé madame la princesse; et dès le jour du retour du roi, il nous dit à M. de Beaufort et à moi, que c'estoit en ceste occasion où nous avions deu signaler le pouvoir que nous avions sur le peuple. Il estoit naturellement vétilleux et grondeur, ce qui est un grand défaut à des gents qui ont affaire à beaucoup de monde.

Je m'apperceus deux jours après de quelque chose de pis. Comme il y avoit eu beaucoup de particuliers qui avoient fait du bruit dans les assemblées de l'Hostel-de-Ville, à cause de l'intérest qu'ils avoient dans les rentes, ils apréhendoient d'en pouvoir estre recherchés dans les temps, et ils souhaitèrent pour ceste raison, un peu après que M. le prince fut arresté, que j'obtinsse une amnistie. J'en parlai à M. le cardinal, qui ne fit aucune difficulté, et qui me dit mesme dans le grand cabinet de la reine, en me monstrant le cordon de son chapeau qui estoit à la fronde : « Je serai moi mesme compris » dans cette amnistie. »

Au retour de ces voyages ce ne fut plus cela. Il me proposa de donner une abolition, dont le titre seul eust noté cinq ou six officiers du parlement, qui avoient esté sindics, et peut-estre mille et deux mille des plus notables bourgeois de Paris. Je lui représentai ces considérations, qui paroissoient n'avoir point de replique; il contesta, il remit, il éluda, il fit ces deux voyages de Normandie et de Bourgogne sans rien conclure; et quoique M. le prince eust esté arresté dès le 18 de janvier, l'amnistie ne fut publiée et enregistrée au parlement que le 12 de mai. Et encore ne fut-elle obtenue que sur ce que je laissai entendre que si on ne l'accordoit pas, je poursuivrois à toute rigueur la justice contre les tesmoings à brevet : ce que l'on apréhendoit au dernier point, parce que dans le fond il n'y avoit rien de si honteux. Ils estoient si convaincus, que Canto et Pichon avoient disparu mesme devant que M. le prince fust arresté.

Nous eusmes presque au mesme temps un autre démeslé sur le subjet des rentes de l'Hostel-de-Ville, où M. d'Emery (1), qui ne vescut pas long-temps après, n'oublioit rien de tout ce qui pouvoit altérer les rentes, mesme sur des articles si légers et où le roi trouvoit si peu de profit, que j'eus subjet d'estre persuadé qu'il n'agissoit ainsi que pour leur faire veoir que leurs protecteurs les avoient abandonnés depuis leur accommodement avec la cour.

Je fus adverti d'ailleurs que l'abbé Fouquet cabaloit contre moi dans le menu peuple, qu'il y jetoit de l'argent et touts les bruits qui me pouvoient rendre suspect.

La vérité est que touts les subalternes sans exception, qui appréhendoient une union véritable du cardinal et de moi, et qui croyoient qu'elle seroit facile par le mariage de l'aisné Manchini (2), [qui avoit du cœur et du mérite], avec mademoiselle de Rais, qui est présentement religieuse, ne songèrent qu'à nous brouiller dès le lendemain que nous fusmes raccommodés; et ils y trouvèrent toute sorte de facilité, et parce que d'un costé les mesnagements que j'estois obligé de garder avec le public pour ne m'y pas perdre, leur donnoient tout lieu de les interpréter à leur mode auprès du Mazarin, et parce que la confiance que le duc d'Orléans prit en moi, aussitost après la prison de M. le prince, debvoit par elle-mesme produire dans son esprit une défiance très-naturelle. Goulas, secrétaire des commandements de Monsieur et constable dans sa maison, par la disgrace de La Rivière qui l'en avoit chassé, contribua beaucoup à la lui donner, par l'intérest qu'il avoit à affoiblir, par le moyen de la cour, ma faveur naissante auprès de son maistre, qui seul, à ce qu'il s'imaginoit, traversoit la sienne. Vous remarquerez, s'il vous plaist, que je n'avois nullement recherché ceste faveur, pour deux raisons; dont l'une estoit que je la cognoissois très-fragile et mesme périlleuse, par l'humeur

---

(1) Michel Particelli, sieur d'Emery, surintendant des finances, mourut en 1650. Le cardinal de Richelieu lui avait confié plusieurs missions importantes, et il obtint les bonnes grâces de Mazarin par son habileté à trouver toutes sortes d'exactions pour alimenter le trésor royal, qui était dans la plus grande pénurie.

(2) N..... Mancini, tué en 1652, au combat du faubourg Saint-Antoine. Il était fils de Michel-Laurent Mancini et de Hiéronyme Mazarini, sœur du cardinal. (A. E.) Le prénom de ce Mancini n'est pas connu; il ne se trouve même pas dans les papiers de cette famille.

de Monsieur; et l'autre, que je n'ignorois pas que l'ombre d'un cabinet, dont l'on ne peut pas empécher les foiblesses, n'est jamais bonne à un homme dont la principale force consiste dans la réputation publique. Ma pensée avoit esté de lui produire le président de Bellièvre, parce qu'il lui falloit tousjours quelqu'un qui le gouvernast; mais il ne prit pas le change, parce qu'il avoit aversion à sa mine trop fine et trop bourgeoise (ce disoit-il). Le cardinal, qui croyoit, et avec raison, Goulas trop dépendant de Chavigny, balancea trop au choix : car si d'abord il eust soubstenu Béloy, ami de Laboulaye, je crois qu'il eust réussi. Quoi qu'il en soit le sort tomba sur moi, et j'en fus presque aussi fasché que la cour; et par les raisons que je vous viens de marquer et parce que ceste subjétion contraignoit mon libertinage, qui estoit extrême et hors de raison.

Voici un autre incident qui me brouilla encore avec M. le cardinal. Le comte de Montross, ecossois, et chef de la maison de Graham, estoit le seul homme du monde qui m'ait jamais rapporté l'idée de certains héros que l'on ne voit que dans les vies de Plutarque. Il avoit soubstenu le parti du roi d'Angleterre dans son pays, avec une grandeur qui n'a point eu de pareille dans ce siècle; il battit les parlementaires quoi qu'ils fussent victorieux partout ailliurs, et il ne désarma qu'après que le roi son maistre se fut jeté lui-mesme entre les mains de ses ennemis. Il vint à Paris un peu devant la guerre civile, et je le cogneus par un Escossois qui estoit à moi, et qui estoit un peu son parent; je fus asses heureux pour trouver lieu de le servir dans son malheur; il prit de l'amitié pour moi, et elle l'obligea de s'attacher à la France plustost qu'à l'Empire, quoiqu'il lui offrit l'emploi de feld-mareschal, qui est très-considérable. Je fus l'entremeteur des paroles que M. le cardinal lui donna, et qu'il n'accepta que pour le temps où le roi d'Angleterre n'auroit point besoing de son service. Il fut remandé quelques jours après par un billet de sa main; il le porta au cardinal, qui le loua de son procédé et qui lui dit en termes formels, que l'on demeureroit fidèlement dans les engagements qui avoient esté pris.

M. de Montross repassa en France deux ou trois mois après que M. le prince eust esté arresté, et il amena avec lui près de cent officiers, la pluspart gens de qualité et touts de service. M. le cardinal ne le cogneut plus. Ne trouvez-vous pas que je n'avois pas subjet d'estre satisfait?

[Toutes ces indispositions jointes ensemble, n'estoient pas des ingrédiens bien propres à consolider une plaie qui estoit fraischement fermée; je vous puis toutefois asseurer pour la verité, qu'elles ne me firent pas faire un pas contre les intérest du parti dans lequel je venois de rentrer.] Je travaillai de très-bonne foi à suppléer dans le parlement et dans le peuple les fausses démarches que l'ignorance du Mazarin et l'insolence de Servien leur fit faire en plus de dix rencontres. J'en couvris la pluspart; s'il eust pleu à la cour de se ménager, le parti de M. le prince eust eu, au moins pour asses long-temps, beaucoup de peine à se relever : mais il n'y a rien de plus rare ni de plus difficile aux ministres que ce mesnagement, dans le calme qui suit immédiatement les grandes tempestes, parce que la flatterie y redouble et que la défiance n'y est pas esteinte.

Ce calme ne pouvoit toutefois porter ce nom, que par la comparaison du passé; car le feu commençoit à s'allumer de bien des costés. Le mareschal de Brezé, homme de très-petit mérite, s'estoit estonné à la première déclaration qui fut enregistrée au parlement, et il envoya asseurer le roi de sa fidélité; mais il mourut aussitost après; et Dumont que vous voyez à M. le prince, qui commandoit soubs lui dans Saumur, et qui creut qu'il estoit de son honneur de ne pas abandonner les intérests de madame la princesse, fille de son maistre, se déclara pour le parti, dans l'espérance que M. de La Rochefoucault, qui soubs prétexte des funérailles de monsieur son père avoit fait une grande assemblée de noblesse, le secourroit. Loudun, dont il avoit fait dessein de se rendre maistre, lui ayant manqué et ceste noblesse s'estant dissipée, Dumont rendit la place à Commingés (1), à qui la reine en avoit donné le gouvernemant.

Madame de Longueville et M. de Turenne firent un traité avec les Espagnols, et le dernier joignit leur armée, qui estoit en Picardie et qui assiégeoit Guise, après avoir pris le Catelet. Bridieu, qui en estoit gouverneur, la défendit très-bien; et le comte de Clermont, cadet de Tonnerre, s'y signala. Le siège dura dix-huit jours, et le manquement de vivres obligea l'archiduc à le lever. M. de Turenne avoit fait quelques troupes avec l'argent que les Espagnols

---

(1) Gaston Jean-Baptiste, dit le comte de Commingès, gouverneur de Saumur, et capitaine des gardes de la reine, en survivance de François de Guitaut, son oncle. C'était lui qui avait arrêté Broussel, le 26 août 1648. Comminge mourut, le 25 mars 1670, âgé de cinquante-sept ans.

lui avoient accordé par son traité, les avoit grossies du débris de celles qui avoient esté dans Bellegarde ; et la pluspart des officiers de celles qui estoient soubs le nom de messieurs les princes, l'avoient joint avec messieurs de Bouteville, de Coligny, de [Lanques], de Duras, de Rochefort, de Tavannes, de Persan (1), de la Moussaye, de la Suze, de Saint-Ibal, de Cugnac, de Chavagnac (2), de Guitaut, de Mailly (3), de Meille, les chevaliers de Foix et de Gramont, et plusieurs autres dont je ne me souviens pas.

Ceste nuée qui grossissoit debvoit faire faire réflexion à M. le cardinal Mazarin sur l'estat de la Guienne (4), où la pitoyable conduite de M. d'Espernon avoit jeté les affaires [dans une confusion] que rien ne pouvoit démesler que son esloignement. Mille démeslés particuliers, dont la moitié ne venoit que de la ridicule chimère de sa roturière principauté, l'avoient brouillé avec le parlement et avec les magistrats de Bordeaux, qui pour la pluspart n'estoient pas plus sages que lui ; et le Mazarin, qui à mon sens fut encore en cela plus fou que touts les deux, prit sur le compte de l'autorité royale tout ce qu'un habile ministre eust peu imputer, sans aucun inconvénient et mesme avec l'advantage du roi, aux deux partis.

Un des plus grands malheurs que l'autorité despotique des ministres du dernier siècle ait produit dans l'estat, est la pratique que l'imagination de leurs intérests particuliers mal entendus y a introduite, de soubstenir tousjours le supérieur contre l'inférieur. Cette maxime est de Machiavel, que la pluspart des gents qui le lisent n'entendent pas, et que les autres croyent avoir esté tousjours habile, parce qu'il a tousjours esté méchant. Il s'en fault beaucoup ; il s'est très-souvent trompé ; en nul endroit, à mon opinion, plus qu'en celui-ci. M. le cardinal l'estoit sur ce point d'autant plus aisémant qu'il avoit une passion effrénée pour l'alliance de M. de Candale, qui n'avoit rien de grand que les canons ; et M. de Candale, dont le génie estoit au-dessoubs du médiocre, estoit gouverné par l'abbé présentement cardinal d'Estrées (5), qui a esté dès son enfance l'esprit du monde le plus visionnaire et le plus inquiet ; touts ces caractères différents faisoient une espèce de galimathias inexplicable dans les affaires de la Guienne, pour le desbrouillement desquelles le bon sens des Jeannin et des Villeroy, infusé dans la cervelle du cardinal de Richelieu, n'eust pas esté trop bon. M. le duc d'Orléans, [qui estoit fort clairvoyant], connut de très-bonne heure la suite de ceste confusion ; il m'en parla un jour en se promenant dans le jardin de Luxembourg [devant que je lui en eusse ouvert la bouche] ; et il me pressa d'en parler à M. le cardinal dont je m'excusai, sur ce qu'il voyoit comme moi, qu'il n'y avoit entre nous que les apparances. Je lui conseillai d'essayer de lui faire ouvrir les yeux par le mareschal d'Estrées (6) et par Senneterre. Il les trouva absolument dans les mesmes sentiments que lui, bien qu'ils fussent tout-à-fait attachés à la cour ; et mesme Senneterre, très-aise de ce que Monsieur l'asseuroit que j'y estois comme lui-mesme, avec les plus sincères et les meilleures intentions du monde, entreprit de me raccommoder avec le cardinal, avec lequel d'ailleurs je n'avois pas rompu ouvertement. Il m'en parla et il me trouva très-disposé, parce que je voyois clairement que nostre division grossiroit en moins d'un rien le parti de M. le prince, et jetteroit les choses dans une confusion où la conduite n'auroit plus de part, parce que l'on ne pourroit prendre son parti qu'avec précipitation. [C'est de touts les estats celui qu'il fault toujours éviter avec le plus d'application.] J'allai donc avec M. de Senneterre cheux M. le cardinal, qui m'embrassa avec des tendresses [qu'il faudroit un bon cœur comme le sien pour vous les exprimer]. Il mit son cœur sur la table, c'estoit son terme ; il m'asseura qu'il me parleroit comme à son fils, et je n'en creus rien ; je l'asseurai que je lui parlerois comme à mon père et je lui tins parole. Je lui dis [que je le suppliois de me permettre de m'expliquer pour une bonne fois avec lui] ; que je n'avois au monde aucun intérest personnel, que celui de sortir des affaires publiques sans aucun advantage ; mais qu'aussi, par la mesme raison, je me sentois plus obligé qu'un

---

(1) François de Vaudetar, marquis de Persan, mort en 1684.

(2) Gaspard, comte de Chavagnac. (A. E.)

(3) Louis de Mailly, marquis de Mailly, colonel du régiment de Condé, fut blessé au siége de Philisbourg, en 1688, et mourut le 18 novembre de la même année, des suites de ses blessures.

(4) La collection Dupuy, de la Bibliothèque du roi, renferme un grand nombre de pièces historiques sur les affaires de Guienne, et notamment dans le volume 754.

(5) César d'Estrées, alors abbé de Long-Pont, de Saint-Germain-des-Prés, etc., ensuite évêque et duc de Laon ; cardinal en 1671, et chevalier de l'ordre, etc. ; mort le 18 de décembre 1714, âgé de près de quatre-vingt-sept ans. (A. E.)

(6) François Annibal, duc d'Estrées, mort en 1670, âgé de quatre-vingt-dix-huit ans ou de cent-deux, selon quelques-uns. Il avait d'abord été destiné à l'état ecclésiastique et nommé évêque de Noyon par Henri IV ; mais il abandonna cette profession pour celle des armes, en 1597. Il fut chargé de plusieurs ambassades et contribua beaucoup à l'élection du pape Grégoire XV.

autre à en sortir avec dignité et avec honneur ; que je le suppliois de faire réflexion sur mon age, qui joinct à mon incapacité, ne lui pouvoit donner aucune jalousie à l'esgard de la première place ; que je le conjurois en mesme temps de considérer que la dignité que j'avois dans Paris estoit plus avilie qu'elle n'estoit honnorée, par ceste espèce de tribunat de peuple, que la seule nécessité rendoit supportable ; et qu'il debvoit juger que ceste considération toute seule seroit capable de me donner impatience de sortir de la faction, quand il n'y en auroit pas eu mille autres qui en faisoient naistre le dégoust à touts les instants ; que pour ce qui estoit du cardinalat, qui lui pouvoit faire quelque ombrage, je lui allois descouvrir avec sincérité quels avoient esté et quels estoient mes mouvemens sur ceste dignité : que je m'estois mis follement dans la teste qu'il seroit plus glorieux de l'abattre que de la posséder ; qu'il n'ignoroit pas que j'avois fait paroistre quelque estincelle de ceste vision dans les occasions ; que M. d'Agen m'en avoit guéri, en me faisant veoir par de bonnes raisons qu'elle estoit impraticable, et qu'elle n'avoit jamais réussi à ceux qui l'avoient entreprise ; que ceste circonstance lui faisoit au moins cognoistre que l'avidité pour la pourpre n'avoit pas été grande en moi dès mes plus jeunes années ; que je le pouvais asseurer qu'elle estoit encore asses modérée, que j'estois persuadé qu'il estoit asses difficile qu'elle manquast dans les temps à un archevesque de Paris ; mais que je l'estois encor davantage que la facilité qu'il avoit à l'obtenir dans les formes, et pour les actions purement de sa profession, lui tourneroit à honte les autres moyens qu'il employeroit pour se la procurer ; que je serois au désespoir que l'on peust seulement s'imaginer qu'il y eust sur ma pourpre une seule goute du sang qui a esté respandu dans la guerre civile, et que j'estois résolu de sortir absolument et entièrement de tout ce qui s'appelle intrigue, devant que de faire ni souffrir un pas qui y eust seulement le moindre rapport ; qu'il sçavoit que par la mesme raison je ne voulois ni argent ni abbayes ; et qu'ainsi j'estois engagé, par les déclarations publiques que j'avois faites sur touts ces chefs, à servir la reine sans intérest ; que le seul qui me restoit en ceste disposition estoit de finir avec honneur, et de rentrer dans les emplois purement spirituels de ma profession avec seureté ; que je ne lui demandois pour cest effet que l'accomplissement de ce qui estoit encor plus du service du roi que de mon advantage particulier ; qu'il sçavoit que dès le lendemain que M. le prince fut arresté il m'avoit fait porter aux rentiers de telles et telles parolles ; [le détail vous en ennuieroit, et c'est par ceste considération que je n'en ai pas mesme parlé dans son lieu] ; que je voyois qu'au préjudice de ces paroles l'on affectoit tout ce qui pouvoit persuader à ces gents-là que j'estois de concert avec la cour pour les tromper ; que j'estois très-bien adverti que Ondédéi avoit dit à telle et à telle heure, cheux madame d'Ampus, que le pauvre M. le cardinal avoit failli à se laisser enjoler par le coadjuteur ; mais que l'on lui avoit bien ouvert les yeux et que l'on lui tailloit une besogne à laquelle il ne s'attendoit pas ; que je ne doubtois point que l'accès que j'avois auprès de Monsieur ne lui fist peine ; [mais que je n'ignorois pas aussi qu'il pouvoit] et qu'il debvoit estre informé que je ne l'avois recherché en façon du monde ; que j'en voyois les inconvéniens. Je m'estendis beaucoup en ceste endroit, parce que c'est celui qui estoit le plus difficile à comprendre à un homme de cabinet ; et ces sortes de gents en sont tousjours si entestés que l'expérience mesme ne leur peut oster de l'imagination, que toute la considération n'y consiste. [Il faudroit un volume particulier pour vous rendre compte de la suite de ceste conversation], qui dura depuis trois heures après midi jusqu'à dix heures du soir, je sçai bien que je ne dis pas un mot dont je me puisse repentir à l'article de la mort. La vérité jette, lorsqu'elle est à un certain carrat, une manière d'esclat auquel l'on ne peut résister ; je n'ai jamais veu homme qui en fist si peu d'estat que le Mazarin. Elle le toucha en ceste occasion et au point que M. de Senneterre, qui fut présent à tout ce qui se passa, en fut estonné [au-delà de l'imagination ; et comme il estoit homme de très-bon sens, et qu'il voyoit très-bien les dangereuses suites des mouvements de Guienne], il me pressa de prendre ce moment de lui en parler ; et je le fis [avec toute la force qui fut en mon pouvoir]. Je lui représentai que s'il s'opiniastroit à soubstenir M. d'Espernon, le parti de messieurs les princes ne manqueroit pas ceste occasion ; que si le parlement de Bordeaux s'y engageoit, nous perdrions, [par une conséquence infaillible], peu à peu celui de Paris ; après un aussi grand embrasement, le feu ne pouvoit pas estre asses esteint, pour ne pas craindre qu'il n'y en eust encor beaucoup sous la cendre, et où les factieux auroient un aussi beau champ de faire apréhender le contre-coup du chastiment d'un corps coupable d'un crime dont la cour ne nous tenoit nous-mesme purgés, que depuis deux ou trois mois. Senneterre appuya mon sentiment avec vigueur, et il est constant que nous esbranlasmes le cardinal, qui avoit esté adverti la veille que M. de Bouillon commançoit à remuer en Limosin, où M. de La Rochefoucaut l'avoit joint avec ses troupes; qu'il avoit enlevé à Brives la compagnie des gendarmes de M. le prince Thomas, et qu'il avoit tenté d'en faire autant aux troupes qui estoient dans Tulles. Ces nouvelles, [qui estoient considérables à cause de leurs suites, firent impression sur son esprit], et elles l'obligèrent d'en faire sur ce que nous lui disions. Il nous parut fort esbranlé; et M. le mareschal d'Estrées, qui le vit un quart d'heure après nous, dit à l'un et à l'autre le lendemain au matin, qu'il l'avoit trouvé convaincu de ma bonne foi et de ma sincérité; et qu'il lui avoit répété à diverses reprises : « Ce garçon, dans le fond, » veult le bien de l'estat. » Ces dispositions donnèrent lieu à ces deux hommes, qui estoient fort corrompus, mais qui cherchoient leur repos particulier dans le public, parce qu'ils estoient fort vieux, de songer à chercher les moyens de nous unir intimement le cardinal et moi; et ils lui proposèrent pour cest effet le mariage de son nepveu, duquel je vous ai déjà parlé, avec ma niepce. Il y donna de tout son cœur. Je m'en éloisgnai à proportion, et parce que je ne me pouvois résoudre à ensevelir ma maison dans celle de Mazarin, et parce que je n'ai jamais asses estimé la grandeur pour l'achepter par la haine publique. Je respondis civilement aux oublieux (on les appelloit ainsi, parce qu'ils alloient d'ordinaire, entre huit et neuf heures du soir dans les maisons où ils négotioient quelque chose, et ils négotioient tousjours). Je lui respondis, dis-je, civilement, mais négativement. Comme ils ne souhaitoient pas la rupture entre nous, ils colorèrent si adroitement le refus, qu'il ne produisit pas l'aigreur qui lui estoit asses naturelle; et comme ils avoient tiré de moi que j'aurois une grande joie d'estre employé à la paix générale, ils firent si bien que le cardinal, de qui l'entousiasme pour moi dura douze ou quinze jours, me le promit comme de lui-mesme de la meilleure grâce du monde.

Le mareschal d'Estrées se servit fort habilement de ce bon intervalle pour le restablissement de M. de Chateauneuf (1), dans la commission de garde des sceaux, qui en avoit esté dépossédé par M. le cardinal de Richelieu, et retenu prisonnier treize ans dans le chateau d'Angoulesme. Cest homme estoit vieilli dans les em-

plois, et il y avoit acquis une réputation à laquelle sa longue disgrace donna beaucoup d'esclat. Il estoit parent fort proche et ami fort particulier de M. le mareschal de Villeroy. Le commandeur de Jars avoit esté sur l'eschafaut de Troyes pour ses démeslés avec le cardinal de Richelieu; il avoit esté amant de madame de Chevreuse, et il ne l'avoit pas esté sans succès. Il avoit soixante et douze ans; mais sa santé forte et vigoureuse, sa despense splendide, son désintéressement parfait en tout ce qui ne passoit pas le médiocre, son humeur brusque et féroce, qui paroissoit franche, suppléoient à son âge, et faisoient que l'on ne le regardoit pas encore comme un homme hors d'œuvre. Le mareschal d'Estrées, qui vit que le cardinal se mettoit dans l'esprit de se restablir dans le public, en accordant les affaires de Bordeaux et en remettant l'ordre dans les rentes, prit le temps de ceste verve, qui ne dureroit pas longtemps, ce nous disoit-il, pour lui persuader qu'il falloit couronner ces beaux ouvrages par la dégradation du chancelier, odieux au public, ou plustost mesprisé, à cause de sa servitude naturelle, qui obscurcissoit la grande capacité qu'il avoit pour ce mestier, et par l'installation de M. Chateauneuf, dont le seul nom honnoreroit le choix. Je ne fus jamais plus estonné que quand le mareschal d'Estrées nous vint dire à M. de Bellièvre, [qui estoit une manière de fils adoptif de M. de Chateauneuf], et à moi, qu'il voyoit jour à ce changement. Je ne cognoissois M. de Chateauneuf que par sa réputation; mais je ne me pouvois figurer que la jalousie d'un Italien lui peust permettre de mettre en place une figure aussi bien faite pour un ministre; et ma surprise, qui n'eut d'autre cause que celle que je vous viens de dire, fut interprétée par le mareschal comme l'effet d'une apréhension que j'eusse eu qu'elle ne fut pas moins bien faite pour un cardinal. Il ne m'en tesmoigna rien, mais il le dit le soir à M. le président de Bellièvre, qui sachant mes intentions, l'asseura fort du contraire. Il n'en fut pas persuadé; et si peu, qu'il n'eut point de cesse que pour lever l'obstacle qu'il eut peur que je fisse à son ami, il ne m'eust apporté une lettre de lui, par laquelle il m'asseuroit de ne jamais songer au cardinalat devant que je l'eusse moi-mesme. Je faillis à

---

(1) « Sa Majesté, pour certaines considérations importantes au bien de son état, *a permis à M. le chancelier de se retirer en une de ses maisons, et a rendu les sceaux à M. de Châteauneuf*, lequel demeurera en cette ville, avec tout le conseil privé des finances, auprès de Son Altesse royale, pendant que le roi fera son voyage en Bourgogne et en Champagne. Je pars demain pour le suivre. » (Dépêche de M. de Brienne, datée de Paris, 4 mars 1650.)

Charles de l'Aubespine, marquis de Châteauneuf, était né le 22 février 1580; garde des sceaux en 1630; ils lui furent ôtés en 1633. Molé le remplaça de nouveau, dans sa charge, en avril 1651. Châteauneuf mourut en 1653.

tomber de mon hault d'un compliment de ceste nature, que je ne m'estois nullement attiré. On l'ornoit d'une période à chaque mot que je disois pour m'en défendre. On le fit pour moi à madame de Chevreuse, à Noirmoustier, à Laigues et à douze ou quinze autres. [Vous en verres et en admireres la suite.] Le bonhomme s'aida ainsi vers tout le monde, tout le monde l'aida, et le cardinal le fit garde des sceaux, non pas pour couronner, [comme le mareschal d'Estrées lui avoit dit], les deux grands desseins de l'accommodement de Bordeaux et du restablissement des rentes, mais au contraire pour autoriser par un nom de ceste réputation, la conduite toute opposée qu'il avoit prise par la persuasion des subalternes, qui apréhendoient sur toutes choses nostre union, et de pousser le parlement de Guienne et de discréditer dans Paris les Frondeurs. Il creut d'ailleurs que ce nom lui serviroit et à réparer un peu, à l'esgard du public, le tort qu'il s'y faisoit en donnant la surintendance des finances, vacante par la mort d'Emery, au président de Maison, dont la probité estoit moins que problématique, et à m'opposer, en cas de besoing, un rival illustre pour le cardinalat. Senneterre, qui estoit tout à fait attaché à la cour, et mesme au cardinal, me dit ces propres mots : « Cest homme se perdra « et peut-estre l'estat, pour les beaux yeux de » M. de Candale. »

Le jour que M. de Senneterre prononcea cest oracle, les nouvelles arrivèrent que MM. de Bouillon et de La Rochefoucault avoient fait entrer dans Bordeaux madame la princesse et monsieur le duc, que le cardinal avoit laissé entre les mains de madame sa mère, au lieu de le faire nourrir auprès du roi, comme Servien le lui avoit conseillé. Ce parlement, dont le plus sage et le plus vieux en ce temps-là, jouoit gaiement tout son bien en un soir, sans faire tort à sa réputation, eut deux spectacles en une mesme année extraordinaires. Il vit un prince et une princesse du sang à genoux au bureau, lui demandant justice, et il fut asses fou, si l'on peut parler ainsi d'une compagnie en corps, pour faire apporter sur le mesme bureau, une hostie consacrée que des soldats des troupes de M. d'Espernon avoient laissé tomber d'un ciboire qui avoit esté volé.

Le parlement de Bordeaux ne fut pas fasché de ce que le peuple avoit donné entrée à M. le duc; mais il garda pourtant beaucoup plus de mesure qu'il n'appartenoit au climat et à l'humeur où il estoit contre M. d'Espernon. Il ordonna que madame la princesse et M. le duc, et MM. de Bouillon et de La Rochefoucault auroient liberté de demeurer dans Bordeaux, à condition qu'ils donneroient leur parole de ne rien entreprendre contre le service du roi; et que cependant la requeste de madame la princesse seroit envoyée à sa majesté, et que trèshumbles remontrances lui seroient faites sur la détention de messieurs les princes. Le président de Gourgues (1), [qui estoit un des principaux du corps, et qui eust souhaité que l'on eust évité les extrémités], dépescha un courrier à Senneterre, qui estoit son ami, avec une lettre de treize pages de chiffres, par laquelle il lui mandoit que son parlement n'estoit pas si emporté que, si le roi vouloit révoquer M. d'Espernon, il ne demeurast dans la fidélité; qu'il lui en donnoit sa parole; que ce qu'il avoit fait jusque là n'estoit qu'à ceste intention; mais que si l'on différoit, il ne respondoit plus de la compagnie, et beaucoup moins du peuple, qui, ménagé et appuié comme il l'estoit par le parti de messieurs les princes, se rendroit mesme dans peu maistre du parlement. Senneterre n'oublia rien pour faire que le cardinal profitast de cest advis. M. de Chateauneuf fit des merveilles, et voyant qu'il ne gagnoit rien, et que le cardinal ne respondoit à ses raisons que par des exclamations contre l'insolence du parlement de Bordeaux, qui avoit donné retraite à des gents condamnés par une déclaration du roi; il lui dit brusquement : « Partes demain, mon» sieur, si vous ne vous accommodés aujour» d'hui; vous debvries estre déjà sur la Ga» ronne. » Le succès fit veoir que M. de Chateauneuf avoit raison de conseiller le radoucissement, mais qu'il eust mieux fait de ne pas tant presser l'exécution; car, quoiqu'il y eust de la chaleur dans le parlement de Bordeaux, qui alloit jusques à la fureur et jusques à la folie, il résista long-temps aux emportements du peuple, suscité et animé par M. de Bouillon, et jusques au point de donner arrest pour faire sortir de la ville dom Joseph Osorio, qui estoit venu d'Espagne avec messieurs de Sillery et de Baste, que M. de Bouillon y avoit envoyés pour traiter. Il fit plus, il défendit qu'aucun de son corps ne rendist plus aucune visite à aucun de ceux qui avoient commerce avec les Espagnols, pas mesme à madame la princesse. La populace ayant entrepris de les faire opiner de force pour l'union avec les princes, il arma les jurats, qui

---

(1) Jean de Gourgues, marquis de Vayres, président à mortier au parlement de Bordeaux, fils de Marie Séguier, sœur du chancelier et de Marc-Antoine Gourgues, premier président au parlement de Bordeaux, mourut en 1683.

les firent retirer du Palais à coup de mousquet. [Je ne prends pas plaisir à insérer dans cest ouvrage ce détail que je n'ai point veu, parce que je me suis fait une espèce de serment à moi-mesme de n'y mettre quoi que ce soit dont la vérité ne me soit pleinement cogneue; mais ce particulier est si nécessaire à cest endroit de l'histoire, que j'ai esté obligé de m'en dispenser en ceste occasion. Et je le fais avec d'autant moins de peine que] ceste résistance du parlement de Bordeaux, que tout le monde presque a traité de simulée, m'a esté confirmée pour véritable et mesme pour sincère par M. de Bouillon, qui m'a dit plusieurs fois depuis que si la cour n'eust point poussé les choses, l'on eust eu bien de la peine à les porter à l'extrémité. Ce qui est de certain, c'est que l'on creut, ou que l'on voulut croire à la cour, que tout ce que faisoit ce parlement n'estoit que grimace; qu'au retour de Compiègne, où le roi estoit allé dans le temps du siége de Guise, pour donner chaleur à une armée commandée par le mareschal Du Plessis-Praslin (1), l'on prit la résolution d'aller en Guienne; que ceux qui en représentèrent les conséquences passèrent dans l'esprit des courtisans pour des factieux, qui ne vouloient pas que l'on fist exemple de leurs semblables, et qui avoient correspondance avec ceux de Bordeaux; que tout ce que l'on dit des suites prochaines et immédiates que ce voyage auroit dans le parlement de Paris passa pour fable, ou au moins pour une prédiction du mal que l'on vouloit faire et auquel l'on ne pourroit pas réussir; et que quand Monsieur s'offrit à aller lui-mesme travailler à l'accommodement, pourveu que l'on lui donnast parole de révoquer M. d'Espernon, on lui dist pour toute response, qu'il estoit de l'honneur du roi de le maintenir dans son gouvernement.

Vous avez veu, par ce que je vous viens de dire, que la tendresse que M. le cardinal prit pour moi, ne dura pas long-temps. Senneterre, qui estoit grand rhabilleur de son naturel, ne voulut pas laisser partir la cour sans mettre un peu d'onction (c'estoit son mot) à ce qui n'estoit (ce disoit-il), qu'un pur mal entendu. La vérité est que M. le cardinal ne se pouvoit pleindre de moi, et que je me voulois encore moins pleindre de lui, quoique j'en eusse asseurement beaucoup de subjets. L'on se raccommode bien plus aisément quand l'on est disposé à ne se point pleindre, que quand on l'est à se pleindre, quoique l'on n'en ait pas de subjet. Je l'esprou-

(1) César, duc de Choiseul, comte de Plessis-Pralin, pair et maréchal de France, mort en 1675.

vai en ce rencontre. Senneterre dit au premier président qu'un mot que la reine avoit dit à M. le cardinal, à la louange de ma fermeté, lui avoit frappé l'esprit d'une telle manière, qu'il n'en reviendroit jamais. [Je n'ai sceu ce détail que fort long-temps après par madame de Pommereux, à qui Sainte-Croix, fils du premier président, le redit.] Il ne laissa pas de me tesmoigner toutes les amitiés imaginables devant que de partir pour la Guienne; il affecta mesme de me laisser le choix d'un prévost des marchands; ce qui fut honneste en apparence et habile en effet, parce qu'il avoit recogneu que le précédent, qui y avoit esté mis de sa main, lui avoit esté de tout point inutile. Il n'oublia rien de mesme jour pour nous brouiller M. de Beaufort et moi, sur un détail qu'il est nécessaire de reprendre de plus haut.

Vous avez veu que la reine avoit désiré de moi que je ne m'ouvrisse point avec M. de Beaufort, du dessein qu'elle avoit d'arrester messieurs les princes. Le jour qu'il fut exécuté sur les six heures du soir, madame de Chevreuse nous envoya quérir sur le midi, lui et moi, et elle nous le descouvrit comme un grand secret que la reine lui eust commandé à l'issue de sa messe de nous communiquer. M. de Beaufort le prit pour bon. Je le menai disner cheux moi, je l'amusai toute l'après-disnée à jouer aux échoets; je l'empeschai d'aller cheux madame de Monbazon, quoiqu'il en eust grande envie, et M. le prince fut arresté devant qu'elle en eust le moindre soupçon. Elle en fut en cholère. Elle dit à M. de Beaufort tout ce qui lui pouvoit faire croire qu'il avoit esté joué. Il s'en pleignit à moi; je m'en éclaircis avec lui devant elle; je lui tirai de ma poche les patentes de l'admirauté. Il m'embrassa; madame de Montbazon m'en baisa cinq ou six fois bien tendrement : et ainsi finit l'histoire.

M. le cardinal prit en gré de la renouveler deux ou trois jours après, devant qu'il partit pour Bordeaux. Il tesmoigna des amitiés merveilleuses à madame de Montbazon; il lui fit des confiances extraordinaires, et après de grands circuits, tout aboutit à lui exagérer la mortelle douleur qu'il avoit eu d'avoir esté obligé, par les instances de madame de Chevreuse et du coadjuteur, à lui faire finesse de la prison de messieurs les princes. M. de Beaufort, à qui le président de Bellièvre fit veoir que ceste fausse confidence de Mazarin n'estoit qu'un artifice, me dit, en présence de madame de Montbazon : « Soyes alerte; je gage que l'on se voudra bien » tost servir de mademoiselle de Chevreuse pour » nous brouiller. »

Le roi partit pour son voyage de Guienne dans les premiers jours de juillet; et M. le cardinal Mazarin eut la satisfaction d'apprendre un peu devant son départ, que le bruit de ce voyage avoit produit par advance tout ce que l'on lui en avoit prédit : que le parlement de Bordeaux avait accordé l'union avec messieurs les princes, et qu'il avoit député vers le parlement de Paris; que ce député, [qui s'estoit trouvé tout porté à Paris], avoit ordre de ne voir ni le roi ni les ministres; que messieurs de La Force (1) et de Saint-Simon (2) estoient sur le point de se déclarer (ils ne persistèrent pas), et que toute la province estoit preste à se soulever. La consternation du cardinal fut extrême. Il se recommanda jusques au moindre Frondeur, avec des bassesses que je ne vous puis exprimer. Monsieur demeura à Paris avec le commandement; la cour lui laissa M. Le Tellier pour surveillant. M. le garde des sceaux de Chasteauneuf entroit au conseil : l'on m'y offrit place, que je ne jugeai pas à propos d'accepter, comme vous le juges facilement; et tout le monde sans exception s'y trouva fort embarassé, parce que nous y demeurasmes touts en un estat où il estoit impossible de ne pas broncher d'un costé ou d'autre à touts les pas. Vous en verres le détail après que je vous aurai dit un mot du voyage de Guienne.

Aussitost que le roi fut à la portée, M. de Saint-Simon, gouverneur de Blaye, qui avoit branlé, vint à la cour; et M. de La Force, avec lequel M. de Bouillon avoit aussi traité, demeura dans l'inaction; mais d'Augnon (3), qui commandoit dans Brouage, et qui debvoit toute sa fortune au feu duc de Brézé, s'en excusa soubs prétexte de la goute. Les députés du parlement de Bordeaux furent au-devant de la cour à Libourne. On leur commanda avec hauteur d'ouvrir leurs portes pour y recevoir le roi avec toutes ses troupes. Il respondirent que l'un de leurs priviléges estoit de garder la personne des rois quand ils estoient dans leur ville. Le mareschal de La Meilleraye s'advancea entre la Dordogne et la Garonne. Il prit le chateau de Vaire, où Pichon commandoit trois cents hommes pour les Bordelois, et le cardinal le fit pendre à Libourne à cent pas du logis du roi. M. de Bouillon fit pendre par représailles Canolle, officier dans l'armée de M. de La Meilleraye. Il attaqua ensuite l'isle de Saint-George, qui fut peu défendue par La Mothe de Las, et où le chevalier de La Valette (4) fut blessé à mort. Il assiégea après Bordeaux dans les formes; il emporta après un grand combat le faubourg de Saint-Surin, où Saint-Mesgrin et Roquelaure, qui estoient lieutenants généraux dans l'armée du roi, firent très-bien. M. de Bouillon n'oublia rien de tout ce que l'on pouvoit attendre d'un sage politique et d'un grand capitaine. M. de La Rochefoucault signala son courage dans tout le cours du siège, et particulièrement à la défense de la demi-lune, où il y eut assés de carnage; mais il fallut enfin céder au plus fort. Le parlement et le peuple ne voyant point paroistre le secours d'Espagne, [qui tesmoigna en ceste occasion beaucoup de foiblesse], obligèrent les gens de guerre à capituler, ou pour mieux dire à faire une paix [plustost qu'une capitulation comme vous l'alles veoir]. Gourville (5), qui alla trouver, de la part des assiégés, la cour qui s'estoit avancée à Bourg, et les députés du parlement convindrent de ces conditions : que l'amnistie générale seroit accordée à touts ceux qui avoient pris les armes, et négocié avec Espagne sans exception; que touts les gents de guerre seroient licenciés, à la réserve de ceux qu'il plairoit au roi de retenir à sa solde, que madame la princesse avec M. le duc demeureroient ou en Anjou, en l'une de ses maisons, où à Montron, à son choix, à condition que si elle choisissoit Montron, qui estoit fortifié, elle n'y pourroit pas tenir plus de deux cents hommes de pied et soixante chevaux, et que M. d'Espernon seroit révoqué du gouvernement de Guienne, et un gouverneur mis à sa place.

Madame la princesse vit le roi et la reine, et dans ceste entrevue il y eut de grandes conférences de messieurs de Bouillon et de La Rochefoucault avec M. le cardinal. [Vous verres dans la suite ce qui s'en dit à Paris en ce

---

(1) Armand Nompart de Caumont, duc de La Force, créé maréchal de France en 1652, et mort en 1675. (A. E.)

(2) Claude de Rouvray, duc de Saint-Simon, gouverneur de la ville, château et comté de Blaye, etc. Il avait été favori de Louis XIII, et il mourut en 1693, âgé de quatre-vingt-cinq ans. (A. E.) C'est le père de Saint-Simon, dont on a des Mémoires. Claude de Saint-Simon avait eu cet enfant à l'âge de soixante-dix ans.

(3) Louis Foucaut, comte du Dognon, gouverneur de Brouage, et créé maréchal de France en 1653. Il mourut en 1659. (A. E.)

(4) Jean Louis de La Valette, frère naturel du duc d'Epernon (Bernart de Nogaret). C'est lui qui avait formé le projet de tuer le duc de Beaufort et le coadjuteur pendant les troubles de 1649.

(5) Jean Herauld, sieur de Gourville, né en 1625, fut valet de chambre du prince de Marsillac, puis son secrétaire. Il eut une grande part aux troubles de la Fronde et assista à toutes les affaires importantes du parti des princes, dont il était un des meilleurs conseillers. Gourville mourut en 1703.

temps-là, je ne sçai ce qui en fut. Comme je n'ai point esté de cela non plus que de tout ce qui se passa en Guienne, je ne l'ai touché que pour vous pouvoir mieux faire entendre ce qui se trouve avoir un rapport nécessaire et à ces faits, dans les matières que je vai traiter. J'adjousterai seulement ici que] ce qui obligea le cardinal, au moins à ce que l'on a creu, à ne pas s'opiniastrer à une réduction plus pleine et plus entière de Bordeaux, fut l'impatience extrême qu'il eut de revenir à Paris. Vous en alles veoir la raison.

Les coups de canons que l'on tira à Bordeaux avoient porté jusques à Paris, devant mesme que l'on y eust mis le feu. Aussitost que le roi fut parti, Voisin (1), conseiller et député de ce parlement, demanda audience à celui de Paris. L'on pria Monsieur de venir prendre sa place; et comme j'estois adverti qu'il y auroit bien du feu à l'apparition de ce député, je dis à Monsieur que je croyois qu'il seroit à propos qu'il concertast ce qu'il auroit à dire à la compagnie avec M. le garde des sceaux et avec M. Le Tellier. Il les envoya quérir à l'heure mesme, et il me commanda de demeurer avec eux dans le cabinet. Le garde des sceaux ne peut ou ne voulut concevoir que le parlement peut seulement songer à délibérer sur une proposition de ceste nature. Je considérois sa sécurité comme une hauteur d'un ministre accoustumé au temps du cardinal de Richelieu. Vous verrez par la suite qu'elle avoit un autre principe. Quand je m'apperceus que M. Le Tellier, qui n'estoit plus en école, parloit sur le mesme ton, je modérai, je fis mine d'estre esbranlé de ce que l'un et l'autre disoient; et Monsieur, qui cognoissoit mieux le terrain s'en mettant en cholère contre moi, je lui proposai de prendre les sentiments de M. le premier président. Il y envoya sur le champ M. Le Tellier, qui revint très-convaincu de mon opinion, et qui dit nettement à Monsieur que celle du premier président estoit qu'il passeroit du bonnet à entendre le député. Vous remarqueres, s'il vous plaist, que lorsque les députés de la compagnie avoient esté recevoir les commandements du roi à son départ, M. le garde des sceaux leur avoit dit en sa présence, que ce député n'estoit qu'un envoyé des séditieux et non pas du parlement.

Il se trouva le lendemain que l'advis de M. le premier président estoit le bon. Quoique M. d'Orleans eust dit d'abord que le roi avoit commandé à M. d'Espernon de sortir de la Guienne, et de venir audevant de lui sur son passage, dans la veue de porter les affaires à la douceur, et d'agir en père plustost qu'en roi, il n'y eut pas dix voix à ne pas recevoir le député. On le fit entrer à l'heure mesme. Il présenta la lettre du parlement de Bordeaux ; il harangua et avec éloquence ; il mit sur le bureau les arrests rendus par sa compagnie, et il conclut par la demande de l'union. L'on opina deux ou trois jours de suite sur ceste affaire, et il passa à faire (2) registre de ce que M. d'Orleans avoit dit touchant l'ordre du roy à M. d'Espernon ; que le député de Bordeaux donneroit sa créance par escrit, laquelle seroit portée au roy par des députés du parlement de Paris, qui suplieroient très-humblement la reyne de donner la paix à la Guienne. La délibération fut asses sage, l'on ne s'emporta point : mais ceux qui connoissoient le parlement virent clairement dans l'air plustost que dans les paroles, que celuy de Paris ne vouloit pas la perte de celuy de Bordeaux. Monsieur me dit dans son carosse, au sortir du Palais : « Les flatteurs du cardinal luy manderont que tout va bien ; et je ne sçay s'il n'auroit pas esté à propos qu'il eust paru aujourd'hui plus de chaleur. » Il devina : car le garde des sceaux me dit à moi-mesme l'après-dinéo, que ce que le président avoit mandé à Monsieur la veille, n'estoit qu'un effet de la passion qu'il avoit de se faire valoir dans les moindres choses. Il ne le connoissoit pas, ce n'estoit pas là son foible.

Le garde des sceaux fit le mesme jour une faulte plus considérable que celle-là. La lettre du parlement de Bordeaux contenoit une plainte contre les violences de Foulé, maistre des requestes, qui estoit intendant de justice en Limosin ; et la compagnie ordonna sur cest article que Foulé seroit ouy. Le garde des sceaux creut qu'il y alloit de l'autorité du roy de le soustenir aumoins indirectement. Il aposta Menardeau, conseiller de la grande chambre, habile homme, mais décrié à cause du mazarinisme, pour présenter une requeste de récusation contre le bon homme Broussel, qui en avoit raporté une d'un nommé Chambret. Ce Chambret récusa de sa part Menardeau. Ces contestations, [dont les noms n'estoient pas également favorables], teindrent les chambres assemblées cinq ou six jours.

---

(1) Joseph Voisin, savant hebraïsant, avait été conseiller au parlement de Bordeaux, et donna sa démission de cette charge pour embrasser l'état ecclésiastique. Il devint aumônier du prince de Conti, et mourut en 1685.

(2) Une écriture autre que celle du copiste que nous avons déjà signalé plusieurs fois, a transcrit le texte qui suit jusqu'à la ligne 26 de la page 202. Il est également authentiqué par des corrections et par la pagination de la main même du cardinal.

[Les esprits qui se calment presque tousjours dans le cours ordinaire de la justice, ne manquent jamais à s'éveiller et à s'eschauffer dans ces assemblées, où la moindre vétille peut avoir trait à la plus grande affaire : et il me parut que cette estincelle alluma beaucoup de feu, qui ne fut pas si vif que nous l'avions veu le 7 de juillet, mais qui fut bien plus violent que nous ne l'avions mesme imaginé le 5 d'aoust.] M. d'Orleans ayant appris que le président de Gourgues estoit arrivé à Paris avec un conseiller appelé Guionnet, envoyé par sa compagnie pour chef de la députation, le voulut voir, de l'advis de M. Le Tellier, qui connoissoit mieux que tous ce qui estoit à la cour la conséquence des mouvemens de Guienne, [et qui me paroissoit mesme en ce temps-là en souhaiter avec passion l'accommodement]. Je m'imagine, car je ne l'ai jamais sceu au vray, qu'il avoit receu quelques ordres secrets de la cour, qui luy donnoient lieu de conseiller à Monsieur ce que vous alles veoir : car je doubte de l'humeur dont il est, qu'il eust esté asses hardy pour l'oser faire de luy-mesme. Il l'asseuroit pourtant ; je m'en raporte à ce qui en est. Il dit donc à Monsieur, en ma présence, que son advis seroit que Son Altesse Royale asseurast dès le lendemain les députés, que le roi avoit envoyé M. d'Espernon à Loches, que l'on lui osteroit mesme le gouvernement de Guienne, pour satisfaire l'aversion du peuple ; que l'on donneroit une amnistie générale mesme à messieurs de Bouillon et de La Rochefoucault ; qu'il souhaitoit qu'ils escrivissent à leur compagnie les propositions qu'il leur faisoit, et qu'il les asseurassent qu'il iroit lui-mesme, si elle le désiroit, les négotier à la cour. Monsieur me commanda d'aller conférer de sa part avec M. le premier président, qui m'embrassa [comme si je lui eusse aporté la nouvelle de son salut], et qui ne doubta pas plus que moi, que le cardinal Mazarin, [selon sa bonne coustume ne courrut après son estoffe], et que les difficultés qu'il trouvoit en Guienne ne l'eussent obligé à prendre le parti de faire faire ces propositions par Monsieur, afin de couvrir et son imprudence et sa légèreté. Il me parut très-persuadé, comme je l'estois aussi, qu'elles adouciroient beaucoup le parlement. Et comme il sceut que M. d'Orleans les avoit faites aux députés de Bordeaux, [comme il est vrai qu'il les leur fit du moment que je lui eus raporté les sentimens du premier président], il envoya les gents du roi dans les chambres des enquestes, dire au nom de Son Altesse Royale qu'elle les avoit mandées le matin pour leur ordonner de dire à la compagnie qu'il n'estoit pas nécessaire qu'elle s'assemblast, parce qu'elle estoit en traité avec les députés du parlement de Bordeaux. Ce procédé, [qui eust pleu dans un temps où les humeurs n'eussent pas esté eschauffées par les assemblées de chambre], choqua les enquestes ; elles prirent leurs places tumultuairement dans la grande chambre ; et le plus ancien de leur président dit à M. le premier président, que l'ordre n'estoit pas de faire porter des paroles aux chambres par les gents du roi, et que quand il y avoit une proposition elle debvoit estre faite en pleine assemblée du parlement. Le premier président surpris ne la peust pas refuser ; et pour la différer au moins jusques au lendemain, il prit le prétexte de Monsieur, sans le quel il n'estoit pas du respect d'opiner, ni mesme de la possibilité, puisqu'il s'agissoit d'une proposition qui avoit esté faite par lui.

Il y eut le soir une scène cheux Monsieur qui mérite vostre attention. Il nous assembla M. le garde des sceaux, M. Le Tellier, M. de Beaufort et moi, pour sçavoir nos sentimens sur la conduite qu'il auroit à tenir dans le parlement le lendemain au matin. Le garde des sceaux soubtint d'abord et sans balancer, qu'il falloit que Monsieur ou n'y allast point et défendit l'assemblée, ou du moins qu'il n'y demeurast qu'un moment ; et qu'après avoir dit à la compagnie ses intentions il sortit pour peu qu'il y y trouvast d'opposition. Ceste proposition, qui eust tourné en moins d'un demi quart d'heure toute la compagnie du costé du prince, si elle eust esté exécutée, n'y trouva aucune approbation ; mais elle ne fut toutefois vivement contredite que par M. de Beaufort et par moi, parce que M. Le Tellier, qui en voyoit le ridicule tout comme nous, ne s'y voulut pas opposer avec force, et pour laisser échauffer la contestation entre le garde des sceaux et moi, qu'il estoit fort aise de brouiller, et pour faire sa cour au cardinal en lui faisant veoir qu'il alloit aux advis les plus vigoureux pour son service. Je cogneus clairement dans la mesme conversation, que le garde des sceaux mesloit dans son humeur brusque et sauvage, et dans ses anciennes maximes qu'il ne pouvoit accommoder au temps, je cogneus, dis-je, qu'il y mesloit de l'art, pour faire aussi sa cour à mes dépens, et faire paroistre à la reine qu'il se destachoit des Frondeurs, où il s'agissoit de l'autorité royale. Je voyois qu'en me roidissant contre leurs sentimens, je donnois lieu à eux et à touts ceux qui vouloient plaire à la cour, de me traiter d'esprit dangereux qui caboloit auprès de Monsieur pour l'en aliéner, et qui avoit intelligence avec les rebelles de Bordeaux. Je considérois d'autre part que si Monsieur suivoit leurs conseils, il donneroit en peu de sepmaines, je ne dis pas de mois, le parlement de Paris à M. le prince; que Monsieur, dont je cognoissois la foiblesse, s'y redonneroit lui-mesme dès qu'il verroit que le public y courroit; que le cardinal, dont je n'estimois pas la force, le pourroit mesme prévenir, et qu'ainsi je courrois risque de périr par les faultes d'autrui, et par celles-là mesme sur lesquelles je ne pouvois me défendre de m'attirer ou la défiance ou la haine de la cour en m'y opposant, ou l'aversion publique et la honte des mauvais succès en y consentant. Juges, je vous supplie, de mon embarras. Je ne trouvai de recours qu'à me remettre au jugement de M. le premier président. M. Le Tellier y alla de la part de Monsieur, et il en revint très-persuadé que l'on perdroit tout si l'on ne mesnageoit le parlement avec beaucoup d'adresse, dans une conjoncture où les serviteurs de M. le prince n'oublioient rien pour faire apréhender les conséquences de la perte de Bordeaux.

Je fus encore plus persuadé, au retour de M. Le Tellier, que la complaisance qu'il avoit eu pour M. le garde des sceaux n'estoit qu'un effet des raisons que je vous ai déjà marquées : car aussitost qu'il en eust asses dit pour pouvoir mander à la cour qu'il n'avoit pas tenu à lui que l'on eust fait des merveilles, et qu'il m'avoit commis avec le garde des sceaux, il revint à mon advis, sous prétexte de se rendre à celui du premier président, avec une précipitation que Monsieur remarqua, qui l'obligea de me dire dès le soir mesme que Le Tellier n'avoit jamais esté, dans le cœur, d'un autre advis que de celui auquel il disoit seulement estre revenu.

Monsieur proposa dès le lendemain dans le parlement ce qu'il avoit offert aux députés de Bordeaux,(1) en adjoustant qu'il souhaitoit que ses offres fussent acceptées dans dix jours, à faulte de quoy il retiroit sa parole. Vous comprenes aisément que M. Le Tellier, non pas seulement n'eut pas fait une proposition de ceste nature, mais qu'il n'y eust pas mesme consenti, s'il n'eust eu un ordre bien exprès du cardinal; et vous concevres encore plus facilement l'importance dont il est de ne faire jamais des propositions, mesme les plus favorables, que bien à propos. Celle de la destitution de M. d'Espernon eust désarmé la Guienne peut-estre pour tousjours, et eust imposé silence pour très-longtemps aux partisans de M. le prince dans le parlement de Paris, si elle y eust esté faite seulement huit jours devant le despart du roy, qui eut lieu le premier jour de juillet. Et elle ne fut pas comptée pour beaucoup le 8 et le 9 d'aoust; l'on se contenta d'ordonner, après des contestations très-froides, que l'on en donneroit advis au président de Bailleul (2) et aux autres députés de la compagnie, qui estoient partis pour aller à la cour; et elle n'empécha pas, que bien que M. d'Orleans menaçât à touts moments de se retirer, si l'on mesloit dans les opinions des matières qui ne fussent pas du sujet de la délibération, elle n'empécha pas, dis-je, qu'il n'y eust beaucoup de voix concluantes à demander à la reyne l'elargissement de messieurs les princes et l'esloignement du cardinal Mazarin. Le président Viole, passionné partisant de messieurs les princes, ouvrit l'advis, non pas qu'il espéroit de le faire passer, car il savoit bien que sa partie n'estoit pas asses bien faite et que nous estions encor bien plus forts que luy en nombre de voix, mais il sçavoit aussi qu'il en tireroit l'advantage de nous embarasser M. de Beaufort et moy, sur un subjet sur lequel toutefois nous ne pouvions nous taire sans nous faire en quelque façon passer pour mazarins. Il fault confesser que le président Viole servit admirablement M. le prince en ceste occasion, dans laquelle Le Bourdet, brave et déterminé soldat, qui avoit esté capitaine aux gardes et qui du depuis s'estoit attaché à M. le prince, fît une action qui ne luy réussit pas, et qui ne laissa pas de donner beaucoup d'audace à son parti. Il s'habilla en maçon avec quatrevingts officiers de ses troupes, qui s'estoient coulés dans Paris, et ayant ramassé des gens de la lie du peuple, aux quels on avoit distribué quelque argent, il vient droit à Monsieur, qui sortoit et qui estoit déjà au milieu de la salle du Palais, en criant : Point de Mazarin ! vivent les princes ! Monsieur, à ceste vision et à deux coups de pistolets que Le Bourdet tira en mesme temps, tourna brusquement et s'enfuit dans la grande chambre, quelques efforts que M. de Beaufort et moy fissions pour le retenir. J'eus un coup de poignart dans mon rochet; et M. de Beaufort ayant fait ferme avec les gardes de Monsieur et nos gens, repoussa Le Bourdet et le renversa jusques sur les degrés du Palais. Il y eut deux gardes de Monsieur de tués en ce petit fracas.

Ceux de la grande chambre estoient un peu plus dangereux. L'on s'y assembloit presque tous les jours à cause de l'affaire de Foulé, dont je

---

(1) Ici recommence l'écriture du dernier copiste dont nous avons parlé, et elle se continue jusqu'à la page 204, lig.13, 2ᵉ col. Cette dernière écriture serait-elle de la main de Hennesson, ami intime de Retz et abbé de St-Mihiel?

(2) Bailleul, président de la première chambre des requêtes, bon homme, facile, de peu de crédit et de peu de vertu. M. le chancelier a un pouvoir absolu sur lui comme parent de sa mère.

vous ai desjà parlé, et il n'y avoit point d'assemblée où l'on ne donna des bourades au cardinal, et où ceux du parti de M. le prince n'eussent le plaisir, deux ou trois fois le jour, de nous faire voir au peuple comme des gens qui estoient dans une parfaite union avec luy. Et ce qui estoit encor plus admirable est que dans ces mesmes moments le cardinal et ses adhérens nous accusoient d'avoir intelligence avec le parlement de Bordeaux, parce que nous soubtenions que si l'on ne s'accommodoit avec luy nous donnerions infailliblement celuy de Paris à M. le prince. M. Le Tellier le voyoit comme nous, et il nous disoit qu'il l'escrivoit tous les jours à la cour. Je ne saurois vous dire ce qu'il en estoit. Le grand prévost, qui estoit à la cour, me dit, quand elle fut revenue, que Le Tellier disoit vray et qu'il le sçavoit de science certaine. Lionne (1) m'a dit depuis plusieurs fois tout le contraire; qu'il estoit vray que Le Tellier avoit pressé le retour du roy à Paris, mais pour obvier, ce disoit-il, aux cabales que j'y faisois contre le service du roy. Si j'estois à l'article de la mort, je ne me confesserois pas sur ce point. J'agis dans tous ces temps-là avec toute la sincérité que j'y eusse peu avoir si j'eusse esté neveu du cardinal Mazarin. Ce n'estoit pas pour l'amour de luy, [car il ne m'y avoit nullement obligé depuis nostre reconciliation] : mais je me croyois obligé, par la bonne conduite, de m'opposer aux progrès que la faction de M. le prince faisoit de moment en moment, par la mauvaise conduite de ses propres ennemis; et pour m'y opposer avec effet, je me trouvois dans la nécessité de combattre avec autant d'application la flatterie des partisans du ministre, que les efforts des serviteurs de M. le prince. [Les uns me décrioient comme Mazarin dès que je m'oposois à leurs pratiques, les autres me décrioient comme factieux dès que je mesnageois les moindres équarts pour conserver mon crédit dans le peuple.

Paris demeura en cest esprit jusques au troisiesme de septembre.] Le président de Bailleul revint avec les autres députés. Il fit la relation de son voyage à la cour, dans le parlement, dont la substance fut : Que la reine les avoit remerciés des bons sentiments que la compagnie luy avoit tesmoignés, et qu'elle leur avoit commandé de l'asseurer de sa part qu'elle estoit très-bien disposée pour donner la paix à la Guienne, et qu'elle l'auroit déjà fait, si M. de Bouillon, qui avoit traitté avec les Espagnols, ne se fut

(1) Hugues de Lyonnes, marquis de Berni, secrétaire-ministre d'état, et ambassadeur; mort en 1671, âgé de soixante ans. (A. E.)

rendu maistre de Bordeaux et n'eust empéché les effets de la bonté et de la clémence du roy.

Les députés du parlement de Bordeaux entrèrent en mesme temps dans la grande chambre, et ils y firent leurs plaintes en forme, de ce que l'on avoit donné si peu de temps de négotier à ceux de Paris, que l'on ne leur avoit pas seulement permis de demeurer deux jours à Libourne, que l'on les en avoit laissé trois à Angoulesme sans leur donner aucune response, qu'ils avoient esté obligés de revenir avec aussi peu d'éclaircissement qu'ils en avoient lorsqu'ils estoient partis de Paris. Ce procédé, [qui respondoit si peu à ce que Monsieur avoit adnoncé et asseuré à la compagnie peu de jours auparavant], l'eust portée à un grand esclat, si Monsieur, qui l'avoit préveu, [et qui en avoit conféré la veille avec le garde des sceaux, avec le premier président et avec Le Tellier], n'eust pris très-sagement le parti d'estouffer le plus petit bruit par le plus grand, en disant au parlement qu'il avoit receu une lettre de M. l'archiduc, qui lui faisoit sçavoir que le roi d'Espagne lui ayant envoyé un plain pouvoir de faire la paix, il souhaitoit avec passion de la pouvoir traiter avec lui. [Il en fit faire la lecture à haute voix au parlement, et en voici les propres termes :

« Sachant que Vostre Altesse gouverne présentement avec l'authorité deue à sa personne, » et ayant pleu au roy, mon seigneur, de me la » donner pour faire la guerre et la paix, je désirerois plustost user de la seconde que de la » première, particulièrement la traitant avec la » personne de Vostre Altesse, de laquelle droite » intention la chretienté attend la jouissance : » j'y contribuerai tout de bon, me conformant » au désir de Sa Majesté. J'attends la résolution » de Vostre Altesse, prenant de bon cœur cette » occasion pour m'offrir au service de Vostre » Altesse, laquelle Sérénissime personne Dieu » garde, comme je le désire.

« De Vostre Altesse, son plus grand serviteur et cousin, LÉOPOLD GUILLAUME.

» Du camp de Bazoche, le 30 aoust, »

Monsieur adjouta qu'il n'avoit point voulu faire de response que par l'advis de la compagnie. [Après laquelle lecture, il n'y eut aucun qui n'en montrast des signes de joye et qui ne fut de l'advis de Monsieur, qui estoit de la response suivante à l'archiduc; elle lui fut envoyée dès le lendemain, quatriesme du mois, par le baron de Verderonne, l'un de ses domestiques :

« Monsieur mon cousin, je sçai que tous les » sentiments de Vostre Altesse sont si sincères » et véritables, que je ne puis asses louer les fa-

» vorables dispositions qu'elle m'a tesmoignées
» d'avoir pour la paix : aussi, commencai-je
» d'en bien espérer, puisque Sa Majesté Catho-
» lique a agréable que Vostre Altesse la traite,
» et que tout le monde sçait que le roy, mon
» seigneur et neveu, et la reine régente, sa
» mère, l'ont tousjours extresmement desirée;
» mais comme c'est un ouvrage, pour lequel il y
» a long-temps que la chretienté fait des vœux
» au ciel, j'ay creu que pour en avancer l'ef-
» fet, il estoit bien à propos, qu'ayant le mesme
» pouvoir d'en traiter que Vostre Altesse, je
» lui envoyasse le baron de Verderonne qui lui
» présentera ceste lettre, pour sçavoir d'elle le
» lieu, le temps et les personnes qu'elle y vou-
» dra employer, l'asseurant, à jour fixe, d'y
» envoyer au mesme nombre; et que je tiendrai
« un excès de bonheur que le succès de ceste
» négotiation ne serve pas seulement d'un lien
» d'intérest et d'amitié indissoluble d'entre les
» deux couronnes; mais qu'il me donne aussi
» les occasions de rendre mes services à Vostre
» Altesse, et de lui tesmoigner le zèle et l'affec-
» tion avec laquelle je suis, etc. »]

Ceste rosée fit tomber le vent qui commenceoit de s'eslever dans la grande chambre, et
l'on résolut de s'assembler le lundi suivant pour
délibérer sur une proposition aussi importante.

La veille que Monsieur la porta au parlement, elle fut extrémement discutée dans son
cabinet, et l'on convint que, selon toutes les
apparences, elle n'estoit pas faite de bonne foi
par les Espagnols. Ils venoient de prendre la
Capelle; M. de Turenne les avoit joint, avec ce
qu'il avoit peu ramasser des officiers et des troupes de messieurs les princes. Le mareschal Du
Plessis, qui commandoit l'armée du roi, n'estoit
pas en estat de leur faire teste. [Ils meslèrent
mesme dans leurs offres des circonstances peu
pacifiques, et qui marquoient beaucoup plus de
mauvaises intentions que de bonnes.] Le trompette, qui apporta la lettre de l'archiduc à Monsieur, datée du camp de Bazoche, auprès de
Reims, fit une chamade à la Croix-du-Tirouer,
et tint mesme des discours fort séditieux au
peuple. L'on trouva dès le lendemain cinq ou
six placards affichés en différents endroits de
la ville, au nom de M. de Turenne, par lesquels
il asseuroit que l'archiduc ne venoit qu'avec un
esprit de paix, et dans l'un des placards, ces
paroles estoient contenues : « C'est à vous, peu-
» ple de Paris, à solliciter vos faux tribuns, de-
» venus enfin pensionnaires et protecteurs du
» cardinal Mazarin, et qui se jouent depuis si
» longtemps de vos fortunes et de vostre re-
» pos, et qui vous ont tantost excités et tantost
» alentis, tantost poussés et tantost retenus, selon
» leur caprice, et les différents progrès de leur
» embition (1). »

Je ne vous marque ces paroles que pour vous
faire veoir l'estat où estoient les Frondeurs dans
une conjoncture où ils ne pouvoient faire un pas
qui ne fust contre eux. Monsieur, [qui fut extrèmement piqué de la manière dont les députés du parlement de Paris avoient esté traités à
la cour, me parla le soir dont la trompette de
l'archiduc estoit arrivé l'après-disnée], avec une
aigreur très-grande contre le cardinal; ce qu'il
n'avoit jamais fait jusques-là. Il me dit qu'il
croyoit qu'il lui avoit fait proposer par Le Tellier ce qu'il avoit advancé à la compagnie, pour
le décréditer; qu'un disparat pareil ne pouvoit
pas estre un effet de la pure imprudence, et
qu'il falloit de nécessité qu'il y eut de la mauvaise
intention; qu'il me vouloit descouvrir un secret
sur lequel il ne s'estoit jamais expliqué; que le
cardinal lui avoit fait deux perfidies terribles en
sa vie; qu'il y en avoit une de laquelle il ne s'ouvriroit jamais à personne; [que celle qu'il me vouloit bien confier] estoit que dans l'accommodement qu'il fit avec M. le prince, touchant le Pont-
de-l'Arche, il y estoit expressément porté que s'il
arrivoit que lui Monsieur eust quelque chose à
demesler avec M. le prince, il se déclareroit
contre lui, et qu'il ne marieroit mesme aucune
de ses niepces sans le consentement de M. le
prince. Monsieur adjousta encore deux ou trois
conditions aussi engageantes, que j'ai oubliées,
avec des opprobres contre La Rivière, qui le
trahissoit, me dit-il, pour les deux autres, et
qui les trahissoit pourtant tous trois. [Je ne me
ressouviens pas assés du particulier, mais je
sçai que j'en eus horreur.] Monsieur continua à
s'emporter contre le cardinal, jusques au point
de me dire qu'il perdroit l'estat en se perdant
soi-mesme; qu'il nous perdroit touts avec lui;
qu'il remettroit M. le prince sur le trosne.

Je vous assure que si il m'eust pleu dès ce
jour-là de pousser Monsieur, je n'eusse pas eu
peine à lui faire prendre au moins des vues peu
favorables à la cour. Je me creus obligé à la
conduite contraire, parce que dans l'esloignement où elle estoit la moindre apparence qu'il
eust donné de son mescontentement, eust esté

---

(1) Nous avons retrouvé cette proclamation du maréchal de Turenne aux bons bourgeois de Paris, dans laquelle on lit en effet la phrase mentionnée par le cardinal de Retz. A cette pièce sont joints les noms des personnes citées à comparaître pour déposer au sujet de
cette même proclamation.

capable de l'empescher de se rapprocher et peut estre mesme de la porter à se raccommoder avec M. le prince. Je respondis donc à Monsieur que je n'excusois pas le procédé de M. le cardinal, qui estoit insoubstenable, mais que j'estois persuadé toutefois qu'il n'avoit pas un si mauvais principe que celui qu'il lui donnoit; que je croyois que son premier dessein avoit esté, cognoissant que la présence du roi n'avoit pas produit à Bordeaux tout l'effet que l'on en avoit attendu, que son premier dessein, dis-je, avoit esté de penser sérieusement à l'accommodement, et qu'il avoit donné sur cela ses ordres au Le Tellier; que voyant depuis que les Espagnols ne faisoient pas pour le secours de ceste ville ce qu'il en avoit deu craindre lui-mesme, il avoit changé d'advis, dans la veue et dans l'espérance de la réduire; que je ne prétendois pas faire son panégirique en l'excusant ainsi, mais que je concevois pourtant que l'on debvoit une notable différence entre une faulte de ceste espèce, et celle dont son Altesse Royale le soupçonnoit. Voilà par où je commençai son apologie; je la continuai par tout ce que le meilleur de ses amis eust peu dire pour sa défense; et je la finis par l'explication de la maxime, qui nous ordonne de ne nous pas si fort choquer des faultes de ceux qui sont unis avec nous, que nous en donnions de l'advantage à ceux contre lesquels nous agissions. Ceste dernière considération toucha beaucoup Monsieur, qui revint à lui presque tout d'un coup, et qui me dit : « Je l'advoue, il » n'est pas encore temps de n'estre pas Mazarin. » Je remarquai ceste parole quoique je n'en fisse pas semblant, et je la dis le soir au président de Bellièvre, qui me respondit : « Alerte! cest » homme nous peut échapper à touts les moments. »

Comme ceste conversation avec Monsieur finissoit, M. le garde des sceaux, M. le premier président, M. d'Avaux et les présidents Le Coigneux le père et de Bellièvre, qu'il avoit envoyé quérir, entrèrent dans sa chambre avec M. Le Tellier; et comme ils le trouvèrent encore tout esmeu de l'emportement où il avoit esté contre le cardinal, et que le premier mot qu'il dit au Tellier, fut un reproche du pas auquel il l'avoit engagé et qui avoit esté si mal secondé par M. le cardinal, toute la compagnie, qui m'avoit trouvé seul avec lui, ne doubta pas que je ne l'eusse échauffé, et quoique je me joignisse de très-bonne foi à ceux qui le supplioient d'attendre, devant que de se pleindre, le retour du Coudray-Montpensier, qu'il avoit envoyé à la cour et à Bordeaux, touchant les offres qui lui avoient esté inspirées par Le Tellier; personne, à la réserve du président de Bellièvre, qui sçavoit mes pensées, ne doubta que ce que je disois ne fust un jeu tout pur. Ce qui le faisoit encore croire davantage est que je faisois de temps en temps de certains signes à Monsieur, pour le faire ressouvenir de ce qu'il me venoit de confesser lui-mesme, qu'il n'estoit pas temps d'esclater contre le cardinal. L'on prenoit ces signes au sens contraire, parce que Monsieur d'abord ne s'en apperceut pas et qu'il continua à pester; de sorte que quand il [revint et qu'il se radoucit, ce qu'il avoit resolu devant que ces messieurs fussent entrés, et ce que la seule cholère l'avoit empéché de faire]; ils creurent que la force de leurs raisons l'avoit emporté sur la fureur de mes conseils; et dès le soir ils s'en firent honneur et ils l'escrivirent avec touts les ornements à la cour. Madame de Lesdiguières m'en fit voir une relation très-habilement et très-malicieusement circonstanciée, quinze jours ou trois sepmaines après. Elle ne me voulut point dire de qui elle la tenoit, mais elle me jura que ce n'estoit pas du mareschal de Villeroy. Je creus qu'elle estoit de Vardes (1), qui estoit en ce temps-là un peu épris d'elle.

Il arriva, par hazart, que M. de Beaufort vint à cest instant cheux Monsieur, qui, s'impatientant d'entendre asses souvent, à travers les acclamations accoustumées, des voix qui nous reprochoient nostre union avec le Mazarin, dit assses brusquement à M. Le Tellier, qu'il ne concevoit pas pourquoi M. le cardinal avoit affecté de renvoyer, comme il avoit fait, les députés du parlement de Paris; et qu'il n'y avoit point de moyen plus sur pour donner le parlement entier à M. le prince. Comme je craignois l'impétuosité de l'éloquence de M. de Beaufort, je voulus dire un mot pour la modérer; et le garde des sceaux s'aprochant de l'aureille du premier président, lui dit : « Voilà le bon et le » mauvais soldat. » Ornano (2), maistre de la garde robe de Monsieur, qui l'ouït, me le dit un quart d'heure après.

Le reste de la soirée ne raccommoda pas ce qu'il sembloit que la fortune prit peine à gaster. L'on parla de la lettre de l'archiduc, sur laquelle le premier président prononcea hardiment, et devant mesme que l'on lui en eust demandé son advis. « Il la fault prendre pour bonne, dit-il,

---

(1) François-René Du Bec, marquis de Vardres, mort en 1688. (A. E.)
(2) Joseph-Charles d'Ornano, fils d'Alphonse Corse d'Ornano, maréchal de France. Joseph-Charles, maître de la garde-robe de Gaston, duc d'Orléans, mourut en 1670, âgé de soixante-dix-huit ans. (A. E.)

» si par hazart elle l'est, ce que je ne crois pas; » si elle n'est pas sincère, il est important d'en » faire cognoistre l'artifice aux François et aux » estrangers. » Vous advoueres qu'un homme de bien et un homme sage ne pouvoit pas estre d'un autre advis. Le garde des sceaux le combatit avec une force qui passa jusques à la brutalité, et il soubstint qu'il estoit du respect que l'on debvoit à l'autorité souveraine de ne point faire de response, et de renvoyer le tout à la reine. Le Tellier, qui cognoissoit comme nous que si l'on prenoit ce parti l'on donneroit lieu aux partisans de M. le prince de rejeter sur nous la rupture de la paix générale, parce qu'il estoit public que le cardinal avoit rompu celle de Munster; Le Tellier, dis-je, n'appuya l'advis du garde des sceaux qu'autant qu'il fut nécessaire pour nous commettre encore davantage ensemble. Dès qu'il eust fait son effet il tourna tout court, comme l'autre fois. Il se rendit au sentiment de M. d'Avaux (1), qui fut encore plus fort que celui du premier président et que le mien ; car au lieu que nous n'avions fait que proposer que Monsieur escrivist à l'archiduc et lui mandast seulement en général qu'il avoit reçu ses offres avec joie, et qu'il le prioit de lui faire sçavoir son intention plus en particulier pour la manière de traiter ; au lieu, dis-je, de prendre ce parti [qui donnoit beaucoup plus de temps d'attendre des nouvelles de la reine], il soubstint que Monsieur debvoit dépescher dès le lendemain au matin à l'archiduc un gentilhomme pour lui en proposer lui-mesme la manière : « Ce » qui, adjousta-t-il, abrégera de beaucoup, et » fera cognoistre aux Espagnols que la proposi- » tion, qu'ils ne font peut-estre à mauvaise inten- » tion, que parce qu'ils sont persuadés que nous » ne voulons pas la paix, pourra produire un meil- » leur effet qu'ils ne se sont eux mesmes imaginé. » M. Le Tellier s'advancea encore davantage, car en appuyant le sentiment de M. d'Avaux, il dit à Monsieur qu'il le pouvoit asseurer que la reine ne désapprouveroit pas ceste démarche; qu'il supplioit Son Altesse Royale de lui dépescher un courrier, et que ce mesme courrier lui apporteroit asseurément à son retour un plein et absolu pouvoir de traiter et de conclure la paix générale.

Le baron de Verderonne, homme de bon esprit, fut envoyé dès le lendemain à M. l'archiduc, avec une lettre par laquelle Monsieur faisoit responce à la sienne, en lui demandant le lieu, le temps et les personnes que l'Espagne y vouloit employer, et en l'asseurant qu'au jour et au lieu préfixé, il enverroit sans délai un pareil nombre (pag. 204-5). Verderonne étant prest de partir, Monsieur à qui il vint quelque scrupule de la response que Le Tellier avoit donnée nous en voya touts quérir, c'est-à-dire les mesmes qui s'estoient trouvés à la conversation du soir précédent, et il nous en fit faire la lecture. Le premier président remarqua que Monsieur ne respondoit pas à l'article dans lequel l'archiduc lui proposoit de traiter personnellement avec lui ; et il me le dit tout bas, en adjoutant : « Je ne sçai si je doibs » relever l'obmission. » M. d'Avaux ne lui en laissa pas le temps, car il en parla mesme avec véhémence. M. Le Tellier s'excusa sur ce que la veille l'on ne s'en estoit pas distinctement expliqué. M. d'Avaux insista que ceste clause y estoit entièrement nécessaire : le premier président se joignit à lui ; M. Le Cogneux et de Bellièvre furent de mesme advis : je les suivis. Le garde des sceaux et Le Tellier prétendirent que Monsieur ne pouvoit s'engager à un colloque personnel avec l'archiduc, sans un agréement exprès et mesme sans un commandement positif du roi ; et qu'il y avoit bien de la différence entre une response générale sur un traité de paix que Son Altesse Royale sçavoit bien ne pouvoir jamais estre refusé par la cour, et une conférence personnelle d'un fils de France avec un prince de la maison d'Autriche. Monsieur, qui estoit naturellement foible, se rendit ou aux raisons ou à la faveur de M. Le Tellier, et sa lettre demeura simplement comme elle estoit. M. d'Avaux, qui estoit un très-homme de bien, ne peut s'empêcher de s'emporter contre le faux Caton, c'est ainsi qu'il appela le garde des sceaux, et il me témoigna estre très-satisfait de ce que j'avois dit à Monsieur en ceste occasion. Nous nous cognoissions peu ; et comme il estoit frère de M. le président de Mesme, avec lequel j'estois fort brouillé à cause toutefois des affaires publiques, le peu d'habitude que nous avions eu ensemble devant les troubles estoit comme perdue. La sincérité avec laquelle je parlai à Monsieur contre les sentiments du Tellier, lui pleut et lui donna lieu d'entrer en matière avec moi sur la paix, pour laquelle je suis persuadé qu'il eust donné sa vie du meilleur de son cœur. Il le fit bien voir à Munster, où si M. de Longueville eust eu la fermeté nécessaire il l'eust donnée à la France, malgré les artifices du ministre, avec plus de gloire et plus d'avantage pour la couronne que dix batailles ne lui en eussent peu apporter. Il me trouva, dans la conver-

---

(1) Claude de Mesme, comte d'Avaux, plénipotentiaire à Munster, ensuite surintendant des finances et minis- tre d'état; mort le 19 décembre 1650. (A. E.) L'éditeur de 1820 dit, à tort, en 1651.

sation dont je vous parle, si conforme à ses sentiments, qu'il m'en aima toujours depuis et qu'il eut mesme très-souvent sur ce point des contestations avec ses frères.

Verderonne revint et il ramena avec lui dom Gabriel de Tolède, avec une lettre de l'archiduc à Monsieur, par laquelle il le prioit que l'assemblée se fît entre Reims et Rhetel, et que Monsieur et lui y traitassent personellement, en choisissant toutefois ceux qu'il leur plairoit de part et d'autre pour les assister (1). Le courrier dépesché à la cour pour sçavoir les intentions de la reine arriva juste ; et il sembloit que le ciel estoit sur le point de bénir ce grand ouvrage, quand toutes les espérances s'esvanouirent de la manière du monde la plus surprenante.

La cour fut très-surprise et très-affligée de la proposition de l'archiduc, et parce que dans la vérité Servien avoit corrompu l'esprit du cardinal à l'esgard de la paix générale à un point qui ne se peut imaginer, et parce que le désir que je lui avois tesmoigné, lorsque je m'estois accommodé la derniere fois avec lui, d'en estre un des plénipotentiaires, lui fit croire que ceste proposition estoit un jeu joué, et que j'avois esté de concert avec M. de Turenne pour le faire faire à l'archiduc. Il ne l'osa pourtant refuser, M. Le Tellier lui ayant mandé que tout Paris se souléveroit si seulement il y balançoit ; et le grand prévost me dit au retour qu'il sçavoit de science certaine que Servien avoit fait touts les efforts possibles pour l'obliger à ne pas envoyer à Monsieur le plein pouvoir, et pour faire qu'il ne se rendit pas particulièrement sur le point de la conférence personelle de Monsieur et de l'archiduc.

Les patentes arrivèrent asses à propos pour les faire veoir à dom Gabriel de Tolède. Elles donnoient à Monsieur plein et entier pouvoir de traiter et de conclure la paix, à telles conditions qu'il trouveroit raisonnables et avantageuses au service du roi ; et elles lui joignoient, avec surbordination, mais toutefois aussi avec le titre d'ambassadeur extraordinaire et de plénipotentiaires, Messieurs Molé, premier président, et d'Avaux. [En voici la teneur : Ayant été informé, par un courrier exprès que notre très-cher et très-amé oncle le duc d'Orléans nous a dépesché, de la proposition qui lui a esté faicte par nostre très-cher et très-amé cousin l'archiduc Léopold Guillaume, d'entendre à la négotiation de la paix entre nous et nostre très-cher et très-amé frère, oncle et cousin le roy Catholique sur ce que ledit archiduc aurait déclaré par une de ses lettres qu'ayant pouvoir suffisant du roy Catholique de faire la guerre et la paix, il désiroit s'en servir beaucoup plus pour faire la paix que pour continuer la guerre ; nous avons estimé ne devoir rien obmettre de nostre part de tout ce qui peult contribuer à l'advancement d'un si grand bien et si nécessaire pour le repos de toute la chrétienté ; et jugeant ne pouvoir prendre une meilleure résolution pour la conduicte et direction d'une affaire si importante, que de la confier entièrement à la prudence de nostre dit oncle, dont l'affection et fidélité envers nous et nostre estat, et la grande cognoissance qu'il a de toutes sortes d'affaires militaires et politiques nous sont cogneues, par diverses expériences que nous en avons faictes à l'adventage de nostre service et gloire de nos armes, en sorte que nous avons une entière confiance en sa personne. Pour ces causes et autres à ce nous mouvans, de l'advis de la reyne régente nostre très-honnorée dame et mère, de plusieurs princes, ducz, pairs et officiers de nostre couronne et autres grandz et notables personnages de nostre dit conseil, nous avons commis et députés, commettons et députons, par ces présentes signées de nostre main, nostre dit oncle, et luy avons donné plein et absolu pouvoir estant accompagné et assisté de nostre très-cher et feal le sieur marquis de Chasteauneuf, chevalier garde des sceaux de France, de nostre bien amé et feal conseiller en nos conseilz et premier président en nostre cour de parlement, le sieur Molé ; de nos bien améz et féaux les sieurs comtes d'Avaux et de Servien aussy conseillers en nos conseilz nos minstres d'estat, de conférer au lieu dont il sera convenu avec nostre dit cousin l'archiduc et tous autres députéz plénipotentiaires du roy Catholique, munis de pouvoir, suffisant ; traicter ensemble des moyens de terminer et pacifier les différends qui ont causé la guerre jusques à présent, et sur lesdits moyens conclure une bonne et seure paix entre les deux couronnes, leurs alliéz confédéréz et adherentz, passer tels traictez et actes qu'ilz aviseront bon estre, bailler tels passeports et saufconduictz que besoing sera pour la seureté des allantz et venantz pour le faict dudit traicté, et généralement faire, promettre et accorder tout ce qu'ilz jugeront nécessaire pour le susdit effect de la paix, tout ainsy et avec la mesme aucthorité que nous-mesme ferions et

---

(1) Nous avons trouvé à la Bibliothèque du roi la copie des lettres autographes adressées par l'archiduc au duc d'Orléans, qui fut envoyée par Le Tellier au cardinal Mazarin. Ces lettres portent la date du 8 septembre, *del campo de Bazoches*, et confirment entièrement ce que dit le cardinal de Retz dans ses mémoires.

pourrions faire, si nous y estions présent en personne. Jaçoit que le cas requist mandement plus spécial qu'il n'est contenu en ces présentes; avec pouvoir que nous donnons à nostre dit oncle de subdéléguer les susnommés, ausquelz en vertu des présentes il pourra donner le mesme pouvoir que dessus de traicter et conclure la paix avec ceux qui seront pareillement subdéléguez de nostre dit cousin l'archiduc, en cas qu'il ayt suffisant pouvoir dudit roy Catholique de ce faire. Promettons en foy et parole de roy soubs l'hipotecque générale et spéciale de tous et chacuns nos biens présentz et à venir, de tenir ferme et accomplir ce qui aura esté ainsy accordé, stipulé et promis, en nostre nom par nostre dit oncle le duc d'Orléans, s'il y est en personne ; et de trois ou deux des susnommez qui l'auront accompagné en l'absence, maladie ou empeschement des autres; et en cas que nostre dit oncle ne veulle ou ne puisse s'y treuver en personne; par trois de ceux qui auront esté par luy subdéléguez en l'absence du quatriesme, et faire expédier toutes lettres de ratiffication dans le temps qu'ilz auront promis de les fournir.]

Vous estes surprise de ne me pas trouver en tiers, après les engagements dont je vous ai parlé ci-dessus, Je le fus [encore beaucoup davantage que vous ne pouviez l'estre]. Je n'esclatai pourtant pas, et j'empeschai mesme Monsieur, qui n'en estoit guère moins en cholère que moi, de faire paroistre ses sentiments ; [parce que je ne crus pas qu'il fust de la bienséance de donner] la moindre lueur d'aucun intérest particulier dans les préalables d'un bien aussi grand et aussi général. Je m'en expliquai en ces termes à tout le monde, et j'adjoutai que tant qu'il y auroit espérance de le faire réussir, je lui sacrifierois de tout mon cœur le ressentiment que je pouvois et que je debvois avoir de l'injure que l'on m'avoit faite. Madame de Chevreuse, qui en appréhenda les suites d'autant plus que je paroissois modéré, obligea Le Tellier d'en escrire à la cour. Elle en escrivit elle-mesme très-fortement. Le cardinal s'effraya ; il m'envoya la commission d'ambassadeur extraordinaire comme aux deux autres; et M. d'Avaux, qui en fut transporté de joie, [parce qu'il cognut à fonds la sincérité de mes intentions en deux ou trois communications que nous eusmes par rencontre cheux Monsieur], m'obligea à parler à dom Gabriel de Tolède en particulier, et à l'asseurer de sa part et de la mienne, que si les Espagnols se vouloient réduire à des conditions raisonnables, nous ferions la paix en deux jours. Ce que M. d'Avaux me dit sur ce subjet est remarquable. Je faisois quelque difficulté, venant de recevoir la commission de plénipotentiaire, de conférer sur ceste matière quoique légèrement et superficiellement, avec un ministre d'Espagne. Il me dit : « J'eus ceste » foiblesse à Munster dans une occasion où » elle a peut-estre cousté la paix à l'Europe. » Monsieur est lieutenant-général de l'estat et » le roi est mineur. Vous lui feres agréer ce que » je vous propose ; parles lui en, je consens que » vous lui disies que je vous l'ai conseillé. » J'entrai sur-le-champ dans le cabinet des livres où Monsieur arrangeoit ses médailles ; je lui fis la proposition de M. d'Avaux. Il le fit entrer; et après l'avoir fait parler plus d'un quart d'heure sur ce détail, il me commanda de trouver moyen de dire ou de faire dire à dom Gabriel de Tolède, qu'il disoit estre homme à argent, que si la paix se faisoit dans la conférence qui avoit esté proposée, il lui donneroit cent mille escus ; et qu'il le prioit pour touste condition, de dire à l'archiduc que si les Espagnols en proposoient de raisonnables il les accepteroit, les signeroit et les feroit enregistrer au parlement, devant que le Mazarin en eust seulement le premier advis.

M. d'Avaux fut de sentiment que j'escrivisse au mesme sens à M. de Turenne, et il se chargea de lui faire rendre ma lettre en main propre. La lettre fut honnestement folle, pour estre escrite sur un subjet aussi sérieux. Elle commançoit par ces paroles : « Il vous sied bien, » maudit Espagnol, de nous traiter de tribuns » du peuple! » Elle ne finissoit pas plus sagement : car je lui faisois la guerre d'une petite grisette qu'il aimoit de tout son cœur, dans la rue des Petits-Champs. Le milieu de la dépesche estoit substantiel, et lui faisoit veoir solidement que nous estions très-bien intentionnés pour la paix. Je parlai à dom Gabriel de Tolède, cheux Monsieur, d'une manière qui parut si peu affectée qu'elle ne fut pas remarquée, et qui ne laissa pas de lui expliquer suffisamment ce que j'avois à lui dire. Il le receut avec une sensible joie à ce qui me parut ; et il ne fit mesme ni le fier ni le délicat sur la proposition des cent mille escus. Il estoit intimément avec Fuensaldagne, qui avoit inclination pour lui, et qui pour excuser de certaines fantaisies particulières auxquelles il estoit subjet, disoit que c'estoit le plus sage fou qu'il eust jamais veu. J'ai remarqué plus d'une fois que ces sortes d'esprits persuadent peu, mais qu'ils insinuent bien ; et le talent d'insinuer est plus d'usage que celui de persuader ; parce que l'on peut insinuer à tout le monde et que l'on ne persuade presque jamais personne. Dom Gabriel n'insinua ni ne persuada Fuensaldagne, ce que l'on avoit espéré : car le nonce du Pape, et le ministre qui en l'absence de l'ambassadeur résidoit à Paris pour la république de Venise, l'ayant suivi de fort près avec M. d'Avaux, et estant alles coucher à Nanteuil, pour attendre de plus près les passeports qu'ils demandèrent à l'archiduc pour conserver en détail ce que don Gabriel de Tolède n'auroit touché que fort en général, ils eurent pour toute response que Son Altesse Impériale ayant assigné le lieu et le jour comme elle avoit fait, n'avoit rien à dire de nouveau; que le mouvement des armées ne lui permettoit pas d'attendre plus long-temps que le 18; [vous remarqueres s'il vous plaist que dom Gabriel, qui avoit donné ce jour, n'estoit arrivé à Paris que le 12], qu'il n'estoit aucun besoing de médiateurs, et que toustes les fois que la conjoncture pourroit permettre de traiter de la paix, elle y apporteroit toutes les facilités imaginables. Vous voyes que l'on ne peut sortir d'affaire, je ne dis pas seulement plus mal honnestement, mais encor plus grossièrement, que les Espagnols en sortirent en ceste occasion. Ils y agirent contre leurs interest, contre leur réputation, contre la bienséance; et je n'ai jamais trouvé personne qui m'en ait peu dire la raison. [Je l'ai demandée depuis au cardinal Trivulce, à Caracene, à M. de Turenne, à dom Antonio Pimentel, et ils ne m'en ont pas paru beaucoup plus sçavants que moi.] C'est événement est, à mon sens, l'un des plus rares et des plus extraordinaires de nostre siècle.

En voici un d'une autre nature, qui ne l'est pas moins. Le roi d'Angleterre, qui venoit de perdre la bataille de Worcester, arriva à Paris le propre jour du départ de dom Gabriel de Tolède (1), et il y arriva avec milord Taff, qui lui servoit de grand chambellan, de valet de chambre, d'escuyer de cuisine et de chef du gobelet. L'équipage estoit digne de la cour; il n'avoit pas changé de chemise depuis l'Angleterre. Milor Germain lui en donna une des siennes en arrivant; mais la reine sa mère n'avoit pas asses d'argent pour lui donner de quoi en acheter une autre pour le lendemain. Monsieur l'alla veoir aussitost qu'il fut arrivé, mais il ne fut pas en mon pouvoir de l'obliger à offrir un sou au roi son nepveu, parce que (ce disoit-il), peu n'est pas digne de lui, et beaucoup m'engageroit à trop pour la suite. [Voila ses propres paroles : je vous supplie de me permettre de faire une petite disgression, qui aura rapport à beaucoup de faits particuliers qui se rencontreront dans le cours de ceste histoire.] Il n'y a rien de si facheux que d'estre le ministre d'un prince dont l'on n'est pas le favori; parce qu'il n'y a que la faveur qui donne le pouvoir sur le petit détail de sa maison, dont l'on ne laisse pas d'estre responsable au public, lorsque tout le monde voit que l'on a ce pouvoir sur des choses bien plus considérables que les domestiques; la faveur de M. le duc d'Orleans ne s'acqueroit point, mais elle se conquéroit. Comme il sçavoit qu'il estoit tousjours gouverné, il affectoit tousjours d'éviter de l'estre, ou plustost de paroistre l'éviter; et jusques à ce qu'il fust dompté, pour ainsi parler, il donnoit des sacades. J'avois trouvé qu'il me convenoit asses d'entrer dans les grandes affaires, mais je n'avois pas creu qu'il me convint d'entrer dans les petites. La figure qu'il y eust fallu faire, m'eust trop donné l'air de courtisan, qui ne m'estoit pas bon, parce qu'il ne se fut pas bien accordé avec l'homme du public, dont je tenois le poste, et plus beau et mesme plus seur que celui de favori de M. le duc d'Orleans. [Vous vous estonneres peut-estre de ce que je dis plus seur, à cause de l'instabilité du peuple]; mais il faut advouer que celui de Paris se fixe plus aisément qu'aucun autre; et M. de Villeroi, [qui a esté le plus habile homme de son siècle], et qui en a parfaitement cogneu le naturel dans tout le cours de la ligue, où il le gouverna soubs M. du Maine (2), a esté de ce sentiment. Ce que j'en esprouvois moi-mesme me le persuadoit, et fit que bien que Montresor, qui avoit esté long-temps à Monsieur, me pressast de prendre au Palais d'Orléans l'appartement de La Rivière, que Monsieur m'avoit offert et m'offroit cinq ou six fois par jour, et qu'il m'assuroit que j'aurois des desgousts tant que je ne me serois pas érigé moi-mesme en favori; bien que madame m'en pressast très-souvent elle-mesme; bien qu'il n'y eut rien de si facile, parce que Monsieur joignoit à l'estime qu'il avoit pour ma personne, une très-grande considération pour le pouvoir que j'avois dans le public; je demeurai tousjours ferme dans ma première résolution, qui estoit bonne dans le fond, mais qui ne laissa pas d'avoir des inconvéniens que vous verres dans la suite : par exemple, celui sur le subjet duquel je vous ai fait ceste remarque. Si je me fusse logé au Palais d'Orleans, et que j'eusse veu les comptes du trésorier de Monsieur, j'eusse donné la partie de son appanage à qui il m'eust pleu; et quand mesme il l'eust trouvé mauvais, il ne m'en eust ausé rien dire. Je ne me voulus pas mettre sur ce pied. Il ne fut pas en mon pou-

---

(1) Le 13 septembre 1650.
(2) Le cardinal de Retz continue ici de confondre, comme il l'a déjà fait, le nom de du Maine avec celui de Mayenne.

voir de l'obliger à assister de mille pistoles le roi d'Angleterre. J'en eus honte pour lui, j'en eus honte pour moi ; j'en empruntai quinze cens de M. de Morangis, oncle de celui que vous cognoissez, et je les portai au milord Taff, pour le roi son maistre. Il ne tint qu'à moi d'en estre remboursé dès le lendemain, et en monnoies mesme de son pays ; car en retournant cheux moi sur les onze heures du soir, je trouvai un certain Fildin, anglois, que j'avois cogneu autrefois à Rome, qui me dit que Vaine, grand parlementaire et très-confident de Cromwell, venoit d'arriver à Paris, et qu'il avoit ordre de me veoir. Je me trouvai un peu embarrassé ; je ne creus pas toutefois debvoir refuser ceste entreveue, [dans une conjoncture où nous n'avions point de guerre avec l'Angleterre, et dans laquelle mesme le cardinal faisoit des advances et basses et continuelles au protecteur] (1). Vaine me donna une petite lettre de sa part, qui n'estoit que de créance. La substance du discours fut, que les sentiments que j'avois fait paroistre pour la défense de la liberté publique, joint à ma réputation, avoient donné à Cromwell le désir de faire une amitié avec moi. Ce fond feut orné de toutes les honnestetés, de toutes les offres, de toutes les veues que vous vous pouves imaginer. Je respondis avec tout le respect possible, mais je ne dis ni ne fis assurément quoi que ce soit qui ne fust digne et d'un véritable catholique et d'un bon François ; Vaine me parut d'une capacité surprenante ; [vous verres par la suite qu'il ne me séduisit pas]. Je reviens à ce qui se passa le lendemain cheux Monsieur.

Laigues, qui y avoit eu le matin une longue conférence avec M. Le Tellier, m'aborda [avec une contenance asses embarrassée], et je cogneus qu'il avoit quelque chose à me communiquer ; je le lui dis ; il me respondit : « Il est vrai, mais » me donneres-vous vostre parole de me gar- » der le secret ? » Je l'en asseurai. Ce secret estoit que Le Tellier avoit ordre positif du cardinal de tirer messieurs les princes du bois de Vincennes, si les ennemis se mettoient à portée d'en pouvoir approcher ; de ne rien oublier pour y faire consentir Monsieur, mais de l'exéquter quand mesme il n'y consentiroit point ; d'essayer de me gagner sur ce point par le moyen de madame de Chevreuse, qui n'estoit pas encore tout à fait payée des quatre-vingt mille livres que la reine lui avoit données de la rançon du prince de Ligne, qui avoit esté pris à la bataille de Lens, et qu'il croyoit par ceste considération et par plusieurs autres, estre plus dépendante de la cour. Laigues adjousta toutes les raisons qu'il peut trouver dans lui-mesme, pour me prouver la nécessité et mesme l'utilité de ceste translation. Je l'arrestai tout court, et je lui respondis que je serois bien aise de lui parler devant M. Le Tellier. Nous l'attendismes cheux Monsieur ; nous le prismes sur le degré, d'où nous le menasmes dans la chambre du vicomte d'Autel, et je l'asseurai que je n'avois en mon particulier aucune aversion à la translation de messieurs les princes ; que je ne croyois pas y avoir aucun intérest ; que j'estois mesme persuadé que Monsieur n'y en avoit aucun véritable, et que s'il me faisoit l'honneur de m'en demander mon sentiment, je n'estimerois pas parler contre ma conscience en lui parlant ainsi ; mais que mon opinion estoit, en mesme temps, qu'il n'y avoit rien de plus contraire au service du roi ; parce que ceste translation estoit de la nature des choses dont le fond n'est pas bon, et dont les apparences sont mauvaises, et qui, par ceste raison, sont tousjours très-dangereuses. « Je m'explique, (adjoustai-je) : il faudroit » que les Espagnols eussent gagné une bataille » pour venir à Vincennes ; et quand ils l'auroient » gagnée, il faudroit qu'ils eussent des escadrons volants pour l'investir devant que l'on » eust eu le temps d'en tirer messieurs les princes. Je suis convaincu, par ceste raison, que » la translation n'est pas nécessaire, et je soustiens que dans les matières qui ne sont pas » favorables par elles-mesmes, tout changement » qui n'est pas nécessaire est pernicieux, parce » qu'il est odieux. Je le tiens encore moins nécessaire du costé de Monsieur et du costé des » Frondeurs que de celui des Espagnols. Supposes que Monsieur ait toutes les plus méchantes intentions du monde contre la cour ; » supposes que M. de Beaufort et moi voulions » enlever messieurs les princes, comment s'y » pourroit-on prendre ? [Bar, qui les garde, » n'est-il pas en vostre disposition ?] Toutes les » compagnies qui sont dans le chasteau ne sont- » elles pas au roi ? Monsieur a-t-il des troupes » pour assiéger Vincennes ? Et les Frondeurs, » quelque foux qu'ils peussent estre, exposeroient-ils le peuple de Paris à un siége que » deux mille chevaux détachés de l'armée du » roi, [qui n'en est pas à trois journées], fe-

(1) Nous avons eu sous les yeux plusieurs minutes des lettres corrigées de la main de Mazarin, et qui furent adressées à Cromwell, ainsi que les réponses autographes du Protecteur au jeune roi. Elles confirment l'assertion du coadjuteur sur les négociations entamées par ce ministre avec l'Angleterre.

» roient lever, en moins d'un quart-d'heure, à
» cent mil bourgeois? Je conclus que la trans-
» lation n'est point bonne dans le fond. Exa-
» minons-en les apparences : ne seront-elles pas
» que M. le cardinal se sera voulu rendre mais-
» tre, soubs le prétexte des Espagnols, des per-
» sonnes de messieurs les princes, pour en dis-
» poser à sa mode, [et comme il lui conviendra
» dans les occasions]? Qui vous peut respondre
» que Monsieur n'en prenne pas lui-mesme de
» l'ombrage? Qui vous peut respondre que quand
» il n'en prendroit pas de l'ombrage, [et qu'il
» fust persuadé, comme je le suis, de l'indiffé-
» rence de la chose en soi], il ne se choque
» pas d'une action que le commun ne peut au
» moins s'empêcher de croire lui estre désad-
» vantageuse? [Mais qui vous peust respondre
» du soulèvement de tous les esprits, que vous
» reunisses de tous les partis contre vous en
» moins d'un quart-d'heure?] Le peuple, qui est
» généralement Frondeur, croira que vous lui
» ostés M. le prince, qu'il croit présentement en
» ses mains, quand il le veoit sur le hault du
» donjon; et que vous le lui ostes pour lui ren-
» dre sa liberté quand il vous plaira, et pour
» venir assiéger Paris pour une seconde fois
» avec lui. Les partisants de M. le prince se
» serviront très-utilement pour échauffer les
» esprits, de la commisération que le seul spec-
» tacle de trois princes enchaisnés et promenés
» de cachot en cachot, produira dans les ima-
» ginations. Je vous ai dit, en commenceant ce
» discours, qu'en mon particulier je n'avois au-
» cun intérest en ceste translation, je me suis
» trompé : je m'y en trouve un très-grand que
» je ne m'estois pas imaginé ; tout le peuple
» criera, et dans ce peuple je compte tout le
» parlement. Je serai obligé, pour ne me point
» perdre, de dire que je n'ai pas approuvé la
» résolution. L'on mandera à la cour que je la
» blasme, et l'on mandera le vrai; l'on adjous-
» tera que je la blasme pour esmouvoir le peu-
» ple et pour discréditer M. le cardinal, cela ne
» sera pas vrai ; mais comme l'effet s'en en-
» suivra, cela sera creu ; et ainsi il m'arrivera
» ce qui m'est arrivé au commencement des
» troubles, et ce que j'esprouve encore aujour-
» d'hui sur les affaires de Guienne. J'ai fait les
» troubles, parce que je les ai prédits ; je fo-
» mente la révolte de Bordeaux, parce que je
» me suis opposé à la conduite qui la fait nais-
» tre. Voilà ce que j'ai à vous dire sur ce que
» vous me proposes, voila ce que j'escrirai si
» vous voules, dès aujourd'hui, à M. le cardi-
» nal et mesme à la reine, [voila ce que je si-
» gnerai de mon sang]. »

Le Tellier, qui avoit son ordre [et qui avoit dans l'esprit de l'exécuter], ne prit de mon discours que ce qui en facilitoit son dessein. Il me remercia au nom de la reine de la disposition que je tesmoignois à ne m'y point opposer. Il exagéra l'advantage que ce me seroit d'effacer, par ceste complaisance aux frayeurs, quoique non raisonables, si je voulois, de la reine, les ombrages que l'on lui avoit voulu donner de ma conduite auprès de Monsieur ; et je cogneus en ceste conversation ce que l'on m'avoit dit il y avoit long-temps du Tellier, que l'une des figures de sa rhétorique estoit souvent de ne pas justifier celui qu'il vouloit servir. Je ne me rendis pas à ses raisons, qui certainement n'estoient pas solides; mais je m'estois rendu par advance à celles que je vous ai déjà touchées sur cest austre subjet, et qui estoient tirées de la nécessité qui nous obligeoit à ne pas outrer le cardinal, dans une conjoncture où il pouvoit à touts les moments s'accommoder avec M. le prince. Je promis à M. Le Tellier, par ceste considération, tout ce qu'il lui pleust sur ce fait, et je le lui tins fidèlement : car aussitost qu'il en eust fait la proposition à Monsieur de la part de la reine, je pris la parole, non pas pour le soubstenir sur ce qu'il disoit de la nécessité de la translation, de laquelle je ne me peus résoudre à convenir, mais pour faire veoir à Monsieur qu'elle lui estoit indifférente en son particulier, et que supposé que la reine la voulust absolument, il y debvoit consentir. M. de Beaufort [qui pensoit et qui parloit tousjours comme le peuple, et qui croyoit estre maistre de la personne de M. le prince, parce qu'en se promenant dans le bois de Vincennes, il voyoit la tour où il estoit enfermé], s'opposa avec fureur à la proposition du Tellier, et jusques au point d'offrir à Monsieur de charger leurs gardes quand on les transféreroit. Je ne manquai pas de bonnes raisons pour combattre son opinion, et il se rendit lui-mesme de bonne foi et de bonne grace à la dernière que je lui alléguai, qui est que je sçavois de la propre bouche de la reine, que Bar lui avoit offert, lorsqu'elle partist pour aller en Guienne, de tuer lui-mesme M. le prince s'il arrivoit une occasion où il creust ne le pouvoir empêcher de se sauver. Je m'estonnai beaucoup de la confidence, et j'en jugeai qu'il falloit que le Mazarin lui eust mis dès ce temps-là des soupçons dans l'esprit, que les Frondeurs pensassent à se saisir de la personne de M. le prince. Je n'y avois de ma vie songé. Monsieur comprit l'inconvénient affreux qu'il y auroit à une action qui pourroit avoir une suite aussi funeste, [et dont les autheurs pouvoient demeurer par l'événement fort problématiques]. M. de Beaufort en conceut l'horreur, et l'on convint que Monsieur donneroit les mains à la translation, et que M. de Beaufort et moi ne dirions pas dans le public que nous l'eussions approuvée. Le Tellier me tesmoigna qu'il estoit fort satisfait de mon procédé, quand il sceut que dans la vérité j'avois appuié son advis auprès de Monsieur. Servien me dit depuis qu'il avoit escrit à la cour tout le contraire, et qu'il s'y estoit fait valoir comme ayant emporté Monsieur contre les Frondeurs. Je ne sçai ce qui en est.

Permettes-moi, s'il vous plaist, d'esgayer un peu ces matières, qui sont asses sérieuses, par deux petits contes qui sont très-ridicules, et qui ne laisseront pas de contribuer à vous faire cognoistre le génie des gents avec lesquels j'avois à agir. M. Le Tellier, proposant à madame de Chevreuse la translation de messieurs les princes, lui demanda si elle se pouvoit asseurer de moi sur ce point, et il lui répéta ceste demande trois ou quatre fois [mesme après qu'elle lui eust respondu qu'elle en estoit persuadée]. Elle comprit à la fin ce qu'il entendoit, et elle lui dit : « Je » vous entends; oui, je suis asseurée et de lui et » d'elle : il y est plus attaché que jamais; et j'a- » gis de si bonne foi en tout ce qui regarde la » reine et M. le cardinal, que quand cela finira » ou diminuera, je vous en advertirai fidèle- » ment. » Le Tellier la remercia bonnement, et de peur d'estre soupçonné d'ingratitude en son endroit, en cachant l'obligation qu'il lui avoit, il en fit la confidence une heure après à Vassé, qu'il trouva apparemment en son chemin, plustost que les trompettes de l'Hostel-de-Ville.

Le propre jour que madame de Chevreuse fit ceste amitié à M. Le Tellier, elle m'en fit une autre [qui me surprit pour le moins autant qu'il l'avoit esté]. Elle me mena dans le cabinet de l'appartement bas de l'hostel de Chevreuse; elle ferma les verroux sur elle et sur moi, et elle me demanda si je n'estois pas effectivement de ses amis? Vous vous attendes sans doute à un éclaircissement : nullement. [Ce fut pour me prier, avec bien de la tendresse, qu'il n'arriva point d'accident de ce que je sçavois bien, et que je considérasse l'horrible embarras dont nous seroit une adventure pareille.] J'asseurai de ma prudence; elle en prit ma parole, elle me dit du fonds du cœur : Laigues est quelquefois insupportable. Ceste parole jointe aux réprimandes impertinentes qu'il faisoit de temps en temps avec m rechignement [de beau-père à la fille], et aux iaisons un peu trop estroites qu'il me paroissoit prendre avec Le Tellier, m'obligea à tenir un onseil dans le cabinet de madame de Rhodes, ù nous résolusmes elle, mademoiselle de Chevreuse et moi, de donner un autre amant à la mère. [Nous ne consultasmes pas sur la possibilité.] Haqueville fut mis sur les rangs, qui commençoit en ce temps-là à venir très-souvent à l'hostel de Chevreuse, et qui avoit aussi renoué depuis peu avec moi une ancienne amitié de collége. Il m'a dit plusieurs fois qu'il n'auroit pas accepté la commission ; je m'en rapporte. Je n'en pressai pas l'expédition, parce que je n'eus pas la force sur moi-mesme de solliciter la destitution de l'autre. Je ne m'en trouvai pas mieux : mais ce ne fut pas la première fois que je m'apperceus que l'on paie souvent les despens de sa bonté.

Le jour que messieurs les princes furent transférés à Marcoussy, maison de M. d'Antragues, bonne à un coup de main et scituée à six lieues de Paris, d'un costé où les Espagnols n'eussent peu aborder à cause des rivières, le président de Bellièvre parla fortement au garde-des-sceaux, et il lui déclara en termes formels, que s'il continuoit à agir à mon esgard comme il avoit commencé, il seroit obligé, pour son honneur, de rendre le tesmoignage qu'il debvoit à la vérité. Le garde-des-sceaux lui respondit asses brutalement : « Les princes ne sont plus à la veue de Paris, il ne fault plus que le coadjuteur parle si hault. » Vous verres tantost que j'ai eu raison de prendre une date de ceste parole. Il est temps de retourner au parlement.

Le Coudray-Montpensier estant revenu de la cour et de Bordeaux, où Monsieur l'avoit envoyé porter les conditions que vous aves veu ci-dessus [et qui lui avoient esté inspirées par M. Le Tellier], n'en rapporta pas beaucoup plus de satisfaction que les députés du parlement de Paris. Il fit en pleine assemblée de chambre la relation de ce qu'il avoit négotié en l'une et en l'autre : dont la substance estoit que lui, Coudray-Montpensier, estant arrivé à Libourne où estoit le roi, avoit envoyé deux trompettes à Bordeaux et deux courriers pour y proposer la cessation d'armes pour dix jours; que huit de ces dix estant escoulés devant qu'il peut estre à Bordeaux pour sa response, ceux de ce parlement avoient désiré que ceste cessation d'armes ne fust comptée que du jour que lui, Coudray-Montpensier, retourneroit à Bordeaux, du voyage qu'ils le prioient de faire à Libourne, pour obtenir du roi ceste prolongation; qu'ayant jugé ceste condition raisonnable, il estoit sorti de la ville pour la venir proposer à la cour; qu'estant à moitié chemin, il avoit receu un ordre du roi pour renvoyer l'escorte et le tambour de M. de Bouillon; et que le lendemain comme et lui et ceux de la ville s'attendoient à une response favorable, ils avoient veu paroistre sur la montagne de ce nom le mareschal de la Meilleraye, qui les croyoit surprendre et qui estoit venu attaquer la Bastille, dont il avoit esté repoussé. Voilà la vérité de la relation du Coudray-Montpensier. Je ne sçai si le peu de commotion qu'elle causa dans les esprits, le jour qu'il la porta dans l'assemblée des chambres, se doibt attribuer ou aux couleurs dont nous la desguisasmes tout le soir de la veille cheux Monsieur, ou à des influences benignes et douces qui adoucissent en de certains jours touts les esprits d'une compagnie; [elle debvoit estre tout en feu;] je ne l'ai jamais ouï plus modérée. L'on n'y nomma presque pas le cardinal, et elle passa sans contestation à l'advis de Monsieur, qui avoit esté concerté la veille avec Le Tellier, et qui fut d'envoyer deux députés de la compagnie et Le Coudray-Montpensier à Bordeaux sçavoir, pour la dernière fois, si le parlement vouloit la paix ou non, et d'inviter mesme deux députés de Bordeaux d'y accompagner ceux de Paris.

Cinq ou six jours après, le parlement de Toulouse ayant escrit à celui de Paris touchant les mouvemens de la Guienne, dont une partie est de sa jurisdiction, et lui ayant demandé en termes exprès l'union, Monsieur esluda avec beaucoup d'adresse ce rencontre qui estoit très-important, et fit par insinuation plustost que par autorité, que la compagnie ne respondit à la proposition que par des civilités et par des expressions qui ne signifioient rien. Il ne se trouva pas à la délibération pour mieux couvrir son jeu. Le président de Bellièvre [qui servit très-habilement en ceste occasion] me dit l'après-disnée : « Quel plaisir y auroit-il à faire ce que » nous faisons, pour des gents qui seroient ca-» pables de se cognoistre? » Il avoit mission, et vous le cognoistres lorsque je vous aurai dit que nous fusmes lui et moi une partie du soir cheux Monsieur avec Le Tellier, qui ne nous en dit pas seulement une parole.

Ce calme du parlement n'estoit pas si parfait qu'il n'y eust tousjours [beaucoup plus d'agitation qu'il n'estoit nécessaire, pour faire cognoistre à des gents qui eussent esté bien sages, qu'il ne dureroit pas longtemps]; tantost il donnoit arrest pour interroger les prisonniers d'estat qui estoient dans la Bastille; tantost il en sortoit à propos de rien, comme un tourbillon de voix, qui sembloit estre meslé d'éclairs et de foudres contre le nom de Mazarin; tantost on se plaignoit du divertissement des fonds destinés pour les rentes. Nous avions assurément beaucoup de peine à parer aux coups; et il eust esté impossible de tenir plus longtemps contre les vagues, si la nouvelle de la paix de Bordeaux ne fut arrivée. Elle fut enregistrée à Bordeaux le 1er jour d'octobre 1650. Meusnier (1) et Bitault, députés du parlement de Paris, la mandèrent à la compagnie, par une lettre qui y fut leue le 11. Ceste nouvelle abattit extrêmement les partisans de M. le prince : ils n'ozèrent presque plus ouvrir la bouche, et les assemblées des chambres cessèrent de ce jour 11 d'octobre, pour ne recommencer qu'après la Saint-Martin. La nouvelle de Bordeaux fit que l'on ne proposa pas mesme la continuation du parlement dans les vacations; ce qui n'eut pas manqué d'estre résolu tout d'une voix sans ceste considération. L'avarice sordide et infame d'Ondédéï (2) couvrit et entretint le feu qui estoit soubs la cendre. Montreuil (3), secrétaire de M. le prince de Conti, ce me semble, et peut-estre de M. le prince, je ne m'en ressouviens pas précisément, et qui estoit un des plus jolis garçons que j'aie jamais cogneu, ralioit par son zèle et par son application touts les serviteurs de M. le prince qui estoient dans Paris, et il en fit un corps invisible, qui est asses souvent, en ces sortes d'affaires, plus à redouter que des bataillons. [Comme j'estois fort bien informé de ses menées], j'en advertis la cour d'asses bonne heure, qui ne donna aucun ordre. J'en fus surpris au point que je creus asses longtemps que le cardinal en sçavoit plus que moi, et qu'il l'avoit peut-estre gagné. Comme je fus raccommodé avec M. le prince, Montreuil, qui agissoit touts les jours ou plustost toutes les nuits avec moi, me dit que c'estoit lui-mesme qui avoit gagné Ondédéï, en lui donnant mille escus par an pour l'empescher d'estre chassé de Paris. Il y servit admirablement messieurs les princes; et son activité, réglée par la conduite de madame la Palatine et soubstenue par Arnaut, par Viole et par Croissy, conserva tousjours dans Paris un levain de parti qu'il n'est jamais sage de souffrir. Je m'apperceus mesme en ce temps-là que les grands noms, quoique peu remplis et mesme vuides, sont tousjours dangereux.

M. de Nemours (4) estoit moins que rien pour

---

(1) Meusnier, conseiller de la grande chambre, homme léger et de peu de confiance, et de créance dans sa compagnie. (Portrait du parlement.)

(2) Louga Ondédéï, créature du cardinal Mazarin, docteur en droit. (A. E.)

(3) Mathieu Montreuil, auteur de plusieurs poésies et d'un recueil de lettres en vers et en prose, naquit en 1620; il mourut en 1691.

(4) Charles-Amédée de Savoie, duc de Nemours, né en 1624, fut blessé au combat du faubourg Saint-Antoine. Le duc de Beaufort le tua en duel, le 30 juillet 1652.

la capacité; il ne laissa pas de faire figure, et en de certaines conjonctures de nous incommoder. Les Frondeurs ne pouvoient faire quitter le pavé à ceste cabale que par une violence, qui n'est presque jamais honneste à des particuliers, et dont l'exemple de ce qui estoit arrivé cheux Renart m'avoit fort corrigé. La petite finesse, qui infectoit toujours la politique quoique habile de M. le cardinal Mazarin, lui donnoit du goust à laisser devant nos yeux, et comme entre lui et nous, des gents avec lesquels il se peut raccommoder contre nous-mesmes. Ces mesmes gents l'amusoient continuellement par des négotiations; il les croyoit tromper à touts les instants par la mesme voie. Ce qui en arriva fut qu'il s'en forma et qu'il s'en grossit une nuée, dans laquelle les Frondeurs s'enveloppèrent eux-mesmes à la fin; mais ils y enflammèrent les exhalaisons et y forgèrent mesme des Frondeurs.

Le roi ne demeura que six jours en Guienne après la paix; et M. le cardinal, enflé de la réduction, ou, pour parler plus proprement, de la pacification de ceste province, ne songea qu'à venir couronner son triomphe par le chastiment des Frondeurs, qui s'estoient servis (ce disoit-il) de l'absence du roi, pour esloigner Monsieur de son service, pour favoriser la révolte de Bordeaux, pour travailler à se rendre maistres de la personne de messieurs les princes. [Voilà ce qu'il publioit à la cour]; il faisoit dire au mesme instant à la Palatine, qu'il avoit horreur de la haine que j'avois dans le cœur pour M. le prince, et que je lui faisois faire touts les jours des propositions sur son subjet, qui estoient indignes [non pas seulement d'un ecclésiastique], mais d'un chrestien. Il faisoit inspirer un moment après à Monsieur par Beloy, qui estoit à lui quoique domestique de Monsieur, que je faisois de grandes advances vers lui pour me raccommoder à la cour; mais qu'elle ne pouvoit prendre aucune confiance en moi, parce [qu'elle estoit très-bien informée] que je traitois depuis le matin jusques au soir avec les partisans de M. le prince. [Je n'ignorois pas, devant mesme que la paix fut faite à Bordeaux, que le cardinal n'oublioit rien] pour me récompenser en ceste manière de ce que j'avois fait dans l'absence de la cour, pour le service de la reine, avec une application incroyable, et (la vérité me force de le dire) avec une sincérité qui a peu d'exemple. Je ne parle pas du péril que je crois y avoir couru deux fois par jour, plus grand que dans des batailles. Faites réflexion, je vous supplie, ce que c'estoit pour moi que d'essuyer l'envie, et de soubstenir la haine d'un nom aussi odieux que l'estoit celui du Mazarin, dans une ville où il ne travailloit lui-mesme qu'à me perdre auprès d'un prince dont les deux qualités essentielles estoient d'avoir toujours peur, et de ne se fier jamais à personne; et avec des gents qui mettoient leur intérest à me ruiner, [ou dont le caprice les portoit à la mesme conduite qu'ils eussent suivie s'ils en eussent eu le dessein].

Je passai, sans balancer, dans tout le cours du siége de Bordeaux par dessus toutes ces considérations; je m'enveloppai dans mon debvoir; et je vous puis dire, avec beaucoup de vérité, que je n'y fis pas un pas qui ne fust ce que l'on appelle d'un bon citoyen. Ceste pensée, que je m'étois imprimée dans l'esprit, et l'aversion horrible que j'avois à tout ce qui avoit la moindre apparence de girouetterie, m'eussent, je crois, conduit insensiblement par le chemin de la patience dans le précipice, s'il n'eut pleu à M. le cardinal Mazarin de m'en arracher comme par force, et de me rejeter malgré moi dans celui de la faction.

L'éclat qu'il fit après la paix de Bordeaux, [et dans lequel il ne garda aucune mesure], me revint de touts costés. Madame de Lesdiguières me fit voir une lettre de M. le mareschal de Villeroy, par laquelle il lui mandoit que je ferois très-sagement de me retirer, et de ne pas attendre le retour du roi. Le grand prévost m'escrivit la mesme chose. Ce n'estoit plus un secret; et dès qu'une chose de ceste nature n'a plus de forme de secret, elle est irrémédiable. [Remarques, je vous supplie, qu'il y a beaucoup de différence entre le secret et la forme du secret. J'ai observé en plus d'une occasion que ce n'est pas la mesme chose.]

Madame de Chevreuse, qui conceut que j'aurois peine à me laisser opprimer tout à fait comme une beste, et qui eut souhaité avec passion que la fronde n'eust pas quitté le service de la reine, auprès de laquelle elle commençoit à retrouver beaucoup d'agrément, songea avec application à empescher les suites que la conduite du cardinal lui fesoit prevoir; et elle trouva beaucoup de secours pour son dessein dans les dispositions de la plupart de ceux de notre parti, qui n'en avoient aucune à tourner à celui de M. le prince. Ils se joignirent presque touts à elle, non pas pour me persuader, car ils me faisoient justice et ils sçavoient comme moi qu'il eust esté ridicule de m'endormir, mais pour destromper la cour, et pour faire cognoistre au cardinal la netteté de mon procédé et ses propres intérests. Je me souviens d'un endroit de la lettre que madame de Chevreuse lui escrivist. Après

lui avoir exagéré tout ce que j'avois fait pour contenir le peuple, elle ajoutoit ces propres paroles : « Est-il possible qu'il y ait des gents asses
» scélérats pour vous oser mander que le co-
» adjuteur ait eu commerce avec ceux de Bor-
» deaux ? Je suis témoing que quand il estoit
» vostre ennemi déclaré, il avoit peine à garder
» les mesures nécessaires avec leurs députés, et
» qu'un jour je l'en grondois [parce qu'il me
» sembloit qu'il estoit bon pour la fronde de les
» mesnager], et que je lui reprochois qu'il es-
» toit mieux avec ceux de Provence, il me res-
» pondit que les Provençaux n'estoient que
» frivoles, dont l'on peut quelquefois tirer parti,
» et que les Gascons estoient toujours fous avec
» lesquels il n'y avoit jamais que des imperti-
» nences à faire. » Madame de Chevreuse avoit raison, et elle me faisoit justice. Mais elle ne peut jamais persuader au cardinal de me la faire, soit qu'il feut trompé lui-mesme par le garde des sceaux et par Le Tellier, comme Lyonne me l'a dit depuis, ou qu'il vouloit faire semblant de l'estre dans la veue et dans l'espérance de ne pas manquer l'occasion de me pousser.

Madame de Rhodes, de qui le bon homme garde des sceaux estoit beaucoup plus amoureux qu'elle ne l'estoit de lui, et qui estoit dans une grande liaison avec moi par le commerce de mademoiselle de Chevreuse, trouvoit dans la disposition où estoient les affaires, une matière bien ample à satisfaire son humeur, qui aimoit naturellement l'intrigue. Elle ne se brouilloit point avec le garde des sceaux en contribuant à me brouiller avec la cour, non pas par aucune pièce qu'elle me fist, elle n'estoit pas capable de perfidie, mais en entrant dans les moyens de m'en esloigner. Elle avoit toujours esté asses amie de madame de Longueville, et elle l'estoit encore beaucoup d'avantage de madame la Palatine, qui la pressoit extrêmement de me faire des propositions pour la liberté de messieurs les princes. Ces propositions dont elle ne se cacha point à l'hostel de Chevreuse, allarmèrent toute la cabale de ceux du parti, qui ne regardant que leurs petits intérêts particuliers qu'ils trouvoient avec la cour, eussent esté bien aises de ne s'en pas détacher. De ce nombre estoient madame de Chevreuse, Noirmoustiers et Laigues. Le reste estoit subdivisé en deux bandes, dont les uns vouloient la seureté et l'honneur du parti, [qui sont toujours les véritables citoyens], comme M. de Montresor, M. de Vitri, M. de Bellièvre, M. de Brissac, à sa mode paresseuse, M. de Caumartin. Les autres ne sçavoient proprement ce qu'ils vouloient. M. de Beaufort, madame de Montbazon, ils ne vouloient proprement rien à force de tout vouloir ; et ces sortes d'esprits assemblent toujours dans leur imagination les contradictoires. Je disois à M. de Montbazon que je serois très-satisfait de sa femme, pourvue qu'il lui pleut de ne changer d'idées que deux fois le jour entre M. le prince et M. le cardinal. Pour comble d'embarras, j'avois affaire à Monsieur, qui estoit un des hommes du monde le plus foible, et tout ensemble le plus défiant et le plus couvert. Il n'y a que l'expérience qui puisse faire concevoir à quel point l'union de ces deux qualités dans un mesme homme rend son commerce difficile et espineux. Comme j'estois fort résolu à ne point prendre de parti que de concert avec touts ceux avec lesquels j'estois uni, je fus bien aise de m'en expliquer à fond avec eux ; et touts par différents intérêt conclurent au mesme advis, qui leur fut toutefois inspiré habilement et finement par Caumartin. Il y avoit long-temps qu'il combatoit l'opiniastreté que j'avois de ne vouloir pas songer à la pourpre, et il m'avoit représenté plusieurs fois que la déclaration que j'avois faite sur ce subjet avoit esté plus que suffisamment remplie et soubstenue, par le désintéressement que j'avois témoigné en tant et en tant d'occasions ; qu'elle ne debvoit et ne pouvoit avoir lieu tout au plus que pour le temps de la guerre de Paris, sur laquelle je pouvois avoir pris quelque fondement de parler et d'agir ainsi ; qu'il ne s'agissoit plus de cela, qu'il ne s'agissoit plus de la défense de Paris, qu'il ne s'agissoit plus du sang du peuple : que la brouillerie qui, estoit présentement dans l'estat, estoit proprement une intrigue de cabinet entre un prince du sang et un ministre, et que la réputation qui, dans la première affaire, consistoit dans le désintéressement, tournoit en celle-ci sur l'habileté : qu'il y alloit de passer pour un sot ou pour un habile homme ; que M. le prince m'avoit cruellement offensé par l'accusation qu'il avoit intentée contre moi ; que je l'avois outragé par sa prison : que je voyois par le procédé du cardinal avec moi, qu'il estoit aussi blessé des services que je rendois à la reine, qu'il l'avoit esté de ceux que j'avois rendus au parlement ; que ces considérations me debvoient faire comprendre la nécessité ou je me trouvois de songer à me mettre à couvert du ressentiment d'un prince et de la jalousie d'un ministre, qui pouvoient à touts les instants s'accorder ensemble ; qu'il n'y avoit que le chapeau de cardinal que peust m'esgaler à l'un et à l'autre par la dignité : et que la mitre de Paris ne pouvoit avec touts ses brillants faire cest effet, qui est toutefois nécessaire pour se soubstenir particulièrement dans les temps calmes, contre ceux auxquels la supériorité du rang donne presque tousjours autant de considération et autant de force que de pompe et d'esclat.

Voila ce que M. de Caumartin et ceux qui m'aimoient véritablement me preschoient depuis le soir jusques au matin, et ils avoient raison : car il est constant que si M. le prince et M. le cardinal se feussent réunis, et qu'ils m'eussent opprimé par leur poids, ce qui paroissoit désintéressement dans le temps que je me soubstenois, eust passé pour duperie en celui où j'eusse esté abattu. Il n'y a rien de si louable que la générosité ; mais il n'y a rien qui se doibve moins outrer. J'en ai cent et cent exemples. Caumartin, par amitié, et le président de Bellièvre, par intérest, de ne me pas laisser tomber, m'avoient assés esbranlé, au moins quand à la spéculation, depuis que je m'estois apperceus que je me perdois à la cour mesme par mes services : mais il y a bien loing d'estre persuadé, à l'estre assés pour agir dans les choses qui sont contre nostre inclination. Lorsque l'on se trouve en cest estat, que l'on peut appeler mitoyen, l'on prend les occasions, mais on ne les cherche pas. La fortune m'en présenta deux en six semaines ou tout au plus deux mois avant que la cour revint de Guienne. Il est nécessaire de les reprendre de plus hault.

M. le cardinal de Mazarin avoit esté autrefois secrétaire de Panciroles (1), nonce extraordinaire pour la paix d'Italie, il avoit trahi son maistre et il fut mesme convaincu d'avoir rendu compte de ses dépesches au gouverneur de Milan. Le pape Innocent m'en a dit le détail, qui vous ennuieroit. Panciroles, ayant esté créé cardinal et secrétaire d'estat de l'église, n'oublia pas la perfidie de son secrétaire, à qui le pape Urbain avoit donné le chapeau par les instances du cardinal de Richelieu ; et il n'aida pas à adoucir l'aigreur envenimée que le pape Innocent conservoit contre lui depuis l'assassinat de l'un de ses nevueux, dont il croyoit qu'il avoit esté complice avec le cardinal Anthoine (2). Panciroles, qui creut qu'il ne lui pouvoit faire un desplaisir plus sensible que de me porter au cardinalat, le mit dans l'esprit du pape Innocent, qui agréa qu'il prist commerce avec moi. Il se servit pour cest effet du vicaire-général des Augustins, qui lui estoit très-confident, et qui passoit à Paris pour aller en Espagne. Il me donna une lettre de lui ; il m'expliqua sa créance, il m'asseura que si j'obtenois la nomination le pape feroit la promotion sans aucun délai. Ces offres ne firent pas que je me résolusse à le demander, ni mesme à la prendre ; mais elles firent que quand les autres considérations que je vous ai rapportées ci-dessus tombèrent sur le point de l'esclat que la cour fit contre moi, après la paix de Bordeaux, je m'y laissai emporter sans comparaison plus facilement que je n'eusse fait si je ne me feusse creu assuré de Rome ; car l'une des raisons qui me donnoit autant d'aversion à la prétention du chapeau, estoit la difficulté de fixer la nomination, parce qu'elle peut tousjours estre révoquée, et je ne sasche rien de plus fascheux, en ce que la révocation met tousjours le prétendant au-dessous de ce qu'il estoit devant que d'avoir prétendu : elle a aveuglé La Rivière, qui estoit mesprisable par lui-mesme ; et il est certain qu'elle nuit à proportion de l'élévation.

Quand je fus persuadé que je debvois penser au chapeau, je serrai les mesures que j'avois jusque là plustost receues que prises. Je dépeschai un courrier à Rome, je renouvellai les engagements ; Panciroles me donna toutes les assurances imaginables. Je trouvai mesmes une seconde protection, qui ne me fut pas inutile. Madame la princesse de Rossane estoit depuis peu raccommodée avec le pape, dont elle avoit épousé le nevpeu, après avoir esté mariée en premières nopces au prince de Sulmone. Elle estoit fille et héritière de la maison des Aldobrandins, avec lesquels la mienne a eu dans touts les temps en Italie beaucoup d'union et beaucoup d'alliances. Elle se joignit pour mes intérests à Panciroles, et vous en verres le succès.

Comme je ne m'endormois pas du costé de Rome, Caumartin ne s'endormoit pas du costé de Paris. Il donnoit touts les matins à madame de Chevreuse quelque nouvelle couleur de mon accommodement avec messieurs les princes, « qui nous
» perdra touts (ce disoit-il), en nous entraînant
» dans un parti dont le ressentiment sera tousjours
» plus à craindre que la recoinnaissance à espé-
» rer. » Il insinnuoit touts les soirs à Monsieur le peu de seureté qu'il y avoit avec la cour, et les inconvénients que l'on trouveroit avec les princes, et il employoit fort habilement la maxime qui ordonne de faire veoir à ceux qui sont naturellement foibles toustes sortes d'abismes,

---

(1) Jean-Jacques Panciroles, ou plutôt Panzirolo, romain, cardinal de la création d'Urbain VIII, le 13 juillet 1643 ; mort en 1652. (A. E.)

(2) Antoine Barberini (dit le jeune), neveu d'Urbain VIII, créé cardinal en 1628, devenu protecteur de la couronne de France en 1633, grand aumônier de ce royaume en 1653. Ensuite il fut nommé à l'évêché de Poitiers, et fut fait archevêque de Reims en 1657. Il mourut en 1671. (A. E.)

parce que c'est le vrai moyen de les obliger à se jeter dans le premier chemin que l'on leur ouvre. M. de Bellièvre, [qui, de concert avec moi, entretenoit une correspondance très-particulière avec madame de Montbazon], lui donnoit à touts moments sur le mesme principe des frayeurs de l'infidélité de la cour, et il luy faisoit en mesme temps des images affreuses du retour dans la faction. Toutes ces différentes espèces, qui se brouilloient les unes dans les autres cinq ou six fois par jour, formèrent presque tout d'un coup dans tous les esprits l'idée de se défendre de la cour par la cour mesme, et de tenter au moins de diviser le cabinet devant que de se résoudre à rentrer dans la faction.

J'ai déjà remarqué en quelque endroit de cet ouvrage, que tout ce qui est interlocutoire paraît sage aux esprits irrésolus, parce que leur inclination les portant à ne point prendre de résolution finale, ils flattent d'un beau tiltre leur propre sentiment. Caumartin trouva ceste facilité dans le tempérament des gents à qui il avoit affaire, et il leur fit naistre à eux-mesmes presque imperceptiblement la pensée qu'il leur vouloit effectivement inspirer. Monsieur faisoit en toutes choses comme font la plupart des hommes quand ils se baignent : ils ferment les yeux en se jetant dans l'eau. Caumartin, qui connoissoit son humeur me conseilla [et très à propos, dès qu'il m'eut résolu à pousser au cardinalat], de les lui tenir toujours ouverts par des peurs modérées mais successives, [et entre lesquelles je ne laissasse guère d'intervalle]. J'advoue que ceste pensée ne m'étoit point venue dans l'esprit, et que comme le défault de Monsieur estoit la timidité, j'avois toujours creus qu'il estoit bon de lui inspirer incessamment la hardiesse. Caumartin me démonstra le contraire et je me trouvai très-bien de son advis, [non pas seulement à l'esgard de mes interests particuliers, mais pour son service à lui-mesme, par la raison que je vous ai marqué ci dessus]. Il seroit ennuyeux de vous raconter par le détail les tours qu'il donna à ceste intrigue, dans laquelle, il est vrai, que bien que je fusse persuadé que la pourpre m'estoit absolument nécessaire, je n'avois pas toute l'activité requise par un reste de scrupule assés impertinent. Il réussit enfin, et au point que Monsieur creut qu'il estoit et de son honneur et de son intérêt de me procurer le chapeau ; que madame de Chevreuse ne doubta point qu'elle ne fit autant pour la cour que pour moi, en rompant ou du moins en retardant les mesures que l'on me pressoit de prendre avec messieurs les princes, que madame de Montbazon fut ravie d'avoir de quoi se faire valoir des deux costés, les négociations des uns donnant tousjours du poids à celles des autres ; et que M. de Beaufort, [que le président de Bellièvre piqua de reconnoissance], se piqua aussi d'honneur de me rendre, au moins en ce qu'il pouvoit touchant le cardinalat, ce que je lui avois effectivement donné touchant la surintendance des mers. Nous jugions bien qu'avec tout ce concours, le coup ne seroit pas seur, mais nous le tenions possible, veu l'embaras où le cardinal se trouveroit, et l'on doibt hazarder le possible toutes les fois que l'on se sent en estat de profiter mesme du manquement des succès. Il estoit tout à fait de mon intérêt de mener mes amis à M. le prince, en cas que je prisse [son] party, et le peu d'inclination, [ou pour parler plus véritablement, l'aversion qu'ils avoient touts et les subalternes particulièrement à y aller], n'y pouvoit estre plus naturellement conduite que par un engagement d'honneur qu'ils prissent avec moi sur un point où la manière dont j'avois agi pour leurs intérests les deshonnoroit, s'ils ne couvroient aussi à leur tour ma fortune. Voilà proprement ce qui me détermina à courre la chance, et sans comparaison davantage que les autres raisons que j'ay desjà alléguées, parce que, dans le fond, je ne fus jamais persuadé que le cardinal se peut résoudre, je ne dis pas à me donner le chapeau, mais mesme à le laisser tomber sur ma teste. C'estoit le terme de Caumartin, et dont il disoit que le Mazarin estoit capable, quoique contre son intention. Nous n'oubliasmes pas de cerner autant que nous peusmes le garde des sceaux, par madame de Rhodes, afin qu'il ne nous fît pas au moins tout le mal que ses manières nous donnoient lieu d'en appréhender. Mais comme l'union de madame de Rhodes avec mademoiselle de Chevreuse, avec Caumartin et avec moi l'avoit fasché, n'avoit plus à beaucoup près tant de confiance en elle. Il s'estoit [adonné à une petite madame de Bois-Dauphin (1)]; il joua madame de Rhodes,

---

(1) Le cardinal de Retz composa à ce sujet quatre couplets dont nous donnerons le premier seulement. On est obligé de convenir que le cardinal de Retz s'entendait mieux à faire une émeute autour du parlement qu'à chanter malicieusement les amours du garde des sceaux. Madame de Bois-Dauphin était Marguerite Barentin, veuve de Charles de Souvré, marquis de Courtanvaux, et fille de Charles Barentin, président de la chambre des comptes de Paris. Elle mourut le 8 février 1704, âgée de soixante-dix-sept ans.

Voici le premier couplet de la chanson du cardinal :
    Petit chapeau, courte jaquette
    Tu n'as que soixante et dix ans,
    Cet âge est beau pour la fleurette :

et il ne lui dit que justement ce qu'il falloit pour m'empescher de prendre les précautions nécessaires contre ses atteintes.

Toutes les dispositions dont je vous viens de parler estant prises, madame de Chevreuse ouvrit la tranchée, [ce qu'elle estoit capable de faire au dessus de touts les hommes que jay jamais connus]. Elle dit au Tellier qu'il ne pouvait ignorer les cruelles injustices que l'on m'avoit faites, et qu'elle ne vouloit pas aussi lui céler le juste ressentiment que j'en avois; que l'on publioit à la cour qu'elle venoit avec la résolution de me perdre, et que je disois assés publiquement dans Paris que je me mettois en estat de me défendre; qu'il voyoit comme elle que le parti de M. le prince, qui n'estoit pas mort, quoi qu'il parut endormi, ne manqueroit pas de se réveiller à ceste lueur, qui commençoit à lui donner de grandes espérances; qu'elle sçavoit de science certaine que l'on me faisoit des partis immenses; que la plus part de mes amis estoient desja gagnés; que ceux qui tenoient encore bon comme elle, Noirmoustier, Laigues, ne sçavoient que me respondre quand je leur disois: « Qu'ai-je fait? quel crime ai-je commis? où est » ma seureté, je ne dis pas ma récompense? » Que jusques-là je ne m'estois que plaint, parce que l'on m'amusoit; mais qu'estant à la reine au point qu'elle y estoit, et amie véritable du cardinal, elle ne pouvoit pas lui céler que l'on ne pouvoit plus amuser l'amuseuse, et que l'amuseuse mesme commençoit fort à doubter de son pouvoir au moins sur ce point; que je m'expliquois peu, mais que l'on me voyoit bien à ma contenance que je sentois ma force; que je me relevois à la proportion des menaces; qu'elle ne sçavoit pas précisément où j'en estois avec Monsieur, mais qu'il lui avoit dit depuis deux jours que jamais homme n'avoit servi plus fidèlement le roi, et que la conduite que la cour prenoit à mon esgard estoit d'un pernitieux exemple. Que M. de Beaufort avoit juré devant tout ce qui estoit dans l'antichambre de Monsieur, la veille, que si l'on continuoit encore huit jours durant à agir comme l'on faisoit, il commenceroit à se préparer à soubstenir un second siège dans Paris, soubs les ordres de Son Altesse Royale; et que j'avois répondu : « Ils ne sont pas en estat de nous » assiéger, et nous sommes en estat de les com- » battre. » Qu'elle ne se pouvoit pas figurer que ces sortes de discours se fissent à deux pas de Monsieur, si ceux qui les faisoient n'estoient bien asseurés de ses intentions; que celles qui lui paroissoient à elle estre dans nos esprits et mesme dans nos cœurs, n'estoient pas mauvaises dans le fonds; que nous nous croyons outragés à la vérité par le cardinal, [ou plustot par Servien], mais que la considération de la reine estoufferoit en moins d'un rien ce ressentiment, si la défiance ne l'envenimoit; que c'estoit à quoi il falloit remédier. Vous voyés la cheute du discours qui tomba incontinent après sur le chapeau. La contestation fut vifve.

Le Tellier refusa d'en faire la proposition à la cour; madame de Chevreuse le chargeant des conséquences, il y consentit, à condition que madame de Chevreuse en escriroit de son costé, et mandast qu'elle l'y avoit comme forcé. La cour receut ces agréables dépesches comme elle estoit en chemin à son retour de Bordeaux, et le cardinal en remit la responce à Fontainebleau.

Le garde des sceaux, qui ne vouloit nullement que je fusse cardinal, parce qu'il vouloit l'estre, et qui vouloit perdre le Mazarin, parce qu'il vouloit aussi estre ministre, creut qu'il feroit coup double s'il faisoit voir à Monsieur que son advis n'estoit pas qu'il exposat sa personne au caprice du Mazarin, qui avoit tesmoigné si publiquement ne pas approuver la conduite que Monsieur avoit tenue dans l'absence de la cour. Comme il estoit persuadé qu'il estoit de mon intérest que ce voyage se fist, parce qu'une déclaration de Monsieur présent pourroit beaucoup appuyer ma prétention, il s'imagina que je ne manquerois pas de le consulter; et qu'ainsi il lui feroit sa cour au dépend du cardinal et aux dépends mesme du coadjuteur, en marquant à Son Altesse beaucoup plus d'esgards et beaucoup plus de soing pour sa personne; que lui au reste il jouoit ce personnage à jeu seur, car il en faisoit faire la proposition par Fremont, secrétaire des commandements de Monsieur, l'homme de toute sa maison du caractère le plus propre à estre désadvoué.

Comme je connoissois parfaitement le personnage, qui n'estoit pas trop fin, et qui estoit d'ailleurs assés de mes amis, je connus dès le premier mot que je lui tirai de la bouche qu'il avoit esté siflé; et je me résolus de parler comme lui, tant pour ne point donner dans le panneau, qui m'estoit tendu par l'endroit que Monsieur avoit le plus foible, que parce que, dans la vérité, j'appréhendois pour sa personne. Toute

L'expérience de long-temps
Rend ton esprit plus agréable,
Plus délicat et plus sortable

Pour l'entretien subtil et fin
De madame de Bois-Dauphin.
(Bibliothèque du roi. Collection Maurepas, t. 40.)

mes amis se moquoient de moi sur cest article, ne pouvant seulement s'imaginer qu'en l'estat où estoit le royaume, l'on ozat penser à l'arrester ; mais j'advoue que je ne me pouvois rasseurer sur ce point, et que bien que je visse très-clairement que mon intérest estoit qu'il allast à Fontainebleau, et qu'il l'estoit en plus d'un sens, je ne me peus jamais résoudre à le lui conseiller, parce qu'il me sembloit, et qu'il me semble encore, que si l'on eust esté assés hardi pour cela à la cour, le cardinal eust peu trouver dans les suites des issues pour le moins aussi seures que celles qu'il pouvoit espérer par l'autre voie. Je sçais bien que ce coup eust fait une commotion générale dans les esprits, je sçais bien que le parti de messieurs les princes, joint avec les Frondeurs, en eust pris d'abord autant de force que de prétexte ; mais je sçais bien aussi que Monsieur et messieurs les princes estants arrestés, le parti contraire à la cour n'ayant plus à sa teste que leurs noms, dont on eust touts les jours affoibli la considération, parce que chascun s'en fust voulu servir à sa mode, on se fut bientost divisé, on fut devenu populaire, ce qui eust esté un grand malheur pour l'estat, mais qui estoit toutefois d'une nature à n'estre pas prévcue par le Mazarin, et à ne pouvoir par conséquent lui servir de motif pour l'empescher d'entreprendre sur la liberté de Monsieur. Sur le tout, je fus tout seul de mon advis en ce temps-là, et si seul, que j'en avois quelque sorte de honte. J'ai sceu depuis que je n'avois pas tout à fait tort, et M. de Lyonne me dit à Saint-Germain, un an ou deux devant qu'il mourut, que Servien l'avoit proposé au cardinal, deux jours devant qu'il arrivast à Fontainebleau, en présence de la reine ; que la reine y avoit consenti de tout son cœur ; et que le Mazarin avoit rejeté la proposition comme folle. Ce qui est vrai, est que l'appréhension que j'en eus ne parut fondée à personne, et qu'elle fut mesme interpretée en un autre sens ; l'on creut qu'elle n'estoit qu'un prétexte de celle que je pouvois avoir apparamment, que Monsieur ne se laissast gagner par la reine. Je connoissois la portée de sa foiblesse, (1) et j'avois beaucoup de raisons pour estre convaincu qu'elle n'iroit pas jusques-là. Mais ce qui m'estonna fut que bien que Fremont eust essayé, comme je vous ai déjà dit, de lui faire peur du voyage de la cour, il n'en fut point du tout touché ; et je me souviens qu'il dit à Madame, qui balançoit un peu : « Je ne l'aurois pas hasardé avec le cardinal de » Richelieu, mais il n'y a point de péril avec » Mazarin. » Il ne laissa pas de tesmoigner au Tellier, adroitement et sans affectation, plus de bonnes dispositions qu'à l'ordinaire pour la cour, et pour le cardinal en particulier. Il affecta mesme, de concert avec moy, de ralentir un peu le commerce que j'avois avec luy, et il résolut, par mon advis, de consentir à la translation de messieurs les princes au Havre-de-Grace, que je sceus la veille qu'il partit, lui debvoir estre proposée par la reine, à Fontainebleau. [Je ne me resouviens plus d'où je tenois ce secret, mais je sçais bien que j'en fus informé à n'en pouvoir doubter.] Il estonna Monsieur jusques au point de le faire balancer au voyage, parce que le murmure qui s'estoit eslevé au consentement qu'il avoit donné pour Marcoussy, lui faisoit appréhender celui qu'il prévoyoit encore plus grand et plus infaillible sur le Havre. Mon advis fut que s'il prenoit le parti d'aller à la cour, il ne debvoit s'opposer à la translation qu'autant qu'il seroit nécessaire pour donner plus d'agréement au consentement qu'il y donneroit. Vous aves veu ci dessus les raisons pour lesquelles j'estois persuadé qu'il estoit dans le fond très-indifférent et à lui aux Frondeurs, en quel lieu fussent messieurs les princes, parce que la cour estoit également maîtresse de touts. Si elle eust sceu ce que M. le prince m'a dit depuis, qui est, que si on ne l'eust tiré de Marcoussy, il s'en seroit immanquablement sauvé par une entreprise qui estoit sur le point d'éclore, je ne m'estonnerois pas que le cardinal eut eu impatience de l'en faire sortir ; mais comme il y croyoit fort en seureté, je n'ai jamais peu concevoir la raison qui le pouvoit obliger à une action qui ne lui servoit de rien, et qui aigrissoit contre luy tous les esprits. [Je l'ay demandé depuis au Tellier, à Servien, à Lyonne, et il ne m'a pas paru qu'ils en seussent eux-mesmes une bonne.] Ceste translation tenoit toutefois si fort au cœur de M. le cardinal Mazarin, que nous sceusmes après, qu'il fut transporté de joie quand il trouva, à Fontainebleau, que Monsieur n'en estoit pas si esloigné qu'il le pensoit, et que sa joie avoit esclaté jusques au ridicule quand on luy eut mandé de Paris que les Frondeurs estoient au désespoir de ceste translation, car nous la jouasmes très-bien, nous l'ornasmes de toutes les couleurs ; l'on vit deux jours après une stampe sur le Pont-Neuf et dans les boutiques des graveurs, qui représentait M. le comte de Harcourt, armé de toutes pièces, menant en triom-

---

(1) Le premier copiste dont nous avons parlé, a écrit le passage qui commence ici et finit à la page 222 ligne 13, excepté les lignes 55 et 56 première colonne, et les 11 premières de la deuxième colonne de la page 221, qui sont de la main du cardinal.

phe M. le prince. Vous ne pouvez croire l'effet que ceste stampe, [dont l'original n'estoit que trop vrai, pour l'honneur du comte d'Harcourt, qui fit le prévost en ceste occasion]; vous ne sauriez (dis-je) vous imaginer la commisération qu'elle excita parmi le peuple. Nous tirasmes Monsieur du pair, parce que du moment qu'il fut revenu de Fontainebleau, nous publiasmes et qu'il avoit fait ses efforts pour empescher la translation, et qu'il n'y avoit donné les mains à la fin, que parce qu'il ne se croyoit pas lui-mesme en seureté. Il faut advouer que l'on ne peut mieux jouer son personnage qu'il le joua à Fontainebleau. Il n'y fit pas un pas qui ne fut digne d'un fils de France; il n'y dit pas une parole qui en dégénérast; il parla sagement, fermement, honestement. Il n'oublia rien pour faire sentir à la reine la vérité; il n'omit rien pour la faire connoistre au cardinal, quand il vit qu'il estoit tombé en sens réprouvé, il se tira d'affaire habilement. Il revint à Paris, et il me dit en descendant de carosse ces propres mots: « Madame » de Chevreuse a esté repoussée à la barrière » sur vostre subjet, et le cardinal m'a traité, » sur le mesme article, du haut en bas, comme » sur touts les autres. J'en suis ravi; ce misé- » rable nous auroit amusé, et nous auroit tous » fait périr avec luy: il n'est bon qu'à pendre. »

Voici ce qui s'estoit passé à la cour sur mon subjet. Madame de Chevreuse dit à la reine et au Mazarin tout ce qu'elle avoit veu de ma conduite pendant l'absence du roi, et ce qu'elle avoit veu estoit asseurément un tissu de services considérables que j'avois rendu à la reine. Elle retomba ensuite sur les injustices que l'on m'avoit tousjours faites, sur le mespris que l'on m'avoit tesmoigné quelque fois, et sur les justes subjets de méfiance que je ne pouvois pas m'empescher de prendre à chasque instant. Elle conclut par la nécessité de les lever, et par l'impossibilité d'y reüssir que par le chapeau. La reine s'emporta, le cardinal s'en défendit, non pas par le refus, parce qu'il me l'avoit offert trop souvent, mais par la proposition du délai, qu'il fonda sur la dignité de la conduite d'un grand monarque qui ne doibt jamais estre forcé. Monsieur, venant à la charge pour soustenir madame de Chevreuse, esbranla, au moins en apparence, le Mazarin, qui lui voulut marquer par ces paroles le respect et la considération qu'il avoit pour lui. Madame de Chevreuse, qui vit qu'on parlementoit, ne doubta point du succès de la capitulation, [et d'autant moins que la reine, à qui le cardinal avoit donné le mot], se radoucit beaucoup, et dit mesme qu'elle donnoit à Monsieur tout son ressentiment, et qu'elle feroit ce que le conseil jugeroit raisonnable. Ce conseil, qui estoit un nom spécieux, fut réduit à M. le cardinal, à M. le garde des sceaux, au Tellier et à Servien.

Monsieur se moqua de cest expédient, jugeant très-sagement qu'il n'estoit proposé que pour me faire refuser la nomination par les formes. Laigues, qui estoit très-grossier, se laissa enjoler par le Mazarin, qui lui fit croire que ce moyen estoit nécessaire pour vaincre l'opinastreté de la reine. [Madame de Chevreuse, à qui j'avais mandé que ceste scène estoit ridicule, m'escrivit qu'elle voyoit les choses de plus près que moi.] Le cardinal proposa l'affaire au conseil, et il conclut sa proposition par une prière très-humble qu'il fit à la reine, de condescendre à la demande de M. le duc d'Orléans, et à ce que le mérite et les services de M. le coadjuteur demandoient encore avec plus d'instance: ce furent ces propres paroles. Elles furent relevées avec une haulteur et une fermeté que l'on ne trouve pas souvent dans les conseils, quand il s'agit de combatre les advis des premiers ministres. Le Tellier et Servien se contentèrent de ne pas lui applaudir, mais le garde des sceaux lui perdit tout respect, il l'accusa de prévarication et de foiblesse, il mit un genou en terre devant la reine pour la supplier, au nom du roi son fils, de ne pas autoriser par un exemple qu'il appela funeste, l'insolence d'un subjet qui vouloit arracher les graces l'espée à la main. La reine fut esmeue, le pauvre M. le cardinal eust honte de sa mollesse et de sa trop grande bonté, et madame de Chevreuse et Laigues eurent tout subjet de reconnoistre que j'avois bien jugé, et qu'ils avoient esté cruellement joués. Il est vrai que j'en avois aussi donné de ma part une occasion très-belle et très-naturelle. J'ai fait beaucoup de sottises en ma vie; voici à mon sens la plus signalée.

J'ai remarqué plusieurs fois que quand les hommes ont balancé long-temps à entreprendre quelque chose par la crainte de n'y pas réussir, l'impression qui leur reste de cette crainte, fait pour l'ordinaire qu'ils vont trop vite dans la conduite de leur entreprise. Voilà justement ce qui m'arriva. J'avois eu toutes les peines du monde à me résoudre à prétendre au cardinalat, parce que la prétention sans la certitude du succès me paroissoit au dessous de moi. Dès que l'on m'y eust engagé, le reste de cette idée m'obligea, pour ainsi dire, à me précipiter de peur de demeurer trop long-temps en cest estat, et au lieu de laisser agir madame de Chevreuse auprès du Tellier, comme nous l'avions concerté, je lui parlai moi-mesme deux ou trois jours après elle, et je lui dis familièrement et en bonne amitié, que j'estois bien fasché que l'on m'eust réduit malgré moi dans une condition où je ne pouvois plus estre que chef de parti ou cardinal, que c'estoit à M. Mazarin à opter. M. Le Tellier rendit un très-fidèle compte de ceste apophthegme, qui servit de thesme à l'opinion de M. le garde des sceaux. Il le debvoit asseurément laisser prendre à un autre après l'obligation qu'il m'avoit, et après les engagements qu'il avoit pris avec moi malgré moi-mesme. Mais je confesse aussi qu'il y avoit bien de l'estourderie de mon costé de l'avoir donné. Il est moins imprudent d'agir en maistre que de ne pas parler en subjet. Le cardinal ne fut pas beaucoup plus sage dans l'apparat qu'il donna au refus de ma nomination, [que je ne l'avois esté dans ma déclaration au Tellier]. Il creut me faire beaucoup de tort en faisant veoir au public que j'avois un intérest, quoi que j'eusse toujours fait profession de n'en point avoir. Il ne distinguoit pas les temps; il ne faisoit pas réflexion qu'il ne s'agissoit plus, comme disoit Caumartin, de la défense de Paris et de la protection des peuples, où tout ce qui paroist particulier est suspect; il ne me nuisit point par sa scène dans le public, où ma protection paroissoit et fort ordinaire et fort nécessaire, et il m'engagea par ceste mesme scène à ne pouvoir jamais recevoir de tempérament sur cette mesme promotion. [Pour vous dire le vrai, il n'y en avoit point dont j'eusse esté capable, mais enfin sa conduite en cela ne fut pas prudente, et le mareschal de Rais, mon aïeul, qui a passé pour le plus habile courtisan de son temps, disoit que l'une des plus nécessaires observations de la vie civile, estoit celle de cacher autant qu'il se peut les refus que l'on est quelquefois obligé (1) de faire à des gens de qui l'on peut craindre ou espérer.]

Le cardinal revint quelque temps après à Paris avec le roi. Il offrit pour moi à madame de Chevreuse Orcan, Sainct-Lucien, le payement de mes debtes, la charge de grand aumosnier, et il ne teint pas à elle et à Laigues que je n'en prisse le parti. Je l'aurois refusé s'il y eut adjouté douze chapeaux. J'estois engagé, et Monsieur, qui s'estoit deffait de la pensée d'ériger autel contre autel, par l'impossibilité qu'il avoit trouvé à Fontainebleau de diviser le cabinet, et de me mettre en perspective vis-à-vis du Mazarin avec le bonnet rouge, Monsieur, dis-je, avoit pris la résolution de faire sortir de prison messieurs les princes. [Tout le monde a creu que j'avois eu beaucoup de peine à lui inspirer ceste pensée et l'on s'est trompé.] Il y avoit très long-temps que je lui envoyois des velléités. [Je vous ai marqué de certains mots de temps en temps que j'avois observés, et qui me faisoient juger que la bonne conduite vouloit mesme que nous eussions une attention très-particulière sur ses mouvemens.] Mais il est vrai que ces velléités fussent demeurées long-temps stériles et infructueuses si je ne les eusse cultivées et eschauffées. Il est vrai encore qu'il ne les avoit jamais que comme son pis-aller, parce qu'il craignoit naturellement M. le prince et comme offensé et comme supérieur, sans proportion, en gloire, en courage et en génie, ce qui faisoit qu'il perdroit, ou du moins qu'il mettoit à part ces velléités dès qu'il veoit le moindre jour à se pouvoir tirer par une autre voie de l'embaras où les contre-temps du cardinal le jettoient à touts les instans à l'esgard du public, dont Monsieur ne vouloit en façon du monde perdre l'amour. Caumartin, [qui n'ignoroit pas ce qu'il avoit dans l'ame sur ce point, et qui sçavoit d'ailleurs qu'il estoit fort rebuté de la guerre civile, et qu'il la craignoit beaucoup], se servit fort habilement de ces lumières pour lui proposer ma promotion comme une voie mitoyenne entre l'abandonnement au cardinal et le renouvellement de la faction. Monsieur la prit avec joie, parce qu'il crut qu'elle ne seroit qu'une intrigue de cabinet, que l'on pourroit appliquer et pousser dans les suites selon qu'il conviendroit. Dès qu'il vit que le cardinal avoit fermé ceste porte, il ne balança pas sur la liberté de messieurs les princes. Je conviens que comme touts les hommes qui sont irrésolus de leur naturel, ne se déterminent que difficilement pour les moyens, quoiqu'ils le soient pour la fin, il auroit esté long-temps à porter sa résolution jusqu'à la pratique, si je ne lui en eusse ouvert et facilité le chemin. Je vous rendrai compte de ce détail après vous avoir parlé de deux avantures assés bizarres que j'eus en ce temps-là.

M. le cardinal Mazarin estant revenu à Paris, ne songea qu'à diviser la Fronde, et les manières de madame de Chevreuse lui en donnoient assés d'espérance: car quoiqu'elle connut très-bien qu'elle tomberoit à rien si elle se séparoit de moi [et que par ceste raison elle fut très-résolue de ne le pas faire], elle ne laissoit pas de se mesnager soigneusement à toutes fins avec la cour, et de lui laisser croire qu'elle estoit bien moins attachée à moi par elle-mesme, que par l'opiniastreté de mademoiselle sa fille. Le cardinal qui estoit persuadé qu'il m'affaibli-

---

(1) La fin de cet alinéa se trouve à la marge du manuscrit et d'une écriture qui n'est pas celle du cardinal de Retz.

roit beaucoup auprès de Monsieur s'il m'ostoit madame de Chevreuse, pour qui il est vrai qu'il avoit inclination naturelle, pensa qu'il feroit un grand coup pour lui s'il me pouvoit brouiller avec mademoiselle de Chevreuse, et il creut qu'il n'y en auroit point de moyen plus seur que de me donner un rival qui lui fut plus agréable. [Je crois que je vous ai parlé dans le premier volume de la tentative qu'il avoit desja faite par M. de Candale.] Il s'imagina qu'il réussiroit mieux par M. d'Aumale, qui estoit dans la vérité en ce temps-là beau comme un ange, et qui pouvoit aisément convenir à la damoiselle par sa simpathie. Il s'estoit donné entièrement au cardinal contre les intérests mesmes de M. de Nemours son aisné, et il se sentit très-obligé et très-honnoré de la commission que l'on lui donda. Il s'attacha à l'hostel de Chevreuse, et il se conduisit d'abord si bien, et mesme si délicatement que je ne balanceai pas à croire qu'il ne fut envoyé pour jouer le second acte de la pièce qui n'avoit pas réussi à M. de Candale. J'observai avec soing toutes ses démarches, je me confirmai dans mon opinion, je m'en ouvris à mademoiselle de Chevreuse, je ne trouvai pas qu'elle me respondit à ma mode. Je me faschai, l'on me rapaisa. Je me remis en cholère, et mademoiselle de Chevreuse me disant devant lui pour me plaire et pour le picoter, qu'elle ne concevoit pas comme l'on pouvoit souffrir un impertinent, je lui respondit : « pardonnes-moi, mademoiselle, l'on fait souvent grace à l'impertinence en faveur de l'extravagance. » Le seigneur estoit de notoriété publique l'un et l'autre. Le mot fut trouvé bon et bien appliqué. L'on se défit de lui dans peu de jours à l'hostel de Chevreuse, mais il se voulut aussi défaire de moi. Il aposta un filou appelé Grandmaisons, pour m'assasiner. Le filou, au lieu de l'exécuter, m'en donna advis. Je le dis à l'aureille à M. d'Aumale que je trouvai cheux Monsieur, en y adjoutant ces paroles : « J'ai trop de respect pour le nom » de Savoie pour ne pas tenir le cas secret. » Il me nia le fait, mais d'une manière qui me le fit croire, parce qu'il me conjura de ne le pas publier. Je le lui promis, et je lui ai tenu ma parole [et je n'y manque aujourd'hui que parce que je me suis fait vœu à moi-mesme de ne vous celer quoi que ce soit, et parce que je suis persuadé que vous aurés la bonté de n'en jamais parler à personne].

L'autre adventure fut encore plus rare que celle-là, [et à proprement parler beaucoup plus fallotte]. Vous jugés aisément par ce que vous avés desja veu de madame de Guémené, qu'il debvoit y avoir beaucoup de démeslés entre nous. Il me semble que Caumartin vous en comptoit un soir cheux vous le détail, qui vous divertit un quart d'heure. Tantost elle s'alloit plaindre à mon père comme une bonne parente [de la vie scandaleuse que je menois avec sa niepce], tantost elle en parloit à un chanoine de Nostre-Dame, qui estoit homme de grande piété, qui m'en importunoit beaucoup. Tantost elle s'emportoit publiquement avec des injures atroces contre la mère, contre la fille et contre moi. Quelquefois le mesnage se restablissoit pour quelques jours, pour quelque semaine. Voici le comble de la folie. Elle fit très-proprement accommoder une manière de cave, ou plustot de serre d'orranger, qui respond dans son jardin et qui est justement sous son petit cabinet, et elle proposa à la reine de me [prendre], en lui promettant qu'elle lui en donneroit les moyens pourveu qu'elle lui donnast sa parole de me laisser soub sa garde enfermé dans la serre. La reine me l'a dit depuis, madame de Guémené me l'a confessé. Le cardinal ne le voulut pas, parce que si je fusse disparu, le peuple s'en seroit pris certainement à lui. De bonne fortune pour moi, elle ne s'advisa point de ce bel expédient que dans le temps que le roi estoit à Paris. Si c'eust esté en celui du voyage de Guienne, j'estois perdu : car comme j'allois quelquefois cheux elle la nuit et seul, elle m'eust très-facilement livré. Je reviens à Monsieur.

Je vous ai dit qu'il avoit pris la résolution de faire sortir de prison messieurs les princes, mais il n'y avoit rien de plus difficile que la manière dont il seroit à propos de s'y prendre. Ils estoient entre les mains du cardinal, qui pouvoit par conséquent en un quart d'heure se donner, au moins par l'événement, le mérite de tous les efforts que Monsieur pourroit faire en des années ; et la plus petite assurance de ces efforts estoit capable de lui en faire prendre la résolution en un instant. Nous résolusmes sur ces réflexions de nous tenir couverts avec toute la précaution possible sur le fond de nostre dessein, de réunir sans considérer les offenses et les intérests particuliers tous ceux qui en auroient un commun à la perte du ministre, de jeter des apparances d'intention non droite et non sincère pour la liberté de M. le prince, non pas seulement parmi les gents de la cour, mais parmi ceux mesmes de leur parti, qui estoient les moins bien disposés pour les Frondeurs, de donner des lueurs de division entre nous, et d'en fortifier de temps en temps le soubçon par des accommodements avec M. le prince, dont nous serions séparés successivement les uns après les autres, de réserver Monsieur pour le coup décisif, et au moment de ce coup de pousser touts ensemble le ministre et le ministère, les uns par le cabinet et les autres par le parlement; et sur le tout de s'entendre d'abord uniquement avec une personne du parti des princes qui en eust la confiance et la clef. [Voilà bien des ressorts, mais il n'y en avoit pas un qui ne fut nécessaire. Vous en voyes sans doute l'usage d'un coup d'œil. Ce qui fut d'heureux et mesme de merveilleux est] qu'il n'y en eust aucun qui manquast; que toutes les pièces eurent avec justesse le mouvement auquel on les avoit destinées, et que les seules roues de la machine, qui allèrent un peu plus vite que l'on ne l'avoit projeté, se remirent dans leur équilibre presque au moment de leur déréglement. Je m'explique. Madame de Rhodes, qui conservoit tousjours beaucoup d'habitude avec le garde des sceaux, lui donna une grande joie en lui faisant veoir qu'elle auroit asses de pouvoir auprès de moi par le moyen de mademoiselle de Chevreuse, pour m'obliger à ne pas rompre avec lui sur le dernier tour qu'il m'auroit fait. [Il avoit fait son coup.] Il m'avoit osté, a ce qu'il pensoit, le chapeau; il se croyoit très-heureux de trouver une bonne amie qui me dorast une pillule de ceste espèce, et qui lui donnast lieu de demeurer lié à une cabale qui poussoit le Mazarin, ce qui estoit son compte, et dont il avait paru toutefois absolument destaché, ce qui estoit aussi son jeu. Il nous estoit d'une si grande conséquence de ne pas unir au cardinal le garde des sceaux, qui connoissoit nostre manœuvre comme ayant esté des nostres, et comme y ayant mesme encore beaucoup de part, hors en ce qui regardoit mon chapeau, que je pris ou faignis de prendre pour bon, mais avec joie, tout ce qu'il lui pleut de me dire de la comédie de Fontainebleau. Il joüa fort bien, je ne jouai pas mal. Je trouvai qu'il lui eust esté impossible de se défendre d'en user comme il en avoit usé veu les circonstances. Mademoiselle de Chevreuse, qui l'appelloit son papa, fit des merveilles : nous soupasmes cheux lui. Il nous donna la comédie en tout sens ; et je me souviens entre autres que comme il estoit extrêmement bijoutier, et qu'il avoit tous les doigts pleins de petites bagues, nous fusmes une partie du soir à raisonner [sur les mesures qu'il falloit qu'il gardast pour ne pas blesser, en certaines occasions, mademoiselle de Bois-Daufin. Vous verres que ces folies] ne nous furent pas inutiles et qu'elles coustèrent cher à Mazarin. Il s'imagina que madame de Rhodes, [qu'il croyoit beaucoup plus au garde des sceaux qu'à moi], m'amusoit par mademoiselle de Chevreuse, à qui il se figuroit qu'elle faisoit croire tout ce qu'elle vouloit. Il ne pouvoit douter, [après ce qu'il avoit veu à Fontainebleau], que le garde des sceaux et moi nous ne fussions intimement mal : et je sçais que quand il cognut, [après sa sortie de la cour, que nonobstant tout ce demeslé], nous nous estions accommodés pour le chasser ; je sçais, dis-je, qu'il dit en jurant que rien ne l'avoit jamais tant surpris de tout ce qui lui estoit arivé en sa vie.

Madame de Rhodes ne nous fut pas moins utile du costé de madame la Palatine. Je vous ai desja dit qu'elle en avoit esté extrêmement recherchée, et vous pouvés juger comme elle en fut receüe. Elle mesnagea avec elle fort adroitement touts les préalables. Je la vis la nuit et je l'admirai. Je la trouvai d'une capacité estonnante, ce qui me parut particulièrement, en ce qu'elle sçavoit se fixer. C'est une qualité très-rare [particulièrement parmi les femmes], et qui marque autant un esprit esclairé au dessus du commun. Elle fut ravie de me veoir aussi inquiet que je l'estois sur le secret, parce qu'elle ne l'estoit pas moins que moi en son particulier. Je lui dit nettement que nous aspréhendions que ceux du parti de messieurs les princes ne nous montrassent au cardinal pour le presser de s'accommoder avec eux. Elle m'advoüa franchement que ceux du parti de messieurs les princes craignoient que nous ne les montrassions au cardinal, pour le forcer de s'accorder avec nous, sur quoi lui ayant respondu que je lui engageois ma foi et ma parole que nous ne recevrions aucune proposition de la cour, je la vis dans un transport de joie que je ne vous puis exprimer ; et elle me dit qu'elle ne nous pouvoit pas donner la mesme parole, parce que M. le prince estoit en un estat où il estoit obligé de recevoir tout ce qui lui pouvoit donner sa liberté ; mais qu'elle m'asseuroit que si je voulois traiter avec elle, la première condition seroit que, quoi qu'elle peut promettre à la cour, ne pourroit jamais l'engager au préjudice de ce dont nous serions convenus. Nous entrasmes ensuite en matière, je lui communiquai mes veües, elle s'ouvrit des siennes, et après deux heures de conférence [dans lesquelles nous convinsmes de tout], elle me dit : « Je veois bien que nous se-
» rons bientost de mesme parti, si nous n'en
» sommes desja. Il faut vous tout dire. Elle tira en mesme temps de dessoubs son chevet (car elle estoit au lit), huit ou dix liasses de chiffres, de lettres, de blanc signés ; elle prit confiance en moi de la manière du monde la plus obligeante. Nous fismes un petit mémoire de tout ce que nous aurions à faire de part et d'autre ; et voici ce que nous avions à faire.

Madame la Palatine debvoit dire à M. de Nemours, au président Viole, à Arnaut et à Croissy, que les Frondeurs estoient esbranlés pour servir M. le prince, mais qu'elle doubtoit extrèmement que l'intention du coadjuteur ne fut de se servir de son parti pour abattre le cardinal, et non pas pour lui rendre la liberté; que celui qui lui avoit fait des advances et qui ne vouloit pas être nommé lui avoit parlé si ambiguement, qu'elle en estoit entrée en défiance, qu'à tout hasard il falloit escouter, mais qu'il estoit nécessaire d'estre fort alerte; parce que les coups doubles estoient fort à craindre. Madame la Palatine avoit jugé qu'il falloit qu'elle parlast ainsi [d'abord pour deux raisons, dont la première estoit qu'il] lui importoit mesme pour le service de messieurs les princes, d'effacer de l'esprit de beaucoup de gents de son parti l'opinion qu'ils avoient qu'elle estoit trop aliénée de la cour; et l'autre de respandre dans le mesme parti un air de défiance des Frondeurs qui allast jusques à la cour, et qui l'empeschast de prendre l'alarme si chaude de leur réunion.

« Si j'estois (me dit madame la Palatine), de
» l'advis de ceux qui croyent que le Mazarin se
» pourra résoudre à rendre la liberté à M. le
» prince, je le servirois très-mal en prenant ceste
» conduite; mais comme je suis convaincue par
» tout ce que j'ai veu de la sienne depuis la pri-
» son, qu'il n'y consentira jamais, je suis per-
» suadée qu'il n'y a qu'à se mettre entre vos
» mains, et que nous ne nous y mettrions qu'à
» demi, si nous ne vous donnions nous mesmes
» lieu de vous défendre des pièges que ceux des
» amis de M. le prince, qui ne sont pas de mon
» sentiment, vous croiront tendre et qu'ils ten-
» dront par l'événement à M. le prince mesme.
» Je sçais bien que je hasarde et que vous pou-
» vés abuser de ma confiance, mais je sçais
» bien qu'il faut hasarder pour servir M. le
» prince; et je sçais mesme de plus que l'on ne
» le peut servir dans la conjoncture présente,
» sans hasarder précisément ce que je hasarde.
» Vous m'en montrés l'exemple, vous estes ici sur
» ma parole, vous estes ici entre mes mains. »

J'avois naturellement de l'inclination à servir M. le prince, [pour qui j'avois eu toute ma vie et respect et tendresse particulière], mais je vous advoue que je crois que le procédé et si net et si habile de la Palatine m'y eust engagé quand je n'y aurois pas esté aussi porté que je l'y estois par moi-mesme. Je commençai à l'aimer, car elle eust autant de bonté à me confier les raisons de ses sentiments, qu'elle avoit eu d'habileté à me es persuader. Dès qu'elle vit que je respondois sa franchise, non plus seulement par des honnestetés sur les faits, mais encore par des ouvertures sur les motifs, elle quitta la plume avec laquelle elle escrivoit son mémoire, elle me fit le plan de son parti; elle me dit que le premier président vouloit la liberté de M. le prince et par lui-mesme et encore plus par Champlastreux; mais qu'il l'espéroit par la cour, et qu'il ne la vouloit en façon du monde par la guerre. Que le mareschal de Grammont la souhaitoit plus qu'homme de France, mais qu'elle n'en connoissoit pas un plus propre à serrer ses liens, parce qu'il seroit toute sa vie la duspe du cabinet. Que madame de Montbazon leur faisoit touts les jours espérer M. de Beaufort, mais que l'on comptoit sa foi pour rien et son pouvoir pour peu de chose. Qu'Arnaut et Viole vouloient la liberté de messieurs les princes par la cour, pour leurs intérests particuliers, et que leur avidité toute seule soustenoit leur espérance. Que Croissy estoit persuadé qu'il n'y avoit rien à faire qu'avec moi, mais qu'il estoit si emporté qu'il n'estoit pas encore temps de s'en ouvrir avec lui. Que M. de Nemours n'estoit qu'un fantosme agréable, que le seul homme à qui elle se descouvriroit et par qui elle négotieroit avec moi seroit Montreuil, duquel je vous ai tantost parlé. Elle reprit en cest endroit son mémoire pour le continuer.

Vous en avés veu le premier article. Le second fut [que quand on jugeroit nécessaire, ou pour empescher ceux du parti des princes de courre trop viste au Mazarin, ce qui leur arrivoit souvent à la moindre lueur qu'il leur faisoit paroistre de bonne intention pour leur liberté, ou pour quelqu'autre subjet que ce peut estre; le second article (dis-je), fut] que quand on jugeroit à propos de faire paroistre la Fronde, nous commencerions par madame de Montbazon, qui croiroit si bien elle mesme avoir entraisné M. de Beaufort, que j'aurois toutefois disposé auparavant, que si le cardinal en estoit adverti, [comme il estoit impossible qu'il ne le fut pas de tout ce qui se faisoit dans un parti aussi divisé d'intérests et de sentiments que celuy des princes], il ne douteroit pas lui-mesme que la Fronde ne se fut divisée, ce qui au lieu de l'intimider lui donneroit encore plus d'audace. Le troisième article fut qu'elle ne s'ouvriroit, sur mon subjet, à qui que ce soit, jusques à ce qu'elle eust veu touts les esprits de sa faction disposés à recevoir ce que l'on leur voudroit faire sçavoir. Nous nous jurasmes après cela un concert entier et parfaict, et nous nous tinsmes fidèlement et exactement parole.

Monsieur approuva en tout et partout ma négotiation, qui n'estoit que le plan de nostre conduite, et ce qui estoit pourtant le plus pressé, parce qu'il n'y avoit pas un instant où on ne le peut déconcerter par des pas contraires. Nous avions remis à la nuit suivante la discution des conditions par lesquelles l'on commence d'ordinaire, et par lesquelles nous ne fismes point difficulté de finir en ceste occasion, parce que la Fronde avoit la carte blanche, et qu'il ne s'agissoit que de combattre d'honnesteté. Monsieur ne vouloit point d'autres conditions que l'amitié de M. le prince, le mariage de mademoiselle d'Alençon avec M. le duc, et la [renonciation à la pretention] de la connestablerie. L'on m'offroit les abbayes de M. le prince de Conti, et vous croyes aisément que je ne les voulois pas. M. de Beaufort estoit bien aise que l'on ne le troublast point dans la possession de l'admirauté, et ce n'estoit pas une affaire. Mademoiselle de Chevreuse n'estoit pas faschée de devenir princesse du sang, par le mariage de M. le prince de Conti ; et ce fut la premiere offre que madame la Palatine fit à madame de Rhodes. [Tout cela fut réglé dès la seconde conférence], mais il fut réglé en mesme temps qu'il ne s'en escriroit rien qu'à mesure que les traictés particuliers se feroient, et cela pour la mesme raison pour laquelle il avoit esté résolu de n'en point faire de général. Vous l'aves veu ci-dessus. Madame la Palatine me pressa beaucoup de recevoir en forme la parole de messieurs les princes de ne point traverser mon cardinalat. Je vous rendrai tantost compte de la raison que j'eus pour ne la pas accepter en ce temps-là. La postérité aura peine à croire la justesse avec laquelle toutes ces mesures se gardèrent. [Je ne puis encore la concevoir moi-mesme. Il est vrai] que je trouvai un moyen seur de remédier à ce qui les pouvoit rompre le plus facilement, qui estoit le peu de secret et l'infidélité de madame de Montbazon ; car quand nous jugeasmes madame la Palatine et moi, qu'il estoit temps que M. de Beaufort s'ouvrit encore plus qu'il n'avoit fait jusques là, avec les amis de M. le prince, je lui fis voir que le secret qu'il garderoit sur le subjet de Monsieur et sur le mien à madame de Montbazon, lui donneroit un très-grand mérite auprès d'elle, et feroit cesser les reproches qu'il m'advouoit qu'elle lui faisoit continuellement, du pouvoir que j'avois sur son esprit. Il conceut ce que je lui disois, il en fut ravi. Arnaut creut avoir fait un miracle en faveur de son parti d'avoir gagné M. de Beaufort par madame de Montbazon. Madame de Nemours, sa bonne sœur, prétendoit ceste gloire. Madame la Palatine, [qui estoit aussi plaisante qu'habile], s'en donnoit toutes les nuits la comédie et à elle et à moi. Le prodige est que ce traité de M. de Beaufort demeura très-secret contre toute sorte d'apparance, qu'il ne nuisit à rien, et qu'il ne produisit justement que l'effet que l'on en vouloit, qui estoit de faire cognoistre à ceux qui gouvernoient à Paris les affaires de M. le prince, que l'unique ressource ne consistoit pas dans le Mazarin. Un des articles du traité de M. de Beaufort portoit qu'il feroit tous ses efforts pour obliger Monsieur à prendre la protection de messieurs les princes, et qu'il romproit mesme avec le coadjuteur, s'il persistoit dans l'opiniastreté qu'il avoit tesmoigné jusques là contre leur service.

Madame de Montbazon avoit esté négligée dans les derniers temps par la cour, qui n'estimoit ni sa fidélité ni sa capacité, et qui de plus cognoissoit son peu de pouvoir. Ceste circonstance ne nous fut pas inutile. [Je ne sçais si je ne vous ai point déjà dit en quelque endroit de cest ouvrage que ce qui est mesme mesprisable n'est pas toujours à mespriser.]

Quand madame la Palatine eust donné le temps à son parti de se détromper des fauses lueurs avec lesquelles la cour l'amusoit, et qu'elle eust mis les esprits au point où Monsieur les vouloit, je me laissai pénétrer beaucoup davantage que je n'avois accoustumé à Arnaut et à Viole, qui se pressèrent extrèmement de lui en apprendre la bonne nouvelle. Croissy, [qui m'avoit toujours sollicité], fut l'entremeteur de nostre entreveue. Elle se fit la nuit cheux madame la Palatine. Nous conférasmes, nous signasmes le traité, et M. de Beaufort le signa aussi bien que moi, pour faire veoir au parti des princes nostre union, et que celui qu'il avoit signé auparavant tout seul n'estoit pas le bon. Nous convinsmes que ce traité seroit mis en depost entre les mains de Blancménil, qui tel que vous le cognoisses, faisoit en ce temps-là quelque figure, à cause qu'il avoit esté des premiers à déclamer dans le parlement contre le cardinal. Ce traité est [à l'heure qu'il est], en original, entre les mains de Caumartin, qui estant avec moi à Joigny il y a huit ou dix ans, le trouva abandonné dans une vieille armoire de garderobe. Ce qu'il y eut de plaisant dans ceste conférence fut, que de concert avec la Palatine, je leur fis le fin des intentions de Monsieur, ce qui estoit la grosse chorde, et qui par toutes raisons ne se debvoit toucher que la dernière, et qu'eux pareillement me firent aussi les fins de ce qu'ils en sçavoient d'ailleurs par le mesme concert. La différence est qu'elle vouloit bien que je sçeusse le dessoub des cartes, parce qu'elle veoyoit que je ne gasteroit rien au jeu, et qu'elle le leur cachoit effectivement le plus qu'il lui estoit possible, pour la raison que je vous vas expliquer.

Monsieur, [qui estoit l'homme du monde le plus incertain] ne se résolvoit jamais que très-difficilement aux moyens, quoi qu'il fut résolu à la fin. Ce défault est une des sources des plus empoisonnées des faulces desmarches des hommes. Il vouloit la liberté de messieurs les princes, mais il y avoit des moments où il la vouloit par la cour. Cela ne se pouvoit, parce que si la cour y eust donné son premier soing, ç'eust esté d'en exclure Monsieur, ou du moins de ne l'y admettre qu'après coup et comme une représentation. Il le jugeoit très-bien, [et il me l'avoit dit cent fois lui-mesme]. Mais comme il estoit foible, [et que les gents de ce caractère ne distinguent jamais assés ce qu'ils veulent de ce qu'ils voudroient], il se laissoit aller quelquefois à M. le mareschal de Gramont, qui se laissoit amuser du matin au soir par le Mazarin ; [et qui lui persuadoit, une fois ou deux par sepmaines, que la cour estoit disposée à agir de bonne foi avec lui, pour donner la liberté à messieurs les princes].

Je m'asperceus bientost de l'effect des longues conversations de M. le mareschal de Gramont ; mais comme il me sembloit que j'en effaçerois tousjours les impressions par une ou deux paroles, je n'y faisois pas beaucoup de réflexion, et d'autant moins que je ne pouvois pas m'imaginer que Monsieur, qui m'avoit tesmoigné des appréhensions mortelles du manquement de secret, fut capable de se laisser entamer par l'homme du monde qu'il connoissoit pour en avoir le moins en toutes choses sans exception. Je me trompois toutefois, car Monsieur, qui véritablement ne lui avoit pas advoué qu'il traictast avec le parti des princes par les Frondeurs, avoit fait presque pis en lui descouvrant que les Frondeurs y traitoient pour eux-mesmes ; qu'ils l'avoient voulu persuader de faire la mesme chose ; qu'il l'avoit refusé, et qu'au fond il ne vouloit entrer que conjointement avec la cour, dans l'opinion que la cour y marcheroit de bon pied.

Le premier président et le mareschal de Gramont, qui agissoient de concert, ne manquèrent pas de se faire honneur de ceste importante nouvelle auprès de Viole, de Croissy et d'Arnaut, pour les empescher de prendre aucune confiance aux Frondeurs, dont enfin la principale considération consistoit en Monsieur. Juges de l'effect de ce contretemps ; si les mesures que j'avois pris avec madame la Palatine ne l'eussent sauvé. Elle s'en servit très-finement cinq ou six jours durant pour brouiller [les espèces] que l'impétuosité de Viole avoit un peu trop esclaircies ; et quand elle eust fait ce qu'elle desiroit, et qu'elle creut que *comœdia in comœdia* n'estoit plus de saison, elle se servit encore plus utilement du dénouement de la pièce que vous alles veoir.

Nous jugeasmes à propos, madame la Palatine et moi, que je m'expliquasse à Monsieur pour empescher qu'une autre fois de pareils malentendus n'arrivassent, qui eussent esté capables de desconcerter les mesures du monde les mieux prises. Je lui parlai avec liberté, je me plaignis avec ressentiment. Il eut honte, il eut regret ; il me paya d'abord d'une faulce monnole en me disant qu'il n'avoit pas dit cela et cela au mareschal de Gramont ; mais qu'il estoit vrai qu'il avoit estimé qu'il estoit bon de lui faire croire qu'il n'estoit pas si fort passionné pour les Frondeurs que la reine se le vouloit persuader. [Enfin je n'en peus tirer que de meschantes raisons, qui me persuadèrent à moi-mesme que l'asprehension qu'il avoit que la cour ne donnast tout d'un coup, sans sa participation, la liberté à messieurs les princes, lui avoit fait faire ce faux pas.] Comme je lui en eus fait veoir la conséquence et pour lui-mesme et pour nous, il m'offrit avec empressement de faire tout ce qui seroit nécessaire pour y remédier. Il escrivit une lettre antidatée de Limours, où il alloit asses souvent, par laquelle il me faisoit des railleries mesme fort plaisantes des négotiations que le mareschal de Gramont prétendoit avoir avec lui. Ces railleries estoient si bien circonstanciées selon les instructions que la Palatine m'avoit données, que les négotiations du mareschal n'en paroissoient plus que chimériques. Madame la Palatine fit veoir ceste lettre, comme en grande confiance, à Viole, à Arnaut et à Croissy. Je fis semblant d'en estre fasché. Je me radoucis, j'entrai dans la raillerie, et de ce jour le mareschal de Gramont et le premier président furent joués, jusques à celui de la liberté de messieurs les princes, d'une manière qui en conscience me faisoit quelquefois pitié.

Nous eusmes encore un petit embaras, [qui se peut aspeller domestique dans ce temps-là]. Le garde des sceaux, qui comme vous aves veu, s'estoit réuni avec nous pour la perte du Mazarin, appréhendoit extrémement la liberté de M. le prince, quoi qu'il ne s'en expliquast pas ainsi en nous parlant ; mais comme Laigues ne s'y estoit rendu que parce qu'il n'avoit pas eu la force de me résister, il se servit de lui pour essayer de retarder nos efforts par madame de Chevreuse. Je m'en asperceus, et j'eus bientost abattu ceste fumée par le moyen de mademoiselle de Chevreuse, qui fit tant de honte à sa mère du balancement qu'elle tesmoignoit pour son establissement, qu'elle revint à nous, et qu'elle

15.

ne nous fut pas mesme d'un médiocre usage auprès de Monsieur, dans la foiblesse duquel il y avoit bien des estages. Il y avoit très-loing de la velléité à la volonté, de la volonté à la résolution, de la résolution au choix des moyens, du choix des moyens à l'application. Mais (ce qui estoit de plus extraordinaire), il arrivoit mesme asses souvent qu'il demeuroit tout court au milieu de l'application. Madame de Chevreuse nous aida sur ce point, et Laigues mesme, voyant l'affaire trop engagée, ne nous y nuisit pas. Madame de Rhodes ne s'oublia pas non plus auprès du garde des sceaux, qui n'osa d'ailleurs tout à fait se déclarer. Enfin Monsieur signa son traité, [mais d'une manière qui vous marquera mieux son génie que tout ce que je vous ai dit].

Caumartin l'avoit dans sa poche avec une escritoire de l'autre costé, il l'attrapa entre deux portes, il lui mit une plume entre les doigts et il signa (à ce que mademoiselle de Chevreuse disoit en ce temps-là), comme il auroit signé la cédule du sabbat, s'il avoit eu peur d'y estre surpris par son bon ange. Le mariage de mademoiselle de Chevreuse avec M. le prince de Conti fut stipulé dans ce traité, [car vous croyes bien qu'il n'en avoit pas esté faite de mention dans le mien] ; et la promesse de ne point s'osposer à ma promotion y fut aussi insérée, mais par rapport à l'article du mariage, et en marquant expressément que Monsieur ne m'avoit peu faire consentir à recevoir pour moi ceste parole de M. le prince, qu'après m'avoir fait veoir que le changement de profession de monsieur son frère ne lui laissoit plus aucun lieu d'y prétendre pour lui. Messieurs les princes estoient de toutes ces négotiations, comme s'y ils eussent estés en plaine liberté. Nous leur escrivismes, ils nous faisoient response ; et le commerce de Paris à Lyon n'a jamais esté plus réglé. Bar, qui les gardoit, estoit homme de peu de sens, et de plus les plus fins y sont trompés. [M. le prince dit, après qu'il fut sorti de prison, les moyens dont il s'estoit servi pour avoir des lettres, je ne m'en resouviens pas. Il me semble qu'il en recevoit quelques unes dans des pièces de quarante-huit francs qui estoient creuses. Cette invention ne m'eust pas esté d'usage dans ma prison, parce que l'on ne m'y laissoit toucher aucun argent.]

M. le cardinal Mazarin, qui avoit pris goust pour la seconde fois aux acclamations du peuple, quand le roy estoit revenu de Guienne, [esprouva aussi bientost pour la seconde que ceste nourriture, quoi qu'assaisonnée avec beaucoup de soing par la flatterie des courtisans, n'estoit pas d'une substance tout à fait solide], il s'en lassa dans peu de jours. Les Frondeurs n'en tindrent pas moins le pavé, je n'en estois pas moins souvent à l'hostel de Chevreuse, qui est à présent l'hostel de Longueville ; et qui, comme vous sçavés, n'est qu'à cent pas du Palais-Royal où le roi logeoit. J'y allois touts les soirs, et mes védettes se posoient réglément à vingt pas des sentinelles des gardes. J'en ai encore honte quand j'y pense ; mais ce qui m'en faisoit dans le fond du cœur dès ce temps-là, paroissoit grand au vulgaire, parce qu'il estoit hault et excusable, mesme aux autres, parce qu'il estoit nécessaire. L'on pouvoit dire qu'il n'estoit pas nécessaire que j'allasse à l'hostel de Chevreuse, mais personne presque ne le disoit tant l'habitude a de force, particulièrement dans la faction, en faveur de ceux qui ont gagné les cœurs. Souvenes vous, s'il vous plait, de ce que je vous ai dit dans le premier volume de cest ouvrage sur ce subjet. Il n'y avoit rien de si contraire à tout ce qui se passoit à l'hostel de Chevreuse que les confirmations, les conférences de Saint-Magloire et autres telles occupations. J'avois trouvé l'art de les concilier ensemble, et cest art justifie, à l'esgard du monde, ce qu'il concilie.

Le cardinal fatigué, à mon opinion, des alarmes que l'abbé Fouquet commençoit à lui donner à Paris, pour se rendre nécessaire auprès de lui, et entesté de plus sa capacité pour le gouvernement d'une armée ; ([il m'en a parlé dix fois en sa vie en faisant un galimathias de la distinction qu'il mettoit entre le gouvernement et la conduite d'une armée,]) le cardinal, dis-je, sortit en ce temps-là asses brusquement de Paris pour aller en Champagne, et pour reprendre Rethel et Chasteau-Portien, que ses ennemis avoient occupés, et dans lesquelles M. de Turenne prétendoit d'hiverner. L'archiduc, qui s'estoit rendu maistre de Mouzon après un siège asses opiniastré, lui avoit donné un corps fort considérable de troupes, qui jointes avec celles qu'il avoit ramassées de touts ceux qui estoient attachés à messieurs les princes, formoit une juste et belle armée. Le cardinal lui en opposa une qui n'estoit pas moins forte : car il joignit, à celle que le mareschal du Plessi commendoit déjà dans la province, les troupes que le roi avoit ramenées de Guienne, et d'autres encore que Villequier et Hoquincourt avoient maintenues et mesme grossies tout l'esté. Je vous rendrai compte des exploits de ces deux armées, après que vous aures veu ceux qui se firent dans le parlement un peu après que le cardinal fut parti.

Nous résolusmes dans un conseil, qui fut tenu cheux madame la Palatine, de ne le pas laisser respirer, et de l'attaquer dès le lendemain de l'ouverture du parlement. M. le premier président, qui estoit dans le fond très-bien intentionné pour M. le prince, avoit fait tesmoigner à ses serviteurs qu'il le serviroit avec zèle en tout ce qui seroit purement des voies de justice; mais que si l'on prenoit celle de la faction, il n'en pouvoit jamais estre. Il s'en expliqua mesme ainsi au président Viole, en adjoutant que le cardinal, voyant que le parlement ne pourroit pas s'empescher de faire enfin justice à deux princes du sang qui la demandoient, et contre lesquels il n'y avoit aucune accusation intentée, se rendroit infailliblement, pourveu que l'on ne lui donnast aucun lieu de croire que l'on eust des mesures avec les Frondeurs, et que le moindre soupçon de correspondance avec eux feroit qu'il n'y auroit aucune extrémité dont il ne fut capable, plustost que d'avoir la moindre pensée pour leur liberté. Voilà ce que la reine, le cardinal et touts les subalternes disoient à touts les moments; voilà ce que le premier président et le mareschal de Gramont se persuadoient estre bon et sincère, et voilà ce qui eust tenu M. le prince, peut-estre pour toute la vie du Mazarin, dans les fers, sans le bon sens et sans la fermeté de madame la Palatine. Vous voyes [par ceste circonstance, encore plus que par toutes les autres, que je vous ai marqué jusques ici], de quelle nécessité il estoit de couvrir nostre jeu dans une conjoncture ou au moins pour l'ouverture de la scène. La contenance du premier président nous estoit très-considérable. Il faut advouer qu'il n'y a jamais eu de comédie si bien exéquée.

Monsieur fit croire au mareschal de Gramont qu'il vouloit la liberté des princes, mais qu'il ne la vouloit que par la cour, et parce qu'il n'y avoit qu'elle qui la peut donner sans guerre civile, et parce qu'il avoit descouvert que les Frondeurs ne la vouloient pas dans le fond. Les amis de M. le prince firent veoir au premier président, que comme nous les voulions tromper en nous servant d'eux pour pousser le Mazarin, soubs le prétexte de servir M. le prince, ils se vouloient servir de nous pour donner la liberté à M. le prince, soubs prétexte de pousser le Mazarin. Je donnois par mes manières toutes les apparences possibles à ces discours et à ces soupçons. Cette conduite fit touts les effets que nous desirions. Elle eschauffa pour le service de messieurs les princes et M. le premier président et tous ceux du corps qui avoient de l'indisposition contre la Fronde; elle empescha que le cardinal ne se précipitast dans quelque résolution qui ne nous pleut pas, parce qu'elle lui donna lieu d'espérer qu'il destruiroit les deux partis l'un par l'autre, et elle couvrit si bien nostre marche, que l'on ne faisoit pas seulement de réflexion sur les advis qui venoient de toute part à la cour contre nous. L'on y croyoit sçavoir le dessoubs des cartes. Le premier président ne pouvoit quelquefois s'empescher de dire à sa place de certaines paroles équivoques, qu'il croioit que nous n'entendions pas, et qui nous avoient esté expliquées la veille cheux la Palatine. Nous nous y réjouissions de M. le mareschal de Gramont, qui croyoit et disoit que les Frondeurs seroient bientost pris pour dupes. Il y eust sur ce détail mille et mille farces dignes sans exagération du ridicule de Molière. Revenons au parlement.

La Saint-Martin de l'année 1650 arriva, le premier president et l'advocat général Talon exhortèrent la compagnie à demeurer dans la tranquillité, pour ne point donner d'advantage aux ennemis de l'estat. Deslandes Payen, conseiller de la grande chambre, dit qu'il avoit esté chargé la veille, à neuf heures du soir, d'une requeste de madame la princesse. Elle fut leue, et elle concluoit à ce que messieurs les princes fussent amenés au Louvre; qu'ils y fussent gardés par un officier de la maison du roi; que le procureur général fut mandé pour déclarer s'y il avoit quelque chose à proposer contre leur innocence; et que, faulte de ce faire, il fut incessamment pourveu à leur liberté. Ce qui fut d'asses plaisant à l'esgard de ceste requeste, fut qu'elle fut concertée l'avant-veille cheux madame la Palatine, entre Croissy, Viole et moy, et qu'elle fut minutée la veille cheux le premier président, qui disoit aux deux autres : « Voilà servir » M. le prince dans les formes et en gents de » bien, et non pas comme des factieux. » L'on mit le soir mesme sur la requeste ce qui estoit de la forme; elle fut renvoyée au parquet, et l'on prit jour pour délibérer au mercredi d'après, qui estoit le septiesme de décembre.

Ce jour-là, les chambres estant assemblées, Talon, advocat général, qui avoit esté mandé pour prendre ses conclusions sur la requeste, dit que la reine avoit mandé la veille les gents du roi, pour leur ordonner de faire entendre à la compagnie que son intention estoit que le parlement ne prît aucune cognoissance de la requeste présentée par madame la princesse, parce que tout ce qui regardoit la prison de messieurs les princes, n'appartenoit qu'à l'autorité royale. Les conclusions de Talon, au nom du procureur général, furent que le parlement renvoiast par une députation la requeste à la reine, et la suppliast d'y avoir quelque esgard.

Talon n'eust pas achevé de parler, que Crespin, doyen de la grande chambre, raporta une autre requeste de mademoiselle de Longueville, par laquelle elle demandoit et la liberté de monsieur son père, et la permission de demeurer à Paris pour la solliciter.

Aussitost que la requeste eust esté lue, les huissiers vindrent advertir que Desroches, capitaine des gardes de M. le prince, estoit à la porte, qui demandoit qu'il pleust à la compagnie de le faire entrer pour lui présenter une lettre des trois princes. L'on lui donna audiance. Il dit qu'un cavalier des troupes qui avoit conduit M. le prince au Havre, lui avoit apporté ceste lettre. Elle fut leue; elle demandoit que l'on leur fît leur procès, ou que l'on leur donnast leur liberté.

Le vendredi 9, le parlement s'estant assemblé pour délibérer, Saintot, lieutenant des cérémonies, apporta à la compagnie une lettre de cachet, par laquelle le roi ordonnoit de surseoir à toute délibération, jusques à ce qu'elle eust député vers lui pour apprendre ses volontés.

L'on députa dès l'après-disnée. La reine receut ses députés dans le lit, où elle leur dit qu'elle se portoit fort mal. Le garde des sceaux adjousta que l'intention du roi, qui se trouva présent, estoit que le parlement ne s'assemblast pour quelque affaire que ce peut estre, que la santé de la reine, sa mère, ne fut un peu restablie, afin qu'elle peust elle-mesme travailler avec plus d'application à tout ce qui seroit de leur satisfaction.

Le 10, le parlement résolut de ne donner de délai que jusques au 14; et ce fut ce jour-là que Crespin, doyen du parlement, ne sçachant quel advis prendre, porta celui de demander à M. l'archevesque une procession générale, pour demander à Dieu la grace de n'en former que de bons.

Le 14, l'on eust une lettre de cachet pour empescher que l'on ne délibérast. Elle portoit que la reine donneroit asseurément au plustost satisfaction sur l'affaire de messieurs les princes. L'on n'eut aucun esgard à ceste lettre de cachet, [et l'on commença la délibération.] Le Nain, conseiller de la grande chambre, fut d'advis d'inviter M. le duc d'Orléans de venir prendre sa place, et il passa à cest advis au plus de voix. Vous juges asses, par tout ce que vous aves veu cidessus, qu'il n'estoit pas encore temps que Monsieur parut. Il respondit aux députés qu'il ne se trouveroit point à l'assemblée, que l'on y faisoit trop de bruit; que ce n'estoit plus qu'une cohue, qu'il ne concevoit pas ce que le parlement prétendoit, qu'il estoit inouï qu'il eust pris cognoissance de semblables affaires, qu'il n'y avoit qu'à renvoyer les requestes à la reine. Vous remarqueres, s'il vous plaist, que ceste responce, qui avoit esté résolue cheux la Palatine, dès nos premières conférences, parut, par l'adresse de Monsieur, lui avoir esté inspirée par la cour : car il ne respondit à Doujat (1) et à Menardeau (2), qui lui avoient esté députés, qu'après en avoir conféré avec la reine, à qui il tourna son absence du parlement d'une manière si délicate, qu'il se la fit demander. Ce qu'il dit aux députés acheva de confirmer la cour dans l'opinion que le mareschal de Gramont voyoit clair et juste dans ses véritables intentions; et le premier président en fut encore plus persuadé que les Frondeurs demeureroient les duppes de l'intrigue; comme il ne l'estoit pas lui-mesme du Mazarin à beaucoup près tant que M. le mareschal de Gramont, il n'estoit pas fasché que le parlement lui donnast des coups d'espérons; et quoi qu'il fît tousjours semblant de les rabattre de temps en temps, il n'estoit pas difficile à cognoistre, et par lui-mesme quelquefois, et tousjours par ceux qui dépendoient de lui dans la compagnie, qu'il vouloit la liberté de messieurs les princes, quoi qu'il ne la voulut pas par la guerre.

Le 15, l'on continua la délibération.

Le 17 de mesme, avec ceste différence toutefois que Deslandes-Payen (3), rapporteur de la requeste de messieurs les princes, ayant esté interrogé par le premier président s'il n'auroit rien à adjouter à son advis qu'il avoit porté dès le 14 et répété le 15, y adjouta que si la compagnie jugeoit à propos de joindre aux remontrances qu'elle feroit de vive voix et par escrit pour la liberté des princes, une plainte en forme contre la conduite du cardinal Mazarin, il ne s'en esloigneroit pas. Broussel opina encore plus fortement contre lui. Je n'ai peu pénétrer la raison pour laquelle le premier président s'attira, mesme un peu contre les formes, ceste répétition d'advis du rapporteur que je viens de marquer; mais je sçais bien que l'on lui en vou-

---

(1) Doujat, conseiller à la grande chambre, a de l'extérieur et de peu de chose au fond; foible et timide; est entièrement dévoué à la cour. (Portrait du parlement.)

(2) Gratien Menardeau, conseiller au parlement de Paris. (A. E.)

(3) Deslandes-Payen, conseiller de la grande chambre.

homme attaché à ses plaisirs, particulièrement à ceux de la table. Est à M. le prince, et s'est chargé entièrement, pendant ses derniers moments, de tout ce qui le concernait; est gouverné de peu de personnes; M. le président de Lagrange a quelque crédit auprès de lui. (Portrait du parlement.)

lut du mal au Palais-Royal, et d'autant plus que le cardinal fut nommé dans ceste répétition.

Le 18, la nouvelle arriva que M. le mareschal du Plessi avoit gagné une grande bataille (1) contre M. de Turenne ; que le dernier, qui venoit au secours de Réthel, et qui l'avoit trouvée desjà rendue au mareschal du Plessi par Liponti, qui y commandoit la garnison espagnole, s'estant voulu retirer, avoit esté forcé de combattre dans la plaine de Saumepuis, qu'il s'estoit sauvé à toute peine, lui cinquiesme, après y avoir fait des merveilles, qu'il avoit perdu plus de deux mille hommes tués sur la place, du nombre desquels estoit un des frères de l'électeur Palatin, et six colonels; et près de quatre mille prisonniers, entre lesquels estoient dom Stevan de Gamarre, la seconde personne de l'armée ; Bouteville, qui est aujourd'hui M. de Luxembourg, le comte de Bossu, le comte de Quintin-Haucour, Sensy, le chevalier de Jarzai et touts les colonels. L'on adjoutoit que l'on avoit pris vingt drapeaux et trente-quatre estendards. Vous ne doubtes pas de la consternation du parti des princes, mais vous ne vous la pouvez pas figurer. Je n'eus toute la nuit cheux moi que des pleureux et des désespérés ; je trouvai Monsieur atterré.

Le 19, j'allai au palais où les chambres se debvoient assembler ; le peuple me parut dans les rues, morne, abattu, effrayé. Je cognus dans ce moment encore plus clairement que je n'avois fait jusques-là, que le premier président estoit bien intentionné pour messieurs les princes: car M. de Rhodes, grand maistre des cérémonies, estant venu commander au parlement, de la part du roi, de se trouver le lendemain à Nostre-Dame, au *Te Deum* de la victoire, le premier président se servit naturellement et sans affectation de ceste occasion pour faire qu'il n'y eust que peu de gents qui opinassent dans un temps où il voyoit bien que personne n'opineroit apparemment que foiblement. Il n'y eust en effet que quinze ou seize conseillers qui parlèrent. [Le premier président ayant trouvé moyen de consumer le temps, ils allèrent pour la plupart aux remontrances pour la liberté des princes, mais simplement, timidement, sans chaleur, sans parler contre le Mazarin, et il n'y eust que Menardeau-Champré qui le nomma, mais avec des éloges, en lui donnant tout l'honneur de la bataille de Réthel, en disant, comme il estoit vrai, qu'il avoit forcé le mareschal du Plessi à la donner, et en avanceant, [avec une effronterie inconcevable], que la compagnie ne pouvoit mieux faire que de supplier la reine de remettre messieurs les princes à la garde de ce bon et sage ministre, qui en auroit le mesme soing qu'il avoit eu jusques-là de l'estat. Ce qui me surprit et m'estonna, fut que cest homme, non pas seulement ne fut pas siflé dans l'assemblée des chambres, mais que mesme en passant dans la salle, où il y avoit une foule innombrable de peuple, il ne s'esleva pas une seule voix contre lui. Ceste circonstance, qui me fit veoir le fond de l'abattement du peuple, jointe à tout ce qui me parut l'après-disnée dans la vieille et dans la nouvelle Fronde, (celle-ci estoit le parti des princes), me fit prendre la résolution de me déclarer dès le lendemain pour relever les courages. [Juges de la nécessité que je trouvai à ceste conduite, par ce que vous aves veu jusques ici, de l'intérest que j'avois à ne me pas descouvrir.]

Le tempérament que j'y apportai fut de laisser dans mon advis, par lequel je paroistrois favorable à messieurs les princes en général, une porte, laquelle et le Mazarin et le premier président peussent croire que je me tinse ouverte à dessein, pour me ne pas engager à les servir en particulier pour leur liberté. Je cognoissois le premier président pour un homme tout d'une pièce ; et les gents de ce caractère ne manquent jamais de gober avec avidité toutes les apparences qui les confirment dans la première impression qu'ils ont prise. Je cognoissois le cardinal pour un esprit qui n'eust pas peu s'empescher de croire qu'il n'y eust une arrière-boutique partout où il y avoit de la place pour la bastir ; et c'est presque jeu seure, avec ces hommes de ceste humeur, de leur faire croire que l'on veut tromper ceux que l'on veut servir. [Je me résolus sur ces fondemens d'opiner le lendemain fortement contre les désordres de l'estat, et de prendre mon thesme sur ce que Dieu ayant béni les armes du roi, et esloigné les ennemis de la frontière par la victoire de M. le mareschal du Plessy, nous donnoit le moyen de penser sérieusement aux maladies internes, qui estoient les plus dangereuses. A quoi je fis dessein d'adjouter, que je

(1) Il y a huit jours que je vous ay mandé en gros que les trouppes du roy avoient esté victorieuses en bataille rangée de celle des ennemis (le 15 décembre 1650). Vous aurez par cet ordinaire la relation imprimée de tout le destail, par laquelle vous cognoistrez que la victoire est encore plus complette qu'on ne l'avoit publié au commencement. M. de Turenne a fait sa retraite à Bar ; de là il est passé proche de Verdun, le 18 de ce mois, avec dix-huit chevaux seulement, prenant le chemin de Luxembourg. M. le mareschal du Plessis, qui a acquis un grand honneur en ce grand combat, a eu le malheur de perdre son fils. (Dépêche du comte de Brienne datée du 27 décembre 1650.)

me croyois obligé d'ouvrir la bouche sur l'oppression des peuples, dans un moment où la plainte ne pouvoit plus donner aucun advantage aux Espagnols, atterrés par la dernière défaite ; que l'une des ressources de l'estat, et mesme la plus assurée et la plus infaillible, estoit la conservation des membres de la maison royale ; que je ne pouvois voir qu'avec une extrême douleur messieurs les princes dans un air aussi mauvais que celui du Havre ; et que je croyois que l'on debvoit faire de très-humbles remonstrances au roi pour les en tirer, et pour les mettre en lieu où il n'y eust au moins rien à craindre pour leur santé. Je ne creus pas debvoir nommer le Mazarin, afin de lui donner lieu à lui-mesme et au premier président de croire que ce mesnagement pouvoit estre l'effect de quelque arrière-pensée que j'avois peut-estre de me raccommoder avec lui plus facilement, après avoir ameuté et eschauffé contre lui le parti de messieurs les princes, par une dernière déclaration, qui n'estant point pour la liberté, ne m'engageoit à rien dans les suites. Je communiquai ceste pensée, qui ne m'estoit venue qu'en disnant avec madame de Lesdiguières, à Monsieur, à madame la Palatine, à madame de Chevreuse, à Viole, à Arnaut, à Croissy, au président de Bellièvre et à Caumartin. Il n'y eust que le dernier qui l'approuvast, tout le monde disant qu'il falloit laisser remettre les esprits, qui ne se fussent jamais remis. Je l'emportai enfin par mon opiniastreté; mais je l'emportai d'une telle manière, que je connus clairement que si je ne réüssissois pas, je serois desadvoué par quelqu'uns et blasmé par touts. Le coup estoit si nécessaire, que je creus en devoir prendre le hasard.

Le lendemain qui fut le 20, je le pris, je parlai comme je viens de vous le marquer. Tout le monde reprit cœur; l'on conceust que tout n'estoit pas perdu, [et qu'il falloit que j'eusse veu le dessoubs des cartes]. Le premier président ne manqua pas de donner à ce que j'avois espéré, et de dire au président Le Cogneux, au lever de l'assemblée, que mon advis avoit esté fort artificieux, mais qu'on voyoit au travers mon animosité contre messieurs les princes.

Le président de Mesme seul et unique ne donna pas dans le panneau. Il jugea que j'estois raccommodé avec M. le prince, et il s'en affligea à un point qu'il y a des gents qui ont creu que sa douleur contribua à sa mort, qui arriva aussitost après. Il y eut fort peu de gents qui opinassent ce jour-là, parce qu'il fallut aller au *Te Deum*; mais on vit l'air des esprits et des visages sensiblement changé. La salle du palais instruite par ceux qui estoient dans les lanternes, rentra dans sa première *humeur;* elle retentit quand nous sortismes des acclamations accoustumées, et j'eus ce jour-là trois cents carosses cheux moi, où je n'en eus pas un.

Le 22, l'on continua la délibération, et l'on s'apperceut de plus en plus que le parlement ne suivoit pas le char de triomphe du Mazarin. Son imprudence à avoir hasardé tout le royaume dans la dernière bataille, y fut relevée de toutes les couleurs que l'on peut croire capables de ternir celles de sa victoire.

Le 30 couronna l'ouvrage. Il produisit l'arrest par lequel il fut ordonné que très-humbles remonstrances seroient faites à la reine pour demander la liberté de messieurs les princes, et le séjour de mademoiselle de Longueville à Paris. Il fut aussi arresté de députer un président et deux conseillers vers M. le duc d'Orléans, pour le prier d'employer pour le mesme effect son autorité. Il ne seroit pas juste que j'oubliasse en ce lieu l'original de la fameuse chanson :

Il y a trois points dans ceste affaire (1) :

J'avois recordé jusques à deux heures après minuit M. de Beaufort cheux madame de Montbazon, pour le faire parler au moins un peu juste dans une occasion aussi délicate, [et dans laquelle l'on prendroit plaisir de m'attribuer ce qu'il pourroit dire mal à propos], j'y reussis, comme

---

(1) Voici cette chanson :

    Or ecoutez, peuple de France,
    Le propre avis, en termes exprès,
    Du grand Beaufort, fait en présence
    Du parlement dans le palais.

    Il salut la compagnie
    De son chapeau très-humblement ;
    Puis d'une mine très-hardie
    Il fit ce beau raisonnement :

« J'avons trois points dans notre affaire :
» Les princes sont le premier point.
» Je les honore et les révère :
» C'est pourquoi je n'en parle point.

» Le second est de l'Eminence,
» Monsieur Jules de Mazarin.
» Sans barguigner j'aime la France,
» Et vas toujours mon grand chemin.

» J'ai le cœur fait comme la mine,
» Et suis tous les beaux sentimens.
» C'est pourquoi j'conclus et opine
» Com' fera monsieur d'Orléans. »

A ces beaux mots, la compagnie
Frappa des mains, et dit tout haut :
« Voyez comment pour sa patrie,
» Beaufort opine comme il faut ! »   (A. E.)

vous le voyez par la chanson, qui, dans la vérité, est rendue en vers mot à mot de la prose. Admirez, s'il vous plait, la force de l'imagination! Le vieux Machaut, doyen du conseil, et qui n'estoit rien moins qu'un sot, me dit à l'aureille, en entendant cest advis : « L'on voit » bien que cela n'est pas de son creu. » Et ce qui est encore de plus merveilleux, est que les gents de la cour y entendirent finesse : quand je demandai à M. de Beaufort pourquoi il avoit parlé dans son advis de celui de M. d'Orléans, qui ne pouvoit pas opiner puisqu'il n'estoit pas présent, il me respondit qu'il l'avoit fait pour embarrasser le premier président. Ceste repartie vaut la chanson.

Les gents du roi ayant demandé audience pour les remonstrances, la reine les remit à huitaine, soubs prétextes des remèdes qui lui avoient esté ordonnés par les médecins. Monsieur respondit au président de Novion, qui lui avoit esté député, d'une manière ambigue et conforme à la conduite qui avoit esté résolue. Les remèdes de la reine durèrent huit ou dix jours de plus que ce qu'elle avoit crue, ou plustost de ce qu'elle avoit dut, et les remontrances du parlement ne se firent que le 20 de janvier 1651. Elles furent fortes, et le premier président n'oublia rien de tout ce qui les pouvoit rendres efficaces.

[1651.] Le 21, il en fit la relation ; c'est-à-dire il la voulut faire, car il en fut empesché par un bruit confus qui s'esleva tout d'un coup des bancs des enquestes, pour l'obliger à remettre ceste relation, dans laquelle il ne s'agissoit que de la liberté de deux princes du sang, et du repos ou du bouleversement du royaume; et pour délibérer sur une entreprise que l'on prétendoit que le garde des sceaux avoit fait sur la juridiction du parlement en la personne d'un secrétaire du roi. Ceste bagatelle tint toute la matinée, et obligea M. le premier président à ne faire sa relation que le 23 (1). Il la finit en disant que la reine avoit respondu qu'elle feroit response dans peu de jours.

Nous fusmes advertis dans ce temps-là que le cardinal qui n'estoit revenu à Paris (2), après la bataille de Rhetel, que parce qu'il ne doubta point qu'elle ne deubt atterrer touts ses ennemis; nous fusmes, dis-je, advertis que se voyant descheu de ceste espérance, il pensoit à en faire sortir le roi ; et nous sceusmes mesme que Beloy, qui estoit à lui, quoique domestique de Monsieur, le lui conseilloit, et l'asseuroit que Monsieur, qui ne vouloit point dans le fond la guerre civile, suivroit certainement la cour. Madame du Fretoy dit à Fremont, à qui elle ne se cachoit pas, parce qu'il lui prêtoit de l'argent, que son mari, qui estoit à Madame et en cabale avec Beloy, estoit de ce sentiment, et qu'il ne l'avoit pas pris sans fondement. Nous ne la croyons pas bien informée; mais comme l'on ne pouvoit jamais s'asseurer pleinement de l'esprit de Monsieur, et comme d'ailleurs nous considérions que le parlement estoit si engagé à la liberté de messieurs les princes, et que le premier président mesme s'estoit si hautement déclaré, qu'il n'y avoit plus lieu de craindre qu'ils peussent ni l'un ni l'autre faire le pas en arrière ; nous creusmes qu'il n'y avoit plus de péril que Monsieur s'ouvrit, ou du moins que le peu de péril qui y restoit ne pouvoit pas contrepeser la nécessité que nous trouvions à engager Monsieur luimesme. Car supposé que le roi sortit de Paris, nous estions très-asseurés que Monsieur ne le suivroit pas sy il avoit rompu publiquement avec le cardinal ; au lieu que nous ne nous en pouvions pas respondre, si la cour prenoit ceste résolution dans le temps qu'il y gardoit encore des mesures. Nous nous servismes de ce disparate du parlement, dont je vous viens de parler à propos d'un secrétaire du roi, pour faire appréhender à Monsieur que cest exemple n'instruisit la cour et ne lui donnast la pensée de faire de ceste sorte de divertions, dont elle avoit mille moyens dans les conjunctures où les moments estoient précieux, et où il ne falloit qu'un instant pour déconcerter les plus sages résolutions du monde. Nous employasmes deux ou trois jours à persuader Monsieur que le temps de dissimuler estoit passé. Il le connoissoit et il le sentoit comme nous ; mais les esprits irrésolus ne suivent presque jamais ni leur veue, ni leur sentiment, tant qu'il leur reste une excuse pour ne se pas déterminer. Celle qu'il nous alléguoit estoit que s'il se déclaroit, le roi sortiroit de Paris, et qu'ainsi nous ferions la guerre civile. Nous lui respondions qu'il ne tenoit qu'à lui, estant lieutenant général de l'estat, de faire

---

(1) Les anciens éditeurs ont indiqué par erreur le jour que le premier président fit sa relation au parlement comme étant le 28 janvier.

(2) « Je n'ai pu entretenir son Eminence depuis son retour (il avait eu lieu le premier janvier). Son Altesse royale vint hier voir la royne et fit beaucoup d'accueil à M. le cardinal, si bien qu'il n'y a plus rien à craindre du costé des Frondeurs, puisque leurs artifices sont descouverts, et que Son Altesse Royale cognoist leur malice, et s'employe seulement, par la bonté et affection qu'il témoigne à quelques-uns, pour leur faire obtenir le pardon de leurs emportemens. » (Dépêche du comte de Brienne, datée de Paris, 3 janvier 1651.)

que le roi ne sortit pas de Paris, et que la reine ne pourroit pas refuser, dans une minorité, les asseurances que l'on lui demanderoit sur cela. Monsieur levoit les épaules. Il remettoit du matin à l'après-disnée, de l'après-disnée au soir. L'un des plus grands embarras que l'on ait auprès des princes, est que l'on est souvent obligé, par la considération de leur propre service, de leur donner des conseils dont l'on ne leur peut dire la véritable raison. Celle qui nous faisoit parler, estoit le doubte ou plustost la connoissance que nous avions de sa foiblesse, et c'estoit justement celle que nous n'osions lui tesmoigner. De bonne fortune pour nous, celui contre qui nous agissions, eust encore plus d'imprudence que celui pour lequel nous agissions eut de foiblesse ; car justement trois ou quatre jours devant que la reine respondit aux remonstrances du parlement, il dit à Monsieur des choses asses fortes devant la reine, sur la confiance qu'il avoit en moi. Le propre jour de la response, qui fut le dernier de janvier, il haussa de ton. Il parla à Monsieur dans la petite chambre grise de la reine, du parlement, de M. de Beaufort et de moi comme de la chambre basse de Londres, de Fairfax et de Cromwell. Il s'emporta jusques à l'exclamation en s'adressant au roi. Il fit peur à Monsieur, qui fut si aise d'estre sorti du Palais-Royal sain et sauf, qu'en montant dans son carosse, il dit à Jouy, qui estoit à lui, qu'il ne se remettroit jamais entre les mains de cest enragé et de ceste furie ; il appela ainsi la reine parce qu'elle avoit renchéri sur ce que le cardinal avoit dit au roi. Jouy, qui estoit de mes amis, m'advertit de la disposition où estoit Monsieur ; je ne la laissai pas refroidir. Nous nous joignismes M. de Beaufort et moi pour l'obliger à se déclarer dès le lendemain dans le parlement. Nous lui fismes voir qu'après ce qui s'estoit passé, il n'y avoit plus aucune seureté pour lui dans le tempérament ; que si le roi sortoit de Paris, nous tomberions dans une guerre civile, où il demeureroit apparemment seul avec Paris, parce que le cardinal qui tenoit messieurs les prince en ses mains, feroit avec eux ses conditions. Qu'il sçavoit mieux que personne, que nous l'avions plustost retenu qu'eschauffé, tant que nous aurions creu pouvoir amuser le Mazarin ; mais que la chose estant dans sa maturité, nous le tromperions, et nous serions des serviteurs infidèls, si nous ne lui disions qu'il n'y avoit plus de temps à perdre, à moins qu'il ne se résolut à perdre lui-mesme toute créance dans le parti de messieurs les princes, qui commençoit à entrer en défiance de son inaction ; qu'il failoit que le cardinal fut le plus aveugle de tous les hommes, pour n'avoir déjà pris ces instants pour négocier avec eux, et pour se donner le mérite de leur liberté, qui paroistroit par l'événement avoir esté appréhendée par Monsieur ; que tout ce qui auroit esté dit et fait par les Frondeurs ne passeroit en ce cas que pour un artifice ; que nous ne doubtions point que la cour ne fut sur le poinct de prendre ce parti ; que ce qu'elle venoit de respondre au parlement en estoit une marque asseurée, parce qu'elle lui promettoit la liberté de messieurs les princes aussitost après que leur parti seroit désarmé ; que sa response estoit captieuse, mais qu'elle estoit fine ; qu'elle engageoit nécessairement, et sans qu'il eust mesme prétexte de s'en défendre, à une négotiation avec le parti des princes ; que le cardinal éluderoit facilement si Monsieur ne la pressoit pas, ou qu'il tourneroit contre Monsieur mesme, si Monsieur ne la pressoit qu'à demi, qu'il seroit esgallement honteux et périlleux à Son Altesse Royale ou de laisser messieurs les princes dans les fers après avoir traité avec eux, ou de laisser les moyens au cardinal de leur faire croire à eux-mesme qu'il auroit esté le véritable autheur de leur liberté ; qu'il ne s'agissoit de rien moins dans le délai que de ces deux inconvéniens ; que l'assemblée du lendemain en décideroit peust-estre, parce que la décision dépendroit de la manière dont le parlement prendroit la response de la reine ; que ceste manière n'estoit pas problématique si Monsieur y vouloit paroistre, parce que sa présence asseureroit la liberté de messieurs les princes, et lui en donneroit l'honneur.

Nous fusmes depuis huit heures jusqu'à minuit sonné, à haranguer Monsieur sur ce ton. Madame (1), que nous avions fait advertir par le vicomte d'Autel (2), capitaine des gardes de Monsieur, fit des efforts incroyables pour le persuader. Il ne fut pas en son pouvoir. Elle s'emporta, elle lui parla avec aigreur : ce qu'elle n'avoit jamais fait (à ce qu'elle nous a dit), et comme il esleva sa voix en disant que s'il alloit au Palais se déclarer contre la cour, le cardinal emmeneroit le roi ; elle se mit à crier de son costé : « Qui » estes-vous, monsieur ? n'estes-vous pas lieute- » nant général de l'estat ? ne commandes-vous » pas les armées ? n'estes-vous pas maistre du

---

(1) Marguerite de Lorraine, duchesse d'Orléans, fille de François de Lorraine, comte de Vaudemont, mariée le 31 janvier 1632 ; mourut à Paris le 3 avril 1672. Elle avait été la deuxième femme de Gaston J. B. d'Orléans.

(2) Ferry de Choiseul, troisième du nom, vicomte d'Hostel, frère puîné du maréchal duc de Choiseul, dit le maréchal Du Plessis. (A. E.)

» peuple? je responds que moi seule je l'en em-
» pescherai. » Monsieur demeura ferme, et ce que nous en peusmes tirer fut que je dirois le lendemain, en son nom et de sa part, dans le parlement ce que nous désirions qu'il y allast dire lui-mesme. En un mot, il voulut que j'esprouvasse l'advanture, qu'il tenoit fort incertaine, parce qu'il croyoit que le parlement n'auroit rien à dire contre la response de la reine, et son raisonnement estoit, qu'il auroit l'honneur et le fruit de ma proposition si elle réussissoit; et que si le parlement se contentoit de la response de la reine, il en seroit quitte pour expliquer ce que j'aurois dit de sa part, c'est-à-dire pour me désadvouer un peu honnestement. Je cognus très-bien son intention, mais elle ne me fit pas balancer, car il y alloit du tout; et si je n'eusse porté, comme je fis le lendemain, la déclaration de Monsieur au parlement, je suis encore persuadé que le cardinal eust éludé pour très-longtemps la liberté de messieurs les princes, et que la fin eust esté une négotiation avec eux contre M. le duc d'Orléans. Madame, qui vit que je m'exposois pour le bien public, eust pitié de moi; et elle fit tout ce qu'elle peut pour faire que Monsieur me commandast de dire au parlement, ce que le cardinal avoit dit au roi de la chambre basse de Londres, de Cromwell et de Fairfax. Elle creut que ce discours, rapporté au nom de Monsieur, l'engageroit encore davantage; et elle avoit raison. Il me le défendit expressément, à mon advis, par la mesme considération, ce qui me fit encore plus juger qu'il attendoit l'événement. [Je courrus tout le reste de la nuit pour advertir que l'on grondast, au commencement de la séance, contre la response de la reine, qui estoit dans la vérité spécieuse, et qui portoit que bien qu'il n'appartint pas au parlement de prendre cognoissance de ceste affaire, la reine vouloit bien, par un excès de bonté, avoir esgard à ses supplications, et donner la liberté à messieurs les princes. Elle contenoit de plus une promesse positive d'abolition pour touts ceux qui avoient pris les armes. Il n'y avoit pour tout cela qu'une petite condition préalable, qui estoit que M. de Turenne eust posé les armes; que madame de Longueville eust renoncé à son traité avec l'Espagne, et que Stenay et Mouzon fussent évacués. J'ai sceu depuis, que ceste responce avoit esté inspirée au Mazarin par le garde des sceaux. Il est constant qu'elle esblouit le premier président, qui la vouloit faire passer pour bonne au parlement, le dernier de janvier, qui est le jour auquel il fit la relation de ce qui s'estoit passé la veille au Palais-Royal; que le mareschal de Gramont, qui la croyoit telle, l'avoit si bien desguisée à Monsieur, qu'il ne se pouvoit persuader qu'elle se peut seulement contrarier; que le parlement y donna ce mesme jour que je vous viens de marquer, presque aussi à l'aveugle que le premier président.

Et il n'est pas moins constant que le lendemain, qui fut le mercredi premier jour de febvrier, tout le monde revint de ceste illusion en s'estonnant de soi-mesme. Les enquestes commencèrent par un murmure sourd. L'on demanda après à M. le premier président si la déclaration estoit expédiée, et comme il eust respondu que M. le garde des sceaux avoit demandé un jour ou deux pour l'adresser, Viole dit que la response qu'on avoit fait au parlement n'estoit qu'un panneau qu'on avoit tendu à la compagnie pour l'amuser; que devant que l'on peut avoir celle de madame de Longueville et de M. de Turenne, le terme que l'on disoit estre pris pour le sacre du roi, au 12 de mars, seroit escheu; que quand la cour seroit hors de Paris, l'on se moqueroit du parlement. Les deux frondes s'eslevèrent à ce discours, et quand je les vis bien eschauffées, je fis signe de mon bonnet, et je dis que Monsieur m'avoit commandé d'asseurer la compagnie que la considération qu'il avoit pour touts ses sentiments l'ayant confirmé dans ceux qu'il avoit toujours si naturellement pour messieurs ses cousins, il estoit résolu de concourir avec elle pour leur liberté, et d'y contribuer en tout ce qui seroit en son pouvoir. Vous ne sauriés concevoir l'effet de ces trante ou quarante paroles: il me surprit moi-mesme. Les plus sages parurent aussi fous que le peuple, le peuple me parut plus fou que jamais; et les acclamations passèrent tout ce que vous vous en pouves figurer. Il n'en fallut pas moins pour rasseurer Monsieur, « qui avoit accouché » toute la nuit, bien plus doulouresement (me » dit madame le matin) que je n'ai jamais accouché de touts mes enfants. » Je le trouvai dans la galerie entouré de trente ou quarante conseillers qui l'accabloient de louanges; il les prenoit touts à part les uns apres les autres, pour se bien informer et asseurer du succès; et à chasque esclaircissement qu'il en tiroit, il diminuoit le bon traitement qu'il avoit fait tout le matin à M. d'Elbeuf, qui, depuis la paix de Paris, s'estoit livré corps et ame au cardinal, et qui estoit un de ses négotiateurs auprès de Monsieur.

Quand il se fut tout-à-fait esclairci de l'applaudissement que sa déclaration avoit eue, il ne le regarda plus, il m'embrassa cinq ou six fois devant tout le monde, et M. Le Tellier estant venu lui demander de la part de la reine s'il advouoit ce que j'avois dit de sa part au parlement. « Oui (lui respondit-il) je l'advoue, » et je l'advouerai tousjours de tout ce qu'il fera, » et de tout ce qu'il dira pour moi. » Nous creusmes après une aussi grande déclaration que celle-là, que Monsieur ne feroit aucune difficulté de prendre ses précautions pour empescher que le cardinal n'emmenast le roi, et madame lui proposa de faire garder les portes de la ville, soubs prétexte de quelque tumulte populaire. Il ne fut pas en son pouvoir de le lui persuader, et il avoit scrupule, à ce qu'il disoit, de tenir son roi prisonnier.

Comme ceux du parti de messieurs les princes l'en pressoient extrêmement, en lui disant que de là dépendoit leur liberté, il leur dit qu'il alloit faire une action qui léveroit la défiance qu'ils tesmoignoient avoir de lui, et il envoya quérir sur le champs M. le garde des sceaux, M. le mareschal de Villeroy et M. Le Tellier. Il leur commanda de dire à la reine qu'il n'iroit jamais au Palais-Royal tant que le cardinal y seroit, et qu'il ne pouvoit plus traiter avec un homme qui perdoit l'estat. Il se tourna ensuite vers le mareschal Villeroy, en lui disant : « Je vous » charge de la personne du roi, vous m'en res- » pondres. » J'appris ceste belle expédition un quart d'heure après, et j'en fus très-fasché, parce que je la considérai comme le moyen le plus propre pour faire sortir le roi de Paris ; ce qui estoit uniquement ce que nous craignions. Je n'ai jamais peu sçavoir ce qui obligea le cardinal à s'y tenir après cest esclat, il faut que la teste lui eust tout à fait tourné, et Servien, à qui je l'ai demandé depuis, en convenoit. Il me disoit que le Mazarin, ces douze ou quinze jours, n'estoit plus un homme. Ceste scène se passa au palais d'Orléans, le second jour de febvrier.

Le 3, il y en eust une autre au parlement. Monsieur, qui ne gardoit plus de mesures avec le cardinal, et qui se résolut de le pousser personnellement, et mesme de le chasser, me commanda de donner part à la compagnie, en son nom, de la comparaison du parlement à la chambre basse, et des particuliers à Fairfax et Cromwell. Je l'alléguai comme la cause de l'esclat que Monsieur avoit fait la veille, et je l'embellis de toutes ses couleurs. Je puis dire sans exagération qu'il n'y a jamais eu plus de feu en lieu du monde qu'il y en eust dans touts les esprits à cest instant. Il y eust des advis à décréter contre le cardinal adjournement personnel. Il y en eust à le mander sur l'heure mesme pour venir rendre compte de son administration. Les plus doux furent de faire très-humbles remonstrances pour demander à la reine son esloignement. Vous ne doubtés pas de l'abattement du Palais-Royal à ce coup de foudre. La reine envoya prier Monsieur d'agréer qu'elle lui menast M. le cardinal. Il respondit qu'il appréhendoit qu'il n'y eust pas de seureté pour lui dans les rues. Elle offrit de venir seule au palais d'Orléans : il s'en excusa avec respect, mais il s'en excusa. Il envoya une heure après faire défence aux mareschaux de France de ne recognoistre que ses ordres, comme lieutenant général de l'estat; et aux prévôts des marchands de ne pas prendre les armes que soubs son autorité. Vous vous estonneres sans doute de ce qu'après ces pas, l'on ne fit pas celui de s'asseurer des portes de Paris pour empescher la sortie du roi. Madame, qui trembloit de peur de ceste sortie, redoubla touts les jours touts ses efforts, et ils ne servirent qu'à faire veoir qu'un homme foible de son naturel n'est jamais fort en tout.

Le 4, Monsieur vint au palais, et il asseura la compagnie d'une correspondance parfaite pour travailler ensemble au bien de l'estat et à la liberté de messieurs les princes, et l'esloignement du cardinal. Comme Monsieur achevoit de parler, les gents du roi entrèrent qui dirent que M. de Rhodes, grand maistre des cérémonies, demandoit à présenter une lettre de cachet du roi. L'on balança un peu à lui donner audience, sur ce que Monsieur dit qu'estant lieutenant général de l'estat, il ne croyoit pas que dans une minorité l'on peut faire escrire le roi au parlement sans sa participation. Comme il adjouta toutefois qu'il ne laissoit pas d'estre de sentiment de la recevoir, l'on fit entrer M. de Rhodes. L'on leust la lettre; elle portoit ordre de quitter l'assemblée, et d'aller par députés, au plus grand nombre qu'il se pourroit, au Palais-Royal pour y entendre les volontés du roi. L'on résolut d'obéir, et d'envoyer sur l'heure mesme les députés, mais de ne point désemparer, et d'attendre en corps dans la grande chambre les députés. Je reçeu, comme on se levoit pour aller auprès du feu, un billet de madame de Lesdiguière qui me mandoit que la veille Servien avoit concerté avec le garde des sceaux et avec le premier président toute la pièce qui s'alloit jouer, qu'elle n'en avoit peu descouvrir le détail, mais qu'elle estoit contre moi. Je dis à Monsieur ce que je venois d'apprendre; il me respondit qu'il n'en doubtoit point à l'esgard du premier président, qui ne vouloit la liberté de messieurs les princes que par la cour, mais que si le vieux Pantalon (il appelloit de ce nom le garde des sceaux de Chasteauneuf, parce qu'il avoit toujours une jacquette fort courte et un fort petit chapeau) estoit capable de ceste folie et de ceste perfidie tout ensemble, il mériteroit d'estre pendu de l'autre costé du Mazarin. Il le méritoit donc, car il avoit esté l'autheur de la comédie que vous alles voir.

Aussitost que les députés furent arrivés au Palais-Royal, M. le premier président dit à la reine que le parlement estoit sensiblement affligé de voir que nonobstant les paroles qu'il avoit pleu à Sa Majesté de donner pour la liberté de messieurs les princes, l'on n'avoit point receu la déclaration que tout le public attendoit de sa bonté et de sa promesse. La reine respondit, que le mareschal de Gramont estoit parti pour faire sortir de prison messieurs les princes, en prenant d'eux les seuretés nécessaires pour l'estat. (Je vous parlerai tantost de ce voyage); que ce n'estoit pas sur ce subjet qui estoit consommé qu'elle les avoit mandés, mais sur un autre qui leur seroit expliqué par M. le garde des sceaux. Il fit semblant de l'expliquer; mais il parla si bas, soubs prétexte d'un rhume, que personne ne l'entendit, pour avoir plus de lieu, à mon advis, de donner par escrit un sanglant manifeste contre moi, que M. Du Plessis eut bien de la peine à lire; mais la reine le soulageoit, en disant de temps en temps ce qui estoit sur le papier. En voici le contenu : « Que touts » les rapports que le coadjuteur avoit fait au » parlement estoient touts faux et controuvés par » lui, qu'il en avoit menti ; (voila la seule parole » que la reine adjouta à l'escrit); que c'estoit un » meschant et dangereux esprit, qui donnoit des » pernicieux conseils à Monsieur; qu'il vouloit » perdre l'estat, parce que l'on lui avoit refusé » le chapeau; qu'il s'estoit vanté publiquement » qu'il mettroit le feu aux quatre coins du « royaume, et qu'il se tiendroit auprès avec » cent mille hommes qui estoient engagés avec » lui, pour casser la teste à ceux qui se présen- » teroient pour l'esteindre. » L'expression eust esté un peu forte et je vous asseure que je n'avois rien dit qui en approchast; mais elle estoit asses propre pour grossir la nuée que l'on vouloit faire fondre sur moi, en la detournant de dessus la teste du Mazarin. L'on voyoit le parlement assemblé pour donner arrest en faveur de messieurs les princes ; l'on voyoit Monsieur dans la grande chambre déclaré personnellement contre le cardinal ; et l'on s'imagina que la diversion, qui estoit nécessaire, se rendroit possible par une nouveauté aussi surprenante que seroit celle qui mettroit en quelque façon le coadjuteur sur la sellette, en l'exposant, sans que le parlement eut aucun lieu de se plaindre de la forme, à touts les brocarts qu'il plairoit au moindre de la compagnie de lui donner. L'on n'oublia rien de tout ce qui pouvoit inspirer du respect pour l'attaque, et de tout ce qui pouvoit affoiblir la défense. L'escrit fut signé des quatre secrétaires d'estat ; et afin d'avoir plus de lieu de pouvoir estouffer tout d'un coup ce que je dirois apparemment pour ma justification, l'on fit suivre de fort près les députés par M. le comte de Brienne, avec ordre de prier Monsieur de vouloir bien aller conférer avec la reine, du peu qui restoit pour consommer l'affaire de messieurs les princes. Vous verres par la suite que le garde des sceaux de Chasteauneuf avoit inventé cest expédient, dans lequel il avoit deux fins, dont l'une estoit d'esloigner par de nouveaux incidents la délibération qui alloit directement à la liberté de M. le prince; et l'autre de tirer de la cour une déclaration si publique contre mon cardinalat, que la dignité mesme de la parole royale se trouvast engagée à mon exclusion. Voilà l'intérest du garde des sceaux. Servien, qui porta ceste proposition au premier président, fut receu à bras ouverts, parce que le premier président, qui ne vouloit point que monsieur le prince se trouvast uni avec Monsieur et avec les Frondeurs en sortant de prison, ne cherchoit qu'une occasion pour remettre sa liberté qu'il tenoit infailliblement de toutes les façons, pour la remettre, dis-je, à une conjoncture où il ne leur eust pas l'obligation aussi pure et aussi entière qu'il la leur auroit en celle-ci. Menardeau, à qui le dessein fut communiqué, poussa plus loing ses espérances et celles de la cour ; car M. de Lyonne m'a dit depuis, qu'il l'avoit prié ce jour-là d'asseurer la reine qu'il ouvriroit l'advis de donner, sur une plainte aussi autentique, commission au procureur général d'informer contre moi, « ce » qui (adjoutat-il), sera d'une grande utilité, » et en décréditant le coadjuteur par une pro- » cédure qui le metra *in reatu*, et en changeant » la carte à l'esgard de M. le cardinal. »

Les députés revindrent entre onze heures et midi au palais, où Monsieur avoit mangé un morceau à la beuvette, affin de pouvoir achever la délibération ce jour-là. Le premier président affecta de commencer sa relation par la lecture de l'escrit qui lui avoit esté donné contre moi ; et il creut qu'il surprendroit ainsi les esprits. Effectivement il réussit quant à ce point, et la surprise parut dans touts les visages; quoique je fusse adverti, je ne l'estois pas du détail, et j'advoue que la forme de la machine ne m'estoit pas venue dans l'esprit. Dès que je la vis, j'en connus et j'en conceus la conséquence, et je la sentis encore plus vivement quand j'entendis M. le premier président, qui se tournant froidement à gauche dit : « Vostre advis, monsieur le doyen. » Je ne doubtai point que la partie ne fut faite, je ne me trompois pas : car il est vrai qu'elle avoit esté faite. Mais, Menardeau, qui debvoit ouvrir la trenchée, eust peur de la salve qu'il appréhenda du costé de la salle. Il y trouva une si grande foule de peuple en entrant, tant d'acclamations à la Fronde, tant d'imprécations contre le Mazarin, qu'il n'osa s'ouvrir, et qu'il se contentast de déplorer pathétiquement la division qui estoit dans l'estat, et celle particulièrement qui paroissoit dans la maison royale. Je ne puis vous dire de quel advis furent touts les conseillers de la grande chambre, et je crois qu'eux mesmes ne l'eussent peu dire si l'on les en eust pressés à la fin de leur discours. L'un fut de sentiment de faire des prières de quarante heures ; l'autre de prier M. d'Orléans de prendre soing du public. Le bonhomme Broussel mesme oublia que l'assemblée avoit esté résolue et indiquée pour y traiter de l'affaire de messieurs les princes, et il ne parla qu'en général contre les désordres de l'estat. Ce n'estoit pas mon compte, parce que je n'ignorois pas que tant que la délibération ne se fixeroit pas, elle pourroit tousjours retomber sur ce qui ne me convenoit pas.

La place dans laquelle j'opinois, qui estoit justement entre la grande chambre et les enquestes, me donna le temps de faire mes réflexions et de prendre mon parti, qui fut de traiter l'escrit, qui avoit esté leu contre moi, [de pièce dressée par le cardinal, de le mespriser soubs le titre de] satyre et de libelle, d'esveiller par quelque passage court et curieux l'imagination des auditeurs, et de remettre ensuite la délibération dans son véritable subjet. Comme ma mémoire ne me fournit rien dans l'antiquité, qui eust rasport à mon dessein, je fis un passage d'un latin le plus pur et le plus asprochant des anciens qui fut en mon pouvoir, et je formai mon advis en ces termes :

« Si le respect que j'ai pour messieurs les » préopinants ne me fermoit la bouche, je ne » pourrois m'empescher de me plaindre de ce » qu'ils n'ont pas relevé l'indignité de ceste pa» perasse que l'on vient de lire, contre toutes » les formes, dans ceste compagnie, et que l'on » voeit formée dans des mesmes caractères qui » ont prophané le sacré nom du roi pour animer » des tesmoings à brevet. Je m'imagine qu'ils » ont creus que ce libelle, qui n'est qu'une sail» lie de la fureur de M. le cardinal Mazarin, » estoit trop au dessoubs d'eux et de moi, je n'y » respondrai, Messieurs, pour m'accommoder a » leur sentiment que par un passage d'un an» cien (1) qui me vient dans l'esprit : dans les » mauvais temps, je n'ai point abandonné la » ville; dans les bons, je n'ai point eu d'intérêt ; » dans les désespérés, je n'ai rien craint. Je de» mande pardon à la compagnie de la liberté » que j'ai prise de sortir, par ce peu de paroles, » du subjet de la délibération. Mon advis est, » Messieurs, de faire très-humbles remontrances » au roi, et de le suplier d'envoyer incessam» ment une lettre de cachet pour la liberté de » messieurs les princes, et une déclaration d'in» nocence en leur faveur, et d'esloigner de sa » personne et de ses conseils M. le cardinal Ma» zarin. Mon sentiment est aussi, Messieurs, que » la compagnie resolve dès aujourd'hui de s'as» sembler lundi pour recevoir la responce qu'il » aura pleu à Sa Majesté de faire a messieurs » les députés. »

Les Frondeurs applaudirent à mon opinion. Le parti des princes la receut comme l'unique voie pour leur liberté ; l'on opina avec chaleur, et il passa tout d'une voix, ce me semble, à mon advis. J'asseurerois au moins qu'il n'y en eust pas trois de contraire.

L'on cherchera long temps mon passage, qui en latin a une toute autre grace, et mesme une autre force qu'en françois. M. le premier président, qui ne s'estonnoit de rien, parla de la nécessité de l'esloignement du cardinal selon toute la force de l'arrest, et avec autant de vigueur que s'il avoit esté proposé par lui-mesme, mais habilement, et finement, et d'une manière qui lui donna mesme lieu de l'alléguer à Monsieur comme un motif d'accorder à la reine l'entrevue qu'elle demandoit par M. de Brienne. Monsieur s'en excusant sur le peu de seureté qui y seroit pour lui, le premier président insista mesme avec larmes, et comme il vit Monsieur un peu esbranlé, il manda les gents du roi. Talon, advocat général, fit une des plus belles actions qui se soit jamais faite en ce genre. Je n'ai jamais rien ouis n'y leu de plus éloquent : il accompagna ses paroles de tout ce qui leur peut donner de la force. Il invoqua les manes de Henri-le-Grand; il recommanda la France, un genou en terre, à Saint-Louis. Vous vous imagines peut-estre que vous auries ri à ce spectacle ; vous en auries esté esmeu comme toute la compagnie le fut, et si fort que je m'asperceus que les clameurs des enquestes commencoient à s'affoiblir.

---

(1) Voici la phrase latine que prononça le coadjuteur : *In difficillimis reipublicæ temporibus, urbem non deserui ; in prosperis, nihil de publica delibavi; in desperatis, nihil timui.* (A. E.)

Le premier président qui s'en aperceut comme moi s'en voulut servir ; et il proposa à Monsieur d'en prendre l'advis de la compagnie. Je me souviens que Barillon vous racontoit un jour cest endroit. Comme je vis que Monsieur s'esbranloit, et qu'il commençoit à dire qu'il feroit ce que le parlement lui conseilleroit, je pris la parole, et je dis que le conseil que Monsieur demandoit n'estoit pas s'il iroit ou s'il n'iroit pas au Palais-Royal, puisqu'il s'estoit déjà déclaré plus de vingt fois sur cela, mais qu'il vouloit seulement sçavoir de la compagnie la manière dont elle jugeroit à propos qu'il s'excusast vers la reine. Monsieur m'entendit bien ; il comprit qu'il s'estoit trop avancé ; il advoua mon explication, et M. de Brienne fut renvoyé avec ceste responce, que Monsieur rendroit à la reine ses très-humbles debvoirs aussitost que messieurs les princes seroient en liberté, et que M. le cardinal Mazarin seroit esloigné de la personne et des conseils du roi.

Nous appréhendions dans la vérité un coup de désespoir et de la reine et du Mazarin, si Monsieur fut allé au Palais-Royal ; mais l'on eust peu trouver des tempéramens et des seuretés si nous n'eussions eu que ceste considération. Nous craignions beaucoup davantage sa foiblesse, et avec d'autant plus de subjet que nous avions remarqué que les délais et les défaites du cardinal, pour ce qui regardoit la liberté de messieurs les princes, n'avoient d'autre fondement que l'espérance, qu'il ne pouvoit perdre, que la reine regagneroit Monsieur ; et c'estoit dans ceste veue qu'il avoit fait partir le mareschal de Gramont et Lyonne pour le Havre-de-Grace, comme pour aller prendre avec messieurs les princes les seuretés nécessaires pour leur liberté. Monsieur creut par ceste considération l'affaire si advancée, qu'il se laissa aller à envoyer avec eux Goulas, secrétaire de ses commandemens. Il s'y engagea dès le premier du mois avec le mareschal de Gramont ; il en fut bien fasché le second au matin, parce que je lui en fis connoistre la conséquence, qui estoit de donner à croire au parlement que l'intention du cardinal fust sincère pour la liberté des princes. Il se trouva par l'événement que j'avois bien jugé : car le mareschal de Gramont, qui partit le mesme jour pour aller au Havre, et qui dit publiquement dans la cour du Luxembourg que messieurs les princes avoient leur liberté et sans les Frondeurs, n'eust que le plaisir de leur rendre une visite. Il partit sans instruction ; l'on lui promit de les lui envoyer. Quand l'on vit que Monsieur avoit retiré le pied du panneau, l'on prit d'autres veues ; et le pauvre mareschal avec les meilleurs intentions du monde, joua un des plus ridicules personnages qu'homme de sa qualité ait jamais joué.

Vous allez voir dans peu la preuve convainquante que toutes les démarches, ou plustot toutes les démonstrations que le cardinal donnoit depuis quelque temps de vouloir la liberté des princes, n'estoient que dans la veue de destacher Monsieur de leurs intérests, soubs prétexte de le réunir à la reine. Je vous ai déjà dit que ceste grande scène, et des remonstrances pour l'esloignement du cardinal, et du refus fait à M. de Brienne, se passa le 9 de febvrier. Elle ne fut pas la seule. Le vieux bon homme de la Vieuville, le marquis de Sourdis, le comte de Fiesque, Béthune et Montrésor se mirent dans la teste de faire une assemblée de noblesse pour le restablissement de leur privilèges. Je m'y opposai fortement auprès de Monsieur, parce que j'estois persuadé qu'il n'y a rien de plus dangereux dans une faction que de mesler sans nécessité ce qui en a la façon. Je l'avois esprouvé plus d'une fois, et toutes les circonstances en debvoient dissuader en ceste occasion. Nous avions Monsieur, nous avions le parlement, nous avions l'Hostel-de-Ville. Ce composé paroissoit faire le gros de l'estat : tout ce qui n'estoit pas assemblée légitime le déparoit. Il fallut céder à leurs desirs ausquels je me rendis toutefois beaucoup moins qu'à la fantaisie d'Annery, à qui j'avois l'obligation que vous aves veu cidessus. Il estoit secrétaire de ceste assemblée, mais il en estoit encore beaucoup plus le fanatique. Ceste assemblée qui se tint ce jour-là à l'hostel de la Vieuville donna une grande terreur au Palais-Royal, où l'on fit monter six compagnies en garde. Monsieur s'en choqua ; et il envoya, en qualité de lieutenant général de l'estat, commander à M. d'Espernon, colonel de l'infanterie, et à M. de Schomberg, colonel des Suisses, de ne recevoir ordre que de lui. Ils respondirent respectueusement, mais en gents qui estoient à la reine.

Le 5, l'assemblée de noblesse se tint cheux M. de Nemours.

Le 6, les chambres estant assemblées, et Monsieur ayant pris sa place au parlement, les gents du roi entrèrent, et ils dirent à la compagnie qu'ayant esté demander audience à la reine pour les remonstrances, elle leur avoit respondu qu'elle souhaitoit plus que personne la liberté de messieurs les princes, mais qu'il estoit juste de chercher les seuretés pour l'estat ; que pour ce qui estoit de M. le cardinal, elle le tiendroit dans ses conseils tant qu'elle le jugeroit utile au service du roi, et qu'il n'appartenoit pas au parlement de prendre cognoissance de quels ministres elle se servoit. M. le premier président eut toutes les bourrades que l'on se peut figurer, pour n'avoir pas fait plus d'instances ; l'on le voulut obliger d'envoyer demander l'audience pour l'après-disnée ; tout le délai qu'il peut obtenir ne fut que jusques au lendemain. Monsieur ayant dit que les mareschaux de France estoient dépendants du cardinal, l'on donna arrest sur l'heure, par lequel il leur fut ordonné de n'obéir qu'à Monsieur.

Comme j'estois le soir cheux moi, le prince de Guémené et Béthune y entrèrent, et me dirent que le cardinal s'estoit sauvé, lui troisiesme (1) ; qu'il estoit sorti de Paris en habit desguisé, et que le Palais-Royal estoit dans une consternation effroyable. Comme je voulois monter en carrosse sur ceste nouvelle, pour aller trouver Monsieur, ils me prièrent d'entrer dans un petit cabinet où ils me peussent parler en particulier. Ce secret estoit que Chandenier, capitaine des gardes en quartier, estoit dans le carrosse du prince de Guémené, qui me vouloit dire un mot, et qui ne vouloit estre veu d'aucun de mes domestiques. Je cognoissois les deux hommes qui me parloient pour n'estre pas trop sages, mais je les creus fous à lier et à mener aux Petites-Maisons, quand ils me nommèrent Chandenier. Je ne l'avois point veu depuis le collége, et encore depuis les premières années du collége, où nous n'avions l'un et l'autre que neuf ou dix ans. Nous ne nous estions jamais rendu aucune visite ; il avoit esté fort attaché à M. le cardinal de Richelieu, dans la maison duquel j'avois esté bien esloigné d'avoir aucune habitude. Il estoit capitaine des gardes en quartier ; je servois le mien dans la Fronde ; je le veois à ma porte le propre jour que la Fronde oste de force au roi son premier ministre ; je le veois dans ma chambre, et il me demande d'abord si je ne suis pas serviteur du roi. Je vous confesse que j'eusse eu grande peur, si je n'eusse esté fort asseuré que j'avois un fort bon corps-de-garde dans la cour, et bon nombre de gents fort braves et fort fidels dans mon antichambre. Comme j'eus respondu à M. de Chandenier (2) que j'estois au roi comme lui, il me sauta au cou, et il me dit : « Et moi, je suis au roi comme vous ; » mais comme vous aussi contre le Mazarin ; » pour la cabale, cela s'entend (adjoustat-il), » car au poste où je suis, je ne voudrois pas lui » faire de mal autrement. » Il me demanda mon amitié ; il me dit qu'il n'estoit pas si mal auprès de la reine que l'on le croyoit, qu'il trouveroit bien dans sa place des moments à donner de bonnes botes au Sicilien (3). Je revins une autre fois cheux moi avec les mesmes gents, entre minuit et une heure. Il y vint pour la troisiesme, avec le grand prévost qui, à mon opinion, ne faisoit pas ce pas sans concert avec la cour, quoi qu'il fist profession d'amitié avec moi depuis assés long-temps. De quelque manière que l'advis en soit venu à la reine, il est constant qu'elle l'eust ; et il ne l'est pas moins, qu'il ne se pouvoit pas qu'elle ne l'eust, le prince de Guémené et Béthune (4) estants les deux hommes du royaume les moins secrets, et j'en advertis Chandenier en leur présence dès la première visite. Il eut commandement de se retirer cheux lui en Poitou. Voila toute l'intrigue que j'eus avec lui, vous en verres la suite dans son temps.

Aussitost que Chandenier fut sorti de cheux moi, j'allai cheux Monsieur, que je trouvai environné d'une foule de courtisans qui applaudissoient au triomphe. Monsieur, qui ne me vit pas asses content à son gré, me dit qu'il gageroit que j'appréhendois que le roi ne s'en allast. Je le lui advouai : il se moqua de moi ; il m'asseura que si le cardinal avoit eu ceste pensée, il l'auroit exécutée en l'enmenant avec lui. Je lui respondis que le cardinal me paroissoit depuis quelque temps avoir tourné de teste, et qu'à tout hasard, il seroit bon d'y prendre garde, parce qu'avec ces sortes de gents les contre-temps estoient tousjours à craindre. Tout ce que je peus obtenir de Monsieur, fut que je disse comme de moi-mesme à Chamboy, qui estoit mon ami, et qui commandoit la compagnie de gendarmes de M. de Longueville, de faire quelques patrouilles sans esclat dans le quartier du Palais-Royal. Chamboy avoit fait couler dans Paris cinquante ou soixante de ses gendarmes, de concert avec moi, depuis que j'avois traité avec messieurs les princes. Comme je faisois chercher Chamboy, Monsieur me rappela, et il me deffendit expressément de faire faire ceste patrouille. L'enteste-

---

(1) Ce ministre sortit de Paris à pied le 6 février 1651, sur les onze heures de nuits, en habit gris, accompagné seulement de son écuyer et de trois autres personnes. (Mémoires de Joly.) Mazarin adressa plus tard une lettre à la reine, pour lui annoncer sa sortie du royaume. Elle porte la date du 25 février ; on en trouve une copie dans le volume 754 de la collection Dupuy.

(2) François de Rochechouart, marquis de Chandenier, premier capitaine des gardes-du-corps du roi. L'entrevue qu'il eut avec le cardinal de Retz, et qui est ci-dessus rapportée, fut la cause de sa disgrâce : il donna sa démission de sa charge en 1651, et mourut en 1696.

(3) Le cardinal Mazarin. (A. E.)

(4) François de Béthune, premier écuyer de la reine Anne d'Autriche ; duc et pair de France en 1652. Il mourut en 1678.

ment qu'il avoit sur ce point estoit inconcevable. Ce n'est pas la seule occasion où j'ai observé que la pluspart des hommes ne font les grands maux que par les scrupules qu'ils ont pour les moindres. Monsieur craignoit au dernier point la guerre civile, qu'il eust faite par nécessité si le roi fut sorti. Il se faisoit un crime de la seule pensée de l'empescher.

L'on raisonna beaucoup sur l'évasion du cardinal, chascun y voulant chercher des motifs à sa mode. Je suis persuadé que la frayeur en fut l'unique cause, et qu'il ne se peut donner à lui-mesme le temps qu'il eut falu pour emmener le roi et la reine. Vous verres dans peu qu'il ne tint pas à lui de les tirer de Paris bientost après; et apparemment, le dessein en estoit formé devant qu'il s'en allast; je n'ai jamais peu comprendre ce qui le peut obliger à ne l'exécuter pas, dans une occasion où il y avoit, à toutes les heures du jour, sujet de craindre que l'on ne s'y opposast.

Le 17, le parlement s'assembla et ordonna, Monsieur y assistant, que très-humbles remercîments seroient faits à la reine pour l'esloignement de M. le cardinal; et qu'elle seroit aussi suppliée de faire expédier une lettre de cachet pour faire sortir messieurs les princes, et d'envoyer une déclaration par laquelle les estrangers seroient à jamais exclus du conseil du roi. M. le premier président s'estant acquitté de ceste commission sur les quatre heures du soir, la reine lui dit qu'elle ne pouvoit faire de response qu'elle n'eust conféré avec M. le duc d'Orléans, auquel elle envoya, pour cest effect, le garde des sceaux, le mareschal de Villeroy et Le Tellier. Il leur respondit qu'il ne pouvoit aller au Palais-Royal et que messieurs les princes ne fussent en liberté, et que M. le cardinal ne fut encore plus esloigné de la cour.

Le 8, le premier président ayant fait sa relation au parlement, de ce que la reine lui avoit dit, Monsieur expliqua à la compagnie les raisons de sa conduite à l'esgard de l'entrevue que l'on demandoit; il fit remarquer que le cardinal n'estoit qu'à Sainct-Germain, d'où il gouvernoit encore le royaume; que son nepveu et ses niepces estoient au Palais-Royal; et il proposa que l'on suppliast très-humblement la reine de s'expliquer si cest esloignement estoit pour toujours et sans retour. L'on ne peut s'imaginer jusques où l'emportement de la compagnie alla ce jour-là. Il y eust des voix à ordonner qu'il n'y auroit plus de favoris en France. Je ne croirois pas si je ne l'avois ouï, que l'extravagance des hommes eust puc se porter jusques à ceste extrémité. Il passa enfin à l'advis de Monsieur,
qui fut de faire expliquer la reine sur la qualité de l'esloignement du Mazarin, et de presser la lettre de cachet pour la liberté des princes.

Ce mesme jour, la reine assembla dans le Palais-Royal MM. de Vendosme, de Mercœurs, d'Elbeuf, d'Harcour, de Rieux, de l'Islebonne, d'Espernon, de Candale, d'Estrées, de l'Hospital, de Villeroy, Du Plessis-Praslin, [d'Ausmon], d'Hoquincour, de Grancey; et elle envoya par leur advis MM. de Vendosme, d'Elbeuf et d'Espernon, prier Monsieur de venir prendre la place au conseil, et lui dire que s'il ne le jugeoit pas à propos, elle lui envoyroit M. le garde des sceaux pour concerter avec lui ce qui seroit nécessaire pour consommer l'affaire de messieurs les princes. Monsieur accepta la seconde proposition; il s'excusa de la première en termes fort respectueux, et il traita fort mal M. d'Elbeuf, qui le vouloit un peu trop presser pour aller au Palais-Royal. Ces messieurs dirent à M. le duc d'Orléans que la reine leur avoit aussi commandé de l'asseurer que l'esloignement du cardinal estoit pour tousjours. Vous verrez bientost que si Monsieur se fust mis ce jour-là entre les mains de la reine, il y a grand lieu de croire qu'elle fust sortie de Paris, et qu'elle l'eust emmené.

Le 9, Monsieur ayant dit au parlement ce que la reine lui avoit mandé touchant l'esloignement du cardinal, et les gents du roi ayant adjouté que la reine leur avoit donné ordre de porter la mesme parole à la compagnie, l'on donna l'arrest par lequel il fut dit que, veu la déclaration de la reine, le cardinal Mazarin sortiroit dans quinze jours du royaume et de toutes les terres de l'obéissance du roi, avec tous ses parents et tous ses domestiques estrangers; à faulte de quoi, seroit procédé contre eulx extraordinairement, et permis aux communes et à tous autres de leur courir sus. J'eus un violent soupçon, au sortir du Palais, que l'on n'emmenast le roi ce jour-là, parce que l'abbé Charrier, à qui le grand prévost faisoit croire la meilleure partie de ce qu'il vouloit, me vint trouver tout eschauffé pour m'advertir que madame de Chevreuse et le garde des sceaux me jouoient et ne me disoient pas touts leurs secrets, s'ils ne m'avoient fait confidence du tour qu'ils avoient fait au cardinal; qu'il sçavoit de science certaine et de bon lieu que c'estoient eux qui lui avoient persuadé de sortir de Paris, soubs la parole qu'ils lui avoient donnée de le servir ensuite pour son restablissement, et d'appuyer dans l'esprit de Monsieur les instances de la reine, à laquelle il ne pourroit jamais résister en présence. L'abbé Charrier accompagna cest advis de toutes les circonstances que j'ai trouvées depuis répandues dans le monde, et qui ont fait croire à touts ceux qui croyent que tout ce qui leur paroist le plus fin est le plus vrai, que l'évasion du Mazarin estoit un grand coup de politique mesnagé par madame de Chevreuse et par M. le garde des sceaux de Chasteauneuf, pour perdre le cardinal par lui-mesme. Ces misérables gazetiers de ce temps-là ont forgé sur ce fond des comptes de *Peau-d'asnes* plus ridicules que ceux que l'on fait aux enfants. Je m'en mocquai dès l'heure mesme, parce que j'avois veu et l'un et l'autre très-embarassé quand ils apprirent que le cardinal estoit parti, dans la crainte que le roi ne le suivist bientost. Mais comme je croyois avoir remarqué plus d'une fois que la cour se servoit du canal du grand prévost pour me faire couler de certaines choses, j'observai soigneusement les circonstances, et il me parut que beaucoup de celles que l'abbé Charrier me marquoit, et qu'il m'advoua tenir du grand prévost, alloient à me laisser veoir que le Mazarin s'en alloit paisiblement hors du royaume, attendre avec seureté l'effect des grandes promesses du garde des sceaux et de madame de Chevreuse. Le bruit de ce grand coup de teste a esté si universel, qu'il faut, à mon advis, qu'il ait esté jetté pour plus d'une fin; mais je suis encore persuadé que l'on fust bien aise de s'en servir pour m'oster de l'esprit que l'on eust pensée de sortir de Paris le jour que l'on faisoit effectivement estat d'en sortir. Ce qui augmenta fort mon soupçon, est que la reine, qui avoit tousjours donné des délais, s'estoit relaschée tout d'un coup, et avoit offert d'envoyer le garde des sceaux à Monsieur, et de terminer l'affaire de messieurs les princes. Je dis à Monsieur toutes mes conjectures; je le suppliai d'y faire réflexion; je le pressai, je l'importunai. Le garde des sceaux, qui vint sur le soir régler avec lui les ordres que l'on promettoit d'envoyer dès le lendemain pour la liberté des princes, l'asseura pleinement. Je ne peus rien gagner sur lui, et je m'en revins cheux moi fort persuadé que nous aurions bientost quelque scène nouvelle. Je n'estois presque pas endormi quand un ordinaire de Monsieur tira le rideau de mon lit, et me dit que Son Altesse Royale me demandoit. J'eus curiosité d'en sçavoir la cause, et tout ce qu'il m'en apprit, fut que mademoiselle de Chevreuse estoit venue esveiller Monsieur. Comme je m'habillois, un page m'apporta un billet d'elle, où il n'y avoit que ces deux mots : « Venes en diligence à Luxembourg, et » prenés garde à vous par le chemin. » Je trouvai mademoiselle de Chevreuse assise sur un coffre, dans l'antichambre, qui me dit que madame sa mère, qui se trouvoit mal, l'avoit envoyée à Monsieur, pour lui faire sçavoir que le roi estoit sur le poinct de sortir de Paris; qu'il s'estoit couché à l'ordinaire, qu'il venoit de se relever, et qu'il estoit mesme desja botté. Véritablement, l'advis ne venoit pas d'assés bon lieu. Le mareschal d'Aumont, capitaine des gardes en quartier, le faisoit donner soubs main, et de concert avec le mareschal d'Albret, par la seule veue de ne pas rejetter le royaume dans une confusion aussi effroyable que celle qu'ils prévoyoient. Le mareschal de Villeroy avoit fait donner au mesme instant le mesme advis par le garde des sceaux. Mademoiselle de Chevreuse adjouta qu'elle croyoit que nous aurions bien de la peine à faire prendre une résolution à Monsieur, parce que la première parole qu'elle lui avoit dit, lorsqu'elle l'avoit éveillé, estoit : « En» voyes quérir le coadjuteur, toutefois qu'y a-t-» il à faire. »

Nous entrasmes dans la chambre de Madame, où Monsieur estoit couché avec elle. Il me dit d'abord : « Vous l'avies bien dit. Que ferons» nous? — Il n'y a qu'un parti (lui respondis-je), » qui est de se saisir des portes de Paris. — Le » moyen à l'heure qu'il est (reprit-il)? » Les hommes en cest estat ne parlent presque jamais que par monosyllabes. Je me souviens que je le fis remarquer à mademoiselle de Chevreuse. Elle fist des merveilles. Madame se passa elle-mesme. L'on ne peut jamais rien gagner de positif sur l'esprit de Monsieur, et ce que j'en peus tirer, fust qu'il envoiroit de Souches, capitaine de ses Suisses, cheux la reine, pour la supplier de faire réflexion sur les suites d'une action de ceste nature. « Cela suffira (disoit Monsieur), car » quand la reine verra que sa résolution est pé» nétrée, elle n'aura garde de s'exposer à l'en» treprendre. » Madame voyant que cest expédient n'estant pas accompagné, seroit capable de tout perdre, et que pourtant Monsieur ne se pouvoit résoudre à donner aucun ordre, me commanda de lui apporter un escritoire qui estoit sur la table de son cabinet; et elle escrivit ces propres paroles dans une grande feuille de papier :

« Il est ordonné à M. le coadjuteur de faire » prendre les armes, et d'empescher que les » créatures du cardinal Mazarin, condamné par » le parlement, ne fassent sortir le roi de Paris.
» MARGUERITE DE LORRAINE. »

Monsieur ayant voulu veoir ceste patente, l'arracha d'entre les mains de Madame; mais il ne la peut empescher de dire à l'aureille à mademoiselle de Chevreuse : « Je te prie, ma chère » niepce, de dire au coadjuteur qu'il fasse

» ce qu'il faut, et je lui respond demain de Mon-
» sieur, quoi qu'il dise aujourd'hui. » Monsieur
me cria, comme je sortois de la chambre : « Au
» moins, M. le coadjuteur, vous cognoissez le
» parlement; je ne me veu pour rien brouiller
» avec lui. » Mademoiselle de Chevreuse tira la
porte, en lui disant : « Je vous défie de vous
» brouiller autant avec lui que vous l'estes avec
» moi. »

Vous juges aisément de l'estat où je me trouvai; mais je crois que vous ne doubtes pas du
parti que je pris. Le choix au moins n'en estoit
pas embarassant, quoique l'événement en fut
bien délicat. J'escrivis à M. de Beaufort ce qui
se passoit, et je le priois de se rendre en toute
diligence à l'hostel de Montbazon. Mademoiselle
de Chevreuse alla esveiller le mareschal de La
Mothe, qui monta à cheval en mesme temps
avec ce qu'il peut ramasser de gents attachés à
messieurs les princes. Je sçais bien que Lanques (1) et Coligny furent de ceste troupe.
M. de Montmorancy porta ordre de moi à Les-
pinay de faire prendre les armes à sa colonelle,
ce qu'il fit, et il se saisit de la porte de Richelieu. Martineau ne s'estant pas trouvé à son logis, sa femme, qui estoit sœur de madame de
Pommereux, se jeta en jupe dans la rue, fit
battre le tambour, et ceste compagnie se posta
à la porte Saint-Honoré. De Souches exéquta
dans ces entrefaites sa commission; il trouva le
roi dans le lit (car il s'y estoit remis), et la reine
dans les pleurs. Elle le chargea de dire à Monsieur qu'elle n'avoit jamais pensé à emmener le
roi, et que c'estoit une pièce de ma façon. Le
reste de la nuit l'on régla les gardes; M. de
Beaufort et M. le mareschal de La Mothe se
chargèrent des patrouilles de cavalerie. Enfin,
l'on s'asseura, comme il estoit nécessaire en ceste
occasion.

Je retournai cheux Monsieur pour lui rendre
compte du succès; il en fut très-aise dans le
fond, mais il n'osa toutefois s'en expliquer,
parce qu'il vouloit attendre ce que le parlement
en penseroit, [et j'eus beau lui représenter que
le parlement en penseroit selon ce qu'il en diroit lui-mesme], je connus clairement que je
courrerois fortune d'estre désadvoué si le parlement grondoit. Et vous observeres, s'il vous
plaît, qu'il n'y avoit guère de matière plus propre à le faire gronder, parce qu'il n'y en a point
qui soit plus contraire aux formes du Palais que
celle où il se traite d'investir le Palais-Royal.
J'estois très-persuadé, comme je le suis encore,

(1) Clériadus de Choiseul, dit le marquis de Lanques, maistre de camp des armées du roi.

qu'elle estoit bien rectifiée et mesme sanctifiée
par la circonstance; car il est certain que la sortie du roi pouvoit estre la perte de l'estat. Mais
je cognoissois le parlement, et je sçavois que le
bien qui n'est pas dans les formes y est tousjours criminel à l'esgard des particuliers. Je
vous confesse que c'est un des rencontres de ma
vie où je me suis trouvé le plus embarassé. Je
ne pouvois pas doubter que les gents du roi n'es-
clatassent le lendemain au matin avec fureur
contre ceste action; je ne pouvois pas ignorer
que le premier président ne tonnast. J'estois
très-asseuré que Longueil, qui, depuis que son
frère avoit esté fait surintendant des finances,
avoit renoncé à la Fronde, ne m'espargneroit pas
par ses soubmains, que je cognoissois pour estre
encore plus dangereux que les déclamations des
autres.

Ma première pensée fut d'aller dès les sept
heures du matin cheux Monsieur le presser
de se lever, ce qui estoit une affaire, et d'aller
au Palais, ce qui en estoit encore une autre.
Caumartin ne fut pas de cest advis; et il me dit
pour raison que l'affaire dont il s'agissoit n'estoit pas de la nature de celles où il suffit d'estre
advoué. Je l'entendis d'abord, j'entrai dans sa
pensée : je compris qu'il y auroit trop d'incon-
vénniens à faire seulement soupçonner que la
chose n'eust pas esté exéquutée par les ordres positifs de Monsieur, et que la moindre résistance
qu'il feroit paroistre à se trouver à l'assemblée
feroit naturellement ce mauvais effect. Je pris
la résolution de ne point proposer à Monsieur
d'y aller, mais de me conduire d'une manière
qui l'obligeast toutefois d'y venir; et le moyen
que je pris pour cela, fut que nous nous y trouvassions, M. de Beaufort, M. le mareschal de
La Mothe et moi fort accompagnés; que nous
nous y fissions faire de grandes acclamations par
le peuple; qu'une partie des officiers des colonelles dépendants de nous, se partageassent; que
les uns vinssent au palais pour y rendre le concours plus grand; que les autres fussent cheux
Monsieur comme pour offrir leurs services dans
une conjoncture aussi périlleuse pour la ville
qu'auroit esté la sortie du roi; et que M. de
Nemours s'y trouvast en mesme temps, avec
MM. de Coligny, de Lanques, de Tavanes et
autres du parti des princes, qui lui dissent que
c'estoit à ce coup que messieurs ses cousins lui
debvoient leur liberté, et qu'ils le supplioient
d'aller consommer son ouvrage au parlement.
M. de Nemours ne peut faire ce compliment à
Monsieur qu'à huit heures, parce qu'il avoit commandé à ses gents de ne le pas esveiller plustost,
sans doute pour se donner le temps de voir ce

que la matinée produiroit. Nous estions cependant au Palais dès les sept heures, où nous observasmes que le premier président gardoit la mesme conduite; car il n'assembloit point les chambres, apparemment pour veoir la démarche de Monsieur. Il estoit à sa place dans la grande chambre, jugeant les affaires ordinaires; mais il montroit par son visage et par ses manières qu'il avoit de plus grandes pensées dans l'esprit. La tristesse paroissoit dans ses yeux, mais ceste sorte de tristesse qui touche et qui émeut, parce qu'elle n'a rien de l'abattement. Monsieur arriva enfin, tard, et après que neuf heures furent sonnées.

M. de Nemours ayant eu toutes les peines du monde à l'esbranler, il dit en arrivant à la compagnie qu'il avoit conféré la veille avec M. le garde des sceaux, et que les lettres de cachet, nécessaires pour la liberté de messieurs les princes, seroient expédiées dans deux heures, et partiroient incessamment. Le premier président prit ensuite la parole, et il dit avec un profond soupir: « M. le prince est en liberté, et le roi, le » roi nostre maistre, est prisonnier. » Monsieur, qui n'avoit plus de peur, parce qu'il avoit receu plus d'acclamations dans les rues et dans la salle du Palais qu'il n'en avoit jamais eues, et à qui Coulon avoit dit à l'aureille que l'escopeterie des enquestes ne seroit pas moins forte, Monsieur (dis-je), lui respartit: « Il estoit entre les mains » du Mazarin, mais Dieu merci, il ne l'est plus. » Les enquestes respondirent comme par un écho: « Il ne l'est plus, il ne l'est plus. » Monsieur, qui parloit tousjours bien en public, fit un petit narré de ce qui s'estoit passé la nuit, délicat, mais suffisant pour autoriser ce qui s'estoit fait; et le premier président ne le satisfit que par une invective assés aigre qu'il fit contre ceux qui avoient supposé que la reine eust une aussi mauvaise intention; qu'il n'y avoit rien de plus faux et tout le reste. Je ne respondis que par un doux souris. Vous pouves croire que Monsieur ne nomma pas les autheurs, mais il marqua en général au premier président qu'il en sçavoit plus que lui. La reine envoya quérir dès l'après-disnée les gents du roi et ceux de l'Hostel-de-Ville, pour leur dire qu'elle n'avoit jamais eu ceste pensée, et pour leur commander mesme de faire garder les portes de la ville, affin d'en éfacer l'opinion de l'esprit des peuples. Elle fut exactement obéie. Cela se passa le 10 de febvrier.

Le 11, M. de La Vrillière, secrétaire d'estat, partit avec toutes les expéditions nécessaires pour faire sortir messieurs les princes.

Le 13, M. le cardinal, qui ne s'esloigna des environs de Paris que depuis qu'il eust appris que l'on y avoit pris les armes, se rendit au Havre-de-Grace, où il fit toutes les bassesses imaginables à M. le prince, qui le traita avec beaucoup de haulteur, et qui ne lui fit pas le moindre remerciement de la liberté qu'il lui donna après avoir disné avec lui. Je n'ai jamais peu comprendre ce pas de ballet du cardinal, qui m'a paru un des plus ridicules de nostre temps dans toutes ses circonstances.

Le 15, l'on eust la nouvelle à Paris de la sortie de messieurs les princes, et Monsieur alla veoir la reine. L'on ne parla de rien, et la conversation fut courte.

Le 16, messieurs les princes arrivèrent. Monsieur alla au-devant d'eux jusques à mi chemin de Saint-Denis. Il les prit dans son carrosse où nous estions aussi, M. de Beaufort et moi. Ils allèrent descendre au Palais-Royal, où la conférence ne fut pas plus eschauffée ni plus longue que celle de la veille. M. de Beaufort demeura tant, qu'ils furent cheux la reine, du costé de la porte Saint-Honoré; j'allai entendre complies aux Pères de l'Oratoire. Le mareschal de La Mothe ne quitta pas les derrières du Palais-Royal. Messieurs les princes nous reprirent à la Croix-du-Tirouer. Nous soupasmes cheux Monsieur, où la santé du roi fut beue avec le refrein de : point de Mazarin. Et le pauvre mareschal de Gramont et M. Danville furent forcés à faire comme les autres.

Le 17, Monsieur mena messieurs les princes au parlement, et ce qui est remarquable, est que le mesme peuple, qui treize mois devant avoit fait des feux de joie pour leur prison, en fit touts ces derniers jours avec autant de zèle pour leur liberté.

Le 20, la déclaration que l'on avoit demandée au roi contre le cardinal, fut apportée au parlement pour y estre enregistrée, et elle fut renvoyée avec fureur, parce que la clause de son esloignement estoit couverte et ornée de tant d'éloges, qu'elle estoit proprement un panégyrique. Comme ceste déclaration portoit que touts estrangers seroient exclus des conseils, le bon homme Broussel, qui alloit tousjours plus loing que les autres, adjouta dans son opinion : « Touts » les cardinaux, parce qu'ils font serment au » pape (1). » Le premier président s'imaginant qu'il me feroit un grand desplaisir, admira le

---

(2) L'*Introduction aux Mémoires relatifs à la Fronde*, de Petitot, ne nous paraît pas très-exacte lorsqu'elle annonce que ce fut *le premier président qui proposa au parlement l'exclusion des cardinaux*, pour faire pièce à Retz, et que le coadjuteur combattit cette proposition. On voit au contraire que Retz encourut le

bon sens de Broussel ; il approuva son sentiment. Il estoit fort tard, l'on vouloit disner ; la plus part n'y firent pas de réflexion : et comme tout ce qui se disoit et tout ce qui se faisoit en ce temps-là contre le Mazarin, ou directement ou indirectement, estoit si naturel, qu'il n'eust pas esté judicieux de s'imaginer du mistère, je crois que je n'y eusse pas pris garde non plus que les autres, si M. de Chaalons, qui avoit pris ce jour-là sa place au parlement, ne m'eust dit que lorsque Broussel eust proposé l'exclusion des cardinaux françois, et que le parlement eust tesmoigné par des voix confuses l'approuver, M. le prince avoit fait paroistre beaucoup de joie, et qu'il s'estoit mesme escrié : « Voilà un » bel écho. » Il faut que je vous fasse ici mon panégyrique. Je pouvois estre un peu piqué de ce que, presque dès le lendemain d'un traité par lequel Monsieur se déclaroit qu'il pensoit à me faire cardinal, M. le prince appuyoit une proposition qui alloit directement à la diminution de ceste dignité. Le vrai est que M. le prince n'y avoit aucune part ; qu'elle se fit naturellement, et qu'elle ne fut approuvée que parce que rien de tout ce qui s'advançoit contre le Mazarin, ne pouvoit estre desapprouvé ; mais j'eus lieu de croire en ce temps-là qu'il y avoit eu du concert ; que Longueil avoit fait donner dans le panneau le bon homme Broussel; que touts ses gents marqués pour estre serviteurs de messieurs les princes y avoient donné avec chaleur; et j'eus encore autant de lieu d'espérer que j'en ferois évanouir la tentative. Quand les Frondeurs, qui s'apperceurent que le premier président se vouloit servir contre moi en particulier de la chaleur que le corps avoit contre le général, m'offrirent de tourner tout court, de faire expliquer l'arrest, et de faire un éclat qui eust asseurément obligé M. le prince à faire changer de ton à ceux de son parti. Il y eust dans le mesme temps une autre occasion, qui m'eust encore donné, s'il m'eust pleu, un moyen bien seur et bien fort de brouiller les cartes, et d'embarrasser le théatre d'une façon qui n'eust pas permis au premier président de s'esgayer à mes despens. Je vous ai déjà parlé de l'assemblée de la noblesse. La cour, qui est tousjours disposée à croire le pis, estoit persuadée (quoi qu'à

tort, comme je vous l'ai desja dit), qu'elle estoit de mon invention, et que j'y faisois un grand fondement. Elle creut, par ceste raison, qu'elle feroit un grand coup contre moi que de la dissiper, et sur ce principe, qui estoit faux, elle faillit à se faire deux des préjudices les plus réels et les plus effectifs que ses ennemis les plus mortels lui eussent peu procurer, pour obliger le parlement, qui craint naturellement les Estats, à donner des arrests contre ceste assemblée de noblesse. Elle envoya le mareschal de l'Hospital à ceste assemblée, lui dire qu'elle n'avoit qu'à se séparer, puisque le roi lui donnoit sa foi et sa parole de faire tenir les Estats Généraux le premier jour d'octobre. Je sçais bien que l'on n'avoit pas dessein de l'exéquter, mais je n'ignore pas aussi que si Monsieur et M. le prince se fussent unis pour le faire exéquter, comme il estoit dans le fond de leur intérest, il se fut trouvé par l'événement que les ministres se fussent attirés, sans nécessité et pour une bagatelle, celui de touts les inconvénients qu'ils ont tousjours le plus appréhendé. L'autre qu'ils hazardèrent par ceste conduite, fut qu'il ne tint presque à rien que Monsieur ne prit la protection de ceste assemblée malgré moi ; et s'il l'eust fait dans les commencements, comme je l'en vis sur le point, la reine, contre son intérêt et contre son intention, qui conspiroient ensemble à diviser Monsieur et M. le prince, les eust unis davantage par un éclat, qui estant fait dès les premiers jours de la liberté, eust entrainé de nécessité l'obligé dans le parti du libérateur. Le temps donne des prétextes, et il donne mesme quelquefois des raisons qui sont des manières de dispenses pour les bienfaits, et il n'est jamais sage dans leur nouveauté d'en presser la mescognoissance.

MM. de la Vieuville, et de Sourdis (2), secondés par Montresor, qui depuis la disgrace de La Rivière, avoit repris asses de créance auprès de Monsieur, le picquèrent un soir si vivement sur l'ingratitude que le parlement lui tesmoignoit, de s'opiniastrer à vouloir dissiper une assemblée qui s'estoit formée soubs son autorité, qu'il leur promit que s'il continuoit le lendemain, il déclareroit à la compagnie qu'il s'en alloit aux Cordeliers, où l'assemblée se tenoit, se mettre à la teste pour recevoir les huissiers

---

blâme de ses amis et de plusieurs membres du clergé, pour n'avoir pas, dans cette occasion, soutenu les intérêts de l'église.

Cette proposition faite au parlement donna lieu à des lettres patentes du roi, par lesquelles il déclarait que les *seuls regnicoles nés ses sujets*, pourraient à l'avenir avoir entrée dans ses conseils. Le clergé forma opposition à cet arrêt du parlement, au mois de mars 1651.

La collection Dupuy, de la Bibliothèque du roi, renferme des copies de ces pièces, dans son volume 734. On voit d'après ce que dit Barrière, dans son *Essai sur les mœurs et les usages du* XVII*e siècle*, qu'il n'a pas eu connaissance de cette pièce.

(1) Charles d'Escoubleau, marquis de Sourdis, mort en 1666. (A. E.)

du parlement, qui seroient asses hardis pour lui venir signifier ses arrests. Vous remarqueres, s'il vous plait, que depuis le jour que le Palais-Royal fut investi, Monsieur estoit si persuadé de son pouvoir sur le peuple, qu'il n'avoit plus aucune peur du parlement; et que M. de Beaufort, qui entra dans le temps de ceste conversation, l'anima encore si fort, qu'il se fascha contre moi-mesme avec aigreur, et qu'il me reprocha que j'avois contribué à l'obliger à souffrir que l'on insistast à la déclaration contre les cardinaux françois; qu'il sçavoit bien que je ne m'en souciois pas, parce que ce ne seroit qu'une chanson mesme très-impertinente et très-ridicule, toutes les fois qu'il plairoit à la cour : mais que je debvois songer à sa gloire, qui estoit trop intéressée à souffrir que les mazarins, c'est-à-dire ceux qui avoient fait tous leurs efforts pour soustenir ce ministre dans le parlement, se vengeassent de ceux qui l'avoient servi pour le destruire, en quittant sa personne pour attaquer sa dignité en veue d'un homme à qui lui, Monsieur, la vouloit faire tomber. M. de Beaufort outré de ce que le président Perraut (1), intendant de M. le prince, avoit dit la veille dans la beuvette de la chambre des comptes, qu'il s'osposeroit au nom de son maistre à l'enregistrement de ses provisions de l'admirauté. M. de Beaufort, dis-je, n'oublia rien pour l'enflammer, et pour lui mettre dans l'esprit qu'il ne falloit pas laisser passer ces deux occasions sans esprouver ce que l'on debvoit attendre de M. le prince, dont tous les partisants paroissoient en l'une et en l'autre s'unir beaucoup avec ceux de la cour.

Vous voyes que j'avois beau, et d'autant plus que je ne pouvois presque estre d'un contraire sentiment, sans me brouiller en quelque façon avec tous les amis que j'avois dans le corps de la noblesse. Je ne balançai pas un moment parce que je me résolus de me sacrifier moi-mesme à mon debvoir, et de ne pas corrompre la satisfaction que je trouvois dans moi-mesme à avoir coutribué, autant que j'avois fait et à l'esloignement du cardinal, et à la liberté de messieurs les princes, qui estoient deux ouvrages extrèmement agréables au public, de ne la pas corrompre, dis-je, par des intrigues nouvelles et par des subdivisions de parti, qui d'un costé m'esloignoient tousjours du gros de l'arbre, et qui de l'autre eussent tousjours passé dans le monde pour des effects de la cholère que je pouvois avoir contre le parlement. Je dis que je pouvois avoir : car dans la vérité je ne l'avois pas, et parce que le gros du corps, qui estoit tousjours très-bien intentionné pour moi, songeoit beaucoup plus à donner des atteintes au Mazarin qu'à me faire du mal, et parce que je n'ai jamais compris que l'on se puisse esmouvoir de ce que fait un corps. Je n'eus pas de mérite à ne me pas eschauffer, mais je crois en avoir eu un peu à ne me pas laisser esbranler aux advantages que ceux qui ne m'aimoient pas, prirent de ma froideur. Leurs vanteries me tentèrent; je n'y succombai pas, et je demeurai ferme à soubstenir à Monsieur qu'il debvoit dissiper l'assemblée de la noblesse, qu'il ne debvoit point s'opposer à la déclaration qui portoit l'exclusion des conseils des cardinaux françois, et que son unique veue debvoit estre doresnavant d'assoupir toutes les partialités. Je n'ai jamais rien fait qui m'ait donné tant de satisfaction intérieure que ceste action. Celle que je fis à la paix de Paris estoit meslée de l'intérest que je trouvois à ne pas devenir le subalterne de Fuensaldagne : je ne fus porté à celle-ci que par le pur principe de mon debvoir. Je me résolus de m'y attacher uniquement. J'estois satisfait de mon ouvrage; et s'il eust pleu à la cour et à M. le prince d'adjouter quelque foi à ce que je leur disois, je rentrois moi-mesme de la meilleure foi du monde dans les exercices purs et simples de ma profession. Je passois dans le monde pour avoir chassé le Mazarin, qui en avoit tousjours esté l'horreur, et pour avoir délivré les princes qui en estoient devenus les délices. C'estoit un grand contentement et je le sentois; et je le sentois au point d'estre très-fasché que l'on m'eust engagé à avoir prétendu le cardinalat. Je voulus marquer le destachement que j'en avois par l'indifférence que je tesmoignai pour l'exclusion des conseils que l'on lui donnoit. Je m'opposai à la résolution que Monsieur avoit prise de se déclarer ouvertement dans le parlement pour l'empescher. Je fis qu'il se contenta d'advertir la compagnie qu'elle alloit trop loin, et que la première chose que le roi feroit à sa majorité (comme il arriva), seroit de révoquer ceste déclaration. Je n'entrai en rien de l'opposition que le clergé de France y fit par la bouche de M. l'archevesque d'Ambrun (1), non pas seulement j'opinai sur ce sub-

(1) Président en la chambre des comptes, intendant de la maison de M. le prince. (A. E.)

(2) Georges d'Aubusson de La Feuillade, archevêque d'Embrun et ensuite évêque de Metz, prince de l'empire, etc.; mort en 1697, âgé de quatre-vingt-cinq ans. L'éditeur de 1820, en corrigeant la première erreur de cette ancienne note, qui rapportoit le mort de l'évêque de Metz à l'année 1679, ne s'est pas préservé de la seconde, et fait mourir Georges d'Aubusson à l'âge de quatre-vingt-huit ans, au lieu de quatre-vingt-cinq comme l'établit le père Anselme. (Hist. général.)

jet dans le parlement comme les autres, mais j'obligeai mesme touts mes amis à opiner comme moi; et comme le président de Bellièvre, qui vouloit à toute force rompre en visière au premier président sur ceste matière, qui dans la vérité se pouvoit tourner facilement en ridicule contre un homme qui avoit fait touts ses efforts pour soustenir ceste mesme dignité en la personne du Mazarin ; comme, dis-je, le président de Bellièvre m'eust reproché, devant le feu de la grande chambre, que je manquois aux intérests de l'église en la laissant traiter ainsi ; je lui respondis tout hault : « L'on n'a fait qu'un » mal imaginaire à l'église, et j'en ferois un so- » lide à l'estat si je ne faisois touts mes efforts » pour y assoupir les divisions. » Ceste parole pleut beaucoup et à beaucoup de gents.

Le peu d'action que j'eus dans le mesme temps, touchant les Estats Généraux, ne fut pas si approuvée. L'on se voulut imaginer qu'ils restabliroient l'estat, et je n'en fus pas persuadé. Je sçavois que la cour ne les avoit proposés que pour obliger le parlement, qui les apsréhende tousjours, à se brouiller avec la noblesse. M. le prince m'avoit dit vingt fois devant sa prison, qu'un roi ni des princes du sang n'en debvoient jamais souffrir. Je cognoissois la faiblesse de Monsieur incapable de régir une machine de ceste estendue. Voilà les raisons que j'eus pour ne me pas donner sur cest article le mouvement que beaucoup de gents eussent souhaité de moi. Je crois encore que j'avois raison. Toutes ces considérations firent qu'au lieu de m'esveiller sur les estats généraux, sur l'assemblée de la noblesse, sur la déclaration contre les cardinaux, je me confirmai dans la pensée de me reposer pour ainsi dire dans mes dernières actions; et je cherchai mesme les voies de le pouvoir faire avec honneur. Ce que M. de Chaalon m'avoit dit de M. le prince, joint à ce qui me paroissoit des desmarches de beaucoup de ses serviteurs, commença à me donner ombrage, et cest ombrage me fit beaucoup de peine, parce que je prévoyois que si la Fronde se rebrouilloit avec M. le prince, nous tomberions dans des confusions estranges. Je pris le parti dans ceste veue d'aller au devant de tout ce qui y pourroit donner lieu. J'allai trouver mademoiselle de Chevreuse, je lui dis mes doubtes ; et après l'avoir asseurée que je ferois pour ses interests sans exception tout ce qu'elle voudroit, je la priai de me permettre de lui représenter qu'elle debvoit tousjours parler du mariage de M. le prince de Conti comme d'un honneur qu'elle recevoit, mais comme d'un honneur qui n'estoit pourtant pas au dessus d'elle ; que par ceste raison elle ne debvoit pas le courre, mais l'attendre ; que toute la dignité y estoit conservée jusques là, parce qu'elle avoit esté recherchée et poursuivie mesme avec de grandes instances ; qu'il s'agissoit de ne rien perdre ; que je ne croyois pas que l'on voulut manquer à ce qui avoit esté non seulement promis dans la prison, [et que sur ce titre je ne comptois pas pour fort solide], mais à ce qui avoit esté confirmé depuis par tous les engagements les plus solennels (et vous remarquerés, s'il vous plait, que M. le prince de Conti soupoit presque tous les soirs à l'hostel de Chevreuse) : mais qu'ayant des lueurs que les dispositions de M. le prince pour la Fronde n'estoient pas si favorables que nous avions eu subjet de l'espérer, j'estois persuadé qu'il estoit de la bonne conduite de ne se pas exposer à une advanture aussi fascheuse que seroit celle d'un refus à une personne de sa qualité ; qu'il m'estoit venu dans l'esprit un moyen qui me paroissoit hault et digne de sa naissance, pour nous éclaircir de l'intention de M. le prince, pour en accélérer l'effet si elle estoit bonne, pour en rectifier ou colorer la suite si elle estoit mauvaise ; que ce moyen estoit que je disse à M. le prince, que madame sa mère et elle m'avoient ordonné de l'asseurer qu'elles ne prétendoient en façon du monde se servir des engagements qui avoient esté pris par les traités, qu'elles n'y avoient consenti que pour avoir la satisfaction de lui remettre ses paroles ; et que je le suppliois en leur nom de croire que si elles lui faisoient la moindre peine ou le moindre préjudice aux mesures qu'il pouvoit avoir en veue de prendre à la cour, elles s'en desisteroient de tout leur cœur, et qu'elles ne laisseroient pas de demeurer elles et leurs amis très-attachés à son service.

Mademoiselle de Chevreuse donna dans mon sens, parce qu'elle n'en avoit jamais d'autre que celui de l'homme qu'elle aimoit. Madame sa mère y tomba parce que la lumière naturelle lui faisoit tousjours prendre avec avidité ce qui estoit bon. Laigues s'y opposa parce qu'il estoit lourd, et que les gents de ce caractère ont toutes les peines du monde à comprendre ce qui est double. Bellièvre, Caumartin, Montresor l'emportèrent à la fin, en lui expliquant ce double, et en lui faisant veoir que si M. le prince avoit bonne intention, ce procédé l'obligeroit ; et que s'il l'avoit mauvaise, il le retiendroit et l'empescheroit au moins de penser à nous accabler dans un moment où nous en usions si respectueusement, si franchement et si honnestement avec lui. Ce moment estoit ce que nous avions justement et uniquement à craindre, parce que la constitution des choses nous faisoit desjà veoir plus que suffisamment, que si nous l'eschapions d'abord, nous ne demeurerions pas long-temps sans en rencontrer de plus favorables. Jugés, je vous supplie, de la délicatesse de celui qui pouvoit unir contre nous l'autorité royale purgée du mazarinisme, et le parti de M. le prince purgé de la faction. Sur le tout quelle sureté en M. le duc d'Orleans? Vous voyes que j'avois raison de songer à prévenir l'orage, et à nous faire un mérite de ce qui nous le pouvoit attirer. Je fis mon ambassade à M. le prince, je mis entre ses mains la prétention de mon chapeau ; je mis le mariage de mademoiselle de Chevreuse. Il s'emporta contre moi, il jura, il me demanda pour qui je le prenois. Je sortis persuadé, et je le suis encore, qu'il avoit toute l'intention de l'exéquter.

Tout ce que je vous viens de dire de l'assemblée de noblesse, des Estats Généraux, de la déclaration contre les cardinaux tant françois qu'estrangers fut ce qui remplit la scène depuis le 17 febvrier 1651 jusques au 3 d'avril. Je n'en ai pas daté les jours, parce que je vous aurois trop ennuyé par la répétition; elle fut continuelle et sans intermission aucune dans le parlement sur ces matières, la cour chicanant toutes choses à son ordinaire, et se relaschant aussi à son ordinaire de toutes choses. Elle fit tant par ses journées qu'elle fit escrire le parlement de Paris à tous les parlements du royaume, pour les exciter à donner arrest contre le cardinal Mazarin, et ils le donnèrent; qu'elle fut obligée de donner une déclaration d'innocence à messieurs les princes, qui fut un panégyrique; qu'elle fut forcée de donner une déclaration par laquelle les cardinaux tant françois qu'estrangers seroient exclus des conseils du roi, et que le parlement n'eust pas de cesse que le cardinal n'eust quitté Sedan et ne fust allé à Brusle, maison de M. l'électeur de Cologne. Le parlement faisoit touts ces mouvements le plus naturellement du monde, s'imaginoit-il ; les ressorts estoient soubs le théatre. Vous les alles veoir.

M. le prince, qui estoit incessamment sollicité par la cour de s'accommoder, esgaroit de jour en jour le parlement pour se rendre plus nécessaire et à la reine et à Monsieur ; et comme j'avois intérest à tenir en haleine et en honneur la vieille Fronde, je ne m'endormois pas de mon costé. La reine dont l'animosité la plus fraische estoit contre M. le prince, me faisoit parler dans le mesme temps qu'elle n'oublioit rien pour l'obliger à négotier. Le vicomte d'Autel, capitaine des gardes de Monsieur et mon ami particulier, estoit frère du mareschal du Plessis-Praslin, et il me pressa sept ou huit jours durant d'avoir une conférence secrète avec lui pour affaires (me disoit-il) où il y alloit de ma vie et de mon honneur. J'en fis beaucoup de difficulté, parce que je cognoissois le mareschal du Plessis pour un grand mazarin, et le vicomte d'Autel pour un bon homme très-capable d'estre trompé. Monsieur à qui je rendis compte de l'instance que l'on me faisoit, me recommanda d'escouter le mareschal, en prenant de toute manière mes précautions : et ce qui l'obligea à me donner cest ordre, fut que le mareschal lui fit dire par son frère, qu'il se soubmettoit à tout ce qu'il lui plairoit, si ce qu'il me debvoit dire n'estoit de la dernière importance à Son Altesse Royale. Je le vis donc la nuit cheux le vicomte d'Autel, qui avoit sa chambre à Luxembourg, mais qui avoit aussi son logis en la rue d'Enfer. Il me parla sans façonner de la part de la reine. Il me dit qu'elle avoit toujours de la bonté pour moi, qu'elle ne me vouloit point perdre, qu'elle m'en donnoit une marque en m'advertissant que j'estois sur le bord du précipice, que M. le prince traitoit avec elle, qu'elle ne pouvoit pas s'ouvrir davantage n'estant pas asseurée de moi, mais si je voulois m'engager dans son service, qu'elle m'en feroit toucher le détail au doigt et à l'œil. Cela estoit, comme vous voyes, un peu trop général ; et je respondis qu'en mon particulier je ne doubterois jamais de quoi que ce fust qu'il pleust à la reine de me faire dire ; mais qu'elle jugeoit bien que Monsieur estant aussi engagé qu'il estoit avec M. le prince, ne romproit pas avec lui, à moins non pas seulement que l'on lui fist veoir des faits, mais qu'il les peut lui mesme faire veoir au public. Ceste parole, qui estoit pourtant très-raisonnable, aigrit beaucoup la reine contre moi, et elle dit au mareschal : « Il » veut périr, il périra. » Je l'ai sceu de lui mesme plus de dix ans après. Voici ce qu'elle vouloit dire : Servien et Lyonne traitoient avec M. le prince, et ils lui promettoient pour lui le gouvernement de Guienne, celui de Provence pour M. son frère. La lieutenance de roi en Guienne et le gouvernement de Blaye pour M. de La Rochefoucault, qui estoit du secret de la négotiation et qui y estoit mesme présent. M. le prince debvoit avoir par ce traité toutes ses troupes entretenues dans ces provinces, à la réserve de celles qui seroient en garnison dans les places que l'on lui avoit déjà rendues. Il avoit mis Meille dans Clermont, Marsin dans Stenay, Bouteville dans Bellegarde, Arnaut dans le chasteau de Dijon, Persan dans Montron. Juges quel establissement. Lyonne m'a asseuré plusieurs fois depuis, que lui et Servien avoient fait de très-bonne foi à M. le prince la proposition de la

Guienne et de la Provence, parce qu'ils estoient persuadés qu'il n'y avoit rien que la cour ne deust faire pour le gagner. Les gents qui veulent croire du mystère à toutes ces choses ont dit qu'ils ne pensèrent qu'à l'amuser. Ce qui a donné de la couleur à ceste opinion est que la chose leur réussit justement comme s'ils en eussent eu le dessein : car M. le prince, qui ne doubta point que deux hommes aussi dépendants du cardinal n'auroient pas eu la hardiesse de lui faire des propositions de ceste importance, sans son ordre, et qui d'ailleurs trouva d'abord toute la facilité imaginable pour le gouvernement de Guienne dont il en fut effectivement pourveu, en laissant celui de Bourgongne à M. d'Espernon ; M. le prince, dis-je, ne doubta point de l'adveu du cardinal pour le gouvernement de Provence, et devant que de l'avoir receu, ou il consentit ou il laissa entendre qu'il consentiroit (l'on en parla diversement) au changement du conseil, qui arriva le troisiesme jour d'avril, en la manière que je vous le vas raconter, après que je vous aurai suplié de remarquer que ceste faulte de M. le prince est à mon opinion la plus grande contre la politique qu'il ait jamais faite.

Le 3 d'avril, Monsieur et M. le prince estant allés au Palais-Royal, Monsieur y apprit que Chavigny, qui estoit intime de M. le prince, y avoit esté mandé par la reine, de Touraine où il estoit. Monsieur, qui le haissoit mortellement, se plaignit à la reine de ce qu'elle l'avoit fait revenir sans lui en parler, et d'autant plus qu'elle lui alloit, au moins selon le bruit commun, faire prendre place de ministre au conseil. La reine lui respondit fièrement, qu'il avoit bien fait d'autres choses sans elle. Monsieur sortit du Palais-Royal, et M. le prince le suivit. Après le conseil la reine envoya M. de la Vrillière demander les sceaux à M. de Chasteauneuf (1), elle les donna sur les dix heures du soir à M. le premier président, et elle envoya M. de Sully quérir son beau-père pour venir au conseil tenir la place de chancelier. La Tivolière, lieutenant de ses gardes, vint donner part à Monsieur entre dix et onze heures de ce changement. Madame et mademoiselle de Chevreuse n'oublièrent rien pour lui en faire voir la conséquence, qui ne debvoit pas estre bien difficile à prouver à un lieutenant général de l'estat, aussi vivement et aussi hautement offensé qu'il l'estoit. Vous n'aures pas de peine à croire que je ne conservai pas en ceste occasion la modération sur laquelle je vous ai tantost fait mon éloge. Monsieur nous parut très-animé. Il nous assembla touts, c'est-à-dire M. le prince, M. le prince de Conti, M. de Beaufort, M. de Nemours, MM. de Brissac, de La Rochefoucault, de Chaulnes, frère aisné de celui que vous cognoissés, de Vitry, de La Mothe, d'Estampes, de Fiesque, et de Montresor. Il exposa le fait, et il demanda advis. Montresor ouvrit celui d'aller redemander les sceaux au premier président de la part de Son Altesse Royale. MM. de Chaulnes, de Brissac, de Fiesque et de Vitry furent du mesme sentiment. Le mien fut que celui qui venoit d'estre proposé estoit juste, et fondé sur le pouvoir légitime de Monsieur ; qu'il estoit mesme nécessaire; mais que comme il estoit de sa bonté d'obvier à tout ce qui pourroit arriver de plus violent dans une action de ceste nature, ma pensée n'estoit pas qu'il se fallut servir du peuple comme M. de Chaulnes venoit de le dire; mais qu'il seroit, ce me sembloit, plus à propos que Monsieur fist exéquter la chose par son capitaine des gardes; que M. de Beaufort et moi nous nous pourrions tenir sur les quais, qui sont des deux costés du Palais, pour contenir le peuple qui n'avoit besoing que de bride en tout où le nom de Monsieur paroissoit ; M. de Beaufort m'interrompit à ce mot et il me dit : « Je parlerai pour moi, mon- » sieur, quand j'opinerai, pourquoy m'alléguer? » Je faillis à tomber de mon hault. Il n'y avoit pas eu entre nous la moindre ombre, je ne dis pas de division mais de mescontantement. M. de Beaufort continua en disant qu'il ne respondroit pas que nous peussions contenir le peuple, et l'empescher de jeter peut-estre dans la rivière le premier président. Quelqu'un du parti de messieurs les princes, je ne me resouviens pas précisément si ce fut M. de Nemours ou M. de La Rochefoucault, releva et orna ce discours de tout ce qui pouvoit donner au mien couleur et figure d'une exortation au carnage. M. le prince adjouta qu'il confessoit qu'il n'entendoit rien a la guerre des pots de chambre ; qu'il se sentoit mesme poltron pour toutes les occasions de tumulte populaire et de sédition ; mais que si Monsieur croyoit estre asses outragé pour commencer la guerre civile, il estoit tout prest à monter à cheval, à se retirer en Bourgogne, et à y faire

---

(1) « ... Il me reste à vous mander que la royne a pris résolution d'oster les sceaux à M. de Chasteauneuf, de les remettre de nouveau à M. le premier président du parlement, et de faire reprendre à M. le chancelier la fonction de sa charge, et à M. de Chavigny son employ de ministre d'état. Tout cela à la vérité est fait sans la participation de Monsieur et de M. le prince ; mais quand ils cognoistront que le motif de Sa Majesté a esté pour avancer le service du roy, ils donneront leur approbation, et ne presteront point l'oreille aux mauvais conseils qui leur pourroient estre inspirés en ce rencontre. » (Dépêche du comte de Brienne, datée de Paris, 4 avril 1651.)

des levées pour son service. M. de Beaufort se remit encore sur le mesme ton; et ce fut précisément ce qui abattit Monsieur, parce que voyant M. de Beaufort dans les sentiments de M. le prince, il creut que le peuple se partageroit entre lui et moi.

Vous aves sans doute de la curiosité du sujet qui peut obliger M. de Beaufort à ceste conduite, et vous en serés très-estonnée quand vous le sçaures. Ganzeville, qui estoit lieutenant de ses gardes, m'a dit depuis que madame de Nemours sa sœur, qu'il aimoit fort, l'avoit obligé par ses larmes plustost que par ses raisons, dans une conversation qu'il eust l'après-dinée avec elle, à ne se point séparer de M. de Nemours, qui estoit inséparable de M. le prince, et que ses efforts se firent de concert avec madame de Montbazon, qu'il prétendoit avoir esté persuadée d'un costé par Vigneuil, et de l'autre par le mareschal d'Albret, qui touts deux s'accordoient en ce temps-là pour le désunir de la Fronde. Madame de Montbazon a tousjours soubstenu au président de Bellièvre qu'elle n'avoit jamais esté de ce complot, et qu'elle fut plus surprise que personne quand M. de Beaufort lui dit le lendemain au matin ce qui s'estoit passé. Le président de Bellièvre ne faisoit aucun fond sur tout ce qu'elle disoit, et particulièrement sur ceste matière, où M. de Beaufort prit si mal son parti, qu'il tomba tout d'un coup à rien. Vous le verres par la suite, et que par conséquent madame de Montbazon avoit raison de ne pas prendre sur elle sa conduite. Ganzeville m'a souvent dit depuis que M. de Beaufort en fut au désespoir dès le lendemain. Je sçais bien que Brillet, qui estoit son escuyer, a dit le contraire : tout cela est asses incertain. Ce qui m'en a paru de plus seur, est qu'il me creut perdu voyant la cour et M. le prince réunis, et croyant que Monsieur n'auroit pas la force de me soubstenir contre eux. Il ne jugea pas bien; car je suis persuadé que si lui-mesme ne se fust pas destaché, Monsieur eust fait tout ce que nous eussions désiré, et qu'il l'eust mesme fait à jeu seul. Il ne tint pas à moi de lui faire cognoistre qu'il le pouvoit mesme sans lui, comme il estoit vrai; car, comme il fut entré après ceste conférence dans la chambre de Madame, où madame et mademoiselle de Chevreuse l'attendoient, je lui proposai, en leur présense, d'amuser, soubs prétexte de consulter encore sur le mesme sujet messieurs les princes; et je ne lui demandai que deux heures de temps pour faire prendre les armes aux colonelles, et pour lui faire veoir qu'il estoit absolument maistre du peuple. Madame, qui pleuroit de cholère, et qui vouloit à toute force que l'on prist ce parti, l'esbranla, et il dit : « Mais si nous prenons ceste » résolution, il faut les arrester tout à ceste » heure, et eux et mon nepveu de Beaufort. Il » sont allés dans le cabinet des livres (respondit « mademoiselle de Chevreuse), attendre vostre « Altesse Royale; il n'y a qu'à donner un tour » à la clef pour les y enfermer. J'envie cest » honneur au vicomte d'Autel; ce sera une belle » chose, qu'une fille arreste un gagneur de ba- » tailles. » Elle fit un sault en disant cela pour y aller. La grandeur de la proposition estonna Monsieur; et comme je cognoissois parfaitement son naturel, je ne la lui avois pas faite dabord, et je ne lui avois parlé que de les amuser. Comme il avoit de l'esprit, il jugea bien que dès qu'il y auroit du bruit dans la ville, il serait absolument nécessaire de les arrester, et son imagination lui en arracha la proposition. Si mademoiselle de Chevreuse n'eust rien dit, je ne l'eusse pas relevée, et Monsieur m'eust peut-estre laissé faire, ce qui lui eust imposé la nécessité d'exéquter ce qu'il avoit imaginé. L'impétuosité de mademoiselle de Chevreuse lui approcha d'abord toute l'action. Il n'y a rien qui effraie tant une ame foible. Il se mit à siffler, ce qui n'estoit jamais un bon signe, quoiqu'il ne fut pas rare; il s'en alla resver dans une croisée. Il nous remit au lendemain; il passa dans le cabinet des livres où il donna congé à la compagnie, et messieurs les princes sortirent du Palais-Royal en se moquant publiquement sur les degrés de la guerre des pots de chambres.

Comme j'estois le lendemain au matin dans la chambre de madame de Chevreuse, le président Viole y entra fort embarrassé, à ce qui nous parut. Il se desmesla de l'ambassade qu'il avoit à porter comme un homme qui en estoit fort honteux. Il mangea la moitié de ce qu'il avoit à dire, nous comprismes par l'autre qu'il venoit déclarer la rupture du mariage. Madame de Chevreuse lui respondit galamment. Mademoiselle de Chevreuse, qui s'habilloit auprès du feu, se mit à rire. Vous juges bien que nous ne fusmes pas surpris de la chose, mais je vous advoue que je le suis encore de la manière : je n'ai jamais peu la concevoir; mais qui plus est, je n'ai jamais peu me la faire expliquer. J'en ai parlé mille fois à M. le prince, j'en ai parlé à madame de Longueville, j'en ai parlé à M. de Larochefoucault, aucun d'eux ne m'a pu alléguer aucune raison de ce procédé si peu ordinaire en de pareilles occasions, où l'on cherche au moins tousjours des prétextes. L'on dit après que la reine avoit défendu ceste alliance, et je n'en doubte pas; mais je sçais bien que Viole n'en dit pas un mot dans son compliment. Ce qui est encore de plus estonnant est que madame de Longueville m'a dit vingt fois, depuis sa dévotion, qu'elle n'avoit point rompu ce mariage ; que M. de La Rochefoucault me l'a confirmé et que M. le prince, qui est l'homme du monde le moins menteur, m'a juré d'autre part qu'il n'y avoit ni directement ni indirectement contribué. Comme je disois un jour à Guitaud que ceste variété m'estonnoit, il me respondit qu'il n'en estoit point surpris, parce qu'il avoit remarqué sur beaucoup d'articles que M. le prince et madame sa sœur avoient oublié la plus part des circonstances de ce qui s'estoit passé dans ce temps-là. Faites réflexion, je vous supplie, sur l'inutilité des recherches qui se font touts les jours par les gents d'estude des siècles qui sont plus esloignés.

Aussitost que Viole fût sorti de l'hostel de Chevreuse, je receus un billet de Jouy, qui estoit à Monsieur, qui portoit que Son Altesse Royale s'estoit levée de fort bon matin, qu'elle paroissoit consternée, que le mareschal de Gramont l'avoit entretenu fort long-temps ; que Goulas avoit eu une conférence particulière avec lui, que le mareschal de La Ferté-Imbault (1), qui estoit une manière de girasol, commençoit à fuir ceux qui estoient marqués dans la maison pour estre de mes amis. Le marquis de Sablonière (2), qui commandoit le régiment de Valois, et qui estoit aussi mon ami, entra un moment après pour m'advertir que Goulas estoit allé cheux Chavigny avec un visage fort gai, au sortir de la conversation qu'il avoit eue avec Monsieur. Madame de Chevreuse receut au mesme instant un billet de Madame, qui la chargeoit de me dire que je me tinse sur mes gardes, et qu'elle mouroit de peur que les menaces que l'on faisoit à Monsieur ne l'obligeassent à m'abandonner. Ces advis me portèrent à me faire un mérite auprès de Monsieur de ce que j'avois sujet de craindre de sa foiblesse, et de ce que je croyois nécessaire pour ma seureté. Je déclarai ma pensée à l'hostel de Chevreuse, en présence des gents les plus affidés du parti. Ils l'approuvèrent, et je l'exéqutai. La voici : j'allai trouver Monsieur, je lui dis qu'ayant eu l'honneur et la satisfaction de le servir dans les deux choses qu'il avoit eu le plus à cœur, qui estoient l'esloignement du Mazarin et la liberté de messieurs ses cousins, je me sentirois obligé de rentrer purement dans les exerces de ma profession, quand je n'en aurois point d'autre raison que celle de prendre du temps aussi propre que celui-là pour m'y remettre ; que je serois le plus imprudent de touts les hommes si je le manquois, dans une occasion où non seulement mon service ne lui estoit plus utile, mais où ma présence mesme lui seroit asseurément d'un embarras fort grand ; que je n'ignorois pas qu'il estoit accablé d'instances et d'importunité sur mon sujet ; que je le conjurois de les faire finir en me permettant de me retirer dans mon cloistre.

Il seroit inutile que je vous achevasse ce discours, vous en jugés asses la suite. Je ne vous puis exprimer le transport de joie qui me parut dans les yeux et sur le visage de Monsieur, quoi qu'il fût l'homme du monde le plus dissimulé, et qu'il fist en paroles touts ses efforts pour me retenir. Il me promit qu'il ne m'abbandonneroit jamais ; il m'advoua que la reine l'en pressoit ; il m'asseura que quoi que la réunion de la reine et des princes l'obligeast à faire bonne mine, il n'oublieroit jamais le cruel outrage qu'il venoit de recevoir ; qu'il auroit fait des passemerveilles, si M. de Beaufort ne lui avoit point manqué ; que sa désertion estoit cause qu'il avoit molli, parce qu'il avoit creu qu'il pouvoit partager le peuple ; que je me donnasse un peu de patience, et que je verrois qu'il sçauroit bien prendre son temps pour remettre les gents dans leur debvoir. Je ne me rendis pas ; il se rendit, mais avec de grandes promesses de me conserver toute sa vie dans son cœur, et de conserver par le canal de Jouy un commerce secret. Il voulut sçavoir mes sentiments sur la conduite qu'il avoit à tenir ; et il me mena cheux Madame, qui estoit au lit, pour me les faire dire devant elle. Je lui conseillai de s'accommoder avec la cour, et de mettre pour unique condition que l'on ostast les sceaux à M. le premier président ; ce que je fis sans aucune animosité contre sa personne ; car il est vrai que bien que nous fussions tousjours de contraire parti, je l'aimois naturellement, mais parce que j'eusse creu trahir ce que je debvois à Monsieur, si je ne lui eusse représenté la honte qu'il y eust pour lui à souffrir que les sceaux demeurassent à un homme qui les avoit eus sans la participation du lieutenant général de l'estat. Madame reprit tout d'un coup : « Et de Chavigny, vous n'en dites
» rien.—Non Madame, (lui respondis-je), parce
» qu'il est très-bon qu'il demeure. La reine le
» hait mortellement, il hait mortellement le
» Mazarin. L'on ne l'a remit au conseil que pour
» plaire à M. le prince. Voilà deux ou trois

---

(1) Jacques d'Etampes, marquis de La Ferté-Imbault. Il fut élevé à la dignité de maréchal de France en 1651, et mourut en 1668, âgé de soixante-dix-huit ans. (A. E.)

(2) Edmont de Ravenel, marquis de Sablonière, député de la noblesse du bailliage de Sézanne, aux états de Tours, en 1651 ; mort maréchal du régiment de Valois.

» grains qui altéreroient la composition du mon-
» de la plus naturelle; laisses-le, Madame, il y
» est admirable pour Monsieur, dont l'intérêt
» n'est pas qu'une confédération, dans laquelle
» il n'entre que par force, dure long-temps. »
Vous remarqueres, s'il vous plaist, que ce M. de
Chavigny, dont il est question, avoit esté favori,
et mesme fils, à ce que l'on a creu, de M. le
cardinal de Richelieu; qu'il avoit esté fait par
lui chancelier de Monsieur; et que ce chancelier traitoit si familièrement Monsieur, son maistre, qu'un jour il lui fit tomber un bouton de
son pourpoint, en lui disant : « Je veu bien que
» vous sçachies que M. le cardinal vous fera
» saulter, quand il voudra, comme je fais saulter
» ce bouton. » Je tiens ce que je vous dis de la
bouche mesme de Monsieur. Vous voyes que
Madame n'avoit pas tout à fait tort de se resouvenir de M. de Chavigny. Monsieur eust de la
peine à le souffrir dans le conseil; il se rendit
pourtant à ma raison; il n'opiniastra que le garde des sceaux. L'on le destitua (1); l'on creut à
la cour que l'on en estoit quitte à bon marché,
et l'on avoit raison.

Au sortir de cheux Monsieur, j'allai prendre
congé de messieurs les princes. Ils estoient avec
madame de Longueville et madame la Palatine
à l'hostel de Condé. M. le prince de Conti receut
mon compliment en riant, et en me traitant de
bon père hermite. Madame de Longueville ne
me parut pas y faire beaucoup de réflexion ; M. le
prince en conceust la conséquence, et je vis clairement que ce pas de balet l'avoit surpris. Madame la Palatine en observa mieux que personne
la cadence, comme vous verres dans la suite. Je
me retirai donc à mon cloistre de Nostre-Dame, où
je ne m'abandonnai pas si fort à la providence,
que je ne me servisse aussi de moyens humains
pour me défendre de l'insulte de mes ennemis.

Annery, avec la noblesse du Vexin, me rejoignit; Chasteaubriant, Chasteau-Regnaut, le vicomte de Lamet, Argenteuil (2), le chevalier
d'Humières (3), se logèrent dans le cloistre. Ba-
lau et le comte de Crafort, avec cinquante officiers escossois qui avoient esté des troupes de
Montross, furent distribués dans les maisons de
la rue Neufve, qui m'estoient les plus affectionnés. Les colonels et les capitaines de quartier,
qui estoient dans mes intérêts, eurent chascun
leur signal et leur mot de raliement. Enfin, je

me résolus d'attendre ce que le chapitre des accidents produiroit en remplissant exactement les
debvoirs de ma profession, et en ne donnant
plus aucune assurance d'intrigue du monde.
Jouy ne me voyoit qu'en cachette; je n'allois
que la nuit à l'hostel de Chevreuse avec Malclerc; je ne voyois plus que des chanoines et des
curés. La raillerie en estoit forte au Palais-Royal
et à l'hostel de Condé. Je fis faire en ce temps-
là une volière dans une croisée, et Nogent en
fit le proverbe: *Le coadjuteur siffle les linotes.*
La disposition de Paris me consoloit fort du ridicule du Palais-Royal. J'y estois fort bien, et
d'autant mieux que tout le monde y estoit fort
mal. Les curés, les habitués, les mendiants
avoient estés informés avec soing des négociations de M. le prince. Je donnois des bottes à
M. de Beaufort, qui ne les paroit pas avec toute
l'adresse qui y eust esté nécessaire. M. de Chasteauneuf, qui s'estoit retiré à Montrouge après
que l'on lui eust osté les sceaux, me donnoit
tous les advis qui lui venoient d'ordinaire très-
bons, et du mareschal de Villeroy et du commandeur de Jars. Monsieur, qui dans le fond
du cœur estoit enragé contre la cour, entretenoit
très-soigneusement le commerce que j'avois avec
lui. Voici ce qui donna la forme à ces préalabes.

Le vicomte d'Autel vint cheux moi entre
minuit et une heure, et il me dit que le mareschal Du Plessis, son frère, estoit dans le fond
de son carrosse, à la porte. Comme il fut entré,
il m'embrassa en me disant : « Je vous salue
» comme nostre ministre. » Comme il vit que je
soubriois à ce mot, il adjouta : « Non, je ne raille
» point, il ne tiendra qu'à vous que vous le
» soyes. La reine me vient de commander de
» vous dire qu'elle remet entre vos mains sa per-
» sonne, celle du roi son fils et sa couronne.
» Escoutes-moi. » Il me conta ensuite tout le prétendu traité de M. le prince avec Servien et
Lyonne dont je vous ai déjà parlé. Il me dit
que le cardinal avoit mandé à la reine, que si
elle adjoutoit le gouvernement de Provence à
celui de Guienne, sur lequel elle venoit de se
relascher, elle estoit deshonorée à tout jamais,
et que le roi, son fils, quand il seroit en age,
la considéreroit comme celle qui auroit perdu
son estat; qu'elle voyoit son zèle pour son service dans un advis aussi contraire à ses propres
intérêts; que ce traité portant son restablisse-

---

(1) « La reyne ayant retiré les sceaux de M. le premier
président pour complaire à S. A. R., la reconciliation se
fist entre eux si entière, qu'on en doibt attendre toute
sorte de bon sens et de prosperité. Il les remist hier à la
reyne et refusa d'elle, avec une générosité sans exemple, toutes les grâces et récompenses qu'elle luy offrit :

et enfin les sceaux ont été rendus à M. le chancelier Séguier. » (Dépêche du comte de Brienne, datée de Paris,
14 avril 1651.)
(2) François de Bascle, sieur d'Argenteuil.
(3) Roger de Crevant-d'Humières, chevalier bailli et
grande croix de Malte, mort en 1687.

ment comme il le portoit, il y pourroit trouver son compte, parce que le ministre d'un roi affoibli trouvoit quelquefois plus d'advantage pour son particulier dans la diminution de l'autorité que dans son agrandissement (il eust eu peine à prouver ceste thèse); mais qu'il aimoit mieux estre toute sa vie mendiant de porte en porte, que de consentir que la reine contribuast elle-mesme à ceste diminution, et particulièrement pour la considération de lui Mazarin. Le mareschal Du Plessis, à ce dernier mot, tira la lettre de sa poche, escrite de la main du cardinal, que je cognoissois très-bien. Je ne me ressouviens pas d'avoir veu en ma vie une si belle lettre. Voici ce qui me la fît croire [ostensive]. Ce n'est pas de ce qu'elle n'estoit pas en chiffre, car elle estoit venue par une voie si seure, que je ne m'en estonnai pas; mais elle finissoit ainsi: « Vous sçaves, Madame, que le plus capital ennemis que j'aie au monde est le coadjuteur; serves-vous en, Madame, plustost que de traiter avec M. le prince aux conditions qu'il demande; faites-le cardinal, donnes-lui ma place, mettes-le dans mon appartement; il sera peut-estre à Monsieur plus qu'à Vostre Majesté ; mais Monsieur ne veut point la perte de l'estat; ses intentions dans le fond ne sont point mauvaises. Enfin, tout, Madame, plustost que d'accorder à M. le prince ce qu'il demande. S'il l'obtenoit, il n'y auroit plus qu'à le mener à Rheims. » Voilà la lettre du cardinal ; je ne me ressouviens peut-estre pas des paroles, mais je suis asseuré que c'en estoit la substance. Je crois que vous ne condamneres pas le jugement que je fis dans mon ame de ceste lettre. Je tesmoignai au mareschal que je le croyois très-sincère, et qu'il ne se pouvoit par conséquent que je ne m'en sentisse très-obligé ; mais comme dans la vérité, je n'en pris que la moitié pour bonne du costé de la cour, je me résolus aussi sans balancer d'en user de mesme du mien, de ne pas accepter le ministère, et d'en tirer si je pouvois le cardinalat. Je respondis au mareschal Du Plessis que j'estois sensiblement obligé à la reine, et que pour lui marquer ma recognoissance, je la suppliois de me permettre de la servir sans intérest, que j'estois très-incapable du ministère pour toute sorte de raisons ; qu'il n'estoit pas mesme de la dignité de la reine d'y eslever un homme encore tout chaud et tout fumant, pour ainsi parler, de la faction; que ce titre mesme me rendroit inutile à son service du costé de Monsieur, et encore beaucoup d'advantage de celui du peuple, qui estoient les deux endroits qui, dans la conjoncture présente, lui estoient les plus considérables. « Mais (reprit tout d'un coup le mareschal Du Plessis), il faut quelqu'un pour remplir la niche : tant qu'elle sera vuide, M. le prince dira tousjours que l'on y veut remettre M. le cardinal, et c'est ce qui lui donnera de la force. — Vous aures d'autres subjects (lui respondis-je) bien plus propres à cela que moi. » A quoi le maresmal repartit : « Le premier président ne seroit point agréable aux Frondeurs ; la reine ni Monsieur ne se fieront jamais à Chavigny. » Après bien des tours, je lui nommai M. de Chasteauneuf. Il se resria à ce nom : « Et quoi, (me dit-il), [vous ne sçaves pas que c'est le plus grand ennemi que vous aies au monde] ? Vous ne sçaves pas que ce fut lui qui s'opposa à vostre chapeau à Fontainebleau ? vous ne sçaves pas que ce fut lui qui escrivit de sa main ce beau mémorial, qui fut envoyé à vostre honneur et louange au parlement ? » Voilà précisément où j'appris ceste dernière circonstance, car je sçavois desja toute la pièce de Fontainebleau. Je respondis au mareschal que je n'estois peut-estre pas si ignorant qu'il se l'imaginoit, mais que les temps avoient porté des raccommodements, qui, à l'esgard du public, avoient couvert le passé ; que je craignois comme la mort la nécessité des apologies. « Mais (reprit le mareschal), si nous vous mettons en mains le mémoire envoyé au parlement? — Si vous me le mettes en mains (lui repartis-je), j'abandonnerai M. de Chasteauneuf; car en ce cas, le mémoire qui a esté escrit depuis nostre raccommodement me servira d'apologie. » Le mareschal s'agita beaucoup sur cest article, sur lequel il prit occasion de me dire plus délicatement qu'à lui n'appartenoit, que Monsieur m'avoit aussi abandonné; ce qu'il coula pour descouvrir comme j'estois avec lui. Je voulus bien lui en donner le contantement, en lui respondant qu'il estoit vrai, mais que je ne le traiterois pourtant pas comme M. de Chasteauneuf. J'adjoutai à la response un petit soubris, comme s'il m'eust échappé, pour lui faire veoir que je n'estois peut-estre pas si maltraité de Monsieur que l'on l'avoit creu. Comme il vit que je m'estois referme après avoir jeté ceste petite lueur, il me dit: « Il faudroit que vous vissies vous-mesme la reine. » Je ne fis pas semblant de l'avoir entendu, et il le répéta encore une fois; et puis tout d'un coup il jeta sur la table un papier, en disant : « Tenes, lises; vous fieres-vous à cela? » C'estoit un escrit signé de la reine, qui me promettoit toute seureté, si je voulois aller au Palais-Royal. « Non (dis-je au mareschal), et vous l'alles veoir. » Je baisai le papier avec un profond respect, et le jetai dans le feu, en disant : « Quand me voules-vous mener cheux la reine? » Je n'ai jamais veu un homme plus surpris que le mareschal. Nous convinsmes que je me trouverois à minuit dans le cloistre Saint-Honnoré. Je n'y manquai pas. Il me mena au petit oratoire par un degré dérobé. La reine y entra un quart-d'heure après. Le mareschal sortit, et je demeurai seul avec elle ; elle n'oublia rien pour me persuader de prendre le titre de ministre et l'appartement du cardinal au Palais-Royal, que ce qui estoit précisément et uniquement nécessaire pour m'y résoudre, car je connus clairement qu'elle avoit plus que jamais le cardinal dans l'esprit et dans le cœur ; et quoi qu'elle affectast de me dire que bien qu'elle l'estimast beaucoup et qu'elle l'aimast fort, elle ne vouloit point perdre l'estat pour lui, j'eus tout sujet de croire qu'elle y estoit plus disposée que jamais. Je fus convaincu, devant mesme que je sortisse de l'oratoire, que je ne me trompois pas dans mon jugement ; car aussitost qu'elle eust veu que je ne me rendois pas sur le ministère, elle me montra le cardinalat, mais comme prix des efforts que je ferois pour l'amour d'elle (me disoit-elle), pour le restablissement du Mazarin. Je creus qu'il estoit nécessaire que je m'ouvrisse, quoique le pas fut fort délicat. Mais j'ai toute ma vie estimé que quand l'on se trouve obligé à faire un discours que l'on prévoit ne debvoir pas agréer, l'on ne lui peut trop donner d'apparences de sincérité, parce que c'est l'unique voie pour l'adoucir. Voici ce que sur ce principe je dis à la reine : « Je suis au désespoir, Madame, » qu'il ait pleu à Dieu de réduire les affaires » dans un estat qui ne permette pas seulement, » mais qui ordonne mesme à un subjet de parler à sa souveraine, comme je vas parler à » Vostre Majesté. Elle sçait mieux que personne » que l'un de mes crimes auprès de M. le cardinal est de l'avoir prédit, et j'ai passé pour » l'autheur de ce dont je n'ai jamais esté que le » prophète. L'on y est, Madame, Dieu sçait mon » cœur, et qu'homme de France, sans exception, » n'en est plus affligé que moi. Vostre Majesté » souhaite et avec beaucoup de justice, de l'en » tirer, et je la supplie très-humblement de me » permettre de lui dire qu'elle ne le peut faire, » à mon opinion, tant qu'elle pensera au restablissement de M. le cardinal ; ce que je ne » dis pas, Madame, dans la pensée que je le » puisse persuader à Vostre Majesté, ce n'est » que pour m'acquitter de ce que je lui doibs. » Je coule le plus légèrement qu'il m'est possible sur ce point, que je sçais n'estre pas agréable à Vostre Majesté, et je passe à ce qui me » regarde. J'ai, Madame, une passion si violente de pouvoir récompenser par mes services ce que mon malheur m'a forcé de faire » dans les dernières occasions, que je ne recognois plus de règles à mes actions, que celles » que je me forme sur le plus et sur le moins » de ce peu d'utilité dont elles vous peuvent » estre. Je ne puis proférer ce mot sans revenir » encore à supplier très-humblement Vostre Majesté de me le pardonner. Dans les temps ordinaires il seroit criminel, parce que l'on n'y » doibt considérer que la volonté du maistre ; » dans les malheurs où l'estat est tombé, l'on » peut et l'on est mesme obligé, lorsque l'on se » trouve en de certains postes, à n'avoir esgard » qu'à son service ; et c'est dont un homme de » bien ne se doibt jamais tenir dispensé. Je manquerois au respect que je doibs à Vostre Majesté si je prétendois contrarier par toute autre voie que par une très-humble et très-simple remonstrance, les pensées qu'elle a pour » M. le cardinal ; mais je crois que je n'ens sors » pas, veu les circonstances, en lui représentant » avec une profonde soubmission ce qui me » peut rendre utile ou inutile à son service dans » les conjonctures présentes. Vous aves, Madame, à vous défendre contre M. le prince, » qui veut le restablissement de M. le cardinal, » à condition que vous lui donneres par advance de quoi le perdre quand il lui plaira. » Vous aves besoing pour lui résister de Monsieur, qui ne veut point le restablissement de » M. le cardinal, et qui supposé son exclusion, » veut sans exception tout ce qu'il vous plaira. » Vous ne voules, Madame, ni donner à M. le » prince ce qu'il demande, ni à Monsieur ce » qu'il souhaite. J'ai toutes les passions du monde de vous servir contre l'un, et de vous servir » auprès de l'autre ; et il est constant que je ne » puis réussir qu'en prenant les moyens qui sont » propres à ces deux fins. M. le prince n'a de » force contre Vostre Majesté que celle qu'il » tire de la haine que l'on a contre M. le cardinal ; et Monsieur n'a de considération, hors » celle de sa naissance, capable de vous servir » utilement contre M. le prince, que celle qu'il » emprunte de ce qu'il a fait contre le mesme » M. le cardinal. Vous voyes, Madame, qu'il » faudroit beaucoup d'art pour concilier ces contradictions, quand mesme l'esprit de Monsieur » seroit gagné en sa faveur. Il ne l'est pas, et » je vous proteste que je ne crois pas qu'il puisse » l'estre ; et que s'il entrevoyoit que je l'y voulusse porter, il se mettroit plustost aujourd'hui que demain entre les mains de M. le » prince. » La reine soubsrit à ces dernières paroles, et elle me dit : « Si vous le voulies, si vous le voulies. —Non, Madame (repris-je), je vous le jure, sur tout ce qu'il y a au monde de plus sacré. —Revenes à moi (me dit-elle), et je me moquerai de vostre Monsieur, qui est le dernier des hommes. » Je lui respondis : « Je vous jure, Madame, que si j'avois fait ce pas, et qu'il parut le moins du monde que je me fusse radouci pour M. le cardinal, je serois plus inutile auprès de Monsieur et dans le peuple, à vostre service, que le prélat de Dôle, parce que je serois sans comparaison plus haï de l'un et de l'autre. » La reine se mit en cholère, elle me dit que Dieu protégeroit [et ses intentions et l'innocence] du roi, son fils, puisque tout le monde l'abandonnoit. Elle fut plus d'un demi-quart d'heure dans de grands mouvements, dont elle revint après asses bonnement. Je voulus prendre ce moment pour suivre le fil du discours que je lui avois commencé ; elle m'interrompit en me disant : « Je ne vous blasme pas tant à l'esgard de Monsieur que vous penses. C'est un estrange seigneur. Mais (reprit-elle tout d'un coup), je fais tout pour vous ; je vous ai offert place dans le conseil (1), je vous offre la nomination au cardinalat ; que ferés-vous pour moi ? — Si Vostre Altesse, Madame (lui respondis-je), m'avoit permis d'achever ce que j'avois tantost commencé, elle auroit déjà veu que je ne suis pas venu ici pour recevoir des graces, mais pour essayer de les mériter. » Le visage de la reine s'épanouit à ce mot. « Et que ferés-vous (me dit-elle fort doucement) ? —Vostre Majesté me permet-elle, ou plustost me commande-t-elle (lui respondis-je), de dire une sottise ? Parce que ce sera manquer au respect que l'on doibt au sang royal. — Dites, dites (reprit la reine mesme avec impatience). —J'obligerai, Madame, (lui respartis-je), M. le prince de sortir de Paris devant qu'il soit huit jours, et je lui enlèverai Monsieur dès demain. » La reine, transportée de joie, me tendit la main, en me disant : « Touchés là, vous estes après-demain cardinal, et de plus le second de mes amis. » Elle entra ensuite dans les moyens ; je les lui expliquai. Ils lui pleurent jusques à l'emportement. Elle eust la bonté de souffrir que je lui fisse un détail et une manière d'apologie du passé. Elle conceust, ou elle fit semblant de concevoir une partie de mes raisons ; elle combatit les autres avec bonté et douceur ; elle revint ensuite à me parler du Mazarin, et à me dire qu'elle vouloit que nous fussions amis. Je lui fis veoir que je me rendrois absolument inutile à son service, pour peu que l'on touchast ceste corde ; que je la conjurois de me laisser le caractère de son ennemi. « Mais, vraiment (dit la reine), je ne crois pas qu'il y ait jamais eu une chose si estrange ; il faut, pour me servir, que vous demeuries ennemi de celui qui a ma confiance. » —Oui, madame (lui respondis-je), il le faut, et n'ai-je pas dit à Vostre Majesté, en entrant ici, que l'on est tombé dans un temps où un homme de bien a quelquefois honte de parler comme il est obligé ? J'adjoutai : mais, Madame, pour faire veoir à Vostre Majesté que je vas, mesme à l'esgard de M. le cardinal, jusques où mon debvoir et mon honneur me le permettent, je lui fais une proposition : qu'il se serve de l'estat où je suis avec M. le prince, comme je me sers de l'estat où M. le prince est avec lui ; il y pourra peut-estre trouver son compte, comme j'y trouve le mien. » La reine se prit à rire et de bon cœur, et puis elle me demanda si je dirois à Monsieur ce qui se venoit de passer. Je lui respondis que je sçavois certainement qu'il l'approuveroit, et que, pour le lui tesmoigner le lendemain au cercle, il lui parleroit d'un appartement qu'elle vouloit faire accommoder ou faire à Fontainebleau. Comme je la supplois de garder le secret, elle me respondit qu'elle en avoit encore bien plus de subjet que je ne pensois. Elle me dit sur cela tout ce que la rage fait dire contre Servien et contre Lyonne, qu'elle appela vingt fois des perfides. Elle traita Chavigny de petit coquin ; elle finit par Le Tellier, en disant : « Il n'est pas traistre comme les autres, mais il est foible, et il n'est pas asses recognoissant. — Mais, Madame (repris-je), je supplie Vostre Majesté de me permettre de lui dire que tant que la niche de premier ministre sera vuide, M. le prince en prendra une grande force, parce qu'il la fera toujours paroistre comme toute preste à recevoir M. le cardinal. —Il est vrai (me respondit la reine), et j'ai fait réflexion sur ce que vous en avés dit la nuit passée au mareschal Du Plessis. Le vieux Chasteauneuf est bon pour cela ; mais M. le cardinal y

---

(1) Si Retz avait excité tous les troubles des années précédentes pour arriver au ministère, comme le prétendent quelques historiens déprévenus à son égard, est-il probable qu'il eût refusé une place dans le conseil, lorsqu'elle lui était offerte par la reine ; et plus particulièrement l'année suivante 1652, époque à laquelle Mazarin recevait l'ordre de se rendre à Rome, auprès du pape. La disgrâce de l'ancien favori était donc alors complète ; Mazarin en était lui-même tellement persuadé, qu'il ne pût s'empêcher d'en témoigner son mécontentement à Le Tellier. (Voyez à ce sujet les lettres imprimées parmi les pièces justificatives de l'*Hist. de la Fronde*, de M. de Ste-Aulaire.)

» aura bien de la peine, car il le hait mortelle-
» ment, et il en a le subjet. Le Tellier croit qu'il
» n'y a que lui à mettre en cette place.—Mais,
« à propos de cela (adjouta-t-elle), j'admire vos-
» tre folie ; vous vous faites un point d'honneur
» de restablir cest homme, qui est le plus grand
» ennemi que vous ayes sur la terre. Attendes. »
En disant ceste parole, elle sortit du petit oratoire, elle y rentra aussitost, et elle jeta sur un
petit autel le mémoire qui avoit esté envoyé
contre moi au parlement, brouillé et raturé,
mais escrit de la main de M. de Chasteauneuf.
Je lui dis, après l'avoir leu : « S'il vous plait,
» Madame, de me permettre de le monstrer, je
» me séparerai dès demain de M. de Chasteau-
» neuf ; mais Vostre Majesté juge bien, qu'à
» moins d'une justification de ceste nature, je
» me deshonnererois. — Non (me respondit la
» reine), je ne veu pas que vous le monstries,
» Chasteauneuf nous est bon, et au contraire, il
» faut que vous lui fassies meilleure mine que
» jamais. Elle me reprit des mains son papier.
» —Je le garde (me dit-elle), pour le faire veoir
» en temps et lieu à sa bonne amie madame
» de Chevreuse. Mais à propos de bonne amie
» (adjouta le reine), vous en aves une meilleure
» que vous ne penses peut-estre ; devines-la.
» C'est la Palatine (poursuivit-elle). » Je demeurai tout estonné, parce que je croyois
la Palatine encore dans les intérests de M. le
prince.— « Vous estes surpris (me dit la reine),
» elle est moins contante de M. le prince que
» vous ne l'estes. Voyes-là : je suis convenue
» avec elle que vous réglies ensemble ce qu'il
» faut mander sur tout ceci à M. le cardinal,
» car vous croyes facilement que je n'exéquterai
» rien sans avoir de ses nouvelles. Ce n'est pas
« (adjouta-t-elle), que cela soit nécessaire à l'es-
» gard de vostre cardinalat, car il y est très-
» résolu, et il reconnoit de bonne foi que vous
» ne pouves plus vous-mesme vous en défen-
» dre ; mais enfin, il le faut persuader pour
» Chasteauneuf, ce qui sera difficile. La Pala-
» tine vous dira encore d'autres choses. Il faut
» que Bartet parte, le temps presse. Vous voyes
» comme M. le prince me traite ; il me brave
» touts les jours depuis que j'ai désadvoué mes
» deux traitres. » (C'est ainsi qu'elle appeloit
» Servient et Lyonne.) Vous verres qu'elle changea bientost de sentiment à l'esgard du dernier.
Je pris ce moment où elle rougissoit de cholère
pour lui bien faire ma cour, en lui respondant :
« devant qu'il soit deux jours, Madame, M. le
» prince ne vous bravera plus. Vostre Majesté
» veut attendre des nouvelles de M. le cardi-
» nal, pour effectuer ce qu'elle me fait l'honneur

» de me promettre : je la supplie très-humble-
» ment de me permettre que je n'attende rien
» pour la servir. » La reine fut touchée de ceste
parole qui lui parut honneste. Le vrai est qu'elle
m'estoit devenue nécessaire, car je voyois que
M. le prince, depuis cinq ou six jours, gagnoit
du terrain par les éclats qu'il faisoit contre le
Mazarin, et qu'il estoit temps que je parusse
pour en prendre ma part. Je fis valoir sans affectation à la reine la démarche que je méditois,
et j'achevai de lui en expliquer la manière que
j'avois desja touchée dans le discours. Elle en
fut transportée de joie. La tendresse qu'elle avoit
pour le cardinal fit qu'elle eust un peu de peine
à agréer que je continuasse à ne le pas espargner dans le parlement, où l'on estoit obligé, à
touts les quarts d'heures, de se deschirer. Elle se
rendit toutefois à la considération de la nécessité.

Comme j'estois déjà sorti de l'oratoire, elle
me rappela pour me dire qu'au moins je me
ressouvinsse que c'estoit M. le cardinal qui lui
avoit fait instance de me donner la nomination.
A quoi je lui respondis que je m'en sentois très-
obligé, et que je lui en tesmoignerois tousjours
ma recognoissance en tout ce qui ne seroit pas
contre mon honneur ; qu'elle sçavoit ce que je
lui avois dit d'abord, et que je la pouvois assurer que je la tromperois doublement si je lui
disois que je la peusse servir pour le restablissement dans le ministère de M. le cardinal. Je remarquai qu'elle resva un peu, et puis elle me dit
d'un air asses gai : « Alles, vous estes un vrai
» démon. Voyes la Palatine ; bon soir. Que je
» sçache la veille le jour que vous ires au pa-
» lais. » Elle me mit entre les mains de madame
de Gaboury (car elle avoit renvoyé le mareschal
Du Plessis), qui me conduisit par je ne sçais
combien de détours, presque à la porte de la
cour des cuisines.

J'allai le lendemain, la nuit, cheux Monsieur,
qui eust une joie que je ne vous puis exprimer.
Il me gronda toutefois beaucoup de ce que je
n'avois pas accepté le ministère et l'appartement
au Palais-Royal, en me disant que la reine estoit une femme d'habitude, dans l'esprit de laquelle je me serois peut estre insinué. Je ne suis
pas encore persuadé que j'aie eu tort en ce rencontre. L'on ne se doibt jamais jouer avec la
faveur ; l'on ne la peut trop embrasser quand
elle est véritable ; l'on ne s'en peut trop esloigner quand elle est fausse. J'allai, au sortir de
cheux Monsieur, cheux madame la Palatine, d'où
je ne sortis qu'un moment devant la pointe du
jour. J'ai fait tous les efforts que j'ai peu sur
ma mémoire pour y rappeler les raisons qu'elle
me dit du mescontantement qu'elle avoit de

M. le prince. Je sçais bien qu'il y en avoit trois ou quatre ; je ne me ressouviens que de deux, dont l'une fut, à mon sens, plus alléguée pour moi que pour la personne intéressée, et l'autre estoit en tout sens très-solide et très-véritable. Elle prenoit part à l'outrage que mademoiselle de Chevreuse avoit receu, parce que c'estoit elle qui avoit porté la première parole du mariage. M. le prince n'avoit pas fait ce qu'il avoit peu pour faire donner la surintendance des finances au bon homme La Vieuville (1), père du chevalier du mesme nom (2), qu'elle aimoit esperduement. Elle me dit que la reine lui en avoit donné parole positive ; elle y engagea la mienne, j'engageai la sienne pour mon cardinalat. Nous nous tinsmes fidèlement parole de part et d'autre, et je crois dans la vérité lui debvoir le chapeau ; parce qu'elle ménagea si adroitement le cardinal, qu'il ne peut enfin s'empescher, avec toutes les plus mauvaises intentions du monde, de le laisser tomber sur ma teste. Nous concertasmes, ceste nuit-là et la suivante, tout ce qu'il y avoit à régler touchant le voyage de Bertet. La Palatine escrivit par lui une grande dépesche en chiffre au cardinal, qui est une des plus belles pièces qui se soit peut estre jamais faite ; elle lui parloit entre autres du refus que j'avois fait à la reine de la servir à l'esgard de son retour en France, si délicatement, si habilement, qu'il me sembloit à moi-mesme que ce fut la chose du monde qui lui fut la plus advantageuse. Vous pouvez juger que je ne m'endormis pas du costé de Rome. Je préparai de celui de Paris, les esprits à l'ouverture de la nouvelle scène que je méditois. L'importance des gouvernements de Guienne et de Provence fut exagérée ; le voisinage d'Espagne et d'Italie fut figuré. Les Espagnols, qui n'estoient pas encore sortis de la ville de Stenay, quoique M. le prince en tint la citadelle, ne furent pas oubliés. Après que j'eus un peu arrosé le public, je m'ouvris avec les particuliers. Je leur dis que j'estois au désespoir que l'estat où je voyois les affaires m'obligeast de sortir de la retraite à laquelle je m'estois résolu ; que j'avois espéré qu'après tant d'agitation et tant de trouble, l'on pourroit jouir de quelque calme et d'une honneste tranquillité ; qu'il me paraissoit que nous retombions dans une condition beaucoup plus mauvaise que celle dont nous venions de sortir, parce que les négotiations que l'on faisoit continuellement avec le Mazarin faisoient bien plus de mal à l'estat que son ministère ; qu'elles entretenoient la reine dans l'espérance de son restablissement ; et qu'ainsi rien ne se faisoit que par lui ; et que comme les prétentions de M. le prince estoient immenses, [et que la cour avoit peine à se résoudre de les satisfaire], nous courrions fortune d'avoir une guerre civile pour préalable de son restablissement, qui seroit le prix de l'accommodement ; que Monsieur en seroit la victime, mais que sa qualité le sauveroit du sacrifice, et que les pauvres Frondeurs y demeureroient esgorgés. Ce canevas, beau et fort, comme vous le voyes, qui fut mis et estendu sur le mestier par Caumartin, fut brodé par moi de toutes les couleurs que je creus les plus revenantes à ceux à qui je les faisois veoir ; je reussis. Je m'apperceus qu'en trois ou quatre jours j'avois fait mon effect ; et je mandai à la reine, par la Palatine, que j'irois le lendemain au palais. Juges, s'il vous plait, de la joie qu'elle en eust par un emportement qui ne mérite d'estre remarqué que pour vous la faire veoir. Il me semble que je vous ai déjà dit que madame de Chevreuse avoit tousjours gardé asses de mesures avec la reine, et qu'elle avoit pris soing de lui faire croire qu'elle estoit beaucoup plus emportée par sa fille que par elle mesme à tout ce qui se passoit. Je ne puis bien vous dire ce que la reine en creut effectivement, parce que j'ai observé sur ce point beaucoup de pour et contre. Ce qui s'en dist fut que madame de Chevreuse ne cessa point d'aller au Palais-Royal, dans le temps mesme que M. le prince s'y croyoit le maistre ; et de parler à la reine avec beaucoup de familiarités dès que le traité qu'il croyoit avoir conclu avec Servien et Lyonne fut désadvoué. Elle estoit dans le petit cabinet avec mademoiselle sa fille, le jour que la Palatine venoit d'escrire à la reine que j'irois au palais. La reine appela mademoiselle de Chevreuse, et elle lui demanda si je continuois dans ceste resolution. Mademoiselle de Chevreuse lui ayant respondu que j'irois, la reine la baisa deux ou trois fois, en lui disant : « Friponne, tu me fais autant de bien que tu m'as fais de mal. »

Vous aves veu ci-devant que M. le prince esgayoit de temps en temps le parlement, pour se rendre plus considérable à la cour. Quand il

---

(1) Charles, premier du nom, marquis, puis duc de La Vieuville, grand fauconnier de France, surintendant des finances ; mort le 2 janvier 1653. Petitot, dans son édition, le confond avec Charles de La Vieuville, deuxième du nom, qui, en 1651, ne pouvait pas avoir un fils *que madame la Palatine aimoit*

(2) Le chevalier de La Vieuville étoit Henri de La Vieuville, abbé de Savigni, quatrième fils de Charles, premier du nom, duc de La Vieuville. Il mourut le 12 juin 1652, et avait été chevalier de Malte.

éperduement, puisqu'il ne s'étoit marié qu'en 1649.

sceut que le cardinal avoit rompu le traité de Servien et de Lyonne, il n'oublia rien pour l'enflammer afin de se rendre plus redoutable à la reine. Il y avoit touts les jours quelque nouvelle scène : tantost l'on envoyoit dans les provinces informer contre le cardinal, tantost l'on faisoit des recherches de ses effects dans Paris; tantost l'on déclamoit dans les chambres assemblées contre les Bertet, les Brachet et les Fouquet, qui alloient et venoient incessamment, et Brusle; et comme depuis ma retraite j'avois cessé d'aller au parlement, je m'apperceus que l'on se servoit de mon absence pour faire croire que je mollissois à l'esgard du Mazarin, et que j'appréhendois de me trouver dans les lieux où je pourrois estre obligé à me déclarer sur son subjet. Un certain Montandré, meschant escrivain à qui Varde avoit fait couper le nez pour je ne sçais quel libelle qu'il avoit fait contre madame la mareschale de Guébriant, sa sœur, s'attacha, pour avoir du pain, à la misérable fortune du commandeur de Saint-Simon, chef des criailleurs du parti des princes, et m'attaqua sur ce terrain, par douze ou quinze libelles, plus mauvais l'un que l'autre, en douze ou quinze jours. Je me les faisois apporter réglément sur l'heure de mon disné, pour les lire publiquement au sortir de table, devant tout ce qui se trouvoit cheux moi; et quand je creus avoir fait cognoistre suffisamment aux particuliers que je mesprisois ces sortes d'invectives, je me resolus de faire veoir au public que je les sçavois relever. Je travaillois pour cela avec soing à une response courte, mais générale, que j'intitulai : L'APOLOGIE DE L'ANCIENNE ET LÉGITIME FRONDE, dont la lettre parroissoit estre contre le Mazarin, et dont le sens estoit proprement contre ceux qui se servoient de son nom pour abattre l'autorité royale. Je la fis crier et débiter dans Paris par cinquante colporteurs, qui parurent en mesme temps en différentes rues, et qui estoient soubstenus dans toutes par des gents appostés pour cela. J'allai le mesme matin au palais avec quatre cents hommes; je pris ma place après avoir fait une profonde révérence à M. le prince, que je trouvai devant le feu de la grande chambre. Il me salua fort civilement. Il parla dans la séance avec beaucoup d'aigreur contre les transports d'argent faits hors du royaume, par Cantarini (1), banquier du cardinal. Vous juges bien que je ne l'espargnai pas, et que tout ce qui estoit de la vieille Fronde se piqua de renchérir sur la nouvelle. Celle-ci en parut embarrassée; et Croissy qui en estoit et qui venoit de lire l'apologie de l'ancienne, dit à Caumartin : « La botte est belle, vous l'entendes mieux que » nous. » J'avois bien dit à M. le prince qu'il falloit faire taire ce coquin de Montandré. Comme il ne se teust pourtant pas, je continuai aussi de mon costé à escrire et à faire escrire. Portail, advocat au parlement, et habile homme, fit en ce temps-là LA DÉFENSE DU COADJUTEUR, qui est d'une très-grande éloquence. Sarrazin, secrétaire de M. le prince de Conti, fit contre moi la LETTRE DU MARGUILLIER AU CURÉ, qui est une fort belle pièce. Patru (2), bel esprit et fort poli, y respondit par une LETTRE DU CURÉ AU MARGUILLIER, qui est très-ingénieuse. Je composai ensuite LE VRAI ET LE FAUX DU PRINCE DE CONDÉ ET DU CARDINAL DE RAIS; LE VRAISEMBLABLE; LE SOLITAIRE; LES INTÉRETS DU TEMPS; LES CONTRE-TEMPS DU SIEUR DE CHAVIGNY; LE MANIFESTE (3) DE M. DE BEAUFORT EN SON JARGON. Joly (4), qui estoit à moi, fit LES INTRIGUES DE LA PAIX. Le pauvre Montandré s'estoit espuisé en injures, et il est constant que la partie n'estoit pas esgale pour l'escriture. Croissy s'entremit pour faire cesser ceste escarmouche. M. le prince la défendit aux siens, mesmes en des termes fort obligeants pour moi. Je fis la mesme chose, en la manière la plus respectueuse pour lui, qui me fut possible. L'on n'escrivit plus de part ni d'autre, et les deux Frondes ne s'esgaièrent plus qu'aux dépens du Mazarin. Ceste suspension de plumes ne se fit qu'après trois ou quatre mois de guerre bien eschauffée; mais j'ai estimé qu'il seroit bon de réduire en cet endroit tout ce qui est de ces combats et de ceste tresve, pour n'estre pas obligé de rebattre une matière qui ne se peut tout à fait obmetre, et qui, à mon sens, ne mérite pas d'estre beaucoup traitée.

[Voici le Solitaire escrit en l'année 1651 :

« Je romps mon silence, je sors de ma solitude, » je quitte ma retraite, de laquelle comme d'un » rocher eslevé j'avois regardé depuis quelque

---

(1) Le parlement instruisit le procès de Cantarini en même-temps que celui du cardinal Mazarin, et les pièces existent encore à la Bibliothèque du roi.
(2) Olivier Patru, né en 1604; il se distingua dans le barreau, et fut admis à l'Académie française en 1640. Patru embrassa le parti de la Fronde, et composa, en 1651, la lettre dont parle ici le cardinal. Il mourut le 16 janvier 1681.
(3) Cette pièce, que l'on trouve parmi les œuvres de Saint-Evremont, a pour titre : *Apologie de M. de Beaufort.* Girard, auteur de la vie de M. le duc d'Epernon, l'est aussi de cette apologie. (A. E.) On en conserve plusieurs copies aux manuscrits de la Bibliothèque royale.
(4) Guy Joly, conseiller au Châtelet, auteur des mémoires sur la Fronde. (A. E.)

» temps ceste agitation violante de tant d'esprits
» si différents; et d'un sens desgagé de toutes préventions trop ordinaires en ce malheureux siècle, je viens apporter au peuple les sentiments
» que m'inspire la pure vérité.

» J'ai leu depuis quelques jours deux libelles
» que l'on peut appeler, avec beaucoup de raison,
» un précis de toutes les affaires présentes. L'un
» contient la défense de M. le Coadjuteur sous
» le nom d'advis desintéressé sur sa conduite,
» et dans l'autre on remarque sous un tiltre
» presque pareille, une apologie, ou plustost un
» panégyrique de monsieur le prince. J'ai examiné l'un et l'autre avec beaucoup de soin. J'ai
» considéré les inconvéniens que peut produire
» la division des esprits; je n'ai pas seulement
» appréhendé les malheurs qui peuvent naistre
» de celle qui paroist entre les personnes principales. J'ai jugé que l'aigreur qui se nourrit et
» qui se fomente entre ceux qui s'intéressent dans
» leur parti, pouvoit apporter beaucoup de préjudice, parce qu'elle augmente la chaleur de ceux
» avec les quels ils s'attachent, c'est ce qui m'oblige de parler en ceste occasion, et de vous
» dire avec un esprit de concorde et de paix : vous
» qui sous le nom de M. le prince deschires
» M. le coadjuteur, je ne croy point que ce qui
» paroist dans vos escrits peust estre dans l'esprit de M. le prince; je ne puis m'imaginer
» qu'un prince sorti du plus illustre sang de
» l'Europe, vous puisse advouer d'entreprendre
» de descrier celuy qui a tousjours esté dans
» ses intérests, toutes les fois qu'il y a pu entrer
» avec honneur; qui ne s'en est jamais séparé
» que quand il ne les a pu suivre sans manquer
» à ce qu'il devait à la conservation de Paris :
» qui oublia toutes les aigreurs que M. le prince
» avoit tesmoigné contre lui pendant le siège
» de Paris, pour lui aller offrir son service,
» lorsqu'il se brouilla, au mois de septembre de
» l'année 1649, avec le cardinal Mazarin; qui ne
» laissa pas de demeurer serviteur de M. le prince, après qu'il se fut reconcilié avec ce ministre, et quoi qu'il ne voulut prendre aucune
» part à tous les advantages qui suivirent ce
» raccommodement; qui souffrit la persécution
» qui lui fut faite dans le procès criminel avec
» une fermeté qui ne diminuoit rien du respect
» qu'il devoit à M. le prince; qui dans ce temps
» lui proposa une infinité de fois de le servir contre le cardinal Mazarin s'il vouloit entreprendre sa ruine; qui s'est employé avec tant de
» sincérité auprès de Son Altesse Royale, et dans
» le parlement, pour lui procurer sa liberté; qui
» a mesprisé pour cest effet tant et de si grands
» avantages que l'on lui proposoit du costé du
» cardinal Mazarin; qui a négligé toutes les
» justes défiances qu'il pouvoit prendre de ceux
» qui estoient dans les intérests de M. le prince;
» qui depuis son eslargissement continua ses
» soins avec tant de fidélité, pour le tenir uni
» avec M. le duc d'Orléans, nonobstant les efforts que faisoient les créatures du cardinal
» Mazarin, de troubler et de rompre ceste alliance par touts les charmes de biens et de
» grandeurs qu'ils offroient à ceux qui avoient
» l'honneur d'approcher Son Altesse Royale; qui
» voyant que M. le prince s'estoit accommodé
» avec les sieurs Le Tellier, Servien et Lyonne,
» à l'insceu de M. le duc d'Orléans, avoit fait
» rappeller M. le chancelier et M. de Chavigny,
» procuroit l'esloignement de M. de Chasteauneuf, qui avoit tant de part à sa liberté; qui,
» dis-je, voyant tous ces changemens si peu preveus, puisqu'ils estoient contraires à des traités signés, au lieu d'esclater en plainte, se
» contenta de regretter le malheur de ses amis,
» et se retira avec tous les respects deubs à la
» qualité de M. le prince; qui n'est rentré dans
» les affaires du monde que pour défendre son
» honneur contre les faux bruits qui avoient esté
» semé par ses ennemis, envieux de son repos et
» de la tranquilité publique, de traités et de conférences secrettes.

» Est-il possible que M. le prince peust oublier
» un procédé si sincère, une suite de tant de
» bonnes actions, des services si considérables;
» et il n'est pas bien plus croyable que ces escrits, qui sous son nom paroissent dans le monde contre M. le coadjuteur, sont plustost des
» productions inconsidérées de quelques esprits
» emportés, que des effets véritables des sentimens de M. le prince.

» Mais il est vrai que je ne trouve pas moins
» blasmable la chaleur de ceux qui défendent,
» que l'emportement de ceux qui attaquent : ils
» semblent qu'ils soient bien aise que l'on déclame contre le coadjuteur, pour avoir occasion
» de le justifier; s'ils ne conservoient dans leurs
» esprits une aigreur secrette contre le parti de
» M. le prince, ils ne se donneroient pas la peine
» de respondre à des discours ridicules, qui ne
» persuadent personne; il y a un seul homme
» en France qui puisse penser que M. le coadjuteur soit mazarin, qui croie que celui qui a
» refusé tant d'advantages pour estre ami de ce
» ministre, dans le temps qu'il avoit toute la
» puissance royale entre les mains, que tous les
» grands du royaume lui faisoient la cour, que
» beaucoup de ceux qui avoient le plus d'honneur et le plus de probité, le blasmoient de ne
» pas céder au temps, et qu'il ne manquoit pas

» de personne et en grand nombre qui trai-
» toient de faction l'anthipathie qui a tousjours
» paru entre les vertus et les défauts de ce mal-
» heureux ; qui croye, dis-je, que ce mesme
» homme entre présentement dans ses intérets
» au moment qu'il est banni par les vœux pu-
» blics et par les arrets de toutes les compa-
» gnies souveraines, que toutes sortes d'intelli-
» gence avec lui n'est pas seulement odieuse,
» mais capital, qu'il se peut appeller l'homme
» d'abomination et de scandale, à présent que
» son amitié la plus fidèle et la plus solide (ce
» qui ne fut jamais en lui) ne peut produire au-
» cun advantage pour la fortune : il faut advouer
» que ces visions sont bisares, que vous faites
» tort à M. le coadjuteur de respondre pour luy
» à des extravagances peu fondées, que mesme
» dans les derniers escrits que ces faux émissai-
» res de M. le prince ont jeté dans le public, ils
» disent qu'ils ne veulent pas entreprendre de
» prouver que M. le coadjuteur soit mazarin.

» Et si le seul prétexte qui leur reste et qui
» est tiré des intérest imaginaires de M. le coad-
» juteur, et le motif de vostre chaleur et de
» vos responses, je ne crois pas qu'elle vous
» donne plus de sujet de vous emporter et d'es-
» crire contre des personnes qui attaquent M. le
» coadjuteur, par l'endroit où l'on peut dire qu'il
» se défend de lui-mesme. Ne sçait-on pas qu'il
» n'a profité de quoy que ce soit depuis tous les
» mouvements, que l'on peut dire qu'il est dans
» la nécessité ; et pour ne pas venir au détail des
» advantages qu'il a constamment refusé, a-t-il
» profité des admirautés et des autres graces de
» la cour ? Qui pouroit pourtant révoquer en
» doute que la considération dans laquelle il
» est par sa dignité jointe à la rencontre
» des affaires passées, ne deust naturellement
» attirer sur lui les biens et les grandeurs que
» beaucoup d'autres n'ont pas négligé, et des-
» quels on ne le voit pas néanmoins plus re-
» vestu que lorsqu'il entra dans la défence de
» Paris ? « A-t-il esté dans ton pouvoir d'estre
» consul et l'as tu refusé, ne te justifie pas da-
» vantage. » Ceste parole fut autrefois dite à un
» ancien. J'approuverois vostre dessein si vous
» l'aviez mise au dessous du nom de M. le coad-
» juteur sans autre apologie.

» Tous les autres reproches qu'on lui fait n'en
» méritent pas davantage. J'ai remarqué que les
» accusateurs ne blasment ordinairement que ses
» intentions, ils sont obligés de reconnoistre la
» bonté de ses actions. On lui reproche des des-
» seins secrets, on interprete mesme en un sens,
» le plus souvent très-esloigné et tout contraire,
» toutes les rencontres de sa vie. On veut qu'il

» soit brouillé avec M. de Beaufort, parce qu'il
» est moins contraire au Mazarin. Vous vous amu-
» ses à respondre à ceste imposture, comme si
» elle n'estoit pas destruite par la circonstance
» du temps dans lequel ceste rupture est arri-
» vée ; et comme si la division qui est entre eux
» n'eust pas esclaté dans le mesme moment que
» M. le prince s'accommoda avec les créatures
» du Mazarin pour esloigner M. de Chateauneuf ;
» on ne sçait que trop que M. de Beaufort estoit
» aussi de la partie, qu'il se jeta dèslors dans les
» intérets de la cour, et qu'il conféroit publique-
» ment tous les jours avec les sieurs Servien,
» Le Tellier et Lyonne, et l'on se souvient asses
» que ce fut cela qui obligeat M. le coadjuteur
» de se séparer d'avec luy, et mesme de se reti-
» rer du palais d'Orléans.

» Quand on l'accuse de n'estre plus dans les
» bonnes graces de Son Altesse Royale, qui
» pourroit le croire, après les approbations qu'il
» donne dans toutes occasions à sa conduite, jus-
» qu'à désadvouer publiquement la supposition
» qui lui fut faite de conseils violents par un
» escrit, et qui a esté leu dans le parlement ces
» derniers jours : on n'ignore pas que M. le co-
» adjuteur ne continue de rendre souvent ses
» debvoirs à Son Altesse, et l'on a appris avec
» joie que M. le duc d'Orléans lui fît l'honneur
» mardi dernier de le présenter à Leurs Majestés.
» Quelques impostures que l'on puisse forger à
» ce sujet, elles sont de mesme nature que les
» conférences secrettes que l'on lui objecte. On
» jette des bruits dans le monde, que l'on ne
» prouve point parce qu'ils sont faux : on affecte
» de faire publier des lettres que l'on ne produit
» pas au parlement, parce qu'elles sont suppo-
» sées : enfin l'on attaque M. le coadjuteur par
» des voies obscures, qui ne se justifient point
» et qui se détruisent d'elles-mêmes, parce que
» les choses cachées estant proprement le champ
» de l'imposture, et chacun pouvant feindre ai-
» sément tout ce qu'il veut dans ce qui n'est pas
» veu, il n'y a personne qui ne juge que des
» soupçons establis sur de prétendus secrets
» obscurs et non prouvés, sont plustost des ou-
» vrages de la calomnie que de la vérité.

» A quoi donc servent tant d'escrits ? A quoi
» tant d'invectives ? A quoi toutes ses apologies
» si fréquentes ? Unissons nos esprits, renon-
» çons à nos passions, contribuons tous avec zèle
» à remettre la tranquilité au dedans du royau-
» me, pour establir la générale dans toute la
» chrestienté. Songeons à conserver l'authorité
» légitime de nostre jeune monarque, affoiblie
» par tant de rencontres ; cherchons des moyens
» salutaires pour le soulagement des pauvres

» peuples affligés, qui ont esté jusques à présent
» l'objet de la fureur des partisans que l'on nous
» veut faire oublier sous de fausses apparances.
» Si vous avez eu part à l'esloignement du car-
» dinal Mazarin, satisfaites-vous dans le tesmoi-
» gnage de vostre conscience, et dans celui des
» peuples qui vous ont l'obligation d'en avoir
» deslivré la France, et recevez avec mespris, au
» lieu de respondre par des invectives, des ou-
» trages qui retombent sur ceux qui les font.

» Et vous qui l'avez autrefois protégé, peut-
» estre pour rendre odieuse aux peuples la per-
» sonne du roi, d'avec lequel vous le voulés faus-
» sement faire croire inséparable, qui avés eu
» besoin, pour le défaire, de la générosité de vos
» ennemis, contentes-vous du bonheur que vous
» avés eu de trouver des esprits asses fermes pour
» vous deslivrer d'un monstre qui vous avoit
» abbatus; ne faites plus les braves quand il n'y
» est pas, et sur un subjet qui ne peut plus pas-
» ser que pour un prétexte de vostre ambition et
» de vostre inquiétude. Enfin ne troublez plus
» par vos brouilleries les espérances de la paix
» que nous pouvons acquérir, de la force qui doit
» accompagner la majorité de nostre grand roi,
» et qui fera sans doute le bienheureux effect
» du juste et sage gouvernement que nous atten-
» dons de sa conduite. »]

Il y a plus de soixante volumes de pièces composées dans le cours de la guerre civile. Je crois pouvoir dire avec vérité qu'il n'y a pas cent feuillets qui méritent que l'on les lise.

Mon apparition au Palais pleust si fort à la reine, qu'elle escrivit dès l'après-disnée à madame la Palatine de me tesmoigner la satisfaction qu'elle en avoit, et de me commander de sa part de me trouver le lendemain, entre onze heures et minuit, à la porte du Cloistre-Saint-Honoré. Gaboury m'y vint prendre, et il me mena dans le petit oratoire dont je vous ai déjà parlé, où je trouvai la reine qui ne se sentoit pas de la joie qu'elle avoit de voir sur le pavé un parti déclaré contre M. le prince. Elle m'advoua qu'elle ne l'avoit pas creu possible, au moins qu'il peust estre en estat de paroistre si tost. Elle me dit que M. Le Tellier ne pouvoit encore se le persuader. Elle adjouta que Servien soustenoit qu'il falloit que j'eusse un concert secret avec M. le prince. « Mais je ne m'es-
» tonne pas de celui-ci (reprit-elle), c'est un
» traistre qui s'entend avec lui, et qui est au
» désespoir de ce que vous lui faites teste. Mais
» à propos de cela (continua-t-elle), il faut que je
» fasse réparation à Lyonne, il a esté trompé par
» Servien; il n'y a point de sa faulte en tout ce
» qui s'est passé; et le pauvre homme est si af-
» fligé d'avoir esté soupçonné, que je n'ai peu
» lui refuser la consolation qu'il m'a demandée,
» qui est que ce soit lui qui traite avec vous
» tout ce qu'il y aura à faire contre M. le prince. »

Je vous ennuirois si je vous expliquois le détail qui avoit justifié M. de Lyonne dans l'esprit de la reine, et je me contenterai de vous dire en général que son absolution ne me parut guère mieux fondée que les soupçons que l'on avoit pris, au moins jusques-là, de sa conduite. Je dis jusques là, parce que vous alles veoir que celle qu'il eust dans la suite marqua un ménagement bien extraordinaire pour M. le prince. Mais de tout ce que je vis en ce temps-là dans les plaintes de la reine contre Lyonne et contre Servien, sur le traité qu'ils avoient projeté pour le gouvernement de Provence, je ne puis encore, à l'heure qu'il est, m'en former à moi-mesme aucune idée qui aille à les condamner ni à les absoudre, parce que les faits mesme qui ont esté les plus éclaircis sur ceste matière se trouvent dans une si grande involution de circonstances obscures et bizarres, que je me ressouviens que l'on s'y perdoit dans les moments mesme qui en estoient les plus proches. Ce qui est de constant, est que la reine qui m'avoit parlé comme vous avés veu, le dernier de mai, de Servien et de Lyonne, comme de deux traistres, me parla du dernier, le 25 de juin, comme d'un fort homme de bien, et que le 28, elle me fit dire par la Palatine que le premier n'avoit pas failli par malice, et que M. le cardinal estoit très-persuadé de son innocence. J'ai tousjours oublié de parler de ce détail à M. le prince, qui seul le pourroit éclaircir.

Je reviens à ma conférence avec la reine; elle dura jusques à deux heures après minuit, et je creus veoir très-clairement, et dans son cœur et dans son esprit, qu'elle craignoit le raccommodement avec M. le prince; qu'elle souhaitoit avec une extrême passion que M. le cardinal en quitast la pensée à laquelle il donnoit (ce disoit-elle) par un excès de bonté comme un innocent, et qu'elle ne comptoit pas pour un grand malheur la guerre civile. Comme elle convenoit pourtant que le plus court seroit d'arrester, s'il estoit possible, M. le prince, elle me commanda de lui en expliquer les moyens. Je n'ai jamais peu sçavoir la raison pour laquelle elle n'approuva pas celui que je lui proposai, qui estoit d'obliger Monsieur à exécuter la chose cheux lui. J'y avois trouvé jour, et je sçavois bien que je ne serois pas désadvoué. Elle n'y voulut jamais entendre, soubs prétexte que Monsieur ne seroit jamais capable de ceste résolution, et qu'il y auroit mesme trop de péril.

à la lui communiquer. Je ne sçais si elle ne craignoit point que Monsieur, ayant fait un coup de cest esclat, ne s'en servit après contre elle-mesme. Je ne sçais si ce que Hoquincourt me dit le lendemain de l'offre qu'il lui avoit fait de tuer M. le prince, en l'attaquant dans une rue, ne lui avoit pas fait croire que ceste voie estoit encore plus décisive. Enfin elle rejeta absolument celle de Monsieur, qui estoit infaillible, et elle me commanda de conférer avec Hoquincourt, « qui vous dira (adjoutat-elle) qu'il » y a des moyens plus seurs que celui que vous » proposés. »

Je vis Hoquincourt le lendemain à l'hostel de Chevreuse, qui me conta familièrement tout le particulier de l'offre qu'il avoit faite à la reine. J'en eus horreur, et je suis obligé de dire, pour la vérité, que madame de Chevreuse n'en eust pas moins que moi. Ce qui est d'admirable est que la reine, qui m'avoit renvoyé à lui la veille, comme à un homme qui lui avoit fait une proposition raisonnable, nous tesmoigna, à madame de Chevreuse et à moi, qu'elle approuvoit extrêmement nos sentiments, qui estoient asseurément bien esloignés d'une action de ceste nature; et elle nous nia mesme absolument que Hoquincourt la lui eust expliquée ainsi. Voilà le fait sur lequel vous pouvés fonder vos conjectures. M. de Lyonne m'a dit depuis qu'un quart d'heure après que madame de Chevreuse eust dit à la reine que j'avois rejetté avec horreur la proposition d'Hoquincour, la reine dit à Senneterre, à propos de rien : « Le coadjuteur n'est pas si hardi que je le croyois. » [Et le mareschal Du Plessis me dit au mesme moment, presque à propos de rien, que le scrupule estoit indigne d'un grand homme. Je n'appliquai pas ceste parole en ce temps-là, mais ce qui me la fait observer depuis, et ce qui m'a toujours fait croire que ce mareschal sçavoit et approuvoit mesme l'entreprise d'Hoquincourt, est que M. le duc de Vitry m'a dit plus d'une fois que madame Dormeille, parente et amie intime du mareschal, l'avoit envoyé quérir en ce temps-là, lui, M. de Vitry, à Aigreville, où il estoit, et qu'elle lui avoit proposé à Picpusse, où il estoit venu à sa prière, d'entrer avec le mareschal dans une entreprise contre la personne de M. le prince. Elle s'adressoit mal, car je n'ai jamais cognus personne plus incapable d'une action noire que M. le duc de Vitry (1).]

Le lendemain du jour dans lequel ce que je viens de vous dire se passa, je receus un billet de Montresor à quatre heures du matin, qui me prioit d'aller cheux lui sans perdre un moment. J'y trouvai M. de Lyonne, qui me dit que la reine ne pouvoit plus souffrir M. le prince, et qu'elle avoit des advis certains qu'il formoit une entreprise pour se rendre maistre de la personne du roi; qu'il avoit envoyé en Flandres pour faire un traité avec les Espagnols; qu'il falloit que lui ou elle périst; qu'elle ne vouloit pas se servir des voies de sang, mais que ce qui avoit esté proposé par Hoquincourt ne pouvoit pas avoir ce nom, puisqu'il l'avoit asseurée la veille qu'il prendroit M. le prince sans coup ferrir, pourveu que je l'asseurasse du peuple. Enfin, je cognus clairement par tout ce que Lyonne me dit, qu'il falloit que la reine eust esté encore fraichement échauffée; et je trouvai un moment après que ma conjecture estoit bien fondée : car Lyonne mesme m'apprit que Ondedeï estoit arrivé avec un mémoire sanglant contre M. le prince, et qui debvoit convaincre la reine qu'elle n'avoit pas lieu d'appréhender la trop grande douceur de M. le cardinal. Lyonne me parut en son particulier très-animé, et au-delà mesme de ce que la bienséance le pouvoit permettre. Vous verrez par la suite que l'animosité de celui-ci estoit aussi affectée, que celle de la reine estoit naturelle.

Tout contribua ces jours-là à aigrir son esprit. Le parlement continuoit avec chaleur sa procédure criminelle contre le cardinal, qui se trouvoit convaincu, par les registres de Cantarini, d'avoir volé neuf millions; et M. le prince avoit obligé les chambres de s'assembler malgré toute la résistance du premier président, et de donner un nouvel arrest contre les commerces que les gens de la cour entretenoient avec lui. Les ordres de Brusle arrivant dans ces conjonctures, enflamèrent aisément la bile de la reine, qui estoit asses naturellement susceptible d'un grand feu; et Lyonne qui croyoit, à mon opinion, que M. le prince demeureroit à la fin maistre du champ de bataille, soit par la faction, soit par la négotiation, et qui par ceste raison le vouloit mesnager, n'oublia rien pour m'engager à porter les choses à l'extrémité contre lui, apparamment pour descouvrir tout mon jeu, et pour tirer mérite de la cognoissance qu'il lui en pourroit donner à lui-mesme. Il me pressa, à un point dont je suis encore surpris à l'heure qu'il est, de concourir à l'entreprise d'Hoquincourt, qui aboutissoit tousjours, en termes un peu desguisés, à assassiner M. le prince. Il me

---

(1) Ce passage entre crochets n'existe pas dans le manuscrit autographe; mais on le trouve dans la copie ancienne de ces Mémoires, déposée à la Bibliothèque du roi avec les originaux.

somma vingt fois, au nom de la reine, de ce que je l'avois asseurée que je lui ferois quitter le pavé. Les instances allèrent jusques à l'emportement, et il ne me parut que très-médiocrement satisfait de sa négociation avec moi, quoique je lui offrisse de faire arrester M. le prince au palais d'Orléans, où, en cas que la reine continuast à ne pas vouloir prendre ce parti, à continuer moi-mesme à aller au Palais fort accompagné, et en estat de m'opposer à ce que M. le prince pourroit entreprendre contre son service. Montresor, qui estoit présent à ceste conférence, a tousjours creu que Lyonne me parloit sincèrement; que son intention véritable estoit de perdre M. le prince, et qu'il ne prit le parti de le mesnager, qu'après qu'il eust veu que je ne voulois pas le sang, et qu'il creut par ceste raison qu'il demeureroit à la fin le maistre; et il est vrai qu'il me répéta deux ou trois fois dans le discours la parole de Machiavel, qui dit : « que la plupart des hommes » périssent parce qu'ils ne sont qu'à demi mé- » chants. » Je suis encore convaincu que Montresor se trompoit, que Lyonne n'avoit, dès qu'il commença à me parler, d'autre intention que de tirer de moi tout ce qui pouvoit estre de la mienne pour en faire l'usage qu'il en fist; et ce qui me l'a tousjours persuadé, est un certain air que je remarquai et dans son visage et dans ses paroles, qui ne se peut exprimer; mais qui prouve souvent beaucoup mieux que tout ce qui se peut expliquer. C'est une remarque que j'ai peut-être faite plus de mille fois en ma vie. J'observai aussi en ceste rencontre qu'il y a des points inexpliquables dans les affaires, et inexplicables mesme dans leurs instants. La conversation que j'eus avec Lyonne, cheux Montresor, commença à cinq heures du matin et elle finit à sept. Lyonne en advertit à huit M. le mareschal de Gramont, qui la fit sçavoir à dix, par M. de Chavigny, à M. le prince. Il y a apparence que Lyonne estoit bien intentionné pour lui. Il est constant toutefois qu'il ne lui descouvrit rien du détail; qu'il ne nomma pas Hoquincourt, ce qui estoit toutefois le plus dangereux, et qu'il se contenta de lui faire dire que la reine traitoit avec le coadjuteur pour l'arrester. Je n'ai jamais osé entamer avec M. de Lyonne ceste matière, qui, comme vous voyes, n'a pas esté le plus bel endroit de sa vie. M. le prince, à qui j'en ai parlé, n'est pas plus informé que moi, à ce qui m'a paru, de l'irrégularité de ceste conduite. La reine, avec laquelle j'eus une fort longue conversation deux jours après sur le mesme subjet, en estoit aussi estonnée elle-mesme que vous le pouves estre. Ne doit-on pas admirer après cela l'insolence des historiens vulgaires, qui croiroient se faire tort s'ils laissoient un seul événement dans leurs ouvrages, dont ils ne demeslassent pas touts les ressorts, qu'ils montent et qu'ils relachent presque tousjours sur des cadrans de collége.

L'advis que M. de Lyonne fit donner à M. le prince ne demeura pas secret. Je l'appris le mesme jour à huit heures du soir par madame de Pommereux, à qui Flamarin l'avoit dit, aussi bien que le canal par lequel il avoit esté porté. J'allai en mesme temps cheux madame la Palatine, qui en avoit déjà esté informée d'ailleurs, et qui me dit une circonstance que j'ai oubliée, et qui estoit toutefois très-considérable, autant que je m'en puis resouvenir, à propos de la faulte que la reine avoit fait de se confier à Lyonne. Je sçais bien que madame la Palatine adjouta que la première pensée de la reine, après avoir receu la depesche de Brusle, dont je vous ai desjà parlé, avoit esté de m'envoyer quérir dans le petit oratoire à l'heure ordinaire; mais qu'elle n'avoit osé de peur de desplaire à Ondédeï, qui lui avoit tesmoigné quelque ombrage de ces conférences particulières. La trahison de Lyonne estourdit tellement ce mesme Ondrédéi qu'il ne fut plus si délicat, et qu'il pressa lui-mesme la reine de me commander de l'aller trouver la nuit suivante.

J'attendis Gaboury devant les Jacobins; le rendes-vous du cloistre [Saint-Honnoré] qui estoit connu de Lyonne n'ayant pas esté jugé seur, il me mena dans la petite galerie qui, par la mesme raison, fut choisie au lieu de l'oratoire. Je trouvai la reine dans un emportement inconcevable contre Lyonne, qui ne diminuoit pourtant rien de celui qu'elle avoit contre M. le prince. Elle revint encore à la proposition d'Hocquincourt, à laquelle elle donnoit tousjours un air innocent. Je la combatis avec fermeté en lui soutenant que le succès ne pouvoit l'estre. Sa cholère alla jusques aux reproches, et jusques à me tesmoigner de la défiance de ma sincérité. Je souffris et ses reproches et la défiance avec tout le respect et toute la soubmission que je lui debvois; et je lui respondis simplement ces propres paroles : « Vostre Majesté, madame, ne veut » point le sang de M. le prince; et je prends la » liberté de lui dire, qu'elle me remerciera un » jour de ce que je m'oppose à ce qu'il soit res- » pandu contre son intention; il le seroit, ma- » dame, devant qu'il fut deux jours, si l'on pre- » noit les moyens que M. d'Hocquincourt pro- » pose. » Imagines-vous, s'il vous plait, que le plus doux auquel il s'estoit réduit, estoit de se rendre maistre, à la petite pointe du jour, du pavillon de l'hostel de Condé, et de surprendre M. le prince au lit. Et considérés, je vous supplie, si ce dessein estoit praticable sans massacre, dans une maison toute en défiance, et contre l'homme du plus grand courage qui soit au monde. Après une contestation et fort vive et fort longue, la reine fut obligée de se contenter que je continuasse de jouer le personnage que je jouois dans Paris : « Avec lequel (lui dis-je), » j'ose vous promettre, madame, ou que M. le » prince quittera le pavé à Vostre Majesté, ou » que je mourrai pour son service; et ainsi mon » sang effacera le soupçon qu'Ondédeï vous » donne de ma fidélité. » La reine qui vit que j'estois touché de ce qu'elle m'avoit dit me fit mille honnestetés; elle adjouta que je faisois injustice à Ondédeï, et qu'elle vouloit que je le visse. Elle l'envoya quérir sur l'heure par Gaboury. Il vint habillé en vrai capitan de comédie et chargé de plumes comme un mulet. Ses discours me parurent encore plus fous que sa mine. Il ne parloit que de la facilité qu'il y avoit à terrasser M. le prince, et à restablir M. le cardinal. Il traita les instances que je faisois à la reine de permettre que Monsieur arrestà M. le prince cheux lui, de proposition ridicule, et faite à dessein pour éluder les autres entreprises et plus faciles et plus raisonables que l'on pouvoit faire contre lui. Enfin tout ce que je vis ce soir-là de cest homme, ne fut qu'un tissu et d'impertinence et de fureur. Il se radoucit un peu sur la fin à la très-humble supplication de la reine, qui me paroissoit avoir une grande considération pour lui ; et madame la Palatine me dit deux jours après, que tout ce que j'avois veu des manières de ce capitan avec la reine n'estoit rien, au prix de ce qui s'estoit passé le lendemain, et qu'il l'avoit traitée avec une insolence que l'on ne se seroit pas peu imaginer. Elle fut un peu rabattue par le retour de Bertet, qui apporta une grande dépesche du cardinal, qui blasmoit, mesme avec beaucoup d'aigreur, ceux qui avoient empesché que la reine ne donnast les mains à la proposition que je lui avois faite de faire arrester M. le prince cheux Monsieur, qui faisoit mes éloges sur ceste proposition, qui traitoit Ondédeï de fou, M. Le Tellier de poltron, messieurs Servien et Lyonne de duppes, et qui contenoit une instance mesme très-pressante à la reine de me faire expédier la nomination ; de faire M. de Chateauneuf chef du conseil, et de donner la surintendance des finances à M. de La Vieuville. La reine me fit commander, une heure après que la dépesche de Brusle fut deschiffrée, de l'aller trouver entre minuit et une heure : elle m'en fit veoir le deschiffrement qui me parut estre le véritable. Elle me tesmoigna une joie sensible des sentiments où elle veoyoit M. le cardinal; elle me fit promettre de les mettre, en en rendant compte à Monsieur, dans leur plus beaux jours, et d'adoucir son esprit sur son subjet le plus qu'il me seroit possible : « Car je vois bien (adjoutast-elle) qu'il n'y a que » lui qui vous retienne, et que si vous n'aviés » point cest engagement vous series mazarin. » Je fus très-aise d'en estre quitte à si bon marché, et je lui respondis que j'estois au désespoir d'estre engagé, et que je n'y trouvois de consolation que la croyance où j'estois que je serois par cest engagement moins inutile à son service que par ma liberté. La reine me dit ensuite que l'advis du mareschal de Villeroy estoit qu'elle attendit la majorité du roi, qui estoit proche, pour faire esclater le changement qu'elle avoit résolu pour les places du conseil, parce que ce nouvel establissement, qui seroit très-désagréable à M. le prince, tireroit encore de la dignité et de la force d'une action qui donne un nouvel esclat à l'autorité. « Mais (reprit-elle tout à coup) » il faudroit par la mesme raison remettre vostre » nomination; M. de Chateauneuf est de ce sentiment. » Elle soubrit à ce mot, et elle me dit : « Non, la voila en bonne forme; il ne faut pas » donner à M. le prince le temps de cabaler à » Rome contre vous. » Je respondis ce que vous vous pouves imaginer à la reine, qui fit effectivement ceste action de la meilleure grace du monde, parce que le cardinal l'avoit trompée la première en lui mandant qu'il falloit agir de bonne foi avec moi. Bluet, advocat du conseil et intimissime d'Ondédeï, m'a dit plusieurs fois depuis que celui-ci lui avoit advoué, le soir qu'il arriva de Brusle à Paris, que le cardinal ne lui avoit rien recommandé avec plus d'empressement que de faire croire à la reine mesme que son intention pour ma promotion estoit très-sincère, parce que (dit-il à Ondédeï) madame de Chevreuse la pénétreroit infailliblement si elle sçavoit elle-mesme ce que nous avons dans l'ame. Vous ne seres pas asseurément surprise de ce qu'ils y avoient, qui estoit une résolution bien formée de me jouer, de se servir de moi contre M. le prince, de me traverser soubsmain à Rome, de traisner la promotion et de trouver dans le chapitre des accidents de quoi la révoquer.

La fortune sembla dans les commencements favoriser leur projet : car comme je m'estois enfermé le lendemain au soir cheux l'abbé de Bernay, pour escrire à Rome avec plus de loisir, et pour despécher l'abbé Charrier, que j'y envoyois pour y solliciter ma promotion, j'en receus une lettre qui m'apprit la mort de Pancirole. Ce contre-temps, qui rompit en un instant les seules mesures qui m'y parussent certaines, m'embarrassa beaucoup, et avec d'autant plus de raison que je ne pouvois pas ignorer que le commendeur de Valençay (1), qui y estoit ambassadeur pour le roi et qui avoit pour lui mesme de grandes prétentions au chapeau, ne fist contre moi tout ce qui seroit en son pouvoir. Je ne laissai pas de faire partir l'abbé Charrier, qui, comme vous verres par la suite, trouva fort peu d'obstacle à sa négotiation, quoique M. le cardinal n'oubliast aucun de touts ceux qu'il y peut mettre. Il est à remarquer que la reine, dans toute la conversation que j'eus avec elle touchant ceste depesche de M. le cardinal, ne s'ouvrit en façon du monde de ce qu'il lui avoit escrit par un billet séparé (à ce que M. de Chateauneuf me dit le lendemain), touchant la proposition du mariage de mademoiselle d'Orléans, qui est présentement madame de Toscanne, avec le roi. La grande Mademoiselle (2) y avoit beaucoup prétendu : le cardinal le lui avoit fait espérer ; comme elle vit qu'il n'en avoit aucune intention dans le fond, elle affecta de faire la Frondeuse mesme avec emportement. Elle tesmoigna une chaleur inconcevable pour la liberté de M. le prince. Monsieur la cognoissoit si bien, et il avoit si peu de considération pour elle, que l'on ne faisoit presque aucune réflexion sur ses démarches dans les temps mesme où elles eussent deu estre, au moins par sa qualité, de quelque considération. Vous me pardonneres par ceste raison le peu de soing que j'ai eu jusques ici de vous en rendre compte. M. le cardinal, qui creut que Monsieur pourroit se flatter plus facilement de l'espérance de faire espouser au roi la cadette, dont l'age estoit en effet beaucoup plus sortable, manda à la reine de lui donner toutes les lueurs possibles de ceste alliance, mais de se garder sur toutes choses de les faire jeter par moi, parce que (adjoutat-il) le coadjuteur en serreroit les mesures plus brusquement et plus estroitement qu'il ne convient encore à Vostre Majesté. M. de Chateauneuf me fit voir ces propres paroles dans un billet qu'il me jura avoir esté copié sur l'original mesme de celui du cardinal. Il prioit la reine de faire porter ceste parole, ou plustot ceste veue à Monsieur par Beloy : « Si toutefois (portoit le billet) l'on continue à estre asseuré de lui. » Monsieur m'a juré depuis plus de dix fois, que l'on ne lui avoit jamais fait ceste proposition ni directement ni indirectement. Ces deux faits paroissent bien contraires : voici ce qui n'est pas moins inexplicable.

Je vous ai déjà dit que le cardinal blasmoit extrêmement par sa dépesche ceux qui avoient dissuadé la reine d'accepter la proposition que je lui avois faite de faire arrester M. le prince au palais d'Orléans. Je m'attendois par ceste raison qu'elle en prendroit la pensée, et qu'elle me presseroit mesme de lui tenir ce que je lui avois comme promis en le lui proposant. Je fus surpris au dernier point, quand je trouvai qu'elle ne me parut pas seulement y avoir fait réflexion; et je le suis encore quand je la fais moi-mesme, que M. Le Tellier, M. Servien et madame la Palatine, que j'ai mis depuis sur ceste matière cent et cent fois, ne m'en ont pas paru plus savants que moi ; et ce qui m'estonne encore beaucoup davantage, est qu'ils ont touts convenus que la lettre du cardinal estoit véritable et sincère en ce point. Je me confirme dans ce que j'ai dit ci-devant, qu'il y a des poincts dans les affaires qui eschappent par des rencontres mesme naturelles, aux plus clairvoyants, et que nous en rencontrerions bien plus fréquemment dans les histoires, si elles estoient toutes escrites par des gents qui eussent esté eux mesme dans le secret des choses, et qui par conséquent eussent esté supérieurs à la vanité ridicule de ces auteurs impertinents, qui, estants nés dans la basse cour, et n'ayant jamais passé l'antichambre, se piquent de ne rien ignorer de tout ce qui s'est passé dans le cabinet. J'admire à ce propos l'insolence de ces gents de néant en tout sens, qui s'imaginants d'avoir pénétré dans tous les replis des cœurs de ceux qui ont eu le plus de part dans les affaires, n'ont laissé aucun événement dont ils n'ayent prétendu avoir développé l'origine et la suite. Je trouvai un jour sur la table du cabinet de M. le prince deux ou trois ouvrages de ces ames serviles et vénales ; et M. le prince me dit en voyant que j'y avois jeté les yeux : « Ces misérables nous ont fait vous et » moi tels qu'ils auroient esté, s'ils s'estoient » trouvés en nos places. » Ceste parole est d'un grand sens.

Je reprends ce qui se passa sur la fin de la conversation que j'eus ceste nuit-là avec la reine. Elle affecta de me faire promettre que je ne

---

(1) Henri d'Estampes, chevalier de Malte, grand-croix et bailli de son ordre, grand prieur de Bapaume et ambassadeur à Rome pour le roi, mourut à Malte sur la fin d'avril 1678, en sa soixante-quinzième année. Il était fils de Jacques d'Estampes seigneur de Valençay, etc.

(2) Anne-Marie Louise, connue sous le nom de mademoiselle de Montpensier.

manquerois pas d'aller au palais toutes les fois que M. le prince s'y trouveroit ; et madame la Palatine, à qui je dis le lendemain que j'avois observé une application particulière de la reine sur ce point, me respondit ces propres paroles : « J'en sçais la raison, Servien lui dit à toutes » les heures du jour, que vous estes en concert » avec M. le prince, et qu'il y aura des occasions » où, par le mesme concert, vous ne vous trou- » veres pas aux assemblées du parlement. » Je n'en manquai aucune, et je tins une conduite qui deust, au moins par l'événement, faire honte au jugement de M. Servien. Je n'y eus de complaisance pour M. le prince que celle qui ne lui pouvoit plaire. J'applaudissois à tout ce qu'il disoit contre M. le cardinal, mais je n'oubliois rien de tout ce qui pouvoit éclairer et les négotiations et les prétextes ; et ceste conduite estoit d'un grand embarras à un parti dont l'intention dans le fonds n'estoit que de s'accommoder avec la cour, par les frayeurs qu'il prétendoit de donner au ministre. L'inclination de M. le prince estoit très-esloignée de la guerre civile, et celle de M. de La Rochefoucault, qui gouvernoit madame de Longueville et M. le prince de Conti, estoit tousjours portée à la négotiation. Les conjonctures obligeoient les uns et les autres à des déclarations et à des déclamations qui eussent peu aller à leurs fins, si ces déclarations et ces déclamations n'eussent esté soigneusement expliquées et commentées par les Frondeurs, et du costé de la cour et du costé de la ville. La reine, qui estoit très-fière, ne prit pas de confiance à des advances qui estoient tousjours précédées par des menasses. Le cardinal ne prit pas la peur, parce qu'il vit que M. le prince n'estoit plus dominant, au moins uniquement, dans Paris. Le peuple, instruit du dessoubs des cartes, ne prit plut pour bon tout ce que l'on lui vouloit persuader soubs le prétexte du Mazarin, qu'il ne voyoit plus. Ces dispositions jointes à l'advis que M. le prince eust de ma conférence avec Lyonne, et à celui que le Bouchet lui donna de la marche de deux compagnies des gardes, l'obligèrent de sortir, le sixiesme de juillet sur les deux heures du matin, de l'hostel de Condé et de se retirer à Sainct-Maur. Il est constant qu'il n'avoit point d'autre parti à prendre, et que la place n'estoit plus tenable pour lui dans Paris, à moins qu'il ne se fut résolu à y faire dès ce temps-là ce qu'il y fit depuis, c'est-à-dire à moins qu'il s'y fut mis publiquement sur la défensive. Il ne le voulut pas, parce qu'il ne s'estoit pas encore résolu à la guerre civile, à laquelle il est constant qu'il avoit une aversion mortelle. L'on a voulu blasmer son irrésolution, et je crois que l'on en doibt plustost louer le principe ; et je mesprise au dernier point l'insolence de ces ames de boue, qui ont osé escrire et imprimer qu'un cœur aussi ferme et aussi esprouvé que celui de César, ait esté capable en ceste occasion d'une allarme mal prise. Ces auteurs impertinents et ridicules mériteroient que l'on les fouettast publiquement dans les carrefours.

Vous ne doubtes pas du mouvement que la sortie de M. le prince fit dans tous les esprits. Madame de Longueville, quoique malade, l'alla joindre aussitost après, et MM. de Conti, de Nemours, de Bouillon, de Turenne, de La Rochefoucault, de Richelieu et de La Mothe se rendirent en mesme temps auprès de lui. Il envoya M. de La Rochefoucault à Monsieur pour lui donner part des raisons qui l'avoient obligé de se retirer. Monsieur en fust et en parut estonné. Il en fist l'affligé. Il alla trouver la reine, il approuva la résolution qu'elle prit d'envoyer M. le mareschal de Gramont à Saint-Maur pour asseurer M. le prince qu'elle n'avoit eu aucun dessein contre sa personne. Monsieur, qui creut que M. le prince ne reviendroit plus à Paris après le pas qu'il avoit fait, et qui s'imagina par ceste raison qu'il l'obligeroit à bon marché, chargea M. le mareschal de Gramont de toutes les asseurances qu'il lui pouvoit donner en son particulier. Vous verres dans la suite par cest exemple, qu'il y a tousjours de l'inconvénient à s'engager sur des suppositions que l'on croit impossibles. Il est pourtant vrai qu'il n'y a presque personne qui en fasse difficulté.

Aussitost que M. le prince fut à Saint-Maur, il n'y eust pas un homme dans son parti qui ne pensa à s'accommoder avec la cour, et c'est ce qui arrive tousjours dans les affaires dont le chef est cognu pour ne pas aimer la faction. Un esprit bien sage ne la peut jamais aimer, mais il est de la sagesse de cacher son aversion quand l'on a le malheur d'y estre engagé. Téligny, beau-fils de M. l'admiral de Coligny, disoit la veille du jour de la Saint-Barthelemy, que son beau-père avoit plus perdu dans le parti huguenot en laissant pénétrer sa lassitude qu'en perdant les batailles de Moncontour et de Saint-Denis. Voila le premier coup que celui de M. le prince receut, et d'autant plus dangereux qu'il n'y a peut-estre jamais eu de corps auquel ces sortes de blesseurs fussent si mortelles qu'a celui qui composoit son parti. M. de La Rochefoucault, qui en estoit un des membres les plus considérables par le pouvoir absolu qu'il avoit sur l'esprit de M. le prince de Conti et sur celui de madame de Longueville, estoit dans la faction ce que M. de Bouillon avoit esté autrefois dans les finances ; M. le cardinal de Richelieu disoit que celui-ci employoit douze heures du jour à la création de nouveaux offices et les douze autres à leurs suppressions ; et Matha appliquoit ceste remarque à M. de La Rochefoucault, en disant qu'il faisoit touts les matins une brouillerie et que tous les soirs il travailloit à un rabillement, c'estoit son mot. M. de Bouillon, qui n'estoit nullement content de M. le prince, et qui ne l'estoit pas davantage de la cour, n'aidoit pas à fixer les résolutions, parce que la difficulté de s'asseurer des uns et des autres brouilloit à midi les veues qu'il avoit prises à dix heures ou pour la rupture ou pour l'accommodement. M. de Turenne, qui n'estoit pas plus satisfait des uns ni des autres que M. son frère, n'estoit pas de plus à beaucoup près si décisif dans les affaires que dans la guerre. M. de Nemours, amoureux de madame de Chastillon, trouvoit dans la crainte de s'en esloigner des obstacles aux mouvements que la vivacité de son age plustost que celle de son humeur lui pouvoit donner pour l'action. Chavigny, qui estoit rentré dans le cabinet, son unique élément, et qui y estoit rentré par le moyen de M. le prince, ne pouvoit souffrir qu'il l'abandonnast, et il pouvoit encore moins souffrir qu'il le tinst en bonne intelligence avec le Mazarin, qui estoit l'objet de son horreur. Viole, qui dépendoit de M. de Chavigny, joignoit aux sentiments tousjours incertains de son ami sa timidité, qui estoit tres-grande, et son avidité, qui n'estoit pas moindre. Croissy, qui avoit l'esprit naturellement violent, estoit suspendu entre l'extrémité à laquelle son inclination le portoit, et la modération dont les mesures qu'il avoit tousjours gardées très soigneusement avec M. de Chasteauneuf l'obligeoient de conserver, au moins les apparences. Madame de Longueville sur le tout, vouloit en des moments l'accommodement, parce que M. de La Rochefoucault le souhaitoit ; et desiroit en d'autres la rupture, parce qu'elle l'esloignoit de M. son mari qu'elle n'avoit jamais aimé, mais qu'elle avoit commencé à craindre depuis quelque temps. Ceste constitution des esprits ausquels M. le prince avoit affaire eust embarrassé Sertorius. Jugés, s'il vous plait, quel effet elle pouvoit faire dans celui d'un prince du sang couvert de lauriers innocents, et qui ne regardoit la qualité de chef de parti que comme un malheur, et mesme comme un malheur qui estoit au dessoubs de lui. L'une de ses plus grandes peines, à ce qu'il m'a dit depuis, fut de se défendre des défiances qui sont naturelles et infinies dans les commencements des affaires, encore plus que dans leur progrès et dans leurs suites.

Comme rien n'y est encore formé, et que tout y est vague, l'imagination qui n'y a point de bornes se prend et s'estent mesme à tout ce qui est possible. Le chef est responsable par advance de tout ce que l'on soupçonne lui pouvoir tomber dans l'esprit. M. le prince se creut obligé par ceste raison de ne point donner d'audiance particulière à M. le mareschal de Gramont, quoi qu'il l'eust tousjours fort aimé, et il se contenta de lui dire en présence de toutes les personnes de qualité qui estoient avec lui, qu'il ne pouvoit retourner à la cour tant que les créatures de M. le cardinal y tiendroient les premières places. Touts ceux qui estoient dans les intérests de M. le prince, et qui souhaitoient pour la plus part l'accommodement, trouvoient leur compte en ceste proposition, qui, effrayant les subalternes du cabinet, les rendoit plus souples aux différentes prétentions des particuliers. Chavigny, qui alloit et venoit de Paris à Saint-Maur et de Saint-Maur à Paris, se faisoit un mérite auprès de la reine (à ce qu'elle m'a dit elle-mesme), de ce que le premier feu que ce nouvel esclat de M. le prince avoit jeté, s'estoit plustot attaché au Tellier, à Lyonne et à Servien qu'au cardinal mesme. Il ne laissoit pas de faire, en poussant ces trois subjets, l'effect qui lui convenoit, qui estoit d'esloigner d'auprès de la reine ceux dont le ministère véritable et solide offusquoit le sien, qui n'estoit qu'apparant et qu'imaginaire. Ceste veue, qui estoit asseurément plus subtile que judicieuse, le charmoit à un point qu'il en parla à Bagnols, le jour que M. le prince se fust déclaré contre eux, comme de l'action la plus sage et la plus fine qui eust esté faite de nostre siècle. « Elle amuse le cardinal, (lui » dit-il), en lui faisant croire que l'on prend le » change, et qu'au lieu de presser la déclaration » contre lui, qui n'est pas encore expédiée, l'on » se contente de clabauder contre ses amis. Elle » chasse du cabinet les seules personnes à qui la » reine se peut ouvrir, elle y en laisse d'autres » ausquelles il faudra nécessairement qu'elle » s'ouvre faute d'autres, et elle oblige les Fron» deurs ou à passer pour mazarins en espargnant » ses créatures, ou à se brouiller avec la reine » en parlant contre elle. » Ce raisonnement que Bagnols me rapporta un quart d'heure après me parut aussi solide pour le dernier article, qu'il me sembla frivole pour les autres. Je m'appliquai soigneusement à y remédier, et vous verres par la suitte que je n'y travaillai pas sans succès.

Je vous ai déjà dit que M. le prince se retira à Saint-Maur le 6 de juillet 1651.

Le 7, M. le prince de Conti vint au palais y

porter les raisons que M. le prince avoit eu de se retirer. Il ne parla qu'en général des advis qu'il avoit receu de tous costés, des desseins de la cour contre sa personne. Il déclara en suite que M. son frère ne pouvoit trouver aucune seureté à la cour tant que MM. Le Tellier, Servien et Lyonne n'en seroient pas esloignés. Il fît de grandes pleintes de ce que M. le cardinal s'estoit voulu rendre maistre de Brisach et de Sedan, et il conclut en disant à la compagnie, que M. le prince lui envoyoit un gentilhomme avec une lettre. M. le premier président respondit à M. le prince de Conti, que M. le prince auroit mieux fait de venir lui-mesme au parlement prendre sa place. L'on fît entrer le gentilhomme ; il rendit sa lettre, qui n'adjoutoit rien à ce que M. le prince de Conti avoit dit. M. le premier président prit la parole en donnant part à la compagnie, que la reine lui avoit envoyé un gentilhomme, à cinq heures du matin, pour lui donner advis de ceste lettre de M. le prince, et pour lui commander de faire entendre à la compagnie que Sa Majesté ne desiroit pas que l'on fist aucune délibération qu'elle ne lui eust fait sçavoir sa volonté. M. le duc d'Orléans adjouta que sa conscience l'obligeoit à tesmoigner que la reine n'avoit eu aucune pensée de faire arrester M. le prince, que les gardes qui avoient passé dans le fauxbourg Saint-Germain n'y avoient esté que pour favoriser l'entrée de quelques vins que l'on vouloit faire passer sans payer les droits ; que la reine n'avoit aucune part en ce qui s'estoit passé à Brisach. Enfin Monsieur parla comme il eust fait s'il eust esté le mieux intentionné du monde pour la reine. Comme je pris la liberté de lui demander après la séance s'il n'avoit pas appréhendé que la compagnie lui demandast la garentie de la seureté de M. le prince, dont il venoit de donner des asseurances si positives ; il me respondit d'un air très-embarrassé : « Venes » cheux moi, je vous dirai mes raisons. » Il est certain qu'il s'estoit exposé, en parlant comme il avoit fait, à cest inconvénient qui n'estoit pas médiocre ; et M. le premier président, qui servoit en ce moment la cour de très-bonne foi, le lui évita très-habilement en donnant le change à Machaut, qui avoit touché cest expédient, et en suppliant simplement Monsieur de rasseurer M. le prince, et d'essayer de le faire revenir à la cour. Il affecta aussi de couler le temps de la séance, et ainsi on n'eust que celui de remettre l'assemblée au lendemain, et d'arrester simplement qu'en attendant, la lettre de M. le prince seroit portée à la reine. Je reviens à ce que Monsieur me dit quand il fut revenu cheux lui.

Il me mena dans le cabinet des livres, il en ferma les verroux, il jeta avec émotion son chapeau sus une table, et il s'escria en jurant : « Vous estes une grosse dupe, ou je suis une » grosse beste. Croyes-vous que la reine veuille » que M. le prince revienne à la cour ? — Oui, » monsieur, lui dis-je sans balancer, pourveu » qu'il y vienne en estat de se laisser prendre ou » assommer. — Non, me respondit-il, elle veut » qu'il revienne à Paris en toute manière, et » demandés à vostre ami le vicomte d'Autel, ce » qu'il m'a dit aujourd'hui de sa part, comme » j'entrois dans la grande chambre. » Voici ce qu'il lui avoit dit : que le mareschal Du Plessis-Praslin, son frère, avoit eu ordre de la reine, à six heures du matin, de prier Monsieur de sa part, d'asseurer le parlement que M. le prince ne courreroit aucune fortune s'il lui plaisoit de revenir à la cour. « Je n'ai pas esté jusques là, » adjouta Monsieur, car j'ai mille raisons pour ne » lui vouloir pas servir de caution, et ni l'un ni » l'autre ne m'y ont obligé. Mais au moins vous » voyes, continuat-il, que je n'ai peu moins dire » que ce que j'ai dit, et vous voyes de plus le » plaisir qu'il y a d'avoir à agir entre touts ces » gents-là. La reine dit avant-hier qu'il faut qu'elle » ou M. le prince quitte le pavé ; elle veut au» jourd'hui que je l'y ramène, et que je m'en» gage d'honneur au parlement pour sa seureté. » M. le prince sortit hier au matin de Paris » pour s'empescher d'estre arresté, et je gage » qu'il y reviendra devant qu'il soit deux jours, » de la manière que tout cela se tourne. Je veux » m'en aller à Blois et me moquer de tout. »

Comme je cognoissois Monsieur, et que je sçavois de plus que Raray, qui estoit à lui, mais qui estoit serviteur de M. le prince, avoit dit la veille que l'on se tenoit à Saint-Maur très-asseuré du palais d'Orléans, je ne doubtai point que la cholère de Monsieur ne vint de son embarras, et que son embarras ne fut l'effet des advances qu'il avoit fait lui-mesme à M. le prince, dans la pensée qu'elles ne l'obligeroient jamais à rien, parce qu'il estoit persuadé qu'il ne reviendroit plus à la cour. Comme il vit que la reine au lieu de prendre le parti de le pousser, lui offroit des seuretés en cas qu'il voulut revenir à Paris, et que ceste conduite lui fist croire qu'elle seroit capable de mollir sur la proposition de joindre à l'esloignement du cardinal celui de Lyonne, du Tellier et de Servien, il s'effraya ; il creut que M. le prince reviendroit au premier jour à Paris, et qu'il se serviroit de la foiblesse de la reine, non pas pour pousser effectivement les ministres, mais pour lui en faire sa cour en se raccommodant avec elle, et en en tirant ses advantages particuliers pour prix de la complaisance qu'il auroit pour elle en les rapellant. Monsieur creut sur ce fondement qu'il ne pouvoit trop mesnager la reine, qui lui avoit fait la veille des reproches des mesures qu'il gardoit avec M. le prince «après ce qu'il vous a fait » (lui dit-elle), sans ce que je ne vous en ai pas » encore dit.» (Vous remarqueres, s'il vous plaît, qu'elle ne s'en est jamais expliquée plus clairement, ce qui me fait croire que ce n'estoit rien.) Monsieur, qui venoit de charger M. le mareschal de Gramont de toutes les douceurs et de toutes les promesses possibles touchant la seureté de M. le prince (car ce fust l'après disnée de ce mesme jour, 7 de juillet, que le mareschal de Gramont fit ce voyage de Saint-Maur, dont je vous ai parlé ci-dessus, et qui avoit esté concerté la veille avec la reine); Monsieur, dis-je, creut qu'ayant fait d'une part ce que la reine avoit désiré, et prenant de l'autre avec M. le prince touts les engagements qu'il lui pouvoit donner pour sa seureté, il s'asseuroit ainsi lui-mesme de touts les deux costés. Voila justement où eschouent toutes les ames timides. La peur, qui grossit tousjours les objets, donne du corps à toutes leurs imaginations; elles prennent pour forme tout ce qu'elles se figurent dans la pensée de leurs ennemis, et elles tombent presque tousjours dans des inconvéniens très-effectifs, par la frayeur qu'elles prennent de ceux qui ne sont qu'imaginaires.

Monsieur vit le 6 au soir, dans l'esprit de la reine, de la disposition à s'accommoder avec M. le prince, quoi qu'elle l'asseuroit du contraire; et il ne pouvoit ignorer que l'inclination de M. le prince ne fut de s'accommoder avec la reine. La timidité lui fit croire que ces dispositions produiront leur effet dès le 8; et il fait dès le 7 sur ce fondement, qui est faux, des pas qui n'auroient peu estre judicieux que supposé que l'accommodement eust été fait dès le 5. Je le lui fis advouer à lui-même devant que de le quitter, par ce dilemme. «Vous asprehendés » que M. le prince ne revienne à la cour, parce » que vous croyes qu'il en sera le maistre; prenes-» vous un bon moyen pour l'en esloigner en lui » en ouvrant toutes les portes, et en vous engageant vous mesmes à sa seureté? Voules-» vous qu'il y revienne pour avoir plus de facilité à le perdre? Je ne vous crois pas capable » de ceste pensée, à l'esgard d'un homme à qui » vous donnés vostre parole à la face de tout un » parlement et de tout le royaume. Le voules-» vous faire revenir pour l'accommoder effectivement avec la reine? Il n'y a rien de mieux » pourveu que vous soyes asseuré qu'ils ne s'accommoderont pas ensemble contre vous-mesme,

» comme ils firent il n'y a pas long-temps : mais » je m'imagine, Monsieur, que Vostre Altesse » Royale a bien sceu prendre ses seuretés.» Monsieur, qui n'en avoit pris aucune, eust honte de ce que je lui représentois avec asses de force; et il me dit : « Voila des inconvéniens, mais » que faire en l'estat où sont les choses? Ils se » raccommoderont touts ensemble, et je demeurerai seul comme l'autrefois.—Si vous me commendes, monsieur, lui répondis-je, de parler » à la reine de vostre part aux termes que je vas » proposer à Vostre Altesse Royale, j'ose vous » respondre que vous verres, au moins bientost, » clair à vos affaires.» Il me donna la carte blanche : ce qu'il faisoit tousjours avec facilité quand il se trouvoit embarassé. Je la rempli d'une manière qui lui agréa; je lui expliquai le tour qu'il je donnerois à ce que je dirois à la reine. Il l'approuva; et je fis suplier la reine par Gaboury, dès le soir mesme, de me permettre d'aller à l'heure accoutumée, dans la petite galerie. Monsieur, à qui je fis sçavoir par Jouy, que la reine m'avoit mandé de m'y rendre à minuit, m'envoya sur les neuf heures chercher à l'hostel de Chevreuse, où je souspois, pour me dire qu'il m'advouoit qu'il n'avoit esté de la vie si embarassé qu'il l'estoit; qu'il convenoit qu'il y avoit beaucoup de sa faute; mais qu'il estoit pardonnable de faillir dans une occasion où il sembloit que tout le monde ne cherchoit qu'à rompre toutes mesures; que M. le prince lui avoit fait dire par Croissy, à sept heures du matin, des choses qui lui donnoient lieu de croire qu'il ne reviendroit point à Paris; que M. de Chavigny lui en avoit parlé, à sept heures du soir, d'une manière qui lui faisoit juger qu'il y pourroit estre au moment où il me parloit. Il adjouta que la reine estoit une estrange femme, qu'elle lui avoit tesmoigné la veille qu'elle estoit très-aise que M. le prince eust quité sa partie, et que ce qu'elle lui feroit dire par le mareschal de Gramont ne seroit que pour la forme; qu'elle lui avoit fait dire ce jour-là, à six heures du matin, qu'il falloit faire touts ses efforts pour l'obliger à revenir; qu'il m'avoit envoyé quérir pour me recommender encore de bien prendre garde à la manière dont je parlerois à la reine : « Parce qu'enfin (me dit-il), je vous déclare que » voyant comme je le vois, qu'elle se va raccommoder avec M. le prince, je ne me veux brouiller » ni avec l'un ni avec l'autre.» J'essayai de faire comprendre à Monsieur que le vrai moyen de se brouiller avec touts les deux seroit de ne pas suivre la voie qu'il avoit prise, ou du moins résolue, et de faire expliquer la reine. Il vetilla beaucoup sur la manière dont il estoit convenu à midi ; et je cognus encore en ce rencontre, que de toutes les passions, la peur est celle qui affoiblit davantage le jugement, et que ceux qui en sont possédés aiment et retiennent les expressions qu'elle leur inspire mesme dans les temps où ils se défendent, ou plustost où on les défend des mouvements qu'elle leur donne. J'ai fait ceste observation trois ou quatre fois en ma vie.

Comme ma conversation avec Monsieur s'eschauffoit plus sur les termes que sur la substance des choses dont il me paroissoit que je l'avois asses convaincu, M. le mareschal de Gramont entra, qui venoit de rendre compte à la reine du voyage de Saint-Maur, dont je vous ai déjà parlé, et comme il estoit fort piqué du refus que M. le prince lui avoit fait de l'escouter en particulier, il donna à son voyage et à sa négociation un air de ridicule qui ne me fut pas inutile. Monsieur, qui estoit l'homme du monde qui aimoit le mieu à se jouer, prit un plaisir sensible à la description des Etats de la Ligue assemblés à Saint-Maur. Ce fust ainsi que le mareschal aspella le conseil devant lequel il avoit parlé. Il peignit fort plaisamment touts les gents qui le composoient, et je m'apperceus que ceste idée de plaisanterie diminua beaucoup dans l'esprit de Monsieur de la frayeur qu'il avoit conçue du parti de M. le prince.

Je receus au moment que M. le mareschal de Gramont sortit d'auprès de Monsieur, un billet de madame la Palatine, qui ne me servit pas moins à lui faire concevoir que les mesures du Palais-Royal n'estoient pas si seures qu'il fut encore temps d'y bastir comme sur des fondements bien asseurés. Voici les propres paroles du billet :

« Je vous prie que je vous puisse veoir au » sortir de cheux la reine; il est nécessaire que » je vous parle. J'ai esté aujourd'hui à Saint- » Maur, où l'on ne sçait ce que l'on peut, et je » sors du Palais-Royal, où l'on sçait encore » moins ce que l'on veut. »

J'expliquai ces mots à Monsieur à ma manière. Je lui dis qu'ils signifioient que tout estoit encore en son entier dans l'esprit de la reine, et je l'asseurai que pourveu qu'il ne changeast rien à l'ordre qu'il m'avoit donné de négocier de sa part avec elle, je lui rapporterois de quoi le tirer de la peine où je le voyois. Il me le permit, quoi qu'avec des restrictions que la timidité produit tousjours en abondance.

J'allai cheux la reine, et je lui dis que Monsieur m'avoit commandé de l'asseurer encore de ce qu'il lui avoit protesté la veille, touchant la sortie de M. le prince, qui estoit que non pas seulement il ne l'avoit pas sceu, mais encore qu'il la désapprouvoit, et qu'il la condamnoit au dernier point; qu'il n'entreroit en rien de tout ce qui seroit contre le service du roi et contre le sien ; que M. le cardinal estant esloigné, il ne favoriseroit en façon du monde les prétextes que l'on vouloit prendre de la crainte de son retour, parce qu'il estoit persuadé que la reine effectivement n'y pensoit plus, que M. le prince ne songeoit qu'à animer son fantosme pour effaroucher les peuples, et que lui, Monsieur, n'avoit d'autre dessein que de les radoucir ; que l'unique moyen pour y réussir estoit de supposer le retour de M. le cardinal pour impossible, parce que tant que l'on feroit paroistre que l'on le craignist comme proche, l'on tiendroit les peuples et mesme les parlements en défiance et en chaleur. Je commençai ma légation vers la reine par ce préambule, qui pour vous dire le vrai, n'estoit pas fort nécessaire en cest endroit, pour essayer de juger, par la manière dont elle recevroit un discours dont le fond lui estoit très-désagréable, si un advis que l'on me donna en sortant de cheux Monsieur estoit bien fondé. Valois, qui estoit à lui, m'asseura, comme je montois en carosse, qu'il avoit oui Chavigny qui disoit à l'aureille à Goulas, que la reine estoit depuis midi dans une fierté qui lui faisoit craindre qu'elle n'eust quelque négotiation cachée et soubsteraine avec M. le prince; je n'en trouvai aucune apparance, ni dans son air ni dans ses paroles. Elle escouta tout ce que je lui dis fort paisiblement et sans s'esmouvoir, et je fus obligé de passer plustost que je n'avois creu au véritable subjet de mon ambassade, qui estoit de la supplier de s'expliquer pour une bonne foi avec Monsieur de la manière dont il plaisoit à Sa Majesté qu'il se conduisist à l'esgard de M. le prince; que l'ouverture pleine et entière estoit encore plus de son service en ceste conjoncture que de l'intérêt de Monsieur, parce que les moindres pas qui ne seroient pas concertés seroient capables de donner des advantages à M. le prince, d'autant plus dangereux qu'ils jeteroient de la défiance dans les esprits, dans une occasion où la confiance se pouvoit presque dire uniquement nécessaire. La reine m'arresta à ce mot, et elle me dit d'un air qui paroissoit fort naturel et mesme bon : « A quoi ai-je manqué? Monsieur se » plaint de moi depuis hier ? — Non, madame » (lui respondis-je), mais Vostre Majesté lui tes- » moigna hier à midi qu'elle estoit très-aise que » M. le prince fust sorti de Paris, et elle lui a » fait dire ce matin par le vicomte d'Autel, qu'il » ne lui pouvoit rendre un service plus signalé, » qu'en obligeant M. le prince de revenir. — » Escoutes-moi (reprit la reine tout d'un coup

» et sans balancer), et si j'ai tort je consens que vous me le disiez avec liberté. Je convins hier à midi avec Monsieur que nous envoirions, pour la forme seulement, le mareschal de Gramont à M. le prince, et que nous tromperions mesme l'ambassadeur, qui comme vous sçaves, n'a point de secret. J'apprend hier à minuit que Monsieur a envoyé Goulas à neuf heures du soir à Chavigny, pour lui ordonner de donner de sa part à M. le prince toutes les paroles les plus positives et les plus particulières et d'union et d'amitié. J'apprends au mesme instant qu'il a dit au président de Nesmond, qu'il feroit des merveilles au parlement pour son cousin. Puis-je moins faire, dans l'esmotion où je vois tout le monde sur l'évasion de M. le prince, que de prendre au moins quelque date pour me défendre à l'esgard de Monsieur mesme, des reproches qu'il est capable de me faire peut-estre dès demain. Je ne me prends pas à vous de sa conduite; je sçais bien que vous n'estes pas des concerts qui passent par le canal de Goulas et de Chavigny; mais aussi puisque vous ne pouves les empescher, vous ne debves pas trouver estrange que je prenne au moins quelques précautions. De plus (continua la reine), je vous advoue que je ne sçais où j'en suis. M. le cardinal est à cent lieues d'ici : tout le monde me l'explique à sa mode. Lyonne est un traistre; Servien veut ou que je sorte demain de Paris, ou que je fasse aujourd'hui tout ce qui plaira à M. le prince, et cela à vostre honneur et louange; Le Tellier ne veut que ce que j'ordonnerai; le mareschal de Villeroy attend les volontés de Son Eminence. Cependant M. le prince me met le couteau à la gorge, et voila Monsieur qui pour raffraichissement dit que c'est ma faute, et qui veut se plaindre de moi parce que lui-mesme m'abandonne. »

Je confesse que je fus touché de ce discours de la reine, qui sortoit de source. Elle remarqua que j'en estois esmeu, elle me tesmoigna qu'elle m'en sçavoit bon gré, et elle me commanda de lui dire avec liberté mes pensées sur l'estat des choses. Voici les propres termes dans lesquels je lui parlai, que j'ai transcrit sur ce que j'en escrivis moi-mesme le lendemain.

« Si Vostre Majesté, madame, se peut résoudre à ne plus penser effectivement au retour de M. le cardinal, elle peut sans exception tout ce qui lui plaira ; parce que toutes les peines que l'on lui fait ne viennent que de la persuasion où l'on est qu'elle ne songe qu'à ce retour. M. le prince est persuadé qu'il peut tout obtenir en vous le faisant espérer. Monsieur, qui croit que M. le prince ne se trompe pas dans ceste veue, le mesnage à tout événement. Le parlement, à qui l'on présente touts les matins cest objet, ne remet rien de la chaleur : le peuple augmente la sienne. M. le cardinal est à Brusle, et son nom fait autant de mal à Vostre Majesté et à l'estat que pourroit faire sa personne si elle estoit encore dans le Palais-Royal. — Ce n'est qu'un prétexte (reprit la reine comme en cholère), ne fais-je pas asseurer touts les jours le parlement que son esloignement est pour tousjours et sans aucune espérence de retour. — Oui, Madame (lui respondis-je), mais je supplie très-humblement Vostre Majesté de me permettre de lui dire qu'il n'y a rien de secret de tout ce qui se dit et de tout ce qui se fait au contraire de ces déclarations publiques, et qu'un quart d'heure après que M. le cardinal eust rompu le traité de M. Servien et de Lyonne, touchant le gouvernement de Provence, tout le monde fust esgalement informé que le premier article estoit son restablissement à la cour. M. le prince n'a pas advoué à Monsieur qu'il y eust consenti, mais il est convenu que Vostre Majesté le lui avoit fait proposer, et comme condition nécessaire, et il le dit publiquement à qui le veut entendre. — Passons, passons (dit la reine), il ne sert de rien d'agiter ceste question. Je ne puis faire sur cela plus que je n'ai fait. L'on le veult croire quoique je dise; il faut donc agir sur ce que l'on veut croire.—En ce cas, Madame (lui répondis-je), je suis persuadé qu'il y a bien plus de proféties à faire que de conseils à donner.—Dites vos proféties (repartit la reine), mais surtout qu'elles ne soient pas comme celles des barricades. Tout de bon (adjoutat-elle), dites-moi en homme de bien ce que vous croyés de tout ceci. Vous voila cardinal autant vault : vous series un méchant homme, si vous vouliés le bouleversement de l'estat. Je vous confesse que je ne sçais où j'en suis. Je n'ai que des traistres et des poltrons à l'entour de moi. Dites-moi vos pensées en toute liberté.—Je commencerai, madame (lui dis-je) quoiqu'avec peine, parce que je sçais que ce qui regarde M. le cardinal est sensible à Vostre Majesté; mais je ne me puis empescher de lui dire encore que, si elle se peut résoudre aujourd'hui à ne plus penser à son retour, elle sera demain plus absolue qu'elle n'estoit le premier jour de la régence; et que si elle continue à le vouloir restablir, elle hasarde l'estat.—Pourquoi (reprit-elle), si Monsieur et M. le prince y consentoient ? — Parce que, madame (lui respondis-je), Monsieur n'y consentira que quand

» l'estat sera hasardé, et que M. le prince n'y
» consentira que pour le hasarder. » Je lui expliquai en cest endroit le détail de ce qui estoit à craindre. Je lui exagerai l'impossibilité de séparer Monsieur du parlement, et l'impossibilité de regagner sur ce point le parlement, par une autre voie que par celle de la force, qui mettroit la couronne en péril. Je lui remis devant ses yeux les prétensions immenses de M. le prince, de M. de Bouillon et de M. de La Rochefoucaut. Je lui fis veoir au doigt et à l'œil qu'elle dissiperoit quand il lui plairoit par un seul mot, pourveu qu'il partit du cœur, ces fumées si espaisses et si noires; et comme je m'apperceus qu'elle estoit touchée de ce que je lui disois, et qu'elle prenoit particulièrement goust à ce que je lui représentois du restablissement de son auctorité, je creus qu'il estoit asses à propos de prendre ce moment pour lui expliquer la sincérité de mes intentions; « et pleust
» à Dieu, madame (lui adjoutai-je), qu'il pleust
» à Vostre Majesté de commancer à restablir
» son autorité par ma propre perte. L'on lui dit
» à toutes les heures du jour que je pense au ministère, et M. le cardinal s'est accoutumé à
» ces paroles : « Il veut ma place. » Est-il possible, madame, que l'on me croye asses impertinent pour m'imaginer que l'on puisse devenir ministre par la faction, et que je connoisse si peu la fermeté de Vostre Majesté,
» que je puisse croire que je conquerrai la faveur à force d'armes? Mais ce qui n'est que
» trop vrai, est que ce qui se dit ridiculement
» du ministère se fait réellement à l'esgard des
» autres prétensions que chascun a. M. le prince
» vient d'obtenir la Guienne; il veut Blaye pour
» M. de La Rochefoucault, il veut la Provence
» pour M. son frère; M. de Bouillon veut Sedan; M. de Turenne veut commander en Allemagne; M. de Nemours veut l'Auvergne;
» Viole veut estre secrétaire d'estat, Chavigny
» veut demeurer en son poste; et moi, madame,
» je demande le cardinalat. Plaît-il à Vostre
» Majesté [de se mettre en estat de se moquer]
» de toutes nos prétensions, et de les régler
» absolument selon ses interests et selon ses
» volontés, elle n'a qu'à renvoyer pour une
» bonne fois M. le cardinal en Italie; rompre
» touts les commerces que les particuliers conservent avec lui; effacer de bonne foi les idées
» qui restent, et qui se renforcent mesme touts
» les jours de son retour; et de déclarer ensuite
» qu'ayant bien voulu donner au public la satisfaction qu'il a souhaitée, elle croit qu'il est
» de sa dignité de refuser aux particuliers les
» grâces qu'ils ont demandées ou pretendues

» soubs ce prétexte. Nul ne perdra plus que
» moi, madame, à ceste conduite qui révoque
» ma nomination d'une manière qui sera agréée
» généralement de tout le monde, mais asseurément de nul sans exception plus que de moimesme, parce que je ne me la crois nécessaire
» que pour des raisons qui cesseront dès que
» Vostre Majesté aura restabli les choses dans
» l'ordre où elles doibvent estre. — N'ai-je pas
» fait tout ce que vous me proposes (reprit la
» reine)? n'ai-je pas asseuré dix fois Monsieur,
» M. le prince et le parlement, que M. le cardinal ne reviendroit jamais? Aves-vous pour
» cela cessé de pretendre? Et vous qui parlés
» tout le premier? — Non, madame (lui dis-je),
» personne n'a cessé de prétendre, parce qu'il
» n'y a personne qui ne sache que M. le cardinal gouverne plus que jamais. Vostre Majesté
» me fait l'honneur de ne se pas cacher de moi
» sur ce subjet, mais ceux à qui elle ne le dit
» pas en sçavent encore peut-estre plus que
» moi; et c'est ce qui pert tout, madame, parce
» que tout le monde se croit en droit de se défendre de ce que l'on croit d'autant moins légitime, que Vostre Majesté le desadvoue
» publiquement. — Mais tout de bon (dit la
» reine), croyes-vous que Monsieur abandonnast
» M. le prince, s'il estoit bien asseuré que M. le
» cardinal ne revint pas? — En pouves-vous
» doubter, madame (lui respondis-je), après ce
» que vous aves veu ces jours passés. Il l'eust
» arresté cheux lui, si vous l'eussies voulu,
» quoiqu'il ne se croye nullement asseuré qu'il
» ne doibve pas revenir. » La reine resva un peu sur ma response, et puis tout d'un coup elle me dit mesme avec précipitation, et comme ayant impatience de finir ce discours : « C'est un
» plaisant moyen de restablir l'autorité royale
» que de chasser le ministre d'un roi malgré
» lui. » Elle ne me laissa pas reprendre la parole, et elle continua en me commandant de lui dire mes sentiments sur l'estat des choses, comme elles estoient : « Car (adjouta-t-elle), je
» ne puis faire davantage sur ce point que ce
» que j'ai desja fait, et ce que je fais touts les
» jours. » J'entendis bien qu'elle ne vouloit pas s'expliquer plus clairement. Je n'insistai pas directement, mais je fis la mesme chose en satisfaisant à ce qu'elle m'avoit commandé, qui estoit de lui dire mes pensées; car je repris ainsi le discours : « Pour obéir, madame, à Vostre
» Majesté, il faut que je retombe dans les prophéties que j'ai tantost pris la liberté de lui
» toucher. Si les choses continuent comme elles
» sont, Monsieur sera dans une perpetuelle défiance que M. le prince ne se raccommode

» avec Vostre Majesté, par le restablissement
» de M. le cardinal; et il se croira obligé par
» ceste veue et de le mesnager tousjours et de
» s'entretenir avec soing dans le parlement et
» parmi le peuple. M. le prince ou s'unira avec
» lui pour s'asseurer contre ce restablissement,
» s'il n'y trouve pas son compte, ou il partagera
» le royaume pour le souffrir jusques à ce qu'il
» y trouve plus d'intérêt à le chasser. Les par-
» ticuliers qui ont quelque considération, ne
» songeront qu'à en tirer leurs advantages, qui
» auront mille subdivisions et dans la cour et
» dans la faction. Voilà, madame, bien des ma-
» tières pour la guerre civile, qui, se meslant
» dans une estrangère aussi grande que celle
» que nous avons aujourd'hui, peut porter l'es-
» tat sur le penchant de sa ruine. — Si Monsieur
» vouloit (reprit la reine). — Il ne voudra ja-
» mais, madame (lui respondis-je), l'on trompe
» Vostre Majesté, si l'on le lui fait espérer; je me
» perdrois auprès de lui si je le lui avois seu-
» lement proposé. Il craint M. le prince, il ne
» l'aime point; il ne peut plus se fier à M. le
» cardinal. Il aura dans des moments de la foi-
» blesse pour l'un et pour l'autre, selon ce qu'il
» en appréhendera; mais il ne quittera jamais
» l'ombre du public tant que ce public fera un
» corps, et il le fera encore long-temps sur une
» matière sur laquelle Vostre Majesté elle-mesme
» est obligée de l'eschauffer tousjours par de
» nouvelles déclarations. »

Je cognus en cest endroit encore plus que je n'avois jamais fait, qu'il est impossible que la cour conçoive ce que c'est que le public. La flatterie, qui en est la peste, l'infecte tousjours au point qu'elle lui cause un délire incurable sur cest article; et je remarquai que la reine traitoit dans son imagination ce que je lui en disois de chimère, avec la mesme hauteur, que si elle n'eust jamais eu aucun subjet de faire réflexion sur des barricades. Je coulai sur cela par ceste considération plus légèrement que la matière ne le portoit, et elle m'en donna d'ailleurs asses de lieu, parce qu'elle me rejeta dans le particulier de la manière d'agir de M. le prince, en me demandant ce que je disois de la proposition qu'il avoit faite pour l'esloignement de MM. Le Tellier, Lyonne et Servien. Comme j'eusse esté bien aise de pouvoir pénétrer si ceste proposition n'estoit point le hausse-pied de quelque négotiation souterraine, je soubris à ceste question de la reine avec un respect que j'assaisonnai d'un air de mistère. La reine dont tout l'esprit consistoit en l'air, l'entendit, et elle me dit : « Non, il n'y a rien que ce que vous voyes comme moi et comme tout le monde.

» M. le prince a voulu tirer de moi de quoi
» chasser douze ministres, par l'espérance de
» m'en laisser un qu'il m'auroit peut-estre osté
» le lendemain. L'on n'a pas donné dans ce
» panneau; il en tend un autre; il me veut oster
» ceux qui me restent, c'est-à-dire il propose
» de me les oster, car si l'on lui veut donner la
» Provence, il me laissera Le Tellier et peut
» estre que j'obtiendrai Servien pour le Lan-
» guedoc. Qu'en dit Monsieur? — Il prophétise,
» madame (lui respondis-je), car comme je
» l'ai desja dit à Vostre Majesté, que peut-on
» dire en l'estat où sont les affaires? — Mais
» enfin qu'en dit-il (reprit la reine)? ne se join-
» dra-t-il pas à M. le prince pour me faire faire
» encore ce pas de balet? — Je ne le crois pas,
» madame (répartis-je), quand je me resouviens
» de ce qu'il m'en a dit aujourd'hui, et je n'en
» doute pas quand je fais réflexion qu'il y sera
» peut-estre forcé dès demain. — Et vous (dit
» la reine), que feres-vous? — Je me déclarerai
» en plein parlement (respliquai-je), et en
» chaire mesme contre la proposition, si Vostre
» Majesté se résult à se servir de l'unique et
» souverain remède; et j'opinerai apparemment
» comme les autres, si elle laisse les choses en
» l'estat où elles sont. »

La reine qui s'estoit fort contenue jusques là, s'emporta à ce mot; elle esleva mesme sa voix, et elle me dit que je ne lui avois donc demandé ceste audience que pour lui déclarer la guerre en face. « Je suis bien esloigné, madame, de
» ceste insolence et de ceste folie (lui respondis-
» je), puisque je n'ai supplié Vostre Majesté de
» me permettre d'avoir l'honneur de la veoir
» aujourd'hui que pour sçavoir de la part de
» Monsieur ce qu'il vous plait, madame, de
» lui commander, pour prévenir celle dont M. le
» prince vous menasse. Il y a quelque temps que
» je disois à Vostre majesté que l'on est bien
» malheureux de tomber dans des temps où un
» homme de bien est obligé, mesme par son deb-
» voir, de manquer au respect qu'il doibt à son
» maistre. Je sçais, madame, que je ne l'ob-
» serve pas en vous parlant comme je fais sur
» le subjet de M. le cardinal; mais je sçais en
» mesme temps que je parle et que j'agis en
» bon subjet, et que touts ceux qui font autre-
» ment sont des prévaricateurs qui plaisent,
» mais qui trahissent et leur conscience et leur
» debvoir. Vostre Majesté me commande de lui
» dire mes pensées avec liberté, et je lui obéis.
» Qu'elle me ferme la bouche, elle verra ma
» soubmission, et que je rapporterai simple-
» ment à Monsieur et sans replique ce dont elle
» me fera l'honneur de me charger. »

La reine reprit tout d'un coup un air de douceur, et elle me dit : « Non, je veux au contraire que vous me disiez vos sentiments : expliques-les-moi à fond. » Je suivis son ordre à la lettre ; je lui fis une peinture la plus au naturel qu'il me fût possible de l'estat où les affaires estoient réduites ; j'achevai le crayon que vous en aves déjà veu esbauché. Je lui dis toute la vérité avec la mesme sincérité, et la mesme exactitude que j'aurois eue si j'avois creu en debvoir rendre compte à Dieu un quart d'heure après. La reine en fut touchée, et elle dit le lendemain à madame la Palatine qu'elle estoit convaincue que je parlois du cœur, mais que j'estois aveuglé moi-mesme par la préoccupation. Ce qui me parut est qu'elle l'estoit beaucoup elle-mesme par l'attachement qu'elle avoit pour M. le cardinal, et que son inclination l'emportoit tousjours sur les velléités que je lui voyois de temps en temps d'entrer dans les ouvertures que je lui faisois pour restablir l'autorité royale aux despens et des Mazarin et des Frondeurs. Je remarquai que sur la fin de la conversation, elle prit plaisir à me faire parler sur ce subjet ; et que comme elle vit que je le faisois effectivement avec sincérité et avec bonne intention, elle m'en tesmoigna de la recognoissance.

J'appréhenderois de vous ennuier si je m'estendois davantage sur un détail qui n'est déjà que trop long ; et je me contenterai de vous dire que le résultat fut que je ferois touts mes efforts pour obliger Monsieur à ne se point joindre à M. le prince pour demander l'esloignement de MM. Le Tellier, Servien et Lyonne, en lui donnant parole de la part de la reine qu'elle ne s'accommoderoit pas elle-mesme avec M. le prince, sans la participation et le consentement de Monsieur. J'eus bien de la peine à tirer ceste parole, et la difficulté que j'y trouvai me confirma dans l'opinion où j'estois que les lueurs d'accommodement entre le Palais-Royal et Saint-Maur n'estoient pas tout-à-fait esteintes. Je le creus encore bien davantage, quand je vis qu'il m'estoit impossible d'obliger la reine à s'ouvrir de ses intentions touchant la conduite que Monsieur debvoit prendre, ou pour procurer le retour de M. le prince à la cour ou pour le traverser. Elle affecta de me dire qu'elle n'avoit point changé de sentiment à cest esgard, depuis ce qu'elle en avoit dit à Monsieur mesme ; mais je cognus clairement à ses manières, et mesme à quelqu'une de ses paroles, qu'elle en avoit changé plus de trois fois depuis que j'estois dans la galerie ; et je me ressouvins de ce que madame la Palatine m'avoit escrit, que l'on ne sçavoit au Palais-Royal ce que l'on y vouloit. Je ne laissai pas d'insister et de presser la reine, parce que je jugeois bien que Monsieur, qui estoit très-clairvoyant, ne recevant par moi qu'une parole vague et générale à laquelle il n'adjouteroit pas beaucoup de foi, parce qu'il se défioit beaucoup des intentions de la reine pour lui, ne manqueroit pas de jeter et d'arrester toute sa réflexion, et avec beaucoup de raison, sur le peu d'esclaircissement que je lui rapportois du véritable dessein de la reine ; et je ne doubtois pas que par ceste considération il ne fist encore de nouveaux pas vers M. le prince : ce que je n'estimois pas estre de son service non plus que de celui du roi. Je parlai sur cela à la reine avec vigueur, mais je n'y gagnai rien, et de plus je n'y pouvois rien gagner, parce qu'elle n'estoit pas elle-mesme déterminée. Je vous expliquerai ce détail dans la suite.

Il estoit presque jour quand je sortis du Palais-Royal ; et ainsi je n'eus pas le temps d'aller cheux madame la Palatine, qui m'escrivit un billet à six heures du matin, par lequel elle me faisoit sçavoir qu'elle m'attendoit dans un carosse de louage devant les Incurables. J'y allai aussitôt dans un carosse gris. Elle m'expliqua son billet du soir. Elle me dit que M. le prince lui avoit paru fort fier, mais qu'elle avoit cognu clairement par les discours de madame de Longueville, qu'il ne cognoissoit pas sa force, en ce qu'il croyoit ses ennemis beaucoup plus unis et beaucoup plus concertés qu'ils n'estoient ; que la reine ne sçavoit où elle en estoit ; qu'un moment elle vouloit à toutes conditions le retour de M. le prince, que l'autre elle remercioit Dieu de ce qu'il estoit sorti de Paris ; que ceste variété venoit des différents conseils que l'on lui donnoit ; que Servien lui disoit que l'estat estoit perdu si M. le prince s'esloignoit ; que Le Tellier balançoit ; que l'abbé Fouquet, qui estoit nouvellement revenu de Brusle, l'asseuroit que M. le cardinal seroit au désespoir, si elle ne se servoit de l'occasion que M. le prince lui avoit donnée lui mesme de le pousser ; que l'abbé Fouquet soubstenoit sçavoir le contraire de science certaine ; que tout iroit ainsi jusques à ce que l'ordre de Brusle eust décidé ; et sur le tout, qu'elle, la Palatine, estoit persuadée qu'il y avoit des propositions soubs terre qui aidoient encore à tenir la reine dans ces incertitudes. Voilà ce que madame la Palatine me dit avec précipitation, parce que le temps d'aller au palais pressoit, et Monsieur avoit envoyé déjà deux fois cheux moi. Je le trouvai prest à monter en carosse ; je lui rendis compte en fort peu de parole de ma commission. Je lui exposai le fait, ou plustost le dit tout simplement. Il en tira d'abord ce que j'avois prédit à la reine ; et dès qu'il vit que la parole qu'elle lui faisoit donner n'estoit ni précédée ni suivie d'aucun concert pour agir ensemble dans la conjoncture dont il s'agissoit, il se mit à chiffler et à me dire : « Voila une bonne » drogue! Allons, allons au palais. — Mais en- » core, Monsieur (lui dis-je), il me semble qu'il » seroit bon que Vostre Altesse Royale résolut ce » qu'elle y dira. — Qui diable le peut sçavoir ? » Qui le peut prévoir? Il n'y a ni rime ni raison » avec touts ces gents ici. Allons, et quand nous » serons dans la grande chambre, nous trouve- » rons peut estre que ce n'est pas aujourd'hui » sabmedi. » Ce l'estoit pourtant et le 8 de juillet 1651.

Aussitost que Monsieur eut prit sa place, M. Talon, advocat général, entra avec ses collègues, et dit qu'il avoit porté à la reine la veille la lettre que M. le prince avoit escrite au parlement ; que Sa Majesté avoit fort agréé la conduite de la compagnie, et que M. le chancelier avoit mis entre les mains de M. le procureur général un escrit par lequel elle seroit informée des volontés du roi. Cest escrit portoit, que la reine estoit extrèmement surprise de ce que M. le prince avoit peu douter de la vérité des asseurances qu'elle avoit données tant de fois ; qu'elle n'avoit eu aucun dessein contre sa personne, qu'elle ne s'estonnoit pas moins des soupçons qu'il tesmoignoit touchant le retour de M. le cardinal; qu'elle déclaroit qu'elle vouloit religieusement observer la parole qu'elle avoit donnée sur ce subjet au parlement; qu'elle ne sçavoit rien du mariage de M. de Mercœur (1), ni des négociations de Sedan; qu'elle avoit plus subjet que personne de se plaindre de ce qui s'estoit passé à Brisach. (Je vous entretiendrai tantost de ces trois derniers articles); que pour ce qui estoit de l'esloignement de MM. Le Tellier, Servien et Lyonne, elle vouloit bien que l'on sceust qu'elle ne prétendoit pas d'estre gesnée dans le choix des ministres du roi son fils, ni dans celui de ses domestiques ; et que la proposition que l'on lui faisoit sur ce point, estoit d'autant plus injuste, qu'il n'y avoit aucun des trois nommés qui eust seulement fait un pas pour le restablissement de M. le cardinal Mazarin. La compagnie s'eschauffa beaucoup après la lecture de cest escrit sur ce qu'il n'estoit pas signé : ce qui dans les circonstances n'estoit d'aucune conséquence. Mais comme dans ces sortes de compagnies tout ce qui est de la forme touche les petits esprits, et amuse mesme les plus raisonnables, l'on employa toute la matinée proprement à rien, et l'on remit l'assemblée au lundi. On suppliast en attendant Monsieur de s'entremettre pour l'accommodement. Il y eust dans ceste séance beaucoup de chaleur entre M. le prince de Conti et M. le premier président. Celui-ci, qui n'estoit nullement content en son particulier de M. le prince, qu'il croyoit, quoi qu'à mon opinion sans fondement, avoir obligé à plus de recognoissance qu'il n'en avoit receue ; celui-ci (dis-je) parla avec force contre la retraite de Saint-Maur, et l'appela mesme un triste préalable de la guerre civile. Il adjouta deux ou trois paroles qui sembloient marquer les mouvements passés, et causés par MM. les princes de Condé. M. le prince de Conti les releva mesme avec menaces, en disant qu'en tout autre lieu, il lui apprendroit à demeurer dans le respect qui est deub aux princes du sang. Le premier président repartit hardiment, qu'il ne craignoit rien, et qu'il avoit lieu de se plaindre lui-mesme que l'on l'osast interrompre dans sa place, où il représentoit la personne du roi. L'on s'esleva de part et d'autre. Monsieur, qui estoit très-aise de les veoir commis les uns avec les autres, ne s'en mesla que quand il ne peut plus s'en défendre; et il dit à la fin aux uns et aux autres que tout le monde ne debvoit s'appliquer qu'à radoucir les esprits, etc.

Comme Monsieur fut de retour cheux lui, il me mena dans le cabinet des livres, il ferma la porte et les verroux lui-mesme, il jeta son chapeau sur la table, et puis il me dit d'un ton fort esmu, qu'il n'avoit pas eu le temps devant que d'aller au palais de me dire une chose qui me surprendroit, quoi que pourtant elle ne me deust pas surprendre; qu'il sçavoit depuis minuit que le vieux pantalon (il appeloit ainsi M. de Chasteauneuf) traitoit, par le canal de Saint-Romain et de Croissy, avec Chavigny l'acccommodement de M. le prince avec la reine ; qu'il n'ignoroit pas tout ce qu'il y avoit à dire sur cela, mais qu'il ne falloit pas disputer contre les faits ; que celui-là estoit seur, « et si vous en doubtes » (adjouta-t-il en me jetant une lettre), tenes, » voyes, lises. » Ceste lettre, qui estoit de la main de M. de Chasteauneuf, estoit adressée à Croissy, et portoit entre autres ces propres mots : « Vous pouves asseurer M. de Chavigny que le

---

(1) Louis de Vendôme, frère du duc de Beaufort, avait pousé, en 1651, Laure Victoire Mancini, l'une des ièces de Mazarin, qui mourut d'apoplexie le 8 février

1657. La Rochefoucault en parle souvent dans ses Mémoires.

» commandeur de Jars, qui n'est jamais dupe » qu'en bagatelles, est convaincu que la reine » marche de bon pied ; et que non pas seule- » ment les Frondeurs, mais que Le Tellier » mesme ne sçait rien de nostre négotiation. » Le soupçon de M. de Saint-Romain n'est pas » fondé. »

Vous remarqueres, s'il vous plaist, que Le Grand, premier valet de chambre de Monsieur, ayant veu tomber ce billet de la poche de Croissy, l'avoit ramassé et qu'il l'avoit rapporté à Monsieur. Il n'attendit pas que j'eusse achevé de le lire pour me dire : « Avois-je tort de vous dire ce » matin, que l'on ne sçait où l'on en est avec touts » ces gents là. L'on dit tousjours qu'il n'y a point » d'asseurance au peuple, l'on a menti, il y a » mille fois plus de solidité que dans les cabi- » nets. Je veux m'aller loger aux Halles. — Vous » croyes donc, Monsieur (lui respondis-je), que » l'accommodement est fait. — Non (dit-il), je ne » crois pas qu'il le soit ; mais je crois qu'il le » sera peut-estre ce soir. — Et moi, Monsieur, je » serois persuadé qu'il ne se peut faire par ce » canal, s'il m'estoit permis d'estre d'un autre » sentiment que celui de Vostre Altesse Royale. »

Ceste question fut agitée avec chaleur. Je soubstins mon opinion par l'impossibilité qui me paroissoit au succès d'une négotiation dans laquelle touts les négotiateurs se trouvoient, par un rencontre asses bizarre, avoir par éminence, au moins pour ceste occasion très-espineuse en elle-mesme, toutes les qualités les plus propres à rompre l'accommodement du monde le plus facile. Monsieur demeura dans son sentiment, parce que sa foiblesse naturelle lui faisoit tousjours veoir ce qu'il appréhendoit comme infaillible et mesme comme proche. Ce fut à moi de céder comme vous pouves croire, et de recevoir l'ordre qu'il me donna de faire dire dès l'après-disnée à la reine, par madame la Palatine, que son sentiment estoit qu'elle s'accommodast en toute manière avec M. le prince, et que le parlement et le peuple estoient si eschauffés contre tout ce qui avoit la moindre teinture de mazarinisme, qu'il ne falloit plus songer qu'à applaudir à celui qui a esté asses habile (me dit-il mesme avec aigreur), pour nous primer à recommencer l'escharmouche contre le Sicilien.

J'eus beau lui représenter, que supposé mesme pour seur ce qu'il croyoit très-proche, et ce que je tiendrois fort esloigné si j'osois le contredire, le parti qu'il prenoit avoit des inconvénients terribles, et celui particulièrement de précipiter encore davantage la reine dans la résolution que l'on craignoit, et mesme de l'obliger à prendre encore plus de mesures contre le ressentiment de Monsieur. Il creut que ces raisons que je lui alléguois, n'estoient que des prétextes pour couvrir la véritable qui me faisoit parler, qu'il alla chercher dans l'appréhension qu'il s'imagina que j'avois qu'il ne s'accommodast lui-mesme avec M. le prince : et il me dit qu'il prendroit si bien ses mesures du costé de Saint-Maur, que je ne debvois pas craindre qu'il tombast dans l'inconvénient que je lui marquois, et que si la reine l'avoit gagné de la main une fois, il le lui sçauroit bien rendre. Il adjouta : « Je ne suis pas si » sot qu'elle croit, et je songe plus à vos intérests » que vous n'y songé vous-mesme. » Je confesse que je n'entendis pas ce que signifioit en cest endroit ceste dernière parole. Je m'en doubtai aussitost après, car il adjouta : « M. le prince, » quoi qu'enragé contre vous, vous a-t-il nom- » mé dans la lettre qu'il a escrit au parlement ? » Je m'imaginai que Monsieur me vouloit faire valoir ce silence, et me le montrer comme une marque du mesnagement que l'on avoit pour moi à sa considération, et des précautions qu'il prendroit de ce costé là sur mon subjet en cas de besoing. Je jugeai de ce discours et de plusieurs autres qui le précédèrent et qui le suivirent, que la persuasion où il estoit que la reine et M. le prince estoient ou accommodés, ou du moins sur le point de s'accommoder, estoit ce qui l'avoit obligé à me commander d'en faire presser la reine en son nom, dans la veue et de tesmoigner à elle mesme qu'il ne se sentiroit pas desobligé de son accommodement, et de tirer mérite auprès de M. le prince du conseil qu'il en donnoit à la reine. Je fus tout à fait confirmé dans mon soupçon par une conversation de plus d'une heure qu'il eust, un moment après que je l'eus quitté, avec Raray, qui estoit serviteur particulier de M. le prince, comme je vous l'ai déjà dit, quoi qu'il fut domestique de Monsieur. Je combattis de toute ma force les sentiments de Monsieur, qui dans la vérité estoient plustot des esgarrements de frayeur que des raisonnements. Je ne l'esbranlai point ; et j'esprouvai en ce rencontre, ce que j'ai encore observé en d'autres occasions, que la peur qui est flattée par la finesse, est insurmontable.

Vous ne doubtes pas que je ne fusse cruellement embarassé au sortir de cheux Monsieur. Madame la Palatine ne le fut guère moins que moi du compliment que je la priai de la part de Monsieur de faire à la reine. Elle en revint toutefois, et plustost et plus aisément en faisant réflexion sur la constitution des choses, « qui » (dit-elle très-sensément), redresseront les hom- » mes ; au lieu que pour l'ordinaire, ce sont les » hommes qui redressent les choses. » Madame de Beauvais lui venoit de mander que Mestaier, valet de chambre du cardinal, venoit d'arriver de Brusle, « et peut-estre, (adjoutat-elle), c'est » homme nous apporte-t-il de quoi tout chan- » ger en un instant; » ce qu'elle disoit à l'advanture, et par la seule veue que M. le cardinal ne pourroit jamais rien approuver de tout ce qui passeroit par le canal de Chavigny. Son pressentiment fut une prophétie, car il se trouva qu'en effet Mestaier avoit apporté des anathèmes plustost que des lettres contre les propositions qui avoient esté faites; et que bien qu'il fut l'homme du monde qui receust tousjours le plus agréablement en apparence ce qu'il ne vouloit pas en effet, il n'avoit gardé en ce rencontre aucune mesure qui approchast seulement de sa conduite ordinaire : ce que nous attribuasmes madame la Palatine et moi à la force de l'aversion qu'il avoit pour les négotiateurs. Chasteauneuf lui estoit très-suspect; Chavigny estoit sa beste; Saint-Romain lui estoit odieux, et par l'attachement qu'il avoit à M. de Chavigny, et par celui qu'il avoit eu à Munster à M. d'Avaux. Madame la Palatine, qui ne sçavoit pas encore, quand je lui parlois, ce que Mestaier avoit apporté, quoi qu'elle sceust qu'il estoit arrivé, trouva à propos que je retournasse cheux Monsieur, pour lui dire que ce courrier auroit peu peut-estre avoir donné à la reine des nouvelles veues, et qu'elle jugeoit qu'il ne seroit que mieux par ceste considération, qu'elle n'exéquastas pas la commission qu'il lui avoit donnée par moi, devant que l'on peust estre informé de ce détail.

Monsieur, que j'allai trouver sur le champ, s'arma contre ceste ouverture qui estoit très-sage, par une préoccupation qui lui estoit fort ordinaire, aussi bien qu'à beaucoup d'autres. La plupart des hommes examinent moins les raisons de ce que l'on leur propose contre leur sentiment, que celles qui peuvent obliger celui qui les propose à s'en servir. Ce défaut est très-commun, et il est grand. Je cognus clairement que Monsieur ne receut ce que je lui dis de la part de madame la Palatine, que comme un effet de l'entestement qu'il croyoit que nous avions l'un et l'autre contre M. le prince. J'insistai, il demeura ferme; et je cognus encore en cest endroit qu'un homme qui ne se fie pas à soi-mesme, ne se fie jamais véritablement à personne. Il avoit plus de confiance en moi sans comparaison qu'en touts ceux qui l'ont jamais approché : sa confiance n'a jamais tenu un quart d'heure contre sa peur.

Si le compliment que Monsieur faisoit faire à la reine eust esté en des mains moins adroites que celles de madame la Palatine, j'eusse esté encore beaucoup plus en peine de l'événement. Elle le mesnagea si habilement, qu'il servit au lieu de nuire; à quoi elle fust très-bien servie elle-mesme par la fortune, qui fist arriver ce Mestaier, dont je vous viens de parler, justement au moment où il estoit absolument nécessaire pour rectifier ce qu'il ne tenoit pas à Monsieur de gaster; car la reine, qui estoit tousjours submise à M. le cardinal Mazarin, mais qui l'estoit doublement, quand ce qu'il lui mandoit convenoit à sa cholère, se trouva, lorsque madame la Palatine commença à lui parler, dans une disposition si esloignée d'aucun accommodement avec M. le prince, que ce que la Palatine lui dit de la part de Monsieur, ne produisit en elle d'autre mouvement que celui que nous pouvions souhaiter, qui estoit de faire donner la carte blanche à Monsieur, et de l'obliger à se confesser, pour ainsi dire, de son balancement; d'y chercher des excuses, mais de celles qui asseuroient l'advenir, et de desirer avec impatience de me parler. Madame la Palatine fut mesme chargée par la reine de faire sçavoir par mon canal, à Monsieur, le détail de la dépesche de Mestaier, et de me commander d'aller entre onze heures et minuit au lieu accoustumé. Madame la Palatine ne doubta pas, non plus que moi, que Monsieur ne deust avoir une grande joie de ce que je lui allois porter, et nous nous trompasmes beaucoup l'un et l'autre; car aussitost que je lui eus dit que la reine lui offroit tout sans exception, pourveue qu'il voulust de son costé s'unir parfaitement et sincèrement à elle contre M. le prince, il tomba dans un estat que je ne vous puis bien exprimer, qu'en vous suppliant de vous ressouvenir de celui où il n'est pas possibleque ne vous soyes trouvée quelquefois. N'aves-vous jamais agi sur des suppositions qui ne vous plaisoient pas, et n'est-il pas vrai toutefois, que quand ces suppositions ne se sont pas trouvées bien fondées, vous aves senti dans vous-mesme un combat qui s'y est formé entre la joie de vous estre trompée à vostre advantage, et le regret d'avoir perdu les pas que vous y avies fait? Je me suis retrouvé mille fois moi-mesme dans cette idée. Monsieur estoit ravi de ce que la reine estoit bien plus esloignée de l'accommodement qu'il n'avoit creu; mais il estoit au désespoir d'avoir fait les advances qu'il avoit faites vers M. le prince, et qu'il avoit faites dans la veue de cest accommodement, qu'il croyoit bien avancé. Les hommes qui se rencontrent en cest estat sont pour l'ordinaire asses long-temps à croire qu'ils ne se sont pas trompés, mesme après qu'ils s'en sont apperceus, parce que, la difficulté qu'ils trouvent à découdre le tissu qu'ils ont commencé, fait qu'ils s'y font des objections à eux-mesmes ; et ces objections qui leur paroissent estre des effects de leur raisonnement, ne sont presque jamais que des suites naturelles de leur inclination. Monsieur estoit timide et paresseux au souverain degré. Je vis, dans le moment que je lui appris le changement de la reine, un air de gaieté et d'embarras tout ensemble sur son visage ; je ne puis l'exprimer, mais je me le représente fort bien à moi-mesme ; et quand je n'aurois pas eu d'ailleurs la lumière que j'avois des pas qu'il avoit fait vers M. le prince, j'aurois leu dans ses yeux qu'il avoit receu quelque nouvelle sur son subjet, qui lui donnoit de la joie, et qui lui faisoit de la peine. Ses paroles ne démentirent pas sa contenance. Il voulut doubter de ce que je lui disois, quoi qu'il n'en doubtast pas. C'est le premier mouvement des gents qui sont de ceste humeur, et qui se trouvent en cest estat. Il passa aussitost au second, qui est de chercher à se justifier de la précipitation qui les a jeté dans l'embarras. « Il est bien temps (me dit-il tout d'un coup), la » reine fait des choses qui obligent les gents... » Il s'arresta à ce mot, de honte, à mon advis, de m'advouer ce qu'il avoit fait. Il tourna quelque temps, il siffla, il alla resver un moment auprès de la cheminée, et puis il me dit : « Que diable » dires-vous à la reine ? Elle voudra que je lui » promette que je ne concourrerai pas à pousser » ses *ministreaux* ; et comment le lui puis-je pro-» mettre, après ce que j'ai promis à M. le » prince ? » Il me fist en cest endroit un galimathias parfait, pour me justifier ce qu'il avoit fait dire à M. le prince depuis vingt-quatre heures ; et je cognus que ce galimathias n'alloit principalement qu'à me faire croire qu'il croyoit lui-mesme ne m'en avoir pas fait le fin la veille. Je pris tout pour bon, et je suis encore persuadé qu'il creut avoir réussi dans son dessein. Le lieu que je lui donnai de se l'imaginer, lui donna lieu à lui-mesme de s'ouvrir beaucoup plus qu'il n'eust fait asseurément s'il m'eust creu mal satisfait, et j'en tirai enfin tout le détail de ce qu'il avoit fait. Le voici en peu de mots.

Comme il avoit posé pour fondement que M. le prince estoit ou accommodé, ou sur le point de s'accommoder avec la cour, il creust pour certain qu'il n'hazardoit rien en lui offrant tout dans une conjoncture où il ne craignoit pas que l'on acceptast ses offres contre la cour, parce que l'on s'accommodoit avec elle. Vous voyes d'un coup d'œil le frivole de ce raisonnement. Monsieur, qui avoit beaucoup d'esprit, le cogneust parfaitement, dès qu'il se vit hors du péril qui le lui avoit inspiré. Mais comme il est tousjours plus aisé de s'appercevoir du mal que du remède, il le cherchea long-temps sans le trouver, parce qu'il ne le cherchoit que dans les moyens de satisfaire les uns et les autres. Il y a des occasions où ce parti est absolument impossible, et quand il l'est, il est pernitieux, en ce qu'il mescontante infailliblement les deux parties. Il n'est pas moins incommode au négociateur, parce qu'il a tousjours un air de fourberie. Il ne tint pas à moi, par l'un et l'autre de ces motifs, de le dissuader à Monsieur ; il ne fust pas en mon pouvoir, et j'eus ordre de faire agréer à la reine que Monsieur se déclarast dans le parlement contre les trois soubsministres, en cas que M. le prince continuast à demander leur esloignement ; et j'eus en mesme temps permission de l'asseurer que, moyenant ceste condition, Monsieur se déclareroit dans la suite contre M. le prince, en cas que M. le prince eust après celle-là de nouvelles prétentions. Comme je ne croyois pas qu'il fust ni juste ni sage d'outrer de tout point la reine par un éclat de ceste nature, je représentai à Monsieur avec force qu'il avoit beau jeu pour faire coup double, et mesme triple, en obligeant la reine par la conservation des soubsministres, qui, dans le fond, estoit asses indifférente ; en faisant veoir que M. le prince, ne se contentant pas de la destitution du Mazarin, vouloit sapper les fondements de l'autorité royale ; en ne laissant pas mesme l'ombre de l'autorité à la régente, et en satisfaisant en mesme temps le public par une agravation, pour ainsi parler, contre le cardinal que je proposois en mesme temps, et que je m'asseurai mesme de faire agréer à la reine. Madame la Palatine m'avoit dit qu'elle avoit veu dans une lettre escrite par le cardinal à la reine, qu'il la supplioit de ne rien refuser de tout ce que l'on lui demanderoit contre lui, parce qu'il estoit persuadé, et que le plus que l'on desireroit après l'excès auquel on s'estoit porté, tourneroit plustost en sa faveur qu'autrement ce qu'il y auroit d'esprits modérés, et parce qu'il convenoit asses à son service que l'on amusast les [factieux] (c'estoit son mot) à des clabauderies qui ne pouvoient estre tout au plus que des répétitions fort inutiles. Je ne tenois pas ce raisonnement de M. le cardinal bien juste, mais je m'en servis pour former la conduite que j'eusse souhaité que Monsieur eust voulu prendre, et je raisonnois ainsi : « Si Monsieur concourt à l'exclusion des » soubsministres, il fait apparemment le compte » de M. le prince, en ce qu'il obligera peut-estre » la reine d'accorder à M. le prince tout ce qu'il » lui demandera. Il ne fera pas le sien du costé

» de la cour, parce qu'il outrera de plus en plus
» la reine, et qu'il outragera de plus tous ceux
» qui l'approchent. Il ne le fera pas non plus du
» costé du public, car, comme il dit lui-mesme,
» M. le prince l'a gagné de la main; et comme
» c'est lui qui a fait le premier la proposition de
» se défaire de ces restes du mazarinisme, il en
» a la fleur de la gloire, ce qui, dans les peuples,
» est le principal. Voilà donc un grand incon-
» vénient, qui est celui de faire à la reine une
» peur dont M. le prince se peut servir pour son
» advantage; voilà, dis-je, un grand inconvé-
» nient, qui est, de plus, accompagné d'un grand
» déchet de réputation, en ce qu'il fait veoir
» Monsieur agissant en second avec M. le prince,
» et entraisné à une conduite dont non pas seu-
» lement il n'aura pas l'honneur, mais qui lui
» tournera mesme à honte, parce que l'on pré-
» tendra que c'estoit à lui à commencer à la
» prendre. Quelle utilité trouvera-t-il qui puisse
» companser ces inconvéniens? L'on ne s'en
» peut imaginer d'autre que celle d'oster à la
» reine des gents que l'on croit affectionnés au
» cardinal. Est-ce un advantage, quand l'on
» pense que les Fouquet, les Bertet et les Bra-
» chet passeront esgalement la moitié des nuits
» auprès d'elle? Que les d'Estrées, les Souvré et
» les Senneterre y demeureront tout le jour, et
» que ceux-ci y seront d'autant plus dangereux,
» que la reine sera encore plus aigrie par l'esloi-
» gnement des autres. Je suis convaincu, par
» toutes ces considérations, que Monsieur doibt
» faire, à la première assemblée des chambres,
» le panégirique de M. le prince, sur la fermeté
» qu'il tesmoigne contre le retour de M. le car-
» dinal Mazarin, confirmer tout ce qui s'est dit
» en son nom par M. le prince de Conti, tou-
» chant la nécessité des précautions qu'il est bon
» de prendre contre son restablissement, com-
» battre publiquement, et par des raisons solides,
» celle que l'on cherche dans l'esloignement des
» trois ministres; faire veoir qu'elle est inju-
» rieuse à la reine à laquelle on doibt asses de
» respect, et mesme asses de recognoissance,
» pour les paroles qu'elle réitère en toutes occa-
» sions de l'exclusion à jamais de M. le cardi-
» nal Mazarin, pour ne pas abuser à touts mo-
» ments de sa bonté par de nouvelles conditions,
» ausquelles on ne veoit plus de fin. Adjouter
» que si la proposition d'aller ainsi de branche
» en branche venoit d'un fond dont l'on fust
» moins asseuré que de celui de M. le prince, elle
» seroit très-suspecte, parce que le gros de l'ar-
» bre n'est pas encore deraciné. La déclaration
» contre le cardinal n'est pas encore expédiée.
» L'on sait que l'on conteste encore sur des
» paroles. Au lieu de la presser, au lieu de cou-
» ronner, ou plustost de cimenter cest ouvrage,
» dont tout le monde est convenu, l'on fait des
» propositions nouvelles qui peuvent faire naistre
» des scrupules dans les esprits des mieux inten-
» tionnés. Tel croit se sanctifier en mettant une
» pierre sur le tombeau du Mazarin, qui croiroit
» faire un grand péché s'il en jetoit seulement
» une petite contre ceux dont il plaira doresna-
» vant à la reine de se servir. Rien ne justifie-
» roit davantage ce ministre coupable, que de
» donner le moindre lieu de croire que l'on
» voulust tirer en exemple journaillier et mesme
» fréquent, ce qui s'est passé à son esgard. La
» justice et la bonté de la reine ont consacré ce
» que nous avons fait, avec des intentions très-
» pures et très-sincères pour son service et pour
» le bien de l'estat. Il faut, de nostre part, y
» respondre par des actions, dans lesquelles l'on
» cognoisse que nostre principal soing est d'em-
» pescher que ce que le salut du royaume nous a
» forcé de faire contre le ministre, ne puisse bles-
» ser en rien la véritable authorité du roi. Nous
» avons en ce rencontre un avantage très-signa-
» lé; la déclaration publique que la reine a fait
» faire tant de fois et à messieurs les princes et
» au parlement, qu'elle excluoit pour jamais
» M. le cardinal du ministère, nous met en droit
» sans blesser l'autorité royale, qui nous doibt
» estre sacrée, de chercher toutes les asseuran-
» ces possibles à ceste parole, qui ne lui doibt
» pas estre moins inviolable. C'est à quoi Son
» Altesse Royale doit s'appliquer; mais pour s'ap-
» pliquer et avec dignité et avec succès, il ne
» doibt pas, à mon opinion, prendre le change;
» et il doibt faire craindre au parlement que l'on
» ne le lui veuille donner, en lui proposant des
» diversions qui ne sont que frivoles au prix de
» ce qu'il y a effectivement à faire. Ce qui presse
» véritablement est de bien fonder la déclara-
» tion contre M. le cardinal. La première que
» l'on a apportée estoit son panégyrique; celle à
» laquelle l'on travaille n'est, au moins à ce que
» l'on nous dit, fondée que sur les remonstran-
» ces du parlement et sur le consentement de la
» reine; et ainsi pourroit estre expliquée dans
» les temps. Son Altesse Royale peut dire de-
» main à la compagnie, que la fixation, pour
» ainsi parler, de ceste déclaration est la précau-
» tion véritable et solide à laquelle il faut s'ap-
» pliquer; et que ceste fixation ne peut estre
» plus seure qu'en y insérant que le roi l'exclut
» et de son royaume et de ses conseils, parce
» qu'il est de notoriété publique et incontestable,
» que c'est lui qui a rompu la paix générale à
» Munster. Si Monsieur éclate demain dans le

» parlement sur ce ton, que je lui respond de
» faire agréer ce soir par la reine, il se réunit
» avec elle, en donnant une cruelle botte au
» Mazarin. Il se donne l'honneur dans le public
» de le pousser personnellement et solidement,
» il l'oste à M. le prince en faisant veoir qu'il
» n'affecte de n'attaquer que son ombre, et il
» fait cognoistre à touts les esprits sages et mo-
» dérés qu'il ne veut pas souffrir que soubs le
» prétexte du Mazarin, l'on continue à donner
» touts les jours de nouvelles atteintes à l'autho-
» rité royale. »

Voilà ce que je conseillai à Monsieur, voilà ce que je lui donnai par escrit devant que de sortir de cheux lui, voilà ce qu'il porta à Madame, qui estoit au désespoir de ce qu'il s'estoit engagé avec M. le prince. Voilà ce qu'il approuva de toute son ame, et voilà toutefois ce qu'il n'osa faire, parce que n'ayant pas douté, comme je vous l'ai déjà dit, que M. le prince ne s'accordast avec la cour, il lui avoit promis (à jeu seur, à ce qu'il croyoit par ceste raison) de se déclarer avec lui contre les soubsministres. Il l'advoua à Madame encore plus en détail qu'il ne me l'avoit expliqué, et tout ce que je peus tirer de lui fut qu'il donnast sa parole à la reine, et qu'il s'emploieroit fidèlement auprès de M. le prince pour l'empescher de pousser sa pointe contre les trois susnommés; et que s'il n'y pouvoit réussir et que lui fust obligé à parler contre eux, il déclareroit en mesme temps à M. le prince que ce seroit pour la dernière fois, et que la reine demeurant dans les termes de la parole donnée pour l'esloignement de M. le cardinal, il ne se separeroit plus de ses intérests. Madame, qui aimoit M. Le Tellier, et qui estoit très-faschée et par ceste raison et par beaucoup d'autres, que Monsieur ne fist pas davantage, lui fit promettre qu'il feroit le malade le lendemain, dans la veue de retarder l'assemblée des chambres, et de se donner, par ce moyen, le temps de l'obliger à quelque chose de plus. Aussitost qu'elle eust obtenu ce point, elle le fit sçavoir à la reine, en lui mandant en mesme temps que je faisois des merveilles pour son service. Ce tesmoignage, qui fut receu très-agréablement, parce qu'il fut porté dans un instant où la reine estoit très-satisfaite de Madame, ce qui ne lui estoit pas ordinaire, facilita beaucoup ma négociation. J'allai le soir cheux la reine que je trouvai avec un visage fort ouvert; et ce qui me fit veoir qu'elle estoit contente de moi, fust que ce visage ouvert ne se referma pas, mesme après que je lui eus déclaré, et que je ne croyois pas que l'on peut empescher Monsieur de concourir avec M. le prince contre les soubsministres, et que je ne pourrois pas empescher moi-mesme d'y opiner si l'on en délibéroit au parlement.

Vous debvés estre si fatiguée de touts ces dits et redits des conversations passées, que je crois qu'il est mieux que je n'entre pas dans le détail de celle-ci qui fut assés longue, et que je me contente de vous rendre compte du résultat, qui fut que je m'appliquerois de toute ma force à faire que Monsieur tinst fidèlement la parole que je donnois à la reine de sa part, qu'il feroit tous ses efforts pour adoucir l'esprit de M. le prince en faveur des trois nommés, et qu'en cas qu'il ne le peust, qu'il feut obligé lui-mesme, par ceste considération, de les pousser, et que par la mesme raison je feusse forcé d'y concourir de ma voix, je déclarerois à Monsieur, qu'au cas que dans la suite M. le prince fist encore de nouvelles propositions, je n'y entrerois plus, quand mesme Monsieur s'y laisseroit emporter. Je me défendis long-temps de ceste dernière clause, et parce que dans la vérité elle m'engageoit beaucoup, et parce qu'elle me paroissoit mesme estre au dernier point contre le respect, en ce qu'elle confondoit, et qu'elle esgalloit, pour ainsi parler, mes engagements avec ceux de la maison royale. Il fallut enfin y passer, et je n'eus aucune peine à le faire agréer à Monsieur, qui fut si aise de se trouver dans la liberté de ne point rompre avec M. le prince, mesme de concert avec la reine, qu'il lui ravi de tout ce qui avoit facilité ce traité. Je vous en dirai les suites après que je vous aurai supplié de faire réflexion sur deux circonstances de ce qui se passa dans ceste dernière conversation que j'eus avec la reine.

Il m'arriva, en lui parlant de MM. Le Tellier, Servien et Lyonne, de les nommer les trois soubsministres; elle releva ce mot avec aigreur en me disant : « Dites les deux. Ce traistre de Lyonne » peut-il porter ce nom? c'est un petit secrétaire » du cardinal. Il est vrai que parce qu'il l'a déjà » trahi deux fois, il pourra estre un jour secré- » taire d'estat. » Ceste remarque s'est rendue par l'événement assés curieuse.

La seconde est que lorsque j'eus promis à la reine de ne me pas accommoder avec M. le prince dans les suites, quand mesme Monsieur s'y accommoderoit, et que j'eus adjousté que je le dirois moi-mesme à Monsieur dès le lendemain, elle s'escria plustost qu'elle ne prononcea : « Quelle surprise pour M. Le Tellier! » Elle se referma tout d'un coup, et quoi que je fisse ce qui fut en moi pour pénétrer ce qu'elle avoit voulu dire, je n'en peus rien tirer. Je reviens à Monsieur.

Je le vis le lendemain au matin cheux madame; il fut très-satisfait de ma négotiation. Il me tesmoigna que l'engagement que j'avois pris en mon particulier avec la reine ne lui pourroit jamais faire aucune peine, parce qu'il estoit très résolu lui-mesme, passé ceste occasion, à ne jamais concourir en rien avec M. le prince, pourveu que la reine demeurast dans la parole donnée pour l'exclusion du Mazarin. Madame adjouta tout ce qui le pouvoit obliger à se confirmer dans ceste pensée. Elle fit mesme encore une nouvelle tentative pour lui persuader de commencer au moins dès ce jour-là à veoir s'il ne pourroit rien gagner sur l'esprit de M. le prince. Il trouva de méchantes excuses. Il dit qu'il pourroit prendre des mesures plus certaines en se donnant tout ce jour pour attendre ce que M. le prince lui-mesme lui feroit dire. Il en eust effectivement un gentilhomme sur le midi, mais pour sçavoir simplement des nouvelles de sa santé, ou plustot pour sçavoir s'il iroit au Palais le lendemain. Monsieur, qui faisoit semblant d'avoir pris médecine, ne laissa pas d'aller cheux la reine, le soir, à qui il confirma avec serment tout ce que je lui avois promis par son ordre. Il lui protesta qu'il ne s'ouvriroit en façon du monde de ce qu'elle lui faisoit espérer; qu'elle céderoit encore pour ceste fois à M. le prince, en cas que Monsieur ne le peut gagner sur l'article des soubsministres. « A » vostre seule considération (lui adjouta-t-elle), et » sur la parole que vous me donnes que vous seres » pour moi dans toutes les autres prétentions de » M. le prince, qui seront infinies. » Elle le conjura ensuite de lui tenir fidèlement la parole qu'il lui avoit fait donner pour moi, de faire touts ses efforts pour obliger M. le prince de se désister de son instance. Il l'asseura qu'il avoit envoyé, des midi, le mareschal d'Estampes à Saint-Maur pour cest effet, ce qui estoit vrai. (Il s'estoit radvisé après l'avoir refusé à Madame, comme je vous l'ai tantost dit.) Il attendit mesme au Palais-Royal la response du mareschal d'Estampes, qui fut négative, et qui portoit expressément que M. le prince ne se désisteroit jamais de son instance. Monsieur revint cheux lui fort embarrassé, au moins à ce qu'il me parut. Il resva tout le soir, et il se retira de beaucoup meilleure heure qu'à l'ordinaire.

Le lendemain, qui fut le mardi 11 de julliet, les chambres s'assemblèrent, et M. le prince de Conti se trouva au palais fort accompagné. Monsieur dit à la compagnie qu'il avoit fait tous ses efforts auprès de la reine et auprès de M. le prince pour l'accommodement, qu'il n'avoit peu rien gagner ni sur l'un ni sur l'autre, et qu'il prioit la compagnie de joindre ses offices aux siens. M. le prince de Conti prit la parole aussitost que Monsieur eust fini, pour dire qu'il y avoit un gentilhomme de M. son frère à la porte de la grande chambre. L'on le fit entrer. Il rendit une lettre de M. le prince, qui n'estoit proprement qu'une répétition de la première.

Le premier président pressa asses long-temps Monsieur de faire encore de nouveaux efforts pour l'accommodement. Il s'en défendit d'abord par la seule habitude que touts les hommes ont à se faire prier, mesme des choses qu'ils souhaitent; il le refusa ensuite soubs le prétexte de l'impossibilité de réussir; mais en effet, comme il me l'advoua le jour mesme, parce qu'il eust peur de desplaire à M. le prince de Conti, ou plustost à toute la jeunesse qui crioit et qui demandoit que l'on délibérast contre les restes du mazarinisme. Le premier président fut obligé de ployer. L'on manda les gents du roi pour prendre leurs conclusions sur la réquisition de M. le prince. L'indisposition parut très-grande ce jour-là contre les soubsministres, et toute l'adresse du premier président, jointe à la froideur de Monsieur, qui ne parut nullement eschauffé contre eux, ne peut aller qu'à faire remettre la délibération au lendemain, en ordonnant toutefois que la lettre de M. le prince seroit portée dès le jour mesme à la reine. Monsieur fut aussi prié par le parlement de continuer ses offices pour l'accommodement. La chaleur qui avoit paru dans les esprits, jointe à celle de la salle du Palais, qui fut très-grande, fit que Monsieur se remercia beaucoup de ce qu'il n'avoit pas creu le conseil que je lui avois donné, de s'opposer à la déclaration de M. le prince contre les soubsministres. Il m'en fit une manière de raillerie au sortir du Palais, et je lui respondis que je le suppliois de me permettre de ne me défendre que le lendemain à pareille heure.

L'après disner, Monsieur alla à Rambouillet, où il avoit donné rendes-vous à M. le prince, et il eust une fort longue conversation avec lui dans les allées du jardin; il me dit le soir qu'il n'avoit rien oublié pour lui persuader de ne pas insister à son instance contre les ministres; il le dit à Madame qui en fut très-persuadée. Je le suis encore, car il est constant qu'il n'appréhendoit rien tant au monde que le retour, à Paris, de M. le prince; et qu'il se croyoit très-asseuré qu'il n'y reviendroit pas si ces messieurs demeuroient à la cour. La reine me dit le lendemain, qu'elle sçavoit de science certaine, qu'il n'avoit combatu pour elle que très-foiblement, « et tout de mesme (me dit-elle) que s'il

« avoit eu l'espée à la main. » Il n'est pas possible que dans les conversations que j'ai eu depuis avec M. le prince, je ne me sois esclairci de ce détail ; mais j'advoue que je ne me ressouviens nullement de ce qu'il m'en a dit. Ce qui est certain, est que la facilité qu'il eust à laisser mettre l'affaire en délibération fit croire à la reine qu'il la jouoit ; elle me soupçonna ce jour-là, et encore davantage le lendemain d'estre de la partie. Vous verres par la suite qu'elle ne me fit pas long-temps ceste injustice.

Le lendemain qui fut le 12, le parlement s'assembla, et M. l'advocat général Talon fit son rapport de l'audience qu'il avoit eu de la reine, qui lui avoit respondu simplement que la seconde lettre de M. le prince ne contenant rien que ce qui estoit dans la première, elle n'avoit rien à adjouter à la responce qu'elle y avoit faite. M. le duc d'Orléans donna part à la compagnie des conférences qu'il avoit eu la veille et avec la reine et avec M. le prince. Il déclara qu'il n'avoit peu rien gagner ni sur l'un ni sur l'autre. Il se tint couvert au dernier point sur le particulier des trois subjets, et il creut qu'il satisferoit la reine par ceste modération. Il exagéra mesme avec emphase les subjets de défiance que M. le prince prétendoit d'avoir ; et il s'imagina qu'il contenteroit M. le prince par ceste exagération. Il ne réussit ni en l'un ni en l'autre. La reine fut persuadée qu'il lui avoit manqué de parole, et elle eust asses de raison de le croire, quoique je ne sois pas convaincu qu'il l'eust fait dans le fond. M. le prince se plaignist beaucoup le soir de sa conduite, au moins à ce que le comte de Fiesque dit à M. de Brissac. Voilà le sort des gents qui veulent assembler les contradictoires en contantant tout le monde.

Talon ayant pris ses conclusions, qui pour ceste fois ne respondirent pas à la fermeté qui lui estoit ordinaire, et qui parurent plutost un galimathias affecté qu'un discours digne du sénat, l'on commencea à opiner. Il y eust deux advis ouverts d'abord, l'un fut celui des conclusions, qui alloit à remercier la reine des nouvelles assurances qu'elle avoit données que l'esloignement de M. le cardinal estoit pour jamais, et de la prier de donner quelque satisfaction à M. le prince. (Voilà ce que je viens d'appeler galimathias.) L'autre advis fut de Deslandes-Payen, qui, quoique parent proche de madame de Lyonne, déclara contre les trois soubsministres, et opina à demander en forme leur esloignement. Vous juges bien que je ne combattis pas son sentiment au Palais, quoique je l'eusse combattu dans le cabinet de Monsieur. Je meslois, dans mon advis (1), de certains traits qui servirent à me desmesler de la multitude, c'est-à-dire qui me distinguèrent de ceux qui n'opinèrent qu'à l'aveugle contre le nom de Mazarin. Ceste distinction m'estoit nécessaire à l'esgard de la reine ; elle m'estoit bonne à l'esgard de touts ceux qui n'approuvoient pas la conduite de M. le prince. Ils estoient en nombre dans le parlement, et le bon homme Laisné (2) mesme, conseiller de la grande chambre, homme de peu de sens, mais d'une vie intègre et passionné contre le Mazarin, ne laissa pas de se déclarer ouvertement contre la réquisition de M. le prince, et il soubstint qu'elle estoit injurieuse à l'autorité royale. Ceste circonstance, jointe à quelques autres, obligea Monsieur de m'advouer le soir que j'avois mieux jugé que lui, et que s'il se fust opposé à la proposition comme je lui avois conseillé, il en eust esté loué et suivi. Il fit croire, en ne la blasmant pas, qu'il l'approuvoit. Ceux mesme qui l'eussent combattue avec plaisir, y donnèrent avec joie. Je n'estois pas d'un poids à faire, dans les esprits, l'effect que Monsieur y eust fait par son opposition ; c'est pourquoi je ne m'y opposai pas. Je cognus que s'il s'y fust opposé, beaucoup de gents eussent concouru avec lui ; et je creus avoir asses de ceste veue pour pouvoir, sans crainte de me nuire dans le public, donner des atteintes indirectes à une action, dont il m'estoit bon, pour toutes raisons, de diminuer le mérite, quoi que je fusse obligé, par celle de Monsieur et du peuple, d'y contribuer au moins de ma voix. J'entends bien mieux ce galimathias que je ne vous l'explique ; et il est vrai qu'il ne se peut mesme bien conce-

---

(1) Voici l'avis du coadjuteur que nous avons extrait du journal historique, déjà plusieurs fois cité. Il dit : « Que sy la destitution des ministres du roi dependoit de la mauvaise grâce des princes, que les conséquences en seroient très-dangereuses, parce qu'elles nous donneroient beaucoup de maistres au lieu d'un seul que nous avons. Et toutefois que comme l'affaire qui se présentoit estoit toute extraordinaire, qu'il pensoit que non-seulement il estoit expédient d'esloigner de la cour les trois personnes qui donnoyent tant de légitimes soubçons à M. le prince ; mais encore touts leurs adhérents, faulteurs et domestiques du cardinal Mazarin. »

(2) *Le bon homme Laisné* s'exprima ainsi : « Qu'il ne pouvoit comprendre que la compagnie fut sy long-temps occupée sur une affaire qui ne la concernoit en façon du monde, et n'estoit point de sa cognoissance ; qu'il n'avoit pas accoutumée de prendre aucune part dans les intrigues de la cour, où personne n'entroit sans interest particulier ; qu'eux qui n'en dévoient point avoir que celluy de bien rendre la justice aux subjetz du roi, feroient beaucoup mieux pour la décharge de leur conscience et pour leur réputation, s'ils s'abstenoient de s'embarrasser plus avant dans toutes ces affaires si délicates et chatouilleuses. (Extrait du même journal.)

voir que par ceux qui se sont trouvés en ce temps-là dans les délibérations de ceste compagnie. J'y ai remarqué peut-estre plus de vingt fois que ce qui y passoit dans un moment comme incontestablement bon, y eust passé dans le suivant comme incontestablement mauvais, si l'on eust donné un autre tour à une forme souvent légère, à une parole quelquefois frivole. Le secret est d'en sçavoir discerner et prendre les instants. Monsieur manqua en ce point; j'essayai de suppléer, en ce qui me regardoit d'une manière qui ne donnast pas l'advantage sur moi à M. le prince, de pouvoir dire que j'espargnasse les restes du mazarinisme, et qui ne laissast pas de notter, en quelque façon, sa conduite. Voici les propres paroles dans lesquelles je formai mon advis, que je fis imprimer et publier dès le lendemain dans Paris, pour la raison que je vous expliquerai dans la suite.

« J'ai (1) tousjours esté persuadé qu'il eust esté
» à souhaiter qu'il n'eust paru dans les esprits au-
» cune inquiétude sur le retour de M. le cardinal
» Mazarin, et que mesme l'on ne l'eust pas creu
» possible, son esloignement ayant esté jugé né-
» cessaire par le vœu commun de toute la France.
» Il semble que l'on ne puisse douter de son re-
» tour, sans douter en mesme temps du salut
» de l'estat, dans lequel il jetteroit asseurément
» la confusion et le désordre. Si les scrupules
» qui paroissent sur ce sujet dans les esprits
» sont solides, ils produiront infailliblement cest
» effet si funeste, et s'ils n'ont point de fonde-
» ment, ils ne laissent pas de donner une juste
» appréhension d'une très-dangereuse suite par le
» prétexte qu'ils donneront à toutes les nouveautés.
» Pour les estouffer tout d'un coup, et pour
» oster aux uns l'espérance et aux autres le pré-
» texte, j'estime que l'on ne sauroit prendre
» en ceste matière d'advis trop décisifs. Et
» comme on parle de beaucoup de commerce qui
» allarment le public et qui inquiètent les es-
» prits, je crois qu'il seroit à propos de déclarer
» criminels et perturbateurs du repos public,
» ceux qui négotieront avec M. le cardinal Ma-
» zarin, ou pour son retour, en quelque sorte et
» manière que ce puisse estre.
» Si les sentiments que Son Altesse Royale
» tesmoigna, il y a quelques mois en ceste
» compagnie, sur le sujet de ceux qui y furent
» nommés, eussent esté suivis, les affaires au-
» roient maintenant une autre face. L'on ne
» seroit pas tombé dans ces défiances; le repos

(1) Ce discours ou avis se trouve avec quelques différence dans les Mémoires de Joly ; et il a été écrit par Humbert-Belhomme dans le manuscrit original.

» de l'estat seroit asseuré, et nous ne serions pas
» présentement en peine de supplier M. le duc
» d'Orléans, comme c'est mon advis, de s'em-
» ployer auprès de la reine pour esloigner de la
» cour les restes et les créatures de M. le cardi-
» nal Mazarin qui ont estés nommés.
» Je sçais que la forme avec laquelle on de-
» mande cest esloignement est extraordinaire,
» et il est vrai que si l'aversion d'un de mes-
» sieurs les princes du sang estoit tousjours la
» règle de la fortune des hommes, ceste dépen-
» dance diminueroit beaucoup de l'authorité du
» roi et de la liberté de ses subjets; et l'on pour-
» roit dire que ceux du conseil et les autres qui
» n'ont de subsistance que par la cour, auroient
» beaucoup de maistres.
» Je crois pourtant qu'il y a exception dans ce
» rencontre. Il s'agit d'une affaire qui est une
» suite comme naturelle de celle de M. le cardi-
» nal Mazarin : il s'agit d'un esloignement qui
» peut lever beaucoup des ombrages que l'on
» prend pour son retour; d'un esloignement qui
» ne peut estre que très utile, qui a esté sou-
» haité et proposé à ceste compagnie par M. le duc
» d'Orléans, dont les intentions toutes pures et
» toutes sincères pour le service du roi et le
» bien de l'estat, sont cognues de toute l'Eu-
» rope, et dont les sentiments, estant oncle du
» roi, et lieutenant général de l'estat, ne tirent
» point à conséquence à l'esgard de qui que ce soit.
» Il faut espérer de la prudence de Leurs Ma-
» jestés et de la sage conduite de M. le duc d'Or-
» léans, que les choses se disposeront en mieux,
» que les défiances seront levées, que les soup-
» çons seront dissipés, et que nous verrons bien-
» tost l'union restablie dans la maison royale,
» qui a toujours esté le vœu de tous les gents de
» bien qui ont souhaité la liberté de messieurs
» les princes, particulièrement par ceste consi-
» dération, avec tant d'ardeur qu'ils se sont
» trouvés bienheureux lorsqu'ils y ont peu con-
» tribuer de leurs suffrages.
» Pour former donc mon opinion, je suis d'ad-
» vis de déclarer criminels et perturbateurs du
» repos public, ceux qui négotieront avec M. le
» cardinal Mazarin, ou pour son retour, en
» quelque sorte et manière que ce puisse estre.
» Supplier très humblement Monsieur de s'em-
» ployer auprès de la reine pour esloigner de la
» cour les créatures de M. le cardinal Mazarin,
» qui ont esté nommés, et appuyer les remon-
» trances de la compagnie sur ce subjet; le re-
» mercier des soings qu'il prend incessamment
» pour la réunion de la maison royale, si impor-
» tante à la tranquillité de l'estat et de toute
» la chrestienté, puisque j'ose dire qu'elle est

» le seul préalable nécessaire à la paix géné-
» rale. »

Je vous supplie d'observer que Monsieur voulut absolument que je le citasse dans mon advis comme premier autheur de la proposition contre les soubsministres, parce qu'il ne doubtoit point qu'elle n'eust une approbation générale. que je ne lui obéis en ce poinct qu'avec beaucoup de peine, parce que je ne jugeois pas que ce qu'il avoit dit de temps en temps, fort en général contre les amis de M. le cardinal, fust un fondement asses solide pour avancer et pour soubstenir un fait aussi positif et aussi spécifique que celui-là; que l'émotion des esprits fit que l'on le reçut pour aussi bon que s'il eust esté bien véritable; que ceste émotion quoique grande n'empescha pas que beaucoup de gents ne fissent une sérieuse réflexion sur ce que monsieur Laisné avoit expliqué clairement dans son advis, et sur ce que j'avois touché dans le mien de l'atteinte donnée à l'authorité royale; que Monsieur, qui s'en apperceut, eust regret d'avoir esté si vite, et creut qu'il pouvoit avec seureté et sans se perdre dans le public se mitiger un peu. Quelle foule de mouvements touts opposés! quelle contrariété! quelle confusion! l'on l'admire dans les histoires, l'on ne la sent pas dans l'action. Rien ne paroissoit plus naturel et plus ordinaire que ce qui se faisoit et ce qui se disoit ce jour-là. J'y ai fait depuis réflexion, et je confesse que j'ai encore peine à comprendre, à l'heure qu'il est, la multitude, la variété, et l'agitation des mouvements que ma mémoire m'en représente. Comme en opinant l'on retomboit tousjours à la fin à peu près dans le mesme advis, l'on ne sentoit presque pas ce mouvement; et je me souviens que Deslandes-Payen me disoit au lever de la séance : « C'est une belle chose que de
» veoir une grande compagnie aussi unie. » Remarques, s'il vous plaist, que Monsieur, qui avoit plus de discernement, s'apperceut très-bien qu'elle l'eust esté si peu en cas de besoing, qu'il m'advoua que touts ces mesmes hommes qui parloient si uniformément, à la réserve de fort peu d'entre eux, qu'il sembloit mesme qu'ils eussent esté concerté, qu'il m'advoua, dis-je, que ces mesmes hommes eussent tourné à lui s'il se fut déclaré contre la proposition. Il eust regret de ne l'avoir pas fait, mais il eust honte et avec raison, de changer plainement, et il se contenta de me commander de faire dire à la reine par madame la Palatine, qu'il espéroit qu'il trouveroit lieu d'adoucir son advis. La response de la reine fut que je me trouvasse à minuit à l'Oratoire. Elle me parut aigrie au dernier point de tout ce qui s'estoit passé le matin au Palais; elle traita Monsieur de perfide; elle ne me tira du pair, que pour me faire encore plus sentir qu'elle ne me traitoit pas mieux dans le fond de son cœur. Il ne me fut pas difficile de me justifier, et de lui faire veoir et que je n'avois peu ni deu m'empescher d'opiner comme j'avois fait; et comme je ne lui avois pas célé auparavant à elle-mesme, je la suppliai d'observer que mon advis n'estoit pas moins contre M. le prince que contre M. le cardinal. Je lui excusai mesme la conduite de Monsieur, autant qu'il me fut possible, sur ce qu'en effet il ne lui avoit pas promis de ne pas opiner contre les ministres; et comme je vis que les raisons ne faisoient aucun effet dans son esprit, et que la préoccupation dont le propre est de s'armer particulièrement contre les faits, tiroit mesme ombrages de ceux qui lui debvoient estre les plus clairs, je creus que l'unique moyen de les lever, seroit d'éclairer le passé par l'advenir, parce que j'avois esprouvé plusieurs fois que le seul remède contre les préventions est l'espérance. Je flattai la reine de celle que Monsieur se radouciroit dans la suite de la délibération, qui debvoit encore durer un jour ou deux. Et comme je prévoyois que cest adoucissement de Monsieur, ne seroit pas au point qui seroit nécessaire pour conserver les soubsministres, je prévins ce que je disois avec un peu trop d'exagération de son effet, par une proposition qui me disculpoit par advance de celui qu'elle n'auroit pas. Ceste conduite est tousjours bonne quand l'on agit avec des gents dont le génie n'est pas capable de ne pas juger par l'événement, parce que le mesme caractère qui produit ce défaut fait que ceux qui l'ont ne raisonnent jamais cohéramment des effets à leurs causes. J'offris, sur ce fondement, à la reine, de faire imprimer et publier dès le lendemain l'advis que j'avois porté au parlement, et je me servis de ceste offre pour lui faire croire que si je ne me feusse tenu pour très-asseuré que la fin de la délibération ne debvoit pas estre advantageuse à M. le prince, je n'eusse pas agravé, par un effet de ceste nature, auquel rien ne m'obligeoit, une action où je lui avois déjà donné plus d'atteinte que la politique mesme ordinaire ne me le permettoit.

La reine donna sans balancer à ceste lueur qui lui plaisoit. Elle crut que ce que je lui proposois n'avoit point d'autre origine que celle que je lui marquois. La satisfaction qu'elle trouva dans ceste pensée fit qu'elle se donna à elle-mesme des idées plus douces, sans les sentir, de ce qui s'estoit passé le matin; qu'elle entra avec moins d'aigreur dans le détail de ce qui se pouvoit passer le lendemain; et que quand elle cogneut, vingt-quatre heures après, que le radoucissement de Monsieur ne lui seroit pas d'une aussi grande utilité, au moins pour la conjoncture présente, qu'elle se l'estoit imaginée, elle ne s'en prit plus à moi. Il ne se faut pas jouer à tout le monde par ces sortes de diversions; elles ne sont bonnes qu'avec les gents qui ont peu de veue et qui sont emportés. Si la reine eust esté capable et de lumière et de raison en ceste occasion, ou plustost si elle eust esté servie par des personnes qui eussent préféré à leur conservation particulière son véritable service, elle eust cognu qu'il n'y avoit qu'à ployer dans ce moment, comme elle l'avoit promis à Monsieur, puisque Monsieur ne faisoit pas davantage pour elle; elle n'estoit pas encore susceptible de la vérité sur ce fait, et moins de ma part que d'aucune autre. Je la lui desguisai par ceste considération comme les autres; et je creus y estre obligé pour demeurer plus en estat de la servir dans la suite elle-mesme, Monsieur et le public.

Le lendemain, qui fut le 13 de julliet, le parlement s'assembla; l'on continua la délibération qui demeura presque tousjours sur le mesme ton, à la reserve de cinq ou six voix qui allèrent à déclarer MM. Le Tellier, Servien et Lyonne, perturbateurs du repos public. Quelqu'un, dont j'ai oublié le nom, y adjousta l'abbé de Montaigu.

Le 14, l'arrest fut donné conformement à l'advis de Monsieur, qui passa de cent neuf voix contre soixante-deux. L'arrest portoit que la reine seroit remerciée de la parole qu'elle avoit donnée de ne point faire revenir le cardinal Mazarin; qu'elle seroit très-humblement suppliée d'en envoier une déclaration au parlement; comme aussi de donner à M. le prince toutes les seuretés nécessaires pour son retour; et qu'il seroit incessamment informé contre ceux qui entretenoient avec lui quelque commerce. Monsieur, qui empescha que MM. les soubsministres fussent nommés dans l'arrest, creut qu'il avoit fait au-delà de tout ce qu'il avoit promis à la reine. Il ne doubta point non plus que M. le prince ne fut content de lui, parceque les seuretés que l'on demandoit pour M. le prince emportoient certainement, quoique tacitement, l'esloignement des soubsministres. Il sortit du Palais très-satisfait de lui-mesme, mais personne ne le fust de lui. La reine ne prit ce qu'il avoit fait que comme une duplicité ridicule pour lui et inutile pour elle. M. le prince ne le receut que comme une marque que Monsieur estoit appliqué à se mesnager au moins avec la cour. La reine ne dissimula point du tout son sentiment; M. le prince ne dissimula pas asses le sien. Madame, qui estoit très en cholère, releva de toutes les couleurs celui de touts les deux. Monsieur eust peur, et la peur qui n'applique jamais un remède à propos, le porta à des soubmissions vers la reine, qui estant sans mesure, augmentèrent la défiance qu'elle avoit de lui, et à des advances vers M. le prince, qui firent un effet directement contraire à ce que Monsieur souhaitoit avec le plus d'ardeur. Son unique désir estoit de contenter l'une et l'autre, et de le faire toutefois d'une telle manière que M. le prince ne revint pas à la cour, et qu'il demeurast paisible dans son gouvernement; l'unique moyen pour parvenir à ceste dernière fin estoit de lui procurer des satisfactions qui le peussent remplir pour quelque temps, mais qui ne l'asseurassent pas pour le present, au moins asses, pour lui donner lieu de revenir à Paris. Voilà ce que je lui avois proposé; voilà ce que Madame avoit appuié de toute sa force. Il en conceut l'utilité, il le voulut; la foiblesse lui fit prendre le chemin tout opposé. Il s'osta par ses basses et fausses excuses la créance qui lui estoit nécessaire dans l'esprit de la reine, pour la porter de concert mesme avec lui à un accommodement raisonnable avec MM. les princes. Il donna tant d'asseurances à M. le prince de son amitié pour lui, en veue de réparer le mesnagement qu'il avoit tesmoigné à l'esgard des soubsministres, que soit que M. le prince creut ses asseurances véritables, soit qu'il prist confiance dans la frayeur mesme qu'il sçavoit que Monsieur avoit de lui, il prit le parti de revenir à Paris soubs le prétexte que les créatures du cardinal Mazarin en estant esloignées, il n'apprehendoit plus d'y estre arresté. J'ouvrirai ceste nouvelle scène, après que je vous aurai supplié de faire une réflexion qui marque, à mon sens autant que chose du monde, le privilége et l'excellence de la sincérité.

Monsieur n'avoit pas promis à la reine de ne se pas déclarer contre les soubsministres; au contraire, il lui avoit signifié en termes formels qu'il s'y déclareroit; il ne le fait qu'à demi, il les mesnage, il leur espargne le dégoust d'estre nommés dans l'arrest. Il ne s'emporte point contre la reine, quoiqu'elle ne lui tienne pas elle-mesme ce à quoi elle s'estoit engagée, qui estoit de les abandonner, en cas que Monsieur ne peust empescher M. le prince de les pousser. La reine toutefois se plaint avec une aigreur inconcevable de Monsieur; elle lui fait à lui-mesme dès l'après-disnée des reproches aussi rudes et aussi violents, que s'il lui avoit fait toutes les perfidies imaginables. Elle se pretend desgagée par son procédé de la parole qu'elle

lui avoit donnée, de ne pas opiniastrer la conservation des soubsministres; elle ne le dit pas seulement mais elle le croit, et cela, parce qu'au sortir de la conversation dans laquelle madame lui fit peur, il envoya le mareschal d'Estampes à la reine, lui demander proprement une abolition; et qu'il la lui demanda lui-mesme l'après-disnée, en lui faisant des excuses « qui ne pou-
» voient estre (me dit-elle à moi-mesme) que
» d'un homme coupable. »

J'allai le soir cheux elle par le commandement de Monsieur. Je ne lui fis pour mon particulier aucune apologie; je supposai qu'elle ne pouvoit avoir oublié ce que je lui avois tousjours dit par advance de ce que je ferois en ceste occasion; elle s'en ressouvint mesme avec bonté. Elle me dit positivement qu'elle ne se pouvoit plaindre de moi, et je cognus clairement qu'elle me parloit du cœur. Madame la Palatine, qui estoit présente à la conversation, dit à la reine : « Que
» ne feroit point la sincérité dans la conduite d'un
» fils de France, puisque dans celle d'un coadju-
» teur de Paris aussi contraire à vostre volonté,
» elle oblige Vostre Majesté à la louer? » Madame la Palatine n'oublia rien pour faire cognoistre à la reine qu'elle ne debvoit pas attendre les remontrances du parlement pour esloigner les soubsministres, parce qu'il seroit plus de sa dignité de les prévenir; mais elle ne peust rien gagner sur son esprit, ou plustost sur son aigreur, qui, en de certains moments, lui tenoit lieu de tout. M. le mareschal d'Estrées m'a dit depuis, qu'il y avoit encore quelque chose de plus que son aigreur, et que Chavigny la flattoit qu'il pourroit obliger M. le prince à souffrir que l'on expliquast l'arrest, et ce qui me fait croire que le mareschal d'Estrées avoit raison, est que je sçais de science certaine, que le mesme Chavigny pressa en ce temps-là M. le premier président de biaiser un peu dans ses remontrances, sur quoi la response de celui-ci fust remarquable et digne d'un grand magistrat : « Vous aves, monsieur, esté l'un de ceux
» qui ont le plus poussés ces messieurs, vous
» changés; je n'ai rien à vous dire : mais le par-
» lement ne change point. » La reine ne fust pas tout ce jour-là de l'opinion de M. le premier président, car il me parut qu'elle creut que l'arrest se pourroit interpréter dans la suite; et que peut-estre M. le premier président le pourroit interpréter lui-mesme dans sa remonstrance. Elle ne lui faisoit pas justice en ce rencontre, comme vous le verres dans peu.

Cest arrest fut donné le 14 de julliet, et comme MM. les soubsministres n'y estoient pas denommés, il ouvrit un grand champ aux réflexions, et par conséquent aux négotiations depuis le 14 jusques au 18, qui fut le jour auquel les remonstrances furent faites. Je pourrois vous rendre compte de ce qui s'en disoit en ce temps-là, mais comme ce qui s'en disoit n'estoit à proprement parler que l'écho des bruits que le Palais-Royal et Saint-Maur jetoient apparemment avec dessein dans le monde, je crois que le récit en seroit aussi superflu qu'incertain ; et je me contenterai de vous dire que ce que j'en pus pénétrer dans le moment, ne fust qu'un empressement ridicule de négotier, dans touts les subalternes des deux partis. Cest empressement, en des conjonctures pareilles, n'est jamais sans négotiation : mais il est constant qu'il en produit beaucoup plus d'imaginaires que d'effectives. Le hazard y donna lieu en faisant que les remonstrances, faulte de la signature de l'arrest, et de je ne sçais quel obstacle surnaturel du costé du Palais-Royal, fussent différées jusques au 18. Tout ce qui est vuide dans les temps de faction et d'intrigue, passe pour mistérieux à touts les gents qui ne sont pas accoutumés aux grandes affaires. Ce vuide qui ne fust rempli le 15, le 16 et le 17 que de négotiations, qui ne furent, au moins par l'événement, que d'une substance très-légère, le fut pleinement le 18 par les remonstrances du parlement. Le premier président les porta avec toute la force possible, et quoiqu'il se contint juste dans les termes de l'arrest en ne nommant pas les soubsministres, il les désigna si bien, que la reine s'en plaignist, mesme avec aigreur, en disant que le premier président estoit d'une humeur incomprehensible, et plus fascheux que ceux qui estoient les plus mal intentionnés. Elle m'en parla en ces termes ; et comme je pris la liberté de lui respondre que le chef d'une compagnie ne pouvoit sans prévarication s'empescher d'expliquer les sentiments de son corps, quoique ce ne fussent pas les siens en son particulier, elle me dit avec cholère : « Voilà des maximes de républicain. » Je ne vous rapporte ce petit détail, que parce qu'il vous fera concevoir le malheur où l'on tombe dans les monarchies, quand ceux qui les gouvernent n'en cognoissent pas les règles les plus légitimes et les maux les plus communs. Je vous rendrai compte des suites des remontrances après que je vous aurai fait le récit d'une histoire qui arriva au Palais dans le temps de la délibération dont je viens de vous entretenir.

La curiosité de la matière y attira beaucoup de dames qui voyoient la séance des lanternes, et qui entendoient aussi les opinions. Madame et mademoiselle de Chevreuse s'y trouvèrent avec beaucoup d'autres, le 13 de julliet, qui fut la veille du jour auquel l'arrest fut donné ; mais elles furent desmeslées d'entre toutes les autres par un certain Maillart, qui estoit un criailleur à gages dans le parti de messieurs les princes. Comme les dames craignent la foule, elles ne sortirent des lanternes qu'après que Monsieur et tout le monde fut retiré. Elles furent receues dans la salle avec une huée de vingt ou trente gueux de la qualité de leur chef, qui estoit savetier de sa profession. Mon nom ne fut pas oublié. Je n'appris ceste nouvelle qu'à l'hostel de Chevreuse, où j'allai disner après avoir ramené Monsieur cheux lui. Je trouvai madame de Chevreuse dans la fureur, et mademoiselle sa fille dans les larmes. J'essayai de les consoler en les asseurant qu'elles en auroient une prompte satisfaction par la punition de ces insolents, dont je m'offris de faire faire dès le jour mesme une punition exemplaire. Ces indignes victimes furent rebutées, mesme avec indignation, de ce qu'elles avoient esté seulement proposées. « Il » falloit du sang de Bourbon pour réparer l'af- » front qui avoit esté fait à celui de Lorraine. » Ce furent les propres paroles de mademoiselles de Chevreuse ; et tout le tempérament que madame de Rhodes, instruite par M. de Caumartin, y peut faire agréer, fut qu'elles retourneroient le lendemain au Palais, si bien accompagnées, qu'elles seroient en estat de se faire respecter, et de faire cognoistre à M. le prince de Conti, qu'il avoit intérest à empescher que ceux de son parti ne fissent plus d'insolence. Montresor, qui se trouva par hazard à l'hostel de Chevreuse, n'oublia rien pour faire concevoir et sentir aux dames les inconvénients qu'il y avoit à faire une cause particulière de la publique, dans un moment qui pouvoit attirer et mesme produire des circonstances aussi grandes et aussi affreuses, que celles où un prince du sang pouvoit périr. Quand il vit que touts ses efforts estoient sans effet, et vers la mère et vers la fille, il les tourna vers moi, et il fit tout ce qui fut en son pouvoir pour m'obliger à remettre mon ressentiment à un autre temps. Il me tira mesme à part, pour me représenter avec plus de liberté, la joie et triomphe de mes ennemis, si je me laissois emporter à l'impétuosité de ces dames. Je lui respondis ces propres mots : « J'ai tort, et par la considération de ma » profession et par celle mesme des affaires que » j'ai sur les bras, d'estre aussi engagé que je le » suis avec mademoiselle de Chevreuse ; mais j'ai » raison, supposé cest engagement qui est pris, » et sur lequel il est trop tard de délibérer, de » chercher et de trouver dans la conjoncture » présente sa satisfaction. Je n'assassinerai pas » M. le prince de Conti. Elle n'a qu'à comman- » der sur tout ce qui n'est pas poison ou assassi- » nat. Ce n'est plus à moi à qui il faut parler. » Caumartin prit à l'instant la veue que je vous viens de marquer, d'aller en triomphe au Palais, non pas comme bonne, mais comme la moins mauvaise, veue la disposition de la demoiselle. Il l'alla proposer à madame de Rhodes, qui avoit pouvoir sur son esprit, elle fut agréée.

Les dames se trouvèrent dans les lanternes le lendemain 14, qui fut le jour de l'arrest, avec plus de quatre cents gentilhommes, et plus de quatre cents hommes de gros bourgeois. Ceux du bas peuple, qui avoient accoustumé de clabauder dans la salle, s'esclipsèrent de frayeur, et M. le prince de Conti, qui n'avoit point esté adverti de ceste assemblée, dont les ordres furent donnés et exécutés avec un secret qui eust du prodige, fut obligé de passer avec de grandes révérences devant madame et mademoiselle de Chevreuse, et de souffrir que Maillart, qui fut attrapé sur le degré de la Sainte-Chapelle, eust force coups de bastons. Voilà la fin de l'une des plus délicates advantures qui me soient jamais arrivées dans le cours de ma vie. Elle pouvoit estre pernicieuse et cruelle par l'événement, parce qu'en ne faisant que ce que j'estois obligé de faire, veu les circonstances, j'estois perdu presque autant de réputation que de fortune, si ce qui pouvoit fort naturellement y arriver, y fut arrivé. J'en concevois tout l'inconvénient, mais je le hasardai ; et je ne me suis jamais mesme reproché ceste action comme une faulte, parce que je suis persuadé qu'elle a esté de la nature de celles que la politique condamne, et que la morale justifie. Je reviens à la suite des remonstrances.

La reine y respondit avec un air plus gai et plus libre qu'elle n'avoit accoustumé. Elle dit aux députés qu'elle envoiroit dès le lendemain au parlement la déclaration que l'on lui demandoit contre M. le cardinal Mazarin, et que pour ce qui regardoit M. le prince, elle feroit sçavoir sa volonté à la compagnie, après qu'elle en auroit conféré avec M. le duc d'Orléans. Ceste conférence, qui fut effectivement le soir mesme, produisit en apparence l'effet que l'on souhaitoit : car la reine tesmoigna à Monsieur qu'elle se relascheroit de ce que l'on lui demanderoit à l'esgard des soubsministres, en cas qu'il le desirast véritablement. La vérité est qu'elle affecta de lui faire valoir ce à quoi elle s'estoit résolue dès le matin, beaucoup moins sur les remonstrances du parlement que sur la permission qu'elle en avoit receue de Brusle. Nous nous en doubtasmes, madame la Palatine et moi, parce que son changement parut justement au moment que nous venions d'apprendre que Marsac en estoit arrivé la nuit. Nous en sceusmes bientost après le détail qui estoit, que le cardinal mandoit à la reine qu'elle ne debvoit point balancer à esloigner les soubsministres; et que ses ennemis la servoient en ne donnant point de bornes à leur fureur. Bertet me dit quelques jours après le contenu de la dépesche qui estoit fort belle. Monsieur revint cheux lui triomphant dans son imagination.

La reine envoya quérir dès le lendemain des députés pour leur commander de donner part de sa résolution au parlement. Celle que M. le prince prit le 21, de venir prendre sa place, estonna Monsieur à un point que je ne vous puis exprimer, quoi qu'elle ne le deust pas surprendre. Je le lui avois prédit mainte et mainte fois. Il y vint sur les huit heures du matin accompagné de M. de La Rochefoucault et de cinquante ou soixante gentilshommes. Comme il trouva la compagnie assemblée pour la réception de deux conseillers, il lui dit qu'il se venoit resjouir avec elle de ce qu'elle avoit obtenu l'esloignement des ministres; mais que cest esloignement ne pouvoit estre seur que par un article qui en fut inséré dans la déclaration que la reine avoit promise d'envoyer au parlement. M. le premier président lui respondit avec un ton fort doux, par le récit de ce qui s'estoit passé au Palais-Royal, et il adjouta qu'il ne seroit ni de la justice ni du respect que l'on debvoit à la reine, de lui demander touts les jours des nouvelles conditions; que la parole de Sa Majesté suffisoit par elle-mesme; qu'elle avoit eu de plus la bonté d'en rendre le parlement dépositaire; qu'il eust esté à souhaiter que M. le prince eust tesmoigné la confiance qu'il y debvoit prendre, en allant descendre au Palais-Royal plustost qu'à celui de la Justice; qu'il ne pouvoit s'empescher, en la place où il estoit, de lui faire paroistre son estonnement sur ceste conduite. M. le prince repartit que la fascheuse expérience qu'il avoit fait depuis peu dans sa prison, faisoit que l'on ne debvoit point trouver estrange s'il ne s'exposoit pas sans précaution; qu'il estoit de notoriété publique, que le cardinal Mazarin régnoit plus absolument que jamais dans le cabinet; que sur le tout il alloit de ce pas conférer avec Monsieur sur ce subjet; et qu'il supplioit la compagnie de ne pas délibérer de ce qui le regardoit qu'en présence de Son Altesse Royale. Il alla ensuite cheux Monsieur, à qui il parla de son entrée au parlement, comme d'une chose qui avoit esté concertée la veille avec lui à Rambouillet, où il est vrai qu'ils s'estoient promenés ensemble deux ou trois heures.

Ce qui est de merveilleux, est qu'il dit à Madame, au retour de ceste conversation, que M. le prince estoit si effarouché (il se servit de ce mot) qu'il ne croyoit pas qu'il se peut résoudre à rentrer dans Paris de dix ans après l'enterrement du cardinal, et que quand il eust entretenu M. le prince, qui vint cheux lui au sortir du Palais, il me dit à moi-mesme ces propres paroles: « M. le prince ne vouloit pas hier revenir à Paris, il y est aujourd'hui. Et il faut » pour la beauté de l'histoire que j'agisse avec » lui, comme s'il estoit venu de concert avec » moi. Il me dit à moi-mesme que nous le ré-» solusmes hier ensemble. » Vous remarqueres s'il vous plaist, que M. le prince, à qui j'ai parlé de ce détail sept ou huit ans après, m'a assuré qu'il avoit dit la veille à Monsieur qu'il viendroit au parlement; qu'il avoit veu à son visage qu'il eust mieux aimé qu'il n'y fut pas venu; mais qu'il ne s'y estoit point opposé, et qu'il lui en tesmoigna mesme de la joie quand il l'alla trouver au sortir du Palais. Les effets de la foiblesse sont inconcevables, et je maintiens qu'ils sont plus prodigieux que ceux des passions les plus violentes. Elle assemble plus souvent qu'aucune les contradictoires.

M. le prince retourna à Saint-Maur; Monsieur alla cheux la reine lui faire des excuses, ou plustost des explications de la visite de M. le prince. La reine cognut, par son embarras, que sa conduite estoit plustost un effet de sa foiblesse que de sa mauvaise volonté; elle en eut pitié, mais de ceste sorte de pitié qui porte au mépris, et qui ramène aussitost à la cholère. Elle ne peut s'empescher d'en faire paroistre à Monsieur mesme beaucoup plus qu'elle n'avoit projeté, et elle dit le soir à madame la Palatine qu'il estoit plus difficile que l'on ne le croyoit, à dissimuler avec ceux que l'on méprise. La reine lui commanda en mesme temps de me dire de sa part qu'elle sçavoit que je n'avois aucune part dans les infamies de Monsieur (ce fut son mot), et qu'elle ne doubtoit pas que je ne lui tienne la parole que je lui avois donnée, de me déclarer contre M. le prince ouvertement, en cas qu'après l'esloignement des soubsministres, il continua à troubler la cour. Monsieur, qui creut qu'il satisfaisoit en quelque sorte la reine en agréant que je prisse ceste conduite, eust une extrême joie lorsque je lui dis que je ne me pouvois pas défendre d'exéquter ce à quoi il avoit trouvé bon lui-mesme que je me fusse engagé. Je vis la reine le lendemain, je l'assurai que si M. le prince revenoit à Paris, comme l'on le disoit, accompagné et armé, j'y marcherois en mesme esclat, et que, pourveu qu'elle persistast à me permettre de parler et d'imprimer à mon ordinaire contre M. le cardinal, je lui respondrois que je ne quitterois pas le pavé, et que je le tiendrois soubs le titre que le cardinal et ses créatures estant esloignées, il n'estoit pas juste que l'on continuast à se servir de leurs noms pour anéantir, en veue de quelques intérests particuliers, l'auctorité royale. Je ne vous puis exprimer la satisfaction que la reine me tesmoigna ; et elle se lacha jusques à me dire : « Vous me » disies, il y a quelque temps, que les hommes » ne croient jamais les autres capables de ce » qu'ils ne le sont pas eux-mesmes; que cela est » vrai ! » Je n'entendis pas en ce temps-là ce que ceste parole signifioit. Bertet me l'expliqua depuis, parce que la reine lui avoit fait le mesme discours, en se plaignant que les soubsministres, et particulièrement M. Le Tellier, qui n'estoit qu'à Chaville, préféroient la haine qu'ils avoient contre moi à son service, et lui mandoient touts les jours que je la trompois; que c'estoit moi qui faisois agir Monsieur comme il agissoit, et qu'elle verroit bientost que je ne tiendrois pas le pavé, ou que je le tiendrois de concert avec M. le prince.

Tout ce que je vous viens de dire se passa du vendredi 21 julliet au dimanche au soir 23. Je receus, comme j'estois prest de me mettre au lit, un billet de madame la Palatine, qui me mandoit qu'elle m'attendoit au bout du Pont-Neuf. Je l'y trouvai dans un carosse de louage que le chevalier de la Vieuville menoit. Elle n'eust que le temps de me dire que je me rendisse en diligence au Palais-Royal. Aussitost que j'y fus, la reine me dit, avec un visage fort troublé, qu'elle venoit d'avoir advis certain que M. le prince debvoit le lendemain aller au parlement fort accompagné, demander l'assemblée des chambres, et obliger la compagnie à faire insérer dans la déclaration contre le cardinal l'exclusion des soubsministres « de laquelle (adjouta-t-» elle avec une cholère qui me parut naturelle) » je ne me soucierois guère s'il n'y alloit que de » leur intérest; mais vous voyes (continuat-» elle) qu'il n'y a point de fin aux prétentions » de M. le prince, et qu'il va à tout si l'on ne » trouve quelque moyen de l'arrester. Il vient » d'arriver de Saint-Maur, et vous advoueres » que l'advis que l'on m'avoit donné de son des-» sein, et sur lequel je vous ai mandé, estoit » bon. Que fera Monsieur? Que feres vous? » Je respondis à la reine qu'elle sçavoit bien par les expériences passées qu'il seroit difficile que je lui respondisse de Monsieur, mais que je lui respondois bien que je ferois touts mes efforts pour l'obliger à faire ce qu'il lui debvoit en ceste occasion; et qu'en cas qu'il ne s'en acquittast pas, je ferois cognoistre à Sa Majesté qu'il n'y auroit au moins aucune faulte de ma part. Je lui promis de me trouver au Palais en mon particulier avec touts mes amis, et de m'y conduire d'une manière qui la satisferoit. Je lui fis agréer mesme, que si je ne pouvois obliger Monsieur à se déclarer pour elle, je fisse ce qui seroit en moi pour le persuader d'aller au moins pour quelques jours à Limours, soubs le prétexte d'y faire quelques remèdes, ce qui feroit voir au parlement et au public qu'il n'approuvoit pas la conduite de M. le prince. Toutes ces ouvertures pleurent infiniment à la reine, et elle eust haste de m'envoyer cheux Monsieur, que je trouvai couché avec Madame : je les fis éveiller, et je leur rendis compte de ma légation. Monsieur, cheux qui M. le prince estoit allé descendre en arrivant, avoit pris de lui-mesme l'expédient que j'estois résolu de lui proposer, et il avoit respondu à M. le prince, qui le pressoit de se trouver au Palais, qu'il lui estoit impossible, et qu'il se trouvoit si mal, qu'il estoit obligé d'aller prendre l'air pour quelques jours à Limours. Je fis une sottise notable en ceste occasion, car au lieu de faire valoir ce voyage à la reine comme la suite de ce que je lui avois proposé à elle-mesme, je lui mandai simplement par Bertet, qui m'attendoit au bout de la rue de Tournon, que je l'avois trouvé résolu. Comme les petits esprits ne tiennent jamais pour naturel rien de ce que l'art peut produire, la reine ne peut s'imaginer que ceste résolution de Monsieur se fut rencontrée par un pur hazart si justement avec ce que je lui en avois dit à elle-mesme au Palais-Royal. Elle retomba dans les soupçons que je ne fusse de toutes les desmarches de Monsieur. Celles que je fis dans la suite lui donnèrent du regret de ceste injustice, à ce qu'elle m'advoua elle-mesme.

La première fut que je me trouvai dès le lendemain lundi 24 de julliet, au Palais avec bon nombre de noblesse et de gros bourgeois. M. le prince entra dans la grande chambre, et il demanda l'assemblée de la compagnie. Le premier président la refusa sans balancer, en lui disant qu'il ne la lui pouvoit accorder tant qu'il n'auroit pas veu le roi. Il y eust sur cela beaucoup de paroles qui consumèrent le temps de la séance; l'on se leva, et M. le prince retourna à Saint-Maur, d'où il envoya M. de Chavigny à Monsieur, lui faire des plaintes beaucoup plus fortes et mesme plus aigres, que celles qu'il lui avoit fait la veille; car j'ai oublié de vous dire que lorsque Monsieur lui eust déclaré qu'il faisoit estat d'aller passer quelques jours à Limours, il n'avoit pas tesmoigné en estre beaucoup fasché. Je ne sçais ce qui l'obligea à changer de sentiment ; mais je sçais qu'il en changea et qu'il fit presser par Chavigny Monsieur de revenir à Paris, à un point qu'il l'y obligea. Il m'envoya Jouy en montant en carosse, pour me commander de dire à la reine, qu'elle verroit par l'événement que ce retour estoit pour son service. Je m'acquittai fidèlement de ma commission ; mais comme Jouy m'avoit dit que Chavigny n'avoit persuadé Monsieur que par la peur qu'il lui avoit fait de M. le prince, j'appréhendai que la continuation de ceste peur ne l'obligeast à expliquer dans la suite ce service qu'il promettoit à la reine, d'une manière qui ne lui fut pas agréable ; et je jugai à propos par ceste raison de l'asseurer du mien beaucoup plus fortement et plus positivement, que de celui de Monsieur. Elle le remarqua, et elle y prit confiance : ce qui ne manque presque jamais à l'esgard des offres qui font voir des effets prochains. C'est ce qu'elle dit à Monsieur, qui alla descendre cheux elle à son retour à Paris, et qui le lui vouloit faire valoir comme un effet de la passion qu'il avoit de mesnager et de modérer (ce disoit-il) les emportements de M. le prince. Comme elle ne le peut faire expliquer sur le détail de ce qu'il feroit dans ceste veue au parlement le lendemain au matin, elle s'escria de son faucet, et du plus aigre : « Tousjours pour » moi à l'advenir, tousjours contre moi dans le » présent. » Elle menassa ensuite, elle tonna après. Monsieur s'esbranla ; il ne se rasseura pas à son logis, où il ne fut pas plustost arrivé que Madame lui dit tout ce que la fureur lui suggéra. Je ne contribuai pas à lui cacher les abismes que Madame lui faisoit voir ouverts. Celui dont M. de Chavigny lui avoit fait le plus d'horreur estoit la haine du peuple qu'il lui avoit montré comme inévitable, s'il paroissoit le moins du monde ne pas convenir avec M. le prince, dont touts les pas estoient directement contre le cardinal. Madame, qui n'ignoroit pas la délicatesse ou plustost la foiblesse qu'il avoit sur cest article, dont on lui faisoit des monstres à tout moment, lui proposa de faire en sorte que la reine donnast de nouvelles asseurances au parlement, et de la déclaration contre le cardinal et de la durée pour tousjours de l'esloignement des soubsministres. Monsieur adjouta : « Et de la seu- » reté de M. le prince. » Madame, à qui il avoit tesmoigné cent et cent fois qu'ils n'appréhendoit rien tant au monde que son retour, s'emporta à ce mot, et elle lui représenta qu'il sembloit qu'il prit plaisir à agir incessamment, et contre ses intérests, et contre ses veues. La conclusion fut qu'il estoit encore engagé pour ceste fois ; qu'il en falloit sortir, et qu'après ceste assemblée à laquelle il n'avoit peu refuser à M. le prince de se trouver, il iroit infailliblement à Limours songer à sa santé ; et que ce seroit à M. le prince à démesler ses affaires comme il lui plairoit. Il adjouta que c'estoit aussi à la reine de son costé à faire dire au parlement ce qui le pouvoit empescher d'adjouster foi aux apparences favorables que la cour donnoit mille fois par jour en faveur du Mazarin. Madame fit sçavoir dès le soir à la reine ce qui s'estoit passé entre elle, Monsieur et moi ; et le premier président, à qui elle envoya sur l'heure M. de Brienne, lui manda qu'il seroit en effet très-à-propos qu'elle envoyiast le lendemain au matin une lettre de cachet au parlement, par laquelle lui ordonnast de l'aller trouver sur les onze heures par députés, et qu'elle lui fit dire en sa présence par M. le chancelier, qu'elle croyoit qu'ils dussent venir ces jours passés cheux M. le chancelier pour y travailler à la déclaration contre M. le cardinal Mazarin ; qu'elle adjoutast de sa bouche, qu'elle avoit mandé les députés pour rendre le parlement dépositaire de la parole royale qu'elle donnoit à M. le prince, qu'il pouvoit demeurer à Paris en toute seureté ; qu'elle n'avoit eu aucune pensée de le faire arrester ; que les sieurs Servien, Le Tellier et Lyonne estoient esloignés pour tousjours et sans aucune espérance de retour. Voilà ce que M. le premier président envoya à la reine par escrit, en priant M. de Brienne de l'asseurer que moyennant une déclaration de ceste nature, il obligeroit M. le prince à se modérer. Il se servit de ceste expression.

Le lendemain, qui fut le mercredi 26 de juillet, le parlement s'assembla. Saintot, lieutenant des cérémonies, apporta la lettre de cachet dont je vous viens de parler. M. le premier président alla au Palais-Royal avec deux conseillers de chaque chambre. M. le chancelier parla comme je vous ai marqué ; la reine s'expliqua comme je viens de vous le dire. Monsieur s'en alla à Limours en disant qu'il n'en pouvoit revenir que le lundi d'après ; et M. le prince, qui avoit enrichi et augmenté de beaucoup sa livrée, au lieu de retourner à Saint-Maur, marcha avec une nombreuse suite, et mesme avec beaucoup de pompe, à l'hostel de Condé, où il logea.

Je suis asseuré qu'il y a déjà quelque temps que vous me demandés le détail, ou plustost le dedans de ce qui se passoit dans ceste grande machine du parti de M. le prince, dont les mouvements vous ont, si je ne me trompe, paru asses singuliers pour vous donner de la curiosité pour les ressorts qui la faisoient agir. Il m'est impossible de satisfaire sur ce point vostre désir, et parce qu'une infinité de circonstances en est eschappée à ma mémoire, et parce que je me souviens en général que la multitude d'intérêts différents qui en agitoient et le corps et les parties en brouilloit si fort, dans le temps mesme, toutes les espèces, que je n'y cognoissois presque rien. Madame de Longueville, M. de Bouillon, M. de Nemours, M. de La Rochefoucault, M. de Chavigny formoient un chaos inexplicable d'intentions et d'intrigues, non pas seulement distinctes, mais opposées. Je sçais bien que ceux mesmes qui estoient le plus engagés dans leur cause, confessoient qu'ils ne pouvoient démesler la confusion. Je sçais bien que Viole donnoit le dernier jour de ce mois de julliet dont il s'agit, à un de ses amis des plus intimes, des raisons du voyage que madame de Longueville fit le 28 à Montrond, et que Croissy, le 4 d'aoust, en donna d'autres directement contraires du mesme voyage, à l'homme du monde qu'il eust voulu le moins tromper. Je rappelle dans ma mémoire vingt circonstances de ceste nature, qui ne me donnent de lumière sur tout ce détail, que celle dont j'ai besoin pour vous asseurer que sy j'entrois dans le particulier de tous les mouvements que M. le prince et ceux de son parti se donnèrent dans ces momens, je ne vous ferois, à proprement parler, qu'un crayon fort défectueux des conjonctures que nous formions touts les matins à l'advanture, et que nous condamnions touts les soirs au hasard.

Comme la Fronde estoit plus unie, je suis persuadé que ceux du parti qui lui estoient contraires, en pouvoient raisonner plus juste. Je ne le suis pas moins, qu'ils ne laisseroient pas de s'esgarer souvent, s'ils entreprenoient de suivre par un récit avec exactitude, touts les pas qu'elle fit dans ces mouvements. Je vous rends un compte fidèle de ce que je sçais certainement, [et je crois qu'il est plus du respect et de la vérité que je vous doibs, de vous donner une histoire deffectueuse que problématique.] C'est par ceste raison que je n'ai touché que fort légèrement ce qui se passa à Saint-Maur (1). L'on feroit des volumes de ce qui s'en disoit en ce temps-là, et la seule résolution que madame de Longueville y prit, de se retirer en Berry avec madame la princesse, eust autant de sens et d'interprétations différentes, qu'il y eust d'hommes et de femmes à qui il pleust d'en raisonner. Je reviens à ce qui se passa au parlement.

(1) Ces détails se trouvent dans les Mémoires publiés sous le nom du duc de La Rochefoucauld.

Je vous ai dit ci-dessus que M. le duc d'Orléans avoit pris le parti de faire un second voyage à Limours. M. le prince l'ayant sçeu, vint cheux lui à dix heures du soir pour lui en faire sa plainte; et il l'obligea de mander à M. le premier président qu'il se trouveroit le lundi suivant à l'assemblée des chambres. Comme il ne s'y estoit engagé que par foiblesse, et parce qu'il n'avoit pas la force de dédire en face M. le prince, il fit le malade le dimanche, et il envoya s'excuser pour le lundi. M. le prince fit trouver, le mardi au matin, quelques conseillers des enquestes dans la grande chambre, pour demander l'assemblée. Le premier président s'en excusa sur l'absence de Monsieur. L'on murmura, l'on affecta de grossir à Monsieur ce murmure. Chavigny lui représenta M. le prince dans toute sa pompe et tenant le pavé avec une superbe livrée et une nombreuse suite. Monsieur creut qu'il se rendroit maistre du peuple, s'il ne venoit prendre sa part des crieries contre le cardinal. Il apprit que le dimanche au soir les femmes avoient crié dans la rue Saint-Honnoré à la portière du carosse du roi : *Point de Mazarin!* Il sçeut que M. le prince avoit trouvé le roi dans le cours, et qu'il estoit pour le moins aussi bien accompagné que lui; enfin il eust peur, il revint le mardi à Paris.

Le mercredi, deuxième jour d'aoust, au Palais où je me trouvai avec tous mes amis, et un très grand nombre de bons bourgeois, M. le premier président y fit le rapport de tout ce qui s'estoit passé le 26 au Palais-Royal, et il y exagéra beaucoup la bonté que la reine avoit eu de rendre le parlement dépositaire de la parole qu'elle avoit donnée pour la seureté de M. le prince. Il lui demanda ensuite s'il avoit veu le roi. Il respondit que non, qu'il n'y avoit aucune seureté pour lui, qu'il estoit adverti, et de bon lieu, qu'il y avoit eu depuis peu des conférences secrètes pour l'arrester, qu'en temps et lieu il nommeroit les auteurs de ces conseils. En prononceant ces dernières paroles, il me regarda fièrement, et d'une manière qui fit que tout le monde jeta en mesme temps les yeux sur moi. M. le prince reprit la parole, en disant que Ondedeï debvoit arriver ce soir là à Paris, et qu'il revenoit de Brusle; que Bertet, Fouquet, Silhon, Brachet y faisoient des voyages continuels; que M. de Mercœur avoit espousé depuis peu de jours la Mancini; que le mareschal d'Aumont avoit ordre de tailler en pièce les régiments de Condé, de Conty et d'Anguiens, et que cest ordre estoit l'unique cause qui les avoit empesché de joindre l'armée du roi.

Après que M. le prince eust cessé de parler,

19.

M. le premier président dit qu'il avoit peine de le veoir en ceste place devant qu'il eust veu le roi, et qu'il sembloit qu'il voulut élever autel contre autel. M. le prince s'aigrit à ce mot, et marqua en s'en justifiant, que ceux qui parloient contre lui ne le faisoient que pour leur intérest particulier. Le premier président repartit avec fierté qu'il n'en avoit jamais eu, mais qu'il n'avoit à rendre compte de ses actions qu'au roi. Il exagéra ensuite le malheur où l'estat pouvoit tomber par la division de la maison royale; et puis en se tournant vers M. le prince, il lui dit d'un air pathétique : « Est-il possible, » monsieur, que vous n'ayes pas frémi vous-» mesme d'une sainte horreur, en faisant ré-» flexion sur ce qui se passa lundi dernier au » cours. » M. le prince respondit qu'il en avoit esté au désespoir, et que ce n'avoit esté que par rencontre, dans lequel il n'y avoit point eu de sa faulte, parce qu'il n'avoit pas eu lieu de s'imaginer qu'il peut trouver le roi au retour du bain, par un temps aussi froid que celui qu'il faisoit. Il y eust à cest instant deux malentendus, qui faillirent à changer la carte et à la tourner contre moi. Monsieur, qui entendit un grand applaudissement à ce que M. le prince venoit de dire, parce que l'on trouva dans la vérité qu'il s'estoit très-bien défendu sur ce dernier article, qui de soi-mesme n'estoit pas trop favorable; Monsieur, dis-je, ne distingua pas que l'applaudissement de la compagnie n'alloit qu'à ce point; il creut que le gros approuveroit ce qu'il avoit advancé du péril de sa personne. Il appréhenda d'estre enveloppé dans ce soupçon, et il s'advança lui-mesme pour s'en tirer, et dire qu'il estoit vrai que les défiances de M. le prince n'estoient pas sans fondement, que le mariage de M. de Mercœur estoit véritable, que l'on continuoit d'avoir beaucoup de commerce avec le Mazarin. Le premier président, qui vit que Monsieur appuioit en quelque manière ce que M. le prince avoit dit du péril où il estoit dans le mesme discours par lequel il m'avoit désigné, creut qu'il m'avoit abandonné, et comme il estoit beaucoup mieux intentionné pour M. le prince que pour moi, quoi qu'il le fust mieux pour la cour que pour lui, il se tourna brusquement du costé gauche en disant : « Vostre advis, M. le doyen. » Et en ne doubtant pas que, dans une délibération dont la matière estoit la seureté de M. le prince, il ne se trouvast beaucoup de voix qui me noteroient. Je m'apperçeus d'abord du dessein qui m'embarassa beaucoup, mais qui ne m'embarassa pas long-temps, parce que je me ressouvins de ce que M. de Guise (1) (François), fit dans ce mesme parlement, quand M. le prince de Condé (2) (Louis) y porta sa plainte contre ceux qui l'avoient porté sur le bord de l'eschaffaut dans le règne de François II. Il dit à la compagnie qu'il estoit tout prest de se despouiller de sa qualité de prince du sang, pour combattre ceux qui avoient esté cause de sa prison: et M. de Guise, qui estoit celui qu'il marquoit, supplia le parlement de faire agréer à M. le prince qu'il eust l'honneur de lui servir de second dans ce duel. Comme j'opinois justement après la grande chambre, j'eus le temps de faire ceste réflexion, qui estoit d'autant meilleure que je jugai bien que ce seroit proprement à moi à ouvrir les advis, parce que ces bons vieillards n'en portent jamais qui signifient quelque chose, lorsque l'on les fait opiner sur un subjet sur lequel ils ne sont pas préparés. Je ne me trompai pas dans ma veue. Le doyen exhorta M. le prince à rendre ses debvoirs au roi ; Broussel harangua contre le Mazarin; Chamron effleura un peu la matière, mais asses légèrement pour me laisser lieu de prétendre qu'elle n'avoit pas esté touchée, et pour dire dans mon opinion, que je suppliois ces messieurs qui avoient parlé devant moi de me pardonner, si je m'estonnois de ce qu'ils n'avoient pas fait asses de réflexion, au moins à mon sens, sur l'importance de ceste délibération; que la seureté de M. le prince faisoit, dans la conjoncture présente, celle de l'estat; que les doubtes qui paroissoient sur ce subjet donnoient des prétextes très-fascheux dans toutes leurs circonstances. Je conclus à donner commission au procureur-général pour informer contre ceux qui auroient tenu des conseils secrets pour arrester M. le prince. Il se mit le premier à rire en m'entendant parler ainsi, presque toute la compagnie en fit de mesme. Je continual mon advis fort sérieusement, en adjoutant que j'estois sur le reste de celui de M. Chamron, qui alloit à ce qu'il fut fait registre des

---

(1) François de Lorraine, grand maître, grand chambellan et grand veneur. Poltrot le tua en trahison le 24 février 1563. (A. E.)

(2) Louis de Bourbon, premier du nom, septième fils de Charles de Bourbon, duc de Vendôme, né en 1530. C'est à l'occasion de l'entreprise d'Amboise qu'il fut emprisonné à Orléans par la faction de la maison de Guise ; mais Charles IX, en arrivant au trône, lui fit rendre sa liberté, et il fut absous par arrêt de la cour des pairs, tenue en parlement, le 18 décembre 1560. Il se rendit prisonnier après le combat de Jarnac, donné le 13 mars 1569 et qu'il avait perdu ; il fut tué de sang froid par le sieur Montesquiou, capitaine des gardes de Henri, duc d'Anjou (Henri III).

Nous avons rectifié dans cette note les faits qui ont rapport à l'arrêt de la cour des pairs en faveur de Louis de Bourbon, et ceux de la mort de ce prince inexactement rapportés dans les éditions précédentes.

paroles de la reine; que M. le prince fut prié par toute la compagnie d'aller voir le roi; que M. de Mercœur fut mandé pour venir rendre compte le lundi suivant à la compagnie de son prétendu mariage; que les arrests rendus contre les domestiques du cardinal fussent exécutés; qu'Ondedeï fut pris au corps, et que Bertet, Brachet, l'abbé Fouquet et Silhon seroient assignés par devant messieurs Broussel et Meusnier, pour respondre aux faits que le procureur-général pourroit proposer contre eux.

Il passa à cela de toutes les voix. M. le prince qui tesmoigna en estre très-satisfait, dit qu'il n'en falloit pas moins pour l'asseurer. Monsieur le mena dès l'après-disnée cheux le roi et cheux la reine, desquels il fut receu avec beaucoup de froideur; et M. le premier président dit le soir à M. de Turenne, de qui je l'ai sceu depuis, que si M. le prince avoit sceu jouer la balle qu'il lui avoit servie le matin, il avoit quinze sur la partie contre moi. Il est constant qu'il y eust deux ou trois moments, dans ceste séance, où la plainte de M. le prince donna à la compagnie et des impressions et des mouvements qui me firent peur : je changeai les uns, et j'esludai les autres par le moyen que je viens de vous raconter, et qui confirme ce que je vous ai déjà dit plus d'une fois, que tout peut dépendre d'un instant dans ces assemblées.

La reine fut sans comparaison plus touchée de l'atteinte que l'on avoit donnée au mariage de M. de Mercœur, qu'aux autres coups et plus importants et plus essentiels que l'on avoit portés à son autorité. Elle me commanda de l'aller trouver, elle me chargea de conjurer Monsieur en son nom d'empescher que l'on ne poussast ceste affaire. Elle lui en parla à lui-mesme les larmes aux yeux; et elle marqua visiblement que ce qu'elle croioit estre le plus personel au cardinal estoit ce qui estoit, et ce qui seroit tousjours, le plus sensible à elle-mesme. M. Le Tellier lui osta ceste fantaisie de l'esprit en lui escrivant que c'estoit un bonheur que la faction s'amusast après ceste bagatelle, qu'elle en debvoit avoir de la joie, et d'autant plus qu'il seroit très-volontiers caution que ces mouvements ne seroient qu'un feu de paille qui passeroit en quatre jours, et qui tourneroit en ridicule, parce que dans le fond l'on ne pourroit rien faire de solide contre le mariage. La reine comprit enfin ceste vérité, quoi qu'avec peine, et elle consentit que M. de Mercœur vint au Palais.

Le lundi 7 d'aoust, ce qui s'y passa sur ceste affaire ce jour-là et le suivant, est de si peu de conséquence qu'il ne mérite pas vostre attention. Je me contenterai de vous dire que M. de Mer-

cœur respondit d'abord comme auroit fait Jean Doucet, dont il avoit effectivement toutes les manières, et qu'à force d'estre harcelé, il s'eschauffa si bien qu'il embarassa cruellement Monsieur et M. le prince, en soubstenant au premier qu'il l'avoit sollicité de ce mariage trois mois durant, et au second qu'il y avoit consenti positivement et expressément. La plus grande partie de ces deux séances se passa en dénégations et en explications; et dans la fin de la dernière l'on leut la déclaration contre M. le cardinal Mazarin, qui fut renvoyée à M. le chancelier, parce que l'on n'y avoit pas inséré et que le cardinal avoit empesché la paix de Munster, et qu'il avoit fait faire au roi le voyage et le siège de Bordeaux, contre l'advis de M. le duc d'Orléans. L'on voulut aussi qu'elle portast que l'une des causes pour laquelle il avoit fait arrester M. le prince, estoit le refus qu'il avoit fait de consentir au mariage de M. de Mercœur avec mademoiselle Mancini.

La reine outrée de la continuation de la conduite de M. le prince, qui marchoit dans Paris avec une suite plus grande et plus magnifique que celle du roi, et de celle de Monsieur en qui elle trouvoit un changement continuel; la reine dis-je, presque au désespoir se résolut de jouer à quitte ou à double. M. de Chasteauneuf flatta en cela son inclination. Elle y fut confirmée par une dépesche de Brusle, laquelle jetoit feu et flamme; elle dit clairement à Monsieur qu'elle ne pouvoit plus demeurer en l'estat où elle estoit; qu'elle lui demandoit une déclaration positive, ou pour ou contre elle. Elle me somma en sa présence de lui tenir la parole que je lui avois donnée de ne point balancer à éclater contre M. le prince, s'il continuoit à agir comme il avoit commencé. Monsieur voyant que je n'hésitois pas à prendre ce parti, auquel il avoit trouvé bon lui-mesme que je me fusse engagé, s'en fit honneur auprès de la reine, et il creut la payer par ce moyen de ce qu'il ne la payoit pas de sa personne qu'il n'aimoit pas naturellement à exposer. Il lui trouva une douzaine de raisons, pour lui faire agréer qu'il ne se trouvast plus au parlement. Il lui insinua que ma présence, qui y entraineroit la meilleure partie de sa maison, feroit asses cognoistre et à la compagnie et au public sa pente et ses intentions. La reine se consola asses aisément de son absence, quoi qu'elle fît semblant d'en estre très-faschée. Elle cognut en ceste occasion sans en pouvoir doubter, que j'agissois sincèrement pour son service. Elle vit clairement que je ne balançai à rien de ce que je lui avois promis. Ce fut en cest endroit où elle eust la bonté de me parler de la manière qu'il me semble que je vous ai tantost touchée. Elle s'abaissa, mais sans faintise et du bon du cœur, jusques à me faire des excuses des défiances qu'elle avoit eu de ma conduite, et de l'injustice qu'elle m'avoit faite (ce fut son terme). Elle voulut que je conférasse avec M. de Chasteauneuf de la proposition qu'il lui avoit faite de ne pas demeurer tousjours sur la défensive comme elle avoit fait jusques-là, et d'attaquer M. le prince dans le parlement. Je vous rendrai compte de la suite de ceste proposition après que je vous aurai expliqué la raison qui porta la reine à prendre en moi beaucoup plus de confiance qu'elle n'y en avoit eu jusques-là. Les incertitudes de Monsieur l'avoient si fort effarouchée, qu'elle ne sçavoit quelque fois à qui s'en prendre ; et ses soubsministres, qui entretenoient tousjours un fort grand commerce avec elle, à la réserve de Lyonne qu'elle haïssoit mortellement, n'oublioient rien pour lui mettre dans l'esprit que Monsieur ne faisoit dans le fond quoi que ce soit que par mes mouvements. Elle en remarqua quelques-uns de si irréguliers, et même si opposés à mes maximes, qu'elle ne me les peust attribuer. Et je sçais qu'elle escrivit un jour à Servien à ce propos : « Je ne suis point la dupe du coadju-» teur, mais je serois la vostre si je croyois ce » que vous m'en mandes aujourd'hui. » Bertet m'a dit qu'il estoit présent quand elle escrivit ce billet. Il ne se ressouvenoit pas précisément sur quel subjet. Quand sa patience fut à bout et qu'elle se fut résolue, et par les conseils de M. de Chasteauneuf et par la permission qu'elle en receut de Brusle, de pousser M. le prince, elle fut ravie d'avoir lieu de se pouvoir fier à moi pour la servir. Elle chercha ce lieu avec plus d'application qu'elle n'avoit fait ; et en voici une marque. Elle mena Madame aux Carmélites avec elle un jour de quelque solennité de leur ordre; elle la prit au sortir de la communion, elle lui fit faire serment de lui dire la vérité de ce qu'elle lui demanderoit, et ce qu'elle lui demanda fut si je la servois fidèlement auprès de Monsieur. Madame lui respondit sans aucun scrupule, qu'en tout ce qui ne regardoit pas le restablissement de M. le cardinal, je la servois, non pas seulement avec fidélité mais avec ardeur. La reine, qui cognoissoit et qui estimoit la véritable piété de Madame, adjousta foi à son tesmoignage, et à son tesmoignage rendu dans ceste circonstance. Il se trouva par bonheur, que dès le lendemain j'eus occasion de m'expliquer à la reine devant Monsieur : ce que je fis sans balancer, et d'une manière qui lui pleust; et ce qui la toucha encore plus que tout cela,

fut que Monsieur, qui n'avoit pas paru jusques à ce moment bien ferme à tenir ce qu'il avoit promis en de certaines occasions à la reine, ne lui manqua point en celle-ci, au moins si pleinement que les autres fois. Il ne fut pas au pouvoir de M. le prince de le mener au Palais, quoi qu'il y employast tous ses efforts; et la reine attribua à mon industrie, ce que je croyois dès ce temps-là et ce que j'ai tousjours creu depuis, n'avoir esté que l'effet de l'appréhension qu'il eust de se trouver dans une meslée qu'il avoit subjet de croire pouvoir estre proche, et par l'emportement où il voyoit la reine, et par le nouvel engagement que je venois de prendre avec elle. Je reviens à la conférence que j'eus avec M. de Chasteauneuf par le commandement de la reine. Je l'allai trouver à Montrouge avec M. le président de Bellièvre, qui avoit escrit soubs lui le mémoire qu'il avoit proposé à la reine d'envoyer au parlement, et dont il est vrai que les caractères paroissoient avoir beaucoup moins d'encre que de fiel. M. de Chasteauneuf, qui n'avoit que quelques sepmaines à attendre pour se voir à la teste du conseil, comme je vous l'ai dit ci-dessus, joignoit en ce rencontre à sa bile et à son humeur très-violente une grande frayeur que M. le prince ne se raccommodast à la cour, et ne troublast son nouvel emploi. Je crois que ceste considération avoit encore aigri son stile. Je lui en dis ma pensée avec liberté. Le président de Bellièvre m'appuya ; il en adoucit quelques termes, il y laissa toute la substance. Je le rapportai à la reine, qui le trouva trop doux. Elle l'envoya par moi à Monsieur, qui le trouva trop fort. M. le premier président, à qui elle le communiqua par le canal de M. de Brienne, y trouva trop de vinaigre, mais il y mit du sel (ce fut l'expression dont il se servit en le rendant à M. de Brienne, après l'avoir gardé un demi-jour). Voici le précis de ce qu'il contenoit. Le reproche de toutes les graces que la maison de Condé avoit receus de la cour; la plainte de la manière dont M. le prince s'estoit conduit depuis sa liberté ; la spécification de ceste manière ; les cabales dans les provinces; le renfort des garnisons qui estoient dans les places ; la retraite de madame la princesse et de madame de Longueville à Montron ; les Espagnols dans Stenay; ses intelligences avec l'archiduc ; la séparation de ses troupes de celles du roi. Le commencement de cest escrit estoit orné d'une protestation solennelle de ne jamais rappeller le cardinal Mazarin, et la fin d'une exhortation aux compagnies souveraines, et à l'Hostel-de-Ville de Paris, à se maintenir dans la fidélité.

Le jeudy 17ᵉ jour d'aoust, sur les dix heures du matin, cest escrit fut leu en presence du roi et de la reine et de touts les grands qui estoient à la cour, à messieurs du parlement qui avoient esté mandés par députés au Palais-Royal. L'après-disnée la mesme cérémonie se fit au mesme lieu à l'esgard de la chambre des comptes, de la cour des aides et du prevost des marchands.

Le vendredy 18, M. le prince, fort accompagné, se trouva à l'assemblée des chambres, qui se faisoit pour la réception d'un conseiller. Il dit à la compagnie qu'il la venoit supplier de lui faire justice des impostures dont on l'avoit noirci dans l'esprit de la reine; que s'il estoit coupable, il se soubmettoit à estre puni; que s'il estoit innocent, il demandoit le chastiment de ses calomniateurs; que comme il avoit impatience de se justifier, il prioit la compagnie de députer sans delai vers M. le duc d'Orleans, pour l'inviter à venir prendre sa place. M. le prince creut que Monsieur ne pourroit pas tenir contre une semonce du parlement: il se trompa; et Menardeau et Doujat, que l'on y envoya sur l'heure, rapportèrent pour toute response qu'il avoit esté seigné et qu'il ne sçavoit pas mesme quand sa santé lui permettroit d'assister à la déliberation. M. le prince alla cheux lui au sortir du Palais. Il lui parla avec une hauteur respectueuse, qui ne laissa pas de faire peur à Monsieur, qui n'apprehendoit rien tant au monde que d'estre compris dans les esclats de M. le prince, comme fauteur couvert du Mazarin. Il laissa espérer à M. le prince qu'il pourroit se trouver le lendemain à l'assemblée des chambres. Je m'en doutai à midi, sur une parole que Monsieur laissa eschapper. Je l'obligeai à changer de résolution, en lui faisant veoir qu'il ne falloit plus après cela de mesnagement avec la reine; et encore plus en lui insinuant, sans affectation, le péril de la commise et du choc, qui, dans la conjoncture, estoit inévitable. Ceste idée lui saisit si fortement l'imagination, que M. le prince et M. de Chavigny, qui se relayèrent tout le soir, ne le peurent obliger à se rendre aux instances qu'ils lui firent de se trouver le lendemain au Palais. Il est vrai que sur les onze heures, Goulas, à force de le tourmenter, lui fit signer un billet, par lequel Monsieur déclaroit qu'il n'avoit point approuvé l'escrit que la reine avoit fait lire aux compagnies souveraines contre M. le prince, particulièrement en ce qu'il l'accusoit d'intelligence avec l'Espagne. Ce mesme billet justifioit en quelque façon M. le prince de ce que les Espagnols estoient encore dans Stenay, et de ce que les troupes de M. le prince n'avoient pas joint l'armée du roi. Monsieur le signa, en se persuadant à lui-mesme qu'il ne signoit rien, et il dit le lendemain à la reine, qu'il falloit bien contenter d'une bagatelle M. le prince, dans une occasion où il estoit mesme de sonse rvice qu'il ne rompist pas tout-à-fait avec lui, pour se tenir en estat de travailler à l'accommodement, lorsqu'elle croiroit en avoir besoing. La reine, qui estoit très-satisfaite de ce qui se venoit de passer le matin du jour dont Monsieur lui fist ce discours l'après-disnée, le voulut bien prendre pour bon. Il me parut effectivement le soir que cest escrit de Monsieur ne l'avoit point touchée. Je n'ai pourtant guère veu d'occasion où elle en eust, ce me semble, plus de subjet. Mais ce ne fut pas la première fois de ma vie, où je remarquai que l'on a une grande pente à ne se point aigrir dans les bons événements. Voici celui que l'assemblée des chambres du sabmedi 19 produisit.

M. le premier président ayant fait la relation de ce qui s'estoit passé au Palais-Royal le 17, et fait faire la lecture de l'escrit que la reine avoit donné aux députés, M. le prince prit la parole, en disant qu'il estoit porteur d'un papier de M. le duc d'Orleans qui contenoit sa justification; il adjousta quelques paroles tendantes au mesme effet, et en concluant qu'il seroit très-obligé à la compagnie si elle vouloit supplier la reine de nommer ses accusateurs, et mit sur le bureau le billet de Monsieur, et un autre escrit beaucoup plus ample signé de lui-mesme. Cest escrit estoit une response fort belle à celui de la reine. Il marquoit sagement et modestement les services de feu M. le prince et les siens. Il faisoit veoir que ces establissements n'estoient pas à comparer à ceux du cardinal. Il parloit de son instance contre les soubsministres comme d'une suite très-naturelle et très-nécessaire de l'esloignement de M. le cardinal Mazarin. Il respondoit à ce que l'on lui avoit objecté de la retraite de madame sa femme et de madame sa sœur (1) en Berri, que la seconde estoit dans les carmelites de Bruges, et que la première demeuroit en celle de ses maisons qui lui avoit esté ordonnée pour séjour dans le temps de sa prison. Il soubstenoit qu'il n'avoit tenu qu'à la reine que les Espagnols fussent sortis de Stenay, et que les troupes qui estoient soubs son nom eussent joint l'armée du roi; et il alleguoit pour tesmoing de ceste vérité M. le duc d'Orleans. Il demandoit justice contre ses calomniateurs: et sur ce que la reine lui avoit reproché, qu'il l'avoit comme forcée au chan-

---

(1) Madame de Longueville.

gement du conseil qui avoit paru aussitost après sa liberté, il respondoit qu'il n'avoit eu aucune part à ceste mutation que l'obstacle qu'il avoit apporté à la proposition que M. le coadjuteur et M. de Montresor avoient fait de faire prendre les armes au peuple, et d'oster de force les sceaux à M. le premier président.

Aussitost que l'on eust achevé la lecture de ces deux escrits, M. le prince dit qu'il ne doubtoit pas que je ne fusse l'auteur de celui qui avoit esté fait contre lui, et que c'estoit un ouvrage digne d'un homme qui avoit donné un conseil aussi violent que celui d'armer Paris, et d'arracher les sceaux de force à celui à qui le roi les avoit confiés. Je respondis à M. le prince que je croirois manquer au respect que je debvois à Monsieur, si je disois seulement un mot pour me justifier d'une action qui s'estoit passée en sa présence. M. le prince ayant réparti que MM. de Beaufort et de La Rochefoucault, qui estoient présents, pouvoient rendre tesmoignage de la vérité qu'il avançoit : je lui dis que je le supplois très-humblement de me permettre, par la raison que je venois d'alléguer, de ne recognoistre personne que Monsieur pour tesmoing et pour juge de ma conduite ; mais qu'en attendant, je pouvois asseurer la compagnie que je n'avois rien fait ni rien dit en ce rencontre qui ne fut d'un homme de bien ; et que surtout personne ne me pouvoit oster ni l'honneur ni la satisfaction de n'avoir jamais esté accusé d'avoir manqué à ma parole. Ces derniers mots ne furent rien moins que sages. Ils sont, à mon sens, une des grandes imprudences que j'aie jamais faites. M. le prince, quoi qu'animé par M. le prince de Conti qui le poussa, ce qui fut remarqué de tout le monde, comme pour le presser de s'en ressentir, ne s'emporta point, ce qui ne peut estre en lui qu'un effet de sa grandeur, de son courage et de son ame. Quoi que je fusse ce jour-là fort accompagné, il sentit sans comparaison plus fort que moi ; et il est constant que si l'on eust tiré l'espée dans ce moment, il eust eu incontestablement tout l'advantage. Il eust la modération de ne le pas faire ; je n'eus pas celle de lui en avoir obligation. Comme je payai de bonne mine, et que mes amis payèrent d'une grande audace, je ne remerciai du succès que ceux qui m'y avoient assisté, et je ne songeai qu'à me préparer à me trouver le lendemain au Palais en meilleur estat. La reine fut transportée de joie que M. le prince avoit trouvé des gents qui lui puissent disputer le pavé. Elle sentit jusques à la tendresse l'injustice qu'elle m'avoit faite, quand elle m'avoit soupçonné de concert avec lui. Elle me dit tout ce que sa cholère contre son parti lui peut inspirer de plus tendre pour un homme qui faisoit au moins ce qu'il pouvoit pour lui en rompre les mesures. Elle ordonna au mareschal d'Albret de commander quatre-vingts gendarmes pour se poster où je le désirerois. M. le mareschal de Schomberg (1) eut le mesme ordre pour autant de chevaux-légers. Pradelle m'envoya le chevalier de Raray, capitaine aux gardes, et qui estoit mon ami particulier, avec quarante hommes choisis entre les sergents et les plus braves soldats du régiment. Annery, avec la noblesse du Vexin, ne fut pas oublié. MM. de Noirmoustier, de Fosseuse, de Chasteaubriant, de Barradas, de Chasteau-Renault, de Montauban, de Sainte-Maure, de Sainct-Auban, de Laigues, de Montaigu, de Larnet, d'Argenteuil, [de Quérieux], et les chevaliers d'Humiers et de Sévigné se partagèrent et les hommes et les postes. Querin, Brigallier et l'Espinai, officiers dans les colonelles de la ville, donnèrent des rendes-vous à un très-grand nombre de bons bourgeois, qui avoient touts des pistolets et des poignards soubs le manteau. Comme j'avois habitude avec les beuvetiers, je fis couler, dès le soir, dans les beuvettes, quantité de gents à moi, par lesquelles la salle du Palais se trouvait ainsi, mesme sans que l'on s'en apperceut, presque investie de toute part. Comme j'avois résolu de poster le gros de mes amis à la main gauche de la salle, en y entrant par les grands degrés, j'avois mis dans une des chambres des consignations trente des gentilshommes du Vexin, qui debvoient, en cas de combat, prendre en flan et par derrière le parti de M. le prince. Les armoires de la beuvette de la quatrième qui respondoit dans la grande chambre, estoient pleines de grenades ; enfin, il est vrai que toutes mes mesures estoient si bien prises, et par le dedans du Palais et par le dehors, où le pont Nostre-Dame et le pont Saint-Michel, qui estoient passionnés pour moi, ne faisoient qu'attendre le signal, que, selon toutes les apparences du monde, je ne debvois pas estre batu. Monsieur, qui trembloit de frayeur, quoi qu'il fut fort à couvert dans sa maison, voulut, selon sa louable coutume, se mesnager à tout événement des deux costés. Il agréa que Raray, Beloy, Valon, qui estoient à lui, suivissent M. le prince, et que le vicomte d'Autel, le marquis de La Sablonières et celui de Genlis, qui estoient aussi ses domestiques, vinssent avec moi. L'on eust tout

___
(1) Charles de Schomberg, duc d'Hallwin, etc. ; mort en 1656. (A. E.)

le dimanche de part et d'autre pour se préparer.

Le lundi, 21 d'aoust, touts les serviteurs de M. le prince se trouvèrent à sept heures du matin cheux lui, et mes amis se trouvèrent cheux moi entre cinq et six. Il arriva, comme je montois en carrosse, une bagatelle qui ne mérite de vous estre rapportée, que parce qu'il est bon d'esgaier quelquefois le sérieux par le ridicule. Le marquis de Rouillac, fameux par son extravagance, qui estoit accompagné de beaucoup de valeur, se vint offrir à moi ; le marquis de Canillac, homme de mesme caractère, y vint dans le mesme moment. Dès qu'il eust veu Rouillac, il me fit une grande révérence, mais en arrière, et en me disant : « Je venois, Monsieur, pour vous asseurer de mon service, mais il n'est pas juste que les deux plus grands fous du royaume soyent de mesme parti, je m'en vas à l'hostel de Condé. » Et vous remarqueres, s'il vous plait, qu'il y alla. J'arrivai au Palais un quart d'heure auparavant M. le prince, qui y vint extrèmement accompagné. Je crois, toutefois, qu'il n'avoit pas tant de gents que moi, mais il avoit sans comparaison plus de personnes de qualité, comme il estoit et naturel et juste. Je n'avois pas voulu que ceux qui estoient attachés à la cour, et qui fussent venus de bon cœur avec moi pour la faire à la reine, s'y trouvassent, de peur qu'ils ne me donnassent quelque teinture, ou plustost quelque apparence de mazarinisme ; de sorte qu'à la réserve de trois ou quatre, qui, quoi qu'attachés à la reine, passoient pour estre mes amis en leur particulier, je n'avois auprès de moi que la noblesse Frondeuse, qui n'approchoit pas en nombre celle qui suivoit M. le prince. Ce desadvantage estoit, à mon opinion, plus que suffisamment récompensé et par le pouvoir que j'avois asseurément beaucoup plus grand parmi le peuple, et par les postes dont je m'estois asseuré. Chasteaubriant, qui estoit demeuré dans les rues pour observer la marche de M. le prince, m'estant venu dire en présence de beaucoup de gents, que M. le prince seroit dans un demi quart d'heure au Palais, qu'il avoit pour le moins autant de monde que nous, mais que nous avions pris nos postes, ce qui nous estoit d'un grand advantage. Je lui respondis : « Il n'y a certainement que la » salle du Palais où nous les sceussions mieux » prendre que M. le prince. » Je sentis dans moi-mesme, en disant ceste parole, qu'elle eschappoit d'un mouvement de honte, que j'avois de souffrir une comparaison d'un prince [de la naissance et de la valeur de M. le prince] avec moi. Ma réflexion ne démentit point mon mouvement. J'eusse fait plus sagement si je l'eusse conservée plus long-temps comme vous l'allés veoir. Comme M. le prince eust pris sa place, il dit à la compagnie qu'il ne pouvoit asses s'estonner de l'estat où il trouvoit le Palais, qu'il paroissoit plustost un camp qu'un temple de justice ; qu'il y avoit des postes pris, des gents commandés, des mots de ralliement, et qu'il ne concevoit pas qu'il se peut trouver dans le royaume des gents asses insolents pour prétendre de lui disputer le pavé. Il répéta deux fois ceste dernière parole. Je lui fis une profonde révérence, et je lui dis que je supplois très-humblement Son Altesse de me pardonner si je lui disois que je ne croyois pas qu'il y eust personne dans le royaume qui fust asses insolent pour prétendre de lui disputer le hault du pavé, mais que j'estois persuadé qu'il y en avoit qui ne pouvoient et ne debvoient, par leur dignité, quitter le pavé qu'au roi. M. le prince me respondit qu'il me le feroit bien quitter. Je lui respondis qu'il ne seroit pas aisé. La cohue s'esleva à cest instant. Les jeunes conseillers de l'un et de l'autre parti s'intéressèrent dans ce commencement de contestation qui commençoit, comme vous voyes, asses aigrement. Les présidents se jetèrent entre M. le prince et moi ; ils le conjurèrent d'avoir esgard au temple de la justice et à la conservation de la ville. Ils le supplièrent d'agréer que l'on fit sortir de la salle tout ce qu'il y avoit de noblesse et de gents armés. Il le trouva bon, et il pria mesme M. de La Rochefoucault d'aller dire de sa part à ses amis (ce fut le terme dont il se servit). Il fut beau et modeste dans sa bouche, il n'y eust que l'événement qui empescha qu'il ne fust ridicule dans la mienne. Il ne l'en est pas moins dans ma pensée, et j'ai encore regret de ce qu'il dépara la première response que j'avois faite à M. le prince, touchant le pavé, qui estoit juste et raisonnable. Comme il eust prié M. de La Rochefoucault de faire sortir ses amis, je me levai en disant très-imprudemment : « Je vais » prier les miens de se retirer. » Le jeune d'Avaux, que vous voyes présentement le président de Mesme, et qui estoit en ce temps-là dans les intérests de M. le prince, me dit : « Vous » estes donc armés.—Qui en doubte (lui respon- » dis-je) ? » Et voilà ma seconde sotise en un demi quart d'heure. Il n'est jamais permis à un inférieur de s'esgaller en parole à celui à qui il doibt du respect, quoi qu'il s'y esgale dans l'action ; et il l'est aussi peu qu'à un ecclésiastique de confesser qu'il est armé mesme quand il l'est. Il y a des matières sur lesquelles il est constant que le monde veut estre trompé. Les occasions justifient asses souvent, à l'esgard de la réputation publique, les hommes de ce qu'ils font contre leur profession. Je n'en ai jamais veu qui les justifient de ce qu'ils disent qui y soit contraire.

Comme je sortois de la grande chambre, je rencontrai dans le parquet des huissiers M. de La Rochefoucault qui rentroit. Je n'y fis point de réflexion, et j'allai dans la salle pour prier mes amis de se retirer. Je revins après le leur avoir dit; et comme je mis le pied sur la porte du parquet, j'entendis une fort grand rumeur dans la salle, de gents qui crioient aux armes; je me voulus retourner pour veoir ce que c'estoit, mais je n'en eus pas le temps, parce que je me sentis le cou pris entre les deux batans de la porte que M. de La Rochefoucault avoit fermée sur moi, en criant à MM. de Coligny et de Ricousse de me tuer (1). Le premier se contenta de ne le pas croire; le second lui dit qu'il n'en avoit point d'ordre de M. le prince. Montresor, qui estoit dans le parquet des huissiers avec un garçon de Paris appelé Noblet, qui m'estoit affectionné, soubstenoit un peu un des batans qui ne laissoit pas de me presser extrêmement. M. de Champlastreux, qui estoit accouru au bruit qui se faisoit dans la salle, me voyant en ceste extrémité, poussa avec vigueur M. de La Rochefoucault; il lui dit que c'estoit une honte et une horreur qu'un assassinat de ceste nature; il ouvrit la porte, et il me fit entrer. Ce péril ne fut pas le plus grand de ceux que je courus en ceste occasion, comme vous allez veoir, après que je vous aurai dit ce qui la fit naistre et cesser.

Deux ou trois criailleurs de la lie du peuple, du parti de M. le prince, qui n'estoient arrivés dans la salle que comme j'en ressortois, s'advisèrent de crier, en me voyant de loing : *Au Mazarin!* Beaucoup de gents du mesme parti, et Chavagnac, entre autres, m'ayant fait civilité lorsque je passai, et m'ayant tesmoigné joie de l'adoucissement qui commançoit à paroistre, deux gardes de M. le prince, qui estoient aussi fort esloignés, mirent l'espée à la main. Ceux qui estoient les plus proches de ces deux premiers, crièrent aux armes. Chacun les prit. Mes amis mirent l'espée et le poignart à la main, et, par une merveille qui n'a peut-estre jamais eu d'exemple, ces espées, ces poignarts et ces pistolets demeurèrent un moment sans action; et, dans ce moment, Crenan (2), qui commandoit la compagnie des gendarmes de M. le prince de Conti, mais qui estoit aussi de mes anciens amis, et qui se trouva par bonheur en présence avec Laigue, avec lequel il avoit logé dix ans durant, lui dit : « Que faisons-nous? nous allons faire » esgorger M. le prince et M. le coadjuteur. » Schelme, qui ne remettra l'espée dans le four- » reau ! » Ceste parole, proférée par un des hommes du monde dont la réputation pour la valeur estoit la plus establie, fit que tout le monde, sans exception, suivit son exemple. Cest événement est peut-estre l'un des plus extraordinaires qui soit arrivé dans nostre siècle. La présence d'esprit et de cœur d'Argenteuil ne l'est guerre moins. Il se trouva par hasart fort près de moi quand je fus pris par le cou dans la porte, et il eust asses de sens froid pour remarquer que Pesche, un fameux séditieux du parti de M. le prince, me cherchoit des yeux le poignart à la main, en disant : « Où est le coadju- » teur? » Argenteuil, qui se trouva par bonheur près de moi, parce qu'il s'estoit avancé pour parler à quelqu'un qu'il cognoissoit du parti de M. le prince, jugea qu'au lieu de revenir à son gros et de tirer l'espée, ce que tout homme médiocrement vaillant eust fait en ceste occasion, il feroit mieux d'observer et d'amuser Pesche, qui n'avoit qu'à faire un demi tour à gauche pour me donner du poignard dans les reins. Il exécuta si adroitement ceste pensée, qu'en raisonnant avec lui, et en me couvrant de son long manteau de deuil, il me sauva la vie, qui estoit d'autant plus en péril, que mes amis, qui me croyoient rentré dans la grande chambre, ne songeoient qu'à pousser ceux qui estoient devant eux. Vous vous estonneres sans doute de ce qu'ayant pris si bien mes précautions partout ailleurs, je n'avois pas garni de mes amis, le parquet des huissiers et les lanternes; mais vostre estonnement cessera, quand je vous aurai dit que j'y avois fait toute la réflexion nécessaire, et que j'avois bien prévu les inconvénients de ce manquement, mais que je n'y avois pas trouvé de remède, parce que le seul qui s'y pouvoit apporter, qui estoit de les remplir de gents affidés,

---

(1) Le duc de La Rochefoucauld tâche d'atténuer l'odieux de cette action dans ses Mémoires. Il est cependant à remarquer que ceux de Joly et de Motteville rapportent ce fait de la même manière. Du reste on ne doit pas oublier que les Mémoires de La Rochefoucauld n'ayant jamais été publiés sur les originaux, ne méritent pas la même confiance que ceux de Retz : et de plus la première édition qui en parut du vivant du duc en 1662, fut de la part de ce personnage l'objet d'une réclamation au parlement de Paris, qui, sur sa requête, ordonna la saisie de tous les exemplaires et fit inhibition et défense à tous les libraires d'en vendre d'autres; *d'autant plus* (dit l'arrêt) *que l'on les débite sous son nom, comme si effectivement il les avait composés, et parce qu'il n'est pas à souffrir qu'on abuse du nom d'une personne de sa qualité.*

(2) Le marquis de Crenan, capitaine des gardes du prince de Conti. (A. E.)

estoit impraticable, ou du moins n'estoit praticable qu'en s'attirant d'autres inconvéniens encore plus grands. Presque tout ce que j'avois de gents de qualité auprès de moi, avoit son emploi, et son emploi nécessaire dans les différents postes qu'il estoit de nécessité d'occuper. Il n'y eust rien eu de si odieux que de mettre des gents ou du peuple ou du bas estage dans ces sortes de lieux, où l'on ne laisse entrer dans l'ordre que des personnes de condition. Si l'on les eust veu occupés par des gents de moindre estoffe au préjudice d'une infinité de noms illustres que M. le prince avoit avec lui, les indifférents du parlement se fussent prévenus infailliblement contre un spectacle de ceste nature. Il m'estoit important de laisser à ma conduite tout l'air de défensive; et je préférai cest advantage à celui d'une plus grande seureté. Il faillit à m'en couster cher: car, outre l'adventure de la porte, de laquelle je viens de vous entretenir, M. le prince, avec lequel j'ai parlé depuis fort souvent de ceste journée, m'a dit qu'il avoit fait son compte sur ceste circonstance, et que si le bruit de la salle eust duré encore un moment, il me sautoit à la gorge pour me rendre responsable de tout le reste. Il le pouvoit, ayant asseurément dans les lanternes beaucoup plus de monde que moi; mais je suis persuadé que la suite eust esté très-funeste aux deux partis, et qu'il eust eu lui-mesme une grande peine de s'en tirer. Je reprends la suite de mon récit.

Aussitost que je fus rentré dans la grande chambre, je dis à M. le premier président que je debvois la vie à son fils (1), qui fit effectivement en ceste occasion tout ce que la générosité la plus haute peut produire. Il estoit en tout ce qui n'estoit pas contraire à la conduite et aux maximes de M. son père, attaché jusques à la passion à M. le prince. Il estoit très-persuadé, quoiqu'à tort, que j'avois eu part dans les séditions qui s'estoient vingt fois eslevées contre M. son père, dans le cours du siège de Paris; rien ne l'obligeoit d'en prendre davantage au péril où j'estois que la plupart de messieurs du parlement, qui demeuroient fort paisiblement dans leurs places; il s'interessa à ma conservation jusques au point de s'estre commis lui-mesme avec le parti qui, au moins en cest endroit, estoit le plus fort. Il y a peu d'actions plus belles, et j'en conserverai avec tendresse la mémoire jusques dans le tombeau. J'en tesmoignai publiquement ma recognoissance à M. le premier président en rentrant dans la grande chambre, et j'adjoutai que M. de La Rochefoucault avoit fait tout ce qui avoit esté en lui pour me faire assassiner. Il me respondit ces propres paroles: « Traistre, je me soucie » peu de ce que tu deviennes. » Je lui repartis ces propres mots: « Tout beau, nostre ami La » Franchise (nous lui avions donné ce quolibet » dans nostre parti), vous estes un poltron » (je mentois, car il est asseurément fort brave) » et je suis un prestre. Le duel nous est defendu. » M. de Brissac, qui estoit immédiatement au-dessus de lui, le menaça de coups de baston; il menaça M. de Brissac de coup d'esprons. Messieurs les présidents, qui creurent avoir raison, que ces dits et redits estoient un commencement de querelle qui alloit passer au-dela des paroles, se jettèrent entre nous. M. le premier président, qui avoit mandé un peu auparavant les gents du roi, se joignit à eux et pour conjurer pathétiquement M. le prince, par le sang de saint Louis, de ne point souffrir que le temple qu'il avoit donné à la conservation de la paix et à la protection de la justice, fut ensanglanté; et pour m'exhorter par mon sacre à ne pas contribuer au massacre du peuple que Dieu m'avoit commis. M. le prince agréa que deux de messieurs allassent dans la grande salle faire sortir ses serviteurs par le degré de la Sainte-Chapelle; deux autres firent la mesme chose à l'esgard de mes amis par le grand escalier qui est à la main gauche en sortant de la salle. Dix heures sonnèrent, la compagnie se leva, et ainsi finit ceste matinée qui faillit à abismer Paris.

Il me semble que vous me demandes quel personnage M. de Beaufort jouoit dans ces dernières scènes, et qu'après le rosle que vous lui aves veu dans les premières, vous vous estonnés du silence dans lequel il vous paroist comme enseveli depuis quelque temps. Vous verres dans ma response la confirmation de ce que j'ai remarqué déjà plus d'une fois dans cest ouvrage, que l'on ne contente jamais personne quand l'on entreprend de contenter tout le monde. M. de Beaufort se mit dans l'esprit, ou plustost madame de Montbazon le lui mit après qu'il eust rompu avec moi, qu'il se debvoit et pouvoit mesnager entre la reine et M. le prince, et il affecta mesme si fort l'assurance de ce mesnagement, qu'il affecta de se trouver tout seul, et sans estre suivi de qui que ce soit, à ces deux assemblées du parlement, desquelles je viens de vous entretenir. Il dit mesme tout hault, à la dernière, d'un ton de Caton, qui ne lui convenoit pas: « Pour moi, je ne suis qu'un particulier » qui ne me mesle de rien. » Je me tournai à M. de Brissac en respondant: « Il faut advouer

---

(1) Jean Molé, qui fut nommé président à mortier en 1657. Champlatreux mourut subitement le 6 août 1682.

» que M. d'Angoulesme et M. de Beaufort » ont une bonne conduite. » Ce que je ne proférai pas si bas que M. le prince ne l'entendist. Il s'en prit à rire. Vous observeres, s'il vous plait, que M. d'Angoulesme avoit plus de quatre-vingt-dix ans (1), et qu'il ne bougeoit plus de son lit. Je ne vous marque ceste bagatelle que parce qu'elle signifie que tout homme que la fortune seule a fait homme public, devient presque tousjours, avec un peu de temps, un particulier ridicule. L'on ne revient plus de cest estat, et la bravoure de M. de Beaufort, qu'il signala encore en plus d'une occasion depuis le retour de M. le cardinal, contre lequel il se déclara sans balancer, ne le peut relever de sa cheute. Mais il est temps de rentrer dans le fil de ma narration.

Vous comprenes aisément l'esmotion de Paris dans le cours de la matinée que je viens de vous descrire. La pluspart des artisans avoient leur mousquet auprès d'eux, en travaillant dans leurs boutiques. Les femmes estoient en prières dans les églises; mais ce qui est encore vrai, est que Paris fut plus touché l'après-disnée de la crainte de retomber dans le péril, qu'il ne l'avoit esté le matin de l'y veoir. La tristesse parut plus universelle sur les visages de touts ceux qui n'estoient pas tout-à-fait engagés à l'un ou à l'autre des partis. La réflexion, qui n'estoit plus divertie par le mouvement, trouva sa place dans les esprits de ceux mesmes qui y avoient le plus de part. M. le prince dit au comte de Fiesque (au moins à ce que celui-ci raconta le soir cheux sa femme publiquement) : « Paris a failli » aujourd'hui à estre bruslé; quel feu de joie » pour le Mazarin, et ce sont ses deux plus ca- » pitaux ennemis qui ont esté sur le point de » l'allumer. » Je concevois très-bien de mon costé que j'estois sur la pente du plus fascheux et du plus dangereux précipice, où un particulier se feut peut-estre jamais trouvé. Le mieux qui me pouvoit arriver, estoit d'avoir advantage sur M. le prince, et ce mieux se fut terminé, s'il y eust péri, à passer pour l'assassin du premier prince du sang; à estre immanquablement désavoué par la reine, et à donner tout le fruit et de mes peines et de mes périls au cardinal par l'événement, qui ne manque jamais de tourner tousjours en faveur de l'autorité royale touts les désordres qui passent jusques aux derniers excès. Voilà ce que mes amis, au moins les sages, me représentoient; voilà ce que je me représentois à moi-mesme. Mais quel moyen? quel remède? quel expédient de se tirer d'un embarras où l'on a eu raison de se jeter, et où l'engagement en fait une seconde, qui est pour le moins aussi forte que la première. Il pleust à la providence de Dieu d'y donner ordre. Monsieur, accablé des cris de Paris, qui courut d'effroi au palais d'Orléans, mais plus pressé encore par sa frayeur, qui lui fit croire qu'un mouvement aussi général que celui qui avoit failli d'arriver ne s'arresteroit pas au Palais; Monsieur, dis-je, fit promettre à M. le prince, qu'il n'iroit le lendemain que lui sixiesme au Palais, pourveu que je m'engageasse à n'y aller qu'avec un pareil nombre de gents. Je suppliai Monsieur de me pardonner si je ne recevois pas ce parti, et parce que je manquerois, si je l'acceptois, au respect que je debvois à M. le prince, avec lequel je sçavois que je ne debvois faire aucune comparaison, et parce que je n'y trouvois aucune sureté pour moi; ce nombre de séditieux, qui crailleroient contre moi, n'ayant point de règle, et ne recognoissant point de chefs; que ce n'estoit que contre ces sortes de gents que j'estois armé; que je sçavois le respect que je debvois à M. le prince; qu'il y avoit si peu de compétance d'un gentilhomme à lui, que cinq cents hommes estoient moins à lui qu'un laquais à moi. Monsieur, qui vit que je ne donnois pas à sa proposition, et à qui madame de Chevreuse, à laquelle il avoit envoyé Ornano pour la persuader, manda que j'avois raison; Monsieur, dis-je, alla trouver la reine pour lui remonstrer les grands inconvéniens que la continuation de ceste conduite produiroit infailliblement. Comme de son naturel elle ne craignoit rien, et prévoyoit peu, elle ne fit aucun cas des remonstrances de Monsieur, et d'autant moins, qu'elle eust esté ravie dans le fonds, des extrémités qu'elle s'imaginoit et possibles et proches. Quand M. le chancelier, qui lui parla fortement, et les Bertet, et les Brachet, qui estoient cachés dans les greniers du Palais-Royal et qui appréhendoient d'y estre trouvés dans une émotion générale, lui eurent fait cognoistre que la perte de M. le prince et la mienne arrivées dans une conjoncture pareille, jetteroit les choses dans une confusion que le seul nom de Mazarin pourroit mesme rendre fatal à la maison royale; elle se laissa fléchir plustost aux larmes qu'aux

---

(1) Charles de Valois, comte d'Auvergne, et depuis duc d'Angoulême, fils naturel de Charles IX, mort vers la fin de l'année 1650, à soixante-dix-sept ans.
Le cardinal de Retz a commis ici une erreur de date dont on a voulu argumenter pour établir que les Mémoires publiés sous son nom n'étaient point de ce personnage.

raisons du genre humain, et elle consentit de donner aux uns et aux autres un ordre du roi, par lequel il leur seroit défendu de se trouver au Palais. M. le premier président, qui ne doubta point que M. le prince n'accepteroit point ce parti, que l'on ne lui pouvoit, dans la vérité, imposer avec justice, parce que sa présence y estoit nécessaire, alla cheux la reine avec M. le président de Nesmont; il lui fit cognoistre qu'il seroit contre toute sorte d'équité de défendre à M. le prince d'assister en un lieu où il ne se trouvoit que pour demander à se justifier des crimes que l'on lui imposoit. Il lui marqua la différence qu'elle debvoit mettre entre un premier prince du sang, dont la présence au Palais estoit de nécessité dans ceste conjoncture, et un coadjuteur de Paris, qui n'y avoit mesme jamais séance que par une grace asses extraordinaire que le parlement lui avoit faite. Il adjousta que la reine debvoit faire réflexion, que rien ne le pouvoit obliger à parler ainsi que la force de son debvoir, parce qu'il lui advouoit ingénuement que la manière dont j'avois receu le petit service que son fils avoit essayé de me rendre le matin (ce fut le terme dont il se servit) l'avoit touché si sensiblement, qu'il se faisoit une contrainte extreme à soi-mesme en la prosnant sur un subjet qui peut-estre ne me seroit pas fort agréable. La reine se rendit et à ses raisons, et aux instances de toutes les dames de la cour, qui l'une pour une raison, et l'autre pour l'autre appréhendoient, au dernier point, le fracas presque inévitable du lendemain. Elle m'envoya M. de Charost, capitaine des gardes en quartier, pour me défendre, au nom du roi, d'aller le lendemain au Palais. M. le premier président, que j'avois esté veoir et remercier le matin au lever du parlement, me vint rendre ma visite comme M. de Charrost sortoit de cheux moi; il me compta fort sincèrement le détail de ce qu'il venoit de dire à la reine. Je l'en estimai parce qu'il avoit raison, et je lui tesmoignai de plus que j'en estois très-aise, parce qu'il me tiroit avec honneur d'un très-méchant pas. « Il » est très-sage (me respondit-il) de le penser; il » est encore plus honneste de le dire. » Il m'embrassa tendrement en disant ceste dernière parole. Nous nous jurasmes amitié. Je la tiendrai toute ma vie à sa famille avec tendresse et avec recognoissance.

Le lendemain, qui fut le mardi 22ᵉ jour d'aoust, le parlement s'assembla. L'on fit garder à tout hasart le Palais par deux compaignies de bourgeois, à cause du reste d'émotion qui paroissoit encore dans la ville. M. le prince demeura dans la quatrième des enquestes, parce qu'il n'estoit pas de la forme qu'il assistast à une déliberation dans laquelle il demandoit ou que l'on le justifiast ou que l'on lui fist son procés. L'on ouvrit beaucoup de différents advis. Il passa à celui de M. le premier président, qui fut que touts les escrits, tant ceux de la reine et de M. le duc d'Orleans que celui de M. le prince, seroient portés au roi et à la reine par les députés de la compagnie, et que très-humbles remonstrances seroient faites sur l'importance desdits escrits; que la reine seroit suppliée de vouloir estouffer ceste affaire, et M. le duc d'Orléans prié de s'entremettre de l'accommodement.

Comme M. le prince sortoit de ceste assemblée suivi d'une foule de ceux du peuple qui estoient à lui, je me trouvai teste pour teste devant son carrosse asses près des Cordeliers, avec la procession de la grande confrairie que je conduisois. Comme elle est composée de trente ou quarante curés de Paris, et qu'elle est toujours suivie de beaucoup de peuple, j'avois creu que je n'y avois pas besoing de mon escorte ordinaire; et j'avois mesme affecté de n'avoir auprès de moi que cinq ou six gentilshommes qui estoient MM. de Foleuse, de Lamet, de Quérieux, de Chasteaubriant et les chevaliers d'Humieres et de Sevigné. Trois ou quatre de la populace qui suivoient M. le prince, crièrent, dès qu'ils me virent : « Au Mazarin ! » M. le prince qui avoit, ce me semble, dans son carosse MM. de La Rochefoucault, de Rohan et de Goncour (1), en descendit aussitost qu'il m'eust apperceu. Il fit taire ceux de sa suite, qui avoient commancé à crier, il se mit à genoux pour recevoir ma bénédiction ; je la lui donnai le bonnet en teste, je l'ostai aussitost, et lui fis une très-profonde révérence. Ceste advanture est, comme vous voyes, asses plaisante. En voici une autre qui ne le fust pas tant par l'événement ; et c'est, à mon sens, celle qui m'a cousté ma fortune, et qui a failli à me couster plusieurs fois la vie.

La reine fut si transportée de joie des obstacles que M. le prince rencontroit à ses desseins, et elle fut si satisfaite de la netteté de mon procedé, que je puis dire avec verité que je fus quelques jours en faveur. Elle ne pouvoit asses tesmoigner à son gré à ceux qui l'approchoient la satisfaction qu'elle avoit de moi. Madame la Palatine estoit persuadée qu'elle parloit du cœur. Madame de Lesdiguieres me dit que ma-

---

(1) Lisez Gaucour. Joseph-Charles de Gaucourt, dit le comte de Gaucourt, seigneur de Ville-Dieu, mort en 1684.

dame de Beauvais, qui estoit asses de ses amies, l'avoit asseurée que je faisois chemin dans son esprit. Ce qui me le persuada plus que tout le reste, fut que la reine, qui ne pouvoit souffrir que l'on donnast la moindre atteinte à la conduite de M. le cardinal Mazarin, entra en raillerie, et de bonne foi, d'un mot que j'avois dit de lui. Bertet, je ne me souviens pas à propos de quoi, m'avoit dit quelques jours auparavant, que le pauvre M. le cardinal estoit quelquefois bien empesché; et je lui avois respondu : « Donnes-moi le roi de mon costé deux jours durant, et vous verres si je le serai. » Il avoit trouvé ceste sotise asses plaisante, et comme il estoit lui-mesme fort badin, il ne s'estoit peu empescher de la dire à la reine. Elle ne s'en fascha nullement, elle en rit de bon cœur; et ceste circonstance, sur laquelle madame de Chevreuse, qui cognoissoit parfaitement la reine, fit beaucoup de réflexion, jointe à une parole qui lui fut rapportée par madame de Lesdiguières, lui fit naistre une pensée que vous alles veoir, après que je vous aurai rendu compte de ceste parole.

Madame de Carignan disoit un jour devant la reine que j'estois fort laid et c'estoit peut-estre l'unique fois de sa vie où elle n'avoit pas menti. La reine lui respondit : « Il a les dents fort bel» les, et un homme n'est jamais laid avec cela. » Madame de Chevreuse ayant sceu ce discours par madame de Lesdiguières, à qui madame de Niesle l'avoit rapporté, se ressouvint de ce qu'elle avoit ouï dire à la reine en beaucoup d'occasions, que la seule beauté des hommes estoient les dents, parce que c'estoit l'unique qui fut d'usage. « Essayons (me dit-elle un soir que je me » promenois avec elle dans le jardin de l'hostel » de Chevreuse), si vous voules bien jouer vos» tre personnage, je ne désespère de rien. Fai» tes seulement le resveur quand vous estes au» près de la reine; regardes continuellement ses » mains; pestes contre le cardinal; laisses-moi » faire du reste. » Nous concertasmes le détail et nous le jouasmes juste comme nous l'avions concerté. Je demandai deux ou trois audiences secrètes de suite à la reine à propos de rien. Je ne fournis dans ces audiences à la conversation que ce qui y estoit bon pour l'obliger à chercher le subjet pour lequel je les lui advois demandées. Je suivis de point en point les avis de madame de Chevreuse; je poussai l'inquiétude et l'emportement contre le cardinal jusques à l'extravagance. La reine, qui estoit naturellement très-coquette, entendoit les airs. Elle en parla à madame de Chevreuse qui fit la surprise et l'estonnée; mais qui ne la fit qu'autant qu'il le fallut pour mieux jouer son jeu, en faisant semblant de revenir de loing, et de faire, à cause de ce que la reine lui en disoit, une réflexion à laquelle elle n'auroit jamais pensé sans cela, sur ce qu'elle avoit remarqué en arrivant à Paris de mes emportements contre le cardinal. « Il est vrai, madame (disoit-elle à la reine), » que Vostre Majesté me fait resouvenir de cer» taines circonstances qui se rapportent asses » à ce que vous me dites. Le coadjuteur me » parloit des journées entières de toute la vie » passée de Vostre Majesté avec une curiosité » qui me surprenoit, parce qu'il entroit mesme » dans le détail de mille choses qui n'avoient » aucun rapport au temps présent; ces conver» sations estoient les plus douces du monde tant » qu'il ne s'agissoit que de vous. Il n'estoit plus » le mesme homme s'il arrivoit que l'on nom» mast par hasart le nom de M. le cardinal; il » disoit mesme des rages de Vostre Majesté; et » puis tout d'un coup il se radoucissoit, mais » jamais pour M. le cardinal. Mais à propos il » faut que je rappelle dans ma memoire la ma» nie qui lui monta un jour à la teste contre » feu Bouchinchan (1) : je ne m'en ressouviens » pas précisément, il ne pouvoit souffrir que je » disse qu'il estoit fort honneste homme. Ce qui » m'a tousjours empesché de faire réflexion sur » mille et mille choses de ceste nature, que je » veois d'une veue, est l'attachement qu'il a » pour ma fille; ce n'est pas que dans le fond » cest attachement soit si grand que l'on croit. » Je voudrois bien que la pauvre créature n'en » eust pas plus pour lui qu'il en a pour elle. Sur » le tout, je ne me puis imaginer, madame, que » le coadjuteur soit asses fou pour se mettre » ceste vision dans la fantaisie. »

Voilà l'une des conversations de madame de Chevreuse avec la reine; il y en eust vingt ou trente de ceste nature, dans lesquelles il se trouva à la fin que la reine persuada à madame de Chevreuse que j'estois asses fou pour m'estre mis ceste vision dans l'esprit; et dans lesquelles pareillement madame de Chevreuse persuada à la reine que je l'y avois effectivement beaucoup plus fortement qu'elle ne l'avoit creu d'abord elle-mesme. Je ne m'oubliai pas de ma part; je jouai bien, je passai, dans les conversations que j'avois avec la reine, de la resverie à l'esgarement. Je ne revins de celui-ci que par des reprises, qui en marquant un profond respect pour elle, marquoient tousjours du chagrin, et quelquefois de l'emportement contre M. le cardinal. Je ne m'apperceus pas que je me brouillasse à la cour

(1) Lisez Buckingham.

par ceste conduite; mais mademoiselle de Chevreuse à laquelle madame sa mère avoit jugé nécessaire de la faire agréer, pour la raison que vous verres ci-après, prit en gré de la troubler au bout de deux mois, par la plus grande et la plus signalée de toutes les imprudences. Je vous rendrai compte de ce détail après que je me serai satisfait moi-mesme sur une omission qu'il y a desja asses long-temps que je me reproche dans cest ouvrage.

Presque tout ce qui y est contenu n'est qu'un enchaînement de l'attachement que la reine avoit pour M. le cardinal Mazarin, et il me semble que par ceste raison je debvois mesme beaucoup plustost vous en expliquer la nature, de laquelle, je crois, que vous pouves juger plus seurement, si je vous expose au préalable quelques événements de ses premières années, que je considère comme aussi clairs et aussi certains que ceux que j'ai veu moi-mesme; parce je les tiens de madame de Chevreuse, qui a esté la seule et véritable confidente de sa jeunesse. Elle m'a dit plusieurs fois que la reine n'estoit Espagnole ni d'esprit ni de corps; qu'elle n'avoit ni le tempérament ni la vivacité de sa nation; qu'elle n'en tenoit que la coquetterie, mais qu'elle l'avoit au souverain degré; que M. de Bellegarde (1), vieux, mais poli et galant à la mode de la cour de Henri III, lui avoit pleu ; qu'elle s'en estoit desgoutée, parce qu'en prenant congé d'elle, lorsqu'il alla commander l'armée à La Rochelle, et lui ayant demandé en général la permission d'espérer d'elle une grace devant son départ, il s'estoit réduit à la supplier de vouloir bien mettre la main sur la garde de son espée; qu'elle avoit trouvé ceste manière si sotte, qu'elle n'en avoit jamais peu revenir ; qu'elle avoit agréé la galanterie de M. de Montmorency, beaucoup plus qu'elle n'avoit aimé sa personne ; que l'aversion qu'elle avoit pour les manières de M. le cardinal de Richelieu, qui estoit aussi pédant en amour qu'il estoit honneste homme pour les autres choses , avoit fait qu'elle n'avoit jamais peu souffrir la sienne ; [que le seul homme qu'elle avoit aimé avec passion estoit le duc de Buchincham; qu'elle lui avoit donné rendes-vous une nuit dans le petit jardin du Louvre; que madame de Chevreuse, qui estoit seule avec elle, s'estant un peu esloignée, entendit du bruit comme de deux personnes qui se luttoient; que s'estant rapprochée de la reine, elle la trouva fort esmue et M. de Buchincham à genoux devant elle; que la reine, qui s'estoit contentée ce soir de lui dire en remontant dans son appartement que touts les hommes estoient brutaux et insolents, lui avoit commandé le lendemain au matin de demander à M. de Buchincham, s'il estoit bien asseuré qu'elle ne fust pas en danger d'estre grosse (2) ; que depuis ceste adventure, elle madame de Chevreuse n'avoit eu aucune lumière d'aucune galenterie de la reine]: qu'elle lui avoit veu dès l'entrée de la régence une grande pente pour M. le cardinal ; mais qu'elle n'avoit peu démesler jusques où ceste pente l'avoit portée; qu'il estoit vrai qu'elle avoit esté chassée de la cour sitost après ; qu'elle n'auroit pas eu le temps d'y veoir clair, quand mesme il y auroit eu quelque chose ; qu'à son retour en France, après le siége de Paris, la reine dans les commencements s'estoit tenue si couverte avec elle, qu'elle n'avoit peu y rien pénétrer ; que depuis qu'elle s'y estoit racoustumée elle lui avoit veu dans des moments de certains airs qui avoient beaucoup de ceux qu'elle avoit eu autrefois avec Buchincham ; qu'en d'autres elle avoit remarqué des circonstances qui lui faisoient juger qu'il n'y avoit entre eux qu'une liaison intime d'esprit; que l'une des plus considérables estoit la manière dont le cardinal vivoit avec elle, peu galante et mesme rude ; ce qui toutefois (adjoustoit madame de Chevreuse) a deux faces de l'humeur dont je cognois la reine : Buchincham me disoit autrefois qu'il avoit aimé trois reines, qu'il avoit esté obligé de gouverner toutes trois : c'est pourquoi je ne sçais qu'en juger. Voilà comme Madame de Chevreuse m'en parloit. Je reviens à ma narration.

Je n'estois pas asses chatouillé de la figure

---

(1) Roger de Saint-Lary, fils de Jean de Saint-Lary, fut premier gentilhomme de la chambre de Gaston duc d'Orléans, puis duc de Bellegarde, pair et grand écuyer de France. Il mourut en 1646, âgé de quatre-vingt-trois ans sept mois.

Les anciens éditeurs, en le faisant favori de Henri III, l'ont confondu avec Roger de Saint-Lary, fils de Pierre ou Péroton de Saint-Lary, qui mourut empoisonné au château de Saluces, où il s'était retiré, en 1579, après sa disgrâce de la cour.

(2) Suivant l'ouvrage sur *la Fronde*, nouvellement publiée par M. Capefigue, ce serait à ce passage des mémoires de Retz, relatifs à une circonstance bien antérieure à la naissance de Louis XIV, qu'il faudrait rapporter l'origine des bruits vulgairement répandus sur la naissance de ce roi, qui ne vint au monde que plusieurs années après la mort du duc de Buckingham. C'est une ingénieuse explication d'un des passages les plus curieux, et jusqu'ici inédit, des mémoires de Retz, qu'on ne peut s'empêcher de regarder comme le plus véridique et le plus exact historien de la Fronde (Voyez ci-dessus, page 13). Du reste, le succès de l'histoire de M. Capefigue annonce suffisamment les mérites de composition et de style qui distinguent cet ouvrage.

que je faisois contre M. le prince, quoique je m'en tinse très-honnoré, pour ne pas concevoir dans toute leur estendue les précipices du poste où j'estois. « Où allons-nous (dis-je à M. de Bel-
» lièvre, qui me paraissoit trop aise de ce que
» M. le prince ne m'avoit pas dévoré), pour qui
» travaillons-nous ? Je sçais que nous sommes
» obligés de faire ce que nous faisons ; je sçais
» que nous ne pouvons mieux faire ; mais nous
» debvons nous resjouir d'une nécessité qui nous
» porte à un mieux, duquel il n'est presque pas
» possible que nous ne retombions bientost dans
» le pis ? — Je vous entends (me répondit le
» président de Bellièvre), et je vous arreste en
» mesme temps pour vous dire ce que j'ai ap-
» pris de Cromwell (M. de Bellièvre l'avoit veu
» et cognu en Angleterre); il me disoit un jour,
» que l'on ne monte jamais si hault que quand
» l'on ne sçait où l'on va. — Vous sçaves (dis-je
» à M. de Bellièvre) que j'ai horreur pour Crom-
» well; mais quelque grand homme que l'on
» nous le prosne, j'y adjouste le mépris ; s'il est
» de ce sentiment, il me paroist d'un fou. »
Je vous rapporte ce dialogue qui n'est rien en soi, que pour vous faire veoir l'importance qu'il y a à ne parler jamais des gents qui sont dans les grands postes. M. le président de Bellièvre, en rentrant dans son cabinet, où il y avoit force gents, dit, sans y faire réflexion, ceste parole comme une marque de l'injustice que l'on me faisoit quand on disoit que mon ambition estoit sans mesure et sans borne ; elle fut rapportée au Protecteur qui s'en ressouvint avec aigreur dans une occasion dont je vous parlerai dans la suite, et qu'il dit à M. de Bordeaux, ambassadeur de France en Angleterre : « Je ne cognois
» qu'un homme au monde qui me méprise, qui
» est le cardinal de Rais. » Ceste opinion faillit à me couster cher. Je reprends le fil de ma narration.

Monsieur, qui estoit très-aise de s'estre tiré à si bon marché des embarras que vous aves veu ci-dessus, ne songea qu'à les éviter pour l'advenir ; et il alla, le 26, à Limours, pour faire veoir (ce dit-il à la reine) qu'il n'entroit en rien de tout ce que M. le prince faisoit.

Le lundi 28 et le lendemain, M. le prince fit touts ses efforts au parlement pour obliger la compagnie à presser la reine, ou à le justifier, ou à donner les preuves de l'escrit qu'elle avoit envoyé contre lui. Mais M. le premier président demeura ferme à ne souffrir aucune délibération jusques à ce que M. le duc d'Orléans fut revenu ; et comme il estoit persuadé qu'il ne reviendroit pas si tost, il consentit qu'il fut prié, par la compagnie, de venir prendre sa place. M. le prince y alla lui-mesme l'après-disnée du 29, accompagné de M. de Beaufort, pour l'en presser. Il n'y gagna rien ; et Jouy vint à minuit, de la part de Monsieur, cheux moi, pour me dire tout ce qui s'estoit passé dans leur conversation, et pour me commander d'en rendre comte à la reine dès le lendemain.

Ce lendemain, qui fut le 30, M. le prince vint au Palais, et il eust le plaisir d'y veoir jouer à M. de Vendosme l'un des plus ridicules personnages que l'on puisse imaginer ; il lui demanda acte de la déclaration qu'il faisoit, qu'il n'avoit pas ouï parler, depuis l'année 1648, de la recherche de mademoiselle Mancini, et vous pouves croire qu'il ne persuada personne. M. le prince ayant demandé ensuite au premier président si la reine avoit respondu aux remonstrances que la compagnie avoit faites sur ce qui le regardoit ; l'on envoya quérir les gents du roi, ils dirent qu'elle avoit remis à respondre au retour de M. le duc d'Orléans, qui estoit à Limours. M. le prince se plaignit de ce délai comme d'un déni de la justice : beaucoup de voix s'eslevèrent, et M. le premier président fut obligé, après beaucoup de résistance, à faire la relation de ce qui s'estoit passé au Palais-Royal le sabmedi précédent, qui estoit le jour auquel il y avoit fait la remonstrance. Il l'avoit portée avec une grande force, et il n'y avoit rien oublié de tout ce qui pouvoit faire veoir et sentir à la reine l'utilité et mesme la nécessité de la réunion de la maison royale. Il finit le rapport qu'il en fit au parlement, en disant que la reine l'avoit remis aussi bien que les gents du roi au retour de M. le duc d'Orléans.

M. le président de Mesme, qui estoit allé à Limours, de la part de la compagnie, pour l'inviter à venir prendre sa place, n'avoit rapporté qu'une response fort ambigue ; et ce qui marqua encore davantage qu'il n'y viendroit pas, fut que M. de Beaufort, qui avoit accompagné la veille M. le prince à Limours, dit que Monsieur lui avoit commandé de prier la compagnie de sa part, de ne le point attendre ainsi qu'il avoit été résolu pour consommer ce qui concernoit la déclaration contre M. le cardinal Mazarin.

Le 31, M. le prince vint encore au Palais, et y fit de grandes plaintes de ce que la reine n'avoit point encore fait de response aux remonstrances, il est vrai qu'elle avoit fait dire simplement, par M. le chancelier, aux gents du roi, qu'elle attendoit M. de Brienne, qu'elle avoit envoyé à Limours à cinq heures du matin. Vous croyes sans doute que cest envoi de M. de Brienne à Limours, fut pour remercier Monsieur de la fermeté qu'il avoit tesmoignée de ne point venir au parlement, ou pour l'y confirmer; et vous aures encore beaucoup plus de subjet d'en estre persuadée, quand je vous aurai dit que la reine m'avoit commandé la veille de lui escrire de sa part, qu'elle estoit pénétrée de la recognoissance (elle se servit de ces mots) qu'elle conserveroit toute sa vie de ce qu'il avoit résisté aux dernières instances de M. le prince. La nuit changea tout cela, ou plustost le moment de la nuit dans lequel Metayer, valet de chambre de M. le cardinal, arriva avec une despesche, qui portoit entre autres choses ces propres mots, à ce que j'ai sceu depuis du mareschal Du Plessis, qui m'a dit les avoir veu en l'original : « Donnes, madame, à M. le prince » toutes les déclarations d'innocence qu'il vou- » dra, tout est bon pourveu que vous l'amusiés, » et que vous l'empeschies de prendre l'essort. » Ce qui est admirable est que la reine m'avoit dit à moi-mesme, trois jours devant, qu'elle eust souhaité, du meilleur de son cœur, que M. le prince fut déjà en Guienne, pourveu, adjoutast-elle, qu'on ne creut pas que ce fut moi qui l'eut poussé. Ce point d'histoire est un de ceux qui m'a obligé de vous dire en une autre occasion qu'il y en a d'inexplicables dans les histoires, et impénétrables à ceux-mesmes qui en sont les plus proches. Je me souviens qu'en ce temps-là nous fismes tout ce qui fut en nous, madame la Palatine et moi, pour desmesler la cause de ceste variation si prompte, que nous soupçonnasmes qu'elle estoit l'effet de quelque négociation soubterraine, et que nous creusmes depuis avoir pleinement eclairci que nostre conjecture n'estoit pas fondée. Ce qui nous confirma dans cet opinion fut que :

Le 1er de septembre, la reine fit dire en sa présence, par M. le chancelier au parlement qu'elle avoit mandé au Palais-Royal, que comme les advis qui lui avoient esté donnés touchant l'intelligence de M. le prince avec les Espagnols, n'avoient point eu de suite, Sa Majesté vouloit bien croire qu'il n'estoit pas véritable, et que

Le 4, M. le prince déclara en pleine assemblée de chambre, que ceste parole de la reine n'estoit pas une justification suffisante pour lui, puisqu'elle marquoit qu'il y eust paru du crime, si la première accusation eust esté poursuivie. Il insista pour avoir un arrest en forme, et il s'estendoit sur cela avec tant de chaleur, qu'il parut visiblement que le prétendu radoucissement de la reine n'avoit pas esté de concert avec lui. Comme toutefois ce radoucissement n'avoit pas esté de celui de Monsieur, il fit le mesme effet dans son esprit que s'il y eu un raccommodement véritable. Il rentra dans ses soupçons, en respondant à Donjat et à Menardeau, qui avoient esté députés du parlement dès le 2 pour le prier d'y venir prendre sa place, qu'il n'y manqueroit pas. Il y alla effectivement, et il me soubtint tout le soir du 3, qu'un changement si soudain ne pouvoit avoir eu d'autre cause qu'une négociation couverte; il creut que la reine, qui lui fist des serments du contraire, le jouoit; et le 4, il appuya avec tant de chaleur la proposition de M. le prince, qu'il n'y eust que trois voix dans la compagnie qui n'allassent pas à faire des remonstrances très-humbles à la reine, pour obtenir une déclaration d'innocence en bonne forme, en faveur de M. le prince, qui peust estre enregistrée devant la majorité. Vous remarqueres, s'il vous plaist, que la majorité eschéoit le 7. M. le premier président ayant dit en opinant qu'il estoit juste d'accorder ceste déclaration à M. le prince, mais qu'il estoit aussi nécessaire qu'il rendist auparavant ses debvoirs au roi, fut interrompu par un grand nombre de voix confuses qui demandoient la déclaration contre le cardinal.

[M. Portail en proposa ainsi le modèle :

Comme les couronnes sont toujours pesantes, les rois se trouvent souvent obligés de choisir quelques personnes pour en soubstenir le poids avec eux, et pour les soulager de leurs conseils et de leur conduite dans les grands emplois de l'estat, tellement que la confiance qu'ils ont en ceux qu'ils eslèvent à ce hault degré d'honneur, debvant encore exciter davantage leurs consciences et leurs affections, ils ne peuvent manquer à l'un ni à l'autre sans des crimes d'estat, dignes de touts les supplices. La France a eu le malheur, depuis quelques années, de tomber dans ce mauvais choix. L'ambition de ses derniers ministres et l'intérest de leur fortune particulière, qui a esté le seul motif de toutes leurs actions, l'auroient entièrement défigurée, sans qu'elle s'est conservée plusieurs fois par la justice de ses armes, qui a tousjours attiré sur elle la protection du ciel. La mauvaise et pernicieuse conduite du cardinal Mazarin n'a pas seulement fait scandale parmi nos subjets, elle a fait encore murmurer nos voisins et nos alliés. Il signala son entrée par l'emprisonnement d'un duc et pair de France (1), qui estoit de nostre sang, sur la supposition d'un crime tout nouveau. Il sacrifia aussi à sa passion et à sa vengeance un des principaux officiers de nostre parlement (2), affin de jetter la crainte partout,

---

(1) Barillon. — (2) Beaufort.

et que, s'attachant aux testes les plus illustres, il ne peust trouver d'obstacles à ses entreprises et à ses mauvais desseins. Les misères et les calamités de toute l'Europe ne l'ont jamais peu toucher. Il rompit, il y a quatre ans, la paix générale, si nécessaire et tant désirée, pour entretenir son ambition, et parce qu'elle estoit trop glorieuse pour nous et pour nos alliés. Nous avons aussi reconnu qu'il a opprimé nos subjects par des subsides nouvellement inventés, qu'il a fait imposer à main armée et contre les ordres publiqs. Il a espuisé toutes nos finances qu'il a fait transporter hors le royaume pour contenter son avidité, et pour y eslever des palais, cimentés du sang de nostre peuple. Et bien qu'il soit de la grandeur des rois de tenir tousjours la mer libre, et de conserver à cest élément les avantages de sa nature, nous avons néantmoins appris, par plusieurs plaintes qui nous en ont esté faictes, que les plus célèbres pirates estoient ses meilleurs amis, qu'il leur donnoit retraite dans la pluspart de nos ports, à la diminution de nostre estime, et qu'il partageoit avec eux le butin et le brigandage ; qu'il faisoit un commerce de tous les bénéfices destinés à la récompense des personnes vertueuses et des grandes familles qui s'attachent à nostre service. On nous a encore fait voir qu'il avoit corrompu toute la police et les loix fondamentales de l'estat, et que quand nos parlements qui en sont les tuteurs et les dépositaires, ont pensé travailler pour les restablir, il a tasché malicieusement de nous surprendre et de nous persuader qu'ils entreprenoient contre nostre pouvoir et nostre authorité souveraine : comme on lui avoit confié le gouvernement de nostre personne pendant nostre minorité, aussi bien que les principaux soings de l'estat, il nous a souvent voulu donner de mauvaises impressions de nos peuples, et faire croire que la haine qu'on portoit à sa mauvaise conduite, estoit une aversion que nos subjects avoient pour nous, bien que nostre age mit hors de toutes sortes de soupçons, et que, suivant les loix de nostre royaume, nous n'eussions point encore part à l'administration et au gouvernement. Il nous ressouvient à présent combien de fois il a souillé l'honneur de nos victoires de quelque entreprise tragique, et comme au milieu de nos triomphes et des sacrifices que nous faisions à Dieu pour la prospérité de nos armes et pour les glorieux succès, il a fait enlever des magistrats, qui n'avoient d'autres crimes que d'avoir tousjours aimé nostre service, le bien de l'estat et du public. Mais ce n'est pas seulement dans cette occasion qu'il a fait mauvais usage de nos prospérités, et qu'il a tasché artificieusement d'en diminuer la gloire ; car, prévoyant que la prise de la ville d'Ypres, assiégée par nostre cousin le prince de Condé, estoit indubitable, et qu'avec une infinité d'autres villes que nous avions déjà conquises, on obligeroit bientost toute la Flandre de céder à la force et à la justice de nos armes, ledit cardinal Mazarin fit aussitost sortir, contre les ordres mesmes de nostre dit cousin, toute la garnison de la ville de Courtray avec le gouverneur, affin que les ennemis pussent surprendre cette place, qui estoit une des plus importantes, et que, par un contre-coup, si fatal à nos affaires, nous ne pussions jamais jouir d'une pleine et entière victoire. Le retardement du secours que les Neapolitains nous avoient demandés avec tant d'instances dans leur oppression, est un témoignage public qu'il vouloit tousjours tenir les choses en balance, affin de nous consumer par nous-mesmes, ou de nous oster les moyens de protéger les affligés, qui est la seule gloire digne de la grandeur des rois et de leur puissance. Il a adjousté à tous ces crimes la division de la maison royale, qui est la source de tous les maux de l'estat, nous ayant porté sur des mémoires supposés à faire arrester nos chers cousins, les princes de Condé, de Conty et le duc de Longueville, parce que la gloire et la réputation de cette maison lui donnoit de l'ombrage, et que leur union avec nous avoit, malgré ses efforts, tenu tousjours la bonne fortune attachée à nostre royaume. L'année dernière, au milieu mesme des divisions que sa pernicieuse politique avoit causées dans nostre estat, les ennemis ayant esté contraints de lever le siége de Guize, avec beaucoup de perte, au lieu de prendre nos avantages sur eux, il abandonna la frontière et tourna nos forces contre nostre ville et nostre parlement de Bourdeaux, non pas pour les remettre dans l'obéissance et dans la fidélité à laquelle l'un et l'autre n'avoient point manqué, mais pour son intérest particulier, et pour y maintenir un gouverneur au fils duquel il avoit destiné une de ses niepces. Il oza bien hazarder nostre personne pour l'exécution d'un si funeste dessein. Il nous mena avec nostre frère unique, le duc d'Anjou, dans des climats reculés, aux plus grandes chaleurs de l'esté, et dans un temps que les armées y ont péri toutes entières; comme cela s'estoit fait contre le sentiment de nostre cher oncle, le duc d'Orléans, il lui a fait souvent reproche de ce qu'il s'estoit meslé de l'accommodement de cette province, et d'avoir mesnagé une députation dans le parlement de Paris, pour lui donner le repos contre sa persécution. Nous sçavons à présent comme il faisoit vanité de manquer de foi au public, combien il avoit avili la parole royale et renversé la confiance sans laquelle on ne peut jamais maintenir la réputation de l'estat. Enfin, son ambition s'augmentoit si fort tous les jours, que peu de temps auparavant lui avoir osté le maniement de nos affaires, il s'allia avec des personnes de nostre sang, qui est une témérité et une insolence que tous les princes n'ont jamais pu souffrir dans la personne de ceux qui estoient sans naissance, comme ledit cardinal, qui n'avoit d'autre eslévation que sa fortune. Toutes ces entreprises fatales et criminelles estant donc venues jusques à nous par les remontrances de nos parlemens, et Dieu se communiquant aussi particulièrement aux jeunes princes pour la conduite et le salut de leurs peuples, nous creusmes, il y a déjà quelques mois, que nous ne pouvions plus souffrir le cardinal Mazarin auprès de nostre personne et dans nos conseils sans la ruine totale de nostre royaume. Mais bien que sa mauvaise conduite nous l'eust fait esloigner sans espérance de retour, néantmoins, il s'est tellement flatté du crédit dont il a si long-temps abusé auprès de nous, que lui et tous ceux qu'il avoit engagés dans sa faction et dans sa fortune, ont tousjours publié jusques à présent qu'on le verroit bientost rétabli, la pluspart s'estant mesme employés pour cela, et fait une infinité de cabales et d'intrigues punissables ; tellement, que pour faire cesser toutes les craintes et les defflances, et mettre le repos dans l'esprit de nos subjects, attendant que nous leur donnions la paix générale, et que nous y forcions nos ennemis qui n'y veulent point entendre, par la suite de nos victoires et de nos conquestes, nous avons jugé nécessaire de leur faire cognoistre nostre dernière volonté sur ce sujet, et les fortiffier encore de notre parole royale. A ces causes, et pour plusieurs autres grandes considérations, de l'advis de la reine régente, nostre mère, de nostre cher oncle le duc d'Orléans et de tous les autres princes de nostre sang, grands et notables personnages de nostre conseil, nous avons déclaré et déclarons, suivant les paroles que nous en avons ci-devant données, que l'esloignement du cardinal Mazarin est sans espérance de retour, lui faisant très-expresse inhibition et défense ensemble à tous ses parens et alliés, françois ou estrangers et domestiques, de rentrer jamais dans le royaume pour quelque cause, prétexte, emplois et occasions que ce soit, à peine de punition exemplaire, et d'estre déclarés criminels de lèze-majesté, au premier chef, perturbateurs du repos public et ennemis de la maison royale. Avons enjoint à tous nos subjects, en cas de contravention, de courir sus, suivant les arrests qui ont esté donnés dans toutes les compagnies souveraines, que nous voulons estre exécutés selon leur forme et teneur; faisons aussi tous expresses inhibitions et defenses à toutes personnes de quelque qualité et condition qu'elles puissent estre, d'avoir aucune correspondance ni aucun commerce directement ou indirectement avec ledit cardinal Mazarin, ses parens, alliés ou domestiques, sur peine d'encourir nostre disgrace et les mesmes punitions que dessus.]

Cette déclaration et celle d'innocence de M. le prince furent apportées au parlement le 5, avec une troisiesme pour la continuation du parlement, mais seulement pour les affaires publiques.

Le 6, celle qui concernoit le cardinal, et l'autre, qui estoit pour la continuation du parlement, furent publiées à l'audiance. Celle qui regardoit l'innocence de M. le prince, fut remise au jour de la majorité, soubs prétexte de la rendre plus autentique et plus solennelle par la présence du roi ; mais en effet, dans la vue de se donner du temps, pour veoir ce que l'éclat de la majorité royale que l'on avoit projeté d'y faire paroistre dans toute sa pompe, produiroit dans l'esprit des peuples. Ce qui me le fait croire est que Servien dit deux jours après, à un homme de créance, de qui je ne l'ai sceu que plus de dix ans après, que si la cour se fut bien servie de ce moment, elle auroit opprimé et les princes et les Frondeurs. Ceste pensée estoit folle; et les gents qui eussent bien cognu Paris, n'eussent pas esté asseurément de ceste opinion.

M. le prince, qui n'avoit pas plus de confiance à la cour qu'aux Frondeurs, n'estoit pas si mal fondé dans la méfiance qu'il prit des uns et des autres ; il ne se voulut pas trouver à la cérémonie ; et il se contenta d'y envoyer M. le prince de Conti, qui rendit au roi une lettre en son nom, par laquelle il supplioit Sa Majesté de lui pardonner si les calomnies et les complots de ses ennemis ne lui permettroient pas de se trouver au palais ; et il adjoustoit que le seul motif du respect qu'il avoit pour elle l'en empeschoit. Ceste dernière parole qui sembloit marquer que sans la considération de ce respect, il y eut peu aller en seureté, aigrit la reine au delà de tout ce que j'en avois veu jusques à ce moment ; et elle me dit le soir ces propres mots : « M. le prince » périra ou je périrai. » Je n'estois pas payé pour adoucir son esprit en ceste occasion. Comme je ne laissai pas de lui représenter par un pur principe d'honnesteté que l'expression de M. le prince pouvoit avoir un autre sens et plus innocent, comme il estoit vrai, elle me dit d'un ton de cholère : « Voila une faulse générosité; que je les

20.

» hais! » Ce qui est constant, est que la lettre de M. le prince au roi estoit très-sage et très-mesurée.

M. le prince, qui après le voyage de Trie, estoit revenu à Chantilly, y apprit que la reine avoit déclaré le jour de la majorité, qui fut le 7 du mois, les nouveaux ministres (1). Et ce qui acheva de le résoudre à s'esloigner encore davantage de la cour, fut l'advis qu'il eust dans le mesme moment par Chavigny, que Monsieur ne s'estoit peu empêché de dire en riant, à propos de cest establissement : « Celui-ci durera plus que » celui du Jeudi-Saint. » Il ne laissa pas de supposer, dans la lettre qu'il escrivit à Monsieur, pour se plaindre de ce mesme establissement, et pour lui rendre compte des raisons qui l'obligeoient de quitter la cour ; il ne laissa pas (dis-je) de supposer et sagement, que Monsieur partageoit l'offense avec lui. Monsieur, qui dans le fond estoit ravi de lui veoir prendre le parti de l'esloignement, ne le fut guère moins de le pouvoir, ou plustost de se vouloir persuader à soi-mesme que M. le prince estoit content de lui, et par conséquent la dupe du concert dont il avoit esté avec la reine touchant la nomination des ministres. Il creut que par ceste raison il pouvoit fort bien demeurer avec lui à tous événements ; et le foible qu'il avoit tousjours à tenir des deux costés l'emporta mesme plus loing, et plus vite en ceste occasion qu'il n'avoit accoutumé : car il eust tant de précipitation de faire paroistre de l'amitié à M. le prince au moment de son despart, qu'il ne garda plus aucune mesure avec la reine, et qu'il ne prist pas mesme le soing de lui expliquer le soubmain des faulses advances qu'il fit pour le rappeler. Il lui despecha un gentilhomme pour le prier de l'attendre à Angerville ; il donna en mesme temps ordre à ce gentilhomme de n'arriver à Angerville que quand il sçauroit que M. le prince en seroit parti. Comme il se défioit de la reine, il ne lui vouloit pas faire la confidence de ceste meschante finesse, qu'il ne faisoit que pour persuader à M. le prince qu'il ne tenoit pas à lui qu'il ne demeurast à la cour. La reine, qui sceut l'envoy du gentilhomme et qui n'en sceut pas le secret, creut qu'il n'avoit pas tenu à Monsieur de retenir M. le prince. Elle en prit ombrage, elle m'en parlast ; je lui dis ingénuement ce que j'en croyois, qui estoit le vrai, quoique Monsieur ne m'eust fait sur cela qu'un galimathias fort embarrassé et fort obscur. La reine me creut bien pour ce que je la trompasse, mais elle s'imagina que j'estois trompé, et que Chavigny s'estoit rendu maistre de l'esprit de Monsieur à mon préjudice. Ceste opinion n'estoit point fondée ; Monsieur haïssoit Chavigny plus que le démon : et le seul principe de toute sa conduite ne fut que la timidité, qui cherche tousjours à se rasseurer par des mesnagements mesme ridicules avec touts les partis. Mais devant que d'entrer plus avant dans la suite de ce récit, je crois qu'il est à propos que je vous rende compte d'un détail asses curieux qui concerne ce M. de Chavigny, que vous avés déjà veu, et que vous verres encore au moins pour quelque temps sur le théâtre.

Je crois que je vous ai déjà dit que Monsieur avoit esté sur le point de demander son esloignement à la reine, un peu après le changement du jeudi saint ; et qu'il ne changea de sentiment que sur ce que je lui représentai qu'il estoit de son intérest de laisser dans le conseil un homme qui fut aussi capable que celui-là d'éveiller et de nourrir la division entre ceux de la conduite desquels Son Altesse Royale n'estoit pas contente. Il se trouva par l'événement que ma vue n'avoit pas esté faulse ; l'attachement qu'il avoit à M. le prince contribua beaucoup à rendre à la reine toutes les actions de ce parti si suspectes, parce qu'elle ne pouvoit pas ignorer la haine envenimée que Chavigny avoit pour le cardinal. Elle sçavoit, à n'en pouvoir doubter, qu'il avoit esté l'instigateur de l'expulsion des trois soubsministres ; le ressentiment qu'elle en eust l'obligea à lui commander de se retirer cheux lui en Touraine, trois ou quatre jours après ceste expulsion. Il s'en excusa soubs le prétexte de la maladie de sa mère ; il s'en défendit par l'autorité de M. le prince. Quand M. le prince n'en eust pas asses pour le maintenir, la reine se fit un plaisir de l'y veoir sans emploi ; et elle me dit, avec une aigreur inconcevable contre lui : « J'aurai la joie de le » veoir sur le pavé comme un laquais (2). » Elle lui fit dire pour ceste raison, par M. le maré-

---

(1) « Le roy a appelé à son conseil M. de Chasteauneuf, et donne les sceaux à M. le premier président du parlement ; et la charge de surintendant de ses finances à M. de La Vieuville. Les soins de personnes si capables donnent lieu de croire que les affaires seront traitées avec justice et intégrité. » (Dépêche du comte de Brienne, datée du 8 septembre 1651.)

(2) Léon Bouthilier, comte de Chavigny, avait été successivement secrétaire d'état, 1632 ; chancelier du duc d'Orléans, 1633 ; plénipotentiaire pour la paix d'Allemagne, 1643. Par son testament, Louis XIII le nomma l'un des conseillers de la reine ; mais lorsque celle-ci eut été déclarée régente, elle lui ôta la charge de secrétaire d'état et le déclara ministre d'état ; après les barricades de 1648, il fut mis en prison au Havre ; la reine le rappela à la cour pendant la disgrâce de Mazarin ; il s'employa

chal de Villeroy, le propre jour de l'establissement des nouveaux ministres, qu'il y pouvoit demeurer. Il s'en excusa soubs le prétexte de ses affaires domestiques ; il se retira en Touraine où il n'eut pas la force de demeurer. Il revint en l'absence du roi à Paris, où vous verres, dans la suite, qu'il joua un triste et facheux personnage, qui lui cousta à la fin et l'honneur et la vie. M. de La Rochefoucault a dit très-sagement, qu'il n'y avoit rien si nécessaire que de sçavoir s'ennuyer.

Devant que je reprenne la suite de mon discours, il est nécessaire que je vous explique ce qui se passa en ce temps-là entre M. le prince et M. de Turenne. Aussitost après que M. le prince fut sorti de Paris, pour aller à Saint-Maur, messieurs de Bouillon et de Turenne s'y rendirent, et ils offrirent leurs services à M. le prince, avec lequel ils paroissoient effectivement tout-à-fait engagés. M. le prince m'a dit depuis que la veille du jour qu'il quitta Saint-Maur, pour aller à Trie, d'où il ne revint plus à la cour, M. de Turenne lui avoit encore promis si positivement de le servir, qu'il avoit mesme accepté et receu un ordre signé de sa main par lequel il ordonnoit à La Moussaye, qui commandoit pour lui à Stenay, de lui remettre la place entre les mains, et que la première nouvelle qu'il eust après cela de M. de Turenne, fut qu'il alloit commander l'armée du roi. Je vous supplie d'observer que M. le prince est l'homme que j'aie jamais cognus moins capable d'une imposture préméditée. Je n'ai jamais osé faire expliquer à fond M. de Turenne sur ce point ; mais ce que j'en ai tiré en lui en parlant indirectement est qu'aussitost après la liberté de M. le prince, il eust touts les subjects du monde d'estre très-mal satisfait de son procédé à son égard ; qu'il lui préféra en tout et partout M. de Nemours, qui n'approchoit pas de son mérite, et qui ne lui avoit pas d'ailleurs rendu à beaucoup près tant de services ; et que par ceste considération il s'estoit creu libre de ses premiers engagements. Vous remarqueres, s'il vous plait, que je n'ai jamais veu personne moins capable d'une vilenie que M. de Turenne. Recognoissons encore ici de bonne foi qu'il y a des points inconcevables dans l'histoire à ceux mesmes qui se sont trouvés le plus proches des faicts. Je reprends le fil de ma narration.

M. le prince n'ayant demeuré qu'un jour ou deux à Angerville, prit le chemin de Bourges, qui estoit proprement celui de Bordeaux, et la reine qui eust esté bien aise si elle eust suivi son inclination de l'esloignement de M. le prince, mais qui avoit receu une leçon contraire de Brusle, n'osa s'opiniastrer contre l'advis de Monsieur, qui, fortifié par les conseils de Chavigny, et persuadé d'ailleurs que la cour entretenoit tousjours quelque négotiation secrète avec M. le prince, feignoit, à toutes fins, un grand empressement à faire que M. le prince ne s'esloignast pas. Ce qui le confirma plainement dans ceste conduite, fut qu'une ouverture que l'on attribuoit en ce temps-là à M. Le Tellier, au moins dans le bruit du monde, lut fit croire qu'il jouoit à jeu seur, et que cest empressement qui paroitroit aller à rappeller monsieur son cousin à la cour, n'iroit effectivement qu'à le tenir en repos dans son gouvernement : à quoi Monsieur prétendoit qu'il trouveroit son compte en toute manière. Ceste ouverture fist que l'on offrit à M. le prince qu'il demeurast paisiblement en son gouvernement jusques à ce que l'on eust assemblé les estats généraux. Ceste proposition est de la nature de ces sortes de choses dont il me semble que j'ai déjà parlé quelquefois, qui ne s'entendent point, parce qu'il est impossible de concevoir ce qui peut leur avoir donné l'estre. Il est constant que ceste ouverture vint de la cour, soit par M. Le Tellier, soit par un autre, et il ne l'est pas moins qu'il n'y avoit rien au monde de si contraire aux véritables intérest de la cour, parce que ce repos imaginaire de M. le prince, dans son gouvernement, lui donnoit lieu d'y conserver, d'y fortifier, et d'y augmenter ses troupes, qui, par la mesme proposition, y debvoient demeurer en quartier d'hiver. Monsieur la receut avec une joie qui me surprit au dernier point, parce qu'il m'avoit dit plus de mille fois, que de l'humeur qu'il cognoissoit le cardinal susceptible de toutes négotiations, il ne croyoit rien de plus opposé aux intérest, de lui Monsieur, que les interlocutoires entre M. le prince et la cour. En pouvoit-on trouver un plus dangereux sur ce fondement, que celui auquel ceste proposition donnoit lieu ? Ce qui est merveilleux, fut que ce qui estoit assurément pernicieux et à la cour et à Monsieur, fut rejeté par M. le prince, et que son destin le porta à préférer, et à son inclination et à ses veues, le caprice de ses amis et de ses serviteurs. Je ne sçais de ce détail que ce que Croissy, qui fut envoyé par Monsieur à Bourges, m'en a dit depuis à Rome ; mais je suis persuadé

plus tard, mais inutilement, à réconcilier le prince de Condé avec la cour. Sa conduite dans cette négociation fut cause de sa disgrâce. Il mourut au mois d'octobre 1652.

qu'il m'en a dit la vérité, parce qu'il n'avoit aucun intérest à me la déguiser. En voici le particulier :

M. le prince, qui estoit, par son inclination, fort esloigné de la guerre civile, parut d'abord à Croissy très-bien disposé à recevoir les propositions qu'il lui portoit de la part de Monsieur; et avec d'autant plus de facilité que les offres qu'on lui faisoit, le laissoient au moins pour très-long-temps dans la liberté de choisir entre les partis qu'il avoit à prendre. Il est extrèmement difficile à se résoudre à refuser des propositions de ceste nature, quand elles arrivent justement dans les instants où l'on est pressé de prendre un parti qui n'est pas de son inclination. Je vous ai déjà dit que celle de M. le prince n'estoit pas à la guerre civile; et touts ceux qui estoient auprès de lui, s'en feussent aussi passés asses facilement s'ils eussent peu convenir ensemble des conditions de son accommodement. Chacun l'eut voulu faire pour y trouver son advantage particulier : personne ne se véoit en estat de le pouvoir, parce que personne n'avoit asses de croyance de son esprit pour exclure les autres de la négotiation. Ils voulurent touts la guerre, parce que aucun ne creut pouvoir faire la paix; et ceste disposition générale, se joignant à l'intérest que madame de Longueville trouvoit à demeurer esloignée de M. son mari, forma un obstacle invincible à l'accommodement. L'on ne cognoit pas ce que c'est que le parti quand on s'imagine que le chef en est le maistre; son véritable service y est presque tousjours combattu par les intérests mesme asses souvent imaginaires des subalternes ; et ce qui est encore de plus fascheux, est que quelquefois son honnesteté, et presque tousjours la prudence, prend parti avec eux contre lui-mesme. Croissy m'a dit plusieurs fois que le soulebvement, et l'emportement des amis de M. le prince alla, en ceste rencontre, jusques au point de faire entre eux un traité à Montrond, où il estoit allé voir madame sa sœur, par lequel ils s'obligèrent de l'abandonner, et former un tiers parti soubs l'autorité de M. le prince de Conti, en cas que M. le prince s'accommodast avec la cour aux conditions que M. le duc d'Orléans lui avoit fait proposer par lui Croissy. J'aurois eu peine à adjouster foi à ce qu'il m'asseuroit pourtant sur cela avec serment, veu la foiblesse et le ridicule de ceste fanatique faction, si ce que j'avois veu incontinent après la liberté de M. le prince, ne m'en eust fourni un exemple aussi asses pareil. J'ai oublié de vous dire, en traitant cest endroit, que madame de Longueville, cinq ou six jours après qu'elle fut revenue de Stenay,

me demanda, en présence de M. de La Rochefoucault, si en cas de rupture entre les deux frères, je ne me déclarerois pas pour M. le prince de Conti. La subdivision est ce qui perd presque touts les partis, particulièrement quand elle y est introduite par ceste sorte de finesse qui est directement opposée à la prudence ; c'est ce que les Italiens appellent *comedia in comedia*.

Je vous supplie très-humblement de ne vous pas estonner si dans la suite de ceste narration vous ne trouves pas la mesme exactitude que j'y ai observée jusques ici en ce qui regarde les assemblées du parlement. La cour s'estant esloignée de Paris aussitost après la majorité, qui fut le 7 du mois de septembre, pour aller en Berri et en Poitou; et M. le duc d'Orléans y agissant esgalement entre la reine et M. le prince, le théâtre du Palais se trouva ainsi beaucoup moins rempli qu'il n'avoit accoustumé : et l'on peut dire que depuis le jour de la majorité, qui fut, comme je viens de dire, le 7 de septembre, jusques à l'ouverture de la Saint-Martin suivante, qui fut le 20 de novembre, il n'y eut aucune scène considérable que celle du 7 et du 14 d'octobre, dans lesquelles Monsieur dit à la compagnie, que le roi lui avoit envoyé un plein pouvoir pour traiter avec M. le prince ; et qu'il avoit nommé, pour le suivre et le servir dans ceste négotiation, MM. d'Aligre et de La Marguerite, conseillers d'estat, et messieurs de Mesme Meinardeau [et Cumont], du parlement. Ceste députation n'eut point de lieu, parce que M. le prince, à qui M. le duc d'Orléans avoit offert d'aller conférer avec lui à Richelieu, avoit refusé la proposition, comme captieuse du costé de la cour, et faite à dessein, pour rallentir l'ardeur de ceux qui s'ingéroient avec lui. Il estoit arrivé à Bordeaux le 12, l'on en eust nouvelle le 26 à Paris, et ce mesme jour le roi partit pour Fontainebleau, où il sceut ce soir-là qu'en faisant advancer la cour jusques à Bourges, elle en chasseroit les partisans de M. le prince. M. de Châteauneuf et M. le mareschal de Villeroy pressèrent la reine au dernier point de ne pas donner le temps au parti du prince [de se former]. La cour s'estant donc advancée [de Bourges à Poitiers], et les principaux habitants s'estant déclarés pour le roi, tout se rendit sans coup férir. Palluau fut laissé avec trois ou quatre mille hommes au blocus de Montron, défendu par Persan : et M. le prince de Conti et madame de Longueville se retirèrent à Bordeaux en grande diligence. M. de Nemours les accompagna dans ce voyage, dans le cours duquel il s'attacha à madame de Longueville plus que madame de Chastillon et M. de La Rochefoucault ne l'eussent souhaité. M. le prince creut qu'il avoit engagé dans son parti M. de Longueville, dans la conférence qu'il eut avec lui à Trie : ce qui n'eut pourtant aucun effet, M. de Longueville estant demeuré à Rouen. Le mouvement que les troupes commandées par M. le comte de Tavannes, du costé de Stenay, donnèrent par l'ordre de M. le prince [aussitost qu'il eut quitté la cour], ne fut guère plus considérable : le comte de Grand-Pré, qui avoit quitté, par un mescontentement, le service de M. le prince, leur ayant donné une mesme crainte auprés de Villefranche, et une autre auprés de Givet.

La désertion de Marsin dans la Catalogne fut, en récompense, d'un très-grand poids. Il commandoit dans ceste province lorsque M. le prince fut arresté. Comme on le cognoissoit pour estre son serviteur très-particulier, on ne jugea pas à la cour qu'il fut à propos d'y prendre confiance. L'on envoya ordre à l'intendant de se saisir de sa personne. Il fut remis en liberté aussitost après celle de M. le prince, et fut restabli mesme dans son emploi. Quand M. le prince se retira de la cour après sa prison, et qu'il prit le chemin de Guienne, la reine pensa à gagner Marsin, et elle lui envoya les patentes de vice-roi de Catalogne, qu'il avoit passionnément souhaitées, et en y adjoustant toutes les promesses imaginables pour l'advenir. Comme il avoit esté adverti à temps de la sortie [et de la marche] de M. le prince, il appréhenda le traitement qu'il avoit receu l'autrefois. Il quitta la Catalogne devant qu'il eust receu les offres de la reine ; et il se jeta dans le Languedoc avec Baltons, Lussan, Mont-Pouillan, Le Marcousse, et ce qu'il peut débaucher de ses troupes. Ceste défection donna un merveilleux advantage aux Espagnols dans ceste province, et l'on peut dire qu'elle en a couté la perte à la France.

M. le prince ne s'endormoit pas du costé de Guienne. Il engagea toute la noblesse dans son parti. Le vieux mareschal de La Force se déclara mesme pour lui ; et le comte d'Augnon, gouverneur de Brouage, qui tenoit toute sa fortune du duc de Brézé, creut estre obligé d'en témoigner sa recognoissance à madame la princesse, qui estoit sœur de son bienfaiteur.

L'on n'oublia pas de rechercher l'appui des estrangers. Lenet fut envoyé en Espagne, où il conclut le traité de M. le prince avec le roi catholique et M. l'archiduc, qui commandoit dans le Pays-Bas, et qui venoit de prendre Bergue. Saint-Vinos faisoit de son costé des propositions qui coustèrent dans la suite Dunkuerque et Graveline à la France, et qui obligèrent dès ce temps-là la cour à tenir sur la frontière une partie des troupes, qui eussent esté d'ailleurs très-nécessaires en Guienne. Ces nuées ne firent pas tout le mal, au moins pour le dedans du royaume, que leur grosseur et leur noirceur en pouvoit faire apréhender. M. le prince ne fut pas servi dans ses levées, comme sa qualité et sa personne le méritoit. Le mareschal de La Force n'en usa pas en son particulier d'une manière qui fut conforme au reste de sa vie. Les tours de La Rochelle, qui estoient entre les mains du comte d'Augnon, ne tindrent que fort peu de temps contre M. le comte d'Harcourt, qui commandoit l'armée du roi. Les Espagnols auxquels il remit Bourg, place voisine de Bordeaux, entre les mains, ne le secoururent qu'asses foiblement. M. le prince ne peut faire d'autre conqueste que celle d'Agen et celle de Saintes. Il fut obligé de lever le siège de Cognac ; et le plus grand capitaine du monde sans exception, cognent ou plustost fist cognoistre dans toutes ces occasions, que la valeur la plus héroïque et la capacité la plus extraordinaire, ne soubtiennent qu'avec beaucoup de difficulté les nouvelles troupes contre les vieilles.

Comme je me suis fixé dès le commencement de cest ouvrage à ne m'arrester proprement que sur ce que j'ai cognen par moi-mesme, je ne touche ce qui s'est passé en Guienne, dans ce mouvement de M. le prince, que très-légèrement, et purement autant que la cognoissance vous en est nécessaire, par le rapport et la liaison qu'elle a à ce que j'ai à vous raconter de ce que je voyois à Paris, et de ce que je pénetrois de la cour.

Il me semble que j'ai déjà marqué ci-dessus que la cour s'advancea de Bourges à Poitiers, pour estre en estat de remédier de plus près aux démarches de M. le prince. Comme elle vit qu'il ne donnoit pas dans le panneau qu'elle lui avoit tendu, par le moyen d'une négotiation, pour laquelle elle prétendoit, quoiqu'à faux à mon opinion, avoir gagné Gourville, elle ne garda plus aucune mesure à son esgard ; et elle envoya une déclaration (1) contre lui au parlement, par laquelle elle le déclaroit criminel de lèse-majesté, etc.

Voici à mon sens le moment fatal et décisif

---

(1) « Son Altesse Royale voyant qu'elle ne pouvoit plus empescher la vérification de la déclaration contre M. le prince, ne voulut point se trouver avant-hier (4 décembre) au parlement ; mais elle y envoya M. de Choisy, son chancelier, pour s'en excuser. Celui-ci y estant arrivé devant que l'assemblée ait commencé à travailler,

de la révolution. Il y a très-peu de gents qui en ayent cogneu la véritable importance. Chacun s'en est voulu former une imagination. Les uns se sont figurés que le mistère de ce temps consista dans les cabales qu'ils se persuadent avoir esté faites dans la cour pour et contre le voyage du roi. Il n'y a rien de plus faux. Il se fit d'un concert uniforme de tout le monde. La reine bruslait d'impatience d'estre libre, et en lieu où elle peust rappeller M. le cardinal quand il lui plairoit. Les soubsministres la fortifièrent par toutes leurs lettres dans la mesme pensée. Monsieur souhaitoit plus que personne l'esloignement de la cour, parce que sa pensée naturelle et dominante lui faisoit tousjours trouver une douceur sensible à tout ce qui pouvoit diminuer les debvoirs journaliers auxquels la présence du roi l'engageoit. M. de Chasteauneuf joignoit au désir qu'il avoit de rendre par un nouvel esclat M. le prince encore plus irréconciliable à la cour, la veue de se gagner l'esprit de la reine dans le cours d'un voyage dans lequel l'absence du cardinal et l'esloignement des soubsministres lui donnoit lieu d'espérer qu'il se pourroit rendre encore et plus agréable et plus nécessaire. M. le premier président y concourut de son mieux, et parce qu'il le creut utile au service du roi, et parce que la haulteur avec laquelle M. de Chasteauneuf le traittoit lui estoit devenue insupportable. M. de La Vieuville ne fut pas fasché, à ce qui me parut, de n'estre pas trop éclairé dans les premiers jours de la fonction de la surintendance; et Bordeaux, qui estoit son confident principal, me fit un discours qui me marqua mesme de l'impatience que le roi fut déjà hors de Paris. Celle des Frondeurs n'estoit pas moindre, et parce qu'ils voyoient la nécessité qu'il y avoit effectivement à ne pas laisser establir M. le prince audelà de Loire, et parce qu'ils se tenoient beaucoup plus asseurés de l'esprit de Monsieur lorsque la cour estoit esloignée que quand elle en estoit proche. Voila ce qui me parut de la disposition de tout le monde sans exception, à l'esgard du voyage du roi; je ne comprends pas sur quoi l'on a peu faire ceste diversité d'advis que l'on a prétendu estre et mesme escrit, ce me semble, avoir esté dans le conseil sur ce subjet.

Vous voyes donc qu'il n'y eut aucun mistère au départ du roi : mais en recompense il y en eut beaucoup dans les suites de ce départ, parce que chacun y trouva tout le contraire de ce qu'il s'en estoit imaginé. La reine y rencontra plus d'embaras sans comparaison qu'elle n'en avoit à Paris, par les obstacles que M. de Chasteauneuf mettoit au rappel de M. le cardinal. Les soubsministres avoient des frayeurs mortelles que l'habitude et la nécessité n'establissent à la fin dans l'esprit de la reine M. de Villeroy. M. de Chasteauneuf, de son costé, ne trouva pas le fondement qu'il avoit creu aux espérances dont il s'estoit flatté lui-mesme à cest esgard, parce que la reine demeura tousjours dans un concert très-estroit avec le cardinal, et avec touts ceux qui estoient véritablement attachés à ses intérests. Monsieur devint en fort peu de temps moins sensible au plaisir de la liberté que l'absence de la cour lui donnoit, qu'aux effrois qu'en prit mesme asses subitement des bruits qui se répandirent des négotiations soubsterraines, qu'il croyoit encore plus dangereuses par la raison de l'esloignement. M. de La Vieuville, qui craignoit plus que personne le retour du Mazarin, me dit quinze jours après le départ du roi, que nous avions touts esté des dupes de ne nous y estre pas opposés. J'en convins en mon nom et en celui de touts les Frondeurs. J'en conviens encore aujourd'hui de bonne foi, et que ceste faulte fut une des plus lourdes que chacun peut faire dans ceste conjoncture en son particulier. Je dis chascun de ceux qui ne désiroient pas le rappel de M. le cardinal Mazarin : car il est vrai que ceux qui estoient dans ses intérest jouoient le droit du jeu. Ce qui nous la fit faire, fut l'inclination naturelle que touts les hommes ont à chercher plustost le soulagement présent, [dans ce qui leur fait peine], que prévenir ce qui leur en doibt faire un jour. J'y donnai de ma part comme touts les autres, et l'exemple ne fait pas que j'en ai moins de honte. Nostre bévue fut d'autant plus grande, que nous en avions prévu les inconvénients, qui estoient dans la vérité non pas seulement visibles mais palpables et impardonnables, et que nous prismes le détour de courre les plus grands pour éviter les plus petits. Il y avoit sans com-

dit que Son Altesse Royale n'avoit pas jugé nécessaire de s'y trouver; croyant que la compagnie ne toucheroit point à cette vérification pendant qu'on travailloit à mettre les choses en estat d'estre accommodées. A quoy le sieur président respondit : qu'il asseuroit Son Altesse Royale que la compagnie feroit ce qu'elle pourroit pour le service du roi et la satisfaction de ladite Altesse; et ensuite fit commencer à opiner sur la vérification de la déclaration. Il y eut plusieurs advis différents qui furent assez contestés; mais enfin celui de M. Lesué fut adopté. Suivant iceluy, la déclaration fut vérifiée avec cette modification, qu'on ne pourroit faire le procès qu'en la présence du roi séant en parlement, en son lit de justice. » (Collection de Gaignières. Lettre datée de Paris le 6 décembre 1651.)

paraison moins de péril pour nous, à laisser respirer et fortifier M. le prince dans la Guienne, qu'à mettre la reine, comme nous faisions, en pleine liberté de rappeler son favori. Ceste faulte est l'une de celle qui m'a obligé de vous dire, ce me semble quelquefois, que la source la plus ordinaire des manquements des hommes, est qu'ils s'effraient trop du présent et qu'ils ne s'effraient pas asses de l'avenir. Nous ne fusmes pas longtemps sans cognoistre et sans sentir que les faultes capitales, qui se commettent dans les pas qui sont opposés à l'autorité royale, les deconcertent si absolument qu'ils imposent presque tousjours à ceux qui y ont eu leur part, une nécessité de faillir, quelque conduite qu'ils puissent suivre. Je m'explique.

Monsieur ayant proprement mis la reine en liberté de rappeler le cardinal Mazarin, ne pouvoit plus prendre que trois partis : l'un estoit de consentir à son retour, l'autre de s'y opposer de concert avec M. le prince ; et le troisième de faire un tiers parti dans l'estat. Le premier estoit honteux, après les engagements publics qu'il avoit pris. Le second estoit peu seur par la raison des négotiations continuelles, que les subdivisions qui estoient dans le parti de M. le prince, rendoient aussi journalières qu'inévitables. Le troisième estoit dangereux pour l'estat et impraticable mesme de la part de Monsieur, parce qu'il estoit audessus de son génie.

M. de Chateauneuf se trouvant avec la cour hors de Paris, ne pouvoit que flatter la reine par l'espérance du restablissement de son ministre ; ou s'opposer à ce restablissement par les obstacles qu'il y pouvoit former par le cabinet. L'un estoit ruineux, parce que l'estat où estoient les affaires faisoit voir ces espérances trop proches pour espérer que l'on les peut rendre illusoires. L'autre estoit chimérique, veu l'humeur et l'opiniastreté de la reine.

Quelle conduite pouvois-je prendre en mon particulier, qui peut estre sage et judicieuse ? Il falloit nécessairement ou que je servisse la reine selon son désir pour le retour du cardinal, ou que je m'y opposasse avec Monsieur, ou que je m'engageasse entre les deux. Il falloit de plus ou que je m'accommodasse avec M. le prince, ou que je demeurasse brouillé avec lui. Et quelle seureté pouvois-je trouver dans touts ces partis ? Ma déclaration pour la reine m'eust perdu non seulement dans le parlement, mais dans le peuple et dans l'esprit de Monsieur ; sur quoi je n'aurois eu pour garantie que la bonne foi du Mazarin. Ma déclaration pour Monsieur debvoit, selon toutes les règles du monde, m'attirer un quart d'heure après la révocation de ma nomination au cardinalat. Pouvois-je demeurer en rupture avec M. le prince, dans le temps que Monsieur feroit la guerre au roi conjointement avec lui ? Pouvois-je me raccommoder avec M. le prince au moment que la reine me déclaroit qu'elle ne se résolvoit à me laisser la nomination, que sur la parole que je lui donnois que je ne me raccommoderois pas ? Le séjour du roi à Paris eut tenu la reine dans des esgards qui eussent levé beaucoup de ces inconvéniens, et qui eussent adouci les autres. Nous contribuames à son esloignement au lieu de mettre les obstacles presques inperceptibles, qui estoient dans nos mains ; il en arriva ce qui arrive tousjours à ceux qui manquent de ces moments qui sont capitaux et décisifs dans les affaires. Comme nous ne voyons plus de bon parti à prendre, nous prismes touts à nostre mode, ce qui nous parut le moins mauvais dans chacun ; ce qui produit tousjours deux mauvais effets, dont l'un est que ce composé pour ainsi dire d'esprit et de vues est tousjours confus et brouillé ; l'autre qu'il n'y a jamais que la pure fortune qui le démesle. J'expliquerai cela, et je l'appliquerai au détail duquel il s'agit, après que je vous aurai rendu compte de quelques faits asses curieux et asses remarquables de ce temps-là.

La reine, qui avoit tousjours eu dans l'esprit de restablir M. le cardinal Mazarin, commencea à ne se plus tant contraindre sur ce qui regar doit son retour, dès qu'elle se sentit en liberté ; et messieurs de Chateauneuf et de Villeroy cogneurent aussitost que la cour fut arrivée à Poitiers, que les espérances qu'ils avoient conceu ne se trouveroient pas, au moins par l'événement, bien fondées. Les succès que M. le comte d'Harcourt avoit en Guienne ; la conduite du parlement de Paris, qui ne vouloit point de cardinal, mais qui défendoit sous peine de la vie les levées que M. le prince faisoit pour s'opposer à son retour, la division publique et desclarée qui estoit dans la maison de Monsieur entre les serviteurs de M. le prince et mes amis, donnoit du courage à ceux qui estoient dans les intérests de la reine. Elle n'en avoit que trop par elle-mesme en tout ce qui estoit de son goust. Hoquincourt, qui fit un voyage secret à Brusle, fit veoir au cardinal un estat de huit mille hommes prests à le prendre sur la frontière et à l'amener en triomphe jusques à Poitiers. Je scai d'un homme, qui estoit présent à la communication, que rien ne le toucha plus sensiblement, que l'imagination de veoir une armée avec son écharpe (car Hoquincourt avoit pris la verte en son nom) ; et que ceste foiblesse fut remarquée de tout le monde. La reine ne quitta pas la voie de la négotiation dans le moment mesme qu'elle projetoit de prendre celle des armes. Gourville alloit et venoit du costé de M. le prince. Bertet vint à Paris pour gagner M. de Bouillon, M. de Turenne et moi. Ceste scène est asses curieuse pour s'y arrester un peu plus longtemps.

Je vous ai déjà dit que messieurs de Bouillon et de Turenne estoient séparés de M. le prince : ils vivoient l'un et l'autre d'une manière fort retirée dans Paris : et à la réserve de leurs amis particuliers peu de gents les voyoient. J'estois de ce nombre ; et comme j'en cognoissois pour le moins autant que personne le mérite et le poids, je n'oubliai rien et pour le faire cognoistre et peser à Monsieur, et pour obliger les deux frères à entrer dans ses intérests. L'aversion naturelle qu'il avoit pour l'aisné, sans sçavoir trop pourquoy, l'empécha de faire ce qu'il se debvoit à soi-mesme en ce rencontre ; et le mespris que le cadet avoit pour lui, sachant très-bien pourquoi, n'aida pas au succès de ma négotiation. Celle de Bertet, qui arriva justement à Paris dans ceste conjoncture, se trouva commune entre M. de Bouillon et moi, par le rencontre de madame la Palatine, qui estoit elle-mesme nostre amie commune, et à laquelle Bertet avoit ordre de s'adresser directement.

Elle nous assembla cheux elle entre minuit et une heure, et elle nous présenta Bertet, qui après un torrent d'expressions gasconnes, nous dit que la reine, qui estoit résolue de rappeler M. le cardinal Mazarin, n'avoit pas voulu exécuter sa résolution sans prendre nos advis, etc. M. de Bouillon, qui me jura une heure après en présence de madame la Palatine, qu'il n'avoit encore jusques-là receu aucune proposition, au moins formée de la part de la cour, me parut embarrassé ; mais il s'en démesla à sa manière, c'est-à-dire en homme qui sçavoit mieux qu'aucun que j'aie jamais cogneu, parler le plus quand il disoit le moins. M. de Turenne, qui estoit plus laconique et dans le vrai beaucoup plus franc, se tourna de mon costé et il me dit : « Je
» crois que M. Bertet va tirer par le manteau
» touts les gents à manteaux noirs qu'il trouve
» dans la rue, pour leur demander leur opinion
» sur le retour de M. le cardinal ; car je ne vois
» pas qu'il y ait plus de raison de la demander à
» M. mon frère et à moi, qu'a touts ceux qui ont
» passé aujourd'hui sur le Pont-Neuf.—Il y en a
» beaucoup moins à moi, lui respondis-je ; car il
» y a des gents qui ont passé aujourd'hui sur le
» Pont-Neuf, qui pourroient donner leur advis
» sur ceste matière ; et la reine sçait bien que
» je n'y puis jamais entrer. Bertet me repartit
» brusquement et sans balancer : Vostre chapeau, monsieur. — Qui deviendra ce qu'il
» pourra (lui dis-je). — Et que donneres-vous
» à la reine pour ce chapeau (adjousta-t-il)? —
» Ce que je lui ai dit cent et cent fois (lui respondis-je). Je ne me raccommoderai point avec
» M. le prince, si l'on ne révoque point ma nomination ; je m'y accommoderai demain et je
» prendrai l'escharpe Isabelle, si l'on continue
» seulement à m'en menasser. » La conversation s'eschauffa et nous en sortismes toutefois asses bien, M. de Bouillon ayant remarqué comme moi que l'ordre de Bertet estoit de se contenter de ce que j'avois dit mille fois à la reine sur ce subjet, en cas qu'il n'en peust tirer davantage.

Pour ce qui estoit de M. de Bouillon et de M. de Turenne, la confabulation fut bien plus longue. Je dis confabulation, parce qu'il n'y avoit rien de plus ridicule que de veoir un petit basque, homme de rien, entreprendre de persuader à deux des plus grands hommes du monde, de faire la plus signalée de toutes les sotises, qui estoit de se déclarer pour la cour, devant que d'y avoir pris aucune mesure. Ils ne le creurent pas. Ils en prirent de bonnes bientost après. L'on promit à M. de Turenne le commandement des armées, et l'on assura à M. de Bouillon la récompense immense qu'il a tiré depuis pour Sedan. Ils eurent la bonté pour moi de me confier leur accommodement, quoi que je fusse de parti contraire ; et il se rencontra par l'événement que ceste confiance leur valut leur liberté.

Monsieur, qui fut adverti qu'ils alloient servir le roi, et qu'ils debvoient sortir de Paris à tel jour et à telle heure, me dit, comme je revenois de leur dire adieu, qu'il les falloit arrester, et qu'il en alloit donner l'ordre au vicomte d'Austel, capitaine de ses gardes. Juges, je vous supplie, en quel embaras je me trouvai en faisant réflexion d'un costé sur le juste subjet que l'on auroit de croire que j'avois trahi le secret de mes amis, et de l'autre, sur le moyen dont je me pourrois servir pour empécher Monsieur d'exécuter ce qu'il venoit de résoudre. Je combattis d'abord de la vérité de l'advis que l'on lui avoit donné ; je lui représentai les inconvéniens d'offenser, sur des soupçons, des gents de ceste qualité et de ce mérite : et comme je vis et qu'il croyoit son advis très-seur, comme il l'estoit en effet, et qu'il persistoit dans son dessein, je changeai de ton, et je ne songeai plus qu'à gagner du temps pour leur donner à eux-mesmes celui de s'esvader. La fortune favorisa mon intention. Le vicomte d'Austel, que l'on cherchea, ne se trouva point ; Monsieur s'amusa à une médaille que Bruneau lui apporta tout à propos, et j'eus le temps de mander à M. de Turenne, par Varennes, qui me tomba soubs la main comme par miracle, de se sauver sans y perdre un moment. Le vicomte d'Austel manqua les deux frères de deux ou trois heures ; le chagrin de Monsieur n'en dura guères davantage. Je lui dis la chose comme elle s'estoit passée, cinq ou six jours après, l'ayant trouvé en bonne humeur. Il ne m'en voulut point de mal, il eust mesme la bonté de me dire que si je m'en feusse ouvert à lui dans le temps, il eust préféré à son intérest celui que j'y avois, sans comparaison plus considérable, par la raison du secret qui m'avoit esté confié ; et cest advantage ne nuisit pas, comme vous pouves croire, à serrer la vieille amitié qui estoit entre M. de Turenne et moi.

Vous aves déjà veu, en plus d'un endroit de ceste histoire, que celle que M. de La Rochefoucault avoit pour moi, n'estoit pas si bien confirmée. Voici une marque que j'en receus, qui mérite de n'estre pas obmise. M. Talon, qui est présentement secrétaire du cabinet, et qui estoit dès ce temps-là attaché aux intérest du cardinal, entra un matin dans ma chambre comme j'estois au lit ; et, après m'avoir fait un compliment et s'estre nommé (car je ne le cognoissois pas seulement de visage), il me dit que bien qu'il ne fut pas dans mes intérests, il ne pouvoit s'empêcher de m'advertir du péril où j'estois ; que l'horreur qu'il avoit pour les mauvaises actions et le respect qu'il avoit pour ma personne, l'obligeoit à me dire que Gourville et [La Roche-Cochon], domestique de M. de La Rochefoucault, et le major de Danvilliers, avoient failli à m'assassiner la veille sur le quai qui est vis-à-vis du Petit-Bourbon. Je remerciai, comme vous pouves juger, M. Talon, pour qui effectivement je conserverai jusques au dernier soupir une tendre recognoissance : mais l'habitude que j'avois à recevoir des advis de ceste nature, fit que je ne fis pas toute la réflexion que je debvois, et au nom et au mérite de celui qui me le donnast, et que je ne laissai pas d'aller le lendemain au soir cheux madame de Pommereux, seul dans mon carosse, et sans autre suite que celle de deux pages et de trois ou quatre laquais. M. Talon revint cheux moi le lendemain au matin ; et, après qu'il m'eut tesmoigné de l'estonnement du peu d'attention que j'avois fait sur son premier advis, il adjousta : que ces messieurs m'avoient encore manqué d'un quart d'heure la veille, auprès des Blancs-Manteaux, sur les neuf heures du soir, qui estoit justement l'heure que j'estois sorti de cheux madame de Pommereux. Ce second advis, qui me parut plus particularisé que l'autre, me tira de mon assoupissement. Je me tins sur mes gardes ; je marchai en estat de n'estre pas surpris. Je m'informai, par M. Talon mesme, de tout le détail ; je fis arrester et interroger La Roche-Cochon, qui déposa, devant le lieutenant-criminel, que M. de La Rochefoucault lui avoit commandé de m'enlever et de me mener à Danvilliers ; qu'il avoit pris pour cest effet soixante hommes choisis de la garnison de ceste place ; qu'il les avoit fait entrer dans Paris séparément ; que lui et Gourville ayant remarqué que je revenois touts les soirs de l'hostel de Chevreuse, entre minuit et une heure, avec dix ou douze gentilshommes seulement, en deux carosses, avoient posté leurs gents soubs la voulte de l'arcade qui est vis-à-vis du Petit-Bourbon ; que comme ils avoient veu que je n'avois pas pris le chemin du quai un tel jour, ils m'estoient allés attendre le lendemain auprès des Blancs-Manteaux, où ils m'avoient encore manqué, parce que, celui qui estoit en garde à la porte du logis de madame de Pommereux, pour observer quand j'en sortirois, s'estoit amusé à boire dans un cabaret prochain. Voilà la déposition de La Roche-Cochon, dont le lieutenant criminel fit veoir l'original à Monsieur en ma présence. Vous croires aisément qu'il m'eust pas esté difficile, après un adveu de ceste nature, de le faire rouer, et que s'il eust esté appliqué à la question, il eust peut-estre confessé quelque chose de plus que le dessein de l'enlèvement. Le comte de Pas (1), frère de M. de Feuquières (2) et de celui qui porte aujourd'hui le mesme nom (3), à qui j'avois une obligation considérable, vint me conjurer de lui donner la vie ; je la lui accordai, et j'obligeai Monsieur de commander au lieutenant criminel de cesser la procédure. Et comme il me disoit qu'il falloit au moins la pousser jusques à la question pour en tirer au moins la vérité toute entière, je lui respondis en présence de tout ce qui estoit dans le cabinet de Luxembourg : « Il est si beau, si honneste et si » extraordinaire, Monsieur, à des gents qui font » une entreprise de ceste nature, d'hasarder de

---

(1) Charles, comte de Pas, mort en 1653.
(2) Isaac de Pas, marquis de Feuquières, frère aîné du précédent, fut lieutenant-général des armées du roi, conseiller d'état, et mourut ambassadeur d'Espagne en 1688.

(3) Le cardinal désigne-t-il par : *celui qui porte aujourd'hui le mesme nom*, Henri qui fut comte de Pas après la mort de Charles de Pas, en 1653 ; et qui étoit *celui qui portoit ce nom*, à l'époque où Retz écrivoit ses Mémoires ?

» la manquer et de se perdre eux-mesmes par une action aussi difficile qu'est celle d'enlever un homme, qui ne va pas la nuit sans estre accompagné, et de le conduire [à soixante lieues de Paris, au travers le royaume]; il est si beau, dis-je, de hasarder cela, plustost que de se résoudre à l'assassiner, qu'il vaut mieux, à mon sens, ne pas pénétrer plus avant, de peur que nous ne trouvions quelque chose qui dépare une générosité qui honnore notre siècle. » Tout le monde se prit à rire, et peut-estre que vous en feres de mesme. La vérité est que je voulus tesmoigner ma recognoissance au comte de Pas, qui m'avoit obligé deux ou trois mois auparavant sensiblement [en me renvoyant pour rien tout le bestial de Commercy, qui estoit à lui de bonne guerre, parce qu'il les avoit repris après les vingt-quatre heures] (1), et que j'apréhendois que si la chose alloit plus loing, et que l'on pénétrast la vérité de l'assassinat, qui n'estoit déjà que trop clair, je ne pusse plus tirer des mains du parlement ce malheureux gentilhomme. Je fis cesser les poursuites par les instances que je fis au lieutenant criminel, et je suppliai Monsieur de faire transférer de son autorité, à la Bastille, le prisonnier, qu'il ne voulut point à toutes fins remettre en liberté, quoique je l'en priasse. Il se la donna lui-mesme cinq ou six mois après, s'estant sauvé de la Bastille, où il estoit, à la vérité, très-négligemment gardé. Un gentilhomme, qui est à moi, et qui s'appelle Malclerc, ayant pris avec lui La Forest, lieutenant du prévost de l'Isle, arresta Gourville à Mont-Léri, où il passoit pour aller à la cour, avec laquelle M. de La Rochefoucault avoit tousjours des négotiations soubsterraines; [il y parut à ceste occasion], car Gourville ne fut pas deux heures entre les mains des archers, qu'il n'arrivast un ordre du premier président pour le relascher.

Il faut advouer que je ne me sçauvois de ceste entreprise que par une espèce de miracle. Le jour que je fus manqué sur le quai, j'allois cheux Caumartin et je lui dis que j'estois si las de marcher tousjours dans les rues avec deux ou trois carosses, l'un de gentilshommes et de mousquetons, que je le priois de me mettre dans le sien, et de me mener sans livrée à l'hostel de Chevreuse, où je voulois aller de bonne heure, quoique je fisse estat de demeurer à souper. M. de Caumartin en fit beaucoup de difficulté à cause du péril auquel j'estois continuellement exposé; et il n'y consentit que sur la parole que je lui donnai qu'il ne se chargeroit point de moi au retour, et que mes gents me reviendroient prendre le soir à l'hostel de Chevreuse à l'ordinaire. Je me mis donc dans le fond de son carosse, les rideaux à demi tirés, et je me souviens qu'ayant veu sur le quai des gents à colets de bufre, il me dit : « Voilà peut-estre des » gents qui sont là à vostre intention. » Je n'y fis aucune réflexion. Je passai tout le soir à l'hostel de Chevreuse; et par hasart je ne trouvai avec moi, lorsque j'en sortis, que neuf gentilshommes, qui estoit justement un nombre très-propre à me faire assassiner. Madame de Rhodes, qui avoit ce jour la un carosse de deuil tout neuf, voyant qu'il pleuvoit, me pria de la mettre dans le mien, parce que le sien la barbouilleroit. Je m'en défendis en lui faisant la guerre de sa délicatesse. Mademoiselle de Chevreuse courut jusques sur les degrés après moi pour m'y obliger, et voilà ce qui me sauva la vie; parce que je passai par la rue Saint-Honnoré pour aller à l'hostel de Brissac où madame de Rhodes logeoit, et qu'ainsi j'évitai le quai où l'on m'attendoit. Adjoutes ceste circonstance à celle des Blanc-Manteaux et à celle d'une générosité aussi extraordinaire que celle de M. Talon, qui estant dans des intérests directement contraires aux miens, eut la probité de me donner l'advis de l'entreprise; adjoustes, dis-je, à ces deux circonstances celle que je vous viens de raconter de madame de Rhodes, et vous advoûres que les hommes ne sont pas les maistres de la vie des hommes. Je reviens à ce que je vous ai tantost promis des suites qu'eut le voyage du roi.

Je vous disois, ce me semble, que voyant comme nous le voions clairement en moins de quinze jours, que nous n'avions plus de parti à prendre après la faulte que nous avions faite, qui n'eut des inconvénients terribles, nous tombasmes, comme il arrive tousjours en pareil cas, dans le plus dangereux de touts, qui est de n'en point prendre de décisif et de prendre quelque chose de chanceux. Monsieur ne prit point les armes avec M. le prince; et il creut par ceste raison faire beaucoup pour la cour. Il se déclara dans Paris et dans le parlement contre le retour du Mazarin, et il s'imagina par ceste considération qu'il contentoit le public. M. de Chateauneuf conserva quelque temps à Poitiers l'espérance de pouvoir amuser la reine, par l'espérance qu'il lui donnoit à elle-mesme du restablissement de son ministre, dans telle ou telle conjoncture qu'il croyoit esloignée. Comme il cognut et que l'impatience de la reine et que l'impatience mesme du cardinal approchoit ces

---

(1) Ce passage entre crochets se trouve à la marge du manuscrit original, et n'est pas de la main du cardinal de Retz.

conjonctures beaucoup plus qu'il ne se l'estoit imaginé, il prit le parti de la sincérité, et il s'opposa directement au retour, avec ceste sorte de liberté qui est tousjours aussi inutile qu'elle est odieuse toutes les fois qu'on ne l'emploie qu'au défaut du succès de l'artifice. Le parlement, qui se sentoit trop engagé à l'exclusion du Mazarin, pour en souffrir le restablissement, éclatoit avec fureur aux moindres apparences qu'il en voyoit. Comme d'autre part il ne vouloit rien faire qui fut contraire aux formes et qui choquat l'autorité royale, il rompist lui-mesme toutes les mesures que l'on pouvoit prendre pour empescher ce restablissement. Je le voulois en mon particulier moins que personne; mais comme je voulois aussi peu le raccommodement avec M. le prince, pour les raisons que vous avez veues ci-dessus, je ne laissois pas d'y contribuer malgré moi, par une conduite qui quoique judicieuse dans le moment, parce qu'elle estoit nécessaire, estoit inexcusable dans son principe, qui estoit d'avoir fait une de ces faultes capitales, après lesquelles l'on ne peut plus rien faire qui soit sage. Voila ce qui nous perdit à la fin les uns et les autres, comme vous l'alles veoir par la suite.

Monsieur, qui estoit l'homme du monde qui aimoit le mieux à se donner à lui-mesme des raisons qui l'empéchassent de se résoudre, s'estoit tousjours voulu persuader que la reine ne porteroit jamais jusques à l'effet l'intention qu'il confessoit qu'elle avoit, et qu'elle avoit tousjours eu, de faire revenir à la cour M. le cardinal Mazarin. Quand il ne fut plus en son pouvoir de se tromper soi-mesme, il creut que l'unique remède seroit d'embarasser la reine sans la desespérer; et je remarquai en ceste occasion, ce que j'ai encore observé en plusieurs autres, qui est que les hommes ont une pente merveilleuse à s'imaginer qu'ils amuseront les autres par les mesmes moyens par lesquels ils sentent qu'ils peuvent estre eux-mesmes amusés. Monsieur n'agissoit jamais que quand il estoit pressé, et Fremont l'appelloit l'interlocutoire incarné. De touts les moyens que l'on pouvoit prendre pour le presser, le plus efficace et le plus infaillible estoit celui de la peur; et il se sentoit par la règle des contraires, une pente naturelle à ne point agir quand il n'avoit pas de frayeur. Le mesme tempérament, qui produit ceste inclination, fait celle que l'on a à ne se point résoudre lorsque l'on se trouve embarassé. Il jugea de la reine par lui-mesme; et je me souviens qu'un jour je lui representois qu'il estoit judicieux et mesme nécessaire de changer de conduite, selon la différence des esprits auxquels l'on avoit affaire, et qu'il me respondit ces propres mots : « Abus!

» tout le monde pense esgalement; mais il y
» a des gents qui cachent mieux leurs pensées
» les uns que les autres. » La première réflexion que je fis sur ces paroles fut que la plus grande imperfection des hommes est la complaisance qu'ils trouvent à se persuader que les autres ne sont pas exempts des défauts qu'ils se recognoissent à eux-mesmes. Monsieur se trompa dans ce rencontre encore plus qu'en aucun autre ; car la hardiesse de la reine fit qu'elle n'eut pas besoing du désespoir où Monsieur ne la vouloit pas jeter, pour se porter à l'exécution de la résolution [que Monsieur (voulut) arrester]; et ceste mesme hardiesse perça encore touts les embarras par lesquels il prétendoit de la traverser. Il vouloit tousjours se figurer qu'on ne songeoit pas à M. le prince, et qu'en négotiant touts les jours, tantost par M. Danville, [tantost par Comminges] qu'il envoyoit à la cour, il amuseroit la reine, qu'il croyoit pouvoir estre retenue par l'aprehension qu'elle avoit de sa déclaration. Il vouloit s'imaginer qu'en animant le parlement contre le retour du ministre, comme il faisoit publiquement, il ne donneroit à la cour que de ces sortes d'aprehensions qui sont plus capables de retenir que de précipiter. Comme il parloit fort bien, il nous fit un beau plan sur cela, au président de Bellièvre et à moi, dans le cabinet des livres, dont nous demeurasmes toutefois nullement persuadés. Nous le combatismes par une infinité de raisons ; mais il destruisit toutes les nostres par une seule que j'ai touchée ci-dessus, en nous disant : « Nous avons fait la sotise
» de laisser sortir de Paris la reine, nous ne
» sçaurions plus faire que des fautes ; nous ne
» sçaurions plus prendre de bon parti, il fault
» aller au jour la journée ; et cela supposé il n'y
» a à faire que ce que je vous dis. » Ce fut en cest endroit où je lui proposai le tiers parti, que l'on m'a tant reproché depuis, et que je n'avois imaginé que l'avant veille. En voici le projet.

Je puis dire avec vérité et sans vanité, que dès que je vis la reine hors de Paris avec une armée, je ne doubtai presque plus de l'infaillibilité du restablissement du cardinal, parce que je ne crus pas que la foiblesse de Monsieur, le contretemps du parlement, les négotiations inséparables des différentes cabales qui partageoient le parti des princes, pussent tenir long-temps contre l'opiniastreté de la reine, contre le poids de l'autorité royale. Je ne crois pas me louer en disant que j'eus ceste veue d'asses bonne heure ; parce que je conviens de bonne foi que ne l'ayant eu que depuis que le roi fut à Poitiers, je ne la pris que beaucoup trop tard. Je vous ai dit ci-devant qu'il ne s'est jamais fait une faulte si lourde que celle que nous fismes quand nous ne nous opposasmes pas au voyage ; elle l'est d'autant plus qu'il n'y avoit rien de si aisé à veoir que ce qui nous en arriveroit ; et ce pas de clerc, que nous fismes touts sans exception à l'envi l'un de l'autre, est un de ceux qui m'a obligé de vous dire quelquefois, que toutes les faultes ne sont pas humaines, parce qu'il y en a de si graves, que des gents qui ont le sens commun ne les pourroient pas faire.

Comme j'eus veu, pesé et senti la conséquence de celle dont il s'agit, je pensai en mon particulier au moyen de la réparer ; et après avoir fait toutes les réflexions que vous venes de veoir répandues dans les feuilles précédentes sur l'estat des choses, je n'y trouvai que deux vues, dont l'une fut celle de laquelle je vous ai parlé ci-dessus, qui estoit du goust et du génie de Monsieur, et à laquelle il avoit donné d'abord et de lui-mesme. Elle me pouvoit estre bonne en mon particulier, parce qu'enfin Monsieur ne se déclarant point pour M. le prince et entretenant la cour par des négotiations, me donnoit toujours lieu de gagner du temps et de faire venir mon chapeau. Mais ce parti ne me paroissoit honneste qu'autant qu'il se seroit rendu absolument nécessaire, parce qu'il ne se pouvoit, veu l'advantage qu'il donneroit peut-estre par l'événement au cardinal, qu'il ne fut très suspect à touts ceux qui estoient dans les intérests de ce qu'on appeloit le public. Je ne voulois nullement perdre ce public ; et ceste considération jointe aux autres que je vous ai marquées ci-dessus, faisoit que je n'estois pas satisfait d'une conduite dont l'apparence n'estoit pas bonne, et dont le succès d'ailleurs estoit fort incertain. L'autre issue que je m'imaginai estoit plus grande, plus noble, plus eslevée ; et ce fut celle aussi à laquelle je me fermai sans balancer. Ce fust de faire ensorte que Monsieur formast publiquement un tiers parti, séparé de celui de M. le prince, et composé de Paris et de la plus part des grandes villes du royaume, qui avoient beaucoup de disposition au mouvement, et dans une partie desquelles j'avois de bonnes correspondances. Le comte de Fuensaldagne, qui croyoit qu'il n'y avoit que la défiance où j'estois de la mauvaise volonté de M. le prince contre moi, qui me fit garder des ménagements avec la cour, m'avoit envoyé don Anthonio de la Crusa pour me faire des propositions, qui me donnèrent la premiere veue du projet dont je vous parle : car il m'avoit offert de faire un traité secret par lequel il m'asseuroit d'argent, et par lequel toutefois il ne m'obligeroit à rien de toutes les choses qui pouvoient faire juger que j'eusse correspondance avec l'Espagne. L'idée que je me formai sur cela et sur beaucoup d'autres circonstances qui concoururent en ce temps-là, fut de proposer à Monsieur qu'il déclarast publiquement dans le parlement, que voyant que la reine estoit résolue à restablir le cardinal Mazarin dans le ministère, il estoit résolu de son costé à s'y opposer par toutes les voies que sa naissance et les engagements publics lui permettoient ; qu'il ne seroit ni de sa prudence ni de sa gloire de se contenter des remonstrances du parlement que la reine éluderoit au commencement et mépriseroit à la fin ; cependant que le cardinal faisoit des troupes pour entrer en France, et pour se rendre maistre de la personne du roi, comme il l'estoit déjà de l'esprit de la reine ; que comme oncle du roi il se croyoit obligé de dire à la compagnie, qu'il estoit de sa justice de se joindre à lui dans une occasion où il ne s'agissoit à proprement parler que de la manutention de ces arrests, et des déclarations qui estoient deues à ses instances ; qu'il ne seroit pas moins de sa sagesse, parce que n'ignorant pas que toute la ville conspireroit avec lui à un dessein si nécessaire au bien de l'estat ; qu'il n'avoit pas voulu s'expliquer si ouvertement avec elle devant de s'estre mise en estat de les pouvoir asseurer du succès, par l'ordre qu'il avoit déjà mis aux affaires ; qu'il avoit tant d'argent, qu'il estoit déjà asseuré de tant et tant de place, etc. Sur le tout, que ce qui debvoit toucher la compagnie plus que quoi que ce soit, et la faire mesme embrasser avec joie l'heureuse nécessité où elle se voyoit de travailler avec lui au bien de l'estat, estoit l'engagement public qu'il prenoit dès ce moment avec elle, et de n'avoir jamais aucune intelligence avec les ennemis de l'estat et de n'entendre jamais directement ni indirectement à aucune négotiation qui ne fust proposée en plein parlement, les chambres assemblées ; qu'au reste il désadvouoit ce que M. le prince avoit fait et faisoit avec les Espagnols ; et que par ceste raison et par celle des négotiations fréquentes et suspectes de touts ceux de son parti, il n'y vouloit avoir aucune communication que celle que l'honnesteté réquiroit à l'esgard d'un prince de son mérite. Voilà ce que je proposai à Monsieur, et ce que j'appuyai de toutes les raisons qui lui pouvoient faire voir la possibilité, de la pratique de la quelle je suis encore très persuadé. Je lui exagérai touts les inconvénients de la conduite contraire, et je lui prédis tout ce qu'il vit depuis de celle du parlement, qui au moment qu'il donneroit des arrests contre le cardinal, déclareroit criminel de lèze-majesté ceux qui s'opposeroient à son retour.

Monsieur demeura ferme dans sa résolution ;

soit qu'il craignit, comme il le disoit, l'union des grandes villes, qui pouvoit à la vérité devenir dangereuse à l'estat; soit qu'il apréhendast que M. le prince ne se raccommodast avec la cour contre lui, à quoi toutefois je lui avois marqué plus d'un remède; soit, et c'est ce qui me parut, que le fardeau fust trop pesant pour lui. Il est vrai qu'il estoit au dessus de sa portée, et que par ceste raison j'eus tort de l'en presser. Il est vrai de plus que l'union des grandes villes, en l'humeur où elles estoient, pouvoit avoir de grandes suites. J'en eus le scrupule parce que dans la vérité j'ai tousjours apréhendé ce qui pouvoit faire effectivement du mal à l'estat, et Caumartin ne peut jamais estre de cest advis par ceste considération. Ce qui m'y emporta, si je l'ose dire et contre mon inclination et contre mes manières, fut la confusion où nous allions tomber en prenant l'autre chemin, et le ridicule d'une conduite par laquelle il me sembloit que nous allions tout combastre à la façon des anciens andabates (1).

La derniere conversation que j'eus sur ce détail avec Monsieur dans la grande allée des Tuileries, fut asses curieuse, et, par l'évènement, presque prophétique. Je lui dis : « Que deviendres-vous, » Monsieur, quand M. le prince sera raccom- » modé à la cour, ou passé en Espagne? Quand » le parlement donnera des arrets contre le car- » dinal, et déclarera criminels ceux qui s'oppo- » seront à son retour ? Quand vous ne pourres » plus avec honneur et seureté estre ni mazarin » ni Frondeur? » Monsieur me respondit : « Je se- » rai fils de France ; vous deviendres cardinal, et vous demeureres coadjuteur. » Je lui repartis sans balancer, comme par entousiasme : « Vous » seres fils de France à Blois, et je serai cardinal » au bois de Vincenne. » Monsieur ne s'esbranla point quoique je lui peus dire, et il fallut se réduire au parti de *brousser à l'aveugle* de jour à jour. C'est le nom que Patru donnoit à nostre manière d'agir. Je vous en expliquerai le détail après que je vous aurai rendu compte d'un embarras très-facheux que j'eus en ce temps-là.

Bertet, qui, comme vous l'aves déjà veu, estoit venu à Paris pour négotier avec M. de Bouillon et avec moi, avoit aussi eu ordre de la reine de veoir madame de Chevreuse, et d'essayer de lui persuader de s'attacher encore plus intimement à elle qu'elle n'avoit fait jusques là. Il la trouva dans une disposition très-favorable pour sa négotiation. Laigues estoit rempli

(1) C'est-à-dire à tâtons. Les andabates étaient des gladiateurs qui combattaient les yeux fermés. (A. E.)

de lui et de plus l'homme du monde le plus changeant de son naturel. Il y avoit déjà quelque temps que mademoiselle de Chevreuse m'avoit adverti qu'il disoit touts les jours à madame sa mère qu'il falloit finir; que tout estoit en confusion, que nous ne sçavions touts où nous allions. Bertet, qui estoit vif, pénétrant et insolent, s'estant apperceu du foible en prit le défault habilement; il menassa, il promit; enfin il engagea madame de Chevreuse à lui prometre qu'elle ne seroit contraire en rien au retour de M. le cardinal ; et qu'en cas qu'elle ne me peut gagner sur cest article, elle feroit touts ses efforts pour empescher que M. de Noirmoustier, qui estoit gouverneur de Charleville et du Mont-Olympe, ne demeurast pas dans mes intérests, quoiqu'il tint ces deux places de moi. Noirmoustier se laissa corrompre par elle, soubs des espérances qu'elle lui donna de la part de la cour; et quand je le voulus obliger à offrir son service à Monsieur, lorsque le cardinal entra avec ses troupes dans le royaume, il me déclara qu'il estoit au roi; qu'en tout ce qui me seroit personnel, il passeroit tousjours par dessus toutes sortes de considérations; mais que dans la conjoncture présente, où il s'agissoit d'un démeslé de Monsieur avec la cour, il ne pouvoit manquer à son debvoir. Vous pouves juger du ressentiment que j'eus de ceste action. J'éclatai contre lui avec fureur, et au point que quoique j'allasse touts les jours cheux mademoiselle de Chevreuse, qui se déclara ouvertement contre madame sa mère en ceste occasion, je ne saluai ni lui ni Laigues, et ne parlois presque pas à madame de Chevreuse. Je reprends la suite de mon discours.

La Saint-Martin de l'année 1651 ayant ouvert le parlement, il députa messieurs Doujat et Baron vers M. le duc d'Orleans, qui estoit à Limours, pour le prier de venir prendre sa place au subjet d'une déclaration que le roi avoit envoyée au parquet dès le 8 du mois d'octobre, par laquelle il déclaroit M. le prince criminel de lèse-majesté.

Monsieur vint au palais le 20 de novembre, et M. le premier président ayant exagéré, mesme avec emphase, tout ce qui se passoit en Guienne, conclut par la nécessité qu'il y avoit de procéder à l'enregistrement de la déclaration, pour obeir aux très-justes volontés du roi; ce fut son expression. Monsieur, qui comme vous aves veu ci-dessus, avoit pris sa résolution, respondit au premier président que ce n'estoit pas une affaire à précipiter; qu'il falloit se donner du temps pour travailler à l'accommodement; qu'il s'y appliquoit de tout son pouvoir;

que M. Danville (1) estoit en chemin pour lui apporter des nouvelles de la cour; qu'il estoit estrange que l'on pressast une déclaration contre un prince du sang, et que l'on ne songeast pas seulement au préparatif que le cardinal Mazarin faisoit pour entrer à main armée dans le royaume.

Je vous ennuierois fort inutilement si je m'attachois au détail de ce qui se passa dans les assemblées des chambres, qui commencèrent le 20 de novembre; puisque celles du 23, du 24, du 28 de ce mois, du 1er et du 2 de décembre, ne furent à proprement parler employées qu'à une répétition continuelle de la nécessité de l'enregistrement de la déclaration que M. le premier président prenoit au nom du roi; et des raisons différentes que Monsieur alléguoit pour obliger la compagnie à le différer. Tantost il attendoit le retour d'un gentilhomme qu'il avoit envoyé à la cour pour négotier; tantost il asseuroit que M. Danville debvoit arriver de la cour au premier jour, avec des radoucissements; tantost il incidentoit sur la forme que l'on debvoit garder lorsqu'il s'agissoit de condamner un prince du sang; tantost il soubstenoit que le préalable nécessaire de toutes choses estoit de songer à se précautionner contre le retour du cardinal; tantost il produisoit des lettres de M. le prince adressées au roi et au parlement mesme, et par lesquelles il demandoit à se justifier. Comme il vit et que le parlement ne vouloit pas mesme souffrir que l'on leust ces lettres, parce qu'elles venoient d'un prince qui avoit les armes à la main contre le roi, et que ce mesme esprit portoit le gros de la compagnie à l'enregistrement, il quitta la partie, il envoya M. de Choisy au parlement le 4, pour le prier de ne le point attendre pour sa délibération qui concernoit la déclaration, parce qu'il avoit résolu de n'y point assister. L'on opina; et il passa de six vingt voix, après qu'il y eust eu trois ou quatre advis différents, plus en la forme qu'en la substance, à faire lire, publier et registrer, au greffe la déclaration, pour estre exécutée selon sa forme et teneur.

Ce qui consterna Monsieur, fut que Croissy ayant proposé à la fin de l'assemblée de prendre jour pour déliberer sur le retour du cardinal Mazarin, dont personne ne doubtoit plus, ne fut presque pas escousté. Monsieur m'en parla le jour, et il me dit qu'il estoit résolu de faire agir le peuple pour esveiller le parlement; et je

(1) François-Christophe de Levis-Vantadour, comte de Brion, puis duc de Damville par lettres-patentes du mois de novembre 1648.

lui respondis ces propres paroles : « Le parlement, monsieur, ne s'esveillera que trop en paroles contre le cardinal, mais il s'endormira trop en effet. Considerés, s'il vous plaist (adjoustois-je), que quand M. de Croissy a parlé il estoit midi sonné, et que tout le monde vouloit diner. » Monsieur ne prit pas pour une raillerie ce que je lui disois tout de bon et comme je le pensois ; et il commanda à Ornano, maistre de sa garde-robe, de faire faire une manière d'esmotion par le Maillard dont je vous ai parlé dans le deuxième volume de cest ouvrage. Le misérable mena, pour mieux couvrir son jeu, vingt ou trente gueux criailler à Monsieur. Ils allèrent de là cheux M. le premier président, qui leur fit ouvrir ses portes, et les menassa avec son intrépidité ordinaire de les faire pendre.

L'on donna, le 7, arrest en pleine assemblée de chambres, pour empescher à l'advenir ces insolences; mais l'on ne laissa pas de faire réflexion sur la nécessité de lever des prétextes qui y donnoient lieu ; et l'on s'assarabla :

Le 9, pour délibérer touchant le bruit qui couroit du prochain retour de M. le cardinal. Monsieur ayant dit qu'il n'estoit que trop vrai, le premier président essaya d'éluder, par la proposition qu'il fit de demander les gents du roi, et de faire lire les informations, qui, suivant les arrests précédents, debvoient avoir esté faites contre le cardinal. M. Talon représenta qu'il ne s'agissoit point de ces informations; que le cardinal ayant esté condamné par une déclaration du roi, il ne falloit point chercher d'autre preuve ; et que s'il falloit informer, ce ne pouvoit estre que contre les contraventions à ceste déclaration. Il conclut à députer vers Sa Majesté pour l'informer des bruits qui couroient de ce retour, et pour la supplier de confirmer la parole royale qu'elle avoit donnée sur ce subjet à tous ses peuples. Il adjousta que défense seroit faite à touts les gouverneurs de provinces et de places, de donner passage au cardinal, et que touts les parlements seroient advertis de cest arrest et exortés d'en donner un pareil. Après ces conclusions, l'on commença à opiner : mais la délibération n'ayant peu se consommer, et Monsieur s'estant trouvé mal le dimanche au soir, l'assemblée fut remise au

Mercredi 15. Elle produisit tout d'une voix l'arrest conforme aux conclusions qui portoient, outre ce que je vous en ai dit ci-dessus, que le roi seroit supplié de donner part au pape et aux autres princes estrangers, des raisons qui l'avoient obligé à esloigner le cardinal de sa personne et de ses conseils.

Il y eut ce jour-là [15 décembre] un intermède, qui vous fera cognoistre que ce n'estoit pas sans raison que j'avois prévu la difficulté du personnage que j'avois à jouer dans la conduite que nous prenions. Machaut (1), serviteur passionné de M. le prince, ayant dit en opinant que le troub'e de l'estat n'estoit causé que par des gents qui vouloient à toute force emporter le chapeau de cardinal, je l'interrompis pour lui responde que j'estois si accoustumé à en veoir dans ma maison, qu'apparemment je n'estois pas asses esbloui de la couleur pour faire en sa considération tout le mal dont il m'accusoit. Comme l'on ne doit jamais interrompre les advis, il s'eleva une fort grande clameur en faveur de Machaut. Je suppliai la compagnie d'excuser ma cholère; « la- » quelle toutefois (adjoutai-je) ne procède pas » pour ceste fois de [défault de mépris]. »

Quelqu'un ayant dit aussi en opinant qu'il falloit procéder à l'esgard du cardinal comme l'on avoit procédé autrefois à l'esgard de l'admiral de Coligny, c'est-à-dire mettre sa teste à prix, je me levai aussi bien que touts les autres conseillers clers, parce qu'il est défendu, par les canons, aux ecclésiastiques, d'assister aux délibérations dans lesquelles il y a un advis ouvert à la mort.

Le 18, messieurs des enquestes allèrent par députés à la grande chambre pour demander l'assemblée, sur une lettre que M. le cardinal Mazarin avoit escrite à M. d'Elbeuf, en lui demandant conseil touchant son retour en France. M. le premier président adressa la lettre; il dit que M. d'Elbeuf la lui avoit envoyée; qu'il avoit en mesme temps dépesché au roi pour lui en rendre compte, et faire veoir la conséquence; et qu'il attendoit la response de son envoyé, après laquelle il prétendoit d'assembler la compagnie, s'il ne plaisoit à Sa Majesté de lui donner satisfaction. Les enquestes ne se contentèrent pas de ceste parole de M. le premier président; elles renvoyèrent le lendemain, qui fut le 19, leurs députés à la grande chambre et l'on fut obligé d'assembler.

Le 20, après y avoir invité M. le duc d'Orléans, le premier président ayant dit à la compagnie que le subjet de l'assemblée estoit la lettre dont j'ai parlé ci-dessus, et un voyage que M. de Navailles avoit fait vers M. d'Elbeuf, les gents du roi furent mandés, qui, par la bouche de M. Talon, conclurent à ce qu'en exécution de l'arrest donné tel jour et an, les députés du par- lement se rendissent au plustost vers le roi, pour l'informer de ce qui se passoit vers la frontière; que Sa Majesté fust suppliée d'escrire à l'électeur de Cologne, pour faire sortir le cardinal Mazarin de ses terres et seigneuries : que M. le duc d'Orléans fust prié d'envoyer au roi, en son nom, à ceste mesme fin, et mesme aussi au mareschal d'Hoquincourt et autres commandants de troupes, pour leur donner advis du dessein que le cardinal de Mazarin avoit de rentrer en France; que quelques conseillers de la cour fussent nommés pour se transporter sur la frontière, et pour dresser des procès-verbaux de ce qui se passeroit à l'esgard de ce retour; qu'il fust fait défenses aux maires et eschevins des villes de lui donner passage, ni lieu d'assembler aucunes troupes qui le deussent favoriser, ni retraite à aucuns de ses parents ni domestiques; que le sieur de Navailles fust adjourné à comparoir en personne à la dite cour, pour rendre compte du commerce qu'il entretenoit avec lui; et que l'on publieroit un monitoire pour estre informé de la vérité de ces commerces. Voilà le gros des conclusions conformément auxquelles l'arrest fut donné.

Vous croyes sans doubte que le cardinal Mazarin est foudroyé par le parlement, en voyant que les gents du roi mesme forment et enflamment les exhalaisons qui produisent un aussi grand tonnerre? Nullement. Au mesme instant que l'on donnoit cest arrest avec une chaleur qui alloit jusques à la fureur, un conseiller ayant dit que les gents de guerre qui s'assembloient sur la frontière pour le service du Mazarin, se moqueroient de toutes les délibérations du parlement, si elles ne leur estoient signifiées par des huissiers qui eussent de bons mousquets et de bonnes piques; ce conseiller, dis-je, du nom duquel je ne me ressouviens pas, mais qui comme vous voyes ne parloit pas de trop mauvais sens, fut repoussé par un soulèvement général de toutes les voix, comme s'il eust advancé la plus forte impertinence du monde; et toute la compagnie s'escria, mesme avec véhémence, que le licenciement des gents de guerre n'appartenoit qu'à Sa Majesté.

Je vous supplie d'accorder, s'il vous est possible, ceste tendresse de cœur pour l'autorité du roi, avec l'arrest qui, au mesme moment, défend à toutes les villes de donner passage à celui que ceste mesme autorité veult restablir. Ce qui est de merveilleux, est que ce qui paroist un prodige aux siècles avenir, ne se sent pas dans les temps; et que ceux mesmes que j'ai veu depuis raisonner sur ceste matière, comme je fais à l'heure qu'il est, eussent juré dans les ins-

---

(1) Les anciens éditeurs ont imprimé *Machaut et Fleury*, le nom de ce dernier personnage n'existe pas dans le manuscrit autographe.

tants dont je vous parle, qu'il n'y avoit rien de contradictoire entre la restriction et entre l'arrest. Ce que j'ai veu dans nos troubles, m'a expliqué en plus d'une occasion ce que je n'avois peu concevoir auparavant dans les histoires. L'on y trouve des faits si opposés les uns aux autres qu'ils en sont incroyables : mais l'expérience nous fait cognoistre que tout ce qui est incroyable n'est pas faux.

Vous verres encore des preuves de ceste vérité dans les suites de ce qui se passa au parlement, que je reprendrai après vous avoir entretenu de quelques circonstances qui regardent la cour.

Il y eut en ce temps-là contestation dans le cabinet, sur la manière dont la cour se debvoit conduire à l'esgard du parlement; les uns soubstenoient qu'il le falloit ménager avec soing, et les autres prétendoient qu'il estoit plus à propos de l'abandonner à lui-mesme; ce fut le mot dont Brachet se servit en parlant à la reine. Il lui avoit esté inspiré et dicté par Menardeau-Champré, conseiller de la grande chambre et homme de bon sens, qui lui avoit donné charge de dire à la reine, de sa part, que le mieux qu'elle pouvoit faire c'estoit de laisser à Paris toutes choses dans la confusion, qui sert tousjours au restablissement de l'autorité royale, quand elle vient jusques à un certain point; qu'il falloit pour cest effect commander à M. le premier président d'aller faire sa charge de garde des sceaux à la cour; d'y appeler M. de La Vieuville, avec tout ce qui avoit trait aux finances; faire venir le grand conseil, etc. Cest advis qui estoit fondé sur les indispositions que l'on croyoit qu'un abandonnement de cest esclat produiroit dans une ville où l'on ne peut désavouer que touts ces establissements ordinaires n'ayent un enchaînement mesme très-serré les uns avec les autres ; cest advis, dis-je, fut combattu avec beaucoup de force par touts ceux qui apréhendoient que les ennemis du cardinal ne se servissent utilement contre ses intérest de la foiblesse de M. le président Le Bailleul, qui, par l'absence du premier président, demeuroit à la teste du parlement, et de la nouvelle aigreur qu'un esclat comme celui-là produiroit encore dans l'esprit du peuple. Le cardinal balancea longtemps entre les raisons qui appuyoient l'un et l'autre parti, quoique la reine, qui par son goust croyoit tousjours que le plus aisé estoit le meilleur, se fust déclarée d'abord pour le premier. Ce qui décida, à ce que le mareschal de La Ferté m'a dit depuis, fut le sentiment de Senneterre, qui escrivit fortement au cardinal pour l'appuyer, et qui lui fit mesme peur des expressions fort souvent trop fortes du premier président, lesquelles faisoient quelquefois (adjoustoit Senneterre) plus de mal que ses intentions ne pouvoient jamais faire de bien. Cela estoit trop exagéré. Enfin le premier président sortit de Paris par ordre exprès du roi, et il ne prit pas mesme congé du parlement; à quoi il fut porté par M. de Champlastreux, asses contre son inclination. M. de Champlastreux eut raison parce qu'enfin il eust peu courre fortune, dans l'esmotion qu'un spectacle comme celui-là eust peu produire. Je lui allai dire adieu la veille de son départ, et il me dit ces propres paroles : « Je m'en vas à la » cour, et je dirai la vérité; après quoi il faudra » obéir au roi. » Je suis persuadé qu'il le fit effectivement comme il le dit. Je reviens à ce qui se passa au parlement.

Le 29 décembre, les gents du roi entrèrent dans la grande chambre. Ils présentèrent une lettre de cachet du roi qui portoit injonction à la compagnie de différer l'envoi des députés, qui avoient esté nommés par l'arrest du 13, pour aller trouver le roi, parce qu'il leur avoit plus que suffisamment expliqué autrefois son intention. M. Talon adjousta, qu'il estoit obligé par le debvoir de sa charge, de représenter l'esmotion qu'une telle députation pourroit causer dans un temps aussi troublé. « Vous voyes (con- » tinua-t-il) tout le royaume branler, et voilà » encore une lettre du parlement de Rouen, » qui vous escrit qu'il a donné l'arrest contre » le cardinal Mazarin, conforme au vostre » du 13. »

M. le duc d'Orléans prit la parole ensuite. Il dit que le cardinal Mazarin estoit arrivé le 25 à Sedan; que les mareschaux d'Hoquincourt et de La Ferté l'alloient joindre avec une armée, pour le conduire à la cour; et qu'il estoit temps de s'opposer à ces derniers, desquels l'on ne pouvoit plus douter. Je ne vous puis exprimer à quel point alla le soulèvement des esprits. L'on eut peine à attendre que les gents du roi eussent pris leurs conclusions, qui furent à faire partir incessamment les députés pour aller trouver le roi, et déclarer dès à présent le cardinal Mazarin et ses adhérens criminels de lèse-majesté; à enjoindre aux communes de leur courrir sus, et défendre aux maires et eschevins des villes de leur donner passage; à vendre sa bibliothèque et touts ses meubles. L'arrest adjousta que l'on prendroit préférablement sur le prix, la somme de cent cinquante mille livres pour estre donnée à celui qui représenteroit le dit cardinal vif ou mort. A ceste parole touts les ecclésiastiques se levèrent, pour la raison que j'ai marqué dans une pareille occasion.

[1652] Vous vous imagines sans doubte que les

affaires sont bien aigries, et vous en seres encore bien plus persuadée, quand je vous aurai dit que le 2 de janvier suivant, c'est-à-dire le 2 de janvier 1652, l'on donna encore, sur les conclusions des gents du roi et sur l'advis que l'on eut que le cardinal avoit déjà passé Espernay, l'on donna, dis-je, un second arrest par lequel il fut ordonné de plus, que l'on inviteroit touts les autres parlements à donner un arrest pareil à celui du 29 décembre; que l'on envoyeroit deux conseillers (1) avec les quatre qui avoient esté nommés, sur les rivières, avec ordre d'armer les communes; que les troupes de M. le duc d'Orléans seroient commandées pour s'opposer à la marche du cardinal, et que les ordres seroient envoyés pour leur subsistance (2). N'est-il pas vrai qu'il y avoit apparence, après ces conclusions et après ces arrests, que le parlement vouloit la guerre? Nullement. Un conseiller ayant dit que le premier pas pour ceste subsistance estoit d'avoir de l'argent, et d'en prendre dans les parties casuelles, ce qui estoit du droit annuel, fust rebuté avec indignation et avec clameur; et la mesme compagnie qui venoit d'ordonner la marche des troupes de Monsieur, pour s'opposer à celles du roi, traita la proposition de prendre ses deniers, avec la mesme religion et le mesme scrupule qu'elle eust peu avoir dans la plus grande tranquillité du royaume. Je dis, à la levée du parlement, à Monsieur, qu'il voyoit que je ne lui avois pas menti quand je lui avois tant répété que l'on ne faisoit jamais bien la guerre civile avec les conclusions des gents du roi. Il dut s'en apperceveoir, quoique d'une autre manière.

Le lendemain [3 janvier]: car le parlement s'estant assemblé et le marquis de Sablonières, maistre de camp du régiment de Valois, estant entré et ayant dit à Monsieur que Le Coudray-Géviers, qui estoit l'un des commissaires pour armer les communes, avoit esté tué, et que Bitaut, qui estoit l'autre, estoit prisonnier des ennemis, la commotion fut si générale dans touts les esprits qu'elle n'eust peu estre plus grande, quand il se seroit agi de l'assassinat du monde le plus noir et le plus horrible, médité et exécuté en pleine paix. Je me souviens que Bachaumont, qui estoit ce jour-là derrière moi, me dit à l'oreille, en se moquant de ses confrères: « Je vas acquérir une merveilleuse réputation; car j'opinerai à escarteler M. d'Hoquincourt, qui a esté assés insolent pour charger des gents qui arment les communes contre lui. » La cholère que le parlement eut de ceste prévarication de M. d'Hoquincourt, et contre laquelle il décréta en forme, fut cause, à mon opinion, que l'on ne refusa pas l'audience à un gentilhomme de M. le prince (3), qui apportoit une lettre et une requeste de sa part: car je ne vois pas par quelle autre raison l'on eut peu recevoir ce paquet envoyé au parlement, après l'enregistrement de la déclaration; puisque ce mesme parlement avoit refusé de veoir une lettre et une remonstrance de M. le

---

(1) Les conseillers qui furent chargés de cette mission étaient Bitaut et Du Coudray; tous deux furent faits prisonniers. L'Art de vérifier les Dates (règne de Louis XIV) défigure le nom du premier en l'appelant mal-à-propos *Béraud*.

(2) La dépêche suivante du bailly de Vallançay, ambassadeur du Roi à Rome, adressée au comte de Brienne, secrétaire d'état, nous retrace l'effet produit à l'étranger par les troubles de Paris et les arrêts du parlement:

« De Rome, ce 22 janvier 1652.

» Un courrier extraordinaire dépesché en toute diligence de Paris, par M. le coadjuteur au sieur abbé Charrier, qui estoit icy chargé de la sollicitation du chapeau de cardinal destiné par Sa Majesté à ce prélat, et par cette voye les lettres et feuillets d'avis qui sont venus à tous les particuliers, portent une menace d'augmentation de troubles et de guerre civile, si générale dans l'estat, que je puis bien vous asseurer d'un accroissement de mes impatiences d'avoir de vos nouvelles, et de les desirer avec bien plus d'inquiétudes que je n'en témoignois il y a huict jours. Et vous pouvez bien vous imaginer que le Pape et les Espagnols sont bien ici aux escoutes, et dans le souhaict d'avoir confirmation du prétendu soulèvement, duquel ils tiennent infailliblement la suite devoir estre le boulleversement général du dit royaume. L'on marque de Paris que le parlement y a donné divers arrests contre M. le cardinal Mazarin, et outre cela avoit recommencé ses assemblées et ses délibérations pour arriver de nouveau contre le Roi, et envoyer les lettres circulaires à tous les autres parlements pour les faire liguer avec celui-là, et ce pour empescher la marche de certaines troupes que l'on mande estre entrées en France, commandées par cette Eminence et le maréchal d'Hocquincourt, pour aller joindre l'armée de Leurs Majestez, adjoustant que Son Altesse Royale s'est déclarée chef de ce troisième parti. Si bien que nos ennemis croient avoir déjà deux armées dans le royaume contre le Roi, et la plus part des grandes villes escartées de l'obéissance deue au prince, et ne faisant point de doute que les Anglais et Espagnols ne nourrissent et soutiennent bien ouvertement telles rébellions. Présentement les François sont considérez ici comme gens quasi sans Roi, leur patrie et la nation sans vigueur, à cause de ses maladies intérieures, et semble que l'Espagne se prépare desjà aux allégresses et triomphes de la prise de Barcelonne, la croyant infaillible, quoy que puisse faire le maréchal de La Mothe, prévoyant qu'il sera bientost sans trouppes et sans argent, tout le sang du corps françois se devant, selon les mouvements de la nature, retirer au cœur pour conserver le principe de la vie, et toutes nos forces se ranger vers la cour pour faire obstacle à la pensée qui paroît estre fort pressante d'abattre l'autorité absolue de nostre maistre.

» Je suis, etc.,

» Le bailly de VALLANÇAY. »

(3) Le sieur de La Salle. (A. E.)

prince de ceste mesme nature, le 2 de décembre, qui estoit un temps dans lequel il y avoit encore aucune procédure en forme qui eust esté faite contre lui dans la compagnie. Je fis remarquer ceste circonstance le soir du 11 à M. Talon, qui avoit conclu lui-mesme à entendre l'envoyé; et il me respondit ces propres mots: « Nous ne sçavons plus touts ce » que nous faisons; nous sommes hors des » grandes règles. » Il ne laissa pas d'insister dans ses conclusions à ce que l'on ne touchast point aux deniers du roi, qu'il maintint debvoir estre sacrés, quoi qu'il peust arriver. Juges, je vous supplie, comme cela se pouvoit accorder avec l'autre partie des conclusions qu'il avoit données deux ou trois jours devant, par lesquelles il armoit les communes et faisoit marcher les troupes pour s'opposer à celles du roi ! J'ai admiré mille fois en ma vie le peu de sens de ces malheureux gazetiers, qui ont escrit l'histoire de ce temps-là. Je n'en ai pas veu un seul qui ait seulement fait une réflexion légère sur ces contradictions, qui en sont pourtant les pièces les plus curieuses et les plus remarquables. Je ne pouvois concevoir dès ce temps-là celles que je remarquois dans la conduite de M. Talon, parce qu'il estoit asseurément homme d'un esprit ferme et d'un jugement solide; et je creus quelquefois qu'elles estoient affectées. Je me souviens que je perdis ceste pensée après y avoir fait de grandes réflexions, et que j'eus des raisons, du détail desquelles je n'ai pas la mémoire asses fraiche, pour demeurer persuadé qu'il estoit emporté, comme touts les autres, par les torrents qui courrent dans ces sortes de temps avec une impétuosité qui agite les hommes, en un mesme mouvement, de différentes sortes.

Voilà justement ce qui arriva à M. Talon dans la délibération de laquelle nous parlons: car après qu'il eut conclu à faire entrer l'envoyé de M. le prince, et à lire sa lettre et sa requeste, il adjousta qu'il falloit envoyer l'un et l'autre au roi, et ne point délibérer que l'on eut sa response. La lettre de M. le prince au parlement n'estoit qu'une offre qu'il faisoit à la compagnie de sa personne et de ses armes contre l'ennemi commun (1); et sa requeste tendoit à ce qu'il fust sursis à l'exécution de la déclaration qui avoit esté registrée contre lui, jusques à ce que les déclarations et arrest rendus contre le cardinal eussent eu leur plein et entier effet. L'on ne peut achever la délibération, quoique l'on eust opiné jusques à trois heures après midi.

[Elle fut consommée le lendemain qui fut le 12], et l'arrest fust donné par lequel il fut dict que l'on redemanderoit M. Bitault et M. Géviers, qui n'estoit que prisonnier, à M. d'Hoquincourt: et qu'en cas de refus on rendroit responsable lui et toute sa parenté de tout ce qui leur pourroit arriver; que la déclaration et arrests contre le cardinal seroient exéqutés; que défence seroit faite à touts les subjets du roi de recognoistre le mareschal d'Hoquincourt, et autres qui assistoient le cardinal, en qualité de commandants de troupes de Sa Majesté, et qu'il seroit sursis à l'exéqution de la déclaration et arrest rendu contre M. le prince, jusques à ce que la déclaration et arrests rendus contre le cardinal aient esté entièrement exéqutés.

Ce qui se passa au parlement le 16 et le 19 de janvier n'est d'aucune considération. M. de Nemours, qui revenoit de Bordeaux et qui passoit en Flandre pour en ramener les troupes que les Espagnols donnoient à M. le prince, arriva à Paris le soir du 19. Il est nécessaire de reprendre un peu de plus haut le détail de ce qui concerne ceste marche de M. de Nemours, qui donna à Monsieur beaucoup d'ombrage.

Je vous ai déjà dit, ce me semble, que M. le duc d'Orléans estoit cruellement embarrassé cinq ou six fois par jour, parce qu'il estoit persuadé que tout estoit à l'advanture, et qu'il estoit mesme impossible de faire bien. Il y avoit des moments où il prenoit de ceste sorte de courage que le désespoir produit; et c'estoit dans ces moments où il disoit que le pis qui lui pouvoit arriver seroit d'estre en repos à Blois : mais Madame, qui n'estimoit pas ce repos pour lui, troubloit souvent la douceur des idées qu'il s'en formoit, et lui donnoit par conséquent des appréhensions fréquentes des inconvénients qu'il ne craignoit déjà que trop naturellement. La constitution où estoient les affaires n'aidoit pas à lui donner de la hardiesse; car outre qu'il marchoit tousjours sur des précipices, les alleures qu'il estoit obligé d'y suivre et d'y prendre estoient d'une nature à faire glisser les gents qui eussent esté les plus fermes et les plus asseurés. Comme il ne pouvoit oublier le Jeudi-Saint, et qu'il craignoit d'ailleurs la dépendance dans laquelle il croyoit qu'il tomberoit in-

---

(1) Plus tard le prince de Condé renouvela encore ses offres, mais au duc d'Orléans, lorsqu'il sut que le cardinal Mazarin était de retour à la cour pour la seconde fois. Voyez plus bas la lettre qu'il écrivit à Gaston et que nous rapporterons en note au commencement de l'année 1653.

failliblement, s'il s'unissoit absolument avec M. le prince, il se contraignoit lui-mesme dans toutes ses démarches, à un point qu'il forçoit dix fois par jour les plus naturelles ; et dans le temps qu'il espéroit encore que l'on pourroit traverser le retour de M. le cardinal par d'autres moyens que ceux de la guerre civile, il s'accoustuma si bien à garder les mesures qui estoient convenables à ceste disposition, que quand il fut obligé de les changer, il tomba dans une conduite hétéroclite et toute pareille à celle du parlement.

Vous aves déjà veu en plusieurs occasions que ceste compagnie dans une mesme séance commandoit à des troupes de marcher, et leur défendoit en mesme temps de pourvoir à leur subsistance ; qu'elle armoit le peuple contre les gents de guerre, qui avoient leur commission et leur ordre en bonne forme de la cour, et qu'elle éclatoit au mesme moment contre ceux qui proposoient que l'on licenciast ces gents de guerre ; qu'elle enjoignoit aux communes de courir sus aux généraux des armées du roi qui soustenoient le Mazarin, et qu'elle défendoit au mesme instant, sur peine de la vie, de faire aucune levée sans commission expresse de Sa Majesté. Monsieur, qui se figuroit qu'en demeurant uni avec le parlement, il fronderoit le Mazarin sans dépendance de M. le prince, se laissa couler par ceste jonction encore plus aisément dans la pente où il tomboit déjà que trop naturellement par son irrésolution. Elle l'obligeoit à tenir ces deux costés toutes les fois qu'il y avoit lieu de le faire. Ce qui estoit de son inclination, lui devint nécessaire par son union avec une compagnie qui n'agissoit jamais que sur le fondement d'accorder les ordonnances avec la guerre civile. Ce ridicule est en quelque manière couvert dans les temps, à l'esgard du parlement, par la majesté d'un grand corps, que la pluspart des gents croyent infaillible ; il paroist tousjours de bonne heure dans les particuliers quels qu'ils soient, fils de France ou princes du sang. Je le disois touts les jours à Monsieur, qui en convenoit ; et puis revenoit tousjours à me dire en chifflant : « Qu'y a-t-il » de mieux à faire ? » Je crois que ce mot servit de refrain plus de cinquante fois à tout ce qui se dit dans une conversation que j'eus avec lui le jour que M. de Nemours arriva à Paris. Monsieur me tesmoignant beaucoup de chagrin de ce que les troupes qu'il alloit quérir en Flandre fortifioient trop M. le prince, « qui s'en servira après (adjouta-t-il) à ses fins et comme il lui plaira, » je lui dis que j'estois au désespoir de le voir dans un estat où rien ne lui pouvoit donner de la joie, et où tout le pouvoit et le debvoit affliger. « Si M. le prince est battu (lui disois-je) que » feres-vous avec le parlement, qui attendroit » les conclusions des gents du roi quand le car- » dinal sera avec une armée à la porte de la » grande chambre ? Que feres-vous si M. le » prince est victorieux, puisque vous estes déjà » en défiance de quatre mille hommes que » l'on est sur le point de lui ammener ? »

Quoique j'eusse esté très-fasché, et par la raison de l'engagement que j'avois sur ce point avec la reine, et par celle mesme de mon intérest particulier, qu'il se fust uni intimement avec M. le prince, avec lequel d'ailleurs il ne pouvoit s'unir sans se soubmettre, mesme avec honte, veu l'inesgalité des génies ; je n'eusse pas laissé de souhaiter qu'il n'eut pas la foiblesse et d'envie et de cainte qu'il avoit à son esgard, parce qu'il me sembloit qu'il y avoit des tempéraments à prendre, par lesquels il pouvoit faire servir M. le prince à ses fins, sans lui donner touts les advantages qu'il en apréhendoit. Je conviens que ces tempéraments estoient difficiles dans l'exéqution, et par conséquent qu'ils estoient impossibles à Monsieur, qui ne recognoissoit presque jamais de différence entre le difficile et l'impossible. Il est incroyable quelle peine j'eus à lui persuader que la bonne conduite vouloit qu'il fist ses efforts à ce que le parlement ne se déclarast pas contre ces troupes auxiliaires, qui debvoient venir à M. le prince. Je lui représentai avec force toutes les raisons qui l'obligeoient à ne les pas opprimer dans la conjoncture où estoient les affaires, et à ne pas accoustumer la compagnie à condamner les pas qui se faisoient contre le Mazarin. Je conviens qu'il falloit blasmer publiquement l'union avec les estrangers pour soubstenir la gageure ; mais je soubstenois qu'il falloit en mesme temps éluder les délibérations que l'on voudroit faire sur ce subjet ; et j'en préparois les moyens, qui, par les diversions qui estoient naturelles et par la foiblesse du président Le Bailleul, eussent esté mesme comme imperceptibles. Monsieur demeura très-longtemps ferme à laisser aller la chose dans son cours, « parce que (adjousta-t-il) M. le prince n'est déjà pas trop fort ; » et après que je l'eus convaincu par mes raisons, il fit ce que tous les hommes qui sont foibles ne manquent jamais de faire en pareille occasion ; ils tournent si court quand ils changent de sentiments, qu'ils ne mesurent plus leurs alleures ; ils saultent au lieu de marcher ; et il prit tout d'un coup le parti, quoi que je lui pusse dire au contraire, de justifier la marche de ces troupes estrangères, et de la justifier dans le parlement par des illusions qui n'y trompent personne, et qui ne servent qu'à faire veoir que l'on veult tromper. Ceste figure est de la rhétorique de tous les temps : mais il fault advouer que le cardinal Mazarin l'a estudiée et pratiquée et plus fréquemment et plus insolemment que tous les autres. Elle y a esté non seulement journellement employée, mais consacrée dans les arrests, dans les édits et dans les déclarations; et je suis persuadé que cest outrage public fait à la bonne foi, a esté, comme il me semble que je vous l'ai déjà dit dans la première partie de cest ouvrage, la principale cause de nos révolutions. Monsieur me dit [qu'il prétendroit dans le parlement], que ces troupes n'estoient pas Espagnoles, parce que les hommes qui les composoient estoient Allemands. Vous remarqueres, s'il vous plaist, qu'il y avoit trois ou quatre ans qu'elles servoient l'Espagne en Flandre, soubs le commandement d'un cadet de Wirtemberg, qui est nommément à la solde du roi catholique; et que beaucoup de gents de qualité, mesme du Pays-Bas, y estoient officiers. J'eus beau représenter à Monsieur que ce que nous blasmions touts les jours le plus dans la conduite du cardinal estoit ceste maniere d'agir et de parler si contraire aux vérités les plus recogneues : je n'y gagne rien ; et il me respondit en se moquant de moi, que je debvois avoir observé que le monde veult estre trompé. Ce mot est vrai, il se vérifia mesme en une occasion.

Je vous supplie de me permettre que je fasse ici une pause, pour observer qu'il n'est pas estrange que les historiens qui traitent des matières dans lesquelles ils ne sont pas entrés par eux-mesmes, s'esgarent si souvent; puisque ceux mesmes qui en sont les plus proches ne peuvent défendre, dans une infinité d'occasions, de prendre pour des réalités des apparances quelquefois fausses dans toutes leurs circonstances. Il n'y eut pas un homme, je ne dis pas dans le parlement, mais dans Luxembourg mesme, qui ne creust en ce temps-là que mon unique application auprès de Monsieur ne fut de rompre les mesures que M. le prince avoit avec lui. Je n'y eusse pas certainement manqué, si j'eusse seulement entreveu qu'il eust la moindre disposition à en prendre de bonnes et d'essentielles : mais je vous asseure qu'il estoit si esloigné de celles mesmes ausquelles l'estat des affaires l'obligeoit par toutes les règles de la bonne conduite, que j'estois forcé de travailler avec soing à lui persuader de demeurer, au moins avec quelque sorte de justesse, dans celle-ci, dans le moment mesme que tout le monde se figuroit que je ne songeois qu'à l'en destourner.

Je n'estois pourtant pas fasché du bruit que les serviteurs de M. le prince respandoient du contraire, quoique ces bruits me coustassent de temps en temps quelques bourades, que l'on me donnoit en opinant dans les assemblées de chambres. J'espérois au commencement de m'en pouvoir servir utilement pour entretenir la reine; elle ne s'y laissa pas amuser longtemps; et comme elle sceut que bien que je lui tinsse fidèlement la parole que je lui avois donnée de ne me point accommoder avec M. le prince, je ne laissai pas de conseiller à Monsieur de rompre avec lui ; elle m'en fit faire des reproches par Brachet, qui vint à Paris dans ce temps-là. Je lui fis escrire soubs moi, un mémoire qui lui justifioit clairement que je ne manquois en rien, comme il estoit vrai, de tout ce que je lui avois promis, parce que je ne m'estois engagé à quoi que ce soit qui fut contraire à ce que j'avois conseillé à Monsieur. Brachet me dit à son retour que la reine en estoit convaincue, après qu'il lui eust fait peser mes raisons; mais que M. de Chasteauneuf s'estoit recrié, en proférant ces propres paroles : « Je ne suis pas, Madame, » plus que le coadjuteur, de l'avis du rappel de » M. le cardinal; mais il est si criminel à un » subjet de dicter un mémoire pareil à celui » que je viens de veoir, que si j'estois son juge » je le condamnerois sans balancer sur cest uni- » que chef. » La reine eut la charité de commander à Brachet de me racompter ce détail, et de me dire que M. le cardinal auroit plus de fidélité pour moi que ce scélérat, quoique je ne lui en donnasse pas subjet. Ce furent ses propres paroles. Je reviens au parlement.

Ce qui s'y passa depuis le 12 de janvier 1652 jusques au 24 du mesme mois, ne mérite pas vostre attention, parce que l'on n'y parla presque que de l'affaire de M. Bitault et Géviers, que l'on y traita tousjours comme s'il se fut agi d'un assassinat, qui eust esté commis de sang froid sur les degrés du Palais.

Le 24, M. le président de Bellièvre et les autres députés qui avoient esté à Poitiers, firent leur relation des remonstrances qu'ils avoient faites au roi au nom du parlement, contre le retour du cardinal, avec toute la véhémence et toute la force imaginable. Ils dirent que Sa Majesté, après en avoir communiqué avec la reine et son conseil, leur avoit fait respondre, en sa présence, par M. le garde des sceaux, que quand le parlement avoit donné ses derniers arrests, il n'avoit pas sceu sans doute que M. le cardinal Mazarin n'avoit fait aucune levée des gents de guerre que par les ordres exprès de Sa Majesté, qu'il avoit esté commandé d'entrer en France et d'y amener ses troupes ; et qu'ainsi le roi ne trouvoit pas mauvais ce que la compagnie avoit fait jusques à ce jour ; mais qu'il ne doubtoit pas aussi que quand elle auroit appris le détail dont il venoit de l'informer, et sceu de plus que M. le cardinal Mazarin ne demandoit que le moyen de se justifier, elle ne donnast à touts ses peuples l'exemple de l'obéissance qu'ils lui debvoient. Juges, s'il vous plaist, quelle commotion peut faire dans le parlement une response si peu conforme aux paroles solemnelles que la reine lui avoit réitérées plus de dix fois. M. le duc d'Orléans ne l'appuia pas, en disant que le roi lui avoit envoyé Ruavigni, pour lui faire le mesme discours et pour lui ordonner de renvoyer dans leurs garnisons les régiments qui estoient sous son nom. La chaleur fut encore augmentée par les arrests de Toulouse et de Rouen, donnés contre le Mazarin, dont l'on affecta la lecture en ce moment, aussi bien que celle d'une lettre du parlement de Bretagne, qui demandoit à celui de Paris union contre la violence de M. le mareschal de la Meilleraye. M. Talon harangua, avec une véhémence qui avoit quelque chose de la fureur, contre le cardinal ; il tonna en faveur du parlement de Rennes contre le mareschal de la Meilleraye ; mais il conclut à des remonstrances sur le retour du premier, et à des informations contre le désordre des troupes du mareschal d'Hoquincourt. Le feu s'exala en paroles : midi sonna et on remit la délibération au lendemain 25 [de janvier]. Elle produisit un arrest conforme à ces conclusions que je viens de vous rapporter, avec une addition toutefois qui y fut mise particulièrement en vue du mareschal de La Meilleraye : qui estoit qu'il ne seroit procédé au parlement à la réception d'aucun duc, pair, ni mareschal de France, que le cardinal ne fust hors du royaume.

Le pur hazart fit un incident dans ceste séance, qui fut pris par la pluspart des gents pour un grand mistère. M. le mareschal d'Estampes ayant dit en opinant, sans aucun dessein, que le parlement devoit s'unir avec Monsieur pour chasser l'ennemi commun, quelques conseillers le suivirent dans leur advis sans y entendre aucune finesse ; et quelques autres le contredirent par ce pur esprit que je vous ai quelquefois dict estre opposé à tout ce qui est ou paroit concert dans ces sortes de compagnies. M. le président de Novion, qui estoit racommodé intimement avec la cour, prit très-habilement ceste conjuncture pour la servir. Et jugeant très-bien que la personne du mareschal d'Estampes, qui estoit domestique de Monsieur,

lui donnoit lieu de faire croire qu'il y avoit de l'art à ce qui n'avoit esté, dans la vérité, jeté qu'à l'adventure, il s'esleva avec M. le président de Mesme contre ce mot d'union comme contre la parole du monde la plus criminelle. Il exagéra avec éloquence l'injure que l'on faisoit au parlement de le croire capable d'une jonction qui produiroit infailliblement la guerre civile. La tendresse de cœur pour l'autorité royale saisit tout d'un coup toutes les imaginations, l'on poussa les voix jusques à la clameur contre la proposition du pauvre mareschal d'Estampes et on la rejeta avec fureur, de la mesme manière que si elle n'eust pas esté advancée, plus de cinquante fois depuis six sepmaines, par trente conseillers ; de la mesme manière que si le parlement n'eust pas remercié Monsieur, dans toutes ses séances, des obstacles qu'il apportoit au retour du cardinal ; et enfin de la mesme manière que si les gents du roi mesme n'eussent pas conclus en deux ou trois rencontres différentes à le prier de faire marcher ses troupes pour cest effect. Il faut revenir à ce que je vous ai déjà dit quelquefois, que rien n'est plus peuple que les compagnies.

M. le duc d'Orléans, qui estoit présent à ceste scène, en fut atterré ; et ce fut ce qui le détermina à joindre ses troupes à celles de M. le prince. Il y avoit long-temps qu'il les lui faisoit espérer, et parce qu'il n'avoit pas la force de les lui refuser, et parce qu'il en estoit pressé au dernier point par M. de Beaufort, qui y avoit un intérest personnel, en ce qu'il devoit commander : mais il m'advoua le soir du jour dans lequel ce ridicule acte se joua, qu'il avoit eu bien de la peine à s'y résoudre, mais qu'il confessoit que puisqu'il n'y avoit rien à espérer du parlement, qu'il se perdroit, lui, et qu'il perdroit aussi touts ceux qui estoient embarqués avec lui ; qu'il ne falloit pas laisser périr M. le prince ; et peu s'en fallut qu'il ne me proposast de me raccommoder mesme avec lui. Il n'en vint toutefois pas jusque-là, soit qu'il fît réflexion sur mes engagements qui ne lui estoient pas incognues ; soit (et c'est ce qui m'en parut) que la peur qu'il avoit de se mettre dans la dépendance de M. le prince fust plus forte dans son esprit que celle qu'il venoit de prendre de ce contre temps du parlement. Vous verrés la suite de toutes ces dispositions, après que je vous aurai rendu compte de ce qui se passa à la cour en ce temps-là.

Je vous ai déjà dit, ce me semble, que M. de Chateauneuf avoit à la fin pris le parti de s'expliquer clairement avec la reine contre le restablissement de M. le cardinal ; ce qu'il fit à mon opinion sans aucune espérance de réussir, et dans la seule veue de tirer mérite dans le public de sa retraite qu'il voyoit inévitable, et qu'il estoit bien aise de faire croire au moins au peuple estre la suite et l'effet de la liberté avec laquelle il avoit dissuadé le rappel du ministre; il demanda son congé, il l'obtint.

M. le cardinal Mazarin arriva à la cour (1), où il fut receu comme vous pouves vous l'imaginer. Il y trouva M. Le Tellier que M. de Chateauneuf et de Villeroy y avoient déjà fait rentrer pour je ne sçai quelle fin, dont on faisoit un mystère en ce temps-là, et du détail de laquelle je ne me puis remettre. Il décida le roi à prendre le chemin de Saumur, quoique beaucoup de gents lui conseillassent de marcher en Guienne, pour achever de pousser M. le prince. Il creut qu'il estoit plus à propos d'opprimer d'abord M. de Rohan (2), qui estant gouverneur d'Angers, s'estoit déclaré avec la ville et le chateau pour M. le prince. Angers assiégé par messieurs de La Meilleraye et d'Hocquincourt, ne tint que fort peu, et ne cousta que peu de monde. Le Pont-de-Cé, où Beauveau commandoit pour les princes, fut pris d'abord et presque sans resistance par M. de Navailles et de Broglio. Le roi partit de Saumur et il alla à Tours, où M. l'archevesque de Rouen (3) jeta les premiers fondements de sa faveur, par les plaintes qu'il porta au roi, au nom des évesques qui se trouvèrent à la cour, contre les arrests qui avoient esté rendus au parlement contre M. le cardinal Mazarin. Leurs Majestés se rendirent ensuite à Blois, où M. Servien les rejoignit. Le mareschal d'Hoquincourt s'en approcha avec l'armée, qui faisoit des desordres incroyables faulte de paiement. Nous verrons ses progrès après que je vous aurai rendu compte de ce qui se passoit cependant à Paris.

Je suis persuadé que je vous ennuirois si j'entrois dans le détail de ce qui se traita au parlement dans les assemblées des chambres, depuis le 25 de janvier jusqu'au 15 de febvrier. Il n'y en eut, ce me semble, qu'un ou deux tout au plus, qui ne furent employés qu'à donner des arrests pour le restablissement des rentes de l'Hostel-de-Ville, que la cour, selon sa louable coustume, retiroit aujourd'hui pour mettre la confusion dans Paris, et remettoit le lendemain de peur de l'y mettre trop grande. Ce qui fut de plus considérable dans le Palais en ce temps-là, fut que la grande chambre donna arrest le 8 de febvrier, à la requeste du procureur général, par lequel elle deffendoit à qui que ce soit sans exception de lever des troupes sans commission du roi. Juges, je vous supplie, comme cela se pouvoit accorder avec sept ou huit arrests que vous aves veu ci-dessus.

Le 15 de febvrier, le parlement et la ville receurent deux lettres de cachet par lesquelles le roi leur donnoit part et de la rébellion de M. de Rohan et de la marche des troupes d'Espagne que M. de Nemours amenoit, et leur en faisoit voir les inconvéniens, en les exhortant à l'obéissance. Monsieur prit la parole ensuite. Il représenta que M. de Rohan ne s'estoit rendu maistre de la ville et du chasteau d'Angers que pour exéquter les arrests de la compagnie, qui ordonnoient à touts les gouverneurs de places de s'opposer aux entreprises du cardinal; que Boisleur, lieutenant général d'Angers et partisan passioné de ce ministre, en avoit une toute formée sur ceste place, et qu'ainsi M. de Rohan avoit esté obligé de le prévenir et de se saisir mesme de sa personne; qu'il ne pouvoit concevoir comme l'on pouvoit concilier ce qui se passoit touts les jours au parlement; que les chambres assemblées avoient donné sept ou huit arrests conséqutifs ou injonctions aux gouverneurs des provinces et des villes de se déclarer contre le cardinal; et qu'il n'y avoit que deux jours que La Tournelle, à la requeste de l'évesque d'Avranche, frère de Boisleve, avoit donné arrest contre M. le duc de Rohan, qui n'estoit coupable que d'avoir exéquté ceux des chambres assemblées; que la grande chambre venoit d'en donner un par lequel elle deffendoit de lever des troupes sans commission du roi, et qu'il n'y

(1) « .... Maintenant je continueray à mon ordinaire à vous faire part de nos nouvelles, et vous diray que le bruit qui s'estoit *espandu à Rome de la venue en cour de M. le cardinal Mazarin* a eu son effet puisqu'il arrive demain (24 janvier) *au Blanc en Berry,* pour estre *ici le* 27. Il amene avec lui six mille hommes, desquels on n'aura pas besoin présentement pour pousser M. le prince, puisque M. le comte d'Harcourt avec l'armée du roi l'a reduit, après lui avoir deffect la moitié de ses troupes, à embarquer ses troupes à Bourg pour aller à Bordeaux, où il arriva en personne il y a quatre jours. Si bien que l'autorité royale se restablit avantageusement, par les victoires du roi et par le retour de Son Eminence près de lui, qui causera bien moins de mal qu'on avoit apréhendé, et au contraire fera voir que Sa Majesté ne peut estre empeschée par qui que ce soit, dans l'exécution de ses volontés. » (Lettre du comte de Brienne adressée à M. Gueffier, agent de France à Rome, et datée de Poitiers, 23 janvier 1652.)

(2) Henri Chabot duc de Rohan, pair de France et gouverneur d'Anjou, mort en 1655, âgé de trente-neuf ans (A. E.)

C'est encore par erreur que l'éditeur de 1820 fait mourir Henri Chabot à l'âge de soixante-trois ans.

(3) François Harlay de Chanvalon, archevêque de Rouen, et ensuite de Paris. Il mourut en 1695. (A. E.)

avoit rien de plus contraire à la prière que le parlement en corps avoit faite et réitérée plusieurs fois à lui M. d'Orléans, d'employer toutes ses forces pour l'expulsion du cardinal : qu'au reste il se croyoit obligé d'advertir la compagnie que touts les arrests rendus n'avoient point encore esté envoyés ni aux bailliages ni aux parlements, ainsi qu'il avoit esté ordonné. Il adjousta que M. Damville l'estoit venu trouver de la part du roi, et qu'il lui avoit apporté la carte blanche, pour l'obliger à consentir au restablissement du cardinal ; mais que rien au monde ne l'y pourroit jamais obliger, non plus qu'à se séparer des sentiments du parlement, etc.

Messieurs les présidents Le Bailleul et de Novion soubstindrent avec fermeté que les arrests de la grande chambre et de la Tournelle, dont Monsieur venoit de se plaindre, estoient juridiques, en ce qu'ils estoient rendus par des chambres où le nombre des juges estoit complet. Ceste raison aussi impertinente que vous la voyés, vu la matière, satisfit la plus part des vieillards noyés ou plustost abismés dans les formes du Palais. La jeunesse eschauffée par Monsieur s'esleva et forcea M. Le Bailleul à mettre la chose en délibération. M. Talon, advocat général, éluda finement de s'expliquer sur les deux arrests de la grande chambre et de la Tournelle, par la diversion qu'il donna à la compagnie d'une déclaration qui lui fut fort agréable, contre l'évesque d'Avranche, odieux et par l'infamie de sa vie et par l'attachement d'esclave qu'il avoit au cardinal. Il s'esgaya à ce propos sur la résidence des évesques, contre laquelle il fit donner effectivement un arrest sanglant ; et il conclut à ce qu'il fust fait défense aux maires et eschevins des villes, aussi bien qu'aux gouverneurs de places, de livrer passage aux troupes espagnoles conduites par M. de Nemours.

Ce fut en cest endroit où Monsieur exéquta ce que je vous ai dit ci-devant qu'il avoit résolu, et mesme il y renchérit. Il soubstint que ces troupes n'estoient point espagnoles : qu'il les avoit prises à sa solde. Ce discours qui fut assés estendu consomma du temps ; l'heure sonna et l'assemblée fut remise.

Au lendemain 16. Il n'y en eut point toutefois parce que Monsieur envoya dès le matin s'excuser soubs le prétexte d'une cholique. Voici la véritable raison du délai.

Les derniers contretemps du parlement l'avoient embarrassé au-dessus de tout ce que je vous en puis exprimer ; et je crois qu'il m'avoit dit cent fois en moins de deux jours : « C'est
» chose cruelle que de se trouver en un estat où
» l'on ne peut rien faire qui soit bien ! Je n'y
» avois jamais fait d'attention. Je le sens, je
» l'éprouve. » Son agitation, qui avoit, comme la fiebvre, ses accès et ses redoublements, ne fut jamais plus sensible que le jour qu'il commanda ou plustost qu'il permit à M. de Beaufort de faire agir ses troupes. Et comme je lui représentois qu'il me sembloit qu'après les déclarations qu'il avoit tant de fois réitérées dans le parlement et partout ailleurs contre le Mazarin, le pas de donner du mouvement à ses troupes contre lui n'adjoustoit pas tant à la mesure du degoust qu'il avoit déjà donné à la cour, qu'il le deust apréhender ; il me respondit ces mémorables paroles sur lesquelles j'ai fait depuis mille et mille réflexions : « Si vous esties né fils de
» France, infant d'Espagne, roi de Hongrie, et
» prince de Galles, vous ne me parleriés plus
» comme vous faites. Sachés que nous autres
» princes, nous ne comptons les paroles pour
» rien, mais que nous n'oublions jamais les ac-
» tions. La reine ne se ressouviendroit pas de-
» main à midi de toutes mes déclarations con-
» tre le cardinal, si je le voulois souffrir demain
» au matin. Si mes troupes tirent un coup de
» mousquet, elle ne me le pardonnera pas quoi-
» que je puisse faire d'ici à deux mille ans. » La conclusion générale que je tirai de ce discours fut que Monsieur estoit persuadé que touts les princes du monde, sur de certains chapitres, estoient faits les uns comme les autres ; et la particulière, qu'il n'estoit pas si animé contre le cardinal qu'il ne pensast à ne pas rendre la réconciliation impossible en cas de nécessité. Il m'en parut toutefois, un quart d'heure après cest apophthegme, plus esloigné que jamais : car M. Damville estant entré dans le cabinet des livres, où j'estois seul avec Monsieur, et l'ayant extrêmement pressé au nom et de la part de la reine de lui promettre de ne point joindre ses troupes à celles de M. de Nemours qui s'advancoient, Monsieur demeura inflexible dans sa résolution, et il parla mesme sur ce subjet avec un fort grand sens, et avec touts les sentiments qu'un fils de France, qui se trouve forcé par les circonstances à une action de ceste nature, peut et doit conserver dans ce malheur. Voici le précis de ce qu'il dit : Qu'il n'ignoroit pas que le personnage qu'il soubstenoit en ceste occasion ne fust le plus fascheux du monde, veu qu'il ne lui pouvoit jamais rien apporter, et qu'il lui ostoit par advance et le repos et la satisfaction ; qu'il estoit assés cogneu pour ne laisser aucuns soupçons que ce qu'il faisoit fust l'effet de l'ambition ; que l'on ne le pouvoit pas non plus attribuer à la haine, de laquelle l'on sçavoit qu'il n'avoit jamais esté capable contre personne ;

que rien ne l'y avoit porté, que la nécessité où il s'estoit trouvé de ne pas laisser périr l'estat entre les mains d'un ministre incapable, et aborré du genre humain ; qu'il l'avoit soubstenu dans la première guerre de Paris, contre le mouvement de sa conscience, par la seule considération de la reine ; qu'il l'avoit défendu, quoiqu'avec le mesme scrupule, mais par la mesme raison, dans tout le cours des mouvements de Guienne ; que la conduite déplorable qu'il y tint un temps et l'usage qu'il voulut faire dans l'autre, des advantages que celle de lui Monsieur lui avoit procuré ; l'usage, dis-je, qu'il en voulut faire contre lui-mesme, l'avoient forcé de penser à sa sécurité, et qu'il advouoit, quoiqu'à sa confusion, que Dieu s'estoit servi de ce motif pour l'obliger à prendre le parti que son debvoir lui dictoit depuis si long-temps ; qu'il n'avoit point pris ce parti comme un factieux qui se cantonne dans un coin du royaume, et qui y appelle les estrangers ; qu'il ne s'estoit uni qu'avec les parlements, qui ont sans comparaison plus d'intérêt que personne à la conservation de l'estat ; que Dieu avoit beni ses intentions, particulièrement en ce qu'il avoit permis que l'on se défit de ce malheureux ministre, sans y employer le feu et le sang ; que le roi avoit accordé aux vœux et aux larmes de ces peuples ceste justice, encore plus nécessaire pour son service que pour la satisfaction de ses subjets ; que touts les corps du royaume, sans en excepter aucun, en avoient tesmoigné leur joie par des arrests, par des remerciments, par des feux et des réjouissances publiques ; que l'on avoit esté sur le point de voir l'union restablie dans la maison royale, qui auroit réparé en moins de rien les pertes que les advantages que les ennemis avoient tiré de sa division, y avoient causées ; que le mauvais desmon de la France venoit de susciter ce scélérat pour remettre partout la confusion ; qu'elle estoit la plus dangereuse de toutes les possibles ; parce que ceux mesme qui avoient l'intention du monde la plus espeurée de tout intérest estoient ceux qui y pouvoient le moins remédier ; que dans la pluspart des désordres qui estoient arrivés jusques là dans l'estat, l'on en avoit peu espérer la fin, par la satisfaction que l'on pouvoit tousjours essayer de donner à ceux qui les avoient causés par leur ambition : et qu'ainsi ce qui presque tousjours avoit fait le mal en avoit esté au moins pour le plus souvent le remède ; que ce grand simptôme n'estoit pas de la mesme nature ; qu'il estoit arrivé par une commotion universelle de tout le corps ; que les membres estoient dans l'impuissance de s'aider en leur particulier par leur soulagement, parce qu'il n'y avoit plus de remède que de pousser au dehors le venin qui avoit infecté tout le corps ; que les parlements s'estoient si engagés, que quand lui M. d'Orleans et M. le prince s'en relacheroient, ils ne les pourroient pas ramener ; et que lui M. d'Orleans et M. le prince y estoient si obligés par leur propre seureté, qu'ils se déclareroient contre les parlements, s'ils estoient capables de changer. « Me conseilleres-vous, Brion, disoit Mon-
» sieur (il appelloit le plus souvent ainsi M. le
» duc Damville, du nom qu'il portoit quand il
» estoit son premier escuyer), me conseilleres-
» vous de me fier aux paroles du Mazarin, après
» ce qui s'est passé ? Le conseilleres-vous à M. le
» prince ? Et supposes que nous ne nous y puis-
» sions fier, croyes-vous que la reine doibve la
» satisfaction que toute la France, ou plustost
» que toute l'Europe lui demande avec nous ?
» Nul ne sent plus que moi le déplorable estat
» où je vois le royaume, et je ne puis regarder
» sans fremissement les estendards d'Espagne,
» quand je fais réflexion qu'ils sont sur le point
» de se joindre à ceux de Languedoc et de Va-
» lois : mais le cas qui me force n'est-il pas de
» ceux qui ont fait dire avec justice, que néces-
» sité n'a point de loi ? Et me puis-je défendre
» d'une conduite qui est l'unique qui me puisse
» défendre, moi et touts mes amis, de la cho-
» lère de la reine et de la vengeance de son mi-
» nistre ? Il a toute l'autorité royale en main ;
» il est maistre de toutes les places ; il dispose
» de toutes les vieilles troupes ; il pousse M. le
» prince dans un coing du royaume ; il menasse
» le parlement et la capitale : il recherche lui-
» mesme la protection d'Espagne, et nous sça-
» vons le détail de ce qu'il a promis en passant
» dans le pays de Liège à dom Antonio Pi-
» mentel. Que puis-je faire en cest estat, ou
» plustost que ne dois-je point faire, si je ne
» veux me deshonnorer, et passer pour le
» dernier, je ne dis pas des princes, mais des
» hommes ? Quand j'aurai laissé opprimer M. le
» prince, quand j'aurai laissé subjuguer la Guien-
» ne, quand le cardinal sera arrivé victorieux
» aux portes de Paris, dira-t-on : Le duc d'Or-
» léans est estimable d'avoir sacrifié sa personne,
» le parlement et la ville à la vengeance du Ma-
» zarin, plustost que d'avoir employé les armes
» des ennemis de la couronne ? Et ne dira-t-on
» pas au contraire : Le duc d'Orléans est un
» lache et un innocent, de prendre des scrupules
» qui ne conviendroient pas mesme à un capu-
» cin engagé comme l'est le duc d'"Orléans ? »
Voilà ce que Monsieur dit à M. Damville, avec ce torrent d'éloquence qui lui estoit naturel, toutes les fois qu'il parloit sans préparation.

J'ai oublié de vous dire que ce dom Antonio Pimentel lui fut envoyé par Fuensaldagne soubs prétexte de l'escorter, et que le cardinal lui donna de grandes espérances d'une paix advantageuse au roi catholique. Dom Antonio m'a dit qu'il lui avoit parlé en ces propres termes : « Grabugio fo per voi ; je fais ce grabuge pour » vous. Payes-moi en ne faisant pour M. le » prince que la moitié de ce que vous y pouves » faire ; ou dites dès-à-présent ce que vous vou- » les pour la paix. La France me traite d'une » maniere qui me donne lieu de vous pouvoir » servir sans scrupule. »

Il (Monsieur) n'en fut pas apparemment demeuré là, si l'on ne fust venu l'advertir que M. le président de Bellièvre étoit dans sa chambre. Il sortit du cabinet des livres, et il m'y laissa avec M. Damville, qui m'entreprit en mon particulier avec une véhémence très-digne du bon sens de la maison de Ventadour, pour me persuader que j'estois obligé, et par la haine que M. le prince avoit pour moi, et par les engagements que j'avois pris avec la reine, d'empêcher que Monsieur ne joignist ses troupes à celles de M. de Nemours. Voici ce que je lui respondis en propres termes, ou plustost ce que je lui dictai sur ses tablettes, avec priere de les faire lire à la reine et à M. le cardinal.

« J'ai promis de ne me point accommoder » avec M. le prince ; j'ai déclaré que je ne pou- » vois quitter le service de Monsieur, et que je » ne pouvois par conséquent m'empescher de le » servir en tout ce qu'il feroit pour s'opposer au » restablissement de M. le cardinal Mazarin. « Voilà ce que j'ai dit à la reine devant Mon- » sieur ; voilà ce que j'ai dit à Monsieur devant » la reine ; et voilà ce que je tiens fidèlement. » Le comte de Fiesque assure touts les jours » M. de Brissac que M. le prince me donnera » la carte blanche quand il me plaira, ce que » je reçois avec tout le respect que je doibs, mais » sans y faire aucune response. Monsieur me » commande de lui dire mon sentiment sur ce » qu'il peut faire de mieux, supposé la résolu- » tion où il est de ne consentir jamais au retour » du cardinal ; et je crois que je suis obligé en » conscience et en honneur de lui répondre qu'il » lui donnera tout l'advantage, s'il ne forme un » corps de troupes asses considérable pour s'op- » poser aux siennes, et pour faire une diversion » de celles avec lesquelles il opprime M. le » prince. Enfin je vous supplie de dire à la reine » que je ne fais que ce que je lui ai tousjours dit » que je ferois, et qu'elle ne peut avoir oublié » ce que je lui ai dit tant de fois, qui est qu'il » n'y a aucun homme dans le royaume, qui soit » plus fasché que moi que les choses y soient » dans un estat qui fasse qu'un subjet puisse et » doibve mesme parler ainsi à sa maîtresse. »

J'expliquai à ce propos à M. Damville ce qui s'estoit passé autrefois sur cela dans les conversations que j'avois eues avec la reine. Il en fut touché, parce qu'il estoit dans la vérité bien intentionné et passionné pour la personne du roi ; et il s'affecta si fort, particulièrement de l'effort que je lui dis que j'avois fait, pour faire cognoistre à la reine qu'il ne tenoit qu'à elle de se rendre maîtresse absolue de touts nos intérêts, et des miens encore plus que de ceux des autres, qu'il s'ouvrit bien plus qu'il n'avoit fait de tendresse pour moi, et qu'il me dit : « Ce mi- » sérable (en parlant du cardinal) va tout per- » dre, songes à vous, car il ne pense qu'à vous » empescher d'estre cardinal ; je ne vous en puis » pas dire davantage. » Vous verres dans peu que j'en sçavois plus sur ce chef, que celui qui m'en advertissoit.

Comme nous estions sur ce discours, Monsieur rentra dans le cabinet des livres, et en s'appuyant sur M. le président de Bellièvre, il dit à M. Damville qu'il allast cheux Madame, qui l'avoit envoyé chercher. Il s'assit, et il me dit : « Je viens de raconter à M. le président ce que » j'ai dit devant vous à M. Damville : mais il » faut que je vous dise à touts deux, ce dont je » n'ai eu garde de m'ouvrir devant lui. Je suis » cruellement embarrassé, car je vois que ce » que je lui ai soubstenu estre nécessaire, et ce » qui l'est en effet, ne laisse pas d'estre très- » mauvais ; ce que je crois n'estre jamais arrivé » en aucunes affaires du monde qu'en celle-ci. » J'y ai fait réflexion toute la nuit ; j'ai rappelé » dans ma mémoire toute l'intrigue de la ligue, » toute la faction des huguenots, touts les mou- » vements du prince d'Orange, et je n'y ai rien » trouvé de si difficile, que ce que je rencontre » à toutes les heures, ou plustost à touts les mo- » ments devant moi. » Il ramassa et exagéra en cest endroit, tout ce que vous aves vu jusques ici respandu dans cest ouvrage sur ceste matière, et je lui respondis aussi en cest endroit tout ce que vous y aves peu remarquer de mes pensées. Comme il est impossible de fixer une conversation dont le subjet est l'incertitude mesme, il se respondoit au lieu de me respondre ; et ce qui arrive tousjours en ce cas, est que celui qui se respond ne s'en apperçoit jamais, et ainsi on ne finit point. Je suppliai Monsieur, par ceste raison, de me permettre que je misse par escrit mes sentiments sur l'estat des choses ; et je lui dis qu'il ne falloit qu'une heure pour cela. Je n'estois pas fasché, pour vous dire le vrai, de trouver lieu, à tout événement, de lui faire confirmer par M. de Bellièvre, ce que je lui avois advancé dans les occasions. Il me prit au mot ; il passa dans la galerie, où il y avoit une infinité de gents, et j'écrivis sur la table du cabinet des livres, ce que vous alles veoir, dont j'ai encore l'original.

« Je crois qu'il ne s'agist pas présentement de
» discuter ce que Son Altessse Royale a peu ou
» deu faire jusques ici; et je suis mesme per-
» suadé qu'il y a inconvénient dans les grandes
» affaires à rebattre le passé [c'estoit un des plus
» grands défaults de Monsieur], si ce n'est pour
» mémoire, et simplement autant qu'il peut
» avoir rapport à l'avenir. Monsieur n'a que
» quatre partis à prendre : ou à s'accommoder
» avec la reine, c'est-à-dire, avec le cardinal
» Mazarin : ou à s'unir intimement avec M. le
» prince : ou à faire un tiers-parti dans le
» royaume : ou à demeurer en l'estat où il est
» aujourdhui, c'est-à-dire, à tenir un peu de
» touts les costés : avec la reine, en demeurant
» uni avec le parlement, qui en frondant le car-
» dinal, ne laisse pas de garder des mesures à
» l'esgard de l'autorité royale, qui rompent deux
» fois par jour celles de M. le prince : à M. le
» prince, en joignant ses troupes avec celles de
» M. de Nemours : avec le parlement, en par-
» lant contre le Mazarin, et en ne se servant pas
» toutefois de l'autorité que sa naissance et l'a-
» mour que le peuple de Paris a pour lui, pour
» pousser ceste compagnie plus loing qu'elle ne
» veult aller. De ces quatre partis, le premier,
» qui est celui de se raccommoder avec le car-
» dinal, a tousjours esté exclus de toutes les dé-
» libérations par Son Altesse Royale, parce
» qu'elle a supposé qu'il n'estoit ni de sa dignité,
» ni de sa seureté. Le second, qui est de s'unir
» absolument et entiérement avec M. le prince,
» n'y a pas esté receu non plus, parce que Mon-
» sieur n'a pas voulu se pouvoir seulement ima-
» giner qu'il eust esté capable de se proposer à
» soi-mesme (ce sont les termes dont il s'estoit
» servi) de se séparer du parlement, et de s'a-
» bandonner par ce moyen, et à la discrétion
» de M. le prince, et au retour de M. de la Ro-
» chefoucault. Le troisiéme parti, qui est celui
» d'en former un troisiéme dans le royaume, a
» été rejetté par Son Altesse Royale, et parce
» qu'il peut avoir des suites trop dangereuses
» pour l'estat, et parce qu'il ne pourroit réussir
» qu'en forçant le parlement à prendre une con-
» duite contraire à ses maniéres et à ses formes,
» ce qui est impossible, que par des moyens
» qui sont encore plus contraires à l'inclination
» et aux maximes de Monsieur. Le quatriéme
» parti, qui est celui que Son Altesse Royale
» suit présentement, est celui-là mesme qui lui
» cause les peines et les inquiétudes où elle est,
» parce qu'en tenant quelque chose de touts les
» autres, il a presque touts les inconvénients de
» chacun, et n'a, à proprement parler, les ad-
» vantages d'aucun. Pour obéir à Monsieur, je
» vais déduire mes sentiments sur touts les qua-
» tre. Quoique je peusse trouver en mon particu-
» lier mes advantages dans le raccommodement
» avec M. le cardinal, et quoique d'autre part
» je sois si fort déclaré contre lui, que mes advis
» sur tout ce qui le regarde puissent et doibvent
» mesme estre suspects, je ne balance pas à
» dire à Son Altesse Royale qu'elle ne peut sans
» se déshonnorer prendre de tempérament sur
» cest article, veu la disposition de touts les par-
» lements, de toutes les villes et de touts les
» peuples, et qu'elle le peut encore moins avec
» seureté, veu la disposition des choses, celle de
» M. le prince, etc. Les raisons de ce sentiment
» saultent aux yeux, et je ne les touche qu'en
» passant. Je supplie Monsieur de ne me point
» commander de m'expliquer sur le second
» parti, qui est celui de s'unir entiérement avec
» M. le prince, pour deux raisons : dont la pre-
» mière est, que les engagements que j'ai pris
» en mon particulier, et mesme par son consen-
» tement avec la reine sur ce point, lui deb-
» vroient donner lieu de croire que mes advis
» y pourroient estre intéressés ; et la seconde est
» que je suis convaincu que s'il s'estoit résolu
» à se séparer du parlement, ce qui escherroit
» à délibérer, ne seroit pas s'il faudroit s'u-
» nir à M. le prince ; mais ce qu'il faudroit
» que Monsieur fist pour se tenir M. le prince
» soubmis à lui-mesme ; et ceste soubsmis-
» sion de M. le prince à Son Altesse Royale
» est une des principales raisons qui m'avoient
» obligé de lui proposer le tiers-parti, sur le-
» quel il fault que je m'explique un peu plus au
» long, parce qu'il est comme nécessaire de le
» traiter conjointement avec le quatrième, qui
» est celui de prendre quelque chose de tous les
» quatre. M. le prince a fait des pas vers l'Espa-
» gne, qui ne se peuvent jamais accorder que
» par miracle avec la pratique du parlement ;
» et lui ou ceux de son parti en font journelle-
» ment vers la cour, qui s'accordent encore
» moins avec la constitution présente de ce
» corps. Monsieur est inébranlable dans la ré-
» solution de ne se point séparer de ce corps ;
» ce qu'il seroit obligé de faire, s'il s'unissoit
» de tout point avec un prince, qui d'un costé
» par ses négociations, ou au moins par celles
» de ses serviteurs, avec le Mazarin, donne des

» défiances continuelles à ceste compagnie, et
» qui l'oblige en mesme temps une fois ou deux
» par jour, par sa jonction publique avec l'Es-
» pagne, à se déclarer ouvertement contre lui.
» Il se trouve que Monsieur, dans le mesme in-
» stant qu'il ne peut s'unir avec M. le prince par
» la considération que je viens de dire, il se
» trouve, dis-je, qu'il est obligé d'empescher
» que M. le prince périsse, parce que sa ruine
» donneroit trop de force au cardinal. Cela sup-
» posé, il ne reste plus de choix qu'entre le
» tiers-parti, et celui que Son Altesse Royale
» suit aujourd'hui. Il est donc à propos devant
» que d'entrer dans le détail et dans l'explica-
» tion du tiers-parti, d'examiner les inconvé-
» niens et les advantages de ce dernier. Le pre-
» mier advantage que je remarque qu'il a à
» l'air de sagesse, ce qui est tousjours bon,
» parce que la prudence est celle de toutes les
» vertus, sur laquelle le commun des hommes
» distingue moins justement l'essentiel de l'ap-
» parent. Le second est, que comme il n'est pas
» décisif, il laisse ou il paroist tousjours laisser
» Son Altesse Royale dans la liberté du choix,
» et par conséquent dans la faculté de prendre
» ce qui lui pourra convenir dans le chapitre
» des accidents. Le troisiesme advantage de
» ceste conduite est, que tant que Monsieur la
» suivra, il ne renoncera pas à la qualité de mé-
» diateur, que sa naissance lui donne naturelle-
» ment, et laquelle toute seule lui peut donner
» lieu en un moment, pourvu qu'il soit bien
» pris, de revenir avec [bienséance et mesme
» avec] fruit de tous les pas désagréables à la
» cour, qu'il a faits jusques ici, et qu'il sera
» peut-estre obligé de faire à l'advenir. Voilà à
» mon sens, les trois sortes d'utilité qui se peu-
» vent remarquer dans la conduite que Monsieur
» a prise. Pesons-en les inconvénients : ils se
» présentent en foule, et ma plume auroit peine
» à les démesler. Je ne m'arreste qu'au capital,
» parce qu'il embrasse touts les autres. Son Al-
» tesse Royale offense touts les partis, en don-
» nant de la force à l'unique avec lequel elle ne
» veult point de réconciliation, asses apparem-
» ment pour abattre le sien propre, aussi bien
» que les autres; et trop mesme certainement,
» pour obliger celui de M. le prince à s'accom-
» moder avec la cour; et cela justement dans le
» mesme moment qu'il lui en donne un prétexte
» très-spécieux, puisqu'il assiste touts les jours
» aux délibérations d'une compagnie qui con-
» damne ses armes, et qui enregistre sans ba-
» lancer les déclarations contre lui. Monsieur
» voit et sent plus que personne l'importance de
» cet inconvénient; mais il croit au moins en des
» instants que la garantie du parlement et de
» Paris l'en peut défendre en tout cas : ce que
» j'ai tousjours pris la liberté de lui contester,
» avec tout le respect que je lui doibs, parce
» qu'il ne se peut que le parlement, en conti-
» nuant à se contenir dans les formes, ne tombe
» à rien dans la suite d'une guerre civile, et
» que la ville que Monsieur laisse dans le cours
» ordinaire de sa soumission au parlement, ne
» coure sa fortune, parce qu'elle suivra sa con-
» duite. C'est proprement ceste conduite, qui
» en dépit de toute la France, et mesme de
» toute l'Europe, restablira le cardinal, par les
» mesmes moyens par lesquels elle l'a déjà ra-
» mené dans le royaume. Il le vient de traverser
» avec quatre ou cinq mille adventuriers, quoi-
» que Monsieur ait un nombre de troupes con-
» sidérables, pour le moins aussi bonnes et
» aussi aguerries que celles qui ont conduit ce
» ministre à Poitiers ; quoique la plupart des
» parlements soient déclarés contre lui ; quoi-
» qu'il n'y ait presque pas une grande ville dans
» l'estat, de laquelle la cour se puisse asseurer ;
» quoique touts les peuples soient enragés con-
» tre le Mazarin. Ceci paroist un prodige, il
» n'est rien moins : car qu'y a-t-il de plus natu-
» rel, quand l'on fait réflexion que ce parlement
» n'agissant que par des arrests, qui en défen-
» dant les levées et le divertissement des deniers
» du roi, favorisent beaucoup plus le cardinal
» qu'ils ne lui font de mal, en le déclarant cri-
» minel; quand l'on pense que ces villes, dont
» le branle naturel est de suivre celui du parle-
» ment, font justement comme lui; et quand l'on
» songe que ces gents de guerre n'ont de mou-
» vement que par des ressorts qui par la consi-
» dération des esgards que Son Altesse Royale
» observe vers le parlement, ont une infinité de
» rapports nécessaires avec un corps dont l'ap-
» plication particulière et la pratique journalière
» est de condamner ce mouvement? Il paroist
» aux étrangers que Monsieur conduit le par-
» lement, parce que ceste compagnie déclame
» comme lui contre le cardinal. Dans le vrai le
» parlement conduit Monsieur, parce qu'il sait
» que Monsieur ne se sert que très-médiocre-
» ment des moyens qu'il a en main pour nuire
» au cardinal. L'apprehension de déplaire à ce
» corps, est l'un des motifs qui l'ont empesché
» de faire agir ses troupes, et de travailler aussi
» fortement qu'il le pouvoit à en faire de nou-
» velles. La mesme politique voudra qu'il
» compense la jonction qu'il va faire de ses régi-
» ments avec l'armée de M. de Nemours, par
» la complaisance et mesme par l'approbation
» qu'il donnera par sa présence à toutes les dé-

» libérations que l'on fera, mesme avec fureur » contre leur marche. Ainsi il offensera la reine; » il outrera le cardinal ; il ne satisfera pas M. le » prince ; il ne contentera pas les Frondeurs. Il » sera agité par toutes ces vues, encore plus » qu'il ne l'a esté jusqu'ici; parce que les objets » qui les lui donnent se grossiront à touts les » instants, et la catastrophe de la pièce sera le » retour d'un homme, dont la ruine est crue si » facile que le restablissement n'en peut estre » que très-honteux. J'ai pris la liberté de propo- » ser à Son Altesse Royale un remède à ces in- » convénients, et je l'expliquerai encore en ce » lieu, pour ne manquer à rien de ce qu'elle » m'a commandé de lui déduire. Elle m'a fait » l'honneur de me dire plusieurs fois que l'ob- » stacle le plus grand qu'elle trouve à se résou- » dre à un parti décisif, qu'elle advoue estre » nécessaire s'il est possible, est qu'elle ne le » peut faire par elle-mesme sans se brouiller » avec le parlement; parce que le parlement » n'en peut jamais prendre un de ceste nature, » par la raison de l'attachement qu'il a à ses » formes, et qu'elle le peut encore moins du » costé de M. le prince, et par ceste mesme » considération et par celle de la juste défiance » qu'elle a des différentes cabales, qui ne par- » tagent pas seulement, mais qui divisent son » parti. Ces deux vœues sont asseurément très- » sages et très-judicieuses ; et ce sont celles qui » m'avoient obligé de proposer à Monsieur un » moyen qui me paroissoit presque seur, pour » remédier aux deux inconvénients, que l'on » ne peut nier estre très-considérables et très- » dangereux. Ce moyen estoit que Monsieur for- » mast un tiers-parti, composé des parlements » et des grandes villes du royaume, indépen- » dant et mesme séparé, par profession publi- » que, des estrangers et de M. le prince mesme, » soubs la prétexte de son union avec eux. L'ex- » pédient qui me paroissoit propre à rendre ce » moyen possible, estoit que Monsieur s'expli- » quast, dans les chambres assemblées, claire- » ment et nettement de ses intentions, en disant » à la compagnie, que la considération qu'il » avoit eue jusques ici pour elle, l'avoit obligé » d'agir contre ses vues, contre sa seureté, » contre sa gloire; qu'il louoit son intention, » mais qu'il la prioit de considérer que la con- » duite ambiguë qu'elle produisoit, anéantiroit » celle à laquelle tout le royaume conspiroit » contre le cardinal Mazarin; que ce ministre » qui estoit l'objet de l'horreur de touts les peu- » ples, triomphoit de leurs haines avec quatre » ou cinq mille hommes, qui l'avoient conduit » en triomphe à la cour; parce que le parle-
» ment donnoit touts les jours des arrests en sa » faveur, au moment mesme qu'il déclamoit » avec le plus d'aigreur contre lui; que lui Mon- » sieur estoit demeuré par la complaisance qu'il » avoit pour ce corps, dans des ménagements » qui avoient en leur maniere contribué aux » mesmes effets; que le mal augmentant, il » ne pouvoit plus s'empescher d'y chercher des » remèdes; qu'il n'en manquoit pas : mais qu'il » estoit bien aise de les concerter avec la com- » pagnie, qui debvoit aussi de son costé pren- » dre une bonne résolution, et se fixer pour une » bonne fois aux moyens efficaces de chasser » le Mazarin, puisqu'elle avoit jugé tant de fois » que son expulsion estoit de la nécessité du » service du roi; que l'unique moyen pour y » parvenir estoit de bien faire la guerre, et » que pour la bien faire, il la falloit faire sans » scrupule; que le seul qu'il prétendoit dores- » navant d'y conserver, estoit celui qui regar- » doit les ennemis de l'estat, avec lesquels il » déclaroit qu'il [ne vouloit] ni union, ni mesme » commerce; qu'il ne prétendoit pas qu'on lui » eust grande obligation de ce sentiment, parce » qu'il sentoit ses forces et qu'il cognoissoit » qu'il n'avoit aucun besoing de leurs secours ; » que par ceste considération, et encore plus » par celle du mal que la liaison avec les es- » trangers peut toujours faire à la couronne, » il n'approuvoit ni ne concouroit à rien de ce » que M. le prince avoit fait à cet esgard : mais » qu'à la réserve de cest article, il estoit résolu » de ne plus garder de mesures, et de faire » comme lui; de lever des hommes et de l'ar- » gent; de se rendre maistre du bureau, de se » saisir des deniers du roi, et de traiter comme » ennemis ceux qui s'y opposeroient, en quel- » que forme et manière que ce peust estre. Je » croyois que Son Altesse Royale pouvoit ad- » jouter que la compagnie n'ignoroit pas que le » peuple de Paris estant aussi bien intentionné » pour lui qu'il l'estoit, il lui estoit plus aisé » d'exécuter ce qu'il lui proposoit, que de le » dire; mais que la considération qu'il avoit » pour elle, faisoit qu'il vouloit bien lui donner » part de sa résolution, devant que de la porter » à l'Hostel-de-Ville, où il estoit résolu de la dé- » clarer dès l'après-disnée, et d'y délivrer en » mesme temps ses commissions. Je supplie » Monsieur de se ressouvenir, que lorsque je lui » proposai ce parti, je pris la liberté de l'asseu- » rer sur ma teste, que ce discours estant ac- » compagné des circonstances que je lui mar- » quai en mesme temps, c'est-à-dire d'assemblée » de noblesse, de clergé, de peuple, ne rece- » vroit pas un mot de contradiction. J'allai plus

» loing, et je me souviens que je lui dis que le
» parlement qui n'y donneroit le premier jour
» que par étonnement, y donneroit le second
» du meilleur de son cœur. Les compagnies sont
» ainsi faites, et je n'en ai veu aucune, dans
» laquelle trois ou quatre jours d'habitude ne
» fassent recevoir pour naturel, ce qu'elles n'ont
» mesme commencé que par contrainte. Je re-
» présentai à Monsieur que, quand il auroit
» mis ses affaires en cest estat, il ne debvroit
» plus craindre que le parlement se séparast de
» lui; il ne pourroit plus appréhender d'estre
» livré à la cour par les négociations des diffé-
» rentes cabales du parti des princes, puisque
» ceux qui dans le parlement estoient dans les
» intérests de la cour, en auroient un trop per-
» sonnel et trop proche, pour laisser pénétrer
» leurs sentiments; et puisque M. le prince se-
» roit lui-mesme si dépendant de Son Altesse
» Royale que son principal soing seroit de le
» mesnager. Car il n'y auroit, à mon opinion,
» aucun lieu d'appréhender qu'il se fust rac-
» commodé à la cour, si Monsieur eust pris ce
» parti, veu l'estat des choses, la force de ce-
» lui de Monsieur, la déclaration du public, et
» les mesures secrètes que Son Altesse Royale
» eust peu garder avec lui. Elle sçait mieux que
» personne si elle n'est pas maistresse absolue
» du peuple de Paris, et si, quand il lui plaira
» de parler décisivement en fils de France, et
» en fils de France qui est et qui se sent chef
» d'un grand parti, il y a un seul homme dans
» le parlement et dans l'Hostel-de-Ville, qui ose,
» je ne dis pas lui résister, mais le contredire.
» Elle n'aura pas, sans doute, oublié que je
» lui avois proposé en mesme temps des préala-
» bles pour le dehors, qui n'estoient ni esloi-
» gnés, ni difficiles; le ralliement du débris des
» troupes de M. de Montrose; le licenciement
» de celles de Neubourg; la déclaration de huit
» ou dix des plus grandes villes du royaume.
» Monsieur n'a pas voulu entendre à ce parti,
» parce qu'il le croit d'une suite trop dange-
» reuse pour l'estat. Dieu veuille que celui qu'il
» a pris ne lui soit pas plus périlleux, et que
» la confusion où apparemment elle le jettera,
» ne soit pas plus à craindre que la commotion
» dans laquelle il y auroit au moins un fils de
» France au gouvernail. J'avois dans Paris trois
» cents officiers à moi, et le vicomte de Lamet
» avoit mesnagé deux mille chevaux du licen-
» ciement de Neubourg. J'estois encore asseuré
» des villes [de Troies], de Limoges, de Mar-
» ville, de Senlis et de Toulouse. »

Voilà ce que j'escrivis sur la table du cabinet des livres en moins de deux heures. Je le lus à Monsieur en présence de M. le président de Bellièvre, qui l'approuva et l'appuya avec bien plus de force que je n'avois fait moi-mesme. La contestation s'eschauffa, Monsieur soutenant que sans un fracas de ceste nature (c'est ainsi qu'il l'appela), il empescheroit bien que le parlement ne se déclarast contre la marche des troupes de M. de Nemours, qui estoit ce qu'il appréhendoit plus que toutes choses; parce qu'il y alloit joindre les siennes. Vous verres qu'il ne se trompa pas dans ceste veue. Il est vrai encore que je ne fus pas moins trompé sur un autre chef: car je soubstins tousjours à Monsieur avec le président de Bellièvre, qui estoit de mon advis, qu'il ne seroit pas en son pouvoir d'empescher que le parlement ne procédast à l'exécution de la déclaration contre M. le prince, quoiqu'il eust donné arrest, par lequel il s'engageoit de ne le pas faire, jusques à ce que le cardinal fust hors du royaume. Car la cour trouva si peu de jour à ceste exécution du costé du parlement, qu'elle n'osa mesme la lui proposer.

Ces succès contribuèrent beaucoup à sa perte; car ils l'endormirent, et ils ne le sauvèrent pas. J'entrerai dans la suite de ce détail, après que je vous aurai rendu compte de ce qui se passa dans ceste conversation touchant ma promotion au cardinalat, de ceste promotion qui se fit en effet justement en ce temps-là.

Monsieur qui estoit l'homme du monde le plus esloigné de croire que l'on fust capable de parler sans intérest, me dit dans la chaleur de la dispute, qu'il ne concevoit pas celui que je pouvois m'imaginer dans un parti, qui, en rompant toutes mesures avec la cour, feroit asseurément révoquer ma nomination. Je lui respondis que j'estois à l'heure qu'il estoit cardinal, ou que je ne le serois de long-temps; mais que je le suppliois d'estre persuadé que, quand ma promotion dépendroit de ce moment, je ne changerois en rien mes sentiments, parce que je les lui disois pour son service, et nullement pour mes intérests. « Et vous n'aves, Monsieur » (ajoutai-je), pour vous bien persuader de ceste » vérité, qu'à vous ressouvenir, s'il vous plaist, » que le propre jour que la reine m'a nommé, » je lui ai déclaré à elle-mesme que je ne quit- » terois jamais vostre service, en vous donnant » le conseil que je croirois le plus conforme à » vostre gloire. Je crois que je lui tiens aujour- » d'hui fidèlement ma parole : et pour vous le » faire voir, je supplie très-humblement Vostre » Altesse Royale de lui envoyer le mémoire que » je viens d'escrire. »

Monsieur eut honte de ce qu'il m'avoit dit.

Il me fit mille honnestetés. Il jeta le mémoire dans le feu, et il sortit du cabinet tout aussi aheuré (me dit à l'aureille le président de Bellièvre) qu'il y estoit entré.

Je vous viens de dire que j'avois respondu à Monsieur que j'estois cardinal à l'heure où je lui parlois, ou que je ne le serois de long-temps. Je ne m'estois trompé que de peu; car je le fus effectivement cinq ou six jours après. J'en reçus (1) la nouvelle le dernier de ce mois de febvrier, par un courrier que le grand duc me dépescha. Je vous dirai comme la chose se passa à Rome, après que je vous aurai fait des excuses de vous avoir sans doute autant ennuyé que j'ai fait, et par la longueur de ce dernier mémoire, et par celle du discours de Monsieur à M. Damville, qui sont remplis de mille circonstances que vous aures desjà trouvées comme semées dans les différents endroits de cest ouvrage. Mais comme la plupart de ces circonstances sont celles qui ont formé ce corps monstrueux et presque incompréhensible, mesme dans le genre du merveilleux historique, dans lequel il semble que touts les membres n'ayent peu avoir aucuns mouvemens qui leur fussent naturels, et mesme qui ne fussent contraires les uns aux autres; j'ai creu qu'il estoit mesme heureux de rencontrer, dans le cours de ceste narration, une matière qui m'obligeast de les ramasser toutes ensemble, afin que vous puissies, avec plus de facilité, découvrir d'un coup d'œil ce qui n'estant que respandu dans les lieux différents, offusque la vérité de l'histoire par des contradictions que rien ne peut jamais bien desmesler, que l'assemblage des raisonnements et des faits. Je reviens à ma promotion.

Vous aves veu dans le second volume de ceste histoire, que j'avois envoyé à Rome l'abbé Charrier, qui trouva la face de ceste cour tout à fait changée, par la retraite plutost que par la disgrace de la signora Olimpia (2), belle-sœur du pape Innocent (3), qui s'estoit laissé toucher à des manières de réprimande, que l'Empereur, à l'instigation des jésuites, lui avoit fait faire par son nonce de Vienne. Il ne voyoit plus la signora; et il soulageoit le cruel ennui que l'on a tousjours creu qu'il en avoit, par des conversations asses fréquentes avec la princesse de Rossane (4), femme de son nepveu, qui, quoique très-spirituelle, n'approchoit pas du génie de la signora; mais qui en récompense estoit beaucoup plus jeune et beaucoup plus belle. Elle s'acquit effectivement du pouvoir sur son esprit, et au point que la signora Olimpia en eut une cruelle jalousie (5), qui, en donnant encore de nouvelles lumières à son esprit déjà extrèmement éclairé et habile par lui-mesme, lui fit enfin trouver le moyen de ruiner sa belle-fille auprès du pape, et de rentrer dans sa première faveur. Ma nomination (6) tomba justement dans le temps où celle de madame la princesse de Rossane étoit la plus forte; et il parut en ceste occasion que la fortune voulust réparer la perte que

(1) Le chapeau fut donné à Retz par le Pape dans le consistoire du 18 février 1652, au moment où l'ambassadeur ayant reçu le pouvoir de révoquer la nomination du roi, se proposoit d'en faire usage. Le consistoire avoit été convoqué à petit bruit. (Mém. de Guy Joly.)

(2) Dona Olimpia Maldachini, femme du seigneur Panfilio, frère du pape Innocent X, les gouverna à sa fantaisie durant son pontificat. Les plaintes et les railleries qu'on fit du pape à cette occasion l'obligèrent à éloigner cette dame. Entre autres pièces satiriques, on fit frapper une médaille dans laquelle on avait représenté dona Olimpia revêtue des ornements pontificaux, et le pape filant une quenouille. Dona Olimpia mourut de la peste à Orviète en 1656. (A. E.)

(3) Jean-Baptiste Panfilio, élu pape en 1644, à la place d'Urbain VIII, et mort en janvier 1655. (A. E.)

Nous devons encore relever une erreur de l'éditeur de 1820, qui fait élire le pape Innocent X en 1643, tandis que ce fut véritablement l'année suivante (1644, 15 septembre) que la promotion eut lieu. Urbain VIII, son prédécesseur, était mort le 29 juillet 1644.

(4) Femme du prince Camillo, neveu du pape. Cette dame, la signora Olimpia et les princesses Ludovisi et Giustiniani, que l'on voyait sans cesse au Vatican, donnèrent lieu à Pasquin de dire à Marforio : *Si tu vuoi fare il ruffiano, troverai donne al Vaticano.*

(5) M. Gueffier, chargé d'affaires de France à Rome, informait le comte de Brienne, secrétaire d'état, du dissentiment de ces deux femmes par sa dépêche du 15 janvier 1652. En voici les termes :

« Du 15 janvier 1652.

» L'on a cru à Rome, quelques jours durant, que la signora Olimpia et la princesse de Rosane, sa belle-fille, après tant de haynes et de jalousies qu'il y a eu entre elles, s'étoient réconciliées, c'est que moyennant cela la première reprendroit le chemin de voir le Pape comme elle faisoit auparavant; mais il s'est découvert qu'elles sont encore entre elles en aussi mauvais ménage qu'elles aient été, se disant seulement, à cette heure, que la première, sur l'occasion des nouvelles couches de ladite princesse, qui doivent estre bientost, se pourra raccommoder avec elle, le Pape voulant qu'elle l'assiste en ses couches-là, et que par ce moyen tout sera pacifié entre eux. L'on dit encore que ce sont ces dames-là principalement qui, avec le prince Ludovisi, rendent tant de mauvais offices audit cardinal Panfile.

» Signé GUEFFIER. »

(6) Le cardinal de Retz avait fait la circulaire suivante pour remercier ses nombreux amis qui le complimentaient sur sa nomination :

« Monsieur, vous me tesmoignez, par vostre lettre, de prendre part à la joie que tous mes amis m'ont fait paroître sur ma promotion au cardinalat, d'une manière si obligeante, que je ne puis assez vous en faire paroître

j'avois faite en la personne de Pancirolle. C'est le seul endroit de ma vie où je l'aye trouvée favorable. Je vous ait dit ailleurs les raisons pour lesquelles j'avois lieu de croire que madame la princesse de Rossane me le pouvoit estre, et sans comparaison davantage que la signora Olimpia, qui ne faisoit rien qu'à force d'argent, et vous croyes aisément qu'il n'eust pas esté aisé de me résoudre à en donner pour un chapeau. L'abbé Charrier trouva à Rome tout ce que j'y avois espéré de madame de Rossane, et le premier advis qu'elle lui donna, fut de se défier au dernier point de l'ambassadeur, qui joignoit aux ordres secrets que la cour lui avoit donnés contre moi, la passion effrénée qu'il avoit lui-mesme pour la pourpre. L'abbé Charrier profita très-habilement de cest advis : car il joua tousjours l'ambassadeur en lui témoignant une confiance abandonnée (1), et en lui faisant voir en même temps la promotion très-esloignée. La haine que le pape avoit conservée depuis long-temps pour la personne de M. le cardinal Mazarin contribua à ce jeu, et l'intérêt de monsignor Chigi, secrétaire d'estat, qui a esté depuis Alexandre VII, y concourut aussi avec beaucoup d'effet. Il estoit assuré du chapeau pour la première promotion, et il n'oublia rien de ce qui la pouvoit avancer. Monsignor Azolini, qui estoit secrétaire des brefs, et qui avoit esté attaché à Pancirolle, avoit hérité de son mespris pour le cardinal, et de sa bonne volonté pour moi. Ainsi M. le bailli de Valancey fut amusé ; et il ne fut pas mesme adverti de la promotion, qu'après qu'elle fut faicte (2). Le pape Innocent m'a dit qu'il sçavoit de science certaine qu'il avoit dans sa poche la lettre du roi pour la révocation de ma nomination, avec ordre toutefois de ne la pas rendre que dans la dernière nécessité, et à l'entrée du consistoire, où les cardinaux seroient déclarés ; et l'abbé Charrier m'avoit dépesché deux courriers pour me donner le mesme advis. Ce qui est constant, et que j'ai sceu depuis par Champfleury, capitaine des gardes de M. le cardinal, c'est qu'aussitost qu'il eut receu la nouvelle de ma promotion, qu'il apprit à Saulmur, il lui commanda à lui Champfleury d'aller cheux la reine en diligence, et de la conjurer de sa part de se contraindre et d'en faire paroistre de la joie.

mon ressentiment. Je vous assure qu'il ne s'y peut rien ajouter, non plus qu'au désir que j'aurai tousjours d'estre véritablement,
» Monsieur,
» Votre très-affectionné à vous servir.
» Signé LE CARDINAL DE RETZ.
» Paris, ce 13 mars 1652. »
(Manuscrit de la Bibliot. du Roi. Fonds de St-Germain.)
Lettre d'envoi du bonnet de cardinal pour le coadjuteur.
A M. le comte de Brienne.
« De Rome, ce 14 avril 1652.
» Monsieur, le sieur Curtio Pesta, qui vous présentera cette lettre, allant porter à Sa Majesté, de la part du Pape, le bonnet pour M. le cardinal de Retz, n'a pas besoin d'autre recommandation que celle que lui donne le sujet qui le fait aller de par-delà. Je ne prétends pas aussy vous en faire aucune pour luy en qualité d'envoyé de Sa Sainteté pour cette cérémonie, mais bien en celle d'un de mes amis et de personne de mérite, et qui appartient à des gens que j'estime fort, et en cette qualité je vous supplie, Monsieur, de le vouloir considérer particulièrement, et luy faire ressentir les effets de votre bonté et générosité ordinaires, dont vous sera infiniment obligé.
» Monsieur,
» Votre très-humble et très-obéissant serviteur,
» Signé le bailly de VALLANÇAY. »
(1) On voit par les lettres du bailly de Vallançay que l'abbé Charrier exécuta ponctuellement ses instructions, et qu'il parvint en effet à jouer l'ambassadeur, tandis que celui-ci était persuadé que l'abbé avait en lui une entière confiance ; et il écrivait même dans ce sens au ministre d'état, comte de Brienne, comme on le voit par l'extrait de la dépêche suivante :
« De Rome, le 5 février 1652.
» Pour le regard de la promotion future de M. le coadjuteur de Paris et ma bonne intelligence avec le sieur abbé Charrier, vous avez esté servy ponctuellement, selon vos désirs et les intentions de Sa Majesté et de son conseil à point nommé. Il suffit de vous dire cela pour respondre à ce que vous m'en mandez dans vostre despesche, et ledit sieur abbé est content de moy et de mes œuvres au dernier point, au moins en ce qui touche l'affaire qu'il y sollicite icy. Lundy prochain je repartiray au reste de ce que vous m'avez modernement escrit, et ce que dessus faict que je puis prendre ce délay sans négliger de contenter vostre curiosité, et de l'advertir à propos de ce qui presse pour le service de Sa Majesté.
» Le bailly de VALLANÇAY. »
(2) Le bailly de Vallançay en informa le comte de Brienne par la dépêche suivante :
« De Rome, 19 février 1652.
» La promotion s'est faite ce matin de douze subjects au cardinalat, dont dix ont esté desclarés dans le consistoire et deux réservés *in petto*. Elle fut résolue hier, mais après l'arrivée du courrier de Lyon, et tout le monde unanimement tombe d'accord que le Pape s'y est porté crainte qu'il ne vinst un changement de nomination de France. Sa Sainteté prétend donner un homme en teste à M. le cardinal Mazarin, pour luy disputer la préeminence dans le ministère ; ou Leurs Majestés n'estans inclinées à cette nouvelle Eminence, fortifier par la pourpre la faction de M. le duc d'Orléans et celle de messieurs les princes et duc de Lorraine, que le palais ecclésiastique tient pour très-unis, avec dessein de baisser l'autorité royale soubs prétexte de l'esloignement de M. le cardinal Mazarin. Et des cardinaux qui ont été créés, trois ou quatre ayant veu un gentilhomme de mes amis, que je pourrois quasy nommer mon domestique, lorsqu'ils s'allèrent mettre à table avec le cardinal Pamphille, pour de là, selon la coustume, aller prendre le bonnet de la main du Pape, s'en sont approchés, et après luy avoir dit quelques mots de civilités pour moy, ont adjousté qu'ils avoient quelque obligation à la France et à M. le coadjuteur de Paris, aujourd'huy cardinal de Gondy, de leurs promotions, au moins de

Je ne puis m'empescher dans cest endroit de rendre honneur à la vérité, et de faire justice à mon imprudence, qui faillit à me faire perdre le chapeau. Je m'imaginai, et très-mal à propos, qu'il n'estoit pas de la dignité du poste où j'estois de l'attendre, et que ce petit deslai de trois ou quatre mois (1), que Rome fut obligée de prendre pour resgler une promotion de seize subjets, n'estoit pas conforme aux paroles qu'elle m'avoit données, ni aux recherches qu'elle m'avoit faites. Je me faschai, et j'escrivis une lettre offensive à l'abbé Charrier, sur un ton qui n'estoit asseurément ni du bon sens, ni de la bienséance. C'est la pièce la plus passable pour le style, de toutes celles que j'aye jamais faites : [je l'ai cherchée pour l'insérer ici, et je ne l'ai pu trouver]. La sagesse de l'abbé Charrier, qui la supprima à Rome, fit qu'elle me donna de l'honneur par l'événement ; parce que tout ce qui est haut et audacieux est tousjours justifié, et mesme consacré par le succès. Il ne m'empescha pas d'en avoir une véritable honte : je la conserve encore, et il me semble que je répare en quelque façon ma faute en la publiant. Je reprends le fil de ma narration (2).

J'en estois demeuré, ce me semble, au 16 febvrier de l'année 1652. Il y eut le lendemain 17, une assemblée des chambres, dans laquelle vous verres, à mon advis, plus que suffisamment, comme dans un tableau raccourci, ce qui se passa dans toutes celles qui furent mesme asses fréquentes depuis ce jour jusques au premier d'avril. Monsieur y prit d'abord la parole, pour représenter à la compagnie que la lettre du roi qui y avoit esté leue le 15, et qui le taxoit de donner la main à l'entrée des ennemis dans le

l'anticipation de quelques jours d'icelles ; mais je me réserve à vous écrire plus amplement la sepmaine prochaine sur telles peines de troubles et d'intrigues de Sa Sainteté. Je vous dirai que mon audience est renouée avec elle sur ce subjet pour demain au matin, laquelle m'a esté accordée avec une civilité extraordinaire, me donnant le choix de l'heure qui me sera la plus commode, moyennant que le Saint Père soit hors du lit et ait entendu sa messe.

» Je suis, etc.,
» Le bailly de VALLANÇAY. »

Dépêche du chargé d'affaires de France à Rome sur le même sujet.

Au comte de Brienne.
« De Rome, ce 26 février 1652.

» La promotion qui se fit il y a huit jours des dix cardinaux, dont je vous envoyay la liste avec ma lettre du 19 de ce mois, contre l'opinion de tout le monde qu'elle se dust faire sitost, sur ce que le Pape s'estoit plusieurs fois laissé entendre qu'il vouloit avoir quinze places vacantes devant que de la faire, ou au moins qu'elle ne se feroit qu'après Pasques. Cela a fait faire divers jugements des causes qui la peuvent avoir fait advancer, aucuns disans que ça esté la presse et les importunités de ses proches, dans la crainte qu'ils avoient de quelque accident en sa santé, et de perdre les avantages qu'elle leur pouvoit et devoit apporter ; d'autres que Sa Sainteté ayant sceu et esté fort aise que le Roy, en considération du respect qu'il porte au saint siège et à la dignité du cardinalat, avoit fait casser l'arrest du parlement de Paris donné contre le cardinal Mazarin le 29 décembre dernier, a voulu faire connoistre au plustôt l'estime qu'elle faisoit de cette piété et bonté de Sa Majesté, en avançant cette promotion par celle de M. le coadjuteur, dont elle luy avoit fait la nomination ; et les autres (qui est la plus commune) que sur quelques avis que Sa Sainteté avoit eus, qu'il lui pouvoit bientôt venir une révocation de cette nomination-là, elle l'avoit voulu prévenir pour accomplir le désir qu'elle avoit de faire ce seigneur cardinal, et ceux qui pensent mieux sçavoir laquelle des trois raisons est la plus véritable, disent assez publiquement que c'est cette dernière icy.

» Je suis, etc.,
» GUEFFIER. »

(1) Pendant ce temps, M. Gueffier, chargé d'affaires de France à Rome, et le bailly de Vallançay, ambassadeur près du Pape, écrivaient au comte de Brienne, secrétaire d'état :

« Du premier jour de l'an 1652.

» Monseigneur, le jour des Innocens arriva icy un extraordinaire dépesché de Paris à M. l'abbé Charrier, pour les affaires de M. le coadjuteur, que je vous diray, devant que de passer outre, n'estre guère plus avancées qu'elles étoient le premier jour que l'on en a parlé ; et en effet, il semble aux discours dudit abbé, qu'il commence d'en avoir mauvaise opinion, ou pour le moins que la promotion ne soit pour se faire sitôt qu'il voudroit, comme tout le monde dit que malaisément le Pape la fera devant ces Pasques.

» Signé GUEFFIER. »

« De Rome, ce 29 janvier 1652.

» Pour ce qui peut concerner M. le coadjuteur, l'on auroit bien de la peine à vous en dire le vray sentiment de Sa Sainteté, laquelle ayant témoigné autrefois le souhaitter avec empressement couvert d'un chapeau rouge, a fait évidemment le renchéry quand il n'a tenu qu'à luy de l'en honnorer, que l'on ne peut rien dire là-dessus, sinon qu'elle lui a seulement destiné cette dignité quand elle a creu ce prélat eschauffé dans un parti contraire à celui de la cour : et quand elle s'est aperceue qu'il s'attachoit aux intérests du roy, elle n'a pas voulu le traiter en ami et partial ; et sur ce présupposé, je manquerois à vous dire que les cartes se rebrouilloient de par de là, en sorte que M. le coadjuteur rentroit dans ses mécontentements, que ce cas, si le Pape pouvoit lui donner le bonnet avant que le roy eust révoqué la nomination, qu'il le feroit volontiers pour fortifier la faction eslevée dans l'estat contre l'authorité de Sa Majesté ; mais que des tendresses et faveurs sur ce qui travaille pour le restablissement de l'autorité royale, c'est à quoy, sauf erreur, j'ai opinion que Sa Sainteté ne se portera pas volontiers, si l'intérest courant de sa maison n'emportoit avec eux la satisfaction dudit coadjuteur.

» Le bailly de VALLANÇAY. »

(2) On voit que l'intention du cardinal était d'insérer ici sa lettre à l'abbé Charrier ; mais ne l'ayant probablement pas retrouvée, il ajouta à la marge de son manuscrit la ligne que nous avons imprimée entre crochets. C'est ce qui explique la contradiction qui existe entre les deux phrases de ses Mémoires.

royaume, ne pouvoit estre que l'effet des calomnies dont on le noircissoit dans l'esprit de la reine; que les gents de guerre que M. de Nemours amenoit estoient des Allemands, ausquels l'on n'avoit pas peur de donner ce nom, etc. Voilà ce qui occupa proprement toutes les assemblées dont je vous viens de parler. Le président de Bailleul, qui présidoit, les commençant presque toutes par l'exagération de la nécessité de délibérer sur la lettre de Sa Majesté; les gents du roi concluant tousjours à commander aux communes de courre sus aux troupes de M. de Nemours, et Monsieur ne se lassant point de soubstenir qu'elles n'estoient point espagnoles, et qu'après la déclaration qu'il faisoit, qu'aussitost que le cardinal seroit hors du royaume, elles se mettroient à la solde du roi, il estoit fort superflu d'opiner sur leur subjet. Ceste contestation recommençoit presque tous les jours, mesme à différentes reprises; et il est vrai, comme je vous viens de le dire, que Monsieur en esluda tousjours la délibération. Mais il est vrai aussi que ce faux advantage l'amusa, et qu'il fut si ⸺ ise d'avoir eu qu'on lui avoit soubstenu qu'il n'auroit pas, qu'il ne voulut pas seulement examiner si ce qu'il avoit lui suffisoit; c'est-à-dire qu'il ne distingua pas asses entre la connivence et la déclaration du parlement. Le président de Bellièvre lui dit très-sagement, douze ou quinze jours après la conversation dont je vous viens de parler, que lorsque l'on a à combattre l'autorité royale........ (1) peut-estre très-pernicieuse par l'événement : il lui expliqua ce dictum très-sensément. Vous en voyes la substance d'un coup d'œil. Hors la contestation dont je viens de vous rendre compte, dans laquelle il y eut tousjours quelque grain de ce contradictoire que je vous ai tant de fois expliqué, il n'y eut rien dans toutes ces assemblées des chambres qui soit digne, à mon sens, de vostre curiosité. On leut en quelques-unes les responses que la pluspart des parlements de France firent en ce temps-là à celui de Paris, toutes conformes à ses intentions, en ce qu'ils lui donnoient part des arrests qu'ils avoient rendus contre le cardinal. L'on employa les autres à pourvoir à la conservation des fonds destinés au paiement des rentes de l'Hostel-de-Ville et des gages des officiers. On résolut dans celle du 13 de mars, de faire sur ce subjet une assemblée des cours souveraines dans la chambre de Saint-Louis. Je ne me trouvai à aucunes de celles qui furent faites depuis le premier de mars, et parce que le cérémonial romain

(1) Le cardinal de Retz a omis ici volontairement plusieurs mots ; cette phrase se trouve en effet incomplète dans le manuscrit autographe.

ne permet pas aux cardinaux de se trouver en aucunes cérémonies publiques, jusques à ce qu'ils ayent reçeu le bonnet, et parce que ceste dignité ne donnant aucun rang au parlement, que lorsqu'on y suit le roi, la place que je n'y pouvois avoir en son absence que comme coadjuteur, qui est au-dessoubs de celle des ducs et pairs, ne se fust pas bien accordée avec la prééminence de la pourpre.

Je vous confesse que j'eus une joie sensible d'avoir un prétexte et mesme une raison de ne me plus trouver à ces assemblées, qui, dans la vérité, estoient devenues des cohues, non pas seulement ennuyeuses, mais insupportables. Je vous ferai veoir que dans la suite elles n'eurent pas beaucoup plus d'agrément, après que j'aurai touché, le plus légèrement qu'il me sera possible, un petit détail qui concerne Paris, et quelque chose en général de ce qui regarde la Guienne.

Vous vous pouves ressouvenir que je vous ai parlé de M. de Chavigny dans le second volume de cest ouvrage, et que je vous ai dit qu'il se retira en Touraine, un peu après que le roi eust esté déclaré majeur. Il ne trouva pas le secret de s'y sçavoir ennuyer, mais il s'y ennuya beaucoup en récompense, et au point qu'il revint à Paris aussitost qu'il en eut un prétexte, et ce prétexte fut la nécessité qu'il trouva dans les advis que M. de Gaucourt lui donna, de remédier aux cabales que je faisois auprès de Monsieur, contre les intérests de M. le prince. Ce M. de Gaucourt estoit homme de grande naissance, car il estoit de la maison de ces puissants et anciens comtes de Clermont en Beauvoisis, si fameux dans nos histoires. Il avoit de l'esprit et du sçavoir-faire : mais il s'estoit trop érigé en négociateur, ce qui n'est pas tousjours la meilleure qualité pour la négociation. Il estoit attaché à M. le prince ; il avoit à Paris sa principale correspondance ; et son principal soing fut, au moins à ce qu'il m'en parust, de me ruiner dans l'esprit de Monsieur. Comme il n'y trouvoit pas de facilité, il recourut à M. de Chavigny, qui revint à Paris en diligence, ou par ceste raison, ou soubs ce prétexte. M. de Rohan qui y arriva dans ce temps-là, très-satisfait de la défense d'Angers, quoiqu'elle eust esté fort médiocre, se joignit à eux pour ce mesme effet. Ils m'attaquèrent en forme, comme fauteur couvert du Mazarin : et cependant que leurs émissaires gagnoient ceux de la lie du peuple qu'ils pouvoient corrompre par argent, ils n'oublièrent rien pour esbranler Monsieur par leurs calomnies, qui estoient appuyées de toute l'intrigue du cabinet, dans laquelle Rarai, Beloi et Goulas, partisans

22.

de M. le prince, n'estoient pas ignorants. J'esprouvai en ceste rencontre que les plus habiles courtisans peuvent estre de fort grosses duppes, quand ils se fondent trop sur leurs conjectures. Celles que ces messieurs tirèrent de ma promotion au cardinalat furent que je n'avois obtenu le chapeau que par le moyen des grands engagements que j'avois pris avec la cour. Ils agirent sur ce principe; ils me deschirerent auprès de Monsieur, sur ce titre. Comme il en sçavoit la vérité, il s'en moqua. Ils m'establirent dans son esprit, au lieu de m'y perdre ; parce qu'en fait de calomnie, tout ce qui ne nuit pas sert à celui qui est attaqué; et vous alles voir le piége que les attaquants se tendirent à eux-mesmes à ceste occasion. Je disois un jour à Monsieur, que je ne concevois pas comme il ne se lassoit pas de toutes les sottises qu'on lui disoit touts les jours contre moi sur le mesme ton ; et il me respondit en ces propres termes : « Ne comptes-vous » pour rien le plaisir que l'on a à cognoistre touts » les matins la meschanceté des gents couverte » du nom de zèle, et touts les soirs leurs sottises » déguisées en pénétration? » Je dis à Monsieur que je recevois ceste parole avec respect, et comme une grande et belle leçon pour touts ceux qui avoient l'honneur d'approcher des grands princes.

Ce que les serviteurs de M. le prince faisoient contre moi parmi le peuple faillit à me couster plus cher. Ils avoient des criailleurs à gages, qui m'estoient plus incommodes en ce temps-là qu'ils ne l'avoient esté auparavant, parce qu'ils n'osoient paroistre devant la nombreuse suite de gentilshommes et de livrées qui m'accompagnoient. Comme je n'avois pas encore reçu le bonnet, que les cardinaux françois ne prennent que de la main du roi, à qui le courrier du pape est dépesché à cest effet (1), je ne pouvois plus marcher en publique qu'*incognito*, selon les règles du cérémonial ; et ainsi lorsque j'allois au Luxembourg, c'estoit tousjours dans un carosse gris et sans livrées, et je montois mesme dans le cabinet des livres par le petit degré qui respond dans la galerie, afin d'éviter le grand escalier et le grand appartement. Un jour que j'y estois avec Monsieur, Bruneau y entra tout effaré, pour m'advertir qu'il y avoit dans la cour une assemblée de deux ou trois cents de ces criailleurs, qui disoient que je trahissois Monsieur, et qu'ils me tueroient. Monsieur me parut consterné à ceste nouvelle.

(1) Nous avons rapporté ci-dessus la lettre de recommandation donnée par le bailly de Vallançay, et adressée au comte de Brienne, pour la personne chargée d'apporter le bonnet de cardinal au coadjuteur. (Voyez page 337.)

Je le remarquai, et l'exemple du mareschal de Clermont assommé entre les bras du dauphin, qui, tout au plus, ne pouvoit pas avoir eu plus de peur que j'en voyois à Monsieur, me revenant dans l'esprit, je pris le parti que je creus le plus seur, quoiqu'il parust plus hasardeux : parce que je ne doubtai point que la moindre apparence que Son Altesse Royale laisseroit eschapper à la frayeur, ne me fist assassiner ; et parce que je doubtai encore moins que l'apprehension de desplaire à ceux qui crioient contre le Mazarin, dont il redoubtoit le murmure jusques au ridicule, joint à son naturel qui craignoit tout, ne lui en fist donner beaucoup plus qu'il n'en falloit pour me perdre. Je lui dis que je le suppliois de me laisser faire, et qu'il verroit dans peu quel mépris l'on debvoit faire de ces canailles acheptées à prix d'argent. Il m'offrit ses gardes ; mais d'une manière à me faire cognoistre que je lui faisois fort bien ma cour de ne les pas accepter. Je descendis, quoique M. le mareschal d'Estampes se fust jeté à genoux devant moi pour m'en empescher ; je descendis, dis-je, avec Chasteau-Renaut et d'Haqueville, qui estoient seuls avec moi, et j'allai droit à ces séditieux, en leur demandant qui estoit leur chef ? Un gueux d'entr'eux qui avoit une vieille plume jaulne à son chapeau, me respondit insolemment : « C'est moi. » Je me tournai du costé de la rue de Tournon, en disant : « Gardes de la porte, » que l'on me pende ce coquin à ces grilles. » Il me fist une profonde révérence : il me dit qu'il n'avoit pas creu manquer au respect qu'il me debvoit; qu'il estoit venu seulement avec ses camarades pour me dire que le bruit couroit que je voulois mener Monsieur à la cour, et le raccommoder avec le Mazarin ; qu'ils ne le croyoient pas ; qu'ils estoient mes serviteurs, et prests à mourir pour mon service, pourvu que je leur promisse d'estre tousjours bon Frondeur. Ils m'offrirent de m'accompagner ; mais je n'avois pas besoing de ceste escorte pour le voyage que j'avois résolu, comme vous l'alles veoir. Il n'estoit pas au moins fort long : car madame de la Vergne, mère de madame de La Fayette, et qui avoit espousé en secondes nopces le chevalier de Sévigné, logeoit où loge présentement madame sa fille. Ceste madame de la Vergne estoit honneste femme dans le fond, mais intéressée au dernier point, et plus susceptible de vanité pour toutes sortes d'intrigues sans exception, que femme que j'aye jamais cognue. Celle dans laquelle je lui proposai ce jour-là de me rendre de bons offices estoit d'une nature à effaroucher d'abord une prude. J'assaisonnai mon discours de tant de protestations de bonnes intentions et d'honnestetés, qu'il ne fut pas rebuté : mais aussi ne fut-il reçeu que sous les promesses solemnelles que je fis de ne prétendre jamais qu'elle estendit les services que je lui demandois au-delà de ceux que l'on peut rendre en conscience, pour procurer une bonne, chaste, pure et sainte amitié. Je m'engageai à tout ce qu'on voulut. On prit mes paroles pour bonnes, et l'on se sut mesme très-bon gré d'avoir trouvé une occasion toute propre à rompre dans la suite le commerce que j'avois avec madame de Pomereux, que l'on ne croyoit pas si innocent. Celui dans lequel je demandai que l'on me servist, ne devoit estre que tout spirituel et tout angélique ; car c'estoit celui de mademoiselle de la Loupe (1), que vous aves veue depuis sous le nom de madame d'Olonne. Elle m'avoit fort pleu quelques jours auparavant, dans une petite assemblée qui s'estoit faite dans le cabinet de Madame : elle estoit jolie, elle estoit belle, elle estoit précieuse par son air et par sa modestie. Elle logeoit tout proche de madame de la Vergne ; elle estoit amie intime de mademoiselle sa fille ; elles avoient mesme percé une porte par laquelle elles se voyoient sans sortir du logis. L'attachement que M. le chevalier de Sévigné avoit pour moi, l'habitude que j'avois dans sa maison et ce que je savois de [l'adresse de] sa femme, contribuèrent beaucoup à mes espérances. Elles se trouvèrent fort vaines par l'événement : car bien que l'on ne m'arrachast pas les yeux ; bien que l'on ne m'estouffast pas à force de m'interdire les souspirs ; bien que je m'apperceusse à de certains airs que l'on n'estoit pas fasché de voir à la pourpre soumise, toute armée et toute esclatante qu'elle estoit, l'on se tint tousjours sur un pied de sévérité, ou plustost de modestie, qui me lia la langue, quoiqu'elle fust asses libertine : ce qui doibt estonner ceux qui n'ont point cogneu mademoiselle de la Loupe, et qui n'ont ouï parler que de madame d'Olonne. Ceste historiette, comme vous voyes, n'est pas trop à l'honneur de ma galanterie. Je passe pour un moment aux affaires de Guienne.

Comme je fais profession de ne vous rendre compte précisément que de ce que j'ai vu moi-mesme, je ne toucherai que fort légèrement ce qui se passa en ce pays-là, et simplement, autant qu'il est nécessaire de le faire, pour vous faire mieux entendre ce qui y a eu du rapport du costé de Paris. Je ne vous puis pas mesme assurer si je serai bien juste dans le peu que je vous en dirai ; parce que je n'en parlerai que sur des mémoires qui peuvent ne l'estre pas eux-mesmes. J'ai fait tout ce qui a esté en moi pour tirer de M. le prince le détail de ses actions de guerre, dont les plus petites ont tousjours esté plus grandes que les plus héroïques des autres hommes, et ce seroit avec une joie sensible que j'en releverois et que j'en honnorerois cest ouvrage. Il m'avoit promis de m'en donner un extrait, et il l'auroit fait, à mon sens, si l'inclination et la facilité qu'il a à faire des merveilles n'estoient esgalées par l'aversion et par la peine qu'il a à les raconter.

Je vous ai dit que M. le comte d'Harcourt commandoit les armées du roi en Guienne, et qu'il y avoit les troupes de l'Europe les plus aguerries. Toutes celles de M. le prince estoient de nouvelles levées, à la réserve de ce que M. de Marsin avoit amené de Catalogne, qui ne faisoient pas un corps asses considérable pour se pouvoir opposer à celles du roi. M. le prince, à le bien prendre, substint les affaires par sa seule personne. Vous aves vu ci-dessus qu'il s'estoit saisi de Saintes. Il laissa, pour y commander, M. le prince de Tarente (2). Il retourna en Guienne, et se campa auprès de Bourg. Le comte d'Harcourt l'y suivit, et détacha le chevalier d'Aubeterre pour le recognoistre. Ce chevalier fut repoussé par le régiment de Baltazar, qui donna le temps à M. le prince de se poster sur une hauteur, où il fit paroistre son corps si grand, quoiqu'il fust très-petit, que le comte d'Harcourt ne l'y osa attaquer. Il se retira à Libourne après ceste action, qui fut d'un très-grand capitaine. Il y laissa quelque infanterie, et il alla à Bergerac, place fameuse par les guerres de religion, et il fit travailler à en relever les fortifications. M. de Saint-Luc (3), lieutenant de roi en Guienne, crut qu'il pourroit surprendre M. le prince de Conti qui estoit logé avec de nouvelles troupes à Caude-Coste (4) ; et il s'advança de ce costé-là avec deux mille hommes de pied et sept cens chevaux, composés des meilleurs qui fussent dans l'armée du roi. Il fut surpris lui-mesme par M. le prince, qui fut adverti de son dessein, et qui vint au milieu de ses quartiers, avant qu'il eust eu la première nouvelle de sa démarche. Il ne s'esbranla pas

---

(1) Catherine-Henriette d'Angênes, fille aînée de Charles d'Angênes, baron de la Loupe. Cette dame est fameuse par ses galanteries et par l'*Histoire Amoureuse des Gaules* de *M. de Bussy*. (A. E.) Elle épousa Louis de La Trémoille, comte d'Olonne, qui mourut en 1686.

(2) Henri-Charles de La Trémoille, prince de Tarente, mort le 14 septembre 1672.
(3) François d'Epinay, marquis de Saint-Luc, lieutenant de roi en Guienne, gouverneur de Périgord ; mort en 1670 (A. E.)
(4) Commune près d'Agen.

néanmoins : il se posta sur une hauteur, sur laquelle on ne pouvoit aller que par un défilé. On passa presque tout le jour à escarmoucher, cependant que M. le prince attendoit trois canons qu'il avoit mandés d'Agen. Il en avoit un pressant besoing; car il n'avoit en tout avec lui, en comptant les troupes de M. le prince de Conti, que cinq cens hommes de pied et deux mille chevaux, touts gents de nouvelle levée. La foiblesse ne donne pas pour l'ordinaire la hardiesse; celle de M. le prince fit plus en ceste occasion : car elle lui donna de la vanité; et c'est, je crois, la seule fois de sa vie qu'il en a eu. Il se ressouvint que la frayeur que sa présence pourroit inspirer aux ennemis, les pourroit esbranler. Il leur renvoya quelques prisonniers, qui leur rapportèrent qu'il estoit là en personne. Il les chargea en mesme temps, ils plièrent d'abord ; et l'on peut dire qu'il les renversa moins par le choc de ses armes, que par le bruit de son nom. La pluspart de l'infanterie se jeta dans Miradoux, où elle fut assiégée incontinent. Les régiments de Champagne et de Lorraine, que M. le prince ne vouloit recevoir qu'à discrétion, défendirent ceste meschante place avec une valeur incroyable, et ils donnèrent le temps à M. le comte d'Harcourt de la secourir. M. le prince envoya son artillerie et ses bagages à Agen; il mit des garnisons dans quelques petites places qui pouvoient incommoder les ennemis; et ensuite sur le soir, il se rendit lui-mesme à Agen, ayant avec lui messieurs de la Rochefoucault, de Marsin et de Montespan, pour observer les desseins de M. le comte d'Harcourt, qui laissa de son costé quelques troupes au siége de Staffort, ce me semble, et de La Plume; et qui, avec les autres, fit attaquer quelques fortifications que l'on avoit commencées à l'un des fauxbourgs d'Agen, par messieurs de Lislebonne, le chevalier de Créqui, et Coudray-Montpensier. Ils se signalèrent à ceste attaque, qui fut faite en présence de M. le prince; mais ils furent repoussés avec une vigueur extraordinaire, et le comte d'Harcourt s'alla consoler de sa perte, par la prise de ces deux ou trois petites places, dont je vous ai parlé ci-dessus.

M. le prince, qui avoit fait dessein de revenir à Paris, pour les raisons que je vous vais dire, se résolut de laisser pour commander en Guienne M. le prince de Conti, et M. de Marsin en qualité de lieutenant-général soubs son frère : mais il creut qu'il seroit à propos, devant qu'il partist, de s'assurer tout-à-fait d'Agen, qui s'estoit à la vérité déclaré pour lui; mais qui n'ayant point de garnison, pouvoit à touts les moments changer de parti. Il gagna les jurats, qui consentirent qu'il fist entrer dans la ville le régiment de Conti. Le peuple, qui ne fut pas du sentiment de ces magistrats, se souleva, et il fit des barricades. M. le prince dit qu'il courut plus de fortune en ceste occasion, qu'il n'en auroit couru dans une bataille. Je ne me ressouviens pas du détail, et ce que je m'en puis remettre est que messieurs de la Rochefoucault, de Marcillac et de Montespan haranguèrent dans l'Hostel-de-Ville, et qu'ils calmèrent la sédition à la satisfaction de M. le prince. Je reviens à son voyage.

Messieurs de Rohan, de Chavigny et de Gaucourt le pressoient, par touts les courriers, de ne pas s'abandonner si absolument aux affaires des provinces qu'il ne songeast à celles de la capitale, qui estoit en tout sens la capitale. M. de Rohan se servit de ce mot dans une de ses lettres que je surpris. Ces messieurs estoient persuadés que je rompois toutes leurs mesures auprès de Monsieur, qui, à la vérité, rejettoit tout ce qu'il ne vouloit pas faire pour les intérests de M. le prince, sur les ménagements que le poste où j'estois à Paris l'obligeoit d'avoir pour moi. Il m'a confessé quelquefois, parlant à moi-mesme, qu'il se servoit de ce prétexte en certaines occasions; et il y en eust mesme où il me força, à force de me persécuter, à donner des apparences qui peussent confirmer ce qu'il leur vouloit persuader. Je lui représentai plusieurs fois qu'il feroit tant par ses journées, qu'il obligeroit M. le prince de venir à Paris, qui estoit de toutes les choses du monde celle qu'il craignoit le plus. Mais comme le présent touche tousjours sans comparaison davantage les ames foibles que l'avenir mesme le plus proche, il aimoit mieux s'empescher de croire que M. le prince peust faire ce voyage dans quelque temps, que de se priver du soulagement qu'il trouvoit dans le moment mesme à rejeter sur moi les murmures et les plaintes que ses ministres lui faisoient sur mille chefs à touts les instants. Ces ministres, qui se trouvèrent bien plus fatigués que satisfaits de ses meschantes défaites, pressèrent M. le prince au dernier point d'accourir lui-mesme au besoin pressant; et leurs instances furent puissamment fortifiées par les nouvelles qu'il receut en mesme temps de M. de Nemours, et qu'il est bon de traiter un peu en détail.

M. de Nemours entra en ce temps-là, sans aucune résistance, dans le royaume, toutes les troupes du roi estant divisées; et quoique M. d'Elbeuf et messieurs d'Aumont (1), Digbi

---

(1) Antoine d'Aumont, duc, pair et maréchal de France, mourut en 1669, en sa soixante-huitième année.

et de Vaubecourt (1) en eussent à droite et à gauche, il pénétra jusques à Mantes, et il y passa la Seine sur le pont qui lui fut livré par M. le duc de Sully, gouverneur de la ville, et mescontent de la cour parce que l'on avoit osté les sceaux à M. le chancelier son beau-père. Il campa à Houdan, et il vint à Paris avec M. de Tavannes, qui commandoit ce qu'il avoit conservé de troupes de M. le prince, et Clinchamp (2), qui estoit officier général dans les estrangers.

Voilà le premier faux pas que ceste armée fit : car si elle eust marché sans s'arrester, et que M. de Beaufort l'eust jointe avec les troupes de Monsieur, comme il la joignit depuis, elle eust passé la Loire sans difficulté, et eust fort embarrassé la marche du roi. Tout contribua à ce retardement : l'incertitude de Monsieur, qui ne pouvoit se déterminer pour l'action, mesme dans les choses les plus résolues ; l'amour de madame de Montbazon, qui amusoit à Paris M. de Beaufort ; la puérilité de M. de Nemours, qui estoit bien aise de monstrer son baston de général à madame de Chastillon, et la fausse politique de Chavigny, qui croyoit qu'il seroit beaucoup plus maistre de l'esprit de Monsieur, quand il lui esblouiroit les yeux par ce grand nombre d'écharpes de couleurs toutes différentes. Ce fut le terme dont il se servit en parlant à Croissy, qui fut asses imprudent pour me le redire, quoiqu'il fust beaucoup plus dans les intérests de M. le prince que dans les miens. Je ne tins pas le cas secret à Monsieur, qui en fut fort piqué. Je pris ce temps pour le supplier de trouver bon que je fisse veoir en sa présence à ces messieurs qu'ils n'estoient point en estat d'esblouir des yeux, sans comparaison moins forts, en tout sens, que les siens. Comme il me voulut faire expliquer, on vint lui dire que messieurs de Beaufort et de Nemours estoient dans sa chambre. Je l'y suivis, quoique ce ne fust pas ma coustume, parce que je n'avois pas encore le bonnet ; et comme on entra en conversation publique, car il y avoit du monde jusques à faire foule, je mis mon chapeau sur ma teste aussitost qu'il eut mis le sien. Il le remarqua, et à cause de ce que je venois de lui dire, et à cause que je ne l'avois jamais voulu faire, quoiqu'il me le commandast tousjours. Il en fut très-aise, et il affecta d'entretenir la conversation plus d'une grosse heure ; après laquelle il me prit en particulier, et me ramena dans la galerie. Vous

(1) Nicolas de Nettancourt, comte de Vaubecour, mort lieutenant-général des armées du roi en 1678, âgé de soixante-seize ans.
(2) Le marquis de Clinchamp. (A. E.)

juges bien qu'il falloit qu'il fust bien en cholère : car je crois qu'il y avoit dans sa chambre plus de cinquante écharpes rouges, sans les isabelles. Ceste cholère dura tout le soir, car il me dit le lendemain que Goulas, secrétaire de ses commandements et intime de M. de Chavigny, estant venu lui dire avec un grand empressement que touts les officiers estrangers prenoient de grands ombrages des longues conversations que j'avois avec lui, il l'avoit rebuté avec une fort grande aigreur, en lui disant : « Alles au » diable, vous et vos officiers estrangers ; s'ils » estoient aussi bons Frondeurs que le cardinal » de Rais, ils seroient à leurs postes, et ils ne » s'amuseroient pas à yvrogner dans les cabarets de Paris. » Ils partirent enfin, et en vérité, plus par mes instances que par celles de Chavigny, qui croyoit que je n'oubliois rien pour les retarder : car Monsieur répara bientost, mesme avec soing, ce qu'il avoit laissé échapper dans la cholère ; parce qu'il lui convenoit (au moins se l'imaginoit-il ainsi) de me faire servir de prétexte quelquefois à ce qu'il faisoit, et presque tousjours à ce qu'il ne faisoit pas. Vous verrez quelle marche prirent ces troupes, après que je vous aurai rendu compte de ce qui se passa à Orléans dans ce mesme temps.

Il ne se pouvoit pas que ceste importante ville ne fust très-dépendante de Monsieur, estant son appanage, et de plus, ayant esté quelque temps son plus ordinaire séjour. De plus, M. le marquis de Sourdis (3), qui en estoit gouverneur, estoit dans ses intérests. Monsieur y avoit envoyé outre cela M. le comte de Fiesque pour s'opposer aux efforts que M. le Gras, maistre des requestes, faisoit pour persuader aux habitants d'ouvrir leurs portes au roi, à qui, dans la vérité, elles eussent esté d'une fort grande utilité. Messieurs de Beaufort et de Nemours, qui en voyoient encore de plus près la conséquence, parce qu'ils avoient pris leurs marches de ce costé-là, escrivirent à Monsieur qu'il y avoit dans la ville une faction très-puissante pour la cour, et que sa présence y estoit très-nécessaire. Vous croyes facilement qu'elle l'estoit encore beaucoup plus à Paris. Monsieur ne balancea pas un moment, et tout le monde sans exception fut d'un mesme advis sur ce point. Mademoiselle s'offrit d'y aller : ce que Monsieur ne lui accorda qu'avec beaucoup de peine, par la raison de la bienséance, mais encore plus par

(3) Charles d'Escoubleau, marquis de Sourdis, gouverneur de l'Orléanois, mort en 1666, âgé de soixante-dix-huit ans. (A. E.)

celle du peu de confiance qu'il avoit à sa conduite. Je me souviens qu'il me dit le jour qu'elle prit congé de lui : « Ceste chevalerie seroit bien » ridicule, si le bon sens de mesdames de Fies- » que (1) et de Frontenac (2) ne la soubstenoit. » Ces deux dames allerent effectivement avec elle, aussi bien que M. de Rohan et messieurs de Croissy et de Bermont, conseillers du parlement. Patru disoit un peu trop librement que comme les murailles de Jericho estoient tombées au son des trompettes, celles d'Orleans s'ouvriroient au son des violons. M. de Rohan passoit pour les animer un peu trop violemment. Enfin tout ce ridicule réussit par la vigueur de Mademoiselle, qui fut effectivement très-grande : car quoique le roi fust très-proche avec des troupes, et que M. Molé, garde des sceaux et premier président, fust à la porte, qui demandoit à entrer de sa part, elle passa l'eau dans un petit bateau; elle obligea les bateliers, qui sont tousjours en nombre sur le port, de démurer une petite poterne (3) qui estoit demeurée fermée depuis fort long-temps ; et elle marcha avec le concours et l'acclamation du peuple, droit à l'Hostel-de-Ville, où les magistrats estoient assemblés, pour délibérer si l'on recevroit M. le garde des sceaux. Vous pouves croire qu'elle décida. Messieurs de Beaufort et de Nemours la vinrent rejoindre aussitost, et ils résolurent avec elle de se saisir ou de (Lorris) (4), ou de Gien, qui sont de petites villes ; mais qui ont toutes deux des ponts sur la rivière de Loire. Celui de (Gien) fut vivement attaqué par M. de Beaufort ; mais il fut encore mieux défendu par M. de Turenne, qui venoit de prendre le commandement de l'armée du roi, qu'il partageoit toutefois avec M. le mareschal d'Hoquincourt. Celle de Monsieur fut obligée de quitter ceste entreprise, après y avoir perdu le baron de Sirot, homme de réputation, et qui y servoit de lieutenant général. Il se vantoit, et je crois avec vérité, qu'il avoit fait le coup de pistolet avec le grand Gustave, roi de Suède, et le brave Christian, roi de Danemarck.

M. de Nemours, qui avoit naturellement et aversion et mépris pour M. de Beaufort, quoique son beau-frère, se plaignit de sa conduite à Mademoiselle, comme s'il avoit esté cause que le dessein sur (Gien) n'eust pas réussi. Ils eurent sur cela des paroles dans l'antichambre de Mademoiselle : un prétendu desmenti que M. de Beaufort voulut asses légèrement, au moins à ce que l'on disoit en ce temps-là, avoir receu, produisit un prétendu soufflet, que M. de Nemours ne receut aussi, à ce que j'ai ouï dire à des gents qui y estoient présens, qu'en imagination. C'estoit au moins un de ces soufflets problématiques dont il est parlé dans les petites lettres du Port-Royal. Mademoiselle accommoda, au moins en apparence, ceste querelle ; et après une grande contestation qui n'avoit pas servi à en adoucir les commencements, il fut résolu que l'on iroit à Montargis, poste important dans la conjoncture, parce que de là l'armée des princes, qui seroit ainsi entre Paris et le roi, pourroit donner la main à tout. M. de Nemours, qui souhaitoit avec passion de pouvoir secourir Mouron, opiniastra long-temps qu'il seroit mieux d'aller passer la rivière de Loire à Blois, pour prendre par les derrières l'armée du roi, qui par la crainte d'abandonner trop pleinement les provinces de delà à celle de Monsieur, auroit encore plus de difficulté à se résoudre d'avancer vers Paris, qu'elle n'y en trouvoit par l'obstacle que Montargis lui pouvoit mettre. L'autre advis l'emporta dans le conseil de guerre, et par le nombre, et par l'autorité de mademoiselle ; et j'ai ouï dire mesme aux gents du mestier, qu'il le debvoit emporter par la raison; parce qu'il eust esté ridicule d'abandonner tout ce qui auroit esté proche de Paris aux forces du roi, dont l'on voyoit clairement que l'unique dessein estoit de s'en approcher, ou pour gagner la capitale, ou pour

---

(1) Anne Leveneur, comtesse de Fiesque, femme de François de Fiesque. Elle était gouvernante de mademoiselle de Montpensier, et dame d'atours de la duchesse d'Orléans.

(2) Anne Phelipeaux, comtesse de Frontenac, mariée à Henri de Borude, comte de Paluau et de Frontenac.

Le duc d'Orléans envoyait une lettre à ces deux comtesses, ainsi adressée : *A mesdames les comtesses mareschales-de-champ dans l'armée de ma fille contre le Mazarin.*

(3) On fit la chanson suivante sur l'entrée de Mademoiselle dans Orléans :

Or écoutez, peuples de France,
Comme en la ville d'Orléans,
Mademoiselle en assurance,
A dit : *Je suis maître céans.*

On lui voulut fermer la porte ;
Mais elle passa par un trou,
S'écriant souvent de la sorte :
Il ne m'importe pas par où.

Deux jeunes et belles comtesses,
Ses deux maréchales de camp,
Suivirent sa Royale Altesse,
Dont on faisoit un grand can can.

Fiesque, cette bonne comtesse,
Alloit baisant les bateliers,
Et Frontenac, quelle détresse !
Y perdit un de ses souliers.   (A. E.)

(4) Ce nom de ville est resté en blanc dans le manuscrit autographe. Nous laissons donc aux anciens éditeurs le mérite de leur restitution.

l'esbranler. Chavigny en parla à Monsieur en ces propres termes en présence de Madame, qui me le [redit] le lendemain; et je ne comprends pas sur quoi se sont peu fonder ceux qui ont voulu s'imaginer qu'il y eut de la contestation sur cet article au Luxembourg. Monsieur n'eust pas manqué, si cela eust esté, de me faire valoir qu'il n'eust pas déféré aux conseils des serviteurs de M. le prince. Ils furent touts du mesme sentiment; et Goulas pestoit mesme haultement contre la conduite de M. de Nemours, qui veut, ce disoit-il, sauver Mouron et perdre Paris. Je reviens au voyage de M. le prince.

Je vous ai déjà dit que ceux qui agissoient pour ses intérêts auprès de Monsieur le pressoient de revenir à Paris, et que leurs instances furent fortement appuyées par la nécessité qu'il creut à soubstenir, ou plutost à réparer par sa présence, ce que l'incapacité et la mésintelligence de messieurs de Beaufort et de Nemours diminuoient du poids que la valeur et l'expérience des troupes qu'ils commandoient debvoient donner à leur parti. Comme M. le prince avoit à traverser presque tout le royaume, il lui fut nécessaire de tenir sa marche extresmement couverte. Il ne prit avec lui que messieurs de La Rochefoucault, de Marsillac, le comte de Levy (1), Guitaut, Chavagnac, Gourville, et un autre, du nom duquel je ne me souviens pas. Il passa avec une extreme diligence le Périgord, le Limosin, l'Auvergne, et le Bourbonnois (2). Il fut manqué de peu auprès de Chastillon-sur-Loire, par Sainte-Maure, pensionnaire du cardinal, qui le suivit avec deux cents chevaux, sur un advis que quelqu'un, qui avoit reconnu Guitaut, en donna à la cour. Il trouva dans la forest d'Orleans quelques officiers de ses troupes, qui estoient en garnison à Loris, et il fut receu de toute l'armée avec toute la joie que vous vous pouves imaginer. Il dépescha de là Gourville à Monsieur pour lui rendre compte de sa marche, et pour l'asseurer qu'il seroit à lui dans trois jours. Les instances de toute l'armée, fatiguée jusques à la dernière extrémité par l'ignorance de ses généraux, l'y retinrent davantage; et de plus il n'a jamais eu de peine de demeurer dans les lieux où il a pu faire de grandes actions. Vous en alles veoir une des plus belles de sa vie.

Il parut, au premier pas que M. le prince fit dès qu'il eut joint l'armée, que l'advis de M. de Nemours, duquel je vous ai parlé ci-dessus, n'estoit pas le bon; car il marcha droit à Montargis, qu'il prit sans coup férir, Maudreville, qui s'estoit jeté dans le chasteau avec huit ou dix gentilshommes, et deux cens hommes de pied, l'ayant rendu d'abord. Il y laissa quelque garnison, et il marcha sans perdre un moment droit aux ennemis, qui estoient dans des quartiers séparés. Le roi estoit à Gien, M. de Turenne avoit son quartier général à Briare, et celui de M. d'Hoquincourt estoit à Bléneau.

Comme M. le prince sceut que les troupes du dernier estoient dispersées dans les villages, il s'avança vers Chasteau-Renault, et il tomba comme un foudre au milieu de touts ces quartiers. Il tailla en pieces tout ce qui estoit de cavalerie de Maine, de Roques-Epine, de Beaujeu, de Bourlemont et de Moret, qui essayoient de gagner le logement des Dragons, comme il leur avoit esté ordonné, mais trop tard. Il força ensuite, l'épée à la main, les quartiers mesmes des Dragons, cependant que Tavannes traitoit de mesmes celui des Cravates. Il poussa les fuyards jusques à Bléneau, où il trouva M. le mareschal d'Hoquincourt en bataille avec sept cens chevaux, qui chargea avec vigueur les gents de M. le prince, qui, dans l'obscurité de la nuit, s'estoient engagés et divisés; et qui de plus, malgré les efforts de leur commandant, s'amusoient à piller un village. M. le prince les rallia et les remit en bataille, à la vue des ennemis, quoiqu'ils fussent bien plus forts que lui, et quoiqu'il fust obligé par la grande résistance qu'il trouva, de tenir bride en main à la première charge, dans laquelle il eut un cheval tué sous lui. Il les chargea avec tant de vigueur à la seconde, qu'il les renversa pleinement; et au point qu'il ne fut plus au pouvoir de M. d'Hoquincourt de les rallier. M. de Nemours fut fort blessé en ceste occasion, et messieurs de Beaufort, de La Rochefoucault et de Tavannes s'y signalèrent. M. de Turenne, qui avoit averti dès le matin le mareschal d'Hoquincourt que ses quartiers estoient trop séparés et trop exposés, et que M. [d'Hoquincourt avoit adverti le soir] que M. le prince venoit à lui; M. de Turenne, dis-je, sortit de Briare, et se mit en bataille auprès d'un village, qui s'appelle, ce me semble, Oucoi. Il jeta cinquante chevaux dans un bois qui se trouvoit entre lui et les ennemis, et par lequel on ne pouvoit passer sans défiler. Il les en retira aussitost pour obliger M. le prince à s'engager dans ce défilé, par l'opinion qu'il auroit que la retraite de ces cinquante maistres

---

(1) C'est le marquis de Levy, selon M. de La Rochefoucault. (A. E.)

(2) Voyez les Mémoires publiés sous le nom du duc de La Rochefoucault, *suite de la guerre de Guienne*.

eust esté un signe d'effoi. Son stratagesme lui réussit : car M. le prince jeta effectivement dans le bois trois ou quatre cents chevaux, qui à la sortie furent renversés par M. de Turenne, et qui eussent eu peine à se retirer, si M. le prince n'eust fait advancer de l'infanterie, qui arresta sur eux ceux qui les suivoient. M. de Turenne se posta sur une hauteur derrière le bois : il y mit son artillerie, qui tua beaucoup de gens de l'armée des princes, et entr'autres Maré, frère du mareschal de Grancé, domestique de Monsieur, et qui servoit de lieutenant-général dans ses troupes. On demeura tout le reste du jour en présence, et sur le soir chacun se retira dans son camp. Il est difficile de juger qui eut plus de gloire en ceste journée, ou de M. le prince, ou de M. de Turenne. On peut dire en général qu'ils y firent touts deux ce que les deux plus grands capitaines du monde y pouvoient faire. M. de Turenne sauva la cour, qui, à la nouvelle de la défaite de M. d'Hoquincourt, fit charger son bagage, sans sçavoir précisément où elle pourroit estre receue ; et M. de Senneterre m'a dit depuis plusieurs fois, que c'est le seul endroit où il ait veu la reine abattue et affligée. Il est constant que si M. de Turenne n'eust soubstenu l'affaire par sa grande capacité, et que si son armée eust eu le sort de celle de M. d'Hoquincourt, il n'y eust pas une ville qui n'eust fermé les portes à la cour. Le mesme M. de Senneterre adjoutoit que la reine le lui avoit dit ce jour-là en pleurant.

L'advantage de M. le prince sur le mareschal d'Hoquincourt ne fut pas à beaucoup près d'une si grande utilité à son parti ; parce qu'il ne le poussa pas dans les suites, jusques où sa présence l'eust vraisemblablement porté, s'il fust demeuré à l'armée. Vous verrez ce qui s'y passa en son absence, aprés que je vous aurai rendu compte et du premier effet du voyage de M. le prince à Paris, et d'un petit détail qui me regarde en mon particulier.

Vous aves veu ci-dessus que M. le prince avoit envoyé Gourville à Monsieur, aussi-tost qu'il eut joint l'armée, pour lui dire qu'il seroit dans trois jours à Paris. Ceste nouvelle fut un coup de foudre pour Monsieur. Il m'envoya querir aussi-tost, et il s'escria en me voyant : « Vous » me l'avies bien dit, quel embarras ! quel mal- » heur ! nous voilà pis que jamais. » J'essayai de le remettre, mais il me fut impossible ; et tout ce que j'en pus tirer, fut qu'il feroit bonne mine, et qu'il cacheroit son sentiment à tout le monde, avec le mesme soing avec lequel il l'avoit déguisé à Gourville. Il s'acquitta très-exactement de sa parole : car il sortit du cabinet de Madame avec le visage du monde le plus gai. Il publia la nouvelle avec de grandes démonstrations de joie, et il ne laissa pas de me commander un quart-d'heure après, de ne rien oublier pour troubler la feste ; c'est-à-dire, pour essayer de mettre les choses en estat d'obliger M. le prince à ne faire que fort peu de séjour à Paris. Je le suppliai de ne me point donner ceste commission, « laquelle, » Monsieur (lui dis-je), n'est pas de vostre ser- » vice, pour deux raisons : dont la première est, » que je ne la puis exécuter qu'en donnant au » cardinal un advantage qui ne vous convient » pas ; et l'autre, que vous ne la soubstiendres » jamais, de l'humeur dont il a pleu à Dieu de » vous faire. » Ceste parole dite à un fils de France, vous paroistra sans doute peu respectueuse : mais je vous supplie de considérer que Saint-Remy, lieutenant de ses gardes, la lui avoit dite à propos d'une bagatelle, deux ou trois jours devant ; que Monsieur avoit trouvé l'expression plaisante, et qu'il la redisoit depuis ce jour-là à toutes occasions. Dans la vérité elle n'estoit pas impropre pour celle dont il s'agissoit, comme vous le verres par la suite. La contestation fut asses forte, je résistai long-temps. Je fus obligé de me rendre et d'obéir. J'eus mesme plus de temps pour travailler à ce qu'il m'ordonnoit, que je n'avois creu : car M. le prince, au-devant duquel Monsieur alla mesme jusques à Juvisy, le premier d'avril, dans la croyance qu'il arriveroit ce jour-là à Paris, n'y fut que le 11 ; de sorte que j'eus tout le loisir nécessaire pour ménager M. Le Fèbvre (1), prévost des marchands, qui me debvoit sa charge, et qui estoit mon ami particulier. Il n'eut pas beaucoup de peine à persuader M. le mareschal de l'Hospital (2), gouverneur de Paris, qui estoit très-bien intentionné pour la cour. Ils firent une assemblée dans l'Hostel-de-Ville, dans laquelle ils firent résoudre que M. le gouverneur iroit trouver Son Altesse Royale pour lui dire qu'il paroissoit à la compagnie qu'il estoit contre l'ordre qu'on receut M. le prince dans la ville, devant qu'il se fust justifié de la déclaration du roi, qui avoit esté vérifiée au parlement contre lui.

Monsieur, qui fut transporté de joie de ce discours, respondit que M. le prince ne venoit que

---

(1) Le président Le Féron, prévôt des marchands, dont les Frondeurs avaient eu à se plaindre, fut remplacé en 1650 par Le Fèvre, conseiller en la grande chambre.

(2) François de l'Hospital, maréchal de France, gouverneur de Paris en 1649, mourut le 20 avril 1660, âgé de soixante-dix-sept ans.

pour conférer avec lui de quelques affaires particulières, et qu'il ne séjourneroit que vingt-quatre heures à Paris. Il me dit, aussi-tost que le mareschal fut sorti de sa chambre : « Vous » estes un galant homme, *havete fatto polito.* » Chavigni sera bien attrappé. » Je lui respondis sans balancer : « Je ne vous ai jamais, Mon- » sieur, si mal servi; souvenes-vous, s'il vous » plaist, de ce que je vous dis aujourd'hui. » M. de Chavigni, qui apprit en mesme temps le mouvement de l'Hostel-de-Ville, et la response de Monsieur, lui en fit des réprimandes et des bravades, qui passeront jusques à l'insolence et à la fureur. Il déclara à Monsieur que M. le prince estoit en estat de demeurer sur le pavé tant qu'il lui plairoit, sans estre obligé d'en demander congé à personne. Il fit par le moyen de Pesche, fameux séditieux, une troupe de cent ou cent vingt gueux, sur le Pont-Neuf, qui faillirent à piller la maison de M. du Plessis-Guénégaut, et il effraya si fort Monsieur, qu'il l'obligea à faire une réprimande publique, au mareschal de l'Hospital, et au prevost des marchands, parce qu'ils avoient enregistré dans le greffe de la ville la response que Son Altesse Royale leur dist ne leur avoir faite qu'en particulier, et en confidence. Comme je voulus, le soir, insinuer à Monsieur que j'avois eu raison de ne lui pas conseiller ce qui s'estoit fait, il m'interrompit brusquement, en me disant ces paroles : « Il ne fault pas juger par l'événement. » J'avois raison hier, vous l'aves aujourd'hui : » que faire avec touts ces gents-ci? » Il debvoit adjouter : « et avec moi? » Je le lui adjoutai de moi-mesme. Car comme je vis que malgré toutes ces expériences, il continuoit dans la mesme conduite qu'il avoit mille fois condamnée en me parlant à moi-mesme, depuis que M. le prince fust allé en Guienne, je me le tins pour dit, et je me résolus de demeurer tout le plus qu'il me seroit possible dans l'inaction, qui n'est à la vérité jamais bien seure à de certaines gents, dans les temps qui sont fort troublés ; mais que je me croyois nécessaire, et par les manières de Monsieur, que je ne pouvois redresser, et par la considération de l'estat où je me trouvois dans le moment, que je vous supplie de me permettre que je vous explique un peu plus au long.

La vérité me force de vous dire qu'aussitost que je fus cardinal, je fus touché des inconvénients de la pourpre, parce que j'avois fait peut-estre plus de mille fois en ma vie réflexion que je l'avois trop esté de l'esclat de la coadjutorerie. Une des sources de l'abus que les hommes font presque toujours de leurs dignités, est qu'ils s'en esblouissent d'abord qu'ils en sont revestus ; et l'esblouissement est cause qu'ils tombent dans les premières faultes, qui sont les plus dangereuses par une infinité de raisons. La haulteur que j'avois affectée, dès que je fus coadjuteur, me réussit, parce qu'il parut que la bassesse de mon oncle l'avoit rendue nécessaire. Mais je cogneus clairement que sans ceste considération, et mesme sans les autres assaisonnements que la qualité des temps, plutost que mon adresse, me donna lieu d'y mettre ; je cogneus, dis-je, clairement qu'elle n'eust pas esté d'un bon sens, ou au moins qu'elle ne lui eust pas esté attribuée. Les réflexions que j'avois eu le temps de faire sur cela, m'obligèrent à y avoir une attention particulière à l'égard du chapeau, dont la couleur vifve et esclatante fait tourner la teste à la pluspart de ceux qui en sont honnorés. La plus sensible, à mon opinion, et la plus palpable de ces illusions, est la prétention de précéder les princes du sang, qui peuvent devenir nos maistres à touts les instants, et qui en attendant le sont presque toujours, par leurs considérations, de touts nos proches. J'ai de la recognoissance pour les cardinaux de ma maison, qui m'ont fait sucer avec le lait ceste leçon par leur exemple ; et je trouvai une occasion asses heureuse de la débiter, le propre jour que je receus la nouvelle de ma promotion. Chasteaubriant, dont vous aves déja veu le nom dans la seconde partie de ceste histoire, me dit en présence d'une infinité de gents qui estoient dans ma chambre : « Nous » ne saluerons plus les premiers présentement; » ce qu'il disoit parce que, bien que je fusse très-mal avec M. le prince, et que je marchasse presque toujours fort accompagné, je le saluois, comme vous pouves croire, partout où je le rencontrois, avec tout le respect qui lui estoit deu par tant de titres. Je lui respondis : « Pardon- » nes-moi, Monsieur, nous saluerons toujours » les premiers, et plus bas que jamais. A Dieu » ne plaise que le bonnet rouge me fasse tourner » la teste au point de disputer le rang aux prin- » ces du sang. Il suffit à un gentilhomme d'a- » voir l'honneur d'estre à leur costé. » Ceste parole qui a depuis, à mon sens, comme vous le verres dans la suite, conservé en France le rang au chapeau, par l'honnesteté de M. le prince, et par son amitié pour moi ; ceste parole, dis-je, fit un fort bon effet, et elle commencea à diminuer l'envie : ce qui est le plus grand de touts les secrets.

Je me servis encore pour cest effet d'un autre moyen. Messieurs les cardinaux de Richelieu et Mazarin, qui avoient confondu le ministériat dans la pourpre, avoient attaché à celle-ci de certaines hauteurs qui ne conviennent à l'autre que quand elles sont jointes ensemble. Il eust esté difficile de les séparer en ma personne, au poste où j'estois à Paris. Je le fis de moi-mesme, en y mettant des circonstances qui firent qu'on ne le pouvoit attribuer qu'à ma modération ; et je déclarai publiquement que je ne recevrois purement que les honneurs qui avoient tousjours esté rendus aux cardinaux de mon nom. Il n'y a que manières à la pluspart des choses du monde. Je ne donnai la main à personne sans exception. Je n'accompagnai les mareschaux de France, les ducs et pairs, le chancelier, les princes estrangers, les princes bastards, que jusques au hault de mon degré, et tout le monde fut très-content.

Le troisiesme expédient auquel je pensai, fut de ne rien oublier de tout ce que la bienséance me pourroit permettre pour rappeler tous ceux qui s'estoient éloignés de moi, dans les différentes partialités. Il ne se pouvoit qu'ils ne fussent en bon nombre, parce que ma fortune avoit esté si variable et si agitée, qu'une partie des gents avoit appréhendé d'y estre enveloppée en de certains temps, et qu'une autre partie s'estoit opposée à mes intérests en quelques autres. Ajoutes à ceux-là, ceux qui avoient creu qu'ils pouvoient faire leur cour à mes despens. Je vous ennuyerois si j'entrois dans ce détail, et je me contenterai de vous dire que M. de Berci vint cheux moi à minuit ; que je vis M. de Novion cheux le père don Carouge, chartreux ; que je vis aux Célestins M. le président le Coigneux. Tout le monde fut ravi de se raccommoder avec moi, dans un moment où la mitre de Paris recevoit un aussi grand éclat de la splendeur du bonnet. Je fus ravi de me raccommoder de tout le monde, dans un instant où mes advances ne se pouvoient attribuer qu'à générosité. Je m'en trouvai très-bien ; et la recognoissance de quelques-uns de ceux auxquels j'avois espargné le dégoût du premier pas, m'a payé plus que suffisamment de l'ingratitude de quelques autres. Je maintiens qu'il est autant de la politique, que de l'honnesteté de ceux qui sont les plus puissans, de soulager la honte des moins considérables, et de leur tendre la main, quand ils n'osent eux-mesmes la présenter.

La conduite que je suivis avec application sur ces différents chefs que je viens de vous marquer, convenoit en plus d'une manière à la résolution que j'avois faite de rentrer, autant qu'il seroit en mon pouvoir, dans le repos, que les grandes dignités que la fortune avoit assemblés dans ma personne, pouvoient, ce me sembloit, mesme assés naturellement me procurer.

Je vous ai déjà dit que l'incorrigibilité, si j'ose ainsi parler, de Monsieur, m'avoit rebuté à un point, que je ne pouvois plus seulement m'imaginer qu'il y eust le moindre fondement du monde à faire sur lui. Voici un incident qui vous fera cognoistre que j'eusse esté bien aveuglé, si j'eusse esté capable de compter sur la reine.

Vous vous pouvez souvenir de ce que je vous ai dit, sur la fin du deuxième volume, d'une imprudence de mademoiselle de Chevreuse, à propos du personnage que je jouois de concert avec madame sa mère, à l'esgard de la reine. Elle en mit de part sa fille contre mon sentiment, laquelle d'abord entendit très-bien la raillerie ; et je me souviens mesme qu'elle prenoit plaisir à me faire répéter la comédie de *la Suissesse* : c'est ainsi qu'elle appelloit la reine. Il arriva un soir qu'y ayant beaucoup de monde cheux elle, [quelqu'un montra une lettre qui venoit de la cour et qui portoit que la reine estoit fort embellie]. La plupart des gents se prirent à rire ; et je ne sçais en vérité pourquoi je ne fis pas comme les autres. Mademoiselle de Chevreuse, qui estoit la personne du monde la plus capricieuse, le remarqua, et elle me dit qu'elle ne s'en étonnoit pas, après ce qu'elle avoit remarqué depuis quelque temps ; et ce qu'elle avoit remarqué (s'imaginoit-elle), estoit que j'avois beaucoup de refroidissement pour elle, et que j'avois mesme un commerce avec la cour, dont je ne lui disois rien. Je crus d'abord qu'elle se moquoit, parce qu'il n'y avoit pas seulement ombre d'apparence à ce qu'elle me disoit ; et je ne cognus qu'elle parloit tout de bon, qu'après qu'elle m'eust dit qu'elle n'ignoroit rien de ce qu'un tel valet de pied de la reine m'apportoit tous les jours. Il est vrai qu'il y avoit un valet de pied de la reine, qui, depuis quelque temps, venoit très-souvent cheux moi : mais il est vrai aussi qu'il ne m'apportoit rien, et qu'il ne s'y estoit adonné que parce qu'il estoit parent d'un de mes gents. Je ne sçais par quel hasard elle sceut ceste fréquentation. Je sçais encore moins ce qui la peut obliger à en tirer des conséquences. Enfin elle les tira : elle ne peut s'empescher de murmurer et de menacer. Elle dit en présence de Seguin, qui avoit esté valet de chambre de madame sa mère, et qui avoit quelques charges cheux le roi ou cheux la reine, que je lui avois advoué mille fois que je ne concevois pas comment l'on eust peu estre amoureux de ceste Suissesse. Enfin elle fit si bien par ses journées que la reine eut vent de l'avois traitée de Suissesse, en parlant à mademoiselle de Chevreuse. Elle ne me l'a jamais pardonné, comme vous le verres dans la suite ; et j'appris que ce mot *obligeant* avoit esté jusques à elle, justement trois ou quatre jours avant que M. le prince arrivast à Paris. Vous conceves aisément que ceste circonstance, qui ne marquoit pas que j'eusse lieu d'espérer qu'il peust y avoir à l'advenir beaucoup de douceur pour moi à la cour, n'affoiblissoit pas les pensées que j'avois déjà de sortir d'affaire. Le lieu de la retraite n'estoit pas trop affreux ; l'ombre des tours de Nostre-Dame y pouvoit donner du rafraîchissement ; et le chapeau de cardinal la défendoit encore du mauvais vent. J'en concevois les advantages, et je vous asseure qu'il ne tint pas à moi de les prendre. Il ne pleut pas à la fortune. Je reviens à ma narration.

Le 11 avril, M. le prince arriva à Paris (1), et Monsieur fut au-devant de lui à une lieue de la ville.

Le 12, ils allèrent ensemble au parlement. Monsieur prit la parole d'abord qu'il fut entré, pour dire à la compagnie qu'il amenoit M. son cousin, pour l'assurer qu'il n'avoit, ni n'auroit jamais, d'autre intention que celle de servir le roi et l'estat ; qu'il suivroit tousjours les sentiments de la compagnie ; et qu'il offroit de poser les armes, aussitost que les arrests qui ont esté rendus par elle contre le cardinal Mazarin, auroient esté exécutés. M. le prince parla ensuite sur ce mesme ton ; et il demanda mesme que la déclaration publique qu'il en faisoit, fust mise sur les registres.

M. le président Bailleul (2) lui respondit que la compagnie recevoit tousjours à honneur de le voir dans sa place ; mais qu'elle ne lui pouvoit dissimuler la sensible douleur qu'elle avoit, de lui voir les mains teintes du sang des gents du roi, qui avoient esté tués à Bléneau. Un vent s'esleva à ce mot du costé des bancs des enquestes, qui faillit à estouffer par son impétuosité le pauvre président Bailleul ; cinquante ou soixante voix le désadvouèrent d'une volée ; et je crois qu'elles eussent esté suivies de beaucoup d'autres, si M. le président de Nesmond n'eust interrompu et appaisé la cohue par la relation qu'il fit des remonstrances qu'il avoit portées par escrit au roi à Sully, avec les autres députés de la compagnie. Elles furent très-fortes et très-vigoureuses contre la personne et contre la conduite du cardinal. Le roi leur fit respondre par M. le garde des sceaux, qu'il les considéreroit après que la compagnie lui auroit envoyé les informations sur lesquelles il vouloit juger lui-mesme. Les gents du roi entrèrent dans ce moment, et ils présentèrent une déclaration et une lettre de cachet qui portoit cest ordre au parlement, avec celui d'enregistrer sans délai la déclaration par laquelle il estoit sursis à celle du 6 de septembre, et aux arrests donnés contre M. le cardinal.

Les gents du roi, qui furent appelés aussitost conclurent, après une fort grande invective contre le cardinal, à de nouvelles remonstrances, pour représenter au roi l'impossibilité où la compagnie se trouvoit d'enregistrer ceste déclaration, qui, contre toute sorte de règles et de formes, soubsmettoit à de nouvelles procédures judiciaires susceptibles de mille contredits et de mille reproches, la déclaration du monde la plus authentique et la plus revêtue de toutes les marques de l'autorité royale ; et qui par conséquent ne pouvoit estre révoquée que par une nouvelle déclaration qui fust aussi solemnelle, et qui eust les mesmes caractères. Ils adjoutèrent qu'il falloit que les députés se plaignissent à Sa Majesté, de ce qu'on avoit refusé de lire les remonstrances en sa présence ; qu'ils insistassent sur ce point, aussi bien que sur celui de ne point envoyer les informations que la cour demandoit ; et que l'on fît registre de tout ce qui s'estoit passé ce jour-là au parlement, dont la copie seroit envoyée à M. le garde des sceaux. Voilà les conclusions que M. Talon donna avec une force et une éloquence merveilleuses. On commença ensuite la délibération, laquelle, faute de temps, fut remise au

Lendemain 13. L'arrest suivit sans aucune contestation les conclusions ; et il adjouta que la déclaration qui avoit esté faite par M. le duc d'Orléans et par M. le prince, seroit portée au roi par les députés ; que les remonstrances et le registre seroient envoyés à toutes les compa-

---

(1) L'*Introduction aux mémoires relatifs à la Fronde*, de Petitot, ne nous a pas paru rendre au cardinal de Retz toute la justice que l'on pouvait attendre d'un historien impartial. Ce mauvais vouloir de Petitot à l'égard du personnage principal de la Fronde, l'a conduit quelquefois à se contredire lui-même. Ainsi il attribue la retraite de Retz dans son archevêché, lorsque le prince de Condé arriva à Paris, en 1652, à ce « que Retz ne voulait pas trahir ostensiblement les » engagements qu'il avait contractés avec la reine. » (Cet engagement était de ne pas faire alliance avec le prince de Condé.) Et à la page suivante il dit : Le séjour qu'il (Condé) fit à Paris lui fut plus nuisible qu'utile, parce que Retz, *irréconciliable avec lui*, répandait, etc. Il est évident que si Retz était *irréconciliable avec Condé*, il ne chercha à trahir ses engagements avec la reine ni secrètement ni ostensiblement.

(2) Nicolas de Bailleul, conseiller au parlement de Paris en 1608 ; lieutenant civil de Paris en 1621, puis élu prévôt des marchands de Paris. Il fut reçu président à mortier en 1627, devint aussi chancelier de la reine Anne d'Autriche, et enfin ministre d'état et surintendant des finances. Il mourut le 20 août 1662.

gnies souveraines de Paris, et à touts les parlements du royaume, pour les convier de députer aussi de leur part; et qu'assemblée générale seroit faite incessamment à l'Hostel-de-Ville, à laquelle M. le duc d'Orléans et M. le prince seroient conviés de se trouver, et de faire les mesmes déclarations qu'ils avoient faites au parlement; et que cependant la déclaration du roi contre le cardinal Mazarin, et que tous les arrests rendus contre lui seroient exécutés.

Les assemblées des chambres du 15, du 17, et du 18, ne furent presque employées qu'à discuter les difficultés qui se présentèrent pour le réglement de ceste assemblée générale de l'Hostel-de-Ville; par exemple, si Monsieur et M. le prince seroient présents à la délibération de l'Hostel-de-Ville, ou s'ils se retireroient après avoir fait leurs déclarations: si le parlement pouvoit ordonner l'assemblée de l'Hostel-de-Ville, ou s'il debvoit simplement convier le prévost des marchands et les autres officiers de la ville, et quelques principaux bourgeois de chaque quartier, de s'assembler.

Le 19, ceste assemblée se fit, à laquelle les seize députés du parlement se trouvèrent. M. d'Orléans et M. le prince y firent leurs déclarations, toutes pareilles à celles qu'ils avoient faites au parlement; et après qu'ils se furent retirés, et que le procureur du roi de la ville eust conclu à faire de très-humbles remonstrances au roi de vive voix et par escrit, contre le cardidal Mazarin, M. Aubry, président aux comptes, et le plus ancien conseiller de la ville, prit la parole pour dire qu'il estoit trop tard pour commencer à délibérer, et qu'il estoit nécessaire de remettre l'assemblée au lendemain. Il avoit raison en toutes manières: car sept heures estoient sonnées, et il avoit intelligence avec la cour.

Le 20, Monsieur et M. le prince allèrent au parlement; et Monsieur dit à la compagnie qu'il sçavoit que M. le mareschal de l'Hospital, gouverneur de Paris, et M. le prévost des marchands, avoient receu une lettre de cachet qui leur défendoit de continuer l'assemblée; que ceste lettre n'estoit qu'une paperasse du Mazarin, et qu'il prioit la compagnie d'envoyer quérir sur l'heure le prévost des marchands et les eschevins, et de leur enjoindre de n'y avoir aucun esgard. On n'eut pas la peine de les mander; ils vinrent d'eux-mesmes à la grand'chambre pour y donner part de ceste lettre de cachet, et pour dire en mesme temps qu'ils avoient indiqué une assemblée du conseil de la ville, pour adviser à ce qu'il y auroit à faire. L'on opina, après les avoir fait sortir, et on les fit rentrer aussitost, pour leur dire que la compagnie ne désapprouvoit pas ceste assemblée du conseil de ville, parce qu'elle estoit dans l'ordre et selon la coutume; mais qu'elle les avertissoit qu'une assemblée générale, et faite pour des affaires de ceste importance, ne devoit, ni ne pouvoit estre arrestée par une simple lettre de cachet. On lut ensuite la lettre qui debvoit estre envoyée à touts les parlements du royaume; elle estoit courte, mais décisive et pressante. L'après-disnée du mesme jour, l'assemblée de l'Hostel-de-Ville se fit ainsi qu'elle avoit esté résolue le matin par le conseil. Le président Aubry ouvrit celui des conclusions. Des Nots, apothicaire, qui parla fort bien, adjouta qu'il falloit escrire à toutes les villes de France, où il y avoit des parlements, ou éveschés, ou présidiaulx, pour les inviter à faire une pareille assemblée, et de pareilles remonstrances contre le cardinal. Cest advis, qui fust supérieur de beaucoup ce jour-là, ayant esté embrassé de plus de sept voix, fut le moindre en nombre dans l'assemblée suivante, qui fut

Celle du 22. Quelques-uns ayant dit que ceste union des villes estoit une espèce de ligue contre le roi, la pluralité revint à celui de M. le président Aubry, qui estoit de se contenter de faire des remonstrances au roi, pour lui demander l'esloignement de M. le cardinal Mazarin, et le retour de Sa Majesté à Paris. Ce mesme jour messieurs les princes allèrent à la chambre des comptes, et y firent enregistrer les mesmes protestations qu'ils avoient faites au parlement et à la ville. On y résolut aussi les remonstrances contre le cardinal.

Le 23, Monsieur dit au parlement que l'armée du Mazarin s'estant saisie, soubs prétexte de l'approche du roi, de Melun et de Corbeil, contre la parole que le mareschal de L'hospital avoit donnée que les troupes ne s'advanceroient pas du costé de Paris plus près que de douze lieues, il estoit obligé de faire approcher les siennes. Il alla ensuite, accompagné de M. le prince, à la cour des Aides, où les choses se passèrent comme dans les autres compagnies.

Quoique je vous puisse respondre de la vérité de touts les faits que je viens de poser à l'esgard des assemblées qui se firent en ce temps-là, c'est-à-dire depuis le premier de mars jusques au 23 d'avril, parce qu'il n'y en a aucun que je n'aie vérifié moi-mesme sur les registres du parlement ou sur ceux de l'Hostel-de-Ville, je n'ai pas creu qu'il fust de la sincérité de l'histoire, que je m'y arrêtasse avec autant d'attention ou plustost avec autant de réflexion que je l'ai fait à propos des assemblées des chambres, auxquelles j'avois assisté en personne. Il y a autant de différence entre un récit que l'on fait sur des mémoires quoique bons, et une narration de faits que l'on a veu soi-mesme, qu'il y en a entre un portrait auquel l'on ne travaille que sur des ouï dire, et une copie que l'on tire sur les originaux. Ce que j'ai trouvé dans ces registres n'est peut-estre tout au plus que le corps; il est au moins certain que l'on n'y sçauroit recognoistre l'esprit des délibérations qui s'y discerne asses souvent beaucoup davantage par un coup d'œil, par un mouvement, par un air qui est mesme quelquefois presque imperceptible, que par la substance des choses qui paroissent plus importantes, et qui sont toutefois les seules dont les registres nous doibvent tenir compte. Je vous supplie de recevoir ceste petite observation comme une marque de l'exactitude que j'ai et que j'aurai toute ma vie, à ne manquer à rien de ce que je doibs à l'esclaircissement d'une matière sur laquelle vous m'aves commandé de travailler. Le compte que je vas vous rendre de ce que je remarquai en ce temps-là du mouvement intérieur de touts les marchands, est plus de mon fait, et j'espère que je serai asses juste.

Il n'est pas possible qu'après avoir veu le consentement uniforme de touts les corps conjurés à la ruine de M. le cardinal Mazarin, vous ne soyes très-persuadée qu'il est sur le bord du précipice, et qu'il fault un miracle pour le sauver. Monsieur le fut comme vous au sortir de l'Hostel-de-Ville, et il me fit la guerre en présence du mareschal d'Estampes et du vicomte d'Hostel, de ce que j'avois tousjours creu que le parlement et la ville lui manqueroient. Je confesse encore, comme je le lui confessai à lui-mesme ce jour-là, que je m'estois trompé sur ce point, et que je fus surpris au-delà de tout ce que vous vous en pouves imaginer, du pas que le parlement avoit fait. Ce n'est pas que la cour n'y eust contribué en tout ce qui estoit en elle; et l'imprudence du cardinal qui y précipita ceste compagnie malgré elle, estoit certainement plus que suffisante pour m'espargner ou du moins pour me diminuer la honte que je pouvois avoir de n'avoir pas eu d'asses bonnes veues. Il s'adisa de faire commander au nom du roi, au parlement, de révoquer et d'annuler, à proprement parler, tout ce qu'il avoit fait contre le Mazarin, justement au moment que M. le prince arrivoit à Paris; et l'homme du monde qui gardoit le moins de mesures et le moins de bienséance à l'esgard des illusions, et qui les aimoit mieux, mesme où elles n'estoient pas nécessaires, affecta de ne s'en point servir dans une occasion où je crois qu'un fort homme de bien eust peu employer sans scrupule. Il est certain que rien n'estoit plus odieux en soi-mesme que l'entrée de M. le prince dans le parlement, quatre jours après qu'il eust taillé en pièces quatre quartiers de l'armée du roi; et je suis convaincu que si la cour ne se fust point pressée, et qu'elle fust demeurée dans l'inaction à cest instant, touts les corps de la ville, qui dans la vérité commençoient à se lasser de la guerre civile, auroient esté fatigués dès le suivant d'un spectacle qui les y engageoit mesme ouvertement. Ceste conduite eut esté sage. La cour prit le contraire; et elle ne manqua pas aussi de faire un contraire effet : car en désespérant le public, elle l'accoustuma en un quart d'heure à M. le prince. Ce ne fut plus celui qui venoit de défaire les troupes du roi; ce fut celui qui venoit à Paris pour s'opposer au retour du Mazarin. Ces espèces se confondirent mesme dans l'imagination de ceux qui eussent juré qu'elles ne se confondoient pas. Elles ne se demeslent, dans les temps où touts les esprits sont prévenus, que dans les spéculations des philosophes, qui sont peu en nombre, et qui de plus y sont tousjours comptés pour rien, parce qu'ils ne mettent jamais la hallebarde à la main. Touts ceux qui crient dans les rues, touts ceux qui haranguent dans les compagnies, se saisissent de ces idées. Voilà justement ce qui arriva par l'imprudence du Mazarin; je me souviens que Bachaumont, que vous cognoisses, me disoit, le propre jour que les gents du roi présentèrent au parlement la dernière lettre de cachet dont je vous ai parlé, que le cardinal avoit trouvé le secret de faire Boislève Frondeur. C'estoit tout dire; car Boislève estoit le plus descrié de touts les mazarins.

Vous croyes sans doubte que Monsieur et M. le prince ne manquèrent pas ceste occasion de profiter de l'imprudence de la cour. Nullement. Ils n'en manquèrent aucune de corrompre, pour ainsi parler, celle-là; et c'est particulièrement en cest endroit où il faut recognoistre qu'il y a des faultes qui ne sont pas tout à fait humaines. Vous ne seres pas surprise de celle de Monsieur; mais je le suis encore de celle de M. le prince, qui estoit dès ce temps l'homme du monde le moins propre naturellement à les commettre. Sa jeunesse, son eslévation, son courage, lui pouvoient faire faire des faux pas d'une autre nature, desquels l'on n'eut pas eu subjet de s'estonner. Ceux que je vais marquer ne pouvoient avoir aucun de ces principes. On leur en peut encore moins trouver dans les qualités opposées, desquelles homme qui vive ne l'a jamais peu soupçonner; et c'est ce qui me fait conclure que l'aveuglement dont l'Ecriture nous parle si souvent est mesme, humainement parlant, sensible et palpable quelquefois dans les actions des hommes. Y avoit-il rien de plus naturel à M. le prince, ni plus selon son inclination, que de pousser sa victoire et de prendre les advantages qu'il en eust peu apparemment tirer, s'il eust continué à faire agir en personne son armée? Il l'abandonne, au lieu de prendre ce parti, à la conduite de deux novices; et les inquiétudes de M. de Chavigny, qui le rappelle à Paris sur un prétexte ou sur une raison, qui au fond n'avoit point de réalité, l'emportent dans son esprit sur son inclination toute guerrière, et sur l'intérest solide qu'il eut deu attacher à ses troupes? Y avoit-il rien de plus nécessaire à Monsieur et à M. le prince, que de fixer, pour ainsi dire, le moment heureux dans lequel l'imprudence du cardinal venoit de laisser à leur disposition le premier parlement du royaume, qui avoit balancé à se déclarer jusques-là, et qui avoit mesme fait de temps en temps des démarches non pas seulement foibles mais ambiguës? Au lieu de se servir de cet instant, en achevant d'engager tout à fait le parlement, ils lui font de ces sortes de peurs qui ne manquent jamais de desgouter dans les commencements, et d'effaroucher dans les suites les compagnies; et ils lui laissent de ces sortes de liberté qui les accoustument d'abord à la résistance, et qui la produisent infailliblement à la fin. Je m'explique. Aussitost que l'on eut la nouvelle de l'approche de M. le prince, il y eut des placards affichés, et une grande esmeute faite sur le Pont-Neuf. Il n'y eut point de part, et il n'y en peut avoir, car il n'estoit pas encore arrivé à Paris lorsqu'elle arriva, qui fut le 2 de mars. Mais il est vrai qu'elle fut commandée par Monsieur, comme je vous l'ai dit dans un autre lieu.

Le 25 d'avril, le bureau des entrées de la porte Saint-Antoine fut rompu et pillé par la population; et M. de Cumont, commissaire du parlement qui s'y trouva par hasard, l'estant venu dire à Monsieur dans le cabinet des livres où j'estois, eut pour response ces propres paroles : « J'en suis fasché, mais il n'est pas mauvais que » le peuple s'esveille de temps en temps; il n'y » a personne de tué, le reste n'est pas grand » chose. »

Le 30 du mesme mois, le prévost des marchands et autres officiers de la ville, qui revenoient de cheux Monsieur, faillirent à estre massacrés au bas de la rue de Tournon; et ils se pleignirent dès le lendemain dans les chambres assemblées, qu'ils n'avoient receu aucun secours, quoiqu'ils l'eussent fait demander et au Luxembourg et à l'hostel de Condé.

Le 10 de mai, le procureur du roi de la ville et deux eschevins eussent esté tués dans la salle du Palais sans M. de Beaufort, qui eut très-grand peine à les sauver.

Le 13, M. Quélin (1), conseiller du parlement et capitaine de son quartier, ayant mené sa compagnie au Palais pour la garde ordinaire, fut abandonné de touts les bourgeois qui la composoient, et qui crioient qu'ils n'estoient pas faits pour garder des Mazarins. Et le 29 du mesme mois, M. Molé de Saincte-Croix porta sa plainte en plein parlement, de ce que le 20 il avoit esté attaqué et presque mis en pièces par les séditieux.

Vous observerez, s'il vous plaist, que toute la canaille qui seule faisoit ce désordre, n'avoit dans la bouche que le nom et le service de messieurs les princes, qui dès le lendemain la desadvouèrent dans les assemblées des chambres. Ce desadveu que je faisois, au moins pour l'ordinaire de très-bonne foi, donnoit lieu à ces arrests sanglants que le parlement donnoit à toutes occasions contre ces séditieux, mais il n'empeschoit pas que ce mesme parlement ne creut que ceux qui desadvouoient la sédition ne l'eussent faite; et ainsi il ne diminuoit rien de la haine que beaucoup de particuliers en concevoient, et il accoustumoit le corps à donner des arrests qui n'estoient pas, au moins à ce qu'il s'imaginoit, du goust de messieurs les princes. Je sçai bien, comme je l'ai déjà dit ailleurs, que dans les temps où il y a de la foiblesse et des troubles, ce malheur est inséparable du pouvoir populaire, et nul ne l'a plus esprouvé que moi : mais il fault advouer aussi que Monsieur et M. le prince n'eurent pas toute l'application nécessaire à sauver les apparences de ce qu'ils ne faisoient pas. En effet, Monsieur, qui estoit foible, craignoit de se brouiller avec le peuple en réprimant avec trop de véhémence les criailleurs; et M. le prince, qui estoit intrépide, ne faisoit pas assez de réflexion sur les mauvais et puissants effets que ces esmotions faisoient à son esgard dans les esprits de ceux qui en avoient peur.

Il fault que je me confesse en cest endroit, et que je vous advoue que comme j'avois intéres-

---

(1) De Queslin, conseiller en la première chambre des enquestes, ne se donnant qu'au divertissement : s'attache fort aux dames, fort peu au Palais; assez chaud pour ses amis; son plus familier est M. Saintot, conseiller au Chastelet. M. Servien est son oncle; il lui grande obligation et lui défère beaucoup. (Portrait d[u] parlement.)

à affoiblir le crédit de M. le prince dans le public, je n'oubliai pour y réussir aucune des couleurs que je trouvai sur ce subjet asses abondamment dans les manières de beaucoup de gents de son parti. Jamais homme n'a esté plus esloigné que M. le prince d'employer ces sortes de moyens; il n'en a jamais eu un seul sur qui il fut plus aisé d'en jeter l'envie et les apparences. Pesche estoit tous les jours dans la cour de l'hostel de Condé, et le commandeur de Saint-Simon (1) ne bougeoit de l'antichambre. Il fault que ce dernier se soit meslé d'un estrange mestier, puisque, nonobstant sa qualité, je n'ai pas honte de le comprendre avec ces misérables criailleurs de la lie du peuple. Il est certain que je me servis utilement de ces deux noms contre les intérests de M. le prince, qui dans la vérité, n'avoit de tort à cest esgard que celui de ne pas faire asses d'attention à leurs sottises. J'ose dire, sans manquer au respect que je lui doibs, qu'il fut moins excusable en celle qu'il n'eut pas à s'opposer d'abord à de certaines libertés que des particuliers prirent dans touts les corps, de lui résister en face, et de l'attaquer mesme personnellement. Je sçais bien que la douceur naturelle de Monsieur, jointe à l'ombrage que M. son cousin lui donnoit tousjours, l'obligeoit quelquefois à dissimuler ; mais je sçais bien aussi qu'il eut lui-mesme trop de douceur en ces rencontres, et que s'il eust pris les choses sur le ton qu'il les pouvoit prendre, dans le moment où la cour lui donnoit si beau jeu, il eut soubmis Paris et Monsieur mesme à ses volontés sans violence. La mesme vérité qui m'oblige à remarquer la faulte m'oblige à en admirer le principe ; et il est si beau à l'homme du monde du courage le plus héroïque, d'avoir péché par excès de douceur, que ce qui ne lui a pas succédé dans la politique doibt estre au moins admiré et exhalté par touts les gents de bien dans la morale. Il est nécessaire d'expliquer en peu de paroles ce détail.

M. le procureur général Fouquet (2), cognu pour mazarin, quoiqu'il déclamast à sa place contre lui comme touts les autres, entra dans la grande chambre le 17 d'avril, et en présence de M. le duc d'Orléans et de M. le prince, requist, au nom du roi, que M. le prince lui donnast communication de toutes les associations et de touts les traités qu'il avoit faits et dedans et dehors le royaume; et il adjousta qu'en cas que M. le prince le refusast, il demandoit acte de la réquisition et de l'opposition qu'il faisoit à l'enregistrement de la déclaration que M. le prince venoit de faire, qu'il poseroit les armes aussitost que M. le cardinal Mazarin seroit esloigné.

M. Ménardeau opina publiquement dans la grande assemblée de l'Hostel-de-Ville, qui fut faite le 20 avril, à ne point faire de remonstrances contre le cardinal, qu'après que messieurs les princes auroient posé les armes.

Le 22 du mesme mois, messieurs les présidents des comptes, à la réserve du premier, ne se trouvèrent pas à la chambre soubs je ne sçais quel prétexte, qui parut en ce temps-là asses léger ; je ne me ressouviens pas du détail. M. Perroche, un instant après, soubstint à messieurs les princes en face, qu'il falloit donner arrest qui portast défense de lever aucunes troupes sans la permission du roi; et le mesme jour M. Amelot, premier président de la cour des aides, dict à M. le prince ouvertement, qu'il s'estonnoit de veoir sur les fleurs de lis un prince qui, après avoir tant de fois triomphé des ennemis de l'estat, venoit de s'unir avec eux, etc. Je ne vous rapporte ces exemples que comme des eschantillons. Il y en eut touts les jours quelqu'un de ceste espèce, et il n'y en eut point, pour peu considérable qu'il parut sur l'heure, qui ne laissast dans les esprits une de ces sortes d'impressions qui ne so sentent pas d'abord, mais qui se resveillent dans la suite. Il est de la prudence d'un chef de parti de souffrir tout ce qu'il doibt dissimuler, [mais il ne doibt pas dissimuler] ce qui accoutume des corps ou les particuliers à la résistance. Monsieur, qui par son humeur et par l'ombrage que M. le prince lui faisoit à tous les instants, ne vouloit déplaire à qui ce soit; M. le prince, qui n'estoit dans la faction que par force, n'estudioient pas avec asses d'application les principes d'une science dans laquelle l'admiral de Coligny disoit que l'on ne pouvoit jamais estre docteur. Ils laissèrent l'un et l'autre non-seulement la liberté, mais encore la licence des suffrages à touts les particuliers. Ils creurent, dans toutes les occasions dont je viens de parler, que le plus de voix qu'ils avoient eu leur suffiroit, comme il leur auroit effectivement suffi, s'il ne s'estoit agi que d'un procès ; ils ne cognurent pas d'asses bonne heure la différence qu'il y a entre la liberté et la licence des suffrages ; ils ne peurent se persuader qu'un discours hault, sententieux et dé-

---

(1) Louis de Saint-Simon, chevalier de Malte, commandeur et capitaine aux gardes; mort en 1679. (A. E.)
(2) Nicolas Fouquet, surintendant des finances, célèble par sa disgrace. Il était né à Paris en 1615, fut maître des requêtes à l'âge de 25 ans, et procureur-général au parlement de Paris 10 ans plus tard. Fouquet fut arrêté en 1661, et mourut après une détention de 19 ans, en 1680.

cisif, fait à propos et dans des moments qui se trouvoient quelquefois décisifs pour eux-mesmes, eut peu faire produire ceste dissention sans la moindre ombre de violence ; et ainsi ils laissèrent tousjours dans Paris un air de parti contraire, qui ne manque jamais de s'espaissir quand il est agité par les vents qu'y jette l'autorité royale. S'il eut pleu à Monsieur et à M. le prince de faire sortir de Paris, mesme avec civilité, le moindre de ceux qui leur manquèrent au respect dans ces rencontres, les compagnies mesme dont ils estoient membres y eussent donné leurs suffrages. Le président Amelot fut désadvoué publiquement par la cour des aides en ce qu'il avoit dit à M. le prince. Elle eut opiné à son esloignement, si M. le prince eut voulu ; elle l'en auroit remercié le jour mesme, et le lendemain elle auroit tremblé. Le secret dans ces grands mouvements est de retenir les gents dans l'obéissance, par des frayeurs qui ne leur soient causées que par les choses dont ils aient esté eux-mesmes les instruments. Ces peurs sont pour l'ordinaire les plus efficaces, et tousjours les moins odieuses. Vous verres ce que la conduite contraire produisit. Mais ce qui aida fort à produire la conduite contraire, fut la démangeaison de négotiations (c'est ainsi que le vieux Saint-Germain l'appeloit), qui, à proprement parler, estoit la maladie populaire du parti de M. le prince.

M. de Chavigny, qui avoit esté dès son enfance nourri dans le cabinet, ne pensoit qu'à y rentrer par toute voie. M. de Rohan, qui n'estoit à parler proprement bon qu'à danser, ne se croyoit lui-mesme bon que pour la cour. Goulas ne vouloit que ce que vouloit M. de Chavigny ; voilà des naturels bien susceptibles des propositions de négotiations. M. le prince estoit par son inclination, par son éducation et par ses manières, plus esloigné de la guerre civile qu'homme que j'aie jamais cogneu, sans exception ; et Monsieur, dont le caractère dominant estoit d'avoir tousjours peur et défiance, estoit celui, de touts ceux que j'aie jamais veu, le plus capable de donner dans touts les panneaux à force de les craindre touts. Il estoit en cela semblable aux lièvres. Voilà des esprits bien portés à recevoir les propositions de négotiations. Le fort de M. le cardinal Mazarin estoit proprement de ravauder, de donner à entendre, de faire espérer ; de jeter des lueurs, de les retirer ; de donner des veues, de les brouiller. Voilà un génie tout propre à se servir des illusions que l'autorité royale a tousjours abondamment en main pour engager à des négotiations. Il y engagea dans la vérité tout le monde ; et cest engagement fut ce qui produisit en partie, comme je vous le viens de dire, la conduite que je vous ai expliquée ci-dessus, en ce qu'il amusa par de fausses espérances d'accommodement ; et ce fut encore ce qui acheva, pour ainsi dire, de la gaster et de la corrompre, en ce qu'il donna du courage à ceux qui dans la ville et dans le parlement avoient de bonnes intentions pour la cour, et qu'il l'osta à ceux qui estoient de bonne foi dans le parti. Je vous expliquerai ce détail, après que je vous aurai rendu compte du mouvement des armées de l'un et de l'autre parti, et de celui que je fus obligé de me donner, contre mon inclination et contre ma résolution, dans ces conjonctures.

[Comme j'ai compris dans les observations que j'ai faites ci-devant beaucoup de faits particuliers, qui regardent le parlement, je crois qu'il seroit fort naturel que je reprisse la relation et le détail de ce qui s'est passé dans les assemblées des chambres depuis le 24 au 26 d'avril.]

Le roi dont le dessein avoit tousjours esté de s'approcher de Paris, comme il me semble que je vous l'ai déjà dit, partit de Gien aussitost après le combat de Bléneau, et il prit son chemin par Auxerre, par Sens et par Melun, jusques à Corbeil, cependant que MM. de Turenne et d'Hoquincourt, qui s'advancèrent avec l'armée jusques à Moret, couvrirent la marche ; et que MM. de Beaufort et de Nesmours, qui avoient esté obligés de quitter Montargis faute de fourrage, s'estoient allés camper à Estampes. Leurs Majestés estant passées jusques à Saint-Germain, M. de Turenne se porta à Palaiseau : ce qui obligea messieurs les princes de mettre garnison dans Saint-Cloud, au pont de Neuilly et à Charenton. Vous croyes aisément que touts ces mouvements de troupes ne se faisoient pas sans beaucoup de désordre et de pillage ; et ce pillage, qui estoit trouvé tout aussi mauvais au parlement que celui des Tireurs-de-laine sur le Pont-Neuf, y donnoit touts les jours quelque cause qui n'auroit pas esté indigne du *catholicon*. Celle dans laquelle je jouois mon personnage au Luxembourg n'estoit pas assurément de la mesme nature. J'y allois touts les jours réglément, et parce que Monsieur le vouloit ainsi, pour faire veoir à M. le prince qu'en cas de besoing il seroit tousjours asseuré de moi, et parce qu'il me convenoit aussi en mon particulier que le public vist que ce que les partisans de M. le prince publioient incessamment contre moi de mon intelligence avec le Mazarin, n'estoit ni creu ni approuvé de Son Altesse Royale. J'estois tousjours dans le cabinet des livres, parce que le défaut du bonnet que je n'avois pas encore

receu de la part du roi, faisoit que je ne paroissois pas en public. M. le prince estoit très-souvent en mesme temps dans la galerie ou dans la chambre. Monsieur alloit et venoit sans cesse de l'un à l'autre, et parce qu'il ne demeuroit jamais en place, et parce qu'il l'affectoit mesme quelquefois pour différentes fins. Le commun du monde, qui prend tousjours plaisir à estre mystérieux, vouloit que l'agitation qui lui estoit naturelle fust l'effet des différentes impressions que nous lui donnions. M. le prince m'attribuoit tout ce que Monsieur ne faisoit pas pour le bien du parti. Le peu d'ouverture que j'avois laissé aux offres [qu'il avoit fait faire pour moi à M. de Brissac], par le moyen de M. le comte de Ficsque, l'avoit encore tout fraischement aigri. Il y eut mesme des rencontres où Monsieur creut qu'il ne lui convenoit qu'il ne s'adoucist pas à mon esgard. Les libelles recommencèrent; j'y respondis. La trève de l'escriture se rompit; et ce fut en ceste occasion ou au moins dans les suivantes où je mis au jour quelques-uns de ces libelles, desquels je vous ai parlé dans le deuxième volume de cest ouvrage, quoique ce ne fut pas le lieu, pour n'estre pas obligé de retoucher une matière qui est trop légère en elle-mesme pour estre rebatue tant de fois. Je me contenterai de vous dire, que LES CONTRETEMPS DU SIEUR DE CHAVIGNY, *premier ministre de M. le prince*, que je dictai en badinant à M. Caumartin, touchèrent à un point cest esprit altier et superbe, qu'il ne peut s'empescher de verser des larmes en présence de douze ou quinze personnes de qualité, qui estoient dans sa chambre. L'un de ceux-là me l'ayant dit le lendemain, je lui respondis en présence de MM. de Liancourt et de Fontenay : « Je vous
» supplie de dire à M. de Chavigny que, cog-
» noissant en sa personne les bonnes qualités
» que j'en cognois, je travaillerois à son pané-
» gyrique encore plus volontiers, que je n'ai
» fait un libelle qui l'a tant touché. »

[Voici le texte de ce libelle :

« Il n'est pas estrange que M. de Chavigny
» soit orgueilleux dans la bonne fortune, et
» qu'il soit bas dans la mauvaise : les gens de
» peu qui se sont eslevés, sont toujours insolens
» et foibles : il n'est pas estrange que M. de
» Chavigny soit violent : il a esté nourri dans
» les maximes de la tyrannie : mais je considère
» comme un prodige, qu'un homme né, pour
» ainsi parler, dans le cabinet, et qui a estudié
» la politique dans l'escole la plus rafinée de
» nostre siècle, qui a esté celle du cardinal de
» Richelieu, ne s'y soit pas instruit au moins
» suffisamment pour ne pas tomber à tous mo-
» mens dans des fautes grossières, qui lui ont
» fait perdre dans la pluspart des esprits qui ont
» quelque discernement, la réputation que lui
» avoit acquis un ministère asses long et asses
» considérable. On l'avoit tousjours regardé
» pendant la vie du cardinal de Richelieu,
» comme un homme qui avoit quelques belles
» qualités naturelles, et à qui l'expérience oste-
» roit à la fin ceste impétuosité qu'on remar-
» quoit dans ses inclinations; et la grande fa-
» veur qui esblouit presque les yeux de tous
» les hommes, soustenoit dans une infinité d'es-
» prits les espérances que l'on vouloit concevoir
» de sa conduite. Celle qu'il tint à l'esgard de
» M. le duc d'Orléans, un peu devant la mort
» de ce ministre, et à l'instant mesme que sa
» santé estoit désespérée, fut un préjugé que
» l'on connoistroit bientost qu'elles n'estoient
» pas bien fondées; il fut le principal autheur
» de ceste déclaration si injurieuse à tout l'es-
» tat, par laquelle Son Altesse Royale estoit
» exclue à jamais de l'entrée dans les conseils
» du roi.

» Quel aveuglement à un particulier qui, se-
» lon toutes les règles de la prudence humaine,
» ne devoit penser qu'à se sauver du naufrage,
» qui estoit sur le poinct de faire une fortune
» généralement odieuse? Quel contre-temps de
» désespérer l'oncle du roi, dont la ressource
» estoit proche, infaillible et certaine ! Le car-
» dinal de Richelieu estant mort, et ceste grande
» puissance ne couvrant plus de son nom ceux
» qui avoient agi sous son authorité, les créa-
» tures parurent dans leur naturel, on les con-
» neut par leur propre caractère. Chavigny ne
» fit pas un pas sans se descouvrir, il appuya
» avec une chaleur extreme, auprès du roi
» mourant, la déclaration par laquelle il s'esta-
» blissoit lui-mesme ministre nécessaire dans
» les conseils de la régence : quelle fureur à
» un homme de sa naissance, d'usurper un droit
» qui n'a jamais esté donné qu'aux seuls princes
» du sang; quel contre-temps de l'espérer dans
» un temps où la reine auroit le cœur de tous
» les peuples; où Monsieur estoit irrité contre
» luy, où tous les martyrs du cardinal de Ri-
» chelieu regardoient ses richesses immenses
» comme la récompense de leur souffrance?

» M. de Chavigny ayant manqué ses me-
» sures pour ce grand establissement qu'il avoit
» projetté, ne les prit pas plus judicieusement
» pour les intrigues particulières du cabinet;
» il se brouilla avec le cardinal Mazarin dans
» le temps qu'il estoit en sa confiance la plus
» estroite. Il vendit la charge de secrétaire
» d'estat, quand il estoit en posture de la faire

» agréablement à la cour ; il la prétendit deux
» mois après, quand l'esclat qu'il avoit fait
» contre le cardinal Mazarin l'avoit mis en
» estat de n'y pouvoir plus avoir de confiance.
» Quand il connust que ses bassesses ne luy
» servoient de rien pour entrer en faveur, il
» s'en alla en Provence, et il en revint juste-
» ment au temps qu'il falloit pour luy faire per-
» dre le mérite de son voyage qu'on croyoit ju-
» dicieux. Il demeura dans la retraite tant
» qu'il pouvoit demeurer à Paris sans se faire
» de mauvaises affaires : il y revint dans le
» moment qu'il ne pouvoit pas subsister sans
» faction et sans brouillerie ; il fit tous ses ef-
» forts pour en jetter des semences dans les dé-
» libérations innocentes et justes du parlement ;
» il s'y engagea quand, selon toutes les règles
» de la politique, l'authorité du ministère de-
» voit prévaloir aux oppositions qu'elle trouvoit ;
» il conféroit jour et nuict chez Longueil, quand
» il n'y avoit que trois ou quatre personnes qui
» allumoient le feu : il s'en retira quand, selon
» les maximes du bon sens, le parlement devoit
» estre en estat de donner l'ordre aux choses ; et
» pour se justifier à la cour de ce qu'on l'accu-
» soit d'avoir eu quelque part en ces affaires,
» il conseilla les violences qu'on entreprit contre
» M. de Broussel et les autres conseillers, à
» l'heure mesme qu'il n'y avoit pas un homme,
» qui connenst un peu l'estat de Paris, qui ne
» prévist que ceste entreprise mettroit en péril
» l'authorité royale. Il se brouilla tout de nou-
» veau avec le cardinal Mazarin, pour se laver,
» en quelque manière, des mauvaises suites
» qu'avoient produit ses mauvais conseils ; il
» l'attaqua quand il le creut trop foible pour
» entreprendre rien contre luy, il esprouva ce-
» pendant qu'il estoit asses fort pour le mettre
» en prison : il la souffrit avec un abattement et
» une laschèté pareille à celle qu'auroit ressenty
» l'ame du monde la plus timide pour une cap-
» tivité perpétuelle ; il la souffrit, dis-je, d'une
» manière qui fit bien veoir qu'il n'avoit pas
» creu qu'elle seroit de si peu de durée : il est
» donc aisé de conclure que soit pour ses juge-
» mens, soit pour ses actions, on ne voit que des
» contre-temps en sa conduite.

» Les faits que je viens de poser nous con-
» vainquent asses de ceste vérité ; mais on peut
» dire avec beaucoup de fondement qu'ils ne
» sont d'aucune conséquence aux prix de ceux
» que nous allons examiner.

» Après des fautes de ceste nature, qui eussent
» perdu un homme qui n'eust pas esté soubstenu
» par la fortune, Chavigny, par un excès de
» bonheur, se trouvoit dans le port ; il vescut
» quelque temps dans sa maison, à l'abri des
» tempestes, et ce qu'il faisoit par une pure né-
» cessité, estoit attribué, par beaucoup de gens,
» à sa modération et à sa conduite.

» On croyoit qu'il s'estoit enfin résolu à jouir
» de cent mille escus de rente ; qu'il avoit un
» peu meuri son humeur précipitée ; on espéroit
» mesme que le commerce qu'il entretenoit avec
» le Port-Royal auroit adouci, en quelque ma-
» nière, cest esprit altier et féroce ; il revint
» bientost à son naturel. Quand il fut question
» de donner l'accomplissement à ce grand ou-
» vrage, qui esclata à Pasques de l'année 1651,
» on jugea qu'il ne se pouvoit achever sans le
» ministère de la mesme personne, qui estoit
» accoustumée de violer le respect qu'on doit
» au sang de France ; il estoit question de ven-
» dre Monsieur. Ce prince, à qui la France de-
» voit tout fraischement l'esloignement du car-
» dinal Mazarin, attiroit le respect des hommes.
» Il falloit que Chavigny quittast sa solitude
» pour porter le flambeau de division dans la
» maison royale, pour servir et d'un nouveau
» prétexte et d'une nouvelle cause à la division
» de la reine et de Son Altesse Royale, et pour
» conférer tous les jours sur ce sujet avec toutes
» les créatures du cardinal Mazarin : quel contre-
» temps à un homme establi de se venir jeter
» dans la tempeste sur une mer pleine de périls
» et d'escueils, agitée encore par les vents et
» par les orages, et dont les mouvemens incer-
» tains ne pouvoient qu'estre évités par un esprit
» tant soit peu judicieux ; d'avoir prétendu de
» se vouloir rendre maistre des affaires, dans un
» temps où il n'y avoit personne au monde qui
» peust pénétrer où elles devoient tomber ; d'a-
» voir espéré la confiance, au moment que l'on
» ne pouvoit judicieusement fixer aucun dessein
» pour les choses les plus faciles ; d'avoir cru
» que le cardinal Mazarin la lui confioit de
» bonne foi, dans un estat où ses amis les plus
» assurez lui estoient suspects ; de s'estre imaginé
» pouvoir perdre Monsieur et tous ses servi-
» teurs, par la liaison de la reine et de M. le
» prince, qu'un homme sage eust bien conneu
» ne pouvoir estre de durée, de la manière
» qu'elle s'estoit faite. Il ne faut que jeter les
» yeux sur ceste conduite pour la considérer
» avec pitié ; et il faut advouer que le cardinal
» de Richelieu a esté malheureux dans ses créa-
» tures. Le cardinal Mazarin et M. de Chavi-
» gny ne lui font pas honneur.

» M. de Chavigny demeura quelque temps à
» la cour avec le tiltre d'homme du roi, et on
» s'estonna que la qualité qu'il avoit de colla-
» téral de M. de Lyonne, lui eslevast si fort le

» cœur, qu'elle l'obligeast d'esclater, comme il
» fit dans beaucoup d'occasions, sur l'indépen-
» dance qu'il faisoit profession de conserver à
» l'esgard de M. le prince. Quel contre-temps
» de faire une déclaration publique d'une li-
» berté à laquelle il renonça lui-mesme quinze
» jours après, par l'attachement qu'il tesmoigna
» aux interests de M. le prince, qui fut si vio-
» lent, qu'il obligea la reine à l'esloigner des
» conseils! Quel contre-temps de se raccommo-
» der ensuite avec Servien, et de promettre à
» la reine, par des sermens nouveaux et réité-
» rés, de servir au retour du cardinal Mazarin,
» et de demeurer en mesme temps, à Paris,
» facteur de M. le prince, qui alloit prendre
» les armes et former un parti! Je crois que les
» Jeannins, les Villeroys et les Silleris sortiroient
» du tombeau pour venger le cruel outrage que
» ce faux politique a fait à ce nom de ministre,
» qu'ils ont rempli avec tant de gloire et tant
» de bonheur pour l'estat. Quelle honte à un
» homme qui a esté honoré de ce caractère,
» qui n'a rien par sa naissance, et qui devoit
» une fortune si grande et si nouvelle à la
» royauté; quelle honte, dis-je, d'estre le cor-
» respondant d'Espagne et d'Angleterre : de
» traiter en mesme temps avec l'archiduc et avec
» Cromwell pour la destruction de sa patrie; et
» quel contre-temps de couronner toutes ces né-
» gotiations si utiles et si glorieuses par un
» traité secret et une conférence de cinq heures
» avec le cardinal Mazarin! Le grand homme pré-
» tendoit-il, allumant la guerre dans le royaume,
» se rendre maistre du cabinet et de la destinée
» du cardinal Mazarin; ce grand homme a-t-il
» ce mesme dessein en traittant avec lui et en
» donnant son fils en mariage à sa niepce? J'ad-
» voue qu'il est difficile de pénétrer dans ses
» intentions; il ne suit pas les règles de la po-
» litique ordinaire, du moins la veut-il rendre
» obscure; ses négotiations et ses conférences
» avec le cardinal Mazarin avoient esté un peu
» trop claires; il a creu qu'il seroit judicieux de
» les couvrir de quelque nuage, il a jetté aux
» yeux du monde M. Germain; quel contre-
» temps de prétendre cacher une négotiation,
» employant un homme que tout le monde sait
» estre l'intime ami de Montaigu son négotia-
» teur! Il nous a voulu donner le change en
» faisant paroistre madame de Chastillon : quel
» contre-temps de la faire accompagner à la cour
» par des gens que l'on sçait estre dans sa confi-
» dence la plus secrette! Nous le verrons à la fin
» du traitté qu'il projette, récompensé de ceste
» conduite si judicieuse. L'on n'ignore pas les
» articles secrets par lesquels il prétend, dans

» trois ou quatre mois, entrer finement, avec le
» cardinal Mazarin, dans un ministère, auquel
» il fait mine présentement de ne point songer.
» Ainsi nous ressentirons dans la conjonction de
» ces deux planètes toutes les influences que
» nous peuvent promettre la violence du cardi-
» nal de Richelieu et l'incapacité du cardinal
» Mazarin. »]

Je vous ai dit ci-dessus, que j'avois fait la résolution de demeurer tout le plus qu'il me seroit possible dans l'inaction, parce qu'il est vrai que j'avois beaucoup à perdre et rien à gagner dans le mouvement. J'accomplis en partie ceste résolution, parce qu'il est vrai que je n'entrai presque en rien dans tout ce qui se fit en ce temps-là ; estant très-convaincu qu'il n'y avoit rien de bon à faire pour l'ordinaire, et que le bon mesme ne se feroit pas dans le peu d'occasions où il estoit possible, à cause des veues différentes et compliquées que chacun avoit, et mesme que chacun debvoit avoir, veu l'estat des choses. Je m'enveloppai donc, pour ainsi dire, dans mes grandes dignités, ausquelles j'abandonnai les espérances de ma fortune; et je me souviens qu'un jour M. le président de Bellièvre, me disant que je me debvois donner plus de mouvement, je lui repartis sans balancer : « Nous
» sommes dans une grande tempeste, où il me
» semble que nous voguons toute contre le vent.
» J'ai deux bonnes rames en main, dont l'une
» est la masse du cardinal, et l'autre la crosse
» de Paris. Je ne les veux pas rompre, et je n'ai
» présentement qu'à me soubstenir. »

Je vous ai déjà dit que l'obligation de veoir Monsieur très-souvent me força à ne pas garder les apparences de toute l'inaction. Je me trouvai de nécessité à ne la pas mesme observer pleinement et entièrement, par les criailleries des partisants de M. le prince, qui m'attaquèrent par leurs libelles, comme fauteur du Mazarin. Je fus obligé d'y respondre, et cest esclat, joint à la cour assidue que je faisois au Luxembourg, qui paroissoit d'autant plus mystérieuse qu'elle paroissoit couverte, par la raison que vous avez déjà veue, quoiqu'elle fust publique; cest esclat, dis-je, fit trois effets très-mauvais contre moi. Le premier fut qu'il fit croire, mesme aux indifférents, que je ne pouvois demeurer en repos. Le second, qu'il persuada à M. le prince que j'estois irréconciliable avec lui. Le troisiesme, qu'il acheva d'aigrir au dernier point la cour contre moi, parce que je ne me pouvois défendre contre les libelles de M. le prince, qu'en insérant dans les miens des choses qui ne pouvoient estre agréables à M. le cardinal. Cest embarras n'estoit évitable que par des inconvénients qui estoient encore plus grands que l'embarras. Je ne me pouvois défendre du premier que par une retraite entière, qui n'eust esté ni de la bienséance, dans un temps où on l'eust attribuée à la peur que l'on eust creu que j'eusse eu de M. le prince; ni du respect et du service que je debvois à Monsieur, dans un moment où ma présence, au moins selon ce qu'il se l'imaginoit, lui estoit nécessaire. Je ne pouvois me parer du second qu'en me raccommodant avec M. le prince, ou en lui laissant prendre contre moi, dans le public, touts les advantages qu'il lui plairoit. Ce dernier parti eust esté d'un innocent : l'autre estoit impraticable et par les engagements que j'avois sur cest article particulier avec la reine, et par la disposition de Monsieur, qui me vouloit tousjours tenir en lesse pour me lâcher en cas de besoin. Je ne pouvois éviter le troisiesme sans faire des pas vers la cour, desquels M. le cardinal n'eust pas manqué de se servir pour me perdre. En voici un exemple.

Aussitost que j'eus receu la nouvelle de ma promotion, j'envoyai Argenteuil au roi et à la reine pour leur en rendre compte, et je lui donnai charge expresse de ne point veoir M. le cardinal, auquel j'estois bien esloigné, comme vous avez veu, de m'en croire obligé, et que j'estois de plus bien aise de marquer par une circonstance de ceste nature, et dans le parlement et dans le peuple, pour mon ennemi. Monsieur eust ou l'honnesteté ou la prudence de me dire de lui-mesme, qu'il advouoit que l'ordre que je donnois sur cela à Argenteuil estoit nécessaire, mais qu'il y falloit toutefois un *retentum* (ce fut son mot); et qu'en l'estat où estoient les choses, et où elles seroient peut-estre quand il arriveroit à Saumur, où la cour estoit à ceste heure, il estoit à propos de lui laisser la bride plus large, et de ne lui pas oster la liberté de conférer secrètement avec le cardinal, s'il le souhaitoit, et si madame la Palatine, à qui j'adressois Argenteuil pour le présenter à la reine, croyoit qu'il y peust y avoir quelque utilité : « Que sçavons-nous (adjousta Monsieur) si
» par l'événement cela ne pourra pas estre bon
» à quelque chose, mesme pour le gros des affaires ? La bonne conduite veult que l'on ne
» perde pas les occasions naturelles d'amuser,
» quand on a affaire à des amuseurs en titre
» d'office. Le Mazarin ne manquera jamais de
» dire la conférence; mais quel inconvénient ?
» C'est un menteur fieffé que personne ne croit,
» et il la dira fausse comme véritable. »

Voilà les paroles de Monsieur; elles furent prophétiques. M. le cardinal voulut veoir Argenteuil cheux madame la Palatine la nuit. Il lui dit par excés de tendresse pour moi, que si j'avois esté asses mal habile pour lui avoir ordonné de le veoir publiquement, il y auroit suppléé, pour mon service, par un refus public. Il entra bonnement dans touts mes esgards, dans touts mes intérests. Il lui voulut faire croire qu'il estoit résolu de partager le ministériat avec moi.

Véritablement Argenteuil n'estoit pas encore revenu à Paris, que Monsieur estoit adverti par Goulas, non pas de ce qui s'estoit passé réellement à l'esgard de ceste visite, mais de tout ce qui s'y fust passé effectivement, si elle eust esté recherchée par moi, et faite à l'insu de Son Altesse Royale et contre son service. Cest eschantillon vous fait veoir les replis de la pièce qui estoit sur le mestier, et peut contribuer, ce me semble, à justifier la conduite que j'eus en ce temps-là.

J'escris par vostre ordre l'histoire de ma vie, et le plaisir que je me fais de vous obéir avec exactitude a fait que je m'espargne si peu moi-mesme, que vous avez peu jusques ici appercevoir que je ne me suis pas appliqué à faire mon apologie. Je m'y trouve forcé en ce rencontre, parce que c'est celui où l'artifice de mes ennemis a rencontré le plus de facilité à surprendre la crédulité du vulgaire. Je sçavois que l'on disoit en ce temps-là : « Est-il possible que
» le cardinal de Rais ne soit pas content d'estre
» à son âge cardinal et archevesque de Paris ?
» Et comme se peut-il mettre dans l'esprit que
» l'on [conquerre] à force d'armes la première
» place dans les conseils du roi ? » Je sçais qu'encore aujourd'hui les misérables gazettes de ce temps-là sont pleines de ces ridicules idées. Je conviens qu'elles l'eussent esté encore sans comparaison davantage dans mes espérances et dans mes vues, qui en vérité en estoient très-esloignées, je ne dis pas seulement par la force de la raison à cause des conjonctures, mais je dis mesme par mon inclination qui me portoit avec tant de rapidité et aux plaisirs et à la gloire, que le ministériat qui trouble beaucoup ceux-là, et qui rend tousjours celle-ci odieuse, estoit encore moins à mon goust qu'à ma portée. Je ne sçais si je fais mon apologie en vous parlant ainsi : je ne crois pas au moins vous faire mon éloge. Sur le tout je vous doibs la vérité, qui ne me servira pas beaucoup dans la postérité pour ma descharge, mais qui au moins ne sera pas inutile pour faire cognoistre que la plupart des hommes du commun, qui raisonnent sur les actions de ceux qui sont dans les grands postes, sont tout au moins des dupes présomptueux.

Je m'apperçois qu'il y a trop de prolixité dans

ceste disgression ; vous l'attribueres peut-estre à vanité : je ne le crois pas, et je sens que le plaisir que j'ai à me pouvoir justifier est uniquement l'effet de celui que je trouve à n'estre pas désapprouvé de vous.

Il n'est pas possible que lorsque vous faites réflexion sur l'embarras où j'estois dans le temps que je viens de vous descrire, vous ne vous ressouvenies de ce que je vous ai déjà dit plus d'une fois, qu'il y en a où il est impossible de bien faire. Je crois que Monsieur me répétoit ces paroles cent fois par jour, avec des souspirs et des regrets incroyables de ne m'avoir pas creu, quand je lui représentois et qu'il tomberoit en cest estat, et qu'il y feroit tomber tout le monde. Il estoit encore aggravé à mon esgard par les contretemps que je puis, ce me semble, appeler domestiques, qui m'arrivèrent dans ces conjonctures.

Vous aves déjà veu que madame de Chevreuse, Noirmoustier et Laigues avoient commencé à faire en quelque façon bande à part; et que soubs le prétexte de ne pouvoir entrer ni directement ni indirectement dans les intérests de M. le prince, ils s'estoient séparés effectivement de ceux de Monsieur, quoiqu'ils y gardassent tousjours les mesures de l'honnesteté et du respect. Celles qu'ils avoient avec la cour estoient beaucoup plus estroites. L'abbé Fouquet avoit succédé pour ceste négotiation à Bartet. Je l'appris par Monsieur mesme, qui m'obligea ou plutost qui me força à la pénétrer plus que je n'eusse fait sans son ordre exprès : car dans la vérité depuis ce qui s'estoit passé à l'hostel de Chevreuse, quand M. le cardinal rentra dans le royaume, je n'y comptois plus rien, et je ne continuois mesme à y aller que parce que je voyois mademoiselle de Chevreuse qui ne m'avoit point manqué. Je me sentois obligé à Monsieur de ce qu'il n'avoit adjousté aucune foi aux mauvais offices que Chavigny et Goulas me rendoient du matin au soir, sur les correspondances de l'hostel de Chevreuse avec la cour, qui donnoient à la vérité un beau champ de me calomnier ; et ainsi je me sentis aussi plus obligé moi-mesme à les éclaircir. Ceste considération fit que contre mon inclination, je pris quelques mesures avec l'abbé Fouquet. Je dis contre mon inclination : car le peu qui m'avoit paru de cest esprit cheux madame de Guémené, où il alloit veoir asses souvent une mademoiselle de Ménessin, qui estoit sa parente, ne m'avoit pas donné du goust pour sa personne. Il estoit en ce temps-là fort jeune ; mais il avoit dès ce temps-là un je ne sçais quel air d'emporté et de fou qui ne me revenoit pas. Je le vis deux ou trois fois sur la brune cheux Lefebvre de la Barre, qui estoit fils du prévost des marchands et son ami, soubs prétexte de conférer avec lui pour rompre les cabales que M. le prince faisoit pour se rendre maistre du peuple. Nostre commerce ne dura pas longtemps ; et parce que de mon costé j'en tirai d'abord les éclaircissements qui m'estoient nécessaires, et parce que lui du sien se lassa bientost de conversations qui n'alloient à rien. Il vouloit dès le premier moment que je fusse mazarin sans réserve comme lui ; il ne concevoit pas qu'il fust à propos de garder des mesures. Je crois qu'il peut estre devenu depuis un habile homme : mais je vous assure qu'en ce temps-là il ne parloit que comme un escolier qui ne fust sorti que de la veille du collége de Navarre. Je crois que ceste qualité peut ne lui pas nuire auprès de mademoiselle de Chevreuse, de laquelle il devint amoureux, et laquelle devint aussi amoureuse de lui. La petite de Roye, qui estoit une Allemande fort jolie, qui estoit à elle, m'en advertit. Je me consolai asses aisément avec la suivante de l'infidélité de la maistresse, dont, pour vous dire le vrai, le choix ne m'humilia point. Je ne laissai pas de prendre la liberté de faire quelques railleries de l'abbé Fouquet, qui se persuada ou qui se voulut persuader qu'elles avoient passé jeu et que j'avois dict que je lui ferois donner des coups de baston. Je n'y avois jamais pensé : il en a eu le mesme ressentiment que si la chose eust esté vraie. Il contribua beaucoup à ma prison ; et M. Le Tellier me dit à Fontainebleau, après que je fus revenu des pays estrangers, qu'il avoit proposé maintes fois à la reine de me tuer (1). Ma cholère contre lui ne fut si grande, parce qu'elle se mesura à ma jalousie qui ne fut que médiocre. Mademoiselle de Chevreuse n'avoit que de la beauté, de laquelle on se rassasie quand elle n'est pas accompagnée. Elle n'avoit de l'esprit que pour celui qu'elle aimoit ; mais comme elle n'aimoit jamais long-temps, l'on ne trouvoit pas asses long-temps qu'elle eust de l'esprit. Elle s'indisposoit contre ses amants comme contre ses hardes. Les autres femmes s'en lassent,

---

(1) L'abbé Fouquet s'était chargé de le faire périr en secret par assassinat et en trahison ; mais il en fut détourné par deux raisons : la première fut un reste de répugnance et de honte dans l'esprit de la reine pour une action si étrange. Sa Majesté questionnant cet abbé pour savoir comment il s'y prendrait pour en dérober la connaissance au public ; il lui répondit qu'elle s'en reposât sur lui, et qu'il le feroit expédier en lieu et de sorte que rien ne seroit découvert : *après quoi il le feroit saler.* (Mémoires de Guy Joly.)

elle les brûloit; ses filles avoient toutes les peines du monde à sauver une jupe, des coiffes, des gants, un point de Venise. Je crois que si elle eust peu mettre au feu ses galants quand elle s'en lassoit, elle l'eust fait du meilleur de son cœur. Madame sa mère, qui la vouloit brouiller avec moi, quand elle résolut de s'unir entièrement à la cour, n'y peut réussir quoi qu'elle eust fait en sorte que madame de Guémené lui eust fait lire un billet de ma main, par lequel je m'estois donné corps et ame à elle-mesme, comme les sorciers se donnent au diable. Dans l'esclat qu'il y eust entre l'hostel de Chevreuse et moi à l'entrée du cardinal dans le royaume, elle esclata avec fureur en ma faveur: elle changea deux mois après à propos de rien, et sans sçavoir pourquoy. Elle prit tout d'un coup de la passion pour Charlotte, une fille de chambre fort jolie, qui estoit à elle, qui alloit à tout; elle ne lui dura que six sepmaines, après lesquelles elle devint amoureuse de l'abbé Fouquet, jusques au point de l'espouser s'il eust voulu. Ce fut dans ce temps que madame de Chevreuse se voyant asses hors d'œuvre à Paris, prit le parti d'en sortir et de se retirer à Dampierre, soubs l'espérance que Laigues, qui avoit fait un voyage à la cour, lui rapporta qu'elle y seroit très-bien receue. Je deschargeai à mademoiselle de Chevreuse mon cœur, qui en verité n'estoit pas fort gros; et je ne laissai pas de faire accompagner la mère et la fille, et au sortir de Paris et mesme dans la campagne jusques à Dampierre, par tout ce que j'avois auprès de moi et de noblesse et de cavalerie. Je ne puis finir ce léger crayon que je vous donne ici de l'estat de Paris, sans rendre la justice que je doibs à la générosité de M. le prince. Angerville, qui estoit à M. le prince de Conti, vint de Bordeaux en dessein d'entreprendre sur moi, au moins M. le prince le creut-il ou le soupçonna-t-il. J'ai honte de n'estre pas plus éclairé de ce détail, parce que l'on ne le peut jamais asses estre des bonnes actions, et particulièrement de celle dont l'on doibt avoir de la recognoissance. M. le prince le rencontrant dans la rue de Tournon lui dit qu'il le feroit pendre, s'il ne partoit dans deux heures pour aller retrouver son maistre.

Quelques jours après, M. le prince estant cheux Prudhomme, qui logeoit dans la rue d'Orléans, et ayant enfilé dans la rue sa compagnie des gardes et un fort grand nombre d'officiers, M. de Rohan y arriva tout eschauffé pour lui dire qu'il me venoit de laisser en beau début; que j'estois à l'hostel de Chevreuse très-mal accompagné, et que je n'avois auprès de moi que le chevalier d'Humières, enseigne de mes gensdarmes, avec trente maistres. M. le prince lui respondit en souriant: « Le cardinal » de Rais est trop fort ou trop foible. » Marigny me raconta presque dans le mesme temps, que s'estant trouvé dans la chambre de M. le prince, et ayant remarqué qu'il lisoit avec attention un livre, il avoit pris la liberté de lui dire qu'il falloit que ce fust un bel ouvrage, puisqu'il y prenoit tant de plaisir; et que M. le prince lui répondit: « Il est vrai que j'en prends » beaucoup: car il me fait cognoistre mes faul- » tes que personne n'ose me dire. » Vous observeres, s'il vous plaist, que ce livre estoit celui qui estoit intitulé : LE VRAI ET LE FAUX DU PRINCE DE CONDÉ ET DU CARDINAL DE RAIS; qui pouvoit piquer et fascher M. le prince, parce que je recognois de bonne foi, que j'y avois manqué au respect que je lui debvois. Ces paroles sont belles, haultes, sages, grandes et proprement des apophtegmes desquels le bon sens de Plutarque auroit honnoré l'antiquité avec joie. Je reprends le fil de ce qui se passoit en ce temps-là dans les chambres assemblées, dont vous aves déjà veu la meilleure partie dans ces observations, sur lesquelles il y a déjà quelque temps que je me suis mesme asses estendu.

Je vous y ai parlé de la démangeaison de négotiations comme de la maladie qui régnoit dans le parti des princes. M. de Chavigny en avoit une réglée, mais secrète, avec M. le cardinal, par le canal de M. de Fabert. Elle ne réussit pas, parce que le cardinal ne voulut point dans le fond d'accommodement, et il n'en cherchoit que les apparences pour décrier dans le parlement et dans le peuple M. le duc d'Orléans et M. le prince. Il employa pour cela le roi d'Angleterre, qui proposa au roi à Corbeil une conférence. Elle fut acceptée à la cour, et elle le fut aussi à Paris par Monsieur et par M. le prince, ausquels la reine d'Angleterre en parla. Monsieur en donna part au parlement le 26 d'avril, et fit partir dès le lendemain M. de Rohan, de Chavigny et Goulas pour aller à Saint-Germain, où le roi estoit allé de Corbeil. Je pris la liberté de demander le soir à Monsieur s'il avoit quelque certitude, ou au moins quelque lumière, que ceste conférence peut estre bonne à quelque chose? Et il me respondit en chiflant : « Je ne le crois pas, mais que faire? » Tout le monde négotie, je ne veux pas de- » meurer tout seul. » Permettes-moi, je vous supplie, de marquer ceste response comme l'époque de toute la conduite que Monsieur tint à l'esgard de toutes les négotiations que vous verres dans la suite. Il n'y eut jamais d'autre veue que celle-là; il n'y apporta jamais plus de dessein, ni plus d'art, ni plus de finesse. Il ne me fit jamais d'autre response quand je lui représentai les inconvénients de ceste conduite; ce que je ne faisois pourtant jamais, qu'il ne me l'eust commandé plus de cinq ou six fois.

Je crois que vous ne vous estonneres plus de mon inaction; elle vous surprendra encore moins quand je vous aurai dit qu'après la négotiation de laquelle je vous viens de parler, qui n'alla à rien qu'à descrier le parti comme vous l'alles veoir, il y en eut cinq ou six autres, ou plustost qu'il y en eust un tissu, que MM. de Rohan, de Chavigny, Goulas, Gourville et madame de Chatillon tindrent à différentes reprises sur le mestier. Ils ne travaillèrent pas tout seuls à l'ouvrage; je le brodai de tout ce qui en pouvoit rehausser les couleurs dans le public. Comme il me convenoit de rejeter sur ce parti la haine et l'envie du mazarinisme, dont il essayoit de me charger en toutes occasions, je n'oublois rien de tout ce qui estoit en moi pour descouvrir et pour faire esclater dans le monde les advantages que les particuliers, qui le composoient, n'oublioient pas de leur costé de rechercher dans les traités. Les propositions des gouvernemens de Guienne pour M. le prince; de la Provence pour M. son frère; de l'Auvergne pour M. de Nesmours; les cent mille escus et le bon que l'on demandoit pour M. de La Rochefoucault; le baston de mareschal de France pour M. du Dognon; les lettres de duc pour M. de Montespan; la surintendance des finances pour M. d'Ognon; le pouvoir de faire la paix générale à Monsieur; et à MM. les princes celui de nommer des ministres, y furent figurés de toute leur estendue. Je ne creus pas estre imposteur, en publiant que tout ce que je vous viens de dire avoit esté proposé; parce qu'il est vrai que les advis que j'avois de la cour me l'asseuroient. Je ne voudrois pas jurer qu'il n'y eust dans ces advis de l'exagération sur de certains points. Ce que je sçais de science certaine est que M. le cardinal faisoit espérer tout ce que l'on prétendoit, et qu'il ne fut jamais un instant dans la pensée d'en tenir quoi que ce soit. Il se donna le plaisir de donner au public le spectacle de MM. de Rohan, de Chavigny et de Goulas conférant avec lui, et devant le roi et en particulier, au moment mesme que Monsieur et M. le prince disoient publiquement dans les chambres assemblées, que le préalable de touts les traités estoit de n'avoir aucun commerce avec le Mazarin. Il joua la comédie en leur présence, dans laquelle il se fit retenir comme par force par le roi, qu'il supplioit à mains jointes de lui permettre qu'il peust s'en retourner en Italie. Il se donna la satisfaction de montrer à toute la cour Gourville, qu'il ne laissoit pas de faire monter par un escalier desrobé. Il se donna la joie d'amuser Gaucour, qui par sa profession de negotiateur, donnoit encore plus d'esclat à la négotiation. Enfin les choses en vindrent au point que madame de Chastillon alla publiquement à Saint-Germain. Nogent disoit qu'il ne lui manquoit, en entrant dans le chasteau, que le rameau d'olive à la main. Elle y fut receue et traitée effectivement comme Minerve auroit peu y estre. La différence fut que Minerve auroit apparemment prévu le siége d'Estampes, que M. le cardinal entreprit dans le mesme instant, et dans lequel il ne tint presques à rien qu'il n'ensevelist tout le parti de M. le prince. Vous verres le détail de ce siége dans la suite; et je ne le touche ici que parce qu'il servit de closture à ces négotiations que je viens de marquer, et que j'ai esté bien aise de renfermer toutes ensemble dans ces deux ou trois pages, afin que je ne fusse pas obligé d'interrompre si fréquemment le fil de ma narration.

Vous l'interrompes sans doubte vous-mesme à l'heure qu'il est, en me disant qu'il falloit que M. le cardinal Mazarin fust bien habile pour jeter aussi utilement pour lui tant de fausses apparences d'accommodement, et je vous supplie de me permettre de vous responder que toutes les fois que l'on dispose de l'autorité royale, l'on trouve des facilités incroyables à amuser ceux qui ont beaucoup d'aversion à faire la guerre au roi. Je ne sçais si j'excuse M. le prince, je ne sçais si je le loue. Je dis la vérité que j'ai pris la liberté de lui dire à lui-mesme. Il ne s'en fallut pas beaucoup qu'il n'y eut des gents dans le parlement, qui ne prissent la mesme, le jour que Monsieur parla des conférences que MM. de Rohan, de Chavigni et Goulas avoient eu à Saint-Germain avec le cardinal.

Ce fut le 30 d'avril. Le murmure y fut si grand que Monsieur, qui craignoit l'esclat, dist publiquement qu'il ne les y renvoyeroit jamais, que le cardinal n'en fust sorti. L'on y résolut aussi que M. le procureur général iroit à la cour pour solliciter les passeports nécessaires pour les députés, qui debvoient faire les nouvelles remonstrances, et pour s'y plaindre des désordres que les gents de guerre commettoient aux environs de Paris.

Le 3 de mai, M. le procureur général fit la relation de ce qu'il avoit fait à Saint-Germain, en conséquence des ordres de la compagnie; et il dit que le roi entendroit les remonstrances lundi 6 du mois, et que Sa Majesté estoit très-faschée que la conduite de Monsieur et de M. le prince l'obligeassent de tenir son armée si près de Paris. L'on commença ce jour-là la garde des portes, pour laquelle toutefois le corps de ville souhaita une lettre de cachet, qui en porta le commandement. La cour l'envoya parce qu'elle vit bien que Monsieur à la fin la feroit faire de son autorité. Elle estoit à la vérité plus que nécessaire, le désordre et le tumulte populaire croissant dans Paris à veue d'œil.

Le 6, les remonstrances du parlement et de la chambre des comptes furent portées au roi avec une grande force.

Et le 7, celles de la cour des aides et celles de la ville se firent. La responce du roi aux uns et aux autres fut qu'il feroit retirer ses troupes quand celles des princes seroient esloignées. M. le garde des sceaux, qui parla au nom de Sa Majesté, ne proféra pas seulement le nom de M. le cardinal.

Le 10, il fut arrêté au parlement que l'on enverroit les gents du roi à Saint-Germain, et pour y demander response touchant l'esloignement du cardinal Mazarin, et pour insister encore sur l'esloignement des armées des environs de Paris.

Le 11, M. le prince vint au Palais pour advertir la compagnie que le pont de Saint-Cloud estoit attaqué. Il sortit aussitost; il fist prendre les armes à ce qu'il trouva de bourgeois de bonne volonté, et les mena jusques au bois de Boulogne, où il apprit que ceux qui avoient creu qu'ils emporteroient d'emblée le pont de Saint-Cloud, y ayant trouvé de la résistance, s'estoient retirés. Il se servit de l'ardeur de ce peuple pour se saisir de Saint-Denis, où deux cents Suisses estoient en garnison. Il les prit l'espée à la main et sans aucune forme de siège, ayant passé le premier le fossé; et il revint le lendemain au matin à Paris, après y avoir laissé le régiment de Conti, ce me semble, pour le garder. Il y fut inutile: car Renneville ou Saint-Mesgrin, je ne sçais plus précisément lequel ce fut, la reprit deux jours après avec toute sorte de facilité, les bourgeois estant dedans pour le roi. Lalande, qui y commandoit pour M. le prince, fit une assez grande résistance dans les voultes de l'eglise de l'abbaye, qu'il défendit deux ou trois jours.

Le 14, il y eut un grand mouvement au parlement, où plusieurs voix confuses s'eslevèrent pour demander que l'on déliberast sur les moyens que l'on pourroit tenir pour empescher les séditions et les insolences qui se commettoient dans la ville et mesme dans la salle du Palais. Monsieur, qui en fut adverti, et qui eut peur que soubs ce prétexte les Mazarins du parlement ne fissent faire à la compagnie quelque pas qui fust contraire à ses intérests, vint au Palais asses à l'improviste, et il proposa qu'elle lui donnast un plein pouvoir. Ce discours, qui fut inspiré à Monsieur par M. de Beaufort à la chaude, sans dessein et très-légèrement, fit très-mauvais effet; dont le premier fut que tout le monde se persuada qu'il avoit esté fait après une profonde délibération; le second qu'il diminua beaucoup de la dignité de Monsieur, dont la naissance et le poste n'avoient pas besoing, veu les circonstances, d'une autorité empruntée pour calmer les séditions; et le troisiesme, que les présidents en prirent tant de courage qu'ils osèrent dire en face à Monsieur, que personne n'ignoroit le respect que l'on lui debvoit, et que par ceste raison il n'estoit pas à propos de mettre ceste proposition dans le registre. Il n'y a rien de si dangereux que les propositions qui paroissent mystérieuses et qui ne le sont pas, parce qu'elles attirent toute l'envie qui est inséparable du mystère, et qu'elles sont mesme un obstacle aux advantages que l'on prétend en tirer.

Le 15, Monsieur fit une fascheuse expérience de ceste vérité; car il eut le déplaisir de veoir un adjournement personnel, donné par les trois chambres à un imprimeur, qui avoit mis au jour un libelle qui portoit que le parlement avoit remis toute son autorité et celle de la ville entre les mains de Monsieur. Il me dit le soir en jurant, qu'il ne s'estonnoit plus que M. Du Maine (1), dans la Ligue, n'avoit peu souffrir les emportements de ceste compagnie. Il se servit de ceste expression à laquelle il en adjousta une autre, qui est encore plus licencieuse. Je lui respondis quelque chose dont je ne me souviens plus, mais je sçais qu'il le mit sur ses tablettes en riant et en me disant: «Je le paraphraserai » à M. le prince.»

Le 16, M. le président de Nesmond fit la relation des remonstrances, que le roi fit lire en la présence des députés. Après qu'il eut fait toutefois quelque difficulté, il y respondit qu'il feroit response par escrit dans deux ou trois jours. M. le procureur général fit ensuite rapport de sa députation, et il dit: Qu'ayant demandé l'esloignement des troupes à dix lieues de Paris, et expliqué la desclaration que messieurs les princes avoient fait, de faire aussi retirer celles qu'ils avoient au pont de Saint-Cloud et à Neuilly,

---

(1) Ensuite *duc de Mayenne*. Il faut rectifier dans ce sens les notes des pages 106, 114 et 210.

le roi avoit nommé de sa part M. le mareschal de L'Hospital, et envoyé un passeport en blanc pour celui qui seroit envoyé par Monsieur, pour conférer ensemble des moyens de procéder à cet esloignement. Il adjousta que le comte de Béthune, qui avoit esté choisi par Monsieur à cest effet, en avoit conféré avec messieurs de Bouillon, de Villeroy et Le Tellier; et que Sa Majesté se relaschoit, à la considération de la bonne ville de Paris, à accorder cest esloignement, pourveu que messieurs les princes executassent aussi de bonne foi ce à quoi ils s'estoient aussi engagés sur le mesme chef. M. le procureur général, qui estoit ami de M. Bignon, advocat général, présenta ensuite à la compagnie un escrit signé LOUIS, et plus bas GUÉNÉGAULD, qui portoit que le roi manderoit au plustost deux présidents et deux conseillers de chaque chambre, pour leur faire entendre ses volontés à l'esgard des remonstrances. Le parlement en ordonna de nouvelles sur ces rapports, dans lesquelles le nom du cardinal fut encore, pour ainsi dire, réagravé.

Le 24 et le 28 de mai ne produisirent rien de considérable dans les chambres assemblées.

Le 29, les députés des enquestes entrèrent dans la grande chambre, et y demandèrent l'assemblée des chambres, pour délibérer sur les moyens qu'il y avoit de faire la somme des cent cinquante mille livres, promises à celui qui représenteroit en justice le cardinal Mazarin. Leclerc de Courcelles (1), qui vit qu'en ce mesme moment le grand vicaire de M. de Paris entroit au parquet des gents du roi, pour y conférer de la descente de la châsse de Sainte Geneviefve, dit asses plaisamment : « Nous sommes aujourd'hui en dévotion de feste double; nous ordonnons des processions et nous travaillons à faire assassiner un cardinal. » Il est temps de parler du siège d'Estampes.

Vous aves veu ci-dessus que l'on estoit convenu dans les partis que l'on esloigneroit de dix lieues les troupes des environs de Paris. M. de Turenne, qui avoit déjà quelque temps auparavant asses maltraité malheureusement celles de messieurs les princes dans le faubourg d'Estampes, où les régiments de Bourgogne d'infanterie, et ceux de Wirtemberg et de Brow de cavalerie, avoient beaucoup souffert, se résolut de les opprimer tout en gros dans la ville mesme; et la foiblesse de la place jointe à l'absence de touts les généraux, lui fist croire que la chose n'estoit pas impraticable. Le comte de Tavanes, qui y commandoit pour M. le prince (car messieurs de Beaufort et de Nemours estoient à Paris), fit l'une des plus belles et des plus vigoureuses resistances qui se soit faite de nos jours. Il y eut beaucoup de sang respandu de part et d'autre; les chevaliers de la Vieufville et de Paraberre y furent tués du costé du roi, et messieurs de Vardes et de Chomberg y furent blessés. Les attaques y furent fréquentes et vives; la défense n'y fut pas moindre. Le petit nombre eust enfin cédé au plus fort si M. de Lorraine (2) ne fust arrivé à propos, qui obligea M. de Turenne à lever le siège. Ceste marche de M. de Lorraine mérite de vous estre expliquée.

Il y avoit asses long-temps que les Espagnols le prioient d'entrer en France et de secourir messieurs les princes. Monsieur et Madame l'en sollicitoient avec empressement. Il ne respondit à ceux-là qu'en leur demandant de l'argent; il ne respondit à ceux-ci qu'en leur demandant Jametz, Clairmont et Stenay, qui avoient autrefois esté de son domaine, et que le roi avoit donnés depuis à M. le prince. Monsieur me forcea un jour de dicter à Fremont une instruction pour Legrand, qu'il envoyoit à Bruxelles, pour le persuader; et je puis dire avec vérité, que c'est le seul trait de plume que j'ai fait dans tout le cours de ceste guerre. Je disois toujours à Monsieur que je me voulois conserver la satisfaction de pouvoir au moins penser dans moi-mesme que je n'estois en rien d'une affaire où tout alloit *a la peggio*; et je l'avois presque accoustumé à ne me plus demander mesme mon sentiment sur ce qui se passoit, en lui respondant tousjours par monosyllabes. Il m'en grondoit un jour, et je le lui adjoutai en lui disant : « Et le monosyl» labe, Monsieur, est unique : car c'est tousjours » non. » Je ne peus tenir mesme conduite à l'esgard de la marche de M. de Lorraine; car il voulut absolument, et Madame encore plus que lui, que je dressasse l'instruction dont je viens de parler. Je ne sçais si elle esbranla M. de Lorraine, ou si elle le trouva esbranlé. Il marcha avec son armée, qui estoit composée de huit cents hommes et de vieilles et bonnes troupes; il les laissa à Lagny et il vint à Paris où il entra à cheval, avec un applaudissement incroyable du peuple. Monsieur et M. le prince allèrent audevant de lui jusques au Bourget le dernier de

---

(1) Le Clerc de Courcelles, conseiller en la deuxième chambre des enquêtes, d'une capacité médiocre, de plus de bruit que d'effet, contredisant et rompant en visière, a été plusieurs fois proscrit; pour la plupart du temps hétéroclite; affectant l'ordre et le bien de la compagnie; bizarre, peu sûr et glorieux. (Portrait du parlement. Manuscrit de la Bibliothèque du Roi.)

(2) Charles IV, duc de Lorraine, né en 1604, mort en 1675.

mai, et ils y furent accompagnés de messieurs de Beaufort, de Nemours, de Rohan, de Sully, de La Rochefoucault, de Gaucourt, de Chavigny et de dom Gabriel de Tolède. Il se trouva par hasard que ces deux derniers figurèrent ensemble dans ceste entrée. Monsieur, qui haïssoit M. de Chavigny, me le dit le soir avec un emportement de joie ; et je lui respondis que j'estois surpris de ce qu'il me paroissoit estonné de cela ; que M. de Chavigny ne faisoit que ce que le président Jeannin, qui avoit esté l'un des plus grands ministres d'Henri IV, avoit fait autrefois ; que la différence n'estoit qu'autant que le président Jeannin avoit escadronné avec les Espagnols devant qu'il fust ministre ; et que M. de Chavigny n'escadronnait qu'après. Monsieur fut très-satisfait de l'apologie, et il la fit courir malicieusement dans le Luxembourg à un tel point, que je la retrouvai sur les degrés et dans les cours une heure après. Je gardai beaucoup plus de mesures à l'esgard de M. de Lorraine, quoiqu'il fut frère de Madame, à laquelle j'estois très-particulierement attaché. Je me contentai de lui envoyer un gentilhomme et de l'asseurer de mes services. Monsieur souhaita que je le visse ; en quoi il se trouva de la difficulté ; parce que les ducs de Lorraine prétendent la main cheux les cardinaux. Nous nous trouvasmes cheux Madame, et après dans la galerie cheux Monsieur, où il n'y a point de rang, et où de plus, quand il y en auroit eu, il ne se seroit point trouvé d'embarras, parce qu'il ne me disputoit pas le pas en lieu tiers. Ceste conférence ne se passa qu'en civilités et qu'en railleries, dans lesquelles il estoit inespuisable. Il lui vint deux ou trois jours après dans l'esprit une nouvelle cause de m'entretenir. Madame me commanda de le voir au noviciat des jésuites. Je lui dis d'abord que j'estois très-fasché que le cérémonial romain ne m'eut pas permis de lui rendre mes debvoirs cheux lui, comme je l'aurois souhaité ; et il me paya sur-le-champ en mesme monnoie, en me respondant qu'il estoit au désespoir que le cérémonial de l'Empire l'eust empesché de se rendre cheux moi, ce qu'il eust souhaité. Il me demanda ensuite sans aucun préalable si son nez me paroissoit propre à recevoir des chiquenaudes ? Il pesta tout de suite contre l'archiduc, contre Monsieur et contre Madame, qui lui en faisoient recevoir douze ou quinze par jour, en l'obligeant de venir au secours de M. le prince, qui lui détenoit son bien. Il entra de là dans un détail de propositions et d'ouvertures, ausquelles je vous proteste que je n'entendis rien. Je creus que je ne pouvois mieux lui respondre que par des discours ausquels je vous asseure qu'il n'entendit pas grand chose. Il s'en est ressouvenu toute sa vie ; et lorsqu'il revint en Lorraine, le premier compliment qu'il me fit faire par M. l'abbé de Saint-Mihiel, fut qu'il ne doubtoit pas que nous nous entendrions doresnavant l'un l'autre bien mieux que nous ne nous estions entendus à Paris au monastère. J'eus un tort, pour vous dire le vrai, de m'expliquer plus clairement avec lui, sachant ce que je sçavois de ce qui se passoit de touts costés à cest esgard. J'estois très-bien adverti que la cour lui donna à peu près la carte blanche, et je n'ignorois pas que bien qu'il la peust remplir presque à sa mode, il ne laissoit pas d'escouter de simples propositions, qui estoient bien au-dessoubs de celle que l'on lui offroit.

Madame de Chevreuse, qui n'estoit pas encore sortie de Paris en ce temp-là, lui dist plutost en riant que sérieusement, « qu'il pouvoit » faire la plus belle action du monde, s'il faisoit » lever le siége d'Estampes, en quoi il satisfe- » roit pleinement et Monsieur et les Espagnols ; » et si au mesme moment il ramenoit les troupes » en Flandres, en quoi il plairoit au dernier » point à la reine, de qui il avoit en tout temps » fait profession publique d'estre serviteur parti- » culier. » Comme ce parti, qui estoit des deux costés, pleut à son incertitude naturelle, il le prit sans balancer, et madame de Chevreuse s'en fit honneur à la cour, qui de sa part ne fut pas faschée de couvrir la nécessité où elle se trouvoit de lever le siége d'Estampes, de quelque apparence de négociations qu'elle grossit dans le monde de mille et mille particularités, que le raisonnement du vulgaire honnore toujours de mille et mille mistères. Je ne sçais rien au monde de plus simple que ce qui se fit en ceste rencontre ; et quoique je ne fusse plus du tout en ce temps du secret ni de la mère ni de la fille, comme vous aves veu ci-dessus, j'en fus asses instruit malgré l'une et l'autre pour vous pouvoir asseurer pour certain ce que je vous en dis. La conduite que M. de Lorraine prit dès le lendemain, est une marque que je ne me trompe pas, ou du moins une preuve que M. de Lorraine ne fut pas longtemps content de lui-mesme à l'esgard de ceste action : car quoiqu'il eust soubstenu d'abord à Monsieur qu'il lui avoit rendu un service signalé, en obligeant la cour à lever le siége d'Estampes, il me parut aussitost après qu'il eust honte d'avoir fait ce traité, et que ceste honte l'obligea à leur accorder ce qu'ils lui demandèrent, qui estoit de ne point s'en retourner encore et de demeurer à Villeneuve-Saint-George jusques à ce que les troupes sorties d'Estampes fussent effectivement en lieu de seureté.

M. de Turenne, voyant que M. de Lorraine ne tenoit pas la parole qu'il avoit donnée de reprendre le chemin des Pays-Bas, marcha à Corbeil, en demeure de passer la Seine et de le combattre. Il y eut des allées et des venues en explication de ce qui avoit esté promis ou non promis, pendant lesquelles l'armée lorraine se retrancha. M. de Turenne s'estant advancé avec celle du roi, ayant passé la rivière d'Yère, et s'estant mis en bataille en présence des Lorrains, l'on n'attendoit de part et d'autre que le signal du combat, qui certainement eust esté sanglant, veu la bonté des troupes qui composoient les deux armées, mais qui apparemment eut succédé à l'advantage des troupes du roi, parce que celles de Lorraine n'avoient pas asses de terrain. Dans cet instant que l'on peut appeler fatal, milord Germain vint dire à M. de Turenne que M. de Lorraine estoit pret d'exécuter ce dont il estoit convenu à telle et telle condition. L'on négotia sur l'heure mesme. Le roi d'Angleterre (1), qui sur l'apparence d'une bataille avoit joint M. de Turenne, fit lui-mesme des allées et des venues ; et l'on convint que M. de Lorraine sortiroit du royaume dans quinze jours, et des postes où il estoit dès le lendemain ; qu'il remettroit entre les mains de M. de Turenne les bateaux qui lui avoient esté envoyés de Paris, pour faire un pont sur la rivière; et qu'aussi M. de Turenne ne se pourroit servir de ces bateaux pour passer la Seine et pour empescher le passage des troupes sorties d'Estampes; que celles de M. le prince, qui estoient dans son camp, pouvoient rentrer dans Paris en seureté, et que le roi fist fournir des vivres à l'armée de Lorraine dans sa retraite. Ces deux dernières conditions ne receurent pas beaucoup de contradictions ; M. de Turenne disoit qu'il estoit très-persuadé que l'armée lorraine espargneroit au roi, par le soing qu'elle prendroit à se pourvoir elle-mesme, la peine et la despense que l'on stipuloit : et pour ce qui estoit de la liberté que l'on demandoit pour les troupes des princes de se pouvoir rendre à Paris en seureté, il la leur accordoit avec joie, parce qu'il croyoit assuré que la ville en seroit bien plus effrayée que rasseurée. M. de Beaufort, qui avoit amené au camp cinq ou six cents bourgeois volontaires, dit le soir ou le lundi matin, à Monsieur, qu'ils avoient esté si espouvantés qu'il avoit peur lui-mesme qu'ils ne donnassent l'alarme à toute la ville. M. le prince, qui estoit malade en ce temps-là, n'avoit pas esté d'advis, par ceste raison, qu'on les laissast sortir dans ceste conjoncture. Je reviens au Parlement.

J'ai eu si peu de part dans les dernières assemblées et dans les dernières occasions desquelles je viens de parler, qu'il y a déjà quelque temps que je me fais à moi-mesme un scrupule de les insérer dans un ouvrage qui ne doit estre proprement qu'un simple compte que vous m'aves commandé de vous rendre de mes actions. Il est vrai que la nouvelle de ma promotion tomba justement sur un point où l'estat des choses que je vous ai expliquées ci-devant eust fait de moi une figure presque immobile, quand mesme j'aurois continué d'assister touts les jours aux délibérations du Parlement.

La pourpre, qui m'en osta la séance, en fit une figure muette dans le Palais. Je vous ai dit qu'elle ne le fut guère moins en effet au Luxembourg ; et je puis escrire de bonne foi qu'il n'y eut presque pas mouvement imaginaire, et tel qu'il pleut aux spéculatifs de se fantaisier. Mais comme il leur pleust de se fantaisier de toutes choses sur mon subjet, j'estois continuellement exposé à la défiance des uns, à la frayeur des autres et au raisonnement de touts. Ce personnage, qui n'est jamais que de pure défensive, et encore tout au plus, est très-dangereux dans les temps dans lesquels l'on le joue ; il est très-incommode dans ceux dans lesquels l'on le descrit, parce qu'il a tousjours beaucoup d'apparence de vaine gloire et d'amour-propre. Il semble que l'on s'incorpore soi-mesme dans tout ce qui s'est passé de considérable dans un estat, quand, dans un ouvrage qui ne doit regarder que sa personne, l'on s'estend sur des matières auxquelles l'on n'a eu aucune part. Ceste considération m'a fait chercher avec soin le moyen de démesler celles qui sont de ceste nature du reste de ceste histoire, qui n'est que particulière ; et il m'a esté impossible de les trouver parce que la figure, quoique médiocre, que j'ai faite dans les temps qui ont précédé et qui ont suivi ceux dans lesquels je n'ai point agi, leur donne tant de rapport et tant d'enchaisnement les uns avec les autres, qu'il seroit très-difficile que l'on vous peust bien faire entendre, si l'on les deslioit tout-à-fait. Voilà ce qui m'oblige à continuer le récit de ce qui se passa dans ces temps-là, que j'abrégerai toutefois le plus qu'il me sera possible, parce que ce n'est jamais qu'avec une extrême peine que j'escris sur les mémoires d'autrui. Je poserai les faits, je ne raisonnerai point ; je déduirai ce qui paroistra le plus de poids, j'ommettrai ce qui me semblera le plus léger ; et en ce qui regarde les assem-

---

(1) Le prétendant Charles II, qui prit le titre de roi d'Angleterre après que Charles Ier, son père, eut été décapité.

blées du parlement, je n'abrégerai les détails qu'à l'esgard de celles qui ont produit des délibérations considérables. Je ne parlerai pas seulement des autres; et je suis persuadé que je vous les représente plus que suffisamment en vous disant qu'elles ne furent employées qu'en déclamations contre le cardinal; en plaintes et en arrests contre les violences et les séditions du peuple; et en désadveu fait par messieurs les princes de ces séditions qui dans la vérité n'estoient, au moins pour la pluspart, que trop naturelles.

Le 1er de juin, Monsieur envoya au parlement pour sçavoir quelle place il donneroit à M. de Lorraine dans l'assemblée des chambres. Ils respondirent tout d'une voix que comme M. de Lorraine estoit ennemi de l'estat, il ne lui en pouvoit donner aucune. Monsieur, qui me fit l'honneur de venir cheux moi deux ou trois jours après, parce que j'estois malade d'une fluxion sur les yeux, me dit : « Eussies-vous creu que » le parlement m'eust fait ceste response ? » Et je lui respondis : « J'aurois bien moins creu, » Monsieur, que vous eussies hasardé de vous » l'attirer. » Il me répartit en cholere : « Si je ne » l'eusse hasardée M. le prince eust dit que » j'eusse esté mazarin. » Vous voyes en ce mot le principe de tout ce que Monsieur faisoit en ce temps-là.

Le 7, l'on fit un fort grand bruit au parlement de l'approche des troupes de Lorraine, qui avoient passé Lagny, et qui faisoient beaucoup de desordres dans la Brie; et l'on y parla de leur marche avec la mesme surprise et la mesme horreur que l'on auroit peu faire, s'il n'y avoit eu dans le royaume aucune partialité.

Le 10, M. le président de Nesmond fit la relation de ce qui s'estoit passé en sa députation vers le roi, qui s'estoit advancé à Melun dès le commencement du siège d'Estampes. La responce de Sa Majesté fut que la compagnie pouvoit envoyer qui il lui plairoit pour conférer avec ceux qu'elle vouloit choisir, et pour adviser au moyen de rétablir le calme dans le royaume. L'on opina ensuite et l'on résolut de renvoyer à la cour les mesmes députés pour entendre la volonté du roi, et renouveller toutefois les remonstrances contre le cardinal Mazarin. Monsieur et M. le prince n'avoient pas esté de l'advis de l'arrest, et ils avoient soubstenu qu'il ne falloit recevoir aucune proposition de conférence, dont le préalable ne fust l'esloignement réel et effectif du Mazarin.

Le 14, les plaintes se renouvellèrent contre l'approche des troupes de Lorraine, et elles furent au point que les gents du roi furent mandés au parlement. Ils conclurent à ce que M. le duc d'Orleans fust prié de les faire retirer. Un conseiller, du nom duquel je ne me ressouviens pas, ayant dit qu'il ne concevoit pas comment l'on prétendoit qu'il fust utile à la compagnie qu'elles se retirassent en l'estat où elle estoit avec la cour, Ménardeau respondit que ceste raison obligeant encore davantage le parlement à lever touts les prétextes que l'on pouvoit prendre pour le calomnier dans l'esprit du roi, il estoit d'advis de donner arrest par lequel il seroit enjoint aux communes de leur courir sus. L'on en demeura à dire que l'on en parleroit plus au long quand Monsieur seroit au Palais. Vous croyes apparemment que la retraite de M. de Lorraine, de laquelle je vous ai déjà parlé, et qui fut sceu le 16 à Paris, ne fit pas une grande commotion dans les esprits parce qu'elle avoit esté souhaitée de touts les gents; elle fut véritable et je remarquai que beaucoup de ceux qui avoient crié haultement contre son approche crièrent le plus haultement contre son esloignement. Il n'est pas estrange que les hommes ne se cognoissent pas ; il y a des temps où l'on peut dire mesme qu'ils ne se sentent point.

Le 20, le président de Nesmond fit la relation de ce qui s'estoit passé à sa députation à Melun; et la lecture de la response qui lui avoit esté faite par le roi, dont la substance estoit : Que bien que Sa Majesté ne peust ignorer que la demande que l'on faisoit de l'esloignement de M. le cardinal Mazarin ne fust qu'un prétexte, elle ne laisseroit peut-estre pas de lui accorder ce qu'il demandoit touts les jours lui-mesme avec instances, après avoir réparé son honneur par la déclaration que l'on doibt à son innocence, si elle estoit assurée qu'elle peust avoir de bonnes et de réelles seuretés de la part de messieurs les princes, pour l'exécution des offres qu'ils ont faites, en cas de son esloignement; que sa Majesté désire donc d'apprendre,

1° S'ils renonceront en ce cas à toutes les ligues et à toutes les associations faites avec les princes estrangers ;

2° S'ils n'auront plus aucune prétention ;

3° S'ils se rendront auprès de sa Majesté ;

4° S'ils feront sortir les estrangers qui sont dans le royaume ;

5° S'ils licencieront leurs troupes ;

6° Si Bordeaux rentrera dans son debvoir, aussi bien que M. le prince de Conti et madame de Longueville ;

7° Si les places que M. le prince a fortifiées se remettront en leur premier estat.

Voilà les principales des douze questions sur lesquelles M. le duc d'Orléans s'emporta et mesme avec beaucoup d'émotion, en disant qu'il estoit inouï que l'on mist ainsi sur la sellette un fils de France et un prince du sang, et que la déclaration qu'ils avoient faite l'un et l'autre qu'ils poseroient les armes aussitost que le cardinal Mazarin seroit hors du royaume, estoit plus que suffisante pour satisfaire la cour, si elle avoit de bonnes intentions. L'on opina ; mais la délibération n'ayant peu estre achevée fut remise au lendemain.

Le 21, Monsieur ne s'y estant peu trouver parce qu'il avoit eu la nuit une fort grande cholique, l'on n'y traita, en présence de M. le prince, que d'un fonds que l'on cherchoit pour la subsistance des pauvres, qui souffroient beaucoup dans la ville, et de celui qui estoit nécessaire pour faire la somme de cent cinquante mille livres pour la teste à prix. Il fut dit à l'esgard de ce dernier chef, que l'on feroit incessamment inventaire de ce qui restoit des meubles du cardinal. M. de Beaufort fit ce jour-là une lourderie digne de lui. Comme il y avoit eu le matin une fort grande esmeute dans le palais, dans laquelle MM. de Vanau et Portail auroient esté massacrés sans lui, il creut qu'il feroit mieux, pour destourner le peuple du Palais, de l'assembler dans la place Royale, et y donna un rendes-vous public pour l'après-disnée. Il y amassa quatre ou cinq mille gueux à qui il est constant qu'il y fit proprement un sermon, qui n'alloit qu'à les exhorter à l'obéissance qu'ils debvoient au parlement. J'en sçeus tout le détail par des gents de créance que j'y avois envoyés moi-mesme exprès. La frayeur qui avoit déjà saisi la pluspart des présidents et des conseillers leur fit croire que ceste assemblée n'avoit esté faite que pour les perdre. Ils firent parler M. de Beaufort de toutes les manières qui pouvoient redoubler leurs alarmes, et ils la prirent si chaulde qu'il ne fut pas au pouvoir de Monsieur ni de M. le prince de s'asseurer messieurs les présidents, qui ne peurent jamais se résoudre d'aller au Palais. Ce qui arriva le mesme jour à M. le président de Maison, dans la rue de Tournon, ne les rasseura pas. Il faillit à estre tué par une foule de peuple comme il sortoit de cheux Monsieur, et M. le prince et M. de Beaufort eurent beaucoup de peine à le sauver. Ceste journée fit voir que M. de Beaufort ne sçavoit pas que qui assemble un peuple l'esmeut tousjours. Il y parut ; car deux ou trois jours après ce beau sermon, la sédition fut plus forte qu'elle n'avoit encore esté dans la salle du Palais ; et M. le président de Novion fut mesme poursuivi dans les rues, et courut toute la risque qu'un homme peut courir.

Le 25, messieurs les princes déclarèrent dans les chambres asemblées, qu'aussitost que M. le cardinal Mazarin seroit hors du royaume, ils exécuteroient fidèlement touts les articles qui estoient portés dans la response du roi, et envoyeroient ensuite des députés pour conclure ce qui resteroit à faire ; et l'on donna ensuite arrest par lequel il fut dit que les députés du parlement retourneroient incessamment à la cour pour porter ceste déclaration au roi.

Le 26, aucun président ne se trouva au Palais.

Le 27, M. le président de Novion y fut, et donna un sanglant arrest contre les séditieux.

L'on n'employa les autres jours qu'à donner les ordres nécessaires pour la seureté de la ville, à quoi l'on estoit tres-embarassé, parce que ceux de la garde estoient asses souvent ceux-là mesme qui se souslevoient. Il est temps ce me semble que je reprenne ce qui est de la guerre.

M. le prince, qui avoit eu quelques accès de fiebvre tierce, alla jusques à Limours recevoir les troupes qui revenoient d'Estampes ; et comme la cour n'avoit observé en façon du monde ce qu'elle avoit promis, touchant l'esloignement des environs de Paris, il ne s'y creut pas plus obligé de son costé, et il porta sa petite armée à Saint-Cloud, poste considérable, parce que le pont lui donnoit lieu de la porter, en cas de besoing, où il lui plairoit. M. de Turenne, qui estoit avec celle du roi aux environs de Saint-Denis, où Sa Majesté estoit venue elle-mesme pour estre plus proche de Paris, fit un pont de bateau à Espinai, en attendant de venir attaquer les ennemis, devant qu'ils eussent le temps de se retirer. M. de Tavannes en eust advis, et il envoya advertir M. le prince, qui se rendit au camp en toute diligence. Il le leva sur le soir et il marcha vers Paris, en dessein d'arriver au jour à Charenton, de passer la Marne, et d'y prendre un poste dans lequel il ne pourroit estre attaqué. M. de Turenne ne lui en donna pas le temps, car il attaqua son arrière-garde dans le fauxbourg Saint-Denis. M. le prince en fut quitte pour quelques hommes qu'il perdit du regiment de Conti ; et il manda à Monsieur, par le comte de Fiesque, qu'il leur respondoit qu'il gagneroit le fauxbourg Saint-Anthoine, dans lequel il prétendoit qu'il auroit plus de lieu de se défendre. C'est en cest endroit où je regrette plus que je n'ai jamais fait, que M. le prince ne m'ait pas tenu la parole qu'il m'avoit donnée, de me donner le memoire de ses actions. Celle qu'il fit en ce rencontre est l'une des plus belles de sa vie. J'ai oui dire à [Lanques], qui ne le quitta point ce jour-là, qui est homme du mestier, et qui est plus mescontent de lui que personne qui vive, qu'il y eut quelque chose de surhumain dans sa valeur et dans sa capacité en ceste occasion. Je serois inexcusable, si j'entreprenois de décrire le détail de l'action du monde la plus grande et la plus héroïque, sur des mémoires qui courent les rues, et que j'ai ouï dire à des gents de guerre estre très-mauvais. Je me contenterai de vous dire qu'après le combat du monde le plus sanglant et le plus opiniastre, il sauva ses troupes, qui n'estoient qu'une poignée de monde, attaquées par M. de Turenne, et par M. de Turenne renforcé de l'arrivée de M. le mareschal de La Ferté. Il y perdit le comte de Bossu, Flamand, La Roche-Giffort, Flammarin et Lauresse (1) du nom de Montmorency. Messieurs de la Rochefoucault, de Tavannes, de Cogny, le vicomte de Melun et le chevalier de Fort y furent blessés. Esclainviliers le fust du costé du roi, et M. de Saint-Mesgrin et de Mancini tués. Je ne vous puis exprimer l'agitation de Monsieur dans le cours de ce combat. Tout le possible lui vint dans l'esprit; et ce qui arrive tousjours en ce rencontre, l'impossible succeda dans son imagination à tout le possible. Jouy, qu'il m'envoya sept fois en moins de trois heures, me dit qu'il avoit eu peur un moment que la ville ne se révoltast contre lui; qu'il craignoit un instant après qu'elle ne se déclarast trop pour M. le prince. Il envoya des gents incogneus pour veoir ce qui se faisoit cheux moi; et rien ne le rasseura véritablement que le rapport que l'on lui fit que je n'avois que mon suisse à ma porte. [Il dit à Bruneau, de qui je le sceus le lendemain], que le mal n'estoit pas grand dans la ville, puisque je ne me précautionnois pas davantage. Mademoiselle, qui avoit fait touts ses efforts pour obliger Monsieur à aller dans la rue Saint-Anthoine, pour faire ouvrir la porte à M. le prince, qui commençoit à estre très-pressé dans le fauxbourg, prit le parti d'y aller elle-mesme. Elle entra dans la Bastille où Louvière (2) n'osa par respect lui refuser l'entrée; elle fit tirer le canon sur les troupes du mareschal de La Ferté, qui s'advançoient pour prendre en flanc celles de M. le prince. Elle harangua ensuite la garde, qui estoit à la porte Saint-Anthoine. Elle s'ouvrit, et M. le prince y entra avec son armée, plus couverte de gloire que de blessures, quoi qu'elle en fust chargée. Ce combat si fameux arriva le 2 de juillet.

Le 4, l'assemblée générale de l'Hostel-de-Ville, qui avoit esté ordonnée le 1er par le parlement, pour adviser à ce qui estoit à faire pour la seureté de la ville, fut tenue l'après-disnée. Monsieur et M. le prince s'y trouvèrent, soubs prétexte de remercier la ville de ce qu'elle avoit donné l'entrée à leurs troupes le jour du combat, mais dans la vérité, pour l'engager à s'unir encore plus estroitement avec eux; au moins voilà ce que Monsieur en sceut. Voici le vrai, que je n'ai sceu que long-temps depuis, de la bouche mesme de M. le prince, qui me l'a dit trois ou quatre ans après à Bruxelles. Je ne me ressouviens pas précisément s'il me confirma ce qui estoit fort respandu dans le public, de l'advis que M. de Bouillon lui avoit donné que la cour ne songeoit jamais sérieusement et de bonne foi à se raccommoder avec lui, jusques à ce qu'elle cogneust clairement qu'il fust effectivement maistre de Paris. Je sçai bien que je lui demandai à Bruxelles, si ce que l'on avoit dit sur cela estoit véritable; mais je ne me puis remettre ce qu'il me respondit sur ce particulier de M. de Bouillon. Voici ce qu'il m'apprit du gros de l'affaire. Il estoit persuadé que je le desservois beaucoup auprès de Monsieur, ce qui n'estoit pas vrai, comme vous l'avés veu ci-devant; mais il l'estoit aussi que je lui nuisois beaucoup dans la ville, ce qui n'estoit pas faux, par les raisons que je vous ai aussi expliquées ci-dessus. Il avoit observé que je ne me gardois nullement, et que je me servois mesme avec quelque affectation du prétexte de l'incognito, auquel le cérémonial m'obligeoit, pour faire veoir ma sécurité, et la confiance que j'avois en la bonne volonté du peuple au milieu de ses plus grands mouvements. Il se résolut, et très-habilement, de s'en servir de sa part pour faire une des plus belles et des plus sages actions qui ait peut-estre esté pensé de tout le siècle. Il fit dessein d'esmouvoir le peuple le jour de l'assemblée de l'Hostel-de-Ville, de marcher droit à mon logis sur les dix heures, qui estoit justement l'heure où l'on sçavoit qu'il y avoit le moins de monde, parce que c'estoit celle où pour l'ordinaire j'estudiois; de me prendre civilement dans son carosse, de me mener hors de la ville, et de me faire à la porte une défence en forme de n'y plus rentrer. Je suis convaincu

---

(1) Ce nom propre est très-mal écrit dans le manuscrit autographe, et la lecture en est douteuse; nous pouvons assurer cependant que le nom propre ne ressemble en rien à celui d'*Hacquest*, donné dans les anciennes éditions. Celui de Lauresse, que nous avons cru lire, ne s'éloigne pas des probabilités, puisque l'on trouve dans le père Anselme des seigneurs de Lauresse du nom de Montmorency : et dans ce cas le personnage dont il est ici question serait Pierre de Montmorency, deuxième du nom, *baron de Lauresse*.

(2) Gouverneur de la Bastille, et fils de M. Broussel. (A. E.)

que le coup estoit seur, et qu'en l'estat où estoit Paris, les mesmes gents qui eussent mis la hallebarde à la main pour me défendre, s'ils eussent eu loisir de faire réflexion, en eussent approuvé l'exécution ; il estoit certain que dans les révolutions qui sont asses grandes pour tenir touts les esprits dans l'inquiétude, ceux qui priment sont tousjours applaudis, pourveu que d'abord ils réussissent. Je n'estois point en défense. M. le prince se fust rendu maistre du cloistre sans coup férir ; et j'eusse peu estre à la porte de la ville devant qu'il y eust eu une alarme asses forte pour s'y opposer. Rien n'estoit mieux imaginé : Monsieur, qui eust esté atterré du coup y eut donné des éloges. L'Hostel-de-Ville, auquel M. le prince en eust donné part sur l'heure mesme, en eust tremblé. La douceur avec laquelle M. le prince m'auroit traité auroit esté louée et admirée. Il y auroit eu un grand deschet de réputation pour moi à m'estre laissé surprendre, comme en effet j'advoue qu'il y auroit eu beaucoup et d'imprudence et de témérité à n'avoir pas préveu ce possible. La fortune tourna contre M. le prince ce beau dessein, et elle lui donna le succès le plus funeste que la conspiration la plus noire eust peu produire.

Comme la sédition avoit commencé vers la place Dauphine, par des poignées de paille que l'on forceoit touts les passants de mettre à leurs chapeaux, M. de Cumont, conseiller au parlement et serviteur particulier de M. le prince, qui y avoit esté obligé comme les autres qui avoient passé par là, alla en grande diligence au Luxembourg, pour en advertir Monsieur, et le supplier d'empescher que M. le prince, qui estoit dans la galerie, ne sortist dans ceste esmotion, laquelle apparemment (dit Cumont à Monsieur) est faite, ou par les mazarins ou par le cardinal de Rais, pour faire périr M. le prince. Monsieur courut aussitot après monsieur son cousin, qui descendoit le petit escalier pour monter en carrosse, et pour venir cheux moi et y exéquter son dessein. Il le retint par autorité et mesme par force ; il le fit disner avec lui, et il le mena ensuite à l'Hostel-de-Ville, où l'assemblée dont je vous ai parlé se debvoit tenir. Ils en sortirent après qu'ils eurent remercié la compagnie, et tesmoigné la nécessité qu'il y avoit de songer aux moyens de se défendre contre le Mazarin. La veue d'un trompette qui arriva dans ce temps-là, de la part du roi, et qui porta ordre de remettre l'assemblée à huitaine, eschauffa le peuple (1) qui estoit dans la Grève, et qui crioit sans cesse qu'il falloit que la ville s'unist avec messieurs les princes. Quelques officiers que M. le prince avoit meslés le matin dans la populace, n'ayant point receu l'ordre qu'ils attendoient, ne peurent employer sa fougue ; elle se déchargea sur l'objet présent. L'on tira dans les fenestres de l'Hostel-de-Ville (2) ; l'on

(1) Mazarin ne demeura pas étranger à l'émeute de l'Hôtel-de-Ville. On voit par les lettres de ce ministre qu'un des moyens sur lesquels il fondait l'espoir de faire reprendre le dessus à l'autorité du roi, était de fatiguer les bourgeois en poussant le peuple à toutes sortes d'excès, et de contraindre par ce moyen les habitants de Paris à supplier la cour de revenir dans cette ville.

(2) Nous avons tiré du Journal historique déjà cité, la relation suivante des troubles arrivés à l'Hôtel-de-Ville. L'effroi qu'ils causèrent décida un grand nombre de conseillers à signer l'arrêt d'union de la ville de Paris avec le parti des princes. Nous donnons également cet arrêt.

« L'effroy de ceux qui estoient dans la salle fut si grand et la consternation telle, que la pluspart de la compagnie se jeta par terre, et crut certainement estre arrivée au dernier moment de la vie. Les uns se confessèrent intérieurement en cette posture, et reçeurent une absolution générale de leurs curés, qui se la donnèrent ensuite les ungs aux aultres ; les religieux se rendirent ce mutuel office d'autant plus volontiers qu'ils se pensoient proches de la mort. Après quoy, toutefois, chacun essaya de se mettre à couvert de ce danger si imprévu et presqu'inévitable. Beaucoup s'enfermèrent dans diverses chambres dont l'on fortifia les advenues et les portes de tous les meubles qui s'y rencontrèrent ; quelques-uns se travestirent et taschèrent de s'échapper par-dessus les barricades, à travers les hallebardes, les flammes, les coups de mousquet, et tout ce que peult produire l'insolence d'une soldatesque enragée, et d'une populace furieuse, exaltée par l'espérance du pillage. Mais la plus grande partie de ceux-ci trouvèrent au dehors ce qu'ils pensèrent éviter au dedans. M. Ferrand le jeune, sieur de Janury, conseiller au parlement, fut tué sur la place à coups de poignard ; M. Miron, maistre des comptes, mourut le lendemain sans vouloir nommer ceux qui l'avoient assommé ; M. Legras, maître des requestes ; M. Boullenger, auditeur des comptes ; Yon, ancien eschevin ; Desforges, marchand de la rue Saint-Denis, et beaucoup d'autres notables bourgeois succombèrent sous la mesme violence, et rendirent l'esprit quelques jours après ; M. Fruguier, conseiller en la cour, sauva sa vie en se cachant dans la cave d'un boullanger ; et MM. Maudat et Haligre, la leur dans des galletas de l'Hostel-de-Ville, sur des planches ; M. de Génégauld, président des enquestes, fut arresté par cette canaille, qui l'ayant despouillé et traîné par les rues, ne le voulut jamais relascher à moins de vingt pistoles ; M. le prince de Guéménée en donna quarante, faute de s'estre retiré avec les princes qu'il avoit accompagnés ; enfin peu de personnes eschappèrent sans estre pillées, fouillées, rançonnées, mises en chemise, battues, maltraitées ou massacrées.

» Ceux qui s'estoient enfermés dans les chambres de l'Hostel-de-Ville, comme M. le prévost des marchands, M. L'Allemant, conseiller des requêtes, et autres, eussent couru la mesme fortune si M. de Beaufort ne fust venu les en tirer et les garantir de la fumée qui commençoit à les estouffer, mais à condition que ledit sieur prévost des marchands signeroit sa démission de sa charge avant que de sortir, ainsi qu'il fit, sans résistance et bien à propos ; car c'estoit là le principal objet de la conjuration. La présence de ce prince tout populaire allentit ung peu ce grand et funeste désordre, qui ne

mit le feu aux portes, l'on entra dedans l'espée à la main, l'on massacra M. Legrand, maistre des requestes, [M. Savari, conseiller au parlement], et M. Miron, maistre des comptes, un des plus hommes de bien et des plus accrédités dans le peuple qui fut à Paris. Vingt-cinq ou trente bourgeois y périrent aussi; et M. le mareschal de Lhospital ne fut tiré de ce péril que par un miracle et par le secours de M. le président Barentin. Un garçon de Paris, appelé Noblet (1), duquel je vous ai déjà parlé à propos de ce qui m'arrivast avec M. de La Rochefoucault, dans le parquet des huissiers, eut encore le bonheur de servir utilement le mareschal en ceste occasion. Vous vous pouves imaginer l'effet que le feu de l'Hostel-de-Ville et le sang qui y fut respandu produisirent dans Paris. La consternation d'abord y fut grande : toutes les boutiques y furent fermées en moins d'un clain d'œil. L'on demeura quelque temps en cest estat, l'on se réveilla un peu vers les cinq heures en quelques quartiers, où l'on fit des barricades pour arrester les séditieux, qui se dissipèrent toutefois presque d'eux-mesmes. Il est vrai que Mademoiselle y contribua elle-mesme. Elle alla, accompagnée de M. de Beaufort, à la Grève, où elle en trouva encore quelques restes qu'elle escarta. Ces misérables n'avoient pas rendu tant de respect au Saint-Sacrement que le curé de Saint-Jean leur présenta, pour les obliger d'esteindre le feu qu'ils avoient mis aux portes de l'Hostel-de-Ville.

M. de Chaalon vint cheux moi au plus fort de ce mouvement; et la crainte qu'il avoit pour ma personne l'emporta sur celle qu'il debvoit avoir pour la sienne, dans un temps où les rues n'estoient seures pour personne sans exception. Il me trouva avec si peu de précautions qu'il m'en fit honte; et je ne puis encore concevoir, à l'heure qu'il est, ce qui me pouvoit obliger à en avoir si peu dans une occasion où j'en avois, ou du moins où j'en pouvois avoir de besoing. C'est l'une de celles qui m'a persuadé, autant que chose du monde, que les hommes sont souvent estimés par les endroits par lesquels ils sont le plus blasmables. On loua ma fermeté; l'on debvoit blasmer mon imprudence : celle-ci estoit effective, l'autre n'estoit qu'imaginaire; et la vérité est que je n'avois fait aucune réflexion sur le péril. Je n'y fus plus insensible quand l'on me l'eut fait faire. M. de Caumartin envoya sur-le-champ quérir cheux lui mille pistoles (car je n'en avois pas vingt cheux moi), avec lesquelles je fis quelques soldats. Je les joignis à des officiers réformés [escossois], que j'avois tousjours conservés des restes du comte de Montross. Le marquis de Sablières, maistre de camp du régiment de Valois, m'en donna cent des meilleurs hommes, commandés par deux capitaines du mesme régiment, qui dura pas moins de sept ou huict heures, sans que S. A. R ni M. le prince se missent en peine de l'apaiser, quelques prières que leur fissent quantité de personnes de marque et de dames de condition. M. le président Charton en fut quitte pour la peur, mais elle fut telle qu'il fut longtemps sans pouvoir s'en remettre et sans pouvoir s'empescher de pester contre la Fronde et contre tous ceux qui l'avoient embusqué dans son party; mais il ne continua pas.

» M. le gouverneur de Paris se garantit d'abord de ce détestable attentat par sa propre vertu, et en faisant ferme dans la cour avec quarante ou cinquante de ses gardes qui tuèrent un assez grand nombre de ces coquins sur l'escalier, à la faveur d'une barricade qu'il y fit faire promptement ; mais enfin il y fust péri sans le secours d'ung valet qui le fit esquiver, moyennant cent pistoles qu'il luy promit et qu'il luy envoya le lendemain.

» Le sieur Lemaire, greffier de l'Hostel-de-Ville, ne fut pas si heureux et ne put esviter d'estre poursuivi jusques dans sa chambre, battu et blessé entre les bras de sa femme malade à l'extrémité, et de donner ung sac de mil francs à ses assassins.

» Enfin l'on peut dire avec vérité que plus de cent personnes furent tuées ou griefvement blessées dans cette malheureuse journée, où l'on vit quatre ou cinq cents officiers du roy ou principaux bourgeois de la capitale du royaume, de tous les ordres, exposés à la fureur de tant de cruels meurtriers qui, sans distinction, tiroient sur les uns et sur les autres, en telle sorte que la plus grande partie de ceux qu'ils firent périr estoient de leur party et de leurs amis; ce qui fut cause que quelques-uns de l'assemblée signèrent l'union que les princes désiroient, très-heureux de mettre leur vie en sûreté, par ce moyen, qui couroit fortune aultrement. »

Acte d'union de la ville de Paris avec M. le duc d'Orléans et M. le prince, du 4 juillet 1652.

«Nous gouverneur, prévost des marchands et eschevins de la ville de Paris, estant deuement assemblés à l'Hostel-de-Ville, avec le conseil de la ville, les quarteniers, dixeniers et les mandés de chacun quartier, suivant et au désir de l'arrêté du parlement du premier jour de ce mois, déclarons estre tous unis avec S. A. R. et M. le prince pour la seureté et conservation de la ville et de la justice, et pour l'expulsion du cardinal Mazarin hors du royaume, conformément aux déclarations de Sa Majesté et arrêts dudit parlement, promettant de ne nous en départir jamais, et de concourir en tout ce qui peut dépendre de nous pour parvenir à une fin si légitime et généralement désirée de tous les gens de bien. En tesmoing de quoi nous avons signé la présente déclaration, ce quatrième jour de juillet 1652.

» Signé LEMAIRE.

» Et au-dessous est escrit de la main de S. A. R. et celle de M. le prince : Nous avons aprouvé et agréé l'union de ladite ville cy-dessus déclarée.

» Signé GASTON.

» Nous avons pareillement consenti et agréé ladite union cy-dessus.

» Signé LOUIS DE BOURBON. »

(1) Joly, dans ses Mémoires, l'appelle Nollet d'Auvilliers. (A. E.)

étoient mes domestiques. Quérieux m'ammena trente gendarmes de la compagnie du cardinal Anthoine, qu'il commandoit. Bussy-Lameth m'envoya quatre hommes choisis dans la garnison de Mézières. Je garnis tout mon logis et toutes les tours de Nostre-Dame de grenades; je pris mes mesures en cas d'attaque avec les bourgeois des ponts Nostre-Dame et de Saint-Michel, qui m'estoient fort affectionnés. Enfin je me mis en estat de disputer le terrain, et de n'estre plus exposé à l'insulte.

Ce parti paroissoit plus sage que celui de l'aveugle sécurité dans laquelle j'estois auparavant. Il ne l'estoit pas davantage, au moins par comparaison à celui que j'eusse choisi, si j'eusse sceu cognoistre mes véritables intérests, et prendre l'occasion que la fortune me présentoit. Il n'y avoit rien de plus naturel à ma profession et à l'estat où j'estois, que de quitter Paris, après une esmotion qui jetta la haine publique sur le parti qui, dans ce temps-là, paroissoit m'estre le plus contraire. Je n'eusse point perdu ceux des Frondeurs qui estoient de mes amis, parce qu'ils eussent considéré ma retraite comme une résolution de nécessité. Je me fusse establi insensiblement et presque sans qu'ils eussent peu s'en défendre eux-mesmes dans l'esprit des pacifiques, parce qu'ils m'eussent regardé comme exilé pour une cause qui leur estoit commune. Monsieur n'eust pas peu se plaindre de ce que j'abandonnois un lieu où il paroissoit asses qu'il n'estoit plus le maistre. M. le cardinal Mazarin mesme eust esté obligé, en ce cas, et par la bienséance et par l'intérest, de me ménager; et il ne se pouvoit mesme que naturellement l'aigreur que la cour avoit contre moi ne diminuast de beaucoup, par une conduite qui eust beaucoup contribué à noircir celle de ses ennemis. Les circonstances dont j'eusse peu accompagner ma retraite eussent empesché facilement que je n'eusse participé à la haine publique que l'on avoit contre le Mazarin, parce que je n'avois qu'à me retirer au pays de Rais, sans aller à la cour, ce qui eust mesme purgé le soupçon de mazarinisme pour le passé. Ainsi je fusse sorti de l'embarras journallier où j'estois, et de celui que je prévoyois pour l'advenir, et que je prévoyois sans en pouvoir jamais prévoir l'issue. Ainsi, j'eusse attendu en patiance ce qu'il eust pleu à la Providence d'ordonner de la destinée des deux partis, sans courrir aucun des risques ausquels j'estois exposé à touts les moments des deux costés. Ainsi, je me fusse approprié l'amour public, que l'horreur que l'on a d'une action violente concilie tousjours infailliblement à celui qu'elle fait souffrir. Ainsi, je me fusse trouvé, à la fin des troubles, cardinal et archevesque de Paris, chassé de son siège par le parti qui estoit publiquement joint avec l'Espagne; purgé de la faction par ma retraite hors de Paris; purgé du mazarinisme par ma retraite hors de la cour; et le pis du pis qui me pouvoit arriver après touts ces advantages, estoit d'estre sacrifié par les deux partis, s'ils se fussent réunis contre moi, à l'emploi de Rome, qu'ils eussent esté ravis de me faire accepter, avec toutes les conditions que j'eusse voulu, et qui à un cardinal archevesque de Paris ne m'eut jamais esté à charge, parce qu'il y a mille occasions dans lesquelles il a tousjours lieu d'en revenir. J'eus toutes ces veues et plus grandes et plus estendues qu'elles ne sont sur ce papier. Je ne doubtai pas un instant que ce ne fussent les justes et les bonnes; je ne balançai pas un moment à ne les pas suivre. L'intérest de mes amis, qui s'imaginoient que je trouverois, à la fin, dans le chapitre des accidents, lieu de les servir et de les eslever, me représenta d'abord qu'ils se plaindroient de moi si je prenois le parti qui me tiroit d'affaire et qui les y laissoit. Je ne me suis jamais repenti d'avoir préféré leur considération à la mienne propre; elle fut appuyée par mon orgueil qui eust eu peine à souffrir que l'on eut creu que j'eusse quitté le pavé à M. le prince. Je me reproche et je me confesse de ce mouvement, qui eust toutefois en ce temps-là un grand pouvoir sur moi. Il fut imprudent, il fut foible; car je maintiens qu'il y a autant de foiblesse que d'imprudence à sacrifier ces grands et solides intérests à des pointilles de gloire, qui est tousjours fausse, quand elle nous empesche de faire ce qui est plus grand que ce qu'il nous propose. Il faut recognoistre de bonne foi qu'il n'y a que l'expérience qui puisse apprendre aux hommes à ne pas préférer ce qui les pique dans le présent, à ce qui les doibt toucher bien plus essentiellement dans l'advenir. J'ai fait ceste remarque une infinité de fois. Je reviens à ce qui regarde le parlement.

Je vous expliquerai en peu de paroles ce qui se passa depuis le 4 juillet jusques au 13. La face en fut très-mélancolique : touts les présidents à mortier s'estant retirés, et beaucoup des conseillers mesme s'estant aussi absentés, par la frayeur des séditions, que le feu et le massacre de l'Hostel-de-Ville n'avoit pas diminuées, ceste solitude obligea ceux qui restoient à donner un arrest qui portoit défenses de désemparer : en quoi ils furent mal obéis. Il se trouvoit, par la mesme raison, fort peu de monde aux assemblées de l'Hostel-de-Ville. Le prévost des marchands, qui ne s'estoit sauvé de la mort que par un miracle, le jour de l'incendie, n'y assistoit plus. M. le mareschal de Lhospital demeuroit clos et couvert dans sa maison. Monsieur fit establir, en sa place, par une assemblée peu nombreuse, M. de Beaufort pour gouverneur, et M. de Broussel pour prevost des marchands (1). Le parlement ordonna à ses députés, qui estoient à Saint-Denis, de presser leur res-

(1) *Arrest du conseil du roy du 18 juillet 1652, portant cassation de la prétendue élection de M. de Broussel à la charge de prévost des marchands.*

« Sur ce qui a esté représenté au roy en son conseil, que les autheurs des troubles présents, ayant esprouvé en plusieurs occasions que les artifices dont ils s'estoient servis pendant quelque temps pour engager la ville de Paris dans leur rébellion, n'avoient peu faire réussir leurs pernicieux desseings par la résistance que les magistrats et autres fidelles habitants de ladite ville y avoient toujours apportée; ayant mesme recogneu que les séditieux et violences qu'ils faisoient faire par des gens de la populace, gaignés publiquement à prix d'argent toutes les fois qu'on faisoit quelque assemblée générale dans le parlement ou dans l'Hostel-de-Ville, n'avoient point encore peu produire à leur advantage les effets qu'ils en avoient espéré, quoiqu'ils n'eussent rien oublié pour oster par leur présence et par le tumulte de ceux qui estoit de leur faction, la liberté des suffrages dans lesdites assemblées, en mesme temps qu'ils les faisoient intimider d'ung autre costé par les cris et les menaces des séditieux armés et attroupés aux portes des lieux où elles se tenoient. Enfin étant entré en apréhension que ladite ville, ennuyée de tant d'esmeutes et entreprises scandaleuses, pour se garantir de l'oppression dont elle estoit menacée, ne prist une résolution généreuse de s'y opposer ou les faire cesser dans l'assemblée solemnelle qui auroit esté convocquée pour cet effet dans l'Hostel-de-Ville, le jeudi 4 du présent mois, ensuite de l'arrest de son parlement du premier du mesme mois, après avoir esté advertis par leurs émissaires que ladite assemblée, plus nombreuse qu'aucune autre qui eust esté encore tenue et composée des principaux officiers et plus notables habitants, estoit résolue d'apporter toutes les précautions possibles pour donner une entière seureté à la justice et à toute la ville, suivant ledit arrest, pour la conserver en l'obéissance et fidélité qu'elle doit à Sa Majesté, les chefs de la rébellion se seroient disposés à jouir de leur reste, et n'espargner ny le fer ny le feu pour empescher que l'authorité ne fut redonnée aux lois et aux magistrats, et que, par ce moyen, celle qu'ils taschoient d'acquérir dans le peuple par tant de voies séditieuses et tyranniques ne fust entièrement détruite; ensuite de quoy n'ayant pas fait scrupule de faire investir et attaquer le lieu de l'assemblée par ceux de leur conjuration, assistés de plusieurs officiers et soldats de leurs troupes qu'ils avoient fait entrer secrettement dans la ville et qu'ils avoient meslés parmi les conjurés pour les mieux animer au meurtre et au carnage, sans avoir eu aucun respect pour la maison commune de tous les habitants, que la présence des plus considérables de leurs concitoyens assemblés pour procurer et asseurer le repos public et donner la seureté à la justice, eust deu rendre doublement vénérable pour eux, si tous les sentiments d'humanité n'eussent esté estouffés par l'horreur de leur entreprise. Sadite Majesté ayant esté très-bien advertie que les divers massacres qui furent commis en cette journée avoient esté résolus et commandés auparavant, comme il a paru clairement par la suite, puisqu'au lieu de donner satisfaction au public par le chastiment exemplaire des autheurs et complices d'un si horrible attentat, ainsi qu'il a esté fait autrefois en de semblables occasions pendant la plus grande chaleur des mouvements de la Ligue, ils en auroient entrepris de nouveaux, non-seulement en obligeant le gouverneur et le prévost des marchands, le lieutenant civil et grand nombre des principaux officiers de Sa Majesté à sortir de ladite ville pour en demeurer les maistres absolus, et y faire passer toutes choses à l'advenir sans aucun obstacle, selon leur volonté, mais ayant bien eu l'audace de faire procéder à l'élection d'un nouveau prévost des marchands, soubs de faux mandements non signés du prévost des marchands estant en charge, et en conséquence d'une prétendue démission d'iceluy, qui n'estoit en effet qu'une protestation contre la violence à lui faite et en public, et encore hors du temps accoustumé et contre toutes sortes de formes, par de prétendus députés des quartiers qu'ils avoient eux-mesmes nommés et fait conduire par force dans leurs carosses à l'Hostel-de-Ville, lesquels auroient estabIi en cette dignité le sieur de Broussel, l'un des plus obstinés partisants de leur rébellion, et auroient bien eu l'asseurance de recevoir de luy le serment qui n'a accoustumé d'estre presté qu'entre les mains de Sa Majesté, et d'autant qu'il n'y a point d'apparence que les autheurs de tant d'entreprises violentes et de tant de crimes, en profitent impunément et que tout ce qui sera fait et résout dans une ville où la liberté est si manifestement opprimée contre l'intention des gens de bien qui, n'osant faire ce qu'ils doibvent n'y mesme s'expliquer de leurs sentiments, puissent estre légitimes jusques à ce que le gouvernement et les magistrats, tant populaires qu'autres, y aient esté rétablis dans la libre fonction de leurs charges, que tous les séditieux ayent déposé le pouvoir tyrannique qu'ils ont usurpé, et que toutes choses y aient esté remises dans l'ordre ancien, soubs l'aucthorité de Sa Majesté, qui de son costé n'a rien obmis de tout ce qui a esté en son pouvoir pour donner à sadite ville des preuves continuelles de sa bonté, ayant pris un soing particulier, tandis qu'elle a esté dans son voisinage, d'y faire passer toutes sortes de vivres abondamment, en mesme temps que les factieux ont eu le crédit de faire refuser à ses portes la sortie des moindres commodités qu'on vouloit porter dans sa cour, et ayant maintenu soigneusement la liberté du commerce, lors mesme que pour l'interrompre et le faire entièrement cesser, les chefs de sa rébellion ont fait rompre les ponts et poser des corps de garde aux advenues, afin d'oster aux subjects tout moyen d'approcher de leur souverain et de luy rendre leur debvoir; à quoi estant nécessaire de pourvoir et tout bien considéré, Sadite Majesté, estant en son conseil, a ordonné et ordonne qu'il sera informé incessamment de l'horrible attentat commis ledit jour 4 juillet et autres suivants, les circonstances et dépendances, par toutes sortes de preuves, mesme par voie de monitoire, et procédé ensuite contre les autheurs et complices des meurtres et violences qui ont esté commis, selon la rigueur des ordonnances. Et cependant a cassé et révocqué, casse et révocque la prétendue élection en la charge de prévost des marchands, reception et icelle prestation de serment dudit Broussel auquel Sa Majesté a fait et fait très-expresses défenses de faire aucune fonction de ladite charge; a Sadite Majesté en conséquence de l'arrest de ladite cour du premier juillet déclaré et déclare nulles toutes les délibérations et résolutions qui seront prises tant en ladite cour que dans

ponse; et en cas qu'ils ne la peussent obtenir, de revenir dans trois jours reprendre leurs places.

Le 13, les députés escrivirent à la compagnie, et ils lui envoyèrent la response du roi par escrit. En voici la substance : Que bien que Sa Majesté eust tout subjet de croire que l'instance que l'on faisoit pour l'esloignement de M. le cardinal Mazarin ne fust qu'un prétexte, elle vouloit bien lui permettre de se retirer de la cour, après que les choses nécessaires pour establir le calme dans le royaume auroient esté réglées, et avec les députés du parlement, qui estoient déjà présents à la cour, et avec ceux qu'il plairoit à messieurs les princes d'y envoyer. Messieurs les princes, qui avoient cogneu que le cardinal ne proposoit jamais de conférences que pour les décrier dans les esprits des peuples, se rescrièrent à ceste proposition; et Monsieur dit avec cholère qu'elle n'estoit qu'un piège qu'on leur tendoit, et que lui ni monsieur son cousin n'avoient aucun besoing d'envoyer des députés en leur nom, puisqu'ils avoient toutes confiances à ceux de la cour du parlement. L'arrest qui suivit fut conforme au discours de Monsieur, et ordonna aux députés de continuer leurs instances pour l'esloignement du cardinal. Messieurs les princes escrivirent aussi au président de Nesmond, pour l'asseurer qu'ils continueroient dans la résolution de poser les armes aussitost que le cardinal seroit effectivement esloigné.

Le 17, les députés mandèrent au parlement que le roi estoit parti de Saint-Denis pour aller à Pontoise; qu'il leur avoit commandé de le suivre; que sur la difficulté qu'ils en avoient faite, il leur avoit ordonné de demeurer à Saint-Denis.

Le 18, ils escrivirent qu'ils avoient receu un nouvel ordre de Sa Majesté de se rendre incessamment à Pontoise. La compagnie s'esmeut beaucoup, et donnast arrest par lequel il fut dit que les députés retourneroient à Paris incessamment. Monsieur, M. le prince et M. de Beaufort sortirent eux-mesmes avec huit cents hommes de pied et douze cents chevaux pour les ramener, et pour faire voir au peuple qu'on le tiroit d'un fort grand péril.

La cour ne s'endormoit pas de son costé : elle laschoit à touts moments des arrests du conseil, qui cassoient ceux du parlement. Elle déclara nul tout ce qui s'estoit fait, tout ce qui se faisoit et tout ce qui se feroit dans les assemblées de l'Hostel-de-Ville; et elle ordonna mesme que les deniers destinés au paiement de ses rentes ne seroient portés doresnavant qu'aux lieux où Sa Majesté feroit sa résidence.

Le 19, M. le président de Nesmond fit la relation de ce qu'il avoit fait à la cour avec les autres députés. Ceste relation, qui estoit toute remplie de dits et de contredits, ne contenoit rien en substance de plus que ce que vous en avez veu dans les précédentes, à la réserve d'un article d'une lettre escrite par M. Servien aux députés, qui portoit qu'en cas que Monsieur et M. le prince continuassent à faire difficulté d'envoyer des députés en leur nom, Sa Majesté consentoit qu'ils chargeassent ceux du parlement de leurs intentions. Ceste mesme lettre asseuroit que le roi esloigneroit M. le cardinal de ses conseils aussitost que l'on seroit convenu des articles qui pourroient estre contestés dans la

l'Hostel-de-Ville, pour les affaires publiques, jusqu'à ce que le gouverneur d'icelle, le prévost des marchands légitime et les autres magistrats qui ont esté contraints d'en sortir aient esté remis en les fonctions de leurs charges, qu'il leur soit permis de les exercer en toute liberté soubs l'authorité de Sa Majesté et qu'il ait esté pourveu suffisamment à la sûreté de la justice et de la ville, suivant la teneur dudit arrest. Et a Sadite Majesté fait très-expresses défenses à toutes les autres villes de son royaume et à tous ses subjects et serviteurs de quelque qualité et condition qu'ils soient, d'avoir aucun égard à ce qui leur sera escrit et envoyé de la part de ladite ville, tandis qu'elle sera, comme elle est à présent, soubs la puissance tyrannique des rebelles, à peine de désobéissance; veut et entend Sadite Majesté que des copies collationnées du présent arrest qu'elle a résolu pour le bien de son estat et le repos de ses subjects, soient envoyées à toutes les villes de son royaume pour y estre leues, publiées et enregistrées. Ordonnant Sadite Majesté aux gouverneurs de ses provinces et de sesdites villes et tous les officiers et sujets, de tenir soigneusement la main à l'exécution d'icelui. Et afin que les deniers destinés pour le paiement des rentes de sadite ville ne demeurent pas en la disposition des rebelles qui s'en voudroient servir au préjudice du public et des particuliers intéressez, les employant à faire la guerre et à payer les troupes d'Espagne qu'ils ont appelées. Sadite Majesté a ordonné et ordonne que lesdits deniers seront portés cy-après au lieu où elle establira son séjour pour estre remis entre les mains des payeurs des rentes auxquels Sa Majesté enjoint de se rendre à la suite de sa cour, et estre distribués en la manière accoustumée par l'ordre du prévost des marchands estant présentement près d'elle, et des eschevins et autres officiers de ladite ville, qui seront tenus d'en partir incessamment et de se rendre à la suite de Sadite Majesté au plus tard dans trois jours après la publication du présent arrest en la manière accoustumée et ce, jusqu'à ce que le restablissement de la seureté publique dans sadite ville, et des officiers légitimes dans les fonctions de leurs charges, la distribution desdits deniers des rentes y puisse estre faite en la forme ordinaire. Fait au conseil d'estat du roy, Sa Majesté y estant, tenu à Pontoise le dix-huitième jour de juillet 1652. »

Signé DE GUÉNÉGAUD.

conférence, et qu'il n'attendroit pas mesme pour le faire qu'ils fussent exécutés. L'on opina ensuite : mais l'on ne put finir la délibération que

Le 20. Il passa à déclarer que le roi estant détenu prisonnier par le cardinal Mazarin, M. le duc d'Orléans seroit prié de prendre la qualité de lieutenant général de Sa Majesté, et M. le prince, convié à prendre soubs lui le commandement des armées, tant et si long-temps que le Mazarin ne seroit pas hors du royaume; que copie de l'arrest seroit envoyée à touts les parlements du royaume, qui seroient priés d'en donner un pareil. Ils ne déférèrent point à sa prière : car à la réserve de celui de Bordeaux, il n'y en eut aucun qui en délibérast seulement; et bien au contraire, celui de Bretagne avoit mis surséance à ceux qu'il avoit donnés auparavant, jusques à ce que les troupes espagnoles qui estoient entrées en France fussent tout-à-fait hors du royaume. Monsieur ne fut pas mieux obéi sur ce qu'il escrivit de sa nouvelle dignité à touts les gouverneurs des provinces : et il m'advoua de bonne foi, quelque temps après, que pas un seul, à l'exception de M. de Sourdis, ne lui avoit fait response. La cour les avoit advertis de leur debvoir, par un arrest solemnel, que le conseil donna en cassation de celui du parlement, qui establissoit la lieutenance générale. Son autorité n'estoit pas mesme establie, au moins en la manière qu'elle le debvoit estre, dans Paris : car deux misérables estant condamnés à estre pendus le 23(1), pour avoir mis le feu dans l'Hostel-de-Ville, les compagnies de bourgeois qui furent commandées pour tenir la main à l'exécution, refusèrent d'obéir.

Le 24, l'on ordonna qu'on feroit une assemblée générale à l'Hostel-de-Ville, pour adviser aux moyens de trouver de l'argent pour la subsistance des troupes, et que l'on vendroit les statues qui estoient dans le palais Mazarin, pour faire le fonds de la teste à prix.

Le 26, Monsieur dit dans les chambres assemblées que la nouvelle qualité de lieutenant général, l'obligeant à former un conseil, il prioit la compagnie de nommer deux de son corps qui y entrassent, et de lui dire aussi si elle n'approuvoit pas qu'il priast M. le chancelier d'y assister. Il passa à cest advis, et M. Bignon (2) mesme, advocat général, et le Caton de son temps, n'y fut pas contraire : car il dit dans ses conclusions, qui furent d'une force et d'une éloquence admirables, que le parlement n'avoit pas donné à Monsieur la qualité de lieutenant général; mais qu'il la pouvoit prendre dans la conjoncture, comme l'ayant de droit par sa naissance, qui le constituoit naturellement le premier magistrat du royaume. Il allégua sur cela Henri-le-Grand, qui estant premier prince du sang, s'estoit appelé ainsi dans un discours qu'il avoit fait dans le temps des troubles.

Le 27, le conseil fut establi par M. le duc d'Orléans, et il fut composé de Monsieur, de M. le prince, de messieurs de Beaufort, de Nemours, de Sully, de Brissac, de La Rochefoucault et de Rohan; les présidents de Nesmond et de Longueil, Aubry et Larcher, présidents des comptes; Dorieux et Le Noir, de la cour des aides.

Le 29, il fut résolu, dans l'assemblée de l'Hostel-de-Ville, de lever huit cents mille livres pour fortifier les troupes de Son Altesse Royale, et d'escrire à toutes les grandes villes du royaume pour les exhorter à s'unir avec la capitale. Le roi ne manqua pas de casser, par des arrests du conseil, touts ceux du parlement, et toutes ces délibérations de l'Hostel-de-Ville.

Je crois que je me suis acquitté exactement de la parole que je vous ai donnée, de ne vous guère importuner de mes réflexions, sur tout ce qui se passa dans les temps que je viens de parcourir plutost que de décrire. Ce n'est pas, comme vous le jugez aisément, faulte de matière; il n'y en peut guères avoir qui en soit plus digne, ni qui en deust estre plus féconde. Les événements en sont bizarres, rares, extraordinaires : mais comme je n'estois pas proprement dans l'action, et que je ne la voyois mesme que d'une loge, qui n'estoit qu'au coing du théastre, je craindrois, si j'entrois trop avant dans le détail, de mesler dans mes veues mes conjectures; et j'ai tant de fois esprouvé que les plus raisonnables sont souvent faulces, que je les crois tousjours indignes de l'histoire, et de l'histoire particulièrement qui n'est faite que pour une personne à laquelle on doit, par tant de titres, une vérité pleinement incontestable. En voici deux sur ceste matière qui sont de ceste nature.

L'une est que bien que je ne puisse vous démesler en particulier les différents ressorts des machines que vous venez de voir sur le théatre, parce que j'en estois dehors, je puis vous asseu-

---

(1) C'est à cette époque que l'on cria dans les rues de Paris un imprimé in-4° de huit pages, portant ce titre : *Lettre du cardinal de Retz, envoyée au cardinal Mazarin, sur le sujet de son éloignement.* A Paris, chez N. Vaillant, M DCLII. Il est facile de reconnaître que Retz ne fut pas le rédacteur de cette pièce.

(2) Jérôme Bignon, né en 1589, fils de Roland Bignon, avocat distingué, débuta dans le barreau où il obtint de brillants succès. Il fut fait avocat-général du parlement de Paris en 1626, et mourut en 1656.

rer que l'unique qui faisoit agir si pitoyablement Monsieur, estoit la persuasion où il estoit que tout estant à l'advanture, le parti le plus sage estoit de suivre tousjours le flot, c'estoit son expression; et que ce qui obligeoit M. le prince à se conduire comme il se conduisoit, estoit l'adversion qu'il avoit à la guerre civile, qui fomentoit et réveilloit mesme à touts moments, dans le plus intérieur de son cœur, l'espérance de la terminer promptement par une négotiation. Vous remarqueres, s'il vous plaist, qu'elles n'eurent jamais d'intermission. Je vous ai expliqué le destail de ces différents mouvements dans ce que je vous ai expliqué ci-dessus : mais je crois qu'il n'est pas utile de vous les marquer encore en général dans le cours d'une narration, laquelle vous présente à touts les instants des incidents dont vous me demandes sans doute les raisons que j'obmets, parce que je n'en sçais pas le particulier.

Je vous ai déjà dit que j'avois rebuté Monsieur par mes monosyllabes. Je m'y estois fixé à dessein, et je ne les quittai que lorsqu'il s'agit de la lieutenance générale. Je la combattis de toute ma force, parce qu'il me força de lui en dire mon sentiment. Je la lui traitai d'odieuse, de pernicieuse et d'inutile; et je m'en expliquai et si haultement et si clairement, que je lui dis que je serois au désespoir que tout le monde ne sceut pas sur cela mes sentiments, et que l'on creust que ceux qui avoient mon caractère particulier dans le parlement, fussent capables d'y donner leurs voix. Je lui tins ma parole. M. de Caumartin (1) s'y signala mesme par l'advis contraire. Je croyois debvoir ceste conduite au roi, à l'estat et à Monsieur mesme. J'estois convaincu, comme je le suis encore, que les mesmes loix qui nous permettent quelquesfois de nous dispenser de l'obéissance exacte, nous défendent tousjours de ne pas respecter le titre du sanctuaire, qui en ce qui regarde l'autorité royale, est le plus essentiel. J'estois de plus en estat, à vous dire le vrai, de soubstenir ma maxime et mes démarches : car la contenance que j'avois tenue dans la révolution de l'Hostel-de-Ville avoit saisi l'imagination des gents, et leur avoit fait croire que j'avois beaucoup plus de force que je n'en avois en effet. Ce qui la fait croire l'augmente, j'en avois fait l'expérience, et je m'en estois servi avec fruit, aussi bien que des autres moyens que je trouvai encore en abondance dans les dispositions de Paris, qui s'aigrissoit touts les jours contre le parti des princes, et par les taxes desquelles l'on se voyoit menacé; et par le massacre de l'Hostel-de-Ville, qui avoit jeté l'horreur dans touts les esprits; et par le pillage des environs, où l'armée, qui depuis le combat de Saint-Antoine estoit campée dans le fauxbourg Saint-Victor, faisoit des ravages incroyables. Je profitois de touts ces désordres. Je les relevois d'une manière qui me rendoit agréable à touts ceux qui les blasmoient : je ramenois insensiblement et doucement à moi touts ceux des pacifiques qui n'estoient pas attachés par profession particulière au Mazarin. Je réussis dans ce manége au point que je me trouvai à Paris en estat de disputer le pavé à tout le monde; et qu'après m'estre tenu sur la défensive trois sepmaines, dans mon logis, avec les précautions que je vous ai marquées ci-dessus, j'en sortis avec pompe, nonobstant le cérémonial romain. J'allois touts les jours au Luxembourg; je passois au milieu des gents de guerre que M. le prince avoit dans le fauxbourg, et je creus que j'estois asses asseuré du peuple, pour croire que j'en pouvois user ainsi avec seureté. Je ne m'y trompai pas, au moins par l'événement. Je reviens au parlement.

Le 6 d'aoust, Buchefert, substitut du procureur-général, apporta aux chambres assemblées deux lettres du roi, l'une adressée à la compagnie, l'autre au président de Nesmond avec une déclaration du roi, qui portoit la translation du parlement à Pontoise. La cour avoit pris ceste résolution, après avoir cogneu que son séjour à Saint-Denis n'avoit pas empesché que le parlement et l'Hostel-de-Ville n'eussent fait les pas que vous aves veus ci-devant. L'on s'esmeut fort dans l'assemblée des chambres à ceste nouvelle. On opina, et il fut dit que les lettres et la déclaration seroient mises au greffe, pour y estre fait droit après que le cardinal Mazarin seroit hors de France. Le parlement de Pontoise, composé de quatorze officiers, à la teste desquels estoient MM. les présidents Molé, de Novion et Le Coigneux, qui s'estoient un peu auparavant retirés de Paris en habit déguisé, fit des remonstrances au roi, tendantes à l'esloignement du cardinal Mazarin (2). Le roi lui accorda ce

(1) Louis-François Le Fèvre, seigneur de Caumartin, né en 1624, conseiller au parlement en 1644, puis maître des requêtes. Il mourut en 1687. Les éditeurs précédents le font mal à propos mourir en 1685.

(2) Le roi envoya à cette occasion l'écrit suivant au parlement :

Consentement donné par le roy à l'esloignement de M. le cardinal Mazarin, le 12 aoust 1652, estant à Ponthoise.

« Le roy ayant entendu et considéré ce qui luy a esté représenté par les députés de son parlement, et les conqu'il lui demandoit, à l'instance mesme de ce bon et désintéressé ministre, qui sortit effectivement de la cour, et se retira à Bouillon. Ceste comédie, très-indigne de la majesté royale, fut accompagnée de tout ce qui la pouvoit rendre encore plus ridicule. Les deux parlements se foudroyèrent par des arrests sanglants, qu'ils donnoient les uns contre les autres.

Le 13 d'aoust, celui de Paris ordonna que ceux qui assisteroient à l'assemblée de Pontoise, seroient rayés du tableau et du registre.

Le 17 du mesme mois, celui de Pontoise vérifia la déclaration du roi, qui portoit injonction au parlement [de Paris de se rendre à Pontoise dans trois jours, à peine de suppression de leurs charges.

Le 22, Monsieur et M. le prince firent déclaration au parlement, à la chambre des comptes et à la cour des aides, que], veu l'esloignement du cardinal Mazarin, ils estoient prests de poser les armes, pourveu qu'il pleut à Sa Majesté de donner une amnistie, d'esloigner ses troupes des environs de Paris, de retirer celles qui estoient en Guienne, de donner une route et seureté pour la retraite de celles d'Espagne, permettre à MM. les princes d'envoyer vers Sa Majesté, pour conférer de ce qui pouvoit rester à ajuster. Le parlement donna arrest en-

sidérations dont ils ont accompagné les très-humbles supplications qu'ils ont faites à Sa Majesté d'esloigner M. le cardinal Mazarin, a commandé de leur donner la response suivante, contenant sa volonté sur ce qu'ils luy ont fait entendre de la part de leur compagnie.

» Sa Majesté ne doute point que chacun ne voye clairement aujourd'huy l'artifice dont les auctheurs des mouvements présents se sont servis pour troubler son estat, et qu'ayant formé de longue main, de concert avec les Espagnolz, le desseing de prendre les armes sans aucun subject, ils ont voulu que le descry du ministère, et les plaintes qu'ils ont faites contre le principal ministre en pussent fournir un prétexte.

» Il y a peu de gens dans le royaume qui ne sachent les employs importants par lesquels ledit sieur cardinal est parvenu à celuy qu'il possède, lequel il a commencé d'exercer dès le temps mesme du feu roy de glorieuse mémoire ; il y en a peu qui ne se souviennent des succès glorieux qui ont accompagné toutes les entreprises de la France pendant son administration, jusques au temps que les malheurs et divisions que l'on y a excités l'ont fait agir contre elle-mesme en faveur de ses plus grands ennemis, et ont empesché par ce moyen la continuation de ses progrès ou la conclusion d'une paix advantageuse.

» Le désintéressement que ledit sieur cardinal a fait paroistre, sa fidélité et son zèle pour la gloire de cette couronne, ont fait réussir sy heureusement tout ce qu'il a entrepris pour sa grandeur, qu'elle n'a pas esté moins redoutée que respectée de ses voisins, tandis que pour le servir, il n'a eu d'autres obstacles à surmonter que ceux des ennemis estrangers.

Il n'y a pourtant point d'exemple d'une persécution semblable à celle qui luy a esté faite, où l'on n'a espargné ny sa vie, ny son bien, ny sa réputation.

» Quoique les loix n'eussent pas deu permettre de traicter de cette sorte un criminel de la lye du peuple, on a fait souffrir ce traictement extraordinaire à ung cardinal innocent, qui a tousjours fidèlement et utilement servy Sa Majesté et son estat.

» Sadite Majesté ayant esté touchée de toutes ces entreprises, a esté obligée par le sentiment de son honneur et de sa conscience, et de ne souffrir pas l'oppression d'ung innocent, et a creu debvoir rendre tesmoignage à ung chacun de l'entière satisfaction qu'elle a des services dudit sieur cardinal, de sa bonne conduite et de la protection qu'elle est résolue de luy départir contre ceux qui, sous quelque prétexte que ce puisse estre, voudroient entreprendre contre sa personne ou tout ce qui lui appartient.

» Cependant Sa Majesté ne voulant rien obmettre de tout ce que peut faire ung bon roy pour le repos et le soulagement de ses subjects, a bien voulu faire réflexion sur les supplications respectueuses qui luy ont esté faites de la part de son dit parlement, ce qu'elle fait d'autant plus volontiers qu'après les nouvelles preuves que tous les officiers qui le composent ont donné de leur affection et fidélité, en obéissant comme ils ont fait au commandement de Sa Majesté pour venir tenir son parlement au lieu qu'elle leur a ordonné, elle ne peut pas douter de leurs bonnes intentions ; estant très-persuadée qu'ils cognoissent aussi bien qu'elle les pernicieux desseings des rebelles ; les artifices dont ils se sont servis pour séduire le peuple par de faux prétextes ; que la proposition que son dit parlement luy a faite d'esloigner ledit sieur cardinal n'est point pour se mesler du changement des ministres de l'estat, ny pour presser Sa Majesté d'aucune chose qui puisse estre préjudiciable à son authorité, mais seulement pour luy descouvrir la maladie de ses subjects, et les remèdes que des officiers très-affectionnés et fidèles estiment propres pour la guérir, ostant aux factieux le prétexte qu'ils ont pris pour leurs injustes armes.

» Quoique la première espreuve que Sa Majesté a faite de ce mesme remède n'ait produit aucun bon effet pour la conservation de l'authorité de Sa Majesté, ny pour celle du repos de son estat, et que la conduite que les factieux ont tenue pendant l'absence dudit sieur cardinal ait assez fait connoistre que le véritable desseing estoit d'exciter de nouveaux troubles pour establir avec plus de facilités leur puissance par l'abaissement de l'authorité de Sa Majesté ; elle veut bien encore tenter une seconde fois ce remède pour la satisfaction de ses fidèles serviteurs, en promettant que sondit parlement ayant les intentions droites s'en servira plus utilement, soit pour désabuser ceux qui sont tombés dans l'erreur par foiblesse, soit pour chastier ceux qui persisteront par malice ou par opiniastreté.

» C'est cette assurance qui convye Sa Majesté, ayant esgard aux pressantes et réitérées instances que ledit sieur cardinal luy fait depuis long-temps de luy permettre de se retirer, de consentir aujourd'huy à son esloignement, et de se priver d'ung ministre qui l'a tousjours servy avec beaucoup de passion et de fidélité.

« Fait à Ponthoise le douziesme jour du mois d'aoust 1652.

» Signé LOUIS.

» Et plus bas : DE GUÉNÉGAUD. »

suite par lequel il fut ordonné que Sa Majesté seroit remerciée de l'esloignement du cardinal, et très-humblement suppliée de revenir en sa bonne ville de Paris.

Le 26, le roi fit vérifier au parlement de Pontoise l'amnistie, qu'il donna à touts ceux qui avoient pris les armes contre lui; mais avec des restrictions qui faisoient que peu de gents y pouvoient trouver leur seureté.

Le 29 et le 31 d'aoust, et le 2 de septembre, l'on ne parla presque à Paris, dans les chambres assemblées, que du refus que la cour avoit fait à Monsieur et à M. le prince des passeports qu'ils lui avoient demandés pour MM. le mareschal d'Estampes, comte de Fiesque et Goulas, et de la response que le roi avoit faite à une lettre de Monsieur. Ceste response estoit en substance : qu'il s'estonnoit que M. le duc d'Orléans n'eust pas fait de réflexion, qu'après l'esloignement de M. le cardinal Mazarin, il n'avoit autre chose à faire, suivant sa parole et sa déclaration, qu'à poser les armes, renoncer à toutes associations et traités, et faire retirer les estrangers; après quoi ceux qui viendroient de sa part seroient très-bien receus.

Le 2 de septembre, l'on opina sur ceste response du roi, mais on n'eust pas le temps d'achever la délibération; il fut seulement arresté que defense seroit faite au lieutenant criminel et particulier de faire publier aucune déclaration du roi sans ordre du parlement, ce qui fut ordonné sur l'advis que l'on eust que ses officiers avoient receu commandement du roi de faire publier et afficher dans la ville celle d'amnistie qui avoit esté vérifiée à Pontoise.

Le 3, l'on acheva la délibération sur la response du roi à Monsieur; il fut arresté que les députés de la compagnie iroient trouver le roi pour le remercier de l'esloignement de M. le cardinal Mazarin, et pour le supplier de revenir en sa bonne ville de Paris; que M. le duc d'Orléans et M. le prince seroient priés d'escrire au roi, et de l'asseurer qu'ils mettroient bas les armes aussitost qu'il auroit pleu à Sa Majesté d'envoyer les passeports nécessaires pour la retraite des estrangers, et une amnistie en bonne forme, et qui fut vérifiée dans touts les parlements du royaume : que Sa Majesté seroit aussi suppliée de recevoir les députés de messieurs les princes; que la chambre des comptes et la cour des aides de Paris seroient conviées de faire la mesme députation; qu'assemblée générale seroit faite dans l'Hostel-de-Ville, et que l'on escriroit à M. le président de Mesme, qui s'estoit aussi retiré à Pontoise, afin qu'il sollicitast les passeports.

Permettes-moi, je vous supplie, de faire une pause en cest endroit, et de considérer avec attention ceste illusion scandaleuse et continuelle avec laquelle un ministre se joue effrontément du nom et de la parole sacrée d'un grand roi, et avec laquelle, d'autre part, le plus auguste parlement du royaume, la cour des pairs, se joue, pour ainsi parler, d'elle-mesme par des contradictions perpétuelles, et plus convenables à la légèreté d'un collège qu'à la majesté d'un sénat. Je vous ai déjà dit quelquefois que les hommes ne se sentent pas dans ces sortes de fiebvres d'estat, qui tiennent de la frénésie. Je cognoissois en ce temps-là des gents de bien qui estoient persuadés jusques au martyr, s'il eust esté nécessaire, de la justice de la cause de messieurs les princes. J'en cognoissois d'autres, et d'une vertu désintéressée et consommée, qui fussent morts avec joie pour la défense de celle de la cour. L'ambition des grands se sert de ces dispositions comme il convient à leurs intérests. Ils aident à aveugler le reste des hommes, et ils s'aveuglent eux-mesmes après plus dangereusement que le reste des hommes.

Le bonhomme, M. de Fontenay (1), qui avoit esté deux fois ambassadeur à Rome, qui avoit de l'expérience, du bon sens, et l'intention sincère et droite pour l'estat, déploroit touts les jours avec moi la léthargie dans laquelle les divisions domestiques font tomber mesme les meilleurs citoyens.

A l'esgard du dehors de l'estat, l'archiduc reprit ceste année-là Graveline et Dunkerque; Cromwell prit, sans déclaration de guerre, et avec une insolence injurieuse à la couronne, soubs je ne sçai quel prétexte de représailles, une grande partie des vaisseaux du roi. Nous perdismes Barcelone et la Catalogne, [et la clef de l'Italie avec Casal]. Nous vismes Brisach révolté sur le point de retomber entre les mains de la maison d'Autriche; nous vismes les drapeaux et les estendarts d'Espagne voltigeant sur le Pont-Neuf; les escharpes jaunes de Lorraine parurent dans Paris avec la mesme liberté que les isabelles et que les bleues. L'on s'accoustumoit à ces spectacles, et à ces funestes nouvelles de tant de pertes. Ceste habitude, qui peut avoir de terribles conséquences, me fit peur, et

---

(1) C'est celui qui a laissé des mémoires sur le règne de Louis XIII. Il était encore ambassadeur à Rome en 1648, et fut plus tard remplacé par le Bailly de Valençay.

certainement beaucoup plus pour l'estat que pour ma personne. M. de Fontenay, qui en estoit pénétré, et qui le fut mesme de ce qu'il m'en vit touché, m'exhorta à sortir moi-mesme de la léthargie, « où vous estes (me dit-il), à vostre » mode. Car enfin, si vous vous considéres tout » seul, vous aves pris le bon parti : mais si » vous faites réflexion sur l'estat où est la ca- » pitale du royaume, à laquelle vous estes atta- » ché par tant de titres, croyes-vous n'estre pas » obligé à vous donner plus de mouvement que » vous ne vous en donnes? Vous n'aves aucun in- » térest, vos intentions sont bonnes; faut-il que » par vostre inaction, vous fassies autant de mal » à l'estat, que les autres en font par leurs mou- » vements les plus irréguliers? » M. de Sève-Chastignonville, que vous aves veu depuis dans le conseil du roi, et qui estoit mon ami très-particulier (1), et homme d'une grande intégrité, m'avoit fait depuis un mois ou six sepmaines, mesme avec empressement, des instances pareilles. M. de Lamoignon (2), qui est présentement premier président du parlement de Paris, et qui a eu dès sa jeunesse toute la réputation que mérite une aussi grande capacité que la sienne, jointe à une aussi grande vertu, me faisoit touts les jours le mesme discours. M. de Vallançay, conseiller d'estat, qui n'avoit pas à beaucoup près les talents des autres, mais qui estoit aussi bien qu'eux colonel de son quartier, me venoit dire touts les dimanches à l'aureille : « Sauves l'estat, » sauves la ville! J'attends vos ordres. » M. des Roches, chantre de Nostre-Dame, et qui avoit la colonelle du cloistre, homme de peu de sens, mais de bonne intention, pleuroit avec moi deux ou trois fois la sepmaine sur le mesme sujet. Ce qui me toucha le plus sensiblement de toutes ces exhortations, fut une parole de M. de Lamoignon, dont j'estimois autant le bon sens que la probité. « Je vois, Monsieur (me dit-il un » jour qu'il se promenoit seul avec moi dans » ma chambre), qu'avec un désintéressement » parfait, qu'avec l'intention du monde la plus » droite, vous alles tomber de l'amour public » dans la haine publique. Il y a déjà quelque » temps que les esprits qui estoient touts pour » vous se sont partagés; vous aves regagné du » terrein par les fautes de vos ennemis ; je vois » que vous commences à le reperdre, et que les » Frondeurs croyent que vous menages le Maza- » rin, et que les mazarins croyent que vous ap- » puyes les Frondeurs. Je scai que cela n'est pas » vrai, et je juge mesme qu'il ne peut estre vrai : » mais ce qui me fait peur pour vous, c'est qu'il » commence à estre creu par une espèce de gents, » dont l'opinion forme tousjours avec le temps la » réputation publique. Ce sont ceux qui ne sont » ni Frondeurs ni mazarins, et qui ne veulent » que le bien de l'estat. Ceste espèce de gents » ne peut rien dans le commencement des trou- » bles, elle peut tout dans les fins. »

Il n'y a rien, comme vous voyes, de plus sensé que ce discours : mais comme il ne m'estoit pas tout-à-fait nouveau, et que j'avois déjà beaucoup fait de réflexions qui au moins en approchoient, il ne m'esmeut pas au point du dernier mot, par lequel il termina « Voici d'estranges » temps, Monsieur (ajouta-t-il), voici d'estranges » conjonctures. Il est d'un homme sage d'en sortir » avec précipitation, mesme à perte ; parce que » l'on court fortune d'y perdre son honneur, quoi- » que l'on s'y conduise avec toute sorte de sa- » gesse. Je doubte fort que le connestable de Saint- » Paul ait esté aussi coupable, et ait eu d'aussi » mauvaises intentions qu'on nous le dict. » Ceste dernière parole, qui est d'un sens droict et profond, me pénétra d'autant plus que le père dom Carrouges, chartreux, m'avoit dict, à propos de la conduite que je tenois : « Elle est si nette, elle » est si haute, que touts ceux qui n'en seroient pas » capables, au poste où vous estes, y conçoivent » du mystère; et dans les temps embarrassés et » malheureux, tout ce qui passe pour mystère est » odieux. » Je vous rendrai compte de l'effet que touts ces discours dont je vous viens de parler firent sur mon esprit, après que j'aurai touché le plus briefvement qu'il me sera possible quelques faits particuliers qui méritent de n'estre pas oubliés.

Vous aves veu ci-dessus que le roi, après qu'il eust establi son parlement de Pontoise, estoit allé à Compiègne. Il n'y mena pas M. de Bouillon, qui mourut (3) en ce temps-là d'une fiebvre dont il s'estoit acquis la principale confidence, quoiqu'il ne fust pas mal avec M. le prince duquel il conservoit l'estime et l'amitié, avec tant d'adresse que, sans se rendre suspect à l'ung ny à l'autre, il s'estoit mis en posture de terminer leurs différends et de les porter enfin à quelque bon accommodement : de sorte qu'en la conjoncture présente des affaires ce ne fut pas une petite perte à la France que celle de ce duc, ny à luy une petit avantage de mourir dans le service du roy dont sy souvent il s'estoit esloigné, et tousjours sy malheu-

---

(1) Nous reparlerons plus tard de ce même personnage, chargé par les ministres du roi de compulser les registres de l'Hôtel-de-Ville de Paris, pour rassembler tous les faits qui pourraient servir à instruire le procès contre le cardinal de Retz.

(2) Guillaume de Lamoignon, né en 1617, était alors maître des requêtes. Il devint premier président du parlement de Paris en 1658, et mourut en 1677.

(3) « Ce jour 9 aoust, M. le duc de Bouillon mourut à Ponthoise au grand déplaisir de M. le cardinal Mazarin,

continue : mais il y fit venir M. le chancelier, qui sortit de Paris desguisé, et qui préféra le conseil du Roi à celui de Monsieur, dans lequel il est vrai qu'il eut fort lieu de ne pas entrer. Il n'y a que sa foiblesse qui puisse excuser un pas de ceste nature à un chancelier de France : mais je ne suis pas moins persuadé qu'il n'y a aussi que la mollesse du gouvernement du cardinal Mazarin qui eust peu remettre à la teste de touts les conseillers et de toutes les justices du royaume, un chancelier qui avoit été capable de le faire. L'un des plus grands maux que le ministériat de M. le cardinal Mazarin aie fait au royaume, est le peu d'attention qu'il a eue à en garder la dignité. Le mespris qu'il en a fait lui a réussi ; et ce succès est un second malheur que je tiens encore plus grand que le premier, parce qu'il couvre et qu'il pallie les inconvénients qui arriveront infailliblement tost ou tard à l'estat, de l'habitude que l'on en a prise.

La reine, qui avoit de la haulteur, eut asses de peine à se résoudre au rappel du chancelier ; mais le cardinal estoit le maistre, et au point que quand il s'enthousiasma de M. de Bouillon, entre les mains de qui il mit mesme les finances, il respondit à la reine, qui l'advertissoit de ne se pas fier à un homme de cest esprit [et de ceste ambition] : « Il vous appartient bien, Madame, » de me donner des advis ! » Je sceus ceste particularité trois jours après par Varennes, à qui M. de Bouillon lui-mesme l'avoit dite.

Il ne seroit pas juste d'oublier en ce lieu la mort de M. de Nemours, qui fut tué (1) en duel dans le marché aux chevaux, par M. de Beaufort. Vous vous pouves ressouvenir de ce que je vous ai dit de leur querelle, à propos du combat de Gergeau. Elle se renouvela par la dispute de la préséance dans le conseil de Monsieur. M. de Nemours força presque M. de Beaufort à se battre, il y périt sur le champ, d'un coup de pistolet dans la teste. M. de Villars, que vous cognoisses, le servoit en ceste occasion ; et il tua Héricourt, lieutenant des gardes de M. de Beaufort. Je reviens au Luxembourg.

Vous croyes aisément que la confusion de Paris n'aidoit pas à mettre l'ordre dans la cour de Monsieur. La mort de M. de Valois, qui arriva le jour de Saint-Laurent, y mit la douleur, qui fait tousjours la consternation, quand elle tombe sur le point de l'incertitude et de l'embarras. Un advis donné à Monsieur justement dans cet instant, par madame de Choisy, d'une négotiation de M. de Chavigny avec la cour, du détail de laquelle je vous parlerai dans la suite, le toucha infiniment. Les nouvelles qui venoient de touts costés asses mauvaises pour le parti, le trouvant en cest estat, agitoient encore plus son esprit, qu'il ne l'estoit dans son assiette naturelle, quoiqu'elle ne fust jamais bien ferme. Persan avoit esté obligé de rendre Montrond à Paluau, qui fut fait mareschal de France après ceste expédition. M. le comte d'Harcourt avoit presque tousjours eu l'advantage dans la Guienne ; et Bordeaux mesme se trouvoit divisé en tant de folles partialités, qu'il eust esté difficile d'y faire aucun fondement. Marigny disoit asses plaisamment que madame la princesse et madame de Longueville, M. le prince de Conti et Marsin (2), le parlement, les Jurats et l'armée, Marigny et Sarrasin y avoient chacun leur faction. Il avoit commencé à Commercy une manière de Catholicon de ce qu'il avoit veu en ces pays-là, qui en faisoit une image bien ridicule. Je n'en sçais pas asses le destail pour vous en entretenir ; et je me contente de vous dire que ce qui en estoit revenu à Monsieur ne contribuoit pas à lui donner du repos dans ses agitations, et à lui faire croire que le parti où il estoit engagé estoit le bon.

La providence de Dieu, qui par de secrets ressorts incognus à ceux mesmes qu'elle fait agir, dispose les moyens pour leur fin, se servit des exhortations de ces messieurs que je viens de vous nommer, pour me porter à changer ma conduite, justement au moment dans lequel ce changement trouvoit Monsieur dans des dispositions susceptibles de celles que je lui pourrois inspirer. La plus grande difficulté fut de me l'inspirer à moi-mesme, car quoique je n'eusse dans le vrai que de très-bonnes et très-sincères intentions pour l'estat, et quoique je ne souhaitasse que de sortir d'affaire avec quelque sorte d'honneur, je ne laissois pas de vouloir conserver un certain decorum qu'il estoit asses difficile de rencontrer bien juste dans la conjoncture présente. Je convenois avec ces messieurs, qu'il y avoit de la honte à demeurer les bras croisés, et à laisser périr la capitale, et peut-estre l'estat : mais ils convenoient aussi avec moi, qu'il y avoit fort peu d'honneur à revenir d'aussi loin

reusement pour sa maison qui par sa mort se vit bien reculée de toutes les hautes prétentions.

» Cet accident fut suivy d'ung autre de bien plus grande importance, et il jeta le palais d'Orléans dans une douleur incroyable. S. A. R. n'avoit qu'un fils qu'elle perdit le lendemain, 10 aoust, par l'effect d'une dissenterie qui l'emporta dans sa troisième année. » (*Journal historique.*)

(1) 30 juillet 1652. (A. E.)

(2) Jean-Gaspard-Ferdinand, comte de Marsin, capitaine-général en Catalogne pendant les années 1649, 1650 et 1651. Il mourut en 1673.

que de contribuer au restablissement d'un ministre odieux à tout le royaume, et dans la perte duquel je m'estois aussi distingué. Nous ne pouvions doubter ni les uns ni les autres, que touts les pas que nous ferions pour la paix, feroient cet effet infailliblement, quoiqu'indirectement, parce que nous ne pouvions ignorer que ce restablissement estoit le vœu de la reine. M. de Fontenay me convainquit à la fin par ce raisonnement, qu'il me fist une après-disnée dans les Chartreux, en nous promenant : « Vous voyes que le Mazarin n'est qu'une manière de *godno*, qui se cache aujourd'hui, qui se montrera demain : mais vous voyes aussi, que soit qu'il se cache, soit qu'il se montre, le filet qui l'advance et qui le retire est celui de l'autorité royale, lequel ne se rompra pas si tost apparemment, de la manière que l'on se prend à le rompre. Beaucoup de ceux mesmes qui lui paroissent les plus contraires seroient bien fâchés qu'il périst; beaucoup d'autres seroient très-consolés qu'il se sauve ; personne ne travaille véritablement et entièrement à sa ruine ; et vous-mesme, Monsieur (il paroit à moi), vous-mesme vous n'y donnes que mollement, parce qu'il y a une infinité d'occasions dans lesquelles l'estat où vous estes avec M. le prince, ne vous permet pas de vous estendre contre la cour aussi librement et aussi pleinement que vous le feries sans ceste considération. Je conclus qu'il est impossible que le cardinal ne se restablisse pas, ou par une négotiation avec M. le prince, qui entrainera Monsieur toutes les fois qu'il lui plaira de se raccommoder, et de le raccommoder à la cour, ou par la lassitude des peuples, qui ne s'apperçoivent déjà que trop clairement qu'on ne sçait faire dans ce parti ni la paix ni la guerre. Dans tous ces deux cas, que je tiens pour infaillibles, vous perdes beaucoup : car si vous ne vous tires d'embarras avant que le mouvement finisse par un accommodement de la cour avec M. le prince, vous aures peine à vous desmesler d'une intrigue dans laquelle et la cour et M. le prince songeront assurément à vous faire périr. Si la résolution vient par la lassitude des peuples, en estes-vous mieux ? Et ceste lassitude, de laquelle on se prend tousjours à ceux qui ont le plus brillé dans le mouvement, ne peut-elle pas corrompre et tourner contre vous-mesme la sage inaction dans laquelle vous estes demeuré depuis quelque temps ? Voilà, ce me semble, ce que vous pouvez prévoir : mais voilà aussi ce que vous ne pouves éviter, qu'en trouvant l'issue devant que la guerre civile se termine par l'un ou l'autre de ces moyens que je viens de vous expliquer. Je sçais bien que l'engagement où vous estes avec Monsieur, et mesme avec le public, touchant le Mazarin, ne vous permet pas de travailler à son restablissement; et vous sçaves que par ceste raison, je ne vous ai jamais rien proposé, tant qu'il a esté à la cour. Il n'y est plus ; et quoique son esloignement ne soit qu'un jeu et qu'une illusion, il ne laisse pas de vous donner lieu de faire de certaines démarches, qui conduisent naturellement à ce qui vous est bon. Paris, tout soubslevé qu'il est, souhaite avec passion la présence du roi ; et ceux qui la demanderont les premiers seront ceux qui en auront l'agrément dans le peuple. J'advoue que le peuple, selon ces principes, ne sçait ce qu'il demande : car ceste présence contribuera apparamment à y ramener plus tost le Mazarin ; mais enfin il la demande ; et comme le cardinal est esloigné, ceux qui la demanderont les premiers, ne passeront pas pour mazarins. C'est vostre unique compte : car comme vous n'aves pas d'intérest particulier, et que vous ne voules dans le fond que le bien de l'estat et la conservation de vostre réputation dans le public, vous faites l'un sans nuire à l'autre. Je conviens que si vous pouvies empescher le restablissement du cardinal, le parti que je vous propose ne seroit ni d'un politique ni d'un homme de bien ; car ce restablissement doibt estre considéré par une infinité de raisons, comme une calamité publique : mais supposé, comme vous le supposes vous-mesme, qu'il soit infaillible par la mauvaise conduite de ses ennemis, je ne conçois pas comme la veue d'une chose que vous ne pouves empescher, vous peut empescher vous-mesme de sortir de l'embarras où vous vous trouves, par une porte qui vous ouvre un champ et de gloire et de liberté. Paris, dont vous estes archevesque, gémit sous le poids ; le parlement n'y est plus qu'un fantosme ; l'Hostel-de-Ville est un desert ; Monsieur et M. le prince n'y sont maistres qu'autant qu'il plaist à la canaille la plus insensée ; les Espagnols, les Allemands et les Lorrains sont dans ces fauxbourgs, qui ravagent jusques dans les jardins. Vous qui en estes le pasteur, et le libérateur en deux ou trois rencontres, vous aves esté obligé de vous garder dans vostre propre maison trois sepmaines durant ; et vous sçaves bien qu'encore aujourd'hui vos amis sont en peine quand vous n'y marches pas armé. Ne comptes-vous pour rien de faire finir ces misères ? Et manqueres-vous le moment unique que la Providence vous donne pour vous donner l'honneur de les terminer ? Le cardinal, qui est un homme de contre-temps, peut revenir demain ; et s'il estoit à la cour, le parti que je vous propose, vous seroit plus impraticable qu'à homme qui vive. Ne perdes pas l'instant qui vous convient aussi, par la raison des contraires, plus qu'à homme qui vive. Prenes avec vous vostre clergé, menes-le à Compiègne, remercies le roi de l'esloignement du Mazarin, demandes-lui son retour dans la capitale, entendes-vous avec ceux des corps qui ne veulent que le bien, qui sont presque touts vos amis particuliers, et qui vous considèrent déjà comme leur chef naturel par vostre dignité, dans une occasion qui lui est si propre et si convenable. Si le roi revient effectivement à la ville, le peuple de Paris vous en aura l'obligation : s'il vous refuse, il ne laissera pas de vous avoir de la recognoissance de vostre intention. Si vous pouves gagner Monsieur sur ce point, vous sauves tout l'estat, parce que je suis persuadé que s'il sçavoit jouer son personnage en ce rencontre, il rameneroit le roi à Paris, et que le Mazarin n'y reviendroit jamais. Je suppose qu'il y revienne dans le temps, prévenes ce hasard que je vois bien que vous craignes à cause du reproche que le peuple vous en pourroit faire ; prévenes, dis-je, ce hasard par l'emploi de Rome, auquel vous m'aves dit plusieurs fois que vous esties résolu, plustost que de figurer avec lui. Vous estes cardinal, vous estes archevesque de Paris, vous aves l'amour du public, vous n'aves que trente-sept ans ; sauves la ville, sauves l'estat. »

Voilà en substance ce que M. de Fontenay me dit, et ce qu'il me dit avec une rapidité qui n'estoit nullement de sa froideur ordinaire ; et il est vrai que j'en fus touché : car quoiqu'il ne m'apprist rien à quoi je n'eusse déjà pensé, comme vous l'aves veu par les réflexions que j'avois faites à mon esgard sur l'incendie de l'Hostel-de-Ville, je ne laissai pas de me sentir plus esmeu de ce qu'il me représentoit sur cela, que de tout ce qui m'en avoit esté dit jusque-là, et mesme que de tout ce que je m'en estois moi-mesme imaginé.

Il y avoit déjà asses long-temps que ceste députation du clergé nous rouloit dans l'esprit, à M. de Caumartin et à moi, et que nous en examinions les manières et les suites. Je doibs à M. Joly la justice de dire que ce fut lui le premier qui l'imagina, aussitost que le cardinal Mazarin se fut esloigné. Nous joignismes tout ensemble à la substance des circonstances que nous y jugeasmes les plus nécessaires et les plus utiles. La première, et la plus importante en touts sens, fut de porter Monsieur à approuver au moins ceste conduite ; et les dispositions où je vous ai marqué ci-dessus qu'il estoit, nous donnoient lieu de croire que nous pourrions le tenter avec fruit. J'employai pour cest effet celles des raisons qui estoient le plus à son usage dans ce que je vous ai dit ci-dessus à propos du sentiment de M. de Fontenay. J'y adjoutai les advantages qu'il se donneroit à lui-mesme, en procurant une amnistie bonne, véritable, non fallacieuse, et au parlement et à la ville, qu'on ne lui refuseroit pas certainement, s'il faisoit veoir à la cour un désir sincère de s'accommoder. Je lui fis veoir que quand sa retraite à Blois, après laquelle il respiroit depuis long-temps, auroit esté précédée du soing qu'il auroit eu de chercher dans la paix les seuretés nécessaires et au public et aux particuliers, elle ne lui pourroit donner que de la gloire, et d'autant plus qu'elle ne seroit considérée que comme l'effet de la ferme résolution qu'il auroit prise de n'avoir aucune part au restablissement du ministre ; que celle que je prétendois en mon particulier de faire à Rome, devant que ce restablissement s'effectuast, se pourroit attribuer à nécessité, parce que beaucoup de gents croyoient que j'y serois forcé par la crainte de ne pouvoir trouver ma seureté dans les suites de ce restablissement ; que sa naissance le mettoit au-dessus et de ces discours et de ces soupçons ; et que s'il faisoit pour le public, devant de se retirer, ce qui lui seroit asseurément très-aisé du costé de la cour, il seroit à Blois avec quatre gardes, chéri, respecté, honoré et des François et des estrangers, et en estat de profiter, mesme pour le bien de l'estat, toutes les fois qu'il lui plairoit, de toutes les faultes qui se feroient dans touts les partis.

Je vous supplie d'observer que quand je fis ce discours à Monsieur, j'estois adverti de bonne part, qu'il avoit eu, cinq ou six jours devant, la dernière frayeur que je ne m'accommodasse avec M. le prince. Il me l'avoit lui-mesme asses tesmoigné, quoique indirectement. Mais Jouy, à qui il s'en estoit ouvert à fond, à propos d'un je ne sçais quel advis qu'il avoit eu que M. de Brissac y travailloit de nouveau, m'avoit dit que Monsieur s'estoit escrié : « Si cela est, nous avons la guerre civile pour l'éternité. » Vous juges bien que ceste circonstance ne me détourna pas de la résolution que j'avois prise de le tenter. Je n'eus pas lieu de m'en repentir ; car aussitost que je fus entré en matière, il entra lui-mesme dans tout ce que je lui disois. Il me railla sur la cessation des monosyllabes ; ce qui estoit tousjours signe en lui qu'il approuvoit ce dont on lui parloit. Il adjouta ensuite des raisons aux miennes ; ce qui en est un certain en tout le monde : et puis tout d'un coup il revint comme s'il fust parti de bien loing, ce qui estoit son air, particulièrement quand il n'avoit bougé d'une place; et il me dit : « Mais que ferons-nous de M. le prince? » Je lui respondis : « C'est à Vostre Altesse Royale, Monsieur, à sçavoir où elle en est avec lui; car l'honneur est préférable à toutes choses : mais comme j'ai lieu de croire que les négociations que l'on veoit à droite et à gauche, se font en commun, je m'imagine que vous vous pouves entendre sur ce que je vous propose, comme vous vous entendes sur le reste. — Vous vous joues (me dit-il), mais je ne suis pas si embarrassé sur ce point que vous croyes. M. le prince a plus d'impatience que vous d'estre hors de Paris, et il s'aimeroit mieux à la teste de quatre escadrons dans les Ardennes, que de commander à douze millions de gents tels que nous les avons ici, sans en excepter le président Charton. » Il estoit vrai; et Croissy, qui estoit un des hommes du monde qui avoit le moins de secret (défauts asses rares aux gents qui sont accoustumés aux grandes affaires), me disoit tous les jours que M. le prince séchoit d'ennui, et qu'il estoit si las d'entendre parler du parlement, de cour des aides, de chambres assemblées et d'Hostel-de-Ville, qu'il disoit souvent que M. son grand père n'avoit jamais esté plus fatigué des ministres de La Rochelle.

Je ne laissai pas de cognoistre à ce discours de Monsieur, qu'il cherchoit des raisons pour se satisfaire lui-mesme à l'esgard de M. le prince. J'affectai, pour me satisfaire moi-mesme, de ne lui en fournir ni de lui en suggérer aucune; je demeurai dans la règle des monosyllabes sur ce fait particulier, sur lequel il ne tint pas toutesfois à Monsieur de me faire parler, non plus que sur les différentes négociations dont les bruits coururent tousjours faux ou vrais. Je me contentai de prendre, ou plustost de former ma mission. En voici la substance. Monsieur me commanda de faire une assemblée générale des communautés ecclésiastiques; de faire députer à la cour de toutes ces communautés; d'y mener et d'y presenter moi-mesme la députation, qui seroit à l'effet de supplier le roi de donner la paix à ses peuples, et de revenir dans sa bonne ville de Paris; de travailler par le moyen de mes amis dans les autres corps de la ville pour le mesme effet; de faire sçavoir à la cour par madame la Palatine, sans aucune lettre toutesfois, au moins que l'on peut monstrer, que Son Altesse Royale donnoit le premier branle à ce mouvement; de ne rien négotier pourtant en détail, que lorsque je serois moi-mesme à Compiègne, où je dirois à la reine qu'elle croyoit bien que Monsieur ne feroit, ni mesme ne souffriroit les démarches de touts les corps,

s'il n'avoit de très-bonnes et très-sincères intentions; qu'il vouloit la paix, et qu'il la vouloit de bonne foi : que les engagements publics qu'il avoit pris contre M. le cardinal Mazarin, ne lui avoient pas permis de la conclure, ni mesme de l'advancer, tant qu'il avoit esté à la cour; que présentement qu'il estoit dehors, il souhaitoit avec passion de faire cognoistre à Sa Majesté, qu'il n'y avoit eu que cest obstacle qui l'eust empesché d'y travailler avec succès; qu'il lui déclaroit par moi qu'il renonçoit à touts les interests particuliers; qu'il n'en prétendoit ni pour lui ni pour aucun de son parti; qu'il ne demandoit que la seureté publique, pour laquelle il n'y avoit qu'à expliquer quelques articles de l'amnistie, et qu'à la revestir de quelques formes, qui se trouveroient estre autant pour l'avancement du service du roi que de la satisfaction des particuliers; qu'après qu'il auroit eu celle de veoir le roi dans le Louvre, il se retireroit avec autant de joie que de promptitude à Blois, en résolution de n'y penser qu'à son repos et qu'à son salut; et que tout ce qui se feroit après cela à la cour ne seroit plus sur son compte, pourveu que l'on voulust bien ne l'y pas mettre, et le laisser dans la solitude, où il promettoit de demeurer de bonne foi. Ceste dernière période estoit, comme vous voyes, substantielle. Monsieur adjouta à ceste instruction un ordre précis et particulier d'asseurer la reine, que si M. le prince ne se vouloit contenter de pouvoir demeurer en repos dans son gouvernement, avec la pleine jouissance de toutes ses pensions et de toutes ses charges, il l'abandonneroit. Comme je lui représentai qu'il me paroissoit qu'il pouvoit et qu'il debvoit mesme adoucir ceste expression : « Point de fausse générosité (reprist-il en cholère); je sçais ce que je dis, et je le sçaurai bien soubstenir et le justifier. » Voilà précisément comme je sortis de cheux Monsieur. J'exécutai ses ordres à la lettre, et je ne rencontrai dans leur exécution aucune difficulté, que du costé duquel je n'en debvois pas attendre. Ce que je vais vous raconter est incroyable.

Après que j'eus mesnagé touts les préalables que je creus nécessaires au point de ceste nature, j'envoyai Argenteuil ou Joly à madame la Palatine (je ne me ressouviens pas précisément lequel ce fut), pour en conférer avec elle. Elle l'approuva au dernier point; mais elle m'escrivit que si je désirois effectivement qu'elle réussist, c'est-à-dire qu'elle obligeast le roi de revenir à Paris, il estoit nécessaire que je surprisse la cour; parce que si je lui donnois le loisir de consulter l'oracle, il ne respondroit que selon ce qui lui auroit esté inspiré et soufflé par les prestres des idoles, lesquels (me mandoit-elle par un chiffre que j'avois avec elle, et que nous avions tousjours creu indéchiffrable) aiment mieux que tout le temple périsse que si vous y metties seulement une pierre pour le réparer. Elle me demanda seulement cinq jours de délai pour avoir le temps d'en donner elle-mesme advis au cardinal. Elle le tourna d'une manière qui le força, pour ainsi dire, à y donner les mains, et à escrire à la reine qu'elle debvoit recevoir au moins agréablement ma députation.

Dès que les Le Tellier, les Servien, les Ondedéï et les Fouquet en eurent le vent, ils s'y opposèrent de toutes leurs forces, disant que ce ne pouvoit estre qu'un piége dans lequel je voulois faire tomber la cour; et que si mon intention avoit esté droite et sincère, j'aurois commencé par une négociation, et non pas par une proposition, qui forçoit le roi de revenir à Paris sans avoir pris les seuretés préalables, ou de s'attirer les plaintes de toute la ville en n'y revenant pas. Madame la Palatine, qui avoit l'ordre du cardinal en main, se sentoit bien forte, et leur respondoit que quand j'aurois la meilleure volonté du monde, je ne pouvois pas me conduire autrement qu'ainsi que je ne conduisois, parce qu'il estoit beaucoup moins seur pour moi de me commettre à une négociation, dans laquelle on me pouvoit tendre à moi-mesme mille et mille piéges, qu'à une députation sur laquelle enfin le pis du pis pour moi estoit de faire cognoistre une bonne intention sans effet. Ondedéï soubstenoit que l'unique fin de ma proposition estoit de pouvoir aller en seureté à la cour, pour prendre mon bonnet. Madame la Palatine respondit que la réception de ce bonnet, qui n'estoit qu'une pure cérémonie, m'estoit, comme il estoit vrai, de toutes les choses du monde la plus indifférente. L'abbé Fouquet revenoit à la charge, et soubstenoit que les intelligences qu'il avoit dans Paris y restabliroient le roi au premier jour, sans qu'il en eust obligation à des gents qui ne proposoient de l'y remettre que pour estre plus en estat de s'y maintenir eux-mesmes contre lui. MM. Le Tellier et Servien, qui avoient esté au commencement de leur advis, se rendirent sur la fin à l'ordre du cardinal, et peut-estre aux fortes et solides raisons de la Palatine; et la reine qui avoit tenu l'abbé Charier, que j'avois envoyé pour obtenir les passeports, trois jours entiers à Compiègne, mesme depuis la parole qu'elle avoit donnée de les accorder, les fit expédier, et elle y adjousta mesme beaucoup d'honnestetés. Je partis aussitost avec les députés de touts les corps ecclésiastiques de Paris, et près de deux cents gentilshommes qui m'accompagnoient, outre lesquels j'avois avec moi cinquante gardes de Monsieur. J'eus advis à Senlis, que l'on avoit résolu à la cour de n'y pas loger mon cortége; et Bautru mesme, qui s'estoit mis de mon cortége, pour pouvoir sortir de Paris, dont les portes estoient gardées, me dit qu'il me conseilloit de n'y pas entrer avec tant de gents. Je lui respondis, que je ne croyois pas aussi qu'il me conseillast d'y aller seul avec des curés, des chanoines et des religieux, dans un temps où il y avoit à la campagne une infinité de coureurs de touts les partis. Il en convint, et il prit les devans, pour expliquer à la reine et ceste escorte et ce cortége, qu'on lui avoit très-ridiculement grossi. Tout ce qu'il peut obtenir fut qu'on me donneroit logement pour quatre-vingts chevaux. Vous remarqueres, s'il vous plaist, que j'en avois cent douze seulement pour les carosses. Ceste foiblesse ne me fit que pitié: ce qui me donna de l'ombrage fut que je ne trouvai point sur mon chemin l'escouade des gardes du corps, qui avoient accoustumé en ce temps-là d'aller au devant des cardinaux, la première fois qu'ils paroissoient à la cour. Ma défiance se fust changée en appréhension, si j'eusse sceu ce que je n'appris qu'à mon retour à Paris, que la cause pour laquelle on ne m'avoit pas fait cest honneur, estoit qu'on n'avoit pas encore bien résolu de ce que l'on feroit de ma personne; les uns soubstenant qu'il me falloit arrester; les autres, qu'il estoit nécessaire de me tuer; et quelques-uns disant qu'il y avoit trop d'inconvénients à violer en ceste circonstance la foi publique. M. le prince Thomas fit dire à mon père, par le père Senault (1), de l'Oratoire, le propre jour que je retournai à Paris, qu'il avoit esté de ce dernier advis; qu'il ne nommoit personne, mais qu'il y avoit au monde des gents bien scélérats. Madame la Palatine ne me tesmoigna pas qu'on eust esté jusques là, mais elle me dit dès le lendemain que j'y fus arrivé, qu'elle m'aimoit mieux à Paris qu'à Compiègne. La reine me reçeut pourtant fort bien, et se fascha devant moi contre l'exempt des gardes, qui ne m'avoit pas rencontré, et qui s'estoit esgaré (disoit-elle) dans la forest. Le roi me donna le bonnet le matin du lendemain, et audience l'après-disnée.

---

(1) Jean-François Sénault. Il fut l'un des premiers prédicateurs qui donnèrent à l'éloquence sacrée la dignité qui lui convient, en la purgeant de ce langage confus qui la déshonorait. Sénault fut nommé général de l'Oratoire en 1662, et exerça ces fonctions jusqu'à sa mort arrivée en 1672.

[Je lui parlai ainsi (1) :

» Sire, tous les sujets de Votre Majesté lui peuvent représenter leurs besoins ; mais il n'y a que l'église qui ait droit de vous parler de vos devoirs ; nous le devons, Sire, par toutes les obligations que nostre caractère nous impose, mais nous le devons particulèrement, quand il s'agit de la conservation des peuples, parce que la mesme puissance qui nous a establis médiateurs entre Dieu et les hommes, fait que nous sommes naturellement leurs intercesseurs envers les rois qui sont les images vivantes de la Divinité sur la terre.

» Nous nous présentons donc à Vostre Majesté en qualité de ministres de la parole, et comme les dispensateurs légitimes des oracles éternels, nous vous annonçons l'évangile de la paix, en vous remerciant des dispositions que vous y avez desjà données, et en vous suppliant très-humblement d'accomplir cet ouvrage si glorieux pour votre Majesté, et si nécessaire au repos de vos peuples, et nous vous le demandons avec authorité, parce que nous vous parlons au nom de celui de qui les ordres vous doivent estre aussi sacrez qu'ils le sont au moindre de vos sujets : mais, Sire, cette dignité que nous sommes obligez de conserver, et dans nos actions, et dans nos paroles, ne diminue en rien le respect que nous devons à vostre personne sacrée, elle l'augmente au contraire, et nous confirme de plus en plus dans vostre service, parce que nous ne saurions eslever nostre esprit en pensant que nous avons l'honneur d'estre les sujets de Vostre Majesté, que nous ne confessions en mesme temps que ceste qualité nous oblige encore plus particulièrement que le reste des hommes à vous donner toutes les marques imaginables de nostre obéissance et de nostre fidélité.

» Nous le faisons, Sire, par des paroles que nous pouvons dire effectives, puisque elles ont esté précédées par des effets. L'église de Paris n'a jamais fait de vœux que pour les avantages de vostre couronne, et ses oracles n'ont parlé que pour vostre service : elle ne croit pas, Sire, qu'elle puisse donner une suite plus convenable à toutes ses autres actions, que la supplication très-humble qu'elle fait présentement à Vostre Majesté, de donner la paix à la ville capitale de vostre royaume, parce qu'elle est persuadée que ceste paix n'est pas plus nécessaire pour le soulagement des misérables, que pour l'affermissement solide et véritable de vostre authorité.

» Nous voyons nos campagnes ravagées, nos villes désertes, nos maisons abandonnées, nos temples violez, nos autels prophanez, nous nous contenterions de lever les yeux au ciel, et de lui demander justice de ces impiétez et de ces sacriléges, qui ne peuvent estre assez punis par la main des hommes ; et pour ce qui touche nos propres misères, le respect que nous avons pour tout ce qui porte le caractère de vostre Majesté nous obligeroit sans doute, mesme dans le plus grand effort de nos souffrances, à étouffer les gémissements et les plaintes que nous causent vos armes : si vostre intérest, Sire, encore plus pressant que le nostre, n'animoit nos paroles, et si nous n'estions fortement persuadez que comme nostre véritable repos consiste dans nostre obéissance, vostre véritable grandeur consiste dans vostre justice et dans vostre bonté ; et qu'il est mesme de la dignité d'un grand monarque, d'estre au-dessus de beaucoup de formalitez qui sont aussi inutiles et mesme aussi préjudiciables en quelques rencontres, qu'elles peuvent estre nécessaires en d'autres occasions, et Vostre Majesté, Sire, me permettra de lui dire avec la mesme liberté que me donne mon caractère, qu'il n'y en a jamais eu de plus superflues que celles dont il s'agit aujourd'hui, puisque vous avez tous les advantages essentiels, et puisque vous avés effectivement les cœurs de touts vos peuples, et c'est en cest endroit, Sire, où je me sens forcé par le secret instinct de ma conscience, de déchirer ce voile qui ne couvre que trop souvent dans les cours des grands princes les veritez les plus importantes et les plus nécessaires. Je ne doute point, Sire, que l'on ne vous parle très-différemment des dispositions de Paris : nous les cognoissons, Sire, plus particulièrement que le reste des hommes, parce que nous sommes les véritables dépositaires de l'intérieur des consciences, et par conséquent du plus secret des cœurs, et nous vous protestons par la mesme vérité qui nous les a confiées, que nous n'en voyons point dans vos peuples, qui ne soient très-conformes à vostre service; que vous seres, quand il vous plaira, aussi absolu dans Paris que dans Compiègne, que rien ne vous y doit faire ombrage, et qu'il n'y a personne qui y puisse partager ni les affections des peuples,

---

(1) Pour compromettre le cardinal de Retz et le dépopulariser, le parti des princes fit imprimer une prétendue harangue du cardinal au roi, et la répandit dans Paris. Mais Retz publia bientôt après la sienne sous le titre de *la véritable harangue faite au roi par monseigneur le cardinal de Retz, pour lui demander la paix et son retour à Paris, au nom du clergé et accompagné de tous ses députés, prononcée à Compiègne le 12 septembre 1652; à Paris, de l'imprimerie de la veuve Guillemot,* M.DC.LII.

ni l'authorité de Vostre Majesté, et nous ne saurions, Sire, vous justifier ceste vérité, par des preuves plus claires et plus convainquantes, qu'en vous suppliant très-humblement de considérer qu'il faut bien que vous ayez les cœurs de ceux qui n'attendent qu'un seul de vos regards pour se laisser vaincre. Je me trompe, Sire, je parle improprement, je sens que je blesse par ceste parole les oreilles de Vostre Majesté : elle ne veut vaincre que les ennemis, et ses armes sans doute n'ont point d'autres objets que ceux qu'Henri-le-Grand, ayeul de Vostre Majesté, choisit dans les plaines d'Ivry. Je dis qu'il choisit, Sire, parce qu'il distingua les François et les estrangers par ceste belle parole, qu'il prononça à la teste de son armée : (Sauvez les François); il fit ceste distinction l'espée à la main, et l'observa encore plus religieusement après toutes ses victoires. Ce parlement qui, dans les grandes agitations de l'estat, estoit demeuré dans Paris contre ses intentions et contre ses ordres, fut continué dans sa séance et dans ses fonctions, parce que ce grand et sage prince, dès le lendemain qu'il y fut entré en victorieux et en triomphant, fit publier l'amnistie générale le mesme jour dans le palais; et il semble que ce prince tout admirable eut crû qu'il eust manqué quelque chose à sa clémence, s'il ne l'eût fait éclater dans le mesme lieu où l'on avoit en quelque rencontre rendu si peu de justice et de déférence à ses volontez. Et il faut avouer que la providence de Dieu prit un soin particulier de couronner sa modération et sa justice, parce que son authorité qui avoit esté si violamment attaquée et presque abatuë, se trouva relevée par sa douceur, en un point et plus haut et plus fixe que n'avoit jamais esté celle de ses prédécesseurs.

» Si je n'apprehendois de donner la moindre apparence d'une comparaison aussi injuste que seroit celle d'un siècle furieux, et qui attaqua pour ainsi parler la royauté dans son trône, et de ces derniers temps où il faut avouer que les intentions des subjets de Vostre Majesté n'ont rien eu de semblable ni d'approchant, je dirois, Sire, en ceste occasion ce que l'on vous doit dire, à mon advis, à Vostre Majesté, dans toutes les rencontres de vostre vie que vous suivrez sans doute les vestiges de ce grand monarque, et que vous n'aurez pas moins de bonté pour une grande ville qui vous offre avec ardeur le sang de touts ses citoyens, pour le respandre pour vostre service, que le grand Henry n'en eut pour des subjets rebelles qui lui disputoient sa couronne, et qui attentoient à sa vie.

» J'ay, Sire, un droit tout particulier et domestique de vous proposer cet exemple : dans ceste fameuse conferance, qui fut tenuë dans l'abbaye de Saint-Antoine du fauxbourg de Paris, le roi Henri-le-Grand dit au cardinal de Gondy, qu'il estoit resolu de ne s'arrester à aucune formalité dans une affaire où la paix seule estoit essentielle; je ne connoistrois nullement le mérite et la valeur de ce discours, si je prétendois le pouvoir orner par des paroles; je me contente, Sire, de le rapporter fidélement à Vostre Majesté, et de le rapporter avec le mesme esprit que le cardinal de Gondy l'a receu.

» Ainsi, Sire, en imitant et la modération et la prudence de ce grand monarque, vous régneres d'un règne semblable à celuy de Dieu, parce que vostre authorité n'aura de bornes que celles qu'elle se donnera à elle-mesme par les règles de la raison et de la justice. Ainsi vous restablires solidement l'authorité royale, dans laquelle consiste véritablement le repos, la seureté et le bonheur de touts vos subjets. Ainsi vous réunires les cœurs de touts vos peuples partagez par tant de factions différentes, et dont la division ne sera jamais que fatale à vostre service. Ainsi vous réunires toutes vos compagnies souveraines dans ce mesme lieu, où elles ont soustenu avec tant de vigueur et avec tant de gloire les droits de vos ancestres. Ainsi vous réunires la maison royale. Ainsi vous aures dans vos conseils et à la teste de vos armées, M. le duc d'Orléans dont l'expérience, la modération et les intentions absolument désintéressées, peuvent estre si utiles et sont si nécessaires pour la conduite de vostre estat. Ainsi vous y aures M. le prince si capable de vous seconder dans vos conquestes. Et quand nous pensons, Sire, qu'un seul moment peut produire touts ces advantages, et quand nous pensons en mesme temps que ce moment n'est pas encore arrivé, nous sentons dans nos ames des mouvements meslez de douleur et de joie, d'espérance et de crainte. Quelle apparence que la fin de nos maux ne soit pas proche, puisqu'ils ne tiennent plus qu'à quelques formalitez légères, et qu'un instant peut assoupir; quelle apparence qu'elles ne fussent pas desjà terminées, si la justice de Dieu ne vouloit peut-estre chastier nos peschez et nos crimes par des maux que nous endurons contre toutes les règles de la politique, mesme la plus humaine! Il est, Sire, de vostre devoir de prévenir par des actions de piété et de justice les chastiments du ciel qui menacent un royaume dont vous estes le père; il est, Sire, de vostre devoir d'arrester par une bonne et prompte paix le cours de ces prophanations abominables qui deshonnorent la terre, et qui attirent les foudres du ciel; vous le devez comme chrestien, vous le devez et vous le pouvez comme roi. Un grand archevesque de Milan porta autrefois cette parole au plus grand des empereurs chrestiens, dans une occasion moins importante que celle dont il s'agit présentement, et qui regardoit moins les intérests de Dieu. L'église de Paris vous la porte aujourd'hui, Sire, avec plus de sujet, et Dieu veuille que ce soit avec autant de succès. Dieu veuille inspirer à Vostre Majesté la résolution et l'application de ce remède si prompt et si salutaire qui consiste dans son retour à Paris que nous vous demandons, Sire, avec tous les respects que vous doivent des subjets très-soumis, mais avec tous les mouvements que peuvent former des cœurs passionnez pour le véritable service de Vostre Majesté, et pour le repos de son royaume. Ainsi, Sire, dès le commencement de vostre vie, vous accomplirez un des plus considérables poincts du testament du plus grand et du plus sainct de vos prédécesseurs. Sainct Henry estant à l'article de la mort, recommanda très-particulièrement au roy son fils la conservation des grandes villes de son royaume, comme le moyen le plus propre pour conserver son authorité. Ce grand prince devoit ces sentiments si raisonnables et si bien fondez à l'éducation de la reyne Blanche de Castille, sa mère, et Vostre Majesté, Sire, devra sans doute ces mesmes maximes aux conseils de cette grande reyne qui vous a donné à vos peuples, et qui anime par des vertus qui sont sans comparaison et sans exemple, le mesme sang qui a coulé dans les veines de Blanche, et les mesmes avantages qu'elle a autrefois possédés dans la France (1). »

La response du roi fut honneste, mais générale, et j'eus mesme beaucoup de peine à me la procurer par escrit.

[La voici :

« Le roy a eu très-agréable que le clergé de sa bonne ville de Paris, dont Sa Majesté fait une singulière estime, luy ait envoyé donner par ses députés de nouvelles preuves de son affection et de sa fidélité dans la conjoncture présente ; Sa Majesté en a receu d'autant plus de satisfaction qu'elle se promet que ceux de leurs corps qui ont la direction des consciences de ses peuples, tascheront tousjours de leur apprendre autant par leurs enseignements que par leur exemple, le respect et l'obéyssance, que la parole et la loi de Dieu, dont ils sont les interprètes, obligent les subjets de rendre à leur souverain. Sa Majesté prend le ciel à tesmoin qu'elle n'a point de plus violent désir dans l'âme que de redonner la paix à ses subjets, pour parvenir ensuite à celle de toute la chrestienté, et qu'elle n'a rien obmis jusqu'icy de tout ce qui a esté en son pouvoir pour faire jouyr de l'une et de l'autre tous ceux que Dieu a mis sous sa conduite. La bonté avec laquelle Sa Majesté s'est disposée à pardonner toutes les offenses qui lui ont esté faites, et à faire publier une amnistie générale de tout ce qui a esté entrepris contre son authorité pendant ces mouvements, a fait voir clairement qu'elle ne refuse pas de sacrifier ses intérests plus sensibles pour le repos public. Elle ne désire pas avec moins d'impatience de retourner en sa ville de Paris pour y restablir la tranquillité et le bonheur dont elle a accoustumé de jouyr quand elle est honorée de la présence de son roy. Sa Majesté a desjà pris résolution de s'en rapprocher, et a donné ordre de préparer son chasteau de Sainct-Germain pour y aller avec sa cour au premier jour ; mais il est très-nécessaire que les bons subjets de sa dite ville, pour se mettre en estat de profiter de ce bien, se délivrent des obstacles qui les en ont privez jusqu'à présent, et qu'ils n'y souffrent plus le pouvoir violent de ceux qui, pour faire durer les troubles qu'ils ont excitez, n'ont autre but que de tenir tousjours les principaux membres de l'estat séparez de leur chef ; les soins qu'ils ont pris cy-devant, quand Sa Majesté a esté proche de ladite ville, de faire redoubler les gardes aux portes, de rompre les ponts, d'occuper et fortifier les passages, et de tenir tousjours des gens de guerre entre la cour et Paris, ont fait connoistre évidemment quel est leur dessein, et combien il importe aux habitans de ladite ville, pour leur propre bien, de s'y opposer généreusement. Sa Majesté a subjet d'espérer que dans une occasion si importante à leur repos et au salut de tout l'estat, ils tesmoigneront le mesme courage et la mesme affection que leurs prédécesseurs, quand mesprisant touts les périls et les forces d'une faction beaucoup plus puissante que celle d'aujourd'hui, qui avoit la religion pour prétexte, ils chassèrent ceux qui opprimoient leur liberté, et se délivrèrent des

---

(1) L'auteur de notre *Journal historique*, qui était du parti de la cour et qui y résidait lorsque le cardinal de Retz s'y rendit avec le clergé de Paris, nous retrace en ces termes l'effet produit par la harangue du coadjuteur :

« Sa harangue quoique fort estudiée ne fut pas approuvée de tous ceux qui l'entendirent ; et au contraire elle fut condampnée, par la plupart, d'une extresme vanité et d'une audace insupportable : car au lieu de se tenir dans les termes ordinaires d'un député du clergé de Paris qui va prier le roy d'y retourner faire son séjour, il usa de paroles ampoulées, hauttaines et peu respectueuses. »

ennemis et estrangers et domestiques qui vouloient empescher le roy Henry-le-Grand d'entrer en possession de la ville capitale de son royaume. Sa Majesté ayant desjà fait de sa part tout ce qu'on pouvoit desirer d'elle avec raison pour la seureté de ceux à qui les fautes passées pourroient avoir donné quelque sorte d'apréhension, ne peut croire que l'exécution d'un si glorieux et si utile dessein, comme est celui de remettre la plus noble ville de l'Europe en l'estat où elle doit estre, puisse estre plus long-temps retardée par aucune considération, ny que des subjets fidèles comme les habitants de ladite ville qu'elle ayme tendrement, veuillent différer davantage de se rendre heureux par le défaut de certaines formalitez, où ils n'ont point d'intérêt, dont celuy qui a droit de commander ne peut se départir sans faire préjudice à sa dignité, et auxquelles de leur part ils auroient tort de s'arrester puisqu'ils peuvent trouver leur gloire et leur seureté dans leur obéyssance. »]

Voilà ce qui parut à tout le monde de mon voyage de Compiègne : voici ce qui se passa dans le secret.

Je dis à la reine dans mon audience particulière qu'elle me donna dans un petit cabinet, que je ne venois pas seulement à Compiègne en qualité de député de l'église de Paris, mais que j'en avois encore une autre que j'estimois beaucoup davantage, parce que je la croyois beaucoup moins inutile à son service que l'autre : que c'estoit celle d'envoyé de Monsieur, qui m'avoit commandé d'asseurer Sa Majesté qu'il estoit dans la résolution de la servir réellement et effectivement, promptement et sans aucun délai ; et en proférant ce dernier mot, je tirai de ma poche un petit billet signé Gaston, qui contenoit ces mesmes paroles. Le premier mouvement de la reine fut d'une joie extraordinaire; et ceste joie tira d'elle, à mon opinion, plus que l'art, quoique l'on ait voulu dire depuis, ces propres paroles : « Je sçavois bien, M. le cardinal, que vous me donneries à la fin des marques de l'affection que vous avés pour moi. » Comme je commençois d'entrer en matière, Ondedeï grata à la porte ; et comme je voulus me lever de mon siége pour aller ouvrir, la reine me prit par le bras, et elle me dit :

« Demeurés-là, attendés-moi. » Elle sortit, elle entretint Ondedeï près d'un quart d'heure. Elle revint, et me dit qu'Ondedeï lui venoit de donner un pacquet d'Espagne. Elle me parut embarassée, et changée dans sa manière de me parler, au delà de tout ce que je vous puis dire. Bluet, dont je vous ai parlé dans le second volume de ceste histoire, m'a dit qu'Ondedeï, qui avoit sceu que j'avois demandé à la reine une audience particulière, l'estoit venu interrompre, en lui disant qu'il avoit reçeu ordre de M. le cardinal Mazarin de la conjurer de ne m'en donner aucune de ceste nature, qui ne serviroit qu'à donner de l'ombrage à ses fidèles serviteurs. Ce Bluet m'a juré plus d'une fois, qu'il avoit veu ceste lettre en original, entre les mains d'Ondedeï ; qu'il ne la reçeut que justement dans le temps où j'estois enfermé avec la reine dans le petit cabinet. Il est vrai aussi que j'observai que quand elle y rentra, elle se mit auprès d'une fenestre, dont les vitres descendent jusques au plancher, et qu'elle me fit asseoir en lieu où tout ce qui estoit dans la cour la pouvoit voir et moi aussi. Ce que je vous raconte est asses bisarre ; et j'aurois encore de la peine à le croire, si tout ce que j'observai dans la suite ne m'avoit fait cognoistre que la défiance estoit si généralement répandue à Compiègne, et en touts les particuliers, et sur touts les particuliers, que qui ne l'a pas vu, ne le peut concevoir. Messieurs Servien et Le Tellier se haïssoient cordialement. Ondedeï estoit leur espion, comme il l'estoit de tout le monde. L'abbé Fouquet aspiroit à la seconde place dans l'espionnage. Bartet, Brachet, Ciron, et le mareschal Du Plessis, y entoient pour leur *rade*. Madame la Palatine m'avoit informé de la charte du pays : mais je vous confesse que je ne me l'estois peu figurer au point que je la trouvai. La reine toutesfois ne peut s'empescher, nonobstant l'advis d'Ondedeï, de me tesmoigner et joie et recognoissance. « Mais comme, adjouta-t-elle, les conversations
» particulières feroient philosopher le monde
» plus qu'il ne convient à Monsieur, et à vous-
» mesme, et à cause des esgards qu'il faut gar-
» der vers le peuple, voyés la Palatine, et
» convenés avec elle de quelques heures se-
» crettes, où vous puissies voir M. Servien. »
M. Bluet me dit depuis, que c'estoit celui qu'Ondedeï lui avoit suggéré pour parler d'affaires avec moi, parce que c'estoit celui qui avoit paru le plus mal intentionné pour moi ; et que Servien, qui craignoit les mauvais offices des subalternes, avoit refusé d'entrer en aucune négotiation particulière avec moi, à moins qu'il n'eust pour collègue, ou plustost pour tesmoing M. Le Tellier, « Qui ne manquera pas (dit-il à
» la reine) de faire suggérer à M. le cardinal
» que je prends des mesures avec le cardinal de
» Rais ; et c'est pour cela, Madame, que je sup-
» plie très-humblement Vostre Majesté qu'il en
» soit de part. » Je ne sçais ce que je vous dis de cela que par Bluet, qui estoit à la vérité un

25.

asses bon auteur pour ce petit détail, car il estoit intime d'Ondedeï. Ce qui me fait croire qu'il ne l'avoit pas inventé, c'est que je trouvai effectivement cheux madame la Palatine, où j'allai entre onze heures et minuit, M. Le Tellier et M. Servien, dont je fus asses surpris, parce que je n'avois pas lieu de croire qu'il eut de fort bonnes dispositions pour moi. Je vous rendrai compte, dans la suite, des raisons que j'avois de le soupçonner.

Il me parut que ces messieurs avoient déjà esté informés par la reine de ce que j'avois à leur proposer. En voici la substance : que Monsieur estoit résolu de conclure la paix de bonne foi ; et que pour faire cognoistre à la reine la sincérité de ses intentions, il avoit voulu, contre toutes les règles et touts les usages de la politique ordinaire, commencer par les effets : qu'il lui eust esté difficile d'en donner un plus efficace et plus essentiel qu'une députation aussi solemnelle que celle de l'église de Paris, résolue et exécutée à la face de M. le prince, et des troupes d'Espagne, logées dans les fauxbourgs ; et qu'il offroit, sans balancer, sans négocier, sans demander ni directement ni indirectement aucun advantage particulier, de se déclarer contre touts ceux qui s'opposeroient à la paix, et au retour du roi à Paris, pourveu qu'on lui donnast pouvoir de promettre à M. le prince qu'on le laisseroit en paix dans ses gouvernements, en renonçant de sa part à toutes les associations avec les étrangers, et que l'on envoyast une amnistie pleine, entière, et non captieuse, pour estre vérifiée par le parlement de Paris.

Il eust esté difficile de s'imaginer qu'une proposition de ceste nature n'eust pas esté, je ne dis pas reçeue, mais applaudie ; parce que supposé mesme qu'elle n'eust pas esté sincère, ce qu'ils pouvoient soupçonner au moins selon leurs maximes corrompues, ils en eussent peu toutesfois tirer leurs advantages en plus d'une manière. Ce qui me fit juger que ce ne fut pas la défiance qu'ils eurent de moi qui les empescha d'en profiter, mais celle qu'ils avoient l'un de l'autre, fit qu'ils se regardèrent, et qu'ils attendirent mesme asses long-temps qui s'expliqueroit le premier. La suite, et encore davantage l'air de la conversation qui ne se peut exprimer, me marquèrent plus que suffisamment que je ne me trompois pas dans ma conjecture. Je n'en tirai que des galimathias ; et madame la Palatine, qui quoique très-cognoissante de ceste cour, en fut surprise au dernier point, m'advoua le lendemain au matin, qu'il y entroit beaucoup de ce que j'avois soupçonné : « Quoiqu'à tout hazard (adjouta-t-elle), je sois résolue, si vous y consentes, de leur parler comme si j'estois persuadée » que ce ne soit que la défiance qu'ils ont de vous » qui les empesche d'agir comme des hommes : » car il est vrai (continua-t-elle), que ce que » j'en ai veu ceste nuit n'est pas humain. » J'y donnai les mains, pourveu qu'elle ne parlât que comme d'elle-mesme ; car il est vrai qu'après ce qui m'avoit paru de leur manière d'agir, je ne pouvois me résoudre à aller aussi loing ; et que je l'avois résolu, et que j'en avois le pouvoir. Elle y suppléa : car elle ne dit pas seulement à la reine ce qui s'estoit passé la nuit cheux elle, mais elle y adjousta ce qu'il n'avoit tenu à ces messieurs qui s'y fût passé. Enfin elle l'asseura que, moyennant ce que je vous ai marqué ci-dessus, Monsieur abandonneroit M. le prince et se retireroit à Blois, après quoi il ne se mesleroit plus de ce qui pourroit arriver. C'estoit là le grand mot, et qui debvoit décider. La reine l'entendit, et mesme le sentit. Tous les subalternes entreprirent de le lui vouloir faire passer pour un piège, en lui disant que Monsieur ne donnoit ceste lueur que pour attirer et tenir le roi dans Paris, au moment mesme que lui, Monsieur, s'y donnoit une nouvelle autorité, par l'honneur qu'il s'y donnoit du retour du roi, très-agréable au public, et par la porte que l'on voyoit qu'il affectoit de se reserver en ne s'expliquant point sur celui du cardinal Mazarin. J'ai déjà remarqué que je cognus clairement que ce raisonnement estoit moins l'effet d'aucune défiance qu'ils eussent en effet sur une matière qui commençoit à estre asses éclaircie par l'estat des choses, que de la crainte que chacun d'eux avoit en son particulier de faire quelques pas vers moi, que son compagnon peut interpréter auprès du cardinal ; et il est aisé de juger que si la conduite qu'ils tinrent en ceste occasion leur eust esté inspirée par la défiance qu'eux-mesmes inspirèrent dans l'esprit de la reine, ils eussent cherché des tempéraments qui eussent peu empescher de tomber dans le piège qu'ils eussent appréhendé, et qui d'autre part eussent contribué à ne pas aigrir et les esprits et les affaires, dans ces moments où il estoit si nécessaire de les radoucir. L'événement, qui fut favorable à la cour, a justifié ceste conduite ; et je sçai que les ministres ont dit depuis qu'ils estoient si asseurés des dispositions de Paris, qu'ils n'avoient pas besoing de ces ménagements. Juges-en, je vous supplie, par ce que vous alles veoir, après que je vous aurai encore supplié d'observer une ou deux circonstances, qui quoique très-légères, vous marqueront l'estat où touts ces espions de profession dont je vous ai parlé tantost, mettoient la cour.

La reine leur estoit si soubmise, et elle craignoit leur rapport à un tel point, qu'elle conjura madame la Palatine de dire à Ondedéï, sans affectation, qu'elle lui avoit fait de grandes railleries de moi; et elle lui dit à lui-mesme, que je l'avois asseurée que M. le cardinal estoit un honneste homme, et que je ne prétendois pas à sa place. Je vous puis asseurer à mon tour, que je ne lui avois dit ni l'une ni l'autre de ces sottises. Elle n'oublia pas non plus de faire sa cour à l'abbé Fouquet, en se mocquant avec lui de la despense que j'avois faite en ce voyage. Il est vrai qu'elle fut immense, pour le peu de temps qu'il dura. Je tenois sept tables servies en mesme temps, et j'y despensois huit cents escus par jour. Ce qui est nécessaire n'est jamais ridicule. La reine me dit, lorsque je receus ses commandements, qu'elle remercioit Monsieur; qu'elle se sentoit très-obligée; qu'elle espéroit qu'il contribueroit à mettre les dispositions nécessaires au retour du roi; qu'elle l'en prioit, et qu'elle ne feroit pas un pas sans concerter avec lui. Sur quoi je lui respondis : « Je crois, Madame, qu'il auroit » esté à propos de commencer dès aujourd'hui. » Elle rompit le discours.

J'eus subjet de me consoler des railleries de M. l'abbé Fouquet, par la manière dont je fus receu à Paris. J'y rentrai avec un applaudissement incroyable, et j'allai descendre au Luxembourg, où je rendis compte à Monsieur de ma légation. Il faillit à tomber de son haut. Il s'emporta, il pesta contre la cour; il entra vingt fois cheux Madame, il en sortit autant de fois, et puis il me dit tout d'un coup : « M. le » prince s'en veut aller. Le comte de Fuensaldagne lui mande qu'il a ordre de lui mettre » entre les mains toutes les forces d'Espagne : » mais il ne le fault pas laisser partir. Ces gens-» là nous viendront estrangler dans Paris. Il » fault que la cour y ait des intelligences que nous » ne cognoissons pas. Pourroit-elle agir comme » elle fait, si elle ne sentoit pas ses forces ? »

Voilà l'une des moindres périodes d'un discours de Monsieur, qui dura plus d'une grande heure; je ne l'interrompis pas; et mesme quand il m'interrogeoit, je ne lui respondois que par monosyllabes. Il s'impatienta à la fin, et il me commanda de lui dire mon sentiment, en adjoutant : « Je vous pardonne vos monosyllabes, » quand je fais ce qu'il plaist à M. le prince » contre vos sentiments : mais quand je suis vos » sentiments, comme je l'ai fait en ceste occa-» sion, je veux que vous me parliez à fond. — » Il est juste, Monsieur (lui respondis-je), que je » parle tousjours ainsi à Vostre Altesse Royale; » quelques sentiments qu'il lui plaise de pren-» dre, je ne désadvoue pas les miens en ceste » rencontre. Je fais plus, car je ne m'en repens » pas. Je ne considère point les événements, la » fortune en décide : mais elle n'a aucun pou-» voir sur le bon sens. Le mien est moins infail-» lible que celui des autres, parce que je ne suis » pas si habile; mais pour ceste fois, je le tiens » aussi droit que s'il avoit bien réussi, et il ne » me sera pas difficile de le justifier à Vostre Altesse Royale. » Monsieur m'arresta en cest endroit, mesme avec précipitation, et il me dit : « Ce n'est pas ce que j'ai voulu dire. Je sçais bien » que nous avons eu raison : mais enfin ce n'est » pas assez d'avoir raison en ce monde, et c'est » encore moins de l'avoir eu. Qu'est-il besoin de » faire ? nous allons estre pris à la gorge : vous » voyez comme moi, que la cour ne peut pas » estre aveuglée au point d'agir comme elle fait, » et qu'il fault ou qu'elle soit accommodée avec » M. le prince, ou qu'elle soit maistresse de Pa-» ris sans moi. » Madame qui avoit impatience de sçavoir à quoi ceste scène se termineroit, entra à ce mot dans le cabinet des livres; et pour vous dire le vrai, j'en eus une grande joie, parce qu'en tout où elle n'estoit pas prévenue, elle avoit le sens droit, quoique son esprit fust assez borné. Monsieur continuant devant elle à me commander de lui dire mon sentiment, je le suppliai de me permettre de le lui mettre par escrit; ce qui estoit toujours le mieux avec lui, parce que sa vivacité faisoit qu'il interrompoit à touts moments le fil de ce qu'on lui disoit. Voici ce que j'ai transcrit sur l'original que j'en ai retrouvé, par un fort grand hasart.

« Je crois que Son Altesse Royale doit sup-» poser pour certain, que la haulteur de la cour » vient moins de la cognoissance qu'elle a de » ses forces, que de la confusion où l'absence » du cardinal et la multitude de ses agents la » met deux ou trois fois le jour : mais comme » une partie de la discussion dont il s'agit pré-» sentement doibt estre fondée sur ce principe, » il n'est pas juste que Monsieur m'en croye » sur ma parole, qui enfin n'est fondée elle-» mesme que sur ce que je crois en avoir veu à » Compiègne, et en quoi par conséquent je puis » me tromper. Je le supplie par ceste raison, » de prendre comme préalable à toutes choses, » la résolution de s'éclaircir sur ce point, et de » pénétrer si ce que je crois avoir veu à Com-» piègne est fondé; c'est-à-dire, pour me mieux » expliquer, s'il est vrai que la cour ait vérita-» blement la haulteur qui m'y a paru, et si » ceste haulteur est l'effet ou de la confusion » que je viens de marquer, ou de la défiance et

» de l'aversion qu'elle ait pour ma personne.
» Son Altesse Royale peut veoir clair en ce
» détail en deux jours, par le canal de M. Dam-
» ville, et par celui de ceux de sa maison, qui
» sont plus agréables que moi à la reine. Si j'ai
» veu faux, il ne me paroit rien de nouveau
» qui la doibve empescher de pousser sa pointe,
» et de travailler à la paix comme elle l'avoit
» résolu, en se servant des gents qui seront
» escoutés à la cour plus favorablement que
» moi. Si je ne me suis pas trompé dans ma
» conjecture, il s'agit de délibérer si Monsieur
» doibt changer de pensées, ne plus songer à
» s'accommoder, et faire la guerre tout de bon,
» au risque de tout ce qui en peut arriver, ou
» se sacrifier lui-mesme au repos de l'estat et à
» la tranquillité publique. Ceux à qui il com-
» mande de lui dire leurs sentiments sur ceste
» matière sont fort embarrassés, parce qu'il n'y
» va rien moins pour eux que de passer ou
» pour des factieux qui veulent éterniser la
» guerre civile, ou pour des traistres qui ven-
» dent leur patrie, ou pour des idiots qui trai-
» tent dans le cabinet les affaires d'estat,
» comme ils traiteroient en Sorbonne des cas
» de conscience; et le malheur est que ce ne
» sera pas leur bonne ou mauvaise conduite, ni
» leur bonne ou mauvaise intention, qui leur
» donneront ou qui les défendront de ces titres.
» Ce sera la fortune, ou mesme la propre con-
» duite de leurs ennemis. Ceste observation ne
» m'empeschera pas de parler à Son Altesse
» Royale en ceste occasion avec la mesme li-
» berté que je me sentirois, si je n'y mettois
» rien du mien, dans une conjoncture où je suis
» asseuré que l'on ne peut rien dire qui ne soit
» mal, par la mesme raison qui fait que l'on n'y
» peut rien faire qui soit bien. Monsieur n'a, ce
» me semble, que deux partis à prendre, comme
» je viens de dire, supposé que la cour soit dans
» la disposition où je la crois; qui sont, ou de
» plier à tout ce qu'elle voudra, et de consen-
» tir qu'elle se restablisse dans Paris par elle-
» mesme, sans lui en avoir aucune obligation,
» et sans en avoir donné aucune seureté au pu-
» blic; ou de s'y opposer avec vigueur et avec
» fermeté, et de l'obliger, par une forte et grande
» résistance, à entrer en traité, et à pacifier
» l'estat par les mesmes moyens que l'on a tous-
» jours cherché à la fin des guerres civiles. Si
» le respect que je doibs à Son Altesse Royale
» me permettoit de me compter seulement pour
» un zéro dans une aussi grande affaire que
» celle-ci, je prendrois la liberté de lui dire
» que le premier parti me seroit bon, parce
» qu'il me conduiroit, au travers à la vérité de
» quelques murmures qui s'eslèveroient contre
» moi dans les commencements, au poste que
» je suis persuadé ne m'estre pas mauvais. Les
» Frondeurs diroient d'abord que mes conseils
» auroient esté foibles; les pacifiques, dont le
» nombre est tousjours le plus grand dans la fin
» des guerres civiles, diroient qu'ils sont sages,
» et d'un homme de bien. Je serois sur le tout
» cardinal et archevesque de Paris; relégué, si
» vous voules, à Rome; mais relégué pour un
» temps, et pour ce temps-là mesme dans les plus
» grands emplois. Les politiques se joindroient,
» par l'événement, aux pacifiques; le feu con-
» tre le Mazarin seroit ou éteint ou assoupi par
» son restablissement; les murmures qui se se-
» roient eslevés contre moi seroient oubliés, ou
» l'on ne s'en souviendroit que pour faire dire
» encore davantage que je suis un habile et un
» galant homme, qui me serois tiré fort adroi-
» tement d'un très-meschant pas. Voilà comme
» se traite dans les esprits des hommes la répu-
» tation des particuliers. Il n'en va pas ainsi de
» celle des grands princes, parce que leur nais-
» sance et leur eslévation estant tousjours plus
» que suffisantes pour tirer leurs personnes et
» leurs fortunes du naufrage, ils n'en peuvent
» jamais sauver leur réputation par les mesmes
» excuses qui en préservent les subalternes.
» Quand Monsieur aura laissé transférer le par-
» lement, interdire l'Hostel-de-Ville, enlever
» les chaisnes de Paris, exiler la moitié des
» compagnies souveraines, l'on ne dira pas:
» Qu'eust-il fait pour l'empescher? Il se fust
» peut-être perdu lui-mesme; l'on dira: Il ne
» tenoit qu'à lui de l'empescher; ce n'estoit pas
» une affaire; il n'avoit qu'à le vouloir. L'on
» m'objectera, par la mesme raison, que quand
» il aura fait la paix, quand il sera retiré à
» Blois, quand le cardinal Mazarin sera res-
» tabli; l'on m'objectera, dis-je, que l'on fera
» les mesmes discours: mais je soubtiens que
» la différence y sera très-grande, et toute en-
» tière; en ce que Monsieur peut ne pas prévoir,
» au moins à l'esgard des peuples, ce resta-
» blissement du Mazarin, et ne peut pas ne
» point veoir comme présent dès à ceste heure,
» ceste punition de Paris, qui, s'il ne s'y op-
» pose, arrivera peut-estre dès demain. J'ap-
» préhende pour le gros de l'estat le restablis-
» sement de M. le cardinal Mazarin: il ne me
» feroit pas de peine, au moins pour le présent,
» pour Paris. Ce n'est ni son humeur ni son
» intérêt de le chastier; et s'il estoit à la cour
» à l'heure qu'il est, je craindrois moins pour
» la ville que je ne crains. Ce qui me fait trem-
» bler pour elle, est l'aigreur naturelle de la

» reine, la violence de Servien, la dureté du » Tellier, l'emportement d'un abbé Fouquet, » la folie d'Ondedéï. Tout ce que ces gens-là » conseilleront dans les premiers mouvements » d'une réduction, tout ce qu'ils exécuteront, » sera sur le compte de Monsieur, et de Mon- » sieur qui sera encore ou dans Paris ou à la » porte de Paris : au lieu que tout ce qui arri- » veroit après qu'il auroit fait un traité raison- » nable, et qu'il auroit pris toutes les seuretés » convenables à une affaire de ceste nature, de » concert mesme avec le parlement et avec les » autres corps de la ville, et après qu'ensuite » il se seroit retiré à Blois; au lieu, dis-je, que » tout ce qui arriveroit après cela, je dis tout, » sans excepter mesme le retour du cardinal, » seroit purement sur le compte de la cour, à » la descharge et à l'honneur mesme de Mon- » sieur. Voilà mes pensées touchant le premier » parti; voici mes réflexions sur le second, qui » est celui de continuer ou plustost de renou- » veler la guerre.

» Monsieur ne le peut plus faire, à mon sens, » qu'en retenant auprès de lui M. le prince. La » cour a gagné beaucoup de terrain dans les » provinces, particulièrement où l'ardeur des » parlements est beaucoup attiédie. Paris mesme » n'est pas, à beaucoup près, comme il estoit; » et quoiqu'il s'en faille beaucoup qu'il ne soit » aussi comme on le veult persuader à la cour, » il est constant qu'il est nécessaire de le soubs- » tenir, et que les moments mesme commencent » à y devenir précieux. La personne de M. le » prince n'y est pas aimée : sa valeur, sa nais- » sance, ses troupes y sont tousjours d'un très- » grand poids. Enfin je suis persuadé que si » Monsieur prend le second parti, le premier » pas qu'il doibt faire est de s'asseurer de M. son » cousin; le second, à mon advis, est de s'ex- » pliquer publiquement, sans délai, et dans le » parlement et dans l'Hostel-de-Ville, de ses » intentions et des raisons qu'il a de les avoir; » d'y faire mention des advances qu'il a faites » par moi à la cour, et du dessein formé qu'elle » a de rentrer à Paris sans donner aucune seu- » reté, ni aux compagnies souveraines ni à la » ville; et de la résolution que, lui, Monsieur, a » prise de s'y opposer de toute sa force, et de » traiter comme ennemis touts ceux qui, direc- » tement ou indirectement, auront le moindre » commerce avec elle. Le troisième pas, à mon » opinion, est d'exécuter avec vigueur ces dé- » clarations, et de faire la guerre comme si l'on » ne debvoit jamais penser à faire la paix. Le » pouvoir que Son Altesse Royale a dans le » peuple me fait croire, mesme sans en doub- » ter, que tout ce que je viens de proposer est » possible : mais j'adjouste qu'il ne le sera plus » dès qu'elle n'y employera pas toute son auto- » torité, parce que les démarches contraires » qu'elle a laissé faire vers la cour ont rendu » plus difficiles celles qui lui sont présentement » nécessaires. C'est à elle à considérer ce qu'elle » peut attendre de M. le prince, ce qu'elle en » doibt craindre, jusqu'où elle veult aller avec » les estrangers, où elle s'en veult tenir avec le » parlement, ce qu'elle veult résoudre avec » l'Hostel-de-Ville : car à moins que de se fixer » sur touts ces points, d'y prendre des résolu- » tions certaines, de ne s'en départir point, et » de se résoudre à ne plus garder ces tempéra- » ments qui prétendent l'impossible, en pré- » tendant de concilier les contradictoires, Mon- » sieur retombera dans touts les inconvénients » où il s'est veu, et qui seront sans comparaison » plus dangereux que par le passé, en ce que » l'estat où sont les choses fait qu'ils seront » décisifs. Il ne m'appartient pas de décider sur » une matière de ceste conséquence; c'est à » Monsieur à résoudre : *Sola mihi obsequio* » *gloria relicta est.* »

Voilà ce que j'escrivis à la haste, et presque d'un trait de plume, sur la table du cabinet des livres du Luxembourg. Monsieur le lut avec application. Il le porta à Madame : l'on raisonna sur le fond tout le soir, l'on ne conclut rien, Monsieur balançant tousjours et ne choisissant point.

Au retour de ceste conférence, je trouvai M. de Caumartin cheux M. le président de Bellièvre, qui s'estoit fait porter, à cause d'une fluxion qu'il avoit sur l'œil, dans une maison du fauxbourg Saint-Michel. Je lui rapportai le précis du raisonnement que vous venes de veoir. Il m'en gronda, en me disant ces propres paroles : « Je ne sçais à quoi vous penses : car vous vous » exposes à la haine des deux partis, en disant » trop la vérité de touts les deux. » Et je lui respondis ces propres mots : « Je sçais bien que je » manque à la politique, mais je satisfais à la » morale; et j'estime plus l'une que l'autre. » Le président de Bellièvre prit la parole et dit : « Je » ne suis pas de vostre sentiment, mesme selon » la politique. M. le cardinal joue le droit du » jeu, en l'estat où sont les affaires. Elles sont » si incertaines, et particulièrement avec Mon- » sieur, qu'un homme sage n'en peut prendre » sur soi la décision. »

Monsieur m'envoya quérir deux heures après cheux madame de Pommereu, et je trouvai à la porte du Luxembourg un page qui me dit de sa part que je l'allasse attendre dans la chambre de Madame. Il n'avoit pas voulu que je l'allasse interrompre dans le cabinet des livres, parce qu'il y estoit enfermé avec Goulas, qu'il questionnoit sur le subjet que vous alles voir. Il vint quelques temps après cheux Madame, et me dit d'abord : « Vous m'aves tantost dit que » le premier pas qu'il falloit que je fisse, en cas » que je me résolusse à la continuation de la » guerre, seroit de m'asseurer de M. le prince : » comment diable le puis-je faire? — Vous sça- » ves, Monsieur (lui respondis-je), que je ne » suis pas avec lui en estat de vous respondre » sur cela ; c'est à Vostre Altesse Royale à sça- » voir ce qu'elle y peut et ce qu'elle n'y peut » pas. — Comment voules-vous que je le sache » (reprit-il), Chavigny a un traité presque con- » clu avec l'abbé Fouquet? Vous souvient-il de » l'advis que madame de Choisy me donna der- » nièrement asses en général? J'en viens d'ap- » prendre tout le détail. M. le prince jure qu'il » n'est point de tout cela, et que Chavigny est » un traistre : mais qui le sçait? »

Ce détail estoit que Chavigny traitoit avec l'abbé Fouquet, et qu'il promettoit à la cour de faire touts ses efforts pour obliger M. le prince à s'accommoder à des conditions raisonnables avec le cardinal Mazarin. Une lettre de l'abbé Fouquet à M. Le Tellier, qui fut prise par un parti allemand, et qui fut apportée à Tavannes, justifioit pleinement M. le prince de ceste négotiation; car elle portoit en termes formels, qu'en cas que M. le prince ne se voulust pas mettre à la raison, lui, M. de Chavigny, s'engageoit envers la reine à ne rien oublier pour le brouiller avec Monsieur.

M. le prince, qui eut en main l'original de ceste lettre, s'emporta contre lui au dernier point ; il le traita de perfide en parlant à lui-mesme. M. de Chavigny, outré de ce traitement, se mit au lit, et il n'en releva pas. M. de Bagnols, qui estoit de ses amis et des miens, me vint prier de l'aller veoir. Je le trouvai sans cognoissance, et je rendis à sa famille tout ce que j'aurois souhaité de rendre à sa personne. Je me souviens que madame Du Plessis-Guénégault estoit dans sa chambre, où il expira deux ou trois jours après.

M. de Guise (1) revint presque en mesme temps de sa prison d'Espagne ; et il me fit l'honneur de me venir veoir dès le lendemain qu'il fut arrivé. Je le suppliai de se modérer, à ma considération, dans les plaintes très-aigres qu'il faisoit contre M. de Fontenay, qu'il prétendoit avoir mal vécu avec lui à l'esgard des révolutions de Naples, dans le temps de son ambassade de Rome ; et il défera à mon instance, avec une honnesteté digne d'un si grand nom.

J'avois aussi tousjours réservé à traiter en ce lieu de l'affaire de Brissach, que j'ai touché dans le second volume de ceste histoire ; parce que ce fut à peu près le temps où M. le comte d'Harcourt quitta l'armée et le service du roi, pour se jetter dans ceste importante affaire. Mais comme je n'ai pu retrouver le mémoire très-beau et très-fidèle que j'en avois (2), escrit de la

(1) Henri de Lorraine, second du nom, fils de Charles de Lorraine, né en 1614. Il alla au secours des rebelles de Naples en 1647. Les Espagnols le prirent prisonnier en cette occasion, et le relâchèrent en 1652. Il fit une seconde expédition à Naples en 1654, et mourut en 1664.
(A. E.)

(2) Nous avons trouvé une pièce historique qui suppléera en quelque sorte à cette lacune signalée ici par le cardinal de Retz, et qui pourra remplacer *le mémoire* qu'il a égaré : on y trouvera en détail toutes les intrigues de la maréchale de Guébriant. Nous avons cru devoir insérer cette pièce, quoique assez étendue, car c'est remplir les intentions du cardinal que de compléter son récit.

Manifeste du sieur de Charlevoys sur sa détention à Philisbourg, et sur son retour à Brissach.

« Le sieur de Charlevoys, lieutenant du roy et commandant dans Brizac, ayant esté arresté par ordre de Sa Majesté, comme s'il avoit manqué à l'obéissance et à la fidélité qu'il lui doit, est obligé, pour son honneur et réputation, de faire connoistre son innocence et sa probité, et les fourberies et perfidies dont on a usé pour le trahir ; ne pouvant douter d'ailleurs que l'on ne l'ayt noircy de calomnies et d'impostures pour faire expédier ledit ordre du roy, le conseil duquel ne peut commettre d'injustice, et a toujours esté le protecteur des gens d'honneur et de service comme ledit sieur de Charlevoys.

» Lequel après avoir servi dans les armées de Sa Majesté durant plus de trente ans et donné des preuves de sa valeur et de sa fidélité en une infinité d'occasions, où il a reçu quantité de blessures dont il est demeuré estropié, enfin Sa dite Majesté ayant considéré sa longue expérience et son affection à son service, l'auroit honoré de ladite charge de lieutenant-général dans Brizac, sous M. d'Erlac, gouverneur de ladite place, qui a rendu jusques à sa mort tous les tesmoignages qui estoient dus aux zèle, vigilance et conduite avec lesquelles ledit sieur de Charlevoys avoit toujours maintenu avec luy l'authorité du roy dans le gouvernement de Brizac et dans toute l'Alsace ; et travaillant tous les jours et nuit pour conserver et réparer les fortifications de ladite place, comme aussi employé tout son bien pour conserver son régiment sur le mesme pied de neuf cents hommes, qu'il a esté levé pour la défense de ladite place et sans avoir jamais depuis huit ans reçu ung sol du roy pour ses recrues.

» Après la mort de M. d'Erlac, ledit sieur de Charlevoys ayant employé des soins incroyables pour asseurer entièrement Brizac au roy, aussitost madame la maréchale de Guébriant se voulut prévaloir, pour son intérest particulier, du respect et de l'affection que ledit sieur de Charlevoys a tousjours conservé pour la mémoire de M. le mareschal de Guébriant, lequel ayant esté tesmoing des plus considérables services dudit sieur de Charlevoys, rendus soubs luy, les avoit aussy fait valoir quoiqu'il n'ait esté pourveu de sa charge qu'après la mort dudit sieur mareschal, et pour cet effet

main d'un officier de la garnison, qui avoit du sens et de la candeur, j'aime mieux en passer elle envoya le sieur de Rotrou, son secrétaire, audit sieur de Charlevoys pour le persuader à ne point recevoir de gouverneur ou à la demander elle pour avoir le gouvernement de Brizac.

» Mais comme Sa Majesté ne voulut pas le donner à ladite dame ni aux siens, M. de Celladot en fut pourveu et receu ensuite de M. de Charlevoys (nonobstant toutes les instances de ladite dame pour l'en empescher), à condition qu'il le laisseroit toujours dans la mesme considération qu'il avoit esté du vivant de feu M. d'Erlac, c'est-à-dire que son régiment feroit la moitié de la garnison comme cy-devant, ce qui agréa aussi à la cour et fut confirmé mesme par une lettre de cachet de Sa Majesté, que ledit sieur de Charlevoys a encore ès mains. Mais M. de Celladot fit aussitost ensuite paroistre le but de sa visite qu'on avoit assez dit audit sieur de Charlevoys estre de le réduire au petit pied, ou le contraindre à se défaire de sa charge tout-à-fait : car il ne fut pas trois mois dans cette place qu'il luy destacha d'affection trois capitaines de son régiment, et voulut par cette prise, qu'il croyoit avoir sur luy et par le crédit de M. Le Tellier, son beau-frère, réformer ung tiers de son régiment, à savoir de neuf cents hommes qu'il est à six cents, pour, avec ces trois cents hommes retranchés, commencer à en faire ung pour luy d'ung tiers plus fort que celuy qu'il vouloit laisser audit sieur de Charlevoys, qui, voyant qu'on le vouloit mettre hors de toute sorte de considération et manquer à tout ce qu'on luy avoit sy solennellement promis, se précautionna pour se maintenir aux conditions sous lesquelles il avoit receu M. de Celladot gouverneur; qui luy donna ensuite tant d'autres subjets de méfiance, que ledit sieur de Celladot croyant que, pour avoir trop fait connoitre et trop esclater sa mauvaise intention et le dessein qu'il avoit de destruire ledit sieur de Charlevoys ou l'obliger à se défaire de sa charge, il ne luy en restât quelque ressentiment, quoique de son costé il n'eust rien relasché du respect qu'un lieutenant du roy doibt à son gouverneur, se retira : de quoy la cour ne tesmoigna pas estre mal satisfaite.

» Cette sortye de M. de Celladot ouvrit de nouveau l'accès aux vieux prétendants au gouvernement; et mesme avant que ledit sieur en fust dehors, le roy envoya le sieur Millet, gentilhomme de M. le cardinal, présentement sous-gouverneur de monseigneur le duc d'Anjou, vers ledit sieur de Charlevoys, qui luy fit des offres très-avantageuses pour l'obliger à se défaire de sa charge; à quoy il se fust porté, s'il n'y eust esté empesché par de nouvelles sollicitations de ladite dame, qui auroit envoyé en mesme temps ledit sieur de Rotrou, son secrétaire, pour l'en dissuader, et lui représenter que son véritable intérêt estoit de conserver ladite charge, luy faisant la sortie périlleuse de tous costés pour luy et les siens, pour les soupçons qu'il luy donnoit, et recommença en mesme temps sa première batterie; et ayant dissuadé par toutes sortes de moyens ledit Charlevoys de traitter comme il vouloit faire de sadite charge, il sceut user si puissamment, et abuser si tyranniquement de la déférence et de l'affection extresme que ledit sieur de Charlevoys a tousjours eu pour les intérests de la maison de ladite dame, qu'il l'engagea à luy donner parole qu'il ne se déferoit point de sa charge qu'elle ou l'ung des siens n'ait esté pourveu du gouvernement de Brizac, lequel elle projetoit de rendre entre les mains de M. le cardinal, après que ledit sieur de Charlevoys auroit traitté de sa charge avec elle; à

le détail soubs silence, et me contenter de vous dire que le bon génie de la France défendit et quoy S. E., qui la connoissoit mieux que ledit sieur de Charlevoys, ne s'estant pas voulu confier, ladite dame fut premièrement renvoyée audit sieur de Charlevoys pour le convier à traitter de sa charge : de quoy elle le dissuada elle-mesme, et le fit persister à la demander pour gouvernante; mais cette qualité qu'elle alla solliciter ne luy ayant pas esté accordée, elle fut envoyée avec ung ordre simple pour estre receue dans Brizac, soubs prétexte de quelque autre négociation, quoique ladite dame lors de son départ luy eust donné advis qu'elle estoit pourveue dudit gouvernement, et qu'elle n'alloit que pour en prendre possession; au moyen de quoy ledit sieur de Charlevoys luy rendit à son ordinaire toute sorte de respect et de déférence; mais se voyant surpris et ladite dame s'excusant sur ce que l'on luy avoit promis les provisions, et qu'elle les attendoit de jour à autre, il escrivit encore avec elle en cour pour les demander en sa faveur, à laquelle enfin on ne voulut accorder qu'une commission de commandante, nonobstant ses nouvelles instances. Ainsi ladite dame voyant ne pouvoir obtenir ledit gouvernement, prit résolution de se faire recevoir en qualité de commandante ; mais comme elle avoit obligé ledit sieur de Charlevoys et tous les autres capitaines de la garnison à dire, et ledit sieur de Charlevoys à escrire, qu'il ne pouvoit avec honneur obéir à une commandante, pendant que les provisions de M. de Celladot subsisteroient, il la pria d'escrire de nouveau pour en avoir les provisions, ou qu'on luy donnast le temps de disposer des capitaines de son régiment pour leur faire trouver bon qu'il traitast de sa charge, comme il feroit infailliblement tout aussitost qu'il le pourroit faire, sans préjudicier aux officiers de son régiment, ausquels, par la persécution de ladite dame, il avoit donné parole qu'il ne traiteroit sans eux et sans la conservation de leurs intérests; et le sieur de Siron estant venu en ce temps-là de la part de M. le cardinal, et ayant donné audit sieur de Charlevoys des asseurances de la part du roy et de S. E. d'une entière satisfaction de ses services et de sa conduite, et d'une protection singulière pour sa personne, approuva les sentiments dudit sieur de Charlevoys, conformément ausquels il escrivit en cour.

» Mais ladite dame voyant que cette résolution l'alloit exclure dudit gouvernement, et faire voir à la cour qu'elle avoit depuis un long temps abusé de l'authorité et des ordres du roy pour son intérest particulier, prit résolution de ruyner ledit sieur de Charlevoys d'honneur et de biens pour se réserver le commandement de ladite place, suivant la commission de commandante qu'elle avoit, avant que le roy la pust révoquer, comme il auroit fait, sans ce que ledit sieur de Charlevoys offroit de traitter de sa charge; et pour cet effet ayant escrit en cour, et ensuite persuadé ledit sieur Siron que ledit sieur de Charlevoys n'avoit autre desseing que de tromper et de demeurer tousjours maistre de Brizac, elle cabala dans cette garnison, et fit ses efforts par argent et belles paroles pour suborner les officiers et soldats allemands qui composoient le tiers de la garnison; et voyant pencher quelques-uns des principaux à la recognoistre pour commandante, suivant sa dite commission, elle avoit une si grande ardeur de s'en prévaloir qu'elle ne donna pas le loisir de revenir, à un capitaine que le sieur de Charlevoys envoya au roy l'asseurer d'une fidélité entière et d'une soumission aveugle à toutes ses volontés; et de peur que S. E. ne prist une confiance telle qu'elle devoit légitimement prendre au

sauva les fleurs de lys dans ce poste fameux et procédé sincère dudit sieur de Charlevoys, sans que cela parust partir de l'entremise de ladite dame, qui s'estoit trop engagée vers S. E., pour penser par là avoir le payement de quatre cent mille livres qu'elle a dans les prestz du roy, elle porta ledit sieur Siron à exécuter ung ordre qu'elle avoit fait venir pour arrester ledit sieur de Charlevoys, sur les impositions et impostures avec lesquelles elle le trahissoit à la cour, faisant croire qu'il vouloit mettre la place entre les mains des ennemis de l'estat, lorsqu'il sacrifioit ses intérests pour ceux de ladite dame. L'exécution dudit ordre n'estoit pas malaisée dans la confiance tout entière que ledit sieur de Charlevoys avoit en elle, et qu'il avoit prise audit Siron sur les lettres du roy et de M. le cardinal, pleines d'estime et de reconnoissance pour les services qu'il luy avoit rendus. Elle le fit engager en une promenade hors de Brizac, et ledit sieur Siron, aveuglé aussi bien qu'elle de la passion qu'il avoit d'avoir la charge dudit sieur de Charlevoys soubs ladite dame, qui luy estoit promise, il attira des gens à sa dévotion à la campagne, où il enleva ledit sieur de Charlevoys sans résistance et le conduisit à Philisbourg sans empeschement, ce qui fut un bonheur pour luy, car l'humeur de tigresse, la rage et la résolution que ladite dame avoit prise de perdre ledit sieur de Charlevoys, avoit tellement emporté le dessus en elle, qu'elle avoit fait achepter deux poignards à Langres, en avoit donné ung, le jour qu'elle le fist arrester, à Siron, et l'autre à un nommé Defin, son gentilhomme, pour poignarder ledit sieur de Charlevoys, en cas qu'il y eust obstacle à l'arrester, ou que ses amis le voulussent secourir par les chemins. Tout ce que dessus est une vérité toute pure que l'on peut prouver par bons témoings et personnes de croyance, qui ont veu lesdits poignards, et entendu du dit Siron mesme le commandement barbare qu'elle lui avoit faict de s'en servir au moindre besoing qu'il en seroit.

» Cependant la dite dame croyant que sa perfidie passeroit pour une simple exécution de l'ordre du roy, et que les officiers du régiment dudit sieur de Charlevoys n'auroient pas assez de vigueur et de générosité pour se ressentir de l'affront qui estoit fait à leur commandant et à eux-mesmes, se trouva bieng loin de ce qu'elle avoit attendu, quand elle vit que son régiment, depuis le premier officier jusques au dernier soldat, se résolut de la chasser comme une perfide et une ingratte envers leur maistre-de-camp, et comme une infidelle au service du roy, exposant par son ambition déréglée une place de si grande importance à estre perdue pour le roy par une sédition et par le désespoir où elle portoit les affaires de ladite garnison, de laquelle néanmoins les officiers considerant à leur ordinaire et à l'exemple de leur commandant le bien du service de Sa Majesté, et préférablement à tous autres intérests, employèrent tous leurs soings et tout leur crédit à maintenir les soldats dans l'obéissance pour conserver ladite place à Sa Majesté.

» Cela n'empescha pas ladite dame et ledit Siron de tenir une conduite toute contraire, faisant des pratiques continuelles pour suborner les officiers de Brizac, et gaigner par argent et par promesses les sergents et soldats de la place pour exciter une sédition d'autant plus à craindre que la misère de la garnison est grande, l'absence du commandant trop longue, et les Lorrains à quatre heures de chemin; et par ce moyen ils exposèrent en proye la plus importante place du royaume, dont les soldats se pouvant rendre les maistres l'auroient livrée au plus offrant, et par ainsi elle seroit important, en dépit de toutes les imprudences tombée entre les mains des Impériaux ou des Espagnols, qui ont offert des sommes immenses pour la ravoir, sans parler des propositions qui ont esté faites de plusieurs autres lieux pour empescher que ladite place ne tombast entre les mains du cardinal.

» Le danger et le péril éminens où ladite dame jetoit cette place sy importante au roy et à son estat, par ses dangereuses et malheureuses pratiques, obligea les officiers d'y pourvoir; et ne voyant plus qu'un moyen de la conserver, qui est en y renvoyant ledit sieur de Charlevoys, qui seul peut maintenir et retenir les soldats dans l'obéissance et dans l'ordre, par l'affection qu'ils ont pour luy, escrivirent une très-pressante lettre à M. le comte de Cerny, gouverneur de Philisbourg, pour le conjurer, pour le bien du service du roy dans la conservation de Brizac, d'y renvoyer promptement ledit sieur de Charlevoys, protestant à faute de ce, de se décharger sur luy de la perte inévitable de ladite place, n'y ayant plus que la présence dudit sieur de Charlevoys qui la pust asseurer, et firent cognoistre audit sieur comte de Cerny les sollicitations très-pressantes qu'ils recevoient de tous costés pour prendre argent pour maintenir Brizac, et protection pour asseurer la personne de M. de Charlevoys: en quoy ledit sieur comte de Cerny leur respondist et fit escrire ledit sieur de Charlevoys pour les exhorter à la continuation de leur affection et fidélité pour le service du roy, les asseura qu'il ne mésarriveroit point audit sieur de Charlevoys, et que la cour luy donneroit et à eux satisfaction pour leurs services et feroit payer la garnison.

» Lesdits officiers firent tous efforts pour remettre les altérations de ladite garnison, faisant valoir de tout leur pouvoir la lettre et les espérances dudit sieur comte de Cerny. Mais voyant enfin que toute la garnison estoit résolue de ravoir ledit sieur Charlevoys, et que les soldats menaçoyent hautement de secouer l'obéissance s'ils ne revoyoient leur commandant, disant que leurs officiers les trahissoient et en vouloient recevoir ung autre, et les faire périr dans leurs misères, ils renvoyèrent vers le sieur comte de Cerny pour luy faire voir qu'ils estoient réduits à la dernière extrémité, et que s'il ne leur remettoit ledit sieur de Charlevoys, ils ne pouvoient plus esviter de voir perdre Brizac pour le roy; soit que les soldats s'en rendissent les maistres, et que les officiers fussent contraints par la misère extresme de la garnison de recevoir de l'argent de plusieurs lieux d'où il leur en estoit offert, avec asseurance pour la personne dudit sieur de Charlevoys, et la conservation de ses intérests et des leurs.

» Ces extrémités réduisirent M. le comte de Cerny à prendre résolution de s'aller jeter dans Brizac pour tascher d'appaiser les mouvements des soldats, excités par la crainte qu'ils avoient pour la personne dudit sieur de Charlevoys, et les porter avec tous les officiers, à la continuation de leurs services et de leur obéissance pour Sa Majesté, en attendant le retour des courriers qu'il avoit despechez en cour pour y représenter les suites importantes de la détention dudit sieur de Charlevoys.

» Ledit sieur comte esprouva d'abord dans Brizac l'effet des choses que lesdits officiers de ladite place luy avoient représentées, et la nécessité qu'il y avoit d'y remédier promptement, lesdits officiers ayant découvert une conjuration tramée par quelques sergents et soldats de la garnison gaignés par les pratiques de ladite dame, qui avoit fait promettre grande rescompense à un sergent, pourvu qu'il vint à bout de son desseing,

du cardinal, et de toutes les infidélités de madame de Guébriant (1), par la bonne intention lequel conjointement avec les soldats (comme ceux que l'on a fait mourir pour le subject l'ont déposé), avoit résolu d'exciter une sédition, tuer les officiers, mettre Brizac au pillage, et de le délivrer ensuite au plus offrant, qui eust esté sans doute l'empereur, quoique d'autre part il y eust de notables sommes à Basle pour délivrer à ladite garnison si les officiers vouloient recevoir d'autres ordres que ceux du roy, et ledit sieur comte fut tesmoing du chastiment qui fut faict des autheurs de cette conjuration, dont quatre furent pendus. Après laquelle ne pouvant plus avoir de subject de douter du danger pressant auquel Brizac estoit exposé, et n'y ayant pas du tout moyen d'apaiser les altérations et menaces continuelles des soldats, que par la présence dudit sieur de Charlevoys, M. le comte de Cerny fut pressé au dernier point par raisons et par menaces, de la part des officiers et soldats de ladite place, de donner ordre à ce que ledit sieur de Charlevoys fust relasché et renvoyé. A quoy ne se pouvant résoudre sans avoir response de la cour, quoyque les dits officiers et toute la garnison se soumissent moyennant le renvoy dudit sieur de Charlevoys à recevoir les ordres et le commandement de monseigneur le comte d'Harcourt, voulant prendre confiance en luy, comme l'un des plus fidèles serviteurs du roy et plus affectionnés à l'estat, le conjurant de ne pas les porter au désespoir, et ne pas exposer plus long-temps Brizac à une perte évidente, qui seroit suivie indubitablement de celle de l'Alsace et de Philisbourg, dont l'une estoit la récompense des services de mondit seigneur comte d'Harcourt, et l'autre l'employ d'une partie de son bien; et que ledit sieur comte de Cerny, s'estant particulièrement attaché aux intérests de mondit seigneur, ces considérations devoient absolument porter à donner les mains au renvoy dudit sieur de Charlevoys. Mais toutes ces puissantes raisons n'ayant pu exiger dudit sieur comte de Cerny un ordre pour son eslargissement, lesdits officiers se résolurent d'envoyer à M. le marquis d'Arson son fils, commandant Philisbourg en l'absence de M. son père, pour lui faire voir la perte inévitable de Brizac, et par conséquent de l'Alsace et de Philisbourg, et qu'il feroit suivre celle de M. son père, que l'on ne pourroit garantir de la rage des soldats s'il ne renvoyoit ledit sieur de Charlevoys, qui estoit en son pouvoir; et luy firent voir si évidemment toutes les importantes conséquences, qu'ils exigèrent enfin de son zèle et fidélité pour le service du roy, de son affection pour les intérests de monseigneur le comte d'Harcourt et de son naturel pour la conservation de M. son père, que ledit sieur de Charlevoys fut renvoyé à Brizac, ayant près de luy asseurance de sa fidélité pour la continuation de ses services et de son obéissance au roy, ainsi qu'il l'avoit eue de la part des officiers de Brizac de fermeté qu'ils promettoient pour le service de Sa Majesté.

» L'arrivée dudit sieur de Charlevoys a tellement raffermi le service du roy dans ladite place, qu'il ne se peut rien ajouter au zèle que tous les officiers et soldats tesmoignent pour vivre et mourir fidèles à Sa Majesté, soubs la protection de monseigneur le comte d'Harcourt; disans ne pouvoir prendre croyance dans ce temps à aucun autre, et personne ne pouvant désapprouver leur choix, puisque toute l'Europe cognoist la fidélité de ce prince pour le service de Sa Majesté, et que ledit sieur de Charlevoys et sesdits officiers ne peuvent se confier à M. le cardinal Mazarin tant pour estre chargé de la haine publique en France qu'ils attireroient par là aussy de Charlevoix, et par les incertitudes du comte d'Harcourt. Je reprends le fil de mon discours.

sur eux, que parce que le sieur Siron envoyé de sa part les a trahis et trompés en mesme temps qu'il leur promettoit la protection du roy et l'amitié dudit sieur cardinal.

» Cependant madame la mareschale de Guébriant recognoissant ne pouvoir plus rendre ledit sieur de Charlevoys réconciliable, après de si grands et justes subjects qu'il a de la croire son ennemie mortelle, et de se ressentir de ses perfidies, et voyant que les asseurances qu'elle a données de sa fidélité à M. le cardinal ont obtenu de S. E. promesse du gouvernement de Brizac pour M. le comte de Moret, nepveu de ladite dame, s'il peut contraindre ledit sieur de Charlevoys et les officiers de son régiment à luy remettre la dite place, continua par ses impostures et calomnyes à la cour, d'en obtenir des ordres sur lesquels elle retient dans l'Alsace des troupes de cavallerie que S. E. avoit fait lever dans les estats du duc de Brandebourg, et a fait donner commission au sieur Roze pour commander lesdites troupes et en lever de nouvelles dans le pays; lequel elle a fait mettre à contribution afin d'achever de le ruyner après le long logement de l'armée lorraine : en sorte que ladite province estant par ce moyen dans la dernière désolation, et Brizac voyant ruyner entièrement le pays duquel cette place tire sa principale subsistance, ladite mareschale porte les affaires du roy en Alsace dans une extrémité si grande, que tous les soings particulier dudit sieur de Charlevoys, et mesme de M. le comte de Cerny qui se sacrifie pour le service de Sa Majesté audit Brizac, il ne faudroit plus faire estat de la conqueste de Sa Majesté en Allemagne, qui a cousté tant de sang et de si immenses sommes d'argent à la France; ledit sieur de Charlevoys estant obligé pour sa défense et son honneur de faire voir par cet escript, la netteté de sa conduite et la continuation de sa fidélité inviolable pour le service du roy, dans lequel il a vieilly sans aucun reproche, n'en peut non plus recevoir dans cette affaire, puisqu'au lieu du chastiment qu'il meriteroit si les impostures de madame de Guébriant estoient vrayes, on luy a offert à la cour rescompense en argent et d'autres gouvernements mesme pendant sa prison et dans un estat auquel il sembloit estre obligé de tout perdre, espère que Sa Majesté recognoissant le zèle et la passion qu'il a pour son service, et les dangereux effets de l'ambition et de l'aveuglement de ladite dame de Guébriant, la fera retirer d'ung pays où son séjour ne peut continuer sans en attirer la perte indubitable, que Sa Majesté donnera à la garnison de Brizac les moyens de subsister dans ce service et tesmoignera audit sieur de Charlevoys et à tous ceux qui comme luy ont fidellement servy et souffert si injustement de si grandes persécutions, le gré qu'elle leur sçait de la ferme résolution à servir et faire servir Sa dite Majesté sans prester jamais l'oreille à aucune proposition contraire au bien de ses affaires, envers laquelle il espère aussy que ses plus fidèles serviteurs s'employeront à faire connoistre son zèle, ses bonnes intentions, et à ne plus souffrir que tant de gens de bien périssent avec luy et soient contraints de laisser perdre la plus glorieuse et importante conqueste que Sa Majesté aye faite depuis qu'elle est en guerre ouverte. »

(1) Renée Du Bec, maréchale de Guébriant, morte à Périgueux en 1659. (A. E.) Elle était fille du marquis de Vardes, et avait fait rompre son premier mariage pour épouser Jean-Baptiste de Bude, depuis maréchal de Guébriant. Elle fut nommée ambassadrice en Pologne.

L'irrésolution de Monsieur estoit d'une espèce toute particulière. Elle l'empeschoit souvent d'agir, quand mesme il estoit le plus nécessaire d'agir; elle le faisoit quelquefois agir, quand mesme il estoit le plus nécessaire de ne point agir. J'attribue l'un et l'autre à son irrésolution, parce que l'un et l'autre venoit, à ce que j'en ai observé, des vues différentes et opposées qu'il avoit, et qui lui faisoient croire qu'il pouvoit se servir utilement, quoique différemment, de ce qu'il ne faisoit pas, selon les différents partis qu'il prendroit. Il me semble que je m'explique mal, et que vous m'entendres mieux, par l'exposition des faultes que je prétends avoir esté les effets de ceste irrésolution.

Je proposai à Monsieur, le premier ou le second jour de septembre, de travailler de bonne foi à la paix : mais je lui représentai que rien n'estoit plus important que de se tenir couvert au dernier point de ce dessein vers la cour mesme, pour les raisons que vous aves veues ci-devant. Il en convint. Il y eut le 5 une assemblée de l'Hostel-de-Ville, que M. le prince lui-mesme procura, pour faire croire au peuple qu'il n'estoit pas contraire au retour du roi; et le président de Nesmond, au moins à ce que l'on m'a dit depuis, fut celui qui lui persuada que ceste démonstration lui estoit nécessaire. Je ne me suis jamais ressouvenu de lui en parler. Ceste assemblée résolut de faire une députation solemnelle au roi pour le supplier de revenir en sa bonne ville de Paris. Elle n'estoit nullement du compte de Monsieur, qui, ayant résolu de se donner l'honneur et le mérite de celle de l'église, ne debvoit pas souffrir qu'elle fust précédée de celle de la ville, des suites de laquelle d'ailleurs il ne pouvoit pas s'asseurer. Il s'engagea pourtant sans balancer, non pas seulement à la souffrir, mais à y assister lui-mesme. Je ne le sceus que le soir, et je lui en parlai en liberté, comme d'une glissade. Il me respondit : « Ceste députation n'est qu'une chan-
» son : qui ne sçait que l'Hostel-de-Ville ne
» peut rien? M. le prince me l'a demandée; il
» croit que cela lui est bon pour adoucir les es-
» prits aigris par le feu de l'Hostel-de-Ville.
» Mais de plus (voici le mot qui est à remar-
» quer) qui sçait si nous exécuterons la résolu-
» tion que nous avons faite pour la députation
» de l'église? Il fault aller au jour la journée
» en ces diables de temps, et ne pas tant son-
» ger à la cadence. » Ceste response vous explique, ce me semble, mon galimathias. En voici un autre exemple. Le roi ayant refusé, comme vous l'alles veoir, ceste députation de l'Hostel-de-Ville, le bonhomme Broussel, qui eut scrupule de souffrir que son nom fust allégué comme un obstacle à la paix, alla déclarer le 24 à l'Hostel-de-Ville, qu'il se départoit de sa magistrature. Comme j'en fus adverti d'asses bonne heure pour l'empescher de faire ceste démarche, je l'allai dire à Monsieur qui pensa un peu, puis il me dit : « Cela nous seroit bon,
» si la cour avoit bien respondu à nos bonnes
» intentions; mais je conviens que cela ne nous
» vault rien pour le présent. Mais il fault aussi
» que vous conveniez que si elle revient à elle,
» comme il n'est pas possible qu'elle demeure
» toujours dans son aveuglement, nous ne se-
» rions pas faschés que ce bonhomme fust hors
» de là. » Vous voyes en ce discours l'image et l'effet de l'incertitude. Je ne vous rapporte ces deux exemples, que comme des eschantillons d'un long tissu de procédés de ceste nature, desquels Monsieur, qui avoit asseurément beaucoup de lumières, ne pouvoit se corriger. Il fault encore advouer que la cour ne lui donnoit pas lieu, par le profit qu'elle sceut faire de ses faultes, d'y faire beaucoup de réflexion (faulte de ne pas sçavoir profiter de ses faultes). La fortune toute seule les tourna à son advantage, et si Monsieur et M. le prince se fussent servis, comme ils eussent peu, du refus qu'elle fit de recevoir la députation de l'Hostel-de-Ville, elle eust couru grand risque de n'en avoir de long-temps. Elle respondit à Pierre, procureur du roi de la ville, qui estoit allé demander audience pour les eschevins et quarteniers, qu'elle ne la leur pouvoit accorder, tant qu'on recognoistroit M. de Beaufort pour gouverneur et M. de Broussel pour prévost des marchands. Le président Viole me dit, aussitost qu'il eut appris ceste nouvelle : « Je n'approuvois pas ceste
» députation, parce que je croyois qu'il pouvoit
» y avoir plus de mal que de bien pour Mon-
» sieur et pour M. le prince. Tout y est bon
» pour eux présentement par l'imprudence de
» la cour. » L'abdication volontaire du bonhomme Broussel consacra, pour ainsi dire, ceste imprudence. Ce qui est vrai, c'est qu'il y avoit des tempéraments à prendre, mesme en conservant la dignité du roi, qui n'eussent pas aigri les esprits au point que ce refus les aigrit. Si l'on en eust fait l'usage que l'on en pouvoit faire, les ministres s'en fussent repentis pour long-temps, tant ils poussoient étourdiment ceste affaire et toutes les autres.

Ce qui est admirable, est que la cour se conduisoit comme je viens de vous l'expliquer, justement dans le moment que le parti de messieurs les princes se fortifioit mesme tres-considérablement. M. de Lorraine, qui creut qu'il avoit satisfait, en sortant du royaume, au traité qu'il avoit fait avec M. de Turenne à Villeneuve-Saint-Georges, fit tirer deux coups de canon aussitost qu'il fut arrivé à Veneau-les-Dames, qui est dans le Barois. Il rentra ensuite en Champagne avec toutes ses troupes, et un renfort de trois mille chevaux allemands, commandés par le prince Ulric de Wirtemberg. M. le chevalier de Guise servoit sous lui de lieutenant-général, et le comte de Pas, duquel j'ai déja parlé (1) en quelque lieu, y avoit joint, ce me semble, quelque cavalerie. M. de Lorraine marcha vers Paris à petites journées, enrichissant son armée du pillage, et se vint camper auprès de Villeneuve-Saint-Georges, où les troupes de Monsieur, commandées par M. de Beaufort, celles de M. le prince, car il estoit malade à Paris, commandées par MM. le prince de Tarente et de Tavannes, et celles d'Espagne commandées par Clinchant, sous le nom de M. de Nemours, le vinrent joindre. Ils résolurent touts ensemble de s'approcher près de M. de Turenne, qui tenant Corbeil, Melun et tout le dessus de la rivière, ne manquoit de rien : au lieu que les confédérés, qui estoient obligés de chercher à vivre aux environs de Paris, pilloient les villages, et renchérissoient par conséquent les denrées de la ville. Ceste considération, jointe à la supériorité du nombre qu'ils avoient sur M. de Turenne, les obliga à chercher les occasions de le combattre. Il s'en défendit avec ceste capacité qui est cognue et respectée de tout l'univers, et le tout se passa en rencontres de partis et en petits combats de cavalerie qui ne décidèrent de rien. L'imprudence, ou plustost l'ignorance, et du cardinal et des soubsministres fut sur le point de précipiter leur parti, par une faute qui leur debvoit estre plus préjudiciable sans comparaison que la défaite mesme de M. de Turenne. Prevost, chanoine de Nostre-Dame et conseiller au parlement, autant fou qu'un homme le peut estre, au moins dans l'esprit de touts ceux à qui on laisse la clef de leur chambre, se mit dans l'esprit de faire une assemblée au Palais-Royal des véritables serviteurs du roi (c'estoit le titre). Elle fut composée de quatre ou cinq cents bourgeois, dont il n'y en avoit pas soixante qui eussent des manteaux noirs. Prevost dit donc qu'il avoit receu une lettre de cachet du roi, qui lui commandoit de faire main-basse sur touts ceux qui auroient de la paille au chapeau, et qui n'y mettroient pas du papier. Il lut effectivement ceste lettre, et voilà le commencement de la plus ridicule levée de boucliers qui se soit faite depuis la procession de la ligue. Le progrès fut que toute ceste compagnie fut huée comme l'on hue les masques, en sortant du Palais-Royal le 24 septembre, et que le 26, M. le maréchal d'Estampes, qui y fut envoyé par Monsieur, les dissipa par deux ou trois paroles. La fin de l'expédition fut qu'ils ne s'assembleroient plus, de peur d'estre pendus, comme ils en furent menacés le mesme jour par un arrest du parlement (2), qui porta défenses, sur peine de la vie, de s'assembler et de prendre aucune marque. Si Monsieur

(1) Le cardinal de Retz avait fait généreusement relâcher, sur la demande de ce personnage, La Roche-Cochon, domestique du duc de La Rochefoucauld, qui étoit à Paris, en 1651, avec mission d'assassiner le coadjuteur. (Voyez ci-dessus page 315.)
(2) La cour n'abandonna pas les partisans qu'elle avait en quelque sorte excités à ce mouvement. Elle publia un *arrest du conseil d'estat portant cassation de tout ce qui a esté fait contre ceux qui ont assisté aux assemblées du Palais Cardinal, et crié vive le roy dans la salle du palais, en date du 5 octobre 1652* et dont voici la teneur :
» Sur ce qui a esté représenté au roy estant en son conseil, qu'au préjudice des déclarations des mois de juillet et d'aoust derniers, par lesquelles Sa Majesté a interdit toutes fonctions aux officiers de son parlement de Paris, et fait deffenses de faire aucun exercice de la justice en ladite ville, et à tous ses subjects de les recognoistre en ladite qualité et de déférer à leurs prétendus jugements, non seulement ils ont continué à tenir des assemblées et faire les fonctions accoustumées, mais ils ont prétendu pouvoir informer et décréter contre ceux des fidèles subjects du roy qui se sont assemblés pour aviser aux moyens de faire rendre l'obéissance due à Sa Majesté et de restablir son authorité dans Paris ; mesme ont fait des prisonniers de quelques particuliers pour avoir crié vive le roy dans la salle du palais, et prétendent juger leurs procès et les faire punir quoiqu'ils soyent sans pouvoir et sans authorité pour ce faict. A quoy estant nécessaire de pourvoir et donner protection à ceux qui ont voulu faire paroistre leurs bonnes intentions pour le service de Sa Majesté, le roy estant en son conseil a cassé et annulé toutes les prétendues procédures, informations, décrets qui peuvent avoir esté et qui pourront estre faits cy-après contre ceux qui ont assisté aux assemblées tenues au Palais-Royal, et ceux qui ont crié vive le roy dans la salle du Palais : deffense auxdits officiers de procéder à aucun jugement contre ceux qui seront nommés ès dites procédures et prétendues informations à peyne de la vie, tant contre ceux qui assisteront auxdits jugements que les commissaires qui auront instruit et le substitut qui aura fait aucunes réquisitions contr'eux ; permis aux dits accusés, leurs veufves et héritiers de se pourvoir de despens, dommages et intérêts contre lesdits prétendus juges, commissaires et substituts, en leurs propres et privés noms ; enjoint à tous les bourgeois et habitans de la ville et fauxbourgs de Paris de tenir la main à l'exécution du présent arrest, et s'opposer par toutes voyes à ce qu'aucuns prétendus jugements desdits officiers soyent exécutéz.
» Fait au conseil d'estat du roy, Sa Majesté y estant, tenu à Ponthoise le cinquième jour d'octobre 1652.
» Signé LOUIS,
» Et plus bas : DE GUÉNÉGAUD. »

et M. le prince se fussent servis de ceste occasion, comme ils le pouvoient, le parti du roi estoit exterminé ce jour-là dans Paris pour très-long-temps. Le Maire, parfumeur, qui estoit un des conjurés, courut cheux moi pasle comme un mort, et tremblant comme la feuille. Je me souviens que je ne le pouvois rasseurer, et qu'il se vouloit cacher dans la cave. Je pouvois moi-mesme avoir peur; car comme on sçavoit que je n'estois pas dans les intérests de M. le prince, le soupçon pouvoit asses facilement tomber sur moi. Monsieur n'estoit pas, comme vous aves veu, dans les dispositions de se servir de ces conjonctures, et M. le prince estoit si las de tout ce qui s'appelloit peuple, qu'il n'y faisoit pas seulement de réflexion. Croissy m'a dit depuis qu'il ne tint pas à lui de le réveiller à ce moment, et de lui faire cognoistre qu'il ne le falloit pas perdre. Je ne me suis jamais souvenu de lui en parler.

Voici une autre faulte qui n'est pas moindre, à mon opinion, que la première. M. de Lorraine, qui aimoit beaucoup la négociation, y entra d'abord qu'il fut arrivé. Il me dit en présence de Madame, que la négociation le suivoit partout; qu'il estoit sorti de Flandre de lassitude de travailler avec le comte du Fuensaldagne, et qu'il la retrouvoit à Paris malgré lui: « car que faire autre chose ici (dit-il), où il n'y a » pas jusqu'au baron du Jour qui ne prétende » faire son traité à part? » Ce baron du Jour estoit une manière d'homme asses extraordinaire, de la cour de Monsieur. Et M. de Lorraine ne pouvoit pas mieux exprimer qu'il y avoit un grand cours de négotiation, qu'en marquant qu'elle estoit descendue jusqu'à lui. Et ce qui lui faisoit croire encore que ceste négotiation estoit montée jusqu'à Monsieur, c'est qu'il avoit remarqué que depuis quelque temps il ne l'avoit pas pressé de s'advancer, comme il avoit fait auparavant. Son observation estoit vraie, et il est constant que Monsieur, qui vouloit la paix de bonne foi, craignoit, et avec raison, que M. le prince se voyant renforcé d'un secours aussi considérable, n'y mist des obstacles invincibles.

Il fut très-aise, par ceste consideration, que M. de Lorraine fust dans la disposition de négocier aussi lui-mesme (1), et d'envoyer à la cour M. de Joyeuse-Saint-Lambert, « lequel (me » dit Monsieur) n'aura que le caractère de M. de » Lorraine, et ne laissera pas de pénétrer s'il » n'y a rien à faire pour moi. » Je lui respondis ces propres paroles: « Il sera, Monsieur, peut-» estre plus heureux que moi: je le souhaite, » mais je ne le crois pas. » Je fus prophète; car ce M. de Joyeuse (2) fut douze jours à la cour sans aucune response. Il en fit une, je pense, de sa teste (3), qui fut un galimathias auquel personne ne put rien entendre que la cour qui le désadvoua. M. le maréchal d'Estampes, que Monsieur y avoit encore envoyé, soubs l'espérance que Le Tellier avoit fait donner à Madame qu'il y seroit escouté comme particulier sur tout ce qu'il y pourroit dire de la part de Monsieur, en revint pour le moins aussi mal satisfait que M. de Saint-Lambert;

Le 30 septembre, M. Talon acheva d'éclaircir Monsieur et le public des intentions de la reine, en envoyant au parlement par M. Doujat, à cause de son indisposition, les lettres qu'il avoit receues de M. le chancelier et de M. le premier président, en response de celles qu'il leur avoit escrites ensuite de la délibération du 26. Ces lettres portoient que le roi ayant transféré son parlement à Pontoise, et interdit toutes fonctions à ses officiers dans Paris, il n'en pouvoit recevoir aucune députation, jusqu'à ce qu'ils eussent obéi. Je ne vous puis exprimer la consternation de la compagnie: elle

---

(1) Les Mémoires de Retz se trouvent entièrement confirmés encore sur ce point, par plusieurs lettres autographes du duc de Lorraine écrites à la reine, et dans lesquelles il lui parle toujours des négociations entamées avec elle. Le duc de Lorraine presse souvent la reine de se résoudre enfin à un parti décisif, et de lui faire part de ses résolutions. Ces pièces historiques existent à la Bibliothèque du roi, et la plupart sont datées du mois de septembre.

(2) Robert de Joyeuse, seigneur de Saint-Lambert, lieutenant du roi au gouvernement de Champagne, mort en 1660. Il avait épousé Anne Cochon, fille d'Anne de Gondy et de Charles Cochon, baron du Tour.

(3) Ce fut sur cette réponse, imaginée par M. de Joyeuse, que le duc d'Orléans écrivit la lettre suivante à la reine:

A la Royne.
« A Paris, ce 20 septembre 1652.
» Madame,
» Ayant appris avec une extresme joye du marquis de Joyeuse les favourables dispositions qu'a Vostre Majesté pour la paix, j'ai creu estre obligé de luy tesmoigner par ces lignes que nous la désirons, mon cousin et moi, passionnément. Mais bien, Madame, que le premier objet des vœux que nous en faisons au ciel doibve estre le bien de l'estat, je vous proteste avec vérité que l'ynclination que j'ay toujours cue à honnorer parfaitement Vostre Majesté en est une des principales causes, et qu'il n'en peut jamais arriver aucune qui puisse altérer en rien le zèle, l'affection et le respect avec lequel je suis, Madame, vostre très-humble et très-obéissant frère et serviteur. Signé GASTON. »

(D'après l'original autographe, conservé à la Bibliothèque du roi.)

ut au point que Monsieur eut peur qu'elle ne
'abandonnast ; et ceste appréhension lui fit
aire un très-meschant pas ; car elle l'obligea à
irer une lettre de sa poche, par laquelle la
eine lui escrivoit presque des douceurs. Ceste
ettre lui estoit venue par le maréchal d'Estam-
es, qui, quoique très-bien intentionné pour la
our, ne l'avoit pas prise pour bonne, non plus
ue Monsieur qui me l'avoit montrée la veille,
n me disant : « Il fault que la reine me croie
bien sot de m'escrire de ce style, dans le
temps qu'elle agit comme elle fait. » Vous
oyes donc qu'il n'estoit pas la duppe de ceste
ettre, ou plutost qu'il ne l'avoit pas esté jus-
ues-là : mais il en devint effectivement la
uppe, quand il voulut la faire valoir au par-
ement, parce que le parlement s'en persuada
ue Monsieur traitoit son accommodement par-
culier avec la cour. Il jeta ainsi de la dé-
ance de sa conduite dans la compagnie, au
eu de s'y donner de la considération. Il ne se
eut jamais défaire de cest air de mystère sur
e chef, et quoi que Madame lui peut dire, il
creut tousjours nécessaire à sa seureté pour
mpescher, se disoit-il, les gents de courir sans
ui à l'accommodement. Cest air de négotiation,
int aux apparences que le parti de M. le prince
a donnoit à touts les instants, fut ce qui fit, à
on advis, la paix, beaucoup plustost que les
égotiations les plus réelles et les plus effectives
e l'eussent pu faire. Les grandes affaires con-
stent encore plus dans l'imagination que les
etites. Celle des peuples fait quelquefois toute
eule la guerre civile. Elle fit la paix en ce ren-
ontre ; l'on ne la doibt point attribuer à leur
ssitude, parce qu'il s'en falloit bien qu'elle
st au point de les obliger, je ne dis pas à rap-
eller, je dis mesme à recevoir le Mazarin. Il
t constant qu'ils ne souffrirent son retour, que
uand ils se persuadèrent qu'ils ne le pouvoient
us empescher : mais quand le corps du public
 fut persuadé, les particuliers y coururent :
ce qui en persuada les particuliers et le pu-
ic, fut la conduite des chefs.

La manière mystérieuse dont Monsieur parla
ans ces dernières assemblées, pour faire pa-
istre qu'il avoit encore de la considération à
 cour, acheva ce qui estoit déjà bien com-
encé. Tout le monde creut la paix faite, et

tout le monde la voulut faire pour soi. Aussitost que l'on sceut la négotiation de M. de Joyeuse, qui retourna, le 3 octobre 1652, de Saint-Germain où le roi estoit revenu, le parlement mollit et fit entendre publiquement que pourveu que le roi donnast une amnistie pleine et entière, et qui fust vérifiée dans le parlement de Paris, il ne chercheroit point d'autres seuretés. Il n'expliqua pas ce détail par un arrest ; mais il fit presque le mesme effet, en suppliant M. le duc d'Orléans de s'en satisfaire lui-mesme, et de l'escrire au roi.

Le 10, M. Sevin ayant représenté qu'il seroit à propos de prier M. le duc de Beaufort de se déporter du gouvernement de Paris, à cause du refus que le roi avoit fait de recevoir les députés de l'Hostel-de-Ville, tant qu'il en retiendroit le titre, M. Sevin, dis-je, qui auroit esté estouffé dans un autre temps par les clameurs publiques, ne fut ni rebuté ni sifflé. Et il fut dit mesme dans la mesme matinée que les conseillers du parlement, qui estoient officiers dans les colonelles, iroient, s'il leur plaisoit, à Saint-Germain dans les députations de l'Hostel-de-Ville (1), qui ne faisoient toutesfois, dans leurs instances adressées au roi pour revenir dans sa bonne ville de Paris, aucune mention de la vérification de l'amnistie au parlement de Paris. Quel galimathias !

Le 11, Monsieur promit à la compagnie de tirer la démission du gouvernement de Paris de M. de Beaufort ; et MM. Doujat et Sevin y firent la relation des plaintes qu'ils avoient faites la veille à M. le duc d'Orléans des désordres des troupes, contre la parole qu'il leur avoit donnée de les faire retirer. Monsieur de Lorraine, que je trouvai ce jour-là dans la rue Saint-Honnoré, et qui avoit failli à estre tué par les bourgeois de la garde de la porte Saint-Martin, parce qu'il vouloit sortir de la ville, releva de toutes ses couleurs l'uniformité de ceste conduite. Il me dit qu'il travailloit à un livre qui porteroit ce titre, et qu'il le dédieroit à Monsieur. « Ma pauvre petite sœur en pleu-
» rera (adjousta-t-il), mais qu'importe ? elle s'en
» consolera avec mademoiselle Claude (2). »

Le 12, Monsieur fit beaucoup d'excuses au parlement, de ce que les troupes (3) ne s'esloignoient pas avec autant de promptitude qu'elles auroient

---

(1) Les députés des six corps des marchands parti-
nt le 19 de Paris, pour aller trouver le roy à Pon-
oise, à dessein de supplier très-humblement S. M. de
enir à Paris. Le roy traita les députés et eust mesme
bonté de leur envoyer dire qu'elle alloit boire à leur
nté, et qu'ils fassent la mesme chose pour la sienne.
ls eurent audience le lendemain, et le roi leur fit
remettre une response par escrit à leur discours : elle estoit signée Louis, et plus bas : Guénégaud, et portoit la date du premier octobre. (Journal historique.)

(2) Claude de Lorraine avait épousé le cardinal François de Lorraine, son cousin-germain, frère de Charles IV. (A. E.)

(3) Le procureur-général Fouquet écrivait au sujet

fait sans les mauvais temps. Vous estes sans doute fort estonnée de ce que je parle en ceste façon de ces mesmes troupes, qui huit ou dix jours auparavant estoient publiquement, avec leurs écharpes rouges et jaunes, sur le pavé en estat de combattre mesme avec advantage celles du roi. Un historien qui descriroit les temps plus esloignés de son siècle, chercheroit des liaisons à des incidens aussi peu vraisemblables et aussi contradictoires, si l'on peut parler ainsi, que le sont ceux-là. Il n'y eut pas plus d'intervalle que celui que je vous ai marqué entre les uns et les autres : il n'y eut pas plus de mystère. Tout ce que les politiques du vulgaire se sont voulu figurer pour concilier ces événements, n'est que fiction, n'est que chimère. J'en reviens tousjours à mon principe, qui est que les fautes capitales font, par des conséquences presque inévitables, que ce qui paroist et est en effet le plus estrange et le plus extravagant est possible.

---

des troupes qui étaient aux environs de Paris et de celles que M. le prince de Condé rassemblait, la lettre suivante au secrétaire d'état Le Tellier :

« Ce 12 octobre 1652.

» Monsieur, je suis obligé de vous prier de vouloir faire donner quelque ordre pour la subsistance des soldats qui sont icy, afin qu'ils ne soyent point à charge à leurs hostes, qui sont ruinez, et dont nous entendons les plaintes continuellement. Ce que leurs officiers leur peuvent donner est peu de chose ; comme ils sont icy pour peu de temps, le moindre ayde feroit couler ce temps-là sans bruit, s'ils estoient seulement traittez comme estoient ceux de M. d'Igby. Vous nous obligerez d'y pourvoir promptement.

» Nous avons envoyé à Beaumont pour apprendre des nouvelles. M. du Pontel mande qu'il passe à toutes heures des partis des princes qui pillent les villages voisins ; mais les nouvelles sont de tous costés que leur armée est vers Dammartin, et celle de M. de Turenne encore proche de Meaux. Vous en estes sans doute mieux informé que nous.

» Depuis ma lettre commencée, j'en ay receu une de mon frère, qui porte qu'on a fait fonds pour donner cinq sols et le pain aux gardes ; mais je vous asseure que les officiers icy ne le sçavent pas, et n'en ont ny estat, ny fonds, ny ordonnance, et que pourveu qu'ils soyent assurez du remboursement, ils emprunteront pour advancer : mais je vous prie d'en envoyer icy ou faire envoyer les expéditions, car on croit souvent des choses faites qui ne le sont pas. Comme le courrier est pressé de partir, et que je ne fais que recevoir la lettre de M. Goulas, je l'envoye à mon frère qui vous la portera. Je vous supplie de me croire vostre, etc.

» Signé FOUQUET. »

(D'après l'original autographe conservé à la Bibliothèque du roi.)

(1) Dans la liste des colonels de la garde bourgeoise de Paris, donnée par M. de Sainte-Aulaire (*Histoire de la Fronde*, tome III, page 313), ce nom a été mal lu par cet historien. Il est évident que le second colonel de sa liste, qu'il appelle *Serre*, est le même que le cardinal désigné, avec toute raison, par le nom de *Sève*. Il existe

---

Le 13, les colonels receurent ordre du roi d'aller par députés à Saint-Germain ; M. de Sève (1), le plus ancien, y porta la parole. Le roi leur donna à disner, et leur fit mesme l'honneur d'entrer dans la salle, cependant le repas. Ce mesme jour, M. le prince partit de Paris avec une joie qui passoit tout ce que vous vous pouves figurer : il en avoit le dessein depuis très-long-temps. Beaucoup de gents ont creu que l'amour de madame de Chastillon l'y avoit retenu : beaucoup d'autres sont persuadés qu'il avoit espéré jusques à la fin de s'accommoder avec la cour. Je ne me puis remettre ce qu'il m'a dit sur ce point ; car il n'est pas possible que dans les grandes conversations que j'ai eues avec lui sur le passé, je ne lui en aye parlé.

Le 14, M. de Beaufort fit un compliment court et mauvais au parlement, sur ce qu'il avoit remis le gouvernement de Paris.

Le 16, Monsieur déclara nettement au parlement, que le roi avoit désadvoué en tout et

---

plusieurs pièces authentiques relatives à cette même garde bourgeoise, et l'une d'elles contient l'état de *la colonelle de monsieur de Sève, sieur de Chastignonville, composée de quinze compagnies*. Les autres colonelles étaient celle de M. Vedeau, seigneur de Grammont, conseiller du roi en ses conseils d'estat et privé et en sa cour de parlement, composée de quatre compagnies ;

Celle de M. le président Tubœuf, composée de douze compagnies ;

Celle de M. d'Estampes, sieur de Valançay, composée de six compagnies ;

Celle de M. de Tauré, composée de six compagnies.

Celle de M. Tibœuf, sieur de Touville, composée de sept compagnies ;

Celle de M. Favyer, conseiller d'estat, composée de quinze compagnies ;

Celle de M. Coulon, conseiller au parlement, composée de six compagnies ;

Celle de Menardeau-Champré, composée de douze compagnies ;

Celle de M. de Champlastreux, composée de onze compagnies ;

Celle de M. de Longueil, composée de quatre compagnies.

Celle de M. Boucher, composée de sept compagnies

Celle de M. le président de Guénégaud, composée de sept compagnies.

Celle de M. de Vauroux, composée de quinze compagnies.

Celle de M. Baron, conseiller au parlement, composée de onze compagnies.

Cette liste authentique des colonelles de Paris se trouve aux manuscrits de la Bibliothèque du roi, et elle contient aussi les noms des capitaines, etc., de la garde bourgeoise telle qu'elle était organisée à cette époque.

M. de Sève était colonel du faubourg Saint-Germain, et maître des requêtes. Nous avons déjà dit qu'il fut chargé en 1655, d'extraire des registres de l'Hôtel-de-Ville de Paris ce qui lui paraîtrait pouvoir servir à instruire le procès contre le cardinal de Retz. Nous renvoyons pour c fait au *Complément des Mémoires de Retz*, année 1655

partout M. de Joyeuse : mais il adjousta, selon son style ordinaire, qu'il attendoit quelques meilleures nouvelles d'heure en heure. Comme il vit que je m'estonnois de la continuation de ceste conduite, il me dit ces propres paroles : « Voudries-vous respondre d'un quart-d'heure à » l'autre? Que sçais-je si dans un moment le » peuple ne me livreroit pas au roi, s'il croyoit » que je n'eusse aucune mesure avec lui? » Que sais-je si dans un instant il ne me » livreroit pas à M. le prince, s'il lui pre-» noit fantaisie de revenir sur ses pas et de se » soulever? » Je crois que vous estes moins sur-prise de la conduite de Monsieur en voyant ces principes. L'on dit que l'on ne doibt jamais combattre contre les principes; ceux de la peur se doibvent et se peuvent encore moins at-taquer que touts les autres; ils sont inabor-dables.

Le 19, Monsieur dit au parlement qu'il avoit receu une lettre du roi qui lui mandoit qu'il viendroit le lundi, qui estoit le 21 (1), à quoi il adjousta qu'il estoit fort surpris de ce que Sa Majesté n'envoyoit pas au préalable une am-nistie, qui fut vérifiée par le parlement de Paris. La consternation fut extresme. L'on opina, et l'on arresta de supplier le roi d'accorder ceste grace et au parlement et à ses peuples.

Ceste lettre du roi à Monsieur lui fut apportée le 18 au soir; il m'envoya quérir aussitost, et il me dit que la conduite de la cour estoit in-compréhensible; qu'elle jouoit à perdre l'estat, et qu'il ne tenoit à rien qu'il ne fermast les por-tes au roi. Je lui respondis que pour ce qui es-toit de la conduite de la cour, je la concevois fort bien; qu'elle ne hasardoit rien, cognois-sant comme elle faisoit ses bonnes et pacifiques intentions; qu'il me paroissoit qu'elle agissoit, au moins dans ses fins, avec beaucoup plus de prudence qu'elle n'avoit traité le passé, bien plus finement qu'elle n'avoit fait dans les com-mencements; que je ne voyois pas quelle diffi-culté elle pouvoit faire de revenir à Paris, après que Monsieur avoit promis, dès le 14 de ce mois, le rétablissement du prévost des marchands et des eschevins, ordonné et exécuté sans aucun concert avec lui. Monsieur jura cinq ou six fois de suite, et après avoir un peu resvé, il me dit : « Alles, je veux demeurer deux heures tout » seul; revenes à ce soir sur les huit heures. » Je le trouvai alors dans le cabinet de Madame qui le cathéchisoit, ou plustost qui l'exhortoit; car il estoit dans un emportement inconcevable,

(1) Un ancien éditeur a imprimé mal à propos : *Qui estoit le 5.*

III. C. D. M., T. I.

et l'on eust dit, de la manière dont il parloit, qu'il estoit à cheval armé de toutes pièces et prest à couvrir de sang et de carnage les campa-gnes de Saint-Denis et de Grenelle. Madame es-toit épouvantée; et je vous advoue que, quoi-que je cognusse asses Monsieur pour ne me pas donner, avec précipitation, des idées si cruelles de ses discours, je ne laissois pas de croire qu'il estoit en effet plus esmeu qu'à son ordi-naire; car il me dit d'abord : « Eh bien, qu'en » dites-vous? Y a-t-il seureté à traiter avec la » cour? — Nulle, Monsieur, lui répondis-je, » à moins que de s'aider soi-mesme par de bon-» nes précautions; et Madame sçait que je n'ai ja-» mais parlé autrement à Vostre Altesse Royale. » — Non, asseurément, reprit Madame.—Mais » ne m'avies-vous pas dit, continua Monsieur, » que le roi ne viendroit pas à Paris sans pren-» dre des mesures avec moi? — Je vous avois » dit, Monsieur, lui repartis-je, que la reine me » l'avoit dit, mais que les circonstances avec » lesquelles elle me l'avoit dit, m'obligeoient » à advertir Vostre Altesse Royale qu'elle » n'y debvoit faire aucun fondement. » Madame prit la parole : « Il ne vous l'a que trop dit, » mais vous ne l'aves pas creu. » Monsieur re-prit : « Il est vrai, je ne me plains pas de » lui, mais je me plains de ceste maudite Es-» pagnole. — Il n'est pas temps de se plaindre, » reprit Madame, il est temps d'agir d'une façon » ou de l'autre. Vous voulies la paix, quand il » ne tenoit qu'à vous de faire la guerre; vous » voules la guerre, quand vous ne pouves plus » faire ni la guerre, ni la paix. — Je ferai de-» main la guerre, reprit Monsieur d'un ton » guerrier, et plus facilement que jamais. De-» mandes-le à M. le cardinal de Rais. » Il croyoit que je lui allois disputer ceste thèse. Je m'ap-perceus qu'il le vouloit, pour pouvoir dire après qu'il auroit fait des merveilles si on ne l'avoit retenu. Je ne lui en donnai pas lieu : car je lui respondis froidement et sans m'eschauffer : « Sans doute, Monsieur. — Le peuple n'est-il » pas tousjours à moi? reprit Monsieur. — Oui, » lui respartis-je. — M. le prince ne reviendra-» t-il pas, si je le mande? adjousta-t-il. — Je le » crois, Monsieur, lui dis-je. — L'armée d'Es-» pagne ne s'advancera-t-elle pas si je le veux, » continua-t-il. — Toutes les apparences y sont, » lui repliquai-je. — » Vous attendes après cela, ou une grande résolution, ou du moins une grande délibération, rien moins; et je ne sçau-rois mieux vous expliquer l'issue de ceste con-férence, qu'en vous suppliant de vous ressouve-nir de ce que vous avez veu quelquefois à la comédie italienne. La comparaison est beaucoup irrespectueuse, et je ne prendrois pas la liberté de la faire, si elle estoit de mon invention : ce fut Madame elle-mesme à qui elle vint dans l'esprit, aussitost que Monsieur fut sorti du cabinet, et elle la fit moitié en riant, moitié en pleurant. « Il me semble, me dit-elle, que je » vois Trivelin qui dit à Scaramouche : Que » je t'aurois dit de belles choses, si tu n'avois » pas eu asses d'esprit pour *ne me pas* contre- » dire ! » Voilà comment finit la conversation ; Monsieur concluant que bien qu'il fust très-fascheux que le roi vinst à Paris sans concert avec lui, et sans une amnistie vérifiée au parlement, il n'estoit pas toutefois de son debvoir ni de sa réputation de s'y opposer; parce que personne ne pouvoit ignorer qu'il ne le peut, s'il le vouloit, et qu'ainsi tout le monde lui feroit justice, en recognoissant qu'il n'y avoit que la considération et le repos de l'estat qui l'obligeast à prendre une conduite qui, pour son particulier, lui debvoit faire de la peine. Madame, qui dans le fond estoit pourtant de son advis, au moins pour l'opération, par les raisons que vous aves veues ci-devant, ne lui put laisser passer pour bonne ceste expression. Elle lui dit avec fermeté et mesme avec cholère : « Ce raisonne- » ment, monsieur, seroit bon à M. le cardinal » de Rais, et non pas à un fils de France : mais » il ne s'agit plus de cela, et il ne faut songer » qu'à aller de bonne grace au devant du roi. » Il se récria à ce mot, comme si elle lui eust proposé d'aller se jeter dans la rivierre. « Alles- » vous-en donc, Monsieur, tout à ceste heure » (reprit-elle). — Et où diable irai-je ? respondit- » il. » Il se tourna à ce mot, et rentra cheux lui, où il me commanda de le suivre. Ce fut pour me demander si la Palatine ne m'avoit rien fait sçavoir du retour du roi. Je lui dis que non, comme il estoit vrai : mais il ne fut pas vrai long-temps ; car une heure après j'en reçus un billet, qui portoit que la reine lui avoit commandé de m'en faire part, et de m'escrire que Sa Majesté ne doutoit point que je n'achevasse en ceste occasion ce que j'avois si bien et si heureusement commencé à Compiègne. Madame la Palatine me faisoit beaucoup d'excuses dans un billet séparé et escrit en chiffres, de ce qu'elle m'avoit donné l'advis si tard. « Vous cognois- » ses le terrain (adjouta-t-elle) ; on est à Saint- » Germain comme l'on estoit à Compiègne. » C'estoit asses dire pour moi. Tout ce que je viens de vous dire se passa le 20 octobre.

Le 21, le roi qui avoit couché à Ruel revint à Paris, et il envoya de Ruel mesme, Nogent et M. Damville à Monsieur, pour le prier de venir au-devant de lui : il ne s'y peut jamais résoudre, quoiqu'ils l'en pressassent extrememement. Ils avoient raison, et je suis encore persuadé que Monsieur n'avoit pas tort. Ce n'est pas qu'il y eust aucun dessein contre sa personne, au moins à ce que j'ai ouï dire depuis à M. le mareschal de Villeroy : mais je crois que s'il eust esté au-devant du roi, et que le roi eust voulu s'en asseurer, il y eust peu réussir, veu la disposition où estoit le peuple. Ce n'est pas qu'elle ne fust dans le fond très-bonne pour Monsieur, et sans comparaison meilleure que pour la cour ; mais il y avoit une agitation et un esgarement dans les esprits qui se pouvoient, à mon sens, tourner à tout ; et je ne sçais si l'esclat de la majesté royale, tombant tout d'un coup sur ceste agitation et sur cest esgarement, ne l'eust pas emporté. Je dis que je ne le sçais pas ; parce qu'il est constant que dans la constitution où estoient les esprits, la pente du menu peuple, et mesme celle du moyen estoit encore toute entière pour Monsieur : mais enfin il y avoit, à mon sens, raison et fondement pour l'empescher de se hasarder, particulièrement hors des murailles. Je m'estonnois bien plus que les ministres exposassent la personne du roi au mescontentement, à la défiance et à la frayeur de Monsieur ; aux craintes d'un parlement qui avoit subjet de croire que l'on le venoit estrangler, et au caprice d'un peuple qui avoit tousjours de l'attachement pour des gents desquels le cardinal estoit bien loin d'estre asseuré. L'événement a tellement justifié la conduite que la cour tint en ceste occasion, qu'il est presque ridicule de la blasmer. J'estime qu'elle fut imprudente, aveugle et téméraire au-delà de ce qu'on s'en peut imaginer. Je ne dirai pas sur ce chef, comme sur l'autre, que je ne sçais pas ; je dirai que je sçais et de science certaine, que si Monsieur eust voulu, la reine et les sous-ministres estoient ce jour-là séparés du roi.

Les courtisans se laissent tousjours amuser aux acclamations du peuple, sans considérer qu'elles se font presque esgalement pour touts ceux pour qui elles se font. J'entendis ce soir-là des gents dans le Louvre, qui flattoient la reine sur ces acclamations ; et M. de Turenne, qui estoit derrière moi au cercle, me disoit à l'oreille : « Ils en firent presque autant dernière- » ment pour M. de Lorraine. » Je l'eusse bien estonné, si je lui eusse respondu : « Il y a bien des gents qui, au milieu de ces acclamations, ont proposé à Monsieur de supplier le roi d'aller loger à l'Hostel-de-Ville. » Cela estoit vrai : M. de Beaufort mesme l'en avoit pressé avec douze ou quinze conseillers du parlement. Il y en a de certains qui vivent encore, et desquels, si je les nommois, on seroit bien estonné. Monsieur n'y voulut point entendre ; et je m'y opposai de toute ma force, quand Monsieur me dit qu'on lui avoit fait ceste proposition. Elle estoit, à mon opinion, possible quant au succès présent, estant certain qu'il n'y avoit pas un officier dans les colonelles qui n'eust esté massacré par ses soldats, s'il eust seulement fait mine de branler contre le nom de Monsieur : mais respect, conscience, et tout ce que vous vous pouves imaginer sur cela à part, la proposition estoit écervelée, vu les circonstances et les suites. Vous voyes d'un coup d'œil les uns et les autres dans ce que je vous ai dit ci-dessus. Ce ne fut assurément que par le principe de mon debvoir que je n'y donnai pas ; car je me croyois beaucoup plus en péril que je ne m'y suis creu de ma vie. J'allai attendre le roi au Louvre, où je demeurai deux ou trois heures, devant qu'il arrivast, avec madame de Lesdiguières, et M. de Turenne me demanda bonnement et avec inquiétude, si je me croyois en seureté. Je lui serrai la main, parce que je m'apperceus que Frelai, qui estoit un grand Mazarin, l'avoit entendu, et je lui respondis : « Oui, Monsieur, » et en touts sens. Madame de Lesdiguières sait » bien que j'ai raison. » Je ne l'avois pourtant pas ; car je suis persuadé que si l'on m'avoit arresté ce jour-là, il n'en fust rien arrivé. Ce que je vous dis de ces possibilités de l'un et de l'autre vous paroît sans doubte contradictoire, et j'advoue qu'il ne se peut concevoir que par ceux qui ont veu les choses, et encore qui les ont veues par le dedans.

La reine me reçeut admirablement : elle dit au roi de m'embrasser, comme celui auquel il debvoit particulièrement son retour à Paris. Ceste parole, qui fut entendue de beaucoup de gents, me donna une véritable joie, parce que je creus que la reine ne l'auroit pas dite publiquement si elle avoit eu dessein de me faire arrester. Je demeurai au cercle jusqu'à ce que l'on allast au conseil. Comme je sortois, je rencontrai dans l'antichambre Jouy, qui me dit que Monsieur me l'avoit envoyé, pour sçavoir s'il estoit vrai que l'on m'eust fait prendre place au conseil, et pour m'ordonner d'aller cheux lui. Je rencontrai, comme j'y entrois, M. d'Aligre qui en sortoit, et qui lui venoit commander de la part du roi de sortir de Paris dès le lendemain, et de se retirer à Limours(1). Ceste faulte a encore esté consacrée par l'événement, mais elle est, à mon sens, une des plus grandes et des plus signalées qui aient jamais esté commises dans la politique. Vous me dires que la cour cognoissoit Monsieur ; et je vous respondrai qu'elle le cognoissoit si peu en ceste occasion, qu'il ne s'en fallut rien qu'il ne prit, ou plustost qu'il n'exécutât la résolution qu'il prit en effet, de s'aller poster dans les halles, d'y faire des barricades, de les pousser jusques au Louvre, et d'en chasser le roi. Je suis convaincu qu'il y eust réussi et mesme avec facilité, s'il l'eust entrepris, et que le peuple n'eust balancé en rien, voyant Monsieur en personne, et Monsieur ne prenant les armes que pour s'empescher d'estre exilé. L'on m'a accusé d'avoir beaucoup eschauffé Monsieur dans ceste rencontre. Voici la verité.

Lorsque j'entrai au Luxembourg, il me parut consterné, parce qu'il s'estoit mis dans l'esprit que le commandement que M. d'Haligre venoit de lui porter de la part du roi, n'estoit que pour l'amuser, et pour lui faire croire que l'on ne pensoit pas à l'arrester. Il estoit dans une agitation inconcevable ; il s'imaginoit que toutes les mousquetades que l'on tiroit (et l'on en tiroit tousjours beaucoup ces jours de réjouissances) estoient celles du régiment des gardes qui marchoit pour l'investir. Touts ceux qu'il envoyoit lui rapportoient que tout estoit paisible, et que rien ne branloit ; mais il ne croyoit personne, et il mettoit à tout moment la teste à la fenestre pour mieux entendre si le tambour ne battoit pas. Enfin il prit un peu de courage, ou au moins il en prit asses pour me demander si j'estois à lui. A quoi je ne lui respondis que par ce demi-vers du Cid :

Tout autre que mon père.....

Ce mot le fit rire, ce qui lui estoit fort rare

---

(1) Le duc d'Orléans remit à M. d'Aligre une lettre pour le roi, dans laquelle il s'engageait à sortir de Paris dès le lendemain. L'écriture de cette lettre révèle en effet toute l'agitation dans laquelle était le duc d'Orléans en ce moment, et dont le cardinal de Retz va nous parler. Voici le texte de cette lettre :

Au Roy Monseigneur.

« A Paris, ce 21 octobre 1652.
» Monseigneur,
» Ayant sceu de mon cousin le duc Dampville et du sieur Haligre le respect que Vostre Majesté désire que l'uy rende, pour mieux luy faire cognoistre quelle est la sincérité de mes intentions, je supplie très-humblement Vostre Majesté d'agréer que je l'assure par ces lignes, que je ne fais pas estat d'estre plus long-temps à Paris que jusques à demain ; que je m'en iray en ma maison de Limours, n'ayant point de passion plus forte que celle de tesmoigner par mon obéissance parfaite, que je suis avec soumission, Monseigneur, vostre très-humble et très-obéissant serviteur et subject.

» Signé GASTON. »

(Cette lettre autographe est conservée parmi les manuscrits de la Bibliothèque du roi.)

quand il avoit peur. « Donnes-m'en une preuve (continua-t-il), raccommodes-vous avec M. de Beaufort.—Très-volontiers, Monsieur, lui repartis-je. » Il m'embrassa et alla ouvrir la porte de la galerie, qui respond à la porte de la chambre où il couchoit et où il estoit alors. J'en vis sortir M. de Beaufort qui se jeta à mon cou, et qui me dit : « Demandes à Son Altesse Royale ce que je viens de lui dire sur vostre subjet. Je cognois les gents de bien. Allons, monsieur, chassons les Mazarins à touts les diables pour une bonne fois. » La conversation commencea ainsi ; Monsieur la soutint par un discours amphibologique qui, dans la bouche de Gaston de Foix (1), eust paru un grand exploit, mais qui, dans celle de Gaston de France, ne me présagea qu'un grand rien. M. de Beaufort appuya de toute sa force la nécessité et la possibilité de la proposition qu'il faisoit, qui estoit que Monsieur marchast, à la petite pointe du jour, droit aux halles, et qu'il y fist les barricades, qu'il pousseroit après où il lui conviendroit. Monsieur se tourna vers moi, en me disant, comme l'on fait au parlement : « Vostre advis, M. le doyen. » Voici, en propres termes, ce que je lui respondis. Je l'ai transcrit sur l'original que je dictai à Montrésor, cheux moi, au retour de cheux Monsieur, et que j'ai encore de sa main.

« Je crois, Monsieur, que je debvrois en effet parler à ceste occasion comme M. le doyen , mais comme M. le doyen quand il opina à faire des prières de quarante heures. Je ne sache guère d'occasions où l'on en ait eu plus de besoing. Elles me seroient encore , Monsieur, bien plus nécessaires qu'à un autre , parce que je ne puis estre d'aucun advis qui n'ait des apparences cruelles, et mesme des inconvénients terribles. Si mon sentiment est que vous souffries le traitement injurieux que l'on vous fait, le public qui va tousjours au mal , n'aura-t-il pas un subjet ou prétexte de dire que je trahis vos intérests , et que mon advis ne sera que la suite de touts les obstacles que j'ai mis au dessein de M. le prince? » Si j'opine à ce que Vostre Altesse Royale désobéisse et suive les veues de M. de Beaufort, pourrois-je m'empescher de passer pour un homme qui souffle de la mesme bouche le chaud et le froid; qui veult la paix quand il espère d'en tirer ses advantages en la traitant; qui veut la guerre, quand on n'a pas voulu qu'il la traitast; qui conseille de mettre Paris à feu et à sang, et d'attacher ce feu à la porte du Louvre, en entreprenant sur la personne du roi? Voilà , Monsieur , ce que l'on dira, et ce que vous-mesme pourres croire en de certains moments. J'aurois lieu, après avoir prédit à Vostre Altesse Royale peut-estre plus de mille fois, qu'elle tomberoit par ses incertitudes en l'estat où elle se voit; j'aurois , dis-je, lieu de la supplier, avec tout le respect que je lui doibs, de me dispenser de lui parler sur une matière qui est moins en son entier à mon esgard, que d'homme qui vive. Je ne me servirai toutesfois que de la moitié de ce droit, c'est-à-dire , que quoique je ne fasse pas estat de me déterminer moi-mesme sur le sentiment que Vostre Altesse Royale doibt préférer, je ne laisserai pas de lui exposer les inconvéniens de touts les deux , avec la mesme liberté que si je croyois me pouvoir fixer moi-mesme à l'un ou à l'autre. » Si elle obéit, elle est responsable à tout le public de tout ce qu'il souffrira dans la suite. Je ne juge point du détail de ce qu'il souffrira, car qui peut juger d'un futur qui dépend des vétiles d'un cardinal, de l'impétuosité d'Ondedeï, de l'impertinence de l'abbé Fouquet, de la violence d'un Servien? Mais enfin, vous respondres de tout ce qu'ils feront au public, parce qu'il sera persuadé qu'il n'a tenu qu'à vous de l'empescher. Si vous n'obéisses pas, vous coures fortune de bouleverser l'estat. » Monsieur m'interrompit à ce mot, et me dit, mesme avec précipitation : « Ce n'est pas de quoi il s'agit : il s'agit de sçavoir si je suis en estat, c'est-à-dire en pouvoir de ne pas obéir.—Je le crois, Monsieur (lui respondis-je), car je ne vois pas comme la cour se pourra prendre à vous faire obéir. Il faudra que le roi marche en personne au Luxembourg, et ce sera une grosse affaire. » M. de Beaufort exagéra l'impossibilité qu'il y trouveroit, et au point, que je m'apperçeus que Monsieur commençoit à s'en persuader ; et il estoit tout propre , supposé ceste persuasion, à prendre le parti de demeurer cheux lui les bras croisés, parce que de sa pente il alloit tousjours à ne point agir. Je creus que j'estois obligé, par toutes sortes de raisons, à lui éclaircir ceste thèse, ce que je fis en lui représentant qu'elle méritoit d'estre considérée et traitée avec distinction ; que je convenois que le peuple ne souffriroit pas apparemment que l'on allast prendre Monsieur dans le Luxembourg, à moins que le

---

(1) Le brave Gaston de Foix, duc de Nemours, tué à la bataille de Ravennes, sous le règne de Louis XII, le jour de Pâques de l'année 1512, âgé d'environ 23 ans.
(A. E.)

roi n'eust mis à ceste entreprise de certains préalables que le temps pourroit amener; que s'il accoustumoit les peuples à recongnoistre son autorité, je ne doubtois point qu'il n'y peust réussir, et mesme bientost, parce que je ne doubtois pas qu'il ne les y accoustumast en peu de temps par sa prudence; que touts les instants l'augmenteroient; qu'il en avoit déjà plus à dix heures du soir, qui venoient de sonner à la montre de Monsieur, qu'il n'en avoit à cinq, et que la preuve en estoit palpable, en ce qu'il s'estoit saisi de la porte de la conférence, qu'il faisoit garder paisiblement et sans que personne en murmurast, par le seul régiment des gardes, qui n'en auroit pas seurement approché, s'il avoit pleu à Monsieur de la faire fermer seulement un quart-d'heure entre trois et quatre; que si Son Altesse Royale laissoit prendre touts les postes de Paris comme celui-là, et maltraiter le parlement comme on le maltraiteroit peut-estre le lendemain au matin, je ne croyois pas qu'il y eust grande seureté pour lui, peut-estre dès l'après-disnée. Ce mot remit la frayeur dans le cœur de Monsieur, et il s'escria : « C'est-à-dire que je » ne puis rien pour la défensive.— Non, Mon» sieur (lui respondis-je) : vous pouves tout au» jourd'hui et demain au matin. Je n'en vou» drois point répondre demain au soir. » M. de Beaufort, qui creut que mon discours alloit à proposer et à appuyer l'offensive, vint à la charge, comme pour me soubstenir; mais je l'arrestai tout court, en lui disant : « Je vois » bien, monsieur, que vous ne comprenes pas » ma pensée; je ne parle à Son Altesse Royale » comme je fais, que parce que j'ai veu qu'il » croyoit qu'il pouvoit demeurer au Luxem» bourg en toute seureté malgré le roi. Je ne » serai jamais d'aucun advis dans l'estat où les » affaires sont réduites. Ça tousjours esté à » Monsieur à décider ; c'est mesme à lui à pro» poser, et à nous à exécuter. Il ne sera jamais » dit que je lui aie conseillé, ni de souffrir le » traitement qu'il reçoit, ni de faire demain au » matin les barricades. Je lui ai tantost dit les » raisons que j'ai pour cela. Il m'a commandé » de lui expliquer les inconvénients que je crois » aux deux partis, et je m'en suis acquitté. » Monsieur me laissa parler tant que je voulus, et après qu'il eut fait trois ou quatre tours de chambre, il revint à moi et il me dit : « Si je me » résoubs à disputer le pavé, vous déclareres» vous pour moi ? Je lui respondis : — Oui, » Monsieur, et sans balancer; je le doibs, je suis » attaché à vostre service, je n'y manquerai » pas certainement, et vous n'aves qu'à com» mander : mais j'en serai au désespoir, parce

» qu'en l'estat où sont les choses, un homme de » bien ne peut pas n'y pas estre, quoi que vous » fassies. » Monsieur, qui n'avoit qu'une bonté de facilité, mais qui n'estoit pas tendre, ne laissa pas d'estre esmeu de ce que je lui disois. Les larmes lui vinrent aux yeux : il m'embrassa, et puis me demanda tout d'un coup si je croyois qu'il peust se rendre maistre de la personne du roi. Je lui respondis qu'il n'y avoit rien au monde de plus impossible, la porte de la conférence estant gardée comme elle l'estoit. M. de Beaufort lui en proposa des moyens, qui estoient impraticables en touts sens. Il offroit de s'aller poster à l'entrée du cours avec la maison de Monsieur. Enfin il dit maintes folies, à ce qu'il me paroissoit. Je persistai dans ma manière de parler et d'agir, et je cognus, devant que de sortir du Luxembourg (et pour vous dire le vrai, avec plaisir), que Monsieur prendroit le parti d'obéir, car je lui vis une joie sensible de ce que je m'estois défendu d'appuyer l'offensive. Il ne laissa pas de nous en entretenir tout le reste du soir, et de nous commander mesme de faire tenir nos amis tout prests, et de nous trouver dès la pointe du jour au Luxembourg. M. de Beaufort s'apperceut, comme moi, que Monsieur avoit pris sa résolution, et il me dit, en descendant l'escalier : « Cest homme n'est » pas capable d'une action de ceste nature. — » Il est encore bien moins capable de la soubs» tenir, lui respondis-je, et je crois que vous » estes enragé de la lui proposer en l'estat où » sont les affaires. — Vous ne le cognoisses pas » encore, oui, repartit-il, si je ne la lui avois » proposée, il me le reprocheroit d'ici à dix » ans. »

Je trouvai en arrivant cheux moi, Montrésor qui m'y attendoit, et qui se moqua fort de mes scrupules; car il appela ainsi touts les esgards qu'il remarqua dans l'escrit que vous venes de voir, et que je lui dictai. Il m'asseura fort que Monsieur avoit plus d'envie d'estre à Limours, que la reine n'en avoit de l'y envoyer ; et sur le tout il convint que la cour avoit fait une faulte terrible de l'y pousser, parce que la peur de n'y pas estre en seureté, lui pouvoit aisément faire entreprendre ce à quoi il n'eust jamais pensé, si on l'eust ménagé le moins du monde. L'événement a encore justifié ceste imprudence, qui estoit d'autant plus grande, que la cour, qui avoit subjet de me croire outré et en défiance, ne me faisoit pas, à mon sens, la justice de croire que j'eus pour l'estat d'aussi bons sentiments que je les avois en effet. Je suis convaincu que, veu l'humeur de Monsieur, incorrigible de tout point, la division du parti irrémédiable par une infinité de circonstances, et le *deshingandement* [si l'on peut se servir de ce mot], passé, présent, et advenir de toutes ces parties, l'on n'eust peu soutenir ce que l'on eust entrepris, et que par ceste raison, toutes les autres mesme à part, il n'y en eust point eu à conseiller à Monsieur d'entreprendre. Mais je ne suis pas moins persuadé que, s'il l'eust entrepris, il eust réussi pour ce moment, et qu'il eust poussé le roi hors de Paris. Ce que je dis paroistra à beaucoup de gents un paradoxe; mais toutes les grandes choses qui ne sont pas exécutées, paroissent tousjours impraticables à ceux qui ne sont pas capables des grandes choses; et je suis assuré que tel ne s'est point estonné des barricades de M. de Guise, qui s'en fust moqué comme d'une chimère, si l'on les lui eust proposées un quart d'heure auparavant qu'elles fussent eslevées. Je ne sçais si je n'ai pas déjà dit en quelque endroit de cest ouvrage, que ce qui a le plus distingué les hommes, est que ceux qui ont fait de grandes actions, ont veu devant les autres le point de leur possibilité.

Je reviens à Monsieur. Il partit pour Limours un peu avant la pointe du jour, et il affecta mesme de sortir une heure plustost qu'il ne nous l'avoit dit à M. de Beaufort et à moi. Il nous fit dire par Jouy qu'il nous attendoit à la porte du Luxembourg; qu'il avoit ses raisons pour ceste conduite, et que nous les sçaurions un jour, et que nous nous accommoderions avec la cour s'il nous estoit possible. Je n'en fus pas surpris en mon particulier : M. de Beaufort en pesta beaucoup.

Le 22, le roi tint son lit de justice au Louvre. Il y fit lire quatre déclarations. La première, fut celle de l'amnistie (1); la seconde, celle du réta-

---

(1) Avant de porter la déclaration de l'amnistie au parlement, Messieurs du conseil du roi en donnèrent communication à plusieurs membres du parlement, affectionnés au parti de la cour. Ces membres du parlement rédigèrent des observations, et les envoyèrent aux ministres en ces termes :

« Messieurs les présidents de Novion et Le Coigneux ont eu communication de la déclaration du roy, avec MM. Maynardeau et de Guénégaud qui s'y sont rencontrés. M. de Mesme estoit malade. Ils l'ont trouvée très-bien faite, mais ils croyent qu'il est bon que le roy et Messieurs du conseil fassent réflexion, s'il ne seroit pas à propos d'y adjouster quelque chose.

» Premièrement, ils estiment en général que les pièces de cette qualité, qui doibvent estre portées dans les compagnies souveraines et passer dans la main du peuple, ne doibvent pas estre tellement relatives à d'autres précédentes, lorsqu'elles y sont nécessairement énoncées, qu'elles n'en portent la substance; parce qu'il peut arriver que ceux qui auront l'une n'auront pas veu les autres, ou du moins en ayant oublié les clauses principales, soient obligés d'y avoir recours. Et en ce rencontre on croit qu'il est bien à propos de ne se contenter pas d'énoncer l'amnistie et la déclaration contre M. le prince, mais qu'il est nécessaire de les expliquer.

» Ainsi, dans le dispositif, ce n'est pas assez dire que « la déclaration cy-devant publiée contre le prince de Condé, le prince de Conty, duchesse de Longueville et autres y dénommés sera exécutée selon sa forme et teneur, » mais il faut répéter le nom du duc de La Rochefoucault et toute la teneur de ladite déclaration, ce qui se pourroit en disant : « Nous voulons que notre déclaration du 8 octobre dernier, que nous avons fait cy-devant publier, soit exécutée suivant sa forme et teneur, et ce, faisant, etc. On verra aussi s'il ne faut point dire nonobstant la surséance portée par l'arrest du 12 janvier dernier, dont vous pouvez juger les raisons, et mesme je crois qu'il est bon de se souvenir que la vérification du parlement, ensuite de laquelle ladite publication a esté faite, porte qu'il ne pourra estre procédé contre les princes et princesses du sang qu'en présence du roy en parlement.

» Ensuite en l'endroit du mesme dispositif, où il est dit : « Nous luy donnons encore huit jours de temps après la publication de ces présentes, » on peut dire en notre ville de Pontoise, pour rentrer dans son debvoir, selon et en la manière exprimée par notre dite déclaration d'amnistie, à faute de quoy, etc.

» Nous estimons qu'il est nécessaire de répéter succinctement les clauses et conditions portées par l'édit d'amnistie, autrement cela laisse quelque doubte à celuy qui n'a point veu l'amnistie ou qui ne s'en souvient pas, et il est esgal de dire en posant les armes de bonne foy, envoyant un acte en bonne forme, etc., faisant retirer les troupes, etc., le tout suivant nostre édit d'amnistie du mois d'aoust dernier.

» À la fin j'estimerois qu'il faudroit dire : Enjoint à nostre procureur-général et à ses substituts, pour ce que l'adresse n'est qu'à ce parlement-cy, et ainsi aux autres dans leur ressort, et quand on met : Nos procureurs-généraux, c'est dans les édits qui portent : A nos cours de parlement, etc. En effet la déclaration contre M. le prince parle ainsi.

» Les biens, meubles et immeubles saisis, etc., pour estre ceux qui *relèveront* de Nous, il faut : Relèvent ou qui se trouveront relever.

» Mandons à tous gouverneurs de courir sus à tous adhérans de notredit oncle; on estime qu'il faut répéter : Et des princes de Condé et de Conty.

» Mais ce qui est de plus grande importance, est que ces Messieurs estiment, que, puisque l'on ne mesnage rien pour ladite déclaration, on peut ne pas dissimuler la conduite de Mademoiselle, dont on ne parle point après les actions d'Orléans; celle du jour du combat au faubourg Saint-Anthoine, que ce fut elle qui alla excitant le peuple dans les rues, qui violenta ceux qui estoient assemblés en l'Hostel-de-Ville, pour faire déclarer Paris, envoyer des secours aux rebelles, recevoir leurs troupes dans la ville; et qui pis est, qui contraignit en quelque façon le commandant de la Bastille à tirer le canon sur les troupes du roy, et au lieu où Sa Majesté estoit en personne; outre que depuis elle a levé des troupes soubs son nom et fait beaucoup d'autres actions tous les jours avec un emportement estrange contre le service du roy.

» Dans la seconde page du discours où il est dit : Le titre et l'authorité usurpée qu'il s'est fait donner par cabale et par force, on estime qu'il eust esté bon de dire: Le titre de notre procureur-général, et de plus répéter fort succinctement les principales violences dont on s'est servi par la mesme raison que cy-dessus, pour ceux qui

blissement du parlement de Paris; la troisiesme portoit un ordre de sortir de Paris, à messieurs de Beaufort, de Rohan, Viole, de Thou, Broussel (1), Portail (2), Bitaud, Croissy, Machault, Fleury, Martineau et Perraut. Par la mesme déclaration, il estoit défendu au parlement de se mesler doresnavant d'aucune affaire d'estat; la quatriesme establissoit une chambre des vacations. L'on avoit arresté le matin, devant que le roi fust entré, que l'on feroit instance auprès de Sa Majesté pour le restablissement des exilés. Ils obéirent touts le mesme jour. J'allai, l'après-disnée, cheux la reine, qui, après avoir esté quelque temps au cercle, me commanda d'entrer avec elle dans son petit cabinet. Elle me traita parfaitement bien; elle me dit qu'elle sçavoit que j'avois adouci autant qu'il m'avoit esté possible, et les affaires et les esprits : qu'elle croyoit que je l'aurois fait encore et plus promptement et plus publiquement, si je n'avois esté obligé d'observer beaucoup d'esgards avec mes amis, qui n'estoient pas touts de mesme opinion; qu'elle me plaignoit; qu'elle vouloit m'aider à sortir de l'embarras où je me trouvois. Voilà, comme vous voyes, bien de l'honnesteté et mesme bien de la bonté en apparence. Voici le fond.

Elle estoit plus animée contre moi que jamais, parce que Beloy, qui estoit domestique de Monsieur, mais qui estoit tousjours en secret à quelque autre, et qui avoit repris des mesures à la cour depuis que les affaires de M. le prince avoient décliné, l'avoit fait advertir le matin, dès qu'elle fut esveillée, que j'avois offert à Monsieur de faire ce qu'il me commanderoit. Il ne sçavoit rien du détail de ce qui s'estoit passé le soir entre Monsieur, M. de Beaufort et moi : mais comme il entra dans sa chambre aussitost que nous en fusmes sortis, avec Gouy, Monsieur, qui estoit dans l'agitation et dans le trouble, leur dit : « Si je voulois, je ferois bien » danser l'Espagnole. » Beloy, ou malicieusement ou par curiosité, lui respondit : « Mais, » Monsieur, Vostre Altesse Royale est-elle bien » asseurée de M. le cardinal de Rais ? — Le car-» dinal de Rais est homme de bien (dit Mon-» sieur), il ne me manquera pas. » Gouy, qui l'avoit entendu, me le rapporta fidèlement le matin, et je ne doubtai pas que Beloy ne l'eust ainsi rapporté à la reine, qui d'ailleurs ne pouvoit pas sçavoir qu'au mesme moment que j'avois fait à Monsieur l'offre à laquelle mon honneur m'obligeoit, je n'avois rien oublié de tout ce que ce mesme honneur me permettoit pour empescher le bouleversement de l'estat. Je fis, à l'instant mesme que Jouy me donna cest advis, une grande réflexion sur les scrupules dont Montrésor m'avoit tant fait la guerre la veille. Il est vrai qu'ils ne réussissent pas dans les cours, au moins pour l'ordinaire : mais il y a des gents qui préfèrent au succès la satisfaction qu'ils trouvent dans eux-mesmes.

Vous vous series estonnée de la manière dont je respondis à la reine, si je ne vous avois au préalable rendu compte de ce petit détail, qui comprend la raison que j'eus de lui parler comme je fis; je dis que j'eus [de plus], car vous aves veu que devant mesme, je lui parlois presque tousjours avec la mesme sincérité. Je lui dis donc que j'avois une joie sensible d'avoir enfin rencontré le moment que j'avois souhaité si passionnément depuis long-temps, de la pouvoir servir sans restriction; que tant que Monsieur avoit esté engagé dans le mouvement, je n'avois peu suivre mon inclination, par la raison de mes engagements avec lui, sans lesquels elle sçavoit que je ne l'avois jamais trompée : que si j'avois eu l'honneur de la veoir en particulier, la veille du jour où je lui parlois, j'en aurois usé à mon ordinaire, parce que je n'en aurois pas peu user autrement avec honneur; que Monsieur estant sorti de Paris, en pensée et en résolution de ne plus entrer dans aucune affaire publique, m'avoit rendu ma liberté, c'està-dire qu'il m'avoit proprement remis dans mon naturel, dont j'avois une joie que je ne pouvois asses exprimer à Sa Majesté. Elle me respondit le plus honnestement du monde; mais je m'apperceus qu'elle me vouloit faire parler sur les dispositions de Monsieur. Elle eut contentement :

---

n'auront pas veu la translation, outre que ce sont choses dont il est bon de rafraischir la mémoire aux peuples et aux compagnies.

» Sur toutes choses, ce que l'on souhaite est qu'après avoir expliqué les déclarations faites par les princes, on ne dise pas simplement sur cette asseurance : Nous aurions accordé à nostre cousin, le cardinal Mazarin, la permission qu'il auroit aussi demandée de se retirer : mais que l'on se souvienne, pour l'honneur de la compagnie, de ne rien dire de contraire à la response qu'il a pleu au roy faire aux très-humbles supplications qu'elle fit pour ledit esloignement. »

(1) Broussel, très-habile, très-savant, ferme, entier, sombre, particulier, n'est gouverné de personne, a peu de bien; est fier et cherche le dédommagement de sa charge de gouverneur de la Bastille. (Portrait du parlement de Paris.)

(2) Portail, conseiller en la grand'chambre, moins que rien, léger, sans influence, Frondeur, sans suite et sans amis; cherchant inutilement de s'appuyer; grand processif, n'espargnant pas son frère, conseiller en la cour des aides, avec lequel il est continuellement en procès. (Portrait du parlement de Paris.)

car je l'asseurai, et avec beaucoup de vérité, qu'il estoit fort résolu à demeurer en repos dans sa solitude. « Il ne l'y faut pas laisser (1) (re-

(1) D'après ces dispositions de la reine, on peut juger avec quelle satisfaction furent reçues les nouvelles lettres de protestation de soumission, écrites au roi et à la reine par le duc d'Orléans. Aussi ne laissa-t-on pas échapper cette occasion de conclure un accommodement avec Gaston. Ce prince adressa au roi l'état des grâces qu'il désiroit d'obtenir avant de quitter Limours. Elles lui furent accordées, et le duc d'Orléans signa une promesse de servir le roi et de ne jamais lui désobéir. Nous donnons toutes ces pièces historiques d'après les originaux conservés à la Bibliothèque du roi.

Au Roy.

« Monseigneur, j'ai tousjours eu tant de respect pour Vostre Majesté, et je tiens à tant de gloire de conformer toutes mes actions sur ses volontés, qu'il ne se peut rien adjouster à la satisfaction que j'ay, de luy faire donner par mon cousin le maréchal d'Estampes, des preuves de ma soumission et de l'ardeur que j'auray toute ma vie pour le bien de son service; comme c'est un sentiment que j'ay conservé inviolablement jusques icy, je conjure Vostre Majesté de croire que je le garderai avec la mesme fermeté à l'avenir, et que rien ne sera jamais capable d'affoiblir la vénération qu'a pour elle, Monseigneur, vostre très-humble et très-obéissant serviteur et subject.
» Signé GASTON.
» A Limours, le 29 octobre 1652. »

A la Royne.

« Madame, si j'ay creu qu'il estoit de mon devoir d'envoyer mon cousin le mareschal d'Estampes pour rendre mes très-humbles respects au roy monseigneur et nepveu, je ne me sens pas moins obligé d'en faire de mesme pour Vostre Majesté, puisque rien n'a jamais esté capable de diminuer la soumission que j'ay pour elle. Ceux qui cognoissent le fond de mes intentions savent que j'ai tousjours establi ma principale satisfaction à honorer Vostre Majesté, et je la supplie de croire que si je puis à l'avenir luy donner de véritables effets de la protestation que je luy fais, je m'estimeray d'autant plus heureux qu'il ne se peut rien adjouster à la passion inviolable que j'ay d'estre toute ma vie, Madame, vostre très-humble et très-obéissant frère et serviteur.
» Signé GASTON.
» A Limours, le 29 octobre 1652. »

Protestation du duc d'Orléans.

« Nous Gaston, fils de France, oncle du roy, duc d'Orléans, promettons en foi de prince, de ne nous séparer jamais des intérests du roy, notre très-honnoré seigneur et nepveu, et de ne prendre jamais les armes contre Sa Majesté pour quelque cause et prétexte que ce soit, et de n'adhérer jamais directement ny indirectement à toutes les entreprises qui pourroient estre faites contre les volontés de Sa Majesté, ny contre le contenu en sa déclaration d'amnistie du présent mois d'octobre; en témoing de quoy nous avons signé la présente de notre main et scellé, fait contresigner par le secrétaire de nos commandements. Fait à Limours, ce 25 octobre 1652.
» Signé GASTON.
» Et plus bas : DE FROMONT. »

prit-elle); il peut estre utile au roi et à l'estat.
» Il fault que vous l'allies quérir, et que vous
» nous le rameniés. » Je faillis à tomber de mon

Demandes de Son Altesse Royale, et réponses qu'il a plu au Roi de faire aux présents articles. (N. B. Les lignes en italiques sont les réponses du roi.)

1. « Que Son Altesse Royale pourra aller en tel lieu du royaume qu'il lui plaira, sans qu'on la puisse obliger d'aller à la cour, que lorsqu'elle jugera le devoir faire, ni l'empescher de se rendre auprès du roy quand bon lui semblera. »
« *Accordé.* »

2. « Que toutes les troupes que Son Altesse Royale avoit avant les présens mouvemens, et celles qui ont entré dans son service estant auparavant dans les armées du roy, seront entretenues comme elles estoient auparavant et dans le mesme rang; et que les pensions qu'avoient les officiers seront rétablies, et leur sera baillé quartier d'hiver comme aux autres troupes de l'armée du roy. »

« *Les troupes que le roy avoit fait mettre sur pied sous le nom de Son Altesse Royale, auparavant les présens mouvemens, et celles qui ont quitté le service de Sa Majesté pour suivre le parti de Sa dite Altesse Royale, seront maintenues sur pied aux mesmes rangs et avantages qu'elles avoient ci-devant.* »

3. « Que le régiment de Valois et les compagnies de gendarmes et chevau-légers subsisteront jusqu'à l'accouchement de Madame; et au cas que ce ne fust pas d'un fils, qu'elles seront entretenues sous le nom des maistre de camp et capitaines de gendarmes et chevau-légers qui les commandent. »

4. » Qu'il plaira au roy faire expédier une commission au comte d'Holac, pour le régiment d'Allemans qu'il commande maintenant en qualité de colonel sous le nom de Son Altesse Royale, comme celle qu'il lui en a fait expédier, et lui accorde un brevet de mareschal de camp. »

« *Pour les troupes qui estoient sous le nom de M. de Valois, elles y demeureront jusqu'à l'accouchement de Madame; que, si Dieu lui donne un fils, elles subsisteront sous le mesme nom, sinon elles seront données aux maistres de camp ou capitaines-lieutenans qui les commanderont; bien entendu que lesdites troupes seront subjectes aux mesmes retranchemens que le roy trouvera bon de faire à celles qui composent présentement les armées.*
» *Sa Majesté donnera le brevet de mareschal-de-camp au comte d'Holac.* »

5. « Que la ville et la citadelle du Port-Saint-Esprit seront rendus à Son Altesse Royale au mesme estat qu'elles estoient. »
« *Accordé.* »

6. « Que Béthune sera restitué à M. le vicomte d'Hostel. »
« *Accordé.* »

7. « Le chasteau d'Amboise, apanage de Son Altesse Royale, sera restitué au marquis de Sourdis. »
« *Le roy ayant donné ses ordres pour faire remettre le gouvernement du chasteau d'Amboise à M. le marquis de Sourdis, il n'y a rien à faire sur cet article.* »

8. et 9. « Que le gouvernement de Carcassonne sera restitué au sieur de Brame, et celui de La Charité au comte de Langeron. »
« *Accordé.* »

hault : car je vous advoue que je ne m'attendois pas à ce discours. Je le compris pourtant bientost, non pas qu'elle me l'expliquast clairement ; mais elle me fit entendre que la dignité du roi,

10. « Qu'il sera donné quelque récompense au sieur de Saint-Quentin, à cause de la lieutenance du roy de Dunquerque. »

« *N'est pas matière de traité.* »

11. « Que M. le duc de Rohan sera restabli dans son gouvernement d'Anjou et de la ville et chasteau d'Angers, ensemble du Pont-de-Cé en l'estat qu'il est, et sera faict droit sur sa prétention pour le ressort de Saumur et l'amnistie pour les habitans d'Angers, expédiée ainsi qu'il lui a été promis par son traicté. »

« *Accordé pour la ville et chasteau d'Angers, et gouvernement d'Anjou seulement ; et sera expédiée une amnistie pour les habitans d'Angers.* »

12. « Que ledit sieur de Rohan sera réassigné de ses appointemens et pensions, dont les assignations ont esté diverties. »

« *Accordé pour les assignations diverties par Sa Majesté.* »

13. « Que M. de Sully sera restabli dans Mantes et autres charges. »

« *Accordé.* »

14. « Qu'il sera payé de ses appointemens et pensions à cause d'icelles. »

« *Accordé pour estre payé comme auparavant des présens mouvemens.* »

15. « Qu'il lui sera donné récompense de la charge de grand-maistre de l'artillerie dont feu M. son pére a esté privé. »

« *N'est pas matière de traicté.* »

16. « Que le maire de Mantes sera restably en sa charge, et ses biens lui seront restitués. »

« *Le maire de Mantes sera restably dans tous ses biens, et non dans la mairie.* »

17. « Que l'on accordera une descharge de tous les deniers pris en vertu des ordres de Son Altesse Royale. »

« *Accordé.* »

18. « Que l'on accordera une descharge des tailles pendant quelques années aux généralités de Paris et Orléans. »

« *Il y sera pourveu suivant qu'il sera trouvé juste et à propos par Sa Majesté.* »

19. « Que les ponts de Blois et Gargeau seront restablis, et qu'il sera fait fonds nécessaire à cet effet. »

« *Seront lesdits ponts restablis, et pour trouver le fonds nécessaire il sera levé durant un certain temps un droit extraordinaire sur les marchandises passant soubs iceux, dont on tra.tera avec un particulier pour en faire l'advance.* »

20. « Que s'il a esté expédié quelques arrests qui portent préjudice aux entretennemens des maisons de Son Altesse Royale et de Madame, ils seront révocqués et les assignations restablies, et si aucunes d'icelles ont esté diverties, sera donné un nouveau fonds, comme aussi pour toutes celles que Son Altesse Royale n'a pu recevoir pendant les présens mouvemens. »

« *Accordé, excepté pour les deniers pris par ceux de son parti, depuis le mois de février dernier qu'il a signé un traicté avec M. le prince jusqu'à l'arrest des présens articles , sauf à Son Altesse Royale à se pourvoir contre ceux qui ont pris lesdits deniers, ainsi qu'elle advisera bon estre.* »

21. « Que M. de Montbazon sera remis en ses gouvernemens, et que ses gaiges et appointemens qui ont esté arrestés lui seront rendus. »

« *Accordé.* »

22. « Que la survivance de la charge de capitaine des cent-suisses de M. de Bouillon-La-Marque sera accordée à M. de La Boulaye, son gendre. »

« *N'est pas matière de traicté.* »

23. « Et attendu que depuis la vérification de l'amnistie qui avoit esté concertée, il a plu au roy y déroger par une déclaration subséquente et publiée en la présence de Sa Majesté, par laquelle aucuns présidens et conseillers ont eu ordre de se retirer de Paris, Son Altesse Royale supplie très-humblement Sa Majesté d'agréer présentement leur retour et qu'ils rentrent en la fonction de leurs charges, comme estant une grâce la plus sensible qu'elle puisse jamais recevoir de Sa Majesté, et pour laquelle Sa dite Altesse Royale lui fera de continuelles instances.

» Sadite Altesse Royale demande à Sa Majesté la mesme grâce pour les autres personnes qui ont eu ordre de se retirer de Paris depuis ladite amnistie vérifiée.

« *Le roi, pour les considérations contenues en ladite déclaration publiée en sa présence, ne peut, quant à présent, rien accorder sur cet article.* »

24. « Qu'ayant plu au roy retirer le gouvernement de la Bastille des mains du sieur de La Louvière, il plaise à Sa Majesté luy faire payer comptant les 90,000 livres que Sa dite Majesté avoit eu agréable de lui accorder à la supplication de Sa dite Altesse Royale. »

« *Le roi fera donner au sieur de La Louvière des assignations bonnes et valables pour 90,000 livres.* »

25. « Que s'il a esté innové quelque chose dans le gouvernement de Languedoc , le tout sera restably comme il estoit auparavant, et qu'à cest effect seront délivrées les lettres de cachet et autres expéditions nécessaires, et que, conformément à ce, les prochains estats seront tenus en la forme ordinaire par le lieutenant-général en tour, remettant à Sa Majesté d'y envoyer, s'il luy plaist , les sieurs de Vertamont et Boucherat, nommés par Sa Majesté. »

« *Sa Majesté trouve bon que toutes choses soient restablies dans le Languedoc, comme elles estoient auparavant les mouvemens.* »

26. « Qu'il plaira au roy, conformément à l'amnistie, rétablir le sieur de La Rocheposaye en sa charge de lieutenant de Sa Majesté dans le Haut-Poictou, comme n'ayant agi dans les présens mouvemens qu'en vertu des ordres et commissions de Son Altesse Royale. »

« *Accordé conformément à l'amnistie.* »

« Nous Gaston, fils de France, oncle du roy, duc d'Orléans, ayant veu les responses qu'il a plu à Sa Majesté de nous faire donner aux demandes et articles cy-dessus transcripts, qui lui ont esté représentés de notre part, recognoissons les avoir acceptés, et promettons en foy et parole de prince de garder et observer ponctuellement de notre part tout ce qui est contenu en iceux, sans jamais y contrevenir ny souffrir qu'il y soit contrevenu en aucune manière ; en témoin de quoy nous avons signé la présente de notre main, et icelle fait contresigner par le secrétaire de nos commandemens. Fait à Limours le vingt-huitième octobre 1652.

» Signé GASTON.

» Et plus bas : GOULAS. »

(Addition de la main de Gaston.) Je ne désire pas que le présent traicté soit exécuté en ce qui me regarde, qu'après qu'il aura pleu au roy de m'accorder les supplications que je luy ai faites pour ceux qui sont intéressés avec moy, et dont j'ai prié mon cousin le duc d'Aumale et M. Le Tellier de luy parler.

Signé GASTON.

estant satisfaite par l'obéissance que Monsieur lui avoit rendue (1), il ne tiendroit qu'à lui de se restablir plus que jamais dans ses bonnes graces, en couronnant la bonne conduite qu'il venoit de prendre, par des complaisances justes, raisonnables, et dans lesquelles mesme il pourroit trouver son compte. Vous voyes que ces expressions n'estoient pas extresmement obscures. Quand la reine vit que je n'y respondois que par des termes généraux, elle se referma, non pas seulement sur la matière, mais encore sur la manière dont elle m'avoit traité auparavant. Elle rougit, et elle me parla pourtant plus froidement, ce qui estoit tousjours en elle un signe de cholère. Elle se remit pourtant un peu après, et elle me demanda si j'avois tousjours confiance en madame de Chevreuse? A quoi je lui respondis que j'estois tousjours beaucoup son serviteur. Elle reprit brusquement ceste parole, et il me parut mesme qu'elle la reprit avec joie, en me disant : « J'entends bien, vous en avez » davantage en la Palatine, et vous avez raison. » — J'en ai beaucoup, Madame (lui respondis- » je), en madame la Palatine : mais je supplie » Vostre Majesté de me permettre que je n'en » aie plus qu'à elle-mesme. — Je le veux bien » (me dit-elle asses bonnement). Adieu, toute » la France est là dedans qui m'attend. »

Je vous supplie de trouver bon que je vous rende compte, en cest endroit, d'un détail qui y est nécessaire, et qui vous fera cognoistre que ceux qui sont à la teste des grandes affaires ne trouvent pas moins d'embarras dans leur propre parti, que dans celui de leurs ennemis. Les miens, quoique touts puissants dans l'estat, l'un par sa naissance, par son mérite, et par sa faction ; l'autre par sa faveur, n'avoient peu, avec touts leurs efforts, m'obliger à quitter mon poste, et je puis dire, sans vanité, que je m'y serois conservé, et mesme avec dignité, en laschant seulement un peu la voile, si les différents intérests, ou plustost les différentes visions de mes amis ne m'eussent forcé à prendre une conduite qui me fît périr, par la pensée qu'elle donna que je voulois tenir contre le vent. Pour vous faire entendre ce détail qui est assez curieux, il est, à mon advis, nécessaire que je vous fasse celui qui concerne un certain nombre de gents que l'on appeloit mes amis : je dis que l'on appeloit, parce que touts ceux qui passoient pour cela dans le monde ne l'estoient pas.

Par exemple, je n'avois pas rompu avec madame de Chevreuse, ni avec Laigues. Noirmoustier n'avoit rien oublié de toutes les advances qu'il m'avoit peu faire, pour se raccommoder avec moi ; et les instances de touts mes amis m'avoient obligé de les recevoir, et de vivre civi-

Articles particuliers proposés par Son Altesse Royale, outre ceux ce jourd'huy arrestés.

1. « Qu'il plaise au roy accorder à M. le duc de Beaufort 200,000 livres pour et au lieu de ses prétentions sur le tiers des prises du chevalier de la Ferrière. »

« Sa Majesté accorde 100,000 livres à M. le duc de Beaufort. »

2. « Que les petits chiens soyent accordés au comte de Rochefort, fils de M. de Monbazon. »

« Accordé. »

3. « Qu'il soit donné une abbaye à un autre fils de M. de Montbazon, en considération de ce qu'on a disposé d'une qui luy avoit esté promise, et qu'on luy donnera toutes sortes d'assurances pour la première qui vaquera de mesme revenu et condition dont estoit l'autre. »

« *Quoique Sa Majesté n'ayt point promis d'abbaye au fils de M. de Montbazon, le roy faisant considération sur la recommandation de Son Altesse Royale, le fera gratifier dans un an d'une abbaye de 8 à 10,000 livres de rentes, et luy en fera cependant donner un brevet d'asseurance.* »

« Ces trois articles sont accordés, à condition que les y dénommés exécuteront chacun à leur esgard, la déclaration de Sa Majesté du 22 du présent mois, et les ordres de Sa dite Majesté.

» Fait à Limours, le 28 octobre 1652.
» Signé GASTON
» Et plus bas : GOULAS. »

Promesse du duc de Rohan.

« Nous duc de Rohan, pair de France, recognoissons qu'encore que par la response du roy au onziesme article des demandes faites par Son Altesse Royale à Sa Majesté, il soit porté que nous serons restabli dans le gouvernement général de la province d'Anjou et le gouvernement particulier de la ville et chasteau d'Angers, néanmoins nous avons consenty et consentons par la présente de ne point rentrer dans les fonctions dudit gouvernement général, ny dans ledit chasteau et ville d'Angers et les fonctions dudit gouvernement particulier, durant tout le temps que dureront les mouvemens du royaume avec M. le prince, nous contentant de la jouissance des appointemens et émolumens des dites charges, ainsy qu'il a pleu à Sa Majesté de nous l'accorder présentement.

» En témoing de quoy nous avons signé la présente de nostre main. A Limours, ce 28 octobre 1652.

» Signé HENRY CHABOT, DUC DE ROHAN. »

(1) Le cardinal de Retz avait très-bien compris ce que la reine lui donnait à entendre ; et l'on voit par l'extrait suivant de la dépêche du bailly de Vallançay, que la reine n'avait d'autre but, lorsqu'elle envoya au duc d'Orléans l'ordre de sortir de Paris, *que de satisfaire à la dignité du roi.*

« De Rome, 11 novembre 1652.
» Il est arrivé un courier extraordinaire qui m'a apporté de Paris un feuillet d'avis du 21 du passé (21 octobre 1652), par lequel j'ai veu l'arrivée du roi en ceste ville-là ; l'accommodement de M. le duc d'Orléans, Son Altesse Royale devant seulement s'absenter pour un peu de la cour, *pour marque de plus grand respect vers Sa Majesté.*
» Le bailly DE VALLANÇAY. »

lement avec lui. Montrésor, qui à toutes fins m'avoit déclaré cent fois en sa vie, qu'il n'estoit dans mes intérests qu'avec subordination à ceux de la maison de Guise, ne laissoit pas de prétendre droit à pouvoir entrer dans mes affaires, parce qu'enfin il avoit esté du secret de quelques-unes. Ce droit, qui est celui de s'intriguer pour négotier, lui estoit commun avec les autres que je vous viens de nommer immédiatement devant lui. Il ne s'en servit pas en ceste dernière occasion tant que les autres, quoiqu'il en parlast autant et plus qu'eux. Il se contenta de prosner cheux moi les soirs, sur un ton fascheux; mais il ne fit point de mauvais pas du costé de la cour, comme fit M. de Noirmoustier, qui, pour se faire valoir à M. le cardinal Mazarin, qu'il alla veoir sur la frontière, lui monstra une lettre de moi, avec une fausse date, par laquelle je l'avois chargé autrefois d'une commission, qu'il rapportoit au temps présent. M. le cardinal se douta de la fourbe, sur je ne sçais quelle circonstance, dont je ne me ressouviens pas présentement, et il ne lui a jamais pardonné. Madame de Chevreuse n'en usa pas ainsi; mais comme elle n'avoit pas trouvé à la cour, ni la considération, ni la confiance qu'elle en avoit espérée, elle cherchoit fortune, et elle eust bien voulu se mesler, au retour du roi dans Paris, d'une affaire qui paroissoit grosse, parce qu'on la regardoit comme un préalable nécessaire à celui de M. le cardinal à la cour. Laigues, qui m'avoit traité asses familièrement devant son départ, recommença à me veoir soigneusement et presque sur l'ancien pied; et mademoiselle de Chevreuse mesme, par l'ordre de madame sa mère, si je ne me suis fort trompé, me fit des advances pour se raccommoder avec moi. Elle avoit les plus beaux yeux du monde, et un art à les tourner, qui estoit admirable, et qui lui estoit particulier. Je m'en apperceus le soir qu'elle arriva à Paris; mais je dis simplement que je m'en apperceus. J'en usai honnestement avec la mère, avec la fille, et avec Laigues, et rien de plus. L'on pourroit croire qu'il n'y auroit, en ces rencontres, qu'à en user ainsi pour me tirer d'affaire, mais il n'est pas vrai; parce que les advances que ceux qui s'adoucissent font aux puissances, tournent toujours infailliblement au désadvantage de celui qui les désadvoue en ne les suivant pas; et de plus, il est bien difficile que ceux qui sont désadvoués, n'en conservent toujours quelque ressentiment, et ne donnent, au moins dans la chaleur, quelque coup de dent. Je sçais que Laigues m'en donna, mesme grossièrement, et à droite et à gauche. Je n'ai rien sceu sur cela de madame de Chevreuse, qui d'ailleurs a de la bonté, ou plutost de la facilité naturelle. Mademoiselle de Chevreuse ne me pardonna pas ma résistance à ses beaux yeux; et l'abbé Fouquet, qui servoit en ce temps-là son quartier auprès d'elle, a dit depuis sa mort à un homme de qualité, de qui je le sçais, qu'elle me haïssoit autant qu'elle m'avoit aimé. Je puis jurer avec toute sorte de vérité, que je ne lui en avois jamais donné le moindre subjet. La pauvre fille mourut d'une fièvre maligne (1), qui l'emporta en vingt-quatre heures, devant que les médecins se fussent seulement douté qu'il peust y avoir le moindre péril à sa maladie. Je la vis un moment avec madame sa mère, qui estoit au chevet de son lit, et qui ne s'attendoit à rien moins qu'à la perte qu'elle en fit le lendemain matin à la pointe du jour.

J'avois une seconde espèce d'amis, c'est-à-dire des gents qui se tenoient fourrés dans le parti de la Fronde, et qui, dans les subdivisions du parti, s'estoient joints particulièrement à moi; et de ceux-là, les volées estoient différentes. Elles s'accordoient toutes en un point, qui estoit qu'ils espéroient beaucoup pour leur intérest particulier de mon accommodement, ce qui estoit la disposition toute prochaine à croire que j'aurois peu faire tout ce que je n'aurois pas fait pour eux. Ces sortes de gents sont très-fascheux, parce que, dans les grands partis, ils font une multitude d'hommes, à laquelle, pour mille différents respects, l'on ne se peut ouvrir de ce que l'on peut ou de ce que l'on ne peut pas, et auprès de laquelle, par conséquent, l'on ne se peut jamais justifier. Ce mal est sans remède, et il est de ceux-là où il ne faut chercher que la satisfaction de sa conscience. Je l'ai eue toute ma vie plus tendre sur cest article, qu'il ne convient à un homme qui s'est meslé d'aussi grandes affaires que moi. Il n'y a guères de matière où le scrupule soit plus inutile, et tout ensemble plus incommode. Je n'en souffris pas en effet par l'événement, dans l'occasion dont il s'agit; mais j'en avois déjà asses souffert par la prévoyance. La troisième espèce d'amis que j'avois en ce temps-là, estoit un nombre choisi de gents de qualité, qui estoient unis avec moi et d'intérest et d'amitié; qui estoient de mon se-

---

(1) Le même jour (6 novembre) mademoiselle de Chevreuse mourut à Paris, si subitement, qu'il n'y eut que deux jours d'intervalle entre sa parfaite santé et sa mort; ce qui fit présumer qu'il y avait eu quelque chose de plus dangereux que la fièvre. » (Journal historique. Manuscrit de la Bibliothèque du roi.)

cret, et avec lesquels je concertois de bonne foi ce que j'avois à faire. Ceux-là estoient MM. de Brissac, de Bellièvre, de Caumartin, parmi lesquels M. de Montrésor, comme je vous l'ai déjà dit, se mesloit par la rencontre de beaucoup d'affaires précédentes ausquelles il avoit eu part. Il n'y en avoit pas un dans ce petit nombre qui ne fust en droit d'y prétendre. La qualité de M. de Brissac, et l'attachement qu'il avoit pour moi dans les affaires les plus espineuses, m'obligeoient à préférer ses intérests aux miens propres, et d'autant plus qu'il n'avoit pas profité de ce qu'il avoit stipulé pour lui, quand messieurs les princes furent arrestés, touchant le gouvernement d'Anjou. Ce ne fut à la vérité ni la faulte de la cour, ni la mienne; le traité qu'il en avoit commencé n'ayant manqué que par le défault d'argent qu'il ne peut fournir; mais enfin, il n'avoit rien, et il estoit juste au moins, à mon esgard, qu'il fust pourveu. M. le président de Bellièvre avoit dès ce temps-là des veues pour la première présidence; mais comme il estoit homme de bon sens, il n'y pensa plus, dès qu'il vit que la cour prenoit le dessus; et dès le jour que Monsieur et M. le prince envoyèrent à Saint-Germain messieurs de Rohan et de Chavigny, et Goulas, il me dit ces propres paroles: « Je vas me remettre dans ma coquille, il n'y a » plus rien à faire, je ne veux plus estre nommé » à rien. » Il me tint parole; et une grande et dangereuse fluxion qu'il eut effectivement sur un œil, lui en donna mesme le prétexte, et lui en facilita le moyen. M. de Caumartin s'estoit allé marier en Poitou, un mois ou cinq semaines avant que le roi revint, et il estoit encore cheux lui quand la cour arriva à Paris. Il avoit eu certainement plus de part que personne dans le secret des affaires, il y avoit agi avec plus de foi et plus de capacité, et il n'y avoit eu mesme d'intérest particulier que celui que son honneur l'obligea d'y prendre, dans une occasion où il sçavoit mieux qu'homme qui fust au monde qu'il n'en pouvoit avoir aucun qui fust effectif. L'injustice que l'on lui a faite sur ce subjet, m'oblige à en expliquer le détail.

Vous avez veu dans le second volume de ceste histoire, que Monsieur fut entraisné par M. le prince à demander à la reine l'esloignement des soubs-ministres, et qu'il ne tint pas à moi que Monsieur ne fist point ce pas, qui, dans la vérité, n'estoit en aucune manière bon à rien, et à lui moins qu'à personne. De Laigues, qui les creut perdus, et qui estoit l'homme du monde qui *s'incapricioit* le plus de ces nouveaux arrests, se mit dans l'esprit de procurer la charge de secrétaire de la guerre, qui est celle de M. le Tellier, à Nouveau. Madame de Chevreuse s'ouvrit de ceste vision devant le petit abbé de Bernai, qui le dit à M. de Caumartin. Il ne le trouva pas bon, et il eut raison. Il vint cheux moi; il me demanda si ce dessein estoit venu jusqu'à moi; je me mis à soubsrire, et à lui dire que je pensois qu'il me croyoit fou: qu'il sçavoit bien que je sçavois mieux que personne que nous n'estions pas en estat de faire des secrétaires d'estat; et que de plus, si nous estions en cest estat, ce ne seroit point pour M. de Nouveau que nous travaillerions. Il s'emporta contre madame de Chevreuse et contre Laigues, et il n'avoit pas tort, « car quoique je sçache bien, » (dit-il) que leur proposition est impertinente, » elle marque tousjours que je ne doibs pas » prendre grande confiance en leur amitié.—Il » est vrai (lui respondis-je), et je leur en dirai » dès demain au matin mon sentiment, d'une » manière qui leur fera voir que j'en suis encore » plus mescontent que vous.—Ce qui est admi- » rable (ajoutai-je), est qu'à l'instant que je fais » touts mes efforts auprès de Monsieur pour » l'empescher de pousser M. Le Tellier, ces » gents-là font voir par leur conduite qu'il croira » que c'est moi qui le veult précipiter. »

Je fis dès le lendemain de grands reproches à madame de Chevreuse et à Laigues. Ils nièrent le fait. Cet éclaircissement fit du bruit; ce bruit alla à M. Le Tellier, qui creut que l'on disputoit déjà sa charge. Il m'a paru qu'il ne l'a jamais pardonné ni à M. de Caumartin ni à moi. La pluspart des inimitiés qui sont dans les cours ne sont pas mieux fondées; et j'ai observé que celles qui ne sont pas bien fondées sont les plus opiniastres. La raison en est claire. Comme les offenses de ceste espèce ne sont que dans l'imagination, elles ne manquent jamais de croistre et de grossir dans un fond qui n'est tousjours que trop fécond en mauvaises humeurs qui les nourrissent. Pardonnes-moi, je vous supplie, ceste petite digression, qui mesme n'est pas inutile au subjet que je traite, puisqu'elle vous marque l'obligation que j'avois encore plus grande à tirer d'affaire M. de Caumartin, en m'accommodant. Ce ne fut pourtant pas lui qui embarrassa mon accommodement; il cognoissoit fort bien qu'il n'y avoit plus assez d'estoffe pour en faire un trafic considérable. Il m'avoit dit plusieurs fois, avant qu'il partist pour aller en Poitou, qu'il estoit rude, mais qu'il estoit nécessaire que nous pâtissions mesme de la mauvaise conduite de nos ennemis; qu'il y auroit plus d'avantage à tirer pour les particuliers; qu'il ne falloit plus songer qu'à sauver le vaisseau, dans lequel il pourroit se remettre à la voile selon les occa-

sions ; et que ce vaisseau, qui estoit moi, ne pouvoit se sauver en l'estat où les affaires estoient tombées par l'irrésolution de Monsieur, qu'en prenant le large, et en se jettant à la mer du costé du Levant, c'est-à-dire de Rome. Je me souviens qu'il adjousta, le propre jour qu'il me dit adieu, ces propres paroles : « Vous ne
» vous soubstenes plus que sur la pointe d'une
» esguille ; et si la cour cognoissoit ses forces à
» vostre esgard, elle vous pousseroit comme elle
» va pousser les autres. Vostre courage vous fait
» tenir une contenance qui la trompe et qui
» l'esmeut ; serves-vous de cest instant pour en
» tirer ce qui vous est bon pour votre emploi
» de Rome ; elle fera sur cela tout ce que vous
» voudres. »

Voilà, comme vous voyes, des dispositions asses bonnes et sages pour ne plus embarrasser une négociation. Il ne restoit donc que M. de Montrésor, qui disoit du matin au soir qu'il ne prétendoit rien, et qui avoit mesme tourné en ridicule une lettre par laquelle Chandenier lui avoit escrit de la province, qu'il ne doubtoit pas que je ne le restablisse dans sa charge, et que je ne le fisse duc et pair en ceste occasion. Ce fut toutesfois ce M. de Montrésor mesme qui troubla toute la feste, et qui la troubla sans aucun intérest, et par un pur travers d'esprit.

Un soir, que nous estions touts ensemble cheux moi auprès du feu, et que nous discutions ce qu'il seroit à propos de respondre à M. Servien, qui avoit fait à M. de Brissac les propositions pour moi, que vous verres dans la suite, Joly, qui y estoit présent, dit à propos de je ne sçais quoi qui se rencontra dans le cours de la conversation, qu'il avoit reçeu une lettre de Caumartin ; il la leut, et ceste lettre portoit, mesme avec force, ce que je viens de vous dire de ses sentiments. Je remarquai que Montrésor, qui ne l'aimoit pas d'inclination, fit une mine de mystère, meslée de chagrin ; et comme je cognoissois extresmement ses manières et son humeur, je jetai quelques paroles, pour l'obliger à s'expliquer ; il n'y eut pas peine, car il s'escria tout d'un coup, mesme en jurant : « Nous
» ne sommes pas des gents à manger des pois
» au veau. Schelme, qui dira que Son Eminene
» se doibve et puisse accommoder avec hon-
» neur, sans y faire trouver à ses amis leurs
» advantages ; qui le dira, les y voudra trouver
» pour lui seul. » Ces paroles, jointes à un chagrin que je lui avois veu depuis quelques jours contre la Palatine, me firent veoir qu'il croyoit que Caumartin, qui estoit son ami particulier, eust ménagé quelque chose avec elle pour son profit et au desceu des autres. Je fis tout mon possible pour le destromper, je n'y réussis pas : il réussit mieux à tromper les autres, car il jetta le mesme soupçon dans l'esprit de M. de Brissac, qui estoit un homme de cire, et plus susceptible qu'aucun que j'aye jamais cogneu, des premières impressions. M. de Brissac resveilla là-dessus madame de Lesdiguières, qui l'aimoit de tout son cœur en ce temps-là. L'on ne manque jamais, quand l'on est dans ces sortes d'indispositions, à les fortifier de toutes les idées qui peuvent faire croire que les partis qui sont contraires à celui que l'on craint que l'on ne prenne, sont non-seulement possibles, mais aisés. Ceste imagination se glisse dans touts les esprits, elle coule jusques aux subalternes ; on s'en parle à l'oreille ; ce secret ne produit au commencement qu'un petit murmure ; ce petit murmure devient un bruit, qui fait trois ou quatre effets pernicieux, et à l'esgard de son propre parti, et à l'esgard de celui mesme auquel on a affaire. Voilà justement ce qui m'arriva : et je fus estonné et que touts mes amis se partagèrent sur ce que je ferois ou ne ferois pas, sur ce que je pouvois ou ne pouvois pas, et que la cour me regarda comme un homme qui prétendoit ou partager le ministère, ou en faire achepter bien chèrement l'adjudication. Je cogneus, je sentis le péril et l'inconvénient de ce poste ; je me résolus de les boire, et je m'y résolus par ce mesme principe, qui m'a fait toute ma vie prendre trop sur moi. Il n'y a rien de plus mauvais, selon les maximes de la politique. Le monde ne nous en a le plus souvent aucune obligation. Les bonnes intentions se doibvent moins outrer que quoi que ce soit. Je me suis très-mal trouvé de n'avoir pas observé ceste règle, et dans les grandes affaires et dans les domestiques ; mais il fault advouer que nous ne nous corrigeons guères de ce qui flatte nostre morale et nostre inclination ensemble ; je n'ai guères peu me repentir de ceste conduite, quoiqu'elle m'ait cousté ma prison, et toutes les suites de ma prison, qui n'ont pas esté médiocres. Si j'eusse suivi le contraire ; si j'eusse accepté les offres de M. Servien ; si je me fusse tiré d'embarras, j'aurois évité touts les malheurs qui m'ont presque accablé ; je n'aurois peu me défendre d'abord de celui qui est inévitable à touts ceux qui sont à la teste des grandes affaires, et qui en sortent sans faire trouver des advantages à ceux qui y sont engagés avec eux. Le temps auroit assoupi ces plaintes, que la fortune mesme auroit peu tourner par de bons événements en ma faveur ; je conçois fort bien ces vérités, mais je ne les regrette pas ; je me suis satisfait moi-mesme, en me conduisant autrement ; et, comme

à la réserve de la religion et de la bonne foi, tout doibt estre au moins, à mon opinion, esgal aux hommes, je crois que je puis raisonnablement estre content de ce que j'ai fait. Je refusai donc les propositions de M. Servien, qui estoient que le roi me donneroit la surintendance de ses affaires en Italie, avec cinquante mille escus de pension; que l'on payeroit jusques à la somme de cent mille escus de mes debtes; que l'on me délivreroit comptant celle de cinquante mille pour mon ameublement, et que je demeurerois trois ans à Rome, après lesquels il me seroit loisible de venir faire à Paris mes fonctions. Je ne rebutai pourtant pas M. Servien de but en blanc; j'en usai tousjours honnestement avec lui. Il me vit cheux moi, je lui rendis sa visite; nous négotiasmes; mais il jugea bien que je ne voulois rien conclure, parce qu'il n'entroit en rien de ce qui concernoit les intérests de mes amis, quoique je l'eusse tasté sur ce chef, auquel, dans le fond, il estoit contraire au dernier point, à ce que j'ai sçeu depuis. Madame la Palatine, à laquelle j'avois beaucoup plus de confiance qu'à lui, n'estoit pas au commencement tout à fait persuadée que l'on ne peut rien faire pour eux. Elle s'apperceut dans peu qu'elle s'estoit trompée en cela elle-mesme; elle s'apperceut mesme de pis, et que les mauvais offices et de Servien et de l'abbé Fouquet alloient à plus qu'à rompre mes négociations. Elle m'en advertit; elle me déclara mesme qu'elle ne se vouloit plus trouver cheux Joly, où elle avoit accoutumé de me venir trouver en chaise, par une porte de derrière, entre dix et onze heures du soir; elle me fit cognoistre qu'il y avoit du péril pour moi en ces conférences secrettes; et elle me dit [nettement], ou que je debvois conclure, ou que je debvois traiter directement avec le cardinal mesme, parce que touts les subalternes, l'un par un principe, l'autre par un autre, m'estoient contraires. Je vous ai dit ci-devant les raisons pour lesquelles je ne me pouvois résoudre à conclure pour moi seul, et ces raisons estoient fortifiées touts les jours réglément par de nouveaux advis que madame de Lesdiguières me donnoit, que je n'avois qu'à faire bonne mine, qu'à demeurer cheux moi; que le cardinal, qui s'amusoit sur la frontière à vétiller proprement dans l'armée de M. de Turenne, où vous pouves vous imaginer qu'il n'estoit pas fort nécessaire; que le cardinal, dis-je, qui mouroit d'impatience de revenir à Paris, et qui n'osoit y rentrer tant que j'y serois (1), me feroit un pont d'or pour en sortir, et qu'il m'accorderoit tout ce que je lui demanderois. M. de Brissac, qui croyoit que ces advis venoient de M. le mareschal de Villeroy, comme il estoit vrai, estoit de plus ravi de le croire pour son propre intérest. M. le premier président fit à madame de Lesdiguières un discours de la mesme nature, en lui disant qu'il sçavoit de science certaine qu'on brusloit d'envie de s'accommoder avec moi; et je me souviens que Joly, qui se trouva présent lorsqu'on me rapporta ceste parole, s'approcha de moi, et me dit à l'oreille : « Encore une contusion! » C'en estoit effectivement : car, quoique touts ces bruits ne me persuadassent pas, ils me retenoient, ils m'empeschoient de conclure, et ils m'obligèrent à la fin à me résoudre à croire madame la Palatine, et à traiter directement avec M. le cardinal. J'escrivis à M. de Chaalons que je le priois de l'aller trouver; de lui expliquer franchement et nettement mes pensées; et d'en tirer pour M. de Brissac, en récompense, la provision du gouvernement d'Anjou, et quelques [misères proprement] pour MM. de Montmorency, d'Argenteuil, de Chasteaubriand, etc. Il n'y eut pas une ombre de difficulté à l'esgard de ces derniers; je suis persuadé qu'il n'y en eust eu guères davantage pour M. de Brissac, le cardinal ayant une passion très-grande de se défaire de moi, par l'emploi de Rome. Langlade, qui passa en ce temps-là à Chaalons, retarda, sans y penser, le voyage de M. de Chaalons, en lui disant que M. le cardinal devoit estre en un tel lieu, un tel jour. Ce délai causa ma prison, parce que Servien et l'abbé Fouquet la précipitèrent, en faisant veoir à la reine qu'il y avoit trop de péril à demeurer en l'estat où l'on estoit, et en lui grossissant tout ce qui, dans la vérité, n'avoit pas mesme la réalité la plus légère. Ils lui disoient sans cesse que je continuois à mesnager et à eschauffer les rentiers, et à cabaler dans les colonelles, etc.; rien n'estoit plus faux, mais rien n'estoit plus creu, et il le fut au point, que la reine se résolut de jouer à quitte ou à double, et de me faire périr.

Il arriva un incident qui contribua infiniment à aigrir la cour contre moi. Le roi tint, le 13 de novembre, son lit de justice au parlement, pour y faire enregistrer une déclaration par laquelle il déclaroit M. le prince criminel de lèse-majesté. Il m'envoya la veille Saintot,

(1) Plus tard, Mazarin, écrivant à l'ambassadeur du roi, à Rome, donnait pour un des motifs de l'arrestation du cardinal, que tant que ce prélat serait à Paris, il était impossible que Louis XIV fût roi dans sa ville capitale.

maistre des cérémonies, pour me commander de sa part de m'y trouver; je respondis à Saintot que je suppliois très-humblement Sa Majesté de me permettre de lui représenter que je croyois qu'il ne seroit ni de la justice ni de la bienséance, qu'en l'estat où j'estois avec M. le prince, je donnasse ma voix dans une délibération dans laquelle il s'agissoit de le condamner. Saintot me respartit, que quelqu'un ayant préveu, en présence de la reine, que je m'en excuserois par ceste raison, elle avoit respondu qu'elle ne valoit rien, et que M. de Guise, qui debvoit sa liberté aux instances de M. le prince, s'y trouveroit bien; sur quoi je dis à Saintot, que si j'estois de la profession de M. de Guise, j'aurois une extreme joye de pouvoir l'imiter dans les belles actions qu'il venoit de faire à Naples. Vous ne sçauriés vous imaginer à quel point la reine s'emporta contre mon excuse; on la lui expliqua comme un indice convaincant des ménagements que j'avois pour M. le prince; et ce que je ne faisois dans le vrai que par un pur principe d'honnesteté, à laquelle je suis encore persuadé que j'estois obligé, passa dans son esprit pour une conviction des mesures, ou que j'avois prises avec lui, ou que j'allois y prendre.

Touteville, capitaine aux gardes, et l'un des satellites de l'abbé Fouquet, loua une maison asses proche de celle de madame de Pommereux, dans laquelle il peut poster des gents pour m'attaquer. [Le Fei], officier dans l'artillerie, et l'un de ces ridicules conjurés du Palais-Royal, fit des tentatives à Pean, qui estoit à ceste heure-là mon controsleur, et que vous aves veu depuis mon maistre d'hostel, pour l'obliger à lui donner advis des heures nocturnes dans lesquelles on croyoit que je sortois. Pradelle eut un ordre signé de la main du roi de m'attaquer dans les rues, *et de me prendre mort ou vif* (1). Celui qui fut donné au mareschal de Vitry, lorsqu'il tua le mareschal d'Ancre, n'estoit pas plus précis. Je n'ai sçeu celui de Pradelle que depuis mon retour en France des pays estrangers, par le moyen de M. l'archevesque de Rheims, qui dit, il y a deux ou trois ans, à MM. de Chaalons et de Caumartin, qu'il l'avoit veu en original. J'eus quelque vent, dans le temps mesme, du dessein de Touteville; et je ne le considérois que comme une vision d'un escervellé, qui se plaignoit de moi, parce que j'avois servi contre lui un de mes amis pour la recherche d'une certaine madame Darmet. Je debvois faire au moins plus de réflexion sur les offres que Le Fei avoit fait à mon controsleur; mais je ne les regardai que comme des inquiestudes des subalternes qui faisoient espionner mes actions. M. de Brissac me dit un jour qu'il seroit bon que je prisse garde à moi avec plus de précautions;

---

(1) Le cardinal de Retz était bien informé : cet ordre existe encore aujourd'hui, et nous l'avons sous les yeux. Il est à remarquer qu'il fut donné en triple expédition originale, toutes les trois écrites de la main du secrétaire d'état Le Tellier, avec un commandement spécial écrit de la main du jeune roi. Ces trois ordres furent expédiés pour prévoir les différentes circonstances qui pouvaient se présenter pendant l'arrestation de Gondy. Le capitaine qui en fut chargé avait aussi une lettre du roi pour pouvoir requérir aide et secours si besoin était. Voici le texte de ces quatre pièces originales qui existent aux manuscrits de la Bibliothèque du Roi :

I.

« De par le Roi,
» Sa Majesté ordonne aux capitaines ou officiers commandants les compagnies des régiments des gardes françoises ou suisses, qui se trouveront en garde près de sa personne lorsque le présent ordre leur sera montré, de donner au sieur de Pradelle, capitaine dans ledit régiment, toute l'aide et assistance qu'il leur demandera, *pour l'exécution d'un dessein très-important à son service*, dont elle lui a commis la conduite et direction, sans y apporter aucun délai ni difficulté.
» Fait à Paris, ce seiziesme de décembre 1652.
» Louis. »
» Et plus bas, Le Tellier. »

II.

« De par le Roi,
» Il est ordonné au sieur de Pradelle, capitaine d'une compagnie d'infanterie au régiment des gardes françoises de Sa Majesté, de saisir et arrester le sieur cardinal de Retz, et le conduire en son château de la Bastille, pour y estre tenu soubs bonne et seure garde, jusques à ce qu'il en soit autrement ordonné; et au cas que quelques personnes, de quelque condition qu'elles fussent, se missent en debvoir d'empescher l'exécution du présent ordre, sadite Majesté enjoint pareillement audit sieur de Pradelle de les arrester et constituer prisonnières, et d'y employer la force si besoing est, en sorte que l'autorité en demeure à Sa Majesté; laquelle enjoint à touts les officiers et subjects d'y tenir la main, sur peine de désobéissance.
» Fait à Paris, le seiziesme de décembre 1652.
» Louis. »

Et plus bas, est écrit de la main du roi : « *J'ai commandé à Pradelle l'exécution du présent ordre.* »

III.

Cette pièce est entièrement semblable à la précédente.

IV.

Le texte de l'ordre du Roi est le même que celui des deux précédentes pièces; mais le commandement du roi est différent. En voici les termes écrits aussi de sa main : « J'ai commandé à Pradelle l'exécution du présent » ordre en la personne du cardinal de Retz, MESME DE » L'ARRESTER MORT OU VIF, EN CAS DE RÉSISTANCE » DE SA PART. »

qu'on lui donnoit des advis de touts les costés, et qu'il venoit mesme de recevoir un billet, par lequel celui qui l'escrivoit sans se nommer, le conjuroit de faire en sorte que je n'allasse pas ce jour-là à Rambouillet, où l'on avoit pris fantaisie de se promener, quoique l'on fust bien avant dans le mois de novembre. Je ne doubtai point que ce billet ne vinst de quelqu'un de la cour, qui avoit eu la curiosité de sonder et mon cœur et mes forces. J'y allai avec deux cents gentilshommes; j'y trouvai un fort grand nombre d'officiers des gardes, et entre autres, Rubantet, affidé confident de l'abbé Fouquet. Je ne sçais s'ils avoient le dessein de m'attaquer, mais je sçais bien que je n'estois pas en estat d'estre attaqué. Ils me saluèrent avec de profondes révérences; j'entrai en conversation avec quelques-uns d'eux que je cognoissois, et je revins cheux moi tout aussi satisfait de ma personne, que si je n'eusse pas fait une sottise. C'en estoit une effectivement qui n'estoit bonne qu'à aigrir la cour de plus en plus contre moi. L'on se pique, l'on s'emporte, et dans la passion il est très-difficile de conserver une conduite qui ne déborde pas. Voici encore en quoi la mienne ne fut pas juste.

Je faisois estat de prescher l'Advent (1) au moins les dimanches et les festes de l'Advent, dans les plus grandes esglises de Paris ; et comme je commençai le jour de la Toussaint à Saint-Germain, paroisse du roi, Leurs Majestés me firent l'honneur d'assister au sermon, et je les allai remercier le lendemain. Comme depuis ce temps-là les advis qu'on me donnoit de toutes parts se multiplièrent, je n'allai plus au Louvre ; en quoi je fis, à mon opinion, une faute : car je crois que ceste circonstance détermina plus la reine à me faire arrester que toutes les autres. Je dis seulement que je le crois, parce que pour le bien sçavoir, il seroit nécessaire de sçavoir au préalable, si M. le cardinal Mazarin avoit ordonné que l'on m'arrestast, ou si simplement il l'approuva quand il vit que l'on y avoit réussi. Je ne le sçais pas précisément; les gents de la cour mesme m'en ayant parlé depuis fort différemment. Lionne m'a tousjours asseuré le second. Quelqu'un, dont je ne me souviens pas, m'a asseuré qu'il avoit ouï le contraire de M. Le Tellier. Ce qui est constant, c'est que sans une circonstance que vous alles veoir, je n'eusse pas esté au Louvre; que je me fusse tenu sur mes gardes ; et que nonobstant les ordres de M. de Pradelle, j'eusse apparemment embarrassé le théâtre au moins asses ong-temps, pour attendre des nouvelles de M. le cardinal Mazarin. Tout le monde me le conseilloit ; et je me souviens que M. d'Haqueville me dit un soir avec cholère : « Vous aves » bien gardé vostre maison trois sepmaines pour » M. le prince, est-il possible que vous ne la » peussies garder trois jours pour le roi? »

Voici ce qui m'en empescha. Madame de Lesdiguières, que j'avois subjet de croire estre très-bien advertie, et qui l'estoit en effet très-bien d'ordinaire, me pressa extresmement d'aller au Louvre, en me disant que si j'y pouvois aller en seureté, il falloit que je convinsse que ce seroit beaucoup le meilleur pour moi, par la raison de la bienséance, etc. Je convins de la proposition, mais je ne convins pas de la seureté. « N'y a-t-il » que ceste considération qui vous en empes- » che (reprit-elle)? — Non (lui respondis-je). — » Alles-y donc demain, me dit-elle, car nous » sçavons le dessoubs des cartes. » Ce dessoubs des cartes estoit qu'il s'estoit tenu un conseil secret, dans lequel, après de grandes contestations, il avoit esté résolu qu'on s'accommoderoit avec moi, et que l'on me donneroit mesme satisfaction pour mes amis. Je suis très-asseuré que madame de Lesdiguières ne me trompoit pas. Je ne le suis pas moins que M. le mareschal de Villeroy ne trompoit point madame de Lesdiguières. Il fut trompé lui-mesme, et par ceste raison je ne lui en ai jamais voulu parler. J'allai ainsi au Louvre le 19 de décembre, et je fus arresté (2) dans l'antichambre de la reine par M. de Villequier, qui estoit capitaine des gardes en quar-

---

(1) Un sermon que le cardinal devait prêcher à cette époque fut saisi, en original, sur lui, lorsqu'il fut arrêté. Nous le donnons d'après le manuscrit à la suite de ces Mémoires.

(2) Le Journal historique, déjà plusieurs fois cité, confirme ce que dit le cardinal sur son arrestation. On verra aussi par la dépêche adressée au bailly de Vallançay les motifs allégués par les ministres du roi pour faire approuver cette arrestation par la cour de Rome ; enfin la dépêche de M. Gueffier, chargé d'affaires de France près du Saint-Père, nous retrace l'effet que produisit cette nouvelle sur le Pape et le sacré collège :

« Lorsque le cardinal arriva au Louvre, Leurs Majestés n'estoyent pas encore en estat d'estre veues, si bien qu'il fut obligé d'entrer dans la chambre de M. le mareschal de Villeroy, en attendant que celle du roi fust ouverte. Cela donna le temps de préparer toutes les choses nécessaires à ce dessein : M. de Villequier, capitaine des gardes, en receut les ordres ; M. Le Tellier fut mandé, et quelques autres du conseil plus estroit, de manière que ceste Eminence ayant esté advertie que le Roy descendoit chez la Reyne par le petit degré, elle fut à sa rencontre et luy fit son compliment ; puis la suivit chez la Reyne, où elle fut asses bien receue, et y séjourna quelque temps, tandis que le Roy entendoit la messe. Mais enfin M. le cardinal de Retz ayant pris congé de Sa Majesté, il fut fort surpris, lorsqu'en passant dans l'antichambre, il se vit arresté par ledit sieur de Villequier, qui le mena dans son appartement, et renvoya toute sa suite. La Reyne en fut tellement transportée

tier. Il s'en fallut très-peu que M. d'Haqueville ne me sauvast. Comme j'entrai dans le Louvre, il se promenoit dans la cour : il me joignit à la descente de mon carosse, et il vint avec moi cheux madame la mareschale de Villeroy, où j'allai attendre qu'il fust jour cheux le roi. Il m'y quitta pour aller en hault, où il trouva Montmège, qui lui dit que tout le monde disoit de joye, qu'elle ne put s'empescher de le tesmoigner, et de dire asses hault : *Que c'estoit Dieu qui l'avoit amené sy à propos au Louvre.* »

Causes qui ont déterminé le roi à faire arrêter M. le cardinal de Retz.

AU BAILLY DE VALLANÇAY.

« De Paris, 21 décembre 1652.

» Ce qui suit ne sera que pour vous, si ce n'est que vous jugiez en devoir donner part au Pape et au cardinal Pamphilio, et autres membres du sacré collége. M. le cardinal de Retz étant demeuré persuadé qu'il pouvoit avoir part à l'administration des affaires publiques, s'est lassé de ce que cela ne lui avoit pas réussi aussi viste qu'il le désiroit, ou bien, ce qui est plus vraisemblable, se laissant emporter à son naturel, qui est très-fier, il a fait vanité de ne rien craindre, et l'a publié; comme si sa dignité, de laquelle il est redevable au roi, le rendoit indépendant de son autorité, et qu'il lui fust permis de violer le respect que sa subjétion établit, et les lois les plus saintes de la monarchie. Il s'est exempté de venir au Louvre, et en a déclaré les raisons qu'il en avoit; que c'estoit un lieu où il pouvoit estre arrêté, qu'ailleurs il estoit en sûreté, et qu'il estoit la troisième tour de l'église de Paris, et si chéry du peuple, que si l'on vouloit entreprendre contre lui, il prendroit les armes pour le mettre en liberté. Pour pressentir les sentimens de la cour pour lui, il fist proposer qu'il vouloit aller à Rome, pourveu qu'on luy aidast pour supporter la dépense qu'il seroit contraint d'y faire. Sa Majesté approuva son dessein, lui offrit des sommes considérables pour faire le voyage et pour son entretien; s'advança mesme de le louer de la résolution en laquelle il estoit entré, disant franchement aux personnes qu'il avoit choisies pour en faire l'ouverture, qu'il lui importoit beaucoup de rétablir sa réputation, et que c'étoit entrer dans un bon chemin pour y réussir, servant à Rome, et qu'il esviteroit, par ce moyen, d'estre soubçonné d'avoir part aux nouveautés desquelles on se trouve menacé, qui lui seroient imputées quand bien il en seroit innocent, demeurant à Paris et continuant sa manière de procéder. Dès qu'il fust informé de ce discours, il s'advisa d'en tenir un qui faisoit cognoistre qu'il avoit d'autres pensées et qu'il ne cherchoit que le moyen de s'accroistre de crédit, ou de se pouvoir dédire avec quelque prétexte coloré, de ce dont il s'estoit expliqué, puis qu'il falloit qu'on fist pour les amis, ce qui feroit cognoistre la confiance qu'on avoit en luy; et luy ayant esté dit qu'il eust à s'en ouvrir à la reine, sa response fut qu'avec sa maistresse et bienfaitrice il ne pouvoit entrer en traité, mais qu'il envoyeroit vers le cardinal Mazarini pour essayer d'obtenir de luy qu'il fist des offices en faveur des autres; et luy ayant été répliqué que cela seroit inutile, et qu'il estoit plus expédient de s'ouvrir promptement de ce qu'il désiroit, il luy entra en pensée que cela étoit advancé pour le convier et nécessiter de se rendre au Louvre, où il seroit facile de l'arrester; et de cela, comme de la résolution qu'il avoit formée de n'y point venir, il se déclara hautement, et que j'allois estre arrêté. Il descendit en diligence pour m'en advertir, et pour me faire sortir par la cour des cuisines, qui respondoit justement à l'appartement de madame de Villeroy. Il ne m'y trouva plus, mais il ne m'y manqua que d'un moment, et ce moment m'eust infailliblement donné la liberté. J'en ai la mesme obligation à M. d'Haqueville, mais je suis asque soubs ce terme d'amis. il avoit entendu le duc de Brissac pour lequel il demandoit la liberté de récompenser un gouvernement de province, ou quelque place très-importante ; que le marquis de Chandenier, interdit depuis un assez long-temps de faire les fonctions de sa charge de capitaine des gardes-du-corps, y seroit restabli; que le marquis de Fessey seroit fait duc, et qu'il lui seroit donné des sommes considérables ; je puis bien m'oublier de quelqu'un dont il passionnoit l'agrandissement comme de ces trois; et ayant sceu que Sa Majesté n'y paroissoit aucunement disposée, devant suffire à ceux-là de jouir en repos de leurs biens, soubs la loy d'oubliance des choses passées qui a esté publiée, il eust peine de celer son mescontentement, et fît pressentir par ses confidents quels sentimens on avoit eus pour luy; et ce qu'il se pouvoit promettre des officiers de la ville, s'il avoit besoin de leur protection, et ce qui lui devoit servir de prétexte d'envoyer vers le cardinal Mazarini, ainsi qu'il s'estoit déclaré le vouloir faire, luy en a fait perdre l'envie, selon qu'il a paru, ou, à mieux dire, a fait cognoistre aux moins clairvoyans qu'il n'en avoit jamais eu la volonté. Un payen tomberoit dans un sentiment tout contraire à celui d'un chrestien, qui est obligé de confesser que rien ne se fait que selon les decrets de l'immuable Providence. Le cardinal de Retz prist enfin resolution de venir au Louvre, et il est vraisemblable que ce fut en se souvenant qu'il avoit esté obligé de l'avoir autrefois entrepris, et d'avoir esté à Compiègne recevoir le bonnet de la main de Sa Majesté, et comme s'il estoit innocent et s'oubliant de ce qu'il avoit si souvent déclaré qu'il ne feroit jamais, il s'y rendit jeudi dernier, environ les onze heures du matin ; et le roy en ayant esté adverti, commanda à M. de Villequier, capitaine de ses gardes, de se saisir de sa personne, et lui fit exécuter ce qui avoit été résolu il y avoit du temps, et qui n'avoit esté différé que pour luy donner celuy de se repentir et de se recognoistre. Il a esté conduit au bois de Vincennes ; et la nouvelle de son arrest publiée, M. le nonce me vint trouver pour me dire que n'entrant point à discuter si c'est avec subjet ou non, estant obligé de croire que Sa Majesté ne seroit point résolue à rien de semblable sans de grands motifs, il estoit néanmoins obligé de m'advertir que le Saint Siége et le sacré collége seroient blessés en n'observant en son endroit ce qui a tousjours été pratiqué en ce royaume et entre tous les chrestiens, lorsque les princes ont jugé qu'il estoit de leur service de s'asseurer de quelque cardinal; qu'il s'assuroit que en rencontre Sa Majesté donneroit des marques de sa piété et de son respect filial envers l'église. Je luy respondis que je ferois sçavoir à Sa Majesté ce qu'il m'avoit dit, et que je le priois de considérer que ce n'estoit point une action extraordinaire ni sans exemple, qu'on se fust assuré d'un cardinal, ainsi que luy-mesme l'avoit recognu ; et que sans ordre, je ne laissois de luy dire que s'il estoit de nécessité de procéder à l'encontre de celuy-ci, qu'on pratiqueroit les formes reçues en ce royaume, duquel, comme de ses roys, le Saint Siége avoit reçu tant de marques d'affection et de respect, qu'il ne devoit point craindre qu'on

seuré que de l'humeur et de la cordialité dont il est, il n'en eust pas la mesme joie. M. de Villequier me mena dans un appartement, où les officiers de la bouche m'apportèrent à disner. L'on trouva très-mauvais, à la cour, que j'eusse bien mangé, tant l'iniquité et la lascheté des courtisans est extresme. Je ne trouvai pas bon que l'on m'eut fait retourner mes poches, comme on fait aux coupeurs de bourses. M. de Villequier eut ordre de faire ceste cérémonie, qui n'estoit pas ordinaire. On n'y trouva (1) qu'une lettre du roi d'Angleterre, qui me chargeoit de tenter du costé de Rome, si l'on ne pourroit pas lui donner quelqu'assistance d'argent. Ce nom de lettre d'Angleterre se respandit dans la basse cour; il fut relevé par un homme de qualité, au nom duquel je me crois obligé de faire grâce, à la considération de l'un de ses frères qui est de mes amis. Il creut faire sa cour, de la gloser d'une manière qui fut odieuse. Il sema le bruit que ceste lettre estoit du protecteur. Quelle bassesse! L'on me fit passer sur les trois heures toute la grande galerie du Louvre, et l'on me fit descendre par le pavillon de Mademoiselle. Je trouvai un carosse du roi dans lequel M. de Villequier monta avec moi, et cinq ou six officiers des gardes du corps. Le carosse fit douze ou quinze pas du costé de la ville, mais il tourna tout d'un coup à la porte de la Conférence. Il estoit escorté par M. le mareschal d'Albret, à la teste des gendarmes; par M. de Vauguion, à la teste des chevaux-légers; et par M. de Venne, lieutenant-colonel du régiment des gardes, qui y commandoit huit compagnies. Comme on vouloit gagner la porte Sainct-Antoine, il y en avoit deux ou trois autres devant lesquelles il falloit passer; il y avoit à chacune un bataillon des Suisses, qui avoient les picques baissées vers la ville. Voilà bien des précautions, et des précautions bien inutiles. Rien ne bransla dans la ville. La douleur et la consternation y parurent, mais elles n'allèrent pas jusques au mouvement, soit que l'abattement du peuple fust en effet trop grand, soit que ceux qui estoient bien intentionnés pour moi perdissent le courage, ne voyant personne à leur teste. L'on m'en a parlédepuis diversement. Leroux, boucher, mais homme de crédit dans le peuple, et de bon sens, m'a dit que toute la boucherie de la place aux Veaux fut sur le point de prendre les armes, et que si M. de Brissac ne lui eust dict qu'on me feroit tuer si on les prenoit, il eust fait des barricades dans tout ce quartier-là, avec toute sorte de facilité. L'Espinay m'a confirmé la mesme chose de la rue Montmartre. Il me semble que M. le marquis de Château-Renaud, qui se donna bien du mouvement ce jour-là pour esmouvoir le peuple, m'a dit qu'il n'y avoit pas trouvé jour; et je sçais bien que Malclerc, qui courut pour le mesme dessein les ponts de Nostre-Dame et

en cût moins que du passé. En ces lignes, je vous ai naïvement representé ce qui a attiré cette disgrâce à ce cardinal; et comme je vous l'ay ci-dessus marqué, cela ne doibt être que pour vous, si ce n'est qu'il se publiast de par delà quelque chose de différent et qui peult faire préjudice au service de Sa Majesté, vous jugeassiez devoir rendre public le tout ou partie de ce qui vous est écrit; mais je vous prie de vous bien souvenir de ce que l'on vous prescrit, de mesurer en sorte vos paroles, qu'il ne semble point que nous voulions justifier nos actions comme devant rendre compte de ce que nous avons entrepris.
» Je suis, etc. » DE LOMENIE. »

Au comte de Brienne.

« De Rome, ce 19 janvier 1653.
» Sa Sainteté a grandement ressenti cette nouvelle-là, non-seulement pour l'affront que l'on dit icy avoir été fait au sacré collége et à toute l'église, à cause de sa dignité d'archevesque, qui est jointe au cardinalat de mondit sieur de Retz, mais pour quelqu'affection particulière qu'elle a toujours témoigné jusques icy de luy porter, outre que c'est elle-mesme qui l'a fait cardinal, et que comme sa créature, elle ne voudra pas l'abandonner, ce qui veut dire que sans doute elle en voudra faire du ressentiment; et dès vendredy dernier, il se fit, par son commandement, une assemblée de quelques cardinaux et prélats pour aviser de quelle sorte elle devra procéder en cela; mais comme l'on impose silence à tous ceux qui entrent en ces conseils-là, sur peine d'ex-communication d'en rien dire, il sera malaisé de sçavoir ce qui s'y passera.

» J'ay sceu depuis ce que dessus escrit, que l'on fait étudier si le roy, demandant au Pape des juges *in partibus*, en vertu du concordat, pour connoitre de la cause de M. le cardinal de Retz, Sa Sainteté sera obligée de luy en donner; mais l'on trouvera que dans ledit concordat les cardinaux y sont expressément exceptés, et qu'ainsi Sa Majesté ne peut prétendre par droit ce renvoy; et quant à l'espérer par grâce spéciale de Sa Sainteté, l'on ne croit pas qu'elle soit pour la lui accorder.
» Je suis, etc. » GUEFFIER. »

(1) Avant de se rendre au Louvre, Retz, qui n'y allait pas avec une entière confiance, brûla ses papiers, et remit à Joly la cassette contenant touts ses chiffres. « Il ne garda dans ses poches qu'une lettre du roi d'Angleterre et la moitié d'un sermon qu'il devait prêcher à Notre-Dame, le dernier dimanche de l'Avent, comme il avait déjà fait le précédent. » (Mém. de Joly.)
On conserve à la Bibliothèque du Roi les *papiers trouvés sur le cardinal de Retz lorsqu'il fut arrêté.* (Cette note est écrite de la main de Le Tellier.) Le sermon dont parle Joly s'y trouve en effet, avec une lettre en italien, dans laquelle on souhaite à Son Eminence une bonne fête; il y a aussi une inscription latine en son honneur: mais la lettre du roi d'Angleterre n'est pas au nombre de ces pièces. Elle a été publiée dans *The history of the rebellion and civil wars in England.* T. III.

Saint-Michel, qui estoient fort à moi, y trouva les femmes dans les larmes, mais les hommes dans l'inaction et la frayeur. Personne du monde ne peut juger de ce qui fust arrivé s'il y avoit eu une espée tirée. Quand il n'y en a point de tirée dans ces rencontres, tout le monde juge qu'il n'y pouvoit rien avoir; et s'il n'y eust point eu de barricades à la prise de M. de Broussel, l'on se seroit mocqué de ceux qui auroient creu qu'elles eussent été seulement possibles.

J'arrivai à Vincennes entre huit et neuf heures du soir; et M. le mareschal d'Albret m'ayant demandé, à la descente du carosse, si je n'avois rien à faire sçavoir au roi, je lui respondis que je croirois manquer au respect que je lui debvois si je prenois ceste liberté. L'on me mena dans une grande chambre, où il n'y avoit ni tapisserie, ni lit; celui qu'on y apporta sur les onze heures estoit de taffetas de la Chine, estoffe peu propre pour un ameublement d'hiver. Je dormis très-bien; ce que l'on ne doibt pas attribuer à fermeté, parce que le malheur fait naturellement cest effet en moi. J'ai esprouvé en ceste occasion, qu'il m'esveille le jour et qu'il m'assoupit la nuit. Ce n'est pas force, et je l'ai cogneu, après que je me suis bien examiné moi-mesme; parce que j'ai senti que ce sommeil ne vient que de l'abattement où je suis dans les moments où la réflexion que je fais sur ce qui me chagrine, n'est pas divertie par les efforts que je fais pour m'en garantir. Je trouve une satisfaction sensible à me desvelopper, pour ainsi parler, moi-mesme, et à vous rendre compte des mouvements les plus cachés et les plus intérieurs de mon ame.

Je fus obligé de me lever le lendemain sans feu, parce qu'il n'y avoit point de bois pour en faire; et les trois exempts que l'on avoit mis auprès de moi, eurent la bonté de m'asseurer que je n'en manquerois pas le lendemain. Celui qui demeura seul à ma garde le prit pour lui; et je fus quinze jours, à Noël, dans une chambre grande comme une église, sans me chauffer. Cest exempt s'appeloit Croisat; il estoit Gascon, et il avoit esté, au moins à ce qu'on disoit, valet de chambre de M. Servien. Je ne crois pas que l'on eust peu trouver encore sous le ciel un autre homme fait comme celui-là. Il me vola mon linge, mes habits, mes souliers, et j'estois quelquefois obligé de demeurer dans le lit huit ou dix jours faute d'avoir de quoi m'habiller. Je ne creus pas que l'on me peut faire un traitement pareil, sans un ordre supérieur, et sans un dessein formé de me faire mourir de chagrin. Je m'armai contre ce dessein; et je me résolus à ne pas mourir au moins de ceste sorte de mort. Je me divertis au commencement à faire la vie de mon exempt, qui, sans exagération, estoit aussi fripon que Lazarille de Tormes et que le Buscon. Je l'accoustumai à ne me plus tourmenter, à force de lui faire cognoistre que je ne me tourmentois de rien. Je ne lui tesmoignai jamais aucun chagrin, je ne me plaignis de quoi que ce soit, et je ne lui laissai pas seulement veoir que je m'apperceusse de ce qu'il disoit pour me fascher, quoiqu'il ne proférast pas un mot qui ne fut à ceste intention. Il fit travailler à un petit jardin, de deux ou trois toises, qui estoit dans la cour du donjon; et comme je lui demandois ce qu'il en prétendoit faire, il me respondit que son dessein estoit d'y planter des asperges. Vous remarquerez qu'elles ne viennent qu'au bout de trois ans. Voilà une de ses plus grandes douceurs. Il y en avoit touts les jours une vingtaine de ceste force. Je les buvois toutes avec douceur, et ceste douceur l'effarouchoit, parce qu'il disoit que je me moquois de lui.

Les instances du chapitre et des curés de Paris, qui firent pour moi tout ce qui estoit en leur pouvoir, quoique mon oncle, qui estoit le plus foible des hommes, et de plus, jaloux jusqu'au ridicule, ne les appuyast que très-mollement; leurs instances, dis-je, obligèrent la cour à s'expliquer des causes de ma prison, par la bouche de M. le chancelier (1), qui, en présence du roi et de la reine, dit à touts ces corps, que Sa Majesté ne m'avoit fait arrester que pour mon propre bien, et pour m'empescher d'exécuter ce que l'on avoit subjet de croire que j'avois dans l'esprit. M. le chancelier m'a dit depuis mon retour en France, que ce fut lui qui fit trouver bon à la reine qu'il donnast ce tour à son discours, sous prétexte d'éluder plus spécieusement la demande que faisoit l'église de Paris en corps, ou que l'on me fist mon procès, ou

(1) Notre *journal historique du temps* rapporte ainsi la réponse du roi, transmise par la bouche du chancelier, au discours de l'archevêque de Paris : « Qu'encore que la puissance ecclésiastique et la temporelle n'eussent qu'un mesme principe, qu'elles avoyent esté si parfaitement bien séparées et distinguées l'une de l'autre dans l'Escriture Sainte et dans la suite des temps, que Sa Majesté ne craignoit pas que l'on luy put reprocher qu'elle eut entrepris sur celle qui ne luy appartenoit pas; qu'elle ne manquoit point de respect pour le pape, ny d'estime pour le collège des cardinaux, mais qu'elle sçavoit toujours bien faire la différence entre la pourpre dont ils estoient revestus et les caballes que celluy-cy entretenoit dans son royaume pour exciter ses peuples à la désobéissance; que sa personne n'estoit ny sacrée, ny privillégiée; Sa Majesté n'ayant pas entendu l'émancipper de sa subjection par l'honneur qu'il avoit receu de Sa Sainteté à sa recommandation; et enfin que le

27.

que l'on me rendsit la liberté ; et il adjousta que son véritable dessein avoit esté de me servir, en faisant que la cour advouast ainsi mon innocence, au moins pour les faits passés.

Il est vrai que mes amis prirent un grand advantage de ceste response, qui fut relevée de toutes ses couleurs en deux ou trois libelles très-spirituels. M. de Caumartin fit, dans ceste occasion et dans les suivantes, tout ce que l'amitié la plus véritable et tout ce que l'honneur le plus espuré peuvent produire. M. d'Haqueville y redoubla ses soings et son zèle pour moi. Le chapitre de Nostre-Dame fit touts les jours chanter une antienne publique et expresse pour ma liberté. Aucuns des curés ne me manqua, à la réserve de celui de Saint-Barthelemy. La Sorbonne se signala ; il y eut mesme beaucoup de religieux qui se déclarèrent. M. de Chaalons eschauffoit les cœurs et les esprits, et par sa réputation et par son exemple. Ce soubslèvement obligea la cour à me traiter un peu mieux que dans les commencements. On me donna des livres, mais par compte, et sans papier ni encre ; et l'on m'accorda un valet de chambre et un médecin, à propos duquel je suis bien aise de ne pas obmettre une circonstance qui est remarquable. Ce médecin, qui estoit homme de mérite et de réputation dans sa profession, et qui s'appeloit Vincherot, me dit, le jour qu'ilz entra à Vincennes, que M. de Caumartin l'avoit chargé de me dire que Goisel, cest advocat qui avoit prédit la liberté de M. de Beaufort, l'avoit asseuré que j'aurois la mienne dans le mois de mars, mais qu'elle seroit imparfaite ; et que je ne l'aurois entière et pleine qu'au mois d'aoust.

Vous verrez par la suite que le présage fut juste.

Je m'occupai fort à l'étude dans tout le cours de ma prison de Vincennes, qui dura quinze mois, et au point que les jours ne me suffisoient point et que j'y employois mesme les nuits. Je fis une estude particulière de la langue latine qui me fit cognoistre qu'on ne peut jamais trop s'y appliquer, parce que c'est une estude qui comprend toutes les autres. Je travaillai sur la grecque, que j'avois fort aimé autrefois, et à laquelle je retrouvai encore un nouveau goust : je composai, à l'imitation de Boëce, une consolation de théologie, par laquelle je prouvai que tout homme qui est prisonnier doibt essayer d'estre le *victus in Christo*, dont parle saint Paul. Je ramassai, dans une manière de Sylva, beaucoup de matières différentes, et entres autres une application à l'usage de l'église de Paris, de ce qui estoit contenu dans le livre des actes de celle de Milan [dressé par les cardinaux Bosromée], et j'intitulai cest ouvrage : *Partus Vincenarum* (1). Mon exempt n'oublia rien pour troubler la tranquillité de mes estudes, et pour tenter de me donner du chagrin. Il me dit un jour, que le roi lui avoit commandé de me faire prendre l'air, et de me mener sur le haut du donjon. Comme il creut que j'y avois du divertissement, il m'annonça avec une joie qui paroissoit dans ses yeux, qu'il avoit receu un contre-ordre ; je lui respondis qu'il estoit venu tout à propos, parce que l'air, qui estoit trop vif au-dessus du donjon, m'avoit fait mal à la teste. Quatre jours après, il me proposa de descendre au jeu de paulme, pour y veoir jouer mes gardes ; je le priai de m'en dispenser, parce qu'il me sembloit que l'air y estoit trop humide. Il m'y força, en me disant que le roi, qui avoit plus soing de ma santé que je ne le croyois, lui avoit commandé de me faire faire de l'exercice. Il me pria de l'excuser à son tour s'il ne m'y faisoit plus descendre, « pour quelques con- » sidérations (adjouta-t-il) que je ne vous puis » dire. « Je m'estois mis, pour vous dire vrai, asses au-dessus de ces chicaneries, qui ne me touchoient point dans le fond, et pour lesquelles je n'avois que du mépris : mais je vous confesse que je n'avois pas la mesme supériorité d'ame pour la substance (si l'on peut se servir de

---

bien de ses affaires et le repos de sa ville ne luy permettoyent pas d'accorder à leurs instantes prières ce qu'ilz déstroyent de Sa Majesté. »

La duchesse de Lesdiguières, persuadée que l'on pourroit bien attenter à la vie de son cousin par des voyes extraordinaires et couvertes, pour l'en garantir, elle tascha de luy faire tenir certaines confections préservatrices, soubz prétextes de quelques infirmitez où il estoit subject, à ce qu'elle assuroit. Mais ayant esté porté à la reyne par Villequier, sa bonté en fut extrememement offensée, et elle se contenta cependant de retenir ces antidotes et de dire : Que ces mauvais moyens n'avoient point encore esté pratiqués en France, et ne le seroient jamais tant qu'elle y auroit quelque autorité. (Extrait du même journal.)

(1) Dans ses Mémoires, Joly prétend que le cardinal donna ce titre au commencement d'une histoire latine de sa vie, écrite dans sa prison de Vincennes. « Il feignit de la vouloir continuer à Commercy, faisant montre d'un grand calepin qu'il feuilletait avec toutes les marques extérieures d'une grande application. Dans les heures où il ne savait que faire, et lorsque le temps ne lui permettait pas d'aller à la chasse ou à la promenade. Cependant il en demeura toujours à ces deux ou trois pages, auxquelles ceux qui le connaissent peuvent assurer qu'il n'ajouta pas grand chose pendant tout le temps de sa vie, à cause de sa paresse naturelle. »--Les Mémoires autographes de Retz répondent suffisamment à cette assertion malveillante, qui ne mérite pas plus de confiance qu'une infinité d'autres répandues dans l'ouvrage de Joly.

ce terme) de la prison ; et la vue de me trouver touts les matins, en me réveillant, entre les mains de mes ennemis, me faisoit sentir que je n'estois rien moins que stoïque. Ame qui vive ne s'apperceut de mon chagrin ; mais il fut extresme par ceste unique raison [ou déraison] : car c'est en effet de l'orgueil humain ; et je me souviens que je me disois vingt fois le jour à moi-mesme, que la prison d'estat estoit le plus sensible de touts les malheurs sans exception. [Je ne cognoissois pas encore asses celui des debtes.]

Vous aves déjà veu que je divertissois mon ennui par mon estude. J'y joignis quelquefois du relaschement. J'avois des lapins sur le haut du donjon, j'avois des tourterelles dans une des tourelles, j'avois des pigeons dans l'autre. Les continuelles instances de l'église de Paris faisoient que l'on m'accordoit de temps en temps ces petits divertissements ; mais on les troubloit toujours par mille et mille chicaneries. Ils ne laissoient pas de m'amuser, et d'autant plus agréablement, que je les avois préveus mille et mille fois, en faisant réflexion à quoi je me pourrois occuper, s'il m'arrivoit jamais d'estre arresté. Il n'est pas concevable combien on se trouve soulagé, quand on rencontre, dans les malheurs où l'on tombe, les consolations, quoique petites, que l'on s'y est imaginées par advance.

Je ne m'occupois pourtant pas si fort à ces diversions, que je ne songeasse, avec une extresme application, à me sauver ; et le commerce que j'avois tousjours au dehors et sans discontinuation, me donnoit lieu d'y pouvoir penser, et avec esperance et avec fruit.

Le neuviesme jour de ma prison, un garde appelé Carpentier, s'approcha de moi comme son camarade dormoit ; il y en avoit tousjours un d'eux qui me gardoit à veue, et mesme la nuit, et il me mit un billet dans la main, que je recogneus d'abord pour estre de celle de madame de Pommereux. Il n'y avoit dans le billet que ces paroles : « Faites-moi response ; fies- vous au porteur. » Ce porteur me donna un crayon et un petit morceau de papier dans lequel j'assurai la réception du billet. Madame de Pommereux avoit trouvé habitude avec la femme de ce garde, et elle lui avoit donné cinq cents escus pour ce premier billet. Le mari avoit esté accoustumé à ceste manière de trafic, et il n'avoit pas esté inutile à la liberté de M. de Beaufort. Il est mort, lui et toute sa famille ; j'en parle par ceste considération plus librement. Comme tout ce qui est escrit peut estre veu par des accidents imprévus, permettes-moi, je vous supplie, de ne point entrer dans le détail de touts les autres commerces que j'eus après celui-là, et dans lesquels il faudroit nommer des gents qui vivent encore. Il suffit que je vous dise que nonobstant le changement de trois exempts et de vingt-quatre gardes-du-corps, qui se succedèrent pendant le cours de quinze mois les uns aux autres, mon commerce ne fut jamais interrompu, et qu'il fut aussi réglé que l'est celui de Paris à Lyon.

Madame de Pommereux et MM. de Caumartin et d'Haqueville m'escrivoient réglément deux fois la sepmaine, et je leur faisois réglement response deux fois la sepmaine. Voici les différentes matières de ce commerce. Elles tendoient toutes à ma liberté. La voye la plus courte estoit celle de se sauver de prison. Je fis pour cela deux entreprises, dont l'une me fut suggérée par mon médecin, qui estoit homme de mathématique ; il prit la pensée de limer la grille qui estoit à la petite fenestre qui estoit dans la chapelle où j'entendois la messe, et d'y attacher une espèce de machine, avec laquelle je fusse à la verité descendu asses facilement du troisiesme estage du donjon ; mais comme ce n'eust esté que la moitié du chemin de fait, et qu'il eust fallu remonter l'enceinte, de laquelle d'ailleurs on n'eust peu redescendre, il quitta ceste pensée, qui estoit en effet impraticable, et nous nous réduisismes à une autre, qui ne manqua que parce qu'il ne pleut pas à la Providence de la faire réussir. J'avois remarqué, dans le temps qu'on me menoit sur la tour, qu'il y avoit tout au haut un creux dont je n'ai jamais peu deviner l'usage. Il estoit plein à demi de pierrailles, mais on pouvoit y descendre et s'y cacher. Je pris sur cela la pensée de choisir le temps que mes gardes seroient allés disner, et que Carpentier seroit de jour, et d'enivrer son camarade, qui estoit un vieillard nommé Toneville, qui tomboit comme mort dès qu'il avoit beu deux verres de vin, ce que Carpentier avoit esprouvé plus d'une fois, et de me servir de ce moment pour monter au hault de la tour, sans que l'on s'en apperceut, et pour me cacher dans le trou dont je viens de vous parler, avec quelques pains et quelques bouteilles d'eau et de vin. Carpentier convenoit de la possibilité, et mesme de la facilité de ce premier pas, qui estoit d'autant plus aisé que les deux gardes qui le debvoient relever, lui et son camarade, avoient tousjours eu l'honnesteté de ne pas entrer dans ma chambre, et de demeurer à la porte, jusqu'à ce qu'ils peussent juger que je fusse esveillé : car je m'estois accoustumé à dormir l'après-disnée, ou plustost à faire semblant de dormir. Ce n'est pas qu'il leur fust ordonné de ne m'y laisser jamais seul ; mais il y a tousjours des gents qui sont plus honnestes les uns que les autres. Carpentier debvoit attacher des chordes à la fenestre de la galerie, par laquelle M. de Beaufort s'estoit sauvé, et jeter dans le fossé une machine de tissu que M. Vacherot avoit travaillée la nuit dans sa chambre, par le moyen de laquelle on eust peu croire que je me fusse eslevé au-dessus de la petite muraille qu'on y avoit faite depuis la sortie de M. de Beaufort. Il debvoit en mesme temps donner l'allarme comme s'il m'avoit veu passer dans la galerie, et montrer une espée teinte de sang, comme si mesme il m'eust blessé en me poursuivant. Toute la garde fust accourue au bruit; on eust trouvé les chordes à la fenestre ; on eust veu la machine et du sang dans le fossé ; huit ou dix cavaliers eussent paru le pistolet à la main dans le bois, comme pour me recevoir ; il y en eust eu un qui fust sorti des portes avec une calotte rouge sur la teste ; ils se seroient séparés, et celui qui auroit eu la calotte rouge auroit tiré du costé de Mézières ; l'on eust tiré le canon à Mézières trois ou quatre jours après, comme si je feusse effectivement arrivé. Qui eust peu s'imaginer que j'eusse esté dans ce trou? L'on n'eust pas manqué de lever la garde du bois de Vincennes, et de n'y laisser que des mortes-payes ordinaires, qui eussent fait veoir pour deux sols à tout Paris et la fenestre et les chordes, comme ils firent celles de M. de Beaufort. Mes amis y feussent venus par curiosité comme touts les autres ; ils m'eussent habillé en femme, en moine, comme il vous plaira, et j'en fusse sorti sans qu'il y eust eu seulement ombre de soupçon ni de difficulté. Je ne crois pas qu'il y eust eu rien au monde de plus ridicule pour la cour, si elle eust esté attrapée en ceste manière. Elle est si extraordinaire, qu'elle en paraît impossible : elle estoit mesme facile ; et je suis convaincu qu'elle auroit infailliblement réussi, si un garde appellé l'Escarmouche, ne l'eust rompue, par un incident que la pure fortune y jeta. On l'envoya à la place d'un autre qui tomba malade ; et comme c'estoit un homme dur, vieux et exact, il dit à l'exempt qu'il ne concevoit pas comment il ne faisoit pas mettre une porte à l'entrée du petit escalier qui monte à la tour. Elle y fut posée le lendemain au matin ; et ainsi mon entreprise fut rompue. Ce mesme garde m'asseura le soir en bonne amitié qu'il m'estrangleroit, s'il plaisoit à Sa Majesté de le lui commander.

Je n'estois pas si attaché au moyen de me tirer moi-mesme de la tour de Vincennes, que je ne pensasse aussi à ceux qui pouvoient obliger mes ennemis à m'en tirer. L'abbé Charrier, qui partit pour Rome dès le lendemain que je fus arresté, y trouva le pape Innocent irrité jusqu'à la fureur, et sur le point de lancer les foudres sur les auteurs d'une action sur laquelle les exemples du cardinal de Guise [Martinier et Clesel] marquoient ses debvoirs. Il s'en expliqua avec un très-grand ressentiment à l'ambassadeur de France. Il envoya M. Marini, l'archevesque d'Avignon, en qualité de nonce extraordinaire, pour ma liberté. Le roi prit de son costé l'affaire avec haulteur. Il défendit à monsignor Marini (1) de ne point passer Lyon. Le pape craignit d'exposer son au-

(1) L'ordre envoyé à l'archevêque d'Avignon était conçu en ces termes :

« Monsieur l'archevêque d'Avignon, ayant été adverty que nostre saint-père le pape avoit pris résolution de vous envoyer vers moi en qualité de nonce extraordinaire, et Sa Sainteté n'ayant pas en cette occasion pratiqué ce que ses prédécesseurs ont faict de tout temps envers les miens en pareilles rencontres, j'ay voulu vous faire celle-cy pour vous dire que les mesmes raisons qui m'ont empesché de recevoir le sieur Corsini en qualité de nonce ordinaire, ne me permettent pas de vous admettre en celle d'extraordinaire ; c'est pourquoy, si vous aviez receu les ordres pour vous mettre en chemin, vous différerez votre départ, et si vous estiez desjà party, vous retournerez en Avignon, où j'envoye le sieur de Marillac, comte doyen de l'église primatiale et patriarcale de Lyon, pour vous expliquer plus particulièrement mes sentimens, auquel vous pouvez donner entière créance, puisqu'il vous fera cognoistre que l'estime que j'ay pour votre vertu auroit esté un puissant motif pour me convier à vous recevoir. » Signé Louis.

» Et plus bas : DE LOMENIE. »

Le roi adressa quelque temps après la lettre suivante au pape, au sujet du bref adressé à S. M. pour la liberté du cardinal :

« Très-Saint-Père, le sieur Bailly de Vallançay, selon l'ordre qu'il en a eu, présentera à Vostre Sainteté une lettre responsive aux brefs qu'il luy a plu de nous escrire au sujet de la détention du cardinal de Retz, et avec des paroles très-respectueuses luy déduira les raisons qui nous ont empesché de luy complaire en ce rencontre. Et sans doute, Vostre Sainteté, mettant les choses qui luy seront exposées en la considération qu'il convient, demeurera satisfaite de la conduite que nous avons tenue, et l'examinant par la prudence que son expérience luy a acquise des choses du monde, louera la résolution en laquelle nous sommes entrés d'y persévérer ; si pour sa satisfaction, Votre Sainteté persiste à vouloir nous faire des instances en faveur dudit cardinal, soit par le sieur archevesque d'Athènes, ou par un nonce extraordinairement dépesché, nous sommes très-asseurés qu'ils demeureront surpris de la modération avec laquelle nous avons agi, lorsque nous la leur aurons représentée ; et cognoissant qu'elle procède d'une entière déférence que nous avons à sa personne, il luy plaira d'escouter bénignement ledit sieur Bailly sur cette affaire et sur les circonstances qui l'accompagnent, et demeurera, s'il luy plaît, persuadée que d'avoir esté un long temps sans faire response auxdits brefs, n'a procédé ny d'oubly ny d'aucun manquement qui luy

torité et celle de l'Eglise (1) à la fureur d'un insensé. Il usa de ce mot, en parlant à l'abbé Charrier et en lui adjoutant : « Donnes-moi une » armée, et je vous donnerai un légat. » Il estoit difficile de lui donner ceste armée, mais il n'eust pas esté impossible, si ceux qui estoient obligés d'estre mes amis en ceste occasion ne m'eussent pas manqué.

[1653] Vous aves veu dans le deuxième volume de cest ouvrage, que Mézières estoit dans mes intérests, par l'amitié que Bussi-Lamet avoit pour moi, et que Charleville et le Mont-Olympe y debvoient estre, parce que M. de Noirmoustier tenoit ces deux places de moi. Vous aves veu aussi que ce dernier m'avoit manqué, lorsque M. le cardinal Mazarin rentra en France. Il creut se justifier en disant à tout le monde qu'il me serviroit envers touts et contre touts en ce qui me seroit personnel ; et comme il y a peu de chose qui le soit davantage que la prison, il se joignit publiquement avec Bussi-Lamet, aussitost que je fus arresté, et ils escrivirent ensemble une lettre au cardinal, par laquelle ils lui déclarèrent qu'ils ne pourroient pas s'empescher de se porter à toutes sortes d'extrémités, si l'on me retenoit plus long-temps en prison. Ces trois places qui sont inattaquables, quand elles sont d'un mesme parti, estoient d'une extreme importance dans un temps où M. le prince, qui dès la première nouvelle qu'il eust de ma détention, déclara qu'il feroit sans exception tout ce que mes amis souhaiteroient pour ma liberté (2) ; où M. le prince, dis-je, offrit à ces deux gouverneurs de faire marcher toutes les forces d'Espagne à leur secours ; où Belle-Isle, dont M. de Rais (3) estoit le maistre,

pust déplaire, mais de plusieurs considérations, lesquelles luy estant expliquées, luy feront cognoistre que l'Eglise nous est en entier respect et sa personne en vénération. Laquelle nous prions Dieu vouloir heureusement conserver pour le bien des âmes qu'il a soumises à sa conduite.

» Escrit à Paris, le sixième jour de juin.
　　　　　　　　　　　　　　　　　» Signé LOUIS.
　　　　　　　　» Et plus bas : DE LOMENIE. »

(1) M. Gueffier, chargé d'affaires de France à Rome, écrivait à ce sujet.

« 20 janvier 1653.

» Depuis ce que je vous ay mandé, Monseigneur, par ma susdite lettre, touchant le consistoire extraordinaire qui fut tenu au sujet de l'emprisonnement de M. le cardinal de Retz, une dépesche que M. le nonce en a envoyée au pape, a fait tenir une congrégation devant Sa Sainteté (outre les précédentes), de huit cardinaux, qui dura près de trois heures sur le mesme sujet. De ce qui s'en est peu savoir, j'ay entendu que la principale résolution que l'on y prist, fut de n'en faire aucune sur cela qui puisse porter le roy à la refuser, parce que ce seroit un autre affront fait au sacré collége et à Sa Sainteté mesme, plus grand que le premier ; se disant avec cela que pour trouver les moyens de réparer celuy-cy, ils sont tous bien empeschez. L'on me fait espérer que je sçauray à la fin ce qui s'y résoudra. C'est ce que je rechercheray soigneusement pour vous en pouvoir donner avis, bien que je sache que par les dépesches de M. l'ambassadeur, vous en pourrez mieux sçavoir la vérité que par aucune autre voye. »

(2) Plusieurs lettres du prince de Condé à Noirmoustier attestent ses bonnes dispositions à l'égard du cardinal. Ces pièces originales sont conservées à la Bibliothèque royale, dans la collection Béthune.

(3) Les ducs de Retz et de Brissac écrivirent au roi la lettre suivante au sujet de la détention du cardinal leur parent :

« SIRE,
» Après tant de très-humbles remonstrances faites de toutes parts à Vostre Majesté pour la liberté de M. le cardinal de Retz, et le grand nombre de prières publiques adressées à Dieu pour les rendre plus puissantes et plus efficaces, voicy les premières paroles qu'a pu former sa maison toute désolée et abbatue de douleur, et qui ne paroissent que les dernières, parce que la grandeur de son ressentiment ne luy a pas permis de s'expliquer si tost que les autres, et qu'elle n'a pas eu besoin de moins de temps pour se remettre et pour essuyer ses justes larmes ; et bien que sa playe estant encore trop fraîche, il luy soit impossible de se produire dans son estat tout-à-fait réglé, et qui ne tienne rien du désordre, elle ose néanmoins se jeter aux pieds de Vostre Majesté avec d'autant plus de confiance, qu'elle sçait qu'une sagesse avancée luy faict mettre la protection des affligés au rang de ses occupations principales et plus importantes.

» Ce estant, il faut bien dire que cette pensée, telle qu'on la doibt avoir de Vostre Majesté, est empreinte bien avant dans tous les esprits, puisque ce dernier effect de sa colère, et ce coup de tonnerre qui est tombé sur l'un de ses plus fidelles subjects, et qui a espouvanté tout le monde, n'a destourné personne du dessein de la faire souvenir de sa bonté, aussy bien que de sa justice ; et qu'au milieu du bruict qu'excitoit cette nouvelle tempeste, on n'a pas laissé d'espérer le calme que l'on doibt attendre de l'un et de l'autre.

» Aussi comment pourrions-nous perdre ceste espérance, puisque Vostre Majesté nous donne elle-mesme les moyens de luy faire connoistre l'innocence de cet accusé, en ce que la dernière grace dont elle l'a comblé luy servant d'une justification toute claire de sa conduite précédente, il n'est plus besoin que de justifier tout ce qu'il a fait depuis ce temps-là, et de faire voir que toutes les actions qui ont paru de luy, et qui sont renfermées dans cet espace, sont si pures et sont portent un caractère si visible d'innocence, qu'il semble que la plus noire calomnie n'y puisse trouver de quoy l'accuser avec couleur.

» Car si l'on considère les premiers six mois que ce nouveau cardinal a vescu dans Paris pendant l'absence de Vostre Majesté, on verra avec quel courage et quelle vigueur il a soustenu les intérests de vostre couronne, combien il a entrepris de choses de la dernière force, et du dernier courage, et avec combien de générosité il a rejeté toutes les propositions qu'il estimoit contraires au bien de vos affaires, de quoy certes nous pourrions nous flatter en quelque façon, si nous ne sçavions d'une part que toute la gloire qui sort des belles actions doit estre toute pour Vostre Majesté, et se doit réunir à elle comme à sa première source, et de l'autre que le sacrifice de nostre vie et de nostre sang n'est qu'une reconnoissance bien légère de ce que doivent à leur roi des

n'estoit pas à mespriser à cause de l'Angleterre, dont la France n'estoit nullement asseurée dans ce moment-là ; et où Bordeaux et Brouage tenoient encore pour M. le prince. Beaucoup de sujets fidelles, et qui encore lui sont obligés plus que tous les autres.

» Aussi semble-t-il que les bonnes intentions de M. le cardinal de Retz ont esté publiquement reconnues, puisque n'y ayant rien de plus fondamental au repos des peuples, ny qu'ils ayent souhaitté avec tant de passion que le retour de Vostre Majesté dans sa bonne ville, luymesme a esté choisy par la voix publique comme le plus puissant médiateur qu'on pust employer auprès d'elle, pour obtenir un bien si advantageux ; et qu'en effect il s'est acquitté de cet employ avec un succès qu'on sçait luy avoir acquis l'amour des gens de bien, l'envie et la haine des méchans, et l'estime de tout le monde : et il n'y a personne qui ne voye combien cette action luy a esté heureuse par l'événement, puisqu'à peine a-t-elle esté achevée qu'elle a presqu'aussytost produit tout l'effect qui en pouvoit suivre, et que le retour de Vostre Majesté dans sa bonne ville a mis le comble à tous nos désirs, et a donné ceste satisfaction à M. le cardinal de Retz d'entendre de la bouche de la reyne, lorsqu'il fut pour rendre ses très-humbles respects à Sa Majesté, que ce retour estoit son ouvrage.

» Vostre Majesté, Sire, jugera aisément que cette dernière louange, par une bouche si illustre et si véritable, par le consentement de tout le public, et dans une conjoncture si glorieuse, n'a esté que trop capable de contenir et d'arrester ses désirs, quand il leur eut mis aussi peu de bornes que ses ennemis s'efforcent de le faire croire, et combien il eut agi contre toutes sortes de prudence s'il se fust hazardé de perdre par des entreprises criminelles très-incertaines, voire mesme impossibles, un bien clair et certain duquel la fortune, jointe avec sa vertu, ou pour en parler plus chrestiennement, la Providence divine l'avoit mis en possession.

» C'est pourquoy jugeant qu'il ne luy restoit plus rien à faire après ce dernier service qui achevoit tout, et voyant avec la gloire de Vostre Majesté la sienne parvenue jusques à son comble, il s'est jeté aussitost avec une chaleur toute nouvelle dans l'exercice de toutes les fonctions convenables à ceux de sa dignité. On l'a veu donner aux ames qui luy doivent estre un jour commises, et qu'il peut desja regarder comme ses oüailles, tout le temps de loisir dont il luy sembloit pouvoir disposer comme d'un temps libre et que le service de Vostre Majesté ne pouvoit plus désirer de sa fidélité et de son zèle. On l'a veu faire toute son estude et toutes ses délices de l'instruction des peuples, qui ont receu avec joye le pain de la parole de Dieu qu'il leur a distribué. On l'a veu, Sire, occupé en des fonctions toutes sortables à sa profession et qui demandent un esprit eslevé dans le ciel par la contemplation des choses divines, et non pas attaché à la vie par des intrigues et brouïlleries ; si bien qu'il est difficile de dire par quel endroit une vie apparemment si juste et si réglée a pû donner prise à la haine et à la calomnie.

» Et nous parlons ainsi avec d'autant plus d'asseurance, Sire, que nous sçavons certainnement que comme la vigueur et la fermeté qu'on a tousjours reconnu en la personne de M. le cardinal de Retz, pourroit ne le pas rendre inutile dans les occasions où il plairoit à Vostre Majesté de l'employer pour son service, sa modération l'esloigne de toutes sortes de pensées de se vouloir rendre nécessaire en quoy que ce soit, et si d'une part il gents sont persuadés qu'il y avoit de quoi former une affaire considérable, c'est-à-dire qu'il y avoit asses d'estoffe, et en ce que vous venes d'en voir et en beaucoup de choses de ceste nature pouvoit rester quelque doute de cecy après ses actions passées, et que de l'autre il plust à Vostre Majesté d'en recevoir quelques assurances de ceux de sa maison, et ensemble de tous ses amis, nous protestons, Sire, que nous sommes tous prests d'en respondre, non-seulement de nos biens et de nos fortunes, mais encore de nostre sang et de nostre vie.

» Cependant, Sire, par ce que l'expérience du passé nous peut donner de justes craintes de l'advenir, et que la personne de M. le cardinal de Retz pourroient recevoir de mauvais offices auprès de Vostre Majesté de la part de nos ennemis, nous la supplions très-humblement d'avoir agréable que nous nous servions, pour obtenir l'effect de nos demandes, des moyens légitimes que le sang et la nature nous enseignent, pour nostre deffense particulière et pour celles de nos proches ; et que nous prenions, conjointement avec ceux qui s'intéressent dans nostre disgrace, toutes les voyes qui seront nécessaires pour faire connoistre à Vostre Majesté l'innocence de M. le cardinal de Retz, et pour obtenir d'elle sa liberté que nous luy demandons avec tout le respect et toute la soumission qui nous est possible.

» Et ce qui nous fait mieux espérer du succès de nostre dessein, c'est qu'ayant plû à la Providence divine de se servir de Vostre Majesté pour honnorer M. le cardinal de Retz de la pourpre, du sacerdoce, et pour le destiner au gouvernement d'une de ses principales eglises, qui est celle de Paris, il est à croire que ceste mesme Providence ne dédaignera pas de s'intéresser pour un de ses premiers ministres, et qu'elle gravera les mesmes sentimens dans le cœur de Vostre Majesté, que tout le monde sçait qu'elle conduit et qu'elle protège comme un de ses plus chers et plus éclatans ouvrages ; qu'elle deschirera le voile qu'on veut mettre devant ses yeux, et dont les ennemis de cet innocent malheureux s'efforcent de couvrir la pureté de ses intentions et de son zèle, et enfin qu'elle remplira l'esprit du plus chrestien de tous les rois, et qui a l'honneur par-dessus les autres d'estre le fils aîné de l'église, de ces pensées chrestiennes et sainctes, qui ont obligé les plus grands de vos prédécesseurs de conserver un esprit tout religieux pour les personnes constituées dans les dignités ecclésiastiques, et de ne toucher qu'avec un extrême scrupule ceux que leur piété leur faisoit considérer comme leurs pères et comme leurs juges.

» Ainsi par ces effects de bonté et de justice tout ensemble que Vostre Majesté fera ressentir à l'Eglise en la personne de ses principaux membres et d'un de ses pères, elle mettra le comble à la joye publique, causée par son retour dans sa bonne ville, à qui ceste seule chose semble manquer pour son entière perfection. Elle fera croistre de plus en plus dans ses peuples l'amour et la fidélité envers elle, et surtout elle embrasera le cœur de M. le cardinal de Retz et de tous ceux de sa maison d'une nouvelle ardeur pour son service, et nous portera à rechercher toutes les occasions de faire paroistre que nous sommes avec un profond respect,

» Sire, de Vostre Majesté,

» Les très-humbles, très-obéissans et très-fidelles serviteurs et sujects,

» Le duc DE BRISSAC.

» Le duc DE RETZ. »

ture : par exemple, en la disposition du vicomte d'Hostel, qui estoit dans Béthune, et qui eust asseurément branslé pour moi, s'il eust veu la partie bien faite. Le malheur fut qu'il n'y eust personne qui sceut bien tailler ceste estoffe. M. le duc de Rais avoit bonne intention, mais il n'estoit pas capable d'un grand dessein, et de plus sa femme et son beau-père le retenoient. M. de Brissac, qui avoit eu commandement de se retirer cheux lui, ne sçavoit primer en rien. M. le duc de Noirmoustier eust esté le plus entreprenant, mais il fut gagné d'abord par madame de Chevreuse et par Laigues (1), ausquels le cardinal (2) dit en termes exprès, qu'ils lui respondroient des actions de leurs amis, et que s'ils tiroient un coup de pistolet, ils verroient l'un et l'autre ce qui leur en arriveroit. M. de Noirmoustier, qui n'avoit pas d'ailleurs, comme vous avez veu, trop d'amitié pour moi, se rendit aux instances de ses amis (3) et à celles de sa femme, qui n'est pas une merveille de son sexe, et il donna parole à la cour (4) qu'il ne me donneroit que des apparences, et qu'il ne feroit rien en effet ; il tint sa parole. M. le mareschal de Vil-

(1) On écrivait à cette époque à Noirmoutier :

« Manevilette a veu le cardinal Mazarin, qui lui parla fort de Noirmoutier, et luy donna ordre de dire à madame de Chevreuse que le roy n'avoit rien fait qui eust peu donner ombrage, qu'il ne l'eust voulu pour rien du monde, et que sa façon d'agir estoit de porter tout à la douceur ; que le traitement que l'on faisoit au duc de Chaunes, que le roy eut peu chasser par force de la citadelle d'Amiens, tesmoignoit assez ses inclinations ; que pour Noirmoutier il estoit certain qu'il avoit beaucoup d'estime pour luy, et que la condescendance qu'il avoit eu pour la liberté du cardinal de Retz estoit en sa seule considération ; que M. le cardinal de Retz mesme en avoit jugé les conditions raisonnables ; mais Caumartin luy avoit fait changer d'opinion ; qu'après tout, le roy estoit fort satisfait de ce que Noirmoutier avoit fait tant pour le secours de Rocroy que pour faciliter le siège de Mousson. J'ai été bien aise d'apprendre cette nouvelle, qui me donne moyen de détruire l'imposture de ceux qui faisoient icy courre le bruit que Noirmoutier avoit laissé passer de la cavalerie de M. le prince par Charleville, et que Noirmoutier avoit déclaré estre neutre. Madame de Chevreuse m'a asseuré que Caumartin est entièrement porté à la liberté de M. le cardinal de Retz, que pour cet effet je tâche de négocier le ménage de Mauzing (Mercœur) avec la fille du duc de Retz, et affin que le cardinal de Mazarin puisse se confier aux paroles du cardinal de Retz, on luy remettroit Machecoul ou Belleisle entre les mains, et si cela ne réussit on luy ôtera la coadjutorerie.

» Je n'ay point reçu de vos lettres ce voyage ; cela me met en peine.

» Ce 13 septembre. »

(2) Le cardinal Mazarin était revenu à la cour le 3 février 1653. A son arrivée le roi alla au-devant de lui, le prit dans son carrosse et l'amena au Louvre. Ils entrèrent à Paris par la porte Saint-Denis, pendant que les nièces du cardinal entraient par la porte Saint-Antoine, accompagnées de la princesse de Carignan, de la maréchale de Guébriant, etc.

Servien et Fouquet reçurent bientôt après le prix de leurs bons offices à l'égard du cardinal Mazarin ; le roi les fit surintendants des finances, après la mort du marquis de La Vieuville.

Une note de Petitot, sur le passage des Mémoires de Retz, fixe, avec toute raison, l'arrivée de Mazarin à la cour au 3 février 1653. Mais notre annotateur n'a pas conservé cette même exactitude dans son *Introduction aux Mémoires relatifs à la Fronde*, et dans une note insérée dans les *Mémoires de Brienne*, où il indique *le 9 février* comme le jour de l'arrivée de ce ministre.

L'Art de vérifier les dates (édit. de 1770) fixe au contraire le retour de Mazarin au 13 février, et sans plus de raison. La lettre suivante de ce cardinal-ministre prouve que la véritable date de son arrivée à Paris fut bien le 3 février 1653 :

« A Dampmartin, le 2 février 1653, au soir.

» Je fais estat de partir d'icy demain matin sur les huit heures, confus au point que vous pouvez vous imaginer, de voir que le roy persiste à me vouloir faire un honneur que je ne sçaurois jamais mériter.

» Quant au reste de vostre lettre, je remets à vous en parler à mon arrivée à Paris, où le courrier que vous m'avez dépêché pourra arriver auparavant que le roy en soit party.

« LE CARDINAL MAZARINI. »

(Cette lettre autographe, adressée au ministre Le Tellier, se trouve à la Bibliothèque du Roi.)

(3) A cette époque, on écrivait la lettre suivante à Noirmoutier :

« Madame de Noirmoutier a une lettre du père de Gondy et une de madame de Chevreuse, qu'elle n'a osé envoyer de crainte qu'elles ne fussent arrestées ; elle vous prie de ne luy rien mander de conséquence, le paquet de Charleville du dernier ordinaire ayant esté pris.

» Le 30 décembre. »

» Je vous ay déjà mandé que vos amis trouvent que vous devez escrire à M. le cardinal pour le prier de considérer qu'il seroit plus avantageux pour son intérest mesme, que M. le cardinal de Retz fût à Rome, que de le tenir en prison. Je vous avois déjà mandé, par ma dernière, que vous pouviez offrir ce qui dépend de vous pour caution de la parole que le roy luy demanderoit.

» Mais j'ay veu M. de Laigues, qui m'a dit qu'il ne falloit point mettre au hazard Charleville, après tout on ne peut répondre que de soy ; et mesme par cette veue, je vous dis que vous ne devez prendre conseil de personne que de vous, et que la pluspart des gens disent tantost d'une façon et tantost d'une autre. Les amis et parens de M. le cardinal de Retz vous veulent faire expliquer, en cas qu'il ne puissent rien gagner auprès de la reine, mais pour cela, je suis certaine que vous ne manquerez jamais à ce que vous devez au roi et à la cour ; ils sont alertes sur votre sujet. Je vous ay déjà mandé que l'abbé Fouquet m'est venu voir et m'a beaucoup sondée, mais il n'a reconnu qu'une créature qui ne sçait rien.

» M. de Laigues est fort chagrin, et si on le croyoit, on seroit dans une perpétuelle défiance ; c'est pourquoy, n'agissez que par vous, et demeurez au lieu où vous êtes.

» Madame de Noirmoutiers a ouvert la lettre du père de Retz, qui n'est qu'un remerciement ; elle vous prie de luy mander si vous désirez qu'elle l'envoie. »

(Cette lettre ne porte aucune signature.)

(4) On a essayé d'établir, dans un numéro du Journal de la Société de l'histoire de France, que le duc de Noirmoutier n'avait pas abandonné le cardinal de Retz, et qu'il

leroy donna advis de cest engagement de M. de Noirmoustier avec la cour, à madame de Lesdiguières, le quatorziesme jour de ma prison.

Il ne traversa en rien le siége de Stenay que le roi fit en ce temps-là; il esluda toutes les propositions de M. le prince, et il se contenta de parler et d'escrire tousjours en ma faveur, et de tirer force coups de canon lorsqu'on buvoit à ma santé. Il eust eu pourtant peine à soubstenir long-temps ce personnage, si Bussi-Lamet, qui avoit de l'esprit et de la décision, eust vécu; et il dit à Malclerc qui y avoit esté envoyé de la part de mes amis, ces propres mots : « Noir-» moustier veut amuser le tapis, mais je le fe-» rai parler françois, ou je lui surprendrai sa » place. » Le pauvre homme mourut d'apoplexie la nuit mesme. Le chevalier de Lamet, qui estoit major dans la place, y estant demeuré le maistre par ceste mort, le vicomte son frère aisné s'y jeta, et il demeura très-fidèlement dans mes intérests. L'abbé de Lamet, leur cousin et le mien, et qui estoit mon maistre de chambre, n'en bougea, et il m'y servit aussi avec tout le zèle possible : mais enfin une place ne pouvant rien sans l'autre, on n'agit point, et Mezières, Charleville et le Mont-Olympe furent pour moi, et ne firent rien pour moi. Il ne laissa pas de m'en couster une bonne somme de deniers, que M. de Rais presta pour la subsistance de la garnison. J'en ai payé depuis et le capital et les intérests, qui montent à beaucoup : je ne me ressouviens pas de la quantité.

Vous pouves juger que tout ce détail, dont j'estois ponctuellement informé, n'estoit pas la moindre de mes occupations dans ma prison; mais l'une de mes principales applications y estoit de cacher que j'en fusse informé : et je me souviens que M. de Pradelle, qui commandoit les compagnies des gardes suisses et françoises qui estoient dans le chasteau, et qui avoit permission de me veoir aussi bien que M. de Meaupou-de-Noisi, qui estoit aussi capitaine aux gardes; je me souviens dis-je que M. de Pradelle me dit un jour, qu'il estoit au désespoir d'estre obligé de m'apprendre une nouvelle qui m'affligeroit, qui estoit la mort de M. Bussi-Lamet. Quoique je le sceusse aussi bien que lui, j'en fis le surpris; et après avoir fait semblant d'y resver un peu, je lui respondis : « J'en suis très-» affligé, et je n'y trouve qu'une consolation, qui » est qu'il n'a au moins rien fait, avant que de » mourir, contre le service du roi. J'appréhendois » tousjours qu'il ne s'emportast, à cause de l'a-» mitié qu'il avoit pour moi. » Je lui vis de la joie dans les yeux à ces paroles, parce qu'il en infera que je n'avois aucunes nouvelles dans ma prison; et l'un de mes gardes me dit qu'il l'avoit ouï parler à Noisy avec exaltation sur ce fondement, et qu'il lui avoit dit : « Au moins, la cour » ne se plaindra pas de nous, et ne dira pas que » celui-ci escrit comme saint Thomas. » C'est ce que M. le cardinal Mazarin avoit dit, en se plaignant que Bar n'avoit pas gardé asses exactement M. le prince. Ce M. de Pradelle eust la bonté de me consoler dans la mesme conversation, de l'appréhension que j'avois que l'on ne fist quelque chose à Mézières contre le service du roi, et il m'assura que la place estoit entre les mains du commandant que Sa Majesté avoit envoyé. Vous observeres, s'il vous plaist, que

---

n'avait pas traité avec la cour. Il nous serait facile de confirmer encore sur ce point les mémoires de Retz par les lettres autographes de Noirmoutier que nous rapporterons cy-après, année 1655, époque à laquelle le traité fut définitivement conclu avec Mazarin. Voici cependant une lettre que Noirmoutier adressa au ministre aussitôt après que l'on eut transporté Retz à Nantes.

« Monseigneur, après avoir satisfait à mon devoir sur le sujet de monseigneur le cardinal de Retz, je ne veux pas différer davantage de satisfaire à ma parole touchant le Mont-Olympe, que je suis tout prêt, Monseigneur, de vous le mettre entre les mains; et V. E. se souviendra, s'il lui plait, qu'il n'a pas tenu à moi que la chose n'ayt esté exécutée à Rhetel, après la bataille, et depuis encore, lorsque vous étiez à Bouillon; je veux croire, Monseigneur, que vous n'avez pas mis en doute que je n'en usasse de la sorte; cependant, comme tout le monde n'a peut-estre pas pour moy la mesme équité que V. E., et que beaucoup de gens ont la veue attachée sur ma conduite, je vous avoue que j'ay un extrême intérest de finir bientost cette affaire; je vous supplie donc très-humblement, Monseigneur, de donner à M. de Longuerue les ordres nécessaires pour cela, et d'ajouter créance à ce qu'il vous dira de ma part, et surtout aux protestations qu'il vous fera de la sincérité avec laquelle je veux estre toute ma vie, Monseigneur, votre très-humble, très-obéissant, très-obligé serviteur,

» NOIRMOUTIER.

» Charleville, ce.... may 1654. »

Si l'on n'avait pas été assuré à la cour que Noirmoutier ne donnerait que des apparences pour la liberté du cardinal de Retz, Mazarin aurait-il parlé de ce personnage dans les termes suivans, qui lui furent transmis par un de ses amis, et en même temps d'une manière si désobligeante des Lameth, que le cardinal de Retz déclare n'avoir pas abandonné son parti :

« Madame de Chevreuse trouve vos raisonnemens fort judicieux sur la paix générale; Laigues luy mande que le cardinal Mazarin parle de M. de Noirmoutier fort avantageusement, et qu'il dit qu'il peut estre assuré que le roy n'a aucune pensée sur Charleville, mais que pour Mézières, là où il n'y a que des gens QUI N'ONT POINT DE CARACTÈRE POUR Y COMMANDER, il est vray que le roy sera toujours bien fondé de les dépouiller d'une authorité qu'ils usurpent; cela fait juger que le cardinal Mazarin pourroit avoir dessein contre MM. le vicomte et le chevalier de Lamet; c'est pourquoy M. de Chevreuse est d'avis que non-seulement ils se gardent soigneusement, mais aussy qu'ils fassent toutes les choses possibles, tant publiquement que tacitement, pour

j'avois receu un billet, la veille, du vicomte de Lamet, qui me marquoit qu'il en estoit le maistre, et qu'il m'en rendroit bon compte : je reçeus toutefois pour bon ce qu'il pleut à Pradelle de me dire sur cela, et sur la plupart des discours de ceste nature que l'on fait sans cesse aux prisonniers d'estat. Je dis la plupart, parce qu'il y en eut quelques-uns à l'esgard desquels je ne pus agir ainsi. Par exemple, Pradelle, qui ne me parloit pour l'ordinaire que du beau temps et des choses qui estoient arrivées avant que j'eusse esté arresté, s'advisa un jour de m'annoncer l'heureux retour du cardinal Mazarin (1) à Paris; il embellit son récit de tous les ornements qu'il creut qui me pouvoient desplaire, et il exagera mesme avec emphase la réception magnifique qui lui avoit esté faite à l'Hostel-de-Ville. Je le sçavois desjà, et que M. Vedeau l'avoit harangué avec une bassesse incroyable. Je respondis à M. de Pradelle que je n'en estois point surpris. Il reprit : « Et vous n'en seres
» pas mesme fasché, Monsieur, quand vous sçau-
» res l'honnesteté que M. le cardinal a pour
» vous : il m'a commandé de vous venir asseu-
» rer de ses très-humbles services, et de vous
» supplier de croire qu'il n'oubliera rien pour
» vous servir. » Je ne fis pas semblant d'avoir pris garde à ce compliment, et je lui fis je ne sçais quelle question sur un subjet qui n'avoit aucun rapport à celui-là. Il y rentra, et comme il me pressa de lui respondre, je lui dis que dès la première parole je lui aurois tesmoigné ma recognoissance, si je n'estois persuadé que le respect qu'un prisonnier doibt au roi, ne lui permet pas de s'expliquer de quoi que ce soit qui regarde sa liberté, que lorsqu'il a pleu à Sa Majesté de la lui rendre. Il m'entendit ; il m'exhorta à respondre à M. le cardinal plus obligeamment, et il ne me persuada pas.

Voici une occasion plus considérable dans laquelle je n'eus pas plus de facilité. Les advis que le cardinal Mazarin avoit de Rome, et l'esmotion des esprits, qui paroissoit et qui croissoit mesme à Paris touchant ma prison, l'obligèrent à donner au moins quelques démonstrations touchant ma liberté; et il se servit à cet effet de la crédulité de monsignor Ragni (2), nonce en France, homme de bien, et d'une naissance très-élevée, mais facile et tout propre à estre trompé. Il me l'envoya, accompagné de MM. de Lyonne et Le Tellier, pour me proposer et ma liberté et de grands advantages, en cas que je voulusse donner ma démission (3) à la coadjutorerie de Paris. Comme j'avois esté adverti par mes

oster au cardinal Mazarin toute espérance d'y faire des pratiques ou de le surprendre en quelque façon que ce soit. Madame de Chevreuse dit que s'il n'avoit plus la croyance d'y réussir par ce moyen, qu'il deviendroit plus traitable sur le chapitre du cardinal de Retz. »

(1) Aussitôt que le prince de Condé fut informé du retour de Mazarin, il écrivit au duc d'Orléans pour lui offrir ses services contre l'ennemi commun. Cette lettre autographe est aujourd'hui dans une des bibliothèques de Londres ; elle était ainsi conçue :

« Monseigneur, tant que le cardinal Mazarin a été sur les frontières de France, et qu'il y a eu quelqu'apparence qu'il n'y reviendroit pas, je suis demeuré dans le silence, et n'ai osé me donner l'honneur de vous écrire, de peur de le faire à contre-temps ; à présent qu'il est à Paris, et qu'il recommence à agir avec sa manière accoustumée, et que ce n'est pas sans subject qu'on doit appréhender pour l'estat et pour votre personne, j'ai cru que vous ne désapprouveriez pas que je vous fisse souvenir de moy, et que je vous disse que j'espère avec raison d'être en état de vous rendre les services que je vous ay toujours dévoués. MM. de Croissy et Saint-Mars vous feront savoir plus particulièrement tous mes sentimens; je vous supplie d'y ajouter entière croyance sur ce, et d'estre bien persuadé que je suis avec tout le respect imaginable, Monseigneur, votre très-humble et très-obéissant serviteur. » LOUIS DE BOURBON.

» Stenay, ce 11 février 1653. »
(Manuscrit de la Bibliothèque harléienne, n. 4468.)

(2) Ce fut à cette époque que le secrétaire d'état, comte de Brienne, adressa au nonce la lettre que nous allons rapporter :

« Monseigneur, j'ay fait rapport à Sa Majesté du contenu en la lettre de laquelle V. E. m'a favorisé, et il luy a pleu de me commander de vous faire savoir qu'elle escoutera toujours très-volontiers ce que vous aurez à luy proposer de la part du Pape, fut-ce sur le sujet de la détention de M. le cardinal de Retz ; mais qu'elle auroit peine de souffrir que ses sujectz, à la réserve des prélats, et pour les choses qui se peuvent faire par-devant vous, les autres prissent coutume de vous visiter et de vous proposer leurs affaires, qu'elle s'asseure que vous ne voudrez pas vous en charger. Et comme il est de son service que V. E. use de cette retenue à l'avenir, Sa Majesté ne doute point que vous ne luy donniez la satisfaction qu'elle se peut promettre de votre conduite ; celle qui a esté tenue par M. le cardinal de Retz luy a attiré ce qu'il souffre, et Sa Majesté demeure persuadée de s'estre beaucoup avancée, luy ayant fait offrir sa liberté et la récompense d'un bénéfice qu'il ne possède pas ; que cette Eminence n'a peu négliger, sans se nourrir l'esprit de plusieurs choses qui sont préjudiciables au bien de ses affaires ; ce que Sa Majesté peut d'autant plus librement croire qu'il ne s'y est jamais présenté occasion de les troubler, qu'il n'y soit employé et avec une passion du tout messéante à un prélat de sa condition, favorisé, gratifié au-delà de ce qu'il eut jamais peu souhaiter, s'occupant autant à servir qu'il s'est témoigné attaché à causer du désordre dans l'estat ; ce qu'estant cogneu d'un chascun, Sa Majesté s'asseure que Sa Sainteté ne le pressera plus de ce qu'elle ne sçauroit consentir sans blesser son authorité, et mettre en hazard le repos de ses subjects, qu'elle est obligée par principe de conscience de maintenir ; et ayant accordé qu'il sera servi d'un médecin et un chirurgien qui est tel qu'il a désiré, il n'y a plus de grâce qu'il doibve prétendre, ny qui puisse estre demandée par luy après, faisant celle-cy.
» Je suis, etc. » DE LOMENIE. »

(3) Le 9 janvier 1653, tous les évesques qui estoient dans Paris furent admis à l'audience du roi, sur le sub-

amis de ceste démarche, je la receus avec un discours très-estudié et très-ecclésiastique, qui fît mesme honte au pauvre monsignor Ragni, et qui lui attira ensuite une fort rude réprimande de Rome. Ce discours qui m'avoit esté envoyé par M. de Caumartin, et qui estoit fort beau et fort juste, fut imprimé dès le lendemain. La cour en fut touchée au vif. Elle changea et mon exempt et mes gardes ; mais, comme je vous l'ai dit ci-dessus, la providence de Dieu ne m'abandonna pas, et elle fît que ces changements n'altérèrent point du tout mon commerce.

Comme je fus revenu de mon exil, la reine mère du roi me pressa un jour extrèmement à Fontainebleau de lui en compter le détail, sur la parole qu'elle me donnoit avec serment, de ne jamais nommer aucun de ceux qui y avoient eu part ; et je m'en desfendis, en la suppliant de ne me pas commander de m'expliquer sur une chose dont la révélation pourroit nuire à touts ceux qui, dans les siècles à venir, pourroient estre prisonniers. Ceste raison la satisfit.

Voilà bien des minuties qui ne sont pas dignes de vostre attention ; mais comme elles composent un petit détail qui donne l'idée du manége de ces prisons d'estat, dont peu de gents se sont advisés de traiter, je n'ai pas creu qu'il fust mal à propos de les toucher. En voici encore deux.

Les instances du chapitre de Nostre-Dame, obligèrent la cour à permettre à un de son corps d'estre auprès de moi, et l'on choisit pour cest emploi un chanoine de la famille de M. de Bragelonne, qui avoit esté nourri au collége auprès de moi, et auquel mesme j'avois donné ma prébende. Il ne trouva pas le secret de se sçavoir ennuyer, ou plutost il s'ennuyoit trop dans la prison, quoiqu'il s'y fust enfermé avec joie pour l'amour de moi. Il y tomba dans une profonde mélancolie. Je m'en aperceus, et je fis ce qui estoit en moi pour l'en faire sortir, mais il ne voulut jamais m'escouter sur cela. La fiebvre double-tierce le saisit : il se coupa la gorge avec un rasoir au quatriesme accès. L'unique honnesteté que l'on eust pour moi dans tout le cours de ma prison, fut que l'on ne me dit point le genre de sa mort dans tout le temps que je fus à Vincennes, et je ne l'appris que par M. le premier président de Bellièvre, le jour que l'on me tira du donjon de Vincennes pour me transporter à Nantes. Mais le tragique de ceste mort fut commenté par mes amis, et ne diminua pas la compassion du peuple à mon esgard. Ceste compassion ne diminuoit point non plus les frayeurs de M. le cardinal, elles le portèrent(1) jusques

jet de la détention du cardinal de Retz. M. de Marca, nommé à l'archevesché de Toulouse, porta la parole, et s'en acquitta fort bien ; et conclut enfin qu'en cas qu'il plut à Sa Majesté de donner des commissaires au prisonnier, elle eust agréable de n'en point ordonner qui ne fussent de leur corps. A quoy le roy respondit, par la bouche de M. le chancelier : Qu'estant le filz aisné de l'Eglise, il ne falloit pas craindre que Sa Majesté voulust jamais enfraindre les privilèges de ses ministres ; mais aussi qu'ilz devoyent sçavoir que Sa Majesté n'avoit point entendu leur en accorder qui fussent contre son authorité souverayne.

Le 2 mars de la même année, le nonce eut enfin audience du roy sur le subjet de la détention du cardinal de Retz, à la liberté duquel il insista fortement de la part de Sa Sainteté ; sinon qu'il plut à Sa Majesté de le remettre entre ses mains pour l'envoyer à Rome : rapportant à cest effet divers exemples des siècles passez, où les empereurs et les roys d'Espagne en avoyent usé de la sorte, sur la demande des papes. Mais comme ceste affaire estoit délicate et de dangereuse conséquence, Sa Majesté la remit à son conseil. (Journal historique.)

(1) Le Pape continua toujours de faire de vives représentations au roi sur cette arrestation, et les instances réitérées du nonce de Paris dictèrent sans doute vers cette époque la lettre que voici, et qui fut envoyée au Saint-Père au mois d'août :

« Très-Saint-Père, par le bref que Votre Sainteté nous a escrit, et par ce qui nous a esté représenté par le sieur archevesque d'Athènes, votre nonce, nous avons entendu que V. S. désireroit que nous fissions mettre en liberté le cardinal de Retz, ou le consigner audit nonce, lequel ne s'est pas oublié de nous représenter que c'estoit une chose usitée aux roys, mes prédécesseurs, de protéger l'Eglise, et qu'en ce rencontre, nous donnerons sans doute des marques de notre piété. Nous luy avons respondu, ce qu'il pourra avoir escrit à V. S., que la mauvaise conduitte dudit cardinal de Retz, et ce qu'il machinoit contre nous, contre notre service, en s'oubliant des bienfaits desquels il nous estoit redevable, et contre le repos et la seureté de notre estat, nous ayant nécessitez de nous assurer de sa personne pour ne deffaillir pas à Dieu, qui, nous establissant en cette suprême dignité de roy, nous a obligez de veiller au bien des peuples qu'il a soumis à notre domination, et que nous serions coulpables envers sa divine majesté, sy nous avions obmis en ce rencontre de satisfaire à nos obligations ; qu'il devoit demeurer persuadé que nous n'entreprendrions aucune chose qui ne fût de raison et d'un usage receu, ayant en première considération le désir d'accroistre de mérite envers l'Eglise, laquelle deffendue des armes des roys nos prédécesseurs, et de notre propre autorité, peut estre en assurance qu'il ne sera jamais par nous entrepris aucune chose qui la blesse ; mais que nous avions esté surpris du silence de V. S., lorsque des factieux entreprenoient des choses inouyes et qui blessent la dignité de l'Eglise, mesme sappoient les fondements de notre très-sainte religion, mettant à prix la teste d'un cardinal, lequel, appelé par le feu roy, notre très-honnoré seigneur et père, d'immortelle mémoire, à la conduite de ses affaires, et ayant esté continué par nous, avoit appliqué ses soins et avec fruit au bien de l'Eglise, repos de la chrestienté, et à l'avantage de cette couronne, que tant de signalez services avoyent establi en notre première et parfaitte confiance. Il seroit difficilement respondu à notre juste plainte, et V. S. prenant en main la deffense d'un cardinal, recognu coulpable, et s'estant oubliée de donner sa protection à un innocent, fait voir que les ennemis

à prendre la pensée de me transférer à Amiens, à Brest, au Hâvre-de-Grace. J'en fus adverti, je fis le malade. L'on envoya Veson, pour veoir si effectivement je l'estois. L'on m'a parlé différemment de son rapport. Ce qui empescha ma translation, fut la mort de M. l'archevesque (1),

de cet estat ont eu sur elle un pouvoir du tout extraordinaire ; qu'elle n'agist pas par un principe de justice, qui ne distingue pas l'aimé d'avec le hay, et qu'elle ne pratique pas la charité parfaitte qu'elle nous enseigne et qui est la perfection de la religion chrestienne. Et comme elle est gravée en notre cœur, et que nous l'eslevons continuellement à Dieu pour demander son assistance et régle pour notre conduitte, nous avons lieu d'espérer qu'il ne nous la déniera pas, dont V. S. doibt demeurer persuadée que nous conserverons aux ecclésiastiques les immunitez desquelles les roys les ont gratifiés, et qu'il ne nous sera jamais reproché d'avoir outrepassé les bornes de notre juste pouvoir, et ce que la justice autorise : car, comme nous sommes jaloux de notre autorité, nous ne sommes pas moings de faire esclater au public le respect filial que nous portons à notre mère Eglise, les censures de laquelle nous ne sçaurions avoir encourues pour avoir chastié un de nos subjets, que les graces ny les bienfaits et les honneurs ausquels nous l'avions eslevé, n'ont sceu contenir en son devoir. Sur ces mesmes affaires, le sieur Bailly de Vallançay s'estendra davantage envers V. S., qui aura pour agréable de luy donner une entière créance, particulièrement sur l'assurance qu'il luy donnera que nous prions incessamment Dieu qu'il vous conserve longuement et heureusement au régime de son église. » Signé Louis.
» Et plus bas : De Lomenie. »
(1) *A M. Thévenot, résident à Rome.*

« Du 27 mars 1654, à Paris.

» Monsieur, l'entrée du roy au parlement nous a en sorte occupez, que je n'ay pas eu le loisir de vous escrire aussi amplement que je l'avois résolu, ainsi je remettray à huitaine à répondre à la vostre, en date du 3 courant, et me contenteray de vous dire que j'informe présentement monseigneur le cardinal d'Est de toutes les choses dont nous avons instruit S. E. monseigneur le cardinal Antoine, avant son départ, au sujet de M. le cardinal de Retz ; c'est pourquoy je n'ai pas jugé qu'il fût nécessaire de redire les mesmes choses à S. E., et me suis dispensé de luy faire une longue despêche sur une matière de laquelle elle connoit assez l'importance, et sur laquelle elle sçait nos véritables sentimens. Il ne lui faut pourtant pas taire, qu'avant la mort de M. l'archevesque de Paris, oncle dudit cardinal, le traicté duquel je vous ai parlé dans mes précédentes étoit presque conclu ; mais cet accident a porté du changement dans l'esprit de cette Eminence ; néanmoins, on n'est pas sans espérance de rajuster l'affaire, et si, avant que je signe cette lettre, il s'y passe quelque nouveauté, je vous en tiendray averty, afin que vous en informiez S. E., et qu'elle cognoisse qu'on n'a aucune réserve pour elle. Je ne doute pas que quelques esprits brouillons n'escrivent là-bas que cette affaire causera quelque trouble dans l'esprit des peuples, mais c'est une chose qui se détruira facilement. Il est si aisé de cognoistre à quel point l'autorité du roy est raffermie, qu'une affaire de cette nature ne doibt pas faire d'impression sur les esprits bien sensez. Vous pouvez asseurer S. E. que la mort de ce prélat ne rendra pas Sa Majesté plus facile à accorder la liberté dudit cardinal, si cette Eminence n'accepte les conditions qui lui sont offertes, et c'est beaucoup, et plus qui esmeut à un point touts les esprits, que la cour pensa plus à les adoucir qu'à les effaroucher. La manière dont je fus servi en ceste rencontre a du prodige.

[1654] Mon oncle mourut (2) à quatre heures du matin ; à cinq on prit possession de l'Archevesché qu'on ne doibt attendre de la bonté de Sa Majesté, d'être disposée à faire des grâces à une personne qui ne l'y a point obligée.

» Je suis, etc. » De Lomenie. »

(2) Le 21 mars 1654. (A. E.)

La cour, voulant être en mesure contre tout événement, avait chargé quelque temps auparavant M. de Marca de dresser un « mémoire de ce qui està faire pour l'archevesché de Paris, M. l'archevesque estant mort, et M. le coadjuteur estant prisonnier. » Il existe encore aujourd'hui entièrement écrit de la main de ce prélat, et on le conserve aux manuscrits de la Bibliothèque du roi.

Le chancelier Séguier adressa aussi deux projets d'arrêts au cardinal Mazarin ; et voici la lettre dans laquelle il en explique les motifs :

« Monseigneur, l'advis que l'on nous donne de l'indisposition grande de M. l'archevesque de Paris, fait penser aux moyens que l'on peut tenir pour empescher les plaintes de ceux qui voudroient prendre subject d'exciter quelques mouvemens en cas de son décès, ou par le moyen des vicaires-généraux que l'on voudroit établir de nouveau, en faisant renvoyer ceux qui ont esté nommés par ledit sieur archevesque, que l'on sçait fort affectionnés au service du roy ; ou en voulant, au nom de M. le cardinal de Retz, se mettre en possession du revenu de l'archevesché, et cet acte de possession rendroit l'exclusion plus difficile, et l'on ne pourroit pas, suivant l'usage qui a jusques icy esté observé, que les coadjuteurs, après la mort du titulaire, entrent en possession du bénéfice sans qu'il soit besoing ny de nouvelles bulles, ny de prestation de serment et fidélité autre que celuy qu'ils ont fait entre les mains du roy. En conséquence de la coadjutorerie, l'on ne sçait si M. le cardinal de Retz a fait ce serment de fidélité pour le bénéfice futur ; mais soit qu'il l'ait fait ou non, l'arrest qui sera donné en commandement avant la vacance de l'archevesché, l'obligera à une nouvelle prestation de serment ; autrement, il y aura ouverture à la royalle, c'est une loi qui a son fondement en ce qui se pratique à Rome, et que le roy a droict d'establir et de faire observer, et dont l'on ne se peut plaindre. Je ne m'estendrai pas à dire les raisons, elles sont desduittes dans le mémoire qui renvoye à Vostre Eminence toute la difficulté qu'elle peut avoir en l'exécution de cet arrest, et que le chapitre aura le pouvoir de nommer des vicaires-généraux en cet official ; mais il faudra prendre soing de les porter à confirmer ceux qui sont à présent en ces charges ; que si cet ordre que l'on propose peut estre en équité, l'on en aura du moins faict que M. le cardinal de Retz n'entrera pas en possession de l'archevesché, n'estant pas en estat de prester un serment de fidélité, puisque le roy le retient en prison, comme ayant commis infidélité à son service. Enfin, Monseigneur, il me semble que l'arrest peut produire un bon effet, et n'en peut naitre un mauvais. J'attendrai vos ordres sur ce subject, et cependant, je supplie Votre Eminence de me continuer sa bienveillance et me croire,

» Monseigneur, de Vostre Eminence,
» Le très-humble et très-obéissant serviteur,
» Séguier.

» Paris, ce 18 novembre 1653. »

en mon nom (1), avec une procuration de moi en très-bonne forme; et M. Le Tellier, qui vint à cinq heures et un quart dans l'église, pour s'y opposer de la part du roi, y eut la satisfaction d'entendre que l'on fulminoit mes bulles dans le Jubé (2). Tout ce qui est surprenant esmeut les peuples. Ceste scène l'estoit au dernier point, n'y ayant rien de plus extraordinaire que l'assemblage de toutes les formalités nécessaires à une action de ceste espèce, dans un temps où l'on ne croyoit pas qu'il fust possible d'en observer une seule. Les curés s'eschauffèrent encore plus qu'à leur ordinaire; mes amis souffloient le feu; les peuples ne voyoient plus leur archevesque; le nonce, qui croyoit avoir esté doublement joué par la cour, parloit fort hault, et menaçoit de censures. Un petit livre fut mis au jour, qui prouvoit qu'il falloit fermer les églises. M. le cardinal eut peur, et comme ses peurs alloient tousjours à négotier, il négotia : il n'ignoroit pas l'advantage que l'on trouve à négotier avec des gents qui ne sont point informés : il croyoit la moitié du temps que j'estois de ce nombre; il le crut en celui-là, et il me fit jeter cent et cent vues de permutations, d'establissements, de gros clochers, de gouvernements, de retour dans les bonnes grâces du roi, de liaison solide avec le ministre. Pradelle et mon exempt

» J'obmettois de remarquer que j'envoye à Vostre Eminence deux arrests, l'ung que l'on pourroit donner présentement, avant le décès de M. l'archevesque de Paris, sans faire mention du cardinal de Retz; ainsy la maxime seroit establie dont l'on se serviroit; l'autre, que l'on pourroit donner si le décès arrivoit si promptement, que l'on ne peust donner le premier. Ainsi, il seroit à propos de se résoudre promptement sur cette affaire. »

(1) Ce fut Caumartin qui en fut prendre possession. (A. E.) — Claude Joly, chanoine de Notre-Dame, rapporte dans ses *Mémoires* que ce fut Pierre Le Beure, qui était porteur de la procuration, et qui prit possession de l'archevêché au nom de Retz.

(2) Dès que l'on eut pris possession de l'archevêché au nom du cardinal de Retz, *les nommez Chevalier et L'Advocat* furent installés grands-vicaires du cardinal, et publièrent des mandements ; par arrêt du conseil il leur fut signifié d'avoir à représenter les pouvoirs en vertu desquels ils agissaient. Les deux grands-vicaires se présentèrent chez le chancelier pour obéir aux ordres du roi. Voici le texte de l'arrêt du conseil et le procès-verbal de la visite faite au chancelier par les deux grands-vicaires du cardinal de Retz :

Extrait des registres du conseil d'état.

« Le roy ayant été adverti que les nommez Chevalier et L'Advocat, soy disants grands-vicaires du cardinal de Retz, dans le dessein qu'ils ont formé de troubler le repos, non seulement de l'Eglise, mais aussi de sa bonne ville de Paris, se sont ingérés en l'administration du diocèse de Paris, ont déclaré et fait imprimer divers mandements contenant des ordres extraordinaires en faveur du dit cardinal de Retz, contre le respect deub à Sa Majesté, laquelle a esté obligée, comme chacun sçait, de s'asseurer de la personne du dit cardinal, pour faire cesser ses cabales, intrigues et pratiques tendant à renouveler les troubles et désordres de la dite ville de Paris, depuis le retour de Sa Majesté en icelle, lesquels ont absolument cessé depuis sa détention. Et d'autant que les dits Chevalier et L'Advocat ne peuvent avoir aucun pouvoir valable, et que les entreprises qu'ils ont faites contre l'ordre de l'Eglise et contre l'autorité royale de Sa Majesté ne peuvent estre tolérées, estant nécessaire de désabuser ceux qui pourroient se laisser surprendre à leurs artifices, et des complices et adhérans du dit cardinal de Retz, et autres factieux mal intentionnez. Sa Majesté estant en son conseil, a ordonné et ordonne que les dits Chevalier et L'Advocat, dans vingt-quatre heures après la signification du présent arrest, à personne ou domicile, seront tenus de représenter entre les mains de M. le chancelier leurs prétendus pouvoirs, ensemble les ordres et mandemens délivrez en conséquence, et cependant Sa Majesté a fait très-expresses inhibitions et deffenses à toutes personnes de les recognoistre en la dite qualité, et d'en faire aucune fonction et d'entreprendre aucune nouveauté en faveur du dit cardinal de Retz, à peine de désobéissance et d'estre procédé contr'eux ; deffenses à tous imprimeurs d'imprimer leurs actes et mandemens sous les peines portées par les ordonnances, le tout jusques à ce qu'autrement par Sa Majesté en ait esté ordonné. Enjoint à tous officiers du roy de tenir la main à l'exécution du présent arrest. Fait au conseil d'estat du roy, Sa Majesté y estant, à Paris, le 27 mars 1654.

» Signé DE GUÉNÉGAUD. »

Procès-verbal des grands vicaires du cardinal de Retz.

« Paul Chevalier et Nicolas L'Advocat, chanoines de l'église de Paris et vicaires généraux de monseigneur l'éminentissime cardinal de Retz, archevesque de Paris, à tous ceux qui ces présentes verront, salut. Comme en conséquence de l'arrest du conseil affiché par les rues et carrefours de ceste ville et à nous signifié, par lequel il nous auroit esté enjoint de porter nos lettres de provisions de vicariat, et les mandements par nous décernez à monseigneur le chancelier, nous nous serions cejourd'huy, sur les quatre heures de relevée, transportez en son hostel, et luy aurions présenté une grosse infirmée de nostre dit vicariat, et l'aurions supplié de le vouloir présenter à Sa Majesté, conformément audit arrest. Et nous ayant esté dit par monseigneur le chancelier que nous ne pouvions administrer le diocèse, attendu que mon dit seigneur le cardinal de Retz n'avoit pas presté le serment de fidélité au roy, nous luy aurions respondu que l'administration du diocèse estant purement spirituelle, elle ne pouvoit dépendre de ce serment, qui ne regardoit au plus que le temporel, et aurions pris les occasion de luy déclarer que nous estions porteurs de procuration de mon dit seigneur le cardinal de Retz pour presser en son nom le serment de fidélité par luy deub à Sa Majesté, à quoy nous estions prests de satisfaire. Sur quoy ne nous ayant esté dit autre chose par monseigneur le chancelier, sinon que le roy ne le croyoit pas son serviteur, et ayant esté par luy congédiez, nous nous serions retirez, et aurions au retour dressé et signé le présent procès-verbal pour servir en temps et lieu ce que de raison. Fait à Paris, le vingt-huitiesme jour de mars mil six cens cinquante et quatre.

» Signé LE CHEVALIER et L'ADVOCAT. »

ne parloient du matin au soir que sur ce ton. L'on me donnoit bien plus de liberté qu'à l'ordinaire; l'on ne pouvoit plus souffrir que je demeurasse dans ma chambre pour peu qu'il fist beau sur le donjon. Je ne faisois pas semblant de faire seulement réflexion sur ces changements, parce que je sçavois par mes amis le dessoubs des cartes. Ils me mandoient que je me tinsse couvert, et que je ne m'ouvrisse en aucune façon du monde, parce qu'ils estoient informés à n'en pouvoir doubter, que quand l'on viendroit à fondre la cloche, l'on ne trouveroit rien de solide, et que la cour ne songeoit qu'à me faire expliquer sur la possibilité de ma démission, afin de refroidir et le clergé et le peuple. Je suivis ponctuellement l'instruction de mes amis, et au point que M. de Navailles, capitaine des gardes en quartier, m'estant venu trouver de la part du roi, et m'ayant fait un discours très-esloigné de ses manières et de son inclination honneste et douce (car le Mazarin l'obligea de me parler en aga des jannissaires, beaucoup plus qu'en officier d'un roi très-chrestien), je le priai de trouver bon que je lui fisse ma response par escrit. Je ne me ressouviens pas des paroles, mais je sçais bien qu'elles marquoient un souverain mespris pour les menaces et pour les promesses, et une résolution inviolable de ne point quitter l'archevesché de Paris.

Je reçus dès le lendemain une lettre de mes amis, qui me marquoit l'effet admirable que ma response, qu'ils firent imprimer toute la nuit, avoit fait dans les esprits, et qui me donnoit advis que M. le président de Bellièvre debvoit, le jour suivant, faire une seconde tentative. Il y vint effectivement, et il m'offrit, de la part du roi, les abbayes de Saint-Lucien de Beauvais, de Saint-Médard de Soissons, de Saint-Germain d'Auxerre, de Barbeau, de Saint-Martin de Pontoise, de Saint-Aubin d'Angers, et d'Orcan; « pourveu, adjousta-t-il, que vous re» noncies à l'archevesché de Paris, et que... » il s'arresta à ce mot, en me regardant, et en me disant : « Jusqu'ici, je vous ai parlé comme ambassadeur de bonne foi, je vas commencer à me mocquer du Sicilien, qui est asses sot pour m'employer à une proposition de ceste sorte; et pourveu donc, continua-t-il, que vous donnies douze de vos amis pour cautions, que vous ratifieres vostre démission dès le premier moment que vous seres en liberté... Ce n'est pas tout, adjouta-t-il, il fault que je sois de ces douze, qui seront MM. de Rais, de Brissac, de Montrésor, de Caumartin, d'Haqueville, etc. Ecoutes-moi (reprit-il tout d'un coup), et ne me respondes point, je vous supplie, que je ne vous aye parlé tant qu'il m'aura pleu. La pluspart de vos amis sont persuadés que vous n'aves qu'à tenir ferme, et que la cour vous donnera vostre liberté, en se contentant de se défaire de vous, et de vous envoyer à Rome. Abus! Elle veult, *in ogni modo*, vostre démission. Quand je dis la cour, j'entends le Mazarin; car la reine est au désespoir que l'on pense seulement à vous tirer de prison. Le Tellier dit qu'il faut que M. le cardinal ait perdu le sens. L'abbé Fouquet est enragé; et Servien n'y consent, que parce que les autres sont d'un advis contraire. Il fault donc supposer pour incontestable, qu'il n'y a que le Mazarin qui veuille vostre liberté, et qu'il ne la veult, que parce qu'il croit qu'il se venge suffisamment, en vous faisant perdre l'archevesché de Paris. C'est au moins l'excuse qu'il prend; car, dans le fond, ce n'est pas ce qui le détermine, ce n'est que la peine qu'il a dans ce moment du nonce, du chapitre, des curés, du peuple; je dis dans ce moment de la mort de M. l'archevesque, qui tout au plus peut produire un soubslèvement, qui n'estant point appuyé, tombera à rien. Je soubstiens, de plus, qu'il n'en produira point; que le nonce menacera et ne fera rien; que le chapitre fera des remonstrances, et qu'elles seront inutiles; que les curés prosneront, et en demeureront là; que le peuple criera, et qu'il ne prendra pas les armes. Je vois tout cela de près, et que tout ce qui vous en arrivera, sera d'estre transféré ou au Havre ou à Brest, et de demeurer entre les mains et à la disposition de vos ennemis, qui en useront dans les suites comme il leur plaira. Je sçais bien que le Mazarin n'est pas sanguinaire, mais je tremble, quand je pense que Navailles vous a dit que l'on estoit résolu d'aller viste, et de prendre les voyes dont les autres estats avoient donné tant d'exemples. Et ce qui me fait trembler, est la résolution que l'on a eue de parler ainsi. Les grandes ames disent quelquefois pour leurs fins de ces sortes de choses, sans les faire; les basses ont plus de peine à les dire qu'à les faire. Vous croyes que la conclusion que je vas tirer de ce que je viens de vous dire, sera qu'il fault que vous donnies vostre démission. Nullement. Je suis venu ici pour vous dire que vous estes deshonnoré, si vous donnes vostre démission; et que c'est en ceste occasion où vous estes obligé de remplir, au péril de vostre vie et de vostre liberté, que vous estimes asseurément plus que vostre vie, la grande attente où tout le monde est sur vostre subjet. Voici l'instant où vous debves plus que jamais mettre en pratique les apophtegmes dont nous vous avons tant fait la guerre. Je ne compte le fer et le poison pour rien; rien ne me touche que ce qui est dans moi; on meurt esgalement partout. Voilà justement comme il fault respondre à ceux qui vous parleront de vostre démission. Vous vous en estes dignement acquitté jusques ici, et l'on auroit tort de s'en plaindre; je n'en aurois pas moins, si je prétendois de vous obliger à changer de sentiment. Ce n'est pas ce que je vous demande; ce que je souhaite, est que vous me disiez bonnement si, en cas que vous puissiez avoir vostre liberté pour une feuille de chesne, vous consentiez à l'accepter. » Je soubris à ceste parole. « Attendes (me dit-il), je vas vous faire » advouer qu'il n'est pas impossible. Une dé-» mission de l'archevesché de Paris, datée du » bois de Vincennes, est-elle bonne? — Non (lui » respondis-je); mais vous voyes aussi que l'on » ne s'en contente pas, et que l'on veult des cau-» tions pour la ratification.—Et si je vois jour » (reprit le premier président) à ce que l'on ne » vous demande plus de cautions, qu'en dites-» vous? — Je donnerai demain ma démission » (lui respondis-je). » Il m'expliqua en cet endroit tout ce qu'il avoit fait; il me dit qu'il ne s'estoit jamais voulu charger d'aucunes propositions, jusques à ce qu'il eust cognu clairement, et que l'intention véritable du cardinal estoit de me donner la liberté, et que sa disposition estoit pareillement de se relascher des conditions qu'il avoit demandées pour la seureté de ma démission; qu'il n'y en avoit aucune qui ne lui fust venue dans l'esprit; que la première pensée avoit esté d'exiger une promesse par escrit du chapitre, des curés et de la Sorbonne, qui s'engageassent à ne me plus recognoistre, en cas que je refusasse de la ratifier lorsque je serois en liberté; que la seconde avoit esté de me faire mener au Louvre, d'y assembler touts les corps ecclésiastiques de la ville, de m'obliger à donner une parole au roi, en leur présence. « Enfin, » il n'y a sorte d'entreprise (adjousta le pre-» mier président), de laquelle il ne se soit ad-» visé pour satisfaire sa défiance.

» Vous le voyes, par ce que je viens de vous » en dire, qui ne fait pourtant pas la moitié de » ce que j'en ai veu. Comme je le cognois, je ne » l'ai contredit sur rien. Toutes ces ridicules vi-» sions se sont esvanouies d'elles-mesmes. Celle » des douze cautions, qui est à la vérité plus » praticable que les autres, subsiste encore; » mais elle se dissipera comme les autres, pour-» veu que vous demeuries ferme à ne la pas ac-» cepter; je la disputerai avec opiniastreté con-» tre vous, vous la refuseres avec fermeté, » comme croyant qu'elle vous est honteuse, et » nous ferons venir le Sicilien à un autre expé-» dient, qu'il prendra, parce qu'il le croira » très-propre à vous tromper. Cet expédient est » de vous confier ou à d'Hoquincourt, ou à » M. le mareschal de la Meilleraye, jusques à » ce que le pape ait receu vostre démission. Le » cardinal croira qu'elle est seure, si le pape » l'accepte; et il est si ignorant de nos mœurs, » qu'il me le disoit encore hier. »

Je pris la parole en cest endroit, et je dis à M. le premier président que l'expédient ne valoit rien, parce que le pape ne l'accepteroit pas. « Qu'importe? (me respartit-il) c'est le pis qui » nous puisse arriver; et pour remédier à ce » pis, il faut, quand on vous fera ceste proposi-» tion, que vous stipulies, que quoy qu'il arrive, » vous ne pourres jamais estre remis entre les » mains du roi que sur mon billet, et j'en pren-» drai un bien signé de celui qui se chargera » de vostre garde. Vous deves vous fier en moi. » Mettes-vous en l'estat que je vous marque; » j'ai un pressentiment que Dieu pourvoira au » reste. »

Nous discutasmes à fond la matière; nous examinasmes tout ce qui se pouvoit imaginer sur le choix qui se devoit faire de M. d'Hoquincourt ou de M. de la Meilleraye : nous convinsmes de touts nos faits, et il sortit de Vincennes les larmes aux yeux, en disant à M. de Pradelle : « Je trouve une opiniastreté invinci-» ble : je suis au désespoir. Ce n'est pas l'ar-» chevesché qui le tient. Il ne s'en soucie plus : » mais il croit que son honneur est blessé par » les propositions qu'on lui fait de cautions de » garantie. Il ne se rendra jamais; je ne veux » plus me mesler de tout ceci; il n'y a rien à » faire. »

Pradelle, qui estoit bien plus à l'abbé Fouquet qu'au cardinal, et qui sçavoit que l'abbé Fouquet ne vouloit en aucune manière ma liberté, lui porta en diligence ceste bonne nouvelle, et il receut aussi en mesme temps la commission de me faire entrevoir sans affectation, dans les conversations qu'il avoit avec moi, l'archevesché de Rheims et des récompenses immenses, afin que lorsqu'on m'en proposeroit de moindres, je me tinsse plus ferme, et que ma fermeté aigrit encore davantage le Mazarin. Je m'apperceus de ce jeu avec asses de facilité, en joignant ce que je sçavois de seur par M. de Bellièvre et mes amis, à ce que j'apprenois de différent par Pradelle, et par d'Avanton qui estoit mon exempt. Celui-ci, qui estoit uniquement dépendant de M. de Navailles, son capitaine, qui n'y entendoit aucune finesse, et qui n'alloit qu'au service du roi, ne me grossissoit rien. L'autre, dont le but estoit de m'empescher d'accepter le parti que l'on me feroit, par l'espérance qu'il me fesoit concevoir d'en obtenir de plus considérables, continuoit à me jeter des lueurs esclatantes. Je me résolus de répondre par l'art à l'artifice; je dis à d'Avanton que je ne concevois pas la manière d'agir de la cour; que quoique je fusse dans les fers, je ne les trouvois pas asses pesants pour souhaiter de les rompre par toutes les voyes; qu'enfin, il falloit agir avec sincérité avec tout le monde, et avec les prisonniers comme avec les autres; qu'on me faisoit en mesme temps des propositions toutes opposées; que M. le premier président m'offroit sept abbayes; que M. de Pradelle me montroit des archeveschés. D'Avanton, qui dans le vrai, ne vouloit que le bien de l'affaire, ne manqua pas de rendre compte à son capitaine de mes plaintes. M. le cardinal Mazarin, qui avoit pris une frayeur mortelle des curés et des confesseurs de Paris, et qui par ceste considération brusloit d'impatience de finir, en fut outré contre Pradelle, il l'en gourmanda au dernier point; il soupçonna le vrai, qui estoit qu'il agissoit par les ordres de l'abbé Fouquet; et le chagrin qu'il eust de trouver dans les siens mesmes des obstacles à ses volontés, contribua beaucoup, à ce que M. de Bellièvre me dit dès le lendemain, à le faire conclure à ce que je donnasse ma démission, datée du donjon de Vincennes; que le roi me pourveut des sept abbayes que je vous ai nommées, et que je fusse remis entre les mains de M. le mareschal de la Meilleraye, pour estre gardé par lui dans le chasteau de Nantes, et pour estre mis en liberté aussitost qu'il auroit pleu à Sa Sainteté d'accepter ma démission; que quoi qu'il peut arriver de ceste démission, je ne pourrois jamais estre remis entre les mains de Sa Majesté, qu'après que M. le premier président de Bellièvre auroit escrit de sa main à M. le mareschal de la Meilleraye qu'il l'agréoit; et que, pour plus grande seureté de ceste dernière clause, le roi signeroit de sa main un papier, par lequel il permettoit à M. le mareschal de la Meilleraye de donner ceste promesse par escrit à M. le premier président de Bellièvre. Tout cela fut exécuté, et le lundi saint, l'un et l'autre me vinrent prendre à Vincennes (1), et ils me menèrent ensemble dans un carosse jusqu'au Port à l'Anglois.

Comme le mareschal estoit tout estropié de la goute, il ne peut monter jusques à ma chambre, ce qui donna le temps à M. de Bellièvre, qui m'y vint prendre, de me dire, en descendant les degrés, que je me gardasse bien de donner une parole que l'on m'alloit demander. Le mareschal, que je trouvai au bas de l'escalier, me la demanda effectivement; c'estoit de ne me point sauver. Je lui respondis que les prisonniers de guerre donnoient des paroles, mais que je n'avois jamais ouï dire qu'on en exigeast des prisonniers d'estat. Le mareschal se mit en cholère, et me dit nettement qu'il ne se chargeroit donc pas de ma personne. M. de Bellièvre, qui n'avoit peu, devant mon exempt, devant Pradelle et devant mes gardes, s'expliquer avec moi du détail, prit la parole, et dit : « Vous ne

---

(1) Le prince de Condé adressa à ce sujet la lettre suivante au marquis de Noirmoutier :

« A Bruxelles, le 7 avril 1654.

» Monsieur, j'ay appris avec toute la joie inimaginable la sortie de M. le cardinal de Retz du bois de Vincennes. Je vous conjure de luy témoigner la part que j'y prends. Si je le savois entièrement libre je ne manquerois pas de luy escrire sur ce sujet là; mais dans l'état où il est, j'appréhenderois de luy nuire. Je le feray sitost que vous me manderez que je puis le faire. Je vous rends donc le maître de ma conduite dans ce rencontre, et vous promets qu'en toutes je vous témoigneray que je suis, Monsieur, votre très affectionné cousin et serviteur,

» LOUIS DE BOURBON.

» Je vous supplie de me mander le détail de cette affaire là et les conditions qu'on a exigées de luy. Je suis fâché que mes services ne luy aient pas esté utiles, mais il me suffit d'avoir fait ce qui a esté en mon pouvoir. »

Réponse de Noirmoutier.

« Le mardy dernier jour de mars, M. le cardinal de Retz sortit du bois de Vincennes et alla coucher à Chilly accompagné de M. le maréchal de la Meilleraye et de M. le premier président; celui-là le doit conduire à Nantes, d'où il ne partira point que le Pape n'ait envoyé des bulles pour pourvoir l'archevesché de Paris celuy que Sa Majesté y doit nommer, en vertu de la démission que mon dit sieur le cardinal de Retz en a donnée. »

Lorsque cette nouvelle fut arrivée à Rome, le chargé d'affaires de France écrivit au comte de Brienne :

« De Rome, 4 may 1654.

» On a sceu depuis que la dépêche apportée par le courrier extraordinaire estoit de Sa Majesté et au sujet de la sortie de M. le cardinal de Retz, pour estre mené sur la caution de M. le mareschal de la Meilleraye et sous la garde de 200 hommes à Nantes, après avoir, devant que de sortir du bois de Vincennes, mis entre les mains de M. le premier président de Bellièvre sa démission de l'archevesché de Paris, moyennant sept abbayes dont Sa Majesté luy avoit fait don; et qu'on avoit envoyé icy ledit courrier pour en apporter les dépêches à mon dit sieur le cardinal d'Est. L'on est maintenant bien aux escoutes de savoir ce que le Pape voudra faire là-dessus, sur le doute que cette démission ayant été faite pendant qu'il estoit encore prisonnier, Sa Sainteté en veuille accorder les bulles à celuy qui luy sera nommé de Sa Majesté, ny mesme audit cardinal celles des abbayes susdites, jusques à ce qu'il soit en pleine liberté. L'on croit pourtant que le grand respect que Sa Sainteté porte au roy, et que ceste affaire-là estant négociée par Son Altesse d'Est, de qui elle montre grand estat, elle ne voudra pas la luy refuser.

» GUEFFIER. »

« vous entendes pas ; M. le cardinal ne refuse pas de vous donner sa parole, si vous voules vous y fier absolument et ne lui donner auprès de lui aucuns gardes. Mais si vous le gardes, monsieur, à quoi vous serviroit ceste parole? car tout homme que l'on garde en est quitte. »

Le premier président jouoit à jeu seur, car il sçavoit que la reine avoit fait promettre au mareschal qu'il me feroit tousjours garder à veue. Il regarda M. de Bellièvre, et il lui dit : « Vous sçaves si je puis faire ce que vous me proposes ; allons, continua-t-il en se tournant vers moi ; il faut donc que je vous garde ; mais ce sera d'une manière de laquelle vous ne vous plaindres pas. » [On signa l'engagement qui suit, après qu'il eut fait lire la lettre du roi, dont voici les termes : « Mon cousin, ayant bien voulu, pour bonnes considérations, faire mettre en liberté mon cousin le cardinal de Rais, lorsque les bulles de l'archevesché de Paris auront esté expédiées à la cour de Rome, en faveur de la personne à qui j'accorderai ledit archevesché, sur la démission que le cardinal en a fait en nos mains, moyennant la récompense que je lui en ay accordée, ou que j'auray receu ledit bref de nostre Saint-Père le Pape, adressant à moi, par lequel Sa Sainteté déclarera qu'en conséquence de la démission, elle donnera ses bulles à celuy que je nommeray audit archevesché. Et cependant, ayant trouvé bon de faire remettre la personne du cardinal de Retz entre vos mains, pour estre conduit, par vos ordres, en Bretagne, et y estre gardé jusques à ce que j'aye advis de l'expédition des bulles, ou que j'aye receu ledit bref ; et qu'après cela, le cardinal aille à Rome, et s'y rende incessamment, ainsi que je luy aye fait entendre que je le désirois, et qu'il s'est soubmis de faire par l'entremise du sieur de Bellièvre, premier président en ma cour du parlement de Paris, que j'aye choisy pour cest effect. J'ai désiré vous faire sçavoir ce qui est en cela de ma volonté par cette lettre, et vous dire que mon intention est que vous vous chargiez de la personne du cardinal de Retz, que vous le fassies conduire du chasteau de Vincennes, où il est à présent, en mon chasteau de Nantes, prenant pour son escorte par les chemins, les troupes et soldats de ma garde que j'aye ordonné à cest effet ; et pour sa garde dans mondit chasteau en employant la garnison ; proposant en outre les personnes et prenant toutes précautions que vous verres estre nécessaires pour une entière seureté.

» Que vous le teniez aussi sous vostre garde jusques à ce que vous ayez advis du premier président, comme les bulles auront esté expédiées, ou que j'aurai receu ledit bref.

» Qu'alors vous le mettrez en liberté hors du chasteau et de la ville de Nantes, afin qu'il puisse aller à Rome, par le droit chemin de Provence, ainsi qu'il s'y est soubmis, sans que vous attendiez pour cela autre ordre de moy que celuy porté par la présente, par laquelle je vous donne tout pouvoir, et sans vous arrester à tout autre ordre que vous pourriez recevoir au contraire.

» Que pour assurer le cardinal de Retz, que vous exécuterez ponctuellement l'ordre que je vous donne à son esgard, dans les temps et aux conditions cy-devant expliquées, vous lui en fassiez une promesse par escrit aux termes mentionnés dans le présent cy-joint ; et comme je ne doute pas que vous ne preniez tout le soin qu'il se doibt de ce que je désire de vous, comme une chose de cette conséquence, à laquelle je me confie entièrement en vostre prudence et affection à mon service. »

Promesse de M. le mareschal de la Meilleraye.

« Nous, duc de la Meilleraye, pair et mareschal de France, promettons à M. le cardinal de Retz, qu'en exécution de la lettre du roy, à nous adressante, dont copie est cy-dessus transcripte, que nous mettrons M. le cardinal de Retz en liberté, pour aller à Rome, selon et ainsy qu'il en est convenu avec M. de Bellièvre, premier président en la cour du parlement de Paris, ce que nous exécuterons au mesme temps que nous aurons advis de M. le premier président que les bulles de l'archevesché de Paris auront esté expédiées en cour de Rome, sur la démission de mondit sieur le cardinal de Retz, en faveur de celuy que Sa Majesté aura nommé à Sa Sainteté pour ledit archevesché, ou que Sa Majesté aura receu le bref de Sa Sainteté, mentionné dans la despesche, et ce, sans que nous attendions pour ladite exécution nouvel ordre de Sa Majesté, ni mesme que nous nous arrestions à ceux que nous pourrions recevoir au contraire. »

Promesse de M. le cardinal de Retz.

« Nous, cardinal de Retz, recognoissons n'avoir autre chose à desirer de M. le duc de la Meilleraye, que l'execution du contenu cy-dessus, au temps et aux conditions cy-mentionnées. Fait ce 28 mars 1654. »

Il fut fait deux copies de cette lettre et de cette promesse : l'une pour le mareschal de la Meilleraye, l'autre pour moi.] Nous sortismes ainsi (1) escortés de gendarmes, de chevaux-légers et de mousquetaires du roi; et des gardes de M. le cardinal Mazarin, qui, à mon sens,

(1) Retz sortit de Vincennes le 30 mars 1654. (Mémoires de Joly.)

Lettre de Louis XIV au Pape, au sujet de la sortie du cardinal de Retz du bois de Vincennes, et instructions envoyées au cardinal d'Est, sur ce qu'il falloit obtenir du Pape.

« Très-Saint-Père, encore que la détention de nostre cousin, le cardinal de Retz, n'ayt pas esté moins juste que nécessaire pour le bien et le repos de nostre estat, néanmoins, comme nous avons beaucoup considéré les instances que Vostre Sainteté nous a faictes pour sa liberté, nous avons esté très-aises de luy tesmoigner en un subject de cette importance, combien nous désirons déférer en toutes occasions aux prières de Vostre Sainteté et le respect que nous avons pour elle, et nous avons bien volontiers oublié le passé, en recevant les assurances qu'il nous a données de sa bonne conduite à l'avenir. C'est pourquoy nous avons donné nos ordres pour sa liberté, ainsi qu'il sera expliqué à Vostre Sainteté par nostre très-cher et très-amé cousin, le cardinal d'Est, protecteur des affaires de France en cour de Rome, auquel nous en mandons le particulier, avec charge de le faire entendre à Vostre Sainteté, mesme de luy présenter la démission pure et simple que ledit cardinal de Retz a faicte de l'archevesché de Paris, dont il estoit titulaire, au moyen du décès arrivé naguères du feu archevesque son oncle, et d'autant qu'il sera besoin d'expéditions de Vostre Sainteté. En conséquence, nous mandons à nostre dit cousin le cardinal d'Est, de luy en faire instance en nostre nom, et avons bien voulu supplier et requérir, comme nous faisons, Vostre Sainteté, par la présente, de les accorder et faire délivrer à nostre dit cousin, le cardinal d'Est, auquel nous remettant de ce que nous pourrions dire plus particulièrement à Vostre Sainteté, nous l'assurons seulement que nous en aurons tout le ressentiment auquel une chose de cette conséquence nous peut obliger; priant Dieu qu'il veuille longuement maintenir et conserver Vostre Sainteté au bon régime et gouvernement de nostre mère sainte Eglise. Escrit à Paris, le 30 mars 1654. »

Mémoire envoyé à M. le cardinal d'Est, protecteur des affaires de France en cour de Rome, sur ce qui a esté accordé à M. le cardinal de Retz, et ce qui est à faire en conséquence.

Le roy ayant receu diverses instances de la part de nostre saint-père le Pape, par l'entremise de son nonce en France, pour la liberté dudit sieur cardinal de Retz, et Sa Majesté voulant tesmoigner en toutes occasions combien elle a de déférence et de respect pour Sa Sainteté, et de considération pour les choses qu'elle désire, Sa Majesté auroit, au mois d'aoust dernier, trouvé bon d'accorder la liberté audit sieur cardinal, en prenant les précautions nécessaires pour empescher que sa conduite ne pust à l'advenir préjudicier au bien et au repos de l'estat, ce qui consistoit à faire qu'il se démist en faveur de la coadjutorerie qu'il avoit de l'archevesché de Paris, en luy en donnant récompense en autres bénéfices, dont le revenu seroit de la juste valleur de celuy du dit archevesché, bien qu'il n'en eust alors aucune jouissance ny tirast aucun fruict; et en outre, à faire qu'il allast establir son séjour à Rome, avec soubmission de n'en point partir sans en avoir permission ou ordre de Sa Majesté par escrit, signé d'elle, et contresigné de l'un de ses secrétaires d'estat.

n'eussent pas deu estre de ce cortège, y parurent mesme avec esclat.

Nous quittasmes le premier président au Port-

Sa Majesté eut bien agréable que ledit sieur nonce proposât luy-mesme les intentions de Sa Majesté audit cardinal, lequel y ayant apporté plusieurs difficultés sur l'appréhension qu'il témoignoit d'avoir de demeurer prisonnier après qu'il aura donné sa démission. Cependant, et environ deux mois avant le décès du feu sieur archevesque de Paris, son oncle, les parens dudit sieur cardinal ayant supplié instamment Sa Majesté de luy vouloir continuer la mesme bonne volonté, et pour sa liberté auroient offert sa démission dudit archevesché, en luy accordant la récompense qui luy avoit esté proposée; à quoi Sa Majesté voulut bien donner les mains en luy mesme respect et la recommandation de Sa Sainteté.

Et comme il a esté nécessaire de faire plusieurs allées et venues sur ce mesme subject, la chose a duré jusques sur la fin du mois de mars dernier, que ledit sieur archevesque de Paris est décédé; et Sa Majesté ayant donné ordre au sieur de Bellièvre, premier président en sa cour de parlement de Paris, de s'entremettre pour cette affaire, la chose auroit réussy, en sorte qu'il auroit esté convenu de ce qui en suit :

Que le dit sieur cardinal feroit sa démission pure et simple du dit archevesché de Paris, és mains de Sa Sainteté, soubz le bon plaisir de Sa Majesté, et que pour récompense, Sa Majesté luy donneroit les abbayes de Saint-Lucien de Beauvais, Saint-Médard de Soissons, Saint-Germain d'Auxerre, vacantes par la résignation de M. le cardinal Mazarin, les abbayes de Saint-Martin de Pontoise, de Saint-Aubin d'Angers et de la Chaume, prés Machecoul, vacantes par le décès dudit feu sieur archevesque de Paris, et l'abbaye de Priaux, vacante par le décès du feu sieur de Chateauneuf. Toutes lesquelles abbayes sont de revenu de près de six-vingt mille livres, sans estre chargées que de 9,000 livres de pension, au lieu que l'archevesché de Paris n'est que de 72,000 livres; outre que les dites abbayes, par leur situation et dépendances, sont des plus considérables du royaume;

Que de plus, ledit sieur cardinal donneroit sa promesse par escrit d'aller à Rome pour y establir son séjour, et n'en point partir que par ordre ou permission de Sa Majesté, comme il est exprimé ci-dessus;

Que la démission dudit sieur cardinal, ensemble sa promesse d'aller à Rome, les brevets de nomination desdites abbayes et les despesches en cour de Rome pour en avoir les bulles, seroient mis ès mains dudit sieur premier président;

Que ledit sieur premier président seroit chargé de despescher à Rome une personne qui auroit ordre de faire les poursuites nécessaires de l'expédition des bulles des abbayes, données par Sa Majesté audit sieur cardinal, et en mesme temps de celles de l'archevesché de Paris, en faveur de celuy que Sa Majesté y nommeroit, ou bien, au cas que Sa Majesté différast de nommer audit archevesché, de poursuivre l'expédition d'un bref apostolique adressant à Sa Majesté, portant que sur ladite démission, elle feroit expédier les bulles et provisions apostoliques dudit archevesché pour celuy que Sa Majesté y nommeroit;

Et parce que ledit sieur cardinal de Retz a fait cognoistre qu'il souhaitoit d'estre mis en la garde du sieur duc de la Meilleraye, maréchal de France, son allié, Sa Majesté a trouvé bon qu'il fust transféré à Nantes, soubs la garde dudit sieur mareschal, pour estre mis en liberté

28.

à-l'Anglois, et nous continuasmes nostre route jusques à Beaugenci, où nous nous embarquasmes apres avoir changé d'escorte. La cavalerie sur l'advis que ledit sieur mareschal aura dudit sieur premier président, que les bulles dudit archevesché de Paris seront expédiées, ou que Sa Majesté aura receu ledit bref portant assurances de l'expédition d'icelles.

Aprés quoy, ledit sieur mareschal le mettra en pleine liberté pour aller dudit Nantes à Thoulon, accompagné d'un gentilhomme de la part de Sa Majesté, qui lui fera fournir ce qui lui sera nécessaire pour son embarquement audit Thoulon, et son trajet à Rome, suivant les ordres que Sa Majesté donnera par advance pour cet effet.

En conséquence de quoy, ce qui a esté accordé par Sa Majesté a esté exécuté; ledit sieur cardinal ayant esté remis au pouvoir dudit sieur mareschal, lequel s'en est chargé, et a donné sa promesse de le mettre en liberté aux conditions marquées ci-dessus, ainsi que mondit sieur le cardinal d'Est le verra par les copies ci-jointes, de la lettre du roi audit sieur mareschal, et de la promesse qu'il a faite audit sieur cardinal de Retz, dont l'original a esté remis audit sieur premier président; avec lesquelles coppies est aussy la recognoissance qu'a donnée ledit sieur cardinal de Retz, comme il n'a rien à désirer que l'exécution du contenu en ladite lettre de Sa Majesté audit sieur mareschal, et en sa promesse donnée en conséquence. Les choses estant en cet estat, Sa Majesté eût bien désiré pouvoir envoyer présentement à Rome sa nomination pour ledit archevesché de Paris, mais comme un bénéfice si considérable et si important ne doibt estre rempli qu'après une meure délibération, il n'a pas esté possible à Sa Majesté, depuis si peu de temps qu'il vacque, de faire le choix d'une personne qui en soit digne. Toutefois, pour ne point perdre temps à procurer la liberté audit sieur cardinal, Sa Majesté envoye ledit sieur de Gaumont, un des gentilshommes ordinaires de sa maison, exprès à Rome, pour en conformité des ordres qu'il recevra de mondit sieur le cardinal d'Est, faire les poursuites et sollicitations nécessaires sur ce qui doit y estre expédié, en conséquence des dépesches adressantes audit sieur cardinal d'Est, tant pour Sa Sainteté que pour luy, et du présent mémoire ayant esté donné cognoissance de tout audit sieur de Gaumont.

Outre ce que Sa Majesté escrit à mondit sieur le cardinal d'Est, elle le prie et lui recommande encore le plus expressément qu'il lui est possible, de faire bien cognoistre à Sa Sainteté que le respect et l'affection de Sa Majesté vers elle sont les véritables motifs de ce qu'elle a bien voulu faire en faveur dudit sieur cardinal de Retz, que la générosité et facilité dont elle a usé en lui accordant sa liberté en cette sorte, méritent d'estre singulièrement considérées et estimées de Sa Sainteté.

Sa Majesté prie aussi mondit sieur le cardinal d'Est de faire incessamment toutes les instances convenables, soit pour l'expédition des bulles de l'archevesché de Paris, en cas que ledit sieur de Gaumont soit bientost suivy d'un courrier qui porte audit sieur cardinal la nomination de Sa Majesté, pour remplir ledit archevesché, comme il pourra arriver, Sa Majesté pensant avec grande application à ce qui doibt être fait en cela pour le bien de ce grand diocèze; sinon pour obtenir ledit bref ou un autre qui soit de force et valeur équivalente, sur la forme duquel, comme il sera fort important qu'il ne soit rien obmis pour la seureté, il sera aussy nécessaire que mondit sieur le cardinal d'Est prenne l'advis des plus intelligents et expérimentés expéditionnaires en cour de Rome, ou autres personnes capables de bien déterminer ce qui doit estre fait en telle matière; mais l'on fera tout ce qui sera possible pour l'exempter de la peine de cette consultation, en lui envoyant ladite nomination le plustost qu'il se pourra.

Sa Majesté priant toutefois ledit sieur cardinal de ne différer aucunement ses instances pour l'obtention dudit bref ou d'un autre acte qui soit d'égale force et valeur, ne désirant pas que par l'espérance de recevoir bientost cette nomination, et par l'attente d'icelle, la liberté dudit cardinal de Retz soit retardée.

Qu'à l'égard des bulles des abbayes que Sa Majesté accorde audit sieur cardinal de Retz, il faudra que mondit sieur le cardinal d'Est prenne soigneusement garde qu'il n'en passe aucune, qu'en mesme temps celles de l'archevesché de Paris ou ledit bref ne soit expédié.

Que suivant ce que Sa Majesté écrit aussy à mondit sieur le cardinal d'Est, il sera besoin qu'il fasse en sorte qu'il soit expédié un bref apostolique pour empescher que si les bénéfices dudit sieur cardinal de Retz venoient à vaquer en cour de Rome, il n'en soit disposé que sur la nomination de Sa Majesté ou de ceux de son royaume à qui elle peut appartenir.

Mon dit sieur le cardinal d'Est observera que le sieur abbé Charrier, qui est à Rome de la part dudit cardinal de Retz, recevra une lettre de luy, par laquelle il luy mandera d'agir auprès de Sa Sainteté en cette occasion, et de la supplier de donner les bulles des abbayes qui luy sont accordées, et les autres expéditions cy-dessus, ledit sieur cardinal faisant compter audit abbé que sans cela sa liberté ne peut avoir son effet.

Que comme ledit abbé ne manquera pas de rendre compte à mondit sieur le cardinal d'Est de ce dont il est chargé, et d'y agir par ses ordres, il faudra qu'il luy prescrive de faire instance à Sa Sainteté pour ledit bref de non vacation à Rome, comme d'une condition sans laquelle la liberté dudit sieur cardinal de Retz ne peut avoir lieu, et qu'aussy ledit sieur cardinal d'Est le fasse cognoistre à Sa Sainteté. Et néanmoins, si elle faisoit difficulté de l'expédition dudit bref, comme elle en a fait ci-devant à ceux de pareille nature, Sa Majesté ne désire pas que cela arreste la liberté dudit cardinal de Retz, mais bien que ledit sieur cardinal d'Est n'y donne les mains qu'à toute extrémité, et qu'il tienne ferme en cela autant qu'il lui sera possible, sans déclarer à qui que ce soit la liberté que Sa Majesté lui donne de ne s'y pas arrester absolument.

Le dit de Gaumont ayant ordre de Sa Majesté de donner advis au dit sieur premier président par tous les ordinaires de ce qui s'advancera en la poursuite des dites expéditions; il sera besoin que mondit sieur le cardinal d'Est luy donne cognoissance de ce qui s'y fera, afin qu'il puisse mander toutes choses au vray au premier président, que ledit sieur cardinal de Retz en puisse aussy estre informé par mesme moyen, et les expéditions en estant obtenues, que ledit sieur cardinal les fasse remettre audit sieur de Gaumont pour les apporter en diligence.

Et comme cette affaire est de très-grande conséquence pour la satisfaction et pour le service de Sa Majesté, elle prie mondit sieur le cardinal d'Est de s'y appliquer avec tous les soins et la vigilance qui dépendront de luy; suivant l'intention de Sa Majesté, laquelle lui en saura tout le gré possible, et le luy fera cognoistre en toutes les occasions qui s'en présenteront. Fait à Paris, le 30 mars 1654.

retourna à Paris; et Pradelle, qui avoit pour enseigne Morel, qui est présentement, ce me semble, à Madame, se mit dans nostre bateau, avec une compagnie du régiment des gardes, qui suivoit dans un autre. L'exempt, les gardes du corps, la compagnie du régiment me quittèrent le lendemain que je fus arrivé à Nantes. Je demeurai purement à la garde de M. le mareschal de la Meilleraye, qui me tint parole, car l'on ne pouvoit rien adjouster à la civilité avec laquelle il me garda. Tout le monde me voyoit; on me cherchoit mesme touts les divertissements possibles; j'avois presque touts les soirs la comédie. Toutes les dames s'y trouvoient, elles y soupoient souvent. Madame de la Vergne, qui avoit espousé en secondes nopces M. le chevalier de Sévigné, et qui demeuroit en Anjou, avec son mari, m'y vint voir et y ammena mademoiselle de la Vergne, sa fille, qui est présentement madame de la Fayette. Elle estoit fort jolie et fort aimable, et elle avoit de plus beaucoup d'air de madame de Lesdiguières. Elle me pleut beaucoup, et à la vérité il est que je ne lui pleus guères, soit qu'elle n'eut pas d'inclination pour moi, soit que la defiance que sa mère et son beau-père lui avoient donné dès Paris mesme, avec application de mes inconstances et de mes différentes amours, la missent en garde contre moi. Je me consolai de sa cruauté avec la facilité qui m'estoit asses naturelle, et la liberté que M. le mareschal de la Meilleraye me laissoit avec les dames de la ville, qui estant à la vérité très-entière, m'estoit d'un fort grand soulagement. L'exactitude de la garde fut esgale à l'honnesteté. On ne me perdoit jamais de vue, que quand j'estois retiré dans ma chambre; et l'unique porte qui estoit à ceste chambre estoit gardée par six gardes jour et nuit. Il n'y avoit qu'une fenestre très-haute, qui respondoit de plus dans la cour, dans laquelle il y avoit tousjours un grand corps-degarde, et celui qui m'accompagnoit toutes les fois que je sortois, composé de ces six hommes dont j'ai parlé ci-dessus, se postoit sur la terrasse d'une tour d'où il me regardoit, quand je me promenois dans un petit jardin, qui est sur une manière de bastion ou de ravelin qui respond sur l'eau. M. de Brissac, qui se trouva dans le chasteau de Nantes, à la descente du carosse, et messieurs de Caumartin, d'Hacqueville, abbé de Pontcarré, et Amelot qui y vindrent bientost après, furent plus estonnés de l'exactitude de la garde, qu'ils ne furent satisfaits de la civilité, quoiqu'elle fust très-grande. Je vous confesse que j'en fus moi-mesme fort embarrassé, particulièrement quand j'appris, par un courier de l'abbé Charier, que le pape ne vouloit pas agréer ma démission (1) : ce qui me fascha beaucoup; parce que l'agrément du pape ne l'eust pas validée, et m'eust toutesfois donné ma liberté. Je despechai en diligence à Rome Malclerc, qui a l'honneur d'estre cogneu de vous, et je le chargeai d'une lettre par la-

---

Aujourd'hui XXX du mois de mars 1654, le roy estant à Paris, voulant gratifier de plus en plus messire Jean-François-Paul de Gondy, cardinal de Retz, et lui donner moyen de soutenir la dignité qu'il tient dans l'église, Sa Majesté luy a accordé et faict don de l'abbaye de Saint-Germain d'Auxerre, de l'ordre de saint Benoist, au diocèse dudit Auxerre, vacante, tant par le décès de messire Jean de Montreuil, clerc du diocèse de Paris, et par le mariage de M. le prince de Conty, cy-devant abbé d'icelle, que par la démission qu'en a faite ès-mains de Sa Majesté M. le cardinal Mazarini, qu'elle avoit nommé à nostre saint-père le Pape pour estre pourveu de ladite abbaye, et qui n'en a pas encore receu les bulles et provisions apostoliques; ou autrement, en quelque sorte et manière qu'elle soit vacante, ladite abbaye deschargée de la part et portion qu'elle pouvoit porter de la somme de six mille livres de pension, accordée à mondit sieur le prince de Conty sur les abbayes dont il jouissoit, m'ayant Sa Majesté commandé d'en expédier audit sieur cardinal de Retz toutes lettres nécessaires en cour de Rome, pour l'obtention des bulles et provisions apostoliques, en vertu du présent brevet qu'elle a signé de sa main et fait contresigner de moy, son secrétaire d'estat, et de ses commandements.

(1) La dépêche suivante du comte de Brienne, secrétaire d'état, au cardinal d'Est, confirme ce que dit le cardinal de Retz dans ses Mémoires, sur les dispositions du Pape à son égard, et le refus d'accepter sa démission :

« Monseigneur, de la lettre de laquelle V. A. m'a favorisé, en date du 19 passé, j'en ai recueilli que le pape voudroit que, c'est le sentiment du Palais, que le cardinal de Retz persévérast en la résolution de laquelle il s'est expliqué, de ne vouloir, en façon quelconque, se démettre de l'évesché de Paris, et qu'il craint, privé du revenu de ses bénéfices, de ne pouvoir subsister avec esclat de par de là. J'advoue que je croyois que ceux qui sont du sacré collège et autres qui approchent le pape, luy conseilleroient d'exécuter en liberté ce qu'il avoit promis estant en prison, et confirmé depuis s'estre trouvé en pleine liberté, qui avoit néanmoins quelque apparence de prison; mais puisqu'ils ne sont pas capables de cette modération, et de luy départir un conseil si salutaire, et qui seroit approuvé des sages, nous nous servirons de ces propres appréhensions, et ainsy il se trouvera réduit de nous rechercher pour nous rendre faciles aux choses desquelles nous étions convenus, et il pourra arriver qu'en nostre cour nous ferons les renchéris; je parle avec incertitude, parce que la bonté de Leurs Majestés est sans exemple, et la modération de ceux qui ont la conduite de leurs affaires. Le combat auquel V. A. se prépare pour soustenir ce qui a esté résolu par le chapitre de la métropolitaine de cette ville sera plus rude lorsque M. le cardinal de Retz sera arrivé de par de là; mais à proportion que Rome prendra le party de destruire ou de blasmer ce qui a esté exécuté de par de ça, nous redoublerons des forces pour le soutenir, et nous ne combattrons pas seulement des armes que les canons nous donnent, mais de celles de la pleine puissance que Dieu a données aux roys; et sans doubte Sa Sainteté se trouvant réduite à hazarder bien des choses, prenant un party, s'en retirera et souffrira l'exécu-

quelle j'expliquois au pape mes véritables intérests : je donnai de plus une instruction très-ample à Malclerc, par laquelle je lui marquois touts les expédients de concilier la dignité du saint siége avec l'acceptation de ceste démission. Rien ne peut persuader Sa Sainteté (1), elle demeura inflexible. Elle creut qu'il y alloit trop de sa réputation de consentir, mesme pour un instant, à une violence aussi injurieuse à toute l'église, et elle dit ces propres paroles à l'abbé Charier et à Malclerc, qui pressoient le pape les larmes aux yeux : « Je sçais bien que mon » agrément ne valideroit pas une démission qui » a esté extorquée par la force ; mais je sçais » bien aussi qu'il me déshonoreroit, quand on » diroit que je l'ai donné à une démission qui est » datée d'une prison. »

Vous croyes aisément que ceste disposition du pape m'obligeoit à de sérieuses réflexions, qui furent mesme dans la suite encore plus esveillées par celles du mareschal de la Meilleraye ; il estoit de touts les hommes le plus bas à la cour. La nourriture qu'il avoit prise à celle de M. le cardinal de Richelieu, avoit fait de si fortes impressions dans son esprit, que bien qu'il eust beaucoup d'aversion pour la personne de M. le cardinal Mazarin, il trembloit dès qu'il entendoit nommer son nom. Je ne fus pas deux jours entre ses mains que je m'apperceus de cest esprit de servitude, et qu'il ne s'apperceust lui-mesme qu'il estoit engagé dans une affaire qui pouvoit me rendre difficile dans l'événement. Ses frayeurs redoublèrent à la première nouvelle qu'il eut que l'on incidentoit à Rome. Il m'en parut esmu au-delà mesme de ce que la bienséance eust pu permettre. Quand le cardinal lui eut mandé qu'il sçavoit de science certaine que la difficulté que faisoit le pape venoit de moi, il ne se put contenir ; il m'en fit des reproches, et au lieu de recevoir mes raisons, qui estoient fondées sur la pure et simple vérité, il affecta de croire que je la lui déguisois. Je ne doubtai plus alors qu'il ne préparast des prétextes pour me rendre à la cour, quand il lui conviendroit de le faire. Ceste conduite est ordinaire à touts ceux qui ont plus d'artifice que de jugement ; mais elle n'est pas seure à ceux qui ont plus d'impétuosité que de bonne foi. J'en fis faire l'expérience au mareschal, car je le fis expliquer en l'eschauffant insensiblement : il se trahit soi-mesme en me les descouvrant avec beaucoup d'imprudence, en présence de tout ce qui estoit avec nous dans la cour du chasteau. Il me leut une lettre, par laquelle on lui escrivoit que l'on avoit donné advis à la cour, que je promettois à Monsieur, qui estoit à Blois, de lui mesnager M. le mareschal de la Meilleraye, et au point que je ne désespérois pas qu'il ne lui donnast retraite au Fort-Louis. Je lui dis qu'il auroit tousjours de ces tracasseries, et que la cour qui n'avoit songé qu'à appaiser Paris en m'esloignant, ne songeroit plus qu'à me tirer de ses mains par ses artifices. Il se tourna de mon costé comme un possédé, et me dit d'une voix haulte et animée : « En un » mot, Monsieur, je veux bien que vous sachies » que je ne ferai pas la guerre au roi pour vous. » Je tiendrai fidèlement ma parole ; mais aussi » faudra-t-il que M. le premier président tienne » celle qu'il a donnée au roi. » [Je joignis à ces circonstances un petit voyage de quinze jours, qu'il fit deux jours après au Fort-Louis, et l'affectation qu'il eut d'envoyer à la Meilleraye madame sa femme, qui n'estoit revenue à Paris que huit ou dix jours auparavant] (2) ; et je me résolus de penser tout de bon à me sauver.

M. le premier président, à qui la cour avoit déjà fait une manière de tentative, m'en pressoit, et Montresor me fit donner un petit billet par le moyen d'une dame de Nantes, où il y avoit : « Vous debves estre conduit à » Brest dans la fin du mois, si vous ne vous en alla parler, que luy qui étoit cardinal se fust chargé de cette commission là, et qu'elle n'a voulu donner audience à l'abbé Charier, qui fait icy les affaires de mondit sieur le cardinal de Retz, Sa Sainteté ne sachant en quels termes il luy en devoit parler, comme mondit sieur le cardinal d'Est ne jugea pas à propos de mener avec luy ledit sieur de Gaumont quand il alla prendre la sienne sur ce sujet-là. Si bien que l'on n'a pas opinion icy que ny les uns ny les autres y avancent rien, bien qu'il se soit veu quelquefois en d'autres occasions que l'on a mis en liberté des prisonniers pour avoir d'eux ce que l'on en désiroit, et qu'après l'avoir eu, on les a remis en prison.

» Je suis, etc., Signé GUEFFIER. »

(2) Les derniers éditeurs ont supprimé dans leurs éditions ces lignes entre crochets.

tion des choses qui sont justes aux yeux d'un chacun, et qui se trouvent appuyées de plusieurs exemples. Quant à nous, qui désirons de conserver et les apparences et un entier respect envers le saint siége, nous ne nous plaindrons pas des discours que pourra tenir le pape, pourveu qu'il ne fasse rien de plus.

» Je suis, etc., DE LOMENIE. »

(1) Le chargé d'affaires de France écrivait au comte de Brienne :

« De Rome, 11 may 1654.

» L'on assure qu'aussitost après son arrivée Sa Sainteté laissa entendre qu'elle ne vouloit point ouyr parler, puisque M. le cardinal de Retz n'estoit pas en liberté quand il a fait sa démission de l'archevesché de Paris, disant que cet exemple-là seroit de trop grande conséquence à l'autorité ecclésiastique ; et le bruit court qu'elle a reproché à M. le cardinal d'Est, quand il luy

» sauves. » La chose estoit très-difficile. Le préalable fut d'amuser le mareschal, en lui faisant croire aussitost qu'il fut revenu du Fort-Louis, que Rome commençoit à s'adoucir : et Joly lui faisoit veoir des deschifrements qui paroissoient fort naturels. Je cogneus encore en ceste occasion que les gents les plus défiants sont très-souvent les plus dupes. Je m'ouvris ensuite à M. de Brissac, qui faisoit de temps en temps des voyages à Nantes, et qui me promit de me servir. Comme il avoit un fort grand esquiqage, il marchoit tousjours avec beaucoup de mulets, et on lui faisoit la guerre qu'il en avoit presque autant pour sa garde-robe que le roi. Ceste quantité de coffres me donna la pensée qu'il ne seroit pas impossible que je me fourasse dans l'un de ces bahuts. On le fit faire exprès un peu plus grand qu'à l'ordinaire. L'on fit un trou par le dessoubs, afin que je peusse respirer : je l'essayai mesme, et il me parut que ce moyen estoit praticable et d'autant plus aisé qu'il estoit simple, et qu'il n'estoit pas mesme nécessaire de le communiquer à beaucoup de gents. M. de Brissac l'avoit entièrement approuvé ; il fit un voyage de trois ou quatre jours à Machecoul, qui le changea absolument. Il s'ouvrit de ce projet à madame de Rais et à M. son beau-père : ils l'en dissuadèrent. Celle-là, à mon advis, par la haine qu'elle avoit pour moi ; et celui-ci par son tour d'esprit naturel, qui nonobstant beaucoup de parties qu'il avoit d'un très-grand seigneur, alloit tousjours au mal. M. de Brissac revint donc à Nantes convaincu, à ce qu'il disoit, que j'estoufferois dans ce bahut, et touché à la vérité du scrupule qu'on lui avoit donné, que s'il faisoit une action de ceste nature, il violeroit trop ouvertement le droit de l'hospitalité. Je n'oubliai rien pour lui persuader qu'il violeroit aussi beaucoup celui de l'amitié, s'il me laissoit transférer à Brest. Il en convint, et il me donna parole et qu'il n'iroit plus à Machecoul et qu'il me serviroit pour ma liberté en tout ce qui ne regarderoit pas le dedans du chasteau : nous prismes toutes nos mesures sur un plan que je me fis à moi-mesme, aussitost que le premier m'eut manqué.

Je vous ai déjà dit que je m'allois quelquefois promener sur une manière de ravelin, qui respond sur la rivière de Loire ; et j'avois observé que comme nous estions au mois d'aoust, elle ne battoit pas contre la muraille, et laissoit un petit espace de terre jusqu'au bastion. J'avois aussi remarqué qu'entre le jardin qui estoit sur ce bastion, et la terrasse, sur laquelle mes gardes demeuroient quand je me promenois, il y avoit une porte que Chalucet y avoit fait mettre, pour empescher les soldats d'y aller manger son raisin. Je formai sur ces observations mon dessein, qui fut de tirer sans faire semblant de rien, ceste porte après moi, qui estant à jour par des treillis, n'empescheroit pas les gardes de me voir, mais qui les empescheroit au moins de pouvoir venir à moi ; de me faire descendre par une chorde, que mon médecin et l'abbé Rousseau, frère de mon intendant, me tiendroient, et de faire trouver des chevaux au bas du ravelin, et pour moi et pour quatre gentilshommes que je faisois estat de mener avec moi. Ce projet estoit d'une exécution très-difficile. [Il ne se pouvoit exécuter qu'en plein jour entre deux sentinelles, qui n'estoient qu'à trente pas l'une de l'autre à la portée du demi-pistolet ; et mes six gardes qui me pouvoient tirer à travers des barraux de la porte. Il falloit que les quatre gentilshommes qui debvoient venir avec moi et favoriser mon évasion, fussent bien juste à se trouver au bas du ravelin, parce que leur apparition pouvoit aisément donner de l'ombrage. Je ne me pouvois pas passer d'un moindre nombre, parce que j'estois obligé de passer par une place qui est toute proche, et qui estoit le promenoir ordinaire des gardes du mareschal. Si mon dessein n'eust esté que de sortir de prison, il eust suffi d'avoir les regards nécessaires à tout ce que je viens de vous marquer, mais il s'estendoit plus loing : et j'avois formé celui d'aller droit à Paris et de paroistre publiquement. J'avois encore d'autres précautions à observer, qui estoient sans comparaison plus difficiles. Il falloit que je passasse en diligence de Nantes à Paris, si je ne voulois estre arresté par les chemins, où les courriers du mareschal de la Meilleraye ne manqueroient pas de donner l'allarme ; il falloit que je prisse mes mesures à Paris mesme, où il m'estoit aussi important que mes amis fussent advertis de ma marche, qu'il me l'estoit que les autres n'en fussent point informés. Voilà bien des chordes, dont la moindre qui eust manqué eust desconcerté la machine. Je vous rendrai compte de leur effet après que j'aurai fait une réflexion qui me paroist nécessaire en cest endroit.

Il me semble que je vous ai déjà dit ailleurs que ce qui est fort extraordinaire, ne paroist possible à ceux qui ne sont capables que de l'ordinaire, qu'après qu'il est arrivé. Je l'ai observé cent et cent fois ; et je suis trompé si Longinus, ce fameux chancelier de la reine Zénobie, ne l'a pas remarqué avant moi. J'ai une réminiscence obscure, que je l'ai leu dans son divin ouvrage : *De sublime genere.* Il n'y eust rien eu de plus extraordinaire dans nostre siècle, que le succès d'une évasion comme la mienne, si elle se fust terminé à me rendre maistre de la capitale du royaume, en brisant mes fers. Je ne me deus pas ceste pensée, ce fut Caumartin qui me la donna. Je l'embrassai avec ardeur; et ce qui me fait croire qu'elle n'estoit ni extravagante ni impraticable, fut et que le premier président de Bellièvre, qui avoit un interest considérable qu'elle ne s'entreprist pas sans qu'il y eust espérance d'y réussir, l'approuva; et qu'aussitost que M. le chancelier et Servien, qui estoient à Paris, sceurent que je marchois, ils ne pensèrent touts deux qu'à me quitter la place, et à se sauver : ce fut le premier mot que Servien, qui n'estoit pas timide, proféra quand il receut la lettre de M. le mareschal de la Meilleraye. Joignes à cela le *Te Deum* qui fut chanté pour ma liberté (1) à Nostre-Dame, et les feux de joye qui furent faits en beaucoup de quartiers de la ville, quoiqu'on ne me vist pas; et juges de l'effet que j'avois lieu d'espérer de ma présence (2).]

En voilà asses pour respondre à ceux qui m'ont blasmé de mon entreprise, et je les sup-

(1) Lettre de M. Servien à M. le cardinal Mazarin, au sujet du *Te Deum* qui fut chanté à Notre-Dame pour l'évasion de Retz :

« Du 14 aoust 1654.

» Son Eminence apprendra de divers endroits l'action insolente du chapitre de Nostre-Dame, qui a fait chanter le *Te Deum* et sonné la grosse cloche aussitost qu'il a sceu l'évasion du cardinal de Retz par une de ses lettres, dont j'envoye la copie.

» Si cette entreprise faite sans nécessité pour desplaire au roy dans sa ville capitale, demeure sans punition esclattante, elle donnera une très-mauvaise opinion ant dedans le royaume qu'aux pays estrangers de l'autorité royale dans Paris.

» Nous délibérasmes hyer sur ce sujet dans le conseil. M. le chancelier s'est chargé de faire sçavoir nos sentiments à S. E. Mais je suis obligé de luy dire que si l'on ne prend des résolutions plus fortes sur les entreprises du parlement et celles du cardinal de Retz, il y a bien à craindre que l'on ne retombe dans les malheurs passez. Car les mauvaises volontez sont plus grandes et plus générales que jamais contre S. E. et ses serviteurs. La ville est encore bien disposée. Mais je me souviens qu'en l'année 1650, en arrivant icy de Fontainebleau, tous les brouillons mouroient de peur, et que l'Hostel-de-Ville offroit au roy d'exécuter aveuglément touts ses commandements, et que voyant qu'on ne les poussoit point, ils assiégèrent le Palais-Royal, et mirent des gardes aux portes. Je croys que la prudence oblige de craindre le mesme, et de profiter de tous les moments et des conjonctures pour prévenir de semblables maux. Ces mesmes personnes subsistent encore, qui ont l'esprit aussy remply de venin, et de plus, qui ont lieu de croire que par l'impunité de Croissy et des autres coupables, ses parents, qu'il n'est pas au pouvoir du roy de faire chastier un conseiller, quelque crime qu'il puisse commettre. Si on ne fait voir le contraire par quelque punition notable, qui passe au-delà de l'exil, il sera comme impossible de conserver l'authorité royale, ny par conséquent le repos dans l'estat. Car pour parler sans desguisement à S. E., je voys que dans nos délibérations on considère trop le parlement; qu'il reprend authorité sur le peuple et forme une liaison avec luy, et que de nostre costé nous avons ces appréhensions et tenons ces basses maximes qui nous ont fait cy-devant tomber dans le précipice dont Dieu nous a tirez par une espèce de miracle. Tout ce que peut faire un homme de bien en des occasions si importantes est de dire son advis sans rien craindre, et de le faire sçavoir avec franchise à ses supérieurs. Ce que je voys de plus dangereux, est que l'on veut faire passer auprès de S. E. les sentiments lasches ou intéressez pour les plus prudents en une saison où l'on a besoing de vigueur plus que jamais ; l'authorité royale ne pouvant estre conservée, ny les autres grandes choses exécutées que par de grandes résolutions.

» Son Eminence me permettra de luy dire qu'en cette occasion je n'appréhende pas tant le pouvoir de ses ennemys que celuy de ses amys, qui nous veulent souvent persuader, comme disoit feu M. du Bullion, que la fièvre quartaine nous est propre. Je croy certainement que M. le premier président a de très-bonnes intentions. Il est fascheux que pour conserver son crédit dans sa compagnie, il parle quelquefois et agisse plus ouvertement contre le roy que ne feroit le cardinal de Retz, s'il estoit à la teste du parlement. Il me semble qu'un crédit qu'il faut conserver par une semblable conduite est plus nuisible que favorable aux intérests du roy, et que les mal intentionnez prennent delà subject d'augmenter leur audace, en disant que les partisans de la cour leur en donnent l'exemple. Je dis cecy parce que en la dernière assemblée du parlement, où l'on a mandé le prévost des marchands pour sçavoir de luy pourquoy il n'avoit pas encore procédé à la nomination des syndics des rentes, quand il a respondu qu'il attendoit la volonté du roy, qui avoit paru contraire jusques à présent, on luy a répliqué, s'il n'avoit pas un assez bon appuy au parlement qui avoit donné son arrest, et qu'il falloit l'exécuter. Pour moy, je croy que tandis que les serviteurs du roy agiront par ces destours et par ces finesses, et qu'ils auront des sentiments contraires à ceux du roy, quelque bonne intention qu'ils puissent avoir dans l'ame, nous en recevrons du préjudice, et qu'il est temps de faire une séparation des méchants, pour sçavoir une bonne fois les maximes qu'un chascun, s'il tient d'obéyr au roy ou de ne le faire pas : surtout qu'il paroisse au monde que Sa Majesté est en estat et a le pouvoir de chastier les coupables, de quelque condition qu'ils soient. Car on peut dire en vérité que le repos ne sçauroit durer dans l'estat, si les curéz, les chanoines et les conseillers peuvent impunément faire des affaires au roy dans sa ville capitale. On avoit résolu de faire faire des prières dans toutes les églises pour la levée du siége d'Arras, comme on fait en Flandres pour la prise. Mais de peur que l'on n'en fit l'application à l'occasion de M. le cardinal de Retz, on a jugé plus à propos de n'en point ordonner.

» Celuy qui a apporté la lettre au chapitre de Nostre-Dame en a aussy apporté une pour les curéz, et est à se promener par Paris. Il me semble que l'on ne devroit point différer de le faire arrester.

» De Son Eminence, le très-humble, très-obéissant et très-obligé serviteur,

» Servien. »

(2) Ce passage entre crochets a été supprimé presque entièrement dans les éditions de 1820 et 1829.

plie seulement de s'examiner bien eux-mesmes, et de se demander dans leur intérieur, s'ils eussent creu que la déclaration que je fis en plein parlement contre M. le cardinal Mazarin, le lendemain de la bataille de Rethel, eust réussi comme elle fit, si on la leur eut proposée un quart-d'heure devant qu'elle réussist. Je suis persuadé que presque tout ce qui s'est entrepris de grand, est de ceste espèce; je le suis de plus, qu'il est souvent nécessaire de le hasarder: mais je le suis encore qu'il estoit judicieux dans l'occasion dont il s'agit; parce que le pis du pis estoit de faire une action de grand esclat, que j'eusse poussée, si j'y eusse trouvé lieu, et à laquelle j'eusse donné un air de modération et de sagesse, si le terrain ne m'eut pas paru aussi ferme que je me l'estois imaginé. Car mon projet estoit de n'entrer à Paris, qu'avec toutes les apparences d'un esprit de paix; de déclarer et au parlement et à l'Hostel-de-Ville, que je n'y allois que pour prendre possession de mon archevesché; de prendre effectivement ceste possession dans mon église; de veoir ce que ce spectacle produiroit dans l'esprit d'un peuple eschauffé par l'estat des choses; car Arras estoit assiégé par M. le prince. Le roi qui m'eust veu dans Paris, n'eust pas apparemment fait attaquer les lignes, comme il fit; les serviteurs de M. le prince, qui estoient en bon nombre dans la ville, se seroient certainement joints à mes amis; la fuite de M. le chancelier et de M. Servien auroit fait perdre cœur aux mazarins; la collusion de M. le premier président de Bellièvre m'auroit esté d'un advantage signalé. M. Nicolaï, premier président de la chambre des comptes, a dit depuis, que comme il n'y avoit pas eu contre moi une seule ombre de formalités observées, sa compagnie n'auroit pas hésité un moment à faire, à l'esgard de ma possession, tout ce qui dépendoit d'elle. J'aurois cogneu, en faisant ces premières desmarches, jusqu'où j'aurois deu et peu porter les secondes. Si, comme je l'ai dit ci-dessus, j'eusse rencontré le chemin plus embarrassé que je l'aurois creu, je n'avois qu'à faire un pas en arrière, à traiter purement l'affaire en ecclésiastique, et me retirer, après ma prise de possession, à Mézières, où deux cents chevaux m'eussent passé avec toute sorte de facilité, toutes les troupes du roi estant esloignées. Le vicomte de Lamet estoit dedans, et Noirmoustier mesme, quoiqu'accommodé soubs main à la cour, comme vous aves veu ci-devant, eust esté obligé de garder de grandes mesures avec moi, pour ne se pas déshonnorer tout-à-fait dans le monde, et par la considération mesme de son intérêt particulier; parce que Charleville et le Mont-Olimpe ne sont que comme un rien sans Mézières. Il avoit de plus renoué en quelque façon avec moi, depuis que j'estois sorti de Vincennes; et comme il croyoit que j'aurois au premier jour ma liberté, il avoit pris cest instant pour se raccommoder avec moi, et pour m'envoyer Branchecour, capitaine d'infanterie dans la garnison de Mézières. Il m'apporta une lettre signée de lui et du vicomte de Lamet (1), et ils m'escrivoient touts deux, comme estant et ayant toujours esté dans mes intérests, et y voulant vivre et mourir. Un billet séparé du vicomte me marquoit que M. le duc de Noirmoustier affectoit de faire le zélé pour moi plus que jamais, pour couvrir le passé par un esclat qui, en l'estat où estoient les choses, ne le pouvoit plus, au moins selon son opinion, commettre avec la cour. Comme Mézières n'est pas considérable sans Charleville et sans le Mont-Olimpe, je n'y eusse pu rien faire de grand, dans la défiance où j'estois de Noirmoustier: mais j'y eusse toujours trouvé de quoi me retirer; et c'estoit justement ce dont j'avois le plus besoing dans l'occasion de laquelle je vous parle.

Tout ce plan fut renversé en un moment, quoiqu'aucune des machines sur lesquelles il estoit basti n'eust manqué. Je me sauvai un samedi 8 d'août (2), à cinq heures du soir; la porte du petit jardin se referma après moi presque naturellement; je descendis [un baston entre les jambes] très-heureusement du bastion, qui avoit quarante pieds de haut. Un valet-de-chambre, qui est encore à moi, qui s'appelle

---

(1) Cette lettre se trouve à la Bibliothèque du Roi parmi les manuscrits de Béthune.

(2) Un courrier fut dépêché au cardinal d'Est aussitôt qu'on eut reçu la nouvelle de l'évasion de Retz, même avant que cette nouvelle fût confirmée par les lettres du maréchal. Il portait des instructions à cette Eminence dans le cas où Retz se rendit immédiatement à Rome.
On expédia aussi à tous les gouverneurs des provinces des ordres pour se saisir de la personne du cardinal.
Voici le texte des deux dépêches dont nous venons de parler.

A M. le cardinal d'Est.

« De Péronne, ce 13 août 1654.
» Monseigneur, dès hier, plusieurs personnes qui arrivèrent à Ham, où Sa Majesté a couché, y apportèrent la nouvelle de l'esvasion du cardinal de Retz, et aujourd'huy la mesme se trouve confirmée sans néanmoins que j'en aye dès lors du mareschal de la Meilleraye, ce qui peut faire doubter qu'elle soit vraie, ou il faudroit soupçonner qu'il y auroit consenty, ce qui ne peut estre imaginé par ceux qui le cognoissent. Soit que la nouvelle soit vraie ou fausse, il y a de l'aparence qu'elle sera portée à Rome; ce qui nous peut porter à le croire,

Fromentin, amusa mes gardes en les faisant boire. Ils s'amusèrent eux-mesmes à regarder un jacobin qui se baignoit, et qui, de plus, se noyoit. La sentinelle, qui estoit à vingt pas de moi, mais en lieu d'où il ne pouvoit pourtant me joindre, n'osa me tirer, parce que, lorsque je le vis compasser la mesche, je lui criai que je le ferois pendre s'il tiroit, et il advoua à la question, qu'il creut sur ceste menace, que le mareschal estoit de concert avec moi. Deux petits pages, qui se baignoient, et qui me voyant suspendu à la chorde, crièrent que je me sauvois, ne furent pas escoutés, parce que tout le monde s'imagina qu'ils appelloient les gents au secours du jacobin qui se baignoit. Mes quatre gentilshommes se trouvèrent à point nommé au bas du ravelin, où ils avoient fait semblant de faire abreuver leurs chevaux, comme s'ils eussent voulu aller à la chasse; je fus à cheval moi-mesme avant qu'il y eust eu seulement la moindre allarme, et comme j'avois quarante relais, posés entre Nantes et Paris, je serois arrivé (1) infailliblement le mardi à la pointe du jour, sans un accident que je puis dire avoir esté le fatal et le décisif du reste de ma vie. Je vous en rendrai compte, après que je vous aurai parlé d'une circonstance qui est importante, en ce qu'elle marque le peu de confiance que l'on doibt prendre aux chiffres.

J'en avois un avec madame la Palatine, que nous appellions l'*indéchiffrable*, parce qu'il nous avoit tousjours paru qu'on ne le pouvoit pénétrer qu'en sachant le mot dont on seroit convenu: nous y avions une confiance si abandonnée, que nous n'avions jamais doubté d'escrire familièrement par les courriers ordinaires, nos secrets les plus cachés. Ce fut par ce chiffre que j'escrivis à M. le premier président que je me sauverois le 8 d'aoust: ce fut par ce chiffre qu'il me manda que je me sauvasse à toutes risques; ce fut par ce chiffre que je donnai les ordres nécessaires pour régler et pour placer mes relais; ce fut par ce chiffre que nous convinsmes, Anneri, Laillevaux et moi, du lieu où la noblesse du Vexin me devoit joindre pour entrer avec moi à Paris. M. le prince, qui avoit

---

c'est que nous étions bien informés que le cardinal entretenoit des caballes avec plusieurs prisonniers très-suspects et recognues esloignés des sentimens que doivent avoir des sujets fidèles, et que la duplicité de son esprit ne nous estoit pas incogneue, par l'expérience que nous avions faite de sa mauvaise foy. Si la chose a eu le succès qui se publie, Sa Majesté en sera pleinement consolée; puisque désormais, ainsi qu'elle y est résolue, elle pourra, sans estre retenue d'aucune considération du Pape, faire agir contre ce cardinal selon la rigueur des loix du royaume; et ne pouvant croire que Sa Sainteté voulût passer à des offices de faveur pour une personne qui s'est rendue indigne de la protection des gens de bien, ayant violé sa parole, et exposé à divers soupçons une personne de la condition du mareschal de la Meilleraye, qui, sur sa parole, s'est reposé à le laisser jouir d'une entière liberté, bien qu'il fût chargé de sa garde, et sans en avoir esté retenu par l'intérest d'un principal officier de Sa Majesté, qui, sur sa parole d'exécuter plainement et de bonne foy ce qui avoit esté concerté, y a engagé la sienne. En finissant ceste lettre, un gentil-homme du mareschal de la Meilleraye nous porte la nouvelle de l'évasion de M. le cardinal de Retz.

» Je suis, etc. » DE LOMENIE. »

Ordre d'arrêter le cardinal de Retz.

« Mon cousin, voulant prévenir les pernicieux desseins que le cardinal de Retz pourroit avoir d'exciter de nouveaux troubles en mon royaume, et empescher autant qu'il me sera possible qu'il ne puisse se prévaloir des intelligences secrètes qu'il entretient avec les ennemis de mon estat, j'ay cejourd'huy fait expédier les ordres que j'ay creu nécessaires aux gouverneurs et lieutenans-généraux en mes provinces et avec mes officiers et subjets y dénommés, pour se saisir de sa personne en quelque lieu de mon obéissance qu'il puisse estre rencontré. Et d'autant qu'il pourroit estre trouvé en mon pays de Provence, en se retirant de mon dit royaume, ou autrement, je vous envoie la copie de mes dits ordres, affin que vous les fassiez publier et exécuter dans toutes les villes et lieux de l'estendue de vostre charge que vous jugerez à propos; en sorte que j'en puisse tirer le fruict que je m'en promets, si l'occasion s'en présente, à quoy m'assurant que vous satisferez avec le même zèle que vous avez tousjours témoigné pour le bien de mon service et les choses que j'ai désirées, je prie Dieu qu'il vous ait, mon cousin, en sa sainte et digne garde. Escrit à Péronne le vingtième jour d'aoust 1654.

» Signé LOUIS.
» Et plus bas:
» LE TELLIER. »

Lettre du prince de Condé sur l'évasion de Retz.

A M. le marquis de Noirmoutier.

« Monsieur, j'ay appris avec la plus grande joie du monde que M. le cardinal de Retz s'est sauvé. J'aurois souhaité lui estre utile dans son malheur. Si cela n'a pas été, il n'a pas tenu à moy. Je luy écris pour luy tesmoigner ma joie. Je vous prie de luy faire tenir ma lettre si vous le jugez à propos. Cependant je vous prie de croire que personne du monde n'est plus que moy,
» Monsieur,
» Votre très-humble et très-obéissant serviteur,
» LOUIS DE BOURBON.

» Au camp, devant Arras, ce 18 aoust 1654.

(1) Le passage suivant d'une lettre du chancelier Séguier confirme le projet du cardinal de se rendre à Paris aussitôt après sa sortie de prison:

« Je joints à la présente la copie de la lettre escrite par M. le cardinal de Retz au chapitre. L'on m'a assuré que le gentilhomme qui l'avoit rendue avoit dit que si sa blessure ne l'eust point arrêté, il se fut rendu à Paris pour faire l'office à Nostre-Dame le jour de la my-aoust.

» A Paris, ce 14 aoust 1654.

» SÉGUIER. »

un des meilleurs déchiffreurs du monde, qui, si je m'en souviens, s'appelloit Martin, me tint ce chiffre six sepmaines à Bruxelles, et il me le rendit, en m'advouant que ce Martin lui avoit confessé qu'il estoit indeschiffrable. Voilà de grandes preuves pour la qualité du chiffre. Il fut dégradé quelque temps après par Joly, qui, quoique non deschiffreur de profession, en trouva la clef en resvant, et me l'apporta à Utrech, où j'estois pour lors. Pardonnez-moi, je vous prie, ceste petite disgression, qui ne sera pas inutile. Je reprends le fil de ma narration.

Aussitost que je fus à cheval, je pris la route de Mauve, qui est, si je ne me trompe, à cinq lieues de Nantes, sur la rivière, et où nous estions convenus que M. de Brissac et M. le chevalier de Sévigné m'attendroient avec un bateau pour la passer. La Ralde, escuyer de M. le duc de Brissac, qui marchoit devant moi, me dit qu'il falloit galopper d'abord pour ne pas donner le temps aux gardes du mareschal de fermer la porte d'une petite rue du fauxbourg où estoit leur quartier, et par laquelle il falloit nécessairement passer. J'avois un des meilleurs chevaux du monde, et qui avoit cousté mille escus à M. de Brissac. Je ne lui abandonnai pas toutesfois la main, parce que le pavé estoit très-mauvais et très-glissant; mais un gentilhomme à moi, qui s'appeloit Boisguérin, ayant crié de mettre le pistolet à la main, parce qu'il voyoit deux gardes du mareschal qui ne songeoient pourtant pas à nous, je l'y mis effectivement, en le présentant à la teste de celui de ces gardes qui estoit le plus près de moi, pour l'empescher de se saisir de la bride de mon cheval, le soleil, qui estoit encore haut, donna dans la platine, la réverbération fit peur à mon cheval, qui estoit vif et vigoureux; il fit un grand soubre-sault, et il retomba des quatre pieds. J'en fus quitte pour l'espaule gauche qui se rompit contre la borne d'une porte. Un autre gentilhomme à moi, nommé Beauchesne, me releva et me remit à cheval; et quoique je souffrisse des douleurs effroyables, et que je fusse obligé de me tirer les cheveux de temps en temps pour m'empescher de m'esvanouir, j'achevai ma course de cinq lieues, avant que le grand-maistre, qui me suivoit à toute bride avec touts les coureurs de Nantes, au moins si l'on en veut croire la chanson de Marigny, m'eust peu

joindre. Je trouvai au lieu destiné, M. de Brissac et le chevalier de Sévigné, avec le bateau. Je m'esvanouis en y entrant. L'on me fit revenir en me jetant un verre d'eau sur le visage. Je voulus remonter à cheval quand nous eusmes passé la rivière; mais les forces me manquèrent, et M. de Brissac fut obligé de me faire mettre dans une fort grosse meule de foin, où il me laissa avec un gentilhomme à moi, appelé Montet, qui me tenoit entre ses bras. Il emmena avec lui Joly, qui seul avec Montet, avoit peu suivre, les chevaux des autres ayant manqué, et il tira droit à Beaupréau, à dessein d'y assembler la noblesse pour me venir tirer de ma meule de foin.

[Cependant qu'elle se mettra en estat de cela], je me sens obligé de vous raconter deux ou trois actions de mes pauvres domestiques, qui ne méritent pas d'estre oubliés. Pâris, docteur de Navarre, qui avoit donné le signal avec son chapeau aux quatre gentilshommes qui me servirent en ceste occasion, fut trouvé sur le bord de l'eau par Coulon, escuyer du mareschal, qui le prit en lui donnant mesme quelques gourmades (1). Le docteur ne perdit point le jugement, et il dit à Coulon d'un ton niais et normand : « Je » le dirai à M. le mareschal que vous vous amu- » sés à battre un pauvre prestre, parce que vous » n'osés vous prendre à M. le cardinal, qui a » de bons pistolets à l'arçon de sa selle. » Coulon prit cela pour bon, et il lui demanda où j'estois : « Ne le voyés-vous pas, respondit le » docteur, qui entre dans ce village? » Vous remarqueres, s'il vous plaist, qu'il m'avoit veu passer l'eau. Il se sauva ainsi, et il fault advouer que ceste présence d'esprit n'est pas commune. En voici une de cœur qui n'est pas moindre. Celui pour qui le docteur me vouloit faire passer, quand il dit à Coulon que j'entrois dans un village qu'il lui montroit, estoit ce Beauchesne dont je vous ai parlé, dont le cheval estoit outré, et il n'avoit pu me suivre. Coulon, le prenant pour moi, courut à lui, et comme il se voyoit soubstenu par beaucoup de cavaliers qui estoient prests de le joindre, il l'aborda le pistolet à la main. Beauchesne s'arresta sur eux en la mesme posture, et il eut la fermeté de s'appercevoir dans cet instant qu'il y avoit un bateau à dix ou douze pas de lui. Il se jetta dedans, et cependant qu'il arrestoit Coulon en lui

---

(1) Quelques coups de poing. À la page 303 de ce volume, 2ᵉ colonne, ligne 41, lisez aussi *gourmer*, au lieu de *gouverner*. Toutefois, il ne nous semble pas possible de croire que le cardinal de Retz donne dans ce passage, au mot *gourmer*, le sens qu'a celui de *gourmade* dans le passage actuel; l'écuyer du maréchal de la Meilleraye a pu donner des *gourmades*, c'est-à-dire des coups de poing à un docteur de Navarre; le duc de Buckingham, *gourmant* trois reines, a pu avoir avec elles des manières rudes et tyranniques, mais bien certainement cela ne veut pas dire que le noble duc donna des coups de poing à **Leurs Majestés**.

monstrant un de ses pistolets, il mit l'autre à la teste du batelier, et le força de passer la rivière. Sa résolution ne le sauva pas seulement, mais elle contribua à me faire sauver moi-mesme, parce que le grand-maistre ne trouvant plus ce bateau, fut obligé d'aller passer l'eau beaucoup plus bas.

Voici une autre action qui n'est pas de mesme espèce, mais qui servit encore davantage à ma liberté. Je vous ai déjà dit qu'aussitost que l'abbé Charier m'eust mandé que le pape refusoit d'admettre ma démission, je depeschai Malclerc pour en solliciter l'agrément. La cour lui joignit Gaumont, qui portoit l'original de ceste démission à M. le cardinal d'Est, avec ordre de la solliciter, parce qu'il n'y avoit plus d'ambassadeur de France à Rome. Gaumont, s'estant trouvé fatigué à Lyon, et ayant pris la résolution de s'aller embarquer à Marseille, Malclerc continua dans celle de prendre la route des montagnes; et comme elle est la plus courte, Gaumont jugea à propos de lui remettre le paquet adressé à M. le cardinal d'Est. Sa simplicité fut grande, comme vous voyes, et il n'avoit pas estudié de plus la maxime que j'ai tousjours pratiquée, et que j'ai tousjours enseignée à mes gents, de ne jamais compter, dans les grandes affaires, les fatigues, le péril et la despense pour quelque chose. Il s'en trouva mal en ce rencontre. L'original de la démission ne se trouva plus dans le paquet, qui se trouva toutesfois très-bien fermé. Quand Gaumont s'en plaignit, Malclerc, qui estoit d'ailleurs plus brave que lui, se plaignit de lui-mesme de son meschant artifice. Ce contre-temps donna lieu au pape de laisser en doubte le cardinal d'Est, si l'inaction de Rome procédoit, ou de la mauvaise volonté de Sa Sainteté envers la cour, ou du défaut de l'original de la démission. Malclerc avoit ordre de supplier le pape en mon nom, en cas qu'il ne la voulust pas admettre, d'amuser le tapis, afin de me donner le temps de me sauver. Il lui en donna de plus, comme vous voyes, un beau prétexte. Le cardinal d'Est, qui fut amusé lui-mesme, amusa aussi lui-mesme le Mazarin. Les instances de celui-ci vers le mareschal, pour me mettre entre les mains du roi, en furent moins fréquentes et moins vifves; et j'eus la satisfaction de debvoir, au zèle et à l'esprit de deux de mes gents (car l'abbé Charier eut aussi part à ceste intrigue), le temps que j'eus, par ce moyen, tout entier, de songer et de pourvoir à ma liberté. Je reviens à la meule de foin.

J'y demeurai caché plus de sept heures, avec une incommodité que je ne puis vous exprimer. J'avois l'espaule rompue et desmise; j'y avois une contusion terrible; la fiebvre me prit sur les neuf heures du soir, et l'altération qu'elle me donnoit estoit encore cruellement augmentée par la chaleur du foin nouveau. Quoique je fusse sur le bord de la rivière, je n'osois boire, parce que si nous fussions sortis de la meule Montet et moi, nous n'eussions eu personne pour raccommoder le foin qui eust paru remué, et qui eust donné lieu par conséquent à ceux qui couroient après moi, d'y fouiller. Nous n'entendions que des cavaliers qui passoient à droite et à gauche. Nous recognusmes mesme Coulon à sa voix. L'incommodité de la soif est incroyable et inconcevable à qui ne l'a pas esprouvée. M. de la Poise Saint-Offanges, homme de qualité du pays, que M. de Brissac avoit adverti en passant cheux moi, vint sur les deux heures après minuit me prendre dans ceste meule, après qu'il eut remarqué qu'il n'y avoit plus de cavaliers aux environs. Il me mit sur une civière à fumier, et il me fit porter par deux paysans dans la grange d'une maison qui estoit à lui à une lieue de là. Il m'y ensevelit encore dans le foin; mais comme j'y avois de quoi boire, je m'y trouvai mesme délicieusement.

M. et madame de Brissac me vindrent prendre au bout de sept ou huit heures, avec quinze ou vingt chevaux, et ils me menèrent à Beaupréau (1), où j'y trouvai l'abbé de Bélesbat qui les y estoit venu veoir, et où je ne demeu-

---

(1) Ce fut de Beaupréau que le cardinal de Retz adressa les lettres suivantes au chapitre de Notre-Dame et aux curés de Paris :

A Messieurs les doyen, chanoines et chapitre de l'église de Paris.

« L'estat où j'ai esté jusques à ceste heure, m'ayant obligé de retenir les véritables sentimens des obligations que je vous ai, j'employe le premier moment de ma liberté pour vous les expliquer. Et puisqu'ayant eu le bonheur d'estre eslevé parmy vous, et que ça esté le premier degré qui m'a fait passer à la dignité de vostre archevesque, laquelle vous avez travaillé à me conserver avec tant de générosité, pour l'amour de moi, je veux aussi vivre et mourir avec vous en ceste mesme qualité, espérant que comme vos affections vont tousjours s'augmentant, ma gratitude aussi et ma recognoissance seront immortelles. C'est ce que je vous conjure de croire, et de me donner la part en vostre souvenir et en vos prières que je souhaite. »

» Votre acquis et affectionné serviteur,
» Le cardinal DE RETZ.
» Proche Beaupréau, le 8 août 1654. »

A messieurs les curés de Paris.

« Messieurs, aussitost que je me suis veu en lieu de seureté, et qu'il m'a esté permis de rendre publics les sentimens de mon cœur sur l'affection que vous avez fait universellement paroistre pour ma personne, je n'ay voulu différer plus long-temps à vous rendre ces justes

rai qu'une nuit, jusques à ce que la noblesse fust assemblée. M. de Brissac estoit fort aimé dans tout le pays : il mit ensemble, dans ce peu de temps, plus de deux cents gentilshommes. M. de Rais, qui l'estoit encore plus dans son quartier, le joignit à quatre lieues de là avec trois cents. Nous passames presque à la vue de Nantes, d'où quelques gardes du mareschal sortirent pour escarmoucher. Ils furent repoussés vigoureusement jusques dans la barrière, et nous arrivasmes heureusement à Machecoul, qui est dans le pays de Rais, avec toute sorte de seureté. Je ne manquai pas, dans ce bonheur, de chagrins domestiques. Madame de Brissac, qui s'estoit portée en héroïne dans tout le cours de ceste action, me dit en me quittant et en me donnant une bouteille d'eau impériale : « Il n'y a que vostre malheur qui m'ait empesché d'y mettre du poison. » Elle se prenoit à moi de la perfidie que M. de Noirmoustier (1) m'avoit faite sur son subjet, et de laquelle je vous ai parlé dans le deuxiesme volume. Mais il est impossible que vous conceviez combien je fus touché de ceste parole, et je sentis au-delà de tout ce que je vous en puis exprimer, qu'un cœur bien tourné est sensible jusques à l'excès de la foiblesse, aux plaintes d'une personne à laquelle il croit estre obligé. Je ne le fus pas à beaucoup près tant, à la dureté de madame de Rais (2) et de M. son père. Ils ne peurent s'empescher de me tesmoigner leur mauvaise volonté dès que je fus arrivé. Celle-là se plaignit de ce que je ne lui avois pas confié mon secret, quoiqu'elle ne fust partie de Nantes que la veille que je me sauvai. Celui-ci pesta asses ouvertement contre l'opiniastreté que j'avois à ne pas me soubsmettre aux volontés du roi ; et il n'oublia rien pour persuader à M. de Brissac de me porter à envoyer à la cour la ratification de ma démission. La vérité est que l'un et l'autre mouroient de peur du mareschal de la Meilleraye, qui, enragé qu'il estoit, et de mon évasion, et encore plus de ce qu'il avoit esté abandonné de toute la noblesse, menaçoit de mettre tout le pays de Rais à feu et à sang. Leur frayeur alla jusques au point de s'imaginer ou de vouloir faire croire que mon mal n'estoit que délicatesse; qu'il n'y avoit rien de démis, et que j'en serois quitte pour une contusion. Le chirurgien affidé de M. de Rais le disoit à qui le vouloit entendre; et qu'il estoit bien rude que j'exposasse pour une délicatesse toute ma maison, qui alloit estre investie au premier jour dans Machecoul. J'estois cependant dans mon lit, où je sentois des douleurs incroyables, et où je ne pouvois pas seulement me tourner. Tous ces discours m'impatientèrent au point que je pris la résolution de quitter ces gents-là et de me jeter dans Belle-Isle, où je pouvois au moins me faire transporter par mer. Le trajet estoit fort délicat, parce que M. le mareschal de la Meilleraye avoit fait prendre les armes à toute la coste. Je ne laissai pas de le hazarder. Je m'embarquai au port de la Roche, qui n'est qu'à une petite demi-lieue de Machecoul, sur une chaloupe que la Gisclaye, capitaine de vaisseau et bon homme de mer, voulut piloter lui-mesme. Le temps nous obligea de mouiller au Croisil, où nous courusmes fortune d'estre découverts par une chaloupe qui nous vint recognoistre la nuit. La Gisclaye, qui savoit la langue et le pays, s'en démesla fort bien. Nous nous remismes à la voile le lendemain à la pointe du jour, et nous descouvrismes quelque temps après une barque longue de Biscayens qui nous donnèrent chasse. Nous prismes la fuite à la considération de M. de Brissac, qui n'eust pas pris plaisir d'estre mené en Espagne, parce qu'il

remerciemens, et vous donner les assurances que je passeray inséparablement le reste de mes jours avec un clergé que j'auray toujours aussy cher, comme je l'ai expérimenté généreux. Ma translation a été l'ouvrage de votre fermeté, et ma liberté celuy de vos prières. Je vous en rends toutes les reconnoissances dont je suis capable, dans l'espérance que vous me continuerez toujours vos bons offices. Je demeureray, Messieurs, vostre très-acquis et affectionné serviteur,

» Le Cardinal de Retz.
» Proche Beaupréau, ce 8 aoust 1654. »

Réponse du chapitre de l'église de Paris.

« Monseigneur, Dieu qui pénètre jusqu'au fond de nos cœurs, sait avec quelle joie toute la compagnie a reçue la nouvelle de cette imprévue liberté, pour laquelle tous nos vœux ont esté incessamment employés. Mais ce qui augmente et redouble nos ressentimens, c'est que Vostre Eminence a eu la bonté de nous en donner les assurances de sa main, après lesquelles nous n'avons plus douté d'en faire chanter ce matin le *Te Deum* dans vostre église, où chacun s'est mis en devoir d'en rendre grace à Dieu pour obtenir par nos prières le comble de nos souhaits, qui pour estre joints aux vostres, nous font désirer de vous revoir bientost dans l'esclat et splendeur de vostre dignité. Nous y employerons nos plus ferventes prières, en qualité, Monseigneur, de vos très-humbles et très-obéissans serviteurs. »

(1) *La perfidie de Noirmoutier* n'avait pas été publiée, elle se trouve rapportée à la page 181.

(2) Catherine de Gondy, fille de Henri de Gondy, duc de Retz, morte à Machecoul en 1677, âgée de 66 ans.

Après l'évasion du cardinal, les duchesses de Retz et de Brissac eurent ordre du roi de se retirer, la première à Bourges et la seconde à Issoudun. Le père du cardinal, quoique voué à l'état ecclésiastique, et tout-à-fait étranger aux intrigues de son fils, fut aussi, malgré son âge et ses infirmités, compris dans la même proscription, et obligé de se retirer en Auvergne.

ne se sauvoit pas de prison comme moi, et que l'on eust peu par conséquent lui tourner en crime ce voyage. Comme la barque longue faisoit force de vent sur nous, et que mesme elle nous le gagnoit, nous creusmes que nous ne ferions que mieux de nous jetter à terre dans l'Isle de Rais. La barque fit quelque mine de nous y suivre; elle bordeya asses long-temps à nostre veue, après quoi elle reprit la mer. Nous nous y remismes la nuit, et nous arrivasmes à Belle-Isle à la petite pointe du jour.

Je souffris tout ce que l'on peut souffrir dans ce trajet, et j'eus besoing de toute la force de ma constitution, pour défendre et pour sauver de la gangrenne une contusion aussi grande que la mienne, et à laquelle je n'appliquai jamais d'autre remède que du sel et du vinaigre. Je ne trouvai pas à Belle-Isle le mesme dégoust qu'à Machecoul; mais je n'y trouvai pas, dans le fond, beaucoup plus de fermeté. L'on s'imagina, au pays de Rais, que le commandeur de Neufchaise, qui estoit à la Rochelle, auroit ordre au premier jour de m'investir dans Belle-Isle. L'on y apprit que le mareschal faisoit appareiller deux barques longues à Nantes. Ces advis estoient bons et véritables, mais il s'en falloit bien qu'ils fussent si pressans que l'on les croyoit. Il falloit du temps pour les rendre tels, et plus qu'il n'en eust fallu pour me remettre. La frayeur qui estoit à Machecoul inspira de l'indisposition à Belle-Isle, et je m'en apperceus en ce que l'on commencea à croire que je n'avois pas en effet l'épaule démise, et que la douleur que je recevois de ma contusion, faisoit que je m'imaginois que mon mal estoit plus grand qu'il ne l'estoit en effet : l'on ne se peut imaginer le chagrin que l'on a de ces sortes de murmures, quand on sent qu'ils sont injustes. Ce qui est vrai, est que ce chagrin change bientost de nature, parce que l'on n'est pas long-temps sans s'appercevoir qu'ils ne sont que les effets ou de la frayeur ou de la lassitude. Il en tenoit de l'une et de l'autre dans ceux dont je vous parle en ce lieu. Le chevalier de Sévigné, homme de cœur, mais intéressé, craignoit qu'on ne lui rasast sa maison; et M. de Brissac, qui croyoit avoir suffisamment réparé la paresse, plustost que la foiblesse qu'il avoit tesmoignée dans le cours de ma prison, estoit bien aise de finir, et de ne pas exposer son repos à une agitation à laquelle l'on ne voyoit plus de fin. Je n'avois pas moins d'impatience qu'eux de les voir hors d'une affaire, à laquelle ils n'estoient plus engagés que pour l'amour de moi. La différence est que je ne croyois pas le péril si pressant ni pour eux ni pour moi, que je ne pusse, au moins à mon sens, prendre le temps et de me faire traiter et de me pourvoir d'un bastiment raisonnable pour naviguer. Ils me voulurent persuader de passer en Hollande sur un vaisseau de Hambourg qui estoit à la rade, et je ne creus pas que je deusse confier ma personne à un incognu, qui me cognoissoit, et qui pouvoit me mener à Nantes comme en Hollande. Je lui proposai de me faire venir ceste [frégate] de corsaire de Biscaye, qui estoit mouillée à nostre veue à la pointe de l'isle, et ils appréhendèrent de criminaliser par ce commerce avec les Espagnols; tant fut procédé, que je m'impatientai de toutes les allarmes que l'on prenoit ou que l'on vouloit prendre à touts les moments, et que je m'embarquai enfin sur une barque de pescheurs, où il n'y avoit que cinq mariniers de Belle-Isle, Joly, deux gentilshommes à moi, dont l'un s'appeloit Boisguerin et l'autre Sales, et un valet de chambre que mon frère m'avoit presté. La barque estoit chargée de sardines, ce qui nous vint asses à propos, parce que nous n'avions que fort peu d'argent. Mon frère m'en avoit envoyé, mais l'homme qui le portoit avoit esté arrêté par les garde-costes. M. son beau-père n'avoit pas eu l'honnesteté de m'en offrir. M. de Brissac me presta quatre-vingts pistoles, et celui qui commandoit dans Belle-Isle, quarante. Nous quittasmes nos habits; nous prismes de méchants haillons de quelques soldats de la garnison, et nous nous mismes à la mer à l'entrée de la nuit, en dessein de prendre la route de Saint-Sébastien, qui est dans le Guipuscoa. Ce n'est pas qu'elle ne fust asses longue pour un bastiment de ceste nature : car il y a de Belle-Isle à Saint-Sébastien quatre-vingts fort grandes lieues; c'estoit le lieu le plus proche de touts ceux où je pouvois aborder avec seureté. Nous eusmes un fort gros temps toute la nuit. Il calma à la pointe du jour, mais ce calme ne nous donna pas beaucoup de joie, parce que nostre boussole, qui estoit unique, tomba dans la mer par je ne sçais quel accident. Nos mariniers, qui se trouvèrent estonnés et qui d'ailleurs estoient asses ignorants, ne sçavoient où ils estoient, et ne prirent de route que celle qu'un vaisseau qui nous donna la chasse nous forcea de courir. Ils recogneurent à son garbe qu'il estoit Turc et de Salé. Comme il brouilla ses voiles sur le soir, nous jugeames qu'il craignoit la terre, et que par conséquent nous n'en pouvions estre loing. Les petits oiseaux qui venoient se percher sur nostre mast nous le marquoient d'ailleurs asses. La question estoit quelle terre ce pouvoit estre, car nous craignions autant celle de France que celle des Turcs. Nous bordoyasmes toute la nuit dans ceste incertitude : nous y demeurasmes tout le lendemain, et un vaisseau dont nous voulusmes nous approcher pour nous en esclaircir, nous tira pour toute response trois volées de canon. Nous avions fort peu d'eau, et nous appréhendions d'estre chargés en cest endroit par un gros temps, auquel il y avoit déjà quelque apparence. La nuit fut assés douce, et nous apperceumes à la pointe du jour une chaloupe à la mer. Nous nous en approchasmes avec beaucoup de peine, parce qu'elle appréhendoit que nous ne fussions corsaires. Nous parlasmes espagnol et françois à trois hommes qui estoient dedans; mais ils n'entendirent ni l'une ni l'autre langue. L'un d'eux se mit à crier *San-Sebastien*, pour nous donner à cognoistre qu'il en estoit; nous lui montrasmes de l'argent, et nous lui respondismes *San-Sebastien*, pour lui faire cognoistre que c'estoit où nous voulions aller. Il se mit dans nostre barque, et il nous y conduisit : ce qui fut bien aisé, parce que nous n'en estions pas fort esloignés.

Nous ne fusmes pas plustost arrivés (1), qu'on nous demanda nostre charte-partie, qui est si nécessaire à la mer, que tout homme qui navigue sans l'avoir, est pendable, sans autre forme de procès. Le patron de nostre barque n'avoit pas fait ceste réflexion, croyant que je n'en avois pas de besoing. Le défaut de ce papier joint aux meschans habits que nous avions, obligea les gardes du port à nous dire que nous avions la mine d'estre pendus le lendemain au matin. Nous leur respondismes que nous estions cogneus de M. le baron de Vateville (2), qui commandoit pour le roi d'Espagne dans le Gui-

puscoa. Ce mot fit que l'on nous mit dans une hostellerie, et que l'on nous donna un homme qui mena Joly à M. de Vateville, qui estoit au Passage, et qui d'abord jugea par ses habits tout déchirés qu'il estoit un imposteur. Il ne le lui tesmoigna pourtant pas à tout hasard, et il vint me veoir dès le lendemain à mon hostellerie. Il me fit alors un fort grand compliment, mais embarrassé, et d'un homme qui avoit accoustumé, au poste où il estoit, de veoir souvent des trompeurs. Ce qui commença à le rasseurer, fut l'arrivée de Beauchesne, que j'avois dépesché à Paris de Beaupreau, et que mes amis me renvoyèrent en diligence, aussi-tost qu'ils sceurent que je m'estois embarqué pour Saint-Sébastien. Il le trouva si bien informé des nouvelles, qu'il eut lieu de croire que ce n'estoit pas un courier supposé, et il l'en trouva mesme beaucoup mieux instruit qu'il n'eust souhaité; car ce fut lui qui lui apprit que l'armée de France avoit forcé celle d'Espagne dans les lignes d'Arras (3), et cest advis que M. de Vateville fit passer en diligence à Madrid, fut le premier que l'on y eut de ceste défaite. Beauchesne me l'apporta avec une diligence incroyable, sur une frégate de corsaire biscayen, qu'il trouva à la pointe de Belle-Isle, et qui fut ravi de se charger de sa personne et de son passage, sachant qu'il me venoit chercher à Saint-Sébastien. Mes amis me l'envoyèrent pour m'exhorter à prendre le chemin de Rome, plutost que celui de Mézières, où ils appréhendoient que je ne voulusse me jetter. Cest advis estoit certainement le plus sage : il ne fut pas le plus heureux par l'événement. Je le suivis sans hésiter, quoique ce ne fut pas sans peine. Je cognoissois assés la cour de Rome,

---

(1) Le cardinal arriva à Saint-Sébastien le 12 septembre 1654. (*Mémoires de Joly.*)

(2) Ce Vateville est le même personnage dont il est si souvent question dans les *Mémoires de Lenet*. Il servit d'intermédiaire entre les partisans du prince de Condé, réfugiés à Bordeaux, et le roi d'Espagne; il négocia avec la princesse de Condé, et plus tard avec le prince lui-même, tous les traités conclus à cette époque avec l'Espagne.

(3) Les lignes d'Arras furent forcées le 25 août 1654 par le maréchal de Turenne. L'archevêque de Toulouse, M. de Marça, en félicita le ministre Le Tellier par la lettre suivante.

« Monsieur, le grand succès d'Arras a tellement rempli mon cœur de joie, que je ne puis l'expliquer avec les paroles. Elle est égale à la crainte que les gens de bien avoient de la perte du combat et de la ville, laquelle on estimoit presqu'asseurée à cause que les ennemis avoient mis à perfection le retranchement de leur camp, et qu'ils le défendoient avec une puissante armée. On avoit veu un camp forcé à Casal avant que les lignes fussent achevées; on en avoit veu un autre, surpris de nuict, à Lerida, en un poste non gardé; mais on n'avoit point d'exemple d'une circonvallation, achevée et soutenue avec un corps entier d'armée, que l'on eust forcée par un combat; on avoit plutost des exemples que l'on auroit esté repoussé en semblables occasions comme à Mastrich. Vous avez, monsieur, une grande part en cette gloire, par la peine que vous avez prise pour en faire réussir l'exécution; je témoigne à S. E. la joye que j'aye de ce bon succès, comme estant deu principalement à ses soins, qui, dans l'abaissement de nos ennemis, nous acquiert une grande réputation parmi les étrangers, et ruine les pernicieux desseins des factieux qui sont dedans le royaume.

« Monsieur le chancelier m'a dit qu'il avoit reçu l'approbation de l'arrest qu'il avoit renvoyé à la cour. Je pense que vous aurez eu les fondemens pour l'appuyer dans le mémoire que M. l'abbé Fouquet a envoyé. Attendant d'avoir l'honneur de vous voir, je vous supplie de me faire la grâce de croire que je suis,

» Monsieur,
» Vostre très-humble et très-obéissant serviteur.
» Signé Marca,
» Archevesque de Toulouse.

» Paris, ce 26 d'aoust 1654. »

pour sçavoir que le poste d'un réfugié et d'un suppliant n'y est pas agréable; et mon cœur qui estoit piqué au jeu contre M. le cardinal Mazarin, estoit plein de mouvements, qui m'eussent porté avec plus de gaieté dans les lieux où j'eusse peu donner un champ plus libre à mes ressentiments. Je n'ignorois pas que je ne pouvois pas espérer de M. le duc de Noirmoustier tout ce qui me conviendroit peut-estre dans les suites, mais je n'ignorois pas non plus qu'estant le maistre dans Mézières, comme je l'y estois, et m'y rendant en personne, il n'estoit pas impossible que je n'engageasse M. de Noirmoustier, qui enfin gardoit les apparences avec moi, et qui mesme, aussitost qu'il eust appris ma liberté, m'avoit dépesché un gentilhomme en commun avec le gentilhomme de Lamet, pour m'offrir retraite dans leurs places. Mes amis ne doubtoient pas que je ne la trouvasse, et mesme très-seure, dans Mézières. Ils craignoient qu'elle ne fust pas de la mesme nature dans Charleville, et comme la situation de ces places fait que l'une sans l'autre n'est pas fort considérable, ils creurent que, veu la disposition de M. de Noirmoustier, je ferois mieux de n'y faire aucun fondement pour ma retraite. Je répète encore ici ce que je vous ai desjà dit, que je ne sçais s'il n'y eust pas lieu de mieux espérer, non pas de la bonne intention de Noirmoustier, mais de l'estat où il se fust trouvé lui-mesme. Le conseil de mes amis l'emporta sur mes vues. Ils me représentèrent que l'asyle naturel d'un cardinal et d'un évesque persécuté, estoit le Vatican (1); mais il y a des temps dans lesquels il n'est pas mal-

(1) Pendant que le cardinal cherchait un asile sur la terre étrangère, le pape informé de sa liberté en félicitait ce personnage par ce bref, qui fut publié à Paris avec les réflexions qui s'y trouvent jointes :

« Très-cher fils, salut et bénédiction apostolique.

» Le secours du ciel ayant enfin délivré vostre vertu et vostre prudence des fascheux accidents qui arrivent aux hommes, nous ne sçavons si nous devons nous conjouir avec vous pour ceste liberté, qui nous a fait employer si long-temps tant de vœux et tant d'efforts; ou pour cette généreuse constance, qui ayant esté glorieusement éprouvée par les afflictions, n'a pas moins donné d'ornement au sénat apostolique par la grandeur de vostre mérite, que sa dignité avoit esté avilie par vostre prison.

» Et certes, c'est avec beaucoup de sujet que nous nous réjouissons de ce que vostre église de Paris vous possède : et nostre sollicitude pontificale s'estendant sur toutes les églises, nous ne pouvons assez reconnoistre l'obligation que nous avons à la bonté divine, de ce qu'après que vous avez esté si long-temps séparé par un fascheux divorce de vostre chère espouse, elle a eu enfin pitié de ses larmes, et vous a mis dans un estat où vostre zèle, qu'une estroite prison avoit renfermé, se pourra respandre avec plus de profusion pour soulager ses nécessitez, et vous donnera moyen de vous consacrer tout entier aux fonctions apostoliques.

» Ne doutez donc aucunement que tout ce que vous nous avez fait sçavoir par vos lettres ne nous ayt esté très-agréable, et que nous n'embrassions de tout nostre cœur l'advancement et la protection de vostre personne et de vostre église : particulièrement après la connoissance que nous avons que le roy Très-Chrestien, qui n'a point d'autres sentiments que ceux que la piété qui luy est héréditaire luy inspire, ne fera jamais rien contre le respect et l'affection qu'il doit aux personnes sacrées ; et que d'ailleurs vostre fidélité à son service, par laquelle vous vous estes attiré depuis si long-temps, mesme auprès de nous, les grâces royales pour le bien du diocèse de Paris et de tout le royaume, ne nous laisse aucun lieu de douter que vous n'en receviez encore de plus grandes à l'avenir. Nous vous donnons de tout nostre cœur la bénédiction apostolique. Donné à Rome à Sainte-Marie-Majeure, sous l'anneau du pescheur, le 30 septembre 1654, de nostre pontificat le dixiesme.

» Le cardinal AZOLIN. »

» Si ce bref de Sa Saincteté n'a pas plustost esté veu, il n'en faut point chercher d'autre raison que la modestie de M. le cardinal de Retz : le tesmoignage de sa bonne conscience lui suffit ; et mesme on ne se seroit pas résolu de le publier, si M. le cardinal Mazarin n'y eust obligé par ses mauvais libelles.

» N'est-ce pas une chose estrange que celuy à qui Sa Sainteté donne pour premier éloge d'avoir tant de prudence et de vertu, et d'estre l'ornement du sénat apostolique, soit nommé par M. le cardinal Mazarin un perfide, un ingrat, un imposteur, un incorrigible, un relaps, un abandonné? Que celuy pour la liberté duquel elle dit avoir employé tous ses vœux et fait tant d'efforts, soit traité par l'autre comme une personne qui mérite l'horreur et l'exécration de tous les gens de bien? Que celuy que Sa Sainteté assure avoir attiré par son obéissance les grâces royales et les siennes, soit appelé suborneur des peuples, corrupteur de l'esprit des princes et perturbateur du repos public? Que celuy qui fait la joye du Saint Siège, parce qu'il respandra sur l'église les torrens de consolation dont sa prison avoit arresté le cours, passe au jugement de l'autre pour un homme indigne du caractère qu'il porte? Que Sa Sainteté se promette de la piété du roy, qu'il ne s'esloignera jamais du respect qu'il doit à l'église et aux personnes sacrées, et que M. le cardinal Mazarin employe toute l'authorité royale pour persécuter l'église et ses ministres, et pour violer les droicts et les immunitez du clergé? Que Sa Sainteté assure M. le cardinal de Retz de toute sa protection, et se conjouisse avec luy, que sa liberté ayt fait cesser le fascheux divorce que sa prison avoit fait avec son église, et que l'autre le poursuive jusques dans Rome, et non content d'un divorce, vueille faire un excrable adultère, en le despouillant par force de son archevesché, et y substituant une puissance illégitime? Enfin, que celuy à qui Sa Sainteté donne les plus glorieux et les plus esclatans éloges qui puissent partir d'une bouche, laquelle ne prononce que des oracles et des véritez, reçoive de M. le cardinal Mazarin autant d'injures qu'une passion aveugle en peut faire vomir contre la plus abjecte personne du monde?

» Il y auroit bien d'autres réflexions à faire sur ce sujet, et l'on pourra une autre fois les mettre dans leur jour. Mais il nous suffit maintenant d'opposer à des placards d'injures, et à des lettres désadvouées, le bref véritable de Sa Sainteté, envoyé à M. le cardinal de Retz aussitost qu'elle eut appris sa liberté. Il ne reste à M. le cardinal Mazarin qu'à traitter le bref du Pape comme il a fait cette lettre admirable, qui a receu dans les flammes

aisé de prévoir que ce qui devroit servir d'asyle, peut facilement devenir un lieu d'exil. Je le prévis et je le choisis. Quelque événement que ce choix ait eu, je ne m'en suis jamais repenti ; parce qu'il eut pour principe la déférence que je rendis au conseil de ceux à qui j'avois obligation. Je l'estimerois davantage, s'il avoit esté l'effet de ma modération, et du désir de m'employer à mon restablissement par les voies ecclésiastiques.

Il ne tint pas aux Espagnols que je ne prisse un autre parti. Aussitost que M. de Vatteville m'eut recognu pour le cardinal de Rais, ce qu'il fit en huit ou dix heures, et par les circonstances que je vous ai marquées, et par un secrétaire bordelois qu'il avoit, qui m'avoit veu à Paris plusieurs fois, il me mena cheux lui dans un appartement qui estoit au plus haut estage, et il m'y tint si couvert, que quoique M. le mareschal de Gramont, qui n'estoit qu'à trois lieues de Saint-Sébastien, eust donné advis à la cour par un courrier exprès que j'y estois arrivé, il fut trompé lui-mesme le jour suivant, au point d'en avoir dépesché un autre pour s'en dédire. Je fus trois sepmaines dans un lit sans me pouvoir remuer, et le chirurgien du baron de Vatteville qui estoit fort capable, ne voulut pas entreprendre de me traiter, parce qu'il estoit trop tard. J'avois l'épaule absolument demise, et il me condamna d'estre estropié pour tout le reste de ma vie. J'envoyai Boisguerin au roi d'Espagne, auquel j'escrivis, pour le supplier de me laisser passer par ses estats pour aller à Rome. Ce gentilhomme fut receu de Sa Majesté Catholique et de don Louis de Haro au-delà de tout ce que je vous en puis exprimer. On le dépescha dès le lendemain ; on lui donna une chaîne de huit cens escus ; on m'envoya une litière du corps, et l'on m'envoya en diligence don Cristoval de Crassemblac, allemand, mais espagnolisé et secrétaire des langues, très-confident de don Louis. Il n'y a point d'effort que ce secrétaire ne fît pour m'obliger d'aller à Madrid. Je m'en défendis par l'inutilité dont ce voyage seroit au service du roi Catholique, et par l'advantage que mes ennemis en prendroient contre moi. L'on ne comprenoit pas ces raisons, qui estoient pourtant, comme vous voyes, asses bonnes ; et comme je m'en estonnois, Vatteville, qui en présence du secrétaire avoit esté de son advis, mesme avec véhémence, me dit : « Ce voyage » cousteroit cinquante mille escus au roi, et » peut-estre l'archevesché de Paris à vous, il ne » seroit bon à rien. Et cependant il faut que je » parle comme l'autre, ou je serois brouillé à la » cour. Nous agissons sur le pied de Philippe II, » qui avoit pour maxime d'engager tousjours les » estrangers par des démonstrations publiques. » Vous voyes comme nous l'appliquons : ainsi » du reste. » Ceste parole est considérable, et je l'ai moi-mesme appliquée depuis plus d'une fois, en faisant réflexion sur la conduite du conseil d'Espagne. Il m'a paru en plus d'une occasion qu'il pêche autant par l'attachement trop opiniastre qu'il a à ses maximes générales, que l'on pêche en France par le mépris que l'on fait et des générales et des particulières.

Quand dom Cristoval vit qu'il ne pouvoit pas me persuader d'aller à Madrid, il n'oublia rien pour m'obliger à m'embarquer sur une frégate de Duncherche qui estoit à Saint-Sébastien, et il me fit des offres immenses, en cas que je voulusse aller en Flandres traiter avec M. le prince, et me déclarer avec Mezières, Charleville et le Mont-Olimpe. Il avoit raison de me proposer ce parti, qui estoit en effet du service du roi son maistre. Vous avez veu celle que j'eus de ne le pas accepter. Ce qui fut très-honneste, c'est que touts mes refus n'empeschèrent pas qu'il ne me fist apporter un petit coffre de velours vert, dans lequel il y avoit quarante mille escus en pièces de quatre. Je ne creus pas debvoir les recevoir, ne faisant rien pour le service du roi Catholique, et je m'en excusai sur ce titre avec tout le respect que je debvois ; et comme je n'avois ni pour moi ni pour les miens, ni linge, ni habits, et que les quatre cens écus que je tirai de la vente de mes sardines furent presque consumés en ce que je donnai aux gents de M. de Vatteville, je le priai de me prester quatre cens pistoles, dont je lui fis ma promesse, et que je lui ai rendues depuis.

Après que je me fus un peu restabli, je partis de Saint-Sébastien, et je pris la route de Valence, pour m'embarquer à Vivaros, où don Cristoval me promit que don Juan d'Autriche,

---

de la Grève un lustre nouveau, de mesme qu'anciennement les livres sacrés attiroient tousjours plus l'amour et la vénération des fidèles, lorsque les tyrans les brusloient dans les places publiques.

» Au surplus, que les chrestiens jugent maintenant auquel ils doivent adjouster foy, ou au chef de l'église, au père de tous les fidèles, et à ces lèvres qui ont en dépost le discernement et la vérité, ou à celles du cardinal Mazarin, qui, faisant profession de n'estre pas esclave de sa parole, ne voudroit pas nous obliger à y croire comme à des oracles.

» Nous protestons devant Dieu, et le justifierons quand il le faudra, qu'il n'y a pas la moindre altération dans le bref, et que les pensées et les paroles sont aussi pures qu'elles sont sorties du cœur et des mains du souverain pontife. »

qui estoit à Barcelonne, m'enverroit et une frégate et une galère. Je passai dans une litière du corps du roi d'Espagne, toute la Navarre, soubs le nom du marquis de Saint-Florent, soubs la conduite d'un maistre d'hostel de Vatteville, qui disoit que j'estois un gentilhomme de Bourgongne, qui alloit servir le roi dans le Milanais. Comme j'arrivai à Tudelle, ville asses considérable, qui est au-delà de Pampelune, je trouvai le peuple asses esmeu. L'on y faisoit la nuit des feux et des corps-de-garde. Les laboureurs des environs s'estoient soubslevés, parce qu'on leur avoit défendu la chasse. Ils estoient entrés dans la ville, et ils y avoient fait beaucoup de violences, et ils y avoient mesme pillé quelques maisons. Un corps-de-garde, qui fut posté à dix heures du soir devant l'hostellerie dans laquelle je logeois, commençea à me donner quelque soupçon que l'on n'en eust pris de moi; mais une litière du roi, avec les muletiers de sa livrée, me rassuroit. Je vis entrer à minuit un certain don Martin dans ma chambre, avec une espée fort longue et une grande rondache à la main. Il me dit qu'il estoit le fils du logis, et qu'il me venoit avertir que le peuple estoit fort esmeu; qu'il croyoit que j'estois un François venu pour fomenter la révolte des laboureurs; que l'alcade ne sçavoit lui-mesme ce qui en estoit; qu'il estoit à craindre que la canaille ne prist ce prétexte pour me piller et pour m'esgorger; et que le corps-de-garde qui estoit mesme devant le logis, commençeoit à murmurer et à s'eschauffer. Je priai don Martin de leur faire veoir, sans affectation, la litière du roi; de leur faire parler aux muletiers, de les mettre en conversation avec don Pedro, maistre-d'hostel de M. de Vatteville. Il entra justement dans ma chambre en ce moment, pour me dire que c'estoient des *endemoniados* qui n'entendoient ni rime ni raison, et qu'ils l'avoient menacé lui-mesme de le massacrer. Nous passasmes ainsi toute la nuit, ayant pour sérénades une multitude de voix confuses, qui chantoient, ou plustost qui hurloient des chansons contre les François. Je creus, le lendemain au matin, qu'il estoit à propos de faire veoir à ces gents-là, par nostre asseurance, que nous ne nous tenions pas pour François, et je voulus sortir pour aller à la messe, et je trouvai sur le bas de la porte une sentinelle qui me fit rentrer asses promptement, en me mettant le bout de son mousquet dans la teste, et en me disant qu'il avoit ordre de l'alcade de me commander de me tenir dans mon logis. J'envoyai don Martin à l'alcade pour lui dire qui j'estois, et dom Pedro y alla avec lui. Il me vint trouver en mesme temps;

il quitta sa baguette à la porte de ma chambre; il mit un genou à terre, et en m'abordant, il baisa le bas de mon juste-au-corps; mais il me déclara qu'il ne pouvoit me laisser sortir, qu'il n'eust ordre du comte de San-Estevan, vice-roi de Navarre, qui estoit à Pampelune. Don Pedro y alla avec un officier de la ville, et il en revint avec beaucoup d'excuses. L'on me donna cinquante mousquetaires d'escorte montés sur des asnes, qui m'accompagnèrent jusques à Cortes.

Je continuai mon chemin par [l'Arragon, et j'arrivai à Saragosse, capitale de ce royaume], grande et belle ville. Je fus surpris au dernier point d'y trouver que tout le monde parloit françois dans les rues. Il y en a en effet une infinité, et particulièrement d'artisans, qui sont plus affectionnés à l'Espagne que les naturels du pays. Le duc de Montéléon, Neapolitain, de la maison de Pignatelli, vice-roi d'Arragon, m'envoya à trois ou quatre lieues au-devant de moi un gentilhomme, pour me dire qu'il y fust venu lui-mesme avec toute la noblesse, si le roi son maistre ne lui eust mandé d'obéir à l'ordre contraire qu'il sçavoit que je lui en donnerois. Ce compliment fort honneste, comme vous voyes, fut accompagné de mille et mille galanteries, et de tous les rafraischissements imaginables, que je trouvai à Sarragosse. Permettes-moi, s'il vous plaist, de m'y arrester un peu pour vous rendre compte de quelques circonstances qui me parurent curieuses. L'on y trouve devant que d'entrer dans la ville, de ce costé-là, l'Alcaçar des anciens rois Maures, qui est présentement à l'inquisition. Il y a auprès une allée d'arbres, dans laquelle je vis un prebstre qui se promenoit. Le gentilhomme du vice-roi me dit que ce prebstre estoit le curé d'Occa, ville très-ancienne en Arragon, et que ce curé faisoit la quarantaine pour avoir enterré depuis trois sepmaines son dernier paroissien, qui estoit effectivement le dernier de douze mille personnes mortes de la peste dans sa paroisse. Ce mesme gentilhomme du vice-roi me fit veoir tout ce qu'il y avoit de remarquable à Sarragosse (soubs le nom de marquis de Saint-Florent). Mais il ne fit pas la réflexion que *nouestra senora del Pilar*, qui est un des plus célèbres sanctuaires de toute l'Espagne, ne se pouvoit pas veoir soubs ce tiltre. L'on ne monstre jamais à descouvert ceste image miraculeuse qu'aux souverains et aux cardinaux. Le marquis de Saint-Florent n'estoit ni l'un ni l'autre; de sorte que quand on me vit dans le balustre avec un juste-au-corps de velours noir et une cravate, le peuple infini qui estoit accouru de toute la ville au son de la cloche, qui ne sonne que pour ceste cérémonie, creut que j'estois le roi d'Angleterre. Il y avoit, je crois, plus de deux cents carrosses de dames, qui me firent cent et cent galanteries, auxquelles je ne respondis que comme un homme qui ne parloit pas trop bien espagnol. Ceste église est belle en elle-mesme, mais les ornements et les richesses en sont immenses, et le trésor magnifique. L'on m'y montra un homme qui servoit à allumer les lampes, qui y sont en nombre prodigieux, et l'on me dit qu'on l'y avoit veu sept ans à la porte de ceste église, avec une seule jambe. Je l'y vis avec deux. Le doyen avec touts les chanoines m'asseurèrent que toute la ville l'avoit veu comme eux, et que si je voulois encore attendre deux jours, je parlerois à plus de vingt mille hommes, mesme du dehors, qui l'avoient veu comme ceux de la ville. Il avoit *recouvert* la jambe, à ce qu'il disoit, en se frottant de l'huile de ces lampes. L'on célèbre touts les ans la feste de ce prétendu miracle avec un concours incroyable, et il est vrai qu'encore à une journée de Sarragosse, je trouvai les grands chemins couverts de gents de toute sorte de qualités qui y couroient.

J'entrai de l'Arragon dans le royaume de Valence, qui se peut dire non pas seulement le pays le plus sain, mais encore le plus beau jardin du monde. Les grenadiers, les orangers, les limoniers y font les palissades des grands chemins. Les plus belles et les plus claires eaux du monde leur servent de canaux. Toute la campagne, qui est esmaillée d'un million de différentes fleurs qui flattent la veue, y exhale un million d'odeurs différentes qui charment l'odorat. J'arrivai ainsi à Vivaros (1), où don Fernand-Carillo-Quatralve Zuatra, général des galères de Naples, me joignit le lendemain avec la patronne de ceste escadre, belle et excellente galère, et renforcée de la meilleure partie de la chiourme et de la soldatesque de la capitane, que l'on avoit presque désarmée pour cet effet. Dom Fernand me rendit une lettre de don Juan d'Autriche, aussi belle et aussi galante que j'en aye jamais veu. Elle me donnoit le choix de ceste galère ou d'une frégate de Dunquerche (2), qui estoit à la mesme plage, et qui estoit montée de trente-six pièces de canon. Celle-ci estoit plus seure pour passer le golfe de Lyon, dans une saison aussi advancée, car nous estions dans le mois d'octobre. Je choisis la galère, et vous verres que je n'en fis pas mieux. Don Cristoval de Cardone, chevalier de Saint-Jacques, arriva à Vivaros un quart-d'heure après don Fernand Carillo, et il me dit que M. le duc de Montalte, vice-roi de Valence, l'avoit envoyé pour m'offrir tout ce qui dépendoit de lui; qu'il sçavoit que j'avois refusé ce que le roi Catholique m'avoit offert à Saint-Sébastien; qu'il n'osoit, par ceste raison, me presser de recevoir ce que le pagueloi des galères avoit ordre de m'apporter; mais que, comme il sçavoit que la précipitation de mon voyage ne m'avoit pas permis de me charger de beaucoup d'argent, que j'estois fort libéral, et que je ne serois pas fasché de faire quelque régal à la chiourme, il espéroit que je ne refuserois pas quelques petits rafraischissements pour elle. Ce rafraischissement consistoit en (3) six grandes caisses pleines de toutes sortes de confitures de Valence; de douze douzaines de paires de gants exquis, et d'une bourse de senteur dans laquelle il y avoit deux mille pièces d'or, fabrique des Indes, qui revenoient à deux mille trois cents pistoles. Je receus le présent sans en faire aucune difficulté, en lui répondant que, comme je ne me trouvois pas en estat de servir Sa Majesté Catholique, je croyois que je manquerois à mon debvoir en toutes manières, si je receveois les grandes sommes qu'elle avoit eu la bonté de me faire apporter à Saint-Sébastien, et offrir à Vivaros ; mais que je croirois aussi manquer au respect que je debvois à un aussi grand monarque, si je n'acceptois le dernier présent dont il lui plaisoit de m'honorer. Je le receus donc ; mais je donnai, avant que de m'embarquer, les confitures au capitaine de la galère, les gants à dom Fernand, et l'or à dom Pedro pour M. le baron de Vatteville, en lui escrivant que, comme il m'avoit dit plusieurs fois qu'il estoit asses embarrassé à cause de l'extresme dépense qui y estoit nécessaire pour faire achever l'Amiral des Indes d'occident, qu'il faisoit construire à Saint-Sébastien, je lui envoyois un petit grain pour soulager son mal de teste (c'est ainsi qu'il appelloit le chagrin que la fabrique de ce vaisseau lui donnoit). Ma manière d'agir en ce rencontre fut un peu outrée. J'eus raison de donner les rafraischissements de victuailles au capitaine ; il estoit indifférent de retenir les gants d'Espagne, ou de les donner à dom Fernand. Il eust

---

(1) Ce fut le 14 octobre 1654 que Retz arriva à Vivaros. (*Mémoires de Joly.*)

(2) On aura pu remarquer que dans cette édition, nous avons conservé pour certains mots l'orthographe même du cardinal, quoiqu'elle ne soit pas toujours correcte.

(3) Joly parle de deux grandes caisses pleines de gants et de peaux d'Espagne, dans lesquelles on trouva plusieurs bourses pleines d'or. Il ajoute que le cardinal refusa cet or, et n'accepta que les gants et les senteurs, etc. Voyez ses Mémoires. (A. E.)

esté de la bonne conduite de retenir les deux mille et tant de pistoles. Les Espagnols ne me l'ont jamais pardonné, et ils ont tousjours attribué à mon aversion ce qui n'estoit en moi, dans la vérité, qu'une suite de la profession que j'ai tousjours faite de ne prendre de l'argent de personne.

Je m'embarquai à la seconde garde de la nuit avec un gros temps, mais qui ne nous incommodoit pas beaucoup, parce que nous avions le vent en poupe. Nous faisions quinze milles par heure, et nous arrivasmes le lendemain devant le jour à Maillorque. Comme il y avoit de la peste en Arragon, tout ce qui venoit de la coste d'Espagne estoit conduit à Maillorque. Il y eut beaucoup d'allées et de venues pour nous faire donner pratique, à laquelle le magistrat de la ville s'opposoit avec vigueur. Le vice-roi, qui n'est pas à beaucoup près si absolu en ceste isle que dans les autres royaumes d'Espagne, et qui avoit receu ordre du roi son maistre de me faire toutes les honnestetés possibles, fit tant par ses instances, que l'on me permit à moi et aux miens d'entrer dans la ville, à condition de n'y point coucher. Cela vous paroist sans doubte asses extravagant; parce que l'on porte le mauvais air dans une ville, quoique l'on n'y couche pas. Je le dis l'après-disnée à un cavalier maillorquin, qui me respondit ces propres paroles, que je remarque, parce qu'elles peuvent s'appliquer en mille rencontres que l'on fait dans la vie : « Nous ne craignons pas que » vous nous apporties du mauvais air, parce » que nous sçavons bien que vous n'estes pas » passés à Occa; mais comme vous vous en es- » tes approchés, nous sommes bien aises de » faire en vostre personne un exemple qui ne » vous incommode point, et qui nous accom- » mode pour les suites. » Cela en espagnol est plus substantiel, et mesme plus galant qu'en François.

Le vice-roi, qui estoit un comte arragonnois, dont j'ai oublié le nom, me vint prendre sur la rade avec cent ou cent vingt carosses pleins de noblesse et la mieux faite qui soit en Espagne; il me mena à la messe au Leo (on appelle ainsi les cathédrales en ce pays-là), où je vis trente ou quarante femmes de qualité plus belles les unes que les autres; et ce qui est de merveilleux, c'est qu'il n'y en a point de laides dans toute l'isle, au moins elles y sont fort rares : ce sont pour la pluspart des beautés très-délicates, et des teints de lis et de roses. Les femmes du bas-peuple, que l'on voit dans les rues, sont de ceste espèce. Elles ont une coeffure particulière qui est fort jolie. Le vice-roi me donna un magnifique disner dans une superbe tente de brocard d'or, qu'il avoit fait eslever sur le bord de la mer. Il me mena après entendre une musique dans un couvent de filles, qui ne cédoient pas en beauté aux dames de la ville. Elles chantèrent à la grille, à l'honneur de leur saint, des airs et des paroles plus galantes et plus passionnées que ne sont les chansons de Lambert (1). Nous allasmes nous promener sur le soir aux environs de la ville, qui sont les plus beaux du monde et tout pareils aux campagnes du royaume de Valence. Nous revinsmes chieux la vice-reine, qui estoit plus laide qu'un démon, et qui estant assise soubs un grand dais et toute brillante de pierreries, donnoit un merveilleux lustre à soixante dames qui estoient auprès d'elle, et qui avoient esté choisies entre les plus belles de la ville. L'on me ramena avec cinquante flambeaux de cire blanche dans la galère au son de toute l'artillerie des bastions, et d'une infinité de haultbois et de trompettes. J'employai à ces divertissements les trois jours que le mauvais temps m'obligea de passer à Maillorque. J'en partis le 4, avec un vent frais et en poupe, je fis cinquante grandes lieues en douze heures, et j'entrai fort heureusement avant la nuit au Port-Mahon, qui est le plus beau de la Méditerranée. Son embouchure est fort estroite, et je ne crois pas que deux galères à la fois y peussent passer en voguant. Il s'eslargit tout d'un coup, et fait un bassin oblong qui a une grande demi-lieue de large, et une bonne lieue de long. Une grande montagne, qui l'environne de touts les costés, fait un théâtre qui, par la multitude et la haulteur des arbres dont elle est couverte, et par les ruisseaux qu'elle jette avec une abondance prodigieuse, ouvre mille et mille scènes sans exagération plus surprenantes que celles de l'Opéra. Ceste mesme montagne, ces arbres, ces rochers couvrent le port de touts les vents, et dans les plus grandes tempestes il est tousjours aussi calme qu'un bassin de fontaine, et aussi uni qu'une glace. Il est partout d'une esgale profondeur, et les gallions des Indes y donnent fond à quatre pas de terre. Véritablement pour comble de toute perfection, ce port est dans l'isle de Minorque, qui donne encore plus de chair et de tou-

---

(1) Michel Lambert, fameux musicien, né en 1610. Le cardinal de Richelieu commença sa fortune en l'admettant chez lui. Il chantoit très-agréablement, en s'accompagnant avec le luth ou le théorbe. Lambert se vit éclipser par Lully, qui devint son gendre. Lambert survécut à ce dernier, et mourut en 1696. Boileau parle de lui dans ses *Satires*.

tes sortes de victuailles nécessaires à la navigation, que celle de Maillorque ne produit de grenades, d'oranges et de limons.

Le temps grossit extrêmement après que nous fusmes entrés dans le port, et au point que nous fusmes obligés d'y demeurer quatre jours. Nous en fîmes pourtant quatre partances, mais le vent nous refusa tousjours. Dom Fernand Carillo, qui estoit homme de qualité, jeune de vingt-quatre ans, fort honneste et fort civil, chercha à me donner touts les divertissements que l'on pouveoit trouver en ce beau lieu. La chasse y estoit la plus belle du monde en toute sorte de gibier, et la pesche en profusion. En voici une manière qui est particulière, ce me semble, à ce port. Il prit cent Turcs de la chiourme, il les mit de rang, leur fit tenir à touts un casble d'une prodigieuse grosseur, et fit plonger quatre de ces esclaves, qui attachèrent ce casble à une fort grosse pierre, et la tirèrent après à force de bras avec leurs compagnons au bord de l'eau. Ils n'y réussirent qu'après des efforts incroyables, et ils n'eurent guère moins de peine à casser ceste pierre à coups de marteau. Ils trouvèrent dedans sept ou huit escailles, moindres que des huistres en grandeur, mais d'un goust sans comparaison plus relevé. L'on les fit cuire dans leur eau et le manger en est délicieux.

Le temps s'estant adouci, nous fismes voile pour passer le golfe de Lyon, qui commence en cest endroit. Il a cent lieues de long et quarante de large, et il est extrêmement dangereux, tant à cause des montagnes de sable que l'on prétend qu'il eslève et qu'il roule quelquefois, que parce qu'il n'y a point de port soubs vent. La coste de Barbarie, qui le borne d'un costé, n'est pas abordable; celle de Languedoc qui le joint de l'autre est très-mauvaise; enfin le trajet n'en est pas agréable pour les galères, pour peu que la saison soit avancée; et elle l'estoit beaucoup, car nous estions fort proche de la Toussaint, qu'il fait tousjours à la mer de grands coups de vent. Don Fernand, qui estoit un des hommes d'Espagne les plus adventuriers, m'avoua qu'une médiocre frégate eust esté meilleure en rencontre, que la plus forte galère: il se trouva par l'événement que la moindre felouque eust esté aussi bonne que la meilleure frégate. Nous passasmes le golfe en trente-six heures avec le plus beau temps du monde, et avec un vent qui, ne laissant pas de nous servir, ne nous obligeoit presque pas à mettre sur les bougies de la chambre de poupe ces lanternes de verre dont on les couvre. Nous entrasmes ainsi dans le canal qui est entre la Corse et la Sardaigne. Don Fernand Carillo, qui vit quelques nuages qui lui faisoient appréhender changement de temps, me proposa de donner fonte à Porto-Condé, qui est un port deshabité dans la Sardaigne; ce que j'agréai. Son appréhension s'estant esvanouie avec les nuages, il changea d'advis, pour ne pas perdre le beau temps, et ce fut un grand bonheur pour moi: car M. de Guise, qui alloit à Naples sur l'armée navale de France, estoit mouillé à Porto-Condé avec six galères. Dom Fernand Carillo, qui le sceut deux jours après, me dit qu'il se fust moqué de ces six galères, parce que la sienne, qui avoit quatre cent cinquante hommes de chiourme, se fust aisément tirée d'affaire; mais c'eust tousjours esté une affaire dont un homme qui se sauve de prison se passe encore plus facilement qu'un autre. La forteresse de Saint-Boniface, qui est en Corse et aux Génois, tira quarante coups de canon en nous voyant; et comme nous en passions trop loin pour en estre saluées, nous jugeasmes qu'elle nous faisoit quelque signal, et il estoit vrai: car elle nous avertissoit qu'il y avoit des ennemis à Porto-Condé. Nous ne le prismes pas ainsi, et nous creusmes qu'elle nous vouloit faire cognoistre qu'une petite frégate que nous voyions devant nous au sortir du canal, estoit turque, comme elle en avoit le garbe. Don Fernand prit fantaisie de l'attaquer; et il me dit qu'il me donneroit, si je lui permettois, le plaisir d'un combat qui ne dureroit qu'un quart d'heure. Il commanda que l'on donnast chasse à la frégate, qui paroissoit effectivement faire force de voiles pour s'enfuir. Le pilote, qui n'avoit d'attention qu'à ceste frégate, en manqua pour un banc de sable, qui ne paroissoit pas véritablement au-dessus de l'eau, mais qui est si cogneu, qu'il est mesme marqué dans les cartes marines. La galère toucha. Comme il n'y a rien à la mer de si dangereux, tout le monde cria: *Misericordia!* Toute la chiourme se leva, pour essayer de se déferrer et de se jeter à la nage. Dom Fernand Carillo, qui jouoit au piquet avec Joly dans la chambre de poupe, me jeta la première espée qu'il trouva devant lui, en me criant que je la tirasse. Il tira la sienne et il sortit sur la courni, chargeant à coups d'estramaçon tout ce qui se trouvoit devant lui. Touts les officiers et la soldatesque firent la mesme chose, parce qu'ils appréhendoient que la chiourme, où il y avoit beaucoup de Turcs, ne relevassent la galère, c'est-à-dire qu'ils ne s'en rendissent les maistres, comme il est arrivé quelquefois en de semblables occasions. Quand tout le monde se fut remis en sa place, il me dit de l'air du monde le plus froid et le plus asseuré : « J'ai ordre, Monsieur, de vous mettre en seureté, voilà mon premier soing. Il fault y pourvoir. Je verrai après cela si la galère est blessée. » En proférant ceste dernière parole, il me fit prendre à foi de corps par quatre esclaves, et il me fit porter dans la felouque. Il y mit avec moi trente mousquetaires espagnols, auxquels il commanda de me mener sur un petit escueil, qui paroissoit à cinquante pas de là, et où il n'y avoit place que pour quatre ou cinq personnes. Les mousquetaires estoient dans l'eau jusqu'à la ceinture : ils me firent pitié; et quand je vis que la galère n'estoit pas blessée, je les y voulus renvoyer : mais ils me dirent que si les Corses, qui estoient sur le rivage, me voyoient sans une bonne escorte, ils ne manqueroient pas de me venir piller et égorger. Ces barbares s'imaginent que tout ce qui fait naufrage est à eux.

La galère ne fut pas blessée; ce qui fut une manière de prodige. L'on ne laissa pas d'estre plus de deux heures à la relever. La felouque me vint reprendre, et je remontai sur la galère. Comme nous sortions du canal, nous apperceusmes encore la frégate, qui voyant que la galère ne la suivoit plus, avoit repris sa route. Nous lui donnasmes chasse, elle la prit. Nous la joignismes en moins de deux heures, et nous trouvasmes en effet qu'elle estoit turquesque, mais entre les mains des Génois qui l'avoient prise sur les Turcs, et qui l'avoient armée. Je fus, pour vous dire vrai, très-aise que l'adventure se fust terminée ainsi. Ceste guerre ne me plaisoit pas. Elle n'estoit pas grande, mais une esgratigneure qui me fust arrivée l'eust peu rendre ridicule. Don Fernand Carillo, qui estoit un jeune homme fort brave, la proposa et je n'eus pas la force de la lui refuser, quoique je visse bien que c'estoit une imprudence. Le temps se chargeant un peu, l'on creut qu'il estoit à propos d'entrer dans Porto-Vecchio, qui est un port deshabité de la Corségne. Un trompette du gouverneur génois d'un fort qui en est asses proche, vint nous advertir de la part de son capitaine que M. de Guise estoit avec six galères de France à Porto-Condé; qu'apparemment il nous avoit veu passer, et qu'il pourroit nous venir surprendre la mesme nuit sur le fer. Nous résolusmes de nous remettre à la mer, quoique le temps commenceast à estre fort gros, et qu'il y eust mesme quelque péril à sortir la nuit de Porto-Vecchio, parce qu'il a à sa bouche un escueil de rocher qui jette un courant asses fascheux. La bourasque augmenta avec la lune, et nous eusmes une des plus grandes tempestes qui se soient peut-estre jamais veues à la mer. Le pilote royal des galères de Naples, qui estoit sur notre galère, et qui navigeoit depuis cinquante ans, disoit qu'il n'avoit jamais rien veu de pareil. Tout le monde estoit en prières, tout le monde se confessoit, et il n'y eut que don Fernand Carillo, qui communioit touts les jours quand il estoit à terre, et qui estoit d'une piété angélique; il n'y eut, dis-je, que lui qui ne se jeta point aux pieds des prebstres avec empressement. Il laissoit faire les autres; mais il ne fit rien en son particulier, et il me dit à l'oreille : « Je crains bien que toutes ces confessions que la seule peur produit ne vaillent rien. » Il demeura tousjours sur le tabernacle à donner ses ordres avec un froid admirable, et en donnant du courage, mais doucement et honnestement, à un vieux soldat des terres de Naples, qui faisoit paroistre un peu d'estonnement; je me souviens tousjours qu'il les appela *sennores soldados de Carlos quinto*. Le capitaine particulier de la galère, qui s'appelloit Willaumes, se fit apporter au plus fort du danger ses manches en broderie, et son escharpe rouge, en disant qu'un véritable Espagnol debvoit mourir avec la marque de son roi. Il se mit dans un grand fauteuil, et il donna un grand coup de pied dans la maschoire à un pauvre Neapolitain qui, ne pouvant se tenir sur le coursier, marchoit à quatre pattes en criant : *Sennor don Fernando por l'amor de Dios confession*. Le capitaine en le frappant lui dit : *Enimigo de Dios piedes confession?* Et comme je lui représentai que la preuve n'estoit pas bonne, il me respondit que ce vieillard scandalisoit toute la galère. Vous ne pouves vous imaginer l'horreur d'une grande tempeste : vous vous en pouves imaginer aussi peu le ridicule. Un observantin sicilien preschoit au pied de l'arbre que saint François lui avoit apparu, et l'avoit asseuré que nous ne péririons pas. Ce ne seroit jamais fait, si j'entreprenois de vous descrire les frayeurs et les impertinences que l'on voit en ces rencontres.

Le grand péril ne dura que sept heures; nous nous mismes ensuite un peu à couvert sous la Pianouse. Le temps s'adoucit, et nous gagnasmes Porto-Longone. Nous y passasmes la Toussaint et la feste des Morts, parce que le vent nous estoit contraire pour sortir du port : le gouverneur espagnol m'y fit toutes les honnestetés imaginables; et comme il vit que le mauvais temps continuoit, il me conseilla d'aller veoir Porto-Ferrare, qui est dans l'isle d'Elbe aussi bien que Porto-Longone. Il n'y a que cinq milles de l'un à l'autre par terre, et j'y allai à cheval.

Je vous ai tantost dit qu'il n'y a rien de si agréable dans le théatre rustique de l'opéra que la scène du Port-Mahon ; et je vous puis dire maintenant avec autant de vérité, qu'il n'y a rien de si pompeux dans les représentations les plus magnifiques que vous en avez veues, que tout ce qui paroît de ceste place. Il faudroit estre homme de guerre pour vous la descrire, et je me contenterai de vous dire que sa force passe sa magnificence : elle est l'unique imprenable qui soit au monde, et le mareschal de la Meilleraye en convenoit. Il l'alla visiter après qu'il eust pris Porto-Longone dans le temps de la régence, et comme il estoit impétueux, il dit au commandeur Griffoni, qui y commandoit pour le grand-duc, que la fortification estoit bonne ; mais que si le roi son maistre lui commandoit de l'attaquer, il lui en rendroit bon compte en six sepmaines. Le commandeur Griffoni lui respondit que son excellence prenoit un trop long terme, et que le grand-duc estoit si fort serviteur du roi qu'il ne faudroit qu'un moment. Le mareschal eut honte de son emportement, ou plustost de sa brutalité, et il la répara en disant : « Vous estes un galant homme, » monsieur le commandeur, et je suis un sot. » Je confesse que vostre place est imprenable. » Le mareschal me fit ce conte à Nantes, et le commandeur me le confirma à Porto-Ferrare, où il commandoit encore quand j'y passai.

Le vent nous ayant permis de sortir de Porto-Longone, nous prismes terre à Piombino (1),

(1) Retz arriva à Piombino le 3 novembre 1654. (*Mémoires de Joly.*)

qui est dans la coste de Toscane. Je quittai dans ce lieu la galère, après avoir donné aux officiers, aux soldats et à la chiourme, tout ce qui me restoit d'argent, sans excepter la chaîne d'or que le roi d'Espagne avoit donnée à Boisguérin. Je la lui acheptai, et je la revendis au facteur du prince Ludovisio, qui est prince de Piombino. Je ne me réservai que neuf pistoles, que je creus me pouvoir mener jusqu'à Florence.

Je suis obligé de dire, pour la vérité, que jamais gents ne méritèrent mieux des gratifications que ceux qui estoient sur ceste galère. Leur discrétion à mon esgard n'a peut-estre jamais eu d'exemple. Ils estoient plus de six cens hommes, dont il n'y en avoit pas un qui ne me cogneut : il n'y en eut jamais un seul qui en donnast seulement ni à moi, ni à aucun autre, de démonstration. Leur recognoissance fut esgale à leur discrétion. Celle que je leur avois tesmoignée de leurs honnestetés, les toucha tellement, qu'ils pleuroient touts quand je les quittai, pour prendre terre à Piombino.

C'est en cest endroit où se termine le troisième volume et la seconde partie de mon histoire, parce que ce fut proprement le lieu où je recouvrai ma liberté, laquelle jusques-là avoit esté hasardée par beaucoup d'aventures. Je vais travailler au reste du compte que je vous doibs de ma vie, et qui en contiendra [la troisième et dernière partie].

LA VIE
DU CARDINAL DE RAIS.

TROISIÈME PARTIE (1).

Je ne demeurai que quatre heures à Piombino ; j'en partis aussitôt que j'eus dîné, et je pris la route de Florence (2). Je trouvai à trois ou quatre lieues de Volterre un signor Annibal (je ne me ressouviens pas du nom de cette maison) ; il étoit gentilhomme de la chambre du grand-duc, et il venoit de sa part, sur l'avis que le gouverneur de Porto-Ferrare lui avoit donné, de me faire complimenter, et me prier d'agréer de faire une légère quarantaine avant que d'entrer plus avant dans le pays.

Il étoit un peu brouillé avec les Génois, et il appréhendoit que, sous le prétexte de communication avec les gens qui venoient de la côte d'Espagne, suspecte de contagion, ils n'interdissent le commerce de la Toscane. Le signor Annibal me mena dans une maison qui est sous Volterre, qui s'appelle l'*Hospitalità*, et qui est bâtie sur le champ de bataille où Catilina fut tué. Elle étoit autrefois au grand Laurent de Medicis, et elle est tombée par alliance dans la maison de Corsini. J'y demeurai neuf jours, et j'y fus toujours servi magnifiquement par les officiers du grand-duc. L'abbé Charier, qui sur le premier avis de mon arrivée étoit allé à Porto-Ferrare, étoit venu de Florence en poste m'y trouver (3) ; et le bailli de Gondi m'y vint prendre avec les carosses du grand-duc, pour me mener coucher à Camogliane, belle et superbe maison qui est au marquis Nicolini, son parent proche. J'en partis le lendemain au matin d'assez bonne heure pour aller coucher à Lambrosiano, qui est un lieu de chasse où le grand-duc étoit depuis quelques jours. Il me fit l'honneur de venir au-devant de moi à une lieue de là jusqu'à Empoli, qui est une assez jolie ville ; et le premier mot qu'il me dit, après le premier compliment, fut que je n'avois pas trouvé en Espagne les Espagnols de Charles-Quint. Comme il m'eut mené dans mon appartement à Lambrosiano, et que je me vis dans ma propre chambre dans un fauteuil au-dessus de lui, je lui demandai si je jouois bien la comédie. Il ne m'entendit pas d'abord ; mais comme il eut connu que je lui voulois marquer par-là que je ne me méconnoissois point moi-même, et que je ne prenois pas la main sur lui sans y faire au moins la réflexion que je devois, il me dit : « Vous êtes le pre- » mier cardinal qui m'ait parlé ainsi. Vous êtes » aussi le premier pour qui je fasse ce que je » fais sans peine. » Je demeurai trois jours avec lui à Lambrosiano, et le second, il entra dans ma chambre tout ému, en me disant : « Je vous » apporte une lettre du duc d'Arcos, vice-roi de » Naples, qui vous fera voir l'état où est le » royaume de Naples. » Cette lettre portoit que M. de Guise y étoit descendu ; qu'il y avoit eu un grand combat auprès de la tour des Grecs, qu'il espéroit que les François ne feroient point de progrès ; qu'au moins les gens de guerre le lui faisoient espérer ainsi : « Car comme, disoit » le viceroi, *io non soi soldato*, je suis obligé » de m'en rapporter à eux. » La confession, comme vous voyez, est assez plaisante pour un viceroi. Le grand-duc me fit beaucoup d'offres, quoique le cardinal Mazarin l'eût fait menacer, de la part du roi même, de rupture, s'il me donnoit passage par ses états. Rien ne pouvoit être plus ridicule ; et le grand-duc lui répondit par son résident, qui me l'a confirmé depuis, qu'il le prioit de lui donner une invention de faire agréer au pape et au sacré collége le refus qu'il m'en pourroit faire. Je ne pris de toutes les offres du grand-duc que quatre mille écus,

---

(1) Cette troisième partie, qui forme le livre IV, deuxième partie, de la première édition, manque presque entièrement dans le manuscrit autographe, sauf quelques feuillets qui seront indiqués en leur lieu. On a réimprimée cette partie des Mémoires d'après la première édition que l'on a dû préférer.

(2) Le cardinal de Retz arriva dans les états du grand-duc de Florence, le 3 novembre 1654, après un séjour de deux mois en Espagne.

(3) « Comme j'allois fermer cette lettre, l'on m'est venu dire que l'abbé Charier, qui servoit icy le cardinal de Retz, est party ce matin pour l'aller retrouver à Florence. » (Extrait d'une dépêche de M. Gueffier, agent d'affaires à Rome, adressée au secrétaire d'état comte de Brienne, en date du 3 novembre 1654.)

que je me crus nécessaires, parce que l'abbé Charier m'avoit dit qu'il n'y avoit encore aucune lettre de change pour moi à Rome. J'en fis ma promesse, et je les dois encore au grand-duc, qui a trouvé bon que je le misse le dernier dans le catalogue de mes créanciers, comme celui qui est assurément le moins pressé de son remboursement.

J'allai de Lambrosiano à Florence, où je demeurai deux jours avec le cardinal Jean-Charles de Medicis, et M. le prince Leopold son frère, qui a aussi depuis été cardinal. Ils me donnèrent une litière du grand-duc, qui me porta jusqu'à Sienne, où je trouvai M. le prince Mathias, qui en étoit gouverneur. Il ne se peut rien ajouter aux honnêtetés que je reçus de cette maison, qui a véritablement hérité du titre de magnifique, que quelques-uns d'eux ont porté, et que tous ont mérité. Je continuai mon chemin dans leurs litières et avec leurs officiers; et comme les pluies furent excessives en Italie, je faillis à me noyer auprès de Ponte-Cantine dans un torrent, dans lequel un coup de tonnerre, qui effraya mes mules, fit tomber la nuit ma litière. Le péril y fut certainement fort grand.

Comme je fus à une demi-journée de Rome, l'abbé Rousseau, qui, après m'avoir tenu à Nantes la corde avec laquelle je me sauvai, s'étoit sauvé lui-mesme fort résolument et fort heureusement du château, et qui étoit venu m'attendre à Rome; l'abbé Rousseau, dis-je, vint au-devant de moi pour me dire que la faction de France s'étoit fort déclarée à Rome contre moi, et qu'elle menaçoit mesme de m'empêcher d'y entrer. Je continuai mon chemin, je n'y trouvai aucun obstacle, et j'arrivai (1) par la porte angélique, à Saint-Pierre où je fis ma prière, et d'où j'allai descendre chez l'abbé Charier (2); J'y

---

(1) Le dernier jour de novembre 1654. (Journal historique déjà cité.)

Voyez pour le séjour du cardinal à Rome le Complément des *Mémoires de Retz*, ci-après.

(2) Dépêches du chargé d'affaires de France à Rome sur l'arrivée du cardinal à Rome :

« De Rome, 30 novembre 1654.

» Le bruit courut, il y a cinq ou six jours, que dès lors le cardinal de Retz devoit arriver icy, en venant par mer, pour débarquer à Civita-Vecchia, mais il y a aparence que le mauvais temps et le vent contraire l'en auront empesché. Il avoit dessein d'aller loger à Saint-Antoine; et quelqu'un estant allé là pour en prier le père Vicaire, celuy-cy s'en excusa, disant que le couvent estant au roy, il n'avoit point de pouvoir de l'y recevoir, quand bien le Pape le luy commanderoit. De sorte que l'on dit qu'il se retirera au logis de l'abbé Charier, résolu de ne voir ny se laisser voir à personne. Le mauvais temps donne grand sujet de craindre, si l'armée navale a été contrainte de quitter Castel-à-Mare, qu'elle n'ayt couru de grandes fortunes devant qu'elle ayt pu trouver un port asseuré pour s'y retirer, et Dieu veuille qu'il ne se soit perdu de ses vaisseaux, car pour les galères, l'on dit que M. de Guise, aussytost arrivé audit Castel-à-Mare, les renvoya à Tolon, ce qui a esté bien à propos.

» Je suis, etc. » GUEFFIER. »

« De Rome, 7 décembre 1654.

» Je vous manday par ma dernière l'avis que m'avoit donné l'ordinaire de Lyon, que le cardinal de Retz étoit arrivé à Caprarole, maintenant je vous diray que mardi dernier, il vint inconnu à Rome, étant allé descendre au logis de l'abbé Charier, et mercredy matin, il alla au Pape, d'où on le vit sortir vers les huit heures, en segette et sans aucune suite, se disant que Sa Sainteté luy a fait beaucoup de caresses, l'ayant assuré qu'elle l'assistera volontiers en son besoin, et que mesme elle luy a desjà fait donner de l'argent. L'on croyoit qu'il demeureroit quelque temps chez ledit abbé, mais le supérieur des pères de la mission, François, qui a pris icy un assez beau logis, voisin de la Trinité-du-Mont, où demeurent maintenant douze pères de cette religion-là, dont six sont François et les six autres Savoyards, Lorrains et Italiens, ayant été appelé de M. Icosi qui est majordome du Pape, il luy dit que Sa Sainteté luy avoit commandé de faire loger ledit cardinal avec luy et ces pères-là, dont il s'étoit fort étonné, s'estant excusé tant sur la petitesse du logis, pour un seigneur de cette qualité-là, que pour la crainte qu'il avoit que le roy ne s'offensast qu'il l'eut receu chez lui, à quoy mondit sieur Icosi respondit qu'il n'y falloit point faire d'excuses, puisque le Pape le vouloit ainsy absolument; sur quoy ledit père se résolut d'en aller rendre compte à M. le cardinal d'Est pour savoir ce qu'il luy commanderoit de faire là-dessus, qui luy dist qu'il devoit faire ce qu'il pourroit pour empescher cela, luy demandant s'il m'en avoit rien dit, et luy ayant dit de non, il luy commanda de m'en venir parler : et un peu après, Son Altesse m'envoya quérir pour me dire ce qui se passoit et la response qu'il luy avoit faite, ayant ajouté qu'il devoit savoir aussi de MM. les cardinaux Antoine et Bicchi leur sentiment là-dessus, et qu'elle jugeoit à propos que je leur en parlasse aussy. Incontinent après ma sortie du logis de S. A., ledit supérieur me vint trouver pour me faire le mesme discours qu'il luy avoit fait sur ce commandement de M. Icosi, si exprès de la part du Pape ; sur quoy je lui dis qu'il se devoit donner bien garde de faire ce qu'il luy avoit ordonné, et de sortir plus tost de ce logis; qu'il devoit l'aller dire à monseigneur Icosi, et le prier qu'il le fist trouver bon au Pape, principalement sur le sujet que le roy avoit de se plaindre de luy et de ses confrères, d'avoir acquiescé à ce commandement-là, puisqu'il pouvoit s'en garantir en quittant le logis; et sur ce que je luy avois dit aussy qu'il devoit craindre que Sa Majesté n'en fist faire quelque ressentiment contre luy, et peut-estre mesme contre sa congrégation, y ayant aparence que Sa Sainteté entendant cela, changeroit d'avis, et ne voudroit pas mettre ces bons religieux en ces inconvéniens-là, luy ayant réitéré mon avis qu'il devoit au plus tost voir ledit sieur Icosi ; ce qu'ayant fait, il me vint retrouver pour me dire que toutes ces excuses n'avoient de rien servy, et que Sa Sainteté vouloit estre obéie. De sorte que le jour d'après, revenant de chez MM. les cardinaux susdits pour leur en parler, il trouva les gens dudit cardinal de Retz qui avoient déjà apporté de son bagage dans son logis, et qui commençoient à y tendre des tapisseries, ce qui le contraignit de céder à cette violence, n'y pouvant plus faire autre chose, sinon d'en donner au plus tost avis à M. Vincent, son supérieur, afin qu'il fasse savoir à la cour comme la chose

trouvai monsignor Febcy, maître des cérémonies, qui m'y attendoit, et qui avoit ordre du pape de me diriger dans ces commencemens. Monsignor Franzoni, trésorier de la chambre, et qui est présentement cardinal, y arriva ensuite avec une bourse dans laquelle il y avoit quatre mille écus en or, que sa sainteté m'envoyoit avec mille et mille honnêtetés. J'allai dès le soir en chaise, inconnu, chez la signora Olimpia, et chez madame la princesse de Rossanne, et je revins coucher, sans être accompagné que de deux gentilshommes, chez l'abbé Charier.

Le lendemain, comme j'estois au lit, l'abbé de la Rocheposai, que je ne connoissois point du tout, entra dans ma chambre, et, après qu'il m'eut fait son premier compliment sur quelque alliance qui est entre nous, il me dit qu'il se croyoit obligé de m'avertir que le cardinal d'Est, protecteur de France, avoit des ordres terribles du roi; qu'il se tenoit à l'heure même une congrégation des cardinaux françois chez lui, qui alloient décider du détail de la résolution que l'on y prendroit contre moi; mais que la résolution y étoit déjà prise en gros, conformément aux ordres de Sa Majesté (1) de ne me point souffrir à Rome, et de m'en faire sortir à quelque prix que ce fût. Je répondis à M. l'abbé de la Rocheposai, que j'avois eu de si violens scrupules de ces manières d'armemens que j'avois autrefois faits à Paris, que j'étois résolu de mourir plutôt mille fois que de songer à aucune défense; que d'un autre côté je ne croyois pas qu'il fût du respect à un cardinal d'être venu si près du pape pour sortir de Rome sans lui baiser les pieds, et qu'ainsi tout ce que je pouvois faire dans l'extrêmité où je me trouvois, étoit de m'abandonner à la providence de Dieu, et d'aller dans un quart-d'heure tout seul à la messe, s'il lui plaisoit, avec lui, dans une petite église qui étoit à la vue du logis. L'abbé de la Rocheposai s'apperçut que je me moquois de lui, et il sortit de mon logis assez mal satisfait de sa négociation, de laquelle, à mon avis, il avoit été chargé par le pauvre cardinal Antoine, bon-homme, mais foible au-delà de l'imagination. Je ne laissai pas de faire donner avis au pape des menaces, et il envoya aussi-tôt au comte Vidman, noble Vénitien, colonel de sa garde, l'abbé Charier, pour lui dire qu'il lui répondroit de ma personne, en cas que s'il voyoit la moindre apparence de mouvement dans la faction de France, il ne disposât pas, comme il lui plairoit,

s'est passée. Il est vrai que mesdits sieurs les cardinaux ont esté bien estonnés que le Pape ayt si fort opiniâtré ce logement-là, disant maintenant que puisqu'on en estoit venu si avant, il ne serviroit de rien d'en faire des plaintes. Si ledit supérieur m'eust cru, il auroit quitté sa maison et s'en seroit allé en France avec les quatre autres François qui sont là-dedans; mais il a craint quelque châtiment du Pape.

» Je suis, etc.
GUEFFIER. »

(1) Le comte de Brienne, secrétaire d'état, écrivait à ce sujet au cardinal Bicchi.

« Du premier octobre 1654, à La Fère.

» Monseigneur, par la lettre que Sa Majesté vous escrit, qui vous sera rendue par M. le cardinal d'Est, V. E. sera informée de la conduite que Sa Majesté désire que vous, les E. E. d'Est, Anthoine, Ursino et Grimaldi, ayez à tenir à l'endroit de M. le cardinal de Retz, si, comme les apparences le font croire, et le dire de ses proches, il passe à Rome. Je parle avec incertitude, parce qu'il s'est espandu un bruict qu'il est revenu à Bellisle, et qu'il y a des Bretons qui asseurent qu'il n'en est pas sorty, mais je suis d'opinion que les uns et des autres ne sont fondés que sur des conjectures, et que ceux de M. le marquis de Gramont et de quelques autres qui résident sur la frontière, sont establis; car, outre qu'ils sont circonstanciés, ils se trouvent appuyés du vraisemblable, qui fait force de ces doubteux. Par celle-cy V. E. sera asseurée que j'ai receu celle dont elle m'a favorisé, en date du 7 du passé, et que je ne me suis pas oublié de dire ce qu'elle m'avoit mandé au sujet de l'indisposition du Pape, affin de presser l'envoy d'un ambassadeur pour remplacer le bailly de Valencey: ainsi que je vous l'ay mandé, il en est absolument exclus; il y a des raisons qui sont mises en avant contre luy qui ne sont pas inconnues à V. E., de l'attachement qu'il a au cardinal F. Barberin; et l'on n'est pas encore déterminé sur aucun sujet; quelques demandes que m'a faict faire M. de Rohan, ont refroidi le dessein qu'on avoit de lui confier cet emploi, dont sans doute il se seroit bien acquitté; peut-estre il sera pour faire le cher à la cour, pour s'avancer sur quelques-uns qui peuvent estre ajustés des consenties; et ainsi il seroit pour faire l'ambassade, laquelle je trouve devoir estre remplie, parce que vous estes nombre de cardinaux affectionnés à la France, qui le forceriez d'agir, et en avanceriez les affaires dont on se peut mettre en repos, parce qu'elles sont en de si bonnes mains, et cela faict qu'on s'arreste aisément aux moindres difficultez qu'on y rencontre. Je dois dire en confidence à V. E. que je m'aperçois qu'entre Est et Anthoine il ne se passe pas une entière intelligence, et que ce doibt estre l'œuvre de vos mains d'empescher qu'il ne nous en arrive du mal, et que vous devez prendre la conduite d'Anthoine, qui aura peine de s'en défendre, parce qu'il a l'expérience que les intérêtz de sa maison et la réputation de son oncle vous ont toujours esté en très-grande considération; et il n'y a point de temps à perdre, puisque l'indisposition du Pape augmente. Je suis de le sentiment des médecins, que s'il n'a surmonté sa maladie dans le reste de l'esté, qu'il ne se deffendra pas de l'automne. Il y a de l'apparence que nous ne tarderons pas d'entreprendre quelque chose, les troupes qu'on a faict venir de Guyenne étant prêtes de joindre nostre armée, et les advantages que nous remporterons, ou les espérances de réussir aux choses que nous aurons entreprises, nous fourniront de matière pour vous entretenir. J'avoue que le temps que j'employe à rendre mes devoirs à V. E. me délasse du travail, parce que je suis asseuré qu'elle le reçoit agréablement, et qu'elle m'honore de sa bonne grâce, de laquelle je luy demande la continuation, et je l'espéreray, puisque je suis, etc.

» Signé De LOMENIE. »

de ses Suisses, de ses Corses, de ses lanciers et de ses chevaux-légers. J'eus l'honnêteté de faire donner avis de cet ordre à M. le cardinal d'Est, quoiqu'indirectement, par monsignor Scotti; et M. le cardinal d'Est eut aussi la bonté de me laisser en repos. [On a connu, depuis, les ordres qui avoient été envoyés par le roi aux cardinaux et aux prêtres françois résidant à Rome; en voici le texte.

« A mon cousin le cardinal....

» Mon cousin, cette lettre vous sera rendue » par mon cousin, le cardinal d'Est, auquel je » l'ai adressée, avec celle que j'escris à mes » cousins, les cardinaux Bicchi et Ursino, de la- » quelle vous serez esclaircy de la résolution » que j'ay prise de prescrire à ceux qui seront » revestus de l'éminente dignité cardinale, et » qui sont attachéz à mes intérêts et à mon ser- » vice, de ne recevoir vizitte ny compliment » de la part du cardinal de Retz, ny vous » arrester, si vous le rencontrez par la ville, es- » tant bien raisonnable qu'il publie et qu'il cog- » noisse que sa mauvaise conduite luy a attiré » mon indignation; si en la cour de Rome il » estoit advencé quelque chose qui blâmast ce » que j'ay ordonné sur son suject, je ne doute » pas que vous ne le sousteniez hautement, et » par la cognoissance que vous avez des loix et » des coustumes de mon royaume, et par la re- » tenue qu'on doit avoir de ne pas condamner ce » qui se trouve commandé par un grand roy; » et qui saura avec quelle exactitude je fais jouir » les prélats, mes subjectz, des immunitéz et » privilèges qui leur ont esté concedéz par mes » prédécesseurs, ne soupçonnera pas aysément » que je m'en oublye en aucune rencontre. Je » me prometz cela de votre affection, et prie » Dieu qu'il vous ayt, mon cousin, en sa sainte » et digne garde. Escrit à La Ferté, le premier » jour d'octobre 1654.

» Signé LOUIS.
» Et plus bas : DE LOMÉNIE. »
« De par le roy.

» Très-chers et bien améz, la conduite que le » cardinal de Retz a tenue depuis plusieurs an- » nées, et particulièrement après avoir receu une » infinité de grâces de nostre main, nous ayant » donné beaucoup de suject d'en estre mal satis- » fait, nous vous faisons celle-cy pour vous en » avertir, et vous deffendre très-expressément de » le visiter ny ne le recevoir en cérémonie, ny le

» complimenter s'il va dans vostre église, à quoi
« nous asseurons que vous vous conformerez, et
» nous ne ferons la présente plus longue que
» pour prier Dieu qu'il vous ait, très-chers et très-
» améz, en sa sainte et digne garde. Ce 18 no-
» vembre 1654, à Paris.

» Signé LOUIS. Et plus bas : DE LOMÉNIE. »]

Le pape me donna une audience (1) de quatre heures dès le lendemain, où il me donna toutes les marques d'une bonne volonté qui étoit bien au-dessus de l'ordinaire, et d'un génie qui estoit bien au-dessus du commun. Il s'abaissa jus- qu'au point de me faire des excuses de ce qu'il n'avoit pas agi avec plus de vigueur pour ma liberté; il en versa des larmes, même avec abon- dance, en me disant : « *Dio lo pardoni* à ceux » qui ont manqué de me donner le premier avis » de votre prison. Ce forfante de Valançay me » surprit, et il me vint dire que vous étiez con- » vaincu d'avoir attenté sur la personne du roi. » Je ne vis aucun courier, ni de vos proches, » ni de vos amis. L'ambassadeur eut tout le loi- » sir de débiter ce qu'il lui plut, et d'amortir le » premier feu du sacré collège, dont la moitié » crut que vous étiez abandonné de tout le » royaume, en ne voyant ici personne de votre » part. » L'abbé Charier, qui, faute d'argent, étoit demeuré dix ou douze jours à Paris depuis ma détention, m'avoit instruit de tout ce détail à l'*Hospitalità*, et il y avoit même ajouté qu'il y seroit peut-être demeuré encore long-temps, si l'abbé Amelot ne lui avoit apporté deux mille écus. Ce délai me coûta cher : car il est vrai que si le pape eut été prévenu par un courier de mes amis, il n'eut pas donné audience à l'ambassa- deur, ou il ne la lui auroit donnée qu'après qu'il auroit pris lui-même ses résolutions. Cette faute fut capitale, et d'autant plus qu'elle étoit de celles que l'on peut aisément s'empêcher de commettre. Mon intendant avoit quatorze mille livres de mon argent, quand je fus arrêté; mes amis n'en manquoient pas, même à mon égard, comme il parut par les assistances qu'ils me donnèrent dans les suites. Ce n'est pas l'unique occasion dans laquelle j'ai remarqué que l'aversion que la plupart des hommes ont à se dessaisir, fait qu'ils ne le font jamais assez tôt, même dans les ren- contres où ils sont les plus résolus de le faire. Je ne me suis jamais ouvert à qui que ce soit de ce détail, parce qu'il touche particulièrement quel- ques-uns de mes amis. Je suis uniquement à

---

(1) C'est ici que devrait trouver place la *lettre du car- dinal de Retz à MM. les archevesques et evesques de l'église de France*, écrite de Rome le 14 *décembre* 1654, lettre que le lieutenant criminel ordonna être brûlée en place de Grève par l'exécuteur de la haute justice. On ne l'a pas insérée pour ne pas interrompre la narration des faits; mais nous reproduirons cette pièce impor- tante dans le *Complément des Mémoires*.

vous, et je vous dois la vérité toute entière.

Le pape tint consistoire le jour qui suivit l'audience, dont je viens de vous rendre compte, tout exprès pour me donner le chapeau (1). « Et » comme, me dit-il, *vostro prolettore di quanto* » *baiocchi* (il n'appelloit jamais autrement le » cardinal d'Est), est tout propre à faire quel- » qu'impertinence en cette occasion, il le faut » amuser, et lui faire croire que vous ne viendrez » point au consistoire. Cela me fut aisé, parce que j'estois, dans la vérité, très-mal de mon épaule, et si mal, que Nicolo, le plus fameux chirurgien de Rome, disoit que si l'on n'y travailloit en diligence, je courois fortune de tomber dans des accidens encore plus fâcheux. Je me mis au lit sous ce prétexte, au retour de chez le pape. Il fit courir je ne sais quel bruit touchant ce consistoire, qui aida à tromper les François. Ils y allèrent tous bonnement, et ils furent fort étonnés quand ils m'y virent entrer avec le maître des cérémonies, et en état de recevoir le chapeau. Messieurs les cardinaux d'Est et des Ursins sortirent, et le cardinal Bicchi demeura. L'on ne peut s'imaginer l'effet que ces sortes de pièces font en faveur de ceux qui les jouent bien, dans un pays où il est moins permis de passer pour dupe qu'en lieu du monde.

La disposition où le pape étoit pour moi, laquelle alloit jusqu'au point de penser à m'adopter pour son neveu, et l'indisposition cruelle qu'il avoit contre M. le cardinal Mazarin, eussent apparemment donné dans peu d'autres scènes, s'il ne fût tombé malade (2) trois jours après, de la maladie de laquelle il mourut au bout de cinq semaines. De sorte que tout ce que je pus faire avant le conclave, fut de me faire traiter de ma blessure. Nicolo me démit l'épaule pour la seconde fois, pour la remettre. Il me fit des douleurs inconcevables, et il ne réussit pas dans son opération.

[1655] La mort du pape arriva (3), et comme j'avois presque toujours été au lit, je n'avois eu

---

(1) Je vous diray pour fin de celle-cy ce qui est arrivé ce matin au consistoire, qui est que le Pape y a donné le chapeau au cardinal de Retz, de quoy tout le monde y a esté bien estonné; et qu'il l'ayt voulu recevoir en l'estat où il est à la cour, de peur d'offenser davantage Sa Majesté. M. le cardinal Antoine, qui se trouve mal depuis quelques jours d'ennuis et de fascheries plustost que d'autres choses, n'estoit pas à ce consistoire, comme M. le cardinal d'Est; mais celui-cy, entendant qu'on alloit faire cette cérémonie-là, en est sorty pour n'y estre présent. Outre l'argent que le Pape luy a donné, qu'aucuns disent estre quatre mille escus, autres six mille, il luy a encore ordonné la pension des pauvres cardinaux, qui est de mille deux cents escus par an, et la part qu'on leur donne tous les jours du palais. GUEFFIER.

« De Rome, 4 janvier 1655.

(2) » L'on est encore icy aujourd'hui en la mesme incertitude de la mort ou de la vie du Pape, que l'on estoit quatre jours devant les festes de Noel, que tout le monde disoit qu'il ne verroit pas. C'est chose estrange, comment en l'age de quatre-vingt-deux ou trois ans, il est possible qu'il puisse souffrir si long-temps les agonies, s'il faut croire à la mort, étant vray que d'heure à autre l'on croit qu'elle luy doit arriver. J'ay veu aujourd'huy sur quelqu'occasion M. le trésorier de la chambre apostolique, qui, à cause de sa charge, est obligé d'aller tous les jours en la chambre de Sa Saincteté, comme en effet il fait, lequel m'a dit confidemment qu'au jugement des médecins, il est hors d'espérance de vie, mais jusques icy toujours dans l'incertitude de sa mort. L'on ne laisse pourtant de pourvoir à tout ce qui est nécessaire dans Rome, comme si elle estoit déjà arrivée ; en quoy M. le cardinal Anthoine, qui est camerlingue, a bien maintenant des occupations, sa charge l'obligeant à cela comme après la mort du Pape ; c'est luy qui a la principale autorité icy, quoiqu'elle ne l'empesche pas d'entrer dans le conclave, comme les autres cardinaux, aux maisons de la pluspart desquels l'on voit desjà des corps-de-garde, mais principalement chez la signora Olympia, chez les princes Panfilio et Ludovisio, qui sont revenus icy de la campagne ces jours passez, et chez plusieurs autres. L'ambassadeur d'Espagne faisant venir dans son palais deux à trois mille soldats, avec quantité d'armes, dont chacun s'étonne principalement à cette heure qu'il n'y a point ici d'ambassadeur de France de qui il doive avoir de la jalousie. Il y a déjà quelques jours que l'on eut avis icy que M. de Lyonne arriva dès le 6 décembre en Avignon, et pourtant jusques icy il ne s'en est autre chose, quoique depuis ce temps-là, s'il n'a eu quelqu'empeschement, il devroit être maintenant à Rome, le temps ayant été assez beau depuis huit ou dix jours.

» Je veille sur ce que vous m'avez commandé, si quelques François ne vont point chez le cardinal de Retz, pour en avertir M. le cardinal d'Est : mais jusques icy je n'ai point sceu qu'il y soit allé aucun depuis les défenses si expresses qui leur en ont été faites.

» Je suis, etc.   » GUEFFIER. »

(3) Le chargé d'affaires de France à Rome adressa la lettre suivante au comte de Brienne :

« De Rome, 11 janvier 1655.

» Enfin le Pape mourut jeudi dernier, 7 de ce mois, entre les quatorze et quinze heures, ainsi que me fit savoir un peu après M. le prince Panfile par un de ses gentilshommes, de qui je suis allé remercier, ayant receu cela à grande faveur, comme il me fait l'honneur de me porter quelque bienveillance. Le pauvre défunt a souffert, tant sa complexion estoit bonne, plus de neuf ou dix jours les agonies de la mort, et sans avoir rien pris du tout ny de boire ny de manger ; les quatre derniers jours de sa vie, comme les quatre précédens, il ne mangea presque rien, chacun s'étonnant comment il a pu souffrir cela si long-temps. C'est l'hydropisie qui l'a fait mourir. M. le cardinal Anthoine, comme camerlingue, est celui qui a le soin maintenant des plus importantes affaires de Rome et de l'estat ecclésiastique, jusqu'à ce que tous messieurs les cardinaux et luy soyent enfermés dans le conclave, ce qui doit estre le jour de Saint-Antoine ; et l'on fait estat qu'il se trouvera dans ce conclave-là jusques à soixante-quatre ou soixante-cinq cardinaux, ce qui n'a esté depuis long-temps, et l'on dit que ça rendra l'élection du premier Pape bien difficile, quoique les Espagnols se vantent qu'ils ont déjà près de quarante voix à leur dévotion. Il est vrai que

que fort peu de temps pour me préparer au conclave, qui devoit être toutefois, selon toutes les apparences, d'un très-grand embarras pour moi. M. le cardinal d'Est disoit publiquement qu'il avoit ordre du roi, non-seulement de ne point communiquer avec moi, mais même de ne me point saluer. Le duc de la Terra-Nova, ambassadeur d'Espagne, m'avoit fait toutes les offres imaginables de la part du roi, son maître, aussi bien que le cardinal de Harrach, au nom de l'empereur. Le vieux cardinal de Medicis, doyen du sacré collége, et protecteur d'Espagne, prit d'abord une inclination naturelle pour moi. Mais vous jugez assez, par ce que vous avez vu de Saint-Sébastien et de Vivaros, que je n'avois pas dessein d'entrer dans la faction d'Autriche. Je n'ignorois pas qu'un cardinal étranger, persécuté par son roi, ne pouvoit faire qu'une figure très-médiocre dans un lieu où les égards que le général et les particuliers ont pour les couronnes, ont encore plus de force qu'ailleurs, par les intérêts plus pressans et plus présens que tout le monde trouve à ne leur pas déplaire. Il m'étoit, toutefois, non pas seulement d'importance, mais de nécessité pour les suites, de ne pas demeurer sans mesures dans un pays où la prévoyance n'a pas moins de réputation que d'utilité : je me trouvai, pour vous dire le vrai, fort embarrassé dans cette conjoncture. Voici comme je m'en démêlai. Le pape Innocent, qui étoit un grand homme, avoit eu une application particulière au choix qu'il avoit fait des sujets pour les promotions des cardinaux, et il est constant qu'il ne s'y étoit que fort peu trompé. La signora Olimpia le força, en quelque façon, par l'ascendant qu'elle avoit sur son esprit, à honorer de cette dignité Maldachin, son neveu, qui n'étoit encore qu'un enfant : mais on peut dire qu'à la réserve de celui-là, tous les autres furent, ou bons, ou soutenus par des considérations qui les justifièrent. Il est même vrai qu'en la plupart, le mérite et la naissance concoururent à les rendre illustres. Ceux de ce nombre qui ne se trouvèrent pas attachés aux couronnes par la faction, se trouvèrent tout-à-fait libres à la mort du pape, parce que le cardinal Pamphile, son neveu, ayant remis son chapeau pour épouser madame la princesse de Rossane, et le cardinal Astaly que sa sainteté avoit adopté,

ayant été dégradé depuis du népotisme, même avec honte, il n'y avoit plus personne qui pût se mettre à la tête de cette faction dans le conclave. Ceux qui se rencontrèrent en cet état, que l'on peut appeler de liberté, étoient MM. les cardinaux Chigi, Lomelin, Ottoboni, Imperiali, Aquaviva, Pio, Borromée, Albizi, Gualtieri, Azolini, Homodei, Cibo, Odescalchi, Vidman, Aldobrandin. Dix de ceux-là, qui furent Lomelin, Ottoboni, Imperiali, Borromée, Aquaviva, Pio, Gualtieri, Albizi, Homodei, Azolini, se mirent dans l'esprit de se servir de leur liberté pour affranchir le sacré collége de cette coutume qui assujettit à la reconnoissance, des voix qui ne devroient reconnoître que les mouvemens du Saint-Esprit. Ils résolurent de ne s'attacher qu'à leur devoir, et de faire une profession publique, en entrant dans le conclave, de toutes sortes d'indépendance, et de factions et de couronnes. Comme celle d'Espagne étoit en ce temps-là la plus forte à Rome, et par le nombre des cardinaux, et par la jonction des sujets qui étoient assujettis à la maison de Medicis, ce fut celle aussi qui éclata le plus contre cette indépendance de l'*Escadron volant*, c'est le nom que l'on donna à ces dix cardinaux que je viens de vous nommer.

Je pris ce moment de l'éclat que le cardinal Jean-Charles de Medicis fit au nom de l'Espagne contre cette union, pour entrer moi-même dans leur corps ; à quoi je mis toutefois le préalable qui étoit nécessaire à l'égard de la France ; et je priai monsignor Scotti, qui y avoit été nonce extraordinaire, et qui étoit agréable à la cour, d'aller chez tous les cardinaux de la faction, leur dire que je les supplios de me dire ce que j'avois à faire pour le service du roi ; que je ne demandois pas le secret, et qu'il suffisoit que l'on me dît jour à jour les pas que j'aurois à faire pour remplir mon devoir.

M. le cardinal Grimaldi (1) fit une réponse fort civile, et même fort obligeante à monsignor Scotti ; mais MM. les cardinaux d'Est, Bichi et Ursin, me traiterent de haut en bas, même avec mépris. Je déclarai dès le lendemain publiquement, que puisqu'on ne me vouloit donner aucun moyen de servir la France, je croyois que je ne pouvois rien faire de mieux, que de me mettre au moins dans la faction la plus indé-

---

leur ambassadeur qui est icy a fait de grandes pratiques, et qu'il est fort courtisé de tous les vieux prétendans, sur ce qu'ils ne craignent point qu'un ambassadeur de France leur en fasse reproche, comme l'on eût pu faire s'il y en eust eu un en ce rencontre icy, qui auroit aussy bien empesché les négociations de l'autre. C'est ce qui fait regretter aux bons serviteurs du roy, tant François

qu'Italiens, que lesdits Espagnols aient maintenant si beau jeu de faire ce qui leur plaist.

» Je suis, etc.   » GUEFFIER. »

(1) Jérôme Grimaldi, né à Gênes en 1597, nonce en Allemagne et en France ; cardinal à la création d'Urbain VIII, en 1643. Il mourut à Aix le 4 novembre 1685, à l'âge de quatre-vingt-dix ans.

pendante de celle d'Espagne. J'y fus reçu avec toutes les honnêtetés imaginables, et l'événement fit voir que j'avois eu raison.

Je n'en eus pas tant dans la conduite que j'eus au même moment avec M. de Lionne. Il s'étoit raccommodé avec M. le cardinal Mazarin, qui l'envoya à Rome pour agir contre moi, et qui, pour l'y tenir avec plus de dignité, lui donna la qualité d'ambassadeur extraordinaire vers les princes d'Italie. Comme il étoit assez ami de Montresor, il le vit devant qu'il partît. Il le pria de m'écrire qu'il n'oublieroit rien pour adoucir les choses, et que je le connoîtrois par les effets. Il paroît sincèrement : son intention pour moi étoit assez bonne. Je n'y répondis pas comme je devois; et cette faute n'est pas une des moindres de celles que j'ai commises pendant ma vie. Je vous en dirai le détail, et les raisons de ma conduite, qui n'étoit pas bonne, après que je vous aurai rendu compte du conclave.

Le premier pas que fit l'escadron volant, dans l'intervalle des neuf jours qui sont employés aux obsèques du pape, fut de s'unir avec le cardinal Barberin (1), qui avoit dans l'esprit de porter au pontificat le cardinal Sachetti, homme d'une représentation pareille à celle du feu président le Bailleul, de qui Mesnage disoit « qu'il » n'étoit bon qu'à peindre. » Le cardinal Sachetti n'avoit effectivement qu'un fort médiocre talent, mais comme il étoit créature du pape Urbain, et qu'il avoit toujours été fidèlement attaché à sa maison, Barberin l'avoit en tête, et avec d'autant plus de fermeté, que son exaltation paroissoit et étoit en effet difficile au dernier point. M. le cardinal Barberin, dont la vie est angélique, a un travers dans l'humeur, qui le rend, comme ils disent en Italie, « *Inamorato* » de l'impos ible. » Il ne s'en falloit guère que l'exaltation de Sachetti ne fût de ce genre. L'amitié étroite entre lui et Mazarin, qui avoit été, sinon domestique, au moins commensal de son frère, n'étoit pas une recommandation pour lui envers l'Espagne : mais ce qui l'éloignoit encore plus de la chaire de saint Pierre, étoit la déclaration publique que la maison de Medicis, qui étoit d'ailleurs à la tête de la faction d'Espagne, avoit faite contre lui dès le précédent conclave.

Ceux de l'escadron qui avoient en vue de faire pape le cardinal Chigi, crurent que l'unique moyen pour engager M. le cardinal Barberin à le servir, seroit de l'y obliger par reconnoissance, et de faire sincèrement et de bonne foi tous leurs efforts pour porter au pontificat Sachetti, voyant qu'ils seroient pourtant inutiles par l'événement, ou du moins qu'ils ne seroient utiles qu'à les lier si étroitement et si intimement avec le cardinal Barberin, qu'il ne pourroit s'empêcher lui-même de concourir dans la suite à ce qu'ils désiroient. Voilà l'unique secret de ce conclave, sur lequel tous ceux à qui il a plu d'en écrire ont dit mille et mille impertinences; et je soutiens que le raisonnement de l'escadron étoit fort juste. « Nous sommes persuadés que » Chigi est le sujet du plus grand mérite qui » soit dans le collège, et nous ne le sommes pas » moins qu'on ne le peut faire pape, qu'en fai- » sant tous nos efforts pour réussir à Sachetti. » Le pis du pis est que nous réussissions à Sa- » chetti, qui n'est pas trop bon, mais qui est » toujours un des moins mauvais. Selon toutes » les apparences du monde, nous n'y réussirons » pas, auquel cas nous ferons tomber Barberin » à Chigi par reconnoissance et par l'intérêt de » nous y conserver. Nous y ferons venir l'Espa- » gne et Medicis, par l'appréhension que nous » n'emportions à la fin le plus de voix pour Sa- » chetti ; et la France, par l'impossibilité où » elle se trouvera de l'empêcher. » Ce raisonnement beau et profond, auquel il faut avouer que M. le cardinal Azolin eut plus de part que personne, fut approuvé tout d'une voix dans la Transpontine, où l'escadron volant s'assembla dès les premiers jours des obsèques du pape, et après même que l'on y eut examiné mûrement les difficultés de ce dessein, qui eussent paru insurmontables à des esprits médiocres. Les grands noms sont toujours de grandes raisons aux petits génies. France, Espagne, Empire, Toscane, étoient des mots tous propres à épouvanter les gens. Il n'y avoit aucune apparence que le cardinal Mazarin pût agréer Chigi, qui avoit été nonce à Munster, dans le temps de la négociation de la paix, et qui s'étoit déclaré ouvertement dans plus d'une occasion contre Servien, qui étoit plénipotentiaire de France. Il n'y avoit pas de vraisemblance que l'Espagne lui dût être favorable. Le cardinal Trivulce, le plus capable sujet de sa faction, et peut-être du sacré collége, déclamoit publiquement contre lui comme contre un bigot, et il appréhendoit dans le fond extrêmement son exaltation, par la crainte qu'il avoit de sa sévérité, peu propre à souffrir la licence de ses débauches, qui à la vérité étoient scandaleuses. Il n'étoit pas croyable que le cardinal

---

(1) François Barberino, neveu du pape Urbain VIII, né en 1597, fut envoyé légat en France et en Espagne, puis devint vice-chancelier de l'Eglise, bibliothécaire du Vatican, doyen du sacré collége, etc.; mort le 10 décembre 1679.

Jean-Charles de Medicis pût être bien intentionné pour lui, et par la même raison, et par celle de sa naissance; car il étoit Siennois et connu pour aimer passionnément sa patrie, qui est pareillement connue pour n'aimer pas passionnément la domination de Florence.

Toutes ces considérations furent pesées et examinées. On pesa l'apparent, le douteux et le possible; et l'on se fixa à la résolution que je viens de vous marquer, avec une sagesse qui étoit d'autant plus profonde, qu'elle paroissoit hardie. Il faut avouer qu'il n'y a peut-être jamais eu de concert où l'harmonie ait été si juste qu'en celui-ci; et il sembloit que tous ceux qui y entroient ne fussent nés que pour agir les uns avec les autres. L'activité d'Imperiali y étoit tempérée par le flegme de Lomelin; la profondeur d'Ottoboni se servoit utilement de la hauteur d'Aquaviva; la candeur d'Homodei et la froideur de Gualtieri y couvroient, quand il étoit nécessaire, l'impétuosité de Pio et la duplicité d'Albizi; Azolin, qui est un des plus beaux et des plus faciles esprits du monde, veilloit avec une application d'esprit continuelle aux mouvemens de ces différens ressorts; et l'inclination que MM. les cardinaux de Medicis et Barberin, chefs des deux factions les plus opposées, prirent pour moi d'abord, suppléa dans les rencontres en ma personne, au défaut des qualités qui m'étoient nécessaires pour y tenir mon coin. Tous les acteurs firent bien; le théâtre y fut toujours rempli; les scènes n'y furent pas beaucoup diversifiées; mais la pièce fut belle, d'autant plus qu'elle fut simple. Quoi qu'en ayent écrit les compilateurs des conclaves, il n'y eut de mystère que celui que je vous ai expliqué ci-devant. Il est vrai que les épisodes en furent curieux: je m'explique.

Le conclave fut, si je ne me trompe, de quatre-vingts jours. Nous donnions tous les matins et toutes les après-dînées, trente-deux et trente-trois voix à Sachetti, et ces voix étoient celles de la faction de France, des créatures du pape Urbain, oncle de M. le cardinal Barberin, et de l'escadron volant. Celles des Espagnols, des Allemands et des Medicis se répandoient sur différens sujets dans tous les scrutins, et ils affectoient d'en user ainsi, pour donner à leur conduite un air plus ecclésiastique et plus épuré d'intrigues et de cabales, que le nôtre n'avoit. Ils ne réussirent pas dans leurs projets, parce que les mœurs très-déréglées de M. le cardinal Jean-Charles de Medicis et de M. le cardinal Trivulce, qui étoient proprement les ames de leurs factions, donnoient bien plus de lustre à la piété exemplaire de M. le cardinal Barberin,

qu'ils ne lui en pouvoient ôter par leurs artifices. Le cardinal Cesy, pensionnaire d'Espagne, et l'homme le plus singe en tout sens que j'aye jamais connu, me disoit un jour à ce propos fort plaisamment: « Vous nous battrez à la fin, car » nous nous décréditons, en ce que nous nous » voulons faire passer pour gens de bien. — Le » faux trompe quelquefois, mais il ne trompe » pas long-temps, quand il est relevé par d'ha- » biles gens. » Leur faction perdit en peu de temps le *concetto* (qu'ils appellent en ce pays-là) de vouloir le bien. Nous gagnâmes de bonne heure cette réputation, parce que dans la vérité Sachetti, qui étoit aimé à cause de sa douceur, passoit pour homme de bonnes et droites intentions: et parce que le ménagement que la maison de Medicis étoit obligée d'avoir pour le cardinal Rasponi, quoiqu'elle ne l'eût pas voulu en effet pour pape, nous donna lieu de faire croire dans le monde qu'elle vouloit instaler dans la chaire de Saint Pierre, la Volpe (c'est ainsi que l'on appelloit le cardinal Rasponi, parce qu'il passoit pour un fourbe). Ces dispositions, jointes à plusieurs autres qui seroient trop longues à déduire, firent que la faction d'Espagne s'apperçut qu'elle perdoit du terrain; et quoique cette perte n'allât pas jusqu'au point de lui faire croire que nous pensions à faire le pape sans sa participation, elle ne laissa pas d'appréhender que son parti ayant beaucoup de vieillards, et le nôtre de jeunes, le temps ne pût être facilement pour nous. Nous surprîmes une lettre de l'ambassadeur d'Espagne au cardinal Sforce, qui faisoit voir cette crainte en termes exprès, et nous comprîmes même par l'air de cette lettre, plus que par ses paroles, que cet ambassadeur n'étoit pas trop content de la manière d'agir des Medicis. Je suis trompé, si ce ne fut monsignor Febey qui surprit cette lettre. Cette semence fut cultivée avec beaucoup de soin, dès qu'elle eut paru; et l'escadron qui, par le canal de Borromée Milanois, et d'Aquaviva Napolitain, gardoit toujours beaucoup de mesures d'honnêtetés avec l'ambassadeur d'Espagne, n'oublia pas de lui faire pénétrer qu'il étoit du service du roi son maître, et de son intérêt particulier de lui ambassadeur, de ne se pas si fort abandonner aux Florentins, qu'il assujettît et à leurs maximes et à leurs caprices la conduite d'une couronne pour laquelle tout le monde avoit du respect.

Cette poudre s'échauffa peu à peu, et elle prit feu dans son temps. Je vous ai déjà dit que la faction de France donnoit toute sa force à Sachetti avec nous. La différence est qu'elle y donnoit à l'aveugle, croyant qu'elle y pourroit réussir, et que nous y donnions avec une lumière presque certaine que nous ne pourrions pas l'emporter : ce qui faisoit qu'elle n'y prenoit point de mesures hypothétiques, si l'on peut parler ainsi, c'est-à-dire qu'elle ne songeoit pas à se résoudre à quel parti elle prendroit, en cas qu'elle ne pût réussir à Sachetti. Comme le nôtre étoit pris selon cette disposition que nous tenions presque pour constante, nous nous appliquions par avance à affoiblir celle de France, pour le temps dans lequel nous jugions qu'elle nous seroit opposée. Je donnai par hasard l'ouverture à Jean-Charles, de débaucher le cardinal Ursin, qu'il eut à bon marché; et ainsi, dans le moment que la faction d'Espagne ne songeoit qu'à se défendre de Sachetti, et que celle de France ne pensoit qu'à le porter, nous travaillions pour une fin, sur laquelle ni l'une ni l'autre ne faisoit aucune réflexion, à diviser celle-là, et affoiblir celle-ci. L'avantage de se trouver en cet état est grand, mais il est rare. Il falloit pour cela une rencontre pareille à celle dans laquelle nous étions, et qui ne se verra peut-être pas en dix mille ans. Nous voulions Chigi, et nous ne le pouvions avoir qu'en faisant tout ce qui étoit en notre pouvoir pour l'exaltation de Sachetti, et nous étions moralement assurés que ce que nous ferions pour Sachetti ne pourroit réussir : de sorte que la bonne conduite nous portoit à ce à quoi nous étions obligés par la bonne foi. Cette utilité n'étoit pas la seule; notre manœuvre couvroit notre marche; et nos ennemis tiroient à faux, parce qu'ils visoient à faux, et toujours où nous n'étions pas. Vous verrez le succès de cette conduite, après que je vous aurai expliqué celle de Chigi, et la raison pour laquelle nous avions jetté les yeux sur lui.

Il étoit créature du pape Innocent, et le troisième de la promotion de laquelle j'avois été le premier. Il avoit été inquisiteur à Malthe et non à Munster, et il avoit acquis en tous lieux la réputation d'une intégrité sans tache. Ses mœurs avoient été sans reproches dès son enfance. Il sçavoit assez d'humanités pour faire paroître, au moins, une teinture suffisante des autres sciences. Sa sévérité paroissoit douce, ses maximes paroissoient droites; il se communiquoit peu, mais ce peu qu'il se communiquoit étoit mesuré et sage (*savio col silencio*) mieux qu'homme que j'aie jamais connu. Tous les dehors d'une piété véritable et solide relevoient merveilleusement toutes ces qualités, ou plutôt toutes ces apparences. Ce qui leur donnoit un corps au moins fantastique, étoit ce qui s'étoit passé à Munster entre Servien et lui. Celui-là, qui étoit connu et reconnu pour le démon exterminateur de la paix, s'y étoit cruellement brouillé avec le Contarin, ambassadeur de Venise, homme sage et homme de bien. Chigi se signala pour le Contarin, sachant qu'il faisoit fort bien sa cour à Innocent. L'opposition de Servien, qui étoit dans l'exécration des peuples, lui concilia l'amour public et lui donna de l'éclat. La marche qu'il garda avec le cardinal Mazarin, lorsqu'il se trouva, ou à Aix-la-Chapelle, ou à Bruxelles en revenant de Munster, plut à Sa Sainteté. Elle le rappela à Rome, et le fit secrétaire d'état et cardinal. On ne le connoissoit que par les endroits que je viens de vous marquer. Comme Innocent étoit d'un génie fort perçant, il découvrit bientôt que le fond de celui de Chigi n'étoit ni si bon ni si profond qu'il se l'étoit imaginé; mais cette pénétration du pape ne nuisit pas à la fortune de Chigi : au contraire elle y servit; parce qu'Innocent, qui se voyoit mourant, ne voulut point condamner son propre choix, et que Chigi, qui par la même raison ne craignoit le pape que médiocrement, se fit un honneur de se faire passer dans le monde pour un homme d'une vertu inébranlable et d'une rigidité inflexible. Il ne faisoit point sa cour à la signora Olimpia, qui étoit abhorrée dans Rome : il blâmoit assez ouvertement tout ce que le public n'approuvoit pas de cette cour-là; et tout le monde, qui est et qui sera éternellement dupe en ce qui flatte son aversion, admiroit sa fermeté et sa vertu, sur un sujet sur lequel on ne devoit tout au plus louer que son bon sens, qui lui faisoit voir qu'il semoit de la graine pour le pontificat futur, dans un champ où il n'avoit plus rien à cueillir pour le présent.

Le cardinal Azolin, qui avoit été secrétaire des brefs dans le même temps que l'autre avoit été secrétaire d'état, avoit remarqué dans ses maximes de certaines *finoteries* qui n'avoient pas de rapport à la candeur dont il faisoit profession. Il me le dit avant que nous entrassions dans le conclave; mais il ajouta en me le disant, que sur le tout il n'en voyoit point de meilleur, et que de plus, sa réputation étoit si bien établie, même dans l'esprit de nos amis de l'escadron, que ce qu'il leur en pourroit dire ne passeroit auprès d'eux que comme un reste de quelques petits démêlés qu'ils avoient eus ensemble par la compétence de leurs charges. Je fis d'autant moins de réflexion sur ce qu'Azolin m'en disoit, que j'étois moi-même tout-à-fait préoccupé en faveur de Chigi. Il avoit ménagé avec soin l'abbé Charier dans le temps de ma prison; il lui avoit fait croire qu'il faisoit des efforts incroyables pour moi auprès du pape, il pestoit contre lui avec l'abbé Charier, et avec plus d'emportement même que lui, de ce qu'il ne poussoit pas avec assez de vigueur le cardinal Mazarin sur mon sujet. L'abbé Charier avoit chez lui toutes les entrées, comme s'il avoit été son domestique; et il étoit persuadé qu'il étoit mieux intentionné et plus échauffé pour moi, que moi-même. Je n'eus pas sujet d'en douter dans tout le cours du conclave. J'étois assis immédiatement au-dessus de lui au scrutin, et tant qu'il duroit j'avois lieu de l'entretenir. Ce fut, je crois, par cette raison qu'il affecta de ne vouloir écouter que moi sur ce qui regardoit son pontificat. Il répondit à quelqu'un de ceux de l'escadron qui s'ouvroient à lui de leurs desseins, d'une manière si désintéressée, qu'il les édifia. Il ne se trouvoit ni aux fenêtres où l'on va prendre l'air, ni dans les corridors où l'on se promène ensemble. Il étoit toujours enfermé dans sa cellule, où il ne recevoit même aucune visite. Il recevoit de moi quelques avis que je lui donnois au scrutin; mais il les recevoit toujours ou d'une manière si éloignée du désir de la thiare, qu'il attiroit mon admiration, ou tout au plus avec des circonstances si remplies de l'esprit ecclésiastique, que la malignité la plus noire n'eût pu s'imaginer d'autre désir que celui dont parle saint Paul, quand il dit que, *qui episcopatum desiderat, bonum opus desiderat*. Tous les discours qu'il me faisoit n'étoient pleins que de zèle pour l'église, et de regret de ce que Rome n'étudioit pas assez l'écriture, les conciles, et la tradition. Il ne se pouvoit lasser de m'entendre parler des maximes de la Sorbonne. Comme l'on ne se peut jamais si bien contraindre qu'il n'échappe toujours quelque chose du naturel, il ne se put si bien couvrir que je ne m'apperçusse qu'il étoit homme de minuties : ce qui est toujours signe, non-seulement d'un petit génie, mais encore d'une ame basse. Il me parloit un jour des études de sa jeunesse, et il me disoit qu'il avoit été deux ans à écrire d'une même plume. Cela n'est qu'une bagatelle; mais comme j'ai remarqué souvent que les plus petites choses sont quelquefois de meilleures marques que les plus grandes, cela ne me plut pas. Je le dis à l'abbé Charier, qui étoit un de mes conclavistes. Je me souviens qu'il m'en gronda, en me disant que j'étois un maudit, qui ne sçavoit pas estimer la simplicité chrétienne.

Pour abréger, Chigi fit si bien par sa dissimulation profonde, que nonobstant sa petitesse qu'il ne pouvoit cacher à l'égard de beaucoup de petites choses, sa physionomie, qui étoit basse, et sa mine qui tenoit beaucoup du médecin, quoiqu'il fût de bonne naissance; il fit si bien, dis-je, que nous crûmes que nous renouvellerions en sa personne, si nous le pouvions porter au pontificat, la gloire et la vertu de saint Grégoire et de saint Léon. Nous nous trompâmes dans cette espérance. Nous réussîmes à l'égard de son exaltation, parce que les Espagnols appréhendoient, par les raisons que je vous ai marquées ci-devant, que l'opiniâtreté des jeunes ne l'emportât sur celle des vieux; et que Barberin désespéra à la fin de pouvoir réussir pour Sachetti, vu l'engagement et la déclaration publique des Espagnols et des Médicis. Nous nous résolûmes de prendre, quand il en seroit temps, ce défaut pour insinuer aux deux partis l'avantage que ce leur seroit à l'un et à l'autre de penser à Chigi. Nous fîmes état que Borromée feroit voir aux Espagnols qu'ils ne pouvoient mieux faire, vu l'aversion que la France avoit pour lui, et que je ferois voir à M. le cardinal Barberin que, n'ayant personne dans ses créatures qu'il lui fût possible de porter au pontificat, il acquerroit un mérite infini envers toute l'Eglise, de le faire tomber sans aucune apparence d'intérêt au meilleur sujet. Nous crûmes que nous trouverions des secours pour notre dessein dans les dispositions des particuliers des factions, et voici sur quoi nous nous fondions. Le cardinal Montalte, qui étoit de celle d'Espagne, homme d'un petit talent, mais bon, de grande dépense, et qui avoit un air de grand seigneur, avoit une grande frayeur que le cardinal Fiorenzola, jacobin, et esprit vigoureux, ne fût proposé par M. le cardinal Grimaldi, qui étoit son ami intime, et dont les travers avoient assez de rapport à celui de Fiorenzola. Nous résolûmes de nous servir utilement de cette appréhension de Montalte, pour lui donner presque insensiblement de l'inclination pour Chigi. Le vieux cardinal de Médicis, qui étoit l'esprit du monde le plus doux, étoit la moitié du jour fatigué, et de la longueur du conclave, et de l'impétuosité du cardinal Jean-Charles son neveu, qui ne l'épargnoit pas quelquefois lui-même. J'étois très-bien avec lui, et au point même de donner de la jalousie à M. le cardinal Jean-Charles; et ce qui m'avoit procuré particulièrement son amitié, étoit la candeur naturelle, qui avoit fait qu'il avoit pris plaisir à ma manière d'agir avec lui. Je faisois profession publique de l'honorer, et je lui rendois même avec soin mes devoirs. Mais je n'avois pas laissé de m'expliquer clairement avec lui sur mes engagemens avec M. le cardinal Barberin, et avec l'escadron. Ma sincérité lui avoit plu, et il se trouva par l'événement qu'elle me fut plus utile que n'auroit été l'artifice. Je ménageai avec application son esprit, et je jugeai que je me trouverois bientôt en état de le disposer peu à peu, et à se radoucir pour M. le cardinal Barberin, qui étoit brouillé avec toute sa maison, et à ne pas regarder M. le cardinal Chigi comme un homme aussi dangereux qu'on le lui avoit voulu faire croire. On ne s'endormoit pas, comme vous voyez, à l'égard de l'Espagne et de la Toscane, quoique l'on y parût à elle-même sans action, parce qu'il n'étoit pas encore temps de se découvrir. On n'eut pas moins d'attention envers la France, dont l'opposition à Chigi étoit encore plus publique et plus déclarée que celle des autres. M. de Lionne, neveu de Servien, en parloit à qui le vouloit entendre comme d'un pédant, et il ne présumoit pas qu'on le pût seulement mettre sur les rangs. M. le cardinal Grimaldi, qui, dans le temps de leur prélature, avoit eu je ne sçais quel malentendu avec lui, disoit publiquement qu'il n'avoit qu'un mérite d'imagination. Il ne se pouvoit que M. le cardinal d'Est n'appréhendât, comme frère du duc de Modène, l'exaltation d'un sujet désintéressé et ferme, qui sont les deux qualités que les princes d'Italie craignent uniquement dans un pape. Vous avez vu ci-devant qu'il y avoit eu même du personnel entre lui et M. le cardinal Mazarin en Allemagne, et nous jugeâmes par toutes ces considérations qu'il étoit à propos d'adoucir les choses autant que nous le pourrions de ce côté-là, qui, quoique foible, nous pourroit peut-être faire obstacle. Je dis quoique foible, parce que dans la vérité la faction de France ne faisoit pas une figure assez considérable dans ce conclave, pour que nous ne puissions prétendre, et que nous ne prétendissions en effet de pouvoir faire un pape malgré elle. Ce n'est pas qu'elle manquât de sujets, et même capables. Est, qui étoit protecteur, suppléoit par sa qualité, par sa dépense, et par son courage,

à ce que l'obscurité de son esprit et l'ambiguité de ses expressions diminuoient de sa considération. Grimaldi joignoit à la réputation de vigueur qu'il a toujours eue, un air de supériorité aux manières serviles des autres cardinaux de la faction, et il élevoit par-là au-dessus d'eux sa réputation. Bichi, habile et rompu dans les affaires, y devoit tenir naturellement un grand poste. M. le cardinal Antoine brilloit par sa libéralité, et M. le cardinal Ursin par son nom. Voilà bien des circonstances qui devoient faire qu'une faction ne fût pas méprisable. Il s'en falloit fort peu que celle de France ne le fût avec toutes ces circonstances, parce qu'elles se trouvèrent compliquées avec d'autres qui les empoisonnèrent. Grimaldi, qui haïssoit Mazarin autant qu'il en étoit haï, n'agissoit presque en rien, et d'autant moins qu'il croyoit, et avec raison, que de Lionne (1), qui avoit au-dehors le secret de la cour, ne le lui confioit pas. Est, qui trembloit avec tout son courage, parce que le marquis de Caracene entra justement en ce temps-là dans le Modenois avec toute l'armée du Milanès, faisoit qu'il n'osoit s'étendre de toute sa force contre l'Espagne. Je vous ai déjà dit que les Medicis n'étoient pas brouillés avec Ursin; Antoine n'étoit ni intelligent ni actif, et de plus l'on n'ignoroit pas que dans le fond du cœur, le cardinal Barberin, qui étoit très-mal à la cour de France, ne l'emportât. De Lionne n'y pouvoit pas prendre une entière confiance, parce qu'il ne se pouvoit pas assurer que le cardinal Barberin, qui vouloit aujourd'hui Sachetti qui étoit agréable à la France, n'en voulût pas demain un autre qui lui fût désagréable; et cette même considération diminuoit encore de beaucoup la confiance que de Lionne eust pu prendre au cardinal d'Est, parce qu'on sçavoit qu'il gardoit toujours beaucoup d'égards avec le cardinal Barberin, et par l'amitié qui avoit été long-temps entre eux, et par la raison de la duchesse de Modène, qui étoit sa

---

(1) Le duc de Lionne était arrivé à Rome depuis peu de jours avec le titre d'ambassadeur extraordinaire. Gueffier, qui avait géré les affaires de France depuis le départ du Bailly de Vallançay, informa le comte de Brienne de l'arrivée à Rome de cet ambassadeur par la lettre suivante :

« De Rome, 25 janvier 1655.

» Enfin M. de Lyonne arriva icy vendredi à cinq heures de nuit, ayant laissé madame sa femme par les chemins, qui est aussy arrivée le jour suivant, et tous en bonne santé, Dieu mercy. J'ay veu par les avis publics de Gênes qu'il a esté reçu là en qualité d'ambassadeur, et traité fort magnifiquement; de sorte que l'on croit qu'il prendra ici la même qualité; M. le cardinal Antoine luy ayant fait apprêter le palais Frangipanni, qui est maintenant à lui, il y est venu descendre et y sera fort bien logé avec son train : l'étant allé saluer le lendemain ma-

tin, il me demanda entr'autres choses comment se gouvernoit icy le cardinal de Retz, et luy ayant dit que je n'en savois rien, m'estant bien gardé de l'aller voir sur les défenses que j'en avois eues du roy; comme je ne connoissois aussy aucun des siens, j'ajoutay seulement que j'avois sceu qu'il avoit fait imprimer icy une lettre adressée à MM. les évesques de France, pour sa justification et contre les mauvais traittemens qu'il dit là-dedans avoir receus de ses ennemis, en protestant qu'il est toujours très-fidelle sujet et serviteur du roy. J'ay eu peine d'avoir cette lettre, car elle ne se vend point; mais enfin j'ay tant fait que j'en ay eu une, désirant vous l'envoyer par cet ordinaire icy, devant quoy il a voulu la voir; s'il me la renvoye devant le partement de cet ordinaire, vous la trouverez avec celle-cy.

» Je suis, etc.

» GUEFFIER. »

nièce. Bichi n'étoit pas selon le cœur de Mazarin, qui le croyoit trop fin et très-mal disposé pour lui, comme il étoit vrai. Voilà, comme vous voyez, un détail qui vous peut empêcher de vous étonner de ce que la faction d'une couronne puissante et heureuse n'étoit pas considérée autant qu'elle devoit l'être dans une conjoncture pareille. Vous en serez encore moins surprise, quand il vous plaira de faire réflexion sur le premier mobile qui donnoit le mouvement à des ressorts aussi mal assortis, ou plutôt aussi dérangés qu'étoient ceux que je viens de vous montrer. De Lionne n'étoit connu à Rome que comme un petit secrétaire de M. le cardinal Mazarin. On l'y avoit vu, dans le temps du ministère de M. le cardinal de Richelieu, particulier d'un assez bas étage, et de plus brelandier et concubinaire public. Il eut depuis quelque espèce d'emploi en Italie, touchant les affaires de Parme; mais cet emploi n'avoit pas été assez grand pour le devoir porter d'un saut à celui de Rome, ni son expérience assez consommée pour lui confier la direction d'un conclave, qui est incontestablement de toutes les affaires la plus aiguë. Les fautes de ce genre sont assez communes dans les états qui sont dans la prospérité, parce que l'incapacité de ceux qu'ils employent s'y trouve souvent suppléée par le respect que l'on a pour leur maître. Jamais royaume ne s'est plus confié en ce respect que la France, dans le temps du ministère du cardinal Mazarin. Ce n'est pas jeu sûr : il l'éprouva dans l'occasion dont il s'agit. M. de Lionne n'y eut ni assez de dignité, ni assez de capacité, pour tenir l'équilibre entre tous ces ressorts qui se démanchoient. Nous le reconnûmes en peu de jours, et nous nous en servîmes utilement pour notre fin.

Je vous ai déjà dit, ce me semble, qu'ayant été averti que de Lionne avoit mécontenté M. le cardinal Ursin sur un reste de pension qui n'étoit que de mille écus, j'en informai M. le cardinal de Médicis assez à temps, pour lui donner lieu de le gagner à une condition si petite, que pour l'honneur de la pourpre je crois que je ferois bien mieux de ne la point dire. Vous verrez dans la suite que nous nous servîmes encore avec plus de fruit de l'indisposition que M. le cardinal Bichi avoit pour lui, pour diviser et pour déconcerter encore la faction de France plus qu'elle ne l'étoit. Mais comme ce n'étoit pas celle que nous appréhendions le plus, quoique ce fût celle qui nous fût le plus opposée, nous n'avancions notre travail du côté qui la regardoit, que subordinément au progrès que nous faisions des deux autres, d'où nous craignions, et avec raison, de trouver plus de difficulté. Vous avez déjà vu les raisons pour lesquelles nous ne pouvions pas ignorer que l'Espagne et les Médicis donneroient mal-aisément à Chigi, et vous avez aussi vu la manœuvre que nous faisions pour lever peu à peu, et même imperceptiblement, leurs indispositions. Je dis imperceptiblement, et ce fut là notre plus grand embarras : car si Barberin se fût seulement le moins du monde apperçu que nous eussions eu la moindre vue pour Chigi, il nous auroit échappé infailliblement, parce qu'avec toute la vertu imaginable, il a tout le caprice possible, et qu'il ne se fût jamais empêché de s'imaginer que nous le trompions sur le sujet de Sachetti. Ce fut proprement en cet endroit où j'admirai la bonne foi, la prévoyance, l'activité, et la pénétration de l'escadron, et particulièrement d'Azolin, qui fut celui qui se donna le plus de mouvement. Il ne s'y fit pas un pas à l'égard de Barberin et de Sachetti, qui ne pût être avoué par la morale la plus sévère. Comme l'on voyoit clairement que tout ce que l'on faisoit pour lui seroit inutile par l'événement, l'on n'oublia aucunes démarches de celles que l'on jugea être utiles à lever les indispositions que l'on prévoyoit se devoir trouver de la part de la France, de l'Espagne et de Florence, et même de Barberin, à l'exaltation de Chigi, lorsqu'elle seroit en état d'être proposée. Comme l'on ne pouvoit douter que pour peu que Barberin s'apperçût de notre dessein, il n'entrât en défiance de nous-mêmes, nous couvrîmes avec une application si grande et si heureuse notre marche, qu'il ne la connut lui-même que par nous, et quand nous crûmes qu'il étoit nécessaire qu'il la connût. Ce qu'il y avoit de plus embarrassant pour nous, étoit que, comme nous avions encore plus de besoin de lui que des autres (parce qu'enfin nous en tirions notre principale force), il falloit que, par préalable même à tout le reste, nous travaillassions à lever les obstacles que nous prévoyions même très-grands à notre dessein dans la faction du pape Urbain. Nous sçavions que l'unique et journalière application des vieux cardinaux, qui en étoient, et qui voyoient comme nous l'impossibilité de réussir à l'exaltation de Sachetti, c'étoit de faire comprendre à Barberin qu'il lui seroit d'une extrême honte que l'on prît un pape qui ne fût pas de ses créatures. Tout conspiroit à lui donner cette vue; chacun prétendoit de se l'appliquer en son particulier. Ginetti ne doutoit pas que l'attachement qu'il avoit de tout temps à sa maison, ne lui en dût donner la préférence; Cecchini étoit persuadé qu'elle étoit dûe à son mérite; Rapaccioli, qui n'avoit pourtant que quarante-un ans ou un peu plus, je ne m'en souviens pas précisément, s'imaginoit que sa piété, sa capacité et son peu de santé l'y pourroient porter, même avec facilité. Fiorenzola se laissoit chatouiller par les imaginations de Grimaldi, dont le naturel est de croire aisément tout ce qu'il désire. Ceux qui n'ont pas vu les conclaves ne se peuvent figurer les illusions des hommes en ce qui regarde la papauté, et l'on a raison de l'appeler *rabia papale*. Cette illusion toutefois étoit toute propre à nous faire manquer notre coup, parce que la clameur de toute la faction du pape Urbain étoit toute propre à faire appréhender à Barberin de perdre en un moment toutes ses créatures, s'il choissoit un pape hors d'elle. Cet inconvénient, comme vous voyez, étoit fort grand; mais nous trouvâmes le remède dans le même lieu d'où nous appréhendions le mal; car la jalousie qui étoit entre eux les obligea par avance à faire tant de pas les uns contre les autres, qu'ils fâchèrent Barberin, parce qu'ils n'eurent pas la même circonspection que nous à cacher leurs sentimens sur l'impossibilité de l'exaltation de Sachetti. Il crut qu'ils vouloient croire cette impossibilité, pour relever leurs propres intérêts. Il les considéra au commencement comme des ingrats et des ambitieux, et cette indisposition fit que, quand il vint lui-même à connoître qu'il ne pouvoit réussir à Sachetti, il se résolut plus facilement à sortir de sa faction, et à se persuader qu'il hasarderoit moins la perte de ses créatures, en leur faisant voir qu'il étoit emporté dans une autre par ses alliés, que de l'aigrir toute entière par la préférence de l'une à l'autre. Car il faut remarquer qu'elles cédoient toutes à Sachetti, à cause de son âge et de ses manières, qui, dans la vérité, étoient amiables. Ce n'est pas qu'à mon opinion il n'eût été de lui comme de Galba, digne de l'empire, s'il n'eût point été empereur; mais enfin l'on n'en étoit point là. Les autres créatures de Barberin s'étoient réglées sur ce point; mais comme ils ne croyoient pas son exaltation possible, cette déférence ne faisoit qu'augmenter la jalousie enragée qu'ils avoient par avance les uns contre les autres.

Le vieux Spada, rompu et corrompu dans les affaires, se déclara contre Rapaccioli, jusqu'à faire un libelle contre lui, par lequel il l'accusoit d'avoir cru que le diable pouvoit être reçu à la pénitence. Montalte dit publiquement qu'il avoit de quoi s'opposer en forme à l'exaltation de Fiorenzola. Celui-ci, dont je vous ai déjà parlé, fit une description assez plaisante de la beauté du carnaval, que la signora Basti, belle et galante, nièce de Cecchini, donneroit au public, si son oncle étoit pape. Toutes ces aigreurs, toutes ces niaiseries, peu dignes à la vérité d'un conclave, déplurent au dernier point à Barberin, esprit pieux et sérieux, et ne nuisirent pas à notre dessein dans la suite que vous allez voir.

Il me semble que je vous ai déjà dit que ce conclave dura environ quatre-vingts jours. Il y en eut plus de deux tiers employés comme je vous l'ai dit ci-devant, parce que M. le cardinal Barberin ne se pouvoit ôter de l'esprit que nous emporterions enfin Sachetti, par notre opiniâtreté. Nous pouvions moins que personne le désabuser, par la raison que vous avez déjà vue, et je ne sçais si la chose n'eût pas été encore bien plus loin, si Sachetti, qui se lassoit de se voir ballotter réglement quatre fois par jour sans aucune apparence de réussite, ne lui eût lui-même ouvert les yeux. Ce ne fut pas toutefois sans beaucoup de peine. Il y réussit enfin, et, après que nous eûmes observé toutes les brèves et les longues, pour ne lui laisser aucun lieu de soupçonner que nous eussions part à cette démarche de Sachetti, dans laquelle, pour le vrai, nous n'en avions aucune, nous discutâmes avec lui la possibilité des sujets de sa faction. Nous nous apperçumes d'abord qu'il s'y trouvoit lui-même fort embarrassé, et même avec beaucoup de raison. Nous n'en fûmes pas fâchés, parce que cet embarras nous donna lieu de tomber sur les sujets des autres factions, et nous porta insensiblement jusqu'à Chigi. M. le cardinal Barberin, qui a, dès son enfance, aimé jusqu'à la passion la piété, et qui estimoit beaucoup celle qu'il croyoit en Chigi, se rendit avec assez de facilité, et il n'y eut, à dire le vrai, qu'un scrupule, qui fut que Chigi, qui étoit fort ami des jésuites, pourroit peut-être donner atteinte à la doctrine de saint Augustin, pour laquelle Barberin avoit plus de respect que de connoissance. Je fus chargé de m'en éclaircir avec lui, et je m'acquittai de ma commission d'une manière qui ne blessa ni mon devoir, ni la prétendue tendresse de conscience de Chigi. Comme dans les grandes conversations que j'avois eues avec lui dans les scrutins, il m'avoit pénétré, ce qui lui étoit fort aisé, parce que je ne me couvrois pas auprès de lui; il avoit connu que je n'approuvois point qu'on s'entêtât pour les personnes, et qu'il suffisoit d'éclaircir la vérité. Il me témoigna entrer lui-même dans ces sentimens, et j'eus sujet de croire qu'il étoit tout propre par ses maximes à rendre la paix à l'église. Il s'en expliqua lui-même assez publiquement et raisonnablement : car Albizi, pensionnaire des jésuites, s'étant emporté, même avec brutalité, contre l'extrémité, se disoit-il, de l'esprit de saint Augustin, Chigi prit la parole avec vigueur, et il parla comme le respect que l'on doit au docteur de la grâce le requiert. Cette rencontre assura absolument Barberin, et beaucoup plus encore que tout ce que je lui en avois dit. Dès qu'il eut pris son parti, nous commençâmes à mettre en œuvre les matériaux que nous n'avions fait jusques-là que disposer. Nous agîmes chacun de notre côté, suivant que nous l'avions projeté. Nous nous expliquâmes de ce que nous avions le plus souvent caché avec soin, ou que nous n'avions tout au plus qu'insinué. Borromée et Aquaviva se développèrent plus pleinement envers l'ambassadeur d'Espagne. Azolin brilla dans les diverses factions avec plus de liberté. Je m'étendis de toute ma force envers le cardinal doyen; il prit confiance en moi sur le désir qu'il avoit d'adoucir le grand-duc par les Barberins. Le cardinal Barberin l'y eut toute entière sur la joie qu'il en avoit. Azolin ou Lomelin, je ne me souviens pas précisément lequel ce fut, découvrit que Bichi, qui étoit allié à Chigi, étoit très-bien intentionné pour lui dans le fond. Il entra dans ce commerce habilement et adroitement, et si bien que Bichi, qui ne crut pas que le Mazarin eût assez de confiance en lui pour concourir sur sa parole à l'exaltation de Chigi, employa, pour le persuader, Sachetti, qui, lassé, comme il me semble que je vous l'ai dit ci-dessus, de se voir ballotté inutilement tous les soirs et tous les matins, lui dépêcha un courrier pour l'avertir que Chigi seroit pape en dépit de la France, si elle faisoit tant que de lui donner l'exclusion, comme l'on disoit; car, dès qu'on le vit sur les rangs, tous les subalternes, selon le style de la nation, publièrent que le roi ne le souffriroit jamais. Mazarin ne fut pas de leur sentiment, et il renvoya par le même courrier ordre à de Lionne de ne le point exclure (1). Il eut

raison, car je suis persuadé que si l'exclusion fût arrivée, Chigi eût été pape trois jours plutôt qu'il ne le fut.

Les couronnes ne doivent jamais hasarder facilement ces exclusions : il y a des conclaves où elles peuvent réussir ; il y en a d'autres où le succès en seroit impossible. Celui-là étoit du nombre. Le sacré collége étoit fort, et de plus il sentoit sa force.

Les choses étant dans l'état que je viens de poser, MM. les cardinaux de Medicis et Barberin me chargèrent sur les neuf heures du soir d'en aller porter la nouvelle à M. le cardinal Chigi. Je le trouvai au lit ; je lui baisai la main. Il m'entendit, et il me dit en m'embrassant : *Ecco l'efetto de la buona vicinanza.* Je vous ai déjà dit que j'étois au scrutin auprès de lui. Tout le collége y accourut ensuite. Il m'envoya quérir sur les onze heures, après que tout le monde fut sorti de sa cellule, et je ne puis vous exprimer les bontés avec lesquelles il me traita. Nous allâmes tous prendre le lendemain au matin dans sa cellule, et nous l'accompagnâmes à la chapelle du scrutin, où il eut, ce me semble, toutes les voix, à la réserve d'une, ou tout au plus de deux. Le soupçon tomba sur le vieux Spada, Grimaldi et Rosetti, lesquels, à la vérité, furent les seuls qui improuvèrent, au moins publiquement, son exaltation. Grimaldi me dit à moi-même que j'avois fait un choix dont je me repentirois en mon particulier, et il se trouva par l'événement qu'il dit vrai. J'attribuai son discours à son travers ; l'aversion de Spada à l'envie qui lui étoit naturelle ; et celle de Rosetti, à l'appréhension qu'il avoit de la sévérité de Chigi. Je crois encore que je ne me trompois pas dans ce jugement, quoique j'avoue qu'ils ne se trompoient pas eux-mêmes pour le fond. Ce qui est constant, est que jamais élection de pape (2) n'a été plus universellement applaudie. Il ne se

---

(1) « De Rome, ce 17 mars 1665.
« Par la despêche que m'a apportée de la cour, du 4 mars, le courrier Acciacaferro, le roy m'ordonne de faire savoir à M. le cardinal d'Est, protecteur de ses affaires, et à monseigneur le cardinal Anthoine, grand aumônier de France, que Sa Majesté ayant considéré l'état présent des affaires du conclave, et fait d'ailleurs grande réflexion sur ce que les dits seigneurs cardinaux, en divers temps, et d'autres personnes, ont représenté à Sa Majesté du mérite, probité et rectitude des intentions de M. le cardinal Chigi, et qu'estant eslevé au pontificat, il y auroit tout sujet de s'en promettre que l'église de Dieu en seroit bien régie, et qu'aymant la justice au point qu'il fait, la France en recevroit toute sorte de bon traitement et de graces, comme d'un véritable père commun, Sadite Majesté révocque les ordres qu'elle avoit ci-devant donnés à messeigneurs les cardinaux de son parti de faire l'exclusion audit seigneur cardinal Chigi, et désire que non-seulement ils concourent à son élection, mais qu'ils la procurent, en cas que l'on perde à la fin toute espérance de faire réussir celle de monseigneur le cardinal Sachetti, dont ils devront poursuivre de tout leur pouvoir l'exaltation, sans s'en départir pour quelque cause ou prétexte que ce puisse estre, tant que monseigneur le cardinal Barberin et le parti indépendant demeureront fermes et constans en la pratique dudit seigneur cardinal Sachetti, et croiront pouvoir en surmonter les obstacles par patience et par industrie.
» Je suis, etc. » DE LIONNE. »

(2) « De Rome, 7 avril 1655.
» Enfin, Dieu a donné contre l'opinion de beaucoup de monde un Pape à la chrétienté, qui est le cardinal Chigi, un des meilleurs sujets que l'on pouvoit désirer, qui fut esleu hier au soir, 6 de ce mois, lequel a pris le nom d'Alexandre VII. Ce matin, il a paru au portique de l'église de Saint-Pierre, ayant donné la bénédiction à une grande partie du peuple de Rome, dont toute la place estoit remplie. Le bruit continue que le cardinal

défaillit pas à lui-même dans les premiers momens qui, par une imperfection assez bizarre de la nature humaine, surprennent davantage les gens qui les attendent avec le plus d'impatience. La suite a fait voir qu'il n'étoit pas assez homme de bien pour n'en avoir pas eu beaucoup dans ce rencontre. Il fut si éloigné d'en donner aucunes marques, que nous eûmes sujet de croire qu'il en avoit même de la douleur. Il pleura amèrement au même moment que l'on relisoit le scrutin qui le faisoit pape ; et comme il vit que je le remarquois, il m'embrassa d'un bras, et prit de l'autre Lomelin, qui étoit au-dessous de lui, et il nous dit à l'un et à l'autre : « Pardonnez » cette foiblesse à un homme qui a toujours aimé » ses proches avec tendresse, et qui s'en voit sé- » paré pour jamais. » Nous descendîmes, après les cérémonies accoutumées, à Saint-Pierre ; il affecta de ne s'asseoir que sur le coin de l'autel (1), quoique les maistres des cérémonies lui dirent que la coustume estoit que les papes se missent justement sur le milieu. Il y receut l'adoration du sacré collège avec beaucoup plus de modestie que de grandeur, avec beaucoup plus d'abattement que de joie ; et lorsque je m'approchai à mon tour pour lui baiser les pieds, il me dit en m'embrassant, si hault, que les ambassadeurs d'Espagne et de Venise, et le connestable Colonne l'entendirent : » Signor cardinal de Rais, » *ecce opus manuum tuarum.* » Vous pouvez juger de l'effet que fit ceste parole. Les ambassadeurs la dirent à ceux qui estoient auprès d'eux ; elle se respandit en moins d'un rien dans toute l'église. Chastillon, frère de Barrillon, me la redit une heure après, en me rencontrant comme je sortois, et je retournai cheux moi, accompagné de plus de six vingt carosses, qui estoient pleins de gents très-persuadés que j'allois gouverner le pontificat. Je me souviens que Chastillon me dit à l'oreille : « Je suis résolu de » compter les carosses pour en rendre ce soir » un compte exact à M. de Lionne ; il ne fault » pas espargner ceste joie au cocu. »

Je vous ai promis quelques épisodes, je vais vous tenir ma parole. Vous aves déjà veu que la faction de France avoit un ordre du roi, non pas seulement de ne pas communiquer avec moi, mais mesme de ne me pas saluer. M. le cardinal d'Est évita avec soin de me rencontrer ; quand il ne le peut, il tourna la teste de l'autre costé, ou il fit semblant de ramasser un mouchoir, ou de parler à quelqu'un ; enfin, comme il a tousjours affecté de paroistre ecclésiastique, il affecta aussi, à mon opinion, de témoigner en ceste occasion, qu'une conduite qui blaissoit mesme l'apparance de la charité chrestienne, lui faisoit de la peine. Antoine me saluoit tousjours fort honnestement, quand personne ne le voyoit ; mais comme il estoit fort bas à la cour, et fort timide, il se redressoit en public. Et Ursin, qui estoit l'asme du monde la plus vile, me morguoit esgalement partout. Bicchi me saluoit tousjours civilement, et Grimaldi n'observoit l'ordre du roi qu'en ce qu'il ne me visitoit pas, car il me paroit mesme dans la rencontre, et tousjours fort honnestement. Ce détail vous paroist sans doubte une minutie ; mais ce qui fait que je ne l'obmests pas, est qu'il me paroit estre une véritable et bien naturelle image de la lasche politique des courtisans. Chacun d'eux la monte et la baisse à son cran, et leur inclination la règle sans comparaison davantage que leur véritable intérest. Ils se conduisirent touts dans le conclave différemment sur mon subjet. J'observai qu'ils s'en turent touts esgalement à la cour ; j'ai appliqué, depuis, cet exemple à mil autres. Je vivois avec autant d'honnesteté à leur esgard, que s'ils eussent fort bien vescu avec moi. J'avois tousjours la main au bonnet devant eux de cinquante pas, et je poussois ma civilité jusques à l'humilité. Je disois à qui le vouloit entendre, que je leur rendois ces

de Médicis a bonne part à son élection, et M. le cardinal Antoine aussy. Vous en pourrez savoir les particularités par les dépêches de M. de Lyonne, qui luy a été ce matin baiser les pieds. Il ne vous pourra mander grand chose de ses bonnes qualités que par ouy dire, pour ne l'avoir veu à son arrivée, étant déjà enfermé au conclave ; mais je vous puis dire, ayant eu l'honneur de traiter quelques affaires avec lui devant la venue de mondit sieur, que c'est un des plus dignes sujets que l'on pouvoit choisir, premièrement pour sa grande piété, estant estimé un des plus dévots de tous les cardinaux, et puis pour sa grande capacité et suffisance, ayant esté employé depuis plusieurs années ès plus belles charges que donne le saint-siège, tant dans l'estat ecclésiastique que dehors, s'estant fait connoistre tel, principalement ès emplois qu'il a eus en Allemagne, où il se montra surtout grandement désireux de la paix de la chrestienté,

ce qui fait espérer qu'un de ses principaux soins sera de la procurer principalement entre la France et l'Espagne. Quand j'eus l'honneur de le voir, touchant le logement des deux régimens en deux terres du Piémont, appartenant au saint-siège, dont je vous donnai alors avis, comme il est fort franc et courtois en sa conversation, il me le fit de me recevoir toujours fort gracieusement et de me tesmoigner par occasion le déplaisir qu'il avoit de cette guerre-là, me disant avec quelques mots en françois, pour montrer qu'il en savoit la langue, qu'il affectionnoit le roy de la nation. Il est Siennois, et tous ces gens-là ayment la France, ce qui doit faire espérer qu'il ne luy sera pas contraire ; c'est ce que je vous en puis dire pour cette heure, vous priant de me permettre que je me die toujours, Monseigneur, vostre, etc.

» GUEFFIER. »

(1) Premier fragment du manuscrit.

respects non pas seulement comme à mes confrères, mais encore comme à des serviteurs de mon roi. Je parlois en François, en chrestien, en ecclésiastique; et Ursin m'ayant un jour morgué si publiquement, que tout le monde s'en scandalisa, je renouvellai d'honnesteté pour lui à un point, que tout le monde s'en édifia. Ce qui arriva le lendemain, releva ceste modestie, ou plustost ceste affectation de modestie. Le cardinal Jean Carles de Médicis, qui estoit naturellement impétueux, s'esleva contre moi, sur ce que j'estois, ce disoit-il, trop uni avec l'escadron. Je lui respondis avec toute la considération que je debvois et à sa personne et à sa maison. Il ne laissa pas de s'eschauffer, et de me dire que je me debvrois souvenir des obligations que ma maison avoit à la sienne; sur quoi je lui dis que je ne les oublierois jamais, et que M. le cardinal doyen et M. le grand-duc en estoient très-persuadés. « Je ne le suis pas,
» moi (reprit-il tout d'un coup), que vous vous
» souvenies bien que, sans la reine Catherine,
» vous series un gentilhomme comme un autre à
» Florence.—Pardonnes-moi, monsieur (lui respondis-je, en présence de douze ou quinze cardinaux), et pour vous faire veoir que je sçais
» bien ce que je serois à Florence, je vous dirois
» que si j'y estois selon ma naissance, j'y serois
» autant au-dessus de vous, que mes prédécesseurs y estoient au-dessus des vostres il y a
» quatre cens ans. » Je me tournai ensuite vers ceux qui estoient présens, et je leur dis : « Vous
« voyes, messieurs, que le sang françois s'esmeut
» aisément contre la faction d'Espagne. » Le grand-duc et le cardinal doyen eurent l'honnesteté de ne se point aigrir de ceste parole; et le marquis Ricardi, ambassadeur du premier, me dit au sortir du conclave, qu'elle lui avoit mesme pleu, et qu'il avoit blasmé le cardinal Jean Carles.

Il y eut une autre scène quelques jours après, qui me fut asses heureuse. Le duc de Terancieva, ambassadeur d'Espagne, présenta un mémorial au sacré collége, à propos de je ne sçais quoi (1) dont je ne me souviens point, et il donna dans ce mémorial la qualité de fils aisné de l'église au roi, son maistre. Comme le secrétaire du collège le lisoit, je remarquai ceste expression, qui ne fut point, à mon sens, observée par les cardinaux de la faction. Il est au moins certain qu'elle ne fut pas relevée. Je leur en laissai tout le temps, afin de ne faire paroistre ni précipitation ni affectation. Comme je vis qu'ils demeuroient tous dans un profond silence, je me levai, je sortis de ma place, et, en m'advançant du costé de M. le cardinal doyen, je m'opposai en forme à l'article du mémorial, dans lequel le roi catholique estoit appellé fils aisné de l'église. Je demandai acte de mon opposition, et on me l'accorda et en bonne forme, signé de quatre maistres des cérémonies (fin du fragm¹.); M. le cardinal Mazarin eut la bonté de dire au roi et à la reine mère, en plein cercle, que cette pièce avoit été concertée (2) avec l'ambassadeur d'Espagne, pour m'en faire honneur en France. Il n'est jamais honneste à un ministre d'être imposteur ; mais il n'est pas même politique de porter l'imposture au-delà de toutes les apparences.

Je ne puis finir cette matiere des conclaves, sans vous en faire une peinture qui vous les fasse connoître, et qui efface l'idée que vous avez sans doute prise sur le bruit commun, et peut-être sur la lecture de ces relations fabuleuses qui en ont été faites. Ce que je viens même de vous exposer de celui d'Alexandre VII (3) ne vous en aura pas détrompée ; parce que vous y avez vu des murmures, des plaintes, des aigreurs ; et c'est ce qu'il est, à mon opinion, nécessaire de vous expliquer. Il est certain qu'il y eut dans ce conclave plus de ces murmures, de ces plaintes et de ces aigreurs, qu'en aucun autre que j'aye jamais vu. Il ne l'est pas moins, qu'à la réserve de ce qui se passa entre M. le cardinal Jean-Charles et moi, dont je vous ai rendu compte, d'une parole encore sans comparaison plus légère qu'il s'attira d'Imperiale, à force de le presser, et du libelle de Spada contre Rapaccioli, il n'y eut pas dans ces murmures, dans ces plaintes et dans ces aigreurs extérieures, je ne dis pas la moindre étincelle de haine, mais même d'indisposition. On y vécut toujours ensemble avec le même respect, et la même civilité que l'on observe dans les cabinets des rois; avec la même politesse qu'on avoit dans la cour de Henri III; avec la même familiarité que l'on voit dans les colléges; avec la même modestie qui se remarque dans les noviciats, et avec la même charité, au moins en apparence, qui pourroit être entre des frères parfaitement unis. Je n'exagère rien, et j'en dis encore moins que je n'en ai vu dans les autres conclaves, dans lesquels je me suis trouvé. Je ne me puis mieux

---

(1) C'était pour rendre compte de *l'irruption honteuse du gouverneur de Milan dans les estatz du duc de Modène, et justifier son maistre.* (Journal hist.)

(2) La manière dont les ministres s'empressèrent d'expliquer cette action du cardinal de Retz, prouve assez que la cour repoussait même le bon vouloir de ce personnage à l'égard du roi. Voyez à ce sujet le Complément des Mémoires, ci-après.

(3) Fabio Chigi, né à Sienne en 1599, fut élu Pape le 7 avril 1655. Il mourut le 22 mai 1667.

m'exprimer sur ce sujet qu'en vous disant, que même dans celui d'Alexandre VII que l'impétuosité de M. le cardinal Jean-Charles de Médicis éveilla, ou plutôt dérégla un peu, la réponse que je lui fis ne fut excusée, que parce qu'il n'y étoit point aimé; que celle d'Imperiale y fut condamnée, et que le libelle de Spada y fut détesté et désavoué dès le lendemain au matin par lui-même, à cause de la honte qu'on lui en fit. Je puis dire avec vérité, que je n'ai jamais vu dans aucun des conclaves auxquels j'ai assisté, ni un seul cardinal, ni un seul conclaviste s'emporter; j'en ai vu même fort peu qui s'y soient échauffés. Il étoit rare d'y entendre une voix élevée, ou d'y remarquer un visage changé. J'ai souvent essayé d'y trouver de la différence dans l'air de ceux qui venoient d'être exclus, et je puis dire avec vérité qu'à la réserve d'une seule fois, je n'y en ai jamais trouvé. L'on y est même si éloigné du soupçon de ces vengeances, dont l'erreur commune charge l'Italie, qu'il est assez ordinaire que l'excluant y boive à son dîner du vin que l'exclus du matin lui vient d'envoyer. Enfin j'ose dire qu'il n'y a rien de plus sage ni de plus grand, que l'extérieur ordinaire d'un conclave. Je sçais bien que la forme qui s'y pratique depuis la bulle de Grégoire, contribue beaucoup à le régler: mais il faut avouer qu'il n'y a que les Italiens au monde capables d'observer cette règle avec autant de bienséance qu'ils le font. Je reviens à la suite de ma narration.

Vous croyez aisément que je ne manquai pas dans le cours du conclave de prendre les sentimens de M. le cardinal Chigi, et de mes amis de l'escadron, sur la conduite que j'avois à tenir après que j'en serois sorti. Je prévoyois qu'elle seroit assez difficile, et du côté de Rome, et du côté de France; et je connus dès les premières conversations, que je ne me trompois pas dans ma prévoyance. Je commencerai par les embarras que je trouvai à Rome, que j'expliquerai de suite, pour ne point interrompre le fil du récit; et je ne reviendrai à ce que je fis du côté de France, qu'après que je vous aurai exposé la conduite que je pris en Italie. Mes amis qui n'étoient nullement parties en ce pays-là, et qui, selon le génie de notre nation qui traite toutes les autres par rapport à elle, s'imaginoient qu'un cardinal persécuté pouvoit et devoit même vivre presque en homme privé à Rome, m'écrivoient par toutes leurs lettres (1), qu'il étoit de la bienséance que je demeurasse toujours dans la maison de la Mission, où je m'étois effectivement logé sept ou huit jours après que je fus arrivé. Ils ajoutoient qu'il étoit nécessaire que je ne fisse aucune dépense, et parce que tous mes revenus étant saisis en France avec une rigueur extraordinaire, je n'en pourrois pas même soutenir une médiocre, et parce que cette modestie feroit un effet admirable dans le clergé de Paris, duquel j'aurois un grand besoin dans les suites. Je parlai sur ce ton à M. le cardinal Ghisi, qui passoit pour le plus grand ecclésiastique qui fût au-delà des monts; et je fus bien surpris quand il me dit: « Non, non, Monsieur, quand vous serez rétabli dans votre siège, vivez comme il vous plaira, parce que vous serez dans un pays où l'on sçaura ce que vous pouvez, et ce que vous ne pouvez pas. Vous êtes à Rome où vos ennemis disent tous les jours que vous êtes décrédité en France. Il est de la nécessité de faire voir qu'ils ne disent pas vrai. Vous n'êtes pas hermite, vous êtes cardinal, et cardinal d'une volée que nous appelons en ce pays, *dei cardinaloni*. Nous y estimons peut-être plus qu'ailleurs la modestie; mais il faut à un homme de votre âge, de votre

---

(1) *Lettre du duc de Noirmoutier au cardinal de Retz, sur le voyage de S. E. à Rome.*

« Monseigneur, les personnes du mérite et de la vertu de M. l'abbé de Lamet ne portent jamais de longues lettres; ce qu'ils disent vaut incomparablement mieux que tout ce que l'on peut escrire. Il rendra compte à V. E. du détail de ce qui s'est passé. (*Et quorum pars magna fui.*) Vous voyez que je n'ay pas oublié Virgile; il me reste seulement à supplier V. E. de considérer qu'elle va paroistre à Rome sur un nouveau théâtre; les hommes y sont fainéans, les spectateurs y sont cruels, et par conséquent, le nombre de ceux qui auront la veue attachée sur votre conduite sera grand. Je sçais, monseigneur, que votre prudence est au-dessus de tout, mais il est impossible, lorsque l'on a beaucoup d'affaires, que l'on ne se confie à plusieurs personnes; c'est sur cela, monseigneur, que vous devez examiner davantage à l'avenir le choix de vos amis. Ceux qui sont demeurés à Paris durant votre prison, et auxquels vous aviez jugé à propos de donner votre secret, ou vous ont trahy, ou du moins vous ont fort mal servi, et parce que ce sont gens de peu de mérite, et qui estoient capables de faire ce qu'ils soupçonnoient des autres. Ils n'ont rien oublié pour rendre ma conduite suspecte aussy tost que vous fûtes arresté; vous auriez peut-estre lieu de croire que mon ressentiment me fait parler, mais comme je n'ay pas besoin d'apologie, et que ces misérables-là ne sont dignes que de mon mépris, V. E. se doit persuader sans peine que je ne considère en cela que sa personne et ses intérêts; je me suis perscrit une forme de vie, laquelle m'empesche d'en avoir jamais d'autres que ceux de vous servir; c'est une debte à laquelle je satisferay fort exactement; quand vous iriez à la Chine aussy bien qu'à Rome, je feray toujours mon devoir en France, et c'est, à mon advis, une action si ordinaire à suivre ce que l'on a commencé, que je ne prétends nul avantage ny de V. E., ny de l'estime du public pour estre toute ma vie, avec la mesme fidélité inviolablement, Monseigneur, etc,
» NOIRMOUTIER. »

naissance et de votre sorte, qu'elle soit tempérée; il faut de plus qu'elle soit si volontaire (1), qu'il n'y ait pas seulement le moindre soupçon qu'elle soit forcée. Il y a beaucoup de gents à Rome qui aiment à assassiner ceux qui sont à terre; n'y tombes pas, mon cher Monsieur, et faites réflexion, je vous supplie, quel personnage vous joueres dans les rues avec les six estafiers dont vous parles, quand vous y trouveres un petit bourgeois de Paris, qui ne s'arrestera pas devant vous, et qui vous bravera, pour faire sa cour au cardinal d'Est. Vous ne debvies pas venir à Rome, si vous n'esties pas en résolution et en pouvoir d'y soutenir vostre dignité. Nous ne mettons point l'humilité chrétienne à la perdre; et je n'ai rien à vous dire, si ce n'est que le pauvre cardinal Ghisi, qui vous parle, qui n'a que cinq mille escus de rentes, et qui est sur le pied du plus gueux des cardinaux moines, ne peut aller aux fonctions sans quatre carrosses de livrée, roulans ensemble, quoiqu'il soit asseuré qu'il ne trouvera personne dans les rues qui manque en sa personne au respect que l'on doit à la pourpre. »

Voilà une petite partie de ce que le cardinal Ghisi me disoit tous les jours, et de tout ce que mes autres amis, qui n'estoient pas, ou du moins qui ne faisoient pas les ecclésiastiques si zélés que lui, m'exagéroient encore beaucoup davantage. M. le cardinal Barberin éclatoit encore plus que touts les autres contre ce projet de retranchement. Il m'offroit sa bourse : mais comme je ne la voulois pas prendre, et comme mesme j'eusse esté fort aise de n'estre pas à charge à mes proches et à mes amis de France, je me trouvois fort en peine; et d'autant plus, que je les voyois très-disposés à croire que la grande dépense ne m'estoit nullement nécessaire à Rome. Je n'ai guère eu, dans ma vie, de rencontre plus fascheuse que celle-là; et je vous puis dire avec vérité, que je ne sçais qu'une occasion où j'ai eu plus de besoing de faire un effort terrible sur moi, pour m'empescher de faire ce que j'aurois souhaité. Si je me fusse creu, je me serois réduit à deux estafiers. La nécessité l'emporta. Je connus visiblement que je tomberois dans le mespris, si je ne me soubstenois avec éclat : je cherchai un palais pour me loger; je rassemblai toute ma maison, qui estoit fort grande, je fis des livrées modestes, mais nombreuses de quatre-vingts personnes; je tins une grande table. Les abbés de Courtenai et de Sévigné se rendirent auprès de moi. Campy, qui avoit commandé le régiment italien de M. le cardinal Mazarin, et qui s'estoit depuis attaché à moi, me joignit. Tous mes domestiques y accourutent. Ma dépense fut très-grande dans le conclave; elle fut très-grande quand j'en fus sorti. Elle fut nécessaire; et l'événement fit cognoistre que le conseil de mes amis d'Italie estoit mieux fondé que celui de mes amis de France : car M. le cardinal d'Est, ayant défendu, dès le lendemain de la création du pape, à touts les François, de la part du roi, de s'arrester devant moi dans les rues, et mesme aux supérieurs des églises françoises de me recevoir, je fusse tombé dans le ridicule, si je n'eusse esté en estat de faire respecter ma dignité; et vous alles cognoistre clairement ceste vérité, par la response que le pape me fit lorsque je le suppliai de me prescrire de quelle manière il lui plaisoit que je me conduisisse à l'égard de ces ordres de M. le cardinal d'Est. Je vous la dirai, après que je vous aurai rendu compte des premières démarches qu'il fit après sa création.

Il fit apporter dès le lendemain mesme, avec apparat, son cercueil (2) sous son lit; il donna le jour suivant un habit particulier aux caudataires des cardinaux; il défendit le troisiesme aux cardinaux de porter le deuil, au moins en leurs personnes, mesme de leur père. Je me le tins pour dit, et je dis moi-mesme à Azzolin, qui en convint, que nous estions pris pour duppes, et que le pape ne seroit jamais qu'un fort pauvre homme. Le cavalier Bernin (3), qui avoit bon sens, remarqua deux ou trois jours après, que le pape n'avoit observé dans une statue qu'il lui faisoit voir, qu'une petite frange qui étoit au bas de la robe de celui qu'elle représentoit. Ces observations paroissent légères; elles sont certaines. Les grands hommes peuvent avoir de grands foibles, ils ne sont pas mesme exempts de touts les petits; mais il y en a dont ils ne sont pas susceptibles; et je n'ai jamais veu, par exemple, qu'ils ayent entamé un grand emploi par des bagatelles. Azzolin, qui fit les mesmes remarques que moi, me conseilla de ne pas perdre un moment à engager Rome à ma protec-

---

(1) Deuxième fragment du manuscrit.
(2) « De Rome, 10 avril 1655.
» Le mesme jour, le Pape ordonna au chevalier Bernini de luy faire le cercueil où il doit estre mis après sa mort, qu'il veut tenir dans sa chambre, afin que, parmy les grandeurs, il songe continuellement de quelles façons elles doivent finir. » (Extrait d'une lettre de Lionne au cardinal Mazarin.)

(3) Giovanni-Lorenzo Bernini, dit le cavalier Bernin. Il était statuaire, architecte et peintre. En 1665, Louis XIV le fit venir pour présider à la restauration du Louvre. Comme ses plans auraient exigé qu'on détruisit ce qui existait, on préféra ceux de Perrault, à qui l'on doit la fameuse colonnade. Bernin remplit le XVIIe siècle de sa réputation, Rome de ses ouvrages. Ses compatriotes l'appelaient le Michel-Ange moderne. Il mourut en 1680.

tion, par la prise du *pallium* de l'archevesché de Paris. Je le demandai dans le premier consistoire, devant qu'on eust seulement fait réflexion que je pensasse à le demander. Le pape me le donna (1) naturellement, sans y faire lui-mesme de réflexion. La chose estoit dans l'ordre et il ne la pouvoit refuser, selon les règles : mais vous verres par les suites, que ce n'estoient pas les règles qui le régloient. Ce pas me fit croire qu'il n'auroit pas au moins de peine à faire que l'on me traitast de cardinal à Rome. Je me plaignis à lui des ordres contraires que M. le cardinal d'Est avoit donnés à touts les François. Je lui représentai qu'il ne se contentoit pas de faire le souverain dans Rome, en me dégradant des honneurs temporels, mais qu'il y faisoit encore le souverain pontife, en m'interdisant les églises françoises. L'étoffe étoit large, je ne m'en fis pas faulte. Le pape, à qui M. de Lionne s'estoit plaint, avec un esclat qui passa jusqu'à l'insolance, de la concession du pallium, me parut fort embarrassé. Il parla beaucoup contre le cardinal d'Est ; il déplora la misérable coustume (ce fut son mot) qui avoit assubjesti plutost qu'attaché les cardinaux aux couronnes, jusques au point d'avoir formé entre eux-mesmes des schismes scandaleux ; il s'étendit avec emphase sur la thèse : mais j'eus mauvaise opinion de mon affaire, quand je vis qu'il demeuroit si longtemps sur le général, sans descendre au particulier ; et je m'apperçus aussitost que ma crainte n'estoit pas vaine, parce qu'il s'expliqua enfin, après beaucoup de circonlocutions, en ces termes : « La politique de mes prédécesseurs ne
» m'a pas laissé un champ aussi libre que mes
» bonnes intentions le mériteroient. Je conviens
» qu'il est honteux au collège et mesme au saint-
» siège, de souffrir la licence que le cardinal
» d'Est, ou plustost que le cardinal Mazarin se
» donne en ce rencontre : mais les Espagnols
» l'ont prise presque pareille soubs Innocent, à
» l'égard du cardinal Barberin ; et mesme soubs
» Paul V, le mareschal d'Estrées n'en usa
» guères mieux envers le cardinal Borghèse. Ces
» exemples dans un temps ordinaire n'autorise-
» roient pas le mal, et je les scaurois bien
» redresser : mais vous debvés faire réflexion,
» *charo mio signor cardinale*, que la chrestienté
» est en feu ; qu'il n'y a que le pape Alexandre
» qui le puisse éteindre ; qu'il est obligé par
» ceste raison de fermer en beaucoup de ren-
» contres les yeux, pour ne se pas mettre en
» estat de se trouver inutile à un bien aussi pu-
» blic et aussi nécessaire que celui de la paix
» générale. Que dires-vous lorsque vous sçaures
» ce que Lionne m'a déclaré insolemment de-
» puis trois jours, sur ce que je vous ai donné
» le pallium, que la France ne me donneroit
» aucune part au traité dont on parle, et qui
» n'est pas si esloigné que l'on le croit ? Ce que je
» vous dis n'est pas que je vous veuille abandon-
» ner, mais seulement pour vous faire veoir qu'il
» faut que je me conduise avec beaucoup de cir-
» conspection, et qu'il est bon aussi que vous
» m'aidies de vostre costé, et que nous nous
» donnions tous les deux *tempo al tempo*. »

Si j'eusse voulu faire bien ma cour à sa sainteté, je n'avois qu'à me retirer après ce discours, qui, comme vous voyes, n'estoit qu'un préparatoire à ne point recevoir la response que je demandois : mais comme elle m'estoit absolument nécessaire, et presque pressée, parce que je me pouvois rencontrer à touts les instans dans l'embarras dont il s'agissoit, je ne creus pas que j'en deusse demeurer là avec le pape, et je pris la liberté de lui reparler avec un profond respect, en lui représentant que peut-estre au sortir du Vatican, je trouverois dans la rue le cardinal d'Est, qui n'estant que cardinal diacre, debvoit s'arrester devant moi ; que je rencontrerois infailliblement des François, dont Rome estoit toute pleine ; que je le suppliois de me donner ses ordres, avec lesquels je ne pouvois plus faillir et sans lesquels je ne sçavois ce que j'avois à faire : que si je souffrois que l'on ne me rendît pas ce que le cérémonial veult que l'on rende aux cardinaux, j'apréhendois que le sacré collége (fin du 2ᵉ fragment) n'approuvât pas ma conduite ; que si je me mettois en devoir de le faire rendre, je craignois de manquer au respect que je devois à Sa Sainteté, à laquelle seule il touchoit de régler tout ce qui nous regardoit, et les uns et les autres ; que je la suppliois très-humblement de me prescrire précisément ce que je devois faire, et que je l'assurois que je n'aurois pas la moindre peine à exécuter tout ce qu'il lui plairoit de m'ordonner, parce que je croyois qu'il y auroit autant de gloire pour moi à me soumettre à ses ordres, qu'il y auroit de honte à reconnoître ceux de M. le cardinal d'Est.

Ce fut à cet instant où je reconnus pour la première fois le génie du pape Alexandre, qui mettoit partout la finesse. C'est un grand défaut, et d'autant plus grand, quand il se rencon-

---

(1) Cette marque de protection, accordée par le Pape au cardinal, mécontenta beaucoup l'ambassadeur de France et les ministres eux-mêmes, lorsqu'ils en reçurent la nouvelle. (Voyez, ci-après, le Complément des Mémoires.)

tre dans les hommes de grandes dignités, qu'ils ne s'en corrigent jamais ; parce que le respect que l'on a pour eux et qui étouffe les plaintes, fait qu'ils demeurent presque toujours persuadés qu'ils fascinent tout le monde, même dans les occasions où ils ne trompent personne. Le pape, qui dans la vue de se disculper, ou plutôt de se débarrasser de ma conduite, soit à l'égard de la France, soit à celui du sacré collége, eût souhaité que je lui eusse contesté ce qu'il me proposoit, reprit promptement et même vivement la parole de me soumettre, que vous venez de voir, et il me dit : « Le cardinal d'Est au nom du roi ? » Le ton avec lequel il prononça ce mot, joint à ce que le marquis Riccardi, ambassadeur de Florence, m'avoit dit la veille d'un tour assez pareil qu'il avoit donné trois ou quatre jours auparavant à une conversation qu'il avoit eue avec lui ; ce ton, dis-je, me fit juger que le pape s'attendoit que je prendrois le change, que je verbaliserois sur la distinction des ordres du roi, et de ceux de M. le cardinal d'Est, et qu'ainsi il auroit lieu de dire à M. de Lionne qu'il m'avoit exhorté à l'obéissance, et à mes confrères, qu'il ne m'avoit recommandé que de demeurer dans les termes du respect que je devois au roi. Je ne lui donnai lieu ni de l'un ni de l'autre : car je lui répondis sans balancer, que c'étoit justement ce qui me mettoit en peine, et sur quoi je le suppliois de décider, parce que d'un côté, le nom du roi paroissoit, pour lequel je devois avoir toutes sortes de soumissions, et que de l'autre, je voyois celui de Sa Sainteté si blessé, que je ne croyois pas devoir en mon particulier donner les mains à une atteinte de cette nature, que je n'en eusse au moins un ordre exprès. Le pape battit beaucoup de pays pour me tirer, ou plutôt pour se tirer lui-même de la décision que je lui demandois. Je demeurai fixe et ferme. Il courut, il s'égaya, ce qui est toujours facile aux supérieurs. Il me répéta plusieurs fois que le roi étoit un grand monarque. Il me dit d'autres fois, que Dieu étoit encore plus puissant que lui. Tantôt il exageroit les obligations que les ecclésiastiques avoient à conserver les libertés et les immunités de l'église ; tantôt il s'étendoit sur la nécessité de ménager, dans la conjoncture présente, l'esprit des rois. Il me recommanda la patience chrétienne ; il me recommanda la vigueur épiscopale. Il blâma le cérémonial, auquel l'on étoit trop attaché à la cour de Rome ; il en loua l'observation, comme étant nécessaire pour le maintien de sa dignité. Le sens littéral de tout son discours étoit que, quoi que je pusse faire, je ne pourrois rien faire qu'il ne pût dire m'avoir défendu. Je le pressai de s'expliquer, autant que l'on peut presser un homme qui est assis dans la chaire de saint Pierre. Je n'en pus rien tirer. Je rendis compte de mon audience à M. le cardinal Barberin et à mes amis de l'escadron ; et je vous rendrai celui de la conduite qu'ils me firent prendre, après que je vous aurai entretenue, et d'une conversation que M. de Lionne avoit eue avec le pape quelques jours auparavant, et de ce qui se passoit entre M. de Lionne et moi dans le même temps.

Lionne, qui n'étoit rétabli à la cour que depuis peu, fut touché au vif de ce que le pape m'avoit donné le *pallium ;* parce qu'il appréhendoit que M. le cardinal Mazarin ne se prît à lui d'une action qu'il craignoit que l'on n'imputât à sa négligence. Il n'en avoit pas été averti, ce qui pouvoit être un grand crime auprès d'un homme qui lui avoit dit en partant, qu'il n'y avoit pas un à Rome qui ne lui servît volontiers d'espion. L'appréhension qu'il eut de la réprimande l'obligea à en faire une terrible au pape : car la manière dont il lui parla ne se peut pas appeler une plainte. Il lui déclara en face, que nonobstant mes bulles, ma prise de possession et mon *pallium*, le roi ne me tenoit ni ne me tiendroit jamais pour archevêque de Paris. Voilà une des plus douces phrases de l'oraison : les figures en furent remplies de menaces d'arrêt du parlement, de décret de Sorbonne, de résolution du clergé de France. L'on jeta quelques mots un peu enveloppés de schisme, et l'on s'expliqua clairement et nettement de l'exclusion entière et absolue que l'on donneroit au pape, du congrés pour la paix générale, que l'on supposoit se devoir traiter au premier jour. Ce dernier chef effraya le pape Alexandre à un tel point, qu'il fit un million d'excuses à de Lionne, et si basses et même si ridicules, qu'elles seront incroyables à la postérité. Il lui dit les larmes aux yeux que je l'avois surpris ; qu'il feroit au premier jour une congrégation de cardinaux agréables au roi, pour examiner ce qui se pourroit faire pour sa satisfaction ; que lui, M. de Lionne, n'avoit qu'à travailler incessamment et en diligence, au mémoire de tout ce qui s'étoit passé dans la guerre civile ; qu'il en feroit trés-bonne et trés-briève justice à sa majesté. Enfin, il contenta si bien et si pleinement M. de Lionne, qu'il écrivit à M. le cardinal Mazarin par un courrier exprès en ces propres termes : « J'es- » père que je donnerai dans peu de jours une » nouvelle encore meilleure que celle-ci à votre » éminence, qui sera que le cardinal de Retz » sera au château St-Ange. Le pape ne compte » pour rien les amnisties accordées au parti de » Paris, et il m'a dit que le cardinal de Retz

» ne s'en peut servir parce qu'il n'y a que le
» pape qui puisse absoudre les cardinaux,
» comme il n'y a que lui qui les puisse condam-
» ner. Je ne lui ai pas laissé passer à tout hasard
» ces alternatives ; et je lui ai répondu que le
» parlement de Paris prétendoit qu'il les peut
» condamner, et qu'il auroit déjà fait le procès
» au cardinal de Retz, si votre éminence ne s'y
» étoit opposée avec vigueur, par le pur motif du
» respect qu'il a pour le saint siége, et pour Sa
» Sainteté en particulier. Le pape m'a témoigné
» qu'il vous en étoit, Monseigneur, très-obligé,
» et m'a chargé de vous assurer qu'il feroit plus
» de justice au roi que le parlement de Paris ne
» lui en auroit pu faire » Voilà un des articles
de la lettre de Lionne.

Je vous supplie d'observer que la conversation que j'eus avec le pape, dont je viens de
vous raconter le détail, ne fut précédée que de
deux ou trois jours de celle que M. de Lionne
eut avec lui, et qui fut la matière de la lettre
que vous venez de voir. Quand même elle ne
fût pas venue à ma connoissance, je n'eusse pas
laissé de m'appercevoir de l'indisposition du
pape, dont j'avois non-seulement des indices,
mais des lumières certaines. Monsignor Febey,
premier maître des cérémonies, homme sage et
homme de bien, et qui de concert avec moi avoit
servi le pape très-dignement pour son exaltation,
m'avertit qu'il le trouvoit beaucoup changé à
mon égard, et à un point, ajouta-t-il , que j'en
suis scandalisé *al maggior segno*. Le pape avoit
même dit à l'abbé Charier qu'il ne comprenoit
pas le plaisir que je prenois à faire courir dans
Rome le bruit que je gouvernois le pontificat.
Le père Hilarion, bernardin et abbé de Sainte-
Croix de Jerusalem, qui étoit un des plus honnêtes hommes du monde, et avec lequel j'avois
fait une étroite amitié, me conseilla, sur ce discours du pape à l'abbé Charier, de faire un
tour à la campagne, sous prétexte d'y aller
prendre l'air ; mais en effet pour lui faire voir
que j'étois bien éloigné de m'empresser à la cour.
Je suivis son avis, et j'allai un mois ou cinq semaines à *Grotta Ferrata*, qui est à quatre lieues
de Rome. C'étoit autrefois le Tusculum de Ci-
ceron, et c'est présentement une abbaye de l'ordre de Saint-Basile. Elle est à M. le cardinal
Barberin. Le lieu est extrêmement agréable, et il
ne me paroît pas même flatté en ce que son ancien seigneur en dit dans ses épîtres. Je m'y
divertissois par la vue de ce qui y paroît encore
de ce grand homme : les colonnes de marbre
blanc qu'il fit apporter de Grèce pour son vestibule, y soutiennent l'église des religieux qui
sont Italiens, mais qui font l'office en grec, et
qui ont un chant particulier, même très-beau.
Ce fut dans ce séjour où j'eus connoissance de
la lettre de M. de Lionne, de laquelle je viens de
vous parler. Croissi m'en apporta (1) une copie,
tirée sur l'original. Il est nécessaire que je vous
explique, et qui estoit ce Croisi, et le fond de
l'intrigue qui me donna lieu de voir ceste lettre.

Croissi estoit un conseiller du parlement de
Paris, qui s'estoit beaucoup intrigué dans les affaires du temps, comme vous avez veu dans les
autres volumes de cest ouvrage. Il avoit esté à
Munster avec M. Davaux ; il avoit mesme esté envoyé par lui vers Ragosky, prince de Transilva-
nie. Il s'estoit brouillé pour ses intérêts avec
M. Servien ; et ceste considération jointe à son
esprit, qui est naturellement inquiet, le porta à
se signaler contre le Mazarin, aussitost que les
mouvements de sa compagnie lui en eurent donné
lieu. L'habitude que M. de Saint-Romain , son
ami particulier, avoit auprès de M. le prince de
Conti, et celle de M. Courtin (2), qui a l'honneur d'estre cogneu de vous , auprès de madame de Longueville, l'attachèrent dans le
temps du siége de Paris à leurs intérêts ; il se
jeta dans ceux de M. le prince, aussitost qu'il
se fut brouillé à la cour, il le servit utilement
dans le cours de sa prison. Il fut du secret de la
négociation, et du traité que la Fronde fit avec
lui ; et il ne quitta pas son engagement quand
nous nous rebrouillasmes avec M. le prince de
Condé, après sa liberté, mais il garda tousjours
toutes les mesures d'honnesteté avec nous. Il fut
arresté peu de jours après ma détention à Paris,
où il estoit retourné contre l'ordre du roi, et où
il se tenoit caché ; il fut mesné au bois de Vincennes, où j'estois prisonnier. Il y fut logé dans
une chambre qui estoit au-dessus de la mienne.
Nous trouvasmes moyen d'avoir commerce ensemble. Il descendoit ses lettres la nuit par un
filet qu'il laissoit couler vis-à-vis d'une de mes
fenestres. Comme j'étudiois tousjours jusques à
deux heures après minuit, et que mes gardes
s'endormoient, je recevois les siennes, et j'attachois les miennes au mesme filet. Je ne lui fus
pas inutile, par les advis que je lui donnai dans
le cours de son procès, auquel on travailloit
avec ardeur. M. le chancelier le vint interroger
deux fois à Vincennes. Il estoit accusé d'intelli-

---

(1) Troisième fragment du manuscrit.
(2) Antoine Courtin, qui fut ambassadeur de Suède,
et qui a traduit en français le livre *de Jure Belli et
Pacis*, du savant Grotius. La reine Christine le fit secrétaire de ses commandements. Il eut aussi toute la
confiance de Charles-Gustave, après la mort duquel il
se retira en France, où il mourut en 1685.

gence avec M. le prince, mesme depuis sa condamnation et depuis sa retraite parmi les Espagnols. C'estoit lui qui avoit proposé le premier dans le parlement de mettre à prix la teste du cardinal Mazarin, ce qui n'estoit pas une pièce bien favorable à sa justification. Il sortit toutefois de prison sans estre condamné, quoiqu'il fust coupable, par l'assistance de M. le président de Bellièvre, qui estoit de ses juges, et qui me dit le jour qu'il me vint prendre à Vincennes, qu'il lui avoit fait un certain signe du détail duquel je ne me souviens pas, qui l'avoit redressé, et sauvé dans la réponse qu'il faisoit à un des interrogatoires de M. le chancelier. Enfin il sortit d'affaire sans estre jugé, et de prison sur (fin du 3ᵉ frag.) la parole qu'il donna de se défaire de sa charge, et de quitter ou Paris ou le royaume. Je ne sçais plus proprement lequel ce fut. Il vint à Rome, il m'y trouva; il se logea, si je ne me trompe, avec Châtillon, de qui il étoit ami. Ils venoient ensemble presque tous les soirs chez moi, n'y osant venir de jour; parce que les François avoient défense de me voir. Ils avoient l'un et l'autre habitude particulière avec le petit Fouquet, qui est présentement évêque d'Agde, qui étoit aussi à Rome en ce temps-là, et qui trouvoit mauvais que M. Lionne prît la liberté de coucher avec sa femme, avec laquelle le petit Fouquet étoit fort bien; et qui de plus, ayant en vue l'emploi de Rome pour lui-même, étoit bien aise de faire jouer au mari un mauvais personnage, qui lui donnât lieu de lui porter des bottes du côté de la cour. Il crut que le meilleur moyen d'y réussir, seroit de brouiller et d'embarrasser la principale, ou plutôt l'unique négociation qu'il y avoit, qui étoit celle de mon affaire; et il s'adressa pour cela à Croissi, en le priant de m'avertir qu'il me feroit sçavoir ponctuellement tous les pas qui s'y feroient; que j'aurois les copies des dépêches du cocu (il n'appelloit jamais autrement Lionne) devant qu'elles sortissent de Rome; que j'aurois celles du Mazarin un quart-d'heure après que le cocu les auroit reçues; et que lui, Fouquet, étoit maître de tout ce qu'il me proposoit, parce qu'il l'étoit absolument de madame de Lionne, de laquelle son mari ne se cachoit aucunement, et laquelle de plus étoit enragée contre son mari, parce qu'il étoit passionnément amoureux, dans ce temps-là, d'une petite femme de chambre qu'elle avoit, qui étoit fort jolie et qui s'appelloit Agathe. Cet avantage si grand, comme vous voyez, que j'avois sur Lionne, fut la principale cause pour laquelle je ne fis pas assez de cas des avances qu'il m'avoit faites par M. de Montrésor. Il ne m'en devoit pas empêcher, et j'eus tort. Deux choses contribuèrent à me faire faire cette faute. La première fut le plaisir que nous avions tous les soirs, Croissi, Châtillon et moi, à tourner le cocu en ridicule; et j'observai, quoique trop tard, en ce rencontre, ce que j'ai encore remarqué en d'autres; « qu'il faut s'appliquer avec soin dans les grandes affaires, encore plus que dans les autres, à se défendre du goût que l'on trouve à la plaisanterie; » elle y amuse, elle y chatouille, elle y flatte; ce goût, en plus d'une occasion, a coûté cher à M. le prince. L'autre incident qui m'aigrit d'abord contre de Lionne, fut qu'au sortir du conclave il envoya par ordre exprès de la cour, à ce qu'il m'a dit depuis à Saint-Germain, un expéditionnaire appellé la Borne, qui étoit celui du cardinal Mazarin, au palais de Notre-Dame de Lorrette, dans lequel je logeois, avec une signification en forme, par laquelle il étoit ordonné à tous mes domestiques sujets du roi, de me quitter, sous peine de crime de lèze-majesté, comme rebelle (1) à Sa Majesté et traistre à ma patrie. Ces termes me faschèrent. Le nom du roi sauva l'expéditionnaire de l'insulte, mais le chevalier de Bois-David, qui estoit à moi, jeune et folastre, lui fit, comme il sortit, quelque commémoration de cornes, très-applicable au subjet. Ainsi l'on s'engage souvent plus par un mot que par une chose; et ceste réflexion m'a obligé de me dire à moi-mesme plus d'une fois, que l'on ne peut asses peser les moindres mots dans les plus grandes affaires. Je reviens à la lettre que Croissi m'apporta à Grotta-Ferrata.

J'en fus surpris, mais de ceste sorte de surprise qui n'esmeut point. J'ai toute ma vie senti que ce qui est incroyable a fait tousjours cest effet en moi. Ce n'est pas que je ne sache que ce qui est incroyable est souvent vrai. Mais comme il ne doibt pas l'estre dans l'ordre de la prévoyance, je n'ai jamais pu en estre touché, parce que j'en ai tousjours considéré les évènements comme des coups de foudre, qui ne sont pas ordinaires, mais qui peuvent tousjours arriver. Nous fismes toutefois de grandes réflexions, Croissi, l'abbé Charier et moi, sur ceste lettre. J'envoyai celui-ci à Rome en communiquer le contenu à M. le cardinal Azzolin, qui ne fit pas grand cas des paroles du Pape, sur lesquelles M. de Lionne faisoit tant de fondement, et qui dit à l'abbé Charier, très-habilement et très-subtilement, qu'il estoit persuadé que Lionne, qui avoit intérêt de couvrir, ou plutost de déguiser et de déparer à la cour de France la prise du pallium, grossissoit les paroles et les promesses

(1) Quatrième fragment.

de Sa Sainteté, « qui d'ailleurs (adjouta Azzolin), est le premier homme du monde à trouver des expressions qui montrent tout et qui ne donnent rien. » Il me conseilla de retourner à Rome, de faire bonne mine, de continuer à tesmoigner au Pape une parfaite confiance et en sa justice et en sa bonne volonté, et d'aller mon chemin comme si je ne sçavois rien de ce qu'il avoit dit à Lionne. Je le creus, j'en usai ainsi. Je déclarai, en y arrivant, selon que nos amis m'avoient conseillé avant que j'en sortisse, que j'avois tant de respect pour le nom du roi, que je souffrirois toutes choses, sans exceptions, de touts ceux qui auroient le moins du monde son caractère ; que non pas seulement M. de Lionne, mais que mesme M. Gueffier, qui estoit simple agent de France, vivroient avec moi comme il leur plairoit; que je leur ferois tousjours dans les rencontres toutes les civilités qui seroient en mon pouvoir ; que pour ce qui estoit de messieurs les cardinaux mes confrères, j'observerois la mesme règle, parce que j'estois persuadé qu'il n'y avoit aucune raison au monde capable de dispenser les ecclésiastiques de tous les debvoirs, mesme extérieurs, de l'union et de la charité qui doibt estre entre eux : que ceste règle, qui est de l'Evangile, et par conséquent bien supérieure (1) à celle des cérémoniaux, m'apprenoit que je ne devois point prendre garde avec eux, s'ils étoient mes aînés ou mes cadets; que je m'arrêterois également devant eux, sans faire réflexion s'ils me rendroient la pareille ou s'ils ne me la rendroient pas; s'ils me salueroient, ou s'ils ne me salueroient point; que pour ce qui étoit des particuliers qui n'avoient point de caractère particulier du roi, et qui ne rendroient pas en ma personne le respect qu'ils devoient à la pourpre, je ne pourrois pas avoir la même conduite, parce qu'elle tourneroit au déchet de sa dignité par les conséquences que les gens du monde ne manquent jamais de tirer à leur avantage contre les prérogatives de l'Eglise ; que comme toutefois je me sentois, et par mon inclination et par mes maximes, très-éloigné de tout ce qui pourroit avoir le moindre air de violence, j'ordonnerois à mes gens de n'en faire aucune au premier de ceux qui manqueroient à ce qu'ils me doivent, et que je me contenterois qu'ils coupassent les jarrets aux chevaux de leurs carrosses. Vous croyez aisément que personne ne s'exposa à recevoir un affront de cette nature. La plupart des François s'arrêtèrent devant moi ; ceux qui crurent devoir obéir aux ordres de M. le cardinal d'Est, évitèrent avec soin de me rencontrer dans les rues. Le Pape, à qui M. le cardinal Bichi grossit beaucoup la déclaration publique que j'avois faite sur la conduite que je tiendrois, m'en parla sur un ton de réprimande, et en me disant que je ne devois pas menacer ceux qui obéiroient aux ordres du roi. Comme je connoissois déjà ses manières toutes artificieuses, je crus que je ne devois répondre que d'une façon qui l'obligeât lui-même à s'expliquer ; ce qui est une règle infaillible pour agir avec les gens de ce caractère. Je lui répondis que je lui étois sensiblement obligé de la bonté qu'il avoit de me donner ses ordres ; que je souffrirois dorénavant tout du moindre François, et qu'il me suffisoit, pour me justifier dans le sacré collège, que je pusse dire que c'étoit par commandement de Sa Sainteté. Le Pape reprit ce mot avec chaleur, et il me répondit : « Ce n'est pas ce que je veux dire. Je ne prétends » point que l'on ne rende pas ce qu'on doit à la » pourpre ; vous allez d'une extrémité à l'autre. » Gardez-vous bien d'aller faire ce discours dans » Rome. » Je ne repris pas avec moins de promptitude ces paroles du Pape ; je le suppliai de me pardonner, si je n'avois pas bien pris son sens. Je présumai qu'il approuvoit le gros de la conduite que j'avois prise, et qu'il ne m'en avoit recommandé que le juste tempérament. Il ne crut pas qu'il me dût dédire, parce qu'il avoit un peu son compte, en ce qu'il m'avoit parlé amphibologiquement ; j'avois le mien en ce que je n'étois pas obligé de changer mon procédé. Ainsi finit mon audience, au sortir de laquelle je fis les éloges de Sa Sainteté à monsignor *il Maestro di Camera* (2), qui m'accompagnoit. Il le dit le soir au Pape, qui lui répondit avec une mine refrognée : *Questi maledetti Francesi sono più furbi di noi altri*. Ce maître de chambre, qui étoit monsignor Bandinelli, et qui fut depuis cardinal, le dit deux jours après au père Hilarion, abbé de Sainte-Croix de Jérusalem, de qui je le sus. Je continuai à vivre sur ce pied jusqu'à un voyage que je fis aux eaux de Saint-Cassien qui sont en Toscane, pour essayer de me remettre d'une nouvelle incommodité qui m'étoit survenue à l'épaule par ma faute.

Je vous ai déjà dit que le plus fameux chirurgien de Rome n'avoit pu réussir à la remettre, quoiqu'il me l'eût démise de nouveau pour cet effet. Je me laissai enjoler par un paysan des terres du prince Borghèse, sur la parole d'un gentilhomme de Florence, mon allié, de la mai-

---

(1) Le manuscrit autographe finit entièrement ici.
(2) Un autre camérier fut un des agents secrets de Mazarin auprès du Pape, et spécialement chargé de rendre compte de tout ce qu'il apprendroit des affaires de Retz.

son de Mazzinghi, qui m'assura qu'il avoit vu des guérisons prodigieuses de la façon de ce charlatan. Il me démit l'épaule pour la troisième fois avec des douleurs incroyables, mais il ne la rétablit point. La foiblesse qui me resta de cette opération, m'obligea de recourir aux eaux de Saint-Cassien, qui ne me furent que d'un médiocre soulagement. Je revins passer le reste de l'été à Caprarole, qui est une fort belle maison à quarante milles de Rome, et qui est à M. de Parme. J'y attendis la *Rinfrescata*, après laquelle je retournai à Rome, où je trouvai le pape aussi changé sur toutes choses sans exception, qu'il me l'avoit déjà paru pour moi (1). Il ne tenoit plus rien de sa prétendue piété que son sérieux, quand il étoit à l'église; je dis son sérieux et non pas sa modestie, car il paroissoit beaucoup d'orgueil dans sa gravité. Il ne continua pas seulement l'abus du népotisme, en faisant venir ses parens à Rome; il le consacra en le faisant approuver par les cardinaux, auxquels il en demanda leur avis en particulier, pour ne point être obligé de suivre celui qui pourroit être contraire à sa volonté. Il étoit vain jusqu'au ridicule, et au point de se piquer de sa noblesse, comme un petit noble de la campagne à qui les élus la contesteroient. Il étoit envieux de tout le monde, sans exception. Le cardinal Cesy disoit qu'il le feroit mourir de colère, à force de lui dire du bien de saint Léon. Il est constant que monsignor Magalotti se brouilla presque avec lui, parce qu'il lui parut qu'il croyoit mieux savoir la *Crusca*. Il ne disoit pas un mot de vérité; et le marquis Riccardi, ambassadeur de Florence, écrivit au grand-duc ces propres paroles, à la fin d'une dépêche qu'il me montra : *In fine, serenissimo signore, habbiamo un papa, chi non dice mai una parola di verita*. Il étoit continuellement appliqué à des bagatelles; il osa proposer un prix public pour celui qui trouveroit un mot latin pour exprimer chaise roulante, et il passa une fois sept ou huit jours à chercher si *mosco* venoit de *musca*, ou si *musca* venoit de *mosco*. M. le cardinal Imperiale m'ayant dit le détail de ce qui s'étoit passé en deux ou trois assemblées d'académie, qui s'étoient tenues sur ce digne sujet, je crus qu'il exagéroit pour se divertir, et je perdis cette pensée dès le lendemain; car le pape nous ayant envoyés quérir, M. le cardinal Rapaccioli et moi, et nous ayant commandé de monter avec lui dans son carrosse, il nous tint, trois heures entières que la promenade dura, sur les minuties les plus fades que la critique la plus basse d'un petit collége eût pu produire; et Rapaccioli, qui étoit un fort bel esprit, me dit, quand nous fûmes sortis de sa chambre où nous le conduisîmes, qu'aussitôt qu'il seroit retourné chez lui, il distilleroit le discours du pape, pour voir ce qu'il pourroit trouver de bon sens d'une conversation de trois heures, dans laquelle il avoit toujours parlé tout seul. Il eut une affectation quelques jours après qui parut être d'une grande puérilité. Il mena tous les cardinaux aux sept églises; et comme le chemin étoit trop long pour le pouvoir faire avec un aussi grand cortége dans le cours d'une matinée, il leur donna à dîner dans le réfectoire de Saint-Paul, et il les fît servir en portion à part, comme l'on sert les pélerins dans le temps du jubilé. Véritablement, toute la vaisselle d'argent, qui fut employée avec profusion à ce service, fut faite exprès et d'une forme qui avoit rapport aux ustensiles ordinaires des pélerins. Je me souviens, entr'autres, que les vases dans lesquels l'on nous servit le vin étoient tout-à-fait semblables aux callebasses de saint Jacques. Mais rien ne fit mieux paroistre, à mon sens, son peu de solidité, que le faux honneur qu'il se voulut donner de la conversion de la reine de Suède (2). Il y avoit plus de dix-huit mois qu'elle avoit abjuré son hérésie, quand elle prit la pensée de venir à Rome. Aussitôt que le pape Alexandre l'eut appris, il en donna part au sacré collége en plein consistoire, par un discours très-étudié. Il n'oublia rien pour nous faire entendre qu'il avoit été l'unique instrument dont Dieu s'étoit servi pour cette conversion. Il n'y eut personne qui ne fût très-bien informé du contraire; et jugez, s'il vous plaît, de l'effet qu'une vanité aussi mal entendue y put produire. Il ne vous sera pas difficile de concevoir que cette manière de Sa Sainteté ne me devoit pas donner une grande idée de ce que je pouvois espérer de sa protection; et je reconnus de plus en peu de jours, que sa foiblesse pour les grandes choses augmentoit à mesure de son attachement aux petites.

On fait tous les ans un anniversaire pour

---

(1) Voyez le *Sindicato di Alessandro VII*, où l'on décrit son luxe et les excès du népotisme pendant son pontificat. On y trouve plusieurs pasquinades contre ce Pape et contre son administration. Marforio ayant un jour demandé à Pasquin ce que ce Pape avait dit aux cardinaux, étant moribond, il répondit : *Maxima de se ipso, plurima de parentibus, parva de principibus, turpia de cardinalibus, pauca de Ecclesia, de Deo nihil.*
(A. E.)

(2) Christine. (A. E.) — Des fêtes admirables furent préparées pour recevoir cette reine dans la capitale du monde chrétien, et toutes les affaires d'état furent suspendues pendant quelque temps, parce que le Pape donnait tout son temps à ces préparatifs.

l'ame de Henri-le-Grand, dans l'église de Saint-Jean de Latran, où les ambassadeurs de France et les cardinaux de la faction ne manquent jamais d'assister. Le cardinal d'Est prit en gré de déclarer qu'il ne m'y souffriroit pas. Je le sus ; je demandai audience au pape pour l'en avertir. Il me la refusa, sous prétexte qu'il ne se portoit pas bien. Je lui fis demander ses ordres sur cela par monsignor Febey, qui n'en put rien tirer que des réponses équivoques. Comme je prévoyois que s'il arrivoit là quelque fracas entre M. le cardinal d'Est et moi, où il y eût le moins du monde de sang répandu, le pape ne manqueroit pas de m'accabler, je n'oubliai rien de tout ce que je pus faire honnêtement pour m'attirer un commandement de ne me point trouver à la cérémonie. Comme je n'y pus pas réussir, et que je ne voulus pas d'ailleurs me dégrader moi-même du titre de cardinal françois, en m'excluant des fonctions qui étoient particulières à la nation, je me résolus de m'abandonner. J'allai à Saint-Jean de Latran, fort accompagné. J'y pris ma place, j'assistai au service, je saluai fort civilement en entrant et en sortant MM. les cardinaux de la faction. Ils se contentèrent de ne me point rendre le salut, et je revins chez moi très-satisfait d'en être quitte à si bon marché. J'eus une pareille aventure à Saint-Louis, où le sacré collége se trouva le jour de la fête du patron de cette église. Comme j'avois su que La Bussière, qui est présentement maître de chambre des ambassadeurs à Rome, et qui étoit en ce temps-là écuyer de M. de Lionne, avoit dit publiquement que l'on ne m'y souffriroit pas, je fis toutes mes diligences pour obliger le pape à prévenir ce qui pourroit arriver. Je lui en parlai à lui-même avec force ; il ne se voulut jamais expliquer. Ce n'est pas que d'abord que je lui en parlai, il ne me dit qu'il ne voyoit pas ce qui me pouvoit obliger de me trouver à des cérémonies dont je me pouvois fort honnêtement excuser sur les défenses que le roi avoit faites de m'y recevoir. Mais comme je lui répondis que, si je reconnoissois ces ordres pour des ordres du roi, je ne voyois pas moi-même comme je me pourrois défendre d'obéir à ceux par lesquels S. M. commandoit tous les jours de ne me point reconnoître comme archevêque de Paris, il tourna tout court. Il me dit que c'étoit à moi de me consulter ; il me déclara qu'il ne défendroit jamais à un cardinal d'assister aux fonctions du sacré collége, et je sortis de mon audience comme j'y étois entré. J'allai à l'église de Saint-Louis en état d'y disputer le pavé. La Bussière arracha de la main du curé l'aspergès, comme il me vouloit présenter l'eau bénite, qu'un de mes gentilshommes m'apporta. M. le cardinal Antoine ne me fit pas le compliment que l'on fait en cette occasion à tous les autres cardinaux : je ne laissai pas de prendre ma place, d'y demeurer tout le temps de la cérémonie, et de me maintenir par là à Rome dans le poste et dans le train de cardinal françois. La dépense, qui étoit nécessaire à cet effet, n'étoit pas la moindre des difficultés que j'y trouvois. Je n'étois plus à la tête d'une grande faction, que j'ai toujours comparée à une grande nuée, dans laquelle chacun se figure ce qu'il lui plaît. La plupart des hommes me considéroient, dans les mouvemens de Paris, comme un sujet tout propre à profiter de toutes les révolutions ; mes racines étoient bonnes, chacun en espéroit du fruit, et cet état m'attiroit des offres immenses, et telles que si je n'eusse eu encore plus d'aversion à emprunter que je n'avois d'inclination à dépenser, j'aurois compté dans la suite mes dettes par plus de millions d'or, que je ne les ai comptées par millions de livres. Je n'étois pas à Rome dans la même posture ; j'y étois réfugié et persécuté par mon roi ; j'y étois maltraité par le pape. Les revenus de mon archevêché et de mes bénéfices étoient saisis. On avoit fait des défenses expresses à tous les banquiers françois de me servir ; on avoit poussé l'aigreur jusqu'au point de demander des paroles de ne me point assister, à ceux que l'on croyoit, ou que l'on avoit sujet de croire le pouvoir ou le vouloir faire. L'on avoit même affecté, pour me décréditer, de déclarer à tous mes créanciers que le roi ne permettroit jamais qu'ils touchassent un double de tout ce qui étoit de mes revenus sous sa main. L'on avoit de plus affecté de dissiper ces revenus avec une telle profusion et profanation, que deux bâtards de l'abbé Fouquet étoient publiquement nourris et entretenus chez la portière de l'archevêché, sur un fonds pris de cette recette. On n'avoit oublié aucune des précautions qui pouvoient empêcher mes fermiers de me secourir, et l'on avoit pris toutes celles qui devoient obliger mes créanciers à m'inquiéter par des procédures qui leur eussent été inutiles dans le temps, mais dont les frais eussent retombé sur moi dans la suite.

L'application qu'eut l'abbé Fouquet sur ce dernier article, ne lui réussit qu'à l'égard d'un boucher, aucun de mes autres créanciers n'ayant voulu branler. Celle du cardinal Mazarin eut plus d'effet sur les autres chefs. Les receveurs de l'archevêché ne m'assistèrent que très-foiblement ; quelques-uns même de mes amis prirent le prétexte des défenses du roi pour s'excuser de me secourir. M. et madame de Liancourt envoyèrent à M. de Châlons deux mille écus, quoiqu'ils en eussent offert vingt mille à mon père, de qui ils étoient les plus particuliers et les plus intimes amis, et leur excuse fut la parole qu'ils avoient donnée à la reine. L'abbé Amelot, qui se mit dans la tête d'être évêque, par la faveur de M. le cardinal Mazarin, répondit à ceux qui lui voulurent persuader de m'assister, que j'avois témoigné tant de distinction à M. de Caumartin dans la visite qu'ils m'avoient renduc l'un et l'autre à Nantes, qu'il ne croyoit pas qu'il se dût brouiller pour moi avec lui au moment qu'il lui donnoit des marques d'une estime particulière. M. de Luines, avec lequel j'avois fait une amitié assez étroite depuis le siège de Paris, crut qu'il y satisferoit en me faisant tenir six mille livres. Enfin, MM. de Châlons, Caumartin, Bagnols et de la Houssaye, qui eurent la bonté de prendre en ce temps-là le soin de ma subsistance, s'y trouvèrent assez embarrassés; et l'on peut dire qu'ils ne rencontrèrent de véritable secours qu'en M. de Manevillette, qui leur donna pour moi vingt-quatre mille livres; M. Pirion de Mastrac, qui leur en fit toucher dix-huit mille; madame Dasserac, qui en fournit autant; M. d'Hacqueville, qui, du peu qu'il avoit pour lui-même, en donna cinq mille. Madame de Lesdiguières en prêta cinquante mille; M. de Brissac en envoya trente-six mille. Ils trouvèrent le reste dans leurs propres fonds. MM. de Châlons et de la Houssaye en trouvèrent quarante mille; M. de Caumartin, cinquante-cinq mille; M. de Retz, mon frère, suppléa même avec bonté au reste; et il l'eût fait encore de meilleure grace, si sa femme eût eu autant d'honnêteté et autant de bon naturel que lui. Vous me direz peut-être qu'il est étonnant qu'un homme qui paroissoit autant abimé que moi dans la disgrâce, ait pu trouver d'aussi grandes sommes; et je vous répondrai qu'il l'est sans comparaison davantage que l'on ne m'en ait pas offert de plus considérables, après les engagemens qu'un nombre infini de gens avoient avec moi.

J'insère par reconnoissance dans cet ouvrage les noms de ceux qui m'ont assisté. J'y épargne par honnêteté la plupart de ceux qui m'ont manqué, et j'aurois même supprimé avec joie les autres que j'y nomme, si l'ordre que vous m'avez donné de laisser des mémoires qui pussent être de quelque instruction à MM. vos enfans, ne m'avoit obligé à ne pas ensevelir tout-à-fait dans le silence un détail qui leur pût être de quelque utilité. Ils sont d'une naissance qui peut les élever assez naturellement aux plus grandes places, et rien n'est plus nécessaire, à mon sens, à ceux qui s'y peuvent trouver, que d'être informés, dès leur enfance, qu'il n'y a que la continuation du bonheur qui fixe la plupart des amitiés. J'avois le naturel assez bon pour ne le pas croire, quoique tous les livres me l'eussent déclaré. Il n'est pas concevable combien j'ai fait de fautes par le principe contraire; et j'ai été vingt fois sur le point, dans ma disgrace, de manquer du plus nécessaire, parce que je n'avois jamais appréhendé dans mon bonheur de manquer du superflu. C'est par la même considération de MM. vos enfans, que j'entrerai dans une minutie qui ne seroit pas, sans cette raison, digne de votre attention. Vous ne pouvez pas vous imaginer ce que c'est que l'embarras domestique, dans les disgraces. Il n'y a personne qui ne croye faire honneur à un malheureux quand il le sert. Il y a très-peu d'honnêtes gens à cette épreuve, parce que cette disposition, ou plutôt cette indisposition, se coule si imperceptiblement dans les esprits de ceux qu'elle domine, qu'ils ne la sentent pas eux-mêmes; et elle est de la nature de l'ingratitude. J'ai fait souvent réflexion sur l'un et sur l'autre de ces défauts, et j'ai trouvé qu'ils ont cela de commun, que la plupart de ceux qui les ont ne soupçonnent pas seulement qu'ils les ayent. Ceux qui sont atteints du second ne s'en apperçoivent, que parce que la même foiblesse qui les y porte, les porte aussi, comme par un préalable, à diminuer dans leur propre imagination le poids des obligations qu'ils ont à leurs bienfaiteurs. Ceux qui sont sujets au premier, ne s'en doutent pas davantage, parce que la complaisance qu'ils trouvent à s'être attachés avec fidélité à une fortune qui n'est pas bonne, fait qu'ils ne connoissent pas le chagrin qu'ils en ont eu plus de dix fois par jour.

Madame de Pommereux m'écrivit un jour à propos d'un mal-entendu qui étoit arrivé entre MM. de Caumartin et de la Houssaye, que les amis des malheureux étoient un peu difficiles; elle devoit ajouter : et les domestiques. La familiarité, de laquelle un grand seigneur qui est honnête homme se défend moins qu'un autre, diminue insensiblement du respect dont l'on ne se dispense jamais dans l'exercice journalier de la grandeur. Cette familiarité produit au commencement la liberté de parler, celle-là est bientôt suivie de la liberté de se plaindre. La véritable séve de ces plaintes est l'imagination que l'on a, que l'on seroit bien mieux ailleurs qu'auprès du disgracié. On ne s'avoue pas à soi-même cette imagination; parce que l'on connoit qu'elle ne conviendroit pas à l'engagement d'honneur que l'on a pris, ou au fond de l'affection que l'on ne laisse pas assez souvent de conserver dans ces indispositions. Ces raisons font que l'on se déguise, même de bonne foi, ce que l'on sent dans le plus intérieur de son cœur, et que le chagrin que l'on a de la mauvaise fortune à laquelle on a part, prend à tous les momens d'autres objets. La préférence de l'un à l'autre, souvent nécessaire et même inévitable en mille et mille occasions, leur paroît toujours une injustice. Tout ce que le maître fait pour eux de plus difficile n'est qu e devoir ; tout ce qu'il ne fait pas même de plus impossible, est ingratitude ou dureté. Ce qui est encore pis que tout ce que je viens de vous dire, c'est que le remède qu'un véritable bon cœur veut apporter à ces inconvéniens, aigrit le mal au lieu de le guérir, parce qu'il le flatte. Je m'explique. Comme j'avois toujours vécu avec mes domestiques comme avec mes frères, je ne m'étois pas seulement imaginé que je pusse trouver parmi eux que de la complaisance et de la douceur. Je commençai à m'apercevoir dans la galère, que la familiarité a beaucoup d'inconvéniens ; mais j'eus cru que je pourrois remédier à cela par le bon traitement ; et le premier pas que je fis en arrivant à Florence, fut de partager avec ceux qui m'avoient suivi dans mon voyage, et avec tous les autres qui m'avoient joint dans le chemin, l'argent que le grand-duc m'avoit prêté. Je leur donnai à chacun six-vingts pistoles proprement pour s'habiller ; et je fus très-étonné en arrivant à Rome de les trouver, au moins pour la plupart, sur le pied gauche, et dans des prétentions sur plusieurs chefs, sans comparaison plus grandes qu'on ne les a dans la maison des premiers ministres. Ils trouvèrent mauvais que l'on ne tapissât pas de belles tapisseries les chambres qu'on leur avoit marquées dans mon palais. Cette circonstance n'est qu'un échantillon de cent et cent de cette nature ; et c'est tout vous dire, que les choses en vinrent au point et par leurs murmures, et par la division qui suit toujours de fort près les murmures, que je fus obligé, pour ma propre satisfaction, de faire un mémoire exact, dans le grand loisir que j'eus aux eaux de Saint-Cassien, de ce que j'avois donné à mes gentilshommes depuis que j'étois arrivé à Rome ; et je trouvai que si j'avois été logé dans le Louvre à l'appartement de M. le cardinal Mazarin, il ne m'en auroit pas à beaucoup près tant coûté. Boisguérin seul, qui fut à la vérité fort malade à Saint-Cassien, et que j'y laissai avec ma litière et mon médecin, me coûta en moins de quinze mois qu'il fut auprès de moi, cinq mille huit cens livres d'argent déboursé et mis entre ses mains. Il n'en eût peut-être pas tant tiré, s'il eut été domestique de M. le cardinal Mazarin. Sa santé l'obligea de changer d'air et de revenir en France, où il ne me parut pas depuis qu'il se ressouvînt beaucoup de la manière dont je l'avois traité. Je suis obligé de tirer de ce nombre de murmurateurs domestiques, Malclerc qui a l'honneur d'être connu de vous, qui toucha de moi beaucoup moins que les autres, parce qu'il ne se trouva pas par hasard dans le temps des distributions. Il étoit continuellement en voyage, comme vous verrez dans la suite de cette narration, et je suis obligé de vous dire pour la vérité, que je ne lui vis jamais dans aucune occasion de mouvement de chagrin ni d'intérêt. L'abbé de Lamet, mon maître de chambre, qui n'a jamais voulu toucher un sol de moi dans tout le cours de ma disgrace, étoit moins capable du dernier qu'homme que je connoisse ; son humeur naturellement difficultueuse, faisoit qu'il étoit assez susceptible du premier, parce qu'il étoit échauffé par Joly (1), qui, avec un bon cœur et des intentions très-droites, a une sorte de travers dans l'esprit, tout-à-fait contraire à la balance qu'il est nécessaire de tenir bien droite dans l'économie, ou plutôt dans la conduite d'une grande maison. Ce n'étoit pas sans peine que je me ménageois entre ces deux derniers et l'abbé Charier, entre lesquels la jalousie étoit assez naturelle. Celui-ci penchoit absolument vers l'abbé Bouvier, mon agent et mon expéditionnaire à la cour de Rome, auquel toutes mes lettres de change étoient adressées. Joly prit parti pour l'abbé Rousseau, qui, comme frère de mon intendant, prétendoit qu'il devoit faire la fonction d'intendant, de laquelle, dans la vérité, il n'étoit nullement capable. Je vous fais encore des excuses de vous entretenir de ces bagatelles, sur lesquelles d'ailleurs vous ne doutez pas que je n'épargnasse avec joie les petits défauts de ceux de qui je viens de parler, quand il vous plaira de faire réflexion qu'ils ne m'ont pas empêché de faire pour tous mes domestiques sans exception, ce qui a été en mon pouvoir depuis que je suis de retour en France. Je ne touche, comme je vous ai dit, cette matière, que parce que Messieurs vos enfans ne la trouveront peut-être en lieu du monde si bien spécifiée, et je ne l'ai jamais rencontrée, au moins particularisée, dans aucun livre.

(1) Auteur des Mémoires qui portent son nom. Quoiqu'il rende volontiers justice au cardinal de Retz en plusieurs occasions, il laisse par trop voir le chagrin qu'il a contre cette Éminence. (A. E.)

Vous me demanderez peut-être quel fruit je prétends qu'ils en tirent? Le voici. Qu'ils fassent réflexion, une fois la semaine, qu'il est de la prudence de ne pas s'abandonner toujours à toute sa bonté, et qu'un grand seigneur, qui n'en peut jamais trop avoir dans le fond de son ame, la doit, par sa bonne conduite, cacher avec soin dans son cœur, pour en conserver la dignité, particulièrement dans les disgraces. Il n'est pas croyable ce que ma facilité naturelle, si contraire à cette maxime, m'a coûté de chagrin et de peine. Je crois que vous voyez suffisamment par ces échantillons, la difficulté du personnage que je soutenois. Vous l'allez encore mieux concevoir par le compte que je vous supplie de me permettre que je vous rende de la conduite que je fus obligé de prendre en même temps du côté de la France.

Aussitôt que je fus sorti du château de Nantes, M. le cardinal Mazarin fit donner un arrêt du conseil du roi, par lequel il étoit défendu à mes grands-vicaires de décerner aucuns mandemens sans en avoir communiqué au conseil de Sa Majesté. Quoique cet arrêt tendit à ruiner la liberté qui est essentielle au gouvernement de l'église, l'on pouvoit prétendre que ceux qui le rendoient affectoient de sauver quelques apparences d'ordre et de discipline, en ce qu'au moins ils reconnoissoient ma juridiction. Ils rompirent bientôt toutes mes mesures, en déclarant mon siége vacant, par un arrêt donné à Péronne, ce qui arriva un mois ou deux avant que le saint siége le déclarât rempli, en me donnant le *pallium* de l'archevêché de Paris en plein consistoire. On manda en même temps à la cour MM. Chevalier et l'Avocat, chanoines de Notre-Dame, mes grands-vicaires, et l'on se servit du prétexte de leur absence pour forcer le chapitre à prendre l'administration de mon diocèse. Ce procédé si peu canonique ne scandalisa pas moins l'église de Rome que celle de France. Les sentimens de l'une et de l'autre se trouvèrent conformes de tout point. Je les observai, et même je les fortifiai avec application; et après que je leur eus laissé tout le temps que je crus nécessaire, vu le flegme du pays où j'étois, pour purger ma conduite de tout air de précipitation, j'en formai une lettre que j'écrivis au chapitre de Notre-Dame de Paris, et que j'insérerai ici, parce qu'elle vous fera connoître d'une vue ce qui se passa depuis ma liberté à cet égard.

« Messieurs,

» Comme une des plus grandes joies que je » ressentis aussitôt après que Dieu m'eut rendu » la liberté, fut de recevoir les témoignages si » avantageux d'affection et d'estime que vous » me rendîtes, et en particulier par la réponse » obligeante que vous fîtes d'abord à la lettre » que je vous avois écrite, et en public par les » publiques actions de grâces que vous offrîtes » à Dieu pour ma délivrance : je vous puis aussi » assurer que parmi tant de traverses, et de » périls que j'ai courus depuis, je n'ai point eu » d'affliction plus sensible que celle d'apprendre » les tristes nouvelles de la manière dont on a » traité votre compagnie pour la détacher de » mes intérêts, qui ne sont autres que ceux de » l'église, et pour vous faire abandonner par » des résolutions forcées et involontaires, celui » dont vous aviez soutenu le droit et l'autorité » avec tant de vigueur et tant de constance. La » fin qu'il a plu à Dieu de donner à mes voya- » ges et à mes travaux, en me conduisant dans » la capitale du royaume de Jésus-Christ, et » l'asyle le plus ancien et le plus sacré de ses » ministres persécutés par les grands du monde, » n'a pu me faire oublier ce qu'on a fait dans » Paris pour vous assujettir. Et l'accueil si fa- » vorable que m'avoit daigné faire le chef de » tous les évêques et le père de tous les fidèles, » avant que Dieu le retirât de ce monde; ces » marques si publiques et si glorieuses de bonté » et d'affection, dont il lui avoit plu d'honorer » mon exil et mon innocence, et la protection » apostolique qu'il m'avoit fait l'honneur de me » promettre avec tant de tendresse et de géné- » rosité, n'ont pu entièrement adoucir l'amer- » tume que m'a causé depuis six mois l'état dé- » plorable auquel votre compagnie a été réduite. » Car comme les marques extraordinaires de » votre fidèle amitié envers moi ont attiré sur » vous leur aversion, et qu'on ne vous a persé- » cutés que parce que vous vous étiez toujours » opposés à la persécution que j'en souffrois, j'ai » été blessé dans le cœur de toutes les plaies que » votre corps a reçues; et la même générosité » qui m'obligera à conserver jusqu'à la fin de » ma vie des sentimens tout particuliers de » reconnaissance et de gratitude pour vos bons » offices, m'oblige maintenant encore davan- » tage à ressentir des mouvemens non communs » de compassion et de tendresse pour vos afflic- » tions et pour vos souffrances.

» J'ai appris, Messieurs, avec douleur, que » ceux qui, depuis ma liberté, m'ont fait un » crime de votre zèle pour moi, ne m'ont re- » proché, par un écrit public et diffamant, d'a- » voir fait faire dans la ville capitale des actions » scandaleuses et injurieuses à Sa Majesté, que » parce que vous aviez témoigné à Dieu, par » l'un des cantiques de l'église, la joie que vous

» aviez de ma délivrance, après la lui avoir
» demandée par tant de prières. J'ai su que
» cette action de votre piété, qui a réjoui tous
» ceux qui étoient affligés du violement de la
» liberté ecclésiastique, par la détention d'un
» cardinal et d'un archevêque, a tellement ir-
» rité mes ennemis, qu'ils en ont pris occasion de
» vous traiter de séditieux et de perturbateurs
» du repos public; qu'ils se sont servis de ce
» prétexte pour faire mander en cour mes deux
» grands-vicaires et autres personnes de votre
» corps, sous ombre de leur faire rendre compte
» de leurs actions; mais dans la vérité pour les
» exposer au mépris, pour les outrager par les
» insultes et les moqueries, et les abattre, s'ils
» pouvoient, par les menaces. Mais ce qui m'a
» le plus touché, a été d'apprendre que cette
» première persécution qu'on a faites à mes
» grands-vicaires et à quelques autres de vos
» confrères, n'a servi que de degré pour se por-
» ter ensuite à une plus grande qu'on a faite à
» tout votre corps. On ne les a écartés que pour
» l'affoiblir, et prendre le temps de leur exil
» pour vous signifier un arrêt du 22 d'août der-
» nier, par lequel des séculiers, usurpant l'au-
» torité de l'église, déclarent mon siége vacant,
» et vous ordonnent, ensuite de cette vacance
» prétendue, de nommer dans huit jours des
» grands-vicaires pour gouverner mon diocèse,
» en la place de ceux que j'avois nommés, avec
» menaces qu'il y seroit pourvu autrement, si
» vous refusiez de le faire. Je ne doute point
» que vous n'ayez tous regardé la seule propo-
» sition d'une entreprise si outrageuse à la di-
» gnité épiscopale, comme une insulte signalée
» qu'on faisoit à l'église de Paris, en lui témoi-
» gnant par cette ordonnance qu'on la jugeoit ca-
» pable de consentir à un asservissement honteux
» de l'épouse de Jésus-Christ, à la violence et
» à l'usurpation de l'autorité ecclésiastique par
» une puissance séculière (qui est toujours véné-
» rable en se tenant dans ses légitimes bornes),
» et à une dégradation si scandaleuse de votre
» archevêché.

» Mais aussi parce qu'on savoit combien de
» vous-mêmes vous étiez éloignés de vous por-
» ter à rien de semblable, j'ai su qu'outre cette
» absence de vos confrères, on s'étoit servi de
» toutes sortes de voies pour gagner les uns,
» pour intimider les autres, et pour affoiblir
» ceux mêmes qui seroient les plus désintéres-
» sés en leur particulier, par l'appréhension de
» perdre vos droits et vos priviléges. Et afin
» que tout fût conforme à ce même esprit, j'ap-
» prends par la lecture de l'acte de signification
» de cet arrêt qui m'a été envoyé, que deux
» huissiers à la chaîne étant entrés dans votre
» assemblée, déclarèrent qu'il vous signifioient
» cet arrêt par exprès commandement, à ce
» que vous n'en prétendissiez cause d'ignorance,
» et que vous eussiez à obéir : et parce que l'on
» sait que les premières impressions de la crainte
» et de la frayeur sont toujours les plus puis-
» santes, ne voulant point vous laisser de temps
» pour vous reconnoître, de délibérer à l'heure
» même sur cet arrêt, vous déclarant qu'ils
» ne sortiroient point du lieu, jusqu'à ce que
» vous l'eussiez fait.

» Cependant il y a sujet de louer Dieu, de ce
» que ce procédé si extraordinaire a rendu en-
» core plus visible à tout le monde l'outrage que
» mes ennemis ont voulu faire à l'église en ma
» personne. Quelque violence que l'on ait em-
» ployée pour vous empêcher d'agir selon les
» véritables mouvemens de votre cœur, et quel-
» que frayeur qu'on ait répandue dans les es-
» prits, on n'a pu vous faire consentir à cette
» sacrilége dégradation d'un archevêque par un
» tribunal laïque : et le refus que vous en avez
» fait malgré toutes les instances de mes enne-
» mis, leur sera dans la postérité une convic-
» tion plus que suffisante de s'être emportés
» contre l'église à des attentats si insupportables,
» que ceux même qu'ils ont opprimés et réduits
» à n'avoir plus de liberté, n'en ont pu conce-
» voir que de l'horreur. Ainsi au lieu de décla-
» rer mon siége vacant, selon les termes de cet
» arrêt, vous avez reconnu que mes grands-vi-
» caires étoient les véritables et légitimes admi-
» nistrateurs de la juridiction spirituelle de
» mon diocèse, et qu'il n'y avoit qu'une vio-
» lence étrangère qui les empêchoit de l'exer-
» cer. Vous avez résolu de faire des remontran-
» ces au roi, pour leur retour aussi bien que
» pour le mien, et vous avez témoigné par là
» combien les plaies que l'on vouloit faire à mon
» caractère vous étoient sensibles. Voilà votre
» véritable disposition. Tout ce qui s'est fait de
» plus ne doit être imputé qu'aux injustes vio-
» lateurs des droits inviolables de l'église.

» J'ai su, Messieurs, qu'il y en a eu plusieurs
» d'entre vous qui sont demeurés fermes et im-
» mobiles dans cet orage, et qui ont conservé
» en partie l'honneur de votre corps par une
» courageuse résistance à toutes les entreprises
» de mes ennemis. Mais j'ai su encore que ceux
» qui n'ont pas été si fermes, et qui n'ont osé
» s'opposer ouvertement à l'injure qu'on vouloit
» faire à leur archevêque, ne se sont laissés al-
» ler à cet affoiblissement, que parce qu'on ne
» vouloit pas leur permettre de suivre la loi de
» l'église, mais les contraindre de se rendre à

» une nécessité, qu'on prétendoit n'avoir point
» de loi. Ils ont agi, non comme des personnes
» libres, mais comme des personnes réduites
» dans les dernières extrémités. Ils ont souffert
» dans ce rencontre le combat que décrit saint
» Paul, de la chair contre l'esprit; et ils peu-
» vent dire sur ce sujet : « Nous n'avons pas
» fait le bien que nous voulions, mais nous
» avons fait le mal que nous ne voulions
» pas. »

» Tout le monde sait que, lorsqu'on vous a
» fait prendre l'administration spirituelle de mon
» diocèse, mes grands-vicaires n'étoient que
» depuis peu de jours absens et qu'il y avoit su-
» jet de croire qu'ils seroient bientôt de retour.
» Or, qui jamais ouït dire qu'un diocèse
» doive passer pour désert et abandonné, et
» qu'on doive obliger un chapitre à usurper l'au-
» torité de son archevêque, quatre jours après
» qu'on aura mandé ses grands-vicaires à la
» cour? Le passage même des décrétales qu'on
» m'a écrit avoir été l'unique fondement de cet
» avis, ne détruit-il pas clairement ce qu'on veut
» qu'il établisse? « Si un évêque, dit ce décret
» du pape Boniface VIII, est pris par des payens
» ou des schismatiques, ce n'est pas le métro-
» politain, mais le chapitre, qui doit administrer
» le diocèse, dans le spirituel et le temporel,
» comme si le siége étoit vacant par mort, jus-
» qu'à ce que l'évêque sorte des mains de ces
» payens ou de ces schismatiques, et soit remis
» en liberté; ou que le pape, à qui il appartient
» de pourvoir aux nécessités de l'église, et que
» le chapitre doit consulter au plustôt sur cette
» affaire, en ait ordonné autrement. »

» Voilà ce que c'est que ce décret; c'est-à-
» dire, la condamnation formelle de tout ce qu'on
» a voulu entreprendre contre l'autorité que Dieu
» m'a donnée. Car s'il y avoit lieu de se servir
» de ce décret pour m'ôter l'exercice de ma
» charge, ç'auroit été lorsque j'étois en prison;
» puisqu'il ne parle que de ce qu'on doit faire
» quand un évêque est prisonnier; ce qu'on a
» été si éloigné de prétendre, que durant tout
» le temps de ma prison jusqu'au jour de ma dé-
» livrance, mes grands-vicaires ont toujours
» paisiblement gouverné mon diocèse en mon
» nom et sous mon autorité. Et en effet, com-
» ment mes ennemis auroient-ils pu se servir de
» ce décret, sans vouloir prendre à l'égard de
» moi la place peu honorable des payens ou des
» schismatiques, qui n'ayant point ou de crainte
» pour Dieu, ou de respect pour l'église, ne font
» point de conscience de persécuter les minis-
» tres de Dieu et les prélats de l'église, et de les
» réduire à la servitude, à la misère d'une pri-
» son? Que si l'on ne s'en est pas pu servir lors-
» que j'étois dans la captivité, parce que je
» n'étois pas retenu par des payens ou des schis-
» matiques, qui est la seule espèce de ce décret;
» comment auroit-on pu s'en servir lorsque Dieu
» avoit rompu mes liens; puisque le pape y or-
» donne expressément que cette administration
» du chapitre ne doit durer que jusqu'à ce que
» l'évêque soit en liberté? De sorte que si vous
» aviez pris auparavant l'administration de mon
» diocèse lorsque j'étois retenu captif (ce que
» vous n'avez jamais voulu faire), vous auriez
» dû nécessairement la quitter selon la disposi-
» tion expresse de ce même décret, aussi-tôt
» que Dieu m'a rendu la liberté. Que si l'on pré-
» tend que l'absence d'un archevêque qui est li-
» bre, et les empêchemens qu'une puissance
» séculière peut apporter aux fonctions de ses
» grands-vicaires, donnent au chapitre le même
» droit de prendre en main l'administration de
» son diocèse, que si l'évêque étoit captif parmi
» les schismatiques et les infidèles, on prétend
» confondre des choses qui sont entièrement dif-
» férentes, un évêque captif avec un évêque li-
» bre; un évêque qui ne peut agir ni par soi-
» même ni par autrui, avec un évêque qui le
» peut et qui le doit; un chapitre, un clergé, un
» peuple qui ne peuvent recevoir aucun ordre ni
» aucune lettre de son évêque, avec un chapitre
» et un diocèse qui en peuvent recevoir, et qui
» les doivent même recevoir avec respect, selon
» tous les canons de l'église.

» Quand un évêque est prisonnier entre les
» mains des infidèles, c'est une violence étran-
» gère qui suspend les fonctions épiscopales, qui
» le met dans une impuissance absolue de gou-
» verner son diocèse, et sur laquelle l'église n'a
» aucun pouvoir; mais ici l'évêque étant libre
» comme je le suis, graces à Dieu, il peut en-
» voyer ses ordres et établir des personnes, qui
» le gouvernent en son absence; et les empêche-
» mens que la passion et l'animosité y voudroient
» apporter ne doivent être considérés que comme
» des entreprises et des attentats contre l'auto-
» rité épiscopale, auxquels des ecclésiastiques
» ne peuvent déférer sans trahir l'honneur et
» l'intérêt de l'église. Et comme lorsque la per-
» sonne d'un évêque est captive parmi les infi-
» dèles, il n'y a rien que son église ne doive
» faire pour le racheter, jusqu'à vendre ses vases
» sacrés, si elle ne peut trouver autrement de
» quoi payer sa rançon; ainsi lorsqu'on veut re-
» tenir, non sa personne, parce qu'on ne le peut
» pas, mais son autorité captive, son église doit
» employer tout ce qu'elle a de pouvoir, non
» contre lui, mais pour lui; non pour usurper

» son autorité, mais pour la défendre contre
» ceux qui la veulent anéantir.

» Car vous savez, Messieurs, que c'est dans
» ces rencontres de persécutions et de troubles
» que le clergé doit se tenir plus que jamais in-
» séparablement uni avec son évêque; et que,
» comme les mains se portent naturellement à
» la conservation de la tête, lorsqu'elle est me-
» nacée de quelques dangers, les premiers ec-
» clésiastiques d'un diocèse, qui sont les mains
» des prélats par lesquelles ils agissent, et par
» lesquelles ils conduisent les peuples, ne doi-
» vent jamais s'employer avec plus de vigueur
» et plus de zèle à maintenir l'autorité de leurs
» chefs et de leurs pasteurs, que lorsqu'elle est
» plus violemment attaquée, et que la puissance
» séculière se veut attribuer le droit d'interdire
» les fonctions ecclésiastiques à ses grands-vi-
» caires, et de faire passer en d'autres mains,
» selon qu'il lui plaît, l'administration de son
» diocèse.

» Mais si l'on peut dire qu'un évêque laisse
» son siège vacant et abandonné, et qu'ainsi,
» d'autres en peuvent prendre la conduite mal-
» gré lui, parce qu'on le persécute et qu'on veut
» empêcher qu'il ne le gouverne par lui-même
» ou par ses officiers; tant de grands prélats,
» que diverses persécutions ont obligés autre-
» fois de s'enfuir et de se cacher, soit pour la foi
» ou pour des prétendus intérêts d'état et des
» querelles touchant la liberté de l'église, et qui
» ne laissoient pas cependant de gouverner leurs
» diocèses par leurs lettres et par leurs ordres
» qu'ils envoyoient à leurs clergés et à leurs
» peuples; tant de prélats, dis-je, auroient dû
» demeurer tout ce temps-là sans autorité, comme
» des déserteurs de leurs sièges; et leurs prê-
» tres auroient eu droit de s'attribuer leur puis-
» sance, et de leur ôter par un détestable schisme
» l'usage de leurs caractères.

» Le grand saint Cyprien, évêque de Car-
» thage (pour n'apporter que ce seul exemple de
» l'antiquité), ayant vu la persécution qui s'allu-
» moit contre lui, et que les payens avoient de-
» mandé qu'on l'exposât dans l'amphithéâtre aux
» lions, se crut obligé de se retirer pour ne pas
» exciter par sa présence, la fureur des infidèles
» contre le peuple : ce qui donna sujet à quel-
» ques prêtres de son église, qui ne l'aimoient
» pas, de se servir de son absence pour usurper
» son autorité et s'attribuer la puissance que Dieu
» lui avoit donnée sur les fidèles de Carthage.
» Mais il fit bien voir que son siège n'étoit point
» désert, quoiqu'il fût absent et caché, et que
» la persécution l'empêchât de faire publique-
» ment les fonctions d'un évêque. Jamais il ne

» gouverna son église avec plus de fermeté et de
» vigueur. Il établit des vicaires pour la conduire
» en son nom et sous son autorité : il excommunia
» ces prêtres qui lui vouloient ravir sa puissance,
» avec tous ceux qui les suivroient : il fit par ses
» lettres tout ce qu'il auroit fait étant présent. Le
» compte qu'il en rend lui-même, écrivant au cler-
» gé de Rome, montre bien clairement que jamais
» il n'avoit moins abandonné son église, que la
» proscription qu'on avoit faite de sa personne
» et de ses biens l'avoit contraint de s'en éloi-
» gner. Du lieu de sa retraite il envoyoit des
» mandemens, pour la conduite qu'on devoit
» tenir envers ceux qui étoient tombés dans la
» persécution. Il ordonnoit des lecteurs, des
» sous-diacres et des prêtres, qu'il envoyoit à
» son clergé. Il consoloit les uns, exhortoit les
» autres, et travailloit surtout à empêcher que
» son absence ne donnât lieu à ses ennemis de
» faire un schisme dans son église, et de sépa-
» rer de lui une partie du troupeau qui étoit
» commis à sa conduite.

» Que si ce saint évêque de Carthage n'avoit
» rien perdu du droit de gouverner son église
» même, combien plus un archevêque de Paris
» conserve-t-il le droit de gouverner toujours la
» sienne, lorsqu'il n'est point caché ni invisible,
» mais qu'il s'est exposé à la plus grande lumière
» du monde; qu'il s'est retiré auprès du chef de
» tous les évêques et du père commun de tous
» les rois catholiques; qu'il y est reconnu par Sa
» Sainteté pour légitime prélat de son siège, et
» qu'il exerce publiquement, dans la maîtresse
» de toutes les églises, les fonctions sacrées de
» sa dignité de cardinal?

» Et il ne sert de rien de dire que le sujet de
» la proscription de saint Cyprien étant la guerre
» que les payens faisoient à la foi, on ne doit
» pas étendre cet exemple à la proscription d'un
» archevêque qui n'est persécuté que pour des
» prétendus intérêts d'état : car pour quelque
» sujet que l'on proscrive un prélat, tant qu'il
» demeure revêtu de la dignité épiscopale, et que
» l'église n'a rendu aucun jugement contre lui,
» comme nulle proscription et nulle interdiction
» qui viennent de la part des puissances sécu-
» lières ne peuvent empêcher qu'il ne soit évê-
» que, et qu'il ne remplisse son siège, elles ne
» peuvent aussi empêcher qu'il n'ait le droit et le
» pouvoir d'en exercer les fonctions, tel qu'il l'a
» reçu de Jésus-Christ et non des rois, et qu'ainsi
» tout son clergé ne soit obligé en conscience de
» déférer à ses ordres dans l'administration spi-
» rituelle de son diocèse.

» C'est donc en vain qu'on veut couvrir la
» violence d'un procédé inouï et sans exemple

» par le sujet dont on le prétexte, c'est-à-dire
» par des accusations chimériques et imaginaires
» de crimes d'état, qui n'ont commencé à m'être
» publiquement imputées, pour me faire perdre
» l'exercice de ma charge, dont je jouissois par
» mes grands-vicaires, étant en prison, que de-
» puis le jour qu'il a plu à Dieu de me rendre la
» liberté. Que si j'ai été évêque étant prisonnier,
» ne le suis-je plus étant à Rome? Suis-je le pre-
» mier prélat qui soit tombé dans la disgrace de
» la cour, et qui ait été contraint de sortir hors
» du royaume? Que si tous ceux à qui cet acci-
» dent est arrivé, n'ont pas laissé de gouverner
» leurs diocèses par leurs grands-vicaires, selon
» la discipline inviolable de l'église, quel est ce
» nouvel abus de la puissance séculière qui foule
» aux pieds toutes les loix ecclésiastiques? Quelle
» est cette nouvelle servitude et ce nouveau
» joug qu'on veut imposer à l'église de Jésus-
» Christ, en faisant dépendre l'exercice divin
» de la puissance épiscopale, de tous les capri-
» ces, de toutes les jalousies et des favoris?

» Feu M. le cardinal de Richelieu, n'étant
» encore qu'évêque de Luçon, fut relégué à
» Avignon après la mort du maréchal d'Ancre;
» et cependant, quoiqu'il fût hors du royaume,
» jamais on ne s'avisa de porter son chapitre
» à prendre le gouvernement de son évêché,
» comme si son siége eût été désert; et ses
» grands-vicaires continuèrent toujours de le
» gouverner en son nom et sous son autorité.
» Et n'avons-nous pas vu encore que feu M. l'ar-
» chevêque de Bordeaux, ayant été obligé de
» sortir de France et de se retirer au même
» comtat d'Avignon, il ne cessa point pour cela
» de conduire son évêché, non-seulement par
» son grand-vicaire, mais aussi par ses ordres
» et ses réglemens qu'il envoyoit du lieu de sa
» retraite, et dont j'en ai vu moi-même de pu-
» blics et d'imprimés?

» Pour être à Rome, qu'on peut appeler la
» patrie commune de tous les évêques, perd-on
» le droit que l'on conserve dans Avignon? Et
» pourquoi l'église ne jouiroit-elle pas, sous le
» règne du plus chrétien et du plus pieux prince
» du monde, de l'un des plus sacrés et des plus
» inviolables de ses droits, dont elle a joui pai-
» siblement sous le règne du feu roi son père?
» Mais ce qui m'a causé une sensible douleur,
» a été d'avoir appris qu'il se trouvât deux
» prélats assez indifférens pour l'honneur de
» leur caractère, et assez dévoués à toutes les
» passions de mes ennemis, pour entreprendre
» de conférer les ordres sacrés dans mon église,
» ou plutôt de les profaner par un attentat étran-
» ge; n'y ayant rien de plus établi dans toute
» la discipline ecclésiastique, que le droit qu'a
» chaque évêque de communiquer la puissance
» sacerdotale de Jésus-Christ à ceux qui lui sont
» soumis, sans qu'aucun évêque particulier le
» puisse faire contre son gré, que par une en-
» treprise qui le rend digne d'être privé des
» fonctions de l'épiscopat, dont il viole l'unité
» sainte, selon l'ordonnance de tous les anciens
» conciles, que celui de Trente a renouvelée.

» Que si les conciles, lors même que le siége
» est vacant par la mort d'un évêque, défen-
» dent au chapitre de faire conférer les ordres
» sans une grande nécessité, telle que seroit
» une vacance qui dureroit plus d'un an; et si
» ce que le concile de Trente a établi sur ce su-
» jet n'est qu'un renouvellement de ce que nous
» voyons avoir été établi par les conciles de
» France, qui défendent à tous évêques d'or-
» donner des clercs et de consacrer des autels
» dans une église à qui la mort a ravi son pro-
» pre pasteur; n'est-il pas visible que ce qui
» n'auroit pas été légitime, quand mon siége
» auroit été vacant par ma mort, le peut être
» encore moins par la violence qu'on a exercée
» contre moi vivant et en liberté; et que la pré-
» cipitation avec laquelle on s'est porté à cette
» entreprise, la rend tout-à-fait inexcusable, et
» digne de toutes les peines les plus sévères des
» saints canons?

» Mais il est temps, Messieurs, que l'église
» de Paris sorte de l'oppression sous laquelle
» elle gémit, et qu'elle rentre dans l'ordre dont
» une violence étrangère l'a tirée. Je ne doute
» point que ceux qui ont eu même le moins de
» fermeté pour s'opposer à l'impétuosité de ce
» torrent, ne bénissent Dieu lorsqu'ils verront
» cesser tous les prétextes qui ont donné lieu à
» ce scandaleux interrègne de la puissance épis-
» copale. On ne peut plus dire que l'on ignore
» le lieu où je suis; on ne peut plus me consi-
» dérer comme enfermé dans un conclave. Je
» ne puis plus trouver moi-même de prétextes
» ni de couleur à cette longue patience si con-
» traire à toutes les anciennes pratiques de l'é-
» glise, et qui me donneroient un scrupule
» étrange, si Dieu, qui pénètre les cœurs, ne
» voyoit dans le mien que la cause de mon si-
» lence n'a été que ce profond respect que j'ai
» toujours conservé, et que je conserverai éter-
» nellement pour tout ce qui porte le nom du
» roi, et l'espérance que les grandes et saintes
» inclinations qui brillent dans l'ame de Sa Ma-
» jesté, le porteroient à connoître l'injure que
» l'on a faite sous son nom à l'église. Je ne puis
» croire, messieurs, que le Saint-Esprit, qui
» vient de témoigner par l'élection de ce grand

» et digne successeur de saint Pierre, une pro-
» tection toute particulière à l'église universelle,
» n'ait déjà inspiré dans le cœur de notre grand
» monarque des sentimens très-favorables pour
» le rétablissement de celle de Paris. Je ne fais
» point de doute que ce zèle ardent que j'ai fait
» paroître dans toutes les occasions pour son
» service, n'ait effacé de son ame royale ces
» fausses impressions qui ne peuvent obscurcir
» l'innocence, et je suis persuadé que dans un
» temps où l'église répand avec abondance les
» trésors de ses graces, la piété du successeur de
» saint Louis ne voudroit pas permettre qu'elles
» passassent par des canaux qui ne fussent pas
» ordinaires et naturels. J'ai toutes sortes de
» sujets de croire que mes grands-vicaires sont
» présentement dans Paris, que la bonté du roi
» les y a rappelés pour exercer leurs fonctions
» sous mon autorité, et que Sa Majesté aura enfin
» rendu la justice que vous lui demandez conti-
» nuellement par tous vos actes, puisque vous
» protestez toujours, même dans leurs titres,
» que vous ne les faites qu'à cause de leur ab-
» sence. Je leur adresse donc, Messieurs, la
» bulle de notre saint père le pape pour la faire
» publier selon les formes ; et au cas qu'ils ne
» soient pas à Paris, ce que j'aurois pourtant
» peine à croire, je l'envoye à MM. les archi-
» prêtres de la Magdeleine et de Saint-Séverin,
» pour en user selon mes ordres et selon la pra-
» tique ordinaire du diocèse. Par le même man-
» dement, je leur donne l'administration de mon
» diocèse en l'absence de mes grands-vicaires,
» et je suis persuadé que ces résolutions vous
» donneront beaucoup de joie, puisqu'elles com-
» mencent à vous faire voir quelques lumières
» de ce que vous avez tant souhaité, et qu'elles
» vous tirent de ces difficultés où vous avoit mis
» l'appréhension de voir le gouvernement de
» mon archevêché désert et abandonné. J'aurois,
» au sortir du conclave, donné ces ordres, si je
» n'eusse mieux aimé que vous les eussiez re-
» çus, en même temps que je reçois des mains
» de Sa Sainteté la plénitude de la puissance
» archiépiscopale, par le *pallium* qui en est la
» marque et la consommation. Je prie Dieu de
» me donner les graces nécessaires pour l'em-
» ployer selon mes obligations à son service et à
» sa gloire, et je vous demande vos prières, qui
» implorent sur moi les bénédictions du ciel. Je
» les espère de votre charité, et je suis, mes-
» sieurs, votre très-affectionné serviteur et con-
» frère, le CARDINAL DE RETZ, archevêque de
» Paris. De Rome, ce 22 mai 1655. »

Cette lettre eut tout l'effet que je pouvois désirer. Le chapitre, qui étoit très-bien disposé pour moi, quitta avec joie l'administration. Il ne tint pas à la cour de l'en empêcher ; mais elle ne trouva pour elle dans ce corps, que trois ou quatre sujets, qui n'étoient pas l'ornement de leur compagnie.

M. d'Aubigny, du nom de Stuart, s'y signala autant par sa fermeté que le bonhomme Vantadour s'y fit remarquer par sa foiblesse. Enfin, mes grands-vicaires reprirent avec courage le gouvernement de mon diocèse, et M. le cardinal Mazarin fut obligé de leur faire donner une lettre de cachet pour les tirer de Paris, et les faire venir à la cour pour une seconde fois. Je vous rendrai compte de la suite de cette violence, après que je vous aurai entretenue d'un détail qui sera curieux, en ce qu'il sera proprement le caractère du malheur le plus sensible, à mon opinion, qui soit attaché à la disgrace.

Une lettre que je reçus de Paris, quelque temps après que je fus entré dans le conclave, m'obligea à y dépêcher en poste Malclerc (1). Cette lettre, qui étoit de M. de Caumartin, portoit que M. de Noirmoutier traitoit avec la cour par le canal de madame de Chevreuse et de Laigues ; que celle-là avoit assuré le cardinal que celui-ci ne me donneroit que des apparences, et qu'il ne feroit rien contre ses intérêts ; que le cardinal lui avoit déclaré à elle-même que Laigues n'entreroit jamais en exercice de la charge de capitaine des gardes de Monsieur, qui lui avoit été donnée à la prison de MM. les princes, jusqu'à ce que le roi fût maître de Mézières et de Charleville ; que Noirmoutier avoit dépêché Longrue, lieutenant de roi de la dernière, à la cour, pour l'assurer, non pas seulement en son nom, mais même en celui du vicomte de Lamet, tout au moins d'une inaction entière, cependant que l'on traiteroit du principal ; que cet avis venoit de madame de Lesdiguières, qui apparemment le tenoit du maréchal de Villeroi, et que je devois compter là-dessus. Cette affaire, comme vous voyez, méritoit de la réflexion, et celle que je fis, jointe au besoin que j'avois de pourvoir à ma subsistance, m'obligea, comme je viens de vous le dire, à envoyer en France Malclerc, avec ordre de faire concevoir à mes amis la né-

---

(1) Le cardinal lui remit une lettre de créance pour Noirmoutier et Lamet, que l'on conserve aujourd'hui aux manuscrits de la Bibliothèque du roi. En voici les termes : « Je supplie MM. les ducs de Noirmoustier et vicomte de Lamet de prendre toute confiance à ce que leur dira Malclerc de ma part, et de croire que je suis absolument à eux.

» LE CARDINAL DE RETZ. »

cessité qui me forçoit à des dépenses qu'ils ne croyoient pas trop nécessaires, et de faire ses efforts pour obliger MM. de Noirmoutier et de Lamet à ne se point accommoder avec la cour,

(1) Il est évident que Noirmoutier détruisit le bon effet qu'auraient pu produire les témoignages d'attachement qu'il avait donnés en faveur du cardinal de Retz, depuis sa prison, par l'époque qu'il choisit pour son accommodement avec la cour. Toutes les probabilités étaient que si Noirmoutier eût différé de s'accommoder avec Mazarin jusqu'après l'exaltation du Pape, Retz étant soutenu à Rome par le nouveau pontife, et en France par ses amis, qui occupaient deux places telles que Mont-Olympe et Charleville, si importantes par le voisinage du prince de Condé, tout prêt à se déclarer et à faire marcher son armée pour le service de Retz, Mazarin aurait été plus disposé à traiter avec Retz à des conditions qui ne devaient point blesser l'honneur d'un archevêque de Paris. Du reste, nous donnons textuellement, et d'après les originaux de la Bibliothèque du roi, la correspondance de Noirmoutier et du prince de Condé, au sujet de son accommodement.

I.

A M. de Noirmoutier.

« Monsieur, j'ay reçeu la réponse que vous avez faite au sieur Dumontal, sur ce qu'il vous avoit écrit de ma part par une copie qu'il m'a envoyée de votre lettre; sur quoi je vous dirai que comme j'ai toujours vescu avec vous dans une bonne amitié et dans une parfaite intelligence, particulièrement depuis que la prise de Rocroy m'a donné diverses occasions d'avoir affaire à vous, et mon dessein étant de continuer à vivre avec vous dans la même franchise et sincérité que j'ay fait jusqu'icy, je me suis promis que vous en useriez de mesme avec moy, et que dans les bruits qui courent de votre accommodement, vous trouveriez bon que je vous demandasse comme une faveur particulière, que vous eussiez la bonté de me faire savoir en quel terme vous êtes avec la cour, afin que là-dessus je prenne mes mesures, pour ce que j'auray à faire la campagne prochaine, touchant mes places. Je ne prétends pas par-là d'exiger aucune chose de vous qui soit contre les intérêts de M. le cardinal de Retz, ny contre les vôtres particuliers, mais seulement d'estre averty de ce que je dois attendre de vous pour l'avenir : car si vous n'estiez plus dans les sentiments du passé, et que dans le dessein que la cour pourroit avoir d'assiéger Rocroy, vous vous fussiez engagé d'assister de vos places ses ennemis en cette entreprise, il m'y faudroit en ce cas prendre beaucoup d'autres précautions que si vous estiez toujours dans la mesme résolution que vous avez été ci-devant; ainsi, c'est une chose qu'il m'importe au dernier point de savoir au plustost. C'est pourquoi je vous conjure de me vouloir mander, avec la franchise que j'ai toujours reconnue en vous, si, en cas que Rocroy soit assiégé pendant la campagne prochaine, vous donnerez ou refuserez à la cour les secours qui vous pourront estre demandés; car, en cas de refus, j'useray moins de précaution que je ne ferois si vous vous estiez engagé à quelque chose. Je m'assure que vous ne ferez aucune difficulté de m'éclaircir au plustost de la vérité de l'affaire, vous donnant parole de tenir la chose dans le dernier secret; prenez donc, s'il vous plait, la peine de me mander quelle est votre résolution, afin que si vous avez changé de sentiment, et que j'ai peine à croire, veu ce qui s'est passé depuis peu de jours sur le sujet des lettres que M. le cardinal de Retz avoit écrites au clergé de France, en quoi la cour ne fait que trop connoître

jusqu'à ce que le pape fût fait (1). J'avois déjà de grandes espérances de l'exaltation de Chigi, et j'avois si bonne opinion, et de son zèle pour les intérêts de l'église, et de sa reconnoissance pour l'aigreur qu'elle conserve contre luy, je puisse munir Rocroy assez à temps de toutes les choses nécessaires, ce que je n'auray pas besoin de faire tant que Charleville et Mézières demeureront dans les termes de la dernière parole que j'en ay de vous; tout ce que je vous puis représenter là-dessus n'est pour vous persuader à prendre un party contraire à vos intérêts et à ceux de M. le cardinal de Retz, mais seulement pour vous tesmoigner celuy que j'ay d'estre informé du véritable estat auquel vous êtes avec la cour. Vous avez divers moyens de me faire sçavoir là-dessus de vos nouvelles, soit par une lettre que je vous renvoierois, comme a fait le sieur Dumontal, de celle que vous lui avez écrite, soit en m'envoyant quelqu'un avec un billet de créance de vous, qui me puisse expliquer toutes choses de votre part et de celle de M. de Lamet, ou bien en mandant toutes choses au long audit sieur Dumontal, qui prendra soin de m'en informer ; enfin, vous pouvez prendre pour cela telle voie qu'il vous plaira, et que vous croirez la moins dangereuse, car je ne voudrois pas pour rien du monde vous engager à aucune chose qui pût vous attirer une mauvaise affaire à la cour; et sans la nécessité où je suis d'en savoir bientost des nouvelles, je ne vous en ferois pas tant d'instances; assurez-vous, au surplus, que quelque chose qui en puisse estre, cela ne pourra jamais altérer en moy l'amitié que je vous ai jurée, ny empescher que je ne vive avec vous dans la mesme franchise et sincérité que j'ay fait jusqu'à cette heure, et que je ne continue d'être aussi véritablement que j'ai toujours esté,

» Monsieur,

» Votre très-affectionné cousin et serviteur.

» LOUIS DE BOURBON.

» De Bruxelles, 12 février 1655. »

II.

Lettre du duc de Noirmoutier au prince de Condé.

« Monseigneur, avant que de respondre à ce que V. A. m'ordonne de luy mander, je la suplieray très-humblement de croyre que rien ne m'a obligé de prier M. Dumontal de me renvoyer ma lettre, que parce qu'il m'avoit demandé votre billet; il ne m'entrera jamais aucun soubçon dans l'esprit de toutes les choses qui se passeront entre V. A. et moy, et voulant agir toute ma vie avec vous sur ce fondement, je vous dirai, Monseigneur, fort sincèrement, que le traitement qu'on a fait à Paris à la lettre de M. le cardinal de Retz aux évesques de France, n'empêchera nullement M. de Lamet et moy de terminer nos affaires avec la cour, lorsque nous pourrons trouver notre sûreté : ce sera à nos amis à nous la procurer, et c'est à quoy ils travaillent présentement; et V. A. peut bien croire que nous avions envoyé à Rome vers M. le cardinal de Retz ; nous n'agissons de la sorte qu'après avoir appris de luy qu'il ne veut conduire ses intérêts que par les voyes ecclésiastiques, et que toutes les autres sont absolument contraires à son dessein. Cependant, monseigneur, il est du tout impossible de vous dire le temps que durera cette négociation, laquelle dépend absolument de la cour; mais comme il y a plus d'apparence qu'elle réussira autrement, quoique nous n'ayons pas encore la response des lettres que nous avons escrites, j'estime que V. A. ne doit perdre le temps qu'il y a entre-cy et la campagne, sans se précautionner, car ne pouvant faire la chose à demy en nous accommodant, il est certain que lorsqu'on nous

moi, que je ne comptois presque plus sur ces places, que comme sur des moyens que j'aurois, en consentant à l'accommodement de leur gouverneur, de faire connoître que je mettois l'unique espérance de mon rétablissement en la protection de sa sainteté. Malclerc trouva, en arrivant à Paris, que l'avis qu'on m'avoit donné demandera les assistances que l'on peut attendre de ces places, ce sera avec beaucoup de déplaisir que nous les donnerons pour nous nuire, mais nous ne pourrons pas l'éviter; en mon particulier, je crois V. A. si juste, qu'elle n'exigera pas de moy plus que ce que je dois et ce que je puis, et la manière dont vous me faites l'honneur de m'escrire et de prendre confiance en moy dans cette occasion, est si sincère et si obligeante, qu'il faudroit que tous les sentimens de reconnoissance fussent éteints en moy si je n'estois, quoiqu'il puisse arriver avec passion, etc.

« Je vous donne encore ma parole positive que notre accommodement n'est pas plus avancé que ce que je vous en mande, et que vous en serez averty exactement.

» NOIRMOUTIER. »

III.

A M. le duc de Noirmoutier.

« Monsieur, vous m'avez fait sçavoir vos sentimens et l'état de vos affaires à la cour avec tant de sincérité, que j'ay tout sujet de me louer d'un procédé si généreux. Je n'attendois pas autre chose de vous, et c'est aussi ce qui m'avoit obligé de vous en escrire avec la franchise que j'ai fait, me doutant bien que vous ne feriez pas de difficulté de m'esclaircir sur une chose où j'ai un notable intérêt et où le vostre n'est point du tout engagé; je vous demande en grâce que vous continuiez à me tenir informé du train que vos affaires et celles de M. de Lamet prendront à la cour, afin que, suivant ce qu'il vous plaira de m'en écrire (en quoi je prendrai toujours une entière confiance), je diligente ou je retarde les précautions que j'aurai à prendre pour mes places. Comme c'est sur vos avis que j'ay résolu de me régler en cela, je vous prie d'être un peu ponctuel à m'avertir de toutes choses, afin que j'aye le temps de songer et de donner ordre à mes affaires; cependant, je vous proteste que quelque chose qui puisse arriver, je n'en seray pas moins votre amy, ny moins reconnoissant de la manière obligeante dont vous en avez usé, et, en cas que dans l'exécution des choses qu'on vous aura promises à la cour, et à M. de Lamet, on vienne à vous manquer de parole, je vous offre toujours toutes les assistances qui pourront dépendre de moy. Je souhaite que vous n'en ayiez aucun besoin; mais le peu de fondement qu'il y a à faire sur les paroles de la cour, me donne sujet de vous faire ces offres-là, en cas de besoin. Il n'y a rien qui me puisse donner de plaisir en cela, sinon que je n'y aurai peut-estre pas aussi souvent que je le souhaiterois les occasions de vous estre utile et de vous témoigner la forte passion avec laquelle je veux toujours demeurer.

» Monsieur,
» Votre très-affectionné cousin et serviteur,
» LOUIS DE BOURBON.
» De Bruxelles, le 26 février 1655. »

IV.

A M. le duc de Noirmoutier.

« Monsieur, la manière dont vous vous expliquez par n'étoit que trop bien fondé; il ne tint pas même à M. de Caumartin de l'empêcher d'aller à Charleville, parce qu'il croyoit que son voyage ne serviroit qu'à faire faire la cour à M. de Noirmoutier. M. de Châlons, que Malclerc vit en passant, essaya aussi de le retenir par la même raison; il voulut absolument suivre son ordre.

vos deux lettres du 4 et du 10 de ce mois, sur l'état de vos affaires à la cour, et la sincérité avec laquelle vous en usez, me touche à tel point, qu'il est impossible de n'en avoir pas toute sorte de reconnoissance ; aussi, puis-je assurer que je l'ay toute entière, et que je seray prêt de vous servir de toutes les choses qui dépendront de moy toutesfois et quant que vous me tesmoignerez en avoir le moindre besoin. Je ne prétends pas par-là pénétrer plus avant que je ne dois, mais simplement de vous offrir, en cas de nécessité, tout ce qui peut être en mon pouvoir ; je vous prie de faire là-dessus un fondement aussi assuré que vous pourriez faire sur les choses qui sont dans votre dépendance; croyez, au surplus, que le secret sera gardé inviolablement de mon costé ; n'ayez aucune inquiétude là-dessus, car je vous réponds qu'il n'en mésarrivera pas par ce défaut-là ; je vous conjure aussi de continuer à me tenir informé du train que prendront vos affaires, avec la diligence que mérite l'importance du sujet, et de croire que quelque chose qui puisse arriver, je seray toujours également,

» Monsieur,
» Votre très-affectionné cousin et serviteur,
» LOUIS DE BOURBON.
» De Bruxelles, le 17 mars 1655. »

V.

A M. le prince de Condé.

« Monseigneur, l'avis que j'ay donné à V. A. de la conclusion de nos affaires, estoit si légitimement deub à toutes les bontés que vous avez eues pour nous, qu'en vous l'envoyant, j'ay cru simplement satisfaire à une petite partie de ce que je vous dois, et non pas attirer un remerciement tel que celuy qu'il vous plaist me faire. Nous attendons, Monseigneur, de moment en moment, celuy qui a esté à la cour pour l'exécution du traicté de Mézières; et vingt-quatre heures après qu'il sera arrivé, M. de Fabert prendra possession de la place, à quoi je n'imagine pas qu'il puisse arriver aucun obstacle, puisque je sçay qu'il y a plus de quatre jours que tout l'argent est consigné entre les mains de M. le premier président. Je ne sçay pas encore qui sera gouverneur de Mézières, ce qui est assez extraordinaire, car il me semble qu'en France les choses ne se font pas si secrettement ; mais entre les mains de qui que ce soit que cette place tombe, il faudroit qu'il fût d'une nature bien bizarre s'il n'acceptoit la bonté que vous voulez avoir de continuer les mesmes choses avec luy que vous avez fait avec M. de Lamet. Dès qu'il y en aura un nommé, je sçauray soit icy, soit à Paris (où je fais estat d'aller bientost), ses intentions là-dessus, et je les feray sçavoir à V. A., comme elle me le commande. Cependant, Monseigneur, quoi qu'il arrive, rien ne m'empeschera jamais d'estre avec toute la passion et tout le respect imaginable.

» Monseigneur,
» Votre très-humble, etc.
» NOIRMOUTIER.
» A Charleville, ce 29 avril 1655. »

Il fut reconnu en passant à Montmireil, par des gens de madame de Noirmoutier ; ce qui l'obligea de la voir. Il eut l'adresse de lui faire croire qu'il se rendoit aux raisons qu'elle lui alléguoit en foule, pour l'empêcher d'aller trouver son mari, et il se démêla par cette ruse innocente de ce mauvais pas, qui, vu l'humeur de la dame, étoit capable de le mener à la Bastille. Il vit MM. de Noirmoutier et de Lamet à une lieue de Mézières, chez un gentilhomme nommé M. d'Haudrey. Le premier ne lui parla que des obligations qu'il avoit à madame de Chevreuse, de la parfaite union qui étoit entre lui et Laigues, et des sujets qu'il avoit de se plaindre de moi ; ce qui est le style ordinaire de tous les ingrats. Le second lui témoigna toutes sortes de bonnes volontés pour moi ; mais il lui laissa voir en même temps une grande difficulté à se pouvoir séparer des intérêts, ou plutôt de la conduite du premier, vu la situation des deux places, dont il est vrai que l'une n'est pas considérable sans l'autre. Enfin, Malclerc, qui se réduisit à leur demander pour toutes graces, en mon nom, de différer seulement leurs accommodemens jusqu'à la création du nouveau pape, ne tira de Noirmoutier que des railleries, de ce qu'il s'étoit lui-même laissé surprendre aux fausses lueurs avec lesquelles j'affectois, disoit-il, d'amuser tout le monde touchant l'exaltation de Chigi, et il revint à Paris, où il apprit de M. de Châlons la création du pape Alexandre.

Mes amis, ausquels je l'avois mandée par Malclerc, en conçurent toutes les espérances que vous pouvez vous imaginer. Vous n'avez pas de peine à croire la douleur qu'eut M. de Noirmoutier de sa précipitation. Il avoit conclu son accommodement avec le cardinal un peu après que Malclerc lui eut parlé, et il étoit venu à Paris pour le consommer. Il desira de voir Malclerc, aussitôt qu'il eut appris que Chigi étoit effectivement pape. Il découvrit qu'il étoit encore à Paris, quoique mes amis, qui se défioient beaucoup de son secret et de sa bonne foi, lui eussent dit qu'il en étoit parti ; et il fit tant, qu'il le vit dans le fauxbourg Saint-Antoine. Il n'oublia rien pour excuser, ou plutôt pour colorer la précipitation de son accommodement : il ne cacha point la cruelle douleur qu'il avoit de n'avoir pas accordé le petit délai que l'on lui avoit demandé. Sa honte parut et dans son discours et sur son visage. Je ne fus plus cet homme malhonnête et tyran, qui voulois sacrifier tous mes amis à mon ambition et à mon caprice. On ne parla dans la conversation que de la tendresse qu'on avoit pour moi, que des expédiens que l'on cherchoit avec madame de Chevreuse et avec Laigues, pour me raccommoder solidement avec la cour, et que des facilités que l'on espéroit d'y trouver. La conclusion fut une instance très-grande de prendre dix mille écus, par lesquels on espéroit, dans le pressant besoin que j'avois d'argent, d'adoucir à mon égard, et de couvrir à celui du monde, le cruel tort que l'on m'avoit fait. Malclerc refusa les dix mille écus, quoique mes amis le pressassent beaucoup de les recevoir. Ils m'en écrivirent, mais avec force, et ils ne me persuadèrent pas ; et je me remercie encore de mon sentiment. « Il n'y a rien de plus beau » que de faire des graces à ceux qui nous man- » quent ; il n'y a rien, à mon sens, de plus « foible que d'en recevoir. Le christianisme qui » nous commande le premier, n'auroit pas man- » qué de nous enjoindre le second, s'il étoit » bon. » Quoique mes amis eussent été de l'avis de ne pas refuser les offres de M. de Noirmoutier, parce qu'il les avoit faites de lui-même, ils ne crurent pas qu'il fût de la bienséance d'en solliciter de nouvelles envers les autres, au moment que la bonne conduite les obligeoit à affecter même de faire des triomphes de l'exaltation de Chigi. Ils suppléèrent de leurs propres fonds à ce qui étoit de plus pressant et de plus nécessaire, et Malclerc vint me trouver à Rome, où je vous assure qu'il ne fut pas désavoué du refus qu'il avoit fait de recevoir l'argent de M. de Noirmoutier.

Ce que vous venez de voir de la conduite de celui-ci, est l'image véritable de celle que tous ceux qui manquent à leurs amis dans leurs disgraces, ne manquent jamais de suivre. Leur première application est de jeter dans le monde des bruits sourds du mécontentement qu'ils feignent d'avoir de ceux qu'ils veulent abandonner ; et la seconde, est de diminuer autant qu'ils peuvent le poids des obligations qu'ils leur ont. Rien ne leur peut être plus utile pour cet effet, que de donner des apparences de reconnoissance envers d'autres dont l'amitié ne leur puisse être d'aucun embarras. Ils trompent ainsi l'attention que la moitié des hommes ont pour les ingratitudes qui ne les touchent pas personnellement, et ils éludent la véritable reconnoissance par la fausse. Il est vrai qu'il y a toujours des gens plus éclairés auxquels il est difficile de donner le change, et je me souviens à ce propos que Montresor, à qui j'avois fait donner une abbaye de douze mille livres de rente, lorsque MM. les princes furent arrêtés, ayant dit un jour chez le comte de Béthune qu'il en avoit l'obligation à M. de Joyeuse, le prince de Guémené lui répondit : « Je ne croyois pas que M. de Joyeuse

» eût donné les bénéfices en cette année-là. » M. de Noirmoutier fit, pour justifier son ingratitude, ce que M. de Montresor n'avoit fait que pour flatter l'entêtement qu'il avoit pour madame de Guise. J'excusai celui-ci par le principe de son action; je fus vraiment touché de celle de l'autre. L'unique remède contre ces sortes de déplaisirs qui sont plus sensibles dans les disgraces que les disgraces mêmes, c'est de ne jamais faire le bien que pour le bien même. Ce moyen est le plus assuré. Un mauvais naturel est incapable de le prendre, parce que c'est la plus pure vertu qui nous l'enseigne. Un bon cœur n'y a guère moins de peine, parce qu'il joint aisément aux motifs des graces qu'il fait à la satisfaction de sa conscience, les considérations de son amitié. Je reviens à ce qui concerne ce qui se passa en ce temps-là à l'égard de l'administration de mon diocèse.

Aussitôt que la cour eut appris que le chapitre l'avoit quittée, elle manda mes deux grands-vicaires, aussi bien que M. Loisel, curé de Saint-Jean, chanoine de l'église de Paris, et M. Briet, chanoine, qui s'étoient signalés pour mes intérêts.

FIN DE LA TROISIÈME PARTIE,
ET DES MÉMOIRES RÉDIGÉS PAR LE CARDINAL DE RETZ.

QUATRIÈME PARTIE.

COMPLÉMENT DES MÉMOIRES

DU

CARDINAL DE RETZ,

RÉDIGÉ D'APRÈS LES DOCUMENTS ORIGINAUX

PAR M. CHAMPOLLION-FIGEAC.

Les Mémoires écrits par le cardinal de Retz ne comprennent pas la suite complète des événements dont il s'est proposé d'écrire la relation. Cette suite devait s'étendre au moins jusqu'à l'année 1661, qui est celle où le cardinal de Retz se raccommoda avec la cour, après la mort de Mazarin. Il avait soutenu contre lui, pendant dix années consécutives une guerre acharnée dans laquelle les deux prélats eurent pour auxiliaires, Mazarin, l'autorité royale et l'affection de la reine-mère; Retz, les cours souveraines, le clergé, l'Hôtel-de-Ville et la faveur populaire : la chose publique faisait d'ailleurs les frais de tous les succès et de toutes les défaites.

On ignore les causes qui arrêtèrent le cours de la narration, que le cardinal de Retz s'était sans doute proposé de donner complète ; elle ne s'étend pas au-delà des événements du mois de juillet 1655, et il ne mourut qu'en 1679.

C'est vers l'année 1672 qu'il prit la résolution de répondre enfin aux pressantes sollicitations d'une grande dame de ses amies, qui lui demandait depuis long-temps les Mémoires de sa vie. A cette époque, dix années entières le séparaient déjà des derniers événements qui l'avaient tant agitée ; et cette circonstance nous semble devoir être remarquée comme une garantie de plus de la véracité de l'historien. Dix années de tranquillité amortissent bien des passions, règlent bien des intérêts, rectifient beaucoup de pensées, beaucoup de jugements, et dans cette disposition d'esprit, on parle de soi et des autres avec plus de réserve, ce qui est déjà un commencement de sagesse et d'équité.

Un autre avantage encore nous semble naître de cet intervalle de repos : mille circonstances peuvent nous révéler les causes inconnues, les véritables causes, quelquefois les plus secrètes, des principaux événements. Le cardinal de Retz ne fut pas privé de cet avantage, et il l'avoue dans ses écrits, lorsqu'il nomme les personnes, ses ennemis durant la Fronde, ses amis depuis, qui lui ont expliqué des faits et des circonstances sur lesquels il était bien peu ou bien mal informé.

On comprend d'abord combien, je ne dis pas la véracité (le caractère de notre historien en était profondément empreint), mais la vérité de son histoire a dû s'en accroître jusque dans les moindres détails : les papiers d'état, les documents sortis des mains de ses antagonistes, lui rendent en ce point un éclatant témoignage, et de telle sorte, qu'on peut remarquer dans ses Mémoires des omissions, mais non pas des mensonges ; il n'y a pas de place pour la vanité, quand il n'y a plus d'intérêt, dans l'aveu facile d'actions qui doivent être infailliblement condamnées par une portion du public.

Dans cet état, les Mémoires du cardinal de Retz ne peuvent donc prêter un peu à la critique que pour la grande lacune qu'il y a laissée, et qu'il nous a semblé possible de remplir utilement, au moins pour la succession méthodique des faits principaux. Des documents nombreux et des plus authentiques nous fourniront ces suppléments si généralement désirés ; et l'intérêt de ces mêmes documents est tel, qu'ils nous ont donné le moyen d'être mieux instruits sur certaines circonstances que ne le fut le cardinal lui-même, qui n'eut pas à sa disposition, comme le temps l'a voulu pour nous, les papiers les plus secrets de ses antagonistes. Nous en avons librement usé dans l'intérêt réel de l'ouvrage et des lecteurs. Cette *quatrième partie* des Mémoires du cardinal de Retz en sera donc le Complément, et pour les événements dont il n'a point parlé, et aussi pour le développement nécessaire de quelques-uns de ceux qu'il a consignés dans son ouvrage.

Toutefois, nous ne remonterons pas au-delà du 8 août 1654: ce fut le jour où il réussit à s'évader du château de Nantes.

[1654.] Le premier usage qu'il fit de sa liberté, ce fut de révoquer formellement sa démission de l'archevêché de Paris; il l'avoit signée, prisonnier dans le donjon de Vincennes; il l'annula, affranchi de ses gardiens, à Beaupréau, dès que l'amitié du duc de Brissac lui ouvrit son premier asile.

Sa déclaration étoit ainsi conçue :

« Nous, Jean-François-Paul de Gondy, cardinal de Retz, archevesque de Paris, déclarons qu'encore que la violence qui a été exercée contre notre personne soit assez publique, et les mauvais traitemens que nous avons receus pendant notre détention au bois de Vincennes ne puissent être ignorez de personne, et que par ces raisons il ne soit nécessaire de protester contre une démission qui, de sa nature, est nulle, comme ayant esté de nous extorquée par force et violence, dans la prison du donjon de Vincennes, ainsi qu'il apparoit par sa date, néanmoins avons, en adhérant aux protestations par nous secrètement faites, tant devant qu'après ladite démission, comme aussi à la révocation d'icelle que nous avons souscripte de notre main incontinent après, et faict contresigner par notaires publics lesdites révocations et protestations gardées par devers nous pour nous en ayder en temps et lieu; icelle démission révoquée comme par ces présentes, signées de nostre main, nous la révocquons, et en tant que besoin est, faisons et constituons les porteurs d'icelles présentes ou l'un d'iceux, nos procureurs, pour comparoir en notre nom devant nostre saint-père le Pape, le sacré collége des cardinaux, chambre apostolique, comme aussi par-devant MM. les doyen, chanoines et chapitre de l'église de Paris, et partout ailleurs où besoin sera pour s'opposer en nostre nom à l'expédition et délivrance de toutes bulles et brefs qui pourroient estre émanez en conséquence d'icelle démission, ensemble à tout ce qu'on pourroit prétendre faire contre nous en vertu de ladite démission, protester de nullité contre tout ce qui pourroit estre atenté au préjudice des présentes. Fait au duché de Beaupréau, ce huitième jour d'aoust 1654. Ainsy signé LE CARDINAL DE RETZ, *archevesque de Paris* (1). »

La nouvelle de son évasion, inopinément répandue dans Paris, y produisit, dans les divers partis, des manifestations non équivoques de sentimens opposés. Le prisonnier était un prince de l'Eglise, et l'Eglise célébra par des prières publiques son heureuse délivrance; il est vrai que ce prince avait été déclaré, par le pouvoir légal, l'ennemi de l'état; mais l'Eglise n'était pas dans l'état, et les ennemis du roi n'étaient pas toujours les siens.

La cour s'irrita, le conseil fut frappé de stupeur et porta dans ses moyens d'administration une hésitation qui révélait trop les frayeurs personnelles de la plupart de ses membres. On agit au dehors (2); mais au dedans, à Paris surtout, on n'osa rien même de ce qu'il y avait de plus légitime; les corps de l'état ne paraissaient pas disposés à seconder l'autorité royale.

L'affaire des rentes de l'Hôtel-de-Ville occupait le conseil et le parlement; celui-ci semblait incliner vers des mesures qui blessaient le pouvoir du roi; le parlement demandait une assemblée générale de police; « c'est une fâcheuse disposition des esprits, qui fait assez cognoistre la mauvaise volonté de quelques-uns qui cachent sous le prétexte de ces demandes leurs mauvaises intentions; l'on cherche de se faire paroistre protecteurs du public, accusant le conseil du roi, et affectant d'entreprendre le soulagement des peuples pour gagner leur affection et s'en rendre le maistre. »

C'est ainsi que s'exprimait le chancelier Séguier dans une lettre confidentielle au cardinal Mazarin, écrite le 14 août 1654, au moment où venait de se répandre la nouvelle de l'évasion du cardinal de Retz; et sur ce même événement le chancelier Séguier ajoutait, dans la même lettre : « Une marque asseurée qu'ils n'ont point de zèle pour le repos et le bien de l'estat, c'est de les voir souffrir toutes les entreprises des partisans du cardinal de Retz et n'y apporter aucun remède. M. le procureur général cognoit si bien leur mauvaise disposition, qu'il a jugé qu'il estoit inutile de rien proposer, crainte de leur donner sujet de faire des délibérations qui produiroient des résolutions fascheuses. Le conseil se trouve foible au milieu de cela, n'estant point autorisé contre ceste compagnie, et l'on

---

(1) La date de cette pièce et les accidents de la journée du 8 août, tels qu'ils sont racontés dans les Mémoires, ne présentent pas un parfait accord. Retz s'évada à cinq heures du soir de ce jour 8 août, se rendit à Maure, y passa la rivière après avoir couru pendant cinq lieues, se coucha pendant sept heures dans une meule de foin, et ce ne fut qu'après dix ou douze heures que M. et madame de Brissac vinrent le prendre pour le conduire à Beaupréau, où il ne put arriver que le 9 dans l'après-midi. Il est très vraisemblable que le cardinal avait écrit d'avance sa révocation, afin de lui donner cours, n'eût-il qu'une minute de liberté.

(2) On écrivit précipitamment à Rome contre le cardinal de Retz. Voyez *suprà*, page 441, note 2.

croit que tous les ordres que nous donnerons ne feront que donner suject au parlement de s'opposer à l'exécution et rendre nos délibérations infructueuses. Ainsy on a jugé qu'il estoit plus asseuré de faire signifier un arrest en commandement sur l'affaire du cardinal de Retz, pour empescher les curés de chanter dans les paroisses un *Te Deum* et de faire des prières publiques. Que s'ils ne rendent l'obéissance au commandement qui leur sera faict, je pense que l'on peut avec justice esloigner les plus séditieux, afin d'arrester le cours de ce mal, qui seroit très-dangereux et qui fera croire aux peuples que le roy approuveroit le procédé du cardinal de Retz, ou bien que l'on n'auroit pas assez de vigueur pour entreprendre de s'y opposer. Je diray avec vérité que les prières publiques pour l'évasion de ce prélat ne peuvent estre prises pour une condamnation de la justice que le roy lui a rendue, et la faire passer pour une oppression tyrannique, ce qui est injurieux à son autorité, et qui ne se peut souffrir. L'on a pensé donc que le roy devoit faire paroître dans le public son indignation sur ce sujet ; escrire des lettres à tous les gouverneurs des provinces, lieutenans du roy et aux corps des villes, aux intendans de la justice, narrant ce qui s'est passé ; les sujets que S. M. a eus de le faire arrester prisonnier, et de désirer sa démission de l'archevesché de Paris, pour conserver le repos et la tranquillité de l'estat et de la ville capitale du royaume ; que son procédé fait assez cognoistre que l'on a eu grand sujet de l'arrester. La lettre qu'il a escrite au chapitre de Notre-Dame tesmoigne ouvertement son infidélité et le manquement de parole qu'il a donnée après avoir luy-mesme sollicité les expéditions en cour de Rome pour l'exécution du traicté fait de sa démission. Que le roy estant bien informé qu'il a résolu de retourner dans Paris sans sa permission pour continuer les mauvaises pratiques et menées contre son service, il a pensé de donner advis de ce dessein, avec ordre à tous les gouverneurs et corps de ville de l'arrester s'il se présente pour passer, avec défense d'avoir aucune communication avec luy. C'est ce que l'on a pensé devoir estre faict sur ce sujet, et dont je ne doute pas que M. Servien n'ait donné part à V. E. par le sieur Lomeat. Je n'ay peu escrire plustost, nostre dernière délibération sur ce sujet n'ayant esté faite que ce matin.

» J'ay donné les ordres pour arrester Coulon : quand à Codiacq, il n'est point venu à Paris. Si l'on a advis de quelques autres, je ne manqueray de les faire mettre à la Bastille. Et en tout ce qui sera nécessaire pour le service du roy, je rendray le soin et la fidélité très-entière.

» Je suis, monseigneur, de V. E., le très-humble et très-obéissant serviteur,

» Séguier.

» Paris, le 14 avril 1654. »

« *P. S.* Depuis ma lettre escrite j'ai fait chercher Coulon. Le prévost de l'Isle assure qu'il est retiré au Luxembourg. L'on cherche Salmonet. »

« Depuis cette lettre escrite MM. les surintendans me sont venus trouver et m'ont dit que quelques personnes de dignité ecclésiastique jugeoient qu'il estoit mieux de donner un arrrest en commandement que d'envoyer des lettres aux curés. Ainsy l'on a pris cette voye de leur faire signifier un arrest qui sera daté de La Fère avant le despart de M. de Guénégault. Je n'en puis envoyer la copie par cette voye, n'estant pas encore expédiée. »

Dans ces conjonctures, la cour était en Picardie pour suivre le siége d'Arras ; c'est de Péronne qu'elle envoya ses ordres au gouverneur et aux échevins de Paris. Les lettres du roi étaient de la teneur suivante :

Lettre du Roy au mareschal de L'hospital, gouverneur de Paris.

« Mon cousin, ayant divers advis que le cardinal de Retz, ensuite de son évasion, a repris ses anciennes cabales et pratiques pour renouveler en ma bonne ville de Paris et ailleurs dans mon royaume, les émotions qu'il y a ci-devant excitées, et voulant empêcher les effets dudit cardinal au préjudice de madite ville et de mon estat, j'ai fait publier une ordonnance portant mon intention sur ce qui le touche : et je vous fais cette lettre pour vous dire que vous ayez à tenir la main à l'exécution de ladite ordonnance, et à la lecture et publication d'icelle en l'hostel de madite ville ; et qu'en conséquence de ce, s'il venait à Paris, vous vous assuriez de sa personne, et le fassiez mettre en lieu de sûreté pour y estre gardé jusques à nouvel ordre de moy. Et bien que je ne doute pas que le prévost des marchands et eschevins de madite bonne ville ne s'employent à l'exécution des ordres que vous leur pourrez donner sur ce subject, néanmoins j'ay estimé estre à propos de leur en faire sçavoir ma volonté, afin qu'ils y contribuent en tout ce qui dépendra d'eux, et me promettant que vous agirez en cette occasion si importante selon votre prudence, affection et vigilance accoutumée. Je ne vous en diray pas davantage que pour prier Dieu qu'il vous uit, mon cousin, en sa sainte et digne garde.

» Ecrit à Péronne, le 22 aoust 1654.

» *Signé* Louis ; et plus bas, Le Tellier. »

Lettre du Roy à MM. les prévost des marchands et eschevins de la ville de Paris.

« De par le roy, très-chers et bien amez, sur les divers advis qui nous ont esté donnés que le cardinal de Retz, depuis son évasion, travaille à renouveler ses anciennes cabales et pratiques en notre bonne ville de Paris, pour y exciter de nouveaux troubles, et dans nostre estat, nous avons estimé nécessaire de faire publier une ordonnance contenant nos intentions sur le sujet dudit cardinal, et pour empêcher les effets de ses pernicieux desseins ; et parce qu'il est très-important que nos fidèles subjects en ayent connaissance et qu'elle soit ponctuellement exécutée, nous l'envoyons à notre bien amé cousin le mareschal de l'Hospital, pour vous la communiquer et la faire publier. Ce que nous avons bien voulu faire sçavoir par cette lettre, et vous dire que vous ayez à vous employer à ce qui dépendra de vous, pour l'exécution de ladite ordonnance, et que, comme par icelle, nous ordonnons que ledit cardinal soit arresté aux lieux de nostre obéissance où il se presentera, et que mesme nous mandons à notre dit cousin de s'asseurer de sa personne s'il vient à notre bonne ville ; nous vous enjoignons aussi, en cas qu'il soit assez téméraire pour l'entreprendre, de faire tout ce qui dépendra de vous pour cette fin, suivant les ordres que vous en recevrez plus particulièrement de notre dit cousin, et nous promettant de votre obéissance et fidélité à notre service que vous y ferez tous bon devoir. Nous ne vous ferons la présente plus longue ny plus expresse, n'y faites donc faute, car tel est notre plaisir.

» Donné à Péronne, le 22 aoust 1654.

» *Signé* Louis ; et plus bas, Le Tellier. »

A ces deux lettres était joint un ordre du roi, ainsi conçu :

Ordonnance de Sa Majesté contre le cardinal de Retz.

« De par le roy, Sa Majesté ayant appris par les despesches du sieur Mareschal de la Meilleraye l'évasion du cardinal de Retz, lequel abusant de la liberté que l'on luy avoit accordée dans le château de Nantes, et violant toutes les paroles qu'il avoit données pour l'obtenir, s'est évadé clandestinement dudit château le 8 de ce mois ; Sa Majesté ne doute point que comme ledit cardinal a déjà oublié plusieurs fois les grâces qu'il avoit reçues d'elle en grand nombre, il ne mesconnaisse encore avec la mesme ingratitude celle qu'elle luy avoit voulu faire depuis peu de luy pardonner toutes ses fautes passées, pourveu qu'il les réparast par une meilleure conduite à l'avenir, et une obéissance et fidélité qu'un sujet doit à son souverain, dans laquelle il avoit protesté et fait asseurer Sa Majesté, par tous ses amis, qu'il estoit résolu de demeurer le reste de ses jours. Sa Majesté ne doute point aussi qu'après la supercherie honteuse qu'il vient de faire à son amy, lequel il avoit luy-mesme prié de se charger de sa garde, et après la tromperie qu'il a faite à plusieurs autres personnes de considération qu'il avoit employées près de Sa Majesté, pour obtenir les conditions favorables et advantageuses qui luy ont été accordées pour la récompense de l'archevesché de Paris, dont il ne pourroit demeurer possesseur sans exposer ladite ville aux mesmes troubles et désordres dont elle a esté plusieurs fois agitée par les cabales et artifices dudit cardinal, il ne suive de nouveau les mouvemens de son humeur inquiète et portée aux brouilleries ; et comme il étoit cidevant l'autheur et le principal complice de toutes celles qui sont arrivées, de toutes les conjurations qui ont esté formées, et de toutes les séditions qui ont esté excitées, tant dans la bonne ville de Paris que dans le reste de son royaume, il ne continue ci-après d'en exciter de nouvelles en tous lieux, puisque ça toujours esté sa plus ordinaire occupation, et qu'il ne l'a jamais interrompue, quelque bon traitement qu'il ait pu recevoir : que mesme pendant sa détention il n'a point cessé de faire ses pratiques accoutumées, et de renouer ses intelligences tant avec les étrangers qu'avec le prince de Condé et autres rebelles de son royaume, avec lesquels il a cherché par tous moyens de se réunir contre Sa Majesté. Et puisque toutes ses actions, aussitost qu'il a esté en liberté, ont fait voir clairement qu'il n'a jamais eu aucune véritable intention d'exécuter sa promesse de faire aucune action de son devoir envers Sa Majesté, ni mesme de demeurer en repos, ayant travaillé d'abord par ses lettres ou par ses émissaires à faire des assemblées illicites de noblesse, à exciter les peuples à la révolte, et à faire faire publiquement dans les provinces et mesme dans la ville capitale du royaume, par ses adhérens ou dépendans, des délibérations et des actions scandaleuses et injurieuses à Sa Majesté ; n'y ayant plus personne aujourd'hui qui ne connaisse par expérience que celle dudit cardinal est fatale à l'état ; que la tranquillité de la France, principalement celle de Paris, n'a point été bien affermie que pendant sa détention, et qu'il seroit à craindre de voir retomber toutes choses dans les confusions que Sa Majesté a si heureusement dissipées par sa prudence et son authorité, si elle ne prévenoit les pernicieux desseins dudit cardinal, comme elle a résolu de faire, en attendant qu'elle fasse procéder plus amplement contre luy par les voyes de la justice, accoutumées en des occasions si importantes à la conservation de son authorité royale et au repos de son peuple, Sa Majesté, outre les ordres qu'elle a donnés audit sieur mareschal de la Meilleraye pour le reprendre en cas qu'il se soit retiré en quelque lieu de sa charge ou du voisinage d'icelle, ordonne et enjoint très-expressément à tous gouverneurs et ses lieutenants-généraux en ses provinces, gouverneurs de ses villes et places, maires et eschevins d'icelles, gentilshommes et seigneurs de chasteaux, et tous autres dans le pouvoir d'estroite juridiction ou seigneurs desquels ledit cardinal se trouvera, de l'arrester et tenir en lieu de seureté ou donner advis au conseil, ayde et main forte pour l'arrester et le garder seurement, jusqu'à ce qu'ayant averti Sa Majesté de sa détention, elle en ait autrement ordonné, à peine à ceux qui sçauront où il sera et le recèleront, et à ceux qui pourront l'arrester et y manqueront, ou qui refuseront de donner toute l'assistance qui dépendra d'eux pour cet effet, d'estre punis comme désobéissans et perturbateurs du repos public. Défend Sa Majesté très-expressément à tous ses officiers et subjects, de quelque estat, dignité, qualité et profession qu'ils soient, de donner audit cardinal retraite, ayde et assistance quelconque, pour quelque cause et prétexte que ce puisse estre, d'avoir commerce ou intelligence avec luy, directement ou indirectement, de recevoir aucunes lettres, messages ni ordres venant de sa part, ny d'exécuter aucuns desdits ordres, à peine de punition exemplaire, d'estre, en cas de contravention, privés des charges, offices et possessions des bénéfices dont ils se trouveront pourveus, et déclarez incapables d'en posséder à l'advenir dans le royaume. Ordonne Sa Majesté que la présente soit publiée et envoyée partout où besoin sera, afin qu'aucun n'en prétende cause d'ignorance.

» Fait à Péronne, le 20 aoust 1650.

» Signé Louis, et plus bas : Le Tellier. »

Cet ordre fut affiché sur les murs de la capitale; et comme ce n'étoit pas un difficile expédient que d'user dans Paris de telles attaques contre le cardinal de Retz, qui couroit sur la route d'Espagne, on n'épargna, dans l'usage de ces mesures répressives, ni ses domestiques, ni ses agents, et un autre ordre du roi qui les expulsait de Paris, dans des termes applicables à bien du monde, y fut lu, publié et affiché « *à son de trompe et cry public, en tous les carrefours ordinaires et extraordinaires.* » En voici les termes précis :

« De par le Roy. Sur les divers advis donnés à Sa Majesté que le cardinal de Retz, ensuite de son évasion, a renoué ses anciennes caballes et pratiques contre le service de Sa Majesté et au préjudice du repos de sa bonne ville de Paris et de son estat, et qu'il employe à cet effet ses domestiques et autres personnes qui lui sont particulièrement affidées; Sa Majesté voulant prévenir les effets des pernicieuses intentions dudit cardinal, ordonne et enjoint très-expressément à tous ses domestiques et tous ceux qui ont charge de ses affaires, et agissent pour ses intérests, de sortir avec leurs familles et domestiques hors de la ville et faux-bourgs de Paris, vingt-quatre heures après la publication de la présente, et de s'en esloigner jusques à vingt lieues, sans qu'ils y puissent retourner pour quelque cause et occasion, et sous quelque prétexte que ce puisse estre, sans ordre exprès de Sa Majesté, à peine de désobéissance et de prison. Défend, Sa Majesté, à tous ses sujets de quelque qualité et condition qu'ils soient, de les recevoir, ny de leur donner retraite, à peine d'estre procédé contre eux comme complices de leurs désobéissances. Mande et ordonne Sa Majesté au prévost de Paris, ou son lieutenant civil, de faire publier la présente en la manière accoustumée ; enjoint en outre Sa Majesté audit prévost, ou son lieutenant, au chevalier du guet et prévost-général de l'Isle-de-France de faire une exacte perquisition des domestiques dudit cardinal, et autres ayant charge de ses affaires et intérests, soit dans les maisons où ils sont demeurans, soit en tous autres lieux qu'ils verront bon estre, et de certifier au plus tost Sa Majesté de la diligence qu'ils y auront apportée, à peine d'en répondre en leurs propres et privez noms.

» Fait à Péronne le 22ᵉ jour d'aoust 1654.

» Signé Louis ; et plus bas, Le Tellier. »

Il était plus difficile d'agir sur le clergé de Paris, tout dévoué aux intérêts du cardinal de Retz, et qui, à la faveur des immunités et priviléges de l'Eglise, pouvait afficher hautement ses dédains pour les intérêts de l'état. Quand un corps peut se changer en esprit, il doit échapper à toute autorité humaine, et le clergé dans son ancien état ne manqua jamais d'habileté pour faire du spirituel l'impénétrable bouclier défenseur de son temporel.

La cour désirait vivement faire cesser l'adhésion contagieuse du chapitre et des curés de Paris à leur archevêque. La lettre suivante du chancelier Séguier, du 23 du même mois d'août, contient l'exposé fidèle de l'état des esprits sur ce sujet.

« De Paris, 23 août.

» Monsieur, vous aurez receu les depesches concernant l'affaire du cardinal de Retz; celles qui dépendent nuement de l'authorité du roi auront l'exécution facile; mais ce qui regarde le spirituel trouvera, à mon advis, de grandes oppositions. La première sera de la part du chapitre, qui n'obéira pas sans doubte à l'arrest pour nommer des grands-vicaires : en ce cas il faut avoir recours à la primatie, de laquelle je crois qu'il faut espérer tout ce que l'on peult désirer pour le service du roi, et que l'on donnera des grands-vicaires pour exercer la jurisdiction spirituelle vacante ; du moins l'église se trouvant sans pasteur et sans vicaires, il doibt, pour le bien de l'église, ordonner des vicaires par provision. Je prévois que les curés ne les voudront pas recognoistre. J'ai tout subjet de le croire, puisque hier ils me déclarèrent qu'il y a long-temps qu'ils avoient fait une assemblée sur l'advis que l'on leur avoit donné, que le chapitre de l'église de Paris vouloit, le siége vacant, pourveoir à l'administration de la jurisdiction ecclésiastique, mais qu'ils avoient résolu entr'eux de ne les point recognoistre. Aussi hier après disnée, ils firent une assemblée extraordinaire chez le curé de Saint-Germain-de-l'Auxerrois, où ils arrestèrent deux choses : la première, d'intercéder auprès du roi pour le retour de leurs confrères ; l'autre, pour adviser les moyens qu'ils tiendroient en cas que l'on entreprist quelque chose sur leur jurisdiction spirituelle. Trois d'entr'eux furent députés vers moi : le curé de Saint-Roch, de Saint-Germain-de-l'Auxerrois et de Saint-Eustache, pour m'informer de ce qu'ils avoient résolu, et me prier de m'entremettre pour le retour de leurs confrères. Je receus leurs discours et leurs remonstrances, et je dis que je m'estonnois de ce qu'après que le roi leur avoit fait cognoistre qu'il ne désiroit pas qu'ils fissent aucunes assemblées extraordinaires, et après les défenses que je leur avois faites sur l'occasion de celle-ci, ils avoient eu l'esprit de le faire ; qu'ils n'ignoroient pas qu'ils ne faisoient qu'un corps, et qu'ils n'avoient droit de s'assembler qu'autant que l'archevesque de Paris leur permettoit ; que le défunt leur avoit permis de s'assembler le premier lundi de chaque mois ; hors cela, que c'estoit une entreprise que le roi trouveroit très-mauvaise, puisque ce procédé ne pouvoit que produire de mauvais effets, et exciter des mouvemens dans les esprits de leurs paroissiens. Le curé de Saint-Roch, qui portoit la parole, continua à dire qu'ils pouvoient s'assembler. Je ne voulus pas contester davantage, après leur avoir dit les bonnes raisons, qui ne les pouvoient persuader, ayant une disposition toute contraire. Quant à l'autre point qui regarde l'établissement des grands-vicaires, je n'entray point en raisonnement avec eux, croyant que cela estoit inutile, puisqu'il n'y avoit aucun ordre donné au chapitre. Je leur fis seulement cognoistre que le roy ne vouloit rien faire contre l'ordre ecclésiastique, et que s'il y avoit quelque changement à faire aux grands-vicaires ce seroit par les voies accoustumées et receues en l'église. Or, Monsieur, je vous fais ce discours pour vous faire cognoistre l'assiette des esprits, et qu'il n'y a aucune obéissance à espérer d'eux, en sorte qu'il faudra se résoudre d'user d'une souveraine authorité et la soutenir avec la raison. Si la primatie donne des grands-vicaires, les parties peuvent en interjetter appel et le relever à Rome, auquel cas le pape sera obligé de donner des juges *in partibus* pour terminer l'appel ; mais il est bon de considérer si l'on laissera juger aux juges ecclésiastiques le droict du roy, sçavoir si, n'y ayant point de prise de possession légitime, de serment de fidélité rendu, une démission pure et simple de l'archevesché, une acceptation des abbayes données pour récompenses, le siége de l'archevesché est vacant ; toutes ces questions, si je ne me trompe, appartiennent à la justice royale, et le jugement n'en doibt point estre permis à l'église, particulièrement à la possession, estant certain que les roys ont le droict sans contestation de juger le possessoire, et que ce seroit blesser les droicts de la couronne si l'on soubmettoit ces questions au jugement de l'église. Je croys que s'il est nécessaire de faire juger ces questions, l'on peult, par un appel comme d'abus, relevé au grand conseil par le procureur général, de la prise de possession et de la constitution des grands-vicaires, faire juger le droict du roy après la démission faite en ses mains, et sy la révocation et toutes les protestations faites devant et après l'acte de démission la rendent nulle. Ce sont questions assez difficiles, mais qu'il est bon de prévoir, afin que l'on cognoisse tous les incidents de cette affaire, qui est une des grandes qui se sont dès long-temps présentées. L'on ne peult doubter quant au possessoire, que le roy ne soit bien fondé d'empescher le cardinal de Retz de prendre possession : l'exemple et les raisons sont pour l'authorité royale, et l'on a veu souvent les roys ne permettre pas à des evesques de résider en leurs eveschés lorsqu'ils ont eu juste subject de doubter de leur fidélité. J'ay parlé du grand conseil pour deux raisons : la première, que cette compagnie a naturellement la cognoissance des bénéfices consistoriaux ; qu'elle leur est attribuée par lettres patentes depuis le concordat, privativement au parlement et tous autres juges. Ainsy s'agissant de la possession d'un bénéfice consistorial, le parlement n'en peut cognoistre sans blesser l'establissement fait au grand conseil, qu'il faut d'autant plus conserver que l'on ne doibt espérer rien de bien du parlement en cette occasion ; ainsy qu'il faut esviter de luy en donner la cognoissance, ce qui se peult par la voye que je propose, qui est fort naturelle. C'est, Monsieur, ce que j'ay pensé vous debvoir mander pour informer Son Eminence de la suite de cette affaire, afin que l'on prenne une résolution plus asseurée. J'oublio is à vous escrire qu'il faut prévoir que le cardinal de Retz peult mettre un interdit à la grande église et à toutes celles de Paris ; et je croy que dans la disposition présente des curés, il y en aura peu qui n'obéiront pas. Vous jugez bien, Monsieur, quel effet ce procédé peult produire. Je ne vous propose pas des monstres à combattre, mais je vous dis seulement ce qui peult arriver dans l'ordre de l'affaire.

» Je viens de sçavoir que les grands-vicaires, en partant, avoient dict que lorsqu'ils seroient hors de Paris, il n'y auroit plus personne pour pourvoir à la justice ecclésiastique, et qu'il falloit s'adresser au chancelier qui estoit à présent grand-vicaire. Ce mot a esté advancé par dérision, et pour tirer en envye le commandement du roy ; ajoustant qu'ils croyoient asseurément estre arrestés ou du moins privés de leurs pouvoirs, et firent défences au nommé Baudoyn, greffier et notaire du chapitre, de faire en leur absence aucune expédition. Ainsi pour esviter tout sujet de plainte, il faut promptement résoudre ce que l'on doibt et veult faire pour l'exécution des résolutions proposées, afin d'esviter les plaintes que l'église n'a point de direction pour le spirituel ; les Quatre-Temps approchent pour les prétendants estre promeus aux ordres ; qu'il y ait quelque establissement entre une infinité d'affaires qui ne peuvent souffrir de délay, sans faire crier et se plaindre. Nous attendons avec impatience des nouvelles du siège d'Arras. Vous m'obligerez, si vous m'en faites part. Je suis avec affection, Monsieur, votre très-humble et très-affectionné serviteur.

» Signé Séguier.

» Si je vous escripts le désordre qui peut arriver par la désobéissance, ce n'est pas pour affoiblir la résolution que l'on doibt prendre, mais bien pour n'estre pas accusé de n'avoir pas prévu les conduites qui peuvent naistre de la difficulté de cette affaire. Lorsque je parle de la primatie, il la fault considérer comme métropole ; et par l'érection de Paris en archevesché, il est porté qu'il sera subjet à l'archevesché comme la métropole. Ainsi par nécessité, il fault prendre en voye par un appel simple, sans se départir de l'appel comme d'abus au grand conseil. »

Deux jours après la date de cette lettre, le Conseil concevait quelque espoir d'amendement de la part du clergé, et cet espoir avait pris naissance à l'heureuse nouvelle des succès du roi dans les lignes d'Arras. Le chancelier ne déguisait pas sa conviction à cet égard, il en écrivait en ces termes, le 25 août, au ministre Le Tellier :

« 25 aoust, jour de Saint-Louis.

» Monsieur, j'ai receu la dépesche du roy sur l'affaire de M. le cardinal de Retz ; nous commencerons dès demain l'exécution. Je ne doubte point que l'obéissance ne soit bien facile après la nouvelle de l'heureux succès des armes du roy. En vérité, Dieu a donné ces prospérités lorsque l'on avoit humainement sujet de craindre quelqu'événement contraire : l'on verra sans doute changer de maximo à Paris. La Fronde est blessée mortellement, et il fault croire que nous aurons un grand repos dans l'estat, et au dehors, que notre réputation sera bien relevée et l'orgueil des ennemis abattu, leurs forces rompues sans espérance de les rétablir de long-temps ; jamais victoire n'a esté si advantageuse à cette couronne, et si l'on en considère toutes les circonstances, l'on jugera que c'est l'ouvrage du Tout-Puissant.

» Je suis, etc.   Séguier. »

Le courage revint au cœur des ministres ; une suite d'opérations militaires fut arrêtée et exécutée ; en voici la relation de la main du chanlier Séguier :

« 26 août.

» Monsieur, la vôtre du 25 me fut rendue

hier après-disner, lorsque nous estions au conseil, pour l'exécution des expéditions que vous avez pris la peine de m'envoyer sur l'affaire de M. le cardinal de Retz. Le lieutenant civil et le prévost des marchands ont esté mandés, et tous deux ont reçeu l'ordre de faire publier l'ordonnance du roy. L'on met Saint-Amour avec six archers dans l'Archevesché. Les domestiques sortiront de Paris quand ils entendront la publication du commandement qui leur est fait, sinon je vous assure qu'ils seront bien pressés; enfin l'on n'omettra rien en cette occasion pour faire obéir à Sa Majesté. La résolution de continuer l'exécution de ce qui a esté résolu est bien prudente, et fera un grand effet. Les difficultés que je vous ai proposées ne m'ont point arrêté, aussi je vous avois seulement escript pour donner la veue de ce qui se pourroit passer dans la suite de cette affaire. Si mes pensées ont esté bien reçues, je vous ai l'obligation de les avoir présentées d'une bonne main, et je vous prie me continuer votre amitié. Quant au succès des armes du roy, nous attendons la relation pour assurer les esprits qui doutent encore, et l'on les veut persuader malicieusement que c'est ung escrit ou mémoire apporté par un courrier sans aucun fondement de vérité. Ce que vous avez pris la peine, Monsieur, de m'en escrire, a servi beaucoup à dissiper les mauvais bruits que l'on en faisoit courir; et l'on a jugé qu'il estoit à propos de le faire imprimer, afin que l'on prist créance à la nouvelle qui a esté donnée de la défaite des ennemis. Il est vray qu'il faut excuser ces esprits foibles qui en doubtent. Cette victoire est si grande avec un succès qui tient du miracle, c'est un mystère caché qui renferme tant de grands avantages pour cette couronne, qu'aucune longue méditation auroit peine à les descouvrir. La postérité, et à présent les étrangers, auront peine à croire le gain de cette bataille. L'Espagne, avec la valeur de monsieur le prince, demeure confuse, et je ne sçais comment elle se pourra relever de cette perte. Ce qui donnera perfection à notre joie ce sera le retour du roi. Attendant ce bonheur, je suis, Monsieur, votre très-humble et très-affectionné serviteur.

» Séguier. «

Dans ces entrefaites, la lettre écrite de Beaupréau au chapitre de Paris par le cardinal (1), libre de sa prison, et la réponse du chapitre, s'étaient répandues comme les manifestes en réplique à ceux du conseil du roi. Le conseil poursuivit attentivement ces deux écrits, et il fit signifier au chapitre de Notre-Dame un arrêt qui lui ordonnait d'apporter au roi la lettre du cardinal, et qui était ainsi conçu :

« Sur ce qui a esté représenté au roy estant en son conseil, que le cardinal de Retz, depuis son évasion du chasteau de Nantes, a envoyé au chapitre de l'église de Notre-Dame de Paris des lettres et plusieurs autres actes, sur lesquels ledit chapitre assemblé a délibéré et pris des résolutions contre tout ordre, et qui préjudicie au service de Sa Majesté, à quoi il est nécessaire de pourvoir et d'arrester le cours de cette négociation, qui peut produire de très-dangereux effets et avoir de mauvaises suites; Sa Majesté voulant estre informée de ce qui s'est passé audit chapitre, et quels actes ont esté présentés de la part dudit cardinal de Retz, ensemble des résolutions qui ont esté prises, a ordonné et ordonne aux chanoines et chapitres de députer quatre de leur corps pour se rendre près d'elle, la part où elle sera, et luy représenter lesdits actes, ensemble les délibérations et résolutions capitulaires qui ont esté faites sur iceux, et rendre raison des causes desdites résolutions et quels motifs ils ont eus de les faire, afin de connoître si ledit chapitre s'est comporté en cette occasion comme une compagnie obligée de demeurer dans le service fidèle à leur roy, non-seulement comme ses sujets, mais encore par les grands bienfaits qu'ils ont receus des roys; pour, le tout veu et examiné, y prendre telles résolutions que Sa Majesté jugera le mieux convenir au bien de son service. »

Le chancelier Séguier rendit compte, en ces termes, de la signification de cet arrêt, le 30 août:

« 30 aoust.

» Monsieur, la vostre dernière me fut rendue vendredi au soir : l'on attend à Paris, avec une grande impatience, le retour du roy. Le corps de ville partira lundy pour rendre le serment. Cependant je vous diray que les deux arrêts ont esté signifiés au chapitre de l'église de Paris. Le premier porte commandement de députer quatre de leur compagnie pour se rendre près de Sa Majesté et lui présenter les actes qu'ils ont receus en leur compagnie de la part de monsieur le cardinal de Retz, avec les délibérations capitulaires. Ils ont obéi à l'arrest, mais ils ont choisi ceux qu'ils ont jugé estre plus affectionnés au service de Sa Majesté. Ainsi l'on a estimé qu'ils différassent leur voyage jusques à ce que l'on eust délibéré sur le dernier arrest, qui leur ordonne, le siège

---

(1) *Suprà*, page 444, note 1.

estant vacant, de nommer des grands-vicaires. Ce dernier leur fut signifié hier matin par deux huissiers du conseil, qui avoient ordre de leur dire qu'ils avoient commandement d'attendre la résolution de leur délibération, ce qui les obligea à délibérer. Ensuite ils firent entrer les huissiers, et leur dirent qu'ils avoient remis la délibération à lundi, jour ordinaire du chapitre, et qu'ils en feroient la convocation, afin qu'ils fussent en grand nombre, tellement que nous n'aurons leur résolution que demain. Ils ont assigné le chapitre à huit heures du matin, pour avoir plus de temps à délibérer. Je ne crois pas qu'ils suivent l'intention de l'arrest, auquel cas il faut que le procureur du roy du Châtelet se porte pour appelant du refus et relève son appel au primat de Lyon, le plus promptement que l'on pourra, afin que l'église ne reçoive aucun préjudice faute de grands-vicaires. J'ai considéré, Monsieur, ce qu'il vous a pleu me mander de la pensée de Sa Majesté, de ne pas faire chanter le *Te Deum* en l'église de Paris, en cas que le chapitre n'obéisse à l'arrest. Il est vrai qu'il ne mérite pas d'être honoré de la présence du roy, après leur désobéissance ; mais il me semble que Sa Majesté recevroit un grand préjudice si elle se privoit de faire cette cérémonie en la principale église. L'on trouveroit peut-estre à redire à cette action en laquelle Sa Majesté recevroit plus de diminution que le chapitre d'injure ; je crois que le roy pourroit faire chanter le *Te Deum* dans Notre-Dame, et faire commander aux chanoines de ne s'y pas trouver, et faire faire la cérémonie par sa chapelle, ou bien si l'on croit que l'on ne doive pas faire cette cérémonie en l'église de Paris, il faudroit prendre prétexte de la victoire remportée le jour de Saint-Louis, et faire la cérémonie en la Sainte-Chapelle, ainsi qu'il s'en est fait autrefois. Il est à craindre que le vaisseau de la Sainte-Chapelle ne soit pas assez grand pour faire cette cérémonie et recevoir la cour souveraine, la ville et le grand concours de monde qui viendra à cette action. Ces jours derniers, que l'on a fait des prières en toutes les églises de quarante heures, pour remercier Dieu de l'heureux succès des armes du roy, toutes les églises estoient pleines comme un jour de grande fête, ce qui marque assez la satisfaction publique. J'espère qu'elle augmentera de jour en jour et que l'on recueillera les fruits de la victoire dernière. Je suis, monsieur, votre bien humble et très-affectionné serviteur.

» Séguier. »

Le chapitre prit, le 31 août, une résolution qui avait au moins l'apparence de quelque modération. Le chancelier en rendit compte au roi en ces termes :

« Monsieur, depuis vous avoir escript ce matin, le chapitre de Notre-Dame s'est assemblé pour délibérer sur l'exécution de l'arrest ; la conclusion a esté qu'il prendroit l'administration de la juridiction spirituelle, attendu l'absence du cardinal de Retz, et que Sa Majesté seroit très-humblement suppliée de lui permettre son retour, comme aussy à leurs confrères qui ont esté mandés. Il seroit à désirer que leur résolution de prendre l'administration spirituelle ne fust pas fondée sur cette raison de l'absence du cardinal de Retz, d'autant qu'il semble foiblement le recognoistre pour archevesque, et que ce n'est pas comme le siège estant vacant, mais seulement à cause de l'absence, et qu'ils prient le roy de luy permettre de retourner en son archevêché. Les plus sages ont esté obligez de prendre un expédient pour éviter une résolution contraire à l'arrest. Lorsque Sa Majesté sera de retour, l'on examinera les conditions de cette conclusion, pour y pourvoir ainsi que l'on le jugera le mieux ; cependant l'Eglise a des vicaires pour le spirituel, et l'on n'a pas sujet de se plaindre. Ainsi, l'on aura temps de prendre conseil sur l'état de cette affaire. Je pense, Monsieur, qu'il seroit bien à propos de donner commandement aux grands-vicaires de se retirer en telle province que Sa Majesté jugeroit le mieux, estant certain que s'ils estoient à Paris, ils feroient quelque cabale et traverseroient, avec quelques curés, la résolution du chapitre.

» Signé Séguier. »

Le 1ᵉʳ septembre suivant, le chapitre trouva bon de prendre l'administration du spirituel, et M. de Marca, archevêque de Toulouse, qui s'était rendu à Paris pour l'assemblée générale du clergé, et qui était partisan de Mazarin, déclara, d'accord avec des docteurs de Sorbone, cette résolution du chapitre conforme aux lois canoniques ; cette approbation leva tous les doutes. M. de Marca en écrivit au ministre Le Tellier, et termina sa lettre par ces lignes : « J'ai creu que vous auriez agréable de sçavoir le petit office que j'ay rendu en cette occasion ; je vous supplie d'en informer Son Eminence et de croire, etc. »

La résistance du chapitre de Paris était la plus apparente et comme la seule opposition aux volontés du roi ; mais cette opposition était puissante, car avec le clergé étaient unis le parlement et le peuple de Paris. On attachait donc un grand intérêt à obtenir une députation du chapitre telle qu'elle avait été ordonnée par l'arrêt du 26 ou 27 d'août, et l'on alla jusqu'à vouloir s'assurer des termes du discours que ces députés tiendraient devant le roi. Le chancelier fut chargé de cette négociation. L'ayant terminée dès le 3 septembre, il annonça aux ministres, le même jour, ce qui est contenu dans la dépêche suivante :

« 3 septembre 1651.

» Monsieur, j'ay reçu vos deux lettres du 2 septembre. J'ai mandé en mesme temps les députés du chapitre qui sont venus avec M. le Doyen et le Chantre, et après leur avoir fait savoir les intentions de Sa Majesté, qu'elle désirait estre informée en quels termes ils porteront la parole, nous sommes demeurés d'accord de l'escript que je vous envoye. Je croy que M. l'abbé Fouquet aura fait entendre leurs bonnes intentions. Je luy avois dict la résolution prise avec eux, mais j'ay creu qu'il estoit encore plus à propos de vous envoyer par escript ce que le théologal, qui s'appelle Séguier, doibt représenter au roy ; afin que si l'on juge qu'il y ait quelque chose à désirer, que l'on m'en donne advis promptement. Je dirai seulement, par advance, que j'estime que l'on ne peut porter une parole en cette nature d'affaire avec plus de respect et de soubmission, et que l'on peut, si je ne me trompe, se satisfaire de la déférence en cette occasion. Celui qui porte la parole n'a pas eu peine à déférer aux ordres du roy, et porte un nom qui n'a jamais manqué de respect et de fidélité envers le roy. Je vous prie, Monsieur, de me mander les intentions de Sa Majesté, et si l'on trouve bon que les députés du chapitre se rendent au Louvre, demain au soir, à son arrivée, afin que je leur en donne les ordres ; j'attendrai le commandement. Je ne dis rien sur la conclusion capitulaire pour la députation des grands-vicaires, M. de Guénégaut en a porté l'expédition. Elle n'est pas telle qu'on pourroit désirer ; mais en ce rencontre, c'est beaucoup de despouiller M. le cardinal de Retz et ses grands-vicaires de la juridiction. Ils le sont en un sens, et le roy le prendra en un autre ; et l'on ordonnera, du costé de Sa Majesté, toutes choses comme si le siège estoit vacant. Ce n'est pas au chapitre à juger la vacance du siège, il suffit qu'après que le roy, par son arrest, le déclare, que le chapitre ayt accepté la juridiction, et cette acceptation sera expliquée pour la vacance. Enfin, à présent, il fault passer oultre sans s'arrester à la formalité que l'on examinera avec luy. Les curés se doibvent assembler demain, l'on me fait espérer une obéissance entière ; cependant je vous assurerai que je suis, Monsieur, votre très-humble et très-affectionné serviteur,

» Séguier. »

« Je vous prie, Monsieur, que l'on ne prenne point de copie de l'escript que je vous envoye, et qu'il ne soit communiqué qu'à Son Eminence, crainte que le discours que l'on doit faire ne soit commun avant qu'il soit prononcé. »

Voici le texte de la harangue, convenue entre le chapitre et le chancelier, et préalablement agréée par la cour.

« Sire, suivant l'ordre qu'il a pleu à Votre Majesté envoyer au chapitre de l'église de Paris, de députer quatre personnes de notre corps pour lui porter les registres de nos délibérations, avec les originaux de la lettre de M. le cardinal de Retz, et de la révocation de sa démission ; nous venons de la part de notre compagnie pour obéir au commandement de Votre Majesté, avec toute l'obéissance et soumission que nous lui devons. Nous avons en nos mains l'original de M. le cardinal de Retz à notre compagnie, au sujet de laquelle fut chanté le *Te Deum*, que nous avons appris incontinent après avoir esté fort désagréable à Votre Majesté. J'ay ordre, Sire, de tesmoigner à Votre Majesté le déplaisir extresme de notre compagnie de vous savoir irrité contre elle à ce sujet. Cette conclusion qu'elle fit alors eust esté de la qualité des autres qui ne s'exécutent pas sur-le-champ et qui se relisent au chapitre suivant ; sans doute elle eust esté changée d'un commun consentement, et on eust exigé de tous les particuliers de l'ensevelir dans le silence et l'oubli. Ce fut une conclusion sans délibération, je veux dire sans réflexion ; et comme elle fut exécutée en mesme temps qu'elle eut esté connue, on se trouva, après s'être recogneu, dans une malheureuse impuissance de réparer le mal qui avoit esté fait. Mais je supplie Votre Majesté, Sire, de recevoir les très-humbles et très-simples protestations que la compagnie lui fait de n'avoir eu, en cette occasion, aucune pensée, moins encore de dessein contre l'affection, l'obéissance et la fidélité qu'elle doit à son roy, sachant que non-seulement elle ne peut violer les règles de son devoir sans se noircir du crime d'ingratitude odieux à tout le monde, mais aussi renverser la religion à la conservation de laquelle elle a un des premiers et des principaux intérêts.

» Pour ce qui est, Sire, de la révocation faite

par monseigneur le cardinal de Retz, de la démission de l'archevesché de Paris, présentée au chapitre, nous n'en pouvons présenter l'original à Votre Majesté, parce qu'ayant esté mise entre les mains du greffier, il la rendit à ceux qui l'avoient présentée, sans ordre de la compagnie, croyant, ainsi qu'il nous a dit, que c'estoit la coutume d'en user de la sorte. Il est vray, Sire, que ceux qui savent l'ordre qu'on doit tenir dans les affaires de cette nature, disent que nous avons fait faute d'avoir enregistré un acte sous seings-privés, et de n'avoir pas eu soin que l'original en fust gardé ; mais il semble, Sire, que des ecclésiastiques sont en quelque façon excusables d'ignorer ces formes et procédures de la justice. En cette action, Sire, comme en l'autre, nous supplions très-humblement Votre Majesté de nous vouloir excuser, de croire que nos sentiments n'ont jamais approché d'aucune pensée qui tienne d'infidélité, et que si nous avons failli contre notre devoir en ces rencontres, nous en avons tout le regret possible, conjurant Votre Majesté, par sa bonté naturelle et par les faveurs comme miraculeuses qu'elle a receu depuis peu de la protection divine, de nous accorder la grâce du pardon que nous lui demandons en toute humilité, nous soumettant à telle peine qu'il plaira à Votre Majesté nous imposer, pourveu que ce ne soit point celle de demeurer en sa disgrâce. »

Dès le 18 septembre, la cour était informée de l'arrivée du cardinal de Retz, le 5 du même mois, à Saint-Sébastien, en Espagne ; le maréchal de Grammont en avait donné l'avis au cardinal Marazin, et avec des détails en tout conformes à ceux que Retz nous en donne lui-même. On examina aussitôt une question de droit clérical, et Mazarin demanda au savant M. de Marca si le roi ne pouvait pas, sans offenser l'immunité ecclésiastique, faire une déclaration adressée au parlement, pour faire défense au cardinal de Retz de rentrer dans le royaume, puisqu'il en était sorti sans permission du roi, et qu'il avait passé dans les terres des ennemis. L'archevêque de Toulouse jugea cette défense raisonnable, et que pour la rendre plus légitime, il fallait y ajouter la clause de durée de cette defense jusqu'à ce que le cardinal fugitif fût purgé tant de ce crime que des autres dont il était accusé.

Il paraît que cet assentiment d'un très-savant prélat à ces mesures séculières contre un prince de l'église, convièrent le cardinal Mazarin à de plus vives entreprises, et au lieu de la *déclaration* projetée, il envoya au parlement une *commission* pour informer contre le cardinal de Retz, et elle y fut enregistrée le 22, en l'absence de l'archevêque de Toulouse qui déclara la désapprouver dès qu'il en eut connaissance. Le cardinal Mazarin avait la bonhomie d'assurer qu'il la désapprouvait aussi ; « du reste, ajoutait Son Eminence, M. de Marca ne devoit point se mettre en peine de ceste commission, d'autant qu'elle n'engageoit en rien l'affaire ; que si on prétendoit seulement de *reconnoître les intentions du pape*, qui ne s'estoit voulu plaindre des entreprises du parlement contre le cardinal Mazarin, et que maintenant on verroit s'il s'esmouvroit de ce que l'on *faisoit semblant* de mettre dans le parlement celle du cardinal de Retz (1). »

La commission pour informer portait ce qui suit :

Commission au parlement de Paris pour faire informer le procès contre le cardinal de Retz, comme criminel de lèze-majesté, depuis sa sortie du royaume.

« Louis, par la grâce de Dieu roy de France et de Navarre, à nos amez et féaux les gens tenans notre cour de parlement de Paris en la chambre des vacations, salut ; ayant pleu à Dieu après tant d'autres grâces que nous recevons continuellement de sa divine bonté, d'ouvrir les yeux à la plupart de nos sujets et leur faire cognoistre les véritables aucteurs de tous les maux dont nos peuples ont esté affligés, et dont notre estat a si long-temps souffert, nous avons cru nécessaire de désabuser le reste de ceux qui par crédulité se sont laissez surprendre aux artifices de ses ennemis, d'autant plus dangereux qu'ils estoient secrets, lesquels poussés d'une ambition desréglée, violant le devoir de leur naissance, s'estoient résolus d'abandonner leur honneur propre et leur conscience pour troubler le repos de nos subjects et les soustraire de l'obéissance légitime à laquelle ils sont obligez. Le cardinal de Retz oubliant les grands bienfaits qu'il avoit reçus de nous et les grandes dignités auxquelles nous l'avons eslevé, ensuite de celles que ceux de sa famille possèdent par la libéralité de nos prédécesseurs, s'estant fait un des principaux chefs de la faction qui a cy-devant altéré la tranquillité de notre bonne ville Paris, et qui se fust allumée dans le reste de notre royaume si nous n'eussions cognu et renversé ses desseins, après avoir reçu

(1) Relation de ce qui s'est passé touchant la commission, contre M. le cardinal de Retz ; rédigée par M. de Marca, et écrite de la main de Baluze.

de nostre bonté le pardon porté par nostre amnistie, impatient de l'ordre et du repos, renouvellant ses cabales et intelligences secrètes, inspirant sous divers prétextes spéciaux de mauvais sentiments à nos subjects et tâchant par toutes voyes d'aliéner leurs esprits du respect et de la fidélité qu'ils nous doivent pour les plonger en de nouvelles confusions; nous avions esté contraincts, pour arrester le cours de ses desseins et affermir la paix que nous avions procurée au-dedans de notre royaume avec tant de travaux et de fatigues, de nous asseurer pour quelque temps de sa personne, et bien que pendant sa détention au chasteau de Vincennes, nous ayons recherché tous les moyens possibles, en réduisant son esprit à des désirs plus modérez, de conserver à nostre bonne ville de Paris un calme qui luy fust asseuré, et accorder au dit cardinal de Retz une liberté qui ne fust point préjudiciable au repos de nostre estat. Quoique nous eussions assez de preuves contre luy pour luy faire dès-lors son procès et le traiter criminellement suivant la rigueur de nos ordonnances, néanmoins après plusieurs propositions portées par le Nonce de Sa Sainteté et par les parens et alliés dudit cardinal, nous nous serions relaschés des choses qu'il avoit tesmoigné souhaiter, à condition de s'esloigner de nostre ville capitale, et l'aurions remis entre les mains de notre cousin le mareschal de la Meilleraye en nostre chasteau de Nantes comme il avoit désiré, où il vivoit avec une entière liberté, et telle qu'aucune conversation et conférence avec toutes sortes de personnes ne luy estoit empeschée par notredit cousin, lequel avoit pris confiance en la parole et la foy que ledit cardinal de Retz luy avoit donnée de demeurer dans les termes de son devoir et de la sincérité de ses promesses; mais au contraire prenant advantage de toutes ces facilités pour renouer ses premières intelligences contre notre service, au moment que l'incertitude du secours d'Arras pouvoit faire doubter du bon succès de nos affaires, le cardinal présumant, sur les advis du prince de Condé et de ses adhérens, que l'événement seroit favorable à leurs mauvaises intentions, il a pris ce temps de s'eschapper du chasteau de Nantes contre la foy par luy si solennellement donnée. Les suites de cette évasion ont bien fait cognoistre que sa détention estoit aussi juste que nécessaire au bien de notre bonne ville de Paris, car les premiers moments de sa liberté ont esté employés à escrire diverses lettres en notredite ville, générales et particulières, à tous ceux sur lesquels il a creu avoir quelqu'autorité, pour exiger d'eux des actions contre le respect qui nous est deub afin de n'obmettre rien de ce qu'il a creu propre à jeter les fondements des nouvelles confusions qu'il projettoit; ensuite il a passé dans notre province d'Anjou en laquelle il a fait par luy et par les siens tous ses efforts pour assembler la noblesse de Poittou, les excitant de prendre les armes contre nous, leur supposant que nos fidèles subjects les habitants de notre bonne ville de Paris ne manqueroient pas de correspondre à ses mauvais desseins, publiant qu'il y estoit attendu avec impatience, comme en effet il s'estoit proposé d'y venir pratiquer les mesmes voyes pour tenter d'y rallumer le feu des divisions en notre absence, et dans le moment de la prise qu'il se promettoit de la ville d'Arras par le prince de Condé et les Espagnols, et depuis auroit séjourné dans Belle-Isle où il auroit fait amas de quelques troupes en attendant le progrès des négociations de ses émissaires à Paris. Mais Dieu ayant béni nos armes et confondu nos ennemis, les intrigues et négociations dudit cardinal à Paris n'ayant pas succédé selon ses espérances, nous sommes advertis que ledit cardinal, n'espérant plus tenir sa conduite secrète, n'a pas fait difficulté de paroistre avec nos ennemis déclarés et nous avons advis des gouverneurs de nos places frontières tant de Bretagne que de Guyenne, et de plusieurs particuliers, que ledit cardinal de Retz est sorti du royaume et est arrivé le 5 du mois en Espagne, dans la ville de Saint-Sébastien, après en avoir donné advis au baron de Batteville, l'un des chefs de l'armée ennemie, commandant l'année dernière les vaisseaux d'Espagne dans la rivière de Bordeaux et gouverneur de ladite place de Saint-Sébastien, chez lequel ledit cardinal de Retz est allé loger; où nous avons aussi advis que le nommé Mazerolles, l'un des agens du prince de Condé, arrivé depuis peu de Madrid, l'attendoit, et où se devoit rendre le nommé Saint-Mars que nous savons estre parti de Flandre en mesme temps, afin de conférer ensemble et résoudre le lieu où ledit cardinal devra faire son séjour et la conduite qu'il doit tenir pour agir plus advantageusement et advancer les pernicieux desseins dont ils flattent les anciens et irréconciliables ennemis de notre couronne. Et d'autant qu'il est important que toutes ces entreprises soient cogneues en public et que des actions de cette qualité ne demeurent pas impunies : à ces causes et que la matière requiert célérité pour ne pas laisser perdre les preuves qui pourroient dépérir par le retardement ; nous vous mandons et ordonnons d'informer des faits cy-dessus, circonstances et dépendances, à la requeste de notre procureur-général, et à cet effet, commettre tel d'entre vous que vous adviserez pour procéder à l'audition des témoins qui seront nommés par notredit procureur-général, et attendu l'esloignement et la distance des lieux d'où l'on peut tirer les preuves des faits arrivés en nos provinces d'Anjou et de Bretagne, et de la cognoissance que ceux de nos frontières de Guyenne peuvent avoir de ce qui s'est passé à Saint-Sébastien, commettre le premier des conseillers de notredite cour de parlement trouvé sur les lieux, ou autre premier juge royal sur ce requis, pour, à la requeste de notredit procureur-général, procéder pareillement à l'audition des témoins qui seront présentés, pour ce faict et les informations rapportées lorsque le parlement tiendra, estre pourveu de tel décret qu'il appartiendra et procédé à l'instruction du procès criminel du cardinal de Retz et ses complices sur le crime de lèze-majesté, cas notoirement privilégié et qui fait cesser toute exemption et privilége selon les loix et l'usage de tout temps pratiqués et inviolablement observés en France, car tel est notre plaisir. »

L'Eglise s'émut d'un tel ordre ; les agens généraux du clergé de France firent des plaintes au roi contre cette commission au parlement, dans laquelle ils trouvaient des clauses très-préjudiciables à l'immunité des cardinaux et des évêques ; et le roi se prit à reconnaître que c'était contre ses intentions qu'on y avait inséré que les informations seraient rapportées pardevant le parlement pour être procédé à l'instruction du procès criminel contre le cardinal de Retz sur le crime de lèze-majesté, cas notoirement privilégié, qui faisait cesser toute exemption et privilége.

Aux réclamations semblables du nonce apostolique, le comte de Brienne répondit ce qui suit :

« La Fère, le 1er octobre.

» Monseigneur, la lettre de laquelle il a pleu à V. E. me favoriser en date du 25 du passé, et qui me fut rendue devant que je partisse de Paris, m'a obligé de lire exactement la patente adressée et registrée de la chambre des vacations pour y estre procédé à informer des crimes ésquels est tombé M. le cardinal de Retz, pour ensuite estre décrété et jugé par le parlement lorsque la séance en sera ouverte. Je n'ay pas trouvé que V. E. eût sujet de s'en plaindre. Elle ne contient que la vérité, mais non si éclaircie qu'il eust peu estre advenu pour votre satisfaction ; et je m'assure que vous convenez bien d'avoir fait des propositions à M. le cardinal de Retz selon l'ordre exprès que vous en aviez eu de S. M., n'ayant seu vous deffendre des prières qu'elle vous en fit, cherchant de vous avoir pour temoing de bouche qu'elle estoit en disposition de départir à cette Eminence, si elle le vouloit accepter, renonçant à l'administration d'une église de laquelle pour lors il avoit seulement l'expectative, et je ne saurois croire qu'il y eust personne qui ait quelque cognoissance de nostre langue, qui puisse dire que des termes de la patente il doive estre inféré que V. E. a fait des ouvertures audit cardinal par ordre du pape et à la prière de ses proches. »

On doit reconnaître ici et dans la rétractation des dispositions les plus sévères de la commission donnée au parlement, l'influence de l'ordre alors tout-puissant dans l'état, dont le cardinal était un des principaux personnages : la cour fit fléchir ses rigueurs devant les hasards d'une lutte un peu vive, qui pouvait s'engager avec le clergé de Paris, celui du royaume et l'Eglise tout entière.

Le pape n'était pas demeuré indifférent à ce qui touchait le cardinal de Retz : dès que Sa Sainteté fut informée de l'évasion du cardinal, elle l'en félicita par un bref spécial (1), dans lequel elle exaltait sa vertu, sa prudence, sa généreuse constance si glorieusement éprouvée par les afflictions et qui donnait un si grand ornement au sénat apostolique : en d'autres termes, le pape honorait le cardinal pour s'être soustrait à la justice du roi, qui, aux yeux de l'Eglise, se donnait le tort de poursuivre un ennemi puissant et déclaré, vu que cet ennemi était de l'Eglise. Le bref du pape fut imprimé et vendu publiquement dans Paris, accompagné des commentaires les plus apologétiques de la conduite du cardinal.

Le roi ne pouvait pas se montrer insensible à cet acte de la cour pontificale, à la résolution avec laquelle Sa Sainteté se déclarait si publiquement, si positivement en faveur d'un ennemi si redoutable au roi et à l'état ; et afin de mitiger ou de changer les opinions du sacré collége, il fut résolu que le roi adresserait au Pape une lettre propre à l'éclairer sur la prétendue vertu, et réellement sur les crimes du cardinal. Cette lettre fut en effet adressée au Saint-Père, le 12 décembre 1554 ; en voici le texte :

---

(1) *Suprà*, page 448, note 1.

Lettre du Roy au Pape.

« 12 décembre 1654.

» Très-Saint-Père, les crimes du cardinal de Retz sont trop publics pour n'estre pas venus à la connoissance de Vostre Sainteté; et elle n'ignore pas sans doute ce que tout le monde sçait des diverses conspirations qu'il a tramées durant un si long temps contre le bien de nostre service et le repos de nostre estat, et particulièrement pour troubler la tranquillité de nostre bonne ville de Paris, abusant si indignement des graces que nous luy avons faites, qu'il n'a jamais employé le crédit qu'elles luy donnoient dans ladite ville que pour exciter le peuple à sédition, luy faire prendre les armes contre nous, et le porter à des extrémités sans exemple, et dont la seule pensée fait horreur à tous les gens de bien; n'ayant en mesme temps fait aucun scrupule d'entretenir correspondance avec nos ennemys déclarés, de les convier à faire leur profit des troubles dont il estoit le principal auteur, de desbaucher les princes de nostre sang et autres nos principaux officiers et sujects, de s'unir avec les factieux, non seulement contre nostre auctorité, mais au préjudice mesme du saint siége et de tout l'ordre ecclésiastique; et enfin de suborner les consciences de nos sujects et de leur inspirer la rébellion dans les lieux mesmes destinés à leur prescher la parole de Dieu et l'obéissance à leur souverain. Néanmoins nous laissant aller aux mouvements de nostre clémence, nous luy avions pardonné de bon cœur, et avions résolu à nostre retour dans nostre bonne ville de Paris d'ensevelir dans l'oubly général la mémoire particulière de tous ses forfaits, si ledit cardinal ne se fust obstiné à nous en empescher luy-mesme par la continuation de ses cabales et de ses monopoles, tant dedans que dehors nostre royaume, pour entretenir toujours Paris dans la disposition au tumulte, et à la première occasion le porter à une nouvelle révolte; à quoy chascun a veu avec estonnement qu'il estoit si fort attaché, que luy ayant esté proposé de nostre part d'aller faire quelque séjour dans Rome avec de grosses pensions et des commissions fort honnorables, que nous luy accordions pour cet effect, taschant d'éviter par ce moyen la nécessité où nous nous voyons réduit à son esgard, il refusa tous ces avantages sans autre raison que pour ne pas rompre par son esloignement le fil de ses intrigues et de ses pernicieux projects. De sorte qu'afin d'en arrester le cours, et de le retenir luy-mesme sur le bord du précipice, nous fusmes contraints de nous asseurer de sa personne, et de l'envoyer en nostre chasteau de Vincennes. Et l'on ne tarda guère à s'apercevoir (au grand contentement des gens de bien, qui se voyoient à la veille de tomber en de nouveaux malheurs par les menées dudit cardinal) combien ceste résolution estoit nécessaire, puis qu'en mesme temps on n'entendit plus qui que ce soit murmurer dans Paris. La face de ceste grande ville changea en un instant. Le peuple n'y respira plus que fidélité et obéissance. Et la détention de ce seul homme y restablit le calme en tel poinct qu'il n'y resta pas la moindre apparence de faction ny de désordre. Il n'y a personne qui faisant réflexion sur un changement si soudain, et voyant une expérience si certaine des maux que ledit cardinal estoit capable de faire quand il pouvoit agir librement, ne jugeast que nous devions plustost redoubler les gardes que de songer à le laisser sortir du lieu où il estoit. Mais la considération de Vostre Sainteté et du sacré collège des cardinaux l'emporta sur toutes les autres, et nous fit résoudre à luy donner une récompense en grandes abbayes pour son archevesché et à le remettre, comme il avoit souhaité luy-mesme, entre les mains de nostre cousin le mareschal de La Meilleraye, pour le mettre en pleine liberté d'aller à Rome sitost que les conditions dont il estoit tombé d'accord seroient accomplies. Et il eust trouvé sans doute ceste récompense, ainsy qu'elle estoit en effect, beaucoup plus avantageuse pour luy que ledit archevesché, s'il n'eust considéré ce poste comme le plus propre de tous pour satisfaire son naturel séditieux. Et en tout cecy chascun a peu connoître que nous avons bien voulu préférer l'avantage du saint siége et la satisfaction de Vostre Sainteté au bien de nostre estat, qui nous convioit à ne nous pas fier à un homme qui nous avoit trompé tant de fois et en tant de différentes manières, sans que les graces signalées dont nous l'avions comblé eussent servy qu'à faire esclater davantage son ingratitude et sa perfidie. Aussy recogneusmes-nous bientost que nous en avions usé avec trop de bonté envers luy; puisque sans avoir esgard à toutes les protestations de zèle et de fidélité qu'il venoit de nous faire, non plus qu'à la parole qu'il avoit si solennellement donnée à nostredit cousin, il adjouta de nouveaux crimes à ceux dont il estoit déja noircy, ayant ensuite de son évasion passé en Espagne, donné rendez-vous à Saint-Sébastien aux agents du prince de Condé et aux chefs de la dernière rébellion de Bordeaux, exclus de l'abolition générale accordée par nous à ladite ville, et conféré plusieurs fois avec eux pour adviser ensemble à ce qui se pourroit (avec l'assistance des Espagnols) entreprendre contre nostre service tant à Bordeaux qu'à Paris, où mesmement il avoit fait dessein de venir en personne, pour exécuter les résolutions qu'il avoit prises avec lesdits Espagnols. Mais comme ses espérances estoient fondées sur la prise d'Arras, dont il se flattoit déja comme d'un succès infaillible, ledit cardinal fut bien confus de voir, deux jours après son arrivée à Saint-Sébastien, qu'il avoit mal pris ses mesures par la nouvelle qui luy fut envoyée de Belle-Isle en toute diligence de la défaite des ennemys dans leurs lignes, et du glorieux secours de cette importante place. De façon que ne voyant plus alors rien à faire pour les Espagnols dans Paris, nous avons sceu qu'il estoit demeuré d'accord avec eux de leur aller rendre ses services quant à présent dans Rome ; et selon les avis que nous avons, il y doit estre présentement arrivé avec les ordres et l'argent d'Espagne, et toutes les autres assistances qui luy ont esté données en ce pays là, pour passer commodément et seurement en Italie, mais non pas avec le contentement d'avoir veu réussir la trahison et la nouvelle révolte qui, sous sa direction, avoit esté tramée dans Bordeaux, par les principaux auteurs des derniers troubles de ladite ville, lesquels s'estoient abouchés avec luy, et par son moyen et par l'entremise des agents du prince de Condé, avoient obtenu à Madrid, qu'on leur envoyeroit à jour préfix une armée navale que l'on équipoit pour cet effect avec une diligence extraordinaire, dans le port de Saint-Sébastien. Dieu, ensuite de tant d'autres bénédictions qu'il verse continuellemement sur cette couronne, ayant permis que cette conspiration ait esté descouverte, et mesme que la pluspart des complices soient tombés entre les mains de la justice, qui travaille à leur procès ; après une si longue et si inutile tolérance, nous sommes enfin contraints de nous servir des remèdes dont nous avions toujours tasché de nous passer, et qui peut-estre aussi n'auroient pas esté nécessaires si Vostre Sainteté, sur les fréquentes instances qui lui en ont esté faites de nostre part, eust voulu admettre la démission dudit cardinal de l'archevesché de Paris, et espargnant ainsy à l'Eglise et à nostre royaume les préjudices que ce refus leur a causés, sauver la dignité du sacré collége, désormais trop exposée dans un suject si descrié. A Dieu ne plaise que nous veuillons croire ce que luy et ses adhérens ont publié par tout, que la lenteur de Vostre Sainteté en cette occasion et les prétextes qu'elle a pris de n'avoir point receu de lettres dudit cardinal, et de vouloir entendre de sa propre bouche les motifs de cette démission, n'ayent esté que des desfaites alléguées de concert avec luy pour avoir lieu d'attendre le succès de son évasion, et des trames qu'il ourdissoit contre le repos de nostre estat. Nous aymons mieux nous persuader qu'en cela, comme en tout le reste, il a supposé à Vostre Sainteté, de mesme qu'à nous, et qu'aussy elle prendra grand intérest à son chastiment, non seulement pour faire voir au monde la fausseté de ces bruits, mais aussy pour satisfaire à la justice, qui ne permet pas qu'on laisse impunie l'imposture et la meschanceté d'un homme si indigne du charactère qu'il porte. C'est pourquoy nous avons donné charge audit sieur de Lyonne de demander de nostre part à Vostre Sainteté des commissaires délégués pour informer des faits cy-dessus et autres dont ledit cardinal se trouvera atteint, afin que comme criminel de lèze-majesté, incorrigible, et (s'il faut ainsy dire) relaps et tout à fait abandonné, bref comme rebelle, séditieux et perturbateur du repos public, il soit puny exemplairement avec la sévérité qu'il mérite. Nous avons d'autant plus de suject d'espérer que Vostre Sainteté ne désapprouvera pas nos justes ressentimens contre un cardinal, qui est nostre suject, notoirement coupable de si horribles attentats, que nous voyons qu'avec grande raison elle n'a pas hésité de faire sentir les effets de son indignation à des personnes remplies du mesme charactère, sur le simple soupçon d'avoir manqué de fidélité envers elle. Enfin nous ne doutons point que Vostre Sainteté reconnoissant la déférence que nous avons pour elle et pour le saint siége, et n'estant pas moins informée de la bonté dont nous avons usé envers ledit cardinal que de l'énormité de ses forfaits, cela ne la convie encore à recevoir favorablement nos instances, qui d'ailleurs ne tendent à autre but qu'à une bonne et briefve justice, ainsy que ledit sieur de Lyonne luy exposera plus au long ; auquel nous remettant, nous ne ferons la présente plus longue que pour prier Dieu qu'il luy plaise conserver longuement et heureusement Vostre Sainteté pour la gloire de son Eglise. Escrit à Paris, le 12 décembre 1654. »

De son côté, le cardinal de Retz était arrivé

à Rome à la fin du mois de novembre; le pape Innocent X l'avait accueilli avec toutes les effusions de la plus vive tendresse; et cette protection avait aussitôt fait du cardinal l'un des plus illustres personnages de Rome : on ne voyait en lui que le glorieux défenseur des immunités de l'Église et de ses princes, contre les bras séculiers qui osaient les méconnaître.

C'est de Rome que le cardinal adressa aux archevêques et évêques de France cette lettre fameuse du 14 décembre 1654, qui est devenue une pièce éminemment historique et par son contenu et par la singularité de sa destinée.

Il paraît qu'elle fut répandue à Paris au moyen d'un grand nombre de copies imprimées. Dès que son existence fut connue de l'autorité publique, cette pièce fut l'objet d'ordres multipliés pour la saisir et la detruire, et elle fut déférée au Châtelet, qui en ordonna la suppression, et la condamna à être brûlée par la main du bourreau.

Cette pièce et les circonstances qui s'y rapportent ont été également inconnues aux précédents éditeurs des Mémoires du cardinal de Retz, et la lettre qu'ils ont publiée comme datée de Rome, le 22 mai 1655, quoique analogue par quelques idées et par quelques phrases à celle du 14 décembre 1654, n'est pas la même pièce; celle du 22 mai manque aussi d'authenticité, et il résulte de quelques renseignements dignes de confiance, qu'après le malheureux sort de la lettre du 14 décembre, d'illustres amis du cardinal, MM. de Port-Royal, composèrent la lettre du 22 mai, qui fut reçue sans opposition.

Mais la véritable lettre du cardinal de Retz, celle du 14 décembre, avait été supprimée avec tant de soin, qu'elle serait aujourd'hui perdue pour l'histoire, sans l'exemplaire, unique jusqu'ici, qui se trouve dans les collections historiques du département des Manuscrits de la Bibliothèque du Roi : en voici le texte fidèlement reproduit (1); l'énergie des expressions contre le conseil du roi nous montre qu'à Rome le cardinal n'avait rien diminué des sentiments qu'il avait déployés à Paris.

Lettre du cardinal de Retz aux archevêques et évêques de France.

« Rome, le 14 décembre 1654.

« Messieurs,

» Je m'estimerois indigne du rang qu'il a plu à Dieu de me donner dans une des plus florissantes églises du monde, si je ne déplorois avec vous, comme avec mes très-illustres et très-chers confrères, les injures atroces et scandaleuses dont on a déshonoré en ma personne la dignité saincte, qui nous est commune, et les entreprises inouïes dont on a violé les droits et la majesté de l'église, que nostre charactère nous oblige de soustenir aux dépens mesme de nostre vie.

» J'ay sceu la part que vostre charité vous a fait prendre dans la longue affliction que j'ay endurée; et si aprez la grâce de Dieu, qui ne m'a pas abandonné dans mes liens, rien a esté capable de me consoler dans la plus dure captivité qu'un homme de ma condition puisse souffrir, ça esté d'apprendre que vous avez joint vos supplications aux instances de Sa Saincteté, pour me procurer la délivrance d'une si misérable servitude; que vous avez tesmoigné que les mesmes chaisnes, qui me retenoient en prison, tenoient enchaisnée la liberté de l'église gallicane; et qu'ayant vu avec regret toutes vos remonstrances inutiles, vous avez au moins gémi avec moy, et avez esté touchez de mon infortune.

» Mais quoyqu'il semblast, Messieurs, que l'oppression de l'église ne pouvoit guère aller plus loin, que d'emprisonner un cardinal et un archevesque sans aucune forme, ou plustost contre toutes les formes de la justice ecclésiastique et séculière; que de le retenir resserré dans la plus estroite et la plus rude prison qu'on puisse souffrir, que de travailler durant tant de temps à lasser sa patience par les traittemens les plus rigoureux, et à esbranler sa fermeté par les objets les plus terribles qu'on pust représenter à une personne qui est entre les mains de ses ennemis; que de ne vouloir point escouter, dans une cause tout ecclésiastique, la voix si sacrée et si vénérable du père commun des fidèles, et d'avoir tousjours ou estouffé par la violence ou éludé par l'artifice les justes plaintes que vostre zèle a voulu porter jusqu'aux oreilles de Sa Majesté, dans un violement si insupportable de la sainteté de l'épiscopat, que les conciles ont vengé autrefois par les excommunications et les anathêmes. Je ne doute pas néantmoins, Messieurs, que vous ne jugiez que ce qu'on a fait contre moi depuis ma sortie passe de beau-

---

(1) L'ambassadeur du Roi à Rome, M. de Lionne, parle plusieurs fois de cette *lettre* dans sa correspondance; on cherchait à en découvrir l'imprimeur, et à ce sujet M. de Lionne engageait le ministre à examiner si cette pièce n'avait pas été imprimée en *Italie*. Nous croyons pouvoir assurer, d'après le papier, les caractères, les dimensions de la justification, et la forme des *alinéa* qui sortent en marge à gauche, que cette lettre fut imprimée en *Espagne*.

coup en indignité les outrages que l'église avoit receus par ma prison. Car il semble que mes ennemis ayent voulu tesmoigner à toute la France, que les injures qu'ils m'ont fait souffrir leur estoient un sujet de m'en faire de plus grandes, et qu'ils me hayssent d'autant plus cruellement qu'ils sçavent en leur conscience m'avoir plus injustement offensé.

» Quelque triste expérience que j'eusse de ce que leur passion pouvoit faire contre moy, j'avoue que leurs excez ont esté au-delà de mes pensées. J'avois cru que leurs efforts se termineroient à me bannir de mon siége, et à se garantir de leurs vaines craintes par mon esloignement et par mon exil; mais je ne me fusse pas aisément imaginé que ma délivrance, qui a esté plustost l'ouvrage de Dieu que des hommes, les dust jetter d'abord dans des emportements si étranges et si injurieux à l'église: je ne me serois pas attendu que ceux qui durant vingt mois de prison n'ont osé rien publier pour noircir mon innocence, et pour rendre conte au public, comme ils avoient fait dans toutes les autres rencontres semblables à celuy de ma détention, d'une action aussi extraordinaire et aussi contraire aux droits et aux immunitez de l'église, comme estoit l'emprisonnement d'un cardinal et d'un archevesque; que ceux que vous sçavez, Messieurs, n'avoir respondu à toutes vos plaintes, que par des promesses d'employer leur crédit auprès du roy pour ma délivrance, et qui ont fait voir par leur conduite n'avoir point d'autre crime à me reprocher, sinon que j'estois archevesque de Paris, et que je possédois une dignité dont ils avoient envie de me dépouiller; que ceux, dis-je, qui sont demeurez dans le silence durant tant de temps se soient emportez tout d'un coup, aussitost que Dieu m'a rendu la liberté, à me déchirer de la manière du monde la plus indigne, et qui blesse davantage le respect que tous les fidelles et les princes mesmes doivent avoir pour les images vivantes de Jésus-Christ, et les ambassadeurs du maistre des roys.

» Je m'estois bien représenté que ceux qui ne me vouloient plus archevesque de Paris, auroient de la peine à souffrir que je fusse en un estat, où je pourrois conserver cette qualité malgré toutes leurs pratiques et tous leurs efforts; mais j'espérois que dans la guerre la plus cruelle qu'ils me pourroient faire, ils auroient tousjours quelque retenue pour la grandeur et pour la sainteté de l'épiscopat, et que nous ne serions pas si malheureux que de voir en nos jours le sacerdoce royal de Jésus-Christ flestry de la dernière des ignominies dans un royaume très-chrestien.

» Cependant, Messieurs, tout Paris a veu, c'est-à-dire tous les peuples qui me sont soumis comme à leur archevesque dans cette capitale du royaume, ont veu avec autant de douleur que d'estonnement, que la délivrance de leur prélat, qui avoit esté peu auparavant l'objet de leur joye publique, estoit devenue l'unique sujet d'une cruelle proscription contre sa personne, d'une sanglante diffamation contre son honneur, et d'une honteuse profanation de sa dignité sacrée.

» Croirez-vous, Messieurs, ce que j'ay eu de la peine à croire moi-mesme, avant que de l'avoir leu de mes propres yeux, qu'on ait traitté un archevesque dans la propre ville de son siége, comme on auroit fait un bandy et un capitaine de voleurs! Qu'on ait affiché dans toutes les places et aux coins de toutes les rues des placards, qui ne le déshonorent pas seulement par des injures et des calomnies, mais qui l'exposent à toutes sortes de violences par des ordres barbares et inouïs contre la vie et la liberté d'un des princes de l'église.

» Vostre piété pourra-t-elle se persuader aisément un excez dont elle doit estre si sensiblement offensée? Pourra-t-elle croire que, sans aucune forme de procez, sans aucune information par quelque juge que ce soit, sans aucune apparence du moindre crime, on ait commencé d'abord par une procédure aussi injuste et aussi inhumaine qu'est celle d'armer tous les gouverneurs des places, tous les maires et eschevins des villes, tous les gentilshommes et seigneurs contre un évesque et un ministre de Dieu, qui n'a fait autre chose que se délivrer, selon la loy naturelle et évangélique, d'une violence qui vous a fait souspirer et toute l'église, durant tant de temps; de le traitter comme un ennemy public, qui travailloit à allumer la guerre dans tout le royaume lorsqu'il ne pensoit qu'à en sortir, pour se garantir d'une oppression qui luy estoit inévitable en y demeurant; de ne luy laisser aucun lieu ouvert dans toute la France que les prisons et les cachots; de menacer de chastiments rigoureux, comme des receleurs de brigands publics, ceux qui auroient pitié de son infortune et qui luy rendroient quelque office de charité, ou qui mesme seroient retenus par un respect de chrestiens vers l'église leur mère; de porter leurs mains violentes et sacriléges sur l'un des oints du Seigneur, pour le sacrifier à la vengeance de ses ennemis; et enfin de faire un crime digne de punition exemplaire, et qui prive des charges, offices et bénéfices, d'exercer vers un prélat, que toute l'église reconnoist pour archevesque de la capitale du royaume, les moindres devoirs de l'humanité naturelle, tel qu'est le simple commerce de lettres; comme si estant tousjours honoré de l'affection du pape, des cardinaux et de tout le clergé de France, il estoit devenu ennemi du genre humain, parce qu'il n'a pas esté ennemi de soy-mesme en se servant de l'occasion que Dieu luy a présentée de faire cesser l'injure que l'église souffroit en sa personne par une si dure captivité.

» Mais ce qui m'a causé, Messieurs, et qui vous causera sans doute plus de douleur, est de voir que mes ennemis ayent eu si peu de respect pour le nom du roy, si auguste et si vénérable, et qui doit paroistre seulement dans les actions toutes de justice, que de l'employer pour authoriser leurs injustices et leurs violences. Je sçay la révérence qui est due à Sa Majesté par tous ses sujets, du nombre desquels je fay gloire d'estre. Et quand je n'aurois pas appris du commandement de l'apostre et des ordres de l'église, la fidélité inviolable, la parfaite soumission et l'humble reconnoissance que je luy dois de ses grâces et de ses bienfaits, je l'aurois appris de l'exemple domestique de mes pères : mais c'est le respect mesme que j'ay pour le roy et pour la reine sa mère, qui ne me permet pas d'abandonner mon honneur, puisque le leur propre y est en quelque sorte engagé, et que je ne puis deffendre mon innocence sans deffendre en mesme temps leur jugement; ny justifier ma personne et mes actions sans justifier le choix que leurs Majestez ont daigné faire de moy, en m'appelant aux plus hautes dignitez de l'église, et monstrer que si j'en suis très-indigne aux yeux de Dieu, comme je le reconnois avec tremblement et confusion, je n'ay point commis de crime devant les hommes qui puisse porter l'église à m'en priver.

» Que si tout le monde sçait que des princes très-religieux et très-catholiques ont esté souvent prévenus de sinistres impressions contre de très-saints évesques; si le grand Constantin a relégué saint Athanase, si Arcade a fait déposer saint Chrysostome, si le jeune Théodose a fait emprisonner saint Cyrille, si Henry, second roy d'Angleterre, a banni son archevesque et son primat, le généreux saint Thomas de Cantorbery, et a donné occasion à son martyre; et si le roy Louis-le-Gros, l'un des ancestres de Sa Majesté, a persécuté autrefois l'illustre Estienne, évesque de Paris, l'un de mes prédécesseurs ; si ces grands prélats ont esté presque tous traittez de criminels de lèze-majesté, et si ceux qui ont escrit les persécutions qu'ils ont souffertes nous ont tesmoigné qu'on ne s'en devoit pas prendre à ces princes, mais à ceux qui abusoient de leur bonté et remplissoient leur esprit de vaines frayeurs : on ne peut trouver estrange que mes ennemis ayent eu assez de pouvoir pour surprendre Sa Majesté par leurs rapports artificieux, pour couvrir d'une fausse politique l'injure atroce qu'ils font à l'église en ma personne, et se servir de l'authorité royale pour ruiner celle de Jésus-Christ, qui réside dans les évesques, et qui pour les choses purement spirituelles est indépendante de la puissance des roys.

» Mais quelle preuve plus visible voulez-vous, Messieurs, du peu de part qu'a Sa Majesté d'elle-mesme au mauvais traittement qu'on me fait, que le soin qu'ils prennent de m'oster tout moyen de la détromper des mauvaises impressions qu'ils taschent sans cesse de luy inspirer contre moy, jusqu'à n'avoir pu souffrir qu'un gentilhomme que j'avois envoyé à la cour aussitost aprez ma sortie, luy ait rendu la lettre que je m'estois donné l'honneur de luy escrire pour l'asseurer de mes très-humbles respects et de ma parfaite fidélité, tant ils appréhendent que la lumière de la vérité ne dissipe leurs mensonges, et que je ne paroisse aux yeux de ce grand et auguste prince tel que je suis véritablement, et non pas tel qu'ils me représentent. Ils renvoyèrent ce gentilhomme sans autre response, sinon qu'on ne pouvoit rien recevoir de ma part que je ne me fusse remis auparavant dans l'estat d'où j'estois sorti : c'est-à-dire que le seul moyen de me réconcilier avec eux estoit de me rendre leur esclave et leur captif, et que lorsque je serois estroittement resserré dans le chasteau de Nantes ou dans les prisons de Brest, je pourrois escrire au roy avec toute sorte de liberté.

» Mais je n'ay pas besoin de me mettre en peine de prouver ce qui est connu de tout le monde. Je suis asseuré, Messieurs, qu'il n'y a personne d'entre vous, ny dans tout le reste du royaume, qui soit assez peu instruit de la vérité des choses, pour attribuer à d'autres qu'à mes ennemis déclarez, les suppositions dont on me noircit, et les violences qu'on employe pour m'accabler : elles portent trop ouvertement les marques de leurs autheurs pour pouvoir estre imputées à la générosité du premier roy de la terre, et à la piété du fils aisné de l'église. Ce grand prince, qui se regarde tousjours comme devant estre l'héritier des vertus aussy bien que de la couronne de l'incomparable saint Louis, à qui j'ay eu l'honneur de proposer autrefois moy-mesme ce grand modelle des roys chrestiens, afin qu'il s'efforçast de l'imiter en son règne, n'a pu ignorer l'humble respect que ce saint monarque a tousjours porté aux premiers ministres de Dieu, qui sont les évesques, et particulièrement à ceux de Paris mes prédécesseurs : et l'auguste sang de ce pieux et si magnanime prince, qui coule dans ses veines, ne luy auroit jamais inspiré qu'une aversion noble et religieuse de toutes les actions violentes qui font soupirer l'église sa mère et de toutes les vaines appréhensions dont on les prétexte, qui ne peuvent tomber en des ames royales et héroïques, comme est la sienne.

» Et c'est, Messieurs, ce qui me donne plus de liberté de me justifier par ceste lettre, toute autre voye de deffendre mon innocence m'estant interdite par le crédit de mes ennemis, et ne m'estant pas permis selon les règles de l'église de l'abandonner à leurs impostures. Les particuliers n'ont qu'à conserver leur conscience pure devant Dieu; mais les personnes publiques, et surtout les ministres de Jésus-Christ, ont encore à maintenir leur réputation sans tache devant les hommes. Ils n'y peuvent manquer sans se rendre coupables d'injustice vers eux-mesmes et de cruauté vers leur prochain, selon la parole d'un ancien père : de quelque part que viennent les calomnies, ils sont obligez de les repousser; et l'histoire ecclésiastique nous apprend, Messieurs, que les plus grandes, et dont on a voulu couvrir mesme les plus brillantes lumières de l'église, sont tousjours venues de la cour des princes et des empereurs : elles ont esté le sujet de mes lectures et de mes méditations durant ma captivité et elles me servent aujourd'hui de consolation dans mon exil. Je ne puis me souvenir que les Athanases et les Chrysostomes ont esté rendus criminels de lèze-Majesté, qu'on les a accusez tous deux d'avoir trop gagné l'affection de leurs peuples, et qu'on a reproché au premier d'avoir esté receu avec trop d'acclamation et de joye au retour de son bannissement, sans me tenir trop heureux d'estre proscrit et deschiré comme ont esté ces grands hommes, de leur estre conforme dans leurs travaux et dans leurs souffrances, leur estant d'ailleurs si inférieur en vertu et en mérite, et de voir que les mesmes persécutions qui estoient les couronnes et les récompenses de leur sainteté, soient aujourd'huy les épreuves et les exercices de ma foiblesse.

» Au moins suis-je asseuré, Messieurs, que vous jugerez que comme les accusations qu'on me fait ne sont pas plus sanglantes que les crimes qu'on leur imputoit, elles ne sont pas moins fausses ny moins frivoles, et que l'épiscopat, que vous sçavez estre également saint et vénérable en tous les évesques, n'est pas moins déshonoré en ma personne qu'il a esté en la leur.

» Je mérite, Messieurs, d'estre proscrit et poursuivy à feu et à sang à cause, dit-on, de l'ingratitude que j'ay tesmoignée des graces qu'on me vouloit faire; c'est-à-dire parce que je n'ay pas receu avec assez de gratitude ceste nouvelle espèce de grace, que vous jugerez sans doute, Messieurs, estre fort signalée, qui estoit de me descharger, par le mouvement d'amour qu'on avoit pour moy, de la dignité d'archevesque de Paris, ou de m'accorder, par un effort de la mesme charité, de passer tout le reste de mes jours dans la prison de Brest.

» On reconnoist, Messieurs, par ce mesme escrit, que j'avois protesté et fait asseurer Sa Majesté par tous mes amis, que j'estois résolu de demeurer toujours ferme dans l'obéissance et la fidélité qu'un sujet doit à son souverain. Mais ceste parole, que je garderay constamment tant que je vivray, comme ont toujours fait ceux de ma maison, aussi fidèle et aussi attachée à nos roys qu'aucune de France, et qu'on avoit receue comme un gage inviolable de mon affection pour le service de Sa Majesté, est devenue tout d'un coup par ma sortie le fondement de la plus inhumaine proscription qu'on ait jamais vue dans une semblable rencontre, comme si on ne pouvoit estre fidèle au roy que dans les fers, et que tous ceux qui sont libres fussent des rebelles; comme si toutes les paroles que l'on avoit tirées de mes amis, n'avoient esté que pour asseurer le roy que je demeurerois fidèlement en prison; et comme si la complaisance que je devois avoir pour ceux qui m'y avoient mis m'eust dû obliger de réduire tous les services que je pouvois rendre à Sa Majesté, à me tenir toute ma vie dans l'impuissance de luy rendre aucun service.

» Je dois estre, Messieurs, exposé à la fureur de tous les peuples de France, parce qu'ainsi qu'ils le disent, je me suis rendu coupable d'une supercherie honteuse, quoique je n'aye fait que me servir du droit naturel qu'a toute personne opprimée de se délivrer d'oppression, sans que j'aye pour cela violé aucune parole, comme la calomnie le veut faire croire ; M. le premier président du paslement de Paris peut estre un tesmoin irréprochable de ceste vérité : il fut dépositaire des paroles qui se donnèrent au sortir du Bois-de-Vincennes, et le respect que j'ay pour une probité aussi généralement reconnue que la sienne m'empesche de m'estendre davantage sur ce sujet, et m'oblige à n'y point rechercher d'autre justification que le jugement qu'il luy plaira d'en donner. Je me contenteray de dire en ce lieu que M. le mareschal de la Meilleraye, qui a tant fait de prisonniers et qui par conséquent n'ignore pas les règles de la prison, ne m'auroit pas gardé dans le chasteau de Nantes aussy exactement, avec tant et de sentinelles et de gardes posées de nuit et de jour, qu'il a fait, s'il eust cru que j'eusse esté prisonnier sur ma parole. Il sçait bien que par ceste bien conduite, il m'eust dégagé de celle que je luy aurois donnée, et il avoit connu par expérience, comme il avoit publié luy-mesme, que j'avois gardé fort fidèlement celle à laquelle je m'estois engagé, de ne me point sauver sur le chemin de Vincennes à Nantes, quoyqu'il soit de notoriété publique que ce m'eust esté la chose du monde la plus facile. Et les petites chaleurs qu'il a tesmoignées depuis contre moy ont esté certainement beaucoup moins des effets du sujet qu'il ait eu de s'en plaindre, que de l'appréhension qu'il a un peu trop vivement conceue du chagrin qui paroissoit à la cour sur ma liberté. Il sçavoit encore plus particulièrement que personne, que ma sortie du chasteau de Nantes pourroit causer de l'aigreur dans quelques esprits. Il n'ignoroit pas les efforts que l'on faisoit sur luy, pour l'obliger à manquer à la parole qu'il m'avoit donnée de ne me point remettre en l'estat d'où je venois de sortir ; et s'il n'en eust esté pressé avec violence, il n'auroit pas eu ces fortes tentations, qui l'obligèrent à me dire en présence d'un homme de qualité, qu'il ne pouvoit pas faire la guerre au roy pour mes intérests ; qui le forcèrent à advertir une personne de grande condition, qu'il estoit obligé de me laisser transférer à Brest ou à Brouage, et qui le portèrent à me vouloir persuader de me resserrer moymesme, et de me priver des visites de mes proches et de mes amis : ce qui estoit pourtant formellement contraire aux engagements qu'il avoit pris avec moy en présence de M. le premier président, quand je fus mis entre ses mains. Il ne m'eust pas asseurément fait ces propositions, s'il n'eust esté persuadé, comme il asseuroit luy-mesme à des personnes dont il ne peut disconvenir, que toutes ces promesses qu'il m'avoit faites n'avoient esté que des paroles de compliment. Je ne les avois pas prises en ceste manière quand elles me furent données au sortir du Bois-de-Vincennes. Je les avois cru effectives ; et voyant que je m'estois trompé dans mon intelligence, et que l'ordre estoit expédié à la cour pour me transférer à Brest, je crus estre obligé de tenter toute voye, mesme au péril de ma vie, pour rompre mes liens, lorsque ceux qui m'y avoient mis rompoient la foy qu'ils m'avoient donnée, comme on me l'avoit signifié ; et Dieu ayant favorisé mon dessein d'un succez plus heureux que je n'aurois presque osé espérer, a tesmoigné, par ceste protection si visible, combien il condamnoit le procédé de mes ennemis.

» Mais vous avouerez, Messieurs, que ceux qui seroient les moins équitables vers moy, doivent estre pleinement persuadez de mon innocence, lors qu'ils verront que pour me faire paroistre coupable, on est réduit à me reprocher tout ce qui est arrivé dans les derniers mouvemens, dont il ne restoit plus avant ma détention mesme aucune trace dans Paris, et à m'imputer des crimes d'estat, en un temps où j'ai rendu à l'estat le plus grand service qu'un homme de ma condition luy pouvoit rendre. Car toute la France sçait les soins si salutaires que j'ay contribuez, au péril mesme de ma vie, pour rappeler le roy dans sa capitale et y restablir son authorité. Elle sçait avec quelle ardeur je m'y suis employé pour faire inspirer aux peuples l'affection qu'ils doivent avoir pour le retour de leur prince. Elle sçait que le voyage que je fis pour cet effet à Compiègne, et la parole que j'eus l'honneur de porter à Sa Majesté, estant à la teste du clergé de Paris, a esté une des plus grandes dispositions à son retour. Et vous pouvez avoir sceu, Messieurs, que M. le Nonce ayant pris la peine de me venir voir au Bois-de-Vincennes, tesmoigna en ma présence à Messieurs de Brienne et Le Tellier, secrétaires d'estat, que la reine luy avoit avoué, que le retour du roy dans Paris estoit l'ouvrage du cardinal de Retz. Ce furent ses propres termes, que les calomnies de mes ennemis me forcent de rapporter moy-mesme en ce lieu.

» Que si les actions publiques, par lesquelles Dieu a voulu que je servisse d'instrument à sa providence pour le rétablissement de l'authorité du roy, méritoient au moins que l'on m'en sceust quelque gré; pouvez-vous voir, Messieurs, sans estre touchez d'un juste ressentiment, qu'on me lapide aujourd'hui pour mes bonnes œuvres, comme parle l'Evangile, et qu'au lieu que l'amnistie a servi à tant d'autres, non seulement à faire oublier ce qu'on leur imputoit du passé, mais à les faire entrer dans de nouvelles charges et dans de nouveaux emplois, elle ne servist pour moy seul qu'à faire oublier mes services? Qu'on n'ait voulu couronner toutes les peines que j'avois prises pour faire revenir le roy dans Paris, qu'en employant sa présence pour m'arrester dans le Louvre, où je n'eusse eu garde d'aller, si ma conscience m'eust fait le moindre reproche? Qu'on ne se soit pas contenté d'un esloignement volontaire, auquel je m'estois disposé moy-mesme, afin de guérir par mon absence les frayeurs et les jalousies que l'on prenoit sur mon sujet; mais qu'on ait voulu récompenser des actions si utiles au roy et à tout l'estat, par une dure et inhumaine prison? Qu'on m'ait rendu si hautement le mal pour le bien? Qu'on n'ait pû souffrir que j'eusse travaillé impunément pour la gloire et la seureté de ceste couronne, et que je ne tirasse autre fruit de mes services que la perte de ma liberté?

» Que direz-vous encore, Messieurs, de ceux qui ne craignent pas de me forger des crimes d'estat, dans le temps mesme où je gémissois sous les fers d'une prison? Ils ne se font point de scrupules de dire dans cet escrit, que mesme pendant ma détention « je n'ai point » cessé de faire mes pratiques accoustumées, et » de renouer mes intelligences avec les estran- » gers, et avec M. le prince de Condé », sans qu'ils se mettent en peine d'apporter la moindre preuve d'une accusation capitale, et qui n'a garde d'avoir aucun fondement, puis qu'il eust fallu que j'eusse perdu le sens pour donner à mes ennemis des preuves authentiques pour me perdre, dans le temps mesme où j'estois entre leurs mains, puisqu'ils n'auroient pas manqué de les produire pour me faire périr, s'ils en avoient eu quelques-unes alors, et de rapporter à présent les tesmoignages véritables, au lieu des chimères qu'ils publient; et que d'ailleurs, il faut estre insensé pour s'imaginer qu'estant captif, je n'ay point cessé de renouer des intelligences et des pratiques avec des personnes avec qui toute la France sçait que je n'en avois aucune, lorsque j'estois mesme en pleine liberté.

» Cela n'est pas plus estrange néantmoins, que ce qu'on me reproche que j'ay fait depuis que je suis hors de prison. On dit que j'ay « tra- » vaillé d'abord par mes lettres et par mes émis- » saires à faire des assemblées illicites de no- » blesse, et excité les peuples à la révolte », lorsque tout le monde est demeuré en paix comme avant ma délivrance, et qu'il n'a pas paru le moindre trouble dans tout le royaume.

» Enfin, si ce Romain disoit autrefois qu'on accusoit ses paroles parce qu'on ne trouvoit rien à lui reprocher pour ses actions, je puis dire maintenant qu'on va chercher dans l'advenir de quoi me rendre criminel, parce qu'on ne sçauroit rien trouver présentement sur quoy on puisse fonder une accusation légitime. On me rend coupable des maux qui ne sont pas arrivez, mais qu'on prétend qui arriveront, si je continuois, comme j'ay toujours fait paisiblement jusqu'au jour de ma délivrance, « d'exercer ma charge d'archevesque » de Paris par mes grands-vicaires ». Ce sont les spectres et les fantosmes, dont on veut effrayer les simples. On me fait souffrir une persécution effective pour des désordres imaginaires, qui ne subsistent que dans la malignité des soupçons de mes ennemis; et pour me faire des maux présens, on feint que j'en dois faire à l'advenir. Vous sçavez, Messieurs, que les tesmoignages des ennemis déclarez ne sont receus par aucun juge ni ecclésiastique ni séculier; et ici on veut recevoir comme constans, non seulement leurs mensonges sur mes actions passées, mais mesme leurs songes sur les futures, qu'ils s'imaginent que je puis faire. Estes-vous d'avis, Messieurs, que ces maximes, qui violent l'équité naturelle, et qui ne furent jamais en usage parmi les payens mesmes qui ont eu quelque apparence de justice, s'introduisent en la place des loix du christianisme et des canons sacrez de l'Eglise, et qu'on s'en serve, non pour juger quelque petit particulier, ou un simple ecclésiastique, mais pour dégrader un archevesque et proscrire un cardinal?

» Mais à qui de vous, Messieurs, pourra-t-on persuader que ce ne soit pas le plus grossier des artifices, et la plus vaine des imaginations, de vouloir faire croire qu'un roy aussi absolu et aussi victorieux qu'est le nostre, « ne » puisse pas demeurer dans la capitale de son es- » tat », si celui que Dieu y a establi pour archevesque, et qui ne peut cesser de l'estre que par les voyes canoniques et l'authorité de l'Eglise, qui ne relève point de la puissance séculière, exerce sa charge, mesme estant absent, en la mesme manière qu'il l'a exercée durant six mois par ses grands-vicaires, sans que ses

33.

ennemis puissent dire qu'il soit arrivé en tout ce temps la moindre émotion dans Paris, estant au contraire obligés de confesser que jamais la tranquillité n'y a esté plus grande.

» Après cela, Messieurs, ne doit-on pas reconnoistre que le seul crime véritable, qui a attiré sur moy les derniers et les plus violens effets de la passion de mes ennemis, est que je ne suis plus leur prisonnier; est qu'ils ne peuvent plus me renfermer dans la prison du chasteau de Brest; est qu'ils ne sont plus les maistres de ma liberté et de ma vie; est qu'il a pleu à Dieu de m'arracher d'entre leurs mains, et qu'en faisant cesser ma misère, il a fait cesser l'opprobre que Jésus-Christ souffroit en la personne d'un de ses ministres et l'Eglise en celle d'un de ses prélats?

» C'est pour expier un si grand et si nouveau crime, qu'on a inventé de nouveaux et d'extraordinaires châtimens. L'impuissance où se trouvent aujourd'huy mes ennemis, par la grace et la protection divine, d'exercer leur violence contre ma personne, les a animez plus fortement à l'exercer contre mon honneur, contre mon bien, contre mes domestiques, contre mes amis, contre mes proches, contre mon Eglise, contre mon authorité.

» On a soumis, Messieurs, la dignité de cardinal et d'archevesque de Paris à une proscription infâme, et qui a esté accompagnée de toutes les indignitez qui pouvoient en rehausser la honte et le scandale. On a profané, par une garnison de soldats, ma maison archiépiscopale, qui, selon les sacrez canons, a toujours esté considérée comme sainte, et comme faisant partie de l'Eglise. On m'a ravi, par une lâche vengeance, tout le revenu de mon archevesché, et pour colorer ceste action d'un faux prétexte de justice, on y employe la plus haute des injustices, qui est d'alléguer que faute d'avoir rendu le serment de fidélité au roy, l'archevesque est en régale, c'est-à-dire que ceux qui m'ont empesché jusqu'à ceste heure, et m'empeschent encore de rendre ce devoir à Sa Majesté, ont droit de prendre cet empeschement qu'ils forment eux-mesmes, pour une raison légitime de se saisir de mon bien, et de réduire à l'aumosne un archevesque de Paris et un cardinal. Ce que je ne dis pas, Messieurs, pour estre fort touché de ceste injustice; Dieu m'ayant fait la grace d'estre peu sensible à la passion du bien et de l'intérêt, j'espère qu'il me fera celle d'en souffrir la perte avec le mesme esprit avec lequel on sçait que j'ay refusé autrefois de grandes sommes et des bénéfices très-considérables. Et comme je n'ay jamais voulu tirer de la cour des gratifications extraordinaires, qu'on jugeoit alors que j'avois méritées aussi bien que beaucoup d'autres, je me sens aussy esloigné de faire des actions indignes de mon caractère pour conserver ce qui m'appartient, que je l'ay toujours esté d'en faire d'indignes de la générosité d'un homme d'honneur, pour recevoir ce qu'on me vouloit donner mesme avec empressement.

» On a condamné mes domestiques, sans aucune forme de procez, à un rigoureux exil. On a persécuté tous ceux qu'on a creu estre mes amis. On a banni les uns, on a emprisonné les autres. On a exposé à la discrétion des gens de guerre les maisons et les terres de mes proches. Et on a eu assez d'inhumanité pour estendre la haine que l'on me porte, jusque sur la personne de celui dont je tiens la vie, mes ennemis ayant bien jugé qu'ils ne pouvoient me faire une plus profonde et une plus cuisante playe, qu'en me blessant dans la plus tendre et la plus sensible partie de mon cœur. Ny la loy de Dieu, qui défend de maltraiter les pères à cause de leurs enfans, ny son extresme vieillesse, qui auroit pu toucher des barbares de compassion, ny les services passez qu'il a rendus à la France, dans l'une des plus illustres charges du royaume, ny sa vie présente, retirée et occupée dans les exercices de piété, qui ne luy fait prendre d'autre part dans la disgrace de son fils que celle de la tendresse d'un père, et de la charité d'un prestre pour le recommander à Dieu dans ses sacrifices, n'ont pu les destourner d'adjouter à son dernier exil de Paris un nouveau bannissement, d'envoyer avec des gardes, et à l'entrée de l'hyver, un vieillard de soixante-et-treize ans, à cent lieues de sa maison, dans un pays de montagnes et de neiges, pour accomplir en luy ce que le patriarche Jacob disoit autrefois de soy-mesme, dans la malheureuse conspiration de l'envie qui luy avoit ravi son fils Joseph : « qu'on feroit descendre ses cheveux » blancs avec douleur et avec amertume dans » le tombeau. »

» J'espère que la grace de Dieu, qui a soutenu ma foiblesse dans la captivité et dans les maladies, qui m'ont esté causées par les incommoditez inouies que l'on m'a fait souffrir dans la prison, ne me manquera pas encore dans les persécutions sanglantes que l'on me fait présentement. Et je vous puis assurer, Messieurs, que ce qui me touche le plus fortement en ce rencontre, est l'attentat qu'on a formé contre mon authorité, qui est la vostre, puisque tous les évesques, selon les pères, ne sont qu'un évesque. Ceux qui ne sont que brebis dans le troupeau de Jésus-Christ, ont entrepris, par une témérité inouie, d'en juger les juges et les pasteurs. Des séculiers n'ont point fait de scrupule de déposer un archevesque dans une assemblée toute séculière, et de déclarer son siège vacant, par un arrest du conseil d'estat. Ils ont arraché l'encensoir au pontife du seigneur. Ils ont mis la main à l'arche, et encore ce n'a pas esté pour la soutenir, mais pour la faire tomber.

» Avec quels yeux, Messieurs, aurez-vous pu lire un arrest du conseil d'estat, du vingt et deuxième d'aoust dernier, par lequel des séculiers déclarent mon siège vacant, c'est à dire me dégradent et me déposent, et n'ayant en cela aucune authorité sur moi, font plus que le Pape ny aucun concile œcuménique n'ont jamais entrepris de faire, qui est de priver un évesque de sa dignité, sans le citer, sans l'ouir, sans accusateurs, sans parties, et sans produire contre luy que des injures vagues et sans preuves, qui n'ont jamais manqué à la passion contre les personnes les plus innocentes.

» J'ai honte de vous rapporter les raisons frivoles, par lesquelles on veut colorer un renversement si pernicieux de l'ordre de Jésus-Christ, et un asservissement si honteux de la liberté de son épouse.

» On dit dans cet arrest que « je ne suis plus » archevesque, parce que j'en ai donné ma dé- » mission, et qu'elle a esté acceptée par Sa Ma- » jesté. » Mais ne sçavez-vous pas mieux que moi, Messieurs, que c'est renoncer à tout droit divin et humain, que de m'opposer à présent une démission extorquée dans une captivité de seize mois, et datée du donjon du Bois-de-Vincennes, contre laquelle j'avois assez protesté auparavant, par l'esloignement formel que j'en avois tesmoigné à M. le Nonce, en présence de deux secrétaires d'estat, qu'on m'avoit envoyé au Bois-de-Vincennes pour me sonder; une démission qu'on n'oseroit seulement faire paroistre, tant' elle est pleine de nullitez visibles; une démission que le pape, sans lequel les canons ordonnent qu'un évesque ne peut quitter son évesché, n'a pas seulement refusé d'admettre, mais qu'il a rejetée comme une injure à l'Eglise, et comme l'effet de la violence et de l'oppression dont il avoit fait tant de plaintes : une démission enfin qui a esté très-légitimement révoquée avant qu'elle ait esté admise, et qu'elle ait eu aucun effet, et qui par conséquent ne suf- firoit pas pour faire perdre la moindre chappelle au plus petit bénéficier du royaume.

» On allègue dans cet arrest, « qu'un évesché » demeure vacant, aussy-tost que la démission » de l'évesque a esté acceptée par le roy. » Mais sans avoir besoin de vous dire ce que vous sçavez, Messieurs, que ceste maxime est très-fausse et très injurieuse à l'Eglise et au saint siège, puisque les sacrés canons déclarent expressément que l'alliance spirituelle qu'un évesque contracte avec son Eglise ne peut estre rompue que par l'authorité du souverain pontife : sans respondre encore, ce qu'on m'a mandé de Paris, que le conseil mesme du roi a jugé, tout au contraire de ceste prétendue maxime, « que la démission de feu M. l'archevesque de Rouen n'avoit point rendu son siège vacant jusqu'à la préconisation de son successeur; » il me suffit de dire en un mot, que toutes les autres démissions n'ont rien de commun avec celle-cy, qui manque et a toujours manqué de la plus essentielle partie d'un acte légitime et valable, qui est le libre consentement né de la propre eslection, et non d'un mouvement involontaire et forcé, causé par la juste crainte d'une violence estrangère.

» Si je parlois à des personnes moins sçavantes, et qui eussent besoin d'instruction, j'assemblerois en ce lieu un nombre infiny de ces tesmoins sacrés, dont parle l'Escriture; de ces authoritez tirées de l'ancienne tradition, qui a foudroyé par des anathèmes épouvantables des procedez sans comparaison moins injurieux à l'église que n'est ma prétendue déposition. Si je parlois à des personnes moins clairvoyantes, je leur représenterois, Messieurs, de quelle conséquence pourroit estre la déposition d'un évesque, si elle se faisoit sur une simple démission arrachée dans une prison, sans mesme qu'on ait besoin de la faire accepter par le pape. Mais vous voyez assez que si ceste forme s'introduisoit, il n'y auroit plus de prélats en France que le roy ne pust destituer plus facilement que les moindres officiers de sa justice; que son conseil se pourroit rendre chef de l'église gallicane avec un pouvoir plus absolu que le Pape mesme, puisque le pape n'a jamais eu la pensée de destituer les évesques, que dans les formes de l'église, et selon les voyes ordonnées par les saints canons; et que si cet exemple s'établissoit en la personne d'un cardinal et d'un archevesque de la capitale du royaume, et de la plus grande ville de la terre, il n'y en auroit guère d'entre vous, Messieurs, qui dans les changemens si fréquens des choses du monde, et l'inconstance des amitiez de la cour, ne se dussent croire à tous momens exposez à perdre leurs éveschez, puis qu'il ne faudroit pour cela que perdre les bonnes grâces d'un favory, et estre réduit à en donner la démission pour sortir d'une misérable captivité.

» Le dernier défaut qu'on m'objecte, qui est de n'avoir pas presté le serment de fidélité, est encore plus desnué de toute apparence. Car à qui de vous, Messieurs, pourra-t-on persuader qu'un archevesque qui a pris, à la vue de tout Paris, la possession légitime et canonique de sa charge épiscopale, aussy-tost aprez le décez de son prédécesseur, et qui l'a publiquement administrée par ses grands-vicaires durant six moix, ait cessé d'estre archevesque, parce qu'il n'a pu estant prisonnier faire en personne ce serment? Qui peut souffrir que ceux mesmes qui le retenoient en prison, l'ont empesché de rendre ce devoir à Sa Majesté, et qui déclarent encore par ce mesme arrest estre résolus de l'empescher, luy reprochent de n'avoir pas fait ce qu'eux-mesmes l'empeschent de faire? Et enfin, Messieurs, qui de vous peut approuver que le pouvoir tout spirituel et tout divin des évesques, qui est aussy ancien que l'Eglise, ou plustot qui est l'Eglise mesme, dépende d'une formalité de droit humain, qui n'a jamais regardé que le temporel, comme les termes mesmes du serment le marquent assez, et qui a esté inconnue dans l'Eglise durant tant de siècles?

» Mais ces vaines prétentions, Messieurs, ne se détruisent pas seulement elles-mesmes, elles ont encore esté destruites par ceux mesmes qui les allèguent. Car, puisque mes grands-vicaires ont administré mon archevesché au vu et au sçu de tout le monde quatre mois entiers depuis ma démission, comme ils avoient fait auparavant, puisque durant tout ce temps, toutes les paroisses du diocèse et tous les prestres, dans leurs sacrifices, ont fait des prières publiques pour moy, comme pour leur archevesque, puisque j'ay sceu qu'on a donné mesme un arrest au conseil d'estat, lequel il estoit ordonné à mes grands-vicaires « de ne point faire de mandemens extraordi-» naires sans les communiquer » (ce qui justifie qu'on reconnoisoit à la cour mesme, qu'ils avoient le pouvoir d'en faire), n'est-il pas plus clair que le soleil, que ce n'est point ma démission, que ce n'est point le défaut d'avoir presté le serment de fidélité, qui ont fait déclarer mon siège vacant par cet arrest du conseil, puisque l'un et l'autre de ces deux prétextes n'avoient pas empesché que je ne fusse reconnu pour archevesque de Paris jusqu'au jour de ma délivrance; mais que c'est ma seule sortie du chasteau de Nantes, qui a esté l'unique cause de ma prétendue déposition, puisque ce n'est que depuis ce temps que l'assemblée tenue à Péronne, le vingt et deuxiesme d'aoust, par des mareschaux de France, et des ministres d'estat substituez en la place du pape et des prélats de l'Eglise, ont déclaré mon siège vacant.

» Aussi estoit-il raisonnable que ce concile de nouvelle espèce se servist d'un nouveau canon pour me déposer; et qu'au lieu que l'Eglise a esté autrefois en peine de quelle sorte elle pourvoiroit aux besoins d'un diocèse, lors que son évesque, estoit prisonnier entre les mains des infidèles, mais qu'elle n'a jamais douté qu'il ne dust reprendre les fonctions de sa charge aussitost que Dieu rompoit ses liens: icy au contraire un évesque qui est prisonnier peut gouverner son église par ses grands-vicaires, comme j'ay fait, et son siége n'est alors ny vacant ny abandonné; mais lorsqu'il se sauve de prison, et que ceux qui l'y avoient mis, ne l'ont plus entre leurs mains, son siège, qui estoit remply durant sa détention, devient vacant par sa liberté. Au lieu que son église estoit libre pendant que son prélat estoit captif, elle devient captive en sa place aussitost que son prélat devient libre. Et ainsi, au lieu que les canons des saints conciles obligent soubs de grandes peines les évesques et les archevesques à résider dans leurs Eglises, ce nouveau canon du concile de Péronne les obligera désormais à résider dans les prisons où on les aura mis, sous peine d'estre déposés de leurs siéges et de ne plus gouverner leurs diocèses, mesme par leurs officiers. Je m'imagine que le canon qui fut allégué pendant ma prison à M. le Nonce du pape, par lequel on prétendoit qu'un évesque pouvoit estre déposé, par la seule raison qu'il estoit désagréable à la cour, avoit esté fait dans un concile de la mesme nature que celuy de Péronne.

» Pour establir ces nouvelles lois, on a eu besoin, Messieurs, de nouveaux moyens aussi opposez à l'esprit de l'Eglise, que ces lois luy estoient contraires. On a commencé par intimider mes grand-vicaires; et comme on a vu que les menaces n'esbranloient point leur constance, on les a fait mander en cour avec quelques autres chanoines de mon église, et quelques curez de Paris, pour rendre compte de leurs actions, quoiqu'ils n'en eussent fait aucune, qui ne regardast le spirituel, et qui ne fust de leur charge.

» Cependant on a pris le temps de cet esloignement de mes grands-vicaires, qui n'estoit qu'un effet de leur obéissance aux ordres qui portoient le nom de Sa Majesté, pour signifier au chapitre de mon église cet arrest du conseil d'estat, par lequel on a déclaré mon siège vacant, et on luy ordonne ensuite de ceste prétendue vacance de mon siége, de nommer dans huit jours des grands-vicaires, pour administrer, au lieu des miens, la juridiction spirituelle dans mon diocèse, avec menaces qu'à faute de le faire, il y seroit pourveu autrement.

» Mais encore qu'outre l'absence de quatre ou cinq des plus généreux de ceste compagnie, on se fust servy de toutes sortes de voyes pour gagner les uns, pour intimider les autres, et pour affoiblir ceux mesmes qui seroient les plus désintéressez en leur particulier pour l'appréhension de perdre les priviléges de leur église, il y a néantmoins sujet de louer Dieu de ce que ce procédé si violent a rendu plus visible à tout le monde l'outrage que mes ennemis ont voulu faire à l'Église en ma personne : car quoique ce corps illustre fust démembré par le retranchement de quelques-unes de ses plus fermes parties, et abattu par la terreur et par la crainte de ce qu'il y a de redoutable dans la colère des grands armés de l'authorité royale, il n'a pas laissé d'avoir en horreur cet excez inouy et sans exemple, par lequel un archevesque, qui a esté durant six mois dans la possession paisible de sa dignité, et reconnu pour archevesque par tous les peuples de son diocèse, par tous les évesques et par le Pape, est en un moment dégradé par un arrest donné dans un conseil, où toute la France sçait que ses ennemis sont tout puissans.

» Et en effet, Messieurs, comment ceux qui m'avoient receu dans la possession de mon archevesché, dez le jour mesme du décez de mon prédécesseur d'heureuse mémoire, avec tant de tesmoignages d'affection et d'estime; ceux qui avoient déclaré à la cour dez ce jour-là mesme, que mon siége estoit légitimement remply; ceux qui ont toujours reconnu depuis que mes grands-vicaires estoient les seuls administrateurs de mon diocèse en mon nom et sous mon authorité; ceux qui avoient fait tant de prières publiques pour obtenir de Dieu qu'il me rendist à mon église; ceux qui avoient receu avec tant de joye la lettre que je leur écrivis, dez le jour mesme de ma délivrance; ceux qui dès le lendemain en avoient rendu à Dieu une solennelle action de graces, par l'esprit d'une gratitude toute chrestienne et tout ecclésiastique ; ceux qui avoient eu la bonté de me tesmoigner par leur response à ma lettre, que Dieu, qui pénètre le fond des cœurs, sçavoit avec quelle joye toute la compagnie avoit receu les nouvelles de ma liberté, pour laquelle tous ses vœux avoient esté incessamment employez, et qu'ils n'avoient pû différer d'en faire chanter le *Te Deum* dans mon église pour rendre graces à Dieu; ceux qui m'avoient donné les plus grandes marques de leur bienveillance et de leur zèle qu'un chapitre d'une église cathédrale puisse rendre à son évesque, eussent-ils pu consentir à un commandement si irrégulier, et non moins injurieux à leur honneur qu'à ma dignité, de déclarer mon siége vacant, c'est à dire de ruiner par une manifeste prévarication ce qu'ils avoient estably eux-mesmes, et de renoncer, par la terreur des puissances temporelles, celuy qu'ils ont reconnu tant de fois tenir la place de Jésus-Christ dans l'église de Paris en qualité de leur archevesque? Ainsi, au lieu qu'on leur avoit commandé, comme je viens de dire, de déclarer mon siége vacant, selon les termes de cet arrest, ils ont déclaré au contraire qu'il estoit remply par ma personne, et qu'ils feroient de très-humbles remonstrances à Sa Majesté pour mon retour dans mon église, comme de leur archevesque, et pour celuy de mes grands-vicaires.

» J'ai eu plus de douleur que d'estonnement de ce qui s'est fait par ce mesme acte, et connaissant assez ce que peuvent les artifices et menaces pour affoiblir les plus grands corps, je n'ay point esté surpris d'apprendre que quelques-uns d'entre eux, voyant la tempeste qui alloit fondre sur leur compagnie, et la manière outrageuse dont on traittoit un archevesque et un cardinal, leur faisant juger qu'on n'épargneroit pas des chanoines, se sont laissez emporter à ce torrent, et s'estant contentez de destruire le fondement de cet arrest en me reconnaissant pour leur archevesque, ils n'ont osé résister au commandement absolu qui leur estoit fait de nommer des grands-vicaires pour administrer la juridiction spirituelle dans mon diocèse. La seule violence leur a fait prendre ce conseil si extraordinaire, dans une extrémité si inouïe. Ce n'a pas esté l'ouvrage de leur jugement et de leur eslection, mais de la force et de la contrainte. Ils ne l'ont fait qu'en gémissant, qu'en déplorant l'estat où l'église estoit réduite, et la misérable nécessité qui les engageoit, malgré eux, à luy faire ceste playe.

» Mais comme l'honneur de ceste compagnie m'a toujours esté aussi cher que le mien propre, ce m'a esté une sensible consolation de sçavoir qu'il y en ait eu un nombre considérable, qui sont demeurez fermes dans la résolution de soufrir plutost toutes choses, que de consentir à cette brèche qu'on vouloit faire à ma dignité. Il y a eu des colonnes de ce temple qui n'ont pu estre esbranlées; qui ont déclaré avec force le sentiment que tous leurs confrères avoient dans le cœur; qui ont protesté pour tous les autres contre la violence qu'on leur faisoit, et qui n'ayant esté emportez que de quatre voix, comme on me l'assure, ont fait voir évidemment que s'ils eussent encore été soutenus du courage de ceux que l'on avoit éloignez, et dont la constance n'estoit que trop reconnue, il ne se seroit rien passé dans ceste assemblée qui ne fust entièrement digne de sa générosité et de son zèle.

» Et comment pouvoient-ils tesmoigner plus clairement qu'ils cédoient seulement à la violence, que parce qu'ils ont adjousté à la fin de leur acte capitulaire : « qu'ils feroient au » plustost de très-humbles supplications au roy » pour mon retour et pour celui de mes grands- » vicaires? » Car voyant qu'on se servoit de mon absence et de celle de mes officiers pour leur faire prendre malgré eux le gouvernement de mon archevesché, en mesme temps qu'ils le prennent par un acte, ils demandent au roi qu'il luy plaise faire cesser ceste absence, pour faire cesser le désordre et le renversement qu'on les contraignoit, sur ce prétexte, d'introduire dans mon église. Ils demandent qu'on défasse ce qu'à peine ils avoient fait. Ils ne cherchent qu'à sortir du malheureux engagement où ils voudroient n'estre point entrez. Ils travaillent pour estouffer au plustost cette funeste production de la violence et de l'injustice.

» Vous voyez assez, Messieurs, combien ce procédé est contraire à toutes les loix de l'Eglise, et si vous considérez qu'il n'y avoit que quatre jours qu'on avoit mandé mes grands-vicaires en cour, lorsqu'on a voulu faire passer mon siége pour désert et abandonné, vous jugerez facilement que ceste voye inouie et sans exemple, que la violence de mes ennemis a fait prendre au chapitre de mon église, est un moyen ouvert pour establir dans le clergé de France la plus indigne de toutes les servitudes, et pour faire que tous les évesques et les archevesques ne soient plus que de petits vicaires du conseil d'estat, destituables à la moindre volonté d'un favory. Car il ne faudra que les obliger à s'absenter par les menaces d'une prison, mander ensuite leurs grands-vicaires en cour, et commander en mesme temps à leur chapitre de prendre en main la conduite du diocèse, sous ce prétexte que le siége épiscopal est désert et abandonné, et de nommer aussytost des grands-vicaires qui en prennent le gouvernement, non pas au nom de l'évesque mesme, mais au nom du clergé de son église, comme si une église perdoit son pasteur aussytost que son pasteur perd les bonnes graces de la cour, et que fuir la violence de ses ennemis luy fust la mesme chose que d'estre tombé entre les mains des Barbares.

» Que si vous avez appris, Messieurs, ce qui s'est passé depuis dans mon diocèse, vous aurez vû avec douleur une image de ce que vous avez lu dans l'histoire ecclésiastique, des proscriptions et des exils dont se sont toujours servi ceux qui ont voulu opprimer la liberté de l'Eglise. On a proscrit mes grands-vicaires, des chanoines et des curez qu'on avoit d'abord mandez à la cour, aprez les avoir envoyez d'une ville à une autre, sans leur donner aucune audience, parce qu'on n'avoit rien de solide à leur reprocher, et que les obliger à justifier leurs actions, estoit leur ouvrir une voye avantageuse de faire paroistre leur innocence. On les a releguez en diverses provinces du royaume et en des villes fort esloignées, afin que leur exemple laissast dans Paris, dont on les bannissoit, une image de crainte et de terreur qui fist trembler tous les autres, et que leurs personnes portassent partout les tristes marques de l'oppression de l'Eglise.

» On a jeté si avant la frayeur dans les esprits, que ceux qui m'aident à soutenir le poids de ma charge dans le gouvernement des paroisses de la principale ville de mon diocèse, et qui ont tesmoigné tant de zèle pour maintenir mon authorité, eurent si peu de liberté dans leur dernière assemblée, qu'ils n'osèrent mesme lire une lettre que je leur avois escrite, comme si c'eust esté un crime de lèze-majesté à des curez de Paris d'escouter la voix de leur pasteur et de leur archevesque sur un sujet purement ecclésiastique; et parce qu'il s'en trouva beaucoup dans ceste pieuse et sçavante compagnie, qui ne purent s'empescher de déplorer cet outrage que l'on faisoit à mon charactère, on envoya dès le lendemain à l'un d'eux une lettre de cachet pour luy signifier une sentence de bannissement rendue avec les mesmes formes de justice que les autres, et pour le mesme crime si scandaleux et si punissable, qui est de n'avoir pas trahi l'honneur de l'Eglise, l'authorité de son archevesque, les devoirs de sa charge, et les sentimens de sa conscience.

» Vous voyez, Messieurs, quelle est aujourd'huy la face de mon église. C'est au commun des fidèles à déplorer de si grands désordres; mais c'est à vous, Messieurs, c'est aux princes de l'Eglise à s'y opposer. Les particuliers ne doivent en ces rencontres que des gémissemens et des larmes à leur mère; mais les prélats doivent leur vigueur et leur protection à leur espouse.

» Il est impossible qu'ayant tous gravé dans le cœur l'amour que vous devez avoir pour l'intérest de l'Eglise et l'honneur de votre charactère, vous ne soyez vivement touchez de voir l'une asservie, et l'autre déshonoré. Il est impossible que ces scandales ne vous bruslent, et qu'à la veue de tant d'énormes excez, vous ne ressentiez ces nobles impatiences que les Pères ont appelées de saintes indignations.

» Mais pardonnez-moy, Messieurs, si j'ose vous dire que Dieu demande autre chose de ses principaux ministres, que des mouvemens intérieurs et stériles d'un zèle muet sans action, et qu'il est à craindre qu'il ne soit pas satisfait de vostre générosité épiscopale, si vous n'employez toutes les voyes ecclésiastiques, que Dieu met entre vos mains, pour faire qu'un abus et un attentat, qui n'a point eu d'exemple par le passé, n'en ait point à l'avenir.

» Je ferois tort à toute l'église gallicane, si je doutois que vous ne fussiez encore les mesmes que vous estiez, lorsque j'eus l'honneur de parler à Sa Majesté, au nom de tout le clergé de France, et de luy représenter ce que le grand saint Martin, évesque de Tours, dit autrefois à un empereur : « C'est une impiété » inouïe, que les séculiers se meslent des affai- » res de la religion; » et ce que le grand Constantin dit aux évesques de son siècle : « Il ne » m'est pas permis à moy, qui suis de condition » humaine, de juger des causes des évesques »; comment donc pourrois-je croire que vous fussiez capables de dissimuler une entreprise beaucoup plus scandaleuse à l'Eglise que celle dont se plaignoit saint Martin, et que celle qui fut rejetée par le premier des empereurs chrestiens; une entreprise qui jette la confusion dans l'église de la ville capitale du royaume, par des suittes lamentables, mais infaillibles, par le trouble des consciences, par le deffaut de l'approbation nécessaire aux confesseurs et par le renversement de toutes les autres choses qui doivent estre fondées sur une authorité légitime; une entreprise qui nous fait voir le spectacle si monstrueux d'un archevesque, dégradé par un arrest rendu sans parties, contre tous les canons, et par des juges d'une condition toute laïque et séculière, et d'un chapitre, à qui les mesmes laïques donnent mission, par un commandement absolu, de prendre l'administration spirituelle d'un diocèse; une entreprise enfin, par laquelle un tribunal séculier oste le droit de gouverner les consciences des fidèles à un évesque, à qui Jésus-Christ le donne, et le donnent par force à des chanoines, à qui les loix de l'Eglise le refusent, et à qui la cour seule le veut donner?

» Que si vous n'avez pû souffrir, messieurs, il y a dix ans, qu'un évesque de France, opprimé par un ministre d'estat, et déposé de son évesché en une forme qui avoit l'apparence d'estre canonique, demeurast accablé sous une persécution qui avoit eu pour fondement de faux crimes de lèze-majesté, et si, estant émus par la voix du sang de vostre frère, vous en portastes les cris par ma bouche jusqu'au throsne de nostre grand prince, souffrirez-vous aujourd'huy qu'on n'employe que la seule violence séculière pour déposer les évesques, pour rendre leurs sièges vacans et abandonnez, pour interdire toutes les fonctions spirituelles à leurs grands-vicaires? Et que diroit la postérité, si vous ne faisiez pas maintenant pour un archevesque de Paris et un cardinal, ce que vous fistes alors pour un évesque?

» Ce n'est pas, Messieurs, que je souhaite que vous considériez en moy autre chose que ce que vous considérastes en ce prélat; et je vous prie au contraire de ne point regarder les défauts de la personne, mais l'éminence de la dignité; ny les imperfections de l'évesque, mais la sainteté de l'épiscopat. Vous sçavez mieux que moy, Messieurs, que l'Eglise n'a jamais voulu que l'on considérast les qualitez particulières des prélats, lorsqu'il s'agit de demeurer attaché, non à leur personne particulière, mais à leur puissance publique et sacrée, qui est la puissance mesme de Jésus-Christ; non à leur chaire, qui est la chaire sainte de l'unité catholique dans chaque église, comme la chaire de saint Pierre l'est dans l'église universelle. C'est pourquoy, vous sçavez encore, Messieurs, que les canons ordonnent que tous ceux, soit du clergé, soit du peuple, qui se séparent de la communion de leur évesque, avant qu'il soit canoniquement déposé, quoy-qu'ils le prétendent coupable de crimes, doivent estre ou suspendus des fonctions de leur sacerdoce, ou privez de la communion de l'Eglise, jusqu'à ce qu'ils soient rétablis aprez une légitime pénitence.

» Je vous supplie, Messieurs, de me permettre de vous faire ressouvenir en ce lieu, sur le rétablissement de M. l'évesque de Léon, que je viens de toucher, que la première aigreur que la cour ait jamais tesmoignée contre moy, et qui a esté peut-estre la source de la pluspart des autres, fut un effet de la fermeté avec laquelle je crus estre obligé de soutenir une si juste cause, et d'obéir aux ordres que l'assemblée m'avoit donnez de solliciter le succez aprez que messieurs du clergé se seroient séparés.

» Dieu m'a fait la grace d'arriver enfin, aprez beaucoup de traverses, au siège du grand prince des apostres et au refuge le plus assuré et le plus inviolable de tous les évesques persécutez. La peur qu'en ont eu mes ennemis les a poussez à exercer contre moy une nouvelle et toute extraordinaire persécution, aussytost qu'ils ont appris que j'estois en chemin pour y aller. Ils m'ont fait un crime de lèze-majesté, et tel qu'il me devoit faire perdre tous les priviléges de l'Eglise et tous les droits de mon charactère, d'avoir passé par l'Espagne pour me rendre à Rome, tous les passages de France m'estant fermez par une proscription publique. Aprez m'avoir tant de fois déchiré, proscrit, dégradé sans la moindre information, ils ont voulu commencer à faire les premières procédures criminelles contre moy, en faisant informer de ce grand et énorme crime que j'ay commis, lorsqu'usant du droit des gens et de la nature, j'ay pris l'unique voye seure qui me restoit pour passer en un lieu où je ne fusse pas seulement à couvert de leurs violences, mais où je pusse trouver encore une puissante protection contre leurs injustices et leurs attentats.

» Ils avoient fait tous leurs efforts pour me remettre dans les liens d'où la providence de Dieu m'avoit tiré. Ils avoient essayé par toutes sortes de voyes de me bloquer dans un lieu où ils me pussent obliger, par la nécessité d'une deffense naturelle, à donner des apparences de désobéissance aux ordres du roy. Ils eussent désiré sans doute que j'eusse pris des retraites qu'ils eussent rendues suspectes par la force des places et par le voisinage de la frontière, quoyqu'elles ne le dussent pas estre en effet, eu égard à la fidélité et à la probité des gouverneurs. Ils avoient peut-estre espéré que le hazard, qui me pourroit offrir quelque occasion pour passer en Hollande, et prendre la route d'Italie par l'Allemagne, me pourroit faire toucher en Angleterre, ce qui est presque inévitable dans ce chemin, et ce qui leur eust donné facilement prétexte de m'accuser d'intelligence avec les ennemis de l'Eglise. La providence de Dieu, qui m'a laissé qu'une barque de cinq pescheurs pour me sauver, m'a fait prendre la seule route qu'un vaisseau de cette nature pouvoit tenir. Elle a destruit les espérances de mes ennemis, qui ont esté faschez que je n'aye pas donné lieu à leur calomnie, et voyant que je convainquois de fausseté, par mon voyage de Rome, celles qu'ils avoient desjà publiées par avance dans leurs placards, ils ont déclamé contre moy sur le passage d'Espagne, que la seule nécessité pourroit suffisamment excuser, mais qui est pleinement justifié par la route que j'ay prise ensuite, quand il ne le seroit pas par une infinité de circonstances, qui ne peuvent estre ignorées, et qui font connoistre qu'un bon François ne change pas de cœur pour changer d'air.

« Je croys, Messieurs, estre assez connu de vous pour n'avoir pas besoin de me justifier dans vos esprits sur ceste sorte de calomnie: le zèle ardent que vostre naissance, outre toutes vos autres obligations, vous donne pour vostre patrie, est bien esloigné de concevoir ces imaginations basses et frivoles, qui ne peuvent tomber que dans des esprits peu éclairez dans les affaires du royaume, et incapables de connoistre et les devoirs et les intérêts d'un François. Ma conscience et mon honneur m'attacheroient inviolablement au service du roy, quand mesme ma fidélité me devroit couster ma fortune et ma vie. Pourrois-je avoir la moindre pensée de la violer, estant aussy asseuré que je le suis qu'elle me conserve, malgré la fureur de mes ennemis, les avantages que la bonté du roy m'a donnés dans la France, les gages que ma maison y possède, que je puis dire, sans vanité, n'estre pas tout-à-fait méprisables?

» Sur ces propos, Messieurs, je ne puis m'empescher de vous supplier très-humblement de faire quelques réflexions sur l'emportement de mes ennemis; il semble que la fureur qu'ilz ont contre moy les aveugle absolument, et les porte à combattre mesme toutes les apparences. Il n'est pas nouveau que des hommes inventent des calomnies, mais il est étrange que des esprits qui ont quelque connoissance des choses du monde, choquent le vraysemblable aussi grossièrement qu'ilz le font présentement sur ce qui me touche, et si le mensonge et l'imposture n'estoient accompagnez de cet aveuglement fatal par lequel Dieu les punit si souvent et avec tant de justice, pourroient-ilz prétendre de persuader aux personnes les plus crédules, que je traite avec les ennemis de l'estat, dans le moment mesme que tous mes proches, et ceux avec lesquelz je suis le plus lié, et par les interetz du sang et par ceux de l'amitié, donnent au roy, par des actions effectives et volontaires, toutes les marques imaginables de leur obéissance et de leur fidélité? J'ay des intelligences avec les estrangers; je passe en Espagne pour leur offrir Belle-Isle, et je n'ay presque pas achevé mon voyage, que l'on est obligé, par la vérité et par l'impossibilité, de trouver des preuves contraires que l'on avoit recherchées avec soin, que l'on a, dis-je, esté obligé de reconnoistre dans un accommodement, l'innocence de mes proches, et de laisser paisiblement en leurs mains ceste place, qui n'est espagnole que dans les placards qu'on faict contre moy; n'est-il pas vray qu'il est difficile que le mensonge conserve mesme les apparences de la vérité?

» Aussy, Messieurs, les bruits que mes ennemis essayent de jeter dans le monde sur ce sujet, ne peuvent trouver aucune croyance dans les esprits les plus médiocres et les plus aisez à surprendre. Ceux mesmes qui sont les plus animez contre moy, sçavent le contraire de ce qu'ils avancent. Ils ont publié que j'estois allé à Madrid, que j'avois eu des conférences avec des personnes que je ne connois pas seulement de visage, et beaucoup d'autres impostures de ceste nature, qui se détruisent par la notoriété publique, et qui sont des effets de la colère qui les aveugle, quand ils ont appris que je prenois le chemin de Rome, le centre de la vérité, où ils ont bien jugé que je ferois éclater mon innocence à la honte et à la confusion de la calomnie.

» Les tesmoignages si obligeans de charité et d'affection, dont il a plu à Sa Sainteté et à tout le sacré collége de m'honorer en qualité d'archevesque de Paris, aussytost que j'ay eu l'honneur de leur rendre mes devoirs, font assez voir d'une part, qu'on ne peut, sans faire schisme avec l'Eglise romaine, refuser de reconnoistre pour archevesque de Paris celuy que le chef de tous les évesques, aussy bien que de toute l'Eglise, reconnoist pour tel; et me font espérer de l'autre, que le grand et digne successeur de saint Pierre aura plus de pouvoir pour me maintenir dans la dignité qui m'a esté conférée par ses bulles apostoliques, que mes ennemis de m'en dépouiller par les arrests d'un tribunal séculier.

» Mais j'espère aussy, Messieurs, que vous tiendrez à gloire de prendre part dans une affaire si importante à l'honneur de toute l'Eglise et à la conservation de vostre authorité divine.

» J'espère que si l'on ne vous empesche point de porter à Sa Majesté les plaintes de l'Eglise opprimée, vous luy ferez aisément entendre combien les entreprises où on l'a engagée sont peu dignes de ses royales et saintes inclinations, et que la seule représentation des violences qu'on exerce sous son nom et sous son authorité, contre des personnes honorées de l'épiscopat et du sacerdoce, la touchera de compassion et de douleur, et l'engagera d'elle-mesme à ne pas souffrir que, sous le faux prétexte du bien de son royaume, on fasse de si véritables et de si grands maux dans le royaume de Jésus-Christ.

» J'espère enfin, Messieurs, que vous aurez assez de bonté pour estre mes garants auprez d'elle, de la protestation publique que je fais icy devant Dieu et devant vous; que si je me sens obligé de garder le serment que j'ay fait à Dieu dans mon sacre, d'une fermeté inflexible pour la conservation des droits sacrez de l'Eglise, ce sera toujours sans manquer à celuy que j'ay fait à Sa Majesté d'une fidélité inesbranlable pour tout ce qui regarde sa couronne; qu'au lieu que je sçay que mes ennemis ont voulu persuader aux peuples, par une imposture horrible, qu'on me verroit bientost à la teste d'une armée; je ne me serviray jamais, pour me maintenir dans le rang où Dieu m'a mis, que des seules voyes ecclésiastiques, toutes spirituelles et toutes divines, et qui ne tendent d'elles-mesmes qu'à la paix et à l'union : que je suis autant esloigné de me conserver ma dignité par des moyens illicites, que je suis résolu de la soustenir avec une fermeté inesbranlable jusques à la fin de ma vie par les voyes canoniques ; que je ne feray point ce préjudice à l'Eglise, d'employer pour ses intérests d'autres armes que les siennes, et d'autre puissance que celle de Jésus-Christ, son espoux ; que je ne perdray icy aucune occasion de faire paroistre le zèle que j'ay pour le bien de l'estat et pour le service du roy ; qu'aprez ce que je dois aux intérests de l'Eglise, qui sont mes premières obligations, je n'auray d'autre soin qu'à rechercher de pénétrer ce qui sera de ceux de Sa Majesté, pour le servir en ce qui me sera possible, quelque rigoureux et inouis que soient les ordres que l'on a de me les cacher ; que toutes les pratiques et toutes les intelligences qu'on m'accuse si faussement d'avoir avec les ennemis de l'estat, se termineront à une liaison toute sainte avec le souverain pontife, et avec vous, Messieurs, qui estes tous interessez dans ma cause; et que je n'ay point, graces à Dieu, de plus grande passion que de m'appliquer uniquement et invariablement aux exercices de mon ministère, dont j'ay reconnu plus que jamais l'éminence et la grandeur dans la solitude de ma prison, et dont tout Paris a veu que j'ay non-seulement souhaité, mais recherché de faire les fonctions autant que mon rang de coadjuteur me le permettoit.

» Voilà, Messieurs, les mouvemens les plus sincères de mon cœur; voilà la disposition que Dieu me donne, et dans laquelle je me sens tous les jours confirmé de plus en plus. C'est ce que je vous supplie de prier celuy de qui nous avons l'honneur de tenir la place dans le gouvernement de son église, de me faire la grace d'exécuter avec une persévérance immobile, lorsqu'il luy aura plu donner entrée dans le cœur de Sa Majesté à vos charitables remonstrances, et dissiper dans son esprit par la force de la vérité et par les lumières de vostre sagesse, les nuages dont on a voulu obscurcir mon innocence, et couvrir l'injure si atroce et si scandaleuse qu'on fait à l'Eglise en ma personne. Cependant, Messieurs, quoy que Dieu permette, selon les ordres adorables de sa providence, j'espère demeurer dans la paix au milieu de la tempeste, et jusqu'à ce qu'il fasse sortir la lumière de ces ténèbres, et succéder le calme à cet orage, je luy diray tous les jours, du plus profond de mon cœur, avec une humble et fidèle confiance, ces paroles d'un grand roy et d'un grand prophète : *In umbra alarum tuarum sperabo, donec transeat iniquitas.* C'est,

» Messieurs,

» Vostre très-humble et très-affectionné serviteur et confrère,

» LE CARDINAL DE RETZ,
» Arch. de Paris.

» Le 14 décembre 1654. »

Le cardinal adressa le même jour, 14 décembre, au roi et à la reine, les deux lettres suivantes :

Au Roi.

« Sire, j'avois fait tous mes efforts dès les premiers moments de la liberté qu'il a pleu à Dieu de me rendre, pour donner à Vostre Majesté des marques de mon obéissance et de ma fidélité ; et Vostre Majesté eust pu veoir dans la lettre que j'eus l'honneur de luy escrire dès lors, les sentiments d'un sujet très-fidèle et très-passionné, si l'artifice de mes ennemis n'avoit supprimé les assurances que je lui donnois de mon zèle et d'une entière soumission à ses ordres et à ses commandements. Comme je n'ai jamais rien eu de plus sensible que les occasions de tesmoigner à Vostre Majesté un attachement inviolable à son service et à ses volontés ; aussi ceste matière de mes persécuteurs et le soin qu'ils ont pris d'estouffer auprès de Vostre Majesté toutes les preuves de la passion et du respect que j'ay pour elle, me sont beaucoup moins supportables que les maux de la prison qu'ils m'ont fait souffrir depuis un si long temps. Je serois aussi sensiblement touché des procédures extraordinaires qu'on a fait contre moi depuis ma sortie, et les fausses inductions que l'on a prétendu tirer du chemin que j'ay pris pour me rendre auprès de Sa Sainteté, si le séjour que j'y fais présentement ne faisoit clairement veoir à Vostre Majesté la fin de mon voyage, et la sincérité de mes intentions. Je ne me suis rendu, Sire, auprès du pape qui est mon juge, que pour faire mieux connoistre mon innocence à Vostre Majesté et pour tirer plus facilement l'église de Paris, que Dieu m'a commise, de la confusion en laquelle on l'a voulu jeter pendant mon absence. Vous verrez, Sire, par ma conduite et par l'application que j'ay en ce lieu pour toutes les choses qui regardent le service de Vostre Majesté, que je conserveray icy ceste mesme passion que j'ay toujours eue de luy donner des preuves d'une parfaite obéissance et d'une fidélité inviolable. Voilà, Sire, les protestations que je fais à Vostre Majesté, après lesquelles j'espère que Dieu lui touchera le cœur, non-seulement sur la persécution que je souffre, mais particulièrement sur l'injure et le scandale que l'on fait à l'Eglise par la proscription de mes grands-vicaires, des chanoines et des curés de mon diocèse. Puisse la divine Providence, qui a mis dans Vostre Majesté dès le commencement de son âge ceste haute valeur qui la rend si redoutable à ses ennemis, lui inspirer le mouvement de faire bientost cesser tous les désordres et luy donner ceste noble ardeur qui a sy fortement engagé tous vos prédécesseurs à la défense des droits de l'église et à la protection des ministres du souverain monarque des rois. Ce sont les prières que fait à Dieu, Sire, de Vostre Majesté le très-humble, très-obéissant et très-fidèle serviteur et sujet,

» Signé LE CARDINAL DE RETZ.

» De Rome 14 décembre 1654. »

A la Reyne.

« Madame, le plus sensyble déplaisir que j'aye eu pendant toutes les persécutions que j'ay souffertes depuis deux ans, a esté celuy de me veoir privé de l'honneur des bonnes grâces de Vostre Majesté et des moyens de lui pouvoir donner des preuves de mon innocence et du zèle, que je conservois dans mes liens pour son service. J'en ai tenté toutes les voyes possibles, dès qu'il a pleu à Dieu me délivrer de ma captivité, et je continue malgré l'effort de mes ennemis dans ce mesme désir, et dans les espérances que la justice et la piété de Vostre Majesté seront enfin touchées des maux de son évesque et des prières continuelles de ses peuples. Les anciennes obligations que j'ay à Vostre Majesté, me font pareillement croire qu'après les tesmoignages de Sa Sainteté, vous ne refuserez pas à mon innocence vostre protection près du roi. J'attends, Madame, ceste grâce de la bonté de Vostre Majesté après tant de bienfaits que j'ay receus de sa main, et je lui proteste que les asseurances qu'elle donnera au roy de ma fidélité et de mon obéissance, seront confirmées par toutes les actions de ma vie, qui feront aussi veoir la passion avec laquelle je suis, Madame, de Vostre Majesté le très-humble, très-obéissant et très-fidèle serviteur et sujet.

» Signé LE CARDINAL DE RETZ.

» Rome, ce 14 décembre 1654. »

C'est de Rome que venaient tous les sujets d'inquiétude pour la cour, ou à dire plus vrai, pour l'homme qui dominait tyranniquement la France et la cour; ce fut aussi vers Rome que Mazarin dirigea tous ses moyens d'attaque contre le cardinal de Retz; un ambassadeur extraordinaire du roi fut envoyé vers les princes d'Italie, et plus spécialement auprès du pape. Le duc de Lionne, secrétaire de Mazarin, fut chargé de cette mission, et l'affaire du cardinal de Retz entra comme l'une des plus importantes dans les instructions qu'il reçut du roi. Louis XIV lui remit en même temps deux lettres qu'il écrivait au pape sur le même sujet, et que l'ambassadeur devait rendre ou retenir selon qu'il le jugerait bon sur les lieux. M. de Lionne ne devait pas perdre un moment à demander au pape des commissaires pris dans le royaume, pour informer et procéder contre le cardinal de Retz, à qui le roi voulait faire faire le procès juridiquement; et afin d'obtenir ce point important, même au prix d'une concession, le roi se contenterait de nommer vingt évêques parmi lesquels le pape désignerait les douze commissaires chargés de travailler à l'information. Du reste, l'espèce de cauchemar dont le cardinal fatiguait la cour et les ministres ne s'était pas allégé au moment où les instructions de M. de Lionne furent rédigées; Retz y est toujours qualifié de rebelle contre le roi, et coupable d'avoir fait de nouveaux traités avec ses ennemis pour troubler le royaume. Que ne dut-on pas ajouter encore dans tout ce qui *fut dit de bouche audit sieur de Lionne* (1) !

[1655] Il partit animé d'un grand zèle; et le roi trouva bon de l'exciter encore par de fréquentes dépêches, et S. M. lui adressa la suivante le 1er janvier 1655 :

« Le 1er de l'an 1655.

» Monsieur de Lionne, j'ai l'expérience de plusieurs années que le Pape prend plaisir de se faire paroistre partial en faveur de mes ennemis, juge bien de leurs intentions encore qu'elles soient connues aux moins esclairés, et qu'il passionne la durée de la guerre contre la France pour en haïr la fortune et la grandeur, et dans l'espérance d'y voir des troubles qui peussent contribuer à relever leurs affaires, sans estre touchés de l'expérience qu'ils ont peu faire que Dieu continue à protéger la justice de mes armes et de mes desseins contre les leurs, qui n'ont autre but que d'eslever une monarchie au préjudice et dommage des roys, princes et potentats chrétiens. J'avois peu croire que le pape en demeureroit en ces termes, et qu'il ne voudroit point favoriser ceux d'entre mes sujets qui se seroient oubliés de la fidélité qu'ils me doibvent, mais j'apprends que ce qu'il a fait au passé à l'advantage de mes ennemis tout autant que leurs souhaits se sont peu estendre (car, grâces à Dieu, sa mauvaise volonté n'a produit aucun mauvais effet), l'a enfin porté à donner des témoignages de bienveillance au cardinal de Retz, qu'il sçait qui m'avoit offensé et violé tous les respects et devoirs qui le lièrent à mon service, desquelles choses ayant esté surpris, j'ay bien voulu vous en tenir averty, afin que vous fassiez cognoistre au Pape que, s'oubliant de la conduite que j'ai tenue en son endroit lorsqu'il a esté question d'en défendre l'autorité, j'en pourrois avoir de la douleur et du repentir, n'estoit que je m'y suis porté en le considérant revestu de la dignité de vicaire de Jésus-Christ, et que voulant persister en les mesmes choses qui seront du bien de

---

(1) Instructions manuscrites, minute de la main de Lionne. (Bibliothèque du Roi.)

l'église, j'en prendray une différente que celle que j'ay tenue en son endroit. Peut-estre que la joye qu'il a sentie de ce que mes armes n'ont eu le succès et l'advantage, que par raison j'en pouvois attendre en l'entreprise de Naples, qu'il croit qu'il peut avec plus d'asseurance que jamais faire paroistre sa mauvaise volonté, ou que c'est le moyen le plus asseuré de donner des marques de son affection aux Espagnols; mais je ne suis pas sans espérance de voir et bientost les affaires changer de face de par delà, puisque mon armée est en estat de faire voile quand je le voudray, et que je ne suis point hors de pensée de faire une nouvelle tentative de par delà, et soit en Italie et soit en Espagne, mes armes donneront de la jalousie et se feront sentir à mes ennemis. Il m'a esté mandé que le pape avoit fort désiré que le cardinal de Retz fust receu en une maison de religieux françois. Quel en est l'ordre? c'est ce qui ne se trouve pas bien désigné; mais le soupçon n'en tombe ni sur la Trinité-du-Mont ni Saint-Anthoine, puisqu'en l'autre il y a des religieux italiens et en plus grand nombre que des François, qui en celle-cy n'en ont jamais souffert d'autre nation que de la leur, et que le supérieur inclinoit à y obéir, s'excusant de la crainte de laquelle il estoit saisi de quelques mauvais traictemens, s'il y avoit de la répugnance et y apportoit de la résistance. Je désire pour le moins que vous le mandiez pour luy faire entendre que sa tiédeur à mon service me desplait, et luy faire appréhender que mon ressentiment ne s'estende au delà de sa personne, pour en cas qu'il se soit mieux défendu qu'il n'y paroissoit disposé, ou s'il avoit eu la fortune que le cardinal eust mieux aimé une autre demeure et l'eust prise, le laisser en appréhension d'un chastiment asseuré, s'il n'a pas le courage de suivre l'exemple du commandant de Saint-Anthoine, dont vous ne tarderez pas de m'esclaircir. Il ne me reste qu'à vous faire souvenir que vous avez à parler de la gravité et de la hauteur bienséante à un ministre d'un roy de France, successeur de ceux qui ont agrandi le temporel de l'église, et qui luy ont donné la souveraineté de Rome et les droits royaux; de faire, par une conduite uniforme, tout craindre au pape et tout espérer au sacré collége, afin que l'on change de manière d'agir, si Dieu luy prolongeoit ses jours; et son décès advenant, que les autres espérant toutes choses qui songeront à luy faire succéder quelqu'un d'entre eux digne de cette première charge, zélé de la liberté de l'Italie et de la gloire de Dieu, que je prie vous avoir en sa sainte et digne garde. »

Mais avant l'arrivée de cette lettre, un événement majeur était survenu, qui ruinait toutes les entreprises et suspendait tous les projets : le pape Innocent X était mort le 7 janvier.

On continua d'agir à Paris, dans le but sans doute de conserver à Rome les amis de Mazarin, et par sentence du Châtelet, en date du 29 janvier, la *lettre* du cardinal de Retz aux archevêques et évêques de France fut condamnée à être brûlée en place de Grève par la main du bourreau. Une telle sentence est pour notre temps une curiosité véritablement historique; en voici le texte, avec procès-verbal de sa fidèle exécution :

« DE PAR LE ROY et monsieur le prévost de Paris ou son lieutenant civil; à tous ceux qui ces présentes lettres verront, Pierre Séguier, chevalier baron de Saint-Brisson et des Ruaux, du grand et petit Rancy, conseiller du roy, gentilhomme ordinaire de sa chambre et garde de la prévosté et vicomté de Paris; salut : sçavoir faisons que, sur ce qui nous a esté remonstré par le procureur du roy, et qu'il a eu advis de certain libelle, imprimé soubs le nom du cardinal de Retz, en forme de *lettre circulaire aux archevesques et évesques de France*, qui est une piece composée et distribuée par les émissaires dudit cardinal, pour esmouvoir les esprits des sujets du roy, les détourner du respect dû à Sa Majesté et tendante à sédition, et d'autant qu'il est de grande importance de ne pas souffrir de pareilles entreprises au préjudice des ordonnances, édits et déclarations du roy, dont la suite pourroit estre d'autant plus dangereuse qu'il est notoire que ledit cardinal de Retz est prévenu de crime de lèze-Majesté; que son séjour et passage chez les ennemis de l'estat, les assistances qu'il en a tirées, et la continuation de son commerce et fréquentations publiques avec les ministres d'Espagne dans Rome sont sceues et connues d'un chacun, requérant estre informé à sa requeste de l'impression et distribution dudit libelle, et ledit libelle estre déclaré injurieux au roi et à l'administration de son estat, tendant à sédition, et comme tel qu'il soit brûlé en la place de Grève par l'exécuteur de la haute justice; défenses estre faites à toutes personnes de garder par devers eux ledit libelle, et que tous les exemplaires seront rapportés au greffe du Châtelet dans les vingt-quatre heures, par ceux qui en pourroient avoir, à peine de la vie; et afin que personne n'en prétende cause d'ignorance, la sentence qui interviendra sera signifiée aux syndic et adjoints de l'imprimerie, publiée et affichée aux lieux et places ordinaires de cette ville.

» Nous disons par délibération de conseil, ouy le procureur du roy, que ledit libelle intitulé : *Lettre de monseigneur l'éminentissime cardinal de Retz, archevesque de Paris, à MM. les archevesques et évesques des églises de France*, est déclaré injurieux au roy, contraire à son autorité, gouvernement et administration de son estat, scandaleux, séditieux et tendant à la perturbation du repos public, et comme tel sera bruslé en la place de Grève par l'exécuteur de la haute justice, faisons défenses à toutes personnes de l'avoir, conserver et tenir. Ordonnons qu'il sera informé, à la requeste dudit procureur du roy, contre les auteurs, imprimeurs dudit libelle, mesme contre ceux qui l'ont débité, et que tous les exemplaires seront rapportés au greffe du Chastelet dans vingt-quatre heures, par ceux qui en pourroient avoir, à peine de la vie. Et à cet effet seront les présentes signifiées aux syndic et adjoints de l'imprimerie, publiées et affichées aux lieux et places de cette ville. Ce fut fait et délibéré en la chambre du conseil du Chastelet de Paris, le 29 janvier 1655. Signé de LONGUEUIL.

» Ledit jour 29 janvier, conformément à ladite sentence, après que lecture en a esté faite en la place de Grève, ledit libelle y a esté bruslé par l'exécuteur de la haute justice. Signé DE COUR. »

A Rome le siége étant vacant, la diplomatie française ne savait à qui se prendre pour obtenir des mesures contre l'ennemi du premier ministre : les affaires importantes étaient ajournées ; on donna tout le temps à celles de second ordre, à monter les intrigues et à organiser l'espionnage contre Retz.

En voici la narration d'après les pièces originales :

Lettres de M. de Lionne.

« Rome, 22 février 1655.

» L'abbé Charier n'a plus recherché de parler à M. Thevenot, comme il sembloit qu'il en eust quelque envie ; mais je diray sur la mesme matière, à Vostre Excellence, que monsignor Paulucci, l'oncle, m'estant venu visiter, comme c'est un prélat de grand mérite et dont les sentimens seront tousjours de très-grand poids en cette cour, je pris soin de l'informer de l'affaire de M. le cardinal de Retz, de sa conduite et des raisons du roy, dont je le laissai assez bien persuadé, et il me dit en me quittant que, de quelques discours qui lui avoient esté tenus, dont il ne voulut pas s'expliquer davantage, il avoit sujet de croire que l'accommodement de cette affaire iroit à donner une plus grande récompense de l'archevesché de Paris, que celle qui avoit esté accordée au Bois-de-Vincennes. Cependant j'ai gagné cette semaine deux estaffiers du cardinal de Retz, qui se sont engagés de donner advis de tout ce qui se dira ou passera dans sa maison : on verra bientost, en confrontant ce qu'ils rapporteront, s'ils servent fidèlement. En tous cas, je ne parois point là dedans, quoyqu'ils puissent bien se douter que c'est à moy que leurs advis viendront du second bond. »

« Rome, 1er mars 1655.

» Pour response à la première, j'auray l'honneur de dire à Vostre Eminence que messeigneurs nos cardinaux exécutent si ponctuellement l'ordre qu'ils ont du roy, de n'avoir aucun commerce avec le cardinal de Retz et de ne faire aucun cas de son suffrage (lequel aussi bien ne seroit peut-estre pas fort asseuré), que je n'ay aucune occasion de leur en rafraischir la mémoire. Mais je me prévauderay bien en toutes rencontres du fort raisonnement que Vostre Eminence fait sur l'intérest que le roy a de préférer la moindre chose qui regarde l'autorité royale et la tranquillité du royaume, à tous les intérests qu'il peut avoir en cette cour, Sa Majesté désirant bien avoir l'amitié du pape et de MM. les cardinaux, s'il se peut, mais non pas l'acheter par aucune condescendance contraire au bon gouvernement de son estat, et je me suis desjà fort souvent servi de ce que Vostre Eminence adjouste de l'exemple d'Innocent X, qui, par son aversion à la France, s'est fait plus de mal qu'à elle pour prouver que le roy souhaite un bon pape pour le bien de l'église, mais qu'il n'a pas grande crainte de quelque sujet que ce puisse estre, qui aura toujours plus grand intérest d'estre bien avec Sa Majesté que Sa Majesté n'en a d'estre bien avec luy pour les grâces qu'elle peut attendre de cette cour...

» M. Thévenot m'a mandé qu'il a trouvé le cardinal Pio fort instruit des intérests et des desseins du cardinal de Retz. Il luy a dit qu'il présuppose qu'il n'y a personne qui ait autorité de faire son accommodement, s'il ne se soumet à la condition de résigner son archevesché, mais qu'il n'y viendra point qu'à la dernière extrémité, voulant auparavant esprouver ce qu'il peut tirer de protection du nouveau pape par le moyen de son suffrage, et que s'il luy est contraire, ce sera alors le temps de résigner. Thévenot adjouste, que d'autres personnes, qui peuvent savoir les véritables sentimens dudit cardinal, luy ont tenu le mesme discours ; mais je luy ai respondu à cela que si on luy en parle encore de mesme, il dise que M. le cardinal de Retz se trompe en son calcul, qu'il n'en sera pas quitte à si bon marché, et que le roy ne veut plus qu'exemple et chastiment. »

Le conclave pour l'élection du successeur d'Innocent X s'était ouvert; le cardinal de Retz exerça une grande influence sur cette élection, et s'il s'en occupa très-activement, ce ne fut pas cependant en négligeant tous les autres intérêts de la France. L'ambassadeur d'Espagne, dans un discours d'apparat, avait qualifié le roi catholique de fils aîné de l'Eglise; il usurpait l'un des titres du roi de France; le cardinal protesta en plein conclave contre cette usurpation, et il protesta seul, car la préoccupation ou l'indolence des autres cardinaux français lui laissât tout l'honneur de cette légitime revendication. Ses ennemis s'inquiétèrent de cet avantage obtenu en présence de tous les princes de la chrétienté, et ils s'en émurent comme d'une défaite en rase campagne. Pour adoucir l'amertume de leur dépit, ils s'attachèrent à diminuer la valeur d'une action très-méritoire, et ils se donnèrent la mission de faire accroire que ce n'était qu'une bagatelle. C'est ce qu'inventa le génie de M. de Lionne, et qu'il exposa dans une lettre du 14 mars et dans un *mensonge* qu'il envoya de Rome pour la *Gazette de Paris*. Voici le texte de ces deux pièces :

« 14 mars 1655.

» Pour la seconde affaire, chacun a opiné, et M. le cardinal Antoine estoit d'advis qu'il falloit qu'ils fissent la mesme protestation qu'a faite M. le cardinal de Retz, par la raison qu'il vaut mieux tard que jamais, et qu'il sembleroit qu'ils n'auroient pas eu autant de zèle pour soutenir la gloire de la couronne que ledit sieur cardinal ; mais tous nos autres advis ont esté au contraire, ayant représenté qu'il ne falloit point donner l'avantage audit sieur cardinal de pouvoir faire éclater dans Paris, par ses émissaires, qu'il avoit appris leur devoir à tous les cardinaux du parti de S. M., qui avoient esté obligés de recognoître leur faute et de suivre son exemple; et M. le cardinal Grimaldi, que chacun pouvoit donner à son maistre les louanges qu'il luy plaisoit, sans que ceux qui escoutent soient censés y avoir consenti, pour n'y avoir pas contredit formellement; qu'en tout cas il y avoit une protestation dans les registres du sacré collége, et que tout ce que l'on sauroit dire et faire aujourd'hui n'y peut rien adjouster, parce que ledit sieur cardinal de Retz avoit eu l'adresse de n'ometttre aucune des formes, ayant requis des tesmoins et demandé que sa protestation fust enregistrée, ce qui fut exécuté sur le champ. J'ay adjousté à cela, que présupposé que l'honneur de S. M. fust sauvé et conservé en son entier, comme il l'étoit sans doute mesme sans ladite protestation, par la seule response piquante et pourtant démonstrative de nostre droit, que j'insérerai à la fin de l'escrit que je présenteray demain au sacré collége. Pour le reste, plus on donneroit de poids à l'affaire et plus le cardinal de Retz en tireroit d'avantage par ses artifices ordinaires; et que si on pouvoit mesme faire passer la chose en bagatelle, comme un évaporement d'esprit d'un ministre espagnol qui ne mériteroit pas d'estre relevé autrement que j'ay fait, en insinuant des raisons palpables du contraire, il n'en seroit que mieux. »

Article à mettre dans la Gazette.

« Les domestiques du cardinal de Retz font icy grande parade du service important qu'il a rendu au roy, lorsque l'ambassadeur d'Espagne, dans un escrit qu'il a présenté au sacré collége sur la marche du gouvernement de Milan contre le duc de Modène, ayant incidemment qualifié le roy son maître non seulement fils aîné de l'Eglise, mais le plus respectueux et le plus affectionné de tous ses enfans. Ledit cardinal avoit protesté sur le champ que ceste qualité ne pouvoit estre attribuée qu'aux rois de France; mais il se rencontra malheureusement pour le cardinal que toute la cour a fait un jugement de son action, bien esloigné du but qu'il s'estoit proposé, n'y ayant personne sensée et ung peu clair-voyante qui n'ayt connu que c'estoit une collusion entre luy et l'ambassadeur d'Espagne, tant parce qu'on sait que jamais ministre d'Espagne ne s'estoit avisé de qualifier son maistre fils aîné de l'Eglise, puisqu'il n'ignore pas que les roys de France en estoient en possession avant que l'Espagne eust reçeu le christianisme, que pour la promptitude avec laquelle ledit cardinal de Retz estant adverty par advance, respondit sur le champ, et osta aux cardinaux du party du roy, dont ils n'eurent pas le moyen de relever la chose, comme ils alloient faire ainsy, d'une action dont Son Eminence croyoit beaucoup profiter, donnant à entendre que la France luy en devoit de reste, et le faisant prosner dans Paris par ses émissaires, il n'a gaigné icy que d'y confirmer davantage le monde dans la croyance de ses intelligences et menées avec les ministres d'Espagne. »

Le nouveau pape fut élu peu de jours après, le 7 avril 1655, et il prit le nom d'Alexandre VII.

Dès le lendemain l'ambassadeur de France écrivoit à la cour « qu'il faisoit estat dans sa première audience du pape, de demander, suivant les ordres qu'il en avoit reçus, le châtiment du cardinal de Retz et son arrestation dans le chasteau Saint-Ange; qu'il demanderoit aussi des commissaires (pour le juger); qu'il se serviroit de Sacchetti et de Bicchi pour disposer auparavant les choses au contentement du roy, aussi bien que la nonciature pour monseigneur Mancini. »

Alexandre VII ne montra d'abord qu'une grande indifférence dans les affaires de France contre Retz; le bruit se répandit même sourdement, disait le chargé d'affaires Gueffier, que le pape se vouloit employer à la cour pour l'accommodement du cardinal de Retz, auquel on disait que S. S. portait grande affection, et qu'elle ne consentirait point que le cardinal quittât l'archevêché de Paris, pour le tort que cela ferait à l'immunité ecclésiastique. Et cependant le roi lançait de nouveaux ordres, ou plutôt des passions implacables abusaient de plus en plus de son autorité contre le cardinal; un ordre du 16 avril était conçu en ces termes :

« De par le Roy,

» Sa Majesté ayant ci-devant envoyé à Rome pour informer le pape de la mauvaise conduite du cardinal de Retz, et estant bien advertie des intelligences et pratiques qu'il continue d'entretenir avec les ennemis déclarés de son estat, en attendant que son procès luy ait esté fait, auroit donné des ordres pour empêcher l'effet de ses pernicieux desseins; mais d'autant qu'il pourroit encore y avoir aucuns particuliers, subjects de Sa Majesté, lesquels feignant d'ignorer la mauvaise intention dudit cardinal, et n'avoir connoissance des crimes dont il est prévenu, ne laisseroient d'avoir correspondance avec luy et pourroient se laisser surprendre à ses artifices : Sa Majesté a fait défense à tous ses subjects, de quelque qualité et condition qu'ils soient, ecclésiastiques ou autres, sous quelque prétexte que ce puisse estre, de demeurer près dudit cardinal de Retz, entretenir aucun commerce ou correspondance avec luy, soit par lettres ou autrement. Et si aucuns se trouvoient présentement près de sa personne, Sa Majesté leur enjoint de se retirer en France aussitost que les présentes leur auront esté connues, le tout à peine de saisie de leurs biens, et d'estre procédé contre eux, comme désobéissans aux ordres de Sa Majesté, coupables des mesmes crimes et perturbateurs du repos public. Mande et ordonne Sa Majesté, à tous ses officiers et sujets qu'il appartiendra, de faire publier la présente, afin que nul n'en prétende cause d'ignorance. Fait au chasteau de Vincennes, le 16ᵉ jour d'avril 1655.

» Signé LOUIS.

» Et plus bas, DE LOMÉNIE. »

Les rapports secrets révélaient chaque jour de nouveaux témoignages de l'affection du Pape envers le cardinal de Retz, et les mémoires envoyés à Paris disaient à la cour mécontente et ce qui se faisait réellement, et ce qu'on devait faire; et selon l'usage on devinait beaucoup de choses qui n'existèrent jamais. En effet, M. de Lionne écrivait à Paris, le 3 mai : « Qu'il avoit été adverti, il y avoit quelques jours, par M. le conseiller Fouquet, qu'il se disoit dans la maison de M. le cardinal de Retz que le Pape, ayant eu occasion dans le conclave de connoistre la solidité de son esprit et sa doctrine hors du commun, alloit bientost le mettre de toutes les congrégations les plus importantes dont les cardinaux ont accoustumé d'estre, selon la faveur qu'ils ont, ou selon leur capacité. L'advis me parut considérable, ajouta M. de Lionne, non pour la chose en soy, qui ne seroit rien avec un autre, mais pour la conséquence que les émissaires dudit cardinal, par son ordre, en feroient tirer à Paris à son advantage, comme s'il gouvernoit ici seul le pontificat; me semblant d'ailleurs qu'il ne seroit guère de la bienséance ny de la raison qu'au mesme temps que le roy demande justice à Sa Sainteté d'un de ses sujets rebelles, elle luy donnast sans aucune nécessité de pareilles marques de son estime, qui pourroient mesme estre prises dans le monde pour un jugement, ou au moins pour une déclaration tacite de son innocence. »

Le roi, en effet, ne cessait de demander justice à Sa Sainteté : voici un de ses plaidoyers contre le cardinal.

Lettre du Roi au pape.

« Du 9 may 1655.

« Très-saint Père, nous croyons que le sieur de Lyonne, conseiller ordinaire en nos conseils d'estat et privé, commandeur, prévost et maistre des cérémonies de nos ordres, et nostre ambassadeur extraordinaire vers les princes d'Italie, ayant présentement la direction générale de nos affaires près Vostre Sainteté, luy aura présenté la lettre que nous avions escrite au feu pape Innocent X, touchant le cardinal de Retz; par laquelle encore qu'elle ait pu voir nos sentimens et nos instances, nous avons bien voulu néantmoins les luy confirmer et renouveler par celle-cy, afin que Vostre Sainteté cognoisse qu'il n'y a rien de changé en nos resolutions pour ce regard-là, mais qu'au contraire elles se vont affermissant à mesure que le temps et l'aage nous donnent plus de lumières pour faire réflexion sur les pernicieux desseins qu'il avoit conçeus contre nostre estat et contre nostre personne. Il seroit superflu de s'estendre pour en informer Vostre Sainteté, puisqu'ils sont cogneus de tout le monde; mais nous ne luy devons pas celer que la cognoissance que nous avons de son naturel incorrigible, nous oblige en conscience à ne rien oublier pour luy oster les moyens de faire du mal et de troubler nostre royaume, puisqu'il nous est impossible de luy en oster la volonté, ny de changer la mauvaise inclination qui luy a toujours fait convertir en poison toutes les graces que nous luy avons si libéralement despartyes, et se prevaloir incessamment de nos bienfaits contre nous-mesme. Nous esperions que son séjour dans nostre chasteau de Vincennes, en attendant l'occasion de l'envoyer seurement à Rome, serviroit de correctif pour le rendre, sinon meilleur, en tout cas moins malfaisant; mais il n'en fut pas plustost sorty qu'il recommença ses cabales, et fit de nouveaux monopoles avec nos sujets rebelles et nos ennemis declarez. Et mesme, depuis qu'il est à Rome, il n'a peu s'empescher d'envoyer icy des libelles diffamatoires, injurieux à nostre personne et à nostre authorité, tendant à sedition, et qui auroient esté capables de troubler la tranquillité de nostre bonne ville de Paris et le repos de nostre estat, si desormais chacun n'avoit recogneu par une funeste et malheureuse expérience du passé, que c'est se rendre miserable et s'exposer à une perte manifeste que d'adherer à ses sentimens. C'est donc avec grande raison que nous desirons qu'il soit puny. Et pour cet effect, nous recourons à Vostre Sainteté, afin qu'il luy plaise d'y donner ordre sans perte de temps, ayant cette confiance qu'elle ne nous refusera pas la justice que nous devons attendre d'un si digne successeur de saint Pierre, si plein de bonté et si equitable que Vostre Sainteté, laquelle, peut-estre, jugera par sa haute prudence qu'il est aussy de l'interest et de la dignité du Saint-Siege de nous traiter paternellement, en une cause si juste et que nous avons si fort à cœur. Et nous remettant à la vive voix du sieur de Lyonne, en ce qui est du destail de cette affaire, nous prions Dieu, Très-Saint-Père, qu'il conserve longuement et heureusement Vostre Sainteté pour la gloire de son Eglise.

» Escrit à Paris, ce 9 may 1655. »

Les vœux du roi, ou mal compris, ou mal défendus, restaient sans succès: ses agens à Rome ne pouvaient le lui cacher.

« J'ai demandé, écrivoit M. de Lionne, le 17 may, qu'il pleut à Sa Sainteté de député des commissaires sur les lieux pour y informer de ses crimes; et attendu le soupçon bien fondé que Sa Majesté a, que le cardinal, voyant sa punition de tous costés inévitable, ne l'évite par sa fuite et sa retraite parmy les ennemis, afin d'estre tousjours en estat d'exécuter, autant qu'il pourra, de nouveaux troubles dans le royaume, Sa Majesté prie Sa Sainteté de s'asseurer de sa personne, en le faisant mettre au château Saint-Ange, ou en autre tel lieu de seure garde qu'elle avisera. Je remarquay que cette dernière partie de mon discours, à laquelle il ne s'attendoit point, le surprit; m'estant teu alors pour attendre la response qu'il me voudroit faire, il commença par me dire qu'il auroit esté à désirer que quand le roy fit arrester M. le cardinal de Retz, qu'il l'eust aussitost envoyé à Rome, et qu'il eust fait en cela une grande action. Je répartis: Je ne doute nullement que si Vostre Sainteté eust esté assise en la chaire où je la voys, que ce n'eust esté la première pensée du roy, dès le mesme jour de la détention dudit sieur cardinal; mais je ne crois pas que le cardinal Chigi eust voulu conseiller au roy d'envoyer le cardinal de Retz au pape Innocent, et par conséquent le pape Alexandre ne sçauroit trouver à dire qu'on ne l'ayt pas fait; dont il se prit à rire, et puis me dit: Voyez-vous, je vous voudrois voir traiter cette affaire sans passion. Il m'avoit veu animer un peu mon discours. Pour moy, adjousta-t-il, je ne la traicteray que par raison. Quand vous me ferez vos demandes, je vous diray franchement mon sens: cela se peut, cela se doit, cela est trop. »

Gueffier, le chargé d'affaires de France, écrivait aussi les 24 et 31 mai:

« Je vous diray que mondit sieur de Lyonne m'ayant fait voir la patente du roy envoyée icy pour estre signifiée aux sujets de Sa Majesté, qui sont auprès du cardinal de Retz, en me priant de faire cela au plustost, je fis incontinent diligence pour avoir la liste de tous ces gens-là, afin d'aviser après au moyen de leur en faire la lecture. S'estant trouvé qu'ils sont jusques au nombre de vingt personnes, dont les moindres sont le coupier et le médecin, comme vous verrez par la liste cy-jointe, laquelle ayant esté montrée à mondit sieur, il continua à me prier de faire cette diligence-là. Or, comme de tous eux, il n'y en a que deux ou trois qui ne logent point chez lui comme font tous les autres, il fut d'avis que je commençasse par l'abbé de Courtené : ce qu'ayant fait, il se trouva bien étonné de cette signification, m'ayant dit après en avoir ouy la lecture, qu'il estoit de naissance, que quand les roys ont voulu quelque chose d'eux, ils leur ont fait l'honneur de leur escrire, et qu'ainsy n'ayant point de lettre de Sa Majesté sur ce sujet-là, il ne prétendoit pas d'estre compris en cette déclaration, ayant ajouté qu'il ne laissoit pourtant de porter le respect qu'il devoit aux ordres et commandemens de Sa Majesté, mais qu'estant venu icy pour quelques affaires particulières, et ne demeurant pas au logis dudit cardinal, bien qu'il le courtise ordinairement, il ne croyoit pas estre obligé de sortir de Rome. Pour cela, j'ai fait aussi diligence de faire voir à l'abbé Charier, qui est icy son agent depuis long-temps, ladite patente, mais sans l'avoir pu trouver en son logis, estant toujours en celuy dudit cardinal, et ne sachant comment pouvoir parler à ceux qui s'y tiennent; car d'aller dans sa maison faire cette signification-là, c'estoit courir hazard d'y recevoir quelque affront, comme mondit sieur le jugea bien. Après lui avoir fait savoir ce que dessus et baillé copie de ladite liste, je le priai de me décharger de cette commission-là, lui remontrant qu'il pouvoit envoyer son secrétaire trouver quelques-uns de ces domestiques pour leur faire savoir la volonté du roy, afin de la faire entendre aux autres, ce qu'il montra d'approuver en reprenant la susdite patente. Avec cette occasion, je crus luy devoir dire une chose qui m'a esté asseurée de fort bonne part, que le Pape a laissé entendre depuis son élection que si l'on pressoit davantage le cardinal de Retz, Sa Sainteté estoit resolue de le prendre sous sa protection et de le defendre contre cette persécution-là, disant qu'elle savoit bien d'où elle vient, et à qui on la devoit imputer; à quoy je répliquay qu'on trompoit Sa Sainteté.

« Depuis ce que je vous ay mandé, Monseigneur, avoir fait à la prière de M. Lyonne, sur la déclaration du roy contre des sujets qui servent le cardinal de Retz, je n'ay rien su de ce qu'il y a fait, après que je luy rendis la patente, se disant seulement en public qu'aucun d'eux n'obéira au contenu, dans l'esperance qu'ils ont que bientost les affaires dudit cardinal s'accommoderont, ayant esté mesme escrit icy, par lettres du 7 de ce mois, de Paris, que l'on y parloit d'envoyer M. de Noirmoutier à Rome, pour en traiter, au cas qu'il obeisse à la fin au roy, en luy remettant la disposition de l'archevesché de Paris, pour en faire pourvoir celuy qu'il plaira à Sa Majesté. Je n'ose vous dire qu'il court icy un bruit sourd que cette patente a esté faite à Rome sur des blancsignés que quelques-uns des ministres du roy ont ordonné pour s'en servir en pareilles occasions, sur quoy je n'ay manqué de dire à ceux qui m'en ont parlé que c'estoit une grande imposture. »

Le Pape semblait braver les vœux du roi de France ; il donna le *pallium* au cardinal de Retz, et il se passa, en cette occasion solennelle, des choses sur lesquelles l'ambassadeur ne cache point son mécontentement à la cour. Elle reçut les deux lettres suivantes.

« 7 juin 1655.

» Lundy dernier, il se fit une chose en consistoire qui donne sujet à plusieurs d'en parler, qui est que le cardinal de Retz, s'étant démis de l'archevesché de Corinthe qui est *in partibus* et dont il a esté pourveu durant la coadjutorerie de Paris, ensuite de cela Sa Sainteté luy donna le *pallium* de celluyci. Ce qu'estant arrivé depuis l'ordre que le roy a envoyé à M. de Lyonne de faire retirer tous les Français qui sont à son service, et le grand bruit qui court que l'on travaille en France à son procès, il semble que Sa Majesté aura quelque sujet de s'en plaindre, bien qu'il soit à croire que Sa Sainteté n'aura pas cru luy en donner en le faisant, tant elle tesmoigne porter d'affection à tout ce qui peut estre des contentements de Sa Majesté.

» GUEFFIER. »

« 10 juin 1655.

» Il arriva la semaine passée un incident qui a bien fait du bruit en cette cour, et qui en fera sans doute beaucoup de delà. M. le cardinal de Retz demanda le *pallium* au Pape en consistoire tenu le premier jour de ce mois, et le lendemain au point du jour, contre la coustume qui est d'attendre quelque chapelle solennelle, Sa Sainteté le luy donna dans sa chapelle particulière, après avoir dit sa messe. La demande fut faite publiquement, en présence de tout le collége, aux termes accoustumés : *Peto pallium de corpore beati, instanter, instantiùs, instantissimè*; et le Pape ne respondit rien.

» Je ne vous diray pas, Monsieur, ce que je juge, et toute la cour aussy bien que moy, du silence de messeigneurs nos cardinaux françois en ce rencontre, parce qu'il ne m'appartient pas de taxer nos supérieurs ; il suffit que vous sachiez qu'ils estoient présens, et que non-seulement aucun ne prit la parole ny en public, ny sur le champ, ny en particulier au Pape, quand le consistoire fut séparé, pour remontrer à Sa Sainteté les conséquences de cette demande, mais qu'aucun ne se souvint, ou ne daigna me faire advertir de la chose à Frascati, où monseigneur Bentivoglio m'avoit convié ce jour-là, et où l'advis me pouvoit arriver en une heure, et moy dans une autre estre à Rome pour représenter là dessus à Sa Sainteté ce qu'eux-mesmes n'avoient pas jugé à propos ou nécessaire de luy dire.

» Mon malheur a voulu que je fusse absent, et qu'ayant différé quatre mois entiers à aller un peu prendre l'air hors des portes de Rome, je choisisse un temps pour cela que je n'avois rien à faire icy ny presque rien à vous escrire, comme vous le verrez quand vous recevrez ma despesche de la semaine passée, et que le lendemain de ma sortie la chose soit arrivée ; car encore qu'il soit indubitable que le cardinal de Retz ne se soit point hazardé à faire cette instance publique, qu'après avoir eu parole du Pape qu'elle luy seroit accordée, et que tout ce que j'eusse pû remontrer à Sa Sainteté, si j'eusse esté adverti à temps, n'eût de rien servi qu'à nous faire recevoir en cela, par notre opposition, un plus grand affront, comme je l'ay desjà recueilli des paroles du Pape mesme, quand je luy en ay parlé, toujours aurois-je la satisfaction de l'avoir mis davantage dans son tort et d'avoir ma descharge entière de cette nouveauté, si messeigneurs nos cardinaux m'eussent fait la faveur de m'en donner advis aussitost qu'elle fut arrivée, comme je crois qu'ils y estoient portés. Mais puisqu'ils n'avoient pas eux-mesmes relevé la chose, ils creurent peut-estre qu'ils devoient continuer jusqu'au bout à la traiter de fort indifférente.

» Dès que je fus de retour et que je sçus ce qui estoit arrivé et l'exultation qu'en faisoient les gens du cardinal de Retz, comme si leur maistre eust gagné une bataille, je vis premièrement M. le cardinal d'Est, et luy en témoignay mes sentiments ; mais ledit seigneur cardinal se contenta de me dire qu'il n'y avoit rien en cela que selon les formes ordinaires, et compara le *pallium* à l'esgard d'un archevesque, que cette cour, dit-il, ne peut pas s'empescher de recognoistre pour tel jusqu'à ce qu'il soit condamné, au titre de quelque église de prêtre ou diacre qu'on a accoustumé de donner aux cardinaux, et que l'un ny l'autre ne les faisoient pas plus cardinal et archevesque, ny ne leur donnoient plus de pouvoir.

» Mais faisant réflexion sur l'exultation des gens du cardinal de Retz, je voulus m'informer plus avant d'une matière dont je n'avois auparavant ouy parler, et trouvay en effet, à mon grand regret, que les choses n'estoient pas en ces termes, et que cette joye n'estoit pas sans fondement, comme vous le jugerez tantost par les choses que j'ay dites là-dessus au pape ; mais dans un temps qui ne luy servoit plus de rien qu'à luy faire cognoistre qu'il avoit eu tort d'y procéder avec la précipitation qu'il a fait, luy qui est d'ailleurs si lent, si circonspect.

» La première démarche que je fis, après m'estre pleinement informé de la conséquence de l'affaire, fut de recourir à notre garant, c'est-à-dire de visiter M. le cardinal Sachetti, pour luy en faire de vives plaintes et pour l'obliger à employer son crédit auprès du pape pour la faire réparer par quelqu'autre démonstration si éclatante, que non-seulement elle adoucist l'amertume que ressentiroit le roy de cette action précipitée de Sa Sainteté, mais qu'elle donnast lieu à Sa Majesté de rabattre de delà les avantages qu'en voudroit tirer le cardinal de Retz. »

Mesme jour.

« J'ay maintenant à vous supplier de deux autres choses : l'une que l'on n'oublie pas, quelque résolution qu'on prenne, à m'envoyer la requeste que le Pape désire contre le cardinal de Retz, en la mesme forme qu'elle devra estre présentée ici, avec ordre et pouvoir de la souscrire, ou à moy ou à celuy que Sa Majesté aura jugé à propos ; la seconde que si l'on ne croit pas se devoir départir de la prétention de n'avoir point d'autres commissaires que Français, on me fortifie de nouvelles raisons contre l'exemple des cardinaux Clezel et Balue, et contre les autres dont ils pourroient encore s'adviser par delà : car j'advoue ma foiblesse, que je suis desjà espuisé, sans rien advancer, sur tout ce que mon esprit m'a pu fournir pour persuader le pape. »

On s'affermissait de plus en plus, par toutes ces circonstances, dans le projet d'informer contre Retz, et de Rome M. de Lionne envoyait des instructions sur la forme de cette procédure extraordinaire : « Il faudroit en premier lieu qu'il y eût la plainte donnée devant le juge compétent, sans laquelle le juge ne peut rien faire. Le juge compétent des cardinaux n'est que le pape, lequel seulement les peut condamner, et par conséquent il seroit tout à fait inutile de prétendre qu'il déléguast des juges pour cela, car on ne l'obtiendroit jamais, et mesme tout le collége des cardinaux s'y opposeroit. Il faut donc, avant toutes choses, donner la plainte devant le pape, et après luy demander des commissaires pour ouïr les témoins sur les lieux, touchant les faits qu'on veut prouver. Pour ce qui est desdits commissaires, nous pouvons bien demander qu'on député des évesques de France, mais on y rencontre icy de la difficulté à l'obtenir, attendu que, jusqu'à cette heure, on ne trouve point d'exemple que cela ayt esté pratiqué envers un cardinal; au contraire, on nous allègue l'exemple de ce qui fut pratiqué en France du temps du cardinal de Balue, et en Allemagne, contre le cardinal Clesel, où les commissaires furent envoyés d'icy, et si on ne trouve de delà d'autres exemples contraires au faict mesme des cardinaux, ce sera vouloir essuyer de grandes longueurs que de s'attacher à le prétendre, sans espérance mesme de rien obtenir; et en ce cas, le plus qu'on pourra espérer, sera que le pape, donnant des commissaires d'icy, choisisse des personnes agréables et de la satisfaction du roy; à quoi il tesmoigne disposition, comme aussy de donner pouvoir aux commissaires qu'il envoyera, d'informer non-seulement des crimes commis depuis l'amnistie, mais de tous les autres d'auparavant, sans avoir aucun esgard à ladite amnistie.

» A l'exemple de ce que nous alléguons des évesques de Languedoc, on nous respond que c'est un cas différent, parce que les évesques peuvent estre jugez par d'autres évesques, pourveu qu'ils aient commission signée *manu Papæ*, mais les cardinaux ne le peuvent estre que par le Pape mesme.

» Pour ce qui est de la plainte, c'est une chose qu'il faut donner bientost, car sans cela, le Pape peut bien, par voie de prudence et d'adresse, prouver que le cardinal de Retz ne se mesle pas de l'exercice de sa jurisdiction, mais il ne peut le faire *authorisativè* et par un ordre, parce que ce seroit le despouiller, et les maximes de droit sont que *non incipitur à spolio*.

» M. de Lyonne n'a pas osé donner ladite plainte, ny mesme faire recevoir *in actis* la lettre du roy, comme le pape s'y est offert, parce que cela porte, quant à soy, de reconnoistre le pape comme seul juge des cardinaux; il a creu n'en devoir rien faire, sans qu'auparavant il en sache la volonté de Sa Majesté, car il faut sçavoir que suivant le style d'icy, la plainte qu'on donne, c'est devant le juge, et on la conçoit en ces termes : que le tel ayant commis telz et telz crimes, on demande non pas simplement que ledit juge en fasse informer, mais qu'il procède contre luy au chastiment; et cette plainte est enregistrée par le greffier à la première page du procès.

» Il faut donc considérer sur ce point la forme de la plainte qu'on doit donner, au nom de qui elle doit estre donnée, et qu'en cas qu'on veuille que ce soit au nom du roy, quoique possible, il seroit plus de la dignité du roy qu'elle fût donnée par quelqu'autre, on envoie des lettres comme en forme de procuration spéciale, au nom qu'on jugera qu'elle doive estre donnée.

» Et pour ce qui est du fait des commissaires, il faut nous envoyer des exemples ou ordre de convertir à ceux qu'on nous voudra donner, et mesme si par-delà on a inclination pour quelqu'un, nous en avertir, afin que nous taschions à faire qu'il soit du nombre.

» Ces poincts ajustés, il y a de quoy espérer bonne justice, car non-seulement le Pape se déclare de la vouloir rendre bonne, mais mesme nous exhorte à trancher toutes sortes de longueurs.

» Si le procureur-général au parlement ne peut donner la plainte, il faudroit examiner si on la devra faire donner par le procureur du roy au Châtelet, ou par tel autre qu'on avisera de de là; et si on veut qu'elle soit donnée icy, on juge que M. Firentilli, qui a, il y a long-temps, un brevet d'avocat du roy, la pourroit mieux donner qu'aucun autre; mais il lui faut, en ce cas, envoyer deux choses: l'une, la procuration spéciale, ou pouvoir et ordre du roy de le faire; et l'autre, la minute de ladite plainte, en la forme qu'elle devra estre présentée, afin qu'il n'y soit obmis aucun des crimes sur lesquels on veut faire informer et juger. »

Les agens de la France ne perdaient pas de vue le cardinal, et ils projetaient clandestinement contre lui; ils aspiraient surtout au bonheur d'intercepter sa correspondance, afin de l'accuser par ses propres écrits : il n'était pas encore passé dans les bienséances de police, qu'on ne pouvait pas produire devant un tribunal des lettres interceptées. Le 14 juin de la mesme année 1655, M. de Lionne écrivait : « Que le pape avoit encore dit à M. le cardinal Bicchi, sur le sujet des libelles du cardinal de Retz, que si on pouvoit lui donner en main quelques preuves, il verroit quel chastiment on en feroit. » M. de Lionne ajoutait : « Comme sans doute il travaille aujourd'hui à Grotta-Ferrata à quelque composition de cette nature, *peut-estre ne sera-t-il pas difficile de l'intercepter de de là, quand il l'adressera à ses amis;* et j'estime qu'il ne faudroit point feindre, pour d'autres considérations que V. E. jugera, à m'adresser le tout pour le présenter à Sa Sainteté, et particulièrement s'il y a dans le paquet *quelque lettre escrite de la main du cardinal, qu'il ne puisse désavouer,* car cela seul le rendroit bien criminel auprès de Sa Sainteté et lui feroit connoistre quel homme c'est, et quelle foy il peut ajouster à toutes les belles protestations qu'il luy fait de ne se vouloir jamais servir de pareils moyens. »

Presque à la mesme date (le 21), le mesme ambassadeur transmettait de nouveaux renseignements en ces termes :

» Les advis que j'ay de la maison du cardinal de Retz, sont que les cardinaux Médicis sont ceux qui ont la confiance et la communication de tous ses desseins et de ses affaires, tant petites que grandes, qu'il paroist quasi ne rien faire et ne voir personne, mais que l'abbé Charier et Bouvier (qui en cela m'a manqué de parolle) sont perpétuellement en action ; toute sa maison est toujours payée de belles pistoles d'Espagne. Sa correspondance de lettres en France est par la voie de Venize et par l'Allemagne.

» Qu'après l'arrivée de l'ordinaire précédent, on remarqua un grand abbatement sur les visages des plus confidents. Ce pouvoit estre aussi pour la sécheresse des responses du pape, et pour avoir reconnu qu'il change de conduite avec luy ; néanmoins, je n'oserois encore me flatter si avant. Un jeune gentilhomme, nommé Masparault, fils, à mon advis, du conseiller au grand conseil, le voit souvent. J'ay rempli un de vos ordres du roy, en blanc, pour luy faire sortir de Rome et retirer à Orléans, et je le luy ay envoyé desjà deux fois par mon secrétaire, à qui on a dit qu'il est à Albano ; mais il se tient plustost à Grotta-Ferrata avec le cardinal ; en quelque lieu qu'il soit, dès qu'il sera de retour, il aura son ordre, et je vous manderay par l'ordinaire prochain s'il aura obéi.

» L'abbé Charier n'a point esté non plus icy depuis dix jours ; dès qu'il sera de retour, on luy fera la mesme harangue. Pour celui-là, il n'obéira pas certainement, et vous pouvez, dès à présent, mettre la main sur son abbaye.

» J'en ai envoyé un à Bouvier, de se retirer à Riom, en Auvergne ; il a respondu qu'il n'avoit point manqué à ce qu'il m'avoit promis et qu'il n'avoit esté que deux fois, la nuit, chez le cardinal de Retz, pour essayer de retirer son argent comme je luy avois permis d'y travailler. Il a dit aussi qu'il vous escrivoit ; cependant je ne luy signeray plus *d'expediatur* en toutes les affaires qu'on luy adressera. On m'a assuré aussi que le cardinal escrit jour et nuit, à Grotta-Ferrata, ce que j'ay desjà dit au Pape et le luy dirai encore plus fortement, particulièrement s'il se trouve vray, ce dont j'ay quelque soupçon et dont je tasche à m'esclaircir, qu'il y a une imprimerie dans cette abbaye là, où je sçay desjà qu'on fait du papier. Il faudra prendre garde à la marque du papier et aux caractères de l'impression, s'il paroist quelque libelle de delà ; car nous en pourrions peut estre tirer quelque conviction pour le Pape qui demande des preuves.

» J'ay advis d'autre endroit que le gentilhomme de M. le prince de Condé a veu le cardinal de Retz la nuit, et qu'il y fut deux heures la première fois. Je prétends, à ma première audience du pape, qui sera peut-estre demain, n'ayant peu l'avoir, tous ces jours-ci, qui estoient destinés aux autres ministres, en informant Sa Sainteté des propositions que font contre la religion, principalement les ambassadeurs d'Espagne à Cromwell, de la part de M. le prince de Condé, et en exagérant l'horreur, autant que la chose le mérite, de descendre aussitost à faire une question à Sa Sainteté : si elle ne tient pas pour criminel de lèze-majesté, un sujet du roy qui a intelligence et des négociations secrettes avec M. le prince de Condé ; et s'il demeure d'accord de la thèse, luy offrir s'il me veut nommer quelque personne de sa confidence entière, de luy faire voir que le gentilhomme de M. le prince de Condé voit la nuit le cardinal de Retz, lequel proteste incessamment à Sa Sainteté qu'il ne se mesle de rien. Depuis ma lettre escrite jusqu'icy, j'ay receu d'autres advis de ce que faict le gentilhomme de M. le prince de Condé. Il a esté une seconde fois, la nuit, avec le cardinal de Retz, duquel il a parlé depuis comme d'un homme incomparable ; au sortir du cardinal, il fut chez l'ambassadeur d'Espagne, avec lequel il fut une autre heure. L'abbé Charier l'a visité la nuit en un petit tour qu'il fit icy. Il a veu les cardinaux Médicis et Trivulce et Sforza, et hier au soir il porta son pacquet à l'ambassadeur d'Espagne, pour l'adresser en Flandres, à son maistre. Deux religieux françois, de la Trinité-du-Mont, l'ont esté visiter, mais je n'ose encore faire de démonstration pour les chasser d'ici, parce qu'ils y ont trouvé le gentilhomme qui me donne ces advis, et que sans doute ils le décréditeroient d'abord auprès du cardinal, ce qui me priveroit de l'advantage de sçavoir toujours ce qu'il fait ; mais je leur garde bonne dans quelque temps, et notamment s'ils y retournent sans rencontrer mon homme. »

Et dans une autre dépêche de la semaine suivante, il rapportait qu'ayant fait de nouvelles instances auprès de Sa Sainteté pour obtenir les commissaires si souvent demandés, le Pape lui aurait répliqué en ces termes :

» Voyez-vous, ce cardinal ayant esté prisonnier, quoique peut-estre coupable, sans que la France ait voulu faire aucune des choses que le saint-siège avoit désirées pour son honneur, *ha cosi brutta faccia*, que nous luy allions maintenant demander la démission de son archevesché, à laquelle il n'est pas encore disposé ; que nous luy ferons plus volontiers son procès, et très-rigoureusement que nous ne luy ferons présentement la demande de sa démission; nous ne disons pas que la scampi, et que nous ne la luy fassions avec un peu de temps et dans une autre conjoncture : il nous semble qu'avant qu'en venir là, il faut que le cardinal ait un peu plus de peur ; cependant nous n'oublions rien pour la luy donner, et nous voulons bien vous dire en confidence, que nous luy avons déjà fait insinuer que nous ne pourrions pas nous empescher de donner des commissaires et mesme de juger sur les choses qu'il a faites avant l'amnistie, et qu'il prist garde à l'estat où il se trouveroit ; nous sçavons que cela luy a donné à penser, mais jusqu'icy il témoigne ne le pas craindre, nous sçavons sur quel fondement.

» Je pris occasion de lui faire une question, sçavoir si M. le prince se trouvant les armes à la main contre son roy, en faisant de pareilles propositions pour la destruction d'un estat (1) où il est né sujet, Sa Sainteté ne tenoit pas pour criminel de lèze-majesté autant que ledit prince, ceux des sujets du roy qui avoient des intelligences et des négociations secrettes avec luy; et Sa Sainteté ayant esté obligée de demeurer d'acord avec moy de la thèse et de me dire qu'il les tenoit pour criminels, je poursuivis et suppliois Sa Sainteté de me dire si je pouvois, comme à notre juge, m'ouvrir à elle de quelques particularités importantes, aux assurances qu'il me garderoit le secret avec la mesme religion que si je les avois dites en confession, et qu'il ne les descouvriroit à personne qui vive, qu'autant que je le désirerois et quand j'estimerois qu'il fust temps de le faire; et Sa Sainteté m'ayant donné sa parole du secret en la meilleure manière que je pouvois souhaiter, je luy dis que présupposé ce qu'il m'avoit déclaré, qu'il tenoit pour criminels les sujets du roy qui ont commerce et intelligence avec M. le prince, je luy demandois donc justice de la part du roy, des visites nocturnes qui se faisoient fréquemment entre le cardinal de Retz, l'abbé Charier et le gentilhomme de M. le prince, lequel s'arreste icy pour quatre mois, sans autre cause, au moins apparente de son séjour, que celle de s'entendre avec ledit cardinal pour brouiller la France; que j'aurois peut-estre bientost en main le moyen de luy fournir des preuves de ces visites nocturnes, s'il avoit agréable, comme je l'en suppliois, de me donner à point nommé, quand je l'advertirois, quelque personne de sa confiance ou pour les voir entrer les uns chez les autres, ou pour les surprendre ensemble. Sa Sainteté me dit que cela le surprenoit, le cardinal de Retz luy ayant souvent dit, dans le conclave, qu'il ne vouloit avoir aucune intelligence avec M. le prince, parce qu'outre qu'ils estoient ennemis, ledit sieur prince estoit déclaré criminel de lèze-majesté et la déclaration enregistrée dans le parlement; que néanmoins il ne doutoit presque plus de la vérité de ce que je lui disois, parce que les ennemis ont accoustumé de s'accorder pour un intérest qu'ils jugent commun ; que je continuasse mes diligences pour luy fournir des preuves, et qu'il y contribueroit de sa part ce qui seroit nécessaire, me donnant de nouveau sa parole du secret. Je tascheray maintenant de faire le reste avec l'application que je dois, et peut-estre sera-ce avec succès. Voilà, Monsieur, de quelle façon je me mesnage avec M. le prince et avec M. le cardinal de Retz, et comme je marche bride en main en ces sortes d'affaires, dont je ne prétends pourtant nul mérite, parce que je ne fais que mon devoir. »

Les mystères de Grotta-Ferrata, si péniblement surveillés à Rome, sans y être devinés, se révélaient au grand jour à Paris par les voies les plus ordinaires. Une nouvelle controverse canonique allait s'agiter entre le cardinal, archevêque de Paris, son chapitre, et le gouvernement ; et dans ces matières d'une nature si singulière, toutes les fois qu'elles étaient mêlées ou qu'elles touchaient aux droits civils des citoyens ou aux droits politiques de l'état, les ministres du roi épuisaient leur génie à la recherche des expédients qui devaient prévenir tout à la fois une rupture et une décision. Le chancelier Séguier exposait les premières circonstances de cette affaire dans la lettre suivante qu'il écrivit le 14 juin au comte de Brienne, et les extraits de plusieurs autres lettres en expliqueront toutes les suites, ne montrant que trop l'ardeur inaccoutumée qui dirigeait les recherches des plus sages magistrats.

Lettre de M. le chancelier Séguier à M. le comte de Brienne.

« Du 14 juin 1655.

» Monsieur, depuis ma dernière, le chapitre de l'église de Paris a receu une lettre de M. le cardinal de Retz, qui porte révocation des grands-vicaires qu'il avoit nommez, avec advis qu'il avoit commis les curez de la Magdelaine et de Saint-Séverin, archiprestres, pour ses grands-vicaires. Le chapitre m'a envoyé l'original de la lettre que j'ay retenu. Quant aux nouveaux

(1) Ces propositions étaient relatives à des traités entre l'Espagne et le Protecteur.

grands-vicaires, il me sont venus trouver et fait entendre qu'ils avoient receu la commission de M. le cardinal de Retz. Ils ne m'ont donné que la copie. L'on leur donne pouvoir de faire publier le jubilé et de faire toutes les fonctions de grands-vicaires en son absence. Quant au chapitre, je le voy dans les sentiments de ne faire plus aucunes fonctions de grands-vicaires. Leur raison est qu'après l'establissement fait par M. le cardinal de Retz, ce seroit former un schisme dans l'église de Paris, s'il y avoit différents ordres de grands-vicaires; ce qui pourroit troubler les consciences. Il est aussy juste que les grands-vicaires nommez par M. le cardinal de Retz ne fassent aucune fonction; et en cas qu'ils voulussent passer outre, il faut donner un arrest en commandement qui porte injonction de remettre entre mes mains leur pouvoir, et cependant leur faire défense de faire aucune fonction, et aux curez et à tous les sujects du roy, de les recognoistre, ainsy que l'on a fait pour les autres grands-vicaires. Cependant, l'on propose qu'il plaise au roy de nommer quelques ecclésiastiques à Sa Sainteté pour faire les fonctions de grands-vicaires, et que par l'ordre que Sa Sainteté donnera, il paroisse que ce soit à l'instance de Sa Majesté qu'ils ont esté nommez. Cet expédient semble facile, et il n'y a rien à dire, sinon que les grands-vicaires establis par le chapitre, avec grande raison, sont suspendus en leurs fonctions et révoquez ensuite. Mais comme cette affaire est si difficile, que l'on ne peut proposer aucun expédient qui soit parfait, il faut examiner si l'on s'en peut servir. J'espère demain communiquer avec MM. les ministres et vous donner compte de la résolution que l'on aura prise. Il est aussy nécessaire que l'on soit informé que le nonce a déclaré qu'il ne croit pas que le Pape ait esté adverty de la procédure du cardinal de Retz, et que c'est une entreprise qu'il a faite sans en donner part à Sa Sainteté, et qu'il croit que ce procédé sera mal receu, d'autant plus qu'il a choisy pour grands-vicaires des jansénystes et ignorants. Cette circonstance ne doit point estre obmise, en escrivant au pape sur le sujet de cette dernière entreprise. J'ay bien de la peine néantmoins à croire que le Pape n'ait eu cognoissance des ordres que M. le cardinal de Retz a donnez; ils sont venus en mesme temps que le jubilé, et l'ordre qui interdit les grands-vicaires en leurs fonctions. C'est, Monsieur, ce que je vous puis mander pour le présent, attendant les ordres de la cour ce soir. »

Lettre de M. le chancelier à M. le comte de Brienne.

« De Paris, le 17 juin 1655.

» Monsieur, depuis ma dernière, les curez de Saint-Séverin et de la Magdelaine, archiprestres de l'église de Paris, ont remis entre mes mains les pouvoirs de grand-vicaire de M. le cardinal de Retz, comme archevesque de Paris; ils ont esté persuadez de rendre cette obéissance par la crainte, après leur avoir représenté que l'on procéderoit contr'eux par les peines portées par l'ordonnance du roy, qui fait défenses à tous ses sujects d'avoir aucun commerce avec ledit sieur cardinal de Retz, puisqu'ils avoient receu de ses lettres et sa commission sans permission de Sa Majesté. Ils m'asseurèrent qu'ils avoient esté surpris, et qu'ils promettoient de ne faire aucune fonction de grands-vicaires, et qu'ils attendroient les ordres du roy, me priant néantmoins que si différent fust au plustost résolu.

» Après vous avoir informé de ce que j'ay fait avec les grands-vicaires, je vous diray ce qui s'est passé ensuite en une conférence que j'ay eue avec M. le nonce, qui prit la peine de venir chez moy, ainsy que je le luy avois proposé, par l'avis de MM. les ministres. Vous sçaurez donc que je luy fis cognoistre que l'affaire n'estoit plus en l'estat qu'elle estoit lorsque Sa Majesté l'avoit prié de conférer avec moy, pour prendre quelque expédient sur les difficultez présentes. Que la lettre de M. le cardinal de Retz, envoyée au chapitre, donnoit sujet à Sa Majesté d'avoir d'autres pensées, lorsqu'en mesme temps qu'il tesmoignoit de la part de Sa Sainteté que l'on désiroit terminer ces différends à son contentement, on voyoit paroistre dans le public une lettre injurieuse à son autorité, et qu'il sembloit que par cette lettre ledit sieur cardinal de Retz voulust persuader au public qu'il agissoit de concert avec Sa Sainteté, et que mesme, lorsqu'il estoit accusé, et que l'on demandoit des commissaires pour luy faire son procès, il recevoit des graces par le *pallium*, qui est, ainsy qu'il escrit, la consommation de la jurisdiction archiépiscopale. Que Sa Majesté auroit grand sujet de croire que le procédé du cardinal de Retz se seroit passé avec la participation du Saint-Siége, n'estoit qu'il est si injuste que l'on ne peut croire qu'il fust approuvé par Sa Sainteté, qui a tesmoigné, depuis son élévation au pontificat, tant de piété et de prudence en toute sa conduite, que l'on doit juger qu'il estoit fort esloigné de suivre des mouvements si desréglez, qui seroient, non un commencement de paix, mais plustost des semences pour faire naistre des mouvements très-fascheux ; ainsy, que je ne pouvois luy faire aucune proposition qu'après avoir receu de nouveaux ordres de Sa Majesté sur l'estat présent de cette affaire. M. le nonce me tesmoigna qu'il avoit esté fort surpris de voir la lettre de M. le cardinal de Retz; qu'il ne doutoit point que Sa Sainteté ne trouvast fort mauvais ce procédé, et que pour luy, il le condamnoit comme injuste et hors du respect qu'il devoit au roy. Que de sa part, il n'innoveroit rien, et attendroit les ordres que Sa Majesté me donneroit pour conférer avec luy; que les grands-vicaires nouveaux l'avoient visité, et donné compte des ordres qu'ils avoient receus de M. le cardinal de Retz, et luy demandoient de les assister de son autorité. Sur quoy il leur avoit tesmoigné qu'il n'avoit aucun pouvoir d'ordonner en ce rencontre, ny aucun ordre de Sa Sainteté ; qu'ils avoient leur archevesque à Rome; qu'ils pouvoient s'adresser à luy, et qu'il leur donneroit le jubilé pour le publier. Enfin, si l'on peut prendre créance aux paroles de M. le nonce, je l'ay trouvé fort disposé de terminer toute cette affaire, en tout ce qui dépendra de son ministère, avec la satisfaction de Sa Majesté, et de ne rien faire qui puisse altérer la bonne intelligence qui est si nécessaire avec le saint-siége. Cette conférence se termina en civilités de part et d'autre. Après luy avoir fait cognoistre que le roy avoit assez de peine de retenir son parlement, qui n'estoit pas pour souffrir que son autorité et les droits de la couronne fussent blessez ; que si tost que j'aurois receu de nouveaux ordres, je luy en ferois part. Je vous diray, Monsieur, que j'ay agy en toutes ces conférences avec les amis de MM. les ministres, qui m'ont proposé les moyens que je devois tenir, et qu'ils jugeoient à propos que Sa Majesté se disposast de proposer à Sa Sainteté quelques sujects pour faire les fonctions de grands-vicaires, et qu'ensuite il leur en donneroit le pouvoir, en faisant cognoistre qu'il les nomme à sa prière ; que M. de Lyonne aura ordre d'en proposer quatre pour en choisir deux, après avoir représenté toutes les raisons que peut avoir le chapitre d'avoir commis des grands-vicaires, et qu'en tout ce procédé, l'autorité du saint-siége n'a point esté blessée. C'est, ce me semble, le seul expédient que l'on peut prendre pour terminer tous ces différends, qui paroissent foibles et de néant en leur commencement, mais qui pourroient estre très-fascheux s'ils ne sont conduits avec l'esprit de Son Eminence. On a veu naistre de grandes divisions entre le saint-siége et la France, qui ont eu de plus foibles commencemens. Je ne vois que deux seules difficultez en l'expédient proposé, qui me semblent de néant, lorsque l'on les compare au bien qu'il produira en conservant la bonne intelligence avec le saint-siége, et retranchant tous les sujects de division. La première est, que l'on pourroit dire que c'est une ouverture que l'on fait pour autoriser la puissance du saint-siége, lorsqu'il voudra ordonner des grands-vicaires pendant la vacation du siége des éveschéz. Mais il sera bien difficile qu'il se rencontre une affaire pareille à celle-cy, car il y a non-seulement vacance ordinaire du siége de l'archevesché, estant revestu de tant d'autres circonstances, qu'ils ne peuvent se trouver en d'autres ; ce qui donnera toujours ouverture et moyen de s'opposer aux entreprises que pourroit faire le saint-siége, fondées sur cet exemple ; joint, que nous aurons le clergé de France pour nous défendre en autres causes, qui semble estre un peu partagé en cette occasion. Ainsy, cette difficulté ne peut et ne doit arrester de prendre l'expédient proposé par cette lettre. La seconde difficulté que l'on pourroit alléguer, est du délay de la résolution de cette affaire, pendant lequel l'église de Paris sera sans ordre supérieur. Mais il faut considérer qu'en ne prenant pas l'expédient, vous n'aurez aussy personne pour pourvoir aux besoins de l'église, dans la contestation de l'establissement des grands-vicaires. Ainsy, ce dernier inconvénient ne doit non plus arrester que le premier. Il faut enfin sortir doucement de cette affaire, conserver le repos et la tranquillité dans la ville de Paris, qui est si nécessaire. Et je ne doute point que ceux qui ne sont pas amys du gouvernement n'ayent bien du desplaisir de voir que l'on leur ait arraché des mains une si belle et si facile occasion de brouiller et d'engager pour une affaire de néant le roy avec le saint-siége. Je ne vous dis rien de M. le premier président, qui a approuvé toute la conduite cy-dessus, et tesmoigne grande disposition d'employer l'autorité du parlement, si le saint-siége entreprenoit contre les droits de la couronne et l'autorité du roy. C'est, Monsieur, ce que je vous puis mander sur ce suject, attendant les commandemens de Sa Majesté. Je vous envoye la copie de la lettre du cardinal de Retz, ensemble la copie de la commission des grands-vicaires.

» Je suis, monsieur, vostre, etc.

» Séguier. »

Lettre de M. le comte de Brienne, écrite à M. le chancelier.

« De La Fère, le 18 juin 1655.

» Monsieur, je n'ai pas plustost fait response

à la lettre que vous m'avez fait l'honneur de m'escrire d'hyer, parce que je m'attendois de recevoir le courrier que vous m'aviez promis de me despescher avec une ample relation de ce qui s'estoit passé à Paris touchant les attentats du cardinal de Retz, et l'avis de ce qu'il y avoit à faire en ce rencontre pour réprimer son audace et sa présomption, qui est toute extraordinaire, et à laquelle il n'y a nulle apparence que le Pape ait connivé en aucune façon.

» Mais comme dans une affaire de cette nature il faut gagner des momens, afin que la foiblesse des uns et la mauvaise intention des autres ne contribuent pas au mauvais dessein du cardinal de Retz, le roy m'a commandé de vous faire sçavoir en premier lieu, que Sa Majesté est un peu estonnée que l'on n'ait pas donné les ordres et fait toutes les diligences possibles pour arrester celuy qui a rendu au chapitre et aux curés les lettres et les commissions du cardinal de Retz, puisque l'arrest du conseil et les ordonnances publiées là-dessus déclarent expressément que l'on chastiera, comme criminels et perturbateurs du repos public, toutes personnes, de quelque condition que ce puisse estre, qui auront correspondance avec luy.

» En outre Sa Majesté entend que l'on empesche par toute sorte de moyens, que le cardinal de Retz n'exerce aucune fonction directement ou indirectement, sous quelque prétexte que ce puisse estre, et qu'on fasse arrester et chastier sévèrement ceux qui défèreroient à ses ordres, ou qui presteroient la main pour les exécuter.

» Quand le Pape s'adressera au roy pour luy faire entendre ce qu'il souhaiteroit, Sa Majesté, qui a beaucoup d'estime et de respect pour luy, fera toutes les choses qui seront possibles pour sa satisfaction, comme vous sçavez bien qu'il s'estoit déjà mis en estat de faire sur la lettre qu'avoit escrite M. le nonce. Mais pour ce qui vient du cardinal de Retz, Sa Majesté entend que l'on s'y oppose avec la dernière fermeté. Et comme elle est satisfaite de ce que le chapitre de Nostre-Dame a apporté l'original de la lettre du cardinal de Retz, elle croit que vous auriez peu obliger les archiprestres d'apporter aussy la leur. Et cela n'ayant pas esté fait, Sadite Majesté entend que vous envoyiez quérir lesdits archiprestres pour leur demander s'ils ne sçavent pas les défenses qui ont esté publiées, d'avoir aucun commerce avec le cardinal de Retz, et le sçachant, pourquoy ils n'ont pas apporté la lettre qu'ils en ont receue, lorsqu'ils ont veu qu'elle venoit de luy, et qu'ensuite vous les obligiez à vous remettre ladite lettre et de déclarer, s'il se peut, par quelque acte, qu'ils n'ont aucune intention de déférer aux ordres dudit cardinal. Et en cas que l'un ou tous les deux en fassent difficulté, on vous envoye une lettre de cachet que le roy leur escrit pour les faire venir à la cour.

» Pour ce qui est du chapitre, il semble qu'il se soit refroidy, et l'on ne voit pas par quelle raison, le Pape n'ayant jusques à présent fait aucune déclaration contre l'establissement des grands-vicaires, et ledit chapitre devant estre asseuré que le roy n'oubliera rien de ce qui dépendra de son auctorité pour le soustenir contre les entreprises du cardinal de Retz, Sa Majesté luy sçachant beaucoup de gré de la conduite qu'il a tenue en cette affaire; il sera donc bon que vous envoyiez quérir le doyen et quelques chanoines, et mesme les grands-vicaires, pour leur dire ce que vous jugerez à propos, afin de les obliger à agir avec le mesme zèle qu'ils ont tesmoigné pour le service du roy, sans avoir esgard à tous les artifices dont le cardinal de Retz se voudroit servir pour les en destourner. J'ay mesme ordre de Sa Majesté de vous dire qu'elle a la pensée de donner, dans la première rencontre, quelque marque effective de son estime et de sa bienveillance à M. le doyen. Ce qu'elle sera bien ayse que vous preniez occasion de luy faire sçavoir en particulier.

» En attendant que l'on sçache ce qui aura esté résolu dans le conseil, à l'esgard des grands-vicaires establis par le chapitre, vous sçaurez que la pensée de Sa Majesté ne seroit pas, après l'attentat du cardinal de Retz, d'aller au devant en faisant faire des propositions au Pape pour en nommer d'autres; parce qu'il semble que l'on donneroit subject à Sa Sainteté de croire que ce seroit plustost un effet de l'entreprise dudit cardinal que de la bonne intention du roy; quoyque vous sçachiez bien que sans avoir aucune connoissance de ce qui a esté fait par ledit cardinal, Sa Majesté, sur la lettre de M. le nonce, se disposoit à chercher quelque tempérament qui peut satisfaire Sa Sainteté.

» Le roy ne doute pas que suivant ce que je vous ay déjà escrit de sa part, vous n'ayez communiqué toutes choses à M. le premier président, et que vous n'ayez fait beaucoup de cas de ses advis. Sa Majesté entend que vous continuiez de le faire, luy donnant mesme part de cette despesche. Et il semble qu'il seroit bon qu'il s'assemblât avec vous d'autres messieurs pour en délibérer. Vous pourrez sçavoir par le moyen de M. le procureur général s'il l'auroit agréable. Et en ce cas vous luy rendrez la lettre cy-jointe que Sa Majesté luy escrit sur ce suject.

» Nous avons sceu icy que M. le nonce désistoit l'action du cardinal de Retz, et protestoit que le Pape en auroit beaucoup de desplaisir. Ce qui a donné la pensée, afin de mieux reconnoistre les sentimens dudit nonce, de despescher à Paris M. l'abbé Ondedeï pour le voir de la part du roy. Il vous fera sçavoir ce qu'il aura pénétré de ses intentions, et vous entretiendra aussy plus en destail sur cette affaire, dont il a une particulière connoissance, sçachant de plus tout ce que l'on vous a escrit et ce qui a esté dit icy quand elle y a esté discutée.

» Sa Majesté estime aussy qu'il seroit bon que M. le procureur général parlast avec messieurs ses collègues, pour sçavoir leurs sentimens sur l'entreprise du cardinal de Retz. J'adjouteray à ce que dessus qu'il ne faut en aucune façon permettre que les grands-vicaires establis par le chapitre cessent de l'estre sur la révocation que le cardinal de Retz en a faite. Et comme c'est icy un point capital, on croit qu'on doit mettre toutes pièces en œuvre pour empescher ledit cardinal d'en tirer advantage. Et vous pourrez bien guérir l'appréhension que le chapitre tesmoigne d'un schisme, luy faisant connoistre, que Sa Majesté estant résolue de faire tout ce qui peut estre nécessaire pour empescher les archiprestres d'accepter et d'exercer la commission du cardinal de Retz, il n'y aura point d'autres grands-vicaires reconnus que ceux que ledit chapitre a establis; lesquels, au pis aller, ne désisteront point de faire leur fonction que lorsque le Pape se déclarera là-dessus. Et de fait il ne faut pas toucher à ce qui regarde le jubilé, puisque M. le nonce a dit que Sa Sainteté n'entendoit pas que les grands-vicaires establis par le chapitre s'en meslassent. Et par ce moyen, on laisse une porte à l'accommodement avec réputation pour le roy et pour le chapitre, et avec la satisfaction du Pape, sans que le cardinal de Retz en tire aucun profit.

» Et quoyque j'aye marqué cy-dessus qu'il ne faut pas aller au-devant à faire aucune proposition au pape, néantmoins si M. le nonce, dans l'occasion du voyage de M. Ondedeï, continue à parler comme il a fait du commencement, et qu'on ne puisse convenir avec luy que les anciens grands-vicaires continueront à faire leur fonction jusques à ce que l'on sçache la volonté du Pape, l'on pourroit, au pis aller, donner les mains que le chapitre, après avoir fait connoître au nonce les raisons très-bien fondées qu'il a eues d'en user comme il a fait, luy dist que le respect qu'il a pour le Pape l'obligera à faire que les grands-vicaires suspendent leur fonction jusqu'à ce que Sa Sainteté aye receu la lettre que ledit chapitre escrira, et examiné les motifs qui l'ont obligé à l'establissement des grands-vicaires, pour qu'elle luy fasse ensuite sçavoir sa volonté.

» Et de fait, il sera bon, que sans perte de temps, M. le doyen de Nostre-Dame, qui est très-bien instruit des raisons du chapitre, fasse cette lettre, laquelle contenant en destail toutes ces raisons, finisse par une entière submission et obéissance à tout ce qu'ils verront estre émané purement de Sa Sainteté.

» Il sera bon que vous preniez la peine de voir la lettre que M. le doyen escrira, pour l'examiner avec ces autres messieurs dans le conseil, et y adjouter ou retrancher ce qu'on jugera plus à propos.

» Voilà tout ce que l'on vous peut escrire d'icy. Et Sa Majesté entend que si vous autres messieurs croyez que l'on puisse prendre quelque meilleur party pour son service, ou qu'il y ait à adjouter ou diminuer quelque chose à ce que dessus, vous le luy fassiez sçavoir; parce que faisant grand cas de ce qui vient de vous, de M. le garde des sceaux, de M. le premier président, et de messieurs les surintendans, elle pourra donner les mains à ce que vous auriez estimé à propos pour le bien de ses affaires. »

Lettre de M. le chancelier à M. le cardinal Mazarin.

« Monseigneur,

» Je croyois recevoir les ordres du roy et de Vostre Eminence sur la dernière despesche que j'ay envoyée à M. le comte de Brienne, qui contenoit tous les advis que l'on avoit jugé convenir en l'affaire de M. le cardinal de Retz. Je puis dire à Vostre Eminence que ce n'est pas mon sentiment seul qui a formé les propositions que l'on a faites, mais celuy de M. le garde des sceaux et de messieurs les surintendans. L'on a aussy communiqué à M. le premier président, par l'entremise de M. le procureur général, qui l'a entretenu de tout le particulier. Il a approuvé les pensées que nous avions eues. Je ne sçay pas s'il prendra résolution de s'assembler avec nous. M. le procureur général s'est chargé de luy en parler. Je souhaiterois qu'il en voulust prendre la peine : il pourroit nous ayder beaucoup de ses lumières et de ses bons advis. Il est judicieux et bien intentionné pour le service du roy. Mais peut-estre que l'ordre de la séance du conseil le retiendra de venir avec nous. Joinct qu'il auroit peut-estre crainte en cette nature d'affaire, qui pourra estre soubmise au parlement, de s'ouvrir de ses sentimens. Je me suis peut-estre trompé en croyant que l'on pouvoit prendre l'expédient de nommer de la part du roy des grands-vicaires. Néantmoins je croys que c'est le seul qui peut terminer toute cette affaire, pourveu que l'ordre que Sa Sainteté apportera, sur la prière du roy, soit sans participation du cardinal de Retz. Car en ce cas l'on ne pourroit souffrir de recevoir de grands-vicaires; et ce seroit approuver sa puissance archiépiscopale bien hautement par une approbation du Pape. Je n'ay point encore fait donner les lettres de cachet aux archiprestres, me réservant d'en user, si l'on voit qu'ils ne demeurent pas dans l'obéissance qu'ils ont promise. La pensée que l'on a eue de leur ordonner de se rendre à la cour est plus asseurée que de les mettre à la Bastille. Ce sont des curés qui sans doute, par leur détention, causeroient un grand bruit qu'il faut éviter, puisque l'on peut les retenir dans leur devoir par d'autres voyes plus douces. Il est vray qu'ils ont failly avec dessein, n'ignorant pas les défenses de communiquer avec M. le cardinal de Retz, en recevant sa despesche et faisant insinuer leur pouvoir de grands-vicaires au greffe des insinuations ecclésiastiques sans l'avoir présentée au roy. Ils le devoient faire, le cardinal de Retz estant hors du royaume, accusé de crime d'estat. Joinct que les ordres qui viennent de Rome dans l'estat, ne doivent estre exécutés sans l'approbation du roy, et plus en cette nature d'affaires qu'en une autre, puisque Sa Majesté ne le recognoît pour archevesque de Paris, et mesme que les brefs et les bulles des papes ne peuvent estre mis à exécution qu'après estre revestus de lettres-patentes du roy, que l'on appelle lettres d'attache. J'adjouteray que si les évesques prestent le serment de fidélité aux roys, les grands-vicaires, en l'absence de l'évesque, doivent ce respect que de se présenter avant que d'exercer leur jurisdiction sur les sujects du roy, qui en sont la principale matière. Toutes ces considérations condamnent le procédé des grands-vicaires; et l'on pourra les prendre s'il en est besoin. Je supplie Vostre Eminence de m'excuser si je l'occupe de cette affaire au milieu de tant d'autres plus importantes. Mon zèle à servir me fait passer les bornes de la bienséance. Je continueray toujours avec la devostion que je dois au service de Vostre Eminence. Je n'oublieray rien pour luy faire cognoistre que je suis recognoissant de la bienveillance dont elle m'honnore, demeurant avec vérité,

» Monseigneur, de Vostre Eminence,

» Le très-humble et très-obéissant serviteur,

» SÉGUIER.

» A Paris, ce 21 juin 1655. »

Lettre de M. Servient, surintendant des finances, à M. le cardinal Mazarin.

« De Paris, le dernier juin 1655.

» La venue de M. Ondedéi estoit absolument nécessaire. Sa prudence à proposer les difficultez plus importantes sur la despesche de Rome et à faire cognoistre les prudentes résolutions de Son Eminence sur chaque poinct, a ramené toutes les délibérations dans un mesme sentiment, qui est soubmis à l'approbation de Son Eminence, et à ce qu'elle aura agréable d'y corriger ou adjouter. C'est peut-estre la rencontre la plus délicate et de la plus grande conséquence qui se pouvoit présenter, en laquelle j'espère que Son Eminence aura la satisfaction de complaire au Pape, avec tous les tesmoignages possibles de respect et d'affection, et en mesme temps de conserver les droits du roy en leur entier.

» Il y a trois pièces à envoyer, qui doivent estre bien concertées: la lettre du roy au Pape, l'instruction à M. de Lionne, contenant bien particulièrement tout ce qu'il doit dire et faire, et les chefs d'accusation qu'il doit présenter signez de luy contre le cardinal de Retz.

» M. le nonce m'est venu revoir aujourd'huy pour sçavoir si j'avois receu la responce du roy, relative au projet de divertir M. le duc de Modène d'entrer en rupture contre les Espagnols. »

Lettre de M. le chancelier Séguier à M. le comte de Brienne, secrétaire d'état.

« Du 30 juin 1655.

« Monsieur, suivant l'ordre porté par la vostre dernière, j'ay conféré ce matin avec M. le garde des sceaux, messieurs les surintendans et monsieur Ondedéi sur le fait du curé de Saint-Paul.

» Quant aux archiprestres nommez grands-vicaires par M. le cardinal de Retz, l'on a jugé à propos de leur faire délivrer les lettres de cachet qui leur commandent de se rendre prez du roy, au lieu où il sera. Ce que l'on exécutera ce soir, avec commandement de partir demain matin. L'on a estimé qu'il ne falloit point encore donner d'arrest contre eux, mais seulement faire informer à la requeste du substitut du procureur-général au Chastelet, des contraventions faites par plusieurs, qui ont receu des lettres du cardinal de Retz au préjudice des défenses de Sa Majesté; *et l'on trouvera moyen de les comprendre dans l'information*, sur laquelle on ordonnera en suite ce que l'on jugera pour le mieux. En attendant, lorsque les archiprestres seront en cour, l'on peut les faire attendre quelque temps avant que de parler à eux, et ensuite leur tesmoigner la mauvaise satisfaction que Sa Majesté a subject d'avoir de leur conduite, et pour avoir receu la lettre avec le pouvoir de grands-vicaires du cardinal de Retz, et de l'avoir fait insinuer sans avoir eu permission de Sa Majesté, contre les défenses portées par son ordonnance, qu'ils devoient observer; outre que le cardinal de Retz estant accusé d'avoir entrepris contre l'estat, ils ne devoient pas recevoir aucun ordre de sa part pour exercer la fonction de grands-vicaires, après que le roy n'avoit pas voulu que les autres grands-vicaires exerçassent leur pouvoir, et mesme qu'il y avoit des grands-vicaires nommez par le chapitre. Qu'après la cognoissance qu'ils avoient de tous ces ordres, il ne leur appartenoit pas d'entreprendre de faire la charge de grands-vicaires, eux qui n'ont aucune juridiction, qui sont personnes privées, de vouloir juger, par l'acceptation qu'ils ont faite, un différend si important et de si grande conséquence, et se porter directement contre les intentions de Sa Majesté. Que l'on pourroit avec grande raison faire procéder contre eux; que Sa Majesté néanmoins oubliera volontiers leurs fautes, à la charge qu'ils rendront à l'advenir l'obéissance respectueuse qu'ils doivent à ses commandemens. »

C'est à cette date (juillet 1655) que FINISSENT LES MÉMOIRES autographes du cardinal de Retz. Il ne parle pas du sort qu'éprouvèrent ses grands-vicaires; la lettre suivante, du gouverneur de la Bastille, va nous en instruire :

Lettre de M. de la Bachélerie, gouverneur de la Bastille, à M. le cardinal de Mazarin.

« 1er juillet 1655.

» Monseigneur, M. le chancelier a envoyé céans il y a trois heures le sieur Chevalier, chanoine de Nostre-Dame, pour avoir fait la fonction de vicaire-général du cardinal de Retz. Il est si fier, qu'il m'a dit avec une marque de grand zèle qu'il n'avoit rien fait qu'il ne fist bien encore s'il estoit à le faire, et que sa conscience et sa profession l'y obligeoient; qu'il voyoit bien que c'estoit un coup du ciel pour punir ses peschez; mais que pour le reste, ce luy estoit un advantage tel qu'il faut pour demander à Dieu de sçavoir souffrir pour avoir fait des actions à son honneur et à sa gloire; et quant à quelques lettres sans subscription et certain imprimé qu'on pourroit trouver chez luy, qu'il ne sçavoit d'où venoient ces lettres ny de qui elles estoient; que l'abbé de Saint-Jean, qui est celuy qui devoit haranguer à l'assemblée du clergé, les luy avoit laissées, et mesme il l'avoit voulu obliger de les souscrire afin de les approuver, ce qu'il luy avoit refusé. Il dit que cet imprimé est un serment de fidélité que le cardinal de Retz fait au roy. Une heure après qu'il a esté arrivé, son valet luy a porté des meubles. Et comme je les ay fait visiter, il s'est trouvé chargé du mémoire cy-joint, où sont compris les noms de ceux qui avoient desjà esté chez luy pour se condouloir de sa prise. Vostre Eminence y verra le nom du curé de la Magdelaine, par où elle jugera que ce compagnon est à Paris. Je ne donnerai pas la moindre liberté à ce nouveau prisonnier, à moins que Vostre Eminence me l'ordonne, bien qu'il m'ait fait de grandes supplications pour luy souffrir qu'il se promenast quelquefois sur la terrasse. Il croit que sa prise fera du bruit dans sa compagnie, et ne s'estonne point.

» Je suis, Monseigneur,
» Vostre très-humble, très-obéissant et très-fidèle serviteur-domestique,
» LA BACHELERIE.
» A la Bastille, ce 1er juillet 1655. »

Réponse de M. le cardinal, à la lettre du 1er juillet 1655, à M. de la Bachélerie.

« J'ay receu vostre lettre du 1er de ce mois. Le nouveau prisonnier changera bientost de langage. Il n'estoit pas besoin que vous m'envoyassiez la liste que j'y ay trouvée : car je n'en puis rien faire icy; et il valoit mieux la donner à M. le chancelier, qui s'en peut servir de delà. Je vous la renvoye, afin que vous la luy remettiez. Il faudra tascher, s'il n'a pas encore esté fait, d'avoir tous les papiers dudit prisonnier, qui confesse luy-mesme d'en avoir beaucoup.

» Il sera bon de donner une copie de ladite liste à M. l'abbé Fouquet.

» Au reste, il faut veiller dans Paris : car l'on me mande qu'il y a de meschants esprits.

» A La Fère, le 5 juillet 1655. »

Autre lettre de M. de la Bachélerie à M. le cardinal.

« Monseigneur,

» Dès le moment que j'eus receu la liste de ceux qui estoient allés chez Chevalier, après sa prise, j'en donnay une copie à M. le chancelier. Ainsy celle que j'envoyay à V. Ex. ne pouvoit faire aucun retardement. Cet esprit est encore bien fier, quoy qu'il soit estroitement renfermé, que le lieutenant-criminel luy ait représenté beaucoup de papiers trouvés chez lui, qui pourroient estonner tout autre, et que je lui aye représenté qu'il devoit estre d'autant moins rehaussé dans son party, qu'il estoit contraire aux volontés du roy, et que son appuy avoit perdu la protection du Pape. Il se plaint de ce que je l'ay obligé à responder devant le lieutenant-criminel, et proteste de ne le plus faire. Mais j'espère de le mettre à raison. Avant-hyer on amena céans le nommé Carteron, notaire apostolique, sur des advis qu'il estoit de correspondance avec le cardinal; mais comme il a toujours paru bon serviteur du roy et appelé grand mazarin, j'estime qu'il y a de la mesprise ou du moins de l'equivoque, prenant le père pour le fils. Nous verrons ses papiers pour demesler cette affaire. Cette prise a fait un peu d'esclat dans son quartier et on a dit : » Voilà un mazarin fieffé bien recompensé. » J'ai dit à ses parens que V. E. n'en avoit aucune cognoissance, et que s'il se trouvoit innocent, sa prise serviroit à le mieux faire cognoistre, au lieu de lui estre ignominieuse. Il est vray qu'il y a icy de meschants esprits, comme V. E. est bien informée. Mais c'est par le defaut de chastiment, et qu'ils disent que leur pis-aller est quelque temps de Bastille. Ceux du party du cardinal de Retz s'estonnent neantmoins des dernieres nouvelles de Rome; et si elles se trouvent veritables, ils seront tout-à-fait à bas. Ceux du party de M. le prince regardent l'événement de Valenciennes. Le bon est que le corps de ville va très-bien, et le bon bourgeois aussy. »

» Par les papiers qu'on a trouvés à Chevalier, dont M. le chancelier a envoyé copie à Vostre Eminence, nous avions veu que l'abbé de Saint-Jean vouloit prendre son temps pour porter sa lettre au clergé, ce qui m'a obligé d'envoyer tous les matins une vingtaine d'hommes sur les avenues des Augustins. Mais ce compagnon ne s'est pas voulu hazarder et a fait rendre sa lettre aux promoteurs, qui la portèrent hyer à l'assemblée, où M. de Narbonne dit tout haut qu'il ne mettoit point en délibération si on l'enverroit au roy, mais seulement si on l'ouvriroit auparavant que de l'envoyer, et demanda qu'on opinast tout au plustost que d'aller par provinces. M. de Sens dit que c'estoit tendre un piége pour rendre mauvais office. M. d'Aire prit la parole et dit qu'il ne sçavoit ce que c'estoit que ce piége, mais qu'il vouloit bien qu'on sceut que son advis estoit que la lettre devoit estre envoyée au roy toute fermée, et que la conduite du cardinal de Retz et la lettre de Sa Majesté l'obligeoient à estre de cet advis. M. de Toulouse parla le mesme langage. Et M. de Limoges dit que la révocation du grand-vicaire et la nomination d'autres, sans participation de Sa Sainteté et de Sa Majesté, estoit si extraordinaire et si outrageante, que la compagnie devoit envoyer la lettre fermée au roy, et ne rien entendre de la part dudit cardinal qu'il n'eust donné satisfaction. Le reste suivit en conformité tout d'une voix. La pluspart croyent qu'il faut que Vostre Eminence la voye et la garde, et qu'il plaise au roy d'escrire à l'assemblée la satisfaction qu'il a de son procédé, et que sur le surplus de la lettre dudit cardinal, Sa Majesté a déjà fait sçavoir son intention. M. de Bordeaux n'a pas oublié dans son opinion le commandement qu'il receut à La Fère, à son dernier voyage. Beaucoup croyent qu'il seroit très-expédient de faire finir au plustost l'assemblée. J'ay esté conseillé par aucuns de ceux qui la composent de mander tout cela à Vostre Eminence. Nous taschons à descouvrir cet abbé de Saint-Jean. J'ay bien quelque avis des lieux que Chassebras fréquente. Je n'oublie rien de ce qui pourra persuader à Vostre Eminence que je suis, Monseigneur, vostre très-humble, très-obéissant et très-fidèle serviteur-domestique,

» LA BACHELERIE.

» A la Bastille ce 8 juillet 1655. »

L'affaire des grands-vicaires de Paris eut bientôt du retentissement à Rome : l'ambassadeur de France en écrivit le 5 juillet, et il donna en même temps quelques renseignements secrets sur l'intérieur du cardinal : « Si, écrit-il, la lettre qu'on dit que le cardinal de Retz a escrite au chapitre de Nostre-Dame estoit imprimée, il seroit bon de me l'envoyer, parce que l'on m'asseure qu'en pareilles occasions il se sert d'une imprimerie qui est au palais des Barberins, aux Quatre-Fontaines, et j'en feray icy le bruit qu'il convient.

» Les advis que j'ay de la maison du cardinal de Retz, sont que monsignor Febei, premier ministre des cérémonies, y fut, il y a trois jours, depuis vingt heures jusqu'à une heure de nuit; que le lendemain, Lucas Holstenius et l'abbé Antinois y furent aussi long-temps, qu'un François vestu à la levantine y pratique, je ne sais qui il est.

» Que Masparant, que je croiois se cacher pour éviter quelqu'ordre du roy, est enfermé pour se faire traiter d'*un mal qu'il n'a pas pris en disant son chapelet.*

» Et que le bruit de la maison est qu'il obtiendra du Pape que les vicaires que le cardinal a députés exercent leurs charges.

« L'ambassadeur de Venise qui est icy m'a dit une particularité des affaires d'Angleterre que j'ay cru vous devoir mander à toutes fins en cas que M. de Bordeaux ne l'eust pas pénétrée. Le secrétaire de la république, qui est à Londres, lui mande que quand les ambassadeurs d'Espagne ont pressé le Protecteur de faire une alliance et ligue estroite entre l'Espagne et l'Angleterre, celui-cy leur avoit respondu, y tesmoignant disposition, pourveu que trois choses précédassent comme préliminaires de ce traicté : la première que le roy catholique accordât à tous les sujets de la Grande-Bretagne entière liberté de conscience en tous ses états généralement, sans qu'ils pussent estre recherchés par aucune inquisition; la deuxième qu'ils consentissent eux-mesmes le libre commerce des Indes (ce qui voudroit autant dire que *la patronanza*, veu l'estat des forces maritimes d'Angleterre), et la troisième que ledit roy payast tout ce qu'il doit à tous les Anglais, qui monte à des sommes énormes; les ambassadeurs respondirent qu'ils n'avoient aucun ordre sur des matières si graves, et l'affaire, dit-il, en est demeurée là. »

Le même ambassadeur ajoutait ce qui suit dans une autre lettre du même jour :

« L'on commence icy à craindre que le *pallium* que le pape a donné au cardinal de Retz, et l'ordre que Sa Sainteté a envoyé à son nonce, qui est à Paris, de faire publier la bulle du jubilé, soubz le nom dudit cardinal, comme estant archevesque de Paris, ou soubz celui des grands-vicaires qu'il a establis en ce diocèse-là, ne causent quelque mauvais ménage entre Sa Sainteté et le roy, au lieu de la grande affection et bonne intelligence qui s'estoit establie entre eux deux, s'advisant qu'elle est résolue de pourvoir en toutes façons que ce grand diocèse-là, dans lequel elle dit y avoir plus de deux millions d'âmes, soit remply de son pasteur, aussy bien que de ne laisser plus long-temps tant d'esveschez de Portugal qui sont vacans, quelqu'empeschement que les Espagnols y veuillent apporter, Sa Sainteté disant estre plus obligée de pourvoir au salut de tant d'âmes, qui se perdent maintenant en ce pay-là, que de s'arrester à des considérations mondaines qu'on lui pourra représenter; et que pour cet effect elle va establir une congrégation de quinze cardinaux pour y traiter de ces deux affaires-là, et après y prendre et faire exécuter ses résolutions. »

Les circonstances devenaient de plus en plus critiques pour les antagonistes du cardinal de Retz, à mesure que la bienveillance du Pape se manifestait envers lui avec moins de contrainte ou de réserve.

Une créature de Mazarin, son complaisant et son affidé, venait d'arriver de Rome ; il dirigea les nouvelles résolutions du conseil du roi contre le cardinal de Retz ; comme on l'a déjà dit, elles étaient en trois points : 1° une lettre du roi au Pape; 2° des instructions à l'ambassadeur de Lionne, contenant bien particulièrement tout ce qu'il devait dire et faire ; 3° une série de chefs d'accusation qu'il dut présenter signés de lui contre le cardinal de Retz. Ces trois pièces, selon M. Ser-

vient, devaient être bien concertées, et pour cela la venue de M. Ondedei était absolument nécessaire, « sa prudence à proposer les difficultés plus importantes et à faire connoître la prudente résolution de son éminence (le cardinal Mazarin) sur chaque point, devant ramener toutes les délibérations dans un même sentiment qui seroit soumis à l'approbation de son éminence et à ce qu'elle auroit agréable d'y corriger ou ajouter. »

L'exécution d'aucun des trois points réglés dans ces conférences intimes, et auxquels le cardinal Mazarin n'avait rien trouvé à corriger ou à ajouter, ne fut pas remise d'un seul jour, et le *mémoire des crimes* du cardinal archevesque de Paris fut arrêté en ces termes :

Mémoire des crimes sur lesquels le procès doit estre fait au cardinal de Retz.

« Il se justifiera tant par la notoriété publique que par témoins et autres preuves ;

» Que ledit cardinal de Retz, après avoir mené une vie fort dissolue estant abbé, mesme s'estre battu en duel, dont on ne croit pas qu'il ait jamais esté absous de l'irrégularité et des censures, ayant trouvé moyen au commencement du règne du roy Très-Chrestien, heureusement régnant, en considération et par l'entremise de ses proches, après plusieurs asseurances de changer ses mœurs, d'estre agréé et nommé par Sa Majesté pour coadjuteur de son oncle à l'archevesché de Paris, a continué la mesme façon de vivre , au scandale public de tout le diocèse, jusques à avoir abusé des sacrements et révélé des confessions par raillerie et divertissement , en présence de plusieurs personnes ;

» Que ledict cardinal , oubliant le devoir auquel sa naissance , les grâces qu'il avoit nouvellement receues , son caractère et le serment de fidélité qu'il venoit de faire au roy l'engageoient, poussé d'une ambition déréglée et d'une inquiétude naturelle, qui ne luy permet pas de demeurer en mesme situation d'esprit , s'unit secrètement avec les mécontents et factieux , ennemis de Sa Majesté et du repos public, pour suborner l'esprit des peuples sous divers prétextes spécieux , et les jetter dans la rébellion , ayant la principale part dans toutes les séditions et révoltes qui ont agité la France pendant la minorité , et qui ont causé tant de guerres et de ruines aux subjets du roy ;

» Que lors des premières barricades de Paris, en l'année 1648, feignant d'appaiser par l'authorité de son caractère les esprits des peuples esmeus, il alloit, revestu de ses habits pontificaux, dans toutes les rues, donnant des bénédictions, et en effet eschauffant la sédition et animant ceux qui luy estoient affidés à continuer leurs mauvais desseins;

» Qu'ensuite, voulant tirer advantage du désordre qu'il avoit excité et se donner un nouveau crédit, en joignant l'authorité des armes à celle de l'église, il demanda avec chaleur le gouvernement de Paris, et, sur le refus qu'il luy en fut fait, déclara hautement qu'il s'en vengeroit, et, en effet, assembla un conseil dans le chasteau de Noisy, composé des principaux chefs des troubles qui sont arrivés dans le royaume, et là furent résolus les moyens de faire souslever Paris, et, par un horrible attentat, de se saisir de la sacrée personne de Sa Majesté, qui fut obligée de se retirer en diligence à Saint-Germain;

» Que le roy ayant commandé audit cardinal de le venir trouver à Saint-Germain, il refusa d'obéir à ses ordres, et se déclara si ouvertement contre son service, qu'il ne fit pas difficulté d'exhorter les peuples à prendre les armes contre leur roy, et, pour mieux rasseurer leurs consciences estonnées d'un tel crime, abuser de la parole de Dieu, monter en chaire, et, au lieu d'enseigner la doctrine de l'Evangile et l'obéissance due au souverain, prescher séditieusement dans l'église de Saint-Paul, le jour de la conversion de ce saint apôtre, qu'il falloit vendre les vases sacrés et l'argenterie des églises pour une si sainte et si juste guerre;

» Que non-seulement il s'est trouvé à tous les conseils tenus pendant ces mouvemens dans Paris, a assisté à toutes les délibérations du parlement en ce temps engagé dans la révolte, et lorsque M. Longueville entra dans Paris pour se joindre à ce parti, déclaré publiquement qu'il estoit asseuré de ses intentions, et qu'il les mesnageoit il y a long-temps; mais encore au mespris de l'église, à la honte de sa profession, et, sans crainte d'irrégularité, a levé un régiment sous le nom de Corinthe, y a préposé des officiers, l'a envoyé journellement à la guerre contre les subjects du roy, après luy avoir donné sa bénédiction, et enfin a passé à un tel emportement, que luy-mesme, en habit séculier, monté sur un cheval de combat, armé de pistolets et d'espées, à la teste de son régiment, sortit, à la veue de toute la ville, pour aller en cet équipage combattre avec l'armée des rebelles les troupes du roy, qui attaquoient le bourg de Charenton;

» Qu'il a conseillé et fait exécuter plusieurs actions violentes, et entre les autres voulu faire tuer le lieutenant-général d'Orléans, et, sans respect de caractère, fait arrester prisonnier les évesques d'Ayre et de Dol pour n'avoir pas voulu s'engager dans son parti;

» Qu'il a eu un continuel commerce avec les ministres d'Espagne, ennemis de la couronne, et qu'il a dressé les instructions des sieurs de Noirmoustier et de Laigue, envoyés de Paris à Bruxelles, et celle du moine Arnolphini, envoyé de Bruxelles à Paris par l'archiduc, et introduit par le ministère dudit cardinal dans le parlement;

» Qu'après les premiers mouvemens pacifiés, ledit cardinal de Retz n'ayant peu compatir avec le prince de Condé, son compétiteur, dans le mesme dessein d'estre à la teste des rebelles, prit résolution d'entreprendre sur la vie dudit prince de Condé, et, en effet, avec le sieur de la Boulaye, assembla des gens de main, fit attaquer son carrosse de nuit sur le Pont-Neuf, dans lequel il y eut quelqu'un de ses domestiques tué;

» Que ledit cardinal, voulant exciter quelque nouveau tumulte, après avoir préparé des gens payés pour cet effet dans les places publiques, fit tirer un coup de pistolet dans le carrosse du nommé Joly, son confident, lors conseiller au Chastelet, et à présent son secrétaire à Rome, lequel, sous un habit percé exprès le jour précedent, avoit feint une blessure pour esmouvoir le peuple, à l'occasion d'un assassinat fait à un magistrat, et faire crier aux armes, à l'exemple des affidés dudit cardinal, qui commençoient les clameurs;

» Que ledit cardinal, espérant profiter des divisions et se faire un chemin au cardinalat, appuyé de l'autorité de M. le duc d'Orléans, auquel il s'estoit attaché, après avoir contribué à descouvrir les intelligences, pratiques et pernicieux desseins du prince de Condé, et sollicité le roy avec empressement de s'asseurer de sa personne, pour préparer de nouvelles brouilleries dans l'estat, se réconcilia secrètement avec ledit prince en prison, engagea M. le duc d'Orléans dans ses intérests, et, unissant tous les intéressés en la fortune dudit prince, forma une nouvelle faction pour sa liberté et pour l'éloignement de M. le cardinal Mazarin, à quoi le roy se trouva obligé de donner les mains;

» Que ledit cardinal de Retz, prenant advantage du nombre, de la qualité de ses complices et de la mauvaise disposition des peuples, dont il avoit aliéné les esprits par toutes sortes d'artifices, faisant semer une infinité de faux bruits par gens apostés et payés à ce dessein, composer des libelles contre l'honneur de la maison royale, inspirer aux sujets la crainte de mauvais traitements, avec l'espérance de se délivrer du payement des impositions ordinaires en secouant le joug de l'obéissance, et, se flattant de l'apparence d'un grand succès, après avoir débauché des principaux officiers de Sa Majesté, avoit passé jusques à l'insolence de faire arrester le roy et la reine prisonniers dans Paris, faisant garder toutes les portes, visiter les carrosses, poser mesme des gardes près le Louvre, pour observer les actions de Leurs Majestés, à intention de se saisir de leurs personnes;

» Que ledit cardinal de Retz a esté autheur de toutes les persécutions faites à M. le cardinal Mazarin, de tant de libelles infâmes contre son honneur et de tant d'arrests contre son bien et sa vie, qu'il semble s'estre rendu indigne de jouir des priviléges d'un caractère qu'il a si fort mesprisé et outragé;

» Qu'il a proposé et appuyé d'aller à main armée arracher les sceaux d'un des premiers magistrats du royaume et jeté sa personne dans la rivière, pour avoir esté opposé à ses intentions et attaché au service du roy et à son debvoir;

» Qu'il a entretenu correspondance particulière avec le duc de Lorraine et autres ennemis du roy, contre son service, et eu grande part à toutes les entreprises faites contre l'authorité de Sa Majesté, lorsque la régence du royaume fut déférée à M. le duc d'Orléans, et aux violences, meurtres et incendies commis en l'Hostel-de-Ville de Paris;

» Que par le crédit et l'accès qu'il avoit auprès de M. le duc d'Orléans, le roy estant rentré dans Paris, il lui a conseillé de tenir ferme contre Sa Majesté dans l'un des fauxbourgs, s'armer et se barricader, lui promettant d'exciter de nouveaux troubles dans la ville, et, après estre sorti, l'a voulu engager en de nouvelles entreprises qu'il tramoit parmi la noblesse, sous prétexte que le roy n'avoit tenu l'assemblée des Estats, ordonnée pendant les mouvements;

» Que, Paris estant paisible et le roy au Louvre, ledit cardinal a esté trois semaines sans vouloir voir le roy, parlant avec fierté et arrogance, entretenant ses pratiques avec les séditieux, munissant sa maison de poudre, mesches, grenades, pots à feu et autres armes qui s'y sont trouvées;

Que le roy ayant esté contraint de s'asseurer de la personne dudit cardinal, il a continué dans la prison les mesmes sentiments et les mesmes intelligences autant qu'il a peu; et enfin après avoir donné sa démission de l'archevesché de Paris, accepté les conditions proposées par ses amis et promis solennellement l'accomplissement du traité, il a honteusement violé la foy de ses paroles et la religion de son serment,

et a employé les premiers moments de sa liberté à faire armer ses amis et ses parents, attrouper ce qu'il a peu ramasser de gents dans le désordre de ses affaires, et escrit des lettres séditieuses dans Paris au chapitre et aux curés, en termes contraires au respect deub à Sa Majesté;

» Que, s'estant tenu quelque temps dans Belle-Isle après avoir donné tous les ordres nécessaires pour exciter de nouveaux troubles en France, au moment qu'il espéroit que la prise d'Arras en faciliteroit l'exécution, au lieu d'éviter le passage dans le pays ennemy, il a exprès affecté de se rendre à Saint-Sébastien pour conférer avec les ministres d'Espagne, dans le mesme temps que l'un des agents du prince de Condé et le nommé Francas, l'un des séditieux de Bordeaux venant d'Angleterre, s'y sont rencontrés, et, tous ensemble communiquant de nouveaux desseins, avoient jeté les fondements d'une nouvelle révolte de Bordeaux, et ensuite, après avoir tiré des sommes d'argent du roy d'Espagne et s'estre servy d'une de ses galères pour passer à Rome, y a continué le mesme commerce avec les ennemis, renouvelé ses correspondances avec les séditieux, composé et semé des libelles insolents, et tasché, comme il fait encore à présent, de troubler par toutes voyes la tranquillité publique. »

Et le secrétaire d'état Servient s'empressa de fournir un supplément à ce mémoire; il l'adressa au cardinal Mazarin, dans une lettre du 9 juillet.

Lettre de M. Servient à M. le cardinal Mazarin.

« De Paris, le 9 juillet 1655.

» Si la despesche de Rome n'est point encore partie, je prens la liberté de faire souvenir Son Eminence qu'il importe extremement d'adjouster aux crimes du cardinal de Retz, que depuis le retour du roy à Paris, il sortoit tous les soirs du cloistre Nostre-Dame, à dix heures du soir, sans suite et desguisé, dans un carrosse emprunté de Joly, ou de quelqu'autre de cette trempe, pour s'en aller chez une dame avec laquelle sa fréquentation a esté scandaleuse pendant plusieurs années, où il faisoit venir, par la porte de derrière, grand nombre de personnes de sa cabale, travesties, pour tenir avec eux ses conseils nocturnes. Après quoy il s'enfermoit seul avec ladite dame, et ne se retiroit presque jamais qu'à deux ou trois heures après minuit. Il me semble que nous avons oublié ce crime parmy ceux que nous avons assez amplement déduits dans la despesche. »

Un autre serviteur du cardinal Mazarin tira des registres de l'Hôtel-de-Ville de Paris tout ce qui pouvait être bon pour soutenir les accusations portées contre le cardinal de Retz dont il avait été l'ami, et il adressa son extrait au ministre Le Tellier avec la lettre suivante :

Pour le procès criminel.

« Monsieur, je voudrois n'avoir peu estre sy diligent dans l'exécution des ordres de Son Eminence, car la matière qui en auroit retardé l'effet auroit esté plus ample et auroit davantage aydé à la justice. J'ay repassé tout le registre de l'année 1649, et n'y ay rencontré que ce que vous lirez dans la feuille jointe; les conseils de l'Hostel-de-Ville estoient conseils de guerre ou de police particulière; ainsy, Monsieur, aux uns ni aux autres, M. le cardinal de Retz n'estoit point appelé; et de ce qu'il a peu dire dans le particulier, on n'en tenoit point registre; les conseils qui regardoient l'estat, se prenoient dans le parlement, et c'est là d'où en peut venir l'esclaircissement, si toutefois on faisoit registre de tout ce que la chaleur et l'emportement des chefs du party y exhaloient; c'est, Monsieur, ce que vous pourrez tirer des soins de M. le procureur-général. J'ay commencé à faire recherche dans quelques journaux particuliers, mais je ne veoy pas qu'il s'y puisse descouvrir chose considérable, par-dessus ce que les registres du parlement en diront; car, ce qui se trouvera remarqué de plus précis, sera destitué de preuve. Celle qu'on peut aisément avoir, puisque tout Paris en a esté témoin, est que M. le cardinal de Retz a paru diverses fois à la teste de son régiment, avec un habit gris-brun, et les serviteurs que le roy tenoit dans Paris en peuvent rendre tesmoignage. Je vous supplie très-humblement, Monsieur, de continuer à me donner en ma faveur dans les occasions avec vostre bonté ordinaire, et de me croyre avec toute la recognoissance que je dois,

« Monsieur,

» Vostre très-humble et très-obéissant serviteur, » Signé DE SEVE.

» A Paris, ce 16 juillet 1655. »

Extrait des registres de l'Hostel-de-Ville de Paris, année 1649.

« Du lundy 11 janvier 1649, ledit jour, etc.

» Mémoyre des régimens de cavalerie de quatre cents maistres chacun, M. le duc d'Elbeuf, M. le duc de Bouillon, M. le mareschal de La Motte-Oudancour, M. le duc de Brissac, M. de Sévigny pour M. le coadjuteur, M. le comte de Rieux, etc.

» Il sera donné quatre pistolles à chaque cavalier, auquel on fournira un cheval avec selle et pistolets, etc.

» Du mercredy 13 janvier 1649, sur les grandes, etc.

» Le faict a esté parlé de délivrer des commissions de gens de guerre, à quoy quelques-uns de MM. les généraux ont résisté, non qu'ils n'eussent volonté d'en avoir les commissions, mais à cause du grand nombre de personnes qui estoient dans la chambre du conseil; car ayant passé dans la salle des colonels après que ledit conseil a esté levé, ils ont réglé les régimens, et lurent les commissions en l'ordre qui en suit :

» C'est M. le prince de Conti. Le régiment de S. A., huict compagnies de chevau-légers ;

» Le régiment de M. le duc d'Elbeuf, huict ;

» Le régiment de M. de Bouillon, etc.;

» Celuy de M. le coadjuteur, cinq; celuy, etc.

» Dudit jour, 16 janvier 1649, sur la difficulté, etc. Ce jour, M. l'archevesque de Corinthe, coadjuteur de Paris, fust au parlement, où il fust receu au rang et dignité de conseiller d'icelle cour.

» *Nota*. Le parlement estoit lors interdict et déclaré criminel par le roy, et ainsy c'estoit donc un crime que de se faire recevoir conseiller dans cette compagnie; les lettres-patentes de cette interdiction doivent estre ès-mains de l'un de MM. les secrétaires d'estat.

» Du mardy, 12 février 1649. Ce jour, etc.

» Quartiers de l'infanterie et de la cavalerie de l'armée.

» Au fauxbourg Saint-Antoine, etc.

» Fauxbourg Saint-Victor, coadjuteur, cavallerie, Genecour et Chaumont, infanterye, etc.

» Du lundy, vingt-deuxième jour de mars 1649.

» De par les prévosts, etc.

» Arrest de la cour du parlement sur l'advis que M. le prince de Conty a donné de l'entrée de M. l'archiduc Léopold en France.

» Ce jour, la cour, toutes les chambres assemblées, le premier coadjuteur à l'archevesché de Paris a dict : que M. le prince de Conty, qui est indisposé, l'avoit chargé de dire à la cour qu'hyer il receut nouvelles de l'archiduc, qui luy mande qu'estant entré en France, il désire lever le soubçon qu'on pourroit prendre de sa marche, etc., faire cognoistre à tout le royaume qu'il y vient chercher la paix et non pas faire la guerre; pour cet effect, offre d'arrester ses armes, pourveu que la royne donne des députez pour terminer tous les différens des couronnes; que ledit sieur prince de Conty n'avoit pas jugé à propos de laisser passer cette occasion si glorieuse à la France, si importante et si favorable à la chrestienté, et avoit pour ce sujet envoyé aux députez ordre de sa part d'insister sur cette proposition, supplioit la compagnie d'en considérer l'importance et de donner le mesme ordre à ses députez, protestant de ne rien tant désirer au monde, et d'y sacrifier tous les intérêts particuliers, et si l'archiduc se vouloit prévaloir de l'estat auquel se trouve à présent la France, déclare ledit sieur prince de Conty qu'il est prest de rendre au roy et en public tous les tesmoignages d'affection, de service et d'obéissance que doit une personne de sa naissance. Et sur ce, ouy le procureur-général, la matière mise en délibération, ladite cour a arresté qu'il en sera faict registre, autant duquel sera envoyé aux députez de ladite cour, estans à Saint-Germain, pour le faire sçavoir au roy et à la royne régente pour en disposer selon sa volonté. Faict en parlement, le 22 mars 1649.

» Signé Du Tillet. »

Avant de recevoir de Paris les ordres importants que la cour lui adressait, M. de Lionne continuait à rendre compte de ses démarches et des rapports qui lui parvenaient au sujet du cardinal, qu'il faisait très-attentivement surveiller. Voici encore deux de ses dépêches, des 12 et 19 juillet :

« 12 juillet.

» De la maison du cardinal de Retz, ce que j'en ay cette semaine, c'est que l'abbé de Sévigné traite les soirs de sa part avec le gentilhomme de M. le prince et lui en rapporte les responses; qu'un monsignor Pier Francisco de Rosi, advocat et dépendant du cardinal Barberin, y fut dernièrement fort long-temps.

» Le lendemain, un père Hilarion, personne de lettres ; qu'ils attendent de moment en moment l'arrivée de son écuyer qu'il avoit despesché en entrant au conclave, et que comme mon correspondant n'a jamais ouy parler de luy comme escrivain de France, il juge qu'il pouvoit bien avoir esté despesché en Espagne, mais je croirois plustost qu'il fust allé en Anjou ou Bretagne. On croit qu'il dépescha hier un courrier, et ils disent parmy eux qu'il a porté un autre manifeste; il a esté chargé de plus de quatre cents lettres, ce sera sans doute pour exciter du bruit dans Paris. Comme tous les courriers qui passent à Lyon sont obligés de voir le gouverneur, il n'y auroit qu'à faire sçavoir à M. l'archevesque de prendre garde à leur passage.

» Ledit cardinal fut soupper hier chez l'abbé Charier, où il ne mena aucun des siens; monsignor Febei s'y rencontra ; et il est à remarquer que j'eus avant-hier au soir audience du Pape, que monsignor Febei fut hier une heure avec le Pape et que le soir il soupa avec le cardinal de Retz ; de sçavoir maintenant si le Pape luy a tesmoigné sentiment, et jusqu'à quel point, de ce qui s'est passé, c'est où nous verrons plus clair dans huit jours.

» Cependant on vient de me donner advis que l'abbé Salicetti, qui est le grand confident de Sa Sainteté, et qui a tous les chiffres, a dit à une personne que le pape me trouvoit un peu trop ardent et trop violent.

» Le cardinal de Retz ne fait plus passer ses lettres par l'Allemagne, mais par Léon. Ils publient chez lui que M. le prince a assiégé La Fère. M. le cardinal Bichi m'a asseuré qu'il n'y a point d'imprimerie au palais des Quatre-Fontaines.

» J'ai informé Sa Sainteté comme le roi avoit donné ordre non-seulement pour défendre la vente d'un pourtrait du protecteur d'Angleterre avec un éloge préjudiciable à la dignité du Saint-Siége ; mais pour retirer la planche et faire chastier le graveur.

» Et enfin de ce qu'elle pense faire pour la supression du livre de feu M. Dupuy, touchant les différens du pape Boniface VIII avec le Philippe-le-Bel, lequel a paru au jour avant que les ordres qu'elle avoit donnés pour l'empescher soient arrivés. »

« 19 juillet.

» Outre ce que Votre Excellence verra dans la lettre de M. de Brienne, que je dis avant-hier au pape sur le sujet de M. le cardinal de Retz, je dis encore à Sa Sainteté que je luy voulois faire voir avec quelle audace et quelle malice ledit cardinal prétendoit faire croire dans le monde qu'il disposoit absolument de toutes les volontés de Sa Sainteté, et qui est la chose qui le pouvoit le plus piquer selon son humeur, qui ne prétend pas que rien que la raison ayt pouvoir sur son esprit, et je lui leus la copie dont je parlois à Votre Excellence, par ma précédente, de la lettre qu'à escrite le gentilhomme de M. le prince à son maistre, dans laquelle Sa Sainteté vit que non-seulement le cardinal de Retz avoit dit à ce gentilhomme que Sa Sainteté luy avoit promis de faire porter son affaire en France, par M. le Nonce, avec grande chaleur, mais que ledit cardinal avoit aussi parlé à Sa Sainteté de l'accommodement de M. le prince, et qu'elle luy avoit promis de s'y employer volontiers et de la bonne façon; Sa Sainteté fit encore d'autres signes de croix sur ces impostures, et se contenta de me dire que les effets feroient voir que le cardinal de Retz n'avoit pas eu raison d'avancer de pareilles choses.

» L'autre personne de chez le cardinal de Retz me fit dire qu'un de ses correspondans de Paris est M. de Lescale, ce peut estre le chevalier de Lescale, s'il est encore en vie. Votre Excellence connoît le personnage; que l'escuyer qui est arrivé a esté à Belle-Isle, à Nantes, et à Vannes, comme aussi en Picardie, mais on ne sait pas en quel endroit. »

Un instant le Pape sembla s'émouvoir aux instances pressantes de la cour de France, et l'ambassadeur lui transmettait avec joie les moindres lueurs du succès qu'il poursuivait ardemment. Ses lettres des mois d'août et septembre révèlent cette ardeur et cette joie; et en les lisant, on ne peut que plaindre un ambassadeur de France, qui est réduit à être satisfait de si fugitives apparences. Il écrivait au cardinal Mazarin ce qui suit :

« 27 juillet.

» Outre ce que je marque dans la lettre de M. de Brienne, de l'audience de monseigneur le cardinal Bicchi, j'adjouteray ici ce qu'il importe de tenir très-secret de peur de mescontenter le Pape, que Sa Sainteté a dit à Son Éminence : qu'il avoit passé jusques là de faire dire à M. le cardinal de Retz que *una stanza in Castello era ben presto preparata*. Cette seule particularité nous fait voir que Sa Sainteté s'est portée d'elle-mesme, sans me le promettre, à faire l'office que nous luy demandions, et en termes encore plus forts qu'on ne l'avoit requis, et on doit avoir la satisfaction que le cardinal de Retz n'a pas subject d'estre fort gay dans son ame, et qu'il passe de plus mauvaises heures qu'il ne veut qu'on le croye. Aussi m'asseure-t-on que l'abbé Charier ne cesse depuis quelque temps de courir jour et nuit.

» Je fais estat, donnant le mémoire des crimes du cardinal de Retz, d'y changer quelque chose dans l'intitulation, et au lieu de dire *mémoire des principaux crimes*, mémoire *de plusieurs*, ou bien *de divers* crimes, afin de laisser juger que nous en réservons d'autres ou qu'on en pourra descouvrir de nouveaux; je veux aussi débuter par : Le cardinal de Retz est criminel de lèze-majesté divine et humaine, et puis suivre.

» Je suis, etc. »

« 2 aoust.

» Et après quelques autres reparties dudit cardinal, le Pape a rompu le discours et dit : Il suffit, nous verrons ce que nous portera M. de Lionne. Enfin, Son Éminence n'est nullement demeurée satisfaite de la manière de parler du Pape, qu'il n'avoit, dit-il, jamais trouvé de mesme.

» Nous avons considéré que cette circonstance de n'estre poinct allé à l'audience, peut avoir pour cause la fierté qu'affecte ledit cardinal, pour montrer qu'il ne craint et ne se soucie de rien; mais elle peut aussy être attribuée à concert, ou à avoir jugé qu'il n'avoit pas besoin d'audience, ayant trouvé d'ailleurs le moyen de faire entendre à Sa Sainteté ce qu'il avoit à luy dire.

» Nous avons fait diverses réflexions sur ce nouveau procédé du Pape, que nous ne pouvons pas encore appeler changement. Il faut voir auparavant ce qu'il me dira, et je me prépareray en sorte à le faire parler de tout, qu'il sera bien mal aisé que nous n'en descouvrions la cause ; à quoy, pourveu qu'on la scache, il sera facile de remédier, les intentions du roy pour sa personne estant toutes telles qu'il peut désirer, et à l'esgard du cardinal de Retz, toutes justes. »

« 9 août.

« Je ne veux pas pourtant respondre encore que je ne sois obligé à présenter le Mémoire des crimes, et peust-estre mesme de le signer, car estant près de sortir de l'audience, et voulant vous pouvoir mander les choses avec plus de fondement, je redis au Pape : « Saint Père, j'escriray donc au roy qu'il » peut tenir le procès dudit cardinal pour com- » mencé, sur les lettres que le roy en a escrites » à Sa Sainteté. » — Le Pape me dict : « Nous » croyons que la chose pourra aller de la sorte » sans difficulté ; néanmoins nous sommes réso- » lus de députer une congrégation de quatre per- » sonnes seulement, bien choisies et sans aucun » soupçon, que nous consulterons en toutes ren- » contres. — Et pour le point du suffragant, » dis-je, que puis-je en escrire au roy ? — Vous » pouvez, dit-il, mander que nous le mettrons » en délibération au mesme temps que l'autre, » cognoissant que la chose presse. — Mais, ré- » pliquai-je à dessein de descouvrir son senti- » ment, Vostre Sainteté ne croit-elle pas qu'il y » sera incomparablement mieux, pour eux et » pour le service de Dieu et de l'église, et pour » la dignité du Saint-Siège, par la députation » d'un évesque suffragant, qui ne seroit pas celle » de deux personnes particulières, en qualité de » vicaires apostoliques ? Le Pape me dit qu'il se » rencontreroit plus de difficultés à députer un » suffragant ; et je pris occasion de lui répliquer » toutes les raisons en faveur du suffragant, qui » certainement sont très-fortes, et d'adjouter sur » le tout la singulière obligation que luy en au- » roit Sa Majesté, si on prenoit plustost cette

» voye-là que l'autre ; à quoy il me promit de faire grande réflexion et d'y avoir tout l'esgard qui se pourroit. »

« 16 aoust 1655.

» Le bruit de la maison de monsieur le cardinal de Retz, est qu'il sera dans quatre mois à Paris. Cela, avec ce que m'a dict l'expéditionnaire La Borne, que d'autres de la mesme maison publioient qu'il seroit bientôt accommodé, et avec honneur, pourroit faire croire que le Pape en traite quelque chose avec luy, pour m'en parler après qu'il l'y auroit disposé ; et d'autant plus que je n'ay point de response de Sa Sainteté, comme il s'estoit engagé de me la donner prompte ; néanmoins j'expose simplement à Vostre Eminence ce qui vient à ma connoissance, sans en porter aucun jugement, car quand Sa Sainteté mesme s'appliqueroit toute entière à cet accommodement, je ne crois pas, à moins qu'elle en vienne à quelque violence, dont je l'ay toujours veu esloignée, qu'elle en vienne à bout, telle est la présomption et l'opiniâtreté du personnage.

» Cependant il faut qu'il se passe quelque chose de bien secret entre le Pape et M. le cardinal de Retz, car j'ai advis que l'abbé Charier est jour et nuict continuellement en action depuis quelque temps, sans que les chaleurs du gros du jour l'empeschent d'aller de costé et d'autre. Il s'est mesme espandu par la ville quelque bruit d'un accommodement : à quoy quand on m'en a parlé par nécessité, j'ay reparti que la mauvaise conduite dudit cardinal avoit épuisé toute la patience et la clémence du roy, et que Sa Majesté ne vouloit plus que son chastiment. »

« Le 23 aoust.

» Mon homme, qui gouverne le gentilhomme du prince de Condé, vient de m'advertir qu'il a receu trois cents pistolles icy pour le président Viole luy a fait remettre icy pour le pouvoir entretenir. Que cette semaine il a reçeu trois lettres de M. le prince, pour les cardinaux de Retz, Colonne et Lantgrave, et qu'il envoya à l'instant celle du cardinal de Retz ; et comme j'ai voulu dire à cet homme qu'il prist occasion de sçavoir adroitement de Salières pourquoy il ne recevoit plus le cardinal de Retz, mesme quand il avoit des lettres à luy rendre : « Oh j'en sçay déjà la » raison, m'a-t-il reparti. Il me dit dernièrement » que le Pape sçavoit tout ce qui s'estoit passé » entre ledit cardinal de Retz et luy, et qu'il faut » qu'il y ait des lutins qui l'avertissent. » Je fus fort surpris d'apprendre cette particularité, ne m'estonnant plus maintenant s'ils ont été si longtemps sans se voir.

» Le Pape m'apprit ensuite qu'on l'avoit asseuré que l'incommodité du bras droit dudit cardinal empiroit tous les jours, que l'os estoit toutà-fait hors de la jointure, et que le bras ne prenant plus toute la nourriture dont il avoit besoin, il couroit fortune de le voir sécher sur luy, qu'on luy avoit mesme dit qu'il vouloit aller prendre les bains de San-Casciano, mais que depuis quelque temps on ne luy avoit plus parlé de ce voyage. »

« 30 aoust.

» Par la lettre que j'escrivis à M. Ondedeï, il y a huit jours, le priant d'en rendre compte à Son Eminence et à vous, je l'informois de ce qui s'estoit passé entre le Pape et monseigneur le cardinal de Bicchi, depuis toutes mes despêches fermées et envoyées à la poste ; vous y aurez veu entre autres choses que Sa Sainteté avoit déclaré à Son Eminence qu'elle vouloit accorder à M. le cardinal de Retz la permission qu'il luy avoit fait demander d'aller pour quinze jours aux bains de San-Casciano, prendre la douche sur son espaule desmise, à condition de se rendre icy après ce temps-là pour se défendre. »

Le 6 septembre, M. Gueffier ajoutait à ces détails la nouvelle du départ du cardinal pour les bains.

« 6 septembre 1655.

» Jeudy dernier, lorsque personne ne pensoit à cela, l'on vit partir le cardinal de Retz de Rome, pour s'en aller aux bains de San-Casciano, que l'on dit qu'il veut prendre durant le reste de ces chaleurs, menant avec luy presque toute sa famille ; ce partement si à l'improviste faisant penser et dire à plusieurs que c'est un prétexte qu'il a pris pour sortir de Rome, dans quelque crainte que le Pape ne se relasche de la protection qu'il luy avoit promise, pour en ce cas se retirer à Florence, s'assurant que celle du grand-duc ne luy manquera pas. »

Et le zèle des agents du roi était incessamment excité par la personne qui devait en recueillir le plus immédiatement les avantages, par le cardinal Mazarin, qui donnait les ordres suivants au ministre Brienne.

A M. de Brienne.

« Il faut que M. le comte de Brienne se souvienne surtout de mander à M. de Lionne qu'on avoit tasché jusqu'à présent de détromper tous ceux qui croyoient que le cardinal de Retz ne faisoit rien que de la participation du Pape, quoique luy, pour faire plus d'impression dans l'esprit du peuple, ait continuellement fait publier par ses émissaires qu'il ne faisoit rien que par ordre de Sa Sainteté, mais qu'à présent on ne doit plus prétendre que l'on mette en doubte ce que le cardinal de Retz a escript, puisqu'on le void travailler incessamment à allumer la sédition dans la ville capitale du royaume par des libelles, des placards, des attentats continuels, sans que le Pape y apporte aucun ordre ni qu'il fasse aucun cas de ce qui lui a esté escrit par Sa Majesté, et représenté de sa part en termes si pressans par M. de Lionne, depuis son assomption au pontificat ; et que au contraire l'on voit qu'après que le roy a donné les mains à tout ce que Sa Sainteté a tesmoigné désirer, pour faire le procès audit cardinal, l'affaire demeure tousjours au mesme estat ; on voit ledit cardinal bien traité et favorisé du Pape, et il paroist assez, par la hauteur avec laquelle il se conduit et par les violences qu'il commet, que bien loin d'appréhender qu'on lui fasse son procès, il se sent tout-à-fait assuré de la protection de Sa Sainteté, et croit de pouvoir entreprendre impunément dans Paris tout ce qu'il s'imaginera estre capable de mieux satisfaire son esprit turbulent et brouillon ; que chacun a pu voir avec quelle modération et douceur le roy s'est comporté, attendant que Sa Sainteté fist paroitre sa justice en l'affaire dudit cardinal, recogneu généralement pour l'auteur de tous les malheurs dont la France a esté affligée durant un si long temps ; mais Sa Majesté n'ayant que sa patience, n'a servy qu'à rendre le cardinal plus audacieux et entreprenant, sans que le Pape ait daigné seulement pourvoir à l'administration de l'église de Paris, après que le chapitre Nostre-Dame, par respect, s'estoit abstenu de le faire. Elle se vit enfin obligée, en conscience, de se servir des moyens qu'elle a en main pour asseurer le repos de ses subjects et empescher qu'ils ne soient troublés par les intrigues et les artifices dudit cardinal, qui n'a autre but que de rallumer de nouveau le feu de la sédition dans Paris, et altérer la bonne correspondance que le roy a tasché, avec tant de soing, d'establir avec Sa Sainteté. Il sera bon aussy de dire qu'il semble que Sa Sainteté attende qu'il arrive quelque nouveauté dans Paris, faute d'avoir pourveu à l'administration de ladite église, comme M. de Lionne l'en a sollicité diverses fois, espérant que Sa Majesté en ce cas seroit obligée de donner toutes sortes de contentements au cardinal de Retz et de le laisser agir comme archevesque.

» Que tous les émissaires et adhérents dudit cardinal de Retz, qui sont des esprits de sédition, laissent entendre qu'il en faudra venir là, et que le Pape a pris le vray biais pour réduire Sa Majesté à céder au cardinal de Retz ; mais que Sa Majesté n'est pas en peine de soustenir la justice de sa cause et de confondre un sujet ingrat, de qui l'esprit est rempli de si pernicieux desseins.

» Que pourtant Sa Majesté est surprise de voir que le Pape, avec sa grande prudence, n'ayt considéré que quand mesme on seroit obligé par quelque désordre qui survinst de fermer les yeux et de souffrir que le cardinal de Retz fist les fonctions d'archevesque de Paris, il ne seroit pas advantageux au Pape ni au public que Sa Majesté eust sur le cœur d'y avoir été forcée par la conduite de Sa Sainteté, puisque sa médiation en ce cas ne lui pourroit estre que suspecte et avec beaucoup de raison.

» On peut adjouster aussi : que le roy et toute la cour ne sauroient s'estonner assez de voir que le Pape ne soit pas scandalisé, que ce curé de la Madelaine, qui est un janséniste déclaré, et lequel encore depuis peu a esté caché quinze jours dans le Port-Royal, soit l'instrument des attentats du cardinal de Retz, et celui au nom de qui se publient touts ses placards, après les avoir concertés avec les plus sçavants et les plus opiniastres de cette secte-là, puisqu'il n'y a personne qui ne juge que tout cela tend indirectement à relever le jansénisme, qui n'a plus d'autre ressource que dans la confusion et le désordre.

» Enfin c'est un janséniste qui, soufflé par ceux de la cabale et avec les armes que le cardinal de Retz lui fournit, fait présentement la guerre au roy dans la ville de Paris, et c'est parce que nonobstant toutes les sollicitations de M. de Lionne, Sa Sainteté ne juge pas à propos de pourvoir à l'administration de l'église de Paris, de façon que l'on ne croit pas que personne puisse trouver à redire que le roy y mette ordre, pour arrester le cours des maux que ledit curé et les autres jansénistes et mal intentionnés peuvent faire à l'advenir. »

Rome et Paris s'agitaient simultanément dans cette affaire, où, pour de si misérables motifs, on avait engagé tant et de si grandes influences ; et si on y étudie à fond la marche successivement progressive et rétrograde de toutes les circonstances, on mettra quelque hésitation à décider si l'État s'y trouvait plus intéressé que son premier ministre ; s'il ne suffisait pas au roi que *son ennemi* eût quitté le royaume, et si ses intrigues, sans objet réellement utile, n'étaient pas plutôt des jeux d'un esprit industrieux à inquiéter les gens qu'il n'aimait pas, qu'une entreprise réellement criminelle : on dirait que Retz avait parié contre Mazarin qu'il conserverait son archevêché de Paris, qu'il recevrait le *pallium* du cardinalat, qu'il gouvernerait le sacré collège, et il faisait tout pour ne pas perdre sa gageure.

Le clergé de Paris, qui défendait tout de bon ses immunités ecclésiastiques, ne mollissait pas dans les démarches qu'il considérait comme utiles au cardinal son archevêque, ou embarrassantes pour Mazarin : car c'est au premier ministre qu'il faisait réellement la guerre. Le clergé et les grands-vicaires n'épargnaient donc ni les mandements ni les monitoires, et le ministre à son tour ne leur épargnait ni les poursuites du lieutenant civil, ni les lettres de cachet. Les grands-vicaires protestaient, les amis de Retz secondaient les résolutions du chapitre ; et, pour le réduire à l'impuissance, le chancelier de France proposait de le dénoncer au Pape comme coupable de jansénisme.

Le chancelier Séguier écrivait ce qui suit, le 16 août, à M. de Brienne, ministre des affaires étrangères.

« Du 24 aoust 1655.

» Monsieur, les vostres m'ont esté rendues. Vous avez raison de désirer que le curé de la Magdelaine soit arresté. C'est un mauvais esprit qui travaille autant qu'il peut pour exciter quelque bruit dans la ville de Paris, et a fait, samedy dernier, afficher à tous les carrefours et aux portes des églises le mandement du cardinal de Retz, qui le constitue son grand-vicaire, avec son acceptation ensuite, et advis à toutes les curez et autres du diocèse de s'adresser à luy en toutes les affaires qui auront besoin de l'auctorité de l'archevesque. Ces affiches ont esté mises la nuit dans l'église de Nostre-Dame, de deux pilliers en deux pilliers, à dessein que tout le peuple qui s'y rencontre au jour de la feste de l'Assomption les peust voir. L'on a fait arracher toutes ces affiches autant que l'on a peu, et ce, durant la nuit, de crainte qu'il ne se fist quelque violence à ceux qui les tireroient durant le jour, ainsy que l'on avoit commencé. Nous ne sçavons pas encore quelle suite cette entreprise pourra avoir. Néantmoins l'on a subject de croire que tous ces mauvais esprits n'auront pas l'effect qu'ils s'estoient proposé, puisque toutes choses ont demeuré assez calmes et que l'on n'a veu dans le public aucune esmotion. Ce curé s'est porté à cette extrémité voyant que l'on le poursuit criminellement, et que les procédures sont si advancées que l'on doit le faire crier à son de trompe, faute d'avoir rendu l'obéissance aux commandemens du roy, de se rendre prez de sa personne. L'on n'oublie aucune diligence ny aucun artifice pour descouvrir le lieu où il se retire ; et il y a des surveillants en divers lieux où l'on croit qu'il se soit mis à couvert. L'on a eu advis qu'il a esté un temps chez M. le Nonce. A présent l'on dit qu'il est dans le cloistre Nostre-Dame, chez M. Baré, le chanoine, ou bien à Port-Royal-des-Champs. J'ay donné ordre pour l'enlever et le mener à la Bastille, en cas que l'on soit asseuré du lieu où l'on dit qu'il est à présent ; et je croirois facilement qu'il est à Port-Royal. C'est un célèbre janséniste, qui se conduit en ceste occasion par leurs advis. Cependant je dresseray un arrest portant défense de recevoir aucun ordre de ce curé comme fugitif, desobéissant aux commandemens du roy, et qui paroist dans le public accusé de faire des monopoles et des factions, pour lesquelles l'on procède extraordinairement contre luy. J'ay pris cette résolution avec M. le garde-des-sceaux et M. Servient. Quant à M. le procureur général, il estoit un peu indisposé samedy dernier, en sorte qu'il ne se peut trouver à l'assemblée. L'on informera de l'affiche des placards et contre ceux qui les ont imprimés. Enfin, Monsieur, si le soin et la diligence peuvent quelque chose pour empescher les discordes qui peuvent naistre en ces occasions, je vous assure que l'on n'obmettra rien pour le service du roy. Ces matières sont un peu délicates à traiter à cause du spirituel, qui est la matière principale. L'on évite de donner sujet de plainte à l'église que l'on entreprend sur son pouvoir. Aussy nous avons fondé la procédure criminelle, contre le curé, sur la desobéissance rendue à Sa Majesté. J'espère que nous aurons enfin raison de cet esprit brouillon et qu'il portera la peine de son crime. Je croy, Monsieur, que l'on peut donner advis à M. de Lyonne, que les grands-vicaires ordonnez par M. le cardinal de Retz, n'exercent aucune juridiction publique, et que le curé de la Magdelaine est poursuivy criminellement pour la desobéissance rendue aux commandemens du roy. Il est aussy bien à propos de faire sçavoir que cet honneste homme est un grand janséniste. Cette qualité servira prez de Sa Sainteté pour condamner le choix que le cardinal de Retz a fait de sa personne pour grand-vicaire. Ces docteurs de la nouvelle opinion n'oublient aucun moyen pour troubler le repos de l'Eglise. Un petit jacobin réformé, lecteur en théologie au couvent de Saint-Honoré, a proposé des thèses pour estre disputées en public, contenant des maximes condamnées par la bulle. J'arrestay cette dispute, et j'y fis faire des défenses aux supérieurs du couvent d'ouvrir la dispute. Ce qui a esté exécuté, et le religieux interdit de la lecture en théologie. Et de plus il a esté envoyé à un autre couvent, après m'avoir donné une rétractation de sa proposition, ce qui a esté confirmé par les supérieurs. Ainsy, tout ce malicieux dessein des jansénistes a avorté, dont ils tesmoignent grand déplaisir. C'est, Monsieur, ce que je vous puis mander de vos nouvelles, et suis, Monsieur, vostre, etc. »

Quatre jours après, M. de Chassebras, vicaire-général du cardinal de Retz, signifiait aux évêques de la province de Paris une protestation contre les persécutions dont sa personne était l'objet, déclarant que l'état où il est et les perquisitions qu'on fait de sa personne l'empêchent de donner à sa protestation une forme plus authentique.

En effet, on poursuivait activement ce vicaire-général, et en même temps on se saisissait d'un des agents de Retz, de qui on ne put tirer aucun parti, comme on l'apprend par la lettre suivante du chancelier :

Lettre de M. le chancelier Séguier à M. Le Tellier.

« Du 24 aoust 1655.

» Monsieur, je croy avec vous que Machiavel a supprimé beaucoup de choses qui seroient nécessaires pour l'affaire de M. le cardinal de Retz. Mais jusques ici l'on n'a peu tirer la vérité de ce qu'il sçait. M. le lieutenant criminel a travaillé avec grand soing, et l'a interrogé encore depuis peu; mais il demeura toujours dans ses premières responses. Peut-estre qu'en se voyant pressé, avec la longueur de la prison, il changera ses pensées et ne sera pas si opiniastre à desnier tout. Quant au curé de la Magdelaine, l'on travaille toujours à sçavoir son séjour. Il a demeuré chez M. le Nonce. Depuis il a esté à Port-Royal-des-Champs, et n'en est party que depuis trois jours. L'on ne sçait point encore où il s'est retiré. L'on continue à procéder contre luy, et lorsque les contumaces seront acquises, l'on donnera le jugement, qui ne peut estre moindre que du bannissement hors le royaume. Je feray mettre dans le procez le certificat qu'il vous a pleu m'envoyer. Le curé de Saint-Séverin est de retour et m'est venu voir. Il tesmoigne une grande résolution d'obéir aux commandemens du roy et de ne faire aucune fonction de son vicariat. Il promet de représenter au curé de la Magdelaine l'obligation qu'il a de rendre l'obéissance aux commandemens de Sa Majesté. Toutes choses sont fort calmes, encore que l'on travaille secrètement à exciter quelque bruit. Mais les esprits sont retenus par la crainte des procédures que l'on fait contre ceux qui oublient leur devoir. L'on a arresté deux prestres, l'un qui est curé de La Ferté, qui a tesmoigné beaucoup de chaleur lorsque l'on afficha les placards du mandement de M. le cardinal de Retz. L'autre est un nommé Pretre, qui paroist avoir l'esprit troublé, et fait des discours extravagans contre Son Eminence, qui font assez cognoistre sa folie. Il est bien à propos de retenir ce dernier, qui pourroit entreprendre quelque mauvaise action. Il est à présent dans les prisons de l'Officialité. Je le feray transférer dans la Bastille, ou bien dans les Petites-Maisons, s'il continue dans ses extravagances. Je veillerai avec soing pour empescher qu'il ne se passe rien contre le service du roy. Je vous remercie, Monsieur, du soing que vous prenez de nous informer des heureux succès des armées du roy. J'ai esté en peine du marquis Coaslin, ayant appris qu'il s'estoit rencontré en un combat où il avoit eu un cheval tué sous lui. Il se conserve fort peu en se trouvant en toutes les occasions qui se sont point de sa charge. Je vous prie, Monsieur, si vous sçavez le destail de ce dernier combat, m'en vouloir faire part, et me conserver vostre amitié. »

Ces coups d'autorité n'abattaient pas la résolution des partisans de l'archevêque de Paris, et celui de Rouen rendait une sentence contre l'évêque de Coutances, qui avait donné des ordres contraires aux mandemens du vicaire-général du cardinal de Retz.

En même temps le duc de Lionne dénonçait ce même mandement au chef suprême de l'église, et son activité ne se ralentissait ni par l'effet du défaut presque total de succès pour ses démarches, ni par la conviction qu'il acquérait parfois, malgré lui, que la parole du Pape n'était pas toujours parole de roi, et qu'on se donnait parfois le plaisir de se jouer de ses instances. Il est vrai qu'il avait la satisfaction de se venger de ces déboires diplomatiques, par des expéditions d'un plus facile succès contre les simples particuliers qui osaient mal parler de Mazarin; l'ambassadeur de France les faisait bâtonner. Les lettres suivantes, relatives à toutes ces circonstances, s'en expliquent assez franchement. Les voici :

« 13 septembre.

» Je luy ay dit (au pape) que quand il avoit voulu accorder à M. le cardinal de Retz ces quinze jours de temps pour aller aux bains, je m'estois au moins flatté de pouvoir passer une audience sans estre obligé de luy parler de ses affaires, mais que ledit sieur cardinal ne l'avoit pas voulu de la sorte, et qu'absent et présent il me forçoit de luy en battre les oreilles. Et là-dessus je luy ay présenté le dernier placard affiché dans Paris, par l'archiprestre de la Magdelaine, dont M. le cardinal Bichi avoit heureusement receu une copie imprimée de celles qui ont esté arrachées des carrefours, je luy ay dit qu'il y verroit un nouvel effort de la plus haute effronterie et malice que des sujets puissent concevoir et attenter contre le prince, et un dessein formé d'exciter le peuple à sédition, en jettant des scrupules de conscience dans les esprits foibles; et qu'il ne devra pas s'estonner si le roy chastie sévèrement ce séditieux clandestin, en cas que les recherches qu'on en fait puissent réussir; que je ne luy devois pas céler que plusieurs personnes avoient asseuré positivement Sa Majesté qu'il estoit caché chez M. le Nonce, mais qu'elle n'y avoit pas voulu adjouter foi, ne pouvant se persuader qu'un ministre de Sa Sainteté voulust devenir le protecteur du jansénisme et d'un exécuteur des attentats du cardinal de Retz. »

« 27 septembre.

» Je remercie très-humblement Votre Excellence des advis qu'elle me donne de la maison de M. le cardinal de Retz; ils sont si curieux et si importans qu'ils me peuvent fournir beaucoup de lumières pour ma conduite, mais je me garderay bien d'en tesmoigner rien à Sa Sainteté, si ce n'est en général, ayant esprouvé qu'il m'a manqué à un secret solennellement promis, et me paraissant d'ailleurs important qu'on ne nuise pas à la personne qui fait sçavoir des choses si particulières, qu'on ne se prive pas pour l'advenir de cet avantage.

» Quelque serviteur du roi et de Son Eminence, qui ne se descouvre point encore, a fait chastier cette semaine-cy la pétulance de la plus venimeuse langue qui ait jamais parlé dans Rome. C'est celle d'un médecin françois nommé Saint-Jean, qui faisoit le mestier depuis plus de six ans, non seulement de décrier nos affaires et le gouvernement en tous les carrefours et en toutes les tables, mais d'y vomir contre les personnes sacrées les plus exécrables opprobres et médisances dont un démon eust pu s'adviser. On dit qu'il a eu cinquante coups de baston bien comptez, si lourdement appliquez qu'il en tiendra long-temps le lit, et où, en le quittant, on luy donna pour advertissement qu'une autrefois on le laisseroit mort sur la place, s'il n'estoit plus sage et plus véritable dans ses discours. Il a creu que c'estoit moy qui l'avois fait traicter de la sorte, à ce qu'a dit depuis deux jours le gentilhomme de M. le prince qu'il pratiquait fort; mais comme il n'a pas jugé que le gouverneur de Rome, s'il luy eust porté sa plainte, m'eust voulu faire punir, il s'est advisé de profiter de son malheur pour se venger d'un ennemy, et a accusé un autre médecin françois avec qui il se rencontre, et avec qui il avoit contesté le mesme jour de paroles et d'injures. Il me semble d'estre obligé de protéger en justice cet accusé, s'il n'a pas fait le coup, et *encore plus si c'est luy qui l'a fait.* »

Et l'ambassadeur, ne voulant pas que Mazarin ignorât que c'était lui qui lui avait rendu le service de faire bâtonner cet ennemi si redoutable, s'empressa de l'en informer par une lettre expresse ainsi conçue :

Lettre de M. de Lionne au cardinal Mazarin.

« Vous verrez dans la lettre de M. de Brienne ce qui est arrivé au médecin Saint-Jean ; mais je vous diray en particulier que c'est moy qui l'ay fait traicter de la sorte, n'ayant plus longtemps peu souffrir son insolence. Dès que j'arrivay icy, je le fis advertir d'estre sage à parler, et la peur d'un pareil accident l'avoit retenu quelque temps : mais ma patience a eschapé, ayant sceu qu'il avoit forgé une nouvelle généalogie de Vostre Eminence, qu'il avoit débitée au gentilhomme de M. le prince, et y avoit adjousté des choses que vous seriez estonné que sa malice et l'impudence de son esprit peust aller si loing. J'ay fait faire le coup par trois Italiens à qui j'ay donné cinquante pistoles, en considération de ce qu'ils se sont mis au hazard de la vie, s'ils eussent esté pris. »

Les dates des lettres de l'ambassadeur montrent qu'il ne laissait passer aucun ordinaire sans donner à la cour des nouvelles de l'objet de sa mission à Rome. Chaque semaine il avait audience de Sa Sainteté, et ce qui s'y disait faisait le sujet de ses dépêches hebdomadaires : M. de Lionne y ajoutait quelquefois son opinion, et l'événement prouva plus d'une fois qu'il ne se trompait point quand il exprimait quelques doutes sur la sincérité des promesses de Rome.

La suite de sa correspondance, en général fort substantielle, est le meilleur exposé de ses actions et de ses sentiments ; c'est toujours au comte de Brienne qu'il adresse ses lettres :

« 4 octobre.

» Je viens d'avoir advis tout présentement que l'abbé Charier fut hier au soir, desguisé, chez le gentilhomme de M. le prince luy porter la response du cardinal de Retz à son maistre, et celui-ci luy donna en mesme temps une autre lettre de M. le prince audit cardinal, qu'il avoit receue par l'ordinaire de Flandre. Ils furent ensemble environ une demi-heure. M. le prince a fait une nouvelle remise d'argent de six cents escus à ce gentilhomme, qui a pris une autre maison. Je ne puis comprendre à quelle fin il se met en une despense inutile, pour le maintenir en cette cour. Il luy a adressé diverses lettres pour des cardinaux espagnols, et d'autres en blanc qu'il remplira.

» Le Pape me dit que le cardinal de Retz estoit party des bains, qu'il luy avoit fait dire qu'il rentreroit à Rome, dès que la première pluye auroit osté tout le péril que chacun sçait qu'il y a d'y revenir avant qu'il ayt pleu, et que cependant il s'arresteroit à Caprarola ou Frascati; que le mesme jour qu'il seroit arrivé à Rome, Sa Sainteté ne déclareroit pas seulement la congrégation, mais luy ordonneroit de travailler incessamment à cette affaire. « Mais Saint Père, dis-je, Vostre Sainteté sera pour lors à Castelgandolfo, agréera-t-elle que je l'en aille importuner jusques-là? — Il ne sera pas, dit-il, nécessaire, et vous pouvez vous en reposer sur la parole que je vous en donne. — Mais, Saint Père, poursuivis-je, cela dépendra toujours du cardinal de Retz, car il ne rentrera point dans Rome, que le plus tard qu'il pourra, et prendra mesme prétexte de n'y pas venir sur l'absence de Vostre Sainteté. — S'il n'y vient pas, dit-il, de son mouvement, dès qu'il aura pleu nous l'y ferons venir malgré luy, et d'ailleurs nous ne sortirons point nous-mesmes qu'après les premières pluies. » Je taschay encore de le faire résoudre à desclarer et faire travailler ladite congrégation, sans attendre le retour dudit sieur cardinal, luy représentant que ny luy ny moy n'avions rien à dire présentement à une congrégation, puisqu'il ne s'agissoit que d'y parler du recours que le roy faisoit à la justice de Sa Sainteté, pour le chastiment d'un de ses subjects, qui ne pouvoit estre refusé à Sa Majesté de l'adveu mesme dudit cardinal, en cas qu'il se trouvast coupable; mais il ne me fut pas possible d'en tirer autre chose, et il s'en défendit toujours sur ce que les pluyes ne sçauroient tarder plus de quatre ou cinq jours, selon la disposition présente de l'air et des vents qui tirent. »

« 11 octobre.

» Vous saurez au reste, Monseigneur, que le cardinal de Retz, que l'on dit que les bains de San-Casciano ont bien guéry, s'en est venu au sortir de là à Caprarole, où il est maintenant et sans sçavoir encore si c'est pour revenir à Rome ou s'en aller à Florence, se disant qu'il y a dépesché plusieurs fois des courriers. En partant d'icy, le bruit courut que devant qu'y retourner il y feroit prendre un palais pour l'habiter; mais cela ne s'est encore fait, ce qui fait douter qu'il pourroit bien aller à Florence. »

« 11 octobre.

» Je priay le cardinal Bicchi, entr'autres choses, de donner advis confidemment au Pape, comme son serviteur et en grand secret, qu'il avoit recueilli de mes discours, que l'opinion que j'ay formée de Sa Sainteté et de ses intentions en cette affaire, est qu'il penche et a une inclination très-forte de faire tous les plaisirs et offices qu'il pourra au cardinal de Retz, autant qu'il aura moyen de les prétexter seulement de quelqu'apparence de justice, et qu'il n'accordera au roy que ce qu'il ne pourra se défendre de luy accorder, sans qu'il parust dans le public qu'il fait à Sa Majesté une injustice manifeste. »

Même jour.

« L'on ne nous paye que de belles paroles pendant qu'un sujet du roi, criminel de lèse-majesté, reçoit tous les effets qu'il peut désirer à son advantage : et à la vérité comment pouvons-nous espérer de voir la fin de cette affaire, si depuis six mois de temps employés en de très-vives sollicitations du roy, nous n'avons pu seulement en voir le commencement. »

« 18 octobre.

» Il me semble de reconnoistre, très Saint Père, que la cause de toute cette conduite vient de ce que le cardinal de Retz ou nos ennemis, qui l'appuient, ont eu le bonheur peut-estre de persuader à Vostre Sainteté deux maximes qu'elle trouvera très-fausses avec le temps : l'une que tout ce que nous faisons en cette affaire n'est que par une passion particulière, et l'autre que le cardinal de Retz est bien intentionné pour la couronne. Un ministre principal de cette cour envers lequel je me suis engagé au secret, m'a asseuré avoir pénétré originalement que le pape a cette croyance. Je ne m'estonne pas que Vostre Sainteté prenant ses résolutions seulement sur les informations que luy donne le nonce continuellement à notre désadvantage ou en faveur du cardinal de Retz, dont il est amy et avec lequel il s'est lié, on ait procédé icy jusqu'à présent contre toutes les règles des matières criminelles, que les maximes les plus claires y soient révoquées en doute, que dans le doute on pense toujours à l'advantage du dit cardinal et de sa jurisdiction, et que l'esgard d'un grand roy et l'exercice mesme de l'authorité de Vostre Sainteté en France, soient des motifs moins puissans que de ne pas donner le moindre dégoust à un criminel et rebelle suject; mais que Vostre Sainteté, s'il luy plaist, nous fasse la grace, et je puis dire mesme qu'elle y est obligée en conscience et en justice, de donner ordre à quelqu'autre personne de sa confiance ou à diverses de s'informer dans Paris et par toute la France, d'un costé, en quelle odeur y est le cardinal de Retz parmy les gens de bien et pour quel homme on le tient, et de l'autre quelle opinion on y a de la douceur et de la modération du conseil du roy ou de sa violence, et je veux passer pour un infâme auprès d'elle, si elle ne trouve généralement que l'on tient et considère le cardinal de Retz pour le Cromwell de la France, et qu'il n'y a autre différence de leur humeur et de leurs intentions, si ce n'est que les desseins de l'un ont réussi, et que ceux de l'autre ont manqué de succès; et pour le conseil du roy, que si celui qui y préside a quelque défaut, ce n'est que d'estre trop bon à ses ennemis, et de ne pouvoir se résoudre à leur faire tout le mal qu'il pourroit et devroit, en bonne politique, pour s'empescher d'en recevoir, comme il a fait souvent, par ce principe. »

» Sur le sujet du nonce, il y eut des discours de part et d'autre un peu aigres et fascheux. « Le nonce, reprit-il, amy et allié avec le cardinal de Retz? Nous sçavons mieux que personne de quelle manière il nous escrit, et de cela seul nous tirons conséquence de la vérité des autres choses que vous nous dites, aussy n'en avons-nous jamais trouvé une de vraye. » Ce discours me surprit et me piqua si fort, que je lui répartis : « Vostre Sainteté, sans doute, ne songe pas à la conséquence de ce qu'elle me dict ; le cardinal de Retz est un évangéliste, et le conseil du roy et moy, qu'il employe, ne sommes que des imposteurs. Vostre Sainteté ayant cette opinion, il nous seroit inutile de plus rien traiter avec elle, ny de l'importuner davantage. » Et je fis une certaine action, comme si j'eusse pensé à me retirer, d'où estant surpris, il reprit d'abord avec une douceur affectée : « Aussy vous nous dites certaines choses si esloignées de ce que nous sçavons et voyons, que nous avons occasion d'entrer en doute des autres que nous ne pouvons si bien savoir. »

» Sur le sujet du jansénisme que je disois mettre toutes les espérances de sa ressource au cardinal de Retz, il m'apprit que quand il fut nommé au cardinalat, le feu pape fit faire quelques perquisitions en France pour sçavoir la croyance du coadjuteur touchant les doctrines nouvelles, et qu'une personne de considération de la cour, qu'il ne nomma pas et qui en pouvoit, dit-il, sçavoir quelque chose (je tiens que ce pourroit estre le P. Paulin), respondit : « Le coadjuteur a estudié, disputé, escrit et presché la doctrine contraire à Jansénius, mais pour la bourse des jansénistes, je ne voudrois pas respondre qu'il ne s'y attachast. »

« 1ᵉʳ novembre.

» M. le cardinal de Bicchi m'a donné advis que l'abbé Charier s'estoit expliqué à une personne de ses amis, qu'aussytost que l'affaire de M. le cardinal de Retz sera commencée, ledit cardinal présentera au Pape des chefs d'accusation contre S. E., et les signera, s'obligeant à la peine du talion, en cas qu'il ne les prouve. Ledit abbé adjoust à cela, que S. E. fait si peu d'estat de cette cour, et y distribue si peu d'argent, que hors des cardinaux françois et du cardinal Sacchetti, son maistre aura favorables tous les cardinaux en son affaire, dans laquelle il prétend toujours qu'on ne pourra jamais rien trouver.

» J'eus l'honneur de vous mander par apostille à ma despèche, il y a huit jours, que M. le cardinal de Retz estoit attendu icy sur la fin de la semaine ; il y arriva avant-hier, et ce qui est à remarquer, avant qu'il ayt tombé une seule goutte d'eau du ciel : cela me donnera beau champ de faire cognoistre et reprocher au Pape, dès demain, à mon audience, qu'il a voulu avoir plus de soin de la santé dudit cardinal, qu'il n'a cru en devoir prendre luy-mesme, puisque Sa Sainteté ne l'a jamais voulu obliger, quelque pressante instance que je luy en aye pu faire, à rentrer dans Rome avant les pluyes, et que ledit cardinal y est revenu sans cela de son pur mouvement ; en quoy mesme il peut y avoir eu, de la part dudit cardinal, une affectation de mespris, et de faire cognoistre combien il se soucie peu de ce que je puis dire et faire contre luy, puisque n'ayant pas ignoré sans doute mes instances, après qu'il a veu que je n'en ay pu venir à bout, il fait de luy-mesme la mesme chose à laquelle j'avois prétendu le forcer.

» M. le cardinal de Retz est revenu dans le palais, que je mandois dernièrement qu'il avoit loué douze cents escus, sur la porte duquel il a fait mettre les armes de France ; c'est celuy qui estoit au cardinal Pallotta, à Campo-Marzo. Il a quatre de ses domestiques qui meublent leurs appartemens de leur argent ; pour le reste, il est vraysemblable que M. le cardinal Barberin l'accommodera de meubles ; autrement, s'il est réduit à se servir de ceux des juifs, ce sera une nouvelle despense de dix ou douze mille francs par an.

» J'ay sceu de bon lieu que ledit cardinal est ou prétend estre très-particulièrement informé de ce qui se passe en France et surtout à la cour, dans le parlement et le clergé, et qu'aussitost qu'il a ses nouvelles, il a des moyens de le faire savoir au pape. Vous pouvez juger de là, Monsieur, de quelle sorte je dois trouver Sa Sainteté, ou persuadée ou informée; aussy, sera-ce là un des principaux chapitres de mon audience pour faire cognoistre, si j'en suis capable, à Sa Sainteté, que comme rien n'a nuy davantage aux Espagnolz que d'avoir adjousté trop de foy aux belles espérances que leur ont continuellement donné les Frondeurs et, depuis l'abattement de la Fronde, les rebelles du roy, comme M. le prince et ses adhérans, et ledit sieur cardinal de Retz mesme ; aussy, rien ne peut estre plus préjudiciable et au bien public de la chrestienté et au service propre et particulier de Sa Sainteté, que si elle prend ses mesures et ses résolutions sur les fausses et artificieuses informations que ledit cardinal pourra luy faire donner de nos affaires. Je suis mesme résolu, en ayant desjà pris l'advis de messeigneurs nos cardinaux, qui me l'ont conseillé, de ne feindre point de luy nommer la personne de M. Febéi, premier maistre des cérémonies, et Jean, émissaire en ce genre-là dudit sieur cardinal, afin qu'il sache pour le moins combien il nous est suspect, et qu'il soit plus sur ses gardes avec luy. »

« 8 novembre 1655.

» Il court un bruit sourd, que M. le cardinal Antoine a esté chargé du Pape avec grande instance, devant que de partir d'icy pour s'en aller en France, qu'estant arrivé à la cour, il fasse tout son possible pour l'accommodement du cardinal de Retz, moyennant le consentement que Sa Sainteté donnera qu'il résigne l'archevesché de Paris à qui le roy vouldra. »

Le cardinal Mazarin s'appliquait de temps en temps à relever, à soutenir le dévoûment de ses agents : il donna néanmoins à Ondedeï, son confident, les instructions suivantes, le 17 novembre :

Lettre de M. le cardinal Mazarin à M. l'abbé Ondedeï.

« A Compiègne, le 17 novembre 1655.

» Ayant considéré meurement la dernière despesche de Rome, qui n'est pas différente de celles que nous avons receues depuis l'arrivée du courrier Marguin, lequel porta à M. de Lyonne tout ce que le pape avoit desiré pour faire le procès au cardinal de Retz, il n'est pas mal aysé de conclure par les longueurs affectées que Sa Sainteté apporte en cette affaire, par la manière dont il en parle et les subterfuges qu'il cherche, et particulièrement par la résolution qu'il a prise, lorsqu'il s'est veu pressé de former une congregation qui agist sur le fait du cardinal de Retz ; il est bien aysé, dis-je, de voir que Sa Sainteté ne se porte qu'à contre-cœur à faire quelque chose qui puisse desplaire au cardinal de Retz ; qu'il est très-véritable, comme on nous en a donné divers avis, qu'elle a beaucoup d'amitié pour sa personne, et qu'elle est persuadée que toutes les poursuites qu'on fait à son esgard sont des violences et des effects d'animosité ; enfin qu'il est innocent et bon serviteur du roy ; et que Sa Majesté est très-mal conseillée en tout ce qu'elle entreprend contre luy.

» Quand nous ne verrions pas clairement par le procédé du Pape qu'il n'a point d'autres sentimens que ceux-là, sa partialité pour le cardinal de Retz paroistroit assez en ce qu'il refusa des advantages qu'aucun de ses predecesseurs n'a jamais eus, parce qu'il a creu que ledit cardinal en recevroit du prejudice, comme de n'avoir pas voulu nommer des vicaires, et de tesmoigner tant d'aversion à faire le procès dudit cardinal, quoyque le roy ait consenty à tout ce que Sa Sainteté a demandé pour cet effect. (Peutestre dans la creance que Sa Majesté ne l'accorderoit pas.)

» C'est pourquoy ce seroit à mon advis mal servir le roy et tromper Sa Majesté, si on luy faisoit esperer un bon succès d'une affaire si mal commencée, et dans laquelle il paroist visiblement que le juge est porté pour la partye contraire, nonobstant que tout le bon droit soit du costé de Sa Majesté ; et si on ne lu conseilloit de changer tout-à-fait de conduite, puisqu'autrement il ne paroîtroit à la veue de tout le monde qu'une contestation honteuse de la part du roy avec un subject criminel, sans qu'elle produisist peut-estre autre effect que des justifications et des advantages pour le cardinal de Retz.

» Je crois donc que le meilleur party que l'on puisse prendre, en cas qu'il soit approuvé de la reyne comme il l'a esté du roy, c'est d'escrire à M. de Lyonne de ne faire plus aucunes poursuites dans l'affaire du cardinal de Retz, luy marquant les raisons qui ont obligé le roy à luy donner cet ordre. Et vous pourrez examiner avec M. le comte de Brienne s'il sera bon de luy envoyer une lettre de Sa Majesté pour le Pape, qui porte : qu'ayant veu avec combien d'emportement et de chaleur le pape avoit fait entendre diverses fois à M. de Lyonne et à d'autres, que le roy n'avoit pas raison de ne consentir pas que le cardinal de Retz nommât des vicaires, pourveu que ce fussent ceux que Sa Majesté voudroit, elle avoit cédé à leurs instances et s'estoit conformée à la volonté de Sa Sainteté, nonobstant les fortes raisons qui l'en pouvoient empescher, et qu'à présent le roy reconnoissant de plus en plus la peine qu'avoit le Pape de la sollicitation qu'on luy faisoit afin qu'il fist le procès à un des sujects de Sa Majesté, atteint d'une infinité de crimes, elle donnoit ordre à M. de Lyonne de cesser ces poursuites et ne luy parler plus sur cette matière, voulant préférer en cela la satisfaction de Sa Sainteté à celle que Sa Majesté se promettoit de la justice qu'elle luy rendroit par le chastiment d'un criminel, mais qu'au moins Sadite Majesté s'asseuroit d'avoir bientost celle de voir le Pape désabusé des artifices du cardinal de Retz et le reconnoistre tel que tout le monde l'estime.

» Il faudroit donc escrire une lettre au Pape, qui ne continst que ce que dessus. Et c'est ce que je jugerois plus à propos. Mais si M. le comte de Brienne et vous estes d'un avis contraire, on pourra mander à M. de Lyonne de dire de vive voix à Sa Sainteté les mesures choisies, avec un ordre précis, en l'un et l'autre cas, de n'entrer point en discours avec elle.

» C'est-à-dire, si on luy envoye la lettre, il ne fera autre chose que la présenter et déclarer à Sa Sainteté qu'il a ordre de ne poursuivre plus pour qu'on fasse le procez au cardinal de Retz, et de ne la plus importuner sur ce sujet ny sur aucune chose qui regarde ledit cardinal; toute la France ayant reconnu aussy bien que le roy que ces contestations blessoient notablement la dignité de Sadite Majesté.

» Et si on luy ordonne de dire seulement ce qui devoit estre contenu dans la lettre, il se contentera de le faire, y adjoutant ce qui est dans le précédent article, et se retirera aussitost.

» En cas que le Pape, qui reconnoistra peut-estre que le roy a grande raison de n'estre pas satisfait de son procédé, laissast entendre à M. de Lyonne de vouloir rendre une prompte justice sur le fait du cardinal de Retz, ledit sieur de Lyonne luy répliquera qu'il a un ordre fort précis d'en cesser les poursuites et de déclarer, s'il est besoin, que le Roy ne demande rien à Sa Sainteté contre le cardinal de Retz.

» Plus je songe à cette résolution, plus je la trouve meilleure; car il est visible qu'en usant autrement, nous ne pourrions nous attendre qu'à recevoir de continuels desplaisirs de Rome, et à voir l'auctorité du roy et sa réputation fort blessées, et nous réduire peut-estre à la fin à la nécessité d'en venir à une rupture avec le Pape, qui, dans les conjonctures présentes, seroit très-préjudiciable à la chrestienté.

» Je ne doute pas que lors que cet ordre arrivera à Rome, l'affaire des vicaires ne soit desjà advancée, puisque le courrier qu'on y a despesché pour cest effet y doit estre arrivé il y a desjà deux ou trois jours, et que le pape a encore dit, en dernier lieu, au cardinal Bicchi, que le roy auroit grand tort de ne vouloir pas que le cardinal de Retz nommast grands-vicaires ceux que Sa Majesté désiroit. Mais en cas que par quelque accident qu'on ne prévoit pas, cette affaire ne fust pas encore achevée, il sera bon de mander à M. de Lyonne de surseoir l'exécution de ce dernier ordre jusques à ce que ce point des vicaires soit adjusté en la manière que Sa Majesté le prescrit.

» Vous direz à M. le comte de Brienne qu'il escrive à M. de Lyonne de ne donner part à qui que ce soit de la despesche qu'il recevra, qu'à M. le cardinal Bichi; lequel pourroit aussi prendre occasion de dire au Pape, en grande confidence, qu'il a appris de très-bon lieu que son procédé, à l'esgard du cardinal de Retz, estoit condamné par tous les François les plus sensez, et par tous ceux qui ayant intérêt à la conclusion de la paix générale, voyoient que Sa Sainteté, au lieu d'aller au devant de toutes les choses qui pouvoient luy faire acquérir un grand crédit auprès du roy et dans son conseil, pour s'en servir après à moyenner les conditions de la paix, elle faisoit tout le contraire, prenant le party et favorisant un des plus méchants hommes qu'on connoisse, qui ne pourroit rien à son advantage en cent ans, quand il auroit de très-bonnes intentions, comme le roy le peut en un quart d'heure; et que la cour de France dit qu'il faut que le Pape ait une grande aversion pour cette couronne, et qu'on ne luy fera point de tort de croire qu'il seroit partial pour l'Espagne, dans la négociation de la paix, puisqu'il l'est présentement pour le cardinal de Retz contre le roy.

» Ledit cardinal pourroit conclure, qu'il est aussy adverty que les François bien intentionnés disent, les larmes aux yeux, qu'il paroist assez que la colère de Dieu n'est pas encore appaisée, et que c'est une fatalité que la chrestienté soit de plus en plus affligée, puisque n'ayant jamais paru en Leurs Majestez, et en leur conseil, et en toute la France une plus grande joye que celle que leur a donnée l'exaltation de ce Pape, et Leurs Majestez n'ayant rien oublié pour faire connoistre à Sa Sainteté la passion qu'elles avoient d'establir une parfaite intelligence avec elle, de luy donner en toutes rencontres des marques de leur respect et de leur amitié, et de contribuer par toutes sortes de voyes à son contentement et à sa gloire, elle y avoit si mal respondu de son costé.

» Je vous prie de dire à M. le comte de Brienne que comme il est de la dernière importance que personne n'ait connoissance de la dépesche qu'il fera à Rome, je le conjure d'y travailler luy-mesme, se servant de vous pour en faire la minute, qui pourra estre après transcrite par quelque petit escrivain que vous chercherez qui n'entende pas ce qu'il fera. Et vous proposerez audit sieur comte d'aller travailler dans ma chambre, au Louvre, où vous l'accompagnerez.

» Je vous prie de mander par cet ordinaire à Benedetti ce que vous sçavez de mes intentions touchant le sieur Sertorio Teofili, auquel il faudra commencer de donner une assistance tous les mois ; et je me remets à vous de régler la somme.

» Vous pourrez aussi luy mander que je feray payer au plutost les quatre mille escus que j'ay promis à la demoiselle Ascotti, et que je désire, s'il ne l'a pas fait, qu'il voye de ma part la reyne de Suède pour luy faire mes complimens et luy dire que quoy qu'il soit assez superflu de luy faire rien offrir en un lieu où je sçay que le Pape et tout le monde ne songera qu'à la servir, je croirois néantmoins manquer à mon devoir, si, faisant de longue main une profession particulière d'estre son très-humble serviteur, je ne la suppliois de disposer de tout ce qui peut dépendre de moy avec une auctorité absolue.

» Vous luy manderez aussy qu'il sera bon qu'il voye auparavant, de ma part, M. Pimentelli, qui est ambassadeur du roy d'Espagne auprès de ladite reyne, qu'il le fasse ressouvenir de la passion que je luy ay asseurée que j'avois toujours de le servir pour respondre à toutes les civilitez que j'ay receues autrefois de luy. Luy offrir aussy tout ce qui peut dépendre de moy à Rome, et luy dire l'ordre qu'il a de faire la révérence de ma part à la reyne, et le supplier qu'il puisse avoir cet honneur par son moyen.

» Il faudra examiner si, avant que l'affaire des vicaires ne soit parachevée, et qu'on reconnoisse qu'elle ira de longue, si M. de Lyonne devra exécuter ce que le roy luy ordonne par sa despesche. Et je m'en remets à ce que M. le comte de Brienne jugera à propos là-dessus.

» Après ce que l'on escrit de Rome, que le Pape n'a aucune affection pour M. le cardinal Sachetti, et qu'il le condamne de foiblesse, je ne m'estonne plus du reste ; et je m'asseure que M. de Brienne et vous serez du mesme advis. »

On voit par tous ces détails que l'affaire de ce grand ennemi de la couronne de France, du cardinal coupable à tous les chefs du crime de lèse-majesté, se réduisait en réalité en une discussion de droit canonique, en une controverse imminente entre deux autorités également disposées à prévenir toute lutte directe et personnelle, néanmoins également engagées d'honneur ou plutôt de vanité, s'étant ménagé l'une et l'autre des intelligences dans le camp opposé, le clergé de Paris combattant pour le pape sur le terrain même de la cour, et la cour n'ayant à Rome que de tièdes serviteurs, et un ambassadeur extraordinaire que le pape amuse d'abord par ses délais, dépite ensuite par des actes contraires aux paroles qu'il lui a fait entendre, et joue enfin assez ouvertement pour ne laisser de refuge à sa dignité personnelle que dans la demande de son rappel.

Il était de l'essence de ce singulier différend entre Rome et Paris de ne pouvoir être ni discuté ni jugé ; c'était un de ces procès où les droits sont incertains, où les qualités des plaideurs sont plutôt des prétentions que des réalités, où il y a plus de passion que d'intérêt dans les demandes et les récriminations, et où enfin la raison appelle une transaction dont l'incertitude des titres rend toujours les conditions suffisamment équitables.

On ne négligeait rien pour intimider Rome par les témérités de Paris ; on y informait avec beaucoup de bruit au sujet de l'évasion de Nantes ; mais par la nature même de cette mémorable affaire, rien devait aboutir à rien.

Le pape nomma d'abord une congrégation de huit cardinaux et quatre prélats, pour examiner la conduite du cardinal de Retz et donner des conclusions, mais avec ordre de veiller à ce qu'exigeait la dignité du personnage. Peu de jours après la Saint-Père députa un suragant pour régir l'église de Paris ; mais le lendemain l'infaillibilité pontificale voulut retirer ce bref important : M. de Lionne l'avait habilement expédié en toute hâte pour Paris. Il y en eut grande joie à la cour ; mais bientôt après on s'aperçut que ce bref ne rémédiait à rien, qu'il compromettait l'autorité royale, et que le Pape s'était évidemment joué du roi et de son ambassadeur. D'autre part, le Nonce soulevait quelques difficultés dans la forme de publication du bref ; le clergé allait tenir son assemblée, mais il fallait l'ouvrir par une messe solennelle ; il fallait l'agrément des grands-vicaires de Paris, mais ils n'étaient pas reconnus par le roi, et en demandant, on reconnaissait implicitement l'autorité du cardinal-archevêque. Le roi donnait donc ses ordres, disant que ce qu'il approuvait était suffisamment approuvé ; mais au bruit de sourds murmures pieux et politiques tout à la fois, on demandait « si la cour croyait pouvoir disposer » du Saint-Esprit comme il lui plaisait. »

Cette grave question caractérise de plus en plus l'essence même de la controverse qui mettait en si grand émoi la cour de France et toute la hiérarchie de l'église romaine ; il faut en lire les détails dans les pièces qui suivent : c'est d'ail-

« De Rome, ce 22 novembre.

» Je vous dépeschay mercredi dernier, 17 du courant, le plus viste courrier de tous les ordinaires de Lyon pour vous porter le bref du Pape de la députation d'un suffragant pour régir l'église de Paris, et bien m'en prit d'user de diligence à tenir mes despesches prestes et fermées, et de ne pas perdre un instant de temps à faire partir ledit courrier dès que j'eus le paquet du Palais. Car demy-quart d'heure après qu'il fut monté à cheval, M. Rospigliosi envoya un de ses secrétaires pour redemander son paquet, pour une chose qu'il disoit estre de la dernière importance, et ce secrétaire en parla à un de mes gens, comme si le salut de son maistre eust dépendu de là. Je fis respondre que le courrier estoit parti il y avoit un quart d'heure, et que j'avois grand déplaisir que la chose fust comme sans remède, parce que quand mesme on eust voulu despescher après, j'estois asseuré qu'il n'y avoit courrier à Rome qui pust le rejoindre qu'à Paris, telle estoit la réputation de la vistesse de ce courrier, et la diligence que je luy avois ordonné de faire pour le service de Sa Sainteté. A demi-heure de là le mesme homme revint pour dire à celuy de mes gens à qui il avoit parlé, que puisque le courrier estoit parti, on n'y feroit autre chose, que c'estoit pour adjouster un papier à la despesche qui n'estoit pas de conséquence, et mesme que si on ne me l'avoit point dict, il n'estoit pas nécessaire de m'en parler.

» Ce changement, en moins de demi-heure, d'un papier de la dernière importance à un papier de bagatelle, m'a fait soupçonner que si le courrier ne se fust pas trouvé parti, peut-estre m'auroit-on formé quelque chicane qui m'auroit bien donné de la peine à surmonter; et cet incident justifie encore pleinement la résolution que je pris, de l'advis de monseigneur le cardinal Bichi, de ne rien contester sur les clauses du dit bref.

» En effet, j'ay sceu depuis, que pendant que tout cela se passoit, le cardinal de Retz fut trois jours durant en conférence, soir et matin, avec le cardinal Barberin. Et il est si difficile de faire faire un grand pas à une personne irrésolue comme est le Pape, qu'il estoit bien à craindre que l'un par ses artifices et ses criéries, et l'autre par la quantité d'adhérens qu'il a en cette cour, ne nous surprissent nous-mesmes, au lieu que, Dieu mercy, nous avons rompu leurs mesures par la diligence.

» On m'asseure que depuis ce temps là l'abbé Charier et Bonnier ont esté muets comme des poissons, et que le cardinal de Retz a ressenti plus vivement ce coup que tout ce qui se pouvoit faire de longues années dans l'affaire de son procès; et en effet comme c'est un homme qui n'est pas satisfait de se défendre s'il n'attaque aussy, il doit bien estre au désespoir de s'estre veu oster des mains les seules armes avec lesquelles il se flattoit de nous pouvoir faire du mal. »

Lettre de M. Servient à M. le cardinal Mazarin.

« Du 26 novembre 1655.

» Monseigneur,

» Nous venons de nous assembler en présence de la reyne, pour prendre résolution sur les despesches de Rome. Chascun a jugé la chose pressée, parce que le bruit s'estant respandu qu'il estoit arrivé un bref du Pape portant nomination d'un suffragant pour administrer l'église de Paris, il y a eu suject d'appréhender que si quelques prélats mal intentionnés de l'assemblée alloient voir M. le Nonce avant que le bref fust remply, pour luy donner appréhension qu'il recevroit de la contradiction et de l'opposition, il ne prit ce prétexte de ne le rendre pas et d'escrire à Rome qu'il avoit esté obligé de ne commettre pas l'auctorité de Sa Sainteté dans une occasion d'esclat et d'importance, où la résolution de Sa Sainteté couroit fortune de ne réussir pas. C'est pour cette considération qu'on a jugé à propos de ne perdre pas un moment de temps de faire remplir le bref du nom de M. de Meaux (M. l'évesque de Chartres estant exclus par le Pape), et de l'obliger à exécuter le bref dès demain, et d'envoyer ses mandements dans toutes les paroisses de la ville. Ce qui nous a donné plus d'asseurance à prendre cette résolution a esté la lettre de Son Eminence, que M. de Brienne nous a fait voir, qui sembloit avoir prévu tout cet embarras et nous donner l'auctorité d'y pourvoir sans perte de temps.

» Il reste maintenant trois choses principales à faire de la part du roy : l'une, d'envoyer promptement une lettre de Sa Majesté, signée d'aujourd'huy par M. Le Tellier, et qui arrive icy demain à la poincte du jour, par laquelle Sa Majesté ayant esté informée de la résolution du Pape et de la nomination de M. l'évesque de Meaux pour administrer l'église de Paris, elle luy permet, et en tant que besoin luy ordonne d'exécuter la commission de Sa Sainteté, laquelle Sa Majesté recognoît utile et nécessaire pour le repos de tout le diocèse et pour bannir la confusion que plusieurs mauvais esprits vouloient y exciter.

» La seconde, de prévenir l'effet de toutes les cabales qui pourroient estre faites dans l'assemblée pour empescher l'effect du bref, en s'expliquant nettement à ceux qui voudroient y apporter de la difficulté, que Sa Majesté sçaura bien faire valoir l'auctorité du saint siége et la sienne, et dissiper les menées de ceux qui voudroient favoriser le trouble et le désordre.

» La troisiesme, de mesnager messieurs du chapitre de Nostre-Dame, lesquels s'estant conduits en cette occasion comme Sa Majesté a desiré, méritent qu'on les considère et qu'on leur fasse entendre qu'ils doivent avoir grande satisfaction, non seulement de celle qu'ils ont donnée à Sa Majesté, mais de ce que la résolution de Sa Sainteté fait voir clairement le juste subject qu'ils ont eu cy-devant de pourvoir aux désordres de l'église de Paris, dont la conduite leur appartient en l'absence ou vacance. Que comme ils ont tesmoigné n'affecter pas de jouir de ce droict présentement, l'on a creu de leur faire plaisir de sortir de l'embarras où l'on se trouvoit par un autre expédient, lequel estant auctorisé par le Pape et par le roy, il n'y a pas lieu de croire que personne s'y puisse opposer avec raison.

» Je suis, Monseigneur,

» De Vostre Eminence, etc,

» SERVIENT. »

Lettre de M. le cardinal Mazarin à M. le comte de Brienne.

« A Compiègne, le 27 novembre 1655.

» Monsieur,

» J'ay esté bien ayse d'apprendre par vostre lettre d'hyer l'arrivée du courrier de Rome avec un bref du Pape pour la nomination d'un suffragant à l'archevesché de Paris, comme le roy l'avoit desiré. C'est un double bien qu'il soit venu assez à temps pour nous tirer de l'embarras où nous aurions esté, s'il eust tardé jusques à l'Advent, et que nous soyons deslivrés de faire encore remettre, par l'assemblée, la cérémonie de la messe du Saint-Esprit. Le roy a approuvé la résolution qui a esté prise de ne point perdre de temps à remplir le bref et à le faire exécuter. Pour cet effet je vous envoye une lettre de cachet expédiée par M. Le Tellier et adressée à M. de Meaux, par laquelle Sa Majesté luy permet et mesme luy ordonne d'exécuter la commission de Sa Sainteté. Vous la ferez voir à la reyne et à messieurs le chancelier garde des sceaux et surintendans; et s'ils n'y trouvent rien à dire, vous la rendrez aussitost audit sieur évesque de Meaux. Mais en cas qu'ils jugeassent à propos d'y changer quelque chose, je vous envoye aussy un blanc signé de M. Le Tellier, pour le remplir dans les termes que ces messieurs l'auront concerté. Et je ne sçay s'ils approuveront une pensée qui m'est venue, que puisque le Pape n'a pas voulu mettre dans le bref, que la nomination qu'il fait d'un suffragant fust *ad petitionem regis christianissimi*, le roy dans sa lettre à M. de Meaux mist qu'ayant demandé à Sa Sainteté qu'elle pourveut, etc. Je ne crois pas que personne dans l'assemblée s'en peut formaliser. Et en tout cas, si l'on voyoit que sous ce prétexte, ou sous quelque autre, de certaines gens voulussent cabaler pour empescher l'effect du bref, il faut leur parler hautement et leur dire que Sa Majesté sçaura bien faire valoir l'auctorité du Saint-Siége et la sienne, et dissiper les menées de ceux qui voudroient favoriser le trouble et le désordre. Il sera bon aussy de mesnager en cette occasion messieurs du chapitre de Nostre-Dame, et leur dire que le roy ayant tant de subject d'estre satisfait de la conduite qu'ils ont tenue dans cette affaire, Sa Majesté ne doute point qu'ils ne soient bien ayses qu'on en sorte par un expédient auctorisé par le Pape et par elle, et qui fait voir clairement le juste subject qu'ils ont eu cy-devant de pourvoir aux désordres de l'église de Paris et d'en prendre l'administration.

» Je suis, etc.

» *P. S.* Il ne sera pas mesme nécessaire que M. de Meaux fasse voir à l'assemblée la lettre de cachet du roy.

» Au surplus, l'on me mande que quelques prédicateurs se préparent à fronder en faveur du cardinal de Retz, ayant esté pratiqués pour cela. Je ne sçay pas s'ils seront si hardis que de vouloir offenser le roy. Mais en ce cas il faudra que l'indignation de Sa Majesté paroisse hautement et sans y perdre un moment de temps.

» Je me donne l'honneur d'escrire à la reyne que je me remets à ce que vous direz à Sa Majesté. »

Lettre de M. le cardinal Mazarin à M. le comte de Brienne.

« De Compiègne, le 27 novembre 1655.

» J'ai esté surpris de voir, par vostre lettre, les discours que M. le Nonce vous a faits, et les seuretez qu'il a ordre de demander que l'assemblée du clergé et le parlement défèreront au bref que le Pape a envoyé sur l'administration du diocèse de Paris. M. le cardinal Bicchi et M. de Lyonne ne mandent rien de semblable, mais seulement que le roy doit employer son authorité pour faire exécuter ce que Sa Sainteté a ordonné. C'est ce que Sa Majesté veut encore faire; et il sera bon que la reyne envoye quérir M. le Nonce pour le luy déclarer. Mais comme vous avez fort bien dit audit sieur Nonce, le pouvoir absolu et despotique, en France, réside en la seule personne du roy, sans qu'aucun des corps du royaume puisse prétendre d'y avoir part; on ne sçauroit trouver une seureté plus grande de ce qui se doit exécuter que la volonté et parole de Sa Majesté. Et rien ne seroit si préjudiciable à son authorité, que de faire quelque démonstration qui tesmoignast que les choses qu'elle promet eussent besoin d'estre approuvées et confirmées par le clergé ou par le parlement, dont toute la puissance émane de celle de Sadite Majesté et ne subsiste point par elle-mesme. De sorte que ce que M. le Nonce propose, seroit une nouvelle et très-pernicieuse introduction dans l'estat. Et en ce cas, le tempérament qu'on a trouvé pour sortir d'embarras et pourvoir à la direction de l'église de Paris, au lieu de produire un bien, seroit *malum pejus priore*, et pourroit avoir de beaucoup plus dangereuses suites. Je m'asseure que M. le Nonce se rendra à ces raisons. Mais à toute extrémité, si on ne peut autrement, M. de Narbonne et M. le procureur général pourroient l'aller voir pour l'asseurer de ce qu'il désire; et si la reyne le juge à propos, elle n'aura qu'à leur en donner l'ordre.

» J'ay grand soupçon que M. le Nonce ait esté visité et persuadé de quelque évesque ou partisan du cardinal de Retz, pour vous parler ainsi qu'il a fait. Et s'il y persiste, il n'en faut pas douter. Pour moy, je crois qu'il n'y peut avoir rien de plus injurieux à l'auctorité du roy, que de vouloir que le parlement et l'assemblée du clergé déclarent que la volonté et les ordres de Sa Majesté seront exécutés; et je m'asseure que tout le monde sera de mon advis. Je viens d'escrire à la reyne; mais je vous prie pourtant, en donnant part à Sa Majesté du contenu de cette lettre, de luy renouveller les assurances de mes très-humbles respects. »

Lettre de M. l'évêque de Coutances à M. le cardinal Mazarin.

« 27 novembre 1655.

» Monseigneur, ce matin, nostre assemblée a encore remis la cérémonie de la messe du Saint-Esprit à dimanche prochain. Ce que l'on n'a pourtant fait sans beaucoup de peine, plusieurs de messieurs les prélats concluant à la faire célébrer demain ou mardy sans autre retardement, s'en estant rencontré qui se sont advancez jusques-là de dire que le changement de la première délibération prise, passoit en toutes les compagnies de cette ville pour une chose si ridicule et si extraordinaire, que l'on disoit publiquement que la cour se joüoit d'eux, et qu'elle disposoit du Saint-Esprit comme il luy plaisoit. Ce que Vostre Eminence peut considérer estre d'un notable préjudice à l'honneur de l'église, et à quoy il est très-expédient que par sa prudence ordinaire elle appose, le plus promptement que faire se pourra, le tempérament qu'elle jugera nécessaire en cette affaire.

» La compagnie a député M. de Limoges vers la reyne pour luy donner advis de cette résolution, et la prier qu'elle trouvast bon que l'on fist cette cérémonie mardy prochain, jour de Saint-André. Que néantmoins, si elle ne le jugeoit pas à propos, que l'on attendroit jusques à dimanche sans plus de remise. Et comme l'on nous fait espérer que Vostre Eminence pourra estre icy de retour mardy ou jeudy au plus tard, elle pourra y apporter les ordres nécessaires.

» J'ai esté accablé de plaintes et de persécutions depuis hier matin, qu'arriva le courrier extraordinaire de Rome. Car comme on attendoit et espéroit en recevoir, ainsi que Vostre Eminence l'avoit tesmoigné à messieurs les suffragants de Paris et à quelques autres de l'assemblée, des commissions de grands-vicaires establis par le cardinal de Retz, qui auroit esté une satisfaction pour le clergé, l'on a appris qu'il a apporté un bref du Pape en forme du *motu proprio*, par lequel Sa Sainteté nomme, *en blanc*, un suffragant pour l'administration de l'archevesché de Paris, sans le consentement de ce cardinal. Et je suis extresmement surpris de ce que l'on a publié ce que portoit ce bref, puisqu'il eust esté plus à propos de tenir les esprits en suspens jusqu'au retour du roy. Je connois assez les esprits de l'assemblée, et par moy-mesme et par mes amys, pour pouvoir dire à Vostre Eminence que je les vois tous animez et emportez contre cette procédure du Pape, auquel il sont résolus de ne point déférer en ce rencontre. Et il est constant que les plus sages et les plus affectionnez sont de cet advis, pour les conséquences et les raisons que Vostre Eminence juge mieux que personne. Plusieurs disent que c'est bien tout le contraire de ce que l'on nous faisoit espérer. Et pour me défendre de cette attaque du mieux qu'il m'a esté possible, j'ay creu devoir dire, vray ou non, que le Pape s'est résolu d'establir un suffragant de son mouvement quand il a veu que M. le cardinal de Retz, par une opiniastreté et une meschanceté diaboliques, n'a pas voulu nommer des grands-vicaires agréables à Sa Majesté, qui est une marque qu'il veut continuer à brouiller les affaires, et que messieurs de l'assemblée ne doivent pas s'intéresser fort au party d'une personne si déraisonnable. L'on ne croit pas que la cour ait satisfaction au parlement, quoyque j'aye appris que quelques-uns dudit parlement se promettent d'en venir à bout. Mais à ce qu'il m'apparoit, si l'on prétend se servir de ce bref, l'affaire ira plus loin que l'on ne pense et que l'on ne voudroit.

» Je crois estre obligé d'en parler de la sorte à Vostre Eminence, pour la fidélité que je dois à son service. S'il se pouvoit trouver quelque moyen pour terminer cette fascheuse affaire, en conservant la dignité et l'intérest de l'Eglise, de conserver aussy l'auctorité du roy, ce seroit à mon advis une grande gloire pour Vostre Eminence, et un bien très-considérable à l'estat. Car aussy bien, de quelque façon que ce soit, il en faut sortir, et le plustost ne sera que le mieux. Et l'absence de Vostre Eminence y apporte du retardement. Ses serviteurs s'appliquent tant qu'ils peuvent à chercher des expédiens pour cela, s'il s'en peut rencontrer. Messieurs les suffragants de Paris sont fort surpris particulièrement de ce bref. Et Vostre Eminence peut croire qu'il n'y en aura pas un d'eux qui souhaite que l'on le remplisse de son nom; et ils m'ont mesme tesmoigné qu'ils avoient dit à Vostre Eminence, la dernière fois qu'ils eurent l'honneur de la voir, que s'il venoit une semblable commission, qu'eux ny aucun autre prélat ne la recevroient. Er quand ils en auroient l'intention, il est constant que le chapitre et tous les curés s'y opposeroient. »

Extrait d'une lettre écrite à la Reine par M. le cardinal Mazarin.

« De Compiègne, le 28 novembre 1655.

» Je suis persuadé que l'exécution du bref avec les clauses qu'on a envoyé, ne produira aucun bon effet; et je voudrois bien que M. de Lyonne eust exécuté les ordres de demander des vicaires. Car enfin tout seroit achevé contre la volonté du cardinal de Retz et de tous les brouillons, qui ne souhaitent autre chose que de voir aller l'affaire de longue. Mais, à mon advis, il vaut mieux s'exposer à toutes sortes d'inconvéniens que donner les mains à la négociation avec les présidens de l'assemblée et du parlement, pour sçavoir s'ils agréeront ce que le roy veut, n'y ayant rien de si injurieux à l'auctorité monarchique, qui ne peut dépendre, dans ce qu'elle fait, de l'approbation de qui que ce soit. Et s'il estoit autrement, le roy, au lieu d'estre absolu, demeureroit le doge de la république de France. »

Lettre de M. Servient à M. le cardinal Mazarin.

« 1er décembre 1655.

» Monseigneur, je ne doute point que Vostre Eminence n'ait esté amplement informée des résolutions qui furent prises en l'assemblée du clergé, lundy matin, touchant le bref du Pape. Cette délibération, en suite de celle qu'ils ont cy-devant faite pour demander permission à un simple curé de dire leur messe pontificale, dont il ne se trouve aucun exemple dans tous leurs registres qu'on ait jamais demandé une semblable permission, fait voir bien clairement l'esprit dont la pluspart de l'assemblée est portée et combien on avoit de raisons de désirer que les contestations touchant les grands-vicaires fussent terminées avant la tenue de l'assemblée. Cependant, il se rencontre malheureusement que les longueurs de la cour de Rome ont porté les affaires à estre traittées pendant l'assemblée. Ce qui nous réduira ou dans la nécessité de fleschir sous l'injuste pouvoir de M. le cardinal de Retz, au préjudice des droits du roy, et faire voir à Rome qu'on n'a pas icy l'auctorité de faire exécuter les choses mesme qu'on a demandées à Sa Sainteté, comme ledit cardinal et ses partisans ne le publient que trop; ou d'avoir en toutes choses l'assemblée contraire aux intentions et justes intérests de Sa Majesté; ce qui peut estre suivy d'aussy dangereux effets. Que si après les choses passées, il faut lascher le pied, et dans la capitale du royaume, au préjudice des divers arrests et déclarations du roy, recognoistre l'auctorité d'un archevesque fugitif et notoirement criminel, intrus faute de serment de fidélité au Pape, irrégulier pour avoir porté publiquement les armes sans s'estre fait absoudre, dont l'archevesché a vaqué de droict par sa promotion au cardinalat, et qui, par nos coustumes, n'ayant point fait au roy le serment de fidélité, ne peut faire aucune fonction (pas mesme spirituelle) dans son royaume, et qui, outre tout cela, a donné au roy une démission pure et simple de son archevesché; je puis asseurer Vostre Eminence que l'advis de plusieurs personnes intelligentes et désintéressées est que tous ces défauts rendent M. le cardinal de Retz incapable de faire ny par luy ny par autruy aucune légitime fonction, et que si on luy permet d'en faire, outre que c'est une grande mortification à tous ceux qui se sont jusqu'icy hardiment déclarez pour le roy contre luy, il poussera les choses bien avant, de l'humeur qu'il est, quand il luy sera permis d'envoyer ses ordres d'un lieu esloigné, et qu'il trouvera, comme il fait jusqu'à présent, des gens icy disposez à les exécuter, quelque péril qu'il y ait.

» Le curé de Saint-Barthélemy fut attaqué, il y a deux jours, à l'entrée de la nuit, dans le cours, revenant de sa maison de campagne, par cinq ou six hommes qui luy reprochèrent qu'il estoit le contretenant du cardinal de Retz, qui seroit dans Paris sans luy. Je luy ay fait dire qu'il ne doit rien craindre, qu'il sera protégé, et que pour peu qu'on ait de preuves, on fera informer diligemment et punir sévèrement les coulpables.

» C'est, Monseigneur,
» De Vostre Eminence,
» Le très-humble, très-obéissant et très-obligé serviteur, Servient. »

Lettre de M. le cardinal à M. Ondedeï.

« A Noyon, le 1ᵉʳ décembre 1655.

» Si les partisans du cardinal de Retz tesmoignent d'estre dans la dernière confusion de l'expédition du bref, ainsy que madame de Chevreuse asseure, il faut qu'ils ayent pris cette conduite par un ordre exprès dudit cardinal pour cacher la part qu'il a eue à faire prendre une telle résolution à Sa Sainteté, laquelle il sçavoit bien, sans en pouvoir douter, qui tourneroit à son advantage, puisqu'elle ne pouvoit pas avoir effect avec les clauses qu'on a pris le soin de faire insérer dans le bref. Et je vous prie de dire de ma part à madame de Chevreuse, qu'il n'y a nulle apparence que les adhérans du cardinal de Retz soient au désespoir, dans leur ame, d'une expédition qui cause du trouble dans Paris, puisque ledit cardinal n'a pas autre but, et qu'il ne travaille que pour cela. »

Lettre de M. de Lionne.

« Rome, 28 décembre 1655.

» Je viens maintenant au subject principal et plus important de mon audience, qui estoit l'affaire du suffragant manquée. Je commençay mon discours par de très-vives plaintes du procédé qu'on avoit tenu icy avec moy, dont j'aurois très-grand sujet d'estre offensé et d'en tesmoigner ressentiment, si je ne soubmettois tousjours tous mes intérests au désir extreme de voir lier une intelligence parfaite entre Sa Sainteté et le roy; mais que le secret qu'on m'avoit fait de choses qui ne le méritoient pas, et la qualité des conditions qu'on avoit imposées sans mon sceu à M. le nonce, avoient donné grande occasion de croire que le Pape, en donnant une chose d'une main, l'avoit voulu reprendre de l'autre, et s'estoit mocqué du roy et de moy; que la plus favorable explication qu'on pouvoit donner à cette conduite, estoit que Sa Sainteté n'estant pas informée de nos usages et de nos droicts, et ayant communiqué son dessein à M. le cardinal de Retz, celui-cy avoit trouvé le moyen de le rendre non-seulement inutile, mais injurieux à Sa Majesté, personne ne pouvant se persuader que le Pape eust eu l'intention de soumettre l'autorité du roy au jugement de ses sujets, et celle du Saint-Siége mesme aux évesques; que cela, qui paroist effectivement impossible à croire, avoit fait penser d'abord que M. le nonce n'avoit pas bien compris ses ordres, mais qu'on fut bientost esclaircy de ce doubte, ledit sieur nonce n'ayant pas non-seulement voulu consigner le bref pour le faire exécuter sur la parole du roy, qu'il auroit indubitablement son effect, mais en ayant mesme refusé une simple copie pour du moins le pouvoir faire voir à ceux dont il demandoit le consentement, chose qui esmeut tout le conseil du roy à indignation et mesme à risée, de vouloir le consentement à un bref dont il refusoit de permettre la simple lecture; qu'on avoit, de plus, représenté audit sieur nonce, que quelque personne qui eust voulu s'y opposer, ne pouvoit avoir recours qu'au Pape mesme, ou au roy ou au parlement; et que pour celuy-cy, M. le procureur-général et M. le premier président auroient donné toute asseurance que le bref seroit tout aussitost enregistré. Le Pape m'interrompit en cet endroit pour me dire: *Parlate giusto, dite il procuratore generale.* Je répliquay que j'avois dit aussi le premier président, parce que le procureur-général auroit donné toute asseurance en son nom, mesme par escrit. Enfin, je conclus que pour avoir voulu icy éviter un affront, on se l'estoit attiré de gaîté de cœur, n'y ayant point de doute que l'autorité du Pape a receu la mesme, et peut-estre plus grande atteinte par la conduite de M. le nonce, de n'avoir seulement osé faire lire un bref que personne n'ignoroit estre entre ses mains, que s après l'avoir remis au roy, il se fust rencontré des obstacles à son exécution.

» Le Pape ne respondit pas grand chose à tout mon discours, aussi estoit-il bien difficile de le faire, et je ne doubte pas qu'il ne cognut que nous avions raison de nous plaindre de son procédé; il me dit seulement que Dieu sçavoit la vérité, s'il avoit eu intention d'obliger le roy et si le cardinal de Retz avoit eu aucune cognoissance de ce qui s'estoit passé; que M. le nonce estoit né gentilhomme, et n'avoit eu autre intention que d'empescher son maistre de recevoir un affront; que la France estoit accoustumée

36.

à donner des amnisties et à pardonner; qu'il n'en estoit pas de mesme du Saint-Siège, qui avoit trop d'intérêt que son autorité ne souffrist aucune bresche; et que si un évesque ou plusieurs se fussent opposés ou fait quelque déclaration contraire à son bref, il eust esté obligé de pousser l'affaire contre eux par toutes sortes de voyes, et que c'estoit la raison qui le faisoit marcher avec tant de retenue et de précaution pour ne rien engager que bien à propos.

Le Pape adjousta ensuite : « Dieu nous le pardonne si nous faisons un faux jugement, mais souvent il nous tombe dans la pensée qu'il y a des gens qui ne veulent pas que les choses aillent dans l'ordre et dans l'union.—Comment, Saint-Père, m'écriay-je, Vostre Sainteté fait des plaintes de cette nature, quand c'est à nous à en faire de très-vives du traitement que nous recevons! je comprends fort bien ce que Vostre Sainteté veut entendre, mais je suis asseuré qu'avant que sortir je la feray rétracter, et qu'elle aura la douleur d'avoir eu un consentement si injuste. »

» Cependant, pour descouvrir pays et voir si je ne pourrois point tirer d'elle quelque chose de plus avantageux pour le roy que mes derniers ordres, je luy dis : « Saint Père, Vostre Sainteté sçait le mal, n'a-t-elle point songé à quelque remède, car enfin l'église de Paris peut-elle demeurer abandonnée de cette sorte ? » Le Pape repartit : «Mais que pouvons-nous faire plus que ce que nous avons déjà fait? Le nonce nous mande qu'il est et sera toujours prest de remettre le bref du suffragant, dès qu'on luy fera voir seureté qu'il ne recevra pas les contradictions que nous avons appréhendées. » Je cognus de là que Sa Sainteté croyoit que la négociation fut encore vifve, ce qui m'obligea de luy déclarer que c'estoit une affaire ruinée par la conduite qu'on y avoit tenue, et je luy demandai encore quelle estoit sa résolution; mais voyant enfin qu'il n'avoit songé à rien et qu'il falloit de nécessité en venir à mes autres ordres, je portay la chose de la manière que je vais dire, tant pour la dignité du roy qu'afin que le Pape nous en eust obligation, et pour ne rencontrer pas aussi, s'il estoit possible, de nouveaux obstacles de la part du cardinal de Retz.

» Avec pouvoir et ordre du roy mon maître, je puis consentir à ce que Vostre Sainteté a tant tesmoigné désirer, que le cardinal de Retz députast des personnes que Sa Majesté auroit nommées; en voilà six (et alors je luy présentay la liste) que Vostre Sainteté trouvera, si elle daigne s'en enquérir, des plus gens de bien et plus capables de cet employ qui soient dans Paris. Le Pape m'interrompist et s'écria : « Oh! loué soit Dieu, il auroit bien esté à désirer qu'on eust plustost pris cette résolution, cela auroit espargné aux uns et aux autres beaucoup de peines et d'embarras, mais il vaut mieux tard que jamais; oh! bien, donnez-nous la liste, nous n'y perdrons pas un moment de temps.

» — Sa Majesté ne donne ce consentement que pour luy complaire, et à condition que cet acte ne préjudiciera en aucune façon aux droicts et raisons de Sa Majesté, qui demeureront toujours en toute leur rigueur, et que M. le cardinal de Retz n'en acquerra aucune nouvelle raison ou possession. » A quoi le Pape repartit ces paroles formelles: « Cela s'entend; » dont je crus devoir estre d'autant plus content, sans en exiger une plus grande explication, que mon ordre ne m'obligeoit pas à tirer aucune responce du Pape, mais seulement à luy faire cette protestation. Vous trouverez ci-jointe, Monsieur, l'attestation signée de moy, qu'il m'a esté ordonné de vous en adresser pour s'en servir en temps et lieu, selon le besoin qui en pourra naître.

» Je suppliay après cela le Pape, que pour éviter qu'on ne tombast plus dans les mesmes embarras du suffragant, il luy plust me faire communiquer l'acte de la députation que feroit M. le cardinal de Retz des vicaires, afin que je puisse considérer tout ce qui y sera contenu, ce que Sa Sainteté me promit. »

Mais l'autorité royale et l'habileté du cardinal Mazarin paraissaient se lasser et succomber par l'effet des incertitudes apparentes de la cour pontificale et des heureuses manœuvres du cardinal de Retz. L'insuccès du présent faisait chercher des espérances dans l'avenir, et on se flattait que Retz céderait enfin, dès qu'il serait obligé de renoncer au séjour de Rome. Cette nécessité ne pouvait manquer de se déclarer bientôt à lui : car il ne pouvait tenir à une dépense comme celle de sa maison, qui ne lui coûtait pas moins de cinquante mille francs par an. M. de Lionne venait de faire cette découverte, il y attachait quelque importance, et il la transmettait à sa cour comme étant, disait-il, la véritable *enclouüre* de l'affaire.

« 31 décembre 1655.

» J'ay attendu ces trois jours-cy des nouvelles du Pape; enfin hier au soir, lassé d'une si longue patience, j'envoyai prier M. Raspigliosi de dire à Sa Sainteté que j'attendois toujours ses ordres, et que le courrier qu'il m'avoit commandé de tenir prest estoit botté depuis trois jours.

» Cette semonce a fait qu'aujourd'huy ledit

sieur Raspigliosi est aller trouver M. le cardinal Bicchi, et luy a porté une minute de la députation, telle que l'avoit dressée M. le cardinal de Retz, et ledit sieur cardinal Bicchi, qui est au lict de sa goutte, m'ayant fait l'honneur de m'envoyer quérir pour en conférer ensemble, nous n'en avons pas esté fort satisfaits, et il a esté résolu que nous ferions travailler à une minute de députation par quelque personne qui en eust la pratique, et que j'iray après trouver ledit sieur Raspigliosi, pour luy déclarer que M. le cardinal de Retz se mocquoit du Pape et de nous, et luy en déduire les raisons. »

[1656] Tel était l'état de cette inextricable contention, quand la nouvelle année s'ouvrit. Le roi ne prétendait plus qu'à dresser une liste de candidats, parmi lesquels le cardinal-archevêque députerait ses grands-vicaires; mais les instantes démarches de l'ambassadeur du roi auprès du Pape, pour que tout se fît après une préalable communication, furent encore déçues. On devait lui remettre les dépêches de la cour de Rome à jour fixe; mais c'était sans succès qu'il écrivait que son courrier était botté depuis trois jours, et attendait la lettre; il demandait des audiences, et on ne lui répondait pas; il ne savait guère que par Paris ce qui se passait à Rome. Il ne cessait pas de gémir sur sa *fâcheuse négociation*, et d'écrire que « c'estoit se battre
» la teste contre un mur que de vouloir pour-
» suivre cette affaire. » Et M. de la Rocheposet avertissait la cour que « le Pape se moquoit ou-
» vertement de M. de Lionne, que Sa Sainteté
» lui refusoit une audience et s'amusoit de son
» insistance ; que l'ambassadeur du roy de
» France ne jouissoit plus d'aucune considéra-
» tion à Rome, et que le Pape et le cardinal
» s'entendoient évidemment pour le jouer. »

Le duc de Lionne ignorait réellement ce qui se faisait sous ses yeux, et son dépit fut à son comble d'apprendre, vers la fin du mois de janvier, que dès le 2 du même mois , le cardinal avait député l'abbé du Saussay, son official, pour son grand-vicaire, et en avait informé le même jour le roi, la reine et le clergé assemblé, par les lettres suivantes.

Lettre de M. le cardinal de Retz au Roi.

« Sire,
» La croyance que j'ay que le choix que j'ay fait de la personne de M. l'official de Paris pour l'administration de mon diocèse ne sera pas désagréable à Vostre Majesté, me donne une extresme joye, puisque je n'en sçaurois jamais avoir de véritable que dans les occasions dans lesquelles j'ay quelque lieu de luy faire connoistre la fidélité inviolable que je conserveray éternellement pour son service. J'ay essayé , Sire , par toute la conduite que j'ay tenue à Rome , de vous donner des marques de ceste vérité assez claires et assez publiques pour espérer que Vostre Majesté en peut estre suffisamment persuadée. Je la supplie très-humblement de me permettre de l'asseurer que ce mesme zèle esclatera dans tout ce qui sera sous mes ordres dans le diocèse de Paris, et qu'estant obligé plus que personne, par les devoirs de mon caractère, à l'obéissance que l'on doit à Vostre Majesté, je n'auray rien de plus cher et de plus précieux, après le service de Dieu, dans les fonctions de ma charge, que les intérests de vostre couronne et la gloire de vostre personne sacrée. Je croirois, Sire, trahir ces sentiments, si je ne demandois à Vostre Majesté avec tout le respect et toute la soumission que je luy dois, le retour des ecclésiastiques esloignez de Paris ; puisque leur rappel estant une action digne de vostre bonté et de vostre justice , je suis persuadé que la très-humble supplication que je vous en fais n'est pas moins du devoir d'un fidèle subject, passionné pour la gloire de Vostre Majesté, que d'un évesque attaché aux intérests de l'église , dont toutes les prières réunies attireront sur Vostre Majesté les bénédictions du ciel, que luy souhaite,
» Sire, de Vostre Majesté,
» Le très-humble, très-obéissant et très-
» fidèle serviteur et subject,
» Le cardinal de Retz,
» Archevesque de Paris.
» De Rome, 2 janvier 1656. »

A la Reine.

« Du mesme jour.

» Madame,
» La piété de Vostre Majesté fait que je prends la liberté de luy rendre compte du choix que j'ay fait de M. l'official de Paris pour l'administration de mon diocèse, et d'espérer qu'elle me fera la grâce de m'honorer de sa protection auprès du roy, dans la très-humble supplication que je luy fais de rappeler les ecclésiastiques qui ont esté esloignés sur mon subject. Je ne puis douter, Madame, que Vostre Majesté ne considère en ceste occasion les intérests de l'église, qui luy ont toujours esté si chers, et qu'elle n'ait de la joye de rendre par ceste action à celle de Paris le repos qui luy est si nécessaire. Elle continuera ses vœux pour la prospérité de Vostre Majesté. Et j'essayeray, Madame, en mon particulier, de vous donner toutes les marques du zèle très-ardent que je conser-

veray éternellement pour vostre service, comme celuy qui, par tant de titres différents, est plus obligé que personne d'estre toute sa vie,

» Madame, de Vostre Majesté, le très-humble, très-obéissant, très-fidèle et très-obligé serviteur et subject,

» Le cardinal de Retz,
» Archevesque de Paris. »

A Messieurs de l'assemblée générale du clergé, à Paris.

» Messieurs,

» J'avois résolu de vous rendre un compte très-exact de ma conduite et de tout ce qui s'est fait par mes ordres dans le diocèse de Paris. J'attendois pour cet effet le temps de vostre assemblée générale, et j'estois sur le point de vous informer de toutes les circonstances de ceste affaire, lorsque j'ay sceu par les dernières nouvelles de Paris, que le zèle que vous avez pour les intérests de l'église avoit prévenu si généreusement mes soings, et agy avec tant de force et tant d'efficace pour la conservation de ses droicts, qu'il me semble qu'il ne me reste plus rien présentement à faire, qu'à vous rendre les tres-humbles grâces que je vous dois par tant de titres, et à vous supplier de croire que rien ne peut esgaler ma reconnoissance, que le respect et la vénération que j'auray toute ma vie pour vos sentimens. Je n'ay pas plustost appris la protection que vous avez donnée à ma cause et à ma personne, que je me suis résolu de régler ma conduite selon les pensées que vous avez eu la charité de me faire paroistre; et j'ay creu que je ne pouvois m'y conformer plus justement qu'en establissant, comme vous verrez par ma commission, pour mon grand-vicaire M. l'official de Paris; puisque je ne puis douter que sa personne ne vous soit très-agréable, et que Sa Majesté ne soit aussy très-satisfaite du choix que j'en fais. Le Pape m'a fait l'honneur de me promettre de l'obliger à différer pour ce suject son sacre. Ce qui est une condition nécessaire. Je luy enjoins de donner au roy, en ceste occasion et en toutes les autres qui me touchent, toutes les preuves imaginables du profond respect que j'auray toute ma vie pour ses commandemens, et de la fidélité inviolable que j'auray éternellement pour son service. C'est dans ces termes, Messieurs, que je prends la hardiesse d'éscrire à Sa Majesté, et j'ose espérer de vostre bonté que vous serez les cautions de mon obéissance. Je ne vous parle point, Messieurs, de tout ce qui touche mes intérests particuliers; et il me semble que je respondrois bien foiblement à vostre sainte générosité, si tout ce qui regarde ma personne servoit d'obstacle un seul moment à ce qui peut contribuer au repos des consciences de mon diocèse. Je croys estre obligé de passer à présent, dans ceste conjoncture particulière, par dessus beaucoup de considérations qu'il ne seroit pas permis d'obmettre, mesme selon les formes de l'église, en toute autre occasion que celle-cy; et je suis persuadé qu'il m'est permis de sacrifier présentement à la nécessité des ames que Dieu a commises à ma charge, des choses pour lesquelles, en toute autre rencontre, je serois obligé d'avoir toute sorte d'attachement. Il n'y a qu'un seul point, Messieurs, dont il me semble que je dois un compte encore plus particulier au ciel et à la terre, et dont je ne me puis taire un seul moment, sans estre prévaricateur de mon caractère, et sans me rendre absolument indigne des soings qu'il vous plaist de prendre pour le repos de mon église. Est-il juste, Messieurs, que dans le temps que je diffère la poursuite des intérests les plus légitimes pour mettre la paix dans mon diocèse; que dans le moment que j'ensevelis dans un respectueux silence les sentimens mesme de la nature affligée en ma personne, par l'esloignement de tous mes proches; que dans l'instant que je suspens, pour mettre l'ordre dans mon église, les justes remonstrances que je pourrois faire sur tant de choses dont on ne peut contester la raison; est-il, dis-je, raisonnable que l'on laisse encore dans ceste mesme église des marques du passé, par l'absence et l'esloignement de ceux des chanoines et des curés qui ne sont exilés que pour avoir défendu avec vigueur ce que vous avez maintenu avec tant de gloire! Vous connoissez, Messieurs, leur innocence. Vous sçavez les raisons de leurs disgrâces. Vous ne doutez point de l'impatience que je dois avoir pour leur retour. J'ay représenté à Sa Sainteté que mon silence seroit en ceste occasion criminel et honteux. Je l'ay suppliée très-humblement d'avoir la bonté de procurer la cassation des sentences données contre M. de Chassebras et le retour des autres ecclésiastiques, qui sont dispersés par le royaume. Le Pape m'a fait l'honneur de me promettre de donner les ordres à M. le nonce sur ce suject, et mesme a eu la bonté de me permettre de le demander à vostre assemblée, afin que vous me fassiez la grâce d'y joindre vos instances. Je vous en conjure, Messieurs, par les intérests de l'église, qui vous sont si chers; afin que ceste réunion de tous les membres à leur pasteur estant faite pleinement, l'on puisse travailler dans le diocèse de Paris avec une paix et une charité, qui ne puisse plus estre troublée par aucune fascheuse suite. Je vous supplie très-humblement, Messieurs, de demander à Dieu, pour moy, la grâce de pouvoir satisfaire en ceste occasion et dans toutes les autres aux obligations de mon caractère, et de conserver inviolablement dans les suites les sentimens qui ont réglé jusqu'icy toutes mes actions, et qui m'obligent de ne trahir jamais les véritables intérests de l'église par une complaisance qui les blesse, et de ne manquer jamais à l'obéissance que je dois au roy, par le prétexte de ce que je dois à l'église. Comme ceste résolution ne peut estre confirmée par un exemple plus illustre que celuy que vous me donnez de l'un et de l'autre, je suis persuadé qu'elle ne peut estre mieux soustenue que par vos intercessions et par vos lumières. Je recevray tousjours les unes avec tout le respect que je vous dois, et je vous supplie très-humblement de m'accorder les autres en qualité de,

» Messieurs,
» Vostre très-humble et très-affectionné
» serviteur et confrère,
» Le cardinal de Retz,
» Archevesque de Paris.
» De Rome, le 4 janvier 1656. »

Le sort de ces lettres fut singulier; quant à celle qui était adressée à l'assemblée du clergé, il paraîtrait, par un mémorial du temps, que le courrier qui l'apportait fut arrêté dans la forêt de Fontainebleau, et que cette lettre lui fut enlevée. Celles que le cardinal avait très-humblement écrites au roi et à la reine arrivèrent à Paris, mais ne furent pas remises. Le roi ne les agréa point, et ordonna que ces lettres ne fussent pas ouvertes, pour être rendues intactes au cardinal. Le duc de Lionne fut chargé de ces ordres, par l'intermédiaire des suffragants de Paris, qui lui écrivirent ce qui suit le 4 février.

Lettre des suffragans de Paris à M. de Lionne, ambassadeur du roi à Rome.

« Paris, le 4 février 1656.
» Monsieur, la province ayant receu un paquet de M. le cardinal de Retz, dans lequel nous avons receu une lettre pour Sa Majesté, une pour la reyne et une pour l'assemblée, et une pour nous, avec le vicariat-général pour M. l'official, le roy, qui a la mesme inclination pour la paix, et temporelle et spirituelle, et considérant l'Eglise comme en estant fils aîné, nous a commandé, pour donner la paix au spirituel dans ces diocèses, de donner le vicariat à M. l'official. Ce que nous avons fait pour obéir à Sa Majesté, qui l'a fait, après qu'elle a eu receu vostre dernière dépesche sur ce sujet. Pour les lettres de monseigneur le cardinal de Retz à Leurs Majestés et celle à l'assemblée, ne trouvant point une voye plus convenable pour les renvoyer (le roy ne voulant aucun commerce avec monseigneur le cardinal de Retz, ni que ses sujets en ayent), nous avons creu vous les devoir renvoyer et vous prier de les luy faire rendre par la voie la plus convenable que vous jugerez à propos pour vous.

« Nous sommes, Monsieur, etc. »

M. de Lionne avait officiellement demandé son rappel le 31 janvier, et les nouvelles que donnait de lui M. de la Rocheposet annonçaient que le Pape continuait à ne pas le bien traiter; que Sa Sainteté était toujours en grande intelligence avec le cardinal de Retz; que M. de Lionne demandait une audience depuis huit jours, mais inutilement, ce qui étonnait toute la cour pontificale, aucun Pape n'en ayant jusque-là usé de la sorte avec un ministre du roi; ce qui ne pouvait manquer de porter le conseil à en faire de vives plaintes à Sa Sainteté.

Mais les ministres du roi en prirent leur parti, et le comte de Brienne écrivit en ces termes à l'ambassadeur, le 11 février.

A M. de Lionne.

« Du 11 février 1656, à Paris.
» Monsieur, le roy m'a commandé de vous escrire qu'il ne veut point que, pendant le temps que vous resterez encore à Rome, vous demandiez aucune grâce au Pape, ni que vous luy parliez d'aucune affaire, que de celles qui vous seront expressément ordonnées de la part de Sa Majesté.

» Elle désire que vous cessiez de faire aucune instance contre le cardinal de Retz, et de parler de luy en façon du monde, si le Pape mesme ne vous en interroge, auquel cas vous exposerez à Sa Sainteté, en peu de paroles, l'indignation immuable de Sa Majesté contre ce cardinal, sans vous engager à aucun autre discours, et coupper court.

» Et si le Pape vous parloit de la députation de l'official de Paris, vous luy répondrez brusquement qu'elle n'est pas dans les formes qu'elle devroit estre, et que Sa Majesté est fort bien informée des fins et des desseins que l'on s'estoit proposé de pouvoir changer les choses en toutes conjonctures; mais comme les pensées dudit cardinal ne luy ont pas réussi en la manière qu'il se l'estoit imaginé, lorsqu'il dépescha icy son courrier, sauf vostre participation; ainsy le roy espère que ses machines auront aussy peu d'effect à l'avenir. Finalement, vous exprimerez la manière dont vous avez esté traicté, et l'estroicte intelligence qu'il y a eu entre le Pape et ce cardinal, sans pour cela contester ni vous défendre sur ce sujet par de longs discours.

» Vous ne demanderez plus d'audience extraordinaire ; mais vous irez tous les quinze jours à l'ordinaire, et direz au Pape que vous allez à ses pieds pour révérer solennellement Sa Sainteté et conserver cette coutume jusques à ce que vous ayez ordre de la cour pour pouvoir vous en revenir comme vous en avez supplié Sa Majesté.

» Si le Pape vous parle de la paix, vous exagérerez toujours nostre bonne disposition à y entendre, mais vous ferez connoistre que nous croyons que les Espagnolz ont plus d'intérest de la solliciter que nous ; et que le roy, après avoir fait toutes les diligences possibles, leur laisse la liberté d'y songer, et priera Dieu de leur inspirer une bonne résolution à temps et avant que Sa Majesté remporte de plus grands advantages. »

Un autre correspondant informait presque en même temps le cardinal Mazarin des premières manifestations du désir que Retz paraissait nourrir secrètement de se raccommoder avec le premier ministre.

« Il y a eu ce matin consistoire auquel M. le cardinal de Retz a eu longue audience du Pape, n'en ayant point eu depuis plus de six semaines, qu'il envoya la commission pour un grand-vicaire, à cause que depuis ce temps-là, il a presque toujours gardé le lit ou la chambre pour se remettre entièrement de son espaule dont il est bien guéri maintenant. Je ne doute point qu'il n'ait fait entendre à Sa Sainteté que la lettre qu'il a escrite au roy a esté bien receue, car il l'a dit au commandeur Mazzingue qui me l'a rapporté, et qui m'asseure que ce cardinal est dans une impatience extresme de sçavoir si Vostre Eminence agréera la recherche qu'il fait de son amitié, laquelle il désire passionnément, comme j'ay déjà escrit plusieurs fois, bien qu'il ne le sache pas, n'ayant jamais consenti qu'on luy ait dit, ny mesme qu'on luy ait parlé de moi. Cependant, si Vostre Eminence juge qu'il soit du service du roy, je crois que sans bruit, et dans peu de temps, on peut terminer cette affaire, selon l'ordre qu'il luy plaira m'en donner, promettant au reste à Vostre Eminence fidélité inviolable. »

Le père Duneau ajoutait, dans une autre lettre : « Ledit seigneur cardinal a bien pris que Vostre Eminence ayt receu lesdites lettres, et a parlé à Sa Sainteté comme désirant une parfaite réunion avec elle, dont le mesme jour ladite Sainteté s'expliqua audit Sforza Pallavicino, à qui elle dit qu'elle souhaitoit extresmement cette réconciliation ; et le cardinal la souhaite à un point qui ne se peut croire : tant plus cette ardeur est grande, tant plus aussi me donne-t-elle quelque soubçon et défiance qu'il n'y ait quelque dessein caché. J'aurois toutes les envies du monde de parler à ce cardinal, et me promettrois de descouvrir quelque chose de ce qu'il a dans le cœur. Mais je ne le ferai jamais sans l'aveu de Vostre Eminence, de qui je suis, Monseigneur, etc. »

On découvrit bientôt après, du moins on le crut, un nouvel et puissant partisan du cardinal de Retz, à Rome ; c'était la reine de Suède, et l'abbé de Rocheposet en rendait compte en ces termes.

« Rome, 21 février.

» Je sçay que samedy la reyne de Suède fit prier secrètement M. le cardinal de Retz de venir à la comédie qui se fit chez M. le prince Palestrino, et non-seulement il y fut, mais s'entretint avec elle fort particulièrement durant toute la comédie. Encore une fois, en vray serviteur de Son Eminence, je prendray la liberté de luy dire qu'elle se doit défier de la reyne de Suède, et croire qu'elle n'aura aucun crédit auprès du Pape ».

Mémoire du P. Duneau à Son Eminence.

« du 29 février.

» La *regina di Suetia* a veu le Pape la semaine passée, et m'a dit qu'elle avoit commencé à jeter les fondements de la négociation dont je rendis compte à Votre Excellence par mon dernier mesmoire, entretenant le Pape en général sur deux points, principalement sur l'affaire du cardinal de Retz, et l'autre de quelle importance il luy estoit, pour la gloire de son pontificat, et pour le bien de la chrestienté, d'acquérir du bien en France et de gaigner la confiance et l'affection du cardinal Mazarin, à quelque prix que ce pust estre. Elle le fit de telle sorte que le Pape ne peut s'apercevoir aucunement de la visée, qu'elle me dit tousjours qu'elle a, de porter Sa Sainteté à obliger le cardinal de Retz à donner satisfaction au roy. Le Pape luy fit de grandes plaintes de Vostre Eminence, qui aboutissoient en substance (car il ne luy parla point de nostre refus de traiter la paix à Rome), à la dureté qu'on avoit en France à ne consentir que par force quand nous n'avions pu faire mieux, ni soutenir plus longtemps la chose, à consentir, dis-je, à ce qui estoit de l'honneur de Sa Sainteté pour réparer les torts qui auroient esté faits dans l'église de l'immunité ecclésiastique. La reine dit que n'estant pas informée des raisons que nous avions eues, elle ne peut pas rebattre ce que le Pape disoit. »

« Le 13 mars.

» La reine de Suède vit le Pape il y a aujourd'hui huict jours ; je fus dès lendemain chez Sa Majesté pour sçavoir comme tout s'estoit passé. Elle me dit d'abord : « J'ai veu le Pape, mais je trouve le bonhomme dans une léthargie que j'avoue que cela me donne une mortelle douleur, parce que j'aime sa personne et que je luy suis obligée, adjousta-t-elle ; pour vous dire tout en peu de mots, je croy que dans le dessein que j'ay d'obliger le roy, je viendrois plustost à bout du cardinal de Retz que de luy, si peu il connoist ses véritables intérests. — C'est-à-dire, Madame, repris-je, que la négociation est désespérée puisqu'il n'y a rien à faire du costé du Pape. »

La cour se lassa de tant d'essais et de tant de promesses sans résultats ; le roi rappela son ambassadeur. Les quatre pièces qui suivent exposent les motifs et les circonstances de ce rappel.

Lettre du Roi à M. le cardinal de Bicchi.

« 9 mars 1656.

» Mon cousin, la seule affaire que je puis dire d'avoir eue à Rome sous ce pontificat, est celle du cardinal de Retz, dans laquelle je vous advoue que non-seulement j'attendois toute sorte de justice de la bonté de nostre Saint-Père, mais aussy que la mesme justice me seroit rendue avec toute la facilité et l'affection qui se pouvoit désirer d'un Pape bien intentionné pour moy contre un cardinal mon sujet, notoirement chargé de crimes et détesté dans mon royaume, comme l'auteur de toutes les cabales qui s'y sont faites dans ces derniers temps pour en troubler le repos. Cependant les effets ont esté bien contraires à mon espérance, et il n'y a personne qui le puisse mieux sçavoir que vous qui avez veu jour par jour toute la suite de cette affaire, depuis que le Pape a eu donné le *pallium* au cardinal de Retz, avec le mesme empressement qu'il auroit peu faire à l'homme du monde le plus innocent et de la vie la plus exemplaire, sans avoir le moindre scrupule des charges qu'il y avoit contre luy de notoriété publique. Vous estes témoin si jamais il m'a esté possible d'obtenir de Sa Sainteté qu'elle commençast à faire procéder contre le cardinal, nonobstant qu'elle l'eust promis positivement au sieur de Lyonne, et que me conformant à vos bons advis, j'eusse de ma part donné les mains à toutes les choses qu'elle avoit désirées de moy pour cet effect. Vous sçavez comme elle m'a refusé ensuite de donner à l'église de Paris un vicaire apostolique, préférant la satisfaction particulière du cardinal de Retz à l'autorité du Saint-Siège et au pressant besoin de ladite église, et donnant par ce moyen occasion audit cardinal de faire de nouvelles tentatives pour altérer la tranquillité de ma bonne ville de Paris par des scrupules de conscience et par mille inconvéniens qu'il y faisoit naître à touts moments. Après bien des délais, vous vous souvenez qu'enfin le Pape fit semblant de vouloir condescendre à mes instantes prières, et envoya ici à son nonce un bref inutile, et conceu non-seulement sous des conditions impraticables, mais préjudiciables et injurieuses à mon autorité, vous ayant pourtant donné à entendre et audit sieur de Lyonne qu'il prétendoit en cela m'avoir fait une grâce singulière ; et vous sçavez qu'après tout, ayant bien voulu, pour complaire au Pape, me relascher jusqu'au point de consentir que le cardinal de Retz députast luy-mesme un grand-vicaire, ma complaisance n'a servi qu'à donner lieu à Sa Sainteté de favoriser ledit cardinal et de maltraiter le ministre que je tiens auprès d'elle, tantost l'amusant par de longues et inutiles négociations et tantost luy refusant audience, afin que cependant la députation faite par le cardinal de Retz, et conçue à sa mode, arrivast en cette ville et fust rendue directement ès mains des suffragans de cet archevesché, sans ma participation, et mesme sans que ny vous, ny ledit sieur de Lyonne en eussiez cognoissance. Tandis que le Pape me traite de cette façon à Rome, son nonce qui est icy n'en use pas mieux en mon endroit ; il porte hautement aussi de son costé les intérests dudit cardinal, et en toutes les autres choses il n'auroit pas plus d'aversion et de mauvaise volonté pour ce qui me regarde, quand il seroit ministre d'un ennemy déclaré de cette couronne, et non pas du père commun. Et quoy que j'en aye porté diverses fois mes plaintes à Sa Sainteté, cela n'a produit autre chose que de me faire cognoistre de plus en plus qu'elle est dans une ferme résolution de me désobliger en toutes rencontres, sans se soucier nullement de vivre en bonne intelligence avec moy. C'est pourquoy, après avoir fait réflexion sur toutes ces choses, j'ai jugé à propos de rappeler ledit sieur de Lyonne, ne trouvant point de meilleure voye que celle-là pour éviter les sujets de plainte que j'ai touts les jours du costé de Rome. Et à la vérité, puisque le ministre que j'y tiens, au lieu de servir à estreindre de plus en plus les nœuds d'une parfaite correspondance, devient malgré luy une occasion de scandale et de mespris pour moy, il ne seroit pas de la prudence de l'y vouloir laisser davantage, au hasard de me voir à la fin réduit à une rupture ouverte par la continuation de ces injures désormais trop publiques pour les pouvoir dissimuler avec honneur; et d'ailleurs si toutes les diligences que j'ay faites jusqu'icy pour avoir justice d'un mien sujet, et pour asseurer par son chastiment le repos et la tranquillité de la capitale de mon royaume, ne servent qu'à l'accréditer par la protection visible que le Pape luy donne contre moy, il vaut mieux sans doute n'en plus parler, afin d'espargner à Sa Sainteté l'importunité de mes poursuites et à moy le déplaisir et le chagrin de tant de refus en une cause si juste: aussi bien mes sollicitations seroient fort inutiles contre un homme, lequel, à ce qu'il dit, possède l'esprit du Pape et prétend estre le directeur de toutes les affaires généralement qui regardent cette couronne, s'estant vanté que tous les mauvais traitements que j'ay receus en la personne dudit sieur de Lyonne et les difficultés qu'on a apportées à des affaires pleines de justice auxquelles je prenois part, sont des effets de ses conseils, et qu'enfin il a eu le crédit de persuader au Pape que c'est la conduite qu'il faut tenir pour tirer de moy tout ce qu'il voudra et particulièrement en faveur dudit cardinal. C'est un grand malheur que le Pape n'ait pu se défendre des artifices et des suggestions d'un homme si universellement descrié, puisque cette conduite ne peut avoir que de très-fâcheuses suites et causer des préjudices irréparables au public. Mais il semble que la présence du cardinal de Retz soit fatale partout où il va, comme ma bonne ville de Paris n'a que trop expérimenté, et Dieu veuille que Rome n'en fasse pas une aussi funeste expérience et que Sa Sainteté mesme ne s'en aperçoive trop tard. Pour moi, quoiqu'il arrive, je conserveray inviolablement la dévotion et le zèle que j'ay toujours eu pour le Saint-Siège, et je ne cederay jamais en ce point à aucun de mes prédécesseurs. Priant Dieu, etc. »

Lettre du comte de Brienne au cardinal Bicchi.

« 10 mars 1656.

» Monsieur, c'est avec beaucoup de douleur, mais avec un extresme sujet que le roy s'est résolu d'escrire à Vostre Eminence la lettre que celle-cy accompagne, et que Sa Majesté désire que Sa Sainteté en ayt connoissance; en quoy, selon mon foible sens, elle donne une marque constante de la passion qui luy reste de vivre en parfaite intelligence avec Sa Sainteté, l'espérance luy devant rester qu'esclaircy des sujets de plainte que l'on a de sa manière d'agir, elle la voudra amender. On désire que Vostre Eminence luy laisse penser que c'est avec ordre qu'elle la lui faict voir, mais qu'elle ne s'en explique pas, et s'il se pouvoit qu'il restast incertain s'il vous pourra avoir esté donné ou non; mais il importe au repos de Sa Sainteté et à sa gloire qu'il soit pour une fois détrompé des bonnes impressions qu'il a prises dudit cardinal de Retz, dont je ne sçaurois mieux vous dépeindre l'humeur qu'en vous mandant qu'il publie par le royaume qu'il est au-dessus de toutes sortes d'appréhensions, que la victoire luy est asseurée puisqu'il est le favory du Pape, qu'il est le directeur des affaires de France, qu'aucune ne se résout que par son advis, et qu'il a bien imprimé en l'esprit du Pape que le moyen d'y estre recherché et considéré, c'est de se rendre difficile à tout, beaucoup auzer, et enfin ne mettre en aucune considération les prières du roy, qu'il faut s'oublier de faire la justice, et qui est eslevé en ce point peut-estre asseuré qu'il sera toujours recherché; ce seroit peu si sa malice ne se portoit plus loing et s'il n'auzoit faire rechercher ses confidens d'une nouvelle liaison et ne les instruisoit des moyens qu'il faut pratiquer pour faire des souslèvemens dans le royaume, et y causer la dernière confusion; et pour y faire cognoistre le mespris qu'il a pour l'auctorité du roy, les lettres qu'il avoit auzé luy escrire, à la reyne et à l'assemblée du clergé, il les a faict imprimer, et les fait rendre à plusieurs particuliers, les faisant donner à aucuns de leurs domestiques et jeter de nuit dans leurs maisons. Enfin, son mespris de l'auctorité, sa présomption et son audace paroist en toutes ses actions. On auroit continué à croire que ce qu'il mande du crédit qu'il s'est acquis à Rome, de la considération en laquelle il y est, ne seroyent que de purs artifices, mais on est obligé de le croire, et on le fait avec douleur et avec regret puisqu'on en voit les effets. Enfin, je vous dirois sur son sujet que je crains fort qu'il sera aussi fatal à la cour romaine qu'il a esté en tous les lieux esquels il a essayé de se ménager du pouvoir; et cela paroist en cette ville qui fust tombée en la dernière désolation, si le roy, par une bonté qui a peu d'exemple, n'en eust pris soing et n'avoit dissipé les désordres qui y avoient creu pendant que le cardinal en prenoit la conduite. Et certes il a toujours paru si esloigné de l'ordre et du repos, que par un jugement de tous, il a esté déclaré leur ennemy et qu'il n'estoit pas possible qu'ils pussent régner où il avoit du crédit, et seulement où il se faisoit voir, son humeur estant en tout opposée de mesme que son ambition. Ce seroit une grande consolation pour ceux qui sont zélés, pour le saint-siège, pour les serviteurs particuliers du Pape comme je le suis, ayant respect et vénération pour les grandes qualités et la haute dignité en laquelle il se trouve eslevé, qu'il fust pour tirer quelque grand avantage pour le publicq, de tant de marques d'affection et d'estime qu'il donne au cardinal de Retz, car encore nous nous consolerions du peu que nous en recevons. »

Le Roi à M. de Lionne.

« 10 mars 1656.

» Voyant que votre séjour à Rome ne sert qu'à augmenter de plus en plus les mauvais traictemens que je reçois, tant en votre personne que dans mes affaires, et qu'à la fin le procédé du Pape pourroit m'obliger de rompre la bonne intelligence que je veux, autant qu'il me sera possible, conserver avec Sa Sainteté, j'ay résolu de vous envoyer cet exprès chargé de cette lettre, que je vous escris pour vous dire que vous ayez, aussitost que vous l'aurez receue, à vous mettre en chemin pour vous rendre incessamment près ma personne, sans vous arrester que le temps nécessaire pour prendre congé de Sa Sainteté, avec laquelle je ne veux pas que vous entriez en aucune matière. Mais vous verrez ce que j'escris à mon cousin le cardinal Bicchi, qui sans doute le fera sçavoir au Pape, et vous consulterez avec luy quels des cardinaux vous devez visiter, et généralement toutes les autres choses qui seront à faire pour mon service, après que je m'asseure que vous serez bien aise d'apprendre la satisfaction qui me reste de ceux que vous m'avez rendus depuis votre départ de ma cour. Et j'advoue que vostre conduite a esté telle, qu'elle me fait désirer avec impatience vostre retour près de moy, afin que je vous employe en des affaires qui feront cognoistre à tout le monde la parfaite confiance que j'ay en vous; cependant je prie Dieu qu'il vous ayt, etc. »

Le duc de Lionne écrivit en ces termes la relation de son audience de congé.

De M. de Lionne à M. le comte de Brienne.

« 27 mars 1656.

» Je pris jeudi dernier congé du Pape; mon audience fut fort froide de ma part et fort courte, non-seulement pour l'arrivée de la reyne de Suède, qui survint deux heures après, mais par ma propre résolution, car je baisois ses pieds pour partir quand on vint advertir qu'elle estoit dans l'antichambre. Je trouvai le Pape embarrassé, et cela sans doute parce qu'il ne sçavoit pas quelle sorte de discours je luy tiendrois; aussi fust-il long-temps à me parler de choses indifférentes, avant que je pusse ouvrir la bouche. Je luy dis l'ordre que j'avois receu du roy, par courrier exprès, de me rendre près de sa personne, et que je ne venois que pour luy demander sa bénédiction afin que mon voyage en fust plus heureux. Il me répartit d'abord par une question, comme il pouvoit estre arrivé que cet ordre là avoit esté sceu dix jours auparavant, d'où je compris que le cardinal de Retz luy avoit pu faire croire que c'étoit un courrier supposé. Je répliquay qu'il n'estoit pas malaisé à tout le monde de juger par advance que les affaires de Sa Majesté, allant icy comme elles faisoient, je ne pouvois pas tarder à recevoir un pareil ordre, pour ne pas exposer plus long-temps la dignité du roy et de la couronne aux mauvais traitemens que nous recevions pour plaire à nos ennemis et à un sujet rebelle. Il me dit là-dessus qu'il y avoit des fatalités qui faisoient arriver les choses contre l'intention d'un chacun; que nous avions tort néantmoins en une maxime sur laquelle nous prenions nos résolutions, *qui non est pro nobis est contrà nos.*—« C'est beaucoup, lui dis-je, Saint-Père, que Vostre Sainteté advoue elle-mesme qu'elle n'est pas pour nous.—Nous ne disons pas cela, reprit-il, Dieu sçait nostre intention, et nous remettons tout à sa providence. »

Après un tel dénoûment d'une négociation où tant de peines et de zèle employés au service du roi venaient d'échouer contre l'habilité d'un de ses sujets, combattant contre le roi sous l'égide du Pape, et dans laquelle l'autorité royale avait été vaincue par l'autorité ecclésiastique, il ne restait plus à la première qu'à essayer de nouveau de ses arrêts contre les partisans du cardinal insoumis. On réitéra donc les défenses d'avoir aucun rapport personnel avec lui, d'entretenir aucune correspondance; l'injonction à tous de dénoncer les contrevenans, d'arrêter ceux qui seraient reconnus comme tels, et ordre à tous les sujets du roi, se trouvant auprès du cardinal, de s'en retirer immédiatement, sous peine de désobéissance. On rédigea en même temps un arrêt du conseil pour faire porter à l'épargne les revenus de l'archevêché de Paris.

Mais ces actes de rigueur demeurèrent sans effet; la cour ne cessait pas d'être inquiète des conférences très-fréquentes du cardinal de Retz avec les cardinaux Médicis et Barberini, et très-mécontente du nonce, qui continuait à faire des choses qui blessaient le service du roi, à publier que le clergé n'était pas libre, à taxer le règne du roi de tyrannie. Le roi menaçait Rome de prendre des résolutions dignes de lui, et qui pourraient bien ne pas être agréables à Sa Sainteté; mais Rome s'occupait peu de ces démonstrations, et l'oubli de tout respect envers le roi y était impunément affiché, même par des Français. Ceux qui étaient au service du cardinal de Retz furent interpellés d'obéir à l'arrêt qui leur commandait de le quitter; M. Gueffier alla de nouveau le signifier à ses serviteurs dans l'hôtel même habité par le cardinal de Retz, mais l'abbé Lamet, maître de chambre, prit la parole et dit « qu'il ne pouvoit recevoir » cette ordonnance-là qu'en donnant en mesme » temps sa déclaration par écrit; et que comme » François, il étoit très-humble serviteur de » Sa Majesté, mais que comme bon chrestien et » prestre, il ne pouvoit quitter son archevesque, » sachant bien distinguer en tout cela les *gen-* » *tillesses* de M. le cardinal Mazarin. » Les autres firent la même protestation de respect et d'obéissance envers le roi, mais avec les mêmes réserves.

En l'absence d'un ministre revêtu d'un caractère public, le cardinal Mazarin conservait à Rome des intelligences secrètes avec des personnages quelquefois très-haut placés auprès du Pape. Parmi eux se trouvait un camérier du Saint-Père, nommé Thoreau; il fut fidèle à ses engagements envers Mazarin, et il lui rendit compte de quelques circonstances qu'il jugeait importantes, notamment de l'absence projetée de Retz, qui devait quitter Rome sans en laisser pénétrer le motif. Voici le texte de deux dépêches du camérier.

« Rome, 22 mai 1656.

» Monsieur le cardinal de Retz n'est pas allé aux bains selon la résolution qu'il en avoit prise. Ses gens publient icy que le bref de Sa Sainteté n'a pas esté bien receu, parce qu'il estoit envoyé pour exhorter à la paix, et qu'on ne veut du tout point qu'elle se fasse; que Vostre Eminence ne souffrira jamais qu'on jouisse d'un si grand bien, qu'elle y perdroit tous les avantages qu'elle trouve en la guerre et dans le désordre du royaume. Quelques-uns mesme des domestiques du Pape n'ont peu s'empescher de dire la mesme chose; et que tant que Vostre Eminence vivroit nous n'aurions jamais la paix. Enfin, ils taschent de persuader à tout le monde que c'est elle qui l'empesche qu'elle ne se fasse. Et moy de mon costé, je tasche de donner des impressions tout-à-fait contraires. Je ne perdray jamais aucune occasion de faire paroistre mon zèle au service de Vostre Eminence, laquelle je supplie de m'envoyer ses ordres et de me faire sçavoir sa volonté, afin que je la suive entièrement, et que je sache ce que je doibs dire et comme je me doibs comporter auprès de Sa Sainteté et du nepveu, qui gouvernera. J'espère que Vostre Eminence me fera cette grâce de m'honorer de ses commandements et de me considérer comme celuy qui est,

» Monseigneur,
» De Vostre Eminence, le très-humble,
» très-obéissant et très-fidèle serviteur,
» Thoreau de l'Aubretière,
» Camérier d'honneur de Sa Sainteté. »

« 29 mai.

» Le consistoire qui s'est tenu ce matin, ne me fournit rien de considérable pour escrire à Vostre Eminence : c'est pourquoy je ne m'arresterai pas à lui dire ce qui s'y est passé. Je luy diray seulement le discours que le cardinal de Retz y faisoit au cardinal de Médicis, car sa langue n'est pas plus en repos que son esprit. Il se plaignoit à luy des ordres que le roy a donnés contre ses domestiques. Il ne les appelle pourtant pas des ordres du roy, mais des effets de la haine que Vostre Eminence lui porte. Il dict que c'est une persécution inouie, qui ne vient pas de la volonté du roy qui est trop juste pour maltraiter un sujet qui n'est jamais sorti des bornes du debvoir, mais que Vostre Eminence abuse de l'autorité royale et la fait servir comme d'instrument à sa vengeance; qu'il s'est estonné de ce que, non contente de le priver injustement de tous ses biens et de luy oster la jouissance de son revenu, elle veut encore persécuter ses domestiques et les empescher de demeurer à son service, en les voulant esloigner de sa personne par l'appréhension de la confiscation de leurs biens. Il parloit assez haut, et, comme j'estois fort proche, j'ai entendu ce qu'il a dit mot à mot. Il a continué de l'entretenir de la sorte, en disant qu'il avoit esté obligé d'oster son grand-vicaire, parce qu'il ne vouloit point reconnoistre qu'il l'avoit choqué en tout ce qu'il avoit peu avec une insolence insupportable, jusques à faire donner les ordres sacrés en son église par un évesque qui estoit suspendu de ses fonctions: que ce grand-vicaire suivoit la volonté de Vostre Eminence et non la sienne; mais qu'il en avoit mis un autre, qui ne suivroit que ses ordres, et qui ne feroit que ce que son devoir et ce que sa conscience l'obligeroient de faire. Voilà ce que j'ay peu entendre du discours de M. le cardinal de Retz, mais j'ay entendu presque la mesme chose de M. l'abbé Charier, qui parloit à un prélat de ses amis; et je crois qu'il parloit haut afin que le pusse entendre : je ne sçay pas à quel dessein. J'ay esté si scandalisé des discours de cet abbé, que je croys qu'on ne sauroit assez le mortifier pour luy apprendre à parler et du roy et de Vostre Eminence. Pour les autres domestiques de ce cardinal, ils ne sont pas moins insolens : car ils se mocquent de ce qu'on leur a signifié de la part du roy. Ils ne veulent obéir en aucune façon, et il semble qu'ils tirent de grands avantages à s'en mocquer et à paroistre désobéissans; mais comme leurs déportemens sont insupportables, ils obligeront Sa Majesté à les traicter avec rigueur, pour les rendre sages et pour les chastier de leur désobéissance. Ce seroit un grand bien si on pouvoit esloigner ces gens-là de Rome, qui ne veulent que donner de mauvaises impressions de Vostre Eminence, et rendre odieux ses bons serviteurs. Les mauvais François sont fort estonnés de la soumission du parlement et de son obéissance aux volontés du roy, ce que j'ay fait sonner bien haut, aussy bien que le pouvoir de Vostre Eminence a, auquel le parlement a eu recours pour obtenir, par son intercession, ce qu'il demandoit de Sa Majesté. »

Les serviteurs et les conseils anonymes ne manquaient pas non plus au cardinal premier ministre; un grand zèle était déployé dans ces manifestations de dévoûment ; et ces avis, quand ils partaient de personnes bien informées, qui rendaient un compte minutieux de l'emploi que Retz faisait de ses journées, n'étaient pas toujours à rejeter. Ils sont contenus dans les deux lettres suivantes du pseudonyme Agathonphile :

Agatonphile, à M. Servient.

« Rome, juin 1656.

» Monseigneur, le zèle d'un bon serviteur du roy n'a pu souffrir le désordre et la division qui se resveille dans Paris, et principalement dans l'Eglise, au moyen du cardinal de Retz, sans vous donner advis qu'il y a un banquier de la cour de Rome, nommé Carteron, logé rue des Mathurins, qui en est un des principaux; que chez ledit Carteron se débitent les ordres dudit seigneur, avec lequel demeure un chanoine qui jette feu et flamme quand il est question de les exécuter, et principalement dans le chapitre de Paris. Si on est en peine de sçavoir quel est l'émissaire qui s'est présenté pour parler à l'assemblée du clergé, ledit banquier en dira des nouvelles (1), et de plusieurs autres choses de quoy on n'a point encore ouy parler, comme de donner des provisions envoyées de Rome, en blanc, des bénéfices qui ont vacqué dans le diocèse à personnes puissantes, pour les soustenir; de faire insinuer des protestations contre la violence qu'on fait audit cardinal, de remuer les corps des ecclésiastiques et les faire crier au moyen de la révocation du grand-vicaire du diocèse, et abandonnement d'iceluy qu'on prétend faire durer long-temps. En un mot, Monseigneur, si vous désirez « estonner et faire disparoistre plusieurs testes de cest hydre, » et au moyen de ce rendre un signalé service au roy et à l'Eglise, dont la paix et l'union est le ciment, faites qu'on se saisisse de la personne du banquier susdict, qu'on l'interroge après quelque temps, pendant lequel il songera à l'estat de sa conscience, qu'on luy demande quels ordres il receut du cardinal de Retz quand il luy envoya les provisions d'un bénéfice pour son fils, on apprendra ce que dessus et plusieurs autres choses. Ceste nouvelle est un moyen que Dieu vous donne par entremise sacrée d'une personne d'honneur et de qualité, qui vous supplie de le dispenser de vous dire son nom et qui est néantmoins, Monseigneur,

» Votre très-humble et très-obéissant serviteur,

» AGATONPHILE. »

Du même.

« 12 juin 1656.

« La sepmaine dernière, il vint un courrier extraordinaire à M. le cardinal de Bicchi, envoyé de la cour pour la révocation qu'a faicte M. le cardinal de Retz de son grand-vicaire. Le lendemain, ce cardinal fut à l'audience pour satisfaire aux ordres de la cour. Le Pape ne fut pas peu surpris d'apprendre cette révocation. Mais il est à propos que je vous raconte les choses plus au long. Je vous diray donc qu'au commencement du mois passé, le cardinal de Retz s'alla plaindre au Pape du procédé de son grand-vicaire, qui avoit permis et mesme prié M. de

---

(1) Extrait d'une lettre de M. Langlade, secrétaire du cabinet du Roi, à M. le cardinal Mazarin, du 11 juillet 1656.

« J'ay apris que cet ecclesiastique qui s'est présenté au clergé sous le nom de l'abbé de Saint-Jean, est l'abbé Daurat, attaché à M. le cardinal de Retz, et frère d'un conseiller de ce parlement, appelé Daurat, lequel est exilé il y a déjà quelque temps. Celuy qui m'a donné l'avis touchant l'abbé, m'a dit qu'il avoit esté caché durant trois ou quatre jours en une maison où il l'avoit veu sans rien sçavoir de ses desseins. S'il peut encore descouvrir où il est, à quoy il travaille incessamment, il m'a promis de m'en avertir. C'est pourquoy j'ose demander à Vostre Eminence ce que j'auray à faire en cas que cela arrive. »

Coustance de donner les ordres dans son église, sachant bien qu'il estoit interdit de toutes les fonctions ecclésiastiques. Et en effect, on ne parle icy de cet évesque que comme d'un excommunié. Après donc qu'il eut fait ses plaintes à Sa Sainteté, il luy dit qu'il vouloit révoquer ce grand-vicaire, qui s'acquittoit si mal de sa charge, et qui auroit fait une faute si notable. Le Pape luy dit que véritablement cela méritoit chastiment, et que cette action estoit hardie et téméraire de se servir d'un évesque interdit, et qu'il jugeoit bien qu'il estoit à propos d'oster ce grand-vicaire, mais qu'il falloit prendre garde quelle personne on y pourroit mettre qui fust agréable au roy; et qu'il ne falloit rien faire qui pust choquer Sa Majesté. Le cardinal de Retz fut fort surpris de ce discours, et ne respondit rien sur cela et prit congé de Sa Sainteté. Néanmoins sans s'arrester à ce que le Pape lui avoit dict, le 8 de may il envoya sa révocation, et la cour incontinent a despesché ce courrier que j'ay dict ci-dessus au cardinal Bicchi. Le cardinal de Retz en ayant la nouvelle et s'imaginant que c'estoit à cause de sa révocation qu'on l'avoit envoyé, et se sentant coupable de n'avoir pas suivi la volonté du Pape, s'en est allé aux bains pour laisser couler le temps et ne se présenter pas sitost devant Sa Sainteté, afin d'éviter sa colère, car elle luy en auroit tesmoigné hautement ses ressentiments. Je vous escrivis, il y a un mois, comme ce cardinal estoit sur le poinct d'aller aux bains à quelques journées de Rome. Je vous ay escrit aussy depuis comme il avoit changé de résolution, et il n'y seroit point allé du tout, si ce courrier extraordinaire ne fust venu. Mais pour continuer ce que j'ay commencé, le Pape ayant sceu la révocation du grand-vicaire par ce cardinal, sans son advis, en a esté fort surpris et a tesmoigné son ressentiment; et cette action a si fort choqué Sa Sainteté, que je crois que M. le cardinal de Retz est très-mal dans son esprit, et asseurément il ne le traictera pas si favorablement qu'il a faict. Il connoist maintenant qu'il ne veut que brouiller; mais puisque je vous parle en frère, c'est-à-dire franchement, je vous puis dire que le Pape a perdu tous les bons sentiments qu'il avoit pour luy. Il m'a tesmoigné de vouloir donner entière satisfaction au roi, et que Son Eminence connoistroit l'estime qu'il fait de sa personne et la sincérité de ses intentions. Je voys toute la disposition possible à un accommodement, et les affaires commencent à changer de face. J'en ay beaucoup de joye, et suis fort content de ce que Sa Sainteté a agréé tout ce que je luy ay dit à l'égard de Son Eminence, sans avoir aucun soubçon de moy. J'ay toujours agi comme un bon et fidèle serviteur de M. le cardinal doibt faire, et me suis toujours conservé dans le respect que je doibs à Sa Sainteté. J'ay représenté au Pape tout ce que j'ay creu estre utile pour le service du roy et de Son Eminence, et mesme pour celuy de Sa Sainteté. J'ay escrit fidèlement tout ce qui s'est passé et sans altération. Son Eminence me tesmoigne d'estre fort satisfaite de moy, et d'avoir confiance en ma fidélité, de laquelle je luy donneray tousjours des marques si évidentes qu'elle n'en pourra doubter en aucune façon. »

Dans le même temps quelques personnes s'essayaient à ouvrir des voies de raccommodement entre les deux cardinaux français, mais les hostilités ne diminuaient pas pour cela de part ni d'autre. Retz mettait fin aux pouvoirs de ses grands-vicaires de Paris en les révoquant, et, pour la première fois, la cour de Rome se trouvait d'accord avec la cour de France, pour blâmer cette révocation. Le clergé, en assemblée générale, prenait part aux débats suscités par cette révocation; « action violente et injuste disait Mazarin, universellement condamnée, et qui devait l'être aussi par le clergé solennellement »; mais le clergé ne décidait pas si vite dans celles de ses affaires qui intéressaient sa prééminence politique.

Le conseil se réunissait souvent et consacrait, à l'examen d'interminables questions un temps dont quelques autres intérêts publics auraient pu tirer de réels avantages. Les mandements, les arrêts, les protestations se succédaient avec une affligeante précipitation, et les ordres émanés du roi, trop souvent sans effet venaient irriter ce grand conflit entre les pouvoirs de ces temps-là. La Bastille s'ouvrait pour recevoir les opposants de marque; on essayait de la terreur qu'inspiraient le bon plaisir et les prisons d'état, et l'on renouvelait avec une nouvelle ardeur les ordres contre Retz et tout ce qui pouvait l'approuver ou le servir.

Ce cardinal avait quitté Rome, et il dit lui même pour quels motifs; mais ce départ, qui eut quelque apparence de mystère, occupa et alarma le monde chrétien, la France surtout et des ordres sévères furent transmis dans toutes les provinces comme si elles fussent menacées d'une formidable invasion ennemie. Voici une lettre sur ces ordres :

« 1656, 15 juillet.

» Mon cousin, encore que deviennent les desseins du cardinal de Retz contre mon service fort vains et inutiles, tant par la fidélité de mes subjects, que par son peu de pouvoir et de crédict, et mesme par la congnoissance que chacun a de sa mauvaise et pernitieuse conduitte ; néantmoins, comme il continue à favoriser en tout ce qu'il peut les ennemis de cet estat, et qu'il faict son possible par ses placardz, ses libelles et ses émissaires pour donner de sinistres impressions du gouvernement de toutes choses dans mon royaume, à cause qu'il ne les trouve pas disposées dans ma bonne ville et dans le diocèze de Paris, au trouble et à la confusion qu'il y voudroit jecter, j'ay esté obligé à faire publier en ladicte ville, une ordonnance par laquelle j'ay réitéré les deffenses portées par celles qui ont esté cy-devant faictes contre ledict cardinal de Retz, et ceux qui garderoyent intelligence et correspondance avec luy. Et en outre, bien que je ne doibve compte qu'à Dieu seul de mes actions et des résolutions que je prendz pour la conduitte des affaires de mon estat, et pour y conserver le repos, toutesfois estant bien ayse que le publicq congnoisse comme elles sont accompagnées de justice et d'équité envers un chacun, et en touttes occurrences, et que l'on sçache comme ces dangereuses praticques d'un particulier, mon subject, qui n'a pour but que d'exciter du trouble dans les consciences et dans l'estat mesme, s'il luy estoit possible, me donnent occasion d'uzer de mon pouvoir pour en empescher les suittes; j'ay bien voulu au mesme temps donner congnoissance à l'assemblée du clergé de ce royaume, tenue par ma permission en madicte ville de Paris, de ce qui s'est passé en l'establissement d'un grand-vicaire en l'archevesché de Paris, sur ma nomination, et en la révocation que ledict cardinal a faicte contre tout debvoir et raison et sans aucune cause légitime, de la personne qui avoit esté ainsy establie en ceste charge; et en vous adressant des coppies de ladite ordonnance, j'ay aussy désiré y faire joindre des coppies de maditte lettre, et vous faire celle-cy pour vous dire qu'aussitost que vous l'aurez receue, vous ayez à faire publier, en l'estendue de vostre charge, ladite ordonnance avec les précédentes qui y seront jointes ; que vous teniez la main à ce qu'elles soyent ponctuellement gardées et observées, et mesme à ce que mes officiers procèdent sévèrement, selon la forme et teneur d'icelles, contre tous ceux qui seront si osez que d'y contrevenir, et de garder intelligence, correspondance et commerce en quelque manière que ce soit avec ledit cardinal de Retz ; et quant à ladite lettre, que vous fassiez aussy qu'elle soit rendue publicque pour tenir mes serviteurs et subjects informez des mauvais desseins dudict cardinal de Retz, afin que ceux qu'il appartiendra ayent à s'en garantir. C'est ce que je vous diray par ceste lettre, priant Dieu qu'il vous ayt, mon cousin, en sa sainte et digne garde. Escrit à, etc.

» A M. le duc de Lesdiguières. »

A toutes ces préoccupations de la cour, à l'aigreur qu'elle montrait dans toutes ses dispositions, se mêlait un peu d'inquiétude sur les démarches du cardinal qui avait quitté Rome inopinément, même sans prendre congé de Sa Sainteté; les agents du cardinal Mazarin lui rendaient compte de ce départ en ces termes :

« Rome, 21 aoust 1656.

» Le départ inopiné de M. le cardinal de Retz a surpris tout le monde. On ne sait ce qui peut l'avoir obligé à s'esloigner si promptement. Les uns disent que c'est parce que ses affaires estoient désespérées en cette cour, et que voyant qu'il ne pouvoit plus espérer de protection du Pape, qui avoit désapprouvé sa révocation avec beaucoup de ressentiment, comme une chose qui l'avoit choqué, qu'il a voulu quitter l'Italie pour s'approcher de la France, afin d'avoir plus d'occasions de faire exciter quelque sédition à Paris, pour en tirer les avantages qu'il s'est tousjours promis dans la division du royaume. D'autres disent qu'ayant appris la levée du siége de Valenciennes et la défaite prétendue de notre armée, ainsi qu'on l'avoit publié, qu'il a creu qu'il y auroit quelques troubles en France, et qu'on attribueroit tout le mauvais succès des armes du roy à Vostre Eminence, et que dans une conjoncture si favorable pour luy il pourroit ou s'unir avec M. le prince, ou bien agir de soi-mesme pour animer les mescontens. On parle donc diversement du sujet du départ de ce cardinal, mais fort à son désadvantage ; et il est si hay de tous les cardinaulx, que dans la plus pressante nécessité il n'en pourroit espérer aucune assistance, si ce n'est du cardinal Barberin, qui est entièrement porté pour lui. Le Pape le tient mesme pour un fourbe et pour l'esprit le plus inquiet et le plus brouillon qu'il ait jamais connu, et il est si mal auprès de luy qu'il sera impossible qu'il efface jamais les mauvaises impressions qu'il luy a données de sa personne. On dit aussy qu'il est très-mescontent du Pape, et qu'il n'a peu s'empescher d'en parler mal, ce qui est venu à sa connoissance, de sorte que ses affaires sont en si mauvais estat, qu'on l'estime comme un homme perdu, abandonné de tous, et aussy insupportable à ses amis qu'à ses ennemis. Il a travaillé lui-mesme à la ruine de ses affaires, qui estoient en bon estat dans cette cour, avant ses mauvais déportemens envers Sa Sainteté, mais elles y sont maintenant plus désespérées qu'en France. Il a escrit au Pape auparavant de partir, pour luy faire ses excuses de ce qu'il n'alloit point lui baiser les pieds à cause des difficultés qu'il trouveroit à sortir hors d'Italie, s'il alloit à Rome pendant ces soupçons de peste. Il a ordonné à tous les gentilshommes qu'il avoit laissés icy de le suivre aussitot qu'ils pourront, mais ils auront de la peine à le faire, car les chemins ne sont pas libres. Ils disent que leur maistre va à Paris, ce qui n'est pas croyable; on assure que c'est à Cologne, et il est parti pour cet effet le neuviesme du présent mois. »

« 26 aoust.

» Monseigneur, le cardinal de Retz a pris la résolution de quitter l'Italie, il n'y a personne qui ne blâme sa conduite. L'avis est venu icy qu'il estoit parti le 9 du courant en poste avec peu de personnes, incognito et travesti. La créance la plus commune est qu'il a tiré vers le pays de Cologne ou de Liège, par l'estat de Venise ou des Suisses. Ce départ si soudain, incontinent après la nouvelle de Valenciennes, fait croire qu'il s'est imaginé ce qu'il souhaite, à scavoir quelque tumulte à Paris, et qu'il est parti à dessein de s'en approcher et de s'y rendre au cas qu'il rencontrast l'occasion favorable. Il ne se peut dire combien ceste action, dans la conjoncture des affaires présentes, le fait passer pour un esprit brouillon, turbulent, séditieux et mal intentionné. Le Pape en est scandalisé et se tient offensé de ce qu'il s'en est allé sans luy avoir demandé la permission, du moins sans avoir attendu la response. »

« 11 septembre.

« L'on a avis icy depuis trois ou quatre jours que le cardinal de Retz estoit arrivé à Trente, pour s'en aller de là à Cologne prendre possession d'un canonicat qu'il a en cette église-là, que l'on dit valoir deux mille escus de rente. Le bruit continue que le Pape est très-mal satisfait de luy, et que l'on ne croit pas qu'il revienne plus à Rome. »

Sur ces avis, le roi donna des ordres contre Retz dans toutes les provinces du royaume, en ces termes :

« Ordonnance du roy pour faire arrester le cardinal de Retz en quelque lieu du royaume qu'il se présente, et défendre de luy donner retraite ny assistance, sur les peines y mentionnées.

» Du 14 septembre 1656, à Compiègne.

» De par le roy :

» Sa Majesté ayant eu advis que le cardinal de Retz connoissant que ses sollicitations et menées à Rome au préjudice de la France estoient inutiles, qu'il y estoit discrédité envers tous, et que Sa Sainteté mesme avoit tesmoigné beaucoup de dégoût et de mauvaise satisfaction de sa conduite dont il avoit descouvert les fins en la révocation du sieur Du Saussay, de la charge de grand-vicaire en l'archevesché de Paris, ledit cardinal après avoir conféré avec les ministres et les partisans de la couronne d'Espagne en Italie, des moyens de renouveler ses pratiques en France pour troubler l'estat, et ayant conceu de grandes espérances d'y réussir sur ce qu'ils luy ont fait entendre, que le succès qu'ils ont eu au secours de Valenciennes a esté bien plus considérable et advantageux pour eux que, grâces à Dieu, il ne s'est trouvé en effet, et que cet événement auroit des suites qui ouvriroient les voies audit cardinal d'exécuter tout ce qu'il voudroit entreprendre, il est party d'Italie et s'est mis en mer pour descendre en Provence, et venir dans le royaume, travesty et comme inconnu; encore que Sa Majesté ait tant de confiance en la fidélité de ses sujets, et particulièrement de ceux de sa bonne ville de Paris, qu'elle ne croye pas que la présence non plus que les factions dudit cardinal causent la moindre altération en aucun lieu du royaume, ny fassent impression sur leurs esprits, sinon pour les confirmer en la connoissance qui est assez publique des desseins dudit cardinal, de rejetter ladite ville et l'estat dans le trouble, et des artifices qu'il employe continuellement pour y parvenir; néantmoins ne voulant rien obmettre en une chose de cette conséquence, conseillée et fomentée par les ennemis déclarés de cette couronne et entreprise par un homme si remuant et audacieux; désirant aussi luy oster tous moyens de surprendre et abuser ceux qui, n'estant pas informés des volontés de Sa Majesté, pourroient le recevoir, adhérer à ses persuasions et avoir commerce avec luy, Sa Majesté, conformément à son ordonnance du 20 aoust 1654, publiée lors de l'évasion du cardinal de Retz du chasteau de Nantes, ordonne et enjoint très-expressément à tous gouverneurs et ses lieutenans-généraux en ses provinces, gouverneurs de ses villes et places, ou ceux qui y commandent en leur absence, maires et eschevins d'icelles, gentilshommes et seigneurs de chasteaux, et tous autres dans le pouvoir des trois juridictions ou seigneurie desquels ledit cardinal passera ou séjournera, de l'arrester et tenir en lieu de sûreté, ou donner advis, conseil, ayde et main-forte pour l'arrester et le garder seurement jusqu'à ce qu'ayant adverti Sa Majesté de sa détention, elle en ayt autrement ordonné, à peine à ceux qui sçauront le lieu où il sera et le recelleront, et à ceux qui pourront l'arrester, et y manqueront, ou qui refuseront de donner toute l'assistance qui dépendra d'eux pour cet effet, d'estre punis comme désobéissans et perturbateurs du repos public ; défend Sa Majesté très-expressément à tous ses officiers et sujets, de quelque estat, dignité, et qualité et profession qu'ils soient, de donner audit cardinal retraite, ayde ny assistance quelconque, pour quelque cause et sous quelque prétexte que ce puisse estre ; d'avoir intelligence ou commerce avec luy directement ou indirectement, de recevoir aucunes lettres, messages ni ordres venant de sa part, ny d'exécuter aucun de ses ordres, à peine aux contrevenans d'estre punis exemplairement et privés des charges, offices, possession et jouissance des bénéfices dont ils se trouveront pourveus, et déclarés incapables d'en posséder à l'advenir dans le royaume ; ordonne Sa Majesté que la présente sera publiée partout où besoin sera, à ce qu'aucun n'en prétende cause d'ignorance. Fait à Compiègne, le quatorziesme jour de septembre 1656.

» Signé LOUIS ;
» Et plus bas : DE LOMÉNIE. »

Lettre du Roi aux gouverneurs.

« Mon cousin, sur l'advis certain que j'ai receu que le cardinal de Retz, de concert avec celui d'Est, est parti de Rome, et s'est embarqué sur la mer, incognito, pour passer en mon royaume, à dessein d'exciter quelques troubles par sa présence et ses practiques, ne voulant rien ometttre pour les empescher, j'ay fait expédier une ordonnance pour cette fin, de laquelle je vous envoie plusieurs coppies, et vous fais cette lettre pour vous dire que vous ayez à la faire publier, que vous teniez la main à ce qu'elle soit ponctuellement gardée et observée par vostre gouvernement, que vous veilliez et fassiez veiller à prendre garde très-soigneusement en tous les lieux de passage et autres de vostre pouvoir, que vous advisiez si le cardinal de Retz s'y portera, et que si cela arrive, vous pourvoyiez à ce qu'il soit arresté et mis en lieu sûr, où il soit destenu soubz bonne et suffisante garde, jusqu'à ce que, sur l'avis que j'auray de sa détention, j'en aye autrement ordonné, vous recommandant d'y apporter tout le soing et la diligence nécessaires pour empescher les suittes des desseins que le sieur cardinal peut avoir projetés avec les ennemis de cet estat ; et je vous asseure que le service que vous me rendrez en y contribuant ce qui dépendra de vous, me sera en particulière considération, priant Dieu, etc. »

Mais ces ordres étaient sans objet, le cardinal de Retz s'étant rendu à Cologne, comme on l'avait d'abord supposé.

Ce départ du prélat français devenait un épisode remarquable de son histoire par l'émoi que la cour en éprouva ; le cardinal s'appliqua néanmoins à exposer ses motifs au roi et au Pape en leur écrivant en ces termes :

Lettre du cardinal de Retz au Roi.

« Sire, bien que mes respects et mes soumissions vers Vostre Majesté n'aient pu encore trouver d'accès auprès d'elle, il est néanmoins de mon devoir et de mon zèle à son service de luy en rendre de nouvelles preuves dans ceste conjoncture, la contagion m'ayant obligé de me retirer d'Italie où je n'avois aucun emploi qui m'attachast, et d'où j'ai subjet d'attendre toujours beaucoup de protection. Je m'estimerois bien malheureux, Sire, si mes intentions estant aussi pures qu'elles sont, on vouloit essayer de les déguiser et d'en donner des impressions désavantageuses et contraires à mon devoir. J'ose espérer, Sire, que la divine Providence dissipera ces artifices et qu'elle fera bientost connoistre à Vostre Majesté la sincérité de mes sentimens et de ma conduite, que la justice et la bonté de Vostre Majesté seront touchées de mes longues disgrâces, et que sa grande piété et le respect qu'elle fait gloire d'avoir pour l'Église, la porteront à mettre fin à toutes mes souffrances. Cependant, tout ce que je puis est d'offrir sans cesse mes vœux au ciel pour la conservation de vostre sacrée personne et la prospérité de son estat, et de protester à Vostre Majesté, en la présence de celuy qui voit le secret des cœurs, qu'en quelque lieu que sa Providence me conduise, je conserveray tousjours l'inviolable fidélité que je lui dois, et que quelques traitemens qu'on me fasse souffrir, sous le nom de Vostre Majesté, ils ne seront jamais capables d'étouffer les sentimens de mes obligations, ni d'affoiblir en aucune sorte ma passion pour son service, et le profond respect avec lequel je seray toute ma vie, etc.

» Du lieu de ma retraite, le 21 septembre 1656. »

Lettre du cardinal de Retz au Pape.

« Très-Saint-Père, si j'avois à répondre de ma conduite à d'autres qu'à Vostre Sainteté, j'aurois sujet de craindre pour mon innocence, qui se trouve attaquée de tous costés par les traits les plus envenimés de la calomnie. On a publié partout, lorsque j'estois à Rome, que mon dessein dans ce séjour estoit de ruiner les négociations de la paix et de rendre Vostre Sainteté moins favorable à la France et à ses ministres; et bien que ces chimères ne fissent point nulles impressions sur les esprits des gens de bien, je me résolus néanmoins de m'éloigner, pour dissiper jusques aux moindres prétextes de rejeter sur moy les longueurs et les empêchemens de la paix, pour laquelle je répandrois mon sang et ma vie. Ainsi, par un sentiment de charité, j'ay voulu prendre dans moi-mesme les raisons de mon départ, et attribuer au besoin que j'avois des bains pour le rétablissement de ma santé, ce que j'eusse pu très-justement rejeter sur les impostures de mes ennemis, si je n'eusse voulu leur en espargner la honte. Vostre Sainteté me fit l'honneur d'approuver ma résolution et de me faire voir des marques de sa bonté dans la bénédiction qu'elle me donna en sortant de l'estat ecclésiastique. Mais à peine avois-je passé quelques mois aux bains de Saint-Cascien, qui sont dans les terres du grand-duc de Toscane, que par un ordre du ciel, la peste se répandit en peu de jours dans tous les pays circonvoisins; on vit Naples devenir déserte par la mort d'une infinité de ses habitans; Rome mesme en fut attaquée; cet air contagieux fut porté jusques à Gênes, et infesta tellement toute l'Italie, que, voyant d'un costé le péril qui me menaçoit, et de l'autre tous les chemins fermez pour mon retour, comme je me donnay l'honneur d'escrire à Vostre Sainteté, je fus contraint de me retirer. Je luy avoueray néanmoins, dans le dessein que j'ay de lui rendre un compte exact de tout ce qui me regarde, que ceste raison ne fut pas la seule cause de mon esloignement, car on sait assez que tous mes biens estant saisis, tant ceux de mon patrimoine que mes revenus ecclésiastiques, je me voyois réduit à ne pouvoir vivre qu'avec l'ayde de mes amis. Cependant, la crainte que j'avois de leur estre à charge et l'impossibilité où j'estois de subsister à Rome, sans leur secours, m'obligea de quitter une demeure où je ne pouvois soustenir l'esclat du cardinalat, sans une dépense considérable. Il me fallut donc choisir une retraite où je fusse en asseurance, et dans laquelle j'ostasse à mes ennemis l'espoir injuste de me contraindre par la force de la nécessité à ce qu'ils souhaitent si ardemment; véritablement je m'estois persuadé qu'un dessein si raisonnable satisferoit tous les gens d'honneur; mais on ne se peut résoudre à me laisser en repos, on me veut arracher de ma solitude, mes ennemis descrient auprès de Vostre Sainteté une résolution si chrétienne et si modérée. Ils tâchent de luy persuader, par leurs artifices accoustumés, que je ne suis sorti d'Italie que pour venir exciter en France le trouble et la division. Je sçay bien, très-Saint-Père, que je n'ai pas besoin de me justifier d'une calomnie de ceste nature, car qui pourroit s'imaginer que je fusse si ennemi de moi-mesme et de ma propre réputation, que mes ennemis n'ayant pu jusques icy trouver en moy de crimes pour m'accuser, je me misse au hazard de leur fournir moi-mesme des moyens pour m'abattre et me détruire. Je ne désire autre chose, comme je l'ay protesté plusieurs fois à Vostre Sainteté, et comme j'en ay donné depuis peu au roy de nouvelles asseurances, sinon de garder en quelque lieu que la Providence m'appelle l'obéissance et la fidélité que j'ay tant de fois jurée à Sa Majesté, et que je luy dois par tant de titres. Après ce premier et plus pressant de tous mes désirs, je n'en ay point d'autre que de vivre conformément aux devoirs d'un cardinal, de conserver entière la dignité de l'épiscopat, à laquelle j'ay fait des sermens si solennels de ne renoncer jamais, et de ne m'éloigner de ma vie mesme dans les moindres occasions des règles sacrées de l'église. Ces résolutions estant gravées dans le plus profond de mon cœur, et ne doutant pas qu'avec la grâce de Dieu, je ne les exécute fidèlement, comme j'en fais encore à Vostre Sainteté une nouvelle promesse, c'est avec raison que j'espère de sauver mon innocence des tempestes dont elle est encore agitée; l'espérance que j'en ay augmente beaucoup par la justice qu'on a commencé de me faire dans le restablissement de ma jurisdiction spirituelle, et le libre exercice de mes grands-vicaires que tout le clergé de France s'est trouvé engagé de soutenir. Il ne me reste plus qu'une seule chose à souhaiter, très-Saint-Père, bien plus pour l'honneur de l'Eglise que pour mon intérest particulier, qui est la restitution de mes revenus ecclésiastiques que l'on me ravit à la honte de ma dignité et de la sainteté de mon caractère, sans estre accusé d'aucun crime; c'est de Vostre Sainteté que j'attends ce rétablissement, et j'ose la supplier d'appuyer de son autorité et de ses recommandations les offices que j'ay subjet de croire que le clergé de France me rendra auprès du roy Très-Chrétien dans une rencontre si légitime. Vostre Sainteté calmera aisément l'orage et fera cesser la juste douleur dont l'Eglise est affligée par le mépris qu'on a fait de ses loix et le violement de sa liberté. Quand vous aurez, très-Saint-Père, accomply cet ouvrage, que mes biens me seront rendus, et que les chemins cesseront de m'estre fermés, comme ils sont présentement par les malheurs publics et les embûches cachées, je proteste encore à Vostre

Sainteté de retourner aussitost à Rome, à ses pieds, pour y former ma vie sur son exemple et pour y attendre avec un esprit tranquille le temps que la Providence divine a marqué pour mon retour dans mon église. Cependant, très-Saint-Père, l'affection et la charité avec laquelle vous avez daigné mesme soulager mes infortunes, sera le sujet de mes méditations. Je m'entretiendray dans ma solitude du courage avec lequel vous vous estes opposé tant de fois aux efforts de mes ennemis, et je conserveray précieusement la mémoire de ces heureux momens, où vous m'avez témoigné si fortement que vous estiez persuadé de mon innocence, et ces pensées, très-Saint Père, seront aussi capables d'adoucir les âpres rigueurs de mon exil qu'elles m'attachent par des liens éternels à l'obéissance que je vous dois et aux obligations que j'ay d'être jusques à la mort, de Vostre Sainteté,

» Le très-humble, très-fidèle et très-obéissant fils et serviteur,

» LE CARDINAL DE RETZ.
» Arch. de Paris. »

Le clergé toujours assemblé se trouvait pressé chaque jour de prendre quelques résolutions utiles à l'autorité du roi; mais il fallait aussi qu'elles ne fussent pas nuisibles aux intérêts spirituels et temporels de l'Eglise : il devait craindre, dans cette contention, d'ouvrir quelque voie nouvelle à l'autorité séculière. Ses résolutions furent inspirées par ces deux considérations, et il fut délibéré d'écrire au cardinal de Retz une lettre contenant quatre chefs ainsi libellés : « 1°, on luy fera cognoistre ce que l'assemblée a fait et obtenu pour establir sa jurisdiction spirituelle ; 2°, qu'elle est dans le dessein de luy faire office pour son temporel ; 3°, qu'elle juge à propos qu'il nomme des vicaires-généraux agréables au roy; 4°, qu'il tienne une conduite pleine de modération et de respect pour Sa Majesté. » Son Eminence le cardinal Mazarin sera d'ailleurs supplié d'agir auprès du roi, afin que le cardinal de Retz jouisse de son temporel.

Celui-ci répondit à l'assemblée générale du clergé, en protestant, par une lettre datée du Plessis, le 31 octobre 1656, de son respect et de sa soumission au roi, espérant que sa nouvelle démarche mettrait fin à ses peines.

Cet espoir n'était pas fondé; la saisie du temporel de l'archevêché de Paris, faite au nom du roi, divisait les opinions même les plus éclairées et les plus impartiales; le cardinal de Retz protestait contre cette application exorbitante du droit de régale, et le gouvernement répondait à ces protestations par de nouveaux ordres contre le cardinal. Ces ordres furent communiqués à la cour de Rome. Ils étaient conçus en ces termes :

« Sur ce qui a esté représenté au roy estant en son conseil, que le sieur de Lyonne, qu'il avoit envoyé en cour de Rome pour y avoir soing et traiter toutes ses affaires, et particulièrement faire au nom de Sa Majesté la poursuite du procès criminel du cardinal de Retz, auroit souvent offert à Sa Sainteté de luy bailler par escrit les chefs d'accusation pour raison des crimes desquels il est prévenu, et mesme d'en signer le mémoire selon l'ordre que Sa majesté luy en avoit donné, et cependant pour la vérification desdits crimes, il auroit aussy diverses fois fait instance à Sa Sainteté à ce qu'il luy pleust députer des commissaires et requis qu'ils se transportassent sur les lieux où l'on pourroit plus facilement instruire le procès par l'audition des tesmoins, et quoique sa poursuite ayt esté retardée par les divers artifices dudit cardinal qui estoit à Rome. Néanmoins enfin Sa Sainteté, pressée par les instances réitérées de Sa Majesté, s'estoit mise en disposition de luy rendre justice, ce que le cardinal de Retz ayant recogneu, estoit party de Rome pour aller aux bains de Saint-Crasciano, d'où il estoit sorty, et de tout l'estat ecclésiastique, sans permission du Pape, contre les constitutions apostoliques, ayant faict sa retraicte autant que les armes du roy auroient receu quelque désadvantage en la levée du siège de Valenciennes, sous l'espérance de pouvoir practiquer en cette conjoncture quelque mouvement dans la ville de Paris pour favoriser les ennemis. Néanmoins, ayant reconnu que la disposition des esprits n'estoit pas en l'estat qu'il eust désiré, il travailloit par ses partisans à rechercher les moyens propres pour faire des soulèvements parmy le peuple, et cependant se tenoit caché pour se produire et agir dans les occasions, ce qui obligeoit Sa Majesté d'employer son autorité pour arrester l'effect de ses pernicieux desseins et maintenir le repos dans la ville de Paris, et pour représenter à Sa Sainteté la personne dudit cardinal, qui veult se soustraire de son jugement par sa fuite. Le tout meurement considéré, Sa Majesté estant en son conseil, a ordonné et ordonne qu'il sera faict une exacte recherche de la personne dudit cardinal de Retz, et s'il peust estre appréhendé, qu'il sera conduict en bonne et seure garde au chasteau de Vincennes, pour estre représenté à Sa Sainteté, et pour éviter cependant qu'il ne puisse troubler la tranquillité publique par ses factions, ordonne Sa Majesté que le présent arrest sera envoyé aux

37.

gouverneurs des provinces, avec les instructions nécessaires pour tenir la main à son exécution.

» Signé SÉGUIER.

« 16 décembre 1656, à Vincennes. »

[1657] Au commencement de l'année suivante, 1657, les affaires du cardinal de Retz s'offraient sous un aspect moins favorable, à Paris et à Rome en même temps. Elles eussent été presque désespérées, sans l'extrême réserve que montra le clergé assemblé. A Rome, l'influence du cardinal sur la cour pontificale s'était sensiblement affaiblie; à Paris, Mazarin paraissait plus heureux et non moins déterminé contre son vigoureux antagoniste; les agens de France auprès du Saint-Père recueillaient et transmettaient exactement tous les propos et les moindres apparences contraires au cardinal archevêque. Le nonce même s'excusait presque de son ancienne fidélité aux ordres qu'il recevoit de Rome pendant son séjour en France. Voici ce que le père Duneau écrivait au cardinal Mazarin :

« Rome, 22 janvier 1657.

» J'envoye à Vostre Excellence la copie d'une lettre que le cardinal de Retz a escrite au Pape, laquelle a esté présentée à Sa Sainteté par un secrétaire dudit cardinal qu'il a laissé icy pour ses affaires; cette lettre est en bon latin et fort artificieuse; mais parce qu'elle est sans date et du temps et du lieu, Sa Sainteté n'y a point fait de response. Je n'ay pu encore trouver le moyen d'avoir copie de l'instruction envoyée par ledit cardinal de Retz au Pape, afin qu'elle fust communiquée au nouveau nonce, mais on m'a promis de me la faire avoir. »

« Rome, 26 février 1657.

» J'ay veu M. de Bagny, cy-devant nonce en France, lequel s'est excusé d'avoir dit et fait plusieurs choses qui n'estoient pas agréables par delà, parce qu'il recevoit souvent des réprimandes du Pape, qui accusoient son peu de zèle à maintenir la jurisdiction ecclésiastique en l'affaire du cardinal de Retz et du gouvernement de l'église de Paris. Il n'a pas manqué de faire connoistre à Sa Sainteté que si elle vouloit une bonne correspondance et union avec la France, il falloit la procurer par le moyen de Vostre Eminence, de qui il a fort exagéré le pouvoir en cette cour, ayant dit aux cardinaux et prélats que tout dépend d'elle. »

Le roi renouvelait aussi ses instances auprès du Pape, pour le prier de faire procéder extraordinairement contre le cardinal, criminel de lèze-majesté. Voici le texte de la lettre du roi :

« 6 avril 1657.

» Très Saint-Père, le devoir que nous avons de maintenir le repos de nos sujets et la tranquillité de nos estats, nous ayant obligés d'embrasser les moyens les plus convenables pour empescher ceux qui y avoient voulu porter du trouble de pousser plus avant leur mauvais dessein, nous avons faict cy-devant nos plaintes à Vostre Sainteté contre le cardinal de Retz, comme le principal auteur des désordres et des factions qui ont esté excitées dans notre bonne ville de Paris, non-seulement contre nostre authorité, mais encore contre nostre personne. Nous avons mesme envoyé ensuite ledit sieur de Lyonne vers Vostre Sainteté pour luy représenter les divers chefs qui composent son crime, et font voir ses pernicieux desseins contre nostre estat, qui méritent la sévérité d'une punition canonique, laquelle nous n'aurions pas désisté de poursuivre, si la maladie qui a affligé la ville de Rome n'avoit interrompu le commerce des affaires; mais comme par la bonté divine ce mal a cessé, dont nous avons receu un très-grand contentement, nous avons estimé que nous devions renouveler nos instances auprès de Vostre Sainteté, afin qu'il lui plaise de nous rendre la justice que nous devons nous promettre de son affection paternelle, en instruisant le jugement du procès criminel contre le cardinal de Retz, lequel il importe pour le bien et le repos de nostre royaume de terminer au plustost, comme notre très-cher et très-aimé cousin le cardinal Bicchi fera plus particulièrement entendre à Vostre Sainteté, auquel nous nous remettons; nous prions Dieu qu'il vous conserve, Très-Saint-Père, longuement et heureusement au régime et gouvernement de nostre sainte église.

» Escrit à Paris, le 6 avril 1657. »

De son côté le cardinal n'épargnait aucune démarche pour reconquérir les bontés du roi, celles de la reine, et leur persuader qu'il n'était l'ennemi que de leurs ennemis et de ceux de l'état.

Lettre au Roi.

« Sire, je ne me lasseray jamais de me jetter aux pieds de Vostre Majesté, pour luy demander avec tous les respects dont je suis capable, la justice qu'elle accorde tous les jours aux moindres de ses subjets et qu'elle ne peut refuser à personne. Comme vostre puissance vient du ciel, aussi doit-elle inspirer une confiance entière à ceux qui l'implorent dans leurs besoins, puisqu'il est vray que le Dieu par qui les rois régnent vous a donné ceste souveraine authorité, afin que Vostre Majesté l'employe comme il en use luy-mesme, et qu'elle la fasse éclater publiquement aussi bien dans la protection des innocens, que dans la punition des coupables. Je n'ignore pas, Sire, les efforts que mes ennemis font tous les jours pour rendre ma conduite odieuse, et ma personne suspecte à Vostre Majesté. Ils sont assez instruits de mes sentimens pour sçavoir que je n'ay jamais eu plus de joye qu'en sacrifiant à la fidélité que je vous ay jurée toutes sortes d'intérests, et ils ne doutent pas que la plus sensible injure qu'ils me puissent faire, ne soit d'inspirer à Vostre Majesté des pensées contraires à la pureté de mes intentions. Ils ont éprouvé que les souffrances les plus cruelles, ny la plus dure persécution n'estoit pas capable d'ébranler un archevesque plein de fermeté et de courage, mais ils doutent encore si des calomnies aussi touchantes que celles dont ils m'attaquent, ne feront pas d'impression sur un cœur fidèle qui ne reconnoist point d'autre gloire que celle de vous servir, et qui croit que comme la souveraine félicité d'un chrestien est d'aller généreusement à la mort pour la cause de son Dieu, aussi la plus estroite obligation d'un subjet est de mépriser la vie pour les intérests de son prince. Ceste pensée, Sire, est très-forte, mais elle est aussi très-sincère, je n'en veux point d'autre garant que mes propres actions, et les services considérables que j'ay eu l'honneur de rendre long-temps à Vostre Majesté au péril de ma vie. Ils ont éclairci avec assez de gloire tout ce que mes ennemis avoient voulu faire paroistre de douteux en ma conduite passée, et ils ont fait voir à toute la terre que je n'ay jamais esté animé que du zèle et de la fidélité qu'un bon subjet devoit au meilleur et au plus grand de tous les rois. Souffrez donc, Sire, que je ne vous représente point aujourd'huy ny les rigueurs de ma prison, ny la suite de mes souffrances qui sont extresmes, ny les dangers qui m'environnent, ny la longueur de mon exil : mais que je vous demande seulement justice contre la calomnie obstinée qui ne se contente pas de m'accuser d'exciter des divisions entre vos subjets, de troubler toute l'Europe, de corrompre les bonnes intentions du Pape, de faire obstacle à la paix générale, qui est le plus ardent de mes vœux : mais qui s'efforce tous les jours de faire passer les services que je rends à Vostre Majesté pour des crimes, jusques-là mesme qu'elle n'a pas eu honte d'envenimer, pendant mon séjour d'Italie, la vigueur avec laquelle j'ay soutenu les droicts et l'honneur de vostre couronne. Après, Sire, avoir demandé ceste justice à Vostre Majesté en qualité de son subject, voici celle que je la supplie de m'accorder en qualité de son archevesque, ou plustost celle que l'église implore de vous par ma bouche ; c'est elle-mesme qui se présente devant Vostre Majesté, avec une humilité profonde et une confiance respectueuse, et qui la conjure par ses larmes de ne pas souffrir plus long-temps la honte de son affliction. Reconnoissez, Sire, les artifices de ceux qui trompent vostre piété et vos inclinations saintes, et qui abusant de vostre sacré nom, la réduisent à une déplorable servitude. Ce n'est plus présentement à moi que s'addressent leurs efforts et leurs entreprises, ils ont reconnu ce que j'estois, mon droict n'est plus contesté, ma qualité d'archevesque est establie. Ils prétendent eux-mesmes m'avoir remis en possession de toutes mes fonctions spirituelles. Si donc on me veut priver aujourd'hui d'un droict tout spirituel, qui est de pourvoir aux bénéfices dépendants de ma nomination ; si l'on rompt l'unité toute saincte du pasteur légitime avec son troupeau par des défenses générales de tout commerce avec luy ; si on le prive par ces défenses du seul moyen qui luy reste d'exercer son ministère dans la conduite des peuples qui luy sont commis ; si l'on retient dans les prisons et dans l'exil des chanoines et des curez qui ne souffrent que pour avoir généreusement soustenu des droicts reconnus aujourd'huy par ceux mesmes qui les persécutent ; si l'on oste à un prélat le pouvoir le plus naturel et la fonction la plus libre qu'il ait, de choisir lui-mesme des pasteurs pour déposer entre leurs mains sa propre authorité, et leur confier le soin des ames dont il doit respondre, si on le dépouille enfin de tous ses revenus ecclésiastiques sous des prétextes si manifestement destruits par toutes ses actions et ses paroles : n'est-il pas visible, Sire, que ce n'est plus à l'évesque, mais que c'est à l'épiscopat qu'on fait ceste guerre, que c'est la dignité qu'on destruit, et que si l'on reconnoist sa qualité, ce n'est que pour la faire paroistre en sa personne comme un nom et une idée vaine et sans effet, dont on peut estre revestu sans jouir des droicts et des avantages qui la composent ? Voilà, Sire, ce que l'espouse de Jésus-Christ, vostre mère, avoit à vous représenter pour exciter Vostre Majesté à la relever par sa souveraine puissance de l'abattement et de l'oppression où elle est depuis tant d'années, à restablir vostre archevesque dans un véritable et entier exercice de toutes ses fonctions spirituelles, et à ne pas souffrir que contre touts ses privilèges on le traite en criminel lorsqu'il n'est pas seulement accusé, et qu'on oste jusques aux alimens à celuy qui par une onction sacrée a receu de Dieu la puissance de vous distribuer la grâce et les alimens célestes. Ceste conduite de justice et de piété, Sire, ne sera pas seulement avantageuse à l'église et pleine de gloire pour Vostre Majesté, mais elle contribuera mesme, selon le langage des saincts, à l'heureux succez des grandes entreprises qu'elle fait tous les jours pour le bien de son estat, elle soustiendra sans doute la prospérité de ses armes, elle préparera les voyes à une paix glorieuse, enfin elle attirera sur elle des bénédictions infinies. Et moi, Sire, je continuerai, en quelque estat que je sois, d'adresser mes vœux au ciel pour la conservation de vostre personne sacrée, non-seulement en qualité de vostre archevesque, et comme estant establi médiateur pour vous entre Dieu et Vostre Majesté, mais encore comme ayant l'honneur d'estre avec tout le respect et toute la fidélité possible, Sire, de Vostre Majesté, le très-humble, etc.,

» LE CARDINAL DE RETZ,
» Archevesque de Paris.
» Du lieu de ma retraite, ce 9 avril 1567. »

Lettre à la Reine.

« Madame, les afflictions que je souffre depuis tant d'années, ny la calomnie qui donne tous les jours de nouvelles attaques à mon innocence, n'ont pas esté capables de me faire oublier que je tiens de vostre bonté tout ce que je suis, et que mon élévation, que mon malheur a fait l'objet de l'envie de mes persécuteurs, ne soit un ouvrage de Vostre Majesté. Ils peuvent bien, Madame, m'arracher la vie, mais non pas ces sentimens; ils peuvent bien m'obliger par les embusches qu'ils me dressent à me cacher moi-mesme, mais non pas à dissimuler ma reconnoissance, et ils ne sçauroient redoubler contre moy leur passion, qu'ils ne renouvellent en mon ame les pensées de ce que je dois à Vostre Majesté, puisqu'ils ne me traiteroient pas de la sorte si je n'avois l'honneur d'estre vostre créature, et si je tenois d'ailleurs l'archevesché qu'ils me veulent ravir, et la pourpre dont ils conçoivent de si grandes jalousies. Ayez donc agréable, Madame, que du milieu de l'abisme où leur persécution me jette, que du fond des solitudes où je me cache pour me dérober à leur animosité, et où Dieu visiblement me conserve et me soustient, je rende à Vostre Majesté ces témoignages de ma reconnoissance, et que je l'asseure avec tous les respects dont je suis capable, que ma consolation dans toutes mes disgraces est venue de la sincérité de mon cœur, et des témoignages que ma conscience m'a donné que mes intentions ont toujours esté aussi pures pour le service de Vostre Majesté que j'y estois obligé par les devoirs de ma naissance,

par vos bienfaicts, et par mes propres inclinations. Ceste confiance, Madame, qui faict toute la gloire et toute la douceur de ma vie, me fait espérer que le cœur si généreux et si chrestien de Vostre Majesté aura enfin pitié de mes souffrances, et que si je ne mérite pas de recevoir par ma propre considération des marques de ceste charitable affection que vous avez pour tous les affligés, vous en aurez au moins pour l'oppression de l'Eglise en ma personne. Peut-estre encore, Madame, que Dieu vous inspirera quelque juste indignation contre les desseins de ceux qui diminuent la gloire d'un gouvernement où Vostre Majesté doit avoir tant de part, par le renversement des loix divines et humaines, et par les outrages qu'ils font souffrir à l'Eglise. Je souhaite, Madame, d'estre assez heureux pour trouver ceste compassion dans le cœur de Vostre Majesté, car elle attirera sans doute des actions dignes de sa justice et de sa piété; elle lui fera voir combien les jugemens de Dieu sont rigoureux contre les royaumes où les priviléges de son espouse sont violés; que les bénédictions du ciel sont les plus seures gardes des estats, et que les armées ne sauvent pas le roy, comme dit l'Escriture saincte, mais la protection du roi des rois. Enfin, Madame, quoique je sois un évesque affligé, chassé, dépouillé de mes biens, et proscript comme le plus criminel de tous les hommes, j'ay pourtant l'honneur d'estre l'archevesque du roi et le vostre, et en ceste qualité j'ay droict de représenter très-humblement à Vostre Majesté qu'il n'y a rien de plus digne de la grandeur de vostre ame, du rang que vous tenez, de vostre sang et de vostre naissance, que d'avoir pitié des maux que souffre vostre prélat, depuis cinq ans, sans aucune procédure ny forme juridique. Il est vostre, Madame, par l'ordre de la Providence qui l'a establi sur la capitale du royaume, il est vostre aussi par les biensfaits de Vostre Majesté et plus encore par ses profondes soubmissions, et par les véritables respects avec lesquels il sera toute sa vie, Madame, de Vostre Majesté, le très-humble, etc.,

» LE CARDINAL DE RETZ,
» Archevesque de Paris.
» Du lieu de ma retraite, ce 9 avril 1657. »

Le reste de cette année, 1657, se passe sans de notables mouvements dans cette mémorable et affligeante contention. Elle ne cesse cependant pas d'être considérée comme d'une haute importance pour l'Etat. L'honneur et l'amour-propre d'un premier ministre, qui pouvait à bon droit se dire le maître du royaume, y étaient vivement engagés. A Paris, on emprisonnait à la Bastille les imprimeurs et les libraires soupçonnés de répandre les écrits du cardinal de Retz; à Rome, on surveillait attentivement ses agens. Le texte même de quelques pièces suffira pour exposer fidèlement l'état des choses vers le milieu et la fin de cette même année.

Au cardinal Mazarin.

« Paris, 23 juillet 1657.

» Nos ennemis ayant voulu faire croire que nous avions une imprimerie secrète où l'on imprimoit non-seulement tout ce qui nous regarde, mais aussi tous les escrits qui se font en faveur de M. le cardinal de Retz, on a pris et mené, il y a plus d'un mois, dans la Bastille, un libraire et un imprimeur nommés Desprez et Langlois, lesquels, après plusieurs interrogatoires, n'ont, à ce que j'apprends, esté trouvés chargés d'autre chose sinon que l'un a imprimé quelques lettres au Provincial, et que l'autre en a vendu et d'autres escrits qui nous concernent, ce qui estant des choses très-innocentes, puisqu'elles ne vont qu'à combattre la morale la plus dangereuse qui fust jamais, et à justifier nostre innocence, je ne doute point que quand Son Eminence en sera informée elle aura compassion de ces pauvres gens, et assez de bonté pour vouloir mander à M. le chancelier de les faire mettre en liberté, s'ils ne se trouvent embarrassés en nulle sorte en ce qui regarde M. le cardinal de Retz. »

« Rome, le 3 décembre 1657.

» L'abbé Bouvier, agent de M. le cardinal de Retz, a souvent audience de M. le cardinal Ghisi, et depuis quinze jours il l'a eu plus qu'à l'ordinaire. Outre les audiences qu'il a de ce cardinal, il confère tous les jours secrètement avec l'abbé Nini, son maistre de chambre, qui tesmoigne estre entièrement son confident, et qui a tousjours esté fort affectionné à M. le cardinal de Retz. Je n'ay rien pu descouvrir de ce qui se traictoit. Je ne manqueray pas d'informer Vostre Eminence de tout ce qui en viendra à ma connoissance; car je fais profession de ne dépendre que de ses volontés, et je n'ay d'autre ambition que de faire voir par les effets que je suis plus que qui que ce soit, Monseigneur, de Vostre Eminence, le très-humble, etc., etc. »

« Rome, le 10 décembre 1657.

» Enfin nous avons tant fait que Vostre Eminence recevra par cet ordinaire tout ce qui s'est pu recouvrer de l'instruction donnée à M. le nonce. Elle y verra les sentimens de Sa Sainteté, lesquels n'ont point changé depuis ce temps-là, mais plustost augmenté de l'aversion contre Vostre Eminence, la croyant ennemie de la paix. Il paroist bien que l'auteur de cet escrit, qui est le cardinal de Rospigliosi, a trempé la plume dans le fiel contre la France et contre Vostre Eminence en particulier, la dépeignant en divers endroits avec de si noires couleurs que ses ennemies les plus passionnés ne le pourroient faire davantage. Après les belles louanges qu'il donne à vostre politique, il vous représente plustost comme un grand visir propre à donner des maximes aux Turcs pour s'agrandir *per fas et nefas* que comme un ministre d'un roy Très-Chrétien. Il taxe Vostre Eminence d'une ambition demesurée, ne donnant point d'autre motif à la guerre d'Italie qu'un désir déréglé de se procurer les plus hautes alliances. Duneau »

Durant ces informations assez pressantes, le cardinal de Retz parcourait l'Allemagne où il s'était rendu par Constance, et il demeura successivement à Ulm, Augsbourg, Francfort, Cologne. Il était dans cette dernière ville au commencement de l'année 1658.

[1658] C'est vers la Hollande que se porte dès lors toute la surveillance du gouvernement à l'égard du cardinal de Retz. Le petit-fils de l'infortuné de Thou était ambassadeur du roi à La Haye. Comme pour le duc de Lionne, à Rome l'affaire du cardinal était la principale occupation pour M. de Thou, à La Haye, et l'on ne perdait pas de vue pour cela les agents de Retz auprès du sacré collége. On s'y inquiétait fort de leurs fréquentes conférences avec quelques cardinaux; on cherchait à deviner les motifs de la malveillance manifeste du Pape envers Mazarin; et cependant le premier ministre avait fait enregistrer la bulle contre le jansénisme. Enfin les plus habiles s'unirent pour découvrir le moyen d'avoir, à prix d'argent, une copie des lettres que le Pape adressait à son nonce à Paris.

Les surveillants de Retz, dans les principales contrées de l'Europe, savaient que leurs services seraient très-agréables en donnant sur ses démarches des renseignements fréquents, qui, il est vrai, se trouvaient d'ordinaire erronés. On avertissait Mazarin que Retz avait paru en Toscane, pendant qu'il n'avait pas quitté la Hollande. La correspondance de M. de Thou avec la cour est aussi la seule qui contienne quelques données exactes sur le cardinal de Retz durant cette même année, et on trouve, dans sa lettre du 21 mai, ce passage bien peu conforme aux règles habituelles de la diplomatie:

« Enfin, Monseigneur, voilà la marchandise que je lui débite pour le prix qu'elle peut valoir; et comme les ambassadeurs sont d'honorables et honnêtes espions dans un pays où ils ne doibvent rien négliger, bon ou mauvais, de ce qui vient à eux, je m'acquitte de ma charge. »

M. de Thou partageait ces honorables fonctions avec une demoiselle de Pons, qui avait autrefois vécu dans l'intimité du duc de Guize. Elle savait que Retz ne cessait d'entretenir une active correspondance avec les adhérents de Paris à son parti, bien plus puissant que celui du prince de Condé. M. de Thou ajoutait une foi entière à ses rapports, et se félicitait chaque jour d'avoir employé pour ce service une femme, « parce que les femmes sont plus pénétrantes que les hommes. » Voici le texte de quelques-unes des lettres de cet ambassadeur.

« La Haye, 28 mars 1658.

« Les factionnaires d'Espagne font courre des bruits partout, aussy bien que des intelligences et émissaires qu'ils disent avoir parmy la noblesse de Normandie, de Poitou, Saintonge et Angoumois, mesme en Bretagne, Guyenne et Languedoc, où ils les forcent de faire des soulèvemens et des levées par le moyen des amis de M. le prince, de M. le cardinal de Retz et du mareschal d'Ocquincourt, lequel il est à craindre qui ne surprenne Corbie, abusant de la confiance que le gouvernement a en luy et de l'amitié estroite qu'ils ont ensemble, si Vostre Eminence n'y pourvoit. L'on escrit de Bruxelles que ce mareschal y est attendu avec la remise de Hesdin. Sy Vostre Eminence conserve cette place, comme je l'espère, les ennemis seront plus embarrassez que fortifiez de ce mareschal. Ils prétendent avoir encore commerce avec quelques autres gouverneurs de leurs frontières, que je n'ay encore peu découvrir. Celuy que j'ay mandé à M. de la Rose, si Vostre Eminence *la* jugeoit capable de servir, j'estime qu'il ne seroit pas difficile de l'y engager. Don Esteven de Guamarre, qui est retourné de Bruxelles depuis deux jours, luy a fait dire qu'il avoit ordre de le voir, mais en secret, parce que M. le prince l'a prié du contraire, en quoi j'estime *qu'elle* se fait plus d'honneur qu'ils n'ont dessein de lui en rendre. »

« 16 may 1658.

« Pour l'article qui regarde M. le cardinal de Retz, je m'y appliqueray de toute ma force pour le faire exécuter; mais je ne puis manquer dans cette occasion de représenter à Vostre Eminence que les officiers français qui sont icy, sont bien refroidis de ne recevoir aucune gratification de la cour, comme ils avoient accoustumé par le passé. »

« 24 may 1658.

» Pour le cardinal de Retz, je ne trouve icy aucun officier de ceux qui peuvent aller en liberté au Brabant, lequel le cognoisse de veue, de sorte que je me trouve en peine de pouvoir exécuter l'article de la dernière lettre de Vostre Eminence, qui concerne ce personnage. Je n'ay pas laissé d'y en envoyer deux qui verront s'ils ne pourront pas descouvrir le lieu de la demeure, après quoy il ne sera pas difficile de descouvrir le lieu et recognoistre la personne, mais je doute qu'il soit encore en ce lieu-là, et qu'après son abouchement, il pourroit s'en estre retourné d'où il estoit venu, ce qu'on croit à Besançon. »

[1659] Les documents sur l'année suivante sont presque stériles en faits importants relatifs à la vie du cardinal de Retz; ceux qui le surveillaient, même là où il n'était pas, assuraient qu'il avait l'intention de se rapprocher de Rome, et ils ajoutaient que le Pape ne le souffrirait pas. Et comme un calme d'assez longue durée succéda temporairement à de vives agitations, au lieu de contenir de graves discussions, les lettres des grands personnages n'étaient plus que de légères conversations sur de légers sujets. Ainsi, le bruit s'était répandu à Rome que le marquis Mancini allait épouser une nièce du cardinal de Retz, et on en concluait que Son Eminence s'était raccommodée avec la cour et Mazarin. Le Pape témoignait aussi une estime particulière pour Louis XIV, et Sa Sainteté montrait de grands regrets d'avoir vu rejeter le moyen certain de terminer le différend avec le cardinal de Retz, moyen qui consistait à lui laisser faire un acte d'autorité archiépiscopale et de lui demander ensuite la démission que le cardinal n'aurait pas refusée au Pape; du moins le Pape en était bien persuadé. Enfin, le Saint-Père demandait si le roi était chaste, et Sa Sainteté s'alarmait des relations trop intimes qui paraissaient exister entre le roi et une nièce du cardinal Mazarin. Mais le père Duneau, à qui le Pape exprimait toutes ces craintes, répondait que le roi était aussi chaste que lorsqu'il sortit du baptême, que cette affection provenait d'une sympathie d'humeur, et de ce que cette fille avait beaucoup d'esprit conforme au sien, ce qui était ce qu'on appelait *amor socialis*. La nièce de Mazarin fut néanmoins éloignée de la cour.

Les affaires d'Angleterre dominaient tous les grands intérêts politiques d'alors. Le fils de Charles I*er*, étant à La Haye, confère avec le cardinal de Retz, qui dépêche à Rome, dans l'intérêt du prétendant, l'abbé Charier, que le Pape refuse de recevoir, afin de ne pas mécontenter la cour de France en écoutant un des hommes les plus dévoués au cardinal de Retz.

Le roi d'Angleterre s'attache aussi à la cause du cardinal (1), et il paraît que ce roi retira de grands avantages de cette alliance.

[1660] Les premiers jours de l'année 1660 nous montrent la gloire de Mazarin parvenue au plus haut degré, après la paix des Pyrénées et le mariage de Louis XIV. Retz avait conservé des amis à la cour, et l'un d'eux, habile observateur et conseiller déterminé, lui rendit compte en ces termes de l'état des esprits à son égard dans la nouvelle cour.

« Quand la cour repassa à Tolose pour le mariage, Saint-Denis (2) y alla pour la rejoindre. On a fait avertir vos agens de tout ce qu'il se fit et se passa jusques au dixiesme jour qu'il partit de Saint-Jean-de-Lus et arriva icy le 15. Les avis du Doyen et des jésuites, escrits par Coutance, ont continué ces jours passés jusques à vouloir persuader à la nouvelle reine que vous avez esté l'unique auteur de tous les troubles, et ont gâté toutes les négotiations de Saint-Denis. Si vous aviez voulu l'établir auprès de la nouvelle reyne, sous prétexte de luy apprendre le françois, Mazarin seroit renversé présentement. Il y a eu trois ou quatre occasions favorables. Son apothicaire a dit à Saint-Denis qu'il peut vivre jusques au printemps, mais il ne faut pas faire fond sur ce jugement. Vous devez presser vostre rétablissement. En voicy le moyen, si vous voulez agir plus courageusement que vous n'avez fait jusques icy, mais secrettement.

» Le jour de Saint-Barthélemy Mademoiselle du premier lit fit dire à Saint-Denis par Préfontaine, s'il y auroit moyen de renouer son mariage avec le roy d'Angleterre, que vous avez rétabli; que milord Germain luy avoit donné de grandes espérances, par ses caresses; que la reine d'Angleterre favoriseroit Mademoiselle; que milord Germain la presseroit. Voicy ce que répondit Saint-Denis à celuy qui lui parla de la part de Mademoiselle : « Préfontaine et la reyne d'Angleterre et son escuyer ne peuvent rien à cela, le roy d'Angleterre ne se fie point à eux, ils sont mazarins, et milord Germain pendant son séjour n'a sceu que ce que le commun sçavoit. Il n'y a qu'un seul homme au monde qui puisse faire réussir le dessein de Mademoiselle. » On le pressa de dire le nom de cet homme, mais il ne voulut pas *vous* nommer, réservant de le faire pour quand vous jugerez à propos. Il adjousta à tout cela qu'il croyoit que Mademoiselle venoit trop tard, qu'il croyoit l'affaire liée avec la fille de Portugal, pour mieux faire valoir le service que vous luy rendriez, pour faire peur au roy d'Espagne en le menaçant de cette alliance, pour l'obliger de demander et presser votre retour conjointement avec le roy d'Angleterre en le mariant avec Mademoiselle, pour empescher qu'il ne s'allie avec le Portugal. Mais comme cela ne se peut que par la ruine de Mazarin, cela l'obligera à presser sa fille de le ruiner, parce qu'il est constant qu'il empeschera tous les mariages, soit qu'il se puisse faire, ou d'autres; s'il fust mort, on avoit résolu d'envoyer Condé en Bourgogne pour établir dans le ministère Ondedéï et Montegu. Saint-Denis eust abordé Condé, mais c'est un présomptueux, perfide, intéressé, et qui n'a pas de conduite, agissant sans mesure. Rendez response si l'affaire de Mademoiselle est faisable, elle sera secrète, n'en doutez pas; vous avez des preuves de la bonne conduite de Saint-Denis, ayant remué ciel et terre pour vous dans la cour, sans qu'on l'y ait descouvert. Vous ne devez pas aussy doubter de sa fidélité, après le voyage qu'il fit à Blois en l'année 53, où il arriva le 10 comme Madame, et fit dire au défunt (le duc d'Orléans), par d'Ostel, qu'il devoit retourner à Paris avec tous les officiers de sa maison, demander l'exécution de la pro-

---

(1) Voici une lettre que ce roi, dans l'exil, et cherchant sa couronne, écrivait à la princesse Palatine :

« Cologne, ce 20 de juillet.

» Ma chère cousine, c'estoit avec beaucoup de satisfaction que j'apprenois, par vostre lettre, que vous me voulez escrire quelquefois, car je vous assure que rien ne m'est plus agréable que de sçavoir de vos nouvelles, et véritablement je suis tant obligé de la bonté que vous avez pour moy et mes affaires, que si j'entreprenois de vous remercier, je me ferois tort; c'est pourquoy je remettray cela jusques à ce que je le puisse faire comme je le dois. En attendant je vous manderay les nouvelles d'icy, le mieux que pourray, et puisque c'est impossible d'escrire sans nommer quelquefois des personnes et dire des choses que l'on ne voudroit pas que tout le monde sçauroit, je vous prie de m'envoyer un chiffre pour s'en servir quand il y a besoin, et pour l'avenir je vous prie de m'escrire plus avec cérémonie, et le feray de mesme.

» Pour des nouvelles, ceste ville est si mélancolique, qu'il n'y en a point à présent, et c'est un lieu si maudit, que tout l'hiver passé je n'ai pas dansé deux fois; pour dire la vérité, les dames et les violons sont propres les uns pour les autres, et tous deux assez pour faire à personne renier la danse pour jamais. Vous pouvez juger par cela, comme je passe mon temps en ce pays, où le plus grand divertissement qu'il y ait est de boire. Le prince Rupert est venu icy avant-hier de Hidelbergh. Il a tout à fait quitté son employ de Modène. Je crois que vous savez les raisons mieux que moy, c'est pourquoy je ne vous les diray pas, ne vous importuneray plus, seulement de vous supplier de croire que je seray toute ma vie vostre affectionné cousin et très-humble serviteur.

» Signé CHARLES R. »

(2) Il est vraisemblable que ce nom est de convention.

messe du roy et de la reyne vérifiée en parlement, après avoir esté rapportée de leur part par Talon, qu'ils avoient renvoyé le joueur des *gobelets* sans espérance de retour et à mesme temps obliger votre défunt oncle, d'aller en mitre et crosse avec les chapitres et les curés, demander votre eslargissement : c'estoit un coup sûr, et Mazarin, qui arriva le 13, estoit perdu. Vous avez toujours manqué de le faire chastier. Il l'avoit bien mérité ; il est plus coupable qu'il n'estoit, et si on le peut faire chastier aussi bien qu'en ce temps-là, pourveu qu'on se conduise secrètement jusques à l'exécution. Il a mis le désordre dans l'église et dans l'estat. Response au sujet de Mademoiselle. »

« Le 29 aoust.

» Comme je voulois cacheter, on m'a envoyé un billet pour m'apprendre qu'il a eu une très-mauvaise nuit. La grosse pierre qu'il a dans les reins le tourmente furieusement. La reyne-mère l'estant allé voir, il luy a dit qu'elle estoit perdue si elle souffroit vostre retour ; elle a respondu : « De sa vie, il ne rentrera dans l'archevesché. J'y donneray si bon ordre que je luy fermeray le passage après ma mort. » Il les faut ruiner tous deux ; vous l'avez pu autrefois fort facilement ; Saint-Denis vous vouloit bien parler de cela : il prévoyoit bien le malheur en ne le faisant pas. »

Autre lettre.

« J'adjouste cette troisiesme pour vous dire que Nogen a dit au roy publiquement, que vous attendiez la mort du Pantalon (Mazarin) pour retourner, et qu'il avoit respondu : « S'il attend » cela, il ne tient rien : il ne rentrera jamais » dans l'archevesché tant que je vivray. » Il ne faut pas vous attrister de cela : il en avoit dit autant de Talon. Prenez courage, Dieu est pour vous et vous conserve ; il veut vous ramener par des voies extraordinaires. Tous les gens de bien le prient pour vous. Douze ou quinze évesques disent publiquement ce que le Doyen m'a dit : ils vous font passer pour athée, impie et séditieux auprès du roy ; ce sont des évesques qui sont entrés dans l'évesché par simonie. Le roy d'Angleterre doit promettre au Pape et à la cour de Rome la liberté de religion, pourveu qu'il vous favorise dans l'interdit, qu'il paroisse dans le moment que vous le jetterez pour faire obéir les moines et les privilégiés prétendus. Vous manquez tousjours de pousser les choses jusques au dernier but : il falloit ordonner à tous les curés, qui vous sont fidèles et autres, de lire au lieu du prône vos trois lettres : elles valent un sermon ; mais il faut qu'ils fassent cela dans un mesme jour, afin qu'on ne les attaque étant en grand nombre ; on n'osera estant plusieurs. Le peuple ne sait pas votre affaire ; il importe aussi de faire cognoistre que c'est la cause du *Pantalon*, qui persécute l'église en vostre personne ; que ce n'est point l'intérêt du roy ni de son estat. Il est aussi très-important que vous publiez que vous n'avez point prétendu au ministère, que vous n'y prétendez pas, que vous regardez ce poste comme un lien qui précipite aux enfers. Je voudrois estre à la place de madame de Chevreuse auprès de la reyne, l'affaire seroit bientost faite. Cette princesse a bien des intentions merveilleuses, mais elle se perd toujours dans l'exécution. Encore un coup, faites lire vos lettres au prône, mais dans un mesme dimanche ; n'éclatez pas que vous ne soyez bien asseuré de Rome et des puissances qui vous ont promis. Concluez promptement le mariage de la princesse d'Angleterre. J'ay une chose à vous dire de la dernière importance. »

Les affaires du cardinal de Retz ne paraissaient pas en effet marcher vers un accommodement, et ceux-là voyaient bien, qui jugeaient qu'il souffrirait tant que le cardinal Mazarin conserverait la vie et l'autorité ; il est vrai que le parti du premier ministre déclinait visiblement ; Retz l'ignorait pas, et si comme chrétien il ne souhaitait pas la mort du prochain, il ne fut vraisemblablement pas le premier ni le dernier homme d'état qui fît entrer dans les prévisions de sa politique la mort de son antagoniste déclaré.

En attendant, et il attendait réellement, le cardinal archevêque de Paris publiait une lettre circulaire, imprimée en Hollande, sous le titre de Paris, et adressée à tous les évêques, prêtres et enfans de l'Eglise ; nouveau factum pour sa défense qu'il accompagna d'une nouvelle lettre au roi, datée du 30 avril, et d'une autre à son chapitre. Mais ces nouvelles démonstrations publiques excitèrent, comme les précédentes, l'animosité de la cour ; le même agent de Retz lui en écrivit des détails assez piquants par la naïveté et la fidélité des dialogues. Voici les termes mesmes de sa lettre du 4 septembre :

« Jeudy dernier, le lieutenant civil et les gens du roy furent mandés d'aller au Louvre pour faire brûler vos trois lettres. Dans ce conseil estoient la reyne-mère, le *Pantalon*, Ondedey, Montégu ; le lieutenant respondit à la proposition qu'il ne falloit pas les faire brûler présentement, qu'elles n'estoient pas encore venues à la cognoissance du peuple, que cette exécution feroit ouvrir les oreilles, qu'elle exciteroit la curiosité, et que cela pourroit produire un mauvais effet ; qu'il y avoit beaucoup de gens qui disoient que votre cause estoit bien juste, et d'interdit dont vous menaciez bien fondé; qu'il falloit sçavoir ce que le parlement voudroit et pourroit faire, qu'il falloit gagner les curés, les menacer, et les moines, et que après cela, on les pourroit toujours faire brûler. Montégu, en faisant une exclamation, dit : « Voilà un conseil merveilleux qu'il faut suivre. » Ce lieutenant ayant veu qu'on vouloit suivre son avis, prit occasion de dire, en prenant Montégu à l'escart : « Je le ferois bien présentement, mais je veux plutost la survivance de ma charge pour mon fils »; Montégu en parla au *Pantalon*: « Je luy promets, dit-il.—Cela m'a été promis plusieurs fois, et on m'a toujours manqué de parole; » le *Pantalon* dit à Montégu : « C'est une charge de huit cent mille livres, qu'il en baille la moitié, et on luy baillera la survivance. » Après que le lieutenant eut opiné, le procureur du roy dit qu'il falloit descouvrir l'imprimeur et le faire pendre, et que par ce moyen on étoufferoit tout. Les magistrats s'estant retirez, Montégu dit : « Après avoir fait tout ce que ce lieutenant vient de dire, il faut gagner Condé. » La reyne respondit : « Il m'a promis de ne se mêler point des affaires du cardinal de Retz.—Ce n'est pas assez, dit Montégu, il faut l'obliger à se déclarer contre, ou l'obliger à sortir de la cour; moyennant cela, tous les efforts du cardinal de Retz sont inutiles. — Tout cela n'est pas nécessaire, dit Ondedey; avec le Pape, on renversera mieux ses desseins.—Et comment ferez-vous cela, dit Montégu?—Par les jésuites. Tout le collège est intéressé dans cette affaire ; qui sera plus puissant sur le Pape que les jésuites ?— Le Pape agira sans eux, dit Ondedey, et le Pape ni ses nepveux ne sont pas à l'épreuve d'un million d'or. » Montégu répliqua : « Cela n'est ni sûr ni chrétien; » sur quoy la reyne dit : « Baillons-luy son revenu, envoyons-le à Rome, la conscience sera à couvert par ce moyen. » Le *Pantalon* se mit en colère contre elle; elle se retira dans son cabinet, il la suivit, et renvoya les autres dans son appartement. Comme il fut entré, il continua à la gourmander, en luy disant qu'il ne s'agissoit pas de la conscience: « Mais pourquoy vous mettez-vous en colère, vous me ferez mourir. — Et le cardinal de Retz? Vous voulez qu'il me chasse pour la troisième fois. » Il faut que je vous die que je fis un éclat de rire sur le récit de ces paroles, qui m'excitent à rire toutes les fois que je m'en souviens. Il continua : « C'est luy qui nous a troublés, et vous voulez qu'il revienne pour nous chasser.—Je ne veux pas son retour. —C'est luy en donner le moyen que de luy bailler son revenu et les bénéfices, et luy donner du pouvoir à Rome; il me ruineroit et ma famille.

—Je vous laisse faire, dit-elle, je feray semblant d'accorder son affaire avec ses amis pour découvrir ses desseins, et où il est pour le renverser et l'attraper. » Voilà, en abrégé, ce que j'appris dans le Louvre, de la femme de la reyne-mère, vendredy, le troisième jour de septembre, vous escrivant le quatrième. Mazarin est un fou et un ridicule, ne craignez point ses menaces, concluez promptement le mariage du duc d'Anjou avec la princesse d'Angleterre. Il y fault dispense ; vous pouvez vous la faire adresser, et le roy d'Angleterre peut dire les raisons dont je vous avois parlé pour le mariage du roy. Il se fera dans Paris; et pour la validité du mariage et pour la légitimation des enfans qui en proviendront, il est nécessaire qu'il soit administré par un prélat recogneu paisible et sédentaire, mais il faut l'arrêter quelque temps avant que de faire éclater ses raisons. Encore un coup, concluez ce mariage, c'est un coup seur pour vous. Le roy n'aura jamais d'enfans, je le sçais de bonne part, il a un perpétuel flux de semence. Vous pouvez m'établir auprès de la princesse d'Angleterre par M. d'Aubigny ; je vous gagneray le duc d'Anjou pour l'opposer au *Pantalon*, à Condé, et le faire agir fortement et comme il faut pour vostre retour, je ne cherche que cela pour la gloire de Dieu et le bien de son église, qui a tout à fait besoin de vous pour la restablir dans sa pureté, et c'est à quoy je crois que vous aspirez, et c'est à quoy vous devez uniquement travailler. Vous ne m'avez pas fait donner les trois lettres ; j'ay trouvé néanmoins moyen d'en avoir, je les ay bien fait valoir, j'en ay encore besoin d'une douzaine. Revenant à ce soir de la ville, le Doyen, estant à la boutique d'un horloger où il faisoit accommoder sa montre, entrant dans mon carrosse, m'a appelé, et dit : « Que dites-vous de toutes ces affaires.—Et quoy, luy ay-je dit, qu'est-ce qu'il y a de nouveau?—Vous faites le fin, m'a-t-il dit. —Et moy je ne sçais ce que vous voulez dire. —Quoy, vous n'avez pas veu, ni leu les trois lettres.—Non, lui ai-je dit, mais j'en ay ouï parler. —Je croyois avoir la grosse par vostre moyen, car je n'ay que la nostre, et une manuscrite de la circulaire. » Mais je luy ay respondu que j'avois ouy dire que le Doyen de Saint-Marceau vous avoit envoyé son pacquet. « Cela n'est pas vray, m'a-t-il dit, et ensuite voilà le conseil de Roboam qui ruine tout ce que j'espérois de faire pour son retour. Je me préparois d'aller voir M. le cardinal pour le pressentir, et j'espérois, dans un mois, d'en venir à bout. Le roy n'est pas encore tout à fait entré, et on répand des libelles séditieux qui aigrissent la cour, et qui font voir que c'est un turbulent, un brouillon, qui ne peut demeurer dans sa peau. » Bref, il s'est tellement descouvert, ayant fait l'indifférent pour vos intérêts, qu'il a fait esclater la rage et la furie qui le transporte, et qui luy a fait dire des choses que j'ay horreur de répéter ; bref, c'est un coquin et un scélérat. Il m'a dit que le *Pantalon* avoit consulté Cornet-Grandin, Le Maistre et autres de cette farine, pour luy chercher de la matière pour repousser l'interdit et respondre ; faites en sorte que Dunkerque ne soit pas rendu, que vous n'y soyez pas compris ; les deux rois vous peuvent mieux assister que Condé, qui vous trompera, si je ne me trompe, il n'a pas de conduite. Au reste, s'il faut paroître pour vos intérêts, je périray pour cela, s'il est de besoin ; je ne crains rien, mais je vous serviray mieux caché pour des raisons que vous sçaurez un jour. »

« Du 9.

« Dom Flogny, chartreux, qui est le plus caché confident du Tellier, m'a dit que le *Pantalon*, pendant sa maladie, luy avoit obtenu le brevet des charges de chancelier et la conservation de la sienne pour son fils, gratis ; que les moines, ny quinze curés ne vous obéiront pas, ni les privilégiez. Il faut donc que le Pape agisse conjointement avec vous, ou qu'il repousse leur rébellion ; le sacré collége le doibt forcer à cela, en luy remontrant qu'il y va de toute son autorité et de celle de la cour de Rome aussy bien que de la vostre. Il y a de belles raisons à leur dire sur cela ; il fault s'asseurer de tout avant qu'esclater. Vous avez un grand nombre d'ennemis et puissans de toutes conditions, mais tous impies, intéressés et maltotiers. Voilà pourquoy il faut bien ménager toutes choses et ne point paroître que vous ne soyez bien asseuré de Rome. Il y a de certains fripons d'abbés et de prêtres qui sont gagez à dire dans les lieux publics que vous n'estes pas persécuté comme saint Cyprien et saint Thomas, mais pour vos maléfices. Il faut chasser cela du diocèse. Vous avez oublié dans vostre lettre ce que Salisberry escrivoit des moines de Grammond, qui estoient confesseurs du roy d'Angleterre. Il disoit d'eux : « Que font ces moines dans la cour, de n'advertir pas le roy du malheureux estat de sa conscience, en persécutant un prélat innocent et luy retenant son temporel ? » Si vous donnez bonne espérance pour Mademoiselle, je l'engageray dans vos intérêts sans rien gâter. Vostre lettre n'a pas produit tout l'effet qu'on en pouvoit attendre pour deux obmissions importantes : la première est que, quoiqu'il y ait grand rapport entre vostre cause et celle de saint Thomas, vous n'avez marqué la différence essentielle qui s'y rencontre et qui rend la vostre plus favorable. Le roy d'Angleterre ne contestoit pas sa juridiction spirituelle, comme on fait à vous, en vous empeschant la communication de vos grands-vicaires, qui ne le sont que de nom, n'agissant pas sous vostre autorité, qui consiste dans cette communication qu'ils doivent avoir avec vous et vos brebis aussy, qui est l'unique canal que Jésus-Christ a estably pour leur communiquer ses grâces et ses sacremens. Le roy ne refusoit de souffrir ce prélat innocent, que parce qu'il s'opposoit aux anciennes coutumes de son royaume ; et vous offrez plus qu'on ne vous demande ; et si on empêche vostre autorité, et si on retient le temporel, quoique vous offriez vostre serment, après avoir satisfait autant que la violence vous l'a permis, et que vous offriez d'estre jugé sur ce prétendu crime imaginaire. La seconde, est que vous n'avez pas assez excité la compassion des peuples ni attendri leur cœur, ce que vous devez faire en montrant un évesque persécuté, parce qu'on prévoit bien que vous empescheriez cette funeste et malheureuse confusion qu'on a causée dans l'Eglise pour ruiner plus facilement les peuples par les exactions violentes qui vous affligent plus que votre persécution. C'est ce que vous devez bien exagérer et vous étendre sur la douleur paternelle et pastorale que vous ressentez de la misère du peuple, en dissipant le nuage et levant le voile qu'on a mis sur l'esprit des peuples, en leur persuadant que vous estes un esprit ambitieux qui aviez excité les troubles passés pour entrer au ministère et chasser celuy qui l'a. C'est un artifice dont il se sert pour vous ravir le cœur des peuples, pour continuer ses exactions plus facilement, et déchirer l'Eglise par ses simonies qui sont visibles. Il vient de donner une abbaye pour un gouvernement particulier de Languedoc. Bref, vous devez dire que vous n'avez jamais prétendu au ministère d'iniquité, et qu'on ne vous persécute que parce qu'on a veu que vous auriez résisté à ces profanations impies, et que vous seriez tellement touché des misères du peuple, que vous vous y seriez opposé par les voies que l'Evangile propose aux pasteurs charitables. Enfin, il faut attendrir les cœurs et exagérer l'oppression du peuple, qui vous afflige aussi bien que celle de l'Eglise, accablée dans votre personne, et de laquelle vous devez exagérer aussi les maux, en faisant voir qu'ils sont plus grands qu'on ne pense, quoiqu'ils ne soient sensibles qu'à vous seul. Enfin, vous devez représenter aux peuples qu'ils seront aussi cause de l'interdit, ou celui qui les opprime avec vous, puisqu'ils ne seront privés des grâces de Dieu et des sacremens que pour ne vouloir pas recevoir l'évesque que Jésus-Christ leur a donné pour le leur communiquer par cet unique canal. »

Les affaires d'Angleterre se mêlaient de plus en plus avec celles du cardinal de Retz, et toutes les dépêches des ambassadeurs de France parlaient simultanément du roi d'Angleterre et du cardinal. Mazarin n'ignorait pas leur ancienne liaison, sa continuation actuelle, l'influence du cardinal sur le roi; et Mazarin eut un nouvel intérêt à ruiner cette influence, car il avait entrepris de marier sa nièce avec le roi Charles.

On voit, par le texte suivant des dépêches adressées par MM. de Montagu, de Bordeaux et de Bartet, au cardinal Mazarin, la marche et les vicissitudes de cette double intrigue.

« Londres, 1ᵉʳ juillet 1660.

» L'avis que le beau-frère du général Monck venoit de luy donner, que l'on le pressoit de déclarer que je l'avois chargé, de la part de Sa Majesté et de celle de Vostre Éminence, de disposer le général à se faire Protecteur ou à maintenir la république, m'a esté imputé il y a déjà quelque temps (1). »

Lettre de M. de Lionne.

« Paris, le 7 juillet.

« M. de Montagu, par une lettre du 3, vous fait savoir ce que Talbot avoit mandé. Aujourd'hui la reine a reçu une lettre du roy son fils, où il lui parle positivement, et dit qu'après avoir considéré toutes les raisons de son mariage, il se conformoit à son sentiment pour vostre nièce, en vue du grand dessein; à quoi il estoit porté de jour en jour avec plus de faveur; il mande la satisfaction qu'il a receue de vostre lettre et la response qu'il veut faire de la mesme manière; je l'attends par le premier ordinaire ou par Talbot; j'espère qu'il aura pris l'expédient que la reine luy a proposé pour M. Bordeaux, il est assuré qu'il a esté surpris sans avoir considéré la conséquence, ayant été fort irrité par des offenses personnelles. »

« Londres, ce 16 septembre 1660.

» Le roi m'a dit qu'il le serviroit (Retz), s'il en trouvoit l'occasion, par la manière dont il a vécu avec luy; mais jamais en rien qu'il pût blesser les intérests du roy ni ceux de V. E. Il m'a asseuré qu'il ne luy avoit jamais donné de procuration pour protéger à Rome les catholiques qui sont en Angleterre; qu'il ne sçait pas mesme où il est, et qu'il n'a aucun commerce avec luy. »

« 11 octobre 1660.

» Il me parla encore avec les mesmes termes qu'il a déjà fait, et que j'ay eu l'honneur de mander à V. E. sur le sujet de M. le cardinal de Retz, asseurant qu'il n'y a rien qui soit capable de le faire agir contre les intérests de la France ny contre ceux de V. E. »

» De Bourdeaux. »

Lettre de Lionne, secrétaire d'état des affaires étrangères, à M. de Bordeaux, à Londres.

« 23 octobre 1660.

» J'ai esté bien aise de sçavoir ce que Sa Majesté vous a dit touchant M. le cardinal de Retz. On m'a positivement asseuré que s'il n'est pas encore à Londres, il y a esté; il ne nous seroit peut-estre pas malaisé de descouvrir la vérité de l'un et de l'autre, en employant quelques émissaires fidelles, qui nous informassent des pratiques et des allées et venues que peut avoir faites ou faire encore ce M. d'Aubigni, chanoine de Nostre-Dame, qui est passé depuis peu en Angleterre et qui est intime dudit cardinal. Je sçay que les autres amys adressent d'icy audit d'Aubigni, ce qui concerne ses affaires ou ses menées. »

(De M. de Bordeaux.)

« Londres, 25 octobre 1660.

» Je n'abuseray point du secret que V. E. m'a fait de l'alliance qu'on vous a proposée, ce m'est présentement un secret; on m'en a fort parlé depuis que je suis icy, mais non pas selon la vérité. Il y a peu de temps que madame de Carlisle et plusieurs autres personnes de qualité m'ont dit que V. E. désiroit passionnément cette affaire et qu'ils sçavoient bien que vous offriez une grosse somme d'argent pour la conclure. Je leur ai respondu qu'il n'y avoit point d'asseurance que vous eussiez cette pensée, et que j'estois bien asseuré que vous n'en aviez rien tesmoigné à personne, parce que vous estiez connu pour avoir une sagesse et une modération incroyables, et principalement en nostre cour, où vous aviez fait paroistre à la vue de toute la France la merveille de ces deux vertus.

» Je puis asseurer V. E. qu'ils en sont demeurés persuadés et qu'ils sont surpris de cette action, qui ne peut assez estre admirée.

---

(1) Le P. Duneau écrivait de Rome, le 9 aoust 1660, une lettre dans le même sens, à Mazarin :
« Il se void icy sous main la copie d'une lettre qu'on dit que Vostre Éminence a escrite au général Monck avant le retour du roy d'Angleterre, l'exhortant à s'y opposer, que ce roy l'ayant veue s'en est fort offensé, qu'il a résolu de s'en venger, et que c'est la cause pour laquelle il a refusé l'audience au président de Bordeaux, et que la garnison de Dunkerque a commencé de faire des hostilités contre les terres voisines. »

» Il y a quinze jours que le roy d'Angleterre prit occasion dans un entretien de me demander des nouvelles de mademoiselle Hortense, si elle estoit embellie et si elle avoit de l'esprit. Je luy respondis ce que je devois et dans une manière qui doit satisfaire V. E. »

« Londres, le 4 novembre 1660.

» Pour ce qui regarde M. le cardinal de Retz, je n'y ay rien oublié; j'ay recherché fort exactement et avec grand soin, s'il estoit icy ou s'il y avoit esté : je puis asseurer V. E., et je ne crois pas me tromper, qu'il n'y a rien ny de l'un ny de l'autre. Je connois assez particulièrement M. d'Aubigny. Lorsque je partis de Paris, il me pria de le servir icy dans une affaire qui luy appartient, et que le duc de Richemont, son neveu, luy conteste : c'est le droit d'aulnage, qui vaut deux mil escus de rente. Il est venu dans cette cour par permission du roy de la Grande-Bretagne; et lorsqu'il y arriva, je luy demanday s'il n'y avoit pas plus d'une affaire; il me respondit là-dessus qu'il sçavoit bien ce que je luy voulois dire, qu'il me diroit les mesmes choses qu'il avoit dites à M. de Coutances et à M. le comte de Béthune : c'est qu'il estoit des amis de M. le cardinal de Retz, et que dans toutes occasions, il n'oublieroit rien pour le servir; mais qu'il me donnoit sa parole qu'il n'estoit passé icy pour aucun dessein que celuy de terminer son affaire, et qu'il s'en retourneroit aussitost qu'elle seroit finie; elle a esté mise entre les mains du chancelier, qui la décidera au premier jour à l'avantage de M. d'Aubigny. Le roy d'Angleterre ne peut pas donner une retraite en ce pays à M. le cardinal de Retz : elle luy seroit préjudiciable, et elle ne serviroit de rien à ce cardinal. Tout ce qu'il pourroit faire, à mon avis, d'utile pour luy, seroit de se former une résolution d'entreprendre son accommodement en France. J'asseure V. E., autant que je le puis, qu'il n'a aucun dessein de le faire, et que les apparences y sont si contraires qu'il est impossible de rien soupçonner de semblable. »

« Londres, le 14 novembre 1660.

» J'ay trouvé icy un petit bruit élevé au sujet de M. le cardinal de Retz. J'ay d'abord travaillé autant que je l'ay peu à pénestrer ce qui en estoit, et quoique nous ne soyons icy que d'hier après midy, néanmoins il me semble qu'il n'y est pas, et que mesme il n'y a pas esté.

» Les sentimens de ce roy-ci sont de ne rien faire sur cela qui puisse ny nuire aux intérests de la France ny déplaire au roy, ny qui puisse mesme estre interpresté contre le service personnel de V. Em., ce n'est pas qu'il ne se laisse entendre qu'il a très-bien vescu avec Sa Majesté Britannique dans les désordres des guerres civiles de la France, et qu'en cela mesme il ne die qu'il luy est en quelque façon obligé; mais il ne met point cela en aucune comparaison avec le service de la France et le vostre particulier; et à sçavoir comme il en parle, on pourroit croire qu'il se conduira de sorte que le roy auroit sujet de s'en louer, et V. E. de luy estre obligée, si le cas arrivoit que ce cardinal vinst icy.

» Il me reste à parler à V. E. de ce qu'il m'a dit sur le sujet du cardinal de Retz, à vostre égard, le vingt-quatriesme, la nuit, après de grands et de longs discours; il tomba pour me dire que jamais il ne luy seroit reproché dans le monde d'avoir manqué à aucune des considérations qu'il croit estre obligé d'avoir pour V. E., et que celle du cardinal de Retz ne vous donnera jamais sujet de vous plaindre de luy, ny de douter de son amitié; et ensuite par un discours encore plus long, il me fit l'histoire de sa vie de France, et de ce qui s'y estoit passé de vous à l'estat d'Angleterre du temps de Cromwell, et de vous encore à Sa Majesté; et je veux que vous me croyiez un homme sans honneur, si en tout je ne me die qu'il avoit toujours excusé tout ce qui s'y estoit tramé contre luy, ou que vous n'aviez pas fait pour luy, par l'intérest de la France, que Sa Majesté a toujours compris par luy-mesme qu'ils estoient tels qu'il n'eust pas fallu la gouverner aussi bien que vous la gouverniez pour en user autrement. »

« Londres, le 18 novembre 1660.

» Pour M. le cardinal de Retz, je dois dire que je m'en suis entretenu avec M. d'Aubigny des jours entiers; il est son amy et son serviteur comme M. le duc de Créquy seroit le vostre, avec cette différence que je ne sçais pas s'il sait bien pourquoy il l'est de la façon dont il m'en a parlé. Il a un commerce continuel avec luy, et il me paroist avoir entièrement sa confiance; mesme il me semble qu'il en a souvent des nouvelles et de fort près; et en bien des endroits de la conversation, il me paroissoit vivement qu'il pourroit bien estre icy contre ma première pensée, néanmoins je ne vois rien d'asseuré par quoy on peut bien establir ce jugement; mais si on estoit icy un peu de temps, il est certain qu'une observation continuelle de la personne de M. d'Aubigny, qui seroit fort aisée, celle de ses valets, qui sont peu en nombre, et l'interception de ses dépesches icy et en France, donneroient les lumières nécessaires pour voir clair dans toutes ces choses.

» Il parle souvent de luy au roy d'Angleterre,

et c'est luy principalement qui le maintient dans son esprit en la manière que je vous ai escrit qu'il y estoit. Il a suivy le roy d'Angleterre jusques à Douvres, où Sa Majesté va au devant de la reyne, sa mère. »

« Londres, 21 novembre 1660.
» Je me confirme dans l'opinion que M. le cardinal de Retz n'est pas icy, mais il souhaite d'y venir, et il travaille à cela par les moyens que j'ay dit à V. E. Ce roy-cy est sur son sujet tout tel que je vous l'ay escrit. »

« 22 novembre 1660.
» Il y a icy des gentilshommes anglois qui asseurent que le cardinal de Retz entretient une estroite intelligence avec le roy d'Angleterre, monstrant des lettres de ce pays-là, qui portent que des catholiques ayant présenté une requeste à milord Monck pour obtenir quelque grâce de Sa Majesté Britannique, il leur conseilla d'employer le crédit du cardinal de Retz, asseurant qu'il en avoit beaucoup auprès du roy. Les mesmes lettres contiennent qu'on avoit résolu de ne point donner d'audience à M. le comte de Soissons, que la reine ne fût arrivée à Londres; on sçauroit déjà si cet avis a esté véritable. »

« Londres, le 2 décembre 1660.
» M. d'Aubigny luy loua fort (au roi) la beauté de son visage, et s'estendit encore davantage sur la vertu de mesdames et mesdemoiselles les nièces de Vostre Eminence, ce qui luy plut fort; je luy ai fait reproche depuis de n'avoir pas assez loué sa beauté, car il y en a beaucoup plus qu'il ne luy en dit, et il sait mieux que moy qu'avec ce roy-cy, cela est compté pour beaucoup, car il ne luy parla que de son visage, qui ne fait pas toute la beauté d'une telle personne.

» L'assemblée qui se fit chez M. d'Aubigny n'est allée à rien; ainsi, je n'en ay rien escrit. On luy a mandé de Paris que Vostre Eminence avoit parlé de luy obligeamment à M. le comte de Béthune; cela a fait en luy de très-bons effets, et j'oserois m'avancer de vous dire sur ma parole, que hors les intérests du cardinal de Retz, desquels il veut bien s'incapricier, il en usera en cette cour en tout ce qui vous regardera personnellement comme un honnête homme, et il en a les occasions quand il veut, par une liberté et une privauté fort établies. »

Lettre de Bartet.

« Londres, le 14 décembre 1660.
» Bien que l'article du cardinal de Retz soit amplement traité dans la dépêche dont je viens de parler à Vostre Eminence, il ne nuira de rien de luy dire encore dans cette lettre :

» Que M. d'Aubigny me vint trouver il y a trois jours, fort allarmé, et me dit qu'il venoit de recevoir des lettres de M. le cardinal de Retz, dans lesquelles il luy mandoit que M. l'archevesque de Toulouse travailloit à Paris à une response à sa dernière lettre, qu'il mettroit bientôt au jour, dans laquelle il parloit de luy injurieusement et d'une manière jusques à cette heure inusitée, que cela le forceroit d'en user de mesme dans la réplique contre Vostre Eminence, à qui il faudroit s'en prendre de tout ce qu'auroit escrit M. de Toulouse, ou par vostre ordre, ou par votre participation.

» Je luy respondis que c'étoit une chose de fait dont je n'avois aucune connoissance, que je luy pouvois dire en gros que ce n'estoit point là vostre manière avec qui que ce soit; qu'il ne me pouvoit pas nier que depuis vingt-quatre heures il ne fust convenu avec moy que vous estiez le meilleur homme du monde et le plus digne de la place que vous remplissiez par vostre grand travail, par votre sagesse et par la capacité que le monde entier vous avoit connue dans la guerre estrangère et civile, dans l'œuvre d'une paix si glorieuse et dans le gouvernement.

» Or, il me parut à tout ce qu'il me dit, et plus de lumières et plus d'estendue d'esprit qu'il n'en a naturellement, et je le trouvay plus capablement instruit et raisonnant qu'à luy n'appartient, au moins, ce me semble. Ainsi, j'avoue à Votre Eminence que la pensée me vint d'abord que le cardinal de Retz estoit icy, car il avoit l'esprit fraischement agité, et il me paroissoit nouvellement ému de ces matières-là, avec plus de force et d'impression que n'en peuvent donner des lettres escrites de loin. J'ay donc travaillé le plus que j'ay pu à découvrir si je jugeois bien ou mal ; et enfin un homme assez sûr, qui ne sçavoit rien de mes doubtes, me dit hier à l'oreille à table chez M. le comte de Saint-Albans, que M. le cardinal estoit icy et qu'il voyoit le roy secrètement; qu'il me donnoit cet avis-là comme mon amy pour en profiter, outre que principalement il étoit notre serviteur contre luy; qu'il vous avoit de l'obligation et qu'on le verroit toujours vivre sur ce pied-là ; c'est M. le duc de Bouckingam. Votre Eminence aura pu savoir qu'on ne peut pas mieux vivre qu'il a fait avec M. le comte, et tous les soirs nous ne manquons jamais après le coucher du roy, où il se rend à cette heure assidu, de passer chez luy le reste de la nuit.

» Je luy respondis que l'avis estoit bon, pourvu qu'il fust vray ; il me dit qu'un de ses amis avoit vu son homme, qui, par des besoins qu'il avoit eus de luy, luy avoit dit que son maistre estoit icy, et que luy ne doubtoit point qu'il n'y fust.

» Le soir mesme, comme la reyne est Françoise, aussi zélée que vous-mesme et véritablement dévouée à vos intérests et aux choses mesmes qui ne vous seroient qu'agréables, je m'approchay d'elle devant souper comme un homme qui avoit quelque chose à luy dire de surprenant, et comme elle a l'esprit vif et assez perçant, je vous jure qu'elle devina la chose, et qu'elle me dit ces mesmes paroles : « Bartet, je connois que vous voulez me dire que le cardinal de Retz est icy. » Je luy respondis qu'il estoit vray, ou qu'au moins j'avois raison de m'en douter ; et je luy dis toutes mes raisons, sans luy nommer le duc de Bouckingam. Elle continua et me dit que je luy faisois plaisir, par ce qu'elle avoit pensé sur cecy, qui est très-curieux.

» Deux jours devant, une grande dame de qualité luy donna à souper ; j'y estois présent. Toute la famille royale y soupa. Comme on s'alloit mettre à table, M. d'Aubigny, qui venoit de la ville, s'approcha du roy devant tout le monde, mais d'une manière pourtant comme dérobée et comme un galant feroit à sa maistresse, et luy dit, coulant près de l'oreille, ces précises paroles : « Vous ne sçavez pas, il est tombé en entrant dans le bateau et a failli se rompre le cou. » Le roy fit l'étonné, et devant qu'il pust rien respondre, la reine, qui l'entendit distinctement quoiqu'il parlast bas, luy dit : « Qui dites-vous qui est tombé ? » M. d'Aubigny devint rouge comme du feu, et néanmoins assez prestement luy respondit : « C'est moy, Madame. » Elle luy respondit que la soutane ne l'embarrassoit pourtant point (car il va toujours en manteau court). Le roy, qui n'est pas rompu à ces sortes de bousquet, voyant que M. d'Aubigny mentoit, le regarda en riant et ne dit rien. La reine m'a dit que tout cela luy donna la pensée qu'il parloit du cardinal de Retz, car il a la veue basse ; il tombe toujours. Ces paroles, dites d'un ton mystérieux, en une telle circonstance, en haste, finement et qui supposoient que le roy savoit bien de qui il parloit à cette heure, m'ecclérerent subitement : car j'ay fait remarquer à la reine qu'il estoit venu en carosse, et il estoit si vray, qu'il me le presta dans le commencement du souper pour m'en venir à mon logis.

» Pour ce qui est du bateau, c'est qu'il faut dire à Votre Eminence qu'icy presque tout le monde va en bateau, particulièrement ceux qui ont des affaires à White-Hall, à cause que cela est fort commode, et encore un homme qui veut estre inconnu.

» En cela, j'ay pris toute confiance à la reine, car pour cela elle est propre et admirable, et c'est en quoy il faut se servir des connoissances qui font le discernement et la discrétion ; elle me pria, pour dire ainsy, de le dire à l'heure mesme à M. de Saint-Albans, ce que je fis en sa présence ; il en fut estonné et le crut assez. Il dit à la reine qu'elle le demandast au roy ; elle luy respondit devant moy qu'elle ne luy diroit pas, et ajousta cecy, qui est remarquable, qu'elle s'ennuyoit icy, qu'elle ne sçavoit rien et n'y comprenoit rien ; cela, qui est vray au pied de la lettre comme elle le disoit, ne pleut pourtant pas à M. de Saint-Albans. Mais s'il ne la change, elle vous avouera à vous-mesme que pour toutes sortes d'affaires, sans excepter ny celles qui regardent le gouvernement de l'estat, ny celles qui touchent la personne du roy son fils, jamais il ne luy eut dit une seule parole, ce qui doit estre incroyable à ceux qui ne le voient pas.

» M. l'abbé de Montégu arriva ensuite, à qui elle m'obligea de le conter encore devant elle, ce que je fis et en présence de M. de Saint-Albans. Elle luy demanda s'il croyoit que le roy le luy avouât ; elle respondit que non, ne sachant pas que l'autre eust dit qu'ouy, et c'est parce qu'il a plus d'esprit et une application plus soigneuse, et plus dans les personnes que l'autre, qui est souvent distrait et qui a toujours l'esprit plus épais.

» Il y fut arresté qu'on travailleroit avec soing à le descouvrir, et que chacun se donneroit là-dessus les lumières qu'il auroit, M. de Montégu trouvant les raisons de douter considérables et ne croyant pourtant point qu'il soit icy. Néanmoins, ce soir M. d'Aubigny, revenant de la cour, est allé chez madame de Richemont, où il m'a trouvé seul soupant teste à teste avec elle ; il a attendu la fin du souper, et puis m'a tiré par le manteau et m'a dit que le roy venoit de luy dire que M. de Montégu l'avoit prié, il y a deux jours, de luy dire s'il estoit vray que le cardinal de Retz fust icy, et qu'il luy avoit fait une response qui n'estoit ni ouy ni non. Cela marque de la confidence là-dessus entre le roy et M. d'Aubigny, et puis cela fait voir qu'ils en parlent ensemble, et par conséquent qu'ils en ont sujet ou par sa personne ou par ses affaires. »

(De M. de Montégu.)

« 20 décembre 1660.

» Nous sommes à présent à déterrer le misérable corps de Cromwell par ordre du parlement, et le faire pendre long-temps sous la potence publique, et après le faire enterrer dessous, et faire confisquer tous ses biens et à plusieurs autres de ce temps-là. »

(De M. Bartet.)

« 23 décembre 1660.

» Le temps me manque pour en rendre compte, aussy bien que des autres matières de deux si longs entretiens où le roy m'a parlé à fond de Vostre Eminence, du mariage de mademoiselle vostre nièce, de M. le cardinal de Retz, de la reine, sa mère; de MM. ses ministres, du mariage de M. le duc d'Yorck et de ses affaires particulières qui seront les sujets de ma première dépesche. »

(De M. Bartet.)

« 30 décembre 1660.

« J'ay eu par accident un petit entretien avec le roy sur M. le cardinal de Retz, et en un endroit où il me remarqua de la discrétion pour ne luy pas demander s'il estoit icy, il me dit que je lui paroissois un peu inquiet là-dessus, et que pour cela, il vouloit me dire que sur sa parole il n'estoit pas icy. J'asseure donc à Vostre Eminence qu'il n'y est pas: car, asseurément, le roy ne l'auroit point voulu dire pour mentir. J'y ajoute encore que, s'il y venoit et que Sa Majesté demeurast dans les sentiments dans lesquels elle est, Vostre Eminence auroit plus de sujets d'estre satisfaite du roy en cela que quand ce cardinal n'y est point. »

Durant cette même année, le grand Colbert, qui n'avoit alors que la charge de secrétaire des commandements de la reine, après avoir été simple intendant de la maison du cardinal premier ministre, dont il était devenu depuis le plus fidèle confident, fut chargé d'une mission auprès du Pape, mais on n'inséra dans ses instructions aucun ordre relatif aux affaires du cardinal de Retz. Colbert l'aurait d'ailleurs mal exécuté, car le Pape refusa long-temps une audience à Colbert, parce que le Saint-Père « ne » le croyoit pas né dans une condition assez » élevée pour lui estre envoyé, et le meprisa » encore plus après l'avoir ouï. » Ces détails, consignés dans une lettre de Rome en date du 10 janvier 1661, venaient du chevalier André Vitte, qui les tenait du roi de Naples; et l'on voit bien que le Pape ne soupçonnait guère de sang royal d'Ecosse dans la famille et la personne de Colbert (1).

[1661] Enfin l'année 1661 s'ouvrait sous d'assze heureux auspices pour le cardinal de Retz, car Mazarin s'affaiblissait de plus en plus; néanmoins les anciennes ordonnances contre Retz,

contre ses adhérents, contre ses fauteurs, contre tous ceux qui ne l'arrêteraient pas, s'ils le pouvaient, ainsi que ses lettres et courriers, furent renouvelées et aggravées par de récentes dispositions. Mais le Pape engageait le cardinal fugitif à *attendre avec patience;* un événement prévu et prochain devait les servir et les satisfaire : Mazarin mourut en effet le 9 mars 1661.

Pendant six mois aucun changement notable ne se manifesta dans l'aspect de l'affaire de Retz à Paris. La cour continuait de solliciter le Pape contre lui, comme au temps de la toute-puissance de Mazarin; et le Pape éludait toute décision, même tout examen attentif des propositions, parce que son éloignement, et peut-être sa haine, à l'égard de Mazarin, lui rendait désagréables des négociations avec les mêmes agents qui lui survivaient. Le cardinal de Retz ne se laissait pas oublier par ses amis de Rome; il leur écrivait fort souvent, et ceux-ci parlaient aussi fort souvent de lui au souverain pontife. A Colbert, qui n'avait pas été heureux à Rome, on donna pour successeur M. d'Aubeville, et ses instructions furent rédigées, en ce qui concerne le cardinal de Retz, comme au temps du cardinal Mazarin; le duc de Lionne en avait réglé la rédaction. Mais le nouveau ministre ne devait pas espérer plus de succès que ses prédécesseurs; la cour d'Espagne, le roi et la reine d'Angleterre se déclaraient de plus en plus en faveur du cardinal de Retz, et la cour pontificale désirait avec ardeur un accommodement qui n'imposerait à l'église aucun sacrifice.

Les agents de la France étaient nombreux à Rome; ils se croisaient mutuellement dans leurs démarches, se contredisaient dans les avis adressés à la cour, et leur inutilité était bientôt révélée par des observateurs désintéressés, toujours véridiques, parce qu'ils étaient sans mission. Tel était M. Chassebras, grand-vicaire nommé par Retz, et mis pour cela à la Bastille, dont il sortit à la condition d'aller vivre tranquillement à Rome. Voici ce qu'il écrivait à M. de Lionne, le 27 juin :

« Ce M. d'Aubeville, dont on m'a escrit le départ, est arrivé en cette ville, pour continuer la négociation de M. Colbert. Il est venu en sa compagnie un gentilhomme de M. de Mercœur, lequel vient demander un chapeau pour son maistre. On n'estime pas que pas un d'eux réussisse dans leur négociation, et qu'on doive attendre aucune grâce du Pape, lequel voit qu'on

---

(1) Colbert a tranché lui-même cette question, si oiseuse pour un homme comme lui. Voici ce qui se lit, *écrit de sa propre main*, dans une INSTRUCTION POUR SON FILS, pièce dont la minute originale est sous nos yeux : «Pour cet effect, mon fils doibt bien penser de faire souvent réflexion sur ce que sa *naissance* l'auroit fait estre, si Dieu n'avoit pas bény mon travail, et si ce travail n'avoit pas esté extrême. »

ne traite plus avec luy que par des envoyés. Quoiqu'on nous observe qu'il n'a aucun ordre de parler de l'affaire du cardinal de Retz, j'ay sceu que depuis quatre jours il s'est informé à un banquier des personnes qui estoient capables de le sçavoir, et qu'il est informé de M. de Beaulieu et de vostre parent, ce qui me fait juger qu'il a esté instruit de M. Colbert, lequel n'a pas eu grande lumière sur ce point, et n'a pu que deviner que ces personnes estoient ici employées, parce qu'ils estoient amis du cardinal; mais la vérité est qu'ils n'ont aucune négotiation en cette cour, où ils ne connoissent personne. Et quand cet envoyé mettroit cent pères Duneau à leur queue, avec tous les autres émissaires du Mazarin, il ne pourra jamais rien découvrir de leurs manigances. Le P. Duneau est celui qui a escrit la lettre à quelques-uns de l'assemblée, dont on m'a envoyé la copie; c'est un père qui a servi en preschant dans Auxerre contre les jansénistes. Il servoit icy le cardinal Mazarin; et parce qu'il a perdu sa pension, vous lui ferez grand plaisir de lui trouver un nouveau maistre : car il est bon valet et fort intrigant. Je garderai cette copie dans la croyance qu'elle me servira un jour pour lui faire confusion et le convaincre d'avoir esté l'espion du feu cardinal. »

Quelque temps après, M. d'Aubeville avait découvert que Chassebras était à Rome, et il s'empressait d'en faire part à M. de Lionne, qui en recevait fréquemment des lettres et même de bons avis : il y a long-temps que les mystifications sont de mise dans le monde diplomatique. Le nonce, de son côté, n'épargnait pas la cour de France, et mandait à Rome que le roi n'entendait rien aux affaires, et ne s'y était point appliqué. M. d'Aubeville paraissait cependant parfois bien informé, et il l'était quand il écrivait ce qui suit à M. de Lionne :

« Rome, le 22 août 1661.

» J'ay à vous dire de science certaine que le Pape nous hait tous trois extrêmement, comme créatures de feu M. le cardinal, la mémoire duquel il déchire toujours plus, et c'est un des principaux motifs qui le portent à favoriser les intérests du cardinal de Retz. Le Pape a donné des brefs et des ordres fort avantageux pour luy. Il doit adroitement ménager l'esprit du roy. Il est bon que le roy le sçache, afin qu'il se tienne sur ses gardes; et s'il veut obtenir quelque chose de cette cour, il n'y a qu'à se résoudre à ce que je vous ay mandé par ma précédente dépesche, qu'il est nécessaire de relever icy le crédit du roy, car il est dans un trop grand mespris avec un scandale public. »

Une autre lettre du même envoyé démontre de nouveau et les habiles hésitations du Saint-Père, et les instances de la cour, et prouve en même temps que cette affaire entre le roi et l'église n'avait pas fait un pas depuis son origine :

« Rome, 6 septembre 1661.

» La seconde affaire dont je parlay à Sa Sainteté fut au sujet de M. le cardinal de Retz. Je luy dis que le roy avoit tous les jours de nouveaux sujets de mécontentement dudit cardinal, qui, par l'obscurité de sa retraite, tesmoigne sa mauvaise volonté; qu'il cherche partout pour exciter des désordres dans l'estat; qu'il envoye ses émissaires pour débaucher ses sujets de l'obéissance qu'ils lui doivent, et qu'enfin il fait ce qu'il peut pour troubler son royaume; mais qu'il n'est pas seulement criminel à l'esgard du roy, qu'il est criminel à l'esgard de Sa Sainteté : il veut la détrôner, il veut la chasser de la chaire de saint Pierre : car il n'y a pas au monde un plus dangereux janséniste. Sa Sainteté m'a dit qu'il s'estoit escarté de son devoir, mais qu'il y vouloit rentrer; qu'il ne demandoit qu'à supplier le roy de luy pardonner; qu'il avoit escrit au roy, mais qu'il a esté assez malheureux pour que le roy n'ait point veu ses lettres, et qu'enfin il pourroit mériter par sa pénitence le pardon de Sa Majesté. Je dis à Sa Sainteté qu'il y a des crimes rémissibles, mais que le roy jugé que ceux du cardinal de Retz sont dignes de chastiment et non pas de pardon. Sa Sainteté me dit que les choses ne sont pas stables en France, que présentement on vouloit faire le procès au cardinal de Retz, que dans deux mois on changeroit de sentiment. Je dis à Sa Sainteté qu'une marque du contraire, que vous, Monseigneur, aviez sollicité cette affaire, et que le roy persistoit et persisteroit dans la poursuite jusqu'à ce que Sa Majesté en vist la fin. Sa Sainteté commença à reprendre l'accusation dudit cardinal par sa fin, parce que c'est son intérest, et me dit qu'il n'estoit plus janséniste; que ledit cardinal de Retz luy avoit escrit depuis peu, et qu'il avoit juré qu'il n'avoit point de sentiment dans le cœur qui ne fust conforme à ceux de l'église, et qu'il soumettoit toutes ses opinions à l'autorité du Saint-Siége et à celle de Sa Sainteté. Je luy répliquay que, s'il n'estoit pas janséniste, il n'y avoit pas long-temps qu'il l'estoit. Je luy prouvay par une lettre, que je luy fis voir, de M. de Contes, doyen de Nostre-Dame et grand-vicaire dudit cardinal de Retz, du 22 avril 1661, escrite à M. Le Tellier, par laquelle le sieur de Contes mande en ces termes : « Nous avons appris que c'est M. le cardinal de Retz luy-mesme qui a donné une commission particulière et par escrit à M. de Singlin, pour avoir la direction du monastère du Port-Royal, avec puissance de donner aux religieuses tels confesseurs qu'il jugera à propos, les recevoir à l'habit et profession, et faire toutes les autres professions nécessaires audit monastère. » Je dis à Sa Sainteté que le monastère du Port-Royal est la citadelle des jansénistes, dont elle estoit bien informée; ensuite, elle voulut que je luy leusse depuis un bout jusques à l'autre la lettre dudit sieur de Contes. Sa Sainteté voulut aussi voir la date de la lettre, ensuite de quoy elle me dit qu'elle estoit vieille, et que depuis le cardinal de Retz avoit juré qu'il n'estoit pas janséniste. Je répliquay à Sa Sainteté qu'il n'y avoit que quatre mois que la lettre avoit esté escrite, et que si le cardinal de Retz estoit janséniste en ce temps-là qu'il l'estoit bien encore. Sa Sainteté me dit qu'il ne l'avoit jamais esté que d'esprit, mais non point de cœur, et qu'il avoit esté janséniste par ambition et par cabale. Je relevai ces circonstances et dis à Sa Sainteté que cela estoit indigne de tout chrestien, mais encore bien plus d'un cardinal, qui a tant d'avantage dans l'église, de la vouloir détruire pour establir ses affaires dans le monde, dont Sa Sainteté demeura d'accord et me dit qu'effectivement ledit cardinal n'estoit pas janséniste, mais qu'il estoit brouillon. Je luy dis : Saint-Père, je ne doute pas qu'il ne soit janséniste, mais ce n'est pas le seul de ses crimes, il en a bien d'autres dont le roy désire reprendre la poursuite; et pour cela, je présentay à Sa Sainteté la lettre que le roy luy escrit en créance sur moy, pour faire connoistre l'intention de Sa Majesté. Le Pape la receut et en vit quelque chose; puis je demanday à Sa Sainteté la lettre des commissaires françois pour informer des crimes dudit cardinal. Le Pape me dit qu'en vertu de la lettre du roy, on ne pouvoit pas luy donner des commissaires : je présentay à Sa Sainteté le mémoire des crimes du cardinal de Retz que j'ay apporté de la cour, paraphé de monseigneur de Brienne et signé de moy, suivant l'ordre que j'en avois. Sa Sainteté me dit : *Questo e gran cosa;* en conséquence de quoi je demandai des commissaires françois à Sa Sainteté. Elle me dit Si, si, mais qu'il falloit penser à cette affaire; et que dans huit ou dix jours, elle me verroit et qu'elle me donneroit response. »

Le cardinal de Retz, toujours vigilant pour ses intérêts et le succès de ses vues, désirait cependant un dénouement; d'un autre côté, la cour chargeait son envoyé à Rome de dire et de déclarer que le roi ne prenait d'autre intérêt à cette affaire que celui que le Pape jugerait à propos qu'il devait y prendre pour le mérite et les conséquences de la chose, afin qu'on ne pût pas faire valoir, auprès de Sa Majesté, ce que le Pape ferait, comme une grâce accordée au roi. L'envoyé devait ajouter que, comme il s'agissait d'un fait qui regardait la religion, l'offre faite par le roi devait avoir aux yeux du Pape un très-grand prix.

Ainsi se manifestaient les symptômes d'un prochain accommodement; Retz cherchait à le hâter par l'effet de quelques nouvelles mesures, qui, pour avoir l'apparence et peut-être le mérite de la légalité, n'en étaient pas moins entachées de violence : le cardinal mit son diocèse en interdit; les grands-vicaires donnèrent un mandement qui excita quelque émotion dans les esprits; Retz écrivait de nouveau au Pape pour le maintenir dans les dispositions favorables où le Saint-Père était pour lui; le roi le pressait, et le Pape lui promettait une réponse toujours différée; sa bienveillance pour Retz se révélait chaque jour de plus en plus; les ministres du roi se lassèrent de n'en rien obtenir; et les délais qui se succédaient les conduisirent sans résultat jusqu'au mois d'octobre. Le nonce avait ordre de ménager à la fois les ministres et le cardinal; Rome l'emporta, et les ministres émus par l'effet de l'interdit lancé sur le diocèse, et qui inquiétait les fidèles se décidèrent à un arrangement dont les conditions principales furent, de la part de Retz, la démission de l'archevêché de Paris, et de la part du roi, le don d'un certain nombre de riches abbayes, avec son agrément pour que le cardinal s'établît à Commercy, dont la principauté lui appartenait (1).

[1662] L'année suivante, le duc de Créquy fut envoyé à Rome en qualité d'ambassadeur ordinaire; les instructions suivantes lui furent remises :

« Mémoire du roy pour servir d'instruction

---

(1) Les conditions de l'accommodement portaient : « Que le roi lui donneroit les abbayes de Saint-Denis, affermées quarante mille écus; qu'on lui restitueroit le revenu de son archevêché et de ses autres bénéfices, versez à l'épargne depuis qu'il étoit absent; qu'une amnistie générale seroit accordée à tous ses partisans; et que les ecclésiastiques de Paris, qui avoient été exilés pour avoir embrassé sa cause, seroient rappelés et réintégrés dans leurs bénéfices. » Les articles secrets du traité furent qu'il ne paraîtrait pas à Paris avant qu'un nouvel archevêque eût été installé, et qu'il partirait pour Rome aussitôt que le roi le lui commanderoit. (Petitot, *Notice sur Retz.*)

au sieur duc de Créqui, s'en allant à Rome, ambassadeur ordinaire de Sa Majesté.

» Du 13 avril 1662.

» La quatriesme affaire estoit celle de M. le cardinal de Retz, laquelle a depuis entièrement changé de face par la résolution qu'il a prise de luy-mesme, sans que Sa Majesté y ait rien contribué, de se soumettre entièrement et sans condition à tout ce que Sa Majesté voudroit luy ordonner, ensuite de quoy il a depuis envoyé au roy la démission de son archevesché de Paris, dont Sa Majesté a aussitost pourveu le sieur archevesque de Toulouse; et comme Sa Majesté fait estat, après que le nouvel archevesque sera installé dans l'église de Paris, de permettre audit sieur cardinal de Retz de luy venir faire la révérence, et puis de l'envoyer à Rome pour luy rendre ses services dans cette cour-là avec les autres cardinaux du parti de Sa Majesté; Elle fera savoir audit sieur de Créqui, en ce temps-là, de quelle manière ils auront à vivre ensemble, c'est-à-dire jusqu'à quel point de confiance il pourra prendre audit sieur cardinal, selon ce qui se sera passé avec luy lorsqu'il viendra rendre ses respects au roy et recevoir les asseurances du pardon que Sa Majesté luy a accordé de ses fautes passées. »

Quelques lettres de Rome nous en donnent des nouvelles détaillées, et nous font connaître le programme des formalités exigées par la chancellerie.

Lettre de M. d'Aubeville.

« 14 avril.

» Les officiers du Pape, depuis quatre ou cinq jours, ont désiré que l'expéditionnaire qui est chargé de la procuration de M. le cardinal de Retz pour sa démission de l'archevesché de Paris, fist un acte par lequel il se démet de l'archevesché de Paris, en qualité de procureur spécial de M. le cardinal de Retz, petite cérémonie jusques icy inutile et que l'on observe, ou pour se justifier du retardement de l'expédition des bulles de l'archevesché de Paris, ou pour faire voir que l'on agit en cette cour avec une grande circonspection dans une affaire qu'ils veulent icy violemment séparer des autres de cette nature. Je suis, etc. »

De M. l'abbé de Bourlemont à M. d'Aubeville.

« Paris, le 2 juin.

» J'ay leu au roy vostre lettre du 8 du passé; quoique l'escrit particulier que M. Ugolini a demandé au procureur de M. le cardinal de Retz soit une nouveauté dont il est malaisé de comprendre bien la raison, Sa Majesté a approuvé le conseil que vous avez donné d'y acquiescer pour les considérations que vous m'avez mandées. »

De M. le duc de Crequy.

« Rome, 5 juin.

» Sa Sainteté a proposé aujourd'huy M. de Thoulouse pour archevesque de Paris, disant que par une démission libre entre ses mains l'archevesché en estoit vacant. C'est précisément une affaire finie, et le temps qui avoit esté perdu en la différant jusqu'icy, a esté regagné par la proposition qu'elle en avoit faite elle-mesme. »

De M. d'Aubeville.

« Même jour.

» Sur ce qui concerne le retardement que l'on a fait icy de l'expédition des bulles de l'archevesché de Paris en faveur de M. l'archevesque de Toulouse, sur quoy j'auray l'honneur de vous dire, Monseigneur, que ceste affaire a esté terminée ce matin par la proposition que le Pape a faite luy-mesme de l'église de Paris au consistoire, de sorte que pour la conclure physiquement, il ne reste plus qu'à lever les bulles dudit archevesché. On a proposé aussi audit consistoire le gratis de l'expédition des bulles en faveur de M. l'archevesque de Toulouse, ce qui n'a réussi qu'en une petite partie, n'ayant esté faict grace à M. de Toulouse que de deux mille escus ou environ de ce qu'il falloit payer pour l'expédition de ses bulles. »

Le cardinal était enfin en repos à Commercy dès le mois de juillet et libre aussi de ses grandes affaires, et des suites des tribulations auxquelles il venait d'échapper; il donna tous ses loisirs à ses affaires domestiques; et cette main qui depuis tant d'années n'écrivait que des Mémoires sur les plus graves questions d'état, adressés aux plus grands souverains de l'Europe, donnait les instructions les plus détaillées pour l'emménagement de sa maison; nous ne citerons qu'une seule de ses lettres sur cette matière, si neuve dans l'histoire de ce célèbre personnage :

A M. l'abbé Paris.

« De Paris, le 29 juillet 1662.

» Je ne prétends pas que tu reviennes que les cautions ne soient discutées; je donnerai, en attendant, ordre au vin, que tu ne recevras pourtant à ton retour que dans de la terre, si tu ne m'asseures un verrier. Je suis très-aise de ce que Pierre a la ferme qu'il a souhaitée. Il ne fault escurer pour le moment que ce que tu marques de vaisselle ; j'en userai pour le reste comme tu dis ; je t'en escrirai en temps et lieu, ou plustost je t'en entretiendrai, car je te verrai bientost, c'est-à-dire aussitost que les cautions seront discutées, ce qui ne peut pas durer longtemps. Tu as fait des merveilles pour les fermes ; mais comme c'est le diable qui se mesle dans tout ce que tu fais, j'appréhende que le bon Dieu ne bénisse pas la récolte d'un bien dont tu auras fait la semence. Pour moi, qui juge plus sainement de tes causes, j'ai attribué le succès à l'enthousiasme où t'a mis le vin blanc de Pierrefitte. Contente-toi, pour ceste année, d'un arpent pour le pot de vin. Je te respondrai sur l'aubaine et sur la terre de Crête. Tu as une bourse d'argent ; elle seroit d'or si tu avois fait ceste coustume ; enquiers-toi, je te prie, de celle que l'on observe dans les conseils des gens de ma qualité, à l'esgard de celui qui en est le secrétaire ; si on lui en donne une, si on ne lui en donne qu'une demie, *et cœtera*. Cela est important, et tu sçais que je mets présentement ma réputation et ma satisfaction à mettre toute chose dans la règle. Si on ne l'a pas suivie en ce rencontre, c'est-à-dire celle que l'on met ailleurs, parles-en à M. de Chevincour. Je suis bien aise que l'on ne m'oblige pas, s'il y a peu, à descendre moi-mesme dans ce particulier en discutant les cautions. Graisse tes bottes.

» A Commercy, le 29 juillet 1662.

» J'oublios à mettre dans la vaisselle d'argent présente, deux esguières couvertes. Tu ne me mandes rien sur la proposition de Thérèse ; examine cela bien, je te prie, et mande-moi ton sentiment. N'oublie pas ce que je t'ai dit, lorsque tu partis, sur les moyens qu'il est bon de se laisser ouverts, si l'on peut, à l'avenir, en cas que l'on eust besoing d'avances considérables. Quand vous aurez bien discuté la proposition de Thérèse, envoie-moi les raisons de part et d'autre, avec vos réflexions sur le point que je vous viens de mander. Ce qui me plaît davantage, est ce qui regarde la conservation du commerce, qui, comme tu sçais, est de très-grande conséquence, et il me semble que tu me mandas dernièrement que Thérèse l'offroit. D'un autre costé, il me fâche de fermer toutes les voies aux advances de l'advenir. Examine bien tout cela de part et d'autre, afin que je puisse prendre meurement ma résolution. »

Le cardinal devait aussi se rendre à Paris pour faire sa révérence au roi, mais seulement après l'installation de l'archevêque son successeur. M. de Marca avait été nommé ; il mourut le 29 juin, le jour même où ses bulles arrivèrent à Paris. M. de Peréfixe fut aussitôt choisi pour succéder à M. de Marca ; mais le différend survenu entre Rome et la France au sujet du duc de Créquy, fit différer l'institution canonique de M. de Peréfixe, et le voyage du cardinal à la cour.

Il attendit à Commercy, et les nombreuses lettres qu'il y écrivit pour mettre quelque ordre à ses affaires passées et présentes, montrent à la fois qu'il en entendait fort bien les détails, et qu'il employait son activité naturelle à les régler de la manière la plus avantageuse. Il s'en exprimait en très-bons termes quand il en parlait sérieusement, comme on le verra par la lettre suivante, choisie parmi plusieurs autres, et d'après laquelle on pourrait présumer que le cardinal, attentif à ses intérêts, aurait pensé à prendre parti dans la ferme générale : sa lettre est du 2 septembre 1662, et fut adressée au même abbé Pâris :

« Je donne charge à Rousseau de vous porter une lettre que je luy escris sur la ferme générale, et de la faire voir ensuite avec vous à M. de La Houssaye. Elle mérite, à mon sens, considération. Je me remets à la décision de M. de La Houssaye. Mais examinez bien avec luy le party qu'il faut prendre, si le bail toutefois n'est pas déjà conclu, ce que je croys, de la manière qu'on m'escrit. Le P. dom Laumer me mande, au nom du conseil, qu'il faut envoyer une procuration à Chevincour pour les baux et pour l'accommodement avec Gaumont, et ledit sieur Chevincour m'en a envoyé un modèle dans lequel il comprend mesme les abbayes de Bretagne. Comme il marque que cette procuration est celle que l'on donne ordinairement aux intendans des maisons, je l'ai fait dresser comme il l'a souhaité ; mais afin qu'elle n'invalide pas celle que j'ay donnée au recteur, j'y ay fait mettre l'apostille qu'il y verra, par le conseil des notaires de cette ville, auquel ne me fiant que médiocrement, je vous envoye la procuration pour voir si elle est en bonne forme, quant à ce point et mesme quant à tous les autres. J'ay mandé à M. de Chevincour que je vous l'envoyois pour en conférer avec luy, à l'esgard de celle que je vous donnay il y a quelques jours. Ne luy tesmoignez pas que je vous aye escrit de l'examiner sur les autres points, etc. Vous m'entendez bien. Si l'on vous interroge sur M. de Montmorency, *mutus* hors pour M. de La Houssaye. Dites au P. dom Laumer que je vous ay asseuré que vous ne *buriez* jamais du vin de Pierrefitte, si vous ne me rapportiez à votre retour attestation de luy que vous aurez mis à votre voyage la réforme à Quimperlay. Je reviens encore à la consignation de Commercy. Elle est si importante que toute affaire qui l'avance me paroît avantageuse, et que par conséquent il me semble qu'il seroit bon de ne pas mespriser l'avance des cent mille francs. Examinez bien cela avec M. de La Houssaye. Bonsoir, chien de Normand. A Commercy, le 2 septembre 1662.

» Si vous trouvez quelque chose dans la procuration de Chevincour qui ne soit pas dans l'ordre et qui porte conséquence considérable, faites incidenter sans affectation le conseil. Un *diablotensis* ne manque jamais d'invention.

» Le cardinal de Retz.

» Souvenez-vous de la chapelle et de la vaisselle de vermeil de Lyon. »

[1663-64] Les années suivantes, 1663 et 1664, furent presque entièrement employées par le cardinal à s'occuper encore de ses affaires ; il avait à régler son établissement à Commercy, ses intérêts de famille, ses comptes avec ses créanciers, et la prise de possession de ses abbayes avec leurs anciens titulaires. Il prenait les avis d'habiles jurisconsultes, et l'abbé Pâris était son principal agent dans la capitale. Le cardinal lui écrivait fréquemment, et l'on retrouve dans les lettres de Son Eminence cette prestesse d'esprit et de style qui répondait si bien à la vivacité de son caractère. Nous ne citerons que quelques-unes de ses lettres.

« Commercy, le 5 avril 1664.

» Matharel m'a mandé, par le dernier ordinaire, que le désistement de M. le chancelier est signé ; mais il me semble que comme une des principales raisons que nous avons de nous défendre de la condamnation des intérêts, est tirée de la difficulté que faisoit M. le chancelier, il est important de le tenir secret jusques à ce que ce procès soit jugé. C'est M. de Saint-Avaux qui vient de me faire faire ceste remarque à laquelle je suis persuadé que M. de Chevincour aura déjà pensé ; et mesme M. de Saint-Avaux est fort édifié de ce que vous n'allez pas à Rouen ces festes, parce qu'il est fort persuadé que vous ne direz pas la messe à Paris, ce qui est un grand bien pour le salut de vostre âme. Dieu nous garde de vos fausses prophéties, chien de Normand, je serois terriblement incommodé si le quartier de la Saint-Jean manquoit, et comment ferois-je pour subsister ?

» Signé, Le cardinal de Retz. »

« Ce 3 may 1664.

» J'ay esté malade, et le pauvre M. Vacherot est mort, voilà la raison de mon silence ; vous devez avoir ma response touchant les meubles, mais demandez à La Forge quelle tapisserie il y avoit dans la chambre du haut de la galerie, du costé de la chappelle. Je vous assure qu'il me souvient très-nettement que c'estoit celle des fontaines à fond blanc ; vous croyez bien que la pièce qui est icy ne remplissoit pas toute ceste chambre. Il est juste de donner les cinquante pistoles à M. Demodave, mais il est bon de les prendre ailleurs que de ma subsistance, dans un temps où le voyage de la cour, qui approche, me la rend encore plus nécessaire qu'à l'ordinaire dans son tout et toutes ses parties. Je suis très-aise du désistement des chastelains ; j'escris au P. de Laumer au sens que M. de La Houssaye vous a marqué. Je suis encore si affligé de la perte du pauvre M. Vacherot que je ne m'en puis remettre.

« Le Cardinal de Retz. »

« Ce 6 may 1664.

» Je suis très-aise de ce que vous me mandez touchant les économies, et je ne manquerai pas d'escrire par le premier ordinaire, à M. de La Houssaye, que le premier trait de vostre panégyrique est de vous vanter de l'avoir fait danser. Il est certain, raillerie cessante, que c'est une grande affaire, d'avoir dequoy payer tous les petits créanciers, mais vous seriez un brave homme si vous pouviez, sans nuire au gros des affaires, mettre quelque chose de ceste somme à part pour mon bastiment, ou pour mon voyage à la cour, qui est une despense extraordinaire. Je vous honnore, messire Nicolas, et pour vous le tesmoigner, je fais travailler Brosseau au recueil des louanges que vous vous estes données depuis deux ans. O vaillant Hercule destructeur des cruels monstres, les chastelains !

« Le cardinal de Retz. »

« Ce 17 may.

» Ne vous moquez pas une autre fois du bon Dieu, M. le docteur, en citant la Sainte-Escriture ; à Joigny, à Joigny, toutes choses cessantes ; ne manquez pas de vous y rendre, je vous prie. Je pars le lendemain de l'Ascension, et vous pouvez juger de là le temps auquel j'y seray, parce que je ne demeureray qu'un jour à Chaalons. Si madame de Guéménée est pressée, il vaut mieux, à mon sens, que vous luy donniez les six mille livres, et j'aime mieux prendre icy de l'argent de M. Lemoine, que vous aurez soin de luy rendre ponctuellement à la Saint-Jean. Je vous manderai plustost mardy plus positivement ce que nous aurons à faire là-dessus. C'est assez pour ceste fois, tout le reste à Joigny, où M. Amand, qui escrit ce billet, s'attend avec respect de vous voir prononcer vostre panégyrique; commencez par le père dom Laumer. Pas de response, Monsieur; nous parlerons de tout cela à Joigny. Ce que j'en puis dire présentement, est que je ne le blasmeray jamais quand il aura suivy les ordres de M. de La Houssaye.

« Signé, LE CARDINAL DE RETZ.

» *P. S.* Si nous sommes condamnés aux intérests, pour l'amour de vous, veuillez au moins rémédier aux mauvaises suites. »

« 26 novembre 1664.

» Vous me faites enrager du meilleur de mon cœur par votre retardement. Je suis icy pour des affaires très-pressées dans lesquelles je ne puis rien faire sans vous. Si vostre acte se fait samedy, partez, au nom de Dieu, dimanche; s'il ne se fait pas, mettez quelqu'un à votre place; cela se fait tous les jours, et vous n'y perdrez qu'un gobelet d'argent. Voyez, devant que de partir, madame de Guéménée, et dites luy que je vous ay donné charge expresse de l'asseurer que je la paicray entièrement devant que je parte pour l'Italie. Elle vous demandera quand je partiray, et vous luy direz que ce sera asseurément au mois de mars, et que j'auray l'honneur de la voir devant cela; ajoutez-luy que vous sçavez que je fais un fonds, en mon particulier, pour la satisfaire.

» A Joigny, ce 26 novembre 1664.

« LE CARDINAL DE RETZ. »

[1665] Le moment du voyage de Retz à la cour approchait réellement. Louis XIV le reçut froidement, et le cardinal retourna à Commercy jusqu'au mois de février 1665; et à cette époque, son raccommodement avec le roy luy avait donné pour amis, dans le monde et à la cour, les hommes qui l'avaient, peu auparavant, poursuivi avec le plus attentif acharnement. Ils le consultèrent avec confiance sur les nouveaux différends que le Formulaire d'Alexandre VII et les censures de la faculté de théologie avaient suscités avec la cour de Rome, et que le parlement avait aggravés par un arrêt. Le cardinal fut même envoyé à Rome à cette occasion, et il écrivit au duc de Lionne tous les détails de ses négociations, dans une lettre fort étendue, datée du 23 octobre 1665. Dans cette lettre, on lit le paragraphe suivant :

« Pour ce qui est de la santé du Pape, je la croy très-bonne, car quoiqu'il soit fort pasle et un peu bouffy, je luy trouvai l'œil bon et beaucoup de force; et des trois heures que je fus avec luy, il s'en promena deux avec une vigueur qui me surprit.

Le cardinal ajoutait : « Monseigneur Magalotti me pria hier de vous escrire touchant sa pension, et je n'ay pas pu me défendre de le luy promettre. Il est certain qu'il a accès auprès du Pape, et qu'il est un des *trattenitori*. Il me conta qu'il pourroit rendre de grands services au roy; je l'y exhortai fort et je luy dis qu'il me sembloit qu'il devoit tesmoigner à M. de Bourlemont les bonnes dispositions qu'il avoit. Il me respondit qu'il ne manqueroit pas de le voir au premier jour. »

[1666] Sa négociation terminée à Rome, il revint en France et reprit ses habituelles occupations à Commercy, partageant son temps entre l'embellissement de son château, l'amélioration de ses fermes, la recherche des moyens de faire taire ou de calmer ses créanciers, les devoirs de représentation auxquels sa dignité devait l'astreindre; et de ses distractions, la tradition ne nous a conservé que le souvenir de son goût prononcé pour la chasse.

Au surplus, le cardinal de Retz était pour la cour de France comme son grand théologien; la science réelle de ce prélat, qui se montra dans ses démêlés canoniques avec les officiers du Saint-Père, et qu'on retrouve dans l'exposé, d'ordinaire fort étendu, de ses conférences avec eux, et la connaissance intime qu'il avait des personnages influents de la cour de Rome, en faisaient un bien utile conseiller pour celle de France. On ne lui contestera pas non plus l'ardeur de son zèle pour la gloire du roi et l'intérêt de la France. Il se montra surtout dans les trois conclaves successifs où le roi lui ordonna d'assister, et qui lui firent prendre une très-grande part à l'élection de quatre papes.

[1667] Dès les premiers mois de l'année 1667, tous les yeux et tous les esprits politiques et ecclésiastiques étaient fixés sur l'état du pape Alexandre VII, dont la santé s'affaiblissait sensiblement. Les cardinaux français s'avançaient à petites journées vers Rome, et des courriers fréquents hâtaient, par les avis dont ils étaient porteurs, ou ralentissaient leur voyage. Dès le mois d'avril le cardinal de Retz était sur le chemin de Rome par la voie de mer; ses lettres, dont les originaux sont sous nos yeux, ne laissent aucun doute sur les motifs de son voyage, et elles nous révèlent quelques-unes de ces politiques prévisions des gouvernements, qui savent faire tout éclore à jour fixe, et les fruits de leurs clandestines menées, et les larmes de leurs amers regrets en faveur d'un souverain défunt, dont ils avaient froidement désigné le successeur plusieurs mois avant qu'il ne quittât le trône et la vie. Nous citons textuellement quelques-unes des lettres du cardinal de Retz, adressées à son nouvel ami, M. de Lionne :

« Aix, le 12 avril 1667.

» Monsieur, je crois que M. le cardinal Grimaldi vous mande ce que M. l'ambassadeur lui escrit du 22 de mars, touchant la santé du Pape; il le croit sans ressource ; il marque que M. le cardinal d'Este marche vers Rome à petites journées, et il semble mesme en quelque manière qu'il ne seroit pas esloigné du sentiment que nous en usassions de mesme de nostre costé ; comme son intention toutefois ne nous a pas paru tout-à-fait clairement, parce qu'il nous asseure par la mesme lettre qu'il nous tiendra ponctuellement adverty des accidents de la maladie de Sa Sainteté, et qu'ainsi il semble qu'il nous remette à ses advis, Messieurs les cardinaux de Grimaldi et de Vendosme ont creu qu'il seroit plus à propos de les attendre, et je suis entré dans leur sentiment avec d'autant plus de facilité que nous avons fait réflexion les uns et les autres que les lettres escrites de Rome, du 22 de mars, debvant estre arrivées à la cour presque au mesme jour que l'on les a receues icy, le courrier que M. le cardinal de Vendosme a dépesché au roy pour la prise du bonnet, peut nous apporter les volontés et les ordres de Sa Majesté avec une diligence qui lève tous les inconvéniens du délay. M. le cardinal de Vendosme fait estat de faire demain ou après-demain un tour à Marseille pour les affaires de la province ; je prends ce temps pour aller passer quelques jours à Salons avec M. l'archevesque d'Arles.

» Je suis, etc. »

« Aix, le 19 avril.

» Monsieur, il n'y a qu'une heure que je vous avois escrit que MM. les cardinaux Grimaldi et de Vendosme et moi avions aujourd'hui pris résolution de partir au premier jour, sur ce que nous avons veu par les lettres de M. l'ambassadeur, du 29 de mars, que sa pensée estoit que nous nous missions en chemin sans attendre les nouvelles de la mort du Pape. Vous verrez par la despesche de M. le cardinal de Vendosme que nous les avons assez fraîches pour avoir lieu de croire que nous arriverons d'assez bonne heure au conclave; comme il vous mande tout le détail de ce qu'il en a appris, que je n'ai sceu moi-mesme que de lui, je me contenterai ici de vous asseurer que nous ferons toute la diligence imaginable, et que je suis de tout mon cœur, etc. »

« A Marseille, ce 23 avril 1667.

» Monsieur, nous sommes ici d'hier à midi, M. le cardinal de Vendosme et moi, et nous n'attendons que les vents pour partir. Il y a deux mois qu'ils sont contraires, ce qui, joinct au changement de lune qui sera ce soir, nous fait espérer qu'il pourra se tourner à l'entrée de la nuit. Vous verres, par la lettre du 16 de ce mois, que nous receusmes hier de M. l'ambassadeur, par une barque, et dont M. le cardinal de Vendosme vous envoie le duplicata, que le Pape n'estoit pas encore mort le jour de la date, et que le courrier de M. le cardinal Ghisi n'avoit pas dict la vérité. Nous avons résolu, M. le cardinal de Vendosme et moi, de nous embarquer sur la mesme galère, de peur que, dans un temps aussi incertain que l'est celui où nous sommes, quelque coup de vent ne nous sépare, et comme il fait porter une chaise roulante, nous faisons estat, si la mer nous refuse, de prendre la poste ensemble aussitost qu'il nous sera possible, c'est-à-dire vers lundi.

» Je suis, Monsieur, etc. »

D'un autre côté, l'ambassadeur du roi, M. le duc de Chaulnes, donnait de Rome les nouvelles suivantes :

Lettre de M. le duc de Chaulnes.

« 26 avril 1667, à Rome.

» Je n'ay nulle nouvelle de MM. les cardinaux Grimaldi, Retz et Vendosme; et sur ce que M. de Lionne m'a mandé qu'ils attendoient des miennes, un courrier estant parti depuis deux jours pour Turin, j'ay prié M. Servient de leur en expédier un autre pour les informer de l'estat de la santé du Pape, qui est si affoibly et attaqué de tant d'enemis, qu'à tous les momens on a lieu d'en attendre la perte. Je leur escris aussi par ce courrier.

» Le jeudi 14 de ce mois, Sa Sainteté se trouva si mal que les médecins, ne répondant rien sur la demande qu'elle leur fit de l'estat où elle estoit, elle leur dit qu'elle entendoit bien ce que vouloit dire leur silence, et qu'il les falloit payer de leur peine ; et sur l'heure donna ordre qu'on distribuast huit cents escus à ses deux médecins et à son chirurgien. Elle résolut de dire le soir adieu au sacré collége, et pour le faire avec toute la pompe pontificale, elle voulut aussi communier en leur présence. Ils furent intimés le vendredi 15 à sept heures du matin, et sur leur passage dans une chambre où ils s'attendoient pour entrer tous ensemble, Sa Sainteté y fit porter deux bières, l'une de plomb et l'autre de bois; estant tous venus, ils entrèrent dans la chambre du Pape et se tenoient contre la muraille, tous en rang et debout. Sa Sainteté estoit vestue, dans son lit, de ses habits pontificaux blancs, avec une estole rouge, ce qu'il voulut faire pour marquer ses souffrances, et qu'il mouroit comme martir. Il avoit les mains jointes, la veue basse, et ne regarda jamais aucuns cardinaux ; un moment après, entra M. le cardinal Nini, qui le communia, et ayant fait lire ensuite une profession de foy, il leur fit signe de s'approcher : il leur dit qu'il y avoit vingt-quatre ans qu'il souffroit, mais que connoissant qu'il estoit à la fin de sa vie, par ce que luy avoient fait connoistre ses médecins, ses jambes ne pouvant plus porter son corps, et ses reins ne faisant plus que du sang, lequel en se congelant le pouvoit faire mourir en un moment, il avoit voulu les assembler pour les exhorter à l'élection d'un bon sujet. Qu'il avoit gouverné toujours avec de bonnes intentions, et que si par son humeur un peu prompte il avoit ou donné mauvais exemple ou fasché quelqu'un d'eux, il leur demandoit pardon, et que pour toutes ses fautes il espéroit beaucoup de la miséricorde de Dieu.

» Si Sa Sainteté eust fini là sa harangue, elle auroit esté digne de louange ; mais comme il ne peut contraindre son naturel, il s'emporta dans de grands discours et fort désobligeants pour beaucoup. Il dit qu'il avoit esté élevé au pontificat sans avoir jamais fait de pas et sans l'avoir jamais souhaité ; qu'il n'avoit point fait de stipulation de mariage pour parvenir à cette élévation ; qu'il estoit entré à Rome avec l'espée et le manteau court ; qu'il avoit toujours eu la maxime de ne demander aucun employ ; que dans tous ceux qu'il avoit eus, il n'avoit songé qu'à bien employer les heures de son repos par la lecture des bons livres ; qu'il avoit toujours fait du bien à tout le monde et rendu de bons offices ; jusques là qu'Innocent X luy disoit souvent qu'il parloit pour des personnes qui n'en usoient pas de mesme à son égard, sur quoi il ne respondoit autre chose, sinon que ses actions estoient plus méritoires devant Dieu, rendant ainsy le bien pour le mal ; qu'il n'agissoit que par la pente de son inclination, n'ayant jamais hay personne, et cita que le soleil ne s'estoit jamais couché sur sa colère ; il dit qu'estant élevé au pontificat, il avoit fait résolution de ne se point mêler avec ses parens, mais qu'il avoit accordé leur venue au désir du sacré collége, parce que d'ailleurs il lui estoit bien difficile de sçavoir tout ce qui se passoit ; qu'il estoit nécessaire de remédier à beaucoup de désordres, tels que plusieurs de messieurs les cardinaux avoient des demoiselles, qu'il exprima sous le nom de *bertas*, avec lesquelles ils soupoient tous les jours, et peut-estre mesme faisoient pis ; il exagéra fort ce désordre et se servit deux fois du terme que messieurs les cardinaux estoient *mox cum illo, mox cum illa*, parlant ouvertement des deux sexes ; que ces raisons l'avoient fait consentir à l'approche de ses parens pour y remédier par des voyes douces, et que Dieu mercy les remèdes qu'il y avoit apportés avoient produit l'effet qu'il pouvoit souhaiter ; que ses parens avoient de bonnes inclinations ; que dom Mario avoit les intentions droites, et estoit bon économe ; que dom Augustin avoit l'humeur douce, que dom Sigismond promettoit beaucoup, et qu'il ne diroit rien du cardinal Chigi, remettant à la connoissance qu'en avoit le sacré collége, auquel il les recommandoit tous, en cas pourtant qu'ils fussent honnestes gens et qu'ils méritassent sa protection.

» Il dit ensuite que l'on trouveroit beaucoup plus d'argent dans le chasteau Saint-Ange que son prédécesseur n'en avoit laissé ; qu'il l'avoit toujours dissimulé de peur qu'on ne luy en demandast dans les guerres contre les Turcs, mais qu'il en auroit beaucoup davantage sans les troubles qui étoient arrivés, dont de grands princes s'estoient mêlés ; que pour les appaiser, il avoit donné toute liberté au sacré collége de dire leurs sentiments ; que c'estoit ceux-là qu'il avoit suivis, quoique son inclination le portast à exposer les habits pontificaux et sa vie mesme pour les intérests du saint-siége ; il invectiva contre les cardinaux qui s'attachoient aux princes et qui se vendoient pour peu, ainsy que contre ceux qui, pour se maintenir dans leur rang et leur dignité, abandonnoient l'intérest de cardinal ; mais plus encore contre ceux qui avoient esté élevés par les papes, et qu'il falloit qu'ils fissent réflexion sur ce qu'ils estoient auparavant les pontificats ; et comme sa voix s'affoiblissoit fort, et qu'il tira tout ce qu'il peut de ses forces, il finit par quelques discours sur l'élection d'un pape, mais avec tant de confusion et si bas que l'on ne peut rien distinguer.

» Le P. Olina y passa la nuit ainsi qu'il en a fait plusieurs depuis ; mais son confesseur, et le P. Bona l'entretinrent presque toujours.

» Quoique cette oraison eust deu donner beaucoup de fatigue à Sa Sainteté pour la prononcer, ayant beaucoup péné sa mémoire, la dite Sainteté se porta mieux depuis, et sur ce bruit, six de messieurs les cardinaux estant revenus à Rome, qui sont Ursins, Pallavincin, Rondanini, Imperiali, Azzolin et Farnèse, ils demandèrent à recevoir le mesme honneur, ce que Sa Sainteté leur accorda le lundi, et leur fit le mesme discours, mais sans ordre, et ce qui s'appelle à bastons rompus. »

Le duc de Chaulnes au Roi.

« 10 may.

» Ayant eu nouvelle le 5 que messieurs les cardinaux de Retz et de Vendosme arriveront bientot à Civita Vecchia, je leur envoyay des carrosses à ce dit lieu, et ayant pris des mesures sur toutes choses pour leurs arrivées différentes, je chargeay M. l'abbé de Machaud de leur en aller rendre compte. Je pris soin aussy de l'entrée de M. le cardinal de Vendosme, laquelle il fit avant-hier, M. de Bourlemont l'ayant esté trouver à la disnée, pour estre auprès de luy. Comme mondit sieur le cardinal en rendra un compte plus exact à Vostre Majesté, ainsy que de sa glorieuse navigation par toutes les rencontres qu'il fit, je me contenteray seulement d'assurer Vostre Majesté que son cortège fut de plus de quatre-vingts carrosses à six chevaux, et que tout s'y passa comme l'on pouvoit désirer. »

A M. de Lionne.

« Rome, le 10 de may 1667.

» Enfin, MM. les cardinaux de Vendosme et de Retz sont arrivés avant-hier, et j'attends dans trois ou quatre jours M. le cardinal Grimaldi. M. le cardinal de Vendosme vous mandera toutes ses bravoures et le glorieux succès de toutes ses aventures; mais si le Pape dure quelque temps, il aura peine à se défendre de quelque despense, parce que quand il auroit à s'en retourner bientost après le conclave, il ne se peut dispenser de faire travailler à son équipage pour quand il y reviendra, à moins qu'il ne se décrie fort en cette cour, où l'on fait cas de la dépense des autres, et n'intéresse mesme le nom de la nation, si l'on voit que pour éviter quelque dépense il s'en retourne en France dans le dessein de ne plus revenir icy, ce qu'il fera connoître s'il ne parle de rien. Ainsy dans le peu qu'il y a qu'il est icy, je luy ay fait voir la conséquence de dire qu'il s'en retournera bientost, et il a fort bien entendu raison ; il est dans un palais où il peut demeurer, en disant qu'il en cherchera un, ce qui luy espargne plus de cent mille francs ; il ne luy faut que quelques carosses, en attendant de plus beaux qu'il peut retarder, et n'estant pas mesme si nécessaire d'une livrée si magnifique, il peut en être quitte à peu de frais, mais sans dépense il n'y a rien icy à faire. Il vint hier souper avec moy, et l'ay trouvé fort bien disposé, tant à recevoir ce que l'on luy dit que pour ce qui sera pour le service du roy. M. le cardinal des Ursins voulut l'aller recevoir à Palo, mais comme cela luy auroit cousté quatre à cinq cents escus, je l'en empeschay, sachant qu'à peine peut-il subsister et que présentement mesme il a des tapisseries en gage. »

Mesme.

« M. le cardinal de Retz est en ce palais, et M. le cardinal Grimaldi ira chez M. le cardinal Antoine. »

M. de Lionne écrivait à cet ambassadeur, le 6 mai :

« M. le cardinal de Retz ne vous porte aucune lettre du Roy ; mais Sa Majesté désire que vous preniez une entière confiance en luy pour toute chose, c'est le véritable moyen de le faire encore mieux agir. »

Et le cardinal écrivait au roi en ces termes (1) :

« Sire, j'ose espérer de la bonté de Vostre Majesté qu'elle me fera l'honneur d'estre persuadée que l'unique application que j'auray ici, sera de luy faire cognoistre qu'il n'y aura jamais personne qui soit avec plus de soubmission, plus d'attachement et plus de zèle, Sire, de Vostre Majesté, le très-humble, obéissant et très-fidèle serviteur et subjet.

» LE CARDINAL DE RETZ.

« A Rome, le 10 may 1667. »

Le même jour, le cardinal avait informé le ministre Lionne de son arrivée à Rome, par la lettre suivante :

A M. de Lionne.

« A Rome, ce 10 may 1667.

» Monsieur, je vous escrivis de Marseille, le 23 d'avril, et le 29 du mesme mois de Portefin. Je sçais si peu les termes de marine que je ferois asseurément beaucoup d'*incongruités* si j'entrois dans le détail de nostre navigation, et M. le cardinal de Vendosme a bien voulu se charger de rendre compte à Sa Majesté des petites rencontres que nous y avons eues. Nous arrivasmes le 6 de ce mois à Civita-Vecchia, et le 8 en cette ville, où M. l'ambassadeur m'a fait l'honneur de me loger cheux lui ; comme je n'ai encore veu que fort peu de monde, je me contenterai, pour aujourd'hui, de vous asseurer qu'il n'y a eu jamais personne qui soit avec plus de passion que moi, Monsieur, vostre, etc. »

Le 17 mai le cardinal écrivait ce qui suit au même ministre :

A M. de Lionne.

« 17 may 1667.

» Monsieur, il me semble qu'il n'y a que M. le cardinal de Vendosme qui vous deubst mander

---

(1) Le cardinal renouvela ses protestations par une seconde lettre au roi, écrite le 22 mai.

aujourd'hui des nouvelles de la santé du Pape. Je me crois pourtant obligé de vous dire que des proches continuent à ne compter sur sa vie que par jour, et que je tiens cest advis de la mesme personne sur la foi de laquelle je creus que je pouvois sortir de Rome, au mois de septembre de l'année dernière.

» Je vous escrivois en ce temps-là que les factions différentes que l'on prévoyoit debvoir estre dans le conclave, faisoient qu'il estoit comme impossible que les cardinaux s'ouvrissent à eux mesme dans le plus intérieur de leur cœur, par la difficulté qu'ils trouveroient à discerner par avance ce qui seroit possible. Ce qui me paroist depuis mon retour, c'est que la disposition du collège n'est pas changée sur cest article, qui consiste dans un détail sur lequel je ne m'estendrai point, parce que M. l'ambassadeur, qui en est beaucoup mieux informé que moi, en a rendu compte à Sa Majesté.

» J'ai veu M. le cardinal Albizi et je lui ai parlé dans le sens que M. l'ambassadeur me l'a marqué. J'ai entretenu aussi quelques-uns de mes amis de *l'escadron* : autant que je puis juger de leurs discours, je crois que les Espagnols auront peine à empêcher que ceux de leurs subjets, qui sont de ce corps, demeurent dans leur conduite ordinaire.....

» Je suis, etc. »

Encore le même jour, l'ambassadeur, M. le duc de Chaulnes, donnait au roi quelques informations de plus, par la lettre suivante :

« Rome, 17 may 1667.

» M. le cardinal de Retz devoit voir les cardinaux de *l'escadron* (1), je le priay de dire plus clairement au cardinal Azzolin que je n'avois pas pu luy escrire que j'estois entré en quelque jalousie de toutes les intrigues que plusieurs d'entre eux avoient eu, nommément le cardinal Impérial, sur quoy il l'assura, à ce qu'il m'a dit, qu'ils n'avoient et n'auroient nuls engagements, qu'ils étoient résolus d'être aussi indépendants de ce conclave que l'autre, et que quand la cloche de Campidoglio auroit sonné, ils estoient persuadés que je serois satisfait de leur conduite, et qu'ils parleroient comme ils m'avoient toujours mandé, en gens d'honneur. Lorsque ledit cardinal de Retz aura veu ledit Impérial, il pourra en rendre un compte plus exact à Vostre Majesté. »

Le pape Alexandre VII mourut le 22 mai, et le cardinal de Retz en écrivit en ces termes à M. de Lionne :

Lettre du cardinal de Retz.

« Rome, 22 may 1667.

» Monsieur, je vous escrivis, mardi passé, que j'avois trouvé ici les choses qui regardent le conclave presqu'au mesme estat que je les y avois laissées, et que les difficultés de pénétrer ce qui y seroit possible faisoit que les cardinaux avoient peine de s'ouvrir à eux-mesmes. Les quatre jours de l'extrémité du Pape, qui n'est mort qu'aujourd'hui à six heures du soir, commencent à donner de l'ouverture à la scène. Mais comme M. l'ambassadeur m'a dit qu'il vous en mandoit le détail, je ne répéterai point ici ce que j'en ai appris, parce que je lui en ai rendu compte, et je me contenterai de vous parler de ce qui concerne le népotisme sur lequel M. l'ambassadeur m'a témoigné qu'il ne s'estoit point estendu dans sa dépesche. Nous avons commencé de travailler aux moyens qui peuvent remédier à ces abus, et nous avons lieu d'espérer que notre application ne sera pas inutile. Notre nombre s'augmente tous les jours et nous sommes déjà vingt tous prêts à nous déclarer. M. le cardinal Palatta, qui est des plus anciens du collège, s'y est engagé, et M. le cardinal Palavicin y paraît même des plus échauffés. Nous avons lieu de croire que nous ferons encore plus de progrès dans le conclave, et selon toutes les apparences, nous réussirons dans notre dessein. Mais supposez mesme qu'il fust traversé par des obstacles que nous ne puissions surmonter, il est comme impossible que nous n'en tirions au moins l'advantage de commettre *l'escadron*, qui est comme l'ame de cet ouvrage, avec l'Espagne, qui le troublera de tout son pouvoir. Son ambassadeur s'en explique comme d'une pensée chimérique et même dangereuse, et je sçais certainement qu'il fait estat de faire déclarer sur ce point ceux de cette faction qui sont subjects du roy son maistre. Il n'y gagnera rien à mon opinion, que de la désobliger toute entière ; ce qui me paroît assez considérable dans cette conjoncture, où l'on ne peut ce me semble trop serrer les mesures qui furent prises l'année passée avec M. l'ambassadeur. Ce n'est pas que, comme vous aurez veu par ses dépesches, ces Messieurs ne les aient gardées avec toutes sortes d'honnêtetés et de bonne foi et qu'ils ne les continuent encore de fort bonne grâce, mais enfin ils demeurent dans l'indépendance qu'ils professent des couronnes, ils ne s'engagent pas à tout, ils conservent leur liberté, et il est bon par conséquent de ménager avec soin les occasions qui les peuvent

---

(1) Le parti indépendant dans le conclave de 1655, sur lequel Retz exerça une grande influence, et qui lui fut aussi très-utile pour l'élection de 1667.

tousjours de plus en plus détacher de l'Espagne. Je suis persuadé que la protection que Sa Majesté donne à un dessein qu'ils ont fort à cœur et que l'imprudence de M. d'Astorga, qui n'est rien moins qu'un habile homme, contribueront beaucoup à cet effet. On m'a assuré d'assez bon lieu qu'il y auroit déjà esclat entre MM. les cardinaux Borromé, Aquenine et Omodée, sur la proposition contre le népotisme, sans M. le cardinal Barberin, qui est de leurs amis et qui a toujours conservé, depuis le dernier conclave, quelque liaison avec *l'escadron.*

» M. l'ambassadeur me témoigna, mercredi, qu'il étoit à propos que, dans les visites que je debvois rendre à M. le cardinal Ghisi et recevoir de dom Mario, j'essayasse de faire connoître à l'un ou à l'autre l'intérêt qu'ils avoient de se servir de ces derniers momens de la vie du Pape pour donner au roi la satisfaction qu'il souhaite touchant l'affaire de Castro. Je m'en acquittai le moins mal qu'il me fust possible, mais sans aucun fruit, le premier m'ayant respondu que le Pape n'estoit pas en état de parler d'affaires, et le second m'ayant dit simplement qu'il n'estoit pas informé de ce détail et qu'il en parleroit pourtant à M. le cardinal de Ghisi, son fils.

» Un gentilhomme du mesme cardinal vint prier le collége jeudi, de sa part, de se trouver le lendemain au palais, à onze heures d'Italie, pour recevoir la dernière bénédiction de Sa Sainteté, et comme M. le cardinal Ursin eut advis que l'on nous assemblast sous ce prétexte, pour faire lire un escrit que le Pape a fait, à ce que l'on prétend, contre ce qui concerne l'état de Castro, dans le traité de Pise, le sentiment de M. l'ambassadeur fut que nous nous préparassions pour y répondre; mais nous n'en eusmes pas l'occasion, M. le cardinal Ghisi nous étant venu dire, un quart d'heure après que nous fûmes entrés dans l'antichambre du Pape, que Sa Sainteté auroit eu la nuit un fort grand redoublement qui l'empêchoit de nous pouvoir voir. Nous y retournasmes le lendemain, qui fut hier, et nous le trouvasmes sans cognoissance, au moins n'en donna-t-il aucune marque à M. le cardinal Palavicin, qui s'approcha beaucoup plus près de son lit que les autres. »

En même temps les amis ou les agents du ministre lui écrivaient :

« Retz fera des miracles, et jamais homme n'a eu plus de zèle pour servir Sa Majesté dans ce rencontre. M. de Chaulnes et lui se pourront séparer difficilement. Il y a un peu plus que de l'amitié entr'eux. Anthoine, Rosin et Manchini ne témoignent autres empressemens que de donner des marques de la passion qu'ils ont pour le service du roy. »

Le conclave était ouvert, et de l'avis du cardinal, le discours de l'ambassadeur de France y avait obtenu une éclatante approbation.

Le cardinal était devenu comme le centre de tous les mouvements des factions; il les observait et en rendait compte à sa cour avec une grande habileté : ses lettres, descriptions animées d'une contrée aussi peu connue et aussi curieuse que l'est le palais des conclaves, montrent à la fois et son zèle pour la France et combien il était capable de la servir. Nous rapportons ici quelques-unes de ses lettres qu'il adressa au roi ou à son ministre. Celles que l'ambassadeur écrivit à la cour feront en même temps connaître les résultats du conclave.

« Le 30 mai 1667.

» Monsieur, je n'entrerai aujourd'hui que fort peu dans le détail de ce qui s'est passé ici depuis la mort du Pape, et parce que je ne doute point que M. l'ambassadeur n'en rende exactement compte à Sa Majesté, et parce qu'il me paroist que les lumières que l'on a commencé à tirer en cette cour du premier mouvement des factions différentes, sont encore si confuses et si incertaines, que je ne sais si elles ne seroient pas plus capables d'embrouiller le plan qu'il m'a dit vous en avoir envoyé, que de l'éclaircir. Je lui porte avec application le peu de descouvertes que je fais d'heure à autre. Mais comme la plupart n'ont de considération que celle du jour, et que toutes ont rapport aux choses qu'il vous aura certainement fait savoir devant que je fusse arrivé en cette ville, je crois que je lui dois déférer le jugement et le choix de celles qui méritent de vous estre mandées. Il a jugé à propos que je vous écrivisse ce qui s'est passé de ma part avec l'escadron, touchant le conclave et la proposition contre le népotisme. Je m'en acquitterai le plus succinctement qu'il me sera possible.

» M. le cardinal Azzolin me dit jeudi dernier que l'on étoit persuadé généralement à Rome que la France ne souhaitoit pas l'exaltation de M. le cardinal Barberin, et que, bien qu'il la croist fort difficile, il se tenoit obligé de s'expliquer sur ce subject avec moi pour lui et pour ses amis; qu'il ne pouvoit avec bienséance s'engager contre les intérêts de M. le cardinal de Barberin pour les raisons qui estoient connues de tout le monde; que ceux mesme d'entr'eux qui pourroient ne pas porter jusques à la thiare l'amitié qu'ils ont pour sa personne, ne prendroient jamais, par bienséance et par honneur, de liaisons contraires; mais que pour tesmoigner à M. l'ambassadeur la passion qu'ils avoient de rencontrer le service et la satisfaction du roy dans le bien de l'église, il me prioit de l'asseurer que la disposition qu'il me faisoit voir pour M. le cardinal Barberin n'empescheroit pas qu'il ne concourust avec fidélité au premier subject capable qu'il leur proposeroit, sans excepter mesme M. le cardinal Grimaldi, qu'il préféroit de très-bon cœur à tout autre, parce qu'il le tenoit pour le plus digne du pontificat, et pour le plus esloigné du népotisme; que la qualité de fonctionnaire de France et l'entreprise de Naples mettroient vraisemblablement de grands obstacles aux pensées que l'on prendroit pour lui, mais que l'on y pourroit garder de telles mesures, que les obstacles se trouveroient peut-estre avec le temps plus apparents qu'effectifs, et qu'il les concerteroit avec M. l'ambassadeur quand il lui plairoit. Ils se virent dès le jour mesme, et je ne doute point que M. l'ambassadeur ne vous mande le détail de leur conversation, aussi bien que les précautions très-judicieuses qu'il prend pour empescher que ce qui est fort bon de soi-mesme ne puisse estre mauvais par l'événement. Ce n'est pas que je ne sois persuadé et par la probité de M. le cardinal Azzolin, et par ce que je sçais depuis long-temps de ses dispositions pour la personne de M. le cardinal Grimaldi, que sa proposition est sincère et de bonne foi; mais comme le succès en est dans le fond très-difficile, on ne sauroit, ce me semble, agir avec trop d'esgards pour faire que si elle n'a point son effet, elle n'en produise pas au moins qui soit contraire aux sentiments et aux volontés du roy, particulièrement en ce qui touche M. le cardinal Barberin. Je crois, Monsieur, qu'il est inutile que je vous dise que je me conduirai sur ce détail et sur tous les autres précisément et ponctuellement selon ce que M. l'ambassadeur me dira.

» Pour ce qui est du népotisme, vous aviez vu par ma précédente que l'on poussoit ici le premier point avec vigueur. Je trouve quelque changement dans les esprits depuis deux jours, sur ce que l'ambassadeur d'Espagne, qui y est contraire au dernier point, s'est servi de cette occasion avec adresse, par le conseil, à ce que l'on prétend, de M. le cardinal Giraffi, pour essayer de brouiller l'escadron avec MM. les cardinaux Barberin et Ghisi, qui sont tous deux, par différens motifs, fort opposés au dessein qui se forme contre le népotisme. Le zèle et le peu de respect de M. le cardinal Palavicin, à qui l'on s'est ouvert, contre mon sentiment, de trop bonne heure, ont donné lieu à la défensive qui ne peut estre foible dans un temps où il ne se peut que l'escadron ne garde beaucoup de mesures avec les chefs de la faction. J'espère toutefois que la justice et la nécessité du dessein soubstiendront des intentions qui sont asseurément fort sincères et fort bonnes. Nous nous enfermons après demain, et vous croirez aisément que je suis trop religieux observateur des bulles pour vous escrire du conclave. Comme M. l'ambassadeur n'est pas si scrupuleux que moy, je m'imagine que vous serez presque aussi ponctuellement informé de ce qui se passera par les mesures qu'il y prend, que si vous y étiez présent.

» Je crois que vous aurez su que le jour de la mort du Pape, le peuple éclata avec fureur contre sa mémoire; que dom Mario fut injurié publiquement dans les rues; que M. Ravino courut fortune, et que les jours suivans toute cette cour, sans exception, a rendu plus de civilités à ses parens que famille de Pape n'en a jamais receu. Vous inférerez de là facilement que nous sommes dans un pays où l'intérest l'emporte toujours sur la passion. Je ne vous recommande point le secret sur ce que je vous viens de marquer de M. le cardinal d'Azzolin, à l'esgard de M. le cardinal Grimaldi; vous en voyez la conséquence.

» Je suis, Monsieur, votre très-obéissant serviteur,

» Le cardinal DE RETZ. »

(Au Roy.)

« 20 juin.

» Sire, je ne puis laisser partir le courrier de M. l'ambassadeur sans supplier très-humblement Votre Majesté d'être persuadée que le seul déplaisir que j'ay eu au conclave, a esté de n'avoir pas assez de capacité pour luy donner des marques plus considérables du zèle très-ardent que je conserveray toute ma vie pour son service, et de la soumission avec laquelle je suis,

» Sire, de Votre Majesté, etc.

» Le cardinal de Retz. »

A M. de Lionne.

« 20 juin.

» Monsieur, comme je n'ay rien fait dans le conclave que par les ordres de M. l'ambassadeur, je crois que je me dois remettre à ce qu'il vous en escrira; mais je ne puis m'empescher de vous dire que la gloire que le roy y a eu de l'exaltation du Pape est entièrement deue à ses soins, et que M. le cardinal Chigi, et Azzolini, y ont aussi agi d'une manière qui marque qu'ils ont eu une très-forte passion de plaire en ce rencontre à Sa Majesté. Je fais estat de partir dans huit ou dix jours, pour aller faire des remèdes à Commercy, desquels j'ay asseurément beaucoup de besoin. Soyez persuadé, je vous conjure, qu'il n'y a personne au monde qui soit avec plus de passion, plus de reconnoissance et plus de tendresse que moy, Monsieur, etc. »

Du duc de Chaulnes au Roy.

« 21 juin.

» Sire, je dépesche ce gentilhomme à Votre Majesté pour l'informer qu'elle vient de faire un Pape en la personne de M. le cardinal Rospigliosi; et me remettant de rendre compte à Votre Majesté de ma conduite en quelque autre occasion moins précipitée, je prendrai seulement la liberté d'asseurer à Votre Majesté qu'elle n'y a pas seulement eu la part qu'elle devoit, mais que les déclarations que j'ay faites, dans les conjonctures, des bonnes intentions de Votre Majesté pour ledit cardinal, ont seules causé les résolutions de son exaltation; que le cardinal Chigi en a usé en ce rencontre comme auroit fait un cardinal de la faction de Votre Majesté. Aussitost qu'il fut temps de déclarer les sentimens de Votre Majesté, estant venu trouver le cardinal de Retz pour luy dire que je sçavois les raisons qu'il avoit de ne le pas souhaiter, il respondit que puisque Votre Majesté l'avoit agréable, il passeroit par dessus beaucoup de considérations pour donner à Votre Majesté des preuves de son respect, et en ayant pris des engagemens desquels il ne s'est jamais séparé.

» L'exaltation de Clément IX (estant le nom que le Pape a pris) se fit hier après disner, sur les quatre heures; et j'ay retardé de dépescher ce courrier à Votre Majesté jusqu'à ce que j'ay eu baisé les pieds à Sa Sainteté. Je me rendis de bonne heure à Saint-Pierre; et comme l'on attendoit que les adorations de MM. les cardinaux fussent avancées pour me faire entrer, croyant que quelque empressement marqueroit encore mieux la joie de son exaltation, je fis enfoncer une porte murée par laquelle j'entray; et ayant forcé celle de la chapelle, je trouvay d'abord presque tous MM. les cardinaux, qui me firent mille civilités, et estant passé à la droite du Pape pour attendre mon rang de luy baiser les pieds sur l'autel où il estoit assis, il me fit un souris en forme de salut, et lorsque je luy baisay les pieds, luy ayant seulement tesmoigné que je n'avois pas des termes pour luy exprimer la joie que Votre Majesté auroit de son exaltation, il me dit qu'il avoit receu trop de preuves des bons sentimens de Votre Majesté pour en pouvoir douter, et qu'aussi dans tous les rencontres il en useroit comme il devoit. Il fut ensuite porté à Saint-Pierre, où tous MM. les cardinaux furent à l'adoration, et ayant esté en fonction de luy porter la queue, lorsque je la quittay, Sa Sainteté, estant preste d'entrer dans sa chaize et la foule m'ayant un peu séparé, elle me fit rappeler et me dit qu'elle estoit bien faschée de n'avoir pas le temps présentement de me pouvoir tesmoigner plus particulièrement les sentimens qu'elle avoit pour Votre Majesté, mais qu'elle s'en acquitteroit dans la première occasion : à quoy je luy répondis que j'avois aussy bien de l'impatience de luy faire connoistre l'impression que son mérite avoit fait dans l'esprit de Votre Majesté, et qu'en tous rencontres elle en recevroit des marques considérables, et s'estant mise dans sa chaize sans cérémonie, elle fut portée au Vatican.

» Aussitost que Sa Sainteté fut exaltée, elle donna la charge de secrétaire d'état au cardinal Azzolin et celle de dataire au cardinal Ottobuono; j'en aurois eu bien de la joie, s'ils n'étoient déclarés contre le traité de Pise.

» Je ne croy pas, Sire, devoir finir cette lettre sans dire à Votre Majesté que le cardinal de Retz s'est fort distingué dans le zèle qu'il a tesmoigné pour le service de Votre Majesté, que toute sa faction a suivi les ordres que je luy ay donnés de sa part, et que je ne manqueray pas de luy rendre compte de tout le détail, qui a donné des marques considérables de l'étendue de son autorité; mais, Sire, la joie que j'en ressens auroit esté complète si j'avois pu aller porter à Votre Majesté la nouvelle de la bataille qu'elle a gagnée dans le conclave et chercher auprès d'elle des combats plus glorieux : c'est la liberté, Sire, que j'espère présentement de la bonté de Votre Majesté, et de me croire avec toute sorte de respect et de fidélité, Sire, de Votre Majesté, très-humble, très-obéissant et très-fidèle serviteur et sujet.

» Signé : le Duc de Chaunles. »

Du cardinal de Retz à Lionne.

« 4 juillet.

« Monsieur, l'ambassadeur ayant jugé à propos que j'assistasse aux cérémonies du couronnement et de la prise de possession, j'ai différé de quelques jours à demander mon audience de congé. Je l'eus avant-hier, et elle se passa toute entière de la part de Sa Sainteté en des témoignages de la recognoissance qu'elle doit au roi. Il ne se peut rien adjouster aux expressions dont elle se servit ; elle me répéta plus de vingt fois en une heure qu'elle debvoit le pontificat à Sa Majesté, et toutes ses paroles furent accompagnées d'un air qui me persuada qu'elles partoient du cœur. J'aurai l'honneur de recevoir encore demain ses commandements, et elle a eu la bonté de me l'ordonner.

» L'entrée du roy en Flandres m'avoit presque fait résoudre à prendre la route de Venise pour éviter le Milanais, mais M. l'ambassadeur m'ayant asseuré qu'il n'y a aucun inconvénient à y toucher, je prends le parti d'envoyer un gentilhomme à dom Louis Ponce de Léon, pour m'asseurer de ses intentions, en luy faisant compliment sur mon passage. M. l'ambassadeur croit qu'il n'y aura aucune difficulté, et à vous dire le vrai, je le souhaite, parce que dix jours de voyage de plus dans cette saison, en la pauvre Lombardie, méritent réflexion. Je m'advancerai toujours jusques à Fornoue, en attendant la response de dom Louis.

» Je ne rends point compte au roy du peu de lumière que j'ay essayé de tirer, dans le conclave, de l'estat de cette cour, parce que M. l'ambassadeur, à qui j'en ai laissé un petit mémoire, choisira beaucoup mieux que moi ce qu'il croira digne d'en estre mandé à Sa Majesté.

» Je suis, Monsieur, votre très-affectionné serviteur. LE CARDINAL DE RETZ. »

« 6 juillet.

» Depuis ma lettre escrite, j'ay vu le Pape, qui m'a tesmoigné encore plus de recognoissance des obligations qu'il a au roy, qu'il n'avoit fait à ma première audience. Messieurs ses nepveux arrivèrent icy avant-hier au soir, et ils me firent l'honneur de me venir voir hier, ce qui m'a obligé de retarder mon départ d'un jour ou deux, pour leur pouvoir rendre la visite. On m'a assigné un chemin par lequel on m'asseure que je pourrai passer du Parmesan à Bresse, sans toucher l'état de Milan. Je prendrai ce parti pour éviter ou les difficultés ou les cérémonies de dom Louis. »

Le duc de Chaulnes à Lionne.

« 5 juillet.

» Je vous asseure, Monsieur, que le cardinal de Retz s'est fort bien porté en cette négociation, ayant joué toutes sortes de personnages, et en a usé à mon égard le mieux du monde, ayant eu toutes les circonspections possibles pour moy, jusqu'à celles mesmes qui passoient ce que l'on doit à ceux qui portent les ordres du roy comme les ambassadeurs. »

Du même.

« 6 juillet.

Détails sur le conclave.

« Ces raisons portées avec beaucoup de vigueur par M. ledit cardinal de Retz n'arrestèrent pas seulement le cardinal Chigi, mais luy faisant craindre de n'estre pas toujours le maistre de ses volontés, luy firent changer de discours pour me faire demander qui donc Vostre Majesté souhaitoit ; je fis respondre par M. le cardinal de Retz, au cardinal Azolin, que je ne pouvois pas m'expliquer entre huit cardinaux, mais que quand ils seroient réduits à un nombre sortable, je pourrois parler.

» Après plusieurs négociations pour prendre ses sûretés, et avoir fait donner parole audit cardinal Chigi, que tout ce qui se passeroit entre nous demeureroit entre luy, le cardinal de Retz, Azolin et moy, il sépara ses prétendants en deux et me fit proposer Rospigliosi, Bonnisi, Celsi et Dolci, dans l'espérance de faire réussir l'un des deux derniers, et laissa les cardinaux Cetta, Vidoni, Bonelli et Farnèse ; mais je fis remettre Farnèse avec les quatre premiers, pour faire craindre *l'escadron*, les trois derniers estant trop jeunes pour être proposés.

» Ce qui ayant esté receu par le cardinal de Retz, l'on convint de bonne foy de mettre les fers au feu, ce qui s'exécuta si brusquement, qu'en deux fois vingt-quatre heures l'on en fit l'élection.

» Il ne resta plus de difficulté qu'auprès des vieux, avec lesquels le cardinal Azolin sachant que j'avois correspondance, il me fit prier par un billet de leur parler, ce que fit de ma part M. le cardinal de Retz, et il s'y conduisit si bien que le cardinal Ginetti, Brancaccio, Pallotta, Capregna et Gabrieli, avec qui j'avois pris des mesures, témoignèrent que par la seule considération de Vostre Majesté, ils concourroient à Rospigliosi.

» Pour M. le cardinal de Retz, qui avoit la véritable attaque, je suis obligé de dire à Vostre Majesté qu'il a eu toute l'application possible pour le succès de cette négociation et qu'il n'a épargné aucun soin pour satisfaire Vostre Majesté en ce rencontre, ayant même fait passer le respect qu'il a pour elle jusqu'au titre d'ambassadeur, n'ayant voulu régler ses moindres pas que par les seuls avis que je luy donnois, me demandant jusques aux moindres choses, pouvant dire à Vostre Majesté que si sa conduite avoit quelque air de vouloir se précautionner contre les événements fascheux, elle ressembloit encore plus à une aveugle obéissance, à un grand zèle et capacité de contribuer au succès des ordres de Vostre Majesté, pour l'exécution desquels il s'est trouvé beaucoup soulagé par l'abbé de Machaut, à qui j'avois pris la confiance et qui a donné des preuves, dans ce conclave, d'un grand fond d'habileté, tant dans les ménagemens qu'il a eu à faire avec touts MM. les cardinaux, que dans les biais assez difficiles à prendre pour la conclusion de cette affaire. »

Tant de soins et de dévouement de la part du cardinal de Retz, et le succès qui les couronna, ne trouvèrent pas la cour indifférente ; elle exprima une juste reconnaissance pour de tels services ; le roi et son ministre, par ses ordres, écrivirent au cardinal en ces termes :

De Lionne au cardinal de Retz.

« 23 juillet.

» Monseigneur, après les merveilles que Vostre Eminence vient de faire pour la création du Pape que Sa Majesté a fait, et toute la gloire qu'elle en a acquise dans le monde, aux soins principalement et à la dextérité avec laquelle elle a conduit et porté l'affaire à une heureuse fin, il ne me reste rien à souhaiter pour ce qui la regarde que d'apprendre qu'elle est de retour en bonne santé, et que Sadite Majesté ait bientost occasion de lui en tesmoigner sa reconnoissance. M. l'ambassadeur, par toutes ses dépêches, ne s'espuise point sur vos louanges, et avec raison, et je n'ay peu laisser ignorer au roy une particularité que peut-estre il ne sçauroit pas, et que Vostre Eminence me fit l'honneur de me dire, lorsque je pris congé d'elle, qui est qu'elle avoit sujet en son particulier d'estre très-mal satisfaite de la manière dont M. le cardinal Rospigliosi avoit vescu avec elle. Vostre Eminence ayant donc sacrifié tous ses sentimens propres aux desseins du roy, aussi bien là-dessus que sur le sujet de M. le cardinal Barberin, qui l'avoit fort obligé, il est certain que Sa Majesté, autant qu'un souverain peut debvoir à son sujet, il le doibt tout en ceste occasion à Vostre Eminence. Et quand le plein restablissement de ma santé me permettra d'aller rejoindre Sa Majesté, je me propose de lui faire de longues et fréquentes commémorations de cette vérité.

» Je doibs avant que de finir ce tesmoignage à M. l'abbé de Machaut, qu'il est charmé de l'habileté de Votre Eminence et de toutes ses autres grandes qualités, et qu'il ne tarit point non plus que M. l'ambassadeur quand il traite ce chapitre-là. Il m'a mandé une petite circonstance qui m'a fait de la peine, mais qui ne m'en fera plus dès que je sçaurai que Votre Eminence aura peu recevoir cette lettre. Il me mande que Votre Eminence avoit trouvé un peu estrange que j'eusse qualifié pour billet une lettre de vingt-et-cinq pages qu'elle avoit escrite en conclave à M. l'ambassadeur. C'est M. de Chaulnes lui-mesme qui, par une meschante ironie, m'a fait tomber dans ces inconvéniens. Comme le garde de M. de Vendosme ne me trouva plus à Charleroy, mon fils me renvoya toute la despesche dont il estoit chargé, après l'avoir lue au roy, à la réserve de la lettre de Votre Eminence qu'il n'avoit pas encore eu la commodité de faire voir à Sa Majesté.

» Il ne me l'a pas envoyée, mais dans cet intervalle de temps, j'escrivis à M. l'ambassadeur et parlai de cette lettre comme d'un billet, parce que certainement je croyois alors que c'en fut un, et me plaignois ne l'avoir pas veue, sur ce que mondit sieur l'ambassadeur m'avoit mandé qu'il contenoit un advis important.

» J'ay envoyé au roy la lettre dont Votre Eminence m'a honoré le 4 de ce mois et son billet du 6, afin que Sa Majesté voye avec quels termes de recognoissance le Pape luy avoit parlé de l'obligation qu'il a à Sa Majesté. J'envoye cette despesche droit à Commercy. Cependant, je demeure avec tout le respect et l'ardeur qu'il est possible d'avoir, Monseigneur, de Votre Eminence, le très-humble et très-obéissant serviteur,

» LIONNE. »

Du même, au cardinal.

« Le 3 aoust 1667.

» Monseigneur, Votre Eminence aura trouvé à son arrivée à Commercy un paquet dans lequel il y a une lettre de la main du roy et une autre dont j'ai eu l'honneur de l'accompagner. Je reprends maintenant la plume pour avoir lieu de lui dire qu'aussitost que j'appris la mort de M. l'abbé Charier, avec une circonstance, qu'on m'a dict par bonheur dans cette disgrâce, que l'une des deux abbayes qu'avoit ledit sieur abbé venoit de Votre Eminence, laquelle s'en estoit despouillée en sa faveur, j'en escrivis aussitost à Sa Majesté, qui se trouvoit alors en marche pour retourner à l'armée, et la responce que j'en ai eue de Tournay est que Sadite Majesté m'a ordonné de mander de sa part à Votre Eminence qu'elle laisse à sa volonté de disposer de ladite abbaye en telle manière qu'elle voudra, tesmoignant mesme souhaiter qu'elle fust meilleure que peut-estre elle n'est, afin de luy faire mieux cognoistre que tout ce qu'elle lui a escrit par sa dernière lettre sur l'affaire du conclave est fort véritable et fort sincère. Je ne veux pas finir sans asseurer Vostre Eminence que j'ai pris toute la part qu'elle désire à la douleur que lui aura causé la perte d'un de ses bons serviteurs, que je regrette encore comme un homme de mérite et un bon ami. Cependant, je demeure, Monseigneur, de V. E., etc.,

» LIONNE. »

Le cardinal de Retz au Roi.

« Sire, j'ay trouvé en arrivant icy la lettre dont il a pleu à Vostre Majesté de m'honorer, du 20 juillet, sur laquelle je la supplie très-humblement de me permettre de luy dire que ma joie, quoique extresme, n'a pas esté si pure qu'elle n'ait esté meslée de beaucoup de douleur de n'avoir pas esté plus utile à son service. J'ay appris en mesme temps, par M. de Lionne, la bonté qu'elle a eue pour moy sur ce qui regarde l'abbaye de Quimperlé; je luy en rends les très-humbles grâces que je lui dois, et je la conjure d'estre persuadée que rien n'égalera jamais ma reconnoissance, que l'attachement que je conserveray toute ma vie pour sa personne et pour son service. Comme je craindrois de manquer au respect, si j'entrois dans un petit détail dont j'entretiens M. de Lionne, je me contenteray de supplier très-humblement Vostre Majesté de me pardonner la liberté que je me donne de lui faire une nouvelle prière, puisqu'elle n'est qu'un effet de l'extresme confiance que je prends en sa bonté. Je suis avec plus de zèle et plus de passion que personne du monde, Sire, de Vostre Majesté, le très-humble, très-obéissant et très-fidèle serviteur et subject,

» LE CARDINAL DE RETZ. »

Le cardinal de Retz à M. de Lionne.

« 14 aoust 1667, à Commercy.

» Monsieur, je ne suis icy que d'hier, le détour que j'ay pris ayant allongé mon voyage de dix ou douze jours. Je vous escrivis de la Garfagnane que, pour éviter le Milanois, je prendrois la route de Vérone. On m'y fit tant de peur des montagnes des Grisons, que je me résolus de passer par le Tyrol et l'Allemagne; j'en ay trouvé en effet le chemin beaucoup plus beau, mais sans comparaison plus incommode, à cause de la longueur. J'ay passé partout incognito. J'ay receu en arrivant la lettre dont il a pleu à Sa Majesté de m'honorer, du 20 juillet, et les deux vostres du 23 du mesme mois et du 3 du courant. Vous pouvez croire que j'ai reconnu aisément dans la première les effets de vos bons offices. Je suis, etc. »

Ainsi, dès le mois d'août, le cardinal était de retour à Commercy; mais bientôt après les intérêts de la France à Rome l'arrachèrent de nouveau de cette splendide retraite.

(De M. de Bourlemont.)

« Rome, le 30 novembre 1669.

» Monseigneur, je dépesche ce courrier au roy pour donner advis à Sa Majesté, qu'aujourd'huy vendredi matin 29 septembre, est survenue une défaillance au Pape, lequel estant foible et fort débile, fait désespérer entièrement de sa vie. On luy a appliqué des confortatifs sur la teste et les vésicatoires aux bras et aux jambes; cela l'ayant un peu dégagé de sa grande oppression, on l'a communié pour viatique à midy, et aussitost l'on a fait intimer le consistoire des cardinaux pour deux heures après midy, qui, s'estant tous rendus dans la chambre du Pape et assis à l'entour de son lit, Sa Sainteté leur a fait un petit discours latin qu'il a prononcé d'une voix assez intelligible, veu sa foiblesse et son abattement, leur demandant excuse de ses manquemens et les exhortant à estre unis pour l'élection d'un Pape, selon les inspirations de Dieu et de leur conscience. »

(De M. de Bourlemont.)

« Rome, 7 décembre 1665.

» Sire, Dieu conserve encore le Pape en vie, estant abandonné des médecins, et tous les jours l'on en appréhende la mort. Je tiens une dépesche tout en estat, en cas de cet accident, pour faire partir un courrier. Je rendray compte à Vostre Majesté plus distinctement que je n'ay pu faire par le précédent, de ce qui se passe icy au sujet du futur conclave. »

Lettre du Roi au cardinal de Retz.

« Du 10 décembre 1669.

» Mon cousin, il arriva avant-hier de Rome un courrier que le sieur de Bourlemont m'avoit dépesché, pour me faire savoir le 29 du mois passé, Nostre Saint-Père le Pape fut de nouveau attaqué d'un accident si violent et si dangereux, après quelques autres qui avoient déjà épuisé toutes ses forces, qu'on lui porta le mesme jour la communion pour le viatique; et du lendemain 30, ledit sieur Bourlemont mande qu'à dix-huit heures d'Italie, qui est le temps auquel le courrier partoit, tous les médecins ne donnoient plus, par leur jugement, que quelques heures de vie à Sa Sainteté, sans qu'il restât la moindre ombre d'espérance humaine à le pouvoir sauver, dont je ressens un très-sensible déplaisir : c'est ce qui m'oblige à vous faire cette lettre que j'envoye par un courrier exprès, pour vous dire que je me promets de vostre zèle pour le bien de mon service, dont vous me donnâtes de si bonnes preuves et avec tant d'application et d'habileté au dernier conclave, que vous vous mettrez en estat de continuer à me les donner encore en celuy de l'élection d'un nouveau Pape; et que par cet effet, aussitost que vous aurez receu cette despesche, vous vous mettrez en chemin pour aller audit conclave, avec le plus de diligence qu'il vous sera possible, surmontant, par la considération de mon service, toutes les difficultés qui pourroient s'opposer à ce dessein, pour l'exécution duquel je veux espérer que Dieu vous donnera les forces et toute la santé nécessaires. Au surplus, je vous assure que je vous sçauray tout le gré que vous-mesme sauriez désirer de ce service agréable et si important que vous m'aurez rendu. Et sur ce, je prie Dieu qu'il vous ait, mon cousin, etc. »

M. de Lionne à Retz.

« 10 décembre 1669.

» Monseigneur, Vostre Eminence verra par la lettre que le roi lui escrit avec quelle passion elle souhaite qu'elle se trouve au conclave de l'élection du nouveau Pape, et il seroit bien superflu que je prisse la liberté d'y rien adjouter. Je luy dirai seulement que je vois que je porterai une nouvelle fort agréable à Sa Majesté, quand la response de Vostre Eminence m'aura donné lieu de l'asseurer qu'elle se soit promptement mise en chemin, etc. »

Le cardinal de Retz au Roi.

« 13 décembre 1669.

» Sire, je supplie très-humblement Vostre Majesté de me permettre de luy rendre les très-humbles grâces que je luy dois pour toutes les bontés dont il luy a pleu d'accompagner le commandement dont elle m'a honoré; je l'exécuteray, Sire, avec toute la ponctualité que je dois. Je partiray demain au matin pour Lyon, où j'arriveray pour le moins aussitost que M. le cardinal de Bouillon et M. le duc de Chaulnes; et j'ose asseurer Vostre Majesté qu'il n'y a que la mort qui me puisse empescher de me rendre en mon devoir, avec toute la diligence imaginable, et de luy témoigner qu'il n'y a personne au monde qui soit avec plus de zèle et plus de soumission que moy, Sire, de Vostre Majesté, le très-humble, très-obéissant et très-fidèle serviteur et subject,

» LE CARDINAL DE RETZ. »

Le cardinal de Retz à M. de Lionne.

« Commercy, 13 décembre 1669.

» Monsieur, je n'ay receu le pacquet de Sa Majesté que ceste nuit à onze heures, parce que je me suis trouvé ceste nuit à quatre lieues d'icy, où j'estois allé voir M. le marquis de Pierrefitte, mais ce délay n'a été que de deux heures; je serois parti dès aujourd'huy si je n'avois esté obligé de faire avancer et préparer des relais sur la route de Lyon, où, comme vous savez, il n'y a point de poste de ce costé-cy; je partiray demain devant le jour, et je ne doute point que je n'y arrive aussitost que MM. de Bouillon et de Chaulnes. La voie des montagnes est beaucoup plus courte, et je n'aurois pas manqué de la prendre dans une autre saison; mais comme nous sommes justement dans le temps où le mont Saint-Godard se ferme quelquefois deux ou trois fois, et assez souvent pour huit ou dix jours, j'ay cru qu'il seroit plus à propos que je prisse la mer avec ces messieurs, pour me rendre plutost et plus infailliblement en mon devoir, auquel je vous assure que j'ay sans comparaison plus de passion de satisfaire que s'il y alloit de ma propre vie. J'y suis obligé par touts les titres imaginables; mais je ne vous saurois exprimer, Monsieur, avec quelle ardeur je m'y sens porté encore tout fraîchement par la reconnoissance que je dois aux bontés dont il a plu au roy d'accompagner le commandement dont il m'a honoré. Ce que vous m'avez fait la grâce de m'escrire sur mon retour m'en donne particulièrement une marque dont je ne puis perdre la gratitude, puisqu'il n'y va pas moins que de la conservation d'une chose que j'estime plus que la vie, qui est ma vue. Vous voulez bien, Monsieur, que je vous remercie en vostre particulier, des bons offices qu'il vous plaît de me rendre en tant de différentes manières, et que je vous proteste, sans compliment, que je suis et seray jusqu'au dernier soupir de ma vie, avec plus de passion, plus de tendresse et plus de respect que personne du monde, Monsieur, vostre très-affectionné et très-obéissant serviteur.

« LE CARDINAL DE RETZ. »

M. de Bourlemont au Roi.

« Rome, 17 décembre 1669.

» J'ai remarqué, Sire, dedans toutes les visites que j'ay fait des principaux cardinaux, qu'ils souhaitent touts que M. le cardinal de Retz vienne icy, ayant acquis une grande estime parmy eux, et qu'ils négocieroient volontiers et confidemment avec luy. »

Le pape Clément IX mourut en effet vers la fin de l'année 1669, et le cardinal se rendit au nouveau conclave. Il avait été trop habile à suivre les vues de la France dans la précédente élection du chef visible de l'Eglise, pour qu'on pût se décider à se priver de son influence dans la nouvelle : au vrai, le séjour qu'il avait fait à

Rome, pendant son exil de la France, fut pour elle un heureux événement et aussi efficace qu'il avait été imprévu.

[1670] Clément X fut élu le 29 d'avril, et le cardinal de Retz en entretint M. de Lionne dans une lettre écrite au mois de juin suivant. La voici :

« 18 juin.

» Monsieur, je n'entre point dans le détail de nostre voyage, ni de l'estat où nous avons trouvé icy les affaires, parce que sçais que M. le duc de Chaulnes vous en escrit amplement ; mais je ne puis toutefois m'empescher de vous dire qu'il n'y a guère d'obstacle que nous n'ayons trouvé sur la terre et sur la mer, et que toutes les dispositions de ceste cour sont changées en un point qui nous a dû surprendre. J'espère néanmoins que l'on a reconnu en ce rencontre, comme dans touts les autres, que tout est possible et mesme facile à Sa Majesté. Je ne prends pas la liberté de luy escrire, parce que je suis persuadé, Monsieur, que vous aurez bien la bonté de l'asseurer que la seule peine que j'aye eu en cette occasion est de ne pouvoir remplir avec assez de capacité le zèle très-parfait et très-ardent que j'ay pour son service. M. l'ambassadeur, qui ne craint pas l'excommunication, vous fera sçavoir les choses que nous sommes obligés de renfermer dans l'enclos du conclave, et de la manière dont il m'a parlé, je vois qu'il prétend d'en estre assez bien averty pour me guérir du scrupule que j'aurois si j'estois obligé de vous en donner moy-mesme des nouvelles. Je suis, sans compliment et sans exagération, avec plus de passion et plus de sincérité que personne du monde, Monsieur, vostre très-assuré et très-obéissant serviteur.

» Le cardinal de Retz. »

Et bientôt après le cardinal était de retour dans sa seigneurie de Commercy.

Il pensa dès lors à l'exécution d'un projet qu'il avait été bien vraisemblablement pressé plusieurs fois de réaliser, par les personnes qui savaient quelle grande part le cardinal avait eue aux principaux événements de son siècle : il s'occupa sérieusement d'écrire ses Mémoires. Il dut d'abord recueillir ses souvenirs et ses papiers ;

la précision des dates qu'il mentionne fréquemment dans ses narrations, les phrases, les discours, les documens qu'il déclare rapporter textuellement d'après ce qu'il en a écrit ou recueilli dans le temps, supposent d'attentives investigations, et qu'elles avaient été entreprises par un amour déclaré de la vérité.

Quelques années plus tôt, le cardinal s'était occupé d'un autre genre de recherches, peu utiles à l'histoire, il est vrai, mais du moins utiles et honorables pour lui ; ces recherches avaient pour objet la généalogie de la famille de Gondi et de ses illustrations. Il écrivit quelques lettres au fils d'André Duchesne, historiographe du roi, et elles existent, ainsi que plusieurs notes de sa main, dans les cartons où furent déposés les papiers de cette ancienne famille italienne (1).

C'est de ce même temps que date le changement que le cardinal introduisit dans l'orthographe de son nom, et qu'il substitua à la forme usuelle jusque-là, et qui même a prévalu jusqu'à nos jours, celle qu'il a écrite de sa main au commencement du manuscrit autographe de sa vie, orthographe que nous avons dû fidèlement conserver en tête de cette édition qui reproduit ce manuscrit pour la première fois. On doit remarquer aussi qu'à compter de cette même époque, tous les papiers d'état où le cardinal est nommé portent la preuve que la nouvelle manière d'écrire son nom propre, ou plutôt le renouvellement de l'ancienne, parut sanctionné par l'assentiment général; Louis XIV lui-même l'adopta.

On jugera aisément, par l'étendue des *Mémoires* du cardinal, qu'ils durent exiger plusieurs années de sa vie ; et par le bel état du manuscrit, le petit nombre de ratures qu'on peut y remarquer, et l'absence presque complète de corrections interlinéaires, que ce manuscrit n'en était pas le premier jet ; ou bien, il faudra se faire de l'esprit et de la pensée du cardinal, de sa facilité à coordonner le plan d'une grande composition dramatique, dans laquelle les incidents capables d'intéresser ou d'émouvoir sont très-habilement mis en place, une

---

(1) On trouve parmi ces papiers un imprimé in-folio, portant ce titre :

Remarques sommaires sur la maison de Gondi ; par le sieur d'Hozier, gentilhomme ordinaire de la maison du Roy, etc., juge général des armes et blasons de France ; à Paris, M DC LII. — A la marge de la première page du texte de ce mémoire imprimé, on lit la note suivante, de la main de d'Hozier fils :

« Feu mon père étoit fort ami de feu M. le cardinal de Retz et de feu M. de Caumartin, conseiller d'état, qui étoit aussi fort attaché ce cardinal. Par complai-

sance, il laissa mettre son nom à ces *Remarques*, que le cardinal lui-même, avec M. de Caumartin, avoit composées, espérant par là leur donner plus de cours, et faire recevoir dans le monde ce Mémoire dans lequel on fait parler seul mon père, comme le véritable auteur. Il y a là dedans de bonnes choses et de vraies, que mon père pouvoit avouer ; mais il y en a beaucoup qu'il ne pouvoit pas et qu'il n'auroit pas avouées, s'il avoit lui-mesme librement, et sans autre égard que pour la vérité, travaillé à ce petit ouvrage. »

idée telle, qu'il n'aurait pu être égalé que par bien peu d'écrivains ; et dans ce cas, il faudrait aussi lui faire, dans l'histoire de notre littérature nationale, un rang encore plus distingué que celui qu'il occupe dans nos annales politiques.

A la gravité du sujet, à la difficulté d'en saisir et d'en exposer l'ensemble, à la multiplicité des détails, à la résolution de ne rien celer, et à l'obligation de tout dire en conservant dans le style la réserve qui manque si souvent dans la pensée, un tel ouvrage fut une des plus graves tâches qu'homme au monde se soit jamais imposées. C'était une publique confession de vices parfois ignobles, faite par un personnage de haute naissance, et d'entreprises populacières, suscitées par un grand seigneur, par un prince de l'Eglise. Mais l'éducation du cardinal de Retz et son usage du monde lui donnèrent le moyen de parler de tout comme il le voulut, et sans blesser les plus chastes oreilles par ses paroles; il n'a offensé que la morale par ses actions.

[1675] Depuis l'exaltation du pape Clément X, en 1670, le cardinal semble avoir réussi à se faire oublier dans sa retraite laborieuse à Commercy. Aucun document n'a parlé de lui : il travaillait à écrire sa confession, et elle le porta peut-être à la démarche extraordinaire qui signala les dernières années de sa vie; et si on ne doit pas l'attribuer au désir et au besoin d'un peu de bruit, comme ses ennemis ont cherché à le répandre, ce sera par les sentiments d'une humilité sincère qu'il faudra expliquer la résolution que le cardinal prit, en 1675, de se démettre du cardinalat.

Cette résolution occupa très-sérieusement le roi et la cour pontificale; Louis XIV l'agréa cependant et en écrivit en ces termes au duc d'Estrée, à Rome :

« 3 juin 1675, au camp de Laten.

» Mon cousin, comme j'avois reçeu vos dernières dépêches par des courriers extraordinaires, l'ordinaire qui m'est arrivé depuis ne m'en a point apporté. Vous verrez par les lettres du cardinal de Rais, que je vous envoye, ce qui me donne aujourd'hui sujet de vous escrire. Il s'étoit déclaré à moy, il y a déjà quelque temps, du dessein qu'il avoit pris d'achever le reste de sa vie dans la sollitude, et, en s'esloignant du monde, de renoncer à la dignité de cardinal. Je n'ay pu, ainsi qu'il l'a voulu, ne pas approuver une si pieuse résolution, et quoy qu'il diminue en cette sorte le nombre des cardinaux qui dépendoient de moy dans le sacré collège, je n'ay pas voulu m'opposer à une pensée si sainte par elle-mesme, et qui sera sans doute de grande édification dans l'église. Après le consentement que j'y ay donné, il s'est acquitté de ce qu'il devoit au Pape et au sacré collège, en remettant entre les mains de Sa Sainteté le chapeau de cardinal. Les lettres qu'il leur escrit expliquent les pieux motifs qui le portent à se dépouiller de cette dignité. Mon intention est que vous les présentiez de ma part au Pape, et que vous remettiez au cardinal Barberin, comme doyen du sacré collège, celles qu'il escrit à touts les cardinaux et à luy en particulier. Il a cru devoir aussi escrire au cardinal Altieri, mais en l'estat auquel sont les choses avec ce cardinal, je n'ay pas jugé à propos que cette lettre passât par vos mains. Ainsi il la fait remettre en celles du nonce qui est à Paris.

» Sur ce, etc. »

Le même jour, le ministre Pomponne écrivit au même ambassadeur, à Rome :

« Ce 3 juin 1675.

» Les lettres de M. le cardinal de Retz, que je vous envoye, vont faire voir à Rome un exemple d'une grande piété et d'une grande vertu. On ne peut douter qu'elles n'y soient receues avec beaucoup d'estime et d'éloge. L'on est partagé ici sur cette affaire; les uns croyent que le sacré collége ne donnera pas volontiers les mains qu'un homme d'un si grand mérite sorte de son corps; les autres croyent qu'on acceptera avec plaisir un chapeau que l'on sera maître de remplir. Si c'est ce dernier, le roy s'asseure, Monsieur, que vous et M. le cardinal d'Estrées en tirerez beaucoup d'avantage pour son service. »

La lettre suivante de l'ambassadeur se croisa avec celles du roi et du ministre. Le duc d'Estrées écrivait :

« Rome, le 19 juin.

» Sire, plusieurs lettres de Paris arrivées par le dernier ordinaire, portent que M. le cardinal de Retz ayant pris la résolution de se retirer tout à fait du monde, et de renoncer mesme à son bonnet, l'avoit fait agréer à Vostre Majesté, et qu'au plus tost il viendroit icy des lettres et des ordres sur ce sujet, ce qui me donne lieu de représenter à Vostre Majesté qu'il seroit peut-estre de son service, dans la conjoncture présente, de suspendre pour quelque temps la remise du chapeau de M. le cardinal de Retz, pour essayer de le conserver à Vostre Majesté dans quelque autre de ses sujets.

» Comme il se peut passer dans les consistoires des affaires qui regardent le service de Vostre Majesté, messieurs les cardinaux Ursin,

Grimaldi et d'Estrées se sont trouvés dans celuy qui se tint hier matin, où le Pape entra, de luy-mesme, avec le cardinal Ursin, sur le sujet de M. le cardinal de Retz ; et Sa Saincteté luy dit qu'elle ne recevroit point son chapeau quand il le luy voudroit remettre ; que cela n'estoit pas honorable pour la dignité de cardinal, qu'elle voudroit savoir auparavant de la bouche de M. le cardinal de Retz les raisons qu'il en avoit, pour voir si elles estoient recevables. Je ne sais si cette difficulté ne seroit point affectée, afin que Vostre Majesté luy en fust plus obligée, s'il a dessein d'en gratifier un sujet de Vostre Majesté. »

La nouvelle de cette démission alarma vivement les politiques de la cour pontificale ; les lettres suivantes exposent les motifs d'un pareil effet.

Lettre de M. l'abbé Servient.

« 27 juin 1675.

» Une personne bien informée me disoit l'autre jour qu'il est certain que le Palais ne consentira pas aisément à la démission du chapeau de M. le cardinal de Retz, parce qu'ayant tenu sur cette matière une congrégation secrète entr'eux, le cardinal Azzolin y représenta que si l'on ouvroit ce moyen par cette facilité, les couronnes seroient dorénavant maîtresses absolues du sacré collége ; que, par exemple, le roi faisant des avantages au cardinal Maldachini, qui se soucioit peu du cardinalat, il l'engageroit à y renoncer en faveur d'un autre au gré du roy ; que le cardinal Grimaldi, comme fort âgé, en pourroit faire autant par d'autres motifs, et qu'ainsi la faction d'une couronne ne périroit plus ; qu'au reste, sous le pontificat d'Innocent X, pendant qu'il estoit secrétaire des chiffres, on avoit eu du costé d'Espagne quelque pensée de prétendre que le cardinalat estant un tiltre comme une cure, selon leur première institution, il pust estre résigné de mesme ; que le Pape luy défendit jamais d'en parler à personne, et qu'il résolut d'accorder quelques grâces importantes à l'Espagne, et brusquement pour esteindre cette prétention dans sa naissance, qui pouvoit devenir très-dangereuse si on commençoit seulement à la mettre sur le tapis ; il ajoutoit qu'il falloit estre fort prudent en cette occasion, et montrer aujourd'huy et à l'abord de la fermeté. »

M. le cardinal d'Estrées.

« Rome, ce 12 juillet 1675.

» Par la dépêche du 3 juin, au camp de Luten, nous avons reçeu les lettres de M. le cardinal de Retz sur sa démission, et les ordres du roy pour la présenter ; mais par celles du 16 vous me marquez, Monsieur, de ne rien précipiter dans cette affaire, et d'informer Sa Majesté des veues que je pourrois avoir et de l'usage qu'on pourroit faire de cette démission.

» Quand je n'aurois pas reçu cet ordre, et que M. l'ambassadeur se seroit bien porté à la pensée de s'en prévaloir, nous estant tombée dans l'esprit aussi bien qu'à vous, et les fortes oppositions du Pape et du sacré collége nous estant connues, j'aurois jugé, Monsieur, devoir suspendre de remettre ces lettres.

» Par le discours que le Pape fit au cardinal Ursin dans ce dernier consistoire, vous aurez vu combien cette cour a paru effarouchée d'une pareille résolution. Depuis ce temps-là, au lieu de s'y accoustumer, il semble que le Palais et les cardinaux se soient fortifiés à la combattre ; et quoiqu'on en allègue divers exemples dans ceux qui ne sont point engagés aux ordres sacrés, on prétend qu'il n'y en a point à l'égard des cardinaux, prêtres ou évesques....

» Tous les cardinaux sont imbus de ces maximes, et je ne crois pas qu'ils s'en départent ; ainsy je doute que cette grande et illustre marque de détachement que M. le cardinal de Retz vient de donner, puisse avoir aisément son effet. L'abbé Sarenzi, son maître de chambre, ne manquera pas de lui faire savoir de quelle manière le cardinal Alney luy en a parlé depuis quatre jours. »

La suite de la correspondance, où la démission du cardinal était traitée, nous en fait connaître les circonstances variées, et nous apprend aussi que cette démission ne fut point agréée par le sacré collége des cardinaux.

Lettre à M. le cardinal d'Estrées.

« Versailles, le 20 septembre 1675.

» Il sembleroit, Monseigneur, de la manière que le Pape a respondu à Vostre Eminence sur la démission de M. le cardinal de Retz, que Sa Saincteté ne seroit pas encore tout-à-fait déterminée à la refuser. Il seroit toutefois difficile qu'elle pût changer un advis qu'elle a rendu si public par les brefs qu'elle en a escrit au roy, et à M. le cardinal de Retz mesme. Il y a bien plus d'apparence que lorsqu'il a respondu en cette crise à Vostre Eminence, il n'a pas tout-à-fait présent ce qui s'estoit passé dans cette affaire. POMPONNE. »

Du même.

« Le 23 septembre.

» Je ne me donne l'honneur d'escrire aujourd'huy ce mot à Vostre Eminence que pour vous témoigner, Monseigneur, qu'après qu'elle a rendu au Pape la lettre qui luy avoit esté escrite par M. le cardinal de Retz, Sa Majesté ne juge point nécessaire que vous fassiez aucune instance auprès de Sa Sainteté pour accepter sa démission. Comme elle a refusé, on peut profiter de la peine qu'elle a eu à lui accorder sa prière, pour conserver un si grand sujet et une créature à Sa Majesté dans le sacré collége. »

A M. le cardinal d'Estrées.

« Versailles, le 11 octobre.

» Je vous ai déjà fait savoir, Monseigneur, que loin que le roy combattist la difficulté que faisoit le Pape sur la démission de M. le cardinal de Retz, Sa Majesté ne pourroit voir qu'avec satisfaction qu'un sujet de ce mérite fust conservé dans le sacré collége. Ainsy, il ne sera point nécessaire que Votre Eminence s'employe pour faire cesser la disposition de Sa Majesté. POMPONNE. »

[1676] La France avait alors un intérêt présent et pressant que cette démission pouvait compromettre ; on ne pouvait pas oublier que Clément X était âgé de quatre-vingts ans quand il fut élevé à la papauté : sa mort pouvait inopinément ouvrir un nouveau conclave, et la faction de France avait besoin du chef qui l'avait si heureusement conduite dans les trois dernières elections. Le cardinal de Retz était prédestiné à assister à la quatrième.

Dès le mois de juillet 1676, l'ambassadeur de France à Rome donnait à sa cour des nouvelles de la santé du Pape, conformément aux instructions qui lui étaient parvenues dès le mois précédent ; les avis se succédaient promptement de Rome à Paris. En voici les termes :

Lettres du duc d'Estrées.

(Au Roy.)
« Rome, le 7 juillet 1676.

» Sire, nous ne manquerons pas d'exécuter avec toute l'exactitude et l'application possible les ordres que Vostre Majesté nous donne par la dépesche du 17 juin, sur le sujet de la santé du Pape ; elle paroist toujours languissante, et on ne voit pas qu'elle se remette dans une saison qui luy avoit esté toujours favorable. Il eut mesme ces jours passés un dévoiement ; et quoiqu'il n'ait pas continué, cette incommodité ne laisse pas de faire connoistre que la nature commence à s'affoiblir par différens endroits. Mais ce qui est de considérable, c'est que la foiblesse où il paroist s'augmente un peu chaque jour. »

« Le 14 juillet.

» Sire, le Pape s'est trouvé plus mal ces jours-cy qu'il ne l'avoit encore esté ; il a eu quelques accès de flèvre, que l'on prétend estre finis nettement ; et les divers avis que nous avons eus de bonne part, sont qu'il luy reste de la foiblesse et de l'inappétence, mais qu'il n'y a pas d'apparence encore, à moins qu'il n'arrive quelque nouvel accident, que ce mal aille si viste. »

(Au ministre.)
« 15 juillet.

« Monsieur, le mal du Pape estant augmenté par un nouvel accès de flèvre qu'il eut hier, nous avons cru devoir dépescher avec secret et diligence, pour informer Sa Majesté et pouvoir recevoir plustost ses ordres touchant certains sujets papables, ou qui prétendent l'estre, sur lesquels nous ne les avons pas encore. »

« Le 21 juillet.

(Au Roy.)
» Sire, le meilleur estat de la santé du Pape, dont je rendis compte à Vostre Majesté le 16 de ce mois, ne continua pas ; il eut les nuits du vendredi au samedi et du samedi au dimanche fort fascheuses et avec un peu de flèvre ; mais ce qui le tourmenta le plus fut des ressentimens de colique et des envies d'aller à la garde-robe sans le pouvoir, ce qui fit résoudre les médecins de luy donner un lavement, qui fit une si grande évacuation qu'il tomba dans une foiblesse qui dura long-temps, et qui donna beaucoup d'appréhension ; il s'en remit pourtant bien. Il a eu du soulagement depuis, et mesme l'on luy trouve le pouls bon et fort, ce qui fait croire que son mal peut encore durer. Ce sont les advis que nous avons eus jusques à ce matin. »

« 22 juillet.

(Au Roy.)
» Je dépesche, Sire, Marchini pour informer Vostre Majesté de l'extrémité du Pape, qui reçut hier au soir tous ses sacremens et qui peut-estre n'est pas présentement en vie. Sur les quatre heures de France après midy, lorsqu'on le croyoit un peu mieux, il luy prit une foiblesse dont il perdit la parole et presque toute connoissance, qui luy revinrent un peu cinq ou six heures après. »

« Le 22 juillet 1676.

» Le Pape, Monseigneur, a surpris tout le monde, car aucun ne le croyoit si près de sa fin ; et le cardinal Altieri dit dimanche au soir à un M. Polli, son ami particulier, et qui lui représentoit *que l'astrologie mesme le mena-*

çoit fort, qu'il estoit asseuré qu'il vivroit jusques à quatre-vingt-onze ans. Hier matin il parloit de faire tenir le consistoire pour une promotion et l'examen des évesques; auparavant, et à vingt heures d'Italie, le pouls s'affaiblissant au Pape, et les forces luy commençant à manquer, il s'aperceut de son illusion. Il ne se passoit jour qu'il n'y eust chez luy une consultation *d'astrologues* comme de médecins.

» Dans l'extrémité du Pape, que l'on a laissé depuis un mois sans aucun secours spirituel, pour ne laisser voir à personne le chagrin où Sa Sainteté estoit, on songea à luy faire porter le viatique et l'extrême-onction, qu'il receut à trois heures de nuit. Il envoya, selon l'ordre, en donner part aux créatures, et l'abbé de Cabanes vint me trouver pour cela; en estant adverty, je songeay si je le verrois ou le renvoyerois, ayant ordre de ne point niaiser avec luy, et d'ailleurs, comme créature du Pape, dans une conjoncture si pressante, ne voulant commettre aucune dureté, aussi je pris le party de faire dire que j'estois enfermé à déchiffrer mes lettres qui venoient d'arriver et qu'on ne me pouvoit parler. »

Ainsi mourut Clément X, malgré l'active assistance des médecins et celle des astrologues.

Dès que Louis XIV en fut informé, M. de Pomponne reçut l'ordre d'écrire au cardinal de Retz la lettre suivante :

Lettre de M. de Pomponne à M. le cardinal de Retz.

« Du 30 juillet 1676.

» Monseigneur, le roy a appris ce matin par un courrier de M. le duc d'Estrées, que le Pape estoit mort le 22 de ce mois. C'est assez dire à Vostre Eminence que vostre présence est aujourd'hui très-nécessaire à Rome, pour le service de Sa Majesté. Aussi m'a-t-elle commandé de vous faire sçavoir incessamment qu'elle désire que vous vous mettiez au plutost en chemin pour vous y rendre. Ce n'est pas qu'elle n'ait vu avec quelque peine celle que Vostre Eminence souffrira dans cette saison, durant un si long voyage, et qu'elle ne se soit souvenue du sentiment que vous luy avez fait paroistre de vouloir éviter les conclaves, lorsque vous luy donnastes part du dessein de vostre retraite. Mais quelque grandes que puissent estre les raisons qui feroient appréhender à Vostre Eminence une si grande course, Sa Majesté est bien persuadée qu'elles céderont à vostre zèle pour son service, et au plaisir avec lequel vous vous porterez à toutes choses qu'elle affectionne. Elle a ressenti de telle sorte, dans les conclaves passés, les effets de vos conseils et de vostre conduite, qu'elle croit qu'il luy est d'une extresme conséquence d'en tirer le mesme avantage dans celuy-ci. Il suffit, Monseigneur, pour vous obliger à y donner les mesmes soins, que Vostre Eminence soit asseurée qu'elle fera une chose très-agréable à Sa Majesté, en mesme temps qu'elle rendra un nouveau service à l'Eglise et au saint-siége. Sa Majesté se promet qu'elle se mettra le plutost qu'il luy sera possible en chemin, après qu'elle aura receu cette lettre. Elle prendra, s'il luy plaist, celuy de Turin, où elle trouvera les passeports pour elle et pour messieurs les cardinaux de Bouillon et Bonzi, que Sa Majesté ordonne à M. le marquis de Villart de procurer incessamment auprès de M. le prince de Lignes. Si toutes les galères de Sa Majesté n'estoient à Messine, l'on en auroit fait tenir de prêtes à Toulon, pour vous donner le choix du chemin de la terre ou de la mer; mais peut-estre qu'en cette saison ce premier paroistra plus commode à Vostre Eminence. Comme je dépesche ce courrier au moment presque que cette nouvelle est arrivée, je ne fais point encore sçavoir à Vostre Eminence les sentimens de Sa Majesté sur ce qu'elle désirera d'elle dans le conclave. Elle en sera pleinement instruite dans la suite, et elle aura une participation entière dans toutes les intentions de Sa Majesté. Il seroit fort avantageux qu'elle fust en lieu d'où elle pust donner des lumières sur ce qu'elle croira à faire dans ce rencontre, dont elle a sans doute plus de connoissance que personne. Quelque passion que j'aye pour le service de Sa Majesté, je suis si sensible, Monseigneur, à tout ce qui touche Vostre Eminence, que je ne puis voir sans peine la fatigue à laquelle elle va estre exposée dans ces chaleurs. Sa Majesté a donné ordre pour faire toucher à Vostre Eminence la mesme somme qu'elle luy fit remettre dans l'occasion du dernier conclave.

» Personne n'est avec plus de respect et de vérité que je suis, etc. »

La réponse du cardinal ne se fit pas attendre, il y disoit :

« A Commercy, le 1er d'aoust 1676.

» J'ay receu, Monsieur, la lettre que vous m'avez fait l'honneur de m'escrire à sept heures, et je pars demain à la pointe du jour. Vous pouvez vous douter de la répugnance que j'ay à ce voyage ; mais j'ay encore plus de soubmission aux volontés de Sa Majesté. Je ferai toute la diligence qui sera en mon pouvoir, et je n'oublierai rien pour me rendre à Turin, aussitost que messieurs les cardinaux de Bouillon et de

Bonzi. Soyez persuadé, je vous supplie, Monsieur, que personne du monde n'estime et ne chérit plus véritablement et plus sincèrement que moy l'honneur de vostre amitié.

» Le cardinal de Rais,
» A M. de Pomponne. »

Malgré son âge avancé (62 ans) et ses souffrances, occasionnées par la goutte, M. le cardinal de Retz se dirigea vers Rome; les deux lettres suivantes donneront quelque idée de son voyage et de l'aspect du conclave dès son ouverture :

« A Florence, le 21 aoust 1676.

» Nous sommes, Monsieur, d'hier au soir ici, et nous en partons à ce moment pour nous rendre à Rome lundi ou mardi au plus tard. Nous n'avons séjourné en aucun lieu et nous avons fait toute la diligence que les chaleurs de la saison nous ont permis. C'est la faulte du roy si elle n'a esté plus grande, car il est si réputé en Italie comme partout ailleurs, qu'il est impossible à ceux qui ont le moins du monde son caractère, de se défendre des honnestetés que tous les princes leur font à l'envie, pour tesmoigner a Sa Majesté le respect qu'ils ont pour elle. Il n'a pas esté par ceste raison en notre pouvoir d'éviter les cérémonies autant que nous l'avions résolu. Nostre consolation est que, si ce que l'on nous a dit du conclave est vrai, nous n'aurons pas subjet de croire que nous debvions encore avoir beaucoup de regret au temps que nous avons esté obligés d'employer à nostre voyage, et selon toutes les apparences, il y aura bien de la longueur. Je ne vous fais point, Monsieur, de compliments, vous sçavez que personne du monde n'estime et ne chérit plus parfaitement que moy l'honneur de vostre amitié.

» Le cardinal de Rais. »

« Au Conclave, le 2 de septembre 1676.

» Que ceste date, Monsieur, ne blesse pas s'il vous plaist la tendresse de vostre conscience. J'en fis hier la confidence au sacré collége, qui n'a pas désapprouvé l'exception particulière et publique que nous avons cru, M. le cardinal de Bouillon et moi, debvoir mettre dans nostre serment pour nous lever tout le scrupule que nous eussions peu avoir du commerce que nous avons avec M. l'ambassadeur. Comme il rend compte au roy du détail de tout ce qui se passe ici, je crois, Monsieur, qu'il seroit fort inutile que je vous en entretienne. Je ne puis toutefois m'empescher de vous dire que ses soings et ceux de M. le cardinal d'Estrées y ont mis les affaires du roy à un tel point de considération et de gloire que je ne vous puis exprimer, et qu'il nous reste, sans exagération et sans compliment, peu de choses à y faire. Continuez-moi, Monsieur, je vous supplie, l'honneur de vostre amitié, vous sçavez que rien ne m'est plus cher ni plus sensible.

» Le cardinal de Rais,
» A M. de Pomponne. »

M. l'ambassadeur avait rendu compte au roi, par la lettre qui suit, de l'entrée solennelle des cardinaux français au conclave :

Le duc d'Estrées au Roi.

« 3 septembre.

» Sire, j'ay cru ne devoir pas manquer à rendre compte au plutost à Vostre Majesté de l'estat des choses dans le conclave depuis que messieurs les cardinaux ses sujets y sont. Elle verra par la copie du Mémoire de M. le cardinal de Rais, les propositions qui ont esté faites, et qu'on y a résolu, et l'effet de la fermeté avec laquelle on a parlé, dans le conclave, et suspendu la visite des six derniers cardinaux qui en sont au désespoir et qui tourmentent le cardinal Altieri pour s'accommoder. Il est si abattu et si étonné qu'il dit, il y a deux jours, au cardinal Nini, que quoiqu'il fist bonne mine, il estoit *travagliato assai* de l'affaire de France qui pouvoit causer la ruine de sa maison, qu'il ne savoit comme faire pour son accommodement.

» Je suis obligé de dire à Vostre Majesté que M. le cardinal de Rais, nonobstant sa goutte, dont il commença d'estre incommodé du lendemain qu'il entra au conclave, agit avec un zèle et une application qui ne sont pas concevables. C'est par son advis et celui de messieurs ses confrères que je diffère de rendre la response de Vostre Majesté à la reyne de Suède, n'ayant point d'ailleurs de temps limité pour le faire, et apprenant tous les jours la mauvaise volonté du cardinal Azzolin, qui ne cherche qu'à jeter de la défiance dans l'esprit des cardinaux zélés pour le service de Vostre Majesté. L'on auroit insinué à M. le cardinal de Rais que ce cardinal luy parleroit sur le sujet du cardinal Altieri. Il ne luy en a rien dit néanmoins, mais estant allé en mesme temps voir M. le cardinal de Bonzi, il luy a représenté la force du cardinal Altieri. Il avoue à M. le cardinal de Rais qu'il s'estoit meslé de la promotion, et il a dit à M. le cardinal de Bonzi qu'il s'estoit vanté, mais qu'au fond il n'y avoit eu nulle part. Vostre Majesté peut juger par toutes les tracasseries de ce cardinal, si l'on peut faire aucun fondement sur les choses qu'il dit.

» MM. les cardinaux de Rais, de Bouillon, Bonzi et Maldachin entrèrent au conclave dimanche après disner. Les trois premiers me tesmoignèrent, pendant le séjour qu'ils ont fait à Farnèze, qu'ils croyoient qu'il seroit bien que je les menasse jusqu'à l'église de Saint-Pierre, et que cette démonstration feroit voir à tout Rome, non-seulement la parfaite union qui estoit entre eux et moy, mais aussi un plus grand respect pour celuy qui a l'honneur de représenter Vostre Majesté, de ne vouloir entrer au conclave, sans en avoir, par manière de dire, publiquement reçu son consentement et sa permission. J'acceptay avec bien de la joye cette proposition, qui ne pouvoit estre que glorieuse pour Vostre Majesté, et faire un bon effet dans Rome, ce qui réussit de la manière que nous avions imaginé. Quoique mes carrosses fussent sans siocchi et que l'on n'eust point intimé de cortège, parce qu'il n'auroit pas esté bien que des cardinaux eussent paru autrement qu'incognito quand le conclave est fermé, leur suite ne laissa pas d'estre très-nombreuse, outre laquelle, depuis Farnèze jusqu'à Saint-Pierre, il y avoit une telle foule de peuple et de personnes de qualité pour les voir passer, que quand ç'auroit esté le jour de l'exaltation du Pape, elle n'auroit pu estre plus grande. Nous fusmes accompagnés avec des acclamations continuelles, tantost : *Viva Francia*, et tantost : *Viva Papa Rospigliosi*. Il y eut mesme une femme qui, mettant presque sa main sur la mienne, me dit : *Fate Papa Rospigliosi*. Je quittay messieurs les cardinaux dans l'église de Saint-Pierre, et de là ils s'en allèrent au conclave. Rien n'est pareil ! aux démonstrations d'estime et d'honneur que tout le sacré collége a faites à leur entrée, et les Espagnols se surpassèrent eux-mesmes et les attendirent une heure à la porte du conclave. Il y eut ensuite des processions continuelles de visites à leurs chambres, et l'on donna huit vœux à M. le cardinal de Rais au premier scrutin où il se trouva, ce qui a esté remarqué comme fort honorable pour luy et pour la nation, les Espagnols n'en ayant jamais eu plus de deux.

» Les cardinaux ont accoutumé, lorsqu'ils arrivent au conclave, de jurer sur les Evangiles de n'escrire et ne recevoir aucunes lettres, à quoy MM. les cardinaux de Retz et de Bouillon ont fait cette fois-cy une exception positive et publique d'escrire dans la nécessité, mais rarement, qui n'a pas esté désapprouvée du sacré collége. M. le cardinal d'Estrées n'a pas esté en cette peine, parce qu'estant entré avec la foule du sacré collége, il a évité de faire ce jurement dont M. Febei, maître des cérémonies, s'aperçut bien, mais estant fort de ses amis, il le toléra et n'en fit pas semblant.

» J'ai rendu à M. le cardinal de Retz la lettre que le roy luy a escrite de sa main. »

Le cardinal de Retz ne se fit faute d'user, presque chaque jour, de la restriction qu'il avait ouvertement mise à son serment en entrant au conclave; il est vrai que cette réserve n'étant conçue qu'à l'égard de M. l'ambassadeur, il n'écrivit réellement qu'à lui; mais l'ambassadeur transmettait fidèlement au roi les écrits du cardinal, et rendait ensuite au cardinal les ordres du roi. Nous avons sous les yeux la copie de ces diverses dépêches; elles prouvent que l'âge et les souffrances n'avaient point affaibli sa tête, ni diminué l'habileté dans la conduite des affaires de France, qu'il avait si utilement déployée à Rome dans les précédents conclaves; ses billets écrits durant celui de 1676, sont un tableau piquant du mouvement de toutes les factions, de l'adresse avec laquelle il réussissait à les faire mouvoir dans sa propre sphère, à les amener jusqu'à lui dire ce qu'elles voulaient faire, à lui proposer ce qu'il désirait le plus; et rien ne prouve mieux la pénétration de son esprit, la certitude de ses directions, que de le voir, dès le 17 septembre, annoncer à M. l'ambassadeur la prochaine nomination du cardinal Odescalchi, et dès le 19, l'ambassadeur, confiant en ses prévisions, lui transmettre des instructions sur ce que Retz aura à dire à ce cardinal dès qu'il sera élu pape, et il le fut en effet le 22 du même mois de septembre.

On jugera mieux, par le texte de sa lettre du 14 septembre, de la trempe de son esprit et de cette capacité singulière à manier, pour ainsi dire, les plus fugitifs éléments de la plus épineuse affaire, de celle où pouvaient se trouver le plus d'hommes à vouloir et à savoir, et le plus de passions non moins volontaires et non moins expérimentées.

Voici cette lettre :

Le cardinal de Retz à M. l'ambassadeur.

« Du Conclave, le 14 septembre 1676.
» Nous avons reçeu les deux billets du 13 de Vostre Excellence. Voicy mes sentiments. La dépesche du roy est, à proprement parler, une permission qu'il nous donne de concourir à Odescalchi en cas que les choses soient dans la disposition où elles estoient lorsque Vostre Excellence a dépesché, c'est-à-dire un ordre de concourir à Odescalchi, en cas que nous ne puissions mieux faire. Ces deux suppositions se réduisent à une, parce que ni les choses ne peuvent estre changées que par les efforts que Colonne a faits au nom d'aucuns, et parce que nous ne pouvons

espérer de faire mieux que par la jonction d'Altieri avec nous. Ce qui échoit donc à examiner est ce que nous pouvons faire par le moyen de cette jonction, et si elle nous peut mettre en un autre état que celuy où nous sommes. Je suppose les offres pour sincères, je les crois telles par le grand et palpable intérest qu'Altieri a à rentrer dans les bonnes grâces du roy. Je crois mesme avoir déjà mandé à Vostre Excellence que j'ay remarqué dans les conversations de Colonne un je ne sais quel air, qui marque de l'intention bonne et droite ; mais il faut advouer en mesme temps que l'application, telle qu'il nous la faict dans la conjoncture présente, est très-difficile et mesme presqu'impossible dans une négociation où le cardinal Altieri ne peut, selon toutes les règles de la politique ordinaire, s'abandonner si absolument qu'il ne garde au moins quelques égards avec l'Espagne, et où il n'est pas en son pouvoir, quelque bonne intention qu'il ait, de prendre entièrement son parti sans ses créatures. Mettons-nous en sa place et considérons ce que nous luy pouvons demander. Nous ne nous pouvons contenter que d'un concours de luy et de toutes ses créatures au sujet que nous pouvons désirer et qui peut réussir. Il faut que luy-mesme négotie, du moins avec ses créatures, et afin qu'il y négotie, il est nécessaire que nous nous ouvrions avec luy du sujet. La circonstance de l'estat où se trouve le conclave touchant Odescalchi nous permet-elle cette confiance? Je ne marque cet inconvénient que comme l'un des cinq ou six qui me viennent dans l'esprit, et qui sont inévitables dans une conjoncture où les momens sont précieux, parce qu'il est constant que tous ceux que l'on perd à l'exaltation d'Odescalchi tournent au déchet du mérite que l'on peut en tirer en cas que l'on soit obligé d'y concourir. Les plus considérables de ces inconvéniens se verront dans la suite de ceste lettre, et je ne les touche en ces lieux que pour vous faire ressouvenir qu'ils m'ont fait voir, dans le commencement, que la rapidité des premiers jours du conclave, qui n'a pas trouvé mesme de la part de nos amis tout l'obstacle que nous pouvions en espérer, nous pourroit obliger à venir à Odescalchi. Je n'en ay presque jamais douté depuis que M. de Parme nous eut dit en passant chez luy ce qui s'estoit passé, et messieurs les cardinaux de Bouillon et Bonzi se peuvent souvenir que je leur dis à l'un et à l'autre, que tout ce que nous pourrions faire de ceste affaire, à mon opinion, seroit de continuer ce que M. le cardinal d'Estrées et Vostre Excellence avoient très-bien et très-sagement commencé, et mesme presque achevé, qui estoit de faire voir à toute l'Europe qu'Odescalchi ne pouvoit estre exalté que quand il auroit plu au roy de l'agréer.

» Ce que j'ay trouvé dans le conclave ne m'a pas fait changer d'opinion, parce que la connoissance que j'y ay eue que nous romprions le cou à Odescalchi si nous voulions, ne m'a pas paru d'une considération assez forte pour me faire croire que nous le dussions, sans voir clair à ce que nous ferions après luy avoir rompu le cou ; c'est sur quoy je n'ay jamais pu me satisfaire ; on voit les raisons d'un coup d'œil.

» Le cardinal Rospigliosi, soit par l'engagement qu'il a avec le cardinal Chigi, soit par le peu d'inclination qu'il a pour Cerri, soit par la passion qu'il a pour Odescalchi, ne veut pas qu'on parle seulement de ses créatures tant que celles de Chigi n'auront pas esté ballottées. Le cardinal Chigi, qui est fort embarrassé dans ses créatures mesme, ne se peut presqu'assurer de ce qu'il y voudroit lui-mesme, parce que ce qu'il y voudroit effectivement ne convient pas au roy ou n'est pas possible. Nos meilleurs amis, par exemple d'Elfin et Carles Barberin, souhaitent avec passion Odescalchi. Le cardinal Rospigliosi le désire plus que personne. Je sçay bien qu'ils sont gens d'honneur et qu'ils ne manqueront pas au roy; mais vous voyez au moins par la pente du conclave, et vous pouvez juger par celle de nos amis de celle que prendront nos ennemis, par l'opposition qu'ils auront tousjours naturellement à ce que nous voudrons, et qui les pourra mesme assez facilement porter à ce qu'ils ne voudront pas eux-mesmes. Je mets en ce nombre peut-estre le cardinal Altieri, et infailliblement, au moins à mon opinion, Azzolin.

» Toutes ces considérations avoient fait que je n'avois pas balancé un moment, depuis mon entrée dans le conclave, jusques à hier au soir que M. le cardinal de Bouillon nous fit une ouverture qui me parut fort belle et mesme fort lumineuse. Je confesse que ceste ouverture, qui est grande, honneste, ecclésiastique et supérieure de beaucoup à toute la romanesquerie, me touche infiniment. Après des réflexions il me paroît qu'elle a de grands inconvéniens, parce que le succès dépend du secret d'Altieri, dont nous ne pouvons estre sûrs par la considération de sa faction, quelque bonne intention qu'il pût avoir, et de la manière d'agir des Espagnols, dont le manquement me paroît certain par l'impossibilité qui me paroît à leur faire agréer Grimaldi. Et ce qui m'embarrasse encore plus que tout cela, est que si l'affaire manque, comme apparemment elle manquera par l'un ou par l'autre de ces moyens, nous tomberons dans la nécessité d'exclure Odescalchi et dans la honte de l'avoir exclus.

» Il y a plus, d'abord que Grimaldi est entré dans le conclave, le bruit a couru que nous le faisions venir pour exclure par son moyen Odescalchi, de sorte que s'il arrivoit que nous l'exclusions effectivement, parce que l'Espagne auroit exclus Grimaldi, ce que nous aurions fait sincèrement seroit pris mesme par les indifférens pour un artifice dont nous nous serions servi pour ne nous pas attirer le blâme de l'exclusion d'un aussi homme de bien qu'Odescalchi; nous l'aurions ainsi tout entier, et nous tomberions dans l'inconvénient que je vous ay touché cy-dessus, qui est de ne plus sçavoir où nous donnerions; la longueur du conclave, si préjudiciable à l'Eglise, nous seroit imputée, les zelanti qui sont répandus dans les factions nous tomberoient sur les bras, et nous courrions fortune d'estre obligés d'en venir à la fin, et après beaucoup de temps, à quelque sconciatura qui seroit honteuse à la France, et qui dans le fond ne luy seroit d'aucun advantage.

» Ce qui me fait encore plus de peine touchant ceste alternative, est qu'il seroit fort difficile que nous nous assurassions du succès, quand mesme elle auroit esté acceptée en parole par l'Espagne, parce qu'il seroit très mal aisé de se défendre des tromperies qui se pourroient glisser plus facilement en ce rencontre qu'en tout autre, et qui pourroient par conséquent donner pour le moins autant d'avantage à Odescalchi qu'à Grimaldi. Je sçay bien que l'âge de Grimaldi luy donneroit des voix; mais je sçay bien aussy que la douceur d'Odescalchi luy en donneroit peut-estre et apparemment davantage.

» Voilà les inconvéniens que je vois dans la tentative de Grimaldi. Voicy les advantages si elle réussissoit. Il n'y auroit rien de si utile pour l'Eglise, la capacité de Grimaldi estant infiniment au-dessus de celle d'Odescalchi; rien de si glorieux pour le roy, Grimaldi pouvant passer pour François, et l'utilité et la gloire y seroient en un point que l'on peut dire que l'avantage que l'on en peut tirer peut faire hasarder judicieusement les inconveniens qui en sont à craindre. Il est encore vray que le roy en tireroit de plus un avantage particulier, en ce qu'il paroîtroit par l'événement qu'il auroit forcé le cardinal Altieri et toute sa faction à n'espérer de pardon de luy que par le concours à un sujet françois. Je compte pour quelque chose le raccommodement du cardinal Altieri, qui se feroit par ce moyen devant la fin du conclave, et qui feroit disparoître en un moment, très-glorieusement pour Sa Majesté, ce fantôme d'une faction contraire à la France. Je dis ce fantôme, parce qu'une faction, quelle qu'elle soit, à Rome, ne doit faire qu'une ombre très-légère au roy. Mais je suis persuadé qu'il seroit tousjours plus avantageux que ceste ombre disparût et qu'elle disparût en s'anéantissant elle-mesme devant luy, dans un pays particulièrement, et dans une occasion où l'on ne peut jamais s'assurer positivement et infailliblement de l'advenir.

» Toutes ces considérations jointes ensemble, me feroient souhaiter avec passion de pouvoir voir assez clair dans les suites de la proposition de M. le cardinal de Bouillon, pour entrer dans son advis; mais j'advoue que je suis trop touché des inconvéniens que j'ay marqués cy-dessus, pour n'en pas appréhender la conséquence, et pour ne pas demeurer dans le mien, qui est de n'hasarder pour chose du monde de rompre le cou à Odescalchi, à moins que d'estre asseuré de celuy que nous voudrons et que nous pourrons avoir en sa place. Si nous n'en voyons point de ceste nature, comme jusques icy il ne m'en paroît point, et que l'on prenne par ceste raison le parti de concourir à Odescalchi, il n'y a, à mon opinion, point de temps à perdre, tous les instans estant précieux. Il y a long-temps que l'on est dans l'inaction au conclave, l'on continue à s'impatienter, et je suis persuadé qu'il n'y a pas un moment à perdre pour se déterminer. Nous attendrons pour agir les sentimens de Vostre Excellence.

» LE CARDINAL DE RAIS. »

Le nouveau pape, Odescalchi, fut exalté le 22 septembre, prit le nom d'Innocent XI, et fut couronné quelques jours après. Le cardinal de Retz oublia aussitôt combien il avoit concouru à cette élection désirée par la France, pour ne parler que des bonnes directions données par M. l'ambassadeur. Il en écrivait en ces termes, le jour même de l'exaltation du Pape :

« Rome, ce 22 septembre.

» Vous aurez, Monsieur, par la dépêche de M. l'ambassadeur, le détail du conclave; mais, comme je m'imagine, de l'humeur dont je le connois, que sa relation sera très-imparfaite sur ce qui le regarde, je ne me puis empêcher d'y suppléer en quelque façon et de vous dire qu'il y a dirigé et soutenu tout ce qui a esté du service et de la gloire de Sa Majesté, d'une manière à laquelle je vous puis asseurer, sans exagération, qu'il ne s'est rien pu adjouster. Les effets ont répondu à ses intentions, et l'Eglise doit incontestablement au roy le Pape qu'elle a souhaité avec une passion extraordinaire. La division de la faction d'Espagne, qui a esté jusques au scandale et au ridicule, a encore rehaussé de beaucoup l'éclat que l'union de celle de France a eu dans Rome. Le Pape sera couronné lundi prochain; je partiray aussitost après pour m'en retourner par le chemin des Suisses, qui est le plus court. Je suis, Monsieur, absolument à vous et de tout mon cœur.

» LE CARDINAL DE RAIS. »

L'illustre prélat français oublia aussi d'écrire et de faire savoir *qu'il eut huit voix pour la papauté*, au premier scrutin, le lendemain de son entrée au conclave (1).

Il partit de Rome à la fin du mois d'octobre suivant (2).

De retour à Commercy avant la fin de l'année 1676, il s'y consacra de nouveau à tous les soins que ses affaires pouvaient exiger; il eût sans doute préféré d'y vivre avec ses souvenirs.

Il était accablé de dettes, et c'était pour lui la plus sensible de ses peines (3); il s'appliqua à les éteindre, vendit sans regret ses seigneuries, restreignit ses dépenses, et donna de sa fidélité à ses engagements un exemple alors trop rare parmi les personnes de sa condition. Il distribua plus de quatre millions à ses créanciers, il se réduisit à vingt mille livres de rente, et son cœur et son génie, aussi grands l'un que l'autre, lui firent encore découvrir le moyen de donner des pensions à ses meilleurs domestiques.

Un procès important l'appelait à Paris; il s'y rendit malgré son âge et de cruelles infirmités; il y mourut, à l'hôtel de Lesdiguières, au mois d'août 1679. L'amitié lui fut fidèle jusqu'à ses derniers moments: les visites de mesdames de Sévigné, de Grignan et de Lafayette en soulagèrent les angoisses. De tels témoignages d'affection doivent honorer à jamais la vie et la mort du cardinal de Retz.

FRAGMENT D'UN PLAN DE DISCOURS SUR LA RELIGION.

(*Voyez* pages 13, et 416 à la note.)

« Chaque siècle a ses perfections; chaque siècle a ses deffauts. Les plus considérables de ceux qui corrompent, en ce qui touche la Religion, celui où nous vivons, sont la curiosité et la présomption.

« La première tire sa naissance du mesme esprit qui a produit l'hérésie. La seconde concerne ce mesme esprit, et l'un et l'autre ont les mesmes effets. Le siècle a veu naistre ce monstre furieux, qui a ravagé avec des suites si funestes les plus religieuses parties de l'Europe. Les vérités chrestiennes trop curieusement recherchées, et par ceste raison, mal entendues, ont esté les matières ordinaires et par conséquent les causes les plus dangereuses de l'aveuglement et de l'erreur, et l'expérience nous fait cognoistre que la présumption, qui est inséparable de la curiosité, parce qu'elle flatte les vices, est proprement celle qui a espaissi ces ténèbres et qui les a rendues comme impenetrables à la lumière de la vérité. Il est constant toutefois, que ces raisons ont eu plus de force depuis quelques années; il semble que l'obscurité se dissipe; les esprits se dégagent de ces pièges malheureux qui ont embarrassé les consciences; mais il est vrai que si l'on peut dire avec fondement que l'hérésie diminue tous les jours quelque chose de ses forces imaginaires, on est obligé d'advouer en mesme temps que le démon, qui, pour parler selon les termes de l'Escriture, veille incessamment pour réparer les pertes qu'il fait de ses compères, essaie de tirer des advantages de sa deffaite mesme: il cherche dans le triomfe de l'Eglise de quoi affoiblir sa victoire, il fait tous ses efforts pour surprendre, par des illusions, ceux qu'il ne peut plus emporter par l'erreur; il répand sur la terre celle dont parle un ancien, et lesquels il appelle les restes de l'assoupissement. Les sommeils létargiques sont presque toujours suivis de certains esgaremens, pour ainsi parler, de l'imagination, qui marquent, à la vérité, quelque adoucissement et quelque relasche dans la maladie, mais qui nous font cognoistre en mesme temps, que la source du mal n'est pas encore absolument esteinte; du moins nous pouvons dire que cet assoupissement général, qui a enseveli le dernier siècle ou dans l'erreur ou dans l'estonnement, a laissé des impressions funestes à celui dans lequel nous vivons. »

(1) Dépêche à M. de Pompone.
(2) Dépêche de l'ambassadeur, en date du 30 oct. 1676.

(3) *Suprà*, page 421, col. 1re.

FIN DES MÉMOIRES DU CARDINAL DE RETZ ET DE LEUR COMPLÉMENT.

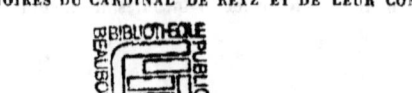

www.ingramcontent.com/pod-product-compliance
Lightning Source LLC
Chambersburg PA
CBHW051329230426
43668CB00010B/1203